U0063063

英汉词典

AN ENGLISH–CHINESE DICTIONARY

全新版
NEW EDITION

张柏然 ◎ 主编

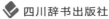
四川辞书出版社

图书在版编目（CIP）数据

英汉词典：全新版 / 张柏然主编. —成都：四川
辞书出版社，2024.1
ISBN 978 - 7 - 5579 - 1403 - 5

Ⅰ.①英… Ⅱ.①张… Ⅲ.①英语－词典②词典－英、
汉 Ⅳ.①H316

中国国家版本馆 CIP 数据核字（2023）第 218146 号

英汉词典 全新版

YING-HAN CIDIAN QUANXINBAN

主 编 张柏然

责任编辑 / 刘 煜
封面设计 / 李其飞
版式设计 / 王 跃
责任印制 / 肖 鹏
出版发行 / 四川辞书出版社
地 址 / 成都市三色路 238 号
邮 编 / 610000
印 刷 / 成都国图广告印务有限公司
开 本 / 787 mm×1092 mm 1/32
版 次 / 2024 年 1 月第 1 版
印 次 / 2024 年 1 月第 1 次
印 张 / 24
书 号 / 978 - 7 - 5579 - 1403 - 5
定 价 / 39.80 元

编纂委员会

主　　编　张柏然

执行主编　郭启新

副 主 编　戎林海　耿伯华　魏向清　刘华文

编纂人员　(以姓氏汉语拼音字母为序)

陈　莉　耿伯华　郭启新　刘华文

鲁晓英　戎林海　邵党喜　田　军

魏向清　肖　平　熊亚芳　徐海江

许文胜　杨　蔚　张柏然　张春燕

张淑文　朱　江　朱月兰等

出版说明

　　为了满足广大读者,尤其是学生和教师学习使用英语的需要,我们约请了南京大学双语词典研究中心和常州工学院外国语学院的英语教育专家精心编写了这本词典。

　　本词典注重收录英语核心词汇、习语和常用英语新词,总篇幅约150万字;坚持从中国人学英语的特点出发,博采英美英语学习词典的长处,力求体例严谨,释义准确,文字简明,例证鲜活;注重收录日常用语和口语,翻译力求简明扼要,体现地道的汉语风格;针对读者难以把握的词句和语法、用法现象,在正文中附加诸多语法和用法提示,为读者释疑解惑。

　　限于编写时间有限等客观原因,词典中难免会存在疏漏或不足。我们欢迎广大读者不吝赐教,以使之更臻完善。

四川辞书出版社

目　录

序 ………………………………………………………………… 1~4

凡　　例 ………………………………………………………… 5~12

词典正文 …………………………………………………… 1~885

附录一

　英语常用不规则动词表 …………………………… 886~892

附录二

　英语度量衡单位对照表 …………………………… 893~895

新版国际音标发音表 …………………………………… 后衬

序

　　这部散发着油墨清香的英汉词典,主要供下列读者使用:我国大学师生,目前在校的初、高中生以及社会上的自学青年——他们面对改革开放、科学发展的大好形势,有着学好英语的迫切愿望。我们衷心希望这部词典能成为他们的良伴益友!

　　英语学习词典,现在已是一个通用的名称。就近代说,它起源于19世纪末西欧兴起的外语教学改革浪潮,其始注意力在正音方面,提倡用音标注音,琼斯(Daniel Jones)1917年出版的《英语正音词典》(*An English Pronouncing Dictionary*),为英语教学提供了极大的便利。但近几十年英国出版的英语学习词典除正音外,还注意到外国人写、说英语时不易掌握的英语特殊结构、习惯用法等等,这些对于以英语为母语的人来说是不成为大问题的,而对于母语是另一种语言的人却是随时会出现的拦路虎。

　　因而,"英语作为外语"(EFL)及类似名称的专门科目随之兴起,这种英语教学活动还成为英国政府力图维系它过去的殖民地和分散于世界各处的英联邦成员国的非正式手段之一。一些早期的英语学习词典差不多尽出于长期从事以上教学活动的教师之手,如在以前印度孟加拉邦的威斯特(Michael West)、在中国重庆的文幼章(J. G. Endicott),前者英国籍,后者加拿大籍,二人合编的《新方法英语词典》(*New Method English Dictionary*,1935;1965修订版)是专供非英语国家的初学者使用的早期辞书,因而有某种程度的筚路蓝缕之功。在这个领域有突出贡献的,当推帕默(H. E. Palmer)及霍恩比(A. S. Hornby)这两位在日本的英国专家。

我们还须谈谈来自美国的影响。美国学者做的语言材料统计,特别是词频表,为英语学习词典的发展做了不少不可忽视的奠基工作。美国心理学家桑代克(E. L. Thorndike)和在宾州掌管公共教育的刘易斯(W. D. Lewis)则致力于把词典彻底通俗化、大众化,把它从学究气浓郁的书斋里解放出来。这一点,桑代克做得尤其出色,体现在他编纂的《桑代克世纪初级词典》(1935;1942修订版)和《桑代克世纪高级词典》(1941),从编排到版面,从字体到插图,从释义的筛选到排列的顺序,从例句到习语的处理等,无不从方便读者考虑,可以看出编者心思周密,识见不凡。桑代克词典经过巴恩哈特(C. L. Barnhart)20世纪50年代后各种修订本,至今在美国仍然受到欢迎。

现在来谈一下帕默和霍恩比所起的作用。两人都是英语作为外语的教学专家。帕默应日本政府之聘作文部省顾问,他的兴趣在口语教学法及分级词汇表上,虽然他的所长不止于此。他是日本“英语教学研究所”第一任所长,先后任职达14年左右,发表专书及专著也有10多种,其中《英语单词文典》虽在日本完稿,却于离去后在英国印行。帕默认为,英语中最流行通用的词约2万,其中1 000个左右最使外国学生感到困惑,极易写错说错。他列出六类难点及其形成的原因。全书花了近300页的篇幅处理这些难点,从正音、辨义、词的搭配、句型变化到其他必须交代的问题,都给出满意的解决,本身即是一本英语学习词典,不过所收词目有一定的范围。

霍恩比主编的《现代英语高级学生词典》是这类词典中的代表作。帕默是霍恩比的同事、前辈学者,对霍恩比工作上的鼓舞与启发,自不待言。在英国近代众多词典中,霍恩比得益最多的是牛津大学教授怀尔德(H. C. K. Wyld)的《英语通用词典》;日本词典界对霍恩比的影响也不可忽视。在明治维新时期,日本人士已有用英语取代日语的过激呼声。井上哲次郎在罗布存德(Wilhelm Lobscheid)的《英华字典》东京翻印本序言中说,学西方以学英国为先,要把英语书刊译成日语,罗布存德的《英华字典》对日本翻译人员极其有用,日本当时还缺少这样好的英和字典。他的序言写于明治十六年(1883),日本人识得汉字的多,能看懂《英华字典》。因着重翻译,日本人进而注意研究英语习语(日本称"熟语")以及句法结构,日本学者自己编写的英语词典及英语习语、句法结构的专门册子,日新月异。帕默及霍恩比在他们的研究及教学过程中必然注意到以上的动向以及这方面所积累的英、美专家和日本学者的编著成果。最引起两人兴趣的当推斋藤秀三郎关于英语的大量著述,特别是他的《熟语本位英和中辞典》,大正四年(1915)刊印。霍恩比主编的词典1942年由东京出版商开拓社刊行时叫作 *The Idiomatic and Syntactic English Dictionary*(《英语习语与句法词典》),指明以"习语"及"句子结构"为着重点,这是与日本英语界传统的专攻方向一致的。实际上,它也沿袭了斋藤编的辞典的用词,斋藤在书名中用了一个生僻词"Idiomatical"("有关习语研究的",日本出书时原译作"熟语本位")。霍恩比分用两词,即"习语的"与"句子结构的",因为习语有某一民族语言的特殊表达方式之意,这就牵涉句子结构了。1948年牛津大学出版社重印,改名为 *A Learner's Dictionary of Current English*(《现代英语学生词典》),1952年重印改名为 *The Advanced Learner's Dictionary of Current English*(《现代英语高级学生词典》)。总之,霍恩比主编的这本英语学习词典是英国人提倡多年的"英语作为外语"的丰硕成果,也是其后所有(包括在英语和美国编纂的)英语学习词典之母。

从上面的简介中我们可以得知,英语学习型词典和英语单语词典的区别在于:前者主要瞄准英语为非母语的外国师生,以帮助语言"产出"(production)为主要功能;后者为母语为英语的一般读者而编,主要功能在于语言"接受"(reception)方面的解疑释惑。归纳起来,英语学习型词典有五个区别性特征:①集中处理标准英语的核心词汇,后来还标示出语词的使用频率;②释义用简单的"释文词"写成;③特别重视语词语法信息;④使用文体标签、用法指南、语言说明栏、同义词辨析栏等对词目做进一步说明,目的在于帮助使用者得体地遣词造句;⑤提供大量丰富例证进一步说明、扩充词目信息。英语学习型词典对词典编纂实践的最大贡献在于打破了语法书和词典之间泾渭分明的界限。我们力求将上述这些特色均较好地体现在这部词典里。

这部词典能够顺利完成，有赖于执行主编鼎力相助，仰仗南京大学双语词典研究中心和常州工学院外国语学院一群尽责用心的编写、校核以及计算机文字处理人员。特别值得一提的是，在本词典的编辑过程中，四川辞书出版社白雅、李薇薇以及外聘编辑们全力以赴，字斟句酌，认真校核，一丝不苟，对保证本词典的编校质量起了尤为重要的作用。在此谨向他们表示诚挚的谢意！

词典编写工作烦琐，虽然我们已力求审慎，力求词典众华毕具，但仍难免会有疏漏，恳请同行和读者不吝指正为幸。

是为序。

张柏然　谨识

2010 年 3 月 5 日深夜

于上海临港新城滴水湖畔寓所

凡　例

1.词目

1.1　词目按字母顺序排列,用黑正体印刷。

1.2　分写的复合词在本词典中立为独立条目。

1.3　词目以黑中圆点(·)划分音节。对于立为词目的分写的复合词,其组成部分的各单词若在本词典中已立为词目,该分写词不再划分音节。

1.4　拼法相同但词源及词义不同的词,分立条目,在词的右上角标以 **1、2、3** 等数码。

1.5　一个词的不同拼写形式有下列三种表达方式:

1.5.1　拼法接近、按照字母顺序排列又较邻近的两种形式可以并列,两种拼法之间用逗号隔开,一般把较常见形式列在前面,如:**au·thor·ize,au·thor·ise**。

1.5.2　用圆括号括去有差异的字母,如**ac·knowl·edg(e)·ment**,表示该词有**ac·knowl·edge·ment**和**ac·knowl·edg·ment**两种拼写形式。

1.5.3　拼法差异较大或按字母顺序排列间隔较远的两种形式分立条目,以较常用形式为主词条,另一种形式引见至主词条,如立**de·fence**为主词条,**de·fense**为参见条。

2.注音

2.1　词的读音一般紧接词目标出,音标符号置于双斜线号(//)内。

2.2　注音用国际音标,采用宽式注音法。为适应中国读者的使用习惯,未使用最新国际音标。多音节词的重音符号置于其重读音节的音标符号之前,主重音符号置于上方,次重音符号置于下方,如:**math·e·mat·ics** /ˌmæθiˈmætiks/。可省略的音素用上标字母表示,如:**no·ta·ble** /ˈnəutəbᵉl/中的/ə/音。对位于词尾的字母 r 的读音,本词典只标注/ʳ/,表示在英国英语中不发音,而在美国英语中发音为/r/。

2.3 对于分写的复合词,若其组成部分的各单词已在本词典中分别立为条目并注音,一般不再注音。若其组成部分的某个单词在本词典中没有立为条目,则只在该单词后面注音。

2.4 一个词因词类或释义不同而发音不同时,在发音有变化的有关词类或释义前另行注音,如:**rec·ord I** /riˈkɔːd/ ***vt.*** … **II** /ˈrekəd/ ***n.*** …

2.5 对于英美发音差别较大的词,英式发音排列在前,美式发音排列在后,中间以分号隔开,相同的部分音节用"-"代替,如:**worth·while** /ˌwɔːθˈwail;-hwail/。

2.6 当一个词有强读和弱读两种发音时,两种音分别标注,中间以逗号(,)分开,如:**of** /强 ɒv,弱 əv/。

3.词类

3.1 词类用黑斜体英语缩写形式标注。词类缩写形式见12.1条。

3.2 一个词若有几种不同的词类功能,用黑正体罗马数码分别标注,如:**rec·ord I** /riˈkɔːd/ ***vt.*** … **II** /ˈrekəd/ ***n.*** …

3.3 分写的复合词目一律标注词类。

3.4 前缀、后缀、构词要素以及缩略语分别注以黑斜体英语缩略词 ***pref.*** (prefix), ***suf.*** (suffix), ***comb. form*** (combining form)以及 ***abbr.*** (abbreviation)。

3.5 动词直接标注 ***v.*** ;如一动词的及物用法的义项和不及物用法的义项不完全相同,则以"***vt.*** ❶… ❷… —***vi.*** ❶… ❷…"或类似形式标注。

4.词的屈折变化

4.1 不规则动词的变化形式置于动词词类之后,放在圆括号内,用黑正体印刷。过去式和过去分词之间用逗号隔开,现在分词形式与过去形式之间用分号隔开。若过去式和过去分词形式相同,则不再重复标注;规则变化中需重复词尾辅音字母的形式,也予以注明。例如:**let** /let/ (**let;letting**)*vt.* …

4.2　关于名词

4.2.1　名词复数的不规则变化形式置于名词词类之后,放在圆括号内,用黑正体印刷,并注明[复]。例如:**child** /…/ *n.* [C]([复] **chil·dren** /'tʃildrən/) …

4.2.2　名词词类前若注有[复],表示该词目本身是复数形式。如果词类后没有说明文字,表示该词在使用时应作为复数,如:**civil rights**[复]*n.* 如果词类后有[常用作单]或[常用作复]等说明文字,则表示该名词后接谓语动词时对数的要求。如"**cat·tle/** …/*n.* [C][用作复]"表示该名词虽以单数形式出现,但使用时作为复数名词。

4.3　关于形容词和副词

4.3.1　对所有在比较时用-er,-est 结尾的形容词和副词,均在词类后面的圆括号内用黑正体标注。比较级和最高级形式之间用逗号分隔。无标志的,则说明只能用 more,most 构成比较级和最高级。

4.3.2　为预防误用,对那些平时无比较级和最高级的词(如 **each,same** 等),均标注[无比较级]。

5.释义

5.1　一个词有多个义项时,收录常见常用义项,各义项前标以❶❷❸等序号。同一义项内意义较近的释义用逗号分隔,稍远的用分号分隔。如:**a·bate** /…/ *v.* ❶减少,减弱;减轻,减退…

5.2　一个词有两种以上不同的词类功能,但释义用语大致相同时,也可合并释义。如:**a·blaze** /.../ *adj.* [通常作表语]& *adv.*

5.3　〈口〉、〈婉〉、〈俚〉、〈旧〉、〈英〉、〈美〉等用来标明词的修辞色彩或词源等,专科条目中比较专门的术语标明科目,详见 12.2、12.3、12.4 条。

6.语法标示

6.1　对各种词类的语法特征给予标注,放在方括号内,如[后接副词或介词]、[不用进行时态]、[无比较级]、[用于名词前]、[用于名词后]、[后接形容词或副词]、[后接 that 引导的从句]、[常用被动语态]、[作定语]等。其意自见。

6.2　关于名词

6.2.1　普通名词释义前一般注有[U]或[C],分别表示不可数或可数。若整个条目各个义项均为不可数或可数,[U]或[C]则标在第一义项之前;只适用于个别义项的,标在有关义项的序数之后;既可数又不可数的标注[C;U]。专有名词不标注可数或不可数。名词释义前所注的[a ～]或[an ～]或[the ～]等表示该义项对冠词的要求。

6.2.2　[用单]或[常用单]表示一名词只能或经常用单数形式。

6.2.3　名词释义前若有[～s]、[～es]或[常作～s]等,表示该名词在释作某义时须用或常用复数形式,如"air /…/ I n. … ❺[～s]不自然的态度,做作的姿态;傲气;架子…"表示 air 后需加-s 才能作该义解。

6.2.4　释义前的方括号内若有该词目的首字母大写字母加一短线,表示该词作该义解时第一个字母须大写,如"dem·o·crat /…/ n. … ❸[D-]民主党人",表示作第三项释义时应为 Democrat。

6.3　关于动词:动词的语法特征在方括号中标注出来,如:a·bide /…/ …—vt. [通常用于否定句或疑问句]忍受,忍耐,容忍…

7.例证

7.1　词目释义后收入词组或句子作为例证,例证后附汉语译文。

7.2　例证及译文均用白正体印刷,前后可替换的词语置于方括号内,可以省略的词语置于圆括号内。如:The boss got [became] angry at [with] us for being late. 我们迟到了,老板冲我们直发脾气。

7.3　例证(或习语)中用 one, one's 分别指"本人""本人的"。

7.4　例证(或习语)中用 sb., sb.'s分别指"某人""某人的"。

7.5　例证(或习语)中用 sth. 指"某事""某物"。

7.6　同一个释义下有多个例证的,则例证之间以斜线号(/)隔开。

8.习语

8.1　习惯用语(包括成语、熟语和谚语)用黑斜体印刷;习语列在词的释义和例证之后,以平行号(‖)开始。

8.2　同一词目下的两条或数条习语,按字母顺序排列;一条习语若有几个不同的释义,各义项前标以❶、❷等序号;一条习语若有多个例证,则例证之间以斜线(/)隔开。

8.3　习语中 one, one's, sb., sb.'s, sth. 的用法与 7.3、7.4 和 7.5相同。

9.派生词

9.1　收在词条内部的派生词以平行号(‖)开始。派生词全部拼出,用黑正体印刷,也划分音节。

9.2　收在词条内部的派生词仅注词类,不予以释义;如是名词,用[U]或[C]标注可数或不可数。

9.3　收在词条内部的派生词,凡按词目的读音加上后缀部分的读音发音者,一般不再注音。如派生词的读音跟词目的读音在重音或音素方面有变化,则注音。如:**an·gu·lar** /ˈæŋgjulə/ ***adj.*** ··· ‖ **an·gu·lar·i·ty** /ˌæŋgjuˈlærɪti/ ***n.*** [U;C]

10.同义词辨析

10.1　本词典特别设立同义词辨析栏,对常见词的某个义项的意义、用法、修辞色彩等进行分析和说明,并配以例证和译文。同义词辨析前有星号(☆),以引起注意。

10.2　同义词辨析有两组以上时,每组前标示❶、❷等序号。

11.若干符号的用法

11.1　黑中圆点(·)用以分隔音节。

11.2　双斜线号(//)用以标注发音。

11.3　一横线(—)用于及物动词与不及物动词中后者的开始。

11.4　斜线号(/)用以分隔同一个释义下的多个例证。

11.5　平行号(‖)用以表示词条内习语部分或派生词部分的开始。

11.6　短横线(-)用于音标注释中的截同示异。

11.7　圆括号(())用于:

11.7.1　注明词的屈折变化。如:**ab·hor**条目内的(**ab·hor·ring**)

11.7.2 释义时的补充说明。如：**o·lym·pic** /.../ **games** [复] *n.* [C](每四年举行一次的现代)奥林匹克运动会；(每两年举行一次的)冬季奥运会

11.7.3 可以省略的部分。如：**ac·knowl·edg(e)·ment**

11.7.4 注明某些词经常后接的副词或介词。如：**ab·hor·rent** /.../ *adj.* ❶令人讨厌的；令人憎恶的(to)...

11.7.5 归并某些词的相近的释义或用法。如：

me·tab·o·lize /···/ *v.* (使)发生新陈代谢…

11.8 方括号([])用于：

11.8.1 加注语法或使用等方面的补充性说明。如：[常用被动语态]、[用作插入语]、[常用以构成复合词]、[总称]、[只用单]、[U]、[C]、[the ~]、[~s]、[J-]、[~ oneself]等。

11.8.2 括注例证或译文等中前后可替换的词语。见 7.2 条。

11.9 尖括号(〈〉)用于注明词的词源或修辞色彩等。如：〈英〉、〈主美〉、〈英口〉、〈美俚〉、〈旧〉、〈书〉等。见 12.2、12.3 条。

11.10 鱼尾号(【】)用于注明学科，如：【化】、【音】、【电】、【会计】等。见 12.4 条。

12. 略语表

12.1 词类缩略语

abbr. abbreviation 缩略语

adj. adjective 形容词

adv. adverb 副词

art. article 冠词

aux. v. auxiliary verb 助动词

[C] countable noun 可数名词

comb. form combining form 构词要素

conj. conjunction 连词

int. interjection 感叹词

n. noun 名词

pref. prefix 前缀

prep. preposition 介词

pron. pronoun 代词

suf. suffix 后缀

[U] uncountable noun 不可数名词

v. verb 动词

vi. intransitive verb 不及物动词

vt. transitive verb 及物动词

12.2 词源

〈澳〉澳大利亚特有用语 　〈日〉日语

〈德〉德语 　〈苏〉苏格兰方言

〈俄〉俄语 　〈西〉西班牙语

〈法〉法语 　〈希〉希腊语

〈加〉加拿大特有用语 　〈意〉意大利

〈拉〉拉丁语 　〈英〉英国特有用语

〈美〉美国特有用语

12.3 修辞色彩

〈贬〉贬义词 　〈俚〉俚语

〈粗〉粗俗语 　〈诗〉诗歌用语

〈儿〉儿语 　〈书〉书面语

〈方〉方言 　〈婉〉委婉语

〈古〉古语 　〈谐〉诙谐幽默用法

〈罕〉罕用 　〈谑〉戏谑语

〈忌〉禁忌 　〈谚〉谚语

〈旧〉旧时用法 　〈喻〉比喻

〈口〉口语

12.4 学科

【板】板球 　【纺】纺织

【棒】棒球 　【古生】古生物学

【船】造船,船舶 　【海】航海(学)

【地理】地理学 　【化】化学

【地质】地质学 　【机】机械(工程)

【电】电学 　【计】计算机科学

【动】动物(学) 　【建】建筑

【解】解剖(学) 【统】统计(学)

【经】经济(学) 【无】无线电

【军】军事 【物】物理学

【空】航空(学) 【希神】希腊神话

【矿】矿业 【戏】戏剧

【律】法律 【心】心理学

【罗神】罗马神话 【药】药物(学)

【逻】逻辑学 【冶】冶金

【鸟】鸟类 【医】医学

【气】气象学 【音】音乐

【摄】摄影 【印】印刷

【生】生物学 【鱼】鱼类(学)

【生化】生物化学 【语】语言学

【生态】生态学 【植】植物(学)

【数】数学 【宗】宗教,神学

【天】天文学 【足】足球

A

A, a /ei/ *n.* ([复]**A's, a's** 或 **As, as**) ❶[C]英语字母表中第一个字母 ❷[C;U](学业成绩的)甲,优;学业成绩得优(或甲)者:Mary got *A* for English. 玛丽的英语得了优秀。

a /强 ei;弱 ə/, **an** /强 æn;弱 ən, n/ *ind. art.* ❶(非特指的)一(个):I mean *a* boy, not this boy. 我指的是一个男孩,而不是这个男孩。❷(同类事物中的)任何(一个):An ostrich cannot fly. 鸵鸟不会飞。❸每一(个):Admission is $1 *a* person. 入场费每人1美元。❹[用于某些物质名词前]一种:*a* dessert wine 一种餐末甜点 ❺[用于某些表示食物、饮料的物质名词前]一份:Two teas and *a* beer, please. 请来两杯茶和一杯啤酒。❻[用于人名、地名,或表示节日、日期等的名词前]某一个:*A* Mrs Smith wishes to speak to you. 一位史密斯太太想和你谈谈。

a·back /ə'bæk/ *adv.* 突然地,猝不及防地

ab·a·cus /'æbəkəs/ *n.* [C]([复]-cus·es /-iz/或-ci /-sai/) 算盘

a·ban·don /ə'bændən/ *vt.* ❶(因危险、情势紧迫等)离弃,丢弃:*abandon* one's farm 丢弃农场 ❷(不顾信义、责任、义务等而)抛弃,遗弃:He *abandoned* his wife and child for another woman. 他抛弃妻儿,另觅新欢。❸放弃:*abandon* a habit 弃绝习惯 ‖ a'ban·don·ment *n.* [U]

☆**abandon, desert, forsake** 均有"抛弃,放弃"之意。**abandon** 表示完全放弃,尤指对已有的兴趣或所负责任的绝对舍弃,暗含撒手不管被舍弃的人或事物之命运如何的意思:A scientist may *abandon* an unpromising subject to engage in more useful and rewarding research. (一个科学家可以放弃一项毫无前景的项目去从事更有用又有益的研究。)**desert** 指违背允诺、誓言等,强调逃避法律上或道德上应尽的义务、责任,多含贬义:The soldier *deserted* his post. (那个士兵擅自离开了他的岗位。)**forsake** 强调遗弃者与被遗弃者之间依附关系的破裂,常含对所眷恋的或所依附的人的一种失望之情:She pleaded with her husband not to *forsake* her. (她请求丈夫不要遗弃她。)

a·ban·doned /ə'bændənd/ *adj.* 被放弃的;被抛弃的;被遗弃的:He was left *abandoned* with nothing but the clothes he was wearing. 他被遗弃了,除了身上穿的外一无所有。

a·bashed /ə'bæʃt/ *adj.* 局促不安的;窘迫的;羞愧的:My clumsiness left me *abashed*. 我为自己的笨拙而感到羞愧。‖ a'bashed·ly *adv.* —a'bashed·ness *n.* [U]

a·bate /ə'beit/ *v.* ❶减少,减弱;减轻,减退:*abate* sb.'s enthusiasm 挫伤某人的热情 ❷降(价);减(税);削减(成本或费用等):*a-bate* a tax 减税 ‖ a'bate·ment *n.* [U]

☆**abate, alleviate, ebb, reduce** 均有"减弱,变小"之意。**abate** 强调强度正在逐渐减弱:The fever is *abating*. (热度正在减退。)**alleviate** 着重局部或暂时减轻痛苦:Oil of cloves will *alleviate* a toothache. (丁香油可以减轻牙疼?)**ebb** 指液体流量的逐渐减弱减少,亦可指落潮或退潮:The tide will begin to *ebb* at four. (四点钟开始退潮。)**reduce** 的含义最广,可指各种各样的减弱、变小,可涉及规模、重量、价值、数量、价格、范围、程度或强度等方面:He won't *reduce* the rent of our house. (他不会减少我们房

A

ab·at·toir /ˈæbəˌtwɑːʳ/ n. [C]屠宰场

ab·bey /ˈæbi/ n. [C]大修道院；大寺院

ab·bre·vi·ate /əˈbriːvieit/ vt. ❶缩写；abbreviate "building" as "bldg" 把"building"缩写为"bldg" ❷缩短；简缩；节略，使简短：abbreviate one's discourse 精简自己的演说辞

ab·bre·vi·a·tion /əˌbriːviˈeiʃ°n/ n. [C]缩写词，缩略语；缩写式(略作 abbr.)

ABC /ˌeibiːˈsiː/ n. ([复]ABC's, ABCs /ˌeibiːˈsiːz/) ❶字母表：The little girl already knows her ABC. 这个小女孩已会读写字母表。 ❷[常作~s](学科的)基础知识，入门：the ABCs of electricity 电学入门

ab·di·cate /ˈæbdiˌkeit/ v. 正式(或自愿、公开)放弃(权力、权利、责任、要求等)；退(位)，逊(位)；辞(职)：abdicate a right 放弃权利 ‖ **ab·di·ca·tion** /ˌæbdiˈkeiʃ°n/ n. [C; U]

ab·do·men /ˈæbdəmən, æbˈdəu-/ n. [C]腹(部)

ab·dom·i·nal /æbˈdɒminᵊl/ adj. 腹部的

ab·duct /æbˈdʌkt/ vt. 诱拐；绑架；劫持：His forefather was abducted to America two centuries ago. 他的祖先是200年前被绑架到美洲的。 ‖ **ab·duc·tion** n. [C; U] — **ab·duc·tor** n. [C]

ab·er·ra·tion /ˌæbəˈreiʃ°n/ n. [C; U]偏离正路，越出常轨；偏差；犯规：A lie is an aberration from the truth. 谎言是对真理的背离。 ‖ **ab·er·rant** /æˈberᵊnt/ adj.— ˌab·er·ra·tion·al adj.

a·bet /əˈbet/ vt. (a·bet·ted; a·bet·ting) 唆使；怂恿；煽动：abet a crime 教唆犯罪 ‖ **a·bet·ment** n. [U]

ab·hor /əbˈhɔːʳ/ vt. (ab·hor·ring) 憎恶；厌恶；痛恨：We all abhor cruelty to animals. 我们都憎恨虐待动物。

ab·hor·rence /əbˈhɒrᵊns/ n. [U]憎恶；厌恶；痛恨

ab·hor·rent /əbˈhɒrᵊnt/ adj. ❶令人讨厌的；令人憎恶的(to)：Lying and stealing are abhorrent to every honest man. 撒谎和行窃是每一个诚实的人十分憎恶的行为。 ❷相抵触的，不相符的(to)；悖逆的，背离的，不相容的(from)：be abhorrent to reason 与理性相悖 ‖ **ab·hor·rent·ly** adv.

a·bide /əˈbaid/ (a·bode /əˈbəud/或 a·bid·ed) vi. ❶停留，逗留；等候：Abide with me for a time. 和我在一起待一会儿吧。 ❷继续下去；维持下去：You shall abide in my love. 我爱你，直到永远。 —vt. [通常用于否定句或疑问句]忍受，忍耐，容忍：I can hardly abide the way that man boasts. 我实在难以忍受那个人大吹大擂的劲儿。 ‖ **abide by** vt. 遵守(法律、规则等)；信守(原则、诺言等)：abide by one's promise 履行自己的承诺 ‖ **a·bid·ance** /-dᵊns/ n. [U]

a·bil·i·ty /əˈbiliti/ n. ❶[U; C]能力；办事能力：One's ability grows by practice. 一个人的能力靠实践来提高。 ❷[U]才干，能耐；本领：have the ability to swim like a fish 有像鱼一样的游泳本领

ab·ject /ˈæbdʒekt, æbˈdʒekt/ adj. ❶凄惨的；绝望的：an abject failure 惨败 ❷卑鄙的，可鄙的；卑劣的；卑怯的：What an abject performance! 多么卑劣的行为！ ‖ **ab·ject·ly** adv. —**ab·ject·ness** n. [U]

a·blaze /əˈbleiz/ adj. [通常作表语] & adv. ❶着火的(地)；熊熊燃烧的(地)：set the logs ablaze 点燃木柴 ❷发光的(地)，闪耀的(地)(with)：The sky was ablaze with stars. 天空中繁星闪烁。

a·ble /ˈeibᵊl/ adj. ❶[通常作表语，后常接动词不定式]能够…的；会…的；得以…的：able to lift a two-hundred-pound weight 能举起200磅重量 ❷聪明能干的；能力出众的：an able administrator 干练得力的行政官员 ‖ ˈa·bly adv.

☆**able, capable, competent** 均有"有能力的，能干的"之意。able 指具备做事的实际能力或本领，强调"能干"：They must be able to cope intelligently with weighty problems of public policy. (他们一定能够明智地处理重大的公共政策问题。) **capable** 指具有适合做某事的一般能力，符合做某事的一般要求，

强调适合性：I'm sure she is *capable* of performing well. (我肯定她一定能表演好。) 该词还可以用于事物和动物：an electronic computer *capable* of storing millions of bits of information (可以存储数百万比特信息的电子计算机) **competent** 指具备完成某项具体工作的必要条件，强调符合条件和能够胜任，含"称职"之义：a *competent* housekeeper (一个称职的管家)

a·ble-bod·ied /ˌeibl'bɒdid/ *adj.* 强健的；体格健全的：*Able-bodied* labourers are in full employment. 壮劳力全部就业。

ab·nor·mal /æb'nɔːməl/ *adj.* 反常的；不规则的：an *abnormal* interest 反常的兴趣 ‖ **ab'nor·mal·ly** *adv.* —**ab·nor·mi·ty** /ˌæb'nɔːmiti/ *n.* [U]

a·board /ə'bɔːd/ *adv.* & *prep.* 在船(或火车、公共汽车、飞机)上；上船，上车，登机：The ship left port as soon as all the passengers were *aboard*. 全部乘客上船后，轮船便驶离港口。

a·bode /ə'bəud/ *n.* [C]住所，住处，寓所

a·bol·ish /ə'bɒliʃ/ *vt.* 废除(法律、规章、习俗等)；废止：Slavery was *abolished* in the United States in 1865. 美国 1865 年废除了奴隶制度。
☆**abolish**, **cancel** 均有"废除，取消"之意。**abolish** 强调彻底废除旧的法律、规章、风俗、习惯或社会制度等：Should the death penalty be *abolished*? (应该废除死刑吗？) **cancel** 则指把某事项作废：I *cancelled* my order for the computer as the manufacturers couldn't give me a delivery date. (由于电脑制造商不能确定交货日期，我取消了订单。)

ab·o·li·tion /ˌæbə'liʃn/ *n.* [U] 废止；废除；消灭 ‖ **ab·o·li·tion·ism** /ˌæbə'liʃniz(ə)m/ *n.* [U] —**ab·o·li·tion·ist** /ˌæbə'liʃənist/ *n.* [C] & *adj.*

a·bom·i·na·ble /ə'bɒminəbl/ *adj.* 讨厌的；可恶的，可憎的，可鄙的：Shall we pass by this *abominable* practice? 难道我们能对此卑劣的行为置之不理吗？ ‖ **a'bom·i·na·bly** *adv.*

ab·o·rig·i·nal /ˌæbə'ridʒinl/ *adj.* [通常作定语] ❶土著居民的，具有土著人特征的；*aboriginal* customs in Australia 澳洲土著风俗 ❷(据文献记载)最早存在的；当地原有的；土著的；最初的，原始的：The Indians are the *aboriginal* inhabitants of America. 印第安人是美洲的土著居民。 II *n.* [C]土著居民；[常作 A-]澳大利亚土著居民 ‖ ˌab·o'rig·i·nal·ly *adv.*

ab·o·rig·i·ne /ˌæbə'ridʒini/ *n.* [C] ❶土著居民：The Eskimos are among the *aborigines* of North America. 因纽特人属北美土著居民。❷[常作 A-]澳大利亚土著居民

a·bort /ə'bɔːt/ *v.* ❶流产，小产：She *aborted* when she was four months pregnant. 她怀孕 4 个月后流产了。❷(计划等)中途失败，夭折；中途停止：Many colds *abort* without treatment. 感冒往往不治而愈。

a·bor·tion /ə'bɔːʃn/ *n.* ❶[U]流产，堕胎，打胎 ❷[U；C]早产，小产 ‖ **a·bor·tion·ist** /ə'bɔːʃnist/ *n.* [C]

a·bor·tive /ə'bɔːtiv/ *adj.* 失败的，夭折的；落空的，毫无结果的：It would be an *abortive* effort to try to close this wide price gap. 试图缩小这么大的价格差额将是徒劳的。

a·bound /ə'baund/ *vi.* ❶大量存在：Rock *abounds* under the soil. 土壤下面多岩石。❷充满；富于；盛产(*in*, *with*)：The speech *abounds in* wise counsel. 那篇演说富于真知灼见。

a·bout /ə'baut/ I *prep.* ❶关于；有关；对于：a book *about* the Civil War 一本关于美国内战的书 ❷在…周围，环绕着；在…各处：The streets *about* the castle are full of places of historic interest. 城堡周围的街道上尽是名胜古迹。II *adv.* ❶(数量、时间、价值、程度、比率等上)大约，几乎，差不多：He is *about* 50 years old. 他 50 岁的光景。❷在附近，在近处：Is anyone *about* in your office at 8 am? 上午 8 点你们办公室里有人吗？ ❸到处，各处：important papers strewn *about* 撒了一地的重要文件 ‖ **be about to** *vi.* 就要；刚要；正打算：The conference *is about to* begin. 会议就要开始了。 **it's about time** 到

做…的时间了：*It's about time* to leave. 该离开了。

a·bove /əˈbʌv/ *adv. & prep.* ❶在(或向)上面,在(或向)较高处；在头顶上；在(或向)楼上：the blue sky *above* 头上的蓝天 ❷(在数量等方面)以上；(气温)在零度以上：children of 12 and *above* 12 岁和12 岁以上的儿童 ❸在上文,在前文：the remark quoted *above* 上述引语 ❹(在职位、级别等方面)高于,在…之上；(在价值、重要性等方面)优于,先于,在…之前：We value honour *above* wealth. 在我们看来,财富诚宝贵,但荣誉价更高。❺不屑于,耻于：be *above* petty gossiping 不屑于飞短流长

a·bove board /əˈbʌvˈbɔːd/ *adj.* [通常作表语] *& adv.* 公开的(地),光明正大的(地),坦率的(地)：Be open and *above board* with me. 对我要坦诚相见。

a·bra·sion /əˈbreiʒ°n/ *n.* ❶[U]磨损；磨耗；刮擦 ❷[C]擦伤处；磨损处

a·bra·sive /əˈbreisiv/ *adj.* ❶有研磨作用的；*abrasive* polishing 磨光 ❷生硬粗暴的；粗鲁的；伤人感情的：*abrasive* criticism 生硬的批评 ‖ **a'bra·sive·ly** *adv.* —**a'bra·sive·ness** *n.* [U]

a·breast /əˈbrest/ *adv. &* [通常作表语] *adj.* ❶(同方向)并排(的)；并肩(的)：The soldiers marched three *abreast*. 士兵们三人一排并肩前进。❷保持与…并列；了解…的最新情况：be *abreast* of recent scientific developments 跟上科学的最新发展

a·bridge /əˈbridʒ/ *vt.* (在保留主要内容的同时)精简…的篇幅,删节,节略：The play has been *abridged* for radio. 该剧已缩编成广播剧。‖ **a·bridg(e)·ment** /əˈbridʒm°nt/ *n.* [C；U]

a·broad /əˈbrɔːd/ *adv. &* [通常作表语] *adj.* 在国外(的)；到国外(的)(在美国英语中尤指在欧洲或去欧洲)：have a holiday *abroad* 在国外度假

a·brupt /əˈbrʌpt/ *adj.* ❶突然的；意外的：an *abrupt* turn in the road 马路上的急转弯 ❷唐突的,生硬的,冒失的,鲁莽的；an *abrupt* manner 唐突的举止 ‖ **ab'rupt·ly** *adv.* —**ab'rupt·ness** *n.* [U]

ab·scess /ˈæbsis/ *n.* [C]【医】脓肿 ‖ **'ab·scessed** *adj.*

ab·scond /æbˈskɔnd/ *vi.* (尤指为躲避罪责、法律制裁等)潜逃,逃匿,逃亡：*abscond from* one's creditors 躲债

ab·sence /ˈæbs°ns/ *n.* ❶[U；C]缺席；离开；不在：ask for leave of *absence* 请假 ❷[U；C]缺乏；缺少；无(*of*)：an *absence of* detail 缺乏细节

ab·sent /ˈæbs°nt/ *adj.* ❶缺席的；不在的：Three members of the class are *absent* today. 班上今天有三人缺席。❷不存在的；缺乏的：Snow is *absent* in some countries. 有些国家从不下雪。❸心不在焉的；茫然的；恍惚的；走神的：an *absent* stare 茫然的看 ‖ **'ab·sent·ly** *adv.*

ab·sen·tee /ˌæbs°nˈtiː/ *n.* [C]缺席者；不在者 ‖ **ab·sen·tee·ism** /ˌæbs°nˈtiːiz°m/ *n.* [U]

ab·sent-mind·ed /ˌæbs°ntˈmaindid/ *adj.* 心不在焉的：a *absent-minded* professor 一位心不在焉的教授

ab·so·lute /ˈæbs°luːt/ *adj.* ❶完全的；纯粹的；十足的：an *absolute* lie 弥天大谎 ❷对的；无条件的：*absolute* authority 绝对权威 ‖ **'ab·so·lute·ness** *n.* [U]

ab·so·lute·ly /ˈæbs°lˈuːtli/ *adv.* ❶完全地；彻底地；非常,极其：You're *absolutely* right. 你完全正确。❷〈口〉一点不错,完全正确；当然,对极了：A：I trust that we are still brothers-in-arms. B：*Absolutely*! 甲：我想我们仍然是战友吧？乙：那当然！

absolute zero *n.* [C；U]【物】绝对零度

ab·so·lu·tion /ˌæbs°lˈuːʃ°n/ *n.* [U](罪责等的正式)赦免

ab·solve /əbˈzɔlv/ *vt.* ❶赦免,宽恕；使免受惩罚(*from, of*)：*absolve* sb. from [*of*] (any) blame 使某人免受处罚 ❷解除…的责任(或义务、履行诺言等)(*from, of*)：The aircraft company was *absolved* liability following the investigation of the disaster. 在事故调查之后,该航空公司才被免除了承担空难的责任。‖ **ab'solv·er** *n.* [C]

☆**absolve**, **acquit**, **exonerate**, **forgive**, **pardon**, **vindicate** 均有"免除，解除，赦免"之意。**absolve** 使用范围最广，既可指解除所承担的义务或责任，也可用于赦免罪行，使免受惩罚：Society cannot be *absolved* of responsibility for its slums. (社会不能推卸其对贫民窟的责任。) **acquit** 指由于缺乏证据而解除对某个嫌疑人的指控：The court must *acquit* the accused if there is not enough evidence of guilt. (如果没有足够的犯罪证据，法庭必须解除对被告的指控。) **exonerate** 指免除责备、指控或造成过失而应负的责任，强调消除由指控或责备等而引起的嫌疑：Eye witnesses to the accident *exonerated* the driver. (这起事故的目击者都说这个司机无罪。) **forgive** 指宽恕别人对自己的冒犯，往往夹杂着同情或怜悯等个人感情：She *forgave* her husband for his infidelities. (她原谅了丈夫的不忠行为。) **pardon** 较为正式，多指宽恕较严重的过失、罪行或其他违反道德、法律等的行为以及严重的冒犯：The convict was *pardoned* after serving five years of his sentence. (这个罪犯服刑五年后被赦免了。) **vindicate** 表示为正在受到攻击或非难的人或事辩白，强调有关批评、责备或指控是没有证据的或不公正的：An investigation *vindicated* the senator on all counts. (一项调查从各个方面说明参议员是清白的。)

ab·sorb /əbˈsɔːb, -ˈzɔːb/ *vt.* ❶吸收(液体、气体等)：Plants *absorb* energy from the sun. 植物吸取太阳的能量。❷把⋯并入，使合并，吞并；同化：The surrounding villages have been *absorbed* by [into] the growing city. 周围的村庄被并入了日益扩展的城市。❸吸引⋯的注意力；使全神贯注；使感兴趣：An airplane over head completely *absorbed* the boy's attention. 这男孩的注意力完全被头顶上方的那架飞机吸引住了。❹吸收(光、声等)；消减(振动等)；缓冲(震动等)：Rugs *absorb* sounds and make a house quieter. 地毯消减噪音，可使屋子里安静些。❺占用(时间、收入、资源)：This job *absorbs* all of my time and energy. 这项工作耗去我的全部时间和精力。

☆**absorb**, **assimilate**, **imbibe** 均有"吸收"之意。**absorb** 最为常用，词义宽泛，可指各样的吸收或丰富充实，有被吸收物完全消失之含义：The roots of plants *absorb* moisture. (植物的根部吸收水分。) **assimilate** 比 absorb 更进一层，指转化或同化：*assimilate* a mass of material in a brief time (在短期内吸收大量的物质) **imbibe** 通常指吸入液体，有时也用于表示不知不觉地吸收或接受思想、知识等，并产生深远影响；但主要用于正式语体：Children *imbibe* the values of their parents. (孩子继承父母的价值观。)

ab·sorbed /əbˈsɔːbd, -ˈzɔː-/ *adj.* 聚精会神的，专心致志的；极感兴趣的：I was so *absorbed* in this book that I didn't hear you. 我正入神地看这本书，连你进来的脚步声也没听见。

ab·sorb·ent /əbˈsɔːbənt, -ˈzɔː-/ *adj.* 能吸收(水、光、热等)的：*absorbent* paper towels 吸水纸巾 ‖ **ab¦sorb·en·cy** *n.* [U]

ab·sorb·ing /əbˈsɔːbiŋ, -ˈzɔː-/ *adj.* 非常有趣的；引人入胜的：He finds chess quite *absorbing*. 他发觉下棋非常有趣。

ab·sorp·tion /əbˈsɔːpʃ°n, -ˈzɔːp-/ *n.* ❶[U]吸收，吸收过程；吸收作用：in the *absorption* of moisture from the air 在从空气中吸收水分的过程中 ❷[U;C]聚精会神，专心致志；热衷：*absorption* in one's work 埋头工作

ab·stain /əbˈstein/ *vi.* ❶(自制地)戒除，戒绝；有意回避(*from*)：I *abstain from* all alcohol. 凡是含酒精的饮料，我一概不喝。❷弃权(不投票)：He *abstained* in the election. 选举中他弃权了。‖ **ab¦stai·ner** *n.*

ab·sten·tion /əbˈstenʃ°n/ *n.* [C](投票表决时的)弃权

ab·sti·nence /ˈæbstin°ns/, **ab·sti·nen·cy** /-si/ *n.* [U]节制；禁欲；戒酒(*from*)：practise complete *abstinence from* alcoholic beverages 完全禁饮含酒精的饮料

ab·stract /ˈæbstrækt/ I *adj.* ❶抽象的；(语词等)表示抽象概念的：an *abstract* concept 抽象概念 ❷[常作 A-](艺术)抽象(派)的，形式上的：an *abstract* painting 抽象画 II *n.* [C](文章、书籍等的)摘要，提要，梗概

（常略作 **abs.**）：make an *abstract* of approximately 100 words 做一篇 100 字左右的论文概要 **III** /əbˈstrækt/ *vt.* 做…的摘要（或提要、梗概）：Please *abstract* this scientific article. 请给这篇科学论文做摘要。‖ **ˈab·stract·ly** *adv.* —**ˈab·stract·ness** *n.*

ab·strac·tion /æbˈstrækʃ°n/ *n.* ❶[C]抽象概念 ❷[U]出神；心不在焉，分心

ab·surd /əbˈsɜːd/ *adj.* 不合理的；荒谬的；滑稽可笑的；愚蠢的：It was *absurd* of you to suggest such a thing. 你居然提出这么个建议，真荒唐！‖ abˈsurd·ly *adv.* —abˈsurd·ness *n.* [U]

☆ **absurd, foolish, preposterous, ridiculous, silly** 均有"荒谬的"之意。**absurd** 强调不符合常识或人情：It's *absurd* to believe that the earth is flat.（认为地球是扁平的观点是荒谬的。）**foolish** 强调缺乏智慧或判断力：How *foolish* of you to make the same mistake!（犯同样的错误，你真是太愚蠢了。）**preposterous** 表示极其荒唐，语气较 absurd 更为强烈：It is *preposterous* to reward a thief.（奖赏一个贼真是太荒唐了。）**ridiculous** 则常含有鄙视的意味：You look *ridiculous* in those tight jeans.（你穿着紧身牛仔看起来真滑稽。）**silly** 常指一时失算而显得愚蠢，暗含"单纯""糊涂"之义：Don't be *silly* — You can't eat raw potatoes.（别傻了，生土豆不能吃。）

a·bun·dance /əˈbʌndəns/ *n.* [U][时用单]多，大量；充足；丰富

a·bun·dant /əˈbʌndənt/ *adj.* ❶多的，大量的；充足的：There's *abundant* evidence for pressing charges. 有大量的证据支持起诉。❷丰富的；富裕的；富饶的（*in, with*）：a fair and *abundant* land 美丽而富饶的土地 ‖ aˈbun·dant·ly *adv.*

a·buse /əˈbjuːz/ **I** *vt.* ❶滥用；误用：*abuse* one's authority 滥用权力 ❷[常用被动语态]虐待；欺凌；伤害：a much *abused* wife 备受虐待的妻子 ❸辱骂；侮辱；诋毁：Instead of debating the issues the candidates *abused* each other. 竞选者们相互谩骂而不是在辩论问题。**II** /əˈbjuːs/ *n.* ❶[U;C]滥用；误

用：alcohol *abuse* 酗酒 ❷[U]虐待；欺凌；伤害：human rights *abuse* 侵犯人权的行为 ❸[U]辱骂；words of *abuse* 骂人话 ‖ **a·bu·sive** /əˈbjuːsiv/ *adj.* —**aˈbu·sive·ly** *adv.*

a·bys·mal /əˈbizm°l/ *adj.* 极坏的，糟糕透顶的；work in *abysmal* conditions 在极其恶劣的条件下工作 ‖ aˈbys·mal·ly *adv.*

a·byss /əˈbis/ *n.* [C]深渊，无底洞

a·byss·al /əˈbis°l/ *adj.* ❶深海的；海底的：an *abyssal* zone 深海区（或深海带）❷无底的，深不可测的

a·ca·cia /əˈkeiʃə/ *n.* [C]【植】刺槐，洋槐

ac·a·dem·ic /ˌækəˈdemik/ **I** *adj.* ❶[作定语]学校的；大学的；学院的；学会的；学术团体的：an *academic* degree 学位 ❷学术的：the *academic* world 学术界 ❸纯理论的，纯学理的；学究式的，不切实际的：an *academic* argument 纯理论观点 **II** *n.* [C]大学生；大学教师 ‖ ˌac·aˈdem·i·cal·ly *adv.*

a·cad·e·mi·cian /əˌkædəˈmiʃ°n/ *n.* [C]学会会员；院士

a·cad·e·my /əˈkædəmi/ *n.* [C] ❶（中等以上的）专门学校（尤指私立者）：a military *academy* 军事学校（或学院）❷[常作 A-]（文学、艺术或自然科学等的）学会：the Royal *Academy* of London 伦敦皇家学会 ❸学院；大学；研究院

ac·cel·er·ate /əkˈseləreit/ *v.* 加快，增速；增长，增加：This building's decay has *accelerated* due to neglect. 由于无人看管，这座楼房破败得更快了。‖ **ac·cel·er·a·tion** /əkˌseləˈreiʃ°n/ *n.*

ac·cel·er·a·tor /ækˈseləreitə/ *n.* [C]【机】加速装置；（汽车等的）加速踏板，油门踏板，油门拉钮

ac·cent /ˈæks°nt, -sent/ *n.* [C] ❶重音；强音；扬音：a primary *accent* 主重音 ❷重音符号；（字母上的）音质符号 ❸口音，腔调；乡音，土音：His *accent* betrayed his nationality. 他的口音透露了他的国籍。

ac·cen·tu·ate /ækˈsentʃueit/ *vt.* 强调；使更突出，使更明显：The twinkle in her eyes *accentuated* her smile. 她双眸闪亮更显得

笑容的妩媚。‖ **ac·cen·tu·a·tion** /ˌæksentjuˈeiʃ°n/ *n.* [U]

ac·cept /əkˈsept/ *vt.* ❶(欣然地)接受；收受；领受：He offered her a lift and she *accepted* it. 他主动请她坐他的车，她便领情了。❷同意，答应；承担；认可：*accept* sb.'s request 同意某人的请求 ❸承担(责任等)；担任(职位)：*accept* liability for an accident 承担事故的责任 ❹欢迎；接纳：He was *accepted* by Oxford University. 他已被牛津大学录取了。

ac·cept·a·ble /əkˈseptəb°l/ *adj.* ❶值得接受的；可以接受的：No compromise would be *acceptable*. 绝不能接受任何妥协。❷只符合最低要求的，勉强够格的；差强人意的，尚可的：Performances varied from excellent to *acceptable*. 演出从出类拔萃到差强人意不等。❸可忍受的；可容许的；承受得住的：*acceptable* level of inflation 可承受的通货膨胀水平 ‖ **ac·cept·a·bil·i·ty** /əkˌseptəˈbiliti/, **ac'cept·a·ble·ness** *n.* [U] —**ac'cept·a·bly** *adv.*

ac·cept·ance /əkˈsept°ns/ *n.* [U；C]接受；收受；采纳；接纳：His *acceptance* of bribes led to his arrest. 受贿导致他被捕。

ac·cess /ˈækses/ I *n.* ❶[U]接近(或进入)的机会(或权利)；享用(某物)的机会(或权利)(*to*)：How could the thief have gained *access to* the vault? 窃贼是如何进入地下室的呢？❷[U]通道；入口；门径；途径(*to*)：The entrance door gives *access to* a living room. 大门通向起居室。II *vt.*【计】存取，访问；取得(数据)：*access* the information 读取信息

ac·ces·si·ble /əkˈsesəb°l/ *adj.* ❶可接近(或进入)的；易接近(或进入)的：This desert island is *accessible* only by helicopter. 这座荒岛只有乘直升机方可抵达。❷可使用(或得到)的；易使用(或得到)的(*to*)：Computers will be cheap enough to be *accessible to* virtually everyone. 计算机将会便宜到几乎人人都买得起。‖ **ac·ces·si·bil·i·ty** /əkˌsesəˈbiliti/ *n.* [U] —**ac'ces·si·bly** *adv.*

ac·ces·sion /əkˈseʃ°n/ *n.* [U]获得；就职；

就任；(帝王的)即位，登基

ac·ces·so·ry /əkˈsesəri/ *n.* [C] ❶附件，配件；附属物：a necessary *accessory* to a car 汽车必需的附件 ❷【律】从犯；帮凶；同谋；包庇犯；窝藏犯

ac·ci·dent /ˈæksid°nt/ *n.* [C] (不幸的)意外(或不测)事件；事故；横祸：a road [traffic] *accident* 交通事故 ‖ **by accident** *adv.* 偶然；意外地：The trip was a success, but more *by accident* than design. 这次旅行很成功，不过是由于机缘而不是有意安排。

ac·ci·den·tal /ˌæksiˈdent°l/ *adj.* 意外的；偶然的；非故意的；出乎意料的：an *accidental* death by drowning 意外溺死 ‖ **ac·ci'den·tal·ly** *adv.*

☆ **accidental, casual, contingent, fortuitous, incidental** 均有"偶然的，意外的"之意。**accidental** 强调碰巧或意外：Any resemblance to actual persons is entirely *accidental*. (任何和现实中的人相似的地方都纯属意外。) **casual** 强调无意或无预谋：a *casual* encounter between two acquaintances (两个熟人的不期而遇) **contingent** 多用以指即将发生的事情的不可料性：A *contingent* thunderstorm scattered the marchers. (突然下起的暴风雨驱散了游行者。) **fortuitous** 着重指原因不明的意外事件：He believes that life is more than a series of *fortuitous* events. (他认为生活中更多的是一系列意外的事件。) **incidental** 可指无计划的或不规则的：an *incidental* shrub or two beside the path (路边长着一两棵不规则的灌木树)

ac·claim /əˈkleim/ I *vt.* 向…欢呼；为…喝彩；盛赞：*acclaim* the opening of the congress 欢呼代表大会的召开 II *n.* [U；C]欢呼(声)，喝彩(声)；盛赞

ac·cla·ma·tion /ˌækləˈmeiʃ°n/ *n.* [U] 欢呼；喝彩；拥护，赞成；[常用～s]欢呼声；喝彩声：the *acclamations* of the crowd 群众的欢呼声

ac·cli·ma·tize /əˈklaimətaiz/ *v.* (使)适应(或习惯于)；(使)服水土(*to*)：He can't *acclimatize* (himself) *to* working at night. 他不习惯于夜间工作。‖ **ac·cli·ma·ti·za·tion**

A

/əˌklaiməteiˈzeiʃ°n;-tiˈz-/ *n.* [U]

ac·co·lade /ˈækəˌleid, ækəˈleid/ *n.* [C]荣誉；嘉奖；赞许；褒扬

ac·com·mo·date /əˈkɔməˌdeit/ *vt.* ❶给…提供方便；帮…解决问题（或摆脱困难）；施恩惠于；通融：We did this to *accommodate* your buyers. 我们这样做是为了照顾你方的买主。❷向…提供住宿（或膳宿）：*accommodate* sb. for the night 留某人过夜 ❸使适应；顺应；使符合一致；改变…以适应；迁就(*to*)：She *accommodates* herself *to* the new rules. 她使自己适应新的规章制度。

ac·com·mo·dat·ing /əˈkɔməˌdeitiŋ/ *adj.* 乐于助人的；肯通融的；好打交道的

ac·com·mo·da·tion /əˌkɔməˈdeiʃ°n/ *n.* ❶[U；C][常作～s]住所；膳宿：a grave shortage of housing *accommodation* 住房严重缺少 ❷[U]适应性调节；调整(*to*)：the *accommodation* of a man *to* his surroundings 人对环境的适应 ❸[U；C]调解，调停；和解；迁就；通融

ac·com·pa·ni·ment /əˈkʌmpənim°nt/ *n.* [C]【音】伴奏；伴唱

ac·com·pa·nist /əˈkʌmpənist/ *n.* [C]伴奏者（尤指钢琴伴奏者）；伴唱者

ac·com·pa·ny /əˈkʌmpəni/ *v.* ❶陪伴，陪同，伴随：I had a doughnut *accompanied* by a glass of milk. 我就着一杯牛奶吃了一块炸面圈。❷伴奏；伴唱：She *accompanied* the singer on the piano. 她为歌手作钢琴伴奏。

☆**accompany, attend, escort, follow** 均有"伴随，护送"之意。**accompany** 指与人结伴，作他人之同伴，强调关系平等：He *accompanied* her to the theatre. （他陪她一起去剧院。）**attend** 通常表示陪伴者处于从属地位：The prince was *attended* by an equerry, a secretary, and a courier. （王子由一个侍从、一个大臣和一个信使伺候着。）该词也可指提供服务或照顾：Dr. Jones *attended* the patient. （琼斯大夫照顾这个病人。）**escort** 泛指礼节性、保护性的护送：A motorcade *escorted* the visiting queen. （一队汽车为来访的女王开道。）**follow** 则强调跟随或追踪：

The detective *followed* the boys to their hiding place. （侦探尾随着男孩们，到了他们的藏身之地。）

ac·com·plice /əˈkɔmplis, əˈkʌm-/ *n.* [C]【律】共犯，同案犯

ac·com·plish /əˈkɔmpliʃ, əˈkʌm-/ *vt.* 达到（目的、结论等）；实现（计划、诺言等）；完成（任务等）：*accomplish* one's mission 完成使命

ac·com·plished /əˈkɔmpliʃt, əˈkʌm-/ *adj.* 熟练的；精通的；有造诣的；有才艺的

ac·com·plish·ment /əˈkɔmpliʃm°nt, əˈkʌm-/ *n.* ❶[U]完成；实现：difficult of *accomplishment* 完成的难度 ❷[C]成就；成绩：Developing the supersonic jet was quite an *accomplishment*. 研制出超音速喷气式飞机是一个很了不起的成就。

ac·cord /əˈkɔːd/ I *vi.* ❶符合；一致：What he has said does not *accord* with what he told me before. 他刚才说的同他以前告诉我的不一样。❷给予：They *accorded* the queen great honour. 他们向女王表示敬意。II *n.* [C]（尤指国与国之间的）协议；契约 ‖ *in accord* (*with*) *adv.* （与…）一致，（与…）相符合：Our views on this question are *in accord with* yours. 我们对这个问题的看法和你们的完全一致。*of one's own accord adv.* 自愿地；主动地：He signed the agreement *of his own accord*. 他是自愿签订这项协议的。

ac·cord·ance /əˈkɔːd°ns/ *n.* ‖ *in accordance with* [〈美〉*to*] *prep.* 根据，依照；与…一致：The order will be executed *in accordance with* the terms agreed. 订单将按商定的条款执行。

ac·cord·ing·ly /əˈkɔːdiŋli/ *adv.* ❶[通常用于句首或句中]因此，所以；于是：I was told to hurry; *accordingly*, I came by plane. 叫我要快点来，所以我乘飞机赶来了。❷[通常用于句末]照着；相应：These are the rules, act *accordingly*. 这些都是规定，照着办就是了。

ac·cord·ing /əˈkɔːdiŋ/ **to** *prep.* ❶根据；按照，依照：Everything went *according to* plan. 一切按计划进行。❷随着…而；取决于：Spend *according to* your income. 要量入为出。❸照…所说；据…所载：*According to* Sanchez this charge is absolutely false. 照桑切斯所说，这一罪名完全是捏造的。

ac·cor·di·on /əˈkɔːdiən/ *n.* [C]手风琴 ‖ ac'cor·di·on·ist /-ist/ *n.* [C]

ac·cost /əˈkɔst/ *vt.* （尤指贸然地）上前跟…攀谈（或搭讪）：A stranger *accosted* him, asking for directions. 一位陌生人走上来向他问路。

ac·count /əˈkaunt/ I *n.* ❶[C]叙述；描述；报告，报道；记载：an entertaining *account* of a journey 一篇引人入胜的游记 ❷[C]账；账款；银行账户，银行往来账；[~s]待结账目：open an *account* 开立账户 ❸[C]账目：The *accounts* show them to be in trouble. 账目表明他们有了麻烦。❹[U]赊账：He bought the clothes on *account*. 这些衣服是他赊购来的。II *vi.* ❶对…作出解释（*for*）：Can you *account for* your fingerprints on the gun? 你能对枪上的指纹作出解释吗？❷是…的原因（*for*）：Sales to the New York market *accounts for* a lot of our total sales. 卖到纽约市场的货物占我们总销量的许多份额。‖ **on account of** *prep.* 因为，由于：Surgical operation was not considered *on account of* the patients's age. 由于患者的年龄关系，没有考虑外科手术治疗。**on no account** *adv.* 决不；切莫：*On no account* should you lie. 你绝对不应该撒谎。**take account of** *vt.* 考虑到；顾及；为…留有余地：You need not *take* too much *account of* his words. 你不必把他的话看得太重。**take into account** *vt.* 考虑；注意到：They didn't *take into account* the cost of the project. 他们没有把项目的成本考虑进去。

ac·count·a·ble /əˈkauntəbl/ *adj.* [通常作表语] ❶负有责任的；应负责任的；应做解释（或说明）的：Each person is *accountable* for his own work. 人人都应该对自己的工作负责。❷可解释（或说明）的；可理解的：It is a very *accountable* obstinacy. 这是一种完全可以理解的固执态度。‖ **ac·count·a·**

bil·i·ty /əˌkauntəˈbiliti/ *n.* [U] —ac'count·a·bly *adv.*

ac·count·an·cy /əˈkauntᵊnsi/ *n.* [U]会计工作（或职责）；会计学

ac·count·ant /əˈkauntᵊnt/ *n.* [C]会计；会计师 ‖ ac'count·ant·ship *n.* [U；C]

ac·count·ing /əˈkauntiŋ/ *n.* [U]会计；会计学；会计制度

ac·cred·it /əˈkredit/ *vt.* ❶委派，派遣（使节）（*at, to*）：*accredit* an envoy *to* a foreign government 向外国政府派遣外交使节 ❷确认，认可，批准；相信，信任；认为…属实：He is a truthful man and anything he says will be *accredited*. 他一向很诚实，他的话人人都信。‖ **ac·cred·i·ta·tion** /əˌkrediˈteiʃᵊn/ *n.* [U]

ac·crue /əˈkruː/ *vi.* （因自然增长、增添而）增加；（尤指资本等）自然增值；增益：Interest begins to *accrue* when the loan is granted. 贷款一经发放便开始生息。—*vt.* 获得；积累；收集：the interest *accrued* on the remaining balance of a loan 借贷差额的累积利息

ac·cu·mu·late /əˈkjuːmjuˌleit/ *v.* 堆积；积聚；积累；积蓄：*accumulate* knowledge 积累知识 ‖ **ac·cu·mu·la·tion** /əˌkjuːmjuˈleiʃᵊn/ *n.* [U；C] —ac·cu·mu·la·tive /əˈkjuːmjuˌlətiv/ *adj.*

ac·cu·rate /ˈækjurit/ *adj.* 准确的；精确的；正确无误的：be *accurate* to six decimal places 精确到小数点后 6 位 ‖ 'ac·cu·rate·ly *adv.* —'ac·cu·rate·ness *n.* [U]

ac·cu·sa·tion /ˌækjuˈzeiʃᵊn/ *n.* [U]指控，控告；指责，谴责 ‖ **ac·cu·sa·to·ry** /əˈkjuːzᵊtᵊri/ *adj.*

ac·cu·sa·tive /əˈkjuːzᵊtiv/ I *adj.* 【语】宾格的（略作 acc.）II *n.* [C]【语】宾格，对格；宾格词；宾格代词（如 me, us, him, them）

ac·cuse /əˈkjuːz/ *vt.* 指控，控告；指责，谴责：The police *accused* him of stealing the car. 警方指控他偷盗汽车。‖ ac'cu·ser *n.* [C]

☆accuse, blame, charge, indict 均有"指责，指

控"之意。**accuse** 最为常用，可用于各种正式或非正式场合，指直接尖锐地指责或控告他人的过失或罪行：A neighbour may *accuse* a man of playing his radio too loudly. (邻居可以指责说别人把收音机的音量开得太大了。) **blame** 常表示责备或谴责，强调对已经发生的过错或灾难负有责任：He *blamed* me for the accident. (他因为那起事故责备我。) **charge** 通常指在法庭上正式控告：an athlete *charged* with taking illegal drugs before the race (一个被指控在赛前服用违禁药品的运动员) **indict** 为法律术语，多指公开指控，尤指大陪审团对某人的起诉：He was *indicted* by a grand jury for first-degree murder. (他被大陪审团指控为一级谋杀。)

ac·cus·tom /əˈkʌstəm/ *vt.* 使习惯于(*to*)：*accustom* oneself *to* cold weather 使自己适应寒冷天气

ac·cus·tomed /əˈkʌstəmd/ *adj.* ❶ 通常的，惯常的：He's out of his *accustomed* walk. 他不再跟往常一样外出散步了。❷[通常作表语]习惯了的；适应了的(*to*)：She is *accustomed to* working late. 她习惯于工作到深夜。

ace /eis/ *n.* [C] ❶ A 纸牌；(A 纸牌上的)一点；(骰子、西洋骨牌中的)幺；(骰子)刻有幺点的一面；幺点骨牌 ❷【网】发球得分；一击得分；得一分的发球(或一击)；【高尔夫】一杆进穴；一杆得分

ac·e·tate /ˈæsiˌteit/ *n.* [U]【纺】醋酯制品；醋酸纤维制品

acetic acid *n.* [U]【化】醋酸

ac·e·tone /ˈæsiˌtəun/ *n.* [U]【化】丙酮 ‖ **ac·e·ton·ic** /ˌæsiˈtɔnik/ *adj.*

a·cet·y·lene /əˈsetiˌliːn/ *n.* [U]【化】乙炔，电石气；炔烃

ache /eik/ Ⅰ *vi.* 痛，疼痛：My back *aches*. 我背痛。Ⅱ *n.* [C](持续的、隐隐的)疼痛：an *ache* in one's heart like the farewell to a dear woman 心中就像与情人永别那样痛苦 ‖ **ˈach·ing·ly** *adv.* ―**ˈach·y** *adj.*

a·chieve /əˈtʃiːv/ *vt.* (通过努力)达到，取得：*achieve* popular success only late in one's life 大器晚成 ‖ **aˈchiev·a·ble** *adj.* ―

aˈchiev·er *n.* [C]

a·chieve·ment /əˈtʃiːvmənt/ *n.* ❶[U]完成；成就：Writing the book gave him a sense of *achievement*. 写成那本书使他得到成就感。❷[C]成绩；成就；成果；业绩：a brilliant *achievement* in science 科学上的辉煌成就

Achilles(') heel *n.* [C]阿喀琉斯的脚踵，唯一的弱点，小而致命的弱点

ac·id /ˈæsid/ Ⅰ *n.* ❶[U;C]【化】酸，酸类 ❷[U]〈俚〉迷幻药(指麦角酸二乙基酰胺) Ⅱ *adj.* ❶【化】酸的；酸性的：an *acid* solution 酸溶液 ❷酸的，酸味的：Lemons are an *acid* fruit. 柠檬是一种酸味水果。‖ **a·cid·ic** /əˈsidik/ *adj.* ―**ˈac·id·ly** *adv.* ―**ˈac·id·ness** *n.* [U]

ac·knowl·edge /əkˈnɔlidʒ/ *vt.* ❶(公开)承认：*acknowledge* one's mistakes 承认自己的过错 ❷跟…打招呼；搭理 ❸承认(权威、权利等) ❹对…表示谢意 ❺告知；收到(来信、礼物等)：On receipt of remittance, please *acknowledge* us. 收到汇款请即告知。

☆**acknowledge, admit, confess** 均有"承认"之意。**acknowledge** 通常指不情愿地承认令人尴尬的事情，常用于过去隐瞒或曾经否认过的事：He *acknowledged* an early short-lived marriage. (他承认有过一次短暂的婚姻。) **admit** 常暗示外界压力，"不情愿"的意味比 acknowledge 更为强烈：He *admitted* under questioning that he was in the service of a foreign power, but denied that he was guilty of espionage. (经过询问，他承认自己在外国军队里服役，但他否认自己犯了间谍罪。) **confess** 着重承认自己的缺点、过错或罪恶，常含"忏悔""坦白"之义：He *confessed* that he was an accomplice in the robbery. (他坦白自己是这起抢劫案的同谋。)

ac·knowl·edg(e)·ment /əkˈnɔlidʒmənt/ *n.* ❶[U](对错误等的)承认：the *acknowledgment* of one's own faults 对自己过失的承认 ❷[C]答谢；致谢；[常作~s](作者的)致谢，鸣谢：return one's *acknowledgment* to sb. 答谢某人 ❸[C](对收到来信等的)回复；回音：a receipt issued in *acknowledgment* of a payment 付款收讫的回执

ac·ne /'ækni/ *n.* [U]【医】痤疮,粉刺

a·corn /'eikɔːn/ *n.* [C]橡树果实

a·cous·tic /ə'kuːstik/ *adj.* [作定语]❶声音的;声波的;音响的:an *acoustic* picture 声波图 ❷听觉的:*acoustic* perception 听觉 ❸(乐器、乐队、表演者等)不用电传音的:an *acoustic* guitar 原声吉他 ‖ a'cous·ti·cal·ly *adv.*

a·cous·tics /ə'kuːstiks/ [复] *n.* ❶[用作单]声学 ❷[用作单或复](厅堂、房间及传声系统等的)音质;音响效果

ac·quaint·ance /ə'kweintəns/ *n.* ❶[C]相识的人;[总称]熟人:a casual *acquaintance* 泛泛之交 ❷[U]认识,相识;熟悉,了解:a person of wide *acquaintance* 交游很广的人 ‖ **make sb.'s acquaintance** *vi.* 结识某人;与某人相见:I made his *acquaintance* at a party. 我是在一次社交聚会上认识他的。

ac·qui·esce /ˌækwi'es/ *vi.* 默认;默许;默从(*in*,*to*):She *acquiesced* to her parents' wishes. 她默默顺从她父母的意愿。 ‖ ˌac·qui·es·cence /-'esns/ *n.* [U]— ˌac·qui·es·cent /-'esnt/ *adj.*

ac·quire /ə'kwaiə'/ *vt.* (尤指通过努力)获得,求得;学到,习得:The work has *acquired* the status of a classic among the composer's admirers. 这首乐曲在作曲家的崇拜者心目中已经享有了经典作品的地位。 ‖ ac'quir·a·ble *adj.* — ac'quire·ment *n.* [U]

ac·qui·si·tion /ˌækwi'ziʃn/ *n.* ❶[U]获得,取得;占有:He spent hundreds of hours in the *acquisition* of skill at the piano. 为了掌握钢琴弹奏技巧,他花了成百上千个小时。 ❷[C]获得物;增添的人(或物)(尤指有特别长处或价值者):Our museum's latest *acquisition* is a Picasso. 我们博物馆最近增添了一幅毕加索的画。

ac·quit /ə'kwit/ *vt.* (-quit·ted;-quit·ting) ❶宣告…无罪;无罪释放:The accused was *acquitted*. 被告被宣告无罪。 ❷[~ one·self]使(自己)作出某种表现;使(自己)履行(或完成):She *acquitted herself* like a pro. 她举手投足像是个行家似的。

ac·quit·tal /ə'kwitl/ *n.* [U;C]宣判无罪;无罪开释:a verdict of *acquittal* 无罪释放裁决书

a·cre /'eikə'/ *n.* [C]英亩

ac·rid /'ækrid/ *adj.* ❶(气味等)辛辣的,苦的;刺激的,呛人的:*acrid* smoke from burning rubber 橡胶燃烧的呛鼻烟雾 ❷(言辞、性格等)刻薄的;讥讽的:an *acrid* disposition 刻薄的性格 ‖ 'ac·rid·ly *adv.* —'ac·rid·ness *n.* [U]

ac·ri·mo·ni·ous /ˌækri'məuniəs/ *adj.* (脾气、言辞、态度等)尖酸刻薄的;讥刺的;激烈的:an *acrimonious* dispute 激烈的争论

ac·ri·mo·ny /'ækriməni/ *n.* [U](脾气、言辞、态度等的)尖刻;严厉;辛辣:attack sb. with great *acrimony* 以极其激烈的言辞攻击某人

ac·ro·bat /'ækrəˌbæt/ *n.* [C]杂技演员;技艺高超的体操运动员 ‖ **ac·ro·bat·ic** /ˌækrə'bætik/ *adj.*

ac·ro·bat·ics /ˌækrə'bætiks/ [复] *n.* 杂技;杂技表演

ac·ro·nym /'ækrənim/ *n.* [C]首字母缩略词

a·cross /ə'krɒs/ *prep.* & *adv.* ❶横过;穿过;跨越;历经:The great bridge goes *across* the river. 大桥飞架河流的两岸。 ❷在…的对面;在…的另一边:He lives *across* the streets. 他住在街道对面。

act /ækt/ **I** *n.* [C] ❶行为;行动:an *act* of heroism 英勇行为 ❷【律】法案;法令;条例;敕命;(法院的)判决 ❸【戏】幕:the second *act* of *Hamlet*《哈姆雷特》第二幕 **II** *vi.* ❶行动;做事:At the alarm, the firemen *acted* promptly. 一听到警报,消防队员们立即行动起来。 ❷充当,担当;扮演(*as*):Lou is *acting as* principal. 卢担任代理校长。 ❸起作用;发生影响;产生效果:The medicine *acts* well. 这药很有效。 ❹表现;举止:She usually *acts* like a lady. 她举手投足,总是像个贵妇人似的。 ❺假装;做作:*Act* interested even if you're bored. 你即使感到

讨厌，也要装得有兴趣。❻表演；（戏、角色等）能被（扮）演：She acts before the camera and on the stage. 她是电影和舞台两栖演员。—vt. ❶举止像；装成：He's just acting the fool. 他这是在装傻。❷使举止与…相称：act one's age 举止要与年龄相称 ❸扮演：act Macbeth 扮演麦克白

☆act, action, deed, exploit, feat, operation 均有"动作，行为"之意。act 强调已完成的行为，该行为并非一定受动机驱使：To kick a cat is cruel act. （用脚踢猫是残忍的行为。）action 强调动作的过程或作用，常指较为复杂或延续时间较长的行动：He is regretting his action. （他本为自己的所作所为后悔。）deed 往往用来表示伟大、高尚的行为或动作，暗含卓著业绩之意：Brave men's deeds live after them. （勇敢者的伟绩永垂后世。）exploit 意指勇敢、大胆的行为或功绩，通常用于体力方面：perform daring exploits（干英勇无畏的事情）feat 也指功绩或英勇、大胆的行为，适用于体力和智力两方面：the feat of crossing the Atlantic in a balloon（乘热气球横跨大西洋之壮举）operation 通常指一连串行动或行动的完成方式：A military operation is a series of coordinated individual and group acts. （一次军事行动是一系列的个人与集体协同作战的行为。）

act·ing /'æktɪŋ/ **I** adj. ［作定语］代理的：the acting mayor 代理市长 **II** n. ［U］表演，演戏；演技：film acting 电影表演

ac·tion /'ækʃn/ n. ❶［U］行动；行动过程：The time has come for action. 采取行动的时候到了。❷［C］行为；所做的事：You must judge a person by his actions, not by what he says. 判断一个人，必须察其行而不是听其言。❸［U］积极的活动：a man of action 实干家（或活动家）❹［U］作用；影响：the corrosive action of acid 酸的腐蚀作用 ❺［U］战斗（行动）：The actions lasted five hours. 战斗延续了五个小时。❻［通常用单］情节；情节发展；【戏】三一律之一 ❼［C］【律】诉讼；诉讼权：A judge may dismiss an action. 法官有权不受理诉讼。❽［U］(俚)最富刺激性的活动：This place is dull. I want some action. 这地方太没劲儿，

我想来点儿有刺激的。‖ in action adj. & adv. ❶在积极活动中：All the players stayed in action through the entire game. 所有的球员都积极参加，赛完全场。❷在起作用；在运转中：The machine is now in action. 机器正在运转。into action adj. & adv. 开始工作；开始运行：put a plan into action 将计划付诸实施 out of action adj. & adv. 不（再）活动；不（再）起作用；不（再）运转：A car is out of action without fuel. 没有汽油，汽车就开不动。take action vi. 采取行动：Immediate action must be taken to stop the fire spreading. 必须立即采取行动阻止火势蔓延

ac·ti·vate /'æktɪˌveɪt/ vt. ❶使活动起来；使行动起来；使起作用：Smoke activates the alarm. 烟雾触发警报器。❷使（部队）处于现役状态：activate the national guard unit 使国民警卫队处于现役状态 ‖ ac·ti·va·tion /ˌæktɪ'veɪʃn/ n. ［U］—'ac·ti·va·tor n. ［C］

ac·tive /'æktɪv/ adj. ❶活动着的；使用着的；在工作中的：An active volcano erupts from time to time. 活火山会不时地爆发。❷精力旺盛的；敏捷的：He has an active brain. 他的头脑灵活。❸积极的；勤勉的：be active in public affairs 热衷于公共事务 ❹【语】主动的；主动（语）态的 ❺剧烈的：Tennis is an active sport. 网球运动是一种剧烈运动。‖ 'ac·tive·ly adv. —'ac·tive·ness n. ［U］

☆active, energetic, strenuous, vigorous 均有"有力的，活泼的"之意。active 最为常用，泛指有活动能力的、能运动的或有能量的，强调主动与勤勉：an active and useful person（一个有活动能力又有作用的人）energetic 指表现得精力旺盛、生气勃勃，有时暗含这种表现是人为努力的结果的意味：They were conducting an energetic campaign. （他们正在进行一次强有力的行动。）strenuous 用以指人时意为奋发的，使劲的，强调坚持不懈；用于事物或活动时指艰苦费力：a strenuous trip（一次艰难的旅程）vigorous 通常指具有从事剧烈活动的能力和精力，强调强壮或强有力：He seemed as vigorous as a youth. （他跟年轻人一样

充满活力。)

ac·tiv·i·ty /æk'tiviti/ *n.* ❶[U]活动;活动力:complex cognitive *activity* 错综复杂的认知活动 ❷[C](某一领域内的)特殊活动;具体活动:engage in extracurricular *activities* 参加课外活动

ac·tor /'æktə/ *n.* [C](男)演员

ac·tress /'æktris/ *n.* [C]女演员

ac·tu·al /'æktʃuəl/ *adj.* [通常作定语]实际的,实在的;事实上的,真实的:I want the *actual* figures,not just the estimate. 我要的是确实的数字,而不仅仅是估计。‖ **'ac·tu·al·ly** *adv.*

a·cu·men /'ækjuˌmen,ə'kjuːmˀn/ *n.* [U]敏锐;精明;聪明:His business *acumen* has made him very successful. 他的生意眼光使他大为发达。

ac·u·punc·ture /'ækjuˌpʌŋktʃə'/ *n.* [U](源自中国的)针刺;针刺疗法;针刺麻醉 ‖ **ac·u·punc·tur·ist** /ˌækjuˈpʌŋktʃərist/ *n.* [C]

a·cute /ə'kjuːt/ *adj.* ❶尖的:an *acute* leaf 尖叶 ❷(感觉、感官等)敏锐的,尖锐的:*acute* eyesight 敏锐的眼光 ❸严重的:an *acute* lack of engineers 工程师的严重匮乏 ❹剧烈的,激烈的;厉害的:an *acute* consciousness of self 强烈的自我意识 ❺【数】锐(角)的:an *acute* triangle 锐角三角形 ❻【医】急性的;治疗急性病的:He had *acute* appendicitis. 他患急性阑尾炎。‖ **a'cute·ly** *adv.* — **a'cute·ness** *n.* [U]

☆**acute,critical,crucial** 均有"紧急的,严重的"之意。**acute** 通常指需要和缺乏的紧急程度:an *acute* water shortage(严重缺水)**critical** 与 crucial 词义相近,但往往含丝毫之差便会酿成严重后果之意:Another minute's lack of oxygen could be *critical*. (再缺氧一分钟就危险了。)**crucial** 指情况紧急,但暗示转折点或决定性时刻即将到来:The success of this experiment is *crucial* to the project as a whole. (这次实验的成功对整个工程是至关重要的。)

ad /æd/ *n.* [C]〈口〉广告

A. D. ,AD *abbr.* 〈拉〉*Anno Domini* 公元

ad·age /'ædidʒ/ *n.* [C]谚语,格言

a·da·gio /ə'dɑːdʒiəu/ *adj.* & *adv.* 【音】舒缓的(地);从容而优美的(地)

ad·a·mant /'ædəmˀnt/ *adj.* 坚决的;坚强的;坚定不移的;倔强的;固执的:an *adamant* refusal 断然拒绝 ‖ **'ad·a·mant·ly** *adv.*

a·dapt /ə'dæpt/ *vt.* ❶使适应;使适合(*to*):Can you *adapt* your way of working *to* the new job? 你能使你的工作方式适应新的工作吗? ❷改制;改编,改写(*for*):These books are *adapted for* children. 这些书是为儿童改写的。— *vi.* 变得适应(*to*):*adapt* easily *to* any circumstances 随遇而安 ‖ **a·dapt·a·bil·i·ty** /əˌdæptə'biliti/ *n.* [U] — **a·dapt·a·ble** /ə'dæptəbˀl/ *adj.*

☆**adapt,accommodate,adjust,conform,reconcile** 均有"适应,适合"之意。**adapt** 强调作出较大改变,以适应新的情况或不同的环境:I'm afraid he can't *adapt* to the idea of having a woman as his boss. (恐怕他很难以适应一个妇女当他上司的主意。)**accommodate** 暗含为取得一致而作出妥协迁就之意:I will *accommodate* my plans to yours. (我修改一下计划以便与你的计划相适应。)**adjust** 侧重于较小的改变,常指仔细准确地调整或校准某物,使其与他物相互协调一致:*adjust* the focus of a camera(调准照相机的焦距)**conform** 强调适合或遵循某一模式、范例或原则:The building does not *conform* to safety regulations. (这座建筑物不符合安全条例。)**reconcile** 强调使相互矛盾的事情基本上一致起来:Can eating fish be *reconciled* with vegetarianism? (吃鱼与素食主义有矛盾吗?)

ad·ap·ta·tion /ˌædæp'teiʃˀn/ *n.* ❶[U]适应,适合(*to*):a marked capacity for change and *adaptation* 非凡的应变适应能力 ❷[U;C]改制;改编,改写;改制物;改编本:The garage is undergoing *adaptation* to living quarters. 这个车库正在改建成住房。

a·dapt·er,a·dapt·or /ə'dæptə/ *n.* [C] ❶适应者;适应物;改制者;改编者,改写者 ❷【机】接合器,接头;转换器;适配器;附加器

A

add /æd/ v. ❶添加；附加(*to*)：The author *added* an index *to* his book. 作者在书末附加索引。❷把…相加，计算…的总和：*Add* this column of figures. 把这一栏的数字合计一下。❸进一步说(或写)；接着说(或写)；补充说；附带说明：He *added* that he was pleased with the result. 他补充说，他对结果表示满意。‖ **add up** v. ❶加起来得到理想的结果：The figures made her cry. They wouldn't *add up*. 这些数字把她给弄哭了，加来加去就是不对头。❷(把…)加起来；算出(…的)总数：*Add up* the numbers. 把这些数字加起来。❸有道理；说得通：His story just doesn't *add up*— he must be lying. 他说的话前后不一致——他一定撒了谎。**add up to** vt. 总计达：The bills *add up to* exactly fifty dollars. 这些账单加起来正好 50 美元。‖ **'add·a·ble**，**'add·i·ble** adj.

ad·den·dum /ə'dendəm/ n. [C]([复]-da) 补篇；补遗；附录：The new edition includes a 10-page *addendum*. 新版本附有 10 页补遗。

ad·der /'ædə/ n. [C]【动】❶(欧洲产的)蝰蛇 ❷(北美产无毒的)猪鼻蛇；乳蛇

ad·dict I /ə'dikt/ vt. [常用被动语态] ❶使成瘾(*to*)：a patient who is hopelessly *addicted to* drugs 一名不可救药的吸毒成瘾的病人 ❷使沉溺，使入迷，使醉心于(*to*)：*addict* oneself *to* skating 醉心于溜冰 II /'ædikt/ n. [C] ❶有瘾的人 ❷入迷的人 ‖ **ad·dic·tion** n.

ad·di·tion /ə'diʃn/ n. ❶[U]加；添加；附加：The *addition* of flour will thicken gravy. 加了面粉，肉汁就会变稠。❷[C]增加的人(或物)：The new *addition* to our family is a girl. 我们家新添的成员是个女孩。❸[C]【数】加法：do an *addition* 做加法 ‖ **in addition** adv. 另外，此外，加之：He gets a salary and a bonus *in addition*. 他挣得一份薪水，额外还有一笔奖金。**in addition to** prep. 除…之外(还)：*In addition to* giving a general introduction to computers, the course also provides practical experience. 课程除了介绍电脑知识外，还提供实际操作的

机会。‖ **ad'di·tion·al** adj. —**ad'di·tion·al·ly** adv.

☆**addition**，**accessory**，**adjunct**，**appendage**，**appendix**，**attachment**，**supplement** 均有"附加物"之意。**addition** 只强调增加：*Additions* are made to the list from time to time. (清单的内容不断有所扩充。) **accessory** 指用来增加原物用途的附件，也指增加美观的附属品：*accessories* of a woman's dress (女服的装饰品) **adjunct** 强调附属物的独立性：Love is only an *adjunct* to life, not its whole. (爱情只是生活的一部分，而不是生活的全部。) **appendage** 特指生命体的固有部分，如四肢；现多用来表示从属，语多戏谑：The elephant's trunk is a unique form of *appendage*. (象的鼻子是一种独特的附肢。) **appendix** 指书末的附录：The dictionary has several *appendixes*, including one on irregular verbs. (这部词典有几项附录，其中包括不规则动词附录。) **attachment** 仅指用来增加原物用途的附件：a vacuum cleaner with a special *attachment* for dusting books (备有专门打扫书籍的附属装置的吸尘器) **supplement** 暗含因缺少、不足而进行补充的意思：a dietary *supplement* (对规定食物的补充)

ad·dress /ə'dres/ I n. ❶[C](〈美〉亦读作/'ædres/) 地址；住址；通讯处；(收件人的)姓名和地址：home *address* 家庭住址 ❷[C]演说，讲话：deliver a presidential *address* 发表总统就职演说 ❸[C]【计】地址 II vt. ❶向…发表讲话(或演说)：*address* an assembly 向集会人群发表演说 ❷(直接地)对…说话；写信给；将(信息、警告等)针对而发(*to*)：One of newcomers *addressed* John respectfully. 其中一个新来的恭敬地对约翰说话。❸称呼；对待：Do not *address* me as your superior. 别把我当作你的上司来对待。❹讨论，论述；对付，处理：They failed to *address* these problems. 他们没能解决这些问题。❺在(信封、包裹等)上写姓名地址：Please *address* this letter to Alaska. 请将这封信寄往阿拉斯加。‖ **address oneself to** vt. 致力于；专心致志于：There are two questions *to* which I will *address my-*

self in this lecture. 在这一讲座中,我将着重谈两个问题。

ad·e·noid /ˈædiˌnɔid/ *n.* [常作～s]【解】腺样增殖体,增殖腺(指小儿的咽扁桃体)

a·dept /ˈædept,əˈdept/ *adj.* ❶巧妙的;灵巧的:the *adept* touch of the artist 那位画家巧妙的手法 ❷娴熟的,擅长的,内行的:an *adept* table tennis player 乒乓球好手 ‖ aˈdept·ly *adv.* —aˈdept·ness *n.* [U]

ad·e·quate /ˈædikwət;-wit/ *adj.* ❶足够的,充分的,充足的:The supply is not *adequate* to the demand. 供不应求。❷适合的;恰当的;胜任的(to):be *adequate* to the task of doing sth. 能胜任做某事 ❸尚可的;差强人意的:The performance was *adequate*, though hardly exciting. 这场演出还算说得过去,虽然并不令人激动。‖ ˈad·e·qua·cy /-kwəsi/ *n.* [U] —ˈad·e·quate·ly *adv.*

☆adequate,enough,sufficient 均有"足够的,充足的"之意。adequate 有基本上达到要求或符合客观标准的含义,指数量上足够,质量上适当:*adequate* parking facilities(足够的停车设施)enough有时可同 adequate 互换,但仅用来表示数量和程度,不表示质量:Is there *enough* money for us to get a bottle of wine?(有足够的钱给我们买一瓶酒吗?)sufficient 指为特定的目的和需要提供足够的数量,强调要达到的目的:We haven't got *sufficient* information from which to draw a conclusion.(我们还没有得到足够的资料来作出结论。)

ad·here /ədˈhiəʳ/ *vi.* ❶黏附,黏着,附着(to):Glue helps things to *adhere to* each other. 胶水使东西相互黏附。❷拥护,支持;追随,依附(to):Many people *adhere* to the church of their parents. 很多人信奉其父母所信奉的宗教。❸坚持;墨守,固执(to):*adhere* to one's own notions 固执己见 ‖ adˈher·ence /-ᵊns/ *n.* [U]

ad·her·ent /ədˈhiərᵊnt/ *n.* [C]追随者,支持者,拥护者;信徒:an *adherent* of the Conservative Party 拥护保守党的人

ad·he·sive /ədˈhiːsiv/ I *adj.* ❶黏性的;可黏着的 ❷涂有黏性物质(如胶水等)的:an *adhesive* envelope 胶口信封 II *n.* [C;U]黏合剂,黏结剂;黏着剂,胶黏剂

ad hoc /ˌædˈhɔk/ *adj.* 特别的,专门的:an *ad hoc* committee set up to deal with the water shortage 解决缺水问题的特别委员会

ad·ja·cent /əˈdʒeisᵊnt/ *adj.* ❶邻近的,毗连的(to):The house *adjacent to* yours has been sold. 与你家毗邻的房子已经卖掉了。❷(或前或后)紧接着的,相接触的:a map on an *adjacent* page 紧接在前面(或后面)一页的地图 ‖ adˈja·cen·cy *n.* [U;C]

☆ adjacent,contiguous,neighbouring,tangent 均有"邻近的,毗连的"之意。adjacent 指两个物体靠近,但并不一定相接,且中间不被同类物体分隔:The council offices are *adjacent* to the library. (市政会办公室就在图书馆旁边。)contiguous 比 adjoining 正式,指各种方式的相互联通:England is the only country *contiguous* to [with] Wales. (英格兰是唯一一与威尔士接壤的地区。)neighbouring 指邻近,但不一定相接:a bus service between the town and the *neighbouring* villages(在城镇与邻近村庄之间的公共汽车服务)tangent 指与一条曲线或某一曲面只有一个交点相接或相切:a *tangent* circle(相切圆)

ad·jec·tive /ˈædʒiktiv/ *n.* [C]【语】形容词(略作 adj.)

ad·join /əˈdʒɔin/ *v.* 贴近,紧靠,毗连:Canada *adjoins* the United States. 加拿大与美国接壤。‖ adˈjoin·ing *adj.*

ad·journ /əˈdʒəːn/ *v.* 休(会);延(期);延期讨论(问题):*adjourn* the morning meeting until after lunch 将上午的会议延至午餐后举行 ‖ adˈjourn·ment /əˈdʒəːnmᵊnt/ *n.* [C]

ad·ju·di·cate /əˈdʒuːdiˌkeit/ *v.* ❶判决;宣判;裁定:*adjudicate* sb. (to be) bankrupt 宣判某人破产 ❷当…的评判员(或裁判员,仲裁人等);担任(赛局)的评讲人:*adjudicate* a music festival 担任音乐节的评判员 ‖ ad·ju·di·ca·tion /əˌdʒuːdiˈkeiʃᵊn/ *n.* [U] —adˈju·di·ca·tive /-ˌkeitiv/ *adj.* adˈju·di·ca·tor *n.* [C] — adˈju·di·ca·to·ry /-kətᵊri/ *adj.*

ad·junct /'ædʒʌŋkt/ *n.* [C] ❶附属物,附加物,附件;辅助物 ❷助手,副手

ad·just /ə'dʒʌst/ *v.* ❶校正;校准;调整;整顿:*adjust* the focus of a camera 调准照相机的焦距 ❷调节;使适应(*to*):These desks and seats can be *adjusted to* the height of any child. 这些桌椅可以根据儿童的身高进行调节。‖ **ad·just·a·bil·i·ty** /ə,dʒʌstə'biliti/ *n.* [U] — **ad'just·a·ble** *adj.* — **ad'just·er**, **ad'just·or** *n.* [C]

ad·just·ment /ə'dʒʌstmənt/ *n.* [C]调整;整顿;调节;校正

ad lib /æd'lib/ *adj.* & *adv.* 即兴;临时:give an *ad lib* performance 即兴表演

ad·min·is·ter /əd'ministə/ *vt.* ❶掌管;治理;支配;料理…的事务:The pension funds are *administered* by banks. 养老基金由银行经管。 ❷实施;执行:*administer* the law justly 公正执法 ❸给予;供给;发放;使服(药):*administer* first aid to an injured player 对受伤的运动员进行急救

ad·min·is·tra·tion /əd,mini'streiʃ°n/ *n.* ❶[U]管理;经营;支配:a course in business *administration* 企业(或工商)管理课程 ❷[U]行政,行政职责:He is experienced in city *administration*. 他富有市政工作经验。 ❸[C]管理部门,行政机构;英国首相及其内阁;[the A-]美国政府(即美国总统及其内阁):the Clinton *Administration* 克林顿政府(或克林顿执政期间) ‖ **ad·min·is·tra·tive** /əd'ministrətiv/ *adj.*

ad·mi·ra·ble /'ædm°rəb°l/ *adj.* 令人钦佩的;值得赞赏的:an *admirable* performance 令人赞叹的演出 ‖ **'ad·mi·ra·bly** *adv.*

ad·mi·ra·tion /,ædmə'reiʃ°n/ *n.* ❶[U]钦佩;羡慕;赞美;赞赏:The beauty of the sunset and the view excited our *admiration*. 落日和景观之美使我们赞叹不已。 ❷[C]令人赞赏的事物;令人钦佩的人

ad·mire /əd'maiə/ *vt.* 钦佩;羡慕;赞美,赞赏;欣赏:*admire* sb. for his many achievements 钦羡某人取得很多成绩 ‖ **ad'mir·er** *n.* [C]

ad·mir·ing /əd'maiəriŋ/ *adj.* 赞赏的;羡慕的:*admiring* looks 赞赏(或羡慕)的表情 ‖ **ad'mir·ing·ly** *adv.*

ad·mis·si·ble /əd'misəb°l/ *adj.* ❶可进入的;有资格加入的(*to*):be *admissible to* the bar 有资格担任律师 ❷可容许的:Such behaviour is not *admissible* on the university campus. 这种行为在大学里是不容许的。 ❸(意见、计划等)值得考虑的,值得采纳的:an *admissible* suggestion 可采纳的建议 ❹【律】(证据)可接受的:The judge ruled the evidence *admissible*. 法官裁定该证据可以接受。 ‖ **ad·mis·si·bil·i·ty** /əd,misə'biliti/ *n.* [U] — **ad'mis·si·bly** *adv.*

ad·mis·sion /əd'miʃ°n/ *n.* ❶[U]准许进入,准许加入;进入(权),加入(权):grant sb. *admission* to the rare books room 准许某人进入善本图书室查阅 ❷[U;C]入场费;入场券:*Admission* to the concert is $65. 音乐会门票为65美元。 ❸[C]承认,供认,招认:His *admission* that he was to blame kept the others from being punished. 他承认了他应承担责任,从而才使他人免于受罚。 ‖ **ad·mis·sive** /əd'misiv/ *adj.*

ad·mit /əd'mit/ (**-mit·ted;-mit·ting**) *vt.* ❶准许…进入(或加入);准许…享有权利(或行使职权等):Soon afterwards he was *admitted* to British citizenship. 时隔不久他便取得了英国国籍。 ❷(认为真实、属实、合法、有效等而)接受;确认:*admit* a claim (判定情况属实而)确认索赔 ❸承认;供认,招认:*admit* one's guilt 认罪

ad·mit·tance /əd'mit°ns/ *n.* [U]准许进入(或加入);进入(或加入)权:She had *admittance* to all the theatres free of charge. 她享有免费进入各剧场的权利。

☆ **admittance, admission, entrance, entry** 均有"进入"之意。**admittance** 较为正式,仅表示进入某一场所,强调准许进入,但不包含附带目的或其他权益:He was refused *admittance* to the house. (他被拒之门外。) **admission** 既可用以进入某一场所,也可用作正式被接纳或吸收进入某一组织,强调被赋予某种义务、权利或责任:We campaigned for the *admission* of women to the club. (我们发起运动，使妇女也可以参加这个俱乐部。) **entrance** 为普通用词，使用范围很广，如可指演员上场、官员就任、学生入学等，强调进入的行为：The hero makes his *entrance* on stage in Act 2. (男主角在第二幕出场。) **entry** 较为正式，常用来表示正式或庄严地进入或加入：The trumpet will announce the Nuncio's *entry*. (小号声将宣告教皇使节的到场。)

ad·mit·ted·ly /əd'mitidli/ *adv.* 不容否认地；公认地；诚然：He is *admittedly* a great writer. 他是一位公认的伟大作家。

a·do·be /ə'dəubi,ə'dəub/ *n.* ❶[U]风干砖（或瓦）坯 ❷[C]土砖建筑物

ad·o·les·cence /ˌædə'lesəns/ *n.* [U]青春期（一般指成年前13至16岁的发育期）；青春：the dreamy, stormy years of *adolescence* 充满幻想和骚动的青春年华

ad·o·les·cent /ˌædə'lesənt/ **I** *adj.* 青春期的；青少年的：*adolescent* crises 青春期易出的问题 **II** *n.* [C]青少年

a·dopt /ə'dɔpt/ *vt.* ❶采用，采纳，采取：*a-dopt* a more open policy 采取更加开放的政策 ❷(承)认…为有某种关系的人(as)；收养，领养；承继：*adopt* a homeless orphan 领养无家可归的孤儿 ‖ —**a'dopt·a·ble** *adj.* —**a'dopt·er** *n.* [C]

a·dop·tion /ə'dɔpʃən/ *n.* [U;C]收养：offer a child for *adoption* 将孩子给人收养

a·dop·tive /ə'dɔptiv/ *adj.* [作定语]收养的；有收养关系的：an *adoptive* son 养子

a·dor·a·ble /ə'dɔːrəbəl/ *adj.* 〈口〉可爱的；讨人喜欢的；迷人的：an *adorable* kitten 可爱的小猫 ‖ **a'dor·a·bly** *adv.*

a·dore /ə'dɔːʳ/ *v.* ❶崇拜，敬爱，敬仰；热爱，爱慕：*adore* one's parents filially 孝敬父母 ❷〈口〉很喜欢，极喜爱：I just *adore* that dress! 我就是很喜爱那套礼服！ ‖ **ad·o·ra·tion** /ˌædə'reiʃən/ *n.* [U] —**a'dor·er** *n.* [C] —**a'dor·ing** *adj.* —**a'dor·ing·ly** *adv.*

a·dorn /ə'dɔːn/ *vt.* 装饰，装点；佩带；装扮：They *adorned* their hair with garlands of

flowers. 她们头上戴着花环。 ‖ **a'dorn·ment** *n.* [U]

☆ **adorn, beautify, decorate, ornament** 均有"装饰，使生色"之意。**adorn** 指用漂亮的物品来装饰，增加美感，常用于服饰打扮：a house *adorned* with statues (一座用雕像装点的房子) **beautify** 指美化某物，增强美感，克服物体的平淡或丑陋：be artificially *beautified* (经人工美化) **decorate** 强调用美丽的颜色或图案来装饰场所或物体：*decorate* a birthday cake with icing (用糖霜装点生日蛋糕) **ornament** 指用精美之物加以装饰，使某处或某物增色显眼，更加美观：a Christmas tree *ornamented* with tinsel (饰有金银箔的圣诞树)

a·drift /ə'drift/ *adv.* & [通常作表语] *adj.* 漂浮着(的)，漂流着(的)：a boat found *a-drift* on the lake 一条在湖上打漂的船

a·droit /ə'drɔit/ *adj.* ❶熟练的；灵巧的：Monkeys are *adroit* climbers. 猴子爬高动作很灵巧。❷机敏的；巧妙的；聪明的；精明的(at, in)：an *adroit* defence 巧妙的辩护（或答辩）/He was *adroit* at handling difficult situations. 他善于应付各种困难局面。 ‖ **a'droit·ly** *adv.* —**a'droit·ness** *n.* [U]

ad·u·late /'ædjuˌleit/ *vt.* 谄媚，奉承；过分称赞（或崇拜）：What is there to *adulate* in me! 我有什么好吹捧的！ ‖ **ad·u·la·tion** /ˌædju'leiʃən/ *n.* [U] —**'ad·uˌla·tor** *n.* [C] —**ad·u·la·to·ry** *adj.*

ad·ult /'ædʌlt, æd'ʌlt/ **I** *n.* [C]成年人：behave like an *adult* 像成人那样举止端庄 **II** *adj.* [通常作定语]成年的；发育成熟的：an *adult* fruit fly 发育成熟的果蝇 ‖ **'ad·ult·hood** *n.* [U]

a·dul·ter·ate /ə'dʌltəˌreit/ *vt.* 在…中掺入他物（或低劣杂质），掺入杂物使变得不纯：The food had been *adulterated* to increase its weight. 为增加分量，这食品被人掺了其他东西。 ‖ **a'dul·ter·at·ed** *adj.* —**a·dul·ter·a·tion** /əˌdʌltə'reiʃən/ *n.* [U] —**a·dul·ter·a·tor** /ə'dʌltəˌreitəʳ/ *n.* [C]

ad·vance /əd'vɑːns; əd'væns/ **I** *v.* ❶使向前移动；使前进：The general *advanced* the troops. 将军挥师向前。❷提出(要求、建议等): *advance* reasons for a tax cut 提出减税的种种理由 ❸促进,增进;助长,加速⋯的生长: *advance* growth 促进生长 ❹使(未来事件)提前发生;把(未来事件的日期)提前;把(钟表)拨快: Clocks must be *advanced* one hour at midnight. 钟表必须在半夜里拨快一小时。II *n*. ❶[C]前进,行进,推进: The army's *advance* was very slow. 部队推进的速度非常缓慢。❷[C]进展,进步,发展:the *advance* of high technology 高科技的进步 ❸[C](价格、数量等的)增长;增加: an *advance* on cottons 棉花价格的上涨 ‖ *in advance adv*. ❶在前面: He was *in advance* throughout the race. 在整个赛跑过程中他一路领先。❷ 预先,事先: I paid for my ticket *in advance*. 我预付了票款。

☆ advance, forward, further, promote 均有"促进,推动"之意。advance 强调有效地加速某事的进程或实现某个预定目的: Too much protein in the diet may *advance* the aging process. (饮食中蛋白质过量可能会加速衰老。) forward 可与 advance 互换,强调有效推进过程,但很少用于人: We are doing all we can to *forward* the progress of the talks. (我们正在尽一切努力促进会谈取得进展。) further 强调帮助排除障碍,以达到预期的目的: *further* the cause of peace (推动和平事业) promote 指用实际行动支持某人或某事(物)的成长或取得成功,暗示根据某特定目标,给予积极的支援、鼓励,尤指地位、身份的提高: The football team was *promoted* to the first division. (该足球队已晋升为甲级队。)

ad·vanced /əd'vɑːnst; əd'vænst/ *adj*. ❶领先的,超前的;先进的: *advanced* techniques 先进技术 ❷高级的: *advanced* reconnaissance satellite 高级侦察卫星

ad·vance·ment /əd'vɑːnsmənt; əd'væns-/ *n*. ❶[U]前进,进展,促进 ❷[C]提高;增加

ad·van·tage /əd'vɑːntidʒ; əd'væn-/ *n*. ❶[C]有利条件,有利因素: Disadvantages outweigh *advantages*. 弊大于利。❷[U]好处,利益: He gained little *advantage* from his recent visit to Washington. 他最近出访

华盛顿并没有捞到什么好处。❸[C]有利地位,优越地位;优势,长处: Honesty is a great *advantage*. 诚实是一大美德。‖ *take advantage of vt*. 利用(时机等): You have to *take advantage of* what time there is. 你得分秒必争。*to sb.'s advantage adv*. 对某人有利: His education worked *to his advantage* in getting promoted. 他受过的教育对他获得升迁大有助益。‖ **ad·van·ta·geous** /ˌædvən'teidʒəs/ *adj*. —ˌad·van'ta·geous·ly *adv*.

ad·vent /'ædvent,-v°nt/ *n*. ❶[C](重要人物或事物的)出现;来临,到来:the *advent* of a new era 新时代的来临 ❷[A-]【宗】基督降临节(圣诞节前包括四个星期日的节期)

ad·ven·ture /əd'ventʃə/ *n*. ❶[C]冒险活动(或经历);不寻常的经历;激动人心的活动;奇遇: He experienced strange *adventures* on his expedition across the desert. 他在横跨沙漠的远征途中经历了种种奇遇。❷[U]冒险(性): a spirit of *adventure* 冒险精神 ‖ **ad·ven·tur·ous** /əd'ventʃərəs/ *adj*. —ad'ven·tur·ous·ly *adv*.

ad·verb /'ædvə:b/ *n*. [C]【语】副词 ‖ **ad·ver·bi·al** /əd'və:biəl/ *adj*.

ad·ver·sar·y /'ædvəsəri/ *n*. [C]敌手;敌人;反对派: a worthy *adversary* 不可小觑的敌手 ‖ **ad·ver·sar·i·al** /ˌædvə:'seəriəl/ *adj*.

ad·verse /'ædvə:s/ *adj*. ❶不友好的;有敌意的;敌对的;反对的: He was openly *adverse* to my suggestion. 他公开反对我的建议。❷不利的;有害的: *adverse* circumstances 逆境 ❸逆向的;(位置上)相反的: an *adverse* trade balance 贸易逆差 ‖ **ad'verse·ly** *adv*. —ad'verse·ness *n*. [U]

ad·ver·si·ty /əd'və:siti/ *n*. [U]逆境;厄运;(尤指经济方面的)窘境: A friend will show his true colours in times of *adversity*. 患难见真情。

ad·ver·tise /'ædvətaiz/ *v*. ❶为⋯做广告;宣传;使尽人皆知: *advertise* goods for sale 为推销商品而做广告 ❷(在报刊、广播、电视、布告栏等中)公告,公布: a leaflet *advertis-*

ing a fishing competition 钓鱼比赛的广告传单 ‖ **'ad·ver·tis·er** *n.* [C]

ad·ver·tise·ment /əd'vəːtismˀnt, -tiz-/ *n.* ❶[C]广告；公告；启事(略作 ad, advert)：an *advertisement* of a special sale 大贱卖的广告 ❷[U]广告活动；宣传，张扬：*Advertisement* helps to sell goods. 广告宣传有助于推销商品。

ad·ver·tis·ing /əd'vəːtaiziŋ/ *n.* [U] ❶广告业 ❷广告活动；登广告，做广告

ad·vice /əd'vais/ *n.* [U]劝告；忠告；建议，意见：ask sb.'s *advice* about sth. 就某事征求某人的意见

☆ **advice，admonition，counsel，direction，warning** 均有"劝告，忠告，警告"之意。**advice** 使用较广，通常指根据经验及业务知识对某一决定或行动提出的指教性劝告或建议：If you take my *advice* you'll see a doctor. (如果你听我的话，就去看病。) **admonition** 指对他人的告诫，有提醒人们记住自己职责的含义：an *admonition* against self-conceit (告诫自己别自满) **counsel** 比 advice 正式，通常指经过深思熟虑后就某一重大事情作出的明智的、带有权威性的劝告或建议：The king took *counsel* from the assembled nobles. (国王听取聚集的贵族们的意见。) **direction** 常用复数，指用法说明：Simple *directions* for assembling the model are printed on the box. (盒上印有装配模型的简要说明。) **warning** 指为了警惕、防止可能出现的危险或失败及时提出的劝告：a gale *warning* to shipping (向船只发出的大风警告)

ad·vis·a·ble /əd'vaizəbˀl/ *adj.* 适当的；合理的，明智的：The doctor does not think it *advisable* for you to drink. 医生认为你不宜饮酒。 ‖ **ad·vis·a·bil·i·ty** /əd¡vaizə'biliti/ *n.* [U]—**ad'vis·a·bly** *adv.*

ad·vise /əd'vaiz/ *v.* ❶劝告；忠告；警告：It was his doctor who *advised* that he change his job. 正是他的私人医生劝他调换工作的。❷建议，给…出主意，向…提供意见：We *advise* that steps be taken at once. 我们建议立即采取措施。❸通知；告知(*of*)：

They *advised* him that this was their final notice. 他们通知他这是他们的最后通牒。

ad·vis·er，ad·vi·sor /əd'vaizəʳ/ *n.* [C] 劝告者，建议者，提供意见者；顾问

ad·vo·ca·cy /'ædvəkəsi/ *n.* [U] ❶拥护；提倡；主张；鼓吹(*of*)：She's well known for her *advocacy of* women's rights. 她因提倡女权而闻名。❷辩护；辩护业；辩护术：a lawyer's professional *advocacy* of a case 律师对案件所作的专业性的辩护

ad·vo·cate I /'ædvəˌkeit/ *vt.* 拥护；提倡，主张，鼓吹：*advocate* nonviolence 鼓吹非暴力主义 II /'ædvəkət, -ˌkeit/ *n.* [C] ❶拥护者；提倡者；鼓吹者：an *advocate* of vegetarianism 素食主义的拥护者 ❷辩护者，辩护人：the *advocate* for the defence 被告辩护人 ‖ **'ad·vo·cate·ship** *n.* [U；C]

aer·ate /'eəreit/ *vt.* ❶(常指通过加压)在…中充气；(尤指用二氧化碳)使泡腾：water that has been *aerated* with carbon dioxide 因充有二氧化碳而发泡的水 ❷使暴露于空气中；使通气：Water in some reservoirs is *aerated* and purified by spraying it high into the air. 有些水库的水通过喷射到高空加以通气净化。 ‖ **aer·a·tion** /¡eiə'reiʃˀn/ *n.* [U]—**'aer·a·tor** *n.* [C]

aer·i·al /'eəriəl/ I *adj.* ❶空气的；大气的：*aerial* currents 气流 ❷生存在空气中的；【植】气生的；【动】飘浮(或翱翔)在空中的；在空中移动；架空的：*aerial* creatures 飞禽 II *n.* [C]天线：We have a TV *aerial* fixed to our roof. 我们在屋顶上架了根电视天线。 ‖ **'aer·i·al·ly** *adv.*

aer·o·bic /eə'rəubik/ *adj.* [作定语] ❶需氧的，需气的：*aerobic* bacteria 需氧(细)菌 ❷增氧健身法的；为增氧健身运动的：*aerobic* dances 增氧健身舞 ‖ **aer'o·bi·cal·ly** *adv.*

aer·o·bics /eə'rəubiks/ [复] *n.* [用作单或复]增氧健身法；有氧运动

aer·o·plane /'eərəˌplein/ *n.* [C]〈英〉飞机〔亦作 **plane**〕

aer·o·sol /'eərəˌsɔl/ *n.* [C]气喷器

aer·o·space /ˈeərəˌspeis/ **I** n. 〔U〕航空航天空间,宇宙空间(指地球大气层及其外面的空间) **II** adj. 〔作定语〕航空航天(空间)的;航空航天器的;航空航天器制造的:*aerospace* research 航空航天研究

aes·thete /ˈiːsθiːt/ n. 〔C〕❶审美家 ❷唯美主义者〔亦作 **esthete**〕

aes·thet·ic /iːsˈθetik, es-/ adj. ❶美学的;关于美学原理的:an *aesthetic* theory 美学理论 ❷美的;给人以美感的;艺术的:an *aesthetic* design 精美的设计 ❸审美的;具有审美趣味的:*aesthetic* enjoyment 审美享受〔亦作 **esthetic**〕 ‖ **aes·ˈthet·i·cal** adj. — **aes·ˈthet·i·cal·ly** adv.

aes·thet·ics /iːsˈθetiks, is-/ 〔复〕n. 〔用作单〕❶美学;美术理论 ❷审美学〔亦作 **es·thetics**〕

a·far /əˈfɑː/ adv. 在远处;从远处;到远处;遥远地:Explorers went *afar* in search of new lands. 探险家们去遥远的地方探寻新大陆。

af·fair /əˈfeə/ n. 〔C〕❶事;事情:This *affair* is keeping him occupied. 这件事使他忙得不可开交。❷〔~s〕(个人、公共、商业等方面的)事务:He had not hesitated to close down his *affairs* in New York. 他毫不犹豫地关闭了他在纽约的生意。

af·fect /əˈfekt/ vt. ❶影响:Noise *affects* people. 噪音对人有不良影响。❷(在感情方面)打动;感动:All the people in the auditorium were *affected* to tears. 礼堂里所有的人都感动得流泪了。

☆**affect, impress, influence, move, touch** 均有"影响,感动"之意。**affect** 指在情感上产生影响或反应:Her opinion will not *affect* my decision. (她的意见不会影响我的决定。) **impress** 强调影响之深刻且长久:The thing that *impresses* me most about his books is the way he draws his characters. (他的书最令我感动的地方是他刻画人物的手法。) **in·fluence** 通常指通过劝说、示范或行动来改变一个人的行为:It's clear that your paintings has been *influenced* by Picasso. (你的画显然受了毕加索的影响。) **move** 和 **touch** 都可用来表示激起他人的感情或同情,但是 **move** 的含义较强,具有产生某种感情变化的作用:The child's suffering *moved* us to tears. (这孩子受的苦使我们难过得流泪。)

af·fect·ed /əˈfektid/ adj. ❶矫揉造作的,装模作样的,不自然的:*affected* sophistication 故作深沉 ❷假装的,佯装的:*affected* cheerfulness 强作欢颜

af·fec·tion /əˈfekʃ°n/ n. ❶〔U〕爱,喜爱;友爱;慈爱(for, towards):be held in deep *affection* 深受爱戴 ❷〔常作~s〕感情,情感;爱慕,情爱:reason and *affections* 理智和情感

af·fec·tion·ate /əˈfekʃənit/ adj. 爱的,慈爱的,充满深情的;表示爱的;温柔亲切的:She is very *affectionate* to〔towards〕her children. 她很爱自己的孩子。 ‖ **af·ˈfec·tion·ate·ly** adv.

af·fil·i·ate /əˈfiliˌeit/ vt. ❶〔常用被动语态〕使紧密联系:The two clubs were *affiliated* with each other. 这两个俱乐部联系密切。❷〔常用被动语态〕使隶属(或附属)于;使成为…的分支机构;接纳…为成员,使成为会员(to, with):Our research centre is *affiliated* to〔with〕Nanjing University. 本研究中心隶属于南京大学。 ‖ **af·fil·i·a·tion** /əˌfiliˈeiʃ°n/ n. 〔C;U〕

af·firm /əˈfəːm/ vt. ❶断言;坚称:He *affirms* the truth of these statements. 他一口咬定这些说法确凿无误。❷证实;认可,确认;批准:Congress *affirmed* the treaty the President had made. 国会批准了总统拟订的条约。❸赞同;支持;维护:*affirm* the rights of the people 维护人民的权利

af·firm·a·tive /əˈfəːmətiv/ adj. ❶肯定的:an *affirmative* response 肯定的回答(或答复) ❷(在投票等中)表示同意的,表示赞成的:an *affirmative* vote 赞成票 ‖ **af·ˈfirm·a·tive·ly** adv.

af·fix I /əˈfiks/ vt. ❶贴上;黏上(to, on):*affix* the eye *on* sb. 盯着某人 ❷(尤指末尾)添上,附上(签名等)(to):a penalty *affixed to* hasty, superficial thinking 草率、肤浅的构思产生的苦果 **II** /ˈæfiks/ n. 〔C〕

【语】词缀

af·flict /ə'flikt/ *vt.* 折磨;使苦恼,使痛苦: be bitterly *afflicted* both in body and spirit 身心备受折磨 ‖ **af·flic·tion** /ə'flikʃ°n/ *n.* [C;U]

af·flu·ent /'æfluənt/ *adj.* ❶富裕的;富足的: an *affluent* family 富裕的家庭 ❷大量的,充裕的,丰富的;富饶的: a moment *affluent* with a blissful excitement 充满快乐和激情的时刻

af·ford /ə'fɔːd/ *vt.* [不用于被动语态] ❶[常接在 can,could,be able to 后]花费得起(时间、金钱);担负得起(损失、后果等);足以: Can we *afford* two cars? 我们买得起两辆汽车吗? ❷给予;提供;出产: The meeting *afforded* much useful information. 这次会议提供了许多有用的信息。‖ **af'ford·a·ble** *adj.*

a·float /ə'fləut/ *adj.* [通常作表语] & *adv.* (似)(在水上或空气中)漂浮着(的);飘忽不定(的): The spires and walls of the city were *afloat* on the morning mist. 该城的尖塔和城墙似乎在晨雾中飘摇不定。

a·fraid /ə'freid/ *adj.* [通常作表语] ❶怕的,害怕的;恐惧的(of): You would laugh to hear what they are *afraid of*. 听了他们所害怕的事儿,你准会笑话他们。❷(因虑及可能产生的后果而)不敢的;不乐意的;担心的,犯愁的: He is *afraid* to swim,*afraid* that he might drown. 他不敢游泳,生怕自己会淹死。❸[多用以提出异议、陈述令人不快的事实或拒绝对方请求等,以缓和语气;后常接 that 引导的从句]〈口〉恐怕;遗憾的;抱歉的: I'm *afraid* I shall have to go. 对不起,我该走了。

☆afraid, fearful, frightened 均有"害怕的,恐惧的"之义。afraid 最为常用,多指惯常惧怕某些事物,或泛指一种恐惧心理;仅用作表语,不能用来修饰名词: He is *afraid* of going out [to go out] alone at night. (他害怕夜里独自出去。) fearful 指持续的不安情绪或担心,强调容易担惊受怕,暗含这种恐惧是无根据的、非理性的之义: He was *fearful* of her anger. (他怕她生气。) 该

词有时还表示敬畏的意思: At this time the little girl was *fearful* of hearing her mother's voice. (这时候小姑娘害怕听到她妈妈的声音。) frightened 作为过去分词,保存更强烈的动作意味,表示某次被一特殊事物所吓怕: a *frightened* animal (受了惊吓的动物)

af·ter /'ɑːftə, 'æf-/ **I** *prep.* 在⋯以后;在⋯后面: The day *after* tomorrow is a holiday. 后天是假日。**II** *conj.* 在⋯以后: He came *after* I had left. 他在我离开以后才来。

af·ter·math /'ɑːftəmæθ/ *n.* [通常用单](尤指令人不愉快的)后果;结果: The *aftermath* of war is hunger and disease. 战争的后果是饥饿与疾病。

af·ter·noon /ˌɑːftə'nuːn/ *n.* [U;C]下午;午后: It will be *afternoon* soon and then we can rest. 快到午后时分,这样我们可以歇口气了。

af·ter·shock *n.* (地震后的)余震

af·ter·taste /'ɑːftəˌteist/ *n.* [通常用单]余味;回味: Mouthwashes leave a metallic *aftertaste.* 漱口剂用后口中有一股金属味。

af·ter·ward(s) /'ɑːftəwəd(z)/ *adv.* 以后,后来: I decided to run away and explain *afterwards.* 我决定先离开,以后再解释理由。

a·gain /ə'gein, -'gen/ *adv.* ❶再一次,又一次: He had to start *again.* 他只得重新开始。❷回到原处;恢复原状;复,还;重新: He is ill *again.* 他又病了。‖ **again and again** *adv.* 一再,三番五次地,反复不止地: I've told you *again and again* not to do it. 我已一再对你说别这么干。**then again** *adv.* 然而,另一方面: You can't go swimming today because it's too cold;and *then again* you have work to do. 你今天不能去游泳,天太冷了;再说,你还有事儿要做呢。

a·gainst /ə'geinst, -'genst/ *prep.* ❶逆;对着;反对;违反;违背: Are you for or *against* allowing ladies to join our club? 你是赞成还是反对让女士们加入我们的俱乐部? ❷倚在;紧靠着;紧贴着;毗连着: a ladder *against* the wall 一张靠在墙上的梯子

ag·ate /'ægət/ *n.* [U]玛瑙

A

age /eidʒ/ **I** *n.* ❶[U;C]年龄,年纪,年岁: He is sixty years of *age*. 他 60 岁。❷[U] 寿(命);存活期: The redwoods of California have the greatest *age* of any living thing. 加利福尼亚红杉在所有生物中存活期最长。❸[C](一)代,世代;时代;时期: the Bronze *Age* 青铜时代 **II** *v.* (**ag(e)·ing**) ❶(使)变老,显老;变旧;【化】老化: He seemed to have *aged* a lot in the past year. 在过去的一年里他看上去苍老了许多。❷成熟;变陈;【化】陈化: allow wine to *age* 使酒变陈 ‖ **come of age** *vi.* 成年;达到法定年龄: *come of* driving *age* 达到驾驶汽车的年龄

a·ged *adj.* ❶/'eidʒid/ 年高的;老的;旧的: an *aged* pensioner 年老的退休金领取者 ❷/eidʒd/ [用作表语]…岁的: six students *aged* 13 to 16 (years) 年龄从 13 到 16 岁的 6 名学生

a·gen·cy /'eidʒ³nsi/ *n.* ❶[C]提供专项服务的机构;公众服务机构: a news *agency* 通讯社 ❷[C]代理行(或公司);经销商: an advertising *agency* 广告代理公司 ❸[U]代理(或经销)业务;代理(或经销)关系: obtain the sole *agency* for Santana cars 获得桑塔纳轿车的独家经销权

a·gen·da /ə'dʒendə/ *n.* [agendum 的复数] [用作单]议(事日)程;(一系列)待议事项: The chairman says we have a lengthy *agenda* this afternoon. 会议主席说今天下午有一长串待议事项。

a·gent /'eidʒ³nt/ *n.* [C] ❶代理人;经纪人;代理商(略作 agt.): a shipping *agent* 船舶业务代理人(或代理商) ❷执法官;政府特工人员;政府代表: a federal *agent* 联邦执法官 ‖ **a·gen·tial** /ei'dʒenʃ³l/ *adj.*

age-old /'eidʒ͵əuld/ *adj.* [作定语]存在多年的,由来已久的,古老的: *age-old* rivals 宿敌

ag·gra·vate /'ægrə͵veit/ *vt.* ❶加重,加剧;使恶化,使更坏: A lie will only *aggravate* your guilt. 撒谎只会使你错上加错。❷〈口〉使恼火;激怒: He *aggravated* his sister by pulling her hair. 他扯他妹妹的头发来惹恼她。‖ **ag·gra·va·tion** /͵ægrə'veiʃ³n/ *n.* [U]

ag·gre·gate **I** /'ægrigət/ *adj.* [作定语]聚合的;总的,合计的: the rate of growth of *aggregate* demand 总需求量的增长率 **II** /'ægrigət/ *n.* [C]合计: The *aggregate* of all the gifts was over \$100. 礼品的总额超过 100 美元。**III** /'ægri͵geit/ *vt.* ❶总计达: The money collected will *aggregate* \$1,000. 募集到的款项总额达 1 000 美元。❷使聚集,使聚拢: *aggregate* riches 积聚财富 —*vi.* 聚集,积累

ag·gres·sion /ə'greʃ³n/ *n.* [U]侵略,侵犯,侵袭;挑衅: open *aggression* 公然进犯(或侵略) ‖ **ag·gres·sor** /ə'gresə²/ *n.* [C]

ag·gres·sive /ə'gresiv/ *adj.* ❶侵略的,侵犯的,侵袭的;挑衅的: an *aggressive* war 侵略战争 ❷竞争心强的,积极进取的,有闯劲的;敢作敢为的: She is really an *aggressive* lady. 她可真是个天不怕地不怕的女人。‖ **ag'gres·sive·ly** *adv.* — **ag'gres·sive·ness** *n.* [U]

☆**aggressive, assertive, militant** 均有"积极进取的"之意。**aggressive** 指主动大胆地追求某一目的的;用于贬义时,强调想主宰别人的那种支配或统治欲望,用于褒义时,多指冒险精神或积极进取: A good businessman must be *aggressive* if he wants to succeed. (一个好推销员就一定要有闯劲才能成功。) **assertive** 强调在发表自己观点时大胆自信: state one's opinions in an *assertive* tone of voice (以坚定自信的语气表达自己的意见) **militant** 强调战斗性,往往用来形容对某一事业、运动或原则的特别忠诚: a *militant* feminist (富有战斗性的女权主义者)

a·ghast /ə'gɑːst;ə'gæst/ *adj.* [通常作表语]惊呆的;惊骇的,惊愕的(at): He stood, with his mouth wide open, *aghast* with wonder. 他吓得目瞪口呆,站在那里摸不着头脑。

ag·ile /'ædʒail/ *adj.* ❶敏捷的;灵活的;活泼的: be *agile* in one's movement 行动敏捷 ❷机敏的,头脑灵敏的: You need an *agile* mind to solve puzzles. 破解谜语脑子要灵敏。‖ **'ag·ile·ly** *adv.* — **a·gil·i·ty** /ə'dʒiliti/ *n.* [U]

ag·i·tate /ˈædʒiˌteit/ *vt.* ❶搅动，搅拌；摇动，拨动：The hurricane winds *agitated* the sea. 阵阵飓风掀起惊涛骇浪。❷使激动；使烦躁不安；使焦虑：It was a happiness that *agitated* rather than soothed her. 这种幸福与其说使她内心平静，毋宁说搅得她方寸大乱。—*vi.* 鼓动，煽动(*for*，*against*)：*agitate* strongly *for* a piece of legislation 极力鼓动支持一项法律 ‖ **ag·i·ta·tion** /ˌædʒiˈteiʃ°n/ *n.* 〔U〕—ˈag·iˌta·tor *n.* 〔C〕

a·go /əˈgəu/ *adv.* 〔用于被修饰的词之后〕前，以前：You were doing it a moment *ago*, before you spoke to me. 不一会儿前你还在做那件事儿呢，就在你跟我说话前。

ag·o·ny /ˈægəni/ *n.* 〔U；C〕(肉体或心灵上极度的)痛苦；创痛：The loss of her husband filled her with *agony*. 失去了丈夫，她痛不欲生。

a·gree /əˈgriː/ *vi.* ❶持相同意见，持一致看法(*with*)：*agree with* sb. about sth. 在某件事情上与某人意见一致 ❷(对提议、条件、计划等)表示同意(*to*)；(对意见等)表示赞同(*with*)：I *agree to* a compromise. 我同意互让了结。❸表示愿意；答应，应允：He *agreed* to go with us. 他答应和我们一块去。

☆**agree**，**coincide**，**concur** 均有"同意、一致"之意。**agree** 为最普通用词，常指通过讨论后消除分歧取得一致，强调没有矛盾和冲突：We all *agree* that the proposal is a good one. (我们都认为这个建议很好。) **coincide** 强调相互吻合，完全一致，常用于意见，判断，愿望或兴趣方面，很少用于人：Our interests happened to *coincide*. (我们的利益恰好一致。) **concur** 指具体、明确的一致，暗示为达到某一特定目的而在思想、行动或功能方面合作协调：The two judges *concurred* with one another on the ruling. (两位法官对这个判决意见一致。)

a·gree·a·ble /əˈgriːəb°l/ *adj.* ❶令人愉快的；讨人喜欢的；宜人的；合意的，惬意的(*to*)：*agreeable* weather 宜人的天气 ❷〈口〉(欣然)同意的；愿意的(*to*)：I'm *agreeable to* doing what you suggest. 我乐意照你的建议去做。

a·gree·ment /əˈgriːm°nt/ *n.* ❶〔U〕(表示)同意；(表示)赞同；达成协议：He nodded his head to show his *agreement*. 他点头表示同意。❷〔C〕(口头或书面的)协议，协定；契约；合同：reach an *agreement* 达成协议

ag·ri·cul·ture /ˈægriˌkʌltʃəʳ/ *n.* 〔U〕❶农业 ❷农学；农艺 ‖ **ag·ri·cul·tur·al** /ˌægriˈkʌltʃ°rəl/ *adj.* —ˌag·riˈcul·tur·al·ist *n.* 〔C〕—ˌag·riˈcul·tur·al·ly *adv.*

a·gron·o·my /əˈgrɒnəmi/ *n.* 〔U〕农学，农艺学 ‖ **ag·ro·nom·ic** /ˌægrəˈnɒmik/ *adj.* —aˈgrono·mist *n.* 〔C〕

a·ha /ɑːˈhɑː，əˈhɑː/ *int.* 〔表示得意、愉悦、惊讶、嘲弄等〕啊哈：Aha! I've caught you red-handed. 啊哈！我当场抓住你啦！

a·head /əˈhed/ *adv.* & 〔通常作表语〕*adj.* ❶在前面：Look straight *ahead* when driving. 开车时，眼睛要看着正前方。❷向前，往前，朝前：The line of cars moved *ahead* slowly. 车流缓缓地向前移动。❸在将来；为将来：look *ahead* 展望 ❹(时间)推迟(的)，推后(的)；提早(的)，提前(的)：push a deadline *ahead* one day from Tuesday to Wednesday 把截止日期推迟一天，从星期二推迟到星期三

aid /eid/ **I** *vt.* ❶帮助，援助，救助；资助：*aid* sb. in his work 在工作上帮助(或协助)某人 ❷有助于；促进：This new medicine *aids* your recovery. 这种新药有助于你的康复。**II** *n.* ❶〔U〕帮助，援助；资助；救助，救护：give *aid* to sb. 向某人提供帮助 ❷〔C〕帮手，协助者；助手；辅助物，辅助手段：TV is an audio-visual *aid*. 电视是一种视听器材。

AIDS，**Aids** /eidz/ *n.* 〔C〕【医】艾滋病，获得性免疫缺损综合征(= acquired immune deficiency syndrome；acquired immunodeficiency syndrome)

ail·ment /ˈeilm°nt/ *n.* 〔C〕疾病(常指小病)；病痛(尤指慢性疾病)：a skin *ailment* 皮肤病

aim /eim/ **I** *v.* ❶瞄准(或对准)；对准射向

A

（或掷向）；把（拳、棒等）对准挥向（at）：He *aimed* the revolver *at* the target and squeezed the trigger. 他用左轮手枪瞄准目标，扣动了扳机。❷〈口〉打算；意欲；试图（at）：She is *aiming* to be a lawyer. 她有志当一名律师。II *n.* ❶[U]瞄准，对准；瞄准方向，瞄准线：Keep a steady *aim* at the target. 瞄准目标要稳。❷[U]目的物；目标：miss one's *aim* 没打中目标 ❸[C]意图；打算；目的；宗旨：a man with a single *aim* of money-getting 以捞钱为唯一目的的人

aim·less /'eimlis/ *adj.*〈常贬〉漫无目的的，无目标的：*aimless* wanderings 漫无目的的游荡 ‖ **'aim·less·ly** *adv.* —**'aim·less·ness** *n.* [U]

air /eə/ I *n.* ❶[U]空气：We need *air* to breathe. 我们需要呼吸空气。❷[常作 the ～]大气；天空；空间，空中：in the open *air* 在露天（或在户外）❸[C]微风，轻风，和风：a fine summer evening with a light *air* from the south 南风习习的清朗夏夜 ❹[通常用单]气氛，外观，样子，神态；风度，举止：自信的样子：a melancholy *air* 忧伤的神情 ❺[～s]不自然的态度，做作的姿态；傲气；架子：He acquired *airs* that were insufferable to his friends. 他学了一副装腔作势的样子，真让他的朋友们受不了。II *v.* ❶把…晾干：*air* clothes 晾衣服 ❷使通风（out）：*air* the house（out）给房子通通风 ‖ *clear the air* *vi.*〈口〉清除紧张（或误解、疑虑、担忧等）：A frank discussion can help to *clear the air*. 坦率的谈论有助于消除疑虑。*in the air* *adv.* & *adj.* ❶（想法、消息、谣言等）在流传中：Wild rumours were *in the air*. 流言蜚语满天飞。❷（计划、问题等）悬而未决，未定：Our plans are still（up）*in the air*. 我们的计划仍悬而未决。*on the air* *adv.* & *adj.* 在广播（或电视）中；（被）播送：This channel comes *on the air* every morning at 7 am. 这个频道每天早晨 7 点钟开始播放。*put on airs* *vi.* 摆架子：He *put on airs* to impress people. 他为引人注目而端起了架子。‖ **'air·less** *adj.* —**'air·less·ness** *n.* [U]

air bag *n.* [C]保险气袋（汽车上一种在发生碰撞时能自动充气的塑制安全袋，以保护司机和乘客不致受伤）

air·brush /'eəˌbrʌʃ/ *n.* [C]（喷漆等用的）喷枪；（喷修照片等用的）气笔

air conditioner *n.* [C]空（气）调（节）器，空调设备

air conditioning *n.* [U]空调系统；空调设备

air·craft /'eəˌkrɑːft;-ˌkræft/ *n.* [单复同]飞机；飞艇；航空器，飞行器（如滑翔机、气球、火箭等）：an unidentified *aircraft* 一架国籍不明的飞机

air·field /'eəˌfiːld/ *n.* [C]（飞）机场

air·line /'eəˌlain/ *n.* [C]常作～s]航空公司：There were no other *airlines* doing a direct flight to New York. 别无其他经营直飞纽约业务的航空公司。

air·mail /'eəˌmeil/ *n.* [U] ❶航空邮政：a letter sent via [by] *airmail* to Japan 经空邮寄往日本的一封信 ❷航空邮件；航空信：The only deliveries were *airmail*. 投递的尽是些航空信。

air·plane /'eəˌplein/ *n.* [C]飞机

air·port /'eəˌpɔːt/ *n.* [C]机场，航空港，航空站

air·sick /'eəˌsik/ *adj.* 晕机的 ‖ **'air·sickness** *n.* [U]

air·space /'eəˌspeis/ *n.* [U]（一国的）领空

air·tight /'eəˌtait/ *adj.* 不透气的，气密的，密封的：Keep food in *airtight* tins. 用密封的罐头保存食物。

air·wave /'eəˌweiv/ *n.* [C][～s]〈口〉无线电波（无线电或电视）广播：the newest star of the national *airwaves* 全国广播界新近出现的明星

air·way /'eəˌwei/ *n.* [C] ❶航线，航路 ❷（肺的）气道

air·y /'eəri/ *adj.* ❶通风的；有微风的；通气的；新鲜空气充裕的：an *airy* room 通风的房间 ❷不切实际的，虚幻的，不真实的；无实际内容的，空洞的；出于空想的：an *airy* plan 不切实际的计划 ‖ **'air·i·ly** *adv.* —**'air·i·ness** *n.* [U]

aisle /ail/ *n.* [C](礼堂、剧院、教堂、课堂、客车等处的)座席间通道,走道,过道:The ushers hurry up and down the *aisle*, beckoning people to their seats. 引座员们在过道上走来走去,招呼人们就座。

al·a·bas·ter /ˈæləˌbɑːstəˈ;-bæs-/ *n.* [U] ❶雪花石膏;蜡石 ❷条纹大理石

a·larm /əˈlɑːm/ I *n.* ❶[U]惊恐,惊慌;忧虑,担心:People felt great *alarm* at what was happening. 人们对发生的事件感到极大的忧虑。❷[C]警报:an air *alarm* 空袭警报 ❸[C]警钟,警铃,警报器;(闹钟的)闹铃:a burglar *alarm* 防盗警报器 II *vt.* ❶使惊恐,使惊慌;使忧虑,使担心,使不安:I seemed to *alarm* her. 我似乎吓着她了。❷向…报警,使警觉:*Alarm* everyone quickly; the house is full of smoke. 赶快通知大家,房子里尽是烟。

a·las /əˈlɑːs,əˈlæs/ *int.* [表示悲痛、遗憾、怜悯、惊恐、关切等]哎呀,唉:*Alas*, he is dead. 唉,他死了。

al·bum /ˈælbəm/ *n.* [C] ❶(粘贴照片、邮票、标本等用的)粘贴簿;(亲笔)签名簿:a photo *album* 影集 ❷唱片套,唱片盒

al·bu·min /ˈælbjumin/ *n.* [U]【生化】清蛋白;白蛋白

al·co·hol /ˈælkəˌhɒl/ *n.* [U] ❶酒精,乙醇 ❷含酒精的饮料;酒:I never touch *alcohol* in any form. 我什么酒都不沾。

al·co·hol·ic /ˌælkəˈhɒlik/ I *adj.* ❶酒精的;含酒精的:*alcoholic* odour 酒精气味 ❷[常作定语]由酒精引起的:*alcoholic* depression 酒精抑郁症 II *n.* [C]酒精中毒病人;嗜酒成瘾者:a chronic *alcoholic* 酒瘾大的人

al·co·hol·ism /ˈælkəhəˌlizᵊm/ *n.* [U] ❶酗酒 ❷酒精中毒

a·lert /əˈləːt/ I *adj.* [通常作表语]警惕的,警觉的,机警的;留心的,注意的:She was so *alert* that not a single error in the report slipped past her. 她非常细心,报告里没有一个错误逃得过她的眼睛。II *n.* [常用单]警报;警报期间:call an *alert* 发出警报

al·ge·bra /ˈældʒibrə/ *n.* [U]代数学;linear *algebra* 线性代数 ‖ **al·ge·bra·ic** /ˌældʒiˈbreik/,ˌal·ge·bra·i·cal /-kᵊl/ *adj.* —ˌal·ge·bra·i·cal·ly *adv.*

al·ien /ˈeiljən,ˈeiliən/ I *n.* [C] ❶外国侨民:an enemy *alien* 敌国侨民 ❷外国人;局外人 II *adj.* [作定语] ❶外国的;外国人的:*alien* customs 外国习俗 ❷不熟悉的,不常见的;陌生的:a totally *alien* environment 一个完全陌生的环境 ❸[通常作表语]不相容的,格格不入的(to);相异的,相反的(to,from):ideas *alien* to modern thinking 与现代思想格格不入的观念

al·ien·ate /ˈeiljəˌneit,ˈeiliə-/ *vt.* 使疏远;离间(from):*alienate* oneself *from* his old friends 使自己与朋友们疏远

a·light /əˈlait/ *adv.* & [通常作表语] *adj.* ❶点亮着(的);燃烧着(的):On the tables there were candles *alight*. 一张张桌上都点着蜡烛。❷(眼睛)发亮(的);(脸上)放光(的);(面色)发红(的);兴奋(的);活跃(的):Her eyes were *alight* with expectation. 她的双眸闪烁着期待的目光。

a·lign /əˈlain/ *vt.* ❶使成一直线;使排成一行;使排齐;对准,校直:His books were neatly *aligned* in two rows on the shelf. 他的书整整齐齐地在书架上排成两行。❷校正,调准;调整:*align* the lenses of a telescope 调准望远镜的镜头 ❸[常作 ~ oneself]使结盟(with):He *aligned himself with* those who voted against the tax bill. 他与投票反对税收法案的人们结成联盟。‖ **a·lign·ment** *n.* [U;C]

a·like /əˈlaik/ *adv.* ❶一样地;相似地:They treated all customers *alike*. 他们对顾客一视同仁。❷同等地,相等地;以同样程度:All three were guilty *alike*. 这三个人犯有同等罪行。

a·live /əˈlaiv/ *adj.* [通常作表语] ❶有生命的;活着的;没死的;在世的:The doctors are working very hard to keep him *alive*. 医生们正在努力延续他的生命。❷(继续)存在的;(继续)发挥作用的:For many of the manufacturers, that threat remains *alive*. 对许多制造商而言,那个威胁仍然存在。

❸[用在由最高级形容词修饰的名词后面，表示强调]活人中间的；现存的：the happiest woman *alive* 世上最幸福的女人 ❹充满活力的；有生气的；活泼的，活跃的；热闹的：She was wonderfully *alive* for her age. 就她的年纪来说，她的精力仍旧出奇地旺盛。‖ a'live·ness *n.* [U]

all /ɔ:l/ I *adj.* [常作定语] ❶所有的，一切的：*All* my haste was of no use. 我赶紧做了却无济于事。 ❷全部的；整个的；整体的：*all* one's life 终生 II *pron.* ❶全体（整体中的）每人，个个：It's one for *all* and all for one. 我为人人，人人为我。 ❷一切；全部事情（或情况）：That is *all* there is to it! 就是这么一回事（或如此而已）！ ❸整个；全部；总量：*all* that I have 我所有的一切 III *adv.* [常用以加强语气]全部地，完全地：I'm *all* in favour of the idea. 我完全赞成这个意见。‖ *above all adv.* 首先，尤其是；最重要的是：He longs *above all*（else）to see his family again. 他尤其渴望再见到家里的人。 *after all adv.* 毕竟，终究；究竟：So, you've come *after all*! 你到底还是来了。 *all along adv.* 始终，一直，一贯：I suspected *all along* that he was lying. 我始终怀疑他是在撒谎。 *all but adv.* 几乎，差不多：It's *all but* impossible. 这几乎是不可能的。 *in all adv.* ❶总共，合计：The cost of the repairs came to $800 *in all*. 修理费总共 800 美元。 ❷总而言之，简言之：*In all* we did very well. 总的说来，我们干得不错。

all-a·round /ˈɔ:ləˈraund/ *adj.* [作定语] ❶全能的，多才多艺的；多方面的：an *all-around* athlete 全能（田径）运动员 ❷全面的；包括一切的：an *all-around* rent 一切费用都包括在内的租金 ❸普通的，非专业的；通用的，适于各种用途的；万能的：an *all-around* education 通才教育

al·lay /əˈlei/ *vt.* ❶减轻，缓和，缓解：*allay* aches 镇痛 ❷平息，消除；使平静：*allay* apprehensions 消除忧虑

al·lege /əˈledʒ/ *vt.* 断言，宣称，声称：（无证据或未经证实地）硬说：Nothing particular could be *alleged* against him. 他的为人无懈可击。

al·le·giance /əˈli:dʒ°ns/ *n.* [U；C] ❶（对国家、政府、统治者等的）拥护，效忠，忠诚：pledge［swear］*allegiance* to the national flag 宣誓效忠国旗 ❷（对个人、团体、事业等的）忠贞；爱戴；热爱：We owe *allegiance* to our friends. 我们应该对朋友忠诚。

☆ **allegiance, devotion, fidelity, loyalty, piety** 均有"忠诚，效忠"之意。allegiance 多用以指对原则、国家或政治领袖应尽的义务：swear *allegiance* to the Queen（宣誓效忠女王）devotion 强调热心奉献：a teacher's *devotion* to his task（教师全心全意投入其工作的态度）fidelity 强调忠贞不渝、信守诺言：His *fidelity* to the principles of justice never wavered.（他对正义事业的忠诚从来没有动摇过。）loyalty 有即使遇到挑拨离间或利诱，仍然保持耿耿忠心之含义，个人感情色彩较浓：Company *loyalty* made him turn down many attractive job offers.（对公司的忠诚使他拒绝了好几份条件诱人的工作。）piety 指对神或宗教的虔敬，也可指对父母的孝敬：*piety* towards God（对上帝的忠贞）/ Filial *piety* demands that one frequently visits one's parents.（子女应该经常探望父母以尽孝道。）

al·le·go·ry /ˈæligəri/ *n.* ❶[C]寓言，讽喻：George Orwell's *Animal Farm* is an *allegory*. 乔治·奥威尔的《兽园》是一则寓言故事。 ❷[U]（说话或写作时采用的）讽喻法；讽喻体 ‖ **al·le·gor·ic** /ˌæliˈɡɔrik/, **al·leˈgor·i·cal** /-k°l/ *adj.* —**ˌal·leˈgor·i·cal·ly** *adv.* —**ˈal·le·gor·ist** *n.* [C]

al·ler·gic /əˈlɜ:dʒik/ *adj.* ❶过敏性的；变应性的；对…过敏的（to）：be *allergic to* milk 对牛奶过敏 ❷〈口〉对…极其反感的，对…极讨厌的；反对…的（to）：He's *allergic to* most pop music. 他对流行音乐大多十分反感。

al·le·vi·ate /əˈli:viˌeit/ *vt.* 使（痛苦、忧愁等）易于忍受；减轻，缓解，缓和：*alleviate* severe economic downturn 使严重的经济滑坡缓和下来 ‖ **al·le·vi·a·tion** /əˌli:viˈeiʃ°n/ *n.* [U]

al·li·ance /əˈlaiəns/ *n.* [U] ❶（政党、国家

等的)联合,结盟;联盟,同盟:a political *alliance* between opposition parties 反对党之间的政治联合 ❷[C](尤指军事上的)盟约 ☆ **alliance**, **coalition**, **confederation**, **league**, **union**均有"同盟,联盟"之意。**alliance** 常指为某种共同利益而进行联合或结盟:Germany was in *alliance* with Japan and Italy during the Second World War. (在第二次世界大战时德国与日本、意大利联盟。) **coalition** 用来表示竞争者之间的暂时联合,常指政党或派别之间为了某一特殊目的而临时结成的联合:In many countries, *coalition* governments may be formed when no political party wins a majority of the votes cast in an election. (在许多国家里,当一个政党在大选中未获得多数选票时就可成立联合政府。) **confederation** 特指中央政府下,州与州或邦与邦之间的正式联合体,但每州或邦享有主权或特权,中央政府主要负责处理外交事务:the *confederation* formed by the American colonies following the revolution (独立战争后由美国各殖民地组成的联邦) **league** 最为普通,指民间或半官方组织的联盟,也指地区性、全国性或国际性的联合组织,强调其具体明确的目的和共同兴趣:Several nations formed a defence *league*. (几国建立了防御联盟。) **union** 表示目的和利益完全一致的紧密结合,可指美满婚姻,也指各州之间的互相融合,实质上变成了一个政治实体,还可指协会、工会等:a happy *union* (美满的结合)/the Students' *Union* (学生会)

al·lied /ˈælaid/ *adj.* ❶联合的,结盟的,联盟的;联姻的:China, France, Great Britain, the Soviet Union, and the United States were *allied* nations during World War II. 在第二次世界大战期间,中国、法国、英国、苏联及美国为同盟国。❷[作定语](由类似结构或特征等)联系起来的;相关的;有亲缘关系的,同源的:*allied* banks 联号银行

al·lo·cate /ˈæləkeit/ *vt.* ❶分派;分配:the way resources are *allocated* 资源分配的方式 ❷把…划归;把…拨给:*allocate* millions of dollars for cancer research 拨出数百万元专款用于癌症研究 ‖ **al·lo·ca·tion**

/ˌæləˈkeiʃn/ *n.* [U]

al·lot /əˈlɔt/ *vt.* (**-lot·ted**;**-lot·ting**) ❶(按份额)分配;分给;摊派:*allot* the available farmland among the settlers 在定居者中分配现有的耕地 ❷(为某种用途而)拨出;指定给;限定:*allot* money for a housing project 为一项建房计划拨款 ‖ **al·lot·ment** *n.*
☆ **allot**, **allocate**, **apportion**, **assign** 均有"分配;指派"之意。**allot** 多用于物,有任意支配的含义:Who will she *allot* the easy jobs to? (她把轻活儿分给谁呢?) **allocate** 最为正式,常用来指政府计划中的专项拨款:*allocate* a sum of money for the construction of a bridge (为建桥工程拨款) **apportion** 指根据某一原则,按比例进行公正的分配,强调公平合理:Profits were *apportioned* according to predetermined ratio. (利润按事先决定的比例分配。) **assign** 多用于人,指派遣某人去完成某项任务或工作:The teacher has *assigned* each of us a holiday task. (老师给我们每个人都布置了假期作业。)

all-out /ˈɔːlˈaut/ *adj.* [作定语]〈口〉全力以赴的;全部的;全面的:make an *all-out* effort to win 全力以赴去争取胜利

al·low /əˈlau/ *vt.* 允许;准许;让:You're not *allowed* to use calculators in examinations. 考试时不许使用计算器。‖ *allow for vt.* 考虑到;估计到;顾及:It will take you an hour to get to the airport, *allowing for* traffic delays. 把路上的耽搁算进去,你用一个小时才能赶到机场。‖ **al·low·a·ble** *adj.* —**al·low·a·bly** *adv.*

al·low·ance /əˈlauəns/ *n.* [C] 津贴,补贴;补助金;零花钱:a housing *allowance* 房贴

al·loy /ˈælɔi/ *n.* [C] 合金:Steel is an *alloy* of iron with [and] carbon. 钢是铁和碳的合金。

all-time /ˈɔːlˌtaim/ *adj.* 〈口〉❶空前的;前所未闻的;创纪录的:Production will reach an *all-time* high. 产量将达到创纪录的高水平。❷一向如此的;一贯的:an *all-time* favourite song 一首吟唱不绝的歌

al·lude /əˈluːd/ *vi.* ❶间接提到;略微一提;暗指;影射(*to*):What are you *alluding to*?

A

你指的是什么？❷（泛指）提到，说起，谈到（to）：She often *alluded to* her first marriage. 她时常谈起她的一次婚姻。‖ **al·lu·sion** *n.*

al·lure /ə'luə^r/ *n.* [U]吸引力；魅力；诱惑力：the *allure* of fame 名望的诱惑力 ‖ **al'lure·ment** *n.* [U；C]

al·lur·ing /ə'luəriŋ/ *adj.* 吸引人的；诱人的；迷人的：*alluring* eyes 迷人的眼睛 ‖ **al'lur·ing·ly** *adv.*

al·ly I /'ælai/ *n.* [C]同盟者；同盟国；盟友：make an *ally* of sb. 与某人结成盟友 II /'ælai，ə'lai/ *vt.* 使结盟；使联合；使联姻（to，with）：He signed a treaty that *allied* his country *to* France. 他签署了一项使他的国家和法国结盟的条约。

al·might·y /ɔːl'maiti/ *adj.* ❶有无限权力的；有强大力量的；万能的：Love of the *almighty* dollar has ruined many people. 对万能的金钱的贪婪断送了许多人。❷[作定语]〈口〉极其的，非常的：There is an *almighty* argument going on next door. 隔壁那一家子正吵得天翻地覆哩。

al·most /'ɔːlməust/ *adv.* 几乎，差不多：I *almost* missed the train. 我差点儿误了火车。

a·loft /ə'lɔft/ *adv.* & [通常作表语]*adj.* ❶在上方(的)，在高处(的)；在空中(的)：Some birds fly thousands of feet *aloft*. 有些鸟能在离地数千英尺的高空中飞翔。❷向上(的)，向高处(的)；向空中(的)：bear *aloft* sb.'s spirits 使某人精神振奋

a·lone /ə'ləun/ I *adj.* [通常作表语]单独的，独自的；孤独的，孤零零的：She was really quite *alone* in the world. 她在世上孑然一身。II *adv.* ❶单独地；孤独地，孤零零地：take a walk *alone* 独自散步 ❷单单；仅仅，只有：He lives for money *alone*. 他只是为了钱而活着。❸独自地；孤立无援地：I can't do this *alone*. 这件事我一个人干不了。

☆**alone，lonely，lonesome** 均有"单独的，孤独的"之意。**alone** 强调单独或独自这一客观事实：I am anxious about leaving Jimmy *alone* in the house. （把吉米一人留在家里，我很不放心。）**lonely** 具有浓厚的情感色调，表示渴望伴侣或友谊等时所伴随的孤独忧郁之感：Robinson Crusoe spent many *lonely* days on the desert island before the man Friday appeared. （鲁滨孙·克鲁索在荒岛上度过了漫长的孤独岁月，忠仆星期五才到来。）**lonesome** 用于地方时指被人遗弃后的荒凉及令人伤感的氛围；用于人时指与亲朋分手或孀居后那种令人心碎而又难以忍受的悲哀和凄怆：I got *lonesome* when you were not here. （你不在时我颇感寂寞。）

a·long /ə'lɔŋ/ I *prep.* 沿着，顺着，循着：Cars parked *along* the street. 一辆辆汽车沿街停放。II *adv.* ❶随同，一起，一道（with）：consider the advantages *along with* the disadvantages 权衡利弊 ❷往前，向前：He was rushing *along* through his speech. 他急急忙忙赶着结束演说。

a·long·side /ə'lɔŋˌsaid/ *adv.* & *prep.* 在旁边，在近旁；并排地：The bike was driving *alongside* when hit. 那辆自行车在与汽车并排行驶时被撞倒了。

a·loof /ə'luːf/ *adj.* 冷淡的；疏远的；淡漠的：He is always rather *aloof* with strangers. 他对陌生人总是很冷淡。‖ **a'loof·ness** *n.* [U]

a·loud /ə'laud/ *adv.* ❶出声地（使能听得见）：She read the story *aloud* to the others. 她把故事大声地读给其他人听。❷大声地（使远处听得见）：cry *aloud* in grief 悲恸地大哭

al·pha·bet /'ælfəˌbet/ *n.* [C]（一种语言的）字母系统，字母表：The English *alphabet* has only 26 letters to represent more than 40 sounds. 英语字母表只有 26 个字母，表示 40 多个语音。

al·read·y /ɔːl'redi/ *adv.* 已（经），早已，业已；先前：The train had *already* left when I reached the station. 我赶到车站时，火车已经开走了。

al·so /'ɔːlsəu/ *adv.* ❶而且（也）；此外（还）：The weather was cold；it's *also* wet. 天气寒冷，而且也潮湿。❷同样地：Tuesday the boys had the ill luck. *Also* Wednesday. 星

期二孩子们的运气不好,星期三那天也是一样。‖ **not only...but (also) conj.** 不但···而且···: Not only Jim but also his wife saw her. 不但吉姆而且他妻子都见到了她。

al·tar /ˈɔːltə/ **n.** [C](教堂、寺院内的)祭坛、圣坛: swear by the altar 对着圣坛起誓

al·ter /ˈɔːltə,ˈɒl-/ **vt.** 改,改变;更改,变更;使变样: How altered you are, Martha. 你可真是女大十八变,玛莎!

al·ter·a·tion /ˌɔːltəˈreiʃn/ **n.** ❶[U]改动,更改: This green coat needs alteration. 这件绿色的外套需要改一下。❷[C]变化;调整;变动: There have been a few alternations to the winter courses. 冬季的课程有一些变动。

al·ter·nate I /ˈɔːltəneit/ **v.** ❶交替;更迭(with,between): George alternated between hope and despair. 乔治时而满怀希望,时而垂头丧气。❷轮流: Jack and I alternated in doing the dishes. 杰克和我轮流洗盘碟。**II** /ˈɔːltənit,ˈɒl-/ **adj.** [通常作定语]❶交替的;更迭的;轮流的: Winter and summer are alternate seasons. 冬季和夏季变换更迭,周而复始。❷间隔的,相间的: The awning had alternate red and white stripes. 那顶凉篷有红白相间的条纹。❸供选择的;供替代的: The alternate route is more scenic. 另一条路线的风景更优美些。‖ **al·ter·nate·ly** /ˈɔːltənitli/ **adv.**

al·ter·na·tive /ɔːlˈtɜːnətiv,ˈɒl-/ **I n.** [C]❶两者(或在两者以上间)择一;取舍;抉择: The judge offered the criminal the alternative of a fine or six months in prison. 法官让犯人在罚款和坐六个月牢之间作出抉择。❷可供选择的事物;变通办法;供替代的抉择;替代品: The only alternative is to wait and see. 除了观望,别无选择。**II adj.** ❶[作定语]非此即彼的;两者(或两者以上)择一的: The alternative possibilities are neutrality and war. 中立或者参战两者必居其一。❷供选择的;供替代的;另一个的: an alternative proposition 供选择的建议 ‖ **al·ter·na·tive·ly adv.**

al·though /ɔːlˈðəu/ **conj.** ❶虽然,尽管: Al-

though my car is old, it still runs well. 我的车虽旧却仍很好开。❷[用在主句后面,引出补充说明]然而;但是: I have a lot of my father's features, although I'm not so tall as he is. 我长得很像我父亲,但我没有他那么高。

al·ti·tude /ˈæltiˌtjuːd/ **n.** ❶[U;C](海平面或地表面之上的)高;高度;海拔: a valley with an altitude of about 8,000 feet 海拔 8 000 英尺左右的山谷 ❷[常作～s]高处,高地: At high altitudes it is difficult to breathe. 在高处呼吸困难。

al·to·geth·er /ˌɔːltəˈgeðə/ **adv.** ❶完全;全然: That is a different matter altogether. 那完全是另外一码事。❷总共;合计: The expenses came to $500 altogether. 费用总计达 500 美元。❸大体说来,总而言之;基本上: Altogether, he was well pleased. 总的说来,他很是满意。

a·lu·mi·num /əˈluːminəm/ **n.** [U]【化】铝(符号 Al)

a·lum·nus /əˈlʌmnəs/ **n.** [C]([复]-ni /-nai/) 校友;毕业生(美国英语中尤指男校友,男毕业生,与 alumna 相对): an alumnus of Nanjing University of the class of 1966 南京大学 1966 届毕业生

al·ways /ˈɔːlweiz/ **adv.** ❶总是;无例外地: He is always punctual. 他总是很守时。❷始终;一直;永远: There is always some pollution in the air. 大气中始终存在某种污染现象。

am /强 æm,弱 əm/ 见 be

a. m. abbr. 午前;上午

a·mal·gam·ate /əˈmælgəˌmeit/ **v.** (使)混合;(使)合并;(使)合成一体: Municipalities often amalgamate with others into regional governments. 自治市经常合并在一起组成地区政府。

a·mass /əˈmæs/ **vt.** ❶积聚(尤指财富);积累;聚集: amass political power 积聚政治权力 ❷堆积,把···聚成堆: He amassed his papers for his memoirs. 他把文件汇集起来,准备写回忆录。

am·a·teur /ˈæmətə/ **I n.** [C](艺术、科学

A

等的)业余爱好者;业余运动员;an *amateur in boxing* 拳击业余爱好者 II *adj.* [通常作定语] ❶业余(爱好)的;由业余爱好者制作(或组成)的;业余身份的:*amateur* baseball 业余棒球 ❷外行的;非专业(或专家)的:an *amateur* approach 一种外行的眼光 ‖ **am·a·teur·ism** /'æmətə₁riz³m/ *n.* [U]

☆ **amateur, beginner, dilettante, novice, tyro** 均有"业余爱好者;新手"之意。**amateur** 指科学和艺术等方面的业余爱好者,强调不是专家,只是非专业性的个人兴趣和业余爱好,有并不精通的含义:an *amateur* singer(业余歌手)该词用于体育运动时,其含义不是指缺乏专门训练,而是回避直接酬报:*amateurs* athletes(非职业性运动员)**beginner** 指开始学习必要的技能,但因时间甚短还未掌握该技能的初学者:a ballet class for *beginners*(为初学者开设的芭蕾课)**dilettante** 指只为娱乐而初涉某项活动者,时含肤浅之义:a musical *dilettante*(粗通乐理的人)**novice** 指因未经正式培训,缺少最起码的训练而显得手脚笨拙:She is a complete *novice* as a reporter.(她初任记者,完全是个生手。)**tyro** 指缺乏经验或粗鲁莽撞而显得无能或鲁莽的生手:a *tyro* who has taken one month's computer course and proceeds to design a software(只学了一个月的计算机就开始设计软件的生手)

a·maze /ə'meiz/ *vt.* 使大为惊奇,使惊异,使惊诧,使惊愕:They will tell you many things which you have never known and you'll be *amazed* at. 他们会告诉你许多你闻所未闻,使你拍案称奇的事情。‖ **a'maze·ment** *n.* [U]

a·maz·ing /ə'meiziŋ/ *adj.* 令人十分惊奇的;惊人的;使人吃惊的:She has shown *amazing* courage. 她表现出惊人的勇气。‖ **a'maz·ing·ly** *adv.*

am·bas·sa·dor /æm'bæsədə'/ *n.* [C] ❶(特命全权)大使:the U. S. *ambassador* to China 美国驻中国大使 ❷特使,使节:the special *ambassador* of the British Government 英国政府特使

am·ber /'æmbə'/ *n.* [U] ❶琥珀 ❷琥珀色;黄(褐)色:The traffic lights changed from green to *amber* to red. 交通灯由绿而黄再转到红色。

am·bi·ance /'æmbiəns/ *n.* [C;U](一个处所的)环境;气氛;情调:a restaurant famous for its *ambiance* and good food 一家以环境和美食著称的餐馆〔亦作 **ambience**〕

am·bi·ent /'æmbiənt/ *adj.* 四周的,周围的;环绕的,环抱的:a mountain peak concealed by *ambient* clouds 云朵环抱的山峰

am·big·u·ous /æm'bigjuəs/ *adj.* ❶可做多种解释的;引起歧义的,模棱两可的:make *ambiguous* remarks 说些模棱两可的话 ❷含糊不清的;不明确的;暧昧的:an *ambiguous* position 暧昧的立场 ‖ **am'big·u·ous·ly** *adv.* —**am·bi·gu·i·ty** *n.*

am·bi·tion /æm'biʃn/ *n.* [U;C] 雄心;野心;抱负,志气,志向:a want of all laudable *ambition* 胸无大志

☆ **ambition, aspiration, desire, pretension** 均有"热望,抱负"之意。**ambition** 既可指值得赞扬的热望和抱负,也可用于贬义,表示奢望或野心:He is clever but he lacks *ambition*.(他人很聪明,但胸无大志。)**aspiration** 指积极进取,奋发向上,强调崇高的志向:*aspiration* after knowledge(求知)该词复数形式偶尔也用于贬义:His *aspirations* must be nipped in the bud.(他的贪欲必须被及早根除。)**desire** 强调感情的炽热,且有强烈的意图或目的,常用于指生理方面的欲望:the *desire* for peace(对和平的热望)**pretension** 暗示缺乏实现愿望的必要才能,有做作虚荣的意味:Several people with literary *pretensions* frequent her salon.(几个自视有文学抱负的人经常光顾她的沙龙。)

am·bi·tious /æm'biʃəs/ *adj.* ❶(对名利、权力等)有强烈欲望的,热望的;有野心的;有抱负的:an *ambitious* lawyer 野心勃勃的律师 ❷出于野心(或雄心)的;反映野心(或雄心)的:an *ambitious* plan 雄心勃勃的计划 ‖ **am'bi·tious·ly** *adv.* —**am'bi·tious·ness** *n.* [U]

am·ble /'æmb³l/ *vi.* 悠闲地走;从容漫步;缓行:We were *ambling* along enjoying the scenery. 我们一边缓步前行，一边观赏着景色。

am·bu·lance /ˈæmbjuləns/ *n.* [C]救护车；救护船；救护飞机

am·bush /ˈæmbuʃ/ **I** *n.* [U；C]埋伏；伏击：The enemy fell [ran, walked] into the *ambush*. 敌人中了埋伏。**II** *vt.* 伏击：An entire platoon was *ambushed* during a patrol and wiped out. 整整一个排在巡逻中遭到伏击，并被歼灭。

a·mel·io·rate /əˈmiːljəˌreit/ *v.* 改善；改进；改良：*ameliorate* living conditions 改善生活条件 ‖ **a·mel·io·ra·tion** /əˌmiːljəˈreiʃⁿn/ *n.* [U]

a·me·na·ble /əˈmiːnəbⁿl/ *adj.* ❶易作出响应的；易受控制(或影响)的；听从劝导的；顺从的(to)：an *amenable* servant 顺从的仆人 ❷应负有义务(或责任)的(to, for)：You are *amenable for* this debt. 这笔债务你得负责偿还。

a·mend /əˈmend/ *vt.* ❶修改，修订(法律、议案等)：*amend* the constitution 修改宪法 ❷改进；改善；改良：*amend* one's life 革心洗面 ‖ **a·mend·ment** *n.*

a·men·i·ty /əˈmiːniti, əˈmen-/ *n.* [C] ❶[常作 amenities]礼节；礼仪：observe the *amenities* of diplomacy 遵守外交礼节 ❷[常作 a-menities]生活便利设施；(公共)福利设施：cultural *amenities* 文化设施

A·mer·i·ca /əˈmerikə/ *n.* 美利坚合众国，美国(＝the United States of America)

A·mer·i·can /əˈmerikⁿn/ **I** *adj.* 美国的；美国人的；美国英语的：the strength of *American* economy 美国经济实力 **II** *n.* [C]美国人，美国公民

a·mi·a·ble /ˈeimiəbⁿl/ *adj.* 和蔼可亲的；亲切友好的；悦人的：an *amiable* greeting 亲切的问候 ‖ **ˈa·mi·a·bly** *adv.*

☆amiable, complaisant, good-natured, lovable 均有"和蔼可亲的，令人愉悦的"之意。**amiable** 指性情随和，态度温和友好且容易接近：an *amiable* character (随和的人/秉性) **complaisant** 指过分地讨好或顺从他人：*Complaisant* people only say what others want to hear. (善于讨好的人只说别人爱听的话。) **good-natured** 指心地善良，脾性好，常含有过分迁就顺从之意：Horseplay and practical jokes at weddings require *good-natured* toleration. (非得有容人的雅量才能忍受婚礼上的喧闹和恶作剧。) **lovable** 指招人喜爱或讨人喜欢：Her baby has a *lovable* round face. (她的孩子长着可爱的圆脸。)

a·mid /əˈmid/ *prep.* 在…当中，在…之中，在…中间：He felt small and insignificant *amid* the vast shadows of the forest. 置身在浩瀚无际的森林之中，他感到自己很是渺小和微不足道。〔亦作 amidst, mid〕

a·miss /əˈmis/ **I** *adv.* ❶不正确地；错误地：If you think he is guilty, you judge *amiss*. 如果你认为他有罪，那就判断错了。❷不顺利；出差错；有缺陷地：Something went *amiss* with the arrangements. 安排上出了些差错。**II** *adj.* [通常作表语]❶不正确的；错误的；有缺陷的：I think something is *amiss* in your calculations. 我认为你的计算有错误。❷出差错的；有毛病的：Nothing was found *amiss*. 一切都称心如意。

am·mo·ni·a /əˈməuniə/ *n.* [U]【化】❶氨；阿摩尼亚 ❷氨水

am·mu·ni·tion /ˌæmjuˈniʃⁿn/ *n.* ❶[U]弹药；军火：live *ammunition* 真枪实弹 ❷[U]〈喻〉子弹，炮弹(指可用来攻击别人或为自己辩护的材料、证据等)：The scandal provided *ammunition* for press attacks against the government. 这起丑闻向新闻界提供了攻击政府的炮弹。

am·ne·sia /æmˈniːzjə/ *n.* [U]【医】记忆缺失；遗忘(症) ‖ **am·ne·si·ac** /æmˈniːziˌæk/, **am·ne·sic** /æmˈniːsik/ *adj.* & [C] *n.*

a·mong /əˈmʌŋ/ *prep.* 和…在一起；在…当中：He fell *among* thieves. 他沉沦到与盗贼为伍。

a·mor·al /eiˈmɒrⁿl/ *adj.* ❶与道德无关的；不属道德范畴的；既非道德又不道德的：Science as such is completely *amoral*. 科学本身完全是无所谓道德或不道德的。❷没有道德意识的；无从区分是非的：Young children and animals are *amoral*. 幼童和动物是没有道德意识的。‖ **a·mo·ral·i·ty** /ˌeimɔˈræliti/ *n.* [U]

am·o·rous /ˈæmərəs/ *adj.* ❶(有关)爱情的;求爱的;示爱的:*amorous* songs 恋歌(或情歌) ❷(人、性格等)多情的,喜欢谈情说爱的;耽于情欲的;性爱的;色情的:political and *amorous* intrigues 政治阴谋和桃色新闻 ‖ ˈam·o·rous·ly *adv.*

a·mor·phous /əˈmɔːfəs/ *adj.* ❶无固定形状的;无确定界线的:an *amorphous* mass of clay 一团烂泥 ❷不规则的;模糊的;无法归类的:an *amorphous* plan 含糊不清的计划 ‖ aˈmor·phous·ly *adv.* —aˈmor·phous·ness *n.* [U]

a·mount /əˈmaunt/ I *n.* [C;U] ❶量,数量,数额:a huge *amount* of money 巨额款项 ❷总数,总额:What is the *amount* of the bill for the groceries? 食品杂货账单上一共是多少钱? II *vi.* 合计,总计,共计(*to*):The loss from the flood *amounts to* ten million dollars. 水灾造成的损失达 1 000 万元。

am·pere /ˈæmpeə/ *n.* [C]【电】安(培)(电流单位;略作 amp)

am·phib·i·an /æmˈfibiən/ *n.* [C]([复] -i·ans或-i·a /ɪə/) 两栖(纲)动物(如青蛙、蝾螈、鳄鱼、海豹等)

am·phib·i·ous /æmˈfibiəs/ *adj.* (生物)水陆两栖的:*amphibious* salamanders 水陆两栖的蝾螈

am·ple /ˈæmpᵊl/ *adj.* ❶大量的;充裕的;富裕的:a man of *ample* means 富裕阔绰的人 ❷足够的:He was given *ample* opportunity to express his views. 他有充分的机会表达自己的看法。❸面积(或空间)大的;宽敞的:an *ample* lawn 大草坪 ‖ ˈam·ple·ness *n.* [U] —ˈam·ply *adv.*

am·pli·fi·er /ˈæmpliˌfaiə/ *n.* [C]放大器;扩音机;扬声器;喇叭〔亦作 amp〕

am·pli·fy /ˈæmpliˌfai/ *vt.* ❶放大(声音等);增强:*amplify* one's effort 加倍努力 ❷扩大(范围、效果等);(通过补充材料或经详述等)发挥,进一步阐述:Please *amplify* the matter by illustrations. 请举例进一步解释这一问题。‖ **am·pli·fi·ca·tion** /ˌæmplifiˈkeiʃᵊn/ *n.* [U]

am·pli·tude /ˈæmplitjuːd/ *n.* [U] ❶广大;广阔:an island of some *amplitude* 颇为广阔的岛屿 ❷丰富;充裕;充足:an *amplitude* of money 巨额钱财

a·muse /əˈmjuːz/ *vt.* ❶使觉得好玩;使觉得有意思;给…提供娱乐(或消遣):The new toys *amused* the children. 新玩具使孩子们觉得挺好玩的。❷使开心;使发笑:We were *amused* at [by] her tricks. 我们被她的把戏给逗乐了。‖ aˈmus·ing *adj.* —aˈmus·ing·ly *adv.*

☆amuse, divert, entertain 均有"使快乐,使欢娱"之意。amuse 常指通过轻松愉快、逗笑取乐的消遣获得娱乐,强调使人愉快的效果:The monkey's antics *amused* him. (猴子的滑稽动作引得他发笑。) divert 指注意力从烦恼事或日常工作转移到有趣或令人愉快的活动上去:Listening to music *diverts* you after a hard day's work. (劳累了一天之后,听听音乐会使人轻松愉快。) entertain 多指为他人提供娱乐消遣使之从单调无聊中解脱出来:Another guest *entertained* us with folk songs. (另一个客人唱了几首民歌来为我们助兴。)

a·muse·ment /əˈmjuːzmᵊnt/ *n.* ❶[U]开心;愉悦;乐趣;兴味:Much to our *amusement*, no one appeared at the party. 令我们感到极其好笑的是,竟然没有人来参加聚会。❷[C]娱乐,消遣;娱乐活动,消遣方式:theatres, cinemas and other places of *amusement* 戏院、影院以及其他娱乐场所

a·mus·ing *adj.* 惹人发笑的;好笑的:an *amusing* movie 有趣的电影

an·aes·the·sia /ˌænisˈθiːzjə/ *n.* 麻醉 ‖ **an·aes·thet·ic** /ˌænisˈθetik/ *n.* [C] —**an·aes·the·tist** /əˈniːsθətist/ *n.* [C]

an·aes·thet·ic *n.* [C]麻醉药;麻醉剂

an·al·ge·sic /ˌænælˈdʒiːzik, -sik/ I *adj.* 【医】痛觉缺失的;止痛的 II *n.* [C]【药】止痛药;镇痛剂

a·nal·o·gous /əˈnæləgəs/ *adj.* 类似的;相

似的(*to*, *with*)：A brain and a computer are *analogous*. 大脑和计算机有类似之处。

an·a·logue /ˈænəˌlɔɡ/ *n.* [C] ❶相似物；类似物；类似情况 ❷对应的人（或物）

a·nal·o·gy /əˈnælədʒi/ *n.* [C；U] ❶相似；类似：bear [have] much *analogy* to [with] 具有与…许多相似之处 ❷类比；类推；比拟：the forced *analogy* in one's argument 某人论据中牵强的类比推理 ‖ **an·a·log·i·cal** /ˌænəˈlɔdʒikᵊl/ *adj.*

a·nal·y·sis /əˈnælisis/ *n.* ([复]**-ses** /-ˌsiz/) [U；C] 分析；分解：come under [undergo] careful and in-depth *analysis* 经过深入细致的分析

an·a·lyze /ˈænᵊˌlaiz/ *vt.* 分析，剖析；细察：*analyze* the motives for sb.'s own behaviour 分析某人自己的行为动机

an·ar·chy /ˈænəki/ *n.* [U] ❶无政府（状态）：After its defeat in war the country was in a state of *anarchy*. 战败之后，该国处于无政府动乱状态。❷混乱，无秩序：Intellectual and moral *anarchy* followed the loss of faith. 信仰的失落导致思想和道德的混乱。‖ **an·ar·chic** /əˈnɑːkik/，**an·ar·chi·cal** /-kᵊl/ *adj.* —an'ar·chi·cal·ly *adv.*

a·nat·o·my /əˈnætəmi/ *n.* ❶[U] 解剖学：study human *anatomy* 研究人体解剖学 ❷[C]（动植物的）结构：The *anatomy* of an earth worm is much simpler than that of a man. 蚯蚓的结构比人要简单得多。

an·ces·tor /ˈænsestə/ *n.* [C] ❶祖先，祖宗：Her *ancestors* came from Russia. 她的祖先是俄罗斯人。❷原型；先驱；前身：a philosophical *ancestor* 哲学界的先驱

an·ces·try /ˈænsestri/ *n.* ❶[总称]祖先，列祖列宗：Many of the early settlers in America had English *ancestry*. 许多早期拓居美洲的人的祖先都是英国人。❷[U]世系，血统；家世，门第：trace one's *ancestry* 追溯某人的家世

an·chor /ˈæŋkə/ I *n.* [C] 锚：order *anchors* aweigh 下令起锚 II *v.* ❶锚定；抛锚泊（船）：*anchor* a dinghy with a grapnel 用小锚泊住小艇 ❷把…固定住；把…系牢（或扎

牢、粘住等）：*anchor* the roof of a house 把屋顶固定住

an·cient /ˈeinʃᵊnt/ *adj.* ❶古老的；年代久远的：an *ancient* antagonist 宿敌 ❷（年）老的：the *ancient* care-taker of the building 那个看管大楼的老头 ‖ 'an·cient·ness *n.* [U]

and /强 ænd；弱 ənd, ən/ *conj.* ❶[用于连接语法上同类的词、短语或句子，表示附加或并列关系]和；与；跟；及；同；又；并；亦；也：He is a good eater *and* a good sleeper. 他能吃能睡。❷加：Two *and* two equals four. 2加2等于4。❸然后；其后；于是：He read for half an hour *and* went to bed. 他看了半小时的书，然后就睡觉了。

an·ec·dote /ˈænikˌdəut/ *n.* [C]([复]**-dotes** 或 **an·ec·do·ta** /ˌænikˈdəutə/) 逸事；趣闻：narrate [relate, tell] an *anecdote* of one's childhood 讲述有关童年的趣闻逸事 ‖ **an·ec·do·tal** /ˌænikˈdəutᵊl/ *adj.*

a·new /əˈnjuː/ *adv.* 重新；再：begin one's work *anew* 返工重做

an·gel /ˈeindʒᵊl/ *n.* [C] ❶（侍奉上帝的）天使；神的使者 ❷（可代表善或恶的）精灵；保护神：The nurse was like a ministering *angel* to him. 对他来说，这位护士像一位救死扶伤的看护神。‖ **an·gel·ic** /ænˈdʒelik/ *adj.* —an'gel·i·cal·ly /-kᵊli/ *adv.*

an·ger /ˈæŋɡə/ *n.* [U]怒；愤怒；怒火；怒气：Bob struck him in *anger*. 鲍勃怒气冲冲地揍了他。

☆**anger**, **fury**, **indignation**, **rage** 均有"愤怒，生气"之意。**anger** 最为常用，表示多种不同程度的愤怒心情，既可指对自己或他人发怒，也可表示对所发生的事情感到气愤，但所表示的愤怒不一定要表现流露出来：He tried to hide his *anger*.（他试图掩盖他的愤怒。）**fury** 语气最强，愤怒到几乎发狂，暴怒：Mad with *fury*, he tore the contract into pieces.（盛怒之下，他将合同撕了个粉碎。）**indignation** 强调因不公平、卑鄙、侮辱或残酷而激起的义愤：There was a general *indignation* at the sudden steep rise in bus fares.（公共汽车票价突然猛增激起了公愤。）**rage** 指失去自制的盛怒，常含有碰壁

失意,一时精神错乱或决心报复之意;The surly insolence of the waiters drove him into a *rage*. (侍者的傲慢无礼使他勃然大怒。)

an·gi·na /æn'dʒainə/ *n.* [U]【医】❶绞痛 ❷ =angina pectoris

an·gle /'æŋgl/ *n.* [U] ❶角:an obtuse [acute] *angle* 钝(锐)角 ❷角度:a right *angle* 直角 ❸(建筑物、家具等的)角,边角;角落;轮廓鲜明的突出体:We took a picture of the northeast *angle* of the church. 我们拍了一张教堂东北角的照片。❹〈口〉立场;观点;角度;方面:What's your *angle* on this matter? 你在这件事情上持什么立场?

an·gry /'æŋgri/ *adj.* 愤怒的,发怒的,发火的,生气的(*about*,*at*,*over*,*with*):The boss got [became] *angry at* [*with*] us for being late. 我们迟到了,老板冲我们直发脾气。

an·guish /'æŋgwiʃ/ *n.* [U](身体上的)剧痛;(尤指精神上的)极度痛苦:the *anguish* of grief 悲痛欲绝 ‖ **an·guished** /'æŋgwiʃt/ *adj.*

an·gu·lar /'æŋgjulə/ *adj.* ❶有角的;有尖角的;由角构成的;成角(度)的:an *angular* point 角顶(或角端)❷(人)瘦削的,骨瘦如柴的,瘦骨嶙峋的:*angular* features 瘦削的面容❸生硬的;死板的;不圆通的;笨拙的;不灵活的:a particularly *angular* man 一个特别死板的人 ‖ **an·gu·lar·i·ty** /ˌæŋgju'læriti/ *n.* [U;C] —**an·gu·lar·ly** *adv.*

an·i·mal /'ænimʲl/ *n.* [C](与植物相对的)动物:Human beings are rational *animals*. 人是理性动物。

☆**animal**,**beast**,**brute**,**creature** 均有"动物"之意。**animal** 词义最广,可泛指区别于植物、矿物的一切动物,也可特指四足哺乳动物和家畜:Living things consist of *animals* and plants. (生物由动物和植物构成。)该词用以描述人时,则强调其堕落和不道德:Her husband was an *animal*. (她的丈夫是一个粗野残暴的人。) **beast** 和 **brute** 都用于不包括人的动物,特指高级哺乳动物;**beast** 一般为中性词,但用于形容人时,则强调其堕落或残酷:A donkey is a better *beast* of burden than a horse. (同马相比,驴是更好

的役畜。) / They hated the *beast* of a foreman. (他们痛恨讨厌的工头。) **brute** 特指野兽,用于指人时,则强调其野蛮或残忍:Tigers and lions are *brutes*. (虎和狮子都是猛兽。) / He is an unfeeling *brute*! (他是个冷血动物。) **creature** 通常指除植物以外的所有生物,用于指人时,则含怜悯或轻蔑的意味:The crocodile is a strange-looking *creature*. (鳄鱼是一种怪模怪样的动物。) / We are all God's *creatures*. (我们都是上帝的子民。) / The poor *creature* had no home,family or friends. (那可怜的人,既没有家,也没有朋友。)

an·i·mate I /'æniˌmeit/ *vt.* ❶使有生命,赋予…以生命:the mysterious force that *animates* the cells of the body 使身体细胞具有生命的神奇力量 ❷激励;激发;鼓动;鼓舞;使活泼;使有生气:*animate* sb. to greater efforts 激励某人作出更大努力 ❸把…摄制(或绘制)成动画片:*animate* a film sequence 制作系列动画片 II /'ænimit/ *adj.* ❶活着的;有生命的:*animate* and inanimate objects 生物与非生物 ❷活泼的;有活力的;生机勃勃的;欢快的:an *animate* expression of joy 喜笑颜开 ❸动物的(与植物相对而言):*animate* diseases 各种动物疾病 ‖ **'an·i·mat·or** *n.* [C]

an·i·mat·ed /'æniˌmeitid/ *adj.* 活泼的;活跃的;生气勃勃的;欢快的:Her eyes and cheeks became more *animated*. 她的双目与面颊变得更加神采飞扬。

an·kle /'æŋkl/ *n.* [C]踝关节;踝;脚脖子:sprain [twist] one's *ankle* 扭伤脚踝

an·klet /'æŋklit/ *n.* [C]脚环;踝环

an·nex /ə'neks/ *vt.* ❶附加,添加,追加;附带:*annex* a codicil to a will 对遗嘱增补内容 ❷并吞,兼并,霸占(领土等):The United States *annexed* Texas in 1845. 1845 年,美国兼并了得克萨斯。

an·ni·hi·late /ə'naiəˌleit/ *vt.* 消灭;歼灭;毁灭:The epidemic *annihilated* the population of the town. 这场流行病夺去了全镇人的生命。 ‖ **an·ni·hi·la·tion** /əˌnaiə'leiʃʲn,əˌnai-/ *n.* [U] —**an·ni·hi·la·tor** *n.* [C]

an·ni·ver·sa·ry /ˌæni'vəːsʲri/ *n.* [C]周年

irritated him. （她看报纸时爱用手指敲打椅背,这让他忍无可忍。）

an·no·tate /ˈænəˌteit/ *vt.* 给…注释(或评注);This new edition has been elaborately *annotated* by the author. 作者对这本新版书作了详尽的注解。‖ **an·no·ta·tion** /ˌænəˈteiʃn/ *n.* [U;C] —ˈan·no·ta·tive *adj.* —ˈan·no·tat·or *n.* [C]

an·nounce /əˈnauns/ *vt.* ❶把…公之于世;宣布;宣告:They *announced* that they would wed on January 8. 他们宣布将于1月8日举行婚礼。❷通报…的到达(或出席):When I arrived, the servant *announced* me. 我到达时,仆人为我做了通报。❸当…的播音员(或报幕员等):The mayor *announced* the program. 市长为这个节目报幕。

an·nounce·ment /əˈnaunsmənt/ *n.* ❶[用单]宣布;公布;发布;颁布:The *announcement* of the election results takes place at the Town Hall. 选举结果将在市政厅宣布。❷[C]通告;公告;文告;通知:I have an important *announcement* to make. 我有重要消息要宣布。

an·nounc·er /əˈnaunsə/ *n.* [C]❶宣告者 ❷电台(或电视台)播音员;(比赛等的)解说员;报幕员

an·noy /əˈnɔi/ *vt.* 使不悦;使生气;使烦恼:His constant snoring *annoys* me. 他连续不断的打鼾声使我很恼火。‖ **an·noy·ance** *n.* [U;C]

☆**annoy**, **bother**, **irritate** 均有"使恼怒,使生气"之意。**annoy** 指用不愉快、讨厌的琐事故意打扰,也可指烦躁不安的反应:Why do you insist on *annoying* her? (你为什么总是找她的麻烦?) **bother** 常用于请别人帮忙或遇到令人不安、困惑和忧虑的事情而引起的轻度烦忧:The sight of him *bothered* her and set her heart beating faster. (看到他让她不安,她连心跳也加快了。) **irritate** 指不断重复某行为使某人失去耐心,逐渐激起人愤怒心情:Her habit of tapping her fingers on the chair while she read the newspaper

an·noy·ance /əˈnɔiəns/ *n.* ❶[C]令人烦恼的人(或事):That brat is a real *annoyance*. 那个小鬼简直让人伤透脑筋。❷[U]烦恼;恼怒;气恼:Much to my *annoyance*, the train had just left when I got to the station. 我赶到车站时,列车刚开走,真让人恼火。

an·noy·ing /əˈnɔiiŋ/ *adj.* 讨厌的;恼人的:an *annoying* noise 恼人的噪声 ‖ **anˈnoy·ing·ly** *adv.*

an·nu·al /ˈænjuəl/ **I** *adj.* [作定语] ❶每年的;年度的;按年度计算的:What is his *annual* salary? 他的年薪是多少?❷一年一次的:an *annual* flower-show 一年一度的花展 **II** *n.* [C]年报;年刊;年鉴;(每年出版的)新版书 ‖ **ˈan·nu·al·ly** *adv.*

an·nul /əˈnʌl/ *vt.* (-nulled;-nul·ling) 废止,取消(法令、合同等);宣布…无效:Their marriage was *annulled* by the Pope. 教皇宣布他们的婚姻无效。‖ **anˈnul·ment** *n.* [U;C]

a·nom·a·lous /əˈnɔmələs/ *adj.* 不规则的;反常的;异常的:These calculations have given *anomalous* results. 这些运算得出的结果不合法则。‖ **aˈnom·a·lous·ly** *adv.*

a·nom·a·ly /əˈnɔməli/ *n.* [U;C]不按常规;不规则;反常(事物);异常(现象):the *anomaly* of English spelling 英语拼法的不规则

a·non·y·mous /əˈnɔniməs/ *adj.* ❶匿名的;无名的;姓氏不明的:The giver of the prizes wished to remain *anonymous*. 奖金设立者不希望披露自己的姓名。❷无特色的;缺乏个性特征的:a vast, *anonymous* lobby 硕大但平淡无奇的大厅 ‖ **an·o·nym·i·ty** /ˌænəˈnimiti/ *n.* [U;C] —**aˈnon·y·mous·ly** *adv.*

a·noth·er /əˈnʌðə/ *adj.* & *pron.* [作定语] ❶(同类中)又一(个);再一(个):May I have *another* glass of water, please? 我再喝一杯水,好吗?❷另一(个);别(个);不同:Show me *another* kind of hat. 把另外一种

帽子拿给我看看。

an·swer /'ænsə'/ˈɑːn-/ **I** *n.* [C] ❶回答;答复;回信:give an *answer* to a question 对问题作出回答 ❷答案;(问题的)解答;解决方法:She was ready with *answers* on every point. 在每一个细节上她都能对答如流。**II** *vt.* ❶回答;答复:I cannot *answer* you now. 我现在还无法答复你。❷对…作出反应;应答;响应:*answer* love for love 投桃报李 ‖ ***answer back** v.* 回嘴;顶嘴;还口:Parents don't like being *answered back*. 做父母的是不喜欢子女回嘴的。

☆**answer,reply,respond,retort** 均有"回答,答复"之意。**answer** 使用范围最广,指用说、写或做某事来作为对某一问题、请求或需要的答复;在特定场合,可指答辩或提供解决问题的办法:He *answered* all the questions on the form. (他回答了表上所有的问题。) **reply** 较为正式,强调对有关问题、意见、论点、主张、要求等作出详细的正式答复:an invitation that requires you to *reply* at once (要求你立即给予回复的邀请函) **respond** 指对某种刺激立即作出自然反应,尤其指对某个紧急问题或请求进行答复:I stroked the kitten,which *responded* with a pleased purr. (我抚摩小猫,它很舒服地咕噜起来。) / The boss immediately *responded* to his employees' demand for a raise. (老板就其雇员要求增加工资的要求马上做出了答复。) **retort** 表示对指责,批评或攻击进行反击或反驳:He *retorted* that it was not all his fault. (他反驳说这并不全是他的错。)

an·swer·a·ble /'ɑːnsərˀbˀl/ *adj.* ❶有责任的;应承担责任的(*for,to*):be *answerable for* sb.'s safety 对某人的安全负责 ❷可回答的;可答复的;可驳斥的:That question is easily *answerable*. 那个问题很容易回答。

ant /ænt/ *n.* [C]蚂蚁

ant·ac·id /æntˈæsid/ **I** *adj.* 解酸的;中和酸的;抗酸的;防酸的 **II** *n.* [C]解酸药;抗酸剂;防酸剂

an·tag·o·nism /ænˈtæɡəˌnizˀm/ *n.* [U;C]对抗(性);对立;敌对:an act of *antagonism* against sb. [sth.] 针对某人[某事]的敌对行为

an·tag·o·nist /ænˈtæɡənist/ *n.* [C] 对抗者;对立者;对手;敌手:His *antagonist* in the debate was smarter than him. 他的辩论对手比他精明。‖ **an·tag·o·nis·tic** /ænˌtæɡəˈnistik/ *adj.* —**anˌtag·o'nis·ti·cal·ly** /-kˀli/ *adv.*

an·tag·o·nize /ænˈtæɡəˌnaiz/ *vt.* 使对立;使对抗;引起…的敌意(或仇恨、反感等):Her unkind remarks *antagonized* people who had been her friends. 她那不友好的讲话引起旧友们的反感。

Ant·arc·tic /ænˈtɑːktik/ **I** *adj.* 南极地区的 **II** *n.* [the ~]南极地区

an·ten·na /ænˈtenə/ *n.* [C]([复]-nae /-niː/或-nas) ❶([复]-nae)【动】触角;触须 ❷([复]-nas)【无】天线:TV *antennas* 电视天线

an·te·ri·or /ænˈtiəriə'/ *adj.* ❶(空间方面)位于前部的;前面的:the *anterior* body 前身 ❷(时间方面)早先的;先前的;先于的:the *anterior* power of choice 超前的抉择能力 ‖ **anˈte·ri·or·ly** *adv.*

an·them /'ænθəm/ *n.* [C] ❶(对母校等的)赞歌;颂歌 ❷国歌

an·thol·o·gy /ænˈθɔlədʒi/ *n.* [C](不同作者或同一作者的诗文、曲、画等的)选集:an *anthology* of 20th-century English poetry 20世纪英语诗歌选集 ‖ **anˈthol·o·gist** *n.* [C]

an·thro·pol·o·gy /ˌænθrəˈpɔlədʒi/ *n.* [U] 人类学(研究人类体质特征、进化发展及社会风俗等的科学)‖ **an·thro·po·log·i·cal** /-pəˈlɔdʒikˀl/ *adj.* —**ˌan·throˈpol·o·gist** *n.* [C]

an·tic·i·pate /ænˈtisiˌpeit/ *vt.* 期望;期待;预期;预料:We *anticipated* a good time at the party. 我们期待着在晚会上玩个痛快。‖ **an·tic·i·pa·tion** /ænˌtisiˈpeiʃˀn/ *n.* [U] — **anˈtic·i·pa·to·ry** *adj.*

an·ti·dote /'æntiˌdəut/ *n.* [C] ❶【医】解毒药;解毒剂:an *antidote* against [for,to] snake-bite 蛇药 ❷〈喻〉矫正方法;对抗手段;除害物

an·tip·a·thy /æn'tipəθi/ *n.* [U](尤指出自本性且根深蒂固的)反感,厌恶,憎恶(*to*,*toward*,*towards*,*against*,*for*,*between*): There is a great deal of *antipathy* between them. 他们之间的嫌隙甚深。

an·ti·quat·ed /'ænti₁kweitid/ *adj.* ❶陈旧的;老式的;过时的:*antiquated* fashions 旧款式 ❷年老的;年深日久的:Prejudice and *antiquated* jealousy did not freely yield themselves up. 偏见和根深蒂固的嫉妒心并没有轻易地退让。

an·tique /æn'ti:k/ I *adj.* [作定语] ❶古时的;古代的;古老的;自古就有的:ruins of an *antique* city 古城废墟 ❷古式的;古风的:古希腊的;古罗马的:*antique* furniture 古式家具 II *n.* [C]古董;古物:This carved chest is a genuine *antique*. 这个雕花橱柜可是件真古董。

an·ti·sep·tic /₁ænti'septik/ I *adj.* [作定语]防腐的;消毒的;抗菌的:*antiseptic* solutions 防腐溶液 II *n.* [C;U]抗菌剂;防腐剂 ‖ **₁an·ti'sep·ti·cal·ly** /-kᵊli/ *adv.*

an·ti·so·cial /₁ænti'səuʃᵊl/ *adj.* ❶不爱交际的;讨厌社交的;离群索居的;不善交际的:an *antisocial* life 离群索居的隐退生活 ❷反社会的;反对(或违反)社会正常秩序(或惯例)的;危害社会安宁的;妨害公众利益的:*antisocial* acts 反社会行为

☆**anybody**,**somebody** 均有"要人"之意。**anybody** 时而含有怀疑或否定的意味:She wasn't *anybody* before she got that job. (得到那份工作之前,她还是个无名小卒。) **somebody** 则为强烈的肯定语,尽管时而亦含有讽刺意味:He's nobody here in town, but I suppose he's *somebody* in his own village. (在这个镇上,他毫不起眼,但我想在他的村里,他可能是个人物。)

an·tith·e·sis /æn'tiθisis/ *n.* ([复]-ses /-₁si:z/) ❶[U]正相反;对立;对照(*of*,*between*,*to*): the *antithesis* between good and evil 善与恶的对立 ❷[C]对立面;形成(或被)对照(或对立)的事物(*of*,*to*): Hate is the *antithesis* of love. 恨是爱的对立面。 ‖ **an·ti·thet·ic** /₁ænti'θetik/, **₁an·ti'thet·i·cal** /-kᵊl/ *adj.* —**₁an·ti'thet·i·cal·ly** *adv.*

an·to·nym /'æntənim/ *n.* [C]反义词(略作 ant.):"Hot" is the *antonym* of "cold". "热"是"冷"的反义词。 ‖ **an·ton·y·mous** /æn'tɔniməs/ *adj.*

anx·i·e·ty /æŋ'zaiəti/ *n.* ❶[U;C]焦虑;忧虑;担心:Our *anxiety* grew when the mountain climbers hadn't returned by nightfall. 夜幕降临,但仍不见登山者归来,我们变得越来越焦急。 ❷[U;C]渴望;热望;急切: one's *anxiety* to please sb. 急于讨好某人

anx·ious /'æŋᵏʃəs/ *adj.* ❶焦虑的;发愁的;不安的:She was *anxious* about her daughter being out so late at night. 她为女儿这么晚还不回家感到焦急。 ❷[作表语]渴望的;热切的,急切的:be *anxious* to find a better job 急于要找个更好的工作 ‖ **'anx·ious·ly** *adv.* —**'anx·ious·ness** *n.* [U]

an·y /'eni/ I *adj.* [作定语] ❶任一的;每一的:*Any* colour will do. 任何颜色都行。 ❷[通常用于疑问句、否定句、条件从句,或在肯定句中与否定词及含否定意义的词连用]一些;若干;什么;丝毫的:Do we have *any* oranges? 我们有橘子吗? ❸[通常用于否定句]全然,压根儿:She can't endure *any* criticism. 她根本就经不得批评。 II *pron.* [用作单或复]任何一个(或一些)事物;任何部分:I have no money — have you *any*? 我没钱,你有吗?

an·y·bod·y /'eni₁bɔdi/ *pron.* ❶[通常用于否定句、疑问句或条件从句]任何人:*Anybody* home? 家里有人吗? ❷[用于肯定句]随便哪一个人:*Anybody* will tell you where the bus stop is. 随便哪个人都能告诉你公共汽车站在哪儿。

an·y·how /'eni₁hau/ *adv.* ❶不论用何种方法;无论从什么角度:The answer is wrong *anyhow* you look at it. 不论从哪个角度看,这个答案都是错误的。 ❷无论如何;不管怎么说;至少:Anyhow I don't like it. 无论如何,我不喜欢它。

an·y·more /'eni₁mɔ:/ *adv.* [除某些方言用法外,通常仅用于表示否定意义的上下文中]而今再也:Sally doesn't work here *any-*

more. 萨莉不再在这儿工作了。

an·y·one /'eniˌwʌn/ *pron.* 任何人：*Anyone can do that.* 那事谁都能做。

any one *pron.* ❶任何一个；in *any one* city in the United States 在美国的任何一座城市 ❷(人们中的)任何一个；(东西中的)任何一件：*any one* of them 他们中的任何一个

an·y·place /'eniˌpleis/ *adv.* 〈口〉= anywhere

an·y·thing /'eniˌθiŋ/ *pron.* ❶[通常用于否定句、疑问句或条件从句]任何事物；任何东西；任何事情：*We can't decide anything now.* 眼下我们什么也不能决定。 ❷[用于肯定句]无论什么东西；随便什么事情：*They can do anything.* 他们神通广大，无所不能。‖ ***anything but prep.*** & ***adv.*** ❶决不；根本不；远非：*She seemed anything but satisfied.* 她好像一百个不满意的样子。 ❷除…之外；单单不：*I will do anything but that.* 除那之外，我什么都干。

an·y·way /'eniˌwei/ *adv.* ❶无论如何；不管怎么说；反正；至少；起码：*Anyway it's worth trying.* 至少这还是值得一试的。 ❷不论以何种方式；无论从哪个角度：all those who are *anyway* concerned in works of literature 所有那些以这样或那样的方式关心文学作品的人

an·y·where /'eniˌweɚ/ **I** *adv.* ❶[通常用于否定句、疑问句或条件从句]在(或往)什么地方；在(或往)任何地方：*Have you seen my bag anywhere?* 你在什么地方见到过我的手提包吗？ ❷[用于肯定句]在(或往)随便什么地方：the best software we have *anywhere* seen 我们所见到的世界上最好的软件 **II** *n.* [U]任何地方；任何方向：*I haven't anywhere to stay.* 我没有地方待。

a·part /ə'pɑːt/ *adv.* ❶拆开；成碎片：*Don't tear the thing apart.* 别把那东西撕破了。 ❷(在时间、空间方面)相距，相隔：*The bus stops are about a kilometer apart.* 公共汽车站彼此间隔约1 000米。 ❸分离着；分开着；在一边：*She took John apart for a private chat.* 她把约翰拉到一旁说悄悄话。‖ ***apart from prep.*** ❶[相当于 except for]

除…之外(别无)；若不是：*Apart from* his copying he had little to do. 除了抄写工作以外，他无事可做。 ❷[相当于 besides]除…之外(尚有)：*I haven't* time to go, quite *apart from* the cost. 除了付不起费用之外，我也没有时间去。

a·part·ment /ə'pɑːtmənt/ *n.* [C] ❶房间：*Our apartment* is on the second floor of that building. 我们的房间在那幢楼的二楼 ❷一套公寓房间：a bachelor *apartment* 单身汉公寓套房

ap·a·thet·ic /ˌæpə'θetik/ *adj.* ❶无感情的；无动于衷的；麻木不仁的：He is quite *apathetic* about the condition of the poor. 他对穷人的境遇无动于衷。 ❷缺乏兴趣的；冷漠的：an *apathetic* audience 反应冷漠的观众

ap·a·thy /'æpəθi/ *n.* [U] ❶无兴趣；冷漠：His *apathy* towards his work was annoying. 他对工作所持的冷漠态度叫人生气。 ❷无感情；无动于衷；麻木不仁：He listened— with *apathy*. 他听了听——这时他已漠然无动于衷了。

ape /eip/ *n.* [C]【动】无尾猿；类人猿：the naked *ape* 裸猿(指人)

a·pex /'eipeks/ *n.* [C]([复]**a·pex·es** 或 **a·pi·ces** /'eipiˌsiz/) ❶顶；顶点；最高点：the *apex* of a triangle 三角形的顶点 ❷(心、肺、树叶等的)尖端：the *apex* of a leaf 树叶的尖端

aph·o·rism /'æfəˌriz°m/ *n.* [C]格言；警句

a·pol·o·gize /ə'pɔləˌdʒaiz/ *vi.* 道歉；认错；谢罪：She *apologized* to me for hurting my feelings. 她因伤害我的感情向我表示歉意。

a·pol·o·gy /ə'pɔlədʒi/ *n.* ❶[C;U]道歉；认错；谢罪；愧疚：We offered our *apologies* for being late. 我们为迟到之事再三致歉。 ❷[C](口头或书面的)辩解；辩护：a lame *apology* 站不住脚的辩护

☆**apology, excuse, plea, pretext** 均有"托词，辩解"之意。**apology** 指做错事后公开承认错误并表示遗憾和歉意：He could only offer a frank *apology* for having forgotten about our dinner engagement. (关于忘记了我们的晚餐约会一事，他只能坦白地道歉。)

该词还有辩解或辩护之意：Shelley's "*Apology for Poetry*"（雪莱的《为诗辩护》）**excuse** 指较含蓄地承认错误，但又设法辩解，以逃避责任或责难：His *excuse* for being late was that he had missed the bus. （他迟到的理由是他没有赶上公共汽车。）**plea** 强调争论或恳请别人理解和同情：Their *plea* for help was ignored. （没有人理睬他们的恳求而帮助他们。）**pretext** 指完全虚假的托词和理由：He came to the house under the *pretext* of seeing Mr. Smith, but he really wanted to see Mr. Smith's daughter. （他来到史密斯家，说是来看史密斯先生，其实是想见史密斯先生的女儿。）

a·pos·tro·phe /əˈpɒstrəfi/ *n.* [C] ❶撇号（即 '），省字号❷所有格符号：John's book 约翰的书

ap·pal(l) /əˈpɔːl/ *vt.* (-palled; -pal·ling) 使惊骇；使胆寒：I was *appalled* at how ill he looked. 见他一脸的病容，我不觉惊呆了。

ap·pall·ing /əˈpɔːlɪŋ/ *adj.* ❶令人震惊的；骇人的；可怕的：an *appalling* accident 骇人听闻的事故 ❷〈口〉令人不快的；讨厌的；低劣的；不像话的：be living under *appalling* conditions 生活在极其恶劣的条件之下 ‖ **apˈpall·ing·ly** *adv.*

ap·pa·ra·tus /ˌæpəˈreɪtəs, -ˈrɑːtəs, ˌæpəˌreɪtəs/ *n.* [U;C] [复]-tus(·es) ❶器具；器械；仪器；实验器具；设备；装置：fire-fighting *apparatus* 灭火器（或消防器械）❷机构；（尤指政党或地下活动的）组织：a bureaucratic apparatus 官僚机构

ap·par·ent /əˈpærənt, əˈpeər-/ *adj.* ❶[通常作表语]显然的；显而易见的；明明白白的：an *apparent* change 明显的变化 ❷[通常作定语]表面上的；貌似的：an *apparent* advantage 貌似有利 ‖ **apˈpar·ent·ly** *adv.*

ap·pa·ri·tion /ˌæpəˈrɪʃ°n/ *n.* [C]鬼；鬼魂；幽灵；幻象；幻影

ap·peal /əˈpiːl/ I *n.* ❶[C]呼吁；恳请；恳求：The chairman made an *appeal* to the audience for quiet [to be quiet]. 会议主席吁请听众保持安静。❷[C]诉请；申诉；诉请；求助：His *appeal* for another chance was

granted. 他要求再给一次机会的申请获得了批准。❸[C;U]【律】上诉；申诉；上诉权；申诉权；上诉案件：an *appeal* from a lower court 来自下级法院的申诉 ❹[U]吸引力；感染力；号召力：a play with great box-office *appeal* 一出颇具票房号召力的戏 II *vi.* ❶呼吁；恳请；恳求：He *appealed* for support from young people. 他呼吁青年人给予支持。❷有吸引力；有感染力；有号召力；投人所好(to)：Pictures *appeal to* the eye, arguments *to* the reason. 图画悦目，论辩启智。❸【律】上诉；申诉；移交上级法院审理：*appeal* from a judgement 不服判决而上诉 ❹诉诸；诉请裁决（或证实等）；求助(to)：*appeal to* public opinion 诉诸公众舆论

☆**appeal, petition, plead, pray, sue, supplicate** 均有"恳求，请求"之意。**appeal** 指从道义出发请求或呼吁：They are *appealing* for funds to build a new church. （他们呼吁为建造新教堂筹集资金。）该词在法律上表示向上级法院申诉，请求撤销原判：He intends to *appeal* against this sentence. （他要对这个判决提出上诉。）**petition** 通常指根据法定的权利向权力机关当局正式书面请愿：They are *petitioning* for a new playground for the village children. （我们正在请求为这个村的孩子们修建一座新的游乐场。）该词也有祈求或恳求之意：*petition* for pardon （请求宽恕）**plead** 通常指谦卑而又不失庄重地请求，强调迫切：He *pleaded* for more time to pay. （他恳求宽限一下他的付款日期。）该词用于法律上表示辩护或申明态度：She *pleaded* insanity in the hope of getting a shorter sentence. （她宣称自己精神错乱，以期得到从轻判决。）**pray** 和 **supplicate** 有强烈的感情色彩，指祈求帮助，多用于宗教方面：I will *pray* to the gods for your safety. （我要向上帝祈祷保佑你们平安。）/ *supplicate* the protection of the Almighty（祈求上帝的保佑）**sue** 在法律上指正式提出诉讼或要求：If he doesn't return our property, we'll *sue*. （如果他不归还我们的财产，我们就起诉。）该词在其他场合表示恭恭敬敬地提出正式请求：The other side realize they are beaten, and are *suing* for peace. (另一方知道自己输了,因而要求讲和。)

ap·peal·ing /əˈpiːliŋ/ *adj.* ❶有感染力的;吸引人的;动人的;媚人的:an *appealing* sense of humor 极富感染力的幽默感 ❷乞求的;恳求的;惹人怜的:give an *appealing* glance for mercy 可怜地看了看,乞求宽恕

ap·pear /əˈpiər/ *vi.* ❶出现;呈现;显现:The sun *appears* on a clear day. 日出天晴。❷显得;好像;似乎:He may *appear* a fool but actually he's quite clever. 他大智若愚。❸变得明显;显得明白:How far the effect was produced on the audience must *appear* in the progress of our narrative. 观众受到何等的感染,诸位且看下文,自见分晓。❹登台;上场;演出:He has *appeared* in many Beijing productions. 他曾多次参加北京舞台的演出。❺(正式)露面;来到:The singer will *appear* on the television programme today. 那位歌手将在今晚的电视节目中露面。

ap·pear·ance /əˈpiərəns/ *n.* ❶[C]出现;呈现;显现:John's *appearance* in the doorway 约翰出现在门口 ❷[U]外观;外表;外貌;景象:He was short and ordinary in *appearance*. 他身材矮小,貌不惊人。❸[C]露面;出场;登台演出;来到:a farewell *appearance* 告别演出 ‖ **at first appearance** *adv.* 乍看上去;初看起来:At first appearance, she makes a good impression. 乍一看,她给人以很好的印象。

☆appearance, aspect, guise, look 均有"外观,外貌"之意。appearance 指人的外貌或事物的外观,强调外表,往往表示表里不一:We changed the whole *appearance* of the house just by painting it. (我们只把房子油漆了一下,就改变了它的外观。) aspect 常可与 look 互换,但更强调某人所特有的外貌神态及面部表情或某事物的特征:a man of enormous size and terrifying *aspect*(面目狰狞的彪形大汉)该词也用来表示特定时间、特定情况下的外观或外貌:In spring the yard had a refreshing *aspect*.(春天院子里一片新气象。) guise 常指故意骗人的伪装或表面假象:There is nothing new here; just the

same old ideas in a new [different] *guise*. (这里没有什么新东西,只是形式不同,但想法还是老一套。) look 强调人的面部表情或神态,经常以复数形式出现:I knew she didn't like it by the *look* on her face. (从她脸上的表情我就知道她不喜欢这个。) 该词可用来描述事物,多指与人的面貌相类似的东西:The house has a Mediterranean *look*. (这所房子有地中海一带的样子。)

ap·pease /əˈpiːz/ *vt.* ❶使平静;平息(怒气、争吵等);(用满足要求等方式)抚慰:*appease* sb.'s anger 使某人息怒 ❷解(渴);充(饥);满足(欲望、好奇心等):*appease* one's thirst with a watermelon 吃西瓜解渴 ❸安抚;绥靖;姑息;对…作出让步:The boy *appeased* his father and got up from television to finish his homework. 那男孩听从父亲的劝说,离开电视机做作业去了。 ‖ **ap'peas·er** *n.* [C] **ap·pease·ment** *n.*

ap·pend /əˈpend/ *vt.* ❶附加;增补:*append* a note to a letter 在信上加注 ❷盖(章);签(名):*append* one's signature to a will 在遗嘱上签名

ap·pen·di·ci·tis /əˌpendiˈsaitis/ *n.* [U]【医】阑尾炎

ap·pen·dix /əˈpendiks/ *n.* [C]([复]-dix·es 或-di·ces /-diˌsiːz/) ❶附录;补遗;附件:add an *appendix* to a book 给书加附录 ❷附属物;附加物 ❸【解】阑尾

ap·per·tain /ˌæpəˈtein/ *vi.* 属于;作为…一部分;与…有关(to):Forestry *appertains to* geography, *to* botany, and *to* agriculture. 林学与地理学、植物学和农学均有关系。

ap·pe·tite /ˈæpitait/ *n.* [U;C]食欲;胃口:have a good *appetite* 胃口旺盛

ap·pe·tiz·er /ˈæpiˌtaizər/ *n.* [C](用餐前的)开胃小吃(或饮料)

ap·pe·tiz·ing /ˈæpiˌtaiziŋ/ *adj.* ❶开胃的;刺激食欲的:*appetizing* food 开胃食品 ❷吸引人的;令人喜爱的:Working overtime didn't sound *appetizing* to him. 他对超时工作不感兴趣。 ‖ **'ap·pe·tiz·ing·ly** *adv.*

ap·plaud /əˈplɔːd/ *v.* 鼓掌;喝彩;叫好:The

audience *applauded* heartily at the end of the song. 歌声一停，观众便热烈鼓掌。

ap·plause /əˈplɔːz/ *n.* 〔U〕鼓掌；喝彩；叫好：Applause for the performance rang out from the audience. 观众中迸发出一阵鼓掌声，为表演叫好。

ap·ple /ˈæpᵊl/ *n.* 〔C〕❶【植】苹果树 ❷苹果

ap·pli·ance /əˈplaiəns/ *n.* 〔C〕器械；装置（尤指家用电器）：kitchen *appliances* 厨具

ap·pli·ca·ble /ˈæplikəbᵊl, əˈplikə-/ *adj.* 〔通常作表语〕❶可应用的；可实施的；生效的：an *applicable* rule 切实可行的规则 ❷适合的；适用的；适当的(*to*)：a law *applicable to* the situation 适用于这一情况的法律 ‖ **ap·pli·ca·bil·i·ty** /ˌæplikəˈbiliti/ *n.* 〔U〕

ap·pli·cant /ˈæplikᵊnt/ *n.* 〔C〕申请人

ap·pli·ca·tion /ˌæpliˈkeiʃᵊn/ *n.* ❶〔U〕应用；运用；实施：Rockets have found *application* for the exploration of the universe. 火箭已经用来探索宇宙。❷〔U〕申请；请求：*application* for leave 请假 ❸〔C〕申请表；申请书：fill in 〔out〕 an *application* form 填写申请表 ❹〔U〕专心；努力；勤奋：George lacks *application* to his studies. 乔治学习不用功。

ap·ply /əˈplai/ *vt.* ❶应用；运用；使用；实施；实行：He knows the rule but does not know how to *apply* it. 他懂得这条规则，但不知道如何应用。❷涂；抹；搽；敷；施；把⋯施(用)于：*apply* a bandage to a wound 包扎伤口 ❸使(自己)致力(于)；使(注意力、精力等)集中(于)(*to*)：We must *apply* our energies *to* finding a solution. 我们必须竭尽全力找出解决的办法。—*vi.* ❶适用；适合：The rules of safe driving *apply* to everyone. 安全行车规则适用于每一个人。❷(尤指以书面形式)申请；请求(*for, to*)：*apply for* a raise 要求增加工资 ‖ **ap·pli·er** *n.* 〔C〕

ap·point /əˈpɔint/ *vt.* ❶任命；委任；选派：Jim was *appointed* to the vacancy. 吉姆奉命填补空职。❷约定；指定；确定；决定(时间或地点)：We shall *appoint* eight o'clock as the time to begin. 我们约定 8 点钟开始。

ap·point·ment /əˈpɔintmᵊnt/ *n.* ❶〔C；U〕约会；预约：cancel an *appointment* with sb. 取消与某人的约会 ❷〔U〕任命；委任；选派：the *appointment* of a proper person to an office 任命恰当人选担任某职 ❸〔C〕任命的职位：a letter of *appointment* 任命书(或委任状)

ap·por·tion /əˈpɔːʃᵊn/ *vt.* 分派；分摊；按比例分配：The execution of the will *apportioned* the property equally to each heir. 遗嘱执行是将财产平分给每个继承人。‖ **ap·por·tion·ment** *n.* 〔U〕

ap·prais·al /əˈpreizᵊl/ *n.* 〔C；U〕❶评价；鉴定：The venture passed national *appraisal*. 该企业通过了国家级评估。❷估计；估价：an objective *appraisal* of the facts 对事实作客观的估计

ap·praise /əˈpreiz/ *vt.* ❶评价；鉴定：*appraise* ability and achievement in students 对学生的能力和成绩作评估 ❷估计；估价：a painting *appraised* at $ 1 million 一幅估价 100 万美元的画 ‖ **ap·prais·er** *n.* 〔C〕

ap·pre·ci·ate /əˈpriːʃieit/ *vt.* ❶感激；感谢：I sincerely *appreciate* your help. 我对你的帮助表示由衷的感谢。❷重视；赏识；欣赏；鉴赏：They really *appreciated* the peace and quiet of rural Wales. 他们十分欣赏威尔士乡村的宁静与安谧。❸(充分)意识到；察知；明白；领会；理解：I fully *appreciate* the risks involved. 我充分意识到所要承担的风险。—*vi.* 增值；涨价：These diamonds should *appreciate* considerably in value. 这些钻石势必大大增值。

☆**appreciate, cherish, esteem, prize, treasure, value** 均有"重视，赏识"之意。**appreciate** 指对事物有深刻的理解能力，并能鉴赏：You can't fully *appreciate* foreign literature in translation. (看翻译作品很难欣赏到外国文学的精髓。)该词也常用来表示感谢：Your help was greatly *appreciated*. (非常感谢你的帮助。)**cherish** 指对某人或某物的深情和珍爱，暗含藏在内心深处而不表露的爱意或喜悦的意味：The old man *cherished* the girl as if she were his daughter. (老人

疼爱那女孩,就好像她是自己的女儿一般。)**esteem** 指对方因其自身的价值而在心目中占有崇高位置,强调爱戴和崇敬:I *esteem* his work highly. (我非常尊重他的工作。)**prize** 特指高度评价自己拥有的东西,并有深深的自豪感:I *prize* my independence too much to go and work for them. (我决不愿意丧失自己的独立性去为他们效劳。)**treasure** 指因为珍爱而精心保护以防丢失,强调依恋和保藏:He *treasures* her letters. (他把她的信看得非常宝贵。)**value** 指高度评价或主观认为比其他人或事物有更大价值:I've always *valued* your advice. (我一向重视你的意见。)

ap·pre·ci·a·tion /əˌpriːʃiˈeiʃn/ *n.* ❶[U] 感激,感谢:demonstrate one's *appreciation* to sb. for sth. 因某事向某人表示感谢 ❷[U;C]知道,了解;理解,领会;觉察:I have some *appreciation* of your difficulties. 对你的种种难处,我多少了解一点。❸[U]涨价,提价,增值

ap·pre·ci·a·tive /əˈpriːʃ(ɪ)ətiv/ *adj.* (表示)感激的;感谢的;赏赞的:an *appreciative* letter 感谢信 ‖ **ap·pre·ci·a·tive·ly** *adv.*

ap·pre·hend /ˌæpriˈhend/ *vt.* ❶逮捕;拘押:The thief was *apprehended* and put in jail. 小偷被逮捕,并被关进监狱。❷理解;领会;领悟;明白;懂得:I *apprehend* the meaning of your words. 我懂你说的话的意思。

ap·pre·hen·sion /ˌæpriˈhenʃn/ *n.* ❶[U] 理解(力);领会 ❷[U]逮捕;拘押;拿获

ap·pren·tice /əˈprentis/ *n.* [C] ❶学徒,徒弟:a law *apprentice* 见习律师 ❷初学者;生手:an *apprentice* in fashion designing 时装设计的生手 ‖ **ap·pren·tice·ship** *n.* [C;U]

ap·proach /əˈprəutʃ/ **I** *v.* 靠近;接近;走近:The pilot was directed to *approach* the airport from the east. 飞行员被引导从东面进入机场。**II** *n.* [C] ❶接近;靠近;临近;即将来临:Sunset announces the *approach* of night. 日落预示夜幕的降临。❷进路;通道;入门;途径:through diplomatic *approaches* 通过外交途径

ap·proach·a·ble /əˈprəutʃəb(ə)l/ *adj.* ❶易亲近的;和蔼可亲的;可与之打交道的:No matter how busy he was, he was always *approachable*. 无论多忙,他待人总是和蔼可亲。❷[作表语]可接近的;可到达的:The statue is *approachable* by steps inside the column. 通过纪念柱中间的台阶可以到达塑像处。

ap·pro·pri·ate /əˈprəupriət/ *adj.* 合适的;适宜的;适当的;恰当的;相称的(*to, for*):a speech *appropriate to* the occasion 合乎时宜的讲话 ‖ **ap·pro·pri·ate·ly** *adv.*

ap·prov·al /əˈpruːv(ə)l/ *n.* ❶[U]赞成;同意:He gave his *approval* for the project. 他对这个计划表示赞成。❷[U;C]批准;核准;认可:give a silent *approval* to sth. 对某事表示默许

ap·prove /əˈpruːv/ *v.* ❶赞许;称赞:I can't *approve* rude behaviour. 我不赞赏粗鲁的行为。❷赞成;同意:Father *approved* our plan to visit Chicago. 父亲同意了我们去芝加哥游玩的计划。❸批准;认可:*approve* the policies of the administration 对政府的各项政策表示认可

☆**approve, accredit, certify, endorse, sanction** 均有"赞成,批准"之意。**approve** 指对某事感到满意而表示赞同,该词使用范围最广,可指从温和的默许到热情的支持,也可指官方的批准,或个人的赞许:I don't *approve* of people who smoke in bed. (我不赞成人们在床上吸烟。) / The city council *approved* the building plans. (市议会批准了这项建筑计划。)**accredit** 和 **certify** 词义相似,只是习惯用法不同,通常指因符合一定标准,给某人颁发证书或授权、委派:He was *accredited* to [at] Madrid. (他被委任为驻马德里的大使。) / The accused has been *certified* (as) insane. (被告有书面证明为精神失常。)**endorse** 的原意是在文件、支票等背面签名,喻指明确表示赞同、认可或支持:The committee's report fully *endorsed* the government's proposals. (委员会的报告完全赞同政府的建议。)**sanction** 语气最强,指官方的批准并使之生效,既表示赞同,又表示支持:The church would not *sanction* the king's second marriage. （教会不会批准国王第二次结婚。）

ap·prox·i·mate I /ə'prɔksimit/ *adj.* 大概的；大约的；约莫的：Her *approximate* age is thirty. 她约莫 30 岁光景。II /ə'prɔksiˌmeit/ *v.* （在数量、质量、情况等方面）接近，近似；与…几乎一样：John's record *approximates* the champion's. 约翰的成绩接近于冠军的纪录。‖ ap'prox·i·mate·ly *adv.*

A·pril /'eiprəl/ *n.* [U；C] 4 月（略作 **Apr.**）

a·pron /'eiprən/ *n.* [C] 围裙；围裙状物

apt /æpt/ *adj.* ❶[后接动词不定式]有…倾向的；易于…的：He was *apt* to behave impulsively. 他好感情用事。❷适当的；恰当的：an *apt* observation 中肯的意见 ‖ 'apt·ly *adv.* —'apt·ness *n.* [U]

☆apt, liable, prone 均有"易于…的，有…倾向的"之意。apt 较为常用，尤其见于口语，有时可以只表示一种倾向，没有特别的好坏的含义：This kind of shoe is *apt* to slip on wet ground. （这种鞋在湿地上容易打滑。）liable 指"易于"产生某种对主语不利的后果，常用于警诫的口吻：He's *liable* to shout when he gets angry. （他一生气就爱吼叫。）prone 多用以指人而极少用以指物，含使之倾向于某种弱点、错误或不好的行为之意：People are more *prone* to make mistakes when they are tired. （人们疲劳时更容易出差错。）

ap·ti·tude /'æptiˌtʲuːd/ *n.* [C；U]天资；天赋；才能（*for*）：Eric has little mechanical *aptitude*. 埃里克没有机械方面的才能。

Ar·ab /'ærəb/ *n.* [C]阿拉伯人；出生（或居住）在阿拉伯的人；说阿拉伯语的人

Ar·a·bic /'ærəbik/ *adj.* 阿拉伯语言（或文学）的

ar·bi·trar·y /'ɑːbitrəri/ *adj.* ❶主观武断的；随心所欲的：an *arbitrary* interpretation 主观武断的解释 ❷专断的；专制的；滥用权力的：the dictator's *arbitrary* powers 独裁者的专制权 ‖ 'ar·bi·trar·i·ly *adv.* —'ar·bi·trar·i·ness *n.* [U]

ar·bi·trate /'ɑːbiˌtreit/ *v.* ❶进行仲裁；作出公断：He has been asked to *arbitrate* in the dispute between the workers and management. 他应邀对劳资双方的争论进行仲裁。❷以仲裁的方式解决（问题）：They were tired of lengthy negotiations, so they agreed to *arbitrate*. 他们厌倦了漫长的谈判，同意仲裁。‖ **ar·bi·tra·tion** /ˌɑːbi'treiʃən/ *n.* [U]

arc /ɑːk/ *n.* [C] 弧；弧线

ar·cade /ɑː'keid/ *n.* [C] 有拱廊的建筑物；有游廊的通道（两旁常设有商店）

arch /ɑːtʃ/ I *n.* [C] ❶【建】拱；拱门；拱顶；拱形结构：a triumphal *arch* 凯旋门 ❷拱形；拱形物：the great blue *arch* of the sky 苍穹 II *v.* （使）成弓形；拱起；呈弧形前进：The ball *arched* toward the basket. 篮球呈弧形投向球篮。

ar·ch(a)e·ol·o·gy /ˌɑːki'ɔlədʒi/ *n.* [U]考古学 ‖ **ar·ch(a)e·o·log·i·cal** /ə'lɔdʒikəl/ *adj.* —**ar·ch(a)e'ol·o·gist** /-dʒist/ *n.* [C]

ar·cha·ic /ɑː'keik/ *adj.* 过时的；陈旧的；老式的 ‖ ar'cha·i·cal·ly /-kʰli/ *adv.*

ar·che·type /'ɑːkiˌtaip/ *n.* [C] ❶原型：That little engine is the *archetype* of huge modern locomotives. 那台小发动机是现代大机车的原型。❷典型；范例：an *archetype* of the American rags-to-riches dream 典型的从一贫如洗到万贯家财的美国梦

ar·chi·tect /'ɑːkiˌtekt/ *n.* [C] ❶建筑师 ❷〈喻〉设计师；缔造者；创造者

ar·chi·tec·ture /'ɑːkiˌtektʃəʳ/ *n.* [U] ❶建筑学；建筑术；建筑业 ❷建筑风格；建筑式样 ‖ **ar·chi·tec·tur·al** /ˌɑːki'tektʃərəl/ *adj.* —ar·chi'tec·tur·al·ly *adv.*

ar·chive /'ɑːkaiv/ *n.* [作作～s] 档案；卷宗；案卷 ‖ **ar·chi·val** /ɑː'kaivəl/ *adj.*

arch·way /'ɑːtʃˌwei/ *n.* [C]【建】❶拱道；拱廊 ❷拱门

arc·tic /'ɑːktik/ I *adj.* [常作 A-]北极（附近）的；北极地区的：the *arctic* fox 北极狐 II *n.* [常作 A-]北极；北极圈 ‖ 'arc·ti·cal·ly /-kʰli/ *adv.*

A

ar·dent /ˈɑːdᵊnt/ *adj.* ❶[作定语]热烈的；强烈的；激动的：one's *ardent* desire for freedom 某人对自由的热望 ❷热情的；热心的；热切的；忠诚的：an *ardent* theatre-goer 戏迷 ‖ **ˈar·dent·ly** *adv.*

ar·du·ous /ˈɑːdjuəs/ *adj.* ❶艰巨的；费力的；艰难的：an *arduous* undertaking 艰巨的工作 ❷难以忍受的；严重的：an *arduous* winter 难熬的严冬 ‖ **ˈar·du·ous·ly** *adv.* — **ˈar·du·ous·ness** *n.* [U]

are /强 ɑːʳ，弱 əʳ/ *v.* (你，你们，我们，她们，他们，它们)是

ar·ea /ˈeəriə/ *n.* ❶[C；U]面积：the *area* of a triangle 一个三角形的面积 ❷[C]地区；地域：the jurisdictional *area* of a city 市辖区 ❸[C](思想、工作、学习、活动等的)领域；范围；方面：sb.'s *area* of speciality 某人的专业领域 ‖ **ar·e·al** /ˈeəriə/ *adj.*

☆area，district，region 均有"地区，区域"之意。**area** 最为常用，指具有比较明确界线或在地图上明确标出位置的"地区"或"区域"；其大小不拘，但一般不指行政区域：I find people in this *area* very friendly. (我发现这一带的人民很友好。) **district** 常指范围明确的行政区域、选区或其他行政管辖单位：The letters SW1 stand for a postal *district* of London. (字母 SW1 表示伦敦的一个邮政区。) **region** 比 area 面积大，指自成一体、具有与邻近地区不同的自然条件和地理特征的地方，有时可指行政区域，但不指城市中的地段：The southeast is the richest *region* in England. (英国东南部是英国最富有的地区。)

aren't /ɑːnt/ ❶= are not ❷[用于疑问句]〈口〉= am not

ar·gu·a·ble /ˈɑːgjuəbᵊl/ *adj.* ❶可争辩的；有疑问的；有商榷余地的：an *arguable* issue 可争辩的问题 ❷可论证的；有论据的：Admirers agree that it is *arguable* he is the finest pianist of his generation. 崇拜者们一致认为可以断言他是他那一代最杰出的钢琴家。 ‖ **ˈar·gu·a·bly** *adv.*

ar·gue /ˈɑːgjuː/ *v.* ❶争论；争辩；争吵；争执：You are always ready to *argue*. 你老是喜欢

抬杠。❷辩论；据理(主张或反对某事)(*for*，*against*)：He *argued for* a different policy. 他主张采取另一政策。

ar·gu·ment /ˈɑːgjumᵊnt/ *n.* ❶[C；U]争论；争辩；争吵；争执 ❷[C]辩论：This belief is open to *argument*. 这个意见是可以争辩的。❸[C]理由；论据；论点 ‖ **ar·gu·men·ta·tion** *n.* — **ar·gu·men·ta·tive** *adj.* [U]

☆argument，controversy，dispute 均有"辩论，争执"之意。**argument** 常指个人之间说理的口头争论，强调通过陈述理由、提出论证来阐明自己的观点和立场以说服他人：We should try to settle this affair by *argument*, not by fighting. (我们应该以说理而不是打架的方式来解决这件事。) **controversy** 指两个团体、派别之间在某一重大问题上存在争议，观点长期不一，意见始终不一致，一般通过演讲或文章来进行争论：The lie detector tests have been the subject of much *controversy*. (测谎试验一直是个颇有争议的题目。) **dispute** 指伴有激烈冲突的长时间的争论，含争议双方都想占上风的意思：The miners were in *dispute* with their employers over pay. (矿工与雇主在工资问题上发生了纠纷。)

ar·id /ˈærid/ *adj.* ❶(气候、地区等)干燥的；干旱的：an *arid* climate 干燥的气候 ❷枯燥乏味的；缺乏想象力的：be *arid* of all good 一无是处 ‖ **a·rid·i·ty** /əˈriditi/ *n.* [U] — **ˈar·id·ly** *adv.* — **ˈar·id·ness** *n.* [U]

a·rise /əˈraiz/ *vi.* (**a·rose** /əˈrəuz/，**a·ri·sen** /əˈrizᵊn/) ❶起立；起身；起床：*arise* at sunrise 黎明即起 ❷上升；升起：A thin curl of smoke *arose* lazily from the cabin. 一缕轻烟从小屋上袅袅升起。❸形成；发生；出现；呈现：Complications may *arise* if we make an exception. 如果我们破了例，将会引起麻烦。

ar·is·toc·ra·cy /ˌæriˈstɔkrəsi/ *n.* [U]特权阶级；上层社会；贵族统治集团

a·ris·to·crat /əˈristəˌkræt，ˈæristə-/ *n.* [C](一个)贵族 ‖ **a·ris·to·crat·ic** *adj.* — **a·ris·to·crat·i·cal·ly** /-kᵊli/ *adv.*

a·rith·me·tic /əˈriθmətik/ *n.* [U]算术；四则

运算

arm¹ /ɑːm/ *n.* [C] ❶臂；I can not move *arm* or leg. 我的胳臂腿儿都不能动弹了。❷(椅子、沙发等的)靠手；扶手：She sat on the *arm* of the chair. 她坐在椅子扶手上。

arm² /ɑːm/ **I** *n.* [C] (一件)兵器；(一件)武器；[～s][总称]武器；军火；军备：carry *arms* 携带武器 **II** *v.* ❶武装；装备：*arm* a vessel 以武器装备船只 ❷提供；配备；加强；支持：He *armed* himself against the cold. 他添衣御寒。‖ **armed** *adj.*

☆ **arms, armament, arsenal, deterrent, materiel, munitions, ordnance, weapons** 均有"武器，军事装备"之意。**arms** 为普通用语，泛指战斗机械，一般用来表示在实际战斗中士兵个人使用的诸如步枪、手枪、剑、刺刀之类的武器：Policemen on special duties may carry *arms*.（执行特种任务的警察可以携带武器。）该词也可指一个国家的全部军事力量：The government intends to cut expenditure on *arms*.（政府打算削减军备开支。）**armament** 含义最广，它包含构成一个国家军事力量的全部兵器及军事设备：The country's *armament* includes the most versatile planes, the fastest ships and the most rugged tanks in the world.（这个国家的全部军事装备包括世界上功能最多的飞机、速度最快的船舰和构造最坚固的坦克。）该词也可以用来指某一军事运载工具上的全部武器装备：planes with the newest *armament*（配备有最新武器的飞机）**arsenal** 指武器库，现多指一个国家贮存核弹头的总数：a nuclear *arsenal*（核弹库）/ The police found an *arsenal* of knives and guns in the terrorists' house.（警方在恐怖分子藏匿的场所发现了一大批刀枪之类的武器。）**deterrent** 的原意是威慑物或威慑因素，现用来委婉表示具有威慑力量的核武器：the nuclear *deterrent*（核威慑力量）**materiel** 指战斗时所需的一切物资补给：Dry socks are as important an item of *materiel* as munitions.（干袜子和弹药一样是重要的战斗物资之一。）**munitions** 指军事装备，尤指军火弹药：The war was lost because of a shortage of *munitions*.（因军火不足而战败。）

ordnance 和 armament 一样，可指一国的整体军事力量，但较常用来指包括各种大炮在内的重型武器：*ordnance* officer（军械署官员）**weapons** 为普通用语，泛指一切战斗机械，可指战斗时随手可得的木棍、石块，也可表示枪炮或核武器：chemical *weapons*, such as poison gas（毒气一类的化学武器）

ar·ma·ment /'ɑːməmnt/ *n.* ❶[U](军用车辆、军舰、飞机等的)武器；军械 ❷[常作～s](一国的)军备；军事力量；兵力 ❸[U]武装；战备

arm·chair /'ɑːmtʃeər, ˌɑːm'tʃeər/ *n.* [C]扶手椅

armed forces [复] *n.* 武装部队；(一国的)陆、海、空三军

ar·mor /'ɑːmər/ *n.* [U]盔甲；甲胄：a medieval soldier's suit of *armour* 一套中世纪士兵的盔甲披挂

ar·my /'ɑːmi/ *n.* [C] ❶军队(尤指陆军)：command an *army* 统率军队 ❷野战军；集团军；兵团

a·ro·ma /ə'rəumə/ *n.* [C](植物、菜肴等的)芳香；香味；香气；气味 ‖ **ar·o·mat·ic** /ˌærə'mætik/ *adj.*

a·rose /ə'rəuz/ *v.* arise 的过去式

a·round /ə'raund/ **I** *adv.* ❶在四周；在周围：A dense fog lay *around*. 周围是一片茫茫大雾。❷到处；各处；随便地：We walked *around* to see the town. 我们在镇上随便走走，到处看看。**II** *prep.* ❶环绕；围绕；包围：wrap paper *around* the package 用纸将包裹包起来 ❷在(或去)…各处；遍及：travel *around* the world 周游世界 ❸在(或朝)…四周：woods *around* the house 房屋周围的树林 ❹〈口〉大约在：a car costing *around* $ 20,000 一辆大约 2 万美元的汽车

a·rouse /ə'rauz/ *vt.* ❶引起；唤起；激起；使奋发；使行动起来：*arouse* pity 引起怜悯 ❷唤醒；使觉醒：The noise *aroused* the sleeping guard. 喧闹声把卫兵从睡梦中吵醒。‖ **a·rous·al** /ə'rauzəl/ *n.* [U]

ar·range /ə'reindʒ/ *vt.* ❶整理；排列；布置；把…分类：She *arranged* the flowers tastefully in vases. 她把花瓶里的鲜花插得颇有情趣。❷达成…的协议;调解;调停(纠纷等):The two sides *arranged* the sale of the property. 双方达成关于财产拍卖事宜的协议。❸(事先)筹划;准备;安排:*arrange* a program of entertainment 安排文娱节目 ‖ ar'rang·er *n.* [C]

ar·range·ment /ə'reindʒmənt/ *n.* ❶[U]整理;排列;布置;分类:the *arrangement* of tables 整理桌子 ❷[常作～s](事先作出的)安排,准备工作:Wedding *arrangements* are still pending. 婚礼事宜尚在安排之中。

ar·ray /ə'rei/ *n.* ❶[U]列阵;队形;阵容:march on in a brave *array* 排成威武的队列前进 ❷[U]衣饰;盛装:She was beautiful in her bridal *array*. 她身穿新娘礼服,显得很美。

ar·rest /ə'rest/ *vt.* ❶逮捕;拘留;拘押:He was *arrested* on suspicion of murder. 他因涉嫌谋杀而被捕。❷使停止;阻止;抑制;妨碍:The new drug did not *arrest* his tumour. 这种新药未能控制他的肿瘤进一步恶化。

ar·riv·al /ə'raivəl/ *n.* ❶[C;U]到达;抵达;到来:await sb.'s *arrival* 等候某人的到来 ❷[C]到达者;到达物

ar·rive /ə'raiv/ *vi.* ❶到达;抵达;到来:The crowd became silent when he *arrived*. 他一到,人群肃静。❷(时间、时机等)来临:The moment to act has *arrived*. 采取行动的时间到了。 ‖ arrive at *vt.* 到达;抵达;到来

ar·ro·gant /'ærəgənt/ *adj.* 傲慢的;妄自尊大的:He is so *arrogant* that no one will keep company with him. 他很狂妄自大,谁也不愿意与他相交。 ‖ 'ar·ro·gance /-gəns/ *n.* [U] —'ar·ro·gant·ly *adv.*

ar·row /'ærəu/ *n.* [C]箭;矢

ar·son /'ɑːsən/ *n.* [U]放火(罪);纵火(罪) ‖ 'ar·son·ist *n.* [C]

art /ɑːt/ *n.* ❶[U;C]艺术(包括绘画、雕塑、音乐、舞蹈、文学等):Is translation an *art* or a science? 翻译是艺术还是科学? ❷[总称]美术(作)品;艺术(作)品:The museum has a fine collection of classical *art*. 这个博物馆

藏有一批优秀的古典艺术品。❸[U]美术(指绘画、绘图和雕塑):*art* and architecture 美术和建筑 ❹[C;U]技术;技能;技巧(需要技术的)行业,职业:the *art* of selling 营销术 ❺(一门)人文科学;[～s]文科:a Bachelor of *Arts* 文(科)学士

☆**art, artifice, craft, skill** 均有"本领,技能"之意。**art** 含义广泛,可以与本组任何词换用,指技术或技艺,也经常用来表示精湛技能,强调创造能力:Her performance displayed great *art*. (她的表演表现了高度的艺术技巧。) **artifice** 强调设计、构思、构建的技能和智能,但缺乏创造力:The use of mirrors in a room is an *artifice* to make the room look larger. (在房间里装上几面镜子是使房间显得更为宽敞的妙计。) **craft** 指娴熟而精巧的工艺:He's a master of the actor's *craft*. (他演技精湛。) **skill** 主要指通过训练而获得的专门技术、技能和技巧:show great *skill* at driving, telling stories, playing billiards (显示出驾驶、讲故事、打台球的高度技巧)

ar·ter·y /'ɑːtəri/ *n.* [C]❶【解】动脉 ❷干线;要道;渠道;(河流的)干流;主流:a traffic *artery* 交通要道

ar·te·si·an /ɑː'tiːziən, -ʒən/ **well** *n.* [C]自流井;喷水井

art·ful /'ɑːtfəl/ *adj.* ❶狡猾的;滑头滑脑的;奸诈的;骗人的:an *artful* guy 滑头 ❷巧妙的;精明的;机灵的:His *artful* setting of the disagreement won everybody's approval. 他巧妙地解决了分歧,赢得了大家的赞许。 ‖ 'art·ful·ly *adv.* —'art·ful·ness *n.* [U]

ar·ti·cle /'ɑːtikəl/ *n.* [C]❶文章;论文;报道:a magazine *article* 杂志文章 ❷(物品的)一件;物件;物品;东西:*articles* of value 贵重物品 ❸(契约、条约、法规等的)条;项;款;条目;条文;规定:*articles* of an agreement 协定的条款 ❹【语】冠词

ar·tic·u·late /ɑː'tikjulit/ *adj.* ❶发音清晰的;口齿清楚的;可听懂的:The boy became *articulate* in a despairing whisper. 这个少年用一种绝望的语调低声而清楚地说话。

❷表达力强的;口才好的;能说会道的;心直口快的:an *articulate* diplomat 善于辞令的外交家 ‖ ar'tic·u·late·ly *adv.* —ar'tic·u·late·ness *n.* [U]

ar·ti·fice /'ɑːtifis/ *n.* ❶[C]巧妙办法 ❷[U]熟练;灵巧;巧妙:display a great deal of *artifice* 大显身手 ❸[C]奸计;诡计;计谋 ❹[U]狡诈;欺骗;虚伪行为

ar·ti·fi·cial /ˌɑːti'fiʃ³l/ *adj.* ❶人工的;人造的;人为的:*artificial* rainfall 人工降雨 ❷假的;模拟的;仿造的;仿制的:the *artificial* voice of the cuckoo 仿真的杜鹃啼声 ‖ ar·ti·fi·ci·al·i·ty /ˌɑːtifiʃi'æliti/ *n.* [U] —ar·ti'fi·cial·ly *adv.*

☆**artificial,counterfeit,spurious,synthetic** 均有"人造的,仿造的"之意。**artificial** 含义最广,用于不是由自然进程或自然条件产生而是由人类创造的任何东西:High import taxes give their homemade goods an *artificial* advantage in the market. (高进口税使他们本国的产品在市场上取得人为的优势。)该词尤可用来形容人类按照自然物质制造出来的物品:*artificial* silk (人造丝) **counterfeit** 和 **spurious** 都指精心仿造、故意用来骗人的赝品:*counterfeit* passport (假护照) / a *spurious* sympathy (虚假的同情) **synthetic** 指用化学方法合成具有某种自然物质外观和特性的物品:*synthetic* fibres (合成纤维)

ar·til·ler·y /ɑː'tiləri/ *n.* [U] ❶[总称]大炮:a heavy *artillery* piece 一门重炮 ❷[the ～][总称]炮兵部队:the field *artillery* 野战炮兵 ‖ ar'til·ler·y·man /-mən/ *n.* [C]

ar·ti·san /'ɑːtizæn,ɑːti'zæn/ *n.* [C]工匠;技工;手艺人

art·ist /'ɑːtist/ *n.* [C] ❶艺术家;美术家(尤指画家) ❷(某方面的)能工巧匠;高手;名家;大师

ar·tis·tic /ɑː'tistik/ *adj.* ❶艺术的;美术的:*artistic* form 艺术形式 ❷艺术家的;美术家的:an *artistic* temperament 艺术家的气质 ‖ ar'tis·ti·cal·ly /-k³li/ *adv.*

as /强 æz,弱 əz,z/ **I** *adv.* ❶[表示程度]同样

地;一样地:We don't have *as* much money. 我们没有那么多的钱。❷例如;诸如:Some animals,*as* dogs and cats,eat meat. 有些动物,诸如狗和猫,都食肉。**II** *conj.* ❶[表示比较]像…(一样):I am as giddy *as* a drunken man (is). 我像个醉汉那样飘飘然。❷[表示方式]以…的方式;如同…那样:She is dancing *as* only she can. 她以独特的风格翩翩起舞。❸[表示时间]当…时;在…之时;正值:She spilled the milk *as* she got up. 她站起来时把牛奶给养洒了。❹[表示理由或原因]因为;鉴于;由于;既然:As the sea was calm,we decided to sail to the island. 由于海上风平浪静,我们决定驶往该岛。❺[表示让步]虽然;尽管:Late *as* it was,we still continued our way. 天虽晚了,我们照样赶路。**III** *prep.* ❶以…的身份,作为:Speaking *as* a lawyer,I am against it. 作为律师来讲,我反对这一点。❷当作:Don't regard me *as* a child. 别把我当成小孩看待。❸像;如同:He appeared *as* a man in a trance. 他显得神思恍惚。❹[用于比较]像…(一样):My hands were as cold *as* ice. 我双手冷得像冰。‖ **as if** *conj.* 好像;似乎;仿佛:It looks *as if* it might rain. 看天色像是要下雨。**as it were** *adv.* 似乎;可以说;在某种程度上:This book gives,*as it were*,a picture of old China. 在某种程度上,这本书提供了一幅旧中国的图景。**as yet** *adv.* 到目前为止(还没有);至今(仍不):I have received no answer from them *as yet*. 我至今还没有得到他们的答复。

as·cend /ə'send/ *v.* (渐渐)上升;攀登;登上:The sun *ascended* slowly. 太阳冉冉升起。

as·cent /ə'sent/ *n.* [C] ❶上升;攀登:one's victorious *ascent* of Qomolangma 某人成功地登上珠穆朗玛峰 ❷上坡路:a very steep *ascent* 陡峭的上坡路

as·cer·tain /ˌæsə'tein/ *vt.* 确定;查明;探知;弄清:We have yet to *ascertain* whether the business reported is true. 我们还要查明所说的那笔交易是否属实。

as·cribe /ə'skraib/ *vt.* ❶把…归因(于)(*to*):He *ascribes* beauty *to* that which is simple. 他认为,美自质朴出。❷认为…属(于);认为…源(自)(to):For many years these poems were wrongly *ascribed to* Marlowe. 多少年来这些诗曾被误认为是马洛的作品。‖ **as·crip·tion** /ə'skripʃn/ *n.* [U] ☆ **ascribe**, **assign**, **attribute**, **credit**, **impute** 均有"把…归因于,把…归属于"之意。**ascribe** 强调对某一事物内在的原因、动机、特性、情感或本源作出推论或猜测:You can't *ascribe* the same meaning to both words. (不要认为这两个词的意思是相同的。) **assign** 常指分析研究后,确定其所属种类:Can we *assign* jealousy as the motive for the crime? (我们能否确定这一犯罪动机是出于嫉妒?) **attribute** 指将某一事物归属于或归因于另一事物:He *attributes* his success to hard work. (他把自己的成功归因于努力工作。) **credit** 义同 attribute 与 ascribe,指将某一事物归因于另一事物:The relics are *credited* with miraculous powers. (这些早期遗物被认为具有神奇的力量。) 该词也可指认为或相信某人某物具有某种优点或成就,多用于褒义:I *credit* him with a certain amount of sense. (我认为他有一定的见识。) **impute** 常指把过错或罪行明确地归咎于某人或某事,强调指控或指责:How can they *impute* such dishonourable motives to me? (他们怎么能把这种卑鄙的动机强加到我头上来呢?) 该词并不一定用于贬义,可指原因:*impute* one's happiness to modest ambitions (知足所以常乐)

a·sep·tic /ə'septik,ei-/ *adj.* 无菌的;经消毒的;防感染的;防腐的 ‖ **a'sep·ti·cal·ly** /-kᵊli/ *adv.*

ash /æʃ/ *n.* ❶[U;C]灰;灰烬;灰末:flick one's cigarette *ash* into the ashtray 把香烟灰弹入烟灰缸 ❷[～es]骨灰;遗骸:Her *ashes* were scattered over the sea. 她的骨灰被撒入大海。

a·shamed /ə'ʃeimd/ *adj.* [通常作表语]惭愧的;羞耻的;害臊的:He is terribly *ashamed* of what he did. 他对自己的所作所为感到无地自容。‖ **a'sham·ed·ly** /-m'dli/ *adv.* — **a'sham·ed·ness** *n.* [U]

ash·en /'æʃᵊn/ *adj.* 灰白色的;(脸色等)毫无血色的;苍白的;病态的;无生气的:His face was *ashen* with fear. 他吓得脸色苍白。

a·shore /ə'ʃɔːʳ/ *adv.* 向岸;向陆地;上岸;上陆地:The sailor went *ashore*. 那水手离船上岸。

ash·tray /'æʃˌtrei/ *n.* [C]烟灰缸;烟灰盘

A·sian /'eiʃᵊn;'eiʒᵊn/ **I** *adj.* 亚洲的;亚洲人的;亚洲的语言的 **II** *n.* [C]亚洲人;亚洲居民;亚(洲)裔人

a·side /ə'said/ *adv.* ❶在(或到)旁边;到(或向)一边:Move the chair *aside*. 把椅子搬到旁边去。❷[置于名词之后]不考虑;除开;撇开:Joking *aside*, I mean it. 玩笑归玩笑,我可是认真的。‖ **aside from prep.** ❶[相当于 besides]除…以外:*Aside from* being fun and good exercise, swimming is a very useful skill. 除了是乐趣和有益的体育锻炼外,游泳还是一种很有用的技能。❷[相当于 except for]除了:*Aside from* our son there was no children here. 除了我们的儿子外,这里没有别的孩子。

ask /ɑːsk;æsk/ *v.* ❶问;询问;打听:She *asked* Bob a question. 她向鲍勃问了个问题。❷请求;要求;恳求;征求:He *asked* her to wait. 他请她稍候。❸要求(得到);索(价):He was *asking* too high a price for a house. 他的房价要得太高了。☆❶**ask**, **inquire**, **question** 均有"询问,打听"之意。**ask** 为一般用语,指打听消息或提出问题:"Where do you live?" he *asked*. ("你住在哪里?"他问。) **inquire** 较为正式,意指为获取真情实况而具体详细地询问或打听,含有调查了解的意思:I'll *inquire* about the trains. (我要去问问一下火车的事。) **question** 通常指在教学过程中或为弄清某一议题或主题的细节而提出一系列问题:Two men are being *questioned* by the police in connection with the robbery. (两个与抢劫案有关的男人正受警方盘问。) ❷**ask**, **beseech**, **request** 均有"请求,恳求"之意。**ask** 为普通用语,指请求某人做某事,期望得到答复,而且往往是肯定的答复:I *asked* to see the manager. (我请求见经理。) **beseech**

指热切地恳求：I *beseech* you for more chance. (我请求你再给我一次机会。) **request** 暗示察觉到有可能遭到对方拒绝,因此郑重而有礼貌地提出请求：The teaching staff *requested* that he should reconsider his decision. (全体教学人员请求重新考虑此决定。) 该词有时可委婉表示"强硬要求"：They *requested* his immediate resignation. (他们强烈要求他立即辞职。)

a·sleep /ə'sliːp/ *adj.* [通常作表语] 睡着的;睡熟的：Don't disturb him, he's fast [sound] *asleep*. 别吵醒他,他正睡得香呢。 ‖ **fall asleep** *vi.* 入睡：They *fell asleep* into delicious dreams. 他们堕入香甜的梦乡。

as·pect /'æspekt/ *n.* ❶[C](事物等)方面：consider every *aspect* of a problem 考虑问题的方方面面 ❷[C;U]外表;外观;模样;样子：the pleasant *aspect* of a lake 赏心悦目的湖光水色 ‖ **as·pec·tu·al** *adj.*

as·phyx·i·ate /æs'fiksiˌeit/ *v.* (使)窒息;(使)闷死：The men trapped in the coal mine were almost *asphyxiated* by gas before help could reach them. 身陷矿井中的人们在援救人员到达前因瓦斯中毒几乎全部窒息。 ‖ **as·phyx·i·a·tion** *n.* [U]

as·pi·ra·tion /ˌæspə'reiʃ°n/ *n.* [C]渴望;热望;抱负;志向(*after, for, to*)：He has serious *aspirations* to a career in politics. 他有强烈的从政愿望。

as·pire /ə'spaiə^r/ *vi.* 追求;渴望;渴求;有志于(*after, for, to, toward, towards*)：Mary *aspires after* a job in a bank. 玛丽向往在银行里谋得一份差事。 ‖ **as'pir·er** *n.* [C]

as·pi·rin /'æsp°rin/ *n.*【药】❶[U]阿司匹林 ❷[C]阿司匹林药片

ass /æs/ *n.* [C] ❶驴;驴属动物 ❷傻瓜;蠢人：Don't be an *ass* for your pains. 别枉费心机了。

as·sail /ə'seil/ *vt.* ❶攻击;袭击;冲击：*assail* sb. with fierce blows to the head 猛击某人的头部 ❷指责;抨击;质问;责骂：*assail* one's opponent with slander 用污蔑的言语责骂对方 ‖ **as'sail·a·ble** *adj.*

as·sas·si·nate /ə'sæsiˌneit/ *vt.* ❶暗杀;对⋯⋯行刺：President Lincoln was *assassinated* in April, 1865. 林肯总统于1865年4月遇刺。 ❷诋毁;毁谤;中伤;破坏,糟蹋(名誉等)：*assassinate* sb.'s character 诋毁某人的人格(或糟蹋某人的名誉) ‖ **as·sas·si·na·tion** /əˌsæsi'neiʃ°n/ *n.* [U;C]

as·sault /ə'sɔːlt/ *I n.* [C](武力或口头上的)攻击;袭击;突击：They carried out an *assault* against the fortress. 他们向那座堡垒发动攻击。 *II vt.* ❶(以武力或激烈言辞等)攻击;袭击;突击：A crowd of critics *assaulted* his verse. 一批评论家群起攻击他的诗歌。 ❷(人身)侵犯：They *assaulted* the police officers. 他们对警官进行了人身侵犯。

as·sem·ble /ə'semb°l/ *vt.* ❶集合;集中;聚集;收集：*assemble* data for a legal presentation 为法庭陈述搜集资料 ❷装配;组装：Some boys like to *assemble* model airplanes. 有些男孩喜欢装配飞机模型。

as·sem·bly /ə'sembli/ *n.* ❶[U;C]集合;会合;集会：an unlawful *assembly* of petitioners 请愿者的非法集会 ❷[U]装配;组装：assembly line 装配线

as·sent /ə'sent/ *I vi.* 同意;赞成;赞同(*to*)：Everyone *assented to* the plans for the dance. 大家都同意对舞会的安排。 *II n.* [U]同意;赞成;赞同

☆ **assent, agree, consent** 均有"同意,赞成"之意。**assent** 意指对地位、身份等相同的人所作的某种陈述或提议等因认为正确或真实而表示赞同,强调理解其立场和观点：The chairman *assented to* the committee's proposals. (主席赞成委员会的建议。) **agree** 为一般用语,使用范围最广,表示各种程度的同意或赞同：We *agreed* to leave at once. (我们同意立即走。) 该词有时也暗含以前观点有所不同或者曾经试图劝说过的意思：We'll never get him to *agree* to it. (我们永远也无法使他赞同这一点。) **consent** 一般指上级或长者应允或满足有关请求或愿望,侧重情感或意愿：Her parents reluctantly *consented* to the marriage. (她父母勉强地答应

了这桩婚事。)

as·sert /ə'sə:t/ *vt.* ❶(坚决)主张；坚持；维护：They *asserted* their right to disagree. 他们坚持自己的否决权。❷坚averse持；力陈；断言：We encouraged him to *assert* his own view of the matter. 我们鼓励他明确地说出自己对此事的看法。‖ *assert oneself vi.* 坚持自己的权利(或意见)：A leader must *assert himself* sometimes in order to be followed. 领袖有时必须坚持自己的主张才能赢得民众。‖ **as·ser·tion** *n.* —**as·ser·tive** *adj.*

☆assert, affirm, declare, protest 均有"宣称，断言"之意。assert 含有较强的主观意味，自认为某事就是如此，而不管事实如何：He *asserted* his opinions. (他力陈自己的观点。) affirm 指十分肯定地宣称或声明情况属实，强调证据确凿或信仰坚定：She *affirmed* that she was telling the truth. (她肯定自己说的是实话。) declare 指在公开场合表明对某事的态度或郑重地宣布某事：The medical examiner *declared* me fit. (体检医生宣布我体检合格。) protest 强调面对怀疑和反对意见提出抗议并阐述实情：She *protested* that she knew nothing about the stolen goods. (她申明自己对被偷的货物一无所知。)

as·sess /ə'ses/ *vt.* ❶估计；估量；对…进行估价；评价；评论：*assess* a situation 评论形势 ❷(为征税)估定(财产)的价值；估定(收入)的金额(*at*)：The estate was *assessed at* three thousand pounds. 地产被估价为 3 000 英镑。‖ **as·sess·ment** *n.* [C]

as·set /'æset/ *n.* [C] ❶优点；长处；有利条件；有价值(或有用)的人(或东西)：She is an *asset* to the firm. 她是公司里不可多得的人才。❷(有交换价值的)(一项)财产：personal *asset* 个人财产 ❸[～s]资产：active *assets* 流动资产

as·sid·u·ous /ə'sidjuəs/ *adj.* 刻苦的；勤奋的；勤勉的：She studied with *assiduous* application. 她学习努力。‖ **as·sid·u·ous·ly** *adv.* —**as·sid·u·ous·ness** *n.* [U]

as·sign /ə'sain/ *vt.* ❶分配；给予；布置：He

assigned us an easy task. 他分配我们一项容易的任务。❷指派；选派；委派(*to*)：The reporter was *assigned to* cover international news. 那名记者被派负责报道国际新闻。❸指定；确定(人、时间、地点等)：*assign* an hour for the ceremony 确定举行仪式的时间

as·sign·ment /ə'sainmənt/ *n.* ❶[C](分派的)工作；任务；(布置的)作业 ❷[C](指派的)职位；职务

as·sim·i·late /ə'simileit/ *vt.* ❶吸收；吸取：The mind *assimilates* knowledge. 大脑吸收知识。❷(在民族、习俗、观念、性格等方面)使同化：The new-comers have been *assimilated* into the pattern of a strange life. 新来的人已经为一种陌生的生活方式所同化。❸吸收；消化：Plants *assimilate* food from the earth. 植物从土壤中吸收养分。‖ **as·sim·i·la·tion** /əˌsimi'leiʃn/ *n.* [U]

as·sist /ə'sist/ *v.* 帮助；协助；援助：His wife *assisted* him on with his coat. 他妻子帮他穿上外套。‖ **as'sist·ance** *n.* [U]

as·sist·ant /ə'sistənt/ **I** *n.* [C]助手；助理；副手：a marketing *assistant* 销售部经理助理 **II** *adj.* [作定语]助理的；辅助的；副(职)的：an *assistant* manager 经理助理

as·so·ci·ate **I** /ə'səuʃieit/ *v.* ❶把…联系起来；在头脑中联想起(*with*)：She *associates* happiness *with* having money. 她总是把幸福与钱联想在一起。❷联合；合伙；交往；结交(*with*)：Jones and Smith are *associated* in a law firm. 琼斯和史密斯合伙开办律师事务所。 **II** /ə'səuʃiət/ *n.* [C]同事；合伙人；合作者 **III** /ə'səuʃiət, -ieit/ *adj.* [作定语]副(职)的：*associate* editor 副主编

as·so·ci·a·tion /əˌsəusi'eiʃn, -ʃi-/ *n.* ❶[C]协会；学会；联合会；社团 ❷[U]联合；联盟；结合；合伙；关联；交往：He has ended his *association* with that company. 他已经断绝了与那公司的关系。

as·sume /ə'sju:m/ *vt.* ❶假定；假设；设想；想象；想当然地认为：It is not such a simple matter as you *assumed* it to be. 这事不像你想象的那么简单。❷承担；担任；就(职)；接

管:assume the care of sb. 一心一意照料某人 ❸假装;佯作;装出:Although he saw the accident,he *assumed* ignorance of it. 虽然他目睹事故发生,却假装不知道。‖
as·sump·tion /əˈsʌmpʃ°n/ *n*. [U;C]

☆ **assume, pretend, simulate** 均有"假装,伪装"之意。**assume** 暗示假装的动机正当,或情有可原,无欺骗意图:If he's not here in five minutes,we'll *assume* (that) he isn't coming. (要是他再过5分钟还不来,我们就认为他不来了。) **pretend** 指显而易见的假装:He often *pretends* deafness when you ask him an awkward question. (当被问到难回答的问题时,他时常装聋作哑。) **simulate** 指通过模仿外观或外表特征来制造假象:A sheet of metal was shaken to *simulate* the noise of thunder. (猛力抖动金属片以模仿雷声。)

as·sure /əˈʃʊə°r/ *vt*. ❶向…保证;深信不疑地对…说(*of*):I can *assure* you *of* the road-worthiness of the car. 这辆汽车完全可以跑长途,这一点我可以向你保证。❷确保;管保;担保:*assure* accuracy 确保正确无误 ❸使确信;使放心;使安心(*of*):I *assure* you that I will not say a word about this to anyone. 关于这件事我不会向任何人吐露一个字,请你放心吧。‖ **as·sur·ance** /əˈʃʊərəns/ *n*. [C;U]

as·ter·isk /ˈæstərisk/ *n*. [C]星标;星号(即＊)

asth·ma /ˈæsmə,ˈæz-/ *n*. [U]【医】气喘;哮喘 ‖ **asth·mat·ic** *n*. &*adj*.

as·ton·ish /əˈstɒniʃ/ *vt*. 使吃惊;使惊讶;使惊奇:The splendor of the scene *astonished* him. 那壮丽的景色使他惊奇不已。

as·ton·ish·ment /əˈstɒniʃmənt/ *n*. [U]惊异;惊讶;惊愕:A look of *astonishment* crossed her face. 她脸上出现惊愕的表情。

as·tound /əˈstaund/ *vt*. [通常用被动语态]使震惊;使惊骇;使大吃一惊:She was *astounded* at the news that she had won the contest. 她听到自己在竞赛中获胜的消息后感到吃惊。

a·stray /əˈstrei/ *adj*. [通常作表语]❶迷路

的;迷失方向的:The old man was *astray* in the woods and got lost. 那老汉在林子里迷路后走失了。❷迷惑的;犯错误的:He was *astray* in those calculation. 他的计算有误。

a·stride /əˈstraid/ *prep*. ❶跨在…上:The naughty boy sat *astride* his grandpa's cane. 那个小淘气把他祖父的拐杖当马骑。❷跨越;横亘于:The city lay *astride* the river. 这座城市横跨河的两岸。

a·strin·gent /əˈstrindʒ°nt/ *adj*. ❶收敛(性)的;止血的:an application of an *astringent* lotion 涂收敛剂 ❷严厉的;厉害的;严酷的:He made enemies by his *astringent* honesty. 他由于严厉的公正态度而树敌不少。‖ **as·trin·gen·cy** *n*. [U] —**as·trin·gent·ly** *adv*.

as·tro·naut /ˈæstrəˌnɔːt/ *n*. [C]宇航员;航天员

as·tron·o·mer /əˈstrɒnəmə°r/ *n*. [C]天文学家

as·tro·nom·i·cal /ˌæstrəˈnɒmikªl/, **as·tro·nom·ic** /-mik/ *adj*. ❶(有关)天文(学)的;天体的:*astronomical* almanac 天文年历 ❷〈口〉极巨大的;天文数字的:The success of this dictionary project was *astronomical*. 这项词典工程的成绩是巨大的。‖ **as·tro·nom·i·cal·ly** *adv*.

as·tron·o·my /əˈstrɒnəmi/ *n*. [U]天文学

as·tute /əˈstjuːt/ *adj*. ❶敏锐的;机敏的;精明的:an *astute* businessman 精明的生意人 ❷狡黠的;诡计多端的;足智多谋的:She is very *astute* at persuading people. 她非常善于劝服人。‖ **as·tute·ly** *adv*. —**as·tute·ness** *n*. [U]

a·sym·met·ric /ˌæsiˈmetrik/, **a·sym·met·ri·cal** /-kªl/ *adj*. 不对称的;不匀称的:an *asymmetrical* pattern 不对称的图案 ‖ **a·sym·me·try** /æˈsimitri/ *n*. [U]

at /强 æt,弱 ət/ *prep*. ❶[用以指地点、方位或距离等]在…里;在…上;在…旁;靠近:stay *at* a small hotel 待在一家小旅店里 ❷[用以指(一段)时间、年龄等]在…时刻;在…期间:What are you doing *at* the weekend? 你在周末做些什么? ❸[用以指状态、

A

方式、连续的行动等]处在…状态；在…之中：put sb. *at* risk 使某人处于险境

ate /et,eit/ *v.* eat 的过去式

ath·lete /'æθliːt/ *n.* [C]运动员；体育家；〈英〉田径运动员

ath·let·ic /æθ'letik/ *adj.* ❶体格强壮的；活跃的；动作敏捷的：a man of *athletic* build 体格强壮的人 ❷[作定语]运动的；体育的；运动员的；体育家的：an *athletic* field 运动场 ‖ **ath'let·i·cal·ly** /-kºli/ *adv.*

ath·let·ics /æθ'letiks/ [复] *n.* [用作复]体育运动项目；田径运动(包括跑步、跳远、拳击、划艇等)

ATM *abbr.* automated teller machine 自动取款机

at·mos·phere /'ætməsfiə^r/ *n.* ❶[常作 the ～](包围地球的)大气；大气层；大气圈；【天】(包围天体的)气体 ❷[C]【物】(标准)大气压(每平方英寸为14.7磅) ‖ **at·mos·pher·ic** /ˌætməs'ferik/ *adj.*

at·om /'ætəm/ *n.* ❶[C]【物】【化】原子：the splitting of the *atom* 原子的分裂 ❷[U]与限定词连用，常作定语]原子能；核能：the *atom* age 原子能时代

a·tom·ic /ə'tɔmik/ *adj.* [作定语]原子能的；利用原子能的；研究原子能(或原子结构)的：an *atomic* physicist 原子物理学家 ‖ **a'tom·i·cal·ly** /-kºli/ *adv.*

atomic bomb *n.* [C]原子弹〔亦作 A-bomb, atom bomb〕

atomic energy *n.* [U]【核】原子能

a·tone /ə'təun/ *vi.* (为了过错等)进行弥补，进行补偿(for)：He *atoned* for past misdeeds by philanthropy. 他以行善来赎自己过去犯下的罪恶。

a·tro·cious /ə'trəuʃəs/ *adj.* ❶凶恶的；残忍的；残暴的：*atrocious* deeds 暴行 ❷令人震惊的；骇人听闻的：an *atrocious* road accident 使人震惊的交通事故 ‖ **a'tro·cious·ly** *adv.* —**a'tro·cious·ness** *n.* [U]

at·tach /ə'tætʃ/ *vt.* ❶系；绑；拴；贴；装；固定；连接(to)：*attach* a label *to* a parcel 把标签贴(或系)在包裹上 ❷[～ oneself]使成为

一分子；使在一起(to)：*attach oneself to* a club 成为俱乐部的一个成员 ❸把(过错的责任等)归于(to)：What's the use of *attaching* blame without suggesting a cure? 不提出解决问题的办法而一味推诿责任有什么用？ ❹附加(条件)(to)：A proviso is *attached to* the contract. 合同中附加了一条限制性条款。

at·tached /ə'tætʃt/ *adj.* ❶[通常作表语]喜欢的；依恋的：She is deeply *attached* to her family. 她很恋家。 ❷结了婚的；订了婚的；有对象的：bachelors and others not yet *attached* 单身汉以及其他一些尚未完婚的人

at·tach·ment /ə'tætʃmºnt/ *n.* ❶[U;C]情感；喜爱；爱慕；依恋；眷恋：He formed some lasting *attachments* while at college. 他在大学时代与同学结下了永恒的友谊。 ❷[C]附属物；附件；附加装置：an *attachment* for a vacuum cleaner 吸尘器的附件

at·tack /ə'tæk/ I *v.* ❶(尤指用武力)进攻；攻击；打击：*attack* sb. with one's bare hands 赤手空拳打某人 ❷(用语言)攻击；抨击；非难：She was *attacked* viciously in the media. 她遭到舆论界的恶毒攻击。 II *n.* ❶[C;U]进攻；攻击；抨击；非难：an unjustified *attack* on sb.'s reputation 对某人名誉的无端攻击 ❷[C](疾病的)突然发作：a heart *attack* 心脏病的突然发作 ❸[C](某种情绪、欲望等的)侵袭：have an *attack* of blues 感到郁闷不乐 ‖ **at'tack·er** *n.* [C]

☆ **attack, assail, assault, bombard, charge, storm** 均有"攻击，进攻"之意。**attack** 为普通用词，适用于任何攻击性行为，既可指军事上的进攻，也可指语言或文字上的抨击：The enemy *attacked* us at night. (敌人在夜里向我们进攻。) / a powerful speech *attacking* government policy (一篇猛烈抨击政府政策的演讲) **assail** 指持续不断地猛攻，强调不间断、不松劲：The police were *assailed* with rocks and petrol bombs. (警察遭到石块和汽油弹的猛烈攻击。)该词也常用来喻指困扰或烦恼：I was *assailed* by doubts and worries. (我为各种疑虑烦恼所困扰。) **assault** 常指短兵相接近身猛攻，以压倒或制服对方，特指对一个或几个人的

突然袭击：She was too shaken after being *assaulted* to report the incident to the police. （她遭到强暴后失魂落魄，竟没有向警方报案。）该词还可表示用言论等来抨击或攻击：The minister was *assaulted* by a barrage of abuse from the angry strikers. （这位部长遭到愤怒的罢工者一阵辱骂。）**bombard** 指用火炮轰击或用飞机轰炸：The warships *bombarded* the port. （战舰炮轰了港口。）该词也可喻指连续不断地重复某一行动：The speaker was *bombarded* with questions. （演讲者受到连珠炮似的质问。）**charge** 指冲锋陷阵或突然猛烈地攻击：Suddenly the wild animal *charged* at us. （野兽突然向我们冲过来。）**storm** 指暴风雨般地强攻或占领敌人阵地：Our armies *stormed* the city. （我们的数支部队猛攻那座城市。）

at·tain /ə'tein/ *vt.* ❶（通过努力）达到；获得；完成：*attain* one's ends 达到目的 ❷到达（空间、时间、地点等）：By scrambling we *attained* the top of the hill. 我们一路攀爬，上了山顶。 ‖ **at·tain·a·bil·i·ty** /əteinə'biliti/ *n.* [U] —**at'tain·a·ble** *adj.* —**at'tain·er** *n.* [U]

at·tempt /ə'tempt/ **I** *vt.* 企图；试图；试图做（或完成、达到等）：She *attempted* the crossword. 她试图解出那个纵横字谜。 **II** *n.* [C] ❶企图；试图；尝试；努力；（尤指不理想的）尝试结果：He made an *attempt* at the Olympic gold. 他试图夺取奥运会金牌。 ❷攻击；袭击；进攻；（尤指）行刺，谋杀 ☆**attempt, endeavour, strive, try** 均有"试图，努力"之意。**attempt** 强调开始努力做，而不是力争完成某事，暗示不一定能达到预期目的：He *attempted* to leave but was stopped. （他试图离开但被阻止了。）**endeavour** 特指下定决心、非同寻常地努力来克服困难并取得成功：I'll *endeavour* to pay the bill as soon as possible. （我会尽快地设法付清账单。）**strive** 指努力奋斗、克服艰难困苦，力求完成艰巨任务，强调坚持不懈的努力而不是其结果：*strive* to improve one's public image（努力改善自己的公众形象）**try** 使用范围较广，指为完成某事而进行的试探性努力，暗示有成功的可能：If you don't succeed the first time, *try* again. （如果你第一次没有成功，就再试一次。）该词亦指试用一样东西来检测其性质或效能：Have you *tried* this new soap? （你试用过这种新牌子的肥皂吗？）

at·tend /ə'tend/ *v.* ❶参加；出席（会议等）；上（学等）：*attend* a conference in person 出席会议 ❷关心；照料，照顾；看管：*attend* sb.'s health 关心某人的健康 ❸专心于，致力于；花时间于（*to*）：*attend to* one's work 潜心工作

at·tend·ance /ə'tendᵊns/ *n.* ❶[U]出席；参加；到场：His *attendance* at the wedding surprised the family. 他居然来出席婚礼，这使全家人喜出望外。 ❷[总称]出席人数；出席者；观众，听众：The daily *attendance* at the zoo averages 40,000. 这家动物园的游客平均每天达 4 万人。

at·tend·ant /ə'tendənt/ *n.* [C] ❶侍从；随从；陪伴者；（病人的）治疗者；看护者：ward *attendants* in a hospital 医院病区的医务人员 ❷服务员，招待员；引座员；侍者：a flight *attendant* 客机上的服务员

at·ten·tion /ə'tenʃᵊn/ *n.* ❶[U]注意；专心；留心：*Attention* held them mute. 他们由于全神贯注而屏息静气。 ❷[U]考虑；关心，关怀；照料；特殊处理：She gives all her *attention* to her appearance. 她对自己的外貌非常在意。 ❸[U]立正姿势；立正口令：stand at [to] *attention* during inspection 接受检阅时保持立正姿势

at·ten·tive /ə'tentiv/ *adj.* ❶注意的；留心的；专心的（*to*）：The *attentive* pupil is most likely to learn. 专心的学生学得快。 ❷关心的；关怀的；体贴的；照顾周到的；有礼貌的（*to*）：His wife was always *attentive to* his needs. 他妻子总是无微不至地关心他。 ‖ **at'ten·tive·ly** *adv.* —**at'ten·tive·ness** *n.* [U]

at·test /ə'test/ *v.* 证明；证实；作证；（证人）连署（或宣誓）证明（行为、事件、遗嘱等）是真的：The handwriting expert *attested* the genuineness of the signature. 笔迹专家证实该签名真实无讹。

A

at·tic /'ætik/ *n.* [C]阁楼;顶楼;屋顶室

at·tire /ə'taiə/ *vt.* 使穿衣;(尤指)使着盛装 (*in*):She was *attired* as a man. 她女扮 男装。

at·ti·tude /'ætiˌtʲuːd/ *n.* [C] ❶态度;看法 (*to,toward(s),about,on*):She took the *at titude* that translation was a sort of recrea tion. 她持有这样的看法:翻译是一种再创 作。❷姿势;姿态:He stood in the doorway in a threatening *attitude*. 他站在门口,作出 威胁的姿势。

at·tor·ney /ə'təːni/ *n.* [C]律师(略作 atty.)

at·tract /ə'trækt/ *vt.* ❶引起…的注意(或兴 趣、赞赏、好感等);引起(注意、兴趣、赞赏 等):The goings-on *attracted* everybody's attention. 事态引起了大家的注意。❷吸 引;引诱:The gravitational pull of the earth *attracts* objects to it. 地球引力吸住万 物。‖ at'tract·a·ble *adj.* —at'tract·er, at'tract·or *n.* [C]

☆ **attract, allure, charm, fascinate** 均有"吸 引"之意。**attract** 常指因为自身的性质、特 征而吸引人,强调内在的感染力或吸引力: The new movie has *attracted* a lot of public ity. (那部新电影引起大众传媒的注意。) **allure** 表示比 attract 更强的吸引力,常指用 美好悦目或富有魅力的东西来引诱或欺骗 他人,强调克服对方的防备心理:She did not naturally *attract* men, but she became accomplished in *alluring* them. (她不是以 天生的容貌吸引男人而是想方设法去诱惑 他们。) **charm** 指使人着迷而能加以控制或 支配:Only his daughter had the power of *charming* this black brooding from his mind. (只有他的女儿才能驱散他心中的烦 闷。) **fascinate** 指具有使人神魂颠倒的迷惑 力,强调魅力难以抗拒:a story that contin ues to *fascinate* children (一个持续让孩子 着迷的故事)

at·trac·tion /ə'trækʃ°n/ *n.* ❶[U]吸引:the *attraction* of butterflies to flowers 花朵对蝴 蝶的吸引 ❷[U]吸引力;魅力,迷惑力;诱惑 力:an irresistible *attraction* 不可抗拒的诱 惑力

at·trac·tive /ə'træktiv/ *adj.* ❶有吸引力 的;引人注目的;引起兴趣的;妩媚动人的; 有诱惑力的:an offer that sounds very *at tractive* to everyone 听上去对大家都很有吸 引力的提议 ❷吸引的:an *attractive* force 吸 引力 ‖ at'trac·tive·ly *adv.* —at'trac·tive· ness *n.* [U]

at·trib·ute /ə'tribjuːt/ *vt.* ❶认为…属于 (*to*):We *attribute* courage *to* the lion and cunning *to* the fox. 我们认为勇猛是狮子的 属性,狡猾是狐狸的属性。❷把…归因于; 把(过错的责任等)归于(*to*):This incident can not be *attributed* merely *to* carelessness. 这个事故的发生不能单纯归 因于疏忽。‖ at'trib·ut·a·ble *adj.* —at·tri· bu·tion /ˌætri'bjuːʃ°n/ *n.* [U]

at·trib·u·tive /ə'tribjutiv/ 【语】 *n.* [C]定 语 ‖ at'trib·u·tive·ly *adv.*

a·typ·i·cal /ei'tipik°l/,**a·typ·ic** /-ik/ *adj.* 非典型的;不具代表性的;不合常规的;反常 的:Some drugs produce an *atypical* reaction in very sensitive patients. 有些药物在极易 过敏的病人身上会产生异常的反应。‖ a'typ·i·cal·ly *adv.*

au·burn /'ɔːbən/ *n.* [U] & *adj.* 赤褐色 (的);赭色(的)

auc·tion /'ɔːkʃ°n/ **I** *n.* [U;C]拍卖:The *auction* was held in London. 这次拍卖会是 在伦敦举行的。**II** *v.* 拍卖;竞买:The bank *auctioned* the houses. 银行拍卖了这些房 子。‖ auc·tion·eer *n.*

au·da·cious /ɔː'deiʃəs/ *adj.* ❶大胆的;无畏 的;勇敢的;敢冒风险的:a *audacious* pilot 无畏的宇航员 ❷鲁莽的;放肆的;胆大妄为 的;厚颜无耻的:an *audacious* act 鲁莽行 为 ‖ au'da·cious·ly *adv.* —au'da·cious·ness *n.* [U] —au·dac·i·ty /ɔː'dæsiti/ *n.* [U]

au·di·ble /'ɔːdib°l/ *adj.* 听得见的:Her qui et remarks were barely *audible*. 她的话轻 得几乎听不见。‖ au·di·bil·i·ty /ˌɔːdi'biliti/ *n.* [U] —'au·di·bly *adv.*

au·di·ence /'ɔːdiəns/ *n.* [通常用单]观众; 听众:Someone in the *audience* began to laugh. 观众中有人哈哈笑了起来。

au·di·o /ˈɔːdiˌəu/ *adj.* 声音的;(尤指高保真度)放音的;播音(用)的;收音(用)的;(利用)录下的音的:*audio* equipment 音响设备

au·dit /ˈɔːdit/ **I** *n.* [C](官方的)财会检查;审计;查账:carry out an annual *audit* 实施一年一度的查账 **II** *vt.* 查(账等);替…查账:*audit* the company at the end of the fiscal year 财政年度末替公司查账

au·di·tion /ɔːˈdiʃ³n/ **I** *n.* [C](对乐师、歌手、演员等的)面试 **II** *v.* ❶对(乐师、歌手、演员等)进行面试,让…试演(或试唱、试奏等):The director was *auditioning* actors yesterday. 导演昨天让演员试演。❷试演(或试唱、试奏等):I *auditioned* for the part but didn't get it. 我试演了这个角色,但是没有成功。

au·di·tor /ˈɔːditə³/ *n.* [C] 审计员;查账员

au·di·to·ri·um /ˌɔːdiˈtɔːriəm/ *n.* [C]([复]-ri·ums 或-ri·a /-ˈtɔːriə/) ❶听众席;观众席 ❷会堂;礼堂

au·di·to·ry /ˈɔːdit³ri/ *adj.* 听的;听觉的;听觉器官的:the *auditory* nerve 听神经

aug·ment /ɔːgˈment/ *vt.* 扩大;增大;增加;增长;加强;补充:Jim *augmented* his wages by delivering newspapers. 吉姆靠送报纸来弥补其工资的不足。‖ **aug·men·ta·tion** /ˌɔːgmenˈteiʃ³n/ *n.* [C] —**aug·ment·er** *n.* [C]

Au·gust /ˈɔːgəst/ *n.* [C;U] 8 月(略作 Aug., Ag.)

aunt, aun·tie /ɑːnt; ænt/ *n.* [C] ❶姑母;姨母 ❷伯母;婶母;舅母

au·ral /ˈɔːr³l/ *adj.* ❶耳的;听觉器官的:an *aural* surgeon 耳外科医生 ❷听觉的;听力的:*aural* comprehension tests 听力理解测验 ‖ ˈau·ral·ly *adv.*

aus·pi·ces /ˈɔːspis/ [复] *n.* [C]赞助;资助;帮助;支持

aus·pi·cious /ɔːˈspiʃəs/ *adj.* ❶吉兆的;吉利的;吉祥的:You haven't made a very *auspicious* start to your new job. 你的新工作开头就得不怎么好。❷兴隆的;兴旺的;

兴盛的;幸运的:His affairs were in an *auspicious* and comfortable state. 他万事亨通,一切如意。‖ **aus·pi·cious·ly** *adv.* —**aus·pi·cious·ness** *n.* [U]

Aus·tral·i·an /ɔːˈstreiliən/ **I** *n.* ❶[C]澳大利亚人(或居民)❷[C]澳大利亚土著人 **II** *adj.* 澳大利亚的;澳大利亚人的

Aus·tri·an /ˈɔːstriən/ **I** *n.* [C]奥地利人 **II** *adj.* 奥地利的;奥地利人的

au·then·tic /ɔːˈθentik/ *adj.* ❶真的;真正的;真实的;名副其实的:an *authentic* signature 亲笔签名 ❷可靠的;可信的;确实的;来源可靠的:an *authentic* document of the Middle Ages 一份可信的中世纪文献 ‖ **au·then·ti·cal·ly** /-k³li/ *adv.*

au·thor /ˈɔːθə³/ *n.* [C] ❶著作人;撰稿人;作者;作家:the *author* of *A Tale of Two Cities* 《双城记》的作者 ❷创始人,发起人;创造者,发明者;对某事负有责任的人

au·thor·i·ta·tive /ɔːˈθoritətiv/ *adj.* ❶权威性的;可信的;可靠的:an *authoritative* opinion 权威性的意见 ❷官方的;当局的:*Authoritative* orders came to the ambassador from the President. 大使收到了总统下达的正式命令。❸专断的;威严的;命令式的:an *authoritative* air 一副颐指气使的神气 ‖ **au·thori·ta·tive·ly** *adv.* —**au·thor·i·ta·tive·ness** *n.* [U]

au·thor·i·ty /ɔːˈθoriti/ *n.* ❶[U]权;权力;管辖权:abuse one's *authority* 滥用权力 ❷[U](授予的)权限,职权;许可:An appointed official derives his *authority* from the President. 委派的官员同时获得总统授予的权力。❸[C]当权者;行政管理机构:The *authority* came to the door and asked why I wasn't in school. 领导上门来问我为什么不上学。❹[通常作 the authorities]当局,官方:Crimes have to be reported to *the* police *authorities*. 犯罪行为必须向警察当局报告。

au·thor·ize, au·thor·ise /ˈɔːθəˌraiz/ *vt.* ❶授权;委任;委托:We are *authorized* to do it. 我们被授权做这件事。❷使合法化;批准;核定;准许;认可:Congress *authorized* the new tax on tobacco. 国会批准了对

烟草的新税法。‖ **au·thor·i·za·tion** /ˌɔːθərɪˈzeɪʃ°n; -rai'z-/ *n.* [U;C]

au·to·bi·og·ra·phy /ˌɔːtəˌbaiˈɔgrəfi/ *n.* [C] 自传 ‖ **au·to·bi·o·graph·i·cal** /-əˈgræfik°l/ *adj.* — **au·to·bi'og·ra·pher** *n.* [C]

au·toc·ra·cy /ɔːˈtɔkrəsi/ *n.* ❶[U]独裁统治;独裁政体 ❷[C]独裁统治的国家(或团体)

au·to·graph /ˈɔːtə°ˌgrɑːf; -ˌgræf/ *n.* [C] 亲笔;(尤指名人的)亲笔签名:Many people collect the *autographs* of celebrities. 许多人收藏名人的亲笔签名。

au·to·mate /ˈɔːtə°ˌmeit/ *vt.* 使自动化;用自动化技术于:*automate* a production line 使生产线自动化

au·to·mat·ic /ˌɔːtə°ˈmætik/ *adj.* ❶自动(化)的;(动作、过程等)由自动装置完成的:an *automatic* elevator 自动电梯 ❷不假思索的;习惯性的;机械的;不自觉的;出自本能的:Her remark was *automatic*. 她说的话有口无心。 ❸必然的;不可避免的:an *automatic* consequence 必然的结果

au·tom·a·ton /ɔːˈtɔmət°n/ *n.* [C] ([复]-**tons** 或 **-ta** /-tə/)【计】自动装置;机器人

au·to·mo·bile /ˈɔːtə°ˌbiːl, ˌɔːtəmə°ˈbiːl/ *n.* [C]汽车

au·ton·o·mous /ɔːˈtɔnəməs/ *adj.* ❶自治的:an *autonomous* region 自治区 ❷独立自主的;有自治权的:a subsidiary that functioned as an *autonomous* unit 独立核算的子公司 ‖ **au'ton·o·mous·ly** *adv.*

au·ton·o·my /ɔːˈtɔnəmi/ *n.* [U] ❶自治;自治权:enjoy local *autonomy* 享有地方自治权 ❷人身自由;意志自由;自主权:the *autonomy* of the individuals 个人的人身自由

au·top·sy /ˈɔːtəpsi, ɔːˈtɔpsi/ **I** *n.* [C] ❶(为了弄清死因而作的)尸体解剖;验尸:The *autopsy* revealed that the dead man had been poisoned. 验尸结果表明死者是被毒死的。 ❷(对作品、事件等的)分析,剖析 **II** *vt.* 解剖:*autopsy* the body 解剖尸体

au·tumn /ˈɔːtəm/ *n.* ❶[U;C]秋,秋季:*Autumn* is my favourite season. 秋天是我最喜欢的季节。 ❷[U]成熟期;渐衰期:He has reached the *autumn* of his life. 他已达迟暮之年。 ‖ **au·tum·nal** /ɔːˈtʌmn°l/ *adj.*

aux·il·ia·ry /ɔːgˈziljəri/ *adj.* ❶附属的;从属的:several *auxiliary* branches of the library 该图书馆的几个分馆 ❷辅助的;有帮助的;当助手的:Some sailboats have *auxiliary* engines. 有些帆船装有辅助发动机。 ❸备用的;后备的:an *auxiliary* police force 后备警力

auxiliary verb *n.* [C]【语】助动词

a·vail /əˈveil/ **I** *vt.* 有用于;有益于;有助于:Money will not *avail* you after you are dead. 人一死,有钱也白搭。 **II** *n.* [U][通常用于否定句或疑问句]效用,用途;好处,利益;帮助:His efforts were of little *avail*. 他的种种努力不起作用。 ‖ **avail**(*oneself*) *of vt.* 利用:He *availed himself of* the opportunity to speak to her. 他乘机与她攀谈。

a·vail·a·ble /əˈveiləb°l/ *adj.* ❶可利用的,空着可用的,现成可使用的;在手边的;闲着的:The motel has no *available* rooms. 这家汽车旅馆没有现成的空房间。 ❷可获得的;易得到的:All *available* tickets were sold. 票已售罄。 ❸可看见的;可以说话的:She is not *available* for comment. 她对此无话可说。 ‖ **a·vail·a·bil·i·ty** /əˌveiləˈbiliti/ *n.* [U]

av·a·lanche /ˈævəˌlɑːntʃ/ *n.* [C]雪崩;山崩

a·venge /əˈvendʒ/ *vt.* ❶为(受害、受辱、含冤等)进行报复:Hamlet wanted to *avenge* his father's murder. 哈姆雷特想报杀父之仇。 ❷替(受害者)报仇:*avenge* one's brother 为兄弟报仇 ‖ **a'veng·er** *n.* [C]

☆**avenge, revenge** 均有"报仇,报复"之意。**avenge** 强调为伸张正义而报仇,有对方罪有应得的意味:*avenge* a murder by bringing the criminal to trial (把罪犯送上法庭以此来向凶手报仇) **revenge**强调报复私人之间的仇恨和宿怨,跟人算账,因此可以有怨毒难消、不肯宽恕、要泄私愤的含义:Mark my

words — I shall *revenge* this abomination!
(你听着——我会对此恶行进行报复的!)

a·ve·nue /'ævɪˌnjuː/ *n.* [C] ❶林荫(大)道;
(城市中的)大街:The *avenues* of the city
were crowded with shoppers. 城里大街上
挤满了购物的人群。❷〈喻〉方法;途径;渠
道:Hard work is the best *avenue* to suc-
cess. 勤奋是最佳的成功之道。

av·er·age /'ævᵊrɪdʒ/ I *n.* ❶[C]平均数;The
average of 3 and 5 and 10 is 6. 3、5、10的平
均数是6。❷[U;C]平均;(速度等的)平均
率:Their lives have had more than the *av-
erage* of human sorrow and danger. 他们的
一生比常人遭受到更多的悲哀和危难。II
adj. ❶[作定语]平均的;an *average* speed
平均速度 ❷中等的;平常的;普通的;一般
标准的:It was an *average* piece of work. 这
活儿干得一般。III *vt.* ❶计算…的平均数;
求…的平均数:Will you *average* those
numbers for me? 请你替我把那些数字的平
均数算出来好吗? ❷平均做(或获得、生产
等):Her pay *averages* \$ 800 a week. 她的薪
水平均每周800美元。‖ **on the [an] aver-
age** *adv.* 按平均值;通常;一般地:On the
average there are 1,000 visitors a day. 平
均每天有1 000名参观者。

☆ **average, mean, median** 均有"平均数,中
值"之意。**average** 指总数被除后所得的商
或平均数:The student scored an *average* of
85 in a series of five tests. (这个学生在这5
次测验中的平均分是85。) **mean** 既可指简
单的商或平均数,也可表示两个极值之间
的中值:A high of 70° and a low of 50° give
a *mean* of 60°. (极大值70°和极小值50°的
中值为60°) **median** 意指按次序排列的一系
列数值的中位数或中值:The average of a
group of persons earning 3,4,5,8 and 10
dollars a day is 6 dollars,whereas the *medi-
an* is 5 dollars. (一组每天收入为3、4、5、8
和10美元的人,其每天平均收入为6美元,
但其中值为5美元。)

a·verse /ə'vɜːs/ *adj.* [通常作表语]不喜欢
的;讨厌的;反对的;不乐意的(to, from):
An austere man is *averse to* any kind of
self-indulgence. 一个操行上一丝不苟的人

反对任何形式的自我放纵。

a·ver·sion /ə'vɜːʃᵊn/ *n.* [C] 厌恶;嫌恶;反
感(to, from, for):take an *aversion to* sb.
开始讨厌某人

a·vert /ə'vɜːt/ *vt.* ❶转移(目光、注意力等)
(from):She *averted* her eyes *from* the
wreck. 她转移目光不再看失事飞机的残
骸。❷防止,防范;避免,消除(灾难、危险
等):The driver *averted* an accident by a
quick turn of the steering wheel. 司机急忙
掉转方向盘,从而避免了一起车祸。

a·vi·a·tion /ˌeivi'eiʃᵊn/ *n.* [U] ❶航空学,
航空术;飞机制造业,航空工业 ❷军用飞机

a·void /ə'vɔid/ *vt.* ❶避开,回避(人、物、地
方等):She *avoids* fatty foods like the
plague. 她忌吃油腻食品。❷防止;避免;使
免于:Nonsmokers should *avoid* being in
smoke-filled rooms. 不吸烟者应该避免待
在烟雾弥漫的房间里。‖ **a·void·a·ble** *adj.*

a·wait /ə'weit/ *vt.* ❶(人)等候,期待(事件
等)等待(处理):*await* one's plane 候机
❷做好…的准备,备妥以待;即将降临到…
身上:A warm welcome *awaits* you. 你将受
到热烈的欢迎。

a·wake /ə'weik/ *v.* (过去式 **a·woke**
/ə'wəuk/或 **a·waked**;过去分词 **a·wo·ken**
/ə'wəukᵊn/或 **a·waked**) ❶(使)醒;(使)觉
醒:*awake* from a sound sleep 从酣睡中醒来
❷醒悟,领悟到;意识到,认识到(to):*awake
to* the value of fishery 认识到渔业的重要性

a·wak·en /ə'weikᵊn/ *vi.* 醒;觉醒:The sun
was high in heaven when we *awakened*. 我
们醒来时,已日上三竿。

a·ward /ə'wɔːd/ I *vt.* 给予(需要者或应得
者);授予(奖品等):The degree of M. A.
was *awarded* to him. 他被授予文学硕士学
位。II *n.* [C] ❶奖;奖品;奖状:a money *a-
ward* 奖金 ❷判决

a·ware /ə'weə/ *adj.* ❶[通常作表语]意识
到的,觉察到的;知道的,明白的(of):He
was a self-important man,constantly *aware
of* himself. 他自命不凡,老觉得自己了不
起。❷(在某方面)有知识的;见闻广博的;
(政治上)有觉悟的:a politically *aware*

student 政治上有觉悟的学生 ‖ a'ware·ness *n.* [U]

☆**aware, alive, conscious, sensible** 均有"意识到的,感觉到的"之意。**aware** 词义最宽泛,指因听、视感官或智力敏锐而知道:be *aware* of a greater number of police officers out and about (意识到周围有大量的警察) **alive** 指对某事的影响具有敏锐的易感性或意识到它的存在:He was *alive* to the changes going on around him. (他深切地感受到周围的变化。) **conscious** 表示耳闻目睹、感觉或理解的东西进入意识,知道其存在或对其注意:She was *conscious* of the man staring at her. (她意识到那人盯着她看。) **sensible** 指通过直觉或理性领悟而觉察出无形的状态或特征:a doctor who was *sensible* of the woman's deep depression (察觉出那个女人忧伤的医生)

a·wash /ə'wɒʃ/ *adv.* & [通常作表语] *adj.* ❶【海】(岛屿等)与水面齐平(的);(甲板等)被潮水冲刷(的):The beach was *awash* with the flowing tide. 海滩与上涨的潮水平齐。❷被水覆盖(的):In the monsoon the whole place is *awash*. 一到雨季,这个地方到处都是水。

a·way /ə'wei/ *adv.* ❶向远处;(离)开:I want to get *away* from here. 我想离开这里。❷向另一方向;向一边;turn one's head *away* 把头扭了过去 ❸不再拥有;掉:He gave his boat *away*. 他把船处理掉了。❹放进;收起来;保存起来:Mom told Tommy to fold the clothes and put them *away*. 母亲告诉托米把衣服叠好收起来。

awe /ɔː/ *n.* [U](对神等的)敬畏;(对崇高品质等的)敬佩;(对权势等的)畏怯;壮观等引起的)惊叹:Deep *awe* fell upon them all. 众人不禁凛然敬畏。

awe·some /'ɔːsəm/ *adj.* ❶令人惊奇(或惊叹、敬畏、畏怯)的;可怕的:His strength was *awesome*. 他的力量使人畏怯。❷〈俚〉给人深刻印象的;令人难忘的;出色的;棒极的:That new white convertible is totally *awesome*. 那辆崭新的白色折篷汽车简直棒极了。‖ 'awe·some·ly *adv.* — 'awe·some·ness *n.* [U]

aw·ful /'ɔːful/ *adj.* ❶〈口〉极坏的;(使人)极不愉快的;极讨厌的;极难看的:*awful* food 难以下咽的食物 ❷使人产生敬畏(或畏怯、惊奇、惊叹)之心的;庄严的:the *awful* majesty of Alpine peaks 令人惊叹的阿尔卑斯山峰的雄伟气势 ‖ **aw·ful·ly** *adv.*

☆**awful, dreadful, horrible, terrible** 均有"可怕的,吓人的"之意。**awful** 指惧怕中带有敬意,强调敬畏:wring the *awful* scepter from his fist (从他手中夺过令人敬畏的权杖) **dreadful** 常用来描述令人望而生畏、不寒而栗或令人厌恶憎恨的事情:Cancer is a *dreadful* disease. (癌症让人不寒而栗。) **horrible** 指外观给人以丑陋、恐怖的感觉:a *horrible* accident (令人恐怖的事件) **terrible** 指可怕中带有惊恐和骇人听闻:A *terrible* sight met my eyes. (我看见了一幅恐怖的景象。)

awk·ward /'ɔːkwəd/ *adj.* ❶笨拙的;不灵巧的;制作粗劣的;(文章、讲话等)累赘的:His *awkward* speech made him difficult to understand. 他的演讲累赘冗长,让人摸不着头脑。❷(动作、形态等)不雅观的;难看的;粗笨的:He walked with an *awkward* gait like a penguin. 他走路的样子难看得就像企鹅。❸不便的;不合适的;(令人)尴尬的:a long *awkward* silence 长时间的令人尴尬的沉默 ‖ 'awk·ward·ly *adv.* — 'awk·ward·ness *n.* [U]

☆**awkward, clumsy, gauche, inept, maladroit** 均有"笨拙的;尴尬的"之意。**awkward** 使用范围很广,有不适合做灵巧动作、不能运用自如的意思,指人时指不自在、手足无措:be *awkward* at handling tools (使用工具时笨手笨脚) **clumsy** 强调动作生硬、不灵活、容易犯错误,缺乏训练和技巧;用于物时常形容笨拙动作的结果,表示制作粗糙,笨重而不轻巧:A bear is the most *clumsy* of animals. (熊是动物中动作最笨拙的。) **gauche** 指缺乏落落大方的风度而显得笨拙,也指没有经验、胆怯怕羞或缺乏教养:She always felt *gauche* and unsophisticated at formal parties. (在正式的舞会上她不善交际,举止不大方。) **inept** 强调言语或行为不当,含有未能达到预期效果的意思:What an *inept* remark to make on such a formal occasion!（在如此正规的场合竟说出这样不得体的话！）**maladroit** 指社交应酬中不善于避免窘境或处理事务不得体、不得当：a *maladroit* handling of a delicate situation（很不得当地处理一件微妙的事情）

a·woke /ə'wəuk/ *v.* awake 的过去式和过去分词

ax(e) /æks/ *n.* ［C］❶斧子：He chopped the tree with an *axe*. 他用斧子把树砍倒。❷［the ～]〈口〉解雇；(人员等的)裁减；(计划等的)取消：The new president gave her

the *axe*. 新来的董事长把她给炒了。

ax·is /'æksis/ *n.* ［C］([复]**ax·es** /'æksi:z/) ❶轴；轴线；中心线：The earth rotates on its *axis*. 地球绕着地轴旋转。❷参照轴线；基准线

ax·le /'æksəl/ *n.* ［C］【机】轴；车轴；轮轴

az·ure /'æʒəʳ, -ʒuəʳ, 'ei-/ **I** *n.* ［U］(晴空的)天蓝色；蔚蓝色；碧空；苍穹；青色 **II** *adj.* 天蓝色的；蔚蓝色的；青色的：unclouded *azure* skies 碧空万里

B b

B. A. *abbr.* Bachelor of Arts 文(科)学士；He has a *B. A.* 他有文学士学位。

bab·ble /ˈbæbəl/ *v.* ❶(婴儿)牙牙学语；(成人)含糊不清地说话；My baby brother *babbles* in his crib. 我的小弟弟在他的小床上咿咿呀呀地学话。❷喋喋不休，唠叨；胡言乱语；The little girl *babbled* about her doll. 那小女孩喋喋不休地谈论着她的洋娃娃。

ba·by /ˈbeibi/ *n.* [C] ❶婴儿，婴孩；She is expecting another *baby*. 她又要生孩子了。❷〈俚〉女人；情人；老婆〔常用以称呼女人〕宝贝儿；〈美俚〉(人们特别钟爱、敬畏或引以为豪的)物件，宝贝儿；This *baby* can turn on a dime. 投入一角硬币，这玩意儿就会转。

baby carriage *n.* [C]〈主美〉婴儿车

ba·by·hood /ˈbeibihud/ *n.* [U]婴儿期；幼小时期

ba·by·ish /ˈbeibiiʃ/ *adj.* 婴儿般的；孩子气的；幼稚的，稚气的 ‖ **ˈba·by·ish·ly** *adv.* — **ˈba·by·ish·ness** *n.* [U]

ba·by·sit /ˈbeibiˌsit/ (-sat /-ˌsæt/ ;-sit·ting) *v.* 代人临时照看小孩；*baby·sit* with sb.'s children during church service 教堂做礼拜时为某人照看孩子 ‖ **ˈba·by·ˌsit·ter** *n.* [C]

bach·e·lor /ˈbætʃələ/ *n.* [C] ❶未婚男子；单身汉；a confirmed *bachelor* 终身不娶的光棍汉 ❷[亦作 **B-**]学士；学士学位；a *bachelor* of letters 文学学士

bachelor's degree *n.* [C]学士学位〔亦作 **baccalaureate**〕

back /bæk/ I *n.* [C] ❶(人或动物的)背，背部；She tapped him on the *back*. 她拍了拍他的背。❷后面，后部；(书报等的)末尾；the *back* of the head 后脑勺 ❸脊；脊骨；脊柱；He fell off the ladder and broke his *back*. 他从梯子上摔下来，折断了脊梁骨。❹背面；反面；the *back* of the hand 手背 II *vt.* 支持；鼓励；赞助；*back* one's arguments with facts 用事实证明自己的论点 —*vi.* 退；倒退；倒转；He *backed* out of the garage. 他把车从车库里倒开了出去。III *adj.* [无比较级][作定语]背后的；后部的，后面的；a *back* lane 后巷 IV *adv.* [无比较级] ❶向后；往后；在后；lie *back* on a couch 仰面靠在长沙发上 ❷在原处；回原处；回原状；go *back* to the old neighbourhood 回故里 ❸以前；过去；回；look *back* on one's childhood 回顾自己的童年时代 ‖ **back and forth** *adv.* 来回地；反复地；swing *back* and forth 来回摇晃 **back up** *v.* ❶支持；帮助；援助；The enthusiasts for reform were *backed up* by the general public. 改革积极分子得到了公众的支持。❷【计】作(数据文件的)备份；制作(…的)后备软盘

back·ache /ˈbækˌeik/ *n.* [U;C]腰背酸痛

back·bone /ˈbækˌbəun/ *n.* ❶[C](人或动物的)脊，脊骨，脊柱 ❷[U]骨气，勇气；毅力；He showed real *backbone* in the crisis period. 在危急时期他表现出真正的骨气。❸[C]骨干；中坚；栋梁；支柱；基础；Agriculture is the *backbone* of the economy. 农业是经济的基础。

back·break·ing /ˈbækˌbreikiŋ/ *adj.* (尤指体力活)累断腰背的，累死人的，极其繁重的；Shoveling snow all day is *backbreaking* work. 整天铲雪是非常累人的。

back·ground /ˈbækˌgraund/ *n.* [C] ❶[通常用单](画、布景等的)后景；背景；不引人

注目的地方;不显著的位置;幕后:stage *background* 舞台后景 ❷[C]出身背景;个人经历;学历:family *background* 家庭出身 ❸[C;U](事件发生等的)背景,背景情况:This book gives the *background* of the Revolutionary War. 该书提供了(美国)独立战争的背景资料。

☆ **background**,**environment** 均有"背景,环境"之意。**background** 主要指"舞台的后景"或"艺术作品的背景":Many of the Renaissance painters preferred a natural *background* such as mountain peaks,and blue sky. (文艺复兴时期,许多画家喜欢用自然景观,如山峰、蓝天作为背景。)该词也常用来表示某一现象(如历史事件、个人事业、运动发展等)的先行事件,或与该现象有密切联系的事件:Students of English literature must have as *background* a knowledge of English history. (读英国文学专业的学生必须了解英国历史。)**environment** 常指自然环境:They are passing new laws to prevent the pollution of the *environment*. (他们正在审批新的法律防止环境污染。)

back·ing /ˈbækiŋ/ *n.* ❶[U]支持;后盾;帮助;资助:financial *backing* 财政上的支持 ❷[总称]支持者

back·lash /ˈbækˌlæʃ/ *n.* [C](尤指对政治事件和社会事态发展等的)强烈反应;强烈反对:There was a *backlash* against the government's new financial policy. 政府新出台的财政政策遭到强烈反对。

back·log /ˈbækˌlɒg/ *n.* [C]积压:A *backlog* of refugees developed. 难民越积越多。

back·pack /ˈbækˌpæk/ *n.* [C](尤指登山者、徒步旅行者的)背包;驮在背上的东西:a *backpack* parachute 背包式降落伞 ‖ ˈback·packˌer *n.* [C]

back·stage /ˌbækˈsteidʒ/ *n.* [U]后台;舞台后部

back·track /ˈbækˌtræk/ *vi.* ❶走原路返回;走回头路:*backtrack* to camp 顺原路返回营地 ❷退缩回去;变卦:He *backtracked* on the promise he made last week. 他背弃了上星期的许诺。

back·up /ˈbækˌʌp/ *n.* ❶[C]支持者;援助物;支持;帮助:The police had military *backup*. 警察有军队作后盾。❷[U](流水受阻造成的)积滞;阻塞;泛滥;(车辆等的)拥塞:a *backup* of traffic 交通堵塞 ❸[C]备用物;替代品;后备人员:The second spacecraft is a *backup* in case of failure. 第二艘宇宙飞船是(第一艘飞船)发生故障情况下的备用飞船。

back·ward /ˈbækwəd/ [无比较级] I *adj.* ❶[作定语](空间、时间方面)向后的:She stole a *backward* glance at him. 她偷偷回眸瞥了他一眼。❷落后的;后进的;智力差的;迟钝的:a *backward* region 落后地区 II *adv.* 〔亦作 **backwards**〕❶向后地:I leaned *backward* in my chair. 我在椅子上向后仰。❷朝反方向;倒;逆:count *backward* from 100 to 1 从 100 倒数到 1 ‖ *backward(s) and forward(s) adv.* 彻底地;完全地:He understood the automobile engine *backward and forward*. 他对汽车发动机了如指掌。‖ ˈback·ward·ly *adv.* —ˈback·ward·ness *n.* [U]

back·yard /ˈbækˌjɑːd/ *n.* [C](屋后有草皮的)后院,后花园:We have a vegetable garden in the *backyard*. 我们家后院有一个菜园。

ba·con /ˈbeikən/ *n.* [U](用背或肋部肉加工而成,通常切作薄片煎食的)熏腌猪肉,熏肉:cure one's own *bacon* in a smokehouse 在熏烤房自制熏肉

bac·te·ri·a /bækˈtiəriə/ *n.* [bacterium 的复数]【微生】细菌 ‖ bacˈte·ri·al *adj.*

bac·te·ri·ol·o·gy /bækˌtiəriˈɒlədʒi/ *n.* [U]细菌学 ‖ bac·te·ri·o·log·i·cal /bækˌtiəriəˈlɒdʒikəl/,bac·te·ri·o·log·ic *adj.* —bac·te·ri·ol·o·gist *n.* [C]

bac·te·ri·um /bækˈtiəriəm/ *n.* bacteria 的单数

bad /bæd/ I *adj.* (**worse** /wəːs/,**worst** /wəːst/) ❶坏的,不好的;劣质的;有缺陷的;不充分的,不足的:a *bad* harvest 歉收 ❷邪恶的;不道德的;道德败坏的:give up *bad* way 改邪归正 ❸〈尤指对健康〉有害的，危害的（*for*）：Smoking is *bad* for you. 吸烟有损你的健康。❹〈口〉不健康的；有病的；不舒服的；疼痛的；受伤的：He felt *bad* from eating green apples. 他吃青苹果后感觉不好受。❺变质的；腐败的；腐烂的；破败的：a *bad* banana 烂香蕉 ❻［通常作定语］严重的；剧烈的；厉害的：a *bad* accident 恶性事故 **II** *adv.*（**worse**, **worst**）〈口〉＝badly

☆ **bad**, **evil**, **ill** 均有"坏的，邪恶的"之意。**bad** 系普通用语，含义广泛，可指从调皮捣蛋、道德败坏到为非作歹的一切令人不快和不受欢迎的人或事：One of the *bad* effects of this illness is that you lose your hair.（这种病的后遗症之一是脱发。）**evil** 指给人带来灾难、不幸和痛苦的邪恶或罪恶，强调怀有极为阴险的用心：*evil* thoughts（邪恶的思想）**ill** 语气比 evil 弱一些，主要用于某些固定的搭配，强调用心不良：He was paid dearly for his *ill* deeds.（他为他的不良行为付出了沉重的代价。）该词也可表示令人反感、评价不高或卑劣的意思：He is held in *ill* repute by his fellows.（同伴们对他的评价很差。）

badge /bædʒ/ *n.* ［C］徽章；证章；像章；奖章：a school *badge* 校徽

bad·ly /ˈbædli/（**worse** /wɜːs/, **worst** /wɜːst/）*adv.* ❶坏；差；拙劣地：So far, things haven't gone out too *badly*. 到目前为止，事情的进展还不算太坏。❷令人不快地；不利地；有害地：Our scheme worked out *badly*. 我们的计划实行得很不成功。❸严重地；厉害地：passengers *badly* injured in the accident 在事故中受重伤的乘客们 ❹〈口〉很；极其；非常：He was *badly* in want of money. So he sold his car. 他急需钱用，就把汽车卖了。

bad·min·ton /ˈbædmintən/ *n.* ［U］羽毛球运动

baf·fle /ˈbæfl/ *vt.* 使困惑，使迷惑；使为难，难倒：It *baffled* me that they rejected our offer. 他们竟然拒绝我们的建议，我百思不得其解。‖ **baf·fler** *n.* ［C］

bag /bæg/ *n.* ［C］❶袋，包，囊；一袋之量；一（满）袋：a brown paper *bag* 牛皮纸袋 ❷邮包；（一件）行李：Check your *bags* at the check-in counter. 请在旅客登记柜台前寄存你的行李。❸钱包；（女用）手提包；手提箱；旅行包；外交公文袋；（包脑后假发等的）丝袋；睡袋

bag·gage /ˈbægidʒ/ *n.* ［U］❶行李：a piece of *baggage* 一件行李 ❷〈喻〉包袱；束缚；负担：emotional *baggage* 感情负担

bail /beil/ **I** *n.* ［U］【律】❶保释金 ❷保释：accept *bail* 准许保释 **II** *vt.* ❶保释（某人）（*out*）：He *bailed* the protesters *out*. 他把抗议者保释出来。❷帮助某人摆脱困境：I *bailed* her *out* with some money. 我用钱帮她摆脱了困境。

bait /beit/ **I** *n.* ❶［U］（诱捕鱼、兽、鸟等的）饵，诱饵，钓饵：put［set］out *bait* 放出诱饵 ❷［U；C］［具数时通常常用单］诱饵；引诱（物）；诱惑（物）：The store offered a free gift as *bait* to get customers. 商店提供免费礼品吸引顾客。**II** *vt.* 在（鱼钩、捕兽器等）上装饵；在（陷阱）中放诱饵：He *baited* the mousetrap with cheese. 他在捕鼠器里装上奶酪作为诱饵。

bake /beik/ *vt.* ❶烘；烤；焙：*bake* bread for sb. 为某人烤面包 ❷烘干；烤硬；烧制：Bricks and china are *baked* in a kiln. 砖块与瓷器是在窑里烧制而成的。

bak·er /ˈbeikə/ *n.* ［C］面包师；糕饼师傅；面包（或糕饼）店老板；烘面包（或糕饼）的人

bak·er·y /ˈbeikəri/ *n.* ［C］面包（或糕饼）烘房；面包（或糕饼）店

bal·ance /ˈbæləns/ **I** *n.* ❶［U；C］（重量、数量、力量、作用、部件等的）平衡；均衡；均势：create a *balance* between the practical and the ideal 在实际与理想之间找到平衡点 ❷［C］天平；杆秤：a pair of *balance* 一架天平 **II** *v.* ❶使保持平衡；使均衡：*balance* the nation's budget 使国家预算的收支平衡 ❷权衡；斟酌；比较；对比：*balance* the pros and cons of an issue 权衡问题的利弊

balance sheet *n.* ［C］【会计】资产负债表；决算表

bal·co·ny /ˈbælkəni/ *n.* ［C］❶阳台：stand

on the *balcony* 站在阳台上 ❷(影院、戏院、大厅、教堂等的)楼座,楼厅,特等包厢:We saw the play from the *balcony*. 我们从楼厅看戏。

bald /bɔːld/ *adj.* ❶秃头的;秃顶的;秃的;(动物、鸟等)没有毛的;无叶的:a *bald* person 秃头的人 ❷不加掩饰的;不加装饰的;赤裸裸的:a *bald* lie 赤裸裸的谎言 ‖ **'bald-ly** *adv.* —**'bald·ness** *n.* [U]

bale /beil/ *n.* [C](货物捆扎成的)大包,大捆:a *bale* of cotton 一大包棉花

ball¹ /bɔːl/ *n.* [C] ❶球形物;团块:The earth is a great round *ball*. 地球是个大圆球。❷(用以运动的圆形或椭圆形的)球;[U]【体】球类运动:catch a *ball* 接球

ball² /bɔːl/ *n.* [C](盛大、正式的)舞会:a costume *ball* 化装舞会

bal·lad /'bæləd/ *n.* [C] ❶叙事诗歌,民谣,民歌 ❷(节奏缓慢、感伤或浪漫的)流行歌曲;情歌

bal·le·ri·na /ˌbæləˈriːnə/ *n.* [C]([复]**-nas**)(尤指演主角或独舞的)芭蕾舞女演员

bal·let /'bælei,bæˈlei/ *n.* ❶[U;C]芭蕾舞;芭蕾舞剧:dance a *ballet* 跳芭蕾舞 ❷[C]芭蕾舞曲:the brilliant *ballets* of Tchaikovsky 美妙的柴可夫斯基芭蕾舞曲 ❸[C]芭蕾舞团:The Royal *Ballet* will soon perform in our city. 皇家芭蕾舞团不久将来我市演出。‖ **bal·let·ic** /bæˈletik/ *adj.*

bal·loon /bəˈluːn/ *n.* [C]气球;玩具气球:The *balloon* burst. 气球炸了。‖ **balˈloonˌist** *n.* [C]

bal·lot /'bælət/ Ⅰ *n.* ❶[C]选票;(无记名)投票用纸:Have you cast your *ballot*? 你投票了吗?❷[U;C](通常指秘密的)投票表决(法);投票选举(法);无记名投票:vote by secret *ballot*,not open *ballot* 进行非公开的秘密投票选举 ❸[U]投票权;选举权 ❹[C]投票总数;投票结果;投票记录:*ballots* for and against a proposal 赞成或反对某提案的投票总数 Ⅱ *vi.* 投票:*ballot* for president of the club 投票选举俱乐部主席

ball·park /'bɔːlˌpɑːk/ *n.* [C]球场;(连同露天看台的)棒球场

ball(-)point /'bɔːlˌpoint/ (**pen**) *n.* [C]圆珠笔,原子笔

balm /bɑːm/ *n.* [U] ❶(治疗或镇痛用的)香树脂;镇痛软膏,香膏:spread a *balm* over a burned hand 在烫伤的手上敷镇痛油膏 ❷安慰(物);慰藉(物):Mother's praise was *balm* to the little girl's wounded feelings. 小姑娘的感情受到了伤害,母亲的表扬对她是个安慰。

bam·boo /bæmˈbuː/ *n.* ([复]**-boos**)[U;C]竹,竹子

ban /bæn/ Ⅰ *vt.* (**banned**;**ban·ning**)(尤指以官方明令)禁止;查禁;取缔:He was *banned* from attending the meeting. 他被禁止参加会议。Ⅱ *n.* [C]禁令;禁止:put a *ban* on drinking in the office 禁止办公室内饮酒

ba·na·na /bəˈnɑːnə;-ˈnæ-/ *n.* ❶[C]【植】芭蕉树 ❷[U;C]香蕉:a hand [bunch] of *bananas* 一串香蕉

band¹ /bænd/ Ⅰ *n.* [C] ❶带;箍;条:She wore a *band* of ribbon in her hair. 她用一条缎带束发。❷条纹;条饰;嵌条;镶边:a grey skirt with a *band* of red in it 滚红边的灰色裙子 Ⅱ *vt.* 用带绑扎;给…套上箍

band² /bænd/ *n.* [C] ❶群;伙;帮;队:a *band* of outlaws 一伙歹徒 ❷〈口〉管乐队;伴舞乐队;爵士乐乐队:a brass *band* 铜管乐队

band·age /'bændidʒ/ Ⅰ *n.* [C](用于包扎伤口等的)绷带:apply on a *bandage* 上绷带 Ⅱ *vt.* 用绷带扎缚:Disinfect the wound before you *bandage* it. 包扎伤口前先进行消毒。

ban·dy /'bændi/ *adj.* (腿)向外弯曲的;罗圈(腿)的:a new method of correcting *bandy* legs 矫正罗圈腿的新方法

bang /bæŋ/ Ⅰ *n.* [C] ❶(突发的)巨响;枪声;爆炸声:hear the *bang* of a gun 听到砰的一声枪响 ❷(发出砰一声的)重击;猛敲;猛撞:give sb. a nasty *bang* on the head 在某人头上猛地一击 Ⅱ *v.* ❶(砰然)重击;猛敲;猛撞;撞击:*bang* at [on] the door with one's fist 用拳头砰砰打门 ❷发出砰的一声;砰砰作响:The door *banged* shut [open] in the wind. 一阵风刮来，门砰地关上［打开］。

ban·ish /ˈbæniʃ/ vt. ❶放逐；流放；把…驱逐出境：banish sb. from［out of］the country for treason 以叛国罪把某人驱逐出境 ❷排除；消除；驱除；摒弃：banish care and woe 排除忧虑和痛苦 ‖ **ban·ish·ment** n.［U］

bank¹ /bæŋk/ n.［C］❶银行：draw money from a bank 从银行里取钱 ❷库（尤指储藏血液、精液、数据等以备应用的设备）；库存：a bank for blood plasma 血浆库

bank² /bæŋk/ n.［C］❶（长条形的）堆：a bank of earth 土堆 ❷（山、谷的）陡坡：He climbed up the steps cut in the bank. 他沿着山路拾级而上。 ❸（河、湖等的）岸，堤：fish from the bank 在岸边钓鱼 ❹垄，埂

bank·er /ˈbæŋkə/ n.［C］银行业者；银行家；银行高级职员

bank·ing /ˈbæŋkiŋ/ n.［U］❶银行业务：banking hours 银行营业时间 ❷银行业；银行家的职业：He is in banking. 他从事银行业。

banknote n. 纸币

bank·rupt /ˈbæŋkrʌpt,-rəpt/ I adj.（尤指经法院宣告）破产的；关于破产的：go bankrupt 破产 II n.［C］（尤指经法院宣告）破产者；无偿还力的人：be declared a bankrupt 被宣告破产 ‖ **bank·rupt·cy** /-rʌptsi,-rəpsi/ n.［U；C］

ban·ner /ˈbænə/ n.［C］❶（悬挂在街头或游行队伍等用的）横幅；横幅标语（或广告）：Banners at the intersection announced the tennis tournament. 交叉路口悬挂着有关网球锦标赛的横幅。 ❷旗，旗帜；国旗；军旗：plant a banner 竖旗

ban·quet /ˈbæŋkwit/ n.［C］宴会；盛宴；筵席：hold a farewell banquet 举行告别宴会 ‖ **ban·quet·er** n.［C］

ban·ter /ˈbæntə/ v. 开玩笑；打趣；逗乐；戏谑：Father enjoys bantering with his children. 父亲喜欢和孩子们谈笑逗趣。

bap·tize，bap·tise /bæpˈtaiz/ vt. ❶给…施（浸）礼：They baptized him at the age of six weeks. 他们在他出生后6周给他施了洗礼。 ❷（施洗礼时）给…起教名：She was baptized Mary but calls herself Jane. 她受洗时得教名玛丽，不过她自称简。 ‖ **bap'tiz·er** n.［C］

bar /bɑː/ I n. ❶［C］（门、窗等的）闩；（用作栅栏、杠杆等的）杆，棒：a bar of a door 门闩 ❷［C］（木、金属等的）条；（长方形或椭圆形的）块：a chocolate bar 一块条形巧克力 ❸［C］酒吧（间）；售酒（或食物、饮料）的柜台；（商场内某一商品的）专卖柜台；（常装有轮子的家用）餐桌；酒柜：a cocktail bar 鸡尾酒柜台 ❹［通常用单］法庭围栏，法庭；（法庭上的）律师席（或被告席）：The man stood at the bar for murder. 此人因谋杀而受法庭审判。 II vt.（barred；bar·ring）❶把（门、窗等）闩好；在…设置栅栏（或栅门）：bar the windows up 把窗子都闩上 ❷把…关在里面（或外面）；阻塞，封锁（道路等）：She barred her husband out of her bedroom. 她把丈夫关在卧室外。 ❸阻止，阻拦；禁止，不准（from）：Bad weather barred them from the pleasure of boating. 天气不好，他们未能如愿划船。

bar·bar·i·an /bɑːˈbeəriən/ n.［C］❶野蛮人；未开化的人；原始人：He is a barbarian in the arts of the table. 他对烹调艺术一窍不通。 ❷无教养的人；粗野的人；残暴的人：He has the manners of a barbarian. 他举止粗鲁。

☆barbarian，barbaric，barbarous 均有"不化的，野蛮的"之意。barbarian 主要用作"未开化的""野蛮人（似）的"解，在这三个形容词中最具有中性意味，不带有感情色彩：The barbarians conquered Rome.（野蛮人征服了罗马。）barbaric 常用作"粗野的""不知节制的"解，可以带有贬义：barbaric tortures（十分残忍的刑罚）该词也可用作褒义，用来形容在原始人当中存在的那些粗犷、天真和纯朴的东西和品质，这些东西往往为文明人所欣赏，至少不会引起他们的厌恶：The tribal dance was a spectacle of barbaric splendour.（部落舞展示了一场五颜六色的半开化先民的奇观。）barbarous 一词通常带有强烈的贬义，用来形容与野蛮人有

关的残忍行为：The slaughter of the prisoners was a *barbarous* act. （屠杀囚犯是一种十分残忍的行为。）

bar·bar·i·ty /bɑ:'bæriti/ *n.* ❶[U]野蛮；残暴；人性泯灭：treat the captives with *barbarity* 虐待俘虏 ❷[C]残暴行为，暴行：commit the *barbarities* of warfare 犯下战争暴行

bar·be·cue /'bɑ:bikju:/ *n.* [C]❶户外烤肉餐；烤全牲野宴：Canadians have *barbecues* in the summer. 加拿大人常常在夏天举行烤肉野餐。❷（户外烤肉用的）烤架；轻便烤炉

bar·ber /'bɑ:bə'/ *n.* [C]（为男子服务的）理发师

bar code *n.* [C]（商品上的）条形码

bare /beə'/ *adj.* [无比较级]裸露的；不穿衣服的；不戴帽的；无遮盖的；光秃的：walk with *bare* feet 赤脚行走 ‖ 'bare·ness *n.* [U]

☆bare, bald, barren, naked, nude 均有"赤裸的，无遮盖的"之意。bare 指没有遮盖或装饰，强调将附属的、表面的或可有可无的东西除去后的状态：a tree *bare* of leaves （一棵没有叶子的树）bald 指缺乏天然覆盖物或保护物：a *bald* mountain peak（光秃秃的山峰）该词用于人时，特指没有头发：a gigantic man *bald* on the head（秃头巨人）barren 表示缺乏繁殖力，强调贫瘠和荒芜：*barren* plains with few shrubs and no trees（只长有零星几棵灌木的荒芜的草原）该词也可表示枯燥乏味：The lecture was dry and *barren*.（这个讲座枯燥乏味。）naked 表示没有遮身物或覆盖物；形容人时，可指全裸或部分裸露：a *naked* hillside（光秃秃的山坡）该词也可引申用于形容物体或力量：*naked* boughs（光秃秃的树枝）nude 指绘画或雕刻作品的裸体像，比 naked 文雅：a *nude* model posing for art students（为美术专业的学生做裸体模特）

bare·ly /'beəli/ *adv.* ❶仅仅；刚刚；只不过；几乎不；几乎没有：She looked *barely* thirty. 她看上去还不到 30 岁。❷贫乏地；不充足地；无装饰地；光秃秃地：The hospi-tal room was furnished *barely* but neatly. 医院病房陈设简陋，但十分整洁。

bar·gain /'bɑ:gən/ **I** *n.* [C]❶便宜货；廉价品；特价商品；低廉；低价：廉价：The sale offers *bargains* galore. 这次有大量便宜货出售。❷（买卖、劳资等双方的）协议，协定：The two parties made a *bargain* to cease fire. 双方达成了停火协议。**II** *vi.* 讲价钱；讨价还价；讲条件；谈判：*bargain* about the goods 就商品的价格讨价还价

barge /bɑ:dʒ/ *n.* [C]❶（在内河或运河被拖曳或推货航行的）大型平底船，驳船 ❷大彩船；画舫；豪华游艇：the royal *barge* 皇家豪华游船

bar·i·tone /'bæritəun/ *n.* [C]【音】❶男中音；男中音歌手 ❷（乐曲中的）上低音部

bar·i·um /'beəriəm/ *n.* [U]【化】钡（元素符号为 Ba）

bark¹ /bɑ:k/ **I** *n.* [C]狗吠，狗叫；（狐、松鼠等动物的）叫声：The *bark* of a dog sounded in the night. 夜里传来狗吠声。**II** *vi.*（狗、狐、松鼠等）吠，叫：Our dog always *barks* at strangers. 我家的狗总是一见陌生人就汪汪叫。

bark² /bɑ:k/ *n.* [U]树皮；茎皮：peel the *bark* off trees 剥去树皮

bar·ley /'bɑ:li/ *n.* [U]大麦；大麦粒

barn /bɑ:n/ *n.* [C]❶谷仓；粮仓；（放农具或农机的）仓库 ❷牲口棚：a milking *barn* 挤奶棚

ba·rom·e·ter /bə'rɒmitə'/ *n.* [C]气压表；气压计；晴雨表

bar·on /'bærən/ *n.* [C]❶男爵（英国、欧陆国家及日本贵族等级制度中最低的一级，称号世袭；在英国，姓氏前加 Lord，在欧陆国家，则加 Baron，略作 Bn. 或 bn.）❷巨头；大王：a coal *baron* 煤炭大王

bar·on·ess /'bærənis/ *n.* [C]❶男爵夫人 ❷女男爵

ba·roque /bə'rəuk/ *adj.* [时作 B-][无比较级]❶巴洛克风格的 ❷巴洛克风格风靡时期（约 1600～1750）的；巴洛克后期的；洛可可式的

bar·rack /ˈbærək/ *n.* [~s][用作单或复]兵营；营房：This *barracks* was built during the Civil War. 这所兵营建于内战期间。

bar·rel /ˈbærəl/ *n.* [C]❶圆桶；琵琶桶 ❷一桶之量；(一)桶(液量单位，1 英制桶为 36 英加仑，1 美制桶为 31.5 美加仑)

bar·ren /ˈbærən/ *adj.* [无比较级] ❶不(生)育的；不妊的；不结果实的；不结籽的：a *barren* woman 无生育能力的妇女 ❷(土地等)贫瘠的；不毛的；荒芜的：a *barren* region 土地贫瘠的地区 ‖ **ˈbar·ren·ly** *adv.* —**ˈbar·ren·ness** *n.* [U]

bar·ri·cade /ˈbæriˌkeid, ˌbæriˈkeid/ *n.* [C](尤指临时设置的)街垒，路障：cut down trees to make a *barricade* across the road 砍下树来筑路障

bar·ri·er /ˈbæriə/ *n.* [C]❶障碍物，屏障：The police erected *barriers* to keep back the crowds. 警察设置路障不让人群靠近。❷障碍；隔离，隔阂；壁垒：set up trade *barriers* 设置贸易壁垒

bar·ter /ˈbɑːtə/ *v.* (拿…)做易货贸易；作物物交换：*barter* for furs with rifles 以步枪换取毛皮

base /beis/ I *n.* [C]❶基，底；基底，底座，底部：the *base* of a lamp 灯座 ❷[通常用单]基础；根据：Many languages have Latin as their *base*. 许多语言都源于拉丁语。II *vt.* 把…置于基座(或底座)上；把…建立在某种基础上；基于，以…为根据(*on*, *upon*)：The composer *based* this song *on* an old folk melody. 作曲家根据一首古老的民歌曲调创作了这支歌。

☆ **base**, **basis**, **foundation**, **groundwork** 均有"基础；根据"之意。**base** 常指物体的底部、底座，事物发展的起点或行动的基地：the *base* of a pillar (柱基) 该词还可喻指根据或依据：the *base* of a theory (理论基础) **basis** 常用作隐喻，多用于抽象的东西，如理论、信仰、议论等的根据或起点：What is the *basis* of your opinion? (你的看法有什么根据?) **foundation** 语气较强，指某事物所依靠的基础；用于具体事物时，表示比 base 更雄伟、更坚实的底层结构：the *foundation* of an ancient city (一座古城的基础)；该词也可用于抽象的事物：The report was completely without *foundation*. (这篇报道毫无根据。) 它还可用于商业，指女装内衬或内托的各种装饰：*foundation* garment (妇女紧身胸衣) **groundwork** 主要用于无形的抽象事物，喻指基础或底子：The *groundwork* of all happiness is health. (健康是一切幸福的基础。)

base·ball /ˈbeisˌbɔːl/ *n.* ❶[U]棒球运动：*Baseball* is the "national game" of the U. S. 棒球运动是美国的"国球运动"。❷[C]棒球

base·line /ˈbeisˌlain/ *n.* ❶[the~](网球场等的)底线 ❷[the ~]【棒】垒线 ❸基线；基准；准则：These results formed a *baseline* for future studies. 这些结果构成了未来研究的基础。

base·ment /ˈbeismənt/ *n.* [C](全部或部分在地面以下的)地下室

bas·es[1] /ˈbeisiz/ *n.* base 的复数

ba·ses[2] /ˈbeisiz/ *n.* basis 的复数

bash /bæʃ/ 〈口〉 I *vt.* 猛击；猛撞；击扁；击毁；击伤：*bash* a door in [down] 把门撞开 II *n.* [C] 猛击；重击；猛撞：a *bash* in the face 脸上重重地挨了一拳

ba·sic /ˈbeisik/ *adj.* [作定语] 基础的；基本的；根本的；主要的；首要的：the *basic* principles of Marxism 马克思主义基本原理

ba·si·cal·ly /ˈbeisikəli/ *adv.* 基本上；实际上；主要地：*Basically*, he's a good person. 他本质上是个好人。

ba·sin /ˈbeisən/ *n.* [C]❶盆；菜盆；汤盆；脸盆 ❷【地理】盆地；流域：the Mississippi *basin* 密西西比河流域

ba·sis /ˈbeisis/ *n.* [C]([复]-ses /-siz/) ❶基础；根据；基本原理；基本原则：There is no *basis* for this belief. 这种信仰是毫无根据的。❷主要部分；基，底：The *basis* of his business is making watches but he also sells jewelry. 他以生产手表为主，但也兼营珠宝。

bask /bɑːsk; bæsk/ *vi.* ❶(舒适地)晒太阳；取暖：The cat *basks* in the warm sunshine. 猫

在和煦的阳光下晒暖儿。❷(在某种环境或气氛中)感到舒适,感到愉快(in):He began to *bask in* the greetings of everyone he passed. 一路碰见的人都向他致意问候,他心里感到乐滋滋的。

bas·ket /ˈbɑːskit; ˈbæs-/ *n.* [C]篮;篓;筐:weave a *basket* 编篮(或篓、筐)子

bas·ket·ball /ˈbɑːskit,bɔːl; ˈbæs-/ *n.* ❶[U]篮球运动 ❷[C]篮球

bass /beis/ **I** *n.* ❶[the ～][音]低音部 ❷[C][音]男低音;男低音歌手;低音乐器部:Who will sing the *bass*? 由谁来唱男低音部? **II** *adj.* [无比较级]❶(声音)低沉的;男低音的;能唱男低音的:the *bass* part 低音部 ❷(乐器)低音的 ‖ **bass·ist** *n.* [C]

baste /beist/ *vt.* 在(烤肉、烤鸡等上)滴油(或汁):The cook *basted* the turkey to keep it from drying out. 厨师给火鸡抹上油以防烤干。

bat¹ /bæt/ **I** *n.* [C](棒球)球棒;(板球)球板;(乒乓球、网球等的)球拍:The hitter swung the *bat* and hit a home run. 击球手挥棒一击,得了一个本垒打。**II** (**bat·ted**; **bat·ting**) *v.* 用球棒(或球拍)击(球);击;打:The kitten *batted* the balloon with its paws. 小猫用爪子拍打气球。

bat² /bæt/ *n.* [C]蝙蝠

batch /bætʃ/ *n.* [C]一批;一组;一群:the first *batch* of students 第一批学生

bath /bɑːθ; bæθ/ *n.* [C]([复]**baths** /bɑːðz; bɑːðz/)❶[通常用单](沐)浴;(洗)澡:take a hot *bath* 洗热水澡 ❷浴缸;浴盆;(家庭的)盥洗室;洗澡间:a full-length *bath* 大浴缸 ❸澡堂;浴室:a public *bath* 公共浴室(＝bathroom)

bathe /beið/ *v.* 洗澡:*bathe* a child 给孩子洗澡 ‖ **bath·er** *n.* [C]

bath·room /ˈbɑːθru:m, -ˌrum/ *n.* [C]❶浴室;盥洗室 ❷〈婉〉卫生间;厕所:Is there a *bathroom* in this restaurant? 这饭馆里有卫生间吗?

bath·tub /ˈbɑːθˌtʌb/ *n.* [C](尤指固定设在浴室的)浴缸;浴盆

ba·ton /ˈbæt°n, bəˈtɒn/ *n.* [C]❶(乐队、歌唱队指挥用的)指挥棒;(行进中军乐队队长用的)金属指挥杖;(喻)指挥棒:As the conductor lowered the *baton* the band began to play. 乐队指挥将指挥棒朝下一挥,乐队开始演奏。❷短棍;短棒;警棍:riot police with *batons* and tear gas 手持警棍及催泪弹的防暴警察 ❸(接力赛跑用的)接力棒

bat·ter¹ /ˈbætə/ *v.* 持续打击;(以连续猛击)捣毁,砸烂;重创;(用攻城槌)冲击,撞击;(用炮火)轰击:*batter* one's head against a stone wall 用头猛撞石墙 ‖ **bat·ter·er** *n.* [C]—**bat·ter·ing** *n.* [U]

bat·ter² /ˈbætə/ *n.* [U](牛奶、鸡蛋、面粉等掺和而成的)面糊(用来做蛋糕、薄煎饼和小松糕等)

bat·ter·y /ˈbæt°ri/ *n.* ❶[C][电]电池(组);电瓶(组);蓄电池(组):The *battery* has gone flat. 电池没电了。❷[C]一套;一组;一批;一群;一连串:a *battery* of cooking utensils 一套炊具

bat·tle /ˈbæt°l/ *n.* [C;U]❶战斗;交战;战役;(海、陆、空)大会战:fight [wage] a *battle* 进行战斗 ❷斗争;奋斗;竞赛;较量;争论:fight a *battle* of words during the campaign 在竞选中展开舌战

bat·tle·field /ˈbæt°lˌfiːld/ *n.* [C]战场;疆场:a bloody *battlefield* 洒满鲜血的战场

bawl /bɔːl/ *v.* ❶恸哭;号啕大哭:*bawl* like a baby 孩子般地号啕大哭 ❷大叫;大喊:Trains *bawled* and hurtled by. 一列列火车呼啸疾驰而过。

bay /bei/ *n.* [C](海或湖泊的)湾:a *bay* surrounded on three sides by vertical cliffs 三面为悬崖峭壁环绕的水湾

bay·o·net /ˈbeiənit/ *n.* [C](枪上的)刺刀

ba·za(a)r /bəˈzɑː/ *n.* [C]❶(东方国家尤指中东的)市场,集市:I purchased some curios at a village *bazar*. 我在农村集市上买到一些古玩。❷义卖;义卖市场:a church *bazar* 教堂义卖

BBC *abbr.* British Broadcasting Corporation 英国广播公司

BC, B. C. *abbr.* Before Christ 公元前

be /强 biː/, 弱 bi/ *vi.* (现在式 am /æm/, are /aːʳ/, is /iz/; 过去式 was /wɔz/, were /wəːʳ/; 过去分词 been /biːn/; 现在分词 be·ing) ❶在; 存在; 生存: To *be* or not to *be*, that is the question. 生存还是死亡, 这还是个问题。❷是, 就是: A gentleman *is*, rather than does. 绅士是生来的, 而不是争来的。—*v. aux.* ❶[与动词的现在分词连用, 构成进行时态]: The problem *is* getting worse and worse. 问题变得越来越严重了。❷[与及物动词的过去分词连用, 构成被动语态]: They will *be* punished. 他们将受到惩罚。❸[后接带 to 的不定式, 表示安排、职责、义务、愿望、可能性、目的、用途、命中注定等]: No shelter *was* to be seen. 看不到可以躲避的地方。❹[用于虚拟语气]: He had to say resolutely that the thing shouldn't *be*, and it wouldn't *be*. 只要他一口咬定这事不行, 这事就不行。

beach /biːtʃ/ *n.* [C]滩; 海滩; 沙滩; 滨: a cottage situated on [at] the *beach* 海滨别墅

bea·con /ˈbiːkən/ *n.* [C]灯塔

bead /biːd/ *n.* [C] ❶(有孔的)小珠; [~s]珠子项链; 一串念珠: You don't have your *beads* on this evening. 你今晚没带珠子项链。❷(汗、血等的)小滴; 水珠; (尤指脸上的)汗珠; 气泡: *beads* of sweat 滴滴汗珠

bead·y /ˈbiːdi/ *adj.* (尤指眼睛)晶亮如小珠: The mouse has *beady* eyes. 老鼠有闪闪发亮的小眼珠。‖ ˈbead·i·ness *n.* [U]

beak /biːk/ *n.* [C] (鸟的)喙 ‖ beaked /biːkt, ˈbiːkid/ *adj.*

beam /biːm/ *n.* [C] ❶梁; 横梁: the *beams* supporting the roof 支撑房顶的横梁 ❷(日、月、灯、灯塔等的)光线, 光柱; (X射线、核粒子等的)束, 柱: a sun *beam* 一道阳光

bean /biːn/ *n.* [C] ❶[植]菜豆属植物; 豆科植物 ❷豆; 蚕豆; (尤指幼嫩可食的)豆荚: a can of baked *beans* 一听焙豆 ❸豆形种子; 结豆形种子的植物: coffee *beans* 咖啡豆

bear[1] /beəʳ/ *vt.* (bore /bɔːʳ/, born 或 borne /bɔːn/) ❶支承; 支撑; 承受: The roof will not *bear* the strain of his weight. 屋顶承受

不住他的体重。❷生(孩子、幼畜); 繁衍(后代); 抚养(非亲生儿女): She *bore* him a daughter. 她给他生了个女孩。❸承担; 负担: All the costs of the repairs will be *borne* by our company. 修缮费用概由本公司承担。❹[常用否定句或疑问句]忍受: I can hardly *bear* to see her suffering so. 她遭那么多罪, 我实在看不下去。❺怀有(感情); 记住: She *bears* a grudge against her friend. 她对她朋友怀恨在心。

☆ **bear, abide, endure, stand, suffer, tolerate** 均有"忍受, 容忍"之意。bear 系普通用语, 指能承受痛苦、烦恼或其他令人不快的事情, 强调耐心、勇气和忍受能力: She *bore* the pain with great courage. (她非常勇敢地忍受了痛苦。) abide 强调忍耐和屈从: How could you *abide* such conditions? (这种环境你怎么受得了呢?) endure 指长期忍受连续不断的考验或苦难, 强调刚毅和坚韧: He *endured* three years in prison for his religious beliefs. (他因其宗教信仰而忍受三年牢狱之苦。) stand 比较口语化, 与 bear 可以互换, 但强调毫不退缩: She can't *stand* hot weather. (她受不住炎热的天气。) suffer 有消极被动地接受痛苦、打击或伤害的含义: She *suffered* the humiliation of being forced to resign. (她蒙受被迫辞职的羞辱。) tolerate 暗示为了息事宁人而不反对有害或令人厌恶的事情: How can you *tolerate* that awful woman? (你怎么能忍得了那可恶的女人?)

bear[2] /beəʳ/ *n.* [C]([复]bear(s))【动】熊: *bear*'s gall 熊胆 ‖ ˈbear·like *adj.*

bear·a·ble /ˈbeərəbəl/ *adj.* 可忍受的; 可容忍的; 忍耐得住的: With a headache the noise was not *bearable*. 头一痛起来, 那吵闹声就无法忍受。

beard /biəd/ *n.* [C] (颏上的)胡须; 髯(与唇上须 moustache 相区别); 络腮胡子: a full *beard* 络腮胡子 ‖ beard·ed *adj.*

bear·ing /ˈbeəriŋ/ *n.* ❶[C]【机】轴承; 承座: The *bearing* has burned out. 轴承烧坏了。❷[U]关系, 联系; 影响(on, upon): His foolish question has no *bearing* on the problem. 他提的那个愚蠢的问题与本题无关。

❸[U]举止;姿态;神态;气质;风度:a man of dignified *bearing* 举止端庄的人

beast /biːst/ *n.* [C](与植物相对而言的)动物;(尤指与人相对而言的四足)兽,野兽;牲畜

beat /biːt/ (**beat**,**beat·en** /ˈbiːtⁿn/或 **beat**) *vt.* ❶(接连地)打,击:I *beat* the truth out of him. 我打得他说了实话。❷打败;胜过;超越:I can *beat* him at chess. 我下棋能赢他。—*vi.*(心脏等)跳动,搏动:An adult's heart *beats* about 72 times a minute. 成年人的心脏每分钟跳动大约 72 次。

beat·ing /ˈbiːtiŋ/ *n.* ❶[C;U]打,敲,击;拍打;锤打:give sb. a good *beating* 狠揍某人 ❷[C](尤指在比赛中)失败,败北:get a merciless *beating* in the finals 在决赛中遭到惨败 ❸[U]跳动;震动:Can you feel the *beating* of my heart? 你能感觉到我的心跳吗?

beau·ti·cian /bjuːˈtiʃⁿn/ *n.* [C]美容师;美容专家

beau·ti·ful /ˈbjuːtifl/ *adj.* 美的,美丽的,优美的,美好的;产生美感的:*beautiful* music 优美的音乐 ‖ ˈbeau·ti·ful·ly *adv.*

☆ **beautiful**, **attractive**, **cute**, **good-looking**, **handsome**, **lovely**, **pretty** 均有"美丽的,漂亮的"之意。**beautiful** 系普通用语,含义最丰富,可用于形容任何给人感官及心灵以愉悦或美感的人或事物,常暗含完美的意思:a *beautiful* sunset(美丽的夕阳)/ The soup was really *beautiful*.(这汤真是鲜美极了。)该词指人时,通常仅用于女性或小孩:a *beautiful* girl(美丽的女孩);用于男性时往往有讽刺或幽默的含义:God, Smith you're so *beautiful* just lying there!(天哪,史密斯,你躺在那里真美啊!) **attractive** 指引人注目或妩媚动人,强调外表悦人:I don't find her at all *attractive*.(我觉得她一点儿也不讨人喜欢。) **cute** 系非正式用词,指女子的容貌可人,尤指孩子或事物的灵巧和逗人喜欢:What a *cute* little baby!(多么可爱的小宝宝!)该词还可以被女性用来描述那些带孩子气或性情温柔的男子。**good-looking** 通常指人的容貌美丽,既用于女性,也用于男性:She is terribly *good-looking*.(她非常漂亮。) **handsome** 含"由于匀称、轮廓端正、色调和谐而给人以愉快的印象"的意思:a *handsome* building(漂亮的建筑物)该词通常用来形容男子,含"相貌英俊、身材匀称、举止高雅、有阳刚之美"的意义,用来形容女人时没有感情意味,只是指女人的身材匀称或相貌端正:I would describe her as *handsome* rather than beautiful.(我认为她是健美而不是貌美。) **lovely** 强调感官的快感而不是心灵的愉悦,通常指引人喜爱或赞赏的人或物,着重表现说话人的感情,带有亲切的意味:a *lovely* meal(一顿美餐) **pretty** 常用于形容精致、秀美、娇小的事物:a *pretty* child(可爱的孩子);用来形容女性或小孩时,含甜美、活泼的意思:She looked *pretty* in that hat.(她戴上那顶帽子真是漂亮极了。)

beau·ti·fy /ˈbjuːtifai/ *vt.* 使(更)美丽,美化;装饰:They attempted to *beautify* the area by planting trees everywhere. 他们努力在四处植树,借此把该地区装点得更加美丽。‖ beau·ti·fi·ca·tion /ˌbjuːtifiˈkeiʃⁿn/ *n.* [U] —ˈbeau·ti·fi·er *n.* [C]

beau·ty /ˈbjuːti/ *n.* ❶[U]美,美丽,优美,美好;美貌,姿色:There is beauty in a fine painting. 凡是优秀的绘画作品都具有一种美。❷[C]美人;美好的事物;妙处:The house is a *beauty*. 这幢房子很漂亮。

beauty parlour *n.* [C]美容院

bea·ver /ˈbiːvəʳ/ *n.* ([复] **bea·ver(s)**) [C]【动】河狸,海狸

be·came /biˈkeim/ *v.* become 的过去式

be·cause /biˈkɔz,-ˈkəz/ *conj.* 因为:Dismissals of women *because* they are pregnant is illegal. 妇女一怀孕就把她们解雇的做法是不合法的。‖ *because of prep.* 因为,由于:It was largely *because of* this that 50,000 of them fled from this city. 他们当中有 5 万人主要就是为了这个缘故而逃离这座城市。

☆❶**because**, **for** 均有"因为"之意。**because** 是从属连词,表示直接的原因或理由,连接的两个事实之间的关系比较明确,两者是直

B

接的因果关系,所引导的从句是全句的重心:She got the job *because* she was the best candidate. (她得到了那份工作,因为她是最佳人选。) **for** 是并列连词,表示附加的或推断的理由,往往是事后或附带对前面陈述的事实进行说明或提供情况;该词引导的并列句不能放在句子的开头,但可单独成句:The man definitely stole the book, *for* I was watching and I saw him do it. (那个男子肯定偷了书,因为我亲眼看见的。) ❷ **because, since,as** 均为从属连词,表示"因为"之意。**because** 语气最强,表示最直接的、充分的原因或理由:Just *because* I don't complain, people think I'm satisfied. (因为我没发牢骚,人们就以为我心满意足了。) **since** 比 **because** 语气稍弱,是较随便的用语,所说明的有时不是根本或直接原因,而是一种"附带原因",往往放在句首:*Since* you can't answer the question, perhaps we'd better ask someone else. (既然你不能回答这个问题,我们也许该问问别人。) **as** 是比 **since** 语气更弱、更随便的用语,通常用在口语中,表示的理由往往是明显的或者被认为是已知的;它所引导的从句常在主句前面,用来表示原因;主句在后,说明结果:*As* she has no car, she can't get there easily. (她因为没有汽车,去那里很不容易。)

beck·on /'bek^ən/ v. ❶ (向⋯)示意;召唤:*beckon* sb. in 示意某人进来 ❷吸引;引诱:Plentiful wild animals *beckoned* many hunters into the forest. 大量野生动物吸引许多猎手进入森林。‖ 'beck·on·er n. [C]

be·come /bi'kʌm/ vi. (**be·came** /bi'keim/, **be·come**) 变成,成为;(开始)变得:When the sun goes down it *becomes* colder. 太阳一落山,天就开始变冷。

bed /bed/ n. ❶[C;U]床,床铺;床位;床架;床垫:a mahogany *bed* 红木床 ❷[U]睡觉;就寝时间:time for *bed* 就寝时间 ❸[C](苗)床,坛,圃;圃中植物:a flower *bed* 花坛 ❹[C](河)床;(湖、海的)底;(大量生长某种生物的)海底:The *bed* of the river was muddy 该河河床多烂泥。

bed·clothes /'bedˌkləuðz/ [复] n. 床上用品

bed·ding /'bediŋ/ n. [U]寝具,铺盖

bed·rock /'bedˌrɔk/ n. ❶[U]【地质】基岩,底岩,床岩 ❷[C]基本原理,基本原则;基本事实:Honesty was the *bedrock* of his personal life. 诚实是他个人生活的基本准则。

bed·room /'bedruːm,-ˌrum/ n. [C]寝室,卧室:We've a spare *bedroom* for guests. 我们有一间空闲的卧室可供客人使用。

bed·time /'bedˌtaim/ n. [U;C]上床时间,就寝时间

bee /biː/ n. [C]【昆】蜂;蜜蜂:a swarm [cluster,colony] of *bees* 一群蜜蜂

beef /biːf/ n. [U]牛肉:There is cold *beef* going. 有冻牛肉出售。

beef·steak /'biːfˈsteik,'biːf-/ n. [U](烤炸用的)牛肉块;牛排

bee·hive /'biːˌhaiv/ n. [C]蜂箱;蜂窝;蜂巢;蜂房

been /biːn/ v. be的过去分词

beep /biːp/ I n. [C] ❶(汽车喇叭等发出的)短促刺耳的嘟嘟声:The car gave a few hearty *beeps*. 汽车喇叭猛响了几下。❷(电台、无线电装置等发出的)短促尖利的信号声:Please give your message when you hear the *beep*. 听见嘟嘟响就请你讲话。II vi. ❶按响喇叭:The cars *beeped* and *beeped*, but no one moved. 汽车喇叭响了又响,但是谁也没动。❷发出短促尖厉的声音:When the timer *beeps*, take the cake out of the oven. 定时器嘟嘟一响,就把炉子上的蛋糕取出。

beep·er /'biːpə^r/ n. [C](携带式)无线电寻呼机,拷机

beer /biə^r/ n. [U;C]啤酒:a glass of yellow *beer* 一杯黄啤酒

bees·wax /'biːzˌwæks/ n. [U]蜂蜡〔亦作 **wax**〕

bee·tle /'biːt^əl/ n. [C]【昆】甲虫

be·fall /bi'fɔːl/ vt. (-**fell** /-'fel/,-**fall·en** /-'fɔːl^ən/)(通常指不幸的事)发生于;降临于:Be careful that no harm *befalls* you. 小心别伤着自己。

be·fit /bi'fit/ vt. (-**fit·ted**;-**fit·ting**)适合于;

对…适当：He came dressed as *befits* someone of his rank. 他穿着与其职位相当的衣服来了。‖ be'fit·ting·ly *adv.*

be·fore /bi'fɔː/ **I** *prep.* ❶在…之前：the day *before* yesterday 前天 ❷(宁可…而)不愿：choose death *before* dishonour 宁死而不可辱 **II** *adv.* ［无比较级］❶较早：Come at eight, not *before*. 8 点钟来，可别提前了。❷以前；已经：I told you about her *before*. 我以前同你谈过她的情况 **III** *conj.* 在…以前：I would like to talk to her *before* she goes. 我想在她走以前跟她谈一次。

be·fore·hand /bi'fɔːˌhænd/ *adv.* ［无比较级］事先，预先；有准备地：I'd rung up *beforehand* to book a table. 我预先打电话订好一张桌子。

be·friend /bi'frend/ *vt.* ❶友好对待；亲近；与…交朋友：The children *befriended* the lost dog. 孩子们亲近迷了路的狗。❷帮助；扶助：*befriend* those in need 帮助那些遇到困难的人们

beg /beg/ (begged; beg·ging) *v.* ❶乞求施舍；行乞；乞讨(for)：*beg for* a living 靠讨饭度日 ❷(谦卑地)要求，恳求，请求(for)：I *beg* of you to forgive me. 我恳求您宽恕我。

be·gan /bi'gæn/ *v.* begin 的过去式

beg·gar /'begə/ *n.* ［C］乞丐，行乞者，叫花子

be·gin /bi'gin/ (be·gan /'-gæn/, be·gun /'-gʌn/; be·gin·ning) *v.* ❶开始；动手干：Let's *begin* the lesson. 咱们开始上课吧。❷成立；创办：The club *began* two years ago. 俱乐部是两年前成立的。‖ **begin with** *vt.* 以…开始；以…为起点：The story *begins with* their marriage. 故事从他俩结婚讲起。**to begin with** *adv.* 首先，第一：Our difficulties are many; *to begin with*, we can't get the workers. 我们的困难是多方面的。首先，我们招不到工人。

☆**begin, commence, inaugurate, initiate, institute, start** 均有"开始"之意。**begin** 为普通用语，意义最广泛，指某过程或某进程的开端，与 end 相对而言：The book *began* with the death of a reporter. (该书以一名记者之死开头。) **commence** 为正式用语，与 conclude 相对而言；法庭开始审理案件、宗教仪式、典礼和军事行动的开始都相当严肃或隆重，宜用 **commence**：*commence* a lawsuit (开始起诉) 该词偶尔见于非严肃的场合，属于粗俗或幽默的用法：We *commenced* to drink our beer. (我们开始喝啤酒。) **inaugurate** 是 begin 或 commence 的夸张性用词，含有矫饰的意味，它比上述各词都更为正式，通常适用于重大事件，指一种既正式又隆重的"开始"：Once the vice-chancellor of a university is *inaugurated*, he begins his term of office. (副校长正式上任后便开始履行他的职责。) **initiate** 亦较正式，其开始之义亦为起步，但不相对于 end 或 stop，而相对于 keep up 或 maintain，它通常指发起、倡议或开创某事，暗含与实施相对照的意义：The government has *initiated* a massive new house-building programme. (政府已开始实施一项大规模的新的住房营造计划。) **institute** 常用于法律场合，比较庄重，含开始建立并付诸实施的意思：Legal action is *instituted*. (开始法律行动。) 有时该词含有强烈的进取心和远见卓识：He *instituted* new management methods that saved millions of pounds. (他启动了新的管理方法，节约了数百万英镑。) **start** 在很多场合可与 begin 替换使用，但比后者具有更多的口语色彩；它表示起步，即使物体处在运动的状态之中，相对于 stop 而言。所以下面这些例证里的 **start** 不可用 begin 代替：The car won't *start*. (汽车发动不起来。)

be·gin·ner /bi'ginə/ *n.* ［C］初学者；新手；生手

be·gin·ning /bi'giniŋ/ *n.* ［C；U］❶开始，起初；开端，开头；起点：start at the very *beginning* 从头开始 ❷起源；起因：a millionaire who rose from humble *beginnings* 出身卑微的百万富翁

be·grudge /bi'grʌdʒ/ *vt.* ❶对…表示不满(或发怨言)；对…不感兴趣：He *begrudges* every penny he pays in tax. 他每缴一分钱税都要发牢骚。❷嫉妒；羡慕：She *begrudged* (him) his youth. 她羡慕他的年轻。‖ be'grudg·ing·ly *adv.*

be·gun /bi'gʌn/ *v.* begin 的过去分词

B

be·half /bi'hɑːf; -'hæf/ n. [U]利益；方面；赞同，支持 ‖ **on behalf of** prep. ❶作为…的代表（或代言人）：A lawyer acts *on behalf of* his client. 律师是当事人的代言人。❷为了…的利益；为了：I'm collecting *on behalf of* the blind. 我正在为盲人进行募捐。

be·have /bi'heiv/ v. ❶[后接修饰词语]表现；以某种态度对待（*to*, *towards*）：He *behaves* like a gentleman. 他的一举一动像个绅士。❷行为规矩；举止良好；听话：Children are taught to *behave*. 要教孩子们听话。

be·hav·i·o(u)r /bi'heiviə/ n. [U]举止；行为；表现：exhibit eccentric *behaviour* 表现出反常的行为

be·head /bi'hed/ vt. 砍…的头，斩…的首：Traitors used to be *beheaded*. 在过去叛徒通常是要被斩首的。‖ **be'head·er** n. [C]

be·hind /bi'haind/ I prep. 在…的背后；向…的背后；到…的背后：We went downstairs, one *behind* another. 我们一个跟一个，鱼贯走下楼梯。II adv. [无比较级]在背后；向背后；到背后：a house with a garden *behind* 屋后有花园的房子

beige /beiʒ/ I n. [U]米黄色；浅棕色 II adj. 米黄色的；浅棕色的

be·ing¹ /'biːiŋ/ v. be 的现在分词

be·ing² /'biːiŋ/ n. ❶[U]在，存在；生存：It's man's social *being* that determines his thinking. 人们的社会存在决定人们的思想。❷[U]（一个人的）灵与肉，身心：throw one's whole *being* into the work 全身心地投入工作 ❸[C]存在物；生物；人：animate *beings* 生物

be·lat·ed /bi'leitid/ adj. [无比较级]来迟（或太迟）的；延误的：a *belated* apology 早该表示的歉意 ‖ **be'lat·ed·ly** adv. —**be'lat·ed·ness** n. [U]

belch /beltʃ/ I v. ❶打嗝，嗳气：He *belched* after eating too much. 他暴食之后打起嗝来。❷喷发，喷射；大量冒出（烟等）：factory chimneys *belching* smoke 一座座冒着烟的工厂烟囱 II n. [C]打嗝，嗳气：emit a *belch* 打嗝 ‖ **belch·er** n. [C]

be·lief /bi'liːf/ n. ❶[C]信仰；信条；教义：Christian *beliefs* 基督教教义 ❷[C]信念；想法，看法：give up [relinquish] one's *beliefs* 放弃自己的信念 ❸[U]相信；信任；信赖：be unworthy of *belief* 不可置信

☆ **belief, confidence, conviction, faith** 均有"相信；信任"之意。**belief** 一词最普通，它暗示某物是真的而在思想上予以接受，即使没有绝对的把握：I haven't much *belief* in his honesty. （我对他的诚实缺乏足够的信心。）**confidence** 暗示对某事的可靠性抱有直觉的信心，尤其是当这种信心是以理智或证据为依据时：There is a lack of *confidence* in the government. （人民对政府缺乏信心。）**conviction** 指坚定不移的信念：That's my *conviction* that complacency is at the root of our troubles. （我深信自满情绪是我们各种问题的根源。）**faith** 暗示即使在缺乏证据的情况下也对某物完全、毫不怀疑地接受，尤其指接受不以理智为依据的事物：Have you any *faith* in what he says? （你相信他的话吗？）

be·lieve /bi'liːv/ v. [不用进行时态] ❶相信：We all *believe* (that) the earth is round. 我们都相信地球是圆的。❷认为，以为；猜想，设想：The fugitive is *believed* to be headed for the Canadian border. 据信，逃犯正在向加拿大边界方向逃窜。‖ **believe in** vt. ❶相信：Do you *believe in* everything your teacher says? 你相信你们老师说的每句话吗？❷信任，信赖；确信…的价值；相信…可行：I'm a man who *believes in* showing his gratitude. 我这人一向有恩必报。‖ **be'liev·a·ble** adj.

be·lit·tle /bi'litʰl/ vt. 轻视；小看；贬低：*belittle* sb.'s merits 贬低某人的优点

bell /bel/ n. [C]钟；铃：You ought to have a *bell* on your bicycle. 你的自行车应当装上铃。

bel·lig·er·ent /bi'lidʒərənt/ adj. ❶好战的；好斗的；好寻衅的：She gave me a *belligerent* stare. 她恶狠狠地瞪了我一眼。❷[作定语]交战中的；卷入冲突的；在斗殴的；the *belligerent* powers of the Middle East 中东交战的诸国‖**bel'li·ger·ent·ly** *adv.*

bel·low /'beləʊ/ *v.* ❶(公牛、雄象等)吼叫: The bull has been *bellowing* out all morning. 公牛整个上午大吼不止。❷怒吼;咆哮:*bellow* with [in] pain 因痛苦不堪而大声惨叫 ‖ **'bel·low·er** *n.* [C]

bel·ly /'beli/ *n.* [C] ❶(人或动物的)腹,腹部,肚子:the horse's *belly* 马的腹部 ❷腹腔 ❸胃:have a pain in one's *belly* 肚子疼

bel·ly·but·ton /'beliˌbʌtᵊn/ *n.* [C]〈口〉肚脐

be·long /bi'lɒŋ/ *vi.* 属于:All power in the People's Republic of China *belongs to* the people. 中华人民共和国的一切权力属于人民。

be·long·ing /bi'lɒŋɪŋ/ *n.* ❶[C][常作～s]所有物;占有物;财物;动产;(尤指随身携带的)行李:Pack up your *belongings* and leave! 卷起铺盖滚吧! ❷[U]亲密关系;归属:a sense of *belonging* 归属感

be·lov·ed /bi'lʌvd/ *adj.* ❶ [通常作表语]深受…爱戴的;为…钟爱的(*by*, *of*):This house was *beloved by* my mother. 这幢房子深得我母亲的喜欢。❷[通常作定语]受爱戴的,被深爱的:He was pleased to be in Austria, close to his *beloved* wife. 他很高兴回到奥地利,来到爱妻的身边。

be·low /bi'ləʊ/ I *prep.* ❶[指位置]位于…的下面;到…的下面:The Dead Sea is *below* sea level. 死海在海平面之下。❷[指级别、地位、程度、数量、比率等]低于,在…之下:A captain ranks *below* a major. 上尉的军衔低于少校。II *adv.* [无比较级] 在下面;到下面:the sky above and the sea *below* 上面的天空和下面的海洋

belt /belt/ *n.* [C] 腰带;皮带;肩带;带(如高空作业用的保险带等):a safety *belt* 安全带

be·mused /bi'mjuːzd/ *adj.* 困惑的;茫然的: He was faintly *bemused* by the reporter's questions. 他因记者的发问而感到有点困惑。‖ **be·mus·ed·ly** /bi'mjuːzidli/ *adv.*—**be'muse·ment** *n.* [U]

bench /bentʃ/ *n.* [C](木或石制的)长凳,条凳,长椅;(艇内的)横坐板

bench·mark /'bentʃˌmɑːk/ *n.* [C] ❶【测】水准点,基准点(略作 **BM**) ❷基准(尺度);(参考)标准:The new hotel is a *benchmark* in opulence and comfort. 就豪华和舒适而言,这家新旅馆当推为楷模。

bend /bend/ (**bent** /bent/或〈古〉**bend·ed**;**bent**或〈古〉**bend·ed**) *v.* ❶变弯曲:Trees that don't *bend* before [in] the wind will break. 树不顺着风向弯曲就会折断。❷转弯:The road *bends* and then goes straight. 路转弯后又变直了。❸弯腰,俯身(*down*, *over*):*bend* to the ground to pick up the pen 俯下身子从地上拣起钢笔 ❹屈服,屈从,顺从:He seemed to *bend* with circumstances. 看来他不论在哪种环境下都能随遇而安。

be·neath /bi'niːθ/ I *prep.* 在…下面,在…下方;在…之下:Her head kept slipping *beneath* the water. 她的头不时钻进水里。II *adv.* [无比较级]在下方,在底下;在较低处:The man from *beneath* came up to complain about the noise. 楼下的人上楼来抱怨噪声。

ben·e·fi·cial /ˌbeni'fiʃᵊl/ *adj.* 有益的;有利的;有用的:His holiday has had a *beneficial* effect. 休假对于他的身心健康已经产生了很好的效果。‖ **ben·e'fi·cial·ly** *adv.* —**ben·e'fi·cial·ness** *n.* [U]

☆ **beneficial**, **advantageous**, **profitable** 均有"有益的;有利的"之意。**beneficial** 指能够促进身心健康或福利的事物:Fresh air is *beneficial* to one's health. (新鲜空气有益于健康。) **advantageous** 指更直接有利于取得相对优越地位或促成理想目的的事物:The new process should be particularly *advantageous* to small companies. (新的程序应该对小公司特别有利。) **profitable** 指能够带来益处或赢利的事物:It's a very *profitable* little business. (这是一家非常赚钱的小商店。)

ben·e·fit /'benifit/ I *n.* ❶[U;C]利益;好处;裨益;帮助;恩惠:Your advice was of great *benefit* to me. 你的忠告对我的帮助

很大。❷[C;U](患病、年老、失业等时根据社会保险获得的)救济金，补助金；抚恤金；福利金；保险赔偿费 **II** (**-fit·(t)ed;-fit·(t)ing**) *v.* 得益；有益于：Neither of them *benefited by* what happened. 他俩谁都没有从发生的事情中得到好处。

☆ **benefit, advantage, profit** 均有"好处，利益"之意。**benefit** 主要指有助于增进个人身心健康或改进社会福利的好处：She has had the *benefit* of a first-class education. （她因受过一流教育而获益。）**advantage** 通常指地位上的优越而赢得的优势或有利条件：One of the *advantages* of this method is that it saves a lot of fuel. （这个方法的优点之一是节省很多燃料。）**profit** 尤多指物质上的利益，但也可以指精神方面有价值的东西：I made a handsome *profit* from the sale of my car. （我出售我的小汽车获利颇丰。）

be·nev·o·lence /bi'nevələns/ *n.* [U] ❶好心肠；善心；仁慈：do sth. out of pure *benevolence* 完全出于善意做某事 ❷善行；善举

be·nev·o·lent /bi'nevələnt/ *adj.* ❶善意的；善心的；助人为乐的；仁慈的：*benevolent* appearance 慈眉善目 ❷行善的；慈善的：*benevolent* society 慈善团体 ‖ **be'nev·o·lent·ly** *adv.*

be·nign /bi'nain/ *adj.* ❶善良的；宽厚的；和蔼的；亲切的；慈祥的：a *benign* old man 和蔼的老人 ❷(气候等)温和的，宜人的；(土壤)松软的，宜于耕作的：Los Angeles has a *benign* climate. 洛杉矶气候宜人。 ‖ **be'nign·ly** *adv.*

bent /bent/ **I** *v.* bend 的过去式和过去分词 **II** *adj.* [无比较级]弯的，弯曲的；被弄弯的：a *bent* bow 张开的弓

be·reave /bi'ri:v/ *vt.* (**-reaved** 或-reft /-'reft/)❶[过去式和过去分词通常作 **bereaved**](死亡等)使丧失(亲人等)(*of*)：a woman recently *bereaved of* her husband 新近丧夫的妇女 ❷[过去式和过去分词通常作 **bereft**]使失去(希望、知觉、生命等)(*of*)；be *bereft of* one's senses by fright 吓得魂不附体 ‖ **be'reaver** *n.* [C]

be·reft /bi'reft/ *adj.* [无比较级]丧失…的；

缺乏…的；没有…的(*of*)：The room was *bereft of* pictures. 房间里没有画。

ber·serk /bə'sə:k,-'zə:k/ *adj.* [通常作表语]狂怒的，狂暴的：The crowd went *berserk* and stoned his home. 人群变得狂怒起来，向他的家投掷石块。 ‖ **ber'serk·ly** *adv.*

berth /bə:θ/ *n.* [C](船、车、飞机上的)卧铺，铺位；座位：Have you booked a *berth* on the ship? 你预订船上的铺位了吗?

be·seech /bi'si:tʃ/ *vt.* (**-sought** /'sɔ:t/ 或-seeched) ❶祈求，恳求；哀求，央求：I *beseech* you to listen to me. 我恳求你听我说。 ❷急切地要求得到，乞求：*beseech* sb.'s help 急切请求某人帮助 ‖ **be'seech·er** *n.* [C]

be·set /bi'set/ *vt.* (**-set;-set·ting**)❶(尤指危险、诱惑或困难不断地)困扰，烦扰，骚扰，使苦恼：a mind *beset* with fears 被阵阵恐惧攫住的心 ❷围攻：be *beset* by enemies 被敌人所围困

be·side /bi'said/ *prep.* ❶在…的旁边；在…的附近：a small town *beside* the sea 海边小镇 ❷与…比较，和…相比：*Beside* Latin, French is an easy language to learn. 与拉丁语相比，法语是一种容易学的语言。

be·sides /bi'saidz/ **I** *prep.* ❶除…以外(还)：There are other people to be considered,*besides* you. 除了你以外，还有其他人需要加以考虑。❷[常用于否定句或疑问句]除…之外(不或没有)：Her mother spoke of no one *besides* her daughter. 她母亲除了自己的女儿之外不再谈论任何人。 **II** *adv.* [无比较级]而且，并且；还有，再说：I don't want to go;*besides*,I'm tired. 我不想去，而且我也太累了。

be·siege /bi'si:dʒ/ *vt.* ❶包围；围攻；围困：They were *besieged* for six months but refused to surrender. 他们已被围困了六个月，但仍拒绝投降。❷挤在…的周围；围住：Employment agencies were *besieged* by the jobless. 职业介绍所被失业者围了个水泄不通。

best /best/ **I** *adj.* [good 的最高级]最好的，最优秀的，最出色的；最恰当的；最有效的；最令人满意的；最理想的：the *best* part of life 锦绣年华 II *adv.* [well 的最高级] ❶最好地；最恰当地；最有效地：Of his many roles,he appears *best* as Hamlet. 他演的众多角色里数哈姆雷特最成功。❷最，最大限度地：Tuesday would suit me *best*. 星期二对我来说最合适。III *n.* [单复同] [the ~] ❶最好(或最优秀、最杰出、最能干、最有希望等)的人(们)：Jane is *the best* in her class. Jon is *the* next [second] *best*. 简是班上最优秀的学生,乔恩是第二名的优等生。❷最好的事物；最大的优点(或好处)；最佳状态(或方面、性能、局面、效果等)：Winter was *the best* of all seasons on the island. 岛上的四季,就数冬天最精彩。‖ *make the best of* *vt.* 充分利用；尽情享用：We must try to *make the best of* things until we can afford a bigger house. 在我们能买得起一所较大的房子之前,我们应该尽量用目前的条件把住处安排得像样一些。

be·stow /bɪˈstəʊ/ *vt.* 把…赠予；把…给予(*on*,*upon*)：*bestow* a doctorate *on* sb. 给某人授予博士学位 ‖ be**ˈstow·al** *n.* [U]

best·sell·er /ˌbestˈselə^r/ *n.* [C]畅销书；畅销唱片；畅销商品 ‖ ˌbestˈsell·ing *adj.*

bet /bet/ I *n.* [C]❶打赌：accept a *bet* 同意与别人打赌 ❷赌注，赌金，赌资：His *bet* on the race was £50. 他对马赛下的赌资是 50 英镑。II *vt.* (**bet** 或 **bet·ted**；**bet·ting**)❶以(钱、物等)打赌：I *bet* £5 on a horse called Silver Star,but it came in last! 我在一匹名叫银星的马上面下了 5 英镑的赌注,可是它跑了个最后一名。❷同(某人)打赌；同(某人)以(金钱等)打赌：I *bet* her that it would snow. 我跟她打赌说天要下雪。❸有把握说，敢说；确信：I *bet* it will rain [rains] tomorrow. 我敢说明天要下雨。

be·tray /bɪˈtreɪ/ *vt.* ❶对…不忠；背叛，出卖：*betray* one's country [principles] 背叛自己的祖国[原则]❷失信于；辜负：His tired legs *betrayed* him. 他两条腿累得走不动了。❸泄露(秘密等)：*betray* state secrets 泄露国家秘密 ❹(无意中)暴露；显露：Her nervousness *betrays* her insecurity. 她紧张的样子暴露了她内心的惶恐不安。

be·troth·al /bɪˈtrəʊðəl/ *n.* [C]许婚；订婚

bet·ter /ˈbetə^r/ I *adj.* [good 和 well¹ 的比较级] ❶更好的：He left for a *better* job. 他辞职另谋高就。❷健康状况有所好转的；康复的：She's completely *better* now. 她现在已完全康复了。II *adv.* [well¹ 的比较级] ❶更合适地，更恰当地：His advice is *better* ignored. 最好别理会他的劝告。❷更加；更为；较大程度地：Armed with this information,parents will be *better* able to cater for their children's needs. 了解这一点,家长们将能更好地满足孩子们的需求。‖ *had bet·ter v. aux.* 应该；还是…好：I *had better* begin by introducing myself. 我最好先作一下自我介绍。

be·tween /bɪˈtwiːn/ *prep.* 在…之间，在…中间：The Mediterranean lies *between* Africa,Europe and Asia. 地中海位于欧、亚、非三大洲之间。

bev·er·age /ˈbevərɪdʒ/ *n.* [C]〈书〉饮料(如牛奶、茶、咖啡、啤酒、葡萄酒等,但通常不包括水)：alcoholic *beverages* 酒精饮料

be·ware /bɪˈweə^r/ *v.* 当心，小心；注意,提防(*of*, *lest*)：*Beware of* pickpockets! 谨防扒手!

be·wil·der /bɪˈwɪldə^r/ *vt.* 使迷惑；使糊涂；难住：To choose one from so many able contestants *bewildered* the judge. 从那么多聪明能干的竞争者中挑选一人,这可把评判员给难住了。

be·wil·dered /bɪˈwɪldəd/ *adj.* [无比较级]迷惑不解的；摸不着头脑的：a *bewildered* look 一副迷惑不解的神情

be·witch /bɪˈwɪtʃ/ *vt.* 使入迷；使陶醉；使神魂颠倒：Shirley Temple *bewitched* a generation of moviegoers. 秀兰·邓波儿倾倒了一代电影观众。‖ beˈwitched *adj.*

be·yond /bɪˈjɒnd/ I *prep.* 超出…范围；越过；远于：I am curious to know what there is *beyond* those hills. 我好奇地想知道越过这些山是什么地方。II *adv.* [无比较级]在更远处；朝更远处；(时间)再往后：prepare for the changes of the 2000s and *beyond* 为 21 世纪以及这之后的变化做准备

bi·as /'baiəs/ I n. [C] 偏见,成见;偏心,偏袒:An umpire should have no bias in favour of either side. 裁判不应偏袒任何一方。II vt. (-as(s)ed;-as(s)·ing)使产生偏见,使抱成见;影响…以致产生偏差:Don't let his insults bias you against her. 别让他的辱骂使你对她产生偏见。

Bi·ble /'baib°l/ n. [C] [the ~](基督教的)《圣经》

bib·li·og·ra·phy /ˌbibli'ɔgrəfi/ n. ❶ [C] (有关某一专题的)书目,文献目录:a bibliography of nuclear physics 核物理学文献目录 ❷ [C](写出或撰写文章所用的)参考书目,参考文献 ❸ [U;C]目录学,文献学;书志学;目录学(或文献学、书志学)专著 ‖ ˌbib·li·o·graph·ic /-ə'græfik/ adj. — ˌbib·lio·'graph·i·cal /-k°l/ adj. —ˌbib·li·o'graph·i·cal·ly adv.

bi·cen·ten·ni·al /ˌbaisen'teniəl/ n. 200 周年纪念(或庆典):This year is the bicentennial of the school's foundation. 今年是学校200周年华诞。

bick·er /'bikə'/ vi. (尤指为小事)争吵,口角;争论:bicker with the salesgirl over the price of sth. 为某物的价格而与女店员争吵

bi·cy·cle /'baisik°l/ n. [C]自行车,脚踏车:learn to ride a bicycle 学骑自行车 ‖ 'bi·cy·cler n. [C] —'bi·cy·clist n. [C]

bid /bid/ I (bade /bæd,beid/或 bid 或〈古〉bad /bæd/;bid·den /'bid°n/或 bid;现在分词 bid·ding) v. [过去式和过去分词用 bid](拍卖中买方)出(价),叫(价);(商品交易所中买方)递(价),递(盘):We don't think buyers will bid a higher price. 我们认为买主不会出更高的价格。II n. [C] (拍卖中买方的)出价;(商品交易所中买方的)递价,递盘;(一般交易中供应方或承包方的)要价,索价;投标:make a bid of £5 for [on] the old book 出价 5 英镑买那本旧书 ‖ 'bid·der n. [C]

big /big/adj. (big·ger,big·gest) ❶大的,巨大的;a big appetite 好胃口 ❷ [作定语]重大的;重要的;主要的:a big decision 重大决定 ❸长大了的;(同辈中)年龄较大的:one's big brother 哥哥 ‖ 'big·gish adj. —'big·ness n. [U]

☆big,great,large 均有"大"之意。big 较为口语化,指比正常的尺寸、体积或重量等大,多用于具体事物,暗含重要或有感染力的意味:His father has the biggest car on our street. (我们这条街上要数他父亲的车最大。)该词也可用于抽象概念:On the last day I made a big decision. (在最后一天,我做出了一个重大决定。)great 在指具体事物时,往往含有一定的感情色彩,给人以惊奇、惊诧、快乐或不快等感觉,广义上还可表示伟大、卓著等意思:A small leak will sink a great ship. (小漏能沉大船。)large 一般表示体积、范围、能力和数量等方面远远超过正常标准,修饰人时指个子大;指具体事物的大小时,可与 big 互换,但语体色彩较为正式:Do you want the large size, or the small size? (你想要大尺码的还是小尺码的?)该词也可用于抽象名词:My professor was a man of large experience. (我的教授是一个经验丰富的人。)

big shot n. [C]要人;大人物;有影响的人 (＝big wig)

bike /baik/〈口〉n. [C] ❶自行车,脚踏车 ❷摩托车,机器脚踏车

bi·ki·ni /bi'ki:ni/ n. [C] 比基尼泳装,三点式女泳装

bi·lat·er·al /ˌbai'lætər°l/ adj. [无比较级]双方的;两方面的;双边的:a bilateral talk 双边会谈 ‖ bi'lat·er·al·ly adv.

bi·lin·gual /bai'lingw°l/ adj. [无比较级] ❶通晓两种语言的,能流利讲两种语言的:a bilingual person 熟谙两种语言的人 ❷使用两种语言的;用两种文字写成的;涉及两种语言的:a bilingual dictionary 双语词典 ‖ bi'lin·gual·ly adv.

bill /bil/ n. [C] ❶账单:Every bill is due. 所有账单都到期了。❷议案,法案:propose a bill 提出议案 ❸ [通常用单]节目单;节目:a theatre bill 戏院节目单 ❹钞票;纸巾;〈俚〉1 元钞票,1 元;100 元钞票,100 元:Dad had several dollar bills in his wallet. 爸

爸钱包里有几张 1 元的钞票。

bill·board /'bilˌbɔːd/ *n.* [C](户外)广告牌；告示牌；招贴板

bil·liards /'biljədz/[复] *n.* [用作单]台球(戏)；落袋(戏)；弹子(戏)；桌球(戏)

bil·lion /'biljən/ *n.* [C] & [无比较级] *adj.* ❶[单复同]〈英〉〈德〉万亿(的)，10¹²(100 万的 2 次幂)(的) ❷[单复同]〈法〉〈加〉10 亿(的)，10⁹(1000 的 3 次幂)(的) ❸[常作～s]无数的，大量的：They rolled the papers off by the *billion*. 他们大量印报纸。‖ 'bil·lionth *adj.* & [C] *n.*

bil·low /'biləu/ I *n.* [C] 巨浪；波涛：The *billows* ran high. 波涛汹涌。II *vi.* ❶(波涛)汹涌，翻滚 ❷鼓起，扬起：Hundreds of red flags *billowed* in the breeze. 几百面红旗在微风中飘扬。‖ 'bil·low·y *adj.*

bin /bin/ *n.* [C](用来盛放谷物、煤炭、羊毛等物的)容器，箱子，仓：a grain *bin* 粮仓

bi·na·ry /'bainəri/ *adj.* [无比较级] ❶由两部分(事物)组成的，包含两部分(事物)的；双重的，成双的：a *binary* policy 双重政策 ❷【数】【计】二元的，二进制的：a *binary* automatic computer 二进制自动计算机

bind /baind/ (**bound** /baund/) *vt.* ❶捆；扎；系(*to, on, together*)：*bind* sb.'s hand and foot 把某人的手脚都捆起来 ❷装订(书籍)；把…装订成册：a book *bound* in cloth 布面装帧的书 ‖ 'bind·a·ble *adj.*

bind·er /'baində/ *n.* [C] ❶活页夹：a three-ring *binder* 三环活页夹 ❷(书籍)装订工；装订机

bin·go /'bingəu/ *n.* [U]([复]-gos)[时作 B-]宾戈(一种赌博游戏)

bi·o·chem·is·try /ˌbaiə'kemistri/ *n.* [U] 生(物)化(学) ‖ ˌbi·o'chem·i·cal *adj.* —ˌbi·o'chem·ist *n.* [C]

bi·og·ra·pher /bai'ɔɡrəfə/ *n.* [C]传记作家

bi·o·graph·i·cal /ˌbaiə'ɡræfikl/, **bi·o·graph·ic** /-'ɡræfik/ *adj.* [无比较级] ❶关于一个人生平的：Please include a few *biographical* notes in your application. 请在申请表中对个人情况作简单介绍。❷传记的；包含传记材料的：a *biographical* novel 传记体小说

bi·og·ra·phy /bai'ɔɡrəfi/ *n.* ❶[C]传记；传略 ❷[U][总称]传记(文学)

bi·o·log·i·cal /ˌbaiə'lɔdʒikºl/, **bi·o·log·ic** /-'lɔdʒik/ *adj.* ❶生物学的：a biological laboratory 生物学实验室 ❷生物的；生命的；有关生命过程的：*biological* science 生物科学 ‖ ˌbi·o'log·i·cal·ly *adv.*

biological clock *n.* [C]【生理】生物钟〔亦作 **clock**〕

bi·ol·o·gy /bai'ɔlədʒi/ *n.* [U] ❶生物学；生态学〔亦作 **bio**〕❷(某一生物或某一群生物的)行为特征、结构和生活规律：the *biology* of the honeybee 蜜蜂的生活规律和行为特征 ‖ **bi·ol·o·gist** *n.* [C]

bi·on·ics /bai'ɔniks/[复] *n.* [用作单]仿生学；仿生电子学

BIOS /'baiəus/ *n.* [C](计算机)基本输入输出系统

bi·o·sphere /'baiəˌsfiə/ *n.* [C] ❶[通常作单]【生态】生物圈 ❷生命层

bird /bəːd/ *n.* [C] 鸟；禽：Birds build nests. 鸟筑巢。‖ *a bird in* (*the*) *hand n.* 已到手的东西；已成定局的事情

birth /bəːθ/ *n.* ❶[C;U]生产，生育；分娩：a premature *birth* 早产 ❷[U]出生，降生，诞生：At *birth*, most babies weigh between 6 and 8 pounds. 大多数婴儿出生时 6 到 8 磅重。❸[通常用单]起源，开始：the *birth* of a plan 计划的产生 ❹[U]出身，血统：of high [noble] *birth* 出身高贵的 ‖ *give birth* (*to*) *v.* ❶生育；生产：She gave *birth to* a fine healthy baby. 她生了一个漂亮而又健康的宝宝。❷产生；引起：give *birth to* a poem 创作一首诗

birth·day /'bəːθˌdei/ *n.* [C] 生日，诞辰：celebrate a *birthday* 庆祝生日

bis·cuit /'biskit/ *n.* ([复]-cuit(s)) ❶[C]〈主英〉饼干；家常小圆饼 ❷[C]软烤小圆饼

bish·op /'biʃəp/ *n.* [C] ❶(天主教、圣公会、东正教等的)主教：He was made a *bishop* in

1967. 1967 年他被任命为主教。❷(国际象棋中的)象

bit¹ /bit/ *n.* ❶[C]小块;小片;小段:*bits of broken glass* 碎玻璃片 ❷[C]一点儿,一些,少许,少量:This *bit* of rain is nothing. 这么一点点雨算不了什么。❸[通常作 a ~]一小会儿,短时间;短距离:Let's rest for a *bit*. 咱们休息一会儿吧。

bit² /bit/ *v.* bite 的过去式与过去分词

bite /'bait/ (*bit* /bit/;*bit·ten* /'bit⁹n/或 *bit*) *v.* ❶咬;咬伤;咬断:The fierce dog *bit* me on [in] the leg. 恶狗咬伤了我的腿。❷(蚊虫等)叮,蜇:A mosquito *bit* me. 蚊子咬了我。

bit·ten /'bit⁹n/ *v.* bite 的过去分词

bit·ter /'bitə/ *adj.* ❶苦的;有苦味的:These plums are *bitter*. 这些李子发苦。❷怀恨的;抱怨的;不满的;愤懑的:*bitter enemies* 死敌 ❸[作定语]令人不愉快的;辛酸的;难以忍受的;引起痛苦的;使人痛心的:a *bitter* sorrow 极度的悲伤 ❹严寒的;刺骨的;凛冽的:*bitter winter* 严冬 ‖ **bit·ter·ly** *adv.* —**'bit·ter·ness** *n.* [U]

bit·ty /'biti/ *adj.* ❶[主英]七零八碎的;东拼西凑的;无条理的;不连贯的:Conversation was *bitty* and irresolute. 谈话内容东拉西扯,而且口气也显得犹豫不决。❷细小的

bi·zarre /bi'zɑːf/ *adj.* 奇形怪状的;古怪的;怪诞的;异乎寻常的:*bizarre behaviour* 古怪的行为 ‖ **bi'zarre·ly** *adv.* —**bi'zarre·ness** *n.* [U]

black /blæk/ **I** *adj.* ❶黑色的,乌黑的:*black ink* 黑墨水 ❷没有光亮的;完全黑暗的:It was as *black* as pitch inside the church. 教堂里漆黑一团。**II** *n.* [U]黑色:There is too much *black* in the picture. 画中黑色太多。

black-and-blue /'blækən'bluː/,**black and blue** *adj.* [无比较级]青肿的;青一块紫一块的;瘀血的;遍体鳞伤的:a *black-and-blue* mark on the knee 膝盖上的瘀血块

black·board /'blækˌbɔːd/ *n.* [C]黑板:erase a *blackboard* 擦黑板

black·en /'blækən/ *vt.* ❶使变黑;使变黑暗;使变脏:Smoke *blackened* the sky. 浓烟染黑了天空。❷破坏,败坏(名誉等);诋毁:*blacken* sb.'s reputation 败坏某人的声誉

black·list /'blækˌlist/ *n.* [C]黑名单:That store keeps a *blacklist* of persons who do not pay their bills. 那家商店把不付款的人记入黑名单。

black·mail /'blækˌmeil/ **I** *n.* [U;C]敲诈;勒索:be found guilty of *blackmail* 被判犯有敲诈勒索罪 **II** *vt.* 敲诈;向…勒索:His former mistress tried to *blackmail* him. 他以前的情妇企图对他进行敲诈。‖ **'black·mail·er** *n.* [C]

black market *n.* [U]黑市;非法交易(市场):buy [sell] sth. on the *black market* 在黑市上买[卖]某物

black sheep *n.* [单复同]有辱门第的人;害群之马;败家子;败类:He's the *black sheep* of a lovely family. 他出身倒是好人家,但是个败家子。

blad·der /'blædə/ *n.* [C]膀胱:empty one's *bladder* 排尿

blade /bleid/ *n.* [C]❶(区别于刀柄的)刀身;刀片:a razor *blade* 剃须刀片 ❷叶片状物;桨叶,桨身;【机】叶,片:a propeller *blade* 螺旋桨叶 ❸(谷、草等植物的)叶片;(区别于叶柄的)叶身:a *blade* of grass 一叶草

blame /bleim/ **I** *vt.* ❶责备;指责;责怪;埋怨(*for*):You'll be *blamed for* trying something too different. 你太标新立异了,是要给人戳脊梁骨的。❷归罪于;把…归咎(于)(*for,on,upon,onto*):*Blame it* on me. 这事怪我。**II** *n.* [U]❶(事故、过失等)责任:The judge laid the *blame* for the accident on the driver of the car. 法官把事故的责任归咎于汽车司机。❷责备,指责;责怪,埋怨:You will bring the *blame* of others upon yourself if you fail in this. 如果你做这件事失败了,你就会招来他人的埋怨。

blame·less /'bleimlis/ *adj.* [无比较级]无可指责的;无过错的:Although the boy had not broken the window himself, he was not entirely *blameless*. 尽管窗户不是那男孩打破的,但他也不是完全没有过错。‖

'blame·less·ly *adv.* —**'blame·less·ness** *n.*
[U]

blank /blæŋk/ **I** *adj.* [无比较级](纸等)空白的,无字迹的:Future is a *blank* page to be written upon. 未来是一张待人书写的白纸。**II** *n.* [C] ❶空;空白;空地:There was a *blank* on the wall after we took down the picture. 我们取下画后,墙上一片空白。❷(纸的)空白处;(表格、文件等待填的)空白处;空白表格;(书正文前后的)空白页,扉页:Fill in the *blanks* on the question paper. 在试卷上填空。

blank check *n.* [C] 空白支票;空额签名支票

blan·ket /'blæŋkit/ *n.* [C]毯子,毛毯;床毯:He got back into bed and pulled the *blankets* up around him. 他回到床上,拉起床毯把自己裹了起来。

blare /bleə/ **I** *v.* 高声发出(或奏出);(使)发出响亮刺耳的声音:The colour television was *blaring* news. 彩电里正在高声播送新闻。**II** *n.* [通常用单](喇叭等的)嘟嘟声;响亮刺耳的声音

blast /blɑːst; blæst/ *v.* ❶爆炸,炸掉:*blast* away hilltops 炸平山头 ❷吹奏;鸣响:He *blasted* his horn irritably at my car in his way. 一路上只要前方来了车,他便急不可耐地按喇叭。❸损毁,毁坏;摧毁:Time has *blasted* his ambition. 时间磨掉了他的雄心壮志。❹猛烈抨击;严厉批评;谴责,痛斥:His latest book was *blasted* by critics. 他的新作遭到评论家的严厉批评。

blast·off /'blɑːst,ɔf/ *n.* [U;C](火箭、导弹、宇宙飞船等的)发射,发火起飞:*Blastoff* for the Apollo space craft will be at 10 am local time. "阿波罗号"宇宙飞船将于当地时间上午 10 时升空。

bla·tant /'bleitᵊnt/ *adj.* 极明显的;公然的,露骨的;无耻的:*blatant* discrimination 明目张胆的歧视 ‖ **'bla·tant·ly** *adv.*

blaze /bleiz/ **I** *n.* [通常用单]❶火焰;烈火:People stood watching the *blaze* destroying the building. 人们站在那里,眼睁睁地看着大火在吞噬大楼。❷光辉,闪耀;强烈(或炫目)的光:the *blaze* of the diamonds 钻石饰物的夺目光辉 ❸(感情等的)骤然迸发,突发,爆发:shout at sb. in a *blaze* of anger [fury] 盛怒之下向某人大声吼叫 **II** *vi.* ❶熊熊燃烧;冒出火焰:A good fire was *blazing* in the stove. 炉火烧得正旺。❷发(强)光,发亮;放光彩;被照亮:The sun is *blazing* overhead. 太阳当顶,灿烂地照射着。‖ **'blaz·ing·ly** *adv.*

bleach /bliːtʃ/ *vt.* 晒白;漂白;使脱色:*bleach* the linen napkins in the wash 漂洗亚麻布餐巾 **II** *n.* [U]漂白剂

bleach·er /'bliːtʃə/ *n.* [常作~s](体育场等低票价的)露天看台,露天座位

bleak /bliːk/ *adj.* ❶光秃秃的;无遮蔽的;受到风吹雨打的;荒凉的:*bleak* cliffs 光秃秃的悬崖峭壁 ❷无望的;黯淡的;惨淡的,凄凉的;阴郁的;令人沮丧的:Pandas were an endangered species with a *bleak* future. 大熊猫曾是一个前景不妙的濒危物种。‖ **'bleak·ly** *adv.* —**'bleak·ness** *n.* [U]

bleed /bliːd/ *vi.* (bled /bled/) 流血,出血:My nose is *bleeding*. 我的鼻子在淌血。

bleep·er /'bliːpə/ *n.* [C] BP 机;发哔哔声的装置

blem·ish /'blemiʃ/ **I** *n.* [C] ❶瑕疵;污点;缺点:leave a *blemish* on sb.'s reputation 给某人的名声染上污点 ❷(皮肤、水果等上的)斑;疤;痣:a *blemish* on a pear 梨上的斑点 **II** *vt.* 使有疤;有损⋯的完美;玷污,使有缺点:One bad deed can *blemish* a good reputation. 做一次坏事就有可能使自己名誉扫地。

☆**blemish**,**defect**,**flaw** 均有"缺点,瑕疵"之意。**blemish** 指使表面或外形毁损或不完美的斑点,常用于人的皮肤,也可用于水果的表皮等:She has a *blemish* above her right eye. (她右眼上方有一个疤。)该词也常喻指缺陷或污点:His character is without (a) *blemish*. (他的品德毫无瑕疵。)**defect** 指缺乏使事物十全十美而必不可少的东西,而这种缺陷并非一定在表面或显而易见:Before they leave the factory, all the cars are carefully tested for *defects*. (出厂前所有的

汽车都经过仔细的质量检验。）**flaw** 使用范围较广,指对某事物的完美性或圆满性造成破坏的缺陷或瑕疵:a *flaw* in the marble near the base of the statue (大理石雕像底座附近的瑕疵)该词既可指具体事物,亦可指抽象概念:Your argument has a fatal *flaw*. (你的理论有一个致命的弱点。)

blend /blend/ I (**blend·ed** 或〈古〉**blent** /blent/) *vt.* 使混合,使混杂,使混在一起,使交融;混合成:This tea is *blended* by mixing camomile with pekoe. 这种茶是用母菊加上白毫配制的。II *n.* [C] 混合物,混合体,混成品:This coffee is a *blend* of three varieties. 这种咖啡是由三个品种混合配制而成的。

bless /bles/ *vt.* (**blessed** 或 **blest** /blest/) ❶(以宗教仪式、祈祷等)使神圣化,使圣洁;宣布⋯为神圣:The priest *blessed* the bread and wine. (圣餐前)牧师对面饼和葡萄酒进行祝祷。❷祈祷赐福于;为⋯求神保佑:May God *bless* you with a long life! 愿上帝保佑你长命百岁!

blew /blu/ *v.* blow 的过去式

blind /blaind/ *adj.* ❶瞎的,盲的,失明的:He is *blind* in the right eye. 他右眼是瞎的。❷盲目的,不顾合理逻辑的;无目的的;无远见的:*blind* loyalty 愚忠 ‖ **'blind·ly** *adv.* — **'blind·ness** *n.* [U]

blind date *n.* [C] (由第三方安排的)男女初次约会

blind·fold /'blaind⁴ˌfəuld/ *vt.* 遮住⋯的眼睛;蒙住(眼睛):The robbers *blindfolded* and bound their victim. 强盗们蒙住受害者的眼睛,绑住他们的手脚。

blind spot *n.* [C]【解】盲点

blink /bliŋk/ I *v.* ❶眨眼睛:She *blinked* at me when I suddenly flashed the bright light in her face. 我突然用强光照她的脸时,她眨着眼睛看我。❷闪烁;闪亮:We saw the lights of a steamer *blinking* on the horizon. 我们看到一艘轮船的灯光在地平线上闪烁。II *n.* [C]眨眼

blink·er /'bliŋkə/ *n.* [C] ❶(汽车的)转向指

示(闪光)灯 ❷(十字路口处的)闪光交通灯;闪光信号灯

bliss /blis/ *n.* [U] ❶极乐,狂喜:David was swimming in wedded *bliss*. 戴维沉浸在婚后的幸福之中。❷天堂之乐,天赐之福,洪福:There are times when ignorance is *bliss* indeed. 有的时候无知真是福气呐。‖ **'bliss·ful** *adj.* — **'bliss·ful·ly** *adv.* — **'bliss·ful·ness** *n.* [U]

blis·ter /'blistə/ *n.* [C] ❶【医】(皮肤上因擦伤、烫伤等而起的)水疱,脓疱:My new shoes have made [given] *blisters* on my heels. 我的新鞋把我的脚后跟磨出泡来了。❷(漆器或玻璃等的)气泡;(金属的)泡疤,砂眼 ‖ **'blis·ter·y** *adj.*

blis·ter·ing /'blistəriŋ/ *adj.* ❶炎热的,酷热的:the *blistering* heat of the desert 沙漠中的酷热 ❷愤怒的,猛烈的,严厉的,刻薄的:a *blistering* attack on the government 对政府的猛烈攻击

bliz·zard /'blizəd/ *n.* [C] ❶【气】暴风雪,雪暴 ❷暴风雪似的一阵,猛烈的攻击:the *blizzard* of mail at Christmas 圣诞节时雪片般的邮件

blob /blɔb/ *n.* [C] ❶(尤指黏稠的)一团;一滴;一块;(颜色等形成的)一点,一抹:a *blob* of jelly 一团果冻 ❷无一定形状(或轮廓不清)的东西;黑乎乎的一堆:Can you see a *blob* of grey in the distance? 你能看见远方一团灰蒙蒙的东西吗?

block /blɔk/ I *n.* [C] ❶大块;大块木料(或石料、金属、冰等):The pyramids are made of *blocks* of stone. 金字塔是由一块块大石头砌成的。❷街区(4 条街道中的区域);街段(两条平行街道之间的一段街);(戏院、音乐厅等的)座位划区:She lives in [on] my *block*. 她和我住在同一个街区。❸起阻碍作用的(一伙)人;阻塞(物),障碍(物):I seem to have a mental *block* about literature. 对于文学我脑子好像堵塞了一样,一点也不懂。❹一组,一批;大量,大宗:a large *block* of theatre tickets 一大沓戏票 II *vt.* ❶堵塞,阻塞;遮挡;封锁:A canopy of branches and leaves *block* the sky and sun.

繁枝茂叶遮天蔽日。❷阻碍，妨碍：Agreement had been *blocked* by certain governments. 由于某些国家政府的阻挠，协议未能达成。‖ **'block·er** *n.* [C]

block·ade /blɔ'keid/ *n.* [C] 封锁：break a *blockade* 突破封锁 ‖ **block'ad·er** *n.* [C]

block·age /'blɔkidʒ/ *n.* [U;C] ❶封锁 ❷阻塞，堵塞：the *blockage* of the streets by heavy snows 大雪造成的街道交通堵塞

blond /blɔnd/ *adj.* ❶(人的毛发)金黄色的；亚麻色的；浅茶褐色的：*blond* hair and blue eyes 金发碧眼 ❷(皮肤)白皙的；白里透红的：*blond* skin 白皮肤 ‖ **blond·ish** *adj.*

blood /blʌd/ *n.* [U] ❶血，血液：Blood is thicker than water. 血浓于水。❷血统；家世，家族，家族关系：The two are related by *blood*. 这两人有血缘关系。

blood count *n.* [C]【医】血细胞(计)数，血球(计)数：do a *blood count* on sb. 对某人做血细胞计数

blood pressure *n.* [U;C]血压(略作 **BP**)：low *blood pressure* 低血压

blood·shed /'blʌdˌʃed/ *n.* [U]杀戮；流血：There are no battles in war without *bloodshed*. 战争中凡有战斗必有伤亡。

blood·stained /'blʌdˌsteind/ *adj.* [无比较级] ❶沾染着血的；有血迹的：a *bloodstained* bandage 沾有血迹的绷带 ❷犯杀人罪的；致人流血的：This castle has a *bloodstained* history. 这座城堡有着一部血迹斑斑的历史。

blood·stream /'blʌdˌstriːm/ *n.* [通常用单](体内循环的)血液；血流：The drug is injected directly into the *bloodstream*. 药物直接注入血液里。

blood vessel *n.* [C]血管

blood·y /'blʌdi/ *adj.* ❶有血污的，染上血的；血迹斑斑的；流血的，出血的：a *bloody* handkerchief 沾染鲜血的手帕 ❷造成(或源于)流血的；杀戮的；血腥的，血淋淋的：a *bloody* battle 伤亡惨重的战役 ‖ **'blood·i·ness** *n.* [U]

bloom /bluːm/ I *n.* ❶[C;U](尤指供观赏

的)花；(一棵树或一季内开出的)全部花朵：rose *blooms* 玫瑰花 ❷[U]开花；开花期：The trees are in full *bloom* in May. 5 月,树上的花儿盛开。II *vi.* 开花；(花园等)鲜花盛开：Daffodils *bloom* in the spring. 黄水仙春天开花。

blos·som /'blɔsəm/ I *n.* ❶[C;U](尤指果树的)花；(一棵树或一季内开出的)全部花朵：What a beautiful *blossom*! 多美的一朵花呀！❷[U]开花；开花期：All the shrubs are in *blossom*. 灌木丛中花团烂漫。II *vi.* ❶(植物)开花；(地方)长满花：This plum tree *blossoms* very early. 这棵李树很早就开花。❷兴旺发达，兴盛，繁荣：Literary societies *blossomed* during the 19th century. 19 世纪期间文学团体兴盛。

blot /blɔt/ I *n.* [C] ❶墨渍；污渍：A *blot* of ink stained his shirt. 一滴墨渍弄脏了他的衬衫。❷(品行、道德、名誉等上的)污点；耻辱；瑕疵：leave a *blot* on one's good name 给自己的名誉留下污点 II *v.* (**blot·ted; blot·ting**)弄脏,涂污；污损：She *blotted* the paper with ink spots. 她把墨渍弄到纸上去了。

blouse /blauz/ *n.* [C]女衬衫

blow¹ /bləu/ I (**blew** /bluː/, **blown** /bləun/) *vi.* ❶(风、气流)吹，刮；(风、暴风雨等)呼啸：It [The wind] is *blowing* hard tonight. 今夜风刮得好猛啊。❷吹气；喷气：*blow* hard at candle 用力吹蜡烛 ❸(保险丝、电子管等)烧断，烧坏；(罐头等)膨胀，隆起；爆炸：The iron's not working — the fuse must have *blown*. 电熨斗不能使了,一定是保险丝烧断了。II *n.* [C] ❶吹，刮；吹风；擤(鼻子)：Give your nose a good *blow*. 把你的鼻子好好擤擤。❷〈口〉大风，劲风：Last night's big *blow* brought down several trees. 昨夜的大风刮倒了好几棵树。‖ **blow up** *v.* ❶爆炸；炸毁；破坏，毁掉：*blow up* sb.'s reputation 使某人名誉扫地 ❷〈口〉发怒，大发脾气：When he heard she had quit school,he *blew up*. 当听说她退学了,他勃然大怒。

blow² /bləu/ *n.* [C] ❶(用拳、武器等的)重击；捶打：a *blow* to the jaw 下巴挨的一拳 ❷(突然降临的)打击；灾祸；损失：What a *blow*! 多么不幸啊!

blown /bləʊn/ v. blow¹ 的过去分词

blow·y /'bləʊi/ adj. 刮风的;多风的:It was a raw *blowy* March evening. 这是一个 3 月的夜晚,天气潮湿,寒风凛冽。 ‖ **'blow·i·ness** n. [U]

blub·ber /'blʌbə/ v. 放声哭;抽泣:He *blubbered* like a schoolboy who had been whipped. 他哭得像个挨过鞭子的小学生似的。 ‖ **'blub·ber·er** n. [C] —**'blub·ber·ing·ly** adv. —**'blub·bery** adj.

blue /bluː/ I adj. ❶(带有)蓝色的;天蓝色的,海蓝色的,蔚蓝色的:a clear *blue* sky 晴天碧空 ❷[作表语]情绪低落的;悲伤的;忧郁的;(令人)沮丧的:She felt *blue* about [over] not being chosen for the cricket team. 她因未能入选板球队而感到伤心。II n. [U]蓝色;天蓝色,海蓝色:the dark *blue* of the Mediterranean Sea 地中海的一片深蓝色

blue-col·lar /'bluːˌkɒlə/ adj. [无比较级][作定语](穿蓝领工作服的)蓝领阶级的;体力劳动(者)的:a *blue-collar* job 从事体力劳动工作

blue·print /'bluːˌprint/ n. [C]蓝图;详细的行动方案(或计划)

blues /bluːz/ n. [复]❶[the ～]沮丧,忧郁,情绪低落:This rainy spell is giving me *the blues*. 这段时间雨下个不停,弄得我心情很不好。 ❷[the ～][常用作单]【音】布鲁斯(起源于黑人的爵士乐歌曲,慢速而忧伤)

bluff /blʌf/ I v. 虚张声势地吓唬(或骗人):He *bluffed* them into thinking he was an expert. 他们上了他的当,以为他真是专家。II n. [U;C]虚张声势;吓唬:He threatened to sack me,but it's all (a) *bluff*. 他威胁要炒我的鱿鱼,但那只是想吓唬吓唬我而已。 ‖ **'bluff·er** n. [C]

blun·der /'blʌndə/ I n. [C]大错,大娄子:Signing the agreement was a major *blunder* on the Prime Minister's part. 签订该条约是首相的一大失策。II vi. 犯大错误,出大娄子:Just pray that he doesn't *blunder* again and get the names wrong. 但愿他别再

出洋相,把名字又弄错了。 ‖ **'blun·der·er** n. [C] —**'blun·der·ing·ly** adv.

blunt /blʌnt/ adj. ❶(刀或刀口)不锋利的,钝的;(铅笔等)不尖的:sharpen a *blunt* knife 把钝刀磨快 ❷(人或态度)率直的,坦率的;不客气的,生硬的;耿直的,欠圆通的:a *blunt* speech 没遮没拦的言辞 ‖ **'blunt·ly** adv. —**'blunt·ness** n. [U]

blur /blə/ I (blurred;blur·ring) vt. ❶(使视线、意识等)变得模糊不清:Tears *blurred* my eyes. 泪水模糊了我的双眼。❷弄脏,弄污;玷污:The windows were *blurred* with soot. 窗子被油烟熏黑了。II n. [C]❶[通常用单]模糊;模糊不清的事物:The houses appeared as a *blur* in the mist. 雾中的房子影影绰绰。❷污迹;(道德等方面的)污点 ‖ **'blur·ry** adj.

blurt /blət/ vt. 不假思索地说出,脱口说出,冲口说出(out):In his anger he *blurted out* the secret. 一气之下,他脱口说出了秘密。

blush /blʌʃ/ I vi. ❶(因害羞、窘迫、激动等)脸红;(脸)变红:*blush* at sb.'s praises 听到某人的赞扬而脸红 ❷羞愧,惭愧;感到难堪(at,for):He doesn't *blush* at poverty. 他并不因贫穷而感到难为情。II n. [通常用单]脸红:His remark brought a *blush* to [in to] the young girl's cheeks. 少女听了他的话,双颊变得绯红。

board /bɔːd/ I n. ❶[C](尤指用于建筑的)板材;木板;薄板:The windows of the old house had *boards* nailed across them. 旧房子的窗户上钉上了木板。❷[C](木或其他材料制成的)板;栏;牌子:an ironing *board* 熨衣板 ❸[用作单或复]委员会;董事会;理事会;委员会(或董事会、理事会)的全体成员;(政府或商业部门的)部,厅,局,所,公会:*board* of directors 董事会 II vt. 上(火车、船、飞机、公共汽车等),搭乘:Please *board* the plane immediately. 请立即登机。 ‖ **on board** adj. & adv. 在船(或火车、公共汽车、飞机等)上;上船(或火车、公共汽车、飞机等):the people *on board* a bus 乘公共汽车的人们

boast /bəʊst/ v. 自夸,自我吹嘘,自吹自擂

(of, about)：One *boasts of* his wealth; another of his learning. 有人以财富为荣，有人以学识为荣。‖ **'boast·ing** *adj.* —**'boasting·ly** *adv.*

☆**boast, brag, crow, vaunt** 均有"夸口，吹嘘"之意。**boast** 为一般用语，既可以表示某种自豪，也可以包含炫耀、言过其实或虚荣之义：The company *boasts* an excellent managing system. （该公司为拥有一套优秀的管理体制而自豪。）**brag** 较为通俗，包含有更强烈的夸大、炫耀或虚荣之义：She's always *bragging* about her connections in the film world. （她总是炫耀自己在电影界有不少熟人。）**crow** 为普通的口语用词，含有像洋洋得意的乌鸦一样自我吹嘘之义，比本组其他同义词含有更为强烈的贬义：John has nothing to *crow* about. （约翰没有什么可以吹嘘的。）**vaunt** 为文学用语，比 boast 含有更多的浮夸炫耀之义，但不如 brag 那么粗俗：a poem in which a peasant sings octaves *vaunting* the beauty of the beloved （一首农夫吟唱的，夸耀爱人美丽的八行诗）

boast·ful /'bəustfʲl/ *adj.* 〈贬〉❶（有关）自夸的；以自我吹嘘为特点的 ❷好自夸的，爱自我吹嘘的；(喜)自吹自擂的 ‖ **'boast·ful·ly** *adv.* —**'boast·ful·ness** *n.* [U]

boat /bəut/ *n.* [C] ❶船(可以指小船或大船)：cross a river in a *boat* 乘船渡河 ❷(通常指用作特殊用途的)小船：a small fishing *boat* 小渔船

bob /bɒb/ *vi.* (**bobbed; bob·bing**) ❶上下（或来回）快速跳动(或移动)：The cork *bobbed* (about) on [in] the water. 浮子在水面上下抖动。❷突然出现(或消失)：The same question *bobbed* up at each meeting. 每次会上都要出现这个老问题。

bob·sleigh /'bɒbˌslei/ *n.* [C]大雪橇；连橇

bod·y /'bɒdi/ *n.* ❶[C](人或动物的)身体，躯体：the human *body* 人体 ❷[C]死人，(人、动物的)尸体：He found the *body* in the bushes. 他是在灌木丛里发现那具尸体的。❸[C](物体的)主干部分，主体部分；(植物)的)干，茎；船体；车身；(飞机的)机身；(文章、书籍的)正文：the *body* of a plant 植物

的主干 ❹[C](视作整体的)一组，一批，一群；团体，协会，组织；单位：the student *body* of the university 大学的全体学生 ‖ **'bod·ied** *adj.*

☆ **body, cadaver, carcass, corpse, remains** 均有"身体，躯体"之意。**body** 虽然兼指人或动物的躯体(活的或死的)，但通常用来指人，往往含有与精神及灵魂相对的意思：Children's *bodies* grow steadily. （儿童的身体不断发育成长。）**cadaver** 主要指供医学解剖用的尸体，尤指人尸：Have you ever seen a *cadaver* dissection? (你有没有看过尸体解剖?)该词偶尔也用来指活人，表示其形容极其憔悴，活像一具僵尸。**carcass** 指动物的尸体：vultures picking at a lion's *carcass* (啄食狮子尸体的秃鹫)该词也可用于人的躯体(活的或死的)，意含轻蔑或戏谑：Shift your *carcass*! (别死待在这儿，躲开!) **corpse** 多指人的尸体：The murderer buried the *corpse* of his victim. （凶手把受害人的尸体埋了。）**remains** 指人的遗体，为正式用语：The old man's *remains* lie in the churchyard. （老人被埋在教堂的墓地。）

body building, bod·y·build·ing /'bɒdiˌbildiŋ/ *n.* [U]【体】健身(运动)，健美(运动)；身体锻炼

body·guard /'bɒdiɡɑːd/ *n.* ❶[C]警卫员，卫士，保镖 ❷[单复同]警卫队，卫队

boil /bɔil/ *vi.* ❶(被烧)开，滚；达到沸点，沸腾：Is the soup *boiling* yet? 汤开了没有? ❷在沸水中煮：The beans must *boil* for some time. 豆子必须多煮一会儿。❸(沸水般地)翻腾，翻滚；汹涌；发出沸水般的声音：The waves *boiled* around the ship. 船的四周，波涛汹涌澎湃。❹(人、感情等)激动；(尤指)发怒，发火：*boil* with anger [rage] 大发雷霆

boil·er /'bɔilə/ *n.* [C] 锅炉；汽锅

boil·ing /'bɔiliŋ/ *adj.* [无比较级] 达到沸点的，沸腾的：*boiling* water 沸水

boiling point *n.* [C] 沸点(略作 b. p.)

bois·ter·ous /'bɔistʲrəs/ *adj.* 喧闹的；纵情的；爱吵闹的；粗鲁的：*boisterous* laughter 纵情的欢笑声 ‖ **'bois·ter·ous·ly** *adv.* —

'bois·ter·ous·ness *n.* [U]

bold /bəuld/ *adj.* ❶勇敢的,无畏的;果敢的:a bold adventurer 勇敢的冒险家 ❷〈贬〉(人或行为)莽撞的,冒失的,唐突的;无耻的;放肆的:bold remarks 唐突无礼的话 ❸醒目的,显眼的;引人注目的:(轮廓、线条等)清晰分明的:a bold black-and-white striped shirt 黑白分明的条纹衬衫 ‖ **'bold·ly** *adv.* —**'bold·ness** *n.* [U]

bol·ster /'bəulstə'/ *vt.* ❶支持;加强;提高;充实(up):bolster sb.'s hopes with false reports of outside assistance 拿有关外援的失实报道来支撑某人的希望 ❷(用支撑物)支撑,支承,加固 ‖ **'bol·ster·er** *n.* [C]

bolt /bəult/ I *n.* [C] ❶(门、窗上的)插销,闩;锁舌,锁簧:I heard Mother's key slide into the bolt. 我听见母亲将钥匙插进锁簧。❷螺栓:nuts and bolts 螺帽和螺栓 II *v.* ❶闩上(门、窗等);把…闩在门内(或门外)(而无法离开或进入)(in, out):He came in and bolted the door behind him. 他进来后随手把门闩上。❷用螺栓紧固(或安装);拴住;使合在一起:The vice is bolted to the workbench. 老虎钳用螺栓紧固在工作台上。‖ **'bolt·er** *n.* [C]

bomb /bɔm/ *n.* ❶[C]炸弹(如定时炸弹、遥控炸弹等);(配有爆炸装置的)爆炸物:drop a nuclear bomb on the factory 朝工厂投掷核炸弹 ❷[常作 the b-, the B-]原子弹;氢弹;[总称]核武器

bomb·er /'bɔmə'/ *n.* [C]轰炸机:a fighter bomber 战斗轰炸机

bond /bɔnd/ I *n.* [C] ❶捆扎(或捆绑)物;连接物;(捆缚用的)绳,索带 ❷[常作~s]凝聚(力),亲和(力);联结,联系;纽带:There is a bond of affection between the two sisters. 姐妹俩亲密无间。❸【商】公债,债券:Stocks and bonds can be good investment. 股票和公债是收益很好的投资。II *vt.* 使结合;使黏合;将(砖等)砌合:two boards bonded together by glue 用胶黏合的两块木板 ‖ **'bond·ing** *n.* [U]

bone /bəun/ *n.* [C]骨,骨头:break a bone in one's leg 折断了一根腿骨 ‖ **'bone·less** *adj.*

bon·fire /'bɔnˌfaiə'/ *n.* [C] 篝火,营火:a blazing [roaring] bonfire 熊熊的篝火

bo·nus /'bəunəs/ *n.* [C] ❶额外给予的东西;意外的惊喜:The extra two days holiday was a real bonus. 这额外的两天假期真是让人喜出望外。❷(给予雇员等的)奖金;(政府发给退伍军人的)补助金;(政府给工矿企业等的)补助费:a cost-of-living bonus 生活费补贴

☆bonus, bounty, dividend, premium 均有"奖赏,额外收入"之意。bonus 通常指固定工资以外额外发给的奖金或红利(亦可包括额外的假期、赠品等):The staff got a Christmas bonus. (员工在圣诞节得到了奖金。) 该词亦可指政府发给退伍军人的补助金:the soldiers bonus (军人补助金) bounty 指政府或政府机构为鼓励人们从事公益活动而给予的奖赏:He had a bounty of £5,000 on his head. (他轻松地得到了 5 000 英镑的奖励。) dividend 指按一定比例分给股东或投保人的利润或余利:The company declared a large dividend at the end of the year. (公司在年底宣布分发高额股息。) premium 通常指为鼓励人们积极从事生产、买卖或竞争等活动而给予的物质或金钱刺激:A premium of 2% is paid on long-term investments. (投资期限较长者可获 2% 的奖励。)

bon·y /'bəuni/ *adj.* 瘦削的:a bony old woman 瘦骨嶙峋的老妇 ‖ **'bon·i·ness** *n.* [U]

boob /buːb/ *n.* [C]〈俚〉蠢人,笨蛋

book /buk/ I *n.* ❶[C]书,书籍,书本;论著,专著;作品集,选集:a book of poems 诗集 ❷[C]本子,簿册;(装订成册的)票据簿:a cheque book [a book of cheques] 支票本 II *vt.* 预订;预约;约请:book seats on a flight 预订某航班的座位 ‖ **book in** *v.* 〈主英〉❶(旅馆、机场等)(为…)办理登记手续:book a guest in (服务台工作人员)替旅客办理登记手续 ❷为…预订(或预约等):I've booked you in at the Peace Hotel, I hope you approve. 我替你在和平饭店包了房间,希望你会喜欢。

book·case /'bukˌkeis/ n. [C]书架;书橱

book·keep·er /'bukˌkiːpə'/ n. [C]簿记员,
记账人 ‖ **'bookˌkeep·ing** n. [U]

book·let /'buklit/ n. [C](尤指纸面的)小
册子;小本子

book·mark /'bukˌmɑːk/ n. [C]书签

book·sell·er /'bukˌselə'/ n. [C]书商,书店
老板(或经理)

book·shelf /'bukʃelf/ n. [C]([复]-shelves
/-ʃelvz/) 书架

book·store /'bukˌstɔː'/ n. [C]〈主美〉书店

book·worm /'bukˌwəːm/ n. [C]〈口〉极爱
读书的人,终日埋头读书的人;书呆子

boom /buːm/ I vi. (在规模、重要性等方面)
迅猛发展,突然兴起;(物价、股票等)暴涨,
激增:Business is *booming* this week. 这星
期生意一下子火爆起来。II n. [C](价格等
的)暴涨;(人口、营业额等的)激增;(经济、
工商业等的)繁荣(期);迅速发展(期);(城
镇等的)兴起:a *boom* town (兴旺起来的)新
兴城市 ‖ **'boom·let** n. [C]

boost /buːst/ I vt. ❶推动,促进,激励;提
高;增强:*boost* local business 促进当地商业
的发展 ❷增加,使增长:help to *boost* share
prices 有助于提高股票价格 II n. [C][常用
单]❶推动,促进,激励:The promotion was
a big *boost* to his ego. 这一提升促使他更为
自负。❷增加,增长,提高:receive a pay
boost 获得一次加薪

boot /buːt/ n. [C](皮革、橡胶等制的)长筒
靴;〈英〉(男式)短筒靴;橡胶套鞋

booth /buːð,buːθ/ n. [C]([复]**booths**
/buːðz,buːθs/)售货摊;(展览会的)陈列亭;
公用电话间

bor·der /'bɔːdə'/ n. [C]❶边,缘,边缘,边
沿:at the *border* of the garden 在花园边
❷边境,边界,疆界;边境地区:the *border*
between France and Belgium 法国与比利时
之间的边界

☆**border**,**brim**,**brink**,**edge**,**margin**,**rim** 均有
"边缘,沿边"之意。**border** 指沿着边线内侧的
地带,也可以指边界线本身:walk about the
border of a park (沿着公园周围散步) / a

border of flowers round the lawn (草坪四周
的花坛)**brim** 指容器内壁的上缘,也可指江
河湖泊的岸边:The glass was full to the
brim. (玻璃杯中的液体已满得要溢出来
了。)**brink** 通常指陡峭之物的边缘,往往用
作比喻:They stood on the *brink* of the
Grand Canyon. (他们站在大峡谷峭壁的边
缘上。) / His failures brought him to the
brink of ruin. (他的失败使他濒临破产的边
缘。) **edge** 指两个平面相交处所形成的轮廓
分明的分界线:He fell off the *edge* of the
cliff. (他从悬崖边上摔了下去。)此词暗含
锋利的意思,常用于借喻:A tool with a fine
edge may do mischief. (锋利的工具可能会
对人造成伤害。) **margin** 指有一定宽度的
边,尤指沿边线内一带的空白处:Someone
had scribbled some notes in the *margin* of
the book. (有人在页边空白书中注释。)
rim 指圆形或曲线状物体的边缘:the *rim* of
a cup (杯口)

bore¹ /bɔː'/ vt. 使厌烦,使厌倦:He really
bores the pants off. 他真让我讨厌透了。

bore² /bɔː'/ v. bear¹ 的过去式

bored /bɔːd/ adj. 厌烦的,不感兴趣的:She
is *bored* with her job. 她对自己的工作不感
兴趣。

bore·dom /'bɔːdəm/ n. [U]厌烦,厌倦;无
聊;乏味:He started drinking again out of
boredom. 因为无聊,他又开始喝起酒来。

bor·ing /'bɔːriŋ/ adj. 令人厌烦(或厌倦)
的;乏味的;无聊的:It was *boring* to sit
there without anything to do. 坐在那里无
所事事,真无聊。 ‖ **'bor·ing·ly** adv. —**'bor·
ing·ness** n. [U]

born /bɔːn/ I adj. [无比较级][作定语]
❶天生的,生来的;注定的:a *born* musician
天生的音乐家 ❷出生的,诞生的;产生的:a
newly *born* baby 新生婴儿 ❸[用以构成复
合词]出身…的;…出生的;由…产生的:
Like Reinhart,Berger is Ohio-*born*. 和莱恩
哈特一样,伯格也是生于俄亥俄州。II v.
bear¹ 的过去分词

borne /bɔːn/ v. bear¹ 的过去分词

bor·row /'bɔrəu/ vt. 借,借进;借用:Can I

borrow ＄50 (from you) till payday? 我能向你借50美元，到发工资那天再还你吗？ ‖ 'bor·row·ing *n.* [U;C] — 'bor·row·er *n.* [C]

bos·om /'buz°m/ *n.* [C] [常用单] (尤指女性的)胸部,胸怀：hug the cat to one's *bosom* 把猫紧紧搂在怀里

boss /bɒs/ *n.* [C] ❶〈口〉老板,上司,头儿；工头,领班：the *boss* of a factory 工厂老板 ❷发号施令的人,做主的人：I started up my own business and now I'm my own *boss*. 我自个儿开了一家商行,现在一切由我自己做主。

bo·tan·i·cal /bə'tænik°l/ *adj.* 植物的；植物学的

bot·a·nist /'bɒtənist/ *n.* [C]植物学家

bot·a·ny /'bɒtəni/ *n.* [U] 植物学

both /bəuθ/ Ⅰ *pron.* 两个(都)；两者(都)；双方(都)：Why not buy *both* (of them)? 干嘛不把两个都买下来呢？ Ⅱ *adv.* [与 and 连用]和…(两者)都,既…又,不但…而且：be *both* tired *and* hungry 又累又饿

both·er /'bɒðə'/ *v.* ❶打扰,烦扰,麻烦,纠缠；使烦恼：He always *bothers* me when I am busy. 他老是在我忙的时候来打扰我。❷迷惑,使糊涂；使紧张不安：This problem has *bothered* the experts for many years. 多年来这个问题使专家们伤透了脑筋。

both·er·some /'bɒðəsəm/ *adj.* 麻烦的,烦人的,恼人的,讨厌的：*bothersome* demands 烦人的要求

bot·tle /'bɒt°l/ *n.* [C](盛液体用的细颈小口的)瓶,瓶子：wine *bottle* 酒瓶 ‖ 'bot·tle·ful *n.* [C]

bot·tom /'bɒtəm/ *n.* ❶[常作 the ～]底,底部,基部,底层：the *bottom* of a well 井底 ❷[C] [常用单](班级、名次等的)末名,最后；(座位等的)末座,末尾,最低下部分；处于最低位置者；排于末名者：at the *bottom* of a table 忝居末座 ❸[the ～](江、湖、海等的)水底：The ship sank to the *bottom* of the o-cean. 那艘轮船沉入海底。

bot·tom·less /'bɒtəmlis/ *adj.* [无比较级] ❶无限的,无穷无尽的：millionaires with

bottomless purses 财源滚滚的百万富翁 ❷不见底的,深不可测的,极深的：a *bottom-less* gorge 深不见底的峡谷

bough /bau/ *n.* [C] 树枝；(树的)主茎,主干：a slender *bough* 细树枝

bought /bɔːt/ *v.* buy 的过去式和过去分词

bould·er /'bəuldə'/ *n.* [C](经风雨或水侵蚀而成的)巨石

boul·e·vard /'buːlivɑː',-vɑːd/ *n.* [C] ❶林荫大道：Our address is 121 Granger *Boule-vard*. 我们的地址是格兰居林荫大道121号。❷大街,主干道

bounce /bauns/ *v.* ❶(球等有弹性物体)弹起,反弹：The ball hit the wall and *bounced* from it. 那只球撞墙后又弹了回来。❷跳,跃,蹦跳,颠跳；急冲,猛闯：The box *bounced* down the stairs. 那只箱子一路颠跳着滚下楼梯。

bounc·y /'baunsi/ *adj.* ❶(指球等)富有弹性的,弹性好的,弹力足的：An old tennis ball is not as *bouncy* as a new ball. 旧网球的弹力没有新的足。❷生气勃勃的,精神饱满的；轻快活泼的：a *bouncy* personality 活泼的个性 ❸跳跃的；颠弹的；颠跳的：Hard ground makes balls more *bouncy*. 坚硬的地面使球颠弹得更厉害。 ‖ 'bounc·i·ly *adv.* — 'bounc·i·ness *n.* [U]

bound¹ /baund/ *v.* bind 的过去式和过去分词

bound² /baund/ Ⅰ *vi.* ❶跳；跳跃；跳动；跃进：*bound* into the room 一蹦一跳地跑进房间 ❷反弹,弹回,跳回：The arrow *bounded* off the target. 箭从靶上弹了回来。❸往上跳；向上弹：*bound* into the air 跳向空中 Ⅱ *n.* [C] ❶跳跃；跃进：With one great *bound* the dog cleared the stream. 狗猛地一下跳过了小溪。❷(球等的)反弹,弹回,跳回：catch the ball on the first *bound* 球第一次弹起就将它接住

bound³ /baund/ *adj.* [无比较级] ❶[通常作表语]准备(或正在)到…去的；前往…的,驶向…的(*for*, *to*)：I am *bound* for home *bound*. 我正回家去。❷打算的,准备(从事)的：be *bound* for a career in medicine 打

算行医

bound⁴ /baund/ *adj.* [无比较级][常作表语] 肯定的,必定的,注定的:Those who like flattery but not criticism are *bound* to go astray. 只爱听恭维话而不爱听批评的人早晚要犯错误。

bound·a·ry /'baundºri/ *n.* [C]边界,疆界;界线;分界线:territorial *boundaries* 领土的疆界(或分界线)

☆boundary, border, frontier 均有"边界"之意。boundary 常指地图上所标示的边界,如河流:*Boundaries* on this map are shown in red. (这幅地图上的边界线用红色标出。) border 常指地理或政治上的分界线,也可指边境地区:the *border* between Spain and Portugal (西班牙和葡萄牙两国间的边界) frontier 指一个国家内和邻国接壤的边疆地区:He became a miner in the *frontier* region. (他成了边疆地区的一名矿工。)

bound·less /'baundlis/ *adj.* [无比较级] ❶无边无际的,广阔的:Outer space is *boundless*. 宇宙空间是无边无际的。❷无限的,无穷无尽的:be *boundless* in one's gratitude 感激不尽 ‖ **'bound·less·ly** *adv.* — **'bound·less·ness** *n.* [U]

bou·quet /bu'kei/ *n.* ❶[C](尤指在婚礼或其他庆典上用的)花束:give a huge *bouquet* of roses 献上一大束玫瑰花 ❷[C;U](尤指酒等特有的)香气,香味,芳香:This wine has an excellent *bouquet*. 这种葡萄酒香气扑鼻。

bour·geois /'buəʒwɑ:,buə'ʒwɑ:/ I *n.* [单复同]〈常贬〉❶中产阶级一员 ❷资产者,资产阶级分子,资本家 II *adj.* [无比较级]中产阶级的,关于中产阶级的

bour·geoi·sie /ˌbuəʒwɑ:'zi:/ *n.* [the ~][总称]❶中产阶级 ❷资产阶级,资本家阶级

bow¹ /bau/ I *v.* ❶低头,点头;鞠躬;欠身,弯腰;屈膝,下跪:*bow* politely from the waist 弯腰欠身行礼❷让步;屈从,服从;认输,服输:*bow* to sb.'s greater experience (尤指不得已)承认某人比自己更有经验 II *n.* [C]鞠躬;欠身;低头;首肯:The usher opened the

door with a *bow*. 门房欠身打开了门。

bow² /bəu/ *n.* [C] ❶蝴蝶结;环状装饰结;蝶形领结:tie a belt in a *bow* 把带子打成蝴蝶结 ❷(射箭用的)弓;弓形物:He drew his *bow* and shot an arrow. 他拉弓射出一箭。

bow·el /'bauəl/ *n.* [C][常作～s](尤指人的)肠(道):bind the *bowels* 大便不畅,便秘

bowl /bəul/ *n.* [C]碗;钵 ‖ **'bow·ful** *n.* [C]

bowl·ing /'bəuliŋ/ *n.* [U]保龄球戏,地滚球戏

box¹ /bɒks/ *n.* [C] ❶箱(子);盒(子);匣(子):a shoe *box* 鞋盒 ❷(戏院的)包厢;(运动场的)分区看台;(餐馆里的)分隔式的雅座,小包间;马厩隔栏:reserve a *box* at the theatre 在剧院预订一个包厢 ❸(法庭里的)陪审席;证人席;记者席:a press *box* 记者席 ‖ **'box·ful** *n.* [C]—**'box·like** *adj.*

box² /bɒks/ I *v.* ❶拳击,斗拳:*box* one's opponent with great skill 以高超的技术与对手赛拳 ❷(用手掌或拳头)打,击:*box* sb.'s ear(s)/*box* sb. on the ear 打某人的耳光 II *n.* [C]巴掌,耳光;(用手掌或拳头的)一击:give sb. a *box* on the ear(s) 掴某人一个耳光

box·er /'bɒksə'/ *n.* [C]拳击运动员,拳击手

box·ing /'bɒksiŋ/ *n.* [U]拳击;拳击术:win the heavyweight *boxing* championship 赢得重量级拳击冠军

box office *n.* ❶[C](电影院、剧院、体育场等的)售票处,票房 ❷[U]票房收入

boy /bɔi/ *n.* [C]男婴,男孩;少年;男青年,小伙子:Our new baby is a *boy*. 我家的新生婴儿是男的。 ‖ **'boy·hood** *n.* [C;U]—**'boy·ish** *adj.* —**'boy·ish·ly** *adv.* —**'boy·ish·ness** *n.* [U]

boy·cott /'bɔikɒt/ I *vt.* (为强迫或惩罚)对…采取联合抵制行动;(联合起来)拒绝与…做交易(或交往);拒不参加;拒不购买(或使用):*boycott* a shop 拒不购买某商店的商品 II *n.* [C](联合)抵制;拒不参加:the *boycott* of foreign goods 抵制舶来品 ‖ **'boy·cot·ter** *n.* [C]

boy·friend /'bɔiˌfrend/ *n.* [C](女子的)男

朋友,情人

boy·hood /ˈbɔihud/ *n.* [U;C]童年,青少年时代

boy·ish /ˈbɔi/ *adj.* 男孩子的;男孩子般的: *boyish* ambitions 男孩子的志向

brace /breis/ I *n.* [C] ❶【机】手摇曲柄钻 ❷托架,支架;扣件 II *vt.* 支撑;加固: *brace* a sloping shed with timbers 用木料来支撑倾斜的木棚

brace·let /ˈbreislit/ *n.* [C] 手镯,臂镯;脚镯: a gold *bracelet* 金手镯

brac·ing /ˈbreisiŋ/ *adj.* (尤指空气)令人心神气爽的,提神的,令人振奋的: a *bracing* sea breeze 令人神清气爽的海风 ‖ ˈbrac·ing·ly *adv.*

brack·et /ˈbrækit/ *n.* [C] ❶(从墙壁平面上凸出来的)托架,支架;L形托架(或支架): When a *bracket* came loose the shelf crashed to the floor. 托架一松,整个架子便哗啦一声摔散在地板上。❷括号: a list of names with ages shown in *brackets* 一份括号内标有年龄的名单

brag /bræg/ (bragged;brag·ging) *v.* 吹嘘,吹牛,夸口(about,of): He constantly *brags* about how well he plays golf. 他老是吹嘘自己的高尔夫球打得多棒。‖ ˈbrag·ger *n.* [C] — ˈbrag·ging·ly *adv.*

braid /breid/ *n.* ❶[U](用丝线或棉线编织成做装饰用的)穗带,镶边,饰边 ❷[C](多股编成的)辫子;带子,缨

brain /brein/ *n.* ❶[C]脑(部);[~s]脑浆,脑髓: operate on sb.'s *brain* 对某人的脑部动手术 ❷[C;U]〈口〉头脑;[常作~s]智力,智慧: a man of very little *brain* 智力低下的人

brain·less /ˈbreinlis/ *adj.* [无比较级]没有头脑的;愚笨的,傻头傻脑的;愚蠢的: a *brainless* idiot 傻头傻脑的白痴

brain·storm /ˈbreinstɔːm/ *n.* [C]〈口〉突然想出的好主意(或妙计): A *brainstorm* hit me while I was in the shower. 我在淋浴时突然灵机一动,计上心来。

brain wave *n.* [C] ❶[常作 brain waves]【医】脑(电)波 ❷〈口〉突然想到的好主意(或妙计)〔亦作 **brainstorm**〕

brain·y /ˈbreini/ *adj.* 〈口〉聪明的;有才智的;(头脑)机灵的;思维活跃的: Mary was beautiful and *brainy*. 玛丽才貌双全。‖ ˈbrain·i·ness *n.* [U]

brake /breik/ I *n.* [C] [常作~s]【机】制动器,刹车,闸: an emergency *brake* 紧急刹车 II *vt.* 遏制,抑制,阻碍,约束: The increase in the crime rate must be *braked*. 必须抑制犯罪率的上升。— *vi.* 用闸,刹车: She *braked* suddenly to avoid the dog. 她猛地刹车,避开了那条狗。

bran /bræn/ *n.* [U]麸子,糠

branch /brɑːntʃ/ *n.* [C] ❶(树)枝;树丫: trim the *branches* of a tree 修剪树枝 ❷(组织、商店、银行、图书馆等的)分支机构(或部门): a suburban *branch* of a store 商店的郊区分店 ❸(家族的)分支,旁系,支族: the Scotch *branch* of the family 该家族的苏格兰旁支 ❹支线;支路;支脉;支流: The eastern *branch* of the road led to the city. 公路的东侧支线通向市区。❺(学科等的)分科: the various *branches* of medicine 医学的各个分科

brand /brænd/ I *n.* [C] ❶商标;(以区别于他物的)牌子: Colas are sold under many *brands*. 可乐以多种牌子出售。❷(独具一格的)种类: Do you like his *brand* of humour? 你喜欢他那种幽默吗? ❸(打在牲畜、奴隶、罪犯身上标示所属的)火印,烙印: The cattle have a *brand* which shows who owns them. 这群牛身上都有烙印,以示其主人是谁。II *vt.* (用烙铁)在…上打烙印: *brand* wine casks with the vineyard's name 在酒桶上烙上葡萄园的名称

brand name *n.* [C]商标名

brand-new /ˈbrænd'nju:/ *adj.* [无比较级]崭新的,全新的;新制的: a *brand-new* machine 崭新的机器

bran·dy /ˈbrændi/ *n.* [U;C]白兰地(酒): He ordered coffee and *brandy*. 他要一杯加白兰地的咖啡。

brash /bræʃ/ *adj.* ❶好做肤浅自我表现的,

brash man. 布朗不是个爱出风头的人。
❷仓促的，草率的；轻率的：a *brash* decision 仓促作出的决定 ❸无礼的，冒失的，粗鲁的：The *brash* boy made faces at the teacher. 那个无礼的学生冲着老师做鬼脸。‖ **'brash·ly** adv. —**'brash·ness** n. [U]

brass /brɑːs；bræs/ n. [U]黄铜(铜和锌的合金)；[U；C]黄铜器；黄铜饰品；(家具的)黄铜饰；黄铜马饰

brave /breiv/ adj. 勇敢的，英勇的，无畏的：a *brave* man 勇敢的人
☆ **brave, courageous, fearless, gallant** 均有"勇敢的，无畏的"之意。**brave** 最为普通，含义最为广泛，通常表示在令人惊恐或困难的情况下无所畏惧：a *brave* attempt to recapture the city from the enemy (从敌人手中夺回城市的英勇尝试) **courageous** 指在面临危险时刚毅、坚定，通常表现一个人内在的气质，常暗指一种更为高尚的勇敢精神：It was *courageous* of you to say what you did. (你说出你所做的事情，真是勇敢。) **fearless** 暗指面临危险时毫不退缩、表现出沉着冷静：He gave them his honest opinion, *fearless* of the consequences. (他坦率地把意见告诉了他们，毫不顾虑会产生什么后果。) / *fearless* of danger (不怕危险) **gallant** 通常表示具有崇高动机或无私奉献精神的英勇、果敢，尤指高尚的仗义行为；也可表示对女子特别殷勤：It was a *gallant* deed to risk almost certain death to save his friend. (他为了拯救朋友，冒着九死一生的危险，这真是一种见义勇为的行动。) / The *gallant* young man is popular with the women. (这位殷勤的男人很受女士们的欢迎。)

brav·er·y /'breivəri/ n. [U]勇敢，勇气；大胆，无畏精神：an act of *bravery* 英勇行为

brawl /brɔːl/ I n. [C](大声)争吵；打架：The police were called out to a *brawl* in the pub. 人们把警察叫来制止酒店里的一场斗殴。II v. (激烈地)争吵；打架：Usually you could see them playing or *brawling* in the street. 通常你能见到他们在大街上玩耍或打闹。‖ **'brawl·er** n. [C]

brawn /brɔːn/ n. ❶[U；C]肌肉，精肉，瘦肉；be formed well of *brawns* and bones 肌肉发达，骨骼匀称 ❷[U](尤指与智力相对的)体力，膂力：Table tennis requires brain as well as *brawn*. 打乒乓不仅要有体力，还得会动脑子。

brawn·y /'brɔːni/ adj. 肌肉发达的；结实的，强壮的；*brawny* arms and legs 肌肉发达的臂和腿 ‖ **'brawn·i·ness** n. [U]

bra·zen /'breizᵊn/ adj. 厚颜无耻的，不知羞耻的；放肆：There were instances of *brazen* cheating in the exams. 测验中间发生了多起公然作弊的事件。‖ **'bra·zen·ly** adv. —**'bra·zen·ness** n. [U]

breach /briːtʃ/ I n. ❶[C]裂口，豁口，(尤指防御工事被炮火轰开的)缺口：There's a *breach* in our security. 我们的安全措施尚有罅隙。❷[U；C](对诺言、义务等的)违背；(对法律、协议等的)违反，违犯，破坏：Such action constitutes a *breach* of [in] the agreement. 这种行为构成对协议的违背。❸[U；C](友好关系的)破裂，疏远；裂痕：heal the *breach* between the two parties 弥合两党间关系的裂痕 II vt. 攻破，突破；打开缺口：*breach* the enemy barbed wire 突破敌人的铁丝网

bread /bred/ n. [U]面包：a few crusts of *bread* 一些面包屑

breadth /bredθ/ n. ❶[U；C]宽度；幅度；跨距：These roads are of different *breadths*. 这几条马路路面宽度不一。❷[U]广泛性，广度；程度：His book shows the great *breadth* of his learning. 他写的那本书表明了他的学问渊博。❸[U](胸怀)宽广；(思想)宽容大度；不抱偏见：a person with great *breadth* of view 一个具有旷达见地的人

break /breik/ I (**broke** /brəuk/或〈古〉**brake** /breik/；**bro·ken** /'brəukᵊn/或〈古〉**broke**) v. ❶破(碎)，破裂，断开；分裂：The wind shield *broke* but did not shatter. 挡风玻璃裂了，但是没有碎。❷破坏；损坏：The television set *broke* this afternoon. 今天下午这台电视机坏了。❸(突然)冒出，爆发，突发，迸发：A nationwide strike *broke*. 一场全国性的罢工爆发了。❹中断，中止，不再继续

Shall we *break* for lunch? 咱们歇手吃午饭吧？II *n.* 〔C〕❶破裂，破碎；断裂，折断：This glass will arrest a *break*. 这种玻璃能防裂。❷裂口，裂缝；a bad *break* on the leg 腿上的大伤口 ❸（工作、活动等中的）短暂休息；〈英澳〉课间休息；假期：Let's have a *break*. 咱们休息一会儿吧。❹（尤指为了脱逃而）急冲，猛闯；突破：make a prison〔jail〕*break* 越狱 ❺断绝，决裂，脱离：a *break* between the two countries 两国之间的断交 ‖ *break away vi.* ❶突然离开（或脱离）；挣脱（束缚等）❷摆脱，脱离（团体、组织、传统）*break down v.* ❶（机器等）出故障，不运转；失效：Telephone communication with all but a few outposts has *broken down*. 与前哨基地的电话联系除几部以外都已中断。❷（使）情绪失去控制，（使）失控：She *broke down* at the news of her mother's death. 听到母亲去世的噩耗，她悲不自胜。*break in v.* ❶强行进入，（尤指非法）闯入：The burglars *broke in* and stole our television. 那些盗贼破门而入，把我们的电视机偷走了。❷打断（谈话等）；插话：I could tell the story much more easily if you didn't *break in* so often. 要不是你这么老插嘴，我讲故事就容易多了。*break into vt.* 强行进入，闯入：prevent one's cattle from *breaking into* wheat field 防止牛群闯进麦田 *break off v.* ❶折断；（使）分开：Many branches *broke off* in the strong wind. 大风把许多树枝刮断了。❷中止，中断；结束；绝交：She *broke off* with her old classmates when she went away to college. 她上大学后，就与原来的同班同学们断绝了往来。*break out v.* 爆发；突然发生（或出现）：Clouds dispersed and the sun *broke out*. 云开日出。*break through vt.* 冲垮，冲破；突围，突破：*break through* the enemy's defenses 突破敌人的防御工事 *break up v.* ❶破裂，破碎；打碎，砸碎，粉碎：*break up* a rebellion 粉碎叛乱 ❷（被）分解；（被）分离；（使关系）终止：They *broke up* the household after their parents died. 父母死后他们便分了家。

☆ break, crack, crash, crush, fracture, shatter, smash 均有"打碎，破裂"之意。break 最

为常用，指使某一物体由于受碰撞、挤压、敲打等外力而突然断裂或破碎，造成局部或全部的毁坏：He has *broken* a window with a ball. （他用球把窗户砸碎了。）该词也可用于抽象事物：It *breaks* my heart to see him working so hard for nothing. （见他这样辛苦工作而一无所得，我感到心痛。）crack 指由于磨损或受压后某物体表面发生裂缝或断裂但尚未完全破碎：The window was *cracked* but not broken. （窗户的玻璃裂了但没有碎。）crash 指使坚硬物体碰撞或坠毁，发出声响：The car *crashed* into a tree and burst into flames. （汽车突然撞在一棵树上并燃烧起来。）crush 指某物体因受外力挤压而成为其他形状：Do not *crush* the box; it has flowers in it. （别把盒子压破了，里面有花。）fracture 常指使某物或某处发生破裂或断裂现象：He fell and *fractured* his upper arm. （他跌断了上臂。）该词也可以用于比喻：A serious misunderstanding *fractured* their friendship. （一场严重的误会伤了他们的友情。）shatter 指某物因受力过重而被彻底毁坏，尤指易碎物品突然被砸得粉碎：I dropped the mirror on the floor and it *shattered*. （我把镜子掉到地上摔碎了。）该词用于抽象事物时，强调彻底粉碎或全部毁坏：Hopes of reaching an agreement were *shattered* today. （达成协议的希望今天已经破灭了。）smash 指突然猛烈地将某物体彻底打烂或捣毁，常伴有响声：I dropped the plate on the floor and it *smashed* to smithereens. （我把碟子掉在地板上，它摔碎了。）该词也常具有喻义：They *smashed* his hopes. （他们使他的希望破灭了。）

break·age /ˈbreikidʒ/ *n.* 〔C；U〕破碎；破裂；毁坏；损失：The *breakage* of the girder was due to a fault in the steel. 大梁毁损是因钢材有毛病所造成的。

break·a·way /ˈbreikəˌwei/ I *n.* 〔C〕脱离，退出：Two new opposition parties were formed in a *breakaway* from the United Party. 从联合党脱离的过程中形成了两个新的对立政党。II *adj.* 〔无比较级〕〔作定语〕〈主英〉脱离组织（或团体）的；闹分裂的，

（主张）独立的：a *breakaway* political party
分裂出来的政党

break·down /ˈbreikˌdaun/ *n.* [C] ❶（机器
等的）出故障，失灵，不运转：cause a *break-
down* in [of] communications 造成通信中断
❷拆除；中止，结束；倒塌，崩溃；破裂；分裂：
a *breakdown* of barriers between races 种族
隔阂的消除 ❸（健康、体力、精神等的）衰
弱；衰竭：suffer a mental *breakdown* 精神
崩溃

break·er /ˈbreikə/ *n.* [C] 违反（或违背）
者；打破者；弄坏者；轧碎机

break·fast /ˈbrekfəst/ *n.* [C;U]早餐，早点，
早饭

break-in /ˈbreikˌin/ *n.* [C](持不法动机)破
门而入，非法闯入；盗窃(行为)

break·through /ˈbreikˌθru:/ *n.* [C] ❶突破
性进展；（尤指科技方面或知识领域的）重大
发现：The jet engine was a major *break-
through* in air transport. 喷气发动机是空
中运输方面的一大成就。❷克服（障碍、阻
力等）；【军】突围；突破：The army made its
breakthrough at dawn. 部队黎明时突出了
重围。

break·up /ˈbreikˌʌp/ *n.* [通常用单] ❶分
散；分裂；分离：the *breakup* of a marriage 离
婚 ❷解散，解体，瓦解，崩溃：They are on
the brink of a *breakup* of the two party sys-
tem. 他们处于两党制濒于崩溃的边缘。

breast /brest/ *n.* [C]胸（部），胸膛；胸腔；
乳房

☆ **breast，bosom，bust** 均有"胸部"之意。
breast 多指人的胸部或乳房：receive a bullet
in the *breast*（胸部中了一弹）**bosom** 指人的
胸膛或女子衣服的胸襟：She carried the let-
ter in the *bosom* of her dress.（她把信放在
她衣服的胸襟里带着。）该词也可指珍藏情
感的胸怀或内心深处：He spent his last
years in the *bosom* of his family.（他在最后
几年的岁月中在家人的关怀下享尽天伦之
乐。）该词的复数形式有时也可表示妇女的
乳房：pendulous *bosoms*（松垂的乳房）**bust**
指包括头、肩和胸的半身雕像：a *bust* of
Beethoven（贝多芬的半身塑像）该词也常

用作表示女性乳房或胸围的委婉语。

breath /breθ/ *n.* ❶[U]呼吸；[C]一次呼吸；
一口气，一息：pause for *breath* 停下来喘气
❷[U]气息；（能看见、闻到或感受到的）呼
出的水汽（或热气等）：She'd smell the
smoke on my *breath*. 她会闻到我嘴里的烟
味儿的。‖ **hold one's breath** *vi.*（暂时）屏
息；（因紧张、激动等）倒抽一口气：The
whole country *held its breath* as it waited
for the news. 全国上下都屏息等待着消息。
out of breath adj. & *adv.*（尤指锻炼之后）
气喘吁吁，上气不接下气

breathe /bri:ð/ *v.* 呼吸：Fish cannot *breathe*
out of water. 鱼离开了水便不能呼吸。

breath·less /ˈbreθlis/ *adj.* ❶气喘吁吁的，
呼吸困难（或急促）的：The messenger burst
in, so *breathless* he could hardly speak. 送
信人冲进屋内，气喘得连话都讲不出。
❷（由于恐惧、惊讶、激动等而）屏息的：They
followed the match with *breathless* interest. 他
们屏气凝神，饶有兴趣地观看着比赛。‖
ˈbreath·less·ly *adv.* —ˈbreath·less·ness *n.*
[U]

breath·tak·ing /ˈbreθˌteikiŋ/ *adj.* ❶惊人
的，引人入胜的；使人兴奋的；激动人心的：a
breathtaking finish to the race 赛跑中激动
人心的冲刺 ❷惊险的，令人胆战心惊的：a
breathtaking car race 惊险的汽车比赛 ‖
ˈbreathˌtak·ing·ly *adv.*

breed /bri:d/ I (bred /bred/) *vt.* ❶生（仔），
产（崽），孵（卵）；繁殖：The mouse *breeds* it-
self with great rapidity. 老鼠繁殖非常快。
❷[常用被动语态]养育，培育；培养，训练；
反复灌输：He was *bred* a doctor. 他被培养
成为一名医生。❸（尤指为育种而）饲养；
对…作人工交配；与…交配；（通过人工交
配）育（种）：Kentucky has *bred* fine horses
for generations. 肯塔基培育了一代又一
代良种马。II *n.* [C](尤指经人工培育的动
植物的)同一品种；种；属：the very finest
breeds of hunting dogs 猎狗中几种最优良
的品种

breed·er /ˈbri:də/ *n.* [C] 养殖者；饲养员

breeze /bri:z/ *n.* ❶[C;U] 微风；a light

breeze 轻风 ❷[C][通常用单]〈口〉轻而易举的事,不费吹灰之力的事:That test was a *breeze*. 那次测验是小意思。

breez·y /'briːzi/ *adj*. ❶有微风的;清风徐徐的,微风吹拂的:It's *breezy* today, so the clothes we washed will dry quickly. 今天有风,所以我们洗的衣服很快就会干的。❷〈口〉轻松愉快的,活泼欢快的;快活的;风趣的:a *breezy* personality 活泼开朗的性格 ‖ **breez·i·ly** *adv*. — **breez·i·ness** *n*. [U]

brev·i·ty /'breviti/ *n*. [U](讲话、行文等的)简洁,简练,简短:send a telegram in its *brevity* 发一份文字简练的电报

brew /bruː/ *vt*. ❶酿造(啤酒等);使(大麦、麦芽等)发酵酿成酒:This beer has been *brewed* using traditional methods. 这种啤酒是用传统工艺酿制而成的。❷泡,沏(茶);煮(咖啡);(用煮、泡等方法)调制(饮料):Tea is *brewed* in boiling water. 茶是用开水冲泡的。❸策划,图谋;酝酿:*brew* trouble 图谋动乱

brew·er·y /'bruːəri/ *n*. [C]啤酒厂;酿酒厂

bribe /braib/ **I** *vt*. 向…行贿;出钱唆使;收买,买通:They *bribed* the man into giving them the documents. 他们买通了那个人把文件交给他们。**II** *n*. [C]贿赂;用来买通别人的钱财(或物品、好处等);诱饵:take a *bribe*(from sb.)(从某人手中)受贿

brick /brik/ *n*. ([复]**brick(s)**)[C;U]砖,砖块:lay *bricks* 砌砖

bride /braid/ *n*. [C]新娘

bride·groom /'braidˌgruːm, -ˌgrum/ *n*. [C]新郎;即将结婚的男子〔亦作 **groom**〕

brides·maid /'braidzˌmeid/ *n*. [C]女傧相,伴娘

bridge /bridʒ/ **I** *n*. ❶[C]桥,桥梁:build [throw] a *bridge* across [over] a river 在河上架桥 ❷[C]〈喻〉桥梁;起沟通作用的东西:Mathematics is a *bridge* between philosophy and science. 数学是哲学与科学之间的桥梁。**II** *vt*. ❶架桥于;用桥连接;横跨于…之上:The road *bridged* the river. 那条路横跨大河之上。❷把…连接(或弥合)起来;使越过;克服,打破:*bridge* over a diffi-

culty 克服困难

bri·dle /'braid°l/ *n*. [C]马笼头,辔头,马勒

brief /briːf/ **I** *adj*. ❶短暂的:Life is *brief*. 生命短促。❷(说话或写作)简短的;简洁的:a *brief* summary of the day's news 当天的新闻简报 **II** *n*. ❶[C]摘要,概要:a *brief* of a large scholarly tome 一部学术巨著的内容摘要 ❷情况的简要介绍;简报 ‖ *in brief* *adv*. 简言之;简要地:As time is limited, please tell us *in brief* exactly what happened. 时间有限,请你简短地跟我们说说究竟发生了什么事情。‖ **'brief·er** *n*. [C]

brief·case /'briːfˌkeis/ *n*. [C]公事包,公文包

brief·ly /'briːfli/ *adv*. ❶短暂地 ❷简单地说

bright /brait/ *adj*. ❶发亮的,闪光的;明亮的:It is fine, and the moon is very *bright*. 天空清朗,月光皎洁。❷阳光灿烂的,晴朗的:*bright* air 天朗气清 ❸(颜色)鲜艳的,鲜亮的;璀璨的:The colour in the picture is not *bright* enough. 画面的色彩不够鲜亮。❹(前景、展望等)充满希望的,光明向上的;美好的:At last things are starting to look *brighter* for our business. 对我们的企业来说,形势终于开始日益好转。❺〈口〉聪明的,伶俐的;机敏的;富于机智的:a *bright* young girl 聪明伶俐的小姑娘 ‖ **'bright·ly** *adv*. — **'bright·ness** *n*. [U]

bril·liant /'briljənt/ *adj*. ❶闪闪发光的,明亮的,辉耀的,灿烂的:The sun is too *brilliant* for the human eye. 对人眼来说,太阳太耀眼了。❷显著的,卓越的,杰出的;辉煌的;英明的:a *brilliant* scientist 杰出的科学家 / a *brilliant* decision 英明的决策 ‖ **'bril·liant·ly** *adv*.

brim /brim/ *n*. [C] ❶(杯、碗等的)边,缘:be full to the *brim* 满满当当 ❷帽檐

bring /briŋ/ *vt*. (**brought** /brɔːt/) ❶带来,取来,拿来;使(人)来到:I'll take the books to the library if you will *bring* them to me. 如果你把那些书带给我,我就把它们还到图书馆去。❷把…引来:What *brings* you into town today? 今天什么风把你吹进城来啦? ❸产生,酿成,使发生,使存在;导致,招致:

使处于某种状态：Heavy rain often *brings* floods. 大雨往往酿成洪涝。‖ ***bring about vt.*** 使发生，引起；导致，造成：What *brought about* the quarrel? 为什么事争吵起来的? ***bring forward v.*** 提出(建议、论据等)，提议…供讨论；引证：*bring forward* some good arguments in one's defence 在辩词中提出几点有力的论据 ***bring off vt.*** 使实现；完成：He managed to *bring off* the deal. 他设法做成了这笔生意。

☆**bring, carry, convey, fetch, take** 均有"带、拿"之意。**bring** 指将人、物带到说话者所在的地点或指定的处所：*Bring* me the book. (把那本书拿给我。)该词也可以用于抽象事物：The play's success *brought* her great satisfaction. (这出戏的成功给她带来极大的满足。) **carry** 通常指将物体从一处运到另一处，并不一定强调所载运之物的重量：She *carried* her baby in her arms. (她怀抱着婴儿。)该词也可用于抽象事物：Her opinions *carry* (a lot of) weight with me. (她的意见对我很有影响力。) **convey** 为正式用语，指运送或输送，既可用于人，也可用于具体事物：Your luggage will be *conveyed* by helicopter from the airport to your hotel. (你的行李将用直升机由机场运到旅馆。)该词还常用以指通过媒介来传达思想、感情、信息等：Words cannot *convey* how delighted I was. (言语无法表达我内心的喜悦。) **fetch** 指到别处去把人、物请来或拿来：Run and *fetch* the doctor. (跑去把大夫请来。) **take** 与 bring 相对，指将人、物从说话者所在的地点带走或拿走：*Take* your umbrella when you go out. (你出去时把伞带着。)

brink /briŋk/ *n.* [C][通常用单] ❶(陡峭处的)边缘，边沿；(河、池等的)边，边沿；陡岸；滨：the *brink* of the pond 池塘边 ❷顶点；始发点，边缘：beyond the *brink* of sb.'s endurance 超出某人忍耐的限度

brisk /brisk/ *adj.* ❶敏捷的；快的；轻快的；活泼的；精力充沛的：She passed us at a *brisk* walk. 她步履轻捷地从我们身边走过。❷(天气等)干冷的；清新的，令人爽快的：a *brisk* day 天气干冷的一天 ‖ **'brisk·ly**

adv. —**'brisk·ness** *n.* [U]

bris·tle /'bris²l/ *n.* [C;U] ❶刚毛，鬃毛：the *bristles* of hogs 猪鬃 ❷粗硬短须，胡子茬：His chin was covered with *bristles*. 他下巴满是胡子茬。

Brit·ish /'britiʃ/ I *adj.* [无比较级] ❶大不列颠的；英国的；英联邦的；具有英国(或大不列颠)特征的：He's got a *British* passport. 他持有英国护照。❷(大)不列颠人的；英国人的 ❸英国英语的 II *n.* [the ~][总称]英国人；英联邦人

brit·tle /'brit²l/ *adj.* ❶硬而脆的；易碎的，易损坏的：*brittle* porcelain 易碎的瓷器 ❷冷淡的；没有人情味的 ‖ **'brit·tle·ness** *n.* [U]

broad /brɔːd/ *adj.* ❶宽的，广的，阔的；辽阔的；浩瀚的：He is robust and has *broad* shoulders. 他身强肩宽。❷[通常作后置定语]有…宽的：This river is over 100 metres *broad* at its widest point. 这条河最宽处有 100 多米。❸宽宏的；胸襟开阔的；自由放任的：a man of *broad* views and interests 心胸开阔、兴趣广泛的人 ‖ **'broad·ly** *adv.* —**'broad·ness** *n.* [U]

☆**broad, extensive, large, wide** 均有"广阔的，宽广的"之意。**broad** 指表面铺展距离大，领域广，着重幅面的宽：The river grows *broader* where it empties into the sea. (河在入海口变得越来越宽。)该词也可用于抽象事物：Her taste in literature is very *broad*. (她对文学的兴趣非常广泛。) **extensive** 主要用于面积、范围或时间，指广阔宽泛，既可形容具体事物，也可用于抽象意义：An *extensive* desert covers much of northern Africa. (北非大片土地是浩瀚的沙漠。) / Her knowledge of the subject is *extensive*. (她这方面的学识很渊博。) **large** 指具体事物时，往往用于面积、范围或数量方面：a *large* family (人口多的大家庭)也可以用于抽象意义：a *large* view (思路开阔的见解) **wide** 与 broad 同义，多用于两边之间的空隙或空缺，强调空间距离大：The gap in the fence was just *wide* enough for the sheep to get through. (篱笆上的豁口刚好能让羊钻过

去。）该词也可表示抽象的广阔程度：a *wide selection*（广泛的可供选择的范围）

broad·cast /ˈbrɔːdˌkɑːst; -ˌkæst/ I v. (-cast 或-cast·ed) ❶（通过无线电或电视）广播；播送，播出：*broadcast* a TV series 播放一部电视系列片 ❷散布，广为传播：*broadcast* ideas 传播思想 II n. [C]（无线电或电视的）广播；广播节目 ‖ˈbroad·cast·er n. [C]

broad·en /ˈbrɔːdən/ v. （使）变宽，（使）扩大：The river *broadens* at its mouth where it meets the sea. 河面在大河入海处变得开阔。

broad-mind·ed /ˌbrɔːdˈmaindid/ adj. 胸襟开阔的，宽宏大量的；无偏见的：She assured me that her parents were *broad-minded*. 她向我保证她父母很开明。‖ˌbroad-ˈmind·ed·ness n. [U]

bro·chure /ˈbrəʊʃə, brəʊˈʃuə/ n. [C]小册子，小手册；（介绍某地、某旅馆等的）宣传手册，广告手册：a travel *brochure* 旅游手册

broil /brɔil/ v. ❶烤，炙，焙：*broil* a steak 烤牛排 ❷（使）灼热，烤炯，烧焦：We turned back, much *broiled* in the hot sun. 我们返回时，在烈日下被晒得灼热不堪。

broke /brəʊk/ I v. break 的过去式 II adj. [无比较级][作表语]〈口〉身无分文的，破了产的：I can't afford to go on holiday this year— I'm flat *broke*. 今年我没有钱去度假，我一个子儿也没有。

bro·ken /ˈbrəʊk°n/ I v. break 的过去分词 II adj. [无比较级] ❶被打破的，被打碎的；破裂的，破碎的；折断了的；骨折的：a *broken* leg 断腿 ❷损坏了的，出了毛病的：My watch is *broken*. 我的手表坏了。

bro·ken·heart·ed /ˌbrəʊkənˈhɑːtid/ adj. [无比较级]极度伤心的；绝望的；颓丧的：a *brokenhearted* lover 心碎欲绝的情人 ‖ˈbro·ken·heart·ed·ly adv. —ˈbro·ken·heart·ed·ness n. [U]

bro·ker /ˈbrəʊkə/ n. [C]经纪人，代理商；掮客，中间人：an insurance *broker* 保险经纪人

bronchial tube n. [C]【解】支气管；细支

气管

bronze /brɒnz/ n. ❶[U]青铜，铜锡合金；铜与锌（或与其他金属）的合金 ❷[U]青铜色，古铜色；黄褐色：There was *bronze* in her hair. 她的头发是古铜色，光可鉴人。❸[C]青铜像；铜质奖章，铜牌；青铜制（艺术）品

brooch /brəʊtʃ/ n. [C]（装饰用）胸针；领针；饰针〔亦作 broach〕

brook /bruk/ n. [C]溪，涧；小川，小河：a mountain *brook* 山涧

broom /bruːm/ n. [C]扫帚，笤帚；长柄刷

broth·er /ˈbrʌðə/ n. [C]（[复]broth·ers 或〈古〉breth·ren /ˈbreðrin/）❶（同胞）兄弟：my elder *brother* 我的哥哥 ❷伙伴，知友；国人，同胞：an old *brother* of hunting days 狩猎时的老搭档

broth·er·hood /ˈbrʌðəˌhud/ n. [U]兄弟关系；手足之情

broth·er-in-law /ˈbrʌðərinˌlɔː/ n. [C]（[复]brothers-in-law）❶大伯子；小叔子；内兄；内弟 ❷姐夫，妹夫 ❸连襟；丈夫的（或妻子的）姐夫（或妹夫）

broth·er·ly /ˈbrʌðəli/ adj. [无比较级][作定语]兄弟（般）的；情同手足的

brought /brɔːt/ v. bring 的过去式和过去分词

brow /brau/ n. ❶[C]额，脑门子：a furrowed *brow* 布满皱纹的额头 ❷[常作～s]眉，眉毛；眉脊：knit one's *brows* in a frown 皱眉蹙额

brown /braun/ I adj. [无比较级]棕色的；褐色的，赭色的咖啡色的：*brown* hair 褐色头发 II n. [C；U]棕色；褐色，赭色，咖啡色 ‖ˈbrown·ish adj. —ˈbrown·ness n. [U]

browse /brauz/ v. ❶随便翻阅，浏览：He is *browsing* the shelves for something to read. 他在书架上翻来翻去找书看。❷（在商店等）随意观看

brow·ser /ˈbrauzə/ n. [C] ❶浏览者 ❷吃草的牲畜 ❸【计】浏览器

bruise /bruːz/ I n. [C] ❶（人体跌倒、碰撞后产生的）青肿，挫伤，瘀伤：His arms and backs were covered in *bruises*. 他的双臂和

背部满是青肿块。❷(水果、植物等的)伤痕;(皮革等的)擦痕,磨损;(金属等的)凹痕:One or two of the peaches had *bruises* on them which I had to cut out. 有一两个桃子有伤斑,我只得把伤斑削去。❸(感情等方面的)挫折,伤害 **II vt.** ❶使青肿,使受瘀伤:be *bruised* from head to foot 从头到脚遍体鳞伤 ❷挫伤,伤害(感情等),使受到伤:He was apparently *bruised* by some personal experience. 他显然在个人经历上受过创伤。

brunch /brʌntʃ/ **n.** [U;C](用来代替午餐的)早午餐;(早餐午餐合二为一的)便餐

brunt /brʌnt/ **n.** [U]重击,猛攻;正面的冲击;主要的压力;矛头:For the first time in many years, the *brunt* of the snow hit my home town. 多年来大雪第一次袭击了我的家乡。

brush /brʌʃ/ **I n.** [C](毛、钢丝等制的)刷,刷子;拂尘;毛笔;画笔:a steel wire *brush* 钢丝刷 **II v.** ❶(用刷子)刷;(用毛笔或画笔)写,画;涂抹;掸,拂,擦:The lake was *brushed* pink with the sunset. 落日把湖水染成了浅红色。❷刷去;拭去;除去;掸去,拂去:*brush* the tears from one's face 拭去脸上的泪水

brusque,brusk /brusk/ **adj.** (言语、态度上)生硬无礼的,粗鲁的,唐突的,简慢的:make an *brusque* reply 生硬作答 ‖ **'brusque·ly adv.** — **'brusque·ness n.** [U]

bru·tal /'bruːt°l/ **adj.** ❶野兽般的,兽性的;凶猛的;野蛮的;残忍的,冷酷的:a *brutal* nature 兽性 ❷严酷的;苛刻的;无法忍受的:*brutal* cold 严寒 ❸严峻的:tell sb. the *brutal* truth 告诉某人事实的真相 ‖ **'bru·tal·ly adv.**

bru·tal·i·ty /bruːˈtæliti/ **n.** ❶[U]残忍;野蛮 ❷[C]野蛮的行为;暴行:the *brutalities* of war 战争的暴行

brute /bruːt/ **n.** [C]野兽,兽;畜生;残忍的人:the jungle law of *brute* versus *brute* 畜生对畜生弱肉强食的法则

bub·ble /'bʌb°l/ **I n.** [C]泡;水泡;气泡;泡沫:a *bubble* of air [gas] 气泡 **II vi.** 起泡,冒泡;沸腾:Cook the mixture until it *bubbles*. 将这种混合物煮至翻泡为止。

bub·bly /'bʌbli/ **adj.** [无比较级]❶多泡沫的;冒泡的,起泡的:*bubbly* champagne 多泡沫的香槟酒 ❷活泼的,欢快的;神采飞扬的,热情奔放的:a *bubbly* personality 活泼的个性

buck /bʌk/ **n.** [C]❶([复]**buck(s)**) 雄鹿;公羊;公兔;雄袋鼠 ❷([复]**buck(s)**)〈南非〉羚羊;鹿(无论雌雄)

buck·et /'bʌkit/ **n.** [C](带提梁的)圆桶;提桶,吊桶,水桶:a *bucket* and a mop 一只水桶和一把拖把

buck·le /'bʌk°l/ **I n.** [C](皮带等的)扣子,搭扣,搭钩:fasten a *buckle* 扣紧搭扣 **II v.** ❶扣上,扣住,扣紧:Her dress won't *buckle*. 她的衣服扣不起来。❷(尤指因受热、受压等外界影响而)变形;弯曲;鼓起;起皱;坍塌,垮下:Her legs *buckled* with exhaustion. 她累得腿都直不起来。

buck·wheat /'bʌkɪwiːt/ **n.** ❶[U]【植】荞麦 ❷荞麦;荞麦片

bud /bʌd/ **n.** [C]芽,叶芽;苞,蓓蕾:come into *bud* 抽芽

Bud·dhism /'budiz°m/ **n.** [U]佛教(由乔答摩·悉达多[Gautama Siddhartha]于公元前6世纪创立,广泛流行于亚洲地区)‖ **Bud·dhist** /'budist/ **n.** [C] & **adj.**

bud·dy /'bʌdi/ **n.** [C]〈口〉❶好朋友,伙伴,同体;搭档:a bosom *buddy* 知心朋友 ❷[用作称呼]老兄,老弟:You dialed the wrong number,*buddy*. 你拨错号了,老兄。〔亦作 **bud**〕

budg·et /'bʌdʒit/ **n.** [C]❶预算;预算案:an annual *budget* 年度预算 ❷预算拨款;(供特定用途的)专款:the construction *budget* 建设预算费

buff /bʌf/ **I adj.** [无比较级]暗黄色的,米黄色的,橘黄色的:flick open the *buff* file 啪地打开米黄色文件夹 **II n.** [U]暗黄色,米黄色,橘黄色

buf·fa·lo /'bʌfəˌləu/ **n.** [C]([复]-lo(e)s 或-lo)水牛;野牛

buf·fet /'bufei,'bʌ-/ *n.* [C] ❶点心柜,快餐部;设有点心柜(或快餐部)的餐馆 ❷(就餐者自己取食的)自助餐,快餐

bug /bʌg/ I *n.* [C] 臭虫 II (**bugged**; **bugging**) *vt.* 〈口〉烦扰,纠缠;使恼怒;使困惑: It really *bugs* me when people come around without telephoning first. 有些人不先打电话就找上门来,真让我恼火。

build /bild/ I *vt.* (**built** /bilt/或〈古〉**builded**) ❶建筑,修建: Carpenters *build* houses and birds *build* nests. 木匠盖房,鸟筑巢。❷创建,建立: *build* a business 创业 ❸发展;积聚;增长,扩大;增强,加强: *build* confidence 增强信心 II *n.* [通常用单]体形,体态,体格: a strong *build* 强壮的体格

build·er /'bildər/ *n.* [C]建造者;建筑工;营造商

build·ing /'bildiŋ/ *n.* ❶[C]建筑物;房屋 ❷[U]建筑;营造业,建筑业;建筑术: *Building* and marrying of children are great wastes. 造房子和办儿女的婚嫁是最费钱的事。

☆**building, edifice, house, structure** 均有"建筑物,房屋"之意。**building** 为普通用词,指具体的建筑物,不只限于住房: Houses and churches are *buildings*. (房屋和教堂都是建筑。) **edifice** 通常指高大雄伟的建筑物,可用作喻义: All these helped to crack the *edifice* of confidence and trust. (这些也促使信心的大厦出现了裂缝。) **house** 泛指所有可供居住的建筑物: Do you live in a *house* or a flat? (你们有专门住房还是住套间?) 该词有时也可喻指家庭或一家人: The whole *house* was woken up. (全家人都被惊醒了。) **structure** 强调构建的独特别致,常用于宏伟建筑,也可用作喻义: We visited the Children's Palace, a great sprawling *structure*. (我们参观了少年宫,那是一座庞大的俯卧式建筑。) / The class *structures* of England and America are quite different. (英国和美国的阶级结构颇为不同。)

built /bilt/ *v.* build 的过去式和过去分词

built-in /'bilt'in/ *adj.* [无比较级][通常做定语] ❶被固定住的,不能移动的;内嵌的: walls with *built-in* book shelves 内嵌书架的墙壁 ❷内在的;固有的,本质的;生就的: a *built-in* trait of human nature 人性中固有的特点

bulb /bʌlb/ *n.* [C] ❶【植】球茎,鳞茎 ❷【植】鳞茎植物 ❸电灯泡;电灯;白炽灯,日光灯: Only a few of the *bulbs* were working. 只有几只电灯泡还亮着。‖ **bulbous** *adj.*

bulge /bʌldʒ/ I *n.* [C] ❶膨胀,肿胀;鼓起,隆起,凸出: The force of the water caused a *bulge* in the dam. 水压使堤坝拱出了一块。❷〈口〉(数量上暂时性的)突然增大,骤增,激增;(物价等的)暴涨: the population *bulge* of the nineteen fifties 20 世纪 50 年代的人口激增 II *vi.* ❶鼓起,隆起,凸出;膨胀,肿胀: The wall buckled and *bulged*. 墙壁变形且向外凸出。❷装满,充满,塞满: The shelves were *bulging* with knick-knacks. 架子上放满了小装饰品。

bulk /bʌlk/ *n.* ❶[U](尤genji指巨大的)容积,体积;(大)量: It was a document of surprising *bulk*. 那个文件大得惊人。❷[the ~][通常用作单]主要(或主体)部分;大多数: The oceans form *the bulk* of the earth's surface. 海洋形成了地球表面的主体部分。❸[C][通常用单](巨大的)物体;(一)大块,(一)大团;(尤指肥硕的)身躯: The elephant raised its *bulk* and stood up. 大象支撑起庞大的身躯站立起来。‖ **bulk·y** *adj.* ‖ **in bulk** *adv.* 大批,大量;整批,整体: Goods are sold in that store both *in bulk* and in separate units. 那个商店出售的货物既可批发也可零售。

bull /bul/ *n.* [C] ❶(未阉割过的)公牛 ❷(鲸、象、麋、海豹等动物的)雄兽

bul·let /'bulit/ *n.* [C]枪弹,子弹;弹头,弹丸

bul·le·tin /'bulitin/ *n.* [C] ❶公告;通报: the latest *bulletin* about President's health 有关总统健康状况的最新公告 ❷(报纸、广播电台及电视台的)新闻简报: listen to the daily *bulletin* on one's radio 每天从收音机收听新闻广播

bulletin board *n.* [C]布告板,布告牌

bull·fight /'bulˌfait/ *n.* [C](盛行于西班牙、墨西哥、葡萄牙及拉丁美洲的)斗牛(表演)

bul·ly /'buli/ *n.* [C]恃强凌弱者;横行霸道者;恶霸

bump /bʌmp/ *I n.* [C]❶猛击;猛撞:It was fortunately not a bad *bump*, and I was slightly grazed. 幸好撞得不重,我只是擦破了点皮。❷(碰或撞造成的)肿块:You've got a *bump* on your forehead like an egg. 你额头上撞了一个鸡蛋大的包。*II vi.* ❶碰,撞(*against*, *into*):She *bumped against* a chair in the dark. 在黑暗中她撞上了一张椅子。❷颠簸着前行,跌跌撞撞地行进,磕磕绊绊地前进(*along*):Our car *bumped along* the dirt road. 我们的车在泥泞的路上颠簸行驶。‖ **bump into** *vt.*〈口〉偶然遇到,碰见:I *bumped into* an old friend in town today. 我今天在城里碰见一个老朋友。

bump·er /'bʌmpə/ *n.* [C](汽车等的)保险杠;缓冲器;减震物

bump·y /'bʌmpi/ *adj.* ❶(表面)高低不平的,崎岖的;有肿块的;凸起的,隆起的:a *bumpy* face 长满疙瘩的脸 ❷颠簸的,震摇的,不平稳的:The plane had a *bumpy* flight in the storm. 飞机在风雨中颠簸着飞行。‖ **'bump·i·ness** *n.* [U]

bun /bʌn/ *n.* [C] 夹心面包卷,小圆(果子)面包;小圆甜饼,小圆糕点

bunch /bʌntʃ/ *n.* [C]❶束,簇,丛,串,扎,捆:a *bunch* of grapes 一串葡萄 ❷〈口〉[用单]群,伙,帮:a *bunch* of thieves 一伙窃贼 ❸[用作单]〈口〉大量,许多:He's got a *bunch* of cousins. 他有很多表亲。

bun·dle /'bʌndl/ *I n.* [C]❶捆,束,把,扎,包:a *bundle* of rags 一包破烂的衣服 ❷(一)大堆,(一)大批,许多,大量:a *bundle* of groceries 一大堆食品 *II v.* ❶捆,束,包;把···扎成一捆(或一包):He *bundled* all his old newspapers and set them out at the curb. 他把所有的旧报纸捆好,放在壁炉槛上。❷将···匆忙送走;打发,撵走,推出(*a-*

way,*off*,*out*):The children were *bundled a-way* when the guests arrived. 客人们一到,孩子们就被匆匆打发走了。❸收集,归拢;把···乱堆在一起;把···胡乱塞入(*into*):He *bundled* the papers *into* the drawer. 他把报纸胡乱地塞进了抽屉。

bun·ga·low /'bʌŋɡələu/ *n.* [C](常带阁楼的)平房,平顶屋

bun·gle /'bʌŋɡl/ *vt.* ❶笨手笨脚地做:You can't do a thing without *bungling* it. 你做事总是笨手笨脚。❷(由于笨拙或不胜任等)把(工作)搞糟,将(任务)搞砸:She was *bungling* the situation unpardonably. 她不可饶恕地使大好时机毁于一旦。‖ **'bun·gled** *adj.* —**'bun·gler** *n.* [C]

bunk /bʌŋk/ *n.* [C](车、船等上固定在墙壁上并常有上下铺的)床铺,铺位

buoy /bɔi/ *n.* [C]【海】❶浮标,航标:a light *buoy* 灯浮标 ❷救生圈,救生衣

buoy·ant /'bɔiənt/ *adj.* ❶能浮起的,能漂起的;有浮力的:Cork is a very *buoyant* material. 软木是一种浮力很大的材料。❷能使物体浮起的,有托浮力的:Balloons can float because air is *buoyant*. 气球能飘浮,是因为空气有托浮力。‖ **'buoy·ant·ly** *adv.* —**bouy·an·cy** *n.*

bur·den /'bəːdᵊn/ *I n.* ❶[U;C]重负,负荷,负载,负重:Distribute the *burden* by shifting weights. 变换分量来分担载重。❷[C](责任、义务、工作等的)重担;(烦恼、焦虑、忧伤等的)精神负担:place a big financial *burden* on sb. 让某人背上沉重的经济包袱 *II vt.* ❶使负重,加负荷于;装载:Don't *burden* yourself with such useless data. 不必要强迫自己去记这些毫无用处的数据。❷使挑重担,加重压于;烦扰:be *burdened* with responsibility 肩负重担

bur·eau /'bjuərəu/ *n.* [C]([复]**-eaus** 或**-eaux** /-əuz/)❶(新闻等公众机构所设的)办事处;联络处;社,分社;所:the Hong Kong *Bureau* of Xinhua News Agency 新华社香港分社 ❷(政府等机构内设的)局;司;处;署:the weather *bureau* 气象局

bu·reauc·ra·cy /bjuə'rɔkrəsi/ *n.* ❶[U;C]

行政系统,政府机构:the civil service *bureaucracy* 民政系统 ❷[C;U]官僚政治,官僚体制,官僚机构:A just,ordered society without a *bureaucracy* has yet to be established. 我们仍须建立起一个严明公正、秩序井然而且没有官僚政治的社会。❸[总称]官僚,政府官员;行政官员 ❹[U]官僚作风,官僚主义;官样文章

bur·eau·crat /ˈbjuːrəˌkræt/ *n.* [C] ❶官员:a knowledgeable and experienced *bureaucrat* 一位见多识广、富有经验的官员 ❷官僚,官僚主义者;刻板教条的官吏 ‖ **bur·eau·crat·ic** /ˌbjuːrəˈkrætik/ *adj.* — **bur·eau·crat·i·cal·ly** /-kʰli/ *adv.*

bur·glar /ˈbəːglə/ *n.* [C]破门行窃者,盗贼

bur·glar·y /ˈbəːgləri/ *n.* [U;C] ❶【律】夜盗罪;破门作案罪:commit a *burglary* 犯夜盗罪 ❷夜盗行为;破门作案;盗窃行为:(怀不良企图)夜闯他人房屋的行为

bur·i·al /ˈberiəl/ *n.* [U;C]葬;掩埋;葬礼:He went back to Ireland for his uncle's *burial*. 他回到爱尔兰参加他叔父的葬礼。

bur·ly /ˈbəːli/ *adj.* 高大结实的;魁梧的,粗壮的;雄伟的:a *burly* construction worker 身材高大魁梧的建筑工人 ‖ **bur·li·ness** *n.* [U]

burn /bəːn/ (**burnt** /bəːnt/或 **burned**) *v.* ❶烧,燃烧:The campfire *burned* all night. 篝火燃烧了整整一夜。❷烧坏,烧毁,焚毁:It'll *burn* to the ground. 它将化为灰烬。‖ ***burn out*** *v.* (使)耗尽;使精疲力竭:Stop working and have a rest,or you'll *burn out*. 停下来歇歇吧,不然要累垮的。

burn·ing /ˈbəːniŋ/ *adj.* [无比较级][常作定语] ❶燃烧的,着火的:a *burning* hotel 着火的饭店 ❷灼热的,炽热的,滚烫的;沸腾的:*burning* sands 滚烫的沙子 ‖ **burn·ing·ly** *adv.*

burnt /bəːnt/ *v.* burn 的过去式和过去分词

burp /bəːp/ 〈口〉 I *n.* [C]饱嗝;嗳气;打嗝类似饱嗝的声音:give a contented *burp* 心满意足地打了个饱嗝 II *v.* 打嗝;使(婴儿)打嗝:Pat baby's back while you *burp* him.

要叫婴儿打嗝防噎的话,就得轻轻拍拍他的后背。

burr /bəː/ *n.* [C] ❶(英国诺森伯兰郡人)发 r 时颤动小舌的粗喉音,小舌颤动发出的 r 音 ❷(苏格兰英语方言中)颤动舌尖的 r 音

bur·row /ˈbʌrəu; ˈbəːrəu/ *n.* [C](兔、狐等动物刨的)地洞,洞穴;地道

burst /bəːst/ I (**burst** 或 **burst·ed**) *v.* ❶爆炸;爆裂;胀破;溃决:As she braked, a tyre *burst*. 她刹车时,一只轮胎爆了。❷冲,闯;突然出现(*in, out*):She *burst out* of the house crying. 她哭着从那间房里冲了出来。II *n.* [C] ❶爆炸;爆裂;破裂;裂口,缺口:a *burst* of tyre 轮胎爆裂 ❷突然显现;(指努力或行为的)突然加剧,陡增,剧升:After this one *burst* of sunshine the clouds gathered once more. 在阳光照耀一阵之后,云雾重又浓集起来。❸突然发作,突然发生;爆发,迸发;突发,猝发:a *burst* of flames coming through the roof 从屋顶上腾空而起的烈焰

bur·y /ˈberi/ *vt.* ❶埋葬,葬:The boys *buried* the dead bird in the backyard. 男孩子们把那只死鸟埋在了后院里。❷埋,掩埋;埋藏;掩盖,掩藏:The squirrels *buried* many nuts under the dead leaves. 松鼠在落叶下面埋藏了很多坚果。

bus /bʌs/ *n.* [C]([复]**bus·(s)es**) 公共汽车

bush /buʃ/ *n.* [C](丛枝)灌木;灌木丛

bush·y /ˈbuʃi/ *adj.* ❶丛林密布的,灌木丛生的:a *bushy* garden 灌木丛生的花园 ❷(如灌木般)茂密的,浓密的:*bushy* eyebrows 浓眉 ‖ **bush·i·ness** *n.* [U]

busi·ness /ˈbiznis/ *n.* ❶[C;U]日常工作,职业:What line of *business* is he in? 他是干哪一行的? ❷[U]理应关心的事;职务,职责;工作,任务;(行动、询问的)权利:It's every man's *business* to see justice done. 伸张正义,匹夫有责。❸[U;C]重要的事;Marriage is a lifelong *business*. 婚姻是终身大事。❹[U]交易,买卖;生意;商业;营业(额):The store has a large *business*. 这家商场的营业额很大。

☆ **business, commerce, industry, trade** 均有

"工商业"之意。**business** 是普通用词,泛指银行业、商业、企业等行业中的活动:He is in the insurance *business*. (他在保险业工作。) **commerce** 指商品交易活动,特别指国家与国家之间的远洋贸易:the world of industry and *commerce* (工商界);该词也可表示交往或交流:He had little *commerce* with his neighbours. (他与邻居没有什么交往。) **industry** 通常用于商品的生产、制造和加工:*Industry* has overtaken agriculture in the South. (在南方工业的发展已超过了农业。)该词可泛指有组织的社会经济活动,特别是服务行业:the hotel *industry* (旅馆业) **trade** 通常用于个别公司之间的商品贸易活动:A new *trade* agreement between England and France (英法两国之间一项新的贸易协定);该词也可表示行业,特别是手工业:He works in tourist *trade*. (他从事旅游业。)

busi·ness·man /'biznis‚mæn/ *n.* ［C］(［复］-men /-mən/) 商人;实业家;(尤指)高级商业经理人员

bust /bʌst/ *n.* [C] 胸像,半身像(包括头、肩和胸的上半部)

bus·tle /'bʌs²l/ *v.* ❶(起劲地)忙乱;匆忙;奔忙(*about*, *around*):All the city hustles and *bustles*. 整个城市熙来攘往忙碌不堪。❷〈口〉充满(*with*):a town *bustling with* life 一座熙熙攘攘、生气勃勃的城市

bus·y /'bizi/ *adj.* ❶忙的,忙碌的,不闲的,正在做事的;专心的:Arlene is *busy* (in) typing letters. 阿琳正忙着打信件。❷(房间、电话线等)正被占用的:I tried ringing Fred but his line was *busy*. 我试图给弗雷德打电话,可他的线占线了。‖ 'bus·i·ly *adv.* —'bus·y·ness *n.* [U]

☆ **busy, assiduous, diligent, industrious** 均有"不得空闲的,忙的,繁忙的"之意。**busy** 指某人正在忙于某事或某物正在使用,也可用于经常或习惯性的行为、情景等;*busy* with something important (忙于某项重要工作) / a *busy* market-place (熙攘喧扰的集市) **assiduous** 强调做大量艰苦工作的能力:acquire the power to speak French fluently by *assiduous* practice (勤学苦练就能讲流利的法语) **diligent** 多指在从事某项具体工作或追求某特定目标时表现出来的坚持不懈、全力以赴:She was a very *diligent* student. (她是个很用功的学生。) **industrious** 强调工作勤奋、持之以恒的品质或作风:They are by nature an *industrious* people. (他们天生是一个勤劳的民族。)

but /强 bʌt, 弱 bət/ **I** *conj.* ❶但是,可是,然而;而(是):He is young, *but* still he is prudent. 他年龄不大,但行事谨慎。❷[常用于否定结构后]除去:Nobody heard it *but* I. 除了我,没有人听到。❸[常用于否定结构后,相当于(that)... not]而不:We never go out *but* it rained. 我们一出门,天就下雨。**II** *prep.* [常用于 nobody, all, who 等词后] 除…以外:Nobody replied *but* me [I]. 除我之外,没有人回答。‖ **but for** *prep.* 要不是,倘没有:*But for* the help of another boy, George might have drowned. 要是没有另一个男孩的帮助,乔治兴许早就淹死了。☆**but, except** 均有"除…以外"之意。**but** 只表示一般的"除…以外",只用在像 no, all, nobody, anywhere, everything 这样的词或像 who, where, what 这样的疑问词后,**but** 后面通常只跟名词或代词:We are all *but* one. (我们除一样菜外什么都吃。) **except** 强调"除…以外",其含义比 but 强烈、明确,所排除的事物通常不在所述范围之内:The window is never opened *except* in summer. (除了夏天,这扇窗子从不打开。)

butch·er /'butʃə/ *n.* [C] ❶肉商,肉贩 ❷屠夫

butch·er·y /'butʃəri/ *n.* ❶[U]屠宰业;卖肉行业 ❷[U]残杀;大屠杀:the Nazi *butchery* of Jews 纳粹对犹太人的大屠杀

butt /bʌt/ *n.* [C] (嘲弄等的)对象,笑柄

but·ter /'bʌtə/ *n.* [U]黄油(曾译白脱油):a pat of *butter* 一小块黄油

but·ter·fly /'bʌtə‚flai/ *n.* [C]【昆】蝴蝶

but·ter·milk /'bʌtə‚milk/ *n.* [U] ❶脱脂乳 ❷酪乳(由脱脂乳经发酵而成)

but·ton /'bʌt²n/ *n.* [C] ❶纽扣,扣子 ❷按钮(开关):a *button* one pushes to ring an electric bell 按响电铃的按钮

B

but·tress /ˈbʌtris/ n. ［C］❶【建】扶壁,扶垛:a flying *buttress* 拱扶垛 ❷支柱,支持力量:cease to be the *buttress* of the business 不再是企业的中流砥柱

buy /bai/ (bought /bɔːt/) vt. 买;买得:He will *buy* me a car from a dealer. 他将从汽车商那里给我买一辆小汽车。

buy·er /ˈbaiə/ n. ［C］❶购买者;买主,顾客 ❷采购员

buzz /bʌz/ I n. ［C］❶ 吱吱声(拖长的/z/音);(蝇、蚊、蜂等的)嗡嗡声;(机器飞速转动的)噪音 ❷低沉嘈杂的(谈话、活动等)声音:a *buzz* of conversation 叽叽喳喳的交谈声 II v. 发出吱吱(或嗡嗡等)声:The radio should be fixed; it *buzzes* when you turn it on. 这收音机一打开就吱吱直响,该把它修修了。

buz·zer /ˈbʌzə/ n. ［C］❶发吱吱(或嗡嗡)声的东西(或人) ❷蜂鸣器,蜂音器;〈口〉门铃:a phone *buzzer* 电话的蜂鸣器 ❸汽笛;警报器

by /bai/ I prep. ❶在…旁边,靠近:They sat *by* the warm fire chatting. 他们坐在暖融融的火炉旁聊天。❷经过…的旁边,从…旁边(过去):He walked *by* me without noticing me. 他从我身边走过,但未看到我。❸到(某时)之前;不迟于:The payment is due *by* May 31. 这笔款项 5 月 31 日到期。❹凭借,靠,用,以,通过:attack an enemy camp *by* surprise 奇袭敌营 ❺［表示原因］由于:I took your umbrella *by* mistake. 我错拿了你的雨伞。❻［用于被动语态,表示行为者是谁或起作用的事物是什么］由,被:be trapped *by* a snowstorm 为暴风雪所困 II adv. ❶在近旁:The house is near *by*. 那幢房子就在附近。❷(搁)开,在一边,存起:He put some money *by* each week for savings. 他每个星期都拿出一点钱存起来。❸经过;过去:After an hour had gone *by*, they returned. 一个小时过后,他们回来了。‖ *by and by* adv. ❶不久以后:At first

he felt awkward, but *by and by* he got used to it. 起先他感到别扭,久而久之也就习惯了。❷迟早,终于:*By and by* we arrived at a large building on a corner. 最后我们终于来到拐角处的一幢大楼跟前。

☆**by, through, with** 均有"凭借,通过"之意。**by** 经常用在被动结构中引导行为的施动者或原因(人或力量):America was discovered *by* Columbus. (美洲是由哥伦布发现的。)该词也可用来表示手段或方法:Send it to us *by* e-mail. (用电子邮件寄给我们。)**through** 指能借以产生某种作用、达到某个目的的工具或手段,用于中介物或媒介物:Speak *through* an interpreter. (通过翻译说话。)**with** 通常指工具:He cut it *with* the scissors. (他用剪刀把它剪开了。)该词也可以用于自身不是工具,而是能产生作用的抽象事物:Do not kill us *with* your kindness. (你对我们太好了,我们会宠坏的。)

bye /bai/ int. 〈口〉［后常接 now,多用于熟人之间］再见:*Bye*, see you next time. 回头见。〔亦作 **by**〕

bye-bye /ˈbaiˌbai, ˈbaiˈbai/ int. 〈口〉再见!(= good-bye)

by·pass /ˈbaiˌpɑːs, -ˌpæs/ I n. ［C］❶(通常为绕过市镇等而筑的)旁道,旁路:Drivers use the *bypass* to skirt the city when there is lot of traffic. 当交通繁忙时,司机就改旁道绕开城市。❷【医】分流术;分路,旁路;旁通管:cardiopulmonary *bypass* 心肺分流术 II vt. 绕…走:The new highway *bypasses* the entire city. 新建公路绕过全市而行。

by-prod·uct /ˈbaiˌprɒdʌkt/ n. ［C］副产品

by·stand·er /ˈbaiˌstændə/ n. ［C］旁观者;局外人;看热闹的人:The police asked some of the *bystanders* about the accident. 警方向一些旁观者了解出事的情况。

byte /bait/ n. ［C］【计】(二进制)字节;(二进)位组;二进制数学组

C c

cab /kæb/ *n.* [C] 出租(汽)车,计程车

cab·bage /ˈkæbidʒ/ *n.* [C;U]【植】卷心菜,洋白菜,甘蓝

cab·in /ˈkæbin/ *n.* [C] ❶(简易的)小木屋;棚屋,茅舍:rent a log *cabin* 租了一间小木屋 ❷(船员或乘客住的)舱房;(海军舰船上的)军官卧舱;舰长舱;(船只甲板下的)小统舱 ❸(飞机的)座舱;货舱;(飞船的)小室

cab·i·net /ˈkæbinit/ *n.* [C] ❶橱,柜:a file [filing] *cabinet* 公文柜 ❷[常作 C-]内阁:form a coalition *cabinet* 组成联合内阁

ca·ble /ˈkeibªl/ *n.* ❶[U;C] 缆绳,缆索;钢索:reinforced *cable* 钢筋缆绳 ❷[U;C] 电缆;海底电缆;地下电缆:a high-tension *cable* 高压电缆 ❸[C]海底电报,水线电报;电报:If you accept our quotation,please advise us by *cable*. 若蒙贵公司接纳我们的报价,请以电报通知为荷。❹[U]有线电视(= cable TV)

cable car *n.* [C]缆车;索车

cable television *n.* [U](有偿服务的)有线电视,电缆电视

cache /kæʃ/ *n.* [C](藏食物、给养或财宝等的)密室;秘窖;保险柜

cack·le /ˈkækªl/ **I** *n.* [C](母鸡下蛋后的)咯咯声;(鹅发出的)嘎嘎叫:the *cackle* of geese 鹅的嘎嘎叫 **II** *vi.* (母鸡下蛋后)咯咯叫;(鹅)嘎嘎叫 ‖ ˈcack·ler *n.* [C]

cac·tus /ˈkæktəs/ *n.* ([复]-tuses 或 -ti /-tai/) [C]【植】仙人掌;仙人掌属植物

CAD *abbr.* computer aided design【计】计算机辅助设计

ca·dence /ˈkeidªns/ *n.* [C] ❶(声音的)高低起伏;抑扬顿挫;声调,语调:the pleasant *cadence* of sb.'s speech 某人那悦耳的抑扬顿挫的语调 ❷(指音乐、动作等的)节拍;韵律,节律;(生活等的)节奏:the *cadence* of the surf 海浪有节奏的拍岸声

ca·dre /ˈkɑːdəˈ;ˈkeidri,ˈkædəˈ/ *n.* [C](尤指军队、政党或组织中的)核心班子,骨干队伍,领导核心:air force and naval *cadres* 海空军骨干官兵

ca·fé,ca·fe /ˈkæfei,kɑːˈfei/ *n.* [C] ❶咖啡馆 ❷小餐馆,小吃店,快餐厅 ❸酒吧;吧台

caf·e·te·ri·a /ˌkæfiˈtiəriə/ *n.* [C](通常设在学校或工厂等的)自助食堂;自助餐厅:a school *cafeteria* 学校自助餐厅

caf·feine /ˈkæfiːn,ˈkæfiˌiːn/ *n.* [U]【化】咖啡因

cage /keidʒ/ *n.* [C]笼子 ‖ caged *adj.*

cag(e)·y /ˈkeidʒi/ *adj.* (cagier, cagiest) 〈口〉小心翼翼的,谨小慎微的;守口如瓶的,讳莫如深的:a *cagy* reply 守口如瓶的答复 ‖ ˈcag·i·ly *adv.* —ˈcag·i·ness,ˈcag·ey·ness *n.* [U]

ca·jole /kəˈdʒəul/ *v.* 欺骗,哄骗,劝诱:Elizabeth knew how to *cajole*, how to coax, and to flatter. 伊丽莎白懂得该怎样花言巧语,怎样哄骗利诱,以及如何阿谀奉承。‖ caˈjole·ment *n.* [U] —caˈjol·er *n.* [C] —caˈjol·er·y *n.* [U] —caˈjol·ing·ly *adv.*

cake /keik/ *n.* [C;U]饼,糕;蛋糕:a slice of strawberry *cake* 一片草莓蛋糕 ‖ *a piece of cake n.* 〈口〉小事一桩,小菜一碟(指轻松愉快或简单容易的事情):Persuading him to give us the day off won't be *a piece of cake*. 要说服他给我们放假可不是件容

易事。

ca·lam·i·ty /kəˈlæmiti/ n. [C]灾患；灾难，灾祸；(巨大的)不幸，厄运；(深重的)痛苦，苦难：avert a calamity 避免灾祸 ‖ **ca'lam·i·tous** adj.

cal·ci·fy /ˈkælsiˌfai/ v. (使)石灰质化，(使)钙化；(使)骨化：Cartilage often calcifies in older people. 老年人体内的软骨常常会钙化。

cal·ci·um /ˈkælsiəm/ n. [U]【化】钙(符号 Ca)

cal·cu·late /ˈkælkjuˌleit/ v. 计算，推算；核计，核算：She could not calculate people properly. 她看人不准。

☆ calculate, compute, estimate, reckon 均有"计算，估计"之意。calculate 常指通过复杂的运算过程精确测算出数值：The scientists calculated when the spacecraft would reach the moon. (科学家推算出宇宙飞船抵达月球的时间。) compute 指对现有的数据、数字通过一般的算术运算过程计算：compute the heartbeat rate (计算心搏率) estimate 指凭借某人的经验、判断力进行预测估算，所得结果大致相同，但不一定精确：She estimated that the work would take three months. (她估计这项工作需要三个月。) reckon 多指用心算的方法或计算器进行不太复杂的运算：How much do you reckon (that) she earns? (你估计她挣多少钱?)

cal·cu·lat·ing /ˈkælkjuˌleitiŋ/ adj. 〈贬〉(指人)会算计的，会打算的；精明的，颇有心计的；自私的，专为自己打算的：a calculating lawyer 精明的律师 ‖ **'cal·cu·lat·ing·ly** adv.

cal·cu·la·tion /ˌkælkjuˈleiʃ°n/ n. ❶[U;C]计算：make a careful calculation 仔细计算 ❷[C]计算结果，得数：His calculations agree with ours. 他的计算结果和我们的相同。 ‖ **cal·cu·la·tive** /ˈkælkjulətiv/, **calcu'la·tion·al** adj.

cal·cu·la·tor /ˈkælkjuˌleitər/ n. [C](尤指小型的电子)计算器

cal·cu·lus /ˈkælkjuləs/ n. [U] ([复]-li /-lai/或-lus·es) ❶【数】微积分(学)：differ-

ential calculus 微分(学) ❷牙垢，牙石

cal·en·dar /ˈkælindər/ n. [C] ❶日历；月历；年历；历书：a desk calendar 台历 ❷历法：the lunar calendar 阴历 ❸[通常用单]记事录；大事表，日程表：clear one's calendar 完成日程表上的工作

calf /kɑːf; kæf/ n. ([复]calves /kɑːvz; kævz/) ❶[C]小牛，牛犊 ❷[C](象、野牛、鲸、鹿、河马、海豹等大型哺乳动物的)仔，幼兽：The children saw the new seal calves at the zoo. 孩子们在动物园看到了新生的小海豹。 ❸[U]小牛皮；小牛皮革：gloves made of calf 牛皮手套

cal·i·brate /ˈkæliˌbreit/ vt. ❶(给测量仪器)标上刻度 ❷标定；校定，校准；调节，调整：a well calibrated thermometer 精确标定的温度计 ‖ **'cal·i·brat·ed** adj. —**cal·i·bra·tion** /ˌkæliˈbreiʃ°n/ n. [U;C] —**'cal·i·bra·tor, 'cal·i·bra·ter** n. [C]

call /kɔːl/ I vt. ❶大声说(或读)出，喊，叫：He called her name to see if she was at home. 他大声叫她的名字，看她是否在家。 ❷呼唤，叫，召唤；传唤：be called to testify in court 被传出庭作证 ❸打电话：I'll call you long distance tonight. 我今晚给你挂长途。 ❹点名：The teacher called the register every morning. 老师每天早晨都点名。 ❺召集，集合；召开；下令进行(或举行)；宣布，宣告：call a meeting 召开会议 ❻唤出；取(得)；带(来)；使产生：call a new principle into operation 使新原则生效 ❼给…命名，为…取名，称(呼)：They called the dog Rover. 他们管这条狗叫"罗弗"。 II n. ❶[C]喊叫(声)；叫唤；呼喊(声)，呼叫(声)：I heard a call for help. 我听到了呼救声。 ❷[C](短暂的)访问，拜访：pay sb. a call 拜访某人 ❸[C](一次)电话；电话交谈，通话：The secretary took all calls. 秘书负责接电话。 ❹[C;U]请求，要求：make a call on a person's time 要求某人花时间 ‖ **call back** v. ❶召回；回收：The automobile company called back those defective minivans. 汽车公司回收了那些有缺陷的小型货车。 ❷再(给…)打电话；回电话(给…)：Will you call me back later? 你过一会儿给我回个电话好吗? **call on** vt. ❶(短暂地)拜访，

访问,探望:We can *call on* Mary tomorrow. 明天我们可以去看玛丽。❷(正式地)号召, 呼吁,请求,要求,敦促,促使:The congress has *called on* the President to answer these charges. 国会要求总统答复这些责任。

cal·lig·ra·phy /kə'lɪɡrəfi/ *n.* [U](尤指好看的)字迹,笔迹;书法:practise *calligraphy* after a master sheet 临帖练书法 ‖ **cal'lig·ra·pher, cal'lig·ra·phist** *n.* [C]

cal·lous /'kæləs/ *adj.* ❶(指皮肤)生茧的, 有硬皮的;变硬的,变厚的:*callous* skin on the heel 脚跟硬茧 ❷冷酷无情的,铁石心肠的;麻木不仁的,无动于衷的:a *callous* person 铁石心肠的人 ‖ **'cal·loused** *adj.* —**'cal·lous·ly** *adv.* —**'cal·lous·ness** *n.* [U]

cal·lus /'kæləs/ *n.* [C]硬皮,老茧

calm /kɑːm/ **I** *adj.* ❶(指水面)风平浪静的; (指天气)无风的:a *calm* sea 风平浪静的大海 ❷(指人或性情)镇定的,镇静的,沉着的;自信的;不激动的,有自控力的:keep *calm* about sth. 对某事泰然处之 ❸(指事物)平静的;安稳的,宁静的:a *calm* country life 宁静的田园生活 **II** *v.* (使)平静;(使)宁静;(使)镇定:The storm ceased and the sea *calmed*. 暴风雨停了,大海恢复了平静。 ‖ *calm down v.* (使)平静下来;(使)安静下来;(使)镇定下来:We tried to *calm* him *down*, but he kept shouting and swearing. 我们试图使他平静下来,但他仍不停地叫骂着。 ‖ **'calm·ly** *adv.* —**'calm·ness** *n.* [U]

☆calm, peaceful 均为"平静的,安宁的"之意。calm 常用来形容天气或大海,用于人时多指骚动或激动之后一时的平静或镇静:After the storm, it was *calm*. (暴风雨过后,天气又平静下来了。) peaceful 强调平安无事,平和宁静,与冲突或骚乱相对:The best we can hope for is a state of *peaceful* coexistence between East and West. (我们所能希望的最好情况是东西方之间的和平共处。)

cal·o·rie /'kæləri/ *n.* [C]❶【物】卡(路里),小卡,克卡(热量单位)(略作 cal.):It takes about 80 *calories* of heat to melt one gram

of ice. 熔化 1 克冰大约需要 80 卡热量。 ❷[常作 C-]卡(路里),大卡,千卡(食物的热值单位)(略作 Cal.)。

calve /kɑːv; kæv/ *v.* 生小牛(或小象、小鹿等);产犊,生仔(*down*):The cow is expected to *calve* tomorrow. 母牛预期明天下仔。

calves /kɑːvz; kævz/ *n.* [C] calf 的复数

came /keɪm/ *v.* come 的过去式

cam·el /'kæm²l/ *n.* [C]❶【动】骆驼 ❷[U] [常作定语]驼色,浅黄褐色,浅棕色:a *camel* dress 浅黄色衣服

cam·er·a /'kæm²rə/ *n.* [C]照相机;(电影)摄影机;(电视)摄像机

cam·er·a·man /'kæm²rəˌmæn/ *n.* [C] ([复]-men /-men/)(尤指电影或电视的) (专业)摄影师,摄像师

cam·ou·flage /'kæməˌflɑːʒ/ *n.* ❶[U](出于军事目的的)伪装,掩饰;(动物的)(天然)保护色:natural *camouflage* 天然保护色 ❷[U;C]伪装物,幌子;掩饰手段,伪装手段;规避手段:His loud laughter is really *camouflage* for his basic shyness. 他的哈哈大笑实际上是他内心胆怯的掩饰。

camp /kæmp/ *n.* ❶[C](军队驻扎或训练的临时或永久性)营地;兵营,军营:an army [military] *camp* 军营 ❷[C;U]临时帐篷(或小屋);露宿营地;度假村;露营生活:a break *camp* 折叠式帐篷

cam·paign /kæm'peɪn/ **I** *n.* [C](旨在引起公众兴趣的政治或商业方面的)(有组织)活动,运动:initiate a *campaign* 发起运动/ plan a *campaign* 部署一场战役 **II** *vi.* 参加(或发起、开展)运动(或竞选、战役);参战,作战:Joan is *campaigning* for equal rights for women. 琼在为争取妇女的平等权利而斗争。 ‖ **cam'paign·er** *n.* [C]

cam·pus /'kæmpəs/ *n.* [C;U](尤指高等院校的)学校校园:The new concert hall will be built on the university *campus*. 新音乐厅将建在大学校园里。 ‖ **'camp·y** *adj.* — **'campi·ly** *adv.* —**'camp·i·ness** *n.* [U]

can¹ /强 kæn,弱 kən/ *v. aux.* [现在式否定连写形式 **can·not** /'kænɒt, kæ'nɒt/或 **can't**

/kɑːnt; kænt/ ● [表示具有某种知识、能力、技能、潜能、功能等]能（够），会：Can you speak German? 你会说德语吗？ ② [表示有权力、资格等]可以，得以，有资格，有权：Anyone who has a license can drive a car in New York. 凡是持有驾驶执照的人都可以在纽约开车。

can² /kæn/ n. ● [C]罐头盒，罐头瓶：a can of pears 梨子罐头 ② [C]常用于装垃圾的金属圆桶（罐）：Throw that away in the trash can. 把那个扔到垃圾桶里。

ca·nal /kə'næl/ n. ● [C；U]运河，渠，水道：build a canal 开凿运河 ② [C]（动植物体内的）管，道：the alimentary canal 消化道

can·cel /'kænsⁱl/ v. (-cel(l)ed;-cel·(l)ing) ●取消，撤销；废除：cancel one's order for books 撤销订书单 ②划去，删掉：cancel an ambiguous phrase in a speech 删去讲话中模棱两可的词语 ‖ 'can·cel·(l)er n. [C] can·cel·la·tion n.

can·cer /'kænsə/ n. ● [C]【医】癌，恶性肿瘤：a bone cancer 骨癌 ②[U；C]【医】癌症：a cure for cancer 癌症疗法 ‖ 'can·cer·ous /-rəs/ adj.

can·did /'kændid/ adj. 直率的，坦诚的，直言不讳的：a candid friend 坦诚相待的朋友 ‖ 'can·did·ly adv. —'can·did·ness n. [U]

can·di·da·cy /'kændidəsi/ n. [U]申请人（或候选人的）资格（或身份）：He announced his candidacy for the next congressional e-lection. 他宣布了自己将作为候选人参加下届国会竞选。

can·di·date /'kændiˌdeit/ n. [C]（政治职位、荣誉等的）候选人，竞选人：a parliamen-tary candidate 议员候选人

can·dle /'kænd³l/ n. [C]蜡烛

can·do(u)r /'kændə/ n. [U]直率；坦诚，诚恳：Her candour was disarming. 她的坦率使人疑虑顿消。

can·dy /'kændi/ n. ● [U]糖点心；甜食 ②[C；U]糖果，糖块（=〈英〉sweets）：choco-late candy 巧克力糖

cane /kein/ n. ● [C]手杖，拐杖 ②[C]（竹等植物的）细长节茎，细长节杆：bamboo cane 竹竿 ③[U]（编制家具或椅座等用的）竹料，篾片；藤条：a chair of bamboo cane 竹椅

canned /kænd/ adj. 罐装的，听装的：canned food 罐头食品

can·non /'kænən/ n. [C]（[复]-non(s)）炮，大炮，火炮；加农炮；榴弹炮：load a cannon 装炮弹

can·not /'kænət,kæ'nɔt/ v. aux. can not 的一种形式 ‖ cannot but 不得不；必须：One cannot but admire her even if one may not like her. 尽管你不一定喜欢她，但不能不佩服她。

ca·noe /kə'nuː/ n. [C；U]（尖而狭长的）小划子；独木舟 ‖ ca'noe·ist n. [C]

can·on /'kænən/ n. [C]教士；修士

can't /kɑːnt;kænt/ v. aux. ＝cannot（或 can not）

can·teen /kæn'tiːn/ n. [C] ●水壶 ②食堂；小卖部：a student canteen 学生食堂

can·vas /'kænvəs/ n. ● [U]帆布：waterproof canvas 防水帆布 ②[C]画布；油画，油画（作品）：She requires a large canvas to paint on. 她需一块大幅画布作画。

can·vass /'kænvəs/ v. 游说；征求，请求：We canvassed the country to promote our new product. 我们跑遍全国推销自己的新产品。 ‖ 'can·vass·er n. [C]

can·yon /'kænjən/ n. [C]峡谷〔亦作 cañon〕

cap /kæp/ n. [C]便帽，软帽；制服帽：a big man in a workman's cap 带工作帽的高大男子

ca·pa·bil·i·ty /ˌkeipə'biliti/ n. [U；C]能力，才能；技能；力量：a man of great capa-bilities 才能卓越的人

ca·pa·ble /'keipəb³l/ adj. 有能力的，有才能的；有技能的：be extremely capable and dependable 精明能干，诚实可靠 ‖ capable of adj. ●有…能力的，能做…的，能胜任…的：You are capable of better work than this. 你能做得更好。 ②能…的，会…的，易于…的，容许…的：The situation is *capable of* improvement. 情况可能会好转。‖ **'ca·pa·ble·ness** *n.* ［U］—**'ca · pa·bly** *adv.*

ca·pac·i·ty /kə'pæsiti/ *n.* ❶［U；C］容量，容积：The theater has a seating *capacity* of 400 people. 这个剧院能容纳 400 人。❷［U；C］智能；智力，悟性：draw out and train one's intellectual ［mental］ *capacity* 开发培养智力

cape /keip/ *n.* ［C］海角，岬

ca·pil·lar·y /kə'piləri, 'kæpi-/ *n.* ［C］【解】毛细(血)管

cap·i·tal /'kæpit°l/ *n.* ❶［C］首都，国都；省会；首府：a national *capital* 首都 ❷［C］(某种产业、组织、活动等的)重要都市：the financial *capital* of the world 世界金融之都 ❸［C］大写字母；大写字体：Begin every sentence with a *capital*. 每一个句子开头要用大写字母。❹［U］(作为创业基础的)资本，资金，本钱：constant *capital* 不变资本

cap·i·tal·ism /'kæpitəliz°m/ *n.* ［U］资本主义(制度)：monopoly *capitalism* 垄断资本主义

cap·i·tal·ize /'kæpitə,laiz/ *vt.* ❶将…大写：Days of the week are usually *capitalized*. 周日名称首字母通常都要大写。❷【会计】使资本化；使资金化：The company *capitalized* its reserve funds. 公司将储备资金转为股本。❸为…提供资本，向…投资：*capitalize* a new business 向一家新公司投资

capital letter *n.* ［C］大写字母

ca·pit·u·late /kə'pitju,leit/ *vi.* ❶(有条件地)投降：*capitulate* under the condition that 以…为条件投降 ❷屈服，屈从；停止抵抗：*capitulate* to the enemy 向敌人屈服 ‖ **ca'pit·u·lant** *n.* ［C］—**ca'pit·u·la·tor** *n.* ［C］

ca·pri·cious /kə'priʃəs/ *adj.* ❶反复无常的，变幻莫测的；任性的：a *capricious* boss 让人捉摸不透的上司 ❷不规则的，不定的，无法预见的 ‖ **ca'pri·cious·ly** *adv.* —**ca'pri·cious·ness** *n.* ［U］

cap·size /kæp'saiz/ *v.* (使船等)翻覆，倾覆：*capsize* a boat 把小船弄翻

cap·sule /'kæpsju:l/ *n.* ［C］❶【药】胶囊(剂) ❷【空】航天舱；密封舱

cap·tain /'kæptin/ *n.* ［C］❶领袖，首领，头目：a *captain* of the steel industry 钢铁工业巨头 ❷船长，舰长 ❸机长 ❹陆军(或海军陆战队)上尉；海军上校；空军上尉 ‖ **'cap·tain·cy** *n.* ［U］

cap·tion /'kæpʃən/ *n.* ［C］❶(插图的)标题说明，说明文字：The *caption* under the photo said, "The President greets the Chinese delegation." 照片下的题字是"总统会见中国代表团"。❷(影视屏幕上的)说明文字，字幕

cap·ti·vate /'kæpti,veit/ *vt.* 使着迷；使倾倒；迷惑：be *captivated* with one's charm 为某人的魅力所倾倒 ‖ **'cap·ti,vat·ing** *adj.* —**'cap· ti,vat · ing · ly** *adv.* —**cap·ti·va·tion** /,kæpti'veiʃ°n/ *n.* ［U］—**'cap·ti·,va·tor** *n.* ［C］

cap·tive /'kæptiv/ *n.* ［C］战俘，俘虏；囚徒：The pirates took many *captives* and sold them as slaves. 海盗抓了许多俘虏并把他们卖为奴隶。

cap·tiv·i·ty /kæp'tiviti/ *n.* ［C；U］被俘(期)；囚禁，监禁(期)；束缚，羁绊；奴役：*Captivity* did not weaken his will to fight. 囚禁生活并没有削弱他的斗志。

cap·ture /'kæptʃə/ **I** *vt.* ❶俘获，俘虏；猎获，捕获：*capture* an enemy 俘虏敌兵 ❷夺得；占领；获得；赢得：*capture* a gold medal 夺得金牌 ❸引起(注意等)；吸引；迷住：The magician's tricks *captured* the boy's attention. 魔术师的戏法吸引了男孩的注意力。**II** *n.* ❶［U］俘获，缴获；捕获：He evaded *capture* for three days. 他逃避追捕外出了三天。❷［C］俘获物；缴获物；捕获物；战利品；奖品

car /kɑː/ *n.* ❶［C；U］(小)汽车，轿车；有轨电车；车(辆)：enter a *car* 上车 ❷［C］(电梯等载客的)梯斗，梯厢，升降室 ‖ **'car·ful** *n.* ［C］

car·at /'kærət/ *n.* ［C］❶克拉，公制克拉(钻石等珠宝的重量单位，等于 200 毫克；略作

c.；ct.）：It weighs 530 *carats* and is the biggest cut diamond ever. 这颗钻石重 530 克拉，是经过雕琢的最大的钻石。❷开（金纯度单位，24 开为纯金）〔亦作 **karat**〕

car·a·van /'kærəvæn/ *n.* [C] ❶大篷车：a gipsy *caravan* 一辆吉卜赛人的大篷车 ❷旅行队；车队；旅行队的牲口队：a *caravan* of trucks 一队卡车

car·bo·hy·drate /ˌkɑːbəʊˈhaidreit/ *n.* [U；C]【生化】碳水化合物，糖类：You have too much *carbohydrate* in your diet. 你的食谱碳水化合物含量太高。

car·bon /'kɑːbən/ *n.* ❶[U]【化】碳（符号 **C**）❷[C]（一张）复写纸（＝carbon paper）

carbon paper *n.* [U]复写纸〔亦作 **carbon**〕

car·cass /'kɑːkəs/ *n.* [C] ❶（动物的）尸体：a *carcass* of a lion 狮的尸体 ❷（宰杀后除去头、肢、内脏的）畜肉体：a chicken *carcass* 鸡肉

card /kɑːd/ *n.* ❶[C]卡，卡片，卡纸：a medical *card* 医疗卡 ❷[C]明信片；请柬，帖；问候卡：a birthday *card* 生日贺卡 ❸[C]名片：exchange *cards* 交换名片 ❹[C]牌，纸牌，扑克牌；[～s]「用作单]纸牌戏

card·board /'kɑːdbɔːd/ *n.* [U]卡纸板，薄纸板：a sheet of *cardboard* 一张（或一块）硬纸板

car·di·ac /'kɑːdiˌæk/ *adj.* [作定语]心脏的；心脏病的；与心脏治疗有关的：*cardiac* disease 心脏病

car·di·nal /'kɑːdinˀl/ *adj.* [作定语]首要的，主要的，基本的：*cardinal* principles 基本原则

care /keəʳ/ **I** *n.* ❶[U]忧虑，焦急，烦恼，挂念，思念：Few people are free from *care*. 很少有人能无忧无虑。❷[U]小心，精心，谨慎，留意：A pilot must do his work with great *care*. 飞行员必须谨慎驾驶。❸[U]照顾，照料；管理；负责看管（或办理）的事：Your belongings will be safe in my *care*. 你的财产由我看管将万无一失。❹[U]关怀，关心，关切：the tender loving *care* of parents 父母温柔慈爱的关怀 **II** *v.* ❶介意；担心；关心：Do you *care* if I go? 要是我去，你在意

吗？❷照顾；照料（*for*）：Would you *care for* the baby while his mother is away? 孩子的妈不在时你能照看一下他吗？‖ *take care v.* 当心，注意：*Take care* not to drop the thermos. 小心别失手打碎暖瓶。*take care of vt.* 照顾，照料：I'll *take care of* her. 我来照顾她。*Who cares*？[表示无所谓等]管它呢：*Who cares* where she is? 管她在哪儿呢！

☆ **care, anxiety, concern, worry** 均有“忧虑，担心”之意。**care** 词义较广，指由于责任、恐惧或对亲人的关注、担心所造成的思想负担及不安：all the *cares* of the world（没个完的忧虑）/ weighed down by the *cares* of a demanding job（被费力的工作压垮）**anxiety** 往往指因悬而未决或吉凶难卜的事所引起的焦虑与紧张，也指因即将发生的失败、不幸或灾难而产生的恐惧与忧虑：There's a lot of *anxieties* among the staff about possible job losses.（工作人员都很忧虑，担心可能失业。）**concern** 指由于对与自己有利害关系的人或事放心不下而忧心忡忡：There is no cause for *concern*；your son's accident was not too serious.（不必担心，你儿子的事故不太严重。）**worry** 指内心深处的忧虑，其烦躁不安的程度较 anxiety 强，带有强烈的个人感情色彩：*Worrying* about your health can make you ill.（你老是担心自己的身体，那样倒会闹出病来的。）

ca·reer /kəˈriəʳ/ *n.* ❶[C]生涯，经历，履历：a successful *career* as a diplomat 成就卓著的外交家生涯 ❷[C]职业，一生的事业；谋生手段：build a *career* 立业

care·free /'keəfriː/ *adj.* 无忧无虑的；轻松愉快的；无牵无挂的：lead a *carefree* life 过一种无忧无虑的生活

care·ful /'keəful/ *adj.* ❶仔细的；谨慎的；小心的：Be *careful*（that）you don't drop it. 当心别把它掉了。❷精确的；彻底的；用心（或费力）做成的：He did a *careful* job. 他的活儿干得很仔细。❸[作为命令语]小心；注意；当心：*Careful*! It's going to break! 当心！要断了！‖ 'care·ful·ly *adv.* —'care·ful·ness *n.* [U]

☆ **careful, cautious, meticulous, puncti·lious,**

scrupulous 均有"小心的，谨慎的"之意。**careful** 为普通用词，指对由自己负责的事或人十分关心、极度小心，努力避免出现差错：After *careful* consideration，we've decided to accept their offer.（经过周密的考虑，我们决定接受他们的提议。）**cautious** 指做事兢兢业业，十分警惕潜在危险，绝不冒险行事：The bank is very *cautious* about lending money.（银行发放贷款时十分谨慎。）**meticulous** 强调过分注意细节，尤其是因怕犯错误而过于谨慎、过于虑及无关紧要的琐事：She is *meticulous* in her presentation of facts.（她介绍事实十分详细。）**punctilious** 指过分注重法律条文或拘泥于礼仪习俗的繁文缛节：a *punctilious* observance of formalities（礼节上的拘谨）**scrupulous** 指格守道德准则，出于良心而严格认真：a *scrupulous* inspection of the firm's accounts（对公司账目的彻底审查）

care·less /'keəlis/ *adj.* ❶ 不小心的，粗心的，疏忽的，粗枝大叶的：a *careless* typist 粗心的打字员 ❷ 不关心的，淡漠的，漠然的（*of*，*about*，*in*）：He has a *careless* attitude toward his homework. 他对家庭作业抱着无所谓的态度。‖ **'care·less·ly** *adv.* — **'care·less·ness** *n.* [U]

ca·ress /kə'res/ **I** *vt.*（-ressed 或〈古〉〈诗〉-rest /-'rest/）爱抚，拥抱；吻；轻抚，轻拍：A warm breeze *caressed* her cheek. 和煦的微风轻拂她的脸颊。**II** *n.* [C] 爱抚，拥抱；亲吻；轻抚，轻拍：a loving *caress* 爱抚

care·tak·er /'keə,teikə'/ *n.* [C] 照顾者；照看者；（大楼的）看管人；〈英〉（学校等的）看门人

car·go /'kɑːgəu/ *n.* [C；U]（[复]-go(e)s）（车、船或飞机等装载的）货物：The freighter had docked to unload a *cargo* of wheat. 货船入港卸下一船小麦。

car·i·ca·ture /'kærikətjuə'/ *n.* ❶ [C] 漫画，讽刺画；讽刺文章：*Caricatures* of celebrities appear daily in the newspaper. 报纸上每天都有讽刺名人的漫画。❷ [U] 漫画（或讽刺）艺术（或手法）；（写作）讽刺文章的技巧：His eye for detail made him a master of *car-*

icature. 他那观察入微的眼睛使他成了一位漫画大师。

car·ing /'keəriŋ/ *adj.* 有同情心的；（深表）同情的；一心一意的；（职业）专事照料老弱病残者的；为公民提供福利的：the *caring* professions，such as nursing and social work 照料别人的职业，如看护和社区工作

car·na·tion /kɑː'neiʃ°n/ *n.* [C]【植】(麝)香石竹，康乃馨

car·ni·val /'kɑːniv°l/ *n.* ❶ [U]【宗】（四旬斋前持续半周或一周的）狂欢节，嘉年华会 ❷ [C]（流动）游艺团，游乐场（有各种游戏、杂耍等）❸ [C]（定期的文艺或体育等）表演会；博览会：a winter *carnival* 冬季博览会

car·niv·o·rous /kɑː'niv°rəs/ *adj.* 食肉的；食肉动物的

car·ou·sel /,kærə'sel,-'zel/ *n.* [C] 旋转木马

carp /kɑːp/ *n.* [C]（[复]carp(s)）【鱼】鲤鱼

car·pen·ter /'kɑːpəntə'/ *n.* [C] 木工，木匠

car·pet /'kɑːpit/ *n.* [U；C] 地毯织料；地毯：a stair *carpet* 楼梯地毯

car·riage /'kæridʒ/ *n.* ❶ [C] 车辆；（载客的）马车；童车：The couple go by *carriage* to the Palace. 这对夫妇乘马车到王宫。❷ [C]〈英〉（火车）客车厢：a sleeping *carriage* 卧铺车厢

car·ri·er /'kæriə'/ *n.* [C] 搬运人；携带者；邮递员；送报人；送信人；运输工具（如公共汽车、飞机等）：a public *carrier* 公共运输工具

car·rot /'kærət/ *n.* [C]【植】胡萝卜 ‖ **'car·rot·y** *adj.*

car·ry /'kæri/ *v.* ❶ 挑，扛，背，抱，提，拎，搬：*carry* a package 拎着包裹 ❷ 带，携带：He *carries* the virus with him. 他身上携带着病毒。❸（可）容纳（物件、液体等）；盛；装：The jug *carries* water. 这罐子可盛水。❹ 输送；传送，传导；传播：*carry* English culture to the far side of the globe 将英国文化传播到地球的另一端 ❺ 运送，运载，输送，搬运：*carry* the mail 运送邮件 ‖ ***carry away*** *vt.* 使忘其所以；使忘形；使兴奋：I got rather *carried away* at the clothes sale and spent far too much money. 我在服装特价出售时忘乎所以，一下子花了好多钱。**carry off** vt. ❶轻而易举地完成(任务、职责等)：She *carried off* her part in the plan with no difficulty. 她轻而易举地完成了她在该项计划中承担的任务。❷赢得、获得(奖品、荣誉等)：She *carried off* most of the prizes for diving. 她获得跳水的大多数奖项。**carry on** v.(尤指不顾干扰或困难)继续做；坚持：We can *carry on* our discussion after lunch. 午饭后我们可以继续讨论。**carry out** vt. 实行；执行；完成，实现：An investigation into the cause of the crash will be *carried out* by the Department of Transport. 有关飞机坠毁原因的调查将由运输部负责进行。**carry through** v. ❶帮助某人渡过难关：His determination *carried* him *through* the ordeal. 他靠坚定的信心渡过了难关。❷成功地完成某事物：It's a difficult job but she's the person to *carry* it *through*. 这是件艰巨的工作，但她是能胜任的。

☆**carry, bear, convey, transmit, transport** 均有"运送"之意。**carry** 为一般用词，通常指以车、船、牲口等运输手段或通过肩扛手抬将物体从一处运到另一处，并不一定强调所搬运之物很重：We lifted the piano and *carried* it down the stairs. (我们抬起钢琴，把它抬到楼下。) / Pipes *carry* oil across the desert. (输油管穿过沙漠把石油输送出去。) **bear** 指负重，强调支撑力，不一定移动，可用于物或人：I doubt if that chair will *bear* your weight. (我怀疑那把椅子能否承受得了你的体重。) **convey** 为正式用语，通常指用运输工具连续不断或大量地运送：This train *conveys* both passengers and goods. (这列火车既载人又载货。) 该词还可用来指通过媒介传达思想、感情、信息等：His music *conveys* a sense of optimism. (他的音乐传达了一种乐观主义精神。) **transmit** 强调运送者的运送能力，但运送者并不参与运送过程，仅指文件、信息内容的传递或传播：The survivors of the shipwreck *transmitted* a distress signal every hour. (失事船只的幸存者每小时发出一次遇难信号。) 该词也可以表示使之透过或传导的意思：Glass

transmits light but not sound. (玻璃传导光,但不传导声音。) / Iron *transmits* heat. (铁能传热。) **transport** 通常限于用交通运输工具来运送货物或人：Trains *transport* the coal to the ports. (火车把煤运送到港口。)

car·sick /ˈkɑːˌsik/ adj. 晕车的：They had to stop twice because Billy got *carsick*. 因为比利晕车,他们不得不两次停车。‖ ˈcar·sick·ness n. [U]

cart /kɑːt/ n. [C] ❶(马、驴、牛等拉的)双轮车 ❷小车,手推车

car·ton /ˈkɑːtⁿn/ n. [C]纸(板)盒,纸(板)箱；(硬蜡纸或塑料制的)液体容器；一纸板盒(箱)的量；盒(箱)中物：Pack the books in a large *carton*. 把书装进一个大纸箱内。

car·toon /kɑːˈtuːn/ n. [C] ❶漫画,讽刺画,幽默画：a political *cartoon* 政治漫画 ❷连环漫画,卡通画 ❸【电影】动画片,卡通片：Walt Disney *cartoon* 沃尔特·迪斯尼卡通片 ‖ car·ˈtoon·ist n. [C]

carve /kɑːv/ v. (过去式 carved,过去分词 carved 或〈古〉carv·en /ˈkɑːvⁿn/) ❶雕刻,刻；在…上雕刻(或刻)；(用雕刻的图案)装饰：I'll *carve* you an image in metal. 我要用金属给你刻一尊像。❷切,切开；切碎；把…切成片；划分：*carves* the meat 切肉 ‖ ˈcarv·er n. [C]

case[1] /keis/ n. [C] ❶实例,事例：another *case* of sb.'s carelessness 粗心大意的又一事例 ❷实情,事实：If that's the *case*, you must come as soon as possible! 如果真是那样,你必须尽快来一下！❸情况；境况,状况：be in good *case* 境况良好 ❹病症,病例；病人,患者：a bad *case* of measles 麻疹重症病例 ❺(需要讨论或调查的)事情；问题：It's a *case* of life and death. 这是一件生死攸关的事情。❻诉讼；讼案；判例：The *case* will be brought before the court tomorrow. 此案明天审理。❼(在法庭上提出的)证据,事实,理由：present the *case* for the prosecution at the court 在法庭上提交起诉的理由 ‖ **in any case** adv. 无论如何,不管怎样：We are ready, *in any case*, for the new task. 不管怎

样,我们已经为这项任务做好了准备。*in case* 一旦;万一;Please walk the dog *in case* I don't come on time. 万一我没按时来请遛狗。*in case of* 要是发生;一旦出现:*In case of* fire, exit quietly down the stairs. 一旦发生火情,就从楼梯有秩序地出去。*in no case* 无论如何也不,决不:*In no case* should you take a French leave. 无论怎样你都不能不辞而别。

case² /keis/ *n.* [C] 容器;箱,盒:He took a shirt out of the *case*. 他从箱子里拿出一件衬衫。

cash /kæʃ/ **I** *n.* [U] ❶钱(包括纸币或硬币),现金:She didn't have enough *cash*. 她身上没有带足够的现金。❷(包括支票等的)现款,现金:He paid *cash* for the new arrival. 他用现金买了件新品。**II** *vt.* 把…兑现:*cash* the check 兑换支票 ‖ **'cash·less** *adj.*

cash·ier /kæˈʃiə/ *n.* [C] ❶(商店等处的)收款员,收银员 ❷(公司)财务出纳;出纳主任

cas·ing /ˈkeisiŋ/ *n.* [C] ❶箱,盒;套,罩;壳:a shell *casing* 炸弹壳 ❷(门、窗等的)框 ❸(做香肠等用的)肠衣

ca·si·no /kəˈsiːnəu/ *n.* [C]([复]**-nos**) 卡西诺赌场;夜总会;俱乐部

cas·ket /ˈkɑːskit; ˈkæskit/ *n.* [C] ❶(装首饰等贵重物品的)小盒,小箱:an exquisite jewel *casket* 精美的珠宝盒 ❷骨灰盒;(尤指昂贵而华丽的)棺材

cas·sette /kæˈset, kə-/ *n.* [C] ❶磁带盒 ❷胶卷盒,底片盒

cast /kɑːst; kæst/ **I** *vt.* (**cast**) ❶投,掷,抛,撒:*cast* a stone over the wall 将石头扔过墙 ❷投射(视线、光影等);投注(视线、注意力、疑虑等)于:He *cast* a doubtful glance at me. 他朝我怀疑地看了一眼。❸为(戏剧等)选演员;指派…扮演(角色):The play was well *cast*. 这个剧的演员阵容很强。**II** *n.* [C] ❶投,掷,抛 ❷[通常用单]一组演员;(一出戏或一部电影的)演员阵容:an all-star *cast* 全明星阵容 ‖ *cast about* [*around*] *v.* ❶寻找;查看:I *cast about* the room to find a book. 我在房间四下里找一本书。❷到处搜寻;寻求(*for*):He *cast about* desperately for the quick way to make money. 他千方百计寻找赚钱的快捷办法。‖ *cast away* [*aside*] *vt.* 丢掉;扔掉;抛弃:She has *cast away* the suggestion. 她放弃了这个建议。*cast out* *v.* 赶走,驱除;放逐;扔掉:He was *cast out* from the school because of misconduct. 他因行为不端被学校开除了。

caste /kɑːst; kæst/ *n.* ❶[C](印度社会的)种姓(阶层) ❷[C]社会阶层(或等级);(排他性的)社会集团:*castes* of rich and poor 贫富各阶层 ❸[U]等级制度 ❹[U]等级地位

cas·tle /ˈkɑːsᵊl; ˈkæsᵊl/ *n.* [C] 城堡;要塞;(中世纪的)城市堡垒:a ruined *castle* 被毁的城堡

cas·u·al /ˈkæʒjuəl/ **I** *adj.* ❶偶然的;碰巧的:*casual* factors 偶然因素 ❷(假装)漠不关心的,冷漠的:He assumed a *casual* air. 他故作一副冷漠的样子。❸[通常作定语]无意的;无条理的;未经考虑的;随便的,漫不经心的:a *casual* answer 随口的回答 ❹[通常作定语](服装)家常的;不花哨的:wear *casual* slacks 穿着休闲裤 ❺[作定语]临时的;不定期的:a *casual* labourer 打零工者 **II** *n.* [C][常作~s]便装,便鞋:winter *casuals* 冬季便装 ‖ **'cas·u·al·ly** *adv.* — **'cas·u·al·ness** *n.* [U]

cas·u·al·ty /ˈkæʒjuəlti/ *n.* [C] ❶[常用 **casualties**](军队的)伤亡人员:suffer heavy *casualties* 承受惨重伤亡 ❷(事故、灾难等的)伤者;死者:a *traffic casualty* 交通事故伤亡者

cat /kæt/ *n.* [C] ❶【动】猫 ❷猫科动物(包括狮、虎、豹等);类似猫的动物

cat·a·log(ue) /ˈkætəlɔg/ *n.* [C] 目录;目录册,目录单:We looked through the *catalogue* for courses in English. 我们浏览英语课程目录表。

cat·a·lyst /ˈkætəlist/ *n.* [C] ❶【化】催化剂:The enzyme was a *catalyst* in that reaction. 酶是那个反应的催化剂。❷促进(或刺激)因素;起促进作用的人

ca·tas·tro·phe /kə'tæstrəfi/ *n.* [C] ❶灾难,大祸;灾难性的结局:natural *catastrophes* 天灾 ❷厄运,不幸:Losing eyesight was a *catastrophe* to her. 失明对她来说是一场厄运。

catch /kætʃ/ *v.* (**caught** /kɔːt/) ❶接住;抓住;拦住:She *caught* her son in an embrace. 她把儿子搂到怀里。❷捉住,逮住;捕获:The policeman tried to *catch* the outlaw. 警察在追捕那位在逃犯。❸突然撞见;发现,发觉:The teacher *caught* the student cheating. 老师抓住了正在作弊的学生。❹染上(疾病),感染;遭受;招致:*catch* a cold 患感冒 ❺及时赶到,赶上,追上:You have ten minutes left to *catch* the train. 你还剩下10分钟赶火车的时间。❻听清楚;领会,理解:I don't think I *caught* the name. Could you repeat it? 我想我没有听清那个名字。请再说一遍好吗?‖ **catch up v.** 赶上,追上(*with,to*):She stood still, allowing him to *catch* her *up*. 她一动不动地站着,让他赶上来。‖ '**catch·a·ble** *adj.*

☆**catch, bag, capture, ensnare, entrap, snare, trap** 均有"抓住,捕获"之意。**catch** 为普通用词,指用追踪、计谋、突袭等方法抓住或捕获逃跑或隐藏的人或动物:They drove off after the thieves but couldn't *catch* them. (他们驱车追窃贼,但未能抓住他们。) **bag** 指捕获并将猎物装入袋中,但捕杀的意味较重:We *bagged* a rabbit. (我们捕获了一只野兔。) 该词还可用作喻义:Try to *bag* a couple of seats at the back for us. (想办法给我们在后排抢占两个座位。) **capture** 指用武力或计谋制服顽强抵抗而抓获:to *capture* a castle (夺取一座城堡) 该词也可用作喻义:They *captured* over 60% of the votes. (他们得到了60%以上的选票。) **entrap** 和 **ensnare** 则强调设置圈套者的计谋、狡猾:He felt he had been *entrapped* into marrying her. (他觉得和她结婚是上了当。) / He *ensnared* the old lady into giving him all her savings. (他诱骗那位老妇人把全部积蓄都给了他。) **snare** 和 **ensnare** 用于指落入越是挣扎越是绝望的境地:sympathetic to the regime that *ensnared* them in its monstrous net (对该政权的同情使他们落入其可怕的巨网中) **trap** 和 **snare** 指用陷阱或罗网来捕捉,有时也可用作喻义:*snare* a rabbit (设陷阱捕捉兔子) / *snare* a rich husband (设圈套嫁给有钱人) / It's cruel to *trap* birds. (诱捕鸟是很残忍的。) / I was *trapping* into telling the police all I knew. (我中计了,把所知道的一切都告诉了警方。) **trap** 和 **entrap** 用以表示陷入听任摆布的境地:He was *entrapped* into making a confession by the clever questioning of the police. 警察以巧妙的审问诱使他招供。

catch·ing /'kætʃiŋ/ *adj.* ❶传染性的:Measles is very *catching*. 麻疹传染很快。❷有感染力的;迷人的,吸引人的:Enthusiasm is *catching*. 热情是富于感染力的。

cat·e·gor·i·cal /ˌkæti'ɡɒrik³l/, **cat·e·gor·ic** /-ik/ *adj.* 无条件的;明确的;绝对的:His *categorical* denial left no doubt about his position. 他的断然拒绝使他的立场明确无疑。‖ '**cat·e'gor·i·cal·ly** *adv.*

cat·e·gor·ize /'kætiɡəˌraiz/ *vt.* ❶将…归类,把…分类:We *categorized* the snowflakes into several shapes. 我们把雪花的形状分成几种。❷命名;描述:He was *categorized* as a slow reader. 他被认为是一个阅读慢的人。‖ **cat·e·gor·i·za·tion** /ˌkætiɡəraiˈzeiʃ³n,-riˈz-/ *n.* [U;C]

cat·e·go·ry /'kætiɡəri/ *n.* [C]类,类别,种类;类型:He places all people in two *categories*. 他把所有人分为两类。

ca·ter /'keitə'/ *vi.* ❶满足需要(或要求);投合,迎合;悉心照料(*to*):*cater to* the public demands 满足大众需求 ❷提供饮食等服务;承办宴席(*for*):He owns a company that *caters for* weddings. 他开一家婚庆服务公司。

cat·er·pil·lar /'kætəˌpilə'/ *n.* [C]【昆】毛虫,蠋(蝴蝶、蛾等鳞翅目昆虫的幼虫)

ca·the·dral /kə'θiːdr³l/ *n.* [C]主教座教堂;(设主教座的)教区总教堂

Cath·o·lic /'kæθ³lik/ **I** *adj.* [无比较级]主教(教徒)的:a *Catholic* family 天主教家庭 **II** *n.* [C]天主教教徒:a devout *Catholic* 虔诚的

天主教教徒 ‖ **Ca·thol·i·cism** /kə'θɒliˌsiz°m/ **n.** [U]

cat·tle /'kæt°l/ **n.** [C][用作复][集合名词] 牛(指菜牛或奶牛):a herd of *cattle* 一群牛

caught /kɔːt/ **v.** catch 的过去式和过去分词

cause /kɔːz/ **I n.** ❶[C]起因,原因:What was the *cause* of the conflict? 这起冲突的原因是什么? ❷[U](正当的)理由;(充分的)根据;动机:Your absence gave him *cause* for neglect. 你不在,他当然就把你给忽略了。❸[C]事业;运动;(奋斗)目标:struggle in the *cause* of justice 为正义而斗争 **II vt.** 成为…的原因;引起,引发;招致;促使:The flood *caused* many homeless refugees. 洪水使很多人成了无家可归的难民。
☆**cause, motive, reason** 均有"原因,理由"之意。**cause** 指导致某一影响、结果或现象的直接起因:The thinner ice was the *cause* of his fall into the river. (薄冰是他掉进河里的原因。) **motive** 指驱使某人按目的的行事的强烈内在冲动:Jealousy was the *motive* for the murder. (忌妒是这宗谋杀案的动机。) **reason** 为普通用词,多指对事物的起因或行为的意图作出的通情达理、合乎逻辑的解释:The *reason* why I'm late is that I encountered traffic jam. (我迟到的原因是遇上了交通堵塞。)该词有时也可表示不正当的借口:Although he had overslept, the *reason* he gave for his lateness was that he had been caught in a traffic jam. (他睡觉睡过了头,却以遇上塞车作为迟到的借口。)

caus·tic /'kɔːstik/ **adj.** ❶(有)腐蚀性的;【化】苛性的:*caustic* substances 有腐蚀性的物质 ❷讥讽的;尖利刻薄的,辛辣刺人的:*caustic* remarks 刻薄话语 ‖ **'caus·ti·cal·ly** /-kəli/ **adv.**

cau·tion /'kɔːʃ°n/ **n.** ❶[U]谨慎,慎重,小心:Remove the lid with *caution*. 小心把盖子拿开。❷[C;U]警告;告诫;警惕:The red sign indicates a *caution*. 那红色标记就是警告。

cau·tion·ar·y /'kɔːʃ°nəri/ **adj.** [作定语]劝诫的,警告的,提醒注意的:*cautionary* advice 忠告

cau·tious /'kɔːʃəs/ **adj.** 十分小心的,谨慎的,审慎的:a *cautious* driver 小心谨慎的驾驶员 ‖ **'cau·tious·ly adv.** —**'cau·tious·ness n.** [U]

cav·al·ry /'kævəlri/ **n.** [总称]❶骑兵(部队):heavy *cavalry* 重骑兵 ❷装甲兵(部队);机动部队:The fifth *cavalry* drove across the desert. 第五装甲部队穿越了沙漠。

cave /keiv/ **n.** [C]洞穴;岩洞

cav·i·ty /'kæviti/ **n.** [C]❶洞,穴;凹处:a *cavity* in the earth 地洞 ❷【解】腔,窝,盂:in chest *cavity* 在胸腔中

cay·enne /kei'en/ **n.** [U]❶红辣椒粉;红辣椒(果实)❷【植】红辣椒

cease /siːs/ **v.** 停,终止:She *ceased* to be talked about. 她不再是人们的谈资了。

cease·less /'siːslis/ **adj.** [无比较级]不停的,不间断的;无休无止的:*ceaseless* effort 不懈的努力 ‖ **'cease·less·ly adv.** —**'cease·less·ness n.** [U]

ce·dar /'siːdə'/ **n.** 【植】❶[C]雪松 ❷[U](有松香味的)雪松木料

cede /siːd/ **vt.** 放弃;割让;出让:*cede* territory to a country 把土地割让给某个国家

ceil·ing /'siːliŋ/ **n.** [C]❶天花板;平顶:a lamp hanging from the *ceiling* 天花板上的吊灯 ❷(开支等的)数额上限,最高限额:lift a farm-production *ceiling* 取消农产品产量的最高限额

cel·e·brate /'seliˌbreit/ **v.** ❶庆祝(节日等);过(生日):*celebrate* Women's Day 庆祝妇女节 ❷(公开)举行(仪式或庆典等);主持(弥撒等):*celebrate* Communion on Easter 在复活节主持圣餐仪式 ‖ **'cel·e·bra·tor, 'cel·e·brat·er n.** [C] —**'cele·bra·tive** /-brətiv/ **adj.**

cel·e·brat·ed /'seliˌbreitid/ **adj.** [通常作定语]著名的,驰名的:the *celebrated* national heroes 声名赫赫的民族英雄

cel·e·bra·tion /ˌseliˈbreiʃ°n/ **n.** ❶[C;U]庆祝活动,庆典,典礼:The tenth anniversary of the marriage deserves a *celebration*. 结婚

的十周年值得庆贺一番。❷[U]庆祝；颂扬，赞美：*Celebration* for this fine author came after her death. 这位优秀的作家死后才享受到了哀荣。

ce·leb·ri·ty /si'lebriti/ *n.* ❶[C]名流，名人，知名人士：a Broadway *celebrity* 百老汇名流 ❷[U]名望，名声：His *celebrity* brought him riches. 他的名望使他发了财。

cel·er·y /'seləri/ *n.* [U]【植】芹菜

cell /sel/ *n.* [C]❶单人囚室，小牢房 ❷【昆】蜂房巢室：Bees deposit honey in the *cells* of a honeycomb. 蜜蜂把蜜放置在蜂房内。 ❸【生】细胞：a *cell* wall 细胞壁

cel·lar /'selə/ *n.* [C]地下室；地窖：a coal *cellar* 煤窖

cel·list /'sellist/ *n.* [C]大提琴手

cel·lo /'tʃeləu/ *n.* [C]([复]-los)【音】大提琴〔亦作 **violoncello**〕

Cel·si·us /'selsiəs/ *adj.* [无比较级]摄氏(温度或温标)的(略作 **C,C.**，**Cels.**)[常用于名词或数词后]：about 20 degrees *Celsius*. 20 摄氏度左右〔亦作 **centigrade**〕

ce·ment /si'ment/ I *n.* [U]水泥 II *vt.* (用水泥或胶接剂等)黏合，黏结，胶合：*cement* stones to form a wall 用水泥浆砌石成墙

cem·e·ter·y /'semiˌtəri/ *n.* [C](尤指教堂庭院外的)墓地，坟地，公墓〔亦作 **grave-yard**〕

cen·sor /'sensə/ I *n.* [C](书刊、报纸、新闻、电影、电视等的)审查员，检查员：military *censors* 军事审查员 II *vt.* ❶检查，审查；监察：a heavily *censored* editorial 一篇经过严格审查的社论 ❷删除；修改：The figure has been *censored* from a report published today. 今天出版的报道中这个数字被删除了。

cen·sure /'senʃə/ I *vt.* 指摘，非难；谴责：He was *censured* for negligence at work. 他因玩忽职守而受到批评。 II *n.* ❶[U]指责，责备：come under *censure* 受到指责 ❷[U;C](尤指立法机构通过的)正式谴责：The senator got only a vote of *censure* from Congress. 这名议员只从国会收到一张不

信任票。

cen·sus /'sensəs/ *n.* [C]([复]-sus·es /-səsiz/)人口调查，人口普查

cent /sent/ *n.* [C]❶分(辅币单位，100 分＝1 元，略作 **C.**，**c.** 或 **ct.**，符号为 ¢) ❷面值为 1 分的硬币(或纸币)

cen·te·nar·y /sen'ti:nəri,sen'tenəri/ *n.* [C] ❶一百(周)年，一世纪：2011 is the first *centenary* of Xinhai Revolution. 2011 年是辛亥革命的第一个百年。 ❷一百周年庆典；一百周年纪念：The university is embracing its *centenary*. 这所大学正在迎接它的百年华诞。

cen·ter /'sentə/ *n.*，*v.* & *adj.* 〈主美〉＝centre

cen·ti·grade /'sentiˌgreid/ *adj.* [无比较级]❶百分度的；分为百度的：a *centigrade* scale 百分度量制 ❷[用于名词或数词后]摄氏的；(根据)摄氏温标的(＝Celsius)：The boiling point of water is 100 degrees *centigrade*. 水的沸点是 100 摄氏度。(略作 **C**，**C.** 或 **cent.**)

cen·ti·me·tre，**cen·ti·me·ter** /'sentiˌmi:tə/ *n.* [C]厘米(＝1/100 米)(略作 **cm**)

cen·tral /'sentr°l/ *adj.* ❶[无比较级][通常作定语]中心的，中央的；形成中心的：the *central* region of the city 城市中心区 ❷[作定语]为首的，总的：the *central* administration 中央行政机关 ❸[作定语]主要的，必要的；至关重要的：He had a *central* position in the department. 他在该部门任要职。 ‖ 'cen·tral·ly *adv.*

cen·tral·ise /'sentrəˌlaiz/ *vt.* 〈主英〉＝centralize

cen·tral·ize /'sentrəˌlaiz/ *vt.* ❶使集中：The administration of the city schools was *centralized* during his term as mayor. 在他任市长期间，市立学校的管理权得到了集中。 ❷使集权；使置于中央集权制下：*centralize* the power of the monarchy 加强君主集权 ‖ **cen·tral·i·za·tion** /ˌsentrəlai'zeiʃ°n;-li'z-/ *n.* [U]

cen·tre /'sentə/ *n.* ❶[C]心，中心：the *centre* of a circle 圆心 ❷[C]正中，中央：He moved the table over to the *centre* of the room. 他把桌子移到房间的中央。❸[C] (城市等的)中心区；人口集中地区：Shanghai is the *centre* of world trade. 上海是世界贸易中心。

cen·tu·ry /'sentʃuri/ *n.* [C]世纪，百年：the paintings of the sixteenth *century* 16 世纪的绘画

CEO，C.E.O. *abbr.* chief executive officer 首席执行官，总经理

ce·re·al /'siəriəl/ *n.* ❶[C][常作～s](麦子、水稻、玉米等)谷类植物：Wheat used to be a wild *cereal*. 小麦曾经是野生的谷类植物。❷[U]谷物：harvest the *cereal* 收获谷物 ❸[U;C](用作早餐的)谷类食品：Oatmeal and cornflakes are breakfast *cereals*. 燕麦片和玉米片是谷类早餐食品。

cer·e·mo·ni·al /ˌseri'məunjəl/ *adj.* [无比较级]礼仪的；典礼的；正式的；适于正式场合的：a *ceremonial* occasion 正式场合 ‖ ˌcer·e'mo·ni·al·ly *adv.*

cer·e·mo·ny /'seri|məuni/ *n.* [C]仪式，典礼：a flag-raising *ceremony* 升旗仪式
☆ ceremony, formality, liturgy, rite, ritual, solemnity 均有"仪式，典礼"之意。**ceremony** 可指任何正式、庄重、程式化的纪念性活动：a wedding *ceremony* (结婚典礼) **formality** 指缺少实质性意义的程序、礼仪或习俗，强调形式上的需要：They said the interview was just a *formality*, as they've already given me the job. (他们说面试只是一种例行公事，因为他们已经录用我了。) **liturgy** 主要用于东正教、天主教的圣餐仪式，在英国国教中指诵念祈祷书仪式；该词也可泛指宗教仪式，但 rite 和 ritual 侧重形式，liturgy 则强调仪式的全部内容：He insisted on the maintenance of full ritual in the *liturgy*. (他坚持在宗教仪式的过程中遵守每一个程序。) **rite** 大多指宗教仪式：The priest performed the last *rites* over the dying woman. (神父给那位垂死的妇人举行了临终圣礼。) **ritual** 可指宗教仪式和所有具体的形式、程

序和规定：Some religions employ *ritual* more than others. (有的宗教举行仪式时特别注重礼则。)该词现在常指非常正式、严肃并有固定程式的活动：the *ritual* of the Japanese tea ceremony (日本茶道的仪式) **solemnity** 常用复数，指庄重的宗教仪式或庆祝活动：The queen was crowned with all *solemnity*. (女王在隆重的典礼仪式中获得加冕。)

cer·tain /'sɜːtˀn/ *adj.* ❶[作表语]肯定的，必然的；确信的；有把握的：She was quite *certain* about it. 她对此相当有把握。❷[常作表语]不容争辩的，确凿的；明显的：*certain* evidence 确凿的证据 ❸可靠的：His sources are certain. 他的来源是可靠的。❹[作定语]某，某一，某种；〈婉〉那种的，那样的，难说出来的：a *certain* Mr. Brown 一位名叫布朗的先生 ❺[作定语]一些，少许，若干：to a *certain* degree [extent] 在某种程度上 ‖ *make certain that* (*of*) *v.* 把…弄清楚；使确定；确保：*Made certain* (that) you know what time the plane takes off. 你得弄清楚飞机起飞的确切时间。

cer·tain·ly /'sɜːtˀnli, -tinli/ *adv.* ❶无疑地；确定；必定：I will *certainly* be at the party. 我一定会出席晚会的。❷[用于表达强烈的感情或热情]的确，确实：He *certainly* is successful. 无可否认，他获得了成功。❸[用于回答]当然；行：*Certainly*, you may take the keys. 行，你拿着钥匙吧。

cer·tain·ty /'sɜːtˀnti, -tinti/ *n.* ❶[U]确实，确信，确实性，确定性：know sth. with *certainty* 确知某事 ❷[C]必然的事；确定的事实；可靠的人(或事物)：There are few absolute *certainties* in life. 人生中注定的事很少。
☆ certainty, certitude, conviction 均有"确信，有把握"之意。**certainty** 强调有充分根据或理由确信必定如此：It's a dead *certainty* that this horse will win the race. (这匹马在比赛中赢定了。) **certitude** 多用于信仰或信念，有较强的个人主观色彩：believe with all *certitude* in an afterlife (执著地相信还有来世) **conviction** 常指面对充分的理由或事实根据而信服的心态，往往带有消除先前的怀

疑或疑虑的意味：He said he wasn't frightened,but his voice lacked *conviction*. （他说他不怕,但他的声音听起来并不那么坚定。）

cer·tif·i·cate /sə'tifikit/ *n.* [C]证(明)书；执照；文凭；(学业)结业证书：The post requires a doctor's *certificate*. 这个职位需要有医生证。

cer·ti·fy /'sə:tifai/ *vt.* ❶证明,证实：The witness *certified* the truth of her claim. 证人证实她的话是真的。❷担保…的质量(或价值等)；(银行)为(支票)签署保证付款：The fire inspector *certified* the school building as fireproof. 防火监督员担保这幢校舍的防火设施是合格的。❸颁发证书(或执照)给：*certify* a physician 给内科医生颁发行医执照

ces·sa·tion /se'seiʃ°n/ *n.* [C][通常用单]停止,休止；中断：a *cessation* from work 休息(或休假)

ces·sion /'seʃ°n/ *n.* ❶[U](领土的)割让；(权利、财产等的)转让：the *cession* of territories 放弃领土 ❷[C]割让的土地；转让的权利(或财产等)

chain /tʃein/ *n.* ❶[C;U]链,链条：a link in a *chain* 链条上的一节(或环) ❷[常作～s]锁链；镣铐；囚禁；束缚：struggle out of one's *chains* 挣脱锁链 ❸[C]一系列,一连串：reconstruct a *chain* of events 把一连串事件重新串起来 ❹[C](公司、企业等的)联号,连锁店：a motel *chain* 连锁汽车旅馆

chain reaction *n.* [C]❶【物】【化】链式反应 ❷(事件等的)连锁反应：set off a *chain reaction* 引发连锁反应

chair /tʃeə°/ *n.* [C]椅子：a folding *chair* 折叠椅

chair·man /'tʃeəmən/ *n.* [C]([复]-men /-mən/)(会议的)主持人；(董事会等的)主席,董事长；(大学的)系主任 ‖ 'chairman·ship *n.* [U]

chalk /tʃɔ:k/ *n.* [U;C]粉笔：a piece[stick]of *chalk* 一支粉笔

chal·lenge /'tʃælindʒ/ I *n.* [C;U]挑战；格斗要求：take up sb.'s *challenge* 接受某人的挑战 II *vt.* ❶向…挑战；邀请…参加竞赛(或格斗、辩论等)：I *challenge* you to race me across the lake. 咱俩比一比,看谁先游过湖。❷质疑；怀疑；反对；否认：The idea has never been *challenged*. 从未有人对这个观点提出过异议。‖ 'chal·leng·er *n.* [C]

chal·leng·ing /'tʃælindʒiŋ/ *adj.* 富有挑战性的；需要充分发挥能力的：She finds her new job very *challenging*. 她发现自己的新工作很有挑战性。

cham·ber /'tʃeimbə°/ *n.* [C]❶室,房间；(尤指)寝室：She retired to her *chamber*. 她退进了她的卧室。❷(立法机关,地方长官、法官等的)会议厅；立法机关；司法机关：the council *chamber* 议事室 ❸(两院制议会的)院：The Congress of the United States has two *chambers*,the Senate and the House of Representatives. 美国国会有参议院和众议院两院。❹【生】(动植物体内的)室,腔：The heart has four *chambers*. 心脏有四室。

cha·me·le·on /kə'mi:liən/ *n.* [C]❶变色蜥蜴 ❷多变的人,变色龙：He is a *chameleon* with no opinions of his own. 他是个反复无常的人,没有一点主见。‖ cha'me·le·on·like *adj.*

cham·pagne /ʃæm'pein/ *n.* [U;C]香槟酒

cham·pi·on /'tʃæmpiən/ *n.* [C]❶(在比赛或竞技中)获第一名的人(或动物、物品等),冠军,优胜者,一等奖得主：a defending *champion* 卫冕冠军 ❷斗士；卫士；提倡者；支持者,拥护者：a *champion* for justice 为正义而战的人

cham·pi·on·ship /'tʃæmpiən,ʃip/ *n.* ❶[常作～s]锦标赛：the American national golf *championships* 全美高尔夫球锦标赛 ❷[C]冠军身份(或地位)；冠军称号

chance /tʃɑ:ns;tʃæns/ I *n.* ❶[C;U]可能性；偶然性,或然性；[常作～s]很有可能发生的事(或情况)：It is nine *chances* out of ten against us. 我们十之八九不会成功。❷[U]意想不到的事；偶然的事：It was sheer *chance* (that) I won the prize. 我能得奖实属侥幸。❸[C]机会,机遇：a fair *chance* 一次好[绝好]机会 II *vi.* 偶然发生；碰巧；无意间被发现(或找到)：It *chanced* that we were both travelling on the same plane. 凑巧的是,我俩乘坐同一班飞机旅行。‖ **by any chance** *adv.* 万一;或许:I wonder whether you could lend me some money *by any chance*? 假如可能的话,你能借给我一点钱吗? **by chance** *adv.* 偶然地;意外地;不期:No one is so foolish as to believe that anything happens *by chance*. 谁也不会愚蠢到竟然会相信世间任何事情都是偶然发生的。

☆ **chance, occasion, opportunity** 均有"时机,机会"之意。**chance** 主要指偶然的机会,含有侥幸之意:It was pure *chance* that we met in Paris. (我们在巴黎相遇纯属巧合。)该词有时也可指公平或正常的机会,尤其适用于含否定意思的表达方式:There is a faint *chance* that you will find him at home. (在他家里找到他的可能性很小。) **occasion** 亦为普通用词,指提供机会、敦促某人采取行动的具体时刻或场合:This is hardly the *occasion* for a family argument. (这种时候不宜为家事争吵。) **opportunity** 为普通用词,多指有利于做某件事以实现某种意图、目的或心愿的良机:I would like to take this *opportunity* of thanking everyone for their hard work on the project. (我愿借此机会感谢每一位为这个项目辛勤工作的人。)

chan·cel·lor /ˈtʃɑːnsᵊlə, ˈtʃæn-/ *n.* [C] ❶(奥地利、德国等的)总理,首相 ❷〈英〉(大学的)名誉校长 ❸(美国某些大学的)校长 ‖ **'chan·cel·lor,ship** *n.* [U]

change /tʃeindʒ/ **I** *n.* ❶[C;U]改变;转变;变化;变更,变动,变革:a sudden *change* in the weather 天气的突变 ❷[C]替换物;更换的衣物:She packed two *changes* of clothes for the trip. 她为这次旅行准备了两套替换衣服。❸[U]找头;零钱;[总称]小额钱币,小面值硬币,辅币:Keep the *change*. 别找了。**II** *v.* ❶改变;更改;变革;调动:The disease *changed* him from an athlete into an invalid. 病魔使他从运动员变成了病夫。❷换(交通工具、衣服等);更换,替换:*change* soiled clothes for clean ones 换去脏衣服,穿上干净衣服 ❸兑换;把(大面额钞票等)换成零钱:*change* a check 兑现支票

❹交换,互换(*with*):I *changed* seats *with* my brother. 我和弟弟调换了座位。

☆ **change, alter, convert, modify, transform, vary** 均有"改变,变动"之意。**change** 为普通用词,可指本质上彻底改变,也可表示替代、更换:He *changed* the design of the house completely. (他完全更改了房屋的设计方案。) **alter** 为正式用词,强调某一具体方面有改动,而基本结构和性质保持不变:I will have to *alter* the diagram. I have made a mistake. (我得修改图表,我出了点儿错。) **convert** 指把某物改作他用:The room was *converted* from a kitchen to a lavatory. (这房间由厨房改成了厕所。)该词也可表示改变信仰或信念:Anne has *converted* to Catholicism. (安妮已转而信仰天主教。) **modify** 指为起限制或减缓作用而修改或变动:The heating system has recently been *modified* to make it more efficient. (最近供暖设备已稍加改动以提高效率。)该词也可表示为适用某一目的而在功能或用途上作出变动:The design has been *modified* to improve fuel consumption. (为了改善燃油消耗,该设计已经做了修改。) **transform** 指事物外部在作用或功能上发生重大或深刻变化:In only 20 years the country has been *transformed* into an advanced industrial power. (这个国家只用了20年就变成了一个先进的工业强国。) **vary** 常指因为变化而产生不同或差别:It is better to *vary* your diet rather than eat the same things all the time. (你最好变换一下饮食,不要总吃同样的东西。)

change·a·ble /ˈtʃeindʒəbᵊl/ *adj.* 多变的;易变的;不定的;难以揣摩的:He was as *changeable* as the weather. 他像天气一样捉摸不透。

chan·nel /ˈtʃænᵊl/ *n.* [C] ❶河床,河槽;沟渠,沟槽 ❷水道,航道;(液体流过的)管道:There is shallow water on both sides of the *channel* in this river. 这条河的航道两边是浅水。❸海峡;[the C-]英吉利海峡 ❶[~s](尤指官方)渠道,途径;正式程序;系统:through regular *channels* 通过正常途径 ❺【电子】【电信】频道,信道,波道;电路,通

路：switch to another *channel* 换频道

chant /tʃɑːnt; tʃænt/ *n.* [C] ❶颂歌，圣歌，赞美诗 ❷(单调的)歌曲；曲调：a war *chant* 战歌

cha·os /'keiɒs/ *n.* [U]混乱，无秩序，紊乱；杂乱的一堆(或一团、一群等)：be plunged [thrown] into *chaos* 陷于混乱之中

cha·ot·ic /kei'ɒtik/ *adj.* 混乱的：The city traffic was *chaotic*. 城市交通乱糟糟的。‖ **cha'ot·i·cal·ly** /-kəli/ *adv.*

chap /tʃæp/ *n.* [C]〈主英口〉小伙子；伙计，家伙，老兄：Come on, (you) *chaps*, let's get going. 快点，伙计们！咱们干起来吧。

chap·ter /'tʃæptər/ *n.* ❶[C](书、文章等的)章，回，篇(略作 **chap.**)：a *chapter* on how to introduce people to one another 关于如何互相介绍的一章 ❷[C](人生或历史等的)重要时期；阶段

char·ac·ter /'kæriktər/ *n.* ❶[U](人的)性格；品格，品质，品德：build [train] *character* 塑造性格 ❷[U](事物的)特性，个性，特征，特点，特色：outline the *character* of the conference in the interview 在访谈中概括这次会议的性质 ❸[U]良好的品质；毅力；勇气；骨气：show one's true *character* 表现出很强的毅力 ❹[C](小说、戏剧等中的)人物，角色：the leading *character* in a play 一出戏的主角

char·ac·ter·is·tic /ˌkæriktə'ristik/ **I** *adj.* 独特的，特有的；典型的；表示特性的：It is *characteristic* of her that she never complained. 她从不发牢骚，这是她的性格特点。**II** *n.* [C]特征，特性，特色，特点：individual *characteristic* 个性 ‖ **char·ac·ter'is·ti·cal·ly** /-kəli/ *adv.*

☆❶ **characteristic, distinctive, individual, peculiar** 均有"特有的，独特的"之意。**characteristic** 指某人或某物具备有别于他人或他物的特性或特征，侧重自身的特点：She spoke with *characteristic* enthusiasm. (她以特有的热情说话。) **distinctive** 通常指与众不同且值得称颂的优良品质：a *distinctive* flavour (特殊的味道) **individual** 强调与同类中其他人或物不同的个性或特性：The education department decides on general teaching polices, but the exact details are left to the *individual* schools. (教育部门确定总的教学方针，但确切的细节留待各个学校自己处理。) **peculiar** 强调罕见或独一无二的特性，不一定含有不正常或古怪的意味：a plant species *peculiar* to the island (这个岛屿上特有的植物种类) ❷ **characteristic, attribute, feature, individuality, mark, peculiarity, quality, trait** 均有"特征，特色"之意。**characteristic** 指某人或某物天生具备的有别于他人或他物的内部特质或典型特征：Good planning is one of the *characteristics* of a successful business. (规划周详是成功企业的特征之一。) 该词也可用于抽象事物。**attribute** 常指某人或某物的自然属性或伴随特征：Kindness is one of his best *attributes*. (仁慈是他的好品性之一。) **feature** 常指某人或某物外表上能给人留下深刻印象的最明显的特点或细节：Many examples and extra grammatical information are among the special *features* of this dictionary. (本词典别具特色，诸如例证多及新增语法要点等。) 该词也常专门用来说明人的容貌特征：His eyes are his most striking *feature*. (他面部最突出的部分是那双眼睛。) **individuality** 强调与他人不同的品质或个性：a dull woman, who lacks *individuality* (缺乏个性的无生气的女人) **mark** 语气比 feature 强，指区别于他人或他物的标志，褒贬都可用：This scar is her main distinguishing *mark*. (这块疤疤是她主要的识别记号。) **peculiarity** 指显著的、令人不快的特征或怪癖，带有较强的感情色彩：*peculiarities* of dress, behaviour, diet, etc. (衣着、行为、饮食等方面的怪癖) 该词也可表示某人或某物独一无二的特征或特色：The lack of a written constitution is a *peculiarity* of the British political system. (没有一部成文宪法是英国政治制度的一大特点。) **quality** 为普通用词，含义广泛，指基本的素质或品性，可用于褒义或贬义：It is difficult to recruit teachers of *quality*. (要聘用到素质好的教师是很困难的。) **trait** 特指性格方面的特征，尤指先天禀赋的特点，褒贬都可用：

One of his less attractive *traits* is criticizing his wife in public. (他有个不大讨人喜欢的特点，就是爱当众责备妻子。) / Anne's generosity is one of her most pleasing *traits*. (安妮的为人慷慨是她最受人喜爱的特性之一。)

cha·rade /ʃəˈreid/ *n*. 〔常作 ～s〕用作单〕（用文字、图片或动作表示的）字谜（游戏），哑剧字谜：play *charades* 玩字谜游戏

char·coal /ˈtʃɑːkəul/ *n*. ❶[U]炭，木炭：a piece of *charcoal* 一块木炭 ❷〔常作 ～s〕（作画用的）炭棒，炭笔：a sketch drawn in *charcoal* 用炭笔画成的速写

charge /tʃɑːdʒ/ **I** *v*. ❶要（价）；收取（费用等）；向…收（钱）；要…付钱：How much do you *charge* for a double room? 双人间的房价是多少？ ❷把…记在账上；把（账）记在某人名下；记入…的账；赊购（货物）（*to, up to*）：The store permitted her to *charge* the dress. 那家商店允许她赊购那条裙服。 ❸指控；控告（*with*）；〔后接 that 引导的从句〕提出…的指控；指责；声称：They *charged* delinquency against him. 他们指责他有不法行为。 **II** *n*. ❶[C;U]价钱，费用；要价；收费：No *charge* is made for repairs. 免费修理。 ❷[U]照看，照管，看护；掌管；监护；[C]被照管的人（或东西）：The child was placed in her nurse's *charge*. 这孩子由她的保姆照管。 ❸[C]指控，控告：make a false *charge* 诬告 ‖ **in charge** *adj*. 主管的，负责的（*of*）：The sick man was taken *in charge* by the doctor. 病人已由医生负责护理。 **take charge** *vi*. 管理，掌管；负责；料理（*of*）：He is a natural leader, and can *take charge* in an emergency. 他天生是个当领导的材料，紧急情况下他能够管理一切。

charg·er /ˈtʃɑːdʒəʳ/ *n*. [C] ❶控告人 ❷充电器

char·i·ta·ble /ˈtʃæritəbəl/ *adj*. ❶慷慨施舍的，乐善好施的；慈悲为怀的，仁爱的；宽容的；宽厚的：*charitable* remarks 宽容的讲话 ❷〔作定语〕慈善组织的；与慈善组织有关的：a *charitable* organization 慈善组织 ‖ **'char·i·ta·ble·ness** *n*. [U] —**'char·i·ta·bly** *adv*.

char·i·ty /ˈtʃæriti/ *n*. ❶[U]施舍；施舍物，赈济的钱物：plead for *charity* 乞求施舍 ❷[C;U]慈善机构（或团体）；慈善事业：Red Cross is an international *charity*. 红十字会是一个国际性慈善团体。 ❸[U]仁爱，慈悲；慈善：do sth. out of *charity* 出于仁爱之心做某事

charm /tʃɑːm/ *n*. [C;U]吸引力，魅力；〔常作 ～s〕妩媚，美貌：display a lot of *charm* 表现出极大的魅力 ‖ **'charm·er** *n*. [C] —**'charm·ing** *adj*. —**'charm·ing·ly** *adv*.

chart /tʃɑːt/ *n*. [C] ❶（航海或航空用的）地图；海图；航图：*charts* of the China Sea 中国海的航图 ❷图，图表，示意图；曲线图（或表）：a sales *chart* 销售情况表

char·ter /ˈtʃɑːtəʳ/ **I** *n*. [C] ❶（政府或立法机构对组建自治城镇、大学、公司企业等的）特许状，凭照；（社团对成立分会等的）许可证：obtain for a government *charter* 获得政府的特许状 ❷〔常作 C-〕宪章，共同纲领：the *Charter* of the United Nations 联合国宪章 ❸（飞机、汽车等的）包租契约 ❹包机（车、船）旅行，旅游：organize a *charter* for a trip to New York 组织一次赴纽约的包机旅游 **II** *vt*. ❶给…发特许证，给…发执照：a college *chartered* in 1800 一所于 1800 年特设的学院 ❷包租（车辆、飞机、船只等）：The school *chartered* a bus for a tour. 学校包了一辆公共汽车旅游。

chase /tʃeis/ *v*. ❶追赶，追逐；追猎：*chase* a criminal down the street 沿街追捕罪犯 ❷驱赶；赶出；驱除；打消（*from, out of, away, off, to*）：*chase away* a recollection 抹去记忆

☆ **chase, follow, hunt, pursue, shadow, tail, track, trail** 均有“尾随，跟踪”之意。**chase** 指快速追赶或决心追踪，也可表示驱逐、驱赶：She *chased* the children out of the kitchen. （她把孩子们赶出厨房。）该词还可以用来表示为满足某种欲望或需要而进行热切的搜寻或追求：He is always *chasing* the girls. （他老是在追求女孩子。）**follow** 为普通中性用词，指在空间、时间或次序上随后而来，可用于人或物，也可用于比喻：Spring *follows* winter. (冬去春来。) / The boy *followed* his father out of the room. (这男孩跟着他父亲走出了房间。) 该词还有"沿着…前进或行进"之意：The railway line *follows* the river for several miles. (铁路沿着那条河伸展达数英里。) **hunt** 特指追猎或杀：This game is being *hunted* to the verge of extinction. (这种猎物被捕杀得濒临灭绝。) 该词也常用来表示追捕或寻找：I have *hunted* high and low for my socks. (我到处在寻找我的短袜。) **pursue** 指紧紧跟随，强调热切的心情和坚持不懈的努力：The police are *pursuing* an escaped prisoner. (警方正在追捕一名越狱逃犯。) **shadow** 为非正式用词，指有一定动机的跟踪，隐含近距离紧追不舍之意：He felt he was being *shadowed*, but he could not see anyone behind him. (他感到有人在跟踪他，但他看不见身后的人。) **tail** 为非正式用词，通常用于口语，指紧跟在某人后面，往往有监视、盯梢等意义，用于较为短暂、较远距离的行动：The police have been *tailing* me — they know I am here. (警方一直在跟踪我，他们知道我在这里。) **track** 强调侦查、发现踪迹或线索的能力：They *tracked* the wolf to its lair. (他们一直把狼追到它的巢穴。) 该词也可泛指搜寻逃亡者或难以找到的事物：The police *tracked* the terrorists to their hide-out. (警方追踪恐怖分子至其藏匿处。) **trail** 通常表示拖沓行走或无精打采地跟随某人：The defeated army *trailed* back to camp. (那支打了败仗的军队拖着疲惫的步伐走回营地。) 该词也可指沿着别人或动物留下的踪迹追索：The police *trailed* the criminal to his hiding-place. (警方跟踪罪犯一直到他的藏身之处。)

chasm /'kæz²m/ *n.* [C] ❶(地面的)裂缝；峡谷；缺口，裂口：a *chasm* in the earth 地面的裂隙 ❷〈喻〉(感情、兴趣等的)大分歧，大差异：bridge a *chasm* 弥合裂痕 ‖ **chasmed** *adj.*

chaste /tʃeist/ *adj.* ❶童贞的；贞洁的；忠于配偶的：be *chaste* as morning dew 晨露般的清纯 ❷独身的，未婚的；禁欲的：a *chaste* life 独身生活 ❸(行动、言语、思想等)纯洁

的，纯真的；正派的；高雅的：be *chaste* in mind 思想纯洁 ‖ **'chaste·ly** *adv.* — **'chasteness** *n.* [C]

chat /tʃæt/ 〈主英〉I *vi.* (**chat·ted; chat·ting**) 聊天，闲谈：*chat* over tea 边喝茶边聊天 II *n.* [C;U]〈口〉聊天，闲谈：a *chat* about old times 叙旧 / have a *chat* with sb. 与某人聊天

chat·ter /'tʃætə'/ *vi.* ❶喋喋不休，饶舌，唠叨：He was *chattering* on about his new car. 他喋喋不休地谈论他的新车。 ❷(鸟)啼啭；(猴子等)唧唧叫；(松鼠等)吱吱叫：The monkeys were *chattering* away in the trees. 猴子在树林里叫个不止。 ❸(因寒冷或恐惧等而牙齿)打战：His teeth *chattered* with cold. 他的牙齿因寒冷而直打战。 ‖ **'chat·ter·er** *n.* [C]

cheap /tʃi:p/ *adj.* ❶廉价的，便宜的：*cheap* and cheerful food 价廉物美的饭菜 ❷[通常作定语]要价低的，收费低廉的：*cheap* labour 廉价劳动力 ❸低劣的，质次的，蹩脚的：We don't sell *cheap* quality goods. 我们不卖劣质货。 ‖ **'cheap·ly** *adv.* — **'cheapness** *n.* [U]

☆**cheap, inexpensive** 均有"廉价的，便宜的"之意。**cheap** 既可指物美价廉的，又可指价钱虽低但质量不好的，常用于贬义：Bread is *cheap* in this shop because they bake it themselves. (这家铺子的面包很便宜，因为是他们自己烤制的。) **inexpensive** 指物品价格公道的，强调价值与价格大体相当：an *inexpensive* umbrella that can be folded up and carried in the pocket (一把既可折叠又便于携带的价格公道的伞)

cheap·en /'tʃi:p²n/ *vt.* ❶使便宜；使跌价；使贬值：The dollar's increase in value has *cheapened* imports. 美元的升值降低了进口商品的价格。 ❷降低…的身份(或地位、威信等)；使被人看不起：I would not *cheapen* myself by doing such a thing. 我才不会自贬身价去做这种事情。 ❸降低…的质量

cheat /tʃi:t/ I *v.* 欺骗，欺诈；骗取，诈取：*cheat* sb. by flattery 用花言巧语欺骗某人 ❷(在考试等中)作弊：*cheat* on an

examination 在考试中作弊 **II** *n.* [C] 骗子：
I saw you drop that card, you *cheat*! 我看见你故意丢了一张牌，你这骗子!

☆ **cheat, defraud, dupe, hoax, swindle, trick**
均有"欺骗，诈取"之意。**cheat** 为普通用词，着重指为自己的利益采取不诚实的手段骗取他人钱物，亦指捉人不注意时作弊：They *cheated* the old woman (out) of her money by making her sign a document she did not understand. (他们让那老妇人在她不懂的文件上签字，骗了她的钱。) **defraud** 多指通过歪曲事实真相或掩盖真情来获取不义之财，暗含一次性行动之义：She *defrauded* her employers of thousands of dollars. (她诈取了她的雇主一大笔钱。) **dupe** 指利用他人的天真或轻信叫人上当受骗：The salesman *duped* the old lady into buying a faulty dish-washer. (销售员骗那个老妇人买了一台有质量问题的洗碗机。) **hoax** 强调欺骗手段的狡猾，尤指瞒天过海让大家都上当受骗：I was *hoaxed* into believing their story. (我上了当，还以为他们的玩笑是真的呢。) **swindle** 指有计划地骗取别人的信任或使用复杂的诡计进行欺骗活动：She *swindled* him out of his life savings. (她骗走了他一生的积蓄。) **trick** 指施展手段来欺骗或捉弄别人，既可出于恶意，也可出于善意：Her partner tried to *trick* her out of her share. (她的合伙人企图骗走她的股份。) / Mother *tricked* me into taking my medicine. (母亲连哄带骗地叫我吃了药。)

check /tʃek/ **I** *vt.* ❶使突然停止；使减缓；中止；抑制；克制：She started to say something but *checked* herself. 她欲言又止。❷检查；核查，核实，核对：*Check* your answers with mine. 将你的答案和我的答案核对一下。❸在…上画"√"号，用"√"标出；(为表示正误、取舍等)做标记于：Please *check* the correct answer. 请在正确的答案上画"√"号。**II** *n.* ❶[C;U]支票：pay by *check* 用支票付账〔亦作 **cheque**〕❷(餐馆的)账单：The waiter handed me a *check* for the meal. 服务员把餐费账单交给了我。❸[C]钩形符号，"√"号：I put a *check* next to the items that you need to revise. 我在要你修改的地方旁边打了个钩。❹[C]检查；核查，核对，核实：I don't think I've got a copy of the report, but I'll have a *check* through my files. 我想我没拿到那份报告的副本，不过先让我查一下我的卷宗再说。‖ **check in** *vi.*（在旅馆）登记办理住宿手续；(在机场)办理登机手续：You must *check in* (at the airport) an hour before your plane leaves. 你必须在飞机起飞前一小时(到机场)办理登机手续。**check on** *vt.* 检查；调查：They decided to *check on* him. 他们决定对他进行调查。**check out** *v.* ❶(在旅馆)办理退房手续；结账后离开(旅店) ❷得到证实：What he said *checks out*. 他的话得到了证实。

check·book /ˈtʃekˌbuk/ *n.* [C]支票簿

check·ing /ˈtʃekɪŋ/ **account** *n.* [C]支票活期存款账户，活期存款账户

check(-)list /ˈtʃekˌlɪst/ *n.* [C](用于项目核对的)清单，一览表

check(-)out /ˈtʃekˌaut/ *n.* ❶[U](从旅馆、饭店等的)结账离开：*Checkout* is at the front desk. 结账在前厅服务台。❷[U]顾客结账离开旅馆(或饭店等)的时间 ❸[C](尤指商场的)付款台

check·up /ˈtʃekˌʌp/ *n.* [C]体检：go for an annual *checkup* 作每年一次的体检

cheek /tʃiːk/ *n.* ❶[C]面颊，脸颊：hit [strike, slap] sb. on the *cheek* 打某人一记耳光 ❷[U]无礼(或冒失)的行为；厚脸皮：He's got a lot of *cheek* to say that to me! 他脸皮真厚竟跟我提那事。

cheek·bone /ˈtʃiːkˌbəun/ *n.* [C]【解】颧骨

cheek·y /ˈtʃiːki/ *adj.* 厚脸皮的；无礼的；无耻的：It was *cheeky* of her to phone you at home. 她太无耻了，竟然往你家打电话。‖ **ˈcheek·i·ly** *adv.* —ˈcheek·i·ness *n.* [U]

cheer /tʃiə/ **I** *n.* ❶[C]欢呼(声)；喝彩(声)：They burst into *cheers*. 他们突然爆发出阵阵喝彩声。❷[C](观众给予参赛者的)加油声 **II** [~s] *int.* [祝酒用语]干杯：They raised their glasses and said, "*Cheers*!" 他们举起酒杯说道："干杯!" **III** *v.* ❶欢呼；喝彩：They *cheered* his remarks on tax cuts. 他们为他减税的言论大声叫

好。❷(使)高兴;(使)振奋;(使)感到安慰:
cheer a sick person 安慰病人 ‖ **cheer up** *v.*
(使)高兴起来;(使)作乐起来:He took her to
the ballet to *cheer* her *up.* 为了使她高兴起
来,他带她去看芭蕾舞。 ‖ **'cheer · ing-**
ly *adv.*

cheer·ful /'tʃiəful/ *adj.* ❶欢乐的,快乐的,
高兴的,兴高采烈的:be in a *cheerful* mood
情绪高昂 ❷令人快乐的;给人愉悦感的;明
亮的:*cheerful* music 欢快的音乐 ‖ **'cheer-**
ful·ly *adv.* —**'cheer·ful·ness** *n.* [U]

cheer·lead·er /'tʃiəˌliːdə'/ *n.* [C](尤指体
育比赛、群众集会等中的)啦啦队队长;领头
喝彩者

cheese /tʃiːz/ *n.* ❶[U;C]奶酪,干酪:a
piece [slice] of *cheese* 一块[片]奶酪 ❷[C]
奶酪团,干酪块

cheese·cake /'tʃiːzˌkeik/ *n.* [C;U]干酪
(馅)饼:a portion of strawberry *cheesecake*
一份草莓干酪饼

chef /ʃef/ *n.* [C](餐馆等的)厨师长;(泛指)
厨师

chem·i·cal /'kemikəl/ **I** *n.* [C]化学(制)
品:synthetic *chemicals* 合成化学制品 **II**
adj. [无比较级][作定语]化学的;用化学
方法的;使用化学品产生的:a *chemical* for-
mula 化学公式 ‖ **'chem·i·cal·ly** *adv.*

chem·ist /'kemist/ *n.* [C]化学家,化学
师;〈主英〉药剂师;药品销售商

chem·is·try /'kemistri/ *n.* [U] ❶化学
❷化学成分;化学特性;化学作用,化学反
应;化学现象;化学过程:the *chemistry* of i-
ron 铁的化学成分

cheque /tʃek/ *n.* 〈主英〉=check

cher·ish /'tʃeriʃ/ *vt.* ❶珍爱,珍视:The ear-
ly settlers *cherished* freedom. 早期的定居
者珍视自由。❷爱,疼爱;抚育:The old
man *cherished* the girl as if she were his
own daughter. 那老头疼爱这姑娘,视如己
出。❸怀有,抱有(想法、希望、情感等):
cherish memories 怀念

cher·ry /'tʃeri/ *n.* ❶[C]樱桃 ❷[C]【植】樱
桃树

chess /tʃes/ *n.* [U]国际象棋:play *chess*
with sb. 与某人下棋

chest /tʃest/ *n.* [C] ❶(人或动物的)胸腔,
前胸,胸部,胸膛:He folded his arms on his
chest. 他双臂交叉抱在胸前。❷(放置或贮
运物品时用于包装的)箱(子):an ammuni-
tion *chest* 弹药箱 ‖ **'chest·ful** *n.* [C]

chest·nut /'tʃesˌnʌt,-nət/ *n.* ❶[C]【植】栗
树 ❷[C]栗子 ❸[U]栗木 ❹[U]栗色,红棕
色 ‖ **'chestˌnut·ty** *adj.*

chest of drawers *n.* [C]五斗橱

chew /tʃuː/ *v.* ❶嚼,咀嚼;嚼碎:*chew* tobac-
co 嚼烟草 ❷如咀嚼般撕碎(或碾碎):The
sorting machine *chewed up* the letters. 分
拣机把信撕裂了。❸咬(on):The dog was
chewing a hole in the rug. 狗在地毯上咬了
个洞。❹(长时间)考虑;沉思:*chew* a prob-
lem over in one's mind 反复考虑某个问
题 ‖ **'chew·er** *n.* [C]

chew·ing /'tʃuːiŋ/ **gum** *n.* [U]口香糖,橡
皮糖:a piece of *chewing* gum 一块口香糖

chew·y /'tʃuːi/ *adj.* (食物)耐嚼的;需要多
咀嚼的;难嚼的:a *chewy* candy 一块难嚼的
糖 ‖ **'chew·i·ness** *n.* [U]

chick /tʃik/ *n.* [C]小鸟;(尤指)小鸡,雏鸡

chick·en /'tʃikən/ *n.* ❶[C]雏鸟;小鸡,鸡:a
brood of *chickens* 一窝小鸡 ❷[U]鸡肉:
roast *chicken* 烤鸡

chief /tʃiːf/ **I** *n.* [C] ❶领袖;首领;长官;首
长:the *chief* of the delegates 首席代表 ❷头
领;酋长;族长 **II** *adj.* [无比较级][作定
语] ❶首席的;为首的,最高级别的;总的:
the embassy's *chief* secretary 大使馆一等
秘书 ❷首要的,主要的:the *chief* cause of
traffic accident 发生交通事故的主要原
因 ‖ **'chief·dom** /-dəm/ *n.* [U]

☆ **chief, capital, foremost, leading, main,**
principal 均有"主要的,首要的"之意。**chief**
指在地位、职权、重要性等方面居于首位的,
往往含有凌驾于他人或他事之上的意思:
Rice is the *chief* crop in this area. (水稻是
这一地区的主要农作物。) / a *chief* dele-
gate (首席代表) **capital** 用于物,指由于重

要性或特殊意义而名列同类之首的：the *capital* city of China（中国的首都）**foremost** 强调在发展过程中处于领先地位的：He was the *foremost* conductor of his day.（他是当时最杰出的乐队指挥。）**leading** 指在次序、时间、重要性方面领先的，但常常暗示具备组织、领导、号召的能力：He was one of the *leading* composers of his time.（他是那个时代最杰出的作曲家之一。）**main** 常指在规模、力量和重要性方面尤为突出的：a busy *main* road（熙熙攘攘的大道）/ *main* meal（主餐）**principal** 主要指人处于支配地位的；用于指物时，表示规模、位置、自身价值等居领先地位的：Our *principal* problem was lack of time.（我们的主要问题是缺少时间。）

chief·ly /ˈtʃiːfli/ *adv.* ［无比较级］❶首先；首要：*Chiefly*, he has to avoid fat. 首先他得少吃脂肪。❷主要地；大部分，大多：The accident happened *chiefly* as a result of carelessness. 事故主要是因为疏忽造成的。

child /tʃaild/ *n.* ［C］（［复］**chil·dren** /ˈtʃildrən/）小孩，儿童：books for *children* 儿童读物 ‖ **child·less** *adj.* —**child·less·ness** *n.* ［U］

child·bear·ing /ˈtʃaildˌbeəriŋ/ *n.* ［U］分娩，生产

child·birth /ˈtʃaildˌbəːθ/ *n.* ［U；C］分娩，生产

child·hood /ˈtʃaildhud/ *n.* ［U；C］童年，幼年：He was left fatherless in early *childhood*. 他幼年丧父。

child·ish /ˈtʃaildiʃ/ *adj.* ❶幼稚的；不成熟的：*childish* behaviour 愚蠢的行为 ❷孩子（般）的：sweet *childish* days 甜蜜的儿童时代 ‖ **child·ish·ly** *adv.* —**child·ish·ness** *n.* ［U］

chil·dren /ˈtʃildrən/ *n.* child 的复数形式

chill /tʃil/ *n.* ［C］❶寒冷；寒气：the *chill* of a fall day 秋日寒峭 ❷受凉；感冒；（由风寒引起的）发烧：catch a *chill* 着凉 ❸风寒；寒战：The ghost story sent *chills* up her spine. 那个鬼怪故事使她毛骨悚然。‖ **chill·ness** *n.* ［U］

chill·y /ˈtʃili/ *adj.* ❶相当冷的；冷飕飕的；冷得令人难受的：a draught of *chilly* air 一股冷风 ❷冷淡的，冷冰冰的，不友好的：a *chilly* welcome 冷冰冰的迎接 ‖ **chill·i·ly** *adv.* —**chill·i·ness** *n.* ［U］

chim·ney /ˈtʃimni/ *n.* ［C］烟囱；烟道；烟囱管

chim·pan·zee /ˌtʃimpænˈziː, tʃimˈ-/ *n.* ［C］【动】黑猩猩

chin /tʃin/ *n.* ［C］颏，下巴

chi·na /ˈtʃainə/ *n.* ［U］❶陶瓷；瓷料 ❷陶器；陶瓷制品；［总称］瓷餐具：a piece of *china* 一件瓷器

chink /tʃiŋk/ *n.* ［C］❶裂口，裂缝 ❷缝隙，（狭小的）空隙：a *chink* between two buildings 两座建筑物之间的空隙

chip /tʃip/ **I** *n.* ❶［C］碎片，屑片：a *chip* of glass 碎玻璃片 ❷［C］小块，小片：potato *chips* 土豆片 **II** （**chipped**；**chip·ping**）*vt.* ❶切下（或削下、凿下）（碎片或屑片）：*chip* the paint off the wall 铲去墙上的漆 ❷在…上削（或凿、切、碰）出缺口（或瑕疵等）：I've *chipped* a piece out of ［off］ this saucer. 我把盘子碰缺了一块。❸将…削成（或凿）成形：*chip* a figure out of wood 雕木像

chis·el /ˈtʃizəl/ *n.* ［C］凿子，錾子 ‖ **chis·el·(l)er** *n.* ［C］

chlo·rine /ˈklɔːriːn/ *n.* ［U］【化】氯（符号 Cl）

chlo·ro·phyl(l) /ˈklɔːrəfil/ *n.* ［U］【植】叶绿素

choc·o·late /ˈtʃɒkələt/ *n.* ［U］巧克力，朱古力：a piece ［bar］ of *chocolate* 一块巧克力 ‖ **choc·o·la·te(e)y** *adj.*

choice /tʃɔis/ *n.* ［C］挑选，选择，抉择：a wise *choice* of friends 审慎择友

choir /ˈkwaiə/ *n.* ［C］合唱团；（尤指教堂的）唱诗班；圣乐团

choke /tʃəuk/ *vt.* ❶掐住…的脖子，扼…的脖子，使窒息：*choke* sb. into unconsciousness 把某人掐得不省人事 ❷阻塞，堵塞：Sand is *choking* the river. 泥沙淤塞了河道。❸塞满，装满：The city was becoming *choked* with impoverished citizens. 城里饿

窄滑地。❹抑制(感情、眼泪等)(back)：
choke one's laughter 忍住不笑出声来 —vi.
❶窒息；噎住：He choked on a piece of
meat. 他被一块肉噎住了。❷(因紧张或激
动等而)说不出话来：I choked and forgot
my speech. 我一紧张就忘词了。

chol·er·a /ˈkɔlərə/ n. [U]【医】霍乱

cho·les·ter·ol /kəˈlestəˌrɔl/ n. [U]【生化】
胆固醇

choose /tʃuːz/ v. (chose /tʃəuz/, cho·sen
/ˈtʃəuz³n/；choos·ing) 选择，挑选，选取：
choose one between the two 在几个中选
一个
☆ choose, elect, pick, prefer, select 均有"选
择，挑选"之意。choose 强调作出决定时的
意愿行为或判断力，有时强调抉择的不可更
改性：He chose not to go home until later.
(他决定晚些时候再回家。) elect 常指用投
票表决的方式选举某人担任某职：She has
been elected to the committee. (她被推选
为委员会委员。) 该词也可表示作出选择或
决定：Employees may elect to take their
pension in monthly payments. (雇员可选择
每月领取退休金。) pick 为口语用词，指按
个人好恶进行挑选，毋需仔细考虑或鉴别：
The students have to pick three courses
from a list of 15. (学生必须从15门学科中
选修3门。) prefer 指选择自己喜爱或想要
的人或事物，但往往带有实际上不一定能如
愿的意味：I prefer singing to acting. (我愿
唱歌而不愿演戏。) select 通常指经过斟酌
和淘汰从许多同类事物或人中择取最好者，
不用于两者之间的选择：She selected a dia-
mond ring from the collection. (她从收藏
品中挑选了一枚钻石戒指。)

chop /tʃɔp/ vt. (chopped；chop·ping) ❶砍；
劈；斩；剁(down, off)：chop wood with an
axe 用斧劈柴 ❷剁碎，切细(up)：chop up
logs into firewood 把圆木劈成柴火 ❸猛击，
捶击：She chopped him on the neck. 她在他
的脖子上用力捶了一下。

chop·stick /ˈtʃɔpˌstik/ n. [常作~s]筷子

chord /kɔːd/ n. [C]【音】和弦；和音

chore /tʃɔːʳ/ n. [C] ❶琐事；例行工作：the

administrative chores of the office 办公室的
日常工作 ❷[~s]家庭杂务：the daily
chores of cleaning, cooking and shopping 打
扫、做饭、购物这些日常家庭事务

cho·rus /ˈkɔːrəs/ n. [C] (【复】-rus·es
/-rəsiz/) ❶[总称]合唱队；歌咏队；(教堂
的)唱诗班：a huge chorus of 120 singers 一
支拥有120人的大型歌唱队 ❷合唱曲；合
唱：The audience joined in the chorus. 听众
也加入了合唱。❸叠句，副歌；合唱部分
❹齐声，同声：a chorus of boos 齐声喝倒彩

chose /tʃəuz/ v. choose 的过去时

cho·sen /ˈtʃəuz³n/ I v. choose 的过去分词 II
adj. [作定语] ❶选择的；精选的：a chosen
few 精选的几个人 ❷当选而尚未就任的；候
任的

Christ /kraist/ n. ❶[C]基督(基督教中的上
帝之子) ❷[常作 the ~]《圣经·旧约》中的)
弥赛亚，救世主 ❸[C]基督般的人物，救世
主 ‖ 'Christ,like adj.

Chris·tian /ˈkristʃ³n/ I adj. ❶基督的；(根
据)基督教义的：the Christian faith 基督教
信仰 ❷基督教的；属于基督教的：the
Christian church 基督教会 II n. [C] 基督
(教)徒，基督教信徒

Christian name n. [C]教名，洗礼名；(与
姓氏相对而言的)名

Christ·mas /ˈkrisməs/ n. [U；C]
(【复】-mas·es) 圣诞节：keep Christmas 庆祝
圣诞节〔亦作 Xmas〕

chro·mo·some /ˈkrəuməˌsəum/ n. [C]
【生】染色体

chron·ic /ˈkrɔnik/ adj. ❶[通常作定语]长
期的，一贯的：chronic financial problems 长
期的金融问题 ❷惯常的；恶习难改的：a
chronic liar 一贯撒谎的人 ❸(疾病)慢性的；
顽固的：chronic hepatitis 慢性肝炎 ‖ 'chron·i·
cal·ly /-kəli/ adv.

chron·o·log·i·cal /ˌkrɔnəˈlɔdʒik³l/ adj.
❶年代学的，编年史的：a chronological ta-
ble of the world history 世界历史年表
❷(尤指事件)按年月顺序排列的：in chron-
ological order 以时间先后为顺序 ‖ **chron-**

o'log·i·cal·ly *adv.*

chro·nol·o·gy /krə'nɔlədʒi/ *n.* ❶[C]年表；(事件、资料等)按发生年月顺序的排列 ❷[U]年代学 ‖ chro'nol·o·gist, chro'nol·o·ger *n.* [C]

chry·san·the·mum /kri'sænθəmᵊm/ *n.* [C]【植】菊，菊花

chub·by /'tʃʌbi/ *adj.* 圆胖的；丰满的：a *chubby* finger 又圆又粗的手指 ‖ 'chub·bi·ness *n.* [U]

chuck·le /'tʃʌkᵊl/ *vi.* 暗笑，窃笑；轻声地笑：*chuckle* with satisfaction 高兴地暗自发笑

chunk /tʃʌŋk/ *n.* [C]❶厚片，大片，大块：a *chunk* of coal 一大块煤 ❷大量，大部分：The car repairs took quite a *chunk* out of her salary. 她的汽车修理费用占了工资相当大的一部分。

☆chunk, hunk, lump, slice 均有"块，片"之意。chunk 常用于肉、木头等，指厚重的一大块或一大截，也可指相当大的数量：a *chunk* of wood(一大块木头) hunk 指食品的一大块：a *hunk* of meat(一大块肉) lump 指不具明确形状的一小块：a *lump* of coal(一块煤) slice 常指从食物上切割下来的扁平薄片，也可用作喻义：They wanted to make sure they got a *slice* of the market. (他们想确保自己可得到部分市场。)

chunk·y /'tʃʌŋki/ *adj.* ❶矮而敦实的；矮胖的：a *chunky* guy 壮实的小伙子 ❷(食物)成厚片(或块)的；有厚片(或块)的：*chunky* marmalade 结块的果酱 ‖ 'chunk·i·ly *adv.* — 'chunk·i·ness *n.* [U]

church /tʃɜːtʃ/ *n.* ❶[C]教堂(尤指基督教礼拜堂)；〈英〉国教礼拜堂：St. Mary's *Church* 圣玛丽教堂 ❷[U]礼拜：be at *church* 正在做礼拜

chute /ʃuːt/ *n.* [C]❶斜滑面，斜槽，滑道，溜道；泻槽：a rubbish *chute* 垃圾槽 ❷(河门道的)急流；瀑布 ❸(大型游乐园中的)惊险滑梯，突降滑梯

CIA, C. I. A. *abbr.* Central Intelligence Agency(美国)中央情报局

ci·gar /si'gɑːʳ/ *n.* [C]雪茄烟

cig·a·ret(te) /ˌsigə'ret/ *n.* [C]香烟，卷烟，纸烟

cin·der /'sində/ *n.* [C]❶煤渣；炭屑，炭渣 ❷[~s]灰，灰烬：The fire is still smoldering beneath the *cinders*. 灰里的火仍未熄灭。

cin·e·ma /'sinimə/ *n.* ❶[U]电影；电影业 ❷[C]电影院 ‖ cin·e·mat·ic /ˌsini'mætik/ *adj.*

cir·cle /'sɜːkᵊl/ I *n.* [C]❶圆；圆圈；圆形；圆周线：sit in a *circle* 围坐成一圈 ❷圆形区域，圆形空间 ❸环状物；弧形物：a *circle* of dancers 围成一圈跳舞的人 ❹(影响、活动、势力等的)范围，领域：A politician has a wide *circle* of influence. 政治家的影响面很广。❺(有共同利益、兴趣或职业的人组成的)小圈子；界；阶层：academic *circles* 学术界 II *vi.* 旋转，盘旋；转圈；环行(about, around, round)：Hawks *circled* overhead looking for prey. 鹰在天空盘旋，寻找猎物。 ‖ 'cir·cler *n.* [C]

cir·cuit /'sɜːkit/ *n.* [C]❶环行；巡游：the *circuit* of the globe 环球旅行 ❷周围；圈；圈起的范围：the complete *circuit* of the whole town 全镇范围 ❸【电】电路：an integrated *circuit* 集成电路

cir·cu·lar /'sɜːkjulə/ *adj.* ❶圆形的：an *circular* object 圆形物 ❷[通常作定语]【数】圆的：the *circular* diameter 圆的直径 ❸环行的：a *circular* path 环行小径 ‖ cir·cu·lar·i·ty /ˌsɜːkju'læriti/ *n.* [U] —'cir·cu·lar·ly *adv.*

cir·cu·late /'sɜːkjuleit/ *vi.* ❶循环；环流：Blood *circulates* through the body. 血液在体内循环。❷周旋：The host and hostess *circulated* at the party, greeting their guests. 男女主人在晚会上来回走动，向客人们问候致意。❸传递；传阅；流传：The news *circulated* through the village. 这消息在全村散播开来。

cir·cu·la·tion /ˌsɜːkju'leiʃᵊn/ *n.* ❶[U]循环，环流 ❷[U]血液循环：My *circulation* deteriorated and I was always cold. 我的血液循环减慢，所以感到冷。❸[U](空气、

水等的)流动;(生物体内液体的)循环;the *circulation of air* 空气流通 ❹[C;U](报纸、杂志等的)发行(量),流通(量):a *circulation* of 500,000 50 万份的发行量

cir·cum·fer·ence /sə'kʌmfᵊrᵊns/ *n.* [C]圆周;周长:a lake about two miles in *circumference* 周长约 2 英里的湖泊

cir·cum·stance /'sə:kᵊmstᵊns/ *n.* ❶[常作～s]环境,条件;情况;形势:We can't judge what he did until we know all the *circumstances.* 我们只有了解了全部情况之后才能对他的所作所为作出判断。❷[常作～s]经济状况;境况,境遇:persons in easy *circumstances* 手头宽裕的人 ❸[C]事件,事情:a traffic *circumstance* 交通事故 ‖ *under no circumstances adv.* 决不,无论如何不:*Under no circumstances* should you tell him the secret. 你无论如何都不能告诉他这个秘密。

cir·cus /'sə:kəs/ *n.* [C]马戏(表演),杂耍:The whole town turned out to see the *circus.* 所有的人倾城而出,去看马戏表演。‖ 'cir·cus·y *adj.*

cit·i·zen /'sitizᵊn,-sᵊn-/ *n.* [C]公民;国民

cit·i·zen·ship /'sitizᵊnʃip,-sᵊn-/ *n.* [U]公民权利(或身份);国民权利(或身份)

cit·y /'siti/ *n.* ❶[C]城市,都市,市:a capital *city* 首都 ❷[总称][通常用作单]全市市民

civ·ic /'sivik/ *adj.* [作定语]❶城市的,都市的:the new *civic* centre 新的市中心 ❷公民的;市民的:*civic* duties 公民的义务 ❸民事的;平民的 ‖ 'civ·i·cal·ly /-kᵊli/ *adv.*

civ·il /'sivᵊl/ *adj.* ❶[无比较级][常作定语]公民的,公民应有的:a *civil* duty 公民义务 ❷[作定语][无比较级]平民的;民间的;民用的:a *civil* wedding ceremony 世俗婚礼 ❸文明的,有教养的;有礼貌的:a *civil* reply 礼貌的答复 ‖ 'civ·il·ly *adv.* —'civ·il·ness *n.* [U]

☆ **civil, chivalrous, courteous, gallant, polite** 均有"有礼貌的;温和的,殷勤的"之意。**civ·il** 表示行为举止等文明的、礼貌的,避免粗鲁无礼的:Keep a *civil* tongue in your head!

(讲话要文明点!) **chivalrous** 指对待女子彬彬有礼的,含品格高尚、没有私心、愿做自我牺牲的意味:A *chivalrous* old gentleman opened the door for her. (一位很有礼貌的老绅士为她开了门。) **courteous** 强调亲切热情、能为他人着想的:be genuinely *courteous* to one's subordinates (对下属抱诚挚的谦恭态度) **gallant** 指向女子大胆或过分表示殷勤的:He was very *gallant* to the girl and asked her for the next dance. (他对那女孩很殷勤,请她跳下一个舞。) **polite** 常指待人接物彬彬有礼、能考虑他人感情的:I know he said he liked it, but he was only being *polite.* (我知道他说过喜欢这个,但那只是出于礼貌。)

ci·vil·ian /si'viljən/ *n.* [C]平民,百姓:He was a *civilian*, but a soldier at heart. 他虽身为平民,却有一颗战士心。

civ·i·li·za·tion /ˌsivilai'zeiʃᵊn;-li'z-/ *n.* ❶[U]文明;文明阶段:introduce *civilization* 介绍文明 ❷[C]文明国家(或民族):the earliest great *civilizations* of the world 世界上最早的文明国家

civ·i·lize /'siviˌlaiz/ *vt.* ❶使文明,使开化:The African countries hoped to *civilize* all the primitive tribes on the land. 非洲国家希望把非洲所有的原始部落都变成文明社会。❷教化;使文雅:This rough man has been *civilized* by his wife. 这个粗野的男人在其妻子的影响下变得文雅了。

civil law *n.* [U]民法

civil rights [复] *n.* [常作 C- R-]公民权,公民权利:equal *civil rights* for men and women 男女享有的平等的公民权 ‖ 'civ·il-ˌrights *adj.*

civil war *n.* [C]❶内战 ❷[通常作 the C-W-](指 1861～1865 年间的)美国内战

claim /kleim/ *vt.* ❶索要,声称有权获得:*claim* an estate by inheritance 宣布对一处房产享有继承权 ❷声称;主张;断言:She *claimed* that her answer was correct. 她断言她的答案是正确的。❸要求;需要;值得:*claim* respect 值得尊敬 ❹认领:No one has *claimed* the lost umbrella. 没人来认领这把

丢失的伞。❺(灾害、事故等)造成···的死亡
(或伤害等)：The plague *claimed* thousands
of lives. 这次瘟疫夺走了成千上万人的
生命。

clam·ber /'klæmbə⁻/ *vi.* (尤指费劲地)爬，
攀登(*up,over*)：The children *clambered* (a-
bout) *over* the furniture. 孩子们在家具上
爬来爬去。‖ 'clam·ber·er *n.* [C]

clam·my /'klæmi/ *adj.* 冷而黏湿的：A frog
is a *clammy* creature. 青蛙是一种冰冷黏湿
的 动 物。‖ 'clam · mi · ly *adv.*
—'clam·mi·ness *n.* [U]

clam·o(u)r /'klæmə⁻/ *n.* ❶[C;U]吵闹
声，喧嚣声，喧嚷：the *clamour* of birds and
animals in the zoo 动物园里鸟兽的嘈杂鸣
叫声 ❷[C;U]吵嚷的要求(或抗议)；提出
要求的呼声：a *clamour* against the new bill
反对新法案的呼声 II *vi.* ❶吵嚷，吵闹，喧
嚷：Old women *clamoured* over tanned hides
in the market. 老妇们在市场上叫卖鞣制皮
革。❷嚷着要求(或反对)；大声疾呼(*for,
against*)：*clamour against* sb.'s unfair deci-
sion 反对某人不合理的决定

clamp /klæmp/ I *n.* [C]夹钳，钳；夹具：He
used a *clamp* to hold the arm on the chair.
他用夹钳把扶手固定在椅子上。II *vt.* (用
夹钳等)夹紧，紧紧抓住；固定：A picture
frame must be *clamped* together while the
glue is drying. 照片镜框用胶接好后，胶水
未干前必须用夹子夹紧。‖ *clamp down vi.*
(对···)实行限制；(对···)进行压制(*on*)：
The government has promised to *clamp
down on* criminal activity. 政府已承诺要严
厉打击犯罪活动。

clan /klæn/ *n.* [C]宗族；部族；家族：a power
struggle between two *clans* 两个部族之间
的权力之争

clang /klæŋ/ *vi.* 发铿锵声，发叮当声：The
fire bells *clanged*. 火警铃声叮当响起。

clap /klæp/ (**clapped**;**clap·ping**)❶鼓掌，拍
手：The audience *clapped* loudly at the end
of the play. 剧终时观众们热烈鼓掌。
❷(门、盖子等)啪的一声猛关：The doors
clapped shut. 门砰的一声关上了。

clar·i·fy /'klæriˌfai/ *vt.* ❶澄清，阐明，使清
楚明了：The teacher's explanation *clarified*
the difficult rules. 老师的解释阐明了难懂
的规则。❷澄清(液体)，消除(杂质)；净化：
The noon sun *clarified* the air. 正午时分，
天朗气清。‖ clar · i · fi · ca · tion
/ˌklærifi'keiʃⁿn/ *n.* [U] —'clar·iˌfi·er *n.*
[C]

clar·i·ty /'klærit i/ *n.* [U] ❶清晰，清楚：
His writing has great *clarity* of style. 他的
作品风格极为明丽。❷清澈，明净：*clarity*
of the atmosphere 清澈的空气

clash /klæʃ/ I *vi.* ❶(金属等)发出刺耳的碰
撞声：The cymbals *clashed*. 钹声铿锵。
❷砰地相撞击：The car *clashed* into the
tree. 那辆小汽车砰地撞在树上。❸发生冲
突(*with*)：The two factions *clashed* over the
seating arrangements. 两派为座位安排问
题发生了冲突。❹不协调；不相配；不一致
(*with*)：Those red shoes *clash* violently
with that orange dress and purple hat. 那双
红鞋同橘色衣服、紫色帽子极不相配。II
n. [C] ❶(金属等的)刺耳的碰撞声：the
clash of weapons 武器的刺耳碰撞声 ❷(尤
指发出刺耳声的)碰撞 ❸冲突，矛盾；不协
调，不一致：a verbal *clash* 口角

clasp /klɑːsp;klæsp/ I *n.* [C] ❶钩子；扣子，
夹子：fasten the *clasp* on a belt 扣紧皮带扣
❷[通常用单]拥抱，紧抱：She held the child
in a loving *clasp*. 她深情地将孩子拥抱在
怀中。II *vt.* ❶扣紧，扣住；钩住：*clasp* the
buckles on one's boots 扣上靴子上的搭绊
❷拥抱，抱紧：The mother *clasped* her baby
to her breast. 母亲把孩子紧紧地抱在
怀里。

☆**clasp,grasp,grip** 均有"抓住，抓紧"之意。
clasp 指紧紧抓在手里或抱在怀里：He
clasped her to his chest. (他把她紧紧地抱
在怀里。)该词也可表示用夹子夹住：*clasp*
a bracelet round one's wrist (将手镯戴在手
腕上班) **grasp** 尤指用手紧紧抓住：*Grasp*
the rope with both hands. (用双手抓牢绳
索。)该词也可表示领会、理解或掌握：I
think I *grasped* the main points of the
speech. (我想我领会了演说的要点。) **grip**

语气较 grasp 强，尤指用手或工具用劲抓住或握住，强调有多大劲使多大劲：She *gripped* my hand in fear. （她因害怕而紧握住我的手。）该词也可用于喻义：The pictures *gripped* my imagination. 这些图片引起了我的想象。

class /klɑːs; klæs/ *n.* ❶[C]种类，门类：a *class* of objects used in daily living 日常用品类 ❷[C;U]阶级；社会阶层；等级制度：the ruling *class(es)* 统治阶级 ❸[C]班级：a *class* of 25 children 一个有 25 个孩子的班（级）❹[C;U](一节)课；课程：He cut five *classes* last term. 他上学期缺了 5 节课。❺[U](尤指按质量区分的)等级，级别；舱位(或车厢等)等级：a hotel of the highest *class* 最高级旅馆

clas·sic /ˈklæsik/ *adj.* [常作定语] ❶最优秀的，第一流的，最高水准的；(可作)典范的：modern *classic* writers 当代一流作家 ❷典型的；标准的；特别重要的：the *classic* symptoms of alcoholism 酒精中毒的典型症状 ❸古典的，古希腊(或古罗马)文学(或艺术、文化等)的 ❹(艺术、音乐等风格)古雅的：a building in the *classic* style of architecture 具有古朴建筑风格的大楼

clas·si·cal /ˈklæsikᵊl/ **I** *adj.* [常作定语] ❶古典的，古希腊(或古罗马)文学(或艺术)的；(尤指语言)古典作家的；基于古典文学(或艺术)的：*classical* schools 古典学派 ❷【音】古典的(指传统的欧洲艺术歌曲、室内音乐等，以区别于流行歌曲、爵士音乐等)：She prefers pop music and jazz to *classical* music. 她喜爱流行音乐和爵士乐胜于古典音乐。❸[常作 C-]传统的，正统的；经典的；权威的：*classical* political science 经典政治学 **II** *n.* [U]古典音乐 ‖ **'clas·si·cal·ly** *adv.*

clas·si·fi·ca·tion /ˌklæsifiˈkeiʃᵊn/ *n.* ❶[U]分级，分类 ❷[C]类别，等级

clas·si·fied /ˈklæsiˌfaid/ *adj.* ❶分成类的；按类分好的 ❷(信息、情报等)归入密级的，保密的：What I have to say is *classified*. 我要说的事须严加保密。

clas·si·fy /ˈklæsiˌfai/ *vt.* ❶将…归类；将…

分级：*classify* things into three types 把事物分成三类 ❷为(文件等)加上保密级别；规定(情报、资料等)仅限某些人使用 ‖ **'class·i·fi·a·ble** *adj.*

class·mate /ˈklɑːsˌmeit/ *n.* [C]同班同学

class·room /ˈklɑːsˌruːm, -ˌrum/ *n.* [C]教室，课堂

class·y /ˈklɑːsi/ *adj.* 〈口〉高级的，上等的；有气派的；时髦的：Her flat looks very *classy*. 她的公寓真棒！‖ **'class·i·ness** *n.* [U]

clause /klɔːz/ *n.* [C] ❶【语】分句，从句，子句：a subordinate *clause* 从句 ❷(正式文件或法律文件的)条款：a *clause* in the lease 租约中的一项目条款 ‖ **'claus·al** *adj.*

claw /klɔː/ *n.* [C]爪，脚爪：The owl captured the mouse in its *claws*. 这只猫头鹰爪子抓住了老鼠。

clay /klei/ *n.* [U] ❶(制砖瓦、陶瓷器等用的)黏土 ❷泥土

clean /kliːn/ **I** *adj.* ❶清洁的，干净的；无污垢的，未弄脏的；未沾染(疾病)的：Wash your hands *cleaner*. 把你的手洗干净点。❷明净的；无杂质的；空白的：*clean* air 洁净的空气 ❸纯洁的；正派的；语言干净的；不猥亵的，不色情的：a *clean* heart 纯洁的心 **II** *vt.* 把…收拾干净；干洗；除去…的污垢(*of*)：*clean* a wound 清洗伤口 ‖ **'clean·a·ble** *adj.* —**'clean·ness** *n.* [U]

clean·er /ˈkliːnə/ *n.* [C] ❶清洁工 ❷清洁器，清洁机 ❸去污剂，清洁剂

clear /kliə/ *adj.* ❶明亮的；明净的；洁白(无暇)的：a *clear* flame 明亮的火焰 ❷(气候、天空等)晴朗的；无云的：A *clear* sky is free of cloud. 天朗气清，万里无云。❸透明的；清澈的：*clear* spring water 清泉 ❹清楚的，清晰的，易分辨的；不含糊的；易懂的，明白的：a *clear* speaker 口齿清晰的演讲者 ❺[常作表语]肯定的；无疑的：It is *clear* that it is going to rain soon. 天肯定马上要下雨。‖ **'clear·er** *n.* [C] —**'clear·ness** *n.* [U]

clear·ly /ˈkliəli/ *adv.* ❶清楚地；明白地：

The bottle was *clearly* labelled. 瓶子上清清楚楚地贴着说明标签。❷无疑地；明显地；显然地：*Clearly*, there will be an inquiry about this. 显而易见，一定要对此事进行调查。

cleav·age /'kliːvidʒ/ *n.* ❶[U]裂开；砍开；分开 ❷[C]裂开；分开：a sharp *cleavage* of fundamental interests 根本利益的尖锐分歧

cleft /kleft/ *n.* [C]裂缝，裂口，凹口，缺口，裂开处：a deep *cleft* in the rocks 岩石上的深裂缝

clench /klentʃ/ *vt.* ❶握紧(拳头等)；咬紧(牙关等)：Ralph *clenched* his fist and went very red. 拉尔夫捏紧拳头，满脸涨得通红。❷紧抓，紧握：She *clenched* my arm in terror. 她万分恐惧，紧紧抓住我的胳膊。

clerk /klɑːk；kləːk/ *n.* [C]❶(银行的)职员；(商店的)售货员；秘书；记账员 ❷(地方政府、法庭等的)记事员，记录员：a court *clerk* 法庭书记员 ❸店员

clev·er /'klevə/ *adj.* ❶聪明的，头脑反应快的；敏捷的：She is the *cleverest* person in our family. 她是我们家最聪明的人。❷熟练的；灵巧的：be *clever* at arranging flowers 擅长插花 ‖ '**clev·er·ly** *adv.* —'**clev·er·ness** *n.* [U]

☆**clever，adroit，bright，brilliant，smart** 均有"聪明的"之意。**clever** 通常指动作熟练灵巧，强调思维敏捷，反应快，点子多，有时含掌握窍门之意：a *clever* idea (巧妙的好主意) **adroit** 常指面对困难能机灵巧妙地利用现有条件去达到目的，其精明、熟练程度比 clever 高：the minister's *adroit* handling of the crisis (部长应付难关的巧妙手段) **bright** 指头脑反应快，讲话做事表现出机灵聪慧，常用于年轻人或小孩：a *bright* idea (好主意) **brilliant** 指才华卓越、才智出众，往往兼有称颂赞美的意味：a *brilliant* scientist (杰出的科学家) **smart** 指能迅速理解和解决问题，强调机警敏捷：If he is as *smart* as he says，why did the cops catch him? (如果他真像他自己说的那样聪明，他怎么会被警察抓住呢?)

click /klik/ **I** *n.* [C]轻微而清澈的声音；咔嗒声，咔嚓声：The lock opened with a *click*. 锁咔嗒一声开了。**II** *v.* ❶使发咔嗒(或咔嚓)的声音：I *clicked* the shutter of my camera. 我咔嚓一声按下了快门。❷【计】点击，选中(on) ‖ '**click·er** *n.* [C]

cli·ent /'klaiənt/ *n.* [C]❶委托人；委托方：an accountant's *client* 会计师的委托人 ❷顾客，客户 ‖ '**cli·ent·less** *adj.*

cliff /klif/ *n.* [C](尤指海边的)悬崖峭壁；陡峭的石崖

cli·mac·tic /klai'mæktik/ *adj.* [无比较级]高潮的；达到高潮的：a *climactic* scene of a movie 影片中的一场高潮

cli·mate /'klaimit/ *n.* [C]❶气候，(一地区的)主要天气情况：changes in *climate* due to pollution 污染引起的气候变化 ❷(某一社会或时期的)潮流，风气；趋势：the *climate* of public opinion 公众舆论的氛围〔亦作 **clime**〕

cli·max /'klaimæks/ *n.* [C]❶顶点；顶峰；顶：the *climax* of one's career 某人事业的顶峰 ❷(戏剧、小说等的)高潮情节：The revelations bring the story to a dramatic *climax*. 暴露的事将整个故事推向高潮。

climb /klaim/ *v.* ❶攀爬，攀登；(用手)爬：*climb* to the top 爬到顶端 ❷缓缓上升；逐渐升高；(飞机)上升：The temperature *climbed*. 气温慢慢升高了。 ‖ '**climb·er** *n.* [C]

cling /kliŋ/ (**clung** /klʌŋ/) *vi.* ❶粘住；缠住；贴住(to)：A vine *clings to* its support. 藤缠着它的支架。❷抓紧；抱住，不放松(to)：They *clung to* the floating wreckage. 他们紧紧抓住漂浮的船骸不放。 ‖ '**cling·y** *adj.*

clin·ic /'klinik/ *n.* [C]❶专科医院(或诊所)：a dental *clinic* 牙科诊所 ❷(医院的)科

clin·i·cal /'klinikᵊl/ *adj.* ❶[无比较级]诊疗所的：*clinical* treatment 门诊医疗 ❷[无比较级]临床实习的；临床教学的：*clinical* medicine 临床医学 ❸客观的；冷静的；超然的：cold *clinical* tone of voice 冷静淡然的语调 ‖ '**clin·i·cal·ly** *adv.*

clink /kliŋk/ I *vi.* (使)发出叮当响声：The coins *clinked* together. 硬币发出叮叮当当的响声。II *n.* [通常用单]叮当声

clip[1] /klip/ *vt.* (**clipped**; **clip·ping**) ❶剪去；修剪；剪掉：*clip* one's hair 理发 ❷缩短；省(缩)略(单词的字母或音节)：The words "quotation" and "taxicab" are often *clipped* to "quote" and "cab". 单词 quotation 和 taxicab 常常省略为 quote 和 cab。

clip[2] /klip/ *n.* [C] 回形针；别针；(弹簧)夹子：a tie *clip* 领带夹

clip·per /'klipə'/ *n.* [C] 发剪；指甲剪

clip·ping /'klipiŋ/ *n.* [C] (尤指从报纸、杂志上)剪下的文章(或图画、广告等)；剪报：a newspaper *clipping* about the floods 一份有关洪灾的剪报〔亦作 clip〕

cloak /kləuk/ *n.* [C] 披风，斗篷；(无袖、由双肩披下的)外套：a beautiful *cloak* of ermine 漂亮的白鼬毛皮斗篷

clock /klɔk/ *n.* [C]❶钟，时钟；计时器：regulate a *clock* 校正时钟 ❷=time clock

clock·wise /'klɔkˌwaiz/ *adj.* & *adv.* [无比较级]顺时针方向的(地)：You must turn the key *clockwise* to unlock the door. 你必须按顺时针方向转动钥匙才能打开门。

clog /klɔg/ I (**clogged**; **clog·ging**) *v.* ❶堵塞，阻挡；阻塞(*up*)：Hair has *clogged* the drain *up* again. 毛发又把排水管堵住了。❷妨碍，阻碍：Ice floes *clog* barge traffic on the river. 大片浮冰妨碍了河上的驳船交通。II *n.* [C]❶障碍物，堵塞物 ❷木屐；(跳舞用的)轻型木屐

clone /kləun/ *vt.* ❶复制：*clone* the new machines by using the same microchip 利用同样的微芯片复制新的机器 ❷【生】使无性繁殖，克隆：They *cloned* some remarkable organisms in their laboratory. 他们在实验室成功地克隆了一些组织器官。‖ 'clon·al *adj.*

close I /kləuz/ *v.* ❶关上，闭上；关闭；封闭：*close* one's eyes 合眼 ❷挡住；填塞；阻挡：*close* (up) a hole in the wall 把墙上的洞堵住 ❸(使)结束；(使)终止；(使)停止：*close* a debate 结束争论 II /kləus/ *adj.* ❶距离近的，靠近的；接近的：The church is *close* to the shops. 教堂离商店很近。❷(程度或相似性上)接近的，相近的(*to*)：Dark pink is *close to* red. 深粉色接近红色。❸[作定语]近亲的：He was a *close* relative. 他是一位近亲。❹[作定语](关系)亲密的；(联系)密切的：We used to be *close* friends! 我们从前还是莫逆之交呢! III /kləus/ *adv.* 接近地；紧靠地：The two farms lie *close* together. 这两个农场靠在一起。‖ 'close·ly *adv.* —'close·ness *n.* [U] —'clos·er *n.* [C]

☆ **close**, **complete**, **conclude**, **end**, **finish**, **terminate** 均有"结束，停止"之意。**close** 指一种行为的终止，侧重最后阶段性，但常暗含事情还未完结的意味：He wanted to *close* the conversation. (他想停止会谈。) **complete** 与 finish 基本同义，但较为正式，强调完成预定的任务或补足某物的缺少部分，使其完善或完整：The resolving of this last issue *completes* the agreement. (随着最后一个问题的解决，双方也就达成了协议。) **conclude** 为正式用词，通常用于发表演说、达成协议，做出决定或结论，指某事达到预期目的后正式结束：The hymn sung by the congregation *concluded* the religious ceremony. (礼拜会在弥撒曲声中结束。) **end** 为普通用词，指一种活动因达到目的而自然结束或因某种原因而突然中止：The game *ended* in a draw. (比赛打成平局。) **finish** 指完成规定的任务或达到规定的目的，强调认真做完最后阶段的工作，使之完美：After it is painted, the house will be *finished*. (油漆工作一结束，房子的装修也就完成了。) **terminate** 指在时间或空间上有一限度，届时必须终止，有时也可在未结束的情况下提前终止：Your employment *terminates* after three months. (你的雇用期3个月后到期。) 该词也可泛指停止：*terminate* a privilege (终止享有特权) / The truce *terminated* hostilities. (休战协定结束了敌对状态。)

closed /kləuzd/ *adj.* [无比较级]❶(商店等营业场所)不开放的，打烊的：The gardens are *closed* to visitors in winter. 这些花园冬天不对游人开放。❷(营业场所等)歇

业的,关门的：All the *closed* shops in the mall reflect the decline of the economy. 购物中心里所有歇业的店铺都是经济衰退的表现。

clos·et /ˈklɔzit/ *n*. [C]碗柜；衣橱；〈主美〉壁橱

close-up /ˈkləusˌʌp/ *n*. [C] ❶【摄】特写镜头：The space team anxiously awaited *close-ups* of the moon. 宇航小组急切地等待着月球的特写镜头。❷详尽的描写：a *close-up* of modern society 现代社会的详细写照

clos·ing /ˈkləuziŋ/ I *adj*. [作定语]结束的,最后的：the *closing* days of the election primary 总理大选的最后几天 II *n*. [C](尤指房屋买卖的)成交：sign the papers at *closing* 在成交时签约

clo·sure /ˈkləuʒə(r)/ *n*. ❶[C；U]关上,合上；关闭状态：Lack of money forced the *closure* of the hospital. 资金短缺迫使那家医院关门停业。❷[U]结束,结尾：His writing needs better *closure*. 他的文章应该结束得更好。

clot /klɔt/ I *n*. [C](液体、血等的)凝块；(粘在一起的)厚块：A *clot* of blood formed in the cut and stopped the bleeding. 伤口上结了血块,血便止住了。II (**clot·ted**；**clot·ting**) *v*. (使)凝固成块：He was rushed into hospital because his blood wasn't *clotting* properly. 他血流不止,被赶紧送进了医院。

cloth /klɔθ；klɔːθ/ *n*. ([复] **cloths** /klɔðz,klɔθs；klɔːðz,klɔːθs/) ❶[U]布料；毛(或棉、丝、麻、化纤等的)织物：strips of cotton *cloth* 棉布条 ❷[C](一块有特别用途的)布；(一块)桌布；(一块)洗碗布：a dust *cloth* 抹布

clothe /kləuð/ *vt*. (**clothed** 或 **clad** /klæd/) ❶给…穿衣；打扮(某人)：She *clothed* the child warmly in a heavy sweater and pants. 她给孩子穿上暖和的厚运动衫和裤子。❷给… 提供衣服：It costs quite a bit to *clothe* a family of six. 供一个六口之家穿衣就得有一大笔开支。

clothes /kləuðz/ [复] *n*. [用作复](遮身盖体的)衣服,服装：He hasn't got any *clothes*

on. 他身上可一丝没挂。

cloth·ing /ˈkləuðiŋ/ *n*. [总称]衣服,服装：waterproof *clothing* 防水服

cloud /klaud/ *n*. ❶[C；U]云；云片：a sea of *clouds* 云海 ❷[C](空中飘浮的)云状物；烟雾,烟尘：a *cloud* of smoke 一团烟雾 ‖ ˈcloud·less *adj*.

cloud·burst /ˈklaudˌbəːst/ *n*. [C](突如其来的)大暴雨,暴风骤雨

cloud·y /ˈklaudi/ *adj*. ❶(天空)被云覆盖的；多云的：a *cloudy* day 阴天 ❷混浊的；不透明的：The stream is *cloudy* with mud. 小河的水混浊不清。‖ ˈcloud·i·ly *adv*. — ˈcloud·i·ness *n*. [U]

clown /klaun/ *n*. [C] ❶(穿着传统服装在马戏、哑剧等中起娱乐作用的)小丑,丑角 ❷爱开玩笑的人,诙谐幽默的人：Who's the *clown* who put sugar in the saltshaker? 哪位爱开玩笑的人,竟把糖放到盐瓶里了？

club /klʌb/ *n*. [C]俱乐部；(由有共同兴趣的人组成并定期举办活动的)会社：a tennis *club* 网球俱乐部

clue /kluː/ *n*. [C](在调查、解决问题等中有建议、导向作用的)提示,线索,端倪：The police could find no fingerprints or other *clues* to help them in solving the robbery. 警察找不到指纹和其他线索来帮助他们侦破这起抢劫案。

clump /klʌmp/ *n*. [C] ❶一簇(树或灌木丛)；一群；一束：primroses in *clumps* 一簇簇樱草 ❷一团,一块：a *clump* of muddy fur 一团脏兮兮的毛发

clum·sy /ˈklʌmzi/ *adj*. ❶(外形)笨拙的,笨重的；(行动)不灵活的：He's *clumsy* at sports. 他在体育活动方面笨手笨脚。❷不合适的,不得体的：My *clumsy* reply hurt her feelings. 我的答复不得体,伤害了她的感情。❸难以使用的：His lip clamped stubbornly over the *clumsy* teeth. 他的双唇固执地紧闭着,遮住不听使唤的牙齿。‖ ˈclum·si·ly *adv*. — ˈclum·si·ness *n*. [U]

clung /klʌŋ/ *v*. cling 的过去式和过去分词

clus·ter /ˈklʌstə(r)/ I *n*. [C] ❶一组,一丛,一

束，一簇：*clusters* of purple flowers 一束紫色花 ❷(人或物的)一组，一批，一群：the *cluster* of short hair at the back of one's head 后脑勺的一簇短发 **II** *v.* (使)聚集；(使)成簇；(使)成群：Most of the foreign embassies are *clustered* in this area. 多数外国使馆都聚集在这个地区。

clutch /klʌtʃ/ **I** *v.* 紧握；(急切地)抓住：She *clutched* her handbag to stop the thieves stealing it. 她紧紧抓着手提包，不让小偷得手。**II** *n.* [C] ❶[常作～s][用作复]手爪；控制，统治：Smith still has the press in his *clutches*. 史密斯仍控制着出版界。❷紧握；抓牢：The eagle flew away with a rabbit in the *clutch* of its claws. 老鹰用爪子紧紧攫着一只兔子飞走了。❸(机器、汽车等的)离合器踏板；离合器(杆)

coach /kəutʃ/ *n.* ❶[C;U](旧时)大型封闭式四轮马车：travel by [on] *coach* 乘坐四轮马车旅行 ❷[C;U](尤指单层的)长途公共汽车：Take the airport *coach* to the centre of city. 乘机场公共汽车去市中心。❸[C](歌手、演员等的)私人指导；私人教师：a drama *coach* 戏剧指导

co·ag·u·late /kəu'ægjuˌleit/ *v.* (使)凝固；(使)凝结：Cooking *coagulates* the white of egg. 烹煮能使蛋白凝固。‖ **co·ag·u·la·tion** /kəuˌægju'leiʃn/ *n.* [U]

coal /kəul/ *n.* [～s](用作燃料的)煤块：a bag of *coals* 一袋煤块

co·a·li·tion /ˌkəuə'liʃn/ *n.* [C]联合体，同盟；(政党等)临时结成的联盟：a broad *coalition* of community groups in the area 该地区各社团组织的广泛联合体 ‖ ˌco·a'li·tion·al *adj.* — ˌco·a'li·tion·ist *n.* [C]

coarse /kɔːs, kəus/ *adj.* ❶粗的；粗糙的：Burlap is a *coarse* cloth. 麻布是一种粗布。❷粗俗的；粗鲁的；粗野的：*coarse* behaviour 粗鲁的行为 ‖ 'coarse·ly *adv.* — 'coarse·ness *n.* [U]

☆ **coarse, gross, indelicate, obscene, ribald, vulgar** 均有"粗糙的，庸俗的"之意。**coarse** 用于物时指质量粗糙、低劣，用于人时指缺乏教养，举止粗野、谈吐粗俗：The priest wore a *coarse* woollen garment next to his skin. (牧师贴身穿了一件质地粗糙的羊毛衫。)**gross** 用于具体人或物时指臃肿、肥大：wear *gross* earrings (挂着硕大无朋的耳环) 该词用于行为时，指粗鄙，如同禽兽一般：She was shocked by his *gross* behaviour at the party. (她对他在晚会上近乎禽兽的举止感到震惊。) **indelicate** 用以表示不适当或粗鲁的行为举止：It is *indelicate* to boo in a theatre. (在看戏时发嘘声是不文朋的行为。) **obscene** 强调不堪入耳、粗俗污秽或充满色情：a woman shouting *obscene* epithets (脏话连篇的娘们) **ribald** 常用于旨在博人一笑的下流、猥亵性言语或笑话：entertain the campers with *ribald* folk songs (给野营的人们表演淫秽的民间小曲) **vulgar** 指言语举止不文雅或趣味低级，含缺乏教养的意味：display shockingly *vulgar* table manners (表现出令人咋舌的难看的吃相)

coast /kəust/ *n.* ❶[C]海岸，海滨：a hotel on the *coast* 海滨旅馆 ❷[U]沿岸地区

coast·al /'kəustl/ *adj.* [作定语]海岸的；沿岸的，近岸的：*coastal* towns 沿岸城镇

coast·line /'kəustˌlain/ *n.* [C]海岸线：a rugged [rocky] *coastline* 多嶙岩的海岸线

coat /kəut/ *n.* [C]上衣，外套，罩衫：take off one's *coat* 脱去上衣

coat·ing /'kəutiŋ/ *n.* [C]涂层，外膜，外层：a *coating* of dust 一层灰

co·au·thor /kəu'ɔːθə/ *n.* [C]合著者

coax /kəuks/ *vt.* ❶哄，哄劝；劝诱：*coax* and threaten sb. by turns 对某人软硬兼施 ❷仔细摆弄：*coax* a wire through a hole 仔细地把电线穿过小洞 ‖ 'coax·er *n.* [C] — 'coax·ing·ly *adv.*

☆ **coax, blandish, cajole, fawn, wheedle** 均有"劝诱，哄骗"之意。**coax** 常指用好话连哄带骗或百般央求以达目的：*coax* a sick child to eat (哄生病的孩子吃东西) **blandish** 与 **wheedle** 相比缺少手腕，指用公开露骨地阿谀奉承来讨好他人以达目的：She *blandished* him out of his black mood. (她百般哄劝，使他不再生气。) **cajole** 通常指用空口许诺或奉承讨好的手法来诱骗，侧重引诱：

He *cajoled* his friends into deciding in his favour. (他用甜言蜜语诱骗朋友们作出对其有利的决定。)**fawn** 原指狗通过做各种动作以讨好主人,引申指某人做类似的奴性表现:She *fawned* over her famous guests,but sneered at them when they were gone. (她百般讨好那些名流宾客,可他们一走她又讥讽他们。) **wheedle** 较 cajole 更为强调用说好话、拍马奉承、施展魅力的方式来诱骗:She always *wheedles* money out of her father by hugging him and telling him how generous he is. (她对父亲又是拥抱又是称赞他大方,所以总能哄得他拿出钱来。)

cob·ble /ˈkɔbəl/ *vt.* ❶修补(鞋);修理;补缀:*cobble* boots 修补靴子 ❷草率地拼凑(*together*):We *cobbled together* a proposal to put before the committee. 我们草草拼凑起一项建议,呈给了委员会。

co·cain /kəʊˈkein, ˈkəʊkein/ *n.* [U]【药】可卡因

cock /kɔk/ *n.* [C] ❶公鸡;雄蟹;雄鲑;雄龙虾 ❷雄鸟,雄禽

cock·roach /ˈkɔkˌrəʊtʃ/ *n.* [C]【昆】蟑螂

cock·tail /ˈkɔkteil/ *n.* [C]鸡尾酒:a champagne *cocktail* 香槟鸡尾酒

co·co·nut /ˈkəʊkəˌnʌt/ *n.* ❶[C]椰子 ❷[U]椰子肉

co·coon /kəˈkuːn/ *n.* [C]❶茧;卵囊 ❷茧状物

code /kəʊd/ *n.* ❶[C]电码 ❷[C;U]密码;代码:We've cracked their *code*! 我们破译了他们的密码! ❸[C]法典;法规:a local building *code* 地方建筑法规 ❹[C]【计】编码:a computer *code* 计算机编码 ‖ **'cod·er** *n.* [C]

co·erce /kəʊˈəːs/ *vt.* [常用被动语态]强制;胁迫(*into*):The prisoner was *coerced into* confessing to the crime. 囚犯被迫交代了罪行。 ‖ **co·er·cion** *n.* [C] —**co'er·cive** *adj.*

co·ex·ist /ˌkəʊiɡˈzist/ *vi.* ❶同时(或同地)存在,共存(*with*):Large number of species *coexist*. 大量的物种同时存在。 ❷和平共处(*with*):Can the President *coexist with* a hostile Congress? 总统与一个怀有敌意的国会能和平共处吗? ‖ ˌco·ex'ist·ence *n.* [U]

cof·fee /ˈkɔfi/ *n.* [U]咖啡

cof·fin /ˈkɔfin/ *n.* [C]棺材;灵柩

co·gent /ˈkəʊdʒənt/ *adj.* 有说服力的,令人信服的:some *cogent* arguments against the proposal 反对这个建议的一些颇有说服力的论点 ‖ **'co·gen·cy** *n.* [U]—**'co·gent·ly** *adv.*

cog·ni·tion /kɔɡˈniʃən/ *n.* [U]认知,认识;理解;感知:in full *cognition* of the facts 充分认识事实 ‖ **cog'ni·tion·al** *adj.* —**cog·ni·tive** /ˈkɔɡnitiv/ *adj.*

co·her·ence /kəʊˈhiərəns/ *n.* [U]连贯(性);一致(性):Your essay needs more *coherence* to be convincing. 你的这篇文章需要有更强的连贯性才能有说服力。

co·her·ent /kəʊˈhiərənt/ *adj.* ❶(逻辑上)连贯的,有条理的,前后呼应的:a *coherent* theory 脉络清晰的理论 ❷(在说话、思路等方面)清晰的,明了的:When he went crazy he would be not *coherent*. 他发疯时就会语无伦次。 ‖ **co'her·ent·ly** *adv.*

co·he·sion /kəʊˈhiːʒən/ *n.* [U]黏合(性);聚合(性);凝聚力:The organization lacked *cohesion*. 这个组织缺乏凝聚力。 ‖ **co'he·sive** *adj.* —**co'he·sive·ly** *adv.* —**co'he·sive·ness** *n.* [U]

coil /kɔil/ **I** *v.* ❶卷,缠,盘绕:She *coiled* her scarf around her neck. 她把围巾缠在脖子上。 ❷把(绳子等)盘卷成圈状:*coil* the garden hose 把浇灌花园用的软管盘起来 **II** *n.* [C](一)卷,(一)圈,(一)匝;盘状物:a *coil* of rope 一卷绳子

coin /kɔin/ *n.* [C]硬币:change all the *coins* for notes 把这些硬币全部换成纸币

co·in·cide /ˌkəʊinˈsaid/ *vi.* ❶同时(同地)发生:Our birthdays and birth place *coincide*. 我们是在同一天、同一个地方出生的。 ❷重合,同位,重叠:The base of the triangle *coincides* with one side of the square. 这三角形的底边与这正方形的一条边相重合。

❸相符,相一致(with):Our opinions *coincide more* often than not. 我们的意见常常不谋而合。

co·in·ci·dence /kəu'insidəns/ n. [U;C]巧合;巧事:Their meeting was pure *coincidence*. 他们的相遇纯属巧合。

co·in·ci·den·tal /kəuˌinsi'dentəl/ adj. [无比较级]巧合的;碰巧的:It was purely *coincidental* that we were having dinner at the same restaurant. 真太巧了,我们竟然在同一家餐厅吃饭。

Coke /kəuk/ n. [U;C]可口可乐

co·la /'kəulə/ n. [U;C]可乐(用可乐果籽加糖和香料等制成的饮料)

cold /kəuld/ I adj. ❶低温的,冷的,寒冷的:*cold* water 冷水 ❷冷淡的,冷漠的,不热情的;不友好的:make a *cold* reply 做出冷冰冰的答复 II n. ❶[U]冷,寒冷;[the ～]寒冷天气:the *cold* in the mountains 山区的寒冷天气 ❷[亦作 **common cold**][C]感冒,伤风,受寒:I've got a bad *cold*. 我得了重感冒。‖ catch (a) *cold* vi. 感冒,伤风,受凉:We all *caught cold* in the winter. 我们冬天都感冒了。‖ 'cold·ly adv. —'cold·ness n. [U]

☆cold,cool 均有"冷的"之意。cold 为普通用语,通常指令人不舒服的低温:I'm very *cold*,I should have put a coat on. (我很冷,我要穿上一件大衣。)该词用于情绪状态时,表示冷漠、冷淡或冷酷:She was *cold* towards the visitors. (她对来访者有些冷淡。)cool 指令人舒服的低温,也指冷淡、缺乏热情、冷静等:the *cool* shade (阴凉处)/ make a *cool* reply (予以冷漠的回答)

cold-blood·ed /ˌkəuld'blʌdid/ adj. ❶[无比较级]【生】冷血的:*cold-blooded* crocodiles 冷血的鳄鱼 ❷无情的;残忍的:a *cold-blooded* serial killer 冷血的连环杀手

col·lab·o·rate /kə'læbəˌreit/ vi. ❶(尤指在艺术创作上)合作;协作(with):The two authors *collaborated* on a script. 这两位作者合作创作一部剧本。❷勾结,通敌(with):*collaborate with* the enemy 与敌人狼狈为奸 ‖ **col·lab·o·ra·tion** /kəˌlæbə'reiʃən/ n. [U] —

col·lab·o·ra·tive /kə'læbəˌreitiv/ adj. —**col·lab·o·ra·tor** n. [C]

col·lapse /kə'læps/ I v. ❶倒坍,塌下;倒下:The roof *collapsed* in the fire. 屋顶在大火中塌了。❷崩溃,瓦解;突然失败:His business *collapsed*. 他的生意一落千丈。II n. ❶[U]倒坍,塌下:the *collapse* of the bridge 这座桥的倒塌 ❷[U;C](计划等的)突然失败;崩溃,瓦解:the *collapse* of economic system 经济制度的土崩瓦解 ❸[U;C](身体的)垮掉,虚脱:be in a state of mental *collapse* 处于精神崩溃状态 ‖ **col·laps·i·bil·i·ty** /kəˌlæpsi'biliti/ n. [U] —**col'laps·i·ble** adj.

col·lar /'kɔlə/ n. [C]衣领;领圈;护颈:What size (of) *collar* is this shirt? 这件衬衫的衣领尺寸是多大?

col·late /kə'leit, kə-/ vt. ❶校对(文本等),比对,校勘:We *collated* these findings and see what similarities there are. 我们把这些发现的结果进行了对比,看看有什么相似之处。❷整理,集中(资料等);(装订前)检点(印张):*collate* several sets of a manuscript 整理几套原稿 ‖ **col'la·tor** n. [C]

col·la·tion /kə'leiʃən, kə-/ n. [U;C]校对,核查,校勘:A *collation* of the data will take a few months. 这些数据的核查工作将需要几个月的时间。

col·league /'kɔli:g/ n. [C]同事;同僚:business *colleagues* 生意伙伴

col·lect /kə'lekt/ vt. ❶聚集;召集,使集中:The window can *collect* light enough for reading. 这个窗户采的光足以用来照明。❷收集,搜集,采集:*collect* stamps 集邮

col·lec·tion /kə'lekʃən/ n. ❶[U;C]收集,采集;收取,领取:The *collection* of these stamps took ten years. 收集这些邮票花了十年时间。❷[C](一批)收藏品,(一批)搜集的东西:an excellent Picasso *collection* 一批精美的毕加索画作藏品 ❸[C](慈善)募捐;募捐款:organize a *collection* for charity 筹划一次慈善募捐

col·lec·tive /kə'lektiv/ adj. [无比较级]❶总的;合计的:the *collective* assets 总资产

❷[置于名词前]集体的;共同的:the *collective wisdom* 群体智慧‖col'lec·tive·ly *adv.*

col·lec·tor /kə'lektəʳ/ *n.* [C] ❶收集者,采集者;收藏家:an art *collector* 艺术品收藏家 ❷收款人,收账人;收债人:a tax *collector* 收税员

col·lege /'kɔlidʒ/ *n.* ❶[C;U](具有颁发学士学位资格的)学院,大学:She started *college* last year. 她去年进了大学。❷[C]学会;社团;团体:the Royal *College* of Physicians 皇家医师学会‖ **col·le·gi·al** /kə'liːdʒiəl/ *adj.*

col·lide /kə'laid/ *vi.* ❶碰撞,冲撞;相撞(*with*):The two cars *collided* at a high speed. 这两辆汽车相撞时速度很快。❷冲突,抵触,不一致(*with*):Their views often *collided.* 他们的观点经常相左。

col·li·sion /kə'liʒᵊn/ *n.* [U;C]❶碰撞;相撞;碰撞事件:reduce the chance of *collision* 减少碰撞的可能性❷(利益、意见等的)冲突,抵触:a *collision* of principles 原则上的冲突‖ col'li·sion·al *adj.*

col·lo·cate /'kɔləˌkeit/ *v.* ❶排列;并列,并置:*collocate* the dishes on the table 将碟子并排放在饭桌上 ❷【语】组合,搭配(*with*):The word "see" *collocates with* "off" in the phrase "see off". "see"这个词同"off"在"see off"这个词组里面搭配在一起。‖ **col·lo·ca·tion** /ˌkɔlə'keiʃᵊn/ *n.* [U;C]

col·lo·qui·al /kə'ləukwiəl/ *adj.* [无比较级]口语的;会话的;口语体的:a *colloquial* style 口语体‖col'lo·qui·al·ism *n.* [C;U]—col'lo·qui·al·ly *adv.*

col·lu·sion /kə'luːʒᵊn/ *n.* [U]勾结,共谋:He acted in *collusion* with the gang leader. 他同团伙的头目勾结在一起。‖ col'lu·sive *adj.*

co·lon /'kəulᵊn/ *n.* [C]【印】❶冒号(即:) ❷分隔号(即:):the 1:5 exchange ratio 1比5的兑换率

colo·nel /'kɜːnᵊl/ *n.* [C]【军】(美国陆军、空军和海军陆战队的)上校‖'colo·nel·cy *n.* [U;C]

co·lo·ni·al /kə'ləuniəl/ *adj.* [无比较级] ❶殖民地的;具有殖民地特点的:*colonial* expansion 殖民扩张 ❷[Colonial](英属)殖民地的;(美国)殖民地时期的‖ co'lo·ni·al·ly *adv.*

co·lo·ni·al·ism /kə'ləuniəˌlizᵊm/ *n.* [U]殖民主义;殖民政策

col·o·nist /'kɔlᵊnist/ *n.* [C]❶被殖民者;殖民地居民 ❷殖民者

col·o·nize /'kɔləˌnaiz/ *vt.* 在…开拓(或建立)殖民地,拓殖于:The British first *colonized* Australia in the 18th century. 英国人于18世纪率先在澳大利亚开拓了殖民地。‖'col·o·ni·za·ble *adj.* —col·o·ni·za·tion /ˌkɔlᵊnai'zeiʃᵊn;-ni'z-/ *n.* [U]

col·o·ny /'kɔlᵊni/ *n.* [C]❶移民群,殖民团:A *colony* of prisoners settled in the new continent and suffered greatly. 一批清教徒在这个新大陆上定居下来,吃尽了苦头。 ❷殖民地;[the Colonies](后来成为美国13个州的)英国殖民地之一:a self-governing *colony* 自治殖民地

col·or /'kʌləʳ/ *n. & v.* 〈主美〉=colour

col·our /'kʌləʳ/ I *n.* [U;C]颜色;色泽;色彩:*Colour* arises when light strikes the object. 光线照在物体上就出现了颜色。II *vt.* 给…着色(或染色);改变…的颜色:*colour* one's hair blonde 把头发染成金色

☆colour, hue, shade, tinge, tint 均有"颜色,色彩"之意。colour 为普通用语,表示由物体发射的波光通过视觉所产生的印象,泛指各种颜色:What *colour* are her eyes? (她的眼睛是什么颜色的?) hue 与 colour 基本同义,常用于诗歌;也可专门表示色度或色泽:an orange of a reddish *hue* (泛着红色的橘子) shade 指颜色的浓淡或深浅:*shades* of green (绿色的深浅浓浓) tinge 指扩散或弥漫开来的浅淡颜色,也可用作喻义:The sky had a bluish *tinge.* (天空泛着一点蓝色。) tint 也指色度,但通常用于浅淡的颜色:an artist who excels at flesh *tints* (擅长运用肉色的画家)

col·our-blind /'kʌləˌblaind/ *adj.* [无比较级]色盲的‖'col·our-ˌblind·ness *n.* [U]

col·our·ful /ˈkʌləfˀl/ *adj.* ❶五颜六色的，色彩斑斓的：*colourful* fabrics 五颜六色的织物 ❷生动的，形象，趣味盎然的：The yard is *colourful* now that Spring has arrived. 随着春天的来临，庭院里显得绚丽多姿。‖ **ˈcol·our·ful·ly** *adv.* —**ˈcol·our·ful·ness** *n.* [U]

col·umn /ˈkɔlˀm/ *n.* [C]❶【建】柱，圆柱；纪念柱：a marble *column* 大理石柱 ❷(人或物排成的)纵行；(尤指士兵列队的)直行，列：a *column* of terracotta warriors and horses 一排兵马俑 ❸栏：There are three *columns* on each page of this encyclopedia. 这部百科全书每一页有三栏。❹(报纸、杂志)的专栏；专栏文章：a financial *column* 金融专栏 ❺(舰船、飞机等)的纵队：*columns* of tanks 坦克纵队 ‖ **ˈco·lum·nat·ed** *adj.* —**ˈcol·umned** *adj.*

comb /kəum/ *n.* [C] 梳子：run a *comb* through one's hair 用梳子梳理头发

com·bat **I** /ˈkɔmbæt, kˀmˈbæt/ (-bat(t)ed; -bat(t)ing) *vt.* (与…)战斗，(与…)斗争：*combat* crime 与犯罪作斗争 **II** /ˈkɔmbæt/ *n.* [U]战斗，作战；斗争：get wounded in *combat* 在战斗中负伤

com·bi·na·tion /ˌkɔmbiˈneiʃˀn/ *n.* [U;C] 结合(体)；组合(物)；联合(体)；混合(体)：the *combination* of science and art 科学与艺术的结合

com·bine **I** /kˀmˈbain/ *v.* 结合；联合；组合：The two factions *combined* to form a coalition government. 两支派别联合组建了联合政府。 **II** /ˈkɔmbain/ *n.* [C]❶联合企业，财团，集团 ❷联合收割机 ‖ **comˈbin·er** *adj.*

come /kʌm/ (came /keim/, come) *vi.* ❶来；来到；过来；靠近，走近：*Come* a little closer. 再靠近一点。❷出现(于)；显现(在)：The address should *come* above the date. 地址应在上，日期在下。❸延伸(至)；达到(to)：The dress came to her knees. 衣服长及她的膝盖。❹发生(于)；降临(to)：I won't let any harm *come* to you. 我不会让你受到任何伤害。‖ **come about** *vi.* 发生；出现：How

did the mess *come about*? 乱七八糟的！这是怎么搞的？ **come across** *vt.* 偶然碰见，巧遇：She came *across* two photographs of her childhood. 她偶然发现了两张儿时的照片。 **come around** *vi.* 苏醒，恢复知觉；恢复生机：The patient finally came *around*. 病人最后苏醒了过来。 **come back** *vi.* ❶回来，返回 ❷(往事等)在记忆中重现：It all *comes back* to me now. 现在，那一切又都重新浮现于我脑海中。 **come by** *v.* 获得；得到：*come by* sth. through toils 通过辛劳而获得某物 **come down** *vi.* ❶破落；潦倒；失势：The family has *come down* in the world. 这个家庭家道中落了。 ❷流传下来；被继承下来：The porcelain has *come down* through generations. 这件瓷器经过几代人传了下来。 **come out** *vi.* ❶出现；显露：A rainbow came *out* on the horizon. 地平线上出现了一道彩虹。❷结果是；终于发生：The lawsuit came *out* in the defendant's favour as expected. 不出所料，这起官司到头来对被告方有利。❸出版；公开；发表：The story came *out* in the periodical. 这则报道在期刊上登了出来。 **come over** *v.* ❶(从远方)过来；走近，靠近：Shells came *over* and exploded nearby. 炸弹飞过来，在附近炸开。❷发生于；影响到：What's *come over* him? 他发生了什么事情？ **come through** *v.* ❶完成；实现；成功 ❷成功克服(困难、疾病等)；经过…而安然无恙：She came *through* the war safely. 她安然无恙地经过了战争磨难。 **come to** *v.* ❶苏醒；恢复知觉：That's about all I remember, until I came *to* in a life-raft. 在我从救生筏上醒来之前，我能记住的就那么多。 ❷总计为，共计有：His salaries come *to* $ 6,000 a year. 他的年薪为 6 000 美元。

co·me·di·an /kəˈmiːdiən/ *n.* [C]喜剧演员；滑稽演员

come·down /ˈkʌmˌdaun/ *n.* [通常用单]落魄；潦倒，失势：It is quite a *comedown* for him as a college graduate to have to sweep streets. 像他这样一位大学毕业生不得不去扫大街，真是潦倒至极。

com·e·dy /ˈkɔmidi/ *n.* [C;U]喜剧；幽默

剧：stage a black *comedy* 上演一出黑色幽默剧 ‖ **co·me·dic** /kə'miːdik/ *adj.*

com·et /'kɔmit/ *n.* ［C］【天】彗星 ‖ **'com·et·ar·y** *adj.*

com·fort /'kʌmfət/ I *vt.* ❶安慰；抚慰：*comfort* the bereft with a hug 用拥抱安抚丧失亲人的人 ❷使舒服，使舒适：They *comforted* themselves by the warmth of the fire. 他们烤着炉火，暖融融的，感到惬意。II *n.* ❶［U］安慰；慰藉：find *comfort* in love 在爱情中寻找慰藉 ❷［U；C］舒适，安逸；使人生活舒适的东西：a life of some *comfort* 几分安逸的生活

☆ **comfort, console, relieve, soothe** 均有"安慰"之意。**comfort** 为普通用语，给人以勇气、力量和希望，含亲切之意：message *comforting* the grieving family（慰藉悲伤的家人）**console** 较为正式，通常强调减轻别人的悲伤、痛苦等不良情绪：They tried to *console* him for his failure in the contest.（他比赛失利，他们想让他打消失落的情绪。）**relieve** 常指减轻或忘却痛苦：*relieve* the pain by distracting oneself（通过分散注意力来减轻痛苦）**soothe** 指能使人平静镇定，感到舒服：She *soothed* the puppy with a steak.（她用一根骨头哄小狗。）

com·fort·a·ble /'kʌmfətəb°l/ *adj.* ❶令人舒服的，舒适的：a *comfortable* bed 一张舒适的床 ❷安逸的；舒畅的；无打扰的：have a *comfortable* sleep 安稳地睡一觉 ❸无口腹之虞的；丰厚的，小康的：a *comfortable* salary 一份丰厚的薪水〔亦作 **comfy**〕‖ **'com·fort·a·ble·ness** *n.* ［U］—**'com·fort·a·bly** *adv.*

☆ **comfortable, cosy, easy, restful, snug** 均有"舒适的，安逸的"之意。**comfortable** 为普通用语，形容安逸、满足状态：a large and *comfortable* bedroom（宽敞舒适的卧房）**cosy** 指带有安全、自在或温馨特点的舒适感：be immersed in a nice *cosy* feel（沉浸在美好温馨的感觉之中）**easy** 强调安逸悠闲，无忧无虑：The *easier* life is, the lazier one becomes.（生活越安逸，人就越懒惰。）**restful** 指闲适安定的心境：It was *restful* to sit on the beach, listening to the gentle lapping of the waves.（坐在海滩上听着浪涛的拍打

声，安闲惬意。）**snug** 与 cosy 基本同义，尤指小场所给人的舒适安全的感觉：a *snug* little nest（温馨的小巢穴）

com·ic /'kɔmik/ I *adj.* ❶滑稽的；可笑的，令人发笑的：a *comic* performance 滑稽表演 ❷［无比较级］［常作定语］喜剧的；喜剧性的：a *comic* actress 喜剧女演员 II *n.* ［C］❶滑稽演员，喜剧演员 ❷［the comics］(报纸的)漫画栏

com·i·cal /'kɔmik°l/ *adj.* 滑稽的；令人发笑的：a *comical* scene 滑稽的场面 ‖ **'com·i·cal·ly** *adv.* —**'com·i·cal·ness** *n.* ［U］

comic book *n.* ［C］漫画书

com·ing /'kʌmiŋ/ I *n.* ［通常用单］来到，来临；到达：With the *coming* of winter the days get shorter. 随着冬天的临近，白天也跟着变短了。II *adj.* ［无比较级］［作定语］(事件等)正在到来的，即将来临的；(月、年等)接着的，下一个的：this *coming* summer 今年夏天

com·ma /'kɔmə/ *n.* ［C］逗号(即,)

com·mand /kə'mɑːnd;-'mænd/ I *vt.* ❶命令，指示：The general *command* the soldiers to march ahead. 将军命令士兵向前挺进。❷规定；要求：*command* silence 要求肃静 ❸指挥；管辖；控制：*command* a regiment 指挥一个团 II *n.* ❶［C］命令；指示：issue a *command* 发布一项命令 ❷［U］指挥(权)；管辖；控制：have no *command* over oneself 没有自制力 ❸［C］掌握；运用能力：have a working *command* of English 自如地使用英语 ❹［C］【计】指令，命令

☆ **command, charge, direct, instruct, order** 均有"命令，责成"之意。**command** 较为正式，表示权威性的指令，受指令者必须服从或执行：When his superior *commands*, a soldier obeys.（上级下达命令，士兵执行命令。）**charge** 指下达命令委派对方担负某项职责：She *charged* me to look after her son.（她托我照看她的儿子。）**direct** 用于正式场合，表示下达指示：The manager *directed* his secretary to copy the document.（经理让秘书复印这个文件。）**instruct** 与 direct 基本同义，但更为正式。**order** 指传达具体任务要

求下级执行：I *ordered* him out of the house.（我命令他从房子里出来。）

com·mand·er /kəˈmɑːndəʳ;-ˈmæn-/ *n.* [C] ❶(团体、组织等的)负责人，领导者 ❷指挥官，司令官：a division *commander* 师长

com·mand·er-in-chief /kəˌmɑːndərɪnˈtʃiːf;-ˌmæn-/ *n.* [C]([复] **com·mand·ers-in-chief**) ❶总司令(尤指一国武装力量的最高统帅) ❷司令员

com·mem·o·rate /kəˈmeməˌreit/ *vt.* 纪念：a festival *commemorating* the 200th anniversary of the event 纪念这个事件发生200周年的节日 ‖ com**ˈmem·o·ra·ble** *adj.* —com**ˈmem·o·ra·tor** *n.* [C]

com·mem·o·ra·tion /kəˌmeməˈreiʃʰn/ *n.* ❶[U]纪念；庆祝：a ceremony in *commemoration* of the fiftieth anniversary of the founding of the People's Republic of China 中华人民共和国成立55周年庆典 ❷[C]纪念仪式；庆祝会

com·mend /kəˈmend/ *vt.* ❶表扬，称赞，嘉许；推崇：*commend* a soldier for bravery 嘉奖一位表现英勇的士兵 ❷推荐：*commend* an applicant to the company 向这家公司推荐一名申请人 ‖ com**ˈmend·a·ble** *adj.* —com**ˈmend·a·bly** *adv.*

com·men·da·tion /ˌkɒmenˈdeiʃʰn/ *n.* ❶[U；C]表扬，称赞，嘉许：receive a *commendation* 获得表彰 ❷[U]推荐，举荐

com·ment /ˈkɒment/ **I** *n.* ❶[C；U]批评；意见，评论：make a *comment* about the situation 对形势发表见解 ❷[C]注释；评注：*comments* in the margin 边注 **II** *vi.* 发表意见，评论，评说(*on，upon，about*)：He refused to *comment* on the issue. 他拒绝对这个问题作出评论。

com·men·tar·y /ˈkɒmʰntʰri/ *n.* ❶[U；C]评论；(体育比赛的)现场解说，实况报道；(时事)述评：provide *commentary* on the players 对运动员进行评说 ❷[C]解释性论文；评介：write a *commentary* on the movie 撰写影评 ❸[C]说明，写照：The high inflation rate is a sad *commentary* on the financial system. 高通货膨胀率是对金融体制的

可悲写照。

com·men·ta·tor /ˈkɒmʰnˌteitəʳ/ *n.* [C](电台、电视台等的)时事评论员；新闻述评员；(转播比赛等时的)实况解说员

com·merce /ˈkɒməːs/ *n.* [U]商业；商贸：promote international *commerce* 促进国际贸易

com·mer·cial /kəˈməːʃʰl/ **I** *adj.* [无比较级] ❶商业的；商务的，商贸的：*commercial* world 商界 ❷商用的：*commercial* vehicles 商用车辆 ❸商品(性)的；营利(性)的；供应市场的：The film was highly praised, but was not *commercial*. 这部电影口碑好，但票房惨。 **II** *n.* [C](无线广播或电视中的)商业广告：The TV show was interrupted by too many *commercials*. 电视节目中穿插的广告太多。 ‖ com**ˈmer·cial·ly** *adv.*

com·mis·sion /kəˈmiʃʰn/ *n.* ❶[C；U]委任(状)；任命(书)；授权(令)；任职(令)：award a *commission* 颁发委任状 ❷[C](委任或选举产生的)委员会：the Forestry *Commission* 森林委员会 ❸[C]所授之权；所委之职责；所托之事；任务：execute a *commission* 执行任务 ❹[C；U]佣金，回扣；代理费(略作 **com.**)：charge [pay] a *commission* 索取佣金

com·mit /kəˈmit/ *vt.* (-mit·ted;-mit·ting) ❶[常作 ~ **oneself**]使表态；发表(自己的)意见(或看法、观点等)：The candidate refused to *commit himself* on the controversial subject. 候选人拒绝就这个敏感的话题发表见解。 ❷[常作 ~ **oneself**]使作出保证；使致力(于)；使履行(义务、职责或政策等)(*to*)：He would not *commit himself* in any way. 他无论如何也不愿卷入其中。 ❸把…交付(或委托)给(…看管、处理等)；使遭受(*to*)：The sick man *committed* himself *to* a doctor's care. 病人把自己交给医生照顾。 ❹实施，犯(罪)；干(错事、坏事等)：*commit* perjury 犯伪证罪

☆**commit, confide, consign, entrust, relegate** 均有"委托，托付"之意。**commit** 为普通用词，指把某人或某物交给另一个人负责、保管或处理：*commit* a child to a doctor's care (把孩子交给医生照顾)**confide** 与 entrust 基本同义，

强调完全信赖和充分保证,也可指吐露秘密,往往含有关系亲密的意味:He *confided* his innermost secrets to her. (他向她倾吐了内心的秘密。) **consign** 比较正式,常指法律的委托办理和商业的委托运输:*consign* one's paintings to a gallery for sale (将某人的画作委托画廊出售) **entrust** 指把某事(物)交托其人管理或保管,把某任务指派给某人去完成或把某职位委任给某人,强调信赖和安全:The president is *entrusted* with broad powers. (总统被赋予了很大的权力。) **relegate** 指将某人或事(物)降至较低的地位或范围,含有打发处理之意:Will our team be *relegated* to the second division? (我们队是否会降级到乙组?)

com·mit·ment /kəˈmitmənt/ *n.* ❶[C;U]承诺,允诺;保证;承担义务:live up to [fulfill] one's *commitments* 履行承诺 ❷[U;C]忠诚;信守;赞助;支持:have a sincere *commitment* to religion 笃信宗教 ❸[U]致力;献身;投入:*commitment* to a cause 为事业而献身

com·mit·tee /kəˈmiti/ *n.* [C]委员会;(由议会任命的)立法委员会;(为实现某共同目标或支持某一事业而设立的)促进会:a *committee* for economic development 经济促进委员会

com·mod·i·ty /kəˈmɔditi/ *n.* [C]商品;货物:trade in *commodities* 进行商品交易

com·mon /ˈkɔmən/ *adj.* ❶共同的;共有的,同享的;一致的:a negotiation based on *common* interests 基于共同利益的谈判 ❷公共的;公众的;影响(整个社区或公众)的:Laws serve the *common* good. 法律为公益服务。❸经常性的,通常的;常见的,司空见惯的;普通的,一般的:*common* subjects in English literature 英国文学中常见的主题 ‖ *in common* *adj.* & *adv.* 共用的(地),公有的(地);共同(做)的(地):The twins have few interests *in common*. 这对双胞胎的兴趣很少有相同的。‖ ˈcom·mon·ly *adv.*

☆**common, ordinary, usual** 均有"普通的,平常的"之意。**common** 指符合或司空见惯,没有特别之处,具有全体或大多数人或物共有的特征:a *common* error (常见的错误)

ordinary 强调毫无特别的性质,非常一般,常含未达到普通水准的意味:An *ordinary* working day is eight hours. (一个正常的工作日是8小时。) **usual** 用于任何经常的、有规律的或相对稳定的活动,既可指自然现象,也可指社会上的一般事情:Thunder is the *usual* sign of an approaching storm. (雷声通常预示暴风雨的来临。)

com·mon·place /ˈkɔmənˌpleis/ *n.* [C]寻常的事物;庸常事物;俗事(或物):Forty years ago television was a rare novelty; today it is a *commonplace*. 40年前电视机还是稀奇玩意儿,如今已司空见惯。

common sense *n.* [U]常识;(尤指由实际生活经验得来的)判断力

com·mon·wealth /ˈkɔmənˌwelθ/ *n.* ❶[C](独立的)政体(尤指共和国或民主国);国家 ❷[C](因共同利益或兴趣结成的非政治性)协会,团体,界:the *commonwealth* of learning 知识界

com·mu·nal /ˈkɔmjunˀl/ *adj.* ❶共有的;集体的;公用的;公共的:*communal* activity 集体活动 ❷社区的;(尤指巴黎)公社的:a *communal* organization 公社组织 ‖ comˈmu·nal·ly *adv.*

com·mune /ˈkɔmjuːn/ *n.* [C]❶(尤指社会主义国家的)公社;(因共同志趣聚集形成的)群居村;群居者:He ran away from home and joined a *commune*. 他从家里跑了出来,加入了一个群居村。❷社区;社区全体居民

com·mu·ni·ca·ble /kəˈmjuːnikəbˀl/ *adj.* 可传播的;可传送的;(尤指疾病)可传染的,传染性的:a *communicable* disease 一种传染病 ‖ com·mu·ni·ca·bil·i·ty /kəˌmjuːnikəˈbiliti/ *n.* [U] —comˈmu·ni·ca·bly *adv.*

com·mu·ni·cate /kəˈmjuːniˌkeit/ *vt.* ❶传播;传染;传送:Some diseases are easily *communicated*. 有些疾病很容易传染。❷传达(想法、意见等),传递;表露:*communicate* the deepest meaning 表达最深的含义 —*vi.* ❶通讯;通信;通话:We have yet to *communicate* with the inhabitants of another planet. 我们还有待于与外星居民交往。❷交

流思想(或感情、信息等);交往;交际:*communicate with one's parents* 与父母沟通思想‖com'mu·ni·ca·tor *n.* [C]

com·mu·ni·ca·tion /kəˌmjuːniˈkeiʃ°n/ *n.* ❶[U;C]传播;通信;通讯:open up wireless *communication* 开通无线电通信联系 ❷[C]信息;消息;口信;书信:be in receipt of one's *communication* of 12th September 9月12日的来函收到 ❸[C;U]交流;交际;交往;联络;交通(或通讯)方式:establish direct *communication* with the rescue team 与救援小组取得直接联系 ❹[常作～s][U][用作单或复]通讯(或传播)技术;传播学:mass *communications* 大众传播学

com·mu·nism /ˈkɔmjuːniz°m/ *n.* [U] ❶共产主义(制度);共产主义理论 ❷[常作 C-]共产主义政体;共产党;共产主义运动

com·mu·nist /ˈkɔmjunist/ **I** *n.* [C] ❶共产主义者;共产主义的支持者 ❷[常作 C-]共产党员 **II** *adj.* ❶共产主义(者)的;支持(或拥护)共产主义的 ❷[C-]共产党的‖**com·mu·nis·tic** /ˌkɔmjuːˈnistik/ *adj.*

com·mu·ni·ty /kəˈmjuːniti/ *n.* [C] ❶(住在同一地区的)社区居民;社区:a college *community* 大学区 ❷群体;团体;界:the American medical *community* 美国医学界

com·mute /kəˈmjuːt/ *vt.* ❶减轻(刑罚等)(*to*):*commute* sentence of death *to* life imprisonment 把死刑减判为终身监禁 ❷(用钱款)折偿;折付(*into, for*):He *commuted* his pension *into* a lump sum. 他将退职金折合为一次付清的总额。

com·pact **I** /kəmˈpækt, ˈkɔmpækt/ *adj.* ❶坚实的;紧密的;致密的:*compact* soil 坚实的土壤 ❷集中的;密集的;紧凑的;小巧的:a *compact* office 布置紧凑的办公室 **II** /kəmˈpækt/ *vt.* ❶使紧密结合;使坚实;使变结实;(由…)结实地组成:Animals' hooves *compact* the soil. 动物的蹄子将土壤踏得很结实。 ❷压缩:*compact* a report 压缩报告的篇幅‖com'pact·ly *adv.* —com'pact·ness *n.* [U]

com·pan·ion /kəmˈpænjən/ *n.* [C] 同伴;伙伴;伴侣;朋友;同事:a *companion* in arms 战友

com·pan·ion·ship /kəmˈpænjənˌʃip/ *n.* [U]交情;友情;友谊;交往:When others fail him, the wise man looks to the sure *companionship* of books. 当别人令他失望时,这位智者便可靠的书籍为友。

com·pa·ny /ˈkʌmpəni/ *n.* ❶[U,C]友情;私交;陪伴;伙伴(们);朋友(们):keep clear of bad *company* 不结交坏朋友 ❷[C]公司,商号;(中世纪的)行会:a publishing *company* 出版公司‖keep sb. *company*;keep *company with sb.* *v.*陪伴;(与…)形影不离(尤指亲人):If you are going out for a walk, I'll come along and *keep* you *company.* 如果你要出去散步的话,我来和你做伴。

com·pa·ra·ble /ˈkɔmpərəb°l/ *adj.* ❶可比较的,有可比性的(*with*):A fire is *comparable with* the sun;both give light and heat. 火炉与太阳有可比性,两者都发热发光。 ❷比得上的(*to*):A cave is not *comparable to* a house for comfort. 洞穴比不上房子舒服。 ❸类似的:The two sets of data are sufficiently *comparable.* 这两套数据从足够的意义上讲是相近的。‖com·pa·ra·bil·i·ty /ˌkɔmpərəˈbiliti/ *n.* [U] —'com·pa·ra·ble·ness *n.* [U] —'com·pa·ra·bly *adv.*

com·par·a·tive /kəmˈpærətiv/ **I** *adj.* ❶[用作定语]比较的;用比较方法的:a *comparative* study of languages 语言之间的比较研究 ❷[用作定语]相比较而言的;相对的:a *comparative* stranger 相对来说较为陌生的人 ❸[语](级、格等)比较的 **II** *n.* [C][语]比较级(或词)‖com'par·a·tive·ly *adv.*

com·pare /kəmˈpeə/ *vt.* ❶比较,对照(*with, to*):He *compared* the two books to see which one had the better illustrations. 他将两本书作了一番比较,看看哪本书的插图更好。 ❷把…比作(*to*):*compare* life *to* a voyage 把人生比作旅程

com·par·i·son /kəmˈpæris°n/ *n.* ❶[C;U]比较,对照:She made a *comparison* of our literature to theirs. 她把我们的文学和他们的做了比较。 ❷[U]相似(之处);类似

(性)；points of *comparison* 相似点

com·part·ment /kəm'pɑːtmənt/ *n.* [C]分隔的空间；分隔间；(钱包等的)夹层；(抽屉的)隔室；〈美〉卧车包房；〈英〉(火车车厢)隔间：a smoking *compartment* 吸烟室 ‖ **com·part·men·tal** /ˌkɒmpɑːt'mentʰl/ *adj.*

com·pass /'kʌmpəs/ *n.* [C]❶罗经，罗盘(仪)：read a mariner's *compass* 读航海罗盘 ❷[常作～es]圆规

com·pas·sion /kəm'pæʃʰn/ *n.* [U]同情，怜悯：The picture powerfully moves the beholder to *compassion*. 这幅照片激起了观看者强烈的同情心。

com·pat·i·ble /kəm'pætibʰl/ *adj.* ❶能和睦相处的，合得来的；适合的(with)：the most *compatible* couple of the year 该年度最佳夫妻 ❷协调的；一致的(with)：This project is not *compatible with* the company's long-term plans. 这项计划与该公司的长期规划不协调。❸(机器或机器部件)兼容的：*compatible* personal computers 具有兼容性的个人电脑 ‖ **com·pat·i·bil·i·ty** /kəmˌpætə'biliti/ *n.* [U] —**com'pat·i·bly** *adv.*

com·pel /kəm'pel/ *vt.* (-pelled；-pel·ling) 强迫，迫使，使只得：He was *compelled* to do it against his will. 他被逼无奈，只好违心地这样做。‖ **com'pel·la·ble** *adj.*

com·pen·sate /'kɒmpenˌseit/ *v.* ❶补偿，弥补；赔付；抵偿(for)：*compensate* sb. *for* damages 赔偿某人的损失 ❷酬报(for)：The company always *compensated* her *for* her extra work. 对她的额外工作，公司总予以酬报。❸【机】【电子】补偿；平衡；校调 ‖ **com·pen·sa·to·ry** /kəm'pensəˌtʰri/，**com'pen·sa·tive** *adj.*

com·pen·sa·tion /ˌkɒmpen'seiʃʰn/ *n.* ❶[U；C]补偿；赔偿；代偿；获赔：The travel agents offered them ＄200 in *compensation* for their lost holiday. 旅行社给他们200美元以补偿他们失去的假期。❷[U]补偿(或赔偿)金(或物)：make unemployment *compensation* 支付失业救济补助金

com·pete /kəm'piːt/ *vi.* 竞争；比赛；竞赛；对抗：An injury kept him from *competing* in the final race. 他因负伤而不能参加决赛。

com·pe·tence /'kɒmpitʰns/，**com·pe·ten·cy** /-si/ *n.* [U]能力；胜任，称职：The insane woman lacked the *competence* to manage her own affairs. 那个神志不清的女人没有自理能力。

com·pe·tent /'kɒmpitʰnt/ *adj.* ❶有能力的；胜任的，称职的；合格的：be fully *competent* at one's work 完全胜任工作 ❷有效的；足够的；恰当的：a *competent* answer 有力的回答 ‖ **'com·pe·tent·ly** *adv.*

com·pe·ti·tion /ˌkɒmpi'tiʃʰn/ *n.* ❶[U]竞争；对抗：be in fierce *competition* for admission to the college 为考取这所大学而进行激烈竞争 ❷[C；U]比赛，竞赛；赛事：go in for a *competition* for championship 参加锦标赛

com·pet·i·tive /kəm'petitiv/ *adj.* ❶竞争性的；靠竞争(或比赛)的；供竞争(或比赛)用的：highly *competitive* spirit 昂扬的竞争斗志 ❷好竞争的：a *competitive* personality 好与人一争高下的个性 ❸(价格等)有竞争力的：lose *competitive* edge 失去竞争优势 ‖ **com'pet·i·tive·ly** *adv.* —**com'pet·i·tive·ness** *n.* [U]

com·pet·i·tor /kəm'petitəʳ/ *n.* [C]竞争者；比赛者；对头，敌手：the *competitors* for the golf championship 角逐高尔夫球赛的选手

com·pile /kəm'pail/ *vt.* 汇编，汇总；编制；编辑，编纂：*compile* a volume of ballads 汇编一本民歌集 ‖ **com·pi·la·tion** *n.*

com·pla·cent /kəm'pleisʰnt/ *adj.* 自满的，洋洋得意的，沾沾自喜的：We can not afford to be *complacent* about the energy problem. 在能源问题上我们没有资本再自满无忧了。

com·plain /kəm'plein/ *v.* ❶抱怨，发牢骚(about，at，of)：Denny *complained about* the lack of knowledge shown by so many doctors. 丹尼抱怨这么多医生表现得缺乏知识。❷指控；申斥；抗议(about，of)：com-

plain to the city authorities *of* a public nuisance 向市政当局投诉公害‖**com'plain·er** *n.* [C] —**com'plain·ing·ly** *adv.*

com·plaint /kəm'pleint/ *n.* [C;U]抱怨;发牢骚;申诉;抗议:a roster of *complaints* against the press 对报界的一系列不满

com·ple·ment I /'kɔmplimənt/ *n.* [C] ❶补充,补充物;互补物;配对物:A fine wine is a *complement* to a good meal. 佳肴须得美酒配。❷足数,全数;足额;全套:the aircraft's full *complement* of crew 飞机的全体机组人员 ❸【语】补(足)语 II /'kɔmpliˌment/ *vt.* 补足;补充;使完整:The two books *complement* each other nicely. 这两本书互为补充,相得益彰。

com·ple·men·ta·ry /ˌkɔmpli'mentəri/ *adj.* 补充的,补足的;互补的;配套的:Those two hypotheses are *complementary*. 那两种假设相辅相成的。

com·plete /kəm'pli:t/ I *adj.* ❶完整的;全部的;完全的;完备的;齐全的:a *complete* outfit of men's clothing 全套男装❷十足的,彻头彻尾的;绝对的,道地的:He is a *complete* rogue. 他是一个十足的流氓。❸完成的;结束的:Work on the new bridge is almost *complete*. 新桥梁的建造即将全面竣工。II *vt.* ❶完成;结束:*complete* one's high school 念完高中❷使完全,使完整;补全:*complete* a set of dishes by buying the cups and saucers 买杯子和碟子用来配齐一套餐具‖**com'plete·ly** *adv.* —**com'plete·ness** *n.* [U]—**com·ple·tion** /kəm'pli:ʃn/ *n.* [U] ☆**complete,entire,full,whole** 均有"完整的,全部的"之意。**complete** 用于形容一个整体所包括的各个组成部分的完整无缺,暗含符合既定要求,达到既定目的,处于完成或完美状态的意味:the *complete* works of Shakespeare (莎士比亚全集)**entire** 用于表示抽象或具体事物在数量、时间或质量等方面的统一性和全部性:The *entire* continent was covered with snow. (整个大陆都覆盖着雪。)**full** 强调内容完备无缺:Please write down your *full* name and address. (请写下你的全名与地址。)该词常指具体容器装满

或盛满,也可表示某物在规模、范围或程度等方面处于饱和状态:Drink a *full* cup of coffee. (喝了满满一杯咖啡。)**whole** 用于未被损坏、分裂的完整事物,强调完整的概念:Are you telling me the *whole* truth? (你告诉我的是不是全是实话?)

com·plex I /'kɔmpleks/ *n.* [C] 建筑群;综合体(系);复合物:a new apartment *complex* 新建的公寓建筑群 II /'kɔmpleks, kəm'pleks/ *adj.* ❶由部分组成的,组合的;复合的:a *complex* molecule 组合分子 ❷错综复杂的;难懂的:*complex* legal procedure 复杂的法律程序 ‖ **com'plex·ly** *adv.* — **com'plex·ness** *n.* [U]

com·plex·i·ty /kəm'pleksiti/ *n.* ❶[U]复杂(性),错综(性):the *complexity* of the human mind 人脑的复杂性 ❷[C]错综复杂的事物:the *complexities* of modern life 现代生活的复杂情况

com·pli·ant /kəm'plaiənt/ *adj.* 服从的;遵从的;听从的;屈从的;言听计从的:be *compliant* to the demands of others 对别人有求必应 ‖ **com·pli·ance** *n.*

com·pli·cat·ed /'kɔmpliˌkeitid/ *adj.* 复杂的;难懂的;难解的:behave in a *complicated* way 举止让人难以理解 ‖ **com·pli·cat·ed·ly** *adv.* — **com·pli·ca·tion** *n.* [U]

com·pli·ment I /'kɔmplimənt/ *n.* [C]❶赞美(话);恭维(话);溢美之词:trade *compliments* 相互奉承 ❷敬意;荣耀,表示敬意(或荣耀)的行为:The mayor did him the *compliment* of escorting him. 为表示对他的敬意市长亲自陪同他。II /'kɔmpliˌment/ *v.* 赞美;恭维;赞许:In awarding the prize, the chairman *complimented* the winner on his fine exhibit. 颁奖时,主席对获奖者的精美展品赞叹不已。 ‖ **com·pli·men·ter** *n.* [C]

com·pli·men·ta·ry /ˌkɔmpli'mentəri/ *adj.* ❶赞美的;恭维的;祝贺的;表示敬意的;问候的:a *complimentary* remark 溢美之词 ❷[通常作定语]赠送的:*complimentary* tickets 赠券 ‖ **com·pli·men·ta·ri·ly** *adv.* — **com·pli·men·ta·ri·ness** *n.* [U]

com·ply /kəm'plai/ *vi.* 遵从,服从;顺从;听

从（*with*）：With some reluctance he *complied.* 他有些不情愿地屈服从了。

com·po·nent /kəm'pəunənt/ **I** *n.* [C] ❶成分，部分：separate a medicine into its *components* 分解药物成分 ❷部件，元件，零件：the *components* of a camera 照相机构件 **II** *adj.* [作定语]组成的，构成的；部件，元件的：assemble the *component* parts of a computer system 装配计算机系统的部件 ‖ **com·po·nen·tial** /ˌkɔmpə'nenʃ°l/*adj.*

com·pose /kəm'pəuz/ *vt.* ❶创作（艺术作品如音乐、诗歌等）；为…谱曲：compose a poem in Alexandrines 用亚历山大体作诗 ❷组成，构成：Her photographs of the tour scenery *compose* almost half the book. 旅途中拍的风景照几乎占了这本书的一半篇幅。❸构思；设想；设计；构图

com·posed /kəm'pəuzd/ *adj.* 镇静的；沉着的：The defendant remained *composed* during the trial. 在审判过程中，被告一直很镇定。

com·pos·er /kəm'pəuzə'/ *n.* [C]作曲者，作曲家：a world-famous *composer* 世界著名的作曲家

com·pos·ite /'kɔmpəzit, kəm'pɔzit/ **I** *adj.* 混合的；合成的，集成的；拼凑的；复合的：make a *composite* picture 制作合成照片 **II** *n.* [C]合成物（如合成照片等）‖ '**com·pos·ite·ly** *adv.*

com·po·si·tion /ˌkɔmpə'ziʃ°n/ *n.* ❶[U]组合，合成；构造；成分：This organization is mainly working class in *composition*. 该组织主要由工人阶级组成。❷[C]（音乐、文学或美术）作品；作文：play a piece of music of one's own *composition* 演奏一首自己谱写的曲子 ❸[U]编排，结构（方式）；构图；布局：new methods for dance *composition* 舞蹈编排的新方法 ❹[U]写作，创作：the *composition* skills 作文技巧

com·pound I /'kɔmpaund/ *n.* [C]混合物；复合体：cementitious *compound* 混凝土 **II** /'kɔmpaund/ *adj.* [作定语]混合的；复合的；化合的；合成的；集成的：a *compound* medicine 复方药 ‖ **com'pound·a·ble** *adj.* —

com·pre·hend /ˌkɔmpri'hend/ *vt.* 理解，明白；领会，领悟：*comprehend* the subtleties of a poem 领悟诗的微妙之处 ‖ **com·pre'hend·i·ble** *adj.* —**com·pre'hend·ing·ly** *adv.*

com·pre·hen·si·ble /ˌkɔmpri'hensəb°l/ *adj.* 可理解的；可领会的：a report written in forms *comprehensible* to readers 用读者能够理解的形式写成的报告 ‖ **com·pre·hen·si·bil·i·ty** /ˌkɔmpriˌhensə'biliti/ *n.* [U] —**com·pre'hen·si·ble·ness** *n.* [U] —**com·pre'hen·si·bly** *adv.*

com·pre·hen·sion /ˌkɔmpri'henʃ°n/ *n.* [U] ❶理解力；领悟力：The problem is above my *comprehension*. 这问题我无法理解。❷理解；领悟：defy *comprehension* 让人难以理解

com·pre·hen·sive /ˌkɔmpri'hensiv/ *adj.* 全面的，广泛的；综合的；总括性的，无所不包的：a *comprehensive* knowledge of the subject 对课程的全面了解

com·press /kəm'pres/ *vt.* ❶紧压，挤压：I could feel my lips *compressed* into a white line. 我能感觉出我的双唇使劲抿成了一条白线。❷压缩：*compress* a story into a few short sentences 把故事浓缩成几个简短的句子 ‖ **com'press·i·ble** *adj.* —**com·pres·sion** *n.* [U]

com·prise /kəm'praiz/ *vt.* ❶包含，包括；由…构成，由…组成：The advisory board *comprises* six members. 咨询委员会由六名成员组成。❷构成，组成：The essays *comprise* his total work. 这几篇文章就是他的全部著作。‖ **be comprised of** 由…组成：The United States *is comprised of* fifty states. 美国由 50 个州组成。‖ **com'pri·sal** *n.* [U]

☆ **comprise**, **compose**, **consist of**, **constitute**, **include** 均有"组成，包括"之意。**comprise** 语气较正式，表示一个整体包括或被分成各个部分：The United Kingdom *comprises* England, Wales, Scotland and Northern Ireland.（联合王国包括英格兰、威尔士、苏格兰和北爱尔兰。）**compose** 指若干部分构成一个整

体或某一整体由若干部分组成：Water is *composed* of hydrogen and oxygen.（水是由氢和氧化合而成的。）**consist of** 仅指某一整体由若干部分构成：The committee *consists of* scientists and engineers.（该委员会由科学家和工程师组成。）**constitute** 仅指若干部分组成整体：Seven days *constitute* a week.（一周有七天。）**include** 为最普通用词，常用来提示一小部分，以暗示还有没包括的内容：The price *includes* postage charges.（这个价钱包含邮费。）

com·pro·mise /ˈkɒmprəˌmaiz/ *vi.* ❶妥协，互让解决：A good politician knows how to *compromise*. 一个优秀的政治家懂得该如何妥协。❷（为权宜之计而）放弃（原则、理想等）(*with*)：How could he *compromise with* his principles like that? 他怎么能这样不坚持自己的原则？

com·pul·sion /kəmˈpʌlʃn/ *n.* [U](受)强制；(受)强迫；(被)驱使：work by *compulsion* 被迫工作

com·pul·sive /kəmˈpʌlsiv/ *adj.* ❶(被)强制的；(被)强迫的；有强迫力(似)的：*compulsive* spending 身不由己地花钱 ❷有强烈诱惑力的；抵挡不住的：I found the movie *compulsive* viewing. 我觉得这部电影值得一看再看。‖ com·pul·sive·ly *adv.*

com·pul·so·ry /kəmˈpʌlsəri/ *adj.* ❶必须做的；义务的；法定的：*compulsory* education 义务教育 ❷强制的；强迫的：*compulsory* arbitration 强制仲裁 ‖ com·pul·so·ri·ly *adv.* —com·pul·so·ri·ness *n.* [U]

com·pute /kəmˈpjuːt/ *v.* 运算；(尤指用计算机或计算器)计算；推算；估计：*compute* the cost of a trip 估算旅行费用

com·put·er /kəmˈpjuːtə/ *n.* [U；C]计算机；电脑

com·rade /ˈkɒmreid, -rid/ *n.* [C] ❶(亲密或忠实的)伙伴，朋友：two close *comrades* 两个亲密的伙伴 ❷合作者；同事；工友 ‖ —com·rade·ship *n.* [U]

con·cave /ˈkɒnkeiv, kɒnˈkeiv/ *adj.* 凹的，凹状的；凹面的：*concave* lens 凹透镜 ‖ ˈcon·cave·ly *adv.* —ˈcon·cave·ness *n.* —con·cav·i·ty /kɒnˈkæviti/ *n.* [U；C]

con·ceal /kənˈsiːl/ *vt.* ❶隐藏，遮掩；掩盖：The icy surface *concealed* oceans of water. 冰冻的表面遮盖了海水。❷隐瞒；保密 (*from*)：*conceal* one's identity by using a false name 冒名隐瞒身份 ‖ con·ceal·a·ble *adj.* —con·ceal·er *n.* [C] —con·ceal·ment *n.* [U]

con·cede /kənˈsiːd/ *vt.* ❶[常跟从句]承认；承认…为真(有效，准确)；宣布接受…为事实：This painting is *conceded* to be her best work. 这幅画被认为是她最优秀的作品。❷授予；给予；让与；放弃(*to*)：He *concedes* nothing to age or convention. 他不服老，也不是死脑筋。—*vi.* 让步，退让：She was so persistent that I *conceded* at last. 她非常固执，最后我只得让步。‖ con·ced·er *n.* [C]

con·ceit /kənˈsiːt/ *n.* [U]自负，高傲，自满：be full of one's own *conceit* 充满自负 ‖ con·ceive *adj.*

con·ceive /kənˈsiːv/ *v.* ❶怀(胎)，孕育：a test-tube baby *conceived* outside the womb 子宫外孕育的试管婴儿 ❷构想(出)，构思(出)：He *conceived* the project while he was on vacation. 他在度假时构想出了这个计划。❸想象(出)；设想(*of*)：I can't *conceive* why you told her. 想象不出你为什么要告诉她。‖ con·ceiv·er *n.* [C]

con·cen·trate /ˈkɒnsənˌtreit/ *vt.* ❶集中(注意力、精力等)：*concentrate* one's mind on sth. 专注于某事 ❷浓缩，凝缩：The message is *concentrated* in the last paragraph. 信息全都浓缩在最后一段中。❸聚集，集结：The railway could *concentrate* large numbers of troops. 铁路可以帮助集结大批部队。‖ con·cen·trat·ed *adj.*

con·cen·tra·tion /ˌkɒnsənˈtreiʃn/ *n.* ❶[U；C]集中；汇集，聚集：a *concentration* of resources in the south of the country 国家南部地区资源的集中 ❷[U](集中的)注意力；专心，专注；倾力：give the problem one's full *concentration* 专心致志地思考这个问题

con·cen·tric /kənˈsentrik/ *adj.* 同中心（或圆心）的；共轴的：a concentric circle 同心圆

con·cept /ˈkɒnsept/ *n.* [C]概念；观念；思想：theoretical *concepts* 理论概念

con·cep·tion /kənˈsepʃn/ *n.* ❶[U]构想，设想；思想（或观念、概念）的形成：great powers of *conception* 巨大的构想力 ❷[C]思想；观念；想法；概念：have a low *conception* of sb. 对某人有着不屑的看法 ❸[U]受孕；孕育；妊娠，怀胎：new methods of preventing *conception* 避孕新方法 ‖ cenˈcepˈtionˈal *adj.* —**con·cep·tive** /kənˈseptiv/ *adj.*

con·cern /kənˈsɜːn/ *vt.* ❶使关心；影响；使忙着，累及：Helping to maintain world peace *concerns* the United Nations. 帮助维护世界和平是联合国的重任。❷涉及，牵涉，有关，与…相关：The letter is private and *concerns* nobody but me. 这是一封私信，只与我有关。❸使担心；使焦虑；使牵挂：There is no need for you to *concern* yourself about where I was last night. 你不必为我昨夜在哪里操心。

con·cerned /kənˈsɜːnd/ *adj.* ❶关切的，牵挂的；焦虑的；忧心的，不安的：The mother was very *concerned* for her children's safety. 母亲非常担心她孩子的安全。❷[通常作后置定语，有时亦作表语]相关的；受影响的；参与的；牵涉的；涉嫌的，有罪的：Everyone who was *concerned* in the affair regrets it very much. 每一个参与此事的人都非常后悔。‖ as [so] far as... be concerned 就…而言：As far as we're *concerned*, you can go whenever you want. 就我们而言，你随时都可以走。

con·cern·ing /kənˈsɜːnɪŋ/ *prep.* 关于；涉及：*Concerning* your request, I am pleased to inform you that... 关于你的请求，我很高兴地通知你……

con·cert /ˈkɒnsət,-sɜːt/ *n.* [C]音乐会；音乐演奏（演唱）专场；舞蹈表演专场

con·cer·to /kənˈtʃeətəu/ *n.* [C]([复]**-tos** 或 **-ti** /-ti/)【音】协奏曲

con·ces·sion /kənˈseʃn/ *n.* [C;U]❶让步，退让；承认，认可(物)；让予(物)：They

made the *concession* that we were right. 他们承认我们是正确的。❷(政府、当局、公司等的)特许(权)；特许物(如土地或财产)；(公司在某一地区的)特许专营权：a *concession* for the construction of a railway 修筑铁路的特许权 ‖ conˈcesˈsionˈal *adj.*

con·cil·i·ate /kənˈsɪlieit/ *vt.* ❶使心平气和，化解…的怒气；安抚，安慰；说服：*conciliate* an angry competitor 安慰气恼的竞争者 ❷赢得，博取(尊重、好感等)；赢得…的尊重(或好感等)：We must *conciliate* as much support as possible. 我们必须尽可能地赢得更多的支持。‖ **con·cil·i·a·tion** /kənˌsɪliˈeiʃən/ *n.* [U]

con·cise /kənˈsaiz/ *adj.* 简洁明了的；扼要的：a *concise* panorama of the city 城市概貌 ‖ conˈciseˈly *adv.* —conˈciseˈness *n.* [U]

con·clude /kənˈkluːd/ *v.* ❶结束；完成：Preparations for the meeting were *concluded* on Tuesday. 会议的准备工作在星期二完成。❷作出结论为；推断出；推论出(*from*)：The investigator *concluded* from the document that the author must have been an eyewitness. 调查者据文件推断其作者是一位见证人。❸达成，议定；缔结；取得；做成：*conclude* an agreement on trade 签订贸易协定

con·clu·sion /kənˈkluːʒn/ *n.* [C]结尾；结局；结论：at the *conclusion* of the concert 音乐会落幕之际／arrive at a *conclusion* 得出结论 ‖ in conclusion *adv.* 最后；综上所述，总之：I will say, *in conclusion*, that it was an honour to be the speaker at this meeting. 最后，我要说我很荣幸能在这次会议上讲话。

con·cord·ance /kənˈkɔːdəns/ *n.* [U]一致，和谐，协调：There is marvellous *concordance* between the two proposals. 那两个建议真是惊人地相似。

con·course /ˈkɒnkɔːs,ˈkəŋ-/ *n.* [C]❶人群；会众；集群；聚合，集合；汇总：the *concourse* of two rivers 两条河流的汇合 ❷人群聚散地，(火车站、机场等内的)大厅；公共空地；(街心)广场

con·crete /ˈkɒnkriːt,kɒnˈkriːt/ **I** *adj.* ❶[常

作定语]有形的；实在的：A painting is *concrete*, but its beauty is not. 一幅画是有形的，而它的美却是无形的。❷[常作定语]具体的；具象的；确实的：the distinction between the *concrete* and the abstract 具体与抽象的区别 II *n*. [U]混凝土 ‖ **'con·crete·ly** *adv*. —**'con·crete·ness** *n*. [U]

C **con·cur** /kən'kɜː^r/ *vi*. (-curred; -cur·ring) ❶(碰巧)同时发生：His graduation day *concurred with* his birthday. 毕业典礼日适逢他的生日。❷同意；保持一致(*with*)；赞同(*in*)：The judges all *concurred in* giving me the prize. 裁判一致同意给我发奖。‖ **con·cur·rence** *n*. —**con·cur·rent** *adj*.

con·demn /kən'dem/ *vt*. ❶指责，谴责：The city was *condemned* for its high crime rate. 该城市因犯罪率高而受到指责。❷宣告(某人)有罪；处(某人)以刑罚(尤指死刑)；宣判(某人)死刑；be *condemned* to be whipped 被判处鞭刑 ‖ **con·dem·na·tion** /ˌkɔndem'neiʃ^ən/ *n*. [U] —**con'dem·na·to·ry** *adj*. —**con'demn·er, con'dem·nor** *n*. [C]

con·dense /kən'dens/ *vt*. ❶压缩；浓缩；使密集，使凝聚，使凝结：be *condensed* into thick soup 熬成浓汤 ❷使紧凑；简缩；使简洁；简要表达：a reworded, *condensed* articles 重新措辞并简缩的文章 ❸使冷凝：The cold *condensed* the water vapour into droplets on the glass. 寒冷的天气使玻璃上的水汽凝成水珠。‖ **con·den·sa·tion** *n*.

con·di·tion /kən'diʃ^ən/ *n*. ❶[C]状况，状态；态势：marital *condition* 婚姻状况 ❷[~s]环境，形势；情形，情况：improve living *conditions* 改进生活条件 ❸[C](先决)条件，前提：Trust and respect are *conditions* of a happy marriage. 幸福婚姻的前提在于信任和尊重。‖ **on condition that prep.** 以…为条件；倘若：The workers would call off their strike only *on condition that* the boss should be changed. 只有换老板，工人们才会复工。**on no condition adv.** 无论如何都不，决不；You must *on no condition* tell him what happened. 你决不可告诉他发生的一切。

☆**conditions, situation** 均有"形势，情况"之意。**conditions** 通常指具体事物或一般事情的状况、状态：firemen having to operate in very difficult *conditions*（需在极困难的情况下工作的消防队员）**situation** 指形势或局面，通常用于危急或重大的事情：With no rain for the last three years, the country is in a desperate *situation*.（连续三年无雨，该国处于绝望的境地。）/ economic *conditions* 主要指像食物、工作和住房这样日常而一般的事情；economic *situation* 则可能与整个国际经济形势有关。

con·di·tion·er /kən'diʃənə^r/ *n*. [U；C]调节者；调节物；调节器(如空调器等)；调节剂：Apply *conditioner* after shampooing. 洗完发后上护发素。

con·dole /kən'dəul/ *vi*. 吊唁；慰问，表示同情(*with*)：They *condoled with* him on his bereavement. 他们对他的丧亲之痛表示慰问。

con·do·lence /kən'dəuləns/ *n*. [U]吊唁，慰唁；慰问

con·done /kən'dəun/ *vt*. 宽恕，宽饶；原谅；容忍：By his silence, he seemed to *condone* their behaviour. 他沉默不语，似乎容忍了他们的行为。

con·duct I /'kɔndʌkt/ *n*. [U] ❶举止；行为；德行：*Conduct* defines a person. 人如其行。❷指导，领导：The curator's *conduct* through the museum was informative. 馆长的亲自陪同参观使博物馆的参观者们大长见识。II /kən'dʌkt/ *vt*. ❶给…做向导，陪同…参观：I was *conducted* over a school. 有人带领我参观了学校。❷处理；经营；管理，进行；实施，执行：*conduct* marriages 主持婚礼 ❸[~ oneself]表现，为人：*conduct oneself* with dignity 表现庄重 ❹指挥(乐队、合唱团等)：*conduct* an orchestra 指挥乐队 ❺输送，传输；【物】传导(热、电等)：These pipes *conduct* steam to the radiator upstairs. 这些管道将蒸汽输送到楼上的暖气管中。

☆**conduct, direct, guide, lead** 均有"指导，引导"之意。**conduct** 可指领导、指挥他人行动

以实现共同目标,但领导的意思常常淡化而强调集体共同参与行动:The business is *conducted* from small offices in the city. (这买卖是由伦敦商业区内的小营业所管理的。)**direct** 强调指引,即指出方向或途径,但并非一定亲自行动,也没有支配的意图,只是要他人不走弯路,不出差错:He *directed* the building of the new bridge. (他指挥这座新桥的建造工程。)**guide** 通常指让有经验、有专长或对情况了解的人提供帮助或进行指导,也可指借助于某一具体或抽象事物:An experienced lawyer *guided* them through the complex application procedure. (一个富有经验的律师指导他们办完了复杂的申请手续。)**lead** 指走在前面给某人引路或带领他人共同去达到某一目标:You *lead* and we'll follow. (你领路,我们跟着。)

con·duc·tion /kən'dʌkʃ°n/ *n.* 〔U〕【物】(电或热)传导;传导性;传导率;电导率:electric conduction in solution 溶液中电的传导 ‖ **con·duc·tive** /kən'dʌktiv/ *adj.*

con·duc·tor /kən'dʌktə'/ *n.* 〔C〕❶指导者,管理人:an able *conductor* of business affairs 能力卓越的企业管理人员 ❷(公共汽车等的)售票员 ❸列车员,列车长 ❹(电或热)导体:a good〔poor〕*conductor* of heat and electricity 热和电的良好〔不良〕导体 ❺〔亦作 **director**〕(乐队或合唱团的)音乐指挥:an orchestra *conductor* 乐队指挥

cone /kəun/ *n.* 〔C〕圆锥体;【数】直立圆锥;锥面;锥

con·fed·er·a·tion /kən,fedə'reiʃ°n/ *n.* 〔C〕联盟,同盟,政治联合体

con·fer /kən'fɜ:'/ (**-ferred;-fer·ring**) *vt.* 授予,赐给(称号、学位、权力等);赋予,带来(*on,upon*):*confer* a medal *on* sb. 授予某人一枚勋章—*vi.* 商讨,商量;协商;交换意见(*with*):*confer with* sb. about sth. 就某事与某人商议

con·fer·ence /'kɒnfərəns/ *n.* 〔C〕会议;协商会;讨论会;晤谈会;交流会:at the press *conference* 在新闻发布会上

con·fess /kən'fes/ *v.* 承认(错误、过失或事实等);供认,坦白(罪行等):*confess* one's

faults readily enough 爽快地认错

con·fes·sion /kən'feʃ°n/ *n.* 〔U;C〕承认;供认,坦白

con·fide /kən'faid/ *v.* (私下)告知,吐露(秘密等)(*to*):He *confided* to me that the subjects do not interest him much. 他私下对我说,他对那些课程不太感兴趣。

con·fi·dence /'kɒnfid°ns/ *n.* ❶〔U〕信任,信赖:The government failed to win public *confidence* in its plan for economic recovery. 政府的经济复苏计划没能赢得公众的信任。❷〔U〕自信:Years of experience at her work have given her great *confidence*. 多年的工作经验使她非常自信。❸〔U〕信心,把握,胜算:inspire *confidence* in sb. 激发某人的信心

con·fi·dent /'kɒnfidənt/ *adj.* ❶有信心的,确信的;肯定的:a *confident* reply 肯定答复 ❷自信的:a man exuberantly *confident* of one's destiny 对自己的命运洋溢着自信的人 ‖ **'con·fi·dent·ly** *adv.*

con·fi·den·tial /,kɒnfi'denʃ°l/ *adj.* 秘密的;机密的:a strictly *confidential* letter 绝密信件 ‖ **con·fi·den·ti·al·i·ty** /,kɒnfi,denʃi'æliti/ *n.* 〔U〕—**con·fi·den·tial·ly** *adv.*

con·fig·u·ra·tion /kən,figju'reiʃ°n/ *n.* 〔C〕❶结构,架构;构造:the *configuration* of stars in the sky 天空中星星的布排构图 ❷(计算机的)配置

con·fine /kən'fain/ *vt.* ❶限制,使局限(*to*):*confine* one's reading *to* biography 只读传记作品 ❷控制,使不流传(或扩散);使不外出,禁闭(*to,within*):A cold *confined* him *to* the house. 他因感冒只得待在家里。❸拘禁,关押;幽禁;监禁:For two years I was *confined* in the Bastille. 我被关在巴士底监狱两年。‖ **con·fine·ment** *n.*

con·firm /kən'fɜ:m/ *vt.* ❶证实;肯定:He *confirmed* that a summit conference would take place. 他证实首脑会议即将举行。❷确定;确认:a note asking us to *confirm* when we would be arriving 一张要求我们确定到达时间的便条 ‖ **con'firm·a·ble** *adj.*

con·fir·ma·tion /ˌkɔnfə'meiʃ⁰n/ *n.* [U] 证实;证明

con·flict I /'kɔnflikt/ *n.* [C;U] ❶(尤指长期的)斗争,战斗;战争:resolve an age-old bloody *conflict* 解决旷日持久的流血战争 ❷争端,冲突;抵触;争论:Andrews and Westheath are in *conflict* over this. 在这一点上安德鲁斯和韦斯特希思有很大分歧。 II /kən'flikt/ *vi.* 矛盾;冲突;抵触:These criteria might undoubtedly *conflict*. 这些标准会无可置疑地相互抵触。

con·flu·ence /'kɔnfluəns/ *n.* [C] 汇流,合流;汇合处:The city lies at the *confluence* of three rivers. 该城位于三条河流的交汇处。

con·form /kən'fɔːm/ *vi.* ❶遵照;服从(*to*, *with*):*conform to* directions 遵照指示 ❷适合;适应(*to*, *with*):He *conforms with* my idea of a teacher. 他与我心目中的老师是一样的。

con·form·i·ty /kən'fɔːmiti/ *n.* ❶[U]遵守;顺从,服从(*with*, *to*):in *conformity to* [*with*] the popular wish 顺应民意 ❷[U;C]相似,相近(*with*, *to*):a face with a nice *conformity* of feature 五官端正的脸

con·front /kən'frʌnt/ *vt.* ❶面对,正视;与…对峙:The two armies *confronted* each other along the border. 两军在边界上相互对峙。 ❷向…当面出示;使当面对证(*with*):They *confronted* the waitress *with* the dish she had broken. 他们当着那个女侍者的面拿出了她打破的碟子。 ‖ **con·fron·ta·tion** *n.* [C]

con·fuse /kən'fjuːz/ *vt.* 使困惑,使糊涂;难住,使不知所措:She was *confused* at his sudden appearance. 他的突然出现使她不知所措。

con·fused /kən'fjuːzd/ *adj.* ❶混乱的,杂乱的;难分辨的;被混淆的:a *confused* babble of voices 一片嘈杂声 ❷迷惑的,糊涂的;发蒙的:I was *confused* to learn his latest decision. 得知他的最新决定,我真是丈二和尚摸不着头脑。 ‖ **con·fus·ed·ly** /kən'fjuːzidli/ *adv.* —**con·fus·ed·ness** *n.* [U]

con·fus·ing /kən'fjuːzin/ *adj.* 令人迷惑的,使人感到迷惑的:The instructions were very *confusing* and I couldn't understand them. 这些说明莫名其妙,我没有办法理解。 ‖ **con·fus·ing·ly** *adv.*

con·fu·sion /kən'fjuːʒ⁰n/ *n.* [U] ❶混乱,杂乱;慌乱:in the *confusion* of the earthquake disaster 在震灾引起的混乱之中 ❷[通常于 in confusion 中]困惑;糊涂,茫然;慌乱,不知所措:The army retreated in *confusion*. 军队溃不成军撤退。 ❸混淆;搞错:a *confusion* in the mind between right and wrong 头脑中是非混淆

☆**confusion**, **chaos**, **disorder**, **muddle** 均有"混乱,杂乱"之意。**confusion** 指混杂而难以辨认区分,也可指精神状况或思想状态的混乱:There was some *confusion* as to whether we had won or lost. (关于我们是赢了还是输了,人们众说纷纭。) **chaos** 常指因为缺乏内在组织而出现的极度混乱:The failure of the electricity supplies created complete *chaos* in the city. (停电使这个城市完全陷入混乱状态。) **disorder** 指正常秩序被打乱,东西没有放在应放的地方,常用于某一范围内的空间位置关系:*disorder* sb.'s papers, files, etc. (把某人的证件、档案等弄乱) **muddle** 有把事情搞糟的意味,常指思想糊涂、概念不清引起的混乱:They have made a *muddle* of the negotiations. (他们把谈判搞得一团糟。)

con·grat·u·late /kən'grætjuˌleit/ *vt.* ❶向…祝贺,向…道喜(*on*, *upon*):Friends and relatives came to *congratulate* the parents on the newly born baby. 亲朋好友都来向这对父母道添丁之喜。 ❷[~ oneself](为…而)自我庆幸(*on*, *upon*):I *congratulated myself on* not looking my age. 我为自己看不出实际年龄而暗自得意。 ‖ **con·grat·u·la·to·ry** /-lət⁰ri/ *adj.*

con·grat·u·la·tion /kənˌgrætjuˈleiʃ⁰n/ *n.* ❶[U]祝贺,庆贺,道喜:a letter of *congratulation* 贺信 ❷[~s]祝贺的表示;道喜;祝词,贺词:deserve *congratulations* 可喜可贺

con·gre·gate /'kɔŋgriˌgeit/ *vi.* 聚集,集合;

云集：The crowds *congregated* in the town square. 人群聚集在镇上的广场上。‖ 'con·gre·ga·tor *n.* [C]

con·gress /'kɔŋgres/ *n.* ❶[C-]美国国会：The *Congress* shall assemble at least once in every year. 美国国会每年至少开会一次。❷[C]国会，议会 ❸[C](正式的)代表大会，专业会议

con·jec·ture /kən'dʒektʃəʳ/ **I** *n.* [U；C]推测，猜测，猜想：form [make] a *conjecture* upon 对…作出推测 **II** *v.* 猜测出，推测出：The press *conjectured* that a summit conference would take place. 新闻界推断，将会举行一次峰会。‖ con'jec·tural *adj.*

con·join /kən'dʒɔin/ *v.* (使)结合；(使)联合；(使)连接：The two clauses were *conjoined* with the conjunction and. 这两个分句由连词 and 联在一起。‖ con'join·er *n.* [C]

con·junc·tion /kən'dʒʌŋkʃʳn/ *n.* ❶[C]【语】连接词(如 and，but，or，though，if 等) ❷[U；C]结合；联合；联结：things not normally seen in *conjunction* 一般不同时出现的事物 ‖ con'junc·tion·al *adj.*

con·nect /kə'nekt/ *v.* ❶联结，连接；使相连(*to*，*with*)：The two cities are *connected* by a railway. 这两座城市之间有铁路相连。❷联系；结合；由…联想到(*with*)：She *connects* all telegrams *with* bad news. 她认为所有的电报都是带来坏消息的。

con·nec·tion /kə'nekʃʳn/ *n.* [U]联结，连接；接通：The *connection* of our telephone took only a few seconds. 我们的电话只用了几秒钟就接通了。

con·nive /kə'naiv/ *vi.* ❶默许；纵容(*at*，*in*)：I have no doubt that she had *connived at* your desertion of your duties. 我毫无疑问地认为她纵容了你的失职。❷共谋，密谋，搞阴谋(*with*)：The two students *connived to* cheat in the examination. 两个学生合伙在考场作弊。‖ con'niv·er *n.* [C] — con'niv·ing *adj.*

con·no·ta·tion /ˌkɔnəʳ'teiʃʳn/ *n.* [C]内涵

义，隐含义；引申义 ‖ con·no·ta·tive /'kɔnəˌteitiv，kə'nəutətiv/ *adj.*

con·quer /'kɔŋkəʳ/ *vt.* ❶征服；攻占；占领：*conquer* a city 攻陷一座城市 ❷战胜，击败：*conquer* the enemy 战胜敌人 ❸克服；破除；克制；戒除：*conquer* one's alcoholism 戒掉酗酒的恶习 ‖ 'con·quer·a·ble *adj.* —'con·quer·or *n.* [C]

☆ conquer，defeat，overcome，overthrow 均有"击败，征服"之意。conquer 指战胜，但强调控制败方，占领其领土，既可指军事力量，也可指地理区域和政治实体，有长久征服的意味。defeat 为最普通用词，使用范围很广，泛指占有上风或赢得胜利，也指暂时得手或使敌方一时受挫：After a long campaign，the Allies *defeated* the German army. (长时间的战役之后，盟军击败了德国军队。) overcome 普通用词，表示努力排除障碍，克服困难，常用于非物质的东西：*overcome* my fear of the dark (克服对黑暗的惧怕) overthrow 指彻底击败对手，使其丧失地位和力量：Rebels have *overthrown* the government. (反叛者已推翻了政府。)

con·quest /'kɔŋkwest/ *n.* [U]征服；攻取；赢得；战胜，击败；克服

con·science /'kɔnʃʳns/ *n.* [U；C] ❶良心；道德心，善恶之心，廉耻之心：go against one's *conscience* 违背良心 ❷良知，道德感，善恶意识：He accepted the cheque with clear *conscience*. 他接受了这张支票，觉得良心上过得去。

con·sci·en·tious /ˌkɔnʃi'enʃəs/ *adj.* ❶(良心上)有所顾忌的，按良心办事的；(道德上)讲原则的；公正的，诚实的：a *conscientious* judge 公正的法官 ❷勤勉的，认真的；审慎的：a *conscientious* piece of work 认真干出来的活 ‖ con·sci·en·tious·ly *adv.* —con·sci·en·tious·ness *n.* [U]

con·scious /'kɔnʃəs/ *adj.* ❶有(自我)意识的，自觉的；神志清醒的；感到的：She was *conscious of* a sharp pain. 她感到一阵剧痛。❷知道的，发觉的；意识到的(*of*)：She spoke with *conscious* pride. 她说起话来明显带着一股傲气。‖ 'con·scious·ly *adv.*

con·scious·ness /ˈkɒnʃəsnis/ *n.* ❶[U;C] 知觉，感觉；感知；自觉；清醒的神志：recover one's *consciousness* 恢复知觉(苏醒) ❷[U] 意识，觉察；观念；觉悟：increase［raise］ health *consciousness* 提高健康意识

con·script /kənˈskript/ *vt.* (强制)征召：be *conscripted* into the navy 应征加入了海军

con·se·crate /ˈkɒnsiˌkreit/ *vt.* ❶使圣化；给…祝圣；用…献祭(*to*)：consecrate a church 给教堂祝圣 ❷奉献，使致力(*to*)：*consecrate* one's life *to* helping the poor 一生致力于救助穷人 ‖ **con·se·cra·tion** /ˌkɒnsiˈkreiʃ°n/ *n.*［U］—ˈcon·se·cra·tive *adj.*—ˈcon·se·cra·tor *n.*［C］—ˈcon·se·cra·to·ry /ˈkɒnsikrət°ri/ *adj.*

con·sec·u·tive /kənˈsekjutiv/ *adj.* 连续的；接连不断的：It's been raining for five *consecutive* days. 已经连下了五天雨了。‖ **conˈsec·u·tive·ly** *adv.*—**conˈsec·u·tive·ness** *n.*［U］

con·sen·sus /kənˈsensəs/ *n.*［C］[通常用单](意见等的)一致：by the *consensus* of expert opinion 根据专家一致意见

con·sent /kənˈsent/ *vi.* 同意；赞成；许可(*to*)：My father would not *consent to* our staying up too late. 我父亲不同意我们睡得太晚。

con·se·quence /ˈkɒnsikwəns/ *n.* ❶[C]结果；效果；后果：The *consequence* of her fall was a broken arm. 她摔断了一只胳膊。❷[U]重要性；关键性：It's of little *consequence* to me. 这对我无关紧要。‖ **in consequence** *adv.* 因而，结果：He withdrew from the world, and *in consequence* was forgotten. 他离群索居，因而被人们忘却。

con·se·quent /ˈkɒnsikwənt/ *adj.*［作定语]作为结果(或后果)的，随之发生的：The oil shortage has a serious *consequent* impact on the economy. 石油短缺的后果是对经济产生了严重的冲击。‖ **ˈcon·se·quent·ly** *adv.*

con·ser·va·tion /ˌkɒnsəˈveiʃ°n/ *n.*［U］ ❶(尤指对自然资源等的)保护；避免浪费(或损毁)：*conservation* of water 节约用水 ❷(艺术品的)珍藏，保存 ‖ **ˌcon·serˈva·tion·al** *adj.*

con·serv·a·tive /kənˈsəːvətiv/ I *adj.* [无级变化] ❶保守的，守旧的；传统的：be *conservative* in one's views 观念保守 ❷[亦作C-](英国或加拿大)保守党的；保守派的：the *Conservative* government 保守党政府 II *n.*［C］ ❶保守者，因循守旧者：a political *conservative* 政治保守主义分子 ❷稳健派；保守党人；[C-](英国、加拿大等的)保守党党员；保守党支持者 ‖ **conˈserv·a·tive·ly** *adv.*—**conˈserv·a·tive·ness** *n.*［U］

con·serve /kənˈsəːv/ *vt.* 保存，保藏；保护：*conserve* electricity 节电 ‖ **conˈserv·a·ble** *adj.*—**conˈserv·er** *n.*［C］

con·sid·er /kənˈsidəʳ/ *vt.* ❶考虑，细想：I'm *considering* changing my job. 我正考虑换个工作。❷以为，认为；把…看作；想，料想；断定：We *consider* Milton (as) a great poet. 我们把米尔顿看作一位伟大的诗人。❸体谅，关心；为…着想：A kind person *considers* the feelings of others. 一个心地善良的人总是体谅别人的感情。

☆ **consider, contemplate, deliberate** 均有"思考，斟酌"之意。**consider** 是普通用语，指对某一事情短暂的、偶然的注意，也可指深思熟虑或反复思考，以得出结论：We are *considering* your application carefully. (我们正在认真考虑你的申请。) **contemplate** 指长时间地思考某一事，但并不含有确定的目的或结论：The board members *contemplated* the business-expanding plan. (董事会的成员对业务扩展计划进行了深思熟虑。) **deliberate** 指在作出结论或决定前从容不迫、认真仔细推论或思考：The committee *deliberated* whether to approve our proposal. (委员会认真商讨是否同意我们的建议。)

con·sid·er·a·ble /kənˈsid°rəb°l/ *adj.* 相当大(或多)的；巨大的，庞大的；极其重大的：The building suffered *considerable* damage as a result of the fire. 楼房火灾损失惨重。‖ **conˈsid·er·a·bly** *adv.*

con·sid·er·ate /kənˈsidərət/ *adj.* 关切的，体贴的；为他人考虑的：be *considerate* towards friends 对朋友体贴入微 ‖ con'sid·er·ate·ly adv. —con'sid·er·ate·ness n. [U]

con·sid·er·a·tion /kən₁sidə'reiʃ°n/ n.
❶[U](周详的)考虑；(仔细)思考；[C]考虑结果：It's my consideration that you should resign. 经过考虑后，我认为你应该辞职。❷[C]考虑因素，所考虑的事：An important consideration is the amount of time it will take. 需要考虑的一个重要因素是所要花的时间。❸[U]关切，体贴；体谅：These guys have no consideration for anybody. 这些家伙根本不为任何人着想。‖ in consideration of [for] prep. 由于；鉴于，考虑到：In consideration of his wife's health, he moved to a milder climate. 考虑到他妻子的健康，他搬到了气候温和的地区。take into consideration vt. 考虑到，顾及：Your teachers will take your recent illness into consideration when they mark your papers. 老师给你判卷时，会考虑到你最近生病的情况。

con·sid·er·ing /kən'sidəriŋ/ prep. 考虑到，鉴于：Considering his age, the little boy reads very well. 考虑到这小孩子年龄，他书读得很好。

con·sign /kən'sain/ vt. 将…交付给，把…委托给(to)：The parents consigned the child to its grandmother's care while they were away. 父母不在时把孩子托给祖母照料。

con·sist /kən'sist/ vi. ❶由…组成，由…构成(of)：A week consists of seven days. 一个星期有 7 天。❷存在于，在于(in, of)：He believes that happiness consists in being easily pleased or satisfied. 他认为知足才会常乐。❸相符，一致(with)：Their opinions consisted with one another. 他们的意见相同。

con·sist·en·cy /kən'sistənsi/, **con·sist·ence** /-təns/ n. ❶[U;C]浓度，稠度：The liquid has the consistency of cream. 这种液体与奶油一样黏稠。❷[U]一致；符合；协调；言行一致；(言或行)前后一致：His courteous behaviour is in consistency with his gentle character. 他的礼貌举止符合他的温雅性格。

con·sist·ent /kən'sist°nt/ adj. ❶一贯的，始终如一的；坚持的：a consistent policy 一贯方针 ❷和谐的；一致的；符合的，可共存的：His views and actions are consistent. 他言行一致。‖ con'sist·ent·ly adv.

con·sole /kən'səul/ vt. 安慰，慰问：The policeman consoled the lost child by speaking kindly to him. 警察用和蔼可亲的话来安慰迷路的儿童。‖ con'sol·a·ble adj. —con·so·la·tion n. [C] —con'sol·ing·ly adv.

con·sol·i·date /kən'səli₁deit/ vt. ❶巩固，加强：consolidate an empire 巩固帝国 ❷把…联合成一体，统一，合并：consolidate various ideas 统一各种思想 ‖ con'sol·i·da·tor n. [C] —con'sol·i·da·to·ry adj.

con·so·nant /'kɒnsənənt/ n. [C]【音】辅音；辅音字母(略作 cons)：a consonant cluster 辅音连缀

con·spic·u·ous /kən'spikjuəs/ adj. ❶明显的，显眼的，显而易见的：A traffic sign should be placed where it is conspicuous. 交通信号应设在显眼的地方。❷值得注意的；惹人注目的；出色的：He was conspicuous for his bravery. 他因勇敢而著称。

con·spir·a·cy /kən'spirəsi/ n. [U;C]阴谋；密谋：This is all part of your conspiracy to make me look ridiculous. 这都是你们商量好的，要出我的洋相。‖ con'spir·a·tive adj.

con·spir·a·tor /kən'spirətəʳ/ n. [C]阴谋家；共谋者

con·spire /kən'spaiəʳ/ vi. ❶(共同)密谋，搞阴谋(with)：conspire against sb. 密谋反对某人 ❷合作，协力：These events conspired to produce great difficulties for the government. 这些事件凑在一起，给政府带来极大困难。‖ con'spir·er n. [C] —con'spir·ing·ly adv.

con·stan·cy /'kɒnstənsi/ n. [U]❶坚定；坚决；坚贞；忠贞，忠诚：constancy between husband and wife 夫妇间的忠贞不渝 ❷始终如一，稳定不变：the constancy of family life 家庭生活的稳定

con·stant /ˈkɔnstənt/ *adj.* ❶不断的；连续出现的；一再重复的：A clock makes a *constant* ticking sound. 钟嘀嗒嘀嗒走个不停。❷持久不变的，始终如一的；可靠的；忠实的，忠贞不渝的：a *constant* lover 忠贞的恋人 ‖ **'con·stant·ly** *adv.*

con·sti·tute /ˈkɔnstiˌtjuːt/ *vt.* [不用于进行时态] ❶构成，组成；形成：Seven days *constitute* a week. 一个星期有 7 天。❷建立，设立：They *constituted* a relief station for the victims of the fire. 他们设立了火灾灾民救济站。‖ **'con·sti·tu·tor** *n.* [C]

con·sti·tu·tion /ˌkɔnstiˈtjuːʃ⁰n/ *n.* ❶[通常用单](事物的)构造；构成：the chemical *constitution* of the cleanser 这种洗涤剂的化学成分 ❷[通常用单]体质；素质：one's psychological *constitution* 心理素质 ❸[C](国家、政府等的)体制，政体 ❹[C]法律；法令，政令；习俗，规成，章程

con·strain /kənˈstrein/ *vt.* ❶强迫，迫使：I am *constrained* to point out the disadvantages of the scheme. 我不得不指出这一计划的不利之处。❷关押，禁闭；限制；束缚：be *constrained* in chains 身陷囹圄 ❸克制；抑制：*constrain* a cough during a concert 在音乐会上忍住不咳嗽 ‖ **con·strained** *adj.*

con·straint /kənˈstreint/ *n.* ❶[C]限制；约束：be anxious for freedom from *constraint* 急于摆脱束缚 ❷[U](被)强迫，(被)强制：He appeared in court only under *constraint* of law. 他只有在法律强迫下才出庭。

con·strict /kənˈstrikt/ *vt.* 使收缩；压缩；束紧，使收紧；压紧：Cold water applied to the head *constricts* the blood vessels. 往头上浇冷水可使血管收缩。‖ **con·stric·tion** /kənˈstrikʃ⁰n/ *n.* [C;U] — **con'stric·tive** *adj.*

con·struct /kənˈstrʌkt/ *vt.* 建设，构筑；构成，组成：*construct* a sentence 造句 ‖ **con'struc·ter, con'struct·or** *n.* [C]

con·struc·tion /kənˈstrʌkʃ⁰n/ *n.* ❶[U]建筑，建造，建设：a peculiarly shaped *construction* 一座造型别致的建筑物 ❷[C]建筑物，

构造物；结构：The main walls of the building are of solid brick *construction*. 房屋主墙是牢固的砖结构。❸[C]【语】句法关系，句法结构 ‖ **con'struc·tion·al** *adj.* — **con'struc·tion·al·ly** *adv.*

con·struc·tive /kənˈstrʌktiv/ *adj.* ❶建设性的；有积极作用的，有助益的：During the experiment the teacher gave some *constructive* suggestions that prevented accidents. 试验中，老师提出了一些建设性建议，防止了事故发生。❷(促进)建设的；(有助于)创造的：*constructive* work 创造性工作 ‖ **con'struc·tive·ly** *adv.* — **con'struc·tive·ness** *n.* [U]

con·sul /ˈkɔns⁰l/ *n.* [C] 领事

con·su·late /ˈkɔnsjulit/ *n.* [C] ❶领事馆；领事官邸：The Canadian *consulate* in New York is on Fifth Avenue. 加拿大驻纽约领事馆位于第五大街。❷领事职权(或职位、职能、任期)

con·sult /kənˈsʌlt/ *v.* ❶协商，咨询；请教：*Consult* your lawyer before signing the contract. 签约之前先咨询律师。❷查阅，查看：*Consult* your dictionary for the meaning of the word. 到字典里查查该词的意思。

con·sult·ant /kənˈsʌlt⁰nt/ *n.* [C]顾问：an industrial relations *consultant* 劳资关系顾问

con·sul·ta·tion /ˌkɔns⁰lˈteiʃ⁰n/ *n.* [C;U] ❶征求意见，咨询；磋商：After *consultations* with his military adviser, the President decided to declare war. 同军事顾问磋商之后，总统决定宣战。❷(协商)会议；会诊：She is in *consultation* and can not come to the phone. 她正在会诊，不能来接电话。

con·sume /kənˈsʲuːm/ *vt.* ❶吃光，喝完；(尤指无度地)大口吞下：The bird *consumes* vast numbers of worms each day. 鸟儿每天吃掉大量虫子。❷消耗，消费；用尽：He *consumed* almost all the money he earned last summer. 他几乎把去年夏天挣的钱全花光了。

con·sum·er /kənˈsʲuːmə⁰/ *n.* [C]消费者；顾客，用户 ‖ **con'sum·er·ˌship** *n.* [U]

con·sump·tion /kən'sʌmpʃ°n/ *n.* ❶[U]消费；消耗；耗尽；挥霍：The food is for our *consumption* on the trip. 这些食物是供我们旅途中吃的。❷[U；C]消费量，消耗量：*Consumption* of oil has declined in recent years. 近年来石油消耗量有所下降。

con·tact I /'kɒntækt/ *n.* [U]接触；联系，联络；交往，交际：establish *contact* with one's relatives 同亲戚取得联系 II /'kɒntækt, kən'tækt/ *vt.* 〈口〉同…(建立或取得)联系；与…接触(或交往)：Mother is ill! *Contact* the doctor immediately! 妈妈病了，快叫医生!

con·tain /kən'tein/ *vt.* [不用于进行时态]包含，含有；包括；能容纳：My purse *contains* money. 我钱包中装有钱。‖ **con'tain·a·ble** *adj.*

con·tain·er /kən'teinə'/ *n.* [C] ❶容器：a soap *container* 肥皂盒 ❷容积，容量 ❸集装箱

con·tam·i·nant /kən'tæminənt/ *n.* [C]致污物，污染物

con·tam·i·nate /kən'tæmiˌneit/ *vt.* 弄脏，玷污；污染：Market forces do not necessarily *contaminate* scholarship. 市场因素未必会影响学术性。‖ **con'ta·m·i·nat·ed** *adj.* —**con·tam·i·na·tion** /kənˌtæmi'neiʃ°n/ *n.* [U] —**con'tam·i·na·tor** *n.* [C]

con·tem·plate /'kɒntemˌpleit/ *v.* ❶思量，思忖；仔细考虑：I will *contemplate* your proposal. 我会认真考虑你的建议的。❷凝视，注视：*contemplate* a beautiful sunset 凝视落日美景 ‖ **con·tem·pla·tion** *n.* [C]

con·tem·po·rar·y /kən'tempərəri/ I *adj.* [作定语]❶属同一时期的；存在(或生活、发生、出现)于同一时期的：Beethoven was *contemporary* with Napoleon. 贝多芬和拿破仑是同代的人。❷(思想或风格)跟上时代的；当代的：the books of *contemporary* authors 当代作家的作品 II *n.* [C] ❶同时代的人(或事物)：We all tend to see the society of our *contemporaries*. 我们都喜欢和同代人在一起。❷同龄人，年龄相仿者

con·tempt /kən'tempt/ *n.* [U] ❶轻视；轻蔑：He wrinkled his nose in *contempt*. 他轻蔑地皱了皱鼻子。❷耻辱；丢脸：You certainly have brought *contempt* upon yourself. 你真是自讨没趣。

con·tent[1] /'kɒntent/ *n.* ❶[C][常作～s](容器、房间等)所容纳之物，内含物：the *contents* of a box 箱子里的东西 ❷[C][常作～s]内容；目录：a table of *contents* 目录

con·tent[2] /kən'tent/ I *vt.* 使满意；使满足：Will it *content* you if I let you have the candy tomorrow? 我明天给你糖，你该满意了吧？ II *adj.* [仅作表语]满足的；满意的；愿意的：be *content* with life 对生活知足

con·tent·ed /kən'tentid/ *adj.* 满足的；满意的；愿意的：When men are employed they are best *contented*. 人只要有工作，就是最满足的了。‖ **con'tent·ed·ly** *adv.* —**con'tent·ed·ness** *n.* [U]

con·test I /'kɒntest/ *n.* [C] 竞赛，比赛：a beauty *contest* 选美 II /kən'test/ *vt.* ❶对…提出质疑：*contest* a will 对遗嘱提出质疑 ❷争夺(阵地、席位等)；争取赢得(奖品、选举胜利等)；为…而竞争：a fiercely *contested* take-over bid 激烈的收购投标

con·test·ant /kən'test°nt/ *n.* [C]竞争者；参赛者：The brothers were *contestants* in the race. 兄弟俩在赛跑中是对手。

con·text /'kɒntekst/ *n.* ❶[C；U]【语】上下文，语境，文脉：Try and guess what it means from the *context*. 联系上下文，猜猜它的意思。❷[C](与特定的人或事物有关的)背景，有关情况

con·ti·nent /'kɒntinənt/ *n.* ❶[C]洲，大洲：the North American *continent* 北美大陆 ❷[C](与岛屿、半岛相对而言的)大陆

con·ti·nen·tal /ˌkɒnti'nent°l/ *adj.* [作定语](有关或似)(大)洲的；大陆的：a *continental* climate 大陆性气候 ‖ **ˌcon·ti'nen·tal·ly** *adv.*

con·tin·gent /kən'tindʒ°nt/ *adj.* ❶视条件而定的，因情况而异的(on, upon)：His arrival is *contingent* on the weather. 他来不来

要依天气而定。❷相关联的；伴随的，附带的(to)：risks *contingent to* a trade 伴随生意而来的风险 ❸可能(发生)；不一定的 ❹偶然发生的，意外的：*contingent* expenses 意外的开支 ‖ con'tin·gent·ly *adv.*

con·tin·u·al /kən'tinjuəl/ *adj.* ❶频繁的，反反复复的：*continual* bus departures 公共汽车频繁的发车 ❷不住的，从不间断的：Life is a *continual* struggle. 人生即不断拼搏的过程。‖ con'tin·u·al·ly *adv.*

con·tin·ue /kən'tinju:/ *vt.* 持续；继续；依旧：The people *continued* the president in office for another term. 人民挽留总统再任一期。‖ con'tin·u·a·ble *adj.* —con'tin·u·er *n.* [C]

☆ **continue, abide, endure, last, persist** 均有"持续，坚持"之意。**continue** 为普通用词，使用范围很广，指开始后的持续过程，强调未结束状态，既可表示空间，也可表示时间，往往带有无间歇的意味：The desert *continued* as far as the eye could reach. (沙漠一直伸展到视线的尽头。)该词还可指停顿后再继续下去：The story will be *continued* next week. (故事下星期接着讲。) **abide** 指不管沉浮盛衰能稳定不变或坚定不移地继续下去：How could you *abide* such condition? (这种环境你怎么受得了呢？) **endure** 强调能够抵御某些破坏性的影响或力量继续存在或保持下去：We can't *endure* much longer in this desert without water. (没有水，我们在沙漠中坚持不了多久。)该词也可作为 **last** 比较正式的替换词：fame that will *endure* for ever (将永世长存的声望) **last** 指延续或持续、继续存在或仍有活力，强调某事物往往超出常规或预料，常用于时间方面：The hot weather *lasted* until September. (炎热的天气一直持续到 9 月。) **persist** 表示超越正常或预定的时间，往往含有顽强或固执的意味：She *persists* in believing that she is being persecuted. (她认定自己一直受到迫害。)

con·ti·nu·i·ty /ˌkɒnti'nju:iti/ *n.* [U]连续(性)，持续(性)；连贯(性)

con·tin·u·ous /kən'tinjuəs/ *adj.* [作定语] (时间或空间方面)连续不断的，不断延伸的；接连着的：a *continuous* rise in the population 人口的持续增长 ‖ con'tin·u·ous·ly *adv.* —con'ti·nu·ous·ness *n.* [U]

con·tort /kən'tɔ:t/ *vt.* 扭曲，把…弄弯；歪曲：Her face was *contorted* with anger. 她的脸气得变了形。‖ cor·tor·tion *n.*

con·tour /'kɒntuəʳ/ *n.* [C] ❶轮廓；轮廓线：the *contours* of the hillside 山的轮廓 ❷[常作～s]外形；结构；特征；身体曲线

con·tra·cep·tion /ˌkɒntrə'sepʃn/ *n.* [U] 【医】避孕；节育

con·tra·cep·tive /ˌkɒntrə'septiv/ **I** *adj.* (有关或用于)避孕的；节育用的：a long-term study of *contraceptive* methods 对避孕方法进行的长期研究 **II** *n.* [C]【医】节育用具；避孕药物：an oral *contraceptive* 口服避孕药

con·tract I /'kɒntrækt/ *n.* [C；U]合同(书)，契约；承包合同，承包契约：a draft *contract* 合同草案 **II** /kən'trækt/ *v.* ❶(使)缩小；(使)缩短：Cold *contracts* metals. 冷却使金属收缩。❷订合同把(工作等)包出(out)

☆ **contract, compress, condense, constrict** 均有"收缩，压缩"之意。**contract** 表示从内部用力收紧，使体积或范围变小：Metal *contracts* as it gets cooler. (金属遇冷则收缩。)该词也常用于语句、费用或内容方面：*contract* one's expenses (缩减开支) **compress** 指将不整齐的或弥漫性的物质压成一定形状或压入较小的范围：*compressed* air (压缩空气) **condense** 常指对同类物品进行凝缩或浓缩，其基本内容不受损失仍保持不变：I tried to *condense* a report into as few words as possible. (我试图把报告的字数缩得尽可能地少。) **constrict** 表示因收缩或挤压而使直径变窄或变小：The tight collar *constricted* his neck. (领子太紧，勒着他的脖子。)

con·trac·tion /kən'trækʃn/ *n.* ❶[U；C]收缩；缩小；缩短：Cold causes the *contraction* of liquids, gases, and solids. 冷却会使液体、气体和固体收缩。❷[C]【语】缩约形式，缩

约词;缩约

con·tra·dict /ˌkɔntrəˈdikt/ *vt.* 与…相矛盾，与…相抵触:*contradict* oneself 自相矛盾 ‖ ˌcon·traˈdict·a·ble *adj.* —ˌcontraˈdic·tor, ˌcon·traˈdict·er *n.* [C]

con·tra·dic·tion /ˌkɔntrəˈdikʃ°n/ *n.* [U;C]矛盾(性),对立(性);不一致(性):the *contradiction* between private ownership and social production 私有制和社会化生产的矛盾

con·tra·dic·to·ry /ˌkɔntrəˈdikt°ri/ *adj.* (有关、引起或构成)矛盾的;(相互)对立的;不一致的:*contradictory* ideas about love 关于爱情相对立的观念 ‖ ˌcon·traˈdic·to·ri·ly *adv.* —ˌcon·traˈdic·to·ri·ness *n.* [U]

con·tra·ry /ˈkɔntrəri/ **I** *adj.* (倾向、方向等)相反的,相对的;对立的(to):They held *contrary* opinions. 他们持相反的意见。**II** *n.* [C][常作 the ~]相反(或相对)的事物;对立面;对立项:prove *the contrary* of a statement 证明与某个说法相反 ‖ **on the contrary** *adv.* 正相反:A: I hear you are enjoying your new job. B: *On the contrary*, I find it rather dull. 甲:听说你很喜欢你的新职业。乙:正相反,我觉得它很枯燥。
☆ **on the contrary, in contrast, on the other hand** 均有"相反,对比"之意。**on the contrary** 用来表示某一陈述或说法不真实或不正确:A: I hear you're enjoying your new job. B: *On the contrary*, I find it rather dull. (甲:我听说你很喜欢你的新工作。乙:恰恰相反,我觉得我的工作相当枯燥。) **in contrast** 用于两个不同但又真实的事情,并指出两者之间的惊人差异:*In contrast* with her sister, she is very tall. (与姐姐相比,她个子很高。) **on the other hand** 指加上一个新而不同的事实,常用于表示转折:I know this job of mine isn't well paid, but *on the other hand* I don't have to work long hours. (我知道这份工作报酬不高,但从另一方面来说,我也不必工作太长时间。)

con·trast I /ˈkɔntrɑːst;-ˈtræst/ *n.* [C](差别较为明显的)对照;鲜明对比;(对比之下显出的)悬殊差异;差别(程度):The *contrast* between this year's high profits and last year's big losses is really quite striking. 今年高利润和去年大亏本之间的差别确实令人吃惊。**II** /kənˈtrɑːst;-ˈtræst/ *vt.* 把…放在一起对比;使形成对照:*contrast* birds with fishes 拿鸟同鱼作对比 ‖ **by contrast** *adv.* 对比之下:*By contrast* with Ottawa, Toronto is mild in winter. 与渥太华相比,多伦多的冬天比较暖和。

con·trib·ute /kənˈtribjuːt/ *v.* ❶捐(款等);捐献,捐助(to):Each worker *contributed* a dollar *to* the Red Cross. 每个工人向红十字会捐了一美元。❷贡献,提供(建议、帮助等):Everyone was asked to *contribute* suggestions for the party. 每个人都被要求为聚会出谋划策。❸投(稿);撰(稿):*contribute* stories to a magazine 为一家杂志撰写短篇小说 ‖ **contribute to** 有助于,促成;是…的部分原因:Air pollution *contributes* to respiratory disease. 空气污染会引起呼吸道疾病。‖ conˈtrib·u·tive *adj.* —conˈtrib·u·tive·ly *adv.*

con·tri·bu·tion /ˌkɔntriˈbjuːʃ°n/ *n.* ❶[U;C]捐献(物),捐助(物);捐款;贡献;作用:He has made an important *contribution* to the company's success. 他对公司的成功作出了重大贡献。❷[C](投给报刊等的)稿件,来稿

con·trib·u·tor /kənˈtribjutə°/ *n.* [C] ❶捐款者;捐献者,捐助者:generous *contributors* to a fund to save the house 为拯救这所房子向基金会慷慨捐款的人们 ❷投稿人,撰稿人:a regular *contributor* to our magazine 本杂志的长期撰稿者

con·trib·u·to·ry /kənˈtribjut°ri/ *adj.* (作出)贡献的;促成的;起作用的:The workman's own carelessness was a *contributory* cause of the accident. 该工人自己的大意是导致这起事故的原因。

con·trive /kənˈtraiv/ *vt.* ❶发明;策划,设计;想出;造出:I'm sure you'll *contrive* some way of dealing with the situation. 我相信你会想出应付这个局面的办法来的。❷[通常后接不定式]设法做到;竟然弄到…

的地步：I shall *contrive* to live. 我一定要活下去! ‖ con'triv·a·ble *adj*. —con'triv·er *n*. [C]

con·trol /kən'trəul/ I *n*. ❶[U]控制(能力)；支配(能力)；指挥(能力)；管理(能力)：A child is under its parents' *control*. 孩子该受父母管教。❷[U;C]自制(力)；抑制(手段)，克制(手段)：Indignation took away Ralph's *control*. 愤怒使拉尔夫不能自控。II *vt*. (-trolled;-trol·ling)❶控制；支配；指挥；管理：*control* a horse 驾驭一匹马 ❷抑制，压抑，压制，克制：*control* one's emotions 克制自己的感情 ‖ *out of control adj*. 失去控制的；不受控制的，不受约束的：The car is *out of control*. 汽车失去控制了。*under control adj*. & *adv*. 处于控制之下：They soon brought [had] the fire *under control*. 他们很快控制住了火势。

con·tro·ver·sial /ˌkɔntrə'və:ʃl/ *adj*. ❶(有关或引起)争论的；辩论的；(有)争议的：The decision to go ahead with the project was very *controversial*. 关于继续进行该工程的决定引起了强烈反响。❷爱争论的：He is eager to be *controversial* on any subject under the sun. 他什么都爱同别人争论。‖ ˌcon·tro'ver·sial·ism *n*. [U] —ˌcon·tro'ver·sial·ist *n*. [C] —ˌcon·tro'ver·sial·ly *adv*.

con·tro·ver·sy /'kɔntrəˌvə:si, kən'trɔvəsi/ *n*. [C;U](公开、激烈、持续时间长的)争论；辩论：The lie detector tests have been the subject of much *controversy*. 测谎器试验一直是一个有很大争论的问题。

con·ve·ni·ence /kən'vi:niəns/ *n*. ❶[U]方便，合宜：The arrangement suits his *convenience* very well. 这个安排对他很合宜。❷[U]舒适，自在；裨益，好处：consult one's own *convenience* 只图一己舒适便利 ❸[C]方便好用的设备(或器具)；给人带来便利的设施：We find our folding table a great *convenience*. 我们发现我们的折叠桌极为方便好用。

con·ve·ni·ent /kən'vi:niənt/ *adj*. ❶方便的；省力的，省心的；令人感到舒适的；提供

便利的(*for, to*)：It's very *convenient* that you can take the subway to work. 你能乘地铁去上班,真是太方便了。❷[作定语]在适当时刻(或地点)出现的；适合人的需要(或兴趣、目的)的,合宜的：choose a more *convenient* spot 选择一个更合适的地点 ‖ con've·ni·ent·ly *adv*.

con·ven·tion /kən'venʃ°n/ *n*. ❶[U;C](对社会行为等的)约定俗成；(正式的)习俗：*conventions* of daily life 日常习俗 ❷[C](正式的)会议；(定期的)大会；(政党内部决定总统、副总统等候选人提名的)代表大会：a teachers' *convention* 教师代表大会 ❸[C;U]常规,惯例；传统：break down old *conventions* 打破旧传统

con·ven·tion·al /kən'venʃən°l/ *adj*. ❶(依靠或根据)常规的,习惯(上)的：stray from the path of *conventional* behaviour 行为背离习俗 ❷(人)按社会习俗行事的；因循守旧的：The people living next door are quiet, *conventional* people. 隔壁邻居是一些不声不响的规矩人。‖ con'ven·tion·al·ly *adv*.

con·ver·sa·tion /ˌkɔnvə'seiʃ°n/ *n*. [U;C](非正式的)谈话,交谈,会话；一次交谈：It's impossible to carry on a *conversation* with all this noise in the background. 周围很吵,无法交谈。

con·verse /'kɔnvə:s, kən'və:s/ *adj*. [无比较级][作定语](方向等)逆(转)的；相反的,相对的；(次序)颠倒的：hold the *converse* opinion 持截然相反的意见 ‖ con·verse·ly /'kɔnvə:sli, kən'və:sli/ *adv*.

con·ver·sion /kən'və:ʃ°n/ *n*. [U;C]变换,转换,转化,转变,改变：Heat causes the *conversion* of water into steam. 高温使水变成蒸汽。

con·vert /kən'və:t/ *vt*. ❶变换；使转换,使转化,使转变；改变(*into*)：These machines *convert* cotton *into* cloth. 这些机器将棉花加工成布。❷(使)改变信仰(或立场、观点等)；(使)皈依,(使)归附：John was *converted* to Buddhism by a Chinese monk. 约翰受一位中国僧人的影响皈依了佛教。

con·vex /'kɔnveks, kən'veks/ *adj*. 凸的,中

凸的；凸圆的，凸面的：a *convex* mirror 凸面镜

con·vey /kən'vei/ *vt.* ❶输送，运送，转送；携带：A bus *conveyed* the passengers from the city to the airport. 公共汽车把乘客从市区载至机场。❷表达，表示；传达：Our government's anger was *conveyed* to their ambassador. 我们政府的愤慨已经转达给了他们的大使。❸传导；传播，传递：*convey* sound 传播声音 ‖ **con'vey·a·ble** *adj.* — **con'vey·er, con'vey·or** *n.* [C]

con·vict /kən'vikt/ *vt.* 【律】(经审讯)证明……有罪；宣告……有罪(*of*)：The jury *convicted* the accused man *of* theft and arson. 陪审团宣告被告犯有盗窃罪和纵火罪。

con·vince /kən'vins/ *vt.* 使确信，使信服，说服：I am *convinced* that he's evil. 我确信他是坏蛋。

☆convince, persuade 均有"说服，使相信"之意。**convince** 指通过论证或列举事实使人感到信服，强调对理智服人：He finally *convinced* them of her innocence. (他终于使他们相信她是清白的。) **persuade** 表示通过恳求、解释使别人在感情上或表面上相信自己的说法，侧重以情动人或服人：Try to *persuade* her to come out with us. (试试劝她跟我们一起出去吧。)

con·vinced /kən'vinst/ *adj.* 确信的，信服的；有坚定信仰的：a *convinced* Christian 信仰坚定的基督徒

con·vinc·ing /kən'vinsiŋ/ *adj.* [有时作表语]令人信服的，有说服力的：He sounded very *convincing*. 他的话听上去很有说服力。‖ **con'vinc·ing·ly** *adv.*

coo /kuː/ *vi.* 发咕咕声：A pigeon was *cooing* in one of the elms. 一只鸽子在一棵榆树上咕咕啼鸣。

cook /kuk/ Ⅰ *v.* 烹调，烧(制)；煮：*cook* one's meals on a gas ring 在煤气灶上烧饭 Ⅱ *n.* [C]厨师，炊事员：the head *cook* 厨师长

cook·er·y /'kukəri/ *n.* ❶[U]烹饪(术)；烹饪业：*cookery* lessons 烹饪课程 ❷[C]厨房

cook·ie /'kuki/ *n.* [C] (小)甜饼干：chocolate-chip *cookies* 巧克力饼干

cook·ing /'kukiŋ/ *n.* [U] ❶烹饪，烹调 ❷烹饪术

cool /kuːl/ Ⅰ *adj.* ❶凉的，凉快的：A *cool* breeze blew off the sea. 一阵凉风掠过海面。❷沉着的，冷静的：We need someone with a *cool* head. 我们需要一个沉着冷静的人。Ⅱ *vt.* ❶使变凉，使冷却(下来)；使感到凉快：The other main way the body *cools* itself down is by panting. 身体给自己降温的另一个主要途径是喘气。❷使失去热情(或兴趣等)；使变得冷静；平息(*off*, *down*)：His weird behaviour *cooled* her passion. 他那古怪的举止使她失去了热情。‖ **'cool·ly** *adv.* — **'cool·ness** *n.* [U]

coop /kuːp/ *n.* [C] (关家禽、兔子等的)笼子：a chicken *coop* 鸡笼

co·op·er·ate, co-op·er·ate /kəu'ɔpəˌreit/ *vi.* ❶合作；配合；协作(*with*)：The three clubs *cooperated* in planning a party. 这三家俱乐部联合筹划一次聚会。❷共同起作用：Heavy rain and rapid thaw *cooperated* to bring disastrous floods. 大雨和迅速融化的冰雪造成了灾难性的洪水。‖ **co'op·er·a·tor** *n.* [C]

co·op·er·a·tion, co-op·er·a·tion /kəuˌɔpə'reiʃ⁰n/ *n.* [U]合作，协力；配合

co·op·er·a·tive, co-op·er·a·tive /kəu'ɔpərətiv/ Ⅰ *adj.* [常作定语]❶想合作的，乐意合作的；乐于助人的：Most of the pupils were helpful and *cooperative*. 大部分学生都乐于助人并具有合作精神。❷合作的，合作性的；协作的：*cooperative* research 协作性研究 Ⅱ *n.* [C] 合作社；合作商店；农业合作社，合作农场；合作性组织 ‖ **co'op·er·a·tive·ly** *adv.* — **co'o·per·a·tive·ness** *n.* [U]

co·or·di·nate, co-or·di·nate /kəu'ɔːdiˌneit/ *vt.* 整理；调节；协调：We must *coordinate* our operations with theirs. 我们必须使我们的行动和他们的行动协调一致。 Ⅱ /kəu'ɔːdinət/ *n.* [C]【数】坐标：The flight *coordinates* were altered at the last moment. 飞行坐标在最后一刻作了修正。‖ **co'or·di·nate·ly** *adv.* — **co'or·di·na-**

tor *n.* [C]

cop /kɒp/ *n.* [C]警察

cope /kəup/ *vi.* ❶(机会均等地)竞争；争斗(*with*)：No one can *cope with* him in English. 谁的英语都比不上他。❷妥善地处理；应付(*with*)：I will try to *cope with* his rudeness. 我得好好惩治一下他的粗鲁无礼。

cop·per /ˈkɒpə/ *n.* [U]铜；紫铜

cop·y /ˈkɒpi/ I *n.* ❶[C]复制品，仿制品；抄件，摹本；拷贝，副本：Your son is almost the *copy* of your father. 你儿子长得活像你父亲。❷[C]原件；原版；范本；字帖：This is the *copy* you are to imitate. 这是供你临摹的范本。❸[C](书报等的)(一)本，(一)册，(一)份：a first printing of 10,000 *copies* 第一次印刷 10 000 本 II *v.* ❶复制；仿造；抄写；复印；临摹：*Copy* this page. 把这一页复印一下。❷模仿，仿效：The little boy *copied* his father's way of walking. 小男孩学他父亲走路的样子。❸抄袭：You *copied* this work off Paul. 这份作业你是从保罗那儿抄袭来的。

☆**copy, ape, imitate** 均有"模仿，仿效"之意。**copy** 强调自觉或不自觉地仿效自己所仰慕的对象或时髦的模式，常有剽窃、抄袭或盗用的含义，有时也指机械地复制：He *copied* the relevant answers out of his reference book. (他从参考书中抄袭了相关的答案。) **ape** 指盲目笨拙地模仿他人或一时的风尚，有东施效颦的意味：Young girls desperately try to *ape* the latest fashion. (年轻女孩们都试图刻意模仿最新时尚。) **imitate** 为普通用词，指生动而令人信服地模仿某人或某物的行为或特征，并以其为楷模或榜样。这种模仿可能是有意识的或无意识的，也可能带有钦佩、羡慕或讽刺的意味：You should *imitate* her way of doing things. (你应当学习她做事的方法。)

cop·y·right /ˈkɒpiˌrait/ *n.* [C；U]版权：She owns [holds] the *copyright* on her father's novels. 她享有她父亲所写小说的版权。

cor·al /ˈkɒrəl/ *n.* [U]珊瑚：tropical *coral* 热带珊瑚

cord /kɔːd/ *n.* [C；U](一段)(细)绳：a thin

cord 一根细绳子

cor·dial /ˈkɔːdjəl/ *adj.* 热情的，热诚的，友好的：be *cordial* to sb. 对某人热情友好 ‖ ˈcor·dial·ness *n.* [U] — ˈcor·dial·ly *adv.*

core /kɔː/ *n.* [C] ❶(苹果、梨等含籽的)果心：an apple *core* 苹果核 ❷[通常用单]核心；精髓，最重要部分：Democracy makes up the spiritual *core* of the nation. 民主构成了该国民族精神的精髓。❸中心；中心部分：the *core* of a city 城市的心脏地带 ‖ **core·less** *adj.*

cork /kɔːk/ *n.* ❶[U]【植】栓皮槠；(栓皮槠的)栓皮，软木：*Cork* floats well. 软木浮力大。❷[C]软木塞；软木制品 ❸[C](橡胶、玻璃、塑料等制的)瓶塞

corn /kɔːn/ *n.* ❶[U]〈英〉谷物；小麦；燕麦 ❷[U]【植】玉米；(作蔬菜食用的)鲜嫩玉米：grow [raise] *corn* 种玉米 ‖ **corned** *adj.*

cor·ner /ˈkɔːnə/ *n.* [C] ❶角；墙角，壁角：coffee table with sharp *corners* 带尖角的咖啡桌 ❷街角，(道路交叉形成的)拐角：a traffic light at the *corner* 街角的交通灯

cor·ner·stone /ˈkɔːnəˌstəun/ *n.* [C] 奠基石，基石

cor·po·rate /ˈkɔːpərət/ *adj.* ❶(有关或结成)社团的；法人的；合伙的：a *corporate* body 法人 ❷(有关)公司的；团体的：*corporate* merger 公司合并 ‖ ˈcor·po·rate·ly *adv.* — ˈcor·po·rate·ness *n.* [U]

cor·po·ra·tion /ˌkɔːpəˈreiʃ°n/ *n.* [C]法人；团体法人；社团；公司；股份有限公司(略作 **Corp.**)：a business *corporation* 企业法人

corps /kɔː/ *n.* [C]([复]*corps* /kɔːz/) ❶【军】(特殊兵种的)队，部队：the Royal Army Medical *Corps* (英国)皇家陆军医务部队 ❷[军]军，兵团(介于集团军和师之间的陆军单位) ❸(从事同类专业工作的)一组：the diplomatic *corps* 外交使团

corpse /kɔːps/ *n.* [C](人的)死尸，尸体

cor·rect /kəˈrekt/ I *adj.* ❶正确的，对的；准确的：She gave the *correct* answer. 她给出了正确的答案。❷(人或行为、举止、衣着等)正当的；得体的；符合公认准则的：a careful and *correct* young man 举止谨慎而得体的年轻人 **II** *vt.* 改正;纠正;修改;批改;Please *correct* wrong spellings. 请改正拼写错误。‖ **cor'rect·ed** *adj.* —**cor'rect·i·ble** *adj.* —**cor'rect·ly** *adv.* —**cor'rect·ness** *n.* [U]

☆ **correct**, **accurate**, **exact**, **nice**, **precise**, **right** 均有"正确的,准确的"之意。**correct** 为一般用词,泛指正确无误,符合常规或公认的标准;You are *correct* in thinking so. (你这么想是对的。) **accurate** 表示精确,强调为达到这一精确度所作的努力;What she said to the policeman was *accurate* in every detail. (她对警察的叙述是准确而翔实的。) **exact** 强调数量或质量上的高度准确,不多不少,与事实真相或标准绝对相符;The *exact* time is five minutes and twenty seconds past six. (现在的确切时间是 6 点 5 分 30 秒。) **nice** 强调在辨析时非常精确,有时含过分精细的意味;make *nice* distinctions between two meanings (区别两种意思之间的细微差别) **precise** 强调在微小细节上的精确无误、分毫不差;The assembling of the parts of the instrument must be *precise*. (这套仪器部件的安装必须精确无误。) 该词也可用来表示定义明确或界线分明;speak with a *precise* northern accent (用十足的北方口音讲话) **right** 指符合真实情况或某一规定标准,有时可与 correct 互用,但语气较强,往往带有一种道德上加以赞同的含义;You were quite *right* to report the matter to the police. (你把这件事向警方报告,做得很对。)

cor·rec·tion /kə'rekʃ°n/ *n.* [U;C]改正;批改;纠正;校正;矫正

cor·re·late /'kɔrəˌleit/ *vi.* 相关,相互关联 (*with*, *to*);A person's height and his eating of certain foods do no *correlate*. 人的身高与其饮食嗜好无关。‖ **'cor·reˌla·ta·ble** *adj.* —**cor·rel·a·tive** /kə'relətiv/ *adj.*

cor·re·spond /ˌkɔri'spɔnd/ *vi.* ❶相配,相称;相符合;相一致 (*to*, *with*);Her white hat, shoes and stockings *correspond with* her white dress. 她的白帽、白鞋和白袜与白裙服相配。❷相当,相应;相类似 (*to*);

The fins of a fish *correspond to* the wings of a bird. 鱼鳍相当于鸟的翅膀。❸通信,联络 (*with*);Will you *correspond with* me while I am away? 我离开以后你会和我保持联系吗? ‖ ˌcor·re'spond·ing·ly *adv.*

cor·re·spond·ence /ˌkɔri'spɔnd°ns/ *n.* ❶[U;C]符合;一致;类似;相当 (*with*, *to*, *between*);*correspondence between* theory and practice 理论和实践相一致 ❷[U]通信,信件联系;break off *correspondence* 终止通信联系 ❸[总称]信件,函件;business *correspondence* 商业函件

cor·re·spond·ent /ˌkɔri'spɔnd°nt/ *n.* [C] ❶通信者;a good *correspondent* 勤于通信的人 ❷通讯员,记者;a White House *correspondent* 驻白宫记者

cor·re·spond·ing /ˌkɔri'spɔndiŋ/ *adj.* 相应的;相当的;对等的;All rights carry with them *corresponding* responsibilities. 一切权利都带有相应的义务。‖ ˌcor·re·'spond·ing·ly *adv.*

cor·ri·dor /'kɔridɔː/ *n.* [C]【建】走廊;室外过道;Room 224 is at the end of the *corridor*. 224 房间在走廊的尽头。

cor·rob·o·rate /kə'rɔbəˌreit/ *vt.* 证实,确定;使确凿可靠;Witnesses *corroborated* the policeman's statement. 目击者证实了警察的陈述。

cor·rode /kə'rəud/ *vt.* ❶腐蚀;侵蚀;Moist air *corrodes* iron. 潮湿的空气使铁生锈蚀。❷(渐渐)损害,损伤;He was *corroded* by consumption and indigence. 结核病和贫穷毁了他的一生。

cor·rupt /kə'rʌpt/ **I** *adj.* ❶道德败坏的;堕落的;邪恶的;a *corrupt* man 堕落的人 ❷贪赃舞弊的;受贿的;腐败的;a *corrupt* judge 受贿的法官 **II** *v.* 堕落;腐败;腐坏;It is claimed that television *corrupts*. 有人称电视使人堕落。‖ **cor'rupt·ness** *n.* [U]

cor·rup·tion /kə'rʌpʃ°n/ *n.* [U] ❶堕落;腐败;败坏;the luxury and *corruption* among the upper classes 上层社会中的奢侈和腐败 ❷贿赂;欺诈;The police force must be kept free from *corruption*. 警察不得贪

污受贿。❸腐坏,腐烂:the *corruption* of the body after death 死后躯体的腐烂

cos·met·ic /kɔz'metik/ **I** *n.* ❶[C]化妆品;wear *cosmetics* heavily 浓妆艳抹 ❷[～s]整容术 **II** *adj.* ❶化妆用的,美容的;(有关)化妆品的:*cosmetic* ad 化妆品广告 ❷整容的;He had *cosmetic* surgery to make him look younger. 他为使自己显得年轻而做了整容外科手术。‖ **cos'met·i·cal·ly** /-k°li/

cos·mos /'kɔzmɔs/ *n.* [C][通常用单](被视作和谐体系的)宇宙:intelligent life in the *cosmos* 宇宙中的有智力生物

cost /kɔst/ **I** *n.* [C] ❶[通常用单]价格,价钱;费用,花费;成本:This project entails enormous *cost*. 这项工程需要巨大的费用。❷[通常用单]损失;牺牲;代价:The *cost* in lives was estimated at 214. 估计死亡人数达 214 名。**II** (cost) *v.* ❶(使)花费;消耗(精力、时间、金钱等):How much [What] do these shoes *cost*? 这双鞋子多少钱? ❷(使)付出(代价);使丧失:His carelessness *cost* him his job. 粗心大意使他失去了工作。‖ *at all costs* [*at any cost*] *adv.* 不惜任何代价,不管怎样,无论如何:The bridge must be repaired within three days *at all costs*. 无论如何要在三天内把桥修好。

cost·ly /'kɔstli/ *adj.* ❶值钱的,贵重的:*costly* jewels 贵重的珠宝 ❷昂贵的,代价高的:a *costly* victory 来之不易的胜利 ‖ **'cost·li·ness** *n.* [U]

☆ **costly, dear, expensive, invaluable, precious, priceless, valuable** 均有"昂贵的"之意。**costly** 指某物由于稀少、珍贵或奢华而要求支付极大的费用,也可表示耗费的物质或精力数量大:a *costly* diamond ring (一只贵重的钻石戒指) / Selling your yacht can be a *costly* and time-consuming business. (出售你的游艇很可能是费时耗钱的事。) **dear** 主要指一般商品由于一时脱销而使价格上涨,强调客观因素而不是自身价值:Food was *dear* during the war. (战争期间食品很贵。) **expensive** 指某物虽然价格高昂,但是由于其质量高、外观美而使人感觉愉悦和满意,有时暗含奢侈的意味:Your new watch

looks *expensive*. (你的新手表看来价格不菲。)该词也可指价格超过物品本身的价值或某人的购买能力:The shops near the station seemed rather *expensive*. (靠近车站的商铺商品售价似乎很贵。) **invaluable** 和 **priceless** 都指价值巨大,几乎无法估量,但有夸张意味,尤其是 **priceless**:A good education is *invaluable*. (良好的教育是无价的。) **precious** 用于稀有、珍贵或无法替代的事物,其价值难以用金钱表示:Time is especially *precious* for businessman. (对商人而言时间尤其宝贵。) **valuable** 指有价值的,也常表示事物具备有用性或有利性:The police could also give *valuable* information. (警方也能提供有价值的信息。)

cos·tume /'kɔstjuːm/ *n.* ❶[C;U]服装,服装式样;全套服饰:The clown wore a funny *costume*. 小丑穿着一种滑稽的服装。❷[C]戏装;actors wearing colonial *costumes* 穿着殖民地时期各种服装的演员 ❸[C](特定场合穿着的)服装,服式:winter *costume* 冬装 ❹[C]全套外衣,外套(尤指女套装)

cot·tage /'kɔtidʒ/ *n.* [C] ❶(乡村、农场等处的)小屋,村舍:live in a *cottage* on the edge of the moors 住在沼泽地边上的小屋里 ❷(乡间或避暑胜地的)别墅:a holiday *cottage* 度假别墅

cot·ton /'kɔt°n/ *n.* [U]棉,棉花

couch /kautʃ/ *n.* [C](坐卧两用的)长沙发:a black leather *couch* 黑色皮制长沙发

cough /kɔf,kɔːf/ **I** *vi.* 咳,咳嗽:He *coughed* to clear his throat. 他咳了一声清清嗓子。**II** *n.* [C]咳,咳嗽;咳嗽病:She had a bad *cough*. 她咳得很厉害。

could /强 kud,弱 kəd/ *v. aux.* ❶ can 的过去式 ❷[表示过去虚拟,或代替 can 作为现在时,表示请求、允许、建议、可能等,但含有更为不肯定和婉转的意思]可以;可能:I *could* have made myself more clear. 我本来可以说得更清楚一些。

could·n't /'kudnt/ ＝could not

coun·cil /'kauns°l/ *n.* [C] ❶委员会;理事会;顾问委员会;议会:the Security *Council* of the United Nations 联合国安全理事会

❷会议：an emergency *council* 紧急会议

coun·sel /ˈkaʊnsᵊl/ **I** *n*. ❶[U]忠告，劝告：follow sb.'s *counsel* 听取某人的劝告 ❷[单复同]律师；法律顾问：the prosecuting *counsel* 公诉律师 **II** *v*. (-sel(l)ed；-sel·(l)ing)(对…提出)劝告；提议：*counsel* sb. to avoid rash actions 劝告某人不要采取鲁莽的行动

coun·sel·or /ˈkaʊnsᵊlə/ *n*. [C] ❶(为社会、心理等问题提供咨询的)顾问；指导者；辅导员：a marriage guidance *counselor* 婚姻指导顾问 ❷律师，法律顾问 ‖ ˈcoun·sel·orˌship *n*. [U]

count /kaʊnt/ *vt*. ❶数；点…的数目；清点：Wait till I *count* ten. 等我数到 10 为止。❷(不用进行时)把…算在内(*in*)：You can *count* me *in*. 我也算一个。❸认为；看作；算作：I *count* myself fortunate in having good health. 我认为自己身体健康是很幸运的。‖ **count in** *vt*. 〈口〉包括，把…算在内：If you are to go for a picnic, *count* me *in*. 如果你们要去野餐的话，算上我一个。**count on** [**upon**] *vt*. 依靠；信赖；指望；期待：You must *count on* your own efforts. 你必须依靠自己的努力。**count up** *v*. 算出(…的)总数；共计为(*to*)：It *counts up to* more than fifty *yuan*. 总数为 50 多元。

count·a·ble /ˈkaʊntəbᵊl/ *adj*. 数得出的，可计数的：Stars are *countable* by the million. 星星可按百万计数。

count·down /ˈkaʊntˌdaʊn/ *n*. [C](导弹、火箭等发射前的)倒计数，逆计数；倒计时(阶段)；倒计数阶段：The (ten-second) *countdown* began at 16:00 hours. 16 时开始(10 秒钟的)倒计时。

count·er /ˈkaʊntə/ *vt*. 反对；对抗；反驳；反击；抵消；抵制：Her opponent *countered* that the question was irrelevant. 她的对手反驳说这个问题毫不相关。

coun·ter·act /ˌkaʊntəˈrækt/ *vt*. 对…起反作用；对抗；抵消；中和：*counteract* a fever with aspirin 用阿司匹林解热 ‖ ˌcoun·terˈacˌtant *adj*. —ˌcoun·terˈac·tion *n*. [U] —ˌcoun·terˈac·tive *adj*. —ˌcoun·terˈac·tive·ly *adv*.

coun·ter·at·tack /ˈkaʊntərəˌtæk/ **I** *n*. [C；U]反攻，反击：launch a *counterattack* on one's detractors 对诬蔑者进行反击 **II** *v*. (对…)发动反攻；(对…)进行反击

coun·ter·clock·wise /ˌkaʊntəˈklɒkwaɪz/ *adj*. & *adv*. 逆时针方向的(地)[亦作 **anti-clockwise**]

count·ess /ˈkaʊntɪs/ *n*. [C] ❶伯爵夫人；伯爵遗孀(英国指 earl 的妻子，欧洲大陆指 count 的妻子) ❷女伯爵

count·less /ˈkaʊntlɪs/ *adj*. [作定语]数不清的

coun·try /ˈkʌntri/ *n*. [C] ❶国，国家；国土，领土：a developing *country* 发展中国家 ❷[常作 the ～]乡村，乡下；首都以外的地区：We both grew up in the *country*. 我们俩都是在乡下长大的。❸故土，故乡，家乡；祖国：They spent many years hoping to return to their own *country*. 他们多年来一心想回到故乡去

coun·try·side /ˈkʌntriˌsaɪd/ *n*. [U][通常作 the ～]农村地区，农村，乡下：The *countryside* was bursting with the colours of spring. 农村万紫千红，一片春意盎然。

coun·ty /ˈkaʊnti/ *n*. ❶[C](英国、爱尔兰及某些英联邦国家的)郡 ❷[C](美国等国的)县 ❸[the ～][用作单或复]全郡居民；全县居民：The *county* voted for the Conservative candidate. 全郡都投了保守党候选人的票。

coup /kuː/ *n*. [C]([复]**coups** /kuːz/) ❶突然而巧妙的行动(或策略、计划等)；漂亮的举动，成功的一举：It was quite a *coup* when he won the contract to build the hospital. 他赢得了营建医院的合同，这一招干得真漂亮。❷政变：stage a *coup* 发动政变

cou·ple /ˈkʌpᵊl/ **I** *n*. [C]([复]**cou·ple(s)**) ❶[常用单]一双，一对(*of*)：a *couple of* tires 两只轮胎 ❷[常用单]〈口〉两(个)；两三(个)，几(个)；一些(*of*)：a *couple of* hours 两三个小时 ❸[常用单]夫妻；情侣；一对舞伴：young married *couples* 几对新婚夫妇 **II** *vt*. ❶连接；使结合；使成对；使结婚：a pair of lovers *coupled* in wedlock 结成夫妇的一对情侣 ❷联想；并提；把…联系起

来(*together*,*with*)：Gambling is always *coupled with* degradation. 赌博与堕落总是相联系的。

☆**couple**,**pair** 均有"一对,一副,一双"之意。**couple** 表示两个在一起的或有某种关系的人或物：five married *couples*（五对夫妻）该词的"结合"或"相互依赖"的含义相当微弱,有时可指任何两个相同的事物,甚至还可作"几个"解：a *couple* of shoes that don't make a pair（一双不配对的鞋子）**pair** 指两个人或物自然而又习惯地联系在一起以组成完整的一对、一副或一双：He bought a *pair* of new boots.（他买了一双新靴子。）该词也常表示由两个相似和互为补充的部分所组成的某一事物：a *pair* of scissors 一把剪刀

cou·pon /ˈkuːpɒn/ *n.* [C]（附在货物上的）赠券；(连在广告上的)礼券；购物优惠券：20 dollars off if you use this *coupon*. 凭此券可优惠 20 美元。

cour·age /ˈkʌridʒ/ *n.* [U]勇气,胆量；勇敢,无畏：It took *courage* to say what you did. 你说出自己的所作所为,很有勇气。‖ **cou·ra·geous** /kəˈreidʒəs/ *adj.* —**cou·ra·geous·ly** *adv.*

course /kɔːs/ *n.* ❶[C][常用单]进行,进展；进程；过程；程序；经历,生涯：the zigzag *course* of the city's development 城市发展的曲折过程 ❷[C；U]行动方向；(船、飞机等的)航向；路线：Our *course* was straight to the north. 我们的航向是正北。❸[C](全)课程；教程；科目：a four-year history *course* 四年制的历史课程

court /kɔːt/ *n.* ❶[C；U]法庭,审判庭；法院：Order in the *court*! 保持法庭秩序！❷〈英〉院子(＝courtyard) ❸[C；U](网球、棒球等的)球场：He hit the ball out of *court*. 他把球击出了场外。

cour·te·ous /ˈkɜːtjəs/ *adj.* 彬彬有礼的,谦恭的；殷勤周到的：It was *courteous* of him to help the old lady with her bundles. 他助人为乐,帮那位老太太背包裹。‖ **cour·te·ous·ly** *adv.* —**cour·te·ous·ness** *n.* [U]

cour·te·sy /ˈkɜːtisi/ *n.* ❶[U]礼貌,谦恭有礼；殷勤周到：He could at least have had the *courtesy* to say sorry. 他连起码说声对不起的礼貌都没有。❷[C][常用复]谦恭有礼的举止(或言辞)；an exchange of *courtesies* 相互致礼 ‖ (*by*［*through*］) *courtesy of prep.* 蒙…的好意(或惠允)；蒙…提供(或赠送)：By *courtesy of* the exhibitor,we have taken a number of photos of the art products on display. 承蒙展出者许可,我们拍摄了若干艺术陈列品的照片。

court·yard /ˈkɔːtjɑːd/ *n.* [C]院子,庭院；天井〔亦作 **court**〕

cous·in /ˈkʌzʲn/ *n.* [C] 堂(或表)兄(或弟)；堂(或表)姊(或妹)；同辈嫡亲：the first［*full*,*own*］*cousins* 嫡亲堂(或表)兄弟(或兄妹、姐弟、姐妹)

cov·er /ˈkʌvə/ **I** *vt.* ❶覆盖；盖没,布满：Black clouds *covered* the sky. 乌云蔽天。❷(出于保护、掩饰、保温等目的)盖,为…铺上：She *covered* the sleeping child with a quilt. 她给睡着的孩子盖上被子。❸包括,包含；涉及；适用于：The new rules *cover* working conditions. 新的规则涉及工作条件。**II** *n.* ❶[C]覆盖物,罩子；套子；(容器等的)盖子；(书籍的)封套,封面：put the *cover* on the computer 给电脑套上罩子 ❷[~s]毯子；床罩；被子：He threw off the *covers*. 他把被子一下子掀开。‖ **cov·er·er** *n.* [C]

cov·er·ing /ˈkʌvəriŋ/ *n.* [C]覆盖物；掩蔽物(尤指毯子、被子、床罩)：a light *covering* of snow 一层薄薄的雪

cow /kau/ *n.* [C]母牛；奶牛

cow·ard /ˈkauəd/ *n.* [C]胆小的人,胆怯者,懦夫：play the *coward* 装孙子

cow·boy /ˈkaubɔi/ *n.* [C] (尤指美国西部的)放牛者,牧牛人；牛仔

cow·er /ˈkauə/ *vi.* (因畏惧、痛苦等)蜷缩；畏缩,退缩：*cower* in a corner 蜷缩在角落里 ‖ **cow·er·ing·ly** *adv.*

co-work·er /kəuˈwəːkə/ *n.* [C]同事；合作者

coy /kɔi/ *adj.* ❶扭捏作态的：Carol charmed all the men by turning *coy*. 卡罗尔做出扭

捏作态的样子,把那些男人都迷住了。
❷(尤指女性)腼腆的,害羞的,羞答答的:
Don't be so *coy* — I know you'd like to do
the job really. 别害羞,我知道你的确想干
这份工作。❸不肯明说的,不愿表态的,含
糊其词的(*of*, *about*):They maintained a
coy refusal to disclose his name. 他们仍含
糊其词地拒绝透露他的姓名。‖
'coy·ish·ness *n.* [U] —'coy·ly *adv.* —'coy·
ness *n.* [U]

crab /kræb/ *n.* ❶[C]蟹 ❷[U]蟹肉

crack /kræk/ I *v.* ❶破裂;裂开:The glass
cracked in the heat. 玻璃杯在高温中裂开
了。❷断裂;爆裂:The nut *cracked* into two
in the fire. 那颗坚果在火中裂成两半。
❸发出爆裂声;噼啪地响:wood *cracking* in
the fire 在火中烧得噼啪作响的木柴 II *n.*
❶[C]破裂(处),开裂(处):a few *cracks* on
the windshield 挡风玻璃上的几处开裂
❷[C](尤指地板、墙体上的)裂缝;缝隙:
The teacup has a *crack* in it. 这茶杯上有道
裂缝。❸[C]爆裂声;噼啪声:the *crack* of a
rifle shot 噼噼啪啪的步枪声

crack·down /'kræk‚daun/ *n.* [C]〈口〉惩
处;制裁;镇压:a *crackdown* on speeders 对
违章超速驾驶员的严惩

cracked /krækt/ *adj.* ❶有裂缝的,破裂的;
碎的:A *cracked* vessel is known by its
sound. 碗破听音。❷受损的,受伤的:
cracked ribs 受伤的肋骨

crack·le /'krækəl/ I *vi.* ❶发出尖而轻的声
音;发出噼啪声:The campfire *crackled* in
the night. 营火在夜晚发出噼啪的声音。
❷精神焕发,充满生气:The play *crackled*
with wit. 这出戏妙语连珠,意趣盎然。 II
n. [C]噼啪声;轻微爆裂声:the *crackle* of
small arms 小型武器的嗒嗒声

cra·dle /'kreidºl/ *n.* [C] ❶摇篮:rock the
baby gently in the *cradle* 轻轻地摇晃摇篮
中的婴儿 ❷发源地,发祥地,策源地:The
Yellow River is the *cradle* of Chinese civili-
zation. 黄河是中华文明的发源地。

craft /krɑːft‚kræft/ *n.* ❶[C;U]手艺;工艺:
traditional *crafts* 传统工艺 ❷[U](尤指娴

熟的)技术,技艺:He flew the plane with
craft that comes from years of experience.
他凭着多年的经验娴熟地驾驶飞机。❸[单
复同]飞行器,飞机;航天器:a landing *craft*
一架徐徐降落的飞机

crafts·man /'krɑːftsmən‚'kræfts-/ *n.* [C]
([复]-men /-mən/) ❶工匠;手艺人 ❷巧
匠;工艺师

cramp /kræmp/ I *n.* [C]抽筋;(疼痛性)痉
挛:have a *cramp* in one's stomach 突然感到
胃部痉挛性疼痛 II *v.* 绞痛;痉挛:His leg
cramped from the shortage of calcium. 他
的腿因为缺钙而抽筋。

cramped /kræmpt/ *adj.* ❶(空间)狭小的,
受限制的:*cramped* closet 狭小的衣柜
❷(字迹等)挤得紧而潦草;难认的:
cramped handwriting 难认的笔迹

crane /krein/ *n.* [C] ❶([复]**crane**(s))【鸟】
鹤;鹭;鹳 ❷吊车,起重机

cran·ny /'kræni/ *n.* [C] (墙、岩石上的)缝
隙,裂缝:*crannies* in the rock 岩石缝隙

crap /kræp/〈俚〉〈粗〉*n.* [U]废话,胡扯,放
屁:pull *crap* 扯谈 / That's a pile of *crap*!
一派胡言!

crash /kræʃ/ I *v.* ❶突然发出巨响:The win-
dows *crashed* from the earthquake. 窗户在
地震中被震得发出巨大的声音。❷发出巨
响着地落下(或坠落、扔出、破裂等):The brick
walls *crashed* down. 哗啦一声,砖墙倒塌
了。❸(车辆等)猛撞;撞毁;撞翻;(飞机)坠
毁:His car *crashed* into a tree and
overturned. 他的汽车撞在树上,翻倒在地。
❹溃败;破产:They *crashed* to a 4-0 defeat.
他们以 0 比 4 一败涂地。❺【计】(计算机或
系统)崩溃,突然失灵 II *n.* [C] ❶碰撞;倒
下;坠落;破裂:the *crash* of crockery 陶器啪
的一声破裂 ❷(车辆等的)猛撞;(飞机的)
坠毁:Only four passengers escaped injury in
the *crash* of the plane. 这次飞机失事中只
有四名乘客幸免受伤。❸失败;倒闭;破产:
an unprecedented Stock Market *crash* 史无
前例的股市大崩盘

crave /kreiv/ *v.* ❶渴望,渴求,迫切需要:I
crave that she should visit us. 我迫切希望

她能探望我们。❷恳求;祈求,请求:*crave sb. to do sth.* 恳求某人做某事

crawl /krɔːl/ *vi.* ❶爬,爬行:*crawl on all fours* 匍匐前进 ❷缓慢地行进,缓慢而行:*The traffic crawled along at ten miles an hour.* 来往车辆以每小时 10 英里的速度缓慢地行驶。

☆**crawl, creep** 均有"爬,爬行"之意。**crawl** 指无足或细长动物在地上缓慢地蠕动或爬行,也常用于人或其他东西,有给人不舒服感觉的意味:*A snake crawled across my foot.* (一条蛇爬过了我的脚。)该词还可喻指卑躬屈膝:*He came crawling to the boss to ask for his job back.* (他低三下四向老板要回那份工作。) **creep** 常指人或四足动物缓慢或偷偷摸摸地匍匐前进,有叫人起鸡皮疙瘩的意味:*The cat was creeping silently towards the mouse.* (猫悄悄地向老鼠爬了过去。)该词也可表示不知不觉地来临:*Old age is creeping upon me.* (我在不知不觉中变老了。)

cray·on /ˈkreiən, -ən/ *n.* ❶[C;U](绘画用的)彩色粉笔(或蜡笔)❷[C]彩色粉笔(或蜡笔)画

cra·zy /ˈkreizi/ *adj.* ❶〈口〉发疯的,精神失常的:*He feared he might go crazy doing nothing.* 他怕自己会闲得发疯。❷愚蠢的;荒唐的;糊涂的:*You're crazy to agree to buy it without seeing.* 你连看都不看就同意买下这东西,真糊涂。❸着迷的,狂热爱好(或爱慕)的;神魂颠倒的(*about, on, over*):*The boys and girls all went crazy when the film star appeared.* 那位影星一出场,少男少女们欣喜若狂。‖ **ˈcra·zi·ly** *adv.* — **ˈcra·zi·ness** *n.* [U]

creak /kriːk/ *vi.* 嘎吱作响,发出嘎吱声:*The hinges on the door creaked.* 门上的铰链嘎吱嘎吱作响。‖ **ˈcreaky** *adj.*

cream /kriːm/ *n.* ❶[U]奶油;乳脂:*take cream and sugar in one's coffee* 喝加奶油和糖的咖啡 ❷[C;U]奶油状的;(化妆用)乳霜;(药用)乳膏:(a) *face cream* 面霜 ❸[C]奶油点心;奶油食品;奶油夹心饼干;奶油(夹心)糖;冰激凌

crease /kriːs/ *n.* [C]❶(衣服、纸等的)折缝,折痕,压印,皱褶:*iron out the creases* 烫平衣服上的皱痕 ❷(尤指脸上的)皱纹:*creases between the eyes* 眉宇间的皱纹

cre·ate /kriˈeit/ *vt.* ❶创造:*He was never created to run a farm.* 他天生不是经营农场的料。❷创作;设计:*create a new theory* 创建一个新理论 ❸产生;引起:*His work created enormous interest in China.* 他的作品在中国引起了极大的兴趣。❹创建;设立:*The government created a new department.* 政府设立了一个新的部门。‖ **cre·a·tion** *n.*

cre·a·tive /kriˈeitiv/ *adj.* ❶富有想象力的;独创的:*creative art* 独特的艺术 ❷创造的;创造性的;有创造力的:*creative thinking* 创造性思考地 ‖ **creˈa·tive·ly** *adv.* — **creˈa·tive·ness** *n.* [U]

cre·a·tor /kriˈeitər/ *n.* ❶[C]创造者;创作者:*Charles Dickens is the creator of the book A Tale of the Two Cities.* 查尔斯·狄更斯是《双城记》一书的作者。❷[the C-]造物主,上帝

crea·ture /ˈkriːtʃər/ *n.* [C]动物;生物:*a strange creature from outer space* 外星来的怪物

cre·den·tial /kriˈdenʃ°l/ *n.* [C](某人学历、资历等的)证明,证书;文凭:*Her credentials as a journalist are beyond dispute.* 她作为新闻记者的资格无可置疑。

cred·i·ble /ˈkredəb°l/ *adj.* ❶(人或言论等)可信的;值得相信的:*That boy's excuse for being absent was hardly credible.* 那孩子缺席的理由几乎不可信。❷有效的;有威力的:*credible offensive weapons* 有效力的攻击性武器 ‖ **ˈcred·i·bly** *adv.* — **cred·i·bil·i·ty** *n.*

cred·it /ˈkredit/ *n.* ❶[U]赞扬;赏识;荣誉;功劳:*claim credit and reward* 邀功请赏 ❷[C][通常用单]增光添彩的人(或事):*Those Olympic athletes are a credit to our nation.* 那些奥林匹克运动会选手为我们国家增了光。❸[U]信用,信誉;赊欠(期):*grant [give, offer] sb. credit* 允许某人赊欠 ❹[C]学分;学分时;(修完某门学科的)及

格证明：earn [gain] *credits* in philosophy 获得哲学课的学分 ❺[C](个人的)贷款(额)，欠款(额)：Your account shows a *credit* of $100. 您的账户内有 100 美元的欠款。

cred·it·a·ble /'kreditəb³l/ *adj.* ❶值得赞扬的；带来荣誉的(*to*)：The candidate made a *creditable* showing in the primary. 这名候选人在初选中的表现值得称道。❷有信用的；有信誉的：a *creditable* bank 一家享有信誉的银行 ‖ **cred·it·a·bil·i·ty** /ˌkreditə'biliti/, **'cred·it·a·ble·ness** *n.* [U]**'cred·it·a·bly** *adv.*

credit card *n.* [C]信用卡

creek /kri:k/ *n.* [C](河的)支流；小河，溪

creep /kri:p/ *vi.* (crept /krept/) ❶(贴着地面)爬行，匍匐：The baby *crept* along on the carpet. 婴儿在地毯上爬着。❷悄悄地缓慢行进；偷偷地移动(*up*)：Mist is *creeping* up the lake. 薄雾从湖面上冉冉升起。

creep·y /'kri:pi/ *adj.* 〈口〉令人汗毛直竖的；感到毛骨悚然的：a *creepy* scary movie 一部令人毛骨悚然的恐怖电影 ‖ **'cree·pi·ly** *adv.* —**'creep·i·ness** *n.* [U]

crept /krept/ *v.* creep 的过去式和过去分词

crew /kru:/ *n.* [常用作复] ❶一队(或一班、一组)工作人员：a wrecking *crew* 救援队 ❷(轮船、飞机、火车等上面)全体工作人员：The aircraft has [carries] a *crew* of seven. 这架飞机上有七名机组人员。

crib /krib/ *n.* [C] ❶(有围栏的)童床 ❷(牲口的)饲料槽，食槽 ❸ 粮仓，囤 ❹〈口〉(学生考试时作弊用的)夹带，小抄：catch sb. with a *crib* in the exam 抓住某人在考试中夹带小抄

crick·et[1] /'krikit/ *n.* [U]【昆】蟋蟀，促织

crick·et[2] /'krikit/ *n.* [C]【体】板球

crime /kraim/ *n.* ❶[C]罪，罪行：commit a serious *crime* 实施严重犯罪 ❷[总称]犯罪；违法犯罪活动：fight *crime* in the city 打击城市中的犯罪

crim·i·nal /'krimin³l/ I *adj.* ❶[无比较级][通常作定语]犯罪的，犯法的；关于犯罪的：a *criminal* person 犯人 ❷[无比较级][作定

语]【律】与犯罪有关的，刑事的：*criminal* law 刑法 II *n.* [C]罪犯，犯人：a hardened *criminal* 惯犯 ‖ **'crim·i·nal·ly** *adv.*

cringe /krindʒ/ *vi.* ❶(因恐惧、焦急而)畏缩；退缩：He *cringed* from the cold. 他冷得蜷缩成一团。❷(因尴尬、厌恶等而)躲闪；对…表示反感(或不情愿)：He *cringed* at the thought of having to confront his former date. 他一想到不得不和他以前的约会对象见面就老大不情愿。

crin·kle /'kriŋkl/ *v.* (使)起皱；(使)成(或起)波纹：My clothes were all *crinkled* when I got them out of the case. 我把衣服从箱子里拿出来时，它们全都起皱了。‖ **'crin·kled** *adj.* —**'crin·kly** *adj.*

crip·ple /'krip³l/ *n.* [C]〈时忌〉❶跛子，瘸子；跛腿的动物：a war *cripple* 伤残军人 ❷不健全的人，残疾人：a mental *cripple* 智障者 ‖ **'crip·pled** *adj.*

cri·sis /'kraisis/ *n.* (复-ses /-si:z/) [C;U]危机；紧要关头；关键时刻：a time of acute [great] *crisis* 生死存亡的危急时刻

crisp /krisp/ *adj.* ❶脆的；易碎的：*crisp* pastry 松脆的糕点 ❷(蔬菜、水果等)新鲜脆嫩的：*crisp* lettuce 脆嫩的莴苣 ‖ **'crisp·ly** *adv.*

cri·te·ri·on /krai'tiəriən/ *n.* [C]([复]-ri·a /-riə/)(判断或评价的)标准；准则；尺度：meet [satisfy] criteria 符合标准 ‖ **cri'te·ri·al** *adj.*

crit·ic /'kritik/ *n.* [C]评论家；批评家，批评员：a harsh *critic* of the political scene 政界的严厉批评者

cri·ti·cal /'kritik³l/ *adj.* ❶挑剔的，吹毛求疵的：be *critical* about 对…吹毛求疵 ❷[作定语]评论(或批评)家的，评论(或批判)的；评论性的；出自评论家的：The movie received *critical* acclaim. 这部电影受到了好评。❸关键性的；决定性的：The tennis tournament has reached a *critical* stage. 网球邀请赛进入了决定性阶段。❹危急的；严重的；危险的：a *critical* wound 致命伤 ‖ **'crit·i·cal·ly** *adv.*

crit·i·cism /ˈkritiˌsizʰm/ *n.* ❶[U]评论：constructive *criticism* 建设性的评论 ❷[U]挑刺；批评；指责，非难：the harshest *criticism* at the decision 对决议的最严厉的批评

crit·i·cize, crit·i·cise /ˈkritiˌsaiz/ *vt.* ❶批评；指责，非难；对…挑剔：Do not *criticize* him until you know all the circumstances. 在所有情况还未搞清之前不要批评他。❷评价；评论：They published a collection of essays to *criticize* the three novels. 他们出版了一部评论这三部小说的论文集。

☆ **criticize, blame, condemn, denounce** 均有"批评，指责"之意。**criticize** 为普通用词，通常用来指出某人或某事的缺点或错误，并明确表示反对，尤其用于方法、政策或目的等方面：The report strongly *criticized* the police for failing to deal with the problem. (报告强烈批评警方没有处理好这一问题。) **blame** 指对做错事的人加以责备或对认为不好的事进行指摘，强调对所发生的过错或灾难所负有的责任：They *blamed* the failure of the talks on the Russians. (他们把会谈的失败归咎于俄国人。) **condemn** 表示指责或谴责时，有严厉无度、冷酷无情的意味，坚决反对的态度十分明确：The law has been *condemned* by its opponents as an attack on personal liberty. (这项法律被反对者指责为对人身自由的侵犯。) 该词也常指法庭上的判决：The judge *condemned* her to spend six years life in prison. (法官判处她六年监禁。) **denounce** 指公开谴责或指责某人或其行为：The reporter strongly *denounced* the government's hypocrisy. (那位记者强烈谴责政府的虚伪。)

cri·tique /kriˈtiːk/ *n.* [C]评论文章；评论

crock·er·y /ˈkrɔkəri/ *n.* [U][总称]陶器，瓦器

croc·o·dile /ˈkrɔkəˌdail/ *n.* [C]【动】鳄，鳄鱼；鳄鱼类动物

crook /kruk/ *n.* [C] ❶(主教或牧羊人的)一头有弯钩的手杖，曲柄杖：a shepherd's *crook* 牧羊人的曲柄杖 ❷臂弯：She held the baby in the *crook* of her left arm. 她用左胳膊的臂弯抱着婴儿。❸弯曲物；弯曲部分；钩子：Turn right at the *crook* in the road ahead. 在前方路的拐弯处向右拐。

crop /krɔp/ *n.* [C] ❶[常作～s]庄稼，作物：cultivate [raise] tropical *crops* 栽培热带作物 ❷(庄稼或作物的)一熟，一季收获(量)，收成；产量：The rice here bears two *crops* a year. 这里的水稻每年收获两季。❸[通常用单](同时出现或产生的)一群；一批；一连串：the annual *crop* of freshmen 每年入学的一批新生

cross /krɔs, krɔːs/ I *n.* [C]❶十字；十字形(包括T、×、十等)；十字形饰物；十字形标记：a red *cross* 红十字 ❷(表示错误、地点等的)×号；(不会写字者代替签名的)十字叉：They marked all the mistakes with a red *cross*. 他们用红色"×"将所有的错误标出。II *vt.* 越过，横穿，渡过：*Cross* the street at the corner. 在转弯处穿过马路。

cross·ing /ˈkrɔsiŋ/ *n.* [C]交叉口，交叉点；(尤指)十字路口：ignore a red light at the *crossing* 在十字路口闯红灯

cross·road /ˈkrɔsˌrəud/ *n.* ❶岔路，支路 ❷[～s]用作单或复]十字路口：Traffic stalled at a *crossroad*. 交通在十字路口堵塞。❸紧要关头，关键时刻：be [stand] at the *crossroads* 面临[作出]重大抉择的关头

cross·word /ˈkrɔsˌwəːd/ (**puzzle**) *n.* [C]纵横填字谜(或游戏)：Before going to sleep, he filled in another *crossword* puzzle. 他睡觉前又玩了一次填字游戏。

crotch·et /ˈkrɔtʃit/ *n.* [C]奇想，怪念头：The old man had many *crotchets*. 这老头有许多怪念头。

crouch /krautʃ/ *vi.* ❶蹲，蹲伏：*crouch* at sb.'s feet 蹲伏在某人的脚边 ❷(动物准备跳跃而)蜷伏：The cat *crouched* in the corner waiting for the mouse to come out of its hole. 那只猫蹲伏在角落里等老鼠钻出洞来。

crow¹ /krəu/ *n.* [C]【鸟】乌鸦

crow² /krəu/ *vi.* (**crowed** 或 **crew** /kruː/, **crowed**) ❶(雄鸡)啼叫：The cock *crowed* as the sun rose. 雄鸡一唱天下白。❷夸口；夸

耀;沾沾自喜(over);**crow over** [at] a success 为成功而得意扬扬 ‖ **'crow·er** *n.* [C]

crowd /kraud/ **I** *n.* [C] ❶一群;人群:a *crowd* of little children 一群小孩子❷(有共同习惯、利益或职业的)一群人;一伙人:the Hollywood *crowd* 好莱坞的那伙人 **II** *v.* ❶聚集,群集;涌:The fans *crowded* close to the movie star. 影迷们都挤在电影明星的周围。❷拥挤;挤;推搡:The people on the platform *crowded* into the subway car. 站台上的人群涌进了地铁车厢。

crowd·ed /'kraudid/ *adj.* 挤得紧紧的;塞得满满的;密的;拥挤的:*crowded* streets 拥挤不堪的街道

crown /kraun/ **I** *n.* [C] ❶王冠,冕:Uneasy lies the head that wears a *crown*. 头戴王冠,夜眠不安。❷[常作 the ~ 或 the C-]君主;国王;女王;王权;王位:heir [heiress] to *the crown* 王位继承人 **II** *vt.* 为…加冕,立…为君主:The Emperor was *crowned* by the Pope. 那个皇帝是由教皇主持加冕的。

cru·cial /'kruːʃəl/ *adj.* 至关重要的;决定性的,关键的:a *crucial* moment 紧要关头(或关键时刻) ‖ **'cru·cial·ly** *adv.*

crude /kruːd/ *adj.* ❶天然的;未加工的;未提炼的:*crude* sugar 粗糖❷缺乏技巧的;粗制的;粗略的;粗陋的;初步的;不成熟的:a *crude* log cabin 简陋的圆木小屋 ❸粗鲁的;粗俗的;不雅致的;粗鄙的:a *crude* person 粗鲁的人 ‖ **'crude·ly** *adv.* —**'crude·ness** *n.* [U]

cru·el /'kruːəl/ *adj.* (**cru·el·(l)er,cru·el·(l)est**) ❶残忍的;残酷的;残暴的:*cruel* acts 残忍的行为 ❷令人痛苦的;刻意伤人的:a *cruel* sight 残酷的场面 ‖ **'cru·el·ness** *n.* —**'cru·el·ly** *adv.*

cruise /kruːz/ **I** *vi.* ❶航游;航行:He *cruised* around the world 环球航行 ❷游弋;巡航:*cruise* on the Atlantic 在大西洋上游弋 **II** *n.* 航行;(尤指度假)航游:be on a world *cruise* 乘船周游世界

cruis·er /'kruːzə/ *n.* ❶巡航者 ❷巡洋舰;巡航艇

crum·ple /'krʌmpᵊl/ *v.* ❶(突然)垮掉;倒塌,崩溃(up):She *crumpled* to the floor in a faint. 她昏倒在地板上。❷起皱,变皱:That dress *crumples* readily. 那件连衣裙很容易起皱。‖ **'crum·ply** *adj.*

crush /krʌʃ/ *vt.* ❶压坏;压碎;压伤:She was *crushed* onto the bus. 她被挤进公交车里。❷捣碎,碾碎:*crush* down stone into [to] bits and pieces 把石块碾碎 ❸打败,击败;征服;镇压:The team *crushed* its rival 9-1 at the arena. 这支球队在体育场以9比1的比分战胜了对手。

crust /krʌst/ *n.* [C] ❶(一片)面包皮;干面包片:eat the *crusts* of a loaf 吃面包皮 ❷馅饼皮 ❸外壳;坚硬的表皮:the *crust* of a turtle 乌龟的外壳 ‖ **'crus·tal** *adj.*

crutch /krʌtʃ/ *n.* [C] ❶ T 字形拐杖;walk on [with] *crutches* 拄着拐杖 ❷支柱,支撑;依靠,精神支柱:a *crutch* for the economy 经济支柱

cry /krai/ **I** *vi.* ❶(因伤心、痛苦等而)哭:*cry* with pain 痛得直哭 ❷(大声)叫喊(out):He *cried out* to us to stop. 他大声嚷要我们停止。**II** *n.* [C] ❶叫喊,喊叫:*cries* of victory 胜利的欢呼 ❷(一阵)哭泣;(一阵)哭声;流泪:have one's *cry* out 放开大哭 / have a good *cry* 大哭一场 ‖ **cry out for** *n.* 迫切需要:These decaying streets cry out for repair. 这些破败的街道急需整修。

crys·tal /'kristᵊl/ *n.* [U]水晶;石英晶体

cube /kjuːb/ *n.* ❶立方形;立方体 ❷【数】三次幂;立方:64 is the *cube* of 4. 64 是 4 的立方。

cuck·oo /'kukuː/ *n.* ([复]-oos)【鸟】杜鹃,布谷鸟

cu·cum·ber /'kjuːkʌmbə/ *n.* 黄瓜

cud·dle /'kʌdᵊl/ *v.* 搂抱;拥抱;爱抚;依偎着:I *cuddled* the baby until she did not cry. 我搂着这个婴儿直到她不哭。

cue /kjuː/ *n.* [C]信号;暗示:take one's *cue* from sb. 明白某人的暗示

cuff /kʌf/ *n.* [C] ❶袖口:I washed the stain off the *cuff* of my shirt. 我把我衬衫袖口

上的污迹洗掉了。❷[常作～s]手铐：The *cuffs* rubbed his skin off. 手铐把他的皮肤磨破了。

cul·mi·nate /ˈkʌlmiˌneit/ *vi.* ❶达到顶点；达到高潮(in)：His career *culminated in* the winning of the Nobel prize. 当他获得诺贝尔奖的时候他的事业达到了顶峰。❷达到最后关头；告终；导致(in)：The enterprise *culminated in* bankruptcy. 这家企业最终破产了。‖ **cul·mi·na·tion** /ˌkʌlmiˈneiʃ°n/ *n.* [C]

cul·ti·vate /ˈkʌltiˌveit/ *vt.* ❶耕种，耕作：*cultivate* the soil carefully 对土地精耕细作 ❷培育；栽培；培植：*cultivate* roses 栽培玫瑰 ❸培养；养成：*cultivate* an atmosphere of goodwill 营造一种友好的气氛 ‖ **cul·ti·va·tion** /ˌkʌltiˈveiʃ°n/ *n.* [U]

cul·tur·al /ˈkʌltʃ°rəl/ *adj.* ❶文化的；文化方面的：*cultural* traditions 文化传统 ❷[作定语]人文艺术的：the *cultural* world 人文天地

cul·ture /ˈkʌltʃə°/ *n.* ❶[C；U]文化；文明；[总称](可传承的)生活方式：a nation with multiple *cultures* 拥有多元文化的国家 ❷[U]品味；修养，教养：artistic *culture* 艺术修养

cu·mu·la·tive /ˈkjuːmjuˌleitiv/ *adj.* 堆积的；累积的，渐增的：Her anger achieved a *cumulative* momentum of its own. 她的火气越积越大。‖ **ˈcu·mu·la·tive·ly** *adv.*

cun·ning /ˈkʌniŋ/ **I** *adj.* 狡猾的，狡诈的：a *cunning* thief 狡诈的窃贼 **II** *n.* [U]狡诈，狡猾：He had the *cunning* of a fox. 他跟狐狸一般狡猾。‖ **ˈcun·ning·ly** *adv.* —**ˈcun·ning·ness** *n.* [U]

cup /kʌp/ *n.* [C]❶杯子：a paper *cup* 纸杯 ❷优胜杯，奖杯：a challenge *cup* 挑战杯

cup·board /ˈkʌbəd/ *n.* [C]碗橱，食橱

cure /kjuə°/ *vt.* ❶治好(疾病)；治愈(病人)(of)：*cure* sb. *of* headache 治好某人的头疼 ❷消除；去除；纠正(of)：He was *cured of* his heavy smoking. 他戒掉了烟瘾。

☆**cure**，**heal**，**remedy** 均有"治愈，整治"之意。

cure 用于一般状态，通常指根除疾病后恢复健康，有时也用来表示突然和戏剧性地治愈：This medicine will *cure* you of your cough. (这种药会治好你的咳嗽。)该词还可以引申来表示治理社会弊病或坏的习俗等：government action to *cure* unemployment (政府为解决失业问题所采取的行动) **heal** 用于具体部位，常指经过一个缓慢的过程使外伤愈合：This ointment will help to *heal the* wound. (这药膏有助于伤口的愈合。)该词也可用于比喻：Time *heals* most troubles. (随着时间的推移，多数烦心事可望消除。) **remedy** 意指使用药物或方法来医治疾病或减轻病痛：A good night's sleep would be the best *remedy* for your headache. (好好睡一觉是治疗你头痛的最好办法。)该词也常用来指革除弊病使恢复健全正常：How can we *remedy* this situation? (我们怎样才能挽救局势？)

cu·ri·os·i·ty /ˌkjuə°riˈɔsiti/ *n.* ❶[U]求知欲；好奇心：arouse (one's) *curiosity* 激发好奇心 ❷[C]珍品；古玩；奇事：a *curiosity* shop 古玩店

cu·ri·ous /ˈkjuə°riəs/ *adj.* ❶好奇的；求知欲强烈的：Children are born naturally *curious*. 孩子们生下来就有好奇心。❷过于好奇的，爱打听的：*curious* ears 到处打听事的耳朵 ❸离奇的；新奇的；古怪的：a *curious* noise 奇怪的声音 ‖ **ˈcu·ri·ous·ly** *adv.* —**ˈcu·ri·ous·ness** *n.* [U]

curl /kəːl/ **I** *v.* ❶卷；使(头发)变卷：*curl* one's hair 卷头发 ❷缠绕；盘起；蜷曲(up)：The cat *curled* its tail around itself. 猫把尾巴盘在身上。**II** *n.* [C](一绺)卷发：She has long *curls* over her shoulders. 她长着披肩卷发。

curl·y /ˈkəːli/ *adj.* ❶卷的；蜷曲的；波状的；蜷缩的：*curly* hair 卷发 ❷有卷发的：a *curly* head 卷发头

cur·ren·cy /ˈkʌrənsi, ˈkəːr-/ *n.* ❶[C；U]通货，货币；(货币的)流通：paper *currency* 纸币 ❷[U]流行；流传；普及：The story gained great *currency*. 这个故事流传甚广。

cur·rent /ˈkʌrənt, ˈkəːr-/ **I** *adj.* ❶[作定语]

现时的，目前的，当前的：the *current ex-change* rate 当前的汇率❷通用的，通行的；普遍接受的：the *current* practice 通行做法 **II** *n.* ❶[C]水(或气)流：The boat rushed down in the rapid *current*. 这条船在激流中飞速而下。❷[C]电流；电流强度：switch off electric *current* 切断电流 ❸[U]趋势，倾向；(尤指思想)潮流：reverse the *current* of the times 扭转时代潮流 ‖ 'cur·rent·ly *adv.*

cur·ric·u·lum /kəˈrikjuləm/ *n.* [C] ([复]-lums 或-la /-lə/) ❶(学校等的)全部课程：What courses are on your *curricu-lum*? 你的课程表里有什么课? ❷(获得学位或证书的)必修课程 ‖ curˈric·u·lar *adj.*

cur·ry /ˈkʌri；ˈkəːri/ *n.* [C；U]咖喱；咖喱饭；咖喱菜肴：*curry* and [with] rice 咖喱饭

curse /kəːs/ **I** *n.* [C]诅咒；咒骂；咒语：put a *curse* on sb. 诅咒某人 **II** *v.* (cursed或curst；curs·ing) 诅咒；咒骂；亵渎：I hit my finger with the hammer and *cursed* silently to my-self. 我用锤子砸了我的手指头，我不声不响地咒了自己一句。

cur·sor /ˈkəːsə/ *n.* [C]❶【数】(计算尺或光学仪器上的)游标 ❷【计】光标

cur·tain /ˈkəːtən/ *n.* [C] ❶窗(或门)帘：a gossamer *curtain* 纱帘 ❷(舞台上的)幕布：The *curtain* falls. 幕落。

curve /kəːv/ *n.* [C]曲线，弧线；曲状物，弧状物：take *curves* 转弯

cush·ion /ˈkuʃən/ *n.* [C]垫子(如坐垫、靠垫等)：I rested my head on a *cushion*. 我把头靠在枕垫上。

cus·tom /ˈkʌstəm/ *n.* [C] ❶习惯：It was a *custom* of his to have a cup of coffee every morning. 每天早上喝一杯咖啡是他的一个习惯。❷习俗，风俗；传统：follow the *custom* 遵循惯例 ❸[～s]用作单或复]进口税，关税：*custom* free 免税

cus·tom·er /ˈkʌstəmə/ *n.* [C] 顾客；客户：attract *customers* 吸引顾客

cut /kʌt/ (cut；cut·ting) *v.* (用锐器)切；割；砍；剪；截；削：*cut* bread into pieces 把面包

切成片 ‖ **cut across** *vt.* 抄近路穿过：*cut across* an empty path 走近路穿过一条无人小径 **cut down** *v.* ❶砍倒，摧毁，毁掉：The hurricane *cut down* everything in its path. 飓风所经之处，一切都被摧毁。❷削减，减少(on)：*cut down* expenses 削减开支 **cut in** *vi.* 插嘴，打断(on)：*cut in* with some indiffe-rent remarks 插上几句不疼不痒的话 **cut off** *vt.* 切掉，割掉，剪掉，砍掉：*cut* one's finger *off* 把手指切断了

cut·back /ˈkʌtˌbæk/ *n.* [C] ❶削减，缩减，裁减：a *cutback* in costs 成本的削减 ❷(小说、戏剧、电影等的)倒叙，回切：the boring *cutbacks* to the protagonist's childhood 回切到主人公儿提时代的情节

cute /kjuːt/ *adj.* ❶迷人的；娇小可爱的；小巧精致的：What a *cute* baby! 多么漂亮的小宝贝啊! ❷聪明伶俐的；精明的，狡猾的：That was a *cute* move, getting the boss to back you. 这一招真刁钻，让你的老板给你撑腰。‖ 'cute·ly *adv.* — 'cute·ness *n.* [U]

cut·off /ˈkʌtˌɔf/ *n.* [C] ❶近路，捷径：take the *cutoff* from the main highway 走偏离大路的捷径 ❷最低限度，底线：We'll start the bargaining at 50%, but 35% is the cut-*off*; we won't go lower than that. 我们讨价还价的起价是原价的50%，但35%是底线，不能再低了。

cy·cle /ˈsaikl/ *n.* [C]❶循环，周而复始；周期：the business *cycle* 商业盛衰的周期❷整个系列；整个过程；一段长时间：the *cycle* of events 一系列事件 ❸自行车；三轮车；摩托车：a *cycle* shop 自行车商店

cyl·in·der /ˈsilində/ *n.* [C]❶(圆)柱；柱面；(圆)柱的体积 ❷圆柱状物；圆柱体 ❸【机】(发动机的)汽缸；泵体

cym·bal /ˈsimbəl/ *n.* [C]【音】钹(一种打击乐器) ‖ 'cym·bal·ist *n.* [C]

cyn·ic /ˈsinik/ *n.* [C]❶愤世嫉俗者；认为人皆自私(或利己)者 ❷好挖苦人者，冷嘲热讽的人 ‖ 'cyn·i·cal /ˈsinikəl/ *adj.* — 'cyn·i·cism /ˈsiniˌsizəm/ *n.* [U]

D d

dab /dæb/ (dabbed;dab·bing) v. ❶轻拍;轻擦,轻拭;轻触:The child cried as his mother *dabbed* his cut. 母亲轻轻地碰那孩子的伤口时,那孩子哇哇直哭。❷轻敷,轻搽,轻涂(on):He *dabbed* the ointment *on* [over] the rash. 他把药膏抹在疹子上。

dad /dæd/ n. [C]〈口〉爸爸,爹爹

dag·ger /'dægə'/ n. [C] ❶短剑,匕首 ❷【印】剑号(即†)

dai·ly /'deili/ I adj. [无比较级] ❶每日(一次)的;每周目的;日常的:She writes articles for the *daily* newspapers. 她为多家日报撰写文章。❷一天的;按天计算的:average *daily* earnings 平均日收入 II n. [C]日报:*The People's Daily*《人民日报》

dair·y /'deəri/ n. [C] ❶乳品间(或厂);制酪场 ❷牛奶公司;乳品店

dam /dæm/ n. [C]堤,坝,堰:A *dam* bursts and floods a valley. 堤坝一决口,淹没了整个流域。

dam·age /'dæmidʒ/ I n. ❶[U]损伤,损害,损失;毁坏,破坏:The *damage* to his reputation is great. 他名誉上的损害是巨大的。❷[~s]【律】损害赔偿;损害赔偿金:The man who was injured by the car asked for $50,000 in *damages*. 这位在车祸中受伤的人要求给予5万美元的损害赔偿金。II vt. 损害,破坏,毁坏:She *damaged* her toy. 她把玩具弄坏了。‖ 'dam·age·a·ble adj.

damn /dæm/〈口〉vt. 骂,咒骂;骂…该死;诅咒:He *damned* his men right and left. 他破口大骂他的部下。

damp /dæmp/ I adj. 微湿的,潮湿的;湿气重的:My shoes were *damp* from the rain. 我的鞋子被雨水沾湿了。II n. [U]微湿,潮湿;湿气:There were signs of *damp* on the wall. 墙上有一点点潮斑。‖ 'damp·ly adv. —'damp·ness n. [U]

☆damp, humid, moist 均有"湿的,潮湿的"之意。damp 指轻度潮湿,但不能拧出水,往往有令人厌恶或不舒适的感觉:I can not wear these socks;they are *damp*. (我不能穿这双袜子,都是湿的。)humid 主要指空气中含有大量水蒸气,使人感到气闷和不适:It was hot and *humid* in the jungle. (丛林里又热又潮湿。)moist 指轻微潮湿,含有自然而适当,使人感到滋润而舒服之意:This cake's nice and *moist*. (这块蛋糕味道好,又新鲜。)

dance /dɑːns;dæns/ I vi. ❶跳舞;舞蹈:They *danced* on through the night. 他们跳了一夜的舞。❷跳跃;蹦跳;雀跃:His wife *danced* for joy at the news. 他妻子听到这个消息,高兴得手舞足蹈。II n. [C]舞,舞蹈:Do you know how to do that new *dance*? 那个新舞你知道怎么跳吗? ‖ 'danc·er n. [C]

dan·ger /'deindʒə'/ n. [U]危险;风险:*Danger*! Road under repair. 危险! 道路检修。

dan·ger·ous /'deindʒərəs/ adj. (充满)危险的,不安全的;引起危险的:The roads are *dangerous*,so drive carefully. 路上有危险,要谨慎行车。‖ 'dan·ger·ous·ly adv.

☆dangerous, hazardous, risky 均有"危险的,冒险的"之意。dangerous 为普通用词,指对某种人、事物应该加以避免,否则就会引起伤害或损失:He is a *dangerous* criminal. (他是个危险的罪犯。)hazardous 较为正式,表示遭到失败、伤害或灾难的可能性极大,

但又不可避免：Their journey was *hazardous*. (他们的旅途十分艰险。) **risky** 表示明知有危险但还是自愿冒险进行某种活动：You drove too fast round that corner — it was a *risky* thing to do. (拐那个弯时你开得太快了，太危险。)

dan·gle /ˈdæŋgl/ ❶(使)悬垂；(使)悬荡：The girl sat by the window and *dangled* her scarf out of it. 姑娘坐在窗前，让围巾悬飘在窗外。❷悬荡地拿着：The bride stood *dangling* her bonnet. 新娘站在那里，不停地摆动手中的帽子。‖ **ˈdan·gler** *n.* [C]

dare /deə/ I *v. aux* [主要用于疑问、否定或条件句，为第三人称单数和现在时]敢；胆敢，竟敢：He *dare* not mention the subject again. 他不敢再提起那个话题。II *vt.* [后接带或不带 to 的动词不定式]敢；胆敢，竟敢：He won't *dare* (to) deny it. 他不见得敢否认这一点。

dar·ing /ˈdeərɪŋ/ *adj.* 勇敢的，无畏的；大胆的，敢于冒险的；鲁莽的：He was a *daring* pilot. 他是一位勇敢的飞行员。‖ **ˈdar·ing·ly** *adv.*

dark /dɑːk/ I *adj.* ❶(黑)暗的；阴暗的：It's getting *dark*；I must get home. 天色渐渐黑下来，我得赶紧回家。❷[用于名词或表示颜色的形容词前](颜色)深(色)的，暗(色)的：a *dark* green 深绿色 ❸(皮肤、头发、眼睛等)黑色的，浅黑色的；(人)长(浅)黑色皮肤(或头发眼睛)：The girl has *dark* good looks. 那姑娘是个黑里俏。II *n.* ❶[U]黑暗，阴暗：Some children are afraid of the *dark*. 有些孩子怕黑。❷[U；C]黄昏，傍晚；黑夜：The *dark* comes early in winter. 冬天天黑得早。‖ **ˈdark·ly** *adv.* —**ˈdark·ness** *n.* [U]

☆**dark**, **black**, **dim**, **dusky**, **gloomy**, **murky** 均有"黑暗的，昏暗的"之意。**dark** 为普通词，指黑暗无光或光线极弱，与 **light** 或 **bright** 相对：a *dark* moonless night (黑暗无月光的夜晚)；也可用于精神、心情或人品等方面，表示阴暗或邪恶：There is a *dark* side to his character. (他性格中有邪恶的一面。) **black** 与 white 相对，主要指黑色的：as *black* as coal (和煤一样黑) 有时也可与

dark 互用，表示完全没有光线的，非常黑的或十分暗淡的：I don't think the future is as *black* as that. (我想前途还不至于那样暗淡。) **dim** 指光线微弱或晦涩，只能模糊看出物体轮廓，强调清晰度差：The light is too *dim* for me to read easily. (光线太暗，我很难阅读。)该词也具有抽象意义，多指依稀模糊：a *dim* memory (淡淡的记忆) **dusky** 常指昏暗或微弱的光线：It was just growing *dusky* then. (那时候，天色正昏下来。)该词也可表示忧郁的或黑黝黝的：a *dusky* frown (愁眉不展) / a *dusky* girl (皮肤黝黑的女孩) **gloomy** 指光线受到阻挡，使得光照差：a *gloomy* prison (黑暗的监狱)；该词也可表示郁郁寡欢：*gloomy* faces (愁眉苦脸) **murky** 可指极为黑暗，能见度差，现多指因空气中烟尘弥漫而变得昏暗：*murky* fog (阴沉沉的雾)

dark horse *n.* [C]黑马(指实力不为人所知但意外获胜的赛马或参赛人)；黑马候选人(指出人意料地被提名或当选的候选人)

dar·ling /ˈdɑːlɪŋ/ *n.* [C] ❶(用作表示亲爱的称呼)宝贝儿，亲爱的 ❷心爱的人(或物)，心肝宝贝：The baby is the family *darling*. 这婴儿是全家的心肝宝贝。

darn /dɑːn/ *vt.* 织补(织物、破洞等)：*darn* the holes in one's socks 织补袜子上的破洞 ‖ **ˈdarn·er** *n.* [C]

dart /dɑːt/ *n.* [C] ❶(飞)镖：use tranquillizing *darts* to catch lions 用麻醉镖捕捉狮子 ❷[～s][用作单]掷镖游戏：Do you feel like a game of *darts*? 你想不想来玩玩掷镖游戏呀？

dash /dæʃ/ I *vt.* ❶猛击；撞击；冲击：The waves were *dashing* against the rocks. 一个个海浪猛击着岩石。❷猛冲；飞奔；急驰：I'm afraid I must *dash* or I'll miss the plane. 我怕是得快跑了，要不然就赶不上飞机了。II ❶[常用单]猛冲；飞奔；急驰：They all made a *dash* for the door. 他们一齐朝门口冲去。❷[常用单]猛击；冲击；撞击

da·ta /ˈdeɪtə/ [复] *n.* [用作复或单] ❶论据，作为论据的事实；材料，资料：That is all the *data* we have. 这就是我们所掌握的全

部材料。❷【计】数据：The *data* was collected by various researchers. 这些数据是由各类不同的研究人员收集起来的。

da·ta·base /'deitəˌbeis/ *n.* [C]【计】数据库，资料库

date¹ /deit/ I *n.* [C] ❶日子；日期：fix a *date* for the meeting 确定会议的日期 ❷年代，时期，时代：1867 is a significant *date* in Canadian history. 1867 年是加拿大历史上重要的年份。❸〈口〉(尤指异性间的)约会；约会(或恋爱)对象：He asked her for a *date* to go to a film but she refused. 他约她去看电影，但遭到了拒绝。II *v.* ❶追溯；属于过去时代(*from，back to*)：Thanksgiving *dates* *back to* the pioneer days. 感恩节从拓荒时代就开始了。❷注明日期；记载日期：This letter *dates* from London, May 24th. 这封信注明 5 月 24 日发自伦敦。❸(与异性)约会，谈恋爱：She doesn't *date* often. 她不常和男人约会。‖ 'dat(e)·a·ble *adj.* —'dat·er *n.* [C]

date² /deit/ *n.* [C]【植】海枣(果)

daub /dɔːb/ *vt.* ❶涂；在…上涂抹：They were caught *daubing* slogans on the wall. 他们在墙上涂写标语时被当场抓住。❷弄脏；沾满(物)：His clothes were *daubed* with mud and oil. 他的衣服沾满了泥和油污。❸乱涂(颜料)；乱画(画)：She *daubed* her lips with lipstick. 她用口红胡乱涂抹了一下嘴唇。‖ 'daub·er *n.* [C]

daugh·ter /'dɔːtə/ *n.* [C] 女儿；养女

daugh·ter-in-law /'dɔːtərinˌlɔː/ *n.* [C] ([复]**daugh·ters-in-law**) (儿)媳妇

daunt /dɔːnt/ *vt.* ❶威吓；吓倒：She went ahead, nothing *daunted*. 她勇往直前，毫无惧色。❷使气馁；使胆怯：We had been refused three times but nothing *daunted* we asked again. 我们遭到了三次拒绝，但我们并未灰心丧气，再次提出了要求。‖ 'daunt·ing·ly *adv.*

daw·dle /'dɔːdʰl/ *vi.* 闲混，游荡；偷懒，浪费时间：Stop *dawdling* and help me with these packages! 别偷懒了，快来帮我拿包裹！‖ 'daw·dler *n.* [C]

dawn /dɔːn/ *n.* ❶[U；C]黎明，破晓，拂晓；(破晓时的)晨空：*Dawn* was beginning to break in the east. 东方欲晓。❷[C][常用单]开端，起点，起始：the *dawn* of love 情窦初开

day /dei/ *n.* ❶[U；C](白)昼，白天：*Days* are longer in summer than in winter. 夏季日长，冬季日短。❷[U]天光，日光，阳光：*Day* breaks. 天亮了。❸[C]天，一昼夜(24 小时)：There are seven *days* in a week. 一星期有 7 天。❹[亦作~s]时期；时代，年代；[the ~]现时，现今：Inflation has become a serious problem of *the day*. 通货膨胀已成为当今的一个严重问题。‖ *day in, day out* [*day in and day out*] *adv.* 日复一日，每天(不间断地)：It rained *day in and day out* for the whole of last week. 上星期每天都下雨。

day·dream /'deidriːm/ *n.* [C]白日梦，美梦，幻想，空想：be lost in *daydreams* 想入非非

day·light /'deilait/ *n.* [U]日光，阳光，天光：At the end of the tunnel they could see *daylight*. 在隧道的尽头，他们看见了日光。

day·time /'deitaim/ *n.* [U]白天，白昼；日间：in the *daytime* 在白天〔亦作 **day light**〕

daze /deiz/ *n.* [C][常用单]晕眩；恍惚；茫然，迷乱：After meeting her, I was in a *daze* for a week. 与她见面以后，我有一个星期都处于神不守舍的状态之中。

daz·zle /'dæzʰl/ *vt.* ❶(强光等)使目眩，使眼花；刺(目)，耀(眼)：The sun shone clear, and the reflection *dazzled* our eyes. 那时烈日当空，反光使我们睁不开眼。❷使晕眩；使赞叹不已，使惊奇；使倾倒 ‖ 'daz·zler *n.* [C]—'daz·zling *adj.*

dead /ded/ *adj.* [无比较级] ❶死的，死亡的；[作定语]死一般的：*Dead* fish were floating on the surface of the water. 死鱼都浮在水面上。❷无(或失去)知(感)觉的；麻木的：His gums were *dead* from the anaesthetic. 他的牙床由于药物麻醉而失去了知觉。❸准确的，精确的；分毫不差的：He's a *dead* shot with a rifle. 他是个百发百中的神枪手。

dead·line /ˈdedlain/ n. [C]最后期限,限期;(报纸杂志的)截稿期:April 15 is the *deadline* for filling individual income-tax returns. 个人所得税申报书归档的最后期限是 4 月 15 日。

dead·lock /ˈdedlɔk/ n. [C;U]僵局,僵持;停滞不前:Employers and strikers had reached a *deadlock* in their dispute over higher wages. 雇主和罢工者就增加工资而进行的辩论中陷入了僵局。

dead·ly /ˈdedli/ adj. ❶致命的,致死的;毒性的:a *deadly* wound 致命的创伤 ❷[无比较级]极度的,强烈的;彻底的,十足的:*deadly* haste 十万火急

deaf /def/ adj. ❶聋的,听不见的:He is *deaf* in [of] one ear. 他有一只耳朵是聋的。❷不注意听的;不愿听从的,不依从的(to):She was *deaf* to his pleas. 她对他的恳求充耳不闻。

deal /diːl/ I (dealt /delt/) v. ❶[不用进行时态]相关,有关联;讨论,论述(with):Botany *deals with* the study of plants. 植物学是有关植物研究的。❷治理,处理;惩处,惩罚(with):Law courts *deal with* criminals. 法院惩处犯罪分子。❸应付,对付,打交道;对待(with):He *deals* fairly. 他待人公平。❹经营,做买卖;进行交易(with, in):*deal in* used cars 经营旧车业务 II n. [C]〈口〉买卖,交易;(尤指私下的)协议;一揽子交易:a package *deal* 一揽子交易 ‖ *a good* [*great*] *deal* n.〈口〉大量,许多:He lost *a great deal* of weight. 他的体重减轻了许多。‖ ˈdeal·er n. [C]

deal·ing /ˈdiːliŋ/ n. ❶[常作～s]交易,生意往来;交往:Do you have many *dealings* with that company? 你们和那家公司生意上的往来多吗?❷[U]经营作风:honest *dealing* 诚实的经营作风

dean /diːn/ n. [C](大学的)学院院长;系主任:the *dean* of the law school 法学院院长

dear /diə⁴/ I adj. ❶亲爱的:My *dear* fellow, surely you don't mean that! 我的老弟,你肯定不是那个意思! ❷[用于信件开头对收信人的称呼]尊敬的:*Dear* Sir 尊敬的先生 ❸(东西)昂贵的,高价的;(代价)高的:Most fruit is very *dear* at this time of year. 每年这个时候多数水果的价格都非常昂贵。II int. [表示惊奇、不耐烦、失望、苦恼、懊悔、怜悯等]啊,哎呀,天哪:Oh *dear*, what a disappointment! 呵,真扫兴! ‖ ˈdear·ness n. [U]

dear·ly /ˈdiəli/ adv. ❶非常,深深地;充满深情地:He loves his daughter *dearly*. 他深爱自己的女儿。❷高价地;昂贵地:They paid *dearly* for that victory. 他们为那个胜利付出了昂贵的代价。

death /deθ/ n. [C;U]死(亡),亡(故),过世;(植物的)枯萎:*Death* comes to all men. 人皆有一死。

death·blow /ˈdeθbləu/ n. [C] ❶致命一击:The soldier received a *deathblow* early in the battle. 战斗打响不久,那个士兵便遭到致命的一击。❷(尤指突发的)导致事物失败的因素

death·ly /ˈdeθli/ I adj. [作定语]❶极度的,大的;剧烈的,强烈的 ❷死一般的:a *deathly* silence 死寂 II adv. ❶死一般地:The sick man grew *deathly* pale. 病人变得毫无血色,苍白得吓人。❷极其,非常;全然,完全,彻底:She felt *deathly* cold. 她觉得冷极了。

de·base /diˈbeis/ vt. ❶降低(质量、价值等);使(货币等)贬值:Money has been heavily *debased* in the last ten years. 在过去的十年里,货币大大地贬值了。❷贬低(尊严、身份、人格等):Why should we exalt ourselves and *debase* others? 为什么我们要抬高自己贬低别人呢? ‖ deˈbase·ment n. [U]

de·bate /diˈbeit/ I n. ❶[C]辩论,讨论,争论:The truth of the story is beyond *debate*. 这篇报道的真实性是无可争议的。❷[C]辩论会;辩论赛 ❸[U]思考,考虑:After some *debate* they made their decision. 经过一番思考,他们作出了决定。II v. ❶考虑,盘算;推敲:He *debated* his decision in the matter. 他就此事细加斟酌作出决定。❷(尤指在议会或公开大会上对提案、问题等的)辩论,讨论,争论;与…辩论(或争论、

D

讨论）：He is really eager to *debate* Mr Charles. 他很想同查尔斯先生辩论一番。‖ de'bat·er *n*. [C]—de'bat·ing *n*. [U]

de·bil·i·tate /di'bili,teit/ *vt*. 削弱…的力量；使虚弱；使衰弱：A hot, wet, tropical climate *debilitates* those who are not used to it. 湿热的热带气候使那些不适应的人变得很虚弱。‖ de,bil·i'tat·ing *adj*.—de·bil·i·ta·tion /di,bili'teif°n/ *n*. [U]

deb·it /'debit/ I *n*. [C] ❶【会计】借方；借记；借入 ❷【会计】借项；借项总金额 II *vt*. 【会计】把…记入账户的借方；记入（账户）的借方；记入（某人）账户的借方：Please *debit* (the cost to) my account. 请（把这笔费用）记入我账户的借方。

debt /det/ *n*. [C；U]债务；欠款；欠债：I owe him a *debt* of 5,000. 我欠他5 000块钱。

dec·ade /'dekeid,di'keid/ *n*. [C]十年；十年期：Several *decades* have elapsed since I graduated from the college. 自我大学毕业已有好几十年过去了。

dec·a·dent /'dekəd°nt/ *adj*. ❶衰落的，衰败的，沦丧的；堕落的；颓废的：That hat makes you look rather *decadent*. 戴了那顶帽子使你显得非常萎靡不振。❷衰落（或颓废）期的 ‖ dec·a·dence *n*.

de·cay /di'kei/ *v*. ❶腐烂，腐败，腐朽；腐坏，变质：Meat *decays* if left outside the refrigerator. 肉类如果不放入冰箱就要腐坏。❷衰败，衰落，衰退，衰弱：Everything on earth *decays*. 世间万物无不渐渐衰亡。‖ de'cayed *adj*.—de'cay·ing *adj*.

de·ceit /di'si:t/ *n*. ❶[U]欺诈，欺骗：She is incapable of *deceit*. 她是绝不会骗人的。❷[C]欺骗行为；骗人的话；欺诈手段；诡计，骗术：A *deceit* sometimes backfires on the deceiver. 欺骗有时会使行骗者自食其果。

de·ceive /di'si:v/ *vt*. 欺骗，蒙蔽；使信以为真；使产生错觉：Such a trick can *deceive* nobody. 这种把戏谁也骗不了。‖ de'ceiv·er *n*. [C]

de·cel·er·ate /di:'selə,reit/ *v*. 降低…的速度，(使)减速，(使)减缓：He *decelerated* the

truck. 他使卡车减速。‖ de·cel·er·a·tion /di:,selə'reif°n/ *n*. [U]—de'cel·er,a·tor *n*. [C]

De·cem·ber /di'sembə²/ *n*. [U；C] 12月(略作 **Dec.** 或 **D.**)：See you in *December*. 12月再见。

de·cent /'di:s°nt/ *adj*. ❶(行为、举止)得体的；适宜的；适当的：That was the only *decent* thing I could do in the situation. 在当时的情况下，这是我所能做的唯一合乎体统的事了。❷正经的；严肃的；不淫亵的；高雅的：I don't think her new dress is *decent* enough. 我觉得她的新衣服不够雅观。❸正直的，正派的：Although they are hungry, *decent* people won't steal. 尽管他们饿了，但正派的人是不会去偷窃的。‖ 'de·cent·ly *adv*.—de·cen·cy *n*.

de·cep·tion /di'sepf°n/ *n*. ❶[U]欺骗，诓骗，蒙蔽：obtain sth. by *deception* 骗取某物 ❷[U]受骗，上当：He is under *deception*. 他受骗了。❸[C]骗人的东西，骗局；诡计，骗术：They are the originators of this particular *deception*. 他们是这特殊的障眼法的始作俑者。

dec·i·bel /'desi,bel/ *n*. [C]【物】分贝(表示声music强度和功率比的单位，略作 **dB,db**)

de·cide /di'said/ *v*. ❶解决；判定；裁决：The jury *decided* the case in favour of the defendant. 陪审团做出有利于被告的判决。❷决定，拿定主意做；敲定；选定：The two governments have *decided* to establish diplomatic relations at ambassadorial level. 两国政府已决定建立大使级外交关系。

de·cid·ed /di'saidid/ *adj*. ❶[作定语]明显的，明白的；明确的，确实的：Mr. Jones was his *decided* enemy. 琼斯先生与他势不两立。❷(人)下定决心的，坚决的；坚毅的；坚定的：I won't go; I'm quite *decided* about it. 我可不去，对这事儿我是说一不二的。‖ de'cid·ed·ly *adv*.

dec·i·mal /'desim°l/ *adj*. [作定语] ❶(计量单位、算法等)十进制的；小数的：a *decimal* system 十进制 ❷十进币制的：China's *Renminbi* has a *decimal* system. 中

国的人民币采用的是十进币制。

de·ci·sion /di'siʒn/ *n.* ❶[C]决定；决心；敲定；选定：They must make a *decision* between these two candidates. 他们必须在这两个竞选者之间作出抉择。❷[C]决议；结论：a draft *decision* 决议草案 ❸[U]果断，决断；坚决，坚定：a woman of *decision* 果断的女人

de·ci·sive /di'saisiv/ *adj.* ❶决定性的；结论性的：Your argument was the *decisive* one. 你提供的论据是决定性的。❷(性格等)坚决的，坚定的；果断的，果敢的：She was very *decisive* in her handling of the problem. 她在处理那个问题上非常果敢。‖ de'ci·sive·ly *adv.* —de'ci·sive·ness *n.* [U]

deck /dek/ *n.* 甲板，舱面：the upper, main, middle, and lower *decks* of a ship 船上的上甲板、主甲板、中甲板和下甲板

dec·la·ra·tion /ˌdeklə'reiʃn/ *n.* [C]❶断言；宣称：love's honest *declaration* 爱情真挚的表白 ❷宣言；公告；声明(书)：The accused issued a solemn *declaration* of innocence. 被告郑重地发表了申述自己无罪的声明。❸(纳税品、房地产等的)申报；申报单：Jack made a false *declaration* to customs. 杰克向海关作了不真实的申报。

de·clare /di'kleə'/ *vt.* ❶宣布，宣告，公布；声明：He solemnly *declared* that the allegation was a lie. 他郑重声明该辩词纯属谎言。❷宣称；断言：I *declare* the story to be false. 我断言这篇报道是虚假的。❸申报(纳税品、房地产、收益等)(纳税)：Do you have anything to *declare*? 你有什么需要申报纳税的吗？‖ de'clar·a·ble *adj.*

☆**declare, announce, proclaim, publish** 均有"宣布，公布"之意。**declare** 指正式和明确地向公众宣布、宣告或声明，往往带有权威的意味：Britain *declared* war on Germany in 1914. (英国在1914年向德国宣战。)该词也可用于非正式场合表示直截了当、毫无隐晦地宣布或表态：She *declared* that she was right. (她断言自己是对的。)**announce** 多指首次当众宣布或正式公布人们所关心的或感兴趣的决议或消息：They *announced* the

date of their wedding in the paper. (他们在报上宣布了结婚日期。)**proclaim** 常用于口头宣布，或用于官方场合中正式公布或宣布某一重大事件：The boy was *proclaimed* king. (这个男孩被拥立为国王。)该词用于非正式场合时则常指以自负、轻蔑、高声等神态或语态表示判断或决定：He *proclaimed* his intention of attending despite their opposition. (他不顾他们的反对宣布有意出席。)**publish** 特指以书面形式加以发表或公布：She's just *published* her fourth novel. (她刚刚出版了第四部小说。)

de·cline *v.* /di'klain/ ❶拒绝；婉辞，谢绝：We asked them to come to our party, but they *declined*. 我们要求他们参加我们的晚会，可是他们谢绝了。❷下倾，倾斜；下垂：The hill *declines* to a fertile valley. 山丘向肥沃的峡谷倾斜。❸衰退，衰落：Hearing sensitivity *declines* with age. 听觉的灵敏度随着年龄的增长而衰退。❹下降，减少：The gross national product *declined* by a big margin. 国民生产总值大幅度下降。‖ de'clin·er *n.* [C]—de'clin·ing *adj.*

☆**decline, refuse, reject, turn down** 均有"拒绝"之意。**decline** 常指婉言谢绝他人的邀请、建议或帮助：We asked them to come to our party, but they *declined*. (我们邀请他们来参加聚会，但他们婉言谢绝了。)在比较正式的场合，用于表示礼节时该词可以代替refuse：He *declined* to discuss his plans. (他拒绝讨论自己的计划。)**refuse** 为普通用词，语气较强，态度坚决，甚至近于无礼：He flatly *refused* to have anything to do with the plan. (他断然拒绝同这个计划有任何联系。)该词还常指拒绝他人的请求、提议或忠告：The bank *refused* them the loan. (银行拒绝向他们贷款。)**reject** 常指摒弃、排除、放弃某种建议、计划、观点或物资：The government *rejected* the plan to lower taxes. (政府拒不考虑减税的计划。)**turn down** 指明确而坚决地拒绝请求、建议或与之有关的人：I'll have to *turn down* your offer. (你的提议我不能接受。)

de·com·pose /ˌdiːkəm'pəuz/ *v.* ❶(使)分解；(使)分离：*decompose* a chemical compound 分解化合物 ❷（使）腐烂，（使）腐败 ‖ **de·com·po·si·tion** /ˌdiːkɔmpəˈziʃ°n/ *n.* [U]

dec·o·rate /ˈdekəˌreit/ *vt.* 装饰，装潢；布置：We have to *decorate* the basement for the party. 咱们得为晚会布置一下地下室。‖ **'dec·o·ra·tor** *n.* [C]

dec·o·ra·tion /ˌdekəˈreiʃ°n/ *n.* ❶[C]装饰品，装饰物：We put pictures and other *decorations* up in the classroom. 我们用图画和其他装饰品把教室布置起来。❷[U]装饰，装潢：Her house had the style of *decoration* typical of the 1920s. 她的屋子装饰得具有典型的 20 世纪 20 年代的风格。

de·crease I /diˈkriːs/ *v.* （使）减少，（使）减小：Profits *decreased* by 10 per cent last year. 去年利润减少了一成。**II** /ˈdiːkriːs/ *n.* [C]减少，减小：A big *decrease* in sales caused the store to close. 由于销售量大减导致这家商店歇业。‖ **de'creas·ing** *adj.* — **de'creas·ing·ly** *adv.*

☆ decrease, abate, diminish, dwindle, lessen, reduce 均有"减少；变小"之意。**decrease** 为常用词，使用范围较广泛，侧重在大小、数量或程度等方面的逐渐减小或缩小的过程：The number of nations allied with them *decreased* as the war continued. （随着战争的持续，他们的同盟国越来越少了。）**abate** 常指在力量、强度或程度方面的逐渐减弱变小，含缓和之意：They waited until the storm *abated*. （他们一直等到暴风雨减弱。）**diminish** 指从总数或总体中除去一部分后出现的明显减少或缩小：His illness *diminished* his strength. （疾病削弱了他的体力。）**dwindle** 与 decrease 基本同义，但强调逐渐地较为明显地减小、缩小或接近完全消失，往往含有抒情的意味：Her hopes gradually *dwindled* away. （她的希望逐渐破灭。）**lessen** 词义与 decrease 近似，但较少用于指具体体数目的减少或下降：The noise *les·sened* as the plane got further away. （飞机渐渐飞远了，噪音也就减弱了。）**reduce** 指在大小、数量、范围、程度等方面的减少或变小，施动者往往是人：*reduce* household expenses （削减家庭开支）该词也可表示等级、

地位或经济状况等的降低：be *reduced* to begging for a living （沦落到以行乞为生）

de·cree /diˈkriː/ *n.* [C] 法令，政令；敕令：issue a *decree* 颁布法令

de·crep·it /diˈkrepit/ *adj.* ❶衰老的，老朽的；虚弱的，无力的：He was too *decrepit* to climb the stairs. 他衰老得不能爬楼梯了。❷用旧的，破旧的；年久失修的，坍坏的：*decrepit* equipment 陈旧的设备 ‖ **de·crep·i·tude** /diˈkrepiˌtjuːd/ *n.* [U]

ded·i·cate /ˈdediˌkeit/ *vt.* ❶把（一生、自身等）献给；将（时间、精力等）用于（*to*）：She *dedicated* all her spare time *to* teaching her deaf son to speak. 她把全部业余时间都用来教哑巴儿子学说话。❷题献词于（著作等）上（*to*）：This book is *dedicated to* my wife. 谨以此书献给我的妻子。

ded·i·cat·ed /ˌdediˈkeitid/ *adj.* 奉献的，献身的；一心一意的；热诚的：a *dedicated* teacher 富有献身精神的教师

de·duce /diˈdjuːs/ *vt.* 演绎，推断，推论（*from*）：From the height of the sun, I *deduced* that it was about ten o'clock. 我从太阳的高度推测出时间大约是 10 点钟。‖ **de'duc·i·ble** *adj.*

de·duct /diˈdʌkt/ *vt.* 减去，扣除（*from*）：The teacher *deducted* fifteen marks for his misspelling. 因拼法错误，老师扣了他 15 分。‖ **de·duct·i·ble** /diˈdʌktib°l/ *adj.*

de·duc·tion /diˈdʌkʃ°n/ *n.* ❶[U]减去，扣除：No *deduction* from one's pay is made for absence due to illness. 凡属病假一律不扣工资。❷[C]减免额，扣除数：What *deduction* will you give me if I pay cash? 如果我付现金，你给我打多少折扣？❸[U;C]演绎（法）；推论，推断：His astute *deduction* was worthy of Sherlock Holmes. 他的推断精辟敏锐简直不亚于福尔摩斯。‖ **de·duc·tive** /diˈdʌktiv/ *adj.*

deed /diːd/ *n.* [C] ❶（做的）事情，作为：a good *deed* 好事（或善举）❷（英勇）事迹，功绩；成就：It will be the *deed* of your life. 这是您一生中的一大创举。

deep /diːp/ *adj.* ❶厚的；深的：I can't touch

the bottom of the swimming pool — it's too *deep*. 我碰不到游泳池的底,太深了。❷深奥的;晦涩的;难懂的,难解的;He is much too *deep* for me. 他这个人对我来说,太难了解了。❸[作定语]深切的;深厚的;衷心的,真挚的;*Deep* feeling is hard to put into words. 深情厚谊,难以言表。‖ '**deep·ly** *adv.* —'**deep·ness** *n.* [U]

deep·en /'di:pᵊn/ *v.* ❶(使)变深;(使)深化:Do I need to *deepen* the hole any further? 我得把这个坑挖得更深些吗? ❷(使)加深;(使)强烈;(使)变浓:The colour needs to be *deepened*. 这颜色需要加浓。

deer /diə/ *n.* [单复同]鹿;鹿科动物:a drove [herd] of *deer* 一群鹿

def·a·ma·tion /ˌdefə'meiʃᵊn, ˌdi:f-/ *n.* [U] 诬蔑,诽谤,中伤:She sued the newspaper for *defamation* of character. 她控告该报诽谤人格。

de·fame /di'feim/ *vt.* 破坏…的声誉;说…的坏话;诋毁,诽谤,中伤:She accused him of *defaming* her good name. 她控告他诽谤她的好名声。

de·fault /di'fɔ:lt/ **I** *n.* [U] ❶(职责、义务等的)未履行:He lost his job by sheer *default* of duty. 他完全由于疏于职守而丢了工作。❷【计】系统设定(值),系统预置;默认设定:*default* program 系统设定程序 **II** *vi.* 不履行义务;不履行债务,拖欠:He *defaulted* on the meeting. 他没有出席会议。‖ **de'fault·er** *n.* [C]

de·feat /di'fi:t/ **I** *vt.* ❶(在战斗或比赛中)战胜,获胜;击败:Our team *defeated* theirs by four goals to two. 我队以4比2的成绩战胜了他们队。❷使沮丧,使受挫,使落空:It is a task which at present *defeats* too many children. 目前,这项任务对许多儿童来说是很难完成的。**II** *n.* ❶[U]战胜,获胜;击败:Our main aim must be to *defeat* of the government in the next election. 我们的主要目标应该是在下一次大选中击败政府。❷[C;U]败北;失败;覆没,毁灭:Our team has had three *defeats* in a row. 我队一连输了三场。‖ **de'feat·er** *n.* [C]

de·fect /di'fekt, 'di:f-/ *n.* [C]缺陷,缺点;缺损,毛病;瑕疵:a birth *defect* 天生的缺陷 ‖ **d·e·fec·tion** /di'fekʃᵊn/ *n.* [U;C]

de·fec·tive /di'fektiv/ *adj.* 有缺陷的,缺损的;有缺点的,有瑕疵的,有毛病的:He is mentally *defective*. 他心智不健全。

de·fence /di'fens/ 〈主英〉*n.* ❶[U]防御;保卫;防护:Offence is the best form of *defence*. 进攻是最好的防御。❷[C;U]防御手段;防务;防御物;防御能力;[~s]防御工事:The Great Wall was built as a *defence* against intruders. 长城当时是为抵御入侵者而修筑的。‖ **de'fence·less** *adj.*

de·fend /di'fend/ *vt.* ❶防御;保卫;防护(*against, from*):They *defended* the town *against* the enemy attack. 他们保卫城市,抵御敌军进犯。❷为…辩护;答辩(论文):I *defend* your right to speak. 我支持你有权发言。‖ **de'fend·er** *n.* [C]

☆ **defend**, **guard**, **protect**, **safeguard** 均有"保卫,保护"之意。**defend** 指面临危险、威胁时用武力或其他措施进行防御和保卫:The country cannot be *defended* against a nuclear attack. (这个国家无法防御核武器的袭击。)该词也可作维护或辩护解:She *defended* me against the accusation of being a murderer. (她做我的辩护律师,对指控我谋杀进行辩护。) **guard** 指设立岗哨进行守卫,以保持高度警惕防止可能的攻击或伤害:They *guarded* the prisoners day and night. (他们日夜监视着囚犯。) **protect** 为普通通用词,指采用防护物或安全措施来保护某人(或物),使其不受攻击或伤害:He raised his arm to *protect* his face from the blow. (他伸出胳膊护住脸部免受拳击。) **safeguard** 表示采取积极措施预防可能发生的危险:Vaccination *safeguards* all of us from smallpox. (种痘能预防天花。)

de·fend·ant /di'fendᵊnt/ *n.* [C]【律】被告:The *defendant* prevailed in the case. 被告在本案中胜诉。

de·fense /di'fens/ *n.* & *vt.* 〈主美〉= defence ‖ **de'fense·less** *adj.*

de·fen·sive /di'fensiv/ *adj.* ❶[作定语]防

御(性)的;保卫(性)的;(用于)防护的:*defensive warfare* 防御战 ❷防守的;(人的态度等)防备的,自卫的:The expression on his face was resentful and *defensive*. 他的神色含着怨恨,如临大敌似的。

de·fer¹ /di'fəːʳ/ *vt.* (**-ferred;-fer·ring**) 使推迟,使延期;拖延:The judge *deferred* sentencing the convicted man. 法官推迟对该囚犯的判决。 ‖ **de'fer·ment** *n.* [C;U]

☆**defer,postpone,suspend** 均有"推迟,拖延"之意。**defer** 指故意拖延或由于某种客观原因,推迟完成某事:Let's *defer* the decision for a few weeks. (我们延迟几个星期再作决定吧。) **postpone** 表示对某事延期至某一确定时间,在做完某事或根据某种情况后再行继续:The game was *postponed* until Saturday. (比赛推迟到星期六。) 有时该词也可指将某一活动推迟到将来某个确定的时间进行:*postpone* making a decision (推迟作出决定) **suspend** 指因某种条件尚未具备,或因某种特定原因而暂停:Sales of this drug have been *suspended* until more tests have been performed. (这种药品在完成进一步的检验之前暂停销售。)

de·fer² /di'fəːʳ/ *vi.* (**-ferred;-fer·ring**) 听从,遵从;服从;顺从(*to*):We all *defer to* him in these matters. 在这类事情上我们都听他的。

de·fi·ance /di'faiəns/ *n.* [U]❶(公然的)蔑视,藐视;反抗,违抗:His refusal amounted to *defiance*. 他的拒绝简直就是瞧不起人。 ❷挑战,挑衅:an action of *defiance* against nature 向大自然挑战的行动

de·fi·ant /di'faiənt/ *adj.* ❶蔑视的,藐视的;违抗的,反抗的:There was a *defiant* manner about this young man. 这个青年态度很横。 ❷挑战的,挑衅的;不服的:Her tone was *defiant*. 她的语气中含有不服的意味。 ‖ **de'fi·ant·ly** *adv.*

de·fi·cien·cy /di'fiʃʰnsi/ *n.* ❶[U;C]缺少,短缺,匮乏,不足:She has a vitamin *deficiency*. 她身体里缺乏维生素。 ❷[C]缺点;缺陷;毛病:His *deficiencies* for the job are only too clear. 对这项工作来说,他的不足之处是显而易见的。

de·fi·cient /di'fiʃʰnt/ *adj.* ❶缺少的,缺乏的,匮乏的,不足的:a *deficient* supply of nutrients 营养供应不足 ❷有缺陷的,有缺点的:Our knowledge of the subject is *deficient*. 我们对该课题的了解是不全面的。

def·i·cit /'defisit,di'fisit/ *n.* ❶[C]不足额,短缺额:We need only one thousand dollars to make up the *deficit* in our account. 我们仅需 1 000 美元便能补上账面上的不足数额。 ❷[C;U]赤字;逆差;亏空,亏损:A country in *deficit* should raise its interest rates. 出现赤字的国家应当提高它的利率。

de·fine /di'fain/ *vt.* ❶给…下定义,释(义)解释:The dictionary not only *defines* words but also shows the user how to use them. 这部词典不但解释词义,而且告诉使用者如何使用词汇。 ❷详解,详述;使明确,使清楚:Please listen while I *define* your duties. 请听我详细说明你的任务。 ‖ **de'fin·er** *n.* [C]

def·i·nite /'definit/ *adj.* ❶有(明确)界限的;限定的:There was a *definite* relationship between racism and fascism. 种族主义与法西斯主义两者之间虽彼此关联但有界定。 ❷一定的;肯定的:We were *definite* about our plans. 我们对自己的计划没有疑问。 ❸清楚的,明显的;明确的,确切的:The club has a *definite* meeting time each week. 俱乐部每星期都有确切的碰头时间。 ‖ **'def·i·nite·ness** *n.* [U]

def·i·nite·ly /'definitli/ *adv.* 一定地;肯定地;当然;无疑:She *definitely* hasn't taken the job. 她肯定没有接受那份工作。

def·i·ni·tion /defi'niʃʰn/ *n.* [C;U]释义;定义;解释;下定义:give a *definition* of a word 给词下定义

de·fla·tion /di'fleiʃʰn/ *n.* [U]❶泄气,灰心丧气:I detected a slight air of *deflation* after the ceremony. 仪式后我觉察出有一丝灰心丧气的气氛。 ❷【经】通货紧缩

de·for·est /di:'fɔrist/ *vt.* 砍伐(森林),毁(林):Poor planning *deforested* the area in ten years. 因规划不周,10 年内这地区的森林已砍伐殆尽。 ‖ **de·for·est·a·tion**

/di:ˌfɔriˈsteiʃən/ *n.* [U]

de·form /diˈfɔːm/ *vt.* ❶使变丑陋：His missing tooth *deformed* his smile. 他的牙齿掉了，笑起来的样子真难看。❷使成畸形，毁损…的外形：How could they *deform* such a beautiful landscape? 他们怎能破坏如此美好的景象？❸使变形：Heat *deforms* plastics. 热使塑料变形。‖ **de·for·ma·tion** /ˌdifɔːˈmeiʃən/ [C；U]

de·form·i·ty /diˈfɔːmiti/ *n.* [C；U] 畸形（状态），变形；丑态：She's walked here in spite of the *deformity* of her leg. 尽管腿畸形，她还是一路步行来到这里。

de·frost /diːˈfrɔst/ *v.* ❶给（冰箱等）除霜：*defrost* the refrigerator regularly 定期给冰箱除霜 ❷使解冻：I've *defrosted* a chicken for dinner tonight. 我已使鸡肉解冻以备今天晚餐之用。‖ **deˈfrost·er** *n.* [C]

deft /deft/ *adj.* 娴熟的；灵巧的；巧妙的：The government is very *deft* in dealing with awkward questions. 该政府在处理许多棘手问题时非常巧妙灵活。‖ **ˈdeft·ly** *adv.*

de·fy /diˈfai/ *vt.* ❶（公然）违抗，反抗，蔑视，藐视：I felt Jimmy was waiting for an opportunity to *defy* me. 我觉得吉米在等待时机跟我作对。❷激，挑：They *defied* him to dive off the bridge. 他们激他从桥上跳下去。❸经受得起；顶得住：The plane seems to *defy* gravity. 这架飞机似乎失重了。

de·gen·er·ate I /diˈdʒenəreit/ *vi.* 衰退，衰败；恶化；蜕化；堕落：His health *degenerated* with disease and old age. 他的健康因年老多病而衰退。II /diˈdʒenərət/ *adj.* 衰退的，衰败的；颓废的；堕落的：He didn't let riches make him *degenerate*. 他并未因为发了大财而堕落。‖ **deˈgen·er·a·cy** [U] — **de·gen·er·a·tion** /diˌdʒenəˈreiʃən/ *n.* [U] — **deˈgen·er·a·tive** *adj.*

de·grade /diˈgreid/ *vt.* ❶（尤指作为惩处而）使降级，罢免，罢黜，谪贬：be *degraded* from public office 被解除公职 ❷使受侮辱，使丢脸；降低（身份等）：She would not *degrade* herself by begging for help. 她不愿自卑自贱地去乞求帮助。‖ **deg·ra·da·tion** /ˌdegrəˈdeiʃən/ *n.* [U] — **deˈgrad·ing** *adj.*

de·gree /diˈgriː/ *n.* ❶[C；U]程度：The school has students with different *degrees*. 该校学生的程度高低不等。❷[C]学位：a bachelor's *degree* 学士学位 ❸[C]度（符号°）：The normal body temperature of man is 36.8 *degrees* centigrade. 人的正常体温是 36.8 摄氏度（写作 36.8℃）。❹[C]【数】角度；弧度；经（纬）度；度数（符号）：an angle of 45 *degrees* 45 度（写作 45°）角

de·hy·drate /diːˈhaidreit/ *vt.* （为保存而）将（食品等）脱水，使干燥；使（身体等）失水（或缺水）；使极度口渴：Many vegetables are *dehydrated* in order to preserve. 许多蔬菜都作脱水处理以便保存。‖ **de·hy·dra·tion** /ˌdiːhaiˈdreiʃən/ *n.* [U]

de·lay /diˈlei/ I *v.* ❶推迟，（使）延期，（使）延迟：She would *delay* starting divorce proceedings for six months. 她要推迟 6 个月才开始办理离婚手续。❷耽误，耽搁，延误；阻碍：The dense fog *delayed* the plane's landing. 浓雾延误了飞机的降落。II *n.* [C；U] 耽搁，耽误，拖延；推迟：Make no *delay* in doing what is good. 好事要赶快做。‖ **deˈlay·er** *n.* [C] — **deˈlay·ing** *adj.*

del·e·gate I /ˈdeligət/ *n.* [C]（会议）代表；代表团成员：the miners' *delegate* in the pay negotiations 参加工资谈判的矿工代表们 II /ˈdeligeit/ *vt.* ❶委派（或推举）…为代表：The union *delegated* her to attend the party conference. 工会推举她为代表去参加党的会议。❷授（权）；把…委托给别人（to）：She *delegates* a lot of work to her staff. 她把许多工作委托其工作班子去做。

del·e·ga·tion /ˌdeliˈgeiʃən/ *n.* ❶[C]代表团：the Chinese *delegation* at the United Nations 驻联合国的中国代表团 ❷[U]代表的委派（或选举）；委托；授权：Who is responsible for the *delegation* of work in this office? 这个机构由谁负责委派工作事宜？

de·lete /diˈliːt/ *vt.* ❶删除，划掉（文字等）：This whole paragraph should be *deleted* from your speech. 应该把这一整段从你的讲演稿中删去。❷消除，擦去（痕迹等）；使

（记忆等）丧失：The patient's high fever *deleted* almost all of his memories. 这个病人发了高烧使他几乎丧失了一切记忆。‖ **de·le·tion** /di'li:ʃ°n/ *n.* [U;C]

de·lib·er·ate I /di'libərət/ *adj.* ❶故意的，存心的，蓄意的：He wondered if her silence was *deliberate*. 他疑惑她是否故意缄默不语。❷从容的，慢条斯理的；悠闲的：Jane has a slow, *deliberate* way of talking. 简讲起话来总是慢条斯理，不慌不忙。❸审慎的；谨慎的；慎重的：He is a *deliberate*, reflective creature. 他是一个遇事三思而行的人。II /di'libəreit/ *v.* 仔细考虑，斟酌：They are *deliberating* what to do next. 他们正在考虑下一步做什么。‖ **de·lib·er·ate·ly** *adv.*

del·i·ca·cy /'delikəsi/ *n.* ❶[U]精致，精美；优雅，雅致：the *delicacy* of lace 花边的精美 ❷[U]柔软；细嫩；清秀；娇美：Everyone admired the *delicacy* of her features. 大家都艳羡她的绰约多姿。❸[C]美味，佳肴：Smoked salmon is a *delicacy* in Britain. 烟熏鲑鱼是英国的一种美味食品。❹[U]纤弱，娇弱：The child's *delicacy* was a constant worry to his mother. 这孩子娇弱的体质常使他母亲担忧。

del·i·cate /'delikət/ *adj.* ❶精致的，精美的；优雅的，雅致的：What a *delicate* piece of embroidery! 好精致的刺绣！❷脆的，易碎的；易损坏的；娇贵的：*delicate* procelain 易碎的瓷器 ❸微妙的；棘手的；危急的：The patient is in *delicate* condition. 病人情况危急。‖ **'del·i·cate·ly** *adv.* — **'del·i·cate·ness** *n.* [U]

de·li·cious /di'liʃəs/ *adj.* 美味的，可口的；芬芳的：It smells *delicious*. 气味芬芳。‖ **de·li·cious·ly** *adv.* — **de·li·cious·ness** *n.* [U]

de·light /di'lait/ I *n.* ❶[U]愉快，快乐，高兴：Watching her dance was sheer *delight*. 看她跳舞简直就是一大快事。❷[C]乐事，乐趣：It was such a *delight* to meet you here. 能在这里见到你实在是件乐事。II *vt.* 使高兴，使快乐，使愉快（with）：Tom's parents were *delighted* at his examination results. 汤姆的父母为他的考试成绩而感到高兴。‖ **de·light·ed** *adj.*

de·light·ful /di'laitful/ *adj.* 令人愉快的，使人高兴的；怡人的；可爱的：Her children really are *delightful*. 她的那些孩子真讨人喜欢。‖ **de·light·ful·ly** *adv.*

de·liv·er /di'livə/ *vt.* ❶送（信等），投递；分送；传送；运载：Letter carriers *deliver* mail to people's homes. 邮递员将邮件分送至家家户户。❷交出，移交；放弃；转让；引渡：The traitor *delivered* the fort to the enemy. 叛徒把要塞拱手让给敌人。❸宣讲；发表，宣布；表达：The jury *delivered* a verdict of guilty. 陪审团作出有罪的裁决。❹给（产妇）接生；帮助产下（婴儿）；生（婴儿）（of）：Midwives and obstetricians *deliver* babies. 助产士和产科医生接生婴儿。

de·liv·er·y /di'livəri/ *n.* ❶[U;C]投递，送交；分送；传送；运载：Our store makes *deliveries* round the clock. 本店日夜送货上门。❷[常用单]讲话，演讲；演讲风格（或方式）；表演，扮演：His *delivery* was clear and pleasant to listen to. 他的演说吐字清晰，悦耳动听。

del·ta /'deltə/ *n.* [C]（河流的）三角洲：the *delta* of the Nile 尼罗河三角洲

de·lu·sion /di'lu:ʒ°n/ *n.* ❶[U]欺骗；迷惑；受骗；上当：suffering from *delusion* 上当受骗 ❷[C]错觉；误会；谬见：She was under the *delusion* that he would give her the job. 她误以为他会给她那份工作。‖ **de·lu·sive** /di'lu:siv/ *adj.*

de·mand /di'mɑ:nd;di'mænd/ I *vt.* ❶强要；强令：He *demands* that she resign her job. 他勒令她辞职。❷需要：His request *demands* serious thought. 对他的要求需作认真考虑。❸要求，请求：He *demands* that he be told everything. 他要求把什么都告诉他。II *n.* ❶[C]要求，要求（物）；请求：He makes no *demands* on anyone. 他从不向任何人苛求什么。❷[U;C]（顾客等的）需求，【经】需求；需求（数量表），需要：Is there much *demand* for doctors in this area? 这一地区很需要医生吗？

☆**demand**, **ask**, **claim**, **exact**, **implore**, **require** 均有"要求，请求"之意。**demand** 常指说话者自恃权威或地位，俨然提出要求并带有强制、命令对方服从的意味：The physician *demanded* payment of her bill. (医生要求她付账。) 该词主语为事或物时，表示迫切要求或紧急需要：This work *demands* your immediate attention. (这件工作急需你立即处理。) **ask** 为最普通用词，指邀请、请求或要求，有时也带"严厉"或"强求"的意味：This job *asks* patience. (干这项工作需要耐心。) **claim** 表示对某一正当权利的要求和维护：Every citizen in a democratic country may *claim* the protection of the law. (民主国家的公民都会要求法律保护。) **exact** 强调不仅提出要求，而且最后能够加以实现：The kidnappers *exacted* a ransom of 50,000 pounds from them. (绑架者向他们勒索 5 万英镑的赎金。) **implore** 表示迫切恳求或哀求某事：The prisoner *implored* pardon. (囚犯哀求赦免。) **require** 可与 demand 换用，指按照法律、规章、惯例或事物本身的需要提出要求，其语气比 demand 弱：The army *requires* absolute obedience of its soldiers. (部队要求士兵绝对服从命令。)

de·mand·ing /di'mɑːndiŋ/ *adj.* 要求高的；苛求的；需要技能的；需要花气力的，费劲的：The school is a *demanding* one. 那个学校是个要求很严格的学校。‖ de'**mand·ing·ly** *adv.*

de·mean /di'miːn/ *vt.* [常与反身代词连用] 有损…的尊严；降低…的身份；有辱…的人格：You *demean* the presidency by such conduct. 你这种行为有损总统的尊严。‖ de'**mean·ing** *adj.*

de·moc·ra·cy /di'mɔkrəsi/ *n.* ❶[U]民主(主义)；民主政治；民主政体；民主制度：believe in *democracy* 信仰民主 ❷[C]民主国家；民主政府；民主社会：establish a *democracy* 建立一个民主国家

dem·o·crat /'deməˌkræt/ *n.* [C] ❶民主主义者；民主人士：a non-Party *democrat* 无党派民主人士 ❷有民主精神(或作风)者 ❸[D-]民主党人

dem·o·crat·ic /ˌdemə'krætik/, **dem·o·**

crati·cal /-ikl/ *adj.* 民主(主义)的；民主政治的，民主制度的；民主政体的；民主政府(或国家、团体)的：a *democratic* state 民主国家 ‖ ˌdem·o'**crat·i·cal·ly** *adv.*

Democratic Party *n.* [the D- P-](美国)民主党(成立于 1828 年，其前身为民主共和党 [the Democratic Republican Party])

de·mol·ish /di'mɔliʃ/ *vt.* ❶拆除(建筑物等)；摧毁；爆破：The slums were *demolished* before the town was extended. 这座城市扩建以前，贫民区被拆除了。❷终止，撤销(机构等)；废除(制度等)：*demolish* a commission 撤销委员会 ❸推翻；驳倒(论点、理论等)：His arguments were *demolished* by the evidence produced in the court. 他的理由被法庭上出示的证据驳倒了。

de·mon /'diːmən/ *n.* [C]魔鬼，恶魔；鬼怪：drive off *demons* 驱鬼 ‖ **de·mon·ic** /diː'mɔnik/ *adj.*

dem·on·strate /'de),ˌstreit/ *v.* ❶(用实验、实例等)讲解，说明：He *demonstrated* the principles with chemicals and test tubes. 他借助于化学药品和试管来讲解这些原理。❷论证，证明：The meal *demonstrated* that she had no experience as a cook. 这顿饭菜证明她没怎么做过饭。❸参加游行示威(或集会)；示威：They are *demonstrating* for a 15 percent wage rise. 他们在示威游行，要求增加 15％的工资。

dem·on·stra·tion /ˌdemən'streiʃn/ *n.* [C] ❶演示(法)，示范：A compass was used in a *demonstration* of the earth's magnetism. 使用罗盘演示地球的磁场。❷论证，证明：They sent a check as a *demonstration* of their concern. 他们送去了一张支票，以表明他们的关切之情。

den /den/ *n.* [C] ❶兽穴(或窝)；洞穴：The bear's *den* was in a cave. 那头熊的窝做在洞中。❷密室；书斋：Mother won't let any of us into her *den*. 母亲不让我们任何人进她的小房间。

de·ni·al /di'naiəl/ *n.* ❶[C；U]否认；反对：He shook his head in *denial*. 他连连摇头予以否认。❷[U]拒绝(给予)，回绝：His *de*-

D

nial of petition caused the students to rebel. 他不准学生们请愿，这激起了他们的反抗。

de·note /di'nəut/ *vt.* [不用进行时态] ❶预示，是…的征兆；标志着：A smile often *denotes* pleasure. 微笑常常表示愉悦。❷本义为，意思是：The word "stool" *denotes* a small chair without a back. "凳子"一词的本义是没有靠背的椅子。❸(符号等)代表，表示，是…的标记；是…的名称：In algebra, the sign "X" usually *denotes* an unknown quantity. 在代数里，符号 X 常常表示未知数。

de·nounce /di'nauns/ *vt.* (公开)谴责，斥责，指责：Smith *denounces* drug abuse roundly in his speeches. 史密斯在发言中痛斥滥用毒品的行为。

dense /dens/ *adj.* 密集的；浓密的；稠密的；拥挤的：The road is *dense* with traffic. 路上车辆川流不息。‖ **'dense·ly** *adv.* —**'dense·ness** *n.* [U]

den·si·ty /'densiti/ *n.* ❶[U]密集；稠密；浓密；难懂：The *density* of the forest prevented us from seeing ahead. 丛林繁密使我们无法看见前方。❷[C](人口)密度：Australia has a very low population *density*. 澳大利亚的人口密度很低。❸[C]【物】密度

dent /dent/ *n.* [C] ❶凹坑，凹痕，凹陷：The body of the car is full of *dents*. 这车身上满是凹坑。❷损害；削减；削弱：His remarks left a *dent* in the girl's pride. 他那番话使那姑娘的自尊心受到了伤害。

den·tal /'dentªl/ *adj.* [无比较级][作定语]牙(齿)的：*dental* bed [pad] 牙床

den·tist /'dentist/ *n.* [C]牙科医生 ‖ **'den·tist·ry** *n.* [U]

de·ny /di'nai/ *vt.* ❶否认：She *denied* knowing anything about it. 她否认知道此事的任何情况。❷拒绝；不同意；不赞成：The union decided to *deny* my petition. 工会决定拒绝我的请愿要求。‖ **de'ni·a·ble** *adj.* —**de·ni·a·bil·i·ty** /diˌnaiə'biliti/ *n.* [U]

de·part /di'pɑːt/ *vi.* ❶出发，起程(*for*)；离开，离去(*from*)：As soon as he *departed*, I telephoned James. 他一出发，我就打电话告

诉了詹姆。❷背离，违反(*from*)：*depart from* evil, and do good 改恶从善 ❸去世：*depart from* life 去世

de·part·ment /di'pɑːtmənt/ *n.* [C] ❶(企业、商店等的)部门；(学校、学术机构等的)系；所；研究室：the *department* of foreign languages 外语系 ❷(行政机构等的)部；司；局；处；科：The city government has a fire *department* and a police *department*. 市政府下设消防局和警察局。‖ **de·part·men·tal** /ˌdiːpɑːt'mentªl/ *adj.*

de·par·ture /di'pɑːtʃə/ *n.* [U;C]起程，出发；离开，离去：She packed her case ready for *departure*. 她打点行装，准备起程。

de·pend /di'pend/ *vi.* ❶信赖，信任；确信(*on*, *upon*)：You can *depend on* her to get things done. 你可以信赖她会把事情办好的。❷依赖，依靠(*on*, *upon*)：Children *depend on* their parents for food and clothing. 孩子们吃饭穿衣全靠父母。❸[不用进行时态]决定(于)，随…而定(*on*, *upon*)：The price *depends on* the quality. 按质论价。‖ *It* [*That*] (*all*) *depends.* 〈口〉那得看情况：I may come to the meeting and I may not—*it all depends*. 我也许来参加会议，也许不来，那要看情况。

de·pend·a·ble /di'pendəbªl/ *adj.* 可靠的；可信赖的：Catherine will arrive on time; she's always *dependable*. 凯瑟琳会准时到的，她一直是信得过的。‖ **de·pend·a·bil·i·ty** /diˌpendə'biliti/ *n.* [U]—**de'pend·a·bly** *adv.*

de·pend·ence /di'pendªns/ *n.* [U] ❶依靠，依赖；相依性：the *dependence* of the crops *on* good weather 农作物对好天气的依赖 ❷信任，信赖；相信：I wouldn't place much *dependence on* what he says. 我可不太相信他说的话。

de·pend·ent, de·pend·ant /di'pendªnt/ *adj.* ❶依靠的，依赖的(*on*, *upon*)：There's a tax deduction for each *dependent* child. 每一个依靠父母抚养的子女都可以减税。❷[通常作表语]依据…的；取决于…的；视…而定的(*on*, *upon*)：All life is *dependent* *upon* the sun for survival. 一切生命的存在全有赖于阳光。‖ de'pend·ent·ly *adv.*

de·pict /di'pikt/ *vt.* ❶ 描绘，描画：The painter *depicted* the garden when the roses were flowering. 画家描绘玫瑰盛开时节的花园美景。❷ 描写；描述：They *depicted* the situation to us in great detail. 他们详详细细地向我们描述了形势。

de·ploy /di'plɔi/ *vt.* ❶ 部署，调遣：He could *deploy* regular forces of some 15,000. 他可以调动大约 1.5 万人的常规部队。❷ 利用；调动；施展：*deploy* one's throat and cry 扯开嗓门大声叫喊 ‖ de'ploy·ment *n.* [C;U]

de·port /di'pɔːt/ *vt.* ❶ 将（外国人）驱逐出境，强迫…离境：He is being *deported* because he has no passport. 由于没有护照，他被驱逐出境。❷ [～ oneself] 使（自己）有某种行为举止（或方式）：*deport oneself* in a mannerly way 举止文雅 ‖ de·por·ta·tion /ˌdiːpɔː'teiʃ°n/ *n.* [C;U]

de·pose /di'pəuz/ *vt.* 罢免，革除，废黜：They wanted Baldwin to be *deposed* as leader of the party. 他们要求免去鲍德温作为该党领袖的职务。

de·pos·it /di'pɒzit/ **I** *vt.* ❶ 存（钱），储蓄：She *deposits* $ 100 each week in a savings account. 每星期她都往储蓄账户上存 100 美元。❷ 存放；寄存：She *deposits* her children with her parents while she does the shopping. 她外出购物时总是把孩子们交给她父母亲照看。❸ 使沉淀；使沉积：The flood *deposited* a layer of mud in the streets. 洪水退去后，街道上沉积了一层淤泥。**II** *n.* [C] ❶〈英〉存款；（银行里的）寄存物：We made three *deposits* last month. 上个月我们往银行里存了三次钱。❷ 保证金，定金；押金：You forfeit your *deposit* if you don't return the bottles. 你如不退瓶，那就丢掉了你的押金。❸ 沉淀，沉积；（天然的油层或矿床等的）沉积物；积垢：gold *deposits* 沉积的金矿层 ‖ de'pos·i·tor *n.* [C]

de·pos·i·to·ry /di'pɒzit°ri/ *n.* [C] 仓库，储藏室，保管处

de·pre·ci·ate /di'priːʃiˌeit, -si-/ *v.* 降价；减值，贬值：an investment that is certain to *depreciate* 注定不能增值的投资 ‖ de·pre·ci·a·tion /diˌpriːʃi'eiʃ°n, -si-/ *n.* [U]

de·press /di'pres/ *vt.* ❶ 使消沉，使沮丧，抑郁：The bad news *depressed* his spirits. 不幸的消息使他心情很沮丧。❷ 使减少；使下降，使降低：It would create mass unemployment and *depress* profits. 这将会造成大量失业和利润下降。❸【经】使不景气，使萧条：Unemployment and business failures tend to *depress* the economy. 失业和企业倒闭往往使经济萧条。‖ de·pres·sive /di'presiv/ *adj.*

de·pressed /di'prest/ *adj.* 压抑的，沮丧的，消沉的：be entirely *depressed* in spirits 精神萎靡不振

de·press·ing /di'presiŋ/ *adj.* 使人沮丧的，令人消沉的，压抑：*depressing* news about the economy 有关经济的令人沮丧的消息

de·pres·sion /di'preʃ°n/ *n.* ❶ [C] 凹陷；洼地，坑，凹地：There was a *depression* on the seat of the armchair where she had been sitting. 她一直坐的椅子上面已经有了凹陷。❷ [U] 抑郁，沮丧，消沉：Failure usually brings on a feeling of *depression*. 失败常使人意志消沉。❸ [C]【经】萧条（期），经济衰退（期）；[the D-]（特指 1929～1934 年的）经济大萧条：a time of economic *depression* 经济萧条的年代

de·prive /di'praiv/ *vt.* ❶ 剥夺，夺走；使失（of）：She was *deprived of* her membership for nonpayment of dues. 她由于逾期未缴会费而被取消了会员资格。❷ 使不能享受；使不能做（of）：His troubles *deprived* him *of* sleep. 苦恼使他失眠。‖ dep·ri·va·tion *n.*

depth /depθ/ *n.* [C;U] 深（度）；厚（度）；纵深：The *depth* of our playground is 250 feet. 我们的操场纵深为 250 英尺。

dep·u·ty /'depjuti/ *n.* [C] ❶ 代表；代理人：The sheriff appointed *deputies* to help him enforce the law. 县司法行政官委派数名代表代其执法。❷ 副职；副手：The ambassador sent his *deputy* to see us. 大使派他的

副手来接见我们。

de·rive /di'raiv/ *vt.* ❶ 获得，取得，得到（*from*）：He *derives* great satisfaction *from* his work. 他从工作中获得极大的乐趣。❷ 追溯…的起源（*from*）；说明…的来由：Etymologists *derive* words. 词源学家诠释词汇的起源。‖ **de·ri·va·tion** *n.*

de·rog·a·to·ry /di'rɒɡətəri/ *adj.* 贬低的，贬抑的；毁损的，诽谤的（*to*）：The word "pig" is a *derogatory* term for policeman. "pig" 一词是对警察的贬称。

de·scend /di'send/ *vi.* ❶ 下降；下来：The shades of evening began to *descend*. 夜幕徐徐降临。❷ 下斜，下倾：The path *descends* to the pond. 道路下斜通向池塘。‖ **de'scend·ent** *n.* [C] & *adj.*

de·scend·ant /di'send°nt/ *n.* [C] 后代，子孙；后裔（*of*）：Queen Elizabeth II is a *descendant of* the family of Windsor. 女王伊丽莎白二世是温莎家族的后代。

de·scent /di'sent/ *n.* ❶ [C]［常用单］下降；下来；下倾：The plane began its *descent* into Beijing. 飞机开始向北京降落。❷ [C] 斜坡；坡道：a steep *descent* 陡坡 ❸ [U] 血统；世系：Our boss was British by *descent*. 我们的上司祖籍英国。

de·scribe /di'skraib/ *vt.* ❶ 描述，描写；记叙，叙述；形容：The travelogue *describes* the wonderful sights of the Niagara Falls. 这部旅行纪录片描绘了尼亚加拉瀑布的壮丽景观。❷ 称…为，把…说成（*as*）：His ideas could hardly be *described as* original. 他的观点谈不上有什么创见。

de·scrip·tion /di'skrip°n/ *n.* [C;U] 描述，描写；记叙，叙述；形容；说明：It's so good that it defies *description*. 它如此美好，非笔墨所能形容。‖ **de·scrip·tive** /di'skriptiv/ *adj.* — **de'scrip·tive·ly** *adv.*

des·ert¹ /'dezət/ *n.* [C] 沙漠；荒漠，荒原：the Sahara *Desert* 撒哈拉沙漠

de·sert² /di'zɜːt/ *vt.* 抛弃；遗弃；离弃：He *deserted* his wife and children to join the army. 他抛妻弃子当兵去了。‖ **de'sert·er** *n.* [C]

de·serve /di'zɜːv/ *vt.* 应得，值得；应受：The play *deserves* to be read. 这剧本值得一读。

de·serv·ing /di'zɜːviŋ/ *adj.* ❶ 有功的，应赏的：A decoration of bravery was awarded to the *deserving* police officer. 那名立功的警官被授予一枚英勇勋章。❷ 值得的，该得的；理所当然的（*of*）：He is *deserving of* the highest praise for his conduct. 他应该因其所作所为而得到最高表彰。

des·ic·cate /'desikeit/ *vt.* ❶ 使干燥，使脱水：The soil in a desert is *desiccated* by the dry air and sun. 沙漠里的土壤被干燥的空气和太阳烘干了。❷ 干贮（食物）：*desiccated* fruit 干果 — *vi.* 脱水，变干燥：The plants *desiccated* during the drought. 长期干旱，植物都干枯了。‖ **des·ic·ca·tion** /ˌdesi'keiʃ°n/ *n.* [U]

de·sign /di'zain/ **I** *vt.* ❶ 决意（做）；打算（做）：He *designed* to be a doctor. 他打算日后当医生。❷ 设计；制（图）；构思：They seem to have been *designed* for each other. 他们这一对夫妇真是天造地设。**II** *n.* ❶ [C] 图样，图纸；设计图：draw a *design* 制图 ❷ [U;C]（物品的）设计；布局；（艺术品等的）构思：The author has another detective story under *design*. 那位作者正在构思另一部侦探小说。

des·ig·nate /'dezigˌneit/ *vt.* ❶ 标出，指明；指定：His uniform *designates* his rank. 他的制服表明了他的级别。❷ 命名，把…叫作，称呼（*as*）：The area was promptly *designated*（*as*）a national monument. 该地区很快被命名为国家级文物单位。❸ 指派，选派；选定；任命，委任（*as*）：They *designated* her to lead the delegation. 他们指派她为代表团团长。‖ **des·ig·na·tion** /ˌdezig'neiʃ°n/ *n.* [C]

de·sign·er /di'zainə/ *n.* [C] 设计者，设计师；构思者：a fashion *designer* 时装设计师

de·sir·a·ble /di'zaiərəb°l/ *adj.* ❶ 值得拥有的；值得向往的；合意的，称心如意的：It is most *desirable* that you（should）be there by two o'clock. 你两点钟到达那里最理想了。❷ 明智的，可取的；有利的：For this job, it is *desirable* to know French. 干这个行当,懂点法语是有好处的。‖ **de'sir·a·bly** *adv.* —**de·sir·a·bil·i·ty** /di,zaiərə'biliti/ *n.* [U]

de·sire /di'zaiə/ **I** *v.* [不用进行时态]渴望,热望;希望,想望:He *desires* only your happiness. 他只希望你能幸福。 **II** *n.* [C;U]渴望,欲望;愿望,希望:He came with a *desire* of asking us for assistance. 他怀着向我们求助的愿望而来。

☆**desire, want, wish** 均有"希望,愿望"之意。**desire** 为正式用词,指具有热切而强烈的主观愿望、意图或目的:He *desires* a college education. (他渴望接受大学教育。) **want** 为普通用词,既可表示表示一般偏爱或意向,也可表示强烈的要求或欲望:Do you *want* a glass of beer? (你想来杯啤酒吗?)该词也常表示因需要或缺乏某物而希望得到:In poorer countries many people still *want* food and shelter. (在一些较为贫穷的国家,许多人仍然需要食品和住房。) **wish** 含义不如 desire 强烈,通常指一种不能实现的愿望或表示祝愿,该词也可表示语气委婉:I *wish* I were a bird. (我要是只鸟就好了。)

desk /desk/ *n.* [C] ❶书桌,写字台,办公桌:He cleared his *desk* and quit his job. 他收拾好自己的办公桌,然后辞职不干了。 ❷(办公大楼、旅馆等中的)服务台;问讯台;出纳台:I enquired at the *desk*. 我在服务台问讯。

desk·top /'desktɒp/ *adj.* [无比较级][作定语](尤指微型计算机)适合书桌上用的,台式的:a *desktop* computer 台式计算机

des·o·late /'desəlit/ *adj.* ❶不毛的;荒芜的;荒凉的;无人烟的:a *desolate* hillside 光秃秃的山坡 ❷被遗弃的;孤苦无依的,孤凄的:When her husband died, she was left *desolate*. 丈夫去世后,她孤苦无依。‖ **'des·o·late·ly** /-litli/ *adv.* —**des·o·la·tion** *n.* [U]

de·spair /di'speə/ **I** *n.* [U]绝望:Your stupidity will drive me to *despair*. 你的愚昧无知会使我大失所望。 **II** *vi.* 失望;绝望(*of*):She *despaired* at the thought of it. 一

想起这件事,她就伤心失望。

des·per·ate /'despərit/ *adj.* ❶(因绝望而)不惜冒险的;胆大妄为的,无法无天的:a *desperate* criminal on the loose 逍遥法外的亡命之徒 ❷[作表语]极需要的,极渴望的(*for*):The refugees are *desperate for* help. 难民们渴望得到帮助。 ❸绝望的;危急的;极严重的:Rendered *desperate* I broke away. 情急之下,我夺路而逃。 ❹拼死的;孤注一掷的:He was *desperate* for work to provide food for his children. 他为了养活孩子而拼命工作。‖ **'des·per·ate·ly** *adv.*

des·per·a·tion /,despə'reiʃ°n/ *n.* [U]绝望;走投无路;铤而走险:In *desperation*, they broke down the door and rescued the child. 在无计可施的情况下,他们砸破了门将孩子救出。

des·pi·ca·ble /'despikəb°l; 'dis-/ *adj.* 可鄙的,可耻的,卑鄙的:Cowards and liars are *despicable*. 懦夫和撒谎者是可耻的。

de·spise /di'spaiz/ *vt.* 藐视,鄙视,看不起:I *despised* his refusing to accept responsibility. 我鄙视他不愿承担责任。

☆**despise, condemn, disdain, scorn** 均有"轻蔑、鄙视"之意。**despise** 用以表达强烈的厌恶或憎恨,强调反感、轻视:I *despise* situation comedies. (我很反感情景喜剧。) **condemn** 指强烈而严厉的反对和谴责低劣、可耻或不光彩的人或事物:*condemn* the image of women promoted by advertisers (斥责广告所推崇的女性形象) **disdain** 表示明显的傲慢或目空一切地蔑视某人或事物:*disdain* all manner of popular music (瞧不起所有的流行音乐) / She *disdained* to answer his rude remarks. (她不屑回答他那些无礼的问话。) **scorn** 指气愤、鄙夷或蔑视,含态度傲慢的意味:We *scorn* a liar. (我们鄙视任何说谎者。)

de·spite /di'spait/ *prep.* 尽管,任凭,不论:We went *despite* the rain and snow. 尽管雨雪交加,我们还是走了。

des·sert /di'zɜːt/ *n.* [U;C](餐后用的如馅饼、蛋糕、冰激凌等的)甜食,甜点心

des·ti·na·tion /,desti'neiʃ°n/ *n.* [C]终点

目的地：The parcel was sent to the wrong *destination*. 那个包裹给投错了地方。

des·ti·ny /'destini/ *n.* ❶[常用单]命运：Within limits man now controls his *destiny*. 在一定范围内，人类现在可以控制自己的命运。❷[U]定数；天意；天命：Do you believe that marriage goes by *destiny*? 你相信姻缘是天定的吗？

de·stroy /di'strɔi/ *vt.* ❶毁坏；摧毁；毁灭：They've *destroyed* all the evidence. 他们毁掉了所有的证据。❷ 杀死；消灭：Rabid dogs are routinely *destroyed*. 疯狗按照惯例都要被杀死。

de·struc·tion /di'strʌkʃ^ən/ *n.* [U]破坏；毁坏；摧毁；毁灭：The *destruction* of the forests is a threat to the lives of thousands of animals. 毁坏森林对成千上万动物的生命构成了威胁。‖ de'struc·tive *adj.*—de'struc·tive·ly *adv.*—de'struc·tive·ness *n.* [U]

de·tach /di'tætʃ/ *vt.* 使分开，使分离(*from*)：Please *detach* the coupon and send it with your money to the following address. 请撕下购物优惠券，连同你的货款一起寄往下列地址。‖ de'tach·a·ble *adj.*

de·tail /'diːteil;di'teil/ *n.* ❶[C]细节；细目；详情：The likeness was perfect in every single *detail*. 每一个细节都十分相像。❷[U]细微之处：His eyes for *detail* is part of his artistic genius. 他观察宇宙万物细致入微，他的艺术天才一部分正来源于此。‖ *in detail adv.* 详细地：I wrote *in detail* about the causes of our failure. 我一五一十地写出了我们失败的种种原因。‖ de'tailed *adj.*

de·tain /di'tein/ *vt.* ❶耽搁，使滞留：We were *detained* at customs for two hours. 我们在海关滞留了两个小时。❷拘留，扣押：He has been *detained* indefinitely. 他被无限期地扣押起来。‖ de'tain·ment *n.* [U]

de·tect /di'tekt/ *vt.* ❶察觉，发觉；发现：I seemed to *detect* some anger in his voice. 我似乎觉察到他的话音中带有几分怒气。❷(当场)发现：I felt as though I had been *detected* in a mean action. 我有一种在干卑鄙勾当时被人当场抓住的感觉。❸查明；侦查出(*in*)：He was *detected in* the act of stealing. 他在行窃时被当场发现。‖ de'tect·a·ble, de'tect·i·ble *adj.*—de·tec·tion /di'tekʃ^ən/ *n.* [U]—de'tec·tor *n.* [C]

de·tec·tive /di'tektiv/ *n.* 侦探，警探；私人侦探

de·ten·tion /di'tenʃ^ən/ *n.* ❶[U]耽搁，滞留❷[U]拘留，监禁，羁押；禁闭：hold sb. in *detention* 拘留某人 ❸[U;C](对学生处罚性的)课后留校，关晚学：Those failing to do homework are given *detention*. 未做家庭作业的学生要受到关晚学的处罚。

de·te·ri·o·rate /di'tiəriəˌreit/ *vi.* 恶化，变坏；退化，衰退；变质；堕落：The discussion *deteriorated* into a bitter quarrel. 讨论变成了恶语相向的争吵。‖ de·te·ri·o·ra·tion /diˌtiəriə'reiʃ^ən/ *n.* [U]

de·ter·mi·na·tion /diˌtə:mi'neiʃ^ən/ *n.* ❶[C]确定；决定；规定：the *determination* of a policy 政策的制定 ❷[U]决心：She showed firm, unyielding *determination* in prosecuting the crime. 在检举这起犯罪行为中，她表现出坚定不移、百折不挠的决心。

de·ter·mine /di'tə:min/ *vt.* ❶决定；规定：He *determined* that he would go at once. 他决定马上就去。❷确定；查明；测定：The doctor has *determined* that excessive drinking is dangerous to your liver. 医生已确定过量饮酒有害肝脏。

de·ter·mined /di'tə:mind/ *adj.* 决意的，下定决心的；坚定的，坚决的；坚强的：The president is *determined* that the confusing situation shall be ended. 总统决心要结束这一混乱局面。

de·test /di'test/ *vt.* 憎恶，憎恨；厌恶，讨厌：We *detest* her constantly lying. 我们厌恶她老是说谎。‖ de'test·a·ble /-əb^əl/ *adj.*—de·tes·ta·tion /ˌdiːte'steiʃ^ən/ *n.* [U]

de·tour /'diːtuə^r/ *n.* [C]绕行的路，迂回路线：He took several *detours* before getting the right answer. 他兜了好几个圈子才得出了正确答案。

de·val·u·a·tion /di:ˌvæljuˈeiʃ⁰n/ *n.* [C;U]
货币贬值：The dollar was facing *devaluation.* 美元正面临贬值。

de·val·ue /di:ˈvælju:/ *vt.* ❶【经】使（货币）
贬值：The country *devalued* its currency by
10%. 该国使其货币贬值 10%。❷降低…
的价值：Time has *devalued* his stature as a
writer. 随着时光的流逝，作为一个作家他
早已风光不再。

dev·as·tate /ˈdevəˌsteit/ *vt.* ❶毁坏，破坏；
蹂躏：The fire *devastated* the whole town.
这场大火使整个城镇沦为一片废墟。❷[常
用被动语态]使震惊；使难以承受；使摧垮：
We were *devastated* by the news of the
tragedy. 我们获知这个惨案的消息后惊讶
了。‖ **dev·as·ta·tion** /ˌdevəˈsteiʃ⁰n/ *n.* [U]
—ˈdev·asˌta·tor *n.* [C]

de·vel·op /diˈveləp/ *v.* ❶发展，扩展，拓展：
We plan to *develop* the sports grounds into
a stadium holding 40,000 people. 我们计划
把运动场扩建成一座容纳 4 万人的体育场。
❷(使)成长，(使)发育，(使)进化，(使)演
化：Warm rains and summer suns *develop*
the grain. 夏季的雨水和阳光促使谷物生
长。❸开发（资源、土地等）：*develop* a
stretch of waste land 开垦一片荒地❹【摄】
(使胶卷等)显影：We shall print all the
films we *developed*. 我们要把所有冲洗出
来的胶卷都印成照片。‖ **deˈvel·op·ment** *n.*
[C;U]

de·vel·oped /diˈveləpt/ *adj.* [常作定语]
发达的：the *developed* countries of the West
西方发达国家

de·vel·op·ing /diˈveləpiŋ/ *adj.* [无比较
级][常作定语]发展中的：a *developing* nation 发展中国家

de·vi·ate /ˈdi:viˌeit/ *vi.* 偏离；背离(*from*)：
deviate from the course of routine 打破
常规

de·vi·a·tion /ˌdi:viˈeiʃ⁰n/ *n.* [U;C]偏离；
背离，偏差(*from*)：There were many *deviations from* fact in his account. 在他的陈述
中有许多与事实大相径庭之处。

de·vice /diˈvais/ *n.* [C]❶设备，装置；仪

器，器械；机件：a timing *device* 计时仪器
❷手段；策略，花招，诡计：I'll have to think
of a *device* to avoid going to their wedding.
我得想个招儿不去参加他们的婚礼。

☆ **device, appliance, implement, instrument,
machine, tool** 均有"器械，工具"之意。**device**
使用范围很广，泛指为某一特定目的设计出
来的任何工具、器具或简单的小机器：a
labour-saving *device*（节省劳力的装置）**appliance** 常指由动力传动的器具或装置，含
有轻便、可移动或可供短暂性使用之义，尤
其适用于家用电器：electric *appliances*（电
器）**implement** 为最普通用词，词义和使用
范围最广，泛指完成某一任务所必须使用的
任何工具、器械、家庭用具或机械装置，但尤
其适用于农业或园艺方面：farm *implements*
（农具）**instrument** 意指完成某项精细工作
所需要的器具、器械或仪器，尤其适用于科
技或艺术等方面：surgical *instruments*（外
科手术器械）/ player of a musical *instrument*（乐器演奏者）；该词也常用其喻义，指
完成或辅助某事的方法和手段：the *instruments* of fate（受命运摆布的工具）**machine**
意指由动力传动和不直接用手操作的机器：
a washing *machine*（洗衣机）**tool** 常指手艺
人用手操作的简单工具，也可表示机器上直
接用以切削、成形或钻孔等的部件，用于农
业或园艺方面时，常可与 implement 互换：
It's difficult to be a good cook without the
proper *tools*.（没有合手的工具很难做个好
厨师。）

dev·il /ˈdev⁰l/ *n.* ❶[时作 the D-]【宗】(基督
教及犹太教信仰中的)魔王，撒旦 ❷[C]恶
棍，凶残的人；邪恶的人：He is a born *devil*.
他生来就是个恶棍。

de·vise /diˈvaiz/ *vt.* 策划，(精心)设计；发明；
想出：The novelist *devised* a number of incidents to illustrate the character he had created. 小说家炮制了若干故事来刻画其创造
的人物。

de·vote /diˈvəut/ *vt.* ❶使得到专用；倾注
(精力等)(*to*)：He *devotes* a lot of his spare
time *to* his hobby. 他把许多业余时间花在
自己的嗜好上了。❷奉献，献(身)(*to*)：She
devoted her life *to* helping poor children. 她

一生致力于帮助穷孩子。

de·vot·ed /di'vəutid/ *adj.* ❶忠诚的,忠实的;热心的;恩爱的(to):Their parents were *devoted* to each other. 他们的父母相亲相爱。❷[作定语]献身的;虔诚的;专心的(to):a *devoted* Christian 虔诚的基督教徒 ‖ **de'vot·ed·ly** *adv.*

de·vo·tion /di'vəuʃ°n/ *n.* ❶[U]热爱,挚爱;热心(to):*devotion* to the cause of education 对教育事业的热忱 ❷[U](尤指为宗教的)奉献,献身(to):one's *devotion* to the cause of freedom 某人对自由事业的献身精神❸[U]忠实,忠诚;效忠:His *devotion* to duty was admired by all. 他忠于职守的精神受到大家的崇敬。‖ **de'vo·tion·al** *adj.*

de·vout /di'vaut/ *adj.* 虔诚的,虔敬的:a *devout* Catholic 虔诚的天主教徒 ‖ **de'vout·ly** *adv.* —**de'vout·ness** *n.* [U]

dew /dju:/ *n.* [U]露,露水,露珠:beads [drops] of *dew* 露珠 ‖ **'dew·y** *adj.*

dex·ter·ous /'dekstrəs/ *adj.* ❶熟练的,灵巧的,敏捷的:The girl is very *dexterous* with the knitting needles. 那姑娘用织毛衣针编织东西非常熟练。❷机灵的,机敏的;聪明的,伶俐的:A successful manager must be *dexterous* in handling people. 一位成功的经理必须善于和人打交道。‖ **dex·ter·i·ty** *n.*

di·a·be·tes /daiə'bi:tiz/ [复] *n.* [用作单]【医】糖尿病;多尿

di·ag·nose /'daiəgnəuz/ *vt.* ❶诊断(疾病):The doctor *diagnosed* her illness as cancer. 医生诊断出她患的是癌症。❷找出(问题等)的原因(或性质);对(问题等)的原因(或性质)作出判断:His book *diagnoses* the moral crisis of modern society. 他的书分析了造成现代社会道德危机的原因。

di·ag·no·sis /daiəg'nəusis/ *n.* [U;C]([复]-ses /-si:z/) ❶诊断(法);诊断结果(或结论):Further studies confirmed the *diagnosis* that the tumor was benign. 进一步的研究确诊那是良性肿瘤。❷(对事故等的)判断,调查分析:判断结论:The *diagnosis* blamed the collapse of the bridge on faulty construction. 判断结论将这起桥梁坍塌事故归咎于施工的失误。‖ **di·ag·nos·tic** /daiəg'nɔstik/ *adj.* —**di·ag·nos·ti·cian** /daiəgnɔs'tiʃ°n/ *n.* [C]

di·ag·o·nal /dai'ægən°l/ *adj.* [无比较级] ❶对角(线)的:The path is *diagonal* to the edge of the field. 这条小路与田边成对角。❷斜的:a *diagonal* stripe in cloth 布上的一条斜纹 ‖ **di'ag·o·nal·ly** *adv.*

di·a·gram /'daiəgræm/ *n.* [C] ❶图示,图解,示意图:The engineer drew a *diagram* of the bridge. 那位工程师绘制了这座桥的简图。❷图表

di·al /'dai°l/ I *n.* [C] ❶(钟表等的)表盘,表面:the luminous *dial* of a watch 手表的夜光表面 ❷(仪器等的)刻度盘,示数盘:Make sure that the figures on the *dial* can be seen in direct sunlight. 要确保在阳光直射下能看见刻度盘上的数字。❸(机器的)调节控制器;(收音机的)电台调谐器,(电视机的)频道调节旋钮 ❹(电话机的)拨号盘 II (-al(l)ed;-al(l)ing) *v.* 拨(电话号码);打电话:You have *dialed* the wrong number. 你拨错电话号码了。

di·a·lect /'daiəlekt/ *n.* [U;C]方言;地方话,土话:use a northern *dialect* 讲一种北方方言 ‖ **di·a·lec·tal** /daiə'lekt°l/ *adj.*

di·a·log(ue) /'daiəlɔg/ *n.* [U;C]❶对话,谈话,交谈:have a useful *dialogue* on problems of common concern 就共同关心的问题进行有益的对话 ❷(戏剧、小说等中的)对话,对白:The novel is interesting but the *dialogue* sounds very artificial. 这部小说饶有情趣,可就是人物对话听来太矫揉造作。

di·am·e·ter /dai'æmitər/ *n.* [C]直径,径:The ball is 30 centimetres in *diameter*. 这球直径30厘米。

di·a·mond /'daiəmənd/ *n.* ❶[U;C]金刚石;金刚钻;钻石:*Diamond* is one of the hardest natural substances on earth. 金刚石是地球上最坚硬的天然物质之一。❷[~s](戒指、项链等)钻石饰物:wear *diamonds* 戴钻石首饰

di·a·per /'daiəpər/ *n.* [C]尿布,尿片:change

a *diaper* 换尿布

di·a·ry /'daiəri/ *n.* [C] ❶日记;日志;keep a *diary* 记日记 ❷日记本: He writes in his *diary* every night at bedtime. 每晚就寝时间他都在日记簿上写东西。

dic·tate /'dikˌteit, dik'teit/ *vt.* ❶口授,口述;使听写: I've *dictated* a letter to my secretary. 我已经向秘书口授了书信。❷命令,发号施令;强行规定: The law *dictated* that his right hand should be cut off. 法律强制规定他的右手必须砍去。

dic·ta·tion /dik'teiʃ°n/ *n.* ❶[U;C]听写;口授,口述: She is always giving the students *dictations*. 她老是让学生做听写。❷[U]命令;规定;支配: She left her husband because she was tired of his constant *dictation*. 她之所以离开丈夫是因为她厌烦了他没完没了地发号施令。

dic·ta·tor /dik'teitə'/ *n.* [C] ❶独裁者,专政者 ❷发号施令的人,独断专行的人: the *dictator* of the office 办公室里发号施令的人 ❸口授者

dic·ta·to·ri·al /ˌdiktə'tɔːriəl/ *adj.* ❶独裁的,专制的: a *dictatorial* government 独裁政府 ❷咄咄逼人的,专横的,盛气凌人的: Don't speak to me in that *dictatorial* manner. 别用咄咄逼人的态度对我说话!

dic·ta·tor·ship /dik'teitəˌʃip/ *n.* ❶[U;C]独裁统治;独裁政治;专政: establish a *dictatorship* of the proletariat 建立无产阶级专政 ❷[C]独裁国家;独裁政府

dic·tion·ar·y /'dikʃ°n°ri/ *n.* [C]字典;词典,辞典;辞书;语言工具书

did /did/ *v.* do 的过去式

die /dai/ (**dy·ing** /'daiiŋ/) *vi.* ❶死,死亡 (*of*): Her son *died* from a car accident. 她儿子死于车祸。❷[常用进行时态]渴望,切望: I'm *dying* for a cup of coffee. 我真想喝杯咖啡。‖ **die away** *vi.* 变弱;逐渐停止;渐渐消失,渐渐消逝: The wind had *died away*. 风已停息。**die out** *vi.* ❶灭绝: Tigers have almost *died out* in India. 在印度老虎几乎已经灭绝。❷逐渐消失;渐渐停息: Traditional grocers' shops are fast *dying*

out. 那些传统的杂货铺正在迅速消失。

die·sel /'diz°l/ *n.* ❶[C]内燃机,柴油机 ❷[U]内燃机燃料;柴油

di·et /'daiət/ I *n.* [U;C]饮食,食物: a balanced, nutritious *diet* 均衡的和富于营养的饮食 II *vi.* [常用进行时态](尤指为减肥而)忌食,节食;吃特种食物: Don't give me any cake; I'm *dieting* to lose weight. 不要给我吃蛋糕,我正在节食减肥。‖ **'di·et·er** *n.* [C]

dif·fer /'difə'/ *vi.* ❶[不用进行时态]相异,不同,有区别(*from, in*): We *differ from* each other *in* the way we work. 我们俩的区别在于工作方式的不同。❷(在观点、意见等方面)发生分歧,持不同看法(*from, with*): I must *differ with* you on that matter though you may be right. 就那件事,我不敢苟同,尽管你可能是对的。

dif·fer·ence /'difºrºns/ *n.* ❶[U]差别,区别,差异: I can't see the *difference* in them. 我看不出他们有什么区别。❷[C]差异点,不同之处: The *difference* of a quarter of an hour would be no *difference* at all. 早一刻钟晚一刻钟压根儿没有关系。

dif·fer·ent /'difºrºnt/ *adj.* ❶[无比较级]差异的,不同的,两样的,有区别的(*from*): *Different* people told me the same story. 不同的人跟我讲述了同一个故事。❷[无比较级]截然不同的;各别的: That is a *different* matter altogether. 那完全是另外一码事。‖ **'dif·fer·ent·ly** *adv.*

dif·fi·cult /'difikºlt/ *adj.* ❶困难的;(任务等)费力的,艰巨的,需要技术的: It has been a *difficult* job writing this book. 写这本书可真费了劲。❷深奥的,复杂的;难懂的;难以解答的: James Joyce makes *difficult* reading. 詹姆斯·乔伊斯的作品艰涩难懂。‖ **'dif·fi·cult·ly** *adv.*

dif·fi·cul·ty /'difikºlti/ *n.* ❶[U]困难,艰难;困难性;难度: There was no *difficulty* in getting her address. 打听她的地址并不费事。❷[常作 **difficulties**]为难之事,尴尬境地;(尤指经济上的)困境: The company got into *difficulties*. 该公司陷入了困境。

dif·fuse I /di'fju:z/ v. ❶(使热、气味等)扩散;(使)弥漫;(使)渗出:The sun was *diffusing* abundance of light. 阳光普照。❷传播;普及;散布:*diffuse* education 普及教育 **II** /di'fju:s/ *adj.* ❶[无比较级](光等)散射的,漫射的;散开的,扩散的;弥漫的:a broad,*diffuse* organization 庞大而松散的组织 ❷(文章等)冗长的,芜蔓的:She was *diffuse* in her good wishes for the felicity of her daughter. 她絮絮叨叨地祝女儿幸福。‖ **dif'fuse·ly** *adv.* — **dif'fuse·ness** *n.* [U]—**dif·fu·sion** /-'fju:ʒn/ *n.* [U]—**dif'fu·sive** *adj.*

dig /dig/ (*dug* /dʌg/;**dig·ging**) v. ❶挖,掘;挖掘,发掘,采掘;挖地;挖掘似的掏:The miners were *digging* for coal. 矿工们在采煤。❷(突破障碍)掘进;掘进似的费力向前:They *dug* through a mountain to build a tunnel. 他们挖通大山修建了一条隧道。

di·gest I /di'dʒest,dai-/ vt. ❶消化(食物):I can't *digest* milk. 我对牛奶消化不好。❷(喻)消化(知识等);吸收(信息);彻底领会;完全理解:We are still *digesting* the information;we haven't decided what to do. 我们还在琢磨这个情报,尚未决定该干些什么。 **II** /'daidʒest/ *n.* [C]❶文摘;汇编:Reader's *Digest*《读者文摘》❷摘要,概要,简编:a weekly news *digest* 一周新闻简报 ‖ **di'gest·i·ble** *adj.*

di·ges·tion /di'dʒestʃn,dai-/ *n.* [U]❶消化:A good walk aids *digestion*. 适当的散步有助于消化。❷[通常用单]消化力:The rich food is bad for your *digestion*. 这种油腻的食物有碍于你的消化力。 ‖ **di'ges·tive** *adj.*

dig·it /'didʒit/ *n.* [C]【数】(0到9中的任何一个)数(字);位,数位:Move the decimal point one *digit* to the left. 把小数点向左移动一位数字。/26,730 has five *digits*. 26 730 有 5 个数字。

dig·it·al /'didʒit°l/ *adj.* [无比较级]❶数字的:*digital* readouts 数字读出 ❷数字化的;(唱片、录音设备等)数字的,数码的:a *digital* circuit 数字电路❸(计时器等)数字显示的:a *digital* watch 电子表 ‖ **'dig·i·tal·ly** *adv.*

dig·ni·fied /'digni,faid/ *adj.* 庄严的;有尊严的;端庄的;高贵的;高尚的:He is too *dignified* to do anything so silly. 他一向正经得很,不可能做出如此荒唐的事情来。

dig·ni·fy /'digni,fai/ vt. ❶使有尊严,使变得庄严(或崇高);为…增光,给…添彩:The low farmhouse was *dignified* by the great elms around it. 那低矮的农舍四周有高大的榆树环绕,平添了几分庄严。❷(用虚夸的名称)抬高…的身价;给…冠以美名:*dignify* pedantry by calling it scholarship 冠以学术之名来美化迂腐

dig·ni·ty /'digniti/ *n.* ❶[U](举止、态度等的)庄重,端庄;庄严:She walked up the stairs with great *dignity*. 她仪态万方地拾级而上。❷[U]尊严:peaceful *dignity* 不卑不亢 ❸[U]尊贵,高贵;高尚:die in *dignity* 死得崇高

dike /daik/ *n.* [C]❶堤;坝;堰 ❷〈英〉沟;壕沟;明沟〔亦作 **dyke**〕

di·lem·ma /di'lemə,dai-/ *n.* [C](进退两难的)窘境,困境;(两难)抉择,左右为难:I'm in a *dilemma* about [as to] whether to stay at school or get a job. 我感到左右为难的是究竟要继续上学呢,还是去找个工作。

dil·i·gence /'dilidʒns/ *n.* [U]勤奋,勤勉;认真刻苦:She has enough *diligence* to finish the job on time. 她一向勤勉,完全能按时完成这份工作。

dil·i·gent /'dilidʒ°nt/ *adj.* ❶勤勉的,勤奋的;认真刻苦的:He's always *diligent* in (doing) his work. 他一向工作勤奋努力。❷坚持不懈的,执着的:*Diligent* research will produce results. 孜孜不倦的研究工作一定会有所收获的。 ‖ **'dili·gent·ly** *adv.*

di·lute /di'l'u:t,dai-/ **I** vt. ❶使变稀,使变淡;稀释,冲淡:This dye must be *diluted* in a bowl of water. 这颜料必须放入一碗水中加以稀释。❷削弱;降低;减轻:The high price of a new car *diluted* our enthusiasm for buying one. 一辆新车的价格这么高,大大降低了我们的购买欲。**II** *adj.* [作定语]稀释

的,冲淡了的:dilute whisky 掺水威士忌 ‖
di'lu·tion /-ʃ°n/ n. [U]

dim /dim/ adj. (dim·mer, dim·mest) ❶暗淡
的,幽暗的,昏暗的,阴暗的:The room was
too dim for me to read. 这房间的光线太
暗,我无法看书。❷朦胧的,隐约的:a dim
object in the distance 远处影影绰绰的物体

di·men·sion /di'menʃ°n, dai-/ n. ❶[C]
【数】维,面;因次:A straight line has one
dimension, a cubic has three dimensions. 直
线是一维的,立方体是三维的。❷[通常
作~s]尺寸;宽度;厚度;深度:What are the
dimensions of this carpet? 这张地毯的长、宽、
厚各是多少? ‖ di'men·sion·al adj.

di·min·ish /di'miniʃ/ vt. ❶使变小,减小;
使变少,减少,缩减;降低:Unforeseen ex-
penses diminished his savings. 一些始料未
及的开销使他的存款锐减。❷降低…的声
誉;贬低,贬损:Several unpopular decisions
diminished the governor's popularity. 几项不
得人心的决定使那位州长的声誉一落千
丈。‖ di'min·ished adj. —di'min·ish·ing
adj. —dim·i·nu·tion /ˌdimi'njuːʃ°n/ n. [U;
C]

dim·ple /'dimp°l/ n. [C]酒窝,(笑)靥 ‖
'dim·ply adj.

dine /dain/ vi. 进正餐:They dine at home
most of the time. 他们多数时间在家里进
正餐。

din·er /'dainə^r/ n. [C] ❶(尤指餐馆里的)
就餐者,食客 ❷(火车上的)餐车 ❸(廉价
的)小餐馆,小饭店:We had ham and eggs
at a roadside diner. 我们在一家路边小餐馆
吃了火腿煎鸡蛋。

din·gy /'dindʒi/ adj. ❶(地方等)肮脏的,邋
遢的;昏暗的:His clothes are getting din-
gier. 他的衣服越来越脏。❷光线暗淡的,
无光泽的;褪色的:The dingy paintwork
was chipped. 失去光泽的油漆被铲下了。

din·ing /'dainiŋ/ **room** n. [C]餐厅,饭厅

din·ner /'dinə^r/ n. ❶[C;U]主餐,正餐:Do
you like the dinners in your college? 你喜欢
吃你们学院里做的饭吗? ❷[C](正式的大
型)宴会:I shall wear my long dress to the

dinner. 我将穿长裙去参加宴会。

di·no·saur /'dainəsɔː^r/ n. [C]【古生】恐龙

dip /dip/ (dipped; dip·ping) v. ❶蘸;浸:dip
pen in ink 用钢笔蘸墨水 ❷(短时间)降下;
(短暂地小幅度)放低:He dipped his head
under the low arch. 他在矮拱门下把头
低下。

di·plo·ma /di'pləumə/ n. [C]([复]-mas
或-ma·ta /-ˌmətə/)(毕业)文凭,学位证明:
Your degree is awarded on a diploma. 你的
学位已在所授学位证书上注明。

di·plo·ma·cy /di'pləuməsi/ n. [U] ❶外
交:the elaborate etiquette of international
diplomacy 国际外交中的繁文缛节 ❷外交
手腕,外交手段;外交术:the statesman's
great diplomacy in Madrid 那位政治家在马
德里谈判中非凡的外交手腕 ❸(处理人际
关系的)手段,手腕,策略:We'll need consider-
able diplomacy to tell him he's fired. 我们需要
很讲究策略地跟他说他被解雇一事。

dip·lo·mat /'dipləmæt/ n. [C] 外交家,外
交官:diplomats in the British Embassy 英
国大使馆的外交官们

dip·lo·mat·ic /ˌdiplə'mætik/ adj. ❶[无比较
级][作定语]外交的;从事外交的;擅长于外
交的:He has a diplomatic post in Ethiopia.
他在埃塞俄比亚担任外交职务。❷有手腕
的,手段高明的;讲究策略的:He's diplo-
matic enough not to bring up such a sensi-
tive issue. 他颇具外交手腕,不会提起这样
一个敏感问题。‖ dip·lo'mat·i·cal·ly
/-k°li/ adv.

di·rect /di'rekt, dai-/ I vt. ❶指导;管理;监
督:Your own judgment must direct you. 你
可得自己拿主意。❷指示,命令:She di-
rected that the police be called. 她指示立即
报警。❸导演,执导(电影等);为…当导演,
当…的导演:direct a movie 导演一部影片
II adj. [无比较级] ❶[常作定语]直的,笔
直的;径直的;最近的:a direct line 直线 ❷直
截了当的,直率的;坦率的:I'll be direct
with you and say what I really think. 我要
跟你坦率地说说我的心里话。III adv. [无
比较级] ❶径直地;直接地:The program

has been on the tube *direct* from Boston. 这
个电视节目是从波士顿做的现场直播。❷直
截了当地，直率地；坦率地：Tell me *direct*.
直截了当地告诉我。‖ **di'rect·ness** *n.* [U]

di·rec·tion /di'rekʃⁿn, dai-/ *n.* ❶[C]指示，
命令：Under the *direction* of the govern-
ment, you must pay these taxes immediate-
ly. 按政府的命令，你必须立即缴纳这些税
款。❷[C]方向；方位：The storm moved in
a northerly *direction*. 暴风雨正朝北移动。
❸[～s]用法(或使用)说明；指南；指路：
Follow the *directions* on the packet. 按照包
装上的使用说明。‖ **di'rec·tion·al** *adj.*

di·rect·ly /di'rektli, dai-/ *adv.* [无比较级]
❶笔直地；径直地；直接地：The path leads
directly to the lake. 小径笔直地通向湖边。
❷立即，马上：She'll be back *directly*. 她马
上就回来。❸直截了当地；直率地，坦率地：
He didn't hesitate to speak *directly* about
his debts. 他毫不讳言自己的债务。

di·rec·tor /di'rektɚ, dai-/ *n.* [C] ❶指导
者，领导者，主管；署长；局长；处长；院长；校
长；所长；主任(略作 **dir.**)：an editorial *di-
rector* 编辑主任❷起指示作用的东西；指示
器，指向仪 ❸董事；经理：a managing *direc-
tor* 总经理 ❹(戏剧、电影、电视等的)导演：
a film *director* 电影导演 ‖ **di'rec·tor·ship**
n. [U]

di·rec·to·ry /di'rektⁿri, dai-/ *n.* [C] 人名
地址录；工商行名录；电话号码簿：a tele-
phone *directory* 电话号码簿

dirt /dɜːt/ *n.* [U] 污物；灰尘，尘垢：These
carpets don't show *dirt*. 这些地毯不显脏。

dirt·y /'dɜːti/ *adj.* ❶肮脏的，龌龊的；有污
垢的，污浊的，污秽的：My dress is getting
dirty and needs washing. 我的衣服脏了，要
洗了。❷卑鄙的，卑劣的，不道德的；可耻
的：political *dirty* tricks 卑鄙的政治伎俩
❸淫秽的，下流的，黄色的，色情的：a *dirty*
joke 下流笑话 ‖ **'dirt·i·ly** *adv.* —**'dirt·i·ness**
n. [U]

dis·a·bil·i·ty /ˌdisə'biliti/ *n.* ❶[U]无能
力；无力；丧失能力：a learning *disability* 学
习困难 ❷[C]伤残，残废：physical *disabili-*

ty 生理伤残

dis·a·ble /dis'eibⁿl/ *vt.* ❶使丧失能力，使无
能：A sprained ankle *disabled* him from pla-
ying football for three weeks. 因脚踝扭伤，
他三个星期未能踢足球。❷使伤残：He
was *disabled* in a traffic accident. 他在一次
交通事故中受伤致残。

dis·ad·van·tage /ˌdisəd'vɑːntidʒ; -'væn-/ *n.*
[通常用单]不利；不利地位(或条件)，劣势：
There are several *disadvantages* to this plan.
实施这项计划尚有几个不利条件。‖ **dis-
ad·van·ta·geous** /ˌdisædvəⁿ'teidʒəs/ *adj.*

dis·a·gree /ˌdisə'griː/ *vi.* ❶[通常不用进行
时态]不同意，意见不合；有分歧(*with*)：
I *disagree with* you in that matter. 在那件事
情上我跟你意见不同。❷争执，争论，争吵：
Don't let us *disagree*. 咱们用不着闹别扭。
❸不一致，不符(*with*)：Their conclusions
disagree. 他们的结论不一致。‖ **dis-
a'gree·ment** *n.* [U；C]

dis·a·gree·a·ble /ˌdisə'griːəbⁿl/ *adj.* ❶令
人不快的，不合意的；讨厌的：His remarks
sound very *disagreeable* to the ear. 他的话
不堪入耳。❷不友善的；脾气坏的，难相处
的：He gave his answers short and *disa-
greeable*. 他只是爱理不理地回答了三言两
语。‖ **dis·a'gree·a·bly** *adv.*

dis·ap·pear /ˌdisə'piə/ *vi.* 消失；消隐；失
踪：The car turned and *disappeared* into the
night. 汽车转了个弯，随即消失在夜色之
中。‖ **dis·ap'pear·ance** *n.* [C；U]

dis·ap·point /ˌdisə'point/ *vt.* ❶使失望，使
扫兴，使败兴：It *disappointed* us that we
lost the Canadian Cup. 我们失去了"加拿大
杯"，这使我们很失望。❷使(希望等)破灭；
挫败(计划等)：The strike *disappointed* the
investor of his profits. 这次罢工使投资者
的利润泡汤了。‖ **dis·ap'point·ment** *n.*
[U；C]

dis·ap·point·ed /ˌdisə'pointid/ *adj.* 失望
的；沮丧的：He is deeply *disappointed* at
the result. 他对这一结果大失所望。

dis·ap·point·ing /ˌdisə'pointiŋ/ *adj.* 令人
失望的；令人沮丧的：His results is *disap-*

pointing. 他的结果令人不满意。

dis·ap·prove /ˌdisəˈpruːv/ *v.* ❶不准许；否决：The Senate *disapproved* the nominations. 参议院否决了那几项任命决定。❷不赞同，不同意，反对：Her parents *disapproved* her intention to become an actress. 她父母不同意她当演员。‖ ˌdis·apˈprov·al *n.* [U]—ˌdis·apˈprov·ing·ly *adv.*

dis·arm /disˈɑːm/ *vt.* ❶缴…的械，解除…的武装；使失去攻击（或防御）能力(*of*)：The police captured the robber and *disarmed* him. 警察抓住了那个抢劫犯，并缴了他的械。❷拆除（炸弹等）的引信：*disarm* a bomb 拆除炸弹的引信 ❸使没有杀伤（或伤害）力；使（言论）不具说服力：He *disarmed* the rattlesnake by removing its fangs. 他拔出响尾蛇的毒牙使之无害。❹消除…的怒气（或疑虑、敌意等）：His friendliness *disarmed* all opposition. 他的友善消除了所有的敌意。

dis·as·ter /diˈzɑːstə⁻; -ˈæs-/ *n.* [C；U]灾难，灾祸；灾害：No one can think clearly when *disaster* strikes. 没有人能够清楚地想到何时会大祸临头。

☆**disaster, catastrophe** 均有"灾难，祸患"之意。**disaster** 为普通用词，指因缺乏预见或由外界敌对力量引起的突发性灾祸，可造成个人或集体生命财产的损失：The war proved to be the worst *disaster* the country had ever faced. （这场战争是该国所经历的最大灾难。）该词有时还用于上一些小的不幸事件，借此达到某种修辞效果：a party that turned out to be a complete *disaster* （搞得一塌糊涂的聚会）**catastrophe** 词义最强，指大灾大祸或毁灭性的结局：The war was a terrible *catastrophe* in which many people died. （该战争是一场可怕的灾难，许多人因此而丧生。）

dis·as·trous /diˈzɑːstrəs/ *adj.* ❶灾难（性）的；造成巨大破坏的：A nuclear war would be *disastrous* for the human race. 核战争对人类将是一场大灾难。❷极坏的，糟透的；惨败的：After *disastrous* attempts, he gave up. 几次尝试都失败后，他放弃了。

dis·band /disˈbænd/ *vt.* 使(组织或团体等)解散，使散伙，使解体；遣散：The dance party was *disbanded* after a farewell concert. 告别乐曲奏完后舞会散场了。

dis·be·lieve /ˌdisbiˈliːv/ *v.* 不相信，怀疑：I don't *disbelieve* you and your story. 我不相信你，也不相信你所说的话。

disc /disk/ *n.* [C] ❶唱片〔亦作 **disk**〕❷【计】磁盘

dis·card /disˈkɑːd/ *vt.* 扔掉，丢弃，抛弃：*discard* an empty bottle 丢弃空瓶子

dis·charge I /disˈtʃɑːdʒ/ *vt.* ❶允许…离开，放…走；释放(*from*)：The children were *discharged* early *from* school. 孩子们早就放学了。❷尽(职)；执行，完成(任务等)；履行(誓约等)：*discharge* sb.'s promise 践约 ❸排出；使流出；发泄(感情)；说出(恶言)：The infection *discharges* pus. 感染处在流脓。**II** /ˈdistʃɑːdʒ, disˈtʃɑːdʒ/ *n.* [U；C] ❶(枪、炮的)发射：The *discharge* of dynamite could be heard for three miles. 甘油炸药的爆炸声在三英里外都能听得到。❷(液体、气体等的)排出；放出；流出：a steady *discharge* of pus 不断流脓的现象 ❸[C；U]准许离开；释放；解雇，开除，免职；退伍：*discharge* from the hospital 获准出院

dis·ci·ple /diˈsaipⁱl/ *n.* [C] ❶【宗】耶稣的信徒；耶稣的使徒 ❷门徒，信徒；追随者

dis·ci·pline /ˈdisiplin/ *n.* ❶[U]纪律；风纪：Conduct that undermines *discipline* is not tolerated. 破坏纪律的行为是不能容忍的。❷[U；C](道德、智力等方面的)训练；训练方式：military *discipline* 军事训练 ❸[C]规章制度；行为准则；符合准则的行为：Some *disciplines* have been collapsed. 一些规章制度已经荡然无存。❹[C]学科；科目：The *discipline* of science differs from that of the humanities. 自然学科有别于人文学科。

dis·claim /disˈkleim/ *vt.* 否认；不承认：He *disclaimed* all knowledge of the matter. 他矢口否认知道此事。‖ disˈclaim·er *n.* [C]

dis·close /disˈkləuz/ *vt.* ❶使公开；透露，泄露；揭发：He refused to *disclose* his identity. 他拒绝公开自己的身份。❷使显露；揭

开：Daylight *disclosed* a chain of mountains in the distance. 晨曦之中显露出远处的连绵山峦。

dis·clo·sure /dis'kləuʒə'/ *n.* ❶[U]公开；透露,泄露；揭发：*disclosure* of a secret 泄密 ❷[C]揭发的事实；披露的秘闻：Rebel leaders would not confirm this *disclosure*. 叛乱领导人不愿意证实这一消息。

dis·co /'diskəu/ *n.* ([复]-cos)[U]迪斯科舞曲

dis·col·o(u)r /dis'kʌlə'/ *v.* (使)褪色；(使)变色；(被)玷污：The heat would *discolour* the paint. 高温会使油漆褪色。‖ **dis·col·or·a·tion** /disˌkʌlə'reiʃ'n/ *n.* [U;C]

dis·com·fort /dis'kʌmfət/ *n.* ❶[U]不舒服,不适,轻微的病痛；不安：Her letter caused him some *discomfort*. 她的来信使他感到有些局促。❷[C]使人不舒服(或不安)的事物；不便,困苦：It may be for other people's *discomfort*. 这话其他人听起来或许不顺耳。

dis·con·nect /ˌdiskə'nekt/ *vt.* ❶使断开,切断,割断：I think we've been *disconnected*, operator — will you try the number again, please? 我想我们的电话给挂断了。接线员,请你再接一次这个号码,好吗? ❷使不连接,使分离(*from*)：*disconnect* one freight car *from* another 使货车节节分开 ‖ **dis·con·nec·tion** /ˌdiskə'nekʃ'n/ *n.* [U]

dis·con·tent /ˌdiskən'tent/ *n.* [U]❶不满：They tried to stir up *discontent* among the employees. 他们企图在雇员中间挑起不满。❷不满意；不满足：Her *discontent* with her job is making her parents very unhappy. 她不满意自己的职业,这使她的父母极为不快。〔作 **discontentment**〕

dis·con·tin·ue /ˌdiskən'tinju:/ *v.* 中断,终止；中止,停止：*discontinue* one's work 停止工作

dis·cord /'disko:d/ *n.* ❶[U]不一致,不协调：The red carpet was a note of *discord* in that seedy hovel. 那条红地毯铺在那间简陋小屋里显得很不协调。❷[U;C]不和,争吵,纷争：Family *discord* sometimes leads to

broken homes. 家庭不和有时导致家庭的破裂。

dis·count I /dis'kaunt/ *vt.* ❶把(价格、费用等)打折扣；从价格(或费用等)中打去(若干)折扣：We *discount* 3％ on all bills paid when due. 本店对如期付清的账单一律打去 3％的折扣。❷低估,贬抑；减损：*discount* the effect of news on the market 低估消息对市场的影响 II /'diskaunt/ *n.* [U;C](价格、货款或给顾客等的)折扣：The staff at the shop get a *discount* of 10 percent. 本店职工一律可享受九折优待。

dis·cour·age /dis'kʌridʒ/ *vt.* ❶使灰心,使气馁,使泄气：The second failure *discouraged* him utterly. 他因再次失败而灰心至极。❷阻止;阻拦；劝阻(*from*)：They *discouraged* him *from* investing in the stock. 人们都劝他不要炒股。‖ **dis'cour·aged** *adj.* —**dis'cour·ag·ing** *adj.* —**dis'cour·ag·ing·ly** *adv.*

dis·cov·er /di'skʌvə'/ *vt.* ❶发现;发觉;找到：Who *discovered* the vaccin? 谁发现了这种疫苗的? ❷使公之于世,使公开,使公众知晓：One by one these small old towns have been noisily "*discovered*" by a best-selling novelist. 由于一位畅销小说家的大力渲染,这些古老的小镇已经一个接一个地名噪一时,广为人知。‖ **dis'cov·er·er** *n.* [C]

dis·cov·er·y /di'skʌvəri/ *n.* [U;C]发现;发觉：Dr. Fleming's *discovery* of penicillin occurred in 1928. 弗莱明博士于 1928 年发现了盘尼西林。

dis·cred·it /dis'kredit/ *vt.* ❶破坏(或败坏、损害)…的名誉；使丢脸：The revelations were meant to *discredit* the opposition. 这些内幕的揭露旨在搞臭反对派。❷使不可置信;使不可信赖：The insurance investigator *discredited* his claim. 保险公司调查员证实他的索赔要求不可信。‖ **dis'cred·it·a·ble** *adj.*

dis·crep·an·cy /dis'krep'nsi/ *n.* ❶[U]差异;不符,不一致：The *discrepancy* in their interests did not the least affect their friendship. 他们之间在兴趣爱好上的差异丝毫不影响他们的友谊。❷[C]不相符之处,不一致之处

dis·crim·i·nate /di'skrimi₁neit/ *vi.* ❶（因种族、肤色、性别等而）给予不同的对待: The law doesn't allow employers to *discriminate* between men and women who do the same jobs. 法律不允许男女同工不同酬。❷区别,辨别（*between*, *among*）: This computer lacks the ability to *discriminate between* speech and other sounds. 这台计算机没有辨别语言和其他声音的能力。

dis·crim·i·na·tion /di₁skrimi'neiʃ°n/ *n.* [U] ❶歧视;偏袒;差别对待: It was a clear case of *discrimination*. 这显然是厚此薄彼。❷辨别力,识别力,鉴别力: I trust his *discrimination*, he always chooses good places to eat. 我相信他的辨别力,因为他总是挑好地方吃东西。

dis·cus /'diskəs/ *n.* ❶[C]（[复]-cus·es）【体】铁饼: throw a *discus* 投铁饼 ❷[U]铁饼项目;铁饼比赛

dis·cuss /di'skʌs/ *vt.* 讨论;谈论;议论: The school board *discussed* the matter for hours but could agree on nothing. 学校董事会对此事讨论了好几个小时,但没能达成共识。
☆discuss, argue, debate, dispute 均有“讨论,争论”之意。discuss 常指以随便友好的方式就某一问题交换意见并加以研究和讨论,强调圆满解决问题的共同愿望: They were *discussing* a program. (他们正在讨论一项新计划。) argue 为普通用词,强调以推理方式陈述自己的观点和立场,并加以论证,以驳倒或说服他人: The lawyers *argued* the case for hours. (律师们对那个案件辩论了几小时。) debate 指对立双方进行正式而公平的辩论,通常在一定的客观监督下或根据某一规则来进行: They're just *debating* what to do next. (他们正讨论下一步该怎么做。)该词也可用于思考或选择: I'm *debating* what to do next. (我在琢磨下一步该怎么做。) dispute 常指激烈的争辩,强调争论不休的过程和双方对峙的局面: His views were hotly *disputed*. (人们正在热烈地讨论他的观点。)

dis·cus·sion /dis'kʌʃ°n/ *n.* [C;U]讨论;谈论;商讨: It is beyond *discussion* that these islands are Chinese territory. 那些岛屿是中国的领土,这是毫无讨论余地的。

dis·dain /dis'dein/ *n.* [U]蔑视,鄙视;鄙夷: She looked at him with cold *disdain*. 她以鄙夷的目光冷冷地看着他。‖ **dis'dain·ful** *adj.*

dis·ease /di'ziz/ *n.* [C;U] ❶病,疾病,病患: Measles and chicken pox are two *diseases* of children. 麻疹和水痘是两种儿童常见病。❷（精神、道德等的）不健全;（社会制度等的）弊端: Air pollution is a *disease* of industrial societies. 空气污染是工业社会的一种弊端。‖ **dis'eased** *adj.*

dis·es·tab·lish /₁disi'stæbliʃ/ *vt.* 废除（制度、习俗等）: *disestablish* the authority of an outdated moral code 打破旧道德准则的权威 ‖ **dis·es'tab·lish·ment** *n.* [U]

dis·grace /dis'greis/ *n.* ❶[U]丢脸,出丑;耻辱,不光彩: It's no *disgrace* to be practical. 讲点实际并不是什么丢人的事。❷[通常用单]丢脸的人（或事情）(*to*): Those shoes are a *disgrace* — take them off and throw them away. 穿那种鞋子真是丢人——快脱下来,扔掉! ‖ **dis'grace·ful** *adj.* — **dis'grace·ful·ly** *adv.*

dis·guise /dis'gaiz/ *vt.* ❶化装成,装扮成,假扮: She *disguised* herself with a wig and false beard. 她戴上假发和假须女扮男装起来。❷伪装: The warship was *disguised* to look like a merchant vessel. 那艘军舰伪装以后,看上去像一艘商船。❸掩饰,遮掩,掩盖;隐瞒: He could not *disguise* from my notice the poverty and meagerness of his imagination. 他想象力之贫乏逃不过我的眼睛。

dis·gust /dis'gʌst/ *vt.* ❶使厌恶,使嫌恶,使憎恶;使愤慨: He *disgusted* Simon by spitting. 他随地吐痰,使西蒙感到厌恶。❷使作呕,使恶心: The smell of the pigpen *disgusted* us. 猪圈里的臭气使我们作呕。

dis·gust·ed /dis'gʌstid/ *adj.* 让人反感的;让人厌恶的: We were (absolutely) *disgus-*

ted at the size of the bill. 我们看到账单上的数额,极为气愤。

dis·gust·ing /dis'gʌstiŋ/ *adj.* 令人作呕的,恶心的;令人厌恶的,讨厌的:Everyone thought it was quite *disgusting* to watch. 人人都认为这简直不堪入目。

dish /diʃ/ *n.* ❶[C]盘,碟:The vegetables were in separate china *dishes*. 蔬菜分别盛在几只瓷盘里。❷[C]一盘(碟)菜;(一道)菜肴;食品:We ordered five different *dishes* and shared them. 我们点了五种菜,大家一起分享。

dis·hon·est /dis'ɔnist/ *adj.* ❶不老实的,不诚实的:I wouldn't do business with such a *dishonest* man. 我不愿和这样一个不诚实的人打交道。❷骗人的;欺骗性的:a *dishonest* advertisement 欺骗性广告 ‖ **dis'hon·est·ly** *adv.*

dis·hon·o(u)r /dis'ɔnə/ *n.* ❶[U]不名誉,丢脸,耻辱:Death with honour is better than life with *dishonour*. 宁可光荣而死,不可屈辱偷生。❷[C]丢脸的人(或事情):You are a *dishonour* to your country. 你是你国家的耻辱。‖ **dis'hon·o(u)r·a·ble** *adj.*

dish·wash·er /'diʃˌwɔʃə/ *n.* [C] ❶洗碟的人,洗碟工 ❷洗碟机

dis·in·fect /ˌdisin'fekt/ *vt.* 为(伤口、房屋、衣物等)消毒(或杀菌):Drinking water is *disinfected* with chlorine. 饮水已经过氯气消毒。

dis·in·fect·ant /ˌdisin'fektənt/ *n.* [C;U]消毒剂,杀菌剂:Heat is a *disinfectant*. 高温能消毒。

dis·in·ter·est·ed /dis'intristid/ *adj.* ❶公正的;无私的;不偏不倚的:His visit was all friendly and *disinterested*. 他来这一趟完全是友好的,没有私心的。❷〈贬〉不感兴趣的,失去兴趣的;漫不经心的,不关心的:He looked bored and *disinterested*. 他脸上露出一种厌倦而冷漠的神色。

disk /disk/ *n.* [C] ❶圆盘;圆板,圆片 ❷圆平面 ❸唱片(=disc) ❹【计】磁盘

dis·like /dis'laik/ **I** *vt.* 不喜欢,讨厌,嫌恶,厌恶:The man *disliked* the sight of chan-

ges. 那个人见不得任何变动。**II** *n.* [U]不喜欢,嫌恶,厌恶,反感:He took his children camping in spite of his own *dislike*. 他自己尽管不喜欢但还是带孩子们去野营了。

dis·mal /'dizmᵊl/ *adj.* ❶忧郁的;凄凉的:Her voice sounds *dismal*. 她的嗓音听上去闷闷不乐。❷〈口〉软弱无力的;沉闷无趣的;差劲的;乏味的:a *dismal* effort 软弱无力的尝试 ‖ **'dis·mal·ly** *adv.*

dis·man·tle /dis'mæntᵊl/ *vt.* 拆卸,拆开;解散:The machine had to be completely *dismantled* to discover what was wrong with it. 为了发现毛病,只得把那台机器全部拆开。

dis·may /dis'mei/ **I** *vt.* [通常用被动语态] ❶使失望;使气馁;使绝望:She was *dismayed* to learn of her husband's disloyalty. 她得知丈夫对她不忠,心里感到很失望。❷使惊慌,使惊恐;使惊愕:We were *dismayed* at the news. 听到这则消息,我们感到惊慌。**II** *n.* [U] ❶失望,气馁;绝望:The results of exam filled us with *dismay*. 这次考试成绩使我们感到气馁。❷惊慌;惊恐;惊愕:The news filled us with *dismay*. 那消息使我们惊愕不已。

dis·miss /dis'mis/ *vt.* ❶把…打发走,允许…离开;解散,遣散:He was *dismissed* without punishment. 他未加惩罚就给释放了。❷免除…的职务;解雇,开除:He *dismissed* his chauffeur for reckless driving. 他因司机老干霸王车而将其解雇。❸(从脑海中)去除;抛弃;不谈论;不考虑:*Dismiss* your troubles and be happy with what you have. 忘了你那些烦恼,要知足!

dis·miss·al /dis'misəl/ *n.* [C]解雇,解聘,开除;解职,撤职:The *dismissals* led to a strike. 雇主解雇工人导致了罢工事件。

dis·o·bey /ˌdisə'bei/ *v.* 违抗,不服从,不听从;违反:I moaned all the time about it, but I could not *disobey*. 我对此一直叫苦不迭,却又不敢违抗。

dis·or·der /dis'ɔːdə/ *n.* ❶[U]杂乱,凌乱,混乱:The room was in *disorder* after the birthday party. 生日舞会过后,屋里一片狼

藉。❷[U;C]骚乱；动乱；暴乱：Recurrent food crises led to violent civil *disorders*. 一再发生的粮食危机引起了剧烈的内乱。❸[C;U]【医】(身心机能的)失调，紊乱；疾病：a *disorder* of the digestive organs 消化器官失调

dis·o·ri·ent /dis'ɔːriənt/ *vt.* ❶使迷失方向：The dark *disoriented* him and he walked in circles for hours. 黑夜使他迷失方向，他兜了好几个小时的圈子。❷使迷惘；使困惑；使不知所措：His sudden rise to fame and fortune *disoriented* him at first. 他一步登天，名利双收，使他一时茫然不知所措。‖ **dis·o·rien·ta·tion** /ˌdisˌɔːriən'teiʃn/ *n.* [U]

dis·par·age /di'spæridʒ/ *vt.* 贬低；轻视：Do not *disparage* good manners. 切莫轻视礼仪。‖ **dis'par·age·ment** *n.* [U]—**dis'par·ag·ing·ly** *adv.*

dis·patch I /di'spætʃ/ *vt.* (迅速地)派遣；发送 II /di'spætʃ,'dispætʃ/ *n.* ❶[通常用单](部队、信使等的)派遣；(信件等的)发送：Please hurry up the *dispatch* of this telegram. 请迅速发出这份电报。❷[C](公文)快信，急件；(记者等发往报社或电台的)快讯，(新闻)报道：send a *dispatch* from New York to London 从纽约发往伦敦的急件〔亦作 despatch〕‖ **dis'patch·er** *n.* [C]

dis·pel /di'spel/ *vt.* (-pelled;-pel·ling) 驱散(云、雾等)；使消失，消除，消释：The sun soon *dispelled* the mist. 太阳很快驱散了雾霭。

dis·perse /di'spəːs/ *vt.* ❶使散开；驱散；疏散：A thunderstorm *dispersed* the picnickers. 一场雷雨使得野炊的人们四散而去。❷使分布；使散布；散发：Groups of police were *dispersed* all along the street. 沿街布置了一群群的警察。❸使消散；驱散：Her sweet words *dispersed* his melancholy. 她那温柔的话语驱散了他的忧郁。

dis·play /di'splei/ I *vt.* ❶使展现；展示；陈列；展览：Man needs room to *display* his qualities and the individual characteristics of his soul. 人需要有舞台把其灵魂的所有品质和特点发挥得淋漓尽致。❷表现；显示；

显露：She *displayed* great self-control when they told her the news. 当别人告诉她这则消息时，她表现出很强的自制力。II *n.* [C;U]展现；展示；表演；陈列；展览：A collection of photographs was on *display* in the hall. 大厅里展出了一辑照片。

dis·please /dis'pliːz/ *vt.* 使不高兴，使不愉快；惹怒，得罪：His conduct *displeased* the family. 他的行为把全家人都惹火了。

dis·po·sal /di'spəuzᵊl/ *n.* [U] ❶排列；布置；配置；部署：the *disposal* of chessmen on a board (国际象棋)棋子在棋盘上的排列 ❷处理；处置；清除：waste *disposal* 垃圾处理

dis·po·si·tion /ˌdispə'ziʃn/ *n.* [通常用单] ❶性情；性格：My boss was of an exceptionally nervous *disposition*. 我的老板是个非常神经过敏的人。❷癖性；癖好；倾向，意向：She has a *disposition* to that disease. 她天生容易得那种病。

☆ **disposition, character, nature, personality, temper** 均有"性格，脾性"之意。**disposition** 指心理或精神上的主导倾向或习惯，有时也可表示短暂的情绪：He has a sunny *disposition*. (他性格开朗。) **character** 特指道德品质的集合体，强调性格中道德素质，常含品格高尚的意味：a man with a lofty *character* (品格高尚的人) **nature** 词义和使用范围最广，指心理或生理上的特性，强调其天生固有、不可改变性：the problem of *nature* and nurture in mental development (智力发展中先天禀性因素和后天培养的问题) **personality** 指一个人内心和外表特征的总和，这种特征可以不自觉地反映在思想感情、言谈举止等方面，能给别人留下强烈的印象，character 强调道德力量，personality 则侧重性格魅力或情感方面的感染力：influences affecting the development of a child's *personality* (影响儿童性格发展的因素) **temper** 侧重性格中后天修养习得的品质特性，可用于个人或民族：The national *temper* has always been one of optimism. (这个民族的性格一向乐观。)该词也可表示短暂的心境或怒气：fly into a *temper* (大发脾气)

dis·prove /dis'pruːv/ *vt.* 证明…虚假(或不

正确、不能成立）；反驳：They can neither prove nor *disprove* that it is genuine. 他们既不能证明也不能否认它的真实性。‖ **dis'prov·a·ble** *adj.*

dis·pute I /di'spju:t/ *v.* ❶争论；辩论：The two governments *disputed* over the ownership of the territory. 两国政府为这块领土的归属问题发生争执。❷争吵，吵架：The brothers are always *disputing*. 兄弟俩老是吵架。II /di'spju:t, 'dispju:t/ *n.* ❶[C;U]争论；辩论；争端：The bank teller's honesty is beyond *dispute*. 该银行出纳员的忠实可靠是毋庸置疑的。❷[C]争吵，吵架：The *dispute* grew more violent. 争吵愈演愈烈。‖ **dis·put·a·ble** /di'spju:təbl/ *adj.*

dis·re·gard /ˌdisri'ɡɑːd/ *vt.* ❶不顾，忽视，不理会：Ambition *disregards* wrong so long as it succeeds in its aim. 野心家只要能达到目的，是不择手段的。❷不尊重；漠视；不把…放在眼里：The gang *disregards* all authority. 那帮人把一切权威都不放在眼里。

dis·rupt /dis'rʌpt/ *vt.* ❶搅乱；扰乱：The news *disrupted* their conference. 这则消息搅乱了他们的会议。❷使中断；破坏…的完整性：Telephone service was *disrupted* for hours. 电话通信中断了数小时。

dis·rupt·ion /dis'rʌpʃ°n/ *n.* ❶[U]混乱；violent *disruption* caused by rioters 暴徒们引起的骚乱 ❷[C;U]混乱；中断：*disruption* of the phone lines 电话线路的中断

dis·sat·is·fy /di'sætisˌfai/ *vt.* 使不满；使不悦：The boy's poor grades *dissatisfied* his parents. 那男孩子的成绩很差，他父母为此不满。‖ **dis'satis·fied** *adj.*

dis·solve /di'zɔlv/ *vt.* ❶使溶解；使融化；使液化：*Dissolve* the medicine in water. 把药溶解在水里。❷终止，结束，解除（婚姻、合伙、联盟等关系）：The bond was *dissolved*. 契约解除了。❸解散（集会、议会等）：The cabinet was *dissolved* because the members could not agree with the prime minister. 内阁因其阁员与首相意见不一被解散了。

dis·tance /'dist°ns/ *n.* ❶[C;U]距离；间距：A straight line is the shortest *distance* between two points. 两点间直线距离最短。❷[U](遥)远：It's no *distance* from here. 那地方离这儿不远。❸[C;U]远处；远方：stare into the *distance* 凝眸远望

dis·tant /'dist°nt/ *adj.* ❶距离遥远的；在远处的，隔远的（*from*）：The sun is *distant* from the earth. 太阳与地球相距遥远。❷[通常作定语]（时间上）久远的：The war seemed now so *distant*. 那场战争恍如隔世了。❸[作定语]（亲属关系上）远的，远房的：They were, in fact, *distant* cousins. 事实上，他们是远方堂兄弟。❹冷淡的；疏远的；矜持的：She had always felt *distant* from her own people. 她对自己的亲人总是感到落落寡合。

dis·tend /di'stend/ *v.* (使)膨胀，(使)肿胀；(使)扩张；(使)上涨：The balloon was *distended* almost to the bursting point. 气球鼓胀得快要爆裂了。‖ **dis·ten·tion** /di'stenʃ°n/ *n.* [U]

dis·til(l) /dis'til/ (-tilled;-til·ling) *vt.* ❶【化】蒸馏；用蒸馏法对…进行净化（或提纯）；用蒸馏法提取（或提炼、生产）：The Scots have *distilled* whisky for centuries. 苏格兰人用蒸馏法制造威士忌酒已有好几百年的历史。❷净化；提炼；浓缩；吸取…的精华：A proverb *distils* the wisdom of the ages. 一则谚语浓缩了成百上千年的智慧。‖ **dis'til·er** *n.* [C]

dis·tinct /dis'tiŋkt/ *adj.* ❶[无比较级]有区别的；各别的；独特的，种类（或性质）截然不同的（*from*）：The patterns of spoken language are *distinct from* those of writing. 口语的形式与书面的截然不同。❷清楚的，明显的；线条分明的；确定无误的，明确的：The sound of the drums was *distinct* even from a distance. 即使在远处，鼓声也是清晰可闻的。‖ **dis'tinct·ly** *adv.*

dis·tinc·tion /dis'tiŋkʃ°n/ *n.* ❶[U;C]区分，明辨，辨别：His *distinction* of sounds is excellent. 他辨音能力很强。❷[C;U]差别；对比：He was pretty reasonable in *distinction* to other men. 同其他人相比，他还是很讲道理的。❸[U]优异；卓越，卓著；杰出：He got his degree with *distinction*. 他以

优异的成绩获得了学位。

dis·tinc·tive /diˈstiŋktiv/ *adj.* 〔无比较级〕特别的；有特色的：Long complex sentences are *distinctive* of his later style. 冗长的复合句是他晚期作品风格的特征。‖ **disˈtinc·tive·ly** *adv.* —**disˈtinc·tive·ness** *n.* 〔U〕

dis·tin·guish /diˈstiŋgwiʃ/ *vt.* ❶区别，辨别 (*from*)：Can you *distinguish* the twins apart? 你能分清这对孪生儿么？❷分辨出，辨别出：He could not *distinguish* many of the words. 他辨认不出其中的许多字。❸使区别于他物；作为…的特点（或特征）：Ability to talk *distinguishes* human beings from the lower animals. 人类有说话的能力，这点有别于低等动物。‖ **disˈtin·guish·a·ble** *adj.*

dis·tin·guished /diˈstiŋgwiʃt/ *adj.* 著名的；卓越的，杰出的 (*for*, *by*)：He is *distinguished for* his eloquence. 他以善辩而著称。

dis·tort /diˈstɔːt/ *vt.* ❶使变形；扭曲，弄歪：A curved mirror *distorts* the features. 哈哈镜使五官变形。❷歪曲（事实等）；曲解（思想、观点、动机等）：*distort* the facts 歪曲事实

dis·tor·tion /diˈstɔːʃn/ *n.* 〔C；U〕歪曲；曲解：The report contains nothing but lies and *distortions*. 这篇报道中尽是些谎言和歪曲的事实。

dis·tract /diˈstrækt/ *vt.* 分散（思想、注意力等）；使分心 (*from*)：Reading *distracts* the mind *from* grief. 读书能使人分心而减轻痛苦。

dis·tress /diˈstres/ Ⅰ *n.* 〔U〕❶疼痛；痛苦；悲痛；苦恼；忧虑：The baby's *distress* is caused by teething. 那婴孩因正出牙而感到疼痛。❷贫困；困苦：relieve *distress* among the poor 济贫 ❸（飞机、船只等所处的）危难；危境：a ship in *distress* 遇险的船只 Ⅱ *vt.* 使痛苦；使悲痛；使苦恼；使忧虑；折磨：Your tears *distress* me. 你一流泪我心里就很难过。

☆**distress，agony，anguish，suffering** 均有"痛苦"之意。**distress** 常指外部原因引起的精

神上或身体上的暂时紧张、忧虑、烦恼或痛苦，往往含有可能会得到减轻或需要人帮助之意：News of the hurricane put everyone in great *distress*. （飓风来临的消息使每个人大为不安。）**agony** 指令人难以忍受的极大痛苦，整个身心都在挣扎着承受：lie writhing on ground in *agony*（躺在地上痛苦地扭动身躯）**anguish** 尤指心灵上的极度痛苦或苦恼：in *anguish* over sth. （因某事而伤心）**suffering** 主要用于人，主体往往意识到自己在经受痛苦、烦恼或磨难：the *suffering* of the earthquake victims（地震灾区人民所受的痛苦）

dis·trib·ute /diˈstribjuːt, ˈdis-/ *vt.* ❶分发；分配；派送：Mother *distributed* candy among the children. 妈妈给孩子们分发糖果。❷使分布；散布；撒布：A painter should *distribute* the paint evenly over the wall. 漆工应将油漆均匀地涂在墙上。

dis·tri·bu·tion /ˌdistriˈbjuːʃn/ *n.* ❶〔通常用单〕分，发，分发；分配；派送：After the contest the *distribution* of prizes to the winners took place. 比赛结束之后举行了向优胜者颁奖的仪式。❷〔U〕【经】（商品等的）分配；分布；分销；销售（量）❸〔U；C〕分布；布局；分布状况（或方式）；分布范围（或地区）：The pine-tree has a very wide *distribution*. 松树分布范围极广。

dis·trib·u·tor /diˈstribjutəʳ/ *n.* 〔C〕❶分配者；分发者；发送者 ❷销售公司；批发公司

dis·trict /ˈdistrikt/ *n.* ❶（为行政、司法、教育等目的而划分的）区，管（辖）区，行政区；〈英〉（郡以下作为行政单位的）区：a park *district* 园林区 ❷（地理上的）区域；地区：a slum *district* 贫民区

dis·trust /diˈstrʌst/ *vt.* 怀疑，不信任：Everyone *distrusts* flatterers. 谁都不信任阿谀奉承者。‖ **disˈtrust·ful** *adj.*

dis·turb /diˈstɜːb/ *vt.* ❶打扰：I hope I'm not *disturbing* you. 但愿我没打扰到您。❷打断；妨碍：*disturb* sb.'s meditation 打断某人的沉思 ❸弄乱，搞乱，打乱：Someone has *disturbed* my books；I can't find the one I want. 有人把我的书翻乱了，我找不到想要的那本书。

D

☆**disturb, agitate, perturb** 均有"扰乱,使烦恼"之意。**disturb** 指某人的行动妨碍了别人的正常秩序而使人不得安宁,也指由于忧虑、困惑或恐惧等而打破心情、情绪等的平衡:Don't *disturb* the sleeping child. (别去惊扰睡着的孩子。) **agitate** 侧重强调内心激动或不安的明显表露:He was so *agitated*, that he could not answer. (他心烦意乱,无法作答。) **perturb** 暗含严重地失去精神上的平静之意:The bad news *perturbed* him. (这则坏消息令他大为不安。)

D

dis·turb·ance /di'stəːbʰns/ *n.* ❶[U;C]打扰;打断;滋扰;妨碍:The noise of traffic is a continual *disturbance*. 来往车辆的噪音不停地干扰着四周的宁静。❷[C]骚乱,动乱;引起骚乱的事物:a school *disturbance* 学潮

dis·turb·ing /di'stəːbiŋ/ *adj.* 引起烦恼的;令人不安的,引起恐慌的:The news is very *disturbing*. 这则消息令人极为不安。‖ **dis'turb·ing·ly** *adv.*

ditch /ditʃ/ *n.* [C] ❶沟;壕沟,明沟:a drainage *ditch* 排水沟 ❷水道;渠(道):an irrigation *ditch* 灌溉渠

dith·er /'diðə/ *vi.* 犹豫,踌躇:She sat there *dithering* over her decision. 她坐在那儿拿不定主意。

dive /daiv/ **I** (**dived** 或 **dove** /dəuv/) *vi.* ❶(尤指头先入水地)跳水:You *dive* in first and test the temperature of the water. 你先跳下去试试水温。❷(潜水艇、游泳者等)潜水:They are *diving* for gold from the Spanish wreck. 他们潜下水去捞取西班牙沉船上的金子。❸快速下行;(飞机等)俯冲;跳伞:The hawk *dived* straight at the field mouse. 鹰向田鼠直扑下来。**II** *n.* [C] ❶跳水:a fancy *dive* 花样跳水 ❷潜水;(潜水艇等的)下潜:The submarine made a crash *dive* into the depths. 那艘潜水艇突然潜入深海。

div·er /'daivə/ *n.* [C] ❶潜水员:a pearl *diver* 潜水采珠人 ❷跳水者;(花样)跳水运动员:She was a remarkable *diver*. 她是一名出色的跳水运动员。

di·verge /dai'vəːdʒ/ *vi.* (道路、光线、线条等)分岔;岔开:Their paths *diverged* at the fork in the road. 他们的路在道口分岔了。

di·verse /dai'vəːs, di-/ *adj.* [无比较级] ❶不同的,相异的:A great many *diverse* opinions were expressed at the meeting. 会议上众说纷纭,莫衷一是。❷多种多样的,种类繁多的:His brother's interests are *diverse*. 他兄弟的兴趣非常广泛。‖ **di'verse·ly** *adv.*

di·ver·si·ty /dai'vəːsiti, di-/ *n.* ❶[U]差异(性):There was considerable *diversity* in the style of the reports. 这几篇报道的文笔各不相同。❷[通常用单]多种多样;多样性:a *diversity* of methods 多种多样的方法

di·vert /dai'vəːt, di-/ *vt.* ❶使偏离,使转向(*from*, *to*):*divert* the subject into a side issue 把话题扯向一个枝节问题 ❷转移;盗用,挪用(资金):If you don't use it, you can *divert* the money into savings. 你若不用这笔钱的话,可以把它存起来嘛。❸转移(注意力等):She pointed to the left to *divert* the child's attention while she hid the cake. 她用手指向左边转移那孩子的注意力,同时把蛋糕藏了起来。

di·vide /di'vaid/ *vt.* ❶分;分开;划分;分割:He wants to *divide* the household. 他想分家。❷分配;分享;分担(*among*):The profits were *divided among* the several owners of the business. 利润在这家企业的几个所有人之间进行了分配。❸【数】除;除尽;把…作除数:When you *divide* 8 by 2, you get 4. 2除8等于4。‖ **di'vid·a·ble** *adj.*

di·vid·er /di'vaidə/ *n.* [C] ❶划分者;分裂者;隔开物,分隔物:a room *divider* 间壁 ❷[~s]分线规,两脚规:a pair of *dividers* 一副分线规

di·vis·i·ble /di'vizəbʰl/ *adj.* [无比较级] ❶可分的 ❷【数】可除尽的:12 is *divisible* by 1, 2, 3, 4, 6, and 12. 12能被1、2、3、4、6与12整除。‖ **di·vis·i·bil·i·ty** /di,vizə'biliti/ *n.* [U]

di·vi·sion /di'viʒʰn/ *n.* ❶[U]分;分开;划分;分割;分隔:the *division* of time into hours, days and weeks 将时间划分为小时、

日和星期 ❷[U]【数】除(法)：do *division* 做除法‖**di'vi·sion·al** *adj.*

di·vorce /di'vɔːs/ **I** *n.* [C；U]离婚，离异：the rate of *divorce* 离婚率 **II** *v.* 离婚：When my parents *divorced*, I went to live with my uncle. 父母亲离婚后，我与叔叔住在一起。‖ **di'vorced** *adj.*

diz·zy /'dizi/ *adj.* ❶头晕目眩的：He was *dizzy* from the height. 他因登高而觉得头晕目眩。❷被弄糊涂的；困惑的：He went *dizzy* at the thought. 他一想到此，头脑里便一片混乱。‖ **'diz·zi·ly** *adv.* — **'diz·zi·ness** *n.* [U] — **'diz·zy·ing** *adj.*

do /强 duː,弱 də/ (**did** /did/, **done** /dʌn/; 第三人称单数现在式 **does** /dʌz/) *v.* ❶干，做，办；进行：You can't *do* both together. 你可不能一心二用啊。❷完成，做完：Have you *done* it? 你做完了没有？ —*v. aux.* ❶[用以构成疑问句]：*Do* you like her? 你喜欢她吗？❷[用以构成否定句]：I *don't* want it. 我不要这东西。❸[用于倒装句]：Never *did* I see such a pretty girl. 我从来没有看见过这么漂亮的女孩子。❹[用以加强语气]：*Do* hurry! 一定要快！❺[用以代替前面提及的动词或动词短语]：My dog goes where I *do*. 我到哪儿我的狗也跟到哪儿。‖ **do away with** *vt.* 结束；去掉；废除：That department was *done away with* two years ago. 那个部门两年前被撤销了。‖ **'do·a·ble** *adj.*

dock /dɔk/ **I** *n.* ❶[C]码头；泊位；船埠：Ships load and unload beside a *dock*. 船泊码头装卸货物。❷[C]船坞：Ships are brought into *dock* for repairs. 船只被拖进船坞进行修理。**II** *v.* (船只)进港；靠码头：The ship *docked* during the night. 那只船是夜间进港的。

doc·tor /'dɔktər/ *n.* [C] ❶医生，大夫(略作 Dr.)：a good-for-nothing *doctor* 庸医 ❷博士(略作 Dr.)：Dr. Johnson 约翰逊博士‖ **doc·to·ri·al** /dɔk'tɔːriəl/ *adj.*

doc·trine /'dɔktrin/ *n.* [C；U]教条，教义；信条；主义：the Christian *doctrines* 基督教教义‖ **'doc·tri·nal** *adj.* [作定语]

doc·u·ment /'dɔkjumənt/ *n.* [C] ❶(尤指官方或法律)文件；公文；文献：A constitution is a precious *document* in a democracy. 在民主国家宪法是一份宝贵的文献。❷【经】凭证；[~s]单证，单据；票据：an accounting *document* 会计凭证‖ **doc·u·men·ta·tion** /ˌdɔkjumen'teiʃ°n/ *n.* [U]

doc·u·men·ta·ry /ˌdɔkju'ment°ri/ *n.* [C]记录电影(或电视片)；纪实性电影(或电视片)；(广播、电视等的)纪实节目；纪实文学作品

does /强 dʌz,弱 dəz, dz/ *v.* do 的第三人称单数现在式

does·n't /'dʌz°nt/ *v.* = does not

dog /dɔg/ *n.* [C]犬，狗：walk a *dog* 遛狗

dole·ful /'dəulful/ *adj.* ❶郁闷的；悲哀的；伤心的：a *doleful* expression 愁苦的表情 ❷令人沮丧(或悲伤)的：a *doleful* loss 令人伤心的损失‖ **'dole·ful·ly** *adv.*

doll /dɔl/ *n.* [C]玩具娃娃，玩偶：a rag *doll* 布娃娃 / cut out paper *dolls* 剪纸人儿

dol·lar /'dɔlər/ *n.* [C]美元(美国的货币单位，1 美元＝100 分[cents]，符号为$)

dol·phin /'dɔlfin/ *n.* [C]【动】海豚

do·main /də'mein/ *n.* [C] ❶(思想、知识和活动等的)领域，范围，范畴：He has being working in the *domain* of public health. 他一直都在公共卫生部门工作。❷领土；领地；版图：The Roman Church has had a far greater *domain* than the Roman Empire. 罗马教会的版图比罗马帝国大得多。

do·mes·tic /də'mestik/ *adj.* [无比较级][通常作定语]❶家的，家庭的；家务的，家用的：Her education was entirely *domestic*. 她所受的教育完全是在家里进行的。❷[作定语](动物)非野生的，驯养的：*domestic* birds 宠物鸟 ❸[作定语]国内的，本国的：*domestic* market 国内市场 ‖ **do'mes·ti·cal·ly** *adv.*

dom·i·nant /'dɔminənt/ *adj.* [无比较级]占优势的；支配的，处于统治地位的：The British were formerly *dominant* in India. 英

国人曾统治过印度。‖ **'dom·i·nant·ly** *adv.*

dom·i·nate /'dɒmineit/ *vt.* 支配,统治,控制:Our team *dominated* the league this year. 我队在今年的联赛上居领先地位。‖ **dom·i·na·tion** /ˌdɒmi'neiʃ°n/ *n.* [U]

dom·i·no /'dɒmiˌnəu/ *n.* [C]([复]**-no(e)s**) 多米诺骨牌,西洋骨牌:a set of *dominoes* 一副多米诺骨牌

do·nate /dəu'neit/ *v.* 捐赠,赠送;献出:She *donated* all her energies to finishing the job. 她为完成这项工作献出了自己的全部精力。

do·na·tion /dəu'neiʃ°n/ *n.* [U]捐赠,赠送;捐献:The school library was created through the *donation* by many people. 这所学校的图书馆是通过许多人的捐赠建立起来的。

done /dʌn/ I *v.* do 的过去分词 II *adj.* [无比较级]〈口〉❶完成的,完毕的;了结的:Our work is nearly *done*. 我们的工作快做完了。❷(食物)煮熟的:Under these conditions,cooking took so much time that the food was only half *done*. 在这种情况下,煮饭时间尽管很长,但煮成的饭仍夹生。

don·key /'dɒŋki/ *n.* [C]驴

do·nor /'dəunə/ *n.* [C]❶捐赠者;捐献者❷【医】供血者;献皮者;(组织或器官的)供体;骨髓供体;(人工授精的)精液提供者:a kidney *donor* 捐肾者

don't /dəunt/ *v.* =do not

door /dɔːʳ/ *n.* [C]❶门:close a *door* 关门❷门口,出入口,通道:This *door* is the only way out of the room. 这扇门是出房间的唯一通道。

door·bell /'dɔːˌbel/ *n.* [C]门铃

door·way /'dɔːˌwei/ *n.* [C]❶门,门口,门道:stand in the *doorway* 站在门口 ❷〈喻〉途径,门路:a *doorway* to freedom 自由之路 / the *doorway* to success 成功之道

dor·mi·to·ry /'dɔːmit°ri/ *n.* [C]❶(大学或学院的)学生宿舍 ❷(有多张床的)大寝室,集体宿舍

dos·age /'dəusidʒ/ *n.* [通常用单](药的)剂量:the recommended *dosage* 规定用药量

dose /dəus/ *n.* [C]❶【医】(服药的)(一次)剂量;一剂,一服:take a *dose* of cough medicine 服一剂咳嗽药/in small *doses* 小剂量服药 ❷(不愉快经历的)一次,一份:Newspapers dispensed large *doses* of nationalism to their readers during the war. 战争期间,许多报纸向读者们大肆散布民族主义思想。

dot /dɒt/ I *n.* [C]点,小(圆)点:There is a *dot* over the letter j. 字母"j"上面有一小点。II *vt.* (**dot·ted;dot·ting**)加点于;用点在…上做标记:*Dot* your i's and j's. 写"i"和"j"时要打上上面的点。

dote /dəut/ *vi.* 溺爱;过分宠爱(*on*,*upon*):They *dote* on their youngest daughter. 他们溺爱小女儿。‖ **'dot·ing·ly** *adv.*

dou·ble /'dʌb°l/ *adj.* [无比较级]❶两倍的;加倍的:a new house *double* the size of the old one 一间面积两倍于旧屋的新屋 ❷[通常作定语]成双的,成对的:*double* doors 双扇门 ❸[通常作定语]供两人用的;双人的:a *double* room 双人房间

dou·ble-deck·er /ˌdʌb°l'dekə/ *n.* [C]双层物;双层甲板船;双层客机;双层火车;〈主英〉双层公共汽车

doubt /daut/ I *vt.* [不用进行时态][后接宾语从句时,如主句为肯定形式用 whether 或 if 连接;如主句为否定或疑问形式时,用 that 连接]怀疑,不相信;不信任:I *doubt* his honesty. 我不信任他是忠诚老实的。II *n.* ❶[C;U]疑问;不确定(*of*,*about*,*as to*):I haven't a *doubt* (that) he's here. 我料定他会在这儿的。❷[通常作~s]疑惑,不相信:But I don't want to raise *doubts* in your mind. 可是我无意使你心里产生怀疑。‖ *beyond doubt adv.* 无疑地,确定地:His guilt has been established *beyond* reasonable *doubt*. 他已被证明有罪,证据确凿。*without doubt adv.* 无疑地,确实地:I'll be there by 6 o'clock *without doubt*. 我一定在 6 点前赶到那里。‖ **'doubt·er** *n.* [C]— **'doubting·ly** *adv.*

doubt·ful /'dautf°l/ *adj.* [通常作表语]感到怀疑的;疑惑的:I am *doubtful* whether I was at heart glad or sorry. 我不知道心里是喜还是悲。‖ **'doubt·ful·ly** *adv.* —**'doubt·ful·ness** *n.* [U]

☆**doubtful, dubious, questionable** 均有"怀疑的,可疑的"之意。**doubtful** 较为正式,指由于对某事不明白或对其性质缺乏证据而产生疑心: I am *doubtful* of the purpose of your speech. (我不太明白你为什么要说这番话。) **dubious** 指对某事物性质等方面的疑虑,也可指人道德品质等方面令人生疑: a *dubious* character (可疑人物) / I am *dubious* about the practicality of the scheme. (我对这个计划的可行性表示怀疑。) **questionable** 指某种事物确实值得怀疑、分析或批评;也可委婉地指道德方面的不可信或可疑: The jury thought the defendant's actions were *questionable*. (陪审团认为被告的行为非常可疑。)

dough·nut, doh·nut /ˈdəʊnʌt/ *n.* [C] ❶甜饼圈 ❷(内夹果酱或奶油馅的)炸面圈〔亦作 **donut**〕

dove[1] /dʌv/ *n.* [C]【鸟】(野)鸽,鸠鸽

dove[2] /dəʊv/ *v.* dive 的过去式

down /daʊn/ **I** *adv.* ❶向下;向低处: They ran *down* from the top of the hill. 他们从山顶跑下山来。❷下降: This year's profits are well *down* on last year's. 今年的利润同去年相比下降了很多。**II** *prep.* ❶向(或在)…的下端;向(或在)…的底部: Her hair hung *down* her back to her waist. 她背后的头发一直下垂到腰间。❷沿,循,顺: Go *down* the street till you reach the traffic lights. 顺着这条街往前走,一直到红绿灯那儿。**III** *vt.* 击倒;击落;使倒下(或落下等): Antiaircraft guns *downed* ten bombers. 高射炮击落了 10 架轰炸机。

down·fall /ˈdaʊnfɔːl/ *n.* [U]垮台;衰落;毁灭: The scandal led to the *downfall* of the government. 这项丑闻导致了该国政府的倒台。

down·grade /ˈdaʊnˌɡreɪd/ *vt.* ❶使降级,使降职;使降格: She's been *downgraded* from manager to assistant manager. 她已经由经理降为助理经理。❷降低(文件等)的保密级别;降低…的严重程度: They have *down-*

graded the alert from emergency to standby. 他们已将警报的级别由紧急降为待命。❸贬低;降低: She tried to *downgrade* the findings of the investigation. 她试图贬低调查结果的价值。

down·load /ˌdaʊnˈləʊd/ *v.* & *n.* (计算机)下载

down·pour /ˈdaʊnˌpɔː/ *n.* [C]倾盆大雨: a sudden torrential *downpour* 突如其来的一场倾盆大雨

down·stairs I /ˈdaʊnˈsteəz/ *adv.* [无比较级] ❶顺楼梯而下;往楼下: He slipped and fell *downstairs*. 他脚下一滑,跌下楼去。❷在楼下: Who lives *downstairs*? 谁住在楼下? **II** /ˈdaʊnˈsteəz/ *adj.* [无比较级][作定语]在楼下的;在底楼的: She is *downstairs*. 她在楼下。

down·town /ˈdaʊnˈtaʊn/ **I** *adv.* [无比较级]往(或在)城镇的商业区(或闹市区);往(或在)市中心: Mother has gone *downtown* shopping. 妈妈去市中心买东西去了。**II** *adj.* [无比较级][作定语](城镇的)商业区的,闹市区的;市中心的: His office is in *downtown* Honolulu. 他的办公室在檀香山的市中心。

down·ward /ˈdaʊnwəd/ **I** *adv.* [无比较级] ❶向下地,往下地: The bird swooped *downward* on its prey. 那只鸟对着猎物猛扑下来。❷面朝下地: She was lying face *downward* in the sand. 她脸朝下躺在沙滩上。**II** *adj.* [无比较级][通常作定语] ❶向下的,降下的: The *downward* trip on the elevator was very slow. 下行电梯的速度很慢。❷衰退的,衰弱的: the *downward* trend of share prices 股票价格下跌的趋势

doze /dəʊz/ **I** *v.* 半醒,小睡;打瞌睡,打盹: He is *dozing* in the sun. 他正坐在阳光下打瞌睡。**II** *n.* [通常作单]瞌睡,半睡,小睡: She fell into a *doze* during the meeting. 会议当中她打起盹儿来了。

doz·en /ˈdʌz⁽ə⁾n/ *n.* ([复]-en(s)) [与数字连用时复数不变](一)打,十二个(略作 **doz.**): a *dozen* of eggs 一打鸡蛋

drab /dræb/ *adj.* (**drab·ber, drab·best**) ❶无

光彩的;单调的;无生气的:The life of a person who never does anything is dull and *drab*. 无所事事者的生活是单调而乏味的。❷黄褐色的;灰黄色的;浅褐色的:The cottages were of a deep *drab* hue. 那些村舍的外表是一片深黄褐色。‖ **'drab·ness** *n.* [U]

draft /drɑːft;dræft/ **I** *n.* ❶[C]草图,图样;绘图:a *draft* for a machine 机器的草图 ❷[C;U]草稿,草案;草拟:He just finished the first *draft* of his new play. 他刚写完新剧本的初稿。❸[C;U]汇票;(凭汇票的)提款;汇票的支付:pass a bad *draft* 使用假汇票 **II** *vt.* ❶草拟,起草;绘制…的草图:*draft* a speech 起草讲演稿 ❷征募,征召…入伍,使服役:They *drafted* 50 men from the students for the air force. 他们从学生中征募了50名空军兵员。

drafts·man /'drɑːftsmən; 'dræfts-/ *n.* [C]([复]-men /-mən/)❶打样人,制图员 ❷绘画艺术家 ‖ **'draughts·man·ship** *n.* [U]

drag /dræg/ (**dragged**; **drag·ging**) *v.* ❶(用力地或慢慢地)拖,拉,拽:They overturned a car and *dragged* out the driver. 他们将汽车翻了过来,把司机拖了出来。❷拖着(脚等)行进:He moved slowly, *dragging* his wounded foot. 他拖着伤脚慢慢地走。

drag·on /'drægən/ *n.* [C]龙

drag·on·fly /'drægənˌflai/ *n.*[C][昆]蜻蜓

drain /drein/ *n.* [C]排水沟,排水渠,排水道;阴沟;排水管,排水器:block a *drain* 堵塞下水道 ‖ **'drain·er** *n.* [C]

dra·ma /'drɑːmə; 'dræmə/ *n.* ❶[C]一出戏;剧本:a historical *drama* 历史剧 ❷[常作 the ～]戏剧文学;戏剧艺术;戏剧事业;[总称]戏剧 ❸[U]一系列戏剧性事件;戏剧性场面,戏剧性情景:The history of America is a great and thrilling *drama*. 美国的历史是一部激动人心的大戏剧。

dra·mat·ic /drə'mætik/ *adj.* ❶[无比较级][作定语]戏剧的;剧本的;戏剧学的;戏剧艺术的:a *dramatic* critic 戏剧评论家 ❷形成鲜明对比的;给人深刻印象的:*dramatic* colours 鲜明的色彩 ❸戏剧性的;(动作、表情等)做戏般的;过于夸张的:She tends to be very *dramatic* about everything. 她做什么事都很夸张做作。‖ **dra'mat·i·cal·ly** *adv.*

dra·mat·ics /drə'mætiks/ [复] *n.* ❶[用作单]戏剧表演艺术;舞台技术:*Dramatics* is taught in some colleges. 有些院校讲授演戏技艺。❷(尤指业余演员的)戏剧作品

dram·a·tist /'dræmətist, 'drɑːm-/ *n.* [C]剧本作者;编剧;剧作家

drank /dræŋk/ *v.* drink 的过去式

dras·tic /'dræstik/ *adj.* 剧烈的,猛烈的,激烈的:The times have grown less *drastic*. 时代变了,眼下谁也不再走极端了。‖ **'dras·ti·cal·ly** /-kəli/ *adv.*

draw /drɔː/ (**drew** /druː/, **drawn** /drɔːn/) *vt.* ❶拉;拖;拽;扯;放下(帘、幕等);张(帆等);收(网等):The fishermen *drew* up their nets tighter and tighter. 渔民们把渔网越收越紧。❷吸引;招引;引诱:Her shouts *drew* the attention of the police. 她的呼叫引起了警察的注意。❸画,划;描绘;描写;刻画:*draw* a circle 画一个圆

draw·back /'drɔːˌbæk/ *n.* [C]缺点,缺陷;不利条件:the *drawbacks* of country living 乡村生活的不利之处

drawer /drɔːʳ/ *n.* [C]❶抽屉,抽斗 ❷[～s](长)内裤,(长)衬裤 ❸/'drɔː/ 制图员;制图工具;制图仪

draw·ing /'drɔːiŋ/ *n.* ❶[C]绘画;制图:mechanical *drawing* 机械制图 ❷[C]图画;图样;素描(画):a *drawing* of face 脸部素描

drawn /drɔːn/ *v.* draw 的过去分词

dread /dred/ *vt.* 怕,害怕;畏惧,惧怕;不敢;担心,忧虑:Cats *dread* water. 猫怕水。‖ **'dread·ed** *adj.*

dread·ful /'dredfˀl/ *adj.* ❶[尤作定语]可怕的,令人恐惧的:The dragon was a *dreadful* creature. 龙是令人恐惧的动物。❷[口]极不合意的;糟糕透顶的;烦人的;极讨厌的,可恶的:I have a *dreadful* cold. 我患了令人讨厌的重感冒。‖ **'dread·ful·ly** *adv.*

dream /driːm/ **I** *n.* [C]❶梦,睡梦;梦到(或

梦中出现)的人(或事物):Everybody has *dreams*. 人人都做梦。❷梦想,空想,幻想:*a fond dream* 黄粱美梦 II (dreamed /driːmd, dremt/或〈主英〉dreamt /dremt/) *vt.* ❶做(梦);梦见,梦到:She *dreamed* (that) she was in New York. 她梦游纽约。❷梦想,幻想,想象:He has long *dreamt* that he will be rich and happy some day. 他一直梦想着有朝一日会富有和幸福。‖ 'dream·er *n.* 〔C〕—'dream·ful *adj.*—'dream·less *adj.*—'dream·like *adj.*

dream·y /'driːmi/ *adj.* ❶朦胧的,模糊的:a *dreamy* smile 朦胧的微笑 ❷引起梦幻感觉的;轻柔的;安谧悦耳的:a *dreamy* lullaby 温馨甜美的摇篮曲 ❸爱空想的,好幻想的,喜做白日梦的:I was *dreamy* and inactive. 我不喜欢活动,好幻想。‖ 'dream·i·ly *adv.*

dress /dres/ I *n.* ❶〔C〕连衣裙;套裙:wear a short black *dress* 穿着一件黑色短连衣裙 ❷〔U〕(外穿的)衣服;制服:She looks stylish in this *dress*. 她穿上这件衣服很有韵味。❸〔U〕礼服:The ladies were in long cocktail *dresses*. 女士们身穿长长的礼服。II *vt.* ❶给⋯穿衣服(或礼服);打扮:He helped her *dress* the children. 他帮她给孩子们穿上衣服。❷布置,装饰:*dress* a display window 布置橱窗
☆dress,wear 均有"穿,穿戴"之意。dress 表示给自己或别人穿衣服,作及物动词时宾语是人:Please *dress* the baby, George. (请给宝宝穿衣服,乔治。) 该词有时也以表示状态,表明身上穿着特定颜色或类型的衣服:She always *dresses* in black. (她总是穿一身黑色衣服。) wear 表示穿着,戴着或蓄着,强调状态,宾语是衣物等:She never *wears* green. (她从来不从穿绿颜色衣服。)

dress·ing /'dresɪŋ/ *n.* ❶〔U;C〕(拌制色拉等的)调料:salad *dressings* 色拉调料 ❷〔C〕敷药;包扎:remove a *dressing* 除去绷带

drew /druː/ *v.* draw 的过去式

drib·ble /'drɪbəl/ *vi.* ❶一点一滴地落下;滴流;细流:That leaky faucet *dribbles*. 那个漏水的龙头一直在滴滴答答地滴水。❷(婴儿等)流口水:Infants generally *dribble* when they are teething. 婴幼儿长乳牙时通

常会淌口水。❸【体】(用手、脚或球棒等)带球;运球;盘球 ‖ 'drib·bler *n.* 〔C〕

dried /draɪd/ *v.* dry 的过去式和过去分词

drift /drɪft/ I *n.* 〔C〕(水等的)漂移,漂流:a *drift* of some 10 to 15 miles a day 大约 10 到 15 英里的日漂流距离 II *vi.* ❶漂,漂移,漂流;飘:A solitary leaf *drifts* down. 一片孤叶忽忽悠悠地飘落下来。❷无目的(或随意)地移动;随波逐流;漂泊:They spent the afternoon *drifting* about in a little sailing boat. 整个下午,他们在一只小小的帆船上随波荡漾。

drill /drɪl/ *n.* ❶〔C〕【机】钻床,钻机;钻头;冲子:a well *drill* 钻井机 ❷〔U;C〕(军事、体育、语言等的)操练;训练;演习;练习:Soldiers are at *drill*. 士兵们正在操练。

drink /drɪŋk/ I (过去式 drank /dræŋk/或〈口〉drunk /drʌŋk/,过去分词 drunk 或 drank) *v.* 喝,饮:I want something to *drink* milk from. 我要个东西装牛奶喝。II *n.* ❶〔U;C〕饮料,饮品:a cooling *drink* 冷饮 ❷〔C〕酒:have *drinks* at a bar 去酒馆喝酒 ‖ 'drink·a·ble *adj.*—'drink·er *n.* 〔C〕

drip /drɪp/ I (dripped;drip·ping) *v.* 滴下,滴落:Saline was *dripping* into him. (生理)盐水正在一滴一滴地注入他体内。II *n.* ❶〔C〕下滴,滴落:*drip* technique of painting 绘画中的滴色法 ❷〔通常用单〕滴水声;滴答声:The steady *drip* of rain kept me awake. 滴滴答答的滴水声使我难以入眠。

drive /draɪv/ (drove /drəʊv/, driv·en /'drɪvən/) *vt.* ❶驱,赶,驱赶(away,back, in,out,to):A sudden gust *drove* me back into the shelter of a tree. 一阵狂风迫使我退到一棵树下躲避。❷驾驭,驾驶;开车运送;流送(木材等):She *drove* them to the station. 她开车送他们去车站。❸驱使,迫使,逼迫(to):*drive* sb. crazy 把某人逼疯 ‖ 'driv·ing *adj.*

driv·en /'drɪvən/ *v.* drive 的过去分词

driv·er /'draɪvər/ *n.* 〔C〕赶车者;驾驶员,司机:the *driver* of a truck 卡车司机

droop /druːp/ *vi.* ❶(因劳累等)低垂,下垂:His head *drooped* down and a few moments he fell asleep. 他耷拉着脑袋，不一会儿就睡着了。❷(人)沮丧，忧郁；(意气)消沉；(植物等)萎蔫：Let not your spirits *droop* too low. 你不要过于意志消沉。

drop /drɔp/ **I** *n.* [C] ❶(液体的)滴，珠：He sweated large *drops*. 他冒出了豆大的汗珠。❷(液体等的)微量；点滴：Take a few *drops* of this medicine. 来喝点儿这种药吧。❸[~s]滴剂：ear *drops* 滴耳剂 ❹降落；下落；落下：the slow *drop* of water 水慢慢淌下 **II** (dropped；drop·ping) *vi.* ❶滴，滴落，滴下；滴水：Rain *drops* from the clouds. 雨水从云端滴下。❷掉下，落下；垂下；降落，垂落；下垂：It was so quiet you could hear a pin *drop* to the ground. 安静得连根针落地的声音都清晰可闻。

drop(-)out /'drɔp‚aut/ *n.* [C] 退学者

drought /draut/ *n.* ❶[C]旱灾 ❷[U]干旱，缺水

drove /drəuv/ *v.* drive 的过去式

drown /draun/ *v.* 淹死，溺死：A man fell from a bridge and *drowned*. 有个人从桥上掉下来淹死了。

drug /drʌg/ *n.* ❶[C] 药(品)，药物：prescribe suitable *drugs* for a patient 为病人对症下药 ❷麻醉品，麻醉剂；毒品：I don't think she takes *drug*. 我想她不会吸毒。

drug·gist /'drʌgist/ *n.* [C] 药剂师

drum /drʌm/ *n.* [C] ❶【音】鼓：beat the *drum* 敲鼓 ❷鼓声；鼓乐：the roll of *drums* 隆隆的鼓乐声

drum·mer /'drʌmə'/ *n.* [C]击鼓者；(乐队的)鼓手

drunk /drʌŋk/ **I** *adj.* 醉的：He was dragged home beastly *drunk*. 他烂醉如泥，被人架回家来。**II** *n.* [C] 喝醉的人；醉汉，醉鬼；酗酒者 **III** *v.* drink 的过去分词

dry /drai/ **I** *adj.* ❶干的；干燥的：He was rubbing himself *dry* with a towel. 他正用毛巾把自己身上擦干。❷缺少雨水的；干旱的：a *dry* area 干旱地区 ❸[无比较级]干涸的，枯竭的；用干的：In early summer the river was almost *dry*. 初夏时分，那条河几乎干涸了。❹口渴的；令人口渴的：She talked her mouth

dry. 她嘴都讲干了。**II** *vt.* (使)变干；弄干；擦干：He took out his handkerchief and *dried* the sweat on his forehead. 他掏出手绢擦干额头上的汗水。‖ **'dry·ly** *adv.* —**'dry·ness** *n.* [U]

dry cleaning *n.* [U] 干洗 ‖ **dry clean** /'drai‚kliːn/ *vt.* —**'dry ‚clean·er** *n.* [C]

du·al /'dʲuːəl/ *adj.* [无比较级][作定语] ❶双的，两的；二元的：the *dual* law which accounts for negative and positive electricity 解释正负电的二元法则 ❷双倍的；两重的；双重的：have a *dual* function 具有双重作用 ‖ **du·al·ism** /'dʲuːəliz(ə)m/ *n.* [U]—**du·al·i·ty** /dʲuːˈæliti/ *n.* [U]

du·bi·ous /'dʲuːbiəs/ *adj.* ❶怀疑的：I'm still *dubious* about the wisdom of that plan. 我对那个计划是否明智仍抱有怀疑。❷有问题的；靠不住的，不可靠的：a rather *dubious* character 可疑分子 ❸疑惑的；犹豫的，迟疑的：She feels *dubious* as to what to do. 她犹豫不决，不知该怎么办。‖ **'du·bi·ous·ly** *adv.* —**'du·bi·ous·ness** *n.* [U]

duck /dʌk/ *n.* ([复]duck(s)) [C]鸭：The *duck* waddles. 鸭子走起路来一摇一摆。

duck·ling /'dʌkliŋ/ *n.* [C]小鸭，幼鸭

due /dʲuː/ *adj.* [无比较级] ❶[作表语](即将)到期的，期满的：The loan is *due*. 贷款快到期了。❷[作表语]应得的，应给的：He is entitled to all the respect *due* to a scholar. 他有权享受一位学者应有的尊重。❸[作定语]应有的；适当的，恰当的，相称的：You will hear from us in *due* course. 我们会在适当的时候给你们去信的。❹足够的；充分的：He was driving without *due* care. 他开车时不够小心。❺[作表语]预定的；约定的；预期的；预定应到的：The next issue of this magazine is *due* out in December. 按预订计划本杂志下一期将于12月出版。‖ **due to** *prep.* ❶应归功于；应归咎于：Acknowledgement is *due to* all those have lent a helping hand. 谨向所有给予帮助者致谢。❷因为，由于：*Due to* repairs, the garage will be closed next Saturday. 因为要维修，这家汽车修理厂下周六停业。

D

dug /dʌɡ/ v. dig 的过去式和过去分词

duke /dʲuːk/ n. [C] ❶(欧洲大陆公国或小国的)君主;亲王 ❷公爵:the *Duke* of York 约克公爵

dull /dʌl/ adj. ❶钝的,不锋利的:a *dull* chisel 钝的凿子 ❷乏味的,单调的;令人生厌的:The novel is *dull* and unoriginal. 这部小说不仅索然无味,而且缺乏新意。❸没精打采的;毫无生气的:You are *dull* tonight. 你今晚情绪不高嘛。❹(天气等)阴沉的;昏暗的:a *dull* day of rain 阴雨蒙蒙的一天 ❺[作定语](色彩等)不鲜明的,晦暗的;无光泽的:The whole canyon is in *dull* shadow. 整个峡谷沉浸在晦暗的阴影之中。❻行动迟缓的,慢吞吞的 ❼愚钝的,愚蠢的,笨的:He had a *dull* mind. 他头脑愚笨。‖ '**dull·ness** *n.* [U]—'**dul·ly** *adv.*

dumb /dʌm/ adj. ❶[无比较级]愚钝的,愚蠢的,笨的:In addition to being young, you're *dumb*. 你不但年轻,脑袋瓜也不太好使。❷哑的,丧失说话能力的[用于人时具侮辱意味]没有人类语言能力的:He has been *dumb* from birth. 他生下来就是哑巴。❸(因恐惧、惊愕、害羞等)说不出话的,一时语塞的;沉默(无言)的:I was struck *dumb* with these reflections. 这样一想,我不禁惊愕得目瞪口呆。‖ '**dumb·ly** *adv.* —'**dumb·ness** *n.* [U]

dump /dʌmp/ I v. 倾倒,倾卸,把…倒空:She *dumped* the contents of her purse onto the table. 她把钱包里所有的东西全倒在桌上。II n. [C] 垃圾场;垃圾堆,废物堆

dump·ling /'dʌmplɪŋ/ n. [C] ❶汤团,团子 ❷饺子;水果布丁:apple *dumpling* 苹果布丁

du·pli·cate I /'dʲuːplɪkɪt/ n. [C] 副本,抄件;复制品:make a *duplicate* of the original 做一份原件的副本 II /'dʲuːplɪˌkeɪt/ vt. ❶复制;复写;复印:Can you *duplicate* the key for me? 你能帮我配一把这样的钥匙吗? ❷重复;依样重做:He *duplicated* his father's way of standing with his hands in his pockets. 他模仿其父两手插在口袋里站着的样子。‖ **du·pli·ca·tion** /ˌdʲuːplɪ'keɪʃən/

n. [U]

du·ra·ble /'dʲuərəbəl/ adj. ❶耐用的;坚固的:*durable* fabrics 耐穿的织物 ❷持久的,有永久性的:a *durable* peace 持久和平 ‖ **du·ra·bil·i·ty** /ˌdʲuərə'bɪlɪti/ *n.* [U]—'**du·ra·bly** *adv.*

du·ra·tion /dʲuə'reɪʃən/ n. [U] 持续,延续;持续期间:the natural *duration* of life 寿命

dur·ing /'dʲuərɪŋ/ prep. ❶在…的整个期间:She heated the place *during* the winter with a huge wood furnace. 整个冬天她用一个大的木柴炉供暖。❷在…期间的某一个时候:Come to see me *during* my office hour. 在我上班时来看我。

dusk /dʌsk/ n. [U] 薄暮,黄昏,傍晚:in the *dusk* of the evening 朦朦胧胧的夜色里

dusk·y /'dʌski/ adj. ❶昏暗的;暗淡的;微暗的;朦胧的:the *dusky* light of the late afternoon 傍晚的暗淡光线 ❷暗黑的,黑黝黝的:a *dusky* woman 皮肤黝黑的女人

dust /dʌst/ I n. [U] 灰尘,尘土,尘埃:*Dust* was collecting everywhere. 到处都积起了灰尘。II 除去(或掸去)…的灰尘;把…掸干净 ‖ **dust·less** *adj.*

dust·bin /'dʌstˌbɪn/ n. [C]〈主英〉垃圾箱,垃圾桶

dust·y /'dʌsti/ adj. 多尘的;满是灰尘的:a *dusty* table 满是灰尘的桌子 ‖ '**dust·i·ness** *n.* [U]

Dutch /dʌtʃ/ I adj. [无比较级]❶荷兰的 ❷荷兰语的 II n. ❶[the ~][用作复]荷兰人 ❷[U]荷兰语 / go *Dutch* vi. 各人付各人的账;平摊费用:Mary knew her boyfriend had little money, so she offered to go *Dutch*. 玛丽知道男友没什么钱,因此她提出各人付各人的账。

du·ti·ful /'dʲuːtɪfəl/ adj. 尽职的,守本分的;恭敬的,恭顺的;顺从的,服从的:She is a *dutiful* daughter to her parents. 她是父母的孝顺女儿。‖ '**du·ti·ful·ly** *adv.*

du·ty /'dʲuːti/ n. ❶[C;U]责任,义务;本分;职责:It is the *duty* of every citizen to defend the motherland and resist aggression.

保卫祖国，抵抗侵略，是每个公民的义务。❷[C;U]〈主英〉税；(尤指进口)关税：You can bring in one bottle free of *duty*. 你可以免税带进一瓶酒。‖ *off duty adv. & adj.* 不在班上(的)，下了班(的)：She'll be *off duty* at 5 pm. 她下午 5 点下班。*on duty adv. & adj.* ❶在值班(的)；在上班(的)：He goes *on duty* at eight o'clock in the morning. 他上午 8 点钟上班。❷在服役(的)：He was *on air duty* for five years. 他服役五年当空勤兵。

☆ **duty, obligation, responsibility** 均有"责任，义务"之意。**duty** 指道德、伦理或法律等方面应尽的职责或义务，强调因良心或责任感而自愿去干某事：It's my *duty* to protect my family. (我有职责保护家人。) **obligation** 较为正式，表示受诺言、誓言、契约、合同、法律或社会习惯等的约束而对他人承担的义务，侧重外界要求：You are under *obligation* to care for her. (你有照料她的义务。) **responsibility** 表示义务、责任、职责、职务上所尽的本分，强调必须对事情的结果负责：The garden is in her *responsibility*. (花园是由她负责的。)

dwarf /dwɔːf/ *n.* [C]([复] **dwarfs** 或 **dwarves** /dwɔːvz/) 侏儒，矮子；矮生动物(或植物)

dwell /dwel/ *vi.* (**dwelt** /dwelt/或 **dwelled**) ❶(尤指作为常住居民)居住(*in, at, on*)：They are *dwelling in* the cottage with us. 他们正与我们一起住在那幢小楼里。❷生活(于)；处(于)；存在(于)(*in, on*)：He *dwelt in* bondage to his mother. 他生活在其母的严厉管束之下。‖ **dwell·er** *n.* [C]

dwell·ing /'dweliŋ/ *n.* [C] 住处，住宅，寓所：You have changed your *dwelling*, haven't you? 你已搬了家，对吗?

dye /dai/ I *n.* [C;U] ❶染料：The first synthetic *dye* was made by Perkin in 1856. 第一种合成染料是由帕金于 1856 年制成的。❷染剂，染液：We bought a bottle of blue *dye*. 我们买了一瓶蓝色染液。II *vt.* ❶给…染色：He *dyes* his hair and beard (black) for business. 为了公务他常常把须发染黑。❷染上(颜色)：A green may be made by *dyeing* a blue over a yellow. 用蓝色染在黄色上可得到绿色。‖ **'dy·er** *n.* [C]

dy·ing /'daiiŋ/ *adj.* [无比较级]垂死的；临终的；快熄灭的，快消失的；行将结束的：The *dying* rays of the sun are weak. 残阳的光线是微弱的。

dy·nam·ic /dai'næmik/, **dy·nam·i·cal** /-k²l/ *adj.* ❶精力充沛的；活跃的；有生气的，有活力的；强有力的；能动的：The modern musical show is its most original and *dynamic* contribution to world theatre. 现代音乐剧是它对世界戏剧作出的最独特、最富于创新的贡献。❷[无比较级]力的；动力的；动态的：a *dynamic* verb 动态动词 ❸[无比较级]动力学的；力学的：*dynamic* theory of heat 热的动力学理论 ‖ **dy·nam·i·cal·ly** *adv.*

dy·nam·ics /dai'næmiks/ [复] *n.* ❶[用作单]力学；动力学 ❷动力：the *dynamics* of education 教育的动力

dy·na·mite /'dainə,mait/ *n.* [U] 达纳炸药；氨爆炸药：a stick of *dynamite* 一批达纳炸药

dy·na·mo /'dainəməu/ *n.* [C]([复]**-mos**) (尤指直流)发电机；电动机

dyn·as·ty /'dinəsti; 'dai-/ *n.* [C] 王朝；朝代：The Great Wall was built during the Qin *Dynasty* in China. 万里长城建于中国秦朝。

E e

e- /iː/ *comb. form* 表示"电子的";"计算机（化）的";"数字化的":*e*book（电子书）,*e*mail

each /iːtʃ/ **I** *adj.* [无比较级][放在单数名词前](两个或两个以上人、物中)每,各,各自的:*Each* boy gets a prize. 每个男孩都得到一份奖品。**II** *pron.* 每个,各个,各自:*Each* must do his [her] best. 每个人都要全力以赴。

☆**each**,**every** 均有"每,各"之意。**each** 用以强调"分",即对个体起着区别开来的作用;而 **every** 则用以强调"合",即对个体起着联合起来的作用。语义上本不相容的 each 和 every 两词用在一起,无非欲增加一个"无一例外"的含义,起加重语气的作用;然这种用法在正式的书面语体中较少见。

each other *pron.* [用单][常用作宾语指代主语]互相,彼此:We get to know who *each other* is. 我们得彼此了解对方的情况。

ea·ger /ˈiːɡə/ *adj.* [通常作表语]渴望的,热切的;急不可耐的(*for*):I am *eager for* news about them. 我渴望得到有关他们的消息。‖ ˈea·ger·ly *adv.* —ˈea·ger·ness *n.* [U]

☆ **eager**,**anxious**,**keen** 均有"渴望的"之意。**eager** 指以极大的热忱或热情、有时甚至是急不可待的心情去期待或渴求某种东西:He is *eager* for you to meet his friends. (他热切希望你见见他的朋友。) **anxious** 指因可能遭到挫折、失败或希望不能实现而感到焦急和忧虑:He was *anxious* for his family,who were travelling abroad. (他担心在国外旅行的家人。) **keen** 特指对某一事物兴趣强烈,特别喜爱:She's *keen* that we should go. (她热情地叫我们去。)

ea·gle /ˈiːɡl/ *n.* [C]【鸟】雕(鹰科猛禽)

ear¹ /iə/ *n.* [C] ❶耳,耳朵:I heard her say so with my own *ears*. 我亲耳听她这么说的。❷[亦作 ~ s]听觉:be easy on the *ear* 悦耳动听 ‖ **be all ears** *vi.* 〈口〉全神贯注地听,洗耳恭听:Tell me,I'm *all ears*. 告诉我,我正听着呢! **turn a deaf ear** [*deaf ears*] **to** *vt.* 拒绝听取,对…置若罔闻,对…置之不理:Young people sometimes seem to *turn a deaf ear* to the words of their parents. 年轻人有时似乎不愿听父母的话。‖ ˈear·less *adj.*

ear² /iə/ *n.* [C]穗:come into *ears* 抽穗

ear·lobe /ˈiələub/ *n.* [C]耳垂

ear·ly /ˈəːli/ **I** *adv.* ❶早;在预期(或通常)的时间之前,提早:I go to bed *early* and rise *early*. 我早睡早起。❷在开始阶段;在初期,在早期:The sun is not hot *early* in the day. 早晨太阳不灼人。**II** *adj.* ❶[作前定语]早的;提早的;早产的;早熟的:It is too *early* for bed. 现在上床睡觉时间太早。❷早期的,早先的,在前的:an *early* hour of the day 一清早

earn /əːn/ *vt.* ❶挣得,赚得:She *earns* 25 dollars a day. 她每天挣 25 美元。❷应得:He is paid more than he really *earns*. 他得到的报酬比他应得的要多。❸获得,赢得,博得;使获得:*earn* good marks 获得好分数

ear·nest /ˈəːnist/ *adj.* ❶认真的;有决心的;热切的;诚挚的:He is so *earnest* over it. 他对此事非常认真。❷庄重的;重要的:an *earnest* matter affecting life and death 一件生死攸关的大事 ‖ ˈear·nest·ly *adv.* —ˈear·nest·ness *n.* [U]

earn·ings /'ɜ:nɪŋz/ [复] n. ❶挣得的钱财；工资，收入：What are your take-home *earnings* after tax? 扣除税收后你拿回家的工资有多少？❷（由投资等）赚得的钱，收益，赢利，利润：a decline in the export *earnings* 出口利润的下降

ear·phone /'ɪəfəʊn/ n. [常作~s]耳机，耳塞；头戴受话器：a pair of *earphones* 一副耳机

ear·ring /'ɪərɪŋ/ n. [C]耳环，耳坠子 ‖ '**ear·ringed** adj.

earth /ɜ:θ/ n. ❶[时作 E-][通常作 the ~]地球：The oceans cover 70% of *the earth's* surface. 地球的表面 70% 由海洋覆盖。❷[用单]陆地；地面：She is interested in everything that moves between the *earth* and the sky. 她对存在于天空和陆地之间的一切活动都感兴趣。❸[U]土；泥：The *earth* in the garden is fertile, soft soil. 花园里的泥土松软肥沃。 ‖ **on earth** adv. [用于疑问词后加强语气]究竟，到底：What *on earth* do you mean? 你究竟是什么意思？

earth·ly /'ɜ:θli/ adj. [无比较级]尘世的，世俗的：She believed that our *earthly* life is all that matters. 她认为我们的现世生活是至关重要的。

earth·quake /'ɜ:θˌkweɪk/ n. [C]地震

earth·worm /'ɜ:θˌwɜ:m/ n. [C]蚯蚓，曲蟮，地龙

ease /iːz/ I n. [U]❶安逸；舒适；悠闲；无忧虑；自在：a life of *ease* and luxury 舒适豪华的生活 ❷容易，不费劲，不吃力：It can be done with great *ease*. 这事极易做的。II vt. 解除，减轻（痛苦、忧虑等）；解除（或减轻）…的痛苦（或忧虑等）(of)：*ease* nervous tension 消除紧张情绪 ‖ **at ease** adv. 安适；不拘束，不拘礼，自在：His smiling face set her *at ease*. 他的笑脸使她感到毫不拘束。

eas·i·ly /'iːzɪli/ adv. ❶容易地；无困难地；不费力地：She won *easily*. 她轻而易举地赢得了胜利。❷无疑，显然：He is *easily* the best student in the class. 他无疑是班上最出色的学生。

east /iːst/ I n. [U][the ~]东，东方（略作

E. 或 E）：Which way is *the east*? 哪面是东？ II adj. [无比较级]❶在东方（或东部）的；向东方的；朝东方的：the *east* wing of the house 东厢房 ❷（尤指风）来自东方的：an *east* wind 东风 III adv. [无比较级]在东方；向东方；自东方：The wind was blowing *east*. 正在刮东风。 ‖ '**east·er·ly** adj. & adv. **east·ward** /'iːstwəd/ adj. & adv. **east·wards** /'iːstwədz/ adv.

East·er /'iːstə/ n. [U;C]【宗】（基督教的）复活节（一般在 3 月 21 日或在春分以后月圆后的第一个星期日）

east·ern /'iːstən/ adj. [无比较级]❶（在）东方的，（在）东部的；向东方的：an *eastern* trip 东方之行 ❷来自东方的，从东面来的：an *eastern* wind 东风

eas·y /'iːzi/ adj. ❶容易的，不难的，不费力的：He is *easy* of access. 他很容易接近。❷舒适的；安逸的；不再痛苦的；安心的：have an *easy* life 生活安逸舒适 ❸宽裕的，小康的：be in *easy* circumstances 家道小康 ‖ **take it [things] easy** vi. ❶不紧张；从容；慢慢来：*Take it easy*. There's still enough time. 别心急，还有足够的时间。❷轻松一下；松懈一下；懒散：After you get out of the hospital, you still have to *take it easy* for a while. 你出院后的一段时间还是不能太累。

eas·y·go·ing /ˌiːziˈɡəʊɪŋ/ adj. 随和的；心平气和的；随遇而安的：an *easygoing* way of life 随遇而安的生活方式

eat /iːt/ （ate /et, eit/, **eat·en** /'iːtⁿn/) v. ❶吃；喝（汤等）；吃得使：This kind of fish is *eaten* raw. 这种鱼要生吃。❷咬；啃；蛀；侵蚀，腐蚀；吞噬：Acids *eat* metals. 酸会腐蚀金属。

eaves·drop /'iːvzdrɒp/ (-**dropped**;-**drop·ping**) v. 偷听，窃听：He hid under the table and *eavesdropped* on his sister and her sweetheart. 他藏在桌子下面偷听他姐姐和情人的谈话。 ‖ '**eaves·drop·per** n. [C]

ebb /eb/ vi. ❶（潮）退，（潮）落：The tide was still *ebbing* strong. 落潮的势头依然强劲。❷低落；减少；衰弱，衰退(away)：Their enthusiasm soon began to *ebb*. 他们的热情很快就低落下来。‖ *ebb and flow n.* [U] ❶潮水的涨落 ❷动荡不定(的境况)：the *ebb and flow* of life 人生的兴衰

ec·cen·tric /ik'sentrik/ **I** *adj*. (人或行为举止等)古怪的，怪僻的；不合常规的，异乎寻常的：He's *eccentric* in his habits. 他的习惯很古怪。**II** *n.* [C]古怪的人，怪僻的人：She was a mild *eccentric*. 她这个人有点儿怪。‖ **ec·cen·tri·cal·ly** /-kəli/ *adv.* —**ec·cenltric·ity** *n.*

ech·o /'ekəu/ **I** *n.* [C]([复]**ech·oes**) 回声，回音 **II** *v.* 发出回声；产生回响：The corridor *echoed* with footsteps. 走廊里回响着脚步声。

e·clipse /i'klips/ *n.* [C]【天】食：a solar *eclipse* 日食

e·col·o·gist /i'kɔlədʒist/ *n.* [C]生态学研究者；生态学家

e·col·o·gy /i'kɔlədʒi/ *n.* [U] ❶【生】生态学 ❷生态；生态平衡：the fragile *ecology* of a lake 湖泊脆弱的生态环境

e·co·nom·ic /ˌiːkə'nɔmik, ˌekə-/ *adj.* (作前置定语)❶经济的，经济上的：in a bad *economic* state 经济不景气 ❷[无比较级]经济学的：*economic* theories 经济学理论

e·co·nom·i·cal /ˌiːkə'nɔmikəl, ˌekə-/ *adj.* 经济的，节俭的；省时间的：She is *economical* of her smiles. 她不苟言笑。‖ **e·co'nom·i·cal·ly** *adv.*

e·co·nom·ics /ˌiːkə'nɔmiks, ˌekə-/ [复] *n.* ❶[用作单]经济学；经济原则：a degree in *economics* 经济学学位 ❷(国家的)经济状况；经济因素；经济意义：The *economics* of war overwhelmingly favoured the North. 战争的经济因素对北方大为有利。

e·con·o·mize /i'kɔnəˌmaiz/ *v.* 节约，节省；充分利用(*in, on*)：*economize* one's time 充分利用时间

e·con·o·my /i'kɔnəmi/ *n.* ❶ [C][常作 the ～]经济；经济状况；经济管理；经济制度：the household *economy* 家政 ❷[C;U]节约，节省，节俭；充分利用；节约措施：They

did it with great *economy* of effort and expense. 他们没费多少人力和开支就做成了这件事。‖ **e'con·o·mist** *n.* [C]

ec·sta·sy /'ekstəsi/ *n.* ❶[U;C]狂喜：go into *ecstasies* 陷入狂喜之中 ❷[U;C]强烈的感情；无法控制的情绪：His eyes kept sweeping in an *ecstasy* of fear from side to side. 他双眼神色恐慌，东张西望。‖ **ec·stat·ic** /ik'stætik/ *adj.* —**ec'stat·i·cal·ly** /-kəli/ *adv.*

ed·dy /'edi/ *n.* [C]❶旋涡；涡流：The little paper boat was caught in an *eddy*. 小纸船被卷进旋涡。❷旋涡般的风(或雾、尘土、烟等)：rain brought by the *eddy* in the winds 旋风卷来的雨

edge /edʒ/ *n.* [C]❶[常用单]边，棱；沿边；边缘；边界，边线：stand at the *edge* of a precipice and look down 站在峭壁的边缘上向下俯瞰 ❷刀口，刃，锋；锋利，快；尖利，尖锐：blunt the *edge* of a sword 使剑刃变钝

ed·i·ble /'edibəl/ *adj.* [无比较级]可以食用的，可以吃的：All parts of the plants are *edible*. 这些植物的所有部分均可食用。‖ **ed·i·bil·i·ty** /ˌedi'biliti/, **'ed·i·ble·ness** *n.* [U]

ed·it /'edit/ *vt.* ❶编辑，编选，校订：He *edits* a sociology series for a publisher. 他为出版商编辑一套社会学丛书。❷主编(报纸、杂志等)；担任(报纸、杂志、专栏等)的编辑：He used to *edit* the *Washington Post*. 他曾任《华盛顿邮报》的主编。❸修改；改写：He carefully *edited* his speech after the fact. 他根据事实仔细修改自己的讲稿。❹剪辑(影片、录音等)：If a film is well *edited* it can add greatly to its excitement. 一部影片剪辑得好，就会精彩得多。‖ **'edi·tor** *n.* [C]

e·di·tion /i'diʃən/ *n.* [C]❶版本；版(次)；同一版中的一册书(或一份报等)：bring out a new *edition* of Chaucer 出版新版乔叟全集 ❷(书报等出版物的)一版印刷总数

ed·i·to·ri·al /ˌedi'tɔːriəl/ **I** *adj.* [无比较级][常作前置定语]编者的；编辑的：the *editorial* director 编辑部主任 **II** *n.* [C](报刊的)社论；(电台或电视台相当于社论的)重要评论：a full-page *editorial* 整版社论 ‖

ˌed·i'to·ri·al·ly *adv.*

ed·u·cate /'edjuˌkeit/ *v.* 教,教育,培养;训练:*educate* one's taste in literature 培养文学鉴赏力 ‖ **'ed·u·ca·tor** *n.* [C] —**ed·u·cat·ed** *adj.*

ed·u·ca·tion /ˌedjuˈkeiʃ°n/ *n.* [U] 教,教育,培养;训练:free and compulsory *education* 免费义务教育 ‖ **ed·u·ca·tion·al** *adj.*

ef·fect /iˈfekt/ *n.* ❶[C]结果,后果:One of the *effects* of this illness is that you lose your hair. 这种疾病的后果之一是脱发。❷[U;C]效力,效应,作用;影响:The medicine has an immediate *effect.* 这药有速效。‖ *bring [carry] into effect vt.* 实行,实施;完成,实现;使生效:When the time is ripe, the scheme will be *brought into effect.* 一旦时机成熟,就将实施这个计划。*come into effect vi.* (尤指法律、规则等)被实行,被实施;生效
☆ effect, consequence, issue, outcome, result 均有"效果,结果,结局"之意。**effect** 表示必然或直接产生的作用、影响或效果,强调因果关系密切,带有比较客观或科学的意味:the *effect* of radiation on the body (辐射对人体的影响) **consequence** 暗含一种直接但并不紧密的因果关系,常指不好的、复杂的结果:Her investment had disastrous *consequences.* (她的投资结果很惨。) **issue** 指克服困难、解决问题后出现的结果或结局:The war was by then obviously proceeding toward a successful *issue.* (战争当时就朝向胜利的方向发展。) **outcome** 可与 result 或 issue 换用,指一系列事件后的独特结局,但不强调因果关系:a tragic *outcome* for such a happy marriage (幸福婚姻的悲惨结局) / predict the *outcome* of the election (预测大选结果) **result** 最为普通,含义较广,包括直接或间接的近因或远因所引起的结果,带有较强的最后结束的意味:an unexpected and tragic *result* (未料到的悲惨结局) / The end *result* was a growth in business. (最终的结果是生意上的增长。)

ef·fec·tive /iˈfektiv/ *adj.* ❶有效的;产生预期结果的;有效的:These measures will be *effective* in controlling crime. 这些措施将会有效地控制犯罪。❷产生深刻印象的,引人注目的;有力的:Varieties of chrysanthemum are *effective* in the garden. 花园里,菊花林林总总,惹人注目。❸[无比较级][作定语]事实上的,实际的:the *effective* leader 实际上的领导人 ❹生效的,起作用的:be *effective* as from 1 May 自 5 月 1 日起生效 ‖ **ef'fec·tive·ly** *adv.* —**ef'fec·tive·ness** *n.* [U]

ef·fi·cient /iˈfiʃ°nt/ *adj.* ❶(尤指机器、工具、系统等)效率高的;有效力的;(因省时、省力或省钱等而)收效大的:Our new air conditioner is more *efficient* than our old one. 我们的新空调使用起来比旧的效果更好。❷(指人)有能力的,能胜任的:He is *efficient* at his job. 他能胜任工作。‖ **ef·fi·cien·cy** /iˈfiʃ°nsi/ *n.* [U] —**ef'fi·cient·ly** *adv.*

ef·fort /'efət/ *n.* ❶[C;U]努力;气力;尽力;艰难的尝试:He spared no *effort* to make a success of the project. 他为胜利完成这项工程而不遗余力。❷[C]努力的结果;成绩,成就:My literary *efforts* have not been very successful. 我的文学创作一直不算很成功。‖ **'ef·fort·less** *adj.*

e.g.,eg. *abbr.* for example 例如:You must avoid sweet foods, *e.g.* chocolate, sugar, and ice cream. 你必须避免吃甜食,如巧克力、糖和冰激凌。

egg /eg/ *n.* [C] ❶(卵生动物尤指家禽的)蛋:a double yolked *egg* 双黄蛋 ❷【生】卵子,卵细胞:These *eggs* hatch into larvae. 这些卵会孵化成幼虫。

egg·plant /'egˌplɑːnt;-ˌplænt/ *n.* [C] ❶【植】茄 ❷茄子(茄的果实,可食)

egg·shell /'egˌʃel/ *n.* [C]蛋壳

e·go /'iːgəu,'e-/ *n.* [C]([复]egos) ❶自我,自己[亦作 I]❷自尊(心);自我形象:boost sb.'s *ego* 提升某人的形象 ❸自我中心;自负:There is something too much of *ego* in some of his essays. 他的文章中颇多矜持之处。

eh /ei/ *int.* 〈口〉[表示询问、惊奇或征求对方

同意]嗯,啊,什么;好吗,是吗:*Eh? What's that you said?* 嗯? 你刚才说什么来着?

eight /eit/ *n.* [C]八;八个(人或物):a total of *eight* 共计八个

eight·een /ˈeiˈtiːn/ *n.* [C]十八;十八个(人或物)

eight·y /ˈeiti/ *n.* [C]八十;八十个(人或物) ‖ **ˈeight·i·eth** *adj.* [无比较级] & *n.* [C;U]

ei·ther /ˈaiðə;ˈiː-/ **I** *pron.* [单独使用,或与 of 接名词或代词连用,或与其他名词或代词并列出现](两者之中)任何一个;各方;每一个:*Either* of them is capable of doing this. 他俩都能做这件事。**II** *conj.* [通常用于"either...or..."结构中]或者,要么:*Either* they're sorry or get out. 你要么向我道歉要么给我滚开! **III** *adv.* [无比较级]❶[用于否定语句中]也(不…):If you do not come, he will not come *either.* 如果你不来,他也不会来。❷〈口〉[用在否定句中以加强语气]当然,一定:A: It's mine. B: It isn't *either*! 甲:这是我的。乙:当然不是!

e·jac·u·late /iˈdʒækjuˌleit/ *vt.* (从生物体内)射出;射:The violet seed pod burst open and *ejaculated* the seeds over considerable distance. 堇菜荚果啪的一声裂开了,把里面的种子弹出老远。‖ **e·jac·u·la·tion** /iˌdʒækjuˈleiʃ°n/ *n.* [C;U]

e·ject /iˈdʒekt/ *vt.* 强迫(某人)离开(处所、职位、产业等);驱逐,逐出,排斥(*from*):They have lately been *ejected from* the office. 他们最近已被革职了。—*vi.* (从飞机或宇宙飞船的弹射座椅上)弹射出来:When the plane caught fire,the pilot *ejected.* 飞机起火时,飞行员从机舱内弹射出来。‖ **eˈjec·tion** /-ʃ°n/ *n.* [C;U]

☆**eject,dismiss,expel** 均有"驱逐,排出"之意。**eject** 强调使用某种力量从内部猛推或抛掷出来:The volcano *ejected* lava for three days in succession. (这座火山连续三天喷出熔岩。)**dismiss** 常指上司解雇下属或责其离开:The accountant was *dismissed* for graft. (这位会计因为挪用公款而被解

职。)该词也可表示对诉讼案件不予受理或对不愉快的人和事不予考虑,免得烦恼:*dismiss* sb. from one's thoughts(不烦心去想某人)**expel** 指强制性驱赶,往往含想要永久除掉的意味:*expel* a foreign diplomat on grounds of being a spy(驱逐一名从事间谍活动的外交官)

e·lab·o·rate I /iˈlæbərət/ *adj.* ❶[通常作定语]精心设计(或制作)的;精致的;详尽的;复杂的:Her skirt was decorated with *elaborate* embroidery. 她的裙子绣有错落有致的花饰。❷用心的;煞费苦心的:an *elaborate* excuse 绞尽脑汁编造出来的托词 **II** /iˈlæbəˌreit/ *v.* ❶精心制作;详细搞出:He *elaborated* his plans for the business. 他为这项业务悉心制订计划。❷详尽阐述:Some of these points will have to be further *elaborated.* 这些要点中有些需作进一步的阐述。‖ **eˈlab·o·rate·ly** *adv.* —**eˈlab·o·rate·ness** *n.* [U]—**e·lab·o·ra·tion** /iˌlæbəˈreiʃ°n/ *n.* [C;U]

e·lapse /iˈlæps/ *vi.* (时间)流逝,消逝,过去:Thirty minutes *elapsed* before the performance began. 过了30分钟演出才开始。

e·las·tic /iˈlæstik/ **I** *adj.* ❶弹性的;有弹力的:materials with *elastic* properties 弹性材料 ❷有灵活性的;可通融的;可修改的:an *elastic* schedule 灵活变通的时间表 **II** *n.* [U]❶弹性织物;弹性织物制品 ❷橡皮带,松紧带;橡皮圈 ‖ **e·las·ti·ci·ty** /iˌlæsˈtisiti/ *n.* [U]

☆**elastic,flexible** 均有"有弹性的,有弹力的"之意。**elastic** 指伸展或拉长后能抵抗形变和迅速恢复原状,强调物体的伸展性:A rubber band is *elastic.* (橡皮带有弹性。)该词也可表示灵活的或有伸缩性的:fairly *elastic* regulations(通融性很强的规定)**flexible** 强调弯曲或折叠后不会被折断的柔韧性能:a *flexible* plastic tubing(弹性塑料管);该词也常表示暂时的改变以求得平衡或适应:a *flexible* foreign policy(变通灵活的对外政策)

e·lat·ed /iˈleitid/ *adj.* 异常兴奋的;兴高采烈的:*elated* fans 狂热的球迷 ‖ **e·la·tion**

/i'leiʃn/ n. [U]

el·bow /'elbəu/ n. [C] ❶肘：She sat with her *elbows* on the table, resting her chin in her hands. 她坐着，胳膊肘搁在桌上，双手托着下巴。❷（上衣的）肘部：He had a patch on the *elbow* of his jacket. 他夹克衫的肘部有一块补丁。

eld·er /'eldə/ I adj. [无比较级][通常作定语]年龄较大的，年长的：Her *elder* daughter is married. 她的长女结婚了。II n. [C] ❶年龄较大的人：She married an old man nearly fifty years her *elder*. 她嫁给了一个比她几乎大五十岁的老头儿。❷[常作～s]长者；前辈：Listen to your *elders*. 长辈说话要好好听。

eld·er·ly /'eldəli/ I adj. 较老的，已过中年的；年长的，上年纪的；近老年的：My father is rather *elderly* now and can't walk very fast. 我父亲到了耄耋之年，现已步履蹒跚了。II n. [总称]较老的人；年长者，上年纪的人，到了晚年的人：The *elderly* need care. 老年人需要关心。

eld·est /'eldist/ adj. [无比较级]年龄最大的（尤指子女排行老大的或家庭的现存者中最年长的）：Gladys was the *eldest* of four children. 格拉迪斯是四个孩子中最年长的。

e·lect /i'lekt/ vt. ❶选举；推选，推举：Americans *elect* a President every four years. 美国人每四年选举一位总统。❷选择；选定；决定：They may *elect* to opt out of the scheme. 他们可能决定退出这项计划。

e·lec·tion /i'lekʃn/ n. ❶[C；U]选举；推选，推举：Trade union representatives are chosen by *election*. 工会代表是经选举产生的。❷[U]当选：one's *election* to the chairmanship 某人当选为主席

e·lec·tric /i'lektrik/ adj. [无比较级][作前置定语]电的；与电有关的：an *electric* generator 发电机

e·lec·tri·cal /i'lektrik°l/ adj. [无比较级] ❶=electric ❷电的；有关电的；与用电有关的；电气科学的：*electrical* experiments 电气实验 ‖ e'lec·tri·cal·ly adv.

e·lec·tri·cian /ilek'triʃn/ n. [C]电工，电气工人；电气技术员

e·lec·tric·i·ty /iˌlek'trisiti/ n. [U]电；电气：generate *electricity* 发电

e·lec·tri·fy /i'lektriˌfai/ vt. ❶通电；使起电；使带电：We *electrified* the main circuits to see if the fuses would blow. 我们给总线路通电，看看保险丝会不会爆。❷使电气化；向…供电：Some railroads are now *electrified*. 有些铁路现已电气化了。‖ e·lec·tri·fi·ca·tion /iˌlektrifi'keiʃn/ n. [U]

e·lec·trode /i'lektrəud/ n. [C]【电】电极

e·lec·tron /i'lektrɔn/ n. [C]【核】电子

e·lec·tron·ic /iˌlek'trɔnik/ adj. [无比较级][通常作定语]电子的；电子学的；电子器件的：an *electronic* flash camera 电子闪光照相机 ‖ iˌlec'tron·i·cal·ly /-kəli/ adv.

e·lec·tron·ics /iˌlek'trɔniks/ [复] n. [用作单]电子学

el·e·gant /'eligənt/ adj. （仪态、举止、动作等）优雅的，高雅的，端庄的；（设计、风格、摆设等）精美的；雅致的：an *elegant* woman 高雅的女士 ‖ 'el·e·gance n. [U] —'el·e·gant·ly adv.

el·e·ment /'elimənt/ n. [C] ❶基本成分，要素；因素：Timing was an important *element* in the success of the advertising. 时间选择是决定广告是否成功的重要因素。❷【化】【物】元素：All matter is composed of 100 odd (chemical) *elements*. 任何物质都是由一百多种（化学）元素构成的。‖ el·e·men·tal /ˌeli'ment°l/ adj. —ele'men·tal·ly adv.

☆element，component，constituent，factor，ingredient 均有"部分，成分"之意。element 使用范围最广，指一个整体中必不可少的基本或固有部分：Justice is an important element in good government. (公正是仁政的要素。) 在化学中，该词还可表示基本元素：Both hydrogen and oxygen are elements，but water is not. (氢和氧都是元素，而水不是。) component 指一个整体的组成部分，强调容易分离、拆开，或可以区别、辨认这一特性：

the *components* of an engine, a camera, etc. (引擎、照相机等的部件) **constituent** 常指某一整体中不可缺少的部分或成分：segment the sentence into *constituents*（给这个句子进行成分切分）**factor** 指有助于完成某一工作或产生某一明确结果的任何部分或成分：Luck was a *factor* in his success.（运气是他获得成功的一个因素。）**ingredient** 为普通用词，既可指某一杂乱的混合体中没有发生变化的部分或成分，也可表示某一实体或有机体中融合在一起或发生过变化的成分：Iron and carbon are the *ingredients* of steel.（铁和碳是钢材的成分。）该词也可用于抽象意义，表示要素或因素：the *ingredients* of sb.'s character（某人性格中的成分特征）

el·e·men·ta·ry /ˌeliˈmentªri/ *adj.* ❶基本的；简单的：The questions were so *elementary* that he easily passed the test. 题目非常容易，他不费劲就通过了测验。❷[无比较级]基础的；初步的；初级的，小学的：*elementary* education 初等教育

el·e·phant /ˈelifənt/ *n.*（[复]-phant(s)）[C][动]象：a herd of *elephants* 一群象

el·e·vate /ˈeliˌveit/ *vt.* ❶举起，提高；使上升；抬起，抬高：*elevate* one's eyebrows 扬眉 ❷提拔，提升…的职位，使晋级：be *elevated* to a higher rank for bravery 因勇敢而受提拔

el·e·va·tor /ˈeliˌveitəʳ/ *n.* [C] ❶起重机，起卸机，提升机 ❷〈美加〉电梯（=〈英〉lift）；升降机：a bank of passenger *elevators* 一套载客电梯

e·lev·en /iˈlevªn/ *n.* [C]十一；十一个（人或物） ‖ e**ˈlev·enth** *n.* & *adj.*

e·lic·it /iˈlisit/ *vt.* ❶引起；引发，使发出：A sad face often *elicits* compassion. 一副悲伤的面容常常令人同情。❷引出；诱出，探出（回答等）；推导出：After much questioning, he *elicited* the truth from the boy. 通过反复盘问后，他从那个男孩子口中探得了真情。

el·i·gi·ble /ˈelidʒəbªl/ *adj.* ❶有资格当选的，符合推举条件的，有条件被选上的；合格的(for)：Citizens are *eligible* to vote. 公民有投票权。❷合格的，符合要求的；胜任

的；Eve is *eligible for* admission to a university. 伊夫符合大学录取要求。‖ **el·i·gi·bil·i·ty** /ˌelidʒəˈbiliti/ *n.* [U] —**ˈel·i·gi·bly** *adv.*

e·lim·i·nate /iˈlimiˌneit/ *vt.* ❶消除；根除；剔除：*eliminate* illiteracy 扫除文盲 ❷不加考虑，忽略；省略掉：tighten a budget by *eliminating* unnecessary expenses 省略不必要的开支以紧缩财政预算 ❸(比赛中)淘汰：Bristol were *eliminated* when they lost to Cambridge United. 布里斯托尔队因负于剑桥大学联队而遭淘汰。‖ **e·lim·i·na·tion** /iˌlimiˈneiʃªn/ *n.* [U]

e·lite, é·lite /iˈliːt, ei-/ *n.* [总称]出类拔萃的人(或物)，精英，精锐，尖子：a small intellectual *elite* 寥若晨星的知识界精英

el·lipse /iˈlips/ *n.* [C][数]椭圆；椭圆形

el·o·quent /ˈeləkwənt/ *adj.* 雄辩的，口才好的；有说服力的：an *eloquent* orator 雄辩家 ‖ **el·o·quence** /ˈeləkwəns/ *n.* —**ˈel·o·quent·ly** *adv.*

else /els/ I *adj.* [无比较级]通常用于不定代词、疑问代词后]其他的，别的，此外的，另外的：There is nobody *else* here. 这儿没有其他人。II *adv.* [无比较级][常用于疑问副词后] ❶此外，另外，其他：Can we go anywhere *else*? 我们可以上别的地方去吗？ ❷否则，要不然：Hurry, *else* you will be late. 快，否则你要迟到了。‖ **or else** *conj.* 否则，要不然：Speak fair words, *or else* be mute. 讲好听的，否则就免开尊口。

else·where /ˌelsªˈweəʳ/ *adv.* [无比较级]在别处；往别处：tourists from France, Italy, and *elsewhere* 来自法国、意大利和其他国家的游客

e·lude /iˈl'uːd/ *vt.* ❶闪避，躲避，避开(危险、追问等)；逃避(责任、困难等)，推托：*elude* capture by the police 逃避警方的逮捕 ❷使想不起；使不理解，使不懂；把…难倒：The cause of cancer has *eluded* all research. 癌症的病因还没有研究出来。

E-mail, e-mail, e·mail /ˈiːˌmeil/ I *n.* [C]电子邮件 II *v.* 发电子邮件(说或表达)；发

电子邮件给

em·a·nate /'eməˌneit/ v. （气体等）散发，发散；（光等）发射，射出（from）：A foul smell *emanated from* the sewer. 阴沟里散发出一股臭气。‖ **em·a·na·tion** /ˌeməˈneiʃⁿn/ n. [C;U]

e·man·ci·pate /iˈmænsiˌpeit/ vt. 解除…的束缚；使从约束中解脱；释放，使自由；解放：Women have been *emancipated* from many old restrictions. 妇女已从许许多多旧的束缚中解放出来。‖ **e·man·ci·pa·tion** /iˌmænsiˈpeiʃⁿn/ n. [U] — **e'man·ci·pa·tor** n. [C]

em·bank·ment /imˈbæŋkmənt/ n. [C] ❶（公路或铁路的）路堤；堤岸，堤围：a railway *embankment* 铁路路堤 ❷筑堤

em·bark /emˈbɑːk, im-/ v. ❶上船，乘船；上飞机，登机；上车（for）：*embark for* Europe from Halifax 从哈利法克斯乘飞机去欧洲 ❷从事，着手，开始做（in, on, upon）：He is *embarking on* a new career as an engineer. 他准备开始一种工程师的新生涯。‖ **em·bar·ka·tion** /ˌembaːˈkeiʃⁿn, ˌim-/ n. [U]

em·bar·rass /imˈbærəs, em-/ vt. 使尴尬，使难堪；使害着，使局促不安：His bad table manners *embarrassed* his wife. 他这种不雅的吃相使他的妻子很难堪。‖ **em'bar·rass·ing** adj.

em·bar·rass·ment /imˈbærəsmənt, em-/ n. ❶[U]窘迫，尴尬 ❷[C]令人尴尬的事（或人）

em·bas·sy /'embəsi/ n. [C] 大使馆，大使官邸及其办公处

em·bed /imˈbed/ vt. (-bed·ded;-bed·ding) ❶使嵌入，把…插入（或埋入、扎入）；使深入（in）：The arrow *embedded* itself *in* the door. 那支箭牢牢地扎在门上。❷包涵，蕴涵：His love of children deeply *embeds* in his personality. 他对孩子的爱深植于他的个性之中。

em·bel·lish /imˈbeliʃ/ vt. ❶美化，修饰，装饰：She *embellished* the cake with pink icing. 她用粉红色糖霜装饰蛋糕。❷添加

（叙述）的细节；润色（文章），润饰；渲染：Joanna *embellished* her story by adding a few imaginative details to it. 乔安娜增添了一些想象的细节润饰她的短篇小说。

em·bez·zle /imˈbezⁿl/ vt. 盗用，挪用；贪污（公款）；霸占，侵吞（财物）：He *embezzled* all the old lady's money. 他侵吞了那个老太太的全部钱财。‖ **em'bez·zler** n. [C] — **em'bez·zle·ment** n. [U]

em·bod·y /imˈbɔdi/ vt. ❶使（思想、概念等）具体化；(人或物)体现（思想等）；具体表现（或表达）：She *embodies* her principles in her behaviour. 她以自己的举止行为体现自己的原则。❷收录；编入；包括，包含（in）：The newer cars *embody* many gas-saving features. 新一代汽车具有许多省油的特点。‖ **em'bod·i·ment** n. [U]

em·brace /imˈbreis/ I vt. ❶抱，拥抱，怀抱：The mother *embraced* her baby. 母亲把婴儿抱在怀里。❷（欣然）接受，接纳，采纳；(乐意)采取；利用，抓住（机会等）：*embrace* with joy all one's suffering and privations 笑对所有的苦难和不幸 ❸包括，包含；含有，拥有：Geology *embraces* the science of mineralogy. 地质学包括矿物学。II n. [C]拥抱；怀抱：give sb. a warm *embrace* 热烈地拥抱某人

em·bry·o /'embriˌəu/ n. [C]（[复]-bry·os）【动】胚，胚胎；(尤指受孕8周内的)胎儿 ‖ **em·bry·on·ic** /ˌembriˈɔnik/ adj.

em·cee /'emˈsiː/ 〈口〉 n. [C]司仪；(演出等的)节目主持人：Who was (the) *emcee* of the show last night? 昨晚那场演出的节目主持人是谁?

e·merge /iˈməːdʒ/ vi. ❶(从液体中)浮现，浮出；(由暗处、隐没处等)出现；出来（from）：The chick *emerged from* its shell. 雏鸡钻出蛋壳。❷(事实、情况、问题等)显现，暴露，为人所知：No new evidence *emerged* during the enquiry. 调查中没有发现新的证据。‖ **e'mer·gence** /-dʒⁿns/ n. [U] — **e'mer·gent** adj.

e·mer·gen·cy /iˈməːdʒⁿnsi/ n. [C;U]突发事件；紧急情况；危急时刻，非常时期：Use this door in case of *emergency*. 紧急情况时请使用这扇门。

em·i·grate /'emiˌgreit/ *v.* 移居外国(或外地区)：They *emigrated* from Taiwan and immigrated to Canada. 他们来自中国台湾，并作为移民定居加拿大。‖ 'em·i·grant /-grənt/ *n.* [C] —em·i·gra·tion /ˌemiˈgreiʃᵊn/ *n.* [U;C]

em·i·nent /'eminənt/ *adj.* ❶卓越的，杰出的；著名的，有名的；显赫的：an *eminent* statesman 卓越的政治家 ❷[通常作定语] (品质)优秀的，突出的，非凡的；显著的；引人注目的：a man of *eminent* impartiality 大公无私的人 ‖ 'em·i·nent·ly *adv.*

e·mit /i'mit/ *vt.* (-mit·ted; -mit·ting) 发出(声音、热、光等)；散发(热、气味等)；放射(射线等)；发射(电子等)：The sun *emits* light and heat. 太阳发出光和热。‖ e·mis·sion /i'miʃᵊn/ *n.* [C;U]

e·mo·tion /i'məuʃᵊn/ *n.* [C;U]情感，情绪，感情；激情，强烈的感情：He left the scene with mixed *emotions*. 他百感交集地离开了现场。‖ e'mo·tio·nal *adj.* —e'mo·tional·ly *adv.*

em·pa·thy /'empəθi/ *n.* [U]同情；同感，共鸣：have *empathy* for [with] sb. 对某人表示同情

em·per·or /'empərə/ *n.* [C]皇帝；(帝国的)君主：His Majesty the *Emperor* 皇帝陛下

em·pha·sis /'emfəsis/ *n.* [C; U]([复]-ses /-siz/) ❶强调；着重；加强：Determination lent *emphasis* to his proposals. 坚定的口气使得他的提议更显有力。❷(事实、观点等的)重点，侧重点；强调的方面；重要性：Morality was the *emphasis* of his speech. 道德问题是他发言的重点。

em·pha·size, em·pha·sise /'emfəˌsaiz/ *vt.* 强调，重点突出；加强…的语气：He *emphasized* each point by pounding the table with his fist. 他用拳头敲打桌子以强调每一个观点。

em·pire /'empaiə/ *n.* [C] ❶帝国 ❷〈口〉

(由一人或一集团控制的)大企业(尤指跨国公司)：a real estate *empire* 巨型房地产企业

em·ploy /im'plɔi/ *vt.* ❶雇，雇用：The work will *employ* 50 men. 这项工作需雇用50个人。❷用；使用；利用(物品、时间、精力等)(*for*, *in*, *on*)：She *employed* all her wiles to get him to propose. 她机关算尽促使他向她求婚。‖ em'ploy·a·ble *adj.* & [U] *n.* —em'ploy·er *n.* [C]

em·ploy·ee /ˌemplɔi'i:, em'plɔii:/ *n.* [C]受雇者，雇工，雇员

em·ploy·ment /im'plɔimənt/ *n.* ❶[U]雇用；受雇：increase *employment* 增加就业人数 ❷[U]工作，职业：She got (an) *employment* in a bank as a typist. 她在一家银行谋得一份打字员的差使。❸[C](花费时间或精力的)事务，活动：attend to one's private *employments* 处理个人私事

em·pow·er /im'pauə/ *vt.* 授权；准许：I *empower* my agent to make the deal for me. 我授权我的代理人处理此项交易。‖ em'pow·er·ment *n.* [U]

em·press /'empris/ *n.* [C] ❶皇后；皇帝的遗孀 ❷女皇

emp·ty /'empti/ *adj.* ❶空的，无内容的：an *empty* box 空盒子 ❷空无一人的；(房屋等)无人居住的 ❸空泛的；苍白无力的；没有意义的：an *empty* promise 轻言承诺 ‖ 'emp·ti·ness *n.* [U]

en·a·ble /i'neibl/ *vt.* 使能够；使有能力(或权力)：The money will *enable* us to hire more workers. 这笔钱将让我们有能力雇更多的工人。

en·chant /in'tʃɑ:nt/ *vt.* ❶对…施魔法，使着魔；对…念咒语：The witch had *enchanted* the princess so that she slept for a month. 巫婆对公主施了魔法，让她昏睡了一个月。❷使陶醉；使着迷，迷住：His reading *enchanted* audience. 他的朗诵让听众听得如痴如醉。

en·chant·ed /in'tʃɑ:ntid/ *adj.* 着魔的；痴迷的；陶醉的：Voltaire is *enchanted* to hear that his niece reads Locke. 伏尔泰听说侄女

能读洛克的著作时，心里着实有些陶醉了。

en·cir·cle /in'sək¹l/ *vt.* ❶环绕，围绕；包围：*encircle* sb. in one's arms 把某人抱在怀里 ❷绕行，环行：The moon *encircles* the earth. 月亮绕着地球运行。‖ **en'cir·clement** *n.* [U]

en·close /in'kləuz/ *vt.* ❶四面围住，环抱，围绕；包围：The little park was *enclosed* on all sides by tall buildings. 小公园四周公寓大楼林立。❷把…装入信封（或包裹等）；（尤指附信）附寄；封入：I *enclosed* a cheque for ￡50 with this letter. 我随信附上 50 英镑的支票一张。

en·clo·sure /in'kləuʒə/ *n.* ❶[C;U]圈地；围场：the *enclosure* of public land 围圈公地 ❷[C]装入物；（尤指信中的）附件：The envelope contained a letter and ＄5 as an *enclosure*. 信封内装有一封信，并附有 5 美元。

en·code /in'kəud/ *vt.* ❶将（信息等）译成电码（或密码）：Messages can be *encoded* for greater security. 为更好地保密，情报可以译成密码。❷【计】把…编码，译码：Each performance is digitally *encoded* on cassettes and discs. 每个节目均编成数码录入卡式录音带和录像圆盘上。‖ **en'cod·er** *n.* [C]

en·coun·ter /in'kauntə/ *vt.* ❶偶遇，邂逅；遭遇：He *encountered* many obstacles in his work. 他在工作中遇到许多障碍。❷与…发生冲突；与…会战：We will *encounter* the enemy at dawn. 我们将于拂晓时分与敌军交战。

en·cour·age /in'kʌridʒ/ *vt.* ❶鼓励，鼓舞，激励：Her achievements *encouraged* me to try the same thing. 她的成就激励我去尝试一番。❷刺激；怂恿，鼓动：You mustn't *encourage* your son in his wilful ways. 你不能怂恿你儿子的任性。❸赞助；支持；促成：High prices for farm products *encourage* farming. 农产品价格高就支持了农业生产。‖ **en'cour·age·ment** *n.* [U]

en·croach /in'krəutʃ/ *vi.* （逐步或暗中）侵犯，侵害；侵占，蚕食（*on, upon*）：*encroach upon* the territory 侵占领土 ‖

en'croachment *n.* [C,U]

en·cy·clo·p(a)e·di·a /en,saiklə'pi:diə/ *n.* [C]百科全书，百科辞典；（某一学科的）专科全书，专业大辞典；大全：an *encyclopaedia* of gardening 园艺百科辞典 ‖ **en'cy·clo·p(a)e·dic** /-'pi:dik/ *adj.*

end /end/ I *n.* [C] ❶端；尖；尽头，终点：stand a barrel on its *end* 把桶竖起来 ❷目的；目标：a means to an *end* 达到目的的手段 II *vt.* 结束，终止，完结：We *ended* the discussion on a note of optimism. 我们在乐观的调子中结束了讨论。‖ **in the end** *adv.* 最后，最终；到底：In the *end* they shook hands and made up. 他们最终还是握手言欢了。**no end** *adv.* 〈口〉[表示强调]非常；无限；大量：We were pleased *no end* by the enthusiastic response. 反应热烈，我们喜不自胜。**put an end to** *vt.* 使终止；毁掉；杀死：I'm determined to *put an end to* all these rumours. 我决心不让这些谣言再流传。

☆**end, ending, expiration, finish, termination** 均有"结束，终止"之意。**end** 为普通用词，指在时间、空间、数量、运动、行动、可能性或影响范围等方面的最终界限：The children were happy to go to bed at the *end* of a tiring day. （累了一天，孩子们高高兴兴地上床睡觉了。）**expiration** 表示满期或截止：at the *expiration* of his first four years in office （在四年任期届满的时候）**finish** 指结束、最后部分或最后阶段：It was a close *finish*. （已接近尾声。）**termination** 和 **ending** 指按预定期限或范围某一事情已经到期、结束或完成，常用于时间方面：the *termination* of a lease （租约到期）/stories with happy *endings* （大团圆结局的故事）

en·dan·ger /in'deindʒə/ *vt.* 使遭危险，危及；危害：*endanger* sb.'s life 危及某人的生命 ‖ **en'dan·ger·ment** *n.* [U]

en·deav·o(u)r /in'devə/ I *v.* （为达到某一目的而）努力；尽力而为：We must constantly *endeavour* if we are to succeed. 要成功，就必须不断努力。II *n.* [C]努力，尽力：an *endeavour* at improvement 为改进而

做的努力

end·ing /'endiŋ/ *n.* [C] ❶结束,终了;(故事、电影等的)结局:a story with a happy *ending* 结局美满的故事 ❷(某物的)末梢;末端;终端:nerve *endings* 神经末梢

end·less /'endlis/ *adj.* [无比较级]❶无止境的;无限的,无穷的:the *endless* stretch of the heavens 浩瀚无垠的苍穹 ❷没完没了的,无尽的,无休止的:The journey seemed *endless*. 这旅程仿佛漫无尽头。‖ 'end·less·ly *adv.* — 'end·less·ness *n.* [U]

en·dow /in'dau/ *vt.* ❶向…捐钱(或物);捐赠;资助:*endow* a public institution 向某一公共机构捐赠基金 ❷给予,赋予;认为…具有某种特质(with):*endow* words *with* new significance 赋予词新的含义 ‖ en'dow·ment *n.*

en·dure /in'dʲuəʳ/ *v.* ❶忍受(困难、不幸、痛苦等),忍耐:What can't be cured must be *endured*. 没有办法解决的事就得忍耐。 ❷[常用于否定句]容忍;容许,容许有…的可能:be unable to *endure* the sight 目不忍睹 ‖ en'dur·ing *adj.* — en·dur·ance *n.*

en·e·my /'enəmi/ *n.* [C] ❶敌人,仇敌;反对者,对手(to, of):a lifelong *enemy* 宿敌 ❷[总称][通常用作单]敌军;敌兵:The *enemy* had advanced and was threatening our communications. 敌军挺进了,正在威胁着我们的交通联络。

en·er·get·ic /ˌenəˈdʒetik/ *adj.* 精力充沛的,精力旺盛的;充满活力的;精神饱满的:Cool autumn days make us feel *energetic*. 凉爽的秋日使我们精神抖擞。‖ ˌen·erˈget·i·cal·ly /-kᵊli/ *adv.*

en·er·gy /'enədʒi/ *n.* ❶[U]精神,活力;(语言、行为等的)生动有力:be full of *energy* 劲头十足 ❷[常作 energies]干劲;精力;力气:She threw all her *energies* into the job. 她把全部精力都投入到工作中。❸[U]能源:an *energy* crisis 能源危机

en·force /in'fɔːs/ *vt.* ❶实施,推行,(强制)执行;使生效:*enforce* laws 执法 ❷强迫,强行,迫使;强加(意愿等)(on, upon):They tried to *enforce* agreement with their plans. 他们试图迫使大家同意他们的计划。‖ en'forc·ed·ly /in'fɔːsidli/ *adj.* — en·force·ment /in'fɔːsmənt/ *n.* [U]

en·gage /in'geidʒ/ *vt.* ❶雇,聘:*engage* a lawyer 请律师 ❷从事;使忙于;占用(时间、精力等):They *engaged* themselves at their habitual tasks. 他们忙于自己的日常工作。❸吸引;引起(注意、兴趣等):Bright colours *engage* a baby's attention. 鲜艳的颜色会引起婴儿的注意。❹使订婚,与…订婚:*engage* oneself to a girl 和一个姑娘订婚 ‖ *engage in v.* (使)从事,(使)参加,(使)卷入;(使)忙于(in):Scientists *engage* themselves *in* research. 科学家埋头搞研究。

en·gage·ment /in'geidʒmənt/ *n.* [C] ❶承诺,许诺,保证;契约;承担的义务:fulfill all one's *engagements* 履行所有的承诺 ❷约会:I have several *engagements* for tomorrow. 我明天有好几个约会。❸订婚;婚约:a broken *engagement* 背弃的婚约

en·gine /'endʒin/ *n.* [C] 发动机,引擎;蒸汽机:a gasoline *engine* 汽油发动机

en·gi·neer /ˌendʒi'niəʳ/ *n.* [C] ❶工程师;技师;机械师:an electrical *engineer* 电气工程师 ❷机车司机,火车司机

en·gi·neer·ing /ˌendʒi'niəriŋ/ *n.* [U] 工程;工程学

Eng·lish /'iŋgliʃ/ I *adj.* [无比较级]❶[作定语]英语的;用英语(讲或写)的;与英语有关的:*English* grammar 英语语法 ❷英格兰(人)的;英国(人)的;英国式的:*English* history 英国历史 II *n.* [U] 英语(略作 E 或 Eng.):New Zealand *English* 新西兰英语

Eng·lish·man /'iŋgliʃmən/ *n.* [C]([复]-men /-mən/) 英国人(尤指男人)

Eng·lish·wom·an /'iŋgliʃˌwumən/ *n.* [C]([复]-wom·en /-ˌwimin/) 英国女人

en·grave /in'greiv/ *vt.* 雕,雕刻,在…上雕刻:*engrave* sb.'s initials on the back of the watch 把某人的姓名首字母刻在手表的背面 ‖ en'grav·a·ble *adj.* — en'grav·er *n.* [C]

en·gulf /in'gʌlf/ *vt.* ❶吞没,淹没:A great

wave *engulfed* the small boat. 巨浪把那条小船吞没了。❷[常用被动语态]使沉浸在；使深陷于：be *engulfed* by debts 债台高筑 ‖ en'gulf·ment *n.* [U]

en·hance /in'hɑːns; -'hæns/ *vt.* 提高(质量、价值等)；增加(魅力等)，增大；增强，加强；使更好：*enhance* one's image 提升形象 ‖ en'hance·ment *n.* [C；U]—en'hanc·er *n.* [C]

en·joy /in'dʒɔi/ *vt.* 享受；欣赏；喜欢：*enjoy* life 享受人生的乐趣

en·joy·ment /in'dʒɔimənt/ *n.* ❶[U]娱乐；欢乐：You can get much enjoyment out of that movie. 看了那部电影你会得到很多乐趣。❷[C]娱乐活动：Life has a lot of *enjoyments*. 生活中有很多乐趣。

en·large /in'lɑːdʒ/ *vt.* 扩大，增大；扩展；扩充：*enlarge* a house 扩建房屋 ‖ en'large·a·ble *adj.* —en'larg·er *n.* [C]

en·large·ment /in'lɑːdʒmənt/ *n.* [C；U]扩大；增大；扩展；增长：We must resist the *enlargement* of existing university programmes. 我们必须抵制扩充现行的大学教学大纲。

en·light·en /in'laitn/ *vt.* 启发，启迪；指导，教育；使明白，使领悟：Radio should *enlighten* the listener as well as entertain him. 无线电广播应该使听众既得到娱乐又受到教育。 ‖ en'light·en·ment *n.* [U]

en·mi·ty /'enmiti/ *n.* [U；C]敌意，憎恨，仇恨；敌对，不和：be at *enmity* with 与…不和

e·nor·mi·ty /i'nɔːmiti/ *n.* ❶[U]穷凶极恶，残暴：the *enormity* of this crime 罪大恶极 ❷[C]暴行；重罪，大罪：Such *enormities* would not be tolerated today. 这种残暴的行为如今是不能容忍的。❸[U]〈口〉庞大，巨大；广大；深远：The *enormity* of the task is overwhelming. 这项任务之艰巨简直令人咋舌。

e·nor·mous /i'nɔːməs/ *adj.* 极大的，巨大的，庞大的：They met in an *enormous* hall. 他们在一个庞大的礼堂里见了面。 ‖ e'nor·mous·ness *n.* [U]

☆**enormous, gigantic, huge, immense, vast** 均有"巨大的，庞大的"之意。**enormous** 指在大小、体积、数量或程度等方面大大超过正常限度：The rent and cost of maintenance of such a building are *enormous*. (这样一座大楼的租金和维修费十分高昂。)该词还可指事情或问题的严重、重大或紧迫：*enormous* questions that remain to be answered (悬而未决的重大问题) **gigantic** 强调与同类其他事物在大小或数量上形成强烈对照以显示巨大或庞大：a *gigantic* sports stadium (大型体育馆) / He has a *gigantic* appetite, and eats *gigantic* meals. (他的食欲极大，饭量也大得吓人。) **huge** 为普通用词，指尺寸、体积或容量等方面极其大：They inflated the *huge* balloon for the carnival procession. (他们为举行狂欢游行而吹起这个巨大的气球。)该词也可指事情的严重、重大或紧迫：the *huge* problems (重大问题) **immense** 指三维空间上的延伸，表示在尺寸、规模等方面的庞大：Some early explorers got lost in the *immense*, uncharted Atlantic. (一些早期的探险者迷失在没有航海图纸标示的、茫茫无际的大西洋上。) **vast** 常指两维空间上的延伸，表示浩瀚无边；有时也可指数量：The *vast* plains stretch for hundreds of miles. (辽阔的平原绵延数百英里。)该词有时也可用于数量：He was employed at *vast* expense. (他是一位被高额聘用的雇员。)

e·nough /i'nʌf/ I *adj.* [无比较级][置于名词前后均可]足够的，充足的，充分的：There are *enough* seats for everyone here. 座位足够了，每个人都有。II *pron.* (数量或数目上的)足够，充足：He ate *enough* for two. 他吃了足够两个人吃的东西。III *adv.* [无比较级][置于修饰语之后]❶足够地，充分地：Have you played *enough*? 你玩够了吗？❷[不用于否定句]很，十分：She was pleased *enough* to see me. 她很高兴见到我。❸差不多，相当，尚：He did it well *enough*. 他做得还算不差。

en·quire /in'kwaiə/ *v.* = inquire ‖ en'quir·er *n.* [C]

en·quir·y /in'kwaiəri/ *n.* = inquiry

en·rich /in'ritʃ/ *vt.* ❶使富足,使富裕;使更富有:*enrich* oneself at other's expense 损人肥己 ❷使丰富;充实;提高:Sun and rain *enrich* the harvest. 阳光和雨水有助于提高收成。‖ **en'rich·ment** *n.* [U]

en·rol(l) /in'rəul/ (**-rolled**;**-rol·ling**) *vt.* 使成为成员,使加入;录取;征募:After graduation, he was *enrolled* for military service. 毕业后,他应征入伍。—*vi.* 成为会员;加入;被录取,入学;参军:I *enrolled* at the University of Vienna. 我在维也纳大学注册入学。‖ **en·rol(l)·ment** *n.* [U]

en·sure /in'ʃuə;-'ʃɔː/ *vt.* ❶保证,担保;确保,使肯定;保证…获得:I cannot *ensure* his being there in time. 我不能保证他按时到那里。〔亦作 **insure**〕 ❷保护,使安全(*against*,*from*):*ensure* freedom *against* tyranny 反对暴政,维护自由

☆ensure,assure,insure 均有"保证,确保"之意。**ensure** 指对某一行动或某一事情的结果提出确实的保证:If you want to *ensure* that you catch the plane,take a taxi. (如果你确实想要赶上那班飞机,就坐出租车去吧。)**assure** 强调消除疑虑而使某事得以确定或保证,既可指向某人保证,也可表示使某人确信:The doctor *assured* him that his child would recover from the illness. (医生向他保证他孩子的病会痊愈的。)**insure** 可与 ensure 换用,但也常指事先进行必要的安排,保证某人或某物不受损失:Careful planning should *insure* the success of the party. (计划细致周详,确保了晚会的成功。)

en·tan·gle /in'tæŋgəl/ *vt.* ❶缠绕,缠住;使纠缠:The bird got *entangled* in the net. 鸟给网圈套住了。❷使卷入;使陷入(困境等);牵涉,牵连:He *entangled* himself in the activities of a group of criminals. 他卷入了一犯罪团伙的活动中。‖ **en'tan·gle·ment** *n.* [C;U]

en·ter /'entər/ *v.* ❶入,进,进入:The sword *entered* his flesh. 剑刺进他的肉里。❷(使)进入;(使)参加;放入,插入:It's time to *enter* your child in school. 该让你的孩子上学了。❸参加,加入;成为…的一员:*enter* a club 加入俱乐部

en·ter·prise /'entəpraiz/ *n.* [C] ❶艰巨复杂(或带冒险性)的任务;宏伟的事业:To keep the peace is a difficult *enterprise*. 维护治安是一项艰巨的任务。❷[U]事业心;进取心;冒险精神,胆识:He has no *enterprise*. 他缺乏事业心。❸[C]企业单位;事业单位;公司:a joint *enterprise* 合资企业

en·ter·pris·ing /'entəpraiziŋ/ *adj.* 有事业心的,有进取心的;有胆量的,有魄力的;富于想象力的:It's very *enterprising* of them to try and start up a business like that. 他们试图创办那样一家企业真是颇有胆识之举。

en·ter·tain /ˌentə'tein/ *vt.* ❶使娱乐,使快乐;使感兴趣:The play failed to *entertain* its audience. 这出戏让观众大为扫兴。❷招待,款待:*entertain* friends at [to] dinner 宴请朋友

en·ter·tain·ment /ˌentə'teinmənt/ *n.* ❶[U]娱乐;消遣;供娱乐(或消遣)场所(或设施、项目等):This book is an excellent *entertainment*. 这本书是一部极好的消遣读物。❷[U]快乐,乐趣:find *entertainment* in reading 从书中求乐趣 ❸[C]招待,款待:give an *entertainment* to sb. 款待某人

en·thu·si·asm /in'θju:ziæz°m/ *n.* [U]热情,热忱,热心;强烈的兴趣;积极性(*for*,*about*):arouse *enthusiasm* in sb. 激发起某人的热情‖ **en·thu·si·ast** /in'θju:ziæst/ *n.* [C]

en·thu·si·as·tic /inˌθju:zi'æstik/,**en·thu·si·as·ti·cal** /-k°l/ *adj.* 满腔热情的;热心的,积极的;狂热的;极感兴趣的:She seems *enthusiastic* about her new responsibilities. 她看来对自己的新工作满怀热情。‖ **enˌthu·si'as·ti·cal·ly** *adv.*

en·tire /in'taiər/ *adj.* [无比较级][作定语]全部的,整个的:The *entire* project is going well. 整个计划进展顺利。‖ **en'tire·ly** *adv.* —**en'tire·ness** *n.* [U]

en·tire·ty /in'taiəti/ *n.* [U]全部;全面;总体;总体:the *entirety* of the organism 整个

机制

en·ti·tle /in'tait°l/ vt. ❶给…权利；使有资格(to)：This ticket *entitles* the bearer *to* free admission. 持有此票者可免费入场。❷给(书、文章等)题名：The book is *entitled* *Crime and Punishment*. 这本书名为《罪与罚》。

en·trance /'entr°ns/ n. ❶[C]入，进入(*into*, *upon*)：They made a dramatic *entrance into* the room. 他们闯入了房间。❷[C]入口，进口：Do not block the *entrance*. 不要堵塞入口处。

en·treat /in'triːt/ vt. 恳求；乞求，请求：He *entreated* the judge for another chance. 他请求法官再给他一次机会。‖ **en'treat·ing·ly** adv.

en·tre·pre·neur /ˌɔntrəprə'nəː/ n. [C](工商)企业家

en·trust, in·trust /in'trʌst/ vt. ❶委托；托付(*with*)：He *entrusted* his aides *with* the task. 他把这项任务委托给助手们了。❷委托管理(事物等)；委托照看(孩子等)(*to*)：*entrust* one's daughter *to* a friend 把女儿托给朋友照看‖ **en'trust·ment** n. [U]

en·try /'entri/ n. ❶[C]入，进入：His sudden *entry* startled me. 他突然走进来把我吓了一跳。❷[C]入口处；通道；门厅：Please wait in the *entry*. 请在门厅里等候。❸[U]进入权，进入许可：No *entry*. 禁止入内。❹[C]登记；记入；(记入或刊入的)项目，条目；账目；词目，词条：an *entry* in the family register 登入户籍 ❺[C]参加比赛的人(或物)；[总称]参赛者：The stable's *entry* in the race was the black horse. 该养马场报名参加马赛的是那匹黑马。

en·vel·op /in'veləp/ vt. ❶包住，裹住(*in*)：*envelop* oneself *in* a blanket 用毯子裹着自己 ❷包围；遮盖，掩盖；笼罩：The flames *enveloped* him. 火焰将他团团围住。‖ **en'vel·op·er** n. [C] —**en·vel·op·ment** n. [U]

en·ve·lope /'envəˌləup/ n. [C]信封

en·vi·ous /'enviəs/ adj. 妒忌的；羡慕的(*of*)：The *envious* man shall never want woe. 好妒忌，生烦恼。‖ **'en·vi·ous·ly** adv. —**'en·vi·ous·ness** n. [U]

en·vi·ron·ment /in'vaiərənmənt/ n. [C]生活环境(或状况)；周围状况；外界：the social *environment*(s) 社会环境

en·vi·ron·men·tal·ist /inˌvaiər°n'ment°list/ n. [C] ❶环境问题专家 ❷环境论者，环境论信奉者 ‖ **en·vi·ron·men·tal·ism** n. [U]

en·vy /'envi/ I n. [U]妒忌；羡慕：success excites my *envy*. 你的成功使我万分羡慕。II vt. 妒忌；羡慕：Many girls *envy* her for her curly hair. 许多女孩子羡慕她那一头卷发。

ep·ic /'epik/ I n. [C] ❶史诗，叙事诗：a folk *epic* 民间史诗 ❷史诗般的文艺作品(如小说或戏剧、电影等)；可歌可泣的事迹：film an *epic* of ancient Egypt 拍一部关于古埃及的史诗影片 II adj. ❶史诗的，叙事诗的；史诗般的：an *epic* poem 史诗(或叙事诗) ❷宏大的，巨大规模的：an *epic* work 一部鸿篇巨制

ep·i·logue, ep·i·log /'epiˌlɔg/ n. [C](文学作品的)结尾部分，尾声；后记，跋：The novel ends with an *epilogue* in the form of a poem. 这部长篇小说是以诗歌形式作结尾的。

ep·i·sode /'epiˌsəud/ n. [C] ❶(若干或一连串事件中的)一个事件；(人生的)一段经历：an *episode* of one's childhood 某人童年时代的一段经历 ❷(连载小说中的)一节；(戏剧、电影、电视等的)连续剧的一出(或一集、一部分)：Subsequent *episodes* will go out on Tuesday on TV. 续集将于星期二在电视上播放。

e·poch /'iːpɔk; 'epək/ n. [C]新纪元，新时代；(具有意义的)重要时期：usher in a new *epoch* in human history 开辟人类历史的新纪元 ‖ **e·poch·al** /'iːpɔkl; 'epək°l/ adj.

e·qual /'iːkw°l/ I adj. [无比较级] ❶(在数量、程度、价值等方面)相等的，同样的(*to*, *with*)：Twice two is *equal to* four. 2乘以2等于4。❷平等的：All men are *equal* before

the law. 法律面前，人人平等。❸胜任的；
合适的，相当的(to)：be equal to the task 足
以胜任工作 II n. [C]同等（或对等）的人；
同级别的人；相等物：He is without (an) e-
qual in eloquence. 论雄辩谁也敌不过他。

e·qual·i·ty /iˈkwɔliti/ n. [U]相等；相同；
平等；均等：equality between the sexes 男女
平等

e·qual·ize, e·qual·ise /ˈiːkwəˌlaiz/ vt. 使
相等；使相同；使平等(to, with)：equalize a
translation with the text of the original 使
译文与原著对等 ‖ **e·qual·i·za·tion, e·qual·i·
sa·tion** /ˌiːkwəlaiˈzeiʃ°n/ n. [U]

e·qual·ly /ˈiːkwəli/ adv. [无比较级]❶相
等地；平等地；平均地：The fence posts
should be equally spaced. 篱笆桩之间应该
等距。❷同样地：They love their two chil-
dren equally. 他们对两个孩子付出的是同
样的爱。

e·qua·tion /iˈkweiʒ°n,-ʃ°n/ n. [C]【数】等
式；方程（式）：a quadratic equation 二次
方程

e·qua·tor /iˈkweitə/ n. [U]（地球）赤道：
The United States is north of the equator.
美国位于赤道北面。

e·qui·dis·tant /ˌiːkwiˈdist°nt/ adj. [无比
较级][通常作表语]等距（离）的(from)：
Montreal and New York are equidistant
from Vancouver. 从温哥华到蒙特利尔和
到纽约是等距离的。

e·qui·lat·er·al /ˌiːkwiˈlæt°r°l/ adj. [无比
较级]【数】等边的：an equilateral triangle 等
边三角形

e·qui·lib·ri·um /ˌiːkwiˈlibriəm/ n.
([复]-ri·ums 或 -ri·a /-riə/)❶[U;C]平衡；
均衡：The scale is held in equilibrium. 天平
呈平衡状态。❷[U]（心情的）平静：David's
equilibrium has been disturbed. 戴维心绪不宁。

e·quip /iˈkwip/ vt. (e·quipped /iˈkwipt/; e-
quip·ping)❶配备，装备：They can't afford
to equip the army properly. 他们财力匮乏，
无力提供军队应有的装备。❷[常用被动语
态]（体力、智力上）使具备；使胜任；使适

合于：Her son was never equipped to be a
scholar. 她儿子绝无成为一名学者的素质。

e·quip·ment /iˈkwipmənt/ n. [U]配备，装
备；设备；器械，器材：military equipment 军
事装备

e·quiv·a·lent /iˈkwivələnt/ adj. [无比较
级]相等的；相同的；相当的(to)：A mile is
equivalent to 1.69km. 1 英里等于 1.69 千
米。‖ **eˈquiv·a·lent·ly** adv.

e·ra /ˈiərə,ˈeərə/ n. [C]❶（历史）时期，时
代；(具有显著特征或发生重要历史事件的)
年代：in the Victorian era 在维多利亚时代
❷世纪，纪元：introduce in an era 开创新
纪元

e·rad·i·cate /iˈrædiˌkeit/ vt. 根除；杜绝；消
灭：eradicate social injustices 革除社会不公
正现象 ‖ **e·rad·i·ca·tion** /iˌrædiˈkeiʃ°n/ n.
[U]—**eˈrad·i·ca·tor** n. [C]

e·rase /iˈreiz/ vt. ❶擦掉，抹（擦）去：Erase
the penciled notes in the margins. 把页边空
白上的铅笔注解擦掉。❷消除，清除；使忘
却：Time erased grief. 悲伤随着时间的流
逝渐渐淡化了。‖ **eˈras·a·ble** adj.

e·ras·er /iˈreizə/ n. [C]擦除器（如橡皮、刮
字刀、黑板擦等）

e·rect /iˈrekt/ I adj. 竖直的；垂直的；挺直
[立]的：She held her head erect. 她昂起头
来。II vt. ❶使竖立（起），使直立：erect
oneself 站起身来 ❷建造，架设：erect barri-
ers to progress 阻碍进步 ‖ **eˈrect·ion** n.
[U;C]—**eˈrect·ly** adv.—**eˈrect·ness** n. [U]

e·rode /iˈrəud/ vt. ❶腐蚀，侵蚀，蚀去：Wind
eroded the loose topsoil. 风侵蚀了松散的
表土。❷逐步毁坏；削弱：The scandal has
eroded his reputation. 这起丑闻使他的声
名不再。

err /əː/ vi. 犯错；出差错；发生偏差：err from
the truth 背离真理 ‖ **err on the side of** vt.
如此做而不为过：It is best to err on the safe
side. 再怎么小心也不为过。

er·ror /ˈerə/ n. [C]错误，谬误；差错；【数】
误差：His speech contained several factual
errors. 他的演讲中有几处与事实有出入。

E

☆**error**, **blunder**, **fault**, **mistake** 均有"错误，过失"之意。**error** 最为普通，常指不符合某一标准或规范而出现的偏差、误差或错误、过失，有指责的意味：an *error* in judgment（判断的失误）**blunder** 常指酿成的大错，含责备之义：an inexcusable *blunder*（不可饶恕的错误）**fault** 指经常表现出的行为、品质方面的缺点或短处，或因违反某种规章制度而犯的错误或过失，含有责备的意味：a small electrical *fault* in the motor（发动机电路故障）**mistake** 泛指思想上、行为上或认识上的错误或过失，指责的意味弱于 error：He dialed the wrong number by *mistake*.（他不小心拨错了电话号码。）

e·rupt /i'rʌpt/ *vi.* ❶(蒸汽、火山、喷泉等)爆发，喷发：The volcano *erupted* without warning. 这座火山在没有预兆的情况下突然爆发。❷(事件、情绪等)突然发生，爆发，迸发：Words of anger *erupted* from her. 她突然破口大骂。‖ **e'rup·tion** /-ʃ°n/ *n.* [U]

es·ca·late /'eskəleit/ *v.* (使)(在强度、程度或数量上)逐步上升(或增强)：Local fighting threatens to *escalate* into full-scale war. 局部性的地方战斗有逐步升级为全面战争的危险。‖ **es·ca·la·tion** /,eskə'leiʃ°n/ *n.* [U]

es·ca·la·tor /'eskəleitə'/ *n.* [C]自动扶梯

es·cape /i'skeip/ *vi.* ❶逃，逃离；逃跑；逃脱(或罪责、惩罚等)(*from*)：Every weekend I *escape from* the city into the country. 每一个周末我都离开城市来到乡间。❷(液体或气体)逸出，泄(或漏)出，散出：Gas had been *escaping* from the cylinder all night. 整整一夜煤气罐不停地逸出煤气。

☆**escape**, **avoid**, **elude**, **evade**, **shun** 均有"逃避，躲开"之意。**escape** 表示有意或无意地避开某物，可指摆脱危险、困境或邪恶力量，不受其影响：The treasures have *escaped* serious damage.（那些珍宝没有遭受严重的损坏。）**avoid** 常指有意尽力回避或躲开危险或困境，含有事先考虑并加以防范之意：I swerved to the side of the road to *avoid* the other car.（我猛地一下子转到路边，以避开另一辆车。）该词也可表示因某种行动而产生的无意或偶然的结果：By driving home o- ver the bridge he unknowingly *avoided* the tunnel congestion.（他从桥上开车回家，无意间却避开了隧道中的交通拥塞。）**elude** 指靠机灵或技巧圆滑地避开某人或某事：He made a grab, but she *eluded* him.（他猛然向她抓去，但她却避开了。）**evade** 常指以不正当手段逃避责任或义务等，往往带有责备或谴责的含义：*evade* paying one's taxes（躲避付税钱）**shun** 常指因厌恶或道德良心方面的原因而规避某人或某物：He was *shunned* by his former friends.（他以前的朋友都避开了他。）

es·cort I /'eskɔ:t/ *n.* [C]护送者；护卫队；仪仗队：an armed *escort* 一支武装护送队 **II** /i'skɔ:t/ *vt.* 护送；为…护航：He *escorted* me down the aisle. 他沿着走道护送我。

Es·ki·mo /'eskiˌməu/ *n.* ❶[C]([复]-mo(s))因纽特人 ❷[U]因纽特语

es·pe·cial·ly /i'speʃ°li/ *adv.* ❶特别，尤其，格外：I am *especially* fond of tennis. 我特别喜欢打网球。❷主要地，专门地：These books are *especially* designed for students. 这些书是专为学生们编写的。

es·say /'esei/ *n.* [C]议论文，短论；散文，随笔；小品文：write an *essay* on the movie 写一篇关于电影的论文 ‖ **'es·say·ist** *n.* [C]

es·sence /'es°ns/ *n.* [U] ❶本质，实质：The *essence* of good manners is thoughtfulness. 体贴人是礼貌的本质。❷主题；主旨：the *essence* of the lecture 这次演讲的主题 ‖ *in essence adv.* 本质上，实质上；基本上：He is *in essence* a brave person. 他实质上是个勇敢的人。‖ *of the essence adj.* 极其重要的；不可或缺的：It is *of the essence* that you are present. 你在场非常关键。

es·sen·tial /i'senʃ°l/ **I** *adj.* ❶非常重要的，绝对必要的；必不可少的：Air is *essential* for life. 空气对生命不可或缺。❷[作定语]本质的，实质的：The most essential function of mind is memory. 头脑最本质的功能特征是记忆。**II** *n.* [~s]基本必要的东西；要素；本质，实质：*essentials* of life 生活必需品 ‖ **es'sen·tial·ly** *adv.*

☆**essential**, **cardinal**, **fundamental**, **vital** 均有

"必要的,基本的"之意。**essential** 指构成事物的基本要素或实质部分,如果去掉这一部分,事物就无法存在,其特性也完全丧失:Food is *essential* to life. (食物对生命是必不可少的。) **cardinal** 指决定最后结果的关键因素:This is one of the *cardinal* rules of mountain climbing. (这是登山运动的主要规则之一。) **fundamental** 表示某一完整体系或复杂整体的基础,常用于抽象事物或概念:The *fundamental* purpose of my plan is to encourage further development. (我的计划的主要目的是鼓励进一步发展。) **vital** 指使事物继续存在充满生机、正常运转或起作用的必需或必要之物:He was lucky that the bullet hadn't entered a *vital* organ. (他很幸运,子弹没有打进他身体的要害部位。)

es·tab·lish /iˈstæbliʃ/ *vt.* ❶建立,建造;设立:*establish* friendly relations 建立友好关系 ❷创立,确立;使被承认;使被接受:*established* one's international reputation 确立国际声誉 ‖ **es·tab·lish·ment** *n.*

es·tate /iˈsteit/ *n.* ❶[C](尤指在乡村带有房屋的)大片私有土地,庄园;(橡胶、茶叶、葡萄等)种植园:have an *estate* in the country 在乡间拥有地产 ❷[U;C]【律】地产,产业;遗产;地产权;财产权:real *estate* 房地产

es·teem /iˈstiːm/ *n.* [U]尊重,敬意,敬佩:The scientist is held in high *esteem*. 这位科学家极受人们的尊重。 ‖ **esˈteemed** *adj.*

es·ti·mate /ˈestiˌmeit/ *vt.* ❶(粗略)估计(距离、大小、价值、费用等):We *estimate* that we can cycle eighty miles in a day. 我们估计我们骑自行车一天可跑 80 英里。 ❷估计…的价值(或意义);评价,判断:I don't know her well enough to *estimate* her abilities. 我不太了解她,难以评价她的能力。

☆ **estimate, appraise, assess, evaluate, rate, value** 均有"估计,评价"之意。**estimate** 指人根据其知识、经验或认识对人或物所作的粗略估计,侧重主观判断,不强调精确,这估计可能正确,也可能错误:We *estimated* the number of tourists at 17.1 million. (我们估计游客人数达1 710万人。) **appraise** 常指专家或内行对物进行估价,含有鉴定的意味:A real estate agent *appraised* the

house. (房地产经纪人对这座房屋进行了估价。)该词也可表示专家评论,对某物价值作出精确评价:It is difficult to *appraise* the damage this might do to his political reputation. (要评定这件事对他的政治声誉会造成怎样的损害是困难的。) **assess** 指对财产等进行估价作为征税根据;也指对某事物的价值、范围作出确切评估,为作出判断或决定提供依据:They *assessed* the value of the house at ₤60,000. (他们估价这座房子值 6 万英镑。) **evaluate** 指对人或物作出精确的判断或评价,但通常不是用货币价值而是用其他方式、术语来表示:The school has only been open for six months, so I had to *evaluate* its success. (该校仅开办了六个月,现在还很难评它它的成绩。) **rate** 指给人或事物作出评价后,根据其价值或品质进行排列并确定其位置:I don't *rate* this play. (我认为这出戏一点都不好。) **value** 词义与appraise 接近,指对某物的价值作出判断或估计,但不是权威或专家所为:If you want to sell your collection of stamps you ought to have it *valued*. (如果你想出售你收藏的邮票,你应先请人估估价。)

etc. *abbr.* 〈拉〉et cetera 等等

e·ter·nal /iˈtɜːnˀl/ *adj.* [无比较级] ❶永远的,永久的;永存的,永世的:*eternal* life 永生 ❷永恒的;(永远)不变的:*eternal* principles 永存的原则 ‖ **eˈter·nal·ly** *adv.*

eth·ic /ˈeθik/ *n.* [C][常用单]伦理(标准);道德规范,道德体系:the work *ethic* 职业道德

eth·i·cal /ˈeθikˀl/ *adj.* [无比较级] ❶(有关)道德的;合乎道德的:The firing was quite legal though not *ethical*. 这次枪击虽然不合乎道德,但是完全合法的。 ❷伦理的;伦理学的:the *ethical* basis of education 教育的伦理学基础 ‖ **ˈeth·i·cal·y** *adv.*

eth·ics /ˈeθiks/ [复] *n.* ❶[用作单]伦理学;道德学:social *ethics* 社会伦理学 ❷[用作单或复]道德规范;行为准则:medical *ethics* 医德 ‖ **ˈeth·i·cist** /-sist/ *n.* [C]

eth·nic /ˈeθnik/ **I** *adj.* [无比较级][作定语]种族(上)的;民族的;人种学的:*ethnic* conflicts 种族冲突 **II** *n.* [C]少数民族集团的一员‖**'eth·ni·cal·ly** /-kºli/ *adv.*

Eu·ro /'juərəu/ *n.* [C]欧元(欧洲联盟通用货币单位)

Eu·ro·pe·an /ˌjuərə'piən/ **I** *adj.* [无比较级]欧洲(大陆)的；全欧的；欧洲人的；欧洲文化的：a scholar of *European* fame 全欧闻名的学者 **II** *n.* [C]欧洲人(或民族)

e·vac·u·ate /i'vækjueit/ *vt.* ❶使(从危险地带)撤离；转移，疏散：They *evacuated* the embassy after a bomb threat. 由于一次爆炸的威胁，他们撤出了大使馆。❷从…撤退，撤走：The enemy troops refused to *evacuate* its territory. 敌人拒绝从其领土撤离。‖**e·vac·u·a·tion** /iˌvækju'eiʃºn/ *n.* [U]

e·vade /i'veid/ *vt.* ❶(巧妙地)逃开，逃脱；躲开：After his escape he *evaded* capture for several days. 他逃跑以后好几天没被抓着。❷逃避(责任等)；回避(问题等)：*evade* the draft 逃避兵役

e·val·u·ate /i'væljueit/ *vt.* ❶定…价，估…的值，给…定价(估值)：He *evaluated* the old furniture at eighty-five dollars a piece. 他将这批旧家具定价为每件 85 美元。❷对…评价；为…鉴定：He's the kind of individual that's very hard to *evaluate*. 对他这样的人，很难作出评价。‖**e·val·u·a·tion** /iˌvælju'eiʃºn/ *n.* [U]

e·vap·o·rate /i'væpəreit/ *v.* ❶蒸发；挥发：Boiling water *evaporates* rapidly. 沸水蒸发得快。❷散发蒸汽(或湿气)：Water *evaporates* into vapour or steam. 水发散雾气或蒸汽。❸消失；消逝；消散：All her doubts *evaporated*. 她所有的疑惑涣然冰释。‖**e·vap·o·ra·tion** /iˌvæpə'reiʃºn/ *n.* [U]

eve /i:v/ *n.* [U](节日或事件等的)前夜，前日；前夕：Everything was quiet on the *eve* of the battle. 战斗前夜，四周静悄悄。

e·ven /'i:vºn/ **I** *adj.* ❶平的，平坦的；平滑的：an *even* surface 平滑的表面 ❷[无比较级]等值(量)的；(相)(均)等的；对半的，各半的：an *even* chance of winning and losing 胜负机会各半 ❸[无比较级][作定语]双数的，偶数的：*even* numbers 偶数 **II** *adv.* [无

比较级] ❶甚至，即使，连：*Even* an idiot can do that. 连白痴也能做那件事。❷[后接比较级]甚至，更，还：I can carry one *even* larger. 更大的我也拿得动。‖ *even if* adv. 即使，纵然；虽然：*Even if* you do not like it, you must do it. 纵然你不喜欢，你也得去干。*even though* adv. 虽然，尽管：Lou refuses to eat *even though* he is hungry. 卢拒绝进食，虽然他很饿。‖ **'e·ven·ly** *adv.*—**'e·ven·ness** *n.* [U]

even·ing /'i:vniŋ/ *n.* [C；U]黄昏，傍晚；晚上：I'll see you at seven in the *evening*. 我晚上 7 点来看你。

e·vent /i'vent/ *n.* [C] ❶(重大)事情；事件；事变；值得注意的事物：It was quite an *event* when a woman first became a general. 妇女首次当上将军的确是件大事。❷【体】比赛项目：a team *event* 团体比赛项目 ‖ *at all events* adv. 不管怎样，无论如何：*At all events* you had better try. 不管怎么说，你还是试一下的好。*in the event* (that) adv. 假如，倘若：*In the event* (that) I can't come back by seven, you can eat without me. 假如我 7 点钟回不来，吃晚饭就不用等我了。

e·ven·tu·al /i'ventjuəl/ *adj.* [无比较级][作定语]最终(发生)的；最后的；结果的：His bad management caused the *eventual* failure of his business. 他经营不善，致使他的生意最终失败。‖ **e'ven·tu·al·ly** *adv.*

ev·er /'evəʳ/ *adv.* [无比较级] ❶经常，总是；永远，始终：He is *ever* ready to find fault. 他老是喜欢吹毛求疵。❷[用于否定句、疑问句及条件从句]在任何时候；从来；有时，在某时：I don't think I'll *ever* be homesick here. 我想在这儿我是不会想家的。❸[用于比较从句]以往任何时候，曾(经)：Nothing like it had *ever* been built before. 像这样的建筑从前从未建造过。❹[用于特殊疑问句以加强语势]究竟，到底：How did you *ever* find out? 你究竟是怎样发现的？‖ *for ever* adv. 永远：I'll love you *for ever*. 我将永远爱你。

ev·er·green /'evəgri:n/ **I** *adj.* [无比较级]【植】常绿的：*evergreen* foliage 常绿的树叶

II n. [C]【植】常绿植物；万年青：Most tropical plants are *evergreens*. 大多数热带植物是常绿植物。

ev·er·last·ing /ˌevəˈlɑːstiŋ/ adj. [无比较级] ❶永恒的，永存的，不朽的；无穷无尽的：the *everlasting* beauty of the nature 大自然永恒的美 ❷持久的；不停的，不断的：He is plagued by *everlasting* attacks of influenza. 他饱受久治不愈的流感的折磨。

ev·er·y /ˈevri/ adj. [仅作定语] ❶[后接单数名词]每个，每一，个个：*Every* person has his weak side. 人皆有其弱点。❷所有可能的；完全的：I wish you *every* success. 我祝你事事如意。❸每隔…的；每……一次的；每…之中的：He comes to see us *every* three days. 他每三天来看我们一次。

eve·ry·bod·y /ˈevriˌbɔdi/ pron. 每人，人人，各人：*Everybody* has his dream. 人人都有自己的梦想。

eve·ry·day /ˈevriˌdei/ adj. [无比较级][作定语] 每天的，每日的，日常的：*everyday* expenses 日常开销

eve·ry·one /ˈevriˌwʌn, -ˌwən/ pron. 每人，人人，各人：*Everyone* but John arrived on time. 除约翰以外，人人都准时到达。

eve·ry·place /ˈevripleis/ adv. [无比较级] 每一个地方；到处(＝everywhere)

eve·ry·thing /ˈevriˌθiŋ/ pron. ❶一切(事物)；万物：*Everything* interests me. 我对什么都有兴趣。❷每件事；每样事物：*Everything* in this room belongs to me. 这房间里的每样东西都是我的。

eve·ry·where /ˈevriʰ weəˈ/ adv. [无比较级]到处；随处；各处：I've searched *everywhere* but I can't find it! 我四处寻找它，但就是找不到！

ev·i·dence /ˈevidəns/ n. [U] ❶根据，依据；证明(for, of)：We have enough *evidence* to arrest him. 我们有充分的事实根据来逮捕他。❷【律】证词，证言，证供；证据；证人；物证：material *evidence* 物证

ev·i·dent /ˈevidənt/ adj. 明显的，显然的；明白的：It was *evident* that the project was

a total failure. 显而易见，这个计划彻底失败了。‖ **ˈev·i·dent·ly** adv.

e·vil /ˈiːvəl/ I adj. ❶道德败坏的，邪恶的；罪恶的；堕落的：an *evil* character 坏人 ❷有害的；恶意的，刻毒的：That woman has an *evil* tongue. 那女人说话恶毒。II n. [C]坏事，坏话，恶行；邪念；诽谤：the social *evils* 社会丑恶

e·voke /iˈvəuk/ vt. ❶使回忆(或回想)起；使产生(共鸣、联想等)：That old film *evoked* memories of my childhood. 那部老影片使我回忆起童年时代。❷引起，激起(反响等)：His words *evoked* an angry reply. 他的话引起了愤怒的反应。

e·vo·lu·tion /ˌiːvəˈljuːʃ°n; ˌev-/ n. ❶[U]演变，演化，演进；成长，发展；展开：the *evolution* of the four seasons 四季的转换 ❷[U]【生】进化(论)，演化；发生；发育：Darwin's theory of *evolution* by natural selection 达尔文提出的物竞天择的进化论 ‖ ˌe·vo·ˈlu·tion·ar·y adj.

ex·act /iɡˈzækt/ adj. ❶[作定语]精确的，准确的：It was difficult to tell her *exact* age. 很难说出她的确切年龄。❷精密的；严谨的：He is *exact* in his work. 他工作一丝不苟。

ex·act·ly /iɡˈzæktli/ adv. [无比较级] ❶准确地，精确地；确切地：Tell me *exactly* where he lives. 告诉我他的确切地址。❷完全地，全然：Your answer is *exactly* right. 你的回答完全正确。❸[用以加强语气]恰恰，正好：You are *exactly* the person I've been looking for. 你正是我一直要找的人。❹[用于回答语中]正是如此，一点不错：A: Do you mean I can go? B: *Exactly*. 甲：你的意思是说我可以走了？乙：一点儿不错。

ex·ag·ger·ate /iɡˈzædʒəˌreit/ vt. 夸张，夸大；对…言过其实：Her story was *exaggerated* out of proportion. 她讲的故事夸饰得太离谱了。‖ **ex·ag·ger·a·tion** /iɡˌzædʒəˈreiʃ°n/ n. [U]

ex·am /iɡˈzæm/ n. [C]〈口〉＝examination

ex·am·i·na·tion /iɡˌzæmiˈneiʃ°n/ n. [C]

❶检查，调查；检验，测试(of, into)：On close *examination*, the painting was found to be a fake. 经过细查，发现那幅画原来是件赝品。❷考试，考查；试题：make up an *examination* 补考

ex·am·ine /ig'zæmin/ *vt.* ❶检查，调查；审核；仔细观察：The police *examined* the room for fingerprints. 警察仔细查看房间以搜取指纹。❷对…进行考查(或测验)：She was *examined* in all subjects. 她所有的课程都考了。‖ **exam·in·er** *n.* [C]

ex·am·ple /ig'zɑːmpˀl;-'zæm-/ *n.* [C] ❶实例，例证，例子：a typical *example* 典型的例子 ❷(工艺品等的)样本，样品；(书籍等的)原件，原版：The gallery contains several *examples* of this master. 那家美术馆藏有这位绘画大师的好几幅真迹画。❸榜样，楷模；范例：Personal *example* is the best thing in influencing others. 以身作则是影响人的最好方法。‖ **for example** *adv.* 例如，举例来说(略作 **e. g.** 或 **eg**)：Many great men have risen from poverty — Lincoln and Edison, *for example*. 许多伟人都是从贫穷中崛起的，比如林肯和爱迪生。

ex·ceed /ik'siːd/ *vt.* ❶(在数量、程度等方面)大于；超过，胜过；在…之上：The book must not *exceed* 300 pages. 这本书不得超过 300 页。❷越出，超出：*exceed* the speed limit 超过时速限制

☆ **exceed, excel, surpass, transcend** 均有"超越，胜过"之意。**exceed** 表示超越某人的规定权限或能力所及：This task *exceeds* his ability. (这项任务是他能力所不及的。)该词也表示在大小、数量、程度等方面超过某一特定的标准或尺度：Supplies of this commodity greatly *exceed* the demand. (这种商品供大于求。)**excel** 作不及物动词时表示取得卓越成绩；作及物动词时表示胜过他人：He's never *excelled* at games. (他从不擅长游戏)。**surpass** 尤指在质量、价值、优点或技艺方面超过某一标准或尺度：The results *surpassed* our expectations. (结果比我们预料的要好)。**transcend** 指超越人类的经验、理性、信仰或描写能力等：The size of the universe *transcends* human understanding.

(宇宙之大超出了人类的理解范围。)该词也可表示在大小、强度、质量等方面明显超越通常的范围、标准或尺度：His latest symphony *transcends* anything he has ever written before. (他最近的一首交响乐胜过他过去所有的交响乐。)

ex·ceed·ing·ly /ik'siːdiŋli/ *adv.* [无比较级]非常，极其：She was very ill, and suffered *exceedingly*. 她病得很厉害，痛苦万状。

ex·cel /ik'sel/ **(-celled;-cel·ling)** *vt.* 超过，胜过；优于：His work far *excels* all the other paintings shown here. 他的作品远在所有陈列在这里的其他画作之上。—*vi.* 擅长；(在…方面)突出(in,at)：He *excels* at tennis. 他擅长打网球。

ex·cel·lent /'eksələnt/ *adj.* [无比较级]优秀的，卓越的，杰出的：That's an *excellent* idea. 这个主意真妙。‖ **'ex·cel·lent·ly** *adv.*

ex·cept /ik'sept/ *prep.* 除…外(for)：He hurried away without thinking of anything *except* getting away unnoticed. 他急急忙忙地走开了，一心只想躲开不叫别人看见。‖ *except for* *prep.* 只是；要不是因为：She would have left her husband years ago *except for* the children. 要不是为了孩子，她几年前就离开她丈夫了。

ex·cep·tion /ik'sepʃˀn/ *n.* ❶[C;U]例外，特例：Everyone makes mistakes and I'm no *exception*. 人人都会犯错误，我也不例外。❷[C]除外的人；例外的事物：His books are usually good but this one is certainly an *exception*. 他写的书通常都很好，但是这本书无疑是个例外。

ex·cep·tion·al /ik'sepʃənˀl/ *adj.* [无比较级]❶例外的；特殊的；特别的，独特的；罕见的：an *exceptional* use of a word 某词的特殊用法 ❷(在智力、技艺等方面)卓越的，杰出的，出类拔萃的：This is an *exceptional* opportunity. 这可是一个极好的机会。‖ **ex'cep·tion·al·ly** *adv.*

ex·cess I /ik'ses, 'ekses/ *n.* ❶[U]超出，超过：an *excess* of expenditure over income 入不敷出 ❷[U]过多，过度；过量：He could scarcely support the *excess* of his happiness. 他快乐得几乎受不了。**II** /'ekses, ik's-/ *adj.* [无比较级][作定语]❶过量的,多余的;超额的:*excess* purchasing power 过剩的购买力 ❷额外的,附加的:A company which makes high profits must pay *excess* profits tax to the government. 凡赢利高的公司应向政府缴纳高额利润附加税。

ex·change /iks'tʃeindʒ/ **I** *n.* ❶[C;U]交换,更换,调换;交流;转换:value in *exchange* 交换价值 ❷[C,U]【经】(不同种货币间或同种货币的不同版次间的)兑换;兑换率,汇率(价),贴水;汇兑手续费:the *exchange* of French francs for American dollars 法国法郎兑换成美国美元 **II** *vt.* ❶(更)换;兑换;把…换成(*for*):She *exchanged* her jewels *for* cash. 她把首饰兑换成现金。❷与…交换,互换,调换(*with*):*exchange* gifts *with* each other 相互交换礼物 ‖ ex'change·a·ble *adj.* —ex'chang·er *n.* [C]

exchange rate *n.* [C](外汇)汇率,汇价,兑换率

ex·cite /ik'sait/ *vt.* ❶刺激;使激动,使兴奋:The whole city was *excited* by the discovery. 这个发现使得整个城市都沸腾了。❷激起,引发:*excite* the people to rebel 煽动人们造反 ‖ ex·ci·ta·tion /ˌeksi'teiʃn,-sai-/ *n.* [U]

ex·cit·ed /ik'saitid/ *adj.* 兴奋的;激动的:She is very *excited* about getting a part in the film. 她为能在片中扮演一个角色而非常兴奋。‖ ex'cit·ed·ly *adv.*

ex·cite·ment /ik'saitmənt/ *n.* [U]兴奋;激动:He has a weak heart and should avoid great *excitement*. 他心脏弱,应该避免太过兴奋。

ex·cit·ing /ik'saitiŋ/ *adj.* 刺激的;激动人心的;令人兴奋的:*an exciting* scene 惊心动魄的场面 ‖ ex'cit·ing·ly *adv.*

ex·claim /ik'skleim/ *v.* ❶(由于愤怒、激动、痛苦等)呼叫,叫喊;惊叫:*exclaim* with wonder 惊叹 ❷(表示吃惊、抗议、责难等)大声叫嚷;激动地说(*against,at,on,upon*):He was *exclaiming against* the false accu-

sation. 他喊冤叫屈。

ex·clude /ik'sklu:d/ *vt.* ❶禁止(或阻止)…进入;把…排斥在外;不包括:Curtains *exclude* light. 窗帘具有遮光作用。❷对…不加注意(或不予考虑):The doctor *excluded* food poisoning as the cause of the illness. 医生排除了食物中毒是病因的可能性。

☆**exclude,debar,eliminate,suspend** 均有"排除,禁止"之意。**exclude** 用于外界事物,指不让或禁止其进入或加入,带有排斥在外的意思:Children under 17 are *excluded* from seeing the movie. (17岁以下的孩子禁止看这种电影。)**debar** 表示存在某种障碍,能有效地禁止他人加入某一团体或不让其享受某种权利或特权:People under eighteen are *debarred* from voting. (未满18岁的少年没有投票权。)**eliminate** 指排除或去掉内部事物,尤用于某一组成部分:The police have *eliminated* two suspects. (警方已排除了两位受嫌疑的对象。)该词也可用于比赛,表示淘汰:Our team was *eliminated* from the competition in the first round. (我们队在竞赛的第一轮就被淘汰了。)**suspend** 指因违法乱纪而被暂令停止成为学校的学生或某一组织的成员:She has been *suspended* from the team. (她被责令暂停队籍。)

ex·clu·sion /ik'sklu:ʒn/ *n.* [U]排斥,排除在外;拒绝:The *exclusion* of women from school was illegal. 不让女性上学是不合法的。

ex·clu·sive /ik'sklu:siv/ *adj.* [无比较级]❶排斥的;不相容的:*exclusive* laws 排斥性法则 ❷排除其他一切的;全部的;专一的:Her *exclusive* job is looking after the children. 她全部的工作就是照看孩子。❸[作定语]独有的,独占的;(新闻等)独家的;(商品等)独家经营的:one's *exclusive* property 专有财产 ‖ ex'clu·sive·ly *adv.* —ex·clu·sive·ness *n.* [U]—ex·clu·siv·i·ty /ˌeksklu:'sivity/ *n.* [U]

ex·cur·sion /ik'skə:ʃn/ *n.* [C]❶远足,郊游;短途旅行:make an extended *excursion* into the countryside 到乡下去远足 ❷(说话或写作等中的)离题;转向;涉足:*excursion* from the purpose 偏离题旨

ex·cuse I /ikˈskjuːz/ **vt. ❶**原谅；饶恕：*Excuse* my delay in answering your letter. 来信迟复，请见谅。**❷**为…道歉，要求原谅：She *excused* her son's absence by saying that he was ill. 她替她儿子道歉，说他缺席是因为生病了。**❸**同意免除；不强求：We will *excuse* your attendance. 我们可以同意你不到场。II /ikˈskjuːs/ **n.** [C；U]借口；理由；辩解；解释：It is a mere *excuse*. 这只是借口。

☆**excuse,forgive,pardon** 均有"原谅，宽恕"之意。**excuse** 指原谅具体的小过失或疏忽，尤其是社交或所承担义务上的疏忽：Please *excuse* me for opening your letter by mistake. （请原谅我误拆了你的信。）该词还可表示使某人免除某种责任、规定、惩罚等等：The judge *excused* the young man's fine because of the unusual circumstances. （由于特殊情况，法官赦免了那个青年人的罚款。）**forgive** 指宽恕他人对自己的冒犯，个人感情意味浓烈，往往带有同情或怜悯的含义：She *forgives* his thoughtless words. （她原谅了他的鲁莽之辞。）**pardon** 较为正式，多指宽恕较严重的过失，罪过或其他违反道德、法律等的行为，含赦罪之意味：We must *pardon* him for his little outbursts of temper. （我们应原谅他有时发点小脾气。）该词现在也常用在口语中，表示歉意：*Pardon* me for contradicting you. （请原谅我顶撞了你。）

ex·e·cute /ˈeksiˌkjuːt/ **vt. ❶**将…处死：be *executed* by hanging 被处以绞刑 **❷**实行，实施；执行，履行：He died without naming anyone to *execute* his will. 他死时未指定其遗嘱执行人。**❸**（按计划或设计）作成，制成：*execute* a drawing 画出一幅草图 ‖ **ex·e·cu·tion** /ˌeksiˈkjuːʃn/ **n.** [U]

☆**execute,administer** 均有"实施，执行"之意。**execute** 强调实施或执行某一命令或某一法令、遗嘱、委托事项等的具体规定或条款：The soldiers *executed* the captain's orders. （士兵们执行了上尉的命令。）**administer** 指持续行使所授予的权力来实施泛指的目标，而不表示达到这些目标的具体方法或手段：The courts *administer* the law. （法

院执法。）

ex·ec·u·tive /igˈzekjutiv/ **n.** [C]执行官，行政官，管理人员，业务主管；经理：a senior *executive* 高管人员

ex·em·pli·fy /igˈzempliˌfai/ **vt. ❶**以例示说明；举例证明：He *exemplifies* the hopes and confidence we have in the future of the post-cold war world. 他举例说明了我们在冷战后世界的未来所有的希望和信心。**❷**作为…的例证（或榜样、典型等）：The novel *Tom Sawyer exemplifies* 19-century life in the United States. 长篇小说《汤姆·索耶历险记》是美国 19 世纪生活的典型缩影。

ex·empt /igˈzempt/ **I adj.** [无比较级]被免除(义务、责任、税收等)的；被豁免的(*from*)：Charitable organizations are usually *exempt from* some taxes. 慈善机构一般免交一些税种。**II vt.** 免除；豁免(*from*)：No one is *exempted from* paying taxes. 人人都必须纳税。‖ **exˈemp·tion** /-ʃn/ **n.** [C；U]

ex·er·cise /ˈeksəˌsaiz/ **I v. ❶**运用；行使；履行；执行：*exercise* restraint in the use of energy 厉行能源节约 **❷**练习，训练，锻炼：*exercise* the voice 练习发声 **II n. ❶**[U](尤指身体的)运动，锻炼，训练：He performs physical *exercise* each day to strengthen his body. 他每天都进行体育锻炼，以增强体质。**❷**[C]练习，习题，习作：*Exercise* Eight 练习八 ‖ **ˈex·er·cis·er n.** [C]

ex·ert /igˈzət/ **vt. ❶**运用，行使(权利等)；发挥(作用)；施加(影响)：*exert* authority 行使权力 **❷**[～ oneself]使用力，使尽力：*exert* oneself in the service of the people 努力为人民服务 ‖ **exˈer·tion** /-ʃn/ **n.** [U]

ex·haust /igˈzoːst/ **vt. ❶**使用完，使耗尽，使费尽：The soldiers had *exhausted* their supply of ammunition. 士兵们把弹药用完了。**❷**使耗尽气力；使精疲力竭：The climb up the hill *exhausted* us. 登山使我们疲惫不堪。‖ **exˈhaust·i·ble adj.** —**ex·haus·tion** /igˈzoːstʃn/ **n.** [U]

ex·haust·ed /igˈzoːstid/ **adj.** [无比较级] **❶**用完的，耗尽的，用尽的；枯竭的：Their spirits were in general *exhausted*. 他们都兴致已尽。❷筋疲力尽的，极度疲惫的：*Exhausted*, he fell asleep. 他累极了，倒头便睡。

ex·haus·tive /iɡ'zɔːstiv/ *adj.* 〔无比较级〕（论述、研究等）详尽的，透彻的：The book is an *exhaustive* account of the after-effects of a murder. 该书详尽地论述了谋杀案所引起的种种后果。‖ ex'haus·tive·ly *adv.*

ex·hib·it /iɡ'zibit/ **I** *vt.* ❶（公开地）展览，展出，陈列：He hopes to *exhibit* his paintings in New York. 他希望在纽约展出他的画作。❷展现，表现；显示，显露：She *exhibited* no interest in her work. 她对工作表现得兴趣索然。**II** *n.* [C]展（览）品，参展品，陈列品：Do not touch the *exhibits*. 勿触摸展品。‖ ex'hib·i·tor, ex'hib·i·ter *n.* [C]

ex·hi·bi·tion /ˌeksi'biʃ°n/ *n.* ❶[C；U]展览，展览会；（英）博览会；（体育活动等的）表演：place one's works on *exhibition* 展览自己的作品 ❷[C]展示；展现，表现；显示，显露：The sculptor earned the right of *exhibition*. 这位雕塑家取得了展览权。❸[C]展（览）品，参展品陈列品

ex·ile /'eksail, 'eɡz-/ *n.* ❶[U]放逐；流放；流亡：He was sent into *exile* twice. 他曾两次被流放。❷[C]被流放（或放逐）者；流亡国外者；离乡背井者：political *exiles* 政治流亡者

ex·ist /iɡ'zist/ *vi.* ❶存在；有：The world *exists*, whether you like it or not. 不论你喜欢与否，这个世界依然存在。❷生存；生活，维持生命：We can't *exist* without air. 我们没有空气就不能生存。

ex·ist·ence /iɡ'zist°ns/ *n.* ❶[U]存在；实有：They discovered the *existence* of some very unusual birds on the island. 他们发现该岛有一些罕见的鸟类。❷[U；C]生存；存活；生存方式：They were working for a better *existence*. 他们正在为过上更好地生活而工作。❸[U]存在物，存在体，实体；万物：a man who believed there was no real *existence* in the world but himself 一个持有除他本人之外世间万物皆为虚无的观点的人 ‖

come into existence *vi.* 出现，出生；产生，发生：The United Nations *came into existence* in 1945. 联合国诞生于 1945 年。

ex·it /'eksit, 'eɡzit/ *n.* [C] ❶出口；安全门；太平门；emergency *exits* 紧急出口 ❷出去，离去；退出，退去：He felt sick and made a hasty *exit* from the meeting. 他感觉要吐，于是急速地离开会场。

ex·ot·ic /iɡ'zɔtik/ *adj.* 〔无比较级〕❶外（国）来的；外国产的，非地产的：an *exotic* dress 外来服装 ❷（服饰等）奇异的，怪异的；异国情调的：*exotic* solutions 奇怪的解决办法 ‖ ex'o·t·i·cal·ly /-k°li/ *adv.*

ex·pand /ik'spænd/ *v.* ❶扩大，扩充，扩展；发展；使膨胀：The heat *expand* the metal. 热会使金属膨胀。❷打开，张开，展开：The eagle *expanded* its wings. 鹰展开双翅。‖ expand·a·bi·li·ty /ikˌspændə'biliti/ *n.* [U]—ex'pand·a·ble *adj.*—ex'pansi·ble /ik'spænsib°l/ *adj.*

☆**expand, amplify, inflate, swell** 均有"扩大"之意。**expand** 词义和使用范围最广，可以指范围、区域的扩大或体积、尺寸的增大；这种扩大或增大既可来自内部也可来自外部，其方式可以是增长、展开或外加：Metals *expand* when they are heated. （金属受热则膨胀。）**amplify** 可指增强或放大无线电讯号、声音、电流等，也可指通过增加材料、细节、例证等使某一事情或问题完备或明确：*amplify* sound with the use of microphones （用麦克风将声音放大）/ He *amplified* (on) his remarks with a graph showing the latest sales figures. （他用一张标有最新销售数字的图表进一步阐述自己的意见。）该词也可表示扩大某一范围：*amplify* the jurisdiction of a court （扩大法庭权限）**inflate** 指用人工办法充入气体或非实体的东西，使其膨胀或扩张：She *inflated* the balloon. （她给气球充了气。）**swell** 指逐渐扩大或增大，超出原来界限范围：The river is *swelling*. （这条河涨水了。）该词也可表示膨胀、临近爆裂：His heart *swelled* with pride as he watched his daughter win the race. （他看着女儿在赛跑中取胜，心里得意扬扬。）

ex·panse /ik'spæns/ *n.* [C](陆地、海洋等的)广阔区域：the wide *expanse* of the grassy plain 广袤的大草原

ex·pan·sion /ik'spænʃn/ *n.* ❶[U；C]扩大，扩展；扩张；发展：The runway is undergoing *expansion* to allow bigger planes to land. 为了让更大的飞机起降，跑道正在扩建。❷[U；C]张开，展开：the *expansion* of the wings of a bird 鸟的展翅

ex·pect /ik'spekt/ *vt.* ❶预计(⋯的到来)，预期(⋯的发生)，预料，估计：John says he's *expecting* a very hard winter. 约翰说他预料冬天将会十分寒冷。❷盼望，期待；等待：*expect* a nice weather 期待天气转好

☆ **expect，anticipate，await，contemplate，hope，look forward to** 均有"盼望，期待"之意。**expect** 指相当有信心或有把握地盼望，也可表示指望或预料某一具体事件的发生：We weren't *expecting* so many people come to the party. (我们没有料到会有这么多人来参加聚会。) **anticipate** 表示对未来的期望或预料，可能有充分的理由，也可能完全没有根据，既可用于愉快的事情，也可用于不幸的事情：She *anticipates* all her mother's needs. (她预见到母亲所需要的一切而事先做好安排。) **await** 强调消极被动地期待或等待某人的来临或某事的发生：She is in prison *awaiting* trial. (她在监狱中听候审判。) **contemplate** 指心中在打算、期待或预料某一意图、计划、目的或可能性：I hope your mother is not *contemplating* coming to stay with us. (我希望你母亲没有打算搬来同我们一起住。) **hope** 指希望或盼望好的结果、结局或事情；可能有充分的根据，也可能不切实际，但仍然抱有一定的信心：We've had no news from him but we are still *hoping*. (我们现在还没有他的消息，但仍然盼望着。) **look forward to** 通常指喜滋滋地盼望或期待一愉快事情的来临，但有时也可表示焦急不安地预料某一麻烦或不幸即将发生，带有主观上认为事情必定会发生的意味：I'm really *looking forward* to going to your party. (我一心盼望参加你举办的晚会。)

ex·pect·an·cy /ik'spektənsi/ *n.* [U]期待；

期望；盼望；企盼

ex·pec·ta·tion /ˌekspek'teiʃn/ *n.* ❶[U；C]期待，期盼；预期：Harold had no *expectation* that Vita would take an interest. 哈罗德预计维塔不会感兴趣。❷[C]预期的事物；期望，希望：have high *expectations* of winning 对获胜抱有很大希望

ex·pe·di·tion /ˌekspi'diʃn/ *n.* ❶[C](具有特定目的的)旅行，远征；探险；考察：go on an *expedition* to the South Pole 去南极探险 ❷[C](包括人员和车马的)远征队，探险队；考察队：The *expedition* had to turn back when it ran out of food. 探险队因为粮食吃完了只好返回。‖ **ex·pe'di·tion·ary** *adj.*

ex·pel /ik'spel/ *vt.* (-pelled；-pel·ling) ❶把⋯除名；把⋯开除(*from*)：Students may be *expelled from* school for serious misbehaviour. 学生可能因行为严重不检而被学校开除。❷赶走，驱逐，把⋯赶出去：*expel* the invaders from the border region 从边界地区把入侵者驱逐出去

ex·pend /ik'spend/ *vt.* 花费，消耗，耗费(金钱、时间等)(*on，upon，in*)：He has *expended* half his income *on* housing. 他一半的收入花在了住房上。

ex·pend·i·ture /ik'spenditʃə/ *n.* ❶[U](时间、金钱等的)支出，花费；消耗，耗费；用光，耗尽：extraordinary *expenditure* 额外支出 ❷[C]支出额，消耗额；费用，经费：curb *expenditures* 削减开支

ex·pense /ik'spens/ *n.* ❶[U；C]费，费用；价钱；花费，耗费：Ten dollars for a ticket is a small *expense*. 10 美元一张票不算什么钱。❷[～s]开销，开支，花费；损耗费用；业务费用；业务津贴：keep the balance between income and *expenses* 保持收支平衡 ‖ *at the expense of prep.* 以⋯为代价，在⋯受损害的情况下：Current needs are being satisfied *at the expense of* future generations. 有人正在牺牲后代的利益来满足当代人的需要

ex·pen·sive /ik'spensiv/ *adj.* 昂贵的，高价的：*expensive* restaurants 高档餐馆 ‖

ex'pen·sive·ly *adv.*

ex·pe·ri·ence /ik'spiəriəns/ **I** *n.* ❶[C]经历：The car crash was a frightening *experience*. 这起汽车事故是一次令人可怕的经历。❷[U]经验；体验；感受；阅历：draw on sb.'s *experience* 吸取某人的经验 **II** *vt.* 经历，经受；遭遇，体验：He has *experienced* what hardships mean. 他深谙何谓艰辛。

ex·pe·ri·enced /ik'spiəriənst/ *adj.* 有经验的；有阅历的；熟练的；老练的：She's quite *experienced* at teaching the handicapped. 她在教残障者方面经验丰富。

ex·per·i·ment /ik'sperimənt/ **I** *n.* [C；U] ❶实验；试验：carry out a laboratory *experiment* in chemistry 做实验室的化学实验 ❷[U]实验（或试验）操作：We hope to find the answer to this problem by *experiment*. 我们希望通过实验来找出这个问题的答案。**II** *vi.* 进行实验；进行试验(on, upon, with)：*experiment* on two groups of subjects *with* a new medicine 用一种新药在两组试验对象上试用

ex·pert /'ekspət/ **I** *n.* [C]专家；权威；行家：a computer *expert* 计算机专家 **II** *adj.* ❶熟练的；老练的；经验（或知识）丰富的(at, in)：He was *expert* on the guitar. 他吉他弹得非常好。❷[无比较级][作定语]专家的；内行的；需有专门技术（或知识）的：She went to her doctor for an *expert* advice. 她到医生那里去听一听专家建议。‖ **'ex·pert·ly** *adv.* —**'ex·pert·ness** *n.* [U]

ex·per·tise /ˌekspə'tiz/ *n.* [U]专门技能（或知识）；专长：management *expertise* 管理技能

ex·pire /ik'spaiə', ek-/ *vi.* ❶期满；届满；(期限)终止；(合同、协议等)到期无效：The trade agreement will *expire* at the end of this month. 贸易协定月底到期。❷呼气，吐气：The patient *expired* irregularly. 病人的呼吸很不规则。

ex·plain /ik'splein/ *v.* ❶解释；讲解，阐明；说明…的含义：He *explained* the decision clause by clause. 他逐条解释了那个决议。❷说明…的理由（或原因）；为…辩解：How do you *explain* such rude behaviour? 你如

何解释如此粗鲁的行为?

ex·pla·na·tion /ˌeksplə'neiʃ°n/ *n.* [C；U]解释，说明；阐述：I'd say a few words（by way）of *explanation*. 我想解释几句。

ex·plic·it /ik'splisit/ *adj.* ❶(解释说明等)清楚的，明了的；明确的：The contract is *explicit* on that point. 这项合同就那一点讲得很明确。❷坦率的，直言不讳的，毫无保留的：She was *explicit* with me about what she really felt. 她在我面前毫无保留地说出了她内心的真实感受。‖ **ex'plic·it·ly** *adv.* —**ex'plic·it·ness** *n.* [U]

☆**explicit, definite, express, specific** 均有"明确的，清晰的"之意。**explicit** 指陈述清楚，意思明确，毋需推理，理解上毫无困难：I gave you *explicit* instructions not to tamper with the controls.（我明确指示你不要随意乱摸控制设备。）**definite** 强调明确而清楚，没有含混不清、让人产生疑问的地方：We demand a *definite* answer.（我们要求一个明确的答复。）**express** 表示言辞明确直率，直截了当：I came here with the *express* purpose of seeing you.（我是特意来看你的。）**specific** 指十分精确详细，强调不笼统、不抽象：She gave us very *specific* instructions.（她给我们做了十分明确的指示。）

ex·plode /ik'spləud/ *v.* ❶爆炸，炸开，爆裂；突然破裂：A branch *exploded* with a sharp crack. 一根树枝突然咔嚓一声断裂了。❷爆发，迸发，突发：He *exploded* out of the house with a fury. 他怒气冲冲地从房子里冲了出来。

ex·ploit /ik'sploit/ *vt.* ❶(对资源等的)开发，开采：*exploit* natural gas fields 开发天然气田 ❷(为发挥人或事物的效能而)利用；使施展：You can *exploit* a talent which you already possess. 你可以施展你现有的才能。❸〈常贬〉(出于自私目的而)利用；剥削：The company *exploited* its employees with low pay. 这家公司用低工资剥削雇员。‖ **ex·ploi·ta·tion** /ˌeksploi'teiʃ°n/ *n.* [U]

ex·plore /ik'splɔː'/ *vt.* ❶对…进行勘探（或勘查)；探测；考察：*explore* the wild jungle

在野生森林探险 ❷探索，探究，探讨；调查研究：We have to *explore* the feasibility of the plan. 我们必须研究这个计划的可行性。—vi. 勘探；探测；考察 ‖ **ex·plo·ra·tion** /ˌeksplə'reiʃ°n/ n. [C；U]—**ex·plor·a·to·ry** /ik'skplɔrət°ri/ adj.

ex·plo·sion /ik'spləuʒ°n/ n. [C；U] ❶爆炸（声），爆破（声），炸裂（声）：The *explosions* can be heard now and then. 不时地可以听到爆炸声。❷（情绪等的）爆发，迸发，突发：There was an *explosion* of laughter from the audience. 观众中爆发出一阵大笑。

ex·plo·sive /ik'spləusiv/ n. [C]炸药，炸弹；易爆品：set off a plastic *explosive* 引爆塑胶炸药 ‖ **ex'plo·sive·ly** adv. —**ex'plo·sive·ness** n. [U]

Ex·po /'ekspəu/ n. [亦作 e-][C]([复]-pos)（大型国际）博览会，展览会

ex·po·nent /ik'spəunənt/ n. [C] ❶（观念、政策等的）倡导者，拥护者，推行者：a leading *exponent* of free trade 自由贸易的主要鼓吹者 ❷（原则、方法、理论等的）阐述者；说明者，讲解者：a popular *exponent* of evolution 进化论的通俗解说者 ❸（事业、活动等的）代表者；象征，标志：Price is the *exponent* of exchangeable value. 价格是交换价值的标志。‖ **ex·po·nen·tial** /ˌekspəu'nenʃ°l/ adj. —**ex·po'nen·tial·ly** adv.

ex·port I /ek'spɔt, 'ekspɔt/vt. ❶出口，输出：China *exports* tea to many countries. 中国向很多国家出口茶叶。❷传播；传送，输送：The arteries are known to *export* the blood. 人所共知，动脉是输送血液的。II /'ekspɔt/ n. [U]出口；输出：the *export* of agricultural produce 农产品的出口 ‖ **ex'port·a·ble** adj.—**ex·por·ta·tion** /ˌekspɔ'teiʃ°n/ n. [U]—**ex'port·er** n. [C]

ex·pose /ik'spəuz/ vt. ❶显露，暴露；使无遮蔽（或保护）(to)：The floods washed away the soil *exposing* the rocks beneath. 洪水冲走了表土，露出了地下的岩石。❷使处于…作用（或影响）之下；使处于危险之中；使遭受（讥笑等）(to)：be *exposed* to the elements 受风吹雨打 ❸展出，展览；陈列：*expose* pic-

tures to the audience 向观众展出图片

ex·po·si·tion /ˌekspə'ziʃ°n/ n. ❶[C；U]（详细的）阐述；解释；评注：give a clear *exposition* of one's view 清晰地阐述自己的观点 ❷[C]（公开的）展示；展览会，博览会：an automobile *exposition* 汽车博览会

ex·po·sure /ik'spəuʒə/ n. ❶[U；C]暴露，显露：Decades of *exposure* have baked him to the colour and hardness of brick. 几十年的风雨沧桑把他烧得像砖一样又黑又硬。❷[U]揭露，揭发；泄露，披露：The *exposure* of the forgery made a series of dramatic scenes. 那起假冒事件的被揭穿真是出尽洋相，让人看了一场好戏。

ex·press[1] /ik'spres/ vt. ❶（用言辞）表达，述：What was in mind is hard to be *expressed* in words. 心中所想难以用话语表达出来。❷表示，表现；表露出：A shake of head *expresses* disagreement. 摇头表示不同意。

express[2] /ik'spres/ I adj. [无比较级][作定语]快运（或快递）业务的；（邮政）快递的：an *express* company 捷运公司 II n. [C]快车；直达（或快速）电梯：the oriental *express* 东方快车

ex·pres·sion /ik'spreʃ°n/ n. ❶[U；C]（尤指用言语的）表达；表示，表现；体现：exchange *expressions* of goodwill 互致美好的祝愿 ❷[U；C]措辞；表达法，表达方式；词语：an old-fashioned *expression* 一句老套的习语 ❸[C；U]表情，神情；腔调：She has a happy *expression* on her face. 她脸上洋溢着喜悦的表情。

ex·pres·sive /ik'spresiv/ adj. ❶富于表情的；富于表现力的；意味丰富的：The girl has large *expressive* eyes. 那姑娘有一双会说话的大眼睛。❷[无比较级][作表语或后置定语]（有关）表达的，表示的，表现的；体现的(of)：His words are *expressive* of contempt. 他语带轻蔑。‖ **ex'pres·sive·ly** adv. —**ex'pres·sive·ness** n. [U]

ex·press·way /ik'spresˌwei/ n. [C]高速公路；（部分立体交叉的）快速干道

ex·qui·site /'ekskwizit, ek'skwizit/ adj.

❶精美的,精致的;制作精良的:This letter was translated from her *exquisite* French. 这封信译自她那封漂亮的法文原信。❷精湛;绝妙的;高雅的,雅致的:*exquisite* manners 优雅的风度 ‖ ex'quis·ite·ly *adv.* — ex'quis·ite·ness *n.* [U]

ex·tend /ik'stend/ *v.* ❶伸,伸展,延伸:The road *extends* for another three miles. 这条路还有三英里长。❷延续,持续;延时,延期:The meeting *extended* another hour. 会议还要延一个小时。❸(面积、应用、权限等)扩展;扩大;增大:The area of desert is *extending.* 沙漠的范围在日益扩大。

☆extend,lengthen,prolong,protract 均有"延长,伸长"之意。extend 词义和使用范围都比较广泛,指在空间、时间、面积、宽度、范围、影响或意义等方面的增长或扩大:My garden *extends* as far as the river. (我的花园一直延伸到河边。)该词也可表示伸展肢体:The bird *extended* its wings in flight. (那只鸟展翅飞翔。) lengthen 只表示延长某一事物的长度或延长持续时间,不能用来表示延展宽度:The shadow of the mountain *lengthened* fast at dusk. (山的阴影在黄昏时分快速地拉长了。) prolong 常指持续时间的延长,往往含有超出正常期限的意味:He *prolonged* his visit by two weeks. (他的访问延长了两个星期。) protract 用于指时间上的延长,往往含无限期、没有要求或令人烦恼的意味:The war was *protracted* for four years. (战争持续了四年之久。)

ex·ten·sion /ik'stenʃ°n/ *n.* ❶[U]延伸;延长;伸展,扩展:the *extension* of the sense of a word 词义的引申 ❷[C](电话)分机,分机号码:listen in on the *extension* 在分机上窃听

ex·ten·sive /ik'stensiv/ *adj.* 广阔的,广大的;广泛的:The story received *extensive* coverage in the newspapers. 这则故事在报纸上得到了广泛报道。 ‖ ex'ten·sive·ly *adv.*

ex·tent /ik'stent/ *n.* [U]广度;程度;限度:I agree to a great *extent.* 在很大程度上我是赞成的。

ex·te·ri·or /ik'stiəriəʳ/ I *adj.* [无比较级][通常作定语]❶外面的,外部的,外表的;外侧的:The play begins with an *exterior* scene in a garden. 这出戏是以花园外景开场的。❷(适合)户外的;(适合)外用的:*exterior* paint 油墙外用漆 II *n.* [C](物体的)外部,表面;(人的)外表,外貌:the brick *exterior* of a house 房屋的砖砌外表面

ex·ter·mi·nate /ik'stə:mineit/ *vt.* 消灭,根除;使灭绝,使绝迹:Has leprosy been completely *exterminated*? 麻风病完全绝迹了吗? ‖ ex·ter·mi·na·tion /ik,stə:mi'neiʃ°n/ *n.* [U] — ex'ter·mi·na·tor *n.* [C]

ex·ter·nal /ik'stə:n°l/ *adj.* [无比较级]❶外面的,外部的:*external* injuries 外伤 ❷外界的,外来的;外因的:*external* and internal motivation 外在和内在的动机 ‖ ex'ter·nal·ly *adv.*

ex·tinct /ik'stiŋ°t/ *adj.* [无比较级]❶(物种)灭绝的,绝迹的,绝种的:an *extinct* species 一种灭绝物种 ❷停止活动的;(火)熄灭了的;(火山)死的:an *extinct* volcano 一座死火山 ❸(法令等)失效的;废弃的;(风俗、语言等)古老的,过时的:an *extinct* custom 过时的习俗 ‖ ex·tinc·tion /ik'stiŋkʃ°n/ *n.* [U]

ex·tin·guish /ik'stiŋgwiʃ/ *vt.* ❶熄灭(灯等);扑灭(火等):The firefighters had *extinguished* the forest fire before it spread out further. 消防队员们扑灭了这场森林大火,没有使它进一步蔓延。❷使(生命,希望等)消亡,破灭,结束:A ray of hope was *extinguished.* 一线希望破灭了。 ‖ ex'tin·guish·a·ble *adj.*

ex·tort /ik'stɔ:t/ *vt.* 敲诈,勒索;(利用权势)侵占,侵吞:He tried to *extort* out of the people what he could. 他极尽向别人敲诈之能事。 ‖ ex'tort·er *n.* [C] — ex·tor·tion /ik'stɔ:ʃ°n/ *n.* [U] — ex'tor·tion·ist *n.* [C]

ex·tra /'ekstrə/ I *adj.* [无比较级]额外的;附加的:an *extra* edition (报纸、杂志等的)号外(或增刊) II *n.* [C]❶额外费用;额外收费的事物:We ordered a few *extras* for the dinner. 我们这顿餐点了一些额外收费的东西。❷(报纸的)号外；增刊：The newspaper put out an *extra* to report the war. 这家报纸出了一期号外来报道这场战争。

ex·tract I /ik'strækt/ *vt.* ❶(使劲地)拔出；(用力地)取出：have two teeth *extracted* 让人拔了两颗牙 ❷从…设法获得(情报等)：*extract* information from the suspect 从嫌疑人嘴里获取情报 ❸提取，提炼，榨取：the juice *extracted* from cucumber 黄瓜汁 II /'ekstrækt/ *n.* ❶[C](书本或乐曲等的)摘录，引文，选段：an *extract* from the poem 从这首诗里摘录的一段 ❷[U；C]精；汁：a vanilla *extract* 香草精

ex·trac·tion /ik'strækʃ°n/ *n.* [C；U]拔出；取出；榨取；提取，萃取：the *extraction* of money by extortion 用勒索的方式榨取钱财

ex·tra·dite /'ekstrəˌdait/ *vt.* 引渡 ‖ **ex·tra·di·tion** *n.*

ex·traor·di·nar·y /ik'strɔːdinəri, ˌekstrə'ɔːdinəri/ *adj.* 不平常的，特别的；非凡的，惊人的：His range of knowledge is *extraordinary*. 他的知识面广得惊人。 ‖ **ex·traor·di·nar·i·ly** *adv.*

ex·trav·a·gant /ik'strævəgənt/ *adj.* ❶奢侈的，挥霍的，铺张的：She considered him *extravagant* with electricity. 她认为他用电太浪费。❷过度的，过分的；(价格等)昂贵的，过高的：*extravagant* expectations 奢望 ‖ **ex·trav·a·gant·ly** *adv.*

ex·treme /ik'striːm/ *adj.* ❶[通常作定语]最大(限度)的；极度的；极大的：You must proceed with *extreme* caution. 你千万要小心从事。❷[常作前置定语]巨大的；剧烈的，猛烈的：*extreme* joy 欣喜若狂 ❸(立场、

观点等)偏激的，过激的；极端的；过分的，过度的：He is always *extreme* in his views. 他对问题的看法总是偏激。❹[作前置定语](离中心)最远的；末端的；在尽头的：the *extreme* limits of a town 城镇的最边远处 ❺最后的，最终的：the *extreme* hopes 最后的希望 ‖ **in the extreme** *adv.* 极端，极度，非常：I consider such conduct despicable *in the extreme*. 我认为这种行为卑鄙透顶。**to the extreme** *adv.* 到最大的限度，达到极致：Your behaviour is testing my patience *to the extreme*. 你的行为快要使我的忍耐达到极限。 ‖ **ex'treme·ly** *adv.*

ex·trem·i·ty /ik'striːmiti/ *n.* ❶[C]末端，端点；尽头：the peninsula's western *extremity* 半岛的西端 ❷[U]极端，极度；极点：the *extremity* of the violence 极端的暴力

eye /ai/ *n.* [C] ❶眼睛：be blind in both *eyes* 双目失明 ❷[用作单或复]视力，视觉；目力：She has a sharp *eye*. 她视力极佳。❸眼，孔(如针眼、锁眼等)；眼状物 ‖ **an eye for an eye** *n.* 以眼还眼 **keep an eye on** [to] *vt.* 密切注意；留神；照看：Keep an eye on my luggage for a moment, please! 请照看一会儿我的行李!

eye·ball /'aiˌbɔːl/ *n.* [C]眼球，眼珠

eye·brow /'aiˌbrau/ *n.* [C]眉，眉毛：knit the *eyebrows* 锁眉蹙额

eye·glass /'aiˌglɑːs/ *n.* [C] ❶镜片；单片眼镜 ❷[～es]眼镜；夹鼻眼镜

eye·sight /'aiˌsait/ *n.* [U] ❶视力；目力：lose one's *eyesight* 失明 ❷视野，视界：come within *eyesight* 进入视野之内

F f

fa·ble /'feibᵊl/ *n.* [C;U]寓言:Tell them the *fable* about the fox and the grapes. 给他们讲讲狐狸和葡萄的寓言故事吧。

fab·ric /'fæbrik/ *n.* [C;U]织物,织品;布: weave a *fabric* 织布

fab·ri·cate /'fæbriˌkeit/ *vt.* ❶制造,制作;建造;组装,装配:*fabricate* fine pottery 制造精美的陶器 ❷捏造,伪造(文件等);杜撰,编造(谎言、借口、成绩等):*fabricate* a diploma 伪造毕业文凭

fab·u·lous /'fæbjuləs/ *adj.* [无比较级] ❶寓言般的;惊人的,难以置信的;非常的;荒诞的,荒谬的:*fabulous* rumors 无稽之谣言 ❷〈口〉极好的,绝妙的:That's a *fabulous* idea! 这主意太妙了 ‖ '**fab·u·lous·ly** *adv.*

face /feis/ I *n.* ❶[C]脸,面孔:I never saw his *face*. 我与他从无一面之缘。❷[C]面容,脸色,表情:His *face* fell when he heard the news. 一听到这消息,他就沉下了脸。❸[通常用单]外表,外观,外貌:Life changed its *face*. 生活变了样。❹[通常用单]表面;正面,前面:*the face* of the earth 地球的表面 II *vt.* ❶面向,面朝,正对:Their houses *face* each other across the street. 他们的房子隔街正对。❷面对:He stood *facing* the wall. 他面壁而立。❸(勇敢地)对付;正视:Army *faces* Navy in today's football game. 在今天的足球比赛中陆军队迎战海军队。‖ **face to face** *adv.* & *adj.* 面对面地(的)(*with*):We sat *face to face* at the table. 我们在桌边面对面坐着。**face up to** *vt.* 勇敢地对付(或接受):Be a man and *face up to* it. 你要像男子汉

那样面对现实。

fac·et /'fæsit/ *n.* [C] ❶(多面体的)面;(宝石等的)琢面:crystal *facets* 水晶界面 ❷(问题、事物等的)一个方面:This case obviously has all sorts of *facets* that will affect the trial. 很明显,这个案子牵涉到的方方面面,势必会对审判产生影响。

fa·cial /'feiʃᵊl/ *adj.* [无比较级] 面部的:She bears a strong *facial* resemblance to my sister. 她的面孔酷似我妹妹。‖ '**fa·cial·ly** *adv.*

fa·cil·i·ty /fə'siliti/ *n.* ❶[常作 **facilities**]手段;工具;设备,设施;装置:credit *facility* 信贷手段 ❷[U]熟练;技巧;流利:She has a startling *facility* with words. 她能说会道,令人惊奇。❸[U]容易,简易;方便,便利:She has *facility* to blush. 她容易脸红。

fact /fækt/ *n.* ❶[U]现实(性);真实性,确凿性;实情,实际,真相:The book mixed *fact* and fancy. 这本书把现实与想象混为一谈。❷[C](客观)事实:an accomplished *fact* 既成事实 ❸[常作～s]细节:He was only interested in the *facts* of the present case. 他一心只想着眼前这个案子的情节。‖ **as a matter of fact** *adv.* 事实上,其实;事实恰恰相反:He thought the room was vacant, but *as a matter of fact* it was already occupied. 他以为这间屋子空着,其实已经有人住了。**in (actual) fact** *adv.* 实际上,其实;事实恰恰相反:Everybody believed it was a gold necklace, but *in fact* it was only an imitation. 每个人都认为那是串金项链,可其实它只是个仿制品。

fac·tion /'fækʃᵊn/ *n.* ❶[C](政党、组织等

内部的)宗派，派别；(尤指持歧见的)小集团：A *faction* in the club tried to make the president resign. 俱乐部内有一帮人极力想让董事长辞职。❷[C;U]派系斗争，倾轧，内讧：*Faction* almost broke up the club. 内讧差点儿使俱乐部解体。‖ **'fac·tion·al** *adj.* — **'fac·tion·al·ism** *n.* [U]

fac·tor /'fæktə**ᵣ**/ *n.* [C]因素；要素：Many *factors* come into equipment reliability. 跟设备可靠性有关的因素很多。

fac·to·ry /'fæktᵊri/ *n.* [C]制造厂，工厂：a furniture *factory* 家具厂

fac·ul·ty /'fækᵊlti/ *n.* ❶[C]官能；能力；才能；天赋：He has the *faculty* to learn languages easily. 他有学习语言的天赋。❷[C](大学的)系；科；院：the *faculty* of theology 神学院 ❸[总称](大学中院、系、科的)全体教师／全体教职员工：He was on the *faculty* there for over forty years. 他在那儿执教达 40 余年。

fade /feid/ *v.* ❶(颜色)褪去；(衣服等)褪色：Will the colour in this material *fade*? 这块料子会褪色吗？❷(声音等)变微弱；(光线等)变暗淡；(情感)变得淡漠；逐渐消失：The sound of the train *faded* after it went by. 火车过后隆隆声渐渐消失。❸凋谢，枯萎；衰败，变衰颓：The flowers in the garden *faded* at the end of summer. 夏末园中的花儿都凋谢了。

Fah·ren·heit /'færᵊnˌhait/ *adj.* [无比较级]华氏的；华氏温度计的(略作 F, F., Fah. 或 Fahr.)：212° *Fahrenheit* is the boiling point of water. 华氏 212 度是水的沸点。

fail /feil/ *vi.* ❶失败，不成功：The clever *failed* because of their cleverness. 聪明反被聪明误。❷不及格：He *failed* because he didn't study hard enough. 他考试未及格，因为他学习不够刻苦。

fail·ing /'feiliŋ/ *n.* [C]❶失败，不成功：His *failing* is due to carelessness. 他的失败归咎于他的粗心。❷(尤指性格中的)弱点，缺陷，短处：His lack of knowledge is a grave *failing*. 他没文化，这是一大缺憾。

fail·ure /'feiljə**ᵣ**/ *n.* ❶[U;C]失败，不

All his efforts ended in *failure*. 他的心血全白费了。❷[C]失败的人(或事)：He was a total *failure* in algebra. 他的代数一塌糊涂。

faint /feint/ I *adj.* ❶不清楚的，模糊的，隐约的；暗淡的：A *faint* sound of piano music floated to him from somewhere. 不知从哪儿隐隐约约飘来钢琴奏出的乐声。❷微弱的，无力的；虚弱的；眩晕的，行将昏厥的：He was deadly *faint* with fatigue. 他劳累得几乎晕过去。❸微小的；很少的；轻微的：A *faint* blue smoke arose. 一缕青烟袅袅升起。II *vi.* 昏厥，晕倒(*away*)：He nearly *fainted* from the pain. 他痛得差点昏了过去。‖ **'faint·ly** *adv.* — **'faint·ness** *n.* [U]

fair¹ /feə**ᵣ**/ I *adj.* ❶公正的，公平的：I shall be *fair* to both parties. 对于你们双方，我保证一视同仁。❷按规则进行的；按法律可以追捕的；合理的，正当的；应有的，应得的：The subject has received its *fair* share of attention. 这问题受到了应有的关注。❸[无比较级][作定语]相当大(或多、长等)的；可观的；充分的：a *fair* income 可观的收入 ❹[无比较级]尚可的，不好不坏的；中不溜的，过得去的：There is a *fair* crop of wheat this year. 今年麦子的收成尚可。❺(天气)晴朗的；(风向)顺的：The weather will be *fair* today. 今天将是个晴天。❻(皮肤)白皙的；(头发)金色的；(人)白肤金发的：*fair* skin 白皙的皮肤 II *adv.* 公正地，公平地：*deal fair* with sb. 公平对待某人 ‖ **'fair·ish** *adj.* — **'fair·ness** *n.* [U]

fair² /feə**ᵣ**/ *n.* [C]❶定期集市：a village *fair* 乡村农贸集市 ❷商品展览会；商品展销会；商品交易会：a book *fair* 图书展览会 ❸(为筹集善举经费的)义卖会

fair·ly /'feəli/ *adv.* ❶公正地，公平地；不带偏见地：deal *fairly* with one's customers 公平地对待顾客 ❷[无比较级][不用于否定句]相当；还，尚：Sarah *fairly* quickly became pregnant. 萨拉相当快就怀上了孩子。☆**fairly, quite, rather** 均有"相当，颇为"之意。**fairly** 词义最弱，表示"相当地"或"适度地"，含有"颇为，还算或尚可"之意，通常只与含有褒义的形容词或副词等连用，但不能

与它们的比较级或 too 连用：It's *fairly* hot today.（今天相当热。）**quite** 含有"完全、十分、非常、很"之意，用法与 fairly 基本相似，但要放在不定冠词的前面：She *quite* likes some pop music.（她十分喜欢流行音乐。）**rather** 词义最强，表示"相当、颇为、确实、实在"等意，既可用于褒义，也可用于贬义，还可与形容词、副词的比较级或 too 连用，以进一步说明程度；该词可放在不定冠词的前面或后面，但必须放在定冠词的后面：This exercise is *rather* too difficult for the pupils and *rather* too easy for the middle school students.（这练习对小学生来说太难了，但对中学生又容易了一点。）/ It's *rather* a pity.（这多少有点可惜。）

fair·y /ˈfeəri/ *n.* [C] ❶仙人，仙子；小精灵：a wicked *fairy* 狐仙 ❷众仙子；仙界

fairy tale *n.* [C] 童话；神话

faith /feiθ/ *n.* ❶[U]信任；信心；信念：Have you any *faith* in what she says? 你相信她的话吗？ ❷[U;C]信仰上帝；宗教信仰；信仰；宗教：*Faith* without works is dead. 只有信仰而无善行等于零。 ❸[C]信条：assert a *faith* in individual advancement 坚持个人发展的信条 ❹[U]忠实，忠诚；诚意：He was the only one who proved his *faith* during our recent troubles. 在我们近期的困境中，只有他的一片忠诚得到了证实。 ‖ *in faith adv.* 千真万确，丝毫不差

faith·ful /ˈfeiθf（ə）l/ *adj.* ❶忠实的，忠诚的；守信的；可信赖的：She knew him generous, and *faithful* to his words. 他为人慷慨，从不食言，这是她知道的。 ❷尽职的，责任心强的；认真的：be *faithful* in the performance of one's duties 恪尽职守 ‖ ˈ**faith·ful·ly** *adv.* —ˈ**faith·ful·ness** *n.* [U]—ˈ**faith·less** *adj.*

fake /feik/ Ⅰ *vt.* ❶伪造；捏造；虚构：I hear your brother *fake* his age and joined the army. 我听说你弟弟虚报年龄，参了军。 ❷伪装，假装；装出…的样子：He *faked* surprise when I told him the news. 我告诉他这个消息的时候，他故作惊奇。 Ⅱ *n.* [C] ❶假货，赝品；捏造的报道；虚构的故事：These pic-

tures were *fakes*. 这些画是赝品。 ❷骗子，假冒者；冒充者：Anyone who says he can fly like a bird is a *fake*. 任何一个说自己能像鸟一样飞行的人都是骗子。 ‖ ˈ**fak·er** *n.* [C]

fal·con /ˈfɔːlk（ə）n, ˈfɔl-/ *n.* [C] ❶【动】隼，游隼 ❷猎鹰

fall /fɔːl/ Ⅰ *vi.* （**fell** /fel/, **fall·en** /ˈfɔːl（ə）n/）❶落下；跌落；降落：A multitude of raindrops *fell* pattering. 吧嗒吧嗒撒落无数雨珠。 ❷跌倒，摔倒；倒下：She *fell* over into the river. 她跌入河中。 ❸倒塌，坍塌；崩塌：The walls of the burning building *fell*. 大楼在燃烧，墙壁塌了下来。 ❹变成，成为：My horse *fell* lame. 我的马脚跛了。 Ⅱ *n.* ❶[C]落下；跌落；降落：She suffered a *fall* from her horse. 她不幸从马上跌下来。 ❷[C;U]秋天，秋季：in the *fall* of 2003 2003 年秋天 ❸[通常作～s][用作单或复]瀑布：Niagara *Falls* 尼亚加拉大瀑布 ‖ *fall back vi.* 后退；退却：Hartly *fell back*, surprised. 哈特利忙不迭退开了，惊慌不已。 *fall behind vi.* 落后：When they took a hike in the woods, two boys *fell behind* and got lost. 他们在森林中徒步旅行时，有两个男孩掉队走失了。

false /fɔːls/ *adj.* ❶[无比较级]不正确的，错误的：One *false* step and the whole plan will fail. 一步走错，整个计划就泡汤。 ❷假装的，冒充的；虚伪的：He was gazing up at the ceiling with *false* indifference. 他故作漫不经心地抬眼望着天花板。 ❸[无比较级][作定语]弄虚作假的，伪造的：*false* government documents 伪造的政府文件 ‖ ˈ**false·ly** *adv.* —ˈ**false·ness** *n.* [U]

fal·si·fy /ˈfɔːlsiˌfai/ *vt.* ❶篡改，伪造：He *falsified* the history of his family to conceal his humble origins. 为了隐瞒自己卑微的出身，他改动了家族的历史。 ❷歪曲，曲解 ❸证明…为假；证明…站不住脚：The evidence *falsifies* your conclusions. 这证据说明你的结论实属虚妄。 ‖ **fal·si·fi·ca·tion** /ˌfɔːlsifiˈkeiʃ（ə）n/ *n.* [U;C]—ˈ**fal·si·fi·er** *n.* [C]

fame /feim/ *n.* [U]〈常褒〉名气,名望,声誉;名声:I have heard your *fame*, sir. 久闻大名了,先生。

fa·mil·i·ar /fəˈmiliə/ *adj.* ❶ 常见的,常有的,普通的;日常用的;习惯上的:We chatted of *familiar* things. 我们闲聊家常。❷熟悉的,熟知的;通晓的(*to*,*with*):People in Europe and America aren't very *familiar with* Chinese music. 欧美人不太熟悉中国音乐。❸ 亲近的,亲密的(*with*):It isn't everybody that is *familiar with* the famous people in the political world. 并不是每个人都和政界名人有交情。‖ **faˈmil·i·ar·ly** *adv.*

☆**familiar, close, confidential, intimate** 均有"熟悉的,亲密的"之意。**familiar** 指由于长时间交往而彼此熟悉得像自家人,强调言行不拘礼节,没有任何保留或约束:She looks very *familiar*, but I can't remember her name. (她看起来很面熟,但我记不起她的名字。)**close** 常表示私交很深,感情纽带十分牢固:He's one of my *closest* friends. (他是我的一个至交。)**confidential** 表示彼此可以推心置腹、相互信赖、共同享有秘密的想法或事情等:Please keep what I am about to tell you *confidential*. (请将我将要告诉你的话严守秘密。)**intimate** 指相互之间关系密切、思想感情融洽、彼此知心,可以达到无话不说的程度:We had been very *intimate* for some time. (我们曾经是极要好的朋友。) / They are on *intimate* terms. (他们的关系很亲密。)

fa·mil·i·ar·i·ty /fəˌmiliˈæriti/ *n.* ❶[U]熟悉;熟知;通晓:Something in the way she spoke gave me an odd feeling of *familiarity*. 很奇怪,她说话的神情,使我有似曾相识之感。❷[U]亲近;密切;亲昵;随便;放肆:She didn't encourage *familiarity*. 她不鼓励熟不拘礼的行为。

fa·mil·iar·ize /fəˈmiliəˌraiz/ *vt.* 使熟悉;使熟知;使通晓:Before playing the new game, *familiarize* yourself with the rules. 在玩新游戏之前,得先熟悉一下规则。

fam·i·ly /ˈfæmili/ *n.* ❶[用作单或复]家;家庭:There are eight people in my *family*. 我家有 8 口人。❷[C;U]家属;亲属:Grandma is all the *family* I have. 奶奶是我唯一的亲人。❸[C]【动】【植】科:Lions, tigers and leopards belong to the cat *family*. 狮子、老虎和豹都是猫科动物。

fam·ine /ˈfæmin/ *n.* [C;U]饥荒;饥馑:Many people died during the severe *famine* there. 那次闹大饥荒饿死了许多人。

fa·mous /ˈfeiməs/ *adj.* 著名的;闻名的:Are you the *famous* Miss Emily? 你就是那位尽人皆知的埃米莉小姐吗? ‖ **ˈfa·mous·ly** *adv.*

fan¹ /fæn/ *n.* [C]扇子:a folding *fan* 折扇

fan² /fæn/ *n.* [C]狂热爱好者,热衷者,迷:movie *fans* 影迷

fan·cy /ˈfænsi/ I *n.* ❶[U;C]想象力;幻想力;想象出来的事物;头脑里的形象:You must not let your *fancy* run away with you. 你不可想入非非。❷[C](毫无根据的)设想;空想;幻想;幻觉:That's a *fancy*; don't believe it. 那只是设想而已,别信它。❸[C](尤指一时的)爱好,喜爱;迷恋:He has a *fancy* for some wine with his dinner. 他喜欢在晚餐时喝点儿酒。II *adj.* ❶[无比较级](尤指食品)特级的;精选的;最高档的:*fancy* fruits and vegetables 精选果蔬 ❷作装饰用的;别致的;有装饰的;花式的;花哨的:a *fancy* tie 别致的领带

fan·tas·tic /fænˈtæstik/ *adj.* ❶奇怪的,怪异的;怪诞的;奇形怪状的:Sore at Tom? He's too *fantastic* to be sore at. 生汤姆的气? 他疯疯癫癫的,犯不着跟他生气。❷(想法、计划等)空想的;异想天开的;不现实的;荒唐的:a *fantastic* scheme to make a million dollars betting on horse races 想通过赌马赢得百万美元的荒唐计划 ❸(大小、数量等)极大的;惊人的;难以置信的:a *fantastic* fortune 巨额财产 ❹〈口〉极好的;美妙的;非凡的;了不起的:She's a *fantastic* swimmer. 她游泳棒极了。‖ **fanˈtas·ti·cal·ly** /-kəli/ *adv.*

fan·ta·sy /ˈfæntəsi,-zi/ *n.* [C;U]想象;幻想:make *fantasies* 胡思乱想 ❷[C;U]错

觉;幻觉;幻象;假象:A daydream is a *fantasy*. 白日梦是一种幻觉。

far /fɑːʳ/ (**far·ther** /'fɑːðəʳ/, **far·thest** /'fɑːðist/或 **fur·ther** /'fɜːðəʳ/, **fur·thest** /'fɜːðist/) **I** *adv.* ❶(时间、空间等)远;久远:We sailed *far* ahead of the fleet. 我们遥遥领先于船队。❷到很大(或很深)程度;很;极;十分:I wanted a new dress *far* worse than you did. 我比你更需要添置一件新衣服。**II** *adj.* ❶(时间、距离上)远的;遥远的;久远的:Let's walk— it's not *far*. 咱们走路去吧——路不远。❷[作定语](两者中)较远的,那一边的:In the *far* north, days are short in winter. 在较北的地方,冬日的白天较短。‖ **as far as** *prep.* & *conj.* ❶远到;一直到;至…之远:The golden rice fields stretch *as far as* the eye can see. 金黄色稻田一望无际。❷[表示程度、范围]就;尽;至于:*As far as* I know, she's not coming, but I may be wrong. 就我所知,她不打算来,但我或许会弄错。**so far** *adv.* 迄今为止;到目前为止:It's gone well *so far*. 到目前为止一切进展顺利。

☆**far**, **distant**, **remote** 均有"遥远的;远距离的"之意。**far** 表示离说话者距离遥远:He lives in a *far* country. (他住在一个遥远的国度里。)**distant** 指空间或时间方面的间隔或距离相当大,往往可以具体地加以度量:*Distant* sound of a bell can be heard clearly. (远处的钟声清晰可闻。)该词也可用于远亲等关系:She is a *distant* cousin of mine. (她是我的远房表妹。)用于神态时,该词表示精神恍惚:There is a *distant* look in her eyes. (她的眼中有一种冷漠的眼神。)**remote** 常指空间方面的遥远,往往含有偏僻、人烟稀少和难以到达之意:He lives in a house *remote* from the town. (他住在一所远离城镇的屋子里。)该词有时也可指时间很长,用于过去时强调因年代久远而没有接触,用于未来时含无成功希望之意:Your comments are rather *remote* from the subject we are discussing. (你的评论和我们正在谈论的问题关系不大。)用于态度时该词表示冷淡:Her manner was polite but *remote*. (她的态度彬彬有礼但却十分冷淡。)

fare /feəʳ/ *n.* [C](车、船、飞机的)票价;路费;交通费;旅费:How much is your bus *fare* home? 你回家的公共汽车费是多少?

fare·well /ˌfeəˈwel/ **I** *int.* 〈书〉〈古〉再见;再会:*Farewell*, and may we meet again in happier times. 再见了,愿我们在更加美好的日子里再相聚。**II** *n.* ❶[C;U]辞行;道别;告别;离开:I took *farewell* of my friends. 我向朋友们辞行。❷[C]再会;再见;告别的话;临别祝愿:We exchanged hasty *farewells* and parted. 我们匆匆告别,然后各奔东西。

farm /fɑːm/ *n.* [C]农场;农庄:live on the *farm* 在农场里生活 ‖ **farm·er** *n.* [C]

far·sight·ed /ˌfɑːˈsaitid, ˈfɑːˌsai-/ *adj.* ❶远视的;能看得很远的 ❷有远见的;深谋远虑的:a *farsighted* man 远见卓识之士 ‖ ˌfar·ˈsight·ed·ness *n.* [U]

far·ther /'fɑːðəʳ/ [far 的比较级] **I** *adv.* ❶(时间或空间上)较(遥)远地;更(久)远地:I can swim *farther* than you. 我能游得比你远。❷进一步地;更深入地:go no *further* in one's education 不再继续深造 ❸程度更深地;范围更广地:His love went no *farther* than holding hands. 他的谈情说爱只不过是拉拉手。**II** *adj.* (时间或空间上)较远的;更(久)远的:Rome is *farther* from London than Paris. 罗马到伦敦比巴黎到伦敦要远。

far·thest /'fɑːðist/ [far 的最高级] **I** *adj.* ❶(时间或空间上)最(久)远的;最遥远的:Who came the *farthest*? 谁来自最遥远的地方?❷最长的;最广的:the *farthest* journey of Magellan 麦哲伦最长的航程 **II** *adv.* ❶(时间或空间上)最(久)远地;最遥远地:Who can swim *farthest*? 谁能游得最远?❷最大限度地;最高程度地:His ideas were the *farthest* backward of his time. 他的思想在他那个时代是最落后的。

fas·ci·nate /ˈfæsiˌneit/ *vt.* 强烈地吸引;迷住;使入迷:I was *fascinated* with the idea. 我对这个主意很感兴趣。‖ ˈfas·ci·nat·ed *adj.* —ˈfas·ci·nat·ing *adj.* —ˌfas·ci·na·tion /ˌfæsiˈneiʃn/ *n.* [U]

fas·cism /'fæʃɪz°m/ *n.* [时作 F-][U]法西斯主义‖**fas·cist** *n.* [C] & *adj.*

fash·ion /'fæʃ°n/*n.* ❶[U]时尚；风气；潮流：an air of elegance and *fashion* 优雅入时的风度 ❷[U]服饰学；时装业；服装设计 ❸[U](服饰等的)流行款式；时兴式样；(行为、举止等的)时兴做法

fash·ion·a·ble /'fæʃ°nəb°l/ *adj.* ❶时髦的；合时尚的：Her hats are always *fashionable*, but they do not always suit her. 她戴的帽子总是很入时，不过并不总是适合她。 ❷流行的；受欢迎的：a *fashionable* topic of conversation 很受欢迎的话题 ‖ **'fash·ion·a·bly** *adv.*

fast /fɑːst；fæst/ **I** *adj.* ❶快(速)的；(动作)迅速的；敏捷的：Idle weeds are *fast* in growth. 杂草生长迅速。 ❷[无比较级](情感、关系等)稳固的，紧密的；忠诚的，忠心耿耿的：*fast* friends 挚友 **II** *adv.* ❶快；迅速(地)；敏捷(地)：She needed medical help *fast*. 她急需医治。 ❷[无比较级]紧紧地：The wolf was caught *fast* in the trap. 狼被困在陷阱里跑不掉了。 ❸[无比较级]牢固地；固定不动地：Bolt the door *fast*. 将门闩牢。

fas·ten /'fɑːs°n；'fæs-/ *v.* ❶系住，拴牢，扎紧；闩门：The clasp won't *fasten*. 扣子扣不上了。 ❷(思想、注意力、目光等)集中(*on*)：His gaze *fastened on* the jewels. 他目不转睛地盯住那些珠宝。 ‖ **'fas·ten·er** *n.* [C]

☆ **fasten, affix, attach, fix, tie** 均有"系、捆扎、束缚"之意。**fasten** 为普通用词，指用捆、扎、扣、钉、锁等方法束缚或固定某物，使其不能滑动：The tent flaps should be tightly *fastened*. (帐篷的帘布应系紧。)**affix** 为正式用词，指用粘贴、压印或敲打的方法将某物增加或固定在他物上：A stamp should be *affixed* to the envelop. (邮票应贴在信封上。)**attach** 常指用线、绳、环等将有关事物连接在一起，使其不能分开：The lid is *attached* to the box by hinges. (盖子是用铰链连接到箱子上的。)**fix** 表示用敲钉、插入或嵌入的方法来固定某物，使其不能松动，

含有谨慎和精确的意味：Unless their roots are strongly *fixed*, plants will not grow strong. (植物只有在牢牢扎根后才能苗壮生长。)该词还常常用于引申意义：Her image was *fixed* in his mind. (她的形象已牢牢刻在他的脑海里。)**tie** 为最普通用词，含义和使用范围都很广，既可指用绳索等来捆扎或捆绑某人或某物，使其不能自由活动，也可表示用同样的方法把有关事物连接或结合起来：He *tied* up his victims with torn lengths of bed-sheets. (他用旧床单条将受害者绑起来。)

fast food *n.* [C；U]快餐 ‖ **fast-food** /'fɑːstˌfuːd；'fæst-/ *adj.*

fat /fæt/ **I** *n.* ❶[C；U](动、植物的)脂肪：His diet was too rich in *fat*. 他的饮食太油腻了。 ❷[U]脂肪组织；肥肉；膘：I don't like meat with too much *fat* on it. 我不喜欢吃太肥的肉。 **II** *adj.* (**fat·ter, fat·test**) ❶胖的；体态臃肿的；多赘肉的：I'm *fatter* than I look. 我看起来要瘦一些。 ❷多脂肪的；多油脂的；(肉等)肥的，油腻的：This mutton is too *fat* for me. 这羊肉太腻，我吃不下。 ‖ **'fat·ness** *n.* [U]

fa·tal /'feɪt°l/ *adj.* [无比较级]❶致命的；生死攸关的：Mountain climbers take the risk of precipitate fall which can be *fatal*. 登山者们冒着可能会置人死地的雪崩危险。 ❷毁灭性的；灾难性的；带来不幸的(*to*)：make a *fatal* mistake 犯致命的错误 ‖ **'fa·tal·ly** *adv.*

fa·tal·i·ty /feɪ'tæləti/ *n.* ❶[C](事故、战争、疾病等导致的)死亡(事件)：a drowning *fatality* 溺水事件 ❷[U]致命性；致命的影响(或作用、效果)：the *fatality* of cancer 癌症的致命性

fate /feɪt/ *n.* ❶[通常用单]命运，命数：In every game it is her *fate* to get caught. 每次游戏她都注定要输。 ❷[U]天命，天数；天意；命中注定的事情：By a strange twist of *fate*, they both died on July 4, 1826. 真是天意弄人，他们于 1826 年 7 月 4 日同时逝世。

fate·ful /'feɪtf°l/ *adj.* ❶决定性的，关键性

的;(意义)重大的;影响深远的:a *fateful* decision 重大决定 ❷毁灭(性)的;灾难性的:*fateful* weapons 杀伤性武器 ‖ **'fate·ful·ly** *adv.*

fa·ther /'fɑːðə/ *n.* [C]父亲;岳父;公公:a *father*-to-be 即将做父亲的人 ‖ **'fa·ther‚hood** *n.* [U]

fa·ther-in-law /'fɑːðəˈrinˌlɔː/ *n.* [C]([复] **fa·thers-in-law** 或 **fa·ther-in-laws**) 岳父;公公

fa·tigue /fəˈtiːɡ/ *n.* [U]疲乏;劳累;筋疲力尽:physical and mental *fatigue* 身心交瘁

fat·ty /'fæti/ *adj.* ❶[作定语]脂肪的;似脂肪的:*fatty* tissues 脂肪组织 ❷富含脂肪的;油腻的:*fatty* foods 富含脂肪的食品 ‖ **'fat·ti·ness** *n.* [U]

fault /fɔːlt/ *n.* [C]❶缺点;缺陷;毛病;瑕疵;不足之处:He has a world of *faults*. 他的缺点不胜枚举。❷[通常用单](对错误等应负的)责任;罪责:It was all your *fault*. 都怪你。❸错误;错事;不当行为:correct a *fault* 改错

fault·y /'fɔːlti/ *adj.* 有缺点的,有缺陷的,有错误的,有过失的:a *faulty* design 不完美的设计 ‖ **'fault·i·ly** *adv.* — **'fault·i·ness** *n.* [U]

fa·vo(u)r /'feivə/ *n.* ❶[C]恩惠;善行,好事;do sb. a *favour* 帮某人的忙 ❷[U]善意;友善 ❸[U]赞同;赞成;支持:look with *favour* on sth. 赞赏地看待某事物 ❹[U]喜爱;好感;欢心;青睐:rise into *favour* with sb. 博得某人的欢心 ‖ *in favour of prep.* ❶赞同;支持:He is *in favour of* private education. 他是赞成私人办学的。❷有利于:The award of the arbitration is *in favour of* the sellers. 仲裁决定对卖方有利。

fa·vo(u)r·a·ble /'feivərəb°l/ *adj.* ❶赞同的,赞成的;称赞的:Most people were *favourable* to the idea. 大多数人都赞同这项主张。❷令人满意的;讨人喜欢的:give a *favourable* answer 给出令人满意的答复 ❸有利的;适合的,适宜的:Conditions are *favourable* for skiing today. 今天适宜滑雪。‖ **'fa·vo(u)r·a·bly** *adv.*

fa·vo(u)r·ite /'feiv°rit/ **I** *n.* [C]最受喜爱的人(或事物):This restaurant is a great *favourite* of mine. 这家餐馆是我最中意的。**II** *adj.* [无比较级][作定语]特别中意的;最受喜爱的:Wrestling is a *favourite* sport there. 那里最盛行摔跤这种运动。

fawn /fɔːn/ *vi.* 讨好;奉承;献媚(*on*,*upon*,*over*):The bellhop *fawned over* the guest. 旅馆的侍应生拍客人的马屁。

fax /fæks/ *n.* ❶[U]【电信】传真:contact sb. by *fax* 用传真跟某人联络[亦作 **facsimile**] ❷[C]传真机(=fax facsimile)

fax machine *n.* [C]传真机

FBI, F.B.I. *abbr.* Federal Bureau of Investigation (美国)联邦调查局

fear /fiə/ **I** *n.* ❶[U;C]害怕;恐惧;惊慌:She obeyed from *fear*. 她害怕了,只好服从。❷[C]不安;忧虑;担心:a *fear* of heights 恐高心理 **II** *v.* ❶[不用进行时态]害怕;恐惧:She *feared* going out alone. 她害怕一个人到外面去。❷忧虑;担心:She *feared* that she might not pass the test. 她担心考试不过关。‖ **'fear·less** *adj.* — **'fear·less·ly** *adv.* — **'fear·less·ness** *n.* [U]

☆**fear**, **alarm**, **dread**, **fright**, **panic**, **terror** 均有"害怕,恐惧"之意。**fear** 为最普通用词,表示焦虑不安,强调面临危险时产生的恐惧、胆怯和畏缩心理,也指不可名状的心理不适:The only thing we have to fear is *fear* itself. (我们所害怕的正是害怕本身。) **alarm** 表示突然发现或意识到危险时所产生的惊慌失措、惶恐万状的心理:He felt *alarm* at the sight of the pistol. (他听到枪声后感到很害怕。) **dread** 语气强烈,指将要来临的可怕情况所引起的惶恐不安:He has always stood in *dread* of his father. (他一见到父亲就害怕。) **fright** 指被突然降临的危险或威胁吓得心惊肉跳,但这种恐惧感往往瞬间即逝:The horse took *fright* at the sound of the explosion. (马匹听到爆炸声后吓了一跳。) **panic** 表示失去理智控制的惊慌,多用于集体,强调大家不知所措;

F

News of the invasion caused great *panic*. (入侵的消息传来，人们非常惶恐。) **terror** 语气最强，指个人安全受到直接威胁时产生的巨大威惧和惊吓：The people ran from the enemy in *terror*. (人们惊恐万状地逃离敌人。)

fear·ful /ˈfiəfʰl/ *adj.* ❶令人畏惧的；吓人的；可怕的：a *fearful* storm 可怕的暴风雨 ❷惧怕的；胆怯的：The kid was *fearful* to speak to others. 那孩子不敢跟别人说话。‖ **ˈfear·ful·ly** *adv.*

fea·si·ble /ˈfizibʰl/ *adj.* 可行的；行得通的；切合实际的：It is *feasible* to take his advice. 按他的建议行事是切实可行的。‖ **fea·si·bil·i·ty** /ˌfiziˈbiləti/ *n.* [U]—**ˈfea·si·bly** *adv.*

feast /fiːst/ *n.* [C] 盛宴；筵席：give [hold] a wedding *feast* 举办婚筵 ‖ **ˈfeast·er** *n.* [C]

feat /fiːt/ *n.* [C]功绩；业绩；事迹：achieve a remarkable *feat* 取得引人注目的业绩 ☆**feat, achievement, attainment, exploit** 均有"功绩，成就"之意。**feat** 指业绩，强调凝聚体力、智力、胆量或机敏、灵巧：the *feat* of crossing the Atlantic in a balloon (乘坐气球飞越大西洋) **achievement** 表示怀有明确的抱负或理想、不顾困难或反对、经过持续而艰苦的努力所获得的成就或成绩，尤指科学、技术或生产等方面的较大成就：Landing on the moon for the first time was a remarkable *achievement*. (首次在月球上着陆是一项壮举。) **attainment** 为较文雅的用词，指充分发展的才能或很深的造诣，它能使人们在文学、艺术、科学等专业性领域中取得卓越的成就：Bertrand Russell is a man of high literary *attainments*. (伯特兰·罗素是一个很有文学造诣的人。) **exploit** 指冒险的或英勇的行为或事迹，一般用于体力方面：We were spellbound listening to his *exploits* at sea. (我们对他在海上的英勇事迹听得如痴如醉。)

feath·er /ˈfeðə/ *n.* [C]羽毛；翎毛：pluck *feathers* from a fowl 拔家禽的羽毛 ‖ **ˈfea·thered** *adj.*—**ˈfeath·er·y** *adj.*

fea·ture /ˈfiːtʃə/ *n.* [C] ❶特色；特性；

点；特征：They both hit upon the same idea for the chief *feature* of their designs. 他们俩在设计要点上不约而同。❷(口、眼、鼻等)面部器官：Her eyes are her best *feature*. 眼睛是她脸上最好看的部位。❸[常作~s]相貌；面部表情：beautify the *features* 美容 ❹[电影]正片；故事片；情节片

Feb, Feb. *abbr.* February

Feb·ru·ar·y /ˈfebruʰri, ˈfebju-, -ruˌeri/ *n.* [C;U]2月(略作 F. ,Feb,Feb.)

fed /fed/ *v.* feed 的过去式和过去分词 ‖ **fed up** *adj.* 厌烦的；厌恶的；厌倦的：I was *fed up* with his excuses. 我对他的借口已经听烦了。

fed·er·al /ˈfedʰrl/ *adj.* [无比较级][作定语] ❶联邦(制)的：a *federal* state 联邦制国家 ❷联邦政府的：Congress is the *federal* law-making body of the United States. 国会是美国联邦政府的立法机构。‖ **ˈfed·er·al·ly** *adv.*

fed·er·al·ism /ˈfedʰrəˌlizʰm/ *n.* [U] ❶联邦制 ❷联邦主义 ‖ **ˈfed·er·al·ist** *n.* [C] & *adj.*

fed·er·a·tion /ˌfedʰˈreiʃʰn/ *n.* ❶[U]结盟；联盟 ❷[C]联邦(政府)：The United States is a *federation*. 美国是一个联邦制国家。❸[C]同盟；联盟；(社团等的)联合会；联合体

fee /fiː/ *n.* [C]费用；(用以支付专业服务的)酬金，报酬；服务费：an admission *fee* 入场费

fee·ble /ˈfiːbl/ *adj.* 无力的；虚弱的；衰弱的：The sick child was too *feeble* to walk on his own. 那个生病的孩子太虚弱了，不能自己走路。‖ **ˈfee·ble·ness** *n.* [U]

feed /fiːd/ (fed /fed/) *vt.* ❶喂(养)；饲(养)：The kid likes to *feed* pigeons. 这个小孩喜欢给鸽子喂食。❷用…喂；以…作饲料：*feed* grains to the chickens 用谷物喂小鸡 ❸为…提供食物(或给养)：This land has *fed* ten generations. 这方土地已经养育了10代人。

feed·back /ˈfiːdˌbæk/ *n.* [U] ❶(信息等的)

反馈；返回；反应：*feedback* from a speech 对讲演作出的反应 ❷反馈信息；反馈结果：study the *feedback* from an audience survey 分析观众调查结果

feel /fiːl/ (**felt** /felt/) *v.* ❶[不用进行时态](通过触觉)发觉：I *felt* something crawling up my back. 我觉得背上有什么东西在爬。❷摸；触；触摸：Blind persons can often recognize objects by *feeling* them. 盲人往往通过触摸来辨认物体。❸感觉；感到：She *felt* pride in her accomplishments. 她为自己所取得的成绩感到自豪。‖ *feel like vt.* ❶[不用被动语态和进行时态]想要：Do you *feel like* a cup of tea? 想喝杯茶吗？❷[不用进行时态]像要发生；感到好像：It *feels like* rain. 天好像要下雨了。*feel up to vt.* 觉得能胜任；自认可以应付：He's not *feeling up to* running today. 他觉得今天不宜跑步。

feel·ing /'fiːliŋ/ *n.* ❶[U]触觉：He has no *feeling* in his right hand. 他的右手没有一点触觉。❷[C]知觉；感觉：He lost all *feeling* in his legs. 他的双腿完全失去了知觉。❸[C]心情；情绪：a *feeling* of joy 愉快的心情 ❹[～s]感情：A thousand *feelings* rushed on Anne. 安妮思绪万千。‖ **'feel·ing·ly** *adv.*

☆**feeling, affection, emotion, sentiment** 均有"感情；情绪"之意。**feeling** 为普通用词，指身体上的感觉，如冷暖、饥饿、痛苦等：He had lost all *feeling* in his legs. (他双腿已完全失却了知觉。)该词也常指精神上的感受，如喜、怒、哀、乐、同情、忌妒、怜悯等：a faint *feeling* of disgust (一丝厌恶感) **affection** 常指喜爱、慈爱或钟爱之情：He has a deep *affection* for his old friend. (他对老朋友怀有深厚的感情。) **emotion** 为最普通用词，泛指从细微的情绪变化到强烈的感情爆发，比 feeling 的反应要强：He appealed to our *emotion* rather than to our minds. (他激发了我们的情感，而不是我们的思考。) **sentiment** 指由感情和思想综合起来、不轻易改变的情操，强调较多的理智成分，多用于褒义，但偶尔也用于贬义：There is no place for *sentiment* in business affairs. (在

贸易事务中不容带任何感情。)

feet /fiːt/ *n.* foot 的复数

fell /fel/ *v.* fall 的过去式

fel·low /'feləu/ **I** *n.* [C]❶男人；小伙子；男孩：a nice, little *fellow* 讨人喜欢的小伙子 ❷〈口〉家伙；(泛指)人：They don't treat a *fellow* very well here. 他们这儿对人不怎么样。❸同伴；同事；同僚：*fellows* in misery 患难之交 **II** *adj.* [无比较级][作定语]❶同伴的；同事的：*fellow* workers 工友 ❷同类的；同等的：*fellow* students 同学

fel·low·ship /'feləuˌʃip/ *n.* [U]伙伴关系；同志关系；交情：bear sb. *fellowship* 与某人有交情

felt /felt/ *v.* feel 的过去式和过去分词

fe·male /'fiːmeil/ **I** *n.* [C]❶女性；女人；女子 ❷雌性动物；雌兽；雌禽 **II** *adj.* [无比较级]❶【动】雌的；母的(符号♀)：a *female* mammal 雌性哺乳动物 ❷[作定语]女(性)的；妇女的；女子的；具有女性特征的；女性特有的；适于女性的：*female* suffrage 女性选举权

fem·i·nine /'feminin/ *adj.* [无比较级]❶女性特有的；女人味的；女性适用的：*feminine* intuition 女性特有的直觉 ❷女性的；妇女的；女子的：*feminine* staff members 女性职员 ‖ **fe·mi·nin·i·ty** /ˌfemi'niniti/ *n.* [U]

fence /fens/ **I** *n.* [C]栅栏；围栏；篱笆：build a barb-wired *fence* 建一道带刺铁丝网 **II** *vi.* 【体】练剑；习剑：The two swordsmen were *fencing*. 那两个击剑手正在练剑。

fer·ment **I** /'fɜːmənt/ *n.* [U]骚动；骚乱；激动：She was thrown into a *ferment* by his unexpected arrival. 他不期而至，令她激动不已。**II** /fə'ment/ *v.* (使)发酵：The dried grapes are *fermented* until there is no sugar left and the wine is dry. 将干葡萄发酵至不留存一点糖分，由此酿制的葡萄酒为干葡萄酒。

fe·ro·cious /fə'rəuʃəs/ *adj.* ❶残暴的；残忍的；凶猛的；凶恶的：The bear's *ferocious* growl terrified the hunter. 那熊发出的凶猛吼叫使猎人感到恐惧。❷〈口〉极度的；剧烈

的;十分强烈的:This had produced a *ferocious* atmosphere of competition. 这件事导致了激烈的竞争气氛。‖ **fe′ro·cious·ly** *adv.* —**fe′ro·cious·ness, fe·roc·i·ty** /fə′rɒsiti/ *n.* [U]

fer·ry /′feri/ **I** *n.* [C]渡船,渡轮;(越洋)航班,班机:a cross-channel *ferry* 海峡渡轮 **II** *vt.* (用船、飞机)运送;渡送:People and cars are *ferried* to and from the island. 人和车乘渡轮往返于该岛。‖ **′fer·ry·man** /-mₑn/ *n.* [C]

fer·tile /′fɜːtail; -tᵊl/ *adj.* ❶(土壤、大地等)丰饶的,富饶的;肥沃的;丰产的:From ancient times, the valley of Nile has been made *fertile* by the river's flood. 自古以来,河水泛滥使尼罗河流域变得富饶多产。❷有繁殖能力的,能生育的:The young of a horse and a donkey is not *fertile*. 马和驴杂交的后代不能生育。❸[作定语]富有创造力的,想象力丰富的:Einstein had a *fertile* mind. 爱因斯坦思维敏捷富有创造力。‖ **fer·til·i·ty** /fə′tiliti/ *n.* [U]

fer·ti·lize /′fɜːtiˌlaiz/ *vt.* 使(土地)肥沃,使丰饶;使多产:A crop of alfalfa *fertilizes* the soil by adding nitrates to it. 苜蓿可以给土壤增添硝酸盐从而使之肥沃 ‖ **fer·ti·li·za·tion** /ˌfɜːtilai′zeiʃᵊn; -li′z-/ *n.* [U]

fer·ti·liz·er /′fɜːtiˌlaizə/ *n.* [C;U]肥料;化肥

fer·vo(u)r /′fɜːvə/ *n.* [U]〈诗〉(感情的)狂热,热烈;热忱;激情:She waved her hands in the *fervour* of her gesticulation. 她激动地舞动着双手。

fes·ti·val /′festivᵊl/ *n.* [C]节日;喜庆日;纪念日;节期:Christmas is an important Christian *festival*. 圣诞节是基督教的重大节日。

fetch /fetʃ/ *vt.* ❶去拿(来),去取:Please *fetch* me my glasses. 请把眼镜拿给我。❷请来;带来:Her call *fetched* him at once. 她一叫他就来了。‖ **′fetch·er** *n.* [C]

feu·dal /′fjuːdᵊl/ *adj.* [无比较级][作定语]封建的;封建制度的;仿照封建制度的:

feudal monarchies 封建君主国家

feu·dal·ism /′fjuːdᵊˌlizᵊm/ *n.* [U]封建主义;封建制度 ‖ **feu·dal·is·tic** /ˌfjuːdᵊ′listik/ *adj.*

fe·ver /′fiːvə/ *n.* ❶[C;U]【医】发烧;发热:I had been in a burning *fever*. 我浑身热得发烫。❷[用单]〈喻〉高度兴奋;激动:The whole class was in a *fever* of expectation. 全班学生都等得不耐烦了。‖ **fe·ver·ish** /′fiːvᵊriʃ/ *adj.* —**′fe·ver·ish·ly** *adv.*

few /fjuː/ **I** *adj.* ❶[表示否定][通常作定语]很少的;几乎没有的:*Few* people live to be 100. 活到 100 岁的人很少。❷[a ～][表示肯定][通常作定语]有些;几个:She has *a few* friends. 她有几个朋友。**II** *pron.* [用作复]❶[表示否定]很少数;几乎没有:*Few* dared argue with him. 很少有人敢与他抬杠。❷[a ～][表示肯定]少数;几个:Only *a few* of the people who applied were suitable. 只有几位申请者符合条件。‖ **a good few** *adj.* 〈口〉相当多的;不少的:It's been *a good few* years since I saw her last. 我跟她有好多年没有见面了。‖ **′few·ness** *n.* [U]

☆(a) few,(a) little 均有"一些,少量"之意。**(a) few** 用于可数名词前:She has *(a) few* friends. (她几乎没有朋友[有几个朋友])。**(a) little** 用于不可数名词前:We drank *(a) little* coffee. (我们几乎没有喝咖啡[喝了点咖啡])。**a few** 表示有一些或有几个,具有肯定意义,是 none 的反义词:She has *a few* friends. (她有几个朋友)。**few** 表示没有多少或没有几个,具有否定意义,是 many 的反义词:*Few* people live to be 100 and *fewer* still live to be 110. (很少有人能活到 100 岁,活到 110 岁的人更少。)**a little** 表示有一些,具有肯定意义:We drank *a little* milk. (我们喝了点牛奶。)**little** 表示没有多少或没有什么,具有否定意义,是 much 的反义词:There was *little* water left in the bottle. (瓶子里快没有水了。)

fi·an·cé,fi·an·ce /fi′ɒnsei,fjˈɒnsei/ *n.* [C]未婚夫

fi·an·cée,fi·an·cee /fiˈɒnsei; fjɒnˈsei/ *n.*

[C]未婚妻

fib /fɪb/ *n.* [C]〈口〉(尤指孩子说的)小谎；(无关紧要的)谎言，瞎话：a child who tells *fibs* 撒谎的孩子 ‖ **'fib·ber** *n.* [C]

fi·bre, fi·ber /'faɪbə^r/ *n.* 纤维；纤维质：All the *fibres* of his being were stirred. 他几乎每一根毛发都被激怒了。‖ **'fi·bred, 'fibered** *adj.* —**'fi·bre·less, 'fi·ber·less** *adj.*

fick·le /'fɪkºl/ *adj.* 易变的；反复无常的；不忠诚的；不坚定的：It wasn't anything she specially deserved, just the *fickle* finger of fate at work. 并不是她活该这样，这是命运无常的捉弄。‖ **'fick·le·ness** *n.* [U]

fic·tion /'fɪkʃºn/ *n.* ❶[U；C]小说类作品；(包括小说、散文、剧本等的)虚构作品；(一部)小说(或虚构作品)：nautical *fictions* 航海故事 ❷[常用单]虚构的事；谎言：Her story was pure *fiction*. 她的话纯属骗人。‖ **'fic·tion·al** *adj.*

fic·ti·tious /fɪk'tɪʃəs/ *adj.* ❶[无比较级]假的；伪造的：The criminal used a *fictitious* name. 罪犯用了假名。❷[无比较级]小说的；小说中的：a *fictitious* hero 小说中的主人公 ❸不真实的；想象的；虚构的：The characters in *Alice in Wonderland* are *fictitious*. 《艾丽斯漫游奇境记》中的人物是虚构的。‖ **fic'ti·tious·ly** *adv.* —**fic'ti·tious·ness** *n.* [U]

fid·dle /'fɪdºl/ **I** *n.* [C]【音】(以弓弹奏的)提琴类乐器；(尤指)小提琴：a bull *fiddle* 大提琴 **II** *vi.* ❶拉小提琴；演奏小提琴 ❷(手等)乱动；胡乱拨弄(*at, with*)：Tom sat nervously, *fiddling with* a paper-clip. 汤姆紧张地坐着，手里不停地拨弄着回形针。❸瞎摆弄，捣鼓；调试，修理(*with*)：He cursed as he *fiddled with* the volume control. 他一边骂着一边调节音量开关。‖ **'fid·dler** *n.* [C]

fi·del·i·ty /fɪ'delɪti; faɪ-/ *n.* [U]❶忠实；忠诚；忠心；忠贞(*to*)：*fidelity to* one's country 对祖国的忠心 ❷(对职责、义务、誓言等的)恪守，信守：His *fidelity* and industry brought him speedy promotion. 他既尽职又勤奋，因此迅速得到晋升。

field /fiːld/ *n.* ❶[C]田(地)；农田；牧场：Cows are grazing in the *field*. 牛在牧场吃草。❷[C]原野；旷野；开阔地：They rode through forests and *fields*. 他们驶过森林和旷野。❸[常用单](活动、研究、知识等的)范围，领域，界；专业：His *field* is chemistry. 他的专业是化学。‖ **'field·er** *n.* [C]

field hockey *n.* [U]【体】曲棍球〔亦作 **hockey**〕

fierce /fɪəs/ *adj.* ❶凶猛的；凶狠的；残忍的；好斗的：His figure, indeed, was very *fierce*. 他当时的样子，真是够狰狞恐怖的。❷猛烈的；激烈的；狂暴的：The wind was so *fierce* that we could hardly stand. 风刮得太猛，我们几乎站不住。❸强烈的；狂热的；极端的，极度的：make *fierce* efforts 拼命努力 ‖ **'fierce·ly** *adv.* —**'fierce·ness** *n.* [U]

fier·y /'faɪºri/ *adj.* ❶[无比较级]有火的；着火的；燃烧的：The flame shot up thrice in a *fiery* point into the air. 火苗向空中窜了三次。❷火辣辣的；灼热的：*fiery* heat 火热 ❸(食物等)辛辣的；味道强烈的：*fiery* foods 辛辣食品 ❹热烈的；激烈的；充满激情的：a *fiery* debate 激烈的辩论 ‖ **'fier·i·ness** *n.* [U]

fif·teen /fɪf'tiːn/ *n.* [C]十五；十五个(人或物) ‖ **fif·teenth** /ˌfɪf'tiːnθ/ *adj.* & *n.* [C；U]

fifth /fɪfθ/ *n.* ❶[U]第五(个) ❷[C]五分之一：Twenty cents is a *fifth* of a dollar. 20美分是1美元的五分之一。‖ **'fifth·ly** *adv.*

fif·ty /'fɪfti/ *n.* [C]五十；五十个(人或物) ‖ **fif·ti·eth** /'fɪftiiθ/ *adj.* & [C] *n.*

fight /faɪt/ **I** *n.* ❶[C]战斗；搏斗；打架；斗争：They will not move without a *fight*. 不动武，他们是不肯走的。❷[C]争论；争吵：a *fight* about household expenses 为家庭日用花钱的事的争吵 ❸[C]拳击赛：The champion has not had a *fight* for over a year. 那位拳击冠军已有一年多未参赛了。**II** (*fought* /fɔːt/) *v.* ❶战斗，打仗；搏斗；打架：Did you *fight* in the Gulf War? 你参加过海湾战争吗？❷奋斗；斗争：She *fought* against the fear in her heart. 她竭力排除内心的恐惧。❸争论；争吵：He and his wife are always *fighting*. 他和他妻子老是吵嘴。

fig·ure /ˈfigəʳ/ I n. [C]❶符号(指字母、数学符、密码等)；象征：The dove is a *figure* of peace. 鸽子是和平的象征。❷数字(0 至 9)；位数：Will you check these *figures*? 你核对一下这些数字好吗? ❸体形；身材；风姿：I'll lose my *figure* if I eat too much chocolate. 我吃太多巧克力就会发胖。❹人物；名人；身份，地位：a major literary *figure* 大文豪 ❺图形；图案，图样；图表；图解；(书中的)插图(略作 **fig.**)：a geometrical *figure* 几何图形 II v. ❶计算(*up*)：*figure* the economic loss 估算经济损失 ❷〈口〉[不用进行时态]认为，以为；估计，推测；明白，理解：I *figure* her to be about forty years old. 我估摸着她 40 来岁的光景。‖ *figure on* vt.〈口〉❶指望；信赖：You can *figure on* him to support you. 你可指望得到他的支持。❷打算；计划；把…考虑在内：I *figure on* leaving tomorrow. 我打算明天就走。*figure out* vt. 想出；懂得；理解；明白：*figure out* what's what 把一切弄个水落石出

file /fail/ I n. [C]❶文件夹；公文柜(或箱、架等)：a vertical *file* 直立式档案柜 ❷(经整理或汇订的)文件，档案，卷宗：a thick *file* 一厚叠档案 ❸【计】文件：a text *file* 文本文件 ❹(人、动物或东西等的)一队，一列；一批：The men were standing in silent *file* on each side of it. 这些人默默地分列在两侧。II v. ❶将(文件、音像资料等)归档保存；把…备案：She *filed* the thought for further consideration. 她记下这个想法，准备做进一步考虑。❷成纵列前进：*file* out into the street 排成队列上街

fill /fil/ vt. ❶装满；填满；注满；使充满：Can you *fill* the kettle for me? 可不可以给我把水壶灌满？❷用…充注；填塞；填充；填补：*fill* an application form 填写申请表 ❸挤满，占满；布满；使遍及；全部占据：Children *filled* the room. 满屋子都是小孩。

fill·ing /ˈfiliŋ/ n. ❶[C；U]装，填；充满；供应：gap *filling* 填缝 ❷[C]填补物；填充物：

They used sand as *filling* for the depression. 他们用沙填补洼地。❸[C；U]馅心；馅料：cake *fillings* 饼糕馅 ❹[C]【医】(用于补牙的)填料，补牙材料：a *filling* for a tooth 补牙料

film /film/ n. ❶[C；U]【摄】【电影】胶片，底片；胶卷：This type of *film* develops in twenty minutes. 这类胶片显影需 20 分钟。❷[C]电影；影片：go to a *film* 看电影

fil·ter /ˈfiltəʳ/ I n. [C]过滤器：purify water by a *filter* 用过滤器净化水 II v. ❶过滤：*filter* this water for drinking 将这水过滤以备饮用 ❷(使)透过；(使)渗出(*through*, *into*)：The thick leaves *filtered* the sunlight. 阳光从浓密的树叶中透出来。❸(用过滤器)滤除，滤去(*off*, *out*)：*filter off* impurities 滤去杂质 ‖ **fil·ter·a·ble** /ˈfiltərəbl/ adj. —**ˈfil·ter·er** n. [C]

filth /filθ/ n. [U]❶污(秽)物；脏东西；污垢：The room was covered in *filth*. 房间里满是污垢。❷猥亵语；脏话；下流话：He shouted a lot of *filth* at the other driver. 他用脏话大骂另一个司机。

fi·nal /ˈfainʳl/ adj. [无比较级]❶[作定语]最后的，末尾的，(处于)结尾的：The book was interesting from the first to the *final* chapter. 该书自始至终都很有趣。❷总结性的；结论性的；决定性的；无可更改的：*final* illness 绝症 ❸最终的，终极的：The *final* goal is world peace. 最终目标是世界和平。‖ **ˈfi·nal·ly** adv.

fi·nance /ˈfainæns, fiˈnæns, fai-/ I n. ❶[U]财政；金融；财务(管理)；财务制度：the Minister of *Finance* 财政部长 ❷[～s](国家、企业或个人的)财源；收入：Their *finances* were quite low. 他们的资金十分缺乏。II vt. 为…提供资金；资助：I'll *finance* the film out of my own pocket. 我将自己掏腰包筹拍电影。

fi·nan·cial /faiˈnænʃʳl, fi-/ adj. [无比较级](有关)财政的；金融的；财务的：Mr. Green is a *financial* adviser. 格林先生是一名金融顾问。‖ **fiˈnan·cial·ly** adv.

find /faind/ (**found** /faund/) vt. ❶(偶然或

意外地)发现;遇见;碰上:He said he had *found* a watch in the street. 他说他在街上捡到了一块表。❷(通过努力)找到,寻得;找回(失物等):After six months Mary finally *found* a job. 六个月后玛丽终于找到了工作。❸[不用进行时态](通过学习、研究等)找出;查明,弄清;(通过计算等)得知:You must *find* who to ask. 你得弄清该问谁。❹(通过努力)发现;发现…处于某种状态:They've *found* oil in the North Sea. 他们在北海发现了石油。❺[通常不用进行时态]感受到,体会到;发觉;认为:He *finds* pleasure in doing good. 他喜欢做好事。‖ *find out vt.* ❶查出(犯罪者);识破;查出…的罪行:They *found* him *out* before he could implement his plan. 在他实施计划前,他们戳穿了他。❷发觉;发现:You may get away with it for a while,but you'll be *found out* sooner or later. 也许你能逃避一时,但迟早总是要被发现的。❸弄清(情况);查明(真相):*Find out* if the goods were properly checked before despatch. 核实一下货物在发送前是否已全面检查过了。‖ **find·er** /'faində^r/ *n.* [C]

find·ing /'faindiŋ/ *n.* [常作～s]发现;研究结果;调查结果:They have been of your own *finding*. 它们是你自己找到的。

fine¹ /fain/ *adj.* ❶[常作定语]美好的;美妙的;完美的;优秀的;出色的;杰出的:From the hilltop there is a *fine* view. 从山顶望去,景色很优美。❷(口)(极)好的,棒的;行的;令人满意的:Don't cook anything special— a quick meal will do. 不用特别烧什么菜——来一份快餐就行。❸[无比较级][作表语](口)健康的;身体好的;快乐而舒适的:A:How are you? B:*Fine*,thanks. 甲:您好吗? 乙:很好,谢谢。‖ **'fine·ly** *adv.*

fine² /fain/ **I** *n.* [C]罚款;罚金:The hospital finally agreed to pay ＄3,000 in *fines*. 医院最终同意赔偿 3 000 美元。**II** *vt.* 对…处以罚款:The judge *fined* the driver twenty dollars for speeding. 法官因驾车人超速行驶罚了他 20 美元。

fin·ger /'fiŋgə^r/ 指头,手指:He held the handkerchief between his *finger* and thumb. 他用拇指和另一根指头捏着手帕。

fin·ger·nail /'fiŋgə^rˌneil/ *n.* [C]手指甲

fin·ger·print /'fiŋgə^rˌprint/ *n.* [C]指纹;指纹印:take sb.'s *fingerprints* 取某人的指纹

fin·ish /'finiʃ/ *vt.* 完成;结束;完毕;终止:We rose with the sun and *finished* our work when it set. 我们日出而作,日落收工。‖ **'fin·ish·er** *n.* [C]

fi·nite /'fainait/ *adj.* [无比较级]❶有限的;有限制的;有限度的:Human understanding is *finite*. 人类的理解力是有限的。❷【语】限定的;定式动词的:a *finite* verb 定式动词

fire /faiə^r/ **I** *n.* ❶[U]火:The very thought of it burnt him like *fire*. 一想到这件事,他就心急如焚。❷[C;U]火灾;失火:Firemen struggled for hours to put out the *fire*. 消防队员们花了好几个小时才扑灭了大火。**II** *vt.* ❶点燃;使燃烧;放火烧:Somebody *fired* their tents. 有人放火烧了他们的帐篷。❷烧制(砖、陶器等):Bricks are *fired* to make them hard. 烧制砖坯使之变硬。❸激起;唤起;激发;激励;使充满激情:His speech *fired* me with determination. 他的讲话激发了我的决心。❹放(枪、炮等);发射,射出(子弹等);使爆炸,引爆:*fire* a charge of dynamite 引爆炸药 ❺(口)解雇,开除:If it were up to me I'd *fire* you. 要是由我做主,我准砸你的饭碗。‖ **catch (on) fire** *vi.* 着火;开始燃烧:Don't leave anything near the stove that *catches fire* easily. 不要把易燃物品放在靠近炉子的地方。

fire·crack·er /'faiəˌkrækə^r/ *n.* [C]爆竹,鞭炮

fire·fight·er /'faiəˌfaitə^r/ *n.* [C]消防人员;林区消防员

fire·man /'faiəˌm^ən/ *n.* [C]([复]-men /-m^ən/)消防队员

fire·proof /'faiəˌpruːf/*adj.* [无比较级]耐火的;防火的:Asbestos is *fireproof*. 石棉是耐火的。

fire·wood /'faiəˌwud/ *n.* [U]木柴,(柴)

薪：a bundle of *firewood* 一捆柴火

fire·work /'faɪəˌwɜːk/ *n.* [C]爆竹，鞭炮；[～s]烟花，焰火；烟火表演：A few loud *fireworks* went off. 一些烟花带着响声绽放开来。

firm¹ /fɜːm/ *adj.* ❶坚固的；坚硬的；结实的：Exercise made my muscles very *firm*. 运动使我的肌肉变得十分结实。❷稳固的；牢固的；不易动摇的；(动作等)沉着的：The author erects his narrative on a *firm* basis of fact. 作者的叙述建立在稳固的事实基础上。❸坚定的；坚决的；坚强的；坚贞的：a *firm* friendship 坚贞不渝的友谊 ❹强有力的；表示决心的；严格的：be *firm* in one's devotion 忠心耿耿 ‖ 'firm·ly *adv.* —'firm·ness *n.* [U]

firm² /fɜːm/ *n.* [C]商号，商行；商店；公司；生意伙伴，商业合伙人：a trading *firm* 贸易行

☆**firm, hard, solid, stiff** 均有"坚硬的；结实的"之意。**firm** 表示组织结构紧密和坚韧，不易拉、割、弯曲，能很快恢复原状：The mattresses were too *firm*. (褥垫太硬了。) 该词也指坚定的意志、信念、态度等：The old man was quite *firm* about sailing around the world alone. (这位老人坚决要独自环球航行。) **hard** 指质地紧硬，不可穿透，具有抵抗压力、拉力或张力的特性，但几乎没有弹性或伸缩性：A diamond is one of the *hardest* substances known. (钻石是已知最硬的物质之一。) 该词也可用于引申意义，表示苛刻的或冷酷无情的：My father was firm but he was not *hard*. (我父亲坚毅而不冷酷。) **solid** 常指结构坚固、密度均匀、内聚力强，能抵住外来影响，保持固有的形态，含有结实、坚固和沉重的意思：solid furniture that will last (能长时间使用的牢固家具)；该词也可用于引申意义，表示数量多、实在：We have the *solid* support of our fellow trade-union members. (我们得到工会会员全体一致的支持。) **stiff** 表示坚硬的或僵直的，含有不易弯曲或伸展的意味：His legs felt *stiff* from having sat for so long. (由于坐得太久，他的脚都僵了。)

first /fɜːst/ I *adj.* [无比较级]❶[常与 the 或 one's 连用]第一(位)的；最初的，最先的，最早的，最前面的：The *first* blooms came. 花儿初绽。❷(第)一流的；首要的，最重要的；(地位、职位)最高的：be of *first* importance 头等重要 II *adv.* [无比较级]❶先；最早；首先，在首位：Bob arrived *first* at the party. 鲍勃最早到酒会。❷第一次，首次；最初，起初：Where did you *first* meet your husband? 你在哪儿初次见到你丈夫的？ III *n.* ❶[常作 the ～]第一个(或批)人(或事物)：Are they *the first* to arrive? 他们是不是最早到的？❷[U]开始；开始时期：the *first* of a snowstorm 暴风雪之始 ‖ *at first adv.* 起先；最初；开始时：At *first* I thought he was joking, but then I realized he was serious. 我起先以为他在开玩笑，后来才知道他是认真的。

first class *n.* ❶[C；U]一级，甲等，第一流；出类拔萃的人物；上等品 ❷[用单](轮船、飞机等的)头等舱，(火车等的)头等车厢 ‖ **first-class** /'fɜːstˌklɑːs;-ˌklæs/ *adj. & adv.* [无比较级]

first·hand [无比较级] /'fɜːstˌhænd/ *adj.* [作定语](资料、经历、来源等)第一手的；亲身体验的；直接的：a *firsthand* experience 亲身经历

fish /fɪʃ/ *n.* ([复]**fish(·es)**)❶[C]鱼：There were *fishes* of many hues and sizes. 各种鱼类，颜色各异，大小不一。❷[U]鱼肉：We're having fresh *fish* for supper. 我们晚饭吃鲜鱼。

fish·er·man /'fɪʃəmən/ *n.* [C]([复]**-men** /-mən/) 渔民，渔夫，打鱼者；垂钓者

fish·er·y /'fɪʃəri/ *n.* [C]养鱼场；捕鱼场；水产捕捞场：an oyster *fishery* 牡蛎场

fish·ing /'fɪʃɪŋ/ *n.* [U]捕鱼；钓鱼：We did a bit of *fishing* at the weekend. 周末我们钓了会儿鱼。

fist /fɪst/ *n.* [C]拳，拳头：She screamed and hit me with her *fist*. 她尖叫着用拳头砸我。

fit¹ /fɪt/ I *adj.* (**fit·ter，fit·test**)❶[通常作表语]适合的；适宜的；恰当的：A long-necked giraffe is *fit* for browsing treetops. 长颈鹿

颈子长,适合于吃树梢的枝叶。❷〈书〉正当的;应当的;正确的;*fit* behaviour 正当的行为 ❸(尤指通过体育锻炼而)健康的;强健的;壮实的;He was as *fit* as a flea when he came back from his holiday. 他休假回来,精神特别饱满。**II** *v.* ❶(使)适合;(使)适宜;(使)符合;与 … 相称:The punishment should *fit* the crime. 罪与罚要相当。❷合格;能胜任;训练;做准备:She attended a boarding school that would *fit* her for college. 她上了一家为学生进大学做准备的寄宿学校念书。‖ '**fit·ly** *adv.* — '**fit·ness** *n.* [U] — '**fit·ter** *n.* [C]

☆ **fit,appropriate,apt,fitting,proper,suitable** 均有"适合的,适当的"之意。**fit** 为最普通用词,含义和使用范围最广,泛指适于某种目的或用途、符合某种标准或要求、胜任某项工作或职务等,强调适应性和准备就绪:She is not a *fit* mother for her children. (对于孩子们来说,她不是个称职的母亲。)**appropriate** 强调明显和特别适合于某一特定的人、事或某一特定的目的:A racket is an *appropriate* gift for a tennis player. (将球拍作礼物送给网球运动员是很合适的。)**apt** 指就事物的性质或结构来说,非常适于做想要做的事、达到预定的目的:The words were all *apt* and well chosen. (这些词都经过精心甄选,很贴切。)**fitting** 指某一事物在精神、特性、基调、目的等方面与另一事物协调一致:*fitting* subjects for dinner table conversation (适合在餐桌上谈论的话题) **proper** 表示顺应自然法则、适应社会风俗习惯或符合逻辑推理,含有合适和正当的意思:It's not at all a *proper* thing to pick flowers in the public park. (在公园里摘花是不妥当的。)**suitable** 表示符合某种特定场合的要求或条件,亦指符合某种目的、形势或用途:Not all words are *suitable* for use in verse. (不是所有的词都适用于诗歌。)

fit² /fit/ *n.* [C] ❶昏厥;痉挛:go into *fits* 昏倒 ❷(病的)发作,阵发:The little boy had a *fit* of coughing. 那小男孩突然咳嗽起来。

fit·ting /'fitiŋ/ *adj.* 合适的;恰当的;相称的:I do not have *fitting* words to express my satisfaction. 我无法用合适的词语来表

达我的满意之情。‖ '**fit·ting·ly** *adv.*

five /faiv/ *n.* [C]五;五个人(或物):Three and two is *five*. 3 加 2 等于 5。

fix /fiks/ *vt.* ❶修理,修缮,修补;调整:*fix* one's motorbike 修理自己的摩托车 ❷整理;收拾:*fix* one's hair 梳理头发 ❸使固定,使牢固;安装:This glue will *fix* the two sheets. 这种胶水可以把这两张纸黏合在一起。❹安排;决定;确定:We need to *fix* the price. 我们要定个价钱。❺吸引(目光、注意力等);使集中:The extraordinary man *fixed* her attention. 那奇特的男子吸引了她的注意力。

fixed /fikst/ *adj.* ❶[无比较级]固定的:a *fixed* deposit 定期存款 ❷[作定语]不动的;集中的,专注的;僵硬的:He stood *fixed* in astonishment. 他惊呆了,一动不动地站在那儿。❸已确定的;已决定了的;不变的:The date's not completely *fixed* yet. 日期尚未敲定。

flab·by /'flæbi/ *adj.* ❶(肌肉等)不结实的;松软的;松弛的;缺乏弹性的:*flabby* cheeks 松弛的双颊 ❷〈喻〉(语言、性格等)没有生气的;无力的;软弱的:He is *flabby* in body and in mind. 他身心都很虚弱。‖ '**flab·bi·ness** *n.* [U]

flag¹ /flæg/ *n.* [C]旗;旗帜;国旗:hoist a *flag* 升旗

flag² /flæg/ *vi.* (flagged;flag·ging)❶无力地下垂;(草木等因缺水)凋萎,枯萎,打蔫:When the wind died down, the sails *flagged*. 风一停,船帆就松垂下来。❷变弱;疲乏;(力气、兴趣、热情等)衰退;减退;低落:I started to *flag* a bit after a while. 过了一阵子我渐渐感到有点儿体力不济。

fla·grant /'fleigr°nt/ *adj.* [作定语]❶(罪行、罪犯)臭名远扬的;罪恶昭彰的;卑劣的,可耻的:a *flagrant* crime 滔天罪行 ❷公然的,明目张胆的:a *flagrant* interference in other country's affairs 悍然干涉他国事务 ‖ '**fla·grant·ly** *adv.* — '**fla·grant·ness** *n.* [U]

flake /fleik/ *n.* [C] ❶(一片)雪花,雪片:The snow is falling in large *flakes*. 大片的

雪花在飘落。❷(小而轻软的)薄片,小片,片状物:a *flake* of cloud 一片薄云

flame /fleim/ *n.* [C;U]火焰,火舌,火苗;燃烧,着火:The smouldering fire soon burst into a glowing *flame*. 闷火很快就燃成了熊熊的火焰。

flam·ing /'fleimiŋ/ *adj.* [无比较级][作定语]❶冒火焰的;燃烧着的;熊熊的;灼热的:*under a flaming sun* 在灼热的阳光下 ❷火焰似的;火红的;明亮的;鲜艳的:*flaming red hair* 火红的头发 ❸热情的;激情的,感情强烈的;非常激动的;激烈的;猛烈的:He was in a *flaming* temper. 他大发雷霆。

flap /flæp/ I (flapped;flap·ping) *v.* ❶(使)拍动;(使)摆动;(使)飘动;振(翅):A gust of wind *flapped* the tents. 一阵风吹动帐篷。❷(用扁平物)拍打,拍击:The wind kept *flapping* his scarf in his face. 风吹得他的围巾不停地拍打着他的脸。II *n.* [C] ❶(一端固定的)扁平下垂物,片状垂悬物;帘状物;帽边;鞋舌;袋盖;(书的护封的)勒口;信封(或纸板箱)的口盖,折盖:a tent *flap* 帐篷门帘 ❷摆动;飘动;(鸟翼等的)振动:With one *flap* of its wings the bird was off. 那鸟儿双翅一个扑腾就飞走了。❸[用单]拍动;拍打;拍打声:a *flap* in the face 啪的一声耳掴子

flare /fleəʳ/ I *vi.* ❶(火焰)闪耀;(突然)旺起来;(摇曳不定地)燃烧:The fire *flared* when the log crumbled into coals. 木柴烧成木炭时炉火顿时旺了起来。❷照耀;(突然)发光,闪光:The scar on his cheek *flared*. 他面颊上的那块疤闪闪发光。II *n.* [C] ❶[用单](短暂的)旺火;摇曳的火焰;闪光,闪烁:A *flare* lit up the night sky. 一道闪光照亮了夜空。❷闪光信号;照明弹,照明灯:fire a warning *flare* 发射示警信号

flash /flæʃ/ I *n.* ❶[C]闪光;闪烁:A *flash* of lightning lit up the sky. 一道闪电把天空照亮。❷[C](思想、感情等的)闪现,突发:A *flash* of insight struck me. 我心头蓦地一亮。II *v.* ❶闪光;闪烁:The bright stream *flashed* in sunshine. 清澈的溪水在阳光下波光粼粼。❷(眼睛)闪光;(思想等)

闪现;(感情等)爆发:Thoughts kept *flashing* through his mind and he couldn't sleep. 他浮想联翩,夜不能寐。❸飞驰;掠过;急速移动:The past *flashes* away. 过去的时光一晃而过,烟消云散。

☆ **flash, glance, gleam, glimmer, glisten, glitter, shimmer, sparkle** 均有"闪光,闪烁"之意。**flash** 指突然闪现强光,持续时间短暂:Lightning *flashed* in the sky. (天空电光闪闪。)该词也可用于比喻:Mary *flashed* a shy smile at him. (玛丽突然冲他羞赧地一笑。)**glance** 表示放射或折射光芒:Their helmets *glanced* in the sunlight. (他们的头盔在阳光下闪耀。)**gleam** 常指光线穿过某一障碍物或以比较黑暗的地方为背景透出:A light *gleamed* in the darkness. (黑暗中突然出现一道亮光。)**glimmer** 表示发出或反射出不稳定的弱光,常指灯光、烛光等摇曳闪烁:The candle *glimmered* by the window and went out. (窗边的烛光摇曳了几下便熄灭了。)**glisten** 尤指物体表面潮湿而反射出光亮或光泽:Sweat *glistened* on his forehead. (他额头上的汗珠晶莹发亮。)**glitter** 指闪光比 sparkle 更为耀眼夺目:The bride's diamond ring *glittered* on her finger. (新娘子手上的钻石戒指光彩夺目。)该词有时还有邪恶不正的含义:eyes *glittering* with greed (放射出贪婪之光的双眼)**shimmer** 强调波动起伏的柔和反光:moonlight *shimmering* on the sea (海面上闪烁的月光)**sparkle** 表示闪现无数短暂、明亮的光点:The children's fireworks *sparkled*. (孩子们的烟火发出火花。)

flash·back /'flæʃˌbæk/ *n.* [C;U] ❶(小说、戏剧等的)倒叙;倒叙情节;(电影、电视等的)闪回,闪回镜头:The story of their relationship is narrated in *flashback*. 用倒叙手法来讲述他们之间关系的故事。❷(往事在脑海中的)再现,重现;回忆,追忆:a sudden *flashback* of the accident 那次事件在脑海里的突然再现

flat¹ /flæt/ I *adj.* (flat·ter;flat·test) ❶平的;平坦的:The roof of the house is *flat*. 那屋子是平顶的。❷了无生气的,没精打采的;单调的,乏味的;沉闷的:a *flat* style 平

淡无奇的文体 ❸(饮料等)淡而无味的,不起泡的,走了气的:Without natural CO_2 the beer would be *flat*. 不加天然的二氧化碳,啤酒就不起泡。**II *adv.* (flat·ter; flat·test)** ❶平直地;以卧倒姿势:The ladder was placed *flat* against the wall. 梯子平靠在墙上。❷〈口〉完全地,彻底地;断然地,干脆地,直截了当地:Was the first impression *flat* wrong? 难道第一印象全错了吗? ‖ **'flat·ly *adv.* — 'flat·ness *n.* [U]**

flat² /flæt/ *n.* [C]〈主英〉(在同一层楼上的)一套房间,套房;(楼房的)一层:share a *flat* with sb. 与某人合住一套房间

flat·ten /'flæt°n/ *vt.* ❶把…弄平;使变平(out):*Flatten* (*out*) the pie dough with a rolling pin. 用擀面杖擀平面团。❷使平贴;使贴地:She *flattened* herself against the door. 她把身体平贴在门上。

flat·ter /'flætə'/ *vt.* ❶向…谄媚;对…讨好;阿谀;奉承:I fear he *flatters* me. 恐怕他把我捧得太高了。❷[常用被动语态]使高兴;使满足;使得意;使感到荣幸:I felt very *flattered* when they gave me the job. 我很高兴他们聘用了我。‖ **'flat·ter·ing *adj.***

flat·ter·y /'flæt°ri/ *n.* ❶[U]谄媚;奉承;讨好;恭维:He is above *flattery*. 甜言蜜语打动不了他。❷[C;U]谄媚的话;恭维话;溢美之词:be hoodwinked by *flatteries* 被甜言蜜语蒙蔽

fla·vo(u)r /'fleivə'/ *n.* [C;U] ❶(食物的)味,滋味,味道:The salad had an exceedingly acetic *flavour*. 那色拉的味道很酸。❷特点;特色;风味;风韵;风格:She has a pungent *flavour* in her character. 她的性格中有泼辣的一面。‖ **'fla·vo(u)r·ful *adj.* — 'fla·vo(u)r·less *adj.***

fla·vo(u)r·ing /'fleivə'riŋ/ *n.* [U]调味品;调味香料:vanilla *flavouring* 香草精调味品

flaw /flɔː/ *n.* [C]缺点;毛病;瑕疵:beauty without *flaw* 完美无瑕 ‖ **flawed *adj.* — 'flaw·less *adj.* — 'flaw·less·ly *adv.***

flea /fliː/ *n.* [C]【昆】蚤,跳蚤

fleck /flek/ *n.* [C] ❶色斑;光斑;斑块:*Flecks* of fire rose from the embers. 点点火星从余烬中升起。❷微粒;小片;小点;(尤指)尘埃:a *fleck* of dust 一粒尘埃

flee /fliː/ (**fled** /fled/; **flee·ing** /'fliːiŋ/) *v.* 逃走;逃掉;逃避;躲避(*from, before*):The robbers tried to *flee* but they were caught. 盗贼试图逃走,但是被抓获了。

fleet /fliːt/ *n.* [C](海军)舰队:a combined *fleet* 联合舰队

flesh /fleʃ/ *n.* [U] ❶(人或脊椎动物的)肉;肌肉;肌肉组织:*Flesh* consists mostly of muscles and fat. 肉主要由肌肉和脂肪构成。❷(尤指除鱼类、禽类之外的)食用肉;动物肉;兽肉;畜肉:raw *flesh* 生肉

flesh·y /'fleʃi/ *adj.* 多肉的;肥胖的;丰满的:Do I look a bit too *fleshy*? 我是不是显得有点太胖了?

flew /fluː/ *v.* fly 的过去式

flex /fleks/ *vt.* ❶弯曲,弯动(肢体、关节等):stretch and *flex* one's knees 伸屈膝关节 ❷使(肌肉)收缩,绷紧:*flex* one's biceps 收紧二头肌

flex·i·ble /'fleksibəl/ *adj.* ❶柔韧的;可折弯的;有弹性的:Leather, rubber, and wire are *flexible*. 皮革、橡皮和电线都有弹性。❷灵活的;可调节的;可变通的;可通融的:*flexible* working hours 弹性工作时间 ‖ **flex·i·bil·i·ty** /ˌfleksi'biliti/ *n.* [U]

flick /flik/ *vt.* ❶轻打;轻拍;轻弹;拂;甩动(*away, off*):He *flicked* an ash *off* her sleeve. 他轻轻掸掉衣袖上的烟灰。❷急速移动;按动;振动:He *flicked* the switch. 他啪的一声打开开关。

flick·er /'flikə'/ **I** *vi.* ❶(火、光等)摇曳,闪烁;忽隐忽现,闪现:The candle *flicked* in the draught. 烛火在风中摇曳。❷(旗等)飘动,(微微地)颤动,晃动,摆动;(急速地)来回转动:The long grasses *flickered* in the wind. 青草萋萋,在风中摇曳颤动。**II** *n.* [C] ❶摇曳,闪烁;忽隐忽现:the *flicker* of the firelight 摇曳的炉火 ❷摇曳(或闪动)的光(或火焰):A faint *flicker* of lightning lit the room. 一道惨白的闪电照亮了房间。❸突然而短暂的动作,轻快的动作;闪现;

His face showed not a *flicker* of expression. 他的脸上声色不露。

flight¹ /flait/ *n.* ❶[U]飞,飞行,飞翔;飞行方式;飞行能力：She photographed the bird in *flight*. 她拍摄到那只鸟飞行时的样子。❷[C]空中旅行;搭机(或驾机)飞行;(飞机的)航程;(飞机的)班次;(定期)班机：He took the three o'clock *flight* to Boston. 他乘3点钟的班机飞往波士顿。❸[C](鸟等飞翔的)一群：a *flight* of egrets roaring high overhead 一行白鹭上青天 ❹[C]楼梯(或阶梯)的一段：a *flight* of stairs 一段楼梯

flight² /flait/ *n.* [U;C]溃逃;逃走,逃跑：The thief in *flight* waived the goods stolen. 盗贼在逃跑时把赃物扔掉了。

flim·sy /'flimzi/ *adj.* ❶轻而薄的;脆弱的;不结实的;易损坏的;劣质的;做工粗劣的：Muslin is too *flimsy* to be used for sails. 平纹细布太不结实,做不得船帆。❷不足信的;站不住脚的：The excuse he gave for his absence was *flimsy*. 他用来搪塞缺席的借口站不住脚。‖ **'flim·si·ly** *adv.* — **'flim·si·ness** *n.* [U]

fling /fliŋ/ I (flung /flʌŋ/) *vt.* ❶(用力地)扔,掷,抛,丢：He *flung* his book on the floor. 他把书扔在地上。❷丢下;抛弃：*fling* aside all cares 丢开一切忧虑 II *n.* [C] ❶(用力的)扔,掷,抛,丢：An abrupt *fling* of his hands threw her on the grass. 他双手突然一丢,使她摔倒在草坪上。❷一时的放纵;尽情欢乐的一阵;短暂的风流韵事

flip /flip/ (flipped;flip·ping) *vt.* ❶轻抛;使在空中翻转;扔;甩：Let's *flip* a coin to decide who should go first. 我们抛硬币来决定谁先去吧。❷按动,揿(开关) ❸快速翻动;突然翻转：*flip* the fish on its back 将鱼翻个肚朝天

float /flaut/ *vi.* 浮,浮起;漂,漂流;浮动;飘动：Oil *floats* on water. 油会浮在水面上。

flock /flɔk/ *n.* ❶[C]兽群;畜群(尤指羊群);鸟群：a large *flock* of wild ducks 一大群野鸭 ❷[C]人群;一大群人,很多人;(东西的)大量,大批：a *flock* of pamphlets 一大堆传单

flood /flʌd/ I *n.* [C]洪水;水灾：Many houses were washed away by the *floods*. 许多房屋被洪水冲走。II *vt.* ❶淹没;(雨水)使河水泛滥：The river burst its banks and *flooded* the village. 河水决堤,淹没了村庄。❷(洪水般地)涌至;充满;压倒;充斥：The setting sun *flooded* the sky, the ocean, and the mountain tops with gold and crimson. 夕阳西沉,满天彩霞把苍穹、大海、群峰染成一片金红。

floor /flɔː/ *n.* ❶[通常用单]地面,地板;(用以铺地板的)木板,板材：He fell to the *floor* in cardiac arrest. 他心脏病突发倒在地上。❷[C](楼房的)层,楼层;楼面;(楼层间的)隔层,楼板：an office on the second *floor* 二楼的一间办公室

flop·py /'flɔpi/ *adj.* (口)松垮的;松软的;下垂的;耷拉着的：a *floppy* hat 松软的帽子 ‖ **'flop·pi·ly** *adv.* — **'flop·pi·ness** *n.* [U]

flo·ra /'flɔːrə/ *n.* ([复]-ras 或-rae /-riː/) [C;U]【植】(尤指特定地区、特定环境或特定时期的)植物群;(与动物相对而言的)植物,植物区系：*flora* and fauna 植物与动物

flour /'flauə/ *n.* [U]面粉;谷物粉：barrels of sugar and *flour* 一桶桶的糖和面粉 ‖ **'flou·ry** *adj.*

flour·ish /'flʌriʃ/ *vi.* ❶茂盛;繁茂;繁荣;兴旺;成功：These plants *flourish* in a sunny position. 这些植物在向阳的地方长得特别茂盛。❷(作家等)处于活跃(或旺盛)时期;盛行：She's *flourishing* as a lawyer. 她的律师生涯正如日中天。

flow /flau/ *vi.* ❶流,流动;流出;(血液)循环;(人群等)涌流：This river *flows* east into the sea. 这条大河向东流入大海。❷产生;起源：Many benefits will *flow* from this discovery. 这一发现将带来许多收益。

flow·er /'flauə/ *n.* [C]花,花朵;花卉;(用于装饰或观赏带梗)花枝;花簇：The *flowers* languished from lack of water. 花卉因缺水而枯萎了。

flown /flaun/ *v.* fly 的过去分词

fluc·tu·ate /ˈflʌktjuˌeit/ *vi.* ❶（价格、数量等）涨落，波动；（意见、行为等）动摇，变化不定：Her affections had been continually *fluctuating*. 她平常的情感极不专一。❷（上下或来回）摆动，波动：The electric current *fluctuates* in the same manner. 电流以同样的方式波动。‖ **fluc·tu·a·tion** /ˌflʌktjuˈeiʃ°n/ *n.* [C]

flu·ent /ˈfluːənt/ *adj.* ❶（说话、文体等）通顺的，流畅的；熟练掌握外语的：*Fluent* children are often also good readers. 说话流畅的孩子往往阅读能力也强。❷（动作、曲线等）优美的，优雅的：She was very *fluent* on her feet. 她走路的姿势十分优美。‖ **flu·en·cy** *n.* [U]—**flu·ent·ly** *adv.*

flu·id /ˈfluːid/ *n.* [C;U]液（体）；液化气；流质，流体：Water, mercury, air, and oxygen are *fluids*. 水、水银、空气和氧气都是流体。‖ **flu·id·i·ty** /fluːˈiditi/ *n.* [U]—**flu·id·ly** *adv.*

flung /flʌŋ/ *v.* fling 的过去式和过去分词

flush /flʌʃ/ I *n.* ❶[通常用单]红光；红晕；脸红；潮红：The *flush* of sunrise was on the clouds. 日出的霞光映在云朵上。❷[常用单]一阵情绪（兴奋、振奋、得意等）的突然发作：The first *flush* of his anger had paled. 他的气头已经过去了。II *v.* ❶（使脸等）涨红；（使）发红；（使）发亮：Exercise *flushed* her face. 她做操做得满脸通红。❷冲洗；冲刷（*away*, *down*, *out*）：This medicine will help to *flush out* your body. 这种药有助于清除你体内的污物。

flus·ter /ˈflʌstə/ *vi.* 紧张，慌乱；激动：He *flusters* easily. 他动不动就紧张。

flute /fluːt/ *n.* [C]【音】长笛；八孔竖笛；笛子：play (on) the *flute* 吹奏长笛

flut·ter /ˈflʌtə/ *v.* ❶飘动，飘扬；飘落；摆动，晃动：The blossoms *fluttered* about in the wind. 花朵随风摆动。❷（鸟等）拍翅，振翼；（翅）轻快地拍动；振翅欲飞：The wounded bird *fluttered* to the ground. 那只受伤的鸟儿扑棱着翅膀落到了地上。‖ **flut·ter·y** *adj.*

fly /flai/ (flew /fluː/, flown /fləun/) *v.* 飞，

飞行：A helicopter *flew* to the scene of accident. 一架直升机飞往出事现场。

foal /fəul/ *n.* [C]（马科动物的）幼畜；小马

foam /fəum/ *n.* [U]泡沫：He complained to the barman about the amount of *foam* on his beer. 他跟招待抱怨说他啤酒里的泡沫太多了。‖ **foa·my** *adj.*

fo·cal /ˈfəuk°l/ *adj.* [无比较级][作定语] ❶【物】【数】焦点的；位于焦点的 ❷中心的；重要的：In most developing countries, the state is a *focal* institution. 在大多数发展中国家，政府是中心机构。

fo·cus /ˈfəukəs/ I *n.* ([复]-cus·es 或-ci /-sai/)[通常用单]焦点，集中点，中心：the *focus* of everybody's blame 众矢之的 II (-cus(s)ed; -cus·(s)ing) *v.* ❶调节（镜头、眼睛等）的焦距；使聚焦：Her head swayed slightly as she tried to *focus* her eyes. 她略偏了偏头好让眼睛聚焦。❷（使注意力、目光等）集中（或聚集）(*on*)：His efforts were *focused* on the matter. 他全力以赴做这件事情。

fog /fɔg/ *n.* [U]雾；雾气；烟雾；尘雾：The village is blanketed by a dense gray *fog*. 村庄笼罩在一片灰色浓雾中。

foil¹ /fɔil/ *vt.* 阻挠，阻碍；挫败；击败：I was *foiled* of my purpose. 我未能达到目的。

foil² /fɔil/ *n.* [U]【冶】箔；金属薄片：aluminum *foil* 铝箔

foist /fɔist/ *vt.* ❶采用欺骗手段兜售；推销（伪劣产品）(*on*, *upon*)：*foist* inferior goods off *on* a customer 把次品卖给顾客 ❷将（观点等）强加于；迫使（某人）接受(*on*, *upon*)：Goodness knows what type of manager they might *foist on* us. 天知道他们会塞给我们什么样的经理。

fold /fəuld/ I *v.* ❶折叠，折起；对折：She *folded* the newspaper into a hat. 她将报纸折成一顶帽子。❷合拢；交叠，交叉（胳膊、腿等）(*about*, *around*)：The little child *folded* her hands in prayer. 小女孩双手合十做祈祷。II *n.* [C] ❶折叠；对折：The woods arose in *folds*. 树木层层叠叠。❷褶层；折叠部分：She kept her handkerchief in a *fold* of her dress. 她把手帕放在衣服的褶缝中。❸褶;裥;褶痕;褶缝:He cut the paper along the *fold*. 他沿褶痕将纸裁开。

fold·er /ˈfəuldə/ *n.* [C]文件夹;(存放散纸的)夹子

folk /fəuk/ *n.* ([复]**folk**(**s**)) ❶[～(s)](某一民族或团体等的)人民;(泛指)人们;I don't know what these *folk* think of the play. 我不知道这些人对这出戏怎么看。❷[通常作～s]家庭成员,家属;亲戚;父母,双亲:For his vacation he went home to see his *folks*. 他假期回乡探望家人。

fol·low /ˈfɔləu/ *vt.* ❶跟随;接在…之后:The dog *followed* her wherever she went. 她走到哪儿,那条狗就跟到哪儿。❷跟踪,追踪;追赶,追逐:The dogs *followed* the fox. 猎犬追逐狐狸。❸注视;倾听;关注,密切注意:*follow* the stock market 关注股市行情 ❹听懂;领会,理解:try to *follow* sb.'s meaning 力图领会某人的意思

fol·low·er /ˈfɔləuə/ *n.* [C] ❶跟在后面的人(或物):He eluded his *followers* by crossing the river. 他渡过那条河才摆脱了追踪者。❷追随者,拥护者;(学说等的)信徒;爱好者:Lloyd becomes a camp *follower*. 劳埃德成了一名野营爱好者。❸模仿者,仿效者:He was little more than a *follower* of current modes. 他不过是个时尚的模仿者而已。

fol·low·ing /ˈfɔləuiŋ/ **I** *n.* ❶[用单]赞赏者;拥护者,支持者;一批追随者(或随从等):The classic love songs still maintain a strong *following*. 古典情歌仍然有大批的热心听众。❷[the ～][用作单或复]下列的人(或事物);下述的人(或事物):The *following* is one reason only. 以下所谈的只是理由之一。**II** *adj.* [无比较级][作定语]接着的;下面的;下列的;下述的;其次的:in the *following* year 第二年

fol·ly /ˈfɔli/ *n.* [U]愚蠢,愚笨:an act of *folly* 愚蠢行为

fond /fɔnd/ *adj.* [无比较级][作表语]喜欢的;喜爱的(*of*):I'm not *fond of* staying up late. 我不爱熬夜。‖ ˈfond·ly *adv.* —

ˈfond·ness *n.* [U]

fon·dle /ˈfɔndl/ *vt.* 抚摸;抚爱;抚弄:The mother *fondled* her baby. 那位母亲爱抚着她的婴儿。‖ ˈfon·dler *n.* [C]

food /fuːd/ *n.* [U]食物;食品;养料:Mrs. Feeney was hurrying about the table serving the *food*. 菲尼太太正忙着在桌边上饭菜。

fool /fuːl/ **I** *n.* [C]蠢人,笨蛋,傻瓜,呆子;莽汉:Johnny was a *fool* for danger. 约翰尼是个天不怕地不怕的莽汉。**II** *vi.* ❶开玩笑;演滑稽角色:Don't worry;he was only *fooling*. 别急,他只是开玩笑罢了。❷干蠢事:Stop *fooling*! 别犯傻啦!

fool·ish /ˈfuːliʃ/ *adj.* 愚蠢的,傻的:I was *foolish* enough to trust him. 我真傻,竟相信他这种人。‖ ˈfool·ish·ly *adv.* —ˈfool·ish·ness *n.* [U]

foot /fut/ *n.* ([复]**feet** /fiːt/) ❶[C](人或动物的)脚,足:What size *feet* has she got? 她的脚有多大? ❷[C]([复]**foot** 或 **feet**)英尺(长度单位,1 英尺=12 英寸,相当于 30.48 厘米)(略作 ft):a length of 40 *feet* 40 英尺的长度 ‖ on foot *adv.* & *adj.* 步行;跑:Did you come *on foot* or by bus? 你是走来的还是乘公共汽车来的?

foot·ball /ˈfutˌbɔːl/ *n.* ❶[U]橄榄球运动:He know a good bit about *football*. 他挺懂橄榄球的。❷[C]橄榄球 ❸[U]〈主英〉足球运动(=soccer)

foot·hold /ˈfutˌhəuld/ *n.* [C] ❶(攀爬时的)立脚处,立足点:A layer of wooden planking affords a safe *foothold* to the crew in wet weather. 一层木板在潮湿的天气中为船员提供了安全的立足点。❷稳固的地位(或基础);优势:It is hard to break a habit after it has a *foothold*. 积习难改。

foot·path /ˈfutˌpɑːθ; -ˌpæθ/ *n.* [C]人行小径;人行道

foot·print /ˈfutˌprint/ *n.* [通常作～s]脚印,足迹;痕迹:*footprints* in the snow 雪地里的足印

foot·step /ˈfutˌstep/ *n.* [C] ❶脚步;足迹:dog sb.'s *footsteps* 跟踪某人的脚印 ❷脚步

声：He followed the shuffling *footsteps* to the door. 他循着那杂沓的脚步声来到了门口。

for /强 fɔːʳ,弱 fəʳ/ **I** *prep.* ❶[表示目的]为了；为了…的利益；为…做准备：Let's go *for* a walk. 咱们出去散步吧。❷[表示赞成、支持、拥护的对象]有利于；倾向于：Cheers *for* the winner! 为获胜者欢呼喝彩! ❸为得到(或赢得)；为保持(或拯救)：He does everything only *for* money. 他做什么都只是为了钱。❹[表示对象、用途等]为；给；供；对；适合于：It's a book *for* children. 这是儿童读物。❺[表示目标、去向]往；向：They're leaving *for* New York next month. 他们下个月将动身前往纽约。❻[表示代表、代理等]代、代替，取代；代表；意思是；作为…的符号：He spoke *for* us at the meeting. 他代表我们在会议上发言。❼[表示理由、原因]由于，因为；作为…的理由(或原因)：He was sent to prison *for* robbery. 他因为抢劫而锒铛入狱。❽[表示时间、距离、数量等]达；计：I'm going away *for* a few days. 我要走开几天。❾[表示特定的时刻、时节]在；于…之时：*For* the time being I wished only to sightsee. 此时此刻我只是想去游览一番。❿就…而言：The boy is tall *for* his age. 就年纪来说,这男孩的个头算高的了。**II** *conj.* 〈书〉因为；由于…的缘故：We must start early, *for* we have a long way to go. 我们必须早点动身,因为我们有很长一段路要走。

for·age /'fɒridʒ/ **I** *n.* [U](马、牛等牲家畜的)草料,秣草；饲料：*forage* for the cattle 喂牛的饲料 **II** *vi.* 搜寻；翻查：搜寻食物(或供应物)：The boys *foraged* for old metal. 男孩子们在找寻废铜烂铁。‖ **'for·ag·er** *n.* [C]

for·bid /fəˈbid/ *vt.* (过去式-bade /-ˈbæd,-ˈbeid/或-bad /-ˈbæd/,过去分词-bid·den /-ˈbid°n/或-bid；for·bid·ding) ❶禁止,不准,不许：Smoking is strictly *forbidden* inside the building. 大厦内严禁吸烟。❷阻止；妨碍；制止；使成为不可能：No one can *forbid* our marriage. 谁也阻止不了我们结婚。

☆**forbid, inhibit, interdict, prohibit** 均有"禁止;阻止"之意。**forbid** 为普通用词,指父母、上级或雇主等不许某人采取某种行动或做某件事情,含对方会服从的意味：Her mother *forbade* their marriage. (她妈妈不允许他们结婚。) **inhibit** 指由有关当局或紧迫形势强行制止或限制,近于禁止：The mild weather has *inhibited* the sales of winter clothing. (暖和的天气妨碍了冬季服装的销路。)用于心理方面时,该词表示因为心理障碍或个人意愿与社会文化环境的冲突而抑制想要表达的思想或本能欲望：Shyness *inhibited* her from speaking. (她因害羞而说不出话来。) **interdict** 主要用于教会,常指有期限的禁止,借惩戒性的处罚以阻止不利的事态发展：The play was *interdicted* by law. (该剧被依法禁演。) **prohibit** 为正式用语,表示法律、法令或规定禁止某些事情发生：We are *prohibited* from drinking alcohol during working hours. (工作时间内我们不得喝酒。)

force /fɔːs/ **I** *n.* ❶[U]力气,体力；(精神上的)力量,魄力：The moral *force* is on our side. 道义的力量站在我们这一边。❷[U]武力,暴力；强制力；【律】暴力行为：yield to *force* 向暴力屈服 ❸[U]力,力量：the unrelenting *force* of the wind 凛冽的风力 ❹[C]武装力量,军事力量；[~s](国家或指挥官的)兵力,军队：a *force* of USA 一支美国军队 **II** *vt.* 强迫,迫使,逼迫：The police *forced* the crowd back. 警察迫使人群后退。‖ **come [go] into force** *vi.* (法律、协议等)开始生效(或实施)：The treaty will *come into force* next year. 该条约明年生效。

☆**force, compel, constrain, oblige, press, urge** 均有"迫使"之意。**force** 为最普通用词,指用权力、体力或武力阻碍完成某事,强调施加外力的过程：He used brute *force* to break open the door. (他用蛮劲把门撞开了。) **compel** 的宾语一般为人,主要指使对方不得不采取某种行动：I was *compelled* to acknowledge the force of his argument. (我不得不承认他的论据颇有说服力。) **constrain** 与 compel 同义,但更强调内心压力或外界力量的作用,含受到限制、压抑的意味,多指迫使人去做不愿做的事情：Our research has been *constrained* by lack of cash. （我们的研究由于经费不足而受到限制。）**oblige** 常指出于道德、义务或身体等客观因素的考虑不得不去做某一事情，暗含迫切性：The law *obliges* parents to send their children to school. （法律规定父母有义务送子女上学。）**press** 主要用以指心理上的压力，语气比 urge 强，带有坚决、紧急的意味：The bank is *pressing* us for repayment of the loan. （银行催我们偿还贷款。）**urge** 和 press 均可指驱使某人或某物向某一目标推进的外部力量或影响。urge 既可以用于人力或体力，也可表示有力的劝说或心理上的努力：He *urged* that we should go. （他催我们走。）

fore /fɔːʳ/ I *adj.* 〔无比较级〕〔作定语〕在前部的，前面的；向前的：The *fore* wall of a house faces the street. 屋子的前墙对着大街。II *n.* 〔常用单〕前部

fore·arm /ˈfɔːrɑːm/ *n.* 〔C〕【解】前臂

fore·bear /ˈfɔːbeəʳ/ *n.* 〔通常作 ~s〕祖先；祖辈：the land from which one's *forebears* had been driven 其祖先被赶走的地方〔亦作 **forbear**〕

fore·cast /ˈfɔːkɑːst;-kæst/ I *vt.* （-cast 或-casted）预报，预告；预测；预示：People did not *forecast* the sudden rise in inflation. 物价暴涨出乎人们的预测。II *n.* 〔C〕（尤指未来天气的）预报，预告；预测；预言 ‖ **fore·cast·er** *n.* 〔C〕

fore·fin·ger /ˈfɔːˌfiŋgəʳ/ *n.* 〔C〕食指

fore·front /ˈfɔːfrʌnt/ *n.* 〔用单〕最前线，最前方，最前沿：the *forefront* of battle 战斗的最前线

fore·ground /ˈfɔːgraund/ *n.* 〔常用单〕❶（图画、景物等的）前景，近景：The *foreground* of the picture shows a cottage, while mountains loom in the background. 这张图片的前景是一间村舍小屋，背景是隐约可见的群山。❷最突出（或最重要）的位置：have a long *foreground* 鹏程万里

fore·hand /ˈfɔːhænd/ *n.* 〔C〕【体】（网球等的）正手击球，正拍，正手：Send the return

deep to your opponent's *forehand*. 把回球打到对手的正手底线。

fore·head /ˈforid, ˈfɔːhed/ *n.* 〔C〕前额，额头，脑门儿：He is wearing his hat back on his *forehead*. 他把帽子反戴在脑门上。

for·eign /ˈforin,-rʳn/ *adj.* 〔无比较级〕❶（在）外国的，（在）异国的；在本国以外的：Have you had any *foreign* experience as a teacher? 你有在国外任教的经历吗？❷从国外来的；外国产的：English spelling changed with *foreign* influences. 英语拼写受外来影响而发生变化。❸〔作定语〕对外的，涉外的；与外国（或外国人）打交道的：*foreign* policies 外交政策

for·eign·er /ˈforinəʳ,-rʳn-/ *n.* 〔C〕外国人

fore·leg /ˈfɔːleg/ *n.* 〔C〕【动】（四足动物的）前腿

fore·most /ˈfɔːməust/ 〔无比较级〕*adj.* 首要的，最重要的；首位的；最杰出的，最著名的：A computer programmer is first and *foremost* an interpreter. 计算机程序编制者首先是一位解释者。

fore·name /ˈfɔːneim/ *n.* 〔C〕名

fore·run·ner /ˈfɔːˌrʌnəʳ/ *n.* 〔C〕❶先驱，先导；先行者，先驱者：Anglo-Saxon was the *forerunner* of English. 盎格鲁－撒克逊语是现代英语的前身。❷预兆；先兆；前兆：Black clouds are *forerunners* of a storm. 乌云密布是暴风雨的前兆。

fore·see /fɔːˈsiː/ *vt.* （-saw /-ˈsɔː/, -seen /-ˈsiːn/）预知，预料到；预见：Nobody *foresaw* John's quarrelling with Jane. 谁也没料到约翰会与简争执。

fore·sight /ˈfɔːsait/ *n.* 〔U〕❶展望；憧憬；向往：*Foresight* now tells us that space travel is not impossible. 展望未来，我们知道宇宙旅行不是不可能的。❷预见力；先见之明：He had the *foresight* to invest his money carefully. 他很有远见，投资时很小心。

for·est /ˈforist/ *n.* 〔C〕森林，密林，林区；〔总称〕树木，林木：a primal *forest* 原始森林

fore·stall /fɔːˈstɔːl/ *vt.* （用先发制人的手

段)预先阻止,抢先阻止:We *forestalled* them by taking advantage of their momentary discomfiture. 我们利用他们暂时失势的机会先发制人。

fore·tell /fɔːˈtel/ *vt.* (**-told** /-ˈtəuld/) 预告;预言;预示:There is no way to *foretell* what inventions or fads will impose upon us. 没法预知会出现怎样的发明和潮流。

☆ **foretell, forecast, predict, prophesy** 均有"预言,预示,预告"之意。**foretell** 为普通用词,强调对将要发生的事情进行预言、预告的行动,而不是预言者的能力或消息来源,常用来指过去发生的事,含否定意味:No one could have *foretold* such strange events. (谁也料不到会有这些奇怪的事。) **forecast** 常指对将来可能发生的事情或可能出现的情况作出大概的预测,强调可能性,多用于预报天气:The recent weather *forecast* is accurate. (最近的天气预报很准确。) **predict** 较为正式,指从已知事实推断或者根据自然规律断定未来的事情,其准确程度不一,主语只能用人:The economists *predicted* an increase in the rate of inflation. (经济学家预计通货膨胀将会增长。) **prophesy** 指凭借神秘的灵感、权威性的睿智或敏锐,断定将要发生的事:She *prophesied* the strange events that were to come. (她预言有怪事要发生。)

for·ev·er /fəˈrevə/ *adv.* [无比较级] 永远;永久:I realized that our relationship had finished *forever*. 我知道我们的关系已永远完结。

fore·word /ˈfɔːwɜːd/ *n.* [C] 序(文),前言,序言

for·gave /fəˈgeiv/ *v.* forgive 的过去时

forge /fɔːdʒ/ 伪造,假造(货币、支票、文件等);仿造,仿制;假冒(签名等):*forge* a ransom note 伪造一张赎金支票 ‖ **'forg·er** *n.* [C]

for·ger·y /ˈfɔːdʒʳri/ *n.* ❶[U]伪造(行为);假冒(行为);[律]伪造罪:There have always been various motives for *forgery*. 伪造行为总有各种各样的动机。❷[C]伪造品;仿冒品;赝品;(尤指)伪造的文件(或签

字等):The painting was a *forgery*. 这幅画是赝品。

for·get /fəˈget/ (过去式**-got** /-ˈgɒt/,过去分词**-got·ten** /-ˈgɒtʰn/或**-got**;**-get·ting**) *vt.* ❶[不用进行时态]忘,忘记;遗忘:I've *forgotten* her telephone number. 我忘了她的电话号码。❷[不用进行时态]忘记带(或买、穿、戴等):Kelso! You *forgot* your uniform! 凯尔索,你忘了穿制服了!

for·get·ful /fəˈgetfʰl/ *adj.* 健忘的;记忆力差:She's become very *forgetful* of things. 她变得很健忘。‖ **for'get·ful·ly** *adv.* —**for'get·ful·ness** *n.* [U]

for·give /fəˈgiv/ *vt.* (**-gave** /-ˈgeiv/, **-giv·en** /-ˈgivʰn/) 原谅;宽恕;饶恕:I can't *forgive* Mary's behaviour last night. 我不能原谅玛丽昨晚的所作所为。‖ **for'give·ness** *n.* [U]

for·giv·ing /fəˈgiviŋ/ *adj.* 宽容的;仁慈的:To be social is to be *forgiving*. 与人和谐相处就是要宽宏大量。

for·go /fɔːˈgəu/ *vt.* (**-went** /-ˈwent/, **-gone** /-ˈgɒn/;**-goes**) 抛弃,弃绝;放弃;错过(机会、优势等):The bank will *forgo* its fourth-quarter dividend. 这家银行将放弃第四季度的分红。〔亦作 **forego**〕

fork /fɔːk/ *n.* [C] 叉,餐叉:a table *fork* 餐叉 ‖ **fork·ful** /ˈfɔːkfəl/ *n.* [C]

form /fɔːm/ I *n.* ❶[C]形,形状;外形,轮廓:The rocks assumed a thousand peculiar and varied *forms*. 一片奇峰异石,呈现出千姿百态。❷[U;C](惯常或规定的)方式,方法;(运动员的)动作方式,姿势:That's the common *form*. 那是通常的做法。❸[C]表格;印有表格的纸:an entry *form* for a competition 参赛表格 II *v.* ❶(使)成形,(使)具有一定形状;塑造,制作:*form* dough into loaves 把生面团揉成长条面包状 ❷形成;变成:Water *forms* steam above a certain temperature. 超过一定温度时,水就变成蒸汽。❸组织;建立(联盟、团体等):They *formed* an alliance with nearby villages. 他们与邻近几个村子携手结盟。❹想出;产生;做出(估计等):I cannot *form* an opinion about the plan. 对这个计划我想不出什么

意见。

☆ **form, configuration, conformation, figure, outline, shape** 均有"形式,形态"之意。**form** 为最普通用词,使用范围最广,既可指赋予事物有机整体性的内部结构模式,也可仅仅表示其外部形态,常常指既定的典型形式:The training took the *form* of seminars and lectures. (这种培训是以讨论与讲课的形式进行的。) **configuration** 常指事物的排列及其形成的模式,尤指地形:the *configuration* of the moon's surface (月球表面的形状) **conformation** 强调构成和谐整体的结构:The horse had the *conformation* of a thoroughbred. (这匹马有着纯种马的体格。) **figure** 指平面几何中由三条或三条以上直线或曲线构成的图形:The blackboard was covered with geometrical *figures*. (黑板上画满了几何图形。) 该词还可指人的体形,强调总体印象,侧重于身体的线条:I saw a *figure* approaching in the darkness. (我看见黑暗中有个人影走近。) **outline** 指任何立体物或平面物的周边轮廓:He could only see the *outlines* of the trees in the dim light. (朦胧中他只看见树木的轮廓。) **shape** 主要用于立体事物,强调个别的、独特的形态:a cake in the *shape* of a heart (心形蛋糕) 该词和 figure 一样可表示人的体形,侧重于血肉之躯。

for·mal /'fɔːm°l/ *adj.* ❶ [作定语]正式的;遵循传统习俗(或礼仪等)的:a *formal* appointment 正式约见 ❷礼节性的,礼仪性的;例行的:*formal* flattery 礼节性的恭维话 ❸正式场合用(或穿)的;需穿礼服的:a *formal* occasion 正式场合 ‖ '**for·mal·ly** *adv.*

for·mat /'fɔːmæt/ **I** *n.* [C] ❶(出版物的)版式,开本:It's the same book but in a different *format*. 这是同本书的不同版式。❷(程序、步骤等的)安排,计划;设计:The course will follow a seminar *format*. 这门课将以讨论的形式进行。❸ [计](资料存储的)格式 **II** *vt.* (-mat·ted;-mat·ting) ❶为…设计版式 ❷ [计]使(磁盘)格式化:The diskette must be *formatted* for the computer being used. 磁盘必须格式化后才能使用。

for·ma·tion /fɔː'meiʃ°n/ *n.* ❶ [U]组成,形成,构成:These elements are essential in the *formation* of certain enzymes. 这些元素在某些酶的形成过程中起着重要作用。❷ [C;U]形成方式,构成形式;结构,组织:Her front teeth are regular in *formation*. 她的门牙排列整齐。

for·mer /'fɔːmə/ *adj.* [无比较级] [作定语] ❶早先的;从前的,旧时的:Tom forgave and restored him to his *former* place in his friendship. 汤姆宽恕了他,恢复了他们旧日的友谊。❷(两者中)前者的,前面的,首先提及的 ❸前任的:Mrs. Cary's *former* husband 卡里夫人的前夫

for·mu·la /'fɔːmjulə/ *n.* ([复]-las 或-lae /-liː/) ❶ [C](宗教仪式及法律程序等中使用的)程序,程式;惯用语,套话:unimaginative *formula* works 缺乏想象的老套作品 ❷ [C](尤指机械遵循的)惯例,常规;规范:compose letters out of various *formulae* 根据不同的规范来写信 ❸ [C] [数]公式;方程式;算式:He knew the *formula* for converting kilometres into miles. 他知道千米和英里之间的转换公式。❹ [C] [化]分子式:the *formula* for water 水的化学分子式 ‖ **for·mu·la·ic** /ˌfɔːmju'leiik/ *adj.*

for·mu·late /'fɔːmjuˌleit/ *vt.* ❶使公式化;用公式表述:*formulate* the Theory of Relativity as follows 将相对论用如下公式表示 ❷系统地(或确切地)阐述(或说明、表达):*formulate* the question in different terms 以不同的方式提出这个问题 ‖ '**for·mu·la·tion** /ˌfɔːmju'leiʃ°n/ *n.* [U]—'**for·mu·la·tor** *n.* [C]

for·sake /fə'seik, fɔː-/ *vt.* (-sook /-'suk/,-sak·en /-'seik°n/)〈书〉❶遗弃;抛弃;摒弃:He *forsook* his wife and children and went off with another woman. 他遗弃妻儿,跟另一个女人私奔了。❷(永久地)离开:The artist *forsook* his country for an island in the South Pacific. 那位画家离开祖国来到了南太平洋的一个海岛上。

fort /fɔːt/ *n.* [C]堡垒,城堡;要塞

forth /fɔːθ/ *adv.* [无比较级] ❶(在时间、位

置、顺序或程度等方面）向前地；向前方地：From that day *forth* he lived alone. 从那天起,他便独自一人生活。❷显露地,向外地；看得见地：Now, long-pent-up creative energies are bursting *forth* as through a broken dam. 长期禁锢的创造力现在如同决堤之流喷涌而出。

forth·com·ing /ˌfɔːθˈkʌmiŋ, ˈfɔːθˌkʌmiŋ/ *adj.* ❶[无比较级]即将到来的；即将出现的：Relief will be *forthcoming* for those left homeless by the flood. 救济的财物将要送到那些因洪水而无家可归的人手里。❷[无比较级][作表语]现成的,随时可提供的：She needed help, but none was *forthcoming*. 她需要帮助,但没有人来帮忙。❸外向的,乐于结交人的；乐于助人的,友善的：They can afford to be *forthcoming* just as his attitude warrants. 正如他的态度所表明的,他们很乐意接待他。

for·tress /ˈfɔːtris/ *n.* [C]军事堡垒；防御堡垒；要塞；防御能力强的城镇：The town is under the shelter of a *fortress*. 该城在要塞的保护之下。

for·tu·nate /ˈfɔːtʃunət/ *adj.* ❶幸运的；运气好的；走运的：He was *fortunate* in finding a good job. 他很幸运地找到了一份好工作。❷吉利的,吉祥的；吉兆的：a *fortunate* occurrence 一件吉利的事 ‖ ˈfor·tu·nate·ly *adv.*

for·tune /ˈfɔːtʃn/ *n.* ❶[C](大量)财产；大笔的钱：These ship owners acquired large *fortunes*. 这些船主们个个腰缠万贯。❷[U]运气；[常作～s]时运：Don't leave things to *fortune*! 做事不能光靠运气！❸[U]好运,幸运,机遇,成功：May *fortune* attend you! 祝你好运!

for·ty /ˈfɔːti/ *n.* [C]四十；四十个(人或物)：a total of *forty* 共计 40 件 ‖ ˈfor·ti·eth /-tiəθ/ *adj.* & [C] *n.*

fo·rum /ˈfɔːrəm/ *n.* [C]([复]-rums 或-ra /-rə/)公开集会；公众讨论会,论坛：An open *forum* was held last Tuesday evening. 上星期二晚举行了一场公开讨论会。

for·ward /ˈfɔːwəd/ *adv.* ❶向前,往前,朝前：The police told the crowd to move *forwarder*. 警察叫群众再向前移动。❷提前地：bring the date of the meeting *forward* from the 10th to the 8th 把会议的日期从 10 号提前至 8 号 ‖ ˈfor·ward·ness *n.* [U]

for·wards /ˈfɔːwədz/ *adv.* =forward

fos·sil /ˈfɒsəl/ *n.* [C] 化石：*Fossils* were most abundant from the New Stone Age down to the Shang and Zhou dynasties. 从新石器朝代到商周时期有大量的化石。

fos·sil·ize /ˈfɒsiˌlaiz/ *vt.* ❶使成化石；使石化：Those specimens were *fossilized* by the passing of time. 这些标本随着时间的流逝逐渐石化。❷使(人或思想)变得陈腐,使僵化：a *fossilized* approach to a problem 解决问题的陈旧办法—*vi.* 变成化石 ‖ **fos·sil·i·za·tion** /ˌfɒsilaiˈzeiʃ°n;-liˈz-/ *n.* [U]

fos·ter /ˈfɒstə/ *vt.* ❶培育,培养；鼓励,促进；(环境等)对…有利：He *fostered* a feeling of pride over his recent success. 他因最近的成功而变得心高气傲。❷养育,收养(常指非亲生的孩子)：They have *fostered* several children of various races. 他们已领养了几个不同种族的孩子。

fought /fɔːt/ *v.* fight 的过去式和过去分词

foul /faul/ *adj.* ❶难闻的；(食物等因变质而)发臭的；令人作呕的：The meat in the bowl is *foul* and stinking. 碗里的肉变质发臭了。❷肮脏的,龌龊的；积满污物的,满是尘土的：Take off those *foul* clothes and let me wash them. 把那些脏衣服脱下来给我洗。‖ ˈfoul·ly *adv.*—ˈfoul·ness *n.* [U]

found[1] /faund/ *v.* find 的过去式和过去分词

found[2] /faund/ *vt.* ❶建立,设立,(尤指提供资金)创建,创办：*found* a hospital in the town 在那个小城镇兴办一家医院 ❷为(房屋等)打地基；在坚实的基础上建造(或兴建)：a house *founded* upon a rock 建造在岩石上的一幢房子

foun·da·tion /faunˈdeiʃ°n/ *n.* ❶[通常作～s](建筑物等的)地基,地脚；All dams need sound *foundations*. 所有水坝都要有牢固的坝基。❷[C;U]基础,根本；(学科、理论等的)依据,根据：This report has no *foun-*

dation of fact. 这份报告没有事实根据。 ❸[U]创办，创建，建立：The *foundation* of the United States began in 1776. 美国成立于 1776 年。 ❹[C]常作 F-]基金；基金会：the Ford *Foundation* 福特基金会

found·ry /'faundri/ n. [C](金属、玻璃等的)铸造场,制造厂；翻砂厂：a glass *foundry* 玻璃制造厂

foun·tain /'fauntin/ n. [C]❶(人造)喷泉,喷水池；喷水盘；喷水塔；喷水管道：The droplets of the *fountain* created a gleaming spray in the sunlight. 喷泉的水珠在阳光下形成五彩斑斓的水花。 ❷〈喻〉泉源；来源：He found that his father was a *fountain* of information about football. 他发现父亲对足球无所不知。

four /fɔ:/ n. [C;U]四；四个(人或物)；第四：I did okay on the test but I screwed up on question *four*. 这次测验考得不错,不过我把第四题答错了。

four·teen /fɔ:'ti:n/ n. [C]十四；十四个(人或物)：a total of *fourteen* 总共 14 个 ‖ **four'teenth** adj. & [C] n.

fourth /fɔ:θ/ n. ❶第四；第四个：the *fourth* of July 7 月 4 日 ❷四分之一：three *fourths* 四分之三 ‖ **'fourth·ly** adv.

fowl /faul/ n. ([复]**fowl(s)**) [C]家禽

fox /fɔks/ n. [C]【动】狐狸

frac·tion /'frækʃ°n/ n. [C]❶【数】分数；比例；分式；小数：a decimal *fraction* 小数 ❷小块；碎片；片段；一点儿,小部分：No one to whom I can communicate even a *fraction* of my feelings. 我没有向任何人表露过一丝感情。 ‖ **'frac·tio·nal** adj.

frac·ture /'fræktʃə/ I n. [C;U]❶【医】骨折；(软骨、软组织的)撕裂,挫伤：a *fracture* of the arm 臂部骨折 ❷断裂；破裂；折断：a *fracture* of the ice 冰裂 II v. 【医】(使)骨折；挫伤(软骨或软组织)：The boy fell from a tree and *fractured* his arm. 那个男孩从树上摔了下来,跌断了手臂。

frag·ile /'frædʒail,-dʒil/ adj. ❶易碎的；易损坏的；脆的：These windows are very *fragile*. 这些窗户很容易破碎。 ❷〈口〉(体质)虚弱的,差的：The younger sister is more *fragile* and more accidentprone. 妹妹更加虚弱,也更受不了打击。 ‖ **'fra·gi·li·ty** /frə'dʒiliti/ n. [U]

frag·ment I /'frægm°nt/ n. [C]破片；小碎块,碎渣：*fragments* of powdery cloud 几块碎片 II /fræg'ment/ v. (使)破碎,(使)成碎片；(使)解体：The vase was *fragmented* in shipment. 那个花瓶在运输中被打碎了。 ‖ **frag·men·ta·tion** /ˌfrægmen'teiʃ°n/ n. [C]

fra·grance /'freigr°ns/ n. [C]❶芬芳,芳香；香气,香味：The air was heavy with the *fragrance* of lush wild blooms and fruits. 空气中洋溢着茂盛的野生花草和果实的芳香。 ❷香料；香水

fra·grant /'freigr°nt/ adj. 芬芳的,芳香的；甜美的：It was a land *fragrant* with flowers. 那是一个遍地鲜花、香气袭人的地方。 ‖ **'fra·grant·ly** adv.

frail /freil/ adj. ❶(身体)虚弱的,羸弱的,不强壮的：He's still *frail* after long illness. 久病以后他仍很虚弱。 ❷脆弱的；易损坏的：*frail* member of an endangered species 濒临灭绝物种的脆弱个体

frame /freim/ n. [C]❶(门、窗等的)框；(装饰用的)镜框；画框：The thunder rumbled nearer and the windows rattled nervously in their *frames*. 隆隆的雷声越来越近,窗框吱吱嘎嘎地响个不停。 ❷(建筑物、机车等起支撑作用的)框架,支撑架；骨架;(飞机的)机体骨架；【船】肋骨：the *frame* of a house 房屋的构架 ‖ **'fram·er** n. [C]

frame·work /'freimwз:k/ n. [C]❶骨架,框架；构架；主体结构；(工程的)基础：a *framework* for the grape arbour 葡萄棚的架子 ❷基本规则；组织结构；体制；基准体系：produce a coherent *framework* 制定一个能贯穿始终的基准

frank /fræŋk/ adj. ❶率直的,坦白的；直言不讳的：He is *frank* by nature. 他天性直率。 ❷坦诚的；真诚的：All I did was to make a pal of him and be absolutely *frank*. 我所做的一切,都是要做他的知心朋友,完

全赤诚相见。‖ **'frank·ly** *adv.* —**'frank·ness** *n.* [U]

fran·tic /'fræntik/ *adj.* ❶(因激动、恐惧、痛苦等而)狂乱的,疯狂的,发疯似的;狂暴的: drive sb. *frantic* 使某人发狂 ❷急匆匆的,忙忙碌碌的;焦虑的,忧急的;猛烈的: in a *frantic* hurry to get home 拼命赶回家 ‖ **'fran·ti·cal·ly** /-k°li/ *adv.*

fraud /frɔːd/ *n.* ❶[U]欺骗;诈骗;舞弊: obtain money by *fraud* 诈财 ❷[C]欺诈行为;不正当手段;谎言;骗局: This book is a bit of a *fraud.* 这本书有点儿胡说八道。❸[C]骗子,说谎者;诈骗者;骗人的东西

freak /friːk/ *n.* [C] ❶(人、动物或植物的)畸形,怪异;怪物: This dwarf tree is a *freak* of nature. 这棵矮树天生就是株畸形植物。❷怪异的事物(或事件);反常的事物(或事件): By a *freak* of wind, the smoke had been blown high. 突然间刮起了大风,烟被高高吹起。❸〈口〉狂热爱好者,迷: a jazz *freak* 爵士乐迷 ‖ **'freak·ish** *adj.* —**'freak·y** *adj.*

freck·le /'frek°l/ *n.* [通常作～s]【医】雀斑;色斑 ‖ **'freck·ly** *adj.*

free /friː/ **I** *adj.* ❶自由的;被宣判为无罪释放的;不因于笼中的: The accused left the court a *free* man. 被告被判无罪,当庭释放。❷[无比较级]有空的,空闲的;未被占用的,不在用的: I don't get much *free* time. 我没有很多闲工夫。❸[无比较级]免费的,不要钱的,无偿的;(货物等)免税的,无税的 **II** *vt.* 使自由,解放;释放: Lincoln *freed* the Negro slaves. 林肯解放了黑奴。

free·dom /'friːd°m/ *n.* [U]自由;独立自主;释放: Your days of *freedom* will end soon enough. 你不受管束的日子就要到头了。

free·lance /'friːlɑːns,-læns/ *n.* [C]自由职业者;(尤指)自由作家;自由艺术家

free·ly /'friːli/ *adv.* ❶自由地;不受操纵(或管制,监禁等)地: He's the country's first *freely* elected president for 50 years. 他是50年来该国第一位经过自由选举而产生的总统。❷无阻碍地;自如地: The traffic on the motorway is flowing *freely.* 公路上交

通畅通无阻。❸无拘束地;随便地: I fear I talk to you too *freely.* 我怕我对你讲的话太随便了。

free·way /'friːwei/ *n.* [C] ❶高速公路 ❷免费高速干道

free·will /'friːwil/ *adj.* [无比较级]自愿的: a *freewill* choice 自由选择

freeze /friːz/ (**froze** /frəuz/, **fro·zen** /'frəuz°n/) *vi.* ❶冻结;结冰;凝固: Fresh water *freezes* at 0℃ or 32°F. 淡水在零摄氏度或华氏32度结冰。❷(因恐惧等)愣住,呆住;变呆板(或僵硬);变冷淡: The baby rabbit *froze* at the strange sound. 那只幼兔一听到异常响动便呆住了。

freez·er /'friːzə'/ *n.* [C] ❶冷冻装置;制冷器;冷藏箱;冰箱,冰柜;(冰箱的)冷冻室 ❷冷藏室;冷库;冷藏车

freez·ing /'friːziŋ/ **point** *n.* [U]冰点,凝固点: The *freezing point* of water is 32°F or 0℃. 水的结冰点是32华氏度或零摄氏度。

freight /freit/ *n.* ❶[U]货运: Nowadays, the railways earn most of their profit from *freight.* 眼下,铁路的大部分赢利来自货运。❷[U](货运的)货物: Only 40% of *freight* moves interstate by truck. 只有四成的货物用卡车在各州间运输。

French /frentʃ/ **I** *adj.* [无比较级]❶法国的,法兰西的;法国式的: Which is better, *French* or Chinese cuisine? 哪一种更好,法国风味还是中国风味?❷法语的;法语文化的: *French* grammar 法语语法 **II** *n.* ❶[U]法语(法国、瑞士、比利时、加拿大等国家的官方语言)(略作 F) ❷[the ～][总称]法国人

fre·net·ic /frə'netik/, **fre·net·i·cal** /-k°l/ *adj.* 极度兴奋的,非常激动的;发狂的,疯狂的: As the final date for consultation, the pace is becoming *frenetic.* 最后一天讨论,气氛变得激烈起来。‖ **fre'net·i·cal·ly** *adv.*

fre·quen·cy /'friːkw°nsi/ *n.* ❶[U]频繁(状态);频繁发生: Accidents are happening there with increasing *frequency.* 那儿事故愈来愈频繁。❷[C;U]频率;频度,出现率: The flashes of light came with a *frequency* of three per minute. 信号灯闪现的频度为每分钟三次。

fre·quent /ˈfriːkwənt/ *adj.* ❶频繁的，时常发生的；屡次的：Conflict was *frequent* within the family. 在这家里纷争是家常便饭。❷经常的，惯常的，常见的：He made *frequent* visits to the casino. 他老是去赌博。‖ **ˈfre·quent·ly** *adv.*

fresh /freʃ/ *adj.* ❶新的；新制的，新产的；新到的；新近的：I have *fresh* coffee made. 我刚煮了咖啡。❷新鲜的；未经腌熏（或冷藏）的；非罐装的：Plastic wraps are used to keep food *fresh* under refrigeration. 冰箱保鲜膜可以使冷藏的食品保持新鲜。❸干净的，整洁的；光润的；未曾用过的：a *fresh* apron 干净的围裙 ❹无经验的，不老练的：I'll show this *fresh* kid a few. 我要给这个乳臭未干的小子一点厉害瞧瞧。‖ **ˈfresh·ly** *adv.* —**ˈfresh·ness** *n.* [U]

fresh·man /ˈfreʃmən/ *n.* [C]（[复]**-men** /-mən/）❶大学一年级新生；中学一年级学生：*freshmen* at the Constable School 警察学校的新生 ❷新手，没有经验的人

fric·tion /ˈfrikʃən/ *n.* [U]摩擦；（表面）摩擦力：Bodies moving through a vacuum encounter no *friction*. 物体在真空中运动不会遇到阻力。

Fri·day /ˈfraidei,-di/ *n.* [C;U]星期五，周五（略作 **Fri**,**F**）

fried /fraid/ *adj.* [无比较级]（食物）油煎的；油炸的

friend /frend/ *n.* [C] 朋友，友人：He is a *friend* of my family. 他同我们是世交。‖ ***A friend in need is a friend indeed.***（谚）患难朋友才是真朋友。***make friends with*** *vt.* 与…交友，与…建立友谊：The little girl has *made friends with* the kitten. 小女孩已同猫咪建立了友谊。‖ **ˈfriend·less** *adj.*

friend·ly /ˈfrendli/ *adj.* ❶朋友（般）的；友谊的：Only one little whisper, Fred— is the old man *friendly*? 不过我要小声问一句，弗雷德——老头儿还讲交情吗？❷友善的，友好的；和睦的；表示友好的：I found her in a warm and *friendly* mood. 我发觉她态度

热忱友好。‖ **ˈfriend·li·ness** *n.* [U]

friend·ship /ˈfrendʃip/ *n.* [U;C]友谊；友好；友情；友爱：We are back at school, making new *friendships* and renewing old ones. 我们回到了学校，结识新友，重温旧谊。

fright /frait/ *n.* [U;C]恐惧，恐怖；惊吓：A *fright* went through me. 一阵恐惧掠过我的心头。

fright·en /ˈfraitən/ *vi.* ❶[常用被动语态]使惊恐，使害怕；吓唬：These manoeuvres *frightened* timid investors. 这些举措吓坏了胆小的投资者。❷吓走，吓跑（*away*, *off*）：Walk quietly so that you don't *frighten* the birds *away*. 脚步放轻点儿，别把小鸟吓跑了。

☆**frighten, alarm, scare, terrify, terrorize** 均有"惊恐，惊吓"之意。**frighten** 为最普通通用词，使用范围广泛，常指突然降临的危险或威胁使人感到害怕、恐惧，可指短暂的一阵心惊肉跳，也可指因恐惧而处于惊呆状态：The little girl was *frightened* by a snake. （那小女孩被蛇吓坏了。）**alarm** 指对突如其来的外界威胁或危险感到惶恐不安：He was quite *alarmed* last night at the cry of "help". （昨晚的那一声救命使他整晚惴惴不安。）**scare** 与 frighten 基本同义，但语气较重，强调身体方面的反应，往往含有被吓得畏缩、发抖、逃跑的意味：The stunt taxi driver *scared* the passenger half to death. （那位冒失的出租车司机把乘客吓了个半死。）**terrify** 强调恐惧心理极为强烈，往往指被吓得魂飞魄散、不知所措：The violence of the movie *terrified* the child. （电影中的暴力镜头吓坏了那个孩子。）**terrorize** 常指因威胁和恐吓引起恐惧和惊吓：Anti-government bandits have been *terrorizing* the border region. （反政府匪徒一直威胁着边界地区的安全。）

fright·en·ing /ˈfraitəniŋ/ *adj.* 令人惊恐的，骇人的：This is a *frightening* thought. 这个想法令人不寒而栗。

frig·id /ˈfridʒid/ *adj.* ❶寒冷的，酷寒的：The air on the mountaintop was *frigid*. 山

顶上的空气很寒冷。❷冷淡的,冷漠的;没有生气的;刻板的;令人沮丧的:a *frigid* reaction to the proposal 对提议作出的冷淡反应 ‖ **fri·gid·i·ty** /friˈdʒiditi/ *n.* [U]— **ˈfrig·id·ly** *adv.*

frill /fril/ *n.* [C](服装等的)褶边,饰边,荷叶边:sew a *frill* along the bottom of one's dress 在裙服下摆上缝荷叶边

fringe /frindʒ/ I *n.* ❶[C]穗,缘饰,缨子,流苏;流苏饰边 ❷[常作～s]边缘;外围;界限:They stopped on the *fringe* of the crowd. 他们驻步在人群外围。❸[C]穗状物;〈英〉(头发的)刘海:The girl wears her hair in a *fringe*. 那个女孩留着刘海。II *vt.* ❶(似)加穗于;(似)在…上加缘饰:The cloth of the tea table is *fringed* with elephants. 茶几桌周边饰有大象图案。❷是(或作为)…的边缘:The lake was *fringed* with pine trees. 湖边种着松树。

frisk /frisk/ *vi.* (动物、小孩等)蹦跳;欢跃,雀跃;嬉戏:Lambs were *frisking* about in the sun. 羊羔在阳光下追逐嬉戏。

frisk·y /ˈfriski/ *adj.* 雀跃的;欢快的,轻快的;活泼的:He may be over sixty, but he can still be very *frisky*. 他可能已 60 多岁了,但仍精力旺盛。‖ **ˈfrisk·i·ly** *adv.* — **ˈfrisk·i·ness** *n.* [U]

frog /frɔɡ/ *n.* [C]【动】蛙类动物;青蛙:the croaking of *frogs* 青蛙的呱呱叫声

from /强 frɔm, 弱 frəm/ *prep.* ❶[表示起点]从…起,始于:You should be more careful *from* now on. 从今往后你要更加小心。❷[表示距离、离开、脱离]离:Greenwich is on the River Thames, five miles *from* the middle of London. 格林尼治位于泰晤士河畔,距伦敦市中心仅 5 英里。❸[表示来源]从…来,源自,出自:There is a man *from* the bank to see you. 银行有人来看你。❹[表示去除、免除、摆脱、阻止、防止、剥夺等]:Both of them escaped *from* the peril in a whole skin. 他们俩平安脱险了。❺[表示原因、动机]因为,由于;出于:The plants died *from* want of water. 这些植物由于缺水而枯死了。

front /frʌnt/ I *n.* ❶[通常用单]前面;前部:The church has a wonderful porch at the *front*. 教堂前部有个漂亮的门廊。❷[通常用单]正面;(建筑物的)(正)面:the *front* of a postcard 明信片的正面 II *adj.* [无比较级][作定语]❶前面的;前部的:a *front* tooth 门牙 ❷正面的:The feminists are represented on the *front* cover of the book. 女权主义者上了此书的封面。

fron·tier /ˈfrʌntiə, frʌnˈtiə/ *n.* ❶[C]边界;(尤指)国界,国境线;边境,边疆;国境:close the *frontier* 关闭边境 ❷[常作～s](知识领域的)边缘;(学科的)前沿;尚未开拓(或探索)的空白领域:The Internet is often considered the last *frontier* where free speech reigns. 互联网常被看作发表自由言论的最后领域。

frost /frɔst/ *n.* [C;U]❶霜冻(天气);严寒;严寒期;冰点以下的气温:*Frost*-resistant varieties contain even more vitamin C. 能耐霜冻的品种含有更多的维生素 C。❷霜,白霜:At night the *frost* shaded the windows of the wooden houses. 夜里,霜花蒙上了木屋的窗户。

frost·bite /ˈfrɔstˌbait/ *n.* [U]冻伤;冻疮;霜害

frost·y /ˈfrɔsti/ *adj.* ❶霜冻的;严寒的:It was a fine morning, dry, clear, and *frosty*. 那天早上天气很好,干爽、清朗,露凝霜浓。❷结霜的,冰霜覆盖的;有霜的:The glass is *frosty*. 玻璃上结满了霜。❸〈喻〉冷淡的,冷漠的,冷若冰霜的:The banker's voice became *frosty*. 银行家的声音变得冷若冰霜。‖ **ˈfrost·i·ly** *adv.* — **ˈfrost·i·ness** *n.* [U]

froth /frɔθ/ I *n.* [C;U]泡,泡沫;白沫:The *froth* of the waves collected on the beach. 浪花泛起的白沫覆涌在海滩上。II *vi.* 起泡沫;吐白沫(*up*):The dog *frothed*, ran insanely, and died. 那条狗口吐白沫,疯跑一阵后就死了。‖ **ˈfroth·i·ly** *adv.*

frown /fraun/ *vi.* ❶皱眉,蹙额:He sat at his desk, *frowning* as he so often did. 他坐在办公室前,像往常那样蹙眉蹙额。❷表示不悦(或恼怒、不赞成):He *frowned* at my retort. 他见我顶嘴，脸显愠色。

froze /frəuz/ *v.* freeze 的过去式

fro·zen /'frəuz³n/ **I** *v.* freeze 的过去分词 **II** *adj.* ❶结冰的，冰冻的；冻住的：The pond is *frozen*. Let's go skating. 池塘结冰了，咱们去溜冰吧。❷严寒的，极冷的：It's a beautiful day— *frozen* and icy and clear. 天气很好，冰天冻地，晴朗晶莹。❸[作定语]冷冻的，冷藏的：*frozen* vegetables 冷冻的蔬菜

fru·gal /'fru:g³l/ *adj.* ❶节约的，节省的；生活俭朴的，省吃俭用的：He was *frugal* with himself. 他自己花钱很节俭。❷廉价的，花钱少的；简陋的；少量的：a *frugal* diet 粗茶淡饭 ‖ 'fru·gal·ly *adv.* —fru·gal·i·ty /fru:'gæliti/ *n.* [U]

fruit /fru:t/ *n.* ❶[C;U]【植】果实：We ate some wild *fruit* we didn't know and our stomachs ran. 我们吃了一些不知名的野果后就拉肚子了。❷[C;U]([复]fruit(s)) 水果，果品；一盘(或一份)水果：Is a tomato a *fruit* or a vegetable? 番茄是水果还是蔬菜？

fruit·ful /'fru:tf³l/ *adj.* ❶富有成效的；成功的；有收益的；有利的：The years spent there were *fruitful* in friendship. 在那里度过的几年里结交了不少朋友。❷多产的：He is *fruitful* of wits. 他才智横溢。‖ 'fruit·ful·ly *adv.* —'fruit·ful·ness *n.* [U]

fruit·less /'fru:tlis/ *adj.* [无比较级] ❶不结果实的：a *fruitless* tree 不结果实的树 ❷无结果的；没有效果的；徒劳的；不成功的；无收益的：I don't think the African visit will be *fruitless*. 我认为非洲之行并非徒劳无益。‖ 'fruit·less·ly *adv.* —'fruit·less·ness *n.* [U]

frus·trate /frʌ'streit, 'frʌstreit/ *vt.* ❶使(努力等)无用(或无效)；使(计划、希望等)落空，使泡汤：The student's indifference *frustrated* the teacher's efforts to help him. 这个学生无动于衷，老师对他的帮助都白费了。❷挫败，击败；妨碍…的成功；使受挫折：*frustrate* an opponent 挫败对手 ❸使失望，使沮丧，使失意：The lack of money and facilities depressed and *frustrated* him. 他

因缺乏资金和设备而十分沮丧，一筹莫展。‖ **frus·tra·tion** /frʌs'treiʃən/ *n.* [U;C]

fry /frai/ *vt.* 油煎；油炸；油炒：Shall I *fry* the fish for dinner? 晚饭我煎这条鱼好吗？

fu·el /fjuəl/ *n.* ❶[C;U]燃料；燃烧剂；能源：The usual boiler has a furnace in which *fuel* is burned. 一般的锅炉都有一个烧煤的炉腔。❷[U](为身体提供能量的)食物，养料，营养物质：Animals take food to obtain *fuel* or energy to carry on all their life activities. 动物进食以获取养料或能量，从而继续其全部的生命活动。

fu·gi·tive /'fju:dʒitiv/ *n.* [C] ❶逃亡者，亡命者；逃犯：a jail *fugitive* 越狱犯 ❷被放逐者，被流放者；流亡国外的人；离开祖国的人；难民：*fugitives* from an invaded country 从被入侵国逃出来的难民

ful·fil(l) /ful'fil/ *vt.* (-filled;-fill·ing) ❶履行；实现：It was not very long before his prediction was *fulfilled*. 没过多久他的预言果然应验了。❷执行，实行；遵守：The country now *fulfills* a most important role in international affairs. 现在该国在国际事务中扮演着举足轻重的角色。❸满足，使满意：What her spirit had so long projected was *fulfilled*. 她心中长久设想的事，如今如愿以偿了。‖ ful'fil(l)·ment *n.* [U]

full /ful/ *adj.* ❶[无比较级]满的，充满的；装满的，挤满的：Do not talk with your mouth *full*. 嘴里塞满东西时别说话。❷[无比较级]〈口〉饱的；吃撑的，吃胀的；喝醉的：You ought not to go swimming on a *full* stomach. 你不该吃饱了肚子再去游泳。❸[无比较级]完整的；完全的；全部的；彻底的；绝对的；完美的：a *full* collapse 彻底崩溃 ‖ **full of** *prep.* 有许多…的；充满…的：a young man *full of* vigour 富有朝气的小伙子

full-scale /'ful,skeil/ *adj.* [无比较级][作定语] ❶(图画、模型等)与实体同样大小的，实比的：a *full-scale* blueprint of a machine 一份实比的机器图纸 ❷完全的；完整的；全面的：The police have started a *full-scale* murder investigation. 警察已经

对谋杀案展开了全面侦查。

full-time /ˈfulˌtaim/［无比较级］**I** *adj.* 规定的工作(或学习等)时间的,全部时间的;专职的;全日制的;占据(或使用)全部时间的:He has five *full-time* workers and four summer part-timers. 他有 5 个专职工人和 4 个夏季零工。**II** *adv.* 在全部规定时间内地;专职地;全日制地 ‖ **'full-,tim·er** *n* ［C］

ful·ly /ˈfuli/ *adv.* ❶完全地,全部地;彻底地:He dived into the water *fully* clothed. 他没脱衣就跳进水中。❷充足地,足够地;充分地:The novel *fully* expresses his anger toward the racial discrimination. 小说充分表明了他对种族歧视的愤慨。

fum·ble /ˈfʌmbəl/ *vi.* ❶瞎摸,乱摸;摸索:Paul *fumbled* repeatedly as he tried to find a place to pin the microphone. 保罗手忙脚乱地摸来摸去,想找个地方固定话筒。❷笨拙地行事(或行进):*fumble* around in the dark 在黑暗中到处瞎摸 ‖ **'fum·bler** *n.* ［C］—**'fum·bling·ly** *adv.*

fume /fjuːm/ *vi.* ❶冒烟(或气、汽);(烟、气、汽等)冒出,散发:Staggering off, he *fumed* with brandy. 他步履蹒跚地走了,身上散发出白兰地酒味。❷发怒,发火(at, over, a-bout):I *fumed* at my own inability. 我深为自己的无能恼火。

fun /fʌn/ *n.* ［U］❶有趣的人(或事物);逗人乐(或令人兴奋)的言行:Clowns are *fun.* 丑角儿真逗。❷乐趣;娱乐;快乐:Let the boys have a little *fun.* 让年轻人开开心去吧。‖ **make fun of** ［**poke fun at**］ *vt.* 〈口〉〈常贬〉开…的玩笑;取笑(或嘲笑):They *made fun of* her because she wore such strange clothes. 他们取笑她穿着如此怪异的衣服。

func·tion /ˈfʌŋkʃən/ **I** *n.* ❶［C］功能;用途;作用;目的:The machine's *function* is sharply limited. 这台机器的功能非常有限。❷［C］(尤指盛大的)聚会,宴会;典礼:He is a regular at White House *functions.* 他是白宫宴会的常客。**II** *vi.* ❶运转,运作,工作;活动:The company *functioned* better than before. 公司运转得比以前好多了。❷起作用;行使职权(as);They liked him because he was *functioning.* 他们喜爱他,因为他还管用。‖ **func·tion·al** *adj.*

fund /fʌnd/ *n.* ❶［C］专款;基金:Ms Cornell started managing a *fund* for institutional investors three years ago. 康奈尔女士三年前开始为公益投资人管理专项基金。❷［C］基金管理机构;基金会:the International Monetary *Fund* 国际货币基金组织 ❸［C］资金;财源;［~s］金钱;现款:Obviously, you can't move a *fund* of this size out of a market that quickly. 很显然,你无法将这么大一笔现款很快地调出市场。

fun·da·men·tal /ˌfʌndəˈmentəl/ *adj.* ❶根本的,基本的;基础的:His novels explore the *fundamental* conflicts of his age. 他的小说揭示了他那个时代的根本矛盾。❷极其重要的;主要的,首要的:Are there more *fundamental* objections? 还有重大的反对意见吗?

fu·ner·al /ˈfjuːnərəl/ *n.* ［C］葬礼,丧礼;出殡:a state *funeral* 国葬

fun·nel /ˈfʌnəl/ *n.* ［C］❶漏斗 ❷漏斗状物:a long *funnel* of people 一长队排成扇形的人群 ❸(火车、轮船等的)烟囱;烟道,焰道

fun·ny /ˈfʌni/ *adj.* 滑稽的,有趣的;逗人发笑的:He's an extremely *funny* person. 他这人非常滑稽。‖ **'fun·ni·ly** *adv.* —**'fun·ni·ness** *n.* ［U］

fur /fɜːr/ *n.* ❶［U］(猫、海豹、鼬等的)柔毛,软毛 ❷［U;C］(动物的)毛皮:boots lined with *fur* 毛皮衬里的短统靴 ‖ **furred** *adj.*

fu·ri·ous /ˈfjuəriəs/ *adj.* ❶狂怒的,暴怒的:The *furious* man pressed on. 那个怒火中烧的男子步步进逼。❷狂暴的:a *furious* storm 狂风暴雨 ❸强烈的;猛烈的;激烈的;紧张的:a *furious* argument 唇枪舌剑

fur·nace /ˈfɜːnis/ *n.* ［C］熔炉;火炉;(建筑物内的)暖气炉:Our home *furnace* is a gas *furnace.* 我们家用的暖气炉是一只煤气炉。

fur·nish /ˈfɜːniʃ/ *vt.* ❶为(房间等)配备家具;在(房屋等)里安装设备:Adequate lighting must be *furnished* in the computer room. 必须为计算机房配备足够的照明系统。❷提供；供给；供应（*with*）：His speech does not *furnish* us *with* sufficient warrant. 他的演说并没有带给我们足够的信心。

☆ **furnish**，**appoint**，**arm**，**equip**，**outfit** 均有"配备，装备"之意。**furnish** 强调提供基本但必需的物品，尤指房间的装饰和家具的配备等：It's costing us a fortune to *furnish* our new office building. （买家具布置我们的新办公大楼要花掉一笔钱。）**appoint** 为书面语，指用全套优美、精制的设备或家具装饰、布置，常用被动语态：an office *appointed* with all the latest devices （一间配备着最新设备的办公室）**arm** 强调为有效采取行动而配备或装备，尤用于战争中的进攻或防卫方面：Enemies are *armed* from top to toe. （敌人全副武装。）**equip** 常指给人员、设施或地方等提供与技术有关的装备或设备等，以提高其效率或效用：They can't afford to better *equip* the navy. （他们无力使海军得到适当的装备。）该词用于体力或智力方面时，表示使某人具备某种资格或有所准备：The training will *equip* you for your future job. （你所受的培训将使你能适应今后的工作。）**outfit** 不及 equip 正式，但使用范围基本相同，指为旅行、远征、探险或某一特定活动配备物品，用于人时多指提供服装帽子：It took three days to *outfit* me for my journey to the mountains. （我花了三天时间为我的山区旅行做准备。）

fur·nish·ings /ˈfəːniʃiŋz/ ［复］*n.* ❶（房屋里的）装饰；家具；（包括地毯、窗帘等的）室内陈设：modern *furnishings* 时新的家具 ❷服饰

fur·ni·ture /ˈfəːnitʃə/ *n.* ［U］家具：They only got married recently and they haven't got much *furniture*. 他们结婚不久，家里没有什么家具。

fur·row /ˈfʌrəu/ *n.* ［C］❶犁沟；垄沟：make *furrows* for sowing 耕地播种 ❷沟；车辙：deep *furrows* in the muddy road 泥泞路上的深深车辙❸褶皱；皱纹：*Furrows* of worry lined their faces. 他的脸上因忧愁而布满了皱纹。

fur·ther /ˈfəːðə/ I ［far 的比较级］*adv.* ❶（时间、空间上）更远地，更遥远地：Sometimes I wish he had stood back *further*. 有时候我希望他站得再远一些。❷在更大程度上，进一步地；在更大范围内：Nothing is *further* from my intention. 我才不会有这个意思呢。❸而且，此外；更：This is fine as far as it goes，but we need to go *further*. 事态进展得很好，不过我们仍需努力。II ［far 的比较级］*adj.* ❶（时间、空间上）更远的，较远的：The village was *further* than I remembered. 那个村庄比我所记得的要远些。❷更多的；另外的；进一步的：I have nothing *further* to say on the subject. 在这个问题上，我没有别的意见了。‖ **'fur·ther·ance** /ˈfəːðərəns/ *n.* ［U］

fur·ther·more /ˌfəːðəˈmɔː/ *adv.* ［无比较级］此外，另外；而且：*Furthermore*，she has successfully depicted the atmosphere of Edwardian India. 此外，她出色地描绘了爱德华时期的印度风情。

fu·ry /ˈfjuəri/ *n.* ❶［U；C］狂怒，暴怒：Wilde was full of *fury*. 威尔德怒不可遏。❷［U］狂暴；激烈；猛烈；强烈；剧烈：He chose rather to encounter the utmost *fury* of the elements abroad. 他宁愿到外面去承受各种恶劣条件的磨炼。

fuse¹ /fjuːz/ *n.* ［C］❶导火索，导火线：He lit the *fuse* and waited for the explosion. 他点燃导火线后，在一旁等着爆炸。❷引信，信管：a time *fuse* 定时引信 ‖ **'fuse·less** *adj.*

fuse² /fjuːz/ I *n.* ［C］保险丝，熔线：This plug uses a 5 amp *fuse*. 这个插座要用一根 5 培的保险丝。II *vt.* ❶使熔化：*fuse* metals 熔融金属 ❷使熔合，使熔接：The intense heat *fused* the rocks together. 高温将一块块岩石熔合在一起。❸融合：Sadness and joy are *fused* in her poetry. 她的诗歌交织着悲和喜。‖ **fu·sion** *n.*

fuss /fʌs/ *n.* ❶［C；U］大惊小怪；小题大做：You had been making a lot of unnecessary *fuss* over the subject of Pentecost. 你在圣灵降临节方面小题大做了。❷［C］争论，争

吵：They had a *fuss* about who should wash dishes. 他们争论该谁洗碗。

fu·tile /ˈfjuːtail/ *adj.* ❶无用的，无效的，徒劳的，无益的：It is *futile* to continue the investigation. 再继续调查就是白费心机。❷(话语等)不重要的；空洞的，无意义的：Don't be so *futile*! 别犯傻了！‖ **ˈfu·tile·ly** *adv.* —**fu·til·i·ty** /fjuːˈtiliti/ *n.* [U]

☆**futile, abortive, fruitless, useless, vain** 均有"无用的，无益的"之意。**futile** 指因客观情况或本身固有的无能、缺点而完全失败，不能达到预期的目的或获得良好的结果：It is *futile* trying to reason with him. (与他论理是没有用的。) **abortive** 指计划或事情在酝酿或进行中遭到挫折而中途夭折，未能成功：an *abortive* coup (一次未遂的政变) **fruitless** 常可与 vain 换用，指虽然作出长期不懈的努力，但是仍然失败或结果令人失望：So far the search for the missing plane has been *fruitless*. (搜寻失踪飞机的工作到目前为止毫无结果。) **useless** 为普通用词，词义和使用范围都很广泛，表示事实证明对实践或理论均无用处：It is *useless* to argue with a man like him. (跟他这样的人争论是白费口舌。) **vain** 只是简单地表示失败、没有达到预期的目的，但并不强调固有的无能或缺点：a *vain* attempt to persuade sb. to give up smoking (想让他戒烟的徒劳尝试)

fu·ture /ˈfjuːtʃər/ *n.* ❶[常作 the ～][用单]未来，将来：When had people developed a sense of past and *future*? 人们何时开始区别过去和未来？❷[常作 the ～][用单]将来(或未来)的事；即将发生的事：She also has remarkable foresight about the near *future*. 她对不久的将来会发生的事同样有着惊人的预见性。❸[C]前程，前途；前景：Her hopes placed in the *future* of her 5-year-old son. 她的希望都寄托在五岁儿子的前程上。❹[the ～]【语】(动词的)将来式；将来时

fuzz /fʌz/ *n.* [U]绒毛，茸毛，细毛；绒毛状柔软的东西：the *fuzz* on a peach 桃子上的绒毛

G g

gab·ble /ˈɡæbəl/ *vi.* 急促不清地说话,叽里咕噜地说话;急速地念:What on earth are you *gabbling* about? 你究竟在说些什么呀?

gain /ɡein/ I *v.* ❶(使)获得,(使)得到;(使)赢得;(使)博得:*gain* possession of land 获得土地的所有权 ❷增加;(使)增长;提高:The campaign seems to be *gaining* momentum. 看来竞选活动的势头越来越强劲。❸挣(钱);赚取(利润):You didn't stand to *gain* much by the deal. 你做这笔生意不会赚多少钱。❹赢得…的支持;说服;拉拢(*over*):She *gained* her husband as an ally. 她说服丈夫站在她一边。II *n.* ❶[U]利益,好处:Greed is love of *gain*. 贪婪即贪财。❷[C]增加,增添,增长:She has recently shown a *gain* in weight. 她最近体重有所增加。❸[~s]报酬;薪金;收益;利润:We'll see *gains* of 20 per cent this year. 今年我们有望获得20%的收益。

ga·la /ˈɡɑːlə, ˈɡei-, ˈɡæ-/ *n.* [C]节日;欢庆的日子;庆典:days of *gala* 节庆的日子

ga·lac·tic /ɡəˈlæktik/ *adj.* [无比较级][通常作定语]【天】星系的;[常作 G-]银河(系)的

gal·ax·y /ˈɡæləksi/ *n.* ❶[C]【天】星系:the existence of *galaxies* beyond the Milky Way 银河外星系的存在[亦作 **island universe**] ❷[常作 the G-]【天】银河(系)(= Milky Way)

gale /ɡeil/ *n.* [C]【气】大风(7级至10级的风,尤指8级风,风力可达50~90千米/小时):a Force Ten *gale* 10级大风

gal·lant /ˈɡælənt/ *adj.* ❶(情操或行为)高尚的,仗义的,侠义的:a *gallant* knight 侠义的骑士 ❷勇敢的,英勇的;无畏的:*gallant* peoples 勇敢的民族 ❸/ˈɡælənt, ɡəˈlænt/(为博取女子欢心而)大献殷勤的,献媚讨好的:be *gallant* to ladies 对女子殷勤献媚 ‖ **ˈgal·lant·ly** *adv.*

gal·ler·y /ˈɡæləri/ *n.* ❶[C](教堂、剧院或大厅的)边座;楼座;廊台:the public *gallery* at parliament 议会大厅的公用边座 ❷[C](剧院中票价最低的)顶楼;顶层楼座;[总称]顶层楼座观众:We could only afford *gallery* seats. 我们只买得起顶楼的坐票。❸[C](展示艺术作品的)展览馆,陈列室;美术馆;(供展出和销售艺术作品的)字画店,画廊;艺术品专卖店

gal·lon /ˈɡælən/ *n.* [C]加仑(液体计量单位,美制合3.785升,英制合4.546升,略belonged **gal.**):milk in *gallon* containers 加仑装的牛奶

gal·lop /ˈɡæləp/ *v.* ❶策马疾驰,骑马飞奔:They *galloped* after the hounds. 他们紧跟着猎狗策马飞驰。❷(马等)飞奔,疾驰(*off*):The wild horse *galloped off*. 那匹野马飞奔而去。

gam·ble /ˈɡæmbəl/ I *v.* ❶打赌;赌博(*away, at, on*):You should not *gamble* heavily *on* this horse. 你不该在这匹马身上下大笔赌注。❷投机;冒险(*on, in, with*):Don't *gamble with* safety. 可别玩命。II *n.* [C]❶冒险(行动);说不准的事;投机:Pigs are a *gamble* this year. 今年养猪盈利与否还说不准。❷赌博,赌博交易 ‖ **ˈgam·bler** *n.* [C]

game /ɡeim/ *n.* ❶[C]娱乐活动,游戏;消遣:She regarded her watching TV as a *game* to while away tedious hours. 她把看电视作为打发无聊时光的一种消遣。❷[C](具有一定规则的)比赛(项目),运动(项目):an athletic *game* 体育竞赛 ❸[C](比赛中的)一局,一场,一盘:throw a *game* 故意输掉一场比赛

gang /gæŋ/ *n.* [C] 一群,一帮:a gang of sightseers 一群观光客

gang·ster /'gæŋstəʳ/ *n.* [C](犯罪团伙中的)匪徒,流氓:a *gangster* film 警匪片

gaol /dʒeil/ *n.* & *vt.* 〈英〉=jail ‖ '**gaol·er** *n.* [C]

gap /gæp/ *n.* [C] ❶裂缝,缺口,豁口;(防线的)突破口:a *gap* between two teeth 牙缝 ❷(图表、文件等的)空白处;(学科等的)空白,盲区;缺口;脱节(或遗漏)处:The invention fills a major *gap*. 这项发明填补了一个重大的空白。❸差距;差异:a sex *gap* 性别差异 ❹(意见上的)分歧;(性格)差异;隔阂:There is a large *gap* between our religious beliefs. 我们俩的宗教信仰有很大分歧。

gape /geip/ *vi.* ❶好奇地凝视;茫然地瞠视;目瞪口呆地看(at):*gape* round-eyed at the distressing scene 睁大双眼望着那悲惨的情景 ❷张口,开口;绽裂:His shirt *gapes* to reveal his chest. 他衬衫敞开,袒露着胸膛。‖ '**gap·ing** *adj.*

gar·age /'gærɑːʒ, -ridʒ; gə'rɑːʒ/ *n.* [C] ❶(汽)车库,停车场;(停)车房,汽车间 ❷汽车修理(或修配)厂;汽车行;(兼营汽车维修和销售的)加油站

gar·bage /'gɑːbidʒ/ *n.* [U] ❶废料;污物;(厨房、餐馆等的)食物残渣;泔水;(生活)垃圾:*Garbage* is usually fed to pigs. 泔水常常用来喂猪。❷文化垃圾;没价值的东西:literary *garbage* 文学垃圾

garbage can *n.* [C]垃圾桶,垃圾箱

gar·ble /'gɑːbʳl/ *vt.* ❶(出于无意或疏忽)混淆(事实等);使(电文、语句等)混乱:The new radio operator *garbled* the message completely. 新来的无线电报务员把电文完全给搞乱了。❷窜改,歪曲;对…断章取义:Both sides have been apt to *garble* the question. 双方都热衷于曲解这个问题。

gar·den /'gɑːdʳn/ *n.* ❶[C]〈主英〉(住宅周围的)园(地),圃,庭园;(尤指)菜园;花园;果园:have tea in the back *garden* 在后花园品茶 ❷[常作~s]公园;(树木、花草、水果、动物等的)观赏园;公共娱乐场所:coral *gardens* 珊瑚园 ‖ '**gar·den·er** *n.* [C]

gar·lic /'gɑːlik/ *n.* [U] ❶【植】蒜,大蒜 ❷蒜头;蒜瓣:a clove of *garlic* 一瓣蒜 ‖ '**garlick·y** /-liki/ *adj.*

gar·ment /'gɑːmʳnt/ *n.* [C]〈书〉〈谑〉(一件)服装,衣服:Press the *garment* in place. 把衣服压平掀好。

gas /gæs/ *n.* ([复]**gas·(s)es**) ❶[U;C]气,气体:the interstellar *gas* 星际气体❷[U;C](煤气、天然气等)可燃气体;气体燃料:artificial *gas* 人造燃气/natu-ral *gas* 天然气

gash /gæʃ/ *n.* [C]深长的切口(或伤口);切痕,砍痕

gas·o·line, gas·o·lene /'gæsʳ͵liːn/ *n.* [U] 汽油:pour *gasoline* on the fire 火上浇油〔亦作 petrol〕

gasp /gɑːsp;gæsp/ *vi.* ❶(因气急、惊讶、恐惧等而)大口喘息;猛吸气:He *gasped* out when he read the letter. 他读这封信时几乎背过气去。❷(困难地张嘴)吸气,喘气(for):She turned pale and *gasped for* breath. 她顿时变得脸色苍白,气喘吁吁。

gate /geit/ *n.* [C] ❶(建筑物、围墙等的)门;栅栏门,篱笆门;城门:A locked *gate* blocks his way out. 紧锁的大门挡住了他的去路。❷(机场的)登机口;(火车、轮船等的)站台(门):Your flight leaves from *Gate* 8 at 7:15 exactly. 你们的航班于7点15分准时从8号登机口起飞。

gate·way /'geit͵wei/ *n.* [C] ❶门洞,门口,出入口;通道:an arched *gateway* 一座拱形门 ❷门框,门拱;门楼

gath·er /'gæðəʳ/ *v.* ❶聚集,聚拢;召集,集合:The boy *gathered* his toys round him selfishly. 这个男孩把玩具拢在身旁不让人碰。❷收集,搜集;聚敛(up):*gather* evidence 搜集证据 ❸收获,采集,收割(花、水

果,庄稼等):The harvest had been *gathered in.* 庄稼已经收起来了。‖ **'gath·er·er** *n.* [C]

gath·er·ing /'gæðəriŋ/ *n.* [C]聚集,集合;聚会,集会;聚在一起的人群:a *gathering* of friends 朋友的聚会

gaud·y /'gɔːdi/ *adj.* 〈贬〉花哨的,俗艳的,没有品位的:*gaudy* make-up 俗艳的化妆 ‖ **'gaud·i·ly** *adv.* —**'gaud·i·ness** *n.* [U]

gauge /geidʒ/ *vt.* ❶(精确)测量;测定…的容量(或体积等):He tried to *gauge* the tanker. 他试图测出油轮的容积。❷估计,估测;判断:Can you *gauge* what her reaction is likely to be? 你能判断她可能会有什么反应么?

gave /geiv/ *v.* give 的过去式

gay /gei/ *adj.* [无比较级]❶愉快的,快活的;无忧无虑的;轻快的;令人高兴的;热闹的:The fields are *gay* with flower. 田间鲜花怒放。❷(色彩)鲜艳的,亮丽的;花哨的:Her dress was *gay* and flowered. 她的衣服色彩艳丽,花团锦簇。

gaze /geiz/ *vi.* 专注地看,盯着看,凝视,注视(*at*,*into*):They stood *gazing at* each other for some time. 他们站在那儿面面相觑了一会儿。‖ **'ga·zer** *n.* [C]

☆**gaze**,**gape**,**glare**,**peer**,**stare** 均有"凝视"之意。**gaze** 指因好奇、羡慕或着迷而长时间目不转睛地看,含有被吸引住的意思:His eyes *gaze* out beyond the orchard and the cornfields, the river and the town, to the ocean. (他放眼望去,望过果园和玉米地,望过河流和城镇,直至望到大海。)**gape** 表示张大嘴巴瞪眼呆看,常带有天真或无知的神色:*gape* round-eyed *at* the distressing scene (睁大双眼望着那悲惨的情景)**glare** 指用愤怒的目光瞪视,强调敌意或恐惧:He *glared* fiercely as he spoke. (他一边说,一边怒目而视。)**peer** 表示眯缝着眼睛、伸长脖子看,暗含好奇之意:She *peered* through the mist, trying to find the right path. (她透过雾眯着眼睛看,想找出正确的路。)**stare** 表示睁大眼睛看,常含不礼貌之意,强调惊愕、羡慕、好奇或恐惧:Children should be

taught not to *stare* at disabled people. (该教导孩子们不要盯着残疾人看。)

gear /giə^r/ **I** *n.* [常作~s]【机】齿轮;齿轮组;传动装置:in [out] of *gear* (齿轮)啮合(不啮合) **II** *vt.* [常用被动语态]调整,使适应,调适(*to*):*gear* language teaching *to* the requirements of the ever-changing society 使语言教学适应不断变化的社会需要

geese /giːs/ *n.* goose 的复数

gel /dʒel/ *n.* [C;U]❶【化】凝胶(体),冻胶;胶带体 ❷发胶:There are a number of *gels* on the market. 市面上有好几种发胶。

gem /dʒem/ *n.* [C]❶(尤指经切割打磨用作首饰的)宝石:a bracelet studded with *gems* 一只嵌有宝石的手镯 ❷珍品,精品,精华;宝物,宝贝:The jokes he tells are absolute *gems.* 他讲的笑话妙极了。

gene /dʒiːn/ *n.* [C]【生】基因

ge·ne·al·o·gy /ˌdʒiːni'ælədʒi/ *n.* ❶[C]系谱,家谱;宗谱 ❷[U]系谱学,家谱学 ‖ **ge·ne'al·o·gist** *n.* [C]—**ge·ne·a·log·ic** /-ə'lɔdʒik/ *adj.* —**ge·ne·a'log·i·cal** *adj.*

gen·er·a /'dʒenərə/ *n.* genus 的复数

gen·er·al /'dʒen^ər^əl/ *adj.* ❶[作定语]普遍的,广泛的;大众的:in *general* use 应用十分普遍 ❷全体的,总体的,整体的;(大)多数的:They married among *general* rejoicing. 他们就在皆大欢喜的气氛中结了婚。❸[作定语]通常的,惯常的;常规的:They have a *general* policy against that. 他们通常的做法是不允许那样做的。❹[用于职务或机构名称](职务)总的;首席的,最高官衔的:a *general* manager 总经理

gen·er·al·i·za·tion /ˌdʒen^ər^əlai'zeiʃ^ən; -li'z-/ *n.* ❶[C;U]概括,归纳,总结;普遍化:What we seek is valid *generalization* from an accumulation of examples. 我们需要的是从大量的例子中作出有价值的归纳。❷[C]普遍性概念,通则;概说,概论:It is a *generalization* that the penguin originates in the Antarctic. 众所周知企鹅产于南极。

gen·er·al·ize /'dʒen^ər^əlaiz/ *vt.* ❶归纳出,总结出;推断出,得出(一般性的结论):It was from his answers that we *generalized* the history of his childhood. 我们是从他的回答中推断出他的童年往事的。❷推广,普及:generalize a law 普及一部法律

gen·er·al·ly /ˈdʒenərəlˈrˈli/ *adv.* [无比较级] ❶通常地,一般地;在大多数情况下:Well, you *generally* know best. 好吧,你总归是知道得顶多的。❷总体地,在众多方面:He *generally* did better than I. 他在许多方面做得比我好。

gen·er·ate /ˈdʒenərˈreit/ *vt.* ❶引发,导致,招致;使发生:The new system has *generated* some problems. 新的体制造成了一些问题。❷产生(电力、光、热等):*generate* power 发电 ❸萌生出,产生出(思想、感情等):*generate* a feeling of absolute isolation and loneliness 给人一种与世隔绝、孤立无援的感觉

gen·er·a·tion /ˌdʒenərˈreiʃn/ *n.* ❶[C](年龄相仿的)一代人,同代人:the rebellious stance of the young *generation* 年青一代的反叛姿态 ❷[C](家庭中的)代,辈:pass from *generation* to *generation* 代代相传 ❸[C](大约20至30年的)代,一代:within a *generation* 二三十年之内 ❹[U]生成,产生;(尤指)发电:the *generation* of heat by friction 摩擦生热 ‖ ˌgen·er·aˈtion·al *adj.*

gen·er·a·tor /ˈdʒenəˌreitəʳ/ *n.* [C]发电机

gen·e·ros·i·ty /ˌdʒenəˈrɔsiti/ *n.* [U]慷慨,大方

gen·er·ous /ˈdʒenərəs/ *adj.* ❶慷慨的,大方的;出手阔绰的:You've been most *generous* with your time. 你对自己的时间太不珍惜。❷宽大的,宽厚的,宽宏大量的;豪爽的,高尚的,高洁的:I am much pleased with your *generous* feeling. 你宽大为怀,我感到很高兴。❸丰富的,丰厚的;大量的,充足的 a *generous* stipend 优厚的津贴 ‖ ˈgen·er·ous·ly *adv.*

ge·net·ic /dʒiˈnetik/ *adj.* [无比较级]【生】基因的;由基因引起的;遗传(学)的:*genetic* diseases 遗传性疾病 ‖ geˈnet·i·cal·ly /-kˈli/ *adv.* —geˈnet·i·cist *n.* [C]

ge·net·ics /dʒiˈnetiks/ [复] *n.* [用作单]遗传学

ge·ni·us /ˈdʒiːniəs,-njəs/ *n.* ([复]-ni·us·es 或-ni·i /-niˌai/) ❶[C;U]([复]ge·niuses)天才,天分,天资,禀赋;(尤指)创造才能:He railed at the world for its neglect of his *genius*. 他抱怨世人不能赏识他的才华。❷[C]([复]geniuses)天才(人物);禀赋高的人;有特殊才干的人:He was a *genius* with flowers. 他养花特有一手。

☆**genius, gift, talent** 均有"非凡的(或特殊的)能力"之意。**genius** 语气最强,指与生俱来的、异乎寻常的独创能力和非凡才智,也可指天才人物,含令人钦佩的意味:Einstein was a *genius*. (爱因斯坦是个天才。) **gift** 指某一特定的天赋、天资或技能,但与独创性无关:She has a real *gift* arranging flowers. (她的确有插花方面的天赋。) **talent** 指从事某一特定工作或活动的独特的、非凡的才能,这种才能往往先天就有,但强调有意培养和施展这种才能:When she was young, she showed a *talent* for music. (她从小就表现出音乐的天赋。)

gen·tle /ˈdʒentˈl/ *adj.* ❶(尤指脾气、性情)温柔的,温和的;和蔼的,亲切的:I had never before met so *gentle* a person. 我从没见过这么温柔的人。❷柔声细语的;(动作、语气等)轻柔的,和缓的;不剧烈的:She had very *gentle* blue eyes. 她的蓝眼睛含情脉脉。‖ ˈgen·tle·ness *n.* [U]—ˈgen·tle·ly *adv.*

gen·tle·man /ˈdʒentˈlmən/ *n.* [C]([复]-men /-mˈn/) ❶绅士;有身份的人:He did not feel a *gentleman*. 他觉得自己缺少大家风范。❷男子;[用作敬语]先生:"Well," I said, "who is the *gentleman* with red hair?" "哎,"我说道,"那个红头发的先生是谁呢?"❸[gentlemen][用作称呼语]先生们,诸位先生:Time, *gentlemen*, please! 先生们请注意,时间到了! ‖ ˈgen·tle·man·ly *adj.*

gen·u·ine /ˈdʒenjuin/ *adj.* [无比较级] ❶名副其实的,货真价实的;非人造的;非假冒的:a *genuine* signature 亲笔签名 ❷真实的,非假装的;真诚的,真心的:His confession had been *genuine*. 他如实招供了。‖ ˈgen·u·ine·ly *adv.* —ˈgen·u·ine·ness *n.* [U]

☆**genuine, actual, authentic, real, true** 均有"真的,真实的"之意。**genuine** 为最普通用词,使用范围广泛,表示某一事物是真的而不是冒牌的,也可表示真诚、不做作:We all feel *genuine* concern for their plight.（我们都真诚地关心他们的处境。）**actual** 指事物的实际存在并非出自主观臆造:It's an *actual* fact;I haven't invented or imagined it.（这是事实,不是我捏造或者想象出来的。）**authentic** 常可与 genuine 替换使用,强调经过正式鉴定,证明不是假的:The geologists declared the fragment to be an *authentic* specimen of rare fossil.（地质学家宣称这种碎片确实为一种稀有化石的标本。）**real** 与 actual 基本同义,有时可相互替换,但强调存在的具体的人或事物:an *actual* [*real*] event in history（历史上的一件真人真事）该词还可表示真的,与 genuine 同义,但强调表面印象:*real* [*genuine*] pearls（真正的珍珠）**true** 表示真实的或名副其实的,在很多情况下可与 real 和 genuine 替换使用:*True* love should last for ever.（真爱永存。）

ge·og·ra·phy /dʒiˈɒgrəfi/ *n.* [U] ❶地理学 ❷(一地区的)地表特征,地貌;地形,地势 ‖ **geˈog·ra·pher** *n.* [C]—**ge·o·graph·ic** /ˌdʒiːəˈgræfik/, **ˌge·oˈgraph·i·cal** *adj.* —**ˌge·oˈgraph·i·cal·ly** *adv.*

ge·ol·o·gy /dʒiˈɒlədʒi/ *n.* [U]地质学 ‖ **ge·o·log·ic** /ˌdʒiːəˈlɒdʒik/, **ˌge·oˈlog·i·cal** *adj.* —**ˌge·oˈlog·i·cal·ly** *adv.* —**geˈol·o·gist** *n.* [C]

ge·om·e·try /dʒiˈɒmitri/ *n.* ❶[U]几何;几何学 ❷[C]几何图形,几何图案 ‖ **ge·o·met·ric** /ˌdʒiːəˈmetrik/, **ˌge·oˈmet·ri·cal** *adj.* —**ˌge·oˈmet·ri·cal·ly** *adj.*

germ /dʒəːm/ *n.* [C] 微生物;(尤指致病的)病菌,细菌:spread *germs* 传播细菌

Ger·man /ˈdʒəːmən/ **I** *adj.* [无比较级] ❶德国的;德国人的,德国公民的 ❷德语的 **II** *n.* ❶[C]德国人,德国公民;德裔 ❷[U]德语

ger·mi·nate /ˈdʒəːmineit/ *v.* ❶【植】发芽,抽芽;开始生长:The grain once ground into flour *germinates* no more. 谷物一旦磨成粉

就不会发芽了。❷萌芽;形成;开始发展:Some inventions *germinate* out of the experiences of daily life. 有些发明源于日常经验。‖ **ger·mi·na·tion** /ˌdʒəːmiˈneiʃ°n/ *n.* [U]

ges·ture /ˈdʒestʃə/ *n.* [C;U]姿势;(尤指)手势;示意动作:a friendly *gesture* 友好的手势

get /get/ (过去式 **got** /gɒt/,过去分词 **got** 或 **got·ten** /ˈgɒt°n/;**get·ting**) *vt.* ❶获得,得到;收到,接到:I heard that, but I never *got* particulars. 我听说过那件事,但始终不知细节。❷挣钱:*get* three thousand *yuan* a month 一个月挣 3 000 元钱 —*vi.* ❶变得;变成:The snow was getting harder now. 现在雪下得更大了。❷到达,抵达(*to*):I *got* home late last night. 我昨晚回家很晚了。‖ **get along** *vi.* ❶(勉强)过活;(勉强)对付过去:We can *get along*. 咱们的日子还对付得过去。❷(与…)相处融洽(*with*):The partners don't *get along* in some ways. 合伙人在某些方面相处得不好。**get through** *vt.* 完成,使结束:I hope I can *get through* all this work. 希望我能够干完这些活儿。

☆**get, acquire, earn, gain, obtain** 均有"获得,取得"之意。**get** 为最普通用词,使用范围最广,可指通过武力或非武力的方式得到或占有某物,也可指被动、消极地接受或领受某物:The police *got* the criminal a week after the murder.（凶案发生后一周警察抓获了罪犯。）**acquire** 表示经过逐步的、持续的、缓慢的过程获得某物,一经获得便永久持有,常用于金融交易:They assiduously *acquire* a fine collection of impressionist paintings.（经过不懈的努力,他们集起了一批上好的印象派画作。）**earn** 意因某人的工作或职位而获取应得的报酬,也可表示因刻苦努力、成绩优异或工作出色而取得特定的职位或受到精神或物质上的奖励:Her success in the exam *earned* her a place at university.（她顺利通过了考试,终于在大学赢得了一席之地。）**gain** 比 obtain 更强调搜寻过程中的努力,也可指军事等方面的强力夺取:They stand to *gain* a fortune on the deal. (他们有机会在这笔交易中发一大笔财。) 该词还可表示增加或扩大已有事物, 或逐渐获得某物: She is *gaining* in weight. (她正在发胖。) **obtain** 较为正式, 常指通过努力或花费时间找出或获得某物: He recommends that mature persons *obtain* a medical examination annually. (他建议成年人每年进行一次体检。)

ghast·ly /'gɑːstli; 'ɡæst-/ *adj.* ❶可怕的, 恐怖的, 令人毛骨悚然的: The scene after the battle was *ghastly*. 战斗过后的场景惨不忍睹。❷死人般的;(脸色)苍白的, 煞白的: His face was so *ghastly*. 他脸色煞白。‖ 'ghast·li·ness *n.* [U]

ghost /ɡəust/ *n.* [C]鬼, 鬼魂: The apparent visibility of a *ghost* is a hallucination. 能清楚地看见鬼魂只是一种幻觉。‖ 'ghost·ly *adj.*

gi·ant /'dʒaiənt/ I *n.* [C] ❶(希腊神话、童话或人们想象中的)巨人 ❷(身材超群的)巨人;巨大的动物(或植物);庞然大物: a clumsy *giant* 笨重的庞然大物 II *adj.* [无比较级]巨人般的;特大的: a *giant* electronics corporation 一家大型电子公司

gift /ɡift/ *n.* ❶[C]礼物, 赠品: I beg you to accept this *gift* as a trifling mark of my esteem. 区区薄礼, 不成敬意, 恳请笑纳。❷[C]禀赋, 天资;能力: He had no *gift* of expression in words. 他的语言表达能力很差。

gift·ed /'ɡiftid/ *adj.* 有天才的, 有天赋的, 天资的: His *gifted* pen transmutes everything into gold. 他那支才华出众的笔能够点石成金。

gi·gan·tic /dʒai'ɡæntik/ *adj.* [无比较级]极大的, 巨大的, 庞大的: a *gigantic* debt 巨额债务

gig·gle /'ɡiɡ³l/ I *vi.* 咯咯地笑;(尤指)傻笑, 痴笑: He *giggles* at the thought. 他一想到这事就傻笑。II *n.* [C]咯咯的笑, 傻笑, 痴笑;[the ~s](尤指女孩发出的)连续的咯咯笑;不间断的傻笑: They collapsed into *giggles*. 他们一下子咯咯大笑起来。‖ 'gig·gler *n.* [C]—'gig·gly *adj.*

gill /ɡil/ *n.* [通常作~s]【动】鳃

gin·ger /'dʒindʒə³/ *n.* [C]【植】姜, 生姜 ‖ 'gin·ger·y *adj.*

gi·raffe /dʒi'rɑːf; -'ræf/ *n.* [C]([复]-raffe(s))【动】长颈鹿

girl /ɡəːl/ *n.* [C] ❶女孩, 姑娘, 少女 ❷〈口〉女儿, 闺女 ❸〈口〉(泛指)女人, 女子: a Spanish *girl* 西班牙女子 ‖ 'girl·hood *n.* [U]—'girl·ish *adj.*

girl·friend /'ɡəːlˌfrend/ *n.* [C](男子的)女朋友, 恋人, 心上人

give /ɡiv/ (gave /ɡeiv/, giv·en /'ɡiv³n/) *vt.* ❶赠送, 捐赠, 馈赠;施舍: *give* sb. presents 给某人送礼 ❷递给, 交给, 拿给: I *gave* my ticket to the lady at the check-in desk. 我把票交给了那个验票小姐。❸交给, 托付: I *gave* her my watch while I went swimming. 我去游泳时把手表交由她保管。❹给, 给予;使拥有;授予;赐(名): His honesty *gives* him respectability. 他的诚实为他赢得人们的尊敬。❺提供;提出;举出(事例等);说出;说明: Can you *give* me more examples? 你能给我举出更多的例子吗? ‖ **give away** *vt.* ❶赠送, 馈赠;捐助: She *gave away* all her money to the poor. 她把所有的钱都捐给了穷人。❷泄露;告发, 出卖;背叛(to): His accents *gave* him *away*. 他的口音暴露了他的身份。**give in** *vt.* 上交;呈上;上报: Names of competitors must be *given in* before the end of the month. 月底前竞赛者的名单必须上报。—*vi.* 投降;屈服, 让步(to): Neither of us would *give in*. 我们两人都不愿让步。**give off** *vt.* 发出, 释放出(热、光、声音、气味等): *give off* a strong fragrance 散发出浓郁的芳香 **give out** *vt.* ❶发出(光、热、气味等): She *gave out* a yell. 她大叫了一声。❷宣布, 发布;发表: The date of the election will be *given out* soon. 不久便会公布大选日期。❸分发, 散发;分配: *give out* newspapers 分发报纸 **give up** *vi.* 失望, 灰心;停止(做事);放弃, 抛弃;辞去(工作等): The way to success in anything is not to *give up*. 事情的成功在于锲而不舍。—*vt.* ❶停止(做事);放弃, 抛

G

弃;辞去(工作等):*give up* smoking 戒烟 ❷使认输;使投降;使投诚;使自首:I am going to go on the subway to the police station and *give* myself *up*. 我将搭地铁去警察局投案自首。 ‖ **'giv·er** *n.* [C]

giv·en /'giv°n/ I *v.* give 的过去分词 II *adj.* [无比较级][常作定语]规定的,限定的;约定的;特定的:You must finish the test at a *given* time. 你必须在规定时间内做完试题。

gla·ci·er /'ɡlæsiə⁻;'ɡleiʃə⁻/ *n.* [C]【地质】冰川,冰河

glad /ɡlæd/ *adj.* (**glad·der**,**glad·dest**) ❶[通常作表语]快乐的,愉快的,喜悦的:We are *glad* to have eventually finalized an agreement. 我们很高兴,终于达成了协议。 ❷[作定语](消息、事件等)令人高兴的,使人愉快的:*glad* tidings 好消息 ❸[作表语]愿意的,乐意的(*of*,*about*):I will be *glad* to go if you need me. 如果你需要,我会很乐意去的。 ‖ **'glad·ly** *adv.* —**'glad·ness** *n.* [U]

glam·or·ous /'ɡlæm°rəs/ *adj.* ❶富有魅力的,迷人的:She didn't look *glamorous* without her make-up. 她要是没有化妆,并不怎么好看。 ❷富于刺激的,充满冒险性的;有吸引力的,令人向往的:a *glamorous* job 令人向往的工作 ‖ **'gla·mor·ous·ly** *adv.*

glam·our /'ɡlæmə⁻/ *n.* [U] ❶(迷人的)美貌;妖艳:a girl with lots of *glamour* 性感十足的女孩 ❷魅力,诱惑力:Passenger business had the *glamour*. 那时候搞客运业很吃香。

glance /ɡlɑːns;ɡlæns/ I *vi.* ❶瞥一眼;扫视(*at*,*down*,*up*):She *glanced* uncertainly *at* her friend. 她疑惑地瞥了她的朋友一眼。 ❷浏览,粗略地看(*at*,*down*,*over*,*through*):*glance down* the list names 大致看一下名单 II *n.* [C]一瞥,一瞟;扫视(*at*,*into*,*over*):There is health in her *glance*. 她的一瞥充溢着健康。

gland /ɡlænd/ *n.* [C]【解】腺:adrenal *gland* 肾上腺

glare /ɡleə⁻/ I *n.* ❶[U][常作 the ～]强光;

耀眼的光,刺眼的光;(尤指)太阳光:the *glare* of a car's headlights 汽车前灯的强光 ❷[C]怒视;瞪:He shot a *glare* of hatred at me. 他满眼仇恨地瞪着我。 II *vi.* ❶发出强光(或耀眼的光);(光线)刺眼:His blond hair *glared* white in the sun. 他的一头金发在阳光的照射下白得刺眼。 ❷怒视;瞪着,盯着(*at*,*upon*):Her eyes *glared* fixed and immovable. 她瞪大眼睛凝视着一动不动。 ☆glare,gloat,glower 均有"紧盯,凝视"之意。glare 表示"怒视":A tiger *glares* at its prey. (老虎紧盯着它的猎物。)gloat 表示"幸灾乐祸地看;贪婪地盯着;得意地看";但现代英语中该词仅用以指"得意":a tyrant *gloating* over the helplessness of his victim (得意扬扬看着无助的受害者的独裁者)glower 表示"因愤怒而威胁地瞪盯",强调伴有怒吼声:*glower* at a mischievous child (狠狠地瞪着淘气的孩子)

glar·ing /'ɡleəriŋ/ *adj.* ❶(光线等)刺眼的,炫目的,耀眼的:It was a September day, hot and *glaring*. 这是一个九月天,酷热难当,骄阳似火。 ❷显眼的,明显的,引人注目的:a *glaring* lie 赤裸裸的谎言 ‖ **'glar·ing·ly** *adv.*

glass /ɡlɑːs;ɡlæs/ *n.* ❶[U]玻璃;玻璃类物质 ❷[C]玻璃杯;玻璃水具:a large *glass* for beer 装啤酒的大玻璃杯

gleam /ɡliːm/ *n.* ❶[C]光亮;光束:A blue *gleam* appeared forward. 前方出现了一束蓝光。 ❷[C]微光,弱光:the *gleam* of dawn in the east 东方的曙光 ❸[用单]闪现,隐现;(情感等的)一丝:a *gleam* of hope 一丝希望 ☆gleam,beam,glimmer,ray 均有"亮光"之意。gleam 表示"微弱的、断断续续的灯光":a faint *gleam* from a distant church (远处教堂传来的微弱光线)beam 表示"定向的光束":the *beam* from a searchlight (探照灯的光束)glimmer 表示"微弱摇曳的灯光":a faint *glimmer* of moonlight (朦胧的月光)ray 表示"光线":a *ray* through a pinprick in a window shade (透过窗帘上小孔射出的一线光亮)

glide /ɡlaid/ *vi.* ❶(车、船、雪橇等)滑行,滑

移;(蛇等)游动;(鸟类)滑翔: The dancer *glided* across the floor. 那位舞蹈演员轻轻地滑过地板。❷(时间)流逝,消逝;渐渐转入: Hours *glided* by. 光阴荏苒。❸(飞机、滑翔机等)下滑,滑翔: *glide* down to the airfield 滑翔降落到机场

glid·er /ˈɡlaidə/ *n.* [C] 滑翔机;滑翔机飞行员

glim·mer /ˈɡlimə/ *n.* [C] ❶微光;闪烁(或摇曳)的光: in the *glimmer* of the dawn 在晨光中 ❷(希望、理解等的)一点儿,一丝,些许(of): Dense fog now and then lifts to reveal a *glimmer* of land and sea. 浓雾时聚时散,陆地和大海若隐若现。‖ˈglim·mer·ing *n.* [C]

glimpse /ɡlimps/ I *n.* [C] ❶一瞥,瞥见: I got a *glimpse* of myself in the mirror as I walked past. 我走过的时候在镜子里瞥见自己。❷模糊的认识(或感觉): I had a *glimpse* of her feelings. 我隐隐约约地感觉到她的感情。II *vt.* (偶然地)瞥见;看一看: I *glimpsed* Molly in the crowd, but I don't think she saw me. 我瞥见人群中的莫莉,但我想她没有看见我。

glit·ter /ˈɡlitə/ I *vi.* 闪闪发光,闪闪发亮: Beyond the window he could see sky where the icy stars *glittered*. 他能看见窗外天空中寒星在熠熠发光。II *n.* [通常用单]闪光,闪亮;璀璨的光华: He looked up and saw the *glitter* of tears in her eyes. 他抬起头,看见她眼里含着晶莹的泪水。‖ˈglitter·y *adj.*

glob·al /ˈɡləub°l/ *adj.* [无比较级] ❶全球的;世界范围内的: the *global* economy 全球经济 ❷综合的,全面的;总体的;包罗万象的: the *global* total of national income 国民收入的总量 ‖ˈglob·al·ly *adv.*

globe /ɡləub/ *n.* ❶[the ~][作单]地球;世界: Karaoke has insinuated itself into every level of society across *the globe*. 卡拉OK已渗透到了世界上各个社会阶层。❷[C]行星;星球;天体: The sun is an immense *globe*. 太阳是个巨大的天体。❸[C]球形物;球体: a *globe* of pearl 一颗圆润的珍珠

❹[C]地球仪;天球仪: a celestial *globe* 天球仪

gloom /ɡlu:m/ *n.* ❶[U]黑暗;昏暗,幽暗;阴暗: the evening *gloom* 暮色 ❷[用单]忧郁,忧愁;沮丧,失望: a mansion of *gloom* 阴森森的宅第

gloom·y /ˈɡlu:mi/ *adj.* ❶黑暗的;昏暗的,幽暗的;阴暗的: What a *gloomy* day! 天色多么阴沉! ❷令人失望的,令人沮丧的,令人气馁的: a *gloomy* situation 阴霾的局势 ❸情绪低落的;愁眉不展的;忧郁的,沮丧的;悲观的: She felt *gloomy* about the future. 她对前途感到悲观。‖ˈgloom·i·ly *adv.* —ˈgloom·i·ness *n.* [U]

glo·ri·fy /ˈɡlɔ:rifai/ *vt.* ❶给…荣耀,为…增光,使光荣: the names which *glorify* this country 为这个国家增光添彩的人们 ❷使更美;美化;为…增色: Sunset *glorified* the valley. 落日的余晖使山谷更显得绚丽。❸称赞;赞美,颂扬: Her brave deeds were *glorified* in song and story. 她的英勇事迹被编成歌曲和故事而广为传颂。‖glo·ri·fi·ca·tion /ˌɡlɔ:rifiˈkeiʃ°n/ *n.* [U]

glo·ri·ous /ˈɡlɔ:riəs/ *adj.* ❶光荣的;辉煌的,荣耀的;值得称道的: The victory was less than *glorious* and less than complete. 这一胜利既不光荣也不彻底。❷〈口〉壮丽的,绚丽的,灿烂的: The following morning was *glorious*. 第二天早晨天气非常好。‖ˈglo·ri·ous·ly *adv.*

glo·ry /ˈɡlɔ:ri/ *n.* ❶[U]光荣,荣誉;荣耀: return in *glory* 凯旋 ❷[U]绚丽,灿烂;壮观: The setting sun touched the mountains with its suffused *glory*. 落日的余晖洒满群山。

gloss /ɡlɔs/ I *n.* [U](表面的)光亮,光泽;光亮的表面 II *vi.* 掩饰,掩盖;轻描淡写地处理,敷衍: You can't just *gloss* things over like that! 你不可能就那样敷衍了事。

gloss·y /ˈɡlɔsi/ *adj.* ❶光滑的;光亮的,有光泽的: *glossy* silk 光滑发亮的丝绸 ❷华而不实的,徒有其表的;外表光鲜的: a *glossy* show 令人眼花缭乱的表演

glove /ɡlʌv/ *n.* [C] 手套(通常指手指分开

的手套.Excuse my *gloves*.［握手时用]对不起,请允许我戴着手套。‖ **'gloved adj.**

glow /gləʊ/ *n.* ［用单］❶光亮,光辉:the *glow* of the sky at sunset 夕照西下时天空中的晚霞 ❷(脸、身子的)发红,红润;暖融融的感觉:Paul's phone call brought a *glow* to her face. 保罗的电话使她的脸上泛起红晕。

glow·ing /'gləʊiŋ/ *adj.* ［通常作定语]❶发出红热(或白热)光的;灼热的,炽热的,白热的:*glowing* coals 烧得白热的煤 ❷容光焕发的;红润的,血色好的:The years had only given him a more *glowing*, manly, open look. 岁月却使他变得更加容光焕发,气度不凡,落落大方。

glue /gluː/ **I** *n.* ［U](用动物的皮、骨等熬制成的)胶;胶水 **II** *vt.* (**glu(e)·ing**) 用胶(或胶水)粘,粘贴;粘牢:*glue* the paper on both ends 用胶水把纸的两头粘在一起 ‖ **'glue·y adj.**

glum /glʌm/ *adj.* (**glum·mer; glum·mest**) ❶闷闷不乐的,神情沮丧的;令人泄气的,让人情绪低落的:a *glum* look 一脸的苦相 ❷(地方)死气沉沉的,毫无生气的;凄凉的:*glum* streets 沉寂的街道 ‖ **'glum·ly adv.** — **'glum·ness n.** ［U]

gnaw /nɔː/ (过去式 **gnawed**,过去分词 **gnawed** 或 **gnawn** /nɔːn/) *v.* ❶咬,啃,啮;咬成,啃成:*gnaw* a hole through the wall 在墙上啃个洞 ❷磨损;消耗;侵蚀,腐蚀:The river continually *gnaws* its banks. 河水不断地侵蚀着河岸。

go /gəʊ/ (过去式 **went** /went/,过去分词 **gone** /gɒn/,第三人称单数现在式 **goes** /gəʊz/) *vi.* ❶行进;去:The air becomes thinner as you *go* higher. 越往高处,空气越稀薄。❷离去;出发:*go* from Beijing to London 从北京出发到伦敦 ❸运转;运行;工作;(心脏等)跳动:The earth *goes* around the sun. 地球绕着太阳运转。❹[后接形容词]变得;成为:*go* bankrupt 破产/*go* blind 失明 ❺(事情等)进行,发展:Everything *went* pretty smoothly. 一切进行得相当顺利。‖ **be going to** ❶刚要,正要:She's just

going to go shopping. 她正要上街去买东西。❷就会,就要,即将:My daughter *is going to* be eighteen in July. 到7月我女儿就18岁了。**go about vt.** 着手干,做:I must *go about* my work or I'll fall behind my schedule. 我必须着手工作,否则就完不成预定计划了。**go after vt.** 追逐;追踪;追求:*go after* fame and wealth 追名逐利 **go against vt.** 反对;违反,违背:You have always *gone against* me, Tom. 你老是跟我过不去,汤姆。**go ahead vi.** 继续前进;继续进行;做下去:Sports games are *going ahead* despite the rain. 尽管在下雨,但是运动会照常进行。**go along vi.** 进行下去;继续:You'll get the idea as I *go along*. 只要听我一路讲下去,你们就会逐步琢磨到那个意思。**go in for vt.** 从事(某种职业或活动):*go in for* a medical career 从事医务工作 **go on vi.** ❶发生:Can anybody tell me what's *going on* here? 谁能告诉我这儿发生了什么事儿?❷进行;取得进展:Maintenance work will *go on* for another two days. 保养工作还得进行两天。❸(事情、状况等)继续下去;继续干;说下去:This sort of thing could not *go on* very long. 这类事情可不能长此下去。**go through vt.** 经历,遭受;蒙受,经受:I wouldn't want to *go through* this again. 我实在不想再受一次这样的罪了。

☆**go, depart, leave, retire, walk, withdraw** 均有"去,离去,离开"之意。**go** 为最普通用词,与 come 相对,指从所在地到别的地方去,强调离去的动作或可抵达的目的地:I wanted to *go*, but she wanted to stay. (我要走,但她想留下来。) **depart** 为正式用语,常指按预定计划启程,与 arrive 相对,强调出发地,但往往提及目的地:He *departed* for Shanghai. (他动身去了上海。) **leave** 指与某人或某物离别,强调的是出发地而不是目的地:I can't *leave* while it's raining. (天在下雨,我走不了。)该词也可表示在行进过程中丢弃某物:*leave* behind a trail of banana and orange peels (丢下一串香蕉皮和梨子皮) **retire** 强调从公开或公众场合退到私人场所或比较安静、秘密的地方,也指因年迈而退休:My father *retired* from his job in the Civil Service at the age of 60. （我父亲60岁时从文职公务员的岗位上退休了。）该词还可特指就寝：The butler said that madam had *retired* for the evening. （管家说夫人已经睡下了。）**walk** 常指徒步离开原来的地方去另一个地方：When it's a nice day I *walk* to work, otherwise I go by bus. （天气好时我步行上班，天气不好时我就乘公共汽车。）**withdraw** 指由于明确、正当的原因从新取得的进展中折回，往往含有礼貌、得体的意味：The woman *withdrew* from the room when the men were ready to discuss business. （当男士们要开始谈正经事的时候，女士就离开了房间。）

goal /gəʊl/ *n.* [C] ❶目的，目标：a key *goal* 主要目标 ❷【体】（足球、曲棍球等的）球门；球门区：keep *goal* 守球门

goal·keep·er /ˈgəʊlˌkiːpə⁰/ *n.* [C]【体】守门员〔亦作 **keeper**〕‖ ˈgoalˌkeep·ing *adj.*

goat /gəʊt/ *n.* [C]（[复]**goat**(s)）【动】山羊

god /gɒd/ *n.* ❶[G-]上帝，天主，造物主；救世主：They claimed that speech was a gift from *God.* 他们宣称言语是上帝赐予的礼物。❷[C]（尤指男性的）神，神明；神灵：adore *gods* 崇拜神灵 ‖ ˈgodˌlike *adj.*

god·dess /ˈgɒdɪs/ *n.* [C]女神：Aphrodite is the *goddess* of love. 阿芙罗狄蒂是爱情女神

gold /gəʊld/ *n.* [U]【化】金，黄金（符号 **Au**）：As every thread of *gold* is valuable, so is every moment of time. 一寸光阴一寸金。

gold·en /ˈgəʊldⁿn/ *adj.* ❶[无比较级]金色的，金黄色的；金灿灿的；发亮的：*golden* hair 金发 ❷[无比较级]金的；金制的：*golden* earrings 金耳环

gold·fish /ˈgəʊldˌfɪʃ/ *n.* [C]（[复]-fish(·es)）【鱼】金鱼，金鲫鱼

golf /gɒlf, gɔːlf, gɒf/ *n.* [U]【体】高尔夫球(运动)：play a round of *golf* 打一局高尔夫球 ‖ ˈgolf·er *n.* [C]

gone /gɒn/ Ⅰ *v.* go 的过去分词 Ⅱ *adj.* [无比较级]❶[作表语]离去的；〈口〉暂时不在的：Here today and *gone* tomorrow. 今天还在这里，明天就走了。❷[作表语]过去的，

先前的，以往的；走了的：He has no memories of the things *gone*. 他完全记不起往事。

good /gʊd/ Ⅰ *adj.* (**bet·ter** /ˈbetə⁰/, **best** /best/) ❶好的；出色的；优秀的：Only *good* people work for Carr. 给卡尔工作的全是出色的人。❷好心的，善良的；慈善的；乐于助人的；慷慨的：It's *good* of you to come. 承蒙光临，不胜荣幸。❸有益(健康)的；有用的；有好处的：a *good* medicine for a cold 感冒良药 ❹好的，有利的：*good* news 好消息 ❺有本领的，能干的；精明的；擅长的(*at, with*)：Jane is very *good with* children. 简很会带孩子。❻相当多的；相当大的：a *good* amount 相当多的数量 Ⅱ *n.* ❶[U][常与否定词连用，或用于疑问句]利益；好处；用处；幸福：We must not do evil that *good* may come. 我们不应该为了自己的好处而去干坏事。❷[U]善；美德；优点；好事；好东西：I tried to see more *good* in him. 我尽量多看他的长处。❸[~s][复]商品；货物：We do not sell cheap quality *goods*. 我们不卖低质量的货物。‖ **good deal of** *adj.* [后接不可数名词]许多，相当多：a *good deal of* money 一大笔钱

good-by(**e**) /ˌgʊdˈbaɪ/ Ⅰ *int.* 再见！：*Good-by*, Robert, and thank you again for your dinner. 再见，罗伯特，再次感谢你的晚宴。Ⅱ *n.* [C；U]([复]-by(e)s)再见：say a tearful *good-by* 含泪话别

good-look·ing /ˌgʊdˈlʊkɪŋ/ *adj.* 好看的，漂亮的，英俊的：a *good-looking* young lady 美貌的年轻女士

good·ness /ˈgʊdnɪs/ *n.* [U]❶（质量方面的）优良；佳：the qualitative *goodness* 优质 ❷美德 ❸善良；仁慈：the *goodness* of human nature 人性之善良

good·will /ˌgʊdˈwɪl/ *n.* [U]善意；友善；友好，亲善：return sb.'s *goodwill* 报答某人的好心

goose /guːs/ *n.* [C]([复]**geese** /giːs/)【鸟】鹅：*Geese* cackle. 鹅嘎嘎叫。

gorge /gɔːdʒ/ *n.* [C]山峡，(小)峡谷；沟壑

gor·geous /ˈgɔːdʒəs/ *adj.* ❶(外观、色彩等)光彩夺目的，华丽的，绚丽的；豪华的，辉煌的：The heath was *gorgeous*. 荒原壮观极

了。❷〈口〉极好的；令人极其愉快的：I had a *gorgeous* time. 我玩了个痛快。‖ **'gorgeous·ly** *adv.*

gosh /gɒʃ/ *int.* [表示惊奇、感叹等]〈婉〉〈口〉啊呀，老天：*Gosh*, I'm hungry. Are you? 哎呀，我饿了。你呢？

gos·sip /'gɒsip/ *n.* ❶[U]〈贬〉闲言碎语，流言蜚语；小道消息，道听途说，内幕新闻；闲言碎语的题材：Don't believe all the *gossip* you hear. 别信人家的闲言碎语。❷[C]爱传流言蜚语的人；爱说长道短的人；爱嚼舌头的人 ‖ **'gos·sip(p)·er** *n.* [C]—**'gos·sip·y** *adj.*

got·ta /'gɒtə/ *v. aux* 〈口〉必须：I *gotta* go now. 我得走了。

got·ten /'gɒtⁿn/ *v.* get 的过去分词

gov·ern /'gʌvⁿn/ *vt.* ❶统治；治理，管理；统辖(要塞、城镇等)：*govern* a city 治理城市 ❷支配；左右，影响；决定：A due sincerity *governed* his deeds. 他对职务还是忠实的。❸抑制，克制，控制：*govern* oneself 自制 ‖ **'gov·ern·a·ble** *adj.*—**'gov·ern·ance** *n.* [U]

☆**govern**, **administer**, **rule** 均有“统治，管理”之意。**govern** 指通过政权组织来控制和管理社会或部门，使其顺利运作，暗含知识、判断力和能力的运用：In Britain the Queen is the formal head of state, but it is the prime minister and cabinet who *govern*. (在英国，女王是国家的正式元首，但治理国家的是首相和内阁。) **administer** 指行使职权管理或主持行政事务：The vice-chancellor of a university may *administer* the establishment's financial affairs. (大学副校长有可能负责建立学校的财政制度。) **rule** 表示制定法律或发布必须服从的命令，暗指行使绝对或独裁的权力，一般不用于民选的政府官员：The emperor *ruled* with an iron hand. (国王施行铁腕统治。)

gov·ern·ment /'gʌvⁿnmⁿnt/ *n.* ❶[U](国家、行政区等的)政体；体制：*government* of the people, by the people, for the people 民有、民治和民享的政体 ❷[常作 G-]政府，内阁：to shrink the size of *government* 精简政府部门 ❸[U]治理；管理；支配；治理的权力

(或作用、方式等)：All *government* includes some necessary hardness. 任何管理制度都难免有严厉的地方。‖ **gov·ern·men·tal** /ˌgʌvⁿn'mentⁿl/ *adj.*

gov·er·nor /'gʌvⁿnə/ *n.* [C]❶(美国的)州长 ❷统治者，领导者；主管：the central bank *governor* 中央银行行长 ❸省长，州长；(殖民地的)总督 ‖ **'gov·er·nor·ship** *n.* [U]

gown /gaun/ *n.* [C]❶(在特定场合穿着的)长礼服：a formal *gown* 礼服 ❷(尤指女式的宽松)长袍；睡袍；晨衣 ❸(市政立法员、法官、牧师、大学职员等穿着的)长袍；长外衣：take the *gown* 当教士(或律师)

grab /græb/ (**grabbed**; **grab·bing**) *v.* ❶抓取，攫取；抓住，逮住：*grab* a chance 抓住机会 ❷抢夺，霸占；以不正当手段获取：The country spends all its energy *grabbing* world markets. 该国倾其全力抢占国际市场。‖ **'grab·ber** *n.* [C]

grace /greis/ *n.* ❶[C；U](动作、体态等的)优美，优雅：She moved with an extraordinary spontaneity and *grace*. 她步履轻盈，姿态万千。❷[C]风度；魅力；魄力：Irony is one of the chief *graces* of literature. 讥讽是文学的主要魅力之一。‖ **'grace·less** *adj.*—**'grace·less·ly** *adv.*—**'grace·less·ness** *n.* [U]

grace·ful /'greisf^ul/ *adj.* ❶(体态、动作等)优美的，优雅的；悦人的：The *graceful* outlines of the mountains were traced against the sky. 群山优美的轮廓与天空交相辉映。❷得体的；有风度的：She answered with a *graceful* modesty. 她谦逊大方地回答道。‖ **'grace·ful·ly** *adv.*—**'grace·ful·ness** *n.* [U]

gra·cious /'greiʃəs/ *adj.* ❶亲切的，和蔼的；殷勤的；有礼貌的：a charming *gracious* girl 既美丽又和气的少女 ❷体恤的；慈善的，慈祥的；仁慈的，好心的，同情的：be *gracious* to one's inferiors 体恤部下 ❸富有人家所拥有(或享用)的；养尊处优的，舒适优雅的：*gracious* furnishings 富丽典雅的陈设 ‖ **'gra·cious·ly** *adv.*—**'gra·cious·ness** *n.* [U]

grade /greid/ *n.* [C]❶等级，品级，级别

Skins are sold in *grades*. 皮张按质论价。❷同一级别的人（或物）：All the rough *grade* of lumber should be stacked over here. 所有毛坯木料都堆到这边来。❸（用字母或数字表示的）成绩，评分等级，分数：She got a *grade* of seventy-nine on the test. 她测验得了 79 分。❹（中小学的）年级；同一年级的学生：She entered the sixth *grade* at eleven. 她 11 岁时上六年级。

grad·u·al /ˈɡrædjuəl,-dʒu-/ *adj.* 逐步的，逐渐的；渐变的：The social system was in a state of *gradual* change. 社会制度在逐渐变化。‖ ˈgrad·u·al·ly *adv.*

grad·u·ate I /ˈɡrædjuət,-dʒu-/ *n.* ［C］❶（大学）毕业生；大学文凭获得者：an honours *graduate* 优秀毕业生 ❷研究生 II /ˈɡrædjuˌeit,-dʒu-/ *vi.* 毕业；拿到文凭；获得学位：She *graduated* 〈英〉at ［〈美〉from］ Oxford with a first-class degree in physics. 她以物理学的优等学位毕业于牛津大学。

gra·du·a·tion /ˌɡrædjuˈeiʃ⁰n,-dʒu-/ *n.* ❶［U］毕业；颁发（或获得）学位证书（或文凭）：His *graduation* will never take place if he doesn't get to work. 他只要不开始工作就不会毕业。❷［C；U］毕业典礼；学位（或文凭）颁发仪式

grain /ɡrein/ *n.* ❶［C］（尤指谷类植物的）颗粒状籽实，谷粒；果粒 ❷［U］谷类粮食，谷物：thresh the *grain* 打谷

gram /ɡræm/ *n.* ［C］克（重量的单位）（略作 g,gm）

gram·mar /ˈɡræməʳ/ *n.* ❶［U］【语】语法学，语法理论 ❷［U］【语】语法（规则）；文法；语法体系

gram·mat·i·cal /ɡrəˈmætik⁰l/ *adj.* ［无比较级］❶语法的；文法的：*grammatical* analysis 语法分析 ❷（句子）合乎语法的；遵从原则的，符合原理的：*grammatical* sentences 合乎语法规则的句子 ‖ gramˈmat·i·cal·ly *adv.*

gramme /ɡræm/ *n.* 〈主英〉= gram

grand /ɡrænd/ *adj.* ❶宏伟的，壮丽的：the *grand* view of the falls 瀑布的壮观 ❷崇高的；庄严的；庄重的：In front of an audience

her manner is *grand* and regal. 她在大庭广众面前显得神态端庄、落落大方。‖ ˈgrand·ly *adv.* —ˈgrand·ness *n.* ［C］

grand·child /ˈɡrænᵈˌtʃaild/ *n.* ［C］（［复］-child·ren /-ˌtʃildrᵊn/）孙子；孙女；外孙子；外孙女

grand·daugh·ter /ˈɡrænᵈˌdɔːtəʳ/ *n.* ［C］孙女；外孙女

grand·fa·ther /ˈɡrænᵈˌfɑːðəʳ/ *n.* ［C］祖父，爷爷；外祖父，外公：maternal *grandfather* 外祖父〔亦作 grandpa,grandpapa〕

grand·ma /ˈɡrænᵈˌmɑː/ *n.* 〈口〉= grandmother

grand·moth·er /ˈɡrænᵈˌmʌðəʳ/ *n.* ［C］祖母，奶奶；外祖母，外婆〔亦作 grandma,granny〕

grand·pa /ˈɡrænᵈˌpɑː/, **grand·pa·pa** /-pəˌpɑː/ *n.* ［C］〈口〉爷爷；外公（= grandfather）

grand·par·ent /ˈɡrænᵈˌpeərᵊnt/ *n.* ［C］祖父；外祖父；祖母；外祖母

grand·son /ˈɡrænᵈˌsʌn/ *n.* ［C］孙子；外孙子

grand·stand /ˈɡrænᵈˌstænd/ *n.* ❶［C］（体育场、足球场、赛马场等的）大看台，主看台 ❷［总称］大看台观众，主看台观众：The entire *grandstand* cheered when our team won. 我队取胜时主看台上所有的观众都欢呼起来。

gran·ite /ˈɡrænit/ *n.* ［U］【地质】花岗岩，花岗石 ‖ gra·nit·ic /ɡræˈnitik/ *adj.*

gran·nie /ˈɡræni/ *n.* = granny

gran·ny /ˈɡræni/ *n.* ［C］❶〈口〉= grandmother ❷老妇人；老奶奶

grant /ɡrɑːnt；ɡrænt/ *vt.* ❶准予；同意；满足（愿望等）：We *granted* him permission to go. 我们允许他走开。❷授予（权利、头衔等）；颁发；发放：*grant* a degree 授予学位 ❸〈书〉承认：I *grant* that point. 我姑且承认这一点。‖ **take for granted** *vt.* 认为…是理所当然的，认为…不成问题：It is *taken for granted* that every child should learn mathematics. 每个孩子理所当然地都要学数学。‖ ˈgrant·er *n.* ［C］—grant·or

/grɑ:n'tɔː, ˌgrɑːntər/ *n.* [C]

grape /greip/ *n.* [C]葡萄

grape·fruit /'greipˌfruːt/ *n.* [C；U]葡萄柚，圆柚

graph /grɑːf；græf/ *n.* [C] 图；图表；曲线图；坐标图：a temperature *graph* 温度变化曲线图

graph·ic /'græfik/ *adj.* ❶(描写等)形象的；生动的，绘声绘色的：The soldier gave a *graphic* account of the battle. 那士兵把那场战斗讲得有声有色。❷[无比较级](用图表、曲线图等)表示的；图示的；图解的：*graphic* analysis 图表分析(法) ‖ **'graph·i·cal** *adj.* —**'graph·i·cal·ly** /-k°li/ *adv.*

gra·phol·o·gy /græ'fɔlədʒi/ *n.* [U](尤指根据笔迹推断人的性向、才能、态度等的)笔迹学，字体学；书相学 ‖ **gra'phol·o·gist** *n.* [C]

grasp /grɑːsp；græsp/ **I** *v.* ❶抓牢，握紧；急切地抱住(或抓住)：*Grasp* the rope with both hands. 用两只手抓牢绳子。❷理解，领会：The concepts were difficult to *grasp*. 这些概念难以掌握。**II** *n.* [通常用单]❶紧抓，紧握：The animal had a powerful *grasp*. 这只动物臂力极强。❷控制，支配；统治(*of*)：a firm *grasp* 牢牢的控制 ❸领会能力，理解能力：exceed one's *grasp* 超出了某人的接受能力 ‖ **grasp·a·ble** *adj.*

grass /grɑːs；græs/ *n.* ❶[C]【植】禾本科植物 ❷[U；C](青)草；野草；牧草：a blade of *grass* 一片草叶

grass·hop·per /'grɑːsˌhɔpər；'græs-/ *n.* [C] 【昆】蝗虫；蚤斯

grass·y /'grɑːsi；'græsi/ *adj.* 为草覆盖的；长满草的；草深的：a *grassy* mound 杂草丛生的土墩

grate·ful /'greitf°l/ *adj.* 感激的，感谢的；表示感激的，致谢的：He was very *grateful* that you did as he asked. 你答应了他的要求，他心里非常感激。 ‖ **'grate·ful·ly** *adv.* —**'grate·ful·ness** *n.* [U]

grat·i·tude /'grætiˌtjuːd/ *n.* [U]感激之情；感恩图报之心(*to*, *for*)：burst into tears of

gratitude 感激涕零

grave¹ /greiv/ *n.* [C]墓穴，墓坑；坟墓，埋葬处

grave² /greiv/ *adj.* ❶认真的，严肃的；庄重的：He was looking extremely *grave*. 他神色极为凝重。❷重大的，重要的；严重的：a matter of the *gravest* importance 生死攸关的大事 ‖ **'grave·ly** *adv.* —**'grave·ness** *n.* [U]

grav·el /'græv°l/ *n.* [U]沙砾，砾石；石碴

grav·i·ty /'græviti/ *n.* [U] ❶【物】重力；地心引力 ❷(形势、局势、事态等的)严重；严峻；危急：grasp the *gravity* of a situation 认清局势的严重性

gray /grei/ *adj.* & *n.* 〈主美加〉= grey ‖ **'gray·ish** *adj.* —**'gray·ness** *n.* [U]

graze /greiz/ *vi.* ❶(牲畜在草地上)吃草：sheep *grazing* in the meadow 在草地上吃草的羊儿 ❷放牧，放养；牧马(或牛、羊等)：The field is being kept for *grazing*. 这块地被留作放养牲畜之用。 ‖ **'graz·er** *n.* [C]

grease /griːs, griːz/ *n.* ❶[U]动物脂肪 ❷[U；C]油脂；润滑油，润滑剂；机油；头油，发油：The engine was covered in *grease*. 发动机上涂了机油。

great /greit/ *adj.* ❶(数量、尺寸、规模等)多的；大的，巨大的：He had good looks and *great* wealth. 他相貌英俊，家财万贯。❷(程度、强度等)极度的；强烈的，剧烈的；超乎寻常的：The heat was so *great* that I took off my sweater. 高温难耐，我把毛衣脱了。❸一流的，一级的；好极的，好棒的：It's *great* to see you again. 又见到你，我真高兴。❹[作定语]重大的；重要的；主要的：This is of *great* importance. 此举关系重大。❺[作定语]伟大的，杰出的：a *great* statesman 伟大的政治家 ❻[无比较级]用以构成复合词，表示亲属关系]长两辈的；曾的：a *great*-grandmother 曾祖母

great·ly /'greitli/ *adv.* [无比较级]非常，很，极度地，大大地：The throat was *greatly* chafed. 喉部伤势严重。

greed /griːd/ *n.* [U]贪心，贪婪：grasping *greed* 占有欲 ‖ **Need makes greed.** 〈谚〉有

欲则贪。

greed·y /'ɡriːdi/ *adj.* 贪心的，贪婪的(*for*, *after*, *of*)：People got richer and also *greedier*. 人们变得更富有也更贪婪。‖ **'greed·i·ly** *adv.* — **'greed·i·ness** *n.* [U]

Greek /ɡriːk/ I *adj.* [无比较级] ❶(古)希腊的 ❷希腊语的 II *n.* ❶[C](古)希腊人；希腊人后裔 ❷[U](古)希腊语；希腊语族

green /ɡriːn/ *adj.* ❶绿(色)的 ❷[无比较级](植物、水果等)未熟的，青的：This peach is still *green*. 这桃子还是生的。❸〈口〉缺乏经验的；未经训练的：She speaks like a *green* girl. 她说话像一个不懂事的孩子似的。‖ **'green·ish** *adj.* — **'green·ly** *adv.* — **'green·ness** *n.* [U]

green·er·y /'ɡriːnˀri/ *n.* [U] ❶绿色植物 ❷(装饰用的)青枝绿叶

green·house /'ɡriːnˌhaus/ *n.* [C]([复]-hous·es /-ˌhauziz/)(通常用玻璃作墙与屋顶的)温室；暖房；花房

greet /ɡriːt/ *vt.* ❶向…问好，问候，跟…打招呼，向…致意；迎接，欢迎：She *greeted* him with a nod. 她向他点头致意。❷[常用被动语态](以特定方式)接受；对…作出反应(*with*)：*greet* a joke *with* laughter 听了笑话后大笑起来

greet·ing /'ɡriːtiŋ/ *n.* ❶[C;U]招呼，致意，问候；迎接，欢迎：She smiled in *greeting*. 她微笑致意。❷[常作~s]祝愿语；贺词；欢迎词：holiday *greetings* 节日贺词

grew /ɡruː/ *v.* grow 的过去式

grey /ɡrei/ *adj.* ❶灰色的 ❷单调的；死气沉沉的；令人不快的：Life seems *grey* and joyless. 生活显得死气沉沉，没有乐趣。❸(头发、胡须)灰白的，花白的；(人)有银发的，有白头发的：a small *grey* beard 一小撮灰白胡子 ‖ **'grey·ish** *adj.* — **'grey·ness** *n.* [U]

grief /ɡriːf/ *n.* [U]悲伤；悲痛，哀痛：overwhelming *grief* 极度的悲恸

griev·ance /'ɡriːvˀns/ *n.* ❶[C;U]不平(之事)，不满(之事)；委屈；冤情：pour out *grievance* 诉苦 ❷[C]抱怨；诉苦；申诉：A committee was set up to look into the workers' *grievances*. 成立了一个委员会来调查工人们的申诉。

grieve /ɡriːv/ *vi.* 感到悲伤；感到难过：It is not right to *grieve* over one's mistakes. 没必要因为自己犯了错误而懊悔。‖ **'griev·er** *n.* [U]

grill /ɡril/ *n.* [C](电灶或煤气灶上的)格栅烤架；(使热向下辐射的)燃烧器：a charcoal *grill* 木炭烤架

grim /ɡrim/ *adj.* (**grim·mer**, **grim·mest**) ❶表情严厉的；令人生畏的：a *grim* man but a just one 一个严厉但正直的人 ❷严峻的；严酷的；无情的：War is a *grim* business. 战争是残酷的事情。‖ **'grim·ly** *adv.* — **'grim·ness** *n.* [U]

grin /ɡrin/ (**grinned**; **grin·ning**) *vi.* 咧嘴笑；露齿笑：They *grinned* with pleasure when I gave them the sweets. 我给他们糖果时，他们高兴得咧着嘴笑。

grind /ɡraind/ (**ground** /ɡraund/) *vt.* ❶磨快；磨光；磨薄；磨尖；把…磨成形：There was a knife being *ground* on a wheel. 砂轮上正磨着一把刀。❷用力擦(或压)：He *ground* his cigarette in the ashtray. 他把香烟掐灭在烟灰缸里。❸嘎吱嘎吱地摩擦；磨(牙)：Some people *grind* their teeth while they're asleep. 有人睡觉时会磨牙。❹磨；磨碎，碾碎；咬碎，啃碎：*grind* (up) the wheat to make flour 把小麦磨成面 ❺使刺耳地摩擦；使摩擦得嘎嘎响：I kept *grinding* the gears. 我不停地让齿轮相互摩擦。

grip /ɡrip/ (**gripped** 或 **gript** /ɡript/; **grip·ping**) *vt.* ❶紧握；抓牢；紧咬；夹住：The dog *gripped* the stick. 狗紧紧咬住手杖。❷吸引(注意力等)：The pictures *gripped* my imagination. 这些图画使我浮想联翩。‖ **'grip·per** *n.* [C]

gripe /ɡraip/ *vi.* 〈口〉(尤指没完了地)抱怨，发牢骚：The journalists had been *griping* about onlookers getting in the way. 记者们一直在埋怨旁观者们挡路。

gris·tle /'ɡrisˀl/ *n.* [C]【解】软骨结构，软骨组织；软骨部分 ‖ **'gris·tly** *adj.*

groan /ɡroun/ I *n.* [C] ❶(表示痛苦、悲伤

等的)呻吟声;(表示反对等的)哼声:A chorus of *groans* greeted his joke. 人们对他的笑话报以一片哼哼声。❷抱怨:There were *groans* from the girls when the boys started to win. 当男孩们开始赢的时候,女孩们就抱怨起来。II *vi.* ❶呻吟,发出哼哼声:She *groaned* in wordless grief. 她因难以名状的痛苦而呻吟。❷抱怨,发牢骚(*about*,*over*):He's always moaning and *groaning about* something. 他总在嘀嘀咕咕抱怨什么。

gro·cer /'grəusə/ *n.* [C]食品杂货商

gro·cer·y /'grəus³ri/ *n.* ❶[C]食品杂货店 ❷[**groceries**]食品杂货:a box of *groceries* 一箱杂货

groom /gruːm, grum/ *n.* [C] ❶新郎(＝bridegroom) ❷马夫,马倌 ‖ '**groom·er** *n.* [C]

groove /gruːv/ *n.* [C] ❶槽,沟:a steel plate with *grooves* cut in it 里面刻有凹槽的钢盘 ❷(唱片的)纹(道)

grope /grəup/ *vi.* ❶摸索(*for*);摸索着走:He *groped* into the kitchen and switched on the light. 他摸索着走进厨房,打开电灯。❷探索,寻求(*after*,*for*):Economists started to *grope* around for explanations of the recession. 经济学家们开始探求衰退的原因。‖ '**grop·er** *n.* [C]

gross /grəus/ I *adj.* [无比较级]总的;毛(重)的:Its *gross* weight is 100g. 它的毛重是 100 克。II *n.* [U]总额,总量;总收入:ten per cent of the *gross* 总额的 10% ‖ '**gross·ly** *adv.* —'**gross·ness** *n.* [U]

ground /graund/ *n.* ❶[U][**the g-**]地,地面:For two nights I have made *the ground* my bed. 我已经在地上睡了两夜。❷[U]土,壤;土地:a piece of *ground* 一块土地 ❸[C][常作～s](作为特殊用途的)场地,场:fishing *grounds* 渔场 ❹[常作～s]理由,根据,原因:ample *grounds* 充分的理由

ground·less /'graundlis/ *adj.* [无比较级]无理由的,无根据的:a *groundless* fiction 毫无根据的杜撰 ‖ '**ground·less·ly** *adv.* —'**ground·less·ness** *n.* [U]

ground·work /'graund₁wəːk/ *n.* [U]基础工作;基础,根基:He completed the *groundwork* for his thesis a year ago. 他一年前就完成了自己论文的前期工作。

group /gruːp/ *n.* [C] ❶组;群;簇;类:a *group* of scholars 一群学者 ❷团体,群体,集体:a social *group* 社会团体 ❸(由公司组成的)集团:a banking *group* 金融集团

grov·el /'grɒv³l/ *vi.* (-el(l)ed;-el·(l)ing) ❶表现谦卑,低声下气,卑躬屈膝:I had to *grovel* to my boss before she would agree to let me go on holiday. 在老板同意我去度假前我不得不对她低三下四。❷趴下,匍匐爬行:*grovel* on one's knees 跪在地上 ‖ '**gro·vel·(l)er** *n.* [C]

grow /grəu/ (grew /gruː/,grown /grəun/) *v.* ❶种,种植,栽种:He *grows* a lot of vegetables in the garden. 他在花园里种了很多菜。❷(使)生长;蓄(发、须);留(指甲):Snakes can *grow* a new skin. 蛇能使其皮肤再生。❸(使)形成;(使)产生;养成:The little boy has *grown* a habit of sucking his fingers. 这小男孩养成了吮吸手指的习惯。

grown /grəun/ I *adj.* [无比较级]成年的;长成的;成熟的:a *grown* man 成年男子 II *v.* grow 的过去分词

grown-up I /₁grəun'ʌp/ *adj.* [无比较级]成熟的,成人的;适于成年人的;似成人的:*grown-up* children 已成年的孩子 II /'grəun₁ʌp/ *n.* [C]成年人

growth /grəuθ/ *n.* ❶[U]生长,成长;发育:the rapid *growth* of a plant 植物的迅速生长 ❷[用单]增长;扩大,发展:maintain rapid economic *growth* 保持经济的快速增长 ❸[C][常用单](尤指从初级阶段开始的)发展,兴起:the *growth* in higher education 高等教育的发展

grub·by /'grʌbi/ *adj.* ❶肮脏的;污秽的;邋遢的;破烂的:an exceptionally *grubby* girl 少有的邋遢姑娘 ❷为人不齿的;卑鄙的;可鄙的:a *grubby* scandal 丑闻 ‖ '**grub·bi·ly** *adv.* —'**grub·bi·ness** *n.* [U]

grudge /grʌdʒ/ I *n.* [C]不满;嫌隙;积怨;恶意:a bitter *grudge* 深深的积怨 II *vt.* ❶勉

强地给;勉强地认可;[后接动词的-ing形式或不定式]不情愿地做,不屑于做:He had to pay £10 for lunch, of which he *grudged* them every penny. 他得付10英镑的午饭钱,可他却一个子儿也不想给。❷怨恨,嫌恶;妒忌:Who *grudges* pains, that have their deliverance in view? 在脱离大难的希望摆在眼前的时候,谁又在乎这些苦头呢?

gru·el /ˈgruːəl/ *n.* [U](尤指供病人或穷人食用的用燕麦加牛奶或清水煮成的)稀粥

gruff /grʌf/ *adj.* ❶(嗓音、叫声等)低沉沙哑的,粗哑的:a *gruff* voice 粗声粗气 ❷(言谈、举止等)生硬的,粗暴的;无礼的;脾气坏的:He'll grumble for minutes at a time when he's *gruff*. 他脾气坏的时候,便会大发牢骚。‖ ˈ**gruff·ly** *adv.* —ˈ**gruff·ness** *n.* [U]

grum·ble /ˈgrʌmbəl/ *vi.* ❶抱怨,发牢骚;挑剔(*at*, *about*, *over*):People *grumbled about* inflation. 人们对通货膨胀牢骚满腹。❷咕哝,嘟囔;发哼声:Husbands *grumble* every summer as they dutifully pack the car for the family holiday. 每年夏天丈夫们一面嘟囔,一面却恪尽职守地把全家去度假要用的东西装到车里去。‖ ˈ**grum·bler** *n.* [C]

grunt /grʌnt/ **I** *n.* [C] ❶(猪等的)哼哼声,呼噜声,咕噜声:a pig's *grunt* 猪的哼哼声 ❷(表示厌恶、不满等的)哼声,嘟哝声,嘟囔声:utter a *grunt* 发出哼声 **II** *vi.* ❶(猪等)哼哼叫,发呼噜声 ❷(表示厌恶、不满、疲倦等)咕哝,嘟囔;发出哼哼声:He merely *grunted* for a reply. 他哼哼唧唧地只求一个答复。

guar·an·tee /ˌgærənˈtiː/ **I** *n.* [C] ❶(对商品质量、客户权益等的)保用;保用证书,质保卡;保修单;保单:All our goods are sold with money-back *guarantee*. 我们出售的所有商品质量合格,出现问题保证退款。❷担保书;担保品,抵押品(=guaranty) ❸保证;先决条件:Apprentices start with no job *guarantee*. 学徒开始时并没有什么工作保障。**II** *vt.* ❶保证;确保;保用:I don't *guarantee* when she'll be home. 她什么时候回来,我可说不准。❷担保;替…担保,为…作保:The owner *guaranteed* the coins to be genuine. 物主担保这些硬币是真货。❸为…提供保障;保证…免受损失(或伤害等)(*against*, *from*):The women's right to vote is *guaranteed* in the constitution. 妇女选举权得到了宪法的保障。〔亦作 **guaranty**〕

guar·an·tor /ˌgærənˈtɔː, ˈgærəntə/ *n.* [C]保证人;担保人

guard /gɑːd/ **I** *v.* ❶保卫,保护;守卫,守护(*from*, *against*):Heavily armed soldiers *guarded* the airport. 全副武装的士兵保卫着机场。❷看守,看管,监视(犯人等):She was *guarded* night and day. 她被人日夜监视。**II** *n.* ❶[C]警卫(员),卫兵;哨兵;保安;[总称]警卫队;一队看守;守备团,守备队:the security *guards* 安检人员 ❷[U]放哨,守卫,警戒;守卫:The prisoners are under a strong *guard*. 囚犯们被严加看守着。‖ ˈ**guard·er** *n.*

guard·i·an /ˈgɑːdiən/ *n.* [C] ❶看守者,看护者;守护者;保卫者,捍卫者:the *guardian* of morals 伦理道德的捍卫者 ❷【律】监护人 ‖ ˈ**guard·i·anˌship** *n.* [U]

gue(r)·ril·la /gəˈrilə/ *n.* [C]游击队员

guess /ges/ **I** *v.* ❶猜测,推测,估猜:*guess* sb.'s weight 猜测某人的体重 ❷[不用被动语态]猜出,猜对,猜中:She *guessed* my thoughts. 她猜中了我的心思。**II** *n.* [C]猜测,估猜,推测,估计:We don't work on suppositions and *guesses*. 我们不是凭假设和猜测来工作的。‖ ˈ**guess·er** *n.* [C]

guest /gest/ *n.* [C] ❶客人,宾客:a regular *guest* 常客 ❷贵宾,嘉宾:*a state guest* 国宾 ❸(旅馆、饭店的)房客,顾客:a hotel *guest* 旅馆的房客

guid·ance /ˈgaidəns/ *n.* [U] ❶领导,引导;指挥:I was left to the *guidance* of my own will. 他们任凭我为所欲为。❷指导,辅导;咨询(服务):She needs some *guidance* with her studies. 她在学习上需要一些辅导。

guide /gaid/ **I** *vt.* ❶给…领路;给…导游:She *guided* us through the busy streets to our hotel. 她领着我们穿过繁闹的街道回到

G

旅馆。❷指导（某人），给（某人）建议；引导…的行动，影响…的决策：She was *guided* in everything important by her husband. 大事她都是听她丈夫的。**II** *n.* ［C］❶向导，导游，带路的动物：a tour *guide* 导游 ❷路标，路牌，指向牌：The oak tree is a *guide* to where the sanatorium is located. 那棵橡树是往疗养院去的路标。❸指南，手册，要览：a buying *guide* 购物指南　‖ **'guid·er** *n.* ［C］

☆guide, lead, pilot, steer 均有"引导，指引"之意。**guide** 为普通用词，指对他人的行为或生活方式指出方向、作出指导，通常含双方具有亲密的个人关系或双方共同努力去达到某一目标之意：He *guided* the tourists round the park. （他带领游客们在公园里游览。）**lead** 指走在前面给某人引路或领他人共同去达到某一目标：The hostess *guided* the guests to their seats. （女主人将客人们引到各自的座位旁。）/ The flagship *led* the fleet. （旗舰为舰队领航。）**pilot** 指为船舶或飞机导航：*pilot* a vessel through Ambrose Channel into New York harbour （引导船只通过安布罗斯海峡进入纽约港）该词也可引申指为在错综复杂或充满危险的情况中容易迷失方向者提供指导：The interior minister has again *piloted* an important bill through Parliament. （内政部长又使一项重要的法案在议会中顺利通过。）**steer** 常指用舵或其他手段在错综复杂的困难环境中保持正确方向或路线：She tried to *steer* the conversation away from the topic of politics. （她试图将话题从政治上岔开。）

guide·book /'gaidˌbuk/ *n.* ［C］手册，指南，要览：a *guidebook* for［to］travellers 旅行指南

guide·line /'gaidˌlain/ *n.* ［通常作～s］指导方针，指导原则；行动纲领；行为准则，标准：violate *guidelines* 违反指导原则

guilt /gilt/ *n.* ［U］❶罪；犯罪；有罪：admit one's *guilt* in robbery 承认自己犯了抢劫罪 ❷内疚；知罪；负罪感：There isn't one of us who won't carry some *guilt* to his grave. 我们无一例外地将终生负疚。❸罪责；责任：A thousand years will pass and the *guilt* of

the aggressors will not be erased. 千年易过，但侵略者的罪孽难消。‖ **'guilt·less** *adj.*

guil·ty /'gilti/ *adj.* ❶犯罪的；有罪的；证明（或判决）有罪的(*of*)：He pleaded *guilty* to the crime. 他认罪。❷犯错的；有过失的(*of*)：I was *guilty of* a slip of memory. 我记错了。❸自觉有过错的；内疚的；表示内疚的：You look *guilty*. 你好像做了什么亏心事。‖ **'guil·ti·ly** *adv.* —**'guil·ti·li·ness** *n.* ［U］

guise /gaiz/ *n.* ［C］伪装；貌似，相似：in the *guise* of a reporter 伪装成记者

gui·tar /gi'tɑː'/ *n.* ［C］【音】吉他，六弦琴 ‖ **gui'tar·ist** *n.* ［C］

gulf /gʌlf/ *n.* ［C］❶海湾：the *Gulf* of Mexico 墨西哥湾 ❷（情感、理解力等方面的）不可逾越的鸿沟，悬殊的差距；（观点、意见等的）巨大分歧：bridge the *gulf(s)* of incomprehension between the two 逾越相互之间不理解的鸿沟

gulp /gʌlp/ *vt.* ❶狼吞虎咽地吃，大口地吃；狂饮(*down*)：I *gulped* three huge glasses of water. 我一口气喝下三大杯水。❷抑制（情感等）；咽下，咽回（眼泪等）(*back, down*)：*gulp down* one's anger 抑制自己的怒气 ‖ **'gulp·er** *n.* ［C］

gum /gʌm/ *n.* ［U］口香糖

gun /gʌn/ *n.* ❶［C］枪；炮；信号枪，发令枪：fire a *gun* at sb. 向某人开枪 ❷［C］枪型物，喷枪，喷射器：a cement *gun* 水泥喷射器 ‖ **'gun·ner** *n.* ［C］

gun·pow·der /'gʌnˌpaudə'/ *n.* ［U］黑色火药，有烟火药：smokeless *gunpowder* 无烟火药〔亦作 **powder**〕

gush /gʌʃ/ **I** *vi.* ❶喷；倾泻；涌流：The cool stream water *gushed* over my hand. 清凉的溪水哗哗地从我手上流过。❷说话滔滔不绝；过于动感情；矫作：Words *gushed* out of him in an endless stream. 他口若悬河，滔滔不绝。**II** *n.* ［通常用单］❶喷，涌出，倾泻：a *gush* of tears 泪如泉涌 ❷迸发；（一阵）发作：a *gush* of enthusiasm 热情奔放

gust /gʌst/ *n.* [C] ❶一阵强风，一阵狂风；(风)猛烈的一阵：A *gust* blew the door shut. 一阵狂风把门吹关了。❷(情感的)突然爆发：a sudden *gust* of anger 勃然大怒 ‖ 'gust·y adj.

gus·to /'gʌstəu/ *n.* [C；U]([复]-to(e)s) 热情；充沛的精力，抖擞的精神；兴致：sing and dance with *gusto* 兴高采烈地唱歌跳舞

gut·ter /'gʌtə‑/ *n.* ❶[C]檐槽，天沟 ❷[C](路边的)排水沟，街沟，阴沟

guy /gai/ *n.* ❶[C]〈口〉家伙，小伙子：He's a great *guy*. 他是个真正的男子汉。❷[通常作～s]〈口〉伙计们，朋友们；诸位，各位：Could you *guys* help me with this box? 大伙儿帮我搬一下这口箱子好吗?

gym /dʒim/〈口〉*n.* ❶[C]体操馆；健身房：Bob practices boxing in the *gym* every day. 鲍勃每天在体育馆里练习拳击。❷[U]体操；体育：We've got *gym* this afternoon. 今天下午我们上了体育课。

gym·na·si·um /dʒim'neizi°m/ *n.* [C]([复]-si·ums 或-si·a /-ziə/)体操馆，健身房

gym·nast /'dʒimnæst/ *n.* [C]体操运动员

gym·nas·tics /dʒim'næstiks/ [复] *n.* [用作单或复] 体操(训练)；体操技巧：She does *gymnastics* daily after school. 她每天课后都练习体操。‖ **gym·nas·tic** *adj.*

Gyp·sy /'dʒipsi/ [亦作 **g-**] **I** *n.* [C] 吉卜赛人 **II** *adj.* [作定语][无比较级]吉卜赛人的；流浪的：*gypsy* music 吉卜赛音乐

G

H h

ha /hɑ:/ *int*. 〔表示惊奇、疑惑、得意、快乐等〕哈：*Ha*! I am right after all! 哈! 我完全没事了。〔亦作 **hah**〕

hab·it /'hæbit/ *n*. [C;U] ❶习惯(*of*)：form a *habit* 养成一种习惯 ❷〈口〉瘾；毒瘾：He kicked the *habit* a year ago. 一年前, 他戒掉了毒瘾。

☆ **habit**, **convention**, **custom** 均有"习惯"之意。**habit** 多指个人长时间重复逐渐形成的行为或思维方式, 强调习惯成自然, 往往自己没有意识到：She has an annoying *habit* of biting fingernails. (她有咬指甲的坏习惯。) **convention** 指行为规范或准则；亦可表示流行的社会行为：It is a matter of *convention* that businessmen should wear suits. (商人应该穿西装, 这是惯例而已。) **custom** 常指一个社会或民族长年累月形成的风俗习惯, 含有为大家所承认、遵循的意思：It is difficult to get used to another country's *customs*. (到另一个国家入乡随俗比较困难。) 该词有时也用来表示个人的习惯：It was his *custom* to get up early and have a cold bath. (他的习惯是很早起床并洗个冷水澡。)

hab·it·a·ble /'hæbitəbᵊl/ *adj*. 可居住的, 适合居住的：Some parts of the country are too cold to be *habitable*. 该国家的有些地区太冷而不适宜居住。‖ **hab·it·a·bil·i·ty** /ˌhæbitə'biliti/ *n*. [U]

hab·i·tat /'hæbitæt/ *n*. [C] ❶(动植物的)栖息地, 生息环境：With the decrease of woodland a lot of wildlife is losing its natural *habitat*. 随着林区的减少, 许多野生动物正逐步失去它们的自然栖息地。❷(某人或某一类人典型的)居住地, 住处：Paris and New York are the major *habitats* of artists. 巴黎和纽约是艺术家的主要聚居地。

hab·i·ta·tion /ˌhæbi'teiʃᵊn/ *n*. 〈书〉❶[U] 居住：There was no sign of human *habitation* as far as the eye could reach. 纵目远望, 不见一丝人烟痕迹。❷[C]住房, 住所, 家宅：The singer has several different *habitations* in this area. 这位歌手在该地区有好几处住所。

ha·bit·u·al /hə'bitjuəl/ *adj*. 〔无比较级〕〔作定语〕❶习惯性的：He's a *habitual* coffee drinker. 他一贯喝咖啡。❷积习很深的；已成习惯的：a *habitual* criminal 惯犯 ‖ **ha·bit·u·al·ly** *adv*.

ha·bit·u·ate /hə'bitjueit/ *vt*. 〔常作 ~ oneself〕使习惯于(*to*)：He has *habituated* himself to the dry climate in the north. 他已习惯了北方干燥的气候。‖ **ha·bit·u·a·tion** /həˌbitju'eiʃᵊn/ *n*. [U]

hack /hæk/ *v*. ❶劈, 砍；猛劈, 乱砍：*hack* meat into bits 把肉剁碎 ❷开辟, 辟出：*hack* a trail through the jungle 在丛林中辟出一条小路 ❸乱劈, 乱砍(*away*,*at*)：*hack at* the shrubs 砍灌木

hack·er /'hækə/ *n*. [C] 砍东西的人(或器具)；〈口〉计算机迷；精于计算机软件编写者；黑客

had /hæd/ *v*. have 的过去式和过去分词

had·n't /'hædᵊnt/ = had not

ha-ha /hɑ:'hɑ:/ *int*. 〔表示惊讶、高兴、讽刺等〕哈哈

hail[1] /heil/ *vt*. ❶给…打招呼：*hail* an old friend 向老朋友打招呼 ❷向…欢呼, 欢迎；为…喝彩, 热情赞扬；热情认可：Children *hailed* the suggestion of a holiday with delight. 孩子们为放假这一提议而高兴得欢呼了起来。‖ **'hail·er** *n.* [C]

hail² /heil/ *n.* [U](冰)雹；下(冰)雹

hail·stone /'heilstəun/ *n.* [C](雨点一般落下的)冰雹球；冰雹粒

hair /heə^r/ *n.* [C;U]头发；毛发：His *hair* is falling out. 他的头发快掉光了。‖ **'hair·less** *adj.*

hair·brush /'heəbrʌʃ/ *n.* [C](用以梳整头发的)发刷；刷

hair·cut /'heəkʌt/ *n.* ❶理发，剪头发：I wish he'd get a *haircut*. 我希望他去理一下发。❷发式，发型：He had a crew *haircut*. 他理了个寸头。

hair·dress·er /'heə₁dresə^r/ *n.* [C]理发师；美发师：My *hairdresser* told me to let my hair dry naturally if I wanted it to curl. 美发师告诉我，如果我要烫发，就先让头发自然晾干。‖ **'hair·dress·ing** *n.* [U]

hair·line /'heəlain/ *n.* [C] 发(际)线：His *hairline* was gradually receding. 他的前额渐渐秃了。

hair·style, hair style /'heəstail/ *n.* [C]发式，发型：change one's *hairstyle* 改变发型 ‖ **'hair·styl·ist** *n.* [C]

half /hɑːf; hæf/ Ⅰ *n.* [C]([复]**halves** /hɑːvz; hævz/)半，一半：The eastern *half* of this region was once heavily glaciated. 这个地区的东半部分一度遭到严重的冰蚀。Ⅱ *pron.* 一半：Of the passengers on the boat, *half* were American, *half* were Canadian. 船上的乘客一半是美国人，一半是加拿大人。Ⅲ *adj.* [无比较级](指数量)一半的；半数的；占一半数量的：He got *half* a dozen apples. 他买了六只苹果。

half·time /'hɑːftaim; 'hæf-/ *n.* 半场休息，中场休息：The referee blew his whistle for *half-time*. 裁判吹响了中场休息哨。

half·way /₁hɑːf'wei, 'hɑːfwei; ₁hæf'wei, 'hæfwei/ Ⅰ *adv.* [无比较级]在中途，半路上，半途地：We were *halfway* to Rome. 我们距罗马尚有一半路程。Ⅱ *adj.* [无比较级][作定语]❶中途的；位于中途的：He

brought out with difficulty in a voice *halfway* to sleep. 他费力地说，声音里还充满了睡意。❷部分的：*halfway* measures 不彻底的措施

hall /hɔːl/ *n.* [C]❶门厅；(建筑物的)走廊，过道：An imposing staircase led out of the *hall*. 一道气势不凡的楼梯由厅内通向厅外。❷会堂，礼堂，大厅：the banquet *hall* 宴会厅

hal·le·lu·jah, hal·le·lu·iah /₁hæli'luːjə/ Ⅰ *int.* 哈利路亚(表示赞美、欢乐或感谢上帝等) Ⅱ *n.* [C]哈利路亚的欢呼声

hall·way /'hɔːlwei/ *n.* [C]门厅；走廊，过道

halt /hɔlt, hɔːlt/ Ⅰ *n.* [C]暂停；暂时中止：Grant asked bringing the car to a *halt* opposite the cottage. 格兰特叫人把车子停在小屋对面。Ⅱ *v.* (使)暂停，(使)停住；(使)中止，(使)终止：*halt* for a short rest 停下来稍事休息

ham /hæm/ *n.* [C;U](腌制或熏制的)火腿；火腿肉：two slices of *ham* 两片火腿(肉)

ham·burg·er /'hæmˌbəːgə^r/ *n.* [C]汉堡包(面包夹煎牛肉饼)：*Hamburgers* are often eaten with ketchup. 人们常蘸上番茄酱吃汉堡包。〔亦作 **burger**〕

ham·mer /'hæmə^r/ Ⅰ *n.* [C]锤子，榔头：*Hammers* are used for breaking or driving nails. 锤子可用以截断钉子或钉钉子。Ⅱ *v.* (反复)敲打，锤击：The man in the next door kept *hammering* all day long. 隔壁房间的那个人整天都在乒乒乓乓敲东西。‖ **'ham·mer·er** *n.* [C]

ham·per /'hæmpə^r/ *vt.* 妨碍，阻碍：The snow storm *hampered* the efforts to rescue victims from the mountain. 暴风雪使营救山上遇险者的工作无法进行。

hand /hænd/ Ⅰ *n.* [C]❶手：By doing so he cleans his *hands* of a piece of sharp practice of earlier days. 他这样做是为了要洗刷过去一件刻薄的行为。❷像手的东西；(钟表等的)指针：The hour *hand* is pointing to the nine. 时针正对着 9 点。❸人手，雇员(指工人、船员等)：The factory employed over a hundred *hands*. 这家工厂雇用了百余

名工人。II vt. 交,递,给:He *handed* each man a glass. 他给每一个人都上了一杯酒。‖ **at hand** *adj.* & *adv.* 在手头;在附近:If a man takes no thought about what is distant,he will find sorrow near *at hand*. 人无远虑,必有近忧。**hand in** *vt.* 上交;提交:Please *hand in* your papers at the end of the exam. 考试完毕后请把试卷交上来。**hand on** *vt.* 传递:We should carry forward the fine traditions *handed on* to us by revolutionaries of the older generation. 我们必须继承老一辈革命家的优良传统并加以发扬光大。**hand out** *vt.* 分发;散发;给予:In the singing class the group leader *handed out* a collection of new songs to each member. 音乐课上,组长发给每人一本新的歌曲集。**on hand** *adj.* 在手头;现有的,可供使用的:He has a lot of work *on hand*. 他手头有许多工作要做。**on the one [other] hand** *adv.* 从一方面[另一方面]来讲:I know this job of mine isn't well paid,but *on the other hand* I don't have to work long hours. 我知道这份工作报酬不高,但从另一方面来说,我也不必工作太长时间。**out of hand** *adv.* 失去控制地;难以驾驭地:That child was spoiled and had got quite *out of hand*. 那孩子被宠坏了,变得不服管教。

hand·bag /ˈhændbæg/ *n.* [C](尤指女士的)坤包,手提包,手提袋

hand·book /ˈhændbuk/ *n.* [C]手册;(旅游)指南〔亦作 **guidebook**〕

hand·cuff /ˈhændkʌf/ *n.* [C][~s]手铐:The criminal was taken to the police station in *handcuffs*. 那个罪犯戴着手铐被扭送到警察局。

hand·ful /ˈhændful/ *n.* [C]❶([复]**-fuls**)一把;一把的量:The boy picked up a *handful* of snow and threw it at me. 那男孩抓起一把雪朝我扔了过来。❷[用单]少数;少量(*of*):a *handful of* consumers 几位用户

hand·gun /ˈhændgʌn/ *n.* [C]手枪

hand·i·cap /ˈhændiˌkæp/ *n.* [C] ❶(比赛中为使优劣机会均衡而施加于强者的)障碍,不利条件(或因素):*Handicaps* give people with different abilities an equal chance of winning. 施加的不利因素使得不同能力的人有同等的获胜机会。❷(成功的)障碍;不利条件(或因素):The main *handicap* of your learning is lack of confidence. 你在学习中主要的障碍是缺乏自信。❸(身体或精神方面的)障碍;缺陷:a person with physical or emotional *handicaps* 有着身体缺陷或情感障碍的人

hand·i·capped /ˈhændiˌkæpt/ *adj.* 有生理缺陷的,残疾的;有精神障碍的,弱智的:a special-care centre for the physically and mentally *handicapped* 残疾和弱智人特别护理中心

hand·i·craft /ˈhændiˌkrɑːft; -ˌkræft/ *n.* [C][通常用单]❶手艺;手工艺;手工业:the *handicraft* of embroidery 刺绣手艺 ❷手工艺品:This shop offers the *handicraft(s)* of various nations. 该商店经销各个国家的手工艺品。

hand·ker·chief /ˈhæŋkətʃif, -ˌtʃiːf/ *n.* [C]([复]**-chiefs** 或 **-chieves** /-ˌtʃiːvz/)手帕,手绢〔亦作 **kerchief**〕

han·dle /ˈhændl/ **I** *n.* [C]柄,把,把手:She turned the *handle* but couldn't open the door. 她转动把手,但打不开门。**II** *vt.* ❶触,摸;摆弄;搬动,搬运:Please don't *handle* the exhibits. 请勿触摸展品。❷处理,应付;负责;管理:She knows how to *handle* people. 她懂得如何处理人际关系。☆ **handle, manipulate, wield** 均有"操纵,使用"之意。**handle** 指具备处理解决某一具体问题或达到某一特定目的所需的能力或技巧:It was a difficult situation but he *handled* it very well. (当时的局面很难控制,但是他应付得很好。) / He *handle* a gun with precision. (他的枪法很准。) **manipulate** 强调操纵、控制事物或事态的灵巧与机敏,往往含有为达某种目的而玩弄手段之意:*manipulate* the most delicate scientific apparatus (能够操作最精密的科学仪器) / He accused the government of *manipulating* public opinion. (他谴责政府操纵公众舆论。) **wield** 指灵活自如地使用工具或武器,强调力量和有效性;也可指熟练成功地

对某一方施加影响或施展权术：He knows how to *wield* an axe.（他知道怎样使用斧头。）/ The people *wield* the power in a democracy.（在民主国家,人民握有权力。）

hand·out /ˈhændaʊt/ *n.* [C] ❶施舍；施舍物：live on *handouts* 靠乞讨为生 ❷免费的产品样品 ❸（教师发给学生的）讲义；会议上发放的演讲稿、书面材料等

hand·rail /ˈhændreil/ *n.* [C]（楼梯的）扶手；（道路的）扶栏

hand·shake /ˈhændʃeik/ *n.* [C] ❶握手：The manager welcomed him with a warm *handshake.* 经理同他热情握手,欢迎他的到来。❷（计算机系统中为确保各设备间正常连接而进行的）信号交换

hand·some /ˈhænsəm/ *adj.*（男子）帅的,英俊的,仪表堂堂的；（女子）健美端庄的：The *handsome* man had "military" written all over him. 那人长得很帅,浑身透着军人气质。‖ **ˈhand·some·ly** *adv.* — **ˈhand·some·ness** *n.* [U]

hand·writ·ing /ˈhændˌraitiŋ/ *n.* [U] ❶书写；手写：Good command of *handwriting* is one of the fundamental skills in primary schools. 熟练掌握书写是小学阶段的基本技能之一。❷〔亦作 **writing**〕书法,字体；笔迹：His *handwriting* is very hard to read. 他的字迹很难辨认。‖ **ˈhand·writ·ten** /-ˌritⁿn/ *adj.*

hand·y /ˈhændi/ *adj.* ❶便于使用的；（车船等）便于操纵的；便利的,方便的：A good toolbox is a *handy* thing to have in the house. 家里有个好的工具箱就方便多了。❷手边的,近身的,附近的：Keep the screwdriver *handy.* I'll use it this afternoon. 把这把螺丝刀放在手头,下午我要用。‖ **ˈhand·i·ness** *n.* [U]

hang /hæŋ/ *v.* （hung /hʌŋ/或 hanged）❶悬挂；悬吊：A lamp was *hung* from the ceiling. 一盏灯从天花板上垂吊下来。❷安装（门、钟摆等使其）转动（或摆动）：*hang* a door on hinges 把门装至铰链上 ❸〔过去式和过去分词常作 **hanged**〕吊死,绞死：They *hanged* the prisoner before dawn. 拂晓前他

们把犯人绞死了。

hang·er /ˈhæŋə/ *n.* [C]挂物的东西；衣架；（衣帽）挂钩

hang·ing /ˈhæŋiŋ/ *n.* [U；C]绞刑；绞死：*Hanging* is still practised in some countries. 有一些国家仍然在施行绞刑。

hang-up /ˈhæŋʌp/ *n.* [C]〈俚〉（尤指感情或精神上难以摆脱的）烦恼,焦虑；心理障碍：There's some *hang-up* about her plane reservation. 她预订机票遇到点麻烦。

han·ker /ˈhæŋkə/ *vi.* 渴望,迫切希望（*for*, *after*）：I was determined to get poor Jane the invitation she *hankered after.* 我打定主意,要给可怜的简弄一张她朝思暮想的请帖。‖ **ˈhan·ker·ing** *n.* [C]

hap·pen /ˈhæpən/ *vi.* ❶（偶然）发生：I couldn't find out what *happened.* 我查不出事情的真相。❷〔后接动词不定式〕碰巧；恰好：I *happened* to meet her. 我正好遇上她。❸（尤指不祥之事）发生在某人身上；让某人碰上（*to*）：I hope nothing *happens* to them. 我希望他们别碰上什么倒霉的事儿。❹偶尔遇到；偶然发现（*on, upon*）：She *happened* on a job. 她意外地找到了一份工作。❺偶尔出现；碰巧来到（*along, by, past, in, into*）：We *happened by* your house yesterday, but you were out. 昨天我们顺道来到你的住处,但是你不在。

☆**happen, occur, take place** 均含有"发生"之意。**happen** 使用范围较广,泛指各种的发生,它既可用于预先策划、有明显起因的事情,也可用于出乎预料的偶发事件；其后接不定式时,则含有碰巧或恰好之意：How did the accident *happen*?（事故是怎么发生的?）/ I *happened* to see her on my way to work.（我碰巧在上班的路上遇到她。）**occur** 比较正式,指在某一具体时间或地点确实发生了某事,强调呈现、出现,常用于否定句中,可与 happen 互换使用：The tragedy *occurred* only minutes after take-off.（这一悲剧在起飞后几分钟内就发生了。）**take place** 常暗含事情有计划、有安排地进行,主语只能用表示物的名词或代词：When does the ceremony *take place*?（仪式什么时候

举行?)

hap·pen·ing /ˈhæpənɪŋ/ *n.* [C][常作～s] 发生的事;事情,事件:Such a *happening* is highly presumable. 这样的事是很可能料到的。

hap·py /ˈhæpi/ *adj.* ❶(感到或显得)愉悦的,快乐的,高兴的,满意的:She had a very *happy* childhood. 她有十分快乐的童年。❷(言行等)恰当的,恰如其分的;适宜的,合适的;巧妙的:a *happy* expression 恰当的表述❸[作表语](表示)乐意的:I am *happy* to be of service. 我很乐意提供帮助。‖ **ˈhap·pi·ly** *adv.* —**ˈhap·pi·ness** *n.* [U]

☆**happy,cheerful,delighted,glad,joyful,joyous** 均有"快乐的,高兴的"之意。**happy** 为一般用语,指因满足了自己的愿望而感到称心如意:He is *happy* about his promotion. (被升职了,他很高兴。)**cheerful** 指热情、快乐和心满意足时所带的外向性举止:It's wonderful to see you so *cheerful*. (看到你这么高兴太好了。)**delighted** 指短暂而热烈的欢快情绪,该情绪不仅能强烈地感受到,而且还明显地流露出来:We were *delighted* with the response to our advertisement. (我们的广告收到这样的效果使我们非常高兴。)**glad** 多为社交场合套套用语,也可表示情绪高涨,心情喜悦:I shall be *glad* to help you find a new job. (我很乐意帮你找一份新工作。)**joyful** 往往用于对某一事件、情况的反应,指情绪上喜气洋洋、兴高采烈,有欢庆的意味:Imagine the *joyful* scene when they were reunited with their lost daughter. (他们与失散的女儿团聚,其快乐的情景是可想而知的。)**joyous** 指因期待之事得以实现而心满意足、情绪高涨,也可指能激起快乐或表示快乐的事情:a *joyous* heart (愉快的心情)

har·ass /ˈhærəs,həˈræs/ *vt.* ❶不断侵扰,骚扰:The village were *harassed* by hostile racists. 这些村庄不断受到敌对种族分子的侵扰。❷不断打扰,烦扰;使苦恼:She had been *harassed* with anxieties since she was out of work. 失业以后她一直忧心忡忡。‖ **ˈhar·ass·er** *n.* [C]—**ˈhar·ass·ment** *n.* [U]

har·bo(u)r /ˈhɑːbə/ *n.* [C](海)港;港口;

港湾;an icefree *harbour*

hard /hɑːd/ I *adj.* ❶坚硬的;坚实的:Rubber is not *hard*,it gives way to pressure. 橡胶性软,受压就会变形。❷紧的;牢的:a *hard* knot 死结 ❸困难的;难做的:It is *hard* to pinpoint the sources. 很难准确地确定来源。❹[作定语]辛苦的,费力的:*hard* labour 苦力 ❺勤劳的,努力的:a *hard* worker 工作努力的人 ❻严厉的;粗暴的;冷酷无情的:Her words are *harder* than her heart. 她是个心软嘴硬的女人。❼(天气)严寒的;(风等)凛冽的:Winters there are generally long and *hard*. 那儿的冬天通常漫长而严寒。II *adv.* ❶努力地;拼命地:He was rubbing his chin *hard* with some of his fingers. 他用手指使劲地擦着下巴。❷用力地;强烈地,猛烈地;严重地:It's raining *hard*. 雨正瓢泼而下。‖ **hard·ness** *n.* [U]

☆**hard,arduous,difficult,laborious** 均有"艰苦的,困难的"之意。**hard** 为普通用词,泛指获得成功需要付出极大的努力和气力但不含难以成功的意味:*hard* work (费力的工作) / *hard* questions (难答的问题) **arduous** 为正式用词,与 hard 词义接近,指需要艰苦的努力和毅力才能做成某事情的:the *arduous* task of rebuilding the town (重建城市的艰巨任务) **difficult** 较 hard 更为正式,强调存在某种难度和复杂性,需要一定的知识、技巧及驾驭能力:You've put me in a *difficult* position. (你使我进退两难。) **laborious** 比较正式,特指做某件事情要花很大力气的,但往往不需要专门技能,也不强调工作的复杂性:This essay of his is a *laborious* piece of work. (他的这篇文章写得很生硬。)

hard disk *n.* [C]【计】硬(磁)盘

hard·en /ˈhɑːdən/ *v.* 变硬,硬化:The ice cream *hardened* in the freezer. 冰激凌放进冰箱后变硬了。‖ **ˈhard·en·er** *n.* [C]

hard(-)head·ed /ˈhɑːdˌhedɪd/ *adj.* ❶不感情用事的;务实的;精明的:He is too *hard-headed* to be fooled by flattery. 他头脑冷静,不会被那些奉承话所蒙蔽。❷固执的;顽固的:He was romantic and *hardheaded*.

他很浪漫，却又执着坚毅。 ‖ **'hard,head·ed·ly** *adv.* — **'hard,head·ed·ness** *n.* [U]

hard-heart·ed /ˌhɑːd'hɑːtid/ *adj.* 硬心肠的，无同情心的：Their anger had made them *hard-hearted*. 愤怒使他们的心肠变硬了。 ‖ ˌhard-'heart·ed·ly *adv.* — ˌhard-'heart·ed·ness *n.* [U]

hard·ly /'hɑːdli/ *adv.* [无比较级]❶几乎不；几乎没有：I hadn't seen her for years but she had *hardly* changed at all. 我已多年不见她了，但她几乎还是老样子。❷不，一点也不：The news is *hardly* surprising. 这消息并不令人吃惊。❸几乎不可能；可能性极小：They will *hardly* come now. 这时候他们不大会来了。

☆**hardly, barely, no sooner, scarcely** 均有"几乎不，几乎没有，仅仅"之意。**hardly, scarcely** 和 **barely** 后接 when 或 before，而 **no sooner** 则后接 than：The game had *hardly* begun when it started raining. (比赛刚刚开始就下起雨来了。) **hardly** 意指"几乎不，可能不，仅仅，才"，强调困难，常用于程度、能力或可能性等方面：I'm so tired I can *hardly* walk. (我累得走不动了。) **barely** 意指"仅仅，只是，几乎没有"，强调勉强或不多不少：We have *barely* enough money to last the weekend. (我们的钱只能勉强维持到周末。) **no sooner** 意指"刚刚，才"，强调时间的短暂：The game had *no sooner* begun than it started raining. (比赛刚开始天就下起了雨。) **scarcely** 意指"几乎不，几乎没有"，常可与 hardly 通用，但强调"仅仅，刚刚，非常勉强"，常用于数量或程度方面：She *scarcely* knew a word of English. (她以前对英语几乎一无所知。)

hard·ship /'hɑːdʃip/ *n.* ❶[U]苦难；困苦；贫穷：serious economic *hardship* 严重的经济困难 ❷[C]苦难，磨难：suffer all kinds of *hardships* 备尝艰辛

hard·ware /'hɑːdˌweə/ *n.* [U]❶五金制品：household *hardware* 家用五金器具 ❷机械；设备：educational *hardware* 电化教学设备 ❸【计】硬件

har·dy /'hɑːdi/ *adj.* ❶强壮的；坚韧的；能吃苦耐劳的：a *hardy* people 吃苦耐劳的民族 ❷需要耐力(或勇气)的：the *hardiest* sports 最能考验人耐力的体育运动 ‖ 'har·di·ly *adv.* — 'har·di·ness *n.* [U]

hare /heə/ *n.* [C]([复]hare(s)) 野兔

harm /hɑːm/ I *n.* [U]❶损害；危害；伤害：I will not let any *harm* come to you. 我绝不会让你受到一丝一毫的伤害。❷恶意；恶行：He doesn't mean any *harm* to her— he's only joking. 他对她没有任何恶意，只是开个玩笑而已。 II *vt.* 损害；危害；伤害：It wouldn't *harm* you to go there. 你应该去那儿。

harm·ful /'hɑːmfəl/ *adj.* 有害的；不利的；致伤的(*to*)：the *harmful* effects of smoking 吸烟的害处 ‖ 'harm·ful·ly *adv.* — 'harm·ful·ness *n.* [U]

harm·less /'hɑːmlis/ *adj.* [无比较级]无害的；不致伤的：He escaped *harmless*. 他逃脱时未受伤害。 ‖ 'harm·less·ly *adv.*

har·mo·ni·ous /hɑː'məuniəs/ *adj.* ❶和睦的；友好的；融洽的；一致的：a *harmonious* family 和睦的家庭 ❷音调和谐的；赏心悦目的：*harmonious* songs 悦耳的歌声 ‖ har'mo·ni·ous·ly *adv.* — har'mo·ni·ous·ness *n.* [U]

har·mo·nize /'hɑːmənaiz/ *v.* 和谐；融洽；协调；一致(*with*)：These colours don't seem to *harmonize with* each other. 这些颜色看上去并不协调。 ‖ har·mo·ni·za·tion /ˌhɑːmənai'zeiʃ°n;-ni'z-/ *n.* [U] — 'har·mo·niz·er *n.* [C]

har·mo·ny /'hɑːm°ni/ *n.* ❶[U]和睦；融洽；友好：live in *harmony* with one's neighbours 与邻里和睦相处 ❷[U]和谐；匀称；协调；一致：She has the perfect *harmony* of mind and body. 她的身心已完全融为一体。

har·ness /'hɑːnis/ I *n.* [C]❶马具；挽具：a set of *harness* 一套马具 ❷挽具状物；吊带；背带：a safety *harness* 安全带 II *vt.* ❶给…套上挽具(*to*)：*harness* a horse to a cart 把马套到车上 ❷〈喻〉驾驭；控制；治理：be *harnessed* to rules 照章办事

harp /hɑːp/ *n.* [C]【音】竖琴 ‖ 'harp·ist *n.*

[C]

harsh /hɑːʃ/ *adj.* ❶残酷的;无情的:with *harsh* insistence 毫不留情地 ❷严厉的,苛刻的:*harsh* words 苛刻的言辞 ❸粗糙的;具刺激性的;(声音)刺耳的:His voice has grown *harsh*. 他的声音变得很刺耳。‖ 'harsh•ly *adv.* — 'harsh•ness *n.* [U]

har•vest /'hɑːvist/ I *n.* [C] ❶收割,收获:The number of fish has been reduced through efficient *harvest*. 由于大量的捕捞,鱼的数量已减少。〔亦作 **harvesting**〕❷收成;收获量;收获物:The *harvest* had been gathered in. 庄稼已经收割完毕。❸结果;成果:They are reaping the *harvest* of years of research. 他们多年的研究已见成效。II *vt.* 收割,收获:We *harvested* a bumper crop of watermelon. 我们的西瓜获得丰收。

has /hæz,弱 həz,əz/ *v.* have 的第三人称单数现在式

hasn't /'hæzⁿnt/ = has not

has•sle /'hæsⁿl/〈口〉I *n.* [C] ❶激烈的争论;争吵:A *hassle* between two actors touched off the riot. 两位演员间的争吵引发了那场骚乱。❷麻烦;困难 II *v.* 激烈地争论;争吵:*hassle* with sb. 与某人激烈争吵

haste /heist/ *n.* [U] 匆忙;仓促:The matter requires *haste*. 这件事要赶快办理。
☆**haste,dispatch,expedition,hurry,speed** 均有"急速,迅速"之意。**haste** 多用于人,既可指做事时性情急躁,行动鲁莽,效果不佳,又可指动作迅速,所做的事既快又好:He packed his bags in *haste* when he heard the police were looking for him. (他听到警察正在搜寻自己时,便急忙打点行装。) **dispatch** 强调快速、有效地完成任务或结束工作:She did the job with great *dispatch*. (她以很高的效率完成了那件工作。) **expedition** 表示处理事情速度快和效率高,含有驾轻就熟、事半功倍的意味:With surprising *expedition* the case came to trial. (那宗案件以令人惊讶的快速度开始审理。) **hurry** 不如 haste 正式,指动作慌乱,侧重于做事的过程或事情本身而不是做事的人:You make mistakes if you do things in a *hurry*. (事情

做得太快,就会出错。) **speed** 用于持续、快速的行动,特别适合于运载工具或运转机器,不含紧迫的意味,用于速率时,不一定表示快速:We were driving along at a slow but steady *speed* of about 30 mph. (我们以大约 30 英里的时速缓慢但平稳地速度驾车前进。)

hast•y /'heisti/ *adj.* ❶急速的;急忙的;仓促的:take a *hasty* farewell 匆匆告辞 ❷草率的;轻率的:She were a little *hasty* in condemning him for it. 她为此事谴责他未免太草率了些。‖ 'hast•i•ly *adv.*

hat /hæt/ *n.* [C](有沿的)帽子;礼帽:put on one's *hat* 戴上帽子 ‖ 'hat•less *adj.*

hatch /hætʃ/ *v.* ❶(小鸡等)出壳(*out*):All the chickens have *hatched out*. 小鸡都已出壳。❷(蛋)孵化:It'll take two days for the eggs to *hatch*. 这些蛋孵化需要两天时间。

hate /heit/ *vt.* ❶仇恨,憎恨;憎恶:We *hated* each other like poison. 我们当年是死对头,互相恨之入骨。❷[不用进行时态]不喜欢;不愿:Tony *hates* bananas. 托尼不喜欢香蕉。‖ 'hat•ed *adj.* — 'hat•er *n.* [C]

ha•tred /'heitrid/ *n.* [U]仇恨,憎恨;敌意;憎恶:bear no personal *hatred* towards sb. 对某人没有私仇

haugh•ty /'hɔːti/ *adj.* 傲慢的,趾高气扬的:*haughty* aristocrats 傲慢的贵族们/be *haughty* to one's inferiors 对下级趾高气扬 ‖ 'haugh•ti•ly *adv.* — 'haugh•ti•ness *n.* [U]

haul /hɔːl/ I *vt.* ❶拖;拉;拽:His wife will *haul* him to a highbrow play. 他妻子会强拽他去观看高雅的戏剧。❷(用车等)运送;拖运:*haul* coal from the mines 从煤矿拖运煤 II *n.* [C] ❶拖;拉;拽:Give a *haul* at the rope. 拉一下绳子。❷拖运;运送:long *hauls* by rail 长途铁路运输 ❸运输量;装运量:We use powerful trucks for heavy *hauls*. 我们用重型卡车拖重物。‖ 'haul•er *n.* [C]

haunt /hɔːnt/ *vt.* ❶(鬼魂、幽灵等)常出没于;老是附在…身上:The old house is said to be *haunted*. 据说这幢老宅里闹鬼。

❷(思想、回忆等)萦绕在…心头:For some reason she's continuously *haunted* with sad memories of her childhood. 不知什么原因，她童年时代的那些回忆一直萦绕在她心头。❸常到,常去(某地):*haunt* a library 常去图书馆

have /hæv,həv,əv/ *vt.* (过去式和过去分词 **had** /hæd/;第三人称单数现在式 **has** /hæz,həz,əz/) ❶[不用进行时态]有;拥有;享有:*Has* she (got) a fax machine? 她有传真机吗? ❷[不用进行时态]收到,接到:I *had* lots of phone calls. 我接到很多电话。❸[不用进行时态]取得,得到,获得:May I *have* this one? 这个我可以拿吗? ❹经历,体验;享受;遭受;患(病):Mary *had* a hot time of it that afternoon. 那天下午玛丽大吃苦头了。❺使,让;邀请:I'll *have* the clerk show you around. 我叫办事员带你去各处看看。❻[不用进行时态]使处于某种位置(或状态):My husband likes to *have* the window open at night. 我丈夫喜欢夜里让窗户开着。❼吃;喝:have breakfast 吃早饭—*v. aux.* ❶[后接过去分词,构成完成时态]已经;曾经:I just learnt that he *had* sold his ranch. 我刚了解到他已把牧场卖掉了。❷[与 to 连用]必须;不得不:I *have* to leave now. 我得走了。❸[用作问题或征求听话人同意时的简略应答,用以代替含 have 的整个动词短语]:A:Have you been there before? B:No,I *haven't*. 甲:你去过那儿吗? 乙:没有,没去过。

☆❶ **have, hold, own, possess** 均有"具有,占有"之意。**have** 为普通用词,词义广泛,指所属关系等,不暗示形成这种关系的理由或原因:He *has* a new car. (他有一辆新车。) **hold** 意指"拥有,持有",含不被别人夺去之意,较 have 更强调控制:He *holds* a half share in the business. (他在这个企业中拥有一半股份。) **own** 指所属关系,强调法律上的所有权,通常用于财产:Who *owns* this house? (谁是这幢房子的主人?) **possess** 基本词义与 own 相同,但较为正式,多用于法律文件中,表示享有全部的所有权,作为普通用词时,指具有某品质、特性或才能:The husband and wife own a piece of land but legally only the husband *possesses* it. (夫妻俩拥有一片土地,但从法律上说,土地的所有权属于丈夫。)该词有时也可表示某物目前属于某人,不强调获取的手段:They *possess* property all over the world. (他们在世界各地均拥有财产。) ❷ **have to, must** 均有"必须"之意。**have to** 意思是"不得不",表示客观的必要性:We'll *have to* get up at five tomorrow morning. (明天早上我们得 5 点钟起床。) **must** 意思是"必须",强调说话人的主观意志,常用于命令、叮嘱等:The children *must* be back by 4 o'clock. (孩子们必须 4 点钟以前回来。)该词不用于过去式,表达过去"必须"的情况时,往往用 had to:Yesterday we *had to* get up early. (昨天我们必须早起。)该词与 **have to** 不同,不能与 may,shall 等助动词或情态动词连用。此外,用否定句时,**have not to** 与 **must not** 的意思差别很大:You *must not* say that. (你决不可那样说。) / You *have not to* say that. 你不必那样说。

have·n't /ˈhævᵊnt/ = have not

hawk /hɔːk/ *n.* [C] ❶[鸟]鹰;隼 ❷(尤指在外交事务中持强硬路线的)"鹰派"分子;主战派分子 ‖ ˈhawk·ish *adj.*

hay /hei/ *n.* [U] (用作饲料的)干草:a bale of *hay* 一大捆干草

haz·ard /ˈhæzəd/ *n.* [C] 危险;危害物:Polluted water sources are a *hazard* to wildlife. 污染的水源危及野生动植物的生命。

haz·ard·ous /ˈhæzədəs/ *adj.* 危险的;冒险的;危害的:Drinking polluted water is *hazardous* to one's health. 饮用被污染的水有害人的健康。‖ ˈhaz·ard·ous·ly *adv.*

haze /heiz/ *n.* ❶[C;U]霾,雾霭;烟雾:A thin *haze* veiled the lake. 湖面上笼罩着淡薄的雾霭。❷[用单]迷糊,糊涂,懵懂:with one's mind in a *haze* 脑子混混沌沌地

ha·zel /ˈheizᵊl/ *n.* [C][植]榛树

ha·zel·nut /ˈheizᵊlˌnʌt/ *n.* [C]榛子,榛果

he /hiː,iː/ *pron.* [主格] ❶[用以指男性]他:A:Where did the man go? B:*He*'s in the library. 甲:那个人去了哪儿? 乙:他去图书馆了。❷[用以泛指]任何人:*He* who is contented with his lot is wealthy. 知足者常富。

head /hed/ **I** *n.* [C] ❶(人、动物等的)头；头部：She beckoned with her *head* for him to follow her. 她向他点一点头，示意他跟她走。❷头脑；脑筋，智力：He has no *head* for mathematics. 他没有数学头脑。❸首脑，首领；头头：*Heads* I win, tails you lose. 正面我赢，反面你输。**II** *vt.* ❶走在…的前头；居…之首；位于…的顶部：His car *headed* the funeral procession. 他的汽车为葬礼队伍开道。❷当…的首脑；领导；主管：*head* a research center 领导一个研究中心 ‖ **head for** *vt.* 朝…前进；前往：The ship was *heading* for London. 这艘轮船正驶往伦敦。

head·ache /'hedˌeik/ *n.* [C] ❶头痛，头疼 ❷令人头痛的事情(或人)；棘手的事情：The energy *headache* has become more prominent recently. 近来能源这一棘手的问题显得愈来愈突出。

head·ing /'hediŋ/ *n.* [C] 标题；题目

head·line /'hedˌlain/ *n.* [C] ❶(尤指报刊上文章等的)标题；大标题；副标题〔亦作 **head**〕❷[~s](报纸上的)头版头条新闻；头版重要新闻：The story went into *headlines*. 这件事情成了报纸的头条新闻。

head·mas·ter /'hedˌmɑːstə⁻ ; -'mæs-/ *n.* [C] (私立中小学的)男校长

head·mis·tress /'hedˌmistris/ *n.* [C] (私立中小学的)女校长

head-on /ˌhed'ɒn/ *adj.* [无比较级][作定语] ❶迎面的，正面的：a *head-on* collision 迎面相撞 ❷面对面的；直接的：a *head-on* confrontation with the boss 与老板的正面冲突

head·quar·ter /'hedˌkwɔːtə⁻/ *v.* (为…)设立总部；(在…)设有总部：This is where the military groups are *headquartered*. 这里就是军队设立的司令部。

head·quar·ters /'hedˌkwɔːtəz/ *n.* [单复同] ❶(军队、警察等的)司令部；总指挥部 ❷(企业、机关、团体等的)总部；总局；总办事处：Sam is on the way to report himself at *headquarters*. 萨姆正在去总部报到的路上。

heal /hiːl/ *v.* ❶(使)痊愈，治愈；(使)康复：The doctor has *healed* me of my sickness. 医生治好了我的病。❷消除(分歧等)；调停，平息：Only time will *heal* my broken heart. 只有时间才能抚慰我受伤的心灵。‖ **'heal·er** *n.* [C]

health /helθ/ *n.* [U]健康状况；健康：a good mental *health* 心理健康

health·ful /'helθfˀl/ *adj.* 有益于健康的；保健的；有益的：*healthful* exercises 健身运动

health·y /'helθi/ *adj.* 健康的；强健的：He is of a very vigorous and *healthy* constitution. 他的体格健壮，浑身充满活力。‖ **'health·i·ly** *adv.* — **'health·i·ness** *n.* [U]

heap /hiːp/ *n.* [C] ❶(一)堆：a *heap* of stones 一堆石块 ❷〈口〉许多；大量：He has *heaps* of money. 他有许多钱。

hear /hiə⁻/ (**heard** /həːd/) *v.* ❶[不用进行时态]听见，听到：Speak louder! I can't *hear* you. 声音大一些！我听不见你说的话。❷[不用进行时态]听说，得知：Have you *heard* the latest news? 你听到最新的消息了吗？‖ **hear of** *vt.* 听说，得知；听到关于…的消息：He left last year and hasn't been *heard of* since. 他去年走了，从此就再也没有他的消息了。‖ **'hear·er** *n.* [C]
☆**hear**, **listen**, **listen to** 均表示"听"。hear 表示耳朵听到声音，强调结果，但不强调听的动作：I *heard* someone laughing. (我听见有人在笑。) **listen** 和 **listen to** 指注意听，强调有意识听的动作：We always *listen to* the six o'clock news on the radio. (我们一直收听 6 点钟的新闻。)

hear·ing /'hiəriŋ/ *n.* [U]听力；听觉：have a defect in *hearing* 听觉有缺陷

heart /hɑːt/ *n.* ❶[C]心，心脏：Her *heart* beat fast. 她心跳得很快。❷[C]内心，心灵；心地：see into everybody's *heart* 看透每个人的心思 ❸[U]精神；勇气，胆量；热情：He wanted to argue with the boss, but didn't have the *heart*. 他想和老板争论，但

又没有胆量。❹[通常用单]中心;核心:the *heart* of the capital 首都的中心地区

heart attack *n.* [C]【医】心脏病发作

heart·beat /'hɑːtˌbiːt/ *n.* [C]心跳(声); 心搏

heart·break /'hɑːtˌbreik/ *n.* [U]心碎,伤心

heart·break·ing /'hɑːtˌbreikiŋ/ *adj.* 令人心碎的,让人悲痛欲绝的:a *heartbreaking* news report 一则令人心碎的新闻报道

heart·bro·ken /'hɑːtˌbrəukən/ *adj.* 极度伤心的,心碎的:be *heartbroken* over sth. 为某事伤心至极

heart·i·ly /'hɑːtili/ *adv.* ❶热诚地;衷心地:We were greeted *heartily*. 人们向我们致以热情的问候。❷尽情地,畅怀地,痛快地:laugh *heartily* 开怀大笑

heart·y /'hɑːti/ *adj.* ❶[通常作定语]热诚的;衷心的;亲切友好的:She's *hearty* and warm-hearted as ever. 她总是热情友好。❷[作定语]真心实意的;由衷的:She had a *hearty* dislike for exams. 她十分厌恶考试。❸[作定语]丰盛的:eat a *hearty* breakfast 吃一顿丰盛的早餐 ‖ **'heart·i·ness** *n.* [U]

heat /hiːt/ I *n.* ❶[U]热;热的程度:Water retains *heat* much longer than air. 水的保温时间要比空气长得多。❷[U;C]温度:cook the meat on a high *heat* 以高温烧肉 ❸[常作 the ～]炎热的天气(或气候、季节);炎热期:*The heat* will last for a month. 炎热的天气将持续一个月。II *vt.* 把⋯⋯加热,使热,使变暖:The room is *heated* by stove. 这房间用火炉取暖。

heat·ed /'hiːtid/ *adj.* 激动的;愤怒的;(讨论等)热烈的;激烈的:Why do you always get so *heated* about politics? 你为什么一谈到政治总是那么激动?

heat·er /'hiːtə/ *n.* [C]加热器,加热装置;发热器:the water *heater* 热水器

heat·ing /'hiːtiŋ/ *n.* [U]供暖系统;暖气设备:central *heating* 中央供暖设备

heat·stroke /'hiːtˌstrəuk/ *n.* [U]【医】中暑

heave /hiːv/ I (**heaved** 或 **hove** /həuv/) *vt.* ❶(用力)拉起;举起,提起:She *heaved* the

pack up onto her back. 她用力背起背包。❷(使劲)投掷;抛出:His wife picked up a bulky dictionary and *heaved* it at him. 他妻子拿起一本厚词典,朝他掷过去。❸使起伏;使隆起;使胀起:The wind *heaves* the waves. 风使水浪起伏。II *n.* [C]拉,拖,拽;举:I gave the door a good *heave*. 我用力推了一下门。‖ *heave to vi.* (船只)停止行驶

heav·en /'hevən/ *n.* ❶[U][不与a或 the 连用]天堂,天国,天界:*heaven* and hell 天堂与地狱 ❷[通常作～s]天,天空:the starry *heavens* in the night 夜晚的星空 ❸[U]极乐(世界);人间天堂:The island in the ocean is *heaven*. 洋中小岛真是个天堂。‖ **'heav·en·ly** *adj.* —**'heav·en·ward** /-wəd/ *adv.* & *adj.*

heav·y /'hevili/ *adj.* ❶重的,沉的:a *heavy* box 一只重箱子 ❷(心情)沉重的;沉痛的;悲伤的,忧郁的:My heart was as *heavy* as lead. 我的心情像铅一般沉重。‖ **'heav·i·ly** *adv.* —**'heav·i·ness** *n.* [U]

hec·tare /'hekteə/ *n.* [C]公顷(土地丈量单位,1公顷=10 000平方米)〔亦作 **hektare**〕

hedge /hedʒ/ I *n.* [C]❶(灌木)树篱:clip one's *hedge* regularly 定期修剪自己的树篱 ❷保护(手段);防御(手段):They bought gold as a *hedge* against inflation. 他们购买黄金作为抵御通货膨胀的手段。II *vt.* 用树篱围住(或隔开):The village has been *hedged* off from the outer world. 这个村子四周围有树篱与外界隔开。—*vi.* 避免正面答复;含糊其词:Stop *hedging* and tell us what you really think. 不要含糊其词,说说你的真实想法。‖ **'hedg·er** *n.* [C]

hedge·hog /'hedʒˌhɒg/ *n.* [C]【动】刺猬

heel /hiːl/ *n.* [C]❶踵,(脚)跟:lift one's *heels* off the ground 踮起脚跟 ❷(鞋、袜等的)后跟,踵部:shoes with high *heels* 高跟鞋

height /hait/ *n.* ❶[U]高度:The tree has grown to 100 metres in *height*. 这棵树已长到100米高。❷[C]身高:He is six feet in *height*. 他身高6英尺。❸[常作～s]高处,

高地：be been scared of *heights* 恐高 ❹[常作～s]顶峰，巅峰：reach the *heights* of one's profession 达到事业的巅峰期 ❺[常作 the ～]顶点，顶部，顶端：Prices rose to a great *height*. 价格创下了新高。

height·en /ˈhaɪtʰn/ *v.* 增强，加强；加剧：use lemon to *heighten* the flavour 用柠檬增味

heir /eəʳ/ *n.* [C] ❶继承人；子嗣，后嗣：an *heir* to a large fortune 大笔财产的继承人 ❷(传统、性格、才能等的)继承者，承袭者，后继者：He's *heir* to [of] his father's character. 他继承了他父亲的性格。

heir·ess /ˈeəris/ *n.* [C](尤指对大笔财产或权位等拥有继承权的)女继承人：a rich *heiress* to the Texan oil empire 得克萨斯州石油帝国富裕的女继承人

held /held/ *v.* hold 的过去时和过去分词

hel·i·cop·ter /ˈhelikɒptəʳ/ *n.* [C]直升机

he·lix /ˈhiːliks/ *n.* [C]([复] **hel·i·ces** /ˈhiːlisiːz, ˈhel-/ 或 **he·lix·es**) 螺旋结构；螺旋形(物体)

hell /hel/ I *n.* [U] ❶地狱：go through *hell* and high water 赴汤蹈火 ❷地狱；苦难的经历：a living *hell* 人间地狱 II *int.* [用作诅咒语，表示愤怒、厌恶、惊讶等]见鬼，该死：Oh *hell*, I've lost my train ticket. 真该死，我把火车票丢了。

hel·lo /heˈləu, hə-, ˈheləu/ *int.* ❶[表示问候或唤起注意，或用作打电话时的招呼语]哈罗，喂 ❷[表示惊奇、惊讶或得意等]嘿："*Hello*, that's very strange.""嘿，那就奇怪了。"

hel·met /ˈhelmit/ *n.* [C]头盔；帽盔；钢盔；防护帽：a crash *helmet* 安全帽 ‖ **ˈhel·met·ed** *adj.*

help /help/ I *vt.* ❶帮助，援助；扶持；资助，赞助；协助：We *helped* him (to) get settled in. 我们帮他安顿下来。❷救助，救援：*help* the people in disaster 救援蒙难的人们 ❸对…有帮助，对…有用处：Trade *helps* the development of industry. 贸易促进工业的发展。❹改善，改进：*Tai Chi* can *help* people's health. 太极拳能增进人体的健康。

II *n.* [U]帮助，援助；资助：He came to our *help*. 他来帮助我们。III *int.* 救命：*Help*! He's killing me. 救命啊！他要杀我。‖ **ˈhelp·er** *n.* [C]

☆**help**, **aid**, **assist** 均有"帮助，援助"之意。**help** 为普通用词，强调使受助者达到目的，含慷慨大方、乐于助人之意，强调帮助的需要：The neighbours *helped* us to move the piano. (邻居帮我们搬钢琴。)**aid** 较 help 正式，在日常生活中不常用，强调受助者处于困难或危险境地而急需救援，有时含被援助方是弱者之意：*aid* quake victims (救助地震受害者) **assist** 为正式用词，强调协同工作中的从属部分，多指个人提供的协助或辅助：You will be required to *assist* Mrs. Smith in preparing a report. (你将要协助史密斯夫人准备一份报告。)

help·ful /ˈhelpfʰl/ *adj.* 有帮助的，有用的，有益的：It is *helpful* of you to do that. 你那样做，真是太肯帮忙了。‖ **ˈhelp·ful·ly** *adv.* —**ˈhelp·ful·ness** *n.* [U]

help·less /ˈhelplis/ *adj.* ❶不能自立的；无依无靠的；孤弱的：a *helpless* newborn baby 没有自理能力的新生儿 ❷无助的；无保护的：Without proper defences we'd be *helpless* against an enemy attack. 没有足够的防御，我们就不能抵御敌人的进攻。❸没有力量的；没有能力的：The kid was *helpless* with crying. 那小孩哭得全身无力。‖ **ˈhelp·less·ly** *adv.* —**ˈhelp·less·ness** *n.* [U]

hem /hem/ I *vt.* (**hemmed**；**hem·ming**) ❶给…缝边；给…镶边：The skirt is *hemmed* with golden fringe. 这条裙子镶上了金色绲边。❷包围，围绕(*in*)：*hem* the enemy troops *in* 将敌军包围起来 II *n.* [C](衣服等的)褶边，贴边 ‖ **ˈhem·mer** *n.* [C]

hem·i·sphere /ˈhemisfiəʳ/ *n.* [C] ❶[常作 H-](地球或天体的)半球：the Western *Hemisphere* 西半球 ❷半球；半球体 ‖ **hem·i·spher·ic** /ˌhemiˈsferik/, **hem·i·spher·i·cal** /-kʰl/ *adj.*

hemp /hemp/ *n.* [U]【植】大麻

hen /hen/ *n.* [C]【动】母鸡；雌禽

hence /hens/ *adv.* [无比较级] ❶因此，所

以：A better working environment improves people's performance, and *hence* productivity. 更好的工作环境能改善人们的工作，从而提高生产率。❷从这时起，从此以后：The agreement will expire a week *hence*. 此协议一星期后失效。

hence·forth /ˌhensˈfɔːθ, ˈhensfɔːθ/ *adv.* [无比较级]从今以后，从此以后：*Henceforth*, parties which fail to get 5% of the vote will not be represented in parliament. 从此得标率不超过 5% 的党派在国会中不再有议席。

her /həːʳ, 弱 həʳ, əʳ/ *pron.* ❶[she 的宾格]她：I haven't seen *her* for a long time. 我好久没见到她了。❷[she 的所有格][作定语]她的：What's *her* name? 她叫什么名字？

herb /həːb/ *n.* [C] ❶草本植物 ❷香草；药草；medicinal *herbs* 药草 ‖ **her·ba·ceous** /həːˈbeiʃəs/ *adj.*

herd /həːd/ *n.* [C] ❶兽群，牧群（尤指牛群）：a *herd* of cattle 一群牛 ❷人群，人流：a *herd* of autograph seekers 一群要求签名的人 ‖ **herd·er** *n.* [C]

here /hiəʳ/ *adv.* [无比较级] ❶在这里：You can't dispense with a stove in winter *here*. 在这里冬天你不能不用炉子。❷向这里，到这里：Thank you for being *here*. 谢谢各位的光临。‖ **here and there** *adv.* 到处，处处：Clothes scattered *here and there* on the floor. 地板上散落了一地的衣服。

here·about(s) /ˌhiərəˈbaut(s)/ *adv.* [无比较级]在这一带，在附近：There is a post office somewhere *hereabouts*. 这附近有个邮局。

here·af·ter /hiərˈɑːftəʳ, -ˈæf-/ *adv.* [无比较级]从此，从今以后：My heart sank as I felt how hard the world was going to be to me *hereafter*. 一想到今后活在世上将是多么的艰难，我不由得心情沉重起来。

her·it·age /ˈheritidʒ/ *n.* [通常用单]世袭财产，遗产

he·ro /ˈhiərəu/ *n.* [C]（[复]-roes）❶英雄（人物），豪杰，勇士：a combat *hero* 战斗英雄 ❷（小说、戏剧、电影等中的）男主角，男主人公：play (the part of) the *hero* in the film

在电影中演男主角

he·ro·ic /hiˈrəuik/, **he·ro·i·cal** /-kəl/ *adj.* ❶英雄的：*heroic* deeds 英雄事迹 ❷英勇的；有英雄气概的：A soldier was dead in a *heroic* pose. 一名士兵死去时仍保持着一种凛然无畏的姿势。‖ **he·ro·i·cal·ly** /-kli/ *adv.*

her·o·ine /ˈherəuin/ *n.* [C] ❶女英雄（人物），女杰，女勇士；被崇拜的女人 ❷（小说、戏剧、电影等中的）女主角，女主人公

hers /həːz/ *pron.* [she 的物主代词绝对形式]她的，她的所有物；属于她的（东西）；她的家人：The red umbrella is *hers*. 那把红伞是她的。

her·self /həːˈself/ *pron.* ❶[反身代词]她自己：She made *herself* a cup of coffee. 她给自己冲了一杯咖啡。❷[用以加强语气]她亲自；她本人：She said she *herself* would do it. 她说要亲自去做这件事。

hes·i·tant /ˈhezitənt/ *adj.* 犹豫的，踌躇的，迟疑的；有疑虑的：She was *hesitant* about coming forward with her story. 她不想把她的小说拿出来讨论。‖ **hesi·tan·cy** *n.* [U]—**hes·i·tant·ly** *adv.*

hes·i·tate /ˈheziteit/ *vi.* ❶犹豫，踌躇，迟疑不决（*about, over*）：She *hesitated* over the choice of going and staying. 是去是留她拿不定主意。❷不愿意，有疑虑：He *hesitated* to break the law. 他不想触犯法律。‖ **hesi·tat·ing·ly** *adv.*

hes·i·ta·tion /ˌheziˈteiʃən/ *n.* [U；C]犹豫；踌躇；迟疑：He promised there would be no more *hesitations* in pursuing reforms. 他承诺在致力改革方面不应该再有所犹豫。

hey /hei/ *int.* [表示喜悦、惊讶、兴奋、询问或用以引人注意等]嗨，喂，嘿：*Hey*! Where are you going? 喂！你上哪儿去？

hi /hai/ *int.* [问候用语，相当于 hello]嗨：*Hi*, how are you? 嗨，你好！

hi·ber·nate /ˈhaibəneit/ *vi.*（动物）冬眠，蛰伏 ‖ **hi·ber·na·tion** /ˌhaibəˈneiʃən/ *n.* [U]—**hi·ber·na·tor** *n.* [C]

hic·cup, hic·cough /ˈhikʌp, -əp/ *n.* [C]

打嗝(声)；呃逆：In the middle of the cere-mony there was a loud *hiccup* from his son. 在仪式进行中间他的儿子打了个响嗝。

hid /hɪd/ *v.* hide 的过去式和过去分词

hide /haɪd/ （**hid** /hɪd/, **hid·den** /ˈhɪdⁿn/ 或 **hid**) *vt.* ❶把…藏起来；藏匿；隐蔽：We never know what's *hidden* in each other's hearts. 人心隔肚皮，做事两不知。❷把…遮挡(或遮盖)起来；遮蔽，掩蔽：Much of his face was *hidden* by a thick beard. 他的大部分脸被浓密的胡须遮住了。❸隐瞒；掩饰：*hide* one's feelings 掩饰自己的感情 ‖ **'hid·er** *n.* [C]

☆**hide, bury, conceal, secrete** 均有"隐藏，遮掩"之意。**hide** 为普通用词，既可指藏身、藏东西，也可指掩藏感情，该词强调的是动作而不是动机或意图：He *hid* the gun in his pocket. (他把枪藏在衣袋里。) / He *hid* his true feelings about her. (他把对她的真实感情藏了起来。) **bury** 指掩藏或埋藏，强调用物件完全遮盖或掩埋：Thousands of bodies are still *buried* in the rubble. (成千上万的尸体仍被埋在乱石堆中。) **conceal** 为正式用词，强调有意隐藏或隐瞒，不让他人知道或发现：He *concealed* his debts from his wife. (他对妻子隐瞒了自己的债务。) **secrete** 常指偷偷摸摸地把东西藏在他人不知道的地方：money *secreted* in a drawer (藏在抽屉里的钱)

hid·e·ous /ˈhɪdiəs/ *adj.* ❶可怕的，恐怖的；奇丑无比的，丑得吓人的：a *hideous* creature 可怕的怪物 ❷令人憎恨的，惊世骇俗的：commit a *hideous* crime 犯下令人发指的暴行 ‖ **'hid·e·ous·ly** *adv.* —**'hid·e·ous·ness** *n.* [U]

hi·er·ar·chy /ˈhaɪəˌrɑːki/ *n.* [C] ❶等级制度：social *hierarchy* 社会等级制度 ❷统治集团；管理阶层：the management *hierarchy* 管理层 ‖ **hi·er·ar·chic** /ˌhaɪəˈrɑːkɪk/ *adj.* —**ˌhi·er'ar·chi·cal** /-kⁿl/ *adj.* —**ˌhi·er'ar·chi·cal·ly** *adv.*

hi·er·o·glyph·ic /ˌhaɪərəˈglɪfɪk/ I *adj.* 象形文字的；用象形文字写成的：*hieroglyphic* script 用象形文字写成的手稿 II *n.* [C]

❶象形字，象形符号 ❷[通常作～s]象形文字

hi-fi /ˈhaɪˌfaɪ/ I *n.* ❶[U](收音机、录音机、留声机等的)高保真度 ❷[C]高保真度的音响设备 II *adj.* [无比较级][作定语](音响等)高保真度的；高灵敏度的：*hi-fi* equipment 高保真度的设备

high /haɪ/ I *adj.* ❶高的，高大的：the top of a *high* mountain 高山之巅 ❷(程度等)高的；(数量等)大的：Fish is *high* in calcium. 鱼含有丰富的钙。❸[通常作定语]高尚的；崇高的；高贵的：*high* minds 品格高尚的人 ❹(等级、地位、职务等)重要的；主要的：be *high* in the government 在政府中任要职 ❺(声音等)尖锐的；高声调的：*high* notes 高音 ❻兴高采烈的；兴奋的：be *high* in spirits 情绪高昂 II *adv.* ❶高，高高地；在(或向)高处：We flew *high* above the city. 我们在城市上空飞行。❷高价地；奢华地，奢侈地：These goods have been sold *high*. 这些商品被高价出售。

higher education *n.* [U]高等教育

high·land /ˈhaɪlənd/ *n.* [～s]高地，高原；高原地区，丘陵地带

high-lev·el /ˈhaɪˈlevⁿl/ *adj.* [作定语] ❶高级别的，高层次的：*high-level* officials 高级官员 ❷由高层次人员组成的：*high-level* executives 高级管理层

high·light /ˈhaɪˌlaɪt/ I *vt.* ❶强调，使突出：The survey *highlighted* the needs of working women. 这份调查强调了职业妇女的需求。❷用彩色笔标出：*highlight* the important points while reading 边阅读边用彩色笔标出要点 II *n.* [C] 最突出的部分；(新闻、节目等)最精彩的部分；最重要的时刻(或事件等)：*highlight* of the discussion 讨论的重点

high·ly /ˈhaɪli/ *adv.* ❶十分，非常，很，极其：*highly* spiced food 味重的食物 ❷极其赞赏地，非常赞许地：Such plans are *highly* publicized. 这类规划被大作宣传。

high school *n.* [C;U]中学：She went to good *high school*. 她上了一所很好的中学。

high-tech /ˈhaɪˌtek/ 〈口〉*adj.* [作定语]高

技术的,高科技的:high-tech products 高技术产品

high·way /'haɪ,weɪ/ *n.* [C]公路:express *highways* 高速公路〔亦作 **highroad**〕

hi·jack /'haɪ,dʒæk/ *vt.* ❶劫持:A terrorist armed with a pistol *hijacked* the plane to Paris. 一名持枪的恐怖分子把飞机劫持到了巴黎。❷拦路抢劫(车辆、货物、人等):*hijack* a freight train 抢劫货运列车 ‖ **'hi·jack·er** *n.* [C]

hike /haɪk/ I *vi.* ❶长途步行,徒步旅行,远足,远行:*hike* through the woods 徒步穿过森林 ❷(物体等)向上提(*up*) II *n.* [C]长途步行,徒步旅行,远足,远行:go on a *hike* across the country 徒步周游全国 ‖ **'hik·er** *n.* [C]

hill /hɪl/ *n.* [C]❶小山,冈峦:Sheep were grazing on the side of the *hill*. 羊正在小山坡上吃草。❷(道路的)斜坡;坡路:a steep *hill* at the end of the road 路尽头的一个陡坡 ❸土墩,土堆;小堆:an ant *hill* 蚁山

hill·side /'hɪl,saɪd/ *n.* [C](小山的)山腰,山坡

hill-top /'hɪl,tɒp/ *n.* [C](小山的)山顶

him /hɪm/ *pron.* [he的宾格]他:I lent *him* the books. 我把那些书借给了他。

him·self /hɪm'self/ *pron.* ❶[反身代词]他自己:He considered *himself* lucky. 他认为自己很幸运。❷[用以加强语气]他亲自;他本人:Allan *himself* told me about it. 此事是艾伦自己亲口告诉我的。

hind /haɪnd/ *adj.* [无比较级][作定语]后面的;后部的;在后面的:*hind* wheels 后车轮

hind·er /'hɪndə/ *vt.* 妨碍,阻碍;阻挠,使耽搁:The new policy will *hinder* the reform. 这项新政策将阻碍改革。

☆ **hinder, block, impede, obstruct** 均有"阻止,妨碍"之意。**hinder** 为普通用词,指一时的干扰或事故暂时推迟某人的行动或妨碍某事情的进行,含令人不快、不利的意味:This incident may *hinder* the progress of the peace talks. (这一事件可能会妨碍和平谈判的进程。) **block** 词义最强,表示将道路进出口完全堵死或使事情无法进行,含有完全封闭或有效阻塞之意:The road was *blocked* by a big truck. (道路被一辆大货车堵死了。) **impede** 指阻碍行动或事情的正常进行,缓慢得近似停止:The development of the project was seriously *impeded* by a reduction in funds. (由于资金削减工程进度严重受阻。) **obstruct** 词义较强,指干扰正在进行的事情或设置路障不让车辆通行,暗示障碍难以克服,从而无法进展或完全停顿等:The broken-down truck *obstructed* the traffic. (这辆抛锚的货车堵塞了交通。)

hin·drance /'hɪndrəns/ *n.* [U]妨碍;阻碍:This delay has caused some *hindrance* to my plans. 这一耽误妨碍了我计划的执行。

hint /hɪnt/ *n.* [C]❶暗示;示意:Give me a *hint* about the big news. 关于这则重大新闻,给我一点暗示吧。❷线索;细微的迹象:There's a *hint* of winter in a gusty northwest wind. 一阵阵西北风透着冬天的寒意。❸点滴,微量,少许:with a *hint* of suspicion 略有怀疑地

hip /hɪp/ *n.* [C]【解】髋(部);臀(部) ‖ **hipped** *adj.*

hip·pie /'hɪpi/ *n.* [C]嬉皮士(尤指 20 世纪 60 年代在美国等西方国家出现的反传统的青年一代,他们通常留长发、穿奇装异服、吸毒品);消极颓废的人〔亦作 **hippy**〕

hire /haɪə/ I *vt.* ❶雇用,聘用:*hire* a lawyer to fight the case 聘请律师打官司 ❷租用;租借(房屋等):We *hired* a car to go there. 我们租了一辆汽车去那儿。II *n.* ❶[U]租用;雇用;受雇:be in the *hire* of sb. 受雇于某人 ❷[C]雇工,受雇者

his /hɪz,弱 iz/ *pron.* ❶[he的所有格]他的:This is *his* first visit to Beijing. 这是他第一次到北京。❷[he的物主代词绝对形式]他的,他的所有物;属于他的(东西);他的家人:*His* was the strangest remark of all. 他的话最为奇怪。

hiss /hɪs/ I *v.* ❶(蛇、鹅、沸水等)发出嘶嘶声:The snake raised its head and *hissed*. 那条蛇昂起头,嘴里发出嘶嘶声。❷发出嘘声(以表示反对、鄙视、嘲笑等):Don't *hiss* at the speaker. 不要对发言者发嘘声。II *n.*

[C]嘶嘶声:the hiss of rain in the pools 雨打池水的沙沙声

his·to·ri·an /hɪˈstɔːrɪən/ **n.** [C]年代史编纂者;历史学家

his·tor·ic /hɪˈstɒrɪk,-ˈstɔr-/ **adj.** [作定语] ❶历史上著名的;具有历史意义的: The stock market is at *historic* highs. 股市连创历史新高。❷ = historical

his·to·ri·cal /hɪˈstɒrɪk²l,-ˈstɔr-/ **adj.** [作定语]❶历史的;历史上的: *historical* studies 史学研究 ❷依据历史的发展叙述的;按年代顺序的:a *historical* novel 历史小说 ❸基于史实的,有史可考的,真实的;(小说、电影等)历史题材的: in the *historical* process 在历史的发展过程之中 ‖ **his·tor·i·cal·ly adv.** —**his·tor·i·cal·ness n.** [U]

☆**historical**,**historic** 均有"历史的;有历史意义的"之意。**historical** 强调经考证历史上确实存在的人物或发生的事情:We have no *historical* evidence for it. (我们缺乏可以证明这一点的史学根据。) **historic** 强调地点或事情具有重大历史意义:a *historic* visit of the President (总统的历史性访问)

his·to·ry /ˈhɪst²rɪ/ **n.** ❶[U]历史学,史学:I major in *history*. 我主修历史学。❷[C]历史;史实的记载(或叙述);大记事:China has a long *history*. 中国具有悠久的历史。❸[C](尤指个人的)经历,履历:The boy has a *history* of shoplifting. 这男孩有在商店里偷盗的前科。

hit /hɪt/ (**hit**; **hit·ting**) **vt.** ❶打,击:He was *hitting* Tom for several minutes. 他把汤姆打了好几分钟。❷碰撞,撞击;使撞上:As she fell,she *hit* her head on the pavement. 她跌倒时,头撞在了人行道上。❸击中,命中:The bullet *hit* him in the left shoulder. 子弹击中了他的左肩。❹使遭受打击;使蒙受损失(或痛苦等): The terrible news *hit* her really hard. 这可怕的消息使她痛苦万分。‖ **'hit·ter n.** [C]

hitch¹ /hɪtʃ/ **vt.** ❶(用环、绳等)捆,系;拴套:*hitch* the horse's rope over the pole 把马的套索套到车辕上 ❷急拉,猛拽;(猛地)移动:*hitch* up one's trouser legs 挽起裤管

hitch² /hɪtʃ/ **v.** 〈口〉免费搭乘(便车)旅行:*hitch* a lift[ride]搭便车旅行 ‖ **'hitch·er n.** [C]

hitch·hike /ˈhɪtʃhaɪk/ **v.** 免费搭车旅行;搭便车:go *hitchhiking* 去沿途免费搭车旅行 ‖ **'hitch·hik·er n.** [C]

HIV abbr. human immunodeficiency virus 【微】人体免疫缺损病毒;艾滋病病毒

hive /haɪv/ **n.** [C]❶蜂箱;蜂巢;蜂房 ❷蜂群: The *hive* is[are] getting ready to swarm. 这巢蜜蜂开始成群地离开蜂房。

h'm /hm/ **int.** [用以表示停顿、犹豫、疑惑等]哼,嗯,嗯[亦作 **hmm**]

hoarse /hɔːs/ **adj.** (嗓音)嘶哑的;(叫声等)粗嘎的;发出粗嘎声音的: talk oneself *hoarse* 把嗓子说哑了 ‖ **'hoarse·ly adv.** —**'hoarse·ness n.** [U]

hob·ble /ˈhɒb²l/ **vi.** 跛行;蹒跚:He *hobbled* along on crutches. 他拄着拐杖一瘸一拐地在走路。‖ **'hob·bler n.** [C]

hob·by /ˈhɒbɪ/ **n.** [C]嗜好;业余爱好: Music is the chief *hobby* with me. 我业余时间爱听音乐消遣。‖ **'hob·by·ist n.** [C]

hoe /həʊ/ **n.** [C]锄;(长柄)耘锄 ‖ **'ho·er n.** [C]

hog /hɒg/ **n.** [C] ❶(尤指供食用的去势)(公)猪:raise *hogs* 养猪 ❷猪猡(指自私、贪婪、贪吃、邋遢等的人) ‖ **'hog·gish adj.**

hoist /hɔɪst/ **vt.** (用绳索、起重装置等)升起;提起;举起;吊起:*hoist* the flag 升旗

hold /həʊld/ **I** (**held** /held/) **vt.** ❶拿住,握住,抓住:Can you *hold* the bag for me while I open the door? 我开门时你能帮我拿一下包吗? ❷托住,支承:This column *holds* the weight of the ceiling. 这根柱子承受着天花板的重量。❸使保持某种状态(或姿势): They are proud,and *hold* their heads up above him. 他们目中无人,瞧不起他。❹举行(会议、谈判等);进行(讨论、调查等): *hold* teleconferences 举行电信会议 ❺把…留住;扣留,拘留:He was *held* prisoner. 他被囚禁了起来。❻约束;控制;抑制;止住: Please *hold* your applause. 别再拍手了。

❼保留，预留：*hold* seats in a theatre 在戏院预订座位 ❽拥有，持有；占有：She *holds* several companies. 她拥有好几家公司。❾[不用进行时态]容纳，盛得下，装得下：The hotel can *hold* 2,000 people. 该旅馆可容纳 2 000 人。—*vi.* ❶握住；抓住；拿住：Her hands were *holding* tight onto the umbrella. 她双手紧紧抓住雨伞。❷坚持；保持；维持；持续：Let's hope our good luck *holds*. 但愿我们好运常在。❸同意，持相同意见(*with*)：She doesn't *hold with* new ideas. 她不赞同新观点。❹继续占用电话线，保持通话 II *n.* [C] ❶拿；握；抓：He caught *hold* of the thief by the neck. 他抓住了小偷的领子。❷掌握，控制，约束；控制力，影响力：They increased their *hold* on security. 他们加强了对安全问题的控制。‖ *hold back v.* ❶抑制；克制；控制：*hold back* inflation 抑制通货膨胀 ❷阻碍，妨碍；阻止：*hold back* sb. from doing sth. 阻止某人做某事 ❸隐瞒；保守(秘密等)：*hold back* sth. from sb. 对某人隐瞒某事 *hold off v.* 推迟；拖延；延迟：We will *hold off* making our decision till tomorrow. 我们将推迟到明天再作决定。*hold on v.* ❶紧紧抓住：He tried to pull free but she *held on* tight. 他企图抽出手来，但她紧紧地抓住不放。❷继续下去；坚持下去：They *held on* though embittered by numerous failures in their scientific experiments. 他们尽管在科学实验中不断遭受挫折，但仍然坚持搞下去。❸[打电话用语]别挂电话：*Hold on*, please. 请稍候。*hold out v.* ❶伸出；拿出：He *held out* his hand to me. 他向我伸出手来。❷维持；持续：The food won't *hold out* for long. 这些食物吃不了多久。‖ '*hold·er n.* [C]

hold-up /'həuldˌʌp/ *n.* [C] ❶持枪抢劫 ❷延搁，耽搁，延误：a *hold-up* in the construction of the bridge 桥梁建设的耽搁

hole /həul/ *n.* [C] ❶洞；穴；孔眼；裂口，裂缝：dig a *hole* 挖洞 ❷坑，凹陷：The road was pitted with *holes*. 马路上坑坑洼洼的。

hol·i·day /'həliˌdei,-di/ *n.* [C] ❶节日，假日：a national *holiday* 全国性的节日 ❷休息日

☆**holiday, leave, vacation** 均有"假期，休假"之意。**holiday** 为英国用语，原指宗教节日，现指法定假日，多用于休息一天以上的特殊日子，通常不指周末：In this country, New Year's Day is a national *holiday*. （在这个国家，元旦是全国性的假日。）**leave** 常指军队官兵或政府雇员的假期或休假，也可用于病假：Why don't you take a few days' *leave*? （你为什么不请几天假呢？）／ maternity *leave* (产假) **vacation** 为美国用语，既可指学校的假期，也可指职工享受的较长休假：We're going to France during the summer *vacation*. （暑假期间我们将去法国。）在英国英语里该词主要指大学的假期：The library is closed during the college *vacation*. （学校放假期间，图书馆不开放。）

hol·low /'hɒləu/ *adj.* ❶空的；中空的，空心的：Bamboo is *hollow*. 竹子是中空的。❷[通常作定语](声音)空洞的，重浊的，沉闷的：speak in a *hollow* voice 瓮声瓮气地说话 ❸空洞的；无意义的，无价值的：To him, any threat is a *hollow* one. 对他来说，任何威胁都是徒劳的。‖ '**hol·low·ly** *adv.* — '**hollow·ness** *n.* [U]

hol·ly /'hɒli/ *n.* [C]【植】冬青树

ho·ly /'həuli/ *adj.* ❶神圣的；神赐的，神的；供神用的：Man makes *holy* what he believes. 人总是把自己的信仰奉若神明。❷虔诚的：a *holy* nun 虔诚的修女

home /həum/ I *n.* ❶[C;U]住宅；房子：He left *home* at eighteen. 他在 18 岁时离开了家。❷[U]家：a letter from *home* 家信 ❸[U]家乡，故乡，老家：China has become his second *home*. 中国已成了他的第二个故乡。II *adv.* [无比较级] ❶在家；向家，回家；到家：What are you doing *home*? 你这会儿在家干吗呀？❷在家乡；向家乡；在国内，在本国；向本国：Tomorrow he will return *home*. 明天他就要回老家。‖ '**home·like** *adj.*

home·land /'həumˌlænd,-l°nd/ *n.* [C] 祖国；故乡

home·less /'həumlis/ I *adj.* [无比较级] ❶无家可归的；居无定所的：a *homeless* tramp 一位无家可归的流浪汉 ❷无家可归者的;供无家可归者的:*homeless* shelters 无家可归者的栖身地 Ⅱ *n.* [**the ~**][总称]无家可归者,流浪者

home·made /ˈhəumˈmeid/ *adj.* [无比较级]❶家里做的;自制的:*homemade* bread 家制面包 ❷本国制造的,国产的:a *home-made* car 国产车

home·sick /ˈhəumˌsik/ *adj.* 想家的,思乡的;患思乡病的:She is *homesick* for England. 她思念故乡英格兰。‖ 'home·sick·ness *n.* [U]

home·work /ˈhəumˌwə:k/ *n.* [U] ❶(学生的)家庭作业,课外作业 ❷(会议、讨论等的)准备工作:He has done his *homework* on the subject. 他已经就这个题目做了准备。

ho·mo·ge·ne·ous /ˌhəuməˈdʒi:niəs, -njəs/ *adj.* ❶同种类的,同性质的;有相同特征的:three *homogeneous* schools 三所同类的学校 ❷均匀的,均一的:a *homogeneous* distribution 均匀分布 ‖ ho·mo·ge·ne·i·ty /ˌhəuməˈdʒi'ni:iti/ *n.* [U]—ho·mo'ge·ne·ous·ly *adv.*

hon·est /ˈɔnist/ *adj.* ❶诚实的;老实的;正直的:an *honest* farmer 老实巴交的农民 ❷公正的,公平的:They haven't always been *honest* in their dealings. 他们并不总是进行公平交易。 ❸真诚的,坦诚的;耿直的,坦率的:Her *honest* appeal moved the judge's heart. 她诚恳的请求打动了法官的心。‖ 'hon·es·ty /-ti/ *n.* [U]

hon·est·ly /ˈɔnistli/ *adv.* ❶诚实地;正直地 ❷公平地,公正地:deal *honestly* with sb. 与某人进行公平交易 ❸[用以加强语气]真的;的确;实在:Do you *honestly* think she'd believe me? 你真的认为她会相信我?

hon·ey /ˈhʌni/ *n.* ❶[U]蜜,蜂蜜:Bees make *honey* and wax. 蜜蜂酿蜜和蜡。❷[C]〈口〉[常用作称呼语]亲爱的(人),宝贝,心肝:It's great to see you,*honey*! 宝贝儿,见到你太高兴了!

hon·ey·bee /ˈhʌniˌbi:/, **honey bee** *n.* [C]【昆】蜜蜂

hon·ey·comb /ˈhʌniˌkəum/ *n.* [C]蜂巢,蜂窝:a piece of *honeycomb* 一个蜂巢〔亦作**comb**〕

hon·ey·moon /ˈhʌniˌmu:n/ *n.* [C] 蜜月,蜜月假期;新婚旅行:go on [for] a *honeymoon* 蜜月旅行 ‖ 'hon·ey·moon·er *n.* [C]

hon·o(u)r /ˈɔnə/ *n.* ❶[U]正义感;道义:a man of *honour* 正直的人 ❷[通常用单]增光的人(或事情):It's a great *honour* to be acquainted with you. 认识您我感到十分荣幸。❸[U]尊敬;崇敬;敬意:show *honour* to 向…表示敬意 ❹[U]名声,名誉,声誉;荣誉,荣耀:sense of *honour* 荣誉感 ‖ hon·or'ee *n.* [C]—'hon·or·er *n.* [C]

hon·o(u)r·a·ble /ˈɔnərəbˀl/ *adj.* ❶正直的;诚实的;光明正大的:have an *honourable* mind 为人正直 ❷荣誉的;光荣的;增光的:*honourable* discharge from the army 光荣退伍 ‖ 'hon·or·a·bly *adv.*

hoof /huf, hu:f/ *n.* [C]([复]**hoofs** 或 **hooves** /hu:vz/)(马、牛、羊等有蹄动物的)蹄;脚:the *hooves* of sheep 羊蹄 ‖ **hoofed** *adj.*

hook /huk/ Ⅰ *n.* [C] ❶钩;钩子;夹子:put one's coat on the *hook* 把外套挂在衣钩上 ❷鱼钩,钓钩:a fish *hook* 鱼钩 Ⅱ *vt.* ❶钩;钩住;用钩连接:*hook* the rope over the nail 把绳子套在钉子上 ❷钓(鱼):He *hooked* a fish. 他钓到一条鱼。

hook·y /ˈhuki/ *n.* [U]逃学;旷工〔亦作**hookey**〕

hoop /hu:p, hup/ *n.* [C] ❶环;圈:a metal *hoop* 金属环(或圈) ❷(桶等的)箍

hop /hɔp/(**hopped**;**hop·ping**) *vi.* ❶跳跃:The rabbit *hopped* across the field. 野兔一蹦一跳地穿过田野。❷快速行走;跳:*hop* out of bed 跃身起床

hope /həup/ Ⅰ *n.* ❶[U;C]希望,期望,期盼:lose all *hope* of success 对胜利不抱一点希望 ❷[U]被寄予希望的人(或事物):Doctors say his only *hope* is a transplant. 医生说他唯一的希望是做器官移植手术。Ⅱ *v.* 希望,期望,期盼:I *hope* a great success for you. 我希望你获得巨大成功。

☆**hope, wish** 均有"希望,盼望"之意。**hope** 指意欲获得积极有利的结局或结果,不强调实现的可能性,暗示抱有信心:She *hopes* to find a job soon. (她希望能很快找到一份工作。) **wish** 常指带有幻想或一厢情愿的希望,暗含不切实际之义,该词后接 that 引导的从句时常用虚拟语气:I *wish* I were 20 years younger. (我希望我能年轻 20 岁。)

hope·ful /'həupf°l/ *adj.* ❶[通常作表语]抱有希望的;充满期望的;持乐观态度的:We were quite *hopeful* of a successful agreement. 我们对成功签约抱有很大希望。❷给人以希望的,有希望的:a *hopeful* pupil 前途无量的学生 ‖ **'hope·ful·ness** *n.* [U]

hope·less /'həuplis/ *adj.* ❶不抱希望的,没指望的:a *hopeless* sigh 失望的唉声叹气 ❷令人失望的,让人绝望的:a *hopeless* case 不治之症 ❸(人)没用的,无能的:She was *hopeless* at tennis. 她怎么也学不会打网球。‖ **'hope·less·ly** *adv.* — **'hope·less·ness** *n.* [U]

ho·ri·zon /hə'raiz°n/ *n.* ❶[C]地平(线);天际 ❷[通常作~s]视野;眼界;见识:broaden sb.'s *horizons* 开阔视野

hor·i·zon·tal /ˌhɔri'zɔnt°l/ *adj.* [无比较级]❶水平的,与地平线平行的;横(向)的:*horizontal* distance 水平距离 ❷平的,平坦的:a *horizontal* surface 平坦的表面 ‖ **ˌhor·i'zon·tal·ly** *adv.*

hor·mone /'hɔːməun/ *n.* [C]【生化】荷尔蒙,激素 ‖ **her·mon·al** /'hɔːməun°l/ *adj.*

horn /hɔːn/ *n.* ❶[C](牛、羊等动物的)角;(鹿的)茸角 ❷[C]【音】号;法国号:a French *horn* 法国号 ❸[C]警报器;喇叭形扬声器:blow the car *horn* 鸣汽车喇叭

hor·ri·ble /'hɔrəb°l/ *adj.* ❶可怕的,骇人听闻的,令人毛骨悚然的:a *horrible* murder case 一起骇人听闻的命案 ❷极讨厌的,使人极不愉快的;糟透的:a *horrible* mess 一塌糊涂 ‖ **'hor·ri·ble·ness** *n.* [U] — **'hor·ri·bly** *adv.*

hor·rif·ic /hə'rifik/ *adj.* 令人惊恐的,可怕的,恐怖的:*horrific* damage to the ecology

of the Gulf 对海湾地区生态环境骇人的破坏

hor·ri·fy /'hɔrifai/ *vt.* 使恐惧;使受惊吓;使震惊:They were *horrified* at the news. 他们听到这个消息时惊呆了。

hor·ror /'hɔrə'/ *n.* ❶[U]恐惧;恐怖,惊恐;震惊:give sb. a thrill of *horror* 叫某人不寒而栗 ❷[C]令人恐惧(或惊恐、震惊)的事物:*horrors* of trench warfare 堑壕战的恐惧场景

horse /hɔːs/ *n.* ([复] **hors·es** 或 **horse**)[C]马

hos·pi·ta·ble /'hɔspitəb°l, hɔ'spit-/ *adj.* ❶款待周到的;好客的;殷勤的:The villagers were *hospitable* to every visitor. 乡亲们殷勤接待每一位客人。❷热情的,诚挚的:a *hospitable* smile 热情的微笑 ‖ **'hos·pi·ta·bly** *adv.*

hos·pi·tal /'hɔspit°l/ *n.* [C;U]医院:a maturity *hospital* 产科医院

hos·pi·tal·i·ty /ˌhɔspi'tæliti/ *n.* [U](对客人或陌生人的)热情款待;好客;殷勤:give [extend] *hospitality* to sb. 殷勤款待某人

host /həust/ **I** *n.* [C] ❶主人;东道主:Yesterday we played *hosts* to a few friends. 昨天我们做东招待了几位朋友。❷(广播、电视等的)节目主持人:a talk show *host* 访谈(或"脱口秀")节目主持人 ❸(会议、比赛等的)主办者;主办国:serve as *host* for the world's football tournament 当世界足球锦标赛的东道国 **II** *vt.* ❶招待,接待,做…的主人(或东道主):*host* the tourists 接待游客 ❷主持(节目):*host* a TV programme 主持电视节目

hos·tage /'hɔstidʒ/ *n.* [C]人质:hold sb. *hostage* 把某人扣为人质

hos·tel /'hɔst°l/ *n.* [C]青年招待所〔亦作 **youth hostel**〕‖ **'hos·tel·er** *n.* [C]

host·ess /'həustis/ *n.* [C] ❶女主人;女东道主 ❷(电台、电视台的)女主持人

hos·tile /'hɔstail/ *adj.* ❶[无比较级][作定语]敌人的,敌方的:*hostile* nations 敌国 ❷反对的;不利的:*hostile* criticism 批评

❸怀有敌意的;不友好的:give sb. a *hostile* look 向某人投去含敌意的一瞥 ‖ **'hos·tile·ly** *adv.* —**hos·til·i·ty** *n.*

hot /hɒt/ *adj.* (**hot·ter;hot·test**) ❶热的;灼热的,烫的:a *hot* summer day 炎热的夏日 ❷辣的,辛辣的:Pepper makes food *hot*. 胡椒粉使食物变辣。❸[通常作定语]激动的;愤怒的,狂暴的:a *hot* temper 火暴性子 ❹〈口〉热门的;时髦的;极其风行的;红极一时的:These plays are the town's *hot* tickets. 这些戏剧成了镇上的票房卖点。‖ **'hot·ness** *n.* [U]

☆**hot,warm** 均有"热的,温暖的"之意。**hot** 所指的温度比 warm 高,表示热的或炎热的,强调令人产生不舒服的感觉:The handle is too *hot* to touch. (把手太烫,不能碰。) / *hot* weather (炎热的天气) **warm** 表示温暖的或暖和的,意指温度适中,令人感觉舒服:I could lie in a *warm* bath for hours. (洗热水澡时我能在浴缸里躺几个小时。)

hot dog *n.* [C] 热狗(一种中间夹有香肠等的面包)

ho·tel /həu'tel/ *n.* [C]饭店,宾馆,旅馆,旅社:a five-star *hotel* 五星级宾馆

hour /'auə'/ *n.* [C] ❶小时(略作 **hr.**):an *hour*'s drive 一小时的开车路程 ❷(24 小时计时制中的)点钟;钟点:What is the *hour*? 几点钟了? ❸(特定或约定的)时间,时刻:meet at the appointed *hour* 在约定时间会面

hour·ly /'auəli/ [无比较级] **I** *adj.* [作定语] ❶每小时(一次)的:an *hourly* news broadcasts 每小时一次的新闻广播 ❷按钟点计算的,以小时计算的:*hourly* wages 计时工资 ❸按小时计酬的:*hourly* worker 钟点工 **II** *adv.* 每小时(一次)地:*hourly*-paid workers 钟点工

house /haus/ *n.* [C]([复]**hous·es** /'hauziz/) ❶房屋;住所,住宅:from *house* to *house* 挨家挨户地 ❷家,家庭:a happy *house* 幸福之家 ❸[常作 H-](尤指两院制政体中的)议院,议会;议院大楼:The *House* rose to its feet. 全体议员起立。‖ **'house·ful** *n.* [C]

☆**house, apartment, cottage, home, mansion,** **palace** 均有"住房,住宅"之意。**house** 常指两层或两层以上的独家住宅或住房,也泛指可供居住的建筑:We are going to move to another *house* next month. (下个月我们准备搬家。) **apartment** 为美国英语,表示公寓大楼内设备齐全的套房,英国英语则用 flat:They are building a block of *apartments*. (他们正在建造一栋公寓。) **cottage** 尤指农村的老式小屋或村舍:They dreamed of buying a little *cottage* in the country. (他们梦都想买一处小农舍。) 该词也可表示避暑或度假的别墅:a summer [holiday] *cottage* (度假别墅) **home** 指一家人共同生活的场所,带有一定的感情色彩,强调"家"或"家庭"的概念:They have a charming *home* in London. (他们在伦敦有一个可爱的家。) **mansion** 常指气派的豪宅或官邸:a private *mansion* (私家豪宅) **palace** 指巨大、宏伟、富丽堂皇的宫殿:Buckingham *Palace* (白金汉宫);该词也可泛指宏伟、豪华的住宅:the *palaces* of the rich (有钱人的豪华住宅)

house·hold /'haus,həuld/ **I** *n.* [C]用作单或复]同住一家的人;家庭;户:a Christian *household* 一个信奉基督教的家庭 **II** *adj.* [无比较级][作定语] ❶家庭的:*household* expenses 家庭开支 ❷家用的:*household* bleach 家用漂白粉

house·keep·er /'haus,ki:pə'/ *n.* [C]持家者;家庭主妇;管家 ‖ **'house,keep·ing** *n.* [U]

house·maid /'haus,meid/ *n.* [C]女仆;女佣

house·wife /'haus,waif/ *n.* [C]([复]**-wives** /-,waivz/)家庭主妇,家庭妇女

house·work /'haus,wə:k/ *n.* [U]家务,家事

hous·ing /'hauziŋ/ *n.* [U][总称]房屋,住宅:provide cheap *housing* for the poor 为穷人提供廉价住房

hov·er /'hʌvə', 'hɒv-/ *vi.* ❶(鸟、昆虫、直升机等)盘旋,悬停:a kite *hovering* overhead 悬停在头顶的风筝 ❷滞留在附近;徘徊:He kept *hovered* outside my office. 他一直在我办公室外面徘徊。❸犹豫不决,彷徨;

hover between the two alternatives 在两种选择之间摇摆不定

how /hau/ *adv.* [无比较级] ❶[用以指方式、方法]怎样，怎么，如何：*How* did the fire start? 怎么起火的? ❷[用以指程度]多么：*How* difficult is the test? 测试有多难? ❸[用以指数量]多少：*How* long do frozen foods keep? 冷冻食品能保存多久? ❹[用以指状态、情况]怎么样：*How* is the weather today? 今天天气怎么样? ❺[用以指原因、目的]怎么，为什么：*How* could he be so stupid? 他怎么这么笨? ‖ *How about...*? [用于建议]…怎么样：If they don't have pumpkin pie, *how about* apple? 倘若他们没有南瓜馅，用苹果馅怎么样?

how·ev·er /hau'evə/ *conj.* [无比较级]但是，然而，不过，却：The book is expensive; *however*, it's worth it. 这本书很贵，不过很值。

howl /haul/ *vi.* ❶(狼等)凄厉地长嚎，嗥叫；(狗)狂吠：The coyote was *howling* at the moon. 一只山狗对月狂叫。❷(因疼痛、悲伤等而)号哭；哀号；(因愤怒而)吼叫，咆哮，怒吼：She *howled* as the dentist began to pull the bad tooth. 牙科医生开始拔那颗坏牙时，她直嚷嚷。❸(风等)呼啸，怒号：I lay in bed, listening to the wind *howling*. 我躺在床上，听着风的呼啸声。

hud·dle /'hʌdəl/ *vi.* ❶(因寒冷、恐惧等)挤成一团；聚集成群；拥挤：*huddle* together for warmth 挤在一起取暖 ❷(悄悄地)碰头；(秘密)开会：The leaders *huddled* to discuss the matter. 首脑们暗中碰头讨论此事。

hue /hjuː/ *n.* [C] ❶色泽；色调；色度：a warm *hue* 暖色调 ❷颜色，色彩：all the *hues* of the rainbow 彩虹的七彩颜色 ‖ **hued** *adj.*

hug /hʌg/ (**hugged**; **hug·ging**) *vt.* ❶搂抱，拥抱：They *hugged* each other when they met at the airport. 他们在机场见面时互相拥抱。❷紧靠，紧挨：The boat *hugged* the shore. 船只紧靠岸边航行。‖ **hug·ger** *n.* [C]

huge /hjuːdʒ/ *adj.* 庞大的，巨大的：a *huge* success 巨大的成功 ‖ **huge·ly** *adv.* —**huge·ness** *n.* [U]

hu·man /'hjuːmən/ **I** *adj.* ❶[作定语]人的；人类的：*human* behaviour 人的行为 ❷[作定语]由人构成的：the *human* race 人类 **II** *n.* [C]人 ‖ **hu·man·ness** *n.* [U]

human being *n.* [C]人(=human)

hu·mane /hjuː'mein/ *adj.* ❶仁慈的；仁爱的；人道的；富有同情心的：be *humane* in the treatment of the prisoners 人道地对待囚犯 ❷人文(学科)的：*humane* studies 人文科学 ‖ **hu·mane·ly** *adv.* —**hu·mane·ness** *n.* [U]

hu·man·i·ty /hjuː'mæniti/ *n.* ❶[U][总称]人；人类：This new discovery will contribute to all *humanity*. 这个新发现将对全人类作出贡献。❷[U]人性 ❸[U]人道；仁慈，博爱：His *humanity* toward us will never be forgotten. 我们永远不会忘记他对我们的深情厚谊。❹[the -ties]人文学科：Our school has five departments in *the humanities*. 我们学校有五个文科系。

hu·man·kind /'hjuːmənˌkaind/ *n.* [U][总称]人类

human rights [复] *n.* 人权

hum·ble /'hʌmbəl/ *adj.* ❶谦逊的，谦虚的，谦卑的：a *humble* smile 谦虚的微笑 ❷地位(或身份等)低下的；(出身等)卑微的，卑贱的：a man from *humble* origins 出身贫寒的人 ‖ **hum·ble·ness** *n.* [U] —**hum·bly** *adv.* —**hum·bler** *n.* [C]

hum·drum /'hʌmˌdrʌm/ *adj.* 单调的；乏味的：a *humdrum* office job 乏味的办公室工作

hu·mid /'hjuːmid/ *adj.* (空气、气候等)(潮)湿的；湿润的：*humid* air 潮湿的空气 ‖ **hu·mid·ly** *adv.*

hu·mid·i·ty /hjuː'miditi/ *n.* [U]湿度

hu·mil·i·ate /hjuː'miliˌeit/ *vt.* 使丢脸；羞辱，使蒙羞：She *humiliated* me in front of my friends. 她当着我朋友的面羞辱我。

hu·mil·i·at·ing /hjuː'miliˌeitiŋ/ *adj.* 令人

蒙受耻辱的，丢脸的 ‖ 'hu·mil·i·at·ing·ly adv.

hu·mil·i·a·tion /hjuːˌmiliˈeiʃən/ n. ❶[U] 耻辱，屈辱，丢脸 ❷[C]让人感到耻辱的事情，让人丢脸的事情

hu·mil·i·ty /hjuːˈmiliti/ n. [U]谦逊；谦恭；谦卑：show humility 表现出谦恭

hu·mor /'hjuːmə/ n. & vt. 〈主美〉＝humour

hu·mor·ous /'hjuːmərəs/ adj. ❶ 幽默的，诙谐的：a humorous story 一则幽默故事 ❷富于幽默感的：a humorous person 富于幽默感的人 ‖ 'hu·mor·ous·ly adv. —'hu·mor·ous·ness n. [U]

hu·mour /'hjuːmə/ n. [U] ❶幽默，诙谐；滑稽 ❷幽默感：a sense of humour 幽默感 ‖ 'hu·mour·ist n. [C]—'hu·mour·less adj. —'hu·mour·less·ly adv. —'hu·mour·less·ness n. [U]

hump /hʌmp/ n. [C](驼)峰；(人的)驼背；(动物背部突起的)隆肉：a camel with two humps 双峰骆驼 ‖ over the hump adv. 已度过最困难期地

hun·dred /'hʌndrəd/ n. [C]([复]hundred(s)) ❶[单复同]一百，100：a [one] hundred 100 ❷[～s]几百(指 100 与 999 之间的数字)；许多，大量：I've been there hundreds of times. 那儿我去过无数次。 ‖ 'hun·dred·fold adv. —'hun·dredth adj. & [C] n.

hun·ger /'hʌŋɡə/ n. [U] ❶食欲：The meal should satisfy his hunger. 这顿饭应该能满足他的食欲。❷饿，饥饿：die of hunger 饿死 ❸渴望：a hunger after [for] knowledge 求知欲

hun·gry /'hʌŋɡri/ adj. ❶饥饿的；感到饿的；显出饥饿样子的：children with hungry faces 面黄肌瘦的儿童 ❷[作表语]渴望的；如饥似渴的；热切的：hungry watchfulness 虎视眈眈 ‖ go hungry vi. 挨饿 ‖ 'hun·gri·ly adv.

hunt /hʌnt/ v. ❶追猎；捕猎；猎杀：hunt buffalos 追猎野牛 ❷追捕(down)：hunt down a kidnapper 追捕绑架者 ❸搜寻：The police are hunting the drug smugglers. 警方正在

搜寻毒品走私者。

hunt·er /'hʌntə/ n. [C] ❶猎人，猎户，狩猎者 ❷搜寻者，搜索者，追逐者：a job hunter 求职者

hur·dle /'həːdəl/ n. [C] ❶【体】(跨栏赛跑所用的)栏架；(跳栏赛马中用作障碍的)跳栏：high hurdle(s) 高栏 ❷[～s][用作单]跨栏比赛 ❸障碍，难关，困难：He's passed the final hurdle. 他已通过了最后一关。 ‖ 'hur·dler n. [C]

hurl /həːl/ vt. ❶猛投，用力掷：The boys hurled themselves against the door. 孩子们用身体使劲撞门。❷大声地说出(或喊出)：hurl abuse at sb. 大声辱骂某人 ‖ 'hurl·er n. [C]

hur·rah /huˈrɑː/, hur·ray /huˈrei/ int. [表示高兴、赞同、满意等的呼喊声]好哇，好；万岁：A: It's Mary's party on Saturday. B: Hurrah! 甲：星期六是玛丽的宴会。乙：好哇！

hur·ri·cane /'hʌrikein, 'hʌr-/ n. [C](尤指北大西洋中的)飓风(风力 12 级，风速 74 英里/小时以上)

hur·ried /'hʌrid, 'hʌr-/ adj. 匆忙的；仓促的：answer in a hurried manner 仓促作答 ‖ 'hur·ried·ly adv.

hur·ry /'hʌri, 'hʌri/ I vi. 急忙；赶忙，赶紧：He hurried into the town. 他匆匆忙忙进城去了。II n. [U] ❶[用于否定句或疑问句]急需，急迫：There's no hurry to hand in the paper. 不必急着交论文。❷匆忙，急忙：She packed a few books in the hurry of departure. 仓促动身时，她胡乱地塞了几本书。 ‖ in a hurry adv. ❶很快，一下子：He finished the assigned work in a hurry. 他很快就完成了分配的任务。❷急忙，匆匆忙忙：He wanted in a hurry to go home. 他急于回家。

hurt /həːt/ (hurt) vt. ❶使受伤：Three people were seriously hurt in the accident. 有三个人在事故中受了重伤。❷使疼痛：The old wound still hurts him. 他仍感到旧伤隐隐作痛。❸伤害(感情等)：I didn't really mean to hurt your feelings. 我真的不是想

伤害你的感情。

hur·tle /ˈhɜːt°l/ *vi.* 猛冲；飞奔：The car *hurtled* down the road. 汽车一路飞驰而过。

hus·band /ˈhʌzb°nd/ *n.* [C]丈夫

hush /hʌʃ/ I *int.* [用以示意安静]嘘：Hush! He's saying his prayers. 嘘！他正在祈祷哩。〔亦作 **shush**〕II *vt.* 使安静，使肃静：The teacher *hushed* the children before class. 教师在上课前先让孩子们安静下来。

hut /hʌt/ *n.* [C]小屋，棚屋：a wooden *hut* 小木屋

hy·brid /ˈhaibrid/ *n.* [C] ❶【生】杂（交）种 ❷合成物，混合物：The cello is a kind of *hybrid* between a violin and a double bass. 大提琴是将小提琴和低音提琴糅合在一起的一种乐器。‖ **ˈhy·brid·ism** *n.* [U]

hy·dro·gen /ˈhaidrədʒ°n/ *n.* [U]【化】氢（1号元素，符号 H）

hy·dro·plane /ˈhaidrə‚plein/ *n.* [C] ❶水上飞机 ❷【船】水上滑行快艇

hy·giene /ˈhaidʒiːn/ *n.* [U] ❶保健（学）：mental *hygiene* 心理保健 ❷卫生：environmental *hygiene* 环境卫生 ‖ **hy·gi·en·ic** /‚haidʒiˈenik, hai'dʒen-/ *adj.* — **hy·gi·en·i·cal·ly** /-k°li/ *adv.*

hy·gien·ist /haiˈdʒiːnist, -ˈdʒenist, ˈhaidʒiːnist/ *n.* [C] ❶卫生学家；保健专家 ❷牙齿保健员

hy·phen /ˈhaif°n/ *n.* [C]连字符，连字号（即

"-"）

hyp·no·sis /hipˈnəusis/ *n.* [U]（[复]-**ses** /-siz/）❶催眠状态：be under deep *hypnosis* 处于催眠后的昏睡状态中 ❷催眠；催眠术

hyp·no·tize /ˈhipnə‚taiz/ *vt.* 对…施催眠术，使…进入催眠状态：He agreed to be *hypnotized* to remember what had happened. 他同意接受催眠术来回忆发生的事情。

hyp·o·crite /ˈhipəkrit/ *n.* [C]伪善者，伪君子，虚伪者 ‖ **hy·po·crit·i·cal** /‚hipəˈkritik°l/ *adj.* — **hy·po·ˈcrit·i·cal·ly** *adv.*

hy·poth·e·sis /haiˈpɔθisis, hi-/ *n.* [C]（[复]-**ses** /-‚siz/）假设，假定：raise a *hypothesis* 提出假设

hy·poth·e·size, hy·po·th·e·sise /haiˈpɔθi‚saiz, hi-/ *v.* 假设，假定：There's no point *hypothesizing* about how the world began. 对世界起源之说作出假设毫无意义。

hy·po·thet·i·cal /‚haipəˈθetik°l/, **hy·po·thet·ic** /-ˈθetik/ *adj.* 假设的，假定的：a *hypothetical* situation 假设的情况 ‖ **‚hy·poˈthet·cal·ly** *adv.*

hys·ter·i·cal /hiˈsterik°l/ *adj.* ❶（患）歇斯底里的 ❷歇斯底里般的；（情绪等）异常激动的：His eyes blazed with *hysterical* rage. 他的眼睛闪着熊熊怒火。‖ **hysˈter·i·cal·ly** *adv.*

H

I i

I /ai/ *pron.* 〔〔所有格〕**my**,**mine**;〔宾格〕**me**〕〔主格〕我:I don't feel very well today. 我今天不太舒服。

ice /ais/ *n.* 〔U〕冰;冰块;冰层:Outside,it was pitch black and there was *ice* on the roads. 户外漆黑一团,路上结了冰。

ice·berg /'aisbəːg/ *n.* 〔C〕冰山;流冰:The ship struck an *iceberg* and sank. 船撞到冰山上沉没了。

ice cream *n.* 〔U;C〕冰激凌:I would give my right arm to have some *ice cream* just about now. 现在我要想方设法弄点冰激凌吃。

ice hockey *n.* 〔U〕【体】冰球运动〔亦作 **hockey**〕

ice-skate /'aiˌskeit/ *vi.* 滑冰,溜冰 ‖ **'ice·skat·er** *n.* 〔C〕

i·cy /'aisi/ *adj.* ❶冰的;冰封的,结满冰的:He plunged into the *icy* river. 他跳进结冰的河水中。❷冰冷的:As *icy* winds howled through the canyon, people huddled beside their fires. 刺骨的寒风在峡谷中怒号,人们都缩在火炉旁取暖。‖ **'i·ci·ness** *n.* 〔U〕

ID /'aidi/ *n.* 〔U;C〕身份证明:He used his driver's license as *ID*. 他用自己的驾驶执照作为身份证明。〔亦作 **I. D.**〕

i·de·a /ai'diə/ *n.* ❶〔C〕思想;概念:A lot of brilliant *ideas* stem from pure necessity. 真知往往来自需要。❷〔常用单〕计划;打算;主意,念头,想法;意见;信念:Here's my *idea* for the sales campaign. 这是我的推销战计划。❸〔常用单〕目的,目标;指导原则:The *idea* was to make money. 当初的目的是赚钱。

☆**idea**,**concept**,**conception**,**thought** 均有"观念;想法"之意。**idea** 为普通用词,泛指任何思维活动,可用于头脑中的想法、对感知到的事物的印象及虚构的想象等:He had no *idea* she was like that. (他万万没想到她是那样的人。) **concept** 指从同类事物的许多个案中归纳出来的基本概念:the *concept* of freedom (自由的概念);该词也可表示对某一事情应该如何所形成的普遍为人接受的观念:She seemed unfamiliar with the *concept* that everyone should have an equal opportunity. (看来她不太熟悉机会均等这个概念。) **conception** 强调概念形成过程的思维活动,常用于个人的个别的观点、观念,带有一定的想象和感情色彩:The *conception* of the book took five minutes,but writing it took a year. (构思那本书只花了五分钟,而写完全书却用了一年的时间。) **thought** 指以推理、思考等智力活动为基础,而不是单凭直观想象形成的思想或想法:He spent several minutes in *thought* before deciding. (他考虑了几分钟才做决定。)

i·de·al /ai'diəl/ **I** *n.* 〔C〕❶理想:The *ideal* is sometimes contradicted by the reality. 理想与现实之间有时有抵触。❷完美典型,典范:Thomas Jefferson was his *ideal*. 托马斯·杰斐逊是他的楷模。**II** *adj.* 〔无比较级〕〔作定语〕理想的;完美的;典型的:This is *ideal* weather for a picnic. 这是外出野餐的理想天气。

i·de·al·ism /ai'diəˌlizəm/ *n.* 〔U〕理想主义:ignite the public dormant *idealism* 激起大众潜在的理想主义 ‖ **i'de·al·ist** *n.* 〔C〕— **i·de·al·is·tic** /-ˌdiə'listik/ *adj.*

i·den·ti·cal /ai'dentikəl/ *adj.* 〔无比较级〕

❶同一的：Both events happened on the *i-dentical* day. 两件事发生在同一天。❷(完全)相同的；分毫不差的；一模一样的（*with*）：They have expressed *identical* views. 他们表达了相同的观点。‖ i'den·ti·cal·ly *adv.*

i·den·ti·fi·ca·tion /ˌaiˌdentifiˈkeiʃᵊn/ *n.* 〔U〕❶辨认，识别；认出；鉴定，确认：*Iden-tification* of the jewels was made by the owner. 珠宝已被物主认出。❷身份证明（常略作 ID）：Can I see some *identifica-tion*, please? 请给我看看你的身份证好吗？

i·den·ti·fy /aiˈdentiˌfai/ *vt.* ❶识别；鉴定；认出：The porters may be *identified* by the their red caps. 从所戴的红帽子可以知道他们是搬运工。❷(经考虑或分析)确定；确立：Critics *identify* two major streams in Russian literature. 评论家们确定了俄国文学中的两种主要思潮。

i·den·ti·ty /aiˈdentiti/ *n.* ❶〔U；C〕身份；本身；本体（常略作 ID）：establish the *identity* of an caller 查明来访者的身份 ❷〔U〕个性；特征：Everyone has his〔her〕own separate *identity*. 每个人都有其独立的个性。

i·de·ol·o·gy /ˌaidiˈɔlədʒi, ˌidi-/ *n.* ❶〔U；C〕思想(体系)；思想意识：Marxist *ideology* 马克思主义思想体系 ❷〔U〕意识形态，观念形态；思想方式：social *ideology* 社会意识形态

id·i·om /ˈidiəm/ *n.* 〔C〕❶习语；成语：Some languages abound in *idioms*. 有些语言习语很丰富。❷(一种语言的)习惯用法，习惯表达方式：a foreign *idiom* 外国的习惯表达方式

id·i·ot /ˈidiət/ *n.* 〔C〕❶白痴 ❷〈口〉傻瓜，笨蛋，蠢货：an economic *idiot* 缺乏经济头脑的人

i·dle /ˈaidᵊl/ *adj.* ❶无所事事的；懒散的，懒惰的：He leads such an *idle* life. 他整天无所事事。❷〔通常作定语〕无价值的；无效的，无结果的；徒然的：To fix a living lan-guage is an *idle* dream. 要使一种现用语言固定不变纯属痴心妄想。‖ 'i·dle·ness *n.* 〔U〕—i·dler /ˈaidlə⁽ʳ⁾/ *n.* 〔C〕—'id·ling

adj. —'i·dly *adv.*

i·dol /ˈaidᵊl/ *n.* 〔C〕❶神像：*idols* of wood and stone 木刻石雕的神像 ❷偶像，受到(盲目)崇拜的人(或物)；红人，宠儿：She was the athletic *idol* of the college. 她是学院的体育明星。

if /if/ *conj.* ❶〔表示条件或假设〕如果，假如，要是：*If* you want to be loved, be lovable. 要想被人爱，就得惹人爱。❷是否：He looked around to see *if* walls had ears. 他向四周望望看是否有人窃听。❸即使，纵然；尽管，虽然：*If* he is stupid, at least he is honest. 就算他笨吧，至少他还诚实。‖ *only conj.* ❶只要，要是：*If only* it stops raining, we can go for a picnic. 只要雨停了，我们就可以出去野餐。❷〔后接表示愿望的感叹句〕要是…就好：*If only* Dad could see me now! 啊，爸爸现在要是能看见我多好！

ig·nite /igˈnait/ *vt.* 点燃，点火于；使燃烧：He *ignited* the match by scratching it on the box. 他从盒子上划着了火柴。

ig·ni·tion /igˈniʃᵊn/ *n.* ❶〔U〕着火；引燃 ❷〔U〕(内燃机的)点火：a rocket's *ignition* system 火箭点火装置 ❸〔通常用单〕引燃装置；点火装置；(内燃发动机的)内火开关：The car key is in the *ignition*. 汽车的钥匙插在点火开关上。

ig·no·rance /ˈignərᵊns/ *n.* 〔U〕❶无知；愚昧：*Ignorance* is the root of misfortune. 无知是不幸的根源。❷不知，不晓得（*of*，*a-bout*）：I was astonished at his *ignorance*. 对于他的孤陋寡闻，我着实吃了一惊。

ig·no·rant /ˈignərᵊnt/ *adj.* ❶无知的；愚昧的：He is a poor *ignorant* creature. 他是个大老粗。❷不知道的，不晓得的（*of*，*in*）：They remained *ignorant of* his cruel fate. 他们一直蒙在鼓里，不知他落了个难。‖ 'ig·no·rant·ly *adv.*

ig·nore /igˈnɔː⁽ʳ⁾/ *vt.* 无视，不理，不顾；忽视：Facts cannot be *ignored*. 不能无视事实。

ill /il/ I *adj.* (worse /wəːs/, worst /wəːst/) ❶〔通常作表语〕健康不佳的；有病的；要呕吐的（*with*）：The patient is terminally *ill*.

病人患了绝症。❷[作定语]邪恶的；(名声、道德)坏的：The place has fallen into *ill* repute. 这地方名声不太好。**II adv.**（**worse, worst**）❶[常与其他形容词或分词构成复合词]不完美地；不恰当地；糟糕地，拙劣地：She *ill* deserves such good fortune. 她不配有这种好运气。❷几乎不：Buying a new car is an expense we can *ill* afford. 买一辆新车的开销我们难以支付。

il·le·gal /i'li:g^əl/ *adj.* [无比较级] ❶不合法的，非法的：According to the letter of the law, hunting is *illegal* here. 根据法律条文，在此狩猎是违法的。❷违反规则的，犯规的，违章的：The referee ruled that it was an *illegal* forward pass. 裁判判那个直传犯规。‖ **il·le·gal·i·ty** /ˌili'gæliti/ *n.* [U;C]— **il'le·gal·ly** *adv.*

il·leg·i·ble /i'ledʒib^əl/ *adj.* (字迹)难以辨认的，无法看清的，难读的：This letter is completely *illegible*. 这封信根本没法读。‖ **il·leg·i·bil·i·ty** /iˌledʒi'biliti/ *n.* [U]— **il'leg·i·bly** *adv.*

il·lic·it /i'lisit/ *adj.* [无比较级] ❶非法的；违法的；违禁的：the *illicit* drug business 非法毒品交易 ❷违反习俗的；道德不允许的；不正当的：achieve one's success through *illicit* means 通过不正当的手段获取成功 ‖ **il'lic·it·ly** *adv.*— **il'lic·it·ness** *n.* [U]

il·lit·er·a·cy /i'lit^ərəsi/ *n.* [U] 文盲：a country with 90 per cent *illiteracy* 一个文盲占人口 90% 的国家

il·lit·er·ate /i'lit^ərit/ **I adj.** [无比较级] ❶文盲的，不识字的：He is *illiterate*; his origins are immitigably humble. 他目不识丁，出身又十分低贱。❷未受教育的；没文化的：That is not an *illiterate* letter. 这信不是一个没读过书的人写的。**II n.** [C] ❶文盲，目不识丁的人 ❷未受过教育的人；没文化的人

ill·ness /'ilnis/ *n.* [U;C] 病，疾病；身体不适；患病期间(或状态)：Unfortunately I couldn't go because of *illness*. 很遗憾，我身体不适，去不了了。

il·log·i·cal /i'lɒdʒik^əl/ *adj.* [无比较级] 不合逻辑的，违背逻辑的；悖理的；乖戾的：an *illogical* premise 不合逻辑的假设 ‖ **il'log·i·cal·ly** *adv.*

ill-treat /ˌil'tri:t/ *vt.* 虐待；折磨；凌辱：They began to mock him and *ill-treat* him. 他们开始嘲弄他，凌辱他。‖ **ill·treat·ment** /ˌil'tri:tm^ənt/ *n.* [U]

il·lu·mi·nate /i'lju:miˌneit/ *vt.* ❶照明，照亮：The glow *illuminated* her face. 光映照着她的脸。❷使易于理解；阐明；启发，启迪：He *illuminated* the discussion with a few well-considered remarks. 他的话虽不多，但深思熟虑，给讨论以启发。

il·lu·mi·na·tion /iˌlju:mi'neiʃ^ən/ *n.* [U] ❶照明，照亮：The *illumination* is too weak to show the detail of the painting. 照明不够，无法显示画作的细节。❷阐明，解释；启发，启迪：find great *illumination* from sb.'s remarks 从某人的话中得到很大的启发

il·lu·sion /i'lu:ʒ^ən/ *n.* ❶[C;U]幻影；幻觉，错觉；假象：Red gives an *illusion* of heat. 红色给人以热的错觉。❷[C]幻想；错误观念：I had no *illusion* about their honesty. 我对他们的诚实不抱任何幻想。‖ **il'lu·sion·al,il'lu·sion·ar·y** *adj.*— **il'lu·sioned** *adj.*

☆**illusion,delusion,fantasy** 均有"虚假感觉"之意。**illusion** 指对外界客观事物的一种错误认识，含从表面看来十分逼真但事实并非如此之意：The mirrors all round the walls give an *illusion* of greater space. (周围墙壁上的镜子造成一种较大空间的错觉。)**delusion** 指在没有外界刺激的情况下出现的虚幻知觉，往往是凭空想象、无中生有但感觉上十分真实的病理性知觉：The patient suffers from the *delusion* that he is Napoleon. (那个病人患了妄想症，认为自己是拿破仑。)**fantasy** 多用于入梦前想象出来的形象生动的情景，但不将其误认为是事实，强调异想天开、超现实或怪异：He is always having *fantasies* about becoming rich and famous. (他老是抱着发财成名的幻想。)

il·lus·trate /'iləsˌtreit/ *vt.* ❶(用图、实例等)说明，阐明：A proverb is no proverb to you till life has *illustrated* it. 谚语只有被

生活印证了才能成为其谚语。❷给…作插图说明（或装饰）；（用音像材料等）辅助说明（或点缀）：a book generously *illustrated* with black-and-white photographs 一本附有大量黑白图片的书籍 ‖ **'il·lus·tra·tor** *n.* [C]

il·lus·tra·tion /ˌiləˈstreiʃ°n/ *n.* ❶[C]（作说明或装饰等用的）插图；图表；地图：*illustrations* in children's dictionaries 幼儿词典中的插图 ❷[C]实例，例证：The teacher cut an apple into four equal pieces as an *illustration* of what 1/4 means. 老师把一只苹果切成相等的四块，以此说明什么是四分之一。❸[U]说明，阐明；图解；图示：the volume of essays with a bibliography and a generous amount of *illustration* 附有参考书目及大量图解的论文集

im·age /ˈimidʒ/ *n.* [C] ❶像；画像；肖像；雕像，塑像：The shelf was full of the *images* of all sorts of animals. 架上摆满了各种各样的动物塑像。❷影像，图像；镜象：The building of an *image* by scanning may cause the picture to flicker. 扫描的图像画面会不稳定。❸外表，外形；极为相似的人（或物），翻版：She is almost the spitting *image* of her mother. 她和她母亲的长相简直一模一样。❹（头脑中的）形象；印象；概念：That country somehow continues to live up to its tourist brochure *image*. 那个国家至今还保持着游览明信片上所描绘的那种形象。

i·mag·i·nar·y /iˈmædʒin°ri/ *adj.* 〔无比较级〕想象中的；假想的；幻想的：In spite of their true to life quality, characters are *i-maginary* people who inhabit a story. 尽管人物栩栩如生，也只是故事中假想的人。‖ **i'mag·i·nar·i·ly** *adv.*

i·mag·i·na·tion /iˌmædʒiˈneiʃ°n/ *n.* ❶[U;C]想象；想象力：Reality and *imagination*, and their interplay, are one of his main themes. 现实和想象，以及两者交互的关系，是他的一个重要的主题。❷[U]随机应变能力；机智，机敏：A resourceful executive has *imagination* and judgment. 足智多谋的管理人员具有应变能力和判断力。❸[U]想象出来的东西；幻想物

i·mag·i·na·tive /iˈmædʒinətiv/ *adj.* ❶想象的；富于想象力的：*imaginative* thinking 富于想象的思维 ❷不真实的；幻想的：We should not allow ourselves an *imaginative* leap beyond the strict barriers of fact. 我们不应让自己跨越严格的事实界限，谋求想象中的飞跃。‖ **i'mag·i·na·tive·ly** *adv.*

i·mag·ine /iˈmædʒin/ *v.* ❶想象：The girl likes to *imagine* herself an actress. 这个女孩子喜欢想象自己是个演员。❷想；料想；设想：I *imagine* I have met you before. 我想我以前见过你。❸猜想，猜测；认为：I *i-magine* they died a rather icy death. 我猜想他们死得很凄凉。

im·bal·ance /imˈbæl°ns/ *n.* [C]不平衡，失衡；失调：a population *imbalance* 人口中男女比例失调

IMF, I.M.F. *abbr.* International Monetary Fund（联合国）国际货币基金组织

im·i·tate /ˈimiteit/ *vt.* 模仿，仿效，模拟；学…的样子：He can *imitate* a lion's roar. 他能模仿狮子咆哮。‖ **'im·i·ta·tor** *n.* [C]

im·i·ta·tion /ˌimiˈteiʃ°n/ *n.* ❶[U;C]模仿，仿效，模拟，学样：Vince broke into a high-pitched *imitation* of his aunt. 文斯突然把嗓子憋得尖尖的学他姑妈说话。❷[C]仿造，仿制；仿造品，仿制品；赝品，冒牌货：This is a pale *imitation* of the original painting. 这是原画的一幅拙劣的仿作。

im·ma·te·ri·al /ˌiməˈtiəriəl/ *adj.* 〔无比较级〕❶不重要的，无关紧要的，无足轻重的：There are only some *immaterial* objections. 只有几项无关痛痒的异议。❷非物质的；非实体的，无形体的；精神的：The body is material but the soul is *immaterial*. 躯体有形而灵魂无形。‖ **im·ma'te·ri·al·ly** *adv.* **im·ma'te·ri·al·ness** *n.* [U]

im·ma·ture /ˌiməˈtjuəʳ, -ˈtʃuəʳ/ *adj.* ❶发育未完全的；未充分成长的；未成熟的：At fifteen, he was *immature*. 他 15 岁时还没有完全发育。❷（感情、智慧、行为等方面）不成熟的，不够老练的；幼稚的，孩子气的：It was *immature* of her to do that. 她那样做太孩子气了。‖ **im·ma'ture·ly** *adv.* —**im-**

ma·tu·ri·ty n. [U]

im·meas·ur·a·ble /i'meʒ'rəb°l/ adj. [无比较级]无法度量的；无边无际的，无限的：China is a market of immeasurable potential. 中国是一个具有无限潜在商机的大市场。‖ im'meas·ur·a·bly adv.

im·me·di·ate /i'mi:diət/ adj. ❶[无比较级]立即的，即刻的：Please send an immediate reply. 请立即回复。❷[无比较级][作定语]直接的：The most immediate consequence of the technology will be its impact on employment. 技术的最直接结果就是对就业的影响。❸[无比较级][作定语]最接近的；紧挨着的；贴近的：in the immediate vicinity 在接邻地区 ❹[无比较级][通常作定语]目前的，眼下的，当前的：an issue of immediate concern 眼下的急务

im·me·di·ate·ly /i'mi:diətli/ adv. [无比较级]❶立即，马上：Please act immediately or the opportunity will be lost. 请抓紧，否则将失去机会。❷紧接地；紧挨着地；贴近地：The houses in the crowded neighbourhood are immediately upon each other. 在拥挤地段房子一所紧挨着一所。

im·mense /i'mens/ adj. [无比较级]❶广大的；巨大的：an immense territory 广袤的领土 ❷无限的；无边无际的：I have immense sympathy for her. 我对她无限同情。‖ im·mense·ly /i'mensli/ adv.—im'men·si·ty n. [U]

im·merse /i'mə:s/ vt. ❶使浸没，使浸透(in)：immerse one's feet in water 把双脚浸到水里 ❷[常作～ oneself 或被动语态]使沉浸在；使深陷于；使埋头于(in)：immerse oneself in contemplation 陷入沉思 ‖ im'mer·si·ble adj.

im·mi·grant /'imigr°nt/ I n. [C](外来)移民，侨民：an immigrant from Africa 来自非洲的移民 II adj. [无比较级][作定语]移民的，侨民的：an immigrant community 移民社区

im·mi·grate /'imi¦greit/ vi. (作为移民)移入；移居：The emigrant from Poland was finally given permission to immigrate to Can-

ada. 波兰的移民最终获许移居加拿大。

im·mi·gra·tion /¦imi'greiʃ°n/ n. [U]移民；移居：There are strict controls on immigration into this country. 移居这个国家有严格的控制。

im·mi·nent /'imin°nt/ adj. 临近的；逼近的；就要发生的：the imminent general election 即将举行的大选 ‖ 'im·mi·nence n. [U]—'im·mi·nent·ly adv.

im·mo·bile /i'məubail,-bi:l/ adj. [无比较级]❶不活动的，固定的：keep a broken leg immobile 对骨折的腿进行固定 ❷不在运动的，静止的；不在变化的：The dog lay at rest, its four feet stretched out, absolutely immobile. 那条狗闲躺着，四脚伸开，一动不动。‖ im·mo·bil·i·ty /¦iməu'biliti/ n. [U]

im·mor·al /i'mɔr°l/ adj. ❶不道德的；邪恶的；缺德的，败坏道德的：immoral habits of behaviour 不道德的行为习惯 ❷放荡的，淫荡的：an immoral attitude toward life 放荡的生活态度 ‖ im·mo·ral·i·ty /¦imə'ræliti/ n. [U;C]—im'mor·al·ly adv.

im·mor·tal /i'mɔ:t°l/ adj. [无比较级]❶不死的，长生的，永生的：After all, he was not immortal. 他毕竟不能长生不老。❷长久的，永世的：immortal glory 永世的荣耀 ❸不朽的，流芳百世的：immortal authors 不朽的作家 ‖ im'mor·tal·ly adv.

im·mor·tal·ize /i'mɔ:tə¦laiz/ vt. 使不朽，使不灭，使永存千古：Beethoven is immortalized by his great works. 贝多芬以其伟大的作品而名垂千古。

im·mov(e)·a·ble /i'mu:vəbəl/ adj. [无比较级]❶不可移动的，固定的：an immovable foundation 稳固的基础 ❷不改变的，不让步的，坚定不移的：He has his opinions on these subjects. He is immovable. 在这些问题上他有自己的看法，决不会让步。

im·mune /i'mju:n/ adj. ❶【生】免疫的；(有)免疫力的；有抵抗力的(from, against, to)：The blood test shows you are not immune. 血检表明你不具免疫力。❷受到保

护的;不受影响的(*to*, *against*):*immune to*
new ideas 不受新思想的影响 ❸免除的,豁
免的(*from*, *to*):To be *immune from* error
is humanly impossible. 作为人,不犯错误是
不可能的。‖ **im·mu·ni·ty** /i'mju:niti/ *n.*
[U]

im·pact Ⅰ /'impækt/ *n.* ❶[U]撞击,冲击;
碰撞(*on*, *against*):The glass shattered on
impact. 玻璃被撞碎。❷[U;C]撞击(或冲
击)力:The bullet struck with a tremendous
impact. 那颗子弹猛力射出枪膛。❸[常作
单](强有力的)影响;(重大)作用:The com-
puter has made a great *impact* on modern
life. 计算机对现代生活产生了巨大的影
响。Ⅱ /im'pækt/ *vt.* ❶压紧;挤入,楔牢
(*in*):The mule lay *impacted* in the loam.
骡子紧贴着地伏着。❷充满;挤满;拥塞:
refugees *impacted* into slums 挤在贫民窟里
的难民 ❸对⋯产生影响;改变:The decision
may *impact* your whole career. 这个决定可能
会改变你的整个职业生涯。

im·pair /im'peər/ *vt.* 损害,损伤;削弱,减
少:A recurrence of such an oversight could
impair our amicable relations. 如果再出现
这样的疏忽,我们的友好关系将会受到损
害。‖ **im'pair·ment** *n.* [U;C]

im·part /im'pɑ:t/ *vt.* ❶告知,通知;透露
(*to*):I have no news to *impart*. 我没有消
息可以透露。❷给予(尤指抽象事物);分
给;传授:The new furnishings *imparted* an
air of newness to the old house. 新家具给
这所旧房子带来了新气象。

im·par·tial /im'pɑ:ʃ°l/ *adj.* [无比较级]不
偏不倚的,中立的;公平的,无偏见的:Try
as he would to be *impartial*, he could not
help but favour Mary. 虽然他尽量设法做到
一视同仁,但他自然而然地喜欢玛丽。‖
im·par·ti·al·i·ty /im,pɑ:ʃi'æti/ *n.* [U]—
im'par·tial·ly *adv.*

im·pas·sive /im'pæsiv/ *adj.* 不动感情的;
没有表情的;无动于衷的;矜持的;泰然的:
Mr. Henry remained *impassive*. 亨利先生
依旧不动声色。‖ **im'pas·sive·ly** *adv.* —**im-
pas·siv·i·ty** /,impæ'siviti/ *n.* [U]

im·pa·tience /im'peiʃəns/ *n.* [U] ❶无耐
心,不耐烦:My *impatience* grew as the train
was delayed more and more. 随着火车一再
晚点,我越来越沉不住气了。❷热切;焦急;
焦躁:He could barely conceal his *impa-
tience*. 他再也按捺不住焦急的心情。

im·pa·tient /im'peiʃ°nt/ *adj.* ❶不耐烦的,
没耐心的(*on*, *with*):He is *impatient with*
his little sister. 他对妹妹没有耐心。❷热
切的,急切的;急躁的,焦躁的(*for*):look
forward to an event with *impatient* desire
眼巴巴地盼着某事的到来 ‖ **im'pa·tient-
ly** *adv.*

im·pede /im'pi:d/ *vt.* 阻碍,妨碍:阻止:The
deep snow *impeded* travel. 厚厚的积雪阻
碍了交通。

im·ped·i·ment /im'pedim°nt/ *n.* [C] ❶阻
碍,妨碍;障碍物:The pool was an awkward
impediment. 这片泥塘真叫人进退两难。
❷口吃,结巴;生理障碍,残疾:He has an
impediment in speech. 他讲话结巴。

im·pel /im'pel/ *vt.* (**-pelled**; **-pel·ling**) ❶驱
策;激励;迫使:Man's nature *impels* him to
acquire knowledge. 人的本性驱使他学知
识。❷推进,推动:The wind *impelled* the
boat toward the shore. 风把船吹向岸
边。‖ **im'pel·ler** *n.* [C]

im·per·a·tive /im'perətiv/ *adj.* [无比较
级] ❶不可规避的,必做的;紧急的;极为重
要的:It is *imperative* for us to act at once.
我们必须马上行动。❷命令(式)的;必须服
从的,强制的;专横的:*imperative* discipline
必须遵守的纪律 ‖ **im'per·a·tive·ly** *adv.*

im·pe·ri·al /im'piəriəl/ *adj.* [作定语] ❶[无
比较级]帝国的;[常作 **I-**]英帝国的:the
imperial Roman army 罗马帝国的军队
❷[无比较级]皇帝(或女皇)的;帝位的;至
尊的,(权威)至高无上的:the *imperial*
household 皇室 ❸(度量衡)英制的 ‖ **im'pe·ri-
al·ly** *adv.*

im·pe·ri·al·ism /im'piəriə,liz°m/ *n.* [U]
❶帝国主义(统治);帝制 ❷〈常贬〉(侵犯他
国的)帝国主义行径;帝国主义政策 ‖ **im-**

pe·ri·al·ist /im'piəriəlist/ **n.** [C] & **adj.**—**im·pe·ri·al·is·tic** /im,piəriə'listik/ **adj.**

im·per·son·al /im'pəːsˀnəl/ **adj.** 〔无比较级〕❶非个人的；非特指某一个人的；不受个人情感（或偏见）影响的，客观的：an *impersonal* discussion 客观的讨论 ❷〈常贬〉没有人情味的，冷淡的：an *impersonal* tone 冷淡的语气 ‖ **im'per·son·al·ly adv.**

im·per·ti·nent /im'pəːtinˀnt/ **adj.** 〔无比较级〕不礼貌的；傲慢的；粗鲁的；莽撞的：I hope they are not so *impertinent* as to follow me. 但愿他们别死皮赖脸地跟着我。‖ **im'per·ti·nence n.** [U]—**im'per·ti·nent·ly adv.**

im·pet·u·ous /im'petjuəs/ **adj.** 急躁的；莽撞的；冲动的：It was *impetuous* of him to do that. 他那样做太冲动了。‖ **im·pet·u·os·i·ty** /im,petju'ɔsiti/ **n.** [U]—**im'pet·u·ous·ly adv.**

im·pe·tus /'impitəs/ **n.** ❶[用单]推动；促进；刺激：The two trains came into collision with great *impetus*. 两列火车猛烈相撞。❷[U]【物】动量：Anything that can stop easily has little *impetus*. 容易停下来的物体动量很小。

im·pinge /im'pindʒ/ **vi.** ❶侵犯(on, upon)：Not that I want to *impinge upon* any man's recreation. 我并非想侵占哪一个人的娱乐时间。❷起作用；影响；触动(on, upon)：The economic crisis is *impinging on* every aspect of our lives. 经济危机正在影响我们生活的各个方面。❸冲击；撞击；打击(on, upon, against)：rays of light *impinging on* the eye 刺眼的光线 ‖ **im'pinge·ment n.** [U]

im·plant I /im'plɑːnt;-'plænt/ **vt.** ❶把…嵌入；埋置(in)：a ruby *implanted in* a gold ring 嵌在金戒指里的一颗红宝石 ❷【医】移植；植入：*implant* an artificial heart 植入人造心脏 II /'implɑːnt;-plænt/ **n.** [C]【医】植入物；移植片；种植体：suitable for body *implants* 适合作体内植入物 ‖ **im'plant·a·ble adj.**—**im·'plant·er n.** [C]

im·ple·ment I /'implimˀnt/ **n.** [C]工具；用具；器具：cooking *implements* 烹饪用具 II /'impliment/ **vt.** 贯彻；实施，执行；履行：The government is *implementing* its policy of helping the unemployed. 政府正在实施帮助失业人员的政策。‖ **im·ple·men·ta·tion** /,implimen'teiʃˀn/ **n.** [U]

☆ **implement, appliance, instrument, tool** 均有"工具，器具"之意。**implement** 为最普通用词，词义宽泛，指完成某一任务所需或有用的任何工具、机械或装置，尤其适用于农业和园艺方面：new types of farm *implements* (新式农具) / gardening *implements* (园艺工具)该词也常用于引申意义，指完成某事的任何方法或辅助手段：A strong military establishment can be an *implement* of peace. (一支强大的军队可以是保卫和平的工具。) **appliance** 特指由动力传动、有特殊用途的用具、器具或装置，尤指家用电器：domestic *appliances* such as dishwashers and washing machines (如洗碗机和洗衣机一类的家用电器) **instrument** 指需专门技能细心操作的精密工具、器具或仪器，多用于科学、技术和艺术方面：The pilot studied his *instruments* anxiously. (飞行员焦虑地把他的各种仪器仔细察看了一番。)该词也可用于无须手工操作的场合：Her evidence was an *instrument* in his arrest. (她提供的证据是他遭到逮捕的重要原因。) **tool** 常指手艺人手工操作的、有专门用途的简单工具，也可表示替代手工劳动、专门用于切削、成形、钻孔的机床：A screwdriver and a hammer are the only *tools* you need. (你只需要螺丝刀和锤子这两样工具就够了。)该词也可用于抽象意义：He used his boss's absence as a *tool* for gaining influence. (他利用上司外出的机会来扩大权势。)

im·pli·ca·tion /,impli'keiʃˀn/ **n.** ❶[C]含意；暗示，暗指；言外之意：The term carries no derogatory *implications*. 这个词不带贬义。❷[U]牵连；卷入；涉及：We heard of his *implication* in the plot. 我们听说他与这一阴谋有牵连。

im·plic·it /im'plisit/ **adj.** ❶不言明的，暗示的；暗含的，含蓄的：Her silence gave *implicit* consent. 她用沉默表示赞同。❷[通

常作定语]绝对的;毫无保留的;毫不怀疑
的:He has *implicit* confidence in his
friends. 他毫无保留地信任自己的朋友。
‖ im'plic·it·ly *adv.* —im'plic·it·ness *n.* [U]

im·plore /im'plɔːʳ/ *vt.* 恳求;哀求;乞求:She
implored her mother to give permission for
her to go on the trip. 她恳求母亲允许她去
旅行。 ‖ im·plo·ring /im'plɔːriŋ/ *adj.* —
im'plo·ring·ly *adv.*

im·ply /im'plai/ *vt.* ❶暗示;暗指;意味着,
含有…的意思:What do you *imply* by that
statement? 你说这句话是什么意思? ❷必
然含有;必然涉及;必须有:Speech *implies* a
speaker. 演讲必有演讲者。

im·po·lite /ˌimpə'lait/ *adj.* 不礼貌的;无礼
的,失礼的;粗鲁的:Take care not to be *im-
polite* to customers. 注意不要对顾客失
礼。 ‖ ˌim·po'lite·ly *adv.*

☆impolite,impudent,rude 均有"无礼的;粗
鲁的"之意。impolite 指言谈举止不得体、欠
考虑,不懂得社会所要求的礼貌或礼节:It
was *impolite* of her not to say goodbye. (她
不告辞是失礼的。) impudent 表示故意对他
人傲慢无礼,往往有厚颜无耻、蛮横无理的
意味:You were *impudent* to say that to
your mother. (你竟对母亲说那种话,太放
肆了。) rude 词义比 impolite 强,指粗暴无
礼、不考虑他人感情,强调冒犯他人:It's
rude to tell someone you don't like them.
(当面告诉人家你不喜欢他们,这是不礼
貌的。)

im·port I /im'pɔːt, 'impɔːt/ *vt.* ❶进口;输
入;引进:*import* coffee from Brazil 从巴西
进口咖啡 ❷表示,表明:Her words *impor-
ted* a change of attitude. 她的这番话表明了
态度上的转变。 II /'impɔːt/ *n.* ❶[U]进
口;输入;引进: The *import* of diseased ani-
mals was forbidden. 带病动物是禁止进口
的。 ❷[C]进口商品;进口劳务;输入物:the
taxes on *imports* 进口商品税 ‖ im'port·a·
ble *adj.* —im'port·er *n.* [C]

im·por·tance /im'pɔːtᵊns/ *n.* [U]重要,重
大;重要性: In mind, he was not of much
importance. 在智力方面,他没有什么了

不起。

im·por·tant /im'pɔːtᵊnt/ *adj.* ❶重要的,重
大的(to);非常有价值的:She realized some-
thing *important* was about to happen. 她意
识到要出什么大事了。 ❷有地位的;有名望
的;有势力的;显赫的: A prime minister is a
very *important* man. 首相是非常显要的人
物。 ‖ im'por·tant·ly *adv.*

im·pose /im'pəuz/ *vt.* ❶征(税);使承受(负
担、惩罚等)(on,upon):*impose* duties *on* to-
bacco and wines 征收烟酒税 ❷把…强加
于:No other conditions were *imposed upon*
my freedom. 没有任何别的条件来约束我
的行动。 ‖ im'pos·er *n.* [C]

im·pos·ing /im'pəuziŋ/ *adj.* 壮观的;庄严
的;气势宏伟的;不凡的;给人深刻印象的:
Edwin's desk is the largest and most *impos-
ing*. 埃德温的办公桌最大,气派不凡。 ‖
im'pos·ing·ly *adv.*

im·pos·si·ble /im'pɔsəbᵊl/ *adj.* [无比较
级]❶不可能的;做不到的:It is next to *im-
possible* to give 24 hour security to people
living in private apartments. 为私宅居民提
供 24 小时安全措施几乎是不可能的。 ❷不
可能发生的;不可能有的;难以置信的;不真
实的:I find it *impossible* to believe a single
word you say. 我发现你说的话我一句也不
能信。 ‖ im·pos·si·bil·i·ty /imˌpɔsə'biliti/
n. [C]—im'pos·si·bly *adv.*

im·prac·ti·cal /im'præktikᵊl/ *adj.* ❶不切
实际的;无用的;不现实的:It is a bit *im-
practical* to hope that everyone will be nice
to you. 希望每个人都对你好,这有点不太
现实。 ❷不注重实际的;不善做实际工作
的,无动手能力的:He is intelligent but too
impractical for commercial work. 他人很
聪慧,但不善做实际工作,不能经商。 ‖ im-
prac·ti·cal·i·ty /imˌprækti'kæliti/ *n.* [U]

im·press /im'pres/ *vt.* ❶给…(留下)深刻
的印象;使铭记,铭刻;打动,使感动(with):
He *impressed* me as someone rather myste-
rious. 他使我感到他是一个十分诡秘的人
物。 ❷强调(on):She *impresses on* everyone
the urgency of her mission. 她向每个人强

调自己的任务紧迫。❸印，压印；盖(印或邮戳等)于；把(记号等)压于(或压入)(on)：The clerk *impressed* his signature *on* the documents. 办事员在文件上盖上了自己的签名章。

im·pres·sion /im'preʃ°n/ *n.* [C] ❶印象；感想：His face and the parts around his eyes gave the *impression* of total exhaustion. 他的面和眼圈使人感到他已经筋疲力尽。❷压印；印记；压痕：About the throat were bruises and *impressions* of fingers. 喉部有瘀伤和手指的掐痕。❸(尤指出于逗乐目的的)漫画式模仿：The comedian gave several *impressions* of famous movie stars. 这位喜剧演员对几位电影明星作了滑稽模仿。

im·pres·sive /im'presiv/ *adj.* ❶给人以深刻印象的，感人的，打动人的；令人敬佩的：Economic development is even more *impressive*. 经济上的发展就更令人瞩目。❷威严的；使人肃然起敬的：an *impressive* figure 一个令人肃然起敬的人物 ‖ im'pres·sive·ly *adv.* —im'pres·sive·ness *n.* [U]

im·print /'imprint/ *n.* ❶[C]印记，戳记，印痕；痕迹：His head left an *imprint* on the pillow. 他的头在枕头上留下了一个压痕。❷[通常用单]深刻的印象；影响，作用；特征，标记：The performance made a deep *imprint* on our minds. 那场演出给我们留下了深刻的印象。

im·pris·on /im'priz°n/ *vt.* ❶关押，监禁：I had a sense of being *imprisoned*. 我有身陷囹圄之感。❷禁锢；束缚；限制：a bird *imprisoned* in a cage 关在笼中的鸟 ‖ im'pris·on·ment *n.* [C；U]

im·prop·er /im'prɔpə'/ *adj.* 不合适的，不适当的；不相宜的，不得体的：It is *improper* to speak out extensively in the reading room. 在阅览室里大声说话是不合适的。‖ im'prop·er·ly *adv.* —im·pro·pri·e·ty *n.*

im·prove /im'pru:v/ *v.* 改进，改善；增进，提高：We aren't *improving* our chances by sitting here. 光坐在这里也无济于事呀。‖ im·prov·a·ble /im'pru:vəbl/ *adj.*

im·prove·ment /im'pru:vm°nt/ *n.* ❶[U]

改进，改善；增进，提高：There's much room for *improvement*. 大有改进的余地。❷[C]改进处，改善处：The new edition embodies many *improvements*. 新版有许多改进之处。

im·pro·vise /'imprəˌvaiz/ *vt.* ❶即兴创作(乐曲、诗歌等)；即席演说；即兴表演(或演奏)：The pianist *improvised* an accompaniment to the song. 钢琴家为这首歌即席伴奏。❷临时做成；临时提供；临时安排：We *improvised* a dinner from yesterday's leftovers. 我们用昨天的剩饭剩菜凑合着做了顿饭。‖ im·pro·vi·sa·tion /ˌimprəvai'zeiʃ°n/ *n.* [U；C]

im·pu·dent /'impjud°nt/ *adj.* 厚颜无耻的；放肆的；无礼的：He was *impudent* enough to pervert the truth. 他居然无耻到歪曲事实的地步。‖ 'im·pu·dence *n.* [U]—'im·pu·dent·ly *adv.*

im·pulse /'impʌls/ *n.* ❶[C；U]冲动；一时的欲念；突然产生的念头：Wealth enabled them to follow *impulse* where it led. 财富使他们随心所欲。❷[C]推动，刺激，驱策；冲力，推动力：Rivalry gives an *impulse* to trade. 竞争促进贸易。

im·pul·sive /im'pʌlsiv/ *adj.* [无比较级]冲动的；易冲动的；出于冲动的：His decision to call his ex-wife was *impulsive*. 他决定给前妻打电话完全是出于冲动。‖ im'pul·sive·ly *adv.* —im'pul·sive·ness *n.* [U]

im·pure /im'pjuə'/ *adj.* ❶不纯净的；肮脏的；被玷污的：*impure* air 污浊的空气 ❷不纯的，有杂质的；掺假的：*impure* food 掺假食品 ❸不纯洁的；不道德的；腐化的；淫猥的，下流的：an *impure* fellow 下流之人 ‖ im'pure·ly *adv.*

in /in/ *prep.* ❶[表示地点、场所、部位等]在…里面，在…之内；在…上：*in* China 在中国 ❷[表示时间]在…(时候)；在…期间；在…(一段时间)之内；过…(一段时间)后：*in* ancient times 在古代 ❸[表示状态、情景、情况]处于…中：He is *in* luck. 他交了好运。❹[表示服饰等]穿着；戴着；带着：dress *in* furs 身着毛皮衣服 ❺[表示形式、方式、手段、工具、原材料等]以，用：speak *in*

French 说法语

in·ac·ces·si·ble /ˌinækˈsesəbᵊl/ *adj.* 〔无比较级〕达不到的，难到达的；不可（或难以）进入的：The place is *inaccessible* by road. 无路通达该地。 ‖ **in·ac·ces·si·bil·i·ty** /ˌinækˌsesəˈbiliti/ *n.* 〔U〕—**in·ac·ces·si·bly** *adv.*

in·ac·tive /inˈæktiv/ *adj.* 不活动的；不活跃的；缺乏活力的：an *inactive* volcano 不活动的火山 ‖ **in·ac·tiv·i·ty** /ˌinækˈtiviti/ *n.* 〔U〕

in·ad·e·quate /inˈædikwit/ *adj.* 〔无比较级〕❶不充分的；不足的：The food was *inadequate* for fourteen people. 这些食物不够 14 个人吃。❷不够格的；不胜任的：I felt inherently inferior, *inadequate* to fill the role. 我内心感到身居卑职，难以承担此任。 ‖ **in·ad·e·quate·ly** *adv.*

in·ap·pro·pri·ate /ˌinəˈprəupriət/ *adj.* 不恰当的，不适合的：It is *inappropriate* that he (should) be present. 他出席是不适宜的。 ‖ **in·ap·pro·pri·ate·ly** *adv.*

in·au·gu·rate /inˈɔːgjuˌreit/ *vt.* ❶为⋯举行就职典礼，使正式就任：A President of the United States is *inaugurated* every four years. 美国总统四年一任。❷为⋯举行开幕式；为⋯举行落成（或通车等）仪式：The new city hall was *inaugurated* with a parade and speeches. 人们用游行和演讲来为新市政大厅举行落成仪式。❸（正式）开始；着手进行；发动：The discovery of the X ray in 1895 *inaugurated* a new age in medicine. 1895 年 X 射线的发现开创了医学史上的新纪元。 ‖ **in·au·gu·ra·tion** /inˌɔːgjuˈreiʃᵊn/ *n.* 〔U；C〕

in·born /ˈinˌbɔːn/ *adj.* 〔无比较级〕❶天生的，与生俱来的：an *inborn* sense of rhythm 天生的节奏感 ❷先天的，遗传的：There is an *inborn* component in human intelligence which is genetically heritable. 人的智力中某种先天因素是可以遗传。

in·ca·pa·ble /inˈkeipəbᵊl/ *adj.* 〔无比较级〕❶无能力的，什么事都做不好的，不能胜任的(of)：You are *incapable of* judging this matter. 在这件事情上，你的眼力可不行唷。❷〔作表语〕不会的，不能的(of)：He was *incapable of* empathy! 他这个人不会表示同情！ ‖ **in·ca·pa·bil·i·ty** /inˌkeipəˈbiliti/ *n.* 〔U〕—**in·ca·pa·bly** *adv.*

in·cen·tive /inˈsentiv/ *n.* 〔C；U〕刺激；鼓励，激励；奖励；动机(to)：Competition is the strongest *incentive to* industry. 竞争最能激发勤奋。

inch /intʃ/ *n.* 〔C〕❶英寸（等于 1 英尺〔foot〕的 1/12 或 2.54 厘米，略作 in.，符号为″)：a 6-*inch* ruler 一把 6 英寸长的尺子 ❷〔表示距离、数量、部分、程度等〕少许，一点儿：win by an *inch* 险胜

in·ci·dent /ˈinsidᵊnt/ *n.* 〔C〕❶发生的事，事情：an amusing *incident* 趣事 ❷〔C；U〕（尤指国际政治中的）事件；事故；事端；事变：The chronicler wasn't present at the *incident*. 事故发生时记录者并不在场。

in·ci·den·tal /ˌinsiˈdentᵊl/ *adj.* 〔无比较级〕偶然发生的：Tom insists his discoveries have been purely *incidental*. 汤姆坚持说他所有的发现纯属偶然。

in·cite /inˈsait/ *vt.* 刺激；激起；煽动；激励(to)：She *incited* her son *to* greater efforts. 她激励儿子更加发奋。 ‖ **in·ci·ta·tive** /-tətiv/ *n.* 〔U；C〕—**in·cit·er** *n.* 〔C〕

in·cline I /inˈklain/ *vt.* ❶使倾斜：Rays of light are *inclined* in passing through a medium of high refractive index. 光线通过高折射率介质时发生偏斜。❷弯（腰）；曲（身）；点（头）：As they both sat down, she *inclined* her head towards Dick. 他们俩坐了下来，她把头歪向迪克。❸〔常用被动语态〕使倾向于，使偏爱；使有意于，使愿意(to, for)：Increasing knowledge *inclines* one *to* further study. 一个人知识越多就越想学习。II /ˈinklain/ *n.* 〔用单〕斜面；斜坡：The road has a steep *incline*. 那条路有个陡坡。

in·clined /inˈklaind/ *adj.* 〔无比较级〕❶〔作表语〕倾向于⋯的；有⋯意向的；喜好⋯的；赞成⋯的：a youth *inclined* to silence 沉默寡言的青年 ❷倾斜的；斜坡的；倾面的：*inclined* necks 歪脖子 ❸有某方面

的天赋的：Louise is very musically *inclined*. 路易丝很有音乐天赋。

in·clude /in'klu:d/ *vt.* ❶包括；包含：Desserts usually *include* cake, pie, cookies, ice cream, and candy. 甜点一般包括蛋糕、馅饼、饼干、冰激凌和糖果。❷把…列入；把…算入：I *included* eggs in the list of things to buy. 我把鸡蛋列在购物单上。‖ in'clu·sion /-ʒ°n/ *n.* [U]

in·clud·ed /in'klu:did/ *adj.* [无比较级][作后置定语]包括在内的：all of us, me *included* 我们所有的人，包括我在内

in·clud·ing /in'klu:diŋ/ *prep.* 如果包含…在内，算上…的话：There are altogether six members, *including* the chairman. 算上主席一共 6 位成员。

in·clu·sive /in'klu:siv/ *adj.* [无比较级] ❶[作后置定语]首末日（或页码等）包括在内的：A calendar year is from January 1 to December 31 *inclusive*. 年历从 1 月 1 日到 12 月 31 日, 含首尾两天。❷包容广泛的；包括一切费用在内的；包括所有项目在内的：*inclusive* package tours 全包旅游 ‖ in'clu·sive·ly *adv.* — in'clu·sive·ness *n.* [U]

in·co·her·ent /ˌink°'hiər°nt/ *adj.* 不连贯的，表达不清的，没有条理的；慌乱的：He began an *incoherent* argument. 他开始东扯西拉地辩解。‖ ˌin·co'her·ence *n.* [U; C]— ˌin·co'her·ent·ly *adv.*

in·come /'iŋkʌm, 'iŋk°m/ *n.* [C; U]收入，进项，所得，收益：Income per capita is rising fast. 人均收入迅速增长。

income tax *n.* [U; C]所得税

in·com·ing /'iŋkʌmiŋ/ *adj.* [无比较级][作定语]❶进来的，进入的；正到达的：*incoming* vessels 正进港的船 ❷新来的；刚刚到达的；刚收到的：*incoming* orders 新来的订单 ❸刚开始的；新来的；继任的：the *incoming* chairman 新任主席

in·com·pa·ra·ble /in'kɒmp°rəb°l/ *adj.* [无比较级]❶无比的，无双的：a man of *incomparable* genius 绝顶聪明的人 ❷无从比较的；缺乏比较基础的；无可比性的（with, to）：Censorship still exists, but now it's absolutely *incomparable with* what it was. （新闻）审查制度依然存在，但是今日的审查制度与昔日的审查制度压根儿就没有可比性。

in·com·pat·i·ble /ˌink°m'pætib°l/ *adj.* [无比较级]❶不能和谐相处的，合不来的；不相容的；不一致；不协调的：Cats and dogs are *incompatible*. 猫和狗彼此是对头。❷【计】不兼容的：That computer is *incompatible* with mine. 那台计算机跟我的计算机不兼容。‖ in·com·pat·i·bil·i·ty /ˌink°mˌpæti'biliti/ *n.* [U]— ˌin·com'pat·i·bly *adv.*

in·com·pe·tent /in'kɒmpit°nt/ *adj.* 无能力的；不胜任的，不称职的：A poor manager is *incompetent* to run a business. 蹩脚的经理没有管理企业的能力。‖ in'com·pe·tent·ly *adv.*

in·con·sist·ent /ˌink°n'sist°nt/ *adj.* [无比较级]❶不一致的；不协调的；不一贯的，前后矛盾的（with）：All this seemed *inconsistent with* the thing itself. 这一切看起来都不能自圆其说。❷（在原则、行为等方面）易变的，反复无常的：Slavery was *inconsistent with* freedom. 奴役与自由是相悖的。‖ ˌin·con'sist·ent·ly *adv.*

in·con·ven·i·ence /ˌink°n'vi:niəns/ *n.* ❶[U]不方便，麻烦，打扰，为难，不适：We apologize for any *inconvenience* you may have been caused. 我们对可能给你们带来的任何不便表示歉意。❷[C]不方便（或让人为难）的事，麻烦事：What an *inconvenience*! 多大的一个累赘啊！

in·con·ven·i·ent /ˌink°n'vi:niənt/ *adj.* ❶不方便的；打扰的；使人感到麻烦的；让人为难（或烦恼）的：It was *inconvenient* for me to be without a car. 没有自己的车对我来说十分不便。❷不恰当的；不适宜的；不相称的：She chose to go at a very *inconvenient* time, I must say. 应该说，她挑了个很尴尬的时间去那儿。‖ ˌin·con'ven·i·ent·ly *adv.*

in·cor·po·rate /in'kɔ:p°ˌreit/ *vt.* ❶包含；加

入；吸收（*in*, *with*）：We will *incorporate* your suggestion *in* this new plan. 我们将把你的建议纳入这个新计划之中。❷把…组成公司（或社团）；把…吸收为公司（或社团）成员：When the businesses became large, the owners *incorporated* it. 企业规模变大以后，老板把它兼并了。❸使具体化；体现：*incorporate* one's thoughts in an article 把自己的思想体现在一篇文章中 ‖ **in·cor·po·ra·tion** /inˌkɔːpəˈreiʃʰn/ *n.* [U]

in·cor·rect /ˌinkəˈrekt/ *adj.* 不正确的；错误的；不真实的：The newspaper gave an *incorrect* account of the accident. 报纸对那次事故作了失实的报道。‖ **ˌin·corˈrect·ly** *adv.*

in·crease I /inˈkriːs/ *v.* 增加；增大；增长；增强：The driver *increased* the speed of the car. 司机加快了汽车的速度。II /ˈinkriːs/ *n.* [U;C]增加；增大；增长；增强：There has been a great *increase* in student enrollment during the past year. 去年一年里学生的录取人数大大增加了。

☆ **increase, augment, enlarge, multiply** 均有"增加；扩大"之意。**increase** 为一般用词，常指在大小、数量或程度等方面逐渐增加或增长：The population of this town has *increased*. （这个城镇的人口增加了。）**augment** 为比较正式的用词，常指在本来就不错的基础上进一步增大或加强，强调增加的行为本身，且含临时性、权宜性之意：*augment* one's income by writing reviews（借写书评增加收入）**enlarge** 指在面积、体积、容量或范围等方面的扩大或扩展：This photograph probably won't *enlarge* well.（这张照片放大后效果可能不会太好。）**multiply** 常指生物自然增殖，有时也指同类事物通过无限重复增加数量：When animals have more food, they generally *multiply* faster. （动物在有较多的食物时，一般繁殖得较快。）

in·cred·i·ble /inˈkredibʰl/ *adj.* ❶不可信的，不能相信的：They felt incredulous about his *incredible* story. 他们都不信他说的不可信的事。❷难以置信的，不可思议的；惊人的；妙极的；了不起的：His soup is in-

credible, a mixture of different fish. 他用各种鱼混合烹制的汤鲜美极了。‖ **in·cred·i·bil·i·ty** /inˌkrediˈbiliti/ *n.* [U]—**inˈcred·i·bly** *adv.*

in·crim·i·nate /inˈkrimiˌneit/ *vt.* ❶指控，控告：He *incriminated* the other boys to the teacher. 他向老师控告别的男孩。❷归咎于：*incriminate* cigarettes as one cause of lung cancer 把肺癌的原因之一归咎于吸烟 ‖ **inˈcrim·i·nat·ing** *adj.*—**in·crim·i·na·tion** /inˌkrimiˈneiʃʰn/ *n.* [U]—**inˈcrim·i·na·to·ry** *adj.*

in·cur /inˈkəːʳ/ *vt.* (**-curred; -curring**) 招致，惹起，引起，带来；遭受，受到：*incur* sb.'s anger 触怒某人

in·cur·a·ble /inˈkjuərəbʰl/ *adj.* [无比较级]治疗无效的，治不好的；不可救药的；无可矫正的：an *incurable* disease 不治之症 ‖ **inˈcur·a·bly** *adv.*

in·de·cent /inˈdiːsʰnt/ *adj.* [无比较级] ❶下流的；有伤风化的；粗鄙的；猥亵的：The film was indeed grossly *indecent*. 那部影片简直下流透顶。❷不合适的；不礼貌的；不成体统的：go away with *indecent* haste 不礼貌地匆匆离去 ‖ **inˈde·cen·cy** *n.* [U;C]—**inˈde·cent·ly** *adv.*

in·deed /inˈdiːd/ *adv.* [无比较级] ❶[用以加强语气]确实；实在：He was glad *indeed*. 他确实很高兴。❷[用于对问句的肯定的回答或期望得到肯定回答的问句]真正地，真实地；当然：Did you *indeed* finish the work? 你真的把工作做完了吗？❸[表示就某事的真实情况而言]事实上；实际上；其实：*Indeed* she is not innocent in the least. 其实，她这个人压根儿就不天真。

in·def·i·nite /inˈdefinit/ *adj.* [无比较级] ❶不确定的，未定的；不明确的，模糊不清的：At the end of the book, her future is left deliberately *indefinite*. 在本书结尾时，作者故意让她的未来悬而未决。❷无（定）限的；无期限的：an *indefinite* term of imprisonment 无期徒刑 ‖ **inˈdef·i·nite·ly** *adv.*

in·de·pend·ence /ˌindiˈpendʰns/ *n.* [U]独

立;自主;自立:English people are too fond of privacy and *independence* to like living in flats. 英国人好清静,喜独处,不愿住公寓楼。

in·de·pend·ent /ˌindiˈpendᵊnt/ *adj.* [无比较级] ❶独立的;自主的;自治的:an *independent* businessman 个体经营者 ❷单独的;分离的;不相关联的(*of*):Two *independent* units make up this sofa. 两个单独的组件拼成这个沙发。‖ **in·deˈpend·ent·ly** *adv.*

in-depth /ˌinˈdepθ/ *adj.* 深入的;全面的;彻底的:It was given *in-depth* coverage on television and radio. 电视台与广播电台都对此做了全面报道。

in·dex /ˈindeks/ *n.* [C]([复]-**dex·es**,-**di·ces** /-diˌsiːz/) ❶索引;卡片索引;书目索引,文献索引;图书馆目录:an author *index* 著者索引 / an *index* to periodicals 期刊索引 ❷(书边)新月索引,拇指索引,指标索引 ❸标志;迹象,征兆:Style is an *index* of the mind. 风格是思想的反映。

In·di·an /ˈindiən/ **I** *n.* [C]印度人;东印度群岛人 **II** *adj.* [无比较级](有关)印度的;东印度群岛的;印度人的

in·di·cate /ˈindiˌkeit/ *vt.* ❶表明,指出;表示;说明:A nod *indicates* assent. 点头表示同意。 ❷标示;指示;显示:The hands of the clock *indicated* noon. 钟的指针指着中午12点。 ❸简要陈述,扼要说明:He *indicated* his disapproval but did not go into detail. 他简要地说明了自己不同意,但没有具体说明原因。

in·di·ca·tion /ˌindiˈkeiʃᵊn/ *n.* [C;U] ❶标示;指示;表示:Context gives an *indication* of a word's meaning. 上下文能指示某个单词的意思。 ❷象征;暗示;迹象:There is every *indication* of a change in the weather. 种种迹象表明天气要变。

in·dif·fer·ence /inˈdifᵊrᵊns/ *n.* [U] ❶不感兴趣;漠不关心;冷淡;不在乎,不计较:Nothing could rouse her from a numb *indifference*. 什么也唤醒不了她的麻木不仁。 ❷不重要,无关紧要:Her opinions are

a matter of *indifference* to me. 对我来说,她的看法无关紧要。

in·dif·fer·ent /inˈdifᵊrᵊnt/ *adj.* [无比较级][通常作表语]不感兴趣的;漠不关心的;冷淡的;不在乎的,不计较的(*to*):He took perils with an *indifferent* air. 他对困境报以满不在乎的神情。

in·di·gest·i·ble /ˌindiˈdʒestibᵊl, ˌindai-/ *adj.* 难以消化的,不能消化的:Certain types of carbohydrates are *indigestible*. 某些种类的碳水化合物是不能消化的。

in·di·ges·tion /ˌindiˈdʒestʃᵊn, ˌindai-/ *n.* [U]消化不良,不消化;消化不良症;消化不良的不适感:chronic *indigestion* 慢性消化不良症

in·dig·nant /inˈdignᵊnt/ *adj.* 愤怒的;愤慨的,义愤的:Hoomey felt *indignant* on Bones's behalf. 胡密替博恩斯感到愤慨。 ‖ **inˈdig·nant·ly** *adv.*

in·dig·na·tion /ˌindigˈneiʃᵊn/ *n.* [U]愤怒,愤慨,义愤:She played out the *indignation* of years. 她把多年的积怨在弹奏中尽情倾泻出来。

in·dig·ni·ty /inˈdigniti/ *n.* [U;C]轻蔑,伤害尊严;无礼举动,侮辱言行:The *indignity* of peering into other people's intimacies had appalled me. 窥视他人亲昵活动的无礼之举使我大为惊骇。

in·dis·creet /ˌindiˈskriːt/ *adj.* 不审慎的,轻率的,鲁莽的;有失检点的,不稳重的;不策略的,不明智的:He was thoughtless and *indiscreet*. 他为人轻率冒昧。 ‖ **ˌindisˈcreet·ly** *adv.*

in·dis·pen·sa·ble /ˌindiˈspensəbᵊl/ *adj.* [无比较级]不可或缺的,必需的(*to*, *for*):Fresh air during sleep is *indispensable* to health. 睡眠时呼吸新鲜空气对于健康是必需的。 ‖ **in·dis·pen·sa·bil·i·ty** /ˌindiˌspensəˈbiliti/, **ˌin·disˈpen·sa·ble·ness** *n.* [U]— **ˌin·disˈpen·sa·bly** *adv.*

in·di·vid·ual /ˌindiˈvidjuəl,-dʒuəl/ *adj.* [无比较级][作定语] ❶个别的;单独的;个人的:Lectures are followed by *individual* coaching. 讲座之后是个别辅导。❷个人（或个别事物）独特的；特有的；有个性的：*individual* tastes 个人独特的品位 ‖ **in·di**ˈ**vid·u·al·ly** *adv*.

in·di·vid·u·al·ism /ˌindiˈvidjuəˌlizᵊm/, -dʒu-/ *n*. [U]❶个人主义，个体主义（指一种主张个人自由、权利或独立行动的社会理论）❷自力更生原则（或习惯）‖ ˌin·diˈvid·u·al·ist *n*. [C]—in·di·vid·u·al·is·tic /ˌindiˌvidjuəˈlistik/-dʒu-/*adj*.

in·di·vid·u·al·i·ty /ˌindiˌvidjuˈæliti;-dʒu-/ *n*. [U]个性；个体特征：This book has its own *individuality* that sets it apart from all others. 这本书具有区别于其他书的个体特性。

in·di·vis·i·ble /ˌindiˈvizibᵊl/ *adj*. [无比较级]不可分的；*indivisible* entity 不可分的统一体 ‖ **in·di·vis·i·bil·i·ty** /ˌindiˌvizi'biliti/ *n*. [U]—**in·di**ˈ**vis·i·bly** *adv*.

in·do·lent /ˈindəlᵊnt/ *adj*. 懒惰的，怠惰的，好逸恶劳的；懒散的：He is naturally *indolent* and without application to any kind of business. 他生性懒惰，做什么事都不专心。‖ ˈ**in·do·lence** *n*. [U]

in·door /ˈinˌdɔːʳ/ *adj*. [无比较级][作定语]室内的；在室内进行的；适于室内使用的：Billiards is a good *indoor* game. 台球是一项很好的室内活动。

in·doors /ˌinˈdɔːz/ *adv*. [无比较级]在室内；在户内：We stayed *indoors* during the storm. 下暴雨的时候我们待在屋内。

in·duce /inˈdjuːs/ *vt*. ❶引诱；劝服：Our price is competitive enough to *induce* business. 我们的价格具有足够的竞争力以招来业务。❷导致；引发：The song *induced* a nostalgia for Scotland in us. 这首歌引起了我们对苏格兰的怀乡之愁。‖ **in**ˈ**duc·er** *n*. [C]

in·duce·ment /inˈdjuːsmᵊnt/ *n*. [U]引诱；劝诱；吸引力；诱因(*to*)：This measure offers significant *inducement to* economic growth. 这项措施对于经济发展是一个重大的促进。

in·dulge /inˈdʌldʒ/ *vi*. ❶沉溺；纵容；肆意从事(*in*)：He did not let himself *indulge in* hopeless thoughts. 他没有让自己一味地做一些无望的空想。❷让自己随心所欲一下；让自己享受一下；让自己满足一下：Dessert came, but I didn't *indulge*. 甜点来了，不过我并没有放开肚皮去吃。

in·dul·gence /inˈdʌldʒᵊns/ *n*. ❶[U]沉溺，沉迷；放纵，随心所欲：Constant *indulgence* in gambling brought about his ruin. 经常耽于赌博导致了他的毁灭。❷[U]纵容；迁就；宽容：The old man demanded *indulgence* as his due. 老人要求别人迁就他。

in·dul·gent /inˈdʌldʒᵊnt/ *adj*. ❶纵容的；迁就的；放纵的；溺爱的：She was too *indulgent* of her children's every caprice. 她过分迁就孩子的任性。❷宽容的；宽厚的：Father was *indulgent* towards our pranks. 父亲宽容地对待我们的恶作剧。‖ **in**ˈ**dul·gent·ly** *adv*.

in·dus·tri·al /inˈdʌstriəl/ *adj*. [无比较级][作定语]❶工业的；产业的：the newly established *industrial* sites 新建的工业园区❷工业高度发达的：an *industrial* nation 工业国 ‖ **in**ˈ**dus·tri·al·ly** *adv*.

in·dus·tri·al·ize, in·dus·tri·al·ise /inˈdʌstriəˌlaiz/ *v*. (使)工业化 ‖ **in·dus·tri·al·i·za·tion** /inˌdʌstriəliˈzeiʃᵊn;-laiˈz-/ *n*. [U]

in·dus·tri·ous /inˈdʌstriəs/ *adj*. 勤劳的，勤奋的；勤勉的：The were *industrious* in seeking out the fountain. 他们孜孜不倦地寻找那眼泉水。‖ **in**ˈ**dus·tri·ous·ly** *adv*. —**in**ˈ**dus·tri·ous·ness** *n*. [U]

in·dus·try /ˈindʌstri/ *n*. ❶[U;C]工业；制造业：the steel *industry* and automobile *industry* 钢铁工业和汽车制造业❷[C](实)业；行业；企业：Pop music has grown into an immense and profitable *industry*. 流行音乐已发展成为大型盈利产业。

in·ed·i·ble /inˈedibᵊl/ *adj*. [无比较级]不能吃的；不适合食用的：Poisonous mushrooms are *inedible*. 有毒的蘑菇不能吃。‖ **in·ed·i·bil·i·ty** /inˌedi'biliti/ *n*. [U]

in·ef·fec·tive /ˌiniˈfektiv/ *adj*. [无比较

级〕❶无效果的，不起作用的：*ineffective* efforts 徒劳 ❷(人)无能的；无效率的：an *ineffective* salesman 无能的推销员

in·ef·fi·cient /ˌini'fiʃ°nt/ *adj.* 〔无比较级〕❶无效率的，效率低的；无效果的；不经济的：The present system is *inefficient* and wasteful. 现行体制效率低、耗费大。❷无能的，不称职的：an *inefficient* manager 无能的经理 ‖ ˌin·ef'fi·cien·cy *n.* 〔C〕—ˌin·ef'fi·cient·ly *adv.*

in·el·i·gi·ble /in'elidʒəb°l/ *adj.* 〔无比较级〕无入选(或录取)资格的；不够格的：A foreign-born citizen is *ineligible* for the U. S. presidency. 在国外出生的公民没有资格当美国总统。 ‖ in·el·i·gi·bil·i·ty /inˌelidʒi'biliti/ *n.* 〔U〕—in'el·i·gi·bly *adv.*

in·eq·ui·ty /in'ekwiti/ *n.* ❶〔U〕不公平；不公正：*inequity* in the distribution of research funding 研究经费之分配不公 ❷〔C〕不公平的事；不公正的做法：The author was very bitter about〔at〕the *inequities* of the social system. 作者对社会制度的种种不公正十分愤懑。

in·es·cap·a·ble /ˌini'skeipəb°l/ *adj.* 无法逃避的，不可避免的；必然发生的：*inescapable* responsibilities 不可推卸的责任 / *inescapable* right answer to the question 问题的必然正确的答案 ‖ ˌin·es'cap·a·bly *adv.*

in·ev·i·ta·ble /in'evitəb°l/ *adj.* ❶不可避免的；必然(发生)的；无法改变的：the *inevitable* consequences 必然结果 ❷在意料中的；照例必有的；免不了的：make the *inevitable* jokes about the bridegroom 照例开新郎的玩笑 ‖ in·ev·i·ta·bil·i·ty /inˌevitə'biliti/ *n.* 〔U；C〕—in'ev·i·ta·bly *adv.*

in·ex·pen·sive /ˌinik'spensiv/ *adj.* 价格不贵的，花钱不多的，便宜的：a bottle of excellent but *inexpensive* champagne 一瓶价廉物美的香槟 ‖ ˌin·ex'pen·sive·ly *adv.* —ˌin·ex'pen·sive·ness *n.* 〔U〕

in·fant /'inf°nt/ I *n.* 〔C〕婴儿 II *adj.* ❶婴儿的；婴儿期的 ❷初期的，初级阶段的：a

technology in its *infant* stages 处于雏形期的一项技术

in·fect /in'fekt/ *vt.* ❶【医】使感染，使染上；传染：The wound was *infected* with disease germs. 伤口受到了病菌的感染。❷使受(坏)影响；染上(习气等)；腐蚀：He's been *infected* by the cynicism of his generation. 他染上了他那一代人的玩世不恭的习气。

in·fec·tion /in'fekʃ°n/ *n.* ❶〔U〕【医】感染；传染：lung *infection* 肺部感染 ❷〔C〕传染病：a viral *infection* 病毒性传染病

in·fer /in'fəː/ *vt.* (-ferred,-ferring) (根据已知事实等)推断；推知；推定：*infer* an unknown fact from a known fact 从已知的事实推断未知的事实

in·fer·ence /'inf°r°ns/ *n.* ❶〔U〕推论，推断，推理：the deductive *inference* 演绎推理 ❷〔C〕推理结果，推断结果；结论 ‖ in·fe·ren·tial /ˌinf°'renʃ°l/ *adj.*

in·fe·ri·or /in'fiəriə/ *adj.* ❶(地位、等级等)低等的；下级的；低于…的：a rank *inferior* to captain 低于上尉的军衔 ❷(位置)较低的；(在)下方的；近底部的 ❸(质量等)差的，次的；较差的；次于…的：an *inferior* work of art 一件质量较差的艺术品 ‖ in'fe·ri·or·ly *adv.*

in·fer·tile /in'fəːtail,-til/ *adj.* 不肥沃的，贫瘠的：*infertile* soil 贫瘠的土地 ‖ in·fer·til·i·ty /ˌinfəː'tiliti/ *n.* 〔U〕

in·fi·nite /'infinit/ *adj.* ❶无限的，无穷的，无边的：What *infinite* delight would there be in conversing with them! 同他们交谈，其乐无穷! ❷极大的，巨大的：a document of *infinite* importance 意义重大的文件 ‖ 'in·fi·nite·ly *adv.*

in·fin·i·ty /in'finiti/ *n.* ❶〔U〕无限，无穷：The white sand beach appeared into *infinity*. 白色的沙滩一望无垠。❷〔U；C〕无限时空；无穷；无限量；无限远：an *infinity* of sea and sky 无边无际的大海和天空

in·fla·tion /in'fleiʃ°n/ *n.* 〔U〕【经】通货(或信用)膨胀；物价飞涨：*Inflation* has debased the value of the dollar. 通货膨胀使美

元贬值了。‖ in'fla·tion·ar·y *adj.*

in·flex·i·ble /in'fleksib°l/ *adj.* ❶不可弯曲的；刚性的：*inflexible* plastic 刚性塑料 ❷坚定的；强硬的；不屈服的；不受影响的；不可动摇的：an *inflexible* will to succeed 百折不挠的意志 ❸不可改变的，不容变更的：an *inflexible* law 不可变更的法律 ‖ in·flex·i·bil·i·ty /in₁fleksi'biliti/ *n.* [U]— in'flex·i·bly *adv.*

in·flict /in'flikt/ *vt.* 使遭受(苦痛、损伤等)；给以(打击等)；将…强加于：The hurricane *inflicted* severe damage on the crops. 飓风使庄稼损失惨重。

in·flu·ence /'influəns/ *n.* ❶[U;C]影响；作用：the *influence* of the moon *on* the tides 月亮对潮汐的影响 ❷[C]有影响(力)的人(或事物)：a dominant *influence* in educational circles 在教育界举足轻重的人物 ❸[U]权力；势力；权势：A large part of his *influence* is attributable to his charismatic leadership style. 他的权威主要源于他那极具性格魅力的领导风格。

in·form /in'fɔːm/ *vt.* ❶告知，告诉；通知；报告：Please *inform* your students *of* the changes in today's schedule. 请把今天课程变动的情况通知你班上的学生。❷[～ oneself]使了解，使熟悉：She *informed* herself *of* all the pertinent facts. 她了解了所有有关的情况。

in·for·mal /in'fɔːm°l/ *adj.* ❶[无比较级]非正式的,非正规的：an *informal* talk 非正式会谈 ❷不拘礼节的，随便的：an *informal* person 不拘礼节的人 ❸[无比较级]适合于日常谈话的；口语体的：*informal* spoken English 日常使用的英语口语 ‖ in'for·mal·ly *adv.*

in·for·ma·tion /₁infə'meiʃ°n/ *n.* [U] ❶消息；情报；资料(*on*, *about*)：the first-hand *information* 第一手材料 ❷知识；见闻：a man of vast *information* 博学之人

in·fra·red /₁infrə'red/ 【物】I *n.* [U] 红外线，红外辐射 II *adj.* [无比较级]红外区的；红外线的；产生红外辐射的；使用红外线的：*infrared* cameras 红外照相机

in·fringe /in'frindʒ/ *vt.* 违反,违背(法律、规定、协约、誓言等)；违犯,侵犯(权利等)：The inventor sued the company for *infringing* his patent. 发明人控告那家公司侵犯他的专利权。

in·fu·ri·ate /in'fjuəri₁eit/ *vt.* 使暴怒,使狂怒；激怒：The noise subdued, baffled, and *infuriated* him. 这噪音使他感到压抑,感到无能为力而又火冒三丈。‖ in'fu·ri·at·ed *adj.*—in'fu·ri·at·ing *adj.*—in'furi₁at·ing·ly *adv.*

in·fuse /in'fjuːz/ *vt.* ❶把…注入,向…灌输(*into*)：*infuse* loyalty *into* the new employees 向新员工灌输忠诚观念 ❷使充满；鼓舞(*with*)：*infuse* a mind *with* fresh hope 使一个人的心里充满新的希望 ‖ in'fus·er *n.* [C]

in·gra·ti·ate /in'greiʃi₁eit/ *vt.* [常作～ one-self]使(自己)讨…的欢心(*with*)：He seized every chance to *ingratiate himself with* the boss. 他抓住一切机会会讨好老板。‖ in'gra·ti₁at·ing *adj.*—in·gra·ti·a·tion /in₁greiʃi'eiʃ°n/ *n.* [U]

in·gre·di·ent /in'griːdiənt/ *n.* [C] ❶(混合物的)组成部分,成分；(烹调用的)原料：Olive oil is the classic *ingredient* for so many fine dishes. 橄榄油是许多佳肴最重要的烹饪原料。❷(构成)要素,因素：Good management is the key *ingredient* of success. 良好的管理是成功的关键。

in·hab·it /in'hæbit/ *vt.* 居住于；(动物)栖息于；栖居于：North and South America was *inhabited* by more than 90 million people. 北美洲和南美洲有 9 000 多万居民。‖ in'hab·i·ta·ble *adj.*

in·hab·it·ant /in'hæbitənt/ *n.* [C]常住居民,住户；栖息的动物

in·hale /in'heil/ *vt.* ❶吸入：*inhale* fresh air 吸入新鲜空气 ❷〈口〉(急切或贪婪地)吃；狂饮：He *inhaled* a couple of beers. 他猛喝了两杯啤酒。

in·her·ent /in'hiər°nt, in'her°nt/ *adj.* [无比较级]内在的；固有的；与生俱来的(*in*)：There are dangers *inherent in* almost every

sport. 几乎每一种体育运动都有危险。‖
in'her·ent·ly *adv.*

in·her·it /in'herit/ *vt.* 继承(财产、传统、权利、称号等)：*inherit* a large fortune 继承一大笔财产

in·her·it·ance /in'herit°ns/ *n.* ❶[U]继承；遗传：the *inheritance* of good looks from one's mother 得自母亲遗传的美貌 ❷[C]继承物；遗传物；遗产；遗赠

in·hib·it /in'hibit/ *vt.* ❶抑制；约束：Large quantities of caffeine can *inhibit* iron absorption. 大量的咖啡因会抑制铁的吸收。❷禁止；阻止(*from*)：His presence *inhibits* me *from* saying what I want to. 他的在场使我怯于说出我想说的话。‖ in'hib·i·tor，in'hib·it·er *n.* [C]

in·hu·mane /ˌinhju:'mein/ *adj.* 不仁慈的；不人道的，残忍的：He called such a law *inhumane*. 他认为这样的法规不人道。‖ ˌin·hu'mane·ly *adv.*

in·hu·man·i·ty /ˌinhju:'mæniti/ *n.* ❶[U]无人性；野蛮；残酷：They cannot endure the *inhumanity* of their lives. 他们无法忍受生活的残酷。❷[C]残酷无情的行为(或言辞)

i·ni·tial /i'niʃ°l/ I *adj.* [无比较级][通常作定语]开始的，最初的，第一个的：Do not allow an *initial* success to build up your hopes. 别指望事情一开始就会成功。II *n.* [～s](尤指姓名及组织的)首字母：We will mark the packages with your *initials*. 我们会在行李上写上你名字的首字母作为标记。‖ i'ni·tial·ly *adv.*

i·ni·ti·ate /i'niʃieit/ *vt.* ❶开始；创始；发起；开始实施：Who *initiated* the violence? 是谁首先动武的？❷使初步了解；向…传授基础知识(或基本技巧)(*in*, *into*)：The teacher *initiated* the class *into* the wonders of science by telling a few interesting things about the earth and stars. 老师讲述有关地球和星球的趣事，将全班学生领进了科学的奇妙境地。‖ i·ni·ti·a·tion /iˌniʃi'eiʃ°n/ *n.* [U;C]—i'ni·ti·a·tor *n.* [C]

in·ject /in'dʒekt/ *vt.* ❶【医】注射(药液等)(*into*)；给…注射(*with*, *against*)：Drugs are *injected into* the body. 药液被注射入人体。❷引入；注入；投入(*into*)：Enormous sums of money are *injected* each year *into* teaching. 每年有大量的资金被投入教育。‖ in'jec·tor *n.* [C]

in·jec·tion /in'dʒekʃ°n/ *n.* ❶[U;C]注射：Those drugs are given by *injection* as well as through the mouth. 那些药物既可以口服，又可以注射。❷[C]引入；注入；投入：His arrival will give the group an *injection* of basic management skills and strategy. 他的到来将给该集团带来基本的管理技巧和经营策略。

in·jure /'indʒə°/ *vt.* ❶伤害(人、动物或躯体的一部分)；损害(健康等)：He claimed that working too hard was *injuring* his health. 他声称工作太累使他的健康受到损害。❷伤害(感情等)；损害(名誉等)；委屈，亏待：*injure* a friend's feelings 伤害朋友的感情 ‖ 'in·jur·er *n.* [C]

in·ju·ry /'indʒəri/ *n.* [U;C] ❶(对人、动物或躯体的一部分的)伤害；(对健康的)损害；(躯体的)受伤处：withdraw from a competition through *injury* 因受伤而退出比赛 ❷(对感情、名声、自尊心等的)伤害，损害；委屈(或亏待)人的行为：The harsh review was an *injury* to the singer's pride. 那篇尖刻的评论对于那位歌唱家的自尊心是一个伤害。‖ in·ju·ri·ous /in'dʒuəriəs/ *adj.*

in·jus·tice /in'dʒʌstis/ *n.* ❶[U]不公正，不公平；非正义：He said it was on his conscience that he had done her *injustice*. 他说他对不起她，他的良心深感不安。❷[C]不公正的行为；非正义行为：If that's so, I'm doing her an *injustice*. 事情果真如此，那我就冤枉她了。

ink /iŋk/ *n.* [U;C]墨水；墨汁；墨；油墨：a blob of *ink* 一滴墨水 / different coloured *inks* 各种颜色的墨水 ‖ 'ink·less *adj.*

in·land /'inl°nd, 'inlænd/ I *adj.* [通常作定语] 内陆的；内地的：The Black Sea is a large *inland* sea. 黑海是一个很大的内陆

海。**II** *n.* [C]内陆；内地 **III** *adv.* [无比较级]在内陆；在内地；向内地：travel *inland* by boat 乘船去内地旅行

in·let /'inˌlet,-lit/ *n.* [C]小海湾；小港湾；（两岛之间的）水道：They found an *inlet* and anchored the boat. 他们找到了一个小港湾，泊了船。

in·most /'inˌməust,-məst/ *adj.* [无比较级][作定语] ❶最深处的，最里面的：We went to the *inmost* depths of the mine. 我们进到了矿井的最深处。❷内心深处的；最隐秘的；最秘密的：Her *inmost* desire was to be an actress. 她内心最大愿望便是成为一个演员。〔亦作 **innermost**〕

inn /in/ *n.* [C] ❶（通常位于乡村或公路旁的）客栈，旅社，小旅馆❷小酒店，酒馆

in·nate /i'neit, 'ineit/ *adj.* [无比较级] ❶天生的；（观念、能力等）天赋的：Musical talent seems to be *innate* in some people. 有些人的音乐天才似乎是与生俱来的。❷（某事物中）固有的：the *innate* flaws in the plan 计划中固有的缺点 ‖ **in'nate·ly** *adv.* —**in'nate·ness** *n.* [U]

in·ner /'inə/ *adj.* [无比较级][通常作定语] ❶里面的，内部的：*inner* organs 内部器官 ❷内心的，内在的；隐秘的：sb.'s *inner* feelings of failure 某人内心的失败情绪

in·no·cent /'inəsˀnt/ *adj.* [无比较级] ❶天真无邪的，单纯的，率真的：the child's *innocent* eyes 那孩子的天真无邪的眼睛 ❷清白的；无罪的；无辜的(*of*)：An accused person is assumed to be *innocent* until he is proved to be guilty. 被指控者在被证明有罪之前是清白的。❸幼稚的，不谙世故的；无知的；无所意识的(*of*)：They are *innocent* of English grammar. 他们对英语语法一无所知。❹无害的；无恶意的：It was an *innocent* remark, I didn't mean to hurt her feelings. 此话没有恶意，我并不是故意要伤她的感情。‖ **'in·no·cent·ly** *adv.*

in·no·vate /'inəˌveit/ *vi.* 革新，改革，创新；引入新事物(*in, on, upon*)：The fashion industry is always desperate to *innovate*. 时装行业总是渴望不断创新。‖ **in·no·va·tion** /ˌinə'veiʃˀn/ *n.* [C;U]—**'in·no·va·tive** *adj.*

in·nu·mer·a·ble /i'nju:mˀrəbˀl/ *adj.* [无比较级]无数的，数不清的：The sky shines with *innumerable* stars. 天空因无数颗星星而银光闪闪。

in·put /'inˌput/ **I** *n.* [U;C](资金、材料、劳力、智力等的)投入，输入；投入(或输入)量；投入(或输入)物；投资；成本：high-cost *input* such as energy 能源之类的高成本投入 **II** *vt.* (**-put** 或**-put·ted；-put·ting**)【计】输入：Data is carefully preprocessed before being *input* to a computer. 数据在输入计算机之前经过精心的预处理。

in·quire /in'kwaiə, iŋ-/ *v.* ❶打听，询问：He rang up to *inquire* about the train times. 他打电话询问火车运行时刻。❷查问，查究，调查(*into*)：*inquire into* the history of the town 研究该镇的历史 ‖ **inquire after** *vt.* 问候，问好：He phoned to *inquire after* her health. 他打电话去向她问候。‖ **in'quir·er** *n.* [C]

in·quir·ing /in'kwaiəriŋ/ *adj.* [作定语] ❶好问的；爱打听的；爱探索的：a child with an *inquiring* mind 富有好奇心的孩子 ❷探询的；询问的：an *inquiring* expression on his face 他脸上的一幅刨根问底的神情 ‖ **in'quir·ing·ly** *adv.*

in·quir·y /in'kwaiəri, iŋ-/ *n.* ❶[C](尤指官方的)调查，查问：call for new *inquiry* into plane disaster 呼吁对空难事件重新展开调查 ❷[C;U]打听；询问：For further *inquiries* call at 83592620. 要了解更多信息请拨打83592620。❸[C]问题，疑问〔亦作 **enquiry**〕

in·sane /in'sein/ *adj.* ❶[无比较级](患有)精神病的；精神失常的，精神错乱的；疯狂的：He went *insane*. 他精神失常了。❷〈口〉蠢极的；荒唐透顶的：an *insane* plan for crossing the ocean in a canoe 划独木舟穿越大海的愚蠢计划 ‖ **in'sane·ly** *adv.* —**in'sane·ness** *n.* [U]—**in·san·i·ty** /in'sæniti/ *n.* [U]

in·scrip·tion /in'skripʃˀn/ *n.* [C]铭刻；铭文；碑文；匾额；(铸币、图章、勋章等上的)刻

印文字：an *inscription* on a monument 纪念碑上的碑文

in·sect /'insekt/ *n.* [C]【生】昆虫；虫：Ants, beetles, butterflies and flies are all *insects*. 蚂蚁、甲虫、蝴蝶以及苍蝇都是昆虫。

in·sec·ti·cide /in'sekti,said/ *n.* [C;U]杀虫剂，杀虫药 ‖ **in·sec·ti·cid·al** /in,sekti'said°l/ *adj.*

in·sen·si·ble /in'sensibəl/ *adj.* ❶无感觉的，麻木的；失去知觉的：The man hit by the truck was *insensible* for hours. 被卡车撞倒的那个人一直昏迷了好几个小时。❷无感情的，无动于衷的；冷漠的：a cold, *insensible* man 冷漠、无同情心的人 ❸[无比较级]没有意识到的；不知道的；不以为然的(*of*, *to*)：The boys in the boat were *insensible of* the dangers. 小船上的几个男孩没有意识到危险。‖ **in·sen·si·bil·i·ty** /in,sensə'biliti/ *n.* [U]—**in·sen·si·bly** *adv.*

in·sen·si·tive /in'sensitiv/ *adj.* ❶不顾及他人的；无同情心的；无动于衷的；无情的：How can you be so *insensitive* as to laugh at someone in pain? 你怎能这么不体谅人，而去嘲笑正处在痛苦中的人呢？❷无感觉的；麻木的：This paper was *insensitive* to light. 这种纸不感光。‖ **in·sen·si·tive·ly** *adv.*—**in·sen·si·tiv·i·ty** /in,sensi'tiviti/ *n.* [U]

in·sert /in'sət/ *vt.* ❶插入；嵌入(*in*, *into*, *between*)：*insert* the key *into* [*in*] the lock 将钥匙插进锁里 ❷插(话)；添加；添写(*in*, *into*, *between*)：Please *insert* your comments *in* the space provided. 请在允许的篇幅内加上你的按语

in·side I /,in'said/ *prep.* ❶在…里面；往…的里面：They have many acquaintances, *inside* or outside their professions. 他们行内行外都有许多熟人。❷(时间)在…以内，少于：We'll reach our destination *inside* an hour. 不出一小时我们就会到目的地。**II** /'in,said/ *adv.* [无比较级] ❶在里面(或内侧、内部)；往里面：It was faintly warm and sticky *inside*. 屋内既闷热又黏糊。❷在心里；本性上：For all her relaxed poise, *inside* she was tense. 她外表虽说沉着自若，内心

却极度紧张。

in·sight /'in,sait/ *n.* ❶[U]洞察力(*into*)：She was amazed at his shrewd *insight into* things. 他对事物敏锐的洞察力令她惊叹。❷[C]洞悉；深入了解；深刻见解(*into*)：There are plenty of edifying *insights* in that novel. 那部小说中富含启迪心智的真知灼见。‖ **'in,sight·ful** *adj.*

in·sig·nif·i·cant /,insig'nifik°nt/ *adj.* ❶不重要的；无足轻重的：He was a relatively *insignificant* writer. 相对说来他是一位不怎么重要的作家。❷无意义的；无价值的：These comparisons seem statistically *insignificant*. 这些比较在统计学上似乎毫无意义。‖ **in·sig'nif·i·cance** /-k°ns/ *n.* [U]

in·sist /in'sist/ *v.* ❶坚持，坚决认为：Fred stubbornly *insisted* that he did nothing wrong. 弗雷德坚持他没做错事。❷坚决主张；坚决要求：We *insist* that a meeting be held as soon as possible. 我们坚决主张尽早召开会议。‖ **in'sist·ing·ly** *adv.*

in·sist·ence /in'sistəns/ *n.* [U]坚持，强调；坚决要求，坚决主张：She finished the work at the boss's *insistence*. 在老板的坚决要求下她完成了那项工作。

in·som·ni·a /in'sɔmniə/ *n.* [U]失眠；失眠症：Worrying about my exams has given me *insomnia*. 担心考试使我失眠。‖ **in'som·ni·ac** /-ni,æk/ *n.* [C] & *adj.*

in·spect /in'spekt/ *vt.* ❶检查；查看，察看；审视：Your passport shall have to be *inspected* at the Customs before boarding. 登机前你的护照须经过海关检查。❷视察；检阅：The mucky mucks will be here tomorrow to *inspect* the plant. 明天有重要人物来视察这个工厂。‖ **in'spec·tor** *n.* [C]

in·spec·tion /in'spekʃ°n/ *n.* [U;C] ❶检查；查看，察看；审视：On close *inspection*, the painting was found to be genuine. 经进一步仔细检查，发现这幅画是真迹。❷视察；检阅

in·spi·ra·tion /,inspə'reiʃ°n/ *n.* ❶[U]灵感：He drew his *inspiration* from African masks. 他从非洲面具中汲取灵感。❷[C] 鼓舞(或激励)人的人(或事物)：John's burst of hope was an *inspiration* to every-one. 约翰突然迸发出的一线希望鼓舞了大家。‖ **in·spi·ra·tion·al** /-'reiʃ°n°l/ *adj.*

in·spire /in'spaiəʳ/ *vt.* ❶鼓舞，激励：The trainer *inspired* the team to even greater ef-forts. 教练鼓舞球队更加努力。❷(在某人心中)激起，唤起(某种思想、情感等)(*in*)；向(某人)灌输(某种思想、情感等)(*into*)；使(某人)产生(某种思想、情感等)(*with*)：*inspire* sb. *with* horror and astonishment 叫人感到惊讶恐怖 ❸引起，促成，导致：*in-spire* sb's muse 激起某人的诗兴 ❹驱使；促使：Oppression *inspires* only rebellion. 压迫只能引起反抗。

in·stal(l) /in'stɔːl/ *vt.* (**-stalled;-stall·ing**) ❶安装，设置：*install* an air conditioner in one's room 在自己的房间里安装一台空调 ❷正式任命，使正式任职；任用：He was *in-stalled* as chairman of the committee. 他被任命为该委员会的主席。❸安顿，安置：They *installed* themselves in a new home. 他们搬入新居安顿了下来。‖ **in'stall·er** *n.* [C]

in·stal·la·tion /ˌinstə'leiʃ°n/ *n.* ❶[U；C] 安装，设置 ❷[C]装置，设备，设施：a light-ing *installment* 照明装置

in·stall·ment /in'stɔːlmənt/ *n.* [C] ❶分期付款；(分期付款的)一期付款额：Houses in this residential quarter could be paid for in 10 *installments*. 这片住宅区的房屋可分 10 期付款。❷(分期连载的)部分；(分期出版的)分册；(电视剧、广播节目等连播的)一集；(戏剧的)分本演出(或连播)

in·stance /'inst°ns/ *n.* [C] 实例，事例，例子：cite a few *instances* 引用几个事例 ‖ **for instance adv.** 例如

in·stant /'inst°nt/ I *n.* ❶[C]顷刻；瞬间，刹那：She could change her mind in an *instant*. 她会在瞬间改变主意。❷[C]现时，当下，此刻：Come back this *instant*! 即刻返回！ II *adj.* [无比较级] ❶[通常作定语]立即的，即刻的，即时的：make an *instant* response

立即做出反应 ❷[作定语]紧急的，急迫的；刻不容缓的，迫在眉睫的：a matter of *in-stant* urgency 刻不容缓的事务 ❸(食品)已配制好的，调制快速而方便的；即食的，速溶的；(东西)使用方便的：*instant* coffee 速溶咖啡

in·stan·ta·ne·ous /ˌinst°n'teiniəs/ *adj.* [无比较级]瞬间(发生)的；瞬间完成的；猝发的：an *instantaneous* blast 瞬发爆破 / an *instantaneous* death 猝死 ‖ **in·stan'ta·ne-ous·ly adv.**

in·stant·ly /'inst°ntli/ *adv.* [无比较级]立即，即刻，马上：The statement *instantly* a-roused criticism. 那个声明立即招来批评。

in·stead /in'sted/ *adv.* [无比较级]作为替代：Please send the sample by air *instead* o-ver land route. 请将样品空运而不要陆运。‖ **instead of prep.** 代替，而不是…：I continually watch for birds *instead of* keep-ing my eyes on the road. 我目不转睛看着鸟而没注意脚下的路。

in·stinct /'instiŋkt/ *n.* [C；U] ❶本能；天性：As do other animals, humans have a strong *instinct* to survive. 像其他动物一样，人类也具有强烈的求生本能。❷直觉：female *instinct* 女人的直觉 ‖ **in·stinc·tu·al** /in'stiŋktjuəl/ *adj.*

in·sti·tute /'instiˌtʲuːt/ I *vt.* ❶建立，创立，设立，组织(协会等)；制定(规则等)：This policy was *instituted* as a reaction to the crimes in economic field. 这项政策是针对经济领域中的犯罪而制定的。❷开始；着手；实行：*institute* a sweeping reform of the educational system 着手彻底改革教育制度 II *n.* [C] ❶学会，学社，协会；组织，机构：the *Institute* of International Law 国际法学会 ❷(大专)学校，学院；研究院(或所) ‖ **'in·sti·tut·er**, **'in·sti·tu·tor** *n.* [C]

in·sti·tu·tion /ˌinsti'tʲuːʃ°n/ *n.* [C](慈善、教育、宗教等性质的)社会公共机构；社会公共机构的建筑物：government *institu-tions* 政府机构 ❷[U]设立，创立，建立；制定：the *institution* of a club 俱乐部的创立 ❸[C]制度；习俗；法规，惯例：linguistic and *moral institutions* 语言习惯和道德规范 ‖ **in·sti·tu·tion·al** /ˌinsti't¹uːʃºnəl/ *adj.*

in·struct /in'strʌkt/ *vt.* ❶教,讲授;指导;训练(*in*):*instruct* sb. *in* the cheese-making methods 向某人传授奶酪制作方法 ❷指示;命令;吩咐:She *instructed* the maid to come an hour earlier on Monday. 她吩咐女佣星期一早一个小时来。

in·struc·tion /in'strʌkʃən/ *n.* ❶[常作～s]指示;命令:junior officers awaiting the *instructions* of the regimental commander 等待团长指示的下级军官们 ❷[U]教学,讲授;教育:computer assisted *instruction* 计算机辅助教学 ❸[常作～s]用法说明;操作说明:technical *instructions* in manuals 操作手册上的技术说明 ‖ **in·struc·tion·al** *adj.*

in·struc·tive /in'strʌktiv/ *adj.* ❶有教育意义的;启迪性的:an *instructive* and entertaining essay 既有教育意义又有娱乐性的文章 ❷增长知识的;教训开导的:The book has three *instructive* appendices. 该书包括三个知识性较强的附录。

in·struc·tor /in'strʌktə¹/ *n.* [C] ❶指导者;教员;教练:a language *instructor* 语言教师 ❷大学讲师

in·stru·ment /'instrəmºnt,-stru-/ *n.* [C] ❶器具,器械:*instruments* for surgical operation 外科手术器械 ❷乐器:Do you play an *instrument*? 你会弹奏乐器吗? ❸仪器,仪表:directional *instruments* 方位指示仪

in·su·late /'insjuˌleit/ *vt.* ❶[物]使绝缘,使隔热;使隔音(*against*, *from*):The wires are *insulated* with a plastic material. 用一种塑料包住导线使之绝缘。 ❷隔离;使隔绝(*against*, *from*):Man cannot be *insulated from* the natural world. 人不能与自然相隔离。 ‖ **'in·su·la·tor** *n.* [C]

in·sult I /in'sʌlt/ *vt.* ❶侮辱,辱骂:*insult* sb. with great acrimony 言辞尖酸刻薄地侮辱某人 ❷损害;伤害:She felt deeply *insulted* that anyone would think her old enough to be his sister. 只要有人认为她年纪大得可以做他姐姐,她就觉得自尊心受到了很大伤害。 II /'insʌlt/ *n.* [C]侮辱,辱骂,凌辱:

They considered the book an *insult* against the Church. 人们认为这部书对基督教会是一种亵渎。 ‖ **in'sult·ing** *adj.*

in·sur·ance /in'ʃuərºns/ *n.* ❶[U]保险:health *insurance* 健康险/ We cannot offer *insurance* against acts of God. 我们不能保不可抗力险。 ❷[U]保险业:His wife works in *insurance*. 他妻子在保险业工作。 ❸[U]保险金额;赔偿金:His widow received $100,000 in *insurance*. 他的遗孀收到了10万美元的赔偿金。

in·sure /in'ʃuə¹/ *vt.* ❶给…保险;为…投保(*against*):*insure* one's property *against* accidental damage 出钱为自己的财产保意外损失险 ❷保证,确保(=ensure):I will *insure* that you succeed by getting their support beforehand. 只要你事先得到他们的支持,我保证你会获得成功。 ‖ **in'sur·a·ble** *adj.* —**in'sur·er** *n.* [C]

in·sur·gent /in'səːdʒºnt/ *n.* [C]起义者;暴动者;造反者;叛乱者 ‖ **in'sur·gence** *n.* [C; U]

in·tact /in'tækt/ *adj.* [常作表语]完整无缺的;未被触动的;未受损伤的:He arrived to find all 20 houses *intact*. 他来到现场发现那20幢房子都完好无损。

in·tan·gi·ble /in'tændʒibºl/ *adj.* [无比较级]触摸不到的;无(定)形的:Air is *intangible*. 空气是触摸不到的。

in·te·grate /'intigreit/ *vt.* ❶使成一体,使合并,使结合(*with*, *into*):*integrate* Eastern *with* Western art 融东西方艺术为一体 ❷使完全融入(社会等);使获得…的成员资格(*with*, *into*):*integrate* new buildings with their surroundings 使新建筑物与周边环境协调起来 ‖ **in·te·grat·ed** /'intireitid/ *adj.* —**in·te·gra·tion** /ˌinti'greiʃºn/ *n.* [U]—**in·te·gra·tive** *adj.*

in·tel·lec·tu·al /ˌinti'lektjuºl/ I *adj.* ❶[无比较级][通常作定语]智力的;理智的;知识的:Few men are his *intellectual* equals. 没有什么人在智力方面能与他相提并论。 ❷用脑筋的,需智力的:an *intellectual* game 智力游戏 ❸智力发达的;理解力强的:an *intellectual* man 饱学之士 II *n.* [C]知识分子,脑力劳动者;高智商者 ‖ ¦in·tel'lec·tu·al·ly *adv.*

in·tel·li·gence /in'telidʒ°ns/ *n.* [U] ❶智力,才智,智慧;聪颖,颖悟:an acute *intelligence* 才思敏捷 ❷情报;情报工作;搜集(或交换)情报:gather *intelligence* 搜集情报

in·tel·li·gent /in'telidʒ°nt/ *adj.* ❶有才智的;智力水平高的;理解力强的,聪颖的,颖悟的;明智的:an *intelligent* dog 有灵性的狗 ❷[无比较级]【计】有智能的,智能化的:an *intelligent* camera 智能照相机 ‖ in'telli·gent·ly *adv.*

in·tel·li·gi·ble /in'telidʒib°l/ *adj.* 可被理解的,明白易懂的;清楚的,清晰的(to):What she said was hardly *intelligible to* an outsider. 她的话外行人很难听懂。 ‖ in·tel·li·gi·bil·i·ty /inˌtelidʒi'biliti/ *n.* [U]—in'tel·li·gi·bly *adv.*

in·tend /in'tend/ *vt.* 想要,打算,意欲,计划:I don't *intend* (you) any harm. 我(对你)没有一点儿恶意。

in·tend·ed /in'tendid/ *adj.* [无比较级] ❶故意的,蓄意的;有预谋的:He told no one of his *intended* flight but his friend Tom. 除了他的朋友汤姆,他再没把他要逃跑的事告诉别人。 ❷打算中的,拟议中的,预期中的;未来的:the *intended* destination 计划的目的地

in·tense /in'tens/ *adj.* ❶强烈的,剧烈的,激烈的;极度的,极端的:an *intense* flavor 浓烈的味道/an *intense* thought 过激的思想 ❷热心的,热情的,热烈的;热切的;易动感情的:All the time his *intense* eyes locked onto a listener. 他那对热切的眼睛总是盯住某一位听众的眼睛。 ❸紧张的;认真的:The presidential campaign was palpably *intense*. 总统竞选活动显然进入了紧张阶段。 ‖ in'tense·ly *adv.*

in·ten·si·fy /in'tensiˌfai/ *vt.* 加强,增强,使尖锐:*intensify* the war against the terrorists 加大对恐怖主义的打击力度 ‖ in·ten·si·fi·ca·tion /inˌtensifi'keiʃ°n/ *n.* [U]

in·ten·si·ty /in'tensiti/ *n.* ❶[U]强烈,剧烈,激烈;紧张;极度,极端:The pain increased in *intensity*. 疼痛加剧了。❷[U]激情;高度兴奋;热烈:The young poet wrote with *intensity*. 年轻的诗人满怀激情地创作。

in·ten·sive /in'tensiv/ *adj.* 加强的;集中的,密集的;深入细致的;彻底的,透彻的:*intensive* English reading 英语精读课 ‖ in'ten·sive·ly *adv.* —in'ten·sive·ness *n.* [U]

in·tent /in'tent/ *n.* [U] ❶意图,目的:He declared his *intent* to run in the election. 他声明自己要出马参加竞选的意向。❷意思,含义:The *intent* of the article escaped me. 我看不出那篇文章的含义。

in·ten·tion /in'tenʃ°n/ *n.* [C;U]意图,意向,目的;计划,打算:What are your *intention* in doing that? 你这么做是何居心?

in·ten·tion·al /in'tenʃ°n°l/ *adj.* [无比较级]有意的,故意的:I'm sorry I hurt you but it was not *intentional*. 很抱歉让你伤心,可我并不是有意的。 ‖ in'ten·tion·al·ly *adv.*

in·ter·act /ˌintər'ækt/ *vi.* 相互影响;相互作用;互动:Teachers and students *interact* on each other. 教学双方相辅相成。 ‖ in·ter·ac·tion /ˌintər'ækʃ°n/ *n.* [U;C]—in·ter·ac·tive /ˌintər'æktiv/ *adj.*

in·ter·change /ˌintə'tʃeindʒ/ *v.* ❶互换,交换:freely *interchange* ideas 无拘无束地交换意见 ❷(使)互相易位:The two girls often *interchanged* clothes. 这两个女孩子经常把衣服换着穿。

in·ter·con·nect /ˌintəkə'nekt/ *v.* (使)互相连接;(使)互相联系:Everything in the world are *interconnected* somehow. 世上万物之间都有某种联系。

in·ter·course /'intəˌkɔːs/ *n.* [U] 往来;交往,交际;交流:diplomatic *intercourse* 外交

in·ter·est /'int°rəst, -trist/ I *n.* ❶[C;U]兴趣;关注;好奇心;爱好:His *interest* rose higher and higher; it developed into enthusiasm. 他的兴致越来越高,终于变成了狂热。❷[C][常作～s]利益;私利;福利;利害关

系：We have your（best）*interests* at heart. 我们一心为你着想。❸[U]【经】利息；利率：borrow money at 6% *interest* 以 6% 的利率借款 II *vt.* ❶使感兴趣；引起…的兴趣；使关注：The subject of the talk *interested* me greatly. 我对这次谈话的主题很感兴趣。❷使加入，使参与，使有关系；使入股（*in*）：*interest* sb. *in* a project 劝某人加入一项计划

in·ter·est·ed /ˈɪntərəstid,-trist-/ *adj.* 感兴趣的；关注的，关心的；好奇的（*in*）：I got so deeply *interested in* it. 我对此事一下就着了迷。

in·ter·est·ing /ˈɪntərəstiŋ,-trist-/ *adj.* 有趣（味）的；令人感兴趣（或关注）的：It is always *interesting* to hear your point of view. 聆听你的见解总是很有趣。

in·ter·fere /ˌɪntəˈfiə/ *vi.* ❶干涉，干预；搅扰，扰乱（*with*，*in*）：They are of noninterfering type and resent being *interfered with*. 他们从不打搅别人，也不喜欢别人打搅他们。❷妨碍；冲突；抵触（*with*）：*interfere with* sb. *in* the performance of his duty 妨碍某人执行任务

in·ter·fer·ence /ˌɪntəˈfiərəns/ *n.* [U] ❶介入；干扰，干涉；扰乱：political *interference* in the judicial process 政治对司法程序的干扰 ❷妨碍；冲突；抵触：He must be tired of running *interference* for his boss and getting him out of trouble. 他为上司左拦右挡，帮助他摆脱困境，想必已是十分疲累了。

in·te·ri·or /inˈtiriə/ I *adj.* [无比较级][作定语] ❶内部的，里面的：the *interior* rooms of a house 房屋的内室 ❷内陆的，内地的：the *interior* regions of Australia 澳大利亚腹地 II *n.* ❶[通常用单]（建筑物等的）内部，里面：the *interior* of the car 汽车内部 ❷[the ～]（国家或地区的）内陆，内地，腹地：Highways thrust into the *interior*. 一条条公路伸展至腹地。

in·ter·lude /ˈɪntəˌljuːd/ *n.* [C] ❶（戏剧的）幕间间歇，幕间休息；幕间节目，幕间表演 ❷间歇；插入（或过渡）的时间（或空间、事物）；插曲；临时性娱乐节目：a relaxing *in-terlude* during a busy week 忙碌的一周中的轻松间歇

in·ter·me·di·ar·y /ˌɪntəˈmiːdiəri/ I *n.* [C] 中间人；调解人：negotiate through an *intermediary* 通过中间人谈判 II *adj.* [无比较级] ❶居间的，中间的：an *intermediary* stage in the act of creation 创造行为的中间阶段 ❷中间人的；调解人的：an *intermediary* role 中间人（或调解人）的作用

in·ter·min·gle /ˌɪntəˈmiŋɡl/ *v.* （使）混合；（使）夹杂（*with*）：Fact and fiction are *intermingled* throughout the book. 整个书中虚实内容相混。

in·ter·nal /inˈtəːnl/ *adj.* [无比较级] ❶内的，内部的：the *internal* and external architecture 内外结构 ❷[作定语]体内的；内服的：*internal* organs 体内器官 ❸[作定语]国内的；内政的：the *internal* revenue 国内税收 ‖ **in·ter·nal·ly** *adv.*

in·ter·na·tion·al /ˌɪntəˈnæʃənl/ *adj.* ❶[无比较级]国际（上）的；两国（以上）的；在国际上进行的；世界（性）的：*international* waters 国际海域（或公海）❷（思维方式）世界性的，跨越国界的：Living abroad gave them a more *international* outlook. 身居海外使他们能以更国际化的眼光看待问题。‖ **in·ter·na·tion·al·ly** *adv.*

in·ter·pret /inˈtəːprit/ *vt.* ❶解释，阐释，说明，阐明：*interpret* music in dance terms 用舞蹈语言解释音乐 ❷理解，了解，弄懂：how to *interpret* these lines of the poem 怎样理解该诗的这些行 ❸翻译，口译：Albino spoke in English and I *interpreted* it into Chinese for them. 阿尔比诺讲英语，我为他们翻译成汉语。‖ **in·ter·pret·er** *n.* [C]— **in·ter·pre·ta·tive** /-tətiv/, **in·ter·pre·tive** /-tiv/ *adj.*

in·ter·rupt /ˌɪntəˈrʌpt/ *v.* ❶打断（工作、讲话、休息、讲话人等）；打扰：I had to *interrupt* my work to answer the phone. 我只好暂时放下工作去接电话。❷中止；阻碍；截住，遮断：An accident *interrupted* traffic. 一起事故阻隔了交通。‖ **in·ter·rup·tion** /-ˈrʌpʃən/ *n.* [C；U]

in·ter·sect /ˌintəˈsekt/ v. 贯穿，横穿；相交，交叉：a busy stretch of road where the expressway *intersects* the highway 高速公路与公路交叉处的繁忙路段

in·ter·sec·tion /ˌintəˈsekʃn/ n. ❶[U]横断；横穿；相交；交叉：the point of *intersection* 交叉点 ❷[C]交点；道路交叉口；十字路口：a traffic accident at a busy *intersection* 繁忙十字路口的交通事故

in·ter·val /ˈintəvəl/ n. [C] ❶(时间、空间上的)间隔；间歇；空隙；间距：Much rain also in these days, though with some *intervals* of fair weather. 这几天雨水仍旧很多，虽然间或也有天晴的时候。❷〈主英〉幕间休息；【体】中场休息：lead 3-0 at the *interval* 中场休息时以三比零领先

☆ **interval, break, intermission, pause, recess** 均有"暂停；休息"之意。**break** 尤用以指工作或学习的间歇：take an hour's *break* for lunch (休息 1 个小时吃午饭) / work for five hours without a *break* (一直不间断地工作 5 个小时) 在指戏剧、音乐、体育表演的间歇时，美国、加拿大和澳大利亚用 **intermission**，而英国用 **interval**。**pause** 一词多用以指行动或语言过程中的暂停：a *pause* in the conversation (谈话中的暂停) **recess** 一词在美国英语中多用以指课间休息，而在英国英语中则多指议会或法院中较长的休息：Parliament is in *recess*. (议会处于休会期。)

in·ter·vene /ˌintəˈviːn/ vi. ❶(尤指为防止坏的结果而)干预，干涉；调停，调解(*in*)：We hope the Secretary General would use his good office and *intervene in* the dispute. 我们希望秘书长出面斡旋，排解纠纷。❷(事情、情况等)介乎其间；发生于其间：War *intervened* before she could graduate. 她还未能毕业，战争就爆发了。❸(外来因素)干扰，阻挠；打扰：If nothing else *intervenes* I can meet you there at 5 o'clock. 要是没有别的事打扰，我可以 5 点钟到那儿接你。‖ **in·ter·ven·tion** /ˌintəˈvenʃn/ n. [U]

in·ter·view /ˈintəvjuː/ I n. [C] ❶(对求职者或求学者等的)口试，面试：She's got an *interview* next week for a job as PR Manag-er. 她下周要去参加公关经理工作面试。❷(记者等的)采访，访谈；访问记；(接见记者时的)谈话，谈话录：telephone *interview* 电话采访 II vt. ❶对…进行面谈(或面试、口试)：*interview* all the applicants one by one 对申请人一一面试 ❷采访，访问；接见；会见：The politician refused to be *interviewed* on camera. 那位政治家不接受摄影采访。‖ **in·ter·view·ee** /ˌintəvjuːˈiː/ n. [C]—**in·ter·view·er** n. [C]

in·tes·tine /inˈtestin/ n. [C][通常作 ～ s]【解】肠

in·ti·mate /ˈintimət/ I adj. ❶亲密的；亲昵的；密切的；熟悉的：an *intimate* relationship 亲密关系 ❷[作定语]个人的；私下的；秘密的：*intimate* objects of toilet 个人卫生用品 II n. [C]密友，知己，至交 ‖ **in·ti·mate·ly** adv.

in·to /ˈintu, 弱 ˈintə, 元音前 ˈintu/ prep. ❶向，朝；靠近；触及，碰到：walk *into* the tree 撞到树上 ❷进，入，到…里面：The train went *into* the tunnel. 火车开进了隧道。❸成为；变成；变得：translate a book from French *into* English 把一本书由法语译为英语

in·to·na·tion /ˌintəˈneiʃn/ n. ❶[C;U]语调，声调：a rising *intonation* 升调 ❷[C]口音；土音：Her voice had lost its Irish *intonation*. 她说话已经没有了爱尔兰口音。

in·tri·cate /ˈintrikit/ adj. 错综复杂的；复杂精细的：The skyline was *intricate* and voluptuous. 天际变幻莫测，妖娆多变。

in·trigue I /inˈtriːg/ vi. 搞阴谋诡计(*with*)：*intrigue with* the enemy against the government 与敌人串通跟政府作对—vt. 使感到好奇，使产生兴趣；强烈吸引：His reply *intrigued* me. 他的回答使我发生兴趣 II /inˈtriːg, ˈintriːg/ n. [C;U]阴谋，诡计；密谋，暗中策划：a political *intrigue* against the President 一起反对总统的政治阴谋 ‖ **inˈtri·guer** n. [C]

in·trin·sic /inˈtrinzik,-sik/ adj. 固有的；内在的；本质的：There is no *intrinsic* connection between race and language. 种族与语

言之间并无内在联系。‖ **in'trin·si·cal·ly** /-kᵊli/ **adv.**

in·tro·duce /ˌintrəˈdⁱuːs/ **vt.** ❶介绍,引荐;使相互认识,使熟悉(*to*):May I *introduce* Miss Fox *to* you? 让我介绍福克斯小姐跟你认识好吗? ❷向公众正式宣布(节目等);推销(新产品):*introduce* a new product into the market 向市场推出一种新产品 ❸引进,传入;采纳,采用;推行:Was coffee *introduced* into Europe from America? 咖啡是从美洲传入欧洲的吗? ❹提出(动议、法案等):*introduce* a bill to control handguns 提出控制手枪的法案

in·tro·duc·tion /ˌintrəˈdʌkʃᵊn/ **n.** ❶[C;U](正式的)介绍;引见:Could you get me an *introduction* to your boss? 你能不能把我引见给你的上司? ❷[U;C]引进,传入;采纳,采用;开始,创始:the *introduction* of foreign capital to China 引入中国的外国资本 ❸[C]引言,序言,绪言;导论:the *introduction* to the book 书的引言 ❹[C]入门书,初阶:an *introduction* for beginners 初学者用的入门书

in·trude /inˈtruːd/ **vi.** ❶侵入,闯入(*on, upon, into*):*intrude into* sb.'s room 闯入某人的房间 ❷打扰;侵扰(*on, upon, into*):I'm sorry to *intrude*, but could you lend me a pen? 很抱歉打搅您,请问能借我一支钢笔吗?

in·tru·sion /inˈtruːʒᵊn/ **n.** [U;C]闯入,侵入;打扰,侵扰:Please excuse my *intrusion*. 请原谅我擅自闯了进来。‖ **in·tru·sive** /inˈtruːsiv/ **adj.** —**in'tru·sive·ly adv.** —**in'tru·sive·ness n.** [U]

in·tu·i·tion /ˌintⁱuˈiʃᵊn/ **n.** ❶[U]直觉;直觉力:It is said that females have more *intuition* than males. 据说女性的直觉力比男性强。 ❷[C]直觉感知的事物;直觉知识;直觉真理:Our *intuitions* may fail in moments of panic. 在紧张的瞬间我们的直觉认识或许靠不住。

in·tu·i·tive /inˈtⁱuːitiv/ **adj.** ❶直觉的;有直觉力的;具有直觉性质的:an *intuitive* feeling 直觉感受 ❷凭直觉获知的;天生的;

本能的;a great *intuitive* musician 伟大的天才音乐家 ‖ **in'tu·i·tive·ly adv.** —**in'tu·i·tive·ness n.** [U]

in·vade /inˈveid/ **v.** ❶入侵,侵略:*invade* a neighbouring country in great force 大举入侵邻国 ❷(疾病等)侵袭:An epidemic of bird flu *invaded* that region. 那个地区流行禽流感。 ❸侵犯,侵害,侵扰:*invade* sb.'s privacy 侵犯某人的隐私权 ‖ **in'vad·er n.** [C]

in·val·id /inˈvælid/ **adj.** [无比较级] ❶无效果的;不得力的;无价值的:an *invalid* argument 站不住脚的论点 ❷【律】无效(力)的;作废的:an *invalid* check 无效的支票 ‖ **in·va·lid·i·ty** /ˌinvəˈliditi/ **n.** [U]

in·val·i·date /inˈvælideit/ **vt.** 使无效;作废:A faulty signature may *invalidate* a check. 错误的签名会使一张支票无效。‖ **in·val·i·da·tion** /inˌvæliˈdeiʃᵊn/ **n.** [U]

in·val·u·a·ble /inˈvæljⁱbᵊl/ **adj.** [无比较级]极其宝贵的;非常贵重的;无法估价的:*invaluable* experience 宝贵的经验

in·va·sion /inˈveiʒᵊn/ **n.** ❶[C;U](武装)入侵,侵略:The enemy *invasions* were fiercely resisted. 敌军的入侵遭到顽强抵抗。 ❷[C]侵害,侵犯;侵占;侵袭,侵扰:He's got an *invasion* of the disease. 他受到病魔的侵袭。

in·vent /inˈvent/ **vt.** ❶发明,创造;首创:When was printing *invented*? 印刷术是何时发明的? ❷〈常贬〉虚构,捏造,胡编:In the present book, I have *invented* nothing. 在本书里面,我丝毫没有杜撰。‖ **in'vent·or n.** [C]

in·ven·tion /inˈvenʃᵊn/ **n.** ❶[U]发明,创造;首创:the *invention* of printing 印刷术的发明 ❷[C]发明(或创造)物:market an *invention* 把新发明的东西投入市场

in·ven·to·ry /ˈinvᵊntᵊri/ **n.** [C] ❶(存货等)清单;(财产等)目录;存货盘存(报表):make an *inventory* of stock 清点库存 ❷存货,库存;存货总值:Our *inventory* of used cars is the best in town. 我们库存的二手车

是城里最好的。

in·verse /ˈinvɜːs, ˌinˈvɜːs/ **I** *adj.* [无比较级][作定语] ❶相反的;反向的;倒转的;翻转的: The results are just *inverse* to the amount of effort put in. 结果与付出的努力正好相反。❷【数】反的,逆的: Addition and subtraction are *inverse* operations. 加法与减法是逆运算。**II** *n.* [the ~]〈书〉相反;颠倒;反面(*of*): Is *the inverse of* the statement equally true? 与这一陈述相反的陈述同样正确吗? ‖ **in·verse·ly** *adv.*

in·ver·sion /inˈvɜːʃ°n/ *n.* [U] ❶反向;倒置;颠倒;倒转: the exact *inversion* of what it used to mean 与其过去的含义正好相反的含义 ❷倒置物;倒转物 ❸【语】倒装(指词序)

in·vert /inˈvɜːt/ *vt.* ❶使反向;使倒置;使颠倒;使倒转: *invert* the glass over a fly 把杯子倒过来罩住苍蝇 ❷【语】使(词序)倒装: In this language the word order in questions is *inverted*. 在这种语言中,疑问句的词序是倒装。

in·vest /inˈvest/ *vt.* ❶投(资)(*in*): He *invested* his money *in* stocks and bonds. 他用钱购买股票及公债 ❷耗费;投入(金钱、时间、精力等)(*in*): *invest* significant amounts of time and energy *in* modernizing one's house 花费大量时间和精力置办现代化家庭设施 ‖ **in·ves·tor** *n.* [C]

in·ves·ti·gate /inˈvestiɡeit/ *vt.* 调查;调查研究;侦查;审查: The patient was X-rayed and *investigated*. 病人拍了 X 光照片并接受体检。‖ **in·ves·ti·ga·tor** *n.* [C]

in·ves·ti·ga·tion /inˌvestiˈɡeiʃ°n/ *n.* [U;C](官方的)调查;调查研究;侦查;审查: There should be a thorough *investigation* into the cause of the accident. 应该对事故的原因进行彻底调查。

in·vest·ment /inˈvestm°nt/ *n.* ❶[U;C]投资;投资额;投资物;投资的财产;值得投资的对象: They believe education is a good *investment* for life. 人们认为教育是个终生值得投资的项目。❷[C](时间、精力、思考等的)投入: A happy marriage requires an *investment* of time and energy. 美满的婚姻是需要付出时间和精力的。

in·vis·i·ble /inˈvizib°l/ *adj.* [无比较级] ❶看不见的;无形的;隐形的: In the air there are millions of particles that are *invisible* to the naked eye. 空气中有数不清肉眼看不见的粒子。❷(有意)隐匿的;隐藏着的: *invisible* seam 暗缝 ‖ **in·vis·i·bil·i·ty** /inˌviziˈbiliti/ *n.* [U]—**in·vis·i·bly** *adv.*

in·vi·ta·tion /ˌinviˈteiʃ°n/ *n.* ❶[U;C]邀请: a letter of *invitation* 邀请信 ❷[C]邀请信,邀请函;请柬,请帖

in·vite /inˈvait/ *vt.* 邀请;约请(*to*): *invite* sb. along [over] for a drink 请某人过来喝酒 ‖ **in·vi·tee** /ˌinvaiˈtiː/ *n.* [C]

in·vit·ing /inˈvaitiŋ/ *adj.* 有吸引力的,吸引人的,诱人的: an *inviting* sight 吸引人的景色

in·voice /ˈinvɔis/ *n.* [C]发票;发货清单;服务费用清单: a purchase *invoice* 购货发票

in·volve /inˈvɔlv/ *vt.* ❶使卷入;使参与;使介入,牵涉,连累(*in*, *with*): Don't *involve* me in your project. 别把我拉进你们的计划中去。❷包含,含有;使成为必要;使承担: Winning the game *involves* both skill and experience. 要赢得这场比赛势必既要有技术又要有经验。❸影响;引起;与…直接有关: the musicians' ability to *involve* their listeners 音乐家感染观众的能力

in·ward /ˈinwəd/ **I** *adv.* [无比较级] ❶向内;朝里;向中心;向家里;向国内: This end should go *inward*. 这一端应该向里头放。❷内心里,思想上,精神上;灵魂中: The mind's turning *inward* upon itself. 思想转向内省。〔亦作 **inwards**〕**II** *adj.* ❶[无比较级]向里面的,入内的;输入的: *inward* transmission of data 数据的输入接受外国的投资 ❷里面的,内部的;体内的: the *inward* parts of the body 体内器官 ❸内心的;精神的: an *inward* happiness 内心的喜悦

i·on /ˈaiən/ *n.* [C]【化】离子 ‖ **i·on·ic** /aiˈɔnik/ *adj.*

IQ *abbr.* intelligence quotient 智商

i·ron /ˈaiən/ **I** *n.* ❶[U]【化】铁(符号 Fe);a rod of *iron* 铁棒 ❷[C]熨斗;an electric *iron* 电熨斗 **II** *vt.* (用熨斗)熨(衣);*iron* my shirt before going out 出门之前把我的衬衫熨好

i·ron·ic /aiˈrɔnik/, **i·ron·i·cal** /-kᵊl/ *adj.* ❶冷嘲的,讽刺的,挖苦的;*ironic* remarks 冷言冷语 ❷用反语的,爱挖苦人的;an *i-ronic* speaker 爱挖苦人的演讲者 ❸具有讽刺意味的;出人意料的;令人啼笑皆非的;It was *ironic* that I was seated next to my ex-husband at the dinner. 没想到晚宴上我被安排挨着前夫坐。‖ **iˈron·i·cal·ly** *adv.*

i·ro·ny /ˈairəni/ *n.* ❶[U]反语,反话;冷嘲,讽刺;detect the *irony* in sb.'s words 察觉出某人话语中的讥讽 ❷[C;U]具有讽刺意味的事;意想不到的事;令人啼笑皆非的场合;捉弄

ir·ra·di·ate /iˈreidiˌeit/ *vt.* ❶照耀,照亮,使发光,使生辉;Sunlight *irradiated* the placid water. 太阳照耀在平静的水面上。❷[常用被动语态]【物】使受辐射,辐照;The insects are artificially reared and *irradiated* to make them sterile. 这些昆虫经人工饲养并经过辐照以使之不育。‖ **ir·ra·di·a·tion** /iˌreidiˈeiʃᵊn/ *n.* [U]

ir·ra·tion·al /iˈræʃᵊnᵊl/ *adj.* [无比较级] ❶不合逻辑的;不合理的;荒谬的;Superstitions are *irrational*. 迷信是荒谬的。❷没有理性的;失去理性的;be *irrational* in one's attitude to one's own child 在对自己的孩子的态度上不明智 ❸【数】无理的;*ir-rational* equation 无理方程 ‖ **irˈra·tion·al·ly** *adv.*

ir·reg·u·lar /iˈregjulə/ *adj.* [无比较级] ❶不规则的,无规律的;不稳定的;不合常规的;I hate working *irregular* hours. 我讨厌工作不定时。❷不平整的;不对称的;不一致的;Because of the effects of weather the rock has an *irregular* surface. 由于气候的作用,岩石的表面崎岖不平。❸不合法的;不合道德的;非正式的;非正规的;an *irregular* marriage 不合法的婚姻 ‖ **ir·reg·u·lar·i·ty** /iˌregjuˈlæriti/ *n.* [C;U]—**irˈreg·u·lar·ly** *adv.*

ir·rel·e·vant /iˈreləvᵊnt/ *adj.* 不相干的;无关紧要的;不切题的(to);These references are largely *irrelevant to* the present topic. 这些参考资料与眼下的话题风马牛不相及。‖ **irˈrel·e·vance**, **irˈrel·e·van·cy** *n.* [U;C]

ir·re·spon·si·ble /ˌiriˈspɔnsibᵊl/ *adj.* [无比较级] ❶不负责任的;没有责任感的,不可靠的;an *irresponsible* refusal 不负责任的拒绝 ❷不承担责任的,毋需承担责任的;The mentally ill are *irresponsible* for their actions. 精神失常者对其行为不承担责任。‖ **ir·re·spon·si·bi·li·ty** /ˌiriˌspɔnsiˈbiliti/ *n.* [U] — **ir·reˈspon·si·bly** *adv.*

ir·ri·gate /ˈiriˌgeit/ *vt.* 灌溉;They *irrigate* the crops with water being pumped from underground. 他们抽取地下水来浇灌庄稼。‖ **ˈir·ri·ga·ble** /-gəbᵊl/ *adj.*—**ir·ri·ga·tion** /ˌiriˈgeiʃᵊn/ *n.* [U]

ir·ri·ta·ble /ˈiritəbᵊl/ *adj.* 易怒的,急躁的,暴躁的;The heat made him *irritable*. 酷热使他变得脾气暴躁。‖ **ir·ri·ta·bi·li·ty** /ˌiritəˈbiliti/ *n.* [U]—**ˈir·ri·ta·bly** *adv.*

ir·ri·tate /ˈiriˌteit/ *vt.* ❶激怒,使恼怒;使烦躁;It really *irritates* me the way he keeps repeating himself. 他说来说去都是那些话,我真听烦了。❷使过敏;使难受;使疼痛;使发炎;The smoke *irritated* my throat. 烟呛得我的嗓子疼。

ir·ri·ta·tion /ˌiriˈteiʃən/ *n.* ❶[U]激怒,恼怒,烦躁;His wife stared at him in *irritation*. 他妻子生气地瞅着他。❷[U]过敏,发炎,痛痒

is /iz/ *v.* be 的第三人称单数现在时;The earth *is* round. 地球是圆的。

Is·lam /ˈizlɑːm,-læm;izˈlɑːm/ *n.* ❶【宗】伊斯兰教(中国旧称回教、清真教等) ❷[总称]伊斯兰教信徒,穆斯林;伊斯兰教界 ‖ **Is·lam·ic** /izˈlæmik/ *adj.*

is·land /ˈailənd/ *n.* [C] ❶岛,岛屿 ❷岛状物;孤立物;与外界隔绝的物(或人);No man is an *island* in the society. 在社会中任何人都不是孤立的。

isle /ail/ *n.* [C][用于诗歌或地名中]岛屿;小岛;半岛

is·n't /'izənt/ = is not

i·so·late /'aisəˌleit/ *vt.* ❶使隔离;使孤立;使脱离:Those who get contagious diseases are *isolated* from other patients. 把传染病患者和其他病人隔离开来。❷【化】使离析:*isolate* the virus 分离出病毒

i·so·la·tion /ˌaisə'leiʃən/ *n.* [U]隔离;分离;脱离;单独;孤立;孤独:You can't consider one sentence in *isolation*. 你不能孤立地考虑一个句子。

is·sue /'iʃuː, 'isjuː/ **I** *n.* ❶[U;C]发行;颁布;(一次的)发行量;(书刊的)期,辑,号;版次:the *issue* of new decrees 新法令的颁布 ❷[C]问题,议题;争议,争论点:the ultimate social *issue* 首要的社会问题 ❸[C]结果;结局;决定:the *issue* of an argument 争论的结果 **II** *v.* ❶发行;颁布;出版:They *issued* the book as a paperback. 该书以平装形式出版了。❷使流出,放出;送出,排出:He passed a lighted door *from* which *issued* music. 他走过一道灯火辉煌、乐声洋溢的门。❸分配,发给(to,with):*issue* passports *to* persons going abroad 给出国人员签发护照

it /it/ *pron.* ([主格]it,[所有格]its,[宾格]it,[复数主格]they,[复数所有格]their 或 theirs,[复数宾格]them)❶[人称代词(personal),用以指无生命物、动物、植物,在性别不详或不详时也可指人或婴儿]它,这,那:*It* is a most beautiful garden. 这是一座非常美丽的花园。❷[指示代词(demonstrative),用以指事物、群体、抽象观念、经验、活动等]它,这,那:Since you advert to this matter so frequently you must regard *it* as important. 既然你经常说及此事,那你一定认为它很重要了。❸[非人称代词(impersonal),用作无人称动词的主语,指天气、时间、距离、环境或虚指情况等]:*It* is foggy today. 今天有雾。❹[先行代词(anticipatory)或引导代词(introductory),用以引导作为逻辑主语或宾语的短语、从句等]:*It* was clear that they don't know each other. 显然他们互不相识。

i·tal·ic /i'tælik/ **I** *adj.* [无比较级]【印】斜体的 **II** *n.* ❶[常作~s]【印】斜体;斜体活字;斜体字(或字母、数字等) ❷[U](字、字母、数字等的) 斜体:The letter was in *italic*. 这封信是用斜体字书写的。

itch /itʃ/ **I** *v.* ❶发痒,使人发痒:He's *itching* all over. 他浑身发痒。❷热望,渴望:I am *itching* to tell you the news. 我巴不得马上就把消息告诉你。**II** *n.* ❶[通常用单]【医】痒;have an *itch* on one's back 背部发痒 ❷[用单]热望,渴望:have an *itch* to go around the world 渴望周游世界 ‖ **'itch·y** *adj.*

i·tem /'aitəm/ *n.* [C] ❶物件,商品;(物件的)(一)件,(一)样:A colour television set was still a luxury *item* then. 彩色电视机那时仍是奢侈品。❷(新闻等的)(一)条,(一)则,(一)段:The alcoholism case was the most important news *item* of news last month. 酒精中毒案是上个月的特大新闻。

its /its/ *poss. pron.* [it 的所有格]它的:Tom's textbook has lost *its* cover. 汤姆的课本封皮不见了。

it·self /it'self/ *pron.* ([复] themselves) ❶[反身代词]它自己,它本身:Her baby hurt *itself*. 她的娃娃把自己弄疼了。❷[表示强调]本身,自身:The vase *itself* is beautiful even without flowers. 即使没有花,花瓶本身也很美。

i·vo·ry /'aivəri/ *n.* ❶[C]象牙;海象牙 ❷[U]象牙质,牙质 ❸[U]象牙(白)色;乳白色:an *ivory* chair 乳白色椅子

i·vy /'aivi/ *n.* [U;C]【植】常春藤;常春藤类植物

J j

jack/dʒæk/ n. ❶[C]【机】起重机；千斤顶：lift car with a *jack* 用千斤顶把汽车顶起 ❷[C]【牌】(也作 knave)(纸牌中的)"J"牌，杰克(在国王[king]和皇后[queen]之下)：the *jack* of hearts 红桃杰克

jack·et/'dʒækit/ n. [C]短上衣，夹克(衫)：a sport(s) *jacket* 运动衫

jack·pot/'dʒæk,pɒt/ n. [常用单]❶(彩票等的)头奖；(若干赌博中的)累加奖金：The *jackpot* now stands at 50,000. 头奖高达 5 万英镑。❷大笔收入；巨额的奖金；意外的成功

jade/dʒeid/ n. [U]❶【矿】玉(包括硬玉与软玉)；(类似玉的其他)宝石 ❷〔亦作 jade green〕绿玉色；翡翠色

jad·ed/'dʒeidid/ adj. ❶筋疲力尽的；疲惫不堪的：a *jaded* look 倦容 ❷(因过多使用而)变钝的；用旧了的；(因过饱或过多而)发腻的；厌倦的：The novel told an old *jaded* story about moving from rags to riches overnight. 这部小说讲述了一个一夜暴发那种老一套的故事。‖ '**jad·ed·ly** adv. —'**jad·ed·ness** n. [U]

jag·ged/'dʒægid/ adj. ❶有尖突的；有锯齿状缺口的；凹凸不平的；参差不齐的：a *jagged* streak of lightning 锯齿状闪电 ❷粗糙的；(声音等)刺耳的：a *jagged* scream 刺耳的尖叫声 ‖ '**jag·ged·ly** adv. —'**jag·ged·ness** n. [U]

jag·uar/'dʒægjuə'/ n. [C]【动】(产于南美洲的)美洲虎，美洲豹

jail/dʒeil/ n. [C;U]监狱；看守所：sentence sb. to *jail* 判处某人监禁

jail·er,**jail·or**/'dʒeilə'/ n. [C]监狱看守，狱卒，牢子

jam[1]/dʒæm/ I (jammed;jam·ming) vt. ❶使卡住，使轧住；使受挤而动弹不得：The ship was *jammed* between two rocks. 那条船夹在石缝中进退不得。❷把…塞紧，把…塞满，把…塞入，把…楔进；使挤紧，使挤满：He *jammed* the suitcase with clothing. 他一个劲儿地往手提箱里塞衣服，把手提箱塞得紧紧的。II n. [C]❶拥挤；阻塞，堵塞；拥挤的人群；堵塞物：She was delayed by a traffic *jam*. 她因交通堵塞而耽搁了。❷〈口〉困境，窘况：He got himself into a *jam* with the tax people. 他因税务遇上了麻烦。

jam[2]/dʒæm/ n. [C;U]果酱

Jan.,**Jan** abbr. January

jan·gle/'dʒæŋg³l/ vi. 发出噪声，发出不和谐的刺耳声：The pots and pans *jangled* in the kitchen. 厨房里响起了锅碗瓢盆的叮当磕碰声。‖ '**jan·gler** n. [C]—'**jan·gly** adj.

Jan·u·ar·y/'dʒænjuəri/ n. [U;C]一月(略作 Ja. 或 Jan.)

Japan/dʒə'pæn/ n. 日本

Jap·a·nese/,dʒæpə'niːz/ I adj. ❶日本的；日本人的：*Japanese* customs 日本风俗 ❷日语的；日本文化的：*Japanese* writings 日文作品 II n. ❶[单复同]日本人 ❷[U]日本语

jar/dʒɑː'/ n. (玻璃、陶瓷、塑料等制的)罐子，坛子；广口瓶

jar·gon/'dʒɑːgən,-gɒn/ n. [U](各行各业所使用而在外人听来费解的)行(业)话；黑话，隐语：legal *jargon* 法律界行话

jas·min(e)/'dʒæzmin,'dʒæs-/ n. [U]【植】素馨；茉莉

jaw /dʒɔː/ *n.* [C] ❶颌；颚：the upper [lower] *jaw* 上[下]颌 ❷下颌，下巴颏

jazz /dʒæz/ *n.* [U] ❶爵士乐；爵士乐曲：He plays *jazz* as a hobby. 他以弹奏爵士乐作为业余消遣。❷爵士舞；爵士舞曲

jeal·ous /ˈdʒeləs/ *adj.* ❶妒忌的，嫉妒的(*of*)：When the boy saw his mother holding a new baby, he became *jealous*. 那男孩看到母亲抱着另一个孩子，他脸上浮泛起妒忌的神情。❷妒羡的，艳羡的，羡慕的(*of*)：She was *jealous of* her friend's good looks. 她妒羡她那女友有一张漂亮的脸蛋。‖ ˈjeal·ous·ly *adv.*

☆jealous, envious 均有"妒忌的"之意。**jealous** 强调对别人占有或有企图占有属于或者应该属于自己的东西而感到恼恨不满：She was so *jealous* that she wouldn't let her husband dance with anyone else. (她生性十分嫉妒，不让丈夫和其他任何人跳舞。) **envious** 表示"羡慕"他人的好运，通常着重的是自己想要得到而不能得到的一面，有时带恶意：I'm so *envious* of you getting an extra day's holiday. (我真羡慕你得到一天额外的假期。)

jeal·ous·y /ˈdʒeləsi/ *n.* [U]妒忌，嫉妒；妒羡；burn with *jealousy* 妒火中烧

jean /dʒiːn/ *n.* [～s]紧身裤，紧身工装裤，牛仔裤；粗斜纹棉布裤；裤子：The cowboy wore blue *jeans*. 那个牛仔穿着粗蓝裤子。

jeep /dʒiːp/ *n.* [C]吉普车；小型越野汽车；[J-]民用吉普车

jel·ly /ˈdʒeli/ *n.* [U;C]果(子)冻；肉冻 ‖ ˈjel·ly·like *adj.*

jeop·ard·ize /ˈdʒepədaiz/ *vt.* 使处于险境；冒…的危险；损害，危及：To make an exception would *jeopardize* our relations with other customers. 一次破例将有损于我们和其他客户的关系。

jeop·ard·y /ˈdʒepədi/ *n.* [U]危险，危难，危境：The spy was in constant *jeopardy* of being discovered. 该间谍处于随时都有可能暴露的危险境地。

jerk /dʒɜːk/ I *n.* [C] 急拉；急推；急扭；急甩；急动：He gave her elbow a *jerk* to get

her out of the way. 他猛推她的胳膊肘，把她挤到一旁。II *v.* 猛拉；猛推；猛扭；猛抽；猛扔；(使)急动：She *jerked* the child by the hand. 她猛地一把拉住孩子的手。

Je·sus /ˈdʒiːzəs/ *n.* 耶稣(基督教创始人，教所信奉的救世主，称之为基督)：*Jesus* Christ 耶稣基督

jet /dʒet/ *n.* [C] ❶(水、蒸汽、煤气、火焰等的)喷射流；喷涌而出的东西；喷嘴：The fire hose sent up a *jet* of water. 消防龙头喷出一股水柱。❷喷气式飞机：take a *jet* back home 搭喷气式飞机回国

Jew /dʒuː/ *n.* [C] ❶犹太人 ❷犹太教徒

jew·el /ˈdʒuːəl/ *n.* [C] ❶宝石，宝玉：The ring was set with several diamond *jewels*. 那枚戒指镶嵌着几颗钻石。❷宝石饰物；首饰(如戒指、手镯、项链等)：the shine of *jewels* 珠光宝气 ‖ ˈjew·el·ly *adj.*

jew·el·er /ˈdʒuːələ/ *n.* [C] ❶宝石匠；钟表匠 ❷宝石商，珠宝商；钟表商

jew·el·ry /ˈdʒuːəlri/ *n.* [总称]珠宝，首饰：Which *jewelry* will you wear with that dress? 你穿那件衣服该让人佩戴哪种首饰呢？

jig·gle /ˈdʒiɡ²l/ I *v.* 轻摇；抖动；急颤：The feathers on the women's hats *jiggled* slightly. 那几个女人的帽子上的羽毛微微地颤动着。II *n.* [C]轻摇；抖动；急颤 ‖ ˈjig·gly *adj.*

jin·gle /ˈdʒiŋ²l/ I *v.* (使)发出叮当声；响着铃铛行进：The sleigh bells *jingled* as we rode. 我们划雪橇时，雪橇上的铃铛叮当直响。II *n.* [C] ❶(铃铛、硬币、钥匙等磕碰时发出的)叮当声；发出叮当声的东西 ❷(广播或电视中轻快又诙谐的)广告短诗(或歌)，配乐广告短诗(或歌) ‖ ˈjin·gly *adj.*

jit·ter·y /ˈdʒitəri/ *adj.* 紧张不安的，神经过敏的：be *jittery* over oil shortage 因石油匮乏而惴惴不安

job /dʒɒb/ *n.* ❶[C](一件)工作，活计；零活，散工：I think Peter's just the man for the *job*. 我认为彼得正是适合做这件工作的人。❷[C]职业；职位：I'm looking for a new *job*, one where I get a bit more job satisfac-

J

tion. 我正在寻找一份新工作，一份能从中得到更大满足感的职业。

☆**job, career, occupation, position, post, profession, trade, vocation, work** 均有"工作，职业"之意。**job** 为非正式用词，常指任何有经济收益的工作，这种工作既可以是固定的或临时的，也可以是技术性的或非技术性的：I have got a *job* for you; wash these dishes, please. (我有活给你干，请洗洗这些盘子。) **career** 表示希望长期或终生从事的职业，含有愈来愈成功的意味：His political *career* began 20 years ago. (他的政治生涯始于 20 年前。) **occupation** 为中性词，指人们从事的一般性固定职业或工作，无委婉或夸张的修辞色彩：He is a merchant by *occupation*. (他的职业是经商。) **position** 较为庄重，表示有一定地位或相当身份的具体工作或职业，含有职务、职位或地位之义：He has got a good *position* with a local bank. (他在当地一家银行谋到了一份好差使。) **post** 常指负有较大责任的工作、职位或岗位，含有委派或指定的意思：He held an important *post* with the company. (他在公司担任重要职务。) **profession** 原指法律、医学、神学这三方面的职业，要求受过良好教育和专门训练；现在也可表示具有相当社会地位但又作为谋生手段的其他职业：The author of the guidebook is an architect by *profession*. (该手册的作者任职建筑师。) **trade** 意指需要用手的那种有技能的工作或职业，也可表示以利润为目的的职业：The college offers courses in a variety of *trades*. (该学院开设多种职业课程。) **vocation** 强调具有献身精神的那种职业：Nursing is a *vocation* as well as a profession. (护理工作既是职业也是救死扶伤的责任。) 该词也可表示长期从事某一事情，但不一定以此来维持生计：You should be an actor — you have missed your *vocation*. (你应该当演员——你入错行了。) **work** 最为普通，词义宽泛，使用范围很广，泛指任何有目的的努力或活动，但不一定有报酬或经济收益：His success was achieved by hard *work*. (他靠辛勤劳动获得了成功。) 该词也通常用来表示一般的职业或行业，尤指每天时间固定的正式工作：She leaves for *work* at 8 o'clock. (她 8 点钟去上班。)

jock·ey /ˈdʒɔki/ n. [C] 职业赛马骑师

jog /dʒɔg/ (jogged; jog·ging) vt. ❶ 轻推；轻撞；轻摇：She *jogged* my elbow to get my attention. 她碰碰我的胳膊肘提醒我注意。❷ (用暗示等)唤起(记忆)；使回想起；提醒：I showed him a photograph of Mary to see if that would *jog* his memory. 我拿给他看玛丽的照片，试试这能否唤起他的记忆来。— vi. 慢跑(尤指作为健身锻炼)：Father *jogs* in the park every morning before going to work. 父亲每天清晨上班前都要在公园里跑步锻炼。‖ **jog·ger** /ˈdʒɔgə'/ n. [C]

join /dʒɔin/ vt. ❶ 连接；接合：The blade is *joined* on to the handle by a small screw. 刀片由小螺丝固定在把手上。❷ 参加，加入；成为…的一员：*join* a club 加入俱乐部 / *join* the army 参军 ❸ 与…做伴；和…一起做同样的事：Will you *join* me for a walk? 陪我一块儿去散步好吗？‖ **join·a·ble** *adj.*
☆**join, combine, connect, link, unite** 均有"连接，结合"之意。**join** 指紧密地结合、联合或组合，强调结合部分原来的分离性：He *joined* the two ends of the rope together in a knot. (他将绳子两头打个结连起来。) 此外，**join** 还指较小的东西组合成较大的东西，也指个人组成集体或参加某一个团体：Where do the two streams *join*? (两条小溪在什么地方汇合?) / He *joined* the army in 1945. (他 1945 年参的军。) **combine** 着重强调"合而为一"，多用于抽象或无形的东西：They *combined* their efforts to a common end. (他们为共同的目标合力奋斗。) **connect** 指两事物在某一点上相连接，但彼此仍保持独立，可用于具体事物或抽象概念：The railway line *connects* London and Edinburgh. (这条铁路连接伦敦和爱丁堡。) **link** 表示比 connect 更牢固的连接，有时暗含"不可分离性"：Television stations around the world are *linked* by satellite. (全世界的电视台通过卫星联系在一起。) **unite** 与 combine 一样，也表示许多个体由于共同的目的或性质结合成一个新的整体，但较 combine 更强调这一新的整体的不可分割性：The threat of war has *united* the country behind its leaders. （国难当头，全国人民都团结在领袖的周围。）

joint /dʒɔint/ **I** *n.* ❶[C]接合处；接头；接缝：The plumber tightened up all the *joints* in the pipes. 管子工把管道上的接头都旋紧。❷[C；U]【解】关节；【动】关节；节；【植】关节 **II** *adj.* 〔作定语〕❶共有的，共享的；与他人合作的：a *joint* enterprise 合营企业 ❷联合的，共同的；同时的：a *joint* reply 联合答复 ‖ 'joint·less *adj.* — 'joint·ly *adv.*

joke /dʒəuk/ **I** *n.* [C]❶笑话；玩笑；有趣可笑(之处)：carry a *joke* too far 玩笑开得过火了 ❷荒唐可笑的事情(或人、境况等)；笑料，笑柄：Everyone knows the election was but a *joke*. 大伙儿都明白那次选举不过是一场荒唐的闹剧。**II** *vi.* 说笑话；开玩笑：He didn't really mean it, he was only *joking*. 他并不是认真的，只是开玩笑罢了。‖ 'jo·ky, 'jok·ey *adj.* — 'jok·ing·ly *adv.*

jol·ly /'dʒɔli/ *adj.* ❶欢快的，快乐的，兴高采烈的：a *jolly* laugh 爽朗的笑声 ❷令人极其愉快的，使人十分高兴的；非常惬意的；舒适的：At Christmas we have an awfully *jolly* time. 每逢圣诞佳节，我们都玩得开心极了。‖ 'jol·li·ness *n.* [U]

jolt /dʒəult/ **I** *v.* ❶(使)震动；(使)摇动；(使)颠簸：The wagon *jolted* us when the wheel went over the rocks. 车轮滚过山地时，把我们颠得东倒西歪。❷猛敲：He *jolted* the nail free with a stone. 他用石块把钉子敲掉。**II** *n.* [C]❶震动，摇动；颠簸：The car gave a *jolt* and started. 汽车一震便启动了。❷震惊；引起震惊的事物：The news was a *jolt* to me. 这消息对我是一个打击。‖ 'jolt·er *n.* [C]

jot /dʒɔt/ **I** *vt.* (jotted；jot·ting) 草草记下，匆匆写下(*down*)：I'll just *jot* that time *down* before I forget it. 趁现在还没有忘，我得把时间记下来。**II** *n.* 〔a ～〕〔通常用于否定句〕一丁点儿，微量，丝毫：I don't care a *jot* what you are going to do. 你想干什么，我才不管呢。‖

joule /dʒuːl,dʒaul/ *n.* [C]【物】焦耳(米·千

克·秒单位制功或能的单位，符号 **J, j**；1 焦耳＝10^7 ergs)

jour·nal /'dʒɜːn²l/ *n.* [C]❶日志；日记：She kept a *journal* during her European trip. 在旅欧期间，她坚持记日记。❷日报；期刊；杂志：a monthly *journal* 月刊

jour·nal·ism /'dʒɜːn²ˌliz²m/ *n.* [U]新闻业；新闻工作：Forsaking medicine, he took up *journalism*. 他弃医操起新闻生涯。‖ **jour·nal·ist** /'dʒɜːn²list/ *n.* [C] — **jour·nal·is·tic** /ˌdʒɜːn²'listik/ *adj.*

jour·ney /'dʒɜːni/ *n.* [C]❶(常指陆上的)旅行：He went on a *journey* across Russia. 他做了一次横穿俄国的旅行。❷旅程，行程，路程：By train, it is only a two-hour *journey* from here to New York. 乘火车的话，从这里到纽约只有两个小时的行程。‖ 'jour·ney·er *n.* [C]

☆ journey, excursion, expedition, tour, trip, voyage 均有"旅行"之意。journey 适用范围最广，通常指时间较长、距离较远的陆地旅行，有时亦指水上或空中旅行，着重指从一个地方到另一个地方，而无返回出发地的含义：The young man in the seat next to mine was on his first *journey*. （我邻座的年轻人是头一回出门。）excursion 指短距离游乐性的旅行，时间一般不超过一天，且有回到出发地的含义：Many *excursions* had been arranged by the holiday company. （短程旅行原先多由度假服务公司安排。）expedition 意为"远征、探险"，一般只用于长距离的、有严肃目的的活动：I'm sending an *expedition* to photograph wild animals in Africa. （我派遣一支探险队去拍摄非洲的野生动物。）tour 指按巡回路线沿途参观许多地方，然后回到出发地的旅游；有时还带有对非常小的地方进行巡回视察的含义：We went on a guided *tour* round the castle. （我们随着导游参观了城堡。）trip 指时间短、距离近的旅行，往往出于"公差"或"娱乐"的目的，含往返一次之义；在口语中，可替代 journey 和 voyage：On that *trip*, I traveled with my brother. （那次旅行，我和我弟弟同行。）voyage 指远距离的水上或空中旅行，有"航海、航空、航行、航程"等含

义：make a *voyage* across the Atlantic（作横渡大西洋的旅行）

joy /dʒɔi/ *n.* ❶[U]快乐，高兴，喜悦：She could not hide her *joy* that everybody was safe. 见到大家平安无事，她掩饰不住内心的喜悦。❷[C]令人高兴的人（或事）；乐事，乐趣：His grand-children are a great *joy* to him. 孙儿孙女们是他极大的快乐。‖ **'joy·less** *adj.*

joy·ful /'dʒɔiful/ *adj.* ❶充满喜悦的，高兴的，快乐的：a *joyful* heart 快乐的心 ❷使人高兴的，令人开心的：a *joyful* event 喜事 ‖ **'joy·ful·ly** *adv.* —**'joy·ful·ness** *n.* [U]

judge /dʒʌdʒ/ I *n.* [C]❶法官，审判员：an associate *judge* 陪审员 ❷（争端、纠纷等的）仲裁人，调解人；（比赛、竞赛等的）裁判员：the *judges* at a sports meet 体育运动会的裁判员 ❸鉴定人；鉴赏家；批评家：a good *judge* of horses 相马行家 II *v.* ❶审理，审判；判决：The court *judged* him guilty. 法庭判他有罪。❷裁决（争端、纠纷等）；裁判（比赛、竞赛等）；评定：She was chosen to *judge* the entries at the flower show. 她被推选担任花展的评判员。❸评价；识别；鉴定：*judge* sb's personality on his perform-ance 根据某人的言行表现评价其个性 ‖ **'judge·like** *adj.* —**'judge·ship** *n.* [U;C]

judg(e)·ment /'dʒʌdʒmˀnt/ *n.* ❶[C]审判；裁判；判决：a *judgment* against the de-fendant 裁定被告败诉的判决 ❷[C;U]判断；估计：an error of *judgment* 判断失误 ‖ **judg(e)·men·tal** /dʒʌdʒ'mentˀl/ *adj.*

ju·di·cial /dʒuː'diʃəl/ *adj.* ❶司法的；审判（上）的：the *judicial* system 司法系统 ❷法官（或审判员）的；法庭的；法庭裁决的：a *judicial* decision 法院的决定 ‖ **ju'di·cial·ly** *adv.*

ju·di·cious /dʒuː'diʃəs/ *adj.* 贤明的；审慎的；切合实际的；明白事理的：With a *judi-cious* choice of words, he made a reply that pleased them both. 他措辞谨慎，作出的回答使他们俩皆大欢喜。‖ **ju'di·cious·ly** *adv.* —**ju'di·cious·ness** *n.* [U]

ju·do /'dʒuːdəu/ *n.* [U]（[复]-dos）〈日〉现代柔道（或柔术）‖ **'ju·do·ist** *n.* [C]

jug /dʒʌg/ *n.* [C]（有柄有嘴的）壶（常作桌面容器）；（细颈、狭嘴、有柄的）大罐（= pitcher）‖ **'jug·ful** *n.* [C]

jug·gle /'dʒʌgˀl/ *vi.*（用球、小刀等）玩杂耍，耍把戏，变戏法（*with*）：*juggle with* knives and swords 耍刀舞剑 ‖ **jug·gler** /'dʒʌglə/ *n.* [C]

juice /dʒuːs/ *n.* [U;C]（水果、蔬菜、鲜肉的）汁，液：fruit *juice* 果汁 ‖ **juice·less** *adj.*

Ju·ly /dʒuː'lai/ *n.* [U;C]7 月（略作 **Jul.**，**Jl.**，**Jy.**）

jum·bo /'dʒʌmbəu/〈口〉 I *n.* [C]（[复]-bos）体大而笨拙的人（或动物、物件）；庞然巨物 II *adj.* [通常作定语]特大（号）的；巨型的：a *jumbo* packet of soap powder 大号袋装洗衣粉

jump /dʒʌmp/ *vi.* ❶跳，跃；跳跃：How high can you *jump*? 你能跳多高？❷惊跳，悸动；跳动：I nearly *jumped out* of my skin when I saw the snake under my bed. 看到那条蛇在我的床下，我吓得跳了起来。

☆**jump**，**leap**，**spring** 均有"跳，跳跃"之意。**jump** 为最普通用词，既可指往上跳，也可指往下跳，或者从一点往前跳到另一点：I *jumped* into the river. （我跳进了河里。）**leap** 则着重指从一点越过相当距离到另一边，有连跑带跳的含义，且所要付出的体力较 jump 大：A frog *leapt* out. （一只青蛙一跃而出。）**spring** 侧重指跳得轻、快或突然，给人一种弹性感：Grasshoppers were *springing* through the field. （蚱蜢在田野里四处蹦跳。）

junc·tion /'dʒʌnkʃən/ *n.* [C]连接点；（公路、道路等的）交叉口；（铁路）联轨站，枢纽站；（河流的）汇合处：Our train waited for a long time in a siding at a *junction*. 我们的列车在一个枢纽站的岔道上等候了好长时间。

June /dʒuːn/ *n.* [U;C]6 月（略作 **Jun.**，**Je.**，**Ju.**）

jun·gle /'dʒʌŋgˀl/ *n.* [U;C]热带植丛，热带雨林；密林，丛林，莽丛：the gross vegetation of the tropical *jungles* 热带丛林中繁茂的草木

jun·ior /'dʒuːnjə'/ **I** *adj.* ❶较年幼的，年轻人的；由青少年组成的；为青少年的：She's *junior* to me by two years. 她比我小两岁。❷地位（或等级）较低的；年资较浅的：a *junior* officer 下级军官 **II** *n.* [C]❶较年幼者；年少者：He is his brother's *junior* by two years. 他比他哥小两岁。❷地位（或等级）较低者；年资较浅者，晚辈：Police officers chided their *juniors* for not spotting the clues. 警官们责备他们的属员没能找到线索。❸（美国四年制大学或中学的）三年级生

junk /dʒʌŋk/ *n.* [U][总称]废弃的旧东西，废旧杂物：a collection of *junk* 一堆废旧杂物

ju·rid·i·cal /dʒu'ridikəl/, **ju·rid·ic** /dʒu'ridik/ *adj.* ❶司法（上）的；审判（上）的 ❷法律（上）的；法学（上）的：*juridical* powers 法律权限

ju·ry /'dʒuəri/ *n.* [C][通常用单]❶（由 12 人组成的）陪审团：judge and *jury* 法官和陪审团 ❷（竞赛或展览等的）评判委员会；专家评奖团：a *jury* for a song contest 歌咏比赛的评委会

just /dʒʌst/ **I** *adv.* ❶刚才，方才：The book has *just* been published. 那本书刚刚出版。❷正好，恰恰正是：That's *just* what I mean. 我正是那个意思。**II** *adj.* ❶正义的；正直

的；公正的，公平的：a *just* action 正义的行为/be *just* in one's dealings 做生意公道 ❷合法的；正当的：a *just* inheritance 法律上认可的继承权 ‖ *just about adv.* 〈口〉❶正要，将要，正准备：I was *just about* to telephone you. 我正要打电话给你。❷几乎，差不多：The car accident *just about* finished her as an actress. 那起车祸几乎结束了她的演员生涯。‖ **'just·ly** *adv.* —**'just·ness** *n.* [U]

jus·tice /'dʒʌstis/ *n.* ❶[U]正义，正直；正义行为：sense of *justice* 正义感 ❷[U]公正，公平；公平原则：He tried to deal with the two of them with equal *justice*. 他努力对他们两人一视同仁。❸[U]正确；合理，正当，正当的理由；合法性：Do you feel that there is *justice* in their claim? 你觉得他们的要求正当吗？‖ **'jus·tice·ship** *n.* [U；C]

jus·ti·fy /'dʒʌsti'fai/ *vt.* 证明（行为、要求、言论等）正当（或有理、正确）；为…辩护；辩明；为…的正当理由：His behaviour *justifies* our suspicion. 他的行为证明我们的怀疑是有道理的。‖ **jus·ti·fi·ca·to·ry** /'dʒʌstifiˌkeitəri/ *adj.* —**'jus·ti·fi·er** *n.* [C]

ju·ve·nile /'dʒuːviˌnail/ **I** *adj.* ❶年少的：a *juvenile* offender 少年犯 ❷适合于青少年的，专为青少年的；青少年所特有的：*juvenile* literature 青少年文学 **II** *n.* [C]少年 ‖ **'ju·ve·nileˌly** *adv.*

J

K k

kan·ga·roo /ˌkæŋgəˈruː/ *n.* （［复］**-roo**（**s**））［C］【动】袋鼠

keel /kiːl/ *n.* ［C］(船、飞艇、飞船等的)龙骨

keen /kiːn/ *adj.* ❶锋利的，尖的，锐利的：a *keen* edge 锋利的刀刃 ❷刺人的；寒冷刺骨的；尖利的；尖刻的：A *keen* north wind arose. 刮起了凛冽的北风。❸敏锐的，敏捷的；机灵的，精明的：*keen* eyes 敏锐的眼睛 ❹强烈的，激烈的；深切的：a *keen* sense of loss 强烈的失落感 ❺［通常作表语］热衷的；热心的；热切的，渴望的：He is *keen* about canoeing. 他热衷于划船。‖ **be keen on** *vt.* 〈口〉对…着迷；热衷于；喜爱：Boys *are* just *keen on* cooking as girls are. 男孩子跟女孩子一样，也喜爱烧饭做菜。‖ **'keen-ly** *adv.* —**'keen·ness** *n.* ［U］

keep /kiːp/ （**kept** /kept/） *v.* ❶保存；保留；保有：He gave me the picture to *keep*. 他送我一张照片作纪念。❷(使)保持某状态；(使)继续进行；继续执行；保持：*Keep* the child away from the fire. 别让孩子挨近火！❸阻止，妨碍；防止；控制住：What could be *keeping* him this late? 究竟是什么原因使他这么晚了还不来？❹履行(诺言等)；遵循，遵从；信奉：*keep* one's pledge 信守誓言 ❺抑制；忍住：The little boy couldn't *keep* from crying when he fell down. 那个小孩跌倒后，忍不住哭了起来。‖ **keep back** *v.* ❶留在远处；不向前；(使)不靠近（*from*）：The police *kept* the crowds *back*. 警察不让人群向前。❷隐瞒：It really seemed to me as if she were *keeping* something *back*. 我

总觉得她有什么事情瞒着。**keep on** *v.* 继续(做某事)；继续行进；坚持下去：How am I to work if you *keep on* chattering? 像你这样絮絮叨叨地没个完，我怎么工作下去？

☆**keep, detain, reserve, retain, withhold** 均有"保留；保持"之意。**keep** 最为普通，含义和使用范围都最广，泛指牢牢或有把握地控制、掌握、占有或监护某人或某事：You can *keep* it, I don't need it. (你留着吧，我不要了。)但也可表示设置障碍，直接或人为地进行干扰，既可用于有形物体，也可用于无形障碍：He was *kept* from entering the building by guards. (卫兵拦住他，不让他进大楼。) / Try to *keep* out of trouble. (尽量别找麻烦。) **detain** 意指长时间地耽搁或保留，有时含有扣留或拘留之意：He was *detained* by a road accident on his way to his office. (去办公室的路上他遇上了一场车祸，因而耽误了时间。) / We shall be obliged to *detain* you here while we continue the investigation. (在调查期间，我们将不得不把你拘禁几天。) **reserve** 意指保留或保存一段时间以便将来使用：*Reserve* some of your energy for the last mile. (为最后一段旅程省点劲。) **retain** 比较正式，强调面对暴力或威胁而继续保持或占用，含有可能丧失或被夺去之意：She tried to *retain* her self-control. (她力图保持自我克制。)该词还可表示保留在记忆中，而这种记忆又常常会不由自主地涌现出来：She *retains* a good memory of the incident. (她对那件事情记得很清楚。) **withhold** 表示阻止、制止或扣留，带有拒绝释放的意味：He was accused of *withholding* information about terrorist offences from the police. (他被控不向警方提供恐怖分子犯罪活动的情报。)

keep·er /'ki:pəʳ/ *n.* [C] ❶看守人;警卫员 ❷监护人,保护人 ❸保管人;饲养者;(尤指动物园、马戏团等的)动物饲养员:the *keeper* at a zoo 动物园饲养员

kept /kept/ *v.* keep 的过去式和过去分词

ker·nel /'kəːn²l/ *n.* [C] ❶(果核或果壳内的)仁:He that will eat the *kernel* must crack the nut.〈谚〉要吃果仁,就得破果壳。(意指不劳则无获)❷核心,中心,要点:the *kernel* of an argument 争论的焦点

ker·o·sene, ker·o·sine   /'kerəsiːn, ˌkerə'siːn/ *n.* [U]煤油,火油:a kerosene lamp 煤油灯

ket·tle /'ket²l/ *n.* [C](烧水用的)壶;(煮水果、蔬菜等用的)锅

key /kiː/ **I** *n.* [C] ❶钥匙:Do you have the *key* for this door? 你有没有开这扇门的钥匙? ❷(达到目的、理解问题、解决困难等的)方法,手段;线索,关键,秘诀(*to*):Hard work is one *key* to success. 勤奋是成功的要诀之一。❸谜底;(问题等的)答案;题解,解答(集):the *key* to a puzzle 谜底 ❹(钢琴、风琴、打字机等的)键:a natural *key*(钢琴等的)白键 **II** *adj.* [作定语]主要的,极重要的,关键性的:a *key* battle in the war 战争中的重要战役

key·board /'kiːbɔːd/ *n.* [C] ❶(钢琴、风琴、打字机、计算机等的)键盘 ❷键盘乐器 ‖ 'key·board·er *n.* [C]

key·note /'kiːnəut/ *n.* [C] ❶【音】主音;主调音 ❷(演说等的)主旨,要旨,基调;(行动、政策等的)基本方针,主导原则;(情绪等的)基本倾向;主要动向:Economic expansion was the *keynote* of the nation's foreign policy. 经济扩张是该国对外政策的主导方针。‖ 'key·not·er *n.* [C]

kick /kik/ *vi.* ❶踢(*at*, *against*):*kick at* a ball 踢球 ❷(游泳、舞蹈等中)踢腿,举腿,蹬腿:

You have to *kick* rapidly when using a crawl stroke. 游自由泳时,两腿要急速地踢蹬。‖ 'kick·er *n.* [C]

kick·back /'kikˌbæk/ *n.* [C]酬金;回扣;贿赂

kid¹ /kid/ *n.* [C]〈口〉小孩:She is a cute little *kid.* 她是个逗人喜爱的孩子。

kid² /kid/〈口〉*v.* (**kid·ded; kid·ding**) ❶取笑;戏弄:We were *kidding* him on about the girl who keeps sending him love letters. 我们正拿有个姑娘不断给他写情书这件事儿跟他打趣呢。❷欺骗,哄骗:I'm not *kidding*, Jill, he could have taken it if he'd wanted. 说真的,吉尔,他想要的话,早就把它拿走了。‖ 'kid·der *n.* [C]

kid·nap /'kidnæp/ *vt.* (**-nap(p)ed; -nap·(p)ing**) 拐骗,诱拐(小孩等);绑架,劫持:Four men *kidnapped* the boy, but the police soon caught them and rescued the boy. 四个人把那个男孩拐走了,但是警察很快抓住了那几个人,并救出了孩子。‖ 'kid·nap·(p)er *n.* [C]

kid·ney /'kidni/ *n.* [C]【解】肾,肾脏

kill /kil/ *vt.* ❶杀,杀死:Her tongue was enough to *kill* her. 她的那根舌头就够送她的命了。❷扼杀;消灭;毁灭;使(兴趣等)完全消失:His response *killed* our hopes. 他的反应使我们的希望破灭。‖ 'kill·er *n.* [C]

kill·ing /'kiliŋ/ **I** *n.* [U;C]杀害;谋杀;屠宰:a brutal *killing* which occurred in the neighbourhood 邻近地区发生的一起惨不忍睹的凶杀案 **II** *adj.* ❶[作定语]致命的,致死的;毁灭性的;不共戴天的,你死我活的:a *killing* blow 致命的打击 ❷难以忍受的;极其艰苦的;使人筋疲力尽的:He ran to the station at a *killing* pace. 他拼命跑到车站。

ki·lo /'kiːləu, 'kil-/ *n.* ([复]**-los**)= kilogram

kil·o·gram(me) /'kiləˌgræm/ *n.* [C]千克,公斤(略作 **kg, k. , kilo.**)

kil·o·me·ter, kil·o·me·tre   /'kiləˌmiːtəʳ,

ki'lɔmitə/ n. [C]【物】千米(长度单位,等于 1 000 米;略作 **km.**,**kil.**,**kilo.**,**kilom.**)

kil·o·watt /'kiləˌwɔt/ n. [C]【物】千瓦(特)(功率单位,等于 1 000 瓦特,略作 **kW**,**kw**,**k.w.**)

kin /kin/ n. [总称]家属,亲属:All his *kin* were at his mother's funeral. 他全家人都参加了他母亲的葬礼。

kind[1] /kaind/ adj. ❶友好的;亲切的;和蔼的:She is very *kind* toward her neighbours. 她对邻居很友好。❷令人感激的;乐于助人的;体贴周到的:It was *kind* of you to help. 承蒙相助,不胜感激。❸仁慈的,仁爱的:You always should be *kind* to animals. 任何时候都要爱护动物。

kind[2] /kaind/ n. ❶[C]种类:A butterfly is a *kind* of insect. 蝴蝶是昆虫的一种。❷[C](动、植物等的)类,族;种,属:the cat *kind* 猫属

kin·der·gar·ten /'kindəˌgɑːt°n/ n. [C;U]幼儿园:He started *kindergarten* at five. 他 5 岁就上幼儿园了。‖ **'kin·der·gar·tener** /-ˌgɑːtnə/, **'kin·derˌgar·ten·er** n. [C]

kind-heart·ed /'kaindˌhɑːtid/ adj. 厚道的;仁慈的;(富于)同情(心)的:He was by nature a friendly and *kind-hearted* man. 他生性和蔼,待人厚道。‖ **'kind-ˌheart·ed·ly** adv. — **'kind-ˌheart·ed·ness** n. [U]

kin·dle /'kind°l/ v. ❶点燃;燃起(火):*kindle* a fire with a match 用火柴点火 ❷激起(热情等);(使人)激动起来;煽动:*kindle* enthusiasm for the project 激起对该项工程的热情

kind·ly /'kaindli/ adj. [常作定语]仁慈的;友好的;体贴的;富于同情心的,表示同情的:The students were watching her with *kindly* interest. 学生们凝视着她,一双双眼睛里流露出同情和关切。‖ **'kind·li·ness** n. [U]

kind·ness /'kaindnis/ n. ❶[U]仁慈;好心;亲切;体贴:He did it out of *kindness*. 他做

此事出于好心。❷[C]仁慈(或好心)的行为:Will you do me a *kindness*? 求你帮我一个忙好吗?

king /kiŋ/ n. [C]王,国王,君主;(部落等的)首领;头人:the *King* of England 英国国王 ‖ **'king·ly** adj. — **'king·ship** n. [U]

king·dom /'kiŋdəm/ n. [C] ❶王国:the U-nited *Kingdom* (大不列颠和北爱尔兰)联合王国 ❷(某事物)占优势的地方;(某人)占主宰地位的地方(或范围);领域:the *kingdom* of the intellect 知识的领域 ❸(动、植物及矿物)界:the animal *kingdom* 动物界

kin·ship /'kinʃip/ n. [U] ❶家属关系,亲属关系:She was of *kinship* with the queen. 她与女王有亲戚关系。❷密切关系;亲切感:the *kinship* between botany and zoology 植物学和动物学之间的密切关系

kiss /kis/ I vt. 吻:They *kissed* each other good night. 他们相互亲吻,表示晚安。II n. [C] 吻:He gave his mother a *kiss* good-bye. 他与他母亲吻别。

kit /kit/ n. ❶[C]整套元件(供购买者装配成形):a radio *kit* 无线电收音机全套元件 ❷[C]成套工具(或用品):a first-aid *kit* 一套急救用品

kitch·en /'kitʃin,-tʃ°n/ n. [C]厨房,灶间

kite /kait/ n. [C] ❶风筝:The children were flying their *kites* in the park. 孩子们在公园里放风筝。❷【动】鸢

kit·ten /'kit°n/ n. [C] 小猫 ‖ **'kit·ten·ish** adj.

kit·ty /'kiti/ n. [C] 小猫

knack /næk/ n. [C][常用单](尤指天生的)特殊才能(或技能),本领;熟练技巧:a *knack* for writing 写作的技巧

knee /niː/ n. [C] ❶(人或动物的)膝关节;膝,膝盖:The child fell down and cut his *knee*. 那孩子跌倒在地,磕破了膝盖。❷(裤子等的)膝部

kneel /niːl/ vi. (**kneeled** 或 **knelt** /nelt/) 跪

下；跪着：She *knelt* down to pull a weed from the flower bed. 她跪下来从花坛里拔去一棵杂草。

knell /nel/ *n.* [C] 钟声，丧钟声：The *knell* of the church bell was sounding for the dead President. 教堂的钟为已故总统发出当当丧钟声。

knelt /nelt/ *v.* kneel 的过去式或过去分词

knew /njuː; nuː/ *v.* know 的过去式

knife /naif/ *n.* [C]([复]**knives** /naivz/) ❶刀；餐刀：a clasp *knife* 折刀 ❷匕首；短剑

knight /nait/ *n.* [C] (欧洲中世纪的)骑士；骑马的武士

knit /nit/(**knit·ted** 或 **knit**；**knit·ting**) *v.* ❶编结，编织，针织，机织(衣服、地毯等)；织(平针)：This sweater is *knitted* in wool. 这件套衫是用毛线编织的。❷皱紧；皱(眉)；蹙(额)：Her brows *knit* in thought. 她皱眉深思。‖ **'knit·ter** *n.* [C]

knit·ting /'nitiŋ/ *n.* [U] ❶编结(法)；编织(法)，针织(法) ❷[总称]编结物；针织品：Her *knitting* was on the table. 她的编结物放在桌子上。

knob /nɔb/ *n.* [C] ❶球形突物；疖，瘤，疙瘩；(树木的)节；(门、抽屉等的)球形把手；(收音机等的)旋钮：You adjust the contrast by turning the *knob* at the bottom. 旋转底部的旋钮即可调整对比度。

knock /nɔk/ *v.* ❶敲；打，击：*knock* gently at [on] the window 轻轻敲窗 ❷碰撞，撞击：His knees *knocked* with fright. 他吓得两腿直打哆嗦。‖ **knock down** *v.* 击倒；撞倒；射杀，击落：Only two or three boxers have ever succeeded in *knocking* Ali *down*. 仅有两三名拳击手曾经把阿里击倒。**knock out** *vt.* ❶击昏(或死)；撞昏(或死)：The pit-prop fell on his head and *knocked* him *out*. 坑木掉在他头上，把他击昏过去。❷使劳累，使筋疲力尽：They *knocked* themselves *out* swimming. 他们游泳游得精疲力竭。

knot /nɔt/ **I** *n.* [C] (绳、线、发丝等的)结；结

节：make a *knot* 系结 **II** (**knot·ted**；**knot·ting**) *vt.* 把…打成结，在…上打结；把…结牢：Carol *knotted* the string around the package. 卡罗尔用绳子扎牢包裹。

know /nəu/ (**knew** /njuː/, **known** /nəun/) *vt.* ❶知道；了解；懂，理解：He *knows* all about it because I told him. 这事儿他全知道，是我告诉他的。❷认识；熟悉(某个事物、地方或人等)；与…关系密切：I *know* California very well. 我对加利福尼亚很熟悉。‖ **'know·a·ble** *adj.*

☆**know, learn, understand** 均有"知道；懂得"之意。**know** 指对某件事的直接了解，或对某一专门知识或技能的掌握，带有经常性：Do you *know* how to drive? (你懂得怎样开车吗?) **learn** 则强调从不知到知的具体变化：She *learns* English with ease. (她学习英语毫不费劲。) **understand** 语气较 **know** 强烈，不仅指对某一事实有清楚、透彻的了解，而且还指了解它所包含的意义和关系：I'm not sure that I fully *understand* (you). (我不敢说我完全听懂了你的话。)

know·ing /'nəuiŋ/ *adj.* ❶有知识的；有见识的；消息灵通的；通晓的，熟谙的：Both of them were *knowing* in astronomy. 他们俩在天文学方面都颇有造诣。❷心照不宣的，心领神会的，会意的：She gave him a *knowing* and sly look. 她向他投来会意而俏皮的一瞥。‖ **'know·ing·ly** *adv.*

knowl·edge /'nɔlidʒ/ *n.* [U；C] ❶知识；学识，学问：How much *knowledge* did you gain from history lessons? 你从历史课上学到了多少东西? ❷知晓；见闻；消息：I have no *knowledge* of cooking. 我对烹调一窍不通。❸了解；理解，辨别：in full *knowledge* of circumstance 对情况完全了解

☆**knowledge, learning, scholarship** 均有"知识，学问"之意。**knowledge** 指通过学习、调查、观察或亲身经历等方式所获知的事实、知识和技能，也可指对这些事实和知识的理解和经过推理而获得的概念和原理，含正确而又系统之义：I have only (a) limited *knowledge* of computers.（我的计算机知识很有限。）**learning** 常指通过正规而长期的高等教育或个人的调查研究而获得的知识或学问，尤其适用于语言、文学或哲学等方面：He possesses great *learning*.（他知识渊博。）该词有时也用来表示学识和智慧的总和：A little *learning* is a dangerous thing.（一知半解，危害不浅。）**scholarship** 指高级学者在其专业领域内进行高级科学研究必须具有的学识和能力：The book shows meticulous *scholarship*.（这本书表明了作者很慎重的写作态度。）该词也可表示学生在学校的优异成绩或奖学金：She won a *scholarship* to Oxford.（她荣获了一份到牛津大学读书的奖学金。）

knowl·edg(e)·a·ble /'nɔlidʒəbˀl/ *adj.* 知识渊博的；见多识广的；有见识的；消息灵通的：a *knowledgeable* teacher 知识渊博的教师

knuck·le /'nʌkˀl/ *n.* [C] 指节（尤指掌指关节）；（四足兽的）膝关节

ko·a·la /kəu'ɑ:lə/（**bear**）*n.* [C]【动】树袋熊（一种澳洲产树栖无尾动物）

kung-fu /ˌkuŋ'fu:/ *n.* [U]〈汉〉功夫；武术；武艺：a *kung-fu* movie 功夫（或武打）片

L l

lab /læb/ *n.* 〈口〉实验室

la·bel /ˈleibəl/ I *n.* [C] 标签,签条;luggage *labels* 行李标签 II *vt.* (-bel(l)ed;-bel·(l)ing) ❶ 贴标签(或签条)于:All items should be *labelled* with a price. 所有商品都应该明码标价。 ❷ 把…归类,把…分类(as):The phrase is *labelled* as slang in the dictionary. 这一短语在词典里被归为俚语。 ❸ 把…描写为;把…称为,把…叫作(as):He was *labeled* selfish,sensual,cruel. 人们认为他自私,好色,残酷。

la·bor /ˈleibər/ *n.* & *v.* 〈主美〉=labour

la·bor·a·to·ry /ləˈbɔrətəri, ˈlæbˑərəˌtɔːri/*n.* [C] ❶ (用于科学试验、调研、观测等的)试验场;研习所 ❷ (学校的)实验室;实验楼:establish a chemical laboratory 建立化学实验室

la·bo·ri·ous /ləˈbɔːriəs/ *adj.* 费力的;艰辛的;需坚持不懈的:*laborious* and futile negotiations 艰苦而无结果的谈判 ‖ **laˈbo·ri·ous·ly** *adv.*

la·bour /ˈleibər/ I *n.* ❶ [U]努力:He succeeded,but the marks of his painful *labour* are upon his verses. 他取得了成功,但在他的诗里可以看出苦心经营的痕迹。 ❷ [U][总称]劳工;工人阶级;(体力)劳动者:the skilled *labour* 熟练工人 ❸ [U](体力或脑力)劳动(尤为挣钱糊口而做的体力活):manual *labour* 体力劳动 II *vi.* ❶ 劳动,工作:*labour* after wealth 劳动致富 ❷ 努力(for):*labour for* the cause of peace 努力谋求和平 ❸ 缓慢而笨重地移动;费力地前进:He *laboured* through the snow towards the house. 他费力地踏着雪朝那所房子走去。

la·bour·er /ˈleibərər/ *n.* [C](尤指非技术性的)劳动者;体力劳动者:agricultural [farm] *labourers* 农业工人[农场工人]〔亦作 **laborer**〕

labour union *n.* [C]工会

lab·y·rinth /ˈlæbˑərinθ/ *n.* [C] ❶ 迷宫;曲径:a *labyrinth* of narrow, twisting alleyways 迷宫般的狭窄曲折的小胡同 ❷ 复杂局面;(事物的)错综复杂:a *labyrinth* of rules and regulations 繁杂的规则和条例 ‖ **lab·y·rin·thine** /ˌlæbəˈrinθain/*adj.*

lace /leis/ *n.* ❶ [U](尤指棉质或丝质)网眼织物,透空织品;(网眼)花边,蕾丝:a piece of exquisite *lace* 一条精致的花边 ❷ [C]带子;鞋带:undo the *lace* of boots 解开靴子的系带

lack /læk/ I *n.* [C;U]缺乏;不足;没有:The team has a *lack* of skill. 该队技艺欠佳。 II *vt.* [不用进行时态] ❶ 缺乏;没有:A novice *lacks* experience. 新手缺乏经验。 ❷ 不足;匮乏;需要:He *lacks* three votes to win. 他差三票当选。

☆lack,be short of,need 均有"缺乏;短缺;需要"之意。**lack** 为一般用语,指部分或全部地缺乏日常的或必需的东西,可用于人或具体事物,也可用于抽象概念:He's good at his job but he seems to *lack* confidence. (他工作很出色,但似乎缺乏信心。) **be short of** 指部分短缺、未能提供所需数量或达不到一定的水准:The hospital *is getting short of* clean linen. (这所医院现在缺少干净的被服用品。) **need** 有需要和缺乏两重含义,但侧重重点往往放在急切需要而不是实际短缺上:This soup *needs* more salt. (这汤需要多加点盐。)

lad /læd/ n. [C]男孩,少年;小伙子

lad·der /'lædə^r/ n. [C] ❶梯子 ❷晋升之阶,发迹的途径,成功的手段:Hard work is often a *ladder* to success. 努力工作常常是迈向成功的阶梯。

lad·en /'leɪd^ən/ adj. [无比较级][通常作表语]装满的,载货的(with):He returned *laden with* honours. 他载誉归来。

Ladies' room n. [C]女厕所,女盥洗室

la·dy /'leɪdi/ n. [C] ❶举止文雅的女子,淑女:a society *lady* 社交名媛 ❷女子,女子:a sales *lady* 女售货员 ❸[用作称呼语,表示礼貌]女士,夫人,小姐:*Ladies* and gentlemen, welcome. 女士们,先生们,欢迎光临。

la·dy·bug /'leɪdiˌbʌg/, **la·dy·bird** /'leɪdiˌbɜːd/ n. [C]【昆】瓢虫

lag /læg/ vi. (lagged;lag·ging) 走得慢;落后;逡巡,磨蹭(behind):The U.S. *lags behind* Japan in implementing robot technology. 在机器人技术应用方面,美国落后于日本。

laid /leɪd/ v. lay 的过去式和过去分词

lain /leɪn/ v. lie 的过去分词

lair /leə^r/ n. [C] ❶兽窝,兽穴,兽洞 ❷〈喻〉秘密藏身处,隐藏处,躲藏处:The police tracked him to his *lair*. 警方追踪至他的秘密藏身地。

lake /leɪk/ n. [C]湖(泊):On the edge of the *lake* was a pavilion. 湖边有一处亭榭。

lamb /læm/ n. ❶[C]羔羊,小羊;小羚羊 ❷[U]【烹】羔羊肉:roast *lamb* 烤羔羊肉

lame /leɪm/ adj. [无比较级]跛的,瘸的;(腿或脚)残废的:He limps because he is *lame* from an old wound. 他因为一次受伤而导致了跛足。‖ **'lame·ly** adv. —**'lame·ness** n. [U]

la·ment /lə'ment/ I v. ❶(为…)悲痛(或恸哭);哀悼:a widow *lamenting* the death of her husband 哀悼亡夫的孀妇 ❷为…感到遗憾;为…感到惋惜:*lament* one's folly 为某人的愚蠢行为而感到遗憾 II n. [C]悲痛;哀悼;恸哭

lamp /læmp/ n. [C]灯;油灯;照明用具

land /lænd/ I n. ❶[U]陆地;地面:It is easi-er to drill for oil on *land* than at sea. 在陆地钻探石油要比在海上钻探容易。❷[U]土地:five acres of arable *land* 五公顷耕地 II v. ❶(飞机、宇宙飞船、鸟等)着陆:The crippled airplane *landed* at an emergency field. 那架受损的飞机在应急场地降落了。❷(船)靠岸;(人)上岸;登陆;下机;下船:The ship *landed* at the pier. 那艘船停泊在码头。

☆**land, earth, floor, ground, soil** 均有"土地,土壤;地面"之意。**land** 指地球表面与海洋相对的陆地,该词也指作为财产的土地或适于耕作的大片田地:After working at sea for several years, I got a job on *land*. (在海上工作数年之后,我找了一份陆上的工作。) **earth** 指与天空相对的地面,该词也指与太空中其他星球相对的地球,与天堂或地狱相对的人间或植物赖以生长的泥土:The balloon burst and fell to *earth*. (气球破裂而落到地上。) **floor** 特指室内地面:I must sweep the kitchen *floor*. (我必须扫一下厨房的地面。) **ground** 多指室外的地面,有时也指小块田地:The injured man was lying on the *ground*. (伤者躺在地上。) **soil** 多指地球表面种植作物并促使其生长的土壤:Plants grow well in good *soil*. (植物在沃土里生长茂盛。)

land·ing /'lændɪŋ/ n. [C] ❶着陆,登陆;上岸,上陆;(飞机的)降落,着陆:make an emergency *landing* 紧急降落 ❷(轮船旅客或货物的)登陆处,停泊处;码头,卸货场;(直升机旅客或货物的)着陆处,登陆处

land·lord /'lændlɔːd/ n. [C] ❶地主 ❷(客栈、寄宿舍等的)房东;(酒馆等的)店主

land·mark /'lændmɑːk/ n. [C] ❶土标,陆标;(航海或陆路上的)标志物:The post office will serve as a *landmark* for you to pick out on the way back. 在你回来的路上,邮局可以充当路标。❷(国界、庄园或土地等的)界标,界碑,界石 ❸(纪念碑、遗址等)历史遗存;名胜古迹;标志性建筑物:The boat ride on the Yangtze River along the Three Gorges can bring you to many historic *landmarks*. 沿长江三峡乘船观光可以使你看到很多历史遗迹。❹〈喻〉(历史上的)重大事

件(或事变)；里程碑：The invention of computer was a *landmark* in science. 计算机的发明是科学史上的一座里程碑。

land·mass /ˈlændˌmɑːs; -ˌmæs/ *n.* [C]陆块，地块

land·scape /ˈlændˌskeip/ *n.* [C] ❶(陆上)景色，(陆地)风景：rural *landscape* 农村的景色 ❷陆上风景画，山水画：an exhibit of *landscapes* and portraits 山水人物画展 ❸活动领域；活动范围；界：the political *landscape* 政界 ‖ **ˈlandˌscap·er** *n.* [C]

land·slide /ˈlændˌslaid/ *n.* [C]❶【地质】山崩；滑坡；崩塌，塌方：Slight noise might set off a *landslide*. 细微的响声也会引发山崩。❷(喻)(竞选中政党或候选人获得的)压倒多数的选票；一边倒的(竞选)胜利：The pre-election poll suggested his election would be a *landslide*. 选举前的民意测验表明他将会获得绝对多数票。

lane /lein/ *n.* [C]❶(乡村)小径，小路：It is forbidden to drive fast along the narrow country *lane*. 在乡间狭窄的小路上禁止快速行车。❷小巷，胡同，里弄：I lost my way in the *lanes*. 我在小巷里迷了路。

lan·guage /ˈlæŋgwidʒ/ *n.* ❶[C;U]语言；语言文字(或符号)：Literature is simply *language* charged with meaning. 文学只不过是负载意义的语言。❷[C]【计】(程序)语言：computer programming *languages* 计算机编程语言

lan·guish /ˈlæŋgwiʃ/ *vi.* ❶变得衰弱，失去活力：The tulips *languished* in broiling weather. 郁金香因天气闷热而枯萎了。❷松弛；松懈：He *languished* in his dull job. 他在沉闷的工作中放松了自己。

lan·tern /ˈlæntᵊn/ *n.* [C]灯笼；提笼；灯笼罩

lap¹ /læp/ *n.* [C](人坐着时)大腿的朝上部分，大腿的前部

lap² /læp/ *n.* [C]❶【体】(赛程或跑道的)一圈，一周：She was overtaken in [on] the first *lap*. 她在第一圈就被人超过了。❷一段路程；一段行程；(工作、计划等的)一部分，一阶段：the final [last] *lap* of the campaign 竞选的最后阶段

lap³ /læp/ (**lapped; lap·ping**) *vt.* ❶(波浪等)拍打，冲刷：Water *lapped* the sides of the boat. 水拍打着船舷。❷舐，舔，舐食：The cat *lapped* the porridge as if it had been nearly starved to death. 这只猫舔食着粥，好像快要饿死了。

lapse /læps/ **I** *n.* [C]❶(道德等的)沦丧；(对正道等的)背离，偏离：a *lapse* of principle 背离原则 ❷小错，差错，疏忽，失误：a *lapse* of the tongue 口误 ❸(时间的)流逝，逝去，过去：a *lapse* of six weeks between letters 书信一来一往六个星期 **II** *vi.* ❶(地位、水平等)降低，下降；(状况)恶化；(兴趣、信心等)减退：Their zeal upon the work *lapsed*. 他们对这份工作的热情有所减退。❷终止，停止：We let our subscription *lapse*. 我们终止了订单。❸进入，陷入(*into*)：*lapse into* thought 陷入沉思 ❹(时间)流逝，逝去 ❺(保险契约等)中止；失效：An insurance policy *lapses* with forfeiture of value. 保险契约作废，连同保险金也被罚没了。

lap·top /ˈlæpˌtɔp/ *n.* [C]〈口〉【计】便携式计算机

large /lɑːdʒ/ *adj.* 大的，硕大的，巨大的：The second edition is about one sixth *larger* than the first. 第二版比第一版容量大 1/6。

large·ly /ˈlɑːdʒli/ *adv.* [无比较级]在很大程度上，大半地；主要地：Success of a company *largely* depends on management. 一家公司的成功与否很大程度上取决于管理。

la·ser /ˈleizəˈ/ *n.* [C]激光；激光器

lash¹ /læʃ/ **I** *n.* [C] ❶鞭梢；鞭子：a many-tongued *lash* 多梢鞭子 ❷鞭笞，抽打：be subject to 36 *lashes* 被鞭笞 36 下 ❸[常作～s]睫毛 **II** *vt.* ❶鞭笞，抽打：The prisoners were ill-treated and sometimes they were even *lashed* with electric cable. 囚犯受到虐待，有时甚至遭到电缆绳的抽打。❷猛烈抨击，严厉斥责：*lash* the vices of the time 鞭挞时弊 ❸猛烈冲击，拍打：The hurricane *lashed* the coast. 飓风席卷了海岸地区。

lash² /læʃ/ *vt.* (用线、绳等)捆，系，拴：The

campers lashed their tent to a tree during the hurricane. 飓风来袭时，露营者们将帐篷拴在树上。

last¹ /lɑːst; læst/ **I** *adj.* ［无比较级］❶（时间、次序等）最后的，末尾的，最迟的，最后阶段的；（等级等）最低的，最次的，末等的：the *last* day in October 10 月的最后一天 / the *last* row of seats 最后一排座位 ❷［作定语］（时间上）最近的；上一个的；上一次的：*Last* evening we watched a football match. 昨天晚上我们看了一场足球赛。❸［作定语］最后一个的，唯一剩下的：the *last* cigarette in the pack 烟盒里剩下的最后一支烟 **II** *adv.* ［无比较级］❶（时间、位置或次序上）最后地，最末地：He arrived *last* at the party. 他是最后一个到达晚会现场的。❷上一次，最近一次：She was fine when I *last* saw her. 我上次见到她时她很好。❸最后：*Last*, I want to thank my wife. 最后，我要感谢我的妻子。**III** *n.* ［the ～］❶最后的人（或事物）；最后提到的人（或事物）：the *last* of kings 末代国王 ❷最后的提及；最后的出现：That was the *last* I saw her. 那是我最后一次见到她。❸（月、星期等的）最后一天；最后的部分，末尾：Her husband would come home the *last* of October. 她丈夫 10 月底回家。

☆ **last**, **eventual**, **final**, **terminal**, **ultimate** 均有"最后，最终"之意。**last** 指一系列事物中的最末一个，适用于顺序或时间等方面：George was the *last* to arrive. (乔治是最后一个到达的。) **eventual** 强调因某种原因必然导致或产生某一最终结果，含有迟早会或终究要的意味：The new computer system is expensive, but the *eventual* savings it will bring are very significant. (新的计算机系统是昂贵的，但是它最终将带来的节约是很可观的。) **final** 语气强烈，不仅指在顺序上是最终的或最后的，而且强调终结的不可更改性及决定性：The game is now in its *final* stages. (这场比赛现在处于最后阶段。) **terminal** 指某一系列或过程的终点，表示事物扩展、延伸、增长或发展至结束的意思：a *terminal* marker (终点的标志) / His illness is *terminal*. (他的病已到晚期。) ul-

timate 较为正式，指一系列事物中的最后一个，可表示某一过程的最后结果，有在时间上最为遥远的意思：the *ultimate* conclusion (最终的结果)

last² /lɑːst; læst/ *vi.* ❶［不用进行时态］持续，延续：The avant-garde film *lasts* (for) six hours. 这部先锋派电影长达六个小时。❷维持；够用：So long as this supply *lasted* the people kept their oath. 在这些供应品用尽之前，这些人是信守诺言的。

last·ing /ˈlɑːstiŋ; ˈlæst-/ *adj.* ［作定语］持久的，永久的；耐久的：maintain a *lasting* peace 维持长久的和平 ‖ **ˈlast·ing·ly** *adv.*

late /leit/ **I** ［比较级 **later** 或 **latter**，最高级 **latest** 或 **last**］*adj.* ❶迟的，迟于规定（或预期）时刻的：The *late* audience missed the most excellent performance. 晚来的观众错过了最精彩的演出。❷晚的，晚于通常时间（或季节、年龄等）的：*late* fruits 晚熟水果 ❸（时间）近黄昏的；近深夜的；持续到深夜的：in the *late* afternoon 在傍晚时分 **II** *adv.* ❶迟，迟于规定（或预期）时间地：How come you came so *late* to work? 你为什么上班来得这么迟？❷晚于通常的时间（或季节、年龄等），到深夜地：Late last night I received a call from John. 昨天深夜我接到了约翰打来的电话。‖ **ˈlate·ness** *n.* ［U;C］

late·ly /ˈleitli/ *adv.* ［无比较级］近来，最近；不久前：Have you been reading anything interesting *lately*? 你最近读过什么有趣的东西吗？

la·tent /ˈleit°nt/ *adj.* ［无比较级］潜伏的，潜在的；隐蔽的：The vast resources are said to be *latent* in the desert. 据说沙漠里蕴藏着丰富的资源。‖ **ˈla·ten·cy** /ˈleit°nsi/ *n.* ［U］

lat·er·al /ˈlæt°r°l/ *adj.* ［无比较级］❶（位于）侧面的；朝侧面的；从侧面的：The lungs are *lateral* to the heart. 肺位于心脏的两侧。❷【语】边音的，旁流音的 ‖ **ˈlat·er·al·ly** *adv.*

lat·est /ˈleitist/ *adj.* ❶［late 的最高级］最新的；最近的：the *latest* fashions from Paris 来自巴黎的最新时装 ❷最后的

☆**latest, last** 均有"最近的"之意。**latest** 的所指往往包括当前的事物：What is his *latest* novel about? (他刚发表的一部小说写的是什么内容?) **last** 的所指往往不包括当前事物：I don't like his *last* novel. (我不喜欢他最近的一部小说。)

lathe /leɪð/ *n.* [C]【机】车床：operate [work] a *lathe* 开[操作]车床

la·ther /'lɑːðəʳ; 'læðəʳ/ *n.* [U;C] (肥皂水、洗涤剂等的)泡沫：soapy *lather* 肥皂泡沫 ‖ **'lather·y** *adj.*

Lat·in /'lætɪn/ I *n.* ❶[U]拉丁语(略作 L) ❷[C]拉丁人(指讲拉丁语系语言的民族成员) ❸拉丁美洲人 II *adj.* [无比较级] ❶拉丁语系国家(或民族)的 ❷拉丁美洲的；拉美国家的

lat·i·tude /'lætɪˌtjuːd/ *n.* ❶[C;U]【地理】纬度：drift at a *latitude* of fifteen degrees 在纬度 15°的地方漂移 ❷[～s]纬度地区，区域，地带：high *latitudes* 高纬度地区

lat·ter /'lætəʳ/ *adj.* [无比较级][作定语] ❶(两者之中)后者的：In the *latter* bag, he found nothing. 在后面的一个包里他什么也没找到。❷近期的，近来的：the *latter* days of human progress 人类当今的进步 ❸后半部分的；接近最后的：He lived the *latter* part of his life alone. 他孤独地度过了余生。‖ **'lat·ter·ly** *adv.*

laugh /lɑːf; læf/ I *vi.* (大)笑，发笑；感到好笑：They smiled rather than *laughed*. 他们脸上露出微笑，但不放声大笑。II *n.* [C] 笑；笑声；笑意：The smile passed into a *laugh*. 起初是微笑，继而又开怀大笑。‖ ***laugh at*** *vt.* 取笑，嘲笑，讥笑：It's not wise to *laugh at* the others' failures. 嘲笑别人的失败是不明智的。‖ **'laugh·ing·ly** *adv.*

laugh·ter /'lɑːftəʳ; 'læf-/ *n.* [U]笑；笑声；笑意，笑容：let out a hideous *laughter* 发出一阵可怕的狞笑

launch /lɔːntʃ; lɑːntʃ/ *vt.* ❶使(新船)首次下水；使(船)下水：The new aircraft carrier was officially *launched* by the queen. 女王主持一艘新建航空母舰的隆重下水仪式。❷发射(火箭、航天器等)：*launch* a rocket

发射火箭 ❸使投身于，使投入到：They *launched* their two countries toward a new era of co-operation. 他们开创了两国合作的新时代。

laun·der /'lɔːndəʳ, 'lɑːn-/ *v.* ❶洗熨(衣服、亚麻布等)：He has his shirt *laundered* every day. 他每天都叫人洗熨衬衫。❷洗(黑钱等) ‖ **'laun·der·er** *n.* [C] — **'laun·dress** /-drɪs/ *n.* [C]

laun·dry /'lɔːndri, 'lɑːn-/ *n.* ❶[U]需洗熨(或已洗熨)的衣物：do the *laundry* 洗衣服 ❷[C]洗衣店，洗衣坊，洗衣房 ‖ **'laun·dry-man** *n.* [C] — **'laun·dry·wom·an** *n.* [C]

lav·a·to·ry /'lævətɔʳri/ *n.* [C] ❶厕所；盥洗室 ❷抽水马桶

lav·ish /'læviʃ/ I *adj.* ❶丰富的；无节制的；大量的：*lavish* gifts 丰厚的礼物/be *lavish* with money 花钱大手大脚 ❷非常大方的，过分慷慨的，毫不吝啬的：the *lavish* hospitality of the local inhabitants 当地居民的过于好客 II *vt.* 挥霍，浪费；非常慷慨地施予，滥施(*on, upon*)：He rejects the praise that his colleagues *lavished on* him with indifference. 他的同事对他滥加赞扬，但他却无动于衷。‖ **'lav·ish·ly** *adv.*

law /lɔː/ *n.* ❶[总称]法律体系，法律系统；法制：a court of *law* 法院/a country that is ruled by *law* 法治国家 ❷[C]法，法律(条文)：the *law* of land 土地法/abide by the *law* 守法 ❸[U]法学；法律知识；律师职业：read *law* at college 在大学读法律/practice *law* 当律师 ❹[C;U]准则：a moral *law* 道德准则/divine *law* 天理 ❺[C](尤指自然界中的)规律，定律：the *laws* of nature 自然规律/the *law* of gravity 万有引力定律 ❻[～s]法则，规则：the *laws* of play writing 戏剧创作法则

law·ful /'lɔːfʳl/ *adj.* [无比较级]合法的；守法的；法律允许的：It's not *lawful* to park in front of a hydrant. 在消火栓前泊车是不合法的。‖ **'law·ful·ly** *adv.*

lawn /lɔːn/ *n.* [C](花园、公园、房屋前等的)草坪，草地

law·suit /'lɔːˌs'uːt/ *n.* [C]诉讼：bring a

lawsuit against sb. 对某人提起诉讼〔亦作 **suit**〕

law·yer /ˈlɔːˌjə, ˈlɔːˌjə/ *n.* [C]律师

lay¹ /lei/ (laid /leid/; lay·ing) *vt.* ❶放置，摆放；放下：He *laid* the tray down on the table. 他把托盘放在桌子上。❷把…放在特定位置：He *laid* his hand on her forehead. 他把手放在她的额头上。❸铺；铺设；把…放入土中：*lay* bricks 铺砖 / *lay* a new cable 铺设新的电缆 ❹产（卵），下（蛋）：The hen has *laid* more eggs than it did last year. 这只母鸡下的蛋比去年多。❺把（责任、负担、惩罚等）加诸：*lay* an embargo on oil shipment 对石油加以禁运 ❻下（赌注）(on)；押注于；同…打赌 ‖ **lay aside** *vt.* 积存；贮藏：Every month they *lay aside* some money just in case of emergency. 他们每月都存点钱以备不时之需。**lay down** *vt.* ❶放弃；辞掉（职务等）：*lay down* presidency 辞去总统职务 ❷规定；制定：It is *laid down* that the motorcyclist must wear helmet when riding. 按规定，骑摩托时车手要戴头盔。**lay out** *vt.* ❶摆开；摊开；展开：*lay out* the sheet on the lawn for drying 把被单摊在草坪上晾晒 ❷［常用被动语态］（按计划等）布置；安排；设计；策划：The lakeside has been *laid out* as a small park. 湖滨被规划成一座小公园。

lay² /lei/ *v.* lie 的过去式

lay·er /ˈleiə/ *n.* [C] （一）层：a *layer* of ice 一层冰

lay·man /ˈleimən/ *n.* [C] （［复］-men /-mən/) ❶平信徒（未受神职的普通信徒）；俗人 ❷外行，门外汉

lay·out /ˈleiˌaut/ *n.* ❶[C;U]安排；设计；布局：the road *layout* 道路设计 ❷[C]铺设；放置 ❸[C]规划，方案；构想 ❹[U]（书、报纸、广告等的）版面设计；编排

lay·o·ver /ˈleiˌəuvə/ *n.* [C]（尤指旅途中的）短暂停留

la·zy /ˈleizi/ *adj.* ❶懒惰的；懒散的：Jack was *lazy* by nature. 杰克生性疏懒。❷缓慢的，慢吞吞的：a *lazy* stream 缓缓流淌的小溪 ‖ **la·zi·ly** *adv.* — **la·zi·ness** *n.* [U]

lead¹ /liːd/ **I** (led /led/) *vt.* ❶为…指路（或带路）；引领，指引：The guide *led* the expedition across the desert. 向导领着探险队越过沙漠。❷引导，劝导；诱导（行为、舆论等)：What *led* her to change her mind? 是什么让她改变了主意？❸指导，指领：You can *lead* him around to your opinion. 你可以让他接受你的观点。❹领导；率领；指挥：*lead* an investigation into the case 负责调查这个案件 ❺导致(to)：Exhaustive efforts *led to* new invention. 经过不懈的努力，终于有了一项新的发明。**II** *n.* [C] ❶[the ～]领导地位；领先（地位)：be in *the lead* 处于领先地位 ❷领先量；超前程度：have a *lead* of two goals 领先两个球 ❸领先者，处于领先地位的人（或事物）

☆**lead, direct, guide** 均有"指引，引导"之意。**lead** 指走在前面领路或率领别人：She *led* the blind man down the stairs. （她领着盲人走下楼梯。) **direct** 强调指引，即指出某种途径，但并不一定亲自带领：I'm lost. Can you *direct* me to Times Square? （我迷路了。你能告诉我去时代广场的路吗？) **guide** 通常指对情况十分熟悉的人帮助、引导别人，双方关系平等；引导者为物时表示不使被引导对象偏离正确路线或迷失方向：An experienced lawyer *guided* them through the complex application procedure. （一个富有经验的律师指导他们办完复杂的申请手续。)

lead² /led/ *n.* [U] ❶【化】铅(符号 Pb) ❷子弹 ❸铅笔芯

lead·en /ˈledn/ *adj.* ❶（似注铅般)沉重的；缓慢的；负重的：He has *leaden* feet. 他走起路来脚步沉重。❷沉闷的，阴郁的；无精打采的：a *leaden* expression 阴郁的表情 ❸铅做的

lead·er /ˈliːdə/ *n.* [C] ❶领袖，首领，领导者：the *leader* of the Conservative Party 保守党领袖 ❷领先者；先行者；向导；引导者：the *leader* in the election 选举中的领先者

lead·er·ship /ˈliːdəˌʃip/ *n.* ❶[U]领导地位；领导作用，领导权 ❷[U]领导能力：She demonstrated qualities of *leadership*. 她表现出了领导才能。❸[C][通常用单]领导，领导层，领导集团：the government *leader-*

ship 政府领导层

lead·ing /'liːdiŋ/ *adj.* [无比较级][作定语]
❶主要的;最重要的:a *leading* scientist on
the commission 委员会的首席科学家 ❷首
位的;前列的:Their team will be the *lead-
ing* group in the parade. 他们队将走在游行
队伍的最前面。❸领导的;领路的;指引的;
带领的:He has become a *leading* figure in
the union. 他已成为联合会的领导人物。

leaf /liːf/ *n.* ([复]**leaves** /liːvz/) ❶[C]叶,叶
子:The trees in the avenue were thick with
leaves. 大街两旁的树木枝叶茂密。❷[C]
(书、刊等的)页,叶,张:turn the *leaves* of
the book 翻动书页 ❸[U]薄金属片;(尤指)
金箔,银箔

leaf·let /'liːflit/ *n.* [C] 传单;(供散发的)小
册子:hand out *leaflets* 散发传单

league /liːg/ *n.* [C] 同盟,联盟;联合会,协
会;社团:be united in a *league* of friendship
结成友好同盟

leak /liːk/ **I** *n.* [C] ❶(船只、管道、容器等
的)漏洞;漏缝,裂隙:After the collision
with an iceberg, Titanic had sprung a *leak*.
与冰山相撞之后,泰坦尼克号出现了渗漏。
❷(消息、秘密等的故意)透露,泄露 **II** *v.*
❶(液体、气体等)泄漏,渗出:The gas pipe
leaked. 煤气管道漏了。❷(秘密、消息等)
泄露,透露(*out*):The news of the tax raise
leaked out quickly. 增税的消息不胫而
走。‖ **leaky** *adj.*

leak·age /'liːkidʒ/ *n.* [C;U]泄漏(过程),渗
漏(过程):A lot of oil polluted the seas
through *leakage*. 大量石油泄漏使众海域
遭受污染。

lean¹ /liːn/ (**leaned** /liːnd/或〈主英〉**leant**
/lent/) *v.* ❶屈身;弯腰:Father *leaned*
down to me and whispered. 父亲身子前倾
着悄声对我说话。❷斜,倾斜:The fence is
leaning too much to the left. 栅栏向左倾斜
得太厉害。❸倚,斜靠:He stood *leaning* a-
gainst the wall. 他侧身靠墙站着。❹依靠,
依赖(*on*,*upon*):She came, *leaning* on her
sister's arm. 她在她妹妹的搀扶下来了。

lean² /liːn/ *adj.* ❶(人或动物)瘦的:a *lean*,
lithe runner with great stamina 身材瘦长轻
巧、充满耐力的赛跑者 ❷(肉)瘦的,少脂肪
的,无脂肪的

leap /liːp/ **I** (**leaped** 或 **leapt** /lept, liːpt/) *vi.*
❶跳,跃:The skyscraper *leaped* to the eye.
摩天大楼一下子跃入眼帘。❷迅速行动:
At the sight of the criminal the police *leapt*
into action. 一看见罪犯,警察就扑了上去。
II *n.* [C] ❶跳跃:make a brave *leap* at the
rock 朝岩石勇敢地跳过去 ❷(喻)(通常指
好的)突变;上升:The violinist made an ab-
rupt *leap* from a bar to a conservatoire. 这
位小提琴手从一位酒吧演奏者一跃进入了
音乐学院。‖ **'leap·er** *n.* [C]

learn /ləːn/ (**learned** /ləːnt, ləːnd/或〈主英〉
learnt /ləːnt/) *vt.* ❶学,学习:He had
learned how not to get married. 他学乖了,
不再陷入任何婚姻关系。❷获悉,得知:I
have asked questions about him and *learned*
something. 我已经到各处去问过,打听到
他的一点底细。❸记住:*learn* Lincoln's
Gettysburg Address by heart 背诵林肯的
《葛底斯堡演讲》‖ **'learn·er** *n.* [C]

learn·ed /'ləːnid/ *adj.* 有学问的,博学的,知
识渊博的:The more *learned* a man is, the
more modest he usually is. 一个人学问越高
往往就越谦虚。

learn·ing /'ləːniŋ/ *n.* [U] ❶知识,学识;学
问:a man of *learning* 饱学之士 ❷学习,习
得:From *learning* comes wisdom, from
speaking repentance. 多听出智慧,多说引
懊悔。

lease /liːs/ **I** *n.* [C] ❶租约,租契:sign a
lease 签订租约 ❷租赁期限:He has the flat
on a long *lease*. 他长期租住这套公寓。**II**
vt. 租出:He *leased* his apartment to a
friend. 他把自己的公寓租给了一位朋
友。‖ **'leas·er** *n.* [C]

least /liːst/ **I** *adj.* [little 的最高级][作定
语] 最小的;最少的;尽可能少(或小)的:
They gained their country's independence
with the *least* violence. 他们基本上刀不血
刃地获得了国家的独立。**II** *n.* [the ~]最
少量;最小物;微不足道的事:That's the

least of my worries. 那是我最不担心的事情。III **adv.** [little的最高级]最少;最小;微不足道地:The team is the *least* likely to win the championship. 这个队最没有可能获得冠军。‖ **at least adv.** 至少,起码:The jacket cost *at least* $ 500. 这件夹克至少得花500美元。

leath·er /ˈleðəʳ/ **n.** [U]皮革;shoes made of genuine *leather* 真皮皮鞋 ‖ **ˈleath·er·y adj.**

leave /liːv/ (*left* /left/) **v.** ❶离开,从···离去:In 1620, the Mayflower *left* England for the New World. 1620年"五月花"号离开英国驶往"新大陆"。❷辞(职),放弃(工作、职位等):*leave* a job for another firm 辞职到另一家公司去干 / *leave* school 退学 ❸留下;丢下,遗忘:She *left* her gloves on the chair. 她把手套忘在了椅子上。❹别管,听任,不干扰:I'll *leave* you to your reading. 我不耽误你读书了。❺委托,托付:I'll *leave* you to find out who they are. 我委托你查出他们的身份。‖ **ˈleav·er n.** [C]

leaves /liːvz/ **n.** leaf的复数

lec·ture /ˈlektʃəʳ/ **n.** [C]❶讲座;授课;演讲:give a *lecture* on chemistry 作化学讲座 ❷训斥,谴责;告诫;冗长的训话:He got a *lecture* on being responsible. 有人告诫他要负起责任来。‖ **ˈlec·tur·er n.** [C]

led /led/ **v.** lead的过去式和过去分词

left¹ /left/ **I adj.** [无比较级,最高级 **left·most** /ˈleftˌməʊst/][作定语]左边的,左侧的,左面的,左首的;向左的,朝左的:the *left* arm 左臂 **II n.** [U]左边,左侧,左首,左面,左部:look to the *left* 朝左边看 **III adv.** [无比较级,最高级 **left·most** /ˈleftˌməʊst/]朝左,靠左地;在左侧地

left² /left/ **adj.** [无比较级][作表语]余下的,剩下的;未用的:Only one quart of juice is *left*. 只剩下一夸脱的果汁了。

leg /leg/ **n.** [C]腿,腿部:How did he come by the cut on his *leg*? 他腿上的伤口是怎么来的?

leg·a·cy /ˈlegəsi/ **n.** [C]❶遗产;遗赠;遗赠物:He received a *legacy* from his uncle. 他

从叔叔那里获得了一笔遗产。❷〈喻〉遗产(先人留下的精神或物质财富或影响):Books are the *legacies* that a great genius leaves to mankind. 书籍乃天才留给人类的遗产。

le·gal /ˈliːgʰl/ **adj.** [无比较级]❶法定的;合法的;具有法律地位的:the *legal* age for marriage 结婚的合法年龄 ❷[作定语]法律的;以法律为依据的;属于法律范畴的:the European *legal* system 欧洲法制 ‖ **ˈle·gal·ly adv.**

leg·end /ˈledʒʰnd/ **n.** ❶[C]传说;传奇故事:There are many *legends* about the exploits of Robin Hood. 有许多关于罗宾汉事迹的传奇故事。❷[总称][用作单]民间传说(或传奇);传奇文学;稗官野史:Chinese *legend* and mythology 中国民间传说和神话

leg·end·ar·y /ˈledʒʰndʰri/ **adj.** [无比较级]传奇(式)的;传奇中的;具有传奇色彩的:a *legendary* dragon 传说中的龙

leg·ging /ˈlegiŋ/ **n.** ❶[C]绑腿,裹腿 ❷[~ s](冬季保暖的)紧身裤

leg·i·ble /ˈledʒəbʰl/ **adj.** (字迹、印刷等)清晰的,容易辨认的:His cursive handwriting is hardly *legible*. 他那潦草的字迹几乎无法辨认。‖ **leg·i·bi·li·ty** /ˌledʒəˈbiliti/ **n.** [U]—**ˈleg·i·bly adv.**

leg·is·late /ˈledʒisˌleit/ **vi.** 立法;制定(或颁布)法律:*legislate* against drug abuse 立法禁止滥用毒品

leg·is·la·tion /ˌledʒisˈleiʃʰn/ **n.** ❶[U]立法,法律的制定(或颁布):Parliament is supposed to perform the function of *legislation*. 议会应该履行立法职能。❷[总称]法规;法律

le·git·i·mate /liˈdʒitimit,-mət/ **adj.** ❶合法的,法律认可的:the *legitimate* owner of the land 土地的合法所有者 ❷循规蹈矩的,合乎规范的 ‖ **leˈgit·i·ma·cy n.** [U]—**leˈgit·i·mate·ly adv.**

lei·sure /ˈleʒəʳ;ˈliː-/ **n.** [U]❶休闲,悠闲,安逸:a life of *leisure* 悠闲自在的生活 ❷闲暇,空暇;自由支配的时间:a young man of *leisure* 无所事事的年轻人

lem·on /ˈleməⁿ/ *n.* ❶[C;U]柠檬 ❷[C]【植】柠檬树

lem·on·ade /ˌleməˈneid/ *n.* [U]柠檬汁;柠檬汽水

lend /lend/ *vt.* (**lent** /lent/) ❶把⋯借给,借出,出借:He *lent* his lawnmower to me. 他把割草机借给我用。❷贷(款):The bank wouldn't *lend* the money to him. 银行不愿意把钱贷给他 ‖ **lend·er** *n.* [C]

length /leŋᵏθ/ *n.* ❶[U]长;长度;间距:The box is four centimetres in *length*. 这只盒子长4厘米。❷[C]一段,一片,一节:a *length* of cloth 一段布

length·en /ˈleŋᵏθən/ *v.* (使)变长;(使)伸长;(使)延长:Her hair *lengthened* gradually. 她的头发慢慢地长长了。

lens /lenz/ *n.* [C]([复]**lens·es**) ❶透镜;镜片:a concave [convex] *lens* 凹[凸]透镜 ❷(眼球的)晶状体

leop·ard /ˈlepəd/ *n.* [C]【动】豹

less /les/ **I** *adv.* [little的比较级] ❶较小地,更小地;较少地,更少地;较差地,更差地;级别(或地位、辈分等)较低地;较次要地:He was *less* hurt than frightened. 他的伤不算什么,可是受的惊吓倒不小。❷[与much和still连用]更不用说;更何况:He didn't know her,much *less* love her. 他不认识她,更谈不上爱她了。❸[与否定词连用]区别,不同:He is nothing *less* than a thief. 他根本不是窃贼。**II** *prep.* 缺;差;减去;不包括:In a month *less* two days,he will get together with his family. 再过一个月差两天的时间他就要和家人团聚了。

☆**less,fewer** 均表示"少的,小的"。**less** 是little的比较级,用于修饰不具数名词或集合名词:There is *less* water than before.(水比以前少了。)具体数量前一般多用less修饰:They live *less* than two kilometres away.(他们住在离这不足两千米的地方。)**fewer** 是few的比较级,用于修饰具数名词:This has one-third *fewer* calories than regular sour cream.(这比普通的酸奶油少三分之一的卡路里。)

less·en /ˈlesⁿn/ *vi.* (使)变小,(使)缩小;(使)减少,(使)减弱:The storm *lessened* to a drizzle. 暴风雨减弱,转成毛毛雨。

les·son /ˈlesⁿn/ *n.* [C] ❶[～s]教程,课程(in):give [take] *lessons in* chemistry 讲授[上]化学课 ❷功课;授课单元;(课本中的)课:*Lesson* Two is on page 10. 第二课在第十页上。❸教训;经验:give [teach] sb. a *lesson* 教训某人一顿

lest /lest/ *conj.* [后接带should或原形动词的虚拟式从句] ❶唯恐;以免,免得:He set the alarm *lest* he (should) be late for work. 他上好闹钟以免上班迟到。❷[用于表示恐惧、危险等的词语之后,相当于 that]:They live in fear *lest* the war break out. 他们生活在战争时刻会爆发的阴影中。

let /let/ *vt.* (**let**;**let·ting**) ❶让,允许:He wanted to smoke,but his wife couldn't *let* him. 他想吸烟,但他妻子不让。❷[用作助动词,后接第一或第三人称,表示请求、命令、劝告、假设、允许等]让,使,任由;假定:*Let's* go out to a movie,shall we? 我们出去看电影,好吗? ‖ **let down** *vt.* ❶使失望;抛弃:You should study hard and not *let* us *down*. 你应该努力学习,不能让我们失望。❷放下;降下:*let down* a bucket into the well 把水桶放入井中 **let out** *v.* ❶说出;表达出:The girl *let out* her feelings in the song. 女孩用这首歌表达了她的情感。❷使(光、空气、水等)外泄,放出:*let* the air *out* of the balloon 给气球放气

☆**let,allow,permit** 均有"允许,容许"之意。**let** 为最普通用词,常用于口语,还含有无法加以阻止或限制、消极地听任事情发生之意:My father's just had his operation and the doctor won't *let* me see him yet. (我父亲刚动过手术,医生还不允许我去看他。) **allow** 指容许某人做某事,含有不去禁止、不加阻止的意味:Walking on the grass is not *allowed*. (不准践踏草地。) **permit** 常与allow换用,但比 allow正式,指准许某人做某事,强调正式许可:The prisoners were *permitted* two hours' exercise a day. (允许犯人每天有两小时户外活动时间。)

let-down /ˈletˌdaun/ *n.* [C] ❶失望,沮丧;

The book was a bit of a *let-down*. 这本书有些令人失望。❷减少；减弱；减退：I felt a terrible *let-down* after the party. 聚会后我感到精疲力竭。

le·thal /ˈliːθ°l/ *adj.* 致死的；足以致命的：*lethal* weapons 杀伤性武器 ‖ **ˈle·thal·ly** *adv.*

let·ter /ˈletə/ *n.* ❶[C；U]信，信件，信函：mail a *letter* 寄信 / get a *letter* from sb. 收到某人寄的来信 ❷[C]字母：There are 26 *letters* in the English language. 英语中有26个字母。❸[～s][用作单或复]文学；文学研究；学问，学识：the profession of *letters* 作家职业

let·tuce /ˈletis/ *n.* ❶[C；U]【植】莴苣，生菜 ❷[U]生菜叶

lev·el /ˈlev°l/ *n.* ❶[C；U]水平线；水平面；水平状态；水平高度：bring the tilted surface to a *level* 使倾斜的表面呈水平状态 ❷[C]标准，水准；程度；等级：a course book at intermediate *level* 中级课本 ❸[C]级别；地位：a meeting at board *level* 董事会级别的会议 ❹[C]平面：the upper *level* of the bridge 桥的上层平面

le·ver /ˈliːvə/ *n.* ❶[C]❶操纵杆，控制杆 ❷撬棒；【机】杠杆

le·ver·age /ˈliːv°ridʒ/ *n.* [U]❶使用杠杆；杠杆效率，杠杆作用 ❷(为达目的而使用的)手段，方法；影响：By sending more troops the country wanted to have more political *leverage* over this area. 该国通过增派部队试图对这一地区施加更多的政治影响力。

lev·i·tate /ˈleviteit/ *v.* (尤指借助超自然力量)(使)升起；(使)飘浮：The dancer seemed to *levitate* in the air. 舞蹈者似乎飘浮在空中。 ‖ **lev·i·ta·tion** /ˌleviˈteiʃ°n/ *n.* [U]

lev·y /ˈlevi/ **I** *n.* [C]❶征税 ❷征收的税款：impose 10% *levy* on tobacco 对烟草征收10%的税款 **II** *vt.* 征(税等)；收(罚款等)：*levy* a duty on imports 对进口商品征收关税 ‖ **ˈlev·i·er** *n.* [C]

lex·i·cog·ra·phy /ˌleksiˈkɔɡrəfi/ *n.* [U]词典编纂(学) ‖ **ˌlex·i·ˈcog·ra·pher** *n.* [C]—

lex·i·co·graph·ic /ˌleksikəˈɡræfik/ *adj.* — **ˌlex·i·coˈgraph·i·cal** /-k°l/ *adj.*

li·a·bil·i·ty /ˌlaiəˈbiliti/ *n.* ❶(liabilities)债务，欠款 ❷[C]不利条件：She wondered whether her outspokenness might be a *liability* to Franklin. 她怀疑自己那么心直口快，会不会给富兰克林惹麻烦。❸[U]倾向，趋向；趋势(to)：*liability to* influenza 易患流感

li·a·ble /ˈlaiəb°l/ *adj.* [作表语]❶[无比较级]负有(法律)责任的；需承担义务的：Laws hold the driver *liable* for any injury to his passengers. 法律规定司机对其乘客受到的任何伤害负有责任。❷易遭受…的；易患…的；有…危险的(to)：Children are *liable* to asthma during cold weather. 天冷时孩子们容易患哮喘病。❸会…的，有…可能的，有…倾向的(to)：He's *liable* to get angry. 他动辄就生气。

li·ar /ˈlaiə/ *n.* [C](惯于)说谎的人

lib·er·al /ˈlib°r°l/ *adj.* ❶(在政治运动或宗教信仰方面)希望进步的；不拘泥传统的；倾向于变化的 ❷[无比较级][常作 L-](英国、加拿大等国的)自由党的：the *Liberal* Party 自由党 ❸胸襟宽大的；不带偏见的，公允的，开明的：adopt a *liberal* attitude toward people 宽以待人 ❹慷慨的，大方的：He was *liberal* of money in helping the poor. 他接济穷人总能慷慨解囊。 ‖ **lib·er·al·i·ty** /ˌlibəˈræliti/ *n.* [U]—**ˈlib·er·al·ly** *adv.*

lib·er·ate /ˈlib°reit/ *vt.* ❶释放，使重获自由；解放(from)：*liberate* black people *from* slavery 把黑人从奴隶制中解放出来 ❷(尤指在性观念方面)使摆脱传统观念，使不受束缚 ‖ **lib·er·a·tion** /ˌlib°ˈreiʃ°n/ *n.* [U]—**ˈlib·er·a·tor** *n.* [C]

lib·er·ty /ˈlib°ti/ *n.* ❶[U](言论、行动、选择等的)自由：*liberty* of expression 言论自由 ❷[U](政治上的)独立自主：a nation of *liberty* from colonial rule 摆脱殖民统治的独立自主的国家

li·brar·i·an /laiˈbreəriən/ *n.* [C]图书馆管理员；图书馆馆长

li·bra·ry /ˈlaibr°ri/ *n.* [C]❶图书馆；藏书

楼,藏书室,书库 ❷影片(或唱片、手稿等)资料库;资料馆;收藏的影片(或唱片、手稿等)资料

li·cence /ˈlaisⁿns/ **I** *n.* ❶[C]许可证,特许证;执照;证书:grant a driver's *licence* 颁发驾驶执照 ❷[U]放纵,放任;(对法律、法规的)无视:Freedom of the press cannot be turned into *licence*. 新闻自由不能变得无所顾忌。❸[U](行为、言论等的)自由 **II** *vt.* ＝license

li·cense /ˈlaisⁿns/ *vt.* 向…颁发许可证(或执照等):The restaurant is not *licensed* to sell alcohol. 这家餐馆没有酒类销售执照。〔亦作 **licence**〕‖ ˈli·censed *adj.*

lick /lik/ *vt.* 舔,舐;舔吃,舔喝:He *licked* the stamp and stuck it on the envelope. 他舔了舔邮票,把它贴在信封上。

lid /lid/ *n.* [C] ❶盖,盖子:get the *lid* off the jar 揭开罐子盖 ❷【解】眼睑,眼皮 ‖ ˈlid·ded *adj.*

lie¹ /lai/ **I** *n.* [C] ❶谎言,假话:tell a *lie* 说谎 ❷假象;造成错觉的事物:His pose of humility was a *lie*. 他的这副谦卑相是骗人的。**II**(**lied**; **ly·ing**)*vi.* 说谎,撒谎:The singer used to *lie* about her age. 这位歌星先前经常谎报她的年龄。

lie² /lai/(**lay** /lei/, **lain** /lein/; **ly·ing**)*vi.* ❶平卧,躺:I had to *lie* down after driving all day. 我开车开了一整天后得躺下歇息了。❷处于某种状态:The troops *lay* in ambush. 部队处于伏击圈中。❸位于,坐落:The river *lies* 10 miles to the south of the city. 这条河位于城南 10 英里处。❹(抽象事物)存在;在于(*in*,*with*):His o-riginality *lies in* his dramatic power. 他的独创性在于他的戏剧表现力。

life /laif/ *n.* ([复]**lives** /laivz/) ❶[U]生命:There are many forms of *life* on earth. 地球上有多种生命形式。❷[C]一生;寿命:Bad luck and ill health befell him through-out his *life*. 他一生都不走运,而且病魔缠身。❸[C]使用寿命;有效期;期限:The *life* of a new car is quite a few years. 一辆新汽车可以使用好几年。❹[U]人生:He

doesn't know what he really wants in *life*. 他不知道想从人生中真正得到什么。❺He enjoyed the bustle of city *life*. 他喜欢过城市中那种忙忙碌碌的生活。

life belt *n.* [C]救生带

life·boat /ˈlaifˌbəut/ *n.* [C](船上或海岸的)救生艇,救生船

life·guard /ˈlaifˌgɑːd/ *n.* [C]救生员

life·less /ˈlaiflis/ *adj.* [无比较级] ❶无生命的;死的;失去知觉的:*lifeless* stones 无生命的石头 ❷无生气的,沉闷的:a *lifeless* performance 一场乏味的演出

life·long /ˈlaifˌlɔŋ/ *adj.* [无比较级][作定语]终身的,毕生的;持久的:a *lifelong* habit 伴随一生的习惯

life·raft /ˈlaifˌrɑːft; -ˌræft/ *n.* [C]救生木筏;充气救生筏

life style,**life·style** /ˈlaifˌstail/ *n.* [C]生活方式:pursue an alternative *lifestyle* 追求别样的生活方式

life·time /ˈlaifˌtaim/ **I** *n.* [C] ❶一生,终身,一辈子:This is a problem which you are going to see in your *lifetime*. 这是一个在你有生之年将会看到的问题。❷长时间,很久:We waited a *lifetime* for the doctor's re-port. 我们等医生的报告等了很长时间。**II** *adj.* 终身的,一生的:a *lifetime* member-ship 终身会员

lift /lift/ **I** *v.* ❶提;抬;举;吊;使上移:The cable *lifted* the tourists up to the summit. 索道把游客送到山顶上。❷抬起,(使)向上:*lift* one's eyes to the heavens 抬眼看天空 ❸解除,撤销(限制等):*lift* the sanctions 解除制裁 ❹提高;提高…的地位(或名声等):*lift* prices of commodities 提高商品价格 **II** *n.* ❶[C]抬;提;举;吊;上升:the *lift* of a leg 抬腿 ❷[C](给步行者的)搭顺风车,搭便车:give sb. a *lift* 给某人搭车 ❸[亦作 **elevator**][C]〈英〉电梯:I took the *lift* down to the ground floor. 我乘电梯下到底层。

☆ **lift**,**boost**,**elevate**,**heave**,**heighten**,**hoist**,**raise**,**rear** 均有"举起;提高"之意。**lift** 指用力将重物提到较高的位置,也可用于比喻:I

L

can't lift his bag — it's too heavy. (我提不动他的包——这包太重了。) / The news *lifted* a weight from his mind. (这条新闻使他心头的石头落了地。) **boost** 为美国口语用词,指从下往上抬或从后向前推:*Boost me up so I can look in the window.* (把我举高点,我就能看到窗外了。) **boost** 也可用于引申意义,表示提高或增强:*We need a holiday to boost our spirits.* (我们需要度假来养神。) **elevate** 较为正式,常用以比喻地位、荣誉等的提高:*He was elevated from the rank of lieutenant to captain.* (他从中尉晋升为了上尉。) **heave** 强调使劲推拉重物或将其慢慢举起:*I threw the rope around the tree and heaved with all my might.* (我把绳子缠绕在树上,使出全身的力气拽拉。) **heighten** 指增高或加强,既可用于具体事物,也可用于抽象概念:*Day by day the structure heightened.* (这个物体一天天地在长高。) **hoist** 常指用机械将重物慢慢地提起或举高:*The sailors hoisted the cargo onto the deck.* (船员把货物搬升到甲板上。) **raise** 多指将物体举成垂直状态:*raise a flag* (升旗) **rear** 为文学用词,常用以替代 raise,强调突然性:*Suddenly a flag of truce was reared.* (突然间停战旗升了起来。)

light¹ /lait/ I *n.* ❶[U]光;光线;亮光;光感:The sun gives off *light*. 太阳发出光亮。❷[C]发光体,光源;灯,灯火;烛火:The walls reflected one hundred thousand *lights* to me from my two candles. 只见那四壁反射着我的两支烛光,放出霞光万道。 II *adj.* ❶光线足的;采光好的;明亮的:The rooms are airy and *light*. 这些房间不仅通风而且采光好。❷(颜色)淡的,浅的:a *light* orange 浅橙黄色 III (lit 或 light·ed) *v.* ❶点燃:*light* a cigarette 点燃香烟 ❷点(灯);(使灯)照亮:*light* the lamp 把灯点亮 ‖ 'light·ness *n.* [U]

light² /lait/ *adj.* ❶轻的;不重的:The bag was *light* enough for even a very small child to carry. 这个包很轻,甚至一个很小的孩子也能拿得动。❷轻捷的;轻快的,轻盈的;灵巧的:be *light* on one's feet 步履轻盈 ‖ 'light·ly *adv.* —'light·ness *n.* [U]

light·en¹ /'lait°n/ *vt.* 照亮,使明亮:The sun *lightened* the bedroom. 阳光照亮了卧室。

light·en² /'lait°n/ *vt.* ❶减轻;减轻…的负担:*lighten* the learning task 减轻学习负担 /*lighten* taxes 减税 ❷使轻松;使愉快;缓解:Such news *lightens* my heart. 这类消息让我心情愉快。

light·er /'laitə'/ *n.* [C]打火机;点火器

light·ning /'laitniŋ/ *n.* [U]【气】闪电:a flash of *lightning* 一道闪电

light·weight /'laitˌweit/ *adj.* [无比较级] ❶(人、动物等)轻于标准重量的;(服装)轻薄的,薄型的:a *lightweight* garment 轻薄的衣服 ❷无足轻重的:a *lightweight* author 名不见经传的作家 ❸【体】轻量级拳击手的

light-year /'laitˌjiə', -ˌjə'/ *n.* [C] ❶【天】光年(指光在一年中经过的距离,约合 95 000 亿千米)❷[~s]很大的差距;遥远的距离;很长的时间:Last Saturday seemed *light-year* away already. 上个星期六好像早已成了遥远的过去。

like¹ /laik/ I *adj.* (比较级 more like 或〈诗〉lik·er,最高级 most like 或〈诗〉lik·est) ❶相像的,相似的:The two girls are not twins, but they're very *like*. 这两个女孩虽非双胞胎,却十分相像。❷[无比较级]相同的;同类的:On this point we are of *like* mind. 在这一点上我们的意见是一致的。 II *prep.* ❶像,似…一样:Her soft hair feels *like* silk. 她那柔软的头发摸起来像丝绸一般。❷例如,比如:We are sending special reporters to countries *like* the United States. 我们向美国这样的一些国家派遣了特派记者。 III *n.* [C]同样的人(或事物);匹敌者;可媲美的东西:*Like* clings to unlike more than to *like*. 与其说是同声相应,倒不如说是异气相求。 ‖ *something like adv.* 相似,大约

like² /laik/ *vt.* [不用进行时态] ❶喜欢,喜爱:There's nothing I *like* better. 没有比这个更让我喜欢的了。❷[常用于 how 引导的疑问句]认为;感觉:I *like* you as my friend. 我把你当成朋友。❸[常用于would,should之后]想,要;希望;想有:I'd like a cake. 我想吃块蛋糕。—*vi.* 愿意；希望：You can drop in whenever you *like*. 你可以随时来我这里。‖ **'lik·er** *n.* [U]

like·ly /'laikli/ *adj.* ❶可能的；看来要发生的：An earthquake was *likely* to happen. 可能要地震了。❷[作定语]合适的；适当的；符合要求的：a *likely* place to fly a kite 放风筝的理想地点

☆**likely, apt, liable, prone** 均有"很可能的；有倾向的"之意。**likely** 强调或然性，多指将要发生的事情，含预测的意味：He is *likely* to succeed. (他取胜的可能性很大。) **apt** 强调内在的、惯常的倾向，可以指过去、现在或将来发生的事情：A careless person is *apt* to make mistakes. (粗心大意的人往往会犯错误。) **liable** 含会碰上某种风险之意，多用于发出警告、表示担忧的场合：Children who play in the street are *liable* to be injured or killed by automobiles. (小孩子在大街上玩耍时极有可能被汽车撞伤或撞死。) **prone** 通常表示容易招致或遭受令人不快的事情的那种倾向、习性或癖性，往往带有不可避免的意味：People are more *prone* to make mistakes when they are tired. (人在疲劳时往往会出错。)

like·ness /'laiknis/ *n.* ❶[C]肖像，画像；照片；相似物：This statue is a good *likeness* of the leader. 这座雕像非常逼真地塑造了这位领袖的形象。❷[U]相像，相似(*between*, *to*)：The two sisters bear a striking *likeness* to each other. 这两姐妹长得一模一样。

like·wise /'laik₁waiz/ *adv.* [无比较级] ❶也，又，还：Such figures are *likewise* the protagonists of his most effective novels. 这些形象也是他的小说力作中的主要人物。❷同样地，照样地：Watch how she does it and do *likewise*. 看她怎么做，然后照着做。

li·lac /'lailək, -læk/ *n.* [U;C]【植】丁香

lil·y /'lili/ *n.* [C] ❶【植】百合 ❷百合花

limb /lim/ *n.* [C] ❶肢；臂；腿；翼，翅膀：have an artificial *limb* fitted 安装假肢 ❷(大的)树枝；(树的)干枝，主枝：an upper *limb* of the tree 树上面的枝干

lime /laim/ *n.* [U] 石灰；生石灰；熟石灰 ‖

'lime·y *adj.*

lime·stone /'laim₁stəun/ *n.* [U]【地质】灰岩，石灰岩

lim·it /'limit/ I *n.* [C] ❶(地区等的)边界；边缘：outside the country's territorial *limits* 在该国疆界之外 ❷限度；极限；限制：set a time *limit* 规定时间限制 II *vt.* 限定，限制：*limit* spending 限制开销 ‖ **'lim·it·er** *n.* [C]—**'lim·it·less** *adj.*

lim·i·ta·tion /₁limi'teiʃ°n/ *n.* ❶[C]局限；限制因素；弱点；不足之处：know one's own *limitations* 有自知之明 ❷[U]限制：the *limitation* of nuclear weapons 限制核武器

lim·it·ed /'limitid/ *adj.* 有限的；(数量)少的：They are now buying on a *limited* scale. 他们现在买货规模有限。

limp /limp/ I *vi.* ❶一瘸一拐地走，跛行；蹒跚：*limp* away through the trees 一瘸一拐地穿过树林 ❷进展缓慢；缓慢前行：The economy *limps* along. 经济发展缓慢。II *n.* [C]跛行：walk with a *limp* 一瘸一拐地走路

line /lain/ I *n.* [C] ❶线：draw a broken *line* 画不连贯线 ❷排；行；〈美〉排队：a *line* of trees 一排树 ❸队列，队伍：A long *line* stretched in front of the box office. 售票处前面排了一条长长的队伍。II *vt.* ❶用线标示；画线于：*line* the blank paper with a pencil and a ruler 用铅笔和尺子在白纸上画线 ❷形成纹路于；划痕于：Rocks *lined* the drive. 震动使磁盘产生了划痕。

lin·e·ar /'liniə/ *adj.* [无比较级][作定语] ❶线的；直线的；线形的：a *linear* arrangement 直线排列 ❷成一直线的；在线上的 ❸长度的：a unit of *linear* measure 长度度量单位[亦作 lineal] ‖ **'lin·e·ar·ly** *adv.*

lin·en /'linin/ *n.* ❶【纺】[U]亚麻布；亚麻纱(或线) ❷[U;C]亚麻织物；(仿)亚麻制品：table *linen* 亚麻桌布

lin·er /'lainə/ *n.* [C] (走固定航线的)班机，班轮；定期列车；定期豪华客轮

lin·ger /'liŋgə/ *vi.* ❶(因不愿离开而)继续逗留，留恋，徘徊：The people *lingered* at the door with a long good-bye. 人们在门口

依依不舍，久久不肯离去。❷继续存留；缓慢消失：Doubts *lingered* in my mind. 我始终不能消除心中的疑团。‖ **'lin·ger·er** *n.* [C]—**'lin·ger·ing·ly** *adv.*

lin·guis·tics /liŋˈgwistiks/ [复] *n.* [用作单]语言学 ‖ **lin'guis·tic** *adj.*

link /liŋk/ **I** *n.* [C] ❶(链条的)环，节；环状物，圈：the *links* of a chain 链条节 ❷环节；连接部分，纽带；联系，关联：The present forms a *link* with the past and the future. 现在把过去与未来联系了起来。**II** *v.* 串联，连接；联系(*up*)：The new bridge *links* the island to the mainland. 新建的大桥将岛屿与大陆连在了一起。

link·age /ˈliŋkidʒ/ *n.* ❶[U]连接，连合 ❷关联，联系：a *linkage* between cause and effect 因果关系

li·on /ˈlaiən/ *n.* [C]【动】狮子

lip /lip/ *n.* [C]嘴唇：the lower *lip* 下嘴唇 ‖ **lipped** *adj.*—**'lip·py** *adj.*

lip·stick /ˈlipˌstik/ *n.* [U]口红，唇膏：wear *lipstick* 涂口红

li·queur /liˈkjuə, ˈlikə/ *n.* [U;C](饭后喝的)利口酒

liq·uid /ˈlikwid/ **I** *adj.* [无比较级] ❶液体的，液态的：*liquid* hydrogen 液态氢 ❷流质的：*liquid* food 流质食物 ❸(财产)易变换成现金的；(资金)可流动的：*liquid* assets 流动资产 **II** *n.* [U;C]液体；液状物：Oxygen turns into *liquid* below minus 183℃. 氧气在零下183℃以下会变成液体。‖ **li·quid·i·ty** /liˈkwiditi/ *n.* [U]

liq·uor /ˈlikə/ *n.* [U]酒，烈性酒

list /list/ **I** *n.* [C]表，一览表，明细表；名单；目录：a shopping *list* 购物清单 **II** *vt.* ❶列举；罗列：He *listed* the items they would need. 他列出他们可能所需物品的清单。❷[常用被动语态]把…编成一览表(或清单、名册、目录等)；登记：99 men were officially *listed* as missing. 有99人被官方记录为失踪人员在案。

lis·ten /ˈlisn/ *vi.* ❶(注意地)听：She *listened* without *listening*. 她一副爱听不听的

样子。❷听从；听信(*to*)：He didn't always *listen to* his parents. 他并不是一直听父母的话的。‖ **'lis·ten·er** *n.* [C]

list·ing /ˈlistiŋ/ *n.* [C] ❶一览表，明细表；目录；名册 ❷(登记表或目录中的)一项：a *listing* in the telephone directory 电话簿中的一项

lit /lit/ *v.* light 的过去式和过去分词

li·tchi /ˈlaitʃi, ˈli-/ *n.* ❶[U;C]荔枝 ❷[C]荔枝树

li·ter·a·ry /ˈlitərəri/ *adj.* [无比较级]文学(上)的：a man of high *literary* attainments 一个文学上有很高造诣的人 ❷有知识的，博学的：a *literary* person 饱学之士

lit·er·ate /ˈlitərət/ *adj.* ❶有读写能力的：the *literate* proportion of the population 人口中非文盲人数 ❷受过教育的，有文化修养的：It is a highly *literate* community, with several good museums and its own symphony orchestra. 这个社区的文化氛围很浓，拥有几个很好的博物馆和自己的交响乐团。‖ **'lit·er·ate·ly** *adv.*

lit·er·a·ture /ˈlitərətʃə/ *n.* [U]❶文学；文学作品：a towering figure in world *literature* 世界文学中的重要人物 /19th century British *literature* 19世纪英国文学 ❷(关于某一学科或专题的)文献资料：an extensive body of *literature* on generative linguistics 大量的关于生成语言学的文献资料

li·tre /ˈlitə/ *n.* [C]〈主英〉升(公制容量单位)〔亦作 **liter**〕

lit·ter /ˈlitə/ **I** *n.* ❶[U]废弃物；废纸：streets full of *litter* 满是废弃物品的街道 ❷[U]凌乱，杂乱无章，乱七八糟：Kate was surprised to see her office in such a *litter*. 凯特看到自己的办公室如此凌乱大为惊讶。**II** *vt.* 乱扔；随处丢弃：*litter* empty glasses and ashtrays round the living room 客厅里到处扔着空杯子和烟灰缸 ‖ **'lit·ter·er** *n.* [C]

lit·tle /ˈlitl/ **I** *adj.* (比较级 **less** /les/或 **lesser** /ˈlesə/或 **lit·tler**，最高级 **least** /liːst/或 **lit·tlest**) ❶[作定语]小的；少的：a little puppy dog 一条小宠物狗 / a little voice 轻声轻语 ❷[作定语]矮小的：a little man 矮个子男人 ❸[作定语](时间或距离)短的；简短的：They have been here for a little while. 他们已来了一会儿了。❹[无比较级][作定语]小规模的：a little group of scientists 一小组科学家 ❺[作定语][表示否定](数量或程度上)不多的，微量的，少到几乎没有的：There is little hope of victory. 几乎没有获胜的希望。❻[a ～][作定语][表示肯定]些许的，一点点的：We're having a little difficulty. 目前我们遇到了一点儿困难。❼[作定语]幼小的；年幼的：She is too little to do the job. 她太年幼了，干不了这份工作。II adv. （less, least）❶[常用于 imagine, know, realize, suspect, think 等动词前或句首]毫不，一点也不：We little expected that we would win. 我们压根儿没料到我们会赢。❷[a ～]表示肯定]稍许，有点儿：He was a little taken aback. 他感到有些诧异。❸[表示否定](数量或程度上)甚微，少到几乎没有：She's little better than she was before the treatment. 她比治疗前好不了多少。III n. ❶[U][表示否定](数量或程度的)甚微，几乎没有：young people who have seen very little of the world 涉世未深的年轻人 ❷[a ～][表示肯定]一点，一些：I grasped only a little of what they discussed. 他们谈话的内容，我只能听懂一点儿。‖ little by little adv. 逐渐地，一点一点地：Little by little I learnt the early history of her and her family. 我逐渐了解了她和她家庭的早期经历。

live¹ /lɪv/ vi. ❶活；生存；(尤指动物)有生命：The child was still living when the doctor arrived. 医生来的时候，孩子还活着。❷生活；过活，过日子：live in poverty 生活贫困 ❸(人或物)幸存；留存：These heroes' names will live forever. 这些英雄的名字将流芳百世。❹(靠某人或某物)生活(on, up-on)：He can't live on his salary. 他靠薪水没法过日子。❺居住：live in town [the country] 住在城里[乡下]

live² /laɪv/ adj. [无比较级]❶[作定语]活着的，有生命的：live animals 活动物 / an

animal's live weight 动物活着时的重量 ❷活生物的：the live sounds of the forest 森林中活生物发出的声音 ❸充满活力的，精力充沛的：His eyes were small and brown and quick and live. 他那双棕色的小眼睛很敏锐，炯炯有神。

live·ly /ˈlaɪvli/ adj. ❶充满活力的；精力饱满的，精力充沛的：a lively type of guy 生龙活虎的人 ❷活泼的；快的；轻快的：a lively song 欢快的歌曲 ‖ 'live·li·ness n. [U]

☆ **lively, animated, brisk, sprightly, vivacious** 均有"活泼的，富有生气的"之意。**lively** 最为常用，表示生气勃勃、富有活力，有十分活跃的含义：Four lively youngsters suddenly burst into the room. (四个朝气蓬勃的年轻人冲进了房间。) **animated** 与 lively 意思接近，但多用以形容人或其行为，有注入生机或变得激动起来的含义：He became animated and talkative after two drinks. (两杯酒下肚后，他显得有些激动，而且话也多了起来。) **brisk** 常用以形容精力充沛的行为，可指一种含而不露的内在活动：He passed us at a brisk walk. (他快步走过我们身旁。) **sprightly** 与 vivacious 同义，更强调活泼轻快、风趣幽默：a sprightly old man (精神矍铄的老人) **vivacious** 多用于人的谈吐或行为，含机智幽默的意思：She was young and vivacious. (她既年轻又富有朝气。)

liv·er /ˈlɪvə/ n. [C]肝脏

liv·ing /ˈlɪvɪŋ/ I adj. [无比较级]❶活(着)的；有生命的：He still has a living grandfather. 他的爷爷仍健在。❷尚在使用(或实施)的：a living language 活语言 ❸有生命力的；活生生的；充满生命力(或生气)的：The hostess made them merry with living talk. 女主人谈笑风生，逗得大家非常开心。II n. ❶[U]生活(方式)：the standard of living 生活水准 ❷[用单]生计：earn a living by painting 以画画谋生

liv·ing-room /ˈlɪvɪŋˌruːm,-ˌrʊm/ n. [C]起居室，客厅

liz·ard /ˈlɪzəd/ n. [C][动]蜥蜴

load /ləʊd/ I n. [C]❶负荷物，载荷物(尤指沉重者)：The load on the beam is more

L

than it will bear. 这根柱子的负荷已超出了其承受力。❷[常用以构成复合词]一车(或一船、一驮、一飞机等)的装载量：a bus *load* of tourists 一公共汽车的游客 **II vt.** ❶把货物(或人)装上(车、船、飞机等)：a plane full-y *loaded* with passengers and goods 装满乘客和货物的飞机 ❷承载：The ship *loaded* coal. 船上装满了煤炭。‖ **'load·er n.** [C]

load·ed /'ləudid/ **adj.** [无比较级] ❶负载的，负重的：a *loaded* truck 载有货物的卡车 ❷已装好弹的：a *loaded* rifle 已装弹的来复枪 ❸(词语等)具隐含意义的，引起歧义的：a *loaded* statement 话中有话的言语

loaf /ləuf/ **n.** [C]([复] **loaves** /ləuvz/) ❶(一条)面包：a *loaf* of white bread 一条白面包 ❷(食物的)一块：a sugar *loaf* 糖块 / a meat *loaf* 肉块

loan /ləun/ **I n.** ❶[U]暂借；借贷：the *loan* of a book 借出一本书 ❷[C]暂借物；(有息)贷款：The car is a *loan* from a friend. 这车是向朋友借来的。**II vt.** 出借(钱款等)：He never *loaned* his car to anybody. 他从来不把车借给任何人。

loathe /ləuð/ **vt.** [不用进行时态]厌恶，憎恶：I particularly *loathe* having to get up early in the morning. 我特别讨厌早晨早起。‖ **'loath·er n.** [C]

lob·by /'lɔbi/ **n.** [C] 门廊；大厅，大堂；走廊

lob·ster /'lɔbstər/ **n.** ❶[C]([复] **-ster(s)**)【动】螯龙虾；大螯虾，龙虾 ❷[U]【烹】(供食用的)龙虾肉

lo·cal /'ləuk°l/ **adj.** [无比较级] ❶本地的，当地的：a *local* accent 当地的口音 ❷[作定语]地方性的：a *local* newspaper 地方报纸 ‖ **'lo·cal·ly adv.**

lo·cate /ləu'keit/ **vt.** ❶发现(或找出)…的位置：*locate* a missing book 寻找一本遗失的书 ❷安(家)；设办(生意等)：They *loca-ted* their offices downtown. 他们将办公场所设在市中心。❸确定…的位置；指出(或指明)…的位置：The reporter can't *locate* the accident. 记者无法确定出事地点。‖ **lo'cat·a·ble adj.** —**lo'cat·er, lo'cat·or n.** [C]

lo·ca·tion /ləu'keiʃ°n/ **n.** [C] ❶位置，地点：The room is in a *location* overlooking the lake. 从这房间可以看到湖。❷场所，处所：a suitable *location* for a camp 适于扎营的场所

lock /lɔk/ **I n.** [C] ❶锁：be on the *lock* 已上锁 ❷(运河等的)(船)闸，水闸 **II v.** 锁(门等)，锁上；(用锁等)拴上：Don't forget to *lock* the door when you go out. 出去时别忘了锁门。

lock·er /'lɔkər/ **n.** [C] ❶(公共场所的)小锁柜；寄存柜：leave one's luggage in a *locker* 把行李寄存在锁柜里 ❷冷库

lo·co·mo·tive /ˌləukə'məutiv/ **I n.** [C]机车，火车头 **II adj.** [无比较级] ❶[作定语]机车的：*locomotive* power 机车动力 ❷有运动(或移动)力的；非静止的，运动的；活动的：*locomotive* at birth 天生会动的

lodge /lɔdʒ/ **I n.** [C] ❶(公园或庄园宅第门口看门人或花匠等住的)小屋；小舍：a gatekeeper's *lodge* 看门人的小屋 ❷(尤指旅游胜地的)旅馆，客栈 **II vi.** ❶临时居住，暂住：We *lodged* in a guest house for the night. 我们晚上暂时住在旅社。❷(尤指付房租后)寄宿；暂住：Where are you *lodging* now? 你现在寄宿在何处？

lodg·ing /'lɔdʒiŋ/ **n.** ❶[U]临时住宿；借宿：furnish board and *lodging* 提供食宿 ❷[~s](有别于旅馆的)寄宿舍；租住的房间，公寓

loft /lɔft/ **n.** [C] ❶阁楼；顶楼 ❷(教堂或大厅的)楼厢 ❸(仓库、商业建筑物等的)顶层，天台 ❹(将仓库、商业建筑物等的顶层或天台改建而成的)天台工作室；天台房屋

log /lɔg/ **I n.** [C] ❶原木，圆木；圆材，干材 ❷正式记录；(尤指)航海(或飞行等)日志 **II vt.** (**logged**; **log·ging**) ❶砍伐(树木)；把…锯成段木：*log* the wood for fire 把这些树木锯成段木当柴烧 ❷记录；把…载入航海(或飞行等)日志：They *logged* what they saw on the island. 他们把岛上的所见所闻记在航海日志中。‖ *log in* **vi.**【计】登录，进入网络系统，连接主机；联机注册(或登记) ‖ **'log·ger n.** [C]

log·ic /'lɔdʒik/ **n.** [U] ❶逻辑(学) ❷逻辑

（推理）：To raise prices is not always good commercial *logic*. 提价并不总是好的商业逻辑。

log·i·cal /ˈlɔdʒikˀl/ *adj.* ❶[无比较级]逻辑上的；逻辑学的：*logical* thinking 逻辑思维 ❷符合逻辑的；正确推理的：a *logical* explanation 符合逻辑的解释 ‖ **'log·i·cal·ly** *adv.*

lo·gi·cian /ləˈdʒiʃˀn/ *n.* [C]逻辑学家

lo·gis·tics /ləˈdʒistiks/ [复] *n.* 【军】❶[用作单]后勤学；[用作复]后勤：*Logistics* is a complex field. 后勤学是一个复杂的领域。 ❷[用作单或复](任何行动的)细节规划，细节协调：The *logistics* of the office move is the problem. 问题在于转移办公场所的细节规划。 ‖ **lo'gis·tic** *adj.* —**lo'gis·ti·cal** /-kˀl/ *adj.* —**lo'gis·ti·cal·ly** /-kˀli/ *adv.*

lo·go /ˈləugəu, ˈlɔgəu/，**lo·go·type** /-ˌtaip/ *n.* [C]([复]-gos)(尤指一个公司或企业用于广告中的)商标，专用标志

lone·ly /ˈləunli/ *adj.* ❶孤独的，孤单的；寂寞的，孤寂的：She looked at the *lonely* man. 她看着这个踽踽独行的人。 ❷使人感到孤独的，令人觉得寂寞的：a *lonely* room 令人感觉孤单的房间 ❸(地方)人迹罕至的；荒凉的：a *lonely* place 荒无人烟的地方 ‖ **'lone·li·ness** *n.* [U]

long¹ /lɔŋ/ I *adj.* 长的：a *long* line 一条长线 II *adv.* ❶长距离地，路程远地 ❷长时间地；长期地：a reform that has been *long* needed 早就需要的改革 ‖ **as long as** *conj.* ❶如果；只要：It doesn't matter whether a cat is black or white, *as long as* it catches mice. 不管白猫黑猫，只要抓老鼠就是好猫。 ❷既然：*As long as* you're going, I'll go too. 既然你要走，那我也得走。 **before long** *adv.* 很快，不久：I promise that we'll meet again *before long*. 我保证我们不久会再见面的。

long² /lɔŋ/ *vi.* 渴望，渴念，渴想(*for*)：Ever since then she had been *longing* to be back in London to meet him. 打那以后她一直渴望回到伦敦去见他。

☆**long**，**hanker**，**hunger**，**pine**，**thirst**，**yearn** 均有"渴望，想念，向往"之意。**long** 指热切地想要获得某样东西或办成某件事情，但这一

愿望往往是难以实现的：I'm *longing* to see her again. （我迫切希望再次见到她。）**hanker** 表示对无法得到的东西有强烈愿望，常指对金钱、女人、功名的追求：He's lonely and *hankers* after friendship. （他很孤独，渴望友谊。）**hunger** 和 **thirst** 指为饥渴所迫的强烈欲望，引申时暗含受一种无法遏止的强制性需求驱使的意思：Our people *thirst* for independence. （我们的人民渴望独立。）**pine** 指因长期的强烈渴望而身心健康受到损害，含有徒劳无益的意思：She *pined* for her mother. （她思念着母亲。）**yearn** 伴随有一种急切、不安的心情，常用于情感生活：He *yearned* for her return. （他盼望她回来。）

long·ing /ˈlɔŋiŋ/ I *n.* [U；C]渴望，热望，切望(*for*)：a *longing* among undergraduates *for* knowledge 大学生中对知识的渴求 II *adj.* [无比较级]渴望的；流露出渴望之情的：a *longing* look 渴望的神情 ‖ **'long·ing·ly** *adv.*

lon·gi·tude /ˈlɔndʒiˌtˈuːd/ *n.* [C；U]【地理】经度

long-range /ˈlɔŋˈreindʒ/ *adj.* [无比较级] [作定语] ❶长远的，长期的，远期的：a *long-range* planning 远景规划 ❷(炮弹、导弹等)远程的，远距离的：a *long-range* missile 远程导弹

long-term /ˈlɔŋˌtəːm/ *adj.* [无比较级][通常作定语]长期的；长期生效的：*long-term* plans 长期计划

look /luk/ I *vi.* ❶看，瞧，望(*at*)：We *looked* but saw nothing. 我们看了，但什么也没有看见。 ❷寻，找：We *looked*，but didn't find it. 我们找过了，但没找到。 ❸显得；看上去：Why she *looks* as neat and clean as she does I can't imagine. 想不到她倒出落得这般眉清目秀，干干净净。 II *n.* [C] ❶看，望，瞧；(一)瞥：She threw a quick sharp *look* in my direction. 她目光锐利地向我瞥了一眼。 ❷(人的)脸色；表情，神态；(事物的)外表，外观：put on a serious *look* 表情严肃 ‖ **look after** *vt.* 照料，照管，照顾：They help with the housework and *look after* the children. 他们帮忙做家务，并

且帮助照看孩子。*look down on* [*upon*] *vt.*
〈口〉轻视,鄙视,瞧不起:We shouldn't *look
down on* anyone. 我们不应该鄙视任何人。
look for vt. ❶寻找,查找:*look for* a mean-
ing in life 寻找生活的真谛 ❷指望;期待:
It's too soon to *look for* results. 现在便期
望有结果为时尚早。*look forward to vt.*
(急切地)盼望;期待:He is *looking for-
ward to* working here. 他期望能在这儿工
作。*look into vt.* 调查,研究:The detectives
were *looking into* the kidnapping. 侦探们正
在调查这起绑架事件。*look like vt.* [不用
进行时态] ❶长得像;具有…的外表:She
looked like her father. 她长得像她父亲。
❷似乎是,好像是;看来像是:After the
storm she *looked like* a drowned rot. 暴雨
过后,她淋得像只落汤鸡。*look up v.* (尤
指在词典、参考书等中)查找,查检:*look up*
the meaning of a new word in the dictionary
在词典里查检生词的意思

☆ **look, gaze, glance, glare, glimpse, peer,
scan, stare** 均有"看,瞧,望"之意。**look** 为普
通用词,指直接用眼睛有意识地看或打量某
人或某物:*Look* at him jump! (看他跳!)
gaze 指由于好奇、喜爱、羡慕、着迷而长时间
地看或凝视,含有被吸引住的意思:We
stood *gazing* at the beautiful scenery. (我
们站着凝视着美丽的风景。) **glance** 指由于
匆忙而对所看对象扫视或很快地看一眼:
As I was making the speech, I *glanced* at
the clock. (我演讲时看了一下钟。) **glare** 指
带着凶狠的、威胁性的目光瞪着或怒视,强
调敌意或惊恶:He *glared* fiercely as he
stood up. (他起身而立,怒目而视。)
glimpse 指偶然地或意外地瞥见或看到一
眼:I *glimpsed* the Town Hall clock as we
drove quickly past. (我们开车经过那里时,
我猛然看到了市政厅的时钟。) **peer** 指因好
奇或看不清而眯缝着眼睛或伸着脖子向前
看:She *peered* through the mist, trying to
find the right path. (她透过雾眯着眼睛
看。) **scan** 指为了解概况或获知某一特定信
息而粗略翻阅、浏览:She *scanned* the news-
paper over breakfast. (她吃着早饭把报纸
大略地看了一遍。) **stare** 可指由于惊愕、羡

慕或恐惧而睁大眼睛看,也可指不礼貌而无
意识地看:It's rude to *stare* at others. (盯
着看他人是不礼貌的。)

loom¹ /luːm/ **I** *n.* [C]【纺】织(布)机 **II** *vt.*
(在织布机上)织布

loom² /luːm/ *vi.* ❶隐约地出现(*up*):A fig-
ure *loomed up* through the mist. 一个人影
在雾中隐现。❷(事件、前景等)不祥地逼
近:Energy shortages still *looms* for the hu-
man beings. 人类仍面临能源短缺。

loop /luːp/ *n.* [C]❶(线、绳等绕成的)环,
圈:make a *loop* 绕成一个环 ❷环状物,环形
物;环状饰物

loose /luːs/ **I** *adj.* ❶松开的;松动的;松的:
a *loose* door 未关牢的门 / a *loose* end of the
rope 绳子松开的一端 ❷[无比较级]不受束
缚的;无羁绊的;自由的:a horse that had
got *loose* 挣脱了缰绳的马 **II** *vt.* ❶使不受
束缚;使自由;放掉,释放:They *loosed* the
prisoner's bonds and set him free. 他们给囚
犯松了绑,让其自由。❷解开(结等);松开,
放开:*loose* a knot 把结解开 ‖ '**loose·ly**
adv. — '**loose·ness** *n.* [U]

loos·en /'luːsⁿn/ *vt.* ❶使松;使松动:*loosen*
the soil 松土 ❷松开;解开:She *loosened* the
bobby pins from her beret. 她松开了贝雷
帽上的扁平发夹。❸放松,放宽(限制等):
loosen restriction on foreign trade 放宽对外
贸的限制

lord /lɔːd/ *n.* ❶[C]君主,君王;领主;主人:
Rome's army was once the *lord* of the
world. 罗马军队往日天下无敌。❷[C](尤
指英国的)(男性)贵族 ❸[L-](英国对有
侯、伯、子、男世袭爵位贵族及主教的尊称)
阁下,大人

lor·ry /'lɔri/ *n.* [C]〈主英〉重型载货卡车,载
重卡车

lose /luːz/ (**lost** /lɔst/) *vt.* ❶失去,丧失;损
失:He never *lost* his head in any situation.
他在任何情况下都不会不知所措。❷遗失,
丢失,找不到:If you *lose* your checks, you
call us immediately and report the check
numbers. 你若遗失支票,请立即打电话通
知我们支票的号码。

los·er /ˈluːzə⁻/ *n.* [C] ❶损失者;遗失者;亏损买卖(或项目等):We shall be both *losers* in the dispute. 这样吵下去,我们谁也不会有好下场。❷(比赛、竞争、战役等的)输者,失败的一方:The *losers* of both games will play each other for third place. 两场比赛的输家将角逐第三名。

loss /lɒs/ *n.* ❶[U;C]损失;丧失;遗失:The plane crashed with total *loss* of life. 飞机坠毁了,机上人员全部罹难。❷[C](比赛中的)失败,失利:This game is their only *loss*. 这场比赛是他们唯一的一次失利。

lost /lɒst/ *adj.* ❶[作定语]失去的,丧失的;损失的:a *lost* art 失传的艺术 ❷遗失的,丢失的:Her *lost* necklace was never found. 她那条遗失的项链一直没有找到。❸迷失的,失散的;迷路的:It is easy to get *lost* in the woods. 在森林中很容易迷路。❹输掉的;失败了的:a *lost* battle 败仗

lot /lɒt/ *n.* ❶[C]签,阄 ❷[U]抽签,抓阄:divide property by *lot* 抽签决定财产的分割 ❸[**a lot** 或 **lots**]〈口〉大量;许多:The two women have *a lot* in common. 这两个女人有诸多相似之处。

lo·tion /ˈləʊʃʰn/ *n.* [U;C](医学上的外用)洗剂;(化妆用的)润肤剂

lot·ter·y /ˈlɒtʰri/ *n.* [C] ❶(通过发行彩票或奖券等途径募集资金的)抽奖法 ❷抽签 ❸难以预料的事:Life is a *lottery*. 生活是难以预料的。

loud /laʊd/ *adj.* ❶(声音)响亮的,洪亮的:a *loud* blast of trumpets 洪亮的喇叭声 ❷喧闹的,嘈杂的:a *loud* party 喧闹的聚会 **II** *adv.* 大声地,响亮地:He was snoring so *loud* I couldn't sleep. 他的鼾声太大了,吵得我无法睡觉。‖ ˈl**oud·ly** *adv.* —ˈl**oud·ness** *n.* [U]

loud·speak·er /ˌlaʊdˈspiːkə⁻/ *n.* [C]扬声器,喇叭〔亦作 **speaker**〕

lounge /laʊndʒ/ *n.* [C] ❶(无靠背而有头垫的)躺椅,卧榻,沙发 ❷(剧场、旅馆等公共场所的)休息室 ❸候车厅;候车室:the *lounge* at airport 机场的候机厅

lov·a·ble /ˈlʌvəbʰl/ *adj.* 可爱的,惹人爱

的,讨人喜欢的:She is really *lovable*. 她确实讨人喜欢。〔亦作 **loveable**〕

love /lʌv/ **I** *n.* ❶[U]爱恋,爱慕:*Love* is not a commodity; the real thing cannot be bought and sold. 爱情并不是商品;真情实意不可能买卖。❷[U]爱,热爱:maternal *love* 母爱 ❸[C]恋人,情人(多指女性):Jane is the *love* of his life. 简是他一生深爱的人。❹[C]喜爱;爱好:She had no *love* for Jack. 她一点也不喜欢杰克。**II** *vt.* 爱;喜欢:I *love* my country. 我爱我的祖国。‖ ˈl**ove·less** *adj.*

☆ **love, affection, attachment, devotion, infatuation, passion** 均有“爱;热爱”之意。**love** 为普通用词,表示一种难以控制的激情,可用于人、具体事物或抽象概念:You are not marrying for *love*. (你并不是为了爱才结婚的。) **affection** 强调深厚、温柔的感情,多用于人:He has a deep *affection* for his old friend. (他对老朋友怀有深厚的感情。) **attachment** 表示喜欢某人或某物,但多用于事物,也可指出自理智对某人或某事的热爱和忠诚:an *attachment* to one's profession (敬业) / She formed an *attachment* to him. (她深深地依恋着他。) **devotion** 常指表现出极大的热忱,含有奉献的意思:Their *devotion* to their children is plain to see. (他们对孩子的爱是显而易见的。) **infatuation** 指短暂的、无理智的错爱或迷恋,尤其适用于成年人:It is only an *infatuation*; she will get over it soon enough. (她这不过是一时的热恋,很快就会过去的。) **passion** 指极强烈的情绪,有时这种强烈的情绪可以使人失去理智或判断力:Revenge became his ruling *passion*. (报复成了他最大的乐趣。)

love·ly /ˈlʌvli/ *adj.* ❶秀丽的,秀美动人的;可爱的:a *lovely*, dark-haired girl 秀美动人的黑发少女 ❷令人愉快的;美好的:It was *lovely* walking in the woods. 在林子里散步让人心情愉快。‖ ˈl**ove·li·ness** *n.* [U]

lov·er /ˈlʌvə⁻/ *n.* [C]恋人,爱侣

low /ləʊ/ *adj.* ❶低的;矮的:a *low* building 低矮的楼房 / a *low* range of hills 低矮的山峦 ❷(在数量、程度、价值等方面)少的;低下的:diets *low* in iron 含铁量少的食物

❸(声音)低的,轻柔的;低沉的:Please turn the radio up. It's too *low*. 请把收音机声音开大点,太低了。❹(地位、级别等)低微的;低等的;卑贱的

low·er /'ləuəʳ/ *v.* ❶放下,降下;落下:The sun *lowered* in the west. 日落西山。❷变低:The water level *lowered*. 水位降下来了。❸(声音)变弱,减弱:Her voice *lowered* and she spoke softly in my ear. 她降低了声音,在我耳边轻声说话。‖ **'low·er·most** /-ˌməust/ *adj.*

loy·al /'lɔiəl/ *adj.* ❶(对国家、君主、政府等)忠心的,效忠的:be *loyal* to one's country 忠于国家 ❷(对爱情、职责、义务等)忠诚的,忠实的,忠贞不渝的:a *loyal* friend 忠实的朋友。‖ **'loy·al·ly** *adv.*

loy·al·ty /'lɔiəlti/ *n.* ❶[U]忠诚;忠贞;忠心耿耿:ardent *loyalty* 赤胆忠心 ❷[C]忠诚的表现:His *loyalties* to his family come before his *loyalties* to his work. 他把对家庭的忠诚置于对工作的尽职之上。

lu·bri·cant /'lu:brikənt/ **I** *n.* ❶[C;U]润滑剂;润滑油 ❷[C]用以减少摩擦的东西:a social *lubricant* 社交润滑剂(指在社交中能起到拉拢关系作用的东西)**II** *adj.* 润滑的:a *lubricant* additive 润滑添加剂

lu·bri·cate /'lu:briˌkeit/ *vt.* ❶使润滑;加润滑油于:*lubricate* the engine 给发动机上油 ❷使顺畅;缓和:*lubricate* relations between the warring factions 缓和交战双方间的关系 ‖ **lu·bri·ca·tion** /ˌlu:briˈkeiʃⁿn/ *n.* [U]— **'lu·bri·ca·tor** *n.* [C]

luck /lʌk/ *n.* [U]❶运气,命运:There has been a run of *luck* against us. 近来我们一直时运不济啊。❷好运;幸运:She had recently had a special stroke of *luck*. 她最近特别走运。

luck·y /'lʌki/ *adj.* ❶靠运气的;有好运气的;幸运的:He was *lucky* to escape with his life from a very heavy landing. 降落时他重重地摔在地上却大难不死,真是万幸。❷侥幸的,碰巧的:a *lucky* guess 碰巧猜中 ‖ **'luck·i·ly** *adv.* — **'luck·i·ness** *n.* [U]

lu·di·crous /'lu:dikrəs/ *adj.* 滑稽有趣的;

可笑的;荒唐的;愚蠢的:The *ludicrous* antics of the harlequins delighted the audience. 丑角可笑的滑稽表演让观众很开心。‖ **'lu·di·crous·ly** *adv.* — **'lu·di·crous·ness** *n.* [U]

lug·gage /'lʌgidʒ/ *n.* [U]〈英〉行李

lull /lʌl/ **I** *vt.* ❶使安静;哄…入睡:*lull* a baby to sleep 哄婴儿入睡 ❷使缓和,减轻,消除(*into*):*lull* sb.'s fears 消解某人的恐惧感—*vi.* (噪音、风暴等)平息,停止;减退,减弱:The furious activity of the crowd finally *lulled*. 这群人的愤怒行动最终平息了下来。**II** *n.* [通常用单](风暴、骚乱等过后的)暂停;暂时平息;暂时平静:a *lull* in storm 风暴的间歇

lum·ber /'lʌmbəʳ/ *n.* [U]方材;成材;木料 ‖ **'lum·ber·er** *n.* [C]— **'lum·ber·man** ([复]-men /-mən/) *n.* [C]

lu·mi·nous /'lju:minəs/ *adj.* ❶发光的,发亮的;反光的:The rocket broke up into many *luminous* fragments. 那火箭炸裂成许多闪闪发光的碎片。❷清楚的;易懂的:a *luminous* explanation 清楚的解释 ‖ **lu·mi·nos·i·ty** /ˌlju:miˈnɔsiti/ *n.* [U]— **'lu·mi·nous·ly** *adj.*

lump /lʌmp/ *n.* [C]❶(通常无定形的)块,堆,团:a *lump* of ice 一块冰 / a *lump* of dough 一团生面 ❷肿块;隆起:He had a *lump* on his head. 他的头上起了个包。‖ **lump·ish** *adj.* — **lump·y** *adj.*

lu·nar /'lju:nəʳ/ *adj.* [无比较级][作定语]月的,月亮的,月球的;月亮上的,月球上的:*lunar* soil 月球土壤 / the *lunar* calendar 阴历

lunch /lʌntʃ/ *n.* [C;U]午饭,午餐,中饭:take *lunch* 用午餐

lung /lʌŋ/ *n.* [C]【解】肺

lure /ljuəʳ/ **I** *n.* [C]❶诱惑物,引诱物;引诱力,吸引力:The *lure* of art was too strong to resist. 艺术的魅力让人无法抗拒。❷(诱捕动物等的)诱饵;网子;鱼饵:Anglers use different *lures* to catch different kinds of fish. 垂钓者用不同的诱饵来钓不

同的鱼。II *vt.* 吸引,引诱,诱惑:Life in the city *lured* him away from home. 城里生活诱使他离开了家乡。

lu·rid /'lʲuərid/ *adj.* ❶可怕的,骇人听闻的:a *lurid* tale 恐怖故事 ❷刺眼的,夺目的:*lurid* nocturnal brilliance 炫目的夜间灯火 ‖ '**lu·rid·ly** *adv.* — '**lu·rid·ness** *n.* [U]

lus·cious /'lʌʃəs/ *adj.* ❶香甜的,甘美的;可口的:*luscious* tropical fruits 香甜的热带水果 ❷(文体、音乐等)华丽的:a *luscious* style 华丽的文体 ❸性感的;迷人的:That woman looks *luscious* tonight. 那妇人今晚看上去漂亮极了。 ‖ '**lus·cious·ly** *adv.* — '**lus·cious·ness** *n.* [U]

lush /lʌʃ/ *adj.* ❶繁茂的,茂盛的:a *lush* tropical forest 茂密的热带森林 ❷豪华的;奢侈的:*lush* furniture 豪华家具 ‖ '**lush·ness** *n.* [U]

lus·tre, lus·ter /'lʌstə/ *n.* [U] ❶反光 ❷光泽;光彩,光辉:A smile of delight added *lustre* to her eyes. 她喜欢得笑逐颜开,双目发光。❸荣耀,荣光:Their names have shed *lustre* on Chinese literature. 他们的名字为中国文学增添了光辉。 ‖ '**lus·tre·less**, '**lus·ter·less** *adj.*

lux·u·ri·ous /lʌg'ʒuəriəs, lʌk'ʃuə-/ *adj.* ❶奢侈的;骄奢淫逸的:live in *luxurious* surroundings 生活在骄奢淫逸的环境中 ❷豪华的;非常舒适的:We spent a *luxurious* weekend at a country hotel. 我们在一家乡村旅馆里过了一个非常舒服的周末。❸精选的,精美的,特等的:*luxurious* shampoos 高级洗发水 ‖ **lux·u·ri·ous·ly** *adv.* — **lux·u·ri·ous·ness** *n.* [U]

lux·u·ry /'lʌkʃʲri, 'lʌgʒʲri/ **I** *n.* ❶[C]奢侈品;精美贵重(或难得)的物品 ❷[U]奢侈,奢华;豪华;奢侈的享受:a life of *luxury* 奢侈的生活 **II** *adj.* [作定语]奢侈的,豪华的:a *luxury* flat 豪华的公寓

lyr·ic /'lirik/ **I** *adj.* [无比较级] ❶(诗歌)歌一般的;适于吟唱的:a *lyric* drama 歌剧 ❷(诗歌或歌曲等)抒情的 **II** *n.* [C] ❶抒情诗 ❷[通常作～s]歌词

lyr·i·cist /'lirisist/ *n.* [C] ❶歌词作者 ❷抒情诗人 ‖ '**lyr·i·cism** *n.* [U]

M m

mac·a·ro·ni /ˌmækəˈrəuni/ *n.* [U]通心粉，通心面：He sat down to a great dish of *macaroni*. 他坐下来吃一大盘通心粉。

ma·chine /məˈʃiːn/ *n.* [C] ❶机器：Sewing *machines* and washing *machines* make housework easier. 缝纫机和洗衣机的使用简化了家务劳动。❷机械（装置）：simple *machines* 简单的机械装置

ma·chin·er·y /məˈʃiːnəri/ *n.* [U] ❶[总称]机械，机器：construction *machinery* 建筑机械 ❷机件；机器的运转部分；机械装置 ❸[U]机构，团体，组织；制度；体系(*of*)：the *machinery of* government 政府机构

mac·ro- /ˈmækrəʊ/ *comb. form* ❶表示"大的"，"长的"；"宏观的"，"大规模的"：*macro*chemistry（常量化学），*macro*scale（大规模；宏观尺度），*macro*climate（大气候）❷表示"巨型的"，"巨大的"：*macro*fossil（巨体化石），*macro*globulin（【生化】巨球蛋白）

mac·ro·cosm /ˈmækrəʊˌkɒzəm/ *n.* [C] ❶整个宇宙，全宇宙，大宇宙；宏观世界：a cultural *macrocosm* 宏观文化 ❷全域；大而复杂的整体：No population is absolutely inert in the *macrocosm* of humanity. 在人类错综复杂的整体中，没有一个种族是绝对静止不变的。

mad /mæd/ *adj.* (**mad·der，mad·dest**) ❶发疯的，不正常的，神经错乱的，精神失常的：Mattie abandoned her *mad* artist mother to live with her cousins. 玛蒂抛下了她发了疯的艺术家母亲，和表兄妹们住在一起。❷〈口〉很生气的，火冒三丈的，盛怒的，非常恼火的：The insult made her *mad*. 这种侮辱让他感到十分恼火。❸痴狂的，疯迷的，狂热的，着迷的；热爱的，迷恋的(*about*，*on*，*over*)：*mad about* skiing 对滑雪着迷 ‖ **drive sb. mad** *vi.* 使某人（气得）发疯：We *drove him mad* with jealousy. 我们让他妒火中烧。‖ **'mad·ly** *adv.* —**'mad·ness** *n.* [U]

mad·am /ˈmædəm/ *n.* [C]([复]**mad·ams** 或 **mes·dames**)[单独使用时为招呼妇女的尊称]女士；夫人，太太

made /meid/ I *v.* make 的过去式和过去分词 II *adj.* [无比较级]制造的，制作的

made-up /ˈmeidʌp/ *adj.* [无比较级] ❶编造的，虚构的：a *made-up* story 虚构的故事 ❷[通常作表语]化妆过的；化了装的：She was heavily *made-up*. 她化了浓妆。

mag·a·zine /ˌmægəˈziːn, ˈmægəziːn/ *n.* [C]期刊，杂志：These popular *magazines* come out once a month. 这些畅销杂志每月一期。

mag·ic /ˈmædʒik/ I *n.* [U] ❶魔术；戏法；幻术：He rocked the world with his revolutionary *magic*. 凭借自己超凡的魔术，他让世界为之震惊。❷神效，奇效；神力，魔力：The *magic* of her voice charmed the audience. 她的声音极富魅力，深深地吸引了听众。II *adj.* [作定语] ❶[无比较级]（用）魔术的；（用）巫术的；魔术（或巫术）般的：She has a *magic* touch with the baby; he never cries when she's holding him. 她像对这个婴儿施了魔术，只要她抱着，他就从来不哭。❷神奇的，有奇效的；〈喻〉有魔力的；有魅力的；诱人的：a *magic* key 万能钥匙 ‖ **'mag·i·cal** *adj.* —**'mag·i·cal·ly** /-kᵊli/ *adv.*

ma·gi·cian /məˈdʒiʃᵊn/ *n.* [C] ❶巫师，术士；施行妖术者：She has more strength in her than all the *magicians* in Egypt. 她的魔力比埃及所有的巫师都强大。❷魔术师;变戏法的人:The *magician* amazed the audience with his sleight of hand. 魔术师的戏法让观众大开眼界。

mag·nate /'mæɡneit,-nit/ *n.* [C] ❶显贵,权贵;要人,大人物;富豪;企业巨头:a leading *magnate* in industrial circles 工业巨头 ❷杰出人物,优秀人才:literary *magnates* 杰出的文人(或文豪)

mag·net /'mæɡnit/ *n.* [C] 磁铁;磁石,吸铁石:*magnet* wire 磁线圈

mag·ni·fi·ca·tion /ˌmæɡnifi'keiʃ°n/ *n.* ❶[U]放大,扩大;放大(或扩大)后的状态 ❷[U;C](透镜的)放大率;放大倍数,放大比率:This microscope has a *magnification* of two hundred. 这台显微镜能(把物体)放大 200 倍。

mag·nif·i·cent /mæɡ'nifis°nt/ *adj.* ❶豪华的,华丽的,富丽堂皇的;壮丽的,壮观的;宏伟的,宏大的:*magnificent* canyons and waterfalls 壮观的峡谷和瀑布 ❷极好的;极美的,很迷人的;最佳的:She has *magnificent* blonde hair. 她有一头迷人的金发。‖ **mag'nif·i·cence** *n.* [U]—**mag'nif·i·cent·ly** *adv.*

mag·ni·fy /'mæɡnifai/ *vt.* ❶(用透镜)放大;扩大:We *magnify* objects with a microscope. 我们用显微镜放大物体。❷〈喻〉夸张,夸大:*magnify* one's difficulties 过分夸大困难 ‖ **'mag·ni·fi·er** *n.* [C]

mag·ni·tude /'mæɡnitʲuːd/ *n.* ❶[C;U](大小或数量的)巨大,庞大;广大:the height,strength and *magnitude* of a building 建筑物的高大宏伟 ❷[U]伟大;重大;重要(性);紧迫(性):We could not carry out a project of this *magnitude* without assistance. 没有外援我们无法完成如此重大的项目。

maid /meid/ *n.* [C] ❶女仆,侍女,婢女;保姆 ❷(未婚)年轻女子,姑娘;少女,女孩:a timid *maid* 羞怯的姑娘

maid·en /'meid°n/ I *n.* [C]少女,(未婚的)年轻女子,姑娘:a *maiden* of bashful fifteen 一个腼腆的 15 岁少女 II *adj.* [无比较级][作定语] ❶少女的;未婚的,独身的;处女的 ❷初次的,首次的:a ship's *maiden* voyage 船的首航(或处女航)‖ **'maid·en·hood** *n.* [U]—**'mai·den·ly** *adj.*

mail /meil/ *n.* [U]信函,邮件;邮包:domestic [foreign] *mail* 国内[国外]邮件

mail·box /'meilˌbɒks/ *n.* [C] ❶邮箱;邮筒 ❷信箱

main /mein/ I *adj.* [无比较级][作定语] 最重要的;最大的;主要的,主流的:keep the *main* topic in mind 记住要点 II *n.* [C](自来水、煤气、污水等的)总管,干道:water from the *main* 自来水

main·ly /'meinli/ *adv.* [无比较级]主要地;大概地,大抵地:Our access to history is *mainly* through writing. 我们主要通过写作来追溯历史。

main·frame /'meinˌfreim/ *n.* [C]【计】(计算机的)主机,中央处理机:a time-shared *mainframe* 一台分时中央处理器

main·land /'meinlˡnd/ *n.* [常作 the ～](相对于小岛及半岛而言的)大陆,本土:the *mainland* of England 英国本土

main·stream /'meinˌstriːm/ I *n.* [C]主要倾向;主流;主流派风格:He is far from the *mainstream* of Russian culture. 他与俄罗斯主流文化相距甚远。II *adj.* [无比较级][作定语]主流的;主要倾向的;主流派的:With its new models, the company hopes to move into the heart of the *mainstream* car market. 公司希望新的车型能够进入主流汽车市场的中心地带。

main·tain /mein'tein/ *vt.* ❶保持;维持,使继续:*maintain* the friendship for over forty years 保持 40 多年的友情 ❷(对建筑物、机器、公路等的)维修,维护;保养;保护:The city hall is a perfectly *maintained* building. 市政大厅是一座养护完善的建筑。‖ **main'tain·a·ble** *adj.* —**main·ten·ance** /'meintənəns/ *n.* [U]

maize /meiz/ *n.* [U]玉米,玉蜀黍:grow

maize 种玉米〔亦作 **Indian corn**〕

maj·es·ty /'mædʒisti/ *n.* ❶[U]威严,庄重,庄严;崇高,高贵;壮丽,雄伟:*majesty* of bearing 举止的端庄 ❷[C][常作 **M-**][对国王、王后、皇帝等的尊称]陛下:Her *Majesty* begs you to set forth without delay. 女王陛下请您立即出发。

ma·jor /'meidʒəʳ/ **I** *n.* [C] ❶(英国)陆军(或海军陆战队)少校;(美国)陆军(或空军、海军陆战队)少校(略作 **Maj.**)❷主修科目;专业;专业学生:I have a *major* in math but a minor in science. 我专修数学,辅修科学。**II** *adj.* [无比较级][作定语](重)大的;重要的,主要的;严重的:Accommodation is the *major* item of expenditure to be taken into account. 住宿是必须考虑的重要支出项目。**III** *vi.* 主修(*in*):*major in* physics 主修物理学 / a student *majoring* in English 英文专业的学生

ma·jor·i·ty /mə'dʒɔriti/ *n.* ❶[U;C]多数,大半,多半,大多数,过半数:He often disagreed with the *majority*. 他总是和大家意见相左。❷[C](选举中的)多数票:win (by) a *majority* of 867 votes 以 867 票的多数获胜

make /meik/ **I** (**made** /meid/;**mak·ing**) *vt.* ❶做,作,制(作),制造;做成,造成:Mother *made* my favourite dish for dinner. 妈妈烧了我最喜欢的菜。❷引起,使产生;导致,造成:Haste *makes* waste. 欲速则不达。❸使成为;使变得:Railroads, ships, buses, and airplanes have *made* travel easier, faster, and cheaper. 铁路、轮船、汽车和飞机使旅行变得更加容易、快捷和便宜。❹得到,挣得,赚得;获得,赢得:*make* a good salary 收入不菲 **II** *n.* [C](某种)产品,制品,货物;(产品的)种类,品种;牌子,品牌;型号;式样:She couldn't even tell what *make* of car he was driving. 她说不出他开的什么牌子的车。‖ *make out v.* 弄懂,了解,理解,明白;发现:*make out* the general meaning of the book 弄懂这本书的大意 *make up v.* ❶[通常不用进行时态]产生,生成;构成;组成:Different qualities *make up* a person's character. 人的性格由许多不同的特点构成。❷编造,捏造,虚构:*make up* a story 杜撰故事 ‖ **'mak·er** *n.* [C]

☆ **make, construct, do, manufacture, produce** 均有"制造,生产;制作"之意。**make** 为最普通用词,使用范围广泛,既可指人工制作、创造,也可指用机器生产、制造,既适用于有形物质,也适用于抽象概念:I *make* my own clothes. (我的衣服都是自己做的。) / I think you've *made* a mistake. (我认为你犯了一个错误。) **construct** 表示依照一定的设计图样进行建造,或将许多组成部分构筑成整体,强调建造过程的复杂性:*construct* a factory (建工厂) / Philosophers *construct* complicated systems for describing existence. (哲学家用复杂的理论来描述存在。) **do** 为非正式用词,表示完成某项具体工作、任务,或完成某种行为、动作,含有自发性和临时性的意味:You *do* the painting and we'll *do* the papering. (你们刷油漆,我们贴壁纸。) **manufacture** 常指用机器来大规模地生产或制造,侧重于复杂的制造工序而不是创造性:*manufacture* cars (大规模生产汽车) 该词还可表示虚构或文艺作品的粗制滥造:They *manufactured* a false story to hide the facts. (他们编造瞎话以掩盖事实。) **produce** 为普通用词,含义近似 make,但强调产品的数量而不是其生产过程:We *produced* more cars this year than last year. (我们今年生产的汽车比去年多。)

make-up /'meikʌp/ *n.* ❶[U](口红、唇膏等)化妆品,脂粉:She had no *make-up* on. 她没化妆。❷[常用单]构成,组成;结构,构造:society *make-up* 社会结构 ❸气质;性格;体格:the *make-up* of a criminal 罪犯的体格

mak·ing /'meikiŋ/ *n.* ❶[U]制作,制造,生产;形成;创作:shoe *making* 制鞋 ❷[常作 ~s]素质,要素;必备条件;潜力,能力:I see in him the *making* of a hero. 我看他身上有英雄气概。

mal·a·dy /'mælədi/ *n.* [C](身体的)不适,疾病;(慢性)病,痼疾

ma·lar·i·a /mə'leəriə/ *n.* [U]【医】疟疾

ma·lar·i·al *adj.*

male /meil/ *adj.* [无比较级][常作定语] ❶(在繁衍过程中起授精作用的)雄的,雄性的,公的:a *male* animal 雄性动物 ❷男(人)的,男子的;男孩的;由男子(或男孩)组成的:*male* voice 男声 ‖ 'male·ness *n.* [U]

ma·lign /mə'lain/ *vt.* 诬蔑,诽谤,中伤,恶毒攻击:The engineers found their motives *maligned* and their conclusions impugned. 工程师们发现他们的动机被恶意中伤,他们得出的结论也受到怀疑。

ma·lig·nan·cy /mə'lign°nsi/ *n.* [U]恶意,敌意,怨恨

ma·lig·nant /mə'lign°nt/ *adj.* ❶心存歹念的,有恶意的;恶毒的;歹毒的;邪恶的:the *malignant* power 邪恶势力 ❷[无比较级]【医】(肿瘤、疾病)恶性的,致命的;控制不住的,迅速扩散的:Lori's tumor was *malignant*. 洛里的肿瘤是恶性的。

mall /mæl,mɔːl/ *n.* [C] ❶〈美加澳新〉商业中心区大街;步行商业区:a huge shopping *mall* 大型购物中心 ❷林荫道;散步林地

malt /mɔːlt,mɒlt/ *n.* ❶[U]麦芽 ❷[U;C]〈口〉(一份)麦芽酒,啤酒:He ordered a single *malt* in a little cafe. 他在小酒馆里叫了一杯啤酒。❸[U;C]麦乳精:a vanilla *malt* and a chocolate *malt* 一份香草麦乳精和一份巧克力麦乳精

mal·treat /mæl'triːt/ *vt.* ❶虐待;粗暴(或残酷)地对待:*maltreat* a prisoner 虐待囚犯 ❷乱用,误用,滥用:*maltreat* a machine 滥用机器 ‖ mal'treat·ment *n.* [U]

mam·mal /'mæm°l/ *n.* [C]【动】哺乳动物:sea *mammals* 海洋哺乳生物 ‖ mam·ma·li·an /mæ'meiliən/ *adj.* & [C] *n.*

man /mæn/ *n.* ([复]men /men/) ❶[C](区别于女人及男孩的)(成年)男子,男性,男人:He may still be a boy, but he has the physique of a *man*. 按理说他还是个男孩儿,可他的体形已长得像个成年男子了。❷[C](无性别或年龄之分的)人类一员,人:*Men* should be men, not brutes. 人总应该有人味儿,不该像畜生。❸[常作 a ~]某

(个)人,任何(个)人:All *men* are created equal. 人人生而平等。❹[时作 M-][不用冠词][总称]人,人类:*Man* hopes for peace. 人类渴望和平。❺[C]用作表示说话者之间的非正式关系的呼语]喂,嗨;伙计,哥们儿;老兄,老弟;朋友:*Man*! Listen to him blow that horn! 嗨! 听听他在吹号!

man·a·cle /'mænək°l/ **I** *n.* [通常作～s]镣铐;手铐;脚镣:They locked the *manacles* around the man's wrists. 他们锁上了那人腕上的手铐。**II** *vt.* ❶给…戴上手铐(或脚镣):The captives were at times *manacled*. 俘房们有时被戴上手铐(或脚镣)。❷〈喻〉制约,约束;束缚,限制:He was *manacled* by his inhibitions. 他受制于重重阻力。

man·age /'mænidʒ/ *v.* ❶设法做到,努力完成;勉强做成:They *managed* a satisfactory resolution to the question. 他们努力为此问题找到满意的解决方案。❷组织,安排;设计,策划;管理,料理,处理;经营:He *managed* the plot of the story with inventiveness. 他对故事情节的安排很有创意。❸〈口〉[与 can,could,be able to 连用]妥善处理,成功应付;安排(时间)做,有空做(某事);吃;得到:The truck can *manage* a ton and a half. 这辆卡车能装一吨半的货。‖ man·age·a·ble /'mænidʒəb°l/ *adj.*

man·age·ment /'mænidʒm°nt/ *n.* ❶[U]管理;经营;支配;处理:courses in business *management* 企业管理课程 ❷[常作 the ～][总称](企业或机构等)管理人员,行政人员:*The management* is having talks with the workers. 管理方正在同工人们对话。

man·ag·er /'mænidʒər/ *n.* [C](企业、商店或机构等的)经理;(某些活动的)组织者,负责人:The bank *manager* asked for security. 银行负责人要求人身保护。

man·da·to·ry /'mændət°ri/ *adj.* [无比较级] ❶指令的,命令的;训令的:a *mandatory* statement 训令声明 ❷政策(性)的;强制的,强迫的;必须的,义务的:It is *mandatory* that all students take two years of math. 所有学生必须学两年数学。

M

man·go /'mæŋgəu/ *n.* ([复]-go(e)s) ❶[C; U]杧果 ❷[C]【植】杧果树

man·hood /'mænhud/ *n.* ❶[U](男子的)成人(期),成年(期);成熟(期):arrive at *manhood* 长大成人 ❷[the ～][总称](全体)男子:the whole *manhood* of a country 一国的全体男子

ma·ni·ac /'meiniæk/ *n.* [C] ❶〈口〉躁狂者,狂人,疯子:She was attacked by a *maniac*. 她遭到了一个疯子的袭击。❷〈口〉(对某事的)狂热者,酷爱者,着迷者:computer *maniacs* 电脑迷 / a *maniac* at Frisbee 飞盘的狂热爱好者 ‖ **ma·ni·a·cal** /mə'naiək*l/ *adj.* —**ma·ni·a·cal·ly** *adv.*

man·ic /'mænik,'mei-/ *adj.* ❶[无比较级]【心】躁狂的;似躁狂的;患躁狂症的:He was afraid that she would become scattered and *manic*. 他担心她会精神分裂乃至疯狂。❷狂热的,疯狂的:The whole place has an air of *manic* cheerfulness. 整个地方充满狂欢的气氛。

man·i·fest /'mænifest/ **I** *adj.* 明显的,明白的,明了的:As *manifest* in his music, Ives's faith was real and transcendental. 正像他的音乐所明晰表达出的那样,艾夫斯的信念是真实、超脱的。**II** *vt.* 明白显示,清楚表明;表露,流露(情感等):He *manifested* his approval with a hearty laugh. 他用一阵发自内心的笑声清楚地表明了赞同的意思。‖ **'man·i·fest·ly** *adv.*

man·i·fes·ta·tion /ˌmænife'steiʃ³n/ *n.* ❶[U]显示,表明,证明:some *manifestation* of gratitude 某种感恩的表示 ❷[C]表现;表现形式:a *manifestation* of disease 疾病的症状

ma·nip·u·late /mə'nipjuˌleit/ *vt.* ❶(机智、巧妙或狡猾地)安排;应付,处理;利用;影响;控制,操纵:It is a simple matter to *manipulate* such a situation. 应付这样一个局面很简单。❷熟练地操作,巧妙地使用:*manipulate* the steering wheel 熟练操作方向盘 ‖ **ma·nip·u·la·tion** /məˌnipju'leiʃ³n/ *n.* [C;U]—**ma'nip·u·la·tor** *n.* [C]— **ma·nip·u-**

la·tive *adj.*

man·kind *n.* [总称] ❶/mæn'kaind/ 人类,人:*Mankind* is now ready to explore the Mars. 人类已经准备好要探索火星了。❷/'mænˌkaind/ 男性,男人,男子

man·ly /'mænli/ *adj.* ❶有男子汉气魄的,大胆的;强壮有力的;勇敢的,坚毅的;有主见的;果断的;坦率的;高尚的:He has a free and *manly* temper. 他这人向来是豪爽大方的。❷适合于男人的,男性的:*manly* voice 男性的嗓音 ‖ **man·li·less** *n.* [U]

man-made /'mæn'meid/ *adj.* [无比较级] 人造的,人的;人为的:a *man-made* satellite 人造卫星

man·ner /'mænə/ *n.* [C] ❶方式,方法;手段:They praised me in a *manner* that did not quite please my brother. 他们表扬我的方式让我哥哥很不高兴。❷[～s]习俗,风俗;生活方式;社会状况:Numerous indigenous people are found living in a more or less traditional *manner*. 许多土著居民不同程度地生活在传统习俗中。❸[～s]规矩,规范;礼貌,礼仪;风度;气质:You ought to teach your children some *manners*. 你得教你的孩子们学些规矩。❹[用单]用作单或复]种类,类别:all *manner* of birds in the forest 森林里各种各样的鸟

ma·noeu·vre /mə'nu:və/ 〈主英〉**I** *n.* [C] ❶(部队、战舰等的)机动;调动;调遣:This critical stance gives him room for *manoeuvre*. 这一关键的态度使他有了很多机动余地。❷[～s]【军】(尤指大规模的)(对抗性)演习,演练:The new soldiers were divided into opposing teams and went out on *manoeuvres* in the field. 新兵分成两队,到野外进行对抗演习。❸(熟练或灵巧的)动作,行动;程序,方法:This gives him a freedom of *manoeuvre*. 这使他有了行动的自由。**II** *v.* ❶做(熟练或灵巧的)动作:Pheasants *manoeuvred* in the underbush. 雉鸡在灌丛中翻转腾挪。❷耍花招;用计谋:This seems like *manoeuvring*. 这种办法像是要手腕。〔亦作 maneuver〕

man·pow·er /'mænˌpauə/ *n.* [U] ❶人力,

劳力：an ancient building constructed entirely by *manpower* 一座完全靠人力建造的古建筑 ❷(可利用的)劳动力；人力资源；(可用)兵力，军力：The police are seriously short of *manpower*. 警力严重缺乏。

man·sion /ˈmænʃn/ *n.* ❶[C]豪宅，宅邸；大厦：I spent two nights in the *mansion*. 我在大厦里过了两宿。❷[～s]〈英〉公寓大厦，公寓楼；公寓楼中的套房：In my father's house are many *mansions*. 我父亲的房子里有多套住房。

man·u·al /ˈmænjuəl/ **I** *adj.* 〔无比较级〕 ❶[作定语]手动的；手工的，用手操作的：a *manual* gearshift 手动挡 ❷人力的，体力的；非自动的：hard *manual* work 艰苦的体力劳动 **II** *n.* [C]手册，说明书；指南：a users' *manual* 用户手册 ‖ **'man·u·al·ly** *adv.*

man·u·fac·ture /ˌmænjuˈfæktʃə/ **I** *vt.* ❶(用机器大规模地)生产，制造：Our company *manufactures* cars. 我们公司生产汽车。❷(用某种材料)加工，制作：The wood is *manufactured* into fine cabinetwork. 那段木料被制成了精细的家具。**II** *n.* [U] ❶(大规模的机器)制造；生产；加工：the *manufacture* of furniture 家具生产 ❷形成；创作；创造：the *manufacture* of stories 小说创作 ‖ **man·u'fac·tur·er** *n.* [C]

man·u·script /ˈmænjuˌskrɪpt/ *n.* [C] ❶手稿；手写本，手抄本：The location of the full *manuscript* of her novel was unknown. 她小说的完整手稿仍下落不明。❷(尚未付印的手写或打印)原稿，原件；初稿；稿件：His early work was still in *manuscript*. 他的早期作品尚未问世。

man·y /ˈmeni/ **I** *adj.* (more /mɔː/, most /məust/) 许多的，(很)多的，众多的：Ice cream comes in *many* flavours. 冰激凌有多种口味。**II** *pron.* [用复]许多人(或事物)，很多人(或事物)：*Many* were unable to attend. 很多人不能来参加。

☆ **many，countless，diverse，innumerable，numerous，several** 均有"数量多；多种多样的"之意。**many** 常用于具有共同点或相同性质

的人或物，具体数目不确切：Were there *many* people at the meeting? (参加会议的人多吗?) **countless** 指很多的、无数的或多得数不清的：He sent *countless* letters to the newspapers. (她给报社写了无数封信。) **diverse** 表示性质完全不同的或不同种类的，强调区别和鲜明对照：My sister and I have *diverse* ideas on how to raise children. (姐姐和我对抚养孩子有不同的观点。) **innumerable** 指数目太多而无法计数，表示无数的或数不清的，往往带有夸张的意味：The industrial age has brought *innumerable* benefits. (工业时代带来了相当多的好处。) **numerous** 表示为数众多的或非常多的，带有满足、密集或一个紧挨一个的意味：*Numerous* complaints have come in. (抱怨不断。) **several** 所指具体数目不确切，但至少在三个以上：They saw *several* strangers on the road. (他们看到路上有几个陌生人。)

map /mæp/ *n.* [C]地图；路线图：Please mark your university on this *map*. 请在这张地图上标出你们大学的所在地。‖ **'map·mak·er** *n.* [C]

ma·ple /ˈmeɪpl/ *n.* [C]【植】槭(树)，枫树：reddening *maples* 树叶正在变红的枫树

mar·a·thon /ˈmærəθən,θn/ *n.* [C][亦作 M-]马拉松(赛跑)(一项超长距离赛跑，全程 42 195 米，起源于希腊)：international *Marathon* 国际马拉松赛 ‖ **'ma·ra·thon·er** *n.* [C]

ma·raud /məˈrɔːd/ *v.* 掠夺，抢劫，劫掠(on，upon)：Those freebooters were *marauding* all across the country. 那些海盗在那个国家四处掠夺。‖ **ma'raud·er** *n.* [C]—**ma'raud·ing** *adj.* [作定语]

mar·ble /ˈmɑːbl/ *n.* [U]大理石；大理石块(或板)：columns of beautiful *marble* 漂亮的大理石柱 ‖ **mar·bly** *adj.*

march /mɑːtʃ/ **I** *v.* ❶行军，进军：The soldiers *marched* down the street. 士兵们沿着街道向前行进。❷(步伐齐整地)行走，行进；稳步地走(或前进)；(快步地)径直走：She *marched* off to bed. 她径直上床睡觉去了。**II** *n.* [C] ❶前进，行进；行军，进军：

M

make a forced *march* of five days 进行五天的急行军 ❷游行示威,游行抗议:a peace *march* 和平游行示威 ‖ **march·er** *n.* [C]

March /mɑːtʃ/ *n.* [C](一年之中的)三月(份)(略作 **Mar.** , **Mr.** , **M**):in the first week of *March* 3月的第一周

mar·ga·rine /ˌmɑːdʒə'riːn, ˌmɑːɡə-; 'mɑː-/ *n.* [U]人造黄油,植物黄油:spread some *margarine* on the toast 在吐司上面抹些植物黄油

mar·gin /'mɑːdʒin/ *n.* [C]❶页边空白,页边:Leave a good *margin* on all sides. 在四周留足空白。❷边,边缘,边沿:at the *margin* of the woods 在森林的边缘 ❸(超过或少于的)差额,差量;余额,余量;余地:disappointing sales and profit *margins* 令人失望的销售量和利润额

mar·gin·al /'mɑːdʒinºl/ *adj.* [无比较级]❶(印在或写在)页边的,页边空白处的;边注的:*marginal* illustrations 页边图示 ❷边缘的,沿边的;边缘地区的;构成边缘的:a *marginal* piece of land 边缘地区的一块地 ❸最低限度的,接近承受边缘的;勉强够格的:a *marginal* student 差生 ‖ **'mar·gin·al·ly** *adv.*

ma·ri·na /mə'riːnə/ *n.* [C](为小型船只提供系泊、补给和维修等服务的)小船坞,小船泊区

ma·rine /mə'riːn/ *adj.* [无比较级]❶海洋的;海里发现的;海产的:*marine* vegetation 海洋植物 ❷航海的;海运的;海事的:*marine* affairs 海事

mar·i·tal /'mæritºl/ *adj.* [无比较级]婚姻的;夫妻(间)的:*marital* crises 婚姻危机 ‖ **'mar·i·tal·ly** *adv.*

mar·i·time /'mæriˌtaim/ *adj.* [无比较级]❶航海的;海事的;海运的:*maritime* insurance 海事保险 ❷海洋的;海上的,沿海的;海边的;靠海居住的,生活在海边的:*maritime* provinces 沿海省份

M **mark** /mɑːk/ **I** *n.* ❶[C]痕迹,印迹,疤痕,瘢痕,伤痕,斑点;污点,污渍:the *mark* of an old wound 旧伤疤 ❷[C]符号,标记,记号:

punctuation *marks* 标点符号 ❸[C]标签,标志;商标:a laundry *mark* 洗衣店标志 ❹[C](考试等的)分数,等级;名次,排名;(操行等的)级别;评价:My *marks* in [for] music are 90. 我的音乐课分数是 90 分。**II** *vt.* ❶标志,表明…的特征:*mark* the beginning of civilization by the development of city life 以城市生活的发展作为文明起源的标志 ❷评判…的等级,给…打分;批改(学生作业):Poetry is very difficult to *mark*. 诗歌的优劣很难评判。❸(用记号)标出,标示,标明;做记号于:You should *mark* your own things. 你应该在自己的东西上写上名字做记号。

mar·ket /'mɑːkit/ *n.* [C]❶集市:a country *market* 乡村集市 ❷市场;集贸市场;商贸中心,中心市场;超市;经销地区:Annie took the bus into London to shop in the *market*. 安妮乘车到伦敦的商业中心购物。❸(尤指特定商品的)交易,买卖:The coffee *market* is very excited. 咖啡的买卖相当活跃。‖ **'mar·ket·a·ble** *adj.* —**'mar·ket·er** *n.* [C]

mar·ket·ing /'mɑːkitiŋ/ *n.* [C]❶销售学;市场推广:She majored in *marketing*. 她主修市场营销。❷采购食品:Her husband did the *marketing* on Fridays. 她丈夫星期五负责买食物。

mar·quis /'mɑːkwis, mɑː'kiː/ *n.* [C]([复]**mar·quis·es** 或 **mar·quis** /mɑː'kiː/)(英国等的)侯爵

mar·riage /'mæridʒ/ *n.* ❶[U]结婚,成亲:different customs of *marriage* 不同的婚俗 ❷[C;U]婚姻;婚姻生活;夫妻关系,婚姻关系:Her last two *marriages* were unhappy. 她的前两次婚姻都不幸福。

mar·ried /'mærid/ *adj.* [无比较级]❶已婚的;有妇(或夫)的:Though twice *married*, Constantine had no offspring. 康斯坦丁尽管已结了两次婚,却没有子女。❷[作定语]夫妻的;婚姻的:*married* love 夫妻之爱

mar·row /'mærəu/ *n.* [U]【解】髓;骨髓;脊髓:bone *marrow* transplants 骨髓移植

mar·ry /'mæri/ *v.* 结婚,成亲:*marry* like a shot 闪电式结婚

marsh /mɑːʃ/ n. [C]沼泽,湿地 ‖ 'mar·shy adj.

mar·shal /'mɑːʃ³l/ n. [C] ❶〈美〉联邦司法区执法官;市司法官 ❷市警察局局长;消防队长 ❸司仪,典礼官 ❹[M-]〈法国等军队的〉最高指挥官,元帅:Field Marshal 陆军元帅

mar·tial /'mɑːʃ³l/ adj. [无比较级][作定语]战争的;适合于战争的:martial array 战争布阵 ‖ 'mar·tial·ly adv.

mar·tyr /'mɑːtə³/ n. [C] ❶殉道者;殉教者:early Christian martyrs 早期的基督教殉道者 ❷(为某种事业或信仰献身的)烈士,殉难者:The martyrs who died for the liberty of our country did not die for nothing. 为祖国的自由而牺牲的烈士们的鲜血没有白流。 ❸饱受(疾病等)折磨的人(to):My aunt is a martyr to migraine. 我姑姑饱受偏头痛的折磨。 ‖ mar·tyr·dom /'mɑːtədəm/ n. [U]

mar·vel /'mɑːv³l/ n. [C]出奇的事,令人惊奇的事;奇迹,奇观:My teacher is a marvel of patience. 我的老师有着出奇的耐心。

mar·vel·(l)ous /'mɑːvələs/ adj. ❶〈口〉了不起的;绝妙的;很棒的:a marvelous idea 绝妙的主意 ❷令人吃惊的,使人惊异的;非同寻常的,奇异的:Her bedroom contained a marvelous glass bed. 她的卧室里有一张非同寻常的玻璃床。 ‖ 'mar·vel·(l)ous·ly adv.

Marx·ism /'mɑːksiz³m/ n. [U]马克思主义 ‖ 'Marx·ist, Marx·i·an n. [C] & adj.

mas·cu·line /'mæskjulin; 'mɑːs-/ adj. ❶[无比较级]男人的,男子的;男性的;男性主导的,男性控制的:She was a woman who spoke her mind in a masculine society. 她是一个在男权社会里表达自己想法的女性。 ❷男子气概的,男子汉的;阳刚的,强壮的;精力旺盛的;适合男子特性的:She loved the masculine aspects of Stanley. 她爱上了斯坦利的阳刚之气。 ‖ mas·cu·lin·i·ty /ˌmæskjuˈliniti/ n. [U]

mash /mæʃ/ vt. ❶将(土豆等)碾成糊状;捣碎,捣烂:Please mash the potatoes for tomorrow's dinner. 请把土豆做成泥,明天吃。 ❷压碎,压坏:He mashed his thumb with a hammer. 他用锤子压坏了拇指。

mask /mɑːsk;mæsk/ I n. [C] ❶(用于娱乐、防护或伪装等的)(假)面具,鬼脸;面罩,口罩:She dropped the mask and smiled at me. 她摘下面具冲我笑笑。 ❷掩饰,伪装,假面:In spite of the threat of war, the city seems determined to put on a mask of normality. 尽管有战争的威胁,这座城市似乎还是着意摆出一切如常的样子。 II vt. ❶〈喻〉掩饰,掩盖,遮掩;伪装,假装;使不易察觉:His dusty face masked his age. 他灰尘蒙面,使人看不出他的年纪。 ❷在(脸部)戴上面具(或面罩);用面具(或面罩)防护(或遮蔽):She is masking her face except for the eyes. 她把脸全都罩住,只露出眼睛。 ‖ masked adj.

ma·son /'meis³n/ n. [C]石工,石匠,砖瓦匠

mass /mæs/ n. ❶[C](积聚的)(一)块,(一)堆,(一)团:He was frightened by the amorphous mass which had floated in from the sea. 他被那一团从海里浮起来的不定型的东西吓倒了。 ❷[C]大量;大宗;大批:a mass of errors 一大堆错误

mas·sa·cre /'mæsəkə³/ n. [C] ❶大屠杀,残杀;(牲畜的)成批屠宰:a massacre of civilians 对平民的大规模屠杀 ❷(彻底的)毁坏,破坏,浩劫:the deads from the massacre 惨遭浩劫后留下的尸体

mas·sage /'mæsɑːʒ,-sɑːdʒ/ n. [C;U]按摩,推拿:have a massage 进行按摩

mas·sive /'mæsiv/ adj. ❶(尤指物体)大块的;大而重的,笨重的;厚实的,结实的:The sun is 330,000 times more massive than the earth. 太阳比地球重 330 000 倍。 ❷(五官等面貌或身材)宽大的;粗壮的,魁梧的:His voice was strangely small coming out of his massive form. 从他那魁梧的身躯里发出的声音小得让人奇怪。 ❸大批的,大量的;大规模的,巨大的:massive amounts of financial aid 巨额财政援助 ‖ 'mas·sive·ly adv. — 'mas·sive·ness n. [U]

mast /mɑːst;mæst/ n. [C] ❶【海】桅杆,船

桅;旗杆:The flag was fluttering from the top of the *mast*. 旗帜在旗杆顶部飘扬。❷(起支撑作用的)柱,杆:television *masts* 电视天线杆

mas·ter /ˈmɑːstə; ˈmæs-/ **I** *n.* [C] ❶艺术家,艺术巨匠,艺术大师:a zen *master* 禅宗大师 ❷〈主英〉(尤指执教于私人学校的)男教师 ❸(录音、录像的)原版;(磁带的)母带;(唱片的)模版:I have sent her a copy of the recording and have kept the *master*. 我已经送了一盘复制的录像带给她,把原版保存起来了。 **II** *vt.* ❶学会;熟练掌握,精通:My sister has already *mastered* riding her bicycle. 我妹妹已经学会了骑自行车。❷成为…的主宰;制服,征服;控制:These diseases, not yet *mastered*, are simply beyond our grasp. 这些未被攻克的疾病让我们无能为力。

mas·ter·ful /ˈmɑːstəfˀl; ˈmæs-/ *adj.* ❶摆主人架子的,盛气凌人的;爱发号施令的,好支配人的;专横的,专权的:Her tone had become more *masterful*. 她的口气愈发盛气凌人了。❷娴熟的,熟练的;精湛的,技艺高超的;精彩的;出色的:a *masterful* answer 巧妙的回答 ‖ ˈmas·ter·ful·ly *adv.*

mas·ter·mind /ˈmɑːstəˌmaind; ˈmæs-/ *vt.* 谋划;暗中指挥,幕后策划:*mastermind* a project 主谋一项计划

mas·ter·piece /ˈmɑːstəˌpiːs; ˈmæs-/ *n.* [C] ❶杰作,代表作;突出成就;出色表现:Her cake was a *masterpiece*. 她的蛋糕真是杰作! ❷(最能体现特质的)最佳范例,突出典型:a *masterpiece* of selfishness 自私自利的最佳范例〔亦作 **masterwork**〕

mas·ter·y /ˈmɑːstˀri; ˈmæs-/ *n.* ❶[U;C]超凡技艺,专长:still lives painted with a *mastery* 用高超技艺绘制的静物画 ❷[C]熟练掌握;精通:a *mastery* of French 精通法语 ❸[U]指挥权,控制权;统治;操纵:The flames soon obtained the complete *mastery* of the house. 熊熊火焰顿时将那幢房子吞没了。❹[U]胜利,优胜;优势:In the end love got the *mastery*. 最后还是爱情占了上风。

mast·head /ˈmɑːstˌhed; ˈmæst-/ *n.* [C] (报刊的)刊头,报头;刊名,报名

mat /mæt/ *n.* [C] ❶地席;(铺在门口、浴室等处的)地垫:bath *mat* 浴室地垫 ❷(防潮隔热用的)杯垫,桌垫 ❸(厨房炉灶或洗涤槽等表面的)清洁护垫

match¹ /mætʃ/ *n.* [C] (一根)火柴:My *match* lights easily. 我这火柴容易划着。

match² /mætʃ/ **I** *n.* [C] ❶配对物;相配(或相似、相同)的人(或物);一对中的一个:This new tablecloth is a good *match* for the carpet. 这块新台布和地毯很相配。❷(有竞争实力的)敌手,对手;可匹敌之物:This campaign of calumny does not possess its *match* in history. 这一造谣中伤运动是史无前例的。❸相配的一对(人或物);组合:The blue hat and green scarf were not a good *match*. 蓝帽子和绿围巾不大配。❹竞赛,比赛:final *matches* 决赛 **II** *vt.* ❶(分数、数量上)使相符,使一致:He couldn't match his earlier score. 他的比赛成绩不如以前了。❷(款式、颜色、风格等)与…相配;与…相符;与…一致;适应:The colour of the carpet does not *match* that of the wallpaper. 地毯与墙纸的颜色不太协调。❸(行为、作品与信仰、观点等)相符,相一致:Her look *matches* her mood. 从她的表情可知她的情绪。❹匹配;对应;找出…与…的关联:*Match* the puzzle pieces to the clues at the bottom. 把谜面与底部的提示对应起来。

match·less /ˈmætʃlis/ *adj.* [无比较级]无与伦比的;举世无双的;无可匹敌的:The lady is still in her *matchless* beauty. 那女子仍然是那样艳丽无比。

mate /meit/ *n.* [C] ❶〈口〉配偶,伴侣,爱人;丈夫;妻子:She mourned for her dead *mate*. 她因丈夫的去世感到悲痛。❷[常用于对男性的称呼]老兄,老弟;哥们儿,伙计:Feel like a drink, *mate*? 来喝点儿吗,老兄? ❸[常用以构成复合词](尤指同性的)朋友,伙伴;同事;合伙人:room-*mate* 室友 ‖ ˈmat·ing *adj.*

ma·te·ri·al /məˈtiəriəl/ **I** *n.* ❶[U]原料,材料;物资:building *material* 建材 ❷[～s]

(必备的)用具,设备,器材:painting *materials* 绘画用品 **II adj.** [无比较级][作定语] ❶物质的;实物的,实体的;有形的:the *material* world 物质世界 ❷重要的,关系重大的;有意义的;实质性的:In this dialogue she held a *material* part. 她在讨论中起了举足轻重的作用。 ‖ **ma'te·ri·al·ly adv.**

ma·te·ri·al·ism /mə'tiəriə¸liz°m/ *n.* [U]物质主义,实利主义 ‖ **ma'te·ri·al·ist *n.*** [C]—**ma·te·ri·al·is·tic** /mə¸tiəriə'listik/ *adj.*

ma·ter·nal /mə'tɜːn°l/ *adj.* [无比较级] ❶母亲的;母亲似的,慈母般的:She is very *maternal* towards her staff. 她对手下的职员很慈爱。❷[作定语]母系的;娘家的,母亲一方的;母亲遗传的:Her beautiful long hair was a *maternal* inheritance. 她那一头漂亮的长发是母亲的遗传。 ‖ **ma'ter·nal·ly adv.**

math /mæθ/ *n.* 〈口〉=mathematics

math·e·mat·i·cal /¸mæθi'mætik°l/ *adj.* [无比较级][作定语]数学的;数学方面的:a *mathematical* formula 数学公式 ‖ **¸mathe'mat·i·cal·ly adv.**

math·e·mat·ics /¸mæθi'mætiks/ [复] *n.* ❶[用作单]数学:pure [applied] *mathematics* 纯[应用]数学 ❷[用作复]数学运算;数学应用〔亦作 **math**〕

mat·ri·mo·ny /'mætrim°ni/ *n.* [U] ❶婚姻生活;婚姻关系:He is a widower,having tried *matrimony* for twelve months in his youth. 他是个鳏夫,年轻时只尝过一年的伉俪之爱。❷结婚;婚姻:She must be allowed to be a favourite of *matrimony*. 她应该说是赞成男娶女嫁的。 ‖ **mat·ri·mo·ni·al** /¸mætri'məuniəl/ *adj.*—**¸mat·ri'mo·ni·al·ly adv.**

mat·ter /'mætə/ **I n.** ❶[U]物质:three states of *matter* 物质的三种形态 ❷[C] [**a ～ of**]事情,事件;问题:Using a computer is just a *matter of* patience and training. 使用计算机只是需要些耐心和培训而已。 **II vi.** [不用进行时态]有重要性,事关重大;有关系;要紧:The cost doesn't *matter* to

him. 花费对他来说是无所谓的。 ‖ **as a matter of fact adv.** 事实上,实际上,其实:But *as a matter of fact* my concern has been with the ideal value of things,events and people. 然而实际上我关心的是物、事和人的理想价值。**no matter adv.** & **conj.** ❶[与 how,what,when,where,which,who,whom,whose 等连用]无论…,不管…:She ignored them,*no matter what* they did. 无论他们做了什么,她都根本不理会。❷没关系,不要紧:A: Whoops! I've spilt my coffee. B: *No matter*,here's another one. 甲:哎呀! 我把咖啡洒了。乙:没关系,再来一杯。

mat·tress /'mætris/ *n.* [C]床垫,褥垫

ma·ture /mə'tjuə/ *adj.* ❶(生理、心理等方面)发育完备的,成熟的:He is *mature* enough to make up his own mind. 他已很成熟,完全可以拿主意。❷(尤指植物等)熟的,长成的;(酒类等)酿熟的:Do you prefer mild or *mature* cheddar? 你是要淡味的还是酿熟的浓味切德干酪? ❸[作定语]成年人的:*mature* subjects 成人话题 ‖ **ma·tur·a·tion** /¸mətjuə'reiʃ°n/ *n.* [U]—**ma'ture·ly adv.**

max /mæks/〈俚〉*n.* [U][常用于数字后]最大量,最大值,最多:That pair of shoes cost $80 *max*. 那双鞋子最多花 80 美元。 ‖ **to the max adv.** 最大程度地;完全地:We drove her car *to the max*. 我们把她的车开到了极限速度。

max·im /'mæksim/ *n.* [C]格言,箴言,警句;座右铭

max·i·mal /'mæksim°l/ *adj.* [无比较级][通常作定语]最大的;最高的:a *maximal* increase in employment 就业人数最大限度的增长 ‖ **'max·i·mal·ly adv.**

max·i·mize /'mæksi¸maiz/ *vt.* ❶使达到(或增长到)最大限度:ways of *maximizing* profit 获取最大利润的方法 ❷充分利用:*maximize* one's time 充分利用某人的时间

max·i·mum /'mæksim°m/ **I n.** [C] ([复]-ma /-mə/或-mums) 最大限度;最大

M

数量，最大值；最高点，顶点：At a *maximum*,we have twenty students in each class. 我们每个班级 20 名学生，这已经是最大限度了。II *adj.* ［无比较级］［作定语］最大限度的；最大的；最高的，顶点的：This requires *maximum* effort. 这件事需要全力以赴去做。

may /mei/ *aux. v.* （might /mait/）［无人称变化，后接不带 to 的不定式］❶［后可跟well 加强语气］［表示可能性］可能，或许，想必：Payment *may* be deferred until the end of the month. 付款可能会延迟至本月底。❷［表示许可，请求或（对请求的）许可］可以：You *may* go,only come back early. 你可以去，不过要早些回来。❸［用于目的、条件、结果、让步状语从句］以便能够；可能，或许：Ben *may* only be ten,but he plays the guitar beautifully. 本虽然才十岁，但吉他却弹得非常好。❹［表示希望或愿望］愿，祝，希望：May you live a long and happy life! 祝您健康长寿、生活幸福!

May /mei/ *n.* ［U;C］5 月

may·be /'mei,bi:/ *adv.* 可能，或许，大概：*Maybe* Bailey has an extra shirt in his suitcase. 没准巴利的箱子里还有一件备用的衬衫。

may·or /'meə'/ *n.* ［C］市长；镇长 ‖ 'may·or·al *adj.* — may·or·al·ty /'meər°lti/ *n.* ［U］

maze /meiz/ *n.* ［常作单］❶迷宫,迷径；lead sb. through a *maze* of caves 带某人穿过迷宫般的洞穴 ❷错综复杂(的事物),盘根错节(的事物)：a *maze* of interlacing waterpipes 错综复杂的水管

MBA,M.B.A. *abbr.* Master of Business Administration ❶工商管理学硕士学位 ❷工商管理学硕士学位获得者

me /mi:,mi/ *pron.* ［I 的宾格形式］我：Give *me* your hand. 把你的手给我。

mead·ow /'medəu/ *n.* ［C］(平坦的)草地；草场：There were cows in the *meadow*. 草场上有奶牛。

meal /mi:l/ *n.* ［C］(一)餐,(一顿)饭：He eats three *meals* a day. 他一日吃三餐。

mean¹ /mi:n/（meant /ment/）*vt.* ❶［不用进行时态］(词语、句子等)意思是，表示…的含意；So what does the word *mean* nowadays? 那么这个词现在是什么意思呢? ❷［不用进行时态］意指，意谓：I *meant* the police chief. 我指那位警察局局长。❸［常接动词不定式］想,打算；意欲；怀有…目的：He *means* no mischief. 他并非存心捣蛋。

mean² /mi:n/ *adj.* ❶〈口〉怀有恶意的，恶毒的：a *mean* smile 狞笑 ❷吝啬的，小气的；不大度的，心胸狭窄的（with）：He is very *mean with* his money. 他很吝啬自己的金钱。‖ 'mean·ly *adv.* —'mean·ness *n.* ［U］

mean³ /mi:n/ I *n.* ［C］❶［常作～s］［用作单或复］方法,手段；工具；途径：The job was a *means* to several ends. 这份工作是达到许多目的的手段。❷【数】平均(数)，平均(值)；中数：compare the *means* of the different groups 比较各组的平均数 II *adj.* ［无比较级］［作定语］中间的，居中的：the *mean* position 中间位置

me·an·der /mi'ændə'/ *vi.* ❶(道路、河流等)蜿蜒而行,曲折而流：A path *meandered* through woods to the swamp's edge. 小径迂回地穿过树林,朝沼泽边延伸而去。❷徘徊；闲逛（along, through）：He objects to people *meandering* about in his fields. 他不愿别人在他的田地里漫步。

mean·ing /'mi:niŋ/ *n.* ❶［C;U］意思,含义：Now he knew the *meaning* of terror. 他此刻体会到恐惧的滋味了。❷［U］重要性；价值；意义：This law has *meaning* for everyone. 这部法律对每个人来说都很重要。‖ 'mean·ing·less *adj.*

mean·ing·ful /'mi:niŋf°l/ *adj.* ❶有意义的，意味深长的：exchange *meaningful* glances 意味深长地互视 ❷认真的,严肃的；重要的：She wanted a *meaningful* relationship. 她希望有一份认真的情感。‖ 'mean·ing·ful·ly *adv.* —'mean·ing·ful·ness *n.* ［U］

meant /ment/ *v.* mean 的过去式和过去分词

mean·time /'mi:n,taim/ I *n.* ［U］间隔；其

间；We have to leave at seven；in the *meantime*，let's have a drink. 我们必须在 7 点出发；走之前我们喝点东西吧。II *adv.* ＝meanwhile

mean·while /'miːnˌwail/ I *n.* ＝meantime II *adv.* [无比较级] ❶ 在此期间：*Meanwhile* he was only just beginning to enjoy his new life. 此间他才刚开始享受新的生活。❷ 与此同时；此时，那时：*Meanwhile* her taxes had been remitted. 与此同时，她的税款已被汇出。

meas·ur·a·ble /'meʒʳəbʳl/ *adj.* ❶ 可测量的，可计量的：a quantifiable and *measurable* market share 可量化并可计量的市场份额 ❷ 引人注目的；重大的；具有重要意义的：*measurable* improvements in the quality of the products 产品质量的重大提高 ‖ 'meas·ur·a·bly *adv.*

meas·ure /'meʒʳ/ I *n.* ❶ [C] 计量单位；(蒲式耳等) 容积单位：The metre is a *measure* of length. 米是长度单位。❷ [C] [用单] (衡量一个人或事物的) 标准，尺度：In philosophy, time is the *measure* of motion. 在哲学上，时间是衡量运动的标准。❸ [常作～s] 措施，举措，策略；方法，办法：The government is considering new *measures* against crime. 政府正在考虑采取打击犯罪的新措施。II *vt.* ❶ 测量；计量：a technique for *measuring* bamboo's tensile strength 用于测量竹子张力的技术 ❷ (依照一定的标准) 对 (质量、能力、品行等) 作出评价，评估，估计：You shouldn't overlook educational values that cannot be *measured* in dollars. 您不应该忽视无法用金钱衡量的教育价值。‖ 'mea·sure·less *adj.*

meas·ure·ment /'meʒʳmənt/ *n.* ❶ [U] 测量，计量，量度：Two different kinds of *measurement* are used in a horoscope. 占星术中使用了两种不同的量度方式。❷ [常作～s] (测得的) 尺寸，大小；长 (或宽、高、深) 度；面 (或体、容) 积：The architects made careful *measurements*. 建筑师们进行了精心测量。❸ [U] 度量法，计量法：the metric system of *measurement* 米制度量衡

meat /miːt/ *n.* ❶ [U；C] 肉制品，肉食品：Is the *meat* fresh? 这肉新鲜吗？❷ [U] (水果、核桃、禽蛋、贝类等的) 可食用部分，肉：crab *meat* 蟹肉

me·chan·ic /mi'kænik/ *n.* [C] 机械工，机修工：a car *mechanic* 汽车修理工

me·chan·i·cal /mi'kænikʳl/ *adj.* ❶ [无比较级] 机械的，机械装置的：He has little *mechanical* knowledge. 他对机械了解很少。❷ [无比较级] 用机器制造 (或制作) 的；用机器操作的：*mechanical* toys 机制玩具 ❸ (人或其行为) 机械的，呆板的；缺乏思想 (或感情) 的；习惯性的；没有独创性的：His gratitude seemed rather *mechanical*. 他的感激看上去并无一点真心。‖ me'chan·i·cal·ly *adv.*

me·chan·ics /mi'kæniks/ [复] *n.* ❶ [用作单] 力学；机械学：*Mechanics* includes the study of kinetics. 力学包括动力学在内。❷ [the ～] [用作复] 基本方法，机制；例行程序 (或手续)；技术性细节；技艺：the *mechanics* of running a business 经营企业的方法

med·al /'medʳl/ *n.* [C] 奖章，勋章；奖牌；纪念章；徽章：He won a *medal* in World War II. 他在第二次世界大战中获得了一枚勋章。

med·dle /'medʳl/ *vi.* 干涉，插手；好管闲事 (*in*，*with*)：Do not *meddle in* things that do not concern you. 不要插手那些与你无关的事情。‖ 'med·dler *n.* [C]—**med·dle·some** /'medʳlsʳm/ *adj.*

me·di·a /'miːdiə/ [复] *n.* ❶ medium 的复数：mass *media* 大众媒体 ❷ [通常作 the ～] (包括报纸和电台等的) 新闻媒体：a *media* celebrity 媒体名人

me·di·an /'miːdiən/ I *adj.* [无比较级] [通常作定语] (位于) 中间的，居中的：the *median* position 中间位置 II *n.* [C] ❶ [数] 中间数，平均数 ❷ [数] (三角形的) 中线

me·di·ate /'miːdiˌeit/ *v.* 调解，斡旋，充当中间人 (*in*，*between*)：He is appointed to *mediate in* a legal dispute. 他被指派去调解一起

法律纠纷. ‖ **me·di·a·tion** /ˌmiːdiˈeiʃⁿn/ *n.*
〔U〕—'**me·di·a·tor** *n.* 〔C〕

med·i·cal /ˈmedikᵊl/ *adj.* 〔无比较级〕〔作
定语〕❶医学的，医学上的：*medical* circles
医学界 ❷医疗的；医用的：*medical* products
医药产品 ‖ '**med·i·cal·ly** *adv.*

med·i·cine /ˈmedⁱsin/ *n.* ❶〔C；U〕(尤指用
于内服或口服的)药物，药品，药剂：Al-
though she has taken a lot of *medicines*, her
disease doesn't change for the better. 她尽
管吃了许多药，病情仍不见好转. ❷〔U〕医
学；医术；诊治：Williams practiced *medicine*
in Rutherford. 威廉姆斯在卢瑟福行医.

med·i·e·val /ˌmediˈiːvᵊl/ *adj.* 〔无比较级〕
中世纪的，中古(时期)的；中世纪风格的；似
中世纪的；仿中世纪(风格)的：*medieval* lit-
erature〔architecture〕中世纪文学〔中世纪
风格的建筑〕〔亦作 **mediaeval**〕 ‖ **med·i·e-
val·ist** *n.* 〔C〕

med·i·tate /ˈmediteit/ *vi.* ❶默念，冥想：
He *meditates* twice a day. 他每天默念两
次. ❷沉思；冥思苦想(*on*，*upon*)：He sat on
the grass *meditating on* his misfortunes. 他
坐在草地上冥想自己的不幸.

med·i·ta·tion /ˌmediˈteiʃⁿn/ *n.* 〔C；U〕默
念；沉思，冥思苦想：In my *meditations* I
came across that idea. 苦思冥想之中，我想
到了那个主意.

me·di·um /ˈmiːdiəm/ **I** *n.* 〔C〕(〔复〕**-di·a**
/-diə/或**-diums**) ❶中等，适中；中庸；中间
(物)：find the *medium* between severity and
leniency 寻求宽严适中 ❷媒介，介质；传导
体：The atmosphere is a *medium* for sound
waves. 大气是传播声波的一种介质. ❸方
法，手段，工具：Television can be an excel-
lent *medium* for education. 电视可以成为
一种极好的教育手段. **II** *adj.* 〔无比较级〕
〔通常作定语〕❶(质量、程度等)中间的，适
中的：a *medium*-priced ticket 中价位票
❷(数量、大小、身高等)中等的，平均的，一
般的：This man is of *medium* height. 此人
中等身材.

meet /miːt/ (**met** /met/) *v.* ❶遇见，碰见；

(会)见：She wanted to *meet* her daughter.
她想见到她的女儿. ❷结识，与…相识；被
介绍与…认识：Nice to *meet* you. 见到你，
我很高兴. ❸迎接(人、火车、飞机等)：
We'll *meet* the train from Beijing. 我们要去
接从北京来的火车. ❹满足(需要、要求
等)；达到(目标、目的等)：The new industry
would have to *meet* the zero-pollution stand-
ard. 这项新产业应该符合零污染的标准.

meet·ing /ˈmiːtiŋ/ *n.* ❶〔常用单〕会面，会
合，见面：an unexpected *meeting* 不期而遇
❷〔C〕(尤指社团、委员会成员等参与的)集
会；会议：They called a special *meeting* to
settle the matter. 他们召开了一次特别会
议来解决这一问题.

meg·a·phone /ˈmegəfəun/ *n.* 〔C〕扩音器；
传声器；喇叭；话筒：address the crowd
through a *megaphone* 用喇叭筒向人群作
演说

mel·low /ˈmeləu/ **I** *adj.* ❶(果实)(成)熟
的；甘美多汁的：*mellow* wine 醇香的美酒
❷(声音、颜色、光线等)柔和的：*mellow* col-
ours of the dawn sky 拂晓时天空中柔和的
色彩 ❸(人或其性格等)老练的；稳重的；成
熟的：He became *mellow* after his retire-
ment. 退休之后，他变得沉稳了. **II** *v.* ❶使
(果实)变熟；使变得甘美多汁 ❷使(声音、
颜色、光线等)变得柔和：Gentle sunshine
mellowed the old garden, casting an extra
sheen of gold on leaves that were gold al-
ready. 温柔的阳光柔和地照在老园里，在
那已金灿灿的叶子上又洒上点点金辉.
❸使(人或其性格等)变得老练(或稳重)：
The years have *mellowed* him. 这些年的日
子使他变得老成了.

mel·o·dy /ˈmelədi/ *n.* 〔C〕【音】旋律；曲调，
(乐曲)主调；歌曲：They played some
beautiful Chinese *melodies*. 他们演奏了一
些优美的中国乐曲.

mel·on /ˈmelᵊn/ *n.* 〔U；C〕瓜(指甜瓜、西瓜
等葫芦科植物的果实)：I had some *melon*
for breakfast. 我早餐吃了点甜瓜.

melt /melt/ *v.* ❶使熔化；使溶化；使融化：
The hot sun *melted* the snow. 灼热的阳光

晒化了积雪。❷使渐渐减少,使消失:The cost of her medicine *melted* their savings away. 她买药的花销使得他们的积蓄日益减少。❸使心软;使(心肠等)变软:The pride that shines in their eyes when they look at their grandson *melts* me. 他们注视孙子时目光中闪耀着的自豪眼神令我感动。

mem·ber /'membə'/ *n.* [C] ❶(社团、组织、团体等的)成员,会员;一分子:two *members* of staff 两名员工 ❷(人体、动物等的)组成部分(如手、足等肢体)

mem·ber·ship /'membəʃip/ *n.* ❶[U]会员资格(或身份、地位);会(或党、团)籍:They were suspended from club *membership* for two years. 他们被取消了两年俱乐部会员资格。❷[C]通常用单]会员数:The *membership* of the society is 200. 该社团拥有200名会员。

me·men·to /mi'mentəu/ *n.* [C]([复]-o(e)s)令人想起故人(或往事)的东西;纪念物,纪念品:a small gift as a *memento* of the journey 作为此次旅行纪念的小礼品

mem·o /'meməu/ *n.* [C]([复]-os)〈口〉=memorandum

mem·oir /'memwɑːʳ/ *n.* ❶[C](根据本人的所见所闻为他人撰写的)传记,传略;(重大事件的)实录:a *memoir* of life in England in the 60s 60年代英国生活实录 ❷[~s]自传;回忆录:The retired general has begun to write his *memoirs*. 那位退役的将军已着手撰写自传。

mem·o·ra·ble /'memʳrəbʰl/ *adj.* 值得纪念的;难以忘怀的:The performance was *memorable* for its splendour and grandeur. 演出活动以其豪华壮观而令人难忘。‖ 'mem·o·ra·bly *adv.*

mem·o·ran·dum /ˌmeməˈrændʰm/ *n.* [C]([复]-da /-də/或-dums) ❶备忘录,(以助于记忆的)备忘便条:This book was assembled from his diaries,*memorandums* and letters. 这部书是根据他的日记、备忘录和书信汇编而成的。❷商业便函(或便笺)〔亦作memo〕

me·mo·ri·al /mi'mɔːriəl/ *n.* [C]❶纪念物;纪念仪式;纪念日;纪念,留念:The statue is a *memorial* to Sir Winston Churchill. 这尊塑像是为了纪念温斯顿·丘吉尔爵士的。❷纪念碑;纪念馆:a *memorial* to the men who died in the war 阵亡将士纪念碑

mem·o·rize /'meməˌraiz/ *vt.* 记住;将…背下,熟记:Summoning his powers of concentration,the artist *memorized* details of the man's face and carriage. 艺术家敛心凝神,记住了那个男人的脸庞和姿态的细微之处。‖ mem·o·ri·za·tion /ˌmeməraiˈzeiʃʰn;-riˈz-/ *n.* [U]

mem·o·ry /'memʳri/ *n.* ❶[U]记忆:She tried to obliterate the tragic event from her *memory*. 她想把那个悲剧事件从记忆中抹去。❷ [C] 记性;记忆力:The ninety-five-year-old economist taps his *memory*. 这位95岁高龄的经济学家绞尽脑汁地回忆。❸[U]【计】内存,存储(器);存储量:a *memory* for instructions 指令存储器

men /men/ *n.* man 的复数

men·ace /'menəs/ *n.* ❶[C]构成威胁的人(或物):He is a *menace* to society and should be locked away. 他是个社会危险分子,理应被关押起来。❷[U]威胁;恐吓:Gradually they came to see the *menace* to themselves. 他们渐渐知道了自己所面临的危险。

men·ac·ing /'menəsiŋ/ *adj.* 威胁的;威吓的;造成威胁的:*menacing* looks 吓人的表情

mend /mend/ *vt.* ❶修理(物品),修补(道路等);缝补(衣物等):He used to *mend* our car. 他以前常给我们修车。❷使得到改善,改进;使(事态等)出现转机:Their effort won't *mend* the matters. 他们的努力于事无补。❸使康复;使痊愈:The treatment *mended* his broken leg. 通过治疗他那骨折的腿痊愈了。‖ 'mend·er *n.* [C]
☆mend,darn,patch,rebuild,repair 均有"修理,修补"之意。mend 主要指破碎、撕裂或久用而损坏的日常用品修复以便再次使用:*mend* a broken mug(修补破杯子)

darn 常指用交替针线缝合裂口或裂缝：*darn* a sock (补袜子) **patch** 常指用相似的材料缝合裂口或裂缝，有时也含草率仓促之意：They *patched* up the wounded soldiers and sent them back to the front again. （他们草草把伤兵的伤口扎好后又送他们回前线了。）**rebuild** 多用于工业，表示重新组装或组建某一事物，使其具新貌：The church was *rebuilt* after the fire. （这所房子是在那次大火后重建的。）**repair** 常指修理部分毁坏、损伤面较大或损坏较严重的东西，含修复过程较复杂之意：The old car can't be *repaired*. （这辆老爷车修不好了。）

mend·ing /'mendiŋ/ *n.* [U] ❶修补，修理，缝补：The *mending* of the chair took a long time. 修理椅子花了很长时间。❷需缝补（或织补）的东西（尤指衣物）：a basket of *mending* 一篮子要缝补的衣物

men's room *n.* [C]男厕所；男盥洗室

men·tal /'ment°l/ *adj.* [无比较级][作定语] 思想的，思维的；精神的；心理的：*mental* arithmetic 心算 ‖ 'men·tal·ly *adv.*

men·tal·i·ty /men'tæliti/ *n.* ❶[U]智力（水平），智能：As far as his *mentality* goes, he has no rivals. 就智力而言，无人能与他匹敌。❷[C]思想（方法）；想法，观点：Our whole corporate *mentality* has to be changed. 我们整体的公司理念都要改变。

men·tion /'menʃ°n/ **I** *vt.* 提及，提到，说起，谈起：Did you *mention* this to your friend? 你对你的朋友谈起此事了吗？**II** *n.* [U] 提及，提到，说起：Few of the sights of the old city escape all *mention*. 该古城的风光只有极少数未被全面提及。‖ *not to mention vi.* 更不用说，更不用提；而且：It is too late for you to go out, *not to mention* the fact that it's raining. 你这时候出去太晚了，更何况天正在下雨。

men·u /'menju:/ *n.* [C] ❶菜单；（端上餐桌的）菜肴：There were no *menus*, and you ate what you were given. 当时没有菜单，给你什么就吃什么。❷【计】（功能）菜单：From the *menu* select S, N, or D. 根据这个菜单选择 S、N 或者 D。

mer·chan·dise /'mɜːtʃ°n,daiz/ *n.* [U] ❶货物；商品：*merchandise* from all over the world 来自世界各地的商品 ❷（商店的）商品存货：take an inventory of all the *merchandise* 对所有商品进行库存清查 ‖ 'mer·chan,dis·er *n.* [C]

mer·chant /'mɜːtʃ°nt/ *n.* [C] ❶商人；（尤指从事外贸的）批销商：an import-export *merchant* 从事进出口业务的商人 ❷零售商；零售店店主

mer·ci·ful /'mɜːsif°l/ *adj.* ❶仁慈的，慈悲的；富于同情心的；宽大的：be *merciful* to the prisoners 对囚犯宽大处理 ❷（因解脱痛苦等而）令人欣慰的；不幸中之大幸的：a *merciful* death （不再使人受苦的）安乐死 ‖ 'mer·ci·ful·ly *adv.*

mer·ci·less /'mɜːsiləs/ *adj.* ❶毫无同情（或怜悯）之心的，无情的；残忍的：He was *merciless* in his criticism of the newspapers. 他对报纸进行了无情的抨击。❷（风、雨等）强烈的，严重的；肆虐的：*merciless* snowstorms 强暴风雪 ‖ 'mer·ci·less·ly *adv.*

mer·cu·ry /'mɜːkjuri/ *n.* ❶[U]【化】汞，水银：the colour of *mercury* 一片银白色 ❷[the ～]（温度计中的）汞柱；温度：The *mercury* has climbed to 40℃. 温度已升到了40℃。

mer·cy /'mɜːsi/ *n.* ❶[U]仁慈，慈悲；怜悯；宽容：If they attempted escape, they should be put to death without *mercy*. 如果他们想逃跑，就格杀勿论。❷[C]善行，好事：perform *mercies* 做好事

mere /miə/ *adj.* (merest) [无比较级][作定语]仅仅的，只不过的：The *merest* noise is enough to wake him. 一丁点儿声音就足以把他吵醒。

mere·ly /'miəli/ *adv.* 仅仅，只，不过：He *merely* raised an eyebrow. 他只不过是挑了挑眉毛。

merge /mɜːdʒ/ *vi.* ❶合并；会合：The two firms *merged*. 这两家公司合并了。❷融合在一起，融为一体(into)：At midday the illusions *merged into* the sky. 到了中午，

种幻影融进天空。

mer·it /'merit/ *n.* ❶[U]价值;可取之处;优秀条件:He produced a work of no small *merit*. 他完成了一件上乘作品。❷[C]优点,长处:Everything has its *merits* and demerits. 每件事都有其优点和缺点。

mer·maid /'mə:meid/ *n.* [C](传说中的)美人鱼

mer·ry /'meri/ *adj.* 欢乐的,愉悦的,充满欢笑的,欢声笑语的:He was a *merry* soul that evening. 那天晚上他非常开心。‖ 'mer·ri·ly *adv.*

☆merry, blithe, jocund, jolly, jovial 均有"欢乐,愉快"之意。merry 指心情轻松愉快或玩得开心:He was in a very *merry* mood then. (他当时的心情极佳。) blithe 主要用于文学作品,侧重于欢欣与活泼,含手舞足蹈之意:I made a *blithe* comment about the fine weather. (看到天气晴好,我愉快地赞叹了一声。) jocund 强调兴高采烈、喜气洋洋:The letter from her boyfriend left her in a *jocund* mood. (男朋友的来信令她满心欢喜。) jolly 常指通过说笑话、开玩笑等使他人忍俊不禁,比 jovial 更为欢快:Buddy's mother was a *jolly*, easy-going woman. (巴蒂的妈妈是个活泼开朗、容易相处的人。) jovial 有易于交往的含义,常用以形容可爱而又可敬的老人:a *jovial* old fellow(和蔼快活的老人)

mess /mes/ **I** *n.* ❶[C;U][常用单]脏乱的状态;凌乱的样子:How much *mess* did they make? 他们造成了多少混乱?❷[C](外溅液体等)污物,脏东西;凌乱的东西,不整洁的东西:The workmen cleaned up the *mess* before they left. 工人们横七竖八的东西收拾完后才离开。❸[C][常用单]困境;窘境;混乱的局面:Look at the *mess* you've gotten us into now. 看看你现在给我们带来的麻烦。**II** *vt.* 〈口〉将…弄脏(或乱)(*up*):Don't *mess* it *up*! 别把它弄乱了! ‖ **mess up** *v.* ❶出糗;出错:It's your big chance, so don't *mess up*. 这可是你的大好机会,千万别出错。❷搞砸;弄糟:He was asked to organize the trip, but he *messed* it *up*. 大家要

他来组织这次旅游,可是他把事情搞砸了。

mes·sage /'mesidʒ/ *n.* [C](用口头或书面等形式传达的)信息,消息;音信,口信;电文:I conveyed the *message* to John. 我把这消息告诉了约翰。

mes·sen·ger /'mesindʒə'/ *n.* [C] ❶ 送信人;报信者;信使;通讯员:send a *messenger* to a place 派一名使者去某地 ❷ 电报(或信件等)的投递员

mess·y /'mesi/ *adj.* ❶乱七八糟的;脏兮兮的;邋遢的;杂乱的,没有条理的:He is *messy* in personal habits. 他做事一向没有条理。❷〈口〉引起混乱的;难以应付的,棘手的:a *messy* divorce 难办的离婚案 ‖ 'mess·i·ly *adv.* —'mess·i·ness *n.* [U]

met /met/ *v.* meet 的过去式和过去分词

met·a·bol·ic /ˌmetə'bɔlik/ *adj.* [无比较级][作定语]新陈代谢的;代谢作用的:a high *metabolic* rate 过快的新陈代谢

me·tab·o·lism /mi'tæbəˌliz²m/ *n.* [C;U]【生理】新陈代谢,代谢作用:He has a very active *metabolism*. 他的新陈代谢功能非常强。

me·tab·o·lize /mi'tæbəˌlaiz/ *v.* (使)发生新陈代谢:The body can *metabolize* these proteins efficiently. 身体能够有效地将这些蛋白质代谢掉。

met·al /'met²l/ *n.* [C;U]金属;合金:This car was made of fibreglass instead of *metal*. 这辆车是用玻璃钢而不是金属材料做成的。

met·a·phor /'metəfə',-ˌfɔ:'/ *n.* [C]【语】暗喻;隐喻:The rose is often a *metaphor* of love in poetry. 在诗歌中,玫瑰常常是爱情的一种隐喻。

met·a·phys·ics /ˌmetə'fizik(s)/ [复] *n.* [用作单]形而上学;玄学:*Metaphysics* was greatly influenced by Einstein's theories. 形而上学受到了爱因斯坦理论的极大影响。

me·te·or /'mi:tiə'/ *n.* [C]【天】流星;陨石:His photo shows a *meteor* fireball. 他的照片上显示着一个流星火球。

me·te·or·oid /'mi:tiəˌrɔid/ *n.* [C]【天】流星体;陨星体

M

me·te·or·ol·o·gy /ˌmiːtiəˈrɒlədʒi/ n. [U] 气象学 ‖ **me·te·or·o·log·ic** /-ˈlɒdʒik/ adj. — ˌme·te·or·oˈlogi·cal adj. — ˌme·te·orˈol·o·gist n. [C]

me·ter[1] /ˈmiːtə/ n. 〈主美〉＝metre

me·ter[2] /ˈmiːtə/ I n. [C] (测量用的)表，仪，计：an electricity meter 电表 II vt. ❶用计(或表、仪等)测量：This instrument meters rainfall. 这种仪器用于计量降水量。❷用(自动邮资机)盖印邮戳

meth·od /ˈmeθəd/ n. [C] 方法，方式，办法，手段：There are several methods we could use to recover your lost data. 我们有几种办法可以恢复你丢失的数据。

☆ **method，fashion，manner，mode，system，way** 均有"方式，方法"之意。**method** 指富有条理、符合逻辑的程序，强调有效、正统和精确：The bank has introduced a new method of calculating the interest on loans. (银行推行了一种计算贷款利率的新方法。)**fashion** 多指某种流行的生活方式，强调操作过程：Narrow trousers are the latest fashion. (紧身裤是最新的时尚。) 该词也可表示富有个性的独特方式：join one's hands together in Indian fashion (以印度人特有的方式双手合十) **manner** 强调方式或方法富有个性、独特性：I agree it had to be done, but not in such an offensive manner. (我同意那件事必须做，但不是用这种令人不快的方式。) **mode** 常指根据传统、习惯或出于个人意愿而采用的方式或方法：He suddenly became wealthy, which changed his whole mode of life. (他突然发了财，从而整个生活方式都变了。) **system** 指多个程序组成的一整套方法，强调抽象性和系统性：She has a special system for winning money on horse races. (她有一套在赛马中赢钱的特殊办法。) **way** 为普通用词，泛指任何方法或手段，但也可指某人解决问题的独特方式：Do it your own way. (按照你自己的办法做。)

me·tic·u·lous /məˈtikjuləs/ adj. ❶过于注重细节的；一丝不苟的；极其仔细(或细致)的：meticulous planning 周密的计划 / be meticulous about one's work 对工作一丝不

苟 ❷过分讲究的；挑剔的：a meticulous dresser 穿衣挑剔的人 ‖ **me·tic·u·lous·ly** adv. — **me·tic·u·lous·ness** n. [U]

me·tre /ˈmiːtə/ n. [C] 〈主英〉(公制长度单位)米(略作 m.)：The palms grow to a height of 30 metres and their leaves are 6 across. 棕榈树长至 30 米高，叶宽 6 米。〔亦作 **meter**〕

met·ric /ˈmetrik/ adj. [无比较级][作定语] ❶(公制长度单位)米的 ❷(采用)米制(或公制)的；用米制(或公制)计量的；(采用)十进制的：Virtually every country in the world is metric. 其实世界上的每个国家都使用米制。

me·trop·o·lis /miˈtrɒpəlis/ n. [C] ❶大都市，大城市 ❷(一个国家或地区的)最重要城市；首都，首府：Beijing is China's metropolis. 北京是中国的首都。

Mex·i·can /ˈmeksikən/ I n. [C] 墨西哥人；墨西哥印第安人；具有墨西哥血统的人 II adj. [无比较级] 墨西哥(人)的；墨西哥印第安人的：Mexican craftsmen 墨西哥手艺人

mice /mais/ n. mouse 的复数

mi·cro- /ˈmaikrə/ comb. form ❶表示"小"，"小型的"，"微型的"：microbus (小公共汽车) ❷表示"范围有限的"：microhabitat；microeconomics

mi·cro·com·put·er /ˈmaikrəkəmˌpjuːtə/ n. [C] 微型计算机

mi·cron /ˈmaikrɒn/ n. [C] ([复]-crons 或 -cra /-krə/) 微米，百万分之一米(长度单位)

mi·cro·or·gan·ism /ˌmaikrəˈɔːgəˌnizᵊm/ n. [C]【生】微生物

mi·cro·phone /ˈmaikrəfəun/ n. [C] 麦克风，扩音器，送话器，话筒：talk into a microphone 对着麦克风说话〔亦作 **mike**〕

mi·cro·scope /ˈmaikrəskəup/ n. [C] 显微镜 ‖ ˈmi·cros·co·py n. [U]

mi·cro·wave /ˈmaikrəˌweiv/ n. [C] ❶微波(指波长为 1 毫米至 300 毫米之间的高频电磁波) ❷微波炉

microwave oven n. [C]微波炉

mid /mid/ adj. [无比较级][作定语] ❶[常用以构成复合词]居中的, 位居中间的; 在一半的: in mid-autumn 在中秋时节 ❷(位置等)中间的, 中央的, 中部的: a collision in mid channel 发生于隧道中间的撞车事故

mid·day /ˈmidˌdei/ n. [U]正午; 日中: finish work at midday 正午时完成工作

mid·dle /ˈmidºl/ I adj. [无比较级][作定语] ❶中间的, 正中的, 中部的, 中央的; 位居中间的: the middle part of a room 房间的中间部分 ❷中级的; 中等的; (高度等)平均的; 一般的: a city of middle size 中等城市 II n. [C][常用单] ❶中间, 中部, 中央; 中点; 中间位置; 中间部分(of): During the middle of summer it is suffocatingly hot in Nanjing. 盛夏的南京酷热难当。❷[用单]〈口〉腰, 腰部: He bent at the middle and picked it up. 他弯腰把东西捡了起来。‖ in the middle of prep. 在…过程中, 在…期间; 正忙于: We were in the middle of the lunch. 当时我们正在吃午餐。

☆middle, centre, midst 均有"中间, 中部"之意。middle 指靠近中心的部位, 可用于圆形、方形或直线形的物体: a sheet of paper folded down the middle (一张对折的纸) 该词也可指一段时间、一个过程或一件事情的中间: This bill must be paid not later than the middle of the month. (这份账单必须在本月中旬以前付清。)centre 指位于正中心, 常用于圆形、球形或方形物体: I like chocolates with soft centres. (我喜欢吃软心的巧克力。)该词还可指在政治、经济、文化、商业等方面的中心: Hongkong is a major banking and financial centre. (香港是一个重要的银行业与金融业中心。)midst 为正式用词, 指处于人群、事物或某一行动的中间, 常用于介词短语中: In the midst of all his troubles he managed to remain cheerful. (虽然身处许多烦恼之中, 他依然保持了乐观情绪。)

mid·dle-class /ˈmidºlˌklɑːs; -klæs/ I n. [C]中产阶级 II adj. [无比较级]中产阶级的; 具有中产阶级特点的: come from a middle-class background 出生于中产阶级家庭

middle school n. [C; U]中学; 〈英〉(介于小学和中学之间的)中间学校(指招收 9 至 13 岁儿童的学校); 初中: He is in the second year of middle school. 他在读中学二年级。

midg·et /ˈmidʒit/ n. [C] ❶个子矮小之人, 侏儒 ❷(同类动物或事物中的)极小者

mid·night /ˈmidˌnait/ n. [U]通常不与冠词连用]午夜, 子夜; 半夜 12 点: The clock struck midnight. 子夜 12 点的钟声敲响了。

midst /midst/ n. [U]中间; 中部; 中央; 当中

mid·term /ˈmidˌtəːm/ n. ❶[U](任期等的)中期: Our next project is due at midterm. 我们的下一个项目将在中期完成。❷[C]〈口〉期中考试

mid·way /ˈmidˌwei/ I adv. [无比较级]中途, 在半路; 在中间: stand midway across a bridge 站在桥中间 II adj. [无比较级][作定语]中途的, 位于中间的: the midway point of the project 项目进展途中

might¹ /mait/ aux. v. [无人称变化, 后接不带 to 的不定式] ❶[用于陈述句中, 后接不定式, 表示可能性或不确定性]可能, 或许: They might go at any moment. 他们随时可能出发。❷[用于虚拟语气中, 后接完成式的不定式, 表示与事实相反]会, 可能: The war did not disrupt publishing as much as one might have thought. 战争并未像人们原本想得那样破坏了出版业。❸[对未完成事宜或未达预期目标表示抱怨或责备]应该, 应当: You might have been more careful. 你应当更细心些。❹[表示建议采取某种行动]应该: They might at least have tried to get there on time. 他们至少应该尽可能准时赶到那里。❺[表示许可或请求许可]可以, 能: Might I speak to you for a moment? 我能跟您说会儿话吗?

might² /mait/ n. [U] ❶(身体的)力量; 力气: He swung the door open with all his might. 他使出浑身力气把门拧开了。❷权势; 强势: His face told the tale of one who knew but the law of might. 一看他这张脸

M

就知道他是很懂得仗势欺人的家伙。❸实力,威力:The industrial *might* of the United States began to come into full force. 美国的工业力量日臻成熟。

mi·grant /'maigrⁿnt/ I *adj.* [无比较级][作定语]迁移的,迁徙的;移民的;流动的:*migrant* birds 候鸟 II *n.* [C] 移民,迁移者:a city full of *migrants* 一座到处都是外来移民的城市

mi·grate /mai'greit/ *vi.* 移居(迁移至)他乡(或海外);移民;进入…之中(*from*, *to*):John *migrated to* London from Germany after marrying an English girl. 约翰娶了一位英国姑娘,便从德国移民到了伦敦。‖ **mi·gra·tion** /mai'greiʃⁿn/ *n.* [C;U]—**mi·gra·to·ry** /'maigreitⁿri/ *adj.*

☆migrate, emigrate, immigrate, move, travel 均有"迁移,旅行"之意。migrate 表示某个群体从一个国家或地区搬迁至另一个国家或地区,含定期迁移、居住一定时间后又离开之意,尤其指候鸟的移栖和鱼类的洄游:These birds *migrate to* North Africa in winter. (这些鸟冬天迁徙到北非。)emigrate 表示离开祖国而移居海外:Her family *emigrated* to Australia in the 1950s. (她的家人于 20 世纪 50 年代移居澳大利亚。)immigrate 指从外国移居入境:They *immigrated* to this country in the last century. (他们于上个世纪移民到这个国家。)move 表示从一个地方移居至另一个地方,特指搬迁:Our present house is too small, so we decide to *move*. (我们现在的住房太小了,我们决定搬迁。)travel 特指离开居住地以作短暂的旅行,往往不打算在那里长期逗留:We have *travelled* the whole world. (我们游遍了世界各地。)

mild /maild/ *adj.* ❶(尤指人的性情、举止等)柔和的,温和的:have a *mild* temperament 性情温和 ❷(尤指冬天的天气)暖和的,不太冷的:a *mild* winter 暖冬 ❸(规定、处罚等)宽松的,不太严厉的;(疾患等)不严重的,轻微的;(感觉等)不强烈的:He was given a *mild* sentence. 他受到了轻微的判罚。‖ **'mild·ly** *adv.* —**'mild·ness** *n.* [U]

mile /mail/ *n.* ❶[C]英里(约合 1. 609 千米):The Great Wall snakes for 3,700 *miles*. 长城蜿蜒曲折达 3 700 英里。❷海里(＝nautical mile)

mile·stone /'mail₁stəun/ *n.* [C] ❶里程碑,里程标 ❷(喻)(人生经历中、事业或历史上的)意义重大的事件,划时代的事件,里程碑

mil·i·tant /'militⁿnt/ I *adj.* 好斗的,好战的;富有战斗精神的;(思想或行动)激进的:*militant* reformers 激进的改革者 II *n.* [C] 好战分子;富有战斗精神的人;(尤指政治上的)激进人士;积极分子:a perfect *militant* 彻头彻尾的好战分子 ‖ **'mil·i·tant·ly** *adv.*

mil·i·tar·y /'militⁿri/ *adj.* [无比较级][作定语]❶军人的;军队的;具军人(或军队)特征的:top-level *military* brass 最高层的军官 ❷军事的;军用的:*military* plans 军事计划

milk /milk/ I *n.* [U]奶,乳汁;牛奶;羊奶;[C]一份奶:He took two *milks* in his coffee. 他在咖啡里加了两份奶。II *vt.* 挤(牛、羊等)的奶:We *milk* the cows twice every day. 我们每天给奶牛挤两次奶。‖ **'milk·y** *adj.*

milk·man /'milkmⁿn/ *n.* [C]([复]-men /-mⁿn/) 卖牛奶的人;送奶工

mill /mil/ *n.* [C] ❶制造厂,工场;作坊:a cotton *mill* 棉纺厂 ❷磨粉厂,磨坊;面粉厂:The farmer took his corn to the *mill*. 农民把他的谷物拿到磨粉厂磨粉。

mil·len·ni·um /mi'leniəm/ *n.* [C]([复]-ni·ums 或-ni·a /-niə/) 一千年;千年期:celebrate the *millennium* in the year 2000 在 2000 年庆祝千禧年 ‖ **mil·len·ni·al** /mi'leniəl/ *adj.*

mil·lion /'miljən/ *n.* ([复]-lion(s)) ❶[单复同]百万;百万个:Nanjing has a population of over 6 *million*. 南京的人口为 600 多万。❷[常作~s]〈口〉许多,大量,众多:*millions* of years 千秋万代 ‖ **'mil·lionth** *n.* [C] & *adj.*

mil·lion·aire /₁miljə'neəʳ/ *n.* [C]百万富翁;大富翁:a *millionaire* banker 腰缠百万

mime /maim/ I *n.* ❶[U]哑剧表演艺术；[C]哑剧：He improvised two new *mimes*. 他即兴表演了两个哑剧新段子。❷[C]哑剧表演者；喜剧演员；小丑，丑角 II *vt.* 用手势(或动作)表示；模仿，效仿：He *mimed* turning a steering wheel to indicate that he wanted to rent a car. 他做出转动方向盘的动作表示要租辆车。

mim·ic /'mimik/ I *vt.* (**-icked**, **-ick·ing**) ❶模仿，模拟；(通过模仿他人的言行举止)取笑，戏弄：He *mimicked* the teacher's scolding. 他模仿老师责骂人的样子。❷酷似，活像；呈现…的形象：Certain flies *mimic* wasps. 有些苍蝇看上去极像黄蜂。II *n.* [C] ❶善于模仿者，精于模仿者：Chimpanzees and mockingbirds are congenital *mimics*. 大猩猩和嘲鸫是天生的模仿者。❷滑稽剧演员；小丑 ‖ **'mim·ick·er** *n.* [C]

mince /mins/ I *vt.* 将(肉等)切碎，切细；将(肉等)绞碎：The meat has been *minced*. 肉已经切碎了。—*vi.* 〈常贬〉迈着碎步扭捏而行(*about*, *across*, *along*, *around*, *in*, *out*)：He *minced across* the room. 他迈着碎步一扭一扭地从房间走过。II *n.* [U]〈主英〉碎肉，肉末，肉糜：They had *mince* and potatoes for lunch. 他们中饭吃肉末和土豆。‖ **'minc·ing** *adj.*

mind /maind/ I *n.* ❶[C]头脑；脑海；脑子：Such an idea never entered my *mind*. 我脑子里从未有过这样的念头。❷[常用单]智力，智慧：have a sharp *mind* 思维敏捷 ❸[C]理智；正常的神志：It's enough to drive a man out of his *mind*. 这足以逼疯一个人。❹[C]观点，见解，看法，主张：A wise man changes his *mind*, a fool never will. 智者通权达变，愚者刚愎自用。II *vt.* ❶注意，关注：Just get on with you work; don't *mind* me. 继续做你的工作吧，别管我！❷关心，致力于："You *mind* your own business," he says. "你管好你自己的事。"他说。❸暂时(或临时)照看，照料，看管，看护：Who's *minding* the children? 谁在看管孩子们？❹[常用命令句]小心，当心，留神：

Mind the step. 小心台阶！❺[常接否定句或疑问句][不用进行时]反对，介意：I wouldn't *mind* a cup of tea. 我不反对喝一杯茶。‖ **never mind**〈口〉❶不用担心：*Never mind* about that broken window. 别担心那打破的窗户。❷没关系，不要紧：She still owes me money, but *never mind*. 她还欠着我钱呢，但无关紧要。

mind·less /'maindlis/ *adj.* ❶不需要动脑筋：a boring, *mindless* job 不用动脑筋的无聊工作 ❷不注意的，不顾及的，无视的(*of*)：be *mindless of* the dangers the workers are faced with 不顾工人们面临的危险 ❸没头脑的，愚笨的，愚钝的；无知的：These teenagers must be *mindless* to get involved in such a fight. 这些少年肯定是毫无头脑，竟卷入了这样一场斗斗。

mine¹ /main/ *pron.* [I 的物主代词形式]我的(东西)，我的(所有物)；我的家属，我的亲属，与我相关之人：The game is *mine*. 是我赢了这场比赛。

mine² /main/ I *n.* [C] ❶矿；矿井；矿山：The *mine* once had a rich vein of silver. 矿中原有一个丰富的银矿脉。❷(知识、信息等的)源泉，宝库：a *mine* of information 信息库 ❸水雷；地雷：hit [strike] a *mine* 触雷 II *v.* 开矿，采矿：*mine* for gold 开采金矿 ‖ **'min·er** *n.* [C]

min·er·al /'min°r°l/ *n.* [C] ❶矿物；矿石：Iron is the world's most common *mineral*. 铁是世界上最常见的矿物。❷(身体必需的)矿物质：vitamins and *minerals* 维生素和矿物质

min·gle /'miŋg°l/ *v.* ❶相互交往，互相往来(*with*)：He wandered around, trying to *mingle with* the guests. 他四处转悠，想跟宾客们打成一片。❷混合在一起，融合在一起(*with*)：His account *mingled* truth *with* exaggerations. 他的叙述中事实与夸张的东西混在一起。

min·i- /'mini/ *comb. form* ❶表示"微型的"，"极小的"，"小于正常水平(或程度)的"：*mini* gun (急射小机枪) ❷范围、强度或持续时间有限的：*mini* boom (经济的短期复苏)

❸(衣服)超短的,膝盖以上长度的:**min·iskirt**

min·i·a·ture /ˈminiətʃə/ *n.* [C] 微型复制品;小模型;缩影;缩图;微型物 ‖ *in miniature adj.* 小型的,小规模的 ‖ **'min·i·a·tur·ist** *n.* [C]

min·i·mal /ˈminiməl/ *adj.* [无比较级] ❶最小的;最低程度的,尽可能少(或小)的;(期限等)尽可能短的:The flood caused *minimal* loss. 洪水没造成多大损失。 ❷[作定语]最简单派抽象艺术的 ‖ **'min·i·mal·ly** *adv.*

min·i·mum /ˈminiməm/ **I** *n.* [C] ([复]**-mums** 或 **-ma** /-mə/) 最小值;最低点;最低限度:work a *minimum* of six hours a day 每天最少工作六小时 **II** *adj.* [无比较级][作定语]最小的;最低点;最低限度的:the *minimum* fee 最低费用

min·i·skirt /ˈmini₁skəːt/ *n.* [C]超短裙,迷你裙

min·is·ter /ˈministə/ *n.* [C] ❶(某些教会的)教长 ❷(内阁)部长;大臣:prime *minister* 总理 ❸(低于大使级的)外交使节;公使:the British *minister* to the U.S. 英国驻美国公使

mink /miŋk/ *n.* ([复]**mink(s)**) [C]【动】貂;水貂

mi·nor /ˈmainə/ *adj.* [无比较级](在大小、数量、程度、重要性等方面)较少的;较小的;较轻的:We agree to *minor* alterations only. 我们只同意稍作修改。

mi·nor·i·ty /maiˈnɒriti/ *n.* ❶[C]少数,小部分:He got a *minority* of the votes in the first election. 第一次选举中,他获少数票。 ❷[C][用作单或复]少数党;少数派:a *minority* revolution 少数党革命 ❸[C]少数民族:Can the rights of *minorities* be guaranteed? 少数民族的权利能得到保障吗?

mint[1] /mint/ *n.* ❶[U]薄荷香料 ❷[C]薄荷糖:chew on a *mint* 嚼一块薄荷糖 ‖ **'mint·y** *adj.*

mint[2] /mint/ *n.* [C] ❶铸币厂;铸币局:the largest *mint* in the country 该国最大的铸币厂 ❷[C][用单]〈口〉大笔钱财;(钱物等的)大量:make a *mint* 挣一大笔钱 ‖ **'mint·er** *n.* [C]

mi·nus /ˈmainəs/ **I** *prep.* ❶减去,减掉:Ten *minus* seven is [equals] three. 10 减 7 等于3。 ❷〈口〉缺少;少去;去除:a book *minus* a few pages 一本少了几页的书 **II** *n.* [C] ❶负号;减号 ❷【数】负数,负值

mi·nus·cule /ˈminə₁skjuːl/ *adj.* 〈口〉极小的;不值一提的:some *minuscule* pieces of toast 几小片土司〔亦作 **miniscule**〕

min·ute[1] /ˈminit/ *n.* ❶[C]分(钟):The precious *minutes* slipped by. 宝贵的时间飞逝而去。 ❷[C]〈口〉瞬间,一刹那;一会儿:Do it this *minute*. 即刻就去做吧。 ‖ *the last minute* 最后一刻:They always leave their packing till *the last minute*. 他们总是到临行前才收拾行李。 *the minute*(*that*)一⋯就:Let me know *the minute*(*that*)they get here. 他们一到这儿你就通知我。

mi·nute[2] /maiˈnjuːt/ *adj.* ❶细小的;微小的;琐碎的:*minute* differences 细微的区别 ❷微不足道的,无足轻重的 ❸详细的;细致的;精密的:in *minute* detail 极其详尽地 ‖ **mi'nute·ly** *adv.* — **mi'nute·ness** *n.* [U]

mir·a·cle /ˈmirəkəl/ *n.* [C] ❶(神灵或人类创造的)奇迹:His life was saved by a *miracle*. 他的生命是靠奇迹救活的。 ❷意想不到的事,奇事:It was a *miracle* that she wasn't killed in the aircrash. 她没在坠机事故中身亡,真是个奇迹。

mi·rac·u·lous /miˈrækjuləs/ *adj.* 奇迹的;奇迹般的;神奇的:The army won a *miraculous* victory over a much stronger enemy. 这支军队奇迹般地战胜了一支比它强大得多的敌军。 ‖ **mi'rac·u·lous·ly** *adv.*

mi·rage /miˈrɑːʒ/ *n.* [C] ❶(尤指在沙漠等地出现的)海市蜃楼;幻景:The lost traveller was fooled by a *mirage* in the desert. 迷路的游客被沙漠中的海市蜃楼蒙骗了。 ❷幻想;空想:The promises of promotion turned out to be a *mirage*. 升职的种种许诺结果是一场空。

mire /ˈmaɪə/ *n.* [C] ❶沼泽地；泥沼：sink into [get stuck in] the *mire* 陷入泥潭 ❷〈喻〉困境：the *mire* of poverty 贫穷的困境

mir·ror /ˈmɪrə/ **I** *n.* [C] 镜，镜子：She arranged her beret in front of a *mirror*. 她在镜前整了整贝雷帽。**II** *vt.* ❶反射；映照：The smooth surface of the lake *mirrored* the surrounding mountains. 湖面平静如镜，周围的群山倒映其中。❷反映，体现；与…一致，与…相仿：The parliament should more accurately *mirror* public opinion. 议会理应更准确地反映民意。

mis- /mɪs/ *pref.* [用于名词、动词、形容词、副词前] ❶表示"错误"，"坏"，"不正确"，"不好"：*mis*lead, *mis*print, *mis*trial ❷表示"…的反面"，"与…相反"：*mis*trust

mis·ap·pre·hend /ˌmɪsæprɪˈhend/ *vt.* 误解，误会：*misapprehend* sb.'s intentions 错会某人的意图 ‖ **mis·ap·pre·hen·sion** /-ˈhenʃ°n/ *n.* [U;C]

mis·be·have /ˌmɪsbɪˈheɪv/ *vi.* 行为不当，不守规矩：*misbehave* in church 在教堂不守规矩

mis·cal·cu·late /ˌmɪsˈkælkjʊleɪt/ *v.* ❶误算，错算：He *miscalculated* the total. 他把总数算错了。❷错误地估计；对…作出错误的判断：*miscalculate* the public's mood 错误地判断公众的心态 ‖ **mis·cal·cu·la·tion** /mɪsˌkælkjʊˈleɪʃ°n/ *n.* [C;U]

mis·car·ry /ˌmɪsˈkæri/ *vi.* ❶【医】流产 ❷(生意、计划等)失败，未获成功：The general's plan to depose the president has *miscarried*. 将军试图推翻总统的计划流产了。

mis·chance /mɪsˈtʃɑːns; -ˈtʃæns/ *n.* ❶[U]厄运；不幸；遭遇：It was (by) sheer *mischance* that her car ran into a tree. 她的汽车撞树纯属意外。❷[C]不幸的事情，灾难：A serious *mischance* prevented him from arriving. 一件非常倒霉的事情使他无法到来。

mis·chief /ˈmɪstʃɪf/ *n.* ❶[U](尤指孩子的)淘气任性；恶作剧，捣蛋：The child was always involved in some *mischief*. 这个孩子总要搞点恶作剧。❷[U]调皮，顽皮；狡黠：Her eyes were full of *mischief*. 她的眼神很调皮。

mis·con·duct **I** /ˌmɪsˈkɒndʌkt/ *n.* [U](政府官员等的)滥用职权，(与身份不符的)非法行为：The doctor was found guilty of professional *misconduct*. 医生被判犯有失职罪。**II** /ˌmɪskənˈdʌkt/ *vt.* [~ oneself]使行为不当：*misconduct oneself* in office 渎职

mis·deed /mɪsˈdiːd/ *n.* [C]罪行；违法行为；恶行；不道德行为：commit a *misdeed* 犯法

mis·er·a·ble /ˈmɪz°rəbəl/ *adj.* ❶(人)痛苦的，难受的，苦恼的；显示(或流露)痛苦的：Her face had a *miserable* expression. 她脸上流露出痛苦的表情。❷卑劣的；卑鄙的；可耻的：a *miserable* coward 卑鄙的懦夫 ❸令人痛苦(或难受、苦恼)的：have a *miserable* cold 患者很难受的伤风 ‖ **mis·er·a·bly** *adv.*

mis·er·y /ˈmɪz°ri/ *n.* [C;U]痛苦，苦难；穷困；凄惨，悲惨的境况：We are appalled to see the *misery* around us. 我们看到周围一片凄惨的景象，不禁愕然。

mis·for·tune /mɪsˈfɔːtʃ°n/ *n.* ❶[U]不幸，倒霉，逆境，苦难：be depressed by one's *misfortune* 因遭遇不幸而意志消沉 ❷[C]不幸事件，祸事；灾难：Various *misfortunes* had made her sad. 各种不幸的遭遇使她感到很伤心。

☆ misfortune, adversity, mischance, mishap 均有"不幸，灾祸"之意。**misfortune** 既可指使命运变恶的不幸事件，也可表示不幸的状态，常有身心痛苦之意：She bore her *misfortunes* bravely. (她勇敢地忍受着苦难。) **adversity** 指严重、持久的不幸状态，表示不幸事件时常用复数形式：He told me many of his *adversities*. (他告诉了我许多他所遭遇的不幸。) **mischance** 常指给人带来不幸或烦恼：By sheer *mischance* the letter was sent to the wrong address. (倒霉透了，这封信被寄错了地址。) **mishap** 指不太严重的事故或不太顺心的事件：They had a slight *mishap* with the car. （他们的车出了点小毛病。）

mis·in·ter·pret /ˌmisin'tə:prit/ *vt.* ❶对…作出错误的解释；曲解；误译：*misinterpret* sb.'s remarks 曲解某人所说的话 ❷对…会错意：*misinterpret* one's silence as agreement with the plan 将某人的沉默误认为对这项计划的同意 ‖ **mis·in·ter·pre·ta·tion**/ˌmisin'tə:pri'teiʃn/ *n.* [C;U]

mis·judge /ˌmis'dʒʌdʒ/ *vt.* ❶对(时间、距离、数量等)作出错误的判断(或估计)：He *misjudged* how wide the stream was and fell in. 他对小溪的宽度判断失误，因此掉入了水中。❷对…持错误的看法：Jack totally *misjudged* the situation. 杰克完全错误地估计了形势。‖ **mis'judg(e)·ment** *n.* [C;U]

mis·lead /mis'li:d/ *vt.* (-led /-'led/) ❶给…领错路；给…带错方向：The guide *misled* the tourists. 那个导游给游客带错了路。❷使步入歧途；使产生错误想法；误导：I was *misled* into believing she was honest. 我错以为她很诚实。

miss¹ /mis/ *v.* ❶未击中，未抓住：The goal-keeper *missed* the ball. 守门员未能把球接住。❷未能赶上(汽车、火车、飞机等)，误(车、船、飞机等)：*miss* a train 误了火车 ❸未能把握(机会等)；失去…的机会：I *missed* the chance to meet him. 我没能把握住和他见面的那次机会。❹错过：Bob seized on the rain as an excuse for *missing* school. 鲍勃以下雨为逃课的借口。❺惦记，挂念；因…的失去(或缺席)而感到遗憾：The girl *missed* her family terribly at first, but it all dried straight. 那个女孩起先非常想家，但后来一切都好转了。

miss² /mis/ *n.* ❶[常作 M-]用于未婚女子姓氏、姓名或名字前，或因职业等原因用于已婚女子父姓前，作称呼语]：*Miss* Mary Jones 玛丽·琼斯小姐 ❷[单独使用，为了表示礼貌用于对不熟悉的年轻女子等的称呼]小姐：A cup of soda water and an ice cream, *Miss*. 来一杯苏打水和一份冰激凌，小姐。

mis·sile /ˈmisail,-sᵊl/ *n.* [C] ❶发射物，投掷物：Some police officers were injured by stones and other *missiles* thrown by the rioters. 有几个警察被暴乱者投掷的石块和其他物品砸伤了。❷【军】导弹，飞弹；弹道导弹：short-range [cruise] *missiles* 短程[巡航]导弹

miss·ing /ˈmisiŋ/ *adj.* [无比较级] ❶缺损的，缺掉的；缺少的：A definite sickness may result when something is *missing* from the diet. 饮食中缺乏某种营养物质时，人体会患一定的疾病。❷(人等)失踪的，不知去向的，下落不明的；无从查找的：They searched far and wide for the *missing* children. 他们四处寻找失踪的孩子们。❸缺席的，不在场的：He's always *missing* whenever there's work to be done. 每次有工作要做的时候，他总是不在。

mis·sion /ˈmiʃn/ *n.* [C] ❶[用作单或复](尤指派驻国外的)外交使团；代表团；使节：a fact-finding *mission* to the Caribbean 派往加勒比国家的调查团 ❷外交机构；外交团所在地；大使馆；领事馆；公使馆：the US *mission* at Berlin 美国驻柏林大使馆 ❸(分配给个人或团体的)使命；任务，差事；(飞机、火箭等的)飞行任务：Columbia's new *mission* was aborted 31 seconds after lift-off. 哥伦比亚号航天飞机的新任务在升空后 31 秒就流产了。

mis·spell /ˌmi'spel/ *vt.* (-spelt /-'spelt/ 或-spelled) 将…拼错，误拼：The word "statesman" is often *misspelt*. "statesman" 一词经常会拼错。‖ **mis·spell·ing** /ˌmi'speliŋ/ *n.* [C;U]

mist /'mist/ *n.* [C;U]【气】(薄)雾，霭：There was a wisp of sun coming through the *mist*. 一缕阳光透过了薄雾。‖ **'mis·ty** *adj.*

☆mist, fog, haze, smog 均有"雾；烟雾"之意。**mist** 指飘移的薄雾或下滴的细小水珠：The mountain top was covered in *mist*. (山顶被薄雾笼罩着。) **fog** 与 **mist** 不同之处在于其浓度，常指能阻隔视线的大雾或浓雾；与 **cloud** 不同之处于在于其靠近地面：I don't like driving in *fog*. (我不喜欢在雾天驾车。)

M

haze 指空中弥散着轻烟、尘埃或水汽,影响人的视线,但没有昏暗的含义:A *haze* hung over the street. (街道上空烟雾弥漫。) **smog** 表示烟和雾混合在一起,常用于污染严重的工业城镇:*Smog* used to bring London traffic to a standstill. (过去伦敦的交通常因烟雾而受阻。)

mis·take /miˈsteik/ **I** *n.* [C]错误;过失;失误;失策:It was a *mistake* to level this ancient building. 将这座古建筑拆除是失策的。**II** *vt.* (**-took** /-ˈstuk/, **-tak·en** /-ˈsteikⁿn/) ❶将…误认为;误认…为,将…认错(*for*):He is often *mistaken for* the mayor. 人们经常把他误认为市长。❷对…产生误解(或误会);误解(或误会)…的意思(或意图等);弄错(时间、地点等):He *mistook* my intentions. 他误解了我的意图。‖ **by mistake** *adv.* 无意地;错误地:She put salt into her tea *by mistake*. 她错把盐放进茶里了。

mis·tak·en /miˈsteikⁿn/ *adj.* [无比较级] ❶被误解的,弄错的;产生于错误观点的:He was arrested but it later proved to be a case of *mistaken* identity. 他被拘捕了,但后来证明这是一件张冠李戴的案子。❷(思想、观点、判断等)错误的,不正确的;误会了的:She was *mistaken* about the time of their flight. 她记错了他们航班的时间。‖ **mis·tak·en·ly** *adv.*

mis·treat /ˌmisˈtriːt/ *vt.* 虐待:The dog's owner *mistreated* it terribly. 那条狗的主人对它的虐待很严重。‖ **mis·treat·ment** *n.* [U]

mis·un·der·stand /ˌmisʌndəˈstænd/ *v.* (**-stood** /-ˈstud/) [不用进行时态]误解,误会;歪解,曲解:The telegram was *misunderstood* because of its ambiguity. 电文因意思含糊不清而造成了误解。

mis·un·der·stand·ing /ˌmisʌndəˈstændiŋ/ *n.* [C;U]误解,误会;歪解,曲解:Let there be no *misunderstanding* on this point. 不要在这一点上有任何误会。

mis·use I /ˌmisˈjuːs/ *n.* [C;U](词语等的)误用,错用;(职权、金钱等的)滥用:The ma-chine was damaged by *misuse*. 这台机器因操作不当而损坏了。**II** /ˌmisˈjuːz/ *vt.* ❶误用,错用(词语等);滥用(职权、金钱等):The minister was accused of *misusing* agricultural funds. 那位部长被指控滥用农业基金。❷虐待;(不公正地)对待:The employees in this firm got *misused*. 这家公司的雇员遭到了不公正对待。

☆ **misuse, abuse** 均有"误用,滥用"之意。**misuse** 表示不适当地使用,强调误用、错用的行为或过程,常用于具体事物:I hate to see him *misusing* his time like that. (我不愿意看到他那样把时间用在不正当的事情上。) **abuse** 常表示对权力、权利的歪曲滥用,强调因滥用而导致的不良后果,有时也可用于具体事物,其语义要比 **misuse** 强得多,有可能带来伤害的含义:*abuse* one's privileges (滥用特权)

mit·i·gate /ˈmitiˌgeit/ *vt.* ❶缓和,缓解(愤怒、伤心、痛苦等):*mitigate* one's anxiety 缓解某人的焦虑 ❷减轻(惩处、刑罚、严厉程度等):*mitigate* one's hostility 缓解某人的敌对情绪 ‖ **mit·i·ga·tion** /ˌmitiˈgeiʃⁿn/ *n.* [U]

mix /miks/ *v.* ❶相互混合,掺杂在一起;融合为一体:Because capsaicin is an oil, it *mixes* better with starch. 因为辣椒素是一种油质,它能较好地溶于淀粉。❷交往,交际,交流;与人和睦相处(*with*):At the party, everybody *mixed* (in) together happily. 在聚会上每个人都愉快地一起交流。‖ **mix·a·ble** *adj.*

☆ **mix, blend, fuse, merge, mingle** 均有"混合"之意。**mix** 为最普通用词,指各种成分混合在一起难以区别,也有可能保留各自的特性和形式:Oil and water will not *mix*. (油和水不相融。) **blend** 指可以调和的各种成分混合后各自的特性消失,形成和谐的一体:*Blend* the sugar, flour and eggs together. (把糖、面粉和鸡蛋和在一起。) **fuse** 指融为一体,强调不可分解:In her richest work she *fuses* comedy and tragedy. (在其优秀的作品中,她巧妙地把悲喜剧结合在一起。) **merge** 指合并为一个统一的整体后各自的特性全部消失,有时表示被吞并或吸

M

收：The bank *merged* with its major rival. （该银行与其主要对手合并了。）**mingle** 表示两种或两种以上的成分混合后仍保留各自的特性，并可加以区别：He rushed out into the bushy street and *mingled* with the crowd, hoping that that way the police wouldn't spot him. （他冲了出去，奔上热闹的大街，混入人群，希望这样一来警察就认不出他了。）

mixed /mikst/ *adj.* ［无比较级］［作定语］混合的；掺杂的；混杂的：The past and the present world become *mixed* in her. 过去和现在的种种情景在她心中纠缠在一起，混淆不清了。‖ **mix·ed·ness** /miksidnis/ *n.* ［U］

mix·er /'miksə/ *n.* ［C］（使食品等混合的）搅拌器，搅拌机；混合器：an electric double-duty food *mixer* 两用食品搅拌器

mix·ture /'mikstʃə/ *n.* ❶［C］混合物，混合体；混杂的人群：They are a happy *mixture* of African, Asian and European, and there is no racial prejudice. 他们是一群快乐的非洲人、亚洲人和欧洲人，没有任何种族歧视。❷［U］混合，混杂；拌和；混合状态：The *mixture* of copper and zinc produces brass. 铜与锌熔合后可产生黄铜。

mix-up /'miksʌp/ *n.* ［C］〈口〉❶混乱，混淆；搞混：There has been *mix-up* with his reservation for a room. 他预订的房间被搞混了。❷迷惑；误解，曲解；错误，错觉：There was the most marvellous *mix-up* in the piece they did just before the interval. 他们在临近中场休息时演奏的那段真是洋相百出。

moan /məun/ *I n.* ［C］（因痛苦等而发出的）呻吟声；呜咽声；悲叹：A low animal *moan* escaped his lips. 他发出动物般的低声悲吼。*II vi.* ❶发出呻吟声；呜咽；悲鸣：The child *moaned* from pain. 那小孩痛苦地呻吟着。❷〈口〉抱怨，发牢骚：She was always *moaning* about how poor she was. 她老是抱怨自己是多么的贫穷。‖ '**moan·er** *n.* ［C］—'**moan·ful** *adj.* —'**moan·ing·ly** *adv.*

mob /mɔb/ *n.* ［总称］［用作单或复］［C］骚乱的人群；暴徒；暴民：A disorderly *mob* ran through the streets, shouting and breaking windows. 一群捣乱分子跑上街头，大叫大嚷，打砸窗户。

mo·bile /'məubail;-bil,məu'bi:l/ *adj.* ［无比较级］❶可移动的；活动的；（人）可以走动的：He has not been *mobile* since the accident. 自从事故发生后他一直无法走路。❷（商店、图书馆等）流动的；用车辆运输的；巡回的：a *mobile* rocket launcher 车载火箭发射架 ‖ **mo·bil·i·ty** /məu'biliti/ *n.* ［U］

mock /mɔk/ *I v.* ❶嘲笑，嘲弄，讥笑：He was still *mocking* his adversaries a few years before his death. 直到临死前的几年他还在嘲弄他的对手们。❷愚弄，戏弄；欺骗：I shall not forget how they *mocked* my father. 我不会忘记他们是怎样耍弄我父亲的。*II adj.* ［无比较级］［作定语］❶仿制的，仿造的；假（冒）的：A light fall of snow in the night gives to a morning the curious *mock* daylight. 晚上的一场小雪给早晨带来了奇异的犹如白昼的日光。❷模拟的；演习的：She was diverted at the *mock* courtship. 扮演的这出求婚戏使她感到有趣。‖ '**mock·a·ble** *adj.* —'**mock·er** *n.* —'**mock·ing·ly** *adv.*

mock·er·y /'mɔkəri/ *n.* ［U］嘲笑，讥笑，嘲讽：She became the *mockery* of her colleagues. 她成了同事们嘲笑的对象。

mode /məud/ *n.* ❶［C］方法，方式，办法：Chinese *modes* of thought 中国人的思维方式 ❷［C］式样；种类，类型：divide one's works into two fictional *modes* 将某人的作品分为两种虚构类型

mod·el /'mɔdºl/ *n.* ［C］❶（供他人效仿的）模范，典范，典型：He is a *model* of industry. 他在勤奋方面堪称楷模。❷模型：make up a *model* 制作模型 ❸（艺术家、摄影师等创作时雇用的）模特儿；时装模特儿；（为厂家或商家做宣传用的）商用模特儿：The girl was the *model* for most of the painter's portraits. 这个女孩是该画家大多数肖像画的模特儿。‖ '**mod·el·(l)er** *n.* ［C］

☆ **model, example, paradigm, pattern** 均有

"榜样,样式"之意。**model** 表示被模仿的人或物,常指被推荐为值得人们学习、效仿的人或物:Her written work is a *model* of care and neatness. (她做的作业是认真和清晰的范例。) **example** 主要指供他人学习、说明问题的典型,既可用于褒义,也可用于贬义:Mary's courage is an *example* to us all. (玛丽的勇敢行为是我们大家的榜样。)该词也可表示某种警戒或警告:Let this be an *example* to you. (你要以此为戒。) **paradigm** 指完美的典型,常用于抽象概念:Socrates made one more attempt to defend the Platonic ideas by representing them as *paradigms*. (苏格拉底再一次试图捍卫柏拉图的思想,断言它是完美的典型。) **pattern** 常指生产过程中所遵循的蓝图或模型,与 **model** 不同之处在于强调精心设计、具体详尽、稳定不变:The cloth has a *pattern* of red and white squares. (这种布有红白方格相间的图案。)该词也可表示值得效仿的人或物:The success of the course set a *pattern* for the training of new employees. (该课程的成功为新员工的培训树立了榜样。)

mod·er·ate /'mɒdˀrət/ *adj.* ❶不走极端的;有节制的;中庸的:Be *moderate* in speech. 讲话要有分寸。❷[无比较级](大小、数量等)中等的;一般的;(能力等)不突出的:Their standard is just *moderate*. 他们的水平不过尔尔。❸(价格等)适中的,公平的,合理的:at very *moderate* prices 以适中的价格 ❹(言辞、观点、行为等)温和的,不偏激的;稳健的:He was a *moderate* dry. 他是一名温和的禁酒派。‖ '**mod·er·ate·ness** *n.* [U]

mod·er·ate·ly /'mɒdˀrətli/ *adv.* 适度地,不过分地:She only did *moderately* well in the exam. 她考试成绩尚可。

mod·er·a·tor /'mɒdəˌreitə'/ *n.* [C] ❶调解人,调停人;仲裁者:send the UN *moderator* 派遣联合国调解人员 ❷(讨论会、电视和广播节目等的)主持人:the *moderator* of this programme 这个节目的主持人

mod·ern /'mɒdˀn/ *adj.* ❶[无比较级][作定语]现代的,近代的;现代化的:the modern

history of the world 世界近代史 ❷流行的,时新的,时髦的:They appeared in the most *modern* magazines. 他们出现在最时尚的杂志上。‖ **mo·der·ni·ty** /mɒ'dəːniti/ *n.* [U]—'**mod·ern·ness** *n.* [U]

☆ **modern**, **contemporary**, **current**, **recent** 均有"新的;现在的"之意。**modern** 指现在或离现在较短的一段时间,与很久以前相对而言,意指适应时代的:Unemployment is one of the major problems of *modern* times. (失业问题是现代的主要问题之一。)该词也可指带有新的或有生气的精神:He is a contemporary but hardly a *modern* writer. (他是一位当代作家,但作品中缺乏现代气息。) **contemporary** 是个纯粹表示时间的词,所指的时间比 **modern** 更短:It is important, too, that the selections be chosen from *contemporary* writings. (从当代作品中精选出选集也很重要。) **current** 强调目前正在流行:This word is no longer in *current* use. (这个词现今已不再使用。) **recent** 所表示的时间最短,意指最近的或不久的:In *recent* years there have been many changes. (最近几年有了许多变化。)

mod·ern·ize /'mɒdəˌnaiz/ *vt.* 使现代化;使适应现代的需要(或习惯);使革新:*modernize* the army 使军队现代化 ‖ **mod·ern·i·za·tion** /ˌmɒdˀnai'zeiʃn; -ni'z-/ *n.* [U;C]—'**mod·ern·iz·er** *n.* [C]

mod·est /'mɒdist/ *adj.* ❶谦虚的,谦逊的:The scientist was *modest* about his achievements. 这位科学家对自己所取得的成绩非常谦虚。❷(数量、程度等)有限度的;适度的,不太多的;适中的;(价格等)不高的,不太昂贵的:a *modest* lane 不起眼的小巷子 ‖ '**mod·est·ly** *adv.*

mod·es·ty /'mɒdisti/ *n.* [U]谦虚,谦逊:The contestants lack in *modesty* and team spirit. 这些参赛选手缺乏谦虚和团体精神。

mod·i·fy /'mɒdiˌfai/ *vt.* 修改,修正;更改,变更;改善,改进,改良:We should *modify* the design. 我们应该修改这个方案。‖ **mod·i·fi·ca·tion** /ˌmɒdifi'keiʃn/ *n.* [U;C]—'**mod·i·fi·er** *n.* [C]

M

mod·u·late /'mɒdjuːleɪt/ *vt.* ❶调节；调整；使适合…的需要：They *modulate* their corpus by the frequent insertion of latest materials. 他们不断地补充新材料改进语料库。❷使(声音)变得柔和(或悦耳、动听)；改变(说话的语调)；调节(音量)：When the boss entered she *modulated* her voice politely. 老板进来时她有礼貌地压低了声音。‖ **mod·u·la·tion** /ˌmɒdjuˈleɪʃ°n/ *n.* [C;U]— **'mod·u·la·tor** *n.* [C]

moist /mɔɪst/ *adj.* ❶(略)湿的，湿润的，湿漉漉的；潮湿的：Make sure the soil is *moist* after planting the seeds. 播种后要保证土壤湿润。❷(眼睛)含泪的：She saw her son off with *moist* eyes. 她含泪和儿子道别。‖ **'moist·ly** *adv.* — **'moist·ness** *n.* [U]

mois·ture /'mɔɪstʃə/ *n.* [U] ❶潮湿，湿气，水汽：This soil is in need of *moisture*. 土壤需要浇水。❷水滴，水珠；水分；降水

mol·e·cule /'mɒlɪkjuːl/ *n.* [C] ❶【化】【物】分子；摩尔：a *molecule* of alcohol 酒精分子 ❷微粒；一点点，些微：She has only a *molecule* of honesty. 她只有一点点的诚实。

mol·li·fy /'mɒlɪfaɪ/ *vt.* ❶使平静，使安静，安抚，安慰：They had *mollified* the man into listening to their explanation. 他们使那个人心平气和来听他们的解释。❷减轻，缓解，使缓和；使变得柔和：*mollify* one's pique 平息怒气 ‖ **mol·li·fi·ca·tion** /ˌmɒlɪfɪˈkeɪʃ°n/ *n.* [U;C]

mol·ten /'məʊlt°n/ **I** *v.* melt 的过去分词 **II** *adj.* [无比较级] ❶(金属、岩石等)熔化的；(冰雪等)溶化的；融溶的：a great mass of *molten* rock 大量的熔岩 ❷(温度等高得)灼人的，炽热的；(感情等)炽热的，异常强烈的：the *molten* sunshine in summer 夏日骄阳

mom /mɒm/ *n.* [C]〈口〉妈妈，妈

mo·ment /'məʊm°nt/ *n.* ❶[C]眨眼间，瞬间，一会儿，片刻：As every thread of gold is valuable, so is every *moment* of time. 一寸光阴一寸金。❷[C](具体的)时刻，时间点：laugh-out-loud *moments* 开怀大笑的时

刻 ‖ *at the moment adv.* 目前，此时，此刻，当前；一时：Father is in a good mood *at the moment*. 父亲此刻心情不错。

mo·men·tar·i·ly /'məʊm°nt°rili, ˌməʊm°nˈterili/ *adv.* [无比较级] ❶暂时地，临时地；一会儿，片刻：The train *momentarily* stopped. 列车临时停车。❷随时，在任何时候：The thieves will visit the neighborhood *momentarily*. 窃贼随时都会光顾这个街区。❸立刻，马上；刹那间：The couple are expecting their first child *momentarily*. 这对夫妇的第一个孩子马上就要降生了。

mo·men·tar·y /'məʊm°nt°ri/ *adj.* [无比较级] ❶一刹那的，瞬间的，眨眼间的：a *momentary* hesitation 片刻的犹豫 ❷暂时的，临时的，一时的；短暂的，短命的：Our lives are merely *momentary*. 我们每个人的一生都不过是短暂的一刹那。‖ **'mo·men·tar·i·ness** *n.* [U]

mo·men·tous /məˈmentəs/ *adj.* 极为重要的，重大的，具有重要意义的：The happening was too *momentous* to be left to a local priest. 此事非同小可，由当地牧师管理并非上策。‖ **mo·men·tous·ly** *adv.* — **mo'ment·ous·ness** *n.* [U]

mom·my, mom·mie /'mɒmi/ *n.* [C]〈口〉母亲，妈妈

Mon. *abbr.* Monday

mon·ar·chy /'mɒnəki/ *n.* ❶[C]君主制国家；君主制政府 ❷[U]君主政体，君主制度：abolish a *monarchy* 废除君主制度

Mon·day /'mʌndeɪ, -di/ *n.* [C;U]星期一(略作 Mon.)：Can we meet on *Monday*? 我们星期一见面好吗？

mon·e·tar·y /'mʌnɪt°ri/ *adj.* [无比较级] ❶(现行)货币的；金融的：tight *monetary* policy 紧缩金融政策 ❷金钱的；使用货币的：They will expect no *monetary* return. 他们不指望金钱上的报答。‖ **'mon·e·tar·i·ly** *adv.*

mon·ey /'mʌni/ *n.* ([复]mon·eys 或 mon·ies) ❶[U]货币；[总称]通货；(金币、银币

等的)特种货币：The Fed Res Bd has clamped down on the *money* supply. 美国联邦储备委员会已收紧了通货供应。❷[通常作 **moneys** 或 **monies**]一笔钱；款子，款项：The parents held the *moneys* for their son until he came of age. 这对父母为他们的儿子积攒一笔钱，直至他成年为止。

☆**money，cash，change，currency** 均有"钱，金钱"之意。**money** 为最普通用词，指政府或银行发行的货币，包括纸币和金属货币：His father earns a lot of *money* as a pilot. (他父亲当飞行员挣钱很多。)**cash** 与 **check** 相对，指以纸币或硬币形式出现的现钱：I haven't any *cash* on me— Can I pay in *check*? (我没带现金——可以用支票付款吗?)该词也可非正式地表示任何形式的金钱：I'm a bit short of *cash* at the moment. (我现在手头有点紧。)**change** 表示小额硬币，常指购物付钱后的找头：Tom gave me two dollars *change*. (汤姆给了我两美元的零钱。)**currency** 指一个国家采用的特定货币形式：The British teachers in China were paid in local *currency*. (在中国的英国教师的工资是用中国货币支付的。)

mon·i·tor /'mɑnitər/ **I** *n.* [C] ❶(学校的)班长；级长；辅导员(指帮助教师督导学生的高年级学生)；教务助理生 ❷监视器，监听器：Electronic *monitors* announce his movements. 电子监视器监视着他的行动。**II** *vt.* ❶监测，观察：We'll be *monitoring* the situation right up to the last minute. 我们会始终对情况进行观察，直到最后一刻。❷监控(电视或广播信号等)；监听(他人电话等)

monk /mʌŋk/ *n.* [C]僧侣，和尚；修士：Lama Buddhist *monks* 喇嘛僧

mon·key /'mʌŋki/ *n.* [C]【动】猴；猿：This little man is agile like a *monkey*. 这个矮个子犹如猴子般灵活。

monkey wrench *n.* [C]❶【机】活动扳手，管子钳，活旋钳，螺丝扳手 ❷破坏性因素

mon·o·logue，mon·o·log /'mɑnəlɔg/ *n.* [C]❶独角戏；(戏剧中)独白：interior *monologue* 内心独白 ❷独角戏剧本 ‖

'**mon·o**|**log·ist** *n.* [C]—'**mon·o**|**logu·ist** *n.* [C]

mo·nop·o·lize /mə'nɑpəlaiz/ *vt.* ❶垄断；对(商品、货物等)取得专卖权，对…实行专营；获得…的专利：*monopolize* trade 垄断交易 ❷完全占据，一人独占(时间、言论等)；完全吸引(注意力)：All her spare time was *monopolized* by her children. 她的业余时间都被孩子们占用了。

mo·nop·o·ly /mə'nɑp°li/ *n.* [C；U]❶(对商品的)垄断(权)；专卖(权)，专营(权)：The company's *monopoly* of telephone services in Germany is being whittled at. 这家公司在德国的电信业垄断权已逐渐被削弱。❷绝对控制；完全占有；独享(*of，on*)：I don't think the British have a *monopoly of* that virtue. 我不认为只有英国人才有那样的美德。❸专营企业；垄断集团；专卖店：His father has a *monopoly* of stationery. 他父亲拥有一家文具专卖店。

mo·not·o·nous /mə'nɑt°nəs/ *adj.* ❶单一的，没有变化的；乏味的：He con-sidered this work extremely *monotonous*. 他认为这项工作极其单调乏味。❷(声音)单调的，无轻重缓急的：the dull，*monotonous* roar of the sea 大海发出沉闷单调的咆哮声 ‖ **mo'not·o·nous·ly** *adv.* —**mo'not·o·nous·ness，mo'not·o·ny** *n.* [U]

mon·ster /'mɑnstər/ *n.* [C]❶(想象中的非人非兽的)怪物：the Loch Ness *monster* 尼斯湖水怪 ❷丧失人性的人，极其恶毒的人；恶魔：He is a *monster* of cruelty. 他是个极为残忍的家伙。

mon·tage /mɑn'tɑːʒ/ *n.* ❶[U]【电影】【电视】蒙太奇，(镜头或画面的)剪辑；[C]用蒙太奇手法制作的影视片段 ❷[U](画面、文字或声音的)合成；[C]合成的画面(或文字)；混合的声音

month /mʌnθ/ *n.* [C]❶月，月份：The *month* of August has 31 days. 8 月份有 31 天。❷一个月的时间(或期限)；四周时间，28 天；一个月左右的时间：It will take better than two *months* to fulfill the order. 执行这个订货需要两个多月的时间。

month·ly /'mʌnθli/ I *adj.* [无比较级]每月的；每月一次的；按月计的：He edits our *monthly* magazine. 他编辑我们的月刊。II *n.* [C]月刊：computer *monthlies* 计算机月刊 III *adv.* [无比较级]每月一次；每月：This periodical is published *monthly*. 这份期刊每月出版一期。

mon·u·ment /'mɔnjumʰnt/ *n.* [C]纪念物；纪念碑；纪念馆；纪念塔：They erected a *monument* in his honour. 他们为他立了一座纪念碑

moo /muː/ I *vi.* 哞哞地叫，发出哞哞的声音 II *n.* [C]([复]**moos**) 哞哞的叫声

mood¹ /muːd/ *n.* ❶[C]心情，情绪；心态，心境：He is in a bellicose *mood*. 他想找人争吵。❷[常用单]气氛，氛围；(对某事的)看法，观点：This piece creates *mood* but not plot. 这篇小品不重在写故事情节，而着重渲染气氛

☆**mood，humour，temper，vein** 均有"心情；情绪"之意。**mood** 指一时的心情，也可指精神状态，强调情绪影响的广度和力度：Mary's in a merry *mood*. (玛丽的心情很好。)**humour** 常指某种脾性或感觉造成的特定心情，特指某一时刻的心情，有一时兴起、反复无常的含义：He wept and laughed as his *humour* moved him. (他的情绪很激动，时哭时笑。)**temper** 表示某一种强烈的情感占主导地位，常指愤怒或怒气：Jean's in a bad *temper* because she missed the bus and had to walk to work. (琼很恼火，因为她没赶上公共汽车，不得不走路上班。)**vein** 与 **mood** 的区别在于其短暂性，与 **humour** 的区别在于不强调与性情、气氛的关系：He spoke in a serious *vein* for a moment. (他严肃地讲了一会儿话。)

mood² /muːd/ *n.* [C]【语】语态；语式；语气：the indicative [imperative，subjunctive] *mood* 陈述[命令，虚拟]语气

moon /muːn/ *n.* ❶[the ～]月亮；月球：the phases of *the moon* 月相 ❷[C]【天】(行星的)卫星：Titan is the largest *moon* of Saturn. 土卫六是土星最大的卫星。

moon·light /'muːnˌlait/ *n.* [U]月光：We

walked together the rest of the way by a brilliant *moonlight*. 在明亮美好的月光下，我们一起走完了余下的路程。

mop /mɔp/ I *n.* [C]拖把：Since all the floors are concrete，a few swipes with a *mop* is all it takes. 所有的地都是水泥做的，所以只要用拖把拖几下就行了。II *vt.* (**mopped**；**mop·ping**) ❶用拖把拖(地)：The mistress *mopped* the living room. 女主人用拖把拖会客室的地板。❷擦去(脸、额上的)汗水；擦去(眼睛)里的泪水：She *mopped* her forehead with a handkerchief. 她用手帕拭去额头上的汗水。

mor·al /'mɔr²l；'mɔː-/ I *adj.* ❶[作定语]道德的；伦理的；道德规范的；行为准则的：Our *moral* sense controls passion. 道德观念控制着情感。❷[作定语]明辨是非的；品行端正的，有道德的；讲究品德的：Animals are not *moral* beings. 动物不能辨别是非曲直。II *n.* ❶[C](寓言、故事或事件等的结尾所引出的)寓意，道德教育；教训：There is a *moral* to his story. 他的故事中含有寓意。❷[～s]道德规范，行为准则：safeguard public *morals* 维护公德

☆**moral，ethical，righteous，virtuous** 均有"道德的，合乎道德的"之意。**moral** 指按照公认的准则或是非标准做人处事，常用于人的行为或品格：Babies are not born with a *moral* sense. (婴儿并非天生具有道德感。)**ethical** 指遵照伦理学理念、原则，或合乎职业道德标准：It is not considered *ethical*，so I won't do it. (人们认为那是不道德的，我决不会干那事。)**righteous** 与 **virtuous** 的区别在于强调无可指责，含正当、合乎情理的意味：The *righteous* shall go to Heaven. (正直的人会上天堂。)**virtuous** 指具有真诚、公道、正直、纯朴等美德：People who lead *virtuous* lives in this world are assured of paradise in the next. (过着高尚生活的人们坚信下辈子将在天堂生活。)

mo·rale /mə'rɑːl；mə'ræl/ *n.* [U；C](个人或集体的)士气；精神面貌，风貌：boost [raise] one's *morale* 增强士气

mor·al·i·ty /mə'ræliti；mɔː-/ *n.* ❶[U]道德

性：He wonders whether there's any *morality* in politics. 他不知道搞政治是否有道德可言。❷[U]道德，品德；美德：public *morality* 公共道德 ❸[C;U]道德标准，道德规范；道德观：a difference between *morality* in America and China 中美道德标准的不同

more /mɔːʳ/ I *adj.* ❶[many 和 much 的比较级]更多的，较多的；更大的，较大的：There has always been *more* books than anyone could read. 书总是多得读不胜读。❷[无比较级]更大程度的；更深层次的：I regard Louisa as a clever girl; but Tom is something *more*. 我把路易莎看作一个聪明的姑娘，但是汤姆更胜一筹。❸[无比较级]另外的，额外的，附加的：You had better stay here for a few *more* days. 你最好再待几天。II *n.* ❶[用作复][总称]更多的东西（或事情、人）：She asked a bit *more*. 她又要了一些。❷[U](数量、数目、程度等)更多，较多；更大，较大：I wanted to know *more* about her. 我想对她有更多的了解。III *pron.* [常用作复]更大（或更多）的数量：I'd like to know *more* about the job. 关于这份工作，我想再了解一些情况。IV *adv.* [无比较级]❶更多地，较多地：I couldn't agree with you *more*. 我完全同意你的观点。❷更大程度地；更大范围地：He walks *more* these days. 这些天他走的路比以往多一些。❸[用于多音节形容词或副词前构成其相应的比较级]更，更加：do it *more* carefully 更加仔细地做这件事 ❹又，再，另外：I can't eat a mouthful *more*. 我一口也不能多吃了。‖ (*and*) *what's more adv.* [常用作插入语]更为重要的是；更为甚者；而且：*What's more*, I was the victim of one such incident. 更重要的是，我就是这种事故的受害者。*more and more adv.* & *adj.* 越来越（多的），愈发（多的）：She loved the man *more and more*. 她愈发地爱那个人。

more·o·ver /mɔːˈrəʊvəʳ/ *adv.* [无比较级][用以引导或伴随新论点或话题]此外，再者，而且，加之：The house is big enough, and *moreover*, the rent is reasonable. 房子相当大，而且房租也很合理。

morn·ing /ˈmɔːnɪŋ/ *n.* [C;U]上午；早晨，清晨：He plays golf every *morning*. 他每天上午都去打高尔夫球。

mor·tal /ˈmɔːtl/ I *adj.* [无比较级]❶(尤指人等生命体)死的，死亡的；注定要死的，终将死亡的：All human beings are *mortal*. 凡人都是要死的。❷(敌人)不共戴天的，无法宽恕的：*mortal* enemy [foe] 死对头 ❸(痛苦、害怕或侮辱等)强烈的，剧烈的：*mortal* pain 剧痛 ❹致死的，致命的(to)：*mortal* disease 致命的疾病 II *n.* [C]凡人，普通人：We are all *mortals*. 我们皆凡人。‖ ˈmor·tal·ly *adv.*

mort·gage /ˈmɔːgɪdʒ/ I *n.* [C]❶抵押借款；抵押贷款项；抵押借款利率：It's difficult to get a *mortgage* on an old house. 很难拿旧房子作抵押获取借款。❷抵押合同，抵押契约：a *mortgage* with a commercial bank 与商业银行签订的抵押借款合同 II *vt.* 用…作抵押：He *mortgaged* all his assets trying to save his business. 他抵押了所有的财产，试图挽救他的生意。‖ ˈmort·ga·gor, ˈmort·ga·ger *n.* [C]

mor·ti·fy /ˈmɔːtɪˌfaɪ/ *vt.* ❶侮辱，羞辱，使蒙羞，使丢脸：She said with some hesitation from the fear of *mortifying* him. 她说话时有点儿犹豫，唯恐让他下不了台。❷伤害…的感情：He was only *mortified*, and would take his revenge. 他就会耿耿于怀，总要伺机报复。‖ mor·ti·fi·ca·tion /ˌmɔːtɪfɪˈkeɪʃn/ *n.* [U]

mos·qui·to /məsˈkiːtəʊ/ *n.* [C]([复]-to(e)s)[昆]蚊

most /məʊst/ I *adj.* [作定语]❶[many 和 much 的最高级，修饰名词]最多的；最大的；最大程度的：He has made *most* mistakes. 他犯的错误最多。❷[无比较级]大多数的，大部分的，差不多所有的：*Most* European countries are democracies. 大多数欧洲国家是民主国家。II *n.* ❶[the ～]最多，最大量；最高程度：*The most* they expect is to cut work hours. 他们最大的期望就是减少工时。❷[C]大多数，大部分；大多数人（或物)：*Most* of the voters have not yet decided whom to vote for. 大多数投票者尚未决定

投谁的票。**III** *adv.* ❶[much 的最高级，常用于修饰多音节形容词或副词]最；This is the *most* delicious cake I've ever tasted. 这是我吃过的最好吃的蛋糕。❷[无比较级]最大地；最多地；最大限度地；She helped me *most* when we were at university. 在上大学时她给我的帮助最多。❸[无比较级]十分，非常，极其；He'll *most* probably go there by train. 他极有可能坐火车去那里。‖ **at (the) most** *adv.* 不超过，至多，顶多；The auditorium can hold 600 people *at most*. 礼堂顶多能容纳 600 人。**make the most of** *vt.* 充分利用，最大限度地利用，尽量利用；*make the most of* every minute 充分利用每分钟

most·ly /ˈməustli/ *adv.* [无比较级]❶大多地，大部分地；主要地；What he said was *mostly* true. 他说的大多是真实的。❷一般情况下，在大多数情况下，通常；An owl *mostly* hunts at night. 猫头鹰通常在夜间觅食。

mo·tel /məuˈtel/ *n.* [C]汽车旅馆(为汽车驾驶员提供住宿的旅馆，附属设施有车库或停车场，通常建在公路边)

moth·er /ˈmʌðəʳ/ *n.* [C]母亲，妈妈；Laura helped her *mother* with the goodbyes. 劳拉帮妈妈送客。

moth·er·hood /ˈmʌðəhuːd/ *n.* [U]母亲的身份；*Motherhood* doesn't suit her, she shouldn't have had children. 她不是当母亲的人，她本不应该有孩子的。

moth·er-in-law /ˈmʌðərinˌlɔː/ *n.* [C]([复]**mother-in-laws** 或〈美〉**mothers-in-law**)岳母，丈母娘；婆母，婆婆

moth·er·land /ˈmʌðəˌlænd/ *n.* [C]祖国，故土

mo·tion /ˈməuʃʳn/ **I** *n.* ❶[U;C]运动，移动；(姿势的)改变，变动；This single *motion* of her head told me that she was unhappy. 从她这一摇头，我就知道她不太高兴。❷[C]动议，提议；Her *motion* was defeated. 她的动议落了空。**II** *v.* (向某人)点头(或摇头)示意；(给某人)打手势(*to*)；The police officer *motioned* for the driver to pull over.

警察示意司机停车。

mo·tion·less /ˈməuʃʳnlis/ *adj.* [无比较级]静止的，一动不动的；The cat remained *motionless*, waiting for the mouse to come out of its hole. 猫一动不动地等着老鼠出洞。‖ **'mo·tion·less·ly** *adv.* —**'mo·tion·less·ness** *n.*

mo·ti·vate /ˈməutiˌveit/ *vt.* ❶使具有动机；成为…的动机；He was *motivated* by friendship, not love. 他的举动是出自友谊，而不是爱情。❷激起(行动等)，激励；The young manager is capable of *motivating* the staff to work hard. 那位年轻经理善于激励员工努力工作。‖ **mo·ti·va·tor** /ˌməutiˈveitəʳ/ *n.* [C]

mo·ti·va·tion /ˌməutiˈveiʃʳn/ *n.* ❶[C]目的；They lack the *motivation* to study. 他们缺乏学习的积极性。❷[U]动力，动机，诱因；*Motivation* was the key to their success. 因为有动力，他们获得了成功。‖ **mo·ti·va·tion·al** /-nʳl/ *adj.*

mo·tive /ˈməutiv/ **I** *n.* [C]动机，动因；目的；He has a *motive* for denying the fact that he was once imprisoned. 他旨在否认曾经坐过牢这个事实。**II** *adj.* [无比较级]❶促进的，推动的；激励的；成为动机的；*motive* power machine 动力机械 ❷运动的，活动的；the *motive* nerves 运动神经

☆ **motive, impulse, incentive, inducement** 均有"动机，动因"之意。**motive** 指作用于人的意志，使其按一定目的的行事的激情、欲望或身体本能需要；The police could not find a *motive* for the murder. (警方未能找出凶手的动机。) **impulse** 常指自发的、非理性的、情不自禁的内在冲动，强调冲动的力量而不是冲动的结果；He bought a car on (an) *impulse*. (他一时冲动买了一辆小汽车。) **incentive** 常指能带来报偿的外部刺激物；His interest gave me an *incentive* and I worked twice as hard. (他的关注给我以鼓励，我工作起来加倍努力。) **inducement** 指用以诱使他人的引诱物；They offered her a share in the business as an *inducement* to stay. (他们提出在生意中给她一份股份以鼓励她

留下。)

mo·tor /ˈməutəˈ/ *n.* [C]电动机,马达;引擎,发动机:an electric *motor* 电动机

motor bike *n.* [C](机动或脚踏)两用摩托车;轻型摩托车(＝motor cycle)

motor cycle *n.* [C](两轮)摩托车〔亦作 **motor bike**〕

mot·to /ˈmɔtəu/ *n.* [C]([复]-to(e)s) 箴言,格言;警句;座右铭:She lives by the *motto* "Never leave for tomorrow what you can do today". "今日事今日毕"是她的人生格言。

mould¹ /məuld/ **I** *n.* ❶[C]模型,铸模;模子:pour the molten metal into the *mould* 将熔铁倒入铸模 ❷[用单](人的)性格,品性;性情,脾气;类型:People of her *mould* is difficult to understand. 像她这类人很难被人理解。**II** *vt.* ❶用模具制作,用模型浇铸:The car body is *moulded* in Japan. 汽车的车身是在日本用模型浇铸而成的。❷使成形,使具…的形状;塑造:The winds *moulds* the waves. 风吹浪起。‖ **ˈmould·a·ble** *adj.* —**ˈmould·er** *n.* [C]

mould² /məuld/ *n.* [U;C]霉;霉菌:The bread is covered with *mould*. 面包上长满了霉。

mould·y /ˈməuldi/ *adj.* 发霉的,霉变的;有霉味的:His room smells *mouldy*. 他房间有股霉味。‖ **ˈmould·i·ness** *n.* [U]

mount¹ /maunt/ *v.* ❶爬,登上(山、楼梯等):She *mounted* the stairs. 她登上楼梯。❷增加;积累(*up*):Prices are steeply *mounting*. 价格呈直线上扬趋势。‖ **ˈmount·a·ble** *adj.* —**ˈmount·er** *n.* [C]

mount² /maunt/ *n.* [C]〈古〉[常用于高山名称前,不接定冠词]山,山峰:*Mount* Kilimanjaro 乞力马扎罗山

moun·tain /ˈmauntin/ *n.* [C] ❶山;高山,大山;[～s]山区:They went to the *mountains* for their summer holiday last year. 去年他们到山区度暑假。❷(一)大批;(一)大堆;大量:a *mountain* of debts 一大堆债务

moun·tain·eer /ˌmauntiˈniəˈ/ *n.* [C] ❶山区居民 ❷爬山者;登山运动员:He is one of the first few *mountaineers* who climbed Mount Qomolangma. 他是最早登上珠穆朗玛峰的少数几个人之一。

moun·tain·ous /ˈmauntinəs/ *adj.* ❶多山的;山峦起伏的:The country is very *mountainous*. 该国地势山峦起伏。❷[作定语]大如山的,巨大的;硕大的:a *mountainous* meal 极为丰盛的一餐

mourn /mɔːn/ *vi.* ❶表示惋惜;感到痛心(*for*, *over*):The girl *mourned for* the loss of her beauty. 这女孩为失去美貌而伤心。❷表示哀悼;感到悲痛(*for*):The soldiers all *mourned for* their fallen comrades-in-arms. 战士们都在为牺牲的战友致哀。‖ **ˈmourn·er** *n.* [C]

mourn·ful /ˈmɔːnfʊl/ *adj.* ❶忧伤的,悲伤的;悲痛的:He shook his head with an intensely *mournful* air. 他十分伤心地摇了摇头。❷流露出悲伤之情的;令人悲痛的:The music is rather *mournful*. 这曲子非常忧伤。‖ **ˈmourn·ful·ly** *adv.* —**ˈmourn·ful·ness** *n.* [U]

mouse /maus/ *n.* [C]([复]**mice** /mais/) ❶【动】老鼠;小家鼠;田鼠;鼹鼠:He raised a cat to keep the *mice* out of the kitchen. 他养了只猫以防老鼠进入厨房。❷【计】鼠标(器)

mous·tache /məˈstɑːʃ, ˈmʌstæʃ/ *n.* [C]髭,小胡子〔亦作 **mustache**〕

mouth /mauθ/ *n.* ([复]**mouths** /mauðz/) ❶[C]口,嘴;口腔:Her *mouth* remained closed upon her secret. 她对她的秘密缄口不言。❷[C](容器的)开口:the *mouth* of a sack 袋口

mouth·ful /ˈmauθfʊl/ *n.* [C]满满一嘴的东西;一大口:eat up at a *mouthful* 一口吃光

mov·a·ble /ˈmuːvəbʲl/ *adj.* [无比较级] ❶可移动的,活动的:The boards dividing the room into working areas are *movable*. 将房间隔成几个工作区的木板是活动的。❷(节日、庆祝活动等)日期不定的,变更的:a *movable* holiday 日期随历书变化的节日

move /muːv/ *v.* ❶移动；被搬动，改变位置；改变姿势：He was knocked down by a bicycle and couldn't *move*. 他被自行车撞了，身子无法动弹。❷活动，运动；(四处)走动(*about*，*away*)：Someone is *moving about* [around] upstairs. 有人在楼上走来走去。❸感动；打动…的情感；使动感情：She told us that she was *moved* to tears after seeing the film. 她说看了电影后她感动得哭了。

move·a·ble /'muːvəbªl/ *adj.* & *n.* =movable

move·ment /'muːvmªnt/ *n.* ❶[C；U]移动，搬动，挪动；走动：It was late afternoon and the streets were in *movement*. 已近黄昏，街上车辆川流不息。❷[C；U]动向，动态；趋向，趋势：*movement* in education toward more computer use in high schools 在中学教育中更多地使用计算机的趋向

mov·ie /'muːvi/ *n.* 〈美〉❶[C]电影，影片，片子：He brings friends in for popcorn and a *movie*. 他把朋友带来，边吃爆米花边看电影。❷[常作 the ～s]电影院：go to the *movies* 看电影

mov·ing /'muːviŋ/ *adj.* [无比较级]❶[作定语]运动的；引起运动的；活动的；转动的；引起转动的：Through the windows he could see *moving* sheets of rain. 透过窗户，他可以看见那移动着的雨幕。❷[作定语]正在驾驶车辆的：If a driver receives a *moving* violation, he will be fined. 驾驶员若在行车过程中违反交通规则，就会被罚款的。❸感人的，打动人的：It is always a *moving* subject. 这永远是一个动人心弦的主题。‖ **'mov·ing·ly** *adv.*

Mr, Mr. /'mistəʳ/ *n.* [C]([复]**Messrs** /'mesəz/)[用于男子姓氏或职务前，表示尊敬]先生：*Mr.* Johnson 约翰逊先生 / *Mr.* President 总统先生

Mrs, Mrs. /'misiz/ *n.* [C]([复]**Mrs** 或 **Mes·dames** /mei'dɑːm/)[用于已婚女子的夫姓前]夫人，太太

Ms, Ms. /miz/ *n.* [C][用于婚姻状况不明或不愿提及其婚姻状况的女子姓氏前]女

士：*Ms* Morrison 莫里森女士

much /mʌtʃ/ **I** *adj.* [(**more** /mɔːʳ/，**most** /məust/)[后接不可数名词](很)多的，大量的：This job doesn't need *much* time. 这份工作不需要很多时间。**II** *n.* [U]❶许多，大量：*Much* of the land was flooded. 大部分陆地被淹没了。❷[常用于否定句]非常重要的事情，具有重大意义的事情；杰出的东西，非常了不起的东西：There isn't *much* to live for in this jail of a house. 住在这监牢似的房子里，活着没有多大意思。❸(表示某物的)数量、程度：How *much* does it cost? 这东西多少钱？**III** *adv.* ❶(**more, most**) 非常，十分：*Much* to my disappointment, he hasn't finished his work yet. 令我大为失望的是，他还没有完成工作。❷[无比较级][与形容词或副词的比较级或最高级连用，表示程度]更；最，最大程度：Their new house cost *much* more than they expected. 他们新房的价格比他们预计的要高得多。❸几乎，差不多；实际上：This book is *much* like the others. 这本书和其他的没什么区别。‖ **much as** *conj.* ❶正如…一样；与…相似：Babies need love，*much as* they need food. 小孩子们需要爱，正如他们需要食物一样。❷尽管，即使，虽然：*Much as* he wanted to go outing, his parents didn't agree. 他尽管很想去旅游，可父母不同意。

mud /mʌd/ *n.* [U]泥(土)；泥地；烂泥，泥浆：The boy was covered with [in] *mud*. 这个小孩浑身是泥。

mud·dle /'mʌdªl/ **I** *vt.* ❶将…弄乱，把…搅和在一起；把(事情等)弄糟(*together*)：The papers on my desk was *muddled* during my absence. 我不在时桌子上的文件被弄得乱七八糟。❷使搞混，使弄不清，使糊涂：His thoughts were *muddled*. 他思绪不清。**II** *n.* [常用单]❶糊涂，混淆：He is in so much of a *muddle* that he is of no help. 他非常糊涂，根本帮不上忙。❷混乱，凌乱，乱七八槽；混乱的局面，糟糕：There was a *muddle* over the hotel accommodation. 宾馆的膳宿管理一片混乱。

muf·fle /'mʌfªl/ *vt.* [常用被动语态]❶使

(声音等)变得轻微;抑制…的声音:He made some reply in a voice *muffled* by his tears. 他流着眼泪,声音哽咽着回答。❷围裹;蒙:He was *muffled* in silk. 他身穿一件丝质衣服。

mug /mʌg/ **I** *n.* [C](筒形带柄的)大杯;水壶;啤酒杯;一大杯的量:a tea *mug* 茶杯 **II** (mugged;mug·ging) *vt.* (尤指在公共场合)攻击并抢劫:The old man was *mugged* in the back street. 那位老人在后街遭人抢劫。‖ 'mug·ger *n.* [C]—'mug·ging *n.* [C;U]

mul·ber·ry /'mʌlbəri/ *n.* [C] ❶桑葚 ❷【植】桑树

mule /mjuːl/ *n.* [C]❶【动】(公驴和母马杂交而生的)骡(子) ❷愚蠢的人;固执的人,执拗的人

mull /mʌl/ *v.* 沉思,思索;仔细考虑:*mull* two possible tactics 考虑两种可行的策略

mul·ti·me·di·a /ˌmʌlti'miːdiə/ *adj.* [无比较级]多媒体的;使用多种媒体的:the latest *multimedia Encyclopedia Britannica* 最新的多媒体版《大不列颠百科全书》

mul·ti·ple /'mʌltipəl/ **I** *adj.* [无比较级][作定语]❶多个部分(或个体)的;由多个部分(或个体)组成的:a *multiple* collision 一起多辆汽车相撞的交通事故 ❷[后接复数名词]许多的,众多的:He receives *multiple* injuries in the accident. 他在事故中多处受伤。**II** *n.* [C]【数】倍数:20 is a *multiple* of 5. 20 是 5 的一个倍数。

mul·ti·ply /'mʌltiˌplai/ *vt.* ❶乘(以);使相乘:Five *multiplied* by six is 30. 5 乘 6 等于30。❷使成倍增加,使大量增加:I shall not *multiply* professions on this head. 我不会在这个问题上多加表白。❸使(动、植物)繁殖:*multiply* one's descendants 使后代繁衍兴旺

mul·ti·tude /'mʌltiˌtjuːd/ *n.* ❶[C]大量,许多(*of*):learn a *multitude of* things 学习各种杂事 ❷[C]人群,聚成一堆的人:A large *multitude* assembled before the auditorium for the occasion. 一大群人聚集在礼堂前等待那个重要时刻。

mum·ble /'mʌmbəl/ **I** *v.* 含糊其词地说;咕哝着说:She was *mumbling* some indistinct words as she went. 她一面走,一面口中念念有词。**II** *n.* [C]含糊其词的话语,咕哝 ‖ 'mum·bler *n.* [C]

mum·my /'mʌmi/ *n.* [C]木乃伊;干尸:an Egyptian *mummy* 埃及木乃伊

mu·nic·i·pal /mjuː'nisipəl/ *adj.* [无比较级][作定语]自治市的;市的;市政的;市立的,市营的;由市管辖的:*municipal* elections 市政选举 ‖ mu'nic·i·pal·ly *adv.*

mur·der /'məːdə/ **I** *n.* [C;U]谋杀,凶杀;谋害;杀害;谋杀案,凶杀案;谋杀罪;屠杀:She knew there was *murder* in him. 她知道他心里起了杀意。**II** *vt.* 谋杀;谋害;残杀:She was *murdered* on her way back home. 她在回家的路上被人谋杀了。‖ 'mur·der·er *n.* [C]—'mur·der·ess *n.* [C]

murk·y /'məːki/ *adj.* ❶阴暗的,黑暗的;昏暗的:a *murky* night 昏暗的夜晚 ❷雾蒙蒙的,似浓雾笼罩的:*murky* streets 雾蒙蒙的大街 ‖ 'murk·i·ly *adv.* —'murk·i·ness *n.* [U]

mur·mur /'məːmə/ *v.* ❶(波浪、溪流等)持续发出轻微的声音:The spring *murmured* drowsily beside him. 泉水在他身旁喃喃低语,催人入眠。❷低声说话,轻声细语(*about*):*murmur* to oneself 喃喃自语 ❸咕哝,小声抱怨(*against*, *at*):*murmur against* new taxes 对新征的税收表示不满 ‖ 'mur·mur·er *n.* [C]

mus·cle /'mʌsəl/ *n.* [C;U]【解】肌,肌肉;肌肉组织:These activities build *muscle* and increase stamina. 这些活动能使肌肉发达,使精力充沛。

mus·cu·lar /'mʌskjulə/ *adj.* ❶[无比较级]肌的;肌肉的:*muscular* pains 肌肉疼痛 ❷强壮的;肌肉发达的:He is very *muscular*. 他的肌肉很发达。‖ mus·cu·lar·i·ty /ˌmʌskjuˈlæriti/ *n.* [U]

mu·se·um /mjuːˈziːəm/ *n.* [C]博物馆,博物院:a *museum* of natural history 自然历史博物馆

M

mush·room /'mʌʃruːm,-rum/ *n.* [C]【植】蘑菇

mu·sic /'mjuːzik/ *n.* [U] 音乐：Melody is the quintessence of *music*. 旋律是音乐的精髓。

mu·si·cal /'mjuːzikᵊl/ *adj.* ❶[无比较级][作定语]音乐的；关于音乐的；用于音乐的：*musical* talent 音乐才能 ❷(声音、说话等)悦耳的,动听的；whistle a *musical* tune 哼一段优美的曲调

mu·si·cian /mjuː'ziʃᵊn/ *n.* [C]音乐家；乐师；作曲家：a fine *musician* 一位优秀音乐家 ‖ mu'si·cian·ship *n.* [U]

musk /mʌsk/ *n.* [U]麝香；人造麝香：*Musk* is produced naturally by the musk deer. 麝香是由香獐自然产出的。 ‖ 'musk·i·ness *n.* [U]—'musk·y *adj.*

muss /mʌs/ 〈口〉*vt.* 搞乱,弄乱,使混乱(*up*)：The boy *mussed up* the paper on the desk. 那男孩把桌子上的纸弄得乱七八糟。 ‖ 'muss·y *adj.*

must /mʌst/ *aux. v.* [无时态和人称变化,后接不带 to 的不定式]❶[表示必要性]必须：The play begins at eight, so they *must* dine at seven. 戏 8 点钟开始,因此他们必须在 7 点钟吃饭。 ❷[表示意愿、建议或劝告]应该,肯定：You *must* ask your son not to do that again. 你得劝你的儿子别再做那种事了。 ❸[表示猜测、揣测或推断]一定,肯定,必定：The man could eat all those apples, so he *must* have a good digestion. 那人能吃掉所有那些苹果,他的消化系统肯定很好。

must·n't /'mʌsᵊnt/ ＝must not

mus·ty /'mʌsti/ *adj.* 霉的,发霉的；发出霉味的,有霉味的：The vinegar is *musty*. 醋已发霉了。 ‖ 'mus·ti·ly *adv.*—'mus·ti·ness *n.* [U]

mute /mjuːt/ *adj.* [无比较级]❶保持沉默的,不开口说话的,暂时不吭声的；不出声的：He sat *mute* at the corner of the hall. 他一声不吭地坐在大厅的角落里。❷哑的,不会说话的：a *mute* person 一个哑巴 ‖ 'mute·ly *adv.*—'mute·ness *n.* [U]

mut·ter /'mʌtə/ *v.* 嘀咕,咕哝：The old woman was *muttering* away to herself. 那位老妇人在喃喃自语。

mu·tu·al /'mjuːtʃuəl,-tjuəl/ *adj.* [无比较级]❶(情感、行为等)相互的,彼此的：*mutual* affection 情投意合 / *mutual* admiration 相互仰慕 ❷〈英口〉共同的,共有的：They met each other through a *mutual* friend. 他们通过两人共同的朋友介绍相识。❸互相得益的,基于相互利益的：*mutual* beneficiaries 双方都得益的受益者 ‖ mu·tu·al·i·ty /ˌmjuːtʃu'æliti,-tju-/ *n.* [U]—'mu·tu·al·ly *adv.*

my /mai/ *poss pron.* [I的所有格]我的；属于我的；有关我的；我所做的：*My* country is blessed with unsurpassed natural resources. 我们国家的天然资源得天独厚。

my·self /mai'self/ *pron.* ❶[反身代词]我自己：I taught *myself* French. 我自学法语。❷[表示强调,用以加强语气]我本人：I didn't really approve of the demonstration *myself*. 我本人确实不赞成游行。

mys·te·ri·ous /mi'stiəriəs/ *adj.* 神秘的；不易看懂的：The essence of intelligence is *mysterious*. 智慧的本质是不可思议的。 ‖ mys'te·ri·ous·ly *adv.*—mys'te·ri·ous·ness *n.* [U]

☆**mysterious, inscrutable, mystic, mystical** 均有"神秘的,难以理解的"之意。**mysterious** 指使人感到惊异、好奇或难以捉摸、不可思议：Their grandson received a *mysterious* letter. (他们的孙子收到了一封神秘的信件。) **inscrutable** 表示深奥莫测、无法解释,常用于人,指其真实动机、思想感情像谜一样叫人猜不透：The woman looked up at me with *inscrutable* eyes. (那个女子抬起一双神秘莫测的眼睛看着我。) **mystic** 意指不可思议、难以理解,并引起惊奇和敬畏：*mystic* rites and ceremonies (神秘的仪式) / *mystic* beauty (惊人的美) **mystical** 常指宗教意义上的神秘：a *mystical* belief in life after death (相信死而复生的神秘教义)

mys·ter·y /'mistᵊri/ *n.* ❶[C]神秘的东西,谜一样的事物：He is something of a *mys-*

tery. 他有点让人难以捉摸。❷[U]神秘(性)，秘密：have an air of *mystery* 具有神秘感

mys·ti·cal /'mistik³l/ *adj.* [作定语] ❶神秘的，谜一般的，玄妙的：the *mystical* significance of names and numbers 名字和数字的玄机 ❷隐晦的，高深莫测的，难以理解的 ‖ **'mys·ti·cal·ly** *adv.*

mys·ti·fy /'misti₍fai/ *vt.* ❶使困惑，使迷惑不解：They were *mystified* by the decision. 他们被这个决定弄懵了。❷使神秘化；使难以理解：*mystify* a passage of *Scripture* 使《圣经》的一段经文让人难以理解 ‖ **mys·ti·fi·ca·tion** /₍mistifi'keiʃ³n/ *n.* [U]

myth /miθ/ *n.* ❶[C]神话，神话故事；[总称]神话：Many *myths* explain something about the cosmos. 许多神话故事是对宇宙的解释。❷[C；U]谣言，谣传；谎话：This report has exploded the *myth* among the people. 这个报告已经攻破了人们盛传的谣言。

myth·i·cal /'miθik³l/ *adj.* ❶神话的；只存在于神话中的：*mythical* heroes 神话中的英雄 ❷虚构的，杜撰出来的：The explanation was entirely *mythical.* 这种解释纯属杜撰。

my·thol·o·gy /mi'θɔlədʒi/ *n.* ❶[总称]神话：classical *mythology* 古典神话 ❷[U]神话研究，神话学 ❸[C]神话集：the *mythologies* of primitive races 原始民族神话集 ‖ **myth·o·log·i·cal** /₍miθə'lɔdʒik³l/ *adj.* — **my'thol·o·gist** *n.* [C]

M

N

N n

nail /neil/ I n. [C] ❶钉(子)；hammer a *nail* into the wall 把钉子钉进墙 ❷指甲；趾甲；(动物的)爪；喙甲 II vt. ❶钉，把…钉上：He *nailed* a notice to the bulletin. 他把通知钉在布告栏上。❷钉住，钉牢：*nail* a door closed [up] 把门钉死

na·ive, na·ïve /nɑː'iːv/ adj. ❶天真的；单纯的；纯朴的：If he is *naive*, he has the writer's essential naiveté. 如果说他天真，那是作家不可或缺的纯朴本色。❷幼稚的；轻信的：It is *naive* to think that the world is free of violence, crime and evil people. 认为世界上没有暴力、没有犯罪、没有恶人的想法是很幼稚的。‖ na·ive·ly adv.

☆naive, artless, ingenuous, unsophisticated 均有"天真的，单纯的"之意。naive 常指缺乏社会经验、不懂人间世故、单纯而幼稚的，往往带有轻信、天真或无知的意味：You weren't so *naive* to believe him, were you? (你没有天真到轻信他，对吧？) artless 意指因不知道或不在乎自己对他人的影响或作用而作出真实、坦率而自然的行为举止的，强调自然和坦率：She is an *artless* village girl. (她是个纯朴的乡村女孩。) ingenuous 表示坦率、天真和单纯的，带有不会伪装或隐瞒自己的感情或意图的含义：Only the most *ingenuous* person would believe such a feeble excuse. (只有极其天真的人才会相信这种站不住脚的借口。) unsophisticated 表示因缺乏必要的社会经验或锻炼而不懂人间世故的或天真无邪的：The store intimidates *unsophisticated* customers. (这家商店胁迫不谙世故的顾客购买其货物。) 该词也可用于形容简单或不复杂的事物：*unsophisticated* machinery (简单机械)

na·ked /'neikid/ adj. ❶[无比较级]裸体的，赤裸的，光着身子的：the *naked* children swimming in the lake 在湖中裸泳的孩子们 ❷[无比较级](灯、火焰等)无遮盖的，无遮蔽的；暴露的；(刀、剑等)出鞘的：*naked* electric light bulb 没有灯罩的电灯 ‖ 'na·ked·ly adv. —'na·ked·ness n. [U]

name /neim/ I n. [C] ❶名字；姓；姓名；名称：I called out his *name*, but he didn't answer. 我喊他的名字，但他没应。❷[通常用单]名声，名誉：His firm has a *name* for good workmanship. 他的企业以工艺精湛而闻名。II vt. ❶给…命名，给…取名：a man *named* Jefferson 一个名叫杰斐逊的人 ❷提…的名；任命：He was *named* (as) Minister of Foreign Affairs. 他被提名担任外交部长。‖ **name after [for]** vt. 以…的名字命名：The baby was *named after* his grandfather. 那小孩是以其祖父的名字命名的。‖ 'name·a·ble adj. —'nam·er n. [C]

name·less /'neimlis/ adj. [无比较级] ❶没有名字(或名称)的：John's son is still *nameless*. 约翰的儿子还没有取名字。❷没有名气的；不知名的

name·ly /'neimli/ adv. [无比较级]即，是：This disguised her intention; *namely*, to turn her colleagues against the boss. 这件事掩盖了她的动机，那就是唆使其同事同老板作对。

nan·ny /'næni/ n. [C](照看孩子的)保姆

nap /næp/ n. [C](尤指白天的)打盹，小睡：have a *nap* after lunch 午饭后小睡一会儿 ‖ **nap·per** n. [C]

nap·kin /'næpkin/ n. [C] ❶(餐桌上用的)

餐巾;餐巾纸(＝table napkin) ❷〈主英〉(婴儿的)尿布

nap·py /ˈnæpi/ *n.* [C]〈英〉尿布

nar·rate /ˈnæreit,næˈreit/ *vt.* ❶叙述;讲述:Pitt *narrated* the desperate fight on the docks. 皮特讲述了发生在码头的激烈打斗。❷解说(电影等);评论:*narrate* the slide shows 充当幻灯片的解说员 ‖ **nar·ra·tion** /nəˈreiʃ°n/ *n.* [C;U]—ˈnar·rat·or *n.* [C]

nar·row /ˈnærəu/ **I** *adj.* ❶窄的,狭窄的;狭长的:Many of the main roads are much too *narrow* and winding. 许多主干道不仅过于狭窄而且拐弯又多。❷(程度、范围等)有局限的;狭隘的:Her interests were *narrow*, and she rarely journeyed farther than the corner grocery. 她兴趣很窄,最远只是到拐角处的杂货店去走走。**II** *vt.* ❶使变狭,使变窄:The new buildings on the other side *narrowed* the road. 路另一边新建的房子使道路变窄了。❷使缩小;压缩:*narrow* the gap between the rich and poor 缩小贫富间的差距 ‖ ˈnar·row·ness *n.* [U]

nar·row-mind·ed /ˌnærəuˈmaindid/ *adj.* 心胸狭窄的;思想褊狭的;偏执的:Her parents would never allow it; they're very *narrow-minded*. 她的父母亲决不会同意,他们思想非常偏执。‖ ˌnar·rowˈminded-ness *n.* [U]

NASA /ˈnæsə/ *abbr.* National Aeronautics and Space Administration (美国)国家航空和航天局

na·sal /ˈneiz°l/ *adj.* [无比较级]❶鼻的:the *nasal* cavity 鼻腔 ❷【语】鼻音的:*nasal* sound 鼻音 ‖ **na·sal·i·ty** /neiˈzæliti/ *n.* [U]—ˈna·sal·ly *adv.*

nas·ty /ˈnɑːsti; ˈnæs-/ *adj.* ❶令人不快的,讨厌的:My car has a *nasty* habit of breaking down. 我的小汽车动不动就抛锚,真烦人。❷淫秽的,下流的,低俗的:a *nasty* story 下流故事 ❸令人难受的;令人作呕的;(天气等)非常恶劣的:give off a *nasty* smell 发出刺鼻的气味 ‖ ˈnas·ti·ly *adv.*—ˈnas·ti-ness *n.* [U]

na·tion /ˈneiʃ°n/ *n.* [C]❶民族:a sense of duty to the *nation* 民族责任感 ❷国家:a developed *nation* 发达国家 ‖ ˈna·tion·hood *n.* [U]

na·tion·al /ˈnæʃ°n°l/ **I** *adj.* [无比较级]❶国家的;国立的,国有的;全国性的:a *national* anthem 国歌 ❷[作定语]民族的:*national* customs 民族风情 **II** *n.* [C]❶国民;公民:a Chinese *national* working in the Middle East 一个在中东工作的中国公民 ❷国有公司(或企业);全国性组织(或机构):This *national* was annexed by a private-owned business. 这家国有企业被一家私营企业兼并了。‖ ˈna·tion·al·ly *adv.*

na·tion·al·ism /ˈnæʃ°nəˌliz°m/ *n.* [U]❶民族主义;国家主义 ❷国家独立主义 ‖ ˈna·tion·al·ist *n.* [C] & *adj.*—ˌna·tion·al·is·tic /ˌnæʃ°n°ˈlistik/ *adj.*

na·tion·al·i·ty /ˌnæʃ°ˈnæliti/ *n.* ❶[U;C]国籍:She lives in China but has Japanese *nationality*. 她住在中国,但具有日本国籍。❷[C]民族:Many different *nationalities* came to the U. S. 不同民族的人都来到美国。

na·tion·wide /ˈneiʃ°nˌwaid/ *adj.* [无比较级]全国性的,全国范围的,遍布全国的:a *nationwide* chain of shops 遍布全国的连锁店

na·tive /ˈneitiv/ *adj.* [无比较级]❶[作定语]出生的;出生地的:He returned to his *native* town [land]. 他又回到了故乡。❷[作定语]与生俱来的,天生的,天赋的(to):Her *native* performing ability impressed the film director. 她那天生的表演能力给这位电影导演留下了深刻的印象。❸本地的,当地的:The *native* guide accompanied the tourists through the whole rain forest. 当地的向导带着游客穿过了整个热带雨林。❹[作定语]土生土长的;原产地的:That flower is not *native* to this country. 这种花并不产于该国。❺母语的:the acquisition of one's *native* language 母语的习得

N

nat·u·ral /'nætʃᵊrᵊl/ *adj.* [无比较级] ❶非人为的;天然的:*natural* oil 天然石油 ❷自然界的,大自然的:a land replete with *natural* resources 自然资源丰饶的土地 ❸真实的,物质世界的,客观存在的:the *natural* world 物质世界 ❹[作定语]天生的,固有的;天赋的:His *natural* temper was careless and easy. 他天生是个粗心大意、无拘无束的人。❺自然而然的,合乎常理的;理所当然的:The results looked *natural* and realistic. 看来结果是必然的,也是合乎实际的。❻正常的:die a *natural* death 自然死亡 ‖ 'nat·u·ral·ness *n.* [U]

nat·u·ral·ist /'nætʃᵊrᵊlist/ *n.* [C] ❶博物学家 ❷(文学艺术)自然主义者,写实主义者,写真主义者

nat·u·ral·ly /'nætʃᵊrᵊli/ *adv.* ❶自然地;轻松自如地;不做作地:Catherine was too nervous to act *naturally*. 凯瑟琳太紧张了,举止极不自然。❷天生地;天然地;非人为地:The woman is *naturally* kind. 那女人天生一副好心肠。

natural science *n.* [C;U]自然科学

na·ture /'neitʃə/ *n.* ❶[U]大自然;自然界:the pleasures which the world of *nature* affords 大自然赋予的快乐 ❷[U]自然法则;个人的原则 ❸[C]本性,天性:It is a cat's *nature* to keep itself clean. 保持干净是猫的本性。

naugh·ty /'nɔːti/ *adj.* ❶(尤指儿童)调皮的,顽皮的,淘气的;不听话的:His son is very *naughty*. 他的儿子很调皮。❷卑劣的;下流的;淫猥的:a *naughty* story 下流的故事 ‖ 'naught·i·ly *adv.* — 'naught·i·ness *n.* [U]

nau·se·ate /'nɔːzieit,-ʒi-,-si-,-ʃi-/ *vt.* ❶使呕吐,使感到恶心:The rolling of the ship *nauseated* him. 船只一摇一晃使他感到恶心。❷使厌恶;使憎恨:His cruelty to animals *nauseates* me. 他对动物的残暴态度令我厌恶。

na·val /'neivᵊl/ *adj.* [无比较级][作定语] ❶船舶的;军舰的:*naval* wars 海战 ❷海军的:*naval* ships 军舰

nave /neiv/ *n.* [C]【建】(教堂的)中殿

nav·i·gate /'nævigeit/ *v.* ❶在(江、河、湖、海等)上航行;横渡;(飞机等)在(空)中飞行,飞越:It was a difficult passage to *navigate*. 这是一段很难通行的航道。❷给(飞机、船只等)领航,导航,驾驶(飞机或船只等):He managed to *navigate* the plane through the snowstorm. 他成功地驾驶飞机穿过了暴风雪。❸穿过,走过;使挤过:It is difficult to *navigate* a large crowd. 穿过拥挤的人群很难。

nav·i·ga·tion /ˌnævi'geiʃᵊn/ *n.* [U] ❶航行;航海;航空;飞行:He demanded that that nation be open to *navigation* by its allies. 他要求那个国家向其盟国开放领空。❷导航(术);航行学;航海术;航空术

na·vy /'neivi/ *n.* ❶[C]舰队,船队 ❷[常作 the N-][用作单或复]海军:The *navy* is our principle bulwark against invasion. 海军是我们防御侵略的主要力量。

near /niə/ I *adv.* ❶在附近,在近处;(时间)逼近,即将来临(*to*):The new year draws *near*. 新年将至。❷相近地,接近地,近似地:He copied the famous painting *The Sunflower* as *near* as he could. 他尽可能逼真地临摹名画《向日葵》。II *adj.* ❶[常作表语]近的,接近的:Nick steered them into the *nearest* seats. 尼克把他们领到最近的座位上。❷(道路等)近的;近路的,直路的:They took the *nearest* road to the town. 他们走了一条去城里最近的路。❸[作定语]近亲的;亲密的,关系亲近的:The subject was *nearest* to his heart. 那是他最心爱的话题。III *prep.* 接近,离…近的,在…的附近;近乎:She came *near* to hitting him. 她差点打中他。‖ 'near·ness *n.* [U]

☆**near, close** 均有"接近的;不远的"之意。**near** 意指在空间、时间、程度或关系方面相差不远的,强调两者间有明显的距离或差别:His flat is very *near*. (他的公寓就在附近。) **close** 意指在空间或时间方面接近、靠近或逼近的,强调两者间的距离或差别极小,甚至可以不予考虑,该词也可表示关系、友谊或联系等接近、紧密或亲密的:The church is *close* to the shops. (教堂离商店

不远。)

near·by [无比较级] I /'niə₁bai/ adj. 附近的，位于附近的：a nearby village 附近的一座村庄 II /₁niə'bai/ adv. 在附近，位于附近：They live nearby, just in a quarter's walk. 他们就住在附近，走路不过 15 分钟。

near·ly /'niəli/ adv. [无比较级] ❶接近；大约，几乎，差不多：When he came back home, it was nearly midnight. 他回家时已近午夜。❷很，极，十分：He resembles his father very nearly. 他长得酷似他父亲。

neat /niːt/ adj. 整洁的；整齐的：He has fallen in the habit of keeping his bedroom neat and tidy. 他已养成习惯，把卧室搞得干净整洁。‖ 'neat·ly adv. —'neat·ness n. [U] ☆neat, tidy, trim 均有"整齐的，整洁的"之意。neat 意指干净、简洁、整齐而有条理的，强调没有多余或杂乱的感觉：a neat row of books（整整齐齐的一排书）tidy 强调做出精心而有条理的安排而不侧重清洁：He keeps his office neat and tidy. （他把办公室保持得很整洁。）trim 除表示整洁外，还有苗条、灵巧、利落或匀称的含义：She looked very trim in her new dress. （她穿上这条新裙子显得非常苗条。）

nec·es·sar·i·ly /'nesisərili/ adv. [无比较级] ❶必需地，必要地：Necessarily, I must go soon. 事不由己，我得走了。❷[常用于否定句]必然，必定：Rich people are not necessarily happy. 富人未必幸福。

nec·es·sa·ry /'nesisʳri/ adj. ❶必要的，必须的；必需的，不可或缺的：It is necessary for you to be at the party on time. 你必须准时参加聚会。❷[无比较级]必然的，必定的，不可避免的：There is not a necessary relation between these two things. 这两个事物间没有必然的联系。

ne·ces·si·ty /ni'sesiti/ n. ❶[C]必需品，必要的东西，不可或缺的东西：Sturdy shoes are a necessity for hiking. 耐用的鞋子是远足所必备的。❷[U]必需，必要，必要性；不可或缺(of)：She went with him only out of necessity. 她是出于需要才和他一起去的。❸[C]需要，要求：There is no necessity for

you to come so early. 你不必来这么早。

neck /nek/ n. ❶[C]颈，颈部，脖子：grab sb. by the neck 抓住某人的脖子 ❷[C]衣领，领子，领口：a sweater tight in the neck 一件领口很紧的毛衣

neck·lace /'neklis/ n. [C]项链，项圈：wear a gold necklace 戴一条金项链

need /niːd/ I n. [C]需要；必要：Fortunately there is no need for me to risk the adventure. 幸而在这方面我无须冒任何风险。II vt. [不用进行时态]需要；必须要：The children can't get the care they need. 这些孩子得不到所需要的关心。III aux. v. [后接不带 to 的动词不定式，一般现在式第三人称单数动词无词尾变化，常用于疑问句和否定句]不得不，必须；必要：I need not say that I had my own reasons for dreading his coming. 我不消说，我自有理由怕他来。☆need, exigency, necessity, requisite 均有"必需，急需"之意。need 意指急需，必不可少的或值得拥有的事物：The doctor says I am in need of a holiday. （医生说我需要休假。）exigency 表示紧急情况或强制性境遇造成的迫切需要：The people had to accept the harsh exigencies of war. （人们要承受战乱的严酷现实。）necessity 为比较正式用词，意指迫切需要或必不可少的东西，但不像 need 那样富有感情色彩：We won't buy a car until the necessity arises. （除非真正有必要，否则我们不会买汽车的。）requisite 意指达到某一特定目的或目标所必不可少的东西：Self-esteem, self-judgement and self-will are said to be the three requisites of independence. （自尊、自我判断力和执拗被认为是独立的三大要素。）

nee·dle /'niːdʳl/ n. [C] ❶针；缝衣针；编织针；钩针：the eye of needle 针眼 ❷(唱机等的)唱针；磁针，罗盘针，指针；(用以刻制唱片纹道的)铁针：the needle of the gramophone 留声机的唱针

need·less /'niːdlis/ adj. [无比较级]不需要的，不必要的；多余的：It is needless to spend so much time on that work. 没必要在那份工作上花那么多时间。‖ needless to say adv. 不用说：Needless to say, the hungry

N

kids ate all the cakes. 不用说,那些饥饿的孩子把蛋糕全部吃掉了。‖ **'need·less·ly** *adv.* — **'need·less·ness** *n.* [U]

ne·gate /ni'geit, 'negeit/ *vt.* ❶否认,否定:He warned to *negate* the results of elections would only make things worse. 他警告说如果不承认选举结果,情况只会变得更糟。❷使无效,取消;使失去作用:The lack of funds *negated* their research. 他们的研究因资金的匮乏而无法进行。

ne·ga·tion /ni'geiʃ°n/ *n.* ❶[U;C]否定,否认:a *negation* of what one says 对某人所说的话的否定 ❷[通常用单]反面,对立面:Black is the *negation* of white. 黑是白的对立面。❸[C]否定的言论(或主张、观点、思想等)

neg·a·tive /'negətiv/ I *adj.* ❶[无比较级]否定的;否认的:a *negative* answer 否定的回答 ❷[无比较级]拒绝的,不同意的;反对的:a *negative* reply 否定回答 ❸消极的:a *negative* outlook on life 消极的人生观 ❹不利的,负面的,产生不利影响的:Their criticism is not *negative*. 他们的批评不会产生消极影响。❺徒劳的;没有结果的:A search for drugs proved *negative*. 未搜查到任何毒品。❻[无比较级]【数】(数字或数值)负的,非正的:a *negative* number 负数 / *negative* sign 负号 II *n.* [C] ❶否定;否定的词语(或观点、言论、回答等) ❷否定形式 ❸【摄】负片,底片 ‖ **'neg·a·tive·ly** *adv.* — **'neg·a·tive·ness** *n.* [U] — **neg·a·tiv·i·ty** /ˌnegə'tiviti/ *n.* [U]

neg·lect /ni'glekt/ *vt.* 忽视,不注意:They *neglected* their children. 他们对自己的孩子关心不够。‖ **neg'lect·ful** *adj.* — **neg'lect·ful·ly** *adv.*

☆ neglect, disregard, forget, ignore, omit, overlook, slight 均有"忽略,忽视"之意。**neglect** 意指有意或无意地忽视、忽略或忘记所要求的事情或行动:Don't *neglect* writing back home. (别忘了给家里写信。) **disregard** 常指因认为不重要或不值得注意而有意不顾、无视或不予考虑:He *disregarded* my warnings and met with an accident. (他

不理会我的警告,因此出了车祸。) **forget** 既可指忘记,也可表示有意忽略或轻视:He *forgot* his old friends when he became rich. (他发迹后就忘了老朋友了。) **ignore** 意指对比较明显的事情有意或不假思索地不予理睬或拒绝考虑:I can't *ignore* his rudeness any longer. (我再也不能对他的粗暴无礼不闻不问了。) **omit** 词义较 neglect 强,表示由于疏忽或埋头于某一事情而完全忽视了其他方面、机会或重要细节,在日常对话中较少用:Mary *omitted* making her bed. (玛丽忘了整理床。) **overlook** 意指因粗心大意、匆忙或宽容而忽略或漏看某一事情或事实:He *overlooked* a spelling error on the first page. (他没有看出第一页中有一个拼写错误。) **slight** 表示轻视、忽视或怠慢,意指对人或事物表现出一种冷漠或藐视的态度:She felt *slighted* because no one spoke to her. (没人跟她说话,她觉得受到冷落。)

neg·li·gence /'neglidʒ°ns/ *n.* [U]疏忽;玩忽职守;不留心,粗心大意:The fire was caused by *negligence*. 大火是因粗心大意而引起的。

neg·li·gent /'neglidʒənt/ *adj.* ❶疏忽的;玩忽的;不留心的,粗心大意的:Don't be *negligent* of your duties. 别玩忽职守。❷漠然的;漫不经心的:He gave a *negligent* shrug of unconcern. 他漫不经心地耸耸肩。‖ **'neg·li·gent·ly** *adv.*

ne·go·ti·ate /ni'gəuʃiˌeit/ *v.* 商谈,商定,洽谈;谈妥:*negotiate* an important business deal 洽谈一桩重要的生意

ne·go·ti·a·tion /niˌgəuʃi'eiʃ°n, -si-/ *n.* [C;U]协商,磋商;谈判,交涉:The details concerned are under *negotiation*. 有关细节正在磋商。

neigh·bo(u)r /'neibə/ *n.* [C] 邻居:A fire in the *neighbour*'s house can easily bring disaster to everyone. 一家失火,四邻遭殃。

neigh·bo(u)r·hood /'neibəˌhud/ *n.* [C] ❶邻近(地区);附近(地区);周围:a safe *neighbourhood* 一个安全的地区 ❷四邻,街坊;住在附近的人:The whole *neighbourhood* talks about the murder. 所有的左邻右

舍都在谈论这起凶杀案。

nei·ther /'naɪðə', ˌniːðə/ **I** *conj.* 〔通常与 nor 连用,置句首时主语和谓语倒装〕也不: She didn't talk hardly at all and *neither* did I. 她几乎不说话,我也是。**II** *adj.* 〔无比较级〕〔作定语〕〔后接单数名词〕(两者)都不的,两者均非的: This solution is satisfactory to *neither* side. 双方对这一解决方案都不满意。**III** *pron.* (两者)都不,(两者中)无一: I like *neither* of the two books. 这两本书我一本也不喜欢。

neph·ew /'nefjuː/ *n.* 〔C〕侄子,侄儿;外甥

nerd /nɜːd/ *n.* 〔C〕〈俚〉书呆子 ‖ **'nerd·y** *adj.*

nerve /nɜːv/ *n.* ❶〔C〕【解】神经: the auditory *nerve* 听觉神经 ❷〔U〕胆量,勇气,大胆,魄力: Climbing calls for strength and *nerve*. 登山运动需要力量和胆识。

nerv·ous /'nɜːvəs/ *adj.* ❶〔作表语〕紧张的,局促不安的;胆小的: Carol was *nervous* when she made her speech. 卡洛尔演说时有些紧张。❷非常激动的;非常混乱的: a *nervous* crowd 躁动的人群 ❸〔无比较级〕〔作定语〕神经的: a *nervous* disease 神经疾病 ‖ **'nerv·ous·ly** *adv.* —**'nerv·ous·ness** *n.* 〔U〕

☆**nervous, anxious, concerned** 均有"焦急,忧虑,内心不平静"之意。**nervous** 意指在事情发生前或在事情进行过程中感到紧张或激动的,强调害怕: I'm always *nervous* when I have to speak in public. (每次在公共场合讲话时我就紧张。) **anxious** 表示对可能发生的事情感到忧虑、焦急或不安的: I am very *anxious* about my son's health. (我非常担心儿子的健康。) **concerned** 常指对正在发生的事情感到担心或忧虑的: The children's mother was *concerned* for their safety. (孩子们的母亲很为他们的安全担心。)

nest /nest/ **I** *n.* 〔C〕❶鸟窝,鸟巢;(昆虫、鱼类等的)巢,窝,窟,穴: an animal sleeping in a *nest* of straw 一只睡在稻草窝里的动物 ❷安逸的场所,安乐窝;隐身处: a *nest* of comforts 安乐窝 **II** *vi.* 筑巢,做窝;入巢: A family of mice are *nesting* in a pile of newspapers. 一窝老鼠在报纸堆中做窝。

net¹ /net/ *n.* ❶〔U〕网;网眼织物 ❷〔C〕网兜;网状物;(尤指捕鱼、捕鸟等用的)网子: a hair *net* 发网

net² /net/ **I** *adj.* 〔无比较级〕❶净的;纯的;净价的: What are the *net* proceeds? 净收入多少? ❷最后的,最终的: The *net* result of the policy is to remove corruption. 这项政策的最终目的是清除腐败。❸净重的: The box of apples weighs 12 kilos *net*. **II** *n.* 〔通常用单〕纯利(润),净利;纯收益

net·work /'netwɜːk/ *n.* 〔C〕❶网状结构,网络: a *network* of sewers under the city 城市地下纵横交错的排水管道 ❷广播网;电视网;广播(或电视)联播公司: the major television *networks* in the city 该市主要的几家电视网

neu·ral /'nɪʊərˀl/ *adj.* 〔无比较级〕【解】神经的;神经系统的 ‖ **'neu·ral·ly** *adv.*

neu·tral /'nɪʊːtrˀl/ **I** *adj.* 〔无比较级〕中立的;公平的: be *neutral* on this subject 在这个问题上保持中立 **II** *n.* 〔C〕中立者;中立国: Switzerland was a *neutral* during World War II. 第二次世界大战期间,瑞士是一个中立国。‖ **'neu·tral·ly** *adv.*

neu·tral·ize /'nɪʊːtrəlaɪz/ *vt.* ❶使中立化,使保持中立: *neutralize* a disputed area 使有争议的地区中立 ❷使不起作用,使无效,抵消: They *neutralize* the effect of the poison by giving him an antidote. 他们给他吃解毒剂去除毒药的毒性。〔亦作 **neutralise**〕‖ **neu·tral·i·za·tion** /ˌnɪʊːtrəlaɪ'zeɪʃˀn; -lɪ'z-/ *n.* 〔U〕—**'neu·tral·iz·er** *n.* 〔C〕

nev·er /'nevə'/ *adv.* 〔无比较级〕❶〔用于句首时,主语和谓语次序倒装〕从不,从未;永不: I have *never* heard such stories as he tells. 我从未听过像他讲的这样的故事。❷〔用以加强语气〕决不,一点也不,压根儿不: He *never* really expected that those plans would come about. 他并没有真正指望那些计划会出台。‖ **never mind** *vi.* 不用担心: *Never mind* about your mistake. 别再想你犯的错了。

nev·er·more /ˌnevə'mɔː'/ *adv.* 〔无比较级〕决不再,永不再

N

nev·er·the·less /ˌnevəðə'les/ *adv.* [无比较级]尽管如此；可是；仍然：Though he is poor, yet he is *nevertheless* satisfied with his situation. 他尽管很穷，但对目前的境遇很满足。

new /n'u:/ *adj.* ❶新做的，新生产的，新制造的；新买的：a *new* book 一本新书 ❷[作定语]新近出现的，全新的：a *new* concept of the universe 有关宇宙的全新观念 ❸[作定语]新发现的；新发明的：discover a *new* star 发现一颗新恒星 ❹不同以往的，变样的，更新的：She made the old song sound *new*. 她把一首旧歌唱得颇有一番新意。❺[作定语]新来的，新到的：Dorothy had told the other children well in advance about their *new* brother. 多萝西早已提前告诉其他孩子他们即将出生的小弟弟。‖ **'new·ness** *n.* [U]

☆ ❶**new**, **green**, **fresh**, **novel**, **original** 均有"新的；新近的"之意。**new** 常指过去没有而新近出现的，未曾用过的，以往不知道的或未曾经历过的，与 old 相对：We have to invest in *new* technology if we are to remain competitive. (我们如果要保持竞争力，就必须在新技术方面投资。) **green** 意指未经训练的、缺乏经验的、未成年的、未成熟的或容易受骗的：You must be *green* to believe that! (你真幼稚，竟然相信那个！) **fresh** 表示新的、新鲜的或鲜艳的，意指没有经过时间的磨损或尚未失去其清新、鲜艳或充满活力等原有特性：Open the window and let in some *fresh* air. (打开窗户放进些新鲜空气。) **novel** 表示新奇的或新颖的，意指不但崭新而且与众不同、引人注目的，暗含逗人喜爱的，与 common 和 familiar 相对：This house is new, but it is not *novel* in any way. (房子虽是新的，可并不别致。) **original** 表示新的、新颖的或有独创性的，不但意指新颖，而且还可表示是同类中最早的：The *original* owner of the house was a Frenchman. (这房子最早的主人是个法国人。) ❷**new**, **contemporary**, **current**, **modern**, **recent** 均有"新近的，现时的"之意。**new** 为普通用词，意指新近出现且现在依然存在的：Have you seen their *new* baby? (看到他们的新生儿了

吗？) **contemporary** 表示当代的，其历史区间或时间范围要比 modern 窄得多；*contemporary* morals (当代伦理) **current** 表示当前的、现时存在的或正在进行的，往往含有与以往不同或今后还会出现变化的意思：the *current* issue of the magazine (最新一期的杂志) **modern** 表示现代的或新式的，意指包括从现在到并不久远的过去在内的历史区间：*Modern* medical science has conquered many diseases. (现代医学征服了很多疑难病症。) 该词也可表示时新的或当今的，以区别于过时的或陈旧的，与 ancient 相对：*modern* marketing techniques (最新市场推广技巧) **recent** 表示不久前发生或存在的，常用于重要事件：The *recent* election produced a new government. (新的选举产生了新一届政府。)

new·born /n'u:'bɔːn, n'u:bɔːn/ **I** *adj.* [无比较级](婴儿)新出生的，刚降世的，刚出生的：*newborn* babies 新生儿 **II** *n.* [C]新生儿

new·com·er /'n'u:ˌkʌmə'/ *n.* [C] ❶新来的人 ❷新出现的事物

new·ly /'n'u:li/ *adv.* [无比较级][与动词的过去分词连用]新近，最近：the *newly* elected mayor 新当选的市长

news /n'u:z/ [复] *n.* [用作单] ❶新闻；新闻报道：He is good at his job of gathering *news*. 他对自己收集新闻的工作很在行。❷消息，新信息：hear *news* of a relative 听到一位亲戚的消息

news·man /'n'u:zmæn, -mən/ *n.* [C] ([复]-men /-men, -mən/) 新闻记者；新闻工作者

news·pa·per /'n'u:zˌpeipə', ˌn'u:s-/ *n.* [C] 报，报纸：He read that day's *newspaper* with his breakfast. 他在吃早饭时看了那天的报纸。

new year *n.* [通常作 the n- y-] ❶新的一年，刚刚开始的一年；即将到来的一年 ❷[N- Y-]元旦

next /nekst/ **I** *adj.* [无比较级]❶[指时间、次序等]紧接着的，接下去的：They talked a lot the *next* time they saw one another. 第二次见面时，他们又聊了很久。❷[指重要

性等]仅次于前者的,位居第二的:Pigs and poultry are *next* in importance to cattle and sheep in Britain. 在英国猪和禽类的重要性仅次于牛和羊。❸[指位置]隔壁的,紧邻的:He was talking to a woman at the *next* table. 他在跟邻桌的一位女士交谈。II *adv.* [无比较级] ❶[指位置]邻近地,紧挨地 ❷[指时间或次序]紧接着地,接下去地:What shall we do *next*? 接下来我们做什么? ❸[指频率]下一次,在此之后的最近一次:When will we *next* meet? 我们下一次什么时候见面? ❹[指重要性]仅次于前者地,位居次席地:Canada is the *next* largest country in the world. 加拿大是世界上第二大国家。‖ *next to prep.* ❶与⋯紧挨的,在⋯隔壁的,在⋯旁边的:At the meeting John sat *next to* me. 在会上约翰就坐在我旁边。❷仅次于,排在⋯之后:*Next to* Jack, he is the best. 除了杰克,他就是最优秀的。

nib·ble /'nib°l/ I *v.* ❶小口吃;一点点地咬(或吃);啃:She was *nibbling* her food like a rabbit. 她像兔子一样小口吃东西。❷轻咬:John was *nibbling* her ear. 约翰正在轻轻地咬她的耳朵。II *n.* [C] ❶咬下的少量食物;一小口的量;少量:There's not even a *nibble* left. 甚至连一口吃的都没剩下。❷小口的吃;一点一点的咬(或吃);啃 ‖ 'nib·bler *n.* [C]

nice /nais/ *adj.* ❶好看的,漂亮的;令人高兴的,让人愉悦的;令人满意的:Oh, what a *nice* little girl this is! 啊,这是多么好看的一个小姑娘! ❷[作表语]友好的,和气的,亲切的:He is a *nice* man and generous. 他人缘好,人也慷慨大方。‖ 'nice·ness *n.* [U]

nick·el /'nik°l/ *n.* ❶[U]【化】镍(符号 Ni) ❷[C] 5 美分镍币;5 美分钱

nick·name /'nikneim/ I *n.* [C] ❶诨名,绰号,外号:He is so fat that he has the *nickname* "Fattie". 他由于长得胖,所以得了个"小胖"的外号。❷爱称,昵称:Eisenhower was *nicknamed* "Ike" as a child. 艾森豪威尔小时候人们叫他"艾克"。II *vt.* 给⋯加诨名,给⋯起绰号;叫⋯的诨名:The Santa

Clara Valley of California is *nicknamed* Silicon Valley. 加州圣克拉拉山谷有"硅谷"之称。

niece /niːs/ *n.* [C]侄女;(外)甥女

night /nait/ *n.* [C;U]夜,夜间,夜晚:He didn't sleep a wink all *night*. 他一夜没合眼。‖ *night and day adv.* 夜以继日,昼夜不停地:Machines kept running *night and day*. 机器日夜不停地运转。

night·fall /'nait,fɔːl/ *n.* [U]黄昏,傍晚

night·in·gale /'naitiŋ,geil, 'naitiŋ-/ *n.* [C] 【鸟】夜莺

night·mare /'nait,meə'/ *n.* [C] ❶梦魇,噩梦:fall into a *nightmare* 做噩梦 ❷可怕的事物(或情景、经历等):Falling from a cliff is a *nightmare*. 从悬崖下摔下去是很可怕的。‖ 'night,mar·ish *adj.*

nim·ble /'nimb°l/ *adj.* ❶敏捷的,迅捷的,灵巧的:a *nimble* girl 心灵手巧的姑娘 ❷机敏的,头脑灵敏的;才思敏捷的:To succeed in such business, a fellow has to be *nimble*. 谁想做好这种生意,谁就得头脑敏捷。‖ 'nim·ble·ness *n.* [U]—'nim·bly *adv.*

nine /nain/ *n.* [C] 九:by the age of *nine* 到 9 岁的时候

nine·teen /,nain'tiːn/ *n.* [C] 十九 ‖ 'nine·teenth *adj.* [无比较级] & [C] *n.*

nine·ty /'nainti/ *n.* [C]九十 ‖ 'nine·ti·eth *adj.* [无比较级] & [C] *n.*

ninth /nainθ/ *adj.* [无比较级]第九的;第九位的

nip /nip/ I (nipped; nip·ping) *v.* ❶拧,捏,掐;猛咬:The dog *nipped* at his heels. 狗咬住了他的脚后跟。❷〈主英〉疾走,跑动(along, in, off, on, out, round):Where did you *nip off* to? 你到哪里去了? II *n.* [C] 拧,捏,掐;咬:The dog gave him a few *nips* on the leg. 狗在他腿上咬了几下。

no¹ /nəu/ *adv.* [无比较级] ❶[用于对一般疑问句的否定回答,表示不同意、反对、拒绝、否定等]不,非,否:A: You need some money? B: *no*. I'll cover it. 甲:你需不需要钱? 乙:不需要,我付我的。❷[用以强调或

引出表示否定的语句]不，没有：*No*, not one of them came. 他们一个人也没有来。❸[用于形容词或副词的比较级前]无论怎样也不；一点也不；决不会：make *no* further comments 不再进一步做评论

no² /nəu/ *adj.* [无比较级] ❶一点儿也没有的；不存在的：There seemed to be *no* solutions to the problems. 这些问题看起来毫无解决的办法。❷[用于名词前，表示与其后的名词意义相反]完全不是的，远非的：He's *no* fool. 他一点也不傻。

no·bil·i·ty /nəu'biliti/ *n.* [U] ❶贵族阶层：the portraits of the English *nobility* 英国贵族的画像 ❷高贵的身份(或出身)：a figure of considerable *nobility* 特具贵族气质的一位人物 ❸(气质的)高贵；(品质或思想等的)高尚

no·ble /'nəubəl/ **I** *adj.* ❶[无比较级]贵族的；贵族阶层的；贵族身份(或头衔)的：a *noble* man 贵族 ❷高贵的；高尚的：a *noble* cause 高尚的事业 ❸宏伟的；富丽堂皇的；壮观的：a building with a *noble* facade 一座外观看上去富丽堂皇的建筑 **II** *n.* [C]贵族 ‖ **'no·ble·ness** *n.* [U]—**'nob·ly** *adv.*

no·bod·y /'nəubɔdi,-bʌdi,-bədi/ *pron.* 谁都不，没人；无人：*Nobody* knows for certain what kind of man he is. 没有人确切地知道他是一种什么样的人。

nod /nɔd/ **I** (**nod·ded; nod·ding**) *v.* 点头；点头示意：Elizabeth *nodded* at the questions over and over. 伊丽莎白一面听着这些问题，一面不停地点头。**II** *n.* [C]点头

noise /nɔiz/ *n.* ❶[U]噪声，噪音；巨响：There was too much *noise* in the room, and he needed peace. 房间里太吵了，他需要安静。❷[C]声响，声音：strange *noises* coming form the engine 发动机发出的奇怪的声音 ❸[U]大声叫喊；噪音；嘈杂声，喧闹声：The boys made enough *noise* to scare off a forest of animals. 孩子们大喊大叫，足以把森林中的动物都吓跑。‖ **'noise · less** *adj.*—**'noise·less·ly** *adv.*

nois·y /'nɔizi/ *adj.* ❶发出噪音的，吵吵闹闹的：a *noisy* child 吵闹的孩子 ❷嘈杂的，

喧闹的：a piece of *noisy* music 嘈杂的音乐 ‖ **'nois·i·ly** *adv.*—**'nois·i·ness** *n.* [U]

nom·i·nal /'nɔmin°l/ *adj.* [无比较级]❶名义上的，徒有其名的；有名无实的：the *nominal* head of the state 名义上的国家首脑 ❷微不足道的，轻微的：a *nominal* price 极低廉的价格 ‖ **'nom·i·nal·ly** *adv.*

nom·i·nate /'nɔmi,neit/ *vt.* ❶提名；推荐(*for*)：Every movie he made was *nominated* for an Oscar. 他制作的每部影片都获得了奥斯卡提名。❷指定，任命(*as*)：a presidential decree *nominating* Johnson as sports ambassador 一项任命约翰逊担任体育大使的总统令 ‖ **'nom·i·na·tor** *n.* [C]

nom·i·na·tion /,nɔmi'neiʃ°n/ *n.* ❶[C]提名，推荐；任命：a list of *nominations* for the award 该奖项的提名名单 ❷[U]被提名，被推荐；被任命：His *nomination* was assured. 他的提名已得到了证实。

none /nʌn/ *pron.* ❶没有一个人(或事物)：There is *none* braver than I. 没人比我更勇敢。❷没有任何一人(或事物)：This is *none* of your business. 这不关你的事。❸一点没有，全无：I have *none* of that. 那没我的份儿。‖ **none but** *adv.* 仅；只：He had *none* but the best wishes for her. 他对她怀着最美好的祝愿。

none·the·less /,nʌnðə'les/ *adv.* 尽管如此，依然；然而：He had a learning disability but became a great scientist *nonetheless*. 他尽管有很大的学习障碍，却依然成了科学家。

non·sense /'nɔnsens,-s°ns/ *n.* [U]❶无意义的话 ❷胡说；荒谬可笑的话：The writer talks complete *nonsense*. 作者完全是胡说八道。❸愚蠢(或荒唐)的行为：My God, will you stop that *nonsense*? 天哪！你能不能别再那样胡闹了？

non·stop /nɔn'stɔp/ **I** *adj.* [无比较级]❶(火车、飞机等)中途不停的，直达的：a *nonstop* flight from Beijing to New York 从北京直飞纽约的航班 ❷不停顿的，不间断的，连续的：The training was *nonstop* and continued for a week. 训练不间断进行，前后持续了一周。**II** *adv.* ❶直达地，不停地；

They drove *nonstop* from Los Angeles to New York. 他们从洛杉矶直驶纽约。❷不间断地：They are talking *nonstop* for eight hours. 他们连续交谈了8个小时。

noo·dle /'nuːd⁰l/ *n.* [C]面条：instant *noodles* 快餐面

noon /nuːn/ *n.* [U]正午，中午：The meeting started at *noon*. 会议在中午开始。

no one *pron.* 无人，没有人：*No one* is so foolish as to believe that anything happens by chance. 谁也不会愚蠢到相信世间任何事情都是偶然发生的。

nor /nɔː, 弱 nə/ *conj.* ❶[与否定词 neither 连用，用以引出被否定的两项中的第二项]也不，也不是，也没有：Neither he *nor* his friends came back. 他和他的朋友们都没有回来。❷[用于否定词 not, no, never 等后，表示前面否定意义的延续，用于句首时主语和谓语倒装]不，也不：The little girl's expression didn't change, *nor* did she move her eyes from my face. 小女孩的表情没有变化，也没有把目光从我脸上移开。

norm /nɔːm/ *n.* [C]❶标准；准则；规范：a universal ethical *norm* 普遍的道德标准 ❷规定额；平均水平；平均值

nor·mal /'nɔːm⁰l/ *adj.* [无比较级]❶标准的；规范的：*normal* grammar 规范语法 ❷正常的；常规的；一般的：*normal* relations 正常关系

☆ **normal, average, natural, regular, typical, usual** 均有"正常的，一般的"之意。**normal** 表示正常的或标准的，意指符合确定的标准或规范，不超过一定限度的人或事物，或不偏离一组、一类或一种事物的常规或共用标准：*Normal* body temperature ranges between 96.8° and 98.6° Fahrenheit. （人体正常体温在华氏 96.8 度到 98.6 度之间。）**average** 表示符合一般的、通常的或平常的水准或标准的：He is a child of *average* intelligence. （他是个智力平平的孩子。）**natural** 强调与人或事物的内在特性或基本特性相符合或相一致的，表示自然的或符合自然规律的：It is *natural* for a bird to fly. （鸟天生就会飞。）**regular** 表示规则的或有规律的，强调与某种规则、计划、规格、式样或方法相

符或相一致：You need to take *regular* exercise. （你需要有规律地锻炼身体。）**typical** 意指具有区别于其他类事物的重要的或具代表性特征或特性的，表示典型的或代表性的：This painting is *typical* of his early work. （这幅画是他早期作品的典型代表。）**usual** 意指经常地或比较稳定不变地重复发生的，既可用于自然界的事情，也可用于团体的习俗或个人的习惯：It is *usual* for him to refuse a drink. （给他酒他不喝，这事不新鲜。）

nor·mal·ly /'nɔːməli/ *adv.* [无比较级]❶正常地；正规地：The radio broadcast continued *normally*. 电台继续正常广播。❷通常，惯常：Every summer a troupe of actors were engaged, *normally* from the beginning of May to the end of October. 每年夏天都有一队演员参加，通常是从 5 月初到 10 月底。

north /nɔːθ/ I *n.* [U]北方，北部；北方地区：From the *north* came a sound like rolling thunder. 从北面传来滚雷般的声音。II *adj.* [做定语]❶北边的；在北边的；靠北的：We went into the store by the *north* entrance. 我们是从北大门进商店的。❷向北的，朝北的：take a *north* course 向北走 III *adv.* [无比较级]朝北方，向北方；在北方：The high building faces *north*. 高大的建筑坐南朝北。

north·east /ˌnɔːθ'iːst/ I *n.* [U]东北方，东北部；东北地区 II *adj.* [无比较级]❶在东北的；向东北的，朝东北的：a *northeast* course 去东北方向的路线 ❷来自东北的：a *northeast* wind 东北风 III *adv.* [无比较级]在东北；向东北，朝东北 ‖ ˌnorth'east·er·ly *adv.* — ˌnorth'east·ern *adj.*

north·ern /'nɔːð⁰n/ *adj.* [无比较级]❶北的；北边的；北方的；在北部的，在北方的：the *northern* hemisphere 北半球 ❷向北的，朝北的；北上的 ❸来自北方的：the *northern* wind 北风

North Pole *n.* [the N- P-]【地理】北极

north·ward /'nɔːθwəd/ [无比较级] I *adv.* [无比较级]向北，朝北：Our ships headed

N

northward at high speed. 我们的船只快速向北航行。II *adj.* 〔无比较级〕向北的,朝北的;北上的

north·west /ˌnɔːθˈwest/ I *n.* 西北方,西北部;西北地区:in the fertile *northwest* 在富饶的西北地区 II *adj.* 〔无比较级〕❶在西北的;向西北的,朝西北的 ❷来自西北的 III *adv.* 〔无比较级〕在西北;向西北,朝西北:It is about 45 kilometers *northwest* of London. 那在伦敦西北约 45 千米的地方。‖ **northˈwest·er·ly** *adv.* —**northˈwest·ern** *adj.*

nose /nəuz/ *n.* [C] 鼻子:have a runny *nose* 流鼻涕 ‖ **look down one's nose at sb. /sth.** *vt.* 轻视,藐视,小看:I gave the dog some lovely steak, and it just *looked down its nose at* it. 我给狗一些挺好的肉排,可它却看不上。

nosh /nɔʃ/ I *v.* 吃(小吃);吃(快餐):She *noshed* potato chips before dinner. 她在饭前吃了些薯片。II *n.* [C]小吃,快餐,简餐:He just had a little *nosh* at lunchtime. 他中午只是吃了点快餐。‖ **ˈnosh·er** *n.* [C]

nos·tal·gia /nɔˈstældʒə, nəs-/ *n.* [U]怀旧,恋旧(*for*):have a *nostalgia for* 对…有眷恋之情

nos·tril /ˈnɔstril/ *n.* [C]【解】鼻孔

nos·y, nos·ey /ˈnəuzi/ *adj.* 好打听的,爱管闲事的:I shall not be *nosy.* 我不会管闲事。‖ **ˈnos·i·ly** *adv.* —**ˈnos·i·ness** *n.* [U]

not /nɔt/ *adv.* 〔无比较级〕❶〔与 be,have 或助动词、情态动词连用,用以表示相反、否认、拒绝、禁止等〕不,不是,没有:There is nothing that time will *not* cure. 时间能治愈一切。❷〔与 think, want, seem, appear, expect 等实义动词连用,表示对所跟动词的否定〕不会这样:He did *not* want to go. 他不想去。❸〔后接 a 或 one,表示强调〕没有,无:He had *not* a penny to his name. 他已一文不名。‖ **not at all** *adv.* ❶〔客套语〕不用谢,别客气:A: Thanks for helping. B: *Not at all.* I enjoyed it. 甲:谢谢你帮忙。乙:别客气,我乐意效劳。❷一点也不:Authors are *not* mentioned *at all.* 压根儿就没提到

作家。

no·ta·ble /ˈnəutəbᵊl/ I *adj.* ❶值得注意的;显著的:*notable* achievements 辉煌的业绩 ❷著名的,显要的:His production is *notable* for its humor. 他的创作主要以其幽默而著称。II *n.* [C]名人,显要人物

note /nəut/ I *n.* [C] ❶记录,笔记:make [take] *notes* 做笔记(或记录)❷便条,留言短笺:She has left a *note* at their usual table. 她在他们平常吃饭的饭桌上留了张条子。❸票据;支票;钞票,纸币:a new £20 *note* 一张新的 20 英镑钞票 II *vt.* ❶记录,写下,记下(*down*):The actor *noted down* every word the audience said. 演员把观众说的每一句话都记了下来。❷注意,留意,关注:We have *noted* your counter proposal. 我们注意到你的反对建议。

note·book /ˈnəutˌbuk/ *n.* [C] ❶笔记本 ❷笔记本电脑

not·ed /ˈnəutid/ *adj.* 著名的;知名的(*for*):He was *noted for* his wisdom. 他才智出众。

noth·ing /ˈnʌθiŋ/ *pron.* ❶没有事情,没有东西,没有什么:Tomorrow was far away and there was *nothing* to trouble about. 明天还遥远,没什么要烦闷的。❷无足轻重的事物;不值钱的东西:Wealth and power are *nothing.* 财富和权力一文不值。‖ **nothing but** *adv.* 只是,仅仅:The war brought *nothing but* sadness, misery and tragedy. 战争只会带来悲伤、痛苦和灾难。

no·tice /ˈnəutis/ I *n.* ❶[U]消息;预告;警告;征兆:I meant to have a dinner party once a week until further *notice.* 我打算每星期办一次宴会,如有变动,另行通知。❷[C]书面通知,布告;启事:a lost-and-found *notice* 招领启事 ❸[U]关注;理会:She was singled out for *notice* because of her charitable work. 她因所做的慈善工作而受到特别的关注。II *vt.* 注意到;觉察到:Did the manager *notice* my age? 经理注意到我的年龄了吗?

no·tice·a·ble /ˈnəutisəbᵊl/ *adj.* 明显的,容易看出的:The years has made a *noticea-*

ble change in him. 岁月在他身上留下明显的变化。‖ 'no·tice·a·bly *adv.*

☆noticeable, conspicuous, outstanding, prominent, remarkable, salient, striking 均有"明显的，显著的"之意。noticeable 表示显而易见的或引人注意的，但不一定值得注意：There's been a *noticeable* improvement in her handwriting. （她的书法有了明显的进步。）conspicuous 表示因十分明显或显著而不可避免地被立即发现、察觉或领悟：He was *conspicuous* for his bravery. （他因为勇敢而受人关注。）outstanding 意指超出同类之上或出类拔萃的：She would never be an *outstanding* actress. （她永远成不了出类拔萃的演员。）prominent 表示在周围环境中因突出或显著而值得他人注意的，带有声望高或地位重要的意味：The house is in a *prominent* position on the village green. （那房子坐落在村中草地最显眼的地方。）remarkable 常指因奇特、异常或与众不同而吸引注意或引起评论的：Finland is *remarkable* for the large number of its lakes. （芬兰以其众多湖泊著称。）salient 意指值得或应该注意的，强调重要性或意义的重大：The *salient* features of his plan are summed up in this report. （这份报告总结了他的计划的显著特点。）striking 表示事情使头脑或视觉产生深刻印象的：There is a *striking* contrast between the two interpretations. （这两种解释截然不同。）

no·ti·fy /'nəutiˌfai/ *vt.* 通知，告知(*of*)：We can *notify* them quickly *of* our decision. 我们可以很快把我们的决定告诉他们。‖ **no·ti·fi·ca·tion** /ˌnəutifi'keiʃ°n/ *n.* ［U］— 'no·ti·fi·er *n.* ［U］

no·tion /'nəuʃ°n/ *n.* ❶[C]观念；理念；想法，看法，见解：The *notion* of getting married never crossed his mind. 他从未有过结婚的念头。❷[C]突发的念头，奇想：have some weird *notions* about space creatures 对外星生物产生的一些奇怪的想法

no·to·ri·ous /nəu'tɔːriəs, nə-/ *adj.* ❶臭名昭著的，声名狼藉的：the world's most *notorious* criminals 世界上最臭名昭著的罪犯 ❷众所周知的，出名的：Tokyo is *notorious*

for its noise pollution. 东京的噪音污染是众所周知的。‖ no'to·ri·ous·ly *adv.*

noun /naun/ *n.* [C]【语】名词：common *nouns* 普通名词 / proper *nouns* 专有名词

nour·ish /'nʌriʃ/ *vt.* ❶喂养；给…滋养，给…营养：You look ill; you should *nourish* yourself with healthy soups. 你的气色不好，应该喝点滋补汤补补身体。❷怀有，抱有(情感、希望等)：She has long *nourished* the hope of becoming a famous actress. 她一直渴望成为名演员。❸培养(知识、情感等)；助长：*nourish* the brain 培养智力

nour·ish·ing /'nʌriʃiŋ/ *adj.* (尤指食物)有营养的；滋补的：This kind of food is not very *nourishing*. 这种食物营养不太丰富。

nour·ish·ment /'nʌriʃm°nt/ *n.* ［U］❶食物；营养品；养料：spiritual *nourishment* 精神食粮 ❷提供营养；营养状况

Nov, Nov. *abbr.* November

nov·el¹ /'nɔv°l/ *n.* [C](长篇)小说：a detective *novel* 侦探小说

nov·el² /'nɔv°l/ *adj.* 新的，新颖的，创新的，新奇的：try *novel* approaches 试用新方法

nov·el·ty /'nɔv°lti/ *n.* ❶[U]新颖(性)，新奇(性)；创新(性)；原创(性)：bring *novelty* to the old way of doing business 旧事物新办 ❷[C]新事物；新现象：The proposal is a *novelty* in here. 这个建议在这里尚属创举。

No·vem·ber /nəu'vembə°/ *n.* [C] 11 月(略作 Nov.)

now /nau/ **I** *adv.* ［无比较级］❶现在，目前；当今：I didn't understand anything at first, but *now* I'm beginning to catch on. 起初我什么也不懂，现在开始明白一点了。❷马上，立刻：I must go and see him *now*! 那我得马上去见他！**II** *conj.* 既然，由于，鉴于(＝now that)：*Now* you're here, why not stay for dinner. 你既然在这儿，就留下来吃饭吧。‖ *now and again* [then] *adv.* 时而，有时，偶尔：I like to go to the opera *now and then*. 我喜欢偶尔去看歌剧。*now that conj.* 既然，由于：*Now that* we are all part of the global village, everyone becomes a neighbour. 既然我们是地球村的一部分,那我们就是邻居了。

now·a·days /'nauə,deiz/ *adv.* 〔无比较级〕现今,时下:*Nowadays*, asking for a fax number is as commonplace as asking for someone's phone number. 如今,问别人的传真号和问电话号码一样普通。

no way *adv.* 〈口〉决不;不:*No way* will I be there. 我决不会去的。

no·where /'nəu,weə'/ *adv.* 〔无比较级〕任何地方都不:This could have occurred *nowhere* but in England. 这种事只有可能在英国发生。

nu·cle·ar /'n'u:kliə'/ *adj.* 〔无比较级〕❶(拥有)核武器的:a *nuclear* power 核大国 ❷(使用)核能的:a *nuclear* reactor 核反应堆 ❸【物】(原子)核的,核子的

nuclear energy *n.* 〔U〕原子能,核能

nu·cle·us /'n'u:kliəs/ *n.* 〔C〕(〔复〕-cle·i /-kli,ai/或-cle·us·es) ❶核心,中心:The four new players will form the *nucleus* of the football team. 这四位新队员将成为足球队的核心力量。❷【生】细胞核 ❸【物】原子核:the atomic *nucleus* 原子核

nui·sance /'n'u:səns/ *n.* 〔C〕❶讨厌的人:He had been a dreadful *nuisance* in his later years. 他晚年变得令人十分讨厌。❷讨厌的事情(或东西);恼人的事情:It's such a *nuisance* having to work on Saturday. 星期六还得上班,真烦人。

numb /nʌm/ **I** *adj.* 〔无比较级〕❶麻木的,无感觉的(*with*):My fingers are *numb with* cold. 我的手指冻僵了。❷无感情的,冷淡的;表情僵硬的:Nothing could rouse her from a *numb* indifference. 没有什么能改变她的麻木不仁。**II** *vt.* ❶使麻木;使失去知觉:His fingers were *numbed* by the cold. 他的手指冻僵了。❷使冷淡,使麻木不仁;使表情僵硬:be *numbed* by shock 惊得目瞪口呆 ‖ '**numb·ing** *adj.* —'**numb·ly** *adv.* —'**numb·ness** *n.* 〔U〕

num·ber /'nʌmbə'/ **I** *n.* ❶〔C〕数:a serial *number* 序列号 ❷〔C〕数字 ❸〔C;U〕数目,数额,数量:The *number* of deaths due to lung cancer is steadily increasing. 因肺癌死亡的人数在不断增加。❹〔通常用单;常作~ of〕几个,一些:I've been there a *number of* times. 我去过那里几次。❺〔C〕号码,编号:He knocked on apartment *number* three. 他敲了敲3号房门。**II** *vt.* ❶把…编号,给…标号码:Each line must be *numbered*. 每行都得编号。❷计有,达到(某数量):His audience often *numbered* 80 or more. 他的听众多达80人或更多。

num·ber·less /'nʌmb°lis/ *adj.* 〔无比较级〕数不清的,难以计数的:a *numberless* flock of geese 一群数不清的鹅

nu·mer·ous /'n'u:m°rəs/ *adj.* ❶大量的,数目巨大的:The audience brought dancers back for *numerous* curtain calls. 观众让舞蹈演员一次又一次地谢幕。❷人数众多的,由许多人组成的:Recent audiences have been more *numerous*. 近来观众的人数越来越多。

nurse /nəs/ 〔C〕❶护士;护理员 ❷保姆;保育员:the family *nurse* 家庭保姆 ‖ '**nurs·er** *n.* 〔C〕

nurs·er·y /'nəs°ri/ *n.* 〔C〕❶育婴堂;保育室 ❷托儿所:day [night] *nursery* 日间[晚间]托儿所

nut /nʌt/ *n.* 〔C〕❶坚果,干果:pine *nuts* 松果 ❷果仁

nu·tri·tion /n'u:'triʃ°n/ *n.* 〔U〕❶营养学:the science of *nutrition* 营养学 ❷营养,滋养:food of *nutrition* 营养食品 ❸食物;营养物,滋补品:Good *nutrition* is essential for the recovery of patients. 良好的营养食品对病人恢复健康是很有必要的。‖ **nu'tri·tion·al** *adj.* —**nu'tri·tion·al·ly** *adv.* —**nu'tri·tion·ist** *n.* 〔C〕—**nu'tri·tive** *adj.*

nu·tri·tious /n'u:'triʃəs/ *adj.* 有营养的,滋补的:the richly *nutritious* milk 营养丰富的牛奶 ‖ **nu'tri·tious·ly** *adv.* —**nu·tri'tious·ness** *n.* 〔U〕

O o

oak /əuk/ *n.* ❶［C］【植】栎属树，栎，橡：
❷［U］(用于建筑或制上等家具等的)栎树
材，栎木：an *oak* table 栎木桌 ‖
'oak·en *adj.*

oar /ɔːʳ, əuʳ/ *n.* ［C］橹，桨 ‖ **'oars·man** *n.*
［C］(［复］-men)

o·a·sis /əu'eisis/ *n.* ［C］(［复］-ses /-siːz/)
(沙漠中的)绿洲：The road went through
several *oases* in the desert. 这条路穿过沙漠
中好几个绿洲。

oat /əut/ *n.* ［C］【植】燕麦

oath /əuθ/ *n.* ［C］(［复］**oaths** /əuðz, əuθs/)
誓言；誓约；宣誓，立誓：make an *oath* 立誓，
宣誓

o·be·di·ence /ə'biːdiəns/ *n.* ［U］听从，服
从；顺从；遵从：A soldier must give implicit
obedience to his commanding officers. 士兵
必须绝对服从他的长官。

o·be·di·ent /ə'biːdiənt/ *adj.* 听从的，顺从
的；遵从的；孝顺的(to)：She was an *obedi-
ent* child. 她是个孝顺的孩子。

☆ **obedient, amenable, compliant, docile,
tractable** 均有"服从的，顺从的"之意。**obe-
dient** 指服从有权威的个人或组织，依从其
命令、指示或要求：He was an *obedient* little
boy. (他是一个听话的小男孩。) 该词还可
引申用于事物，表示顺应某种强大的力量或
自然规律：a ship *obedient* to the winds (一
艘随风漂流的船) **amenable** 常指因思想开
明、为人友善而愿意听从他人：I find him a-
menable to arguments. (我发觉他是一个通
情达理的人。) **compliant** 常指容易屈从他人
命令或请求的性格上的弱点，多少带有一点
逆来顺受、缺乏勇气和胆量的意味：The

Government, *compliant* as ever, gave in to
their demands. (政府同往常一样唯唯诺诺，
对他们的要求作出让步。) **docile** 强调容易
控制或支配，天性顺从，十分听话：She is a
gentle, *docile* person. (她天性温柔顺从。)
tractable 与 docile 近义，表示容易操纵、驾
驭或管理，但不用来形容天生的性情、性格：
Indian elephants are more *tractable* than
their African cousins. (印度象要比非洲象
温顺一些。)

o·bey /əu'bei/ *v.* 听从，服从；顺从：Martin
would be dismissed if he refused to *obey*. 马
丁如果不服从的话，会被解雇的。

ob·ject I /'ɔbdʒikt/ *n.* ［C］❶物体，物件；实
物，东西：They put several *objects* on the
floor. 他们在地板上摆放好几样东西。
❷(感情、思想或行为的)接受者，对象：Jack
was an *object* of embarrassment to the uni-
versity authorities. 杰克是一个令学校当局
难堪的人。❸目的，目标，宗旨：His *object*
in life is to earn as much money as possible.
他生活的目标就是尽量多挣钱。❹【语】宾
语 ❺问题：Money is no *object*, so spend all
you want. 钱不是问题，你想花多少就花多
少。II /əb'dʒekt/ *vi.* ❶反对；提出相反意
见(against, to)：The new transport is much
objected to. 新的运输方式遭到了众人的反
对。❷不喜欢，不赞成(against, to)：I *object
to* being treated like this. 我不喜欢受到这
种待遇。‖ **ob'ject·or** *n.* ［C］

ob·jec·tion /əb'dʒekʃ°n/ *n.* ❶［C］反对的
话，异议：Most of them raised *objections* to
his bid. 他们中大多数人对他的竞标提出异
议。❷［C；U］反对；不喜欢，厌恶；反对的行
为(或举动)：He has a strong *objection* to

getting up early. 他坚决反对早起。❸[C]反对的理由（或依据）(to, against)：His main *objection to* the plan is that it would be too expensive. 他反对该项计划的主要原因就是耗资太大。

ob·jec·tive /əbˈdʒektiv/ **I** adj. ❶客观(存在)的；具体的，实在的，真实的：an *objective* law 客观规律 ❷客观公正的，无偏见的；不感情用事的；不主观的：Nothing of the report is properly *objective*. 报道中没有哪部分真正实事求是。**II** n. [C]目的，目标，宗旨：If this policy is reversed they will never achieve their *objectives*. 如果这项政策彻底改变的话，他们将永远不会达到他们的目的。‖ **ob·jec·tive·ly** adv.—**ob·jec·tive·ness** n. [U]—**ob·jec·tiv·i·ty** /ˌɔbdʒekˈtiviti/ n. [U]

ob·li·ga·tion /ˌɔbliˈgeiʃ°n/ n. ❶[C;U](法律或道义上的)义务，责任；职责；负担：It is the *obligation* of all citizens to pay taxes. 所有公民都有纳税的义务。❷[C;U](法令、允诺或责任感等的)约束(力)，束缚(作用)：Damaging the goods puts you under an *obligation* to buy them. 你如果把商品弄坏了，就必须购买下来。

ob·lig·a·to·ry /əˈbligətºri/ adj. [无比较级](道义上或法律上)受约束的，受束缚的；必须的，强制性的(on, upon)：It is *obligatory on* cafe owners to take precautions against fire. 餐馆老板必须采取防火措施。

o·blige /əˈblaidʒ/ vt. ❶[常用被动语态；后接不定式](以诺言、合同或责任)束缚，约束(某人)；强迫，迫使：We were *obliged* to sell our car in order to pay our debts. 我们不卖掉汽车来偿还债务。❷[常用被动语态]使感激，使感恩：I shall be much *obliged* to you for an early reply. 尽早赐复，不胜感激。❸施恩于；帮助：*Oblige* us with your company at dinner. 务请光临宴会。‖ **o·blig·ing** adj.

ob·lique /əˈbliːk/ adj. ❶斜的，倾斜的；歪的：an *oblique* line 斜线 ❷不直截了当的，转弯抹角的；间接的：He took this as an *oblique* reference to his own affairs. 他认为这是在影射他自己的事情。

ob·lit·er·ate /əˈblitəreit/ vt. ❶擦去，抹掉；冲刷掉；使不留痕迹：He *obliterated* his signature from the paper. 他把自己的签名从文件上擦掉了。❷消灭；彻底破坏，毁掉：The whole town was *obliterated* by the typhoon. 整个小镇被台风毁灭了。‖ **ob·lit·er·a·tion** /əˌblitəˈreiʃ°n/ n. [U]—**ob·lit·er·a·tor** n. [C]

ob·scure /əbˈskjuəʳ/ **I** adj. ❶晦涩的，深奥的；费解的，难懂的：The meaning of this essay is very *obscure*; I really do not understand it. 这篇散文的意思极为深奥，我实在无法理解。❷(意思表达得)含糊不清的；不明确的：The *obscure* words baffled him. 这些含糊不清的话语使他大惑不解。❸未被注意的；被忽视的；(人)不著名的，不知名的；不引人注目的：She was of some *obscure* nationality. 她的国籍不明。**II** vt. ❶使变暗；使模糊，使看不清：The large building *obscured* the hills behind. 高大的建筑物挡住了后面的山丘。❷使费解，使难懂；使混淆不清；隐瞒，掩盖：The management deliberately *obscured* the real situation from federal investigators. 管理部门故意向联邦调查员隐瞒事情的真相。‖ **ob·scure·ly** adv.

☆obscure, ambiguous, vague 均有"含糊的，不明确的"之意。obscure 表示因事物被掩藏或因智力局限而显得意义隐晦深奥，难以理解：Is the meaning still *obscure* to you? (你仍然觉得意思不清楚吗？) ambiguous 尤指有意或无意地使用含有多种意义的词语，使人感到含糊不清和难以理解：an *ambiguous* reply (模棱两可的回答) vague 表示因太笼统、考虑不全面而概念不清，带有含糊、不明确的意味：I haven't the *vaguest* idea what you mean. (我一点都不明白你的意思。)

ob·ser·va·tion /ˌɔbsəˈveiʃ°n/ n. ❶[U;C]观察(力)；观测，监测：He has remarkable powers of *observation*. 他具有很强的观察力。❷[U;C]关注，注意，察觉：The thief avoided *observation*. 那个小偷未被人发现。

ob·serve /əbˈzɜːv/ v. ❶[后常接 that 或 how 引导的从句]看到，看见；发现；注意；意识到，察觉：He began to *observe* a curious phenomenon. 他开始看到一奇异的现象。❷观测;观察;注视;监视:The scientist *observed* the behaviour of the mice after they were given the drug. 这位科学家观察老鼠服用这种药物后的行为。❸遵守,遵循,奉行;(法律、规章、约定或习俗等):The policeman has warned him that he must *observe* the law. 警察警告过他必须要遵守法律。❹议论;评论;说:I have very little to *observe* on what has been said. 我简短地说几句谈论过的事情。‖ ob'serv·er *n.* [C]

ob·sess /əb'ses/ *vt.* [常用被动语态]使着迷;使萦绕于心,使心神不宁;困扰,烦扰:He was *obsessed* with going home. 他一直想着要回家。

ob·ses·sive /əb'sesiv/ *adj.* 着迷的、缠住不放的;困扰的,烦扰的:the *obsessive* interest for soccer 对足球着魔般的兴趣 ‖ ob'ses·sive·ly *adv.*

ob·so·lete /'ɒbsəliːt/ *adj.* [无比较级]❶不再使用的;废弃的,作废的;淘汰的:an *obsolete* expression 废弃的表达方式 ❷过时的,陈旧的,老式的:*obsolete* machinery 过时的机器

ob·sta·cle /'ɒbstək°l/ *n.* [C]障碍(物),阻碍(物);妨碍的人,阻碍的人:He still has tremendous *obstacles* to encounter. 他仍要遭遇巨大的障碍。

☆ **obstacle**, **barrier**, **hindrance**, **impediment**, **obstruction** 均有"障碍,妨碍"之意。**obstacle** 表示前进道路上必须排除或绕开的障碍,既可用于具体事物,也可用于引申意义:Her mother's opposition remained her only *obstacle*. (她母亲的反对仍然是她唯一的障碍。)**barrier** 常指一时的障碍,虽难跨越,但不一定克服不了:Language differences are often a *barrier* to communication. (语言的差异通常是交流的一种障碍。)**hindrance** 指用拖延或阻止的方法来妨碍或阻挠某事的进行:This delay has caused some *hindrance* to my plans. (这一耽误已经给我的计划造成了妨碍。)**impediment** 指将双足缠住,表示正常的行动或进展因受阻碍或严重干扰而不能自由地进行:His speech *impediment* made it nearly impossible for him to com-

municate with others. (他讲话口吃使他极难与他人进行交流。)**obstruction** 表示设置障碍以干扰或阻止道路的通行或事情的进行,含有阻塞或堵塞道路或通路的意思:some *obstructions* in the drainpipe (排污管中的阻塞物)

ob·sti·nate /'ɒbstinit/ *adj.* ❶固执的,顽固的;倔强的;执拗的:I never saw anyone so *obstinate*. 我从来没见过这么固执的人。❷不妥协的,不让步的,不屈服的,顽强的:The enemy troops met with *obstinate* resistance by guerilla forces. 敌人的部队遭到了游击队强有力的抵抗。

ob·struct /əb'strʌkt/ *vt.* ❶阻塞,使堵塞:After the typhoon many roads were *obstructed* by collapsed trees. 台风过后,许多道路被倒塌的树木堵塞了。❷妨碍,阻碍;阻挡,阻止,阻挠:Trees *obstruct* our view of the ocean. 树木使我们无法看见海洋。‖ ob'struc·tive *adj.* —ob'struc·tive·ness *n.* [U]

ob·tain /əb'tein/ *v.* 获得,获取,得到:This single book *obtained* him a good reputation. 就靠这一本书,他获得了很高的声誉。‖ ob'tain·a·ble *adj.* —ob'tain·ment *n.* [U]

ob·vi·ous /'ɒbviəs/ *adj.* ❶明显的,显而易见的;毫无疑问的:As we all know the problems, there's no need to state the *obvious*. 既然大家都知道问题所在,就没有必要说了。❷[常作表语](情感、动机、意图等)直露的,不隐藏的:He was very *obvious* in his distrust of me. 他明显地流露出对我的不信任。

ob·vi·ous·ly /'ɒbviəsli/ *adv.* 明显地,显而易见地:He is *obviously* wrong. 他明显错了。

oc·ca·sion /ə'keiʒ°n/ *n.* [C]❶时候,时刻;时节;场合:The band enlivened the *occasion* with cheerful music. 乐队演奏欢快的乐曲使这种场合的气氛活跃。❷时机,机会,机遇:An *occasion* may arise when you can use your knowledge of English. 你会有机会应用你的英语知识的。‖ **on occasion** *adv.* 偶尔,间或:He visits Broadway *on occasion* to see the new plays. 他有时到百老汇去看

新戏。

oc·ca·sion·al /əˈkeiʒənªl/ *adj.* [作定语]偶尔的，间或的：My father has the *occasional* walk in the morning. 我父亲早晨偶尔散散步。‖ **oc'ca·sion·al·ly** *adv.*

oc·cu·pan·cy /ˈɔkjupənsi/ *n.* [U](房屋或土地等)占有，占领，占用，居住：*occupancy* of the house 房子的占有权

oc·cu·pant /ˈɔkjupənt/ *n.* [C] 占有者；占用者；居住者：Both *occupants* of the car were unhurt. 汽车上的两个乘客均未受伤。

oc·cu·pa·tion /ˌɔkjuˈpeiʃªn/ *n.* [C] ❶所做的事情，从事的活动，休闲，消遣：Gardening was her favourite *occupation*. 园艺是她最喜爱做的事情。❷职业；行业；工作：He has gone from one *occupation* to another without settling down to any. 他干一行换一行，从来没有固定干过一个职业。

oc·cu·py /ˈɔkjupai/ *vt.* ❶住入，住进；住在，居住于：The house hasn't been *occupied* for a few months. 这间房子已有几个月没人居住了。❷占用(时间或空间等)；占有：The bathroom's *occupied* — it must be John. 浴室里有人，那肯定是约翰。❸担任(职务)；占据(职位或地位)：The demonstration *occupies* a central place in their political campaign. 这次示威在他们的政治运动中占有极为重要的地位。

oc·cur /əˈkəːʳ/ *vi.* (**-curred;-cur·ring**) ❶发生：Mistakes are bound to *occur*. 错误肯定会犯的。❷[不用进行时态]存在；出现；被发现；遇到，遇见：The same theme *occurs* in much of his work. 他的许多作品里都有同样的主题。❸被想起，被想到(*to*)：Didn't it *occur to* you that she might be absent? 难道你没想到她可能会不来吗？

oc·cur·rence /əˈkʌrəns;-ˈkəː-/ *n.* ❶[U]发生；出现：This word is of frequent *occurrence*. 该单词经常出现。❷[C](发生的)事情，事件：We were delayed by several unexpected *occurrences*. 我们因一些突发事件而耽误了。

☆ **occurrence, circumstance, episode, event, incident** 均有"事件，事情"之意。**occurrence** 为普通用词，泛指发生的事情，尤指一般事情：This sort of incident is an everyday *occurrence*. (这类事件简直是家常便饭。) **circumstance** 与 incident 同义，但强调该行动或事件的具体细节、情况，偶尔也可表示主要事件：The level of the fine depends on the *circumstances* of the case. (罚款的多少要视案件的具体情况而定。) **episode** 表示整体中某一相对独立的组成部分，常指一连串事件中的一个事件或插曲，强调其与众不同或独特之处：It was one of the funniest *episodes* in my life. (那是我一生中最有趣的一段经历。)该词常用以指连续剧的一出或一集：In the final *episode* we will find out who did the murder. (在连续剧的最后一集中，我们就会弄清楚谁是凶手。) **event** 指比较重大、引人重视的事件，尤其适用于历史方面，有强调某一事件、事态发展结果的含义：This is one of the strangest *events* in my life. (这是我生命中最奇怪的事情之一。) **incident** 通常指次要事件，既可指偶然发生的事，也可指由重大事件引起的不平常事情：We completed the journey without further *incident*. (我们顺利地完成了那次旅行，没有发生不寻常的事件。)该词现多用于导致两国关系破裂、有可能引发战争的严重事端：The spy scandal caused a diplomatic *incident*. (这个间谍丑闻引起了外交事件。)

o·cean /ˈəuʃªn/ *n.* ❶[U;C]洋(地球上的四大洋太平洋、大西洋、印度洋、北冰洋之一)：the Atlantic [Pacific] *Ocean* 大西洋[太平洋] ❷[C][常作 the ~]海，大海：mysterious creatures at the bottom of *the ocean* 海底神秘生物

o'clock /əˈklɔk/ *adv.* [只用于整点]…点钟：He arrived between five and six *o'clock*. 他是在 5 点和 6 点之间到达的。

Oct, Oct. *abbr.* October

Oc·to·ber /ɔkˈtəubəʳ/ *n.* [C;U]十月(份)

odd /ɔd/ *adj.* ❶[作定语] 不寻常的，特别的；独特的，奇特的；奇怪的，怪异的；古怪的：Her taste in clothing was rather *odd*. 她着装的品位相当怪异。❷[作定语]偶然的；临时的；不定期的：He works at *odd* moments. 他只是临时打打工。❸[作定语]剩余的,余留的;额外的;多余的;零头的:He was the *odd* man on the team. 他是队里的替补队员。❹奇数的,单数的;单号的:Numbers like 3,15, and 181 are *odd* numbers. 3,15 和 181 等数字都是奇数。

odds /ɔdz/ [复] *n.* [用例单或复]❶机会,可能性(*on*, *against*):The *odds* on the champion winning are three to two. 夺冠的可能性是三比二。❷成功的可能性(或希望)

o·dor /'əudə⁻/ *n.* 〈美〉=odour

o·dour /'əudə⁻/ *n.* [C;U]气味,味道〔亦作 **odor**〕

of /强 ɔv, 弱 əv/ *prep.* ❶[表示动作的名词、形容词及动名词的对象](有关)…的:She was listening to his description *of* the stars and the mountains. 她正在听他描述星星和大山。❷[表示所属关系](属于)…的:the king *of* France 法国国王 ❸[表示数量、种类、大小等]…的:a pint *of* milk 1 品脱牛奶 ❹由…组成的;含有…的;由…制成的:a dress *of* silk 一条丝质连衣裙 ❺[表示距离、时间、方位]:within a mile *of* the church 距教堂不到一英里 ❻[表示同位关系]:the city *of* Rome 罗马城 ❼由于;出于…原因:die *of* cancer 因癌症而死亡 ❽[表示部分或全体]…中的:two *of* his friends 他的两个朋友 ❾[表示具有某种性质或特征](有或似)…的:a man *of* courage 勇敢的人 ❿[用于 the 和比较级或最高级后]…中较(或最)为突出的:the older *of* the two 两人中的长者

off /ɔf/ **I** *adv.* ❶(尤指机器、电器等)中断,切断:The water has been turned *off*. 自来水已经关掉了。❷去除,消除:He just laughed *off* these spiteful remarks. 他对那些恶意中伤的言论只是一笑了之。❸降低价格,打折:He took 10 percent *off* for all cash purchases. 他对现金购物都给九折优惠。❹不上班;休假:two days *off* at Christmas 圣诞节放假两天 ❺离开;上路:start *off* early 早早动身 ❻在远处:The ship was 10 miles *off*. 船只在 10 海里远的地方。**II** *prep.* ❶离开…,从…下来:She

jumped *off* the bus. 她从汽车上跳了下来。❷从…扣除;免除:I managed to knock 100 pounds *off* the price. 我已将价格压低了100 英镑。❸(时间上)距,离:We're still a long way *off* achieving this. 我们还远没有完成这一任务。

of·fence /ə'fens/ *n.* =offense

of·fend /ə'fend/ *vt.* ❶伤害…的感情,得罪;使生气,惹怒:Even the hint of prejudice *offends* me. 甚至连一丝偏见都会使我大为恼火。❷使感到不舒服;使厌恶:Ashtrays on restaurant tables *offend* me. 餐馆桌子上的烟灰缸令我讨厌。—*vi.* 冒犯,得罪;引起不快:Her language *offends* against religion. 她的话违背了宗教信仰。‖ of'fend·er *n.* [C]

☆offend, affront, insult, outrage 均有"冒犯;触怒"之意。offend 指行为不当伤害他人感情,有意无意地使对方不快或生气:I was *offended* that you forgot my birthday.(我非常生气,你竟把我的生日忘了。)affront 常指存心冒犯,故意粗暴无礼,侮辱对方,使其产生强烈不满:He felt deeply *affronted* at her rudeness.(她的粗野深深地触怒了他。)insult 指毫无道理地伤害对方,不尊重对方,使其蒙受耻辱:This book *insults* the reader's intelligence.(这本书亵渎了读者的智力。)outrage 指伤害他人的自尊、名誉、正义感,使其忍无可忍:He was *outraged* by the offer of a bribe.(有人向他行贿,他感到非常愤怒。)

of·fend·ing /ə'fendiŋ/ *adj.* 使人生气的,令人不快的:I had a bad toothache and decided to have the *offending* tooth removed. 我牙疼得厉害,就决定拔掉这颗讨厌的牙。

of·fense /ə'fens/ *n.* ❶[C](对规章、制度等的)违反;犯罪,犯法;【律】轻罪:Driving without a licence is an *offense*. 无证驾驶是违法的。❷[C;U]进攻,攻击;冒犯:The most effective defence is *offense*. 最有效的防御就是进攻。〔亦作 **offence**〕

of·fen·sive /ə'fensiv/ **I** *adj.* ❶令人讨厌的;使人反胃的:He is an extremely *offensive* man. 他是个非常讨厌的人。❷令人生气的;无礼的;冒犯的:His ideas were *of-*

fensive to the government. 他的观点令政府大为光火。❸[常作定语]进攻性的，攻击性的；(武器等)用以进攻的：*offensive* warfare 进攻性武器 **II** *n.* [C;U] ❶[the ~]攻势，进攻的姿态 ❷(尤指军队发起的)进攻，攻击：The enemy launched a full-scale *offensive*. 敌人发起了全面进攻。

of·fer /'ɔfə/ **I** *v.* ❶提供，拿出；(主动)给予：He *offered* me a lift. 他让我搭他的车。❷提出(意见或建议等)：The plan *offered* at the meeting was soon put into action. 会上提出的方案很快就付诸实施了。**II** *n.* [C] ❶ 提议；提供的东西；祭献品：They made us an *offer* we couldn't refuse. 他们提出了一个我们无法拒绝的建议。❷提供，给予，供给(量) ❸【商】出价，报价：His *offer* was the most attractive. 他的报价最诱人。‖ **'of·fer·er, 'of·fer·or** *n.* [C]

☆offer, present, proffer, tender, volunteer 均有"提出；提供"之意。**offer** 为最普通用词，指主动提供服务、物品或意见，供对方考虑或选择：They *offered* no resistence.（他们没有抵抗。）**present** 既可表示侧重仪式排场，也可指在讨论、辩论中提出建议或意见：His wife *presented* him with a brandnew baby girl.（他的妻子给他生了一个女婴。）**proffer** 为文学用词，比 offer 正式，表示自愿、自发地提供，他人可以接受，也可以拒绝：He *proffered* me a cigarette.（他递给我一支烟。）**tender** 原为法律用词，指遵照法律规定提供某物或提出某事，请求接受批准，比 offer 和 proffer 正式，有谦卑、恭敬、礼貌的意味：The minister *tendered* his resignation to the Queen, but was asked to reconsider his decision.（这位大臣向女王提出辞呈，可是女王要他重新考虑他的决定。）**volunteer** 表示主动慷慨地提供援助、服务或所需物品，强调是自愿而不是由于外界压力或服从命令：He *volunteered* to clear up afterwards.（他自愿负责事后的清理打扫工作。）

off·hand /ˌɔf'hænd/ *adj.* ❶毫无准备的，即兴的 ❷未经思考的，不假思索的：This sort of *offhand* remark could be thought of as racist. 这种言论欠考虑，可能会被认为带有

种族主义色彩。❸不拘束的，随便的，非正式的

of·fice /'ɔfis/ *n.* ❶[C]办公室，办公楼：The *office* is at the back of the factory. 办公室在工厂后面。❷[总称][用作单或复](公司，办公室等的)全体员工，全体职员：The whole *office* was at his wedding. 整个办公室的人都参加了他的婚礼。❸[C](商业等的)办事处，分理处；营业场所：They've got *offices* in the major cities in Europe. 他们在欧洲各大城市都设有办事处。

of·fi·cer /'ɔfisə/ *n.* [C] ❶军官：He wanted to be an *officer* in the navy. 他想当一名海军军官。❷警官；法警，执法官 ❸(社团或俱乐部的)领导职位(如主席，副主席)；(秘书或司库等)高级职员；行政管理人员，干事：the *officers* of the trade union 工会负责人 ❹(公司或企业等的)主管 ❺(商船或客船等的)船长

of·fi·cial /ə'fiʃl/ **I** *adj.* ❶[作定语]官职的，公职的；公务的，职务的；官员的：His *official* powers were quite limited. 他的职权相当有限。❷政府当局认定的；法定的；官方的；政府的：Number Ten Downing Street is the British Prime minister's *official* residence. 唐宁街 10 号是英国首相的官邸。❸[作定语]正式的：an *official* visit 正式访问 **II** *n.* [C] ❶公务员，官员；主管人员：the trade union *officials* 工会负责人 ❷高级职员；行政管理人员 ‖ **of'fi·cial·ism** *n.* [U]—**of'fi·cial·ly** *adv.*

☆official 意指官方的或正式的，不带感情色彩：You have to get *official* permission to build a new house.（你想盖一所新房子，必须得到官方的许可。）**officious** 表示过分献殷勤或好管闲事，多用于贬义：An *officious* little guard came and told me not to whistle in the museum garden.（一位爱管闲事的小警卫走过来叫我不要在博物馆花园里吹口哨。）但该词用在外交方面时却表示非正式的或非官方的，正好与 official 相对：an *officious* exchange of news（非正式的交换意见）

of·fi·cious /ə'fiʃəs/ *adj.* ❶〈贬〉过于热心的，殷勤的；爱管闲事的，好干涉他人私事

的:He's an *officious* man. 他好管闲事。
❷[外交用语]非正式的 ❸乐于助人的

off·sea·son /ˈɒfˌsiːzən/ *n.* [C]淡季:Fares are lower in the *off-season*. 淡季时各种费用都更低。

off·set *vt.* /ˈɒfset, ˌɒf-/ (-set;-set·ting)(用…)补偿;抵消:He *offset* his travel expenses against tax. 他以旅游开销来抵税收。

off·shore /ˈɒfˈʃɔː/ *adj.* [无比较级]❶离岸的;近海的,临海的:an *offshore* wind 刮向海面的大风 ❷远离海岸的 ❸(在)国外的,(在)外国的:an *offshore* investment company 海外投资公司

off·spring /ˈɒfsprɪŋ/ *n.* [C]([复]-spring(s))❶子女,后嗣,后代:limit one's *offspring* 节育 ❷结果;产物

of·ten /ˈɒfən, ˈɒftən/ *adv.* ❶经常地,常常地,频繁地:He didn't write home very *often*. 他不常写信回家。❷通常,在大多数情况下:Women are *often* very successful in advertising. 女性在广告业通常是很成功的。

oh /əʊ/ *int.* ❶[表示惊讶、喜悦、悲伤、痛苦等]啊,哎,呵,呀:*Oh*! There's a snake! 噢!有蛇! ❷[用于人名或头衔前,作称呼语]喂,哎,噢:*Oh*, John, will you take these books? 噢,约翰,把这些书拿来好吗?

oil /ɔɪl/ *n.* ❶[U;C]油:vegetable *oils* 植物油 ❷[U]矿物油,石油:The price of *oil* has gone up. 石油价格上涨了。

oint·ment /ˈɔɪntmənt/ *n.* [U;C]药膏,软膏:The doctor gave him some *ointment* to stop the cut from becoming infected. 医生给他配些药膏,防止伤口感染。

OK, O.K., okay, okey /əʊˈkeɪ/ 〈口〉I *adj.* ❶正常的,令人满意的:Things are *OK* at the moment. 目前一切正常。❷可以接受的,认可的:Is this suit *OK* to wear to a formal party? 在正式的宴会上穿这套衣服合适吗? ❸干得不错的;(身体)硬朗的:She's been *OK* since the operation. 她自从手术后身体一直不错。II *adv.* 不错,很好:She'll manage *OK* on her own. 她自己会处理好的。

old /əʊld/ *adj.* (older, oldest; elder, eldest) ❶老的,年龄大的,年老的;年长的:An *old* man walked slowly along the street. 一位老人在大街上缓慢行走。❷[作定语]陈旧的;破旧的:*old* clothes 旧衣服 ❸[用作后置定语,表示年龄]…多大,…岁;[无比较级]大…岁:a girl three years *old* 一个3岁的女孩 ❹古老的,古代的;由来已久的;自古就有的:The *old* traditions die hard. 古老的传统是极难改变的。

☆ **old, ancient, antiquated, antique, archaic, obsolete, venerable** 均有"年代久的,古老的"之意。**old** 为普通用词,指已经存在或使用了很长一段时间:a big *old* house (一座很大的旧屋)**ancient** 指在很久以前存在、发生或使用过,与 modern 相对:*ancient* Rome and Greece (古罗马和古希腊)**antiquated** 指已经过时、不再流行,常含有贬义:an *antiquated* machinery (陈旧的机器)**antique** 常指从古代留存下来的事物,往往具有较高的价值:an *antique* vase (一只古董花瓶)**archaic** 表示具有古代或过去时代特点风格的事物:"Thou art"is an *archaic* form of "you are". ("Thou art"是"you are"的古体)**obsolete** 表示已经废弃或完全不再使用:*obsolete* words (废弃的词语)**venerable** 表示老人因年迈而受人敬重:the family's *venerable* patriarch (家里最受人尊敬的长者)

old-fash·ioned /ˈəʊldˈfæʃ°nd/ *adj.* ❶老式的,旧式的,不再时髦的;过时的,淘汰的:an *old-fashioned* bathing suit 一件老式浴衣 ❷因循守旧的;保守的;恪守传统的:He is *old-fashioned* in his ideas. 他的思想很保守。

ol·ive /ˈɒlɪv/ *n.* ❶[C]【植】油橄榄树 ❷[C](油)橄榄 ❸[U]橄榄绿;黄绿色

O·lym·pic /əˈlɪmpɪk, əʊ-/ **games** [复] *n.* [C](每四年举行一次的现代)奥林匹克运动会;(每两年举行一次的)冬季奥运会[亦作 the olympics] ‖ **O·lym·pic** *adj.*

ome·let(te) /ˈɒmlɪt/ *n.* [C]煎蛋卷,煎蛋饼:a cheese *omelette* 奶酪炒蛋

o·mis·sion /əˈmɪʃ°n/ *n.* [U]省略,删除;删节:The book was shortened by the *omission* of two chapters. 此书删除了两个章节，从而缩短了篇幅。

o·mit /ə'mit/ *vt.* (**-mit·ted,-mit·ting**) ❶省略/删除；排除：They were *omitted* from the team. 他们没有被选入参赛队。❷遗漏，疏漏；忘记做，忽略：*omit* a greeting 忘了打招呼

om·nis·cient /ɔm'nisiənt,-ʃiənt/ *adj.* 博学的；无不知晓的，样样精通的：an *omniscient* woman 一位学识渊博的女士 ‖ **om'niscience** *n.* [U]

on /ɔn,弱 ən/ **I** *prep.* ❶[表示支撑、接触、覆盖等]在⋯上面：The ball hit him *on* the head. 球打中了他的头。❷(钱、物)带在⋯身上：I have no money *on* me. 我身上没带钱。❸[表示时间]在⋯时候；与⋯同时；在⋯前(或后)之刻：*on* May 28 在 5 月 28 日 ❹依据，根据，以⋯为基础：He will be judged *on* his academic performance. 将根据他的学业成绩对他作出正确的评价。❺靠近，在⋯附近；沿着：a small town *on* the border 靠近边境的小镇 ❻[表示方向]朝⋯，面向⋯：march *on* Paris 向巴黎挺进 ❼由于，因为：He was arrested *on* suspicion of theft. 他因涉嫌偷窃被捕了。❽出于⋯目的，为了⋯；将⋯作为(标准、承诺或保证)：*on* errand 出差 ❾关于；有关：books *on* education 有关教育的书籍〔亦作 **upon**〕**II** *adv.* [无比较级]❶(衣服等)盖上；穿上；戴上；接上：Put your raincoat *on*. 把雨衣穿上。❷朝着(正确的)方向；面向某人(或某物)：He looked *on* while others work. 其他人工作时他却在一旁看着。❸反复地，不断地，不停地；继续：get *on* with one's work 继续干活 ❹正在进行中，(事情等)正在做：turn *on* the radio 打开收音机 ‖ **on and off** *adv.* 间或地，不时地，时断时续地：He's worked at the factory *on and off* just for a year. 他在工厂里断断续续地干了一年。

once /wʌns/ **I** *adv.* [无比较级]❶一次，一回：*once* a week 每周一次 ❷曾经，从前：He *once* lived in France. 他曾在法国住过。❸[用于条件句]一旦：If the facts *once* become known, it will be just too bad. 真相一旦公布于众，事情就会弄得一团糟。**II**

conj. ❶一⋯就⋯：*Once* he arrives, we can start. 他一来，我们就开始。❷一旦：*Once* the news is out, we'll be hunted down. 消息一旦泄露，我们就会被人追踪。‖ **all at once** *adv.* 猛然间，突然地，顿时：All at once the rain came down. 天突然下起了大雨。**at once** *adv.* ❶立刻，马上：Tell him to come *at once*. 叫他马上来。❷同时，一齐：She usually cooked several different meals *at once*. 她常常同时做几道不同的菜。**once again** [more] *adv.* 再次，又一次：The woman wanted to see her former husband *once again* before she died. 那个女人临死前想再见丈夫一面。**once upon a time** *adv.* 曾经，从前：*Once upon a time*, in a faraway land, there lived a princess. 从前，在遥远的地方住着一位公主。

on·com·ing /'ɔnˌkʌmiŋ/ *adj.* [无比较级][作定语]❶临近的，即将来临的；迎面而来的：an *oncoming* truck 一辆迎面驶来的卡车 ❷逐渐兴起的，新出现的：the *oncoming* generation of leaders 正在崛起的新一代领导人

one /wʌn/ **I** *n.* [C]一(或 1) **II** *pron.* ❶[用于特指](特定群体中的)一个人(或东西)：*one* of his friends 他的一位朋友 ❷[用于泛指]任何人(或东西)，某个人(或东西)：*One* should do his or her duty. 每个人都要尽其职责。❸[用以替代提过的名词或名词短语]某个人(或东西)：My shoes are similar to the *ones* you had on yesterday. 我的鞋子跟你昨天穿的差不多。‖ **one and all** *n.* 每个人，人人：They came, *one and all* to welcome him home. 他们中每个人都出来欢迎他回家。**one another** *pron.* 相互，彼此：They often have discussions with *one another*. 他们经常互相讨论问题。**one by one** *adv.* 一一地；逐个地：go through the items on the paper *one by one* 逐题逐题地解答试卷上的题目

one another *pron.* 相互：The students in this class help *one anther*. 这个班的学生相互帮助。

one·self /wʌn'self/ *pron.* ❶[反身代词]自己，自身：One often hurts *oneself* accidentally. 人常常会无意中伤到自己。❷[表示强调]本人,亲自:do sth. *oneself* 亲自做某事 ‖ by *oneself* *adv.* 单独地,独自地,独立地;carry out the task by *oneself* 独立完成一项任务

one-way /ˌwʌnˈwei/ *adj.* [无比较级]❶单向(行驶)的:a *one-way* street 单行道 ❷单程的:a *one-way* fare 单程票价 ❸单方面的:a *one-way* friendship 单方面的友谊

on·go·ing /ˈɒnˌgəuiŋ/ *adj.* [无比较级]❶继续存在的 ❷正在进行的:an *ongoing* programme of research 正在进行的研究项目

on·ion /ˈʌnjən/ *n.* [C]❶【植】洋葱;洋葱类植物 ❷洋葱头

on(-)line /ˌɒnˈlain/ *adj.* [无比较级]【计】连机的,连线的

on·ly /ˈəunli/ I *adv.* [无比较级]仅仅;只:This information is for your eyes *only*. 这份资料只供你阅读。II *adj.* [无比较级][作定语]❶唯一的,仅有的:an *only* survivor 唯一的幸存者 ❷独特的;最好的,最优秀的;独一无二的:the *only* person for the job 干这份工作最为合适的人选

on·to /ˈɒntu; 弱 ˈɒntu, ˈɒntə/ *prep.* 到…之上;朝…上:get *onto* a horse 骑到马背上

OPEC /ˈəupek/ *abbr.* [不与定冠词连用] Organization of Petroleum Exporting Countries 欧佩克(即石油输出国组织)

o·pen /ˈəupən/ I *adj.* [无比较级]❶(门、窗等)未关的,敞开的:push the door *open* 把门推开 ❷(房间、场地等)开着门的:an *open* house 一间开着门的房子 ❸(人或言语等)坦诚的,坦率的:tell sth. with an *open* heart 坦率地讲述某事 / a friendly, *open* person 友好、坦诚之人 II *v.* ❶开,打开;张开(嘴等);睁开(眼睛等):*open* one's mouth 张开嘴 ❷开始;着手做:*open* a meeting 开始开会 ‖ **'o·pen·a·ble** *adj.* — **'o·pen·ness** *n.* [U]

open air *n.* [U][the o- a-]户外,露天 ‖ **o·pen-air** /ˈəupənˈeəʳ/ *adj.*

o·pen·ing /ˈəupəniŋ/ *n.* [C]❶开;开口,缺口;孔,洞:an *opening* in the fence 篱笆的缺口 ❷开阔地,(林间)空地:an *opening* in

the woods 林中的一片开阔地 ❸开始,开端;(戏剧等的)首演;开演:The *opening* of the play will be delayed for twenty minutes. 这出戏将推迟 20 分钟开演。❹(工作、职位的)空缺

o·pen·ly /ˈəupənli/ *adv.* ❶坦诚地,直率地 ❷公开地,公然地

op·er·a /ˈɒpərə/ *n.* ❶[U]歌剧;歌剧艺术:an *opera* singer 歌剧演唱者 ❷[C]歌剧作品:an *opera* by Wagner 一部由瓦格纳创作的歌剧作品

op·er·a·ble /ˈɒpərəbəl/ *adj.* ❶可操作的,可运转的:an *operable* motor 可以转动的电动机 ❷可实施的,可行的:an *operable* plan 可以实施的计划

op·er·ate /ˈɒpəreit/ *v.* ❶操作;控制:*operate* the remote control unit 操作遥控器 ❷经营,管理:The company has *operated* a pension scheme. 该公司已实行了养老金制度。❸促使,促成,引发 ❹做手术,开刀(on):He has to *operate* immediately to remove the tumour. 他必须马上动手术,摘除肿瘤。

op·er·a·tion /ˌɒpəˈreiʃən/ *n.* ❶[C;U]操作;运作;操作方法;运行方式:The law has been put into *operation*. 该法律业已生效。❷[C][常作～s]工作;活动:an espionage *operation* 间谍活动 ❸[C]【医】外科手术:a major *operation* 一个大手术 ❹[C;U]企业,公司;营业,业务;经营活动;经营方式:a huge multinational electronics *operation* 一个庞大的跨国电子公司

op·er·a·tor /ˈɒpəreitəʳ/ *n.* [C]❶操作员;(电话)接线员,话务员:a lift *operator* 电梯操作员 ❷(企业的)经营者,管理者:a private *operator* in civil aviation 民航的私营业者

o·pin·ion /əˈpinjən/ *n.* [C;U]意见,观点,见解(about, of, on):a personal *opinion* 个人的看法

op·po·nent /əˈpəunənt/ *n.* [C]❶对手;敌人(at, in):a worthy *opponent* 势均力敌的对手 ❷反对者(of):a fierce *opponent* of nuclear arms 核武器的强烈反对者

O

☆ **opponent**, **adversary**, **antagonist**, **competitor**, **enemy**, **foe**, **rival** 均有"对手,敌手"之意。**opponent** 为最普通用词,指观点不一致或激烈竞争的对手,视上下文决定是否有敌意: His *opponent* didn't stand a chance. (他的对手毫无取胜的可能。) **adversary** 可指一般的对立状态,但通常带有敌意或恶意: She had two potential political *adversaries*. (她有两个潜在的政敌。) **antagonist** 与 opponent 不同之处在于可以用于事物,敌对色彩也较重,往往带有争夺控制权力的意味: Science and superstition are eternal *antagonists*. (科学与迷信永远是水火不容的敌手。) **competitor** 指追求同一目的或目标的竞争者,通常无感情色彩: There were ten *competitors* in the race. (有 10 个选手参加赛跑。) **enemy** 常指十分仇恨并想方设法要伤害或消灭的对象: John and Paul are *enemies*. (约翰和保罗是仇人。) **foe** 为文学用语,通常在比较庄严的场合,词义比 enemy 强,有不共戴天的意味: Britain and Germany were bitter *foes* in two world wars. (在两次世界大战中英国和德国都是你死我活的仇敌。) **rival** 基本含义同 competitor,但感情色彩较浓,可能怀有恶意、敌意或不可告人的动机: She left her job and went to work for a *rival* company. (她辞去工作转到一家与该公司竞争的公司工作。)

op·por·tune /ˈɔpətjuːn/ *adj.* ❶(时间等)非常合适的,恰当的: Such a visit was, indeed, *opportune*. 如此拜访确实正是时候。❷(行动或事情)及时的: an *opportune* remark 不失时机的讲话

op·por·tu·ni·ty /ˌɔpəˈtjuːniti/ *n.* [C;U] 机会,机遇;时机: He no longer had *opportunity* to see her. 他再也没有机会见到她了。

op·pose /əˈpəuz/ *vt.* 反对;反抗: *oppose* the enemy force 抵抗敌军

op·pos·ing /əˈpəuziŋ/ *adj.* 对面的,相反的: The two speakers took *opposing* viewpoints. 这两位发言者的观点截然不同。

op·po·site /ˈɔpəzit/ **I** *adj.* ❶对面的(to): the door *opposite* 对面的门 ❷完全相反的;截然不同的(to, from): Hot is *opposite* to cold. 热与冷是截然相反的。**II** *n.* [C] ❶对立的人(或事物): He is very reticent, but his sister is just the *opposite*. 他沉默寡言,而他妹妹则截然不同。❷反义词: The *opposite* of "up" is "down". "up"的反义词为"down"。**III** *adv.* 反方向地;对面地: sit *opposite* at the table 坐在桌子对面

☆ **opposite**, **conflicting**, **contradictory**, **contrary**, **reverse** 均有"相反的,相对的"之意。**opposite** 指在位置或方向上相反或相对: They lived at the *opposite* house. (他们住在对面的房子里。) 该词也可表示事物的性质或所持的观点截然相反: They are at *opposite* ends of the political spectrum. (他们的政治观点截然相反。) **conflicting** 指思想、感情、利益的对立,强调相互冲突、不协调: *conflicting* schedules (自相矛盾的日程安排) **contradictory** 与 opposite 的区别在于否定或排斥对方,表示非此即彼的矛盾关系,如果一方是真实的或有效的,另一方一定是虚假的或无效的: They give *contradictory* explanations for being late. (他们对于迟到作出了两种截然不同的解释。) **contrary** 常指与某种观点、态度、主张、估计等正好相反,表示存在着本质区别或目标根本不同,但并不是说否定一方就一定意味着肯定另一方,有可能两方都错: The decision was *contrary* to their wishes. (决议与他们的愿望相反。) **reverse** 尤指在位置、面向或方向上与通常完全相反: the *reverse* side of the cloth (布的反面)

op·po·si·tion /ˌɔpəˈziʃn/ *n.* ❶[U]反对,对抗(to): a great deal of *opposition* to the war 对战争的强烈反对 ❷[用单](竞选等中的)对手;(政党等中的)反对派: She wanted to know the *opposition* before signing the contract. 她想先了解一下对手的情况再签订合同。

op·press /əˈpres/ *vt.* 压迫;对…进行残酷统治: The dictator *oppressed* the conquered peoples. 独裁者对臣服的民族实行残酷统治。‖ op'pres·sion *n.* [U]—op'pres·sor *n.* [C]

op·pres·sive /əˈpresiv/ *adj.* ❶压迫的,欺压的;实行暴政的: an *oppressive* king 暴君 ❷压抑的;使人心情沉重的: *oppressive* sorrows 令人苦恼的伤心事 ❸(天气)闷热的；(天气等)令人无法忍受的：the *oppressive* heat 难耐的高温 ‖ op'pres·sive·ly *adv.* — op'pres·sive·ness *n.* [C]

opt /ɔpt/ *vi.* 选择，挑选(*for*,*between*)：I *opted for* teaching as my profession. 我选择教学为职业。

op·tic /ˈɔptik/ *adj.* [作定语]视觉的，视力的：*optic* nerves 视觉神经

op·ti·cal /ˈɔptikəl/ *adj.* [无比较级]❶眼睛的；视觉的，视力的：*optical* effects 视觉效果 ❷【物】光的；光学的：an *optical* microscope 光学显微镜 ‖ 'op·ti·cal·ly *adv.*

op·ti·mism /ˈɔptiˌmizəm/ *n.* [U]❶乐观，开朗 ❷【哲】乐观主义 ‖ 'op·ti·mist *n.* [C]—op·ti·mis·tic /ˌɔptiˈmistik/ *adj.* —ˌopti'mis·ti·cal·ly *adv.*

op·tion /ˈɔpʃ(ə)n/ *n.* ❶[C]选择；选择的东西：Many *options* are open to them. 他们有多种选择。❷[U]选择权；选择余地，选择自由：He did have the option of leaving or staying. 他确实有权选择离去或留下来。‖ 'op·tion·al *adj.* —'op·tion·al·ly *adv.*

or /ɔːʳ, əʳ/ *conj.* ❶[表示选择]或，或者：black *or* white 黑色或白色 ❷[常与 either 连用，表示选择]或；就是：He must be either mad *or* drunk. 他肯定疯了，要不就是喝醉了。❸[与 whether 连用，引导间接问句或条件子句的后半部分]或；还是：It's not important whether you win *or* lose. 你是赢是输，这并不重要。❹[表示后面所接的词语或结构与前面的词语同义或所作的说明]即；或者说，换言之：photons，or individual particles of light 光子，即构成光的单个粒子 ❺[表示警告或建议]否则，要不然：Put on your raincoat *or* you'll get soaked. 把雨衣穿上，否则你会全身湿透的。‖ *or so adv.* [表示不确定]大约，大概，左右：a hundred dollars *or so* 大约 100 美元

o·ral /ˈɔːrəl/ *adj.* [无比较级]口头的；口述的：an *oral* examination 口试 ‖ 'o·ral·ly *adv.*

☆oral，spoken，verbal，vocal 均有"口头的，非书面的"之意。oral 指口头的、口述的，用

于人与人之间的直接交流：He passed his English *oral* examination. (他通过了英语口试。)该词还可表示口部的、口腔的或口服的：*oral* hygiene (口腔卫生) **spoken** 义同oral，可互换：a *spoken* message (口信) **verbal** 强调实际使用的词语，而不管采何种交流方式，既可用于口头说话，也可用于书面：She gave her *verbal* promising to the outing. (她口头上答应去郊游。) **vocal** 指具有或赋予发声的能力，强调有声音的，并可引申为敢于说话：The tongue is one of the *vocal* organs. (舌头是发音器官之一。)

or·ange /ˈɔrindʒ/ I *n.* ❶[C]柑子；橙子；橘子 ❷[C]【植】柑树；橙树；橘树 ❸[C；U]橙色，橘黄色：a brilliant [bright] *orange* 明亮的橙黄色 II *adj.* [无比较级][作定语]❶(似)柑橘的 ❷橙黄色的，橘黄色的

or·bit /ˈɔːbit/ I *n.* ❶[C]【天】(天体)的轨道：the earth's *orbit* around the sun 地球绕太阳运转的轨道 ❷[U](人造航天器等的)轨道，在轨运行；绕轨道运行一周：a spacecraft in *orbit* 在轨运行的航天飞机 II *vt.* ❶绕…的轨道运行：The moon *orbits* the earth every 24 hours. 月球每 24 小时绕地球运行一周。❷把(人造卫星等)送入轨道，使进入轨道：The first man-made satellite was *orbited* in 1957. 第一颗人造卫星于 1957 年被送入轨道。‖ 'or·bit·al *adj.*

or·ches·tra /ˈɔːkistrə/ *n.* [C][用作单或复]管弦乐队：The *orchestra* was [were] playing in the hall last week. 乐团曾于上周在这个大厅里演出。‖ 'or·ches·tral *adj.*

or·der /ˈɔːdəʳ/ I *n.* ❶[U]顺序：in chronological *order* 按年代顺序 ❷[U]整齐，有条不紊：put one's affairs in *order* 把某人的事务处理得有条不紊 ❸[C]命令；指示：carry out an *order* 执行命令 ❹[U](公共)秩序，治安：keep *order* 维持秩序 ❺[C]订购，下订单；订单；订货量；(餐馆中的)点菜(单)；一份(菜)：two *orders* of French fried potatoes 两份法式炸薯条 II *vt.* ❶[常接不定式或 that 从句]命令；指示：The police *ordered* them to wait right there. 警察命令他们就在那儿等着。❷叮嘱，嘱咐；开(药方)：The doctor *ordered* the patient to (stay in) bed. 医生嘱咐病人要卧床休息。❸订购；叫(菜、饮料等)：*order* two copies of that book 订购两本书 ‖ *in order that conj.* 为了，以便：He sold his antiques *in order that* he might pay off the debts. 为了还清他的债务，他卖掉了古玩。*in order to prep.* 为了，以便：He left early *in order to* catch the train. 他为了赶火车，早早就出发了。*out of order adj.* ❶(运行情况等)不正常的；发生故障的：The computer is *out of order*. 这台计算机出故障了。❷不合规定的；违反规程的：The motion was ruled *out of order*. 这一动议被裁定为违反规程。‖ 'or·der·er *n.* [C]

☆❶order, ask, command, direct, instruct, tell 均有"命令；指挥；要求"之意。order 为普通用词，表示权威部门或权威人士下达命令，既可用于上级对下级，也可用于个人之间，带有专横或粗暴的意味：The doctor *ordered* her patient to take a month's rest. (医生嘱咐病人休息一个月。) ask 表示要求，命令的意味较弱，往往带有愿望强烈这一意思：If you need any help, just *ask*. (如果你需要帮助，尽管提出来吧。) command 为正式用词，表示权威部门或权威人士正式下达命令，强调权威，常用于军队：The general *commanded* his men to attack the city. (将军命令部队攻城。) direct 和 instruct 常指比较具体地命令、指挥或指示他人去做某一事情，强制的意味较弱，但也要求服从：A policewoman stood in the middle of the road, *directing* the traffic. (一名女警察站在路中间指挥交通。) tell 表示让他人知道必须做的事情，虽带有命令或吩咐的意味，但语气较弱：I *told* you to get here early, so why are you late? (我叫你早点来，你为什么迟到了?) ❷order, command, direction, directive, injunction, instruction 均有"命令"之意。order 指执行具体任务的命令：The general gave the *order* to advance. (将军下令前进。) command 比 order 正式，常用于整体部署，必须服从的意味较强：Fire on my *command*. 我一下令就开火。direction 不及 directive 那样详细具体，强制性色彩也较淡，常指提供帮助的指示或指导性意见：The investigation was carried out under the direction of a se·nior police officer. (调查是在一位高级警官的指导下进行的。) directive 指上级通过正当渠道下达的书面命令，所有有关人员必须遵照执行：The management has issued a new *directive* about the use of company cars. (公司管理部门发布了有关使用公司汽车的新指示。) injunction 主要用于法律场合，常指禁止做某事，有如不执行就要受到惩罚的含义：The court has issued an *injunction* forbidding them to strike for a week. (法院发出了禁止他们罢工一星期的禁令。) instruction 强调如果指示中不包含必要的详细说明，预期的行动就不能进行：She left detailed *instructions* to the maid about preparations for the party. (她详细地指点女仆如何准备这次宴会。) 在表示有较为复杂行动的程序指令时，direction 和 instruction 常以复数形式出现，前者常用于一次性完成的行动，后者用于重复进行的行动，人们往往会用心记住：Follow the *directions* on the packet. (按照封套上的用法说明去做。)

or·der·ly /'ɔːdəli/ *adj.* ❶井井有条的，整齐的：an *orderly* mind 条理分明的思维 ❷守纪律的；守秩序的：an *orderly* crowd 秩序井然的人群 ‖ 'or·der·li·ness *n.* [C]

or·di·nal /'ɔːdinəl/ *n.* [C]序数(词)

or·di·nar·y /'ɔːdinəri/ *adj.* ❶常规的，正常的；惯常的：an *ordinary* way of cooking chicken 鸡肉烹饪的普通方法 ❷一般的，普通的；平凡的；平庸的：an *ordinary* man 平凡的人 ‖ 'or·di·nar·i·ness *n.* [U]

or·gan /'ɔːgən/ *n.* [C] ❶风琴；管风琴；电风琴；口琴；手风琴 ❷器官：the vocal *organ* 发声器官

or·gan·ic /ɔː'gænik/ *adj.* [无比较级] ❶【化】有机的：*organic* solvents 有机溶剂 ❷[作定语](动植物等)生物体的；有机体的：*organic* substances 有机物 ‖ or'gan·i·cal·ly *adv.*

or·gan·i·za·tion, or·gan·i·sa·tion /ˌɔːgənai'zeiʃ ⁿ; -niˈz-/ *n.* ❶[U]组织，安排：a new system of *organization* 一个新的组织机制 ❷[C](商业、政府部门等的)组织，机

构;团体;协会:set up a charity *organization* 创立一家慈善机构 ❸[U]条理性:This report lacks *organization*. 这份报告缺乏条理性。‖ ¦or·gan·i'za·tion·al,¦or·gan·i'sa·tion·al *adj.*

or·gan·ize,or·gan·ise /'ɔ:gənaɪz/ *vt.* ❶将…分组(或分门别类);安排:*organize* the class into five groups 将班级分成五个小组 ❷提供,供应;设法获得:*organize* some sandwiches 设法找些三明治 ‖ '**or·gan·iz·er,'or·gan·is·er** *n.* [C]

or·gan·ized /'ɔ:gənaɪzd/ *adj.* ❶有组织的,有秩序的,高效的:a well-*organized* office 工作效率高的办公室 ❷有组织的,有安排的,有准备的:*organized* crime 有组织的犯罪

o·ri·ent I /'ɔ:rɪənt/ *n.* [U][the O-]东方,亚洲;东亚(尤指包括日本、中国等的远东);东方国家(指地中海以东的国家):the West and *the Orient* 东西方(国家) II /'ɔ:rɪˌent, ˌɔ:r-/ *vt.* 〔亦作 **orientate**〕❶(用罗盘仪)给…定向(或定方位):The explorer climbed a tree in order to *orient* himself. 探险者爬上一棵树以确定自己的方位。❷使适应(或熟悉)环境(或情况等)(*towards*):*orient* the freshmen to campus life 使大学新生熟悉校园生活

o·ri·en·tal /ˌɔ:rɪˈentəl, ˌɒr-/ *adj.* [无比较级]❶[常作 O-]东方文明的,东方文化的;东方国家的;东方人的;具有东方人特征的:*Oriental* art 东方艺术 ❷东部的,东方的

o·ri·en·ta·tion /ˌɔ:rɪenˈteɪʃən, ˌɒr-/ *n.* ❶[U]定向;定位;确定方向 ❷[U](对环境或情况的)适应,熟悉:New employees must go through a period of *orientation*. 新来的职员都必须经过一段时间的适应过程。❸[C]方向;方位;政治倾向(方向):lose one's *orientation* 迷失方向

or·i·gin /'ɒrɪdʒɪn/ *n.* ❶[C]开端;起源;根源;起因,原因:the *origins* of life on earth 地球上生命的起源 ❷[C;U][具数时常作～s]出身;血统;来历:a man of humble *origin(s)* 出身卑微的人

o·rig·i·nal /əˈrɪdʒɪnəl/ I *adj.* [无比较级]❶原始的;固有的,本来的;最初的:The

house has recently been restored to its *original* style. 这所房子最近又恢复了原先的风格。❷创新的,新颖的,新奇的;有独创性的;别出心裁的:an *original* idea 独到的见解 ❸原创的,原作的;原版的;原件的:The *original* document is in Washington. 文件的原稿在华盛顿。II *n.* [C]❶[the ～]原型;原作;原文;原件;原物:in *the original* 用原文(或原著)❷有创见的思想家(或作家、画家等)‖ **o·rig·i·nal·i·ty** /əˌrɪdʒəˈnælɪti/ *n.* [U]

o·rig·i·nal·ly /əˈrɪdʒɪnəli/ *adv.* ❶最初,原先:The family *originally* came from France. 那个家族最初来自法国。❷独创地;崭新地:a very *originally* written play 一本十分新颖独特的剧本

o·rig·i·nate /əˈrɪdʒɪneɪt/ *vt.* ❶引起,产生:A misunderstanding *originated* a quarrel. 误解引起了一场争吵。❷创设,创办;创作;发明:*originate* a new style of a dancing 创设一种新型的舞蹈形式—*vi.* 起源,源自;产生(*from*,*in*,*with*):Their friendship *originated in* a chance meeting. 他们间的友谊源自一次邂逅。‖ **o·rig·i·na·tion** /əˌrɪdʒəˈneɪʃən/ *n.* [U]—o'**rig·i·na·tor** *n.* [C]

or·na·ment /'ɔ:nəmənt/ *n.* ❶[C]装饰品,饰物:glass *ornaments* 玻璃饰品 ❷[U]装饰,修饰:add something by way of *ornament* 增添一些饰物 ‖ **or·na·men·ta·tion** /ˌɔ:nəmenˈteɪʃən/ *n.* [U]

or·phan /'ɔ:fn/ *n.* [C]孤儿:an infant *orphan* 失去父母的婴儿

oth·er /'ʌðə'/ I *adj.* [无比较级]❶其他的,其余的,别的:*Other* people may disagree with him. 其他人或许不同意他的看法。❷[常与 the 和 one's 连用](两者中的)另一(个)的:the *other* hand 另一只手 II *pron.* ❶其他的人(或事物),别的人(或事物);不同的人(或事物):This glass is broken; get some *others*. 这只玻璃杯打碎了,另拿几只来。❷[常作 the ～s]其余的人(或事物):I'll take these and leave *the others*. 我将带走这些,而把其余的留下。‖ **on the other hand** *adv.* 另一方面:On the one hand, we could go;on the other hand,we could stay. 一方面,我们可以走;另一方面,我们也可以留下。***other than prep.*** 〔常用于否定结构后〕❶除…之外:He never came to me *other than* to ask for help. 他除了有求于我外,从不来看我。❷不同于;并非,不是:She can hardly be *other than* annoyed about what he said. 她对他所说的话当然大为光火。

oth·er·wise /ˈʌðəˌwaiz/ **I** *adv.* 〔无比较级〕否则,不然(的话):an *otherwise* happy and uneventful life 原本幸福、平静的生活 **II** *conj.* 否则,不然的话:Hurry up,*otherwise* we'll miss the bus. 快点,不然就赶不上汽车了。

ouch /autʃ/ *int.* ❶〔表示突然剧痛〕哎哟 ❷〔表示愤怒或不悦〕哎

ought /ɔːt/ *aux. v.* 〔无时态和人称变化,通常后接动词不定式〕❶〔表示义务、职责和合适等〕应当,应该:You *ought* to help them. 你应当帮助他们。❷〔后接不定式的完成时态〕早该,本该:He *ought*n't to have done that. 他本不该做那样的事情。❸〔表示建议、愿望〕应该:He *ought* to be more careful. 他应该更加细心一些。

ounce /auns/ *n.* 〔C〕❶盎司(英制重量单位,略作 oz,常衡等于 1/16 磅,约合 28 克;金衡或药衡等于 1/12 磅,约合 31 克) ❷〔用单〕〈口〉少量,少许:an *ounce* of sense 些许理智

our /ˈauəʳ/ *pron.* 我们的:*our* house 我们的房子

ours /ˈauəz/ *pron.* (属于)我们的人(或东西):He's a friend of *ours*. 他是我们的一个朋友。

our·selves /auəˈselvz/ *pron.* ❶〔用以加强语气〕我们亲自;我们本人:We made it *ourselves*. 我们亲手制作了这件东西。❷〔反身代词〕我们自己:We have been trying to keep *ourselves* informed about current trends. 我们一直努力使自己了解当今事物发展的动向。

out /aut/ *adv.* 〔无比较级〕❶在远处;向外,朝外;外出地:take sth. *out* 把东西拿出来 ❷在户外;不在家;不在办公室(或工作):It is rather cold *out* today. 今天外面相当

寒冷。

out·break /ˈautbreik/ *n.* 〔C〕(情感、战争、反叛等的)突然爆发:an *outbreak* of rioting 〔war,hostilities〕骚乱〔战争,敌视〕的突然爆发

out·burst /ˈautbəːst/ *n.* 〔C〕❶(情感等的)突然爆发,迸发:an *outburst* of laughter 放声大笑 ❷(行动、力量等的)突然出现:*outbursts* of machine gun fire 机枪的猛射 ❸(火山的)喷发;(烟雾、蒸汽的)外冒:volcanic outbursts 火山喷发

out·come /ˈautkʌm/ *n.* 〔C〕〔常用单〕结果,结局,后果:What do you think the likely *outcome* of the negotiation will be? 你认为谈判会有什么样的结果呢?

out·dat·ed /autˈdeitid/ *adj.* 过时的,陈旧的;废弃不用的:*outdated* clothing 不再时髦的衣服

out·do /autˈduː/ *vt.* (-**did** /-ˈdid/,-**done** /-ˈdʌn/;第三人称单数现在式-**does** /-ˈdʌz/)在…干得更出色;优于,超过:He worked very hard as he did not want to be *outdone* by anyone. 他干活非常卖力,因为他不想别人超过他。

out·door /ˈautdɔːʳ/ *adj.* 〔无比较级〕〔作定语〕在户外的,在野外的,在露天的:lead an *outdoor* life 在野外生活

out·doors /autˈdɔːz/ *adv.* 〔无比较级〕在户外,在野外;在露天;到户外,到野外:eat *outdoors* 在户外就餐〔亦作 **out-of-doors**〕

out·er /ˈautəʳ/ *adj.* 〔无比较级〕〔作定语〕❶外部的,外面的,外观的:*outer* layer 外层 ❷远离中心的:the *outer* suburbs of a city 一个城市的远郊

out·go·ing /ˈautˌɡəuiŋ/ *adj.* ❶友好的;性格开朗的;善于交际的:an *outgoing* personality 开朗的性格 ❷即将退休的;即将离任的:the *outgoing* government 任期将满的政府 ❸〔作定语〕外出的,离去的:*outgoing* phone calls 外线电话

out·let /ˈautlet,-lit/ *n.* 〔C〕❶出口;出水口;排气孔,通风口;出路:a waste water *outlet* 废弃的出水口 ❷(情感等的)发泄方法;(精力等的)释放途径;(才干等的)施展

途径：Playing football is an *outlet* for energy. 踢足球是释放能量的一个办法。

out·line /'autlain/ **I** *n.* [C] ❶轮廓图；草图，略图：draw an *outline* of the new house 画新房子的平面结构图 ❷外形，轮廓：the *outline* of the face in the candlelight 在烛光映照下的面部轮廓 ❸（文章、讲话稿等的）提纲，提要；草案：an *outline* for a lecture 讲话稿的提纲 **II** *vt.* ❶概述；提出…的要点：I *outlined* the proposals we had to make. 我简要地列出了我们需要提的建议。❷勾勒出…的轮廓（或外形）；画…的草图：The area is *outlined* in red on the map. 这片地区已用红笔在地图上标了出来。

☆**outline, contour, profile, silhouette** 均有"外形；轮廓"之意。**outline** 可指任何立体物和平面物的周边，既可指边缘部位也可指周边界线：She could see only the *outline* of the trees in the dim light. （朦胧中她只看见树木的轮廓。）该词还可引申为概要或要点：an *outline* of the main points of the talk（会谈要点概略）**contour** 注意力不是集中在单纯的边缘或界线上，而是强调线条是否表现出该形体的优雅、柔和、苗条等特性：a car with smoothly flowing *contours*（流线型的小汽车）**profile** 指人的侧面像，强调从前额到下巴部位的线条，也常指由一定背景衬托出来的线条鲜明的轮廓或外形：sb.'s handsome *profile*（某人漂亮的侧面轮廓）**silhouette** 本义指按照投在墙上的黑色身影剪纸成形，现多用来表示黑色轮廓，黑影中的细节一律不考虑：When she switched on the light, her *silhouette* appeared on the curtain. （当她开灯之后，她的侧面影像便映在窗帘上。）

out·look /'autluk/ *n.* [C][常用单] ❶（对未来的）展望；前景，前途（*for*）：political *outlook* 政治前途 ❷观点，看法，见解（*about, on*）：one's *outlook on* the world 某人的世界观 ❸风景，景致：The house has a pleasant *outlook*. 从这房子可以看到外面秀美的风景。

out-of-date /'autəv,deit/ *adj.* 过时的，老式的，废弃的

out·put /'autput/ **I** *n.* ❶[U]生产，出产，出品：slow [fast] *output* 低速 [高速] 生产 ❷[U]（矿产、工业和农业等）产品；（文艺等）作品：artistic *output* 艺术作品 ❸[常用单]（某个特定时间内的）产量：We must improve our *output*. 我们必须要提高产量。❹[C;U][计]（数据或信息等的）输出；输出端，输出设备；输出信息（或数据）**II** *vt.* (**-put** 或 **-put·ted** /-putid/;**-put·ting**) ❶生产 ❷[计]输出（计算结果等）：*output* the data to the printer 将数据传送到打印机上

out·ra·geous /aut'reidʒəs/ *adj.* ❶毫无节制的，无法无天的 ❷令人震惊的，吓人的：an *outrageous* price 高得吓人的价格 ❸残暴的，凶残的：*outrageous* crimes 暴行

out·right **I** /aut'rait/ *adv.* [无比较级] ❶完全地，彻底地：The young woman was *outright* mad. 那名年轻女子彻底疯了。❷公开地，公然地，毫无保留地；直截了当地，直率地：Tell him *outright* my opinion. 坦率地告诉他我的观点。❸立刻，马上；当场地：Ten were killed *outright*. 有 10 人当场被杀。**II** /'autrait/ *adj.* [作定语] ❶完全的，彻底的，十足的：an *outright* villain 十足的恶棍 ❷公开的，公然的；毫无保留的；直截了当的，直率的：an *outright* denial 断然否认

out·set /'autset/ *n.* [C][常作 the ～]开始，开端：at the *outset* (of) 在…开始时

out·side **I** /aut'said, 'autsaid/ *n.* [C;U]外（表）面，外部：paint the *outside* of the house 粉刷房屋的外墙 **II** /'autsaid/ *adj.* [无比较级][作定语] 外面的，外部的；（人行道等的）外侧的；室外的：an *outside* swimming pool 露天游泳池 **III** /aut'said/ *adv.* [无比较级] ❶在外面；朝外面：The house was painted white *outside*. 房子的外面刷成了白色。❷在（或朝）露天，在（或朝）室外：*Outside* there was only the threshing of the rain. 屋外只有雨声在沙沙作响。❸不包含地，不包括地，在规定范围外 **IV** /aut'said/ *prep.* ❶在…外面；到…的外面：He stood *outside* the door. 他站在门外。❷在…范围之外，超越…的范围：get involved in activities *outside* the law 参与违法活动

out·skirt /'autskət/ *n.* [C][常作～s]市郊，

城郊,郊区:in [on] the *outskirts* of London
在伦敦市郊

out·stand·ing /aʊtˈstændɪŋ/ *adj*. ❶向外
突出的:a stiff,*outstanding* fabric 一种凸面
硬质纤维 ❷杰出的,闻名的,出名的;(成绩
等)显著的(*at*,*in*):an *outstanding* scholar
知名学者 ‖ **out'stand·ing·ly** *adv*.

out·strip /aʊtˈstrɪp/ *vt*. (-stripped;-strip·ping)
❶(在赛跑等比赛中)比…跑得快,把…甩在
后面:He far *outstripped* the other runners
on the last lap. 他在最后一圈中把其他选
手远远地甩在了身后。❷(在数量方面)
比…多:Last year export growth of elec-
tronic equipment far *outstripped* import
growth. 去年电子设备的出口增长远远高
于进口。❸(在能力等方面)胜过,比…更出
色:Roger's dreams constantly *outstrip* his
ambitions. 罗杰一贯异想天开、野心勃勃。

out·ward /ˈaʊtwəd/ *adj*. 〔无比较级〕〔作定
语〕❶位于外面的,在外面的:an *outward*
room 外屋 ❷朝外的,向外的:an *outward*
flow 外流 ❸(船只等)驶向外面(或外地)
的;(旅行等)到外地去的:an *outward* journey
去外地的旅行 ‖ **'out·ward·ly** *adv*.

out·wards /ˈaʊtwədz/ *adj*. & *adv*. =out-
ward

o·val /ˈəʊv⁰l/ I *adj*. 卵形的,椭圆形的:The
mirror is *oval*. 镜子呈椭圆形。II *n*. [C]卵
形(物),椭圆形(物)

ov·en /ˈʌv⁰n/ *n*. [C] ❶(用于烤煮食物的)
烤炉,烤箱:a slow *oven* 低温烤箱 ❷烘箱,
干燥器;(化学、冶金等工业中使用的)窑;干
燥炉

o·ver /ˈəʊvə/ I *adv*. 〔无比较级〕❶在上面,
在上方;在空中:a roof that hangs *over* 悬在
上空的房顶 ❷倒,颠倒,翻转过来:push a
house *over* 推倒房子 ❸到处,遍地:The
lake is frozen *over* last year. 去年这湖泊
完全冻结了。❹从一地至另一地;到(街、
河、湖等的)另一边:He will go *over* to the
schoolyard and watch her play baseball. 他
要去学校看她打棒球。❺越过,跨过:fly o-
ver 飞过 ❻超过,更多:children of ten and
over 10 岁和 10 岁以上的孩子 II *prep*.

❶在…上方;在…上空:a lamp *over* the ta-
ble 桌子上方的一盏灯 ❷覆盖在…上,遮
在…上:He folded his arms *over* his chest.
他双手交叉放在胸前。❸越过;向外(或向
下);从…边缘向下:fall *over* a cliff 从悬崖
边上落下 ❹越过,跨过,横穿;(从一处)
到…的另一处:jump *over* the wall 越墙而过
❺在…的对面,在(路、街等的)另一边:live
in a house *over* the way 住在路对面的房子
里 ❻关于,有关: have a talk *over* an issue
就某个问题进行会谈 ❼由于,因为:fly into
rage *over* nothing 发无名火 ❽在做…的过
程中:chat *over* one's coffee and cigarettes
一边喝咖啡、抽烟,一边闲聊 ❾〔常与 all 连
用〕遍及,遍布:*all over* the country 在全国
各地 ❿直到…之后,在…期间:stay *over*
the weekend 在周末留下来住 ⓫(在数量、
程度等方面)超过:They were to stay at that
city for *over* ten days. 他们将在那个城市待
上 10 多天。‖ **all over** *adv*. 到处,遍及:He
aches *all over*. 他浑身都感到酸痛。(all)
over again *adv*. 重新,再一次:The incompe-
tent typist had to type the report *all over a-
gain*. 那位不称职的打字员不得不将报告
从头至尾又打了一遍。

o·ver·all I /ˈəʊvərɔːl/ *adj*. 〔无比较级〕
❶从头至尾的;从一端到另一端的:the o-
verall length of a ship 船只的长度 ❷全部
的,所有的;全面的,总的:the book's *overall*
design 书本的整体设计 II /ˌəʊvərˈɔːl/ *n*.
[C]〈英〉外衣;(用于防水或防污垢等而穿
着的)防护服,工作服:She wore an *overall*
when cleaning the house. 她在打扫房子时
穿了件工作服。

o·ver·cast /ˈəʊvəkɑːst;-ˌkæst/ *adj*. 阴云密
布的;【气】(天空、天气)多云的,阴的:an o-
vercast day 阴天

o·ver·charge /ˌəʊvəˈtʃɑːdʒ/ *vt*. 向(某人)过
高收费,对(某物)过高开价;高于正常价格
(或标准收费)收取(钱款),超标准收(款):
The taxi-driver was fined for *overcharging*
his customers. 出租车驾驶员因宰客而被
罚款。

o·ver·coat /ˈəʊvəˌkəʊt/ *n*. [C]外衣,外套,
大衣

o·ver·come /ˌəʊvəˈkʌm/ (**-came** /-ˈkeim/, **-come**) *vt.* ❶战胜,击败;征服:The enemy was *overcome* on the last attack. 在最后一次进攻中敌人被击败了。❷克服(困难等);抑制(情绪等):He has *overcome* many obstacles in his life. 他克服了生活中的许多障碍。

o·ver·draft /ˈəʊvəˌdrɑːft;-ˌdræft/ *n.* [C]透支;透支额

o·ver·due /ˌəʊvəˈdjuː/ *adj.* [无比较级][常作表语]❶过期的,超过期限的;(债务等)逾期未付的;(所借图书)逾期未还的:a few *overdue* books 几本已过期的图书 ❷(火车、飞机等)误点的;迟到的:The train is half an hour *overdue*. 火车已误点半个小时了。

o·ver·es·ti·mate /ˌəʊvərˈestiˌmeit/ *vt.* 对(能力、费用等)估计过高;对(某人)作过高的评价:*overestimate* the importance of social problems 高估社会问题重要性

o·ver·flow /ˌəʊvəˈfləʊ/ *vt.* ❶从(边)上流出(或溢出);从…边上流出(或溢出):The river *overflowed* its banks. 河水溢出了两边的堤岸。❷(人群等)挤满(房间等);使…多得容纳不下:The crowd *overflowed* the theatre. 剧院里挤满了人。❸淹没:The flood *overflowed* several villages. 洪水淹没了几个村庄。

o·ver·head /ˌəʊvəˈhed/ *adv.* ❶在上面;在头顶上:planes flying *overhead* 飞过头顶的飞机 ❷在天上,在空中;在楼上:The children *overhead* kept making noises. 楼上的孩子们一个劲地发出各种噪声。

o·ver·hear /ˌəʊvəˈhiə/ (**-heard** /-ˈhɜːd/) *v.* 无意中听到(某人的谈话等);偷听(他人的谈话等):She *overheard* the couple quarrelling. 她偶然听到了这对夫妻在吵嘴。

o·ver·lap /ˌəʊvəˈlæp/ (**-lapped**;**-lap·ping**) *v.* ❶与…部分重叠(或交叉):One feather *overlaps* another on a bird's wing. 鸟翅膀上的羽毛互相交搭在一起。❷与…部分相同;部分地与…同时发生:Every personality *overlaps* every other personality. 每种个性都与其他个性有着相似之处。

o·ver·load /ˌəʊvəˈləʊd/ *vt.* ❶使过载;使超载,使…填塞过满:The lorry overturned because it had been *overloaded*. 卡车因超载而翻覆了。❷使(电路)超负荷运行:He *overloaded* the electrical system by using [with] too many electrical appliances. 他使用太多的电器使得该电路系统过载了。

o·ver·look /ˌəʊvəˈluk/ *vt.* ❶忽略,忽视;漏看,对…未加注意:The robbers *overlooked* the possibility of the alarm system sounding. 强盗们没料到报警系统会响起来。❷俯视;向…眺望:I rented a room *overlooking* the Central Park. 我租了一间可以远眺中央公园的房子。

o·ver·night /ˌəʊvəˈnait/ *adj.* [无比较级][作定语]❶旅行时晚间使用的;一整夜的,通宵的;持续(或逗留、居住)一夜的:assign sb. to *overnight* duty 安排某人通宵值班 ❷〈口〉突然间的,一下子的:a book which became an *overnight* sensation 一部突然轰动一时的书籍

o·ver·rate /ˌəʊvəˈreit/ *vt.* 过高评价(或估计):He *overrated* his ability. 他过高地估计了自己的能力。

o·ver·re·act /ˌəʊvəriˈækt/ *vi.* 作出过激的反应,反应过于强烈(*to*):He *overreacted* to criticism. 他对批评意见的反应过于强烈。

o·ver·seas I /ˌəʊvəˈsiːz/ *adv.* [无比较级]在(或向)海外,在(或向)国外:Jane plans to live *overseas*. 简打算去国外定居。II /ˈəʊvəˌsiːz/ *adj.* [无比较级][作定语]❶(在)海外的,(在)国外的:*overseas* markets 海外市场 ❷越洋的,跨海的;前往国外(或海外)的;面向国外(或海外)的;来自国外(或海外)的:*overseas* trade 对外贸易

o·ver·sight /ˈəʊvəˌsait/ *n.* ❶[C;U]疏忽;忽视:It was *oversight* that caused the accident. 正是疏忽大意造成了这次事故。❷[C]错误,失误;漏洞:My bank statement is full of *oversights*. 我的银行结算单中错误百出。

o·ver·sleep /ˌəʊvəˈsliːp/ *vt.* (**-slept** /-ˈslept/) 睡过头:He *overslept* and missed the train. 他睡过了头,没赶上那趟火车。

o·ver·state /ˌəʊvəˈsteit/ *vt.* 把…说得过分;

过于强调（重要性等）；夸大，夸张：She *overstated* her argument. 她过于夸大其论点.

o·ver·step /ˌəuvəˈstep/ *vt.* (-stepped;-step·ping) 超越（范围、界限等）：He *overstepped* his authority when he ordered the prisoner to be released. 他越权下达命令将罪犯释放.

o·ver·take /ˌəuvəˈteik/ (-took /-ˈtuk/,-tak·en /-ˈteikⁿn/) *vt.* ❶赶上，追上；超（车）：He had to walk very fast to *overtake* me. 他必须走得很快才能跟上我. ❷[常用被动语态]（暴风雨等）突然袭击；（厄运、灾难等）突然降临于：The rainstorm *overtook* them just outside the city. 他们就在城外突遇暴雨.

o·ver·throw **I** /ˌəuvəˈθrəu/ *vt.* (-threw /-ˈθruː/,-thrown /-ˈθrəun/) ❶推翻；颠覆；征服，战胜：a political conspiracy to *overthrow* the government 一个试图推翻政府的政治阴谋 ❷废除（制度等）；使终止；摧毁：*overthrow* a plan 取消一项计划 **II** /ˈəuvəˌθrəu/ *n.* [C]推翻；征服，战胜：the *overthrow* of the monarchy 君主政体的推翻

o·ver·time /ˈəuvəˌtaim/ **I** *n.* [U]❶加班加点：He's on *overtime* tonight. 他今晚加班. ❷加班费；加班时间：pay *overtime* 支付加班费 **II** *adv.* 超时（工作）地；加班地：The staff have to work *overtime*. 职员们必须要加班加点地工作.

o·ver·turn /ˌəuvəˈtəːn/ *vt.* ❶使翻转，使倒下；弄翻：The car was *overturned* by the flood. 汽车被洪水冲翻了. ❷颠覆，推翻；打倒；废除，取消：The rebels are plotting to *overturn* the existing government. 反叛者们正谋划推翻现政府.

o·ver·weight /ˌəuvəˈweit/ *adj.* 超重的；太胖的：His luggage is *overweight*. 他的行李超重了.

o·ver·whelm /ˌəuvəˈwelm/ *vt.* ❶使（情感等）难以承受；使不知所措：She was a little *overwhelmed* by his words. 听了他的话，她有点不知所措. ❷使累垮：He was *overwhelmed* by work, illness and family prob-lems. 工作、疾病和家庭问题使他心力交瘁. ❸使毁灭，击垮；制服；征服：The enemy forces *overwhelmed* the camp. 敌军将营地彻底破坏了.

o·ver·whelm·ing /ˌəuvəˈwelmiŋ/ *adj.* （在数量、影响等方面）压倒的，势不可挡的：The evidence was *overwhelming*. 所提证据是无可辩驳的. ‖ **o·ver·whelm·ing·ly** *adv.*

owe /əu/ *vt.* ❶欠（钱等）：I *owe* you for my lunch. 我欠你一顿午饭钱. ❷对…感激（to）：I *owe* her for her help. 我得谢谢她的帮助. ❸应把…归功于（to）：If I have im-proved in any way, I *owe* it all *to* you. 我要是有任何提高的话,那全亏你的帮助.

ow·ing /ˈəuiŋ/ *adj.* [无比较级][作表语]（尤指钱物）欠的，未还清的：pay what is *owing* 付清所欠钱款 ‖ **owing to** *prep.* 由于,因为：*Owing to* my work, I don't get up much to the club. 由于工作忙,我不经常光顾俱乐部.

own /əun/ **I** *adj.* [无比较级][用于物主代词后]❶（属于）自己的：She had her *own* income and her *own* way. 她有自己的收入,且有自己的挣钱途径. ❷为自己所用的；自己做的：cook one's *own* meals 做自己的饭 **II** *pron.* 自己的东西；自己的家人（或同族人等）：They treated the child as if she were their *own*. 他们把这个女孩子看作亲生的. **III** *vt.* [不用进行时态]❶拥有,占有：He *owned* a dry goods store in his home town. 他在老家开办了一家纺织品商店. ❷承认（错误等）；对…认可：He *owned* himself de-feated. 他认输了. ‖ **own·er** /ˈəunə/ *n.* [C]·**own·er·ship** *n.* [U]

ox /ɔks/ *n.* [C]（[复]ox·en /ˈɔksⁿn/)【动】❶牛 ❷阉割过的公牛

ox·ide /ˈɔksaid/ *n.* [C]【化】氧化物

ox·y·gen /ˈɔksidʒⁿn/ *n.* [U]【化】氧；氧气（符号 O）

o·zone /ˈəuzəun/ *n.* [U]❶【化】臭氧 ❷= ozone layer

P p

pace /peis/ **I** *n.* ❶[C;U]步速,步调:quicken one's *pace* 加快步伐 ❷[U;C]进展(或发展)速度;节奏:fit into the fast *pace* of life 适应快节奏的生活 ❸[C][常用单](一)步:Take one *pace* forward. 向前一步。**II** *v.* 踱步:She *paced* up and down waiting for the phone. 她来回踱步,等着电话。‖ *keep pace v.* (与…)同步前进,(与…)齐头并进:Our incomes have not been *keeping pace* with inflation. 我们的收入一直未能赶上通货膨胀的速度。‖ 'pac•er *n.* [C]

pace•mak•er /'peisˌmeikə^r/ *n.* [C]❶(比赛中的)领跑者,定速度的人:run with a *pacemaker* 与领跑者一起赛跑 ❷【医】起搏器

pace•set•ter /'peiˌsetə^r/ *n.* ❶[C]领头人,领导 ❷=pacemaker

pa•cif•ic /pə'sifik/ **I** *adj.* ❶平静的,宁静的:a *pacific* tone of voice 平静的语调 ❷求和的,和解的;爱和平的:*pacific* views 期望和平的主张 **II** *n.* [the P-]太平洋 ‖ pa'cif•i•cal•ly /-k^əli/ *adv.*

pac•i•fism /'pæsiˌfiz^əm/ *n.* [U]和平主义,反战主义

pac•i•fist /'pæsiˌfist/ *n.* [C]❶和平主义者,反战主义者 ❷拒不参战者

pac•i•fy /'pæsiˌfai/ *vt.* 安抚,使安静,使平静;平息(怒气、纷争等):The baby-sitter tried to *pacify* the crying baby. 保姆想让哭闹的婴儿安静下来。‖ pac•i•fi•ca•tion /ˌpæsifi'keiʃən/ *n.*

☆ pacify, appease, conciliate, mollify, placate, propitiate 均有"安抚,使平静"之意。pacify 指使他人恢复平静、恢复秩序,用于不安定的场合,但不一定消除不安定根源

的意思:A sincere apology seemed to *pacify* the angry man. (诚恳的道歉似乎使这个生气的人平静了下来。) appease 指安抚对方因没有得到满足而激动不安的情绪,强调讨好、迎合对方的需求:Nothing could *appease* the crying mother. (没有什么能够安抚那位哭泣的母亲。) conciliate 用于感情疏远、关系淡漠的场合,指用劝说、诱导、消除分歧等方法来调和、抚慰他人或赢得支持、好感:Mary *conciliated* the respect of her associates with her cooperativeness. (玛丽用合作的态度赢得了同事们的尊敬。) mollify 表示抚慰他人受到伤害的情感或怒气,以便使情绪得到缓冲:Tom brought his angry wife some flowers, but she refused to be *mollified*. (汤姆给他生气的妻子一束花,但她并不买账。) placate 用于对方意见很大、积怨很深的场合,常指用友好言行来消除怨气或化解意见:He tried to *placate* Linda by offering to pay for the repairs. (他试图通过赔偿维修费来与琳达和解。) propitiate 用于自己言行不当而使对方不快的场合,表示用使人愉快的行动来赢得好感:*propitiate* sb. by getting the clean-cut look (把面容修得干干净净以取悦某人)

pack /pæk/ **I** *n.* [C]❶包,包裹;背包 ❷(一)包;(一)盒;(一)箱:a *pack* of cigarettes 一包香烟 ❸〈英〉(一)套(牌),(一)副(牌):a *pack* of cards 一副牌 ❹(野兽等的)(一)群:a *pack* of wolves 一群豺狼 **II** *vt.* ❶把衣物等装入(箱、袋等);将(行李)装箱(或打包),捆扎:*Pack* the trunk with your clothes as soon as possible. 尽快把你的衣服放进箱子里。❷挤满,塞满;使充满,使充实:The gallery was *packed* to capacity. 美术馆已经

P

爆满。—*vi.* ❶打包；打点行装：pack for the trip 准备旅行的行装 ❷拥挤：He *packed* in to see the exhibition. 他挤进去看展览。

pack·age /'pækidʒ/ **I** *n.* [C] ❶（一）包，包裹；（一）箱；袋：carry a bulky *package* 带一件笨重的包裹 ❷包装箱；包装袋：tear the label off the *package* 把标签从包装袋上撕下来 ❸（作为整体的）一系列相关事物；一揽子方案（或计划、建议等）：The new tax *package* was vetoed. 一揽子新的税收计划被否决了。**II** *vt.* ❶将…打包；包装；把…装箱：*package* chocolates in colourful wrappers 用彩纸包装巧克力 ❷设计（或制作）（产品）的包装：The wine is *packaged* in an eye-catching bottle. 酒被包装在很惹眼的瓶子里。

pack·er /'pækə/ *n.* [C] ❶包装工，打包工 ❷包装机；打包机

pack·et /'pækit/ *n.* [C]小包，小袋；小札，小捆；小包裹：a *packet* of biscuits 一包饼干

pack·ing /'pækiŋ/ *n.* [用单] ❶打包，包装：A more attractive *packing* will popularize your products. 把包装做得更吸引人，你们的产品就会更畅销。❷（包装易碎物品用的）衬垫材料

pact /pækt/ *n.* [C]协议，契约；条约，盟约

pad /pæd/ **I** *n.* [C] ❶（用以减少磨损或吸湿等的）垫子，衬垫，护垫；（女用）卫生垫，月经垫：The runner wore knee *pads*. 赛跑者戴了一副膝垫。❷（空白的）纸簿，拍纸簿，簿本：doodle on a *pad* 在纸簿上乱涂 ❸【解】（肉）垫 **II** *vt.* (**pad·ded; pad·ding**) ❶（用衬垫物）填衬，填塞；在…上包护垫：All seats are comfortably *padded*. 所有的座位都有衬垫，很舒服。❷（用不必要的内容）拉长，拖长：*pad* one's expense account 拉长花销清单

pad·dle /'pædəl/ **I** *n.* [C] ❶短桨，小桨：hold the *paddle* with both hands 双手握桨 ❷（用以搅拌、捶打等的）桨状工具 **II** *v.* ❶（用桨）划（船）：Let's take turns to *paddle* the little boat. 我们来轮流划那条小船。

pad·dock /'pædək/ *n.* [C] ❶牧马场，驯马场 ❷赛前备鞍场；赛车停泊场

pad·dy /'pædi/ *n.* [C]稻田，水田：rice *paddies* 水稻田

pad·lock /'pædˌlɔk/ *vt.* 用挂锁锁上：the *padlocked* box 上了挂锁的盒子

pa·gan /'peigən/ **I** *n.* [C]异教徒 **II** *adj.* [无比较级]异教的；泛神论的；‖ **'pa·gan·ism** /-ˌnizəm/ *n.* [U]

page /peidʒ/ *n.* ❶[C]（一）页，（一）面；（一）张（单数略作 **P.**，复数略作 **pp.**）：on *page* 7 在第七页 ❷[C]〈喻〉（历史的）一页，历史时期：add a glorious *page* to the history of our nation 为我国历史增添光辉的一页

pag·eant /'pædʒənt/ *n.* ❶[C]盛况；盛大游行，大典：the *pageant* of seasons 四季的奇瑰变幻 ❷[C]（以历史事件为主题的）游行活动；露天历史剧表演 ❸展览

pa·geant·ry /'pædʒəntri/ *n.* ❶[U]炫耀；浮华；虚饰：a land of pomp and *pageantry* 讲究豪华气派的国家 ❷[C]奢华的庆典；盛大的场面

pag·er /'peidʒə/ *n.* [C]无线呼叫器，寻呼机

pa·go·da /pə'gəudə/ *n.* [C]（[复]**-das**）❶塔式寺庙；宝塔 ❷宝塔形饰品；观赏宝塔

paid /peid/ *v.* pay 的过去式和过去分词

pain /pein/ **I** *n.* ❶[C;U]痛，疼痛：These tablets can't relieve him from back *pain*. 这些药片并不能减轻他的背痛。❷[C;U]（精神或情感方面的）痛苦；悲痛：He poured into his writing all the *pain* of his life. 他在作品里倾诉了自己一生的痛苦。**II** *vt.* 使疼痛；使痛苦；使烦恼：The injury *pained* me for a long time. 那次受伤让我疼了很长时间。

☆**pain, ache, agony** 均有"痛，疼痛"之意。**pain** 为普通用词，可指不同部位、不同程度或不同持续时间的各种疼痛，用于精神方面常表示悲伤、悲痛：The naughty boy was crying with *pain* after he broke his arm. （那个淘气的男孩摔断了胳膊，痛得哇哇直叫。）**ache** 常指身体某一部位持续的隐痛，尤指可以消除的疼痛：My father very often gets stomach *aches* after having cold food. （我父亲吃了冷的食物后常常胃痛。）**agony** 常指精神上或肉体上的极大痛苦：The wounded soldier lay in *agony* until the doctor arrived. （医生到来前，那个伤兵一直痛苦地躺着。）

pain·ful /'peinf°l/ *adj.* ❶引起疼痛的；造成痛苦的：a *painful* wound 疼痛的伤口 ❷（尤指身体局部）疼痛的：My eyes were *painful*. 我的眼睛火辣辣地疼。 ‖ '**pain·ful·ly** *adv.*

pain·kill·er /'pein,kilə'/ *n.* ［C；U］【药】止痛药，镇痛药 ‖ '**pain,kill·ing** /-iŋ/ *adj.*

pain·less /'peinlis/ *adj.* ［无比较级］不疼的，无痛的：*painless* laser treatment 无痛激光治疗 ‖ '**pain·less·ly** *adv.*

pains·tak·ing /'peinz,teikiŋ/ *adj.* ［无比较级］不辞辛劳的，勤奋的；仔细的；审慎的：a *painstaking* writer 勤奋创作的作家 ‖ '**pains,tak·ing·ly** *adv.*

paint /peint/ I *n.* ❶［U］油漆；涂料：a coat of *paint* 一层油漆 ❷［常作～s］（一套）颜料：oil *paints* 油画颜料 II *v.* ❶油漆；涂刷；给…上色；用…涂：Let's *paint* the window white. 我们把窗刷成白色吧。 ❷（用颜料）画；创作（图画）：I prefer to *paint* children. 我喜欢画儿童。 ‖ *paint the town red vi.* 狂欢，胡闹

paint·brush /'peint,brʌʃ/ *n.* ［C］漆刷；画笔

paint·er /'peintə'/ *n.* ［C］画家；油漆匠

paint·ing /'peintiŋ/ *n.* ❶［U］绘画（创作）；绘画艺术 ❷［C；U］（一幅）画；［总称］绘画（作品）：oil *paintings* 油画 / 19th century French *painting* 19世纪的法国绘画（作品）

pair /peə'/ I *n.* ［C］❶一对，一双，一套，一副：a matching *pair* of socks 一双相配的袜子 ❷一件，一副，一条，一把：a *pair* of glasses 一副眼镜 ❸（已订婚的）情侣；夫妇；（动物的）配偶：a bridal *pair* 一对新婚夫妇 II *vt.* 使成双，使配对（*off*）：Mrs Smith *paired off* her guests by age and taste. 史密斯太太根据客人的年龄和兴趣爱好安排结对。 —*vi.* 成对，配对（*up*, *off*）：Mary *paired up* with Tom to practice the dialogue. 玛丽和汤姆一组练习对话。 ‖ *in pairs adv.* 一对一对地，成双成对地：The guests arrived *in pairs*. 宾客们三三两两地到达了。

pa·ja·mas /pə'dʒɑːməz, -'dʒæ-/ *n.* ［C］睡衣（＝pyjamas）〔亦作 **pj's**〕

pal /pæl/ *n.* ［C］〈口〉❶朋友，伙伴，同志：my best *pal* 我最好的朋友 ❷［用于不太友好的称呼］哥们儿，朋友：Listen, *pal*. Don't ask for trouble. 听着，哥们儿，别找不痛快。

pal·ace /'pælis/ *n.* ［C］❶王宫，宫殿：the Summer *Palace* 颐和园 ❷豪宅，华府；大厦，宏伟建筑：the *palaces* of commerce 商业大厦

pal·at·a·ble /'pælətəb°l/ *adj.* ❶好吃的，可口的；美味的：a *palatable* wine 美酒 ❷（想法、建议等）令人满意的，受欢迎的：books *palatable* to children 受儿童欢迎的书籍

pale /peil/ I *adj.* ❶苍白的，灰白的：He is looking sickly *pale*. 他看上去十分苍白，一脸病容。 ❷（颜色）浅的，淡的；浅色的：a *pale* blue hat 一顶浅蓝色帽子 II *vi.* ❶变苍白；变暗淡；失色：Her face *paled* with nerves. 她紧张失色。 ❷相形见绌，相比逊色（*before*, *beside*）：Your singing doesn't *pale before* hers. 你唱得比她毫不逊色。 ‖ '**pale·ness** *n.* ［U］

☆**pale**, **ashen**, **livid** 均有"苍白的，灰白的"之意。**pale** 是最常用词，常指因疾病或情绪变化而暂时面无血色：Carmen collapsed, *pale* and trembling. （卡门面色苍白，浑身发颤，一下子崩溃了。）该词也可表示颜色或光线变暗淡或浅淡：a *pale* blue skirt（一条淡蓝色的裙子）**ashen** 语气较 pale 强，主要强调面部极度失色、灰白难看：John's *ashen* face showed how shocked he was. （约翰一脸苍白，看来是受了极大的惊吓。）该词也可表示色彩明亮的事物变得灰暗阴沉：Dark clouds turned the bright autumn sky *ashen* and somber. （乌云笼罩，秋季明亮的天空变得一片阴暗。）**livid** 原指青灰色，可用以表示皮肤受伤后呈乌青色，也指面容因憋气而变得青紫：*livid* bruises（瘀青）/ The general was *livid* at his men's disobedience. （士兵拒不服从命令，将军气得脸色发紫。）该词现常用以表示死灰色面容：the *livid* lips of the corpse（死人灰白的嘴唇）

pall /pɔːl/ *vi.* 变得令人厌倦，令人失去兴趣（*on*）：Your jokes began to *pall on* me. 你的那些笑话我都开始听腻了。—*vt.* 使厌倦，使腻烦；使失去兴趣

pal·lid /'pælid/ *adj.* ❶苍白的，无血色的；暗淡的：*pallid* skin 苍白的肤色 ❷毫无生气的；无趣的，乏味的：The first act in the drama was successful but the second one was *pallid* by comparison. 这出话剧的第一幕演得较成功，而相比之下第二幕就苍白得多。

pal·lor /'pælə/ *n.* [常作单]苍白，惨白；灰白：the deathly *pallor* of sb.'s face 某人死灰一般的脸色

palm¹ /pɑːm/ *n.* [C]❶手掌，（手）掌心：sweaty *palms* 出汗的掌心 ❷（手套的）掌心部

palm² /pɑːm/ *n.* ❶[C]【植】棕榈树 ❷[C]（象征胜利的）棕榈叶

pal·pa·ble /'pælpəb°l/ *adj.* ❶触摸得到的：a *palpable* tumor 可触摸到的肿块 ❷可感知的；觉察得到的；显而易见的：a *palpable* effect 明显的效果 ‖ **'pal·pa·bly** *adv.*

pal·try /'pɔːltri, 'pɒl-/ *adj.* 毫无价值的，微不足道的；卑劣的，可鄙的：a *paltry* excuse 可鄙的借口 ‖ **'pal·tri·ness** *n.* [U]

pam·per /'pæmpə/ *vt.* （在物质方面）尽可能满足；宠爱，娇惯：Why not *pamper* yourself with a hot bath? 你自己为什么不洗个热水澡享受一下呢？

pam·phlet /'pæmflit/ *n.* [C]手册，小册子：a *pamphlet* on universal suffrage 关于普选的手册

pan /pæn/ *n.* [C] 平底锅，平底烤盘；浅盆，浅盘

pan·cake /'pænˌkeik, 'pæŋ-/ *n.* [C]薄煎饼，薄烤饼；烙饼，烘饼

pan·da /'pændə/ *n.* [C]【动】大熊猫；小熊猫

pan·dem·ic /pæn'demik/ I *adj.* [无比较级]（疾病）大流行的，四处蔓延的：The disease appeared in *pandemic* form. 这种病是以流行的方式出现的。II *n.* [C]大流行病

pane /pein/ *n.* [C]（窗或门上的）玻璃：several *panes* of glass 几块门窗玻璃

pan·el /'pæn°l/ *n.* [C] ❶（通常为长方形的）墙板；门板；窗格 ❷控制板，配电盘，仪表板；油画板：paint pictures on a *panel* 在画板上画油画 ❸[用作单或复]专家小组；讨论小组：a crime prevention *panel* 预防犯罪专家小组

pan·el·ist /'pæn°list/ *n.* [C]〈主英〉顾问小组成员；讨论小组成员〔亦作 **panelist**〕

pang /pæŋ/ *n.* [C]❶（突发的）剧痛，猝然刺痛：John could not hear of her marriage without a *pang*. 如果约翰听说她出嫁，他就会痛心疾首的。❷一阵剧烈的痛苦；猛然产生的感觉：feel a *pang* of remorse 感到一阵内疚

pan·ic /'pænik/ *n.* [U;C]（突发的）恐慌，惊慌：the children seized with a *panic* 惊慌失措的孩子们

pant /pænt/ I *v.* ❶急促地喘气：*pant* from one's run 跑得上气不接下气 ❷想要，渴望（*for*）：*pant for* love 渴望爱情 II *n.* [C]（急促的）喘息，喘气：breathe in rapid and shallow *pants* 急速、短促地呼吸

pants /pænts/ [复] *n.* ❶〈英〉男衬裤；内裤：wet one's *pants* 尿裤子 ❷裤子，长裤；女式长裤，（女式）宽松休闲裤：a girl in green *pants* 穿绿裤子的女孩

pa·per /'peipə/ *n.* ❶[U;C][表示纸品种类时可数]纸，纸张：a piece [sheet] of *paper* 一张纸 ❷[C]报纸；杂志，期刊：daily *papers* 日报 ❸[C]文件：some important *papers* 一些重要文件 ❹[C]考卷：grade *papers* 评试卷 ❺[C]（尤指宣读或正式发表的）文章，论文：give a *paper* on ancient history at the conference 在会上宣读一篇有关古代史的论文 ‖ **'pa·per·er** *n.* [C]

par /pɑː/ *n.* [U]❶平均量，常量；常态；一般水准 ❷平等；相同，同等；相同水平，同等水平

par·a·chute /'pærəˌʃuːt/ *n.* [C] 降落伞；减速伞：release a *parachute* 打开降落伞 ‖ **par·a·chut·ist** /'pærəˌʃuːtist/ *n.* [C]

pa·rade /pə'reid/ *n.* [C] ❶(接受检阅的)队伍;队列,行列:march in *parade* 列队行进 ❷阅兵行进;阅兵场 ❸(公开庆祝的)游行:a victory *parade* 庆祝胜利的游行 ‖ **pa'rad·er** *n.* [C]

par·a·dise /'pærə₁dais,-₁daiz/ *n.* ❶[P-][U]【宗】天堂,天国;伊甸园 ❷[C;U][具数时用单]极幸福美好的地方(或环境),天堂;乐园;仙境,胜地:a *paradise* for surfers 冲浪的胜地

par·a·dox /'pærə₁dɔks/ *n.* ❶[C]看似矛盾但正确的说法,似是而非的隽语:Poetry at its best unites apparent *paradoxes* by way of metaphor. 诗篇的最高境界是用比喻把明显的矛盾统一起来。❷[C](与常规或常理相悖对立的)怪人;怪事:There was a *paradox* about his movement. 他的动作真有点儿不可思议。‖ **par·a·dox·i·cal** /₁pærə'dɔksik°l/ *adj.* —**par·a'dox·i·cal·ly** *adv.*

par·a·graph /'pærə₁grɑ:f,-₁græf/ *n.* [C](文章的)段落,小节:Each *paragraph* is indented at the beginning. 每一段的开头都缩格。〔亦作 **para**〕

par·al·lel /'pærə₁lel/ I *adj.* [无比较级] ❶平行的;(与…)有平行关系的(*to,with*):a pair of *parallel* lines 两条平行线 ❷(情形等)极似的,相同的;相应的:*parallel* experiments 相同的试验 ❸(过程等)同时发生(或进行)的,并行的:The two countries' interests often were *parallel*. 这两国的利益常常是并行不悖的。II *n.* [C]极为相似的人(或物),相同的人(或物);相似之处:a social reform without a *parallel* in history 前所未有的社会变革

par·a·lyse /'pærə₁laiz/ *vt.* ❶使瘫痪;使麻痹:be *paralysed* by a stroke 因中风瘫痪 ❷〈喻〉使失去作用,使丧失活力;使陷入瘫痪状态:He had been a writer *paralysed* by early success. 他曾是位被早期的成功剥夺了创作力的作家。‖ **'par·a₁lys·er** *n.* [C]—**'par·a₁lys·ing·ly** *adv.*

pa·ral·y·sis /pə'rælisis/ *n.* ([复]-ses /-₁siːz/) ❶[C;U]【医】瘫痪(症);麻痹(症):a permanent *paralysis* 终身瘫痪 ❷[U]完全瘫痪状态;fiscal *paralysis* 财政瘫痪

pa·ram·e·ter /pə'ræmitə'/ *n.* [常作～s]限定因素,参数;特点,特征;界限,范围:keep within the *parameters* of the discussion 限制在这次讨论的范围之内

par·a·phrase /'pærə₁freiz/ I *n.* [C](用简洁明了的语言对某段文字所进行的)重新阐述,意义释译:make a *paraphrase* of an English proverb 释译英语谚语 II *vt.* (用其他措辞或语言)重新阐述,释译:*paraphrase* the passage in modern Chinese 用现代汉语将这个段落重新阐述一下 —*vi.* 译释,阐释

par·a·site /'pærə₁sait/ *n.* [C] ❶寄生生物;攀附植物,寄生植物:a *parasite* on sheep 羊身上的寄生虫 ❷〈喻〉不劳而获者,寄生虫 ‖ **par·a·sit·ic** /₁pærə'sitik/ *adj.*

par·cel /'pɑːs°l/ *n.* [C] 包裹;(纸包的)小包:a huge *parcel* of toys 一大包玩具

par·don /'pɑːd°n/ I *n.* ❶[C;U]原谅,谅解;宽恕:ask for *pardon* 请求谅解 ❷[C]赦免;赦免状:general *pardon* 大赦 II *vt.* ❶原谅,谅解;宽恕:He asked her to *pardon* his delay. 他请她原谅自己的拖延。❷赦免:The political prisoners have been *pardoned* by the new king. 新国王已经赦免了那些政治犯。‖ **'par·don·a·ble** *adj.* —**'par·don·er** *n.* [C]

pare /peə'/ *vt.* ❶削(或剥)去(水果或蔬菜)的皮;削去,剥去(*off,away*):*Pare* the potatoes;then cut them. 将土豆削皮,然后再切。❷(逐渐)缩减,削减(*away,down*):*pare* staff *down* 逐步裁员 ‖ **'par·er** *n.* [C]

par·ent /'peər°nt/ *n.* [C] 父亲;母亲:indulgent *parents* 溺爱的父母 ‖ **'par·ent₁hood** *n.* [U]

par·ent·age /'peər°ntidʒ/ *n.* [U] ❶家系,家族,血统;出身,门第:a girl of mixed American and Chinese *parentage* 一位中美混血女孩 ❷起源,来源:be of different *parentage* 来源不一

par·ent·ing /'peər°ntiŋ/ *n.* [U] ❶父母的养育(或教育),父母的关爱(或照顾) ❷为

P

人父（或母）

park /pɑːk/ I *n.* ❶[C]公园;(乡村别墅附近的)庭园,庄园:a wildlife *park* 野生动物园 ❷[C](机动车辆的)停车场;停机场(或坪) ❸[U](机动车辆的停车)制动:Put your car in *park*. 把你的车刹住。II *v.* (尤指在路边停车场临时)停放(或停靠)(车辆),泊(车):I *parked* my car at the side of the road. 我把车停在路边。

par·lia·ment /ˈpɑːləmənt/ *n.* ❶[P-][U]〈英〉英国议会;议会两院;下议院:*Parliament* was opened by the British king. 英国国王宣布议会开会。❷[C](其他国家的)议会;国会:convene [dissolve] *parliament* 召开[解散]议会

part /pɑːt/ I *n.* ❶[U;C]一部分,部分;组成部分:the early *part* of this century 本世纪初期 ❷[C](机器的)零件,部件:spare *parts* of a machine 机器的备用零件 ❸[U;C]具数时通常用单]份额,份儿;本分,职责;作用,功能:I want no *part* in your crazy plans. 我可不想介入你们那些疯狂的计划。II *vt.* ❶将⋯分成几部分;使分裂,使裂开:Mom *parted* the pie for us. 妈妈替我们把馅饼分成几块。❷使分开,使隔开;使分离:*Part* the curtains, please. 请把窗帘拉开。‖ in part *adv.* 部分地;在一定程度上:His attractiveness is *in part* due to his self-confidence. 他的魅力在一定程度上来自他的自信。*take part vi.* 参加,参与(in):He would rather resign than *take part in* such dishonest business. 他宁肯辞职也不愿参与这种不正当的勾当。*take sb.'s part* [*take the part of sb.*] *vi.* 支持某人,站在某人一边;偏袒某人,袒护某人:Her mother *took her part*, even though she was obviously wrong. 尽管她明显错了,她妈妈还是袒护她。

☆**part,division,fragment,piece,portion,section,segment** 均有"部分,局部"之意。**part** 为最普通用词,指整体中任何不定型或非特指的部分:asking for a *part* of her cake (向她要一小块蛋糕)该词也可指构成整体的、具有独立结构的组成部分:the spare *parts* needed to repair his car (修理他的汽车所需

的零件) **division** 指分割或按类划分而成的部分:She works in the company's sales *division*. (她在公司的销售部工作。) **fragment** 常指断裂或碎裂后形成的断片或碎片:Mother dropped the cup and it broke into tiny *fragments*. (母亲把杯子打翻在地摔成了碎片。)该词也可用于喻义:There's not even the smallest *fragment* of truth in what he says! (他说的全是一派谎言!) **piece** 指整体中分离出来的部分,强调独立性,常用于扁平事物:The dish fell and was broken into *pieces*. (碟子摔成了碎片。) **portion** 指从整体中分配、拨出的那一部分,常可用于食物、时间及抽象事物:cut the pie into three *portions* (把馅饼切成三份) **section** 与 division 基本同义,指整体中的部分,但规模更小,部分与部分之间有明显的界线:the sports *section* of the newspaper (报纸的体育版) **segment** 指几何图形的某一特定部分,也可指自然形成的部分或线形物体的一段:They are laying a new *segment* of cable to connect the two nations. (他们正在铺设部分新电缆来连接两国的通讯。)

par·tial /ˈpɑːʃl/ *adj.* [无比较级]❶不完全的,部分的:a *partial* recovery 部分康复 ❷偏心的,偏袒的,不公正的(to):a *partial* reporting 不公正的报道 ‖ **par·ti·al·i·ty** /ˌpɑːʃiˈæliti/ *n.* [C;U] —**'par·tial·ly** *adv.*

par·tic·i·pant /pɑːˈtisipnt/ *n.* [C]参与者,参加者:She was a *participant* in two radical groups. 她曾经是两个激进组织的成员。

par·tic·i·pate /pɑːˈtisiˌpeit/ *vi.* ❶参加,参与(in):She will *participate in* our discussion tomorrow. 她将参加我们明天的讨论。❷分享,共享;分担(in,with):*participate in* profits 分享利润 ‖ **par·tic·i·pa·tion** /pɑːˌtisiˈpeiʃn/ *n.* [U]—**par'tic·i·pa·tor** *n.* [C]—**par'tic·i·pa·to·ry** *adj.*

par·ti·ci·ple /ˈpɑːtiˌsipl/ *n.* [C]【语】分词

par·ti·cle /ˈpɑːtikl/ *n.* [C] ❶(物质的)细粒,微粒:Dust *particles* must have gone into the motor. 发动机里面肯定进了灰尘。❷【语】小品词,语助词;词缀

par·tic·u·lar /pəˈtikjulə/ *adj.* ❶[无比较

级][作定语]独特的,特有的;特殊的;特别的;特定的,特指的: *particular* preference for coffee 对咖啡特有的喜好 ❷[作定语]不寻常的;值得关注的: pay *particular* attention to sth. 特别重视某事 ❸挑剔的,苛求的;(过分)讲究的: be *particular* about one's food 挑食 ‖ *in particular adj.* & *adv.* 尤其(的),特别(的): What *in particular* do you like about the film we saw last night? 我们昨晚看的电影你特别喜欢什么地方?

par·tic·u·lar·ly /pə'tikjuləli/ *adv.* ❶尤其,特别;很,非常: be in a *particularly* low mood 情绪非常低落 ❷具体地,个别地: They *particularly* asked for you. 他们点名要找你。

part·ing /'pɑ:tiŋ/ *n.* ❶[U]分裂,分开;分隔: the *parting* of the sea 海的分隔 ❷[C;U]离别,道别: It was a hard *parting*, though it was not for long. 离别的时间虽说不长,却也难舍难分。

par·ti·san /ˌpɑ:ti'zæn,'pɑ:ti,zæn/ *n.* [C] ❶狂热支持者;党人,党徒: She murmured in the tone of a *partisan* of Harry. 她低声说道,语气有点像是在为哈利打抱不平。❷【军】游击战士,游击队员: The *partisans* escaped to the surrounding woods. 游击队员们逃到附近的树林里去了。‖ **par·ti'san·ship** /-ʃip/ *n.* [U]

par·ti·tion /pɑ:'tiʃ°n/ *n.* ❶[U]划分,分开;(尤指国家或政体的)分裂,划分,分割: the *partition* of profits 利润分成 ❷[C]隔板,隔墙;分隔物: an open-plan office with *partitions* between desks 办公桌用隔板隔开的敞开式办公室 ‖ **par'ti·tioned** *adj.*

part·ly /'pɑ:tli/ *adv.* [无比较级]部分地,不完全地;在一定程度上: Your company's problems are *partly* due to bad management. 你们公司出现的问题一定程度上是由于管理不善。

part·ner /'pɑ:tnə'/ *n.* [C] ❶合伙人,股东: a senior *partner* in an insurance company 保险公司的主要合伙人 ❷伙伴,同伙: China's largest trading *partner* 中国最大的贸易伙伴 ❸(已婚的)配偶,伴侣;(未婚的)恋人,情侣;(泛指共同生活的)同住者,伴侣: a marital *partner* 婚姻伴侣 ❹(体育活动中的)搭档,同伴;舞伴: a tennis *partner* 网球搭档

part·ner·ship /'pɑ:tnəʃip/ *n.* [U]合伙(关系);伙伴关系;合作关系;合伙人身份

part-time I /'pɑ:'taim/ *adj.* [无比较级][作定语]用部分时间的;兼职的: a *part-time* clerk 兼职职员 II /ˌpɑ:'taim/ *adv.* [无比较级]用部分时间;作为兼职

par·ty /'pɑ:ti/ *n.* [C] ❶(邀请客人参加的)(社交)聚会;宴会: a cocktail *party* 鸡尾酒会 ❷[用作单或复]团体,团队;组,群: a rescue *party* 救援小组 ❸[用作单或复]党,政党,党派: The Labour *Party* has [have] just elected a new leader. 工党刚刚选出了一位新领导人。

pass /pɑ:s;pæs/ I (过去式 **passed**,过去分词 **passed** 或 **past** /pɑ:st;pæst/) *v.* ❶经过,通过;穿过,越过: *pass* the jungle 穿越丛林 ❷传递,传送;转移: Please *pass* her the cheese. 请把奶酪递给她。❸通过(考试或检查等);使通过考试: She didn't *pass* her driving test first time. 她第一次考驾照没通过。❹批准,通过(议案等): *pass* laws banning the sale of alcohol 通过禁止销售烈性酒的法律 ❺度过,消磨(时光): *pass* the summer holiday abroad 到国外过暑假 II *n.* ❶[C;U]经过,通过;穿过: The airplane will make a *pass* over this small town. 飞机将要经过这座小镇。❷[C](较难通过的)小路,窄道;(山间的)关口,隘路: a *pass* that crosses the mountains 山间小路 ❸[C](考试等)及格,通过: O-level *pass* rate 普通考试通过率(或合格率) ❹[C]通行证,出入证;护照;免费入场券;免费乘车证;月票;(士兵的)短期准假证: check sb.'s *pass* 检查某人的通行证 ‖ *pass away vi.* (婉)去世: When did your grandfather *pass away*? 您的祖父是何时去世的? *pass off vi.* ❶渐渐消失;停止: Your headache will soon *pass off*. 你的头痛很快会缓解的。❷(尤指顺利地)进展,进行;完成: Our performance *passed off* well last night. 昨晚我们的演出进行得很

P

顺利。**pass on vi.** ❶继续前进（或进行）：Let's have a short break and then *pass on*. 我们先稍事休息，然后再继续进行。❷〈婉〉故去，去世：The old woman *passed on* quietly. 那位老妇人安静地去了。**pass out vi.** 昏倒，失去知觉；醉倒：She *passed out* with the terrible news. 听到那可怕的消息，她顿时昏厥过去。

pass·a·ble /ˈpɑːsəbᵊl; ˈpæs-/ *adj.* ❶[无比较级]（道路、关口等）可通行的，能通过的：Many of these roads are not *passable* in bad weather. 这些道路中有许多在天气恶劣时都不能通行。❷尚可的，过得去的；刚刚够格的：a *passable* composition 一篇马马虎虎的作文 ‖ **ˈpass·a·bly** *adv.*

pas·sage /ˈpæsidʒ/ *n.* ❶[C]（书籍等中的）章节，段落；诗句：a *passage* in [of] *the Bible*《圣经》中的一节 ❷[C]走廊，过道；通道；航道：keep a clear *passage* for the traffic 使交通畅通无阻 ❸[C]【医】（人体内的）(通)道：breathing *passages* 呼吸道

pas·sen·ger /ˈpæsindʒəʳ/ *n.* [C]乘客，旅客：Both the driver and the *passengers* were hurt. 司机和乘客们都受了伤。

pass·er-by /ˌpɑːsəˈbai; ˌpæs-/ *n.* [C]（[复]**pass·ers-by**）过路人

pass·ing /ˈpɑːsiŋ; ˈpæs-/ **I** *adj.* [无比较级][作定语] ❶经过的，通过的；路过的；流逝的：a *passing* stranger 过路的陌生人 ❷短暂的，一时的：a *passing* emotion 瞬息即逝的感情 **II** *n.* [U] ❶（时间等的）流逝，消失：With the *passing* of time she became more and more bad-tempered. 随着时间的流逝，她的脾气也越来越坏了。❷去世，逝世：the *passing* of a much loved leader 深受爱戴的领袖的逝世 ‖ **ˈpass·ing·ly** *adv.*

pas·sion /ˈpæʃᵊn/ *n.* ❶[U]激情，热情：arouse sb.'s *passion* for learning 激发某人学习的热情 ❷[常用单]极度喜好，酷爱；酷爱之物：develop a consuming *passion* for romantic fiction 对言情小说的痴迷

☆ passion, ardour, enthusiasm, fervour, zeal 均有"热情，热忱"之意。**passion** 既可表示抽象意义上的激情，也可表示某种具体的炽热情感；Martha had developed a *passion* for knitting. （玛莎迷上了编织。）**ardour** 表示短暂炽热的激情，常用于强烈的渴望、一时的工作热情等场合；The *ardour* of their honeymoon soon faded. （他们蜜月里的激情很快消退了。）**enthusiasm** 与 ardour 近义，不同之处在于强调强烈激情的理性基础和明确目标；Among many *enthusiasms* of my father is a great fondness for Chinese culture. （我父亲有许多爱好，对中国文化的热爱就是其中之一。）/ The young man shows boundless *enthusiasm* for his work. （那个年轻人表现出对工作的无限热情。）**fervour** 指炽热而稳定的情绪，用于祈祷、静思、布道等场合，常与宗教、艺术活动有关；religious *fervour*（对宗教的热爱）/ The teacher is reading the poem aloud with great *fervour*. （老师正以饱满的热情朗诵这首诗。）**zeal** 指追求某一目的或献身于某一事业时表现出来的执着与狂热；He showed the great *zeal* for the revolutionary cause even when he was young. （他年轻时就显示出对革命事业的极大热忱。）

pas·sion·ate /ˈpæʃᵊnət/ *adj.* ❶热情的，充满激情的；出自强烈感情的，情绪激昂的：*passionate* speech 热情洋溢的演说 ❷热恋的；多情的；情欲强烈的：She was a *passionate* young beauty. 她年轻貌美，万般柔情。‖ **ˈpas·sion·ate·ly** *adv.* — **ˈpas·sion·ate·ness** *n.* [U]

☆ passionate, ardent, fervent, impassioned 均有"热情的，热烈的"之意。**passionate** 指感情十分剧烈，有时有失去理智的意味；The little girl shows a *passionate* interest in playing chess. （那个小女孩下棋表现出浓厚兴趣。）**ardent** 指情感像火一般的炽烈，表现出极大的热切和热忱；My music teacher is an *ardent* admirer of Mozart's music. （我的音乐老师是莫扎特作品的狂热爱好者。）**fervent** 强调情感的稳定和持久，主要用于愿望、希望、祈祷等；The headmaster is giving a *fervent* welcome speech for the new teachers. （校长正为新教师们作热情的欢迎演说。）**impassioned** 常用于语言表达，表示充满激情，强调情感的深厚、真诚、

自然：impassioned speech（充满激情的演讲）该词有时也可用于人，侧重感情的含蓄和被动：Their quiet hour by the fire had filled her with impassioned tenderness.（他俩围着篝火静静地坐着，她心中油然涌起一股热烈的柔情。）

pas·sive /'pæsiv/ *adj.* ❶被动的；消极的：We should not remain *passive* any longer. 我们不该再消极被动下去了。❷【语】被动的；被动（语）态的：the *passive voice* 被动语态 ‖ '**pas·sive·ly** *adv.*

pass·port /'pɑːspɔːt; 'pæs-/ *n.* [C] 护照；过境通行证：You should apply to the authorities for a *passport* first. 你应该先向当局申请护照。

pass·word /'pɑːsˌwəːd; 'pæs-/ *n.* [C] 口令，密码：enter your *password* 输入你的口令

past /pɑːst; pæst/ **I** *adj.* [无比较级] ❶[作定语] 过去的，以往的，先前的：a *past* glory 昔日的荣耀 ❷[作定语] 刚刚结束的，刚过去的：the *past* month 上个月 **II** *n.* ❶[the ～] 过去，往昔：a thing of the *past* 旧物 ❷[C] 往事，旧事；经历；历史：We cannot undo the *past*. 逝者不可追。 **III** *prep.* ❶超过，迟于：It's a quarter *past* 8. 8 点一刻。 ❷经过，在…以外：It's impossible for me to walk *past* cake shops without stopping. 每次经过蛋糕店，我都会忍不住停下脚步。 ❸（在年龄或数量等方面）超过，多于：*past* the age for enlisting in the army 超过了参军的年龄 ❹超出…的范围（或限度、可能）：She was *past* hunger. 她已经饿过头了。

pas·ta /'pæstə, 'pɑːs-/ *n.* [U] 【烹】（通心粉等形状各异的）意大利面制品，意大利面食

paste /peist/ **I** *n.* ❶[用单] 糊；膏；酱；糊状物，膏状物：bean *paste* 豆瓣酱 ❷[U]（制作糕点用的）（油）面团：puff *paste* 做泡芙的面团 **II** *vt.* ❶用糨糊粘（或贴）：*paste* down the edges of a photograph 将照片的四周贴好 ❷涂；敷：bread thickly *pasted* with butter 涂有厚厚一层黄油的面包

pas·time /'pɑːstaim; 'pæs-/ *n.* [C] 消遣，娱乐；爱好：Reading is my favourite *pastime*. 我最大的爱好是读书。

pas·ture /'pɑːstʃə; 'pæs-/ *n.* [C；U] 牧场；草场，草地：That's a poor, rabbit bitten *pasture*. 那是一个被兔子破坏得不成样子的草场。

pat /pæt/ **I** (**pat·ted; pat·ting**) *v.* 轻拍，轻打（*on, upon, against*）：Raindrops were *patting on* my umbrella. 雨点滴滴答答地落在我的伞上。 **II** *n.* [C] ❶轻拍，轻打：Grandma gave me a *pat* on the head. 奶奶轻轻地拍了拍我的头。 ❷（尤指黄油等）一小块：a few *pats* of butter 几小块黄油

patch /pætʃ/ **I** *n.* [C] ❶（用以补洞或加固的）补丁，补片；贴片：Memory wasn't a *patch* on reality. 回忆无补于现实。 ❷一块地；一块田；一块田里的作物：a vegetable *patch* 一块菜地 **II** *vt.* 在…上打补丁；修补（*up*）：*patch up* the trousers 补裤子

patch·y /'pætʃi/ *adj.* ❶有补丁的，补缀的；拼凑的 ❷（质量）不稳定的，参差不齐的：I think the service offered by the travel agency is extremely *patchy*. 我觉得那家旅行社的服务质量时好时坏。 ❸（分布）不均衡的，不规则的；局部的；斑驳的：*patchy* rain 局部地区的雨 ‖ '**patch·i·ness** *n.* [U]

pa·tent /'peitnt, 'pæ-/ **I** *n.* [C；U] 专利，专利权：apply for a *patent* on penicillin 申请青霉素的专利 **II** *adj.* [作定语] ❶[无比较级] 拥有专利权的，受专利保护的：a *patent* cooler 一种专利制冷装置 ❷明显的，明白的：a *patent* disregard of the law 对法律的公然蔑视 ‖ '**pa·tent·ly** *adv.*

pa·ter·nal /pə'təːnˀl/ *adj.* [无比较级] ❶父亲的；父亲般的：*paternal* duties 父亲的职责 ❷父亲一方的，父系的：*paternal* uncle 叔叔（伯伯）‖ pa'**ter·nal·ly** *adv.*

path /pɑːθ; pæθ/ *n.* [C]（[复] paths /pɑːðz, pɑːθs; pæðz, pæθs/）❶（人、畜踩出来的）路，小路，小径：a mountain *path* 山间小路 ❷（物体运动的）路线，途径；（思想或行为等的）道路，路线：Many people saw a college degree as the only *path* to future success. 有很多人将大学学历视为通往成功未来的唯一途径。

pa·thet·ic /pəˈθetik/ *adj.* ❶令人同情的, 可怜的;可悲的:a *pathetic* sight 悲惨的景象 ❷(因缺乏能力或勇气而)可鄙的,讨厌的;差劲的,没用的: Sanitary conditions were *pathetic*. 卫生条件很恶劣。‖ **paˈthet·i·cal·ly** /-kªli/ *adv.*

pa·tience /ˈpeiʃªns/ *n.* [U] ❶忍耐,容忍;忍耐力,耐心;耐性:His *patience* wears thin. 他越来越没耐心。❷坚忍;勤勉:She wouldn't have the *patience* to typewrite all day. 她没法坚持整天都打字。

☆patience,endurance 均有"忍耐,忍受"之意。patience 强调等待结果、忍受痛苦时所表现出来的镇定冷静:She listened to her mother grumbling all day with great *patience*. (她以极大的耐心忍受她母亲整天唠叨。) endurance 强调忍受痛苦或艰辛的能力:The journey is a real test of *endurance* for us. (这次旅行真是一次对我们耐心的考验。)

pa·tient /ˈpeiʃªnt/ **I** *adj.* ❶忍耐的,容忍的:These young girls are *patient* of hardships. 这些年轻姑娘们很能吃苦耐劳。❷耐心的,有耐性的:It is sometimes a difficult film, but rewards the *patient* viewer. 这部电影有时看起来会很艰涩,但只要耐心地看下去就有收获。**II** *n.* [C]病人,患者:treat a *patient* 治疗病人 ‖ **ˈpa·tient·ly** *adv.*

pat·ri·mo·ny /ˈpætriməni/ *n.* [U]遗产;祖传家产:real-estate *patrimony* 祖上留下的房地产 ‖ **pat·ri·mo·ni·al** /ˌpætriˈməuniəl/ *adj.*

pa·tri·ot /ˈpeitriət, ˈpæt-/ *n.* [C]爱国(主义)者 ‖ **pa·tri·ot·ic** /ˌpeitriˈɔtik, ˌpæt-/ *adj.* — **ˌpa·tri·ot·i·cal·ly** /-ˈɔtikªli/ *adv.* — **ˈpa·tri·ot·ism** *n.* [U]

pa·trol /pəˈtrəul/ **I** *n.* ❶[C;U]巡逻,巡视,巡查:The policemen all went out on *patrol* in the mist. 警察们全都出去在大雾中巡查。❷[C]巡逻者;巡逻兵:When was the *patrol* changed last night? 昨晚巡逻兵是何时换班的? **II** (-trolled;-trol·ling) *v.* 巡逻,巡视,巡查;侦察:*patrol* along coast 沿海岸巡视

pa·tron /ˈpeitrªn/ *n.* [C]❶(商店、饭店等的)老主顾:the *patrons* of a pub 酒吧的老主顾(酒吧的常客们) ❷资助人;捐助人,赞助人:a well-known *patron* of several charities 几家慈善团体共同的知名捐助人

pat·ron·age /ˈpætrənidʒ/ *n.* [U] ❶光顾,惠顾:The restaurant enjoys [has] a large *patronage*. 这家饭馆总是顾客盈门。❷(重要职务等的)任命权 ❸资助,捐助,赞助:This concert was made possible by the kind *patronage* of Mr. Smith. 这次音乐会的举办得益于史密斯先生的善意资助。

pat·ter /ˈpætər/ **I** *vi.* ❶急促地轻轻拍打(或敲打);发出急促轻拍声:The rain *pattered* against the tent. 雨点噼噼啪啪地打在帐篷上。❷急促地小跑:The children *pattered* along the floor with bare feet. 孩子们光着脚在地板上啪嗒啪嗒地快步小跑。**II** *n.* [U;C]急促的轻拍声;急促轻快的脚步声

pat·tern /ˈpætªn/ *n.* [C]❶图案,花样:Do you care for the *patterns* of wallpaper? 你喜欢这些墙纸的花样吗? ❷模式,样式;方式,形式;形状:behaviour(al) *patterns* 行为模式

pause /pɔz/ **I** *n.* [C]❶暂停,中止,间歇:The enemy didn't make a *pause* in the bombing. 敌军并没有暂停轰炸。❷犹豫,迟疑:What they said put me to a *pause*. 他们的话让我有点儿犹豫。**II** *vi.* 暂停,中止;停顿;迟疑;等待:She *paused* for breath and then went on with her work. 她停下来喘口气,然后又接着干了起来。

pave /peiv/ *vt.* 铺砌(道路、地面等):a road *paved* only yesterday 昨天才铺的路 ‖ **pave the way for** [**to**] *vt.* 为…铺平道路;为…做好准备

pave·ment /ˈpeivmªnt/ *n.* ❶[C]〈英〉人行道:Keep to the *pavement*, John; there's a nice restaurant. 约翰,沿人行道走,那儿有家很不错的餐馆。〔亦作 **sidewalk**〕❷[U](铺砌的)街面,路面;地面

pa·vil·ion /pəˈviljən/ *n.* [C]❶凉亭;楼阁,亭子 ❷(演出或展览用的)大帐篷 ❸(医院的)附属病房

pa·ving /ˈpeiviŋ/ *n.* [U] ❶人行道 ❷铺路材料

paw /pɔː/ *n.* [C] （动物的）爪（子）；She found some *paw* prints in the kitchen. 她发现厨房里有些爪印。

pawn /pɔːn/ *vt.* 典当，当掉：You shouldn't *pawn* your wedding ring. 你不该当掉结婚戒指。

pay /pei/ **I** (**paid** /peid/) *vt.* ❶支付；缴纳；偿还：We *paid* him $50 for that vase. 我们付给他 50 美元买了那个花瓶。❷付给（某人）工钱（或报酬）；花钱雇（某人）：a magazine known to have *paid* its contributors very well 一家素以稿酬优厚而闻名的杂志 **II** *n.* [U]付款；薪水，工钱：a general rise in *pay* 普通的加薪 ‖ **'pay·er** *n.* [C]

☆❶**pay, compensate, recompense, repay** 均有"支付，偿付"之意。**pay** 为普通用词，表示用金钱来支付提供的服务、货物等以履行义务：We *pay* taxes in exchange for government services. （我们纳税来换取政府的服务。）**compensate** 常指以金钱或其他形式来补偿或赔偿他人的损失或酬报他人的辛劳、服务或帮助：Almost all the firms *compensate* their workers if they are injured at work. （几乎所有的公司都会对工人在工作期间所受的工伤作出赔偿。）该词通常指对提供的服务、引起的麻烦、花费的时间等进行回报，不含法律上支付的义务，也不一定是要采用金钱的方式，有补偿、平衡的含义：I will *compensate* you for the time you spent in helping me learning French. （我会补偿你为帮助我学法语所花的时间。）**recompense** 与 repay 近义，指对他人提供的义务服务或招致的麻烦、损失、伤害等进行足够的补偿或报答：He promised to *recompense* each person who had given him assistance. （他承诺报答每个帮助过他的人。）**repay** 常指付还同等数目的款项或金钱，也可喻指回报，强调公正或一报还一报：You have to *repay* the loan to the bank two month later. （你必须在两个月后偿还银行的贷款。）❷ **pay, fee, income, salary, wage** 均有"劳动报酬"之意。**pay** 为非正式用语，指脑力或体力劳动者所得的工资，尤指军人的军饷：I get my *pay* each Friday. （我每周五领取薪水。）**fee** 指付给医生、律师、家庭教师等专业人员的酬金：the consultant's *fee* for some useful advice （由于提出一些有用的建议而给顾问的酬金）**income** 意指个人的工资或其他经济收入：He has some secret *income* apart from his pay. （除了工资以外，他还有一些不公开的收入。）**salary** 常指白领工人、经理、教师等脑力劳动者得的薪金，常按月或年计算和发放：Sarah earns a high *salary* as a lawyer. （作为一名律师，莎拉的薪水很高。）**wage** 多指以现金形式支付给体力劳动者和佣人的工钱，以时间或定额计算，一般按天或周发放：the high *wages* paid for skilled labour （付给熟练工人的高薪）

pay·a·ble /ˈpeiəbˀl/ *adj.* [无比较级]应付的；到期的；可支付的：Interest payments are *payable* monthly. 利息按月支付。

pay·ee /peiˈiː/ *n.* [C]（[复]-**ees**)收款人：Endorse the check by signing it over to the *payee*. 将支票背书给收款人。

pay·ment /ˈpeimˀnt/ *n.* ❶[C]支付款项，支付物：charge extra *payments* 索取额外报酬 ❷[U]支付，付款：prompt *payment* 即时付款

PC, P. C. *abbr.* personal computer

pea /piː/ *n.* [C] 豌豆种；豌豆

peace /piːs/ *n.* ❶[U]和平，太平 advocate genuine *peace* 倡导真正的和平 ❷[U]平静，安宁；宁静，安静：be in *peace* with oneself 处世淡泊 ❸[U]静谧；沉寂：the *peace* of the mountain village 山村的静谧 ‖ **make peace** *vi.* 讲和，和解：They shook hands and *make peace* finally. 他们最终握手言和了。

peace·a·ble /ˈpiːsəbˀl/ *adj.* 和平的；安宁的；友好的：in *peaceable* times 和平时期

peace·ful /ˈpiːsfˀl/ *adj.* ❶平静的，宁静的；安宁的，平和的：The valley lay quiet and *peaceful* in the sun. 山谷沐浴在阳光中，宁静而又祥和。❷和平的；和平时期的：*peaceful* co-existence 和平共处 ‖ **'peace·ful·ly** *adv.*

peace·mak·er /ˈpiːsˌmeikəʳ/ *n.* [C]调停者，调解人：play the role of *peacemaker* 充

当调解人 ‖ **'peace·mak·ing** *n.* [U] & *adj.*

peach /piːtʃ/ *n.* [C] ❶桃子 ❷【植】桃树

pea·cock /'piːˌkɔk/ *n.* [C]【鸟】(雄)孔雀

peak /piːk/ **I** *n.* [C] ❶山峰,山巅:snowy *peaks* 积雪的山峰 ❷尖端,尖顶:the *peak* of a small church 一座小教堂的尖顶 **II** *adj.* [无比较级][作定语]高峰的,顶点的;最大值的,最高值的:We went there in the *peak* season. 我们是在旅游旺季到那儿去的。 ‖ **peaked** *adj.* — **'peak·y** *adj.*

peak·ed /'piːkid/ *adj.* 面容苍白的,病态的,虚弱的,憔悴的:I'm feeling rather *peaked* today. 我今天感觉很不舒服。

pea·nut /'piːˌnʌt/ *n.* [C] ❶【植】花生,落花生 ❷花生(果);花生米:*peanut* oil 花生油

pear /peəʳ/ *n.* [C] ❶梨 ❷【植】梨树

pearl /pɜːl/ *n.* [C;U] 珍珠:cultivate *pearls* 养殖珍珠 ‖ **'pearly** *adj.*

peas·ant /'pezənt/ *n.* [C]〈口〉农民,庄稼人:hillside *peasants* 山区农民

peb·ble /'pebəl/ *n.* [C] 鹅卵石,小圆石:*pebble* beaches 鹅卵石海滩 ‖ **'peb·bly** *adj.*

peck /pek/ *vt.* 啄;啄出;啄食:Those sparrows are *pecking* the crumbs on the ground. 那些麻雀正在啄食地上的面包屑。

pe·cu·li·ar /pi'kjuːliəʳ/ *adj.* ❶奇怪的;奇特的;古怪的;不寻常的;异样的:Don't look at me in that *peculiar* way. 别用那种异样的眼神看我。 ❷特有的;独特的(to):a girl with *peculiar* charm 有独特魅力的姑娘

pe·cu·li·ar·i·ty /piˌkjuːli'æriti/ *n.* ❶[C](个体所表示出的)特点,特色;个性;癖好,习惯:We noticed that one of his *peculiarities* is that he never wears socks. 我们注意到他有个特点就是从不穿袜子。 ❷[U]异常,奇特;古怪,奇怪:The *peculiarity* of his behaviour puzzled us. 他的古怪行为让我们感到不解。

ped·al /'pedəl/ **I** *n.* [C] ❶脚踏,踏板:The *pedal* has come off your bicycle. 你自行车上的一个脚踏脱落了。 ❷【音】(钢琴、竖琴等的)踏板:*pedal* bin 脚踏式垃圾桶 **II** (-al(l)ed;-al·(l)ing) *v.* 骑车,踩踏板:*pedal* a-

round on bicycles 骑自行车四处转悠

ped·dle /'pedəl/ *vt.* ❶叫卖,兜售(商品):a little girl *peddling* flowers on a street corner 在街道拐角处叫卖鲜花的小姑娘 ❷提倡;推广,传播(主张、思想等):*peddle* radical ideas 鼓吹激进的思想 ‖ **ped·dler** *n.* [C]

ped·es·tal /'pedistəl/ *n.* [C]【建】❶基座,柱脚 ❷(雕像的)底座:Those statues were toppled from their *pedestals*. 那些雕像被人从底座上打翻下来了。

pe·des·tri·an /pi'destriən/ *n.* [C]行人:No *pedestrians*. 禁止行人通过。

pee /piː/ *vi.*〈口〉小便,撒尿:The baby *peed* in her pants and was crying. 那个小宝宝尿了裤子,正哭呢。

peek /piːk/ **I** *vi.* (很快地)看一眼,瞥;偷看,窥视(in,out,at):The man was caught while he was *peeking* in through the keyhole. 那人透过钥匙孔向里面窥视时被逮个正着。 **II** *n.* [用单](很快的)一瞥,一看;偷看,窥视:He had a quick *peek* at the answers. 他快速地扫了一眼答案。

peel /piːl/ **I** *v.* ❶削去(或剥去)…的皮(或壳);削去;剥去:*Peel*, core and chop the apples. 将苹果削皮、去核并切成块儿。 ❷去除(外层覆盖物):First, we should *peel* the wallpaper off the wall. 首先,我们应该将墙上的墙纸撕掉。 **II** *n.* [U;C](水果、蔬菜和虾等的)(外)皮,(外)壳:slip on a banana *peel* 踩了一块香蕉皮而滑倒 ‖ **'peel·er** *n.* [C]

peel·ing /'piːliŋ/ *n.* [C](蔬菜或水果等削掉的)皮;果皮:*peelings* of pears 梨子皮

peep /piːp/ **I** *vi.* ❶窥视;偷看(at,in,out,into):He *peeped* over the top of his sunglasses *at* that beautiful lady. 他的目光掠过太阳镜上方偷看那位漂亮的女士。 ❷缓慢显现;浮现,隐现(out):A few early flowers *peeped* up through the snow. 雪中隐约可见几枝早开的花朵。 **II** *n.* [C] 窥视;偷看;一瞥:I get a *peep* at his card. 我偷偷看了一眼他的名片。

peep /piːp/ **I** *vi.* 发出叽叽喳喳的声音;尖声

细气地说话：Little birds were *peeping* in the nest. 小鸟在巢里叽叽喳喳地叫着。**II n.** [C]叽叽喳喳声；尖细的声音：The two girls were making tiny *peeps*. 那两个姑娘在小声嘀咕。

peer /piə^r/ **n.** [C] ❶能力相当者；地位相同者；同辈人；同龄人：a masterpiece without a *peer* 举世无双的杰作 ❷贵族：a hereditary *peer* 世袭贵族

peer·age /'piəridʒ/ **n.** ❶[总称]贵族(阶级) ❷[C]贵族爵位(或头衔)

peer·less /'piərlis/ **adj.** [无比较级]无比的，独一无二的：She is playing the cello with *peerless* skill. 她正以无可比拟的技巧演奏大提琴。

peg /peg/ **I n.** [C] ❶销钉；螺钉；挂钉，挂钩：Hang your hat on the *peg*. 把你的帽子挂在衣钩上。❷ 等级，程度：the topmost *peg* 最高等级 ❸(晒衣用的)衣夹 **II vt.** (**pegged；peg·ging**) 用钉(或桩)固定(*down, in, out*)：a poster *pegged* to the wall 钉在墙上的海报

pelt /pelt/ **vt.** ❶(向…)连续猛掷(*with*)：The audience *pelted* him *with* bottles and cans. 观众们不停地将瓶瓶罐罐向他猛掷过去。❷猛烈抨击，辱骂：*pelt* sb. with questions 连珠炮似的质问某人 —**vi.** ❶(尤指雨)又急又猛地落下(*down*)：Rain started and within minutes it was *petting down*. 雨开始了，只几分钟就又急又猛地落下。❷不停地猛掷(*at*)：The angry demonstrators *pelted at* the speaker with rotten eggs. 愤怒的示威者不停地用臭鸡蛋猛掷那位发言人。

pen¹ /pen/ **n.** [C]笔；钢笔：a fountain *pen* 自来水笔

pen² /pen/ **n.** [C](圈养禽畜的)圈，栏：a pig *pen* [a *pen*] for pigs 猪圈

pe·nal /'pi:n°l/ **adj.** [无比较级]处罚的；刑罚的：*penal* laws 刑法

pe·nal·ize, pe·nal·ise /'pi:nəˌlaiz/ **vt.** ❶对…处罚；使受刑罚：The referee *penalized* Dave for a bad tackle. 裁判因戴夫铲球犯规而罚了他。❷使处于不利地位；使受不

公平对待：Her burning jealousy *penalizes* her in public life. 强烈的嫉妒心使她在社会生活中处于不利地位。‖ **pe·nal·i·za·tion，pe·nal·i·sa·tion** /ˌpi:nəlaiˈzeiʃ°n；-li'z-/ **n.** [U]

pen·al·ty /'pen°lti/ **n.** ❶[C;U]处罚；刑罚：inflict a heavy *penalty* upon a drug-pusher 对毒贩予以严惩 ❷[C]罚金，罚款；违约金：*Penalty* for speeding $ 50! 超速罚款 50 美元！

pen·cil /'pens°l/ **n.** [C] 铅笔：clasp a *pencil* 握紧铅笔

pend·ing /'pendiŋ/ **I prep.** ❶在…期间，在…进行之中：*pending* those negotiations 在那些谈判期间 ❷直到：We are holding the shipment *pending* your further shipment. 在你方未进一步通知前，我方暂停装运。**II adj.** [无比较级] ❶未决的；待定的：a *pending* question 尚未有定论的问题 ❷即将形成的，在进行中的：patent *pending* 即将生效的专利(或待批专利)

pen·du·lum /'pendjuləm/ **n.** [C]钟摆；(手表的)摆锤：The *pendulum* swings back and forth. 钟摆不停地来回摆动。

pen·e·trate /'peniˌtreit/ **v.** ❶(用力)戳进，刺入；穿过，刺透：Nothing can *penetrate* this bulletproof vest. 什么也穿不透这件防弹背心。❷透入，渗入，浸入；透过：His words of encouragement finally *penetrated* my despair. 他的鼓励终于渗入了我绝望的内心。❸进入；深入；打入：The two explorers are going to *penetrate* this forest. 两位探险家准备深入这片森林。❹了解，洞察：Can you *penetrate* the author's symbolism? 你能看懂作者的形象手法吗？‖ **'pen·e·tra·ble** /-trəb°l/ **adj.**

pen·e·tra·ting /'peniˌtreitiŋ/ **adj.** ❶有穿透(渗透)力的：*penetrating* power 穿透力 ❷了解透彻的，敏锐的：*penetrating* remarks 透彻的话语

pen·e·tra·tion /ˌpeniˈtreiʃ°n/ **n.** [C;U] ❶穿透；穿透力：enemy *penetrations* into our territory 敌人侵入我国领土 ❷[U]了解，洞察力：He showed great *penetration* in analyzing this problem. 他在分析这一问题时表现得非常敏锐。

pen·guin /'peŋgwin/ *n.* [C]【鸟】企鹅

pen·ny /'peni/ *n.* [C](〔复〕**pen·nies** 或 **pence** /pens/) ❶便士(英国辅币名,1971 年起采用,相当于 1/100 英镑的价值,略作 **P.**):He lent me 10 *pence* (10P). 他借给我 10 便士。❷1 便士铜币:We need ten *pennies*. 我们需要 10 个 1 便士的铜币。

pen pal *n.* [C]〈口〉(通信而不见面的)笔友〔亦作 **pen friend**〕

pen·sion /'penʃ°n/ *n.* [C;U] ❶养老金;抚恤金,救济金,退休金:The employee is entitled to a full *pension*. 雇员享有全额养老金。❷(欧洲)寄宿公寓,小旅馆

pen·ta·gon /'pentəg°n, -ˌgɒn/ *n.* ❶[C]五边形 ❷[the P-]五角大楼(美国国防部五角形的办公大楼,常用来代指美国国防部);[总称]五角大楼首脑(指美国国防部首脑) ‖ **pen·tag·o·nal** /pen'tæg°n°l/ *adj.*

peo·ple /'piːp°l/ *n.* ❶[the ～]民众,人民:the voice of *the people* 人民的声音 ❷[C]民族,种族:We are a know how and can-do *people*. 我们的民族是个知道怎么干,而且又能干的民族。❸[总称](特指的)人们,人群;人员,人士:The village *people* don't like the new priest. 村里人不喜欢那个新来的牧师。

pep·per /'pepəʳ/ *n.* ❶[U]胡椒粉;辣椒粉;香辛调料:Would you like some black *pepper* on your pizza? 你的比萨饼上面要撒点儿黑胡椒粉吗?❷[C]【植】胡椒;胡椒科植物 ❸[C](作蔬菜食用的)辣椒;甜椒,柿子椒:a red *pepper* 红辣椒

per /pəːʳ/ *prep.* 每,每个,每一:Oranges are 30 cents *per* pound. 橘子每磅 30 美分。

per·ceive /pə'siːv/ *vt.* ❶感觉;发觉,察觉:I was amazed to *perceive* the air quite dim. 我吃惊地发现,空气灰蒙蒙的。❷意识到,认识到;明白,理解:Didn't you *perceive* some truth in this statement? 你没有意识到这一声明有几分真实性吗? ‖ **per'ceiv·a·ble** *adj.* —**per'ceiv·er** *n.* [C]

per cent，per·cent /pə'sent/ *n.* ❶[单复同]百分比,百分率;部分:Only a small *per cent* of our company was [were] present at the meeting. 我们公司只有少部分人出席了会议。❷[单复同]百分之一(略作 **pct.**,符号为%):You got 50 *percent* of the answers correct. 你的答案对了一半。

per·cent·age /pə'sentidʒ/ *n.* [C] ❶百分比,百分率:a *percentage* of eight 百分之八 ❷部分,所占比例:A large *percentage* of students in my class come from rural areas. 我班上大多数学生来自农村地区。

per·cep·ti·ble /pə'septib°l/ *adj.* 可感知的;可察觉的:barely *perceptible* dissimilarities 几乎觉察不出的差异 ‖ **per'cep·ti·bly** *adv.*

per·cep·tion /pə'sepʃ°n/ *n.* ❶[C]观点,看法;观念,认识(*of*):These photographs will affect your *perceptions of* war. 这些照片将会影响你们对战争的种种看法。❷[U]感觉,知觉,察觉,发觉:intuitive *perception* 直觉 ❸[U]感知力;领悟力;洞察力:I do admire your gifts of *perception*. 我真羡慕你们的领悟力。

per·cep·tive /pə'septiv/ *adj.* ❶有感知力的;有领悟力的;有洞察力的,敏锐的:a *perceptive* critic 颇有洞察力的评论家 ❷感知的,感觉的:*perceptive* organs 感觉器官 ‖ **per'cep·tive·ly** *adv.* —**per'cep·tive·ness**,**per·cep·tiv·i·ty** /ˌpəːsep'tiviti/ *n.* [U]

perch /pəːtʃ/ I *n.* [C] ❶(尤指鸟类的)栖枝;栖息处;(鸟笼中的)栖木:The birds sing from a *perch* in a tree. 从树中的栖息处传来鸟的欢唱声。❷(常指较高或较险的)休息处,歇脚处:From our *perch* on the hill, we saw the whole farm. 从山顶歇脚的地方我们看到了整个农场。II *vi.* ❶(鸟)停歇,飞落(*on*,*upon*):Several birds *perched on* [*upon*] the telephone wire. 有几只鸟儿停在那根电话线上。❷(人在较高处或边沿处)暂坐;(物在高处)坐落:The king *perched* on the throne. 国王坐在王位宝座上。

pe·ren·ni·al /pə'reniəl/ *adj.* [无比较级] ❶终年的,常年的:*perennial* snow on the

peak 山顶上的常年积雪 ❷【植】多年生的：
perennial herbaceous plants 多年生草本植物 ❸持久的，长期的：The film is a *perennial* favourite. 这部电影很受欢迎，久映不衰。‖ **pe'ren·ni·al·ly** *adv.*

per·fect I /'pə:fikt/ *adj.* [无比较级] ❶完美的，完善的；完满的，理想的：The computer system is far from *perfect*. 该计算机系统还远不够完善。❷完整的，完好的；无损的，无缺的；健全的：an old but *perfect* map 一张张旧但完好无缺的地图 ❸[作定语] 完全的，绝对的；十足的，地道的：have a *perfect* trust in one's judgment 完全相信某人的判断 ❹【语】完成时的；完成体的：the present *perfect* tense 现在完成时 II /pə'fekt/ *vt.* ❶使完美；改善，改进：He spent a lot of time *perfecting* his calligraphy. 他花很多时间使他的字写得更好。❷使娴熟；使精通：*perfect* oneself in English 使自己娴熟掌握英语 ‖ **'per·fect·ness** *n.* [U]

per·fec·tion /pə'fekʃ°n/ *n.* ❶[U]完美，完满；完善，改进，提高：work on the *perfection* of a new drug formula 努力改进新药配方 ❷[U;C]精美；精湛；造诣，成就：His piano playing was *perfection*. 他钢琴弹得炉火纯青。

per·fect·ly /'pə:fiktli/ *adv.* [无比较级] ❶完全地，绝对地：We all trust him *perfectly*. 我们全都绝对信任他。❷十分，非常：The red skirt fits *perfectly*. 那条红裙子真合身不过了。

per·form /pə'fɔ:m/ *v.* ❶实施；进行，做：The wedding ceremony was *performed* in the Chinese manner. 婚礼是以中国式婚礼的方式举行的。❷完成，履行，执行：*perform* an urgent task 执行一项紧急任务 ❸表演；演出：*perform* tricks 表演杂耍

☆ **perform, accomplish, achieve, discharge, do, effect, execute, fulfil** 均有"做，完成，履行，实施"之意。**perform** 较为正式，常用于持续一段时间、有一定难度、属仪式或表演性质的过程：*perform* the wedding ceremony (主持婚礼)**accomplish** 强调某一过程的完成而不是实施的方法或手段，有时含有努

力、很有成效或结果富有价值的意味：She *accomplished* in five years what had taken others a lifetime. (她用五年时间完成了别人需要一生才能完成的事。) **achieve** 指通过持久努力克服重重困难、完成重大而有价值的事情：I will try my utmost in order to *achieve* my aims. (我会竭尽全力实现目标。) **discharge** 指履行职责或完成指定任务：He satisfactorily *discharged* the duties of his office. (他令人满意地完成了他的职责。) **do** 为最普通用词，指完成某项具体工作、任务，也可表示完成某种行为或动作：I *do* the cleaning and my sister *does* the cooking. (我打扫卫生，姐姐做饭。)**effect** 含排除障碍以达到某一目的的意思，但强调人或事物自身的能力而不是坚持不懈、无所畏惧或个人品质：Only two hostages *effected* their escape. (只有两名人质成功逃脱。)**execute** 表示执行某项决议、命令或实施某一计划，强调按意图行事：The managers *executed* the decision of the board. (经理们执行了董事会的决定。) 该词有时可与 perform 换用，但所做的工作需要有娴熟的技能或完美的技巧：Few dancers can *execute* an adagio perfectly. (很少有舞蹈演员能把慢舞跳得很完美。) **fulfil** 表示圆满地完成或实现某一计划、任务、诺言、要求或职责：I haven't fulfilled any of my ambitions yet. (我还没有实现我的雄心壮志呢。)

per·form·ance /pə'fɔ:m°ns/ *n.* ❶[U]实施；进行，做；履行，执行：the *performance* of contracts [one's duties] 履行合同（义务）❷[C;U]表演，演出：acrobatic *performances* 杂技表演 ❸[C](完成的)事情；成绩，成就；成果，作品：His *performances* in prose are good enough. 他写的散文很不错。

per·fume /'pə:fju:m/ *n.* [C;U] ❶香味；香气，芳香：a faint *perfume* 淡淡的香味 ❷香水：What French *perfume* are you wearing? 你用的是什么牌子的法国香水？

per·haps /pə'hæps/ *adv.* [无比较级] ❶也许，可能，大概：He thought that *perhaps* he might also make a painter, the real thing. 他想，说不定他也可能成为一个画家，地地

P

道道的画家。❷[用以表示礼貌的请求]或许可以,是否可以:*Perhaps* you would like some coffee? 你是不是来杯咖啡?

per·il /'peril/ *n.* ❶[U](尤指严重的或致命的)危险:He was in *peril* of a mental collapse. 他面临精神崩溃的危险。❷[常作～s]险事;险情,险境:survive the *perils* of the expedition 经历探险过程中的艰难险阻而生存下来

per·il·ous /'periləs/ *adj.* (充满)危险的,多险的:a *perilous* moment 危险时刻 ‖ 'per·il·ous·ly *adv.*

pe·rim·e·ter /pə'rimitə'/ *n.* [C] ❶周边,周界,边缘:The river runs along one side of the cotton field's *perimeter*. 那条小河流经棉花田的一边。❷【数】周,周长:Calculate the *perimeter* of this square. 算一下这个正方形的周长。

pe·ri·od /'piəriəd/ *n.* ❶[C](一段)时间,时期,阶段:a *period* of economic recovery 经济复苏期 ❷[C](一段)历史时期,时代:the post-colonial *period* 后殖民时期 ❸[C]课时,学时;(体育比赛的)局:a break between *periods* 课间(或赛场)休息 ❹[C]句号,句点;句末停顿;(缩略词后使用的)圆点:You should put a *period* at the end of this sentence. 你应该在这个句子末尾加上句号。
☆period, aeon, age, epoch, era 均有"时代,时期"之意。period 为最普通用词,所指时间可长可短:The story is set in the *period* of the French Revolution. (故事发生在法国大革命时期。) aeon 指极其漫长的时期:It all happened *aeons* ago. (这件事发生在很久以前。) age 常指具有某种显著特征或以某个历史人物为标志的时代或时期,时间比epoch或 era 要长:We are living in the information *age*. (我们生活在信息时代。)该词还可表示考古或地质学上的时代:the Neolithic *Age* (新石器时代) epoch 常指发生了巨大变化或重大事件,开辟了新时代或新纪元,强调新时代的起点:The computer marked a new *epoch* in human civilization. (计算机的诞生标志着人类文明的一个新纪元。)现代英语中,该词还经常表示整个历史时代:The Chinese People's War of Liberation was an *epoch* in Chinese history. (中国人民的解放战争是整个中国历史的一个时代。) era 与 epoch 近义,指建立起新秩序的新时代,时间比epoch长,强调时代的历程:The *era* of space travel has begun. (航天时代已经开始。)

pe·ri·od·ic /ˌpiəri'ɔdik/ *adj.* [无比较级]周期(性)的;定期的:a *periodic* wind 季候风 ‖ ˌpe·ri'od·i·cal·ly /-k°li/ *adv.* —pe·ri·o·dic·i·ty /ˌpiəriə'disiti/ *n.* [U]

pe·ri·od·i·cal /ˌpiəri'ɔdik°l/ *n.* [C]期刊:issue a weekly *periodical* 发行周刊

pe·riph·er·al /pə'rif°r°l/ *adj.* ❶次要的,无关紧要的,微不足道的:*peripheral* affairs 无关紧要的事情 ❷[无比较级]周围的,边缘的:*peripheral* boundaries 外围边界 ‖ pe'riph·er·al·ly *adv.*

pe·riph·er·y /pə'rif°ri/ *n.* [C] ❶外围,周围,边缘:His radical position put him on the *periphery* of politics. 他立场激进,只能待在政治的边缘。❷(城市等的)周边地带,边缘地区:the *periphery* of the city 城市的外围 ❸(问题等的)次要方面,枝节部分:the *peripheries* of the issue 问题的枝节部分

per·i·scope /'periˌskəup/ *n.* [C](潜艇上使用的)潜望镜

per·ish /'perif/ *vi.* ❶死亡,丧生;凋谢:The buds *perished* when the frost came. 霜打花蕾凋。❷被摧毁;毁灭;消亡:Buildings *perished* in flames. 一栋栋建筑在烈火中焚毁殆尽。

per·ma·nent /'pə:m°n°nt/ *adj.* [无比较级] ❶永久(性)的,永恒的;永远的:Your fame will be *permanent*. 你的声名流芳百世。❷长久的,长期的;固定(性)的;常在的:a *permanent* residence 长期居住 ‖ 'per·ma·nent·ly *adv.*

per·me·ate /'pə:miˌeit/ *v.* ❶渗入;透过:The rain *permeated* our clothes. 雨水浸湿了我们的衣服。❷弥漫,遍布,深入;充满:The sunshine *permeated* the room. 阳光洒满了房间。

per·mis·si·ble /pəˈmisəbˀl/ **adj.** 〔无比较级〕允许的，准许的，许可的：It is not *permissible* to smoke in the waiting room. 等候室不准吸烟。‖ **per'mis·si·bly** *adv.*

per·mis·sion /pəˈmiʃˀn/ **n.** 〔U〕允许，准许，许可，同意：give sb. *permission* to leave 允许某人离开〔亦作 **permit**〕

per·mit I /pəˈmit/ (**-mit·ted；-mit·ting**) **v.** 允许，许可，容许：We'll go for an excursion tomorrow，weather *permitting*. 如果天气好，我们明天去远足。II /ˈpəːmit/ **n.** 〔C〕许可证；通行证；签证；执照：issue the occupancy *permit* for development 发放土地开发占用证 ‖ **per·mit·tee** /ˌpəːmiˈtiː/ **n.** 〔C〕—**per'mit·ter** **n.** 〔C〕

per·pet·u·al /pəˈpetjuəl/ **adj.** 〔无比较级〕❶永久(性)的；永恒的；长期的：*perpetual* planning 长期规划 ❷〔口〕连续不断的；无休止的：Who can bear your *perpetual* whining? 谁能忍受得了你没完没了地发牢骚？‖ **per'pet·u·al·ism** **n.** 〔U〕—**per'pet·u·al·ly** *adv.*

per·plex /pəˈpleks/ **vt.** 使困惑，使茫然；使费解：She behaved in a way that *perplexed* me. 她的行为方式令我不解。‖ **per'plex·ing** *adj.*

per·plex·i·ty /pəˈpleksiti/ **n.** ❶〔U〕困惑，茫然；费解：He looked at me in complete *perplexity*. 他万分困惑地看着我。❷〔C〕使人困惑的事物，令人费解的事物

per·se·cute /ˈpəːsiˌkjuːt/ **vt.** ❶迫害；虐待，残害：They were *persecuted* for political reasons. 他们受到政治迫害。❷骚扰，纠缠，烦扰：You'll surely be *persecuted* by those creditors. 那些债主肯定会上门来纠缠你们的。‖ **'per·se·cu·tor** **n.** 〔C〕—**'per·se·cu·to·ry** *adj.*

per·se·vere /ˌpəːsiˈviə/ **vi.** 坚持不懈，锲而不舍(*in*，*at*，*with*)：*Persevere* to an end and you will succeed. 坚持到底就是胜利。‖ **per·se·ver·ance** /ˌpəːsiˈviərˀns/ **n.** 〔U〕

per·sist /pəˈsist/ **vi.** ❶坚持不懈，执意(*in*)：The government still *persists* with the dip-lomatic policy. 政府仍坚持这一外交政策。❷(习俗、制度等)持续；存留：The idea has *persisted* in his mind for days. 这个想法在他的头脑中已经持续了几天了。

per·sist·ence /pəˈsistˀns/ **n.** 〔U〕❶坚持不懈；执意：cultivate *persistence* in children 培养儿童的毅力 ❷持续性，持续状态；存留(状态)：have the *persistence* of a fever 发烧持续不退

per·sist·ent /pəˈsistˀnt/ **adj.** ❶坚持不懈的；执意的：My daughter is always *persistent* in her questions. 我女儿总爱打破砂锅问到底。❷〔无比较级〕持续的；存留的；摆脱不掉的：a *persistent* drought 持续干旱 ❸一再的，重复的：persistent questions 一再追问的问题 ‖ **per'sist·ence，per'sist·en·cy** **n.** 〔U〕—**per'sist·ent·ly** *adv.*

per·son /ˈpəːsˀn/ **n.** (〔复〕**people** 或 〈书〉**-sons**)❶〔C〕人：a strange *person* 陌生人 ❷〔用单〕〔语〕人称：a first *person* narrator 第一人称叙述者 ‖ **in person** *adv.* 亲自，本人：Applicants for this position must apply *in person*. 该职位必须亲自申请。

per·son·a·ble /ˈpəːsˀnəbˀl/ **adj.** (言行举止)讨人喜欢的；(外表)美丽动人的，有魅力的：a *personable* young man 翩翩少年

per·son·age /ˈpəːsˀnidʒ/ **n.** 〔C〕名人；要人，大人物：The president and many local *personages* attended the banquet. 总统和许多地方名流出席了那个豪华的宴会。

per·son·al /ˈpəːsˀnˀl/ **adj.** ❶〔无比较级〕个人的；私人的：give one's *personal* opinion 发表个人看法 ❷〔无比较级〕亲自的；本人直接从事的：He takes a *personal* hand in everything. 他事必躬亲。

personal computer **n.** 〔C〕〔计〕个人计算机，个人电脑

per·son·al·i·ty /ˌpəːsəˈnæliti/ **n.** ❶〔C；U〕人格：recognize and respect the *personality* of sb. 认知并尊重某人的人格 ❷〔C；U〕个性，性格，品性：He has a very strong *personality*. 他这个人的个性特强。❸〔C〕个人；人物，名人，名士：*personalities* of stage and screen 戏剧与影视界名流

per·son·al·ly /ˈpəːsᵊnəli/ *adv.* 〔无比较级〕
❶亲自;本人直接地;当面:He *personally* asked me not to testify. 他亲自出马,叫我别去作证。❷〔用作插入语〕就本人而言;以个人见解:Well, *personally*, I feel that this is impossible. 我个人以为,这是不可能的。❸作为个人:*Personally* she may be very charming;but is she a good housewife? 作为个人,她或许很迷人,但她是个好主妇吗?

per·son·i·fy /pəˈsɔniˌfai/ *vt.* ❶将…拟人化,将…人格化:We often *personify* time as an old man. 我们常常将时间拟人化为一位老人。❷体现,象征,成为…的化身:The goddess Aphrodite is the beauty *personified* in ancient Greek myth. 在古希腊神话中,女神阿佛洛狄特是美的化身。〔亦作 **personalize**〕‖ per·son·i·fi·er *n.* —per·son·i·fi·ca·tion /pəˌsɔnifiˈkeiʃən/ *n.* 〔C;U〕

per·son·nel /ˌpəːsᵊˈnel/ *n.* ❶〔用作单或复〕〔总称〕(全体)员工;人员:All medical *personnel* are to wear new uniforms. 全体医务人员都将统一着新装。❷〔U〕人事部门(如科、室、处等):*Personnel* will help you solve this problem. 人事部门会帮你解决这个问题的。

per·spec·tive /pəˈspektiv/ *n.* ❶〔U〕【画】透视(画)法;〔C〕透视画,透视图:the rules of *perspective* 透视画法的规则 ❷〔C;U〕(看问题的)观点,看法;视角:From this *perspective*, the pursuit of fashion is an irrational activity. 从这个角度来看,追逐时尚是毫无理性的活动。❸〔C;U〕洞察力:keep one's *perspective* 明察事理 ‖ per·spec·tive·ly *adv.*

per·suade /pəˈsweid/ *vt.* ❶使相信,使确信(of):*Persuade* them *of* our seriousness about this. 让他们相信我们对此是认真的。❷劝说,说服:If she doesn't agree, nobody will *persuade* her. 如果她不同意,谁也说服不了她。‖ per·suad·a·bil·i·ty /pəˌsweidəˈbiliti/ *n.* 〔U〕—per·suad·a·ble *adj.* —per·suad·er *n.* 〔C〕—per·sua·si·ble *adj.*

per·sua·sion /pəˈsweiʒᵊn/ *n.* 〔U〕说服,劝说:All our *persuasion* was of no use, she

still refused to marry him. 我们所有的劝说都无济于事,她仍不肯嫁给他。

per·sua·sive /pəˈsweisiv/ *adj.* ❶劝说的;劝诱的:His voice became *persuasive*. 他的语气变得循循善诱起来。❷有说服力的;能说得人相信的;能言善道的:The defendant presented his evidence in a way which made *persuasive* sense. 被告的呈堂证供具有说服力。‖ per·sua·sive·ly *adv.* —per·sua·sive·ness *n.* 〔U〕

per·ti·nent /ˈpəːtinᵊnt/ *adj.* 有关的,相关的;贴切的,切题的;合适的(to):He followed a course *pertinent to* his future career. 他修了一门适合今后发展的课程。‖ per·ti·nence, per·ti·nen·cy *n.* 〔U〕—per·ti·nent·ly *adv.*

per·vade /pəˈveid/ *vt.* ❶弥漫于,渗透于:A haze *pervades* the park, prompting health concerns. 公园里弥漫着雾霭,引起了人们对健康的关注。❷(影响等)遍及;流行于:When the echoes had fully ceased, a light laughter at once *pervaded* the assembly. 等回声余音寂止,聚会上顿时遍布一片轻松的欢笑声。‖ per·va·sion /-ˈʒᵊn/ *n.* 〔U〕

per·verse /pəˈvəːs/ *adj.* ❶(人)故意作对的;逆反的:We all want to go by air, but she is *perverse* and wants to go by train. 我们全都想乘飞机去,可她偏要唱反调,想乘火车去。❷不合常情的,悖理的:It was rather *perverse* of her to refuse to help. 她拒不帮忙有悖常理。❸〔常作定语〕任性的,蛮不讲理的,执迷不悟的:Even the most *perverse* person might agree. 即便最难缠的人也有可能会同意。❹变坏的;恶毒的:*perverse* obscenities 恶言秽语 ‖ per·verse·ly *adv.* —per·verse·ness *n.* 〔U〕—per·ver·si·ty /-siti/ *n.* 〔C;U〕

per·ver·sion /pəˈvəːʃᵊn/ *n.* 〔C;U〕❶反常,变态(行为);错乱的事物(或行为);变坏:Can you understand his *perversion*? 你能理解他的反常行为吗?❷歪曲,曲解:Her testimony is obviously a *perversion* of truth. 她的证词显然是歪曲事实。

per·vert /pəˈvəːt/ *vt.* ❶使错乱,使反常

将…引入歧途，使变坏：They *pervert* the order of nature, sleep in the day and wake in the night. 他们颠倒了生活规律，昼眠夜寐。❷错用，误用；滥用：The police officer was charged with *perverting* the course of justice. 这名警官被指控破坏执法程序。❸歪曲，扭曲；颠倒：My original argument has been *perverted* by him for his own purpose. 他为了自己的目的而歪曲了我最初的论点。 ‖ **per·ver·sive** /pə'vəːsiv/ *adj.* — **per'vert·ed** *adj.* —**per·vert·ed·ly** /pə'vəːtidli/ *adv.* —**per'vert·er** *n.* [C]

pes·si·mism /'pesiˌmizᵊm/ *n.* [U]悲观，消极；悲观情绪，消极态度 ‖ **'pes·sim·ist** *n.* [C]—**pes·si·mis·tic** /ˌpesi'mistik/ *adj.*—**ˌpes·si'mis·ti·cal·ly** /-kᵊli/ *adv.*

pest /pest/ *n.* [C]❶讨厌的人（或事物）；有害的东西，害人精：We can't stand him, he's a real *pest*. 我们受不了他，他真是个讨厌的家伙。❷害虫；有害生物

pes·ter /'pestə/ *vt.* 不断烦扰，纠缠：The child was *pestering* his mother for raisins and dates. 小孩缠着妈妈要葡萄干和枣。 ‖ **'pes·ter·er** *n.* [C]

pes·ti·cide /'pestiˌsaid/ *n.* [C; U]杀虫剂；农药 ‖ **pes·ti·ci·dal** /ˌpesti'saidᵊl/ *adj.*

pes·tle /'pesᵊl/ *n.* [C]❶（研磨或捣研用的）杵，捣锤，碾槌：Crush the garlic into a paste using a *pestle* and mortar. 用杵白将大蒜捣成蒜泥。❷研磨器，粉碎机

pet /pet/ *n.* [C]❶宠物，爱畜：Don't make *pets* of snakes or crocs! 不要拿蛇或鳄鱼当宠物！❷[常用作爱称，时用于贬义]宝贝；宠儿；最喜爱（或欣赏）的人：They hate her because she is the director's *pet*. 他们恨她是因为她很得导演的宠。 ‖ **'pet·ter** *n.* [C]

pet·al /'petᵊl/ *n.* [C]花瓣：He opens the little *petals*. 他掰开了那些小小的花瓣。 ‖ **'pet·al·ine** /-ˌlain, -lin/ *adj.* —**'pet·alled** *adj.* —**'pet·alˌlike** *adj.*

pe·ti·tion /pi'tiʃᵊn/ I *n.* [C]❶请求；祈求；请愿；申请：He didn't reject my *petition* for clemency. 他并未拒绝我要求宽大的请求。

❷书面请求；请愿书：draw up the *petition* 起草请愿书 II *v.* 请求，恳求；祈求，请愿(to, for)：Those people *petitioned to* be allowed to return to their village. 那些人恳求回到自己的村子里去。 ‖ **pe'ti·tion·a·ble** *adj.* —**pe'ti·tion·a·ry** *adj.*—**pe'ti·tion·er** *n.* [C]

pet·ri·fy /'petriˌfai/ *vt.* ❶使惊呆，将…吓傻：The woman seemed *petrified* as the burglar came near. 当窃贼逼近时，那女人似乎吓傻了。❷使石化；使成为化石 ❸使变硬，使僵化，使麻木；使失去活力：The war *petrified* her emotions. 这场战争使她变得铁石心肠。

pet·rol /'petrᵊl/ *n.* [U]〈英〉汽油：I was a bit low on *petrol* at that time. 那时我的车油不多了。〔亦作 **benzine, benzin**〕

pe·trol·e·um /pi'trəuliəm/ *n.* [U]石油

pet·ty /'peti/ *adj.* ❶无关紧要的，微不足道的，细小琐碎的：As a boy, he had his share of *petty* vices. 他在儿时也免不了有些小毛病。❷小心眼的，气量小的；可鄙的，卑劣的：My sister is very *petty* at times. 我妹妹有时很小心眼儿。 ‖ **'pet·ti·ly** *adv.* —**'pet·ti·ness** *n.* [U]

phan·tom /'fæntᵊm/ *n.* [C]❶鬼魂，幽灵：a female *phantom* 女鬼 ❷幻影，幻象；幻觉，幻想：*the phantom* of past years 如烟往事

phar·ma·cy /'faːməsi/ *n.* ❶[U]配药业；制药业 ❷[U]配药学；药剂学；制药学 ❸[C]药店，药铺

phase /feiz/ *n.* [C] 时期，阶段：A new *phase* was going to begin in her life. 她生活中的一个新时期即将开始了。 ‖ **'pha·sic** /-zik/ *adj.*

☆**phase, angle, aspect, facet, side** 均有"方面"之意。**phase** 原指月相，含周期性变化的意思，强调事物本身的变化而不是观察者角度的改变：the *phases* of the moon（月相）该词也可表示事物发展或成长过程中的阶段：It covers all *phases* of Picasso's work. （它记述了毕加索创作的各个时期。）**angle** 指从特定、有限的角度观察到的那一面，也可表示只有目光敏锐者才能发现的问题：write a news story from the investor's angle

（从投资人的角度写一篇新闻报道）**aspect** 与 **phase** 的不同之处在于事物的变化常常是表面的、不可预料的，观察者的角度也不是固定的：**We must consider a problem in all its** *aspects*.（我们必须全面地考虑问题。）**facet** 原指多面体的一个面，其每一面都能反映整体的主要特性或特征：Selfishness was a *facet* of his character that we seldom saw.（自私是他性格上我们很少注意到的一面。）该词也可用于喻义，表示事情或问题的一个方面：explore the many *facets* of life in New York city（探索纽约城市生活的方方面面）**side** 表示事物的一面，常含有为了认识事物必须了解该事物的其他方面之意：the demand side of the economy（经济的需求方面）

Ph. D. , PhD *abbr.* 〈拉〉*Philosophiae Doctor* 哲学博士（＝Doctor of Philosophy）

phe·nom·e·na /fiˈnɒminə/ *n.* phenomenon 的复数

phe·nom·e·nal /fiˈnɒmin°l/ *adj.* ❶[无比较级]现象的；关于现象的 ❷不寻常的，非凡的；显著的；惊人的：She has a *phenomenal* talent for languages. 她具有惊人的语言天赋。❸[无比较级]（只有凭感官才能）感觉到的，可感知的 ‖ **phe·nom·e·nal·ly** *adv.*

phe·nom·e·non /fiˈnɒmin°n/ *n.* [C]（[复]-na /-nə/ 或 -nons）（尤指原因不明的）现象：the curious weather *phenomena* 奇特的天气现象

phi·lat·e·ly /fiˈlæt°li/ *n.* [U]集邮 ‖ **phil·a·tel·ic** /ˌfiləˈtelik/ *adj.* —**phi·la·tel·i·cal·ly** /-k°li/ *adv.* —**phi·lat·e·list** /-list/ *n.* [C]

phi·los·o·pher /fiˈlɒsəfə/ *n.* [C] ❶哲学家 ❷哲人，贤哲

phi·los·o·phy /fiˈlɒsəfi/ *n.* ❶[U]哲学：an expert on western *philosophy* 西方哲学专家 ❷[C]（某一哲学家或派别的）哲学思想，哲学体系：the *philosophy* of Plato 柏拉图的哲学思想 ❸[C]人生哲学，生活信念；宗旨，见解，观点：What an appalling *philosophy* that sounds! 那听上去是多么令人吃惊的观点啊！

phleg·mat·ic /flegˈmætik/ *adj.* 冷静的；冷漠的；镇定的：The *phlegmatic* gentleman listened to her with coldness. 那位冷峻的先生冷漠地听她说着话。‖ **phleg'mat·i·cal·ly** /-k°li/ *adv.*

phone /fəun/ I *n.* [C]电话：Do you own a *phone*? 你安装电话了吗？II *v.* 〈口〉打电话（＝telephone）：I *phoned* him（up）last night. 我昨晚给他打了电话。

pho·net·ic /fəˈnetik/ *adj.* [无比较级] ❶[作定语]发音的；语音的；表音的：*phonetic* symbols 音符 ❷（语言）拼写与发音相似的，表音性的：Spanish spelling is *phonetic*. 西班牙文的拼写与发音相似。‖ **pho'net·i·cal·ly** /-k°li/ *adv.* —**pho'net·i·cism** /-siz°m/ *n.* [U]—**pho'net·i·cist** /-sist/ *n.* [C]—**pho'net·i·cize, pho'net·i·cise** /-ˌsaiz/ *vt.*

pho·net·ics /fəˈnetiks/ [复] *n.* [用作单] ❶（单词的）表音拼法 ❷语音学；音位学：English *phonetics* 英语语音学 ‖ **pho·ne·ti·cian** /ˌfəuniˈtiʃ°n/ *n.* [C]

pho·nol·o·gy /fəˈnɒlədʒi/ *n.* [U]音系学 ‖ **pho·no·log·i·cal** /ˌfəunəˈlɒdʒik°l, ˌfɒn-/ *adj.* ˌpho·no'log·i·cal·ly /-k°li/ *adv.* —**pho'nol·o·gist** *n.* [C]

pho·to /ˈfəutəu/ I *n.* [C]（[复]-tos）＝photograph II *v.* ＝photograph

pho·to·graph /ˈfəutəˌgrɑːf;-ˌgræf/ I *n.* [C]照片，相片：Her grandchildren were more beautiful in the flesh than in their *photographs*. 她的孙子们本人比照片更漂亮。II *v.* 拍照：I prefer *photographing* people rather than landscapes. 我喜欢拍人物照，而不是风景照。〔亦作 photo〕‖ **'pho·to,graph·a·ble** *adj.* —**pho·tog·raph·er** /fəˈtɒgrəfə/ *n.* [C]

pho·to·graph·ic /ˌfəutəˈgræfik/ *adj.* [作定语] ❶摄影的；摄影用的：*photographic* equipment 摄影器材 ❷摄影般的；照相般的：*photographic* accuracy 摄影般的精确 ‖ ˌpho·to'graph·i·cal·ly /-k°li/ *adv.*

pho·tog·ra·phy /fəˈtɒgrəfi/ *n.* [U]摄影（术），照相（术）：She's doing an evening class in *photography*. 她正在上夜校学习摄影.

phrase /freiz/ *n.* [C]【语】短语,片语;词组: Don't learn words singly, learn *phrases*. 不要记单个词,要记短语.

phys·i·cal /'fizik³l/ *adj.* [无比较级] ❶身体的;体质的,体格的: Her appeal comes from her stunning *physical* presence. 她的魅力来自她的婀娜身姿. ❷[作定语]物质的,非精神性的;唯物的;实体性的: *physical* demand 物质需求 ❸物理的;物理学的 ‖ **phys·i·cal·i·ty** /ˌfizi'kæliti/ *n.* [U]— **'phys·i·cal·ly** *adv.* — **'phys·i·cal·ness** *n.* [U]

physical science *n.* [U;C]自然科学(如物理、化学、天文学等)

physical therapy *n.* 物理治疗法;理疗 ‖ **physical therapist** *n.*

phy·si·cian /fi'ziʃ³n/ *n.* [C](内科)医生;医师

phys·ics /'fiziks/ *n.* [U]物理;物理学 ‖ **phys·i·cist** /'fizisist/ *n.* [C]

phys·i·ol·o·gy /ˌfizi'ɔlədʒi/ *n.* [U]❶生理学: medical *physiology* 医学生理学 ❷生理;生理机能 ‖ **phys·i·o·log·i·cal** /ˌfiziə'lɔdʒik³l/ *adj.* — **phys·i·ol·o·gist** *n.* [C]

pi·an·ist /'piənist/ *n.* [C]钢琴演奏者;钢琴家

pi·an·o /pi'ænəu/ *n.* [C]([复]-os)【音】钢琴

pick /pik/ *vt.* ❶挑选,选择: You've *picked* the bad time to see my father. 你选了一个不合适的时间来看我父亲. ❷采;摘;取走: *pick* flowers 摘花 ❸(用手指或尖细器具)掏,挖;剔;剔除: *pick* one's teeth 剔牙 ‖ **pick out** *vt.* ❶挑出;拣出;选出: *pick* the fly *out* of the soup 把汤里的苍蝇捞掉 ❷辨认出,分辨出: *pick out* one's friends in a crowd 在人群中辨出朋友 **pick up** *v.* ❶捡起;拿起;抱起: She *picked up* the magazine and ruffled the page. 她拿起杂志,快速翻了翻. ❷(尤指偶然、无意或轻易)获得;得到;学到: In her long course of medication, she has *picked up* certain professional phrases. 她在长期的治疗过程中学会了一些专业术语. ❸(停下来)把…带走(或取走);搭载(人): He stopped the car to *pick up* a young girl. 他停下车来搭载一个年轻女孩. ‖ **'pick·a·ble** *adj.* — **'pick·er** *n.* [C]

pick·le /'pik³l/ *n.* ❶[常作～s]腌渍食品;腌菜,泡菜: dine off *pickles* 吃腌菜 ❷[U](腌制鱼、菜等用的)盐卤;醋渍液

pick·pock·et /'pikˌpɔkit/ *n.* [C]扒手

pick·y /'piki/ *adj.* 〈口〉吹毛求疵的,爱挑剔的 ‖ **'pick·i·ness** *n.* [U]

pic·nic /'piknik/ *n.* [C]野餐: Come on a *picnic* with us. 和我们一起去野餐吧. ‖ **'pic·nick·er** *n.* [C] — **'pic·nick·y** *adj.*

pic·to·ri·al /pik'tɔ:riəl/ *adj.* ❶[无比较级]画的,绘画的: *pictorial* art 绘画艺术 ❷[无比较级]用图说明的,图示的;插图的: *pictorial* writings 带插图的文字作品 ‖ **pic'to·ri·al·ly** *adv.*

pic·ture /'piktʃəʳ/ **I** *n.* ❶[C]画,图画;画片,画像;照片: draw a *picture* 画画儿 ❷[通常用单]美丽如画的人(或物);景物;景色: This Chinese garden is a *picture* in the spring. 这座中国庭园在春天美不胜收. ❸[通常用单](形象生动的)描绘,描写,叙述,写照: give a vivid *picture* of one's visit to China 绘声绘色地描述中国之行 ❹[C](影视等的)画面;图像清晰度: Channel 10 has a good *picture*. 10 频道的图像很清晰. **II** *vt.* ❶绘,画;拍摄: They were *pictured* playing on the beach. 他们拍了张在海滩上戏耍的照片. ❷用图说明,图示;(形象生动地)描绘,描述,描写: This story *pictures* the war of stars. 这篇小说生动地描写了星球大战. ❸想象;构想: *picture* to one's imaginations a mode 凭空幻想出一种方式

pie /pai/ *n.* [C;U]肉馅饼,蔬菜馅饼;果馅派

piece /pi:s/ *n.* [C] ❶块;片;段;片段;部分(*of*): You are allowed one carry-on and two *pieces of* luggage. 容许你带一件随身行李和两个大件行李. ❷(一套中的)件;个: a dinner service of 50 *pieces* 一套 50 件的餐具 ❸硬币；a ten-pence *piece* 10 便士的硬币 ❹一段(文学、音乐等作品)；一幅(画)；一出(戏)：a famous *piece* of music 一段著名的音乐 ❺(事例、消息、建议等的)件；项；条：Now I have a *piece* of news for you. 现在我有一条消息要告诉你。‖ 'piec·er *n.* [C]

P

piece of cake *n.* [用单]容易做的事，易如反掌之事

pier /piə/ *n.* [C]❶(供上下旅客、装卸货物或散步用的)码头；栈桥 ❷突堤；防浪堤 ❸桥墩，墩 ❹窗间壁

pierce /piəs/ *v.* ❶刺入；刺穿：The arrow *pierced* his shoulder. 箭刺入他的肩膀。❷(声音)刺破；(光亮)照入；(目光)看穿：The lights *pierced* the mist. 灯光照穿了迷雾。❸突破；穿过：Our forces *pierced* the enemy's defense. 我军突破了敌军的防线。‖ 'pierc·er *n.* [C]

pierc·ing /'piəsiŋ/ *adj.* ❶(冷风等)刺骨的，锥子般的；(目光等)犀利的：a *piercing* wind 刺骨的风 ❷(声音)刺耳的，尖厉的：utter a *piercing* shriek 发出一声刺耳的尖叫 ‖ 'pierc·ing·ly *adv.*

pig /pig/ *n.* [C]【动】猪科动物；家猪：keep a *pig* or two in the backyard 在后院养一两头猪 ‖ 'pig·like *adj.*

pig·eon /'pidʒin,-dʒ°n/ *n.* [C]【鸟】鸽子 ‖ 'pig·eon·ry *n.* [C]

pig·ment /'pigm°nt/ *n.* [U；C]❶颜料；涂料：The *pigment* on her lips won't wear off through dinner. 她嘴唇上的颜色吃饭时不会被抹掉。❷色素，色质：*pigment* cell 色素细胞 ‖ pig·men·tal /pig'ment°l/ *adj.*

pile /pail/ I *n.* [C]❶堆；叠：a heterogeneous jumbled *pile* of rubbish 一堆乱七八糟的垃圾 ❷高大的建筑物，大厦；建筑群：a stately *pile* 雄伟的大厦 ❸〈口〉(一)大堆；大量：a *pile* of work 一大堆工作 II *vt.* ❶堆起，堆叠(*up, on*)：She had her boot-black hair *piled* on top of her head. 她把自己黑亮的头发盘结在头上。❷装载；使负担(*with*)：*pile* bottles of beer into the pickups 把啤酒瓶装进小货车 —*vi.* 拥，挤(*in, into, on, out*

of)：There drunks *pile* into the cab. 三名醉汉挤进出租车。

☆pile, heap, stack 均有"(一)堆"之意。pile 常指同类物体由人整齐地堆放在一起：We put the newspapers in *piles* on the floor. (我们把报纸堆放在地板上。)heap 常指东西随意、临时地以丘状堆放在一起，不一定是由人堆放：a *heap* of dirty clothes waiting to be washed (一堆要洗的脏衣服) / a *heap* of leaves (一堆树叶) pile 和 heap 都可与不可数名词连用：a *pile* [*heap*] of sand (一堆沙) stack 与 pile 近义，表示由人堆叠，并且堆成特定的形状，有用心安排的含义：hay in the *stack* (干草堆) / On the sideboard was a *stack* of plates. (餐柜上堆放着盘子。)

pil·grim /'pilgrim/ *n.* [C]❶朝圣者，参拜圣地的人：*pilgrims* from the holy land 来自圣地的朝圣者 ❷漫游者；浪人 ❸旅客 ‖ 'pil·grim·ize, 'pil·grim·ise /-ˌmaiz/ *vi.*

pil·grim·age /'pilgrimidʒ/ *n.* [C]❶朝圣者的旅程：go on the mental *pilgrimage* to Asia 到亚洲去做精神朝拜 ❷人生的旅程；一生：How far have we come in man's long *pilgrimage* from darkness toward light? 在人类从黑暗通往光明的长途旅程中，我们已经走了多远？

pill /pil/ *n.* [C]药丸；药片；药粒：take *pills* 服药丸

pil·lage /'pilidʒ/ *vt.* 抢劫，劫掠，掠夺：*pillage* sb. for no particular reason 莫名其妙地抢劫某人 ‖ 'pil·lag·er *n.* [C]

pil·lar /'pilə/ *n.* [C]❶支柱(如石柱、木柱、金属柱等)；(用作装饰的)柱子 ❷(坚定的)支持者；支柱；栋梁：Key state-owned enterprises are the *pillar* of the country's public-owned economy. 主要的国有企业是这个国家公有经济的支柱。‖ 'pil·lared *adj.* — 'pil·lar·et /-et/ *n.* [C]

pil·low /'piləu/ *n.* [C]❶枕头；似枕头的东西；靠垫：Suddenly her head burrowed deeper into the *pillow*. 她的头突然深埋进枕头里。❷靠垫 ‖ 'pil·low·y *adj.*

pi·lot /'pailət/ I *n.* [C]飞机驾驶员，飞行员 II *vt.* ❶为(船)掌舵；驾驶(飞机) ❷带领

领导：*pilot* a new scheme 主持一项新计划

pin /pin/ **I** *n.* ［C］❶大头针；别针；针：a drawing *pin* 图钉 ❷针形物；夹子；卡子：a hair *pin* 发夹 **II** *vt.* （**pinned**；**pinning**）❶别住；钉住；固定住（*to*，*up*，*together*）：Paul fumbled repeatedly as he tried to find a place to *pin* the microphone. 保罗不断地摸索着，想找个地方别麦克风。❷阻止；扣牢；使…不能动（*against*，*on*）：He was *pinned* under the wrecked truck. 他被压在破卡车底下。

pinch /pintʃ/ **I** *vt.* ❶捏，拧；夹：He reached out with his free hand and *pinched* the old man's nose. 他伸出空着的手捏了一把老头的鼻子。❷紧压，挤压；挤痛：The shoes *pinch* him. 这双鞋挤他的脚。**II** *n.* ［C］❶捏，拧，挤压；挤痛，夹痛：give sb. a *pinch* in the arm 在某人胳膊上拧一把 ❷一撮；少量：a *pinch* of sugar 一撮糖

pine /pain/ *n.* ❶［C］【植】松树 ❷［U］松木 ‖ **pin·er·y** /ˈpaiⁿri/ *n.* ［C］

pine·ap·ple /ˈpainˌæp°l/ *n.* ［C］❶【植】凤梨树，菠萝树 ❷凤梨，菠萝

Ping-Pong /ˈpiŋˌpɒŋ/ *n.* 〈口〉= table tennis

ping-pong /ˈpiŋˌpɒŋ/ *vt.* 把…传来传去，把…踢来踢去：be *ping-ponged* from one court to another 被人从一个法院推到另一个法院

pink /piŋk/ **I** *n.* ［U；C］淡红色，粉红色：decorate in *pink* 用粉红色来装饰 **II** *adj.* ［无比较级］［常用以构成复合词］淡红的，粉红的：She was *pink* and flawless. 她的脸色白里泛红，完美无瑕。 ‖ **pink·ish** *adj.*—**pink·ly** *adv.*—**pink·ness** *n.* ［U］—**pinky** *adj.*

pin·na·cle /ˈpinək°l/ *n.* ［C］❶最高点；顶点：reach the *pinnacle* of one's career 到达事业的顶峰 ❷尖峰；高峰

pin·point /ˈpinˌpoint/ *vt.* 瞄准；确认，确定：It is difficult to *pinpoint* the cause for a woman giving up her career. 很难弄明白一位妇女为什么要放弃职业。

pin·stripe /ˈpinˌstraip/ *n.* ［U］❶（织物上的）细条子（或花纹）❷细条子织物，细条子布：get out of one's *pinstripe* 脱掉细条布套装 ‖ **pin·striped** *adj.*

pint /paint/ *n.* ［C］品脱（容量单位，等于1/8加仑或 0.568 升）

pi·o·neer /ˌpaiəˈniə/ **I** *n.* ［C］❶先驱者；创始人；倡导者：Duncan is now hailed as a *pioneer* of modern dance. 邓肯被称颂为现代舞蹈的开创者。❷拓荒者；开辟者：the brave stories of early *pioneers* 初期开拓者的英勇故事 **II** *vt.* ❶开拓；开辟：*pioneer* the wilderness 开拓荒野 ❷开创；开办；倡导：He *pioneered* the magazine devoted to capturing the beat of a city. 他创办了一本捕捉城市节奏的杂志。

pi·o·neer·ing /ˌpaiəˈniəriŋ/ *adj.* ［作定语］开创性的，先驱的：a *pioneering* novel 新派小说

pipe /paip/ **I** *n.* ［C］❶（输送液体或气体的）管：hot water *pipes* 热水管 ❷烟斗；（烟丝等的）一斗，一筒：He recently switched from cigarettes to a *pipe*. 他最近不抽香烟，改抽烟斗了。❸【音】管乐器；（管风琴的）音管，风管，簧管 **II** *vt.* ❶【音】以管乐器吹奏（曲调）：*pipe* a song 吹奏一支歌曲 ❷用管子输送，用管道运输：*pipe* gas into a house 用管子将煤气送到屋里 ‖ **pipe·ful** *n.* ［C］—**pipe·less** *adj.*—**pipy** *adj.*

pipe·line /ˈpaipˌlain/ *n.* ［C］❶（长距离的）输水（或油、气）管，管道，管线：evacuated *pipeline* 真空管 ❷（信息、物质等流通的）渠道，途径：set up diplomatic *pipelines* to East Asia 建立联系东亚的外交渠道

pi·ra·cy /ˈpairəsi/ *n.* ［C；U］❶海盗行为，海上抢劫 ❷抢劫（或劫持）行为 ❸侵犯版权；非法仿制：video *piracy* 影像盗版

pi·rate /ˈpaiⁿrət/ *n.* ［C］❶海盗；海盗船 ❷剽窃者；侵犯版权者；非法仿制者 ‖ **pi·rat·ic** /paiˈrætik/ *adj.*—**pi·rat·i·cal** /-k°l/ *adj.*—**pi·rat·i·cal·ly** /-k°li/ *adv.*

pis·tol /ˈpist°l/ *n.* ［C］手枪：a silencer-equipped *pistol* 安装了消声器的手枪

pit /pit/ *n.* ［C］（地面的）坑；洼；壕沟，堑：*pits* caused by erosion 由于侵蚀而造成的坑

注¹

pitch¹ /pitʃ/ **I** *vt.* ❶搭架;架设;使…固定: *pitch* a stall 设摊位 ❷投,掷,扔,抛: He *pitched* a stone into the inky-dark billabong. 他往漆黑的水潭里扔了一块石头。 **II** *n.* ❶[C](室外)比赛场地;足球场;板球场 ❷[常用单]高度;程度;顶点: The roar reached a deafening *pitch*. 那吼声震耳欲聋。 ❸[U]音高;音质: She spoke at her normal *pitch*. 她用一种平常的声音讲话。

pitch² /pitʃ/ *n.* [U]沥青

pit·e·ous /'pitiəs/ *adj.* 令人同情的;可怜的: The fish looked up at the fisherman with *piteous* eyes. 鱼可怜巴巴地看着渔夫。 ‖ 'pit·e·ous·ly *adv.* —'pit·e·ous·ness *n.* [U]

pit·fall /'pitfɔːl/ *n.* [C] ❶意想不到的困难;隐藏的危险,隐患: His poem presents many *pitfalls* for the translator. 他的这首诗有许多潜在的难点,译者稍有不慎就会出错。 ❷陷阱,圈套:a political *pitfall* 政治陷阱

pith·y /'piθi/ *adj.* ❶有力的;简洁的;简练的: *pithy* sayings 简洁的谚语 ❷[无比较级]【植】(果实或植物)髓的;多髓的;似髓的 ‖ 'pith·i·ly *adv.* —'pith·i·ness *n.*

pit·i·a·ble /'pitiəbʲl/ *adj.* ❶可怜的,令人怜悯的,值得同情的:in *pitiable* condition 处境可怜 ❷可鄙的:a *pitiable* act 卑劣的行为 ‖ 'pit·i·a·ble·ness *n.* [U]—'pit·i·a·bly *adv.*

pit·i·ful /'pitifʲl/ *adj.* ❶可怜的;令人同情的: Her agony was *pitiful* to see. 她那痛苦的样子真是惨不忍睹。 ❷可鄙的:a *pitiful* attempt 卑劣的企图 ‖ 'pit·i·ful·ly *adv.* —'pit·i·ful·ness *n.* [U]

pit·i·less /'pitilis/ *adj.* 无同情心的;无情的;残忍的:Ambition is *pitiless*. 野心勃勃意味着冷酷无情。 ‖ 'pit·i·less·ly *adv.* —'pit·i·less·ness *n.* [U]

pit·y /'piti/ **I** *n.* ❶[U]同情;怜悯:A soft laugh came from behind the mask, a laugh with no *pity* in it. 面具后面传来了一声轻轻的笑声,里面毫无怜悯之意。 ❷[C]可惜

的事,憾事:It's almost a *pity*! 真叫作孽! **II** *vt.* 同情,怜悯;可怜:I *pity* you if you think so. 你那样想就可鄙了。 ‖ 'pit·y·ing *adj.* —'pit·y·ing·ly *adv.*

☆ **pity, commiseration, compassion, condolence, sympathy** 均有"同情,怜悯"之意。**pity** 指为他人的不幸或痛苦而感到难过,有时也表示强者对弱者的一种悲悯之情:No *pity* was shown to the captives. (对这些囚徒不要有怜悯之心。) / He felt *pity* for a man so ignorant. (他为这样无知的人感到可悲。) **commiseration** 用于对他人的不幸既不能给予帮助,也不能减轻其痛苦的场合,意指用感叹、眼泪或安慰性语言公开地表示同情:Please give her my *commiseration* on failing her examination. (她考试不及格,请向她转达我的关切。) **compassion** 表示怜悯之心激发慈悲之情,从而热切想要相助或表示宽容:She felt great *compassion* on the sick children. (她深深同情那些生病的孩子。) **condolence** 指对他人丧失亲友正式表示哀悼和慰问:Please accept my *condolences* on your mother's death. (请接受我对令堂谢世表示的哀悼。) **sympathy** 指能设身处地分享他人的痛苦或欢乐的心情,强调共鸣:The documentary aroused public *sympathy* for victims of the disaster. (这部纪录片激发了公众对这次灾难中受难者的同情。)

piv·ot /'pivət/ *n.* [C] ❶【机】轴,枢轴,支轴;支枢,支点:*pivot* bearing 枢轴承 ❷关键人物,轴心人物;中心点,要点:He is the *pivot* of her life. 他是她生活的中心。 ❸转动,旋转 ‖ 'piv·ot·a·ble *adj.* —piv·ot·a·bil·i·ty /ˌpivətə'biliti/ *n.* [U]

piz·za /'piːtsə/ *n.* [C]比萨饼(意大利式馅饼)

PLA *abbr.* People's Liberation Army (中国)人民解放军

plac·a·ble /'plækəbʲl, 'plei-/ *adj.* 易平息的;易抚慰的;宽容的;温和的 ‖ plac·a·bil·i·ty /ˌplækə'biliti, ˌplei-/ *n.* [U]—'plac·a·bly *adv.*

pla·cate /plə'keit, 'plæ-, 'plei-/ *vt.* 平息;抚

慰;使和解:She was pleased and *placated*. 她心里很高兴,疙瘩也解开了。‖ pla'cating·ly *adv.* —pla'ca·tion /-ʃ°n/ *n.* [U]— pla'ca·to·ry /-t°ri/ *adj.*

place /pleis/ I *n.* ❶[C]地方,地点,场所,所在地:run out of *places* to go 无处可去 ❷[C]住处,寓所;房子,(尤指)乡间巨宅;家:Please come and have dinner at our *place*. 请到我们家来吃饭。❸[C]座位,席位;合适的(或原来的、指定的、应有的)位置;适当的时刻(或场合):She resumes her *place* and puts her hands in her lap. 她回到自己的座位上,把手放在膝上。❹[用单](社会的)等级,地位,身份;重要地位,高位,名望:sb.'s *place* in society 某人的社会地位 II *vt.* ❶摆放,放置;安排:He *placed* the ring on her finger. 他把戒指套在她手指上。❷为…找到职位,安插,任命;为…找到住处,安置:They *placed* me in the sales department. 他们派我到销售部工作。‖ *in place of prep.* 代替:We have to elect a new manager *in place of* George who is leaving for another post. 我们得另选一位经理,以接替即将离任的乔治。*in the first place adv.* ❶原先,最初,一开始:We would have finished the job long ago if we had listened to him *in the first place*. 要是我们一开始就听他的话,这工作早就完成了。❷[用以列举事项]首先,第一:These new tests are good because *in the first place* they link theory with practice. 这些新的试验很好,首先,它们把理论与实践结合起来了。*take place vi.* 发生;举行:The accident *took place* only in a few yards from the small shop. 事故发生在离小店只有几码远的地方。*take the place of vt.* 代替;取代:Plastics have *taken the place of* many materials. 塑料已经取代了许多种材料。‖ 'place·less *adj.* —'place·ment *n.* [U]

☆place, location, position 均有"地方"之意。**place** 为普通用词,常指事物所在的地方或事情发生的地方:I'll show you the *place* where I was born. (我带你去看看我出生的地方。) **location** 是 place 或 position 的正式用语或术语:The company has found a suit-

able *location* for its new headquarters. (公司已经找到了新的总部的合适的地址。) **position** 尤指某物与周围事物相对的位置:The army will attack the enemy's *positions*. (这支军队将进攻敌人阵地。)

plac·id /'plæsid/ *adj.* 宁静的;平静的;(人)平和的,温和的;沉着的:a *placid*, starry sky 万籁俱寂、繁星点点的天空 ‖ pla·cid·i·ty /plə'siditi/ *n.* [U]—'plac·id·ly *adv.*— 'plac·id·ness *n.* [U]

plague /pleig/ *n.* ❶[C]瘟疫,鼠疫;[the ~]腺鼠疫,肺鼠疫 ❷[C]天灾,灾难,祸患 (*of*):a *plague of* locust 蝗灾 ❸[常用单]麻烦,烦恼:control the *plague of* handguns 控制手枪的滥用 ‖ 'plague·some *adj.*

plaid /plæd, pleid/ *n.* ❶[U][常用作定语]方格呢;格子花呢:a *plaid* skirt 方格呢裙 ❷[C](苏格兰高地人所披的)肩巾,披风 ‖ 'plaid·ed *adj.*

plain /plein/ I *adj.* ❶清楚的;明晰的;明白的,明显的;浅近的,易懂的:The wave rings in the water was *plain* to see. 水上波纹清晰可见。❷直截了当的;率直的,坦率的,坦诚的:tell the *plain* truth 实话实说 ❸朴素的,简朴的;不矫饰的:The art is presented *plain* and unadorned. 艺术表现朴实无华。❹(食物等)素净的,清淡的;单纯的;不掺杂的:a *plain* diet 素净的饮食 II *adv.* ❶清楚地,明白地;直截了当地:Talk *plain* so I can understand you. 要讲得简单明了,这样我可以听懂。❷[无比较级][用以加强语气]显然,完全地:He's just *plain* stupid. 他简直愚不可及。III *n.* [C]平原;(尤指无树林的)大片平地:a wide *plain* 广阔的平原 ‖ 'plain·ly *adv.* —'plain·ness *n.* [U]

plan /plæn/ I *n.* [C]计划,规划,方案:a city *plan* 城市规划 II *v.* (planned; plan·ning)计划,规划;筹划;部署;按计划进行;打算,意欲:Where are you *planning* to spend your holidays? 你打算去哪儿度假呀? ‖ 'plan·ning *n.* [U] —'plan·ner *n.* [C]

☆plan, arrangement, plot, programme, project, scheme 均有"计划"之意。**plan** 为最普通用词,表示在做某事前预先进行考虑和安

排,既可指心里的打算,也可指详细的方案：new government *plans* for reducing inflation (政府减低通货膨胀的新计划) **arrangement** 指对将要或可能发生的事情预先做出布置或准备：We must make *arrangements* for the wedding. (我们该为婚礼做筹备了。) **plot** 指在小说、戏剧或影视剧本中作者精心设计或虚构的故事情节：The *plot* was so complicated that I couldn't follow it. (情节如此复杂,以至于我都看不懂。) 该词也可表示秘密策划的阴谋：The police have uncovered a *plot* to assassinate the president. (警方已揭露了一个行刺总统的阴谋。) **programme** 指付诸实施的计划：an anti-inflation *programme* (防止通货膨胀的计划) **project** 可用于目标单一的行动,也可用于规模宏大的工程,常含有难度较大、需要一定的技能并经过一段时间的努力才能完成的意味：The new dam is a major construction *project* funded by the government. (新水坝是政府出资建造的一个大工程项目。) 该词也常表示目标单一的科研项目或研究专题：In their geography class, the children are doing a special *project* on North American Indians. (在地理课上,孩子们正在做一个有关北美印第安人的特别作业。) **scheme** 表示为了不可告人的目的而精心策划,常指奸诈的阴谋诡计：a *scheme* to escape taxes (逃税的诡计) 该词也可指政府或其他组织的大规模计划或安排：propose a new health insurance *scheme* (提出新的健康保险方案)

plane /plein/ I n. [C] ❶【数】几何平面 ❷平面：an inclined *plane* 斜面 ❸〈口〉飞机(= *aeroplane*) II adj. 〔无比较级〕❶水平的；平坦的 ❷平面的；在同一平面的：*plane* geometry 平面几何学

plan·et /'plænit/ n. [C]【天】❶行星(如火星、金星等)；地球 ❷〈古〉古行星(尤指太阳、月亮、水星、金星、火星、木星及土星等被古人认为的七行星之一)

plank·ton /'plæŋk'tən/ n. [总称] 浮游生物 ‖ **plank·ton·ic** /plæŋk'tɒnik/ adj.

plant /plɑːnt; plænt/ I n. [C] (一株)植物：a tropical *plant* 热带植物 II vt. ❶种,植；播

种；在…种植植物：He *planted* trees in the garden. 他在花园里种了树。❷安置,摆置；(秘密地)安放(炸弹)：*plant* a flag on the summit 在顶上插一面旗子 ‖ **'plant·a·ble** adj. — **'plant·let** n. [C] — **'plant·like** adj.

plan·ta·tion /plæn'teiʃ°n, plɑːn-/ n. [C] ❶大农场；大种植园：a coffee *plantation* 咖啡种植园 ❷造林地；森林

plas·ma /'plæzmə/ n. [U]【医】浆；血浆；乳清肌浆 ‖ **plas·ma·tic** /plæz'mætik/ adj.

plas·ter /'plɑːstə/; 'plæs-/ n. [U] ❶(用以涂墙或天花板等的)灰泥：They preferred to cover their buildings in stucco *plaster*. 他们想给房子涂粉饰灰泥。❷膏药：mustard *plaster* 芥末药膏 ‖ **'plas·ter·er** n. [C] — **'plas·ter·y** adj.

plas·tic /'plæstik/ I n. [U;C] 可塑物；塑料 II adj. 〔无比较级〕可塑的；塑性的；塑料的：*plastic* substances 可塑性物质

plate /pleit/ n. [C] 盘,大碟,浅盆：He piled up food on his *plate*. 他往盘子里堆了很多食物。‖ **'plate·ful** n. [C] — **'plate·less** adj. — **'plat·er** n. [C] — **'plat·ed** adj.

plat·eau /'plætəu/ n. [C] (〔复〕-teaux /-təuz/ 或 -teaus) 高原

plat·form /'plætfɔːm/ n. [C] ❶台；(楼梯口等的)平台：New cars were displayed on rotating *platforms*. 新车放在旋转平台上展出。❷论坛；讲台；舞台,戏台：go up a *platform* 登台

plat·i·num /'plætin°m/ n. ❶[U]【化】铂,白金(符号 Pt) ❷银灰色,青灰色

play /plei/ I n. ❶[U]玩耍；游戏：Everybody needs a balance of work and *play*. 人人都需要在工作与娱乐之间取得平衡。❷[U; C]比赛：Bad weather stopped *play* yesterday. 昨天的比赛因天气恶劣中止了。❸[C]戏剧；剧本：write a *play* 写剧本 II v. ❶玩,玩耍：The children *played* in the yard. 孩子们在院子里玩耍。❷参加运动(或游戏),参加比赛：He is *playing* in the goal. 他在做守门员。❸表演,扮演角色；(戏

剧等)上演,演出;(剧本等)适于演出: *play in a comedy* 在一出喜剧中扮演角色 ‖ **'play-a·ble** *adj.* —**play·a·bil·i·ty** /ˌpleiə'biliti/ *n.* [U]

play·back /'pleiˌbæk/ *n.* [U](录音、录像的)回放,重放;(唱片的)放送

play·er /'pleiə/ *n.* [C] ❶玩耍(或游戏)的人;打牌的人;下棋的人: a chess *player* 棋手 ❷运动员,选手 ❸演员 ❹演奏者

play·ful /'pleifˀl/ *adj.* ❶爱玩耍的;嬉戏的;顽皮的: *playful* children 嬉戏的儿童 ❷开玩笑的,闹着玩的,不当真的: *playful* behaviour 开玩笑的举动 ‖ **'play·ful·ly** *adv.* —**'play·ful·ness** *n.* [U]

play·ground /'pleiˌgraund/ *n.* [C](学校的)操场,运动场;(儿童)游乐场

pla·za /'plɑːzə/ *n.* [C] ❶(尤指西班牙城市的)广场,集市 ❷〈主美加〉购物中心,商业区

plea /pliː/ *n.* [C] ❶恳求;请求: an impassioned *plea* 恳切的请求 ❷【律】(被告表明对于被指控的罪名服或不服的)答辩,抗辩,辩护 ❸借口;托词: under the *plea* of delicate health 以身体不好为借口

plead /pliːd/ (**plead·ed** 或〈美〉〈苏〉**pled** /pled/) *v.* ❶恳求,请求,祈求: *plead* for help 请求帮助 ❷【律】申诉,辩护 ‖ **'plead·a·ble** *adj.* —**'plead·er** *n.* [C]

pleas·ant /'plezˀnt/ *adj.* ❶(事、物等)令人愉快的,使人开心的;宜人的,舒爽的;合意的: a *pleasant* summer day 愉快的夏日 ❷(人或其外表、举止等)令人喜爱的,讨人喜欢的;(态度、性情等)和蔼可亲的: They seem pretty *pleasant* together. 看来他们在一块儿还挺和美的。‖ **'pleas·ant·ly** *adv.* —**'pleas·ant·ness** *n.* [U]

☆**pleasant, agreeable, enjoyable, gratifying, pleasing** 均有"令人愉快的,悦人的"之意。**pleasant** 指某人或某物因其悦人的外表或热情的气质而具有吸引力: a flower with a *pleasant* smell (气味芳香的花) **agreeable** 除表示令人愉快外,还含有符合人的喜好、情投意合的意思: I'm agreeable to doing

what you suggest. (我乐于照你的建议去做。) **enjoyable** 与 pleasing 基本同义,但更强调实际的满意程度: an *enjoyable* picnic (令人愉快的野餐) **gratifying** 表示通过满足需要、实现愿望等来获得精神上的愉悦: It is *gratifying* to see the widespread response to our charity appeal. (看到我们慈善团体的呼吁得到广泛的响应,是很令人欣慰的。) **pleasing** 与 pleasant 基本同义,但重点不在事物自身的特性,而在其产生的愉悦效果,也指有意识地讨好、使人高兴: We have made *pleasing* progress in our talks. (我们的会谈已经取得了令人满意的进展。)

please /pliːz/ *v.* ❶使高兴,使喜欢;使满足: This speech *pleased* her very much. 这番话说得她心里乐滋滋的。❷[用 it 作形式主语]合…的心意,是…的意愿: May it *please* the court to show mercy. 但愿法庭会以宽大为怀。❸[用 it 作形式主语]〈旧〉乐于做,选择做: Instead of attending the meeting, it *pleased* him to go off hunting. 他不去参加会议,而决定溜出去打猎。

pleased /pliːzd/ *adj.* 高兴的,喜欢;满意的: She was *pleased* with the new house. 她对新房子很满意。‖ **pleas·ed·ly** /'pliːzidli/ *adv.* —**'pleas·ed·ness** *n.* [U]

pleas·ing /'pliːziŋ/ *adj.* 令人高兴的,讨人喜欢的;使人满意的: a *pleasing* working environment 惬意的工作环境/ There is something *pleasing* in her countenance. 她的外表有某种赏心悦目之处。‖ **'pleas·ing·ly** *adv.* —**'pleas·ing·ness** *n.* [U]

pleas·ure /'pleʒə/ *n.* ❶[U]高兴,愉快,快乐;满足: She blushed in *pleasure*. 她脸红了,但心里却乐滋滋的。❷[C]乐事,乐趣: It was a *pleasure* to behold. 那真是叫人看了很痛快的场面。❸[U;C]娱乐,消遣: Are you in New York on business or is it for *pleasure*? 你来纽约是出差还是旅游呢?

☆**pleasure, delight, enjoyment, joy** 均有"愉快,欢乐"之意。**pleasure** 为最普通用词,表示感到满足或满意,也常指精神或感官上的快感: small gifts that give a lot of *pleasure* and don't cost much (使人得到很多乐趣而花钱不多的小礼物) **delight** 语气比 pleasure

强,指喜形于色的快乐,含有突发、短暂和易逝的意思:She takes *delight* in teasing her sister. (她以逗弄她的妹妹为乐。) **enjoyment** 指对引起欢乐、愉快的事情所持的态度或采取的行动,强调享受、品味的行为:I got much *enjoyment* out of that book. (我从那本书里得到许多乐趣。) **joy** 常可与 delight 换用,表示发自内心深处的强烈喜悦,但持续时间比 delight 长:They jumped for *joy* when they heard the good news. (他们听到那个好消息时,高兴得跳了起来。)

pledge /pledʒ/ *n.* [C] ❶誓言,誓约;保证:She was harmed by his failure to honour his *pledge*. 他未能履行诺言,这使她受到了伤害。❷担保品,担保物:leave a TV set as a *pledge* for the debt 留下一台电视作为欠债的担保物 ❸抵押品,典押物 ‖ **'pledge·a·ble** *adj.* —**'pledg·er,'pledg(e)·or** *n.* [C]

plen·ti·ful /'plentifəl/ *adj.* ❶大量的,丰富的,多的:*plentiful* protein 丰富的蛋白质 ❷富裕的;丰产的:a *plentiful* land 富饶的土地 ‖ **'plen·ti·ful·ly** *adv.* —**'plen·ti·ful·ness** *n.* [U]

☆**plentiful,abundant,ample,copious,profuse** 均有"充足的,大量的,丰富的"之意。**plentiful** 表示某物多得称心如意,很少用于抽象的东西:a *plentiful* supply of cheap fuel (廉价燃料的大量供应) **abundant** 指某物数量非常多,往往用于某个地方而不是某一特定时间:The country has *abundant* supplies of oil and gas. (这个国家的石油和天然气供应非常充足。) **ample** 表示满足了需要,并且还充足有余:We have *ample* money for the journey. (我们有充足的旅费。) **copious** 数量比 plentiful 要大,可用于 supply of、number of 等短语前面,也可直接用于表示容量、产量、流量的名词前:*copious* quantities of food (大量丰富的食品) **profuse** 常指大量地或毫无节制地生产、涌流、倾泻、挥霍或诉说:She was *profuse* in her thanks. (她一再道谢。)

plen·ty /'plenti/ *n.* [U] ❶丰富,充足;众多;大量(*of*):*Plenty* is at our doorstep. 我们手头并不匮乏。❷富裕,繁荣:the times of *plenty* 丰衣足食的光景

pli·a·ble /'plaɪəbəl/ *adj.* ❶易弯的;柔韧的;可塑的:Cane is *pliable* when wet. 藤条受潮易弯曲。❷柔顺的;易受影响的;能适应的:the *pliable* mind of youth 青年人易受影响的思想 ‖ **pli·a·bil·i·ty** /ˌplaɪə'bɪlɪti/, **'pli·a·ble·ness** *n.* [U]—**'pli·a·bly** *adv.*

plod /plɒd/(**plod·ded;plod·ding**) *vi.* ❶沉重缓慢地走(*along,on*):The caravan *plodded* forward,covering ten or twelve miles a day. 车队缓慢地向前行进,每天走 10 到 12 英里。❷不厌其烦地工作;吃力地做事;埋头苦干(*at*):*plod* at one's books 勤奋读书 ‖ **'plod·der** *n.* [C]—**'plod·ding** *adj.*

plop /plɒp/ **I** *n.* ❶[C](光滑的小物件落入水中的)落水声;扑通声:One sandal fell to the sand with a soft *plop*. 一只凉鞋噗的一声掉进沙里。❷[U]扑通落下;啪嗒掉下 **II** *v.* (**plopped;plop·ping**)使扑通一声掉落

plot /plɒt/ **I** *n.* [C] ❶小块地皮,小块土地:a garden *plot* 菜园 ❷(诗歌、小说、戏剧等的)结构,情节:The *plot* thickens. 情节变得错综复杂起来。❸密谋;阴谋;(秘密)计划:political *plots* 政治圈套 **II** *vt.* (**plot·ted;plot·ting**)❶制(图),画(图):We *plotted* the graph in the opposite way. 我们用相反的方法制图。❷密谋;计划,策划:Have you *plotted* to drown me? 你想淹死我吗? ‖ **'plot·less** *adj.* —**'plot·less·ness** *n.* [U]—**'plot·ter** *n.* [C]

☆ **plot,conspiracy,intrigue** 均有"阴谋,诡计"之意。**plot** 常指为达到某一罪恶目的而进行的精心谋划和安排,可用于个人,也可用于集体:The police have uncovered a *plot* to assassinate the president. (警方已揭露了一个行刺总统的阴谋。) **conspiracy** 指两个或两个以上的人共同密谋进行犯罪或非法活动,常用于叛变等重大阴谋:The men were found guilty of *conspiracy* to murder. (这些人被裁决犯有阴谋杀人罪。) **intrigue** 指幕后的秘密策划或操纵,强调通过玩弄诡计以达到自己的目的而不是要推翻或摧毁别人:She got to her present high position by plotting and *intrigue*. (她通过耍阴谋诡计取得了目前这样高的地位。)

plough /plau/ n. ❶[C]【农】犁 ❷[C]犁形器具:a snow *plough* 除雪机 ‖ **'plough·a·ble** adj. —**'plough·er** n. [C]

pluck /plʌk/ I v. ❶拔;摘;采(*out, off*):The plums have been *plucked* from this particular pudding. 这种布丁上的葡萄干已经被拿掉了。❷拉;拽,拨(乐器的弦);弹奏(乐器) —vi. 抓住(*at*):A drowning man *plucks at* a straw. 快淹死的人一根草也要抓。II n. [U]勇气,胆量,决心,精神 ‖ **'pluck·er** n. [C] —**'pluck·less** adj.

plug /plʌg/ I n. ❶[C]塞子;填塞物:a small *plug* used to stop the vent of a cask 一个用来堵住酒桶漏孔的小塞子 ❷[C]电插头:I yanked the *plug* out of the wall. 我使劲把插头从墙上拽出来。II v. (plugged; plugging) 填塞;堵塞;以塞子塞入(*up*):*plug* a lamp into a wall receptacle 把灯插到墙上的插座上 ‖ **'plug·ger** n. [C]

plum /plʌm/ n. [C]李子;梅子

plumb·ing /'plʌmiŋ/ n. [U] ❶(建筑物的)管道设备;水暖设备:We hope to get the *plumbing* put in very soon. 我们希望能很快把水暖设备安装好。❷装修水管业;管子工的工作

plume /pluːm/ n. [C] ❶羽毛:the brilliant *plume* of a peacock 鲜艳的孔雀羽毛 ❷(缀在帽子、盔或头发上的)羽毛饰 ❸羽毛状的东西:A war-damaged oil refinery sends a *plume* of smoke over the skyline. 毁于战争的炼油厂在天际线上冒出一股羽状烟雾。‖ **'plume·less** adj. —**'plume·like** adj. —**'plum·er·y** n. [U]—**plumed** adj.

plump¹ /plʌmp/ adj. ❶(尤指动物、人、身体的各部分)圆胖的,丰满的,多肉的:a *plump* but not fat woman 一位丰满但并不肥胖的妇女 ❷圆滚滚的;胀鼓鼓的:the sofa's *plump* white cushions 圆鼓鼓的白色沙发靠垫(*up, out*) ‖ **'plump·ish** adj. —**'plump·ly** adv. —**'plump·ness** n. [U]—**'plump·y** adj.

plump² /plʌmp/ vi. ❶(突然)沉重地落下(*down*):The fat body *plumped down* in the chair. 肥胖的身体沉重地压在椅子上。

❷极力支持,拥护(*for*):*plump for* a team 竭力支持某一队 ❸赞成;选定(*for*):We finally *plumped for* the red car rather than the black one. 我们最终选定了这辆红色的汽车而不是那辆黑色的。

plun·der /'plʌndə/ vt. ❶(尤指在战乱时用武力)抢劫,抢掠;抢(某地)的东西;盗窃:*plunder* a bank 抢银行 ❷侵占,侵吞;骗取:The people were *plundered* by the pirate. 人们受到了海盗的抢劫。‖ **'plun·der·er** n. [C]

plunge /plʌndʒ/ v. ❶猛力把…投入(或插入、刺进)(*in, into*):*plunge* the hand *into* the fire 把手猛地伸进火里 ❷使突然陷入:When the electric station exploded, every house was immediately *plunged* into darkness. 发电站发生了爆炸,所有房子立刻陷入了黑暗之中。❸使埋头于,使投身于:be *plunged* into a book 专心阅读一本书

plu·ral /'pluərəl/ I adj. [无比较级] ❶多于一个的;多元的:Our world is indeed a *plural* one. 我们的世界确实是一个多元的世界。❷【语】复数的:the *plural* number 复数 ❸多数的;多种的 II n. [C]【语】❶复数形式;复数形式的词 ❷复数 ‖ **'plu·ral·ly** adv.

plus /plʌs/ I prep. ❶【数】加,加上:One *plus* two is three. 1加2等于3。❷(口)外加;另有;且有:Single houses usually rent for at least $350 per month *plus* heat and utilities. 单间房出租一般每月至少要350美元,外加供热设备和器具使用的费用。II adj. [无比较级] ❶(放在数字后)至少:fifteen *plus* 至少15 ❷[放到考分等后面,常用十号表示]略好一些的;略高一些的:It no doubt has its *plus* points. 这毫无疑问有它好的一面。❸【数】正的;加的 III n. [C] ❶加号 ❷【数】正量;正数 ❸好处;有利因素,优势:an unexpected *plus* 未料到的有利因素

p.m.,P.M. abbr. 〈拉〉*post meridiem* 下午

pock·et /'pɒkit/ I n. [C] ❶衣袋,口袋,兜:He pulls a handkerchief from his coat *pocket*. 他从上衣口袋里抽出一块手帕。❷钱

包,钱袋;财力,财源:I'll finance the film out of my own *pocket*. 我会用自己的钱来资助这部影片。**II** *vt.* ❶把…放入衣袋:He grinned as he *pocketed* the coin. 他把硬币放进口袋的时候,咧嘴笑了笑。❷把…据为己有;侵吞,侵占:*pocket* public funds 侵吞公共基金 ‖ **'pock·et·a·ble** *adj.* —**'pock·et·ful** *adj.* —**'pock·et·less** *adj.*

po·em /'pəuim/ *n.* [C]诗;韵文

po·et /'pəuit/ *n.* [C]诗人

po·et·ic /pəu'etik/, **po·et·i·cal** /-k°l/ *adj.* ❶诗的;有诗歌特点的,诗意的:*poetic* forms 诗歌形式 ❷[无比较级]诗人的;诗人似的 ‖ **po'et·i·cal·ly** *adv.*

po·et·ry /'pəuitri/ *n.* ❶[U][总称]诗;诗歌艺术(或理论、结构):the classical Chinese *poetry* 中国古典诗歌 ❷[U]诗情;诗意

point /point/ **I** *n.* ❶[C](工具、武器、铅笔等的)尖,尖头,尖端,顶端;端点:the *point* of a needle 针尖 ❷[C]【数】(几何中的)点;交点;小数点 ❸[C](表示位置的)点,处,地方,地点;位置:The goods will have to travel overland to inland *points*. 此货必须经陆路运至内地。❹[常作 the **～**]时刻,时分;关键时刻,决定性时刻;临近时刻:at *the point* of death 在弥留之际 ❺[C](温度计等刻度表上的)点,度:the melting *point* of a substance 物质的熔点 ❻[C](用作计分单位的)点;分;学分;(赌博所赢的)点数:The 111 *points* set an Olympic record. 这 111 分的成绩创下了奥运会纪录。❼[C]要点;论点;主旨:That's my *point*. 这就是我的主要意思。**II** *vt.* ❶(用手指、武器等)瞄准,对着;把注意力转向(*to*,*at*):She pointed a finger at me. 她用手指指着我。❷加强(言语或动作)的力量;强调,突出:*point* the necessity 强调必要性 ‖ *off the point adj.* & *adv.* 不相关的(地);不切题的(地),不中肯的(地) *on the point of prep.* [后接表示动作的名词或动名词]正要…之际,就要…之时:He was actually *on the point of* tears. 他确实差点要哭起来。*point out vt.* 表明,指出;使注意:*point out* a pathway 指点迷津 *to the point adj.* & *adv.* 切题的(地),中肯

的(地):In contrast with what is to follow, the language is *to the point* and unadorned. 跟下文形成对比的是,语言直白无华。‖ **'point·y** *adj.*

point·ed /'pointid/ *adj.* ❶[无比较级]有尖头的,尖的:high *pointed* kid shoes 尖头的羊皮鞋 ❷(评论等)尖锐的;有针对性的;一针见血的:He says in a *pointed* voice, as if blaming her. 他话外有音,有点责怪她的味道。‖ **'point·ed·ly** *adv.* —**'point·ed·ness** *n.* [U]

point·er /'pointər/ *n.* [C] ❶指示者;指示物 ❷指示棒;教鞭 ❸(钟表、仪表等的)指针

point·less /'pointlis/ *adj.* ❶[无比较级]无尖头的,钝的:a *pointless* knife 一把钝刀 ❷无意义的,不得要领的;无目标的:The statements are *pointless*. 这些陈述不得要领。‖ **'point·less·ly** *adv.* —**'point·less·ness** *n.* [U]

poi·son /'poiz°n/ **I** *n.* ❶[U;C]毒,毒物,毒药:a dose of *poison* 一剂毒药 ❷[U;C]毒害;有毒害的事物,有危害的东西(如思想、学说等):The divorce of parents is the *poison* to their children. 父母离异有害于他们的孩子。**II** *vt.* ❶给…服毒药;使中毒;毒死:The police confirmed that the victim had been *poisoned*. 警方证实有人给受害者下了毒。❷在…中投毒;在…上涂毒:Someone *poisoned* the well. 有人在井里下毒。❸〈喻〉毒害;危害,戕害:Religious bias has *poisoned* their mind. 宗教偏见戕害了他们的心灵。‖ **'poi·son·er** *n.* [C]

poi·son·ous /'poiz°nəs/ *adj.* ❶有毒的;含毒素的:The snake has *poisonous* bits. 这种蛇有毒。❷有害的:the *poisonous* influence of the rumors 谣言产生的坏影响 ‖ **'poi·son·ous·ly** *adv.*

poke /pəuk/ **I** *v.* 戳,捅;戳出,捅出:*poke* sb. in the cheek 戳某人的脸颊 **II** *n.* [C] 戳,捅;拨弄:He gave her a playful *poke* in the ribs. 他开玩笑地戳了戳她的肋部。

pok·er¹ /'pəukər/ *n.* 火钩,火钳

pok·er² /'pəukər/ *n.* [C]【牌】扑克牌戏;a

game of *poker* 一局扑克牌戏

po·lar /'pəulə/ *adj.* [无比较级] ❶【地理】
地极的；近地极的；*polar* explorers 极地探
险家 ❷【生】(物种)生活在北极的 ‖ '**po-
lar·ly** *adv.*

po·lar·i·ty /pə'læriti/ *n.* ❶[C；U]【物】极
性；二极性；*polarity* indicator 极性指示器
❷[U](倾向、观点等的)对立，相反；reconcile
polarities of individualism and conform-
ity 调和特立独行与循规蹈矩的对立关系

pole¹ /pəul/ *n.* [C] 细长的圆木棒(或金属
棒)；(尤指一端插入地面作支撑的)柱；杆；
竿；a telephone *pole* 电线杆

pole² /pəul/ *n.* [C] ❶【天】天球北极；天球
南极；北极；南极；Six adventurers reached
the South *Pole.* 六名探险家到达了南极。
❷【物】磁极 ❸【电】电极；the negative *pole*
阴极 ‖ '**pole·ward(s)** *adv.*

po·lice /pə'li:s/ *n.* ❶[the ～][用作复]警察
部门；警察当局；警方；the marine *police* 水
上警察 ❷[总称][用作复]警察；警官；
There were over 20 *police* on duty. 有 20 多
名警察在值班。

police officer *n.* [C]警察；警官

pol·i·cy /'pɔlisi/ *n.* ❶[C]政策；方针；do-
mestic [foreign] *policy* 国内[对外]政策
❷[U]计谋；策略；办法；Honesty is the best
policy. 诚实为上。

pol·ish /'pɔliʃ/ I *vt.* ❶擦，磨；擦亮，磨光；
She dusted and *polished* the furniture. 她给
家具除尘，并把它们擦亮。❷使完美，改进；
She went to a night class to *polish* her
French. 她去上夜校补习法语。II *n.*
❶[U；C]擦亮剂；上光剂；a tin of leather
polish 一罐皮革上光剂 ❷[用单](擦拭后
表面的)光滑，光亮；光亮的表面；The roses
on the piano were reflected in the *polish* of
the broad top. 钢琴上的玫瑰花在光可鉴人
的宽大琴盖上倒映出来。‖ '**pol·ish·a·ble**
adj. — '**pol·ish·er** *n.* [C]

pol·ished /'pɔliʃt/ *adj.* ❶擦亮的，磨光的；
polished wood floor 擦得锃亮的木地板
❷光洁的，光滑的；His hair is *polished.* 他
的头发光洁滑溜。❸优雅的；有教养的；

polished behaviour 优雅的举止 ❹完美的；
精湛的；洗练的；a *polished* performance of
Mozart's "*Magic Flute*" 莫扎特《魔笛》的精
湛表演

po·lite /pə'lait/ *adj.* ❶有礼貌的；文雅的；
His voice was grave but *polite.* 他说话的语
调严肃而又不失礼数。❷出于礼貌的；客气
的；couch one's refusal in *polite* terms 婉言
谢绝 ‖ po'**lite·ly** *adv.* — '**po·lite·ness** *n.* [U]

po·lit·i·cal /pə'litik°l/ *adj.* [无比较级]
❶政治的；政治上的；the *political* arena 政
界 ❷政党的，党派的；a *political* party 政党
❸国家的；政府的；由政府组织的；a *politi-
cal* unit 行政部门 ‖ po'**lit·i·cal·ly** *adv.*

pol·i·ti·cian /pɔli'tiʃ°n/ *n.* [C] ❶政治家；
从政者 ❷政治专家；政治学家

pol·i·tics /'pɔlitiks/ [复] *n.* ❶[单复同]政
治；政治事务；政治活动；keep out of *poli-
tics* 不问政治 ❷[用作单]政治职业(或事
业)；He wants to go into [enter] *politics.*
他想从政。❸政治主张(或见解)；May I
ask what your *politics* are? 请问你对政治
有何高见？❹[单复同]手腕，权术；策略；
play *politics* 玩弄政治手腕 ❺[用作单]政
治学；He studies *politics*, philosophy and e-
conomics at university. 他在大学里选修政
治学、哲学和经济学。

poll /pəul/ I *n.* ❶[C]民意测验(或调查)；民
意测验(或调查)记录(或结果)；the *polls* in
the national elections 全国大选中的民意测
验结果 ❷[常作 a ～或 the ～](选举或表
决中的)投票；计票；点票；The result of *the
poll* is still uncertain. 投票结果仍然不确
定。II *v.* ❶对…进行民意测验(或调查)；
In all, 64% of those *polled* responded to the
survey. 接受民意测验的人中总共有 64%
的人对调查作出了反应。❷投(票)；组织…
进行投票；接受(或统计)…的投票；They
polled the townspeople on the matter of
building the highway. 他们组织全体镇民就
修筑公路投票表决。‖ **poll·ee** /pəu'li:/ *n.*
[C]

pol·len /'pɔl°n/ *n.* [U]【植】花粉 ‖ '**pol·len-
less** *adj.* — **pol·lin·ic** /pə'linik/ *adj.*

pol·lut·ant /pəˈluːtənt/ *n.* [C]污染物质：chemical *pollutant* pouring into the river 倾倒在河里的化学污染物

pol·lute /pəˈluːt/ *v.* ❶污染，弄脏：Cigarette smokers *pollute* the air for other people. 吸烟者污染其他人呼吸的空气。❷玷污，败坏；亵渎：*pollute* the young people 败坏年轻人的心灵 ‖ **polˈlu·tant** *adj.* —**polˈlut·er** *n.* [C]

pol·lu·tion /pəˈluːʃən/ *n.* [U]❶污染：combat global *pollution* 跟全球污染现象作斗争 ❷污染物：*oil pollution* at sea 海上的石油污染物

pom·e·gran·ate /ˈpɒmɪˌgrænɪt/ *n.* [C] ❶【植】石榴树 ❷石榴

pom·e·lo /ˈpʌmɪˌləʊ/ *n.* [C]([复]-los) 【植】柚子，文旦

pomp /pɒmp/ *n.* ❶[U]壮观；壮丽；盛况：I remember the *pomp* of the coronation as if it were yesterday. 我还记得加冕礼的盛况，就好像发生在昨天。❷[常作～s]炫耀；浮华；炫耀的行为；浮华的行为

pom·pous /ˈpɒmpəs/ *adj.* 〈贬〉爱炫耀的，自命不凡的，虚夸的：He was something of a *pompous* bore. 他颇为张狂，令人生厌。‖ **pom·posˈi·ty** /pɒmˈpɒsɪti/ *n.* [C]—ˈpom·pous·ly *adv.* —ˈpom·pous·ness *n.* [U]

pond /pɒnd/ *n.* [C]池塘；人工水池

pon·der /ˈpɒndə/ *v.* 沉思；默想；仔细考虑(on, over)：He *pondered* a minute. 他沉吟了片刻。‖ ˈpon·der·er *n.* [C]

pon·der·ous /ˈpɒndərəs/ *adj.* ❶沉重的，笨重的：a *ponderous* line of vehicles 一队笨重的车辆 ❷动作缓慢的；笨拙的，迟钝的；费劲的：*ponderous* movement 笨拙的动作 ❸(文章、谈话等)毫无趣味的；生硬的；不流畅的：He said in a *ponderous* voice. 他说话口气生硬。‖ **pon·der·osˈi·ty** /ˌpɒndəˈrɒsɪti/ *n.* [U]—ˈpon·der·ous·ly *adv.* —ˈpon·der·ous·ness *n.* [U]

po·ny /ˈpəʊni/ *n.* [C]矮种马，小型马

pool¹ /puːl/ *n.* [C]水池，水坑，水塘，水洼：a limpid *pool* 清澈的水池

pool² /puːl/ I *n.* ❶[C](为共同利益集中起来使用的)共用物；共用人员；(人等)有相同需要的一群；(意见等)集中起来的一批：a *pool* of unemployed workers 一群失业工人 ❷[C]【商】联营；联合投资；[用作复]联营者；联合投资者 II *vt.* 把…集中起来使用，共用；把(钱)入集合基金：They want us to *pool* their orders into one shipment. 他们要我们将几笔订货集中一次装运。

poor /pʊə, pɔː/ *adj.* ❶贫穷的，贫困的：a *poor* economy 贫困的经济 ❷缺乏的，不充足的；(土地)贫瘠的，瘠薄的：He has a *poor* sense of humour. 他这人缺乏幽默感。❸质差的，粗劣的；拙劣的：products of *poor* quality 品质粗劣的产品

pop¹ /pɒp/ I *n.* [C]啪的一声，砰的一声：There was a loud *pop* as the champagne cork came out of the bottle. 香槟酒瓶塞拔了出来，响亮地发出啪的一声。II (popped; pop·ping) *v.* ❶发出啪(或砰)的响声；啪(或砰)的一声打开(或爆裂)：The balloon *popped*. 那气球啪的一声爆了。❷(突然)冒出，(出其不意地)出现(或发生)：A wonderful idea *popped* into my head. 我脑子里闪过一个绝妙的主意。❸迅速(或突然)行动；不意来到(或走开)；顺道来访：Why don't you *pop* in for a cup of coffee? 你怎么不进来喝杯咖啡？

pop² /pɒp/ *n.* ❶[U]流行音乐 ❷[C]流行音乐(或歌曲)录音(或唱片)：Jakki *popped* up on Top of the *Pops*. 杰基位居金唱片榜首。

Pope /pəʊp/ *n.* [C][时作 p-]罗马主教

pop·u·lar /ˈpɒpjʊlə/ *adj.* ❶大众喜爱(或接受、赞同)的，大众化的，通俗的；普及的，普遍的，流行的：American *popular* culture 美国的大众文化 ❷[作定语]讨人喜欢的；深得人心的，广受欢迎的：a *popular* hero 深孚众望的英雄 ❸[无比较级][作定语]大众的，民众的，人民的；公众的：Their work lay exposed to *popular* derision. 他们的作品广受公众嘲笑。‖ ˈpop·u·lar·ly *adv.*

pop·u·lar·i·ty /ˌpɒpjʊˈlærɪti/ *n.* [U]普及，流行，大众化：*popularity* of computers 计算机的普及

pop·u·lar·ize, pop·u·lar·ise

/'pɒpjuləˌraiz/ **vt.** ❶使大众化，使通俗化：
popularize profundities 把奥妙的东西弄得
妇孺皆知 ❷推广，普及：*popularize* the new
theories about the creation of the universe
把有关宇宙创始的新学说通俗化 ‖ **pop·u·lar·i·za·tion, pop·u·lar·i·sa·tion** /ˌpɒpjulərai'zei-
ʃ°n;-ri'z-/ **n.** [U]

pop·u·late /'pɒpjuˌleit/ **vt.** ❶(大批地)居住
于，生活于：The desert regions are mainly
populated by a few nomadic tribes. 居住在
这些沙漠地区的主要是一些游牧部落。
❷构成⋯的人口(或动植物的总数)；向⋯移
民：Parts of Wales are very thinly *populated*. 威尔士有一些地区人口十分稀少。

pop·u·la·tion /ˌpɒpju'leiʃ°n/ **n.** ❶[常作
the ～](城市、地区、国家等的)全体人，全
体人民：Education could enrich the *population* as a whole. 教育可以提高全体人民的
整体素质。❷[U；C]人口：an increase
[fall] in *population* 人口的增长[减少]

por·ce·lain /'pɔːs°lin, -lein/ **n.** [U]瓷；[总
称]瓷器：The dinner service is made of
porcelain. 餐具是瓷制的。

pork /pɔːk/ **n.** [U]猪肉

po·rous /'pɔːrəs/ **adj.** 能渗透的；渗水的；透
风(或气、光等)的：Sandy soil is *porous*. 沙
土具有渗透性。‖ **po·ros·i·ty** /pɔː'rɒsiti/ **n.**
[U]

por·ridge /'pɒridʒ/ **n.** [U](用麦片等谷类
加水或牛奶煮成的)粥；糊

port /pɔːt/ **n.** ❶[C；U]港，港口：make
[reach](a) *port* 入港 ❷[C]港市，口岸：
Liverpool is a major *port*. 利物浦是一个重
要的港口城市。

port·a·ble /'pɔːtəb°l/ **adj.** [无比较级]❶便
于携带的，手提式的；轻便的：This little computer is extremely *portable*. 这台小小的计算
机携带极其方便。❷(权利、享受权等)可随
带的，可转移的：*portable* pension 可转移的养
老金 ‖ **port·a·bil·i·ty** /ˌpɔːtə'biliti/ **n.**

por·tend /pɔː'tend/ **vt.** 预示；预告；警告：
The street incident may *portend* a general

uprising. 发生在街头的事件可能是大暴动
的预兆。

por·tent /'pɔːtent, -t°nt/ **n.** [C]❶凶兆，不
祥之兆；迹象，征兆：*portents* of doom 命运
的前兆 ❷奇才；奇事；奇物；奇观：*portents*
of science 科学奇才

por·ten·tous /pɔː'tentəs/ **adj.** ❶[无比较
级]预示的；不祥的：Almost any act could be
taken as *portentous*. 几乎所有的行动都可
以看作某种预兆。❷自命不凡的，自负的；
矜持的 ‖ **por'ten·tous·ly adv.**

por·ter /'pɔːtə/ **n.** [C]搬运工(尤指火车
站、旅馆等的行李工、脚夫)

por·tion /'pɔːʃ°n/ **n.** [C]❶一部分；一份；
一定数量：The first *portion* of the novel
was marvelous. 小说的开头部分写得非常
精彩。❷(事物的)一份，一客：one *portion*
of roast beef 一客烤牛排

por·trait /'pɔːtreit, -trit/ **n.** [C]❶肖像，画
像，人像：a *portrait* in oils 油画像 ❷(用文
字的)描写，描绘，描述：a biography that
provides a fascinating *portrait* of an 18th
century rogue 一部描述 18 世纪一个无赖的
引人入胜的传记

por·tray /pɔː'trei/ **vt.** ❶画(人物、景物等)；
用雕塑表现：The writer was *portrayed* sitting at his desk. 画像中那位作家坐在自己
的书桌前。❷(用文字生动地)描写，描述，
描绘：It became the task of painters to *portray* this world in their art. 画家的任务就
是把这个世界在艺术作品中描绘出来。
❸表现；表演，扮演，饰演：He picked out episodes in Shakespeare's play and *portrayed*
them in music. 他选择了莎士比亚剧中的
一些片段并把它们用音乐表现出来。

pose /pəuz/ **I v.** ❶摆姿势：*pose* for a painter
摆姿势让画家画像 ❷假装；冒充；作态，矫
揉造作，装模作样：He *posed* as a plain uneducated man. 他故意装成没有受过教育的
平民。**II n.** [C]❶(身体呈现的)样子，姿
势：The most difficult *pose* was the natural
one. 最难摆的姿势就是自然的姿势。
❷(故意装出来的)态度，姿态；装腔作势：
strike an indifferent *pose* toward sth. 对某

事故作不屑一顾的样子

po·si·tion /pə'ziʃ°n/ **I** *n.* ❶[C;U]位置;方位;地点:The enemy's *position* was marked on the map. 地图上标示了敌人的位置。❷[C;U](身体的)姿势;(人或事物或其各部位的)位置安排,安置方式:He rose to his feet and threw his arms into a pugilistic *position*. 他站了起来,摆出拳击的架势。❸[C;U]恰当(或习惯)位置;有利地位;【军】【棋】阵地:Turn the switch to the off *position*. 把开关转到关的位置。❹[C;U](尤指崇高的)地位,身份,等级:He has a lofty *position* in society. 他的社会地位很高。❺[C]工作,职位,lose one's *position* 失业 ❻[常用单]处境;状况:appreciate sb.'s *position* 理解某人的处境 ❼[常用单]立场,态度;见解,意见:He is under considerable pressure to modify his *position*. 他承受着要他修正立场的相当大的压力。**II** *vt.* 安放,放置;安置…在适当的位置:She *positioned* the desk so that the light would fall on. 她把写字桌放在灯光照得到的地方。

pos·i·tive /'pozitiv/ *adj.* ❶有事实根据的,无可怀疑的,确实的:I have *positive* proof that these men have been engaged in smuggling. 我有确凿的证据证明这些人一直从事走私活动。❷[作表语]有把握的;确信的:I feel very *positive* about our team's chances this season. 我对我们球队在这个赛季中获胜绝对有把握。❸肯定的,表示赞同的:Their reaction to my idea was generally *positive*. 他们对我那个意见的反应大致上都是肯定的。❹[无比较级][常作表语]【医】(试验)阳性的;RH 阳性的:The blood test declared him *positive*. 验血结果称他呈阳性。‖ **pos·i·tive·ness** *n.* [U]

pos·i·tive·ly /'pozitivli/ *adv.* ❶肯定地,有把握地:The statement is *positively* true. 这一陈述确定无疑。❷明确地,确实地:His words were *positively* disgusting. 他说的话确实令人讨厌。

pos·sess /pə'zes/ *vt.* ❶有,拥有:He *possesses* several Picassos. 他拥有几幅毕加索的画。❷具有(品质、能力、特性等):*possess* the noble qualities 具有崇高的品质 ‖

pos·ses·sor *n.* [C]

pos·ses·sion /pə'zeʃ°n/ *n.* ❶[U]有,拥有持有;占有:I've had the *possession* of this house for 8 years. 我拥有这幢房子已有八年了。❷[常作~s]所有物;财产,财富:He packed all his *possessions* into one trunk. 他把所有的东西一股脑儿塞进一个行李箱里。

pos·ses·sive /pə'zesiv/ *adj.* ❶[无比较级][作定语]拥有的;所有的;占有的:*possessive* rights 所有权 ❷占有欲强的;有支配欲的;不愿与人分享的:He has a *possessive* nature. 他占有欲很强。‖ **pos'ses·sive·ly** *adv.* — **pos'ses·sive·ness** *n.* [U]

pos·si·bil·i·ty /ˌposə'biliti/ *n.* ❶[U]可能(性):The *possibility* of a fall in price is rather remote. 降价的可能性是很渺茫的。❷[C]可能(发生)的事(或情况);可以想象的事;可能获胜(或被选中)的人:Real disarmament is a distant *possibility*. 真正裁军的可能性是渺茫的。

pos·si·ble /'posəb°l/ *adj.* ❶[无比较级]可能的;有可能存在(或发生)的;有可能做到(或得到)的:I said nothing. There seemed no *possible* reply. 我没吭声,看来说什么也是白搭。❷尚可接受的;可能属实的;合适的;可用的;可能获胜(或被选中)的:There are several *possible* explanations for his strange behaviour. 对于他的奇怪行为,有几种可能的解释。

☆**possible, feasible, practicable** 均有"有可能实现的,可行的"之意。**possible** 指如果条件适当或恰当,某事是可能存在、发生或做到的:It's no longer *possible* to find a cheap flat in London. (在伦敦找到一处便宜的公寓不再可能。) **feasible** 指不仅完全有可能而且可行,多半会成功:Your plan sounds quite *feasible*. (你的计划听起来十分可行。) **practicable** 用于描述计划、方案时指在现有的条件或情况下是可以实施的,用于描述方法、做法时指可以操作的:Is it *practicable* to develop agriculture in desert region? (在沙漠地区发展农业可行吗?)

pos·si·bly /'posəbli/ *adv.* [无比较级]❶也许,可能:Bob phoned to say he would *possi*-

bly be late home. 鲍勃打电话来说，他也许要晚一点回家。❷[用于否定句和疑问句]无论如何，究竟：I couldn't *possibly* do that. 我绝不可能干那种事儿。

post¹ /pəust/ **I** *n.* [C] ❶(木材、金属、石头等的)柱；杆；桩：a gate *post* 门柱 ❷标杆，标桩：a distance *post* 里程标 **II** *vt.* ❶张贴(布告、通知等)；在…上张贴布告(或通知等)(*up*)：*Post* no bills. 禁止张贴。❷(张榜)公布，宣布：*post* a reward 张榜悬赏

post² /pəust/ **I** *n.* [U]〈英〉邮政，邮递：The notifications are in the *post*. 通知正在邮递过程中。**II** *vt.* 邮寄，投寄(*off*)：Please remind me to *post* the letters. 请提醒我寄信。

post³ /pəust/ *n.* ❶[C]职务，职位；(委派的)工作，职守：the best candidate for the *post* 那个职位的最佳人选 ❷[C](军警等的)岗位；哨所；巡逻地区：desert the *post* 擅离岗位

post·age /'pəustidʒ/ *n.* [U] ❶邮费，邮资：*postage* due 欠邮资 ❷(盖印在信封、明信片等上的)邮票；邮资戳记；标记

post·al /'pəust°l/ *adj.* [无比较级] ❶邮政的；邮局的；邮件的：*postal* savings 邮政储蓄 ❷邮递的，以邮件方式进行的：a *postal* questionnaire 邮寄意见调查表

post·card /'pəus°ˌkɑːd/ *n.* [C]明信片

post·er /'pəustər/ *n.* [C]招贴；海报；布告；标语

post·grad·u·ate /ˌpəus°'grædjuət, -ˌeit/ *n.* [C]研究生

post·man /'pəus°m°n/ *n.* [C]([复]-men /-m°n/) 邮递员，投递员

post office *n.* ❶[C][P- O-]邮电部；邮政部 ❷邮局

post·pone /ˌpəus°'pəun, pə'spəun/ *vt.* 推迟，延迟，延缓，使延期：Miller wished to *postpone* a visit to Berlin. 米勒希望推迟他的柏林之行。‖ |post'pone·ment *n.* [U]

post·script /'pəus°ˌskript/ *n.* [C](信末签名后的)附笔，又及(略作 P. S.)：She added a *postscript* to the letter. 她在信末附了一笔。

pos·ture /'pɒstʃər/ *n.* ❶[U;C]姿势；姿态，仪态；体位：Poor *posture* can lead to backache. 不适当的姿势会引起背痛。❷[通常用单]心态；心境；态度；(政府等的)立场：He found her still sitting on the grass in the same melancholy *posture*. 他发现她仍然垂头丧气地坐在草地上。

pot /pɒt/ *n.* ❶[C](用于煮食的)(深)锅：*pots* and pans 深锅和平底锅 ❷[C]罐；钵；壶，茶壶，咖啡壶；盆，花盆：*Pots* of roses stood on the table. 桌子上摆着几盆玫瑰花。‖ |'pot·ful *n.* [C]

po·ta·to /pə'teitəu/ *n.* [C]([复]-toes) ❶马铃薯，土豆：mashed *potato* 马铃薯泥 ❷甘薯，山芋，白薯

po·ten·cy /'pəut°nsi/ *n.* [U] ❶威力，力量 ❷效力，效用：Alcohol can affect the drug's *potency*. 酒精会影响这种药的药效。

po·tent /'pəut°nt/ *adj.* ❶强有力的；有权势的；有影响的：a *potent* figure 权势炙手可热的人物 ❷(议论等)有说服力的：Several *potent* arguments were in his favour. 一些有说服力的论据对他很有利。❸(药、酒等)有效力的，有效能的；浓烈的，烈性的：This cider is very *potent*. 这种苹果酒很浓。

po·ten·tial /pə'tenʃ°l/ *adj.* [无比较级][作定语]可能的，潜在的：the *potential* market for the Chinese goods 中国商品的潜在市场

pot·hole /'pɒˌhəul/ *n.* [C](道路因雨及行车所形成的)坑；穴

po·tion /'pəuʃ°n/ *n.* [C](液体、药物或毒物的)一剂，一服

pot·ter·y /'pɒtəri/ *n.* ❶[U]陶器，陶瓷器皿 ❷[U]陶瓷制造业 ❸[C]陶瓷厂(或作坊)

poul·try /'pəultri/ *n.* ❶[总称]家禽(如鸡、鸭、鹅等) ❷[U]家禽的肉

pounce /pauns/ *vi.* ❶猛扑；猛冲；突袭(*on*, *onto*, *upon*)：The cat sat motionless, waiting to *pounce on* the mouse. 猫儿不动声色，伺机扑向老鼠。❷一把抓住并利用(*on*, *upon*)：He was quick to *pounce on* any mistakes I made. 他不轻易放过我犯的任何错误。

pound¹ /paʊnd/ *n.* [C] ❶ 磅：The carrots cost 30p a *pound*. 胡萝卜 30 便士一磅。❷（[复]**pound(s)**）英镑(英国货币单位，全称 pound sterling，符号 £；1971 年后 1 英镑＝100 pence)：The price of this book is twenty *pounds*. 这本书的售价是 20 英镑。

pound² /paʊnd/ *v.* ❶ 连连重击：She lifted the knocker and *pounded* it repeatedly on the door. 她拿起门环嘭嘭敲打门。❷ 捣碎，碾碎：She *pounded* the meat into a paste. 她把肉捣成糊状。❸ 敲击出（*out*）：The drummers were *pounding out* the beat with wooden hammers. 鼓手们用木槌敲击出节奏。

pour /pɔːʳ/ *v.* ❶ 倒；灌；注：This will give the beer a head when you *pour* it. 这啤酒你倒的时候会起泡沫。❷ 倾诉，倾吐；发送（*out, forth*）：I must *pour forth* the exultation of a heart swelling with joy. 我一定要向你倾诉我满腔的喜悦。❸ [常用 it 作主语]下倾盆大雨：I'm not going out. It's *pouring*. 我不外出了，天下着大雨呢。‖ **'pouring** *adj.*

pout /paʊt/ I *vi.* ❶ 噘嘴；板脸，面露不悦：The child *pouted* and seemed about to cry. 这孩子噘着嘴，好像马上要哭。❷（嘴唇等）噘起，凸起，鼓起 —*vt.* 噘起（嘴唇）：*pout* one's mouth for lipstick 噘嘴嘴唇涂口红 II *n.* [C]噘嘴；噘嘴生气

pov·er·ty /'pɒvəti/ *n.* ❶ [U]贫穷，贫困：abject *poverty* 赤贫 ❷ [常用单]贫乏，不足，缺少；贫瘠：He made no secret of what he thought of as the *poverty* of American culture. 他认为美国文化贫乏，对此他毫不隐讳。

pow·der /'paʊdəʳ/ *n.* ❶ [U]粉；粉末：grind sth. into *powder* 把某物磨成粉末 ❷ [C；U]药粉；化妆用粉：There was a smell of sweat and face *powder*. 有一股汗味和脂粉味。

pow·er /'paʊəʳ/ *n.* ❶ [U]力，力量：physical *power* 体力 ❷ [U；C]能力；本领；才智：Excitement deprived me of all *power* of utterance. 我兴奋得什么话也说不出来。❸ [U]权力；政权，统治地位，支配地位；权势；影响力：When did this government come to *power*? 这届政府是何时上台的？❹ [C]强国，大国；有权势(或影响力)的人物(或机构)：a world *power* 世界强国 ❺ [U]精力，活力；强度：He is not without *power*. 他并不是缺乏魄力。

☆ ❶ **power, authority, command, control, dominion, jurisdiction, sway** 均有"权力"之意。**power** 为普通用词，指通过地位、职务或坚强性格实行统治的能力，强调强有力的控制，用于特定个人、组织时有权限明确的含意：The *power* of the government has increased greatly over the past century. （在过去的一个世纪当中，政府的权限大大增强了。）**authority** 常指官方赋予的权力，或在特定场合为某一特定目的的授权的职权，也可指在某一范围里最有地位的权威：A policeman has the *authority* to arrest the lawbreakers. （警察有权逮捕犯法的人。）**command** 指拥有发布命令、强制他人服从的权力：The army is under the king's direct command. （军队由国王直接统率。）**control** 强调在行使权力过程中进行约束、调节或支配：George took *control* of the business after his father died. （乔治在父亲去世后接管了生意。）**dominion** 可指部分的控制权，也可指对全体拥有主权：Alexander the Great held *dominion* over a vast area. （亚历山大大帝曾统治过辽阔的地域。）**jurisdiction** 最为正式和严格，指政府机关或司法部门享有的法定统治权或决定权：The prisoner refused to accept the *jurisdiction* of the court. （那囚犯拒绝接受法院的判决。）**sway** 原指拥有绝对权力或势力的范围，现多指在某一特定范围内起到决定性影响：In medieval times the Church held sway over many countries. （在中世纪，教会支配着许多国家。）❷ **power, energy, force, might, strength** 均有"力，力量"之意。**power** 为普通用词，词义和使用范围都很广，泛指做某一事情时产生一定结果的潜在能力或实际能力，既适用于体力方面，也适用于智力或精神方面：So enormous was the hurricane's *power* that it carried away whole buildings.

(飓风的力量大极了,竟刮走了整座整座的建筑物。) **energy** 指储存的能量,既可表示做某一事情时耗费的精力,也可表示能够转变为功的能:The sun's *energy* will last for millions of years. (太阳能将维持数百万年。) **force** 尤指在做某一件事情中实际使用、发出或施加的有效力量,有克服困难或阻力、迫使对方动起来的含义:He had to use *force* to get the lid off the tin. (他得用力才能打开这罐头的盖子。) **might** 指巨大、超人的力量或威力:The army was crushed by the *might* of the enemy forces. (这支军队被敌方强大的武力击溃。) **strength** 表示人或事物本身具有的内在能力或特性,用于人时有体格健壮或意志坚强的含义:He does weight training to build up his *strength*. (他练举重以增强体力。)

pow·er·ful /'pauəf°l/ *adj.* 强大的;强有力的;效力大的;有影响力的:The President made a *powerful* speech. 总统做了一场有力的演讲。‖ **'pow·er·ful·ly** *adv.*

pow·er·less /'pauəlis/ *adj.* 〔无比较级〕无力的;无能为力的;无权力的;无效力的;无影响力的:I stood and watched him struggle, *powerless* to help. 我站在那儿,眼巴巴地看着他挣扎却无从救助。‖ **'pow·er·less·ly** *adv.*

prac·ti·ca·ble /'præktikəb°l/ *adj.* ❶可行的,能实行的,行得通的:a *practicable* strategy 切实可行的策略 ❷适用的;(舞台布景的门窗等)可实际使用的,真实的:There is no doubt that this system is perfectly *practicable*. 毫无疑问,这个系统完全适用。‖ **'prac·ti·ca·bly** *adv.*

prac·ti·cal /'præktik°l/*adj.* ❶〔无比较级〕实际的;实践性的:She lacks *practical* experience. 她缺乏实践经验。❷实用的;有实用价值的:*practical* unit 实用单位 ❸(人)实干的;身体力行的;做事机敏的;有实际经验的:*practical* minds 实干家 ❹注重实效的,讲究实际的:be in *practical* control 处于实际的控制地位

prac·ti·cal·ly /'præktikəli/ *adv.* 〔无比较级〕❶〈口〉几乎,差不多:*Practically* all

substances expand when heated and contract when cooled. 几乎所有的物质都是热胀冷缩的。❷实际上,事实上:*Practically*, we have solved all these problems. 事实上,我们已把这些问题一起解决了。❸从实际的立场,讲究实际地;从实用的角度,实用上:I mean is she good to you *practically* speaking? 说真格的,她对你好不好?

prac·tice /'præktis/ **I** *n.* ❶[U]实践;实行,实施;(知识的)应用;经验:divorce theory from *practice* 使理论与实践脱节 ❷[U;C]练习;一段练习时间;(经练习达到的)熟练程度:He told the story easily and well. He had had a lot of *practice* telling it. 他的故事讲得既流畅又生动,他已经讲过许多回了。❸[U;C]惯常做法,惯例;习俗:The *practice* of banks closing at 4 o'clock is very annoying. 银行在4点钟关门的惯例实在令人讨厌。**II** *v.* =practise

prac·tise /'præktis/ *v.* ❶练习,学习;使练习,训练:*practise* a song 练歌 ❷经常做,实践,实行:Get a livelihood and then *practise* virtue. 先安身而后立命。❸从事(职业):His father *practises* medicine. 他父亲开业当医生。〔亦作 **practice**〕‖ *in practice adv. & adj.* ❶实际上,事实上;在实践中:*In practice*, the economic policy didn't work. 实际上,那项经济政策并未奏效。❷不断练习的;熟练的:I'm afraid I won't be able to play well because I haven't been *in practice* for many years. 恐怕我已经玩不好了,因为有多年不练了。*put into* [*in*] *practice vt.* 把…付诸实践,实行,实施:*put* one's plan *in practice* 实行计划

prac·tised /'præktist/ *adj.* 熟练的;老练的,有经验的;训练有素的:He was *practised* in [at] negotiating business deals. 他在谈生意方面富有经验。〔亦作 **practiced**〕

praise /preiz/ **I** *vt.* 赞扬,称赞,赞许:The book was widely *praised* by critics. 这本书博得评论界的广泛好评。**II** *n.* ❶[U]赞扬,称赞,赞许;[~s]赞扬话:His novel received a lot of *praise*. 他那本新小说好评如潮。❷[U]赞美,崇拜;[~s](对神、圣人等

的)赞辞,赞美诗

☆ **praise, acclaim, eulogize, extol, laud** 均有 "表扬,赞扬,称颂"之意。**praise** 最为普通, 常指评价地位相对较低的人,也可用于对上 帝的赞美:The doctor *praised* her for her courage. (医生赞扬她的勇气。) **acclaim** 尤 指用热烈的掌声或欢呼声表示赞同或良好 祝愿:They *acclaimed* the article as the masterpiece of investigative reporting. (他 们盛赞这篇文章是调查报道中的杰作。) **eulogize** 强调用演说或书面形式来极力赞颂, 常用于葬礼等庄重场合:He was formerly much *eulogized* by the press. (他以前曾被 报刊大加赞颂。) **extol** 指正式赞扬,暗含要 抬高、渲染其接受者之意:He keeps *extolling* the merits of his new car. (他对他的新 车赞不绝口。) **laud** 指高度地、有时甚至是 过分地称颂:The critics *lauded* the actor to the skies. (评论界把这个演员捧上了天。)

pray /prei/ v. ❶祈祷,祷告;祈求(*to, for*): *Pray* to God for mercy. 祷求上帝发慈悲。 ❷恳求,请求

prayer /preə/ n. ❶[U;C]祈祷,祷告;[常 作~s]祷告词,祷文:be at *prayer* 在祈祷 ❷[C]祈求,祈望;祝愿,祷求:answer one's *prayers* 实现某人的祈愿

preach /priːʃ/ v. ❶宣讲(教义);布(道);传 授:The puritans *preached* sober living. 清 教徒提倡生活节制。❷倡导;宣扬;鼓吹;灌 输:a society in which tidiness was *preached* and practiced 一个讲究整洁而且做到整洁 的社会 ‖ '**preach·ment** n. —'**preach·y** adj.

preach·er /'priːtʃə/ n. [C]传道士,牧师;说 教者;鼓吹者

pre·car·i·ous /pri'keəriəs/ adj. ❶不稳定 的,不确定的;不安全的,危险的:Working on the roof of that building looks very *precarious*. 在那楼宇的屋顶上干活看来很危 险。❷前提有问题的;根据不足的;靠不住 的:a *precarious* assumption 靠不住的假设 ❸随机而定的;偶然性的;说不定的:the *precarious* tenure of human possessions 人 间财物的聚散无常 ‖ pre'**car·i·ous·ly** adv.

pre·cau·tion /pri'kɔːʃ°n/ n. [C]预防措施,

防备办法:You took *precautions* too late. 为时已晚,来不及了。

pre·cede /pri'siːd/ vt. ❶(在时间、顺序、重 要性等方面)位于…之前,先于:It is the quiet that *precedes* a storm. 风暴来临之前 是宁静。❷走在…的前头,领先于:The usher *preceded* us into the theatre. 引座员 在前面领我们走进了剧院。❸放在…之前, 在…前加上(*by*,*with*):*precede* the name *by* Miss 在名字前加上 Miss

prec·e·dence /'presid°ns/,**prec·e·den·cy** /-d°nsi/ n. [U]❶(时间、顺序或重要性上 的)居前;在先,居先;领先:Knowledge instead of wealth takes *precedence* in one's identity. 一个人的身份取决于知识而不是 财富。❷优先权

prec·e·dent /'presid°nt/ n. ❶[C]先例,前 例:The task was virtually without *precedent*. 这种工作确实前所未有。❷惯例: Part of the constitutional system is based on *precedent* and custom. 宪法体系部分依据 惯例和习惯法。

pre·ced·ing /pri'siːdiŋ/ adj. [无比较级] [作定语]在前的,居先的;领先的:the *preceding* editions of the book 此书的前几个版 本

☆**preceding, antecedent, anterior, fore-going, former, previous, prior** 均有"前面的,先前 的"之意。**preceding** 常指在时间、位置上 紧贴在前面的:the *preceding* night (前一 夜) **antecedent** 指时间顺序上在前,但中间 往往有一段间隔,常有某种因果关系的含 义:The cave men lived in a period of history *antecedent* to written records. (穴居人生活 在有文字记载之前的一个历史时期。) **anterior** 常指空间位置上在前面部位的:The *anterior* part of a fish contains the head and gills. (鱼的前部包括头和鳃。) **foregoing** 专 指前面所论述或提到的:The *foregoing* are only a few of the instances. (以上仅举数 例。) **former** 往往用以将某事与后来的事情 作明确比较或对照:In *former* times people were hanged for stealing in Britian. (从前 在英国,偷窃东西的人要被绞死。) **previous** 表示在某事前面存在或发生的,用于时间或

次序方面：Have you had any *previous* experience of this kind of work? （这种工作你以前做过吗？） **prior** 可与 previous 换用，但带有更重要或优先的含义，并常与介词 to 连用：I stopped playing football because my work had a *prior* claim on my time. （我不踢足球了，因为我的时间首先要用于工作上。）

pre·cinct /ˈpriːsiŋkt/ *n.* [C] ❶（围起来的）场地，院落；（教堂、学校等的）四周土地：on the edge of the college *precinct* 在校区的边缘 ❷（城市中划归特定用途的）区域；（尤指）机动车禁行地段：the *precinct* of a national park 国家公园区

pre·cious /ˈpreʃəs/ *adj.* ❶贵重的；珍贵的，宝贵的：Everything for the writer is *precious* material. 对于这位作家来说，一切都是宝贵的素材。❷受到珍爱的，心爱的：Every child is *precious* to its parents. 每个孩子都是父母的宝贝。❸得到珍视的，可贵的：I hold our friendship most *precious*. 我极其珍视我们的友谊。‖ ˈpre·cious·ly *adv.* —ˈpre·cious·ness *n.* [U]

pre·cip·i·tate I /priˈsipiˌteit/ *vt.* ❶使突然发生；促成；使加速：a blackout *precipitated* by swimming 游泳引起的猝然昏厥 ❷使猛力投入；使突然处于（into）：*precipitate* oneself *into* a struggle 奋力投入斗争 II /priˈsipitət/ *adj.* ❶［无比较级］突如其来的，突然的：a *precipitate* car accident 突发车祸 ❷急速的；猛冲的：beat a *precipitate* retreat 急速撤退 ❸贸然的，仓促的，轻率的：He had given no satisfactory explanation for his *precipitate* action. 他还没有对其贸然的举动作出令人满意的解释。‖ priˈcip·i·tate·ly *adv.*

pre·cip·i·ta·tion /priˌsipiˈteiʃn/ *n.* ❶［U］急促，仓促，轻率；贸然性：act with *precipitation* 贸然行事 ❷［U］突然发生，突如其来：The *precipitation* of his resignation was revelations published in all the newspapers. 所有报纸的这番披露导致他的突然辞职。

pre·cise /priˈsais/ *adj.* ❶精确的，精密的；准确的；确切的：*precise* calculations 精确的

计算 ❷明确的；清晰的：*precise* directions 明确的指示 ❸［无比较级］［作定语］恰好的，正是的：I'm sorry. I can't come just at this *precise* moment. 对不起，恰好这个时候我不能来。‖ priˈcise·ness *n.* [U]

pre·cise·ly /priˈsaisli/ *adv.* ❶精确地，精密地；准确地；确切地：I can't remember *precisely* where she lives. 我记不准她的住所。❷［无比较级］恰好，正是：That's *precisely* what I mean. 这正好是我的意思。

pre·ci·sion /priˈsiʒn/ *n.* [U] ❶精确（性）；精密（度）；准确（性）；确切（性）：The designs were drawn with great *precision*. 设计图画得极为精确。❷明确（性）；清晰（性）：His writing is a model of clarity and *precision*. 他的文笔是简洁明晰的典范。

pre·clude /priˈkluːd/ *vt.* ❶阻止；妨碍（from）：*preclude* development 阻碍发展 ❷使不可能；排除：*preclude* all doubts 排除所有疑虑

pre·con·cep·tion /ˌpriːkənˈsepʃn/ *n.* [C]事先构成的看法，预想

pre·con·di·tion /ˌpriːkənˈdiʃn/ *n.* [C]先决条件，前提：The board set *preconditions* for his promotion. 董事会为他的提升制订了先决条件。

pre·cur·sor /priˈkɜːsə/ *n.* [C]〈书〉❶先驱，先锋；开创者：a *precursor* of revolution 革命先驱 ❷前辈；前任 ❸前兆，先兆：Aches and pains are the *precursors* of flu. 浑身酸痛是流感的前兆。‖ priˈcur·so·ry /-səri/ *adj.*

pre·date /priːˈdeit/ *vt.* ❶（时间上）早于，先于：a house that *predates* the Civil War by three years 内战发生前三年建的房子 ❷使早于实际日期：*predate* a check 把支票的日期填得早于实际日期

pred·e·ces·sor /ˈpriːdiˌsesə/ *n.* [C] ❶前任；前辈：adopt the opinions of one's *predecessors* 拾人牙慧 ❷（被取代的）原有事物，前身：a fully revised edition with twice length of its *predecessor* 长度为前一版两倍的全面修订版

pre·dic·a·ment /priˈdikəmənt/ *n.* [C]尴尬

的处境，窘境；困境；危境：find oneself in a *predicament* 发现自己处境尴尬

☆ **predicament**, **dilemma**, **fix**, **jam**, **pickle**, **plight**, **quandary** 均有"困境，窘境"之意。**predicament** 指困难或困惑境地，往往难以解脱或没有解决的办法：He didn't know how to extract himself from his *predicament*. (他不知道怎样才能使自己摆脱困境。) **dilemma** 表示必须在两种同样令人不快的事情中作出选择，强调左右为难：She was in a *dilemma* as to whether to stay at school or get a job. (是留在学校还是找工作，她处于进退两难的境地。) **fix** 和 **jam** 为 **plight** 的口语用词，但 **fix** 侧重于难以解脱的困难，**jam** 强调陷进去很深：We're in a real *fix* — there's nobody to look after the baby. (我们处境实在困难——没有人照看婴儿。) / Their car was stuck in a traffic *jam* for hours. (他们的车子因交通堵塞而被耽误了好几个小时。) **pickle** 为非正式用词，指处于令人苦恼的境地：You are in a *pickle*, aren't you? Let me help you out. (你身陷困境，不是吗？让我帮你一把。) **plight** 现多指困难或不幸的处境：We are all moved by the *plight* of these poor homeless children. (我们都被这些贫穷、无家可归的儿童的苦境所触动。) **quandary** 强调困惑、茫然不知所措：in a *quandary* about how to do it (犹豫不定该如何做这件事)

pred·i·cate /ˈprediˌkeit/ *vt.* ❶断言…真实 (或存在)；断定；肯定：*predicate* a motive to be well-intended 断定动机是善意的 ❷使 (声明等)基于，使根据；使取决于(*on*, *upon*)；(作为先决条件)决定：Science is *predicated upon* the assumption that any factual assertion could be true. 科学是以任何真实的断言为真的设想为依据的。 ❸意味，暗示：His retraction *predicates* a change of attitude. 他的退缩表示他态度有了变化。 ‖ **pred·i·ca·tion** /ˌprediˈkeiʃ°n/ *n.* [U;C]—**pre·dic·a·tive** *adj.*

pre·dict /priˈdikt/ *vt.* 预言；预测；预示：What I had *predicted* fortnight ago had happened far sooner than I had anticipated. 两星期前我所预料的事情比预期的早早提

前发生了。 ‖ **preˈdic·tor** *n.* [C]

pre·dict·a·ble /priˈdiktəb°l/ *adj.* 可预言的；可预测的，可预料的；可预报的：Most insects have fairly *predictable* behaviour. 大多数昆虫的行为具有相当的可预测性。

pre·dic·tion /priˈdikʃ°n/ *n.* [U;C] ❶预言；预测，预料，预计；预报：environmental monitoring and *prediction* 环境监测 ❷预言的事物；预测(或预料、预计)的事物；预报的事物

pre·dom·i·nant /priˈdomin°nt/ *adj.* [无比较级] ❶有势力的；重要的；占主导(或支配)地位的：Fear with me became *predominant*. 恐惧在我心里占了上风。 ❷(在数量等方面)占优势的，占绝大多数的；显著的；普遍的：Alice's health was her *predominant* worry. 艾丽丝的健康是她的一大心病。 ‖ **preˈdom·i·nance** *n.* [U]—**preˈdom·i·nant·ly** *adv.*

pre·dom·i·nate /priˈdomiˌneit/ *vi.* ❶占主导(或支配)地位；统治；控制：Service industries *predominate* for employment in the island. 服务性行业在该岛就业市场上占主导地位。 ❷(在数量等方面)占优势，占绝大多数：In the colder regions, pine trees *predominate*. 在更寒冷的地带，绝大多数树木是松树。

pre·em·i·nent /priˈemin°nt/ *adj.* 超群的，非凡的，卓越的，杰出的：a *preeminent* player in the global market 全球市场上的超级玩家 ‖ **preˈem·i·nence** *n.* [U]—**preˈem·i·nent·ly** *adv.*

pref·ace /ˈprefəs, ˈprefis/ *n.* [C] ❶(书籍等的)序言，序文：write a *preface* to a book 写一本书的序言 ❷(演讲等的)开场白：He crossed over to where Mary was sitting, and began, without *preface*. 他走到玛丽坐的这边，开门见山地说道。 ‖ **ˈpref·a·to·ry** /-t°ri/ *adj.*

pre·fer /priˈfəː/ *vt.* (-ferred; -fer·ring) 更喜欢；宁愿：Do you *prefer* coffee or tea? 你喜欢喝咖啡还是茶？

pref·er·a·ble /ˈpref°rəb°l/ *adj.* [无比较

级〕❶(比⋯)优先选取的;(比⋯)更可取的(to);Poliosis is far *preferable to* baldness. 头发早白要比秃顶强得多。❷更如意的,更为称心的:Which of the two houses is *preferable*? 这两所房子中哪一所更合你意? ‖ 'pref·er·a·bly *adv.*

pref·er·ence /'pref°r°ns/ *n.* ❶[U;C]更加的喜爱,偏爱:What you wear is entirely a matter of personal *preference*. 穿什么衣服完全是个人喜好的事情。❷[C]偏爱的事物(或人):We have both beer and wine. Do you have a *preference* for one or the other? 我们啤酒和葡萄酒都有。你喜欢哪一种呢?

pre·fix /'pri:fiks/*n.* [C]【语】前缀(如 ex-, non-, re-):negative *prefixes* 表示否定的前缀

preg·nan·cy /'pregn°nsi/ *n.* [U;C]怀孕,妊娠;怀孕期,妊娠期:Her *pregnancy* advanced. 她的肚子一天一天大起来了。

preg·nant /'pregn°nt/ *adj.* ❶[无比较级]怀孕的,妊娠的;有妊娠反应的:a *pregnant woman* 孕妇 ❷[作定语](语言或行为)意味深长的;含义隽永的;意义重大的:a *pregnant word* 重要的字眼儿

pre·his·tor·ic /ˌpri:his'tɔrik/, **pre·his·tor·i·cal** /-k°l/ *adj.* [无比较级]有文字记载的历史以前的,史前的:*prehistoric archaeology* 史前考古学

prej·u·dice /'predʒudis/ **I** *n.* ❶[U;C]先人之见,成见:a deep-rooted *prejudice* 根深蒂固的先人之见 ❷[U;C]偏见;歧视,反感:I have no *prejudice* against X or Y. 我对谁都没有偏见。**II** *vt.* ❶使产生先人之见,使有成见:The newspaper successfully *prejudiced* the public with their biased stories. 那家报纸用其片面的报道文章成功地使公众产生了先人之见。❷使有偏见;使产生歧视(或反感):The retarding service *prejudiced* customers against the company. 那家公司拖拖拉拉的服务作风使顾客对其产生了反感。❸对⋯不利,损害,侵害(他人的权利等):The fact that he frequently breaks his promises has *prejudiced* his reputation. 他屡屡言而无信,坏了自己的名声。

☆ **prejudice, bias, partiality, predilection**, 均有"偏见,偏向"之意。**prejudice** 指出于无知、害怕、褊狭、憎恨或毫无根据的成见等而对某人或某事不公正,常给对方带来伤害:They accused him of having a *prejudice* against his women employees. (他们指责他歧视女雇员。) **bias** 指根据个人的好恶或成见对有争议的人物或事件存有偏见或偏爱,既可表示赞成,亦可表示反对:They complained of *bias* in the way the news media reported the story. (他们投诉新闻媒体在报道该事件的方式上表现出的偏见。) **partiality** 表示因强烈喜爱而偏袒某人或某事,含不能一视同仁、缺乏公允之意:Show no *partiality* in your decisions. (作出决定时切勿有偏心。) **predilection** 指因某人的气质、性情或经历所产生的特别喜爱,可用于朋友、书籍、食物、方法等:a *predilection* for dangerous sports (对危险运动的嗜好)

pre·lim·i·nar·y /pri'lim°n°ri/ *adj.* [无比较级]初步的;起始的;预备的:a *preliminary* race 赛跑预赛

prel·ude /'prel'u:d/ *n.* [C] [通常用单]前奏,序幕,先声:An evening was the *prelude* to night. 黄昏是黑夜的前奏。

prem·a·ture /'premətjuə, ˌpreməˈtjuə; ˌpri:mə'tʃuə/ *adj.* [无比较级]❶比预期(或正常)时间早的,提前的,过早的:Guard yourself against *premature* ageing of the skin by eating plenty of vitamin A rich fruits. 要多吃富含维生素 A 的水果以防皮肤过早老化。❷[无比较级]【医】早产的;早产儿的:*Premature* birth can lower IQ. 早产可能降低婴儿的智商。 ‖ 'prem·a·ture·ly *adv.*

prem·i·er /'premiə; pri'mjə/ **I** *n.* [C](内阁)总理;首相:the former *premier* 前总理 **II** *adj.* [无比较级]❶首先的;首位的;首要的:the *premier* auto maker 主要的汽车制造商 ❷最早的,最初的,最先的

prem·ise I /'premis/ *n.* ❶[C]【逻】前提;先决条件:Guarantee of minimum profit is a *premise* to the signing of the agency agreement. 保证起码的利润是签订代理协

议的前提。❷[～s](企业、机构等使用的连地基和附属设施的)房屋;生产用地;经营场所:buy the *premises* freehold 购买可终身保有的房产 II /pri'maiz/ *vt.* 预说,前述;作…的前提,作…的条件;假设,预设:The film is *premised* on an illogicality. 这部电影有悖逻辑。

P

pre·mi·um /'pri:miəm/ *n.* [C]❶保险费;保险金:property *premiums* 财产保险费 ❷奖金;红利;(基本酬金之外的)津贴,补贴;额外费用:raise the overtime pay *premium* 提高超时工资津贴 ❸奖品;奖励:a *premium* for good conduct 品行优良奖

prep·a·ra·tion /ˌprepə'reiʃ°n/ *n.* ❶[U]准备;预备;准备停当:He is packing his things in *preparation* for his trip. 他正在为旅行准备行李。❷[常作～s]准备行动(或措施):His *preparations* went extremely well. 他的准备工作进行得异常顺利。

pre·par·a·to·ry /pri'pærət°ri/ *adj.* [无比较级]❶准备性的,预备性的:His face was black with *preparatory* anger. 他气得脸色铁青,眼看就要发火了。❷引导的;作为开头的;初步的:*preparatory* pencil drawings 铅笔草图

pre·pare /pri'peəʳ/ *v.* 准备,预备;做准备:*prepare* for the journey 为旅行做准备

pre·pared /pri'peəd/ *adj.* [无比较级]❶准备好的,有准备的:I confess I was not *prepared* for it. 我承认我没提防这一点。❷[作表语]愿意的,乐意的:Would you be *prepared* to contribute? 您愿意捐款吗?

pre·pay /pri:'pei/ *vt.* (-**paid** /-'peid/) 预支,预付(费用):*prepay* the postage 预付邮费 ‖ pre'pay·ment *n.* [U;C]

prep·o·si·tion /ˌprepə'ziʃ°n/ *n.* [C]【语】介词 ‖ ˌprep·o'si·tion·al *adj.*

pre·req·ui·site /pri:'rekwizit/ *n.* [C]先决条件,前提;必备条件(*for,to*):A certain level of education is a necessary *prerequisite to* industrialization. 具有一定的教育水准是实现工业化必要的先决条件。

pre·school /'pri:sku:l, ˌpri:'sku:l/ I *adj.* [无比较级]学龄前的,入学前的:new methods of *preschool* education 学龄前教育的新路子 II *n.* [C;U]幼儿园 ‖ pre'school·er *n.* [C]

pre·scribe /pri'skraib/ *v.* ❶开药方,开处方:*prescribe* medicines 开药 ❷规定,指定;指示,命令:A dictionary describes the language, not *prescribes* what it should be. 词典描述语言而不是规定语言该怎样。

pre·scrip·tion /pri'skripʃ°n/ *n.* ❶[U;C]处方,药方:a medical *prescription* 药方(或医嘱)❷处方上列的药:Take this *prescription* three times a day. 这药一日服三次。

pre·scrip·tive /pri'skriptiv/ *adj.* [无比较级]规定的,指定的;指示的,命令的:Any guidelines must avoid being too *prescriptive*. 任何指导原则都必须避免变成硬性规定。

pres·ence /'prez°ns/ *n.* ❶[U]出席,在场;存在:request sb.'s *presence* at a meeting 要求某人出席会议 ❷[U]仪表,仪容,仪态;风采,气质,风度;(演员的)亲和力,表演风度:a general of august *presence* 威风凛凛的将军

pres·ent¹ /'prez°nt/ I *adj.* [无比较级]❶[通常作表语]出席的,在场的,在座的:There were 200 people *present* at the meeting. 有 200 人出席会议。❷[作定语]现在的,现今的,目前的,当前的:正在考虑(或讨论、处理等)中的:the *present* state of the art 艺术的现状 II *n.* [通常作 the ～]❶现在,现今,目前,当前:applaud the past and condemn *the present* 厚古薄今 ❷【语】现在时(态) ‖ *at present adv.* 现在,现今,目前,当前:She's *at present* in the library. 她眼下在图书馆。*for the present adv.* 暂时,暂且;眼下:Let's leave it as it is *for the present*. 暂时就这样子吧。

pre·sent² I /pri'zent/ *vt.* ❶赠送,赠予;授予;呈献:She decided to *present* gifts at the end of the party. 她决定在聚会结束时赠发礼物。❷提出;提供;递交;向…提出(或提供、递交):*present* a report to the board of directors 向董事会提交一份报告 ❸上演,演出;表演;使公演(或公映);使(某人)担任

角色；主持（广播或电视节目）：Warner Brothers *presents* a sequel to the blockbuster. 华纳兄弟电影公司推出了那部大片的续集。❹(尤指正式地)引见，介绍：May I *present* my fiancée to you? 请允许我向您介绍我的未婚妻好吗？❺表示，致以（问候等）：*present* one's apologies to sb. 向某人致歉 ❻显示，呈现；表现；描述；向…显示（或表现等)：In her poetry she *presented* intimate pictures of country life. 她在诗歌中展现了一幅幅温馨怡人的田园生活景象。Ⅱ /'prezənt/ *n.* [C]礼物，赠品：a birthday *present* 生日礼物 ‖ **pre'sent·er** *n.* [C]

pres·en·ta·tion /ˌprezənˈteiʃən/ *n.* ❶[U；C]赠送，赠予；授予：the *presentation* of gifts 赠礼 ❷[C]赠送(或赠予、授予、呈献)物；礼物，赠品：The Oscar Awards are an annual *presentation*. 奥斯卡金像奖每年颁授一次。❸[U]提出；提供，递交：the *presentation* of a research plan 研究计划的提出 ❹[U；C]显示，呈现；表现，描述：give a vivid *presentation* on sth. 有声有色地描述某事

pres·ent·ly /'prezntli/ *adv.* [无比较级] 不久，一会儿：*Presently* the conductor came on his rounds again. 过了一会儿，列车员又巡视来了。

pres·er·va·tion /ˌprezəˈveiʃən/ *n.* [U] ❶保护，保养；维护，保全：The society is working for the *preservation* of wild life. 该协会致力于保护野生生物。❷保存，保留；留存：in an excellent state of *preservation* 处于极好的保存状态

pres·erv·a·tive /priˈzəːvətiv/ *n.* [C；U]防腐剂；保护剂：Some tinned food is full of *preservatives*. 有些罐头食品充满了防腐剂。

pre·serve /priˈzəːv/ *vt.* ❶保护，保养；维护，保全：Oil *preserves* metal from rust. 油可护金属使其免于生锈。❷维持；保持；保守：*preserve* one's independence 保持独立性 ❸保存，保留；使留存：They've managed to *preserve* most of the wall paintings in the caves. 他们设法保存了那些洞穴内的大部

分壁画。‖ **pre'serv·er** *n.* [C]

pre·side /priˈzaid/ *vi.* ❶主持，当主持人 (*at*, *over*)：Who's to *preside at* the meeting today? 今天谁主持会议？❷掌管，管辖；领导(*over*)：He *presided over* a professional staff of more than a hundred. 他手下有一百多名专业人员。

pres·i·den·cy /'prezidənsi/ *n.* ❶[常作 the P-]总统(或国家主席)的职务(或职位、职权、任期)：The president's resignation thrust him into *the presidency*. 总统的辞职一下子把他推上了总统职位。❷[U；C]院长(或校长、会长、总裁、机关行政长官等)(或职位、职权、任期)：work one's way up to the *presidency* of a university 努力工作一直升至大学校长

pres·i·dent /'prezidənt/ *n.* [C] ❶[常作 P-](共和国的)总统，国家主席：He was elected *President* again. 他再次当选总统。❷(学院的)院长，(大学的)校长；(学会、协会等的)会长；(公司等的)总裁，董事长；(银行的)行长：the *president* of Yale University 耶鲁大学校长

press /pres/ **Ⅰ** *v.* ❶(用力地)按，挤，压，推，顶：*Press* the return key. 按回车键。❷挤压；挤取，榨取：*press* grapes 榨葡萄汁 ❸(用熨斗)熨平：His trousers were *pressed*. 他的裤子烫得笔挺。❹挤出(路)：*press* one's way out of the crowd 挤出人群 ❺进逼，进攻：The troops were hard *pressed*. 军队遭到了步步进逼。❻敦促，力劝；催促：Oliver *pressed* her to grasp her chance and go to university. 奥利弗敦促她抓住机会上大学。❼催逼，逼迫：If you *pressed* him for details he would get all worked up. 你要逼他讲出细节，他会发火的。**Ⅱ** *n.* ❶[通常用单](用力的) 按，挤，压，推，顶：a *press* of a switch 按开关 ❷[U；C]印刷；印刷术；印刷机；印刷机构；出版机构：He showed an avid interest in the *press*. 他对出版界显示出极大的兴趣。❸[the ～][总称]报刊；报业，新闻业；报界，新闻界；记者们：The *press* support(s) government policy. 新闻界支持政府的政策。

press conference *n.* [C]记者招待会

press·ing /'presiŋ/ *adj.* 紧迫的,急迫的;迫切的:a *pressing* engagement 紧急的约会

pres·sure /'preʃə/ **I** *n.* ❶[U]按,挤,压,榨:Apply *pressure* to the cut and it will stop bleeding. 用力按着伤口便能止血。 ❷[U]压力;压迫;紧迫,急迫,催促:come under mounting *pressure* 受到越来越大的压力 **II** *vt.* 对…施加压力(或影响);迫使;说服:No one has the right to *pressure* you. 谁也没有权利强迫你。

pres·tige /pre'stiːʒ/ *n.* [U] ❶声望,名望;威望,威信;信誉:The senator wants to burnish his political *prestige*. 该议员想提高他的政治声望。 ❷影响力,魅力:By his presence, the president lent *prestige* to the peace talks. 总统通过莅临和谈现场施加自己的影响力。

pres·ti·gious /pre'stidʒəs/ *adj.* 有声望的,有威望的;有威信的;受尊敬的:*prestigious* private universities 著名的私立大学

pre·sume /pri'zjuːm/ *v.* ❶推测;假设,假定;(没有根据地)相信:I *presume* you're tired after your drive. 我想你开车之后一定很累。 ❷[常用于否定句或疑问句;后接动词不定式]冒昧(做),擅(做):May I *presume* to advise you? 我不揣冒昧地向你提个建议好吗?

☆ **presume**,**assume**,**postulate**,**premise**,**presuppose** 均有"假设,假定"之意。**presume** 表示只要没有充分的证据证明是错误的,就当作是真的或可信的:John didn't say when he'd return,but I *presume* that he'll be back for dinner.(约翰没有说他什么时候回来,但是我想他会回来吃饭的。)**assume** 强调主观任意地接受或承认某一未被论证或尚有争议的事情,含有臆断或想当然的意味:If he's not here in five minutes,we'll *assume* that he's not coming.(要是他再过五分钟还不来,我们就认为他不来了。)**postulate** 表示接受某一未被证实的或往往不能证实的事情,并将它作为进一步论证或推理的基础:Scientists have *postulated* a missing link to account for the development of human beings from apes.(科学家们假设了一个缺失的环节来解释从猿到人的演化过程。)

premise 尤指陈述某一结论、推理或决定的前提或根据:He *premised* his argument with a bit of history.(他讲了一些历史事实后摆出了自己的论点。)**presuppose** 用于根据不足、存有疑惑的场合,表示事先认为或推测:All these plans *presuppose* that the bank will be willing to lend us the money.(这些计划是预先假定银行会愿意借钱给我们而制订的。)该词也可表示以某事或某物为先决条件:A child *presupposes* a mother.(有孩子就意味着有母亲。)

pre·sump·tion /pri'zʌmpʃ°n/ *n.* ❶[U;C]推测;推定;假设,假定:Although Government could alter the proposals,the *presumption* was that they would not. 按说政府是可以改变这些提案的,但是据推测他们不会这么做。 ❷[C]作出推论的理由(或根据、证据):There is a strong *presumption* in favour of the falsehood of their story. 有一个强有力的证据足以推定他们的报道是虚假的。 ‖ **pre·sump·tive** /pri'zʌmptiv/ *adj.*

pre·sup·pose /ˌpriːsə'pəuz/ *vt.* 预先假定;预想,预设;事先推测:You're *presupposing* that he'll have come,but he may not have. 你以为他会来,但他可能不来。 ‖ **pre·sup·po·si·tion** /ˌpriːsʌpə'ziʃ°n/ *n.* [C;U]

pre·tend /pri'tend/ *vt.* ❶假装,佯装,伪装:Just *pretend* she's not here. 就当她不在一样。 ❷假托;借口;伪称,谎称:People *pretend* to have emotions,and they really feel nothing. 人们谎称自己情感丰富,实际上他们毫无感觉。 ‖ **pre'tend·er** *n.* [C]

pre·tense /pri'tens/ *n.* ❶[通常用单]虚假,虚伪;假装;矫饰,做作:John got into the club under false *pretenses* he isn't a member at all! 约翰冒充会员混进俱乐部——他根本不是会员! ❷[C]伪称,谎称;借口,托词,口实:a man who flourished on false *pretenses* 靠招摇撞骗过日子的人

pre·ten·sion /pri'tenʃ°n/ *n.* ❶[常作～s](对权利或特权的)要求;权利;have no *pretensions* to a gentleman 不配称作绅士 ❷[常作～s]自诩,自称,自命:a man with *pretensions* to superior judgement 自诩有非凡判断力的人 ❸[C;U]矫饰,做作;虚荣,虚伪:The cartoonist attacked the *pretensions* of his era. 漫画家抨击他那个时代的虚伪。

pre·ten·tious /pri'tenʃəs/ *adj.* ❶自负的,自命不凡的,狂妄的:He got called *pretentious* for that. 就为了这件事,他被人骂作狂妄的家伙。❷炫耀的;做作的;矫饰的:*pretentious* erudition 华而不实的学识 ‖ pre'ten·tious·ly *adv.* —pre'ten·tious·ness *n.* [U]

pre·text /'priːtekst/ *n.* [C]借口,托词;口实:The man divorced his wife on a trumped-up *pretext*. 那个男人以捏造的借口和他的妻子离了婚。

pret·ty /'priti/ I *adj.* ❶漂亮的,标致的,俊俏的;秀丽,秀美的:She was a *pretty* woman. 她算得上是个有几分姿色的女人。❷优美的;悦目的;悦耳的;(游戏等)有趣的,令人愉快的:The valley is a very *pretty* view to look at. 那峡谷景色极为悦目。II *adv.* 〈口〉[无比较级]很,颇,相当,十分,非常:The old days were *pretty* good. 从前的日子真不赖。‖ **pretty much** [**well,nearly**] *adv.* 差不多,几乎(全部):I have known *pretty nearly* all the details of that secret. 那个秘密的所有细节我几乎全知道。‖ 'pret·ti·ly *adv.* —'pret·ti·ness *n.* [U]

pre·vail /pri'veil/ *vi.* ❶获胜;占优势,占上风:Truth will *prevail*. 真理必胜。❷通行;流行,盛行,风行;占主导地位:Let us pray that the benison of peace once more shall *prevail* among the nations of the world. 让我们祈求和平的福祉再次降临世界各国。❸说服,劝服(on,upon,with):Such an argument does not *prevail with* us. 这样的论据不足以说服我们。

pre·vail·ing /pri'veiliŋ/ *adj.* [无比较级]❶流行的,盛行的;普遍的;通行的:the *prevailing* climate of opinion 流行的舆论气氛❷占主要地位的,占优势的;极有力的;有影响的:several *prevailing* forces 几股有影响的势力

☆ **prevailing, current, prevalent, widespread** 均有"流行的,盛行的"之意。**prevailing** 表示在某一特定地方、特定时间占绝对优势或超越其他事物,暗含主观评价的意味:the *prevailing* fashion (流行时装) **current** 表示当前为人们普遍接受或采用,常用于发展变化的语言、服饰、思想观念等事物:This word is no longer in *current* use. (这个词现今已不再使用。) **prevalent** 指某事物在某时或某地普遍发生或广为存在,无主观评价的意味:Eyes diseases are *prevalent* in some tropical countries. (在一些热带国家眼疾很流行。) **widespread** 强调影响的范围、流行的地点而不是时间:There is *widespread* public concern about this problem. (公众普遍关注这个问题。)

prev·a·lent /'prevələnt/ *adj.* ❶流行的,盛行的;普遍的;总的;经常发生的:a *prevalent* trend 总的趋势 ❷有权势的,有权力的 ‖ 'prev·a·lence *n.* [U]

pre·vent /pri'vent/ *vt.* ❶阻止,阻挡;制止;妨碍,阻碍(from):*prevent* sb. *from* living on a joyous life 使某人无法过无忧无虑的生活 ❷防治,预防:do everything to *prevent* accidents 采取一切措施预防事故

☆**prevent, anticipate, forestall** 均有"预先行动"之意。**prevent** 指采取预先措施或设置障碍去阻止某人或某事:measures taken to *prevent* an epidemic (为防止流行性传染病所采取的措施) **anticipate** 表示在时间顺序上走在他人前面,或先于他人行动:We *anticipated* our competitors by getting our book into the shops first. (我们抢在竞争对手之前先把书送往书店销售。) **forestall** 指先发制人、采取行动来制止某事发生,常用于几乎是不可避免的事情:We *forestalled* any attempt to steal the jewels by having them moved to a safer place. (我们防止了偷珠宝的一切企图,把珠宝转移到了安全的地方。)

pre·vent·a·ble /pri'ventəb°l/ *adj.* 可防止的,可预防的:a *preventable* disease 可以预防的疾病

pre·ven·tion /pri'venʃ°n/ *n.* [U]预防,防止:disease *prevention* 疾病预防

pre·vent·ive /pri'ventiv/ *adj.* [无比较级]

预防性的；防护的；防止的：provide rudimentary preventive care 提供基本的预防性保健

pre·view /ˈpriːvjuː/ *n.* [C] ❶预观；预览；预审；预习 ❷（公开艺术展之前的）预展；（电影的）预映，试映；（戏剧等的）预演，试演：a *preview* performance 预演 ❸（电影或电视等的）预告片

pre·vi·ous /ˈpriːviəs/ *adj.* [无比较级]以前的；先前；前面的；预先的，事先的：in the *previous* three years 在过去的三年里 ‖ ˈpre·vi·ous·ly *adv.*

prey /prei/ *n.* ❶[U]被捕食的动物，捕获；猎物：Mice are the owl's *prey*. 老鼠是猫头鹰的猎物。❷[U]捕食；捕食的习性：a beast of *prey* 食肉野兽

price /prais/ I *n.* ❶[C；U]【商】价格；价目；价位：a market *price* 市价 ❷[U]价值；贵重：The *price* of wisdom is above rubies. 智慧的价值高于宝石。❸[C]代价；牺牲：They gained the victory, but at a heavy *price*. 他们取得了胜利，却付出了惨重的代价。II *vt.* 给…定价；给…标价：Love cannot be *priced*. 真爱无价。‖ *at any price* *adv.* 无论如何；不惜一切代价：He said he would not go there *at any price*. 他说他无论如何都不会去那儿。‖ priced *adj.* — ˈpric·er *n.* [C]

price·less /ˈpraislis/ *adj.* [无比较级] ❶无价的，无法估价的；极贵重的；稀世之珍的：The news is *priceless*. 这个消息简直是无价之宝。❷〈口〉极其有趣的；极荒唐的；非常滑稽的，非常可笑的：She looks absolutely *priceless* in that hat. 她戴那顶帽子看上去很滑稽。

prick /prik/ I *v.* ❶刺；扎；戳；刺穿；戳穿；扎破：*prick* a balloon with a needle 用针把气球刺破 ❷戳（点）；刺（点）；打（点）（以作标记）(*off，out*)：*prick* little holes in the paper 在纸上刺小点 ❸刺伤；刺痛；使刺痛：The film *pricked* our conscience. 那部电影刺痛了我们的良心。II *n.* [C] ❶扎；刺；穿刺 ❷刺孔；刺点；刺痕；针点：the *pricks* in the leather 皮革上的刺点

prick·le /ˈprikʳl/ I *n.* ❶[C]（动植物的）刺；皮刺；棘：The fruit can be eaten when the *prickles* have been removed. 这种水果去刺后可以吃。❷[U]刺痛；刺痛的感觉：We feel the gentle *prickle* of the rain upon our faces. 我们感到雨打在脸上有点刺痛。II *vt.* （使）刺痛：My sweater is *prickling* me. 我的毛线衫扎人。

pride /praid/ *n.* ❶[U]得意；满意；自豪：His name alone brings *pride* to those who served under him. 单是他的名字就使他手下的人感到自豪。❷[C]引以为自豪的人（或事物）：The little girl is their parents' *pride*. 那个可爱的小女孩是她父母的骄傲。❸[U]傲慢；骄傲；自负：The man was full of *pride* at his success. 那个人因成功而沾沾自喜。❹[U]自尊，自尊心；尊严：Perhaps she was hurt in her *pride*. 也许她的自尊心受到了伤害。‖ *take (a) pride in* *vt.* 以…自豪；对…感到骄傲；对…得意，满意于：The library *takes pride in* its rare book acquisitions. 这个图书馆以其珍贵图书的收藏量为荣。‖ ˈpride·ful *adj.* — ˈpride·ful·ly *adv.*

priest /priːst/ *n.* [C] ❶【宗】神父，教士；牧师：He can never, never stop being a *priest*. 他绝对不能半路还俗。❷神职人员

pri·ma·cy /ˈpraiməsi/ *n.* [U]〈书〉（重要性、级别、次序等中的）首位，第一位；基础：Industrial employment took *primacy* over agricultural work in some countries. 在一些国家，工业就业的重要性超过了农业。

pri·mal /ˈpraimʳl/ *adj.* [无比较级] ❶首先的；原来的；原始的；远古的：a *primal* forest 原始森林 ❷主要的；首要的；根本的：*primal* distinctions between truth and meaning, faith and reason 真实与意义、信仰与理性的根本区别

pri·ma·ry /ˈpraimʳri; -meri/ *adj.* [无比较级] ❶最重要的；首要的，第一位的；主要的：Cigarette smoking was the *primary* cause of lung cancer. 吸烟是患肺癌的最重要原因。❷根本的，基本的；基层的：Many deaf-mutes use sign languages as their *pri-*

mary means of communication. 许多聋哑人使用手势语作为基本的交际手段。❸最初的；最早的；原始的；初步的：*primary* stage 初始阶段 ❹(尤指 11 岁以下儿童的教育)初等的；小学的；预备的；初级的：lower *primary* school 小学低年级 ‖ ˈ**pri•ma•ri-ly** ***adv.***

primary school ***n.*** [C]〈英〉初等学校；小学

prime /praim/ ***adj.*** [无比较级][作定语] ❶最主要的；首要的；主要的：*Prime* importance was laid on agriculture. 农业是重中之重。❷优质的；最好的；头等的：a *prime* model 典范 ❸基本的；基础的；根本的：the *prime* reason 根本原因 ❹典型的：a prime example of how he cheats 一个他如何骗人的典型例子

prime minister ***n.*** [C][常作 **P- M-**]总理；首相

pri•me•val, pri•mae•val /praiˈmiːvᵊl/ ***adj.*** [无比较级] ❶远古时代的 ❷原始的；远古的；早期的：a *primeval* rain forest 原始雨林

prim•i•tive /ˈprimitiv/ ***adj.*** ❶[无比较级]原始的；远古的；早期的：*primitive* tribes 原始部落 ❷古风的，古朴的；质朴的；自然的：*primitive* simplicity 带有古风的素朴 ❸简单的；粗陋的；未开化的；落后的；蛮荒的：Conditions are even more *primitive* in the countryside. 农村的条件更落后。

prince /prins/ ***n.*** [C] 王子；亲王；王孙；王储：the *Prince* of Wales 威尔士王储

prin•cess /prinˈses/ ***n.*** [C] 公主；王妃；亲王夫人；孙公主

prin•ci•pal /ˈprinsipᵊl/ **I** ***adj.*** [无比较级] 主要的；首要的；最重要的；首位的：the *principal* cause of global warming 地球变暖的主因 **II** ***n.*** [C] ❶主要人物；头目；首长；负责人；带头人 ❷中学(或小学、大学)校长：the school *principal* serving for five years 任期五年的校长

prin•ci•ple /ˈprinsipᵊl/ ***n.*** ❶[C]原则；(基本)原理；基本假设：follow the basic *principle* 遵循基本原则 ❷[U;C](高尚的)操行，操守；节操；正直；道义；[～**s**]行为准则：He came up against a matter of *principle* first time in his life. 他平生第一次违背了自己的做人原则。

print /print/ **I** ***n.*** ❶[C]印记；印痕；痕迹：the *print* of the primitive lives 原始生命的印迹 ❷[C]印刷品；出版物；(尤指)报纸：The works on display were chosen from 637 *prints* submitted. 展出的作品是从 637 种送交的印刷品中选出来的。**II** ***v.*** ❶印刷；印制：*print* bold italics 印刷黑斜体 ❷付印；出版；刊发：a privately *printed* pamphlet 私自印行的小册子 ❸印；刻；盖上(印章等)；打上(印记等)；留(痕迹)：*print* footmarks on the sand 在沙上留下脚印

print•er /ˈprintəʳ/ ***n.*** [C] ❶印刷工人；排版工；排字工 ❷印刷业者；印刷商 ❸印刷机；打印机

print•ing /ˈprintiŋ/ ***n.*** ❶[U]印刷业；印刷术：the *printing* union 印刷业联合会 ❷[C](书的)一次印数；版，版次，印刷次数：the first *printing* of 3,000 copies 第一版 3 000 册的印数 ❸[U]印刷字体：hand *printing* 手写印刷体

printing press ***n.*** [C]印刷机

pri•or /ˈpraiəʳ/ [无比较级]***adj.*** ❶〈书〉在前的，居先的；较早的；预先的；先决的：*prior* year 上年度 ❷优先的；更重要的；首要的：be of *prior* importance 具有最重要性 ‖ ***prior to prep.*** 在…之前，优先于；比…更重要：*Prior to* their detention, they were tailed by plain clothes police. 他们在拘留前被便衣警察尾随跟踪。

pri•or•i•ty /praiˈɔriti/ ***n.*** ❶[U]优先；优先权；优先次序；优先级(*over*, *to*)：*priority* in the purchase 优先购置权 ❷[C]优先考虑的事；最为重要的事：Housing should be a top *priority*. 应该优先考虑住房问题。

pris•on /ˈprizᵊn/ ***n.*** ❶[C;U]监狱，牢狱；看守所，拘留所：He has been *in prison* twice. 他坐过两次牢。❷[C]〈喻〉牢笼；禁锢；束缚：Many people are trapped in their carpeted respectable *prisons*. 有许多人陷身于铺着地毯的、体面的牢笼之中。

pris·on·er /'priz°nə²/ n. [C] 犯人，囚犯：a political *prisoner* 政治犯

priv·a·cy /'privəsi,'prai-/ n. [U] ❶隐居；独处，独守；不受干扰的状态：She turned in the drawing room for *privacy*. 她拐进客厅里想清静清静。❷隐私权；私事；私生活：He can not allow the outside world to penetrate his *privacy*. 他不允许外界介入他的私生活。❸秘下；秘密；保密：in strict *privacy* 完全秘密地

pri·vate /'praivət,-vit/ adj. ❶[无比较级]个人的；私人的；属于个人的，私有的：a *private* investigator 私人侦探 ❷秘密的，保密的，不公开的；私下的：a *private* meeting 秘密会议 ‖ **in private** adv. 私下；秘密地：This acclaimed novel attracts cavils，more *in private* than in public. 这部受到好评的小说招来了一些私下里而不是公开的吹毛求疵。‖ **'pri·vate·ly** adv.

priv·i·lege /'privilidʒ/ n. ❶[C;U]特权；特惠；特许：have diplomatic *privilege* 享有外交特权 ❷[C]特殊待遇；特别荣幸；特别恩典：It is a *privilege* to meet you. 见到您是我莫大的荣幸

priv·i·leged /'privilidʒd/ adj. [无比较级] ❶特权的；享有特权的；优先的：a *privileged* job 美差 ❷特许的；专用的：a *privileged* parking stall 专用停车处

prize¹ /praiz/ n. [C;U]奖励；奖项；奖金：be awarded the Nobel *Prize* for physics 被授予诺贝尔物理学奖

prize² /praiz/ vt. 珍视，珍爱；重视：Their literary and artistic reviews are particularly *prized*. 他们的文学艺术评论受到特殊重视。

pro¹ /prəu/〈口〉I n. [C]([复]pros)专家，内行；专业人士；职业选手（= professional)：a golf *pro* 高尔夫球职业选手 II adj. [无比较级][作定语]内行的；专业的；职业选手的

pro² /prəu/ I adj. [无比较级][作定语]正面的，赞成的：*pro* and con reasons 赞成和反对的理由 II n. [C]([复]pros)❶赞成的理由；赞成票；投赞成票者；赞成者的

立场；add up the *pros* and cons 归纳正反两方面的意见 ❷好处，益处：For all its *pros*, the device is not without its problems. 尽管有这样那样的优点，这台设备也并不是没有问题的。

pro- /prəu/ pref. [用于时间、位置或顺序等]表示"在前"，"在先"：*prophet*, *proboscis*

prob·a·bil·i·ty /ˌprɔbə'biliti/ n. ❶[U;C]可能；可能性；或然性：the *probability* of the divorce of marriage 婚姻破裂的可能性 ❷[C](很)可能发生的事：There is a high *probability* that mistakes will be made. 出差错的可能很大。

prob·a·ble /'prɔbəb°l/adj. ❶很可能发生的；很可能成为事实的；或然的；大概的；很有希望的；可信的：It is more than *probable* that he will fail. 他十有八九将失败。❷有充分依据的：a *probable* hypothesis 有充分依据的假设

prob·a·bly /'prɔbəbli/ adv. [无比较级]很可能，大概，或许：I already knew that the papers were *probably* in the bedroom. 我早就知道这些文件十之八九是在卧室里。

☆**probably, likely, perhaps, possibly** 均可表示可能性，几者时有混淆。**probably** 强调事件发生的可能性较大，主要与陈述句式一起使用：We're going on holiday soon，*probably* next month. (我们很快就要去度假了，多半是下个月。) **likely** 意为"大概，很可能"，属口语用词，主要以 most likely 或 very likely 等形式使用，后可接不定式：The teacher is *very likely* to ask about our lessons. (老师很可能会问我们功课的情况。) likely 后所接从句中的谓语动词多用 may 和 might，疑问句中多用 should：It seems *likely* that he might never return the book once you lent it to him. (一旦你把书借给他，他很可能就不会归还给你了。) **perhaps** 意为"或许；大概"，表示推测，含有"或许不是那样的"之意，强调没有多大可能：*Perhaps* he is ill. (也许他生病了。) **possibly** 意为"大概；也许"，通常用以强调 can, could, may 和 might，意义比 probably 弱，强调事件发生的可能性，所指的可能性或希望小于 perhaps：I may *possibly* go. (我可能会走。)

probe /prəʊb/ **I** n. [C] ❶探索；(深入的)调查；探查：The charge led off a *probe* chaired by a Senator. 这一指控引发了由参议员主持的调查。❷探测工具；(尤指用于测量或检验的)探头 ❸(医用)探针，探子 **II** v. ❶探究；探查；探索；(深入地)调查：*probe* a question of morality 调查一个道德问题 ❷用探针(或探测器等)探测；探查：He ascended the edge of the snow, stopped and *probed* it with his axe. 他爬上雪坡的边缘，然后停步用冰斧试探一下冰层的虚实。

prob·lem /'prɒbləm/ n. [C] ❶(须解决或供讨论的)问题；疑难问题：Video piracy is a huge *problem*. 音像制品的盗版是个大问题。❷令人苦恼(或困惑)的事物；难以解决的事情；棘手的事情：He did have his *problems*. 他也有倒霉的时候。

pro·ce·dure /prə'siːdʒə, -dʒər/ n. [C;U]程序；步骤；手续：If you want to make a complaint, please follow the correct *procedure*. 如要投诉，请按照正规手续提出。

pro·ceed /prə'siːd/ vi. ❶(尤指停顿后)继续进行，继续前进；接着做(或讲)下去：History is *proceeding* in spite of us. 历史的进程是不以我们的意志为转移的。❷进行；举行；开展：Everything *proceeds* smoothly. 一切进展顺利。❸进而做，着手做，开始做：We filled the cars and *proceeded* to London. 我们给车子加好油，然后开往伦敦。

pro·ceed·ings /prə'siːdɪŋ/ [复] n. ❶【律】诉讼案件；诉讼程序：initiate divorce *proceedings* 提出离婚诉讼 ❷会议论文集；(科学文献)汇编；讨论记录；公报：The rest of the stockholders will receive a copy of today's *proceedings*. 其他股东将收到一份今天的会议公报。❸[~s]程序；事项；项目：The conference concluded its *proceedings*. 会议结束了日程。

pro·cess /'prəʊses, 'prɒ-/ **I** n. [C] ❶过程；步骤；程序；方法；流程：the decision-making *process* 决策过程 ❷进程；进展；进行：Nothing could arrest this *process*. 没有什么可以阻止这一进程。**II** vt. ❶处理；处置：After *processing* the urgent correspondence, I start working on the speech for the ceremony. 在处理了急需回复的信件之后，我开始着手准备典礼上的讲话。❷加工；对(食物等)作防腐处理：The *processed* water is drinkable. 加工过的水可以饮用。❸【计】(用程序)处理(数据)：a word-*processing* programme 文字处理程序

pro·ces·sion /prə'seʃ°n/ n. [C] ❶(尤指庆典、游行或节日时由人、车等组成的)队伍；队列：the funeral *processions* 送葬的队伍 ❷连续；一连串；一长排，一长列：She lumbered on through an interminable *procession* of days. 她整天在挨日子。

pro·ces·sion·al /prə'seʃ°nl/ adj. [无比较级] 列队行进的

pro·ces·sor /'prəʊsesə, 'prɒ-/ n. [C] ❶加工者；(尤指食品)加工机；处理者；处理器：food *processor* 食品加工机 ❷【计】(信息)处理机，处理器：central *processor* 中央处理器

pro·claim /prə'kleɪm/ vt. ❶(公开或正式)宣布，公布；宣告；声明：*proclaim* war 宣战 ❷声称，宣称…为：The Prince was *proclaimed* King in succession to his father, who was dead. 国王驾崩，王子被宣告继承王位。

proc·la·ma·tion /ˌprɒklə'meɪʃ°n/ n. ❶[U] 宣布，公布：the *proclamation* of martial law 宣布戒严 ❷[C]公告，布告；声明：*proclamations* of independence 独立宣言

pro·cre·ate /'prəʊkrieɪt/ v. 生育，(自然)生产；繁殖：the capacity to *procreate* 生育能力 ‖ **pro·cre·a·tion** /ˌprəʊkri'eɪʃ°n/ n. [U]—**'pro·cre**ˌative adj.

pro·cure /prə'kjʊə/ vt. (尽心或努力)获得，获取；实现；达到：He managed to *procure* us two tickets for the show. 他设法为我们弄到了两张演出票。‖ **pro'cur·a·ble** adj. —**pro'cure·ment** n. [U] —**pro'cur·er** n. [C]

pro·duce /prə'djuːs/ v. ❶生产；出产；制造，造出；创造：*produce* cars 制造汽车 ❷生，生育：*produce* eggs 产卵 ❸(自然地)产生，产出：Do you know how a brain could *produce* conscious experience? 你知道大脑

是如何产生意识经验的吗？❹引起；导致；
招致：Her remarks *produced* roars of laugh-
ter. 她的话惹来哄堂大笑。

pro·duc·er /prə'dju:sə/ *n.* [C]❶【经】(商
品或货物的)生产者；制造者；制作者：the
producers of vehicles 汽车制造商们 ❷制片
人，监制人：a young film *producer* 年轻的电
影制片人

prod·uct /'prɒdʌkt/ *n.* ❶[C;U](自然或加
工的)产物；物产；制品；[总称]产品：the fin-
ished *product* 成品 ❷[C](喻)成果；结果；
产物：Language is essentially a social *prod-
uct.* 语言本质上是社会的产物。

pro·duc·tion /prə'dʌkʃn/ *n.* ❶[U;C]制
造；制作；(尤指大批量的)生产：expand
production to an economic batch-size 将生
产扩大至批量规模 ❷[U]总产量：Con-
sumption outstrips *production.* 消费量超过
生产量。❸[U]产生；生成：In the reading,
the reader is requested to participate in the
production of the meaning. 读者在阅读中
被要求参与意义的生成。❹[C]产品，出产
的东西

pro·duc·tive /prə'dʌktiv/ *adj.* ❶多产的；
富有成效的；有成果的；积极的，尽职的：
Our civil servants are all *productive.* 我们
的公务员们工作都很尽职。❷[无比较级]
[作表语](书)产生…结果的(*of*)：This is a
vice which is *productive of* every possible
evil. 这是万恶之源。‖ **pro'duc·tive·ly**
adv. —**pro'duc·tive·ness** *n.* [U]

prod·uc·tiv·i·ty /ˌprɒdʌk'tiviti/ *n.* [U]生
产力，生产能力：*Productivity* is the ulti-
mate yardstick of international competitive-
ness. 生产力水平是国际竞争力的最终衡
量标准。

Prof. *abbr.* Professor

pro·fess /prə'fes/ *vt.* (书)❶公开声明；声
称；表白：All of them *professed* an enthusi-
asm for the adventures. 他们所有的人都声
称热衷于冒险。❷表明忠于；公开宣布(信
仰)：*profess* religion 公开表示信教 / *pro-
fess* a belief in fate 表明相信命运

pro·fes·sion /prə'feʃn/ *n.* ❶[C;U](尤指

需要专门知识或学问的)职业；行业；专业；
工种：They are designers by *profession.* 他
们是专业设计师。❷[总称]同行，同道，同
仁：sb.'s unpopularity with the whole *pro-
fession* 某人在所有同行中不受欢迎

pro·fes·sion·al /prə'feʃ°nl/ **I** *adj.* ❶[无
比较级]专业(性)的；职业(上)的；与特定职
业有关的：the *professional* background 职
业背景 ❷内行的；专门的；胜任的：The in-
vestigator is not a *professional* private eye.
那个调查者并不是个很在行的私人侦探。
❸[无比较级]职业性的；专职的，非业余的：
professional rugby teams 职业橄榄球队 **II**
n. [C]专业人员；专职人员；专家，内行：Dr
Smith is a medical *professional.* 史密斯医
生是位医学专家。‖ **pro'fes·sion·al·ly** *adv.*

pro·fes·sor /prə'fesə/ *n.* [C]教授；大学
教席持有者(略作 **Prof.**)：a *professor* emer-
itus 荣誉退休教授 ‖ **pro·fes·so·ri·al**
/ˌprɒfi'sɔːriəl/ *adj.*

pro·fi·cient /prə'fiʃ°nt/ *adj.* 精通的；熟练
的；在行的(*in, at*)：Mr Barret is not *profi-
cient in* diagnosis. 巴雷特先生不擅长诊
断。‖ **pro'fi·cien·cy** /-si/ *n.* [U] —**pro'fi-
cient·ly** *adv.*

☆**proficient**, **adept**, **expert**, **skilful**, **skilled** 均
有"熟练的，精通的"之意。**proficient** 常指
受过良好训练或富有实践经验，超过一般水
平，完全有能力胜任某一工作：She is *pro-
ficient* at operating the computer. (她精通
计算机操作。) **adept** 指不仅熟练，还十分灵
巧：*adept* at handling large numbers in one's
head (善于在脑中进行复杂数字的计算) /
He was very *adept* at making up excuses for
his lateness. (他非常善于为自己的迟到编
造借口。) **expert** 表示经过专门训练或大量
实践而精通某一领域知识，强调知识和技
能：She's *expert* in teaching small children.
(她是幼儿教育的专家。) **skilful** 表示做事、
处理问题很在行，不仅有能力，而且很机敏：
the *skilful* handling of a delicate situation
(处理微妙局势的熟练技巧) **skilled** 表示通
过专门训练获得熟练技巧或技能，含达到所
需水准的意思：We need *skilled* workers in
welding for this job. (我们需要熟练的焊工

做这一项工作。)

pro·file /ˈprəufail/ **I** n. [C] ❶(尤指人面部的)侧影；侧面像：the portraits of soldiers in three-quarters profile 士兵四分之三的侧面肖像 ❷轮廓；外貌，外观；外形：the profile of a distant hill 远山的轮廓 ❸传略；(人物)简介，小传，素描；概貌：The magazine features celebrity profiles. 这本杂志登载名人简介。**II** vt. ❶画…的侧面像 ❷描绘…的轮廓；显示…的轮廓：Skyscrapers are profiled against cloudless skies. 无云的天空衬托出摩天大楼的轮廓。

prof·it /ˈprɔfit/ **I** n. ❶[U]利益，益处，好处；得益：His motives may have been tainted by profit. 他的动机也许是受利益驱使的。❷[C;U]利，利润，利得，赢利；(资产等的)受益；红利：a net profit 纯利 **II** v. ❶有益，有利：Who will profit most from the economic reform? 经济改革对谁最有利？ ❷获利：He profited by the transactions. 他从这些交易中捞得了好处。

prof·it·a·ble /ˈprɔfitəbᵊl/ adj. 可赢利的；赚钱的；有利可图的：It is profitable to the big corporations. 这对那些大公司有利。‖ ˈprof·it·a·bly adv.

pro·found /prəˈfaund/ adj. ❶[作定语]深邃的，深不可测的：the profoundest pit 无底的深渊 ❷深沉的；深远的；深度的，极度的：a profound silence 死寂 ❸深刻的；根深蒂固的：a profound cultural change 深刻的文化变化 ❹深奥的，渊博的，造诣高深的；思想深邃的：a profound book 艰深难懂的书 ‖ **pro·found·ly** /prəˈfaundli/ adv.

pro·fuse /prəˈfjuːs/ adj. ❶[通常作表语]毫不吝惜的，非常慷慨的；挥霍的，浪费的 (in, of)：These people are profuse in hospitality. 这些人十分豪爽好客。❷大量的，极其丰富的，充沛的；过多的：At last her husband arrived with profuse apologies. 终于，她的丈夫来了，抱歉不迭。‖ **pro·fuse·ly** adv.

pro·fu·sion /prəˈfjuːʒən/ n. [C;U]丰富；充沛；过分：make promises in profusion 作出过多的承诺

pro·gen·i·tor /prəˈdʒenitər/ n. [C] ❶(人或动植物的)祖先 ❷(政治或学术上的)先驱；创始人；前辈：Johnson's dictionary was the progenitor of many others that followed its treatment of the languages. 约翰逊的词典在处理语言方面为很多后来者开辟了先河。

prog·no·sis /prɔgˈnəusis/ n. [C]([复]-ses /-siːz/) 预测：The prognosis for the future does not seem bright. 对前景的预测似乎并不乐观。‖ **prog·nos·tic** /-ˈnɔstik/ adj.

pro·gram(me) /ˈprəugræm/ **I** n. [C] ❶节目单；(演出)说明书：A typical cinema programme includes a supporting film and advertisements as well as the main feature. 一份典型的影院节目单包括正片以及加映片和广告。❷(戏剧、广播、电视等的)节目：Do you want to watch the programme on French cookery at 9 o'clock? 你想收看9点钟关于法国式烹饪的节目吗？ ❸活动安排；计划；规划：What's (on) your programme today? 今天你有什么安排？ ❹纲要，纲领；(教学)大纲；课程：the PhD programme in French Literature 法国文学博士课程 ❺[计]程序：write a programme 编写程序 **II** v. ❶制订…的计划；安排…的日程；编排…的节目(单) ❷[计]给…编程序，为…设计程序：The computer can be programmed to solve many different problems. 计算机可以通过编程解决很多不同的问题。‖ **ˈpro·gram·ma·ble** adj. —**pro·gram·mat·ic** /ˌprəugrəˈmætik/ adj.

pro·gress I /ˈprəugres; ˈprɔg-/ n. ❶[U]前进，行进：The heavy traffic meant that we made very slow progress. 由于交通严重阻塞，我们行进得十分缓慢。❷[U]进步；进展，发展；进度；进程：make noticeable progress in Chinese studies 在汉语研究方面取得了长足进步 **II** /prəˈgres/ v. ❶前进；行进；进行；进展：I got more and more tired as the evening progressed. 夜越深，我越觉得疲倦。❷进步，提高；发展；改进；改善：My brother would play the peacock when he made some progress. 我的兄弟在取得进步

时总是沾沾自喜。

pro·gres·sive /prə^uˈgresiv/ *adj.* ［无比较级］❶行进中的，前进中的；发展中的：the *progressive* nature of science and technology 科学技术的发展性 ❷渐进的，逐步的；累进的，累加的：*progressive* weakening of muscles 肌肉的逐渐萎缩 ❸（疾病等）越来越严重的；（暴力等）愈演愈烈的 ‖ **pro'gres·sive·ly** *adv.*

pro·hib·it /prəˈhibit/ *vt.* ❶（尤指以法令、法规或条例的方式）禁止（*from*）：The rule *prohibits* customers *from* smoking here. 按规定，顾客不允许在此吸烟。❷阻止，阻碍；使不可能（*from*）：The heavy rain *prohibited* me *from* going home. 雨下得太大，我无法回家。

pro·hi·bi·tion /ˌprəuhiˈbiʃ^ən/ *n.* ❶［U；C］禁止；被禁：call for a total *prohibition* against smoking 要求全面禁止吸烟 ❷［C］禁令，禁律，禁例：In this area there's a *prohibition* against killing birds. 在这个地区有不许捕杀鸟类的禁令。‖ **pro·hi'bi·tion·ist** *n.* ［C］

pro·hib·i·tive /prəˈhibitiv/ *adj.* ［无比较级］❶禁止的；禁止性的：Shortage of capital is seen as a *prohibitive* problem. 资金短缺被视为阻碍发展的问题。❷（价格等）高得使人不敢问津的；（税收等）高得负担不起的：a *prohibitive* cost 高得离谱的费用 ‖ **pro'hib·i·tive·ly** *adv.*

proj·ect I /ˈprɔdʒekt, ˈprə^u-/ *n.* ❶［C；U］计划，规划，方案；提议：a new agricultural reform *project* 新的农业改革方案 ❷［C］工程；事业；企业：the human genome *project* 人类基因组工程 ❸［C］科研项目；（学校等的）课题，作业：be committed to a research *project* 承担一项研究项目 II /prə^uˈdʒekt/ *v.* ❶［通常用被动语态］打算，计划，规划；设计：We are *projecting* a visit to Singapore. 我们正在计划游览新加坡。❷［通常用被动语态］预计，推断，估算，预报：the *projected* time of delivery 预产期 ❸投掷；发射；喷射：The bowman *projected* an arrow at the target. 那位弓箭手瞄准靶子射出一箭。❹投射（热、光、影、图像等）；放映：Coloured lights were *projected* onto the dance floor. 五光十色的灯光投射到舞厅地板上。❺使伸出，使突出：The balcony *projects* one metre out from the wall. 那阳台从墙体往外伸出一米。

pro·jec·tion /prə^uˈdʒekʃ^ən/ *n.* ❶［U；C］发射；投射；抛射；投掷 ❷［U；C］凸出，伸出；凸出（或伸出、突出）物：the *projection* of blood vessels 血管的突出 ❸［U；C］投影；放映；影像物：the *projection* room 投影室（或放映室）❹［C；U］（根据现状进行的）预测；推测；预计：a microeconomic *projection* 微观经济预测 ‖ **pro'jec·tion·ist** *n.* ［C］

pro·jec·tor /prə^uˈdʒektə^r/ *n.* ［C］放映机；幻灯机；投影仪

pro·lif·er·ate /prəˈlifəˌreit/ *v.* ❶【生】增殖，增生；繁殖；多育：That allows those bacteria that survived the initial drug dosing to *proliferate*. 那会使初期用药之后存活的病菌大量增生。❷激增，成倍增长；扩散：Fears *proliferate* as a result of rumors without facts. 毫无根据的谣言会造成大范围的恐惧。‖ **pro·lif·er·a·tion** /prəˌlifəˈreiʃ^ən/ *n.* ［C；U］

pro·lif·ic /prəˈlifik/ *adj.* ❶（动植物）多产的，有生殖力的；产量大的：a *prolific* apple tree 高产苹果树 ❷（作家等）多产的；富有创造力的（*of*）：Indeed, all seven authors are *prolific*. 的确，所有七位作者都著述颇丰。‖ **pro'lif·ic·al·ly** /-k^əli/ *adv.*

pro·log(ue) /ˈprəulɔg/ *n.* ［C］❶序言，序文；序诗；（戏剧的）开场白；引子：a *prologue* to the *New Testament*《新约》的序篇 ❷（行动、事件等的）序幕，开端

pro·long /prə^uˈlɔŋ/ *vt.* （时间或空间）延长，延展；拖长；拉长：She succeeded in persuading Polly to *prolong* her stay in Sicily. 她说服了波利在西西里多逗留些日子。‖ **pro·lon·ga·tion** /ˌprəulɔŋˈgeiʃ^ən/ *n.* ［U；C］

prom·i·nence /ˈprɔmin^əns/ *n.* ［U］显著；突出，杰出；重要：achieve *prominence* in science 在科学界成绩斐然

prom·i·nent /ˈprɔmin^ənt/ *adj.* ❶明显的；

显著的；突出的：He kept the painting in a *prominent place on his wall.* 他把这幅画挂在墙上显眼的位置。❷杰出的，卓越的；著名的；重要的：a *prominent* lawyer 一位杰出的律师 ‖ **'prom·i·nent·ly** *adv.*

prom·ise /'prɒmɪs/ **I** *n.* ❶[C]允诺；承诺；诺言；保证：There was a *promise* on her eyes. 从她眼里看到默许的神色。❷[U](有)可能；(有)指望；(有)希望；(有)前途：be full of danger and *promise* 危机与希望并存 **II** *v.* ❶允诺，许诺；答应；答应做(或给予等)：He *promised* her his loyal support. 他答应一心不二地支持她。❷〈口〉向…保证(或断言)：Jim *promised* me that he'd never be late again. 吉姆向我保证以后不再迟到。

prom·is·ing /'prɒmɪsɪŋ/ *adj.* 有希望的；有前途的，有出息的：Our future relationship is *promising.* 我们将来的关系令人乐观。

prom·is·so·ry /'prɒməsəri/ *adj.* [无比较级]约好的，约定的；允诺的

pro·mote /prə'məʊt/ *vt.* ❶[常用被动语态]提升，擢升，晋升：He's been *promoted* from assistant manager to manager. 他已由助理经理晋升为经理。❷[常用被动语态]使(学生)升级：The student has been *promoted* to the next higher grade. 那个学生已升入更高一年级学习。❸促进，增进；发扬，提倡；引起：*promote* international understanding 促进国际的相互了解 ❹宣传，推销(商品等)：*promote* a new product 促销新产品

pro·mot·er /prə'məʊtə'/ *n.* [C](尤指体育比赛、文艺演出等的)组织者；赞助人，资助者：a boxing *promoter* 拳击比赛的筹划者

pro·mo·tion /prə'məʊʃ°n/ *n.* ❶[U]提升，晋级：get a *promotion* 得到提升 ❷[U;C]宣传，推销：a sales *promotion* 促销 ❸[U]促进，发扬；提倡：the *promotion* of a health campaign 一场健康运动的倡导

prompt /prɒmpt/ **I** *adj.* 敏捷的；迅速的；及时的，立刻的：take *prompt* action 采取果断行动 **II** *v.* 激励；刺激；敦促；推动；怂恿：Their rebellion is *prompted* by hatred. 仇恨驱使他们反叛。 ‖ **'prompt·er** *n.* [C]—

'prompt·ly *adv.* — **'prompt·ness** *n.* [U]

prom·ul·gate /'prɒm°lɡeɪt, prəʊ'mʌl-/ *vt.* ❶传播；散播，散布；宣传：This philosophy had been *promulgated* by the newly founded university. 新建的大学宣扬了这一哲学思想。❷颁布，发布；公布，发表：The new law was finally *promulgated.* 新法终于颁布了。 ‖ **prom·ul·ga·tion** /ˌprɒm°l'ɡeɪʃ°n/ *n.* [U]

prone /prəʊn/ *adj.* ❶[无比较级]平卧的，俯卧的；卧倒的：a *prone* position 俯卧姿势 ❷易于…的，倾向于…的；有…癖的：be *prone* to fits of rage 动不动就发火 ❸[常用以构成复合词]易…的，易遭受…的：bring a durable peace to the world's most war-*prone* region 给世界上最易爆发战争的地区带来持久的和平

pro·noun /'prəʊnaʊn/ *n.* [C]【语】代词，代名词 ‖ **pro·nom·i·nal** /prəʊ'nɒmɪn°l/ *adj.*

pro·nounce /prə'naʊns/ *vt.* ❶发(音)，吐(音)；吐(词)：How is his name *pronounced*? 他的名字怎么念？❷(尤指正式地、庄重地或官方)宣告，宣布；声称；断言：*pronounce* the funeral oration 致悼词 ‖ **pro'nounce·a·ble** /-səb°l/ *adj.*

pro·nounced /prə'naʊnst/ *adj.* ❶显著的，明显的，显眼的：a whiskey of less *pronounced* taste 味道不太浓烈的威士忌酒 ❷断然的，决然的；强硬的：a *pronounced* opinion 强硬的观点

pro·nounce·ment /prə'naʊnsmənt/ *n.* [C]❶声明，公告 ❷看法，意见；决定：the *pronouncement* of literary critics on the short story 文艺批评家们对短篇小说的看法

pro·nun·ci·a·tion /prəˌnʌnsi'eɪʃ°n/ *n.* [C;U]发音(法)；读法；读音：The dictionary does not report *pronunciation.* 那本词典没有标明读音。

proof /pruːf/ **I** *n.* [U;C]证据；证言；证物：positive *proof* 铁证 **II** *adj.* [无比较级][常用以构成复合词]耐…的；防…的；抗…的(*against*)：He was *proof against* every threat. 他始终威武不屈。

P

prop·a·gate /ˈprɒpəˌgeit/ *vt.* ❶使繁殖,使增殖,使繁衍:Some plants *propagate* themselves by seeds. 有些植物通过种子繁殖。❷散布,传播;宣传;普及:*propagate* the doctrine 传播学说 ‖ **prop·a·ga·tion** /ˌprɒpəˈgeiʃn/ *n.* [U]

pro·pel /prəˈpel/ *vt.* (**-pelled**;**-pel·ling**) 推;推进:He was *propelled* into the national limelight. 他被推到全民瞩目的中心。

pro·pen·si·ty /prəˈpensiti/ *n.* [C]倾向;爱好;习性:natural *propensity* to indolence 生性怠惰

prop·er /ˈprɒpə/ *adj.* ❶适宜的,合适的,适当的,恰当的:That's not the *proper* way to eat pizza! 比萨饼不该这么吃的! ❷[作定语]原本的,固有的;正确的,准确的:This clock keeps *proper* time. 这个钟走时很准。❸[无比较级][作定语]严格意义上的,本身的:The cetacean does not belong to the fishes *proper*. 鲸目动物严格说来不属于鱼类。‖ **prop·er·ly** *adv.*

prop·er·ty /ˈprɒpəti/ *n.* ❶[总称]财产,资产;所有物:Language is the *property* of society at large. 语言是全社会的财富。❷[C;U](包括建筑物及其四周土地在内的)地产,房地产;房地产投资(或股票):He owns several *properties* near the beach. 他在海滩附近拥有几处房地产。❸[U]所有(权);财产权:Duties and responsibilities always go together with *property*. 有了财产也就有了义务和责任。❹[C](物质等的)特性;属性;性质;性能:the essential *properties* of language 语言的基本特性

proph·e·cy /ˈprɒfisi/ *n.* ❶[C;U]预言,预测;作预测:It was a sure-fire *prophecy*. 这是个一定能实现的预言。❷[U]预言能力 ❸[C]预兆;预示:a *prophecy* of the poet's downfall 那位诗人衰落的征兆

proph·e·sy /ˈprɒfiˌsai/ *v.* [常接 that,who 等引导的从句]预言,预测:Few could *prophesy* this war. 几乎没人能预测到这场战争。‖ **proph·e·si·er** *n.* [C]

proph·et /ˈprɒfit/ *n.* [C]预言者;预言家:the concept of the writer as *prophet* 把作家视作预言家的观念

pro·phet·ic /prəˈfetik/ *adj.* ❶预言的;预示的(*of*):The enunciation is *prophetic*. 这一宣告具有预言性。❷预言者的,先知先觉的:Peter's *prophetic* instincts have again been vindicated. 彼得的预言直觉再次得到证明。‖ **pro·phet·i·cal·ly** /-ikəli/ *adv.*

pro·por·tion /prəˈpɔːʃn/ *n.* ❶[C]部分;份额;份儿:Only a small *proportion* of the food is left. 只剩下了一点儿食品了。❷[U]比例,比:the *proportion* of births to the population 人口的出生率 ❸[U;C]均衡,协调,调和,相称:The sculpture lacks *proportion*. 这座雕像比例失调。❹[~s]面积;体积;容积;大小;范围;程度:a ship of large *proportions* 巨大的船只

pro·por·tion·al /prəˈpɔːʃ°nl/ *adj.* [无比较级]❶比例的;成比例的:*proportional* distribution 按比例分配 ❷均衡的,协调的,相称的:meet with an end *proportional* to one's crime 得到罪有应得的结局

pro·por·tion·ate /prəˈpɔːʃ°nət/ *adj.* [无比较级]成比例的;均衡的,相称的

pro·pos·al /prəˈpəuz°l/ *n.* ❶[C;U]提议,建议;提案,议案;计划:Their London Office agreed to the *proposal*. 他们的伦敦办事处同意了这一提议。❷[C]求婚:I could not accept the *proposal*. 我没法接受这门亲事。☆ **proposal**, **proposition**, **suggestion** 均有"建议,意见"之意。**proposal** 为正式用词,强调正式、直接地提出计划、方案或意见供他人考虑或采纳:The French have put forward a *proposal* for a joint project. (法国人提出了一个联合项目的建议。) **proposition** 常指商业或交易方面的建议或计划:We made him a *proposition*:he would join us, and we would support his company. (我们向他建议:他与我们联合,我们就支持他的公司。)严格说来,该词还表示提出供人们争论或证明的观点、主张或原理:the *proposition* that all men are created equal (所有的人生来就平等的观点)也可表示拟采取的行动、施行的政策或授予的荣誉等,此意义很少用于人际关系场合:an attractive mining proposition（一宗诱人的采矿事业）**suggestion** 指提出供别人参考的意见或建议，不一定正确或有价值，语气比较委婉，往往住用于非正式场合：He rejected my *suggestion* that we should appoint Roger.（他拒绝了我们提出的应该任命罗杰的建议。）

pro·pose /prə'pəuz/ *vt.* ❶提议，建议；提出（计划等）：Mike *proposed* that they (should) go to a motel. 迈克建议他们去汽车旅馆。❷计划，打算：Dora announced that she *proposed* to learn to swim. 多拉宣称她打算学游泳。❸提…的名；推荐：be *proposed* as a candidate 被提名为候选人 ❹提议为…干杯，为…祝酒：Let's *propose* Mr Mann's health. 让我们为曼先生的健康干杯!

prop·o·si·tion /ˌprɒpə'ziʃn/ *n.* [C] ❶（对于某事物）意见；见解；主张：It is the basic *proposition* of the book. 这是本书的基本论点。❷提议，建议；提案：I would like to put forward the *proposition*. 我想提个建议。

pro·pri·e·ty /prə'praiəti/ *n.*〈书〉❶[U]（行为等）适当，妥当；正当；得体，合宜：Her sense of *propriety* could but just smooth the irritation over. 她只是怕有失体统才勉强未将这满腔怒火形诸于色。❷[U]正当（或得体）的行为；礼貌；[**proprieties**]礼节，行为的规矩：a breach of *propriety* 失礼行为

pro·pul·sion /prə'pʌlʃn/ *n.* [U]推进，推进力；前冲：the *propulsion* of birds 鸟的推进力 ‖ **pro'pul·sive** /-siv/ *adj.*

pro·rate /prəu'reit, 'prəureit/ *vt.* 按比例分配；按比例分摊：The amount of money you get will be *prorated* to the work you do. 你所得的报酬是按你的工作量发的。

prose /prəuz/ *n.* [U]（与诗歌、韵文相对的书面或口语体的）散文，白话文；散文体：These plays lie in a limbo between poetry and *prose*. 这些剧本介乎诗与散文之间。

pros·e·cute /'prɒsɪkjuːt/ *vt.* ❶对…提出公诉；告发，控告，检举；依法进行：*prosecute* an action [a lawsuit] against sb. 对某人提

出公诉 ❷执行；使进行到底：*prosecute* an investigation 彻底进行调查

pros·e·cu·tion /ˌprɒsɪ'kjuːʃn/ *n.* ❶[C;U]起诉；告发，检举；被告发：criminal *prosecutions* 刑事诉讼 ❷[the ～][用作单或复]原告方，控方：The *prosecution* must bear the burden of proof. 控方必须承担举证的责任。❸[U]执行；彻底进行；从事，经营：the *prosecution* of one's duties 职责的履行

pros·e·cu·tor /'prɒsɪkjuːtə'/ *n.* [C]【律】起诉人；公诉人；检察官：a public *prosecutor* 公诉人

pros·pect /'prɒspekt/ *n.* ❶[C;U]预期，展望；指望：You are tempting me with a new *prospect*, when all my other *prospects* are closed before me. 在我万念俱灰的时候，你拿一线新的希望来引诱我。❷[常作～s]（成功等的）可能性；前途：The job offers a good salary and excellent *prospects*. 这份工作薪金优厚，而且前景极好。❸[常用单]景象；境界：The grand hotel has a fine *prospect* of the mountain and lake. 从这家大饭店可以眺望优美的湖光山色。

☆ **prospect, anticipation, foretaste, outlook, presumption** 均有"展望，预期"之意。**prospect** 常指人们对成功、赢利、恢复健康等方面的良好期望或期待：I don't see much *prospect* of this being finished before the weekend.（要在周末以前完成这项工作，我看是没有什么指望的。）**anticipation** 指建立在可靠基础上的确切预料，暗含应有所准备之义：I had taken my coat and umbrella in *anticipation* of rain.（我预料要下雨，所以带上了外套和雨伞。）**foretaste** 常指对将要发生的事情进行的预先体验，暗含足以预示未来情况之义：The unusually warm spring day seemed like a *foretaste* of summer.（不寻常的温暖春日似乎是夏天到来的先兆。）**outlook** 表示根据征兆或分析对某一事情的未来可能性进行的展望、预测：The weather *outlook* for the weekend is bad.（本周末天气形势不佳。）**presumption** 表示在没有直接或充分根据的基础上所作的假定或设想，也可指假定或设想的理由：There is a strong *presumption* against its truth.（有强有力的

P

证据认为这事的真实性存在问题。)

pro·spec·tive /prəˈspektiv/ *adj.* ［无比较级］［常作定语］未来的，将来的；可能发生的；即将成为的：*prospective* teachers 未来的教师们

pros·per /ˈprɔspə/ *vi.* 兴旺，繁荣，昌盛；成功：In his business Robert *prospered*. 罗伯特的生意蒸蒸日上。

pros·per·i·ty /prɔˈsperiti/ *n.* ［U］兴旺，繁荣，昌盛；富足；成功：Tourism has brought *prosperity* to many parts of Thailand. 旅游业使泰国许多地区繁荣起来。

pros·per·ous /ˈprɔspərəs/ *adj.* 兴旺的，繁荣的，昌盛的；富足的；成功的：Our citizens individually have been happy and the nation *prosperous*. 人人安居乐业，国泰民安。‖ **ˈpros·per·ous·ly** *adv.*

pros·ti·tute /ˈprɔstitjuːt/ *n.* ［C］卖淫者；妓女，娼妓；男妓：a *prostitute* soliciting customers on the street 在街上拉客的妓女

pro·tect /prəˈtekt/ *vt.* 保护，防护，防御：I cannot love a man who cannot *protect* me. 我不能爱一个不能保护我的男人。

pro·tec·tion /prəˈtekʃn/ *n.* ❶［U］保护，防护；防御：the *protection* of the environment 环境保护 ❷［C］保护者；防护物：This *protection* will also exclude ultraviolet light. 这种防护装置也可挡住紫外光。

pro·tec·tive /prəˈtektiv/ *adj.* ❶保护的，防护的；防御的：*protective* padding 防护衬垫 ❷［作表语］（对人或家庭）爱护的（*of*, *towards*）：Keating is very *protective of* his family. 基廷很爱护自己的家庭。‖ **proˈtec·tive·ly** *adv.* —**proˈtec·tive·ness** *n.* ［U］

pro·tec·tor /prəˈtektə/ *n.* ［C］❶保护人；护卫；监护人；保护国：a *protector* of British values 英国价值观的卫士 ❷防护物，保护器：ear *protectors* 护耳套

pro·tein /ˈprəutiːn/ *n.* 【生化】❶［C］蛋白质，朊 ❷［U］含蛋白质的植物或动物

pro·test I /ˈprəutest/ *n.* ［C；U］抗议，异议，反对；不服；抗议书：a formal ［an official］ *protest* 正式抗议 II /prəˈtest/ *vi.* ❶抗议；

提出异议，反对；抱怨（*about*, *against*, *at*）：The residents *protested about* the noise and dust from the construction site. 居民们对建筑工地上的噪音和尘土提出抗议。❷申明，声言；断言，坚称‖ **proˈtest·er** *n.* ［C］

pro·to·type /ˈprəutəˌtaip/ *n.* ［C］原型；样本：This equestrian image became the *prototype* for portraits. 这个骑在马背上的形象成了肖像画的原型。

pro·trude /prəˈtruːd/ *vi.* 伸出，突出：His eyes begin to *protrude* with the cough. 由于咳嗽他的眼睛开始凸出。

proud /praud/ *adj.* ❶感到自豪的，得意的；感到光彩（或光荣）的：I'm incredibly *proud* of what I've achieved. 我因我取得的成就而非常自豪。❷有自尊心的，自尊的，自重的：Joe might be poor and he is also *proud*. 乔也许很穷，但不失自重。❸骄傲的，高傲的，傲慢的，妄自尊大的：a lonely and *proud* woman 孤傲的女人 ‖ **ˈproud·ly** *adv.*

prove /pruːv/（过去式 *proved*，过去分词 *proved* 或 *prov·en* /ˈpruːvən/) *v.* 证明，证实：She can *prove* anything by statistics — except the truth. 她有本领用统计数据证明任何事物——只是真理除外。‖ **prov·a·bil·i·ty** /ˌpruːvəˈbiliti/ *n.* ［U］—**ˈprov·a·ble** *adj.*

prov·erb /ˈprɔvəb/ *n.* ［C］谚语；俗话，常言：A *proverb* is no *proverb* to you till life has illustrated it. 没有经过生活检验的谚语算不上真谚语。

pro·vide /prəˈvaid/ *vt.* ❶供应；提供；给予：He is *providing* pain for himself, instead of pleasure. 他不是在找乐趣，而是在自讨苦吃。❷准备好，预先准备：It is deemed best that passengers *provide* them, and so guard against contingencies. 旅客们最好把它们随身带好，以防不时之需。‖ **proˈvid·er** *n.* ［C］

pro·vid·ed /prəˈvaidid/ *conj.* 倘若，假使；除非，以…为条件：I'll forgive her for her mistake *provided* that she apologizes to me. 只要她向我道歉，我就原谅她的过错。〔亦作 **providing**〕

pro·vid·ing /prə'vaidiŋ/ *conj.* = provided

prov·ince /'prɒvins/ *n.* [C]省;省级行政区:Canada has ten *provinces*. 加拿大有 10 个省。

pro·vin·cial /prə'vinʃ°l/ *adj.* ❶[无比较级][作定语]省的,省份的:a *provincial* capital 省会城市 ❷[无比较级][作定语]外省的,外地的;地方的:a *provincial* town 外省城镇 ‖ **pro·vin·cial·ism** /prə'vinʃ°ˌlizᵊm/ *n.* [U]

pro·vi·sion /prə'viʒ°n/ *n.* ❶[U]准备,预备;预先作出的安排,事先采取的措施:adequate *provision* for family 为家庭以后的生计所作的适当安排 ❷[U]供应;提供;给予:the *provision* of supplies 必需品的供应 ❸[通常用单]供应品,储存物;供应量,提供的量:The *provision* of English teachers is being increased. 配备英语教师的人数有所增加。❹[通常作～s]食物和饮料;食物和饮料的供应(或储备):have a plentiful store of *provisions* 储存大量的食物和饮料

pro·vi·sion·al /prə'viʒ°n°l/ *adj.* [无比较级]临时的;暂时(性)的;暂定的:a *provisional* government 临时政府 ‖ **pro'vi·sion·al·ly** *adv.*

prov·o·ca·tion /ˌprɒvə'keiʃ°n/ *n.* ❶[U]挑衅;挑拨;煽动;激怒;刺激:The lesion tended to bleed on the least *provocation*. 伤口稍受刺激就会出血。❷[C]挑衅性的事;惹人恼火的事;激怒的原因:It was a *provocation* to call him a liar. 骂他撒谎是挑衅的行为。

pro·voc·a·tive /prə'vɒkətiv/ *adj.* ❶挑衅的;挑拨的,煽动的;激怒的;刺激的:The conduct of the ministers was *provocative*. 部长们的行为令人恼火。❷激发情感(或行动)的;引发争论(或议论,深思,好奇心等)的:His views were unexpected and *provocative*. 他的看法出人意料,引起了争论。‖ **pro'voc·a·tive·ly** *adv.*

pro·voke /prə'vəuk/ *vt.* ❶对…挑衅;挑拨,煽动;激怒;刺激:*provoke* conflicts in society 挑动社会冲突 ❷激起,引发,引起:

Edwin's remarks *provoked* a storm of controversy. 埃德温的话引起激烈的争议。‖ **pro'vo·ker** *n.* [C]

☆**provoke, excite, stimulate** 均有"引起,激起"之意。**provoke** 指引起某种反应或激起某种情感,强调激发的能力或力量,而不是手段或方式:His insensitive speech *provoked* an angry dispute. (他麻木不仁的讲话引起愤怒的反抗。) **excite** 在程度上强于 provoke,表示在思想情感上激起强烈、深刻的反响:The court case has *excited* a lot of public interest. (法院审判的案件引起许多公众的关心。) **stimulate** 常指用刺激物来触发他人的兴趣、好奇心或求知欲,带有从冷漠、沉静或无生气的状态被激励起来的意味:The intention of lowering the interest rates is to *stimulate* the economy. (降低利率的用意是刺激经济。)

pru·dent /'pruːd°nt/ *adj.* 〈书〉❶审慎的,慎重的,小心谨慎的:It would be *prudent* to find out more before you decide. 查问清楚再作决定是慎重的做法。❷精明的,深谋远虑的:a *prudent* salesman 精明的商品推销员 ‖ **'pru·dence** *n.* [U] — **'pru·den·tial** /pruː'denʃ°l/ *adj.* — **'pru·dent·ly** *adv.*

pseu·do·nym /'p:uːdᵊnim/ *n.* [C]假名,化名;笔名:Mark Twain was the *pseudonym* used by Samuel Clemens. 马克·吐温是塞缪尔·克莱门斯的笔名。

psy·che /'psaiki/ *n.* [C]精神;心灵;心理:the influence of the *psyche* on human behaviour 人的心理对行为的影响

psy·chi·at·ric /ˌpsaiki'ætrik/ *adj.* [作定语]精神病的;精神病学的

psy·chi·a·try /si'kaiətri/ *n.* [U]精神病学;精神病治疗 ‖ **psy'chi·a·trist** *n.* [C]

psy·chic /'psaikik/ *adj.* [无比较级]❶(官能现象等)超自然的:*psychic* research 通灵研究 ❷精神的,心理的:the threat of physical,emotional, or *psychic* death 生理死亡、情感死亡及心理死亡的威胁 ‖ **'psy·chi·cal·ly** /-kəli/ *adv.*

psy·cho·log·i·cal /ˌpsaikə'lɒdʒik°l/ *adj.* [无

比较级】❶[作定语]心理的；精神的：*psychological* blow 精神打击 ❷心理学的 || ˌpsy·cho'log·i·cal·ly *adv.*

psy·chol·o·gy /saiˈkɔlədʒi/ *n.* ❶[U]心理学：educational *psychology* 教育心理学 ❷[U]人与动物的行为科学 ❸[C;U]〈口〉心理特点；心理因素：the *psychology* of crime 犯罪心理 || psy'chol·o·gist *n.* [C]

psy·cho·sis /ˈsaiˈkəusis/ *n.* [C; U] （[复]-ses /-siz/）精神病，精神错乱

psy·cho·ther·a·py /ˌpsaikəˈθerəpi/ *n.* [U;C]【医】精神疗法；心理治疗 || ˌpsy·cho'ther·a·pist *n.* [C]

pub /pʌb/ *n.* [C]〈口〉〈英〉酒吧

pub·lic /ˈpʌblik/ **I** *adj.* ❶[无比较级]公众的，大众的；属于(或有关)公众的；公共的；公有的；公用的：These facilities are *public*. 这些设施供公众使用。❷[无比较级][作定语]为大众的；社会的；(从事)公众事务的：She had a distinguished *public* career. 她有过一段辉煌的公务员生涯。❸公开的；公开做的；公然的；在众人面前公示的：He made his views *public*. 他公开亮出了自己的观点。❹[无比较级][作定语]众所周知的；有名的；杰出的：a *public* figure 知名人士 **II** *n.* ❶[the ~][用作单或复]公众，民众，人民，众人：the general *public* 人民大众 ❷[C](有共同兴趣或特点的)一群人：the reading *public* 读者大众 || 'pub·lic·ly *adv.*

pub·li·ca·tion /ˌpʌbliˈkeiʃⁿn/ *n.* ❶[U]出版，刊印：the *publication* of a new novel 一部新小说的出版 ❷[C]出版物：There are a lot of *publications* about gardening. 有许多园艺方面的书刊。❸[U]公开，发表：the *publication* of exam results 考试成绩的公布

pub·lic·i·ty /pʌbˈlisiti/ *n.* [U]❶公众(或传媒等)的注意，众所周知，闻名；名声：His latest novel received good *publicity*. 他最近出版的小说大获好评。❷惹人注目的办法；宣传，宣扬：Her novel was published with a lot of *publicity*. 伴随着巨大的宣传攻势，她的小说出版了。❸宣传品；宣传文章；广告：post *publicity* 张贴广告

pub·lish /ˈpʌbliʃ/ *v.* ❶出版，发行：She was only 19 when her first novel was *published*. 她第一部小说出版的时候，她才 19 岁。❷发表，刊登；出版…的作品：The newspaper has *published* his letters. 报纸刊登了他的书信。 || **'pub·lish·er** *n.* [C]

pub·lish·ing /ˈpʌbliʃiŋ/ *n.* [U]出版(业)；发行(业)；出版(或发行)活动

pud·ding /ˈpudiŋ/ *n.* ❶[C;U]布丁；(酒席中的)甜点：rice *pudding* 大米布丁 ❷[U]〈英口〉甜点心，甜食

puff /pʌf/ *v.* ❶(一阵阵地)吹，喷 ❷(吸烟者、机器等)喷(或冒、吐)着烟(*away*,*out*)：The train *puffed out* of the station. 火车扑哧扑哧开出车站。❸喘息，喘粗气：He was *puffing* and panting after his half-hour jog. 他慢跑半小时后就上气不接下气了。❹鼓胀，膨胀，肿胀(*up*,*out*)：His eyes were inflamed and *puffed up*. 他的双眼又红又肿。

pull /pul/ *vt.* ❶(用力地)拉，拖，拽，扯，牵：*Pull* your chair a bit nearer to the table. 把你的椅子拉近桌子一些。❷拔，摘，采，抽：*pull* a tooth 拔牙 ❸撕开，拉开，扯开：*pull* open an envelope 撕开信封 ❹(过分伸展而)弄伤，拉伤：He *pulled* the muscle in his thigh during the fight. 他打架时把腿部肌肉拉伤了。 || **pull away** *v.* ❶拉开，扯掉：He *pulled* the wrapping *away* to see what was in the parcel. 他把包裹拆开，看看里面是什么东西。❷(使)离开；(使)驶离；(使)撤离：The car was *pulling away* with speed. 那辆汽车疾驶而去。**pull back** *v.* (使)后退；(使)撤退；(使)退却：They *pulled back* in horror and retreated to a safe place. 他们仓皇撤至安全地带。**pull down** *v.* ❶拉下；拉倒；拆掉：The old cinema has been *pulled down*. 那座旧影院已给拆除了。❷使衰弱，拖垮，挫…的锐气，杀…的威风；使降至较低的地位：He was *pulled down* by a sudden fever. 他突然发烧病倒了。**pull in** *v.* ❶(车等)停下，驶向路边；(列车)进站，到达；(船)靠岸：The express from Beijing *pulled in* on time. 从北京开来的快

车准点进站了。❷停止,止住;紧缩(开支):
pull in expenses 缩减开支 **pull out v.** ❶(列车等)驶出,离去;(船)离岸,划出;(车辆)驶离路边;(为超车而)驶离车辆行列:The train for Shanghai will *pull out* in five minutes. 开往上海的列车还有五分钟就要开了。❷拉出;拔出;抽出;掏出:He *pulled out* the pistol and aimed at the attacker. 他拔出手枪对准袭击他的人。**pull through v.** (使)渡过危机(或难关);(使)恢复健康:It was quite some time before the firm *pulled through* after the economic crisis. 那场经济危机过去很长时间之后,公司才恢复元气。**pull together v.** (使)齐心协力,(使)团结起来:If we *pull together*,we'll be able to surmount all difficulties. 只要我们齐心协力,所有的困难都能克服。**pull up v.** ❶(使)停住:She *pulled up* short and wouldn't say anything more. 她突然打住话头,再不肯多说一句话。❷(车)(开到某处)停下;(人)把(车)(开到某处)停下;靠近:The car didn't *pull up* at a red light. 那辆汽车见了红灯没有停下。‖ 'pull·er **n.** [C]

☆ **pull, drag, draw, haul, tow, tug** 均有"拉,拖"之意。**pull** 为最普通用词,词义和使用范围最广,表示拖、拉的方向,着重一时或突然拉动的动作:Help me move the piano over here;you push and I'll *pull*. (帮我把钢琴搬到这儿,你推我拉。) / *pull* a trigger (扣扳机) **drag** 表示用力拖拉某一笨重物体,克服阻力或摩擦力,使其在另一物体的表面缓慢移动:An Arab boy was *dragged* into the compound as a suspect. (一个阿拉伯男孩被当做嫌疑人拽进了院子。) **draw** 常包含一种比较平稳、均匀的移动,引申为产生某种结果的抽、拉动作:A horse *draws* the cart. (马拉车。) / I *drew* a chair to the table for her. (我把椅子拉到桌旁让她坐下。) **haul** 表示持续地使劲拖拉庞大或笨重的物体,带有费力、缓慢、艰难的意味,常指运输:*haul* logs to a mill (把木料拖到工厂) / *haul* passengers (运送旅客) **tow** 指用绳索或铁链来拖拽或牵引:*tow* a damaged ship into port (把损坏的船拖进港口) **tug** 表示用劲拽或拉,但不一定产生实际的移

动:*tug* at a stuck drawer (使劲拉卡住的抽屉) / He *tugged* the door but it wouldn't open. (他用劲拉门,但是拉不开。)

pulp /pʌlp/ **n.** [U] ❶(水果的)果肉;(植物的)肉质部分;【植】软髓:the *pulp* of a watermelon 西瓜瓤 ❷【纸】纸浆:The company manufactures *pulp* and paper products. 这家公司生产纸浆和纸制品。‖ 'pulp·y **adj.**

pul·sate /pʌl'seit,'pʌlseit/ **vi.** ❶(心脏、动脉等)搏动,跳动;有节奏地舒张及收缩 ❷颤动,抖动,震动:The rose petals *pulsate* like butterflies. 玫瑰花瓣儿宛若彩蝶翩翩起舞。‖ pul·sa·tion /pʌl'seiʃ°n/ **n.** [U]

pulse /pʌls/ **n.** ❶[常用单]脉搏;脉(或心)的一次跳动:The patient had an irregular *pulse*. 病人的脉搏不齐。❷[C]有节奏的跳动(或振动、拍打等):the exciting *pulses* of African drum music 催人激奋的非洲鼓乐节奏

pum·mel /'pʌm°l/ **vt.** (-mel(l)ed;-mel(l)ing) (尤指用拳头)连续击打:The boxer *pummeled* his opponent into submission. 拳击手连续击打对手,一直把他打败。〔亦作 **pommel**〕

pump /pʌmp/ **I n.** [C]泵,抽水(或气)机,唧筒:an irrigation *pump* 灌溉泵 **II vt.** ❶用泵抽吸(或抽运)(水、气等):Your heart *pumps* blood around your body. 心脏把血液压送至全身各处。❷用泵从…中抽吸水(或气等);用泵抽干(或抽空)(out):*pump* the swimming pool dry 把游泳池里的水抽干

pump·kin /'pʌmpkin,'pʌŋ-/ **n.** [U;C]【植】南瓜属植物;笋瓜;西葫芦;南瓜

punch¹ /pʌntʃ/ **I vt.** ❶(用拳)猛击,狠捶:*punch* the ball into the goal 把球猛扬进球门 ❷(用钝器等)戳,捅,刺 **II n.** ❶[C]一拳,一击,一捅:throw a *punch* 挥拳击打 ❷[C]用拳击打的能力 ‖ 'punch·er **n.** [C]

punch² /pʌntʃ/ **I n.** [C]冲头,打孔器,穿孔机:a ticket *punch* 车票打孔器 **II vt.** 在(金属、纸张或票据等)上打(或穿,刺)孔;打(孔),穿(孔),刺(孔):You have to *punch* some holes in these sheets of paper. 你得在

这些纸上打些孔。

punc·tu·al /ˈpʌŋ·tjuəl/ *adj.* 守时的；[无比较级]准时的，按时的，如期的：He is always *punctual* for an appointment. 他一向约会很准时。‖ **punc·tu·al·i·ty** /ˌpʌŋ·tjuˈæliti/ *n.* [U]—ˈpunc·tu·al·ly *adv.*

punc·tu·ate /ˈpʌŋ·tjueit/ *vt.* ❶加标点于；在…中起标点作用：Be sure to *punctuate* your sentences with the correct marks in the right places. 一定要在句子的适当位置上加正确的标点。❷[通常用被动语态]不时地打断：Her performance was *punctuated* by bursts of applause. 她的表演被阵阵鼓掌声打断。❸强调，使突出：He *punctuated* his last statement with a violent wave of his arm. 他猛然挥了一下手，用来强调他的最后陈述。

punc·tu·a·tion /ˌpʌŋ·tjuˈeiʃ⁰n/ *n.* ❶[U]标点法；标点系统；标点符号的使用，加标点 ❷[总称]标点符号

punctuation mark *n.* [C]【语】标点符号

punc·ture /ˈpʌŋktʃə/ I *n.* ❶[U]穿刺，穿孔 ❷[C](车胎等的)刺孔；(皮肤等的)刺痕：If you put the tyre in the water you should be able to see where the *puncture* is. 如果你把那轮胎放在水中，应该可以见到刺孔在哪里。II *v.* ❶穿(孔)；刺穿，刺破：*puncture* a balloon 戳破气球 ❷削弱，挫伤；损坏：The break-up with her former husband *punctured* her faith in love. 她与前夫的离异挫伤了她对爱情的信念。

pun·gent /ˈpʌndʒ⁰nt/ *adj.* ❶(味道、气味等)有刺激性的；辣的：a *pungent* smell of smoke 一阵刺鼻的烟味 ❷(言辞等)尖刻的，辛辣的：a *pungent* comment 尖刻的评语 ‖ ˈpun·gen·cy *n.* [U]—ˈpun·gent·ly *adv.*

pun·ish /ˈpʌniʃ/ *vt.* 罚，处罚，惩罚：The child was severely *punished* for telling lies. 那孩子因说谎而被重罚。

pun·ish·ment /ˈpʌniʃm⁰nt/ *n.* [U；C] ❶(受)罚，(受)处罚，(受)惩罚；(受)刑罚：undergo *punishment* 遭受刑罚 ❷⟨口⟩粗暴(或严厉)的对待；吃苦头；损害；痛击：The

automobile can withstand thousands of miles of *punishment*. 这种车能经得起数千英里的颠簸。

pu·ny /ˈpjuːni/ *adj.* ⟨常贬⟩❶弱小的，瘦弱的；发育不良的，未充分发育的；虚弱的：a *puny* lad 瘦小的家伙 ❷微弱的；微不足道的；次要的：He won the election by a *puny* margin. 他以微弱的多数赢得了选举。‖ ˈpu·ni·ness *n.* [U]

pu·pil¹ /ˈpjuːp⁰l,-pil/ *n.* [C](尤指小学)学生；弟子，门生：a third-year *pupil* 三年级学生

☆ **pupil**, **disciple**, **scholar**, **student** 均有"学生"之意。**pupil** 一般指初中和小学的学生、学童，也可指向家庭教师学习的学生：The school has about 500 *pupils*. (该校大约有 500 名学生。) **disciple** 常指跟随某一宗教领袖并在其指导下学习和传播这一宗教的门徒：Martin Luther King considered himself a *disciple* of Gandhi. (马丁·路德·金自认为是甘地的信徒。)该词也可指任何杰出人物或重要学说的热心崇拜者或拥护者：The distinguished professor has had many *disciples*. (那位杰出的教授有许多崇拜者。) **scholar** 可作为 student 较为正式的代用词，常指成绩卓著的学生或精通某一学科的权威学者，也可指获得奖学金的优秀学生、学者。**student** 为最普通用词，可指初中、高中、大专院校的学生，也可表示某一学科领域的研究者、专家：These *students* belong to Oxford University. (这些学生是牛津大学的。)

pu·pil² /ˈpjuːp⁰l,-pil/ *n.* [C]【解】瞳孔：The *pupils* contract and dilate in response to the change of light intensity. 瞳孔会根据光线强弱的变化缩小或放大。

pup·pet /ˈpʌpit/ *n.* [C]木偶，玩偶：a *puppet* show 木偶戏 ‖ ˈpup·pet·ry *n.* [U]

pup·py /ˈpʌpi/ *n.* [C](常指未满一岁的)小狗，幼犬：Our dog has just had six *puppies*. 我家的狗刚生了六只小狗。

pur·chase /ˈpəːtʃis,-tʃəs/ I *vt.* ❶买，购买，购置：*purchase* a high-speed supercomputer 购买一台高速超级计算机 ❷(通过付出代

价、劳动、冒险等）争取到，获得：*purchase with money* exemption from the punishment 用钱行贿得以赦免 **II** *n.* ❶[U;C]购买，购置；采购；[常作～s]购买行为：installment *purchase* 分期付款购买 ❷[C]购买的物品，购置物：She carried her *purchases* home in a bag. 她把买的东西用包拎回家。‖ '**purchas·a·ble** *adj.* —'**pur·chas·er** *n.* [C]

pure /pjuəʳ/ *adj.* ❶ 纯的，不掺杂的：be dressed in *pure* white 一袭纯白色的衣着 ❷[无比较级]（血统）纯的；【生】纯合的，纯种的：a *pure* Irish 纯爱尔兰血统的人 ❸无垢的；纯净的，洁净的，清澈的：The air by the sea is wonderfully *pure*. 海边的空气清新宜人。❹（品德等）纯洁的；贞洁的；清白的，无过失的；真诚的：*pure* motives 纯洁的动机 ‖ '**pure·ness** *n.* [U]

pure·ly /'pjuəli/ *adv.* [无比较级]纯粹地，完全地，绝对地：He won the prize *purely* on his own merit. 他完全是靠自己的成绩赢得这一奖项的。

purge /pɜːdʒ/ **I** *vt.* ❶清洗，洗刷，清除；使摆脱：This medicine will help to *purge* waste matter *from* the bowels. 这药能清除肠内的废物。❷纯洁（组织、党派等），清（党）；肃清（*of*，*from*）：Extremists are expected to be *purged from* our party. 极端分子可望能从我们党内清除出去。**II** *n.* [C;U]净化，清洗；清除；肃清：a *purge* of disloyal members 对不忠诚分子的清洗行动 ‖ '**purg·er** *n.* [C]

pu·ri·fy /'pjuərifai/ *vt.* ❶净化，使洁净（*of*，*from*）：*purify* air 净化空气 ❷使纯洁，使完美：*purify* one's mind 纯洁思想 ‖ **pu·ri·fi·ca·tion** /ˌpjuərifi'keiʃⁿn/ *n.* [U]—'**pu·riˌfi·er** *n.* [C]

pu·ri·ty /'pjuəriti/ *n.* [U] ❶纯净（度），洁净（度）：He finally stroked out a new method for testing the *purity* of the water. 他终于想出了测定水纯度的新方法。❷纯洁，贞洁，圣洁；清白：For Christians, the Virgin Mary is a symbol of *purity*. 在基督徒的心目中，圣母玛利亚是圣洁的象征。

pur·ple /'pɜːpⁿl/ **I** *n.* [U;C]紫色；红紫色；

深红色：be dressed in *purple* 身穿紫色衣服 **II** *adj.* 紫色的，紫红的，绛紫的：Your orange sweater and *purple* skirt clash. 你的橘红色毛衫和紫色的裙子很不协调。‖ '**pur·plish** *adj.*

pur·pose /'pɜːpəs/ *n.* ❶[C]目的，意图：the *purpose* of a visit 访问的目的 ❷[U]〈书〉意志；决心；决断：He is firm of *purpose*. 他意志坚强。‖ **on purpose** *adv.* 特意地；故意地：It's not likely that he did it *on purpose*. 他不像是故意做那事的。

pur·pose·ful /'pɜːpəsfⁿl/ *adj.* ❶有目的的；有意图的；故意的：Her movement becomes more *purposeful*. 她的一举一动更具目的性了。❷坚定的；有决心的；果断的：*purposeful* men pressing on towards freedom 坚定不移地向自由挺进的人们

purr /pɜːʳ/ *vi.* ❶（猫高兴时）发呜呜声，咕噜声：The cat was *purring* by the fire. 猫在火炉旁发出愉快的咕噜声。❷（机器等）发低沉轰鸣声：The engine of my old car rattled all the time, but my new one *purrs*. 我那部旧车的发动机格格作响，但新车的发动机只发出低沉的呜呜声。

purse /pɜːs/ *n.* [C]〈主英〉钱包；（用细绳拢口的）小钱袋：She opened her *purse* and took out some money. 她打开钱包，掏出一些钱。❷（手提或肩挂的）女用小包

pur·sue /pəˈsjuː/〈书〉*v.* ❶追逐，追赶；追捕；追击：The hounds were *pursuing* the fox across the field. 猎犬追逐狐狸穿过田野。❷追随，跟随：*pursue* one's way along the zigzagging road 行进在蜿蜒曲折的道路上 ❸实行，执行，进行；从事；继续讨论：*pursue* a policy of peace abroad 对外奉行和平政策 ❹追求；追寻，寻求：*pursue* one's own good 追求一己私利 ‖ pur'**su·a·ble** *adj.* —pur'**su·er** *n.* [C]

pur·suit /pəˈsjuːt/ *n.*〈书〉❶[U]追逐，追赶；追捕，追击：The thief ran down the street, with a policeman in hot *pursuit*. 小偷沿街跑去，警察在后面紧追不舍。❷[U]追求，追寻，寻求：the *pursuit* of happiness 对幸福的追求 ❸[常作～s]职业；事务；活

动：leisure *pursuits* 消遣 ‖ *in pursuit of prep.* 追求：*in pursuit of* pleasure 追求快乐

push /puʃ/ *vt.* ❶推，推动：The door was *pushed* open. 门被推开了。❷挤，挤过；推进；推搡着走过：*push* one's way through the crowd 挤过人群 ‖ *push ahead vi.* 奋力前进，推进；推行(*with*)：We must *push ahead with* the project as fast as we can. 我们必须尽力抓紧进行这项工程。*push for vt.* 急切要求；力图得到：They are *pushing for* entrance examination reform. 他们迫切要求改革入学考试制度。*push on vi.* 继续旅行；继续前进(或进行)：I had to *push on* with my work after they left. 他们走了之后，我得继续做我的家庭作业。*push through vt.* 使通过(考试、审议等)；使被接受；设法完成：*push* a student *through* (his test) 帮助学生通过测验

☆**push, propel, shove, thrust** 均有"推，推动"之意。**push** 指推者接触到对象，向外用力，使其顺着用力方向移动：I *pushed* open the door. (我推开了门。) **propel** 常指利用自然力、机械力来传动或不断驱动物体前进：a ship *propelled* by oars (用桨推进的船) **shove** 指粗暴地猛推某人，也可表示用力使某一物体沿其表面滑行：*shove* sb. aside (把某人推到一边) / *shove* a boat into the water (推船下水) **thrust** 指突然向某人或物体用力，使其向前，也常表示将握在手里的武器、工具等猛插、猛塞或猛刺：*thrust* a chair against the wall (把椅子猛地推向墙壁) / The murderer *thrust* a dagger into her heart. (凶手将匕首刺进她的心脏。)

put /put/ *vt.* ❶放，置，摆，装；使处于特定位置：She *put* the key back in her purse. 她把钥匙放回手提包里。❷使处于特定状态(或顺序、境况、局面等)：He always *puts* his work before [above] everything else. 他总是把工作放在首位。‖ *put aside* [*by*] *vt.* ❶把…放在一边；把…搁置起来；暂停：He *put aside* his present work for more urgent business. 他把手头上的工作先搁置起来干更重要的事情。❷省下；储存；留出：You ought to have *put aside* some amount of money for emergencies. 你应该存一些钱，以备应急之用。*put away vt.* ❶把…收起来；放好：Come on, it's time to *put* these toys *away*. 来，该把玩具收起来了。❷储存，贮存：I *put* most of my money *away* in very conservative investments. 我把大部分钱投入非常稳妥的投资项目里存起来。*put back v.* ❶把…放回原处；使恢复原样：The table and chair were *put back* where she had lain. 桌椅被放回了原来她摆放的地方。❷推迟，拖延，使拖后：The match has been *put back* to next Saturday because of the rain. 因为下雨，比赛推迟到下星期六。*put by vt.* ❶把…暂放一边：She was reading a book, but *put* it *by* when the telephone rang. 她在看一本书，听到电话铃响就把书放在了一边。❷储存，积蓄；(为顾客)保留：I have *put by* some money for emergencies. 我存了点钱应急用。*put down v.* ❶放下；压下；按下：The policeman persuaded him to *put* the gun *down*. 警察劝他把枪放下来。❷镇压，平定；取缔；制止；压制：Such gossip must be *put down* at once. 这种流言蜚语必须立即制止。❸写下；记录，登记；(为了特定的目的)记下…的姓名：I've *put* myself *down* for the football team. 我已报名加入足球队。*put forth v.* ❶长出，生出；放出，放射出：The bush *put forth* new branches after being cut. 灌木砍掉之后又长出新枝。❷提出(意见、理论、思想等)：The argument he *put forth* is worth considering. 他提出的论点值得考虑。*put forward vt.* 提出；建议：Various projects were *put forward* from time to time. 不时提出一些不同的方案。*put off v.* ❶推迟；拖延：Never *put off* till tomorrow what you can do today. 今日事，今日毕。❷让…下车(或船、飞机等)：Do you *put* the offender *off* at the next station? 您打算到了下一站把冒犯者赶下车吗？❸关掉，熄灭：She *put off* the light and went to sleep. 她把灯熄了，然后去睡觉。*put on vt.* ❶穿上，戴上，披上；抹上：*put on* an apron 系上围裙 ❷开(灯或电器等)：Could you *put* the light *on*, please? 请把灯打开好吗？❸上演，上映；举行(展览

等）；使上市：*put on* an exposition 举行展览
put out v. ❶拿出，取出；伸出：It's rude to
put out your tongue at people. 朝人吐舌头
是不礼貌的。❷关(灯)、熄灭；扑灭(火等)：
put out the flames 扑灭火焰　***put up v.*** ❶举
起；抬起；升起：*put up* a flag 升旗　❷建造；
搭建；撑起：*put up* small tents for the sum-
mer camp 为夏令营搭起小帐篷　❸公布；张
贴：Ads are not allowed to be *put up* on this
wall without special permission. 没有特殊
许可，不得在这面墙上张贴广告。❹提出
(请愿、问题、建议等)：*put up* a petition 提
出请愿　***put up with vt.*** 忍受，容忍：I don't
know why she *puts up with* him. 我不知道
她怎么可以忍受他。

put·ty /ˈpʌti/ *n.* [U] ❶(嵌装玻璃或填塞
木缝的)油灰，泥子　❷易被影响(或摆布)
的人

puz·zle /ˈpʌzl / I *n.* [C] ❶难题；令人费解
的事：The reason for their behaviour re-
mains a *puzzle* to the new supervisor. 他们
的行为仍然让新来的督导弄不清楚。❷测
验(智力、耐心、技巧等)的问题(或游戏)；智
力玩具；谜：the solution to a *puzzle* 谜底　II
vt. ❶使迷惑，使茫然；使困窘，使为难：
Here is the secret that *puzzled* everybody.
这就是把大家蒙在鼓里的秘密呀。❷为难
题费(脑筋等)，使苦思，使冥思苦想：I've
been *puzzling* my brain, and the more I
think the more incredible does it become.
我整整一夜没合眼想这事儿，越想越觉得莫
名其妙。‖ ˈpuz·zle·ment *n.* [U]—ˈpuz·zler
n. [C]

puz·zled /ˈpʌzld/ *adj.* 感到迷惑的；感到费
解的；感到茫然的

puz·zling /ˈpʌzliŋ/ *adj.* 令人费解的；令人
迷惑的：Her words were *puzzling*. 她的话
很费解。

py·ja·mas /pəˈdʒɑːməz, -ˈdʒæ-/ [复] *n.* 睡
衣裤：a suit of striped light-blue *pyjamas* 一
套淡蓝色的条纹睡衣裤〔亦作 **pajamas**〕

pyr·a·mid /ˈpirəmid/ *n.* [C] 锥形塔；(埃及
的)金字塔 ‖ **py·ram·i·dal** /piˈræmidᵊl/ *adj.*

Q q

quack /kwæk/ **I** *n.* 〔C〕鸭叫声（鸭叫般的）嘎嘎声 **II** *vi.*（鸭子）嘎嘎叫；发嘎嘎声

quad·ran·gle /ˈkwɒdˌræŋgᵊl/ *n.* 〔C〕❶【数】四边形，四角形；方形；矩形；正方形 ❷（尤指大学学院里周围有建筑物的）四方院，四方场地〔亦作 **quad**〕 ‖ **quad·ran·gu·lar** /kwɒdˈræŋgjulə/ *adj.*

quad·ru·ple /ˈkwɒdrup°l/ **I** *adj.* 〔无比较级〕❶包括四部分的，由四部分组成的；四方的：a *quadruple* alliance 四方联盟 ❷四重的；四倍的：a *quadruple* amount 四倍之量 **II** *n.* 〔C〕四倍：100 is the *quadruple* of 25. 100 是 25 的 4 倍。**III** *v.*（使）变成四倍；（使）增至四倍：We expect to *quadruple* our profits this year. 我们指望今年的利润能增至四倍。

quake /kweik/ **I** *vi.* ❶摇动；哆嗦，颤抖(*with*, *for*)：He was *quaking* in his boots at the thought. 一想到此事，他就两腿发抖。❷震动；摇晃：He felt the ground *quaking* under his feet. 他感到大地在他脚下震动。**II** *n.* 〔C〕❶〈口〉地震：two magnitude 5 *quakes* 两次五级地震 ❷〔通常用单〕颤抖；哆嗦；摇晃；震动 ‖ **'quak·y** *adj.*

qual·i·fi·ca·tion /ˌkwɒlifiˈkeiʃᵊn/ *n.* ❶〔C〕资格；资历；资格证书，合格证明：a teaching *qualification* 执教资格证书 ❷〔U〕赋予（或取得）资格；取得资格证书（或合格证明）：*Qualification* as a lawyer takes several years. 要经过多年努力方可取得律师资格。❸〔U；C〕限制；限定；限定性条件：make some *qualifications* to what sb. says 对某人的话加以限定性的说明

qual·i·fied /ˈkwɒliˌfaid/ *adj.* ❶有资格的，具备必要条件的；胜任的，合适的：She's *qualified* to take over in my absence. 当我不在时，她有能力接管一切事务。❷有限制的，有保留的：*qualified* agreement 有保留的赞同

qual·i·fy /ˈkwɒliˌfai/ *vt.* ❶使具备资格；证明⋯合格；使胜任：Being the son of the boss doesn't *qualify* him as the foreman. 单凭他是老板的儿子并不能使他具有资格做领班。❷限定，限制；修正；减轻；使缓和：I would *qualify* that by putting it into context. 我要把那句话放在上下文中去限定其意义。❸把⋯归类；描述，形容：*qualify* sb. as a wolf 称某人为色狼

qual·i·ta·tive /ˈkwɒlitətiv,-ˌteitiv/ *adj.* 〔无比较级〕质的，质量的；性质的：a *qualitative* change 质变 ‖ **'qual·i·ta·tive·ly** *adv.*

qual·i·ty /ˈkwɒliti/ *n.* ❶〔C；U〕性质；特性；性能；特点，特色：People define substances in terms of *qualities* such as colour, shape, size, hardness and heaviness. 人们用诸如颜色、形状、大小、软硬和轻重等表示性质的术语来解释物质。❷〔U〕质，质量；品级；优质：*Quality* takes precedence over quantity. 质与量比，应优先考虑质。❸〔C〕品德，品性，品质；才能：moral *qualities* 道德品质 ☆**quality**, **attribute**, **character**, **property** 均有"特征，特性"之意。**quality** 为最普通用词，指人或事物的个别特性或属性，既可表示具体、明确的特征，也适用于笼统的总体印象：She shows *qualities* of leadership.（她表现出了领导才能。）**attribute** 常指构成人或事物综合性格或性质的某一具体特征或自然属性：Patience is one of the most important *attributes* in a teacher.（教师最重要的一个

品性就是要有耐心。）**character** 常指某类特定事物所独具的显著特征：A tendency not to show emotions is supposed to be part of the British national *character*.（情感不外露的倾向被视为英国国民性的一部分。）该词也可表示某人的综合品质、品格，或某物的综合特性、特征，带有赞美的意味：a woman of great *character*（品格高尚的妇人）/ a nice old house with a lot of *character*（很有特色的漂亮的老房子）**property** 表示某种或某类事物的本质特性：the soothing *properties* of an ointment（一种油膏的止痛性能）

qualm /kwɑːm, kwɔːm/ *n.* [C][常作～s] ❶疑虑，疑惧，担心：She has no *qualms* about lying. 她撒谎肆无忌惮。 ❷（良心上的）不安，内疚：His *qualms* of conscience had become so great that he decided to abandon his plan. 他良心上极为不安，所以决定放弃计划。

quan·da·ry /'kwɒndəri/ *n.* [常用单]困惑，窘况，不知所措的境地：I was put in a great *quandary*. 我陷入进退两难的境地中。

quan·ti·fy /'kwɒntiˌfai/ *vt.* 确定…的（数）量；以数量表示，测量：It's difficult to *quantify* the damage caused by the disaster. 灾难造成的损失难以确切测算。

quan·ti·ta·tive /'kwɒntitətiv, -ˌteitiv/ *adj.* ❶（可以）用数量表示的：*quantitative* examination of the vocabulary 对词汇作数量调查 ❷量的，数量的：a *quantitative* change 量变

quan·ti·ty /'kwɒntiti/ *n.* ❶[U；C]量，数量；总量：the *quantity* of heat in a body 人体内的热量 ❷[U]大量：buy food in *quantity* [(large) *quantities*] 大量采购食品 ❸[C]人；物；因素：an unknown *quantity* 未知数

quan·tum /'kwɒntəm/ I *n.* [C]([复]-ta /-tə/) ❶量；份额，部分：a *quantum* of energy 少量能源 ❷【物】量子：the *quanta* of gravitational radiation 引力辐射的量子 II *adj.* ❶[作定语]【物】量子的：*quantum* physics 量子物理学 ❷大的，重大的：a *quantum* improvement 重大的改进

quark /kwɑːk/ *n.* [C]【物】夸克

quar·rel /'kwɒrl/ I *n.* [C] ❶争吵，吵架，吵嘴，口角；失和：start a *quarrel* with sb. about sth. 与某人就某事吵了起来 ❷[通常用单][通常用于否定句]抱怨的缘由；失和的原因：We have no *quarrel* with people of the country, only with the dictator. 我们对该国人民没有任何意见，只是对该国的独裁者不满。 II *vi.* (-rel·(l)ed;-rel·(l)ing) ❶争吵，吵嘴，口角；失和：She's been feeling very tired of late, and is rather quick to *quarrel*. 近来她一直感觉身心疲惫，所以动不动就跟人吵架。 ❷（对…）表示反对，抱怨，挑剔(with)：I don't *quarrel with* what you say, but *with* how you say it. 我不反对你说什么，但是反对你的这种说法。 ‖ 'quar·rel·(l)er *n.* [C]—'quar·rel·some *adj.*

☆ **quarrel, argue** 均有"争论，争吵"之意。**quarrel** 表示因观点不同或有怨气而吵吵闹闹地争论，往往导致关系紧张或断绝来往：I had a *quarrel* with my flatmate about who should do the housework.（我与和我同住一单元的人就谁做家务一事吵了一架。）**argue** 尤指清楚而有条理地论述观点或讲明道理，以表示赞成或反对某事：Jim and I often have a drink together and *argue* about modern art.（吉姆和我经常在一起喝酒，并且辩论现代艺术的问题。）该词也可用来表示令人不快地或怒气冲冲地争论或争吵：Jack and Jill *argued* about who should get the money, and stopped speaking to each other.（杰克和吉尔为了谁该得到这笔钱吵了一架，并互不理睬了。）

quart /kwɔːt/ *n.* [C] ❶夸脱（液量单位，合 1/4 加仑或 2 品脱）❷夸脱（干量单位，合 1/32 蒲式耳）

quar·ter /'kwɔːtə/ *n.* ❶[C]四分之一：cover a *quarter* of the distance 走完全程的四分之一 ❷[C]四分之一元，两角五分；（美国和加拿大的）25 分；25 分硬币：put another *quarter* in [into] the machine 再往机器里投一枚 25 分币 ❸[C]一刻钟；（钟面上）标明一刻（或三刻）的点：It's (a) *quarter* to [before] eight. 现在是 8 点差一刻（或 7 点 45 分）。❹[C]季（度），三个月：the current

[past] *quarter* 本[上]季度 ❺[C](中学或大学的)学季(指一个学年的四期之一,约12周):He spent more than a *quarter* of his course at a college. 他在一所学院里上过一个多学季的课。❻[C](城市中的)区,地区;社区,居住区:a business [market] *quarter* 商业区 ❼[~s]住处,宿舍;住宿:find *quarters* at a hotel 在旅馆找到住处

quar·ter·ly /ˈkwɔːtəli/ **I** *adj.* [无比较级] [作定语]季度的;按季度的:a *quarterly* report 季度报告 **II** *n.* [C]季刊:a new academic *quarterly* 新出版的学术季刊 **III** *adv.* [无比较级]按季度地,一季度一次地:The newsletter will be published *quarterly*. 那份简讯将三个月出版一期。

quartz /kwɔːts/ *n.* [U]【矿】石英

qua·sar /ˈkweizɑːʳ, -sɑːʳ-/ *n.* [C]【天】类星体,类星射电源

quash /kwɒʃ/ *vt.* ❶镇压,平息,压制,压倒:*quash* the speculation over the prince's future 平息对王子前途的猜测 ❷(尤指通过法律程序)撤销,废止;宣布(或宣判等)…无效:The verdict was *quashed* on appeal. 经上诉,那项判决被撤销了。

qua·ver /ˈkweivəʳ/ *vi.* (尤指嗓音或乐音)颤抖:Her voice *quavered* in fright. 她害怕得说话声直发抖。 ‖ **ˈqua·ver·ing·ly** *adv.* — **qua·ver·y** /ˈkweivəri/ *adj.*

quea·sy /ˈkwiːzi/ *adj.* ❶(人)想呕吐的,有恶心感的:Jeannie was two months' pregnant and feeling slightly *queasy* in the mornings. 珍妮怀孕两个月了,到了早上就有点想呕吐。❷感到不安的,感到不自在的:I had a *queasy* feeling about the whole thing. 我对此整个儿感到忐忑不安。 ‖ **quea·si·ly** *adv.* — **ˈquea·si·ness** *n.* [U]

queen /kwiːn/ *n.* [C] ❶(尤指世袭制独立国家的)女王;王后:*Queen* Elizabeth is the titular head of state. 伊丽莎白女王只是名义上的国家元首。❷【牌】王后;Q 牌:the *queen* of diamonds 方块 Q

queer /kwiəʳ/ *adj.* ❶奇怪的,古怪的,怪异的:It's *queer* that she did not come. 真怪,她还没有来。❷可疑的:He is a *queer* char-acter. 他是一个可疑的人物。❸[作表语]不太舒服的;眩晕的:I'm feeling rather *queer*, may I sit down? 我感到很不舒服,我可以坐下来吗?

quell /kwel/ *vt.* ❶镇压;平息;制止:Light rain and snow failed to *quell* the blaze. 细雨小雪未能把火焰浇灭。❷使安静;消除;减轻:Karen tried hard to *quell* her nervous-ness. 卡伦极力消除内心的紧张不安。

quench /kwentʃ/ *vt.* ❶消除;平息;终止;满足;减轻,缓解;压制,抑制(欲望等):His thirst for knowledge will never be *quenched*. 他的求知欲永无止境。❷扑灭;熄灭:The fire was *quenched* by [with] the rain. 火被雨水浇灭了。 ‖ **ˈquench·er** *n.* [C]

que·ry /ˈkwiəri/ **I** *n.* [C] ❶问题;疑问;质疑;询问:The shop assistant accepted my cheque without *query*. 那位商店营业员不加询问便收下了我的支票。❷问号(即"?");(写在书稿、校样等边上以提醒注意的)疑问号,疑问标志(如?, qu., qy. 或 q.) **II** *vt.* ❶问(及);询问:She was *queried* a-bout her future plans. 有人问及她今后的打算。❷对…的准确性提出质疑;对…表示疑问:I *query* the wisdom of spending so much time on that. 我对在那件事上花这么多时间是否明智表示怀疑。

quest /kwest/ *n.* [C] ❶(历时较久或艰辛的)寻求;寻找;追求;探索:She jogs every morning in her *quest* to achieve the perfect body. 为了塑造完美体形她每天早晨都练长跑。❷(尤指中世纪骑士的)探险;探求目标

ques·tion /ˈkwestʃən/ **I** *n.* ❶[C]问题:There are a number of answers to this *question*. 这个问题有若干个答案。❷[U;C](对某事的真实性、可信性、可行性等提出的)疑问;不确定(或不肯定)的事:There is some *ques-tion* as to his qualifications. 他是否够资格还说不准。❸[C]难题;需考虑(或讨论)的问题;待处理(或解决)的事情;有争议(或争议)的问题:There's still the *question* of missing children. 失踪儿童的事还有待于解决。❹[C;U](提交表决或大会辩论的)议题,提案;(对提案等的)表决:vote against a *question* 投票反对提案 II *vt.* ❶问；询问；盘问；审问：Anxiety moved her to *question* her husband. 内心的忧虑驱使她盘问她丈夫。❷怀疑，对…表示疑问；对…有异议；把…作为问题提出：To *question* it is to *question* everything. 怀疑这件事就是怀疑一切。

ques·tion·a·ble /ˈkwestʃənəbˀl/ *adj.* ❶（品德等）不纯的，不清不白的；可疑的；靠不住的：The legality of this spending is *questionable*. 这种支出的合法性值得怀疑。❷（真实性、质量等）成问题的，不见得可取的；有疑问的，不确定的：The efficacy of the drug still remains *questionable*. 这种药物的功效尚不能确定。

ques·tion·naire /ˌkwestʃəˈneəʳ/, /ˌkestʃə-/ *n.* [C]（尤指用以统计、调查或征求意见等的）一组问题；问卷，问题单，调查表，征求意见表：In an appendix, she even offers a *questionnaire*. 她甚至在附录中附上了征求意见表。

queue /kjuː/ I *n.* [C]（排队等候的）一队（人）；一排（车辆）：jump the *queue* 插队 II *vi.* (queu(e)·ing) 排队（等候）（up）：*queue up* for sb.'s autograph 排队等候某人签名

quick /kwik/ I *adj.* ❶快的，迅速的：Be *quick* to perform and slow to promise. 敏于行而讷于言。❷（人）聪敏的，思维敏捷的，脑子反应快的：At least these children were *quick* of wit. 这些孩子至少脑子很灵活。II *adv.* 快地，快速地，迅速地：You're walking too *quick* for me. 你走得太快了，我跟不上。‖ ˈquick·ly *adv.* —ˈquick·ness *n.* [U]

quick·en /ˈkwikən/ *v.* ❶加快，使加速：She *quickened* her steps, desperate to escape. 她加快步子，拼命奔逃。❷刺激，激发；使有生气；使活跃；使复活：The professor's words suddenly *quickened* his memories. 教授那番话蓦地激活了他自己的记忆。

qui·et /ˈkwaiət/ *adj.* ❶轻声的，安静的；无声的，沉默的：Be *quiet*! I am trying to think. 安静！我在考虑问题呢。❷平静的，宁静的；静止的，没有动静的：The situation in the Middle East is fairly *quiet* at the mo-

ment. 目前中东的局势还算平静。‖ ˈqui·et·ly *adv.* —ˈqui·et·ness *n.* [U]

quilt /kwilt/ *n.* [C] 被子；被褥：a *quilt* over a lumpy mattress 覆在高低不平的褥垫上的被子 ‖ **quilted** *adj.* —ˈquilt·er *n.* [C] —ˈquilt·ing *n.* [U]

quirk /kwɜːk/ *n.* [C] ❶怪异的习惯（或行为），怪癖；（事物的）特性，特质：Knuckle-cracking was his most annoying *quirk*. 把指关节弄得噼啪响是他最恼人的怪癖。❷偶发事件；反复无常的变化；命运的捉弄：By a cruel *quirk* of fate the two of them met on the same bus again. 由于命运的恶作剧，他们俩竟在同一辆公共汽车上再次相遇。‖ ˈquirk·i·ness *n.* [U]

quit /kwit/（quit 或 quit·ted；quit·ting）*v.* ❶放弃；停止：I promised mother I'd *quit* the race horses for good. 我向母亲保证从此决不再去赌赛马。❷退出；辞去：Although he was seriously wounded, he flatly refused to *quit* the battle line. 他虽身负重伤，但坚持不下火线。❸离开：He *quit* Nanjing for Beijing. 他离开南京前往北京。

quite /kwait/ *adv.* [无比较级] ❶完全，彻底，全部：I *quite* agree with you. 我完全同意你的意见。❷[用于答语中表示同意]正是这样，确实如此；是的，有道理（so）：A: Are you ready? B: *Quite*! 甲：准备好了吗？乙：差不多吧。❸很，相当，或多或少，在很大程度上：He's *quite* a good footballer. 他是一个相当不错的足球运动员。

quiz /kwiz/ I *n.* [C]（[复]quiz·zes）❶考查，（小）测验：The teacher gave us a *quiz* at the end of the lesson. 课文学完后，老师对我们做了一次测验。❷知识测验；（尤指广播、电视等节目中数人或数组之间进行的）智力竞赛，问答比赛：take part in a *quiz* 参加智力竞赛节目 II *vt.* (quizzed, quiz·zing) ❶对…考查（或测验）：*quiz* a student in [on] history 考查学生的历史知识 ❷[常用被动语态]向…提问，询问，查问，盘问：Three men have been *quizzed* about the murder. 有人向三名男子盘问有关命案的情况。‖ ˈquiz·zer *n.* [C]

quo·ta /'kwəʊtə/ *n.* [C] ❶限额;定额;(分)配额:The removal of entry *quotas* encouraged young people to enter universities. 取消招生限额鼓励年轻人上大学。❷[常用单]份额,(一)份;(一定)数量:have one's full *quota* of love 完全拥有自己的一份爱情

quo·ta·tion /kwəʊ'teɪʃ°n/ *n.* ❶[C]引文,引语,语录:a direct *quotation* 直接引语 ❷[C]报价;估价;行情:His *quotation* of prices was too high. 他的要价太高了。❸[U]援引,引用,引证:the *quotation* of a short passage 引用一小段文字

quote /kwəʊt/ **I** *v.* ❶引用,引述,引证;援引,援用:He *quotes* a few verses to us. 他给我们引用了几句诗。❷【商】报(价或牌价等);发布(牌价等);报…的价格(或牌价):It is *quoted* at £10. 报价是 10 英镑。**II** *n.* [C] ❶ = quotation ❷引号 ‖ **'quot·a·ble** *adj.*

quo·tient /'kwəʊʃ°nt/ *n.* [C] ❶【数】商:If you divide 26 by 2, the *quotient* is 13. 26 除以 2,商为 13。❷程度;率:This job has a high stress *quotient*. 这项工作紧张程度很高。

R r

rab·bit /ˈræbit/ *n.* (〖复〗-bit(s)) 〖C〗【动】兔;家兔;野兔

rab·ble /ˈræbʲl/ *n.* ❶〖C〗乌合之众;暴民,暴徒:They are only a mindless *rabble*. 他们不过是一群愚昧的暴民。 ❷〖the ～〗〖用作复〗下层民众;下等人,贱民:We should not keep *the rabble* out of athletic competition. 我们不应该排斥下层人参与体育竞赛。

rac·coon /ræˈkuːn/ *n.* 〖C〗(〖复〗-coon(s)) 浣熊〔亦作 **coon**〕

race[1] /reis/ **I** *n.* 〖C〗❶(速度的)比赛,竞赛:a cross-country *race* 越野赛 ❷竞争;争夺:a Senate *race* 参议员竞选 **II** *v.* 赛跑:We would often *race* one another to the school. 我们常常会你追我赶地朝学校奔去。 ‖ ˈrac·er *n.* 〖C〗

race[2] /reis/ *n.* ❶〖C;U〗人种,种族:members of various *races* 各种族的人 ❷〖C〗民族:the German *race* 德意志民族

☆ **race, nation, people, state, tribe** 均有“人民;民族,种族”之意。**race** 指按肤色、面部特征等生理特点综合分成的人种:The law forbids discrimination on the grounds of *race* or religion. (法律禁止以种族或宗教信仰为理由实行歧视。) **nation** 主要用作政治术语,指具有共同历史、语言、地域、经济生活以及共同心理素质的人组成的大集体,尤指一国国民整体:The President spoke on radio to the *nation*. (总统对全国发表广播讲话。) **people** 指由长期共同文化和社会基础形成的一国国民,其成员的种族、民族背景可以不尽相同:The Chinese are a hard-working *people*. (中华民族是一个勤劳的民族。) **state** 指政治上独立的国家政体,也可指联邦制度中的州:Most former colonies have now become self-governing *states*. (大部分以前的殖民地现在都成了自治的国家。) **tribe** 常指由若干血缘相近的氏族结成的原始文化群,比民族更小,具有共同的语言和风俗习惯,往往遵循古老的生活方式:primitive *tribes* in the heart of Africa (非洲腹地的主要部落)

ra·cial /ˈreiʃ¹l/ *adj.* 〖无比较级〗❶人种的,种族的;民族的;具有人种(或种族、民族)特征的:a *racial* tradition 民族传统 ❷种族之间的;由种族差异引起的:*racial* equality 种族平等 ‖ ˈra·cial·ly *adv.*

ra·cial·ism /ˈreiʃəˌliz²m/ *n.* ＝racism ‖ ˈra·cial·ist *n.* 〖C〗& *adj.*

rac·ism /ˈreisiz²m/ *n.* 〖U〗❶种族主义;种族偏见,种族歧视 ❷种族仇恨,种族敌视〔亦作 **racialism**〕 ‖ ˈrac·ist *n.* 〖C〗& *adj.*

rack /ræk/ *n.* 〖C〗挂架,支架,三脚架,搁架,台架:Set the bottles safely on 〖upon〗 the *racks*. 把瓶子在架子上放好。

rack·et /ˈrækit/ *n.* 〖C〗❶【体】(网球、壁球、羽毛球等的)球拍〔亦作 **racquet**〕 ❷乒乓球球拍〔亦作 **racquet**〕

rac·y /ˈreisi/ *adj.* ❶有伤风化的;淫秽的,猥亵的:His book is actually less *racy* than its voyeuristic title suggests. 他这本书其实并不像它那猥亵的书名表示的那样淫秽。 ❷(风格)生动活泼的;饶有趣味的:The Bible is full of *racy* stories. 《圣经》里面满是生动有趣的故事。 ‖ ˈrac·i·ly *adv.* — ˈrac·i·ness *n.* 〖U〗

ra·dar /ˈreidɑːʳ/ *n.* 〖U〗雷达,雷达设备;雷达系统

ra·di·al /'reidiəl/ *adj.* [无比较级] ❶放射的;辐射状的,辐射式的:*radial* network 辐射(式)网络 ❷径向的,(沿)半径的,径向运动的:*radial* development 径向展开 ‖ **'ra·di·al·ly** *adv.*

ra·di·ant /'reidiənt/ *adj.* ❶[作定语]光芒四射的;绚丽夺目的:a *radiant* bar 光可鉴人的柜台 ❷(眼睛或神情等)喜气洋洋的,兴高采烈的:She gave me a *radiant* smile. 她朝我粲然一笑。❸[无比较级][作定语]【物】辐射的,发出辐射热的:*radiant* heating 辐射供暖 ‖ **'ra·di·ant·ly** *adv.*

ra·di·ate /'reidiˌeit/ *vi.* ❶从中心向四周延伸,呈辐射状分布:Nerves *radiate* to all parts of the body from the brain. 神经从大脑呈辐射状伸向身体各个部位。❷发光;发热;发出电磁波:These wires can *radiate* like antennas. 这些金属丝可以像天线一样发出电磁波。❸流露,洋溢,显示:All of us can see the joy that *radiates* from their eyes. 我们大家都能看出他们目光中流露出的快乐。

ra·di·a·tion /ˌreidi'eiʃ°n/ *n.* ❶[U]发光,发热;【物】辐射;放射:nuclear *radiation* 核辐射 ❷[U]辐射能:trap and store *radiation* from the sun 捕捉并贮存太阳辐射能 ❸[C]辐射物;辐射线;(尤指)放射性微粒:harmful *radiations* 有害放射物

ra·di·a·tor /'reidiˌeitə/ *n.* [C] ❶暖气装置,供暖设备 ❷(汽车引擎等的)散热片,散热器

rad·i·cal /'rædik°l/ *adj.* ❶[无比较级]根本的;彻底的,完全的:The reforms he's suggesting are rather *radical*. 他所主张的变革是彻底的变革。❷主张彻底变革的;(观点、措施等)激进的,极端的,过激的:take *radical* measures 采取极端措施 ‖ **'rad·i·cal·ism** *n.* [U]— **'rad·i·cal·ly** *adv.*

ra·di·o /'reidiəu/ *n.* ([复]-os) ❶[U]无线电;无线电传输;无线电广播:police talking to each other by *radio* 用无线电对讲的警察 ❷[C]无线电(设备);无线电收音机:turn on the *radio* 开收音机

ra·di·o·ac·tive /ˌreidiəu'æktiv/ *adj.* [无比较级]放射性的:This scientist raised the question whether other elements are *radioactive*. 这位科学家提出的问题是:其他元素是否具有放射性。‖ **ˌra·di·o'ac·tive·ly** *adv.*

ra·di·o·ac·tiv·i·ty /ˌreidiəuæk'tiviti/ *n.* [U]放射性:a high [low] level *radioactivity* 高[低]放射性

rad·ish /'rædiʃ/ *n.* [C]【植】小萝卜

ra·di·us /'reidiəs/ *n.* [C]([复]-di·i /-diˌai/或-di·us·es) ❶【数】半径:This circle has a *radius* of 15cm. 这个圆的半径为15厘米。❷半径距离,径向距离;半径范围:This transmission is likely to reach a several-hundred-mile *radius*. 这一传输的有效半径可能会达几百英里。

raf·fle /'ræf°l/ *n.* [C]有奖销售:The vase was put up in a *raffle*. 这个花瓶被拿到奖销售活动中去出售。

raft¹ /rɑːft;ræft/ *n.* [C]筏子;木筏,木排;竹筏

raft² /rɑːft;ræft/ *n.* [C]〈口〉大量,一大堆(*of*):a *raft* of mail 一大堆信件

rag /ræg/ *n.* ❶[C;U]破布片,碎布片:My shirt was torn to *rags*. 我的衬衫被撕成了碎片。❷[~s]破衣

rage /reidʒ/ **I** *n.* ❶[U]暴怒,大怒:Her face was red with *rage* and terror. 她的脸因为愤怒和恐怖而涨得通红。❷[C]一阵大怒,一阵暴怒:fly into a *rage* 暴跳如雷 **II** *vi.* ❶发怒,发火 ❷愤怒地说,怒斥:咆哮,狂吼(*at*, *against*):The manager *raged against* her incompetence. 经理大骂她无能。❸怒气冲冲地急行;席卷;肆虐:He *raged* around the room. 他在房间里怒气冲冲地窜来窜去。‖ **'rag·ing·ly** *adv.*

rag·ged /'rægid/ *adj.* ❶(人)衣衫褴褛的:a *ragged*, bearded beggar 一个衣衫褴褛、胡子拉碴的乞丐 ❷(衣服等)破烂的,破旧的;磨损的:dirty *ragged* clothes 肮脏破旧的衣服 ‖ **'rag·ged·ness** *n.* [U]— **'rag·ged·y** *adj.*

rag·tag /'rægˌtæg/ *adj.* ❶褴褛的,蓬乱的;

dressed in *ragtag* uniforms 穿着破烂制服的 ❷混乱的,无秩序的:a *ragtag* army 纪律涣散的军队

raid /reid/ **I** *n.* [C] ❶【军】突然袭击:an air *raid* 空袭 ❷突击搜查:a drugs *raid* 突击搜查毒品行动 ❸(对竞争对手、人员等的)抢夺,掠夺(*on*, *upon*):a *raid* on marketing staff 对营销人员的争夺 **II** *v.* ❶突袭,袭击:He ordered his men to *raid* enemy supply lines. 他命令士兵攻击敌人的补给线。❷抢夺,掠夺:They tried to *raid* this treasury but failed. 他们企图抢夺这一财宝,但失手了。‖ **'raid·er** *n.* [C]

rail /reil/ *n.* ❶[C]横杠,斜杠(如挂物杆、扶手、栏杆条等);栏杆,栅栏:clothes on a hanging *rail* 挂在挂衣架上的衣服 ❷[C]铁轨,钢轨 ❸[U]铁路:be sent by *rail* 经铁路运输

rail·road /'reilrəud/ *n.* [C] 铁路:the building [construction] of the *railroads* 修建铁路 ‖ **'rail·road·er** *n.* [C]—**'rail·road·ing** *n.* [U]

rail·way /'reilˌwei/ *n.* [C] 铁路,铁道:He enjoyed his job on the *railways*. 他很喜欢在铁路上的工作。

rain /rein/ **I** *n.* ❶[U]【气】雨;雨水 ❷下雨,降雨,降水:It looks like *rain*. 看样子要下雨了。❸[通常作 the ~**s**]雨天,雨季;一场降雨:The previous *rains* have worn a channel. 前几场降雨已经冲成了一条沟。**II** *vi.* ❶[用 it 作主语]下雨,降雨:It was still *raining* outside. 外面还在下雨。❷雨点般落下;雨点般流下:The blows *rained* on my head and my shoulders. 拳头雨点般落在我的头上和肩上。

☆**rain, downpour, hail, shower, sleet, snow** 均表示不同形式的降水。**rain** 意指降雨或雨水:The *rain* is pouring down. (大雨倾盆。) **downpour** 常指倾盆大雨:We had a *downpour*. (我们遇到了瓢泼大雨。) **hail** 表示冰雹:The *hail* battered on the roof. (冰雹猛烈地砸在屋顶上。) **shower** 既可意指阵雨,也可表示一阵冰雹或风雪:Scattered *showers* are expected this afternoon. (预计今天下午有零星阵雨。) **sleet** 指冻雨、雨雹或雨夹雪:The rain soon turned to *sleet*. (雨很快变成了雨夹雪。) **snow** 指降雪或积雪:The mountains were then covered in *snow* all year round. (这些山脉当时终年积雪。)

rain·bow /'reinˌbəu/ *n.* [C] 虹,彩虹

rain·coat /'reinˌkəut/ *n.* [C]雨衣;雨披〔亦作 **mackintosh**〕

rain·drop /'reinˌdrɔp/ *n.* [C]雨点,雨滴

rain·fall /'reinˌfɔ:l/ *n.* [C;U]【气】降雨;降雨量:*Rainfall* is slight in this area. 这一地区降雨稀少。

rain forest *n.* [C](热带)雨林

rain·y /'reini/ *adj.* 【气】有雨的;多雨的:This year it has been unusually chilly and very rainy. 今年的天气异常寒冷,雨水很多。

raise /reiz/ **I** *vt.* ❶举起,提起,抬起,使升高:*raise* one's hands 举起双手 ❷竖起,立起;扶直:Peleg *raised* himself on one elbow. 佩格格用肘支起身体。❸提高,增加,增大;增强:*raise* productivity 提高生产力 ❹种植;喂养,饲养:Farmers *raised* a variety of crops. 农民们种了各种各样的农作物。❺养育,抚养;教育:During those years I was trying to *raise* my own family and earn a living. 那些年里,我正想方设法养家糊口。❻提出;表露:*raise* a question 提出一个问题 ❼唤起,引发,惹起,激起:Her appearance *raised* a thunder of applause. 她的出现引起了雷鸣般的掌声。❽建立,建起(*up*):Tom shows him how to *raise* a frame house. 汤姆教他如何盖木板房。**II** *n.* [C]提高;增加:I regard it as a *raise* in spirits. 我认为这可以提高兴致。

rai·sin /'reiz²n/ *n.* [C]葡萄干

ral·ly /'ræli/ **I** *v.* ❶重新聚集(失散的人群等),重新集合(离散的队伍等);重整:He succeeded in *rallying* the fleeing troops. 他成功地重新集合起四处溃散的部队。❷集合;联合,团结:He tried to *rally* working men to support him. 他试图联合工人来支持他。❸重新鼓起(勇气等);使振作:*rally* one's energy 恢复精力 **II** *n.* [C] ❶重整旗鼓：The second *rally* was defeated another time after the first defeat. 第一次失败后，重整的军队又被打败了。❷重振精神；(病后的)康复,恢复 ❸集会：a mass *rally* 群众集会

ram /ræm/ **I** *n.* [C] ❶公羊 ❷【机】冲头,压头；(打桩机、汽锤的)撞锤,夯锤 **II** (**rammed**;**ram·ming**) *v.* ❶用力捶击；(使)猛烈撞击：The ship *rammed* an iceberg. 轮船撞上了冰山。❷猛压,用力推；硬塞：He *rammed* his clothes into the suitcase and rushed out. 他将衣物胡乱塞入手提箱,然后冲了出去。

R **ram·ble** /'ræmb²l/ *vi.* ❶闲逛,漫步,散步：I used to *ramble* about in the afternoon. 以前我经常在下午到处游荡。❷(小路、溪流等)蜿蜒伸展；(植物)蔓生：This unknown plant *rambles* over the roof. 屋顶上爬满了这种不知名的植物。❸漫谈,闲聊：随笔：Stop *rambling*. Let's get back to the point. 别胡扯了,咱们回到正题上来吧。

ram·bling /'ræmbliŋ/ *adj.* ❶(建筑物、街道等)布局零乱的：The house is old and *rambling*. 这座房子又旧又乱。❷闲逛的,漫步的：a *rambling* walk 散步 ❸(言辞、文字)无条理的,松散的：a long,*rambling* speech 冗长啰唆的讲话

ramp /ræmp/ *n.* [C] ❶斜面；斜坡 ❷倾斜的(人行)通道 ❸(上、下飞机用的)活动舷梯 ❹(公路的)出(或入)通道

ram·page I /ræm'peidʒ/ *n.* [C]狂暴的行为；骚动：Many people were killed in the *rampage*. 许多人在骚乱中被打死。**II** /'ræmpeidʒ,ræm'peidʒ/ *vi.* ❶横冲直撞：The enemy soldiers *rampaged* through the town. 敌军士兵在城里横冲直撞。❷暴怒,暴跳如雷：She *rampaged* at the news. 她听到这个消息后暴跳如雷。

ram·pant /'ræmp²nt/ *adj.* [无比较级]泛滥的,广为传播的；猖獗的：Diseases were *rampant* and millions of people in this country died. 疾病肆虐,这个国家有上百万人丧生。‖ **'ram·pant·ly** *adv.*

ran /ræn/ *v.* run 的过去式

ranch /rɑːntʃ;ræntʃ/ *n.* [C] ❶大型牧场 ❷专业牧场；专业养殖场：a fruit *ranch* 果园 ‖ **'ran·cher** *n.* [C]

ran·cid /'rænsid/ *adj.* (食物等)腐败变质的,发出恶臭的；腐臭的：a *rancid* smell 腐臭味 ‖ **ran·cid·i·ty** /ræn'siditi/ *n.* [U]—**'ran·cid·ness** *n.* [U]

ran·dom /'rænd²m/ *adj.* [无比较级] ❶随意的,随便的,胡乱的,无章法的：Readers often jump directly to *random* pages in a book. 读者常常会胡乱地直接跳到书中的某一页。❷【统】随机的,随机取样的：*random* selection 随机选择 ‖ **'ran·dom·ly** *adv.*

rang /ræŋ/ *v.* ring 的过去式

range /reindʒ/ **I** *n.* ❶[C;U]范围,幅度,区间；限度：beyond sb.'s *range* of hearing 超过某人的听力范围 ❷[C;U]射程；航程；航距：shoot at close *range* 近距离射击 ❸[C]一系列,各种：a broad *range* of issues 一系列问题 ❹[常作 the ～s]山系；山脉：an important mountain *range* 重要的山系 **II** *v.* ❶[不用进行时态](在一定幅度或范围内)变化,改变,变动：Her emotions *ranged* from extreme joy to deep sorrow. 她的情绪波动颇大,一会儿大喜,一会儿大悲。❷排列,把…排成行；部署：The soldiers were *ranged* before the officer. 士兵们在军官面前列队集合。❸把…分类,使成系列：*range* errors into different categories 将错误分类

rank /ræŋk/ **I** *n.* ❶[C]社会阶层,社会等级：a man of a higher social *rank* 社会地位高的人 ❷[U]层,级,级别,等级；度：writers of the first *rank* 一流作家 ❸[C]排,列,行；列；排列：*Ranks* of bikes line the streets outside the university. 大学外面的街上自行车排列成行。**II** *vt.* 把…分类,把…分级；给…评定等级；把…列为,把…评为(as)：They *ranked* this country first in terms of its access to education. 他们认为这个国家在教育普及上具有领先地位。

rank·ing /'ræŋkiŋ/ *adj.* [无比较级][作定语] ❶地位高的；高级的；杰出的：*ranking* officers 高级军官 ❷有名望的,德高望重的：a *ranking* authority 德高望重的权威人士 ❸(与另一词连用)一定级别的：a low-*ranking* executive 基层管理人员

ran·sack /'rænsæk/ *vt.* ❶彻底搜索,仔细搜查：The police *ransacked* his house. 警方把他的房子搜了个遍。❷洗劫：The bandits *ransacked* the village. 匪徒将村子洗劫一空。

ran·som /'rænsᵊm/ *n.* ❶[U]赎回；赎身 ❷[C]赎金：pay a *ransom* of $ 2 million 交付 200 万美元的赎金 ‖ **'ran·som·er** *n.* [C]

rap /ræp/ I (rapped；rap·ping) *v.* ❶敲,有节奏地敲击：The chairman *rapped* the table to get our attention. 主席敲敲桌子提醒我们注意。❷大声说出：*rap* out orders 大声地发布命令 ❸【音】用拉普调演唱：The singer is *rapping* over a regular beat. 那个歌手伴着有规律的节奏唱着拉普调。II *n.* ❶[C]有节奏的轻击；急促的敲击声：a *rap* at [on] the door 敲门声 ❷[U]【音】拉普,拉普调,洋快板(摇滚乐的一种风格,指配以音乐的有节奏的独白),说唱音乐 ‖ **'rap·per** *n.* [C]

rape /reip/ I *n.* ❶[C；U]强奸行为,强奸事件：They use various appeals to excuse their *rapes*. 他们用了种种借口来为他们的强奸行为开脱。❷[通常用单]洗劫；肆意毁坏,大肆破坏 II *v.* ❶强奸：She killed a man who was trying to *rape* her. 她杀死了一个企图强奸她的人。❷洗劫；毁坏 ‖ **'rap·er** *n.* [C]—**'rap·ist** *n.* [C]

rap·id /'ræpid/ *adj.* 快的,迅速的,高速的：*rapid* motion 快速运动 ‖ **ra·pid·i·ty** /rə'piditi/ *n.* [U]—**'rap·id·ly** *adv.*—**'rap·id·ness** *n.* [U]

rap·ine /'ræpin,-pain/ *n.* [U]劫掠；抢劫,强夺

rap·ture /'ræptʃɚ/ *n.* ❶[U]狂喜,欣喜：He gazed in *rapture* at the girl he loved. 他满心欢喜地看着自己心爱的姑娘。❷[常作～s]狂喜的表现：be in *raptures* 欣喜若狂 ‖ **'rap·tur·ous** *adj.*

rare /reɚ/ *adj.* ❶难得的,稀有的,罕见的：a *rare* experience 难得的经历 ❷稀薄的；稀松的,稀疏的：The air is *rare* at the tops of these high mountains. 在这些高山顶上,空气很稀薄。❸[作定语]出奇好的,极好的：We had a *rare* time last night. 昨天晚上我们玩得真痛快。‖ **'rare·ness** *n.* [U]

☆**rare, infrequent, scarce, uncommon, unusual** 均有"很少发生的,罕见的"之意。**rare** 表示极为少有的、稀罕的,常常有不同寻常的意味：It's very *rare* for Mary to be late. (玛丽很少迟到。) **infrequent** 指不是经常出现或发生的,含有在时间等方面有较大间隔的意思：The two inland towns are connected by an *infrequent* bus service. (这两座城镇由很少的公共汽车联系在一起。) **scarce** 常指在某一特定时间内不易发现或数量不足的事物,不一定带有珍贵的意味：It was wartime and food was *scarce*. (那时是战争时期,食物短缺。) **uncommon** 表示不常见的,带有很特别、例外的意味：Cholera is now *uncommon* in many countries. (现在,霍乱在许多国家都很罕见。) **unusual** 指非凡的、不一般的或出乎预料的人或事情,兼指好的或坏的方面：Heavy rain is *unusual* in this part of the world. (大雨在这个地区不多见。)

rare·ly /'reɚli/ *adv.* 难得,极少：There are *rarely* extremes of cold or heat in Britain. 在英国很少出现严寒酷暑的天气。

rar·i·ty /'reɚriti/ *n.* ❶[U]稀有；罕见；珍贵：This kind of fruit is extremely expensive because of their *rarity* here. 这种水果在这地方很罕见,因此特别贵。❷[C]罕见的东西,珍品：natural and artificial *rarities* 天然和人造的精品

rash /ræʃ/ *adj.* ❶行事鲁莽的,莽撞的：His *rash* adventures resulted in his death. 他一次次莽撞的冒险最终导致了他的死亡。❷草率的,轻率的：a *rash* promise 轻率的许诺 ‖ **'rash·ly** *adv.*—**'rash·ness** *n.* [U]

rat /ræt/ *n.* [C]【动】老鼠,耗子 ‖ **'rat·like** *adj.*

rate /reit/ I *n.* [C] ❶比率,率：interest *rate*

利率 ❷(固定的)费；价值；费率：telephone *rates* 电话费 ❸(运动、变化等的)速率，速度：The population has recently expanded at an unprecedented *rate*. 近来，人口已经以前所未有的速度增长了。**II** *vt.* ❶评估；对…估价：Many publications invite readers to *rate* the writers each year. 很多出版物每年都邀请读者对作家们进行评估。❷把…列为；把…看作，认为…是(as)：He has never been *rated* a firstrank writer. 他从来就没有被列为一流作家。❸值得，应得：His name doesn't *rate* a mention in this review. 他的名字在这篇评论中不值得一提。‖ *at any rate adv.* 无论如何，不管怎么说：That was harmless，*at any rate*. 无论怎么说，那没有害处。

ra·ther /'rɑːðə⁽ʳ⁾; 'ræ-/ *adv.* [无比较级] ❶有几分，有些；相当：Dick found that he felt *rather* drunk. 迪克感到自己已有几分醉意了。❷[常接 than] 宁愿，宁可：I would *rather* think of it another way. 我宁愿用另外一种方式考虑这个问题。‖ **had** [**would**] **rather** *aux. v.* 宁可，宁愿：I had *rather* be alone. 我宁愿一个人。

rat·i·fi·ca·tion /ˌrætifiˈkeiʃ⁽ə⁾n/ *n.* [U]正式批准，签署认可

rat·i·fy /'rætifai/ *vt.* 正式批准，签署，使(合同、协议等)生效：*ratify* a treaty 批准条约 ‖ **'rat·i·fi·er** *n.* [C]

rat·ing /'reitiŋ/ *n.* [C] ❶评级，定级；等级：pop music *ratings* lists 流行音乐排行榜 ❷(广播节目的)收听率；(电视节目的)收视率；*ratings* battle 收视率大战

ra·ti·o /'reiʃ⁓əu/ *n.* [C]([复]-os) ❶比例关系：The *ratio* of 3 to 9 is the same as the *ratio* of 1 to 3. 3 和 9 的比例关系与 1 和 3 的比例关系是一样的。❷【数】比例，比，比率：in an approximate *ratio* of 2：1 以 2：1 左右的比例

ra·tion /'ræʃ⁽ə⁾n, 'rei-/ **I** *n.* [C] ❶配给量，定量：the daily *ration* of food 每天的食品配给量 ❷(配给的给养、燃料、衣物等的)一份(*of*)：a *ration of* meat 一份肉 **II** *vt.* ❶定量发放(食物等)(*out*)：*ration out* food [*ration*

food *out*] to an army 向部队发放食品 ❷定量供应(给养等)；向…定量供应给养：They promised to *ration* us for the first six months. 他们承诺向我们提供前六个月的给养。

ra·tion·al /'ræʃ⁽ə⁾n⁽ə⁾l/ *adj.* ❶推理的；理性的；合理的：a form of *rational* design 合理的设计 ❷理智的，明智的：*rational* debate 理智的辩论 ❸头脑清醒的；思路清晰的：a sane *rational* person 神智健全、思路清晰的人 ‖ **ra·tion·al·i·ty** /ˌræʃ⁽ə⁾ˈnæliti/ *n.* [U] 'ra·tion·al·ly *adv.*

☆ **rational, reasonable, sensible** 均有"明智的，合情合理的"之意。**rational** 强调以理性为指导，常指运用逻辑推理的方法作出判断或结论，与 emotional 相对：As children grow older，they become more *rational*. (儿童随着年龄的增长会变得更明白事理。) **reasonable** 常指说话或办事不仅合乎情理，而且还很公道、不过分的，含有不走极端的意思：It's *reasonable* to expect that prices will come down. (预料价格会很快下降是有道理的。) **sensible** 指人明白事理、办事想得很周到的，采取谨慎、冷静、认真考虑后果的态度，强调常识而不是逻辑推理：It was *sensible* of you to lock the door. (你锁了门，做得对。)

ra·tion·ale /ˌræʃ⁽ə⁾ˈnɑːl; -ˈnæl/ *n.* [U] ❶(事物的)根本原因(*of*)：a *rationale of* conflict 冲突的根本原因 ❷[C]有理有据的说明；理由的说明：The committee did not accept his *rationale* for the accident. 委员会没有接受他对这次事故的解释。

ra·tion·al·ism /'ræʃ⁽ə⁾n⁓liz⁽ə⁾m/ *n.* [U] ❶理性至上：This paper is on *rationalism* in politics. 这篇文章是讨论政治上的理性至上思想的。❷【哲】唯理论 ‖ 'ra·tion·al·ist *n.* [C]

rat·tle /'ræt⁽ə⁾l/ *vi.* ❶发出短而尖的声音；碰撞(或震动)作声；发咯咯声：The wind *rattled* at the window，scattering rain drops onto the floor. 风把窗户撼得吱吱嘎嘎直响，将雨点吹洒在地板上。❷嘎吱作响着移动：The carriage *rattled* past. 马车哐啷哐啷地

驶过去了。‖ **'rat·tly** *adj*.

rau·cous /'rɔ:kəs/ *adj*. ❶嘶哑的；粗嘎的，刺耳的：*raucous* laughter 沙哑的笑声 ❷喧闹的，闹腾的：a *raucous* crowd 喧闹的人群 ‖ **'rau·cous·ly** *adv*. —**'rau·cous·ness** *n*. [U]

rav·age /'rævidʒ/ *vt*. 毁灭，毁坏：a country *ravaged* by bloodshed and war 被战争和杀戮摧残得满目疮痍的国家

☆**ravage, despoil, devastate, pillage, plunder, sack** 均有"抢掠；毁坏"之意。**ravage** 常指军队入侵或洪水、风暴等天灾长期、连续地进行摧毁，造成严重的破坏。(整个地区都遭到洪水的严重破坏。)**despoil** 词义与 sack 相近，但多用于教堂、博物馆等公共机构，意指剥夺：The victorious army *despoiled* the museum of all its treasures. (获胜军队掠夺了博物馆的全部财宝。)**devastate** 侧重遭破坏造成的荒芜或荒凉状态：The country's cotton crop was *devastated* by the floods. (这个国家的棉花收成被洪水全毁了。)**pillage** 强调侵略军肆意、残酷地抢掠，但不像 sack 那样彻底劫掠或洗劫一空：The invaders *pillaged* and looted every house in the town. (入略者在镇上大肆抢掠。)该词也可表示偷窃或剽窃：He *pillaged* other writers and appropriated whole passages. (他剽窃别的作家的作品，将其拼凑成一篇又一篇文章。)**plunder** 尤指入侵者在其最近侵占的地区抢掠钱物：They *plundered* the captured villages. (他们抢劫刚占领的几个村庄。)**sack** 指占领军对被攻陷地区进行大规模清洗并抢走所有的值钱的东西：Nazi armies *sacked* Europe's art galleries. (纳粹军队把欧洲的美术馆洗劫一空。)

rav·en·ous /'rævⁿnəs/ *adj*. ❶饿极的：He was *ravenous*. 他饿极了。❷(饥饿、渴求等)极度的：be *ravenous* for attention 渴望引起关注 ‖ **'rav·en·ous·ly** *adv*.

rav·ing /'reiviŋ/ **I** *adj*. [无比较级][作定语]❶胡言乱语的，呓语连篇的：a *raving* maniac 胡言乱语的疯子 ❷绝顶的，极度的，非常的：a *raving* beauty 绝色美人 **II** *adv*.

[无比较级]完全地，十足地：You're *raving* mad to marry such a woman. 你真是疯了，怎么和这么个女人结婚。

raw /rɔ:/ *adj*. ❶[无比较级](食物)生的，未煮的：*raw* meat 生肉 ❷[无比较级][作定语]自然状态的，未加工的，未处理过的：*raw* cotton 原棉 ❸(伤口)未愈合的；皮肉裂开的，(因擦伤而)疼的：He fell down and his hands were *raw*. 他跌倒了，两只手都擦破了。‖ **'raw·ness** *n*. [U]

ray /rei/ *n*. [C] ❶光线：a light *ray* 光线 ❷(智慧等的)闪现；一丝：a *ray* of hope 一线希望 ❸射线，辐射线：alpha *rays* α 射线

ra·zor /'reizəʳ/ *n*. [C]剃刀

re /rei, ri:/ *prep*. 鉴于，关于，有关：*re* your communication of 14 June 鉴于你 6 月 14 日的来信

reach /ri:tʃ/ **I** *v*. ❶抵达，到达，来到：Six adventurers *reached* the South Pole by dogsled. 有六位探险者乘坐狗拉的雪橇到达了南极。❷伸手(或脚等)触及：*reach* a book on the shelf 够着书架上的书籍 ❸伸(手或脚等)：*reach* out a hand [*reach* a hand out] in greeting 伸手打招呼 ❹延伸至；长及：The bookcase *reaches* the ceiling. 书架高及天花板。❺(用电话等)与…联系，与…联络：By going on-line, consumers can *reach* health experts. 在网上，消费者可与保健专家取得联系。❻达到(某种程度、数量等)：*reach* an advanced stage of the disease 病入膏肓 **II** *n*. [C](手等的)伸出；伸出距离：Keep poisons out of the children's *reach*. 不要把毒药放在孩子们拿得到的地方。

☆**reach, accomplish, achieve, attain, gain** 均有"达到，到达"之意。**reach** 为普通用词，使用范围较广，不强调是否具有预定的目的或所做努力的大小：We can never *reach* perfection. (我们不可能做到尽善尽美。)**accomplish** 表示完成某项规定的任务，常指出色地做成某件不容易干的事情：He *accomplished* the building of the bookcase. (他已做完了书柜。)**achieve** 强调通过不懈的努力、耐心和技能达到预期的目的：You will never *achieve* anything if you don't work harder. (你如不加紧努力工作，将一事无成。) **attain** 表示怀有很大的抱负或强烈愿望，达到一般人不易达到的目的：He has tried in vain to *attain* great fame in his profession. (他一直试图在自己的职业生涯中获得巨大的名望，但终未如愿。) **gain** 指通过努力和奋斗达到既定的目的或做成想做的事情，也可用于军事方面，表示用武力夺取：Smith gradually *gained* a reputation as a skilled technician. (史密斯逐渐地掌握了熟练的技艺，成了远近闻名的技师。)

re·act /ri'ækt/ *vi.* ❶作出反应，反应(*to*)：How did she *react* when you told her? 你告诉她时，她有何反应？❷朝反方向移动，背道而驰 ❸反对，反抗(*against*)：*react against* the prolongation of office hours 反对延长工作时间

re·ac·tion /ri'ækʃ°n/ *n.* ❶[C]反方向移动；背道而驰 ❷[U]反动，保守，反对变革：He had a *reaction* against the war and against talking about it. 他反对战争，还反对谈论战争。❸[C;U]反应；反响(*to*)：What was her *reaction to* the news? 她对这个消息有何反应？❹[C](生理或本能等的)反应(*to*)：the instinctive *reaction* 本能的反应 ❺[C]【化】化学反应：chemical *reactions* 化学反应

re·ac·tion·ar·y /ri'ækʃ°n°ri/ **I** *adj.* 保守的；反动的；反动派的：*reactionary* forces 反动势力 **II** *n.* [C]保守分子；反动分子

re·ac·tor /ri'æktə'/ *n.* [C] ❶反应者；反应物，反应剂 ❷反应堆

read /riːd/ (**read** /red/) *vt.* ❶读，阅读，看(书)：He *read* that day's newspaper with his breakfast. 他一边吃饭一边看那天的报纸。❷朗读，念；宣读：I *read* her a story. 我给她念了一则故事。❸读懂，看懂：teach sb. how to *read* faces 教会某人怎样看别人的脸色 ❹解释，阐释；理解：*read* the dark sky as the threat of a storm 把黑天看作暴风雨来临的前兆 ❺攻读，学习：He *read* theology at Oxford. 他曾在牛津大学研习神学。

read·a·ble /'riːdəb°l/ *adj.* ❶可读的；易读

的；读起来有趣味的：Rich and accurate data make essays more *readable*. 翔实的资料使得论文颇具可读性。❷(字迹)易辨认的，清晰的：a machine-*readable* form 可机读的稿子 ‖ **read·a·bil·i·ty** /ˌriːdə'biliti/ *n.* [U]

read·er /'riːdə'/ *n.* [C]读者：the general average *reader* 普通读者

read·er·ship /'riːdəˌʃip/ *n.* [C][通常用单] (报刊或作者拥有的)读者，读者群；读者人数：This magazine has a *readership* of thirty thousand. 这份杂志有三万读者。

read·i·ly /'redili/ *adv.* ❶不耽搁地，迅速地：Being invited by a gesture to a pull at the mug, he *readily* acquiesced. 主人做了个手势，邀他端起大杯喝酒，他立刻照办。❷轻易地，容易地：These contemporary views are *readily* overlooked. 这些当代人的观点很容易被忽略。❸乐意地，欣然地：*readily* accept sb.'s proposals 欣然接受某人的建议

read·ing /'riːdiŋ/ *n.* ❶[U]阅读，朗读，诵读：These pages are painful *reading*. 这几页读起来真让人痛苦。❷[U;C]阅读材料，读物；文选，选集：a whole series of new *readings* of ancient literature 一整套新编古代文学选读 ❸[C]解读，理解，阐释：What is your *readings* of the situation? 你对这种情形是如何看的？❹[C](仪表等的)读数，度数，显示刻度：The *reading* of temperature is 80℃. 温度读数为80℃。

re·ad·just /ˌriːə'dʒʌst/ *v.* ❶(使)重新适应(*to*)：*readjust* oneself *to* country life 使自己重新适应农村生活 ❷重新调节，重新调整：*readjust* the focus of the camera 重新调节照相机的焦距 ‖ **re·ad·just·ment** *n.* [U;C]

read·y /'redi/ *adj.* [无比较级] ❶[通常作表语]准备就绪的，适于使用的：I'll have your tea *ready* in a minute. 你的茶我马上就沏好。❷[作表语]愿意的，乐意的：She is *ready* for another baby. 她还想要一个孩子。❸[作定语]现成的；事先准备好的：*ready* cash 现金 / a *ready* answer 现成的答案

re·al /'riəl,riːl/ **I** *adj.* [无比较级] ❶[作定语]真的，真正的：*real* reason 真正的理由

❷实际存在的,真实的;现实的;实际的:*real experience* 实际经验 **❸**非人工的,天然的:Your ring is a *real* diamond? 你的戒指是真钻石的吗? **II** *adv.* [无比较级]〈口〉很;真正地,确实地:It was *real* bad luck. 真背运。‖ **'re·al·ness** *n* [U]

real estate *n.* [U] **❶**不动产;(尤指)土地 **❷**房地产

re·al·ise /'riəˌlaiz, 'riː-/ *vt.* 〈主英〉= realize‖ **'re·al·is·a·ble** *adj.*

re·al·ism /'riəˌlizˀm/ *n.* [U] **❶**现实主义:social *realism* 社会现实主义 **❷**[通常作 R-]写实;写实主义:artistic *realism* 艺术写实主义‖ **'re·al·ist** *n.* [C]

re·al·is·tic /ˌriə'listik/ *adj.* **❶**现实主义的:a *realistic* fiction 现实主义小说 **❷**依据事实的;务实的,现实的:*realistic* dangers 现实的危险 **❸**写实的;逼真的:a *realism* novel 写实小说‖ **ˌre·al'is·ti·cal·ly** /-kˀli/ *adv.*

re·al·i·ty /ri'æliti/ *n.* **❶**[U]真实(性) **❷**[C]真实的东西;事实:historical *reality* 史实 **❸**[U]现实:escape from *reality* 逃避现实

re·al·i·za·tion /ˌriəlai'zeiʃˀn, ˌriː-; -li'z-/ *n.* [U] **❶**理解,认识:I was struck by the full *realization* that she was guilty. 当我充分认识到她有罪时,我深感惊讶。**❷**实现:Travelling there was the *realization* of all my dreams. 去那里旅游,我所有的梦想都实现了。[亦作**realisation**]

re·al·ize /'riəˌlaiz/ *vt.* **❶**意识到,知道,明白:At long last he *realized* the truth. 很久以后他才知道事实真相。**❷**使成为现实,实现:*realize* one's dream 实现自己的梦想 **❸**把…兑现现钱;赚取(利润);以…价格出售物品;(货物等)卖出…价钱:The property *realized* its full value. 这些地产物有所值。‖ **'re·al·iz·a·ble** *adj.*

re·al·ly /'riəli/ **I** *adv.* [无比较级] **❶**实际上,事实上;真正地:a *really* responsible officer 一位真正负责的军官 **❷**肯定地,确实地:a *really* hot day 确实炎热的一天 **❸**[用以强调,表示肯定]真的;没错:We were *really* glad. 我们真是感到很高兴。**II** *int.* [表示疑问、惊讶、异议等]真的,当真:A:He is leaving tomorrow. B:Oh, *really*? 甲:他明天就要走了。乙:啊,真的吗?

realm /relm/ *n.* [C] **❶**王国;国度:the *realm* of freedom 自由王国 **❷**界,领域,范围:the *realm* of education 教育界

re·al·ty /'riːəlti, 'riːl-/ *n.* [U]【律】房地产

reap /riːp/ *v.* **❶**收割(庄稼):*reap* corn 收谷子 **❷**获得,收到,得到:*reap* a good harvest 获得丰收

reap·er /'riːpə/ *n.* [C] **❶**收割机 **❷**收割者,收获者

rear[1] /riə/ **I** *n.* [C] **❶**后边,后面;背后:at the *rear* of the house 在屋后 **❷**后部,尾部:at the *rear* of the bus 在汽车的后部 **❸**臀部,屁股 **II** *adj.* [无比较级;最高级 **rearmost** /'riəˌməust/][作定语] **❶**后部的,后面的;背部的:*rear* view mirror 后视镜 **❷**位于后面的

rear[2] /riə/ *v.* **❶**抚养,养育;培养:*rear* a child 抚养孩子 **❷**竖起,举起,抬高:He *reared* his head and looked around. 他抬起头,朝四下里望了望。

re·ar·range /ˌriːə'reindʒ/ *vt.* 重新整理;再排列;重新布置:*rearrange* the molecules 将分子重新排列‖ **ˌre·ar'range·ment** *n.* [C;U]

rear·ward /'riəwəd/ **I** *adv.* [无比较级]向后面;在后面:look *rearward* 向后看 **II** *adj.* [无比较级][作定语] **❶**在后面的,位于后面的:the *rearward* part of the building 建筑物的后部 **❷**向后面的;朝后面的:a *rearward* motion 向后的运动

rea·son /'riːzˀn/ **I** *n.* **❶**[C]原因,理由:There is no *reason* for surprise. 不必大惊小怪。**❷**[U]理智,理性:lose one's *reason* 失去理智 **II** *v.* 推论,推理,推断;做理性思考:Humans possess the ability to *reason*. 人具有理性思维的能力。‖ **by reason of** *prep.* 由于,因为:All of them preferred the canteen *by reason of* the superior food there.

他们都喜欢那家餐厅，因为那里的菜非常好。**with reason** *adj．& adv．* 有道理的(地)，有充分理由的(地)：She doesn't like me, and *with reason*. 她不喜欢我，而且还有充分的理由。‖ **ˈrea·son·er** *n．* [C]

rea·son·a·ble /ˈriːznəbl/ *adj．* ❶合理的；合乎逻辑的：a *reasonable* decision 合情合理的决定 ❷适量的，适度的；(价格)不很高的：a *reasonable* price for the new car 新车不是很高的价格 ❸通情达理的；讲道理的：The demands seemed less than *reasonable*. 这些要求似乎不近情理。‖ **ˈrea·son·a·ble·ness** *n．* [U]

rea·son·ab·ly /ˈriːznəbli/ *adv．* ❶合理地；理智地：She said quite *reasonably* that she didn't agree. 她极为得体地说她不同意。❷十分；相当地：We live *reasonably* close. 我们住得十分近。

rea·son·ing /ˈriːznɪŋ/ *n．* [U]推断，推理：His *reasoning* on this point was quite wrong. 他在这一点上的推理大错特错。

re·as·sure /ˌriːəˈʃʊə,-ˈʃɔː/ *vt．* 安慰，使放心，使恢复信心：She went to *reassure* her grandmother that she was unharmed. 她去安慰奶奶说，她没有受到伤害。‖ **re·asˈsur·ing·ly** *adv．*

re·bate /ˈriːbeɪt/ *n．* [C]折扣；回扣：*rebates* to contractors 给承包商的回扣

reb·el I /ˈrebl/ *n．* [C] ❶反政府者，叛乱分子，造反者：a knot of military *rebels* 一小股武装叛乱分子 ❷反对权威者；不愿受控制者；反抗者，叛逆：a *rebel* against all school discipline 一个反对学校的所有清规戒律的人 II /rɪˈbel/ *vi．* (-bel(l)ed;-bel·(l)ing) ❶反叛，造反：They *rebelled* against the military dictatorship. 他们奋起反抗军政府的独裁统治。❷反对；反抗：She *rebelled* against playing the subordinate role in the marriage. 她反对在婚姻中扮演从属的角色。

re·bel·lion /rɪˈbeljən/ *n．* [U;C] ❶叛乱，造反：organize an armed *rebellion* 组织武装叛乱 ❷反抗，反对；(对权威等的)抗拒：be in

rebellion against war 反对战争

re·bel·li·ous /rɪˈbeljəs/ *adj．* ❶叛乱的，造反的，反政府的：*rebellious* troops 叛军 ❷藐视权威的；叛逆的，反叛的：*rebellious* ideas 叛逆的思想 ‖ **re·bel·li·ous·ly** *adv．* ─**re·bel·li·ous·ness** *n．* [U]

re·born /riːˈbɔːn/ *adj．* [无比较级][通常作表语] ❶重生的，新生的 ❷复活的，复兴的

re·bound /rɪˈbaʊnd,ˈriːbaʊnd/ I *vi．* ❶反弹，回弹：The ball *rebounded* off the wall. 球从墙上弹了回来。❷重新振作；(患病后)恢复健康 II *n．* [C]反弹，回弹

re·buff I /rɪˈbʌf,ˈriːbʌf/ *n．* [C]断然拒绝，坚决回绝 II /rɪˈbʌf/ *vt．* 断然拒绝，坚决回绝：*rebuff* the country's claims for the return of the islands 拒绝了该国提出的归还那些岛屿的要求

re·build /riːˈbɪld/ *vt．* (-built /-ˈbɪlt/) ❶重建；改建：*rebuild* a country 重建国家 ❷重组，改组；改造：The president *rebuilt* his campaign staff. 总统改组了其竞选人员。

re·buke /rɪˈbjuːk/ I *vt．* 指责，斥责；呵斥：The teacher *rebuked* the disobedient students. 教师对不听话的学生大加训斥。II *n．* [C]指责，斥责；呵斥；谴责：Jane was hurt at this *rebuke*. 一顿抢白叫简很不自在。‖ **reˈbuk·ing·ly** *adv．*

re·call /rɪˈkɔːl/ *v．* ❶记得；回忆起：I *recalled* that he was out visiting. 我想起来了，他那时正在外面访问。❷叫回，唤回，召回：*recall* an ambassador 召回大使

re·cast /riːˈkɑːst;-ˈkæst/ *vt．* (-cast) ❶改动(文字或言语等)：The clause must be *recast* to convey the right meaning. 为了正确表达意思，此条款必须要重写。❷改编：*recast* the novel as a movie 将这部小说改编成电影 ❸改变(戏剧等)的演员阵容；改变(演员)的角色：The part of Cinderella was *recast* to her. 改由她来演灰姑娘这一角色。

re·cede /rɪˈsiːd/ *vi．* ❶退，后退：*recede* from the eye of 从…的视线中渐渐远去 ❷变得模糊：They went farther and the house *receded*. 他们越走越远，房子已变得模糊不清。

❸向后倾斜,向后缩:a chin that *recedes* 向后缩的下巴

☆**recede**,**back**,**retract**,**retreat** 均有"后退;撤退"之意。**recede** 常指潮水等从某一位置逐渐、明显地后撤,强调其客观性,也可表示后退的景物实际上没有移动,只是观察者位置发生变化:The floodwaters gradually *receded*.(潮水渐渐地退去了。)**back** 泛指任何后退、倒退或逆行的移动,可与 up, down, out 或 off 连用:The water in a drain *backs* up when a pipe cannot carry it off.(若是水管无法将水送出去,排水沟中的水就会回流。)**retract** 指舒展或伸出去的部分收回或缩回,主要用于生物科学:The aircraft's undercarriage *retracted* as it climbed into the air.(飞机升入空中后收回起落架。)**retreat** 常指人因面临危险、服从命令或没有能力坚持下去而从所在位置撤回或后退:force the enemy to *retreat*(迫使敌人退却)

re·ceipt /ri'siːt/ *n.* ❶[C]发票;收据;回执 ❷[~s]进款,进账(额) ❸[U]接受;收到,接到:pay on *receipt* of the goods 货到付款

re·ceive /ri'siːv/ *vt.* ❶收到,接到:*receive* donations 收到捐赠 ❷接受;获得,得到:This book *received* a number of favourable notices. 这本书得到了不少好评。

☆**receive**,**accept**,**admit**,**gain**,**take** 均有"接收;接受"之意。**receive** 通常指被动地接到或收到,只有在表示接见时才有主动的意味:The king *received* the ambassador.(国王见了大使。)**accept** 表示接受,含有满意、赞同、答应、认可等意味:He *accepted* the gift gratefully.(他感激地收下了礼物。)**admit** 与 receive 的不同之处在于强调得到接受方的准许,与 accept 的不同之处在于含有作出让步的意味:Smith was *admitted* into the club as an ordinary member.(史密斯被接纳为俱乐部的普通会员。)**gain** 指通过竞争或努力来获取、赢得有益的、有利的或需要的东西:I'm new in the job but I'm already *gaining* experience.(我对这项工作不熟,但正在不断摸索经验。)**take** 表示拿或取,但含有让别人把东西送到手上的意味:We can't *take* money from you.(我们不能拿你的钱。)

re·ceiv·er /ri'siːvə'/ *n.* [C]❶接收者;收件人;接受者:a *receiver* of bribe 受贿者 ❷(电话等的)受话器,听筒,耳机;接收器;收音机,收报机;电视接收机:a telephone *receiver* 电话听筒

re·cent /'riːs°nt/ *adj.* 最近的,新近的,近来的;新近发生:the *recent* market developments 最近的市场发展情况

re·cent·ly /'riːs°ntli/ *adv.* 最近,近来,不久前:Tom's only *recently* started learning Chinese. 汤姆只是最近才开始学汉语。

re·cep·tion /ri'sepʃ°n/ *n.* ❶[C]收到,接到;得到 ❷[C]接待,招待;招待会;(尤指)婚宴:a wedding *reception* 婚宴 ❸[U](无线电、电视的)接收;接收效果:transmission and *reception* equipment 收发设备

re·cep·tion·ist /ri'sepʃ°nist/ *n.* [C](接待来访者或接听电话的)接待员

re·cep·tive /ri'septiv/ *adj.*(对知识、思想、意见、建议等)易接受的;愿意接受的:He tends to be *receptive* of any proposal. 他会接受任何建议。‖ **re'cep·tive·ly** *adv.* — **re'cep·tive·ness** *n.* [U]—**re·cep·tiv·i·ty** /ˌriːsep'tiviti/ *n.* [U]

re·cess /ri'ses, 'riːses/ *n.* [C]❶(工作等的)暂停,休息(时间) ❷(法庭的)休庭;(尤指英国议会的)休会期

re·ces·sion /ri'seʃ°n/ *n.* ❶[C;U]经济的衰退;经济的衰退期:get out of *recession* 走出经济衰退期 ❷[U]后退;退回;(潮水的)退潮 ‖ **re'ces·sion·a·ry** /-n°ri/ *adj.*

re·ces·sive /ri'sesiv/ *adj.* [无比较级]后退的;退回的

rec·i·pe /'resipi/ *n.* [C]❶烹饪法;菜谱;(饮料等的)调制法:a *recipe* for making chocolate cake 巧克力蛋糕的做法 ❷诀窍,方法:a secret *recipe* for sth. 做某事的秘诀〔亦作 **receipt**〕

re·cip·ro·cal /ri'siprək°l/ *adj.* [无比较级]相互的,交互的:a *reciprocal* trade agreement between two nations 两国间的互惠贸易协定

re·cip·ro·cate /ri'siprəˌkeit/ *v.* 回报,报答

(情意等)：He expected his generosity to be *reciprocated*. 他希望自己的宽宏大量能得到回报。 ‖ re·cip·ro·ca·tion /riˌsiprəˈkeiʃn/ *n.* [U]

re·cite /riˈsait/ *v.* ❶背诵；朗诵：*recite* a poem 朗诵一首诗 ❷列举；详述：He was *reciting* his views. 他正在列举他的观点。

reck·less /ˈreklis/ *adj.* ❶不顾后果的，冒失的；鲁莽的，轻率的：a very *reckless* girl 放肆的姑娘 ❷粗心的，不注意的：*reckless* spending 无节制的消费 ‖ ˈreck·less·ly *adv.*— ˈreck·less·ness *n.* [U]

reck·on /ˈrekən/ *v.* ❶计算，算出：His expenditure was *reckoned* at $3,000 a month. 他每月的花销高达 3 000 美元。❷[常用被动语态]看作，认为(*as*)：She is *reckoned* (to be) the most outstanding poet in her generation. 她被认为是她那一代诗人中最杰出的。❸〈方〉猜想，作出…的判断；估计：I *reckon* (that) he'll be here soon. 我想他很快就会来的。

reck·on·ing /ˈrekəniŋ/ *n.* [U]计算，估计：By my *reckoning*, he will come in five minutes. 我估计，他五分钟后就会到。

re·cline /riˈklain/ *v.* 斜靠，斜倚：*recline* on a sofa

rec·og·ni·tion /ˌrekəgˈniʃn/ *n.* [U] ❶识别；认出：He hoped to avoid *recognition* by wearing dark glasses and a hat. 他戴着墨镜和帽子，希望人们认不出他来。❷明白，认识，发现：There is growing *recognition* that investment is useful for economy reasons. 人们越来越认识到投资应有助于经济发展。❸赏识；奖赏，gain [receive] *recognition* 得到青睐 ❹(正式)承认，确认，认可：The new government has not received *recognition* from other nations. 该新政府尚未得到其他国家的承认。

rec·og·nize /ˈrekəgnaiz/ *vt.* ❶[不用进行时态]认出：I *recognized* you at once. 我一眼就认出了你。❷识别，分辨出：*recognize* a swindler 识破骗子 ❸明白，认识到，意识到：She was able to *recognize* the problem.

她已经意识到这个问题。❹正式承认：*recognize* a country's independence 正式承认某国独立 ❺赏识，欣赏：We *recognize* your great achievements. 我们欣赏你取得的巨大成就。 ‖ ˈrec·og·niz·a·ble *adj.*

re·coil /riˈkɔil/ *vi.* ❶(因害怕、恐惧或厌恶)突然后退，退缩：I *recoiled* at the idea of climbing such a high mountain. 一想到要爬这么高的山，我就退缩了。❷(枪、炮等)产生后坐力：This gun does not *recoil*. 这枪没有后坐力。

rec·ol·lect /ˌrekəˈlekt/ [不用进行时态] 记得；回想起：I couldn't *recollect* the password. 我不记得密码了。

rec·ol·lec·tion /ˌrekəˈlekʃn/ *n.* ❶[U]回忆；记忆，记忆力：The scene faded from his *recollection*. 这一场景在他的记忆里渐渐逝去。❷[C]回忆起的事情，往事：This book is based on the *recollections* of some survivors. 这本书是根据几个幸存者的回忆写成的。

rec·om·mend /ˌrekəˈmend/ *vt.* ❶推荐，举荐：He *recommended* her to Dr. Lee. 他把她推荐给了李博士。❷劝告，建议：We *recommend* that she (should) be released. 我们建议释放她。❸使可以接受，使成为可取：A good manner will *recommend* you. 良好的举止会使你易于与别人相处。 ‖ ˌrec·om·men·da·ble *adj.*

rec·om·men·da·tion /ˌrekəmenˈdeiʃn/ ❶[C]劝告；建议：His *recommendations* will be discussed tomorrow. 明天将讨论他的提议。❷[C;U]推荐，举荐：a letter of *recommendation* 推荐信 ❸[C]推荐信

rec·om·pense /ˈrekəmˌpens/ **I** *vt.* ❶酬谢，酬答：*recompense* good with evil 恩将仇报 ❷赔偿；补偿：They agreed to *recompense* him for the loss. 他们同意赔偿他的损失。**II** *n.* [U] ❶酬谢，酬答 ❷赔偿，赔付：Each of them received a sum of money in *recompense* for the damage. 他们每人都得到了一笔损失赔偿金。

rec·on·cile /ˈrekənˌsail/ *vt.* ❶使听从，使顺

从(to)：He was *reconciled to* his fate. 他认命了。❷使和解，使和好：*reconcile with sb.* 与某人和解 ❸调停，调解：*reconcile the contradictions* 调解矛盾 ❹使一致，使符合：Economic growth and concepts of sustainability can be *reconciled*. 经济增长和可持续发展的观念可以和谐一致。‖ **'rec·on·cil·a·ble** *adj.*

rec·on·cil·i·a·tion /ˌrekˀnˌsiliˈeiʃˀn/　*n.* ❶[C;U]和解，和好；调解，调停：There was no hope of a *reconciliation* between the two families. 这两家人没有和好的希望。❷[U]调和，一致

re·con·struct /ˌriːkˀnˈstrʌkt/ *vt.* ❶重新建立；重构：*reconstruct* a city after the war 战后重建城市 ❷使重现：*reconstruct* the events of the murder 模拟谋杀案的全过程 ‖ **ˌre·con·struc·tion** /-ˈstrʌkʃˀn/ *n.* [C;U]

re·cord I /riˈkɔːd/ *vt.* ❶记录，记载：The responsibility of a dictionary is to *record* the language. 词典的职责是把语言记录下来。❷登记，登录：His no vote was *recorded*. 他的否决票已登记在案。❸录制(声音、图像等)：He happened to *record* the fighting. 他刚巧把打斗的场面拍摄了下来。 **II** /ˈrekəd/ *n.* [C]❶记录，记载：medical *records* 病历 ❷履历，历史：The company has an outstanding *record* in industrial relations. 这家公司在劳资关系上表现得很出色。❸犯罪记录，前科：have no previous *record* 没有前科 ❹[体]比赛成绩：The team's *record* is three wins and two losses. 该队的成绩是 3 胜 2 负。❺(体育等)最佳表现，最好成绩，最高纪录：a world *record* 世界纪录 ❻唱片，唱盘：cut a *record* 刻录唱片 ‖ **reˈcord·a·ble** *adj.*

re·cord·er /riˈkɔːdəʳ/ *n.* [C]❶记录员 ❷(磁带式)录音机；录像机

re·cor·ding /riˈkɔːdiŋ/ *n.* [C]❶(音像制品的)录制，灌制：synchronized *recording* 同步录音 ❷录音材料 ❸唱片；唱盘；磁：a set of *recordings* 一套唱片

record /ˈrekəd/ **player** *n.* [C]唱机(＝pho-

nograph)〔亦作 **player**〕

re·count /riˈkaunt/ *vt.* ❶叙述，讲述：The novel *recounts* the life of a pop star. 这部长篇小说讲述了一位流行歌星的一生。❷详述，详细说明：*recount* one's plan 详细说明某人的计划

re·course /ˈriːkɔːs, riˈkɔːs/ *n.* [U]求助，求援：It may be necessary for us to have *recourse* to arbitration. 我们也许有必要提请仲裁解决。

re·cov·er /riˈkʌvəʳ/ *vt.* ❶重新获得；收复：The police managed to *recover* the stolen goods. 警方设法找回了被盗的货物。❷使恢复，使康复，使复原：He *recovered* himself after a memory lapse. 他失忆了一段时间后又恢复了正常。‖ **reˈcov·er·a·ble** *adj.* — **reˈcov·er·y** *n.* [U;C]

rec·re·a·tion /ˌrekriˈeiʃˀn/ *n.* [U;C](身心的)放松；消遣，娱乐：His only *recreation* is reading. 他唯一的消遣就是看书。‖ **ˌrec·re·ˈa·tion·al** *adj.*

☆ **recreation**，**game**，**hobby**，**match**，**pastime**，**sport** 均有"娱乐，消遣"之意。**recreation** 为普通用词，指人们在空闲时间为了娱乐、消遣或享受所做的事情，也可表示人们为了娱乐举行的集体活动：There ought be more quiet，innocent *recreations*. (应该有更多既安静又无害的文娱活动。) **game** 既可指需要体力的比赛性运动，也可表示用脑力比赛或竞赛的活动：Let's have a *game* of tennis. (我们来一场网球赛吧。) **hobby** 常指在具有知识性和趣味性的领域独自进行的活动：My *hobby* is stamp-collecting. (我的爱好是集邮。) **match** 常指重大而公开的娱乐性比赛：Have you got a ticket for the baseball *match* on Friday? (你有本周五棒球赛的票吗?) **pastime** 与 hobby 近义，指为消磨闲暇所做的事情，往往没有什么特别的价值：Photography is her favourite *pastime*. (摄影是她喜爱的消遣。) **sport** 常指需要付出体力并遵循一定规则进行竞赛的娱乐形式：His favourite *sports* are table-tennis and volleyball. (他最喜欢的体育活动是乒乓球和排球。)

re·crim·i·na·tion /riˌkrimiˈneiʃ°n/ *n*. 〔C; U〕反责；反诉：Let's make friends, instead of wasting our time on *recrimination*. 咱们交个朋友吧，不要再浪费时间互相指责了。

re·cruit /riˈkruːt/ **I** *n*. 〔C〕❶新兵 ❷(社团、组织等的)新成员，新会员：New *recruits* to our book club are always welcome. 我们的读书俱乐部随时欢迎新会员参加。**II** *vt*. ❶招收…为新兵：These Africans were *recruited* for military service. 这些非洲人被征召入伍。❷招兵组建(军队) ❸招募，招收：*recruit* new employees 招工 ‖ **reˈcruit·er** *n*. 〔C〕—**reˈcruit·ment** *n*. 〔U〕

rec·tan·gle /ˈrekˌtæŋg°l/ *n*. 〔C〕【数】长方形，矩形

rec·ti·fy /ˈrektiˌfai/ *vt*. 调整；纠正，矫正：*rectify* the unsafe condition 改变不安全的状况 ‖ **ˈrec·ti·fi·a·ble** *adj*. —**rec·ti·fi·ca·tion** /ˌrektifiˈkeiʃ°n/ *n*. 〔U〕

re·cur /riˈkəːr/ *vi*. (**-curred; -cur·ring**) ❶再次发生：The mistake *recurs* in the second paragraph of the review. 这个错误在书评的第二段再次出现。❷(想法、念头等)重新萌生；(在头脑中)再次出现：The idea kept *recurring*. 这个念头一直在脑海中出现。‖ **re·cur·rence** /riˈkʌr°ns/ *n*. 〔C; U〕—**reˈcur·rent** *adj*. —**reˈcur·rent·ly** *adv*.

re·cy·cle /riːˈsaik°l/ *vt*. ❶回收利用(垃圾、废弃物等)；从(垃圾、废弃物等)中提取可用物质：These tins can be *recycled*. 这些罐头盒可以回收利用。❷重新使用，再次利用：*recycle* a former speech 再次使用先前的讲话稿 ‖ **re·cy·cla·ble** /riːˈsaikləb°l/ *adj*.

red /red/ **I** *n*. ❶〔U; C〕红色；红颜料：deep *red* 深红色 ❷〔U〕红衣；红布：a girl in *red* 穿红衣服的姑娘 **II** *adj*. (**red·der, red·dest**) 红色的：a *red* scarf 一条红色的围巾 ‖ **ˈred·dish** *adj*. —**ˈred·ness** *n*. 〔U〕

re·deem /riˈdiːm/ *vt*. ❶买回；赎回：She returned to the pawnbroker's to *redeem* her watch. 她回到当铺赎回她的手表。❷兑现(债券、股票等)：*redeem* bonds 将债券兑现 ❸遵守(诺言)；履行(义务、职责等)：The promise was finally *redeemed*. 这个诺言最终得以兑现。❹解救；赎(人质)：They agreed to pay the ransom to *redeem* the hostage. 他们同意交赎金赎回人质。❺补救；弥补；补偿：These failings are *redeemed*. 这些失误都得到了补救。‖ **reˈdeem·a·ble** *adj*. —**reˈdeem·er** *n*. 〔C〕

re·do /riːˈduː/ *vt*. (**-did** /-ˈdid/, **-done** /-ˈdʌn/；第三人称单数现在式 **-does** /-ˈdʌz/) 重做；重写：You'll have to *redo* your homework. 你得重做你的家庭作业。

re·dress I /ˈriːdres, riˈdres/ *n*. 〔U〕❶纠正，矫正；平反：The black people petition peacefully for the *redress of* grievances. 黑人为昭雪冤屈举行了和平请愿。❷补偿，补救：You should seek *redress* in the law courts for the damage to your house. 你的房屋受到了损坏，你应当通过法律途径要求赔偿。**II** /riˈdres/ *vt*. ❶纠正，矫正；平反：*redress* an error 纠正错误 ❷调整，调节，使恢复平衡：His study *redresses* an imbalance in this field. 他的研究改变了这一领域中的不平衡现象。

re·duce /riˈdjuːs/ *vt*. ❶减少，减小；降低；精简：*reduce* the speed of the car 降低汽车的速度 ❷简化，简约：*reduce* a complicated problem to its essentials 将复杂的问题简约成其要点 ❸摧毁，毁坏：Their house was *reduced* to ashes by the fire. 他们的房子被大火焚毁了。‖ **reˈduc·tive** /riˈdʌktiv/ *adj*.

re·duc·tion /riˈdʌkʃ°n/ *n*. ❶〔U〕减少；缩减；削减：price *reduction* 降价 ❷〔C〕缩减量，减少量；降低量：a 10 percent *reduction* in price 10%的降价额度

re·dun·dant /riˈdʌnd°nt/ *adj*. 〔无比较级〕多余的，冗余的：remove *redundant* words in the sentence 删除句子中多余的词语 ‖ **redun·dan·cy** *n*. 〔C, U〕

reed /riːd/ *n*. ❶〔C〕芦苇秆，芦秆 ❷〔C〕【植】芦苇 ❸〔C〕簧舌，簧片；簧乐器

reef /riːf/ *n*. 〔C〕礁石；礁脉：underwater *reef* 暗礁

reel /riːl/ *n*. 〔C〕❶(棉纱、电线等的)卷轴

卷筒;绞轮,绞盘 ❷(磁带等的)一盘;(电影等的)一卷

re·fer /ri'fə:'/ (-ferred;-fer·ring) vi. ❶参考;查看,查阅(to):Please *refer to* the remarks postscripted to our letter of May 22. 请参阅我们 5 月 22 日信中后面所附的意见。❷归类(to):The government *refers to* a plumber's work as a blue-collar job. 政府把管子工的工作列入蓝领工作范畴。❸适用;涉及;针对(to):The new regulation does not really *refer to* your company. 这条新规并不是真正针对贵公司的。

ref·er·ee /ˌref°'ri:/ n. [C] ❶(纠纷、争端中的)仲裁者,调停人;公断人 ❷【体】(足球、篮球、曲棍球、橄榄球、摔跤、拳击等的)裁判员

ref·er·ence /'ref°r°ns/ n. ❶[U]查阅,查询:This empty island alone is free from every *reference*. 查遍所有的资料都查不着这座无人岛。❷[C]提到,提及(to):The letter made no *reference to* his wife. 信中未提到他妻子。❸[U]参考,引用:He made *reference* to several authors in his paper. 他在论文中引用了几位作者的作品。❹[C]引文,参考章节;参考书(目),参考文献,参考资料:the use of *references* in one's term paper 在学期论文中引用参考文献 ❺[C]推荐人,介绍人;证明人 ❻[C]推荐信,介绍信;证明信;鉴定

re·fill /ri:'fil/ vt. 再填满;再注满;再装满:The waiter *refilled* my glass with beer. 侍者替我把杯子重新斟满啤酒。‖ **re'fill·able** adj.

re·fine /ri'fain/ vt. ❶精炼,提炼:*refine* oil 炼油 ❷精制;提纯 ❸使简练,提炼(思想或语言、文字等):*refine* a theory 提炼理论

re·fined /ri'faind/ adj. ❶优雅的,高雅的;有教养的:*refined* manners 优雅的举止 ❷精炼的,提炼的;精制的:*refined* sugar 精制糖 ❸精确的:*refined* measurements 精确的尺寸

re·fine·ment /ri'fainm°nt/ n. ❶[U](言谈、举止、趣味等的)优雅,高雅;有教养:invest sb. with a sense of *refinement* 让某人

有一种高雅感 ❷[U]提炼,精炼;精制;提纯;纯度:the *refinement* of oil 石油的精炼 ❸[C]改进,改良:The new theory is a *refinement* of an earlier one. 新理论是对先前理论的一种完善。❹[C]精细的改进;附加的改进装置

re·fin·er·y /ri'fain°ri/ n. [C]精炼厂,提炼厂;炼油厂

re·flect /ri'flekt/ v. ❶反射(热、光、声等):The mirror *reflected* his image perfectly. 他在镜子里的映像和他本人一模一样。❷反映,表明,显示:Often both types of conflict occur simultaneously, the outer struggle *reflecting* the inner. 通常两种类型的冲突同时发生,外部冲突反映出内部冲突。❸反省;考虑;深思:He *reflected* that he would not see her again. 他考虑后决定不再去见她。

re·flec·tion /ri'flekʃ°n/ n. ❶[U]反射;反照;反响:the *reflection* of the sun on the water 太阳光在水面上的反射 ❷[C]映像,倒影:the *reflection* on the mirror 镜子中的映像 ❸[U]沉思,反思;反省:He roused her from this *reflection*. 他使她从这种沉思中唤醒。❹[C]想法,意见(on, upon):He published his *reflections on* the years of his presidency. 他公开表达了对其总统岁月的看法。‖ **re'flec·tion·al** adj.

re·flec·tive /ri'flektiv/ adj. 〔无比较级〕❶思考的,沉思的;反省的:fall into a reflective mood 陷入沉思 ❷反射的;反光的:the *reflective* quality of the sand 沙的反射性

re·flec·tor /ri'flektə'/ n. [C]反射物;反射面;反射镜;反射器

re·flex /'ri:fleks/ n. ❶[C]【生理】(对外部刺激的)反射作用,反射动作 ❷[U;C]本能反应:He smiles at other people by *reflex*. 他本能地朝别人笑笑。

re·flex·ive /ri'fleksiv/ I adj. 〔无比较级〕❶【语】(动词)后接反身代词的;(代词)反身的:a *reflexive* pronoun 反身代词 ❷(本能)反应的:a *reflexive* act of self-preservation 自我保护的本能反应 II n. [C]【语】反身代

R

词；反身动词 ‖ re'flex·ive·ly adv.

re·form /ri'fɔːm/ I n. [U;C] ❶（政治或社会等的）改革，变革，革新：Some *reforms* to the current system are necessary. 有必要对现行制度进行改革。❷改过自新，改造：Moral solutions of the past effected a *reform*. 从道义上解决以往的问题，使改革行之有效。❸（恶习、弊病等的）革除：bring about *reforms* in school administration 革除学校管理中的种种弊端 II v. ❶改革；改良；改造：*reform* the election laws 改革选举法 ❷革除（恶习或弊病）；改（过）；使得到改造：*reform* one's evil ways 改过自新 ‖ 're·form·er n. [C]

ref·or·ma·tion /ˌrefə'meiʃᵊn/ n. [U;C]改良；改革；革新：a necessary *reformation* of the present system 现有制度必要的改革

re·form·a·to·ry /ri'fɔːmətᵊri/ adj. [无比较级]改革的；革新的；旨在改造的：The object of these measures is not so much retributive as *reformatory*. 这些举措的目的是改造人而不是惩罚人。

re·fract /ri'frækt/ vt. 【物】使折射：The glass prism *refracted* the white light into the colours of the rainbow. 玻璃棱镜把白光折射成各种色彩的光。

re·frac·tion /ri'frækʃᵊn/ n. [U]【物】折射：*refraction* of light-beam〔sound〕光束〔声音〕折射 ‖ re'frac·tive adj.

re·frain /ri'frein/ v. 抑制，忍住（from）：He *refrained from* asking any questions. 他忍住了，没有提任何问题。

☆**refrain,abstain,forbear** 均有"抑制，克制"之意。**refrain** 常指抑制一时的冲动而不说想说的话或不做想做的事情：Although provoked,he *refrained* from answering.（他尽管被激怒了，却没有作出回应。）**abstain** 指以顽强的意志来克制自己、有意识地放弃或停止做某些很想做的事情，尤其适用于享乐或饮食，强调严于克己：He *abstained* from eating for six days.（他已禁食六天了。）**forbear** 指出于好心不去做或面临考验能控制住自己，强调表现出极大的忍耐力：I could scarcely *forbear* from laughing out a-

loud.（我差点大笑起来。）

re·fresh /ri'freʃ,-riː-/ vt. ❶使精神振奋；使恢复（精力或体力等）：A nap after lunch *refreshes* me in body and mind. 午饭后小睡一会儿使我身心恢复了活力。❷激活；复（记忆等）：Perhaps this will *refresh* your memory. 也许这可以使你恢复记忆。‖ re'fresh·er n. [C]

re·fresh·ing /ri'freʃiŋ/ adj. 清爽的；提神的，令人振作的：The sherbet is icy, dark pink,*refreshing*. 冰冻果子露冰凉，深粉红色，很提神。

re·fresh·ment /ri'freʃmᵊnt/ n. ❶[C][~es]点心，茶点 ❷[U]（精神或身体的）恢复活力；神清气爽

re·frig·er·ate /ri'fridʒᵊˌreit/ vt. ❶使冷却；使变清凉：*refrigerate* battery 冷却电池 ❷冷藏（食品等）：The fresh fruit should be *refrigerated*. 这种新鲜水果需冷藏。‖ re·frig·er·a·tion /riˌfridʒᵊ'reiʃᵊn/ n. [U]

re·frig·er·a·tor /ri'fridʒᵊˌreitə/ n. [C]冰箱，冰柜；冷藏室，冷库〔亦作 **fridge,icebox**〕

re·fu·el /riː'fjuːəl/（-el(l)ed；-el(l)ing） vt. 给…补充燃料；给…重新加油：*refuel* a car 给汽车重新加油

ref·uge /'refjuːdʒ/ n. ❶[U]避难；庇护；躲避：a harbor of *refuge* 避风港 ❷[C]避难所,庇护所；收容所；藏身之处

ref·u·gee /ˌrefju'dʒiː/ n. [C]难民；流亡者；避难者

re·fund I /ri'fʌnd,'riːfʌnd/ vt. 偿还；退还；归还：I'll *refund* the postage. 我将退还邮资。II /'riːfʌnd/ n. ❶[U;C]偿还；退还；归还 ❷[C]偿还金额；退回的款额：Do you want accredit or *refund*? 你是要积分还是要退款？‖ re'fund·a·ble adj.

re·fus·al /ri'fjuːzᵊl/ n. [U;C]拒绝，推却：*Refusal* does not serve the purpose. 拒绝解决不了问题。

re·fuse[1] /ri'fjuːz/ v. ❶拒绝（接受）；回绝：He *refused* a cigarette. 他没有接香烟。❷拒绝答应（请求等）；拒绝给予：It is within your right to *refuse* co-operation. 你有权

拒绝合作。

ref·use² /'refjuːs/ *n.* [U]废物,废料,垃圾:
recycle *refuse* 回收垃圾

re·gain /riˈgein/ *vt.* ❶重新得到,重新获得;
恢复:They managed to *regain* their inde-
pendence. 他们重新获得了独立。❷重回,
返回,回到:*regain* the shore 重新回到岸上

re·gard /riˈgɑːd/ I *vt.* ❶[不用进行时态]看
待,把…当作,视…为(as):He is *regarded
as* one of the greatest landscapists who ever
lived. 他被认为是迄今为止最伟大的风景
画家之一。❷[不用进行时态]敬重;尊重,
尊敬:*regard* the feelings of others 尊重别
人的感情 ❸注视,凝视,盯着看;打量:He
regards the house from the outside for a
while. 他从外面盯着房子看了一会儿。II
n. ❶[U]关系;方面:in this and other *re-
gards* 在方方面面 ❷[U]留意,注意,关注
(to, for):He had no *regard* for my feel-
ings. 他从来都不顾我的感情。❸[U]敬
重;尊敬,尊重(for):They had high *regard
for* their teacher. 他们十分敬重他们的老
师。❹[~s]致意;(信末等的)问候:Give
them my *regards*. 请代我问候他们。‖ *as
regards prep.* 关于;至于;就…而言:*As re-
gards* novelists, this distinction doesn't much
matter. 对小说家们而言,这一区分并没多
大关系。

☆**regard, admire, esteem, respect** 均有"尊
敬,尊重"之意。**regard** 为普通中性用词,比
较正式,常需要修饰语来增强其感情色彩:I
have always *regarded* him with the greatest
admiration. (我对他一直很仰慕。) **admire**
表示热烈诚挚地赞赏、仰慕某人或某事情,
强调钦佩对象很具吸引力:I *admire* him for
his success in business. (我佩服他事业有
成。) **esteem** 尤指充满感情地高度评价某人
或某事情:No citizen of the town was more
highly *esteemed*. (镇上没有哪个人曾受到
这么高的评价。) **respect** 表示对某人或某事
情的价值进行谨慎的评价,并给予应有的承
认:He *respected* their opinions even though
he could not agree with them. (他尊重他们
的意见,但并不认同它们。)

re·gard·ing /riˈgɑːdiŋ/ *prep.* 关于;至于;
就…而言:He knew nothing *regarding* the
matter. 他对此事一无所知。

re·gard·less /riˈgɑːdlis/ *adv.* [无比较级]不
管怎样,无论如何;不顾后果地:I carried on
regardless. 不管怎样,我都继续进行了下
去。‖ *regardless of prep.* 不顾,不管;不
论:I like them *regardless of* your opinion.
不管你怎么看,我还是喜欢他们。

re·gen·er·ate /riˈdʒenəˌreit/ *vt.* ❶使(精神
上)获得新生;使重生;使悔悟 ❷革新;重
建;复兴:The city was soon *regenerated* af-
ter the earthquake. 这座城市在地震后很快
就完成了重建。❸使(丢失或受伤的器官)
重新产生:A lizard can *regenerate* its tail.
蜥蜴的尾巴可以再生。—*vi.* 【生】再生:
Tissue *regenerates* after skin is scratched.
皮肤划伤后组织会再生。‖ **re·gen·er·a·tion**
/riˌdʒenəˈreiʃⁿn/ *n.* [U]—**reˈgen·er·a·tive**
/-rətiv/ *adj.*

re·gime, ré·gime /reiˈʒiːm/ *n.* [C] ❶政
体;政权;政治制度;统治,管辖:*regime* of
centralism 中央集权统治 ❷特定的政权;特
定政权的统治期

re·gion /ˈriːdʒⁿn/ *n.* [C] ❶地带;地域;地
区;区域:the plateau *region* 高原地区
❷(身体的)部位:in the *region* of the brain
在脑部

re·gion·al /ˈriːdʒⁿnⁿl/ *adj.* [无比较级]
❶地区性的,整个地区的:a *regional* library
地区性图书馆 ❷[作定语]区域的,地方的:
a *regional* accent 地方口音 ‖ ˈre·gion·al·
ly *adv.*

reg·is·ter /ˈredʒistər/ I *n.* [C]登记簿;登记
表;注册簿;挂号簿;花名册:on the *register*
of voters 列入选民名册中 II *vt.* ❶登记;记
录:They were *registered* as Mr. and Mrs.
Johnsons. 他们是以约翰逊先生和约翰逊太
太的名字登记的。❷挂号邮寄(信件或包裹
等):It is a very important letter, so I will
register it. 这是一封很重要的信函,我要用
挂号邮寄。❸给…注册:Last year the
school *registered* 7,000 students. 去年这所

学校注册登记了 7 000 名学生。❹(仪表等)自动记录;显示,指示:The device can *register* information about its environment. 这种设备能自动记录下其周围环境的信息。‖ **'reg·is·trant** *n.* [C]

reg·is·tra·tion /ˌredʒiˈstreiʃ³n/ *n.* ❶[U]登记;注册;(挂号);签到;挂号:*registration* of trade mark 商标注册 ❷[C]登记项目;记录事项

reg·is·try /ˈredʒistri/ *n.* ❶[U]记录;登记;注册;挂号 ❷[C]登记处;注册处;挂号处 ❸[C]登记簿;注册簿;挂号簿

re·gress I /riˈgres/ *vi.* ❶退回;复归;回归 ❷倒退,后退;退步;退化:For a while the patient was making progress, but now he seems to be *regressing*. 刚才病人的病情有所好转,而此时又好像恶化了。II /ˈriːgres/ *n.* [U] ❶退回;复归;回归:Few express *regress* about leaving academia. 很少有人表示离开学术界之后要重新回去。❷倒退,后退;退步;退化:perceptual *regress* 知觉的退化 ‖ **re·gres·sion** /riˈgreʃ³n/ *n.* [U]—**regres·sive** /riˈgresiv/ *adj.*

re·gret /riˈgret/ I (-**gret·ted**;-**gret·ting**) *vt.* ❶对…感到后悔;因…懊恼;对…感到遗憾:Lawrence *regrets* his choice. 劳伦斯对他的选择感到后悔。❷[不用进行时态]对…表示歉意,因…而感到愧疚:We *regret* we have to reply in the negative. 很抱歉,我方不得不作否定的答复。II *n.* ❶[C;U]后悔,懊悔;遗憾:Robert never suffered any *regret* for what he had done. 罗伯特对他的所作所为从不后悔。❷[C;U]歉意;抱歉:express *regret* over-sth. 对某事表示歉意 ‖ **re'gret·ful** *adj.* —**re'gret·ful·ly** *adv.*

re·gret·ta·ble /riˈgretəb³l/ *adj.* 使人悔恨的;令人遗憾的;不幸的:It is *regrettable* that our appeal remained a dead letter. 不幸的是我们的呼吁竟石沉大海了。‖ **re'gret·ta·bly** *adv.*

reg·u·lar /ˈregjulə/ *adj.* ❶[无比较级]常规的,惯例的;惯常的:*regular* work 日常工作 ❷(结构或排列)匀称的;整齐的;对称

的:His features were *regular*. 他五官端正。❸[无比较级]【语】(动词或名词的屈折形式)规则变化的:*regular* verbs 规则动词 ❹[无比较级]正常的;有规律的:His pulse is *regular*. 他脉搏正常。‖ **reg·u·lar·i·ty** /ˌregjuˈlæriti/ *n.* [U]

reg·u·lar·ly /ˈregjuləli/ *adv.* ❶定期地;经常地:Take the medicine *regularly* three times a day. 定时服药,一日三次。❷有规律地;整齐地;匀称地

reg·u·late /ˈregjuleit/ *vt.* ❶管理;控制;制约:*regulate* expenditure 控制费用 ❷调整,调节:Prices are *regulated* by supply and demand. 价格受供需调节。❸调准,校准:*regulate* a watch 校准手表 ❹使有条理;使整齐 ‖ **'reg·u·la·tive** /-lətiv/ *adj.* —**'reg·u·la·tor** *n.* [C]—**'reg·u·la·to·ry** /-lət³ri/ *adj.*

reg·u·la·tion /ˌregjuˈleiʃ³n/ *n.* ❶[C]规章,章程;规定;条例:*regulations* on the exercise of autonomy 自治条例 ❷[U]管理;控制;制约;管制:*regulation* of traffic 交通管理 ❸[U]调整,调节:*regulation* of behaviour 对行为的调节 ❹[U]调准,校准

re·ha·bil·i·tate /ˌriːhəˈbiliteit/ *vt.* ❶使康复;使恢复正常:exercises for *rehabilitating* damaged knees 使受伤的膝盖得到康复的活动 ❷恢复…的名誉(或职位、功能等):*rehabilitate* a witness 恢复证人的名誉 ❸改造(罪犯):*rehabilitate* imprisoned criminals 改造在押的犯人 ‖ **re·ha·bil·i·ta·tive** /-tətiv/ *adj.*

re·hears·al /riˈhəːs³l/ *n.* [C;U]彩排,排练,排演:You've had enough *rehearsal*;it's time to perform before a live audience. 你们已经排练得差不多了,现在该去现场演出了。

re·hearse /riˈhəːs/ *v.* ❶彩排,排练,排演(戏剧或吟诵等):*rehearse* one's part in the play 排练剧中的角色 ❷背诵,吟咏;复述

reign /rein/ I *n.* [C](君主的)统治时期,在位期,执政期 II *vi.* ❶统治,执政:The queen *reigned* over her subjects for 45 years. 女王对其臣民统治了45年。❷当主

管；主宰；支配：Perpetual spring *reigned*. 四季如春。

rein /rein/ *n*. [C] ❶缰绳：He prides himself on his skill with the *reins*. 他因其高超的骑马术而感到自豪。❷[~s]统治权；支配权；制约手段：the *reins* of government 管理权

re·in·force /ˌriːinˈfɔːs/ *vt*. ❶加固，补强：*reinforce* a wall 加固墙体 ❷增强，加强：*reinforce* the law 增强法律意识〔亦作 **reenforce**〕

re·in·state /ˌriːinˈsteit/ *vt*. ❶把…放回原处；使复位；使恢复原状：The big balls are *reinstated*. 大球已放归原位。❷恢复…的权力；使复职：He was removed from office three times and *reinstated* three times. 他曾三起三落。‖ ˌre·inˈstate·ment *n*. [U]

re·it·er·ate /riːˈitəˌreit/ *v*. 重申，重述；反复做：He *reiterated* that this sort of behaviour was a major problem. 他一再说这种行为是主要问题。‖ re·it·er·a·tion /riːˌitəˈreiʃn/ *n*. [U;C]—reˈit·er·a·tive /-rətiv/ *adj*.

re·ject /riˈdʒekt/ *vt*. ❶拒绝；拒绝接受；拒绝相信：As it turned out, both sides *rejected* the proposals. 结果双方都未能接受这些建议。❷不受理；否决，驳回：The board *rejected* his request for a license. 管理委员会对他申请执照一事不予受理。

re·jec·tion /riˈdʒekʃn/ *n*. [C;U]拒绝；拒绝接受；拒绝相信：*Rejections* of his proposal could lead to disaster. 拒绝接受他的建议可能导致灾难。❷[U]不受理；否决，驳回

re·joice /riˈdʒɔis/ *vi*. 感到高兴，喜悦，愉悦：They *rejoiced* and jumped for joy. 他们欢呼跳跃。‖ reˈjoic·ing *n*. [U;C]

re·lapse I /riˈlæps/ *vi*. 故态复萌，回到原先的状态：She *relapsed* into her early failing. 她故态复萌，又步入早年的歧途。II /riˈlæps, ˈriːlæps/ *n*. [C] ❶故态复萌；回复 ❷（病情的）复发：possibility of former patients suffering *relapses* 已康复的患者旧病复发的可能性

re·late /riˈleit/ *vt*. ❶讲，讲述；叙述：I have heard him *relate* the anecdote. 我已听他讲

过这一逸事。❷[不用进行时态]有关联，相关；涉及(*to*)：The idea does not *relate to* the other. 此想法与彼想法互不相关。‖ reˈlat·er *n*. [C]

re·lat·ed /riˈleitid/ *adj*. [无比较级] ❶有关的；关联的；相关的：Forgetting is *related* to the passage of time. 遗忘与时间的流逝有关联。❷有族系（或血缘、姻亲）关系的：I'm *related* to the guy. 我与那个家伙是亲戚。

re·la·tion /riˈleiʃn/ *n*. ❶[U]（事物之的）关系，关联：*relation* between cause and effect 因果关系 ❷[~s]（国家、团体等之间的）联系，往来：further cement trade *relations* 进一步加强贸易关系 ❸[C]亲戚；家属 ‖ reˈla·tion·al *adj*.

re·la·tion·ship /riˈleiʃnˌʃip/ *n*. [C] ❶关系；关联：the *relationship* between the unemployment and inflation 失业与通货膨胀的关系 ❷[通常用单]家属关系；亲属关系；姻亲关系 ❸（国际、人际等的）交际，交往；联系：solidify the *relationship* between Australia and China 巩固中国与澳大利亚的关系

☆ **relationship, relation, relations** 均有"关系；关联；联系"之意。**relationship** 常用于个人之间，表示亲密或紧密的关系，有较强的感情色彩：the good *relationship* between the police and the local people（警察与当地居民间的良好关系）；该词用于事物时，表示两者之间存在互相依靠或依赖的关系：What is the *relationship* between language and thought?（语言与思想间有什么联系?）**relation** 用于事物时，与 relationship 同义，表示依靠或依赖关系：She argued that literature has no *relation* to reality.（她认为文学与现实互不相干。）**relations** 表示人与人之间、团体与团体之间较为正式、较为一般的关系：The unions should have close *relations* with management.（工会应与资方保持密切联系。）

rel·a·tive /ˈrelətiv/ I *n*. [C] ❶家属；亲戚，亲属：a *relative* by marriage 姻亲 ❷相关的事物：English is a close *relative* to Dutch.

英语是荷兰语的近亲。**II** *adj.* [无比较级]
❶[作定语]比较的：a *relative* method 比较
法 ❷相对的：Standards of good or bad are
relative to the society in which one lives. 水
平的好坏是相对于一个人所生活的社会而
言的。❸[作定语]【语】(代词等)(表示)关
系的：(子句)由关系词引导的：a *relative*
clause 关系从句

rel·a·tive·ly /ˈrelətivli/ *adv.* 比较而言；相
对地；相当地：The accused men have been
given *relatively* light sentences. 被告只被
判以相当轻的刑罚

rel·a·tiv·i·ty /ˌrelə'tiviti/ *n.* [U] ❶相对
性：from the point of view of historical *rela-
tivity* 从历史相对性角度来看 ❷【物】相对
论：the special theory of *relativity* 狭义相对
论

re·lax /ri'læks/ *vt.* ❶使放松，使松弛：*relax*
one's fingers 松开手指 ❷缓和，减轻；放宽：
We cannot *relax* our watchfulness. 我们不
能放松警惕。❸使休息；使轻松 ‖ **re'lax·er**
n. [C]

re·lax·a·tion /ˌriːlæk'seiʃ°n/ *n.* ❶[U]休
息；休养：a few moments of *relaxation* 片刻
的休息 ❷[C]消遣，娱乐活动：These are
her favourite *relaxations*. 这些是她最喜欢
的娱乐活动。❸[U]放松，松弛：*relaxation*
of the muscles 肌肉的放松 ❹[U]缓和；减
轻；放宽：*relaxation* on interest rates 利率
的降低

re·lax·ing /ri'læksiŋ/ *adj.* 令人放松的：a
relaxing swim 让人得到放松的游泳

re·lay I /ˈriːlei/ *n.* [C] ❶接替人员，替班人；
(替换人员的)一组，一群：work in *relays* 轮
班上班 ❷【体】接力赛 **II** /ˈriːlei, ri'lei/ *vt.*
❶转播，转发：Television traffic is *relayed*
by satellite. 电视通过卫星传送。❷传达，
转达；转告：This kind of information is not
easily *relayed* by the straightforward use of
language. 这种信息不易直接用语言传达。

re·lease /ri'liːs/ *vt.* ❶释放；解放；使自由
(*from*)：He was soon *released* but under
strict surveillance. 他很快就获释，但仍受
到严密监视。❷免除…的债务；解除…的负
担(或痛苦、职务等)；使放弃权利：*release*
sb. from duty 解除某人职务 ❸松开，放开：
He *released* his hold on the camera. 他松开
了抓住照相机的手。❹使(信息等)公开，透
露；发布(新闻等)；公开发行(唱片、电影
等)：Her first CD was just *released*. 她的首
张 CD 刚刚发行。❺排放；释放；发出：Heat
is *released* into the atmosphere. 热量排放
到大气中。

rel·e·gate /ˈreliɡeit/ *vt.* ❶使降级；使降职；
使处于次要地位：The defeated football
team was *relegated* to a lower group. 战败
的足球队被降级了。❷分配；委托；移交：
relegate the job of cleaning out to the jani-
tor 将打扫工作分给看门人来做 ‖ **rel·e·ga·
tion** /ˌreli'ɡeiʃ°n/ *n.* [U]

rel·e·vant /ˈreliv°nt/ *adj.* ❶相关的，关联
的：the *relevant* documents 相关的文件
❷切题的；适当的；中肯的：It may not seem
to be *relevant* in design. 它的设计似乎不适
宜。‖ **'rel·e·vance**, **'rel·e·van·cy** *n.* [U]

re·li·a·ble /ri'laiəb°l/ *adj.* 可信赖的；可靠
的；可依赖的：Is your watch *reliable*? 你的
表准吗？‖ **re·li·a·bil·i·ty** /ˌrilaiə'biliti/ *n.*
[U]—**re'li·a·bly** *adv.*

re·li·ance /ri'laiəns/ *n.* [U] ❶信任，信赖：
place little *reliance* upon 对…不太信任
❷依靠，依赖：*reliance* on social assistance
对社会援助的依靠

re·li·ant /ri'laiənt/ *adj.* [作表语]依赖的；
依靠的：The company is heavily *reliant* on
bank loans. 这家公司完全是依赖银行贷款
运作的。

rel·ic /ˈrelik/ *n.* [C] ❶遗迹；遗物：historic
relics 历史遗迹 ❷遗风；遗俗：They regar-
ded this practice as a *relic* of past supersti-
tion. 他们认为这种习俗是以前迷信的
遗风。

re·lief /ri'liːf/ *n.* ❶[U](痛苦或焦虑等的)
减轻，缓解；解除，消除：We desperately need
relief from these difficulties. 我们急切地
需要从这些困难中解脱出来。❷[C；U](痛
苦或焦虑等解除后的)宽慰，宽心，轻松：

sigh of *relief* 如释重负的叹气 ❸[U]救济品;救济金:He is now living on *relief*. 他目前靠救济金生活。

re·lieve /ri'li:v/ *vt.* ❶减轻,缓解:This medicine can *relieve* his symptoms. 这种药可以减轻他的症状。❷消除;解除;使解脱:*relieve* one's grief by imparting it 把自己的悲痛一吐为快

☆relieve, alleviate, lighten, mitigate 均含有"减轻;缓和"之意。**relieve** 指减轻负担,使其可以忍受或暂时忘却,有时也指摆脱烦恼或打破单调和沉闷的状况:Anxiety may be *relieved* by talking to a friend. (可以通过与朋友谈心排解烦恼。)**alleviate** 强调减轻暂时的或局部的苦痛或烦恼,常与根治或根除相对而言:The oil of cloves will *alleviate* a toothache. (丁香油可以缓解牙疼。)**lighten** 常指减轻令人压抑的包袱或负担,强调使人轻松、愉快或振奋:The taking on of a new secretary *lightened* her workload considerably. (聘用一位新秘书大大减轻了她的工作负荷。)**mitigate** 尤指减轻、缓和折磨带来的伤害或苦痛:Ocean breezes *mitigated* the intense heat. (海风使酷热得到了缓解。)

re·lieved /ri'li:vd/ *adj.* [作表语]宽慰的,宽心的,放心的:He was very *relieved* when his wife recovered. 他妻子痊愈后他甚感宽慰。

re·li·gion /ri'lidʒ°n/ *n.* ❶[U]宗教信仰;信仰:a book on *religion* 有关宗教信仰的书 ❷[C]宗教,教:believe in no *religion* 不信奉宗教

re·li·gious /ri'lidʒəs/ *adj.* ❶[无比较级][作定语]宗教的;宗教性的;宗教方面的:*religious* beliefs 宗教信仰 ❷虔诚的;笃信宗教的:She is deeply *religious*. 她是个虔诚的教徒。❸严谨的,严格的:pay *religious* attention to detail 十分注重细节 ‖ **re'li·gious·ly** *adv.*

re·lin·quish /ri'linkwiʃ/ *vt.* ❶放弃(权利、财产、要求等):*relinquish* a claim 放弃索赔 ❷放松,松开:He slowly *relinquished* his hold on the rope. 他慢慢地松开了紧攥着的

绳索。‖ **re'lin·quish·ment** *n.* [U]

☆relinquish, abandon, resign, surrender, waive, yield 均有"放弃,舍弃"之意。**relinquish** 为最普通用词,可指放开所握之物、放弃占有物或权利等,通常出于自愿,有时也出于非自愿或被迫:A parent *relinquishes* control over grown children. (家长不再管束成年子女。)**abandon** 强调完全、彻底地放弃,尤指某人对以往感兴趣或负有责任的人或事物的绝对舍弃,其动机可能出于自愿,也可能出于无奈或逃避责任:For a military commander, to *abandon* his troops or his post would be reprehensible. (对于一个军队指挥官来说,抛弃他的部队或放弃他的职责是应该受到谴责的。)**resign** 指自动放弃自己的权利或辞去自己的职务,强调自愿作出牺牲:The model *resigned* all her rights to the photographs. (模特放弃了对照片享有的所有权利。)**surrender** 常指经过一番斗争或抵抗后被迫向他人投降或放弃某些事物,但不含顺从的意味:He *surrendered* his savings to his creditors. (他把所有的积蓄都给了债权人。)**waive** 指在没有外部压力的情况下自动放弃某种权利或不再坚持某种要求:He has *waived* all claim to the money. (他放弃了对这笔钱的所有权利。)**yield** 常指因软弱、忍让、尊重等而顺从他人或屈服于某种压力,有作出让步的意味:I *yield* to your greater expertise in this matter. (在这一点上,我承认你的技术更加高明。)

rel·ish /'reliʃ/ I *n.* [C;U] ❶喜爱,喜好,爱好;兴趣,兴致:eat with great *relish* 津津有味地吃东西 ❷作料,佐料,调料,调味品:I would like some *relish* on my beefsteak. 我想往牛排上加点佐料。II *vt.* 对…感兴趣,喜欢,爱好:He *relished* telling such jokes. 他喜欢说这一类笑话。

re·luc·tant /ri'lʌkt°nt/ *adj.* ❶不愿意的,不情愿的:It is difficult to quantify an exact figure as firms are *reluctant* to declare their losses. 由于公司不愿意公布他们的损失,因此很难确定准确的数目。❷勉强的:He gave a *reluctant* promise. 他勉强答应下来。‖ **re'luctance** *n.* [U]—**re'luc·tant·**

ly *adv.*

re·ly /ri'lai/ *vi.* ❶信任,信赖;指望(*on*,*up-on*):He is a person to be *relied* on. 他是个完全可以信赖的人。❷依赖;依靠;仰仗(*on*,*upon*):*rely on* the support of the people 依靠人民的支持

☆**rely**,**count on**,**depend**,**reckon**,**trust** 均有"相信,信任;依靠"之意。**rely** 常指根据以往的经验判断某人或某事情是靠得住的:He can be *relied* on to keep the secret. (他是靠得住的,他会保守秘密。) **count on** 与 **reckon** 同义,但较为正式,带有指望的意思:They *count on* my going. (他们都指望我会去。) **depend** 尤指信赖或相信某人或某事情会给予帮助,有时含有自身不够强大、需要外部支持的意味:The organization *depends* on the government for most of its income. (该组织的大部分收入来源于政府。) **reckon** 为口语用词,指根据估计或预测认为某事情是确定的或有把握的,与 depend 不同之处在于如果期望落空,不一定会带来灾难性后果:He *reckoned* on a large reward if he succeeded. (他希望成功后能得到一大笔奖金。) **trust** 表示完全信赖或相信某人或某事情,不一定需要过去经验的证明:While reading,never *trust* your memory,but fill up your notebook. (在阅读时千万别相信你的记忆力,你需要做笔记。)

re·main /ri'mein/ *vi.* ❶[不用进行时态]保留;保持,维持:She has *remained* faithful to memory. 她始终念念不忘旧情。❷逗留;停留,滞留:He *remained* in his hotel bedroom for the whole day. 他一整天都待在旅馆客房内。❸遗留;余留;剩下:Few buildings *remain* in that region. 那个地区没留下什么建筑了。

re·main·der /ri'meində/ *n.* [C]剩余部分;遗留物;残余物;余下的人(或事物):The *remainder* found work mainly outside their living quarters. 其余的人大多是在住宅区以外找到了工作。

re·mark /ri'mɑːk/ **I** *v.* ❶评论,评述;说;表述:She *remarked* that he was her best student. 她说他是她最好的学生。❷观察,觉察 **II** *n.* ❶[U]注意;察觉:This is a new trend worthy of *remark*. 这是一种值得注意的新动向。❷[C]言辞,言语;评论;意见:an unflattering *remark* 直言不讳

re·mark·a·ble /ri'mɑːkəbᵊl/ *adj.* ❶值得注意的;非同寻常的:develop with *remarkable* speed 以惊人的速度发展 ❷引人注目的,显著的;出众的:He is *remarkable* for his perseverance. 他以其坚持不懈的努力著称。‖ **re'mark·a·bly** *adv.*

re·me·di·al /ri'miːdiəl/ *adj.* [无比较级] ❶治疗的;治疗上的:a *remedial* schema 治疗方案 ❷(为差生或落后生)补习的:a *remedial* course 补习课程 ❸补救的,弥补性的:take *remedial* measures 采取补救措施 ‖ **re'me·di·al·ly** *adv.*

rem·e·dy /'remidi/ **I** *n.* [C] ❶医药,药品;药方;治疗(法):*remedies* for headache 头痛药 ❷补救法;纠正法:Oil is the *remedy* for strident hinges. 铰链发出刺耳声音时,上点油就会好的。**II** *vt.* ❶医治;救治:*remedy* an illness 治病 ❷补救;纠正:*remedy* a mistake 纠正错误

re·mem·ber /ri'membə/ *vt.* ❶记得;回忆起:She couldn't *remember* her old phone number. 她不记得以前的电话号码了。❷记住;铭记:She *remembered* to bring her umbrella. 她记得要带伞。❸记起,想起:I just *remembered* our date. 我才想起来我们的约会。❹代…问好(或致意,致谢)(*to*):*Remember* me *to* your mother. 代我向你母亲问好。

☆ **remember**,**recall**,**recollect**,**remind**,**reminisce** 均有"回想,想起"之意。**remember** 为普通用词,指自觉或不自觉地回忆,常指曾经知道或经历过的事情仍然栩栩如生地保留在脑海中:I can still *remember* every detail in my old dormitory room at school. (我现在依然记得在校时寝室里的点点滴滴。) **recall** 比 remember 正式,常指自觉而用心地追忆被遗忘的过去,既适用于独自默想,也适用于用言语告诉他人:He *recalled* his last evening with his fiancée. (他想起了与未婚妻一起度过的最后一个夜晚。) 该词也

可表示与往事相似的某一外界事物或情景激起内心强烈的感触并唤起对往事的回忆或联想：a view that *recalled* to John the fishing village（能使约翰想起那个渔村的景色）**recollect** 与 remember，recall 意义相近，但强调努力把模糊记得的或记不完全的细节拼凑成完整的回忆：He began to *recollect* those battles he had witnessed.（他开始回忆自己经历的那些战役。）**remind** 指某事情或某事物令人对往事产生回想或从旁提醒某人做某事情：He *reminded* me of my promise.（他提醒我曾许下的诺言。）该词与 recall 的区别在于当主语是回想的主体时，要接反身代词：He *reminded* himself that he had made an appointment for eight o'clock.（他想起他在 8 点钟有个约会。）**reminisce** 多用作不及物动词，强调回忆的过程，现常表示追忆、缅怀：The two old friends were *reminiscing* about their youth.（这两个老友在回忆他们年轻时的情景。）

re·mind /rɪˈmaɪnd/ *vt.* ❶提醒：Please *remind* me to post the letters. 请提醒我把这些信寄走。❷使想起，使记起(*of*)：She *reminds* me *of* her mother. 她使我想起她母亲。‖ re'mind·er *n.* [C]

rem·i·nisce /ˌremɪˈnɪs/ *vi.* 追忆；缅怀往事；怀旧；叙旧：*reminisce* about the golden days 回忆以前的黄金时光

rem·i·nis·cence /ˌremɪˈnɪsⁿs/ *n.* ❶[U]追忆；回忆；怀旧；怀念：through the eye of *reminiscence* 在回忆里 ❷[C]记起的经历；往事，旧事：a series of fragmentary *reminiscences* 一系列回忆片段

re·miss /rɪˈmɪs/ *adj.* [作表语]玩忽职守的，失职的；疏忽的：It was *remiss* of you to forget to bring your textbook. 你忘带课本来上课，真是粗心。

re·mis·sion /rɪˈmɪʃⁿn/ *n.* ❶[U]汇款，寄钱 ❷[C;U](罪行等的)宽恕，赦免：*Remissions* for the murderers are illegal. 对谋杀犯的赦免不合法。❸[C;U]减刑：the *remission* of sentence 减刑 ❹[U](疾病的)缓解，好转；[C](疾病的)好转期：There may be *remissions* of tumour growth. 肿瘤的增长也许有

些减缓。

re·mit /rɪˈmɪt/ *vt.* (**-mit·ted;-mit·ting**) 汇寄(钱或支票等)，汇(款)：Please *remit* balance due us. 请将欠我方的余款汇来。

rem·nant /ˈremnⁿnt/ *n.* [C] ❶剩余(物)；残余(物)；遗留物：a defeated *remnant* 残兵败将 ❷遗存，遗迹；遗风(*of*)：*remnants of* the city's glory 这座城市昔日繁荣的遗迹

re·morse·less /rɪˈmɔːslɪs/ *adj.* ❶毫无悔意的，不懊悔的 ❷持续的，不间断的：the *remorseless* pressure of recession and financial constraint 长期遭受的经济衰退和金融紧缩 ❸无情的，残忍的：a *remorseless* attack 猛烈的进攻 ‖ re'morse·less·ly *adv.*

re·mote /rɪˈməʊt/ *adj.* ❶(时间或空间)远的，久远的；遥远的：the *remote* future 遥远的将来 ❷偏远的，偏僻的，边远的：a *remote* farm 偏远的农场 ‖ re'mote·ness *n.* [U]

re·mov·al /rɪˈmuːvⁿl/ *n.* [U] ❶消除；清除，去除；拆除；拆卸：the *removal* of contamination 清除杂质 ❷搬移，搬动；移动；调动：one's *removal* abroad 移居国外 ❸罢免，免职，解职，开除：the *removal* of sb. from office 免去某人的职务

re·move /rɪˈmuːv/ *vt.* ❶拿走；移开，挪开：*remove* the desk to the next room 将桌子搬到隔壁房间 ❷脱去(衣服或鞋帽)；摘掉(眼镜等)：*removed* one's hat 脱下帽子 ❸开除；免去…的职务，罢免：*remove* sb. from his job 开除某人 ‖ re'mov·a·ble *adj.*

re·moved /rɪˈmuːvd/ *adj.* ❶[作表语]远离的，遥远的 ❷[作表语]差别巨大的：Her policies are far *removed* from mine. 她的政策与我的政策大不一样。❸[用于名词后](尤指表亲间)远房的，隔好几代的：a first cousin *removed* 堂(或表)兄弟姐妹的子女

ren·der /ˈrendə⁰/ *vt.* ❶使变得；使成为：The blow to the head *rendered* him unconscious. 头部遭受的重击使他失去了知觉。❷给予；提供(帮助或服务等)：You did *render* a valuable service to me. 你真是给我帮了大忙。

re·new /rɪˈnjuː/ *vt.* ❶重新开始；重新建立(友谊、联系等)：She *renewed* the acquaint-

R

ance of Mr. and Mrs. Greene. 她跟格林夫妇重修旧好。❷使延期；延长(执照、订单、租赁合同等)的有效期：*renew* a library book 延长图书馆书籍的借期 ❸再次做，再次进行：The army *renewed* its attacks. 部队再次发动进攻。❹重申，重述：*renew* the demands for a tax cut 重申减税的要求 ❺恢复(体力、青春等)：*renew* one's spirits 恢复精力 ❻使恢复原先的状态，使复原：We need to *renew* our resources. 我们要使我们的资源恢复到原有的状态。‖ re'new·a·ble *adj.*

re·nounce /ri'nauns/ *vt.* ❶声明放弃(要求、权利、财产等)；抛弃，摒弃(习惯等)：*renounce* one's claim to the throne 放弃王位继承权 ❷宣布与…断绝往来；抛弃：The arrogant man has *renounced* all his former friends. 那个傲慢的男子已宣布与以前所有的朋友断绝关系。

ren·o·vate /'renəˌveit/ *vt.* 翻新；刷新；修缮；修复：*renovate* a house 将房子修缮一新 ‖ ren·o·va·tion /ˌrenə'veiʃn/ *n.* [C；U]—'ren·o·va·tor *n.* [C]

rent /rent/ I *n.* [U；C]租金；地租；房租：put up the *rent* 提高租金 II *vt.* ❶租借，租用：All of them simply *rent* studio space *from* him. 他们大家都向他租工作室。❷将…出租；把…租给：She *rented* me the apartment. 她把这套房子租给了我。‖ 'rent·er *n.* [C]

rent·al /'rent°l/ *n.* [C] ❶租金，租赁费：*rentals* for housing 房租 ❷出租；租借，租用；租赁 ❸出租物；出租房；出租车

re·pair /ri'peə/ I *vt.* ❶修补，修理；修缮：*repair* a TV 修理电视机 ❷弥补；补救；补偿；纠正(错误、失误等)：I could not *repair* the injuries I had done. 我无法弥补我造成的伤害。II *n.* ❶[U；C]修补，修理；修整；修缮：The brakes need *repairs*. 刹车需要修一修了。❷[U]维修状况；保养状况：Some roads are in a disgraceful state of *repair*. 有些路急需修缮。‖ re'pair·a·ble *adj.*

re·pay /ri:'pei/ (-paid /-'peid/) *vt.* ❶付还；偿还；还(钱)：*Repay* him his money. 把他的钱还给他。❷回报；回敬：*repay* a com-

pliment with a smile 对别人的恭维报以一笑 ‖ re'pay·a·ble *adj.* —re'pay·ment *n.* [U；C]

re·peal /ri'pi:l/ *vt.* 取消，撤销，废除(法律或议会法令等)：*repeal* a federal law 废除一项联邦法律

re·peat /ri'pi:t/ *vt.* ❶重说；重做：I *repeat* what I said. 我还是那句话。❷复述：She tries to *repeat* what she has read. 她试图复述所读的内容。❸转述；将…告诉别人，跟别人讲述：Don't *repeat* what I've told you. 不要把我跟你讲的话告诉别人。‖ re'peat·er *n.* [C]

re·peat·ed /ri'pi:tid/ *adj.* [无比较级][作定语]重复的，反复的，再三的：*repeated* attempts 不断的努力 ‖ re'peat·ed·ly *adv.*

re·pel /ri'pel/ (-pelled；-pel·ling) *vt.* ❶击退；逐退：The army *repelled* the invaders. 部队击退了入侵者。❷与…不相融：Water and oil *repel* each other. 油水不相融。❸使厌恶，使反感：She felt that her attitude *repelled* him. 她感到自己的态度令他反感。

re·pent /ri'pent/ *vi.* 后悔，懊悔：*repent* of one's rudeness 对自己的粗暴行为感到后悔 ‖ re'pent·ance *n.* [U]—re'pen·tant *adj.*

rep·e·ti·tion /ˌrepi'tiʃn/ *n.* [U；C]重复，反复；重说；重做；重演：*repetition* of the word being stressed 强调词的重复

rep·e·ti·tious /ˌrepi'tiʃəs/ *adj.* (尤指不必要或令人生厌地)重复的；反复的：This dispute has become somewhat *repetitious*. 这一争论已变得有些老生常谈了。

re·pet·i·tive /ri'petitiv/ *adj.* 重复的；反复的：a *repetitive* speech 内容重复的演说

re·place /ri'pleis/ *vt.* ❶接替，接任；取代：In offices, typewriters have been *replaced* by computers. 在办公室里，打字机已为计算机所替代。❷替换，更换，调换(*with，by*)：*replace* a broken dish 更换一只破碟子 ❸把…放回原处，使复位：The book should be *replaced* on the shelf. 应把书重新放回书架上。‖ re'place·a·ble *adj.*

☆**replace，displace，supersede，supplant** 均有

"替代"之意。**replace** 为口语化用词，可指任何形式的代替，尤指用新的代替旧的、用坏的、丢失的或不喜欢的等：*replace the amber necklace with a string of pearls* (用珍珠链子替换琥珀项链) **displace** 表示将某人或某事物挤掉或强行替代：Many of the inhabitants were *displaced* by the rising flood-waters. (许多居民被汹涌的洪水冲走了。) **supersede** 为最正式用词，常指直接或间接地使某一事物变得陈旧、落后从而取代之：The new edition *supersedes* all previous ones. (新的版本替代了所有的旧版本。) **supplant** 原意为使跌倒或推翻，表示用阴谋诡计来篡夺或剥夺，有时也指一般意义上的取代：The party leader has been *supplanted* by his rival. (政党领袖已被其对手取而代之。)

re·place·ment /ri'pleism°nt/ *n.* ❶[U]接替；代替；取代：the *replacement* of paper and pencils with [by] computers 计算机取代纸和笔 ❷[C]取代者；接替者；代替者，代替物：He's Mr. Brown's *replacement*. 他是来接替布朗先生的。

re·play I /ri:'plei/ *vt.* ❶重放(电影、录音等) ❷重演；重奏 II /'ri:plei/ *n.* [C] ❶(录音等的)重播；(电影、录像等的)重放 ❷重赛 ❸重演；重奏

re·plete /ri'pli:t/ *adj.* [无比较级][作表语] ❶充满的；装满的(with)：an evening *replete with* excitement 充满兴奋的夜晚 ❷吃饱的，塞饱的 ‖ **re'ple·tion** /-'pli:ʃ°n/ *n.* [U]

rep·li·ca /'replikə/ *n.* [C](艺术品等的)复制品；临摹品：a human-sized *replica* of the Statue of Liberty 真人大小的自由女神像复制品

rep·li·cate /'replikeit/ *v.* ❶重复做；反复做：*replicate* a chemical experiment 重复做一个化学实验 ❷复制：The virus can *replicate* itself. 这种病毒可以自我复制。

rep·li·ca·tion /ˌrepli'keiʃ°n/ *n.* ❶[C]复制品，复制物 ❷[U]复制；复印 ❸[U]重复；反复 ❹[U]重复实验，重现实验

re·ply /ri'plai/ I *v.* ❶回答；答复，回复(to)：*reply* to a question 回答问题 ❷(以动作作)出反应；回击，回敬(to)：She *replied to* his threats by going to the police. 受到了他的威胁后，她去警察局告了他。 II *n.* [C] ❶答复，回答：We anticipate receiving you early *reply*. 盼早复。 ❷(以动作作出的)回应；回击：This is a *reply* from him to their criticisms. 这是他对他们非难的回击。

re·port /ri'pɔːt/ I *n.* [C] ❶报告；正式记录：a *report* of investigation 调查报告 ❷报道，通讯：the weather *report* 天气报告 II *v.* ❶报告，汇报：The credit cards have been *reported* missing. 这些信用卡已报失。 ❷宣布；宣告：I am happy to *report* a profit for the year. 我高兴地来宣布本年度的收益情况。 ❸告发，揭发，举报：I shall *report* your taking bribes. 我要告你受贿。 ❹报道；写有关…的报道：*report* an aircraft missing 报道一起飞机失踪事件

re·port·er /ri'pɔːtə'/ *n.* [C] ❶报告人，汇报人 ❷记者；通讯员；新闻广播员：a TV *reporter* 电视播音员

rep·re·sent /ˌrepri'zent/ *vt.* ❶象征；代表：Words *represent* ideas of things. 词语表示事物的概念。 ❷代替；作…的代表：The prime minister may *represent* the president at the ceremony. 总理将代替总统参加典礼。 ❸假扮，假装：He *represented* himself as an expert in English literature. 他自诩为英国文学专家。 ❹等于，相当于：The achievement *represents* the efforts of all the members in the team. 成就是小组所有成员共同努力的结果。

rep·re·sen·ta·tion /ˌreprizen'teiʃ°n,-z°n-/ ❶[U]象征；代表：Symbols have become the dominant form of *representation* in modern society. 符号已成为现代社会中的主要象征形式。 ❷[C]画像；雕塑；图画；画像；雕像；塑像：a life-size *representation* of the mayor 这位市长的全身塑像 ❸[常作～s]陈述；说明：make strong *representations* 强烈声言 ‖ **rep·re·sen'ta·tion·al** *adj.*

rep·re·sent·a·tive /ˌrepri'zentətiv/ I *n.* [C] ❶代表；代理人：a *representative* by special invitation 特邀代表 ❷代表物，具代

表性的东西 II *adj.* ❶代表的；代理的；由代表组成的：a *representative* group 代表团 ❷[无比较级][作定语]代表制的，代议制的：a *representative* government 代议制政府 ❸代表性的，典型的：Is this painting *representative* of your work? 这幅画是不是你的代表作？

re·press /ri'pres/ *vt.* ❶抑制，控制（感情等）：*repressed* one's anger 强压怒气 ❷压制；制止：This UN resolution banned him from *repressing* his people. 联合国的该项决议严禁他镇压其人民。‖ **re·pres·sion** /-'preʃ°n/ *n.* [U]—**re'pres·sive** *adj.*

rep·ri·mand I /'repriˌmɑːnd; -ˌmænd/ *n.* [C]（尤指对下属等的）斥责，申斥，训斥；责难，谴责（*for*）：The teacher gave the boy a stern *reprimand for* playing truant. 老师狠狠地训斥了逃学的男孩。II /'repriˌmɑːnd, ˌrepri'mɑːnd; -ˌmænd/ *vt.* 斥责，申斥，训斥；责难，谴责：She was *reprimanded* by her boss for her neglect of duty. 她因玩忽职守挨了老板的训斥。

re·pris·al /ri'praiz°l/ *n.* [C;U]报仇，复仇；报复性行为：action taken in *reprisal* 报复行为

re·proach /ri'prəutʃ/ I *vt.* 责备；指责；斥责，申斥；谴责；非难：She had not even *reproached* him for breaking his promise. 她甚至对他的不守信用未加指责。II *n.* ❶[U]指摘；斥责，申斥；责备，责怪：He looked at her with *reproach*. 他满眼责备地看着她。❷[C]责备的话：My words sounded to her like a *reproach*. 我的话在她看来像是在责备她。‖ **re'proach·ful** *adj.*—**re'proach·ful·ly** *adv.*

re·pro·duce /ˌriːprə'djuːs/ *vt.* ❶复制（图画、书本等）；仿制，模仿，模拟：*reproduce* an article 复印文章 ❷使复现；使再现，使重现：*reproduce* an experiment 重做实验 ❸[~ oneself]【生】生殖，繁殖，再生：Some animals *reproduce themselves* by laying eggs. 有些动物通过卵生繁殖。‖ ˌre·pro'duc·i·ble *adj.*—re·pro·duc·tive /-'dʌktiv/ *adj.*

re·pro·duc·tion /ˌriːprə'dʌkʃ°n/ *n.* ❶[U]复制；复写；仿制；模仿，模拟：masterful *reproduction* of the colloquial speech of the native South 对南方方言的高超模仿 ❷[U]【生】繁殖，繁衍；生育：sexual *reproduction* 有性繁殖 ❸[C]（尤指艺术品的）复制品；模仿品，仿制物：a *reproduction* of an American primitive painting 美国原始绘画的复制品

re·proof /ri'pruːf/ *n.* [U]指责，斥责；谴责；非难：He suffered in silence without a word of *reproof* to his wife. 他默默地忍受，对妻子没有一句责备的话语。

re·prove /ri'pruːv/ *vt.* 责备，责骂，指责：His father *reproved* him for his idleness. 他因无所事事而被其父责骂。‖ **re'prov·ing·ly** *adv.*

rep·tile /'reptil, -tail/ *n.* [C]【动】爬行动物 ‖ **rep·til·i·an** /rep'tili°n/ *adj.*

re·pub·lic /ri'pʌblik/ *n.* [C]共和国：Ukraine was a *republic* of the former Soviet Union. 乌克兰曾是苏联的加盟共和国。

re·pub·li·can /ri'pʌblik°n/ I *adj.* [无比较级]共和国的；共和政体的：a *republican* system of government 共和政体 II *n.* [C] ❶共和主义者；拥护共和政体者 ❷[R-]共和党党员 ‖ **re'pub·li·can·ism** /-ˌiz°m/ *n.* [U]

re·pu·di·ate /ri'pjuːdiˌeit/ *vt.* ❶拒绝承认（权威等）；拒绝遵守（条约等）：*repudiate* a treaty 拒绝履行一项条约 ❷与…断绝来往；声明与…脱离关系：The old man *repudiated* the daughter who insisted on marrying a poor young man. 那位老人宣布与坚持嫁给穷小子的女儿脱离关系。❸否认，否定：*repudiate* an accusation 拒绝一项指控 ‖ **re·pu·di·a·tion** /riˌpjuːdi'eiʃ°n/ *n.* [U]

re·pulse /ri'pʌls/ *vt.* ❶击退，驱退，赶走：The enemy was *repulsed*. 敌人被击退了。❷拒绝，回绝：They coldly *repulsed* our offers of friendship. 他们冷淡地拒绝了我们友爱的表示。❸使反感；使厌恶：Your falseness only *repulses* your friends. 你的虚

伪只会令你的朋友们反感你。

re·pul·sive /ri'pʌlsiv/ *adj.* ❶令人讨厌的；使人反感的：The title is rather *repulsive*. 这个标题很令人反感。❷[无比较级]【物】推斥的，排斥的：*repulsive* interaction 相斥作用 ‖ **re'pul·sive·ly** *adv.* —**re'pul·sive·ness** *n.* [U]

rep·u·ta·ble /'repjutəb°l/ *adj.* 声誉好的，受好评的；值得尊敬的：a *reputable* occupation 受人尊敬的职业 ‖ **rep·u·ta·bil·i·ty** /ˌrepjutə'biliti/ *n.* [U]—**'rep·u·ta·bly** *adv.*

rep·u·ta·tion /ˌrepju'teiʃ°n/ *n.* [C] ❶名气；名声：He always enjoys a *reputation* as tough and shrewd. 他素有精明强硬之名声。❷好名声，美名；声誉，声望：Barron has a *reputation* for being noble and valiant. 巴伦高尚与勇敢的美名远扬。

re·pute /ri'pjuːt/ *n.* [U] ❶名气；名声：persons of good *repute* 有名气的人 ❷好名声，美名；声誉，声望：a man of high *repute* and good character 德高望重的人

re·put·ed /ri'pjuːtid/ *adj.* [无比较级][作定语]普遍认为的，公认的：the *reputed* discoverer of the new continent 公认的新大陆发现者 ‖ **re'put·ed·ly** *adv.*

re·quest /ri'kwest/ I *n.* [C] ❶要求；请求：accede to a *request* 答应一项要求 ❷要求的东西，需要得到的东西 II *vt.* 要求；请求：I *requested* to be excused. 我希望得到原谅。

re·quire /ri'kwaiə'/ *v.* [不用进行时态] ❶需要：This work *required* great patience. 这项工作需要极大的耐心。❷命令，指示；要求：She would be *required* to return to complete her testimony. 她被命令回来作完证词。 ‖ **re'quire·ment** *n.* [C]

req·ui·site /'rekwizit/ I *adj.* [无比较级][作定语]必需的，必要的，必不可少的：*requisite* documents 必备文件 II *n.* [C]必需品；必要条件；要素：the primary *requisite* of language 语言最基本的的要素

req·ui·si·tion /ˌrekwi'ziʃ°n/ I *n.* [C] ❶要求，请求 ❷申请书：a *requisition* for payment 付款申请书 II *vt.* ❶要求；申请：Our

records of files *requisitioned* for John are incomplete. 我们没有关于约翰的完整档案记录。❷征购；征用：*requisition* by purchase 征购

res·cue /'reskjuː/ I *vt.* 援救，营救；解救，搭救：*rescue* hostages 营救人质 II *n.* [C]救援，营救；解救，搭救：come to sb.'s *rescue* [the *rescue* of sb.] 解救某人 ‖ **'res·cu·er** *n.* [C]

☆ **rescue, deliver, ransom, redeem, save** 均有"营救，救出"之意。**rescue** 指采取迅速、果断的行动来营救或援救濒临危险或灭亡的人或事物：brave firemen *rescuing* people from a burning house（从熊熊燃烧的房子中救人的勇敢的消防队员）**deliver** 为正式用词，常指把某人从监禁、奴役、苦难、诱惑等中解救出来：They prayed to us to *deliver* them from danger.（他们祈求我们让他们脱离危险。）**ransom** 尤指根据要求用钱来赎救或赎回被绑架或被俘虏的人，使其获得释放：They are willing to pay any price to *ransom* their son.（他们愿意以任何代价赎回儿子。）**redeem** 用于人时指用金钱来解救以使其脱离被奴役状态，用于物时指赎回：*redeem* prisoner（解救囚犯）/ I *redeemed* my watch from the pawnshop.（我把表从当铺赎了回来。）**save** 为最普通用词，含义和使用范围都很广，可替代上述各词，既可表示抢救某人或某物使其免遭危险、伤害或灭亡，也可指采取措施或办法来保护人或物：The surgeons fought to *save* her life.（外科医生想尽一切办法挽救她的生命。）

re·search /ri'səːtʃ,'riːsəːtʃ/ I *n.* ❶[U]研究；调查；考察：conduct *research* on international relations 进行国际关系研究 ❷[常作～es]研究工作，学术研究；调查工作：the most recent *researches* in linguistics 语言学方面最新的研究 II *v.* 研究；调查：He *researched* the subject. 他研究过这一课题。 ‖ **re'search·er** *n.* [C]

re·sem·ble /ri'zemb°l/ *vt.* [不用进行时态]与…相似（或相像）；类似于：All happy families *resemble* one another. 幸福的家庭大多相似。 ‖ **re·sem·blance** *n.*

R

re·sent /rɪˈzent/ *vt.* 憎恨，怨恨；对…不满：He *resented* being seen as a moneyed idler. 他讨厌被人看作有钱的浪荡子

re·sent·ful /rɪˈzentfʊl/ *adj.* 感到怨恨的；充满怨恨的；憎恨的：He felt acutely *resentful*. 他愤愤不平。‖ **reˈsent·ful·ly** *adv.*

re·sent·ment /rɪˈzentmənt/ *n.* ［U；C］怨恨；愤恨，愤慨：His face hardened with *resentment*. 他气得紧绷着脸。

res·er·va·tion /ˌrezəˈveɪʃ³n/ *n.* ❶［U；C］保留；保留意见；保留态度：I accept what he says, but with some *reservations*. 我同意他说的，但持保留意见。❷［C］预订，预留；预约；预订的房间（或座位等）：make advance *reservations* 预订

re·serve /rɪˈzəːv/ **I** *vt.* ❶保存，贮藏，储备；保留：He *reserved* the comment. 他保留评论的权利。❷预订，预约：*reserve* a room 预订房间 ❸特意留下，专门保留：*reserve* seats for the elderly 专为长者保留座位 **II** *n.* ❶［C］【经】（黄金或外汇等的）储备金；准备金：foreign currency *reserves* 外汇储备 ❷［C］储备物，贮存物；备用物：energy *reserves* 能量储备 ❸［C］保留地；保护区：wildlife *reserves* 野生动植物保护区 ❹［～s］后备役部队，预备队

re·served /rɪˈzəːvd/ *adj.* ❶［无比较级］预备的，预留的；用作储备的；留作专用的：*reserved* energy 备用能 ❷矜持的；含蓄的；缄默的，寡言的：His public persona was grim and *reserved*. 他在公众场合给人的印象冷峻而矜持。‖ **reˈserved·ly** /-vɪdli/ *adv.*

res·er·voir /ˈrezəˌvwɑːr/ *n.* ［C］❶水库；注水池，蓄水池：the 1,200 acre *reservoir* 1 200 英亩的水库 ❷储藏所，仓库 ❸蓄积，储藏；〈喻〉宝库：a *reservoir* of wisdom 智慧的宝库

re·set /riːˈset/ *v.* (-set;-set·ting) ❶重新安放，重置 ❷重新设定；重调（钟、表等）

re·side /rɪˈzaɪd/ *vi.* ❶居住，定居：The guests *resided* at Hilton Hotel. 来宾们下榻于希尔顿饭店。❷［不用进行时态］（权利或权力等）属于，归属（*in*）：The right to interpret *resides in* the company. 解释权归公司。

res·i·dence /ˈrezɪd³ns/ *n.* ❶［C］住宅，住房，住所，住处：the Prime Minister's official *residence* 首相的官邸 ❷［U］居住；定居；居留：a certificate of *residence* 居住证 ❸［U］合法居住资格

res·i·den·cy /ˈrezɪd³nsi/ *n.* ❶［U］居住；定居 ❷［U;C］（一般住院实习期满后的）高级专科住院实习

res·i·dent /ˈrezɪd³nt/ *n.* ［C］居民；定居者：a foreign *resident* 外国侨民

res·i·den·tial /ˌrezɪˈdenʃ³l/ *adj.* ［无比较级］［作定语］❶居住的；住所的，住房的：locate in a *residential* district 位于住宅区 ❷适于居住的；用于住宅：*residential* zoning 住宅区

re·sign /rɪˈzaɪn/ *vt.* ❶辞去（工作、职务等）：He *resigned* directorship because of severe illness. 他因病情严重而辞去董事职务。❷放弃（希望等）；摒弃（权利）：*resigned* one's hope 放弃希望 / *resign* one's right 放弃权利 ❸［常作～oneself］使屈从，使顺从(*to*)：She *resigned herself* contentedly *to* old age. 她乐天知命，安心养老。

res·ig·na·tion /ˌrezɪgˈneɪʃ³n/ *n.* ❶［C］辞职，退职：one's *resignation* from the office 辞职 ❷［C］辞呈，辞职报告：submit one's *resignation* 递交辞呈 ❸［U］（对命运等的）屈服，屈从，顺从：*resignation* to inevitable evils 逆来顺受

re·signed /rɪˈzaɪnd/ *adj.* 屈从的，顺从的，听从的：He has become *resigned to* the circumstances. 他已安于这种境况了。‖ **reˈsign·ed·ly** /-nɪdli/ *adv.*

re·sist /rɪˈzɪst/ *v.* ❶抵抗；抵挡，抵御；抵御进攻 ❷抗，耐，防：*resist* acid 耐酸 ❸抵拒（诱惑等）；忍住，按捺住：Succulent peaches are hard to *resist*. 多汁的桃子使人忍不住想吃。

re·sist·ance /rɪˈzɪst³ns/ *n.* ［U］❶抵抗，抵御；反抗：They made no much *resistance* to the enemy's advance. 他们对敌人的进攻未

做抵抗。❷阻力；反作用力：*resistance* to air flow 气流阻力

re·sis·tant /ri'zist°nt/ *adj.* 抵抗的，反抗的：Many of them are *resistant* to new ideas. 他们中有很多人抵制新思想。

res·o·lute /'rezəl'uːt/ *adj.* 坚定的，坚决的，果敢的：Emily was *resolute* in breaking up with him. 埃米莉铁了心要跟他一刀两断。 || **'res·o·lute·ly** *adv.*

res·o·lu·tion /ˌrezə'luːʃ°n/ *n.* ❶[C]（会议等的）正式决定；决议：adopt [pass] a *resolution* 采纳[通过]一项决议 ❷[C]决心；决意做的事情：He lacks the *resolution* to give up smoking. 他缺乏戒烟的决心。 ❸[U]坚决；坚定；果断，刚毅：a man of *resolution* 刚毅的男子 ❹[U；C]（问题或困难等的）解决；解除：the *resolution* of puzzles 困惑的解除

re·solve /ri'zɔlv/ I *vt.* ❶决心，决定，决意去做：I *resolved* to keep my mouth shut. 我决心严守秘密。❷（会议等）作出…的决议，正式决定：The assembly *resolved* that a special team （should）be established to deal with this issue. 大会正式决定成立一个特别小组来处理这一问题。II *n.* ❶[C]决心；决定：make a *resolve* to do sth. 决定做某事 ❷[U]坚决；坚毅 || **re'solv·a·ble** *adj.*

re·solved /ri'zɔlvd/ *adj.* 决意的，坚定的：He was *resolved* to do it by himself. 他决意独自去做这件事。

res·o·nate /'rezəneit/ *vi.* 回响；回荡：His good name will *resonate* through ages. 他将名扬千古。

re·sort /ri'zɔːt/ I *n.* ❶[C]旅游（或度假）胜地：a beach *resort* 海滨胜地 ❷[U]求助；凭借：I need your help, you're my last *resort*. 我需要你的帮助，只有你能帮了我。II *vi.* 求助；凭借（to）：*resort to* violence 诉诸武力

re·sound /ri'zaund/ *vi.* ❶ 回荡；回响（with）：The valley *resounded with* howls of wolfs. 狼嚎声在山谷中回荡。❷鸣响；发出响声：The cheers *resounded* through the room. 欢呼声响彻这间屋子。

re·sound·ing /ri'zaundiŋ/ *adj.* 〔作定语〕 ❶[无比较级]共鸣的；回声的，回响的：a *resounding* cheer 回荡的欢呼声 ❷巨大的：a *resounding* defeat 惨败 || **re'sound·ing·ly** *adv.*

re·source /'risɔːs,-zɔːs, ri'sɔːs,-'zɔːs/ *n.* ❶[C]（尤指用作储备的）财富：She is an important *resource* in the college because she knows how to solve many different problems. 她是该大学的重要财富，因为她知道如何解决很多不同的难题。❷[C]资源：natural *resources* 自然资源

re·spect /ri'spekt/ I *n.* ❶[C]方面；着眼点：His failure in this *respect* did not embitter him. 他在这一方面的失败没使他感到过。❷[U]尊重，尊敬，敬重：hold sb. in *respect* 敬重某人 ❸[常作～s]问候；敬意：Give my *respects* to your father. 请代我向你父亲问候。II *vt.* 尊敬，敬重：He was widely *respected* for his humbleness, loyalty and kindness. 他因谦逊、忠诚和善良受到广泛尊敬。

re·spect·a·ble /ri'spektəb°l/ *adj.* ❶可敬的，值得尊重的；人格高尚的；值得重视的：Such remarks are considered *respectable*. 有人认为这种评论值得重视。❷过得去的，尚可的，还不错的：She provided *respectable* accommodation for visitors. 她为游客们提供的膳宿还不错。❸相当数量的，可观的；规模大的：a *respectable* turnout 相当大的产出 || **re·spect·a·bil·i·ty** /ˌrispektə'biliti/ *n.* [U]—**re'spect·a·bly** *adv.*

re·spect·ful /ri'spektf°l/ *adj.* 尊敬人的，有礼貌的：be *respectful* to elders 尊敬长者 || **re'spect·ful·ly** *adv.*

re·spec·tive /ri'spektiv/ *adj.* 〔无比较级〕各个的，各自的；分别的：Both partners valued their *respective* careers more than the marriage relationship. 双方较重视各自的事业，而不太重视他们的婚姻。

re·spec·tive·ly /ri'spektivli/ *adv.* 〔无比较级〕各个地，各自地；分别地：The husband and wife are *respectively* a lawyer and television presenter. 丈夫是律师，妻子是电视节目主持人。

res·pi·ra·tion /ˌrespiˈreiʃ³n/ *n.* [U]呼吸，吸气：artificial *respiration* 人工呼吸

re·spire /riˈspaiə²/ *vi.* ❶呼吸，吸气：Fish *respire* through gills. 鱼靠鳃呼吸。❷【生】(植物等)完成呼吸作用

res·pite /ˈrespit,-pait/ *n.* [C;U]❶暂停；暂缓：work without *respite* 一刻不停地工作❷(痛苦等的)暂时缓解；暂时解脱：The patient will have a *respite* from the pain after taking medicine. 病人服药后疼痛暂时会得到缓解。

re·spond /riˈspɔnd/ *vi.* ❶回答，答复：He didn't know how to *respond* to the question. 他不知如何来回答这个问题。❷响应，回应：Police *responded* with tear gas and clubs. 警察以催泪弹和棍棒还击。❸回报：*respond* instantly in kind 立即以牙还牙❹作出反应(to)：Nerves *respond to* a stimulus. 神经会对刺激物作出反应。

re·sponse /riˈspɔns/ *n.* ❶[C]回答；答复：make no *response* to sb.'s speech 对某人的讲话未做出任何反应❷[C;U]响应，回应：Her sullen beauty awoke no *response* in me. 对她阴郁的美我无动于衷。❸[C](对刺激物的)反应：the chimp's *response* to seeing the blue light flash 猩猩看见蓝灯闪烁后的反应

re·spon·si·bil·i·ty /riˌspɔnsiˈbiliti/ *n.* ❶[U]责任，负责：assume *responsibility for* an incident 对一起事故承担责任❷[C]职责；义务：Husband and wife should took *responsibility* for the care of young children and the home. 夫妻应该承担照顾小孩和家庭的义务。

re·spon·si·ble /riˈspɔnsəb³l/ *adj.* ❶[无比较级][作定语]应负责任的，有义务的：Nurses are *responsible* for giving each patient the medication specified by his doctor. 护士负责把医生开的药交给每一位病人。❷需负责任的：He's *responsible* for production. 他负责生产。❸[作表语]承担责任的，应受过的：Who is *responsible* for the mess? 谁应

为这混乱的局面负责？❹可信赖的，可靠的，可依赖的：make a *responsible* prediction 作出可信的预测 ‖ re'spon·si·bly *adv.*

☆**responsible,accountable,amenable,answerable,liable** 均有"承担责任的，应负责的"之意。**responsible** 为普通用词，使用范围很广，指应对某事担负责任或对某人履行义务的，有时也指尽到应尽的职责的：You can leave the children with him — he's very *responsible*. (你可以把孩子托付给他，他是个很负责的人。) **accountable** 尤指有效地履行职责的，并有义务对自己的行为作出说明、交代，强调如有失职则会受到惩处：He will be held *accountable* for anything he may say. (他要为他所说的话负责。) **amenable** 特指服从某一指定权威或上级机关，受其检查或控制：It is a dubious argument that high officials are not *amenable* to laws. (高官可不受法律约束，这一论点令人质疑。) **answerable** 常指对某种过失负道德或法律责任的：He is not *answerable* for the crimes of his parents. (他不应对他父母所犯的罪承担责任。) **liable** 表示万一出现差错或出现问题就应承担规定的义务或责任的，多用于赔偿或偿还金钱方面：He declared that he was not *liable* for his wife's debts. (他宣布他没有义务偿还他妻子的债务。)

rest¹ /rest/ I *n.* ❶[U]休息，歇息；睡眠 [C]休息时间；睡眠时间：take a *rest* 休息一会儿❷[U]安宁；安心：His words of comfort gave me no *rest*. 他安慰的话没能让我宽心。II *vi.* ❶休息；睡：She *rested* (for) a minute. 她小睡了一会儿。❷静止；停止：Let the matter *rest* here. 此事就到此为止吧。❸倚，躺；靠；搁；放：*rest* one's head in his hands 双手托着腮帮子

rest² /rest/ *n.* [the ～]❶[用作单]其他部分；剩余部分：The first part was easy while *the rest* was hard. 第一部分很容易，而其他部分则很难。❷[用作复]其他人：He remained aloof while all *the rest* were conversing. 其他人谈话时，他离得远远的。

res·tau·rant /ˈrest³r³nt,-tə,rɑnt,-trɑnt/ *n.* [C]餐馆，饭馆，菜馆，酒店，饭店：a fast-food *restaurant* 快餐馆

rest•ful /ˈrestfᵘl/ *adj.* ❶[无比较级]憩息的,休憩的:a *restful* time 休憩的时间 ❷安宁的,静谧的:It's *restful* sitting in the dark. 坐在黑暗中是很安宁的。‖ ˈ**rest•ful•ly** *adv.*

rest•less /ˈrestlis/ *adj.* ❶静不来的;好动的:The *restless* spirit is on me. 我充满好动的精神。❷(焦躁)不安的,心烦的,烦躁的:It is the quiet that makes me *restless*. 正是这静寂使我心神不定。❸不平息的,不平静的,不止息的:The last years of his brief life were *restless*. 他短促一生的最后几年萍踪无定。‖ ˈ**rest•less•ly** *adv.* —ˈ**rest•less•ness** *n.* [U]

res•to•ra•tion /ˌrestəˈreiʃᵊn/ *n.* ❶[U]整修,翻修,整新:the *restoration* of an old house to an elegant hotel 将一所老房子修葺成典雅的酒店 ❷[U]恢复;修复,复原:the *restoration* of law and order 恢复法律和秩序

re•store /riˈstɔːʳ/ *vt.* ❶恢复:*restore* order 恢复秩序 ❷修复,整修:*restore* a watercolour painting 修复一幅水彩画 ❸恢复(健康、体力等):be fully *restored* to health 完全康复 ❹使复位;把…放回原处;使复职:*restore* cups *to* the cupboard 将杯子放回橱柜里

re•strain /riˈstrein/ *vt.* ❶抑制,控制,克制(情绪等)(*from*):You must not *restrain* them of their liberty. 你不能限制他们的自由。❷限制;禁止:*restrain* import from certain countries 限制从某些国家进口物品

☆**restrain, bridle, check, curb** 均有"约束,控制"之意。**restrain** 为普通用词,指防止某事发生或将其置于控制之下,常指使用力量或权威等达到预期的目的:I had to *restrain* myself from telling him what I thought of him. (我得忍住不告诉他我对他的看法。) **bridle** 指像骑手勒马那样来驾驭某一事物,尤指控制人的强烈感情或欲望:She *bridled* the words on her lips. (她话到嘴边却忍住没说出来。) **check** 指像骑手握紧缰绳使马放慢速度那样减缓、阻止某一行动或进程:More police have been recruited in an attempt to *check* the increase in crime. (招募更多的警察旨在抑制犯罪率的升高。) **curb** 指像策马奔驰的骑手勒紧马衔索那样采取突然、猛烈的行动来控制某一事物:Children whose instincts are to rebel often get *curbed* by their teachers. (具有反叛本能的孩子们往往受到他们老师的管束。)

re•strained /riˈstreind/ *adj.* 克制的,受约束的

re•straint /riˈstreint/ *n.* ❶[U]限制,控制;约束:under no *restraint* 无所顾忌 ❷[C]限制措施;约束力:government spending *restraints* 政府支出限制措施

re•strict /riˈstrikt/ *vt.* 限制(活动空间、行为、数量等);限定,规定:While I'm driving, I *restricted* myself to one glass of beer. 开车时,我规定自己只能喝一杯啤酒。

re•stric•tion /riˈstrikʃᵊn/ *n.* ❶[C]限制条件,规定;限制物:There were too many *restrictions* on business. 贸易限制条款太多了。❷[U]限制,限定;约束:behave without *restriction* 恣意妄为

re•stric•tive /riˈstriktiv/ *adj.* 限制的,约束的:The project is not able to continue because of *restrictive* budget. 由于预算限制,该项目无法再继续下去。‖ **reˈstric•tive•ness** *n.* [U]

re•sult /riˈzʌlt/ I *vi.* ❶(因某种原因或条件等)发生,产生(*from*):What will *result from* his arrest? 他的被捕会带来什么样的结果? ❷导致(或造成)某种结果;产生某种作用(*in*):The quarrel *resulted in* his leaving the house. 他在争吵后离开了家。II *n.* [C] 结果,后果;成果,效果:bring about good *results* 产生良好的效果

re•sume¹ /riˈzʲuːm/ *vt.* ❶(中断后)重新开始,继续:His wife would soon *resume* her relationship with him. 他的妻子必定会很快同他言归于好。❷重新占用;重新得到:The boy *resumed* his seat. 小男孩重新回到了座位上。

☆**resume** 和 **continue** 均有"继续"之意。**resume** 特指某行为在中断或停顿后继续进行,亦可指重新占有原来拥有的东西,用于

R

正式场合：The former king *resumed* his power.（前国王重新掌权了。）**continue** 所指的继续，既可指无间断的持续，又可指中止或停顿后的继续进行：We will *continue* with our experiment until we find a solution.（我们将继续做实验，直到找到解决的方法。）

ré·su·mé,re·su·me² ,re·su·mé
/'rezju͵mei͵rezju'mei/ *n.* [C] ❶摘要，梗概：give a *résumé* of the meeting 做会议的纪要 ❷履历，个人简历：write a *résumé* 写简历

re·tail /'ri:teil/ I *n.* [U]零售，零卖：sell by *retail* 零售 II *v.* 零售，零卖：The equipment had been *retailing* for [at] $ 599. 这台设备的零售价为 599 美元。‖ **re'tail·er** *n.* [C]

re·tain /ri'tein/ *vt.* ❶保持，保留，保住：These peoples *retain* much of their traditional way of life. 这些民族仍保留着很多传统的生活方式。❷保存，使留住：clothing that *retains* its colour 不褪色的布料

re·tard /ri'tɑːd/ *vt.* 延缓（或阻碍、妨碍）…的发展（或进展）：Cold may *retard* the growth of bacteria. 寒冷可以延缓细菌的繁殖。‖ **re·tar·da·tion** /͵riːtɑː'deiʃ°n/ *n.* [U]

re·ten·tion /ri'tenʃ°n/ *n.* [U] ❶保持，保留，保住：the *retention* of English as the country's official language 保留英语作为官方语言 ❷记忆（力）：amazing powers of *retention* 令人惊异的记忆力

re·ten·tive /ri'tentiv/ *adj.* ❶保留的，保持的(of)：a *retentive* soil 能保持住水分的土壤 ❷(记忆)持久的；(人)记性好的，记忆力强的：have a *retentive* memory 过目不忘 ‖ **re'ten·tive·ness** *n.* [U]

ret·i·cent /'retis°nt/ *adj.* 沉默寡言的，缄默的：He was *reticent* about his private life. 他闭口不提自己的私生活。‖ **'ret·i·cence** *n.* [U]

re·tire /ri'taiə'/ *v.* ❶退出；引退，退隐，归隐：*retire* to one's study 回到自己的书房 ❷退休，退职；退役：*retire* from the army 退役

re·tire·ment /ri'taiəm°nt/ *n.* [U;C]退休，退职；退役：He earned a good pension during *retirement*. 他退休时得到的养老金十分可观。

re·tort /ri'tɔːt/ I *v.* 反驳，驳斥；回嘴：have no chance to *retort* 没有反驳的机会 II *n.* [C]反驳，驳斥；回嘴：She risked her *retort*. 她贸然进行反驳。

re·tract /ri'trækt/ *v.* 缩回，收回（爪子、舌头、触角等）：The snake can *retract* its fangs. 蛇可以缩回毒牙。

re·treat /ri'triːt/ I *n.* [C;U]撤退，后退：The troops made a *retreat*. 部队向后撤退了。II *vi.* ❶（尤指军队）撤退；后退：The enemy army was forced to *retreat*. 敌军被迫撤退。❷退避，躲避；退缩：*retreat* from one's responsibilities 逃避责任

re·trieve /ri'triːv/ *vt.* ❶收回，取回，拿回：*retrieve* the kite from the tree 从树上取回风筝 ❷【计】检索，查询：Now we use computers to store and *retrieve* information. 现在我们利用计算机储存和查询信息。

ret·ro·grade /'retrə͵greid/ *adj.* [无比较级]❶向后的，撤回的，后退的 ❷衰退的，衰败的；倒退的：The economic development is on a *retrograde* step. 经济发展出现了倒退。

ret·ro·spect /'retrə͵spekt/ *n.* [U]回顾，回忆，追忆，追溯 ‖ **ret·ro·spec·tion** /͵retrə'spekʃ°n/ *n.* [U]

ret·ro·spec·tive /͵retrə'spektiv/ *adj.* [无比较级]❶回顾的，回想的，(基于)回忆的：*retrospective* suggestion 回顾性建议 ❷往后看的；向后的，朝后的：a *retrospective* glimpse 向后的一瞥 ‖ **ret·ro'spec·tive·ly** *adv.*

re·turn /ri'tɜːn/ I *v.* ❶回来，归来，返回：She *returned* wearing a light olive skirt. 她穿着一条浅橄榄绿的裙子回来了。❷回到；回复；重提，重谈(to)：Things were *returning* to normal. 事情都已经恢复正常。II *n.* ❶[U]回来，返回；回家；还乡：The medalists in the Olympic Games had all been welcomed elaborately on their *return*. 奥运会奖牌获得者归来时受到了热烈的欢迎。❷[U]归还；送回，放回：require the *return* of illegally exported cultural relics 要求交还非法出境的文物 ❸[C]恢复，回复：the *return* of spring 春回大地 ❹[C]回报；回应：profits in *return* for outlay 投入所得到的回报

re·u·nion /ˌriːˈjuːnjən/ *n.* ❶[U]再会合；再联合；再统一 ❷[C](亲朋好友的)团圆，团聚；重聚：We have a family *reunion* in the Moon Festival last year. 去年中秋节我们一家团圆了。

re·u·nite /ˌriːjuːˈnait/ *v.* ❶(使)重新联合，(使)重新统一；(使)重新合并：*reunite* a divided country 使分裂的国家重新统一 ❷(使)团圆，(使)团聚；(使)重聚：*reunite* a divided family 破镜重圆

re·use /riːˈjuːz/ *vt.* 重新使用；重复使用，多次使用：Waste paper can be *reused* after chemical treatment. 废纸经过化学处理之后可重新使用。

re·veal /riˈviːl/ *vt.* ❶泄露，透露；揭露；使公布于众：The girl won't *reveal* the secrets easily. 那姑娘是决不会轻易地透露这些秘密的。❷使显露；展示，展现：The young man *revealed* the scar on his arm. 那青年露出手臂上的伤疤。

☆ **reveal, betray, disclose, divulge, tell** 均有"揭露，揭示"之意。**reveal** 指像揭去面纱或拉开帷幕那样将隐蔽的或隐藏的事物展示出来：Do you promise not to *reveal* my secret? (你是否答应替我保守秘密?) **betray** 指背信弃义地泄露秘密，语气比 divulge 强，也可表示不自觉地或无意识地显露或暴露：He *betrayed* the plans to enemy agents. (他把计划泄露给了敌人。) **disclose** 常指将先前严加保密的事情或信息披露出来、予以公开：Candidates must *disclose* their financial assets. (候选人必须公开他们的财产。) **divulge** 常指不正当或不守信用地揭露应该保密的事情，带有泄密的意思：Who *divulged* our plans to the press? (是谁把我们的计划透露给新闻界的?) **tell** 也可表示不守信用

地泄露秘密，但更多地用以表示透露一些必要的、有用的或他人要求的信息：John refused to *tell* me her name. (约翰不愿意告诉我她的名字。)

rev·el /ˈrevl/ *vi.* (-el(l)ed；-el·(l)ing) ❶陶醉，沉迷，着迷：Why do you *revel* in making trouble? 你为什么总是那么喜欢捣乱呢? ❷狂欢，作乐(*in*)：They were drinking and *revelling* all night. 他们饮酒作乐，彻夜狂欢。‖ **'rev·el·(l)er** *n.* [C]

rev·e·la·tion /ˌrevəˈleiʃn/ *n.* ❶[U]展示；揭露，泄露；(真相的)公开：All her attempts at *revelation* was thwarted. 她所有想表白的企图都被阻止了。❷[C]被揭露的真相(或内幕等)；被公开(或泄露)的秘密：I listened to his strange *revelations* about his past. 我听他透露他过去那些奇异的经历。

re·venge /riˈvendʒ/ **I** *vt.* ❶为…雪耻，替…报仇(*on, upon*)：He *revenged* his friend. 他替朋友报仇。❷因…而报仇；雪洗(耻辱等)：She resolved to *revenge* that insult. 她决意雪洗那次耻辱。**II** *n.* [U] 报复，复仇，雪耻：a bloody *revenge* 血腥的复仇 ‖ **re'venge·ful** *adj.*

rev·e·nue /ˈrevəˌnjuː/ *n.* [U；C] ❶(国家的)岁入；税收：sources of *revenue* 税收来源 ❷收益，收入：business *revenue* 企业收入

re·ver·ber·ate /riˈvəːbəˌreit/ *vi.* ❶(声音)回响，回荡：The voice of the girl is still *reverberating* in my ears. 那姑娘的声音仍在我耳边回荡。❷产生极大的影响，引起震动：These measures *reverberate* in the company. 这些举措在公司里反响强烈。

re·ver·ber·a·tion /riˌvəːbəˈreiʃn/ *n.* ❶[U；C]回响；回声：the acoustics of *reverberation* 回音的声学原理 ❷[C](因突然举动而产生的)极大的影响，震动：The assassination sent *reverberation* throughout the country. 暗杀事件在全国引起了震动。

re·vere /riˈviə/ *vt.* 尊敬；敬畏；崇拜；爱戴：He *revered* what he considered the best of Western traditions. 他崇敬他所认为的西方传统的精华。

☆**revere**, **adore**, **idolize**, **worship** 均有"尊敬、崇敬"之意。**revere** 强调怀有由衷的敬意和亲切温柔的感情,既可用于人,也可用于与之有关的事物: a professor *revered* by generations of students (受到历届学生爱戴的教授) **adore** 与 worship 的区别在于该词强调对神或上帝的崇拜或敬仰是一种个人崇拜而不是一种集体行为,该词也可指对某人的敬慕或对某一事物的强烈喜爱: People *adore* him for his noble character. (人们敬慕他是因为他品格高尚。) **idolize** 表示极度喜爱某人或某物以至将其当作偶像来崇拜: He *idolized* his father. (他非常崇拜自己的父亲。) **worship** 特指对神或上帝的崇拜或敬仰: Churches are buildings in which God is *worshipped*. (教堂是人们敬奉上帝的建筑物。) 该词也可用于普通场合,表示宠爱备至或过分盲目地崇拜: He *worshipped* his wife. (他对妻子宠爱有加。)

rev·er·ence /'revərəns/ *n.* [U]尊敬;敬畏;崇拜;爱戴: hear with becoming *reverence* 洗耳恭听

rev·er·ent /'revərənt/ *adj.* 恭敬的,谦恭的,虔诚的 ‖ **'rev·er·ent·ly** *adv.*

re·ver·sal /ri'vəsəl/ *n.* ❶[U]反向,倒转 ❷[C](财气、运气的)逆转,恶化;背运: That's a *reversal* of his usual position on relations with Iraq. 他在同伊拉克关系上所持的态度与平时截然不同。

re·verse /ri'vəs/ **I** *adj.* [无比较级][作定语] ❶倒置的,颠倒的,反向的;(顺序)逆的,倒的: arrange the names in *reverse* order 将名字按倒序排列 ❷背面朝上的,反面的: the *reverse* side of the coin 硬币的反面 **II** *n.* ❶[the ~]对立(面),相反情况: This was just *the reverse* of what I had anticipated. 这正出乎我的意料。❷[the ~]反面,背面: *the reverse* of the medal 奖牌的反面 **III** *vt.* ❶使相反,使反过来: He *reversed* the chairs so that they faced each other. 他把椅子反过来,这样他们面对着面。❷使后退,使朝反方向移动: *reverse* a car 倒车 ❸使反向,使成逆序: *reverse* a process 把过程颠倒过来 ❹使颠倒,使翻转: *reverse* the socks 把袜子翻过来 ‖ **re'vers·i·ble** *adj.*

☆**reverse**, **invert**, **transpose** 均有"颠倒"之意。**reverse** 为普通用词,可表示倒转方向、颠倒顺序或对换位置等: I *reversed* the car through the gate. (我将汽车倒入大门。) **invert** 常指上下倒置,有时也可表示内翻向外: The chairs are *inverted* on the table. (椅子倒放在桌子上。) **transpose** 常用以表示改变某一序列中组成部分的次序或位置: If you *transpose* the letters of "at" it reads "ta". (若把"at"中的字母位置倒过来就变成了"ta"。)

re·vert /ri'vət/ *vi.* ❶恢复原有的状态;恢复原先的做法(或习惯等)(to): He has *reverted* to drinking again. 他又开始喝酒了。❷回想;重提(to): *Reverting to* the earlier question, we didn't really reach a decision. 再看看先前的问题,实际上我们并没有作出决定。‖ **re'ver·sion** /ri'vəʒən/ *n.* [U]

re·view /ri'vju:/ **I** *n.* ❶[C](电影、书等的)评论(文章): The *reviews* on the new play were mixed. 对该新戏的评论各有褒贬。❷[C;U]复习,温习: make a quick *review* of one's notes before examination 在考试前快速复习笔记 ❸[C]回顾: a *review* of the previous work 对前期工作的回顾 **II** *vt.* ❶复习,温习: *review* one's lessons 复习功课 ❷审核,审查;检查: *review* the law on homo-sexuality 审查有关同性恋的法规 ❸评论,批评: He *reviews* plays for that magazine. 他为那家杂志写剧评。❹回顾: *review* the events of the day 回顾一天所发生的事情 ‖ **re'view·er** *n.* [C]

re·vise /ri'vaiz/ *vt.* ❶改变,更改(观点等): I *revised* my opinion about him when I saw his works. 我看了他的作品后改变了对他的看法。❷修订,修改;校正,勘校: *revise* a script 勘校脚本

re·vi·sion /ri'viʒən/ *n.* ❶[U;C]修改,修订;校正,勘校,审核: He made several *revisions* to his speech. 他多次修改自己的演讲稿。❷[C]修订本;订正版: publish a *revision* of the dictionary 出版该词典的修订版

re·viv·al /ri'vaiv°l/ *n.* ❶[U]复兴；再生；重新使用；再度流行：the *revival* of old customs 旧传统的再度盛行 ❷[U]苏醒；复活；复苏：stimulate an economic *revival* 刺激经济复苏

re·vive /ri'vaiv/ *v.* ❶复兴；再生；重新使用；再度流行：Her interest in piano *revived*. 她又对钢琴感兴趣了。❷复苏；苏醒；复活：The roses will *revive* in water. 那些玫瑰浇了水就会活过来。

re·volt /ri'vəult/ *vi.* ❶反叛，叛乱；造反，起义(*against*)：The farmers at last *revolted against* the feudalists. 农民们终于起来反抗封建主。❷厌恶，反感(*at*, *against*)：His heart *revolts against* killing animals. 他从心底厌恶杀生。

rev·o·lu·tion /ˌrevə'lʲuːʃ°n/ *n.* ❶[U；C]革命；革命运动：The country witnessed several *revolutions* in recent years. 该国在近几年经历了多次革命。❷[C]革命性剧变；大变革：the industrial *revolution* 工业革命 ‖ ˌrev·o'lu·tion·ist *n.* [C]

rev·o·lu·tion·a·ry /ˌrevə'lʲuːʃ°nˀri/ I *adj.* ❶[作定语]革命的：a *revolutionary* fighter 革命战士 ❷革命性的；巨大变革的：a *revolutionary* discovery 革命性的发现 II *n.* [C]革命者，革命党人；革命战士

re·volve /ri'vɔlv/ *v.* ❶绕轨道作圆周运行；【天】(天体)自转；公转：The moon *revolves* around the earth. 月球绕着地球转。❷绕轴(或中心)旋转，做圆周运动，转圈，环行：The wheel *revolved* quickly. 轮子快速转动着。❸围绕；以⋯为中心(*about*, *around*)：The discussion *revolved around* a new plan to increase profits. 整个讨论都围绕增加利润的新计划展开。

re·volv·er /ri'vɔlvəʳ/ *n.* [C]左轮手枪

re·ward /ri'wɔːd/ I *n.* ❶[C](抓获罪犯或归还失物等的)赏金，赏银：get a *reward* for capturing the escaped prisoner 因抓获逃犯而获得一笔奖金 ❷[C]报酬，酬金：offer a great *reward* to sb. 给予某人丰厚酬劳 ❸[U]报答，报偿：He had taken his *reward* in reading. 他在读书中大获裨益。II *vt.* 为⋯而奖励；酬谢(*for*, *with*)：My patience was *rewarded*. 我的耐心总算没有白费。

☆ **reward, award, premium, prize** 均有"报偿；奖赏"之意。**reward** 指因做了好的或有价值的事情而得到的报酬：He received a *reward* for saving the child. (他救了那个小孩，因此得到了一笔酬金。) **award** 与 **prize** 不同之处在于获奖者往往不是因为在严格意义上的比赛中获胜，而是因为其出色表现符合评奖条件而得奖，强调对奖励的评定及授予：The *award* for this year's best actress went to Meryl Streep. (本年度的最佳女演员由梅丽尔·斯特里普获得。) **premium** 常指刺激人们努力从事生产、买卖或竞争的那种奖励：He was given a *premium* for selling the most insurance this month. (他因本月推销的保险量最大而获得一笔奖金。) **prize** 常指在竞赛或比赛中取胜而获得的奖赏、资金或奖品：She won first *prize* in the golf tournament. (她在高尔夫锦标赛中获得了一等奖。)

re·ward·ing /ri'wɔːdiŋ/ *adj.* 给予报偿的；有益的：Such effort is *rewarding*. 这样的努力是值得的。

re·write /riː'rait/ (**-wrote** /-'rəut/, **-writ·ten** /-'rit°n/) *vt.* ❶改写；修改：It took another three years to have the books *rewritten*. 修改这些书又耗费了三年。❷重写：*rewrite* a check 重签支票

rhyme /raim/ *n.* ❶[U](尤指诗的)韵(脚)；押韵，格律 ❷[C]同韵词，押韵词 ❸[C]押韵诗；韵文 ‖ 'rhym·er *n.* [C]

rhythm /'rið°m/ *n.* ❶[C；U]【音】节拍，节奏：beat a *rhythm* 打拍子 ❷[U]律动，节律：an erratic heart *rhythm* 心律不齐

rib /rib/ *n.* [C] ❶【解】肋骨 ❷【烹】(动物的)肋条肉；肋排 ❸【建】(圆拱的)拱肋；(桥的)横梁 ❹伞骨；扇骨

rib·bon /'rib°n/ *n.* ❶[C](尤指用以捆扎或装饰的)缎带，丝带，绸带；纸带：a silver silk hair *ribbon* 一条扎头发的银丝带 ❷[U]带状物，窄条状物

rice /rais/ *n.* [U] ❶(大)米：a handful of

rice 一把米 ❷【植】水稻；tropical *rice* 热带水稻

rich /ritʃ/ *adj.* ❶富有的，有钱的：be *rich* and famous 名利双收 ❷盛产的，丰产的；(物产)丰饶的；(土地)肥沃的(*in*, *with*)：be *rich* in minerals 矿产丰富 ❸大量的，丰富的；充足的，充满的(*in*, *with*)：His voice was *rich* in wrath. 他的声音里充满了愤怒。‖ '**rich·ly** *adv.* —'**rich·ness** *n.* [U]

☆ **rich, affluent, opulent, wealthy, well-to-do** 均有"富有的，有钱的"之意。**rich** 为普通用词，表示现有财富足以满足正常需要的，用于人时指拥有金钱或财产的：girls looking for *rich* husbands (欲找有钱丈夫的女子)；该词用于事物时，可引申为丰足的、富饶的：The seabed is *rich* in buried minerals. (海底蕴藏着丰富的矿产物质。) **affluent** 表示境况富裕、富足的，含财富不断增加的意味，主要用于人或社会：*affluent* young professionals (年轻富有的专业人士) / an *affluent* society (富足的社会) **opulent** 表示十分富裕、豪华的，带有炫耀财富、奢侈挥霍的意味，往往用于事物或社会：an *opulent* tapestry woven with gold and silver threads (用金银丝线织成的豪华地毯) **wealthy** 通常表示拥有物质财富并很有社会地位的，较少用于引申义：He was the eldest son of a *wealthy* family. (他是这户大富人家的长子。) **well-to-do** 常指生活宽裕、安乐舒适的：He came from a *well-to-do* family. (他出生于一个富裕家庭。)

rich·es /'ritʃiz/ [复] *n.* 财富；财产；财宝：be in hot pursuit of fame and *riches* 热衷于追名逐利

rick /rik/ *n.* [C] ❶(尤指露天堆放的)草垛，禾堆 ❷柴垛，柴堆

rick·et·y /'rikiti/ *adj.* 摇晃的，不稳的：The desks in the general manager's office were *rickety*. 总经理办公室的桌子都是摇摇晃晃的。

rid /rid/ *vt.* (**rid** 或〈古〉**rid·ded**；**rid·ding**)使摆脱，使解脱；摆脱…的负担(*of*)：The company would like to *rid* itself *of* debts. 公司非常希望能够摆脱债务负担。‖ **be** [**get**]

rid of *vt.* ❶扔掉，摔掉；处理掉：get rid of the unwanted goods 把不需要的东西扔掉 ❷摆脱；除去…的负担；解决(问题等)：get rid of a cold 治愈感冒 ❸除去，消灭，铲除：get rid of the flies in the kitchen 杀灭厨房里的苍蝇

rid·den /'rid°n/ *v.* ride 的过去分词

rid·dle /'rid°l/ *n.* [C] 谜(语)，谜题；谜面：He was always asking me *riddles* to which I did not know the answer. 他总是问一些我猜不出来的谜语。

ride /raid/ (**rode** /rəud/, **rid·den** /'rid°n/) I *v.* ❶骑；骑马；骑牲口；骑自行车；乘骑旅行：*ride* on a horse 骑马 ❷乘车；搭车；乘坐电梯：We *rode* up in the elevator to the sixth floor. 我们乘坐电梯到达六楼。❸开车，驾车：They *rode* along the highways. 他们驱车行驶在高速公路上。II *n.* [C] ❶骑马(或自行车)旅行；骑车旅行：He was sweating after a long bicycle *ride*. 他骑了很久的自行车，骑得汗流浃背。❷交通工具，车辆：wait for one's *ride* to come 等某人开车来接

rid·er /'raidə'/ *n.* [C] 骑师，骑手；骑马者；骑车者；驾车者；乘客

ridge /ridʒ/ *n.* [C]【地理】岭；山脉；山脊；岗

rid·i·cule /'ridiˌkjuːl/ I *n.* [U]嘲笑，嘲弄，讥笑；讽刺，挖苦：cast *ridicule* on sb. 尽情地嘲笑某人 II *vt.* 嘲笑，嘲弄，讥笑；讽刺，挖苦：He *ridiculed* his predecessor. 他大肆奚落其前任。

ri·dic·u·lous /ri'dikjuləs/ *adj.* 可笑的，滑稽的；荒唐的，荒谬的：You look *ridiculous* in such clothes. 你穿着这种衣服的样子可笑极了。‖ ri'**dic·u·lous·ly** *adv.* —ri'**dic·u·lous·ness** *n.* [U]

ri·fle /'raif°l/ *n.* [C]来复枪，步枪 ‖ '**rifle·man** /-m°n/ *n.* [C]

rift /rift/ *n.* [C] ❶裂缝，裂纹；裂口 ❷(人际关系中的)嫌隙，裂痕，不和：After years of harmonious marriage, however, *rifts* began appearing. 经过多年和谐的婚姻生活之后，他们之间开始出现了裂痕。

right /rait/ I *adj.* [无比较级] ❶（行为等）合适的，恰当的；正当的：I don't think it's quite the *right* time for this probe. 我认为此时进行调查不太合适。❷正确的，准确的，对的：We are *right* about the outcome of the movie. 我们对电影的结局判断是对的。❸真实的；符合事实的：Am I *right* in thinking that the conference will start at 8 o'clock? 会议将在 8 点钟开始，我没说错吧？❹[作定语]右的；右边的，右侧的：a reddish mark on the child's *right* arm 小孩右臂上的一块红斑 ❺身体状况好的，健康的：This morning he didn't feel *right*. 今天早上他感到身体不适。II *n.* ❶[C]权力；权利；职权；特权：enjoy a *right* to freedom of speech 享有言论自由权 ❷[U]恰当；正当；公正：You can not change wrong to *right*. 你不能颠倒是非。❸[通常作 the ～]正确，对：The *rights* and wrongs of the case are perfectly clear and admit of no dispute. 谁是谁非已经分明，无可争辩。❹[U]右；右边，右首；右侧：To our *right* was the hatcheck stall. 我们的右边是一个衣帽间。❺[C]右拐弯：Take the second *right*. 在第二个路口向右拐。III *adv.* [无比较级] ❶直线地，笔直地：The ship went *right* to the bottom. 船只笔直地驶向水底。❷完全地，彻底地：We've run *right* out of soy sauce. 我们的酱油全用完了。❸立即，马上：I'll just go to get something to eat and be *right* back. 我去买点吃的马上就回来。❹确切地；恰好：Put the dish *right* in the middle of the table. 把盘子放在桌子的正中间。❺正确地；准确地：You guessed *right*. 你猜得没错。❻适当地，恰当地：dress *right* 穿着得体 ❼向右地；往右方地；在右侧地，在右边地：Turn *right* at the cross. 在十字路口向右拐。‖ ***right away*** [***off***] *adv.* 马上，立即：Post the letter off *right away*. 马上把这封信寄出去。‖ **'right·ly** *adv.* —**'right·ness** *n.* [U]

righ·teous /'raitʃəs/ *adj.* ❶正当的；正义的：a *righteous* act 正当行动 ❷正直的；正派的；公正的：a *righteous* man 正直的人 ‖

'right·eous·ly *adv.* —**'right·eous·ness** *n.* [U]

right·ful /'raitfʊl/ *adj.* [无比较级] ❶合法的；依法享有的：the *rightful* heir 合法继承人 ❷正当的，正义的：a *rightful* act 正义的行为 ‖ **'right·ful·ly** *adv.* —**'right·ful·ness** *n.* [U]

rig·id /'ridʒid/ *adj.* ❶不易弯曲的；具刚性的；僵硬的：His face became *rigid* with thought. 他心里想着事儿，因此脸儿绷得紧紧的。❷固执的，思想僵化的：a man with a *rigid* mind 固执的人 ❸严厉的，严格的：The rules are too *rigid*. 这些规则太严厉了。‖ **'rig·id·ly** *adv.* —**'rig·id·ness** *n.* [U] ☆**rigid**, **rigorous**, **strict**, **stringent** 均有"严格的，严厉的"之意。**rigid** 多用于行为、观点、标准或要求等，较少用于人，强调没有更改或妥协的余地：The school admission standards are *rigid*. （学校的入学标准非常严格。）**rigorous** 用于人及其处事方式等，表示过分严厉、苛求的；亦可指生活条件十分艰苦的，含一般人难以忍受的意味：the *rigorous* hardships of the journey（旅途中的千难万苦）**strict** 表示与规则、标准或条件保持一致、严格遵循的：Her doctor put her on a *strict* diet. （她的医生让她严格控制饮食。）**stringent** 表示对范围、程度的严格限制或限定的，与 rigorous 不同之处还在于该词侧重作用或影响而不是行为事物本身的性质：The judge's ruling is a *stringent* interpretation of the law. （法官的裁决是对法律的严谨的阐释。）

ri·gid·i·ty /ri'dʒiditi/ *n.* [U] ❶刚性，坚硬：the *rigidity* of the bones 骨质的坚硬 ❷固执，死板：the *rigidity* of sb.'s views 某人观点的僵化

rig·or·ous /'rigªrəs/ *adj.* ❶严格的；严厉的：a *rigorous* critique 一篇措辞严厉的评论 ❷精确的，准确的；严谨的：*rigorous* science attitude 严谨的科学态度

rig·our /'rigə/ *n.* ❶[U]严格，严厉：be punished with the full *rigour* of the law 受到法律最严厉的惩处 ❷[C]艰苦，艰难；恶劣的条件：survive the *rigours* of winter 挨过寒冷的冬天 ❸[U]准确，精确；严密，严谨：the *rigour* of mathematics 数学的精确

rim /rim/ *n.* [C] ❶周边，边缘：on the *rim* of the glass 在杯子边上 ❷(轮胎套在上面的)轮圈，轮辋，胎环

rind /raind/ *n.* [C；U](水果、蔬菜、奶酪、腊肉等坚硬粗糙的)皮，外壳：*rind* of cheese 奶酪皮 ‖ **'rind·less** *adj.*

ring¹ /riŋ/ *n.* [C] ❶戒指；指环：a diamond *ring* 钻石戒指 ❷环形物：a smoke *ring* 烟圈

ring² /riŋ/ I (**rang** /ræŋ/，**rung** /rʌŋ/) *v.* ❶(铃、钟等)鸣，响；似铃般鸣响：The phone is *ringing*. 电话铃声响了。 ❷按铃；打铃；敲钟：*Ring* for anything you want. 无论想要什么按铃就行了。 ❸回响，发出回音：His laughter *rang* over the river. 他的笑声在河面上回荡。 ❹打电话：I haven't *rung* home for a long time. 我很长时间没有给家里打电话了。 II *n.* [C] ❶铃声；打铃声；敲钟声：No one inside answered the *ring* at the door. 屋里没人应门铃。 ❷铃鸣般清脆的响声：the *ring* of laughter 爽朗的笑声 ❸〈口〉打电话；电话：give sb. a *ring* 给某人打电话

ri·ot /'raiət/ I *n.* [C] ❶骚乱，暴乱；社会动荡；动乱：put down an incipient *riot* 平定骚乱 ❷混合，混杂；错综复杂：a *riot* of colour 色彩斑斓 II *vi.* 参加暴乱；聚众闹事：*riot* in the street 在街头参加暴乱 ‖ **'ri·ot·er** *n.* [C]

ri·ot·ous /'raiətəs/ *adj.* ❶骚乱的，暴乱的；聚众闹事的；动荡的：the *riotous* undergraduates 到处闹事的大学生 ❷放纵不羁的，无法无天的：*riotous* behaviour 放纵的行为

rip /rip/ I (**ripped**；**rip·ping**) *vt.* ❶撕；扯(*up*)：She *ripped up* the letter into little pieces. 她把信撕碎了。 ❷划出(口子、缝隙等)：The explosion *ripped* a hole in the wall. 墙壁被炸开了一个口子。 ❸猛冲；疾跑，飞速行进：The ambulance *ripped* through the street. 救护车在马路上疾驶而过。 II *n.* [C]裂口，裂缝；破洞：*rips* in the trousers 裤子的破洞 ‖ **'rip·per** *n.* [C]

ripe /raip/ *adj.* [无比较级] ❶(粮食、水果等)熟的；(庄稼或田地)可收割的：Apples hang *ripe* on the branches. 熟苹果挂在树枝上。 ❷[作定语]做好准备的；适当的，恰当的(*for*)：The time is *ripe* for change. 变革的时机已经成熟。 ‖ **'ripe·ly** *adv.* — **'ripe·ness** *n.* [U]

☆**ripe，adult，mature，mellow** 均有"成熟的"之意。**ripe** 强调马上即可使用或享用的，主要指瓜果、蔬菜等；也可喻指时机成熟、准备就绪的：These apples aren't *ripe*; they'll give you indigestion. (这些苹果尚未成熟，你吃了后会消化不良的。) **adult** 与 mature 的区别在于该词只表示人或动物在生理上发育完全的，指人时强调与青少年时期相比较具有明显的界线：an *adult* person (成年人) / They've dealt with the situation in a very *adult* way. (他们已经用完全成人化的方式处理事情。) **mature** 指生物的成长过程已经完成，用于人时含性成熟的意味，但常表示在生理和心理两方面均已成熟的：a *mature* tree (已经长成的树) / She's very *mature* for her age. (就她这个年龄她已经很成熟了。) **mellow** 强调成熟或熟透时的典型特征，如水果甘美多汁的或陈酒芬芳醇和的等，也可指声音圆润的、性格温柔的或光线、色彩柔和的等：She used to have a fierce temper，but she's got *mellower* as she's got older. (她原来脾气暴躁，但随着年龄的增长，已经变得温和了些。)

ri·pen /'raipən/ *v.* 使成熟；(把…)催熟：*ripen* the peaches in the sun 在太阳下催熟桃子

rip·ple /'ripl/ I *vt.* ❶使形成涟漪；使呈现水纹；使波动：A breeze *rippled* the pool. 微风吹皱了池水。 ❷使呈波浪状：*ripple* one's muscles 鼓起肌肉 II *n.* [C] ❶涟漪，微波，细浪；轻微的波动：a *ripple* on the water 水上涟漪 ❷(水流的)汩汩声；潺潺声；(尤指笑声或掌声的)轻微起伏声：a *ripple* of laughter 一阵轻易起伏的笑声

rise /raiz/ I *vi.* (**rose** /rəuz/，**ris·en** /'rizən/) ❶站起来，直起身子：*rise* to one's feet 站起身来 ❷(尤指清晨)起床：We *rose* with the sun and finished our work when it set. 我们

日出而作,日落而息。❸反叛;起义;采取行动对抗(up):The people *rose up* against the dictator. 人民起来反对独裁者。❹升高;升起:The curtain *rose*. 幕布拉开了。❺(地位或级别)提升,晋级:He has *risen* to second in command of a kitchen. 他已升任副厨师长。❻(日、月等)上升,升起:The sun *rises* in the east. 日出东方。❼挺立;矗立:The mountain *rises* above the clouds. 山峰矗立在云端。❽(在强度、音调等方面)加强;(在力量、体积等方面)增加;增长;提高:The incidence of cancer *rises* with age. 癌症的发病率随着年龄的增长而增长。II *n.* ❶[C](日、月等的)升起;上升 ❷[U](地位或权力等的)提高;(级别的)提升,晋级:His *rise* to power was quick. 他很快就掌权了。❸[C](数量的)增加(量);(程度等的)加强(量);(温度、气压等的)上升,升高;升幅;(价格、水面或潮水的)上涨(幅度),涨高(幅度):a sharp [steep] *rise* in inflation 通货膨胀的骤然加剧

risk /rɪsk/ I *n.* [C;U]危险;危机;风险:a trip fraught with *risks* 险象环生的旅行 II *vt.* ❶拿⋯冒险;使有风险:Don't *risk* your health. 别拿你的健康去冒险。❷冒⋯的危险;面临⋯的危险:Volunteers *risked* drowning to search the roiling waters. 志愿者冒着被淹死的危险在汹涌的波涛中搜寻。‖ *at risk adj. & adv.* 处于危险之中;冒风险:The future of the company is at *risk*. 公司的前途受到威胁。*at the risk of prep.* 冒⋯的危险;受⋯的威胁:At the risk of seeming impolite,I'm afraid I have to interrupt. 我不揣冒昧,只得打搅一下。

risk·y /ˈrɪski/ *adj.* 危险的;有风险的:It is too *risky* not to provide for such contingency. 对这种可能发生的意外不做任何准备危险性极大。

rite /raɪt/ *n.* [C]❶(宗教等的)仪式;礼仪;庆典:Initiation *rites* are held at puberty. 在青春期举行成人仪式。❷惯常礼仪,习俗:make a greeting *rite* of bending one's knees 屈膝行见面礼

rit·u·al /ˈrɪtjuəl/ I *n.* ❶[C](举行仪式的)习惯性程序;[U]礼仪制度:the court *ritual* 庭审程序 ❷[C]老习惯,老规矩,惯常做法:The seven-o'clock news was a nightly *ritual* in the family. 看7点的新闻是这一家每晚必做的事情。II *adj.* [无比较级][作定语]❶仪式的;典礼的:costumed *ritual* dances 身着华服的仪式舞蹈 ❷惯常的;惯例的;习惯性的:a *ritual* gesture 习惯性动作 ‖ ˈrit·u·al·ly *adv.*

ri·val /ˈraɪvəl/ I *n.* [C] ❶(竞争)对手;对头:The job went to one of his chief *rivals*. 这份工作由他的一位主要对手得到了。❷实力相当者,彼此匹敌者,不相上下者:This car has no *rivals* in its class. 这种车在它这个档次中独领风骚。II *vt.* (-val(l)ed;-val·(l)ing) ❶与⋯竞争;是⋯的对手:*rival* one's peers in skill 同行业进行技术较量 ❷与⋯不相上下,与⋯旗鼓相当:Judy *rivaled* Bell in beauty. 朱迪的美貌与贝尔不相上下。

ri·val·ry /ˈraɪvəlri/ *n.* [U;C]对立(状态);敌对(状态);竞争:a strong sense of *rivalry* 强烈的对立感

riv·er /ˈrɪvə/ *n.* [C]河流;江;河川;水道:the Hudson *River* 哈得逊河

riv·er·side /ˈrɪvəˌsaɪd/ I *n.* [C]河边,河岸 II *adj.* [无比较级][作定语]在河岸边的;靠近河岸的

road /rəud/ *n.* [C] ❶道路;车道;公路:a curving *road* 蜿蜒的道路 ❷〈喻〉途径,(通往成功等的)路(to):the *road* to peace 和平之路 ❸街道;马路

road·block /ˈrəudˌblɒk/ *n.* [C] ❶路障 ❷障碍:Lack of money was a *roadblock* to her goals. 没有钱是阻挠她实现目标的障碍。

roam /rəum/ *v.* 闲逛;漫游;流浪:He *roamed* around the world for a few years. 几年来他周游列国。‖ ˈroam·er *n.* [C]

roar /rɔː/ I *vi.* ❶(动物)咆哮;怒吼;(人因愤怒或痛苦等)吼叫;大叫:The tiger was *roaring* mad and ready to kill. 那虎咆哮如雷,杀气腾腾。❷放声大笑:*roar* with laughter 哈哈大笑 ❸(机器、马达、雷电等)轰响,轰鸣；(狂风等)呼啸：The wind *roared* in the forest. 树林里风声大作。 ❹(车辆)轰鸣着行驶：A car *roared* past with smoke pouring from the exhaust. 一辆轿车呼啸而过,排气管放出一阵废气。**II n.** [C] ❶(人因愤怒或痛苦而发出的)吼叫声；(动物发出的)咆哮声；嘶叫：The lion gave forth a *roar*. 狮子大声吼叫起来。 ❷放声大笑：burst into a *roar* of laughter 哈哈大笑起来 ❸(机器、马达等的)轰鸣；(狂风等的)呼啸：the *roar* of the engine 引擎的轰鸣声

roar·ing /ˈrɔːriŋ/ **adj.** [无比较级][作定语] ❶(人或动物)咆哮的；吼叫的 ❷(风等)呼啸的；(夜晚)暴风雨肆虐的：a *roaring* torrent 咆哮的急流 ❸(机器、车辆等)轰鸣的

roast /rəʊst/ **vt.** ❶烤,烧烤,烤炙：*roast* the chicken for an hour 把鸡烤一个小时 ❷将(咖啡豆)烘烤；烘干：*roast* coffee beans 烘烤咖啡豆

rob /rɒb/ **(robbed;rob·bing) vt.** ❶(尤指用武力或胁迫手段)抢劫,盗窃；欺诈(*of*)：If I allow you to *rob* me,I help you to become a thief. 如果我让你抢劫我,那岂不是帮你做贼。 ❷剥夺…的权利(或地位、自由等)：*rob* sb. of inheritance 剥夺某人的继承权—**vi.** 抢劫；盗窃 ‖ **ˈrob·ber n.** [C]

rob·ber·y /ˈrɒbəri/ **n.** ❶[C]抢劫行为；【律】抢劫案；抢劫罪 ❷[U]抢劫,盗抢：an armed *robbery* 持枪抢劫

robe /rəʊb/ **n.** ❶[C]长袍：put on a flannel *robe* 穿上一件法兰绒长袍 ❷[C](罩于睡衣外的)晨衣；睡袍；浴袍

ro·bot /ˈrəʊbɒt,-bət/ **n.** [C] ❶机器人❷自动化机器；自动机械；自控机 ‖ **ro·bot·ic** /rəʊˈbɒtik/ **adj.**

ro·bust /rəʊˈbʌst,ˈrəʊbʌst/ **adj.** ❶强健的；健全的；充满生气的：The movie business is enjoying a *robust* boom. 电影业正处于强盛时期。 ❷强壮的,健壮的；粗壮的：a *robust* police officer 一个膀阔腰圆的警官 ‖ **roˈbust·ly adv.** —**roˈbust·ness n.** [U]

rock¹ /rɒk/ **n.** ❶[U;C]岩石；礁石：The riv-er bottom was strewn with *rocks*. 河床上布满了礁石。 ❷[C]石块；石子：be hit with *rocks* 被石块击中

rock² /rɒk/ **v.** ❶(轻轻地)摇动,使摇晃,使摆动：A sudden gust of wind *rocked* the boat. 突如其来的一阵风吹得船直摇晃。 ❷使极为激动(或兴奋)；使震惊：The news of killings *rocked* the small town. 连环凶杀案震惊了小镇。 ❸使剧烈摇摆,使抖动：The master's bellowing *rocked* the foundations of the house. 主人的叫喊声震得屋基直抖。

rock·et /ˈrɒkit/ **n.** [C] ❶火箭；钻天炮❷【空】(靠火箭推进的)飞弹,导弹；火箭航天器：launch a *rocket* 发射一枚火箭

rock·y /ˈrɒki/ **adj.** ❶布满岩石的；多岩石的：a small *rocky* island 岩石嶙峋的小岛 ❷(似)岩石的 ❸坚定不移的,不动摇的：*rocky* endurance 坚忍不拔 ‖ **ˈrock·i·ness n.** [U]

rod /rɒd/ **n.** [C] ❶(尤指木制或铁制)细棍；棒：a lightning *rod* 避雷针 ❷(吊挂毛巾等的)细杆；细管

rode /rəʊd/ **v.** ride 的过去式

role,rôle /rəʊl/ **n.** [C] ❶(戏剧、电影等中的)角色,人物：play a leading *role* 演主角 ❷作用；地位：play a crucial *role* 起重要作用

roll /rəʊl/ **I v.** ❶滚,滚动：A large stone *rolled* down the hill. 一块大石头从山上滚落了下来。 ❷滚行；(似车轮滚动般)行进：The car *rolled* to a stop. 汽车滚行了一段后停了下来。**II n.** [C] ❶名单；名录；(班级、学校或议会等的)点名册花名册：take the *roll* 点名 ❷(一)卷,(一)筒：a toilet *roll* 手纸卷 ❸一(圆)团,一(圆)堆：*rolls* of fat on the stomach 肚子上的一团肥肉 ❹面包卷,卷饼：a seeded *roll* 果仁面包卷 ❺翻滚,滚动；起伏：the sickening *roll* of the ship 船只令人恶心的颠簸 ❻(雷等的)轰隆声,轰响声；(鼓的)咚咚声：a deafening *roll* of thunder 一阵震耳欲聋的滚雷声 ‖ **roll over** **v.** (使)滚动,(使)翻滚：The kid *rolled over* and went back to sleep. 小孩翻了个身,又

睡着了。

roll·er /ˈrəʊlə/ *n.* [C] ❶滚筒,滚子,滚轴 ❷卷轴;(悬挂物品的)挂轴

ROM /rɒm/ *abbr.* read-only memory【计】只读存储器

Ro·man /ˈrəʊmən/ I *adj.* [无比较级]古罗马的;古罗马人的 II *n.* [C]古罗马人(或居民、公民)

ro·mance /rəʊˈmæns, ˈrəʊmæns/ *n.* ❶[C] 传奇文学;浪漫文学 ❷[U]浪漫情调;浪漫氛围:All the *romance* has gone out of his marriage. 他的婚姻已失去了往日的浪漫。❸[C]浪漫的男女情爱;风流韵事;恋爱:a fairy-tale *romance* 一段童话般的浪漫爱情 ‖ ro·man·cer *n.* [C]

ro·man·tic /rəˈmæntik/ I *adj.* ❶富有浪漫情调的;传奇浪漫的:A *romantic* mood is in the air. 空气中弥漫着浪漫的情调。❷爱空想的,爱幻想的;追求理想化的:Most people are *romantic* in their youth, owing to lack of experience. 大多数人在年轻时都因涉世未深而耽于幻想。❸追求浪漫爱情的;情意绵绵的,充满激情的 II *n.* [C] ❶追求浪漫情调的人 ❷[常作 R-]浪漫主义者 ‖ ro·man·ti·cal·ly /-kˀli/ *adv.*

ro·man·ti·ci·sm /rəˈmæntiˌsizˀm/ *n.* [U] ❶浪漫;浪漫主义精神(或倾向等) ❷[常作 R-]浪漫主义风格;浪漫主义运动

roof /ruːf, rʊf/ *n.* [C] ❶屋顶,房顶:on the *roof* 在屋顶上 ❷遮盖,篷盖;车篷,车顶:on the *roof* of the train 在火车顶上 ‖ roof·er *n.* [C]

roof·top /ˈruːfˌtɒp, ˈrʊf-/ *n.* [C]屋顶,房顶

room /ruːm, rʊm/ *n.* ❶[C]房间,室:a conference *room* 会议室 ❷[U]空间:This cupboard will take up more *room*. 这个柜子会占用更大的空间。❸[U]机会;可能性;余地:No matter how hard he worked, he always made sure to leave enough *room* to have a good time. 无论工作多么辛苦,他总要确保腾出足够的时间来玩。‖ room·ful *n.* [C]

room·mate /ˈruːmˌmeit, ˈrʊm-/ *n.* [C]室友,舍友

room·y /ˈruːmi, ˈrʊm-/ *adj.* 空间大的;宽敞的:a *roomy* office 宽敞的办公室 ‖ room·i·ness *n.* [U]

roost /ruːst/ I *n.* [C](鸟类的)栖息处,鸟巢;栖木;鸡舍:birds at *roost* in the trees 在树上栖息的小鸟 II *vi.* ❶(鸟类)入巢栖息:The birds were trying to find a tree to *roost* in for the night. 一群鸟正在试图找到一棵树栖息过夜。❷歇息;停宿:*roost* in a hotel 在旅馆里住宿过夜

root /ruːt, rʊt/ I *n.* [C] ❶【植】根;附生根;地下茎;块根:pull up the weed by *roots* 把草连根拔起 ❷根部;末端;根状物 ❸根本;实质;核心;基础:tear out the evil by *roots* 根除罪恶 ❹根源,根由;原因:the *root* of all evil 万恶之源 II *v.* 生根,长根,扎根:Seedlings *rooted* quickly with plenty of sunlight. 树苗在充足阳光的照射下很快就生了根。‖ root·less *adj.*

rope /rəʊp/ *n.* ❶[C;U]绳(子),绳索:a jump *rope* 跳绳 ❷[C](套捕牛、马等用的)套索

rose¹ /rəʊz/ *n.* ❶[C]【植】蔷薇 ❷[C]玫瑰花,蔷薇花:red *roses* 红玫瑰 ❸[U]淡紫红色,粉红色,玫瑰红

rose² /rəʊz/ *v.* rise 的过去式

rose·mar·y /ˈrəʊzˌmeəri/ *n.* [U]【植】迷迭香

ros·ter /ˈrɒstəˀ, ˈrəʊ-/ *n.* [C] ❶(军队等的)值勤人员表:a duty *roster* 值勤表 ❷花名册;登记表;项目单:a performance *roster* 节目单

ros·trum /ˈrɒstrˀm/ *n.* [C]([复]-trums 或 -tra /-trə/)演讲台,讲坛

rot /rɒt/ (**rot·ted**; **rot·ting**) *v.* ❶腐烂,腐败:The apple *rots* easily. 苹果很容易烂掉。❷(因长期使用、侵蚀等而)朽烂;残破,破损(*off*, *away*):The ship has *rotted* in the harbor. 这艘船在港口已经朽烂掉了。

ro·ta·ry /ˈrəʊtˀri/ *adj.* [无比较级]旋转的,转动的;轮转的:a *rotary* movement 旋转运动

R

ro·tate /'rəuteit/ *v.* ❶旋转,转动:The earth *rotates* once every 24 hours around the sun. 地球每24小时绕太阳自转一次。❷循环,交替;轮流,轮换:*rotate* in shifts 轮班 ‖ **ro·ta·tion** /rəu'teiʃ°n/ *n.* [C;U]

rot·ten /'rɒt°n/ *adj.* ❶腐烂的,腐朽的:a *rotten* peach 烂桃子 ❷腐败的,腐化的,堕落的:His heart went *rotten* with vanity. 他的心被虚荣腐蚀掉了。❸令人不快的;不幸的:How *rotten* for you! 你运气真背! ❹(人、品行、行为等)卑劣的,令人鄙夷的:I think that was pretty *rotten* of her. 在我看来,她这人品行坏透了。 ‖ **'rot·ten·ness** *n.* [U]

rouge /ruːʒ/ *n.* [U]胭脂;口红

rough /rʌf/ *adj.* ❶(表面)不平滑的,粗糙的;毛糙的:*rough* skin 粗糙的皮肤 ❷(路面等)崎岖不平的;颠簸的:a *rough* zigzag descending path 坑洼不平、弯弯曲曲的下坡路 ❸粗暴的,野蛮的:*rough* handling of the boxes 粗暴地搬运箱子 ❹粗野的,粗鲁的:be *rough* in speech and manners 言行粗俗 ‖ **'rough·ness** *n.* [U]

☆**rough,harsh,jagged,rugged,scabrous,uneven** 均有"表面粗糙不平的"之意。**rough** 指看上去、摸上去表面不平滑的,有颗粒状毛刺或凸出物的:*rough* sand paper(表面粗糙的砂纸) / The *rough* road made the car vibrate.(崎岖不平的路面让汽车颠簸起来。) **harsh** 强调看到、摸到或听到的事物给人一种很不舒服或疼痛的感觉的,用于人时含冷酷无情的意味:This cloth is *harsh* to touch.(这种布手感粗糙。) **jagged** 特指有针尖状或锯齿状边的:*the jagged* edges of the broken bone(断骨的锯齿状裂口) **rugged** 常用于地貌,表示极端崎岖不平、难以行走或通行的:follow the *rugged* road up the mountain(沿着崎岖的道路上山) **scabrous** 指事物表面粗糙、多刺的,但不一定不平整:a *scabrous* hide(表面粗糙的毛皮) **uneven** 既可指事物表面粗糙的,也可指线条不一致、不均匀或参差不齐的:The road surface is very *uneven* here.(这里的路面坑坑洼洼的。)

rough·ly /'rʌfli/ *adv.* ❶粗暴地,粗鲁地:treat sb. *roughly* 粗暴地对待某人 ❷大致地,粗略地;大体上,大约:Just do the calculation *roughly*. 就大致上算一下吧。

round /raund/ **I** *adj.* ❶圆形的;环状的:His large blue eyes grew *round* with fright. 他大大的蓝眼睛吓得圆睁着。❷球形的,球体的:The earth is *round*. 地球是个圆球。 **II** *adv.* [无比较级]循环地,周而复始地:We study the problem year *round*. 我们一年到头都在研究这一问题。 **III** *prep.* ❶在…整个期间:*round* the year 一整年 ❷大约:The accident happened *round* noon. 事故大约发生在中午时分。 ‖ **'round·ish** *adj.* —**'round·ness** *n.* [U]

round·a·bout /ˌraundə'baut, 'raundəbaut/ *adj.* [无比较级][作定语](说话、行事等)绕圈子的,迂回的,拐弯抹角的:He told me in a very *roundabout* way. 他转弯抹角地告诉我。

rouse /rauz/ *vt.* ❶唤醒,叫醒:He *roused* himself from the sweet dream. 他从甜美的梦乡中醒来。❷唤起;使觉醒;使奋起;鼓动:*rouse* sb. from sorrow 使某人从悲痛中振奋起来 ❸使激动;激起,激发(情感);激怒,惹恼:Ben said his father was good-natured,a man not quickly *roused* to anger. 本说他父亲的脾气很好,是一个不易动怒的人。

route /ruːt/ *n.* [C]❶路线;航线:a bus *route* 汽车路线 ❷(汽车、火车等的)固定路线,指定路径;(邮递员、送奶工等的)固定递送线:the *route* taken by that bus 那班公共汽车的行驶路线

rou·tine /ruː'tiːn/ **I** *n.* [U;C]例行公事;惯例;常规程序:office *routine* 办公室的日常事务 **II** *adj.* [无比较级]❶例行的;日常的,惯例的:*routine* maintenance 日常保养 ❷一般的;普通的;平常的;平淡的:The trip seemed quite *routine*. 这次旅行似乎很平淡。 ‖ **rou'tine·ly** *adv.*

row[1] /rəu/ *n.* [C]❶(人或事物的)(一)排,(一)行,(一)列,(一)队:the *rows* of customers 一排一排的顾客 ❷(戏院、飞机、教

室等中的)成排座位:take a seat in the back *row* of the room 在房间的后排坐下

row² /ˈrəu/ **v. ❶**(用桨)划(船),摇(船):*row* a boat 划船 **❷**(用船)划运,渡运:*row* sb. to safety 把某人摆渡到安全地带 ‖ **'row·er** *n.* [C]

row³ /ˈrau/ **I** *n.* [C](激烈的)吵闹;争吵,吵架:raise a *row* about trifles 为小事发生争吵 **II** *vi.* 吵闹;吵架:*row* about [over] money 为钱而争吵

roy·al /ˈrɔiᵊl/ *adj.* [无比较级][作定语] 皇家的;王室的,王族的;皇亲国戚的:a *royal* prince 皇子 ‖ **'roy·al·ly** *adv.*

roy·al·ty /ˈrɔiᵊlti/ *n.* **❶**[U]皇室成员;王族;皇亲国戚:a marriage into *royalty* 与王室成员的联姻 **❷**[U]王位;王者之尊;王权,君权:the purple robes of *royalty* 表示九五之尊的紫色长袍 **❸**[C]【经】(书籍、乐曲等创作者的)版税:pay a *royalty* 支付版税

rub /rʌb/ (**rubbed; rub·bing**) *v.* **❶**擦,擦拭:He *rubbed* the silver teapot with a cloth. 他用一块布擦拭银茶壶。 **❷**揉搓,按摩:*rub* one's eyes sleepily 睡意蒙眬地揉搓眼睛 **❸**涂擦,涂抹(油膏、上光剂等)(over):*rub* an ointment on one's chapped lips 往皲裂的嘴唇上涂抹唇膏 **❹**擦掉,抹掉:*Rub* away the dirty mark. 把那个污点擦掉。

rub·ber /ˈrʌbəʳ/ *n.* **❶**[U](天然)橡胶;合成橡胶 **❷**[C]橡皮擦子:a board *rubber* 黑板擦 **❸**[通常作～s]高筒橡皮套鞋;运动鞋

rub·bish /ˈrʌbiʃ/ *n.* [U] **❶**垃圾;废物:a pile of *rubbish* 垃圾堆 **❷**废话:a load of (old) *rubbish* 一派胡言 ‖ **'rub·bish·y** *adj.*

rub·ble /ˈrʌbᵊl/ *n.* [U]碎石;瓦砾:The building was reduced to *rubble* during the war. 战争期间这幢建筑成了一片碎石乱瓦。

ru·by /ˈruːbi/ *n.* **❶**[C]红宝石 **❷**[U]红宝石色,红玉色,紫红色

rud·dy /ˈrʌdi/ *adj.* **❶**(人或脸色等)健康红润的;气色好的;红光满面的:a *ruddy* complexion 满面红光 **❷**微红的,淡红色的:a

ruddy light 柔和的红光 ‖ **'rud·di·ness** *n.* [U]

rude /ruːd/ *adj.* **❶**(人、言行等)粗暴的,粗鲁的;无礼的:It is *rude* to interrupt. 打断别人的讲话是不礼貌的。 **❷**野蛮的,未开化的:a *rude* tribe 野蛮的部落 **❸**[作定语]狂暴的;猛烈的:a *rude* shock 大吃一惊 **❹**[作定语]简陋的;粗劣的;做工粗糙的:a *rude* wooden plough 粗陋的木犁 ‖ **'rude·ly** *adv.* — **'rude·ness** *n.* [U]

☆**rude, crude, raw, rough** 均有"粗鲁的,粗俗的"之意。**rude** 指言行粗俗的,常涉及性或身体官能,强调易于冒犯他人而伤害其感情的:It's *rude* to tell someone you don't like him. (直言告诉一个人你不喜欢他是不礼貌的。) **crude** 指人类尚未触及或未经加工、仍然处于自然状态的;用于人的言行时,表示很原始、简单或粗鲁、不讲礼貌的:*crude* oil (原油) / Do you have to be so *crude*? (你有必要这么粗鲁吗?) **raw** 指食品等未经烧煮的,也用以指材料等未经加工的,指人时与 crude 的区别在于强调未经训练或没有经验的:a piece of *raw* meat (一块生肉) / He's just a *raw* kid. (他只是个涉世未深的孩子。) **rough** 与 rude 相比侧重于粗野或粗暴的,表示缺乏教养、不文雅或欠温柔的,但不一定含有冒犯他人的意味:I grabbed her by the shoulders. Maybe I was too *rough*. (我抓住了她的肩膀,可能我太莽撞了。)

ru·di·men·ta·ry /ˌruːdiˈmentᵊri/ *adj.* [无比较级]基础的,初步的,初阶的;基本的:a *rudimentary* system of ethics 伦理学的基本体系

ruf·fle /ˈrʌfᵊl/ *vt.* **❶**使变皱,弄皱;使不平,使波动:The wind began to *ruffle* the calm surface of the sea. 平静的海面上风起浪涌。 **❷**(鸟受惊、发怒等而)竖起(羽毛):*ruffle* a bird's feathers 使鸟把羽毛竖起来 **❸**惹恼,使生气:*ruffle* sb.'s temper 惹某人发火

rug /rʌg/ *n.* [C]地毯

rug·ged /ˈrʌgid/ *adj.* **❶**(地面)高低不平的,崎岖的;(地貌)多岩石的;多丘陵的:a *rugged* volcanic island 岩石嶙峋的火山岛

❷(人脸)多皱纹的;粗糙的:a *rugged* masculine face 男人味十足的棱角分明的脸 ❸(尤指机器、车辆等)结实的,坚固耐用的: *rugged* vehicles 坚固耐用的车辆 ‖ **'rug·ged·ly** *adv.* —**'rug·ged·ness** *n.* [U]

ru·in /'ru:in/ I *n.* [～s]废墟;残骸;遗迹: The city was bombed into *ruins*. 该城被炸得满目疮痍。II *vt.* ❶[常用被动语态]毁灭,使成为废墟:The whole city was *ruined* by the earthquake. 地震使整个城市沦为一片废墟。❷使倾家荡产,使破产:He was *ruined* by that case. 那场官司把他的家产折腾得精光。‖ **ru·in·a·tion** /ˌru:i'neiʃ°n/ *n.* [U]

☆**ruin, dilapidate, wreck** 均有"毁坏"之意。**ruin** 指年久失修、风吹日晒或是大火、洪水、战争等把某一事物的整体结构或功用毁掉:The severe windstorm has *ruined* the village. (强暴风把整个村庄毁了。)该词也可引申用于健康、名誉、价值或美等方面:The firm's reputation was *ruined* by rumours spread by envious competitors. (该公司的声誉因其嫉妒心很强的竞争对手散布的谣言而大受损害。) **dilapidate** 表示建筑物因常年缺乏维修而坍毁:Time had *dilapidated* the old mansion. (这座老宅因年久失修坍塌了。) **wreck** 表示通过猛烈撞击把事物毁掉,用于船舶、火车、汽车;该词也可引申用于无形或抽象事物,意指不可恢复:Only the locomotive of the second train was *wrecked* in the collision. (只有第二辆火车的机车被撞毁了。)

ru·in·ous /'ru:inəs/ *adj.* 毁灭性的;灾难性的:a *ruinous* war 灾难性的战争 ‖ **'ru·in·ous·ly** *adv.*

rule /ru:l/ I *n.* ❶[C]规则;规章,条例;细则;法则:the *rules* of English writing 英语书写规则 ❷[C]规定;规律;习惯,惯例;通常的事情:I've made it a *rule* to have a cup of tea after sleep. 我已养成醒后喝杯茶的习惯。❸[U]统治(期);管辖(期):the *rule* by people 民治 II *v.* ❶统治;管理:*rule* a state 统治一个国家 ❷裁决,裁定:The court *ruled* that she could not keep the baby. 法庭裁决

她不能抚养这个婴儿。❸控制;支配;主宰: be *ruled* by passion 感情用事

rul·er /'ru:lə°/ *n.* [C]❶统治者;主宰者;管理者 ❷直尺;界尺(=rule)

rul·ing /'ru:liŋ/ *adj.* [无比较级][作定语] ❶统治的:the *ruling* party 执政党 ❷主导的,居支配地位的:the *ruling* factor 最重要的因素

rum·ble /'rʌmb°l/ I *vi.* ❶隆隆作响;发出隆隆声:The thunder *rumbled* through the night. 雷声隆隆而至,划破夜空。❷隆隆行进;轰鸣着前进:A subway train *rumbled* underneath her. 一列地铁在她脚下轰鸣着驶过。II *n.* [C]隆隆声;轰鸣声;辘辘声:a distant *rumble* of thunder 远处传来的隆隆雷声

ru·mi·nate /'ru:miˌneit/ *v.* ❶反刍,倒嚼 ❷沉思;反复思考:She *ruminated* for weeks about where to go. 关于去哪里的问题她考虑了几周。‖ **ru·mi·na·tion** /ˌru:mi'neiʃ°n/ *n.* [U;C]

ru·mo(u)r /'ru:mə°/ *n.* ❶[U]谣言,谣传,流言蜚语:*Rumour* has it that she's pregnant. 有人谣传说她怀孕了。❷[C](未经证实的)传闻,传说:*Rumours* go around that his wife had poisoned him. 有传闻说是他妻子把他毒死的。

rum·ple /'rʌmp°l/ *vt.* ❶弄皱,搓揉:Don't *rumple* the sheet of paper. 别把那张纸弄皱了。❷弄乱:Her hair was *rumpled* by a strong gust of wind. 一阵强风吹乱了她的头发。‖ **'rum·ply** *adj.*

run /rʌn/ I (ran /ræn/, run; run·ning) *v.* ❶跑,奔跑:The jeep *ran* parallel with a train. 吉普车与火车并驾齐驱。❷竞选;当候选人:*run* in the next election 参加下一届选举 ❸(机器等)运作,运转:The engine was *running* noisily. 机器在轰鸣着。❹从事,进行:*run* errands for a bank 为一家银行跑腿 ❺经营;管理;开办:*run* a household 料理家务 II *n.* [C]❶跑,跑步;奔跑;逃跑:break [burst] into a *run* 猛然奔跑起来 ❷短暂的旅行:a few *runs* to the grocery store

跑几次杂货店‖ *in the long run adv.* 从长远看：*In the long run*, the deficits could damage the structure of the economy. 从长远来看，赤字会破坏经济结构。*in the short run adv.* 短期内；不久：The stocks are losing money *in the short run*. 从短期内看，这些股票在不断地跌价。*run after vt.* ❶追赶，追逐：The police are *running after* the escaped prisoner. 警察正在追赶逃犯。❷追求；争取：*run after* wealth 追求财富 *run away vi.* 离开；逃走；逃跑：He wants to *run away* and take a new name. 他想逃走，然后改名换姓。*run into vt.* ❶(使)撞上；(使)与⋯碰撞：They *ran into* each other and fell. 他们互相撞在一起，跌倒了。❷不期而遇；邂逅：I *ran into* an old friend when shopping. 我在买东西时碰见了一位老朋友。

run·a·way /ˈrʌnəˌwei/ **I** *n.* [C] 逃跑者；逃亡者；避难者；离家出走者 **II** *adj.* [无比较级][作定语] ❶逃跑的；逃亡的：a *runaway* criminal 逃犯 ❷(成功等)轻易取得的；压倒性的：a *runaway* victory 压倒性的胜利 ❸失控的；(价格等)飞涨的：a *runaway* horse 脱缰的马匹

run-down /ˈrʌnˌdaun/ *adj.* [无比较级] ❶筋疲力尽的，累极的：You're looking *run-down*. 你看起来很疲劳。❷身体虚弱的：He's severely *run-down* and had better see a doctor. 他看上去非常虚弱，最好去看医生。❸破败的；衰落的：a *run-down* neighbourhood 破败不堪的地区

rung /rʌŋ/ *v.* ring² 的过去分词

run·ner /ˈrʌnə/ *n.* [C] 跑步的人；赛跑的人(或马等)：a long-distance *runner* 长跑运动员

run·ning /ˈrʌniŋ/ **I** *n.* [U] ❶奔跑，跑步；赛跑：practise *running* 练习跑步 ❷管理；照看：*running* of a business 经营生意 **II** *adj.* [无比较级][作定语] ❶(液体)流动的；流出的；流水的：*running* water 流水 ❷连续的，持续不断的：a *running* battle 持续的战斗 ❸奔跑的；赛跑的；用于赛跑的：a *running* horse 一匹奔马

run·ny /ˈrʌni/ *adj.* ❶水分过多的，过于稀的：Warm the honey until it becomes *runny*. 把蜂蜜热一下直至融化。❷[无比较级](鼻子)流鼻涕的：a boy with *runny* nose 流鼻涕的男孩

run·way /ˈrʌnˌwei/ *n.* [C] ❶走道，通道；车道 ❷(机场的)跑道：clear the *runway* for these airlines 为这些航班清理跑道 ❸(由舞台延伸到观众席或乐团等的)延伸台道

rup·ture /ˈrʌptʃə/ **I** *n.* ❶[C;U] 破裂，断裂：the *rupture* of a uranium atom into two roughly equal pieces 一个铀原子分成几乎相等两部分的裂变 ❷[C](关系的)破裂；关系不和；交恶：mend the *rupture* 重修旧好 **II** *v.* 使破裂；使裂开：*rupture* the blood vessel 使血管爆裂

ru·ral /ˈruərəl/ *adj.* [无比较级] 农村的；乡村的；有乡土气息的；乡下人的；有乡民特点的：*rural* lifestyle 乡村生活方式

☆**rural**, **bucolic**, **pastoral**, **rustic** 均有"农村的，乡村的"之意。**rural** 为最普通用词，表示有广阔田野的，也可指农事或乡村简朴的生活：A diminishing portion of the island remains *rural*. (越来越少的岛屿仍保持农村的模样。) **bucolic** 多用于人及其言行，表达的乡下气息要比 rustic 重：city dwellers imagining a *bucolic* bliss (想象乡下美好生活的城里人) / There is here a *bucolic* atmosphere of peculiar beauty and inspiration. (这儿有一种独特美和灵感的田园气氛。) **pastoral** 指与牧人生活有关的羊群、牧场，也可指纯朴、宁静或超脱的田园生活或景致：a charming *pastoral* scene of cows drinking from a stream (一幅奶牛从小溪中喝水的美丽的田园风景) **rustic** 与 rural 的不同之处在于该词强调农村生活的艰苦、落后，缺乏都市生活的精致和高雅，意指土气、粗俗或粗野的：a hunting lodge filled with *rustic* furniture and decoration (摆满农村土气的家具和饰品的狩猎用的房子)

ruse /ruːz/ *n.* [C] 诡计；计策，计谋：The plan was just a *ruse* to conceal her intentions. 这个计划只是一个用来隐瞒她真实意图的诡计。

R

rush /rʌʃ/ **I** *v.* ❶冲,快奔;赶紧,速行:Within minutes, ambulances and police cars *rushed* to the scene. 几分钟后,救护车和警车赶到了现场。❷猛冲;猛攻:The soldiers *rushed* forward. 士兵们向前发起冲锋。❸不期而至,突然来到;快速涌起(或涌出):The train *rushed* by. 火车呼啸而过。**II** *n.* ❶[C]冲,奔跑;速行:make a *rush* for London 急忙赶往伦敦 ❷[U]匆忙,急忙;紧迫:There's no *rush*;what's your hurry? 不着急,你何必那么急呢? ❸[U](交通、事务等的)忙碌;紧张:the Christmas *rush* 圣诞节前的购物热

rush hour *n.* [C](交通繁忙时的)高峰期

Rus·sia /'rʌʃə/ *n.* 俄罗斯(欧洲国家)

Rus·sian /'rʌʃn/ **I** *adj.* [无比较级] ❶俄罗斯的;俄国的;【史】苏俄的 ❷俄罗斯语的,俄语的 **II** *n.* ❶[C]俄罗斯人,俄罗斯公民,俄罗斯居民;俄国人;苏俄人;俄裔 ❷[U]俄罗斯语,俄语

rust /rʌst/ **I** *n.* [U] ❶锈;铁锈;锈迹 ❷铁锈色;赭色 **II** *v.* ❶生锈;锈蚀:The gun will *rust* if you don't polish it. 枪不擦就会生锈。❷(能力、质量等)衰退;(脑子)变迟钝:Your mind will *rust* if you don't study. 不学习

脑子会生锈的。

rus·tic /'rʌstik/ *adj.* [无比较级] ❶乡村的,农村的;有乡村风味的:*rustic* food 具有乡村风味的食物 ❷乡下人般质朴的;土气的:*rustic* look 土里土气的长相 ‖ 'rus·ti·cal·ly /-kᵊli/ *adv.*

rus·tle /'rʌsᵊl/ **I** *v.* (使)沙沙作响;发出瑟瑟声:A rat went *rustling* through the grass. 一只老鼠簌簌地跑过草丛。**II** *n.* [C]沙沙声,簌簌声,瑟瑟声:the *rustle* of paper 纸张的沙沙声 ‖ 'rust·ler *n.* [C]

rust·y /'rʌsti/ *adj.* ❶生锈的;锈蚀的:a *rusty* nail 一枚生锈的钉子 ❷(在知识、学业等方面)荒废的;荒疏的,生疏的:a bit *rusty* on Chinese 对汉语有点生疏

rut /rʌt/ *n.* [C] ❶车辙;(车轮的)轧痕:the *ruts* made by tractors 拖拉机压出的车辙 ❷常规,惯例,陈规 ‖ 'rut·ty *adj.*

ruth·less /'ruːθlis/ *adj.* 无情的,毫无同情心的;冷漠的;残忍的:Her lawyers have been *ruthless* in thrashing out a divorce settlement. 她的律师在抛出离婚解决方案时是毫不留情的。‖ 'ruth·less·ly *adv.* —'ruth·less·ness *n.* [U]

S s

sab·bath /'sæbəθ/ **n.** [C] ❶[常作 the S-]安息日,主日 ❷休息时间,休息期

sab·bat·i·cal /sə'bætik°l/ **n.** [C;U](大学教师等的)公休(期),休假(期);公休(假)

sab·o·tage /'sæbə₁tɑːʒ, ₁sæbə'tɑːʒ/ **I n.** [U](尤指出于政治或军事目的而进行的)蓄意毁坏,恶意毁坏;捣乱:a campaign of *sabotage* 蓄意破坏运动 **II vt.** 对…进行破坏(或捣乱);蓄意毁坏;使变得无用:*sabotage* oil pipelines 破坏石油管道和电力供应

sack /sæk/ **I n.** ❶[C](结实耐用的)大袋;麻袋;粗布袋;塑料袋;厚纸袋:a potato *sack* 装土豆的袋子 ❷[C](一)大袋的东西;(一)大袋的量(*of*):three sacks of potatoes 三大袋的土豆 ❸[the ~]〈口〉解雇,除名,开除:He got [was given] *the sack* for being drunk on duty. 他因当班时喝醉了酒而遭解雇。**II vt.** ❶用大袋(或麻袋等)装(或盛) ❷〈口〉解雇,开除,把…除名:He was *sacked* for being late again. 他因再次迟到而被除名了。‖ **'sack·ful n.** [C]

sa·cred /'seikrid/ **adj.** ❶奉献给上帝(或神灵)的;神圣的(*to*):a mountain *sacred to* the Muses 文艺女神缪斯的圣山 ❷宗教的;有宗教意义的;用于宗教场合的:*sacred* art 宗教艺术 ❸〈书〉神圣不可侵犯的;(诺言、职责等)必须履行的;极为重要的:He is workaholic and his work is absolutely *sacred* to him. 他是个工作狂,对他来说,工作是绝对至关重要的。‖ **'sa·cred·ly adv.** —**'sa·cred·ness n.** [U]

sac·ri·fice /'sækri₁fais/ **I n.** ❶[U;C]供奉,献祭:Divine favour is sought by *sacrifice*. 神赐的恩惠通过献祭来获得。❷[C]供(奉)品,(献)祭品,祭礼:offer the animals as a *sacrifice* 拿动物献祭 ❸[U;C]牺牲;献身,舍身;舍弃;牺牲品:We succeeded at great personal *sacrifice*. 为取得成功我们作出了很大的个人牺牲。**II vt.** ❶牺牲;献出;舍弃:She is not willing to *sacrifice* her career in order to have children. 她不想为了生孩子而放弃自己的事业。❷拿…当供品(或祭礼);杀…以祭祀:*sacrifice* the animal to the gods 宰杀动物祭神 ‖ **sac·ri·fi·cial** /₁sækri'fiʃ°l/ **adj.**

sad /sæd/ **adj.** (**sad·der**, **sad·dest**) ❶悲哀的,伤心的;难过的;显露悲伤(或难过)的:She was looking very *sad*. 她一副悲伤凄惨的样子。❷可悲的;令人悲痛(或难过)的:That's one of the *saddest* news I've ever heard! 这是我所听过的最令人伤心的消息之一! ❸〈口〉十分糟糕的;很不像样的;不可救药的;令人遗憾的:*Sad* to say, I have no money with me. 真遗憾,我身上一个子儿也没有。‖ **'sad·ness n.** [U]

sad·den /'sæd°n/ **vt.** [常用被动语态]〈书〉使悲伤,使难过,使伤心:He was *saddened* to see that there were tears in her eyes. 看见她眼里噙着泪水,他心里很不好受。

sad·dle /'sæd°l/ **n.** [C] ❶(马等的)鞍(子),座鞍;鞍具,鞍鞯:put a [the] *saddle* on the horse 给马备鞍 ❷(自行车、摩托车等的)车座,鞍座,坐垫:a bicycle *saddle* 自行车车座

safe /seif/ **I adj.** ❶安全的,无危险的;保险的;平安的;无损的:They were *safe* over the Alps. 他们安然无恙地翻过了阿尔卑斯山。❷无害的,不能为害的;不致遭受伤害的;不会引起损害的:The leopard is *safe* in its cage. 那头豹关在笼子里,不会伤人的。

❸一定的,有把握的,不会出错的;不致引起争议的:He's so forgetful; it's a *safe* bet that he'll forget it again. 他这人太健忘了,完全有把握地说他又会忘了这事儿。II *n.* [C]保险箱,保险柜:break into [crack] the *safe* and steal everything in it 撬开保险箱并偷光里面的东西 ‖ **'safe·ly** *adv.* —**'safe·ness** *n.* [U]

☆**safe, secure** 均有"安全的,平安的"之意。**safe** 表示安然度过带有某种危险或风险的时期而不受损害或损伤,也指没有危险或风险、十分安全稳妥的情形或处境:They prayed for the *safe* return of the kidnapped child. (他们为那个被绑架的小孩能平安归来而祈祷。) **secure** 有时可与 safe 换用,强调客观形势,指处境安全牢靠或主观感觉很有把握,因而没有必要去担心或忧虑:Her place in the history books is *secure*. (她有着稳固的历史地位。)

safe·guard /'seifˌɡɑːd/ I *n.* [C]预防措施;保障条款;保障物,防护装置:The new law will provide an adequate *safeguard* for consumers. 新法律将充分保护消费者的权益。II *v.* 保护,保卫;捍卫;维护:*safeguard* the interests of the employees 维护雇员的利益

safe·ty /'seifti/ *n.* ❶[U]安全,无危险;保险;平安;无损:*Safety* first! 安全第一! ❷[C;U]安全措施;安全设施,保安装置;(防止事故或疾病的)安全知识,安全技能:an expert in road *safety* 道路安全专家

safe·ty-valve /'seiftiˌvælv/ *n.* [C]【机】安全阀,保险阀

sag /sæɡ/ *vi.* (**sagged**; **sag·ging**) ❶(因承重等而)下弯,下垂;下陷;垂坠:The old lady's head *sagged* on her shoulder. 老太太的头耷拉在肩膀上。 ❷(价格等)下降;(市场等)萧条,疲软:The exchange rates *sagged* considerably. 汇率大幅下降。 ‖ **'sag·gy** *adj.*

said /sed/ I *v.* say 的过去式和过去分词 II *adj.* [无比较级][用于名词前][法律等行业用语]上述的;前面提及的:The *said* Jim Brown broke into a shop last night. 这位叫吉姆·布朗的人昨夜闯入商店行窃。

sail /seil/ I *n.* ❶[C;U]帆,篷:The ship was flying along with billowing *sails*. 那条船扯着满帆飞速而来。 ❷[用单](尤指乘帆船的)航行,航程:Would you like to go for a *sail* in my boat? 你愿不愿意乘坐我的帆船出游? II *vi.* ❶(船)航行;扬帆行驶:*sail* along the bay 沿海岸航行 ❷(人)(乘船)航行:He *sailed* about from island to island. 他四处漂泊,从一个岛驶向另一个岛。 ❸开船,起航:When does the ship *sail*? 什么时候开船? ❹(尤指作为体育运动)驾驶帆船:teach sb. to *sail* 教某人开帆船

sail·boat /'seilˌbəut/ *n.* [C]帆船

sail·cloth /'seilˌklɒθ; -ˌklɔːθ/ *n.* [U](制帆或用作衣料的)帆布

sail·ing /'seiliŋ/ *n.* ❶[C;U](船等的)航行,航海;航行(或航海)术 ❷[C]扬帆,起航,出航;水运航班:The *sailing* is at 8 o'clock PM. 下午 8 点起航。

sail·or /'seilə'/ *n.* [C]海员,水手;水兵

saint /seint, 姓名前 sᵊnt/ *n.* [C] ❶(尤指基督教会正式册封的)圣徒 ❷〈口〉圣人;圣洁的人,品德高尚的人;仁慈的人;极有耐心的人:By the end of the novel, he has become a kind of *saint*. 在这部小说的结尾处,他成了某种意义上的好人。

sake /seik/ *n.* [U;C] ❶利益,好处:give up smoking for one's own *sake* 为自己而戒烟 ❷目的,目标:Let's not let them go for the *sake* of a few dollars. 咱们不能为了几个钱就放过他们。

sal·ad /'sæləd/ *n.* ❶[U;C]色拉,凉拌菜:make a mixed *salad* 做什锦色拉 ❷[U]色拉用蔬菜,生菜

sal·a·ry /'sæləᵊri/ *n.* [C;U](尤指专业人员或白领阶层通常按月或季领取的)薪金,薪水:Our company pays [offers] decent *salaries*. 我们的公司工资待遇不菲。

sale /seil/ *n.* ❶[U;C]销售,出售,卖:Such books meet with an easy *sale*. 这样的书籍好卖(或畅销)。 ❷[通常作~s]销售量;销售额,营业收入:Retail *sales* have remained stagnant. 零售额持续低迷。 ❸[C]降价出售,打折销售;廉价出售:a 75-percent-off *sale* 二五折销售 ❹[C]卖场;展销会 ❺[C]

拍卖(会)，义卖：a *sale* of antique furniture 古董家具拍卖 ‖ **for sale** *adv*. (尤指私人的物品)待售：put the house up *for sale* 登广告准备卖房子 **on sale** *adv*. & *adj*. 降价(或廉价)出售(的)：She got the skirt *on sale*. 她是趁减价时买了这条裙子。

sales clerk *n*. [C]营业员，售货员

sales·man /'seilzₑmˀn/ *n*. [C]([复]-men /-mˀn/) ❶营业员，售货员 ❷(旅行)推销员，巡回推销员 ‖ **'sales·man·ship** *n*. [U]

sales·per·son /'seilzₑpəːsˀn/ *n*. [C]营业员，售货员

sa·li·ent /'seiliˀnt/ 〈书〉 *adj*. ❶突出的，显著的；引人注目的：One of the most *salient* demographic features of the country is uneven distribution of its population. 这个国家最为显著的人口特点之一是其人口分布不均。 ❷[无比较级](工事的外角等)凸起的，外突的：a *salient* angle 外突角 ‖ **'sa·li·ence** *n*. [U] —**'sa·li·ent·ly** *adv*.

sa·li·va /sˀ'laivə/ *n*. [U]唾液，涎 ‖ **sa·li·var·y** /'sælivəri/ *adj*.

sal·i·vate /'sæliˌveit/ *vi*. 分泌唾液，流涎：The thought of all that delicious food made me *salivate*. 一想到那么多佳肴美馔我不禁馋涎欲滴。 ‖ **sal·i·va·tion** /ˌsæli'veiʃˀn/ *n*. [U]

sal·low /'sæləu/ *adj*. (人的肤色等)病态发黄的，蜡黄的；土灰色的：You will become *sallow*, hollow-cheeked and dull-eyed. 你会变得面色蜡黄、两颊凹陷，而且眼神呆滞。 ‖ **'sal·low·ness** *n*. [U]

salm·on /'sæmˀn/ *n*. ([复]-on(s)) ❶[C]【鱼】鲑鱼科鱼类；大麻哈鱼属鱼类 ❷[U]粉红色，浅橙色

sal·on /'sælɔn/ *n*. [C] ❶(尤指法国式或欧陆式大宅中的)大厅，客厅 ❷(提供美发、美容等服务或专卖时装的)廊；厅；店：a hair salon 发廊

sa·loon /sˀ'luːn/ *n*. [C] ❶(旅馆或公共建筑的)大厅；大堂；(有专门用途的)厅，室：a dining saloon 餐厅 ❷(客轮上的)公共休息厅；活动室

salt /sɔːlt, sɒlt/ **I** *n*. [C;U]盐，食盐；氯化钠：*salt*-free diet 无盐饮食 **II** *adj*. [无比较级]含盐的；有(食)盐味的，咸的；用盐腌渍制的；用盐治疗的：a *salt* solution 盐水 **III** *vt*. ❶用盐(或卤水)腌渍(或治疗)：Was the pork cut up and *salted*? 猪肉切好腌上了吗？ ❷(为融雪、防滑等)撒盐于(地上等)：*salt* the road after the storm 暴雪过后在路上撒盐 ‖ **'salt·ed** *adj*. [无比较级]

salt·y /'sɔːlti, 'sɒlti/ *adj*. ❶含盐的，咸的：Sea salt tastes *saltier* than you expect. 海盐比你想象的要咸。 ❷粗俗的，猥亵的：*salty* humour 粗俗的幽默 ‖ **'salt·i·ness** *n*. [U]

sal·u·ta·tion /ˌsælju'teiʃˀn, -lju-/ *n*. 〈书〉 ❶[U;C]招呼；致意；问候：exchange mutual *salutations* 相互致意 ❷[C]致意(或问候)的话(或文字)；(信函或演说开头的)称呼语(如 Ladies and Gentlemen, Dear Madam, My Dearest Sue)：The scene was very like an afternoon reception, with *salutation*, introductions, and gossip. 这个场面就像是一个下午招待会，人们打着招呼，相互引见着，说着闲言碎语。

sa·lute /sˀ'lʲuːt/ **I** *n*. [C;U]致敬；致意；敬礼，行礼：They lifted their hats in *salute*. 他们举帽行礼。 **II** *v*. ❶敬礼(或致敬)；行军礼：The soldiers *saluted* the general when he arrived. 将军到场时士兵们向他行军礼。 ❷〈书〉向…致意；跟…打招呼；(以特定方式)迎接，接待(with)：The first object which *saluted* my eyes when I arrived on the coast was the sea. 我来到海边首先映入眼帘的是大海。

sal·vage /'sælvidʒ/ **I** *n*. ❶[U](在海上或火灾等中对船只、货物等财产的)抢救，挽救；打捞：*salvage* archaeology 抢救性考古挖掘 ❷[用单][总称]抢救(或打捞)出的货物(或财产等)：a sale of *salvage* from the wreck 拍卖从失事船只上打捞出的物品 **II** *vt*. ❶(在船只失事或火灾中)抢救；打捞(沉船)：*salvage* some of the cargo from the ship lying in deep water 从沉入深水中的船上打捞出部分货物 ❷挽回，挽救；使免遭损失：There was nothing to do to *salvage* the situation. 形势已到了无法挽回的地步。‖ **'sal·vage·a·ble** *adj.*

sal·va·tion /sæl'veiʃ°n/ *n.* ❶[U]抢救;挽救,拯救;获救:You can't help; I've got to work out my own *salvation*. 你帮不上忙,我得自己寻求解决办法。❷[U]【宗】灵魂的得救;超度,救度:the eternal *salvation* of the soul 灵魂的永恒救赎 ❸[C]挽救者,拯救者;救星;救助手段:The rain has been our *salvation* after so much dry weather. 天气干旱了这么久,多亏我们有这场救命雨。

sam·ba /'sæmbə, 'sɑːm-/ **I** *n.* [C](源于非洲、流行于巴西的)桑巴舞;舞厅桑巴舞 **II** *vi.* (-baed 或-ba'd /-bəd/) 跳桑巴舞

same /seim/ **I** *adj.* [无比较级]❶[通常与 the 连用]同一的:See you tomorrow night. *Same* time, *same* place. 明儿晚上见,老时间老地方。❷[通常与 the 连用]同样的,相同的:We're the *same* age, almost. 我们差不多是同龄人。❸[通常与 the 连用]无变化的,一成不变的;千篇一律的:Mrs Lee seemed the *same*. 李太太看来还是老样子。**II** *pron.* [通常与 the 连用]同样的人;同样的事物:The *same* is true [the case] with me. 我的情况也是如此。‖ **all the same** *adv.* ❶尽管如此;依然,仍旧,照样:I understand what you're saying. *All the same*, I don't agree with you. 我明白你在说什么,可我说是不同意。❷完全一样,毫无区别;无所谓:It's *all the same* to me whether we go in the morning or in the afternoon. 咱们上午走还是下午走,对我来说都一样。‖ **'same·ness** *n.* [U]

sam·ple /'sɑːmp°l, 'sæm-/ **I** *n.* [C]❶(产品、商品等的)样品,样本;赠品,免费样品:Pepsi sent trucks into the neighbourhoods to hand out free *samples*. 百事可乐公司把卡车开到居民区免费派发样品。❷(科研、统计等的)标本,试样;抽样:test a urine *sample* from a patient 检测病人的尿样 **II** *vt.* ❶从…中抽样(或采样,取样):*sample* the population to find out their opinions 从总人口中抽样调查意见 ❷(抽样)检验,调查:They *sampled* the goods and found the

quality satisfactory. 他们抽检了货物,认为质量令人满意。❸品尝(食品、饮料等):You are welcome to *sample* any of our wines before making a purchase. 本店各类葡萄酒皆可品尝,欢迎先尝后买。

sam·pler /'sɑːmplə', 'sæm-/ *n.* [C]❶抽样员,采样者;取样者:a tea-*sampler* 检茶员 ❷(借以展示刺绣针法、技术等的)绣样 ❸选集,集锦;【音】集锦专辑,精选专辑

san·a·to·ri·um /ˌsænə'tɔːriəm/ *n.* [C]([复]-ri·ums 或-ri·a /-riə/) 疗养院,休养所

sanc·tion /'sæŋkʃ°n/〈书〉**I** *n.* ❶[U]认可,许可;准许,批准:receive official *sanction* for one's scheme 使自己的计划获得官方批准 ❷[C](对行为准则等的)约束(力);制约(因素):The best *sanction* against wrongdoing is that of conscience. 对不良行为的最佳约束即是良心的约束。❸[常用~s](政治、经济等方面的)国际制裁:lift *sanctions* 解除制裁 **II** *vt.* ❶批准,准许;同意:*sanction* the use of capital punishment 准许使用极刑 ❷对…实行制裁,对…施以处罚,惩处

sanc·tu·ar·y /'sæŋktjuəri/ *n.* [C]❶避难所,庇护所;躲避处:a *sanctuary* for the rebels on both sides of the frontier 边境两边草寇的避难所 ❷鸟兽保护区(或保护期);禁猎区(或期):a *sanctuary* against hunting 禁猎区

sand /sænd/ *n.* ❶[U]沙;沙粒:You need *sand* to make concrete. 制造混凝土需要沙。❷[常用~s]沙滩:Our family often picnics on the *sands*. 我们一家常去沙滩野餐。❸[U]沙土色,沙灰色,浅灰色,浅黄棕色 ‖ **'sand·er** *n.* [C]

san·dal /'sænd°l/ *n.* [C]❶凉鞋;拖鞋;浅帮鞋:a man in *sandals* 穿凉鞋的男子 ❷(拖鞋、浅帮鞋等的)鞋襻

sand·pa·per /'sænd,peipə'/ **I** *n.* [U]砂纸 **II** *vt.* (似)用砂纸打磨:*sandpaper* the windows before painting them 漆窗户之前用砂纸将其打磨光滑

sand·storm /'sænd,stɔːm/ *n.* [C]【气】(沙漠上的)沙暴,沙尘暴

sand·wich /'sænd,widʒ, -witʃ/ *n.* [C]❶三

明治,夹心面包(片):What's in that *sandwich*? 那三明治里面是什么? ❷三明治式蛋糕,夹心饼

sand·y /'sændi/ *adj.* [无比较级] ❶(含)沙(质)的;多沙的;被沙覆盖的:My hands are *sandy*. 我两手都沾满了沙子。❷(毛发或肤色)沙(土)色的,浅黄棕色的:*sandy* hair 浅黄棕色的毛发 ‖ **sand·i·ness** *n.* [U]

sane /sein/ *adj.* ❶心智健全的,神志正常的:With a job like mine, it's incredible that I'm still *sane*! 干我这种工作,没想到居然到现在我还没有发疯! ❷清醒的,明智的;合乎情理的:He thought he was too *sane* for such sentimentality. 他认为自己为人老成持重,不致如此多愁善感。 ‖ **'sane·ly** *adv.*

sang /sæŋ/ *v.* sing 的过去式

san·i·tar·y /'sænit°ri/ *adj.* ❶[无比较级]卫生状况的;公共卫生的:Diseases thrive in poor *sanitary* conditions. 卫生状况差的地方疾病就猖獗。❷〈书〉卫生的,清洁的;除菌(或尘)的:His kitchen isn't very *sanitary*. 他的厨房不太卫生。

san·i·ta·tion /ˌsæni'teiʃ°n/ *n.* [U]〈书〉❶改善卫生状况;保持环境卫生 ❷卫生设施;盥洗设备;排污设施

san·i·tize, san·i·tise /'sæniˌtaiz/ *vt.* 使变得卫生;为…消毒(或杀菌):The lavatory has been *sanitized* for your protection. 为了您的健康,厕所已经消过毒了。

san·i·ty /'sæniti/ *n.* [U] ❶神志(或头脑)清醒;精神正常(状态):lose one's *sanity* 变得精神失常❷明智,合乎情理,不偏激:He tried to introduce some *sanity* into the discussion but nobody was willing to listen. 他试图使讨论会理性一点,可是没有人听他的。

sank /sæŋk/ *v.* sink 的过去式

Santa Claus, Santa Klaus /klɔːz/ *n.* [专有名词,不与the连用]圣诞老人

sap /sæp/ *n.* [U]【生】液,汁:The *sap* flowed out when the stem of the flower was cut open. 花茎割开后,汁液流了出来。

sap·phire /'sæfaiə'/ *n.* ❶[U]【矿】蓝宝石

❷[U](泛指)透明刚玉宝石 ❸[U]宝石蓝(色);蔚蓝色;深蓝色

sar·casm /'sɑːkæz°m/ *n.* ❶[U]讽刺,讥讽,挖苦,嘲笑:Her voice dripped *sarcasm*. 她的声音流露出讥讽。❷[C]讽刺话,挖苦话:a speech full of reproachful *sarcasms* 满是指摘讥讽的讲话

sar·cas·tic /sɑː'kæstik/, **sar·cas·ti·cal** /-k°l/ *adj.* ❶讽刺的,讥讽的,挖苦的,嘲笑的:Their friendship gave occasion to many *sarcastic* remarks among the colleagues. 他俩这种交情在同事中间引起了不少冷言冷语。❷好挖苦人的,尖刻的:When we were learning to fish big fish together we used to be excited and rude and *sarcastic*. 当初我们刚开始学着抓大鱼的时候,还不是一样紧张,一样的粗鲁,说难听话。 ‖ **sar'cas·ti·cal·ly** *adv.*

sar·dine /sɑː'diːn/ *n.* [C]([复]-dine(s))【鱼】沙丁鱼;小型鲱类海鱼:a tin of *sardines* 一听沙丁鱼

Sat. *abbr.* Saturday

sat /sæt/ *v.* sit 的过去式和过去分词

sat·el·lite /'sæt°lait/ *n.* [C] ❶【天】卫星:The Moon is the *satellite* of the Earth. 月亮是地球的卫星。❷人造卫星:The game was transmitted around the world by *satellite*. 比赛通过卫星向全世界转播。

sat·ire /'sætaiə'/ *n.* ❶[U]讽刺,讥讽,嘲弄:sb.'s scathing *satire* of the official attitude 某人对官方态度的尖刻嘲弄 ❷[C]讽刺作品:Her play was a cruel *satire* on social life. 她的这出戏对社会生活予以了无情的讽刺。 ‖ **sa·tir·i·cal** /sə'tirik°l/ *adj.* — **sat·i·rist** /'sætirist/ *n.* [C]

sat·i·rize /'sætiˌraiz, 'sæt°-/ *vt.* ❶讽刺,讥讽,嘲讽 ❷写讽刺…的作品;讽刺性地描述:a television programme which *satirizes* the political event 讽刺这一政治事件的电视节目

sat·is·fac·tion /ˌsætis'fækʃ°n/ *n.* ❶[U]满意;满足:I would strive to the utmost to give full *satisfaction*. 本人将鞠躬尽瘁,不负所望。❷[C]令人满意的事物;快事,乐

事；I said he was a hound, which, at the moment, was a great *satisfaction* to me. 我骂他一声卑鄙，这当时使我觉得痛快极了。

sat·is·fac·to·ry /ˌsætisˈfæktⁿri/ *adj.* 令人满意的；合乎要求的；如愿的；恰好的；可喜的：The quality is passable but not very *satisfactory*. 质量尚可，但不是完全令人满意。 ‖ ˌsat·isˈfac·to·ri·ly *adv.*

sat·is·fied /ˈsætisfaid/ *adj.* ❶满意的；满足的：He felt quite *satisfied* after his lunch. 他午饭吃得很多，觉得很饱。❷使确信；使弄清楚：I was *satisfied* that she was guilty. 我确信她有罪。

sat·is·fy /ˈsætisfai/ *vt.* 〔通常不用进行时态〕❶使满意；使满足；使高兴：Are you *satisfied* at〔with〕our service? 您对我们的服务满意吗？❷满足（需要、欲望等）：*satisfy* a reader's curiosity 满足读者的好奇心 ❸达到，符合（要求、标准、条件等）：He *satisfied* all the entrance requirements for university. 他符合上大学的所有条件。❹使确信；使弄清楚：She tells me that my letter has *satisfied* her of Blake's innocence. 她告诉我，看了我的信，她才确信布莱克是冤枉的。

sat·is·fy·ing /ˈsætisfaiiŋ/ *adj.* 令人满意的；使人满足的：It's a very *satisfying* feeling when I've finished a paper. 当我写完一篇论文时就会感觉很满足。

sat·u·rate /ˈsætʃⁿreit, -tju-/ *vt.* ❶浸透；渗透；使湿透：She *saturated* her tiny handkerchief with tears. 她的眼泪湿透了那块小手帕。❷使充满：A dreadful accident *saturated* local medical facilities. 一次可怕的意外事故使得当地的许多医疗机构都人满为患。 ‖ **sat·u·ra·tion** /ˌsætʃəˈreiʃⁿn/ *n.* [U]

Sat·ur·day /ˈsætəˌdei, -di/ *n.* [C;U]星期六（略作 Sat.）

sauce /sɔːs/ *n.* [U;C]调味汁；酱；（液体或半液体的）调料：He can make some spicy *sauces*. 他会做几种香辣调味酱。

sau·cer /ˈsɔːsəʳ/ *n.* [C] ❶（用以放茶杯的）小托盘，茶托，茶碟 ❷碟形物：a flying *saucer* 飞碟

sau·na /ˈsɔːnə, -nɑː, ˈsau-/ *n.* [C] ❶桑拿浴，蒸汽浴；芬兰浴：have a *sauna* 洗桑拿浴 ❷桑拿浴室，蒸汽浴室

saun·ter /ˈsɔːntəʳ/ *vi.* 缓行，漫步；闲逛：In silence he *sauntered* off. 他一声不吭地走开了。

sau·sage /ˈsɔsidʒ, ˈsɔː-/ *n.* [U;C]香肠（段），腊肠（段）：grilled *sausages* 烤香肠

sav·age /ˈsævidʒ/ *adj.* ❶凶恶的，凶残的，无情的；猛烈的：The fire thrust out a *savage* arm of heat. 火堆中冲出灼人的热浪。❷[无比较级]未开化的，原始的，野性的，未驯服的：a tribe in *savage* state 原始部落 ❸不文明的，无礼的，粗鲁的：give sb. the *savage* treatment 粗暴地对待某人 ‖ **ˈsav·age·ly** *adv.*

sav·age·ry /ˈsævidʒⁿri/ *n.* [U]野蛮，残暴（的行为）：The drunkard mistreated his wife with great *savagery*. 那个醉汉极其残暴地殴打他的妻子。

save /seiv/ *vt.* ❶救助，挽救，拯救：She was *saved* in that she was hopeful. 她很乐观，因而不是无法自拔。❷储蓄；积攒；保存：I try and *save* $100 a month. 我努力做到每月储蓄 100 美元。❸保留，留下：*save* a seat for sb. 为某人留个位子 ❹[计]把（文件）存盘，储存：He *saved* his essay to disk A. 他把文章存到 A 盘。❺节省，节约：No dictionary is spared the necessity to *save* space. 所有词典都要考虑节省篇幅。 ‖ **ˈsav(e)·a·ble** *adj.*

sav·ing /ˈseiviŋ/ *n.* ❶[通常用单]节约（或节省）的东西；节省的量：It'll be a *saving* to take this shortcut. 走这条捷径能省时间。❷[U]存钱，储蓄 ❸[～s]存款，储蓄金：Are your *savings* big enough to buy a house? 你们存的钱够买房子吗？

sa·vor /ˈseivəʳ/ *n.* & *vt.* 〈主美〉=savour

sa·vor·y /ˈseivⁿri/ *adj.* & *n.* 〈主美〉=savoury

sa·vo(u)r /ˈseivəʳ/ I *n.* [U]味道；口味，滋味；气味：The vegetables have cooked too long and lost their *savour*. 菜烧得时间太

长,已经没有什么滋味了。**II** *vt.* 品尝:*sa-vour* a cup of tea 品一杯茶〔亦作 *savor*〕

sa·vo(u)r·y /'seivʰri/ *adj.* ❶有滋味的,美味的;可口的,开胃的:a *savoury* aroma 香气 ❷有咸味的;有辣味的;不甜的:*savoury* dumplings 咸味饺子 ‖ **'sa·vo(u)r·i·ness** *n.* [U]

saw[1] /sɔ:/ **I** *n.* [C]锯(子);锯条;锯床,锯机:a power *saw* 电锯 **II** (过去式 **sawed**,过去分词 **sawn** /sɔ:n/或 **sawed**) *vi.* ❶用锯锯东西;拉锯:*saw* through a power cable 把电缆锯断 ❷被锯开:This wood *saws* easily. 这种木料容易锯开。

saw[2] /sɔ:/ *v.* see 的过去式

saw[3] /sɔ:/ *n.* [C]谚语;箴言,格言:the old *saw* that ignorance is bliss "无知是福"这句古语

sax /sæks/ *n.* [C]〈口〉【音】萨克斯管(=sax-ophone)

sax·o·phone /'sæksəˌfəun/ *n.* [C]【音】萨克斯管,萨克斯风 ‖ **'sax·oph·on·ist** *n.* [C]

say /sei/ **I** (**said** /sed/;第三人称单数现在式 **says** /sez/) *vt.* 说,讲:What did she *say*? 她说了什么? **II** *n.* ❶[常作 one's *say*]想说的话;所说的话;意见:Say *your say*. 你说你的吧。❷[用单]发言机会;发言权:demand an equal *say* in sth. 要求对某事拥有平等的发言权 ❸[常作 the *say*]决定权:In those days he wasn't allowed much *say* in choosing his wife. 在那个时候他在择偶问题上没有多少自主权。‖ *that is to say* *adv.* [用作插入语]亦即,也就是说,换句话说:He is coming next Friday, *that is to say*, on the 25th. 他下星期五,也就是 25 号来。

☆ **say, communicate, inform, speak, state, tell, verbalize** 均有"说,讲"之意。**say** 为最普通用词,着重所讲的内容。主语可以是人,也可以是文字、书刊等,既可指精确地叙述,也可指表达主要意思:He *said* he's thirsty. (他说他很口渴。)该词也可表示念或背诵:Try to *say* that line with more conviction. (念这一行时,要尽量带着坚定的信心。) **communicate** 强调交流和让别人理解,交流的手段包括语言、姿势、信号或代码等:Our teacher *communicates* his ideas clearly. (我们的老师非常清楚地表述自己的想法。) **inform** 指传达事宜或信息,主语可以是人,也可以是物,宾语通常是人,常以介词引导所传达信息的内容:I *informed* him that I would not be able to attend. (我通知他我不能够出席。)该词也可表示告发或检举:I'm amazed to hear that she was the one who *informed* on her husband. (听说她就是那个举报她丈夫的人,我十分吃惊。) **speak** 为普通用词,既可指长篇大论地讲演,也可指三言两语地与人交谈,一般强调说话的能力而不着重说话的内容:She *spoke* for forty minutes at the meeting. (她在会上讲了 40 分钟。) **state** 较为正式,指用明确的语言或文字郑重陈述理由、叙述事实或提出主张:He *stated* positively that he had never seen the man. (他肯定地说他从未见过那个男子。) **tell** 侧重提供情况,指将某事或故事等讲给别人听,一般带有一个间接宾语(人)和一个直接宾语(物):I can't *tell* my students how happy I am. (我无法告诉我的学生我有多高兴。)该词可表示吩咐或命令:That child has got to learn to do what he's *told*. (那个孩子必须按照吩咐的去做。) **verbalize** 强调用语言来表达抽象思想或复杂感情的能力,指流利、清楚而准确地表述,有时也指矫揉造作、玩弄辞藻:He couldn't *verbalize* his fear. (他无法用语言表达出他的恐惧。)

say·ing /'seiiŋ/ *n.* ❶[U;C]说话,讲话;发表意见:*Saying* and doing should agree with each other. 言行应该一致。❷[C]话(语),言论;意见:Throw away your pretty *say-ings*! 去你的花言巧语吧! ❸[C]格言,警句;谚语,俗语:There is an old *saying* that a cat has nine lives. 古语云,猫有九命。

scab /skæb/ *n.* [C;U]【医】痂,疤:The coarse jacket tore away the *scabs* that had congealed on his wounds. 粗糙夹克刮掉了结在他伤口上的痂。

scald /skɔ:ld, skəld/ **I** *vt.* ❶(用沸水、热气等)烫伤(皮肤等):She *scalded* her hand with hot grease. 她的手被热油烫伤了。❷把(牛奶等)加热至接近沸点:*scald* the milk and add some honey 把牛奶烧开再加点蜂蜜 **II** n. [C]烫伤,灼伤

scale¹ /skeil/ n. [C] ❶[常作～s]天平;磅秤;盘秤:weigh oneself on the *scales* 在秤上称体重 ❷天平盘,秤盘

scale² /skeil/ n. ❶[C;U]等级,级别;分级(制);等级表;标度法:The earthquake measured seven points on the Richter *scale*. 这次地震的强度是里氏 7 级。❷[C;U]【地理】【建】(地图、模型等的)比例,比率;比例尺;缩放程度:This map is larger in *scale* than that one. 这幅地图的比例尺比那幅的大。❸[U;C](相对)程度;范围;规模:Tourism has expanded to an industrial *scale*. 旅游已经扩展到了产业规模。❹[C]【音】音阶:a *scale* in the key of C C 大调音阶 ❺[C]刻度,标度;刻度单位:the *scale* on a barometer 晴雨表上的刻度 ❻[C]刻度尺,标尺;计算尺:a folding *scale* 折尺

scal·lion /'skæljᵊn/ n. [C]【植】❶青葱 ❷大葱

scamp·er /'skæmpəʳ/ vi. (匆匆或轻快地)跑跳;快跑;跳着玩(*about*, *through*):The three children *scampered* off into the road-side garden. 三个孩子欢快地跑到路边的花园里去了。

scan /skæn/ vt. (scanned;scan·ning) ❶〈书〉审视;细看,端详:She repeatedly *scanned* the rich furnishings of the room. 她把房间里的豪华陈设打量了一眼又一眼。❷扫视,浏览;快速审阅:rapidly *scan* the speech for errors 快速扫视讲稿以寻找错误

scan·dal /'skændᵊl/ n. ❶[C;U]丑闻;丑行;丑事:The *scandal* must break sooner or later. 这起丑事早晚会东窗事发。❷[用单]耻辱;公愤,民愤;引起公愤的举动:The poor state of school buildings is a real *scandal*. 学校的不少校舍年久失修,情况令人震惊。❸[U]恶意中伤;流言蜚语;背后诽谤:talk *scandal* 说闲话

scan·dal·ous /'skændᵊləs/ adj. 丢脸的,令人震惊的:It's *scandalous* that you still haven't been paid. 到现在还没有付给你钱,这太不像话了。‖ 'scan·dal·ous·ly adv.

scan·ner /'skænəʳ/ n. [C] ❶(电子)扫描工具;扫描设备;扫描仪;析像仪 ❷审视者,细看者;浏览者;扫描者

scant /skænt/〈书〉adj. ❶不足的,不够的;少量的;贫乏的:Even in that *scant* garment he was very hot and sweaty. 尽管衣衫单薄,他还是感到浑身发热直冒汗。❷[作定语,与表示数量的词连用]刚刚够的,勉强够的;差一点点的:He was a *scant* four years older than John. 他比约翰大了将近四岁。‖ 'scant·ly adv.

scant·y /'skænti/ adj. 不足的,不够的;缺乏的;少量的,过少的:The evidence against him was *scanty* and contradictory. 指控他的证据不足,而且还相互矛盾。‖ 'scant·i·ly adv.

scar /skɑːʳ/ n. [C] ❶【医】疤,伤疤;瘢痕;痕:a faint *scar* 隐约可见的疤痕 ❷〈喻〉(精神等方面的)创伤;(不良)影响

scarce /skeəs/ [无比较级] adj. ❶[通常用作表语](尤指食品、金钱等)匮乏的;不足的;供不应求的:*scarce* natural resources 匮乏的自然资源 ❷稀有的,罕见的;难弄到的 ‖ 'scarce·ness n. [U]

scarce·ly /'skeəsli/ adv. [无比较级] ❶几乎不,简直不:Her writing is *scarcely* known today. 她的作品如今已鲜为人知。❷当然不,肯定不,决不:She could *scarcely* have said a thing like that. 她才不会说那种话呢。❸[表示抱歉、讽刺或委婉等]不;大概不:That can *scarcely* have been true of any period. 并不是任何时期都是如此。

scar·ci·ty /'skeəsiti/ n. [U;C]短缺,匮乏;不足;荒歉(时期):Abundance has brought *scarcity*. 满目损,盈致亏。

scare /skeəʳ/ vt. ❶吓,使惊恐,使恐惧,使害怕:His threat *scared* her out of telling the police. 他的威胁吓得她不敢报警。❷吓走,吓跑:*scare* chickens from the vegetable garden 把小鸡从菜园吓跑

scared /skeəd/ adj. 惊恐的,恐惧的,害怕的:There wasn't *scared* bone in him. 他毫无惧色。

scarf /skɑːf/ n. [C]([复]scarves /skɑːvz/ 或

scarfs)（用以保暖或装饰等的）围巾，头巾；披肩；领巾

scar·y /'skeəri,'skæri/ *adj.* 〈口〉❶吓人的，可怕的，恐怖的：At night the house was very quiet and *scary*. 夜里，那幢房子一片死寂，森然可怖。❷易受惊的；胆怯的：a *scary* horse 易受惊的马 ‖ **'scar·i·ness** *n.* [U]

scath·ing /'skeiðiŋ/ *adj.* 严厉的，尖锐的；尖刻的，刻薄的：a *scathing* indictment 严厉的控诉 ‖ **'scath·ing·ly** *adv.*

scat·ter /'skætə'/ *v.* ❶撒，撒播；散布；(使)散落：He *scattered* his clothes all over the room. 他把衣服扔得满房间都是。❷撒播于；散布于；稀稀落落地覆盖：A tiny log cabins were *scattered* among the trees. 小木屋散落在树林中。❸(使)逃散，(使)溃散；(使)消散；驱散：The police came and *scattered* the demonstrators. 警察赶来驱散了示威的人群。

☆**scatter, dispel, disperse, dissipate** 均有"驱散，分散"之意。**scatter** 为普通用词，表示人或事物因受外界因素影响而向各个方向散开：The gunshot *scattered* the birds. （枪声驱散了鸟群。）**dispel** 强调驱逐而不是分散，常表示排除黑暗、混乱、烦恼、疑虑或恐惧等：Her reassuring words *dispelled* our doubts. （她令人放心的话消除了我们的疑虑。）**disperse** 表示比 scatter 散得更开，指整体完全破碎：The wind *dispersed* the clouds. （风吹散了云。）**dissipate** 表示通过蒸发、分解而分崩离析，消失不见，也可表示挥霍钱财：The fog quickly *dissipated* as the sun rose. （太阳升起时雾很快就消散了。）/ He *dissipated* his large fortune in a few years of heavy spending. （他在几年的大肆挥霍中把自己一大笔财产都花光了。）该词也可用于人：The crowd soon *dissipated* when the police arrived. （警察一到，人群很快就散开了。）

scene /si:n/ *n.* [C] ❶(故事、事件等的)发生地点，现场；背景：Within a few minutes, the ambulance rushed to the *scene*. 几分钟之内救护车急驰着赶到事发现场。❷(现实生活中或虚构的)事件，插曲；场面：relive a *scene*

in memory 让记忆中的场景重现 ❸(在众人面前愤怒等的)情绪发作；吵闹：make a *scene* with sb. about trifles 因鸡毛蒜皮的事与某人吵闹 ❹【戏】【电影】【电视】场；场面；情节，片段：The parting of the lovers is a very moving *scene*. 恋人别离那一场戏很感人。❺【戏】【电影】【电视】布景，场景：The *scene* is the royal court. 布景是皇宫。

scen·er·y /'si:n°ri/ *n.* [U] ❶风景，景色，景观：The coastal region contains no very remarkable *scenery*. 这一海岸地区没有非常迷人的景致。❷(戏剧、电影或电视的)(舞台)布景，场景：stage *scenery* 舞台布景

☆**scenery, landscape, scene, view** 均有"风景，景色"之意。**scenery** 为不可数名词，指以审美的眼光看到的自然景观，特指农村美丽的自然风光：We passed through some beautiful *scenery* on our journey through the Lake District. （在我们去湖区旅行的途中，我们路过了一些美丽的风景。）**landscape** 尤指某一特定地区的山川、峡谷、田园、树木和建筑等的综合陆地景色或风景：We stood at the top of the hill and viewed the beautiful *landscape*. （我们站在山顶眺望美丽的山川景色。）**scene** 指从观看者角度出发所见到的景色，也可指有人活动的场面：The children, playing happily with their mother, made a pretty domestic *scene*. （孩子们与他们的父母快乐地玩耍，营造出一种家庭和睦的景象。）**view** 强调从某一特定位置向远处眺望所见到的景色：The only *view* from my bedroom is of some high-rises. （从我的卧室看到的唯一一景致就是一些高楼大厦。）

sce·nic /'si:nik/ *adj.* [无比较级] ❶风景如画的；有自然美的；给人深刻印象的：a *scenic* view 旖旎风光 ❷风景的；自然景观的：the *scenic* beauty of Switzerland 瑞士的自然美景

scent /sent/ *n.* ❶[U;C]气味；(尤指)香气，香味；芳香：A faint *scent* hangs in the thick air. 一股淡淡的香气悬浮在浓浓的空气中。❷[C](动物的)臭迹，遗臭：The dog followed the fox by (the) *scent* as far as the river. 狗循着狐狸的臭迹一直追踪到河边。❸[C]线索；踪迹；蛛丝马迹：The police have got *scent* of the serial murders. 警方已掌握了那起系列谋杀案的线索。❹[U](动物的)嗅觉:have a good *scent* 嗅觉很灵敏

scep·tic /'skeptik/ *n.* [C] 怀疑者,怀疑论者

sched·ule /'ʃedjuːl; 'skedʒuːl,-dʒuˀl,-dʒˀl/ **I** *n.* [C] ❶计划(表);(议事)日程(表);工作安排(表):What's your *schedule* for next week? 你下周的活动是怎样安排的? ❷时间表;(学校里的)课程表;(行车等的)时刻表:an airline *schedule* 航班时刻表 **II** *vt.* ❶将⋯列入计划表(或议事日程、工作安排表、时间表等);将⋯列表:*schedule* one's receipts and expenditures 把收支情况列成清单 ❷安排,制订(计划、日程等):The meeting is *scheduled* for 10 am. 会议定于上午10点钟开始。

sche·mat·ic /ski'mætik, ski-/ *adj.* [无比较级]❶图解的;草图的:It's only a *schematic* diagram, and it doesn't show the details. 这只是个草图,没有标明细节。❷规划的;大纲的,概要的

scheme /skiːm/ *n.* [C]❶(工作、行动等的)计划,方案;(系统性的)设计,规划:the national health insurance *scheme* 国家健康保险计划 ❷诡计,阴谋;计谋,策略:She was full of *schemes* and secrets. 她诡计多端,居心叵测。❸图表;草图,略图 ‖ 'schem·er *n.* [C]

schol·ar /'skɒlə/ *n.* [C](尤指人文学科领域的)学者,学界人士;博学者:a visiting *scholar* 访问学者 ‖ 'schol·ar·ly *adj.*

schol·ar·ship /'skɒləʃip/ *n.* ❶[U]学识,学问;学术成就;学术水平:excel in *scholarship* at school 在学校里学业优秀 ❷[C]奖学金:apply for a *scholarship* 申请奖学金

school /skuːl/ *n.* ❶[C;U]学校;中学;小学:a boarding *school* 寄宿学校 ❷[U][不用冠词]上学;上课;上课时间;教学;培训(课程):Children usually attend *school* till they are about 15. 孩子们通常上中学上到15岁左右。❸(大学中的)系,科;研究所 ❹[C]学派,流派;[总称]流派成员;(哲学、艺术等大师的)追随者,门徒:the Platonic *school* of

philosophy 柏拉图派哲学

school·mas·ter /'skuːlˌmɑːstə; -ˌmæs-/ *n.* [C](中学或小学的)(男)校长;(男)教师

school·room /'skuːlˌruːm,-ˌrum/ *n.* [C]教室

school·teach·er /'skuːlˌtiːtʃə/ *n.* [C](中学、小学等的)教师,教员 ‖ 'school·teach·ing *n.* [U]

school·yard /'skuːlˌjɑːd/ *n.* [C]校园;操场

school year *n.* [C]学年

sci·ence /'saiˀns/ *n.* ❶[U]科学;科学研究:Modern *science* has discovered a lot about the origin of life. 现代科学发现了不少有关生命起源的知识。❷[U;C]自然科学;(科学)学科:She prefers the arts to the *sciences*. 与理科相比,她更喜欢文科科目。

science fiction *n.* [U]科幻小说

sci·en·tif·ic /ˌsaiˀn'tifik/ *adj.* [作定语]❶[无比较级]科学(上)的:*scientific* knowledge 科学知识 ❷(具有)科学性的;符合科学规律的;系统的;精确的:a highly *scientific* report 科学性很强的报告 ‖ sci·en'tif·i·cal·ly /-kˀli/ *adv.*

sci·en·tist /'saiˀntist/ *n.* [C](尤指自然科学领域的)科学家;科学工作者

scis·sor /'sizə/ **I** *vt.* ❶(用剪刀)剪,剪断(*off*,*up*,*into*):*scissor up* a paper 把纸剪开 ❷(从报纸等上)剪下(*out*):Peter *scissored* a photo of the actress from the magazine. 彼得从杂志上剪了一张那位女演员的照片。**II** *n.* [C]剪刀

scis·sors /'sizəz/ [复] *n.* [用作单或复]剪刀:There's a pair of *scissors* on the table; could you pass me those *scissors*,please? 桌子上有一把剪刀,请递一下好么? ‖ 'scis·sor·like *adj.*

scoff[1] /skɒf/ *vi.* 嘲笑,嘲弄,讥笑(*at*):*scoff at* a fanciful notion 嗤笑空想念头

scoff[2] /skɒf/ 〈口〉*v.* 贪婪地吃,狼吞虎咽地吃:I left a huge cake on the table and Tom *scoffed* the lot. 我在桌上留了一大块糕,结果全给汤姆吃掉了。

scold /skəuld/ *v.* 骂,责骂:She *scolded* about her husband's eating habits. 她一个劲

儿数落她老公的吃相。‖ **'scold·ing** *n.* 〔U; C〕

☆**scold, berate, rail, revile, upbraid** 均有"责骂"之意。**scold** 为普通用词，常指某人心情不佳或发脾气时申诉他人，适用于上级、父母或老师对不当举止的责备，有时也可表示没完没了、不见成效的唠叨：Mary *scolded* him for having left the door open. （玛丽责怪他一直把门开着。）**berate** 常指连续不断地痛斥和辱骂，谴责的对象往往是事情的全部或某种生活方式，而不是具体的行为末端，表示出否定一切的蔑视态度：The old man continued *berating* them. （那个老人继续不断地辱骂他们。）**rail** 常用作不及物动词，后面跟 at 或 against，漫骂的程度不如 revile 强烈，但带有讥笑、嘲弄的意味：*rail* loudly at the insolent bureaucrat （大声嘲弄傲慢的官僚）/ *rail* against injustices （指责不公正现象）**revile** 尤指因出于气愤或仇恨而恶言攻击，带有诽谤或破坏名誉的意思：He *reviled* his opponent unmercifully. （他毫不留情地辱骂对手。）**upbraid** 比 scold 正式，而且理由充足，表示长时间地批评或训斥某人做错事：The governor *upbraided* his aides for poor research. （州长批评助手调查做得不好。）

scoop /sku:p/ I *n.* 〔C〕❶勺，勺子；勺形工具；舀子；戽斗：a kitchen *scoop* 厨房用勺 ❷一勺（或铲、匙等）的量：Just two *scoops* of mashed potato for me, please. 请给我来两勺土豆泥吧。❸〔the ～〕〈口〉(报纸、广播等的)独占先机的新闻，最快的独家报道；最新消息：What's *the scoop* on the home front? 后方有什么最新动态？II *vt.* ❶(用铲等)挖，铲；(用勺等)舀(*out, up*)：*scoop* a niche *out* of the rock 从岩石上挖出一个壁龛 ❷快速地捡起，拾起，抱起：She *scooped* up the wallet on the ground. 她一把捡起地上的皮夹子。❸抢在(别家)之前报道新闻；比…抢先获得新闻：The journalist rushed to the scene in case he was *scooped*. 这位记者赶赴现场，担心被别人抢了先。

scope /skəʊp/ *n.* ❶〔U〕(活动、效用等的)范围，领域：That problem goes well beyond the *scope* of this lecture. 那个问题不在该讲座的讨论范围之内。❷〔U〕(能力、行动等的)空间，余地；机会；可能性：There was more *scope* for imagination in art. 艺术中有着更宽广的发挥想象力的空间。

scorch /skɔ:tʃ/ *vt.* 把…烧焦，把…烤焦；烧伤；烫伤：The west side of the house had been *scorched* evenly free of white paint. 房子的西侧被烤得焦黑，白漆一点也没有了。

score /skɔ:/ I *n.* 〔C〕❶得分；比分；计分；总分；(以分数记录的)成绩：Tom had an average *score* of 65 in his exams. 汤姆考试的平均成绩为 65 分。❷〔音〕总谱；乐谱；配乐；乐曲，歌曲：write [create] the *score* of [to] the movie 为这部电影作曲 II *v.* ❶取得(分数等)；为(参赛者、比赛等)记分；记(分)；给…评分：Frank *scored* the game for us. 弗兰克为我们记录比赛分数。❷获得成功，赢得；取得，搞到：*score* a big hit 获得很大成功 ‖ **'score·less** *adj.* — **'scor·er** *n.* 〔C〕

scorn /skɔ:n/ I *n.* 〔U〕轻蔑，鄙视，鄙夷：look at sb. with *scorn* 鄙夷地看着某人 II *vt.* 鄙视，蔑视，看不起：The popular writer *scorned* his critics. 这位畅销书作家看不起批评他的人。

scorn·ful /'skɔ:nfʊl/ *adj.* 轻蔑的，鄙视的，鄙夷的；嘲笑的：His face grew bitterly *scornful.* 他的面容一变而为鄙夷不屑的样子。‖ **'scorn·ful·ly** *adv.*

Scot /skɔt/ *n.* 〔C〕苏格兰人；苏格兰人后裔〔亦作 **Scotsman, Scotswoman**〕

Scotch /skɔtʃ/ *n.* ❶〔the ～〕苏格兰人 ❷苏格兰威士忌

Scot·tish /'skɔtɪʃ/ I *adj.* 〔无比较级〕苏格兰的；苏格兰人的 II *n.* 〔the ～〕苏格兰人

scour¹ /'skaʊə/ *vt.* ❶擦净；擦光，磨亮：*scour* (out) the blackened frying pan 把发黑的煎锅擦洗干净 ❷洗掉；擦去；清除(*a-way, off*)：*scour* the rust *away* [*off*] with a scouring pad 用擦洗网垫把锈迹擦净 ❸刷洗；冲刷成，冲出：Floodwater has *scoured* out a creek bed. 洪水冲刷出一条小溪的河床。

scour² /'skaʊə/ *vt.* 仔细搜遍(某一地区等)：They joined the police *scouring* the dense, forbidding woods. 他们加入警察当中去, 搜寻阴森茂密的那片树林。

scourge /skɔːdʒ/ n. [C] ❶(惩戒用的)鞭子 ❷造成灾难的人(或事物); 天谴,祸害; 祸根;苦难的根源: wipe out the *scourge* of o-pium 清除鸦片毒害

scout /skaut/ n. [C] ❶【军】侦察机;侦察兵,侦察员;探子 ❷(体育界或娱乐界的)猎头;星探

scowl /skaul/ I n. [C]蹙额,皱眉头;怒容: glance at sb. with a *scowl* 怒视某人 II vi. 蹙额,皱眉头;作怒容: He said nothing, only *scowled* to indicate he was far from happy. 他什么都没说,只是皱一皱眉,表明他大为不快。

scrab·ble /'skræbʰl/ vi. ❶乱抓,乱扒;摸索;摸索着寻找(或收集)(about, at): He *scrabbled about* in the big drawer, trying to find his keys. 他在大抽屉里翻找钥匙。❷努力达到;竭力争取: In the computer market, several big companies are *scrabbling* for a share. 在计算机市场上,好几家大公司都想在竞争中捞一把。‖ '**scrab·bler** n. [C]

scram·ble /'skræmbʰl/ vi. ❶(在岩间或崎岖路面上等)爬(行),攀登;快速攀爬: *scramble* aboard the boat 爬上小船 ❷竞争;争抢,抢夺(for, at): *scramble* madly for [to get] the front seats 争夺前面的座位 ❸急忙(或艰难)地行动: Seeing the fire, the boy *scrambled* for the door. 男孩看见起火便连忙跑向门口。‖ '**scram·bler** n. [C]

scrap /skræp/ n. ❶[C]碎片,碎屑;零头: write on a *scrap* of paper 在一片纸上写 ❷[U]垃圾;废品: heaps of *scrap* 成堆的垃圾

scrape /skreip/ I vt. ❶刮,擦,蹭;削: *scrape* the door to remove paint 刮掉门上的漆 ❷刮掉,擦除;蹭去(away, off): *scrape* meat from bones 从骨头上剔肉 ❸(使)磨蹭;刮伤;擦坏: She *scraped* her arm on a rough rock when she fell. 她跌了一跤,在粗糙的岩石上擦伤了胳膊。II n. [C] ❶刮,擦;蹭 ❷刮痕,擦痕;擦伤处: He was

not hurt seriously — it's just a *scrape*. 他伤得不重,只是擦破了皮。❸〈口〉(尤指恶作剧引起的)麻烦;困境: help sb. out of the *scrape* 帮某人摆脱了困境 ‖ '**scrap·er** n. [C]

scratch /skrætʃ/ I vt. ❶刮;划拉;划痕于: He *scratched* match on his boot heel. 他在靴子后跟上划了一根火柴。❷划痕,划破;抓伤,抓破: She *scratched* his face with her fingernails. 她用手指甲抓破了他的脸。❸抓,挠,搔: *scratch* one's jaw 抓挠下巴 II n. ❶[C]刮痕,划痕;抓伤(处);擦伤(处): The desk was covered in *scratches*. 书桌上满是划痕。❷[C]划(或抓等)的声音;(放唱片时唱针与唱片摩擦发出的)刮擦声: The *scratches* on the record make it impossible to enjoy the music. 唱片上发出的刮擦声令人无法欣赏音乐。

scratch·y /'skrætʃi/ adj. ❶发出刮擦声的;(声音)刺耳的;(唱片等)有咔嚓声的: create a *scratchy* sound 发出刮擦声 ❷令人发痒的;a *scratchy* woollen shirt 刺弄人的羊毛衫 ‖ '**scratch·i·ly** adv. — '**scratch·i·ness** n. [U]

scrawl /skrɔːl/ vt. 潦草(或匆忙)地写(或画);乱涂;乱写;乱画: He *scrawled* a letter to his mother. 他匆匆地给妈妈写了一封信。

scrawn·y /'skrɔːni/ adj. 骨瘦如柴的,瘦得皮包骨的 ‖ '**scrawn·i·ness** n. [U]

scream /skriːm/ I n. [C](因痛苦、恐惧、愤怒、激动等发出的)尖叫(声),惊叫(声): a *scream* of laughter 尖声大笑 II vi. ❶(因痛苦、恐惧、愤怒、激动等而)尖叫,惊叫;尖声大喊: He *screamed* at his son for making noise. 他因为儿子弄出声响来而对他大声嚷嚷。❷发出尖锐而刺耳的声音;呼啸而过: The whistle of the locomotive *screamed* mournfully and hysterically. 机车的汽笛哀婉而疯狂地啸叫着。‖ '**scream·er** n. [C]

☆**scream, screech, shriek** 均有"尖叫"之意。**scream** 表示因恐惧、痛苦而突然发出的大声尖叫,强调人们惊恐万状、歇斯底里: Clutching his crushed foot, he let out a *scream* of pain. (他捏着压伤的脚,发出了一阵痛苦的尖叫。)该词也可夸张地表示大为吃惊时发出的惊喜声:a *scream* of delight (兴奋的尖叫声)该词还可引申用于事物:The *scream* of the jets overhead drowned our conversation. (头顶喷气飞机的呼啸声淹没了我们的谈话声。) **screech** 指刺耳的长声尖叫,往往带有十分难听、令人不快的意味,也可指轮胎等挤压路面时发出的声响:The parrot gave a loud *screech*. (鹦鹉发出了一声尖厉的叫声。)**shriek** 与 scream 的不同之处在于强调喊叫声的尖厉刺耳,常用于妇女:He gave a *shriek* of terror at the sight. (他看到这一情景发出了一声恐怖的尖叫。)该词也可表示大吃一惊时突然发出的惊喜声:When she opened the present,she gave a little *shriek* of joy. (她打开礼物,高兴地尖叫了一声。)

screech /skriːtʃ/ **I** *n.* [C]尖叫;尖锐刺耳的声音:The car accident was followed by the screech of tires. 车祸发生后,是一阵刺耳的轮胎声。**II** *vi.* 尖叫;发出尖锐刺耳的声音:The car came *screeching* to a stop. 汽车开到十字路口时嘎的一声刹住了。‖ **'screech·y** *adj.*

screen /skriːn/ *n.* ❶[C]屏;屏风;帐,幕;隔板;屏障:The nurse pulled a *screen* around the bed. 护士绕床拉起一道帘子。❷[C]掩护物;掩蔽物,遮蔽物 ❸[C](电影)银幕;[the ~]电影(或电视)界;电影(事)业:The play was a success on *screen*. 该剧拍成电影一举成功。❹[C]【电子】荧光屏;(电视机、计算机等的)屏幕:The video image reduces the imagination to a 25-inch *screen*. 录像把人的想象力缩减到 25 英寸的屏幕上。

screw /skruː/ **I** *n.* [C] 螺(丝)钉,螺丝,(尤指木工用的)木螺丝:drive in a *screw* 把螺钉拧进去 **II** *vt.* ❶(用螺钉等)把…钉牢;为…加固;钉紧:*screw* the chairs into the floor 把椅子钉牢在地板上 ❷拧(螺钉等);(旋转着)操纵(带螺纹的物体):*screw* the lid down tightly 把盖子拧紧

scrib·ble /'skrɪb°l/ *vt.* 匆忙(或潦草)地写:*scribble* a message on the edge of a newspaper 在报纸的边上潦草地写下一条留

言 — *vi.* 乱涂;涂鸦:He began *scribbling* rapidly on a pad. 他开始在拍纸簿上奋笔疾书。‖ **'scrib·bler** *n.* [C]

script /skrɪpt/ *n.* ❶[U](区别于印刷体的)手写体;手书,手迹:write in a tight *script* 字迹细密地书写 ❷[U;C]【印】书写体;书写体铅字:italic *script* 斜体字 ❸[C;U]书写系统:Can you read Greek *script*? 你能认希腊文吗? ❹[C](戏剧、电影等的)剧本,脚本;广播稿:He deserves an Oscar for his original *script*. 他应该获得奥斯卡原创电影剧本奖。

scroll /skrəʊl/ **I** *n.* [C] ❶(有书写内容等的纸)卷,卷轴:a *scroll* painter 卷轴画家 ❷(书籍的)卷子本,书卷;画卷 **II** *vi.* 【计】(显示屏上的内容)滚动,滚屏,翻屏:The text will *scroll* up automatically when you type. 在你录入的时候,文本会自动上卷。

scrub¹ /skrʌb/ **I** (scrubbed;scrub·bing) *v.* ❶(用硬刷等)用力擦洗,搓洗;擦净:She *scrubbed* floors on her hands and knees. 她跪着擦地板。❷〈口〉取消(计划、命令等);放弃:*scrub* a mission 取消一项任务 ❸擦掉,刷掉:*scrub* the chewing gum off the floor 把地板上的口香糖刮掉 **II** *n.* [C;U]擦洗,搓洗;擦净:Children,your hands need a good *scrub*. 孩子们,你们得好好地洗洗手。‖ **'scrub·ber** *n.* [C]

scrub² /skrʌb/ *n.* ❶[U]灌木丛,矮树林:pine *scrub* 矮松林 ❷[C]灌木林地,矮树林地块

scruff /skrʌf/ *n.* [C]颈背,后颈:grab [get] hold of sb. by the *scruff* of sb.'s neck 揪住某人的后颈

scruf·fy /'skrʌfi/ *adj.* 〈口〉不整洁的,邋遢的;衣衫褴褛的:a *scruffy*-looking chap 一个衣衫褴褛的家伙

scru·ple /'skruːp°l/ 〈书〉*n.* [C]常作~s]顾虑,顾忌;犹豫,犹疑:Her moral *scruples* kept her from doing that. 出于良心上的考虑,她不能那么做。

scru·pu·lous /'skruːpjʊləs/ *adj.* ❶有顾忌的;谨严的,审慎的;有道德原则的,凭良心办事的:Even the most *scrupulous* businessman might have been tempted. 即使是最谨严的商人也可能抵挡不住诱惑。❷仔细的，一丝不苟的；认真严格的：He is *scrupulous* about collecting diverse views. 他认真仔细地收集不同意见。‖ **scru·pu·los·i·ty** /ˌskruːpjuˈlɒsiti/ *n.* [U]—'**scru·pu·lous·ly** *adv.*

scru·ti·nize /'skruːtiˌnaɪz/ *vt.* 〈书〉〈时谚〉仔细观察，审视；详细检查，审查；细读：*scrutinize* the boarding card 核查登机卡 ‖ **scru·ti·ny** *n.*

scuff /skʌf/ *vt.* ❶磨，擦；刷 ❷拖着(脚)走路；(因拖脚走路而)磨损(鞋子)；在…上磨出痕印：The rocks *scuffed* the climbers' shoes. 岩石磨坏了登山者的鞋子。

scuf·fle /'skʌfəl/ *n.* [C]扭打，混战：There were *scuffles* between police and demonstrators. 警方和示威群众混战了一场。

sculpt /skʌlpt/ *v.* ❶雕刻，雕塑；塑造；为…塑像：an angel *sculpted* in stone 用石头雕塑的天使 ❷[地质]刻蚀：The wind *sculpted* the rocks into strange shapes. 风把岩石刻蚀成奇形怪状。

sculp·tor /'skʌlptər/ *n.* [C]雕刻(艺术)家，雕塑家

sculp·ture /'skʌlptʃər/ *n.* ❶[U]雕刻(术)；雕塑(术)；泥塑(术)；蜡塑(术)：be skilled in *sculpture* 长于雕塑 ❷[C;U]雕刻(或雕塑)作品；雕像：cast a *sculpture* in bronze 用青铜塑像 ‖ '**sculp·tur·al** /-tʃ°r°l/ *adj.*

scur·ry /'skʌri/ *vi.* 急匆匆地走，急赶；小步快跑：He *scurried* into the car and dashed for safety. 他急忙钻进车里，冲向安全的地方。

scut·tle /'skʌtəl/ *vi.* ❶急匆匆地走，急赶；小步快跑：Being rather frightened she turned tail and *scuttled* off. 她吓得转身就跑，一溜烟地没了影。❷跑开；逃跑；逃脱：When the cat came, the mouse *scuttled* away into the hole. 猫一过来，老鼠就逃进了洞。

sea /siː/ *n.* ❶[C;U]海，海洋；(与陆地或淡水相对的)海水；海域；海面，洋面：The ship sailed across the *sea* to the land on the other side. 轮船越过大海到达彼岸。❷[用于专

有名词]海：the North *Sea* 北海

sea coast *n.* 海滨；海岸

seal¹ /siːl/ **I** *n.* [C] ❶封蜡；封铅；封条；(火漆等的)封印；泥封；封缄：take off the *seal* 启封 ❷印章，玺；印记，图记：*seal* of office 官印 ❸密封物；封紧材料(或装置)：the *seal* on a bottle 酒瓶的封口 **II** *vt.* ❶将…密封；使紧闭；加封紧材料(或装置)于：On this, his lips are *sealed*. 在这方面他总是守口如瓶。❷盖章于，盖印于；加检验印于；(以盖章等方式)给(信等)封口：send a *sealed* communication 发出一封封口的书信 ‖ '**seal·er** *n.* [C]

seal² /siːl/ *n.* [C][动]海豹；海豹(毛)皮；海豹皮制品；海狮 ‖ '**seal·er** *n* [C]

sea lion *n.* [C][动]海狮

seam /siːm/ *n.* [C] ❶缝；线缝：The bag has very strong *seams*. 这包缝得很结实。❷接缝，边缝；裂缝：The ship has started at the *seams*. 船板的接缝开裂了。❸[地质](地)层；矿层；煤层：a coal *seam* 煤层

seam·less /'siːmlis/ *adj.* ❶无缝的 ❷无明显分隔(或界线)的；流畅的 ‖ '**seam·less·ly** *adv.*

seam·y /'siːmi/ *adj.* 令人不快的；污浊的；阴暗的：the *seamy* underworld of small-town life 小城镇生活的阴暗面

search /sɜːtʃ/ **I** *v.* ❶搜查；搜寻：The police *searched* the area for clues. 警方在那一地区寻找线索。❷审察；调查；细查；探究；搜索：He *searched* her face for real intentions. 他审察她的脸色以弄清她的真实意图。**II** *n.* [通常用单] ❶搜查；搜寻，搜索：She did a computer *search* for the related information. 她进行了相关信息的计算机查找。❷探究；调查：the *search* for meanings in life 对生活意义的探求 ‖ '**search·er** *n.* [C]

search·ing /'sɜːtʃiŋ/ *adj.* [通常作定语] ❶仔细详尽的；寻根究底的；彻底的：The smell of fish was so *searching*. 那股鱼的气味简直无孔不入。❷敏锐的；锐利的；洞察的：He gave her a *searching* look. 他目光锐利地盯了她一眼。

search·light /'sɜ:tʃ,lait/ n. [C] ❶探照灯 ❷探照灯光束

sea·shore /'si:,ʃɔː/ n. [U]海滨;海岸;海滩

sea·sick /'si:,sik/ adj. [无比较级]【医】晕船的 ‖ **'sea·sick·ness** n. [U]

sea·side /'si:,said/ I n. [常作 the ～](常有人度假或休闲的)海边,海滨:a seaside hotel 海滨旅馆 II adj. [作定语]海边的,海滨的

sea·son /'si:zªn/ n. [C] ❶季,季节;时节;季度:The sun provides us energy and brings seasons. 太阳提供给我们能量,带来四季的变换。❷时兴期,流行期;旺季,高峰期;(社会活动等的)活跃期:Winter is (the) low season at seaside hotels. 冬天是海滨旅馆业的淡季。‖ in season adv. & adj. 正当令的,应时的;上市的:Fruit is cheapest in season. 当令水果最便宜。out of season adv. & adj. ❶不当令(的);难以获取(的):Oysters are expensive because they are out of season. 牡蛎很贵,因为已经下市了。❷在淡季:Holiday prices are lower out of season. 在旅游淡季,度假费用很低。

sea·son·a·ble /'si:zªnəbªl/ adj. 当令的,应时的:Cold weather is seasonable in December. 12月份天冷是正常的。

sea·son·al /'si:zªnªl/ adj. [无比较级]季节的;随季节变化的;季节性的:Seymour's work at the seaside resort is seasonal. 西摩在海滨胜地的工作是季节性的。‖ **'sea·son·al·ly** adv.

sea·soned /'si:zªnd/ adj. 成熟的,老练的;经验丰富的,经过历练的:I lacked John's seasoned know-how acquired during twenty years on the job. 我缺少约翰凭20年的工作经验学到的那套实际知识。

seat /si:t/ I n. [C] ❶座位;座次:Take a seat, please. 请就座。❷〈英〉(尤指议院的)议员座位;席位,职位:He was elected to a seat in the senate. 他被选入参议院。II vt. ❶使坐下;使入座,使就座;为…引座:My wife seated my son on her knees and sang a song. 我妻子让儿子坐在她腿上并唱歌给他听。❷为…提供坐具;给…设座;

容纳:Our table seats four. 我们的桌子可以坐四人。❸使获得席位,使当选就职;使登位 ❹把…固定在底座上:seat the digital camera on the tripod 把数码相机装在三脚架上

seat·ing /'si:tiŋ/ n. [U]座位:My car has seating for five. 我的汽车可以坐五个人。

se·ces·sion /si'seʃªn/ n. [U](从政治、宗教等组织的)脱离,退出:the traumatic secession of a number of painters from the Society of Artists 一批画家从艺术家协会具有破坏性的退出

se·clude /si'klu:d/ vt. 〈书〉隔离,使隔绝;使隐退;使隐居:They decided to seclude the garage from the rest of the property. 他们决定把车库与地产的其他部分分开。‖ **se'clud·ed** adj.

se·clu·sion /si'klu:ʒªn/ n. [U]隔绝;隐退;隐居:days spent in utter seclusion 与世隔绝的日子 ‖ **se'clu·sive** adj.

sec·ond[1] /'sekªnd/ I n. ❶[用单]第二;第二个;第二个人(或事物):Charles the Second 查理二世 ❷[U](汽车等的)第二挡,第二速度:I'll have to change [shift] (down) into second for the roundabout. 要绕过去我得把车速降到二挡。❸[～s]二等品,乙级货;次品:There are many cheap seconds of china in the shop. 店里有不少便宜的二级瓷器。II adj. [无比较级] ❶第二的;第二个的;第二次的;(两者中)后者的:a second year college student 大学二年级学生 ❷[作定语]又一个的;另外的:You won't have a second chance. 你不会再有机会的。‖ **'sec·ond·ly** adv.

sec·ond[2] /'sekªnd/ n. [C]秒(略作 S, s 或 sec):This computer can process millions of instructions per second. 这台计算机每秒钟能够处理上百万条指令。

sec·ond·ar·y /'sekªndªri/ adj. [无比较级] ❶第二的;第二次的;第二位的 ❷次要的;从属的;辅助(性)的:a secondary organ 附属机构 ❸(教育、学校等)中等的,中级的:secondary education 中等教育 ❹间接的;第二手的:the documents from primary and *secondary* sources 来自第一手和第二手资料的文件 ‖ **sec·ond·ar·i·ly** *adv.*

secondary school *n.* [U;C]中等学校

second class I *n.* [U]二级,二等,二流 II *adj.* ❶二级的,二等的,乙等的;第二类的;the *second-class* passenger car 二等旅客车厢 ❷(质量、地位、重要性等方面)次的,低下的;第二流的,二等的:Old people should not be treated as *second-class* citizens. 老年人不应该被视为二等公民。

sec·ond-rate /ˌsekənd'reit/ *adj.* [无比较级]第二等的,二流的;质量一般的:The critic thought our film *second-rate*. 这位影评家认为我们的电影很平庸。

se·cre·cy /'si:krisi/ *n.* [U]秘密(状态),隐秘(状态):a meeting held in the utmost *secrecy* 极其隐秘的会面 ‖ *swear to secrecy* *vt.* 使誓守秘密:I have been *sworn to secrecy* about this agreement. 我已发誓对此协议一定保密。

se·cret /'si:krit/ I *adj.* [无比较级]❶秘密的;机密的;保密的:carry out *secret* missions 执行秘密使命 ❷隐秘的,暗中进行的;不公开的;秘而不宣的;内心感觉的:conduct *secret* and underground operations 开展秘密的地下活动 ❸隐蔽的,暗藏的:a *secret* hiding place 隐蔽的藏身之地 II *n.* [C]❶秘密;机密;内情:keep a *secret* 保守秘密 ❷奥秘,神秘:lay bare the *secrets* of nature 揭开大自然的奥秘 ❸秘诀,诀窍;秘方:What is the *secret* of your youth and beauty? 你保持青春健美的秘诀是什么? ‖ **'se·cret·ly** *adv.*

sec·re·tar·y /'sekritri, 'sekrətri/ *n.* [C] ❶(个人、机构、组织等的)秘书;书记;文书,干事:a private *secretary* 私人秘书 ❷〈英〉大臣;部长:the Foreign *Secretary* 外交大臣 ❸写字台,写字桌

se·crete /si'kri:t/ *vt.* 【生理】分泌:*secretes* hormones 分泌激素 ‖ **se·cre·tion** *n.*

se·cre·tive /'si:kritiv/ *adv.* 〈常贬〉诡秘的;躲躲闪闪的,遮遮掩掩的;守口如瓶的:The media criticized the department as unduly *secretive* with them. 媒体批评那个部门对

他们遮遮掩掩很不坦诚。 ‖ **'se·cre·tive·ly** *adv.* — **'se·cre·tive·ness** *n.* [U]

sect /sekt/ *n.* [C]派别,派系;(政党的)宗派;学派,流派:a breakaway *sect* 闹分裂的一派 / different medical *sects* in ancient Greek 古希腊的各种医学流派

sec·tar·i·an /sek'teəriən/ *adj.* [无比较级] ❶派别的;宗派的;教派的:put aside *sectarian* difference 摒弃宗派分歧 ❷思想狭隘的,偏执的:non-*sectarian* education 有教无类 ‖ **sec'tar·i·an·ism** /-ˌnizəm/ *n.* [U]

sec·tion /'sekʃən/ *n.* [C]❶切下的部分;片,块;段,截:cut a watermelon into four *sections* 把西瓜切成四块 ❷(事物的)组成部分;(机器等的)部件,零件;(文章等的)节,段落(略作 sec., sect. 符号为 §);(条文等的)款,项:This chapter falls into three *sections*. 这一章共分三节。 ❸(乐队的)乐器组:the wind *section* of an orchestra 管弦乐团的管乐器部 ❹断面,剖面;截面(图);(用显微镜观察的组织)切片:the *section* of a diseased bone 病骨的切片

sec·tion·al /'sekʃənəl/ *adj.* [无比较级] ❶[作定语]部分的;局部的:A special category of movies was made for a *sectional* audience. 专门为部分观众拍摄的一类电影。 ❷地区的;地方性的:*sectional* prejudices 地域偏见 ❸由可拆卸部件拼装成的;组合式的:*sectional* furniture 组合式家具

sec·tor /'sektər/ *n.* [C]❶(企业、社团等的)部分,部门;(尤指)经济领域:Not every *sector* of the economy was hit by the recession. 并非各个经济领域都受到萧条的冲击。 ❷地区,区域

se·cure /si'kjuər/ I *adj.* ❶安全的,无危险的:Endangered species should be kept *secure* from poachers. 应该保护濒危物种不受偷猎者的侵害。 ❷安心的;无恐惧的;无忧无虑的:They lived happily and were financially *secure*. 他们的生活幸福美满,而且在金钱上也无忧无虑。 ❸牢固的,稳固的:The ladder doesn't look very *secure*. 那梯子看来不很牢靠。 ❹有把握的;确信(或确定)无疑的:She feels *secure* about her fu-

ture. 她对自己的前途充满了信心。**II** *vt.*
❶使安全;保护:The mountain village has only an entrance and is easy to *secure*. 那座山村只有一个入口,容易设防。❷使固定;把…缚住,系牢:*Secure* the rope to a tree. 将绳子绑在树上。❸获得,取得,把…弄到手;替…弄到:*secure* peace 获取和平 ‖ **se'cure•ly** *adv.*

se•cu•ri•ty /si'kjuəriti/ *n.* ❶[U]安全,平安;安全感:Children need the *security* of a stable home environment. 孩子们需要安稳的家庭环境。❷[U]保证;保障:He enjoyed good health and financial *security*. 他身体健康,不愁吃穿。❸[U]保安,防卫,防护;安全(或保卫)措施;[常作 S-]安全保卫机构:*security* against theft 防盗措施 ❹[U]抵押品;保证金:You may need to use your house as *security* for the loan. 你可能需要用你的房子作为贷款的抵押品。

se•date /si'deit/ **I** *adj.* 平静的;沉着的,镇定的;严肃的;庄重的:I prefer something more *sedate*, like chess. 我喜欢安静些的活动,比如下棋。**II** *vt.* 给…服镇静剂;(用镇静剂)使镇静:The patient was heavily *sedated* and could not recognize his cousin. 病人服了很多镇静药,都认不出自己的表哥了。‖ **se'date•ly** *adv.* —**se'da•tion** *n.* [U]

sed•en•tar•y /'sed°nt°ri/ *adj.* [无比较级]坐着的;不活动的,缺乏运动的;惯于(或需要)久坐的:Being *sedentary* can increase the risk of heart disease. 久坐不活动会增加心脏疾病的危险。

sed•i•ment /'sedim°nt/ *n.* [U;C]沉淀(物),沉积(物);沉渣:There is (a) brownish *sediment* in your glass. 你的玻璃杯里有一层棕色的沉淀物。‖ **sed•i•men•tal** /ˌsedi'ment°l/ *adj.* —**sed•i•men•ta•tion** /ˌsedimen'teiʃ°n/ *n.* [U]

sed•i•men•tar•y /ˌsedi'ment°ri/ *adj.* ❶沉积的,沉淀的;含沉淀物的,沉淀性的 ❷由成层沉积形成的

se•duce /si'dju:s/ *vt.* ❶诱奸;勾引,引诱:*seduce* a girl by fair speech 以花言巧语引诱姑娘 ❷〈书〉吸引;使着迷;迷惑:The beauty

of the sunny day *seduced* her from her work. 阳光明媚的美景令她无心工作。‖ **se'duc•er** *n.* [C]

se•duc•tion /si'dʌkʃ°n/ *n.* ❶[U;C]诱惑,引诱,勾引;诱奸:It is impossible to resist the *seduction* of Chinese food. 中国食物的诱惑力无法抗拒。❷[常作～s]吸引人的东西,有魅力的事物;诱惑物;吸引力,诱惑力;魅力:His *seductions* involve the usual expensive dinner and witty conversation. 他的魅力往往在于豪华的宴席和机智的谈吐。

se•duc•tive /si'dʌktiv/ *adj.* 诱惑的,勾引人的;诱人堕落的;有吸引力的,富有魅力的:a *seductive* argument 令人折服的论据

see /si:/ (saw /sɔ:/, seen /si:n/) *vt.* ❶[不用进行时态]看见,看到:He looked for her but couldn't *see* her in the crowd. 他寻找她,但在人群中看不见她。❷观看;参观,游览:*see* the sights of Beijing 游览北京名胜 ❸[不用进行时态]理解,领会:Do you *see* what I mean? 你明白我的意思吗?❹[不用进行时态]察看,查看:Go and see who is at the door. 去看看谁在门口。❺[不用进行时态]看出;觉察,发觉;意识到:He *saw* a slight look of hostility in Kate's eyes. 他捕捉到凯特眼中闪过的一丝敌意。❻[不用进行时态]把…看作;认为;对…形成认识:I *see* you as a basically kind person. 我看你本质上是个好心人。❼[不用进行时态](从书报等中)得知,获悉:He *saw* from the headlines in the financial papers that the price of silver had taken another jump. 他从金融类报纸的标题上得知银价又暴涨了。❽陪伴,护送:Tommy was kind enough to *see* the blind man across the street. 托米好心护送盲人过街。‖ **as far as I can see** *adv.* 在我看来,据我所知:As far as I can see, the accident was Bob's fault, not Ann's. 依我看,出这个事故是鲍勃的错,怪不得安妮。**I see** *int.* 〈口〉我明白了,我知道了:*I see*— you don't know for certain. 原来如此——你也不知道究竟。**Seeing is believing.** 〈谚〉眼见为实;百闻不如一见。**see off** *vt.* 为…送行;向…告别:We all went to the station to *see* him *off*. 我们都到车站去送他。**see**

through *vt.* 看穿，识破：She knew him well enough to *see through* his laughter and realize that he was upset. 她对他太了解了，所以能看出他尽管哈哈大笑，实际上心中不安。‖ **'see·able** *adj.*

☆see，look at，watch 均有"看，瞧"之意。see 表示有意或无意地通过视觉器官感知某人或某物，强调看到的结果而不是看的意愿：I looked for her，but I couldn't *see* her in the crowd. （我找她，但在人群中没看到她。）**look at** 指有意识、集中精力地看，但并不一定看见，强调看的动作：Don't *look at* me like that. （别那样看我。）/ He *looked* carefully *at* the figures. （他仔细地检查这些数字。）**watch** 常指较长时间地观看或注视会动的人或事物，强调注意力的全部投入：She *watched* the train until it disappeared behind the woods. （她注视着火车远去，直到它在树林后面消失。）

seed /siːd/ **I** *n.* ❶[C；U]【植】种，籽，种子：The *seeds* germinate in spring. 种子在春天发芽。❷[C]起因；开端：There seemed to be a *seed* of doubt in his mind. 他心中似乎有一丝疑惑。**II** *v.* ❶播种于；撒种于：fields *seeded* with corn 已播种玉米的田地 ❷播（种）；（播种般）播撒‖ **'seed·er** *n.* [C]—**'seed·less** *adj.*

seed·y /'siːdi/ *adj.* ❶[无比较级]多种子的，多籽的；多核的：a *seedy* melon 多籽甜瓜 ❷〈口〉破旧的，褴褛的，寒酸的；肮脏的；下等的；下流的：*seedy* expatriates 衣衫褴褛的流亡者‖ **'seed·i·ness** *n.* [U]

see·ing /'siːiŋ/ *conj.* 〈口〉考虑到，鉴于，由于：*Seeing* (that) he's so busy，he's unlikely to come. 他既然这么忙，很可能不会来了。

seek /siːk/ *vt.* (**sought** /sɔːt/) ❶寻求，追求；探索，探求：Sitting President was *seeking* another term. 现任总统在谋求连任。❷寻找：Birds *seek* their roosts. 鸟儿纷纷觅路回巢。❸征求；请求：*seek* advice from sb. 向某人征求意见❹[后接动词不定式]试图，设法：That country *sought* to take its place among the great powers. 那个国家试图跻身于大国的行列。‖ **'seek·er** *n.* [C]

seem /siːm/ *vi.* [不用进行时态] ❶似乎，看来好像；仿佛：John *seems* very interested in a career in farming. 约翰似乎对务农很感兴趣。❷觉得似乎，感到好像：I *seemed* to have read this book before. 我觉得好像以前看过这本书。❸[用 it 作主语]好像要；很有可能会：It *seems* likely to rain. 好像要下雨。

seem·ing·ly /'siːmiŋli/ *adv.* 表面上，看上去：a *seemingly* endless line of cars 看上去没有尽头的车队

seen /siːn/ *v.* see 的过去分词

seep /siːp/ *vi.* 渗出；渗漏：The boots allowed little water to *seep* inside. 这双靴子不渗水。

see·saw /'siːˌsɔː/ *n.* [C] 跷跷板：play on a *seesaw* 玩跷跷板

seg·ment /'segmənt/ *n.* [C] ❶部分；部门；片段；环节；（水果的）瓣：All *segments* of society benefit under full employment. 就业率高社会的所有阶层都会受益。❷【数】线段；弓形；圆缺；球缺：a *segment* of a line 线段‖ **seg·men·tal·i·za·tion** /ˌsegmentˌælaiˈzeiʃən，-liˈz-/ *n.* [U]

seg·re·gate /'segriˌgeit/ *vt.* ❶使分开，使分离；把…隔开：Boys and girls are *segregated* into different dining rooms. 男女学生被分别安排在不同的饭厅里。❷对…实行种族隔离：It is illegal to *segregate* people of different races. 对不同种族的人实行隔离不合法。

seg·re·ga·tion /ˌsegriˈgeiʃən/ *n.* [U] ❶种族隔离：a policy of racial *segregation* 种族隔离政策 ❷分开，分离；隔离：the *segregation* of a patient with scarlet fever 对猩红热病人实行的隔离‖ **seg·re'ga·tion·ist** *n.* [C]

seize /siːz/ *v.* ❶（突然地）抓住，捉住；逮捕；俘获：The cat *seized* the mouse. 猫咪逮住了耗子。❷查封；扣押；没收，将…充公：The police *seized* 50 kilos of illegal drugs. 警方没收了 50 千克违禁毒品。

sel·dom /'seldəm/ *adv.* [无比较级]不常；很少地；难得地：She was *seldom* ill even in that difficult climate. 即使是在那样恶劣的

气候中她也很少生病。

se·lect /si'lekt/ I *vt.* 选择；挑选，选拔；选出，选中：In the current exhibition，each picture has been carefully *selected*. 这次展览中的每一幅图片都是精挑细选的。II *adj.* [无比较级][作定语]〈书〉[通常作定语]挑选出来的；精选的；极好的：a *select* bibliography 精选参考书目 ‖ **se'lec·tor** *n.* [C]

se·lec·tion /si'lekʃ°n/ *n.* ❶[U]选择；挑选，选拔：a random *selection* 随机选择❷[C]挑选出的事物(或人)；选取部分；精选物(品)；选集；文选：The band played some *selections* from the new album. 乐队演奏了新专辑中的一些作品选段。❸[通常用单]供选择的事物(或范围)：Their store offered the city's largest *selection* of office furniture. 他们店里的办公家具品种最多，居全城之首。

se·lec·tive /si'lektiv/ *adj.* [无比较级]选择的；挑选的；有选择性的：That wealthy lady is very *selective* about clothes. 那位阔太太对衣着十分挑剔。‖ **se'lec·tive·ly** *adv.* — **se·lec·tiv·i·ty** /ˌsilek'tivəti/ *n.* [U]

self /self/ *n.* ([复]**selves** /selvz/) ❶[用单]自己，自我；自身，本身：I think we've concentrated too much on *self*. 我想我们过于注重自我了。❷[C]本性；本质；本性(或本质)的某一方面；个体状况：show one's true *self* 显露出自己的本性 ❸[C]私心，私欲；私利：He always thinks of the company，seldom of *self*. 他总是把公司的利益放在心上，很少考虑个人得失。

self-con·fi·dence /ˌself'kɔnfid°ns/ *n.* [U]自恃，自信：lose one's *self-confidence* 失去自信 ‖ **self-'con·fi·dent** *adj.*

self-con·scious /ˌself'kɔnʃəs/ *adj.* (在别人面前)不自在的；忸怩的，害羞的：For a moment they were *self-conscious* and silent. 半响，他们都感到不自在，相对无言。‖ **self-'con·scious·ly** *adv.* — **self-'con·scious·ness** *n.* [U]

self-con·trol /ˌselfk°n'trəul/ *n.* [U]自我克制：He continued to display a *self-control*. 他还是镇定自若。〔亦作 **self-re-**

straint〕‖ **self-con'trolled** *adj.*

self-de·fense，self-de·fence /ˌselfdi'fens/ *n.* [U] ❶自卫(术)，防身(术) ❷(通过争辩)保护自己的利益：mutter sth. in *self-defense* 小声替自己辩解

self-es·teem /ˌselfi'stiːm/ *n.* [U]自尊自重

self·ish /'selfiʃ/ *adj.* 只考虑自己的，自私自利的；(指行为或动机等)出于私心的，利己的 ‖ **'self·ish·ly** *adv.* —**'self·ish·ness** *n.* [U]

self·less /'selflis/ *adj.* 无私的；忘我的 ‖ **'self·less·ly** *adv.* — **'self·less·ness** *n.* [U]

self-pos·sessed /ˌselfpə'zest/ *adj.* 沉稳的，冷静的，有自制力的：a very smart，*self-possessed* young man 衣着讲究、沉稳自制的小伙子

self-re·spect /ˌselfri'spekt/ *n.* [U]自尊(心)：He abandoned all *self-respect*. 他什么脸面也不顾了。

self-re·straint /ˌselfri'streint/ *n.* = self-control

self-sac·ri·fice /ˌself'sækri,fais/ *n.* [U]自我牺牲，自我奉献 ‖ **self-'sac·ri,fic·ing** *adj.*

self-sat·is·fied /ˌself'sætis,faid/ *adj.* 沾沾自喜的，自鸣得意的

self-serv·ice /ˌself'sɜːvis/ I *adj.* [无比较级](商店、餐馆、车库等)自助服务的，自助消费的 II *n.* [U]〈口〉自助服务

self-suf·fi·cient /ˌselfsə'fiʃ°nt/ *adj.* 独立自主的，不依赖他人的；自给自足的 ‖ **ˌself-suf'fi·cien·cy** /-ʃ°nsi/ *n.* [U]

sell /sel/ (**sold** /səuld/) *v.* ❶卖，出售：We do not *sell* cheap quality goods. 我们不卖价廉质劣的商品。❷经售，经销：*sell* insurance 经销保险 ❸出卖；背叛；牺牲：*sell* one's soul 出卖灵魂

☆ sell, auction, barter, trade, vend 均有"交易；出售"之意。sell 指拿东西换钱或将某物以一定的价格转让给他人：I'd like to buy your camera if you're willing to *sell*. (如果你愿意卖的话，我想买你的照相机。) / I *sold* my camera to a friend for $50. (我以50美元的价格把照相机卖给朋友了。) auction 特指公开拍卖，物品由出价最高的人购

得：*auction* off a famous paintings（拍卖一幅名画）**barter** 比较正式，专指进行物物交换：They *bartered* oil products for grains.（他们用石油产品交换粮食。）**trade** 用作及物动词时与 barter 同义，表示以物换物：The early settlers *traded* copper for corn.（早期的定居者用铜换取玉米。）该词用作不及物动词时，表示做生意：The firm is *trading* at a profit.（这个公司做的买卖很赚钱。）/ They built their wealth by *trading* with other countries.（他们靠同别的国家做生意积累起了财富。）**vend** 常指在公共场合出售小件商品或沿街叫卖：He *vends* ice-cream from a cart.（他推着小车叫卖冰棒。）

sell·er /ˈselə/ *n.* [C] ❶卖主，卖方；销售者，经销者：a carpet *seller* 地毯经销商 ❷经销的商品：the biggest *seller* of women's magazines 女性杂志中最畅销的一种

sell-out /ˈselˌaut/ *n.* [C] 售空，脱销；(音乐会、体育比赛等的)满座：The show was staged and was a *sell-out*. 那出戏上演了，戏票一抢而空。

sem·blance /ˈsembl°ns/ *n.* ❶[U]外表，外貌；外观：The girl bears the *semblance* of an angel but has the heart of a devil. 这姑娘天使外貌蛇蝎心肠。 ❷[C]表象；假象：The company has gone heavily into debt to maintain some *semblance* of operation. 这家公司为了维持表面上的运转已负债累累。 ❸[用单]少量，些许：There had been not even the *semblance* of a village, and wilderness rolled over the site. 那里连个村庄的影子都没有，只见一片茫茫荒野。

se·mes·ter /siˈmestə/ *n.* [C](尤指美、德等国大学的)学期；半学年

sem·i- /ˈsemi/ *pref.* ❶表示"一半"：*semi*circle ❷表示"部分地"；"某种程度上地，不完全地"；"特定地"：*semi*-official，*semi*-detached ❸表示"(在某段时期)出现两次的"：*semi*-annual

sem·i·cir·cle /ˈsemiˌsəːk°l/ *n.* [C] ❶半圆(弧) ❷半圆形；半圆形物体 ‖ **sem·i·cir·cu·lar** /ˌsemiˈsəːkjulə/ *adj.*

sem·i·co·lon /ˌsemiˈkəul°n,-lən/ *n.* [C]分号(即";")

sem·i·con·duc·tor /ˌsemik°nˈdʌktə/ *n.* [C]【物】半导体

sem·i·fi·nal /ˌsemiˈfain°l/ I *adj.* 半决赛的 II *n.* [C]【体】半决赛 ‖ **sem·i·fi·nal·ist** /ˌsemiˈfain°list/ [C]

sem·i·nar /ˈsemiˌnɑː/ *n.* [C] 专家讨论会；讲习会；研讨会：the international *seminar* on pragmatics 国际语用学研讨会

sen·ate /ˈsenit/ *n.* [C] ❶[S-](美国国会、州议会或法国、加拿大等国会的)参议院；上(议)院 ❷(大学或美国高等院校的)评议会，理事会：the university *senate* 大学评议会

sen·a·tor /ˈsenətə/ *n.* [C] ❶参议员；上(议)院议员；[用于对现任或前任参议员的尊称]参议员先生 ❷(大学的)评议员；理事 ‖ **sen·a·to·ri·al** /ˌsenəˈtɔːriəl/ *adj.*

send /send/ (sent /sent/) *vt.* ❶发送，运送，发(电报等)；汇(款等)；寄(信或包裹等)：Have this letter *sent* to Mr. Green as soon as possible. 尽快派人把这封信送给格林先生。 ❷打发；派遣(使者等)：They *sent* ten advance men to Los Angeles. 他们派了10名先遣人员去洛杉矶。 ‖ **'send·er** *n.* [C]

se·nile /ˈsiːnail/ *adj.* [无比较级]老年的，高龄的；老年性的；衰老的：a *senile* expression 衰老的面容 ‖ **se·nil·i·ty** /siˈniliti/ *n.* [U]

se·nior /ˈsiːnjə/ I *adj.* [无比较级]❶(父子或两个同姓者中年纪较大的，略作 Sr. 或 sr.，附于姓名后)老，大：James Henton, Junior and James Henton, *Senior* 小詹姆斯·亨顿和老詹姆斯·亨顿 ❷前辈的；先辈的；资格老的，资深的；地位(或等级)较高的；高级的：He's *senior* to me. 他的职位比我高。 ❸[作定语](中学)最高年级的；(大学)四年级的；毕业班的；〈英〉高年级的：the *senior* year students 高年级学生毕业班学生 II *n.* [C] ❶年长者：Tom is my *senior* by one year. 汤姆比我大一岁。 ❷前辈；上司，上级；资历深者：Promotion usually goes to the *seniors* in our company. 在我们公司，资历深的人往

往容易升职。❸〈英〉高班生;(中学)最高年级生,(大学)四年级学生;毕业班学生:He was my *senior* at Nanjing University by one year. 在南京大学读书时他比我高一年级。❹老年人,老年公民

sen·i·or·i·ty /ˌsiːniˈɔrɪti/ *n.* [U]❶年长,年高 ❷资深,职位高:Promotion here goes by *seniority* and merit. 这儿提升的依据是资历和业绩。

sen·sa·tion /senˈseiʃ⁰n/ *n.* ❶[U](感官的)感觉能力:the *sensation* of hearing 听觉 ❷[C;U]感觉,感受;知觉:I felt a burning *sensation* on my skin. 我的皮肤有一种灼热的感觉。❸[C][通常用单]轰动,激动;轰动一时的事件(或人物、新闻等):No ordinary appearance could have excited such *sensation*. 一般人的出现是决不会引起这样轩然大波的。

sen·sa·tion·al /senˈseiʃən⁰l/ *adj.* ❶激起强烈情感的,令人兴奋的;激动人心的,轰动性的:a *sensational* event 轰动性事件 ❷〈贬〉耸人听闻的,夸大其词的;哗众取宠的;追求轰动效应的;煽情的:*sensational* court cases 耸人听闻的案件 ❸〈口〉极好的,非同异常的;了不起的;美丽的,漂亮的:a *sensational* victory 巨大的胜利

sense /sens/ **I** *n.* ❶[C]感官;官能:I've got a cold and I've lost my *sense* of smell. 我患了感冒,失去了嗅觉。❷[常作 a ~ 或 the ~]感觉;意识;观念:a person with poor business *sense* 缺乏经商意识的人/With September comes a *sense* of autumn. 九月来了,秋意渐浓。❸[one's ~s]神智,心智;知觉;理智,理性:Joan lost *her senses* when she heard the bad news. 琼忽闻噩耗,顿时昏了过去。❹[U]见识;智慧;常识:The boy had the good *sense* to manage his business properly. 那男孩有妥善处理自己事情的智慧。❺[C;U]意义;含义;意味,意思:This word has two *senses*. 这个词有两种意思。❻[U]道理,合理性;用处,益处:I think it is *sense*. 我觉得这很有道理。❼[U](公众的)意见;情绪:take the *sense* of the meeting 了解与会者的意向 **II** *vt.* 感觉

到;意识到;发觉,觉察到:He *sensed* danger and leaped back, but not quite quickly enough. 他发觉情况不对,纵身后跃,但是已经晚了。‖ **come to one's senses** *vi.* 恢复知觉(或理智):When I *came to my senses*, I was lying on the floor. 我苏醒过来的时候正在地板上躺着呢。**in a sense** *adv.* 从某种意义上说:You are right *in a sense*, but you don't know all the facts. 从某种意义上说你是对的,但你不了解全部事实。**make sense** *vi.* ❶有意义,讲得通:These words are jumbled up and don't *make sense*. 这些词藻堆砌在一起讲不通。❷〈口〉合乎情理;明智;可行:It *makes sense* to take care of your health. 注意身体健康是明智之举。**out of one's senses** *adj.* & *adv.* 精神不正常,愚蠢:You sold it? You must be *out of your senses*! 你把它卖了? 你简直是疯了!

sense·less /ˈsenslis/ *adj.* ❶失去知觉的,不省人事的:fall *senseless* to the ground 昏倒在地 ❷无知的;极愚蠢的,很蠢笨的:*senseless* argument 谬论 ❸无意义的,无谓的;无目的的:A million lives had been lost in *senseless* slaughter. 100万条生命死于无谓的屠杀。‖ **sense·less·ly** *adv.*

sen·si·bil·i·ty /ˌsensiˈbiliti/ *n.* ❶[U]感觉(力),感受(力):He has the great *sensibility* of a stand-up comedian. 他颇有做以说笑话为主的喜剧演员的悟性。❷[U](情绪方面的)敏感(性),善感(性);感受(性):He has a poetic *sensibility*, keen psychological insights. 他有诗人的敏感性,以及敏锐的心理洞察力。❸[常作 **sensibilities**]感情,情绪:Her *sensibilities* were greatly injured. 她的感情受到极大伤害。❹[常作 **sensibilities**]识别力;审美力,鉴赏力:a musician of great *sensibilities* 有极高鉴赏力的音乐家

sen·si·ble /ˈsensib⁰l/ *adj.* ❶[作定语]能觉察到的,可觉察;明显的;可注意到(看得到)的;实体的:a *sensible* difference 可察觉的差异 ❷[作表语]知道的,明白了的,意识到的(of):He is still not *sensible of* his peril. 他仍未意识到自己身处险境。❸明白事理的,懂事的,明智的,理智的:It's *sensible* of you to take her advice. 你听从她的劝告

是明智的。❹切合实际的;实用的:Kay was in a *sensible* woolen costume. 凯身穿舒适的羊毛衫。‖ **'sen·si·bly** *adv.*

sen·si·tive /'sensitiv/ *adj.* ❶易受伤害的;易损坏的;(尤指身体部位被触及时)易疼痛的:Her skin is *sensitive* and burns easily. 她的皮肤很娇嫩,容易晒黑。❷感觉敏锐的,敏感的;灵敏的:a *sensitive* ear 灵敏的耳朵 ❸感情细腻的,善解人意的;近人情的,体贴人的:He possessed a *sensitive* nature and a singularly tender heart. 他感情丰富,心地也特别温和。❹(仪器等)灵敏的;灵敏度高的;(胶片等)感光的:*sensitive* equipment 灵敏度高的装备 ‖ **'sen·si·tive·ness** *n.* [U] —**sen·si·tiv·i·ty** /ˌsensi'tiviti/ *n.* [U]

sen·sor /'sensəʳ/ *n.* [C]传感器;灵敏元件,探测器(装置);感受器

sen·so·ry /'sensəri/ *adj.* 感觉(上)的;感官的;知觉器官的:It is not just a matter of *sensory* experience. 这不仅仅是感官体验的问题。

sen·su·al /'sensjuəl,-ʃuəl/ *adj.* [无比较级] ❶肉体(上)的;官能的;感官的:*sensual* gratification 感官上的满足 ❷色情的,淫荡的;耽于肉欲的:a life devoted to *sensual* pleasure and luxury 耽于肉欲与奢华享受的一生 ❸性感的 ‖ **sen·su·al·i·ty** /ˌsensju'æliti,ˌsenʃu-/ *n.* [U] —**'sen·su·al·ly** *adv.*

sen·su·ous /'sensjuəs/ *adj.* ❶[无比较级]感觉(上)的;感官的:optical *sensuous* delight 视觉愉悦 ❷官能享受的;给感官以快感的;激发美感的:*sensuous* colours 悦目的色彩 ‖ **'sen·su·ous·ly** *adv.* —**'sen·su·ous·ness** *n.* [U]

sent /sent/ *v.* send 的过去式和过去分词

sen·tence /'sentəns/ **I** *n.* [C] ❶句,句子:example *sentences* 例句 ❷【律】宣判;判决;刑罚:a *sentence* of bankruptcy 宣判破产 **II** *vt.* 宣判;对…判决;处…刑:The judge *sentenced* him to four months of hard labour. 法官判他四个月的苦役。

sen·ti·ment /'sentimənt/ *n.* ❶[常作～s]

意见,观点,看法:He gave no hint that his own *sentiments* on the matter are any different. 他一点儿也没有流露出他对此事有任何异议。❷[U]感情;(文艺作品等的)情趣;感情色彩:Patriotic *sentiments* ran high. 爱国主义感情非常高涨。

sen·ti·men·tal /ˌsenti'mentl/ *adj.* ❶多情的,情深的;充满柔情的:*sentimental* reminiscences 深情的回忆 ❷感伤的;多愁善感的:I felt a little *sentimental* and lonely at times. 我时不时感到有些伤感和孤独。❸怀旧的:a *sentimental* journey to one's old hometown 还乡苦旅 ‖ **sen·ti·men·tal·ism** /-tᵊliz²m/ *n.* [U]—**sen·ti·men·tal·ist** *n.* [C]—**sen·ti·men·tal·i·ty** /ˌsentimen'tæliti/ *n.* [U]—**sen·ti·men·tal·ly** *adv.*

sep·a·ra·ble /'sepᵊrəbl/ *adj.* 可分离的;可分隔的;可分开的;可区分的:Supply and demand are not easily *separable*. 供求不易分开。

sep·a·rate **I** /'sepəˌreit/ *vt.* ❶(使)分隔,把…隔开:The screen *separates* the large room into two parts. 屏风把那个大房间一隔为二。❷把…切断;使分离;使分开:*Separate* the egg yolk from the white. 将蛋黄和蛋白分开。**II** /'sepərət/ *adj.* [无比较级] ❶分开的,不连接的:Always keep your cash and credit cards *separate*. 任何时候都要把现金和信用卡分开放置。❷不同的;个别的,各自的:They rode on their *separate* ways. 他们纵马各奔前程。❸[作定语]独立的,单独的:He was placed in a *separate* room in the infirmary. 他被安置在养老院的一个单间里。‖ **'sep·a·rate·ly** *adv.*

☆**separate, divide, divorce, part, sever, sunder** 均有"分开"之意。**separate** 指强制地把原先结合在一起的某一整体拆散、隔开,也指将某一部分从整体中区分出来:The war *separated* many families. (战争拆散了很多家庭。) **divide** 表示将某一整体切割、划分成若干部分,有按比例分割后进行分配的意味:We *divided* the work between us. (我们分担这项工作。) **divorce** 原意为分道扬镳,用于法律场合指解除婚约,引申意义表示将紧密结合在一起并相互作用或影响的人或事

物分隔开来：She *divorced* him after eight years of unhappiness. （她在经过八年不愉快的婚姻生活后跟他离婚了。）**part** 表示将紧密联结在一起的两方分开，常指永久性分离或断绝关系：He refused to be *parted* from her beloved pet cat. （她坚决不愿意跟她心爱的宠物猫分开。）**sever** 尤指用力将某一部分割断或切断，使其完全脱离整体：His left arm was *severed* from his body in the accident. （在事故中，他的左边胳膊被撞掉了。）该词也可表示中断关系、断绝往来：We have *severed* all diplomatic relations with that country. （我们与那个国家完全断绝了外交关系。）**sunder** 为文学用语，表示猛烈地撕裂或粉碎某一事物：The siren *sundered* the midnight peace. （警笛声划破了午夜的宁静。）

sep·a·ra·tion /ˌsepəˈreiʃ³n/ n. ❶[U]分离；分开：*Separation* from family and friends made her very lonely. 与家人和朋友分离使她感到很寂寞。❷[C]间隔；间隔点，间隔线；分岔处，分界线：They have come up-stream to the *separation* of the two branches of the river. 他们来到河流上游两条支流的分岔处。❸[C]【律】（夫妻的）分居：a trial *separation* 试验性质的分居 ❹[C]缺口，裂口；空隙

Sept. *abbr.* September

Sep·tem·ber /sepˈtembə⁻/ n. [U；C]九月（略作 **Sept.**、**Sep.** 或 **S.**）：They met last *September*. 他们去年 9 月见了面。

sep·tic /ˈseptik/ *adj.* [无比较级]❶引起腐烂的，引起感染的 ❷【医】脓毒性的，败血病的：*septic* infection 败血性感染

se·quel /ˈsiːkw³l/ n. [C]❶（小说、电影等）续篇，续集：The later Bond novels constitute a series of *sequels*. 后来的邦德小说出了一系列的续集。❷后果，结局；余波：The rise in price is the necessary *sequel* of the shortage. 价格上涨是缺货的必然结果。

se·quence /ˈsiːkwəns/ n. ❶[C]接续，连续；一系列，一连串：meet with misfortunes in rapid *sequence* 接二连三地遭受不幸 ❷[U]顺序；次序；先后：arrange the names in al-phabetical *sequence* 按字母顺序排列姓名

se·quen·tial /siˈkwenʃ³l/ *adj.* [无比较级]❶有顺序的，成序列的 ❷连续的，后续的；顺序的

se·rene /siˈriːn, sə-/ *adj.* ❶（天空、天气等）晴朗的，无云的：*serene* weather 晴好天气 ❷宁静的，安详的：a *serene* face 安详的面容 ‖ seˈrene·ly *adv.* —seˈrene·ness *n.* [U]

se·ren·i·ty /siˈreniti, sə⁻r-/ n. [U]❶平静，宁静；安详：the *serenity* of the sea 大海波澜不兴 ❷晴朗，清明；明亮，清澈：a sky of marvelous blue *serenity* 湛蓝的晴空

ser·geant /ˈsɑːdʒ³nt/ n. [C]❶【军】军士；〈英〉陆军（或空军、海军陆战队）中士；陆军（或海军陆战队）中士 ❷警官，巡佐

se·ri·al /ˈsiəriəl/ n. [C]❶（小说、剧本或图画等）连载作品；系列影片；连续电视节目；连播节目：a television *serial* 电视连续剧 ❷期刊；（分期发表的）系列报告

se·ries /ˈsiəriːz, -riz/ [复] n. [用作单或复]❶一系列；连续；接连：His life is a *series* of journeys. 他的生活就是一段又一段的旅程。❷（相同对手之间的）系列比赛 ❸（广播或电视）系列节目；（同一班底的）系列演出：a satirical comedy *series* 一系列讽刺喜剧

☆**series, chain, sequence, succession** 均有"一系列，一连串"之意。**series** 表示性质类似或有相同关系的事物依次排列在一起，强调各关联事物的个性特征而不是其序列组合：a *series* of twelve concerts this winter （今年冬天的 12 场系列音乐会） **chain** 表示按照因果关系或其他逻辑关系联结起来的一连串事物或事件：After a long *chain* of con-tacts, we have finally found out the truth. （经过多次联系，我们终于查明了真相。） **se·quence** 表示事物间存在比 series 更为紧密的关系，如因果关系、逻辑关系、时间顺序、周期性重复等：A *sequence* of bad accidents has prompted the council to put up warning signs. （接连出现的严重事故已促使市议会设置警告标志。） **succession** 强调类似的事物或事件一个接一个出现，常用于时间上，而不一定有逻辑上的内在联系：The days followed each other in quick *succession* and still no news came. （日子一天天飞快地过去,但仍然一点消息也没有。）

se·ri·ous /'sɪərɪəs/ *adj.* ❶严肃的,庄重的: He is terribly *serious*. I don't think I've ever seen him laugh. 他严肃极了,我好像从来没见过他笑。❷重要的,重大的;需要认真对待,不可轻视的: The training of children is such a *serious* thing. 教育儿童是很重大的事情。❸严重的;危急的,令人担忧的: Pollution is a very *serious* problem. 污染是个很严重的问题。❹认真的,当真的,不是开玩笑的: Let us be *serious*, this is not a ludicrous issue. 我们认真点儿,这事情可不是闹着玩的。‖ **'se·ri·ous·ness** *n.* [U]

se·ri·ous·ly /'sɪərɪəslɪ/ *adv.* ❶严肃地: He shook his head *seriously*. 他神情严肃地摇了摇头。❷严重地: Her mother is *seriously* ill. 她妈妈病得很重。❸认真地,当真地: Time to think *seriously* is hard to come by. 能认认真真地思考问题的时间很难找。

serv·ant /'sɜːvᵊnt/ *n.* [C]家仆,仆人,佣人: Electric power became the *servant* of man only after the motor was invented. 发明了马达以后,人类才真正成为电的主人。

serve /sɜːv/ *v.* ❶服役;任职;供职;服务: He had *served* three years in the army. 他曾在军队里服役三年。❷做佣人,帮佣: He *served* as a butler. 他曾做过管家。❸侍应,招待;上菜;端上饮料: It was her turn to *serve* at the tea. 该轮到她上茶点了。‖ **'serv·er** *n.* [C]

serv·ice /'sɜːvɪs/ **I** *n.* ❶[C]服务,协助,效劳: an on-line *service* 在线服务 ❷[常作~s]服务性事业;服务性工作: The lawyer was willing to offer his *services* free for the poor. 那位律师愿意为穷人免费提供服务。❸[C;U]帮助;用处,益处: You've done me a great *service*. 你帮了我一个大忙。❹[U](公用事业的)公共设施,(公共设施的)营运;商业性服务机构,(机构的)业务: The airline is starting a new international *service*. 那家航空公司将开辟一条新国际航线。❺[U](旅馆、餐馆等的)接待顾客;服务态

度,服务质量: I enjoyed the meal there but the *service* was terrible. 我喜欢那儿的饭菜,但他们的服务态度太差。❻[U;C](厂商提供的)售后服务;检修,维修;保养: They offer after-sales *service* on all their photocopiers. 他们为所有售出的影印机提供售后服务。❼[C]宗教仪式;[常作~s](教堂)礼拜式;礼拜乐曲: the carol *service* 颂诗仪式 **II** *vt.* ❶为…服务;向…提供(资料等): Only two trains a day *serviced* the town. 这个城镇一天只有两班火车。❷检修,维修;保养: All cars should be *serviced* at regular intervals. 所有汽车都要定期检修。

serv·ice·a·ble /'sɜːvɪsəbᵊl/ *adj.* ❶有益的,有用的;适用的: Many amphibians have very *serviceable* rows of teeth. 许多两栖动物的牙齿都很好使。❷耐用的,耐久的;适于日常穿戴的: He bought a *serviceable* used car. 他买了一辆既耐用的旧车。❸充足的,足够的: a *serviceable* job 一份足以度日的工作

ses·sion /'seʃ°n/ *n.* ❶[C](议会等的)会议;一届会议: He broke the news of the pilot studies during a secret *session*. 他在一次秘密会议上公布了试点研究的消息。❷[U](法庭的)开庭期;(议会等的)开会期: Congress is now in *session*. 国会正在召开。❸[C]学期;〈英〉学年: the summer *session* of a university 大学的夏季学期 ❹[C](从事某种活动的)一段时间: a one-week training *session* 为期一周的训练时间

set /set/ **I** (**set**;**set·ting**) *v.* ❶摆放,放置: She lifted a dish full of roast ham from the oven and *set* it on the table. 她从烤箱里端出满满一盘烤火腿放在桌子上。❷安置;设置;安排;安装: She was *setting* the dining table for dinner. 她正在餐桌上摆放餐具,准备开饭。❸调节;校正: *set* a clock 对钟 ❹镶嵌;点缀: *set* a bracelet with diamonds 给手镯镶上钻石 ❺分派(工作等),指派(任务等);布置(作业等);出(题): She *set* the servants various tasks. 她给仆人们分派了各种各样的活儿。❻开创(先例等);创造(记录);树立(榜样等): The stock market in the next ten months *set* 25 records. 在接下来的 10

个月里，股票市场连创 25 次历史新高。**II** *n.* ❶[C](相关事物的)一套;一副;一批;一组:a *set* of questions about family relations 一系列有关家庭关系的问题 ❷[C](影视或戏剧中的)布景,场景;(电影拍摄的)片场,摄影场:His wife is a *set* designer. 他夫人是搞布景设计的。**III** *adj.* [无比较级] ❶[作定语](事先)规定的,既定的;确定的:There is no *set* finishing time for sittings. 会议没有规定的结束时间。❷准备好的:a *set* speech 有准备的演说 ❸[作定语]固定的,规定的:The hall holds a *set* number of people. 这个大厅所能容纳的人数是规定好的。‖ **set about v.** ❶着手,开始:*set about* a job 着手做某件工作 ❷处理,做:He *set about* this job in completely the wrong way. 他做这件工作的办法完全是错误的。**set aside vt.** ❶留出,保留:Try to *set aside* some time to visit him. 设法留出一些时间去拜访他。❷把…放在一边,搁置:Norton *set aside* the paper clip he was mangling. 诺顿放下他刚掰断的回形针。**set back vt.** 阻碍,妨碍;推迟;耽搁:The harvest was *set back* by bad weather. 由于天气恶劣,收割推迟了。**set down v.** ❶记下,写下;登记:*set down* everything that happened 记下所发生的一切 ❷(尤指飞机在非常情况下)着陆,降落;使(飞机)降落,使着陆:The helicopter *set down* on the lawn. 直升机降落在草坪上了。**set off v.** 出发,动身,起程:They will *set off* back to their schools after the cheerful Christmas Holidays. 开心的圣诞假期之后,他们将动身返回各自的学校。**set out v.** 动身,出发,起程:They *set out* joyfully. 他们愉快地起程了。**set up v.** ❶竖立,竖起;架设,支起:*set up* a statue 竖立塑像 ❷修建,建造,装配,安装:*set up* a nuclear power station 建造核电厂 ❸建立,创立;设立;开办:*set up* a new government 建立新政府 ❹创(纪录):The young man has just *set up* a new national record in javelin throw. 那个小伙子刚创造标枪全国新纪录。

set·ting /'setiŋ/ *n.* [C]❶[常用单]环境,周围情形:The hotel is in a beautiful *setting*, close to the sea. 那家旅馆临近大海,风景美丽。❷[常用单](文学作品的)故事背景:The *setting* for their love story is a library. 他们的爱情故事发生在一个图书馆内。❸[常用单](戏剧的)布景,场景,舞台布置:The *setting* is simple and effective. 舞台布景虽简单但效果不错。❹(控制装置的)调节(点):Cook it in the oven at a moderate *setting*. 把它放进烤箱里用中等火力烤熟。

set·tle /'set°l/ *v.* ❶安放,放置;安顿:He *settled* his baby son in his lap. 他把小儿子放在膝上。❷使定居:Where should I *settle* my family? 我该把家安在哪里呢? ❸使安下心来;使平静(或放松,镇定);使缓和下来:His words *settled* my fears. 听了他的话,我不再害怕了。❹解决(问题、困难等);结束(纠纷、争端等);对…达成协议:We hope we can *settle* their dispute in an amicable way. 我们希望能心平气和地解决这一争端。❺安排,料理(事务等):I looked in to tell you that the affair is all *settled*. 我来告诉你,事情已经统统办妥了。❻支付;结算;偿付:*settle* a bill 付清账单 ‖ **settle up v.** 结算,结账;付清(欠账等):Let's *settle up* and go. 咱们结清账目走吧。‖ **'set·tler n.** [C]

set·tle·ment /'set°lmənt/ *n.* ❶[U]安顿 ❷[U]定居,安居 ❸[C]解决;和解;解决方式;和解办法;协议;契约:No *settlement* of the strike is possible. 罢工的问题绝不可能解决。

sev·en /'sev°n/ **I** *n.* [C]七;第七 **II** *adj.* [无比较级][用于名词前]七(的);七个(的) ‖ **'se·venth** *adj.* & [C] *n.*

sev·en·teen /ˌsev°n'ti:n/ **I** *n.* [C]十七,十七个(人或物)**II** *adj.* [无比较级][作定语]十七(的);十七个(的) ‖ **ˌsev·en'teen·th** *adj.* & [C] *n.*

sev·en·ty /'sev°nti/ **I** *n.* [C]七十;七十个 **II** *adj.* [无比较级][作定语]七十的;七十个的 ‖ **sev·en·ti·eth** *adj.* & [C] *n.*

sev·er·al /'sev°r°l/ **I** *adj.* [无比较级]❶两个以上的,几个的,数个的:She travels *several* weeks each year. 她每年都要旅行几个星期。❷各自的,分别的;各个的:The agreement will satisfy the *several* interests of the parties concerned. 这份协议将符合有关各方的利益。**II** *n.* [用复]几个，数个；数人，数件物：*Several* have given their consent. 有几个人已经表示首肯。‖ **'sev·er·al·ly** *adv.*

se·vere /siˈviə/ *adj.* ❶极其严格的；严厉的；苛刻的：The new teacher is too *severe* on us. 新老师对我们太严厉了。❷严重的；严峻的；危险的，危急的：*severe* droughts 严重干旱 ❸严酷的；尖锐的；凛冽的；激烈的；猛烈的，剧烈的：The sick suffered *severe* pain. 病人疼痛剧烈。❹(对能力、技巧等)要求极高的，苛求的 ‖ **se'vere·ly** *adv.* —**se·ver·i·ty** /siˈverəti/ *n.* [U]

☆ severe, ascetic, austere, stern 均有"严厉的，严格的"之意。severe 常指坚持标准或原则，毫不迁就退让，也不含糊敷衍，常含有过分严厉、苛刻的意味，可用于人或法律、处罚、判决等：a *severe* look (神情严肃)/ Was the judge too *severe* on the thief? (法官对小偷是不是太严厉了?) ascetic 尤指为苦心修行而放弃生活享受，极度克制、约束自己：the *ascetic* existence of monks and hermits (僧侣隐士的清苦生活)/ He subjected himself to a strenuous *ascetic* discipline. (他甘愿像苦行僧一般毫不松懈地约束自己。) austere 表示性情不活泼，缺乏亲切和热情，也指能自我克制，生活十分简朴，毫无舒适或享受：The monks led an *austere* life in the mountains. (修道士在深山里过着苦修生活。)/ The room was furnished in *austere* style. (这间屋子的陈设都很简单朴素。) stern 强调性格十分严厉，毫不宽容或徇情，也可用以形容严峻的外表、态度、方式等：*sterner* measures to combat crime (打击犯罪活动的更严厉措施)/ Sylvia had a *stern* father who never praised her. (西尔维亚的父亲很严厉，从来都不表扬她。)

sew /səu/ (过去式 **sewed**, 过去分词 **sewed** 或 **sewn** /səun/) *v.* ❶缝(纫)，做针线活儿：*sew* over the seams down the side of the trousers 缝裤子的边缝 ❷缝(合)；把…缝上，将…缝入(*in, on*)：*sew* the seam 缝合这条缝线

sew·ing /ˈsəuiŋ/ *n.* [U]缝纫，缝补；缝纫活儿，女红；缝纫业：be good at *sewing* 擅长女红

sex /seks/ *n.* [C]性，性别：the male *sex* 男(或雄)性 ‖ **'sex·less** *adj.*

sex·u·al /ˈseksjuəl; -ʃuəl/ *adj.* [通常作定语] ❶性的，性别的；两性(关系)的；性欲的：*sexual* abstinence 禁欲【生】有性的；有性繁殖的；具性器官的：*sexual* reproduction 有性繁殖 ‖ **sex·u·al·i·ty** /ˌseksjuˈæliti/ *n.* [U]—**'sex·u·al·ly** *adv.*

sex·y /ˈseksi/ *adj.* 〈口〉 ❶挑起性欲的，性感的：We thought it was a little too *sexy*, although it succeeded in getting attention. 尽管它达到了引人注目的效果，但我们觉得它有点儿太性感了。❷有魅力的，迷人的，吸引人的：For a lot of people grammar isn't a very *sexy* subject. 对许多人来说，语法可不是一门很吸引人的课程。‖ **'sex·i·ly** *adv.* —**'sex·i·ness** *n.* [U]

shab·by /ˈʃæbi/ *adj.* ❶破旧的；破破烂烂的；失修的；坍塌的：His clothes were too *shabby* to be tolerable. 他身上的衣服破烂不堪。❷衣衫褴褛的；穿着寒酸的：be *shabby* in dress 衣衫褴褛 ❸卑鄙的；可耻的；不光彩的；不公正的：a *shabby* character 卑鄙小人 ❹低劣的，蹩脚的：It is a *shabby* justification for bad behaviour. 这是为不良行为所做的拙劣辩解。‖ **'shab·bi·ly** *adv.* —**'shab·bi·ness** *n.* [U]

shack /ʃæk/ *n.* [C]简易房屋，棚屋：The old buzzard has lived in the same *shack* for 20 years. 那个老家伙在同一棚屋里住了20年。

shack·le /ˈʃæk°l/ **I** *n.* ❶[C]镣铐，手铐；脚镣；马脚绊：The murderer was brought to the court in *shackles*. 凶犯被镣铐锁着带上法庭。❷[常作～s]束缚，羁绊；枷锁：release sb. from the *shackles* of the ancient traditions 将某人从传统习俗的束缚中解放出来 **II** *vt.* ❶给…上镣铐：The criminal's ankles were *shackled* to prevent his escape. 为防止罪犯逃脱，在其脚上戴了镣铐。❷束缚，阻挠：*shackle* the energies and liberties of individuals 束缚个人的能力和自由

shade /ʃeid/ **I** *n.* ❶[U]荫，阴凉处：The old

oak tree gives a pleasant *shade*. 这棵老橡树树荫宜人。❷[C]遮光物；遮光屏；灯罩；(保护眼睛的)遮光帽檐；遮光窗帘：shut up the windows and draw the *shade* 关上窗户并拉上遮光窗帘 ❸[C](色彩的)浓淡深浅，色度；〈喻〉形形色色：various *shades* of red 各种深浅不同的红色 **II** *vt.* ❶为…遮阳，荫蔽；为…挡光：She *shaded* her eyes against the sun. 她遮盖着眼睛，挡住阳光。❷画阴影于；使…的色调(或光层次)渐变；使(照片)有明暗效果：You'd better *shade* this area to represent the theme. 你最好把这个部分画暗些以突出主题。❸使发生细微的差别(或变化)：*shade* the meaning of a word 使某词的意义发生细微的变化

shad·ow /'ʃædəu/ *n.* ❶[C]影子：The dog was chasing its own *shadow*. 那只狗在追逐自己的影子。❷[U]阴影；荫；背光处；背声处；阴暗处：The great square was in *shadow*. 那个大广场笼罩在阴影里。

shad·ow·y /'ʃædəui/ *adj.* ❶多荫的；有阴影的；阴凉的；庇荫的；多阴影的；幽暗的：a *shadowy* gorge 幽暗的峡谷 ❷影子般的，模糊的；不明显的，看不清的：a *shadowy* figure 朦胧的人影儿 ❸难以捉摸的，不甚了解的：a *shadowy* historical figure 神秘的历史人物

shad·y /'ʃeidi/ *adj.* ❶成荫的；遮阳的：a *shady* orchard 成荫的果园 ❷〈口〉(人或行为)为人不齿的，难以见人的；名声不好的；不诚实的：He's been involved in some *shady* dealings. 他参与了一些不体面的交易。‖ '**shad·i·ness** *n.* [U]

shag·gy /'ʃægi/ *adj.* ❶多粗毛的；长满粗毛的；(毛发等)粗浓的：His face was *shaggy* with a black beard. 他脸上长满了粗黑的胡子。❷不修边幅的，不整洁的，凌乱的，邋遢的：a *shaggy* woman 邋遢女人 ‖ '**shag·gi·ness** *n.* [U]

shake /ʃeik/ *v.* (**shook** /ʃuk/, **shak·en** /'ʃeik°n/) ❶摇，摇动；抖动：*Shake* the bottle well before experiment. 试验前反复摇动瓶子。❷抖掉；抖开；抖出；抖起：The wind *shook* some blossoms from the trees.

风儿把树上的花朵吹落。❸使摇晃；使抖动；使震动：The explosion *shook* buildings for miles around. 那声爆炸震得方圆几英里内的建筑物都晃动起来。❹握(手)；和…握手：He *shook* my hand and was slow to let it go. 他握着我的手迟迟不放。

☆ **shake, quake, shiver, shudder, tremble, wobble** 均有"颤抖，抖动，发抖"之意。**shake** 为普通用词，指在一特定时间内短促、频繁地上下或左右摇动，既适用于人，也适用于物，尤指身体站立不稳或感情受到震动：The house *shook* when the earthquake started. (地震开始时房子便震颤起来。) **quake** 比较正式，多指像地震一样从内部产生动摇整个基础的剧烈颤抖或晃动：He was *quaking* in his boots at the thought. (他一想到这就怕得发抖。) **shiver** 尤指身体因寒冷而轻微、短暂地哆嗦，多用于人或动物，有时也可表示对某些想法或将要发生的事感到不寒而栗：She *shivered* at the thought of going into the dark house alone. (她一想到要独自走进那所黑洞洞的房子里去就不寒而栗。) **shudder** 尤指恐惧、厌恶或极度兴奋等引起的猛烈颤抖或战栗：She *shuddered* at the sight of the dead body. (她一看见那尸体就吓得打战。) **tremble** 特指激动、紧张害怕时身体无法控制而急速但轻微地颤动，主要用于人，但也可引申用于动物或事物：He was *trembling* with rage. (他气得发抖。) **wobble** 特指像身上的肥肉或嫩果子冻那样可以前后左右摇摆或晃动：His fat thighs *wobbled* as he ran alone. (他跑起步来肥胖的大腿肉一上一下地直打战。)该词亦可引申用于比喻：Her voice sometimes *wobbles* on high notes. (她唱高音时有时发颤。)

shak·y /'ʃeiki/ *adj.* ❶不稳固的，摇晃的；不稳定的：a *shaky* ladder 摇摇晃晃的梯子 ❷(手等)发抖的，颤抖的，战栗的：a *shaky* voice 颤抖的声音 ❸不可靠的，靠不住的；成问题的：His arguments are *shaky*. 他的论点站不住脚。

shall /强 ʃæl；弱 ʃ°l/ *v. aux* [第三人称单数 **shall**，过去式 **should** /ʃud, ʃəd/，古英语中第二人称单数 **shalt**；其否定式 **shall not**，在口语中常作 **shan't** /ʃɑːnt, ʃænt/] ❶[用于第一

人称单数或复数,表示将来,在口语中尤其常用 will 代替 shall]将要,会:By the end of this month, I *shall* have stayed here for five years. 到这个月底,我就已经在这里待满五年了。❷[在陈述句中用于第二人称或第三人称,表示说话者的意愿、命令、约定、决心、警告、威吓等]必须;应该;一定要;可以:Candidates *shall* remain in their seats until all the papers have been collected. 试卷全部收回后,应试者方可离座。❸[在法律、法规、法令等文件中表示义务、职责等,一般用于第三人称]必须,应该:It *shall* be unlawful for any person to kill any wild animal. 不管是谁,屠杀任何一种野生动物都是违法的。❹(英)[用于第一或第三人称的疑问句,表示征求对方意见或提出建议]:*Shall* I open the windows? 我可以把窗户打开吗?

shal·low /ˈʃæləu/ *adj.* ❶浅的,不深的;薄的:That dish is too *shallow* to serve soup in. 那只碟子太浅了,无法盛汤。❷肤浅的;表面的;浅薄的:a *shallow* unintelligent man 浅薄无知的男人 ❸(呼吸)浅的,弱的:Her breaths are a rapid *shallow* panting. 她的呼吸是一种急促的微弱喘息。

shame /ʃeim/ **I** *n.* ❶[U]羞耻,羞愧;廉耻心,羞愧感:To my *shame*, I always lose at chess. 让我感到惭愧的是,我下棋老是输。❷[U]羞辱,耻辱,丢脸:He thought there was great *shame* in being out of work. 他视失业为奇耻大辱。**II** *vt.* ❶使羞愧蒙羞而…:She was *shamed* into marrying him. 她在羞惭无奈下便嫁给了他。❷使蒙羞,使丢脸:I will go there and *shame* him before them all. 我要到那儿当着众人臊他一臊。‖ **Shame on you**! *int.* (口)你真丢脸!你真不像话! 你该觉得害臊!

shame·ful /ˈʃeimf(ə)l/ *adj.* 可耻的,不光彩的,丢脸的:It was *shameful* of them to betray their comrades-in-arms. 他们出卖了自己的同志,真是可耻。‖ **ˈshame·ful·ly** *adv.*

shame·less /ˈʃeimlis/ *adj.* ❶无耻的,不知廉耻的,不要脸的:a *shameless* desire for power 对权力的无耻追求 ❷不顾体面的,伤风败俗的

sham·poo /ʃæmˈpu:/ **I** *n.* ([复]-poos) ❶[C;U]洗发剂,洗发香波;洗发膏:Be careful not to get any *shampoo* into your eyes. 小心不要把洗发水弄进眼睛里。❷[C;U](清洗汽车、地毯等用的)清洁剂;洗涤剂:a carpet *shampoo* 地毯洗涤剂 **II** *vt.* ❶(用洗发水等)洗(头或头发):They *shampoo* their hair with soaps. 他们用香皂洗头发。❷给…洗头发:*shampoo* the baby 给婴儿洗头 ‖ **shampˈoo·er** *n.* [C]

shape /ʃeip/ **I** *n.* ❶[C]形状;样子,模样:desks of different sizes and *shapes* 不同大小与形状的桌子 ❷[C](尤指女子的)体形,身段:She's wearing a bathing suit which shows her *shape*. 她身穿显出她优美身段的浴衣。**II** *vt.* ❶使成形;塑造;制作:The event *shaped* him in many ways. 这件事从多方面塑造了他。❷形成:help *shape* a new international structure of relations 有助于形成国际关系新格局 ‖ **out of shape** *adj.* & *adv.* 变形(的);走样(的):The children have been playing with my hat—they've knocked it *out of shape*. 孩子们一直在玩我的帽子——把它弄得不成样子了。

shape·less /ˈʃeiplis/ *adj.* ❶[无比较级]不定型的;没有形状的:*shapeless* fears 难以名状的恐惧 ❷样子难看的,形状不美的,丑陋的;不匀称的;走了样的:a *shapeless* dress 样子难看的连衣裙 ‖ **ˈshape·less·ness** *n.* [U]

share /ʃeə/ **I** *n.* [C] ❶(用单)一份,份儿;(承担或分享的)份额:He divided the watermelon into equal *shares*. 他把西瓜切成相同的几份。❷[常作～s]股;股份;股票:Local *shares* were edging up. 本地股票价格缓慢回升。**II** *v.* ❶分享;分担;共有;合用:John and the little girl had *shared* their fortunes. 约翰和小女孩相依为命。❷均分,平分;均摊;分配:They *shared* the pizza between the four of them. 他们四个人分食了那张馅饼。

☆**share**, **partake**, **participate** 均有"共享,分担"之意。**share** 为普通用词,指与他人共同使用、享受或拥有某物,可表示将事物的某

一部分给予他人或从他人那里得到事物的某一部分,常带有热情、友好的意味:Children should be taught to *share* their toys. (应该教育孩子们愿意把自己的玩具与其他孩子分享。)**partake** 最为正式,表示与他人分享,尤其适用于食物、欢乐等:They invited us to *partake* of their simple meal. (他们邀请我们吃便饭。)**participate** 较为正式,常与介词 in 连用,表示主动参与某一活动、讨论或事件并发挥积极作用,一般不用于参加某一团体或组织的场合:Everyone in the class is expected to *participate* in these discussions. (希望全班同学参加这些讨论。)

shark /ʃɑːk/ *n.* [C]([复]shark(s))【鱼】鲨鱼

sharp /ʃɑːp/ **I** *adj.* ❶锋利的,锐利的:a *sharp* knife 锋利的刀 ❷突然的;急转向的:a *sharp* turn 急转弯 ❸急剧的;剧烈的,激烈的,猛烈的:The government came under *sharp* criticism for price increase. 该政府因物价上涨而遭到猛烈抨击。❹尖锐的;刻薄的;辛辣的,嘲讽的;严厉的;易怒的:She threw a quick *sharp* look in my direction. 她目光锐利地向我瞥了一眼。❺敏锐的;灵敏的;聪明的;机智的;有洞察力的:The boy is *sharp* at mathematics. 那男孩在数学方面脑子非常灵光。**II** *adv.* [无比较级] ❶〈口〉(时刻)正;准时地:Be here at eight o'clock *sharp*. 准 8 点到这儿来。❷〈口〉突然地;急剧地;急速地:Go to the traffic lights and turn *sharp* right. 向交通灯驶去,向右急转。‖ **'sharp·ly** *adv.* —**'sharp·ness** *n.* [U]

☆ **sharp, acute, keen** 均有"敏锐的"之意。**sharp** 为普通用词,指视觉或听觉灵敏,理解事物快,有过分聪明的含义:It was very *sharp* of you to have noticed that detail straight away. (你真机灵,一下子就注意到这个细节。)该词也常用于针尖、刀口等给人尖利感觉的东西:That woman has a very *sharp* tongue. (那个女人说话非常尖刻。)**acute** 指听觉十分敏锐或洞察力强,能分辨常人难以察觉的细微区别:She has very *acute* hearing. (她的听觉很敏锐。)该词也常用于由直线、平面形成的角或给人强烈、痛苦感觉的事物:an *acute* triangle (锐角三角形) / an *acute* pain (剧痛) **keen** 用于视觉和味觉,也指对复杂问题的理解敏捷透彻:Dogs have a *keen* sense of smell. (狗的嗅觉很灵敏。)该词可用于刀口,但不用于针尖,侧重感觉的强烈程度:a *keen* blade (锋利的刀片) / a *keen* competition (激烈的竞争)

sharp·en /'ʃɑːpən/ *v.* 磨快;磨尖,削尖:*sharpen* a knife 磨刀 ‖ **'sharp·en·er** *n.* [C]

shat·ter /'ʃætə/ *v.* ❶打碎,砸碎:The force of the explosion *shattered* the windows. 爆炸的威力把窗户玻璃都震碎了。❷破坏,毁坏,损害;使(希望等)破灭:Her hopes were *shattered* by the news. 她的希望被那个消息粉碎了。❸削弱;动摇;驳斥(意见等):The event *shattered* the public support for the new tax law. 这一事件削弱了公众对新税法的支持。

shat·ter·ing /'ʃætərɪŋ/ *adj.* 令人极为震惊的;毁灭性的:The news of her death was *shattering*. 她的死讯令人无比惊骇。

shave /ʃeɪv/ **I** (过去式 **shaved**,过去分词 **shaved** 或 **shav·en** /'ʃeɪvn/) *v.* ❶剃(毛发、胡须等);刮(脸),修(面):*shave* one's beard 刮胡子 ❷略降…的价格;削减(价格、利率等);从…上削减(价格等):The company agreed to *shave* the prices a little. 公司同意将价格稍微降低一点。❸削;刨:*shave* a few millimeters off the bottom of the door 把门的底部刨掉几毫米 **II** *n.* [用单]剃头;剃胡子;修面,刮脸:He needed a *shave*. 他需要刮一下脸。

she /强 ʃiː;弱 ʃi/ *pron.* [主格]她:I saw you talking to a girl. Who is *she*? 我看到你与一个女孩说话,她是谁?

shear /ʃɪə/ (过去式 **sheared** 或〈古〉**shore** /ʃɔː/,过去分词 **shorn** /ʃɔːn/或 **sheared**) *v.* ❶用剪刀剪(羊毛等):*shear* wool from the sheep 剪去羊身上的毛 ❷折断;切断,剪断(*away, off*):The wind *sheared* the wing and the plane crashed. 风刮断了机翼,飞机因此坠毁。‖ **'shear·er** *n.* [C]

sheath /ʃiːθ/ *n.* [C]([复]sheaths /ʃiːðz, ʃiːθs/)(刀、剑等的)鞘:put a dagger into a *sheath* 插剑入鞘

sheathe /ʃiːð/ *vt.* ❶把…插入鞘；装…入鞘：He *sheathed* his sword. 他把剑插入鞘中。❷包；裹；套：The playground was *sheathed* in ice. 操场上覆盖着一层冰。

shed[1] /ʃed/ *n.* [C] ❶(木结构、单层的)工棚；车库；棚屋式建筑：He built a *shed* to put his tools in. 他修建了工具房摆放工具。❷(通常各面或两端都敞开的大型)货栈，库：the customs *shed* at the port 港口的海关仓库，海关堆栈

shed[2] /ʃed/ (**shed**；**shed·ding**) *v.* (毛发、树叶等)脱落；蜕(壳、皮等)，换(角等)：The dog hair was *shedding* all over the house. 狗毛掉得屋里到处都是。

sheep /ʃiːp/ *n.* [C] [单复同] 【动】羊；绵羊：The *sheep* are bleating. 羊在羊圈咩咩地叫。‖ '**sheep·like** *adj.*

sheep·ish /'ʃiːpiʃ/ *adj.* ❶羞怯的，腼腆的，害羞的：a *sheepish* grin 羞惭的微笑 ❷窘迫的，局促不安的：David stood at the door looking shocked and *sheepish*. 戴维站在门旁，看起来受到了惊吓而感到局促不安。‖ '**sheep·ish·ly** *adv.* —'**sheep·ish·ness** *n.* [U]

sheer /ʃiə(r)/ **I** *adj.* ❶[作定语]纯粹的；十足的，全然的；绝对的；彻底的：He won the game by *sheer* chance. 他全凭运气赢得了比赛。❷(织物等)透明的；极薄的：That dress is too *sheer* to wear. 那件连衣裙薄得无法穿。**II** *adv.* ❶绝对地；十足地，全然地；彻底地 ❷险峻地；陡峭地；垂直地：the precipitous cliffs rising *sheer* from the sea 从海里笔直升出来的陡峭的绝壁 ‖ '**sheer·ness** *n.* [U]

sheet /ʃiːt/ *n.* [C] ❶[常用复]被单，床单：The *sheets* on his bed want airing. 他的床单要晾一下。❷(薄片或薄板的)(一)片，(一)块，(一)层：a *sheet* of copper 铜片 ❸一张(纸)；(用于印刷或装订的)纸张，书页；印刷品：a propaganda *sheet* 宣传单

shelf /ʃelf/ *n.* [C] ([复]**shelves** /ʃelvz/) (墙壁或家具等上的)架子；搁架，隔板：In the store we browsed through different *shelves*. 我们在商店里的不同架子上翻找。

shell /ʃel/ **I** *n.* ❶[C]壳；贝壳：collect *shells* on the beaches 在海滩上采集贝壳 ❷[C] (坚果等的)果壳；(种子的)外皮；荚：the hazelnut *shell* 榛子壳 ❸[C]弹药筒；烟火弹；artillery *shells* 炮弹 **II** *vt.* ❶去除…的壳；剥去(豆)的壳；*shell* peanuts 剥花生 ❷炮轰，炮击：Enemy gunners *shelled* scores of towns and bases. 敌人的炮兵炮击数十个城镇和基地。

shel·ter /'ʃeltə(r)/ **I** *n.* ❶[C]遮蔽物；隐蔽处；掩蔽处；躲避处；避难所：an air-raid *shelter* 防空洞 ❷[U]遮蔽，掩蔽；庇护，保护；避难：She had abandoned the safe *shelter* of luxurious life. 她抛弃了奢侈生活的安乐窝。❸[C](尤指为无家可归者提供的)临时收容所：The school was turned into a *shelter* for the victims of the earthquake. 那所学校变成了地震灾民的临时收容所。**II** *v.* 遮蔽，掩蔽；庇护，保护；为…提供避难所：The trees *shelter* the house from the wind. 那些树给房子挡风。

shelve /ʃelv/ *vt.* ❶把(书)摆到书架(或隔板)上；使(商品)上架：He has fallen into the habit of neatly *shelving* his books. 他已养成习惯，把书整整齐齐地摆放在书架上。❷对(计划、方案等)暂缓考虑；搁置；推迟：Eventually, I *shelved* the bill. 最后，我将那个提案束之高阁。‖ '**shelv·er** *n.* [C]

shelves /ʃelvz/ *n.* shelf 的复数

shep·herd /'ʃepəd/ *n.* [C] ❶牧羊人 ❷保护者，看护者

shield /ʃiːld/ **I** *n.* [C] ❶盾，盾牌：The soldiers bore *shield* and spear. 士兵们手执盾牌和长矛。❷防御物；保护物；保护者：protective *shield* against infection 抵御感染的保护屏障 **II** *vt.* ❶(似)用盾挡住；挡护；遮挡：The ozone layer *shields* all living things against harmful ultraviolet rays from the sun. 臭氧层可保护所有生物不受来自太阳有害的紫外线的辐射。❷防御；保护，防护：The courtyards are *shielded* from the neighbours' windows. 从邻居们的窗户里是看不见院子的。

shift /ʃift/ **I v.** ❶变动,改变;替换,更换: *shift* the scenes on a stage 变换舞台场景 ❷转移,移动,搬移,卸下,转嫁:Please help me to *shift* the desk about. 请帮我把办公桌掉个方向。❸变(速),换(挡):He nimbly *shifted* gears. 他熟练地换挡。**II n.** [C] ❶变动,改变;替换,更换;转移;移动,搬移: a *shift* of emphasis 重点的转移 / the *shift* of power 政权的更迭 ❷班;轮班;轮班职工;班次的工作时间:an eight-hour *shift* 八小时一班

shift·less /'ʃiftlis/ **adj.** ❶无谋略的;无志气的;不中用的,无能的;没出息的:He is lazy and *shiftless*. 他又懒又没有志气。❷懒惰的,懒散的;得过且过的:a *shiftless* individual who lives on alms 一个靠救济金度日的懒汉 ‖ 'shift·less·ness **n.** [U]

shil·ling /'ʃiliŋ/ **n.** [C] 先令(20 先令折合 1 英镑,相当于 12 便士,略作 s)〔亦作 bob〕

shil·ly-shal·ly /'ʃili,ʃæli/ **vi.** 踌躇,犹豫;游移不定,优柔寡断:The authorities *shilly-shallied* about the affair. 当局对这起事件迟迟未下定论。

shim·mer /'ʃimə'/ **vi.** ❶闪烁,闪动:Moonlight was *shimmering* on the lake. 湖面上月光粼粼。❷闪光;微微发光:The blades *shimmered* in the morning sun. 刀刃在晨曦的照耀下寒光迫人。‖ 'shim·mer·y **adj.**

shine /ʃain/ **I** (**shone** /ʃɔn/或 **shined**) **vi.** 照耀;发光,发亮:The sea *shone* in the light of the moon. 海水在月亮下闪闪发光。**II n.** [用单] ❶光;光亮:a *shine* of torch 手电筒的光亮 ❷光泽,光辉;光彩:There's a lovely *shine* on that table. 那张桌子有漂亮的光泽。

shin·y /'ʃaini/ **adj.** ❶发光的,发亮的;光亮的:a *shiny* new car 闪闪发亮的新汽车 ❷晴朗的,阳光灿烂的:the *shiny* sky 晴朗的天空 ‖ 'shin·i·ness **n.** [U]

ship /ʃip/ **I n.** ❶[C;U]船(只);大船;海船,舰:The *ship* was made seaworthy. 这艘船可以出海航行了。❷[总称]船员 **II vt.** (**shipped**;**ship·ping**) ❶将(货物等)装上船;将(乘客或水手等)接(或送)上船 ❷用(船、

火车或飞机等)运送,装运:The goods will be *shipped* in bulk. 此货按散装发运。

ship·ping /'ʃipiŋ/ **n.** ❶[U]海运,船运;航运;装载;运输:cost for *shipping* 运(输)费 ❷[总称](尤指一个国家、地区或航运公司的)船舶 ❸[U]航运业;运输业

ship·wreck /'ʃip,rek/ **n.** ❶[C;U]海难,船舶失事,海损事故:The danger of *shipwreck* is much greater in hurricane. 飓风天气发生海难的危险更大。❷[C]失事船只,沉船;失事船只的残骸:retrieve the wartime *shipwrecks* 打捞战时沉船残骸

shirk /ʃə:k/ **v.** (因懒惰或害怕等而)逃避(工作、义务、责任等):He *shirks* taking care of his parents. 他不愿赡养父母。‖ 'shirk·er **n.** [C]

shirt /ʃə:t/ **n.** [C] 衬衫:He wears a *shirt* and tie for work. 他上班总是穿衬衫,系领带。

shiv·er /'ʃivə'/ **vi.** 发抖,颤抖,哆嗦:The child *shivered* from the cold. 那孩子因患感冒而直哆嗦。‖ 'shiv·er·y **adj.**

shock /ʃɔk/ **I n.** ❶[通常用单]猛击;撞击;冲击:The burglary was a *shock* to his sense of security. 这起入室抢劫冲击了他的安全感。❷[U;C]震惊,惊愕;悲伤;令人震惊的事;让人伤心的事:His mouth opened wide in *shock*. 他惊诧得嘴张得很大。❸[C;U](由冲击、爆炸和颤动等引起的)震动;地震:the *shocks* from an earthquake 地震引起的震动 **II vt.** 使震惊,使惊骇;使愤慨;使悲伤;使厌恶:He said something to his mother that *shocked* the children. 他跟母亲说了些让孩子们惊骇不已的话。

shock·ing /'ʃɔkiŋ/ **adj.** ❶使人震惊的;骇人听闻的;触目惊心的:The massacre is *shocking*. 这起屠杀事件令人震惊。❷[无比较级]极差的,极坏的;低劣的:*shocking* luck 背运

shoe /ʃu:/ **n.** [C]([复]**shoes** 或〈英古〉**shoon** /ʃu:n/) 鞋,鞋子:high-heeled *shoes* 高跟鞋 ‖ 'shoe·less **adj.**

shoe·mak·er /'ʃu:,meikə'/ **n.** [C]制鞋匠;补鞋匠

shoot /ʃuːt/ (**shot** /ʃɒt/) *v.* ❶开(枪、炮);发射(子弹、炮弹等);(拉弓)射(箭);射出(光线等):*shoot* an arrow from the bow 张弓射箭 ❷射中,击中;射杀;射死;射伤;射坏:*shoot* sb. dead 把某人打死 ‖ **shoot at** *vt.* 向…射击,朝…开枪;用枪指着;用枪瞄准:They were *shooting at* a target. 他们正瞄准目标射击。 ‖ **'shoo•ter** *n.* [C]

shop /ʃɒp/ *n.* [C]〈英〉(尤指零售)商店,店铺;(大商场里的)专营柜台;专业服务部:We hope that the book will be in the *shops* next year. 我们希望这部书明年能面市。

shopping mall *n.* [C]〈美加澳新〉商业中心区大街;步行商业区〔亦作 **mall**〕

shore /ʃɔː/ *n.* ❶[C;U](江、河、湖、海等的)岸,滨:They lived off the *shore*. 他们住在海岸不远处。 ❷[常作～s]国家:China is my native *shores*. 中国是我的祖国。

☆**shore, bank, beach, coast, seaside** 均有"海岸"之意。**shore** 为普通用词,指陆地与江、河、湖、海等水域的相接部分:The boat reached *shore* at noon. (中午船靠岸了。) / Every dusk he would stand on the *shore* and gaze out to sea. (每天黄昏他都站在岸边凝视着海洋。) **bank** 特指河流的堤岸:You can see an old house on the left *bank* of the river. (在河的左岸你可以看到一幢老房子。) / He jumped over the opposite *bank* of the stream. (他跳到了小溪对岸。) **beach** 多用于美国英语,指海滨的娱乐场所:In summer, crowds of people go to the *beach*. (夏天人们纷纷涌向海边。)当该词表示靠海边的一片平整的陆地时,既可用于英国英语,也可用于美国英语,通常有潮水的涨落:We are coming to the *beaches*! (我们快到岸了!) **coast** 指陆地与海洋接壤的部分,往往被列入一个国家的领土范围:The *coast* of West Australia is near, but I mean to proceed to our destination. (离西澳大利亚海岸已经近了,但我打算继续朝目的地前进。) **seaside** 多用于英国英语,指海滨的娱乐场所:I spent the whole summer at the *seaside* with my family. (整个夏天我都和家人一起待在海边。)

shore•line /ʃɔːlaɪn/ *n.* [常用单]海岸线,海滨线;(湖泊等的)岸线

short /ʃɔːt/ *adj.* ❶(长度)短的,不长的:His trousers were too *short* to wear. 他的裤子短得不能穿了。 ❷(时间)短的,短暂的;短期的:They have made great progress in a few *short* years. 他们在短短几年内就取得了巨大的进步。 ❸(身材)矮小的,短小的;低的:He is *shorter* than any other member in the family. 他是家中个子最矮的。 ❹近的,近距离的;短程的:*short* flights 短程航班 ❺不足的,短缺的;缺乏的,匮乏的(on, in):Their group is still one person *short*. 他们组还缺一个人。 ‖ **cut short** *vt.* ❶切短;剪短;截短:Most of them had their hair cut *short*. 他们中大多数人把头发剪短了。 ❷使中止,使结束,中断:His nap was cut *short* by a noise from outside. 他的小憩被外面的喧闹声打断了。 ❸使缩短,使变短:On hearing the sad news she wanted to cut *short* her skiing trip. 一听到这个让人伤心的消息她就想提前结束滑雪旅行。 **in short** *adv.* 简言之,总之:*In short*, the accusations cannot be regarded as established. 总之,这些指控无法认定。 ‖ **'short•ness** *n.* [U]

short•age /ʃɔːtɪdʒ/ *n.* [C;U]缺乏,匮乏,不足(of):cover [make up] the *shortage* 弥补不足

short circuit *n.* [C]【电】短路

short•com•ing /ʃɔːtkʌmɪŋ/ *n.* [常作～s]缺点,短处;缺陷:a person with many *shortcomings* 一个有许多缺点的人

short cut *n.* [C]❶近路:take a *short cut* 抄近路 ❷〈喻〉捷径,便捷的方法:There are no *short cuts* in the arts. 艺术上没有捷径可走。

short•en /ʃɔːtən/ *v.* 弄短,缩短:At times I wished that he had *shortened* the book. 有时我希望他能把书缩减一下。

☆**shorten, abbreviate, abridge, curtail** 均有"缩短,缩减"之意。**shorten** 通常指使尺度或持续时间变短:The manager planed to *shorten* the lunch time of the workers. (经理计划缩短工人的午餐时间。) **abbreviate** 指压缩或省略单词或短语的某些部分,

以保留部分来代表整体,也可指缩短时间: United Nations is commonly *abbreviated* to UN. (United Nations 一般简写成 UN。)**abridge** 常用于对书籍的删节或缩减,指删去不重要部分而保留核心内容、保持相对完整: The *abridged* version of the novel has been published a month ago. (这部小说的精简本已一个月前出版了。) **curtail** 指由于删除整体中某一重要组成部分而使其不完整并造成质量或效果方面的损失: The outdoor fashion show was *curtailed* because of the rain. (室外时装展由于下雨而缩短了。)

short·ly /ˈʃɔːtli/ *adv.* ❶[无比较级][常用于 before 和 after 前]立刻,马上,不久: *Shortly* after he had drifted off to sleep, the phone rang. 他刚刚迷迷糊糊地睡着,电话铃就响了起来。❷ 简短地,简明扼要地: He described his past experiences *shortly*. 他简要地讲述了他的往事。

short-sight·ed /ˌʃɔːtˈsaitid/ *adj.* ❶ 近视的: He's so *short-sighted* that he has to wear glasses. 他近视得厉害,必须戴眼镜。❷〈喻〉目光短浅的,缺乏远见的: be *short-sighted* about sth. 对某事缺乏远见 ‖ ˌshort-ˈsight·ed·ly *adv.* —ˌshort-ˈsight·ed·ness *n.* [U]

short-term /ˈʃɔːtˌtəːm/ *adj.* [无比较级][常作表语]短期的,短时间的: *short-term* earnings 短期收益

shot[1] /ʃɔt/ *n.* ❶[C]射击;开炮;射箭;枪声;炮声: fire *shots* 开火射击 ❷[C]瞄准: take a *shot* at sb. 瞄准某人 ❸[单复同]子弹;炮弹;[U](猎枪用的)铅沙弹;实心弹: I don't know how *shot* is [are] made. 我不知道怎么造子弹。❹[C]照片,相片;(电影或电视的)一组镜头;一段影片;拍照;摄影;摄像: The exterior *shots* of the film were taken in Bermuda. 这部电影的外景是在百慕大拍摄的。❺[C]【体】铅球: put the *shot* 推铅球 ❻[C]射手;枪手;炮手: His father is a good [dead] *shot*. 他父亲是个神枪手。‖ ˈshot·proof *adj.*

shot[2] /ʃɔt/ *v.* shoot 的过去式和过去分词

should /ʃud, ʃəd/ *aux. v.* ❶ shall 的过去式 ❷[用于第一人称的转述引语]将,会: I *should* be very cross if he did that one more time. 如果他再那么干的话,我会非常生气的。❸[表示义务、职责、正确性等]应该,应当;必须: He *should* stop smoking. 他该戒烟了。❹[用于第一人称,表示愿望或期望达到某种状态]想,要,希望: I *should* like to say something. 我想说几句话。❺[常用于虚拟语气的条件从句,语气较强,表示可能会发生的事件或可能会出现的情形,有时可放在从句的句首]万一…的话,如果…的话: What if we *should* be caught? 万一我们被逮住,该怎么办呢? ❻[常用于第一人称的虚拟语气的主句,表示与事实相反的结果]就会: I *should* have not laughed if I had thought you were serious. 我如果当时认为你是认真的,就不会笑了。❼[表示说话者的推测、意愿或承诺]会: In the coming years we *should* be able to raise the annual production by 10% each year. 在未来的几年里,我们能将年产量提高 10%。

shoul·der /ˈʃəuldə/ I *n.* [C]肩,肩膀;肩胛;[常作～s](肩)背部: He is muscular in the *shoulders*. 他肩膀厚实。II *vt.* ❶ 将…扛在肩上,掮,扛: The boy *shouldered* the basket of fruits. 小男孩扛起了果篮。❷ 承担(责任、负担等): They *shouldered* all the expenses. 他们承担了所有的费用。‖ **shoulder to shoulder** *adv.* ❶ 并肩地 ❷ 齐心协力地: The volunteers worked *shoulder to shoulder* with the police to keep order. 志愿者与警察一起维持秩序。

shout /ʃaut/ I *v.* 呼喊,喊叫(at): She *shouted* for me to come. 她大声叫我过来。II *n.* [C]呼喊,叫喊;呐喊: Again and again the audience broke into *shouts* of applause. 听众中一次又一次地爆发出阵阵喝彩声。‖ ˈshout·er *n.* [C]

shove /ʃʌv/ I *v.* 推,挤;猛推;用力挤过: He was *shoved* against the wall. 他被推到了墙边。II *n.* [C]推,挤,搡: Julia gave her a *shove* that sent her in. 朱丽娅把她推到了里面。

shov·el /ˈʃʌvᵊl/ *n.* [C] 铲;铁锹

show /ʃəu/ **I** *v.* (过去式 showed,过去分词 **shown** /ʃəun/或 **showed**) ❶出示;给…看:A broad smile *showed* her white teeth. 她咧嘴笑起来,露出了白色的牙齿。❷显示,表示;显露,露出;流露(情感等):He *showed* respect to the old man. 他对那位老人表示尊敬。❸证实,证明;表明:This *shows* that he is not without a sense of humour. 这表明他并不缺乏幽默感。❹告诉;教,指导;阐明;讲解:The mechanic *showed* them how to assemble the machine. 机械师教他们怎样安装这台机器。❺放映(电影等);播放(电视或广播节目);上演(戏剧等):What films are they *showing* this week? 这星期放什么电影? ❻陈列,展览,展出(图画、动物、花卉等):The artist *showed* his works at the gallery. 那位艺术家在画廊展出了自己的作品。❼给…引路,引领:His mother *showed* him into a tiny bedroom. 他母亲把他带进了一间小卧室。**II** *n.* ❶[C]展览;展览会;展览物,陈列品:hold [put on,stage] a *show* 举办展览 ❷[C](尤指音乐等的)演出,上演;上映的影片;播放的电视(或广播)节目:look at an art *show* 观看艺术展

☆❶**show**,**display**,**exhibit**,**expose**,**flaunt**,**parade** 均有"显示,展示"之意。**show** 为最普通用词,泛指有意或无意地把东西拿给别人看:He *showed* me the picture he'd taken. (他给我看他拍的照片。)**display** 指把某物摆出来给人观看,强调摆放位置有利、让人看得清楚:Shops are *displaying* clothes of new styles in their windows. (商店的橱窗里正在展示新款服装。)该词有时也指有意炫耀或令人难堪地显示:The young man is arrogantly *displaying* his skill in riding the horse. (那个年轻人正骄傲地展示他的马术。)**exhibit** 指实事求是地把某事物陈列出来以吸引公众注意、要求他人察看或评价:The paintings are *exhibited* in chronological sequence. (这些画以年代顺序排列展示。)**expose** 指显示被遮盖或隐蔽的事物,常带有揭露的意思:This skirt *exposes* her scar on the knee. (穿裙子使她膝盖上的疤露了出来。)**flaunt** 指傲慢地炫耀或厚颜无耻地夸示,有时含有令人蔑视或藐视的意思:She was *flaunting* her new car. (她在炫耀她的新车。)**parade** 指炫耀或卖弄以吸引他人注意、赢得他人的赞美或羡慕:He is always *parading* his wealth. (他总在摆阔。)❷ **show**,**demonstrate**,**evince**,**manifest** 均有"表明,表示"之意。**show** 指通过行为、神态或言语有意无意地表示某人的思想、感情、态度等:He had been taught to *show* his respect towards his elders. (他从小接受教育,要尊敬长辈。)**demonstrate** 主要用于感情,常指通过外部言论、行动表示情绪激动:He *demonstrated* great courage in fighting with the robber. (他在与劫匪的打斗中显示了极大的勇气。)**evince** 常指以外部迹象或特征微妙地表示兴趣、感情或品质等:George's cool manner *evinced* a restrained dislike for his new friend. (乔治的冷淡暗示他不喜欢他的新朋友。)**manifest** 较 show 更为直接、清楚、明显地展现或揭示某一事情,带有一目了然、不容置疑的意思:The musician *manifested* his musical ability at an early age. (这位音乐家在很小的时候就显示了他的音乐才能。)

show·er /ˈʃauə/ **I** *n.* [C] ❶阵雨;冰雹(或风雪)的一阵:A *shower* of rain won't last long. 阵雨不会下得很久。❷(子弹、尘土、石块、火花、眼泪等的)一阵;倾泻:The pipe burst, sending a *shower* of water into the air. 水管爆裂了,一股水柱冲向空中。❸如阵雨般的东西;一大串;一大批:a *shower* of tears 泪雨滂沱 ❹淋浴;淋浴间:He got up and took a *shower*. 他起床后冲了个澡。**II** *vt.* ❶把…弄湿;使湿透;喷淋:I had a rain *showered* on me yesterday. 我昨天淋了雨。❷大量给予(礼物等)(on,upon,with):The boss *showered* his employees with praise. 老板对他的员工们大加赞赏。‖ ˈshow·er·y *adj.*

show·ing /ˈʃəuiŋ/ *n.* ❶[U;C]展览;展示;陈列:visit a *showing* of European movies 参观欧洲电影展 ❷[C]表演;演出;(电影的)放映;(电视的)播放:I wasn't at my best at the *showing*. 演出时我不在最佳状态。

shred /ʃred/ **I** *n.* ❶[C]碎片;细条;破布条;

纸片：The violent seas ripped sails to *shreds*. 汹涌的大海把船帆撕成了碎片。❷[常用单][用于疑问句或否定句]少量,些许：Not a *shred* of evidence has been produced in support of those accusations. 提交不出任何证据来支持那些指控。**II（shredded 或 shred；shred•ding）** *v.* 撕碎；切碎：The paper *shreds* easily. 这种纸很容易撕碎。‖ 'shred•der *n.* [C]

shrewd /ʃruːd/ *adj.* ❶机灵的；敏锐的；精明的；狡猾的：It was *shrewd* of him to make that investment. 他眼光敏锐,做了那笔投资。❷(打击等)强烈的,猛烈的：He disarmed the man with a *shrewd* kick at his wrist. 他猛地向那人手腕踢去,解除了他的武装。‖ 'shrewd•ly *adv.* —'shrewd•ness *n.* [U]

shriek /ʃriːk/ **I** *v.* ❶尖叫；惊叫；发出尖叫声；*shriek* in pain 痛得直叫 ❷清楚表示；大声表明 **II** *n.* [C]尖叫；惊叫；尖叫声：A *shriek* came from the living room. 客厅里传出尖叫声。

shrill /ʃril/ *adj.* ❶尖声的,刺耳的：a *shrill* whistle 刺耳的口哨声 ❷尖刻的；尖锐的；〈时贬〉猛烈的：The Opposition were *shrill* in their criticism of the cabinet's policies. 反对党尖锐地抨击内阁的政策。‖ 'shrill•ness *n.* [U] —'shril•ly *adv.*

shrink /ʃriŋk/（过去式 shrank /ʃræŋk/或 shrunk /ʃrʌŋk/,过去分词 shrunk 或 shrunken /'ʃrʌŋkˀn/）*v.* ❶收缩；皱缩；蜷缩；萎缩；变小；减少；贬值；变瘦：My T-shirt *shrank* in the wash. 我的 T 恤衫洗过以后缩水了。❷退缩；畏缩：She *shrank* from contemplating it. 她畏避退缩,不敢去想它。

shrink•age /'ʃriŋkidʒ/ *n.* ❶[U]收缩；缩水,皱缩：at the current rate of *shrinkage* 按目前的收缩比率 ❷[用单]萎缩；减少；贬落；贬值：a *shrinkage* in the size of the police force 警力的减少 ❸[U]收缩量；减少(或贬落)程度；减少量

shriv•el /'ʃrivˀl/（-el(l)ed；-el(l)ing）*v.* 使干枯,使干瘪,使枯萎；使干缩,使皱缩：The hot sun *shrivelled* the leaves. 骄阳烤得树叶都蔫了。

shrub /ʃrʌb/ *n.* [C]灌木 ‖ 'shrub•by *adj.*

shrub•ber•y /'ʃrʌbˀri/ *n.* [C；U]灌木丛,灌木林：throw the ball into the *shrubbery* 往灌木丛中扔球

shrug /ʃrʌg/ **I**（shrugged；shrug•ging）*v.*（为表示冷漠、无助或轻蔑等）耸肩：He just sort of *shrugged* and said nothing. 他只是耸耸肩,什么也没说。**II** *n.* [C]耸肩：All I got was a dubitative *shrug* of the shoulders. 我得到的只是不置可否的一耸肩而已。‖ ***shrug off** vt.* 对…满不在乎；对…不屑一顾；对…不予理会：*shrug off* the increasingly insistent demands of modernization 漠视日益迫切的现代化要求

shud•der /'ʃʌdə/ *vi.*（因恐惧、寒冷、厌恶等不自主地)战栗,颤抖：They *shuddered* at the bloody scene. 他们看到这个血腥场面不寒而栗。**II** *n.* [C]震动,颤动；打战,战栗：The poor girl shrank back with a strong *shudder*. 可怜的小女孩浑身颤抖着往后退去。

shuf•fle /'ʃʌfˀl/ **I** *vt.* ❶拖着(脚)走,缓慢地滑动(或移动)(脚步等)：We *shuffled* our way in the sand. 我们在沙地上拖着脚步,缓缓前行。❷(快速地)洗(牌)：*Shuffle* the cards! 洗牌! ❸重组,改组；弄混,搞乱：*shuffle* the documents 把文件弄乱 ❹笨手笨脚地穿(或脱去)(衣服等)(on, off, into)：The clown *shuffled* on his clothes. 小丑笨手笨脚地穿上衣服。**II** *n.* [常用单]❶弄混,搅乱；重组,改组：a *shuffle* of the Cabinet 内阁改组 ❷洗牌(权)；洗牌轮值：Let me give the cards a good *shuffle*. 让我把牌好好洗一洗。❸曳步；曳行；曳步舞：walk with a *shuffle* 拖着步子走路 ‖ 'shuffler *n.* [C]

shut /ʃʌt/ **I**（shut；shut•ting）*v.* ❶关上,关闭：Could you *shut* the door, please? 请你关上门好吗? ❷停止营业,停止开放：The company *shut* the brewery last year because of falling demand. 由于需求量下降,公司去年关闭了那家啤酒厂。**II** *adj.* [无比较级]关上的；闩住的；合拢的；封闭的：The door swung *shut*. 那扇门转了一下又关上了。‖ *shut down v.* ❶把(窗户)拉下来关上：Could you *shut down* the window, please? 请把窗户拉下来关上，好吗？❷(使)关闭；(使)歇业；(使)停办：Financial problems forced the business to *shut down*. 财政困难迫使公司关门。*shut up v.* 〈口〉(使)住口；停止讲(或写)：Once he starts talking, it's not easy to *shut* him *up*. 他这个人话匣子一开，就不容易堵住他的嘴。

shut·ter /'ʃʌtə/ *n.* [C] ❶百叶窗；活动遮板；活动窗帘；防盗门；防盗窗：Blizzards penetrated the *shutters*. 暴风雪刮进百叶窗。❷【摄】(照相机的)光门，快门：I didn't hear the *shutter* click. 我没听见快门的响声。

shy /ʃai/ *adj.* (比较级 **shy·er** 或 **shi·er**，最高级 **shy·est** 或 **shi·est**) ❶腼腆的，害羞的，羞怯的，怕生的：Her manner was *shy* but also rather stubborn. 她外表看上去很怕生，但脾气却相当固执。❷[作表语]畏缩的；不愿的，不喜欢的；有戒心的(*of, with*)：He was *shy of* his aunt when he was a kid. 他小时候怕见姑姑。‖ **'shy·ly, 'shi·ly** *adv.* — **'shy·ness** *n.* [U]

sick /sik/ *adj.* ❶有病的，生病的；不适的，不舒服的，有病感的：His wife is off *sick*. 他妻子休病假。❷[通常作表语]恶心的，想呕吐的；令人恶心的，引起呕吐的：I feel *sick*— I think it was that fish. 我想吐，我想是吃了那条鱼的缘故。❸[作表语]厌倦的；厌烦的，腻味的；厌恶的(*of*)：She's *sick of* her job. 她厌倦她的工作。❹(精神或道德上)不正常的，不健全的；病态的；败坏的；(思想或情绪上)混乱的：a *sick* society 病态社会

☆ **sick, ill, indisposed** 均有"生病的"之意。**sick** 在美国英语中通常表示身体有病、处于不健康状态；在英国口语中则常指感觉一阵不舒服、恶心或想呕吐：Jack's friends were not aware of how *sick* he was. (杰克的朋友们还没有意识到他的健康状况有多糟。)该词表示感觉不舒服时，不一定是身体有疾病，也可以是由于其他原因，带有较强的感情色彩：She was *sick* at heart through anxi-

ety. (她的心情焦虑不安。) **ill** 源于古斯堪的纳维亚语，表示坏的，在美国指身体不好时可与 **sick** 换用，但多用于 **ill health** 等短语，在英国英语中通常表示染病在身：The old man was seriously *ill* with heart disease. (那位老人因患心脏病身体很虚弱。) **indisposed** 为书面语，指身体欠安或染有微恙：His Excellency the Ambassador is *indisposed*. (大使阁下身体欠佳。)

sick·ly /'sikli/ *adj.* ❶生病的；多病的：a *sickly* child 多病的孩子 ❷因疾病而产生的；病态的；苍白的：She was pale and *sickly*. 她脸色苍白、满面病容。❸令人作呕的；使人厌恶的：the *sickly* smell of rotten fruit 使人恶心的烂水果的气味

sick·ness /'siknis/ *n.* ❶[U;C]患病，生病；疾病：a pernicious *sickness* 致命的疾病 ❷[U]呕吐，作呕；恶心，反胃：Andrew entered the bedroom, which smelt of *sickness*. 安德鲁进了卧室，那里面散发着令人作呕的味道。

side /said/ I *n.* [C] ❶边；缘；侧面；面：The sofa had arms at the *sides*. 长沙发的两侧有扶手。❷(人或动物身体的)侧边；肋：Do you feel a pain in your right *side*? 你觉得右肋疼吗？❸近旁，旁边；身边：He rose and went to her *side*. 他站了起来，朝她身边走去。II *v.* (尤指在争执或争斗中)坚持立场(*with, against*)：They all *sided with* their father in the family conflict. 在这次家庭冲突中，他们全都站在父亲一边。

side-ef·fect /'saidiˌfekt/ *n.* [C]副作用：The *side-effects* of the drug are loss of hair and difficulty in eating. 这种药的副作用是头发脱落和进食困难。

side·step /'saidˌstep/ *v.* (-stepped;-stepping) ❶(尤指足球运动中)跨步躲避，跨步躲闪：He managed to *sidestep* the first frontal attack. 他一个跨步，躲开了第一次正面的进攻。❷回避，规避，避开：He neatly *sidestepped* during the press conference. 在新闻发布会上他巧妙地躲开问题。

side·ways /'saidˌweiz/ I *adv.* [无比较级] ❶往旁边；(斜)向一侧(或一边) She glanced *sideways*. 她往旁边斜了一眼。❷从旁边;从一侧(或一边):It was George's nature to approach any subject *sideways*. 乔治谈任何一个问题一向喜欢旁敲侧击。❸侧着;一侧(或一边)向前:The passenger sat *sideways* on the bus. 那位乘客在公共汽车上侧身坐着。II *adj*. [无比较级]往(或在、从)旁边的;向(或在、从)一侧(或一边)的;侧向的:a *sideways* movement 侧向运动

si·dle /'saɪdᵊl/ I *vi*. 侧身走;偷偷摸摸地走;羞怯地走,(因紧张或羞怯而)悄悄移动(along, up) II *n*. [C]小心翼翼的移动;偷偷摸摸的行走

siege /siːdʒ/ *n*. [C] ❶包围,围困;围攻;围攻期间:After a week-long *siege*, the kidnappers gave themselves up to the police. 经过一个星期的围困后,绑架者向警方投降了。❷连续不断的进攻;反复的努力;再三说服:Apartheid kept the white-ruled country under *siege* internationally. 种族隔离政策使得这个白人统治下的国家处在全世界的不断声讨之中。

sigh /saɪ/ I *v*. 叹气,叹息:She *sighed* with disappointment at the news. 消息传来,她失望地叹了口气。II *n*. [C]叹气,叹息;叹息声:let out a long *sigh* 长叹一声

sight /saɪt/ *n*. ❶[U]视力;视觉:Her *sight* is good. 她的视力很好。❷[用单]看见,瞥见:We'd like a *sight* of your resumé first. 我们想先看看你的简历。❸[常作~s]值得看的东西;名胜;风景:see the *sights* of Beijing 游览北京的名胜古迹 ‖ *at first sight adv*. 乍一看,一见之下;立即:They fell in love *at first sight*. 他们一见钟情。*catch sight of vt*. 看到,发现;意识到:I *caught sight of* my old friend in town today. 我今天在城里看见我的老朋友了。

sight·see·ing /'saɪtˌsiːɪŋ/ *n*. [U]游览,观光,旅游:an afternoon of *sightseeing* and shopping 一个观光购物的下午 ‖ '**sight·seer** *n*. [C]

sign /saɪn/ I *n*. [C] ❶标志;象征:Violence is a *sign* of weakness. 暴力是软弱的标志。❷(用以表示或区分的)符号,记号,标记,标志:a *sign* of danger 危险的标记 ❸暗示,示意动作:I gave him a *sign* to come in. 我示意他进来。❹牌子;标牌,指示牌;告示牌:a traffic *signs* 交通标牌 ❺预兆,征兆;迹象:The patient was showing some *signs* of improvement. 病人有好转的征候。II *v*. ❶(尤指在文件等上)签(字);署(名);在(文件等)上签字(或署名):Don't forget to *sign* your name to the document. 别忘了在文件上签你的名字。❷用手势(语)表示(或示意):He *signed* me to bring the bill. 他打手势示意我把账单拿来。

☆ **sign, indication, mark, symptom, token** 均有"标志,迹象"之意。**sign** 为普通用词,既可表示象征、征兆或迹象,也可用以指人们公认的标记或符号:There are *signs* that the economy is improving. (种种迹象表明经济正在好转。) **indication** 指较为直接、明白的显示:She gave no *indication* of having heard us. (看不出她听见我们的声音了。) **mark** 指压印出来或深深刻下的记号、痕迹,也可指体现人或事物内在特性、特征的标志:The car had left tyre *marks* in the muddy ground. (这辆汽车在泥地上留下了轮胎印。) **symptom** 指身体患病而产生的症状,也可引申指揭示事物内在变化的、可辨认的外部迹象或征兆:Yellow skin is a *symptom* of jaundice. (皮肤变黄是黄疸病的症状。) **token** 通常指用以表示或证实某种思想、感情、态度的具体物件、行为等:These flowers are a small *token* of my gratitude. (仅以此花聊表谢忱。)

sig·nal /'sɪɡnᵊl/ I *n*. [C] 信号;信号语;暗号:A *signal* is sent every five minutes. 每五分钟发送一次信号。II (-nal(l)ed; -nal(l)ing) *vi*. 发送信号;打信号语:The commander *signalled* when the town had been taken. 城市被拿下时,指挥官发出信号。

sig·na·to·ry /'sɪɡnətᵊri/ I *n*. [C](协议或条约等的)签字方;签署人;签署国:These nations are *signatories* to the international organization. 这些国家都是该国际组织的签署国。II *adj*. [无比较级]签字的;签约的:the *signatory* nations to the treaty 缔约国

sig·na·ture /'signətʃə/ *n.* [C] (本人的)签名,署名;(文件的)签字;签署:the *Signature* Ceremony 签字仪式

sign·board /'sain¡bɔːd/ *n.* [C]招牌;告示牌;广告牌

sig·nif·i·cance /sig'nifikəns/ *n.* ❶[U]重要性;重大;重视:Money at that time held no *significance* for him. 那时,钱对他来说一点儿也不重要。❷[用单]含义,意义;意思:The event has great political *significance*. 该事件有很重要的政治意义。

sig·nif·i·cant /sig'nifikənt/ *adj.* ❶有意义的;有含义的,意味深长的:give sb. a *significant* look 意味深长地瞥了某人一眼 ❷值得重视的;重要的;意义重大的;影响深远的:The chance is rather *significant* for your future. 这一机遇对你的未来会产生深远的影响。‖ **sig'nif·i·cant·ly** *adv.*

sig·ni·fy /'signi¡fai/ *vt.* ❶表示…的意思;有…的意思:Nobody really knows what the marks on the ancient stones *signify*. 没有人真的知道这些古老石头上的符号表示什么意思。❷表明,表示;示意:We *signified* our agreement by raising our hands. 我们举手表示赞同。‖ **sig·ni·fi·ca·tion** /¡signifi'keiʃən/ *n.* [U]

si·lence /'sailəns/ *n.* [U] ❶安静,寂静,无声:The fields were filled with heavy *silence*. 田野一片沉寂。❷缄默;闭口不谈:Calumnies are best answered with *silence*. 对诬陷之词最好不理不睬。

si·lent /'sailənt/ *adj.* ❶安静的;寂静的;悄然无声的:His shouts echoed in the *silent* street. 他的喊叫声在寂静的街道上回荡着。❷沉默的,不作声的;寡言的:Miller has always been the *silent* type. 米勒一向沉默寡言。❸[无比较级]【语】(字母)不发音的:"b" is a *silent* letter in the word "tomb". 单词 tomb 中的 b 不发音。‖ **'si·lent·ly** *adv.*

silk /silk/ *n.* [U] ❶(蚕或蜘蛛等昆虫吐出的)(细)丝;丝线 ❷丝绸;丝织物,丝织品:*silk* and satin 真丝与绸缎

silk·en /'silkən/ *adj.* ❶[无比较级]丝制的,丝织的;丝质的;丝绸的;*silken* robes 丝质长袍 ❷丝绸状的,丝绸一般的;(丝绸般)柔软光滑的:Della's greatest possession is her long, *silken* hair. 德拉最大的财富莫过于她那一头丝绸般柔顺光滑的长发。

silk·worm /'silk¡wəːm/ *n.* [C]【昆】蚕,家蚕,桑蚕

silk·y /'silki/ *adj.* 丝绸般的,柔细光滑的:The olive oil keeps your skin *silky*. 橄榄油可使您的肌肤细腻润滑。

sil·ly /'sili/ *adj.* ❶愚蠢的,傻的;不明智的;不合理的;可笑的:He was *silly* to take the dare. 他接受挑战是很愚蠢的。❷毫无意义的,无聊的:We'd read a *silly* book. 我们看了一本无聊的书。‖ **'sil·li·ness** *n.* [U]

sil·ver /'silvə/ I *n.* ❶[U]【化】(白)银(符号 Ag):a bracelet made of solid *silver* 一只纯银的手镯 ❷[U]银色;银灰色;银白色:All her person was powdered with *silver*. 她的全身银装素裹。II *adj.* [无比较级][作定语]❶纯银的,银质的;银制的;镀银的:a *silver* bracelet 银镯子 ❷含银的;产银的 ❸银色的;银白色的;银灰色的:*silver* moonlight 银色的月光

sil·ver·smith /'silvə¡smiθ/ *n.* [C]银匠;银器商

sim·i·lar /'similə/ *adj.* 相像的,相仿的,类似的(to):Joan is very *similar* in appearance to her sister. 琼长得和她姐姐非常相像。‖ **sim·i·lar·i·ty** /¡simi'læriti/ *n.* [C]—'**sim·i·lar·ly** *adv.*

sim·ple /'simpəl/ *adj.* ❶简单的,简易的;简明的:It is *simple* to get in through the window. 打窗口爬进来一点也不费事。❷简朴的,朴素的;生活朴素的:The meal was *simple* but perfectly cooked. 饭菜虽简单,但做得很可口。❸淳朴的,纯真的;单纯的,天真无邪的:a *simple* fisherman 朴实的渔民 ❹不聪明的,头脑简单的;迟钝的;蠢的:I can't believe you were *simple* enough to give him your money. 我才不信你会那么傻,把钱白白地送给他呢!❺[无比较级][作定语]完全的,纯粹的:a *simple* misunderstanding 完全误解 ‖ **'sim·ple·ness** *n.* [U]

sim·plic·i·ty /sim'plisiti/ *n.* ❶[U]简单，简易；简明；【语】简单性：The *simplicity* of the cartoon film makes it suitable for kids. 这部动画片简单易懂，适合孩子们观看。❷[C]简单的东西，简明的事物；简单之处 ❸[U]简朴，朴素；朴实：a sick-room furnished with *simplicity* 布置得简朴的病房

sim·pli·fy /'simplifai/ *vt.* 使简单；使简明；使简易，简化：You have to *simplify* your language a little for children. 你得把语言简化一点儿，好让孩子们容易懂。‖ **sim·pli·fi·ca·tion** /ˌsimplifi'keiʃ°n/ *n.* [U;C]

sim·ply /'simpli/ *adv.* ❶简单地，简易地；简明地：I tried to explain the point as *simply* as I could, but she still did not catch it. 我尽可能简明地解释这一点，可她就是听不明白。❷简朴地，朴素地：The poet lived *simply* in a small hut. 诗人在小木屋里过着简朴的生活。❸[无比较级]完全地，纯粹地；简直：That basketball game was *simply* divine! 那场篮球比赛真是棒极了！❹[无比较级]仅仅；只不过：The student was *simply* trying to please his teacher. 这名学生仅仅是为了取悦老师。

sim·u·late /'simjuˌleit/ *vt.* ❶假装，伪装，冒充；假装拥有：He *simulated* insanity in order to avoid punishment for his crime. 他装疯卖傻，企图逃避对他罪行的惩罚。❷模拟：An electronic device can *simulate* the clicking sound. 一种电子装置可以模拟这种咔嚓声。❸仿造，仿制：*simulated* fur 仿毛皮

sim·u·la·tion /ˌsimju'leiʃ°n/ *n.* ❶[U]模仿，冒充，假冒 ❷[C]模拟，仿真，模式，模拟试验：a computer *simulation* of industrial process 工业生产的计算机模式

sim·ul·ta·ne·ous /ˌsim°l'teiniəs, ˌsai-/ *adj.* [无比较级]同步进行(或完成)的；同时发生(或存在)的(with)：There was a *simultaneous* broadcast of the concert on the radio and the television. 电台和电视台同步播出了这场音乐会。‖ **ˌsimul'ta·ne·ous·ly** *adv.*

sin /sin/ I *n.* ❶[U]【宗】(违反神的意志或宗教戒律的)罪孽：His *sin* was expiated. 他赎了罪。❷[C](违反神的意志或宗教戒律的)罪，罪恶：commit a *sin* 犯罪 II *vi.* (sinned；sin·ning) 违反戒律；违反教规；犯罪：Forgive me, God, for I have *sinned*. 主啊，宽恕我吧，我违反了教规。‖ **'sin·ner** *n.* [C]

since /sins/ I *prep.* 从…以来；自…以后：Over forty years have passed *since* the onset of the war. 自战争爆发以来，四十多年过去了。II *conj.* ❶自…以后；从…以来：*Since* he stopped teaching, he has written seven books, two of them just out. 他自弃教以后，已经写了七本书，有两本刚出版。❷既然；由于，因为：*Since* you've signed an agreement, you can't back out of it now. 既然签了协议，你现在就不能反悔了。III *adv.* [无比较级]❶此后；至今：They went to Birmingham two years ago, and we haven't seen them *since*. 两年前，他们去了伯明翰，此后我们就再也没有见过他们。❷以前，之前：I've long *since* forgotten any Chinese I ever learned. 我很早以前就把学过的中文给忘了。❸从那以后，后来：He at first refused, but has *since* consented. 他起初拒绝了，但后来同意了。

sin·cere /sin'siə/ *adj.* ❶诚心诚意的，由衷的，诚挚的：I am *sincere* about it. 对此我是真心实意的。❷忠实的；诚实的；真诚的：I respect this man, he is *sincere*, which is rare in politics. 我敬重这个人，他真挚诚实，这在政界是难能可贵的。‖ **sin'cere·ly** *adv.* —**sin·cer·i·ty** /sin'seriti/ *n.* [U]

sing /siŋ/ (sang /sæŋ/, sung /sʌŋ/) *v.* 唱，唱歌；演唱：My grandma likes to *sing* while she's cooking. 我奶奶喜欢一边做饭一边唱歌。‖ **'sing·a·ble** *adj.* —**'sing·er** *n.* [C]

sin·gle /'siŋg°l/ *adj.* [无比较级]❶[作定语]单个的，一个的，单一的：a *single* sunray 一缕阳光 ❷[作定语]单独的，独自的；唯一的，独一无二的：a *single* exception 唯一的特例 ❸单身的，未婚的：It's not easy to be *single*. 单身生活不容易。

☆ **single, particular, sole, solitary, unique** 均有"唯一的，单独的"之意。**single** 表示没有

与别的人或事物结合，没有陪伴或支持：He's still *single*. (他仍是个单身汉。) **particular** 指在同一种类或整体中有别于其他成员的人或事物：Is there any *particular* colour you would prefer? (你有什么特别喜欢的颜色吗?) **sole** 用于唯一存在、唯一一起作用或唯一可以考虑的人或事物：We have the *sole* right to sell this range of goods. (我们有独家经销这类货物的权利。) **solitary** 表示独来独往，强调孤独：The television was her *solitary* link to the outside world. (电视是她和外部世界的唯一一联系。) **unique** 表示就其种类或特性来说是独一无二的：Each person's fingerprints are *unique*. (每个人的指纹都是不同的。)

sin·gu·lar /'sɪŋgjʊlə/ *adj.* ❶突出的，非凡的，卓绝的：a woman of *singular* beauty 绝色女子 ❷〈书〉奇特的，奇异的，奇怪的，异常的：Peter is *singular*, lonely and a bookworm. 彼得是个书呆子，性情乖张孤僻。 ❸〖无比较级〗【语】单数的；表示单数的；与单数形式一致的：a *singular* noun 单数名词

sin·i·ster /'sɪnɪstə/ *adj.* ❶恶意的，阴险的，邪恶的：There's something *sinister* about him. He frightens me. 他这个人有点儿邪，使我感到害怕。❷凶兆的，不祥的，不吉利的：a *sinister* news item 一条预示不祥的消息

sink /sɪŋk/ (过去式 **sank** /sæŋk/ 或 **sunk** /sʌŋk/，过去分词 **sunk** 或 **sun·ken** /'sʌŋk*ə*n/) *v.* ❶下沉；沉没：Wood won't *sink* in water. 木头在水里不会下沉。❷减弱，变小，降低：Her voice *sank* to a whisper and I could hardly hear it. 她压低声音悄悄地说话，我几乎都听不见。❸(情绪等)低落，低沉：My heart *sank* at the thought of interview. 一想到面试，我的心情就沉重起来。 ‖ **sink·a·ble** *adj.*

sip /sɪp/ I (**sipped**; **sip·ping**) *v.* 小口地喝，抿，呷：We sat in the sun, *sipping* lemonade. 我们一边坐着晒太阳，一边小口小口地喝着柠檬水。II *n.* [C] ❶一小口的量，一啜(或一呷)之量：take a *sip* of brandy 喝一小口白兰地 ❷细啜，慢饮；抿尝，浅尝：

drink brandy in *sips* 一口一口地饮白兰地 ‖ **'sip·per** *n.* [C] **'sip·ping·ly** *adv.*

sir /sɜː/ *n.* [C] ❶[用作对男性的尊称]先生，阁下：Can I help you, *sir*? 先生您要点什么？ ❷[S-][用于有爵士称号者的名字或姓名之前，但不用于姓氏之前]爵士：*Sir* John Williams 约翰·威廉斯爵士 ❸[用作正式信函开首时的称呼]先生，阁下：Dear *Sir* 亲爱的先生

si·ren /'saɪər*ə*n/ *n.* [C] 汽笛；警笛，警报器：The ship sounded its *siren* in the thin fog. 轮船在薄雾之中鸣响了汽笛

sis·ter /'sɪstə/ *n.* [C] ❶姐姐；妹妹：Judy's elder *sister* 朱迪的姐姐 ❷女教友；修女：*Sister* Mary 玛丽修女 ‖ **'sis·ter·ly** *adj.*

sis·ter-in-law /'sɪstərɪnˌlɔː/ *n.* [C]([复] **sisters-in-law**) ❶姑子；姨子；嫂子；弟媳，弟妹 ❷妯娌〔亦作 **sister**〕

sit /sɪt/ (**sat** /sæt/; **sit·ting**) *vi.* 坐；就座，入席：Come and *sit* next to me. I want to talk to you. 过来，坐在我身旁，我有话跟你说。

site /saɪt/ *n.* [C] ❶(建筑用)地皮；地基：the *site* for the new school 新校校址 ❷(活动等的)场所，地点，现场：a camping *site* 露营地

sit·ting-room /'sɪtɪŋˌruːm, -ˌrʊm/ *n.* [C]起居室；会客室，客厅

sit·u·ate /'sɪtjʊeɪt, -tʃʊ-/ *vt.* [通常用被动语态]把…放在，将…置于；使处于，使位于：The government *situated* a monument in the town. 政府在那个镇子上建了一座纪念牌。

sit·u·a·tion /ˌsɪtjʊ'eɪʃ*ə*n; -tʃʊ-/ *n.* [C] ❶情况，情形，处境；状况，状态：Jim is in a difficult *situation* at the moment. 吉姆眼下处境困难。❷形势，局面；事态；环境：Please survey the *situation* closely. 请密切观察形势。❸(建筑物等的)位置，地点：His house is in a beautiful *situation* on the edge of a lake. 他的房子位于湖边，风景优美。

six /sɪks/ *n.* [C] 六；六个(人或物)：*Six* are in room. 屋子里有六个人。

six·teen /ˌsɪks'tiːn, 'sɪks-/ I *n.* [C]十六，十六个(人或物)II *adj.* [无比较级][作定语]十六(的)；十六个(的)：a *sixteen*-year-old

schoolgirl 一个十六岁的女学生 ‖
ˌsix'teenth *adj.* & [C] *n.*

six·ty /'siksti/ I *n.* [C]六十;六十个(人或
物);sixty-one 61 II *adj.* [无比较级][作定
语]六十(的);六十个(的);For *sixty* years
she had prayed against remembering him.
60年来,她一直祈求不要再想起他。 ‖
'six·tieth *adj.* & [C] *n.*

size /saiz/ *n.* ❶[C](尺寸、面积、体积、规模、身材
等的)大小;(数量等的)多少;take the *size* of a
kitchen table 量餐桌的尺寸 ❷[C](服装、鞋、帽等
的)号,尺码;These hats come in children's *sizes*.
这些帽子是按照儿童尺码做的。

skate /skeit/ *n.* [C] ❶冰鞋,冰刀〔亦作 **ice skate**〕
❷〔亦作 **roller skate**〕(四轮)旱冰鞋,溜冰鞋 ‖
'skat·er *n.* [C]

skel·e·ton /'skelit°n/ I *n.* [C] ❶(人或动
物的)骨骼;骸骨;骷髅;(用于医学研究的)
骨骼标本;development of *skeleton* 骨骼发
育 ❷骨架,框架,构架;轮廓;the *skeleton* of
a plan 计划的纲要 II *adj.* [无比较级][作
定语]❶骨骼的;像骨骼的;a pair of *skele-
ton* hands 一双骨瘦如柴的手 ❷骨干的;精
干的;*skeleton* staff 骨干职员

skep·tic, scep·tic /'skeptik/ *n.* [C] ❶怀
疑者,怀疑论者 ❷【宗】(怀疑基督教等的)
宗教怀疑论者

skep·ti·cal, scep·ti·cal /'skeptik°l/ *adj.*
❶(好)怀疑的,持怀疑态度的;不相信的
(*of,about*);She says this tree is 800 years
old,but I'm *skeptical* of it. 她说这棵树有
800年树龄了,可我不相信。❷【哲】怀疑论
的,怀疑主义的〔亦作 **sceptic**〕 ‖ 'skep·ti·
cal·ly *adv.*

sketch /sketʃ/ *n.* [C] ❶素描,速写;a char-
acter *sketch* 人物素描 ❷略图,草图;粗样,
初稿;a *sketch* for a design 设计草图 ❸概
述,概要;纲要;a brief *sketch* of the develop-
ment of Greek philosophy 希腊哲学发展史
简述

sketch·y /'sketʃi/ *adj.* 概要的,简略的;粗
略的,简略的;Your plan is rather *sketchy*.
你的计划太粗略了。

ski /ski:/ I *n.* [C]([复]**ski(s)**) 滑雪板,雪
橇;a pair of *skis* 一副滑雪板 II (**ski'd** 或
skied /ski:d/) *v.* 滑雪,滑行;*ski* down the
slope 滑下山坡 ‖ 'ski·er *n.* [C]

skid /skid/ (**skidded;skid·ding**) *v.* ❶(车辆、
车轮或驾车者因路面湿滑而)侧滑,打滑;
His car *skidded* and hit a walker. 他的车子
一打滑就撞上了一个行人。❷〈口〉急速下
滑,急剧下跌;His popularity is *skidding*.
他的声誉一落千丈。

skill /skil/ *n.* [C](专门)技术;技能,技艺,
技巧;Swimming requires *skill* as well as
strength. 游泳需要体力,也需要技巧。 ‖
'skill·ful *adj.* —'skill·ful·ly *adv.*

skilled /skild/ *adj.* ❶有技术的,熟练的;a
skilled worker 技术熟练的工人 ❷需要(专
门)技术的;需要熟练能力的;a highly
skilled job 技术性很强的工种

skim /skim/ *v.* (**skimmed;skim·ming**) ❶(从
液体表面)撇去(油脂或浮物);给…脱脂(或
去油);*skim* the fat off the gravy 撇掉肉汤
表层的油 ❷(轻轻地)拂过(或掠过、滑过、
擦过);I watched a big bird *skim* the water.
我看见一只大鸟掠水而过。❸粗看,略读,
浏览;I am not going to read the essay word
by word and I will just *skim* it. 我不打算逐
字逐句地看这篇文章,只想翻翻而已。

skin /skin/ *n.* [U;C](表)皮,皮肤;The
cream is easily absorbed through the *skin*.
这种乳霜容易被皮肤吸收。

skin·ny /'skini/ *adj.* ❶瘦得皮包骨的,骨瘦
如柴的;be tall and *skinny* 又瘦又高 ❷(衣
服)紧身的,绷紧的;(物)窄小的;a *skinny*
bed 一张窄小的床 ‖ 'skin·ni·ness *n.* [U]

skin-tight /'skinˌtait/ *adj.* [无比较级](衣
服)紧身的,紧绷的;a *skin-tight* dress 紧
身衣

skip /skip/ (**skipped;skip·ping**) *v.* ❶跳过,
跳越;跳(绳);girls *skipping* rope to a
rhymed chant 按节拍边唱边跳绳的女孩子
们 ❷匆匆翻阅;略过;always *skip* the small
print 总是略去小字不看

☆**skip, bound, hop, leap, spring** 均有"跳动,
跳跃"之意。**skip** 指双脚交替而轻快、优美

地跳动,常用于小孩或小动物：The little girl *skipped* along at her mother's side. (这小女孩在她母亲身边蹦蹦跳跳地往前走。) **bound** 指比 skip 更为有力的跳跃,所跨步子更大、更快,既可用于情绪高昂或兴奋的时候,也可用于恐惧或情况紧急的场合：The dog *bounded* down the hill. (那条狗跳跃着朝山下跑去。) **hop** 常指蚱蜢、青蛙、鸟、兔子等的蹦跳,用于人时,多指小孩的单脚短跳或跛行,有动作不好看的意味：He had hurt his left foot and had to *hop* along. (他左脚受伤了,只好一跳一跳地往前走。) **leap** 指身体猛力向上并往前急冲而跳过某一物体或一段距离：The horse *leapt* across the chasm. (马儿一跃跳而起,跃过深坑。) **spring** 与 leap 近义,强调更为有力、迅捷地猛然跃起：The soldiers *sprang* to attention. (士兵们跳起来立正站好。) 该词也可用以形容某些器械迅速弹起或弹回的动作：He *sprang* forward to help me. (他纵身上前来扶我。)

skirt /skɜːt/ *n.* [C] (半截)裙；裙子；衬裙：She seated herself on the sofa, daintily spreading her *skirt.* 她坐在沙发上,裙幅优雅地展开。

sky /skaɪ/ *n.* [C;U] 天,(天)空；苍穹,天幕：There is a lot of *sky* here. 这里有广阔的天空。

sky·line /'skaɪˌlaɪn/ *n.* [C] ❶(山、建筑物等在天空映衬下的)轮廓,剪影；影像：the city *skyline* in a lurid sunset 绚烂的夕阳映衬下的城市剪影 ❷地平线,天际

slack /slæk/ *adj.* ❶(绳索等)松散的,松弛的,不紧的：His muscles started to get *slack.* 他的肌肉开始变松弛了。❷忽视的；疏忽的,粗心的：The auditor found quite a few *slack* procedures in cash offices. 审计员在现金出纳处发现了好几笔粗心账。❸(生意、市场等)萧条的,清淡的,不景气的：Travel business is always *slack* at this time of year. 每年到了这个时候都是旅游淡季。‖ **slack·ness** *n.* [U]

slam /slæm/ (**slammed**;**slam·ming**) *v.* ❶猛力关(门等)；砰地关(门等)：She *slammed* the door and disappeared without waiting for

him. 她用力关上门,没有等他就走了。❷〈口〉猛推；猛击；猛扔：If you *slam* the brakes, the car will skid. 要是你猛地踩刹车的话,车子会打滑。❸〈口〉猛烈抨击,严厉指责：Although the critics *slammed* the play, the audience loved it. 尽管评论家们猛烈抨击这部戏,但是观众们喜欢看。

slan·der /'slɑːndə; 'slænd-/ I *n.* [U;C] 中伤,诽谤,诋毁；毁谤话,中伤话：I sued him for *slander.* 我告他诽谤罪。II *vt.* 中伤,诽谤：Give a person a bad reputation, *slander* him, and the bad reputation will remain. 一旦给人加个坏名声,诋毁他,他就永远洗刷不掉了。‖ **slan·der·er** *n.* [C]—**slan·der·ous** /'slɑːndᵊrəs, 'slænd-/ *adj.*

slang /slæŋ/ *n.* [U] 俚语：British *slang* 英国俚语 ‖ **slangy** *adj.*

slant /slɑːnt; slænt/ I *vt.* ❶使倾斜,使歪斜：*slant* a roof upward 使屋顶上斜 ❷使(报道等)有倾向性,使有偏向性：The report was *slanted* in favour of the President. 报道偏向总统。II *n.* [C] ❶[用单]倾斜(度),斜线,斜面：the *slant* of a roof 房屋的倾斜度 ❷[用单]歪曲,偏向,倾向：a story with a humourous *slant* 有幽默感的故事 ❸观点,看法；态度：a personal *slant* 个人观点 ‖ **slant·wise** /'slɑːntˌwaɪz; 'slænt-/ *adj.* & *adv.*

slap /slæp/ (**slapped**;**slap·ping**) *v.* ❶(用扁平物)拍打,拍击；掴,掌击：*slap* sb.'s face 给某人一记耳光 ❷(啪的一声)重重放下,用力放下；摔,掼：She *slapped* the bag on the chair and then left angrily. 她把包啪的一声摔在椅子上,然后就气呼呼地走了。

slash /slæʃ/ I *v.* ❶(用刀、剑等)砍,劈；挥击,挥舞(刀、剑等)：The child was *slashing* a plastic sword aimlessly. 那小孩正胡乱地挥舞着一把塑料剑。❷大幅度削减(价格等)；裁减；删除：The shop advertisement says "Weekend only, prices *slashed.*" 那个商店的广告上面写着"周末大减价"。II *n.* [C] ❶劈砍；砍杀,砍击 ❷(刀、剑等砍杀的)伤痕,砍痕；鞭痕；(砍长的)伤口,切口：a deep *slash* across one's face 脸部的一道深深的口子 ❸斜线,斜杠；斜线号："6/8" can be read as "six *slash* eight". "6/8"可读作 "6 斜杠 8"。

slaugh·ter /'slɔːtə/ **I** *n.* [U] ❶屠宰,宰杀: They drove the herds into yards for *slaughter*. 他们将牲畜赶进院子宰杀。❷屠杀,杀戮: the *slaughter* of innocent people during the war 战时杀害无辜的人 **II** *vt.* ❶大规模残杀,屠杀,杀戮: Many innocent citizens were *slaughtered* in both World Wars. 在两次世界大战中,许多无辜的平民惨遭杀戮。❷宰杀,屠宰: These cattle and sheep are freshly *slaughtered*. 这些牛羊是刚刚宰杀的。‖ **'slaugh·ter·er** *n.* [C]

slave /sleiv/ *n.* [C] 奴隶: treat sb. as a *slave* 把某人当奴隶使唤

sledge /sledʒ/ *n.* [C] 雪橇;雪车: travel in *sledges* 乘雪橇旅行

sleep /sliːp/ **I** *n.* [U]睡眠;睡觉: He had little *sleep* last night. 他昨晚几乎没合眼。**II** (**slept** /slept/) *v.* ❶睡,睡觉: Did you *sleep* well last night? 你昨晚睡得好吗? ❷〈婉〉〈诗〉安息,长眠,死: They *slept* in the land they made free. 他们在他们自己解放的土地中长眠。‖ **go to sleep** *vi.* 入睡,睡着: She listened to the breath so close to her and mused without being able to *go to sleep*. 她听到这呼吸声就在身旁,不能成寐,就想着心事。‖ **'sleep·less** *adj.* — **'sleep·less·ness** *n.* [U]

sleep·ing-bag /'sliːpiŋˌbæg/ *n.* [C]睡袋

sleep·y /'sliːpi/ *adj.* ❶昏昏欲睡的,瞌睡的,困倦的: I get *sleepy* after lunch. 吃完中饭我老犯困。❷使人昏昏欲睡的,使人瞌睡的: I was glad to get into the car that rushed me through *sleepy* streets of the town. 我巴不得钻进汽车,让它载着我穿过城里夜阑人静、诱人入睡的马路。‖ **'sleep·i·ly** *adv.* — **'sleep·i·ness** *n.* [U]

sleet /sliːt/ *n.* [U]雨夹雪;冻雨;雨夹雹: It began to rain, rain with *sleet* in it. 开始下雨了,雨里面还夹着雪。‖ **'sleet·y** *adj.*

sleeve /sliːv/ *n.* [C] ❶袖子: long-*sleeve* T-shirts 长袖 T 恤衫 ❷(唱片或书等的)防护套,封套: a record *sleeve* 唱片套 ‖

sleeved *adj.* — **'sleeve·less** *adj.*

sleigh /slei/ *n.* [C]雪橇

slen·der /'slendə/ *adj.* ❶纤细的,细长的;苗条的,修长的: The young women had a *slender*, leggy grace. 那几位年轻女郎一个个身材窈窕,两腿修长。❷细小的,细微的;不足的,微薄的;稀少的: a *slender* income 微薄的收入 ‖ **slen·der·ness** *n.* [U]

slept /slept/ *v.* sleep 的过去式和过去分词

slice /slais/ **I** *n.* [C] ❶(尤指从肉、面包、蛋糕或水果上切下来的)薄片: two bacon *slices* 两片熏肉 ❷(一)份;部分: With a 13 per cent increase, his company gets the biggest *slice* of money. 涨幅达 13%后,他的公司分得的钱最多。**II** *v.* 切开;割;划破: The sailors saw a shark's fin *slicing* through the water and came directly to them. 水手们看见一条鲨鱼的鳍划破水面,径直朝他们冲来。‖ **'slic·er** *n.* [C]

slick /slik/ *adj.* 〈口〉❶(人或行为)熟练的;有效率的;灵巧的,敏捷的: The visitors are deeply impressed by their *slick* performance. 他们熟练的技艺给来宾们留下了深刻的印象。❷圆滑的,油滑的;精明的;能说会道的: This man is very *slick* and can be a good salesman. 此人能说会道,去干推销员倒是块好料。❸光滑的,平滑的;易滑的,溜滑的: The road was *slick* with ice. 路上有冰,很滑。‖ **'slick·ness** *n.* [U]

slide /slaid/ **I** (**slid** /slid/) *v.* ❶滑,滑动,滑行;滑落,滑下: The old man *slid* into a pit. 老人滑进了一个坑里。❷悄悄地行进(或移动);缓慢行进(或移动): He *slid* out of bed and went out. 他偷偷溜下床,走了出去。**II** *n.* [C] ❶[用单]滑行,滑动;滑落: Many people were buried by the land *slide*. 山体滑坡把许多人埋进了土里。❷[用单]快速下跌,迅速下滑: The government should halt the *slide* in price. 政府应该遏止物价的迅速下滑。❸(儿童)滑梯;(运送货物的)滑道,滑槽 ❹(幻灯机的)透明胶片,幻灯片 ‖ **'slid·a·ble** *adj.* — **'slid·a·bly** *adv.* — **'slid·er** *n.* [C]

☆**slide, glide, skid, slip** 均有"滑动"之意。

slide 指人或事物在平滑的表面上轻快移动,含与表面持续保持接触而逐渐加速的意味:She *slid* along the ice. (她在冰上滑行。)该词也可指静止的事物在快速行进的观察者视野中飞快闪过,或事物悄悄地移至某一位置:She *slid* out of the room when no one was looking. (她趁人不注意溜出了房间。) **glide** 与 slide 意思接近,强调平稳、持续地滑行,不含会产生意外、危险的意思:So graceful was the ballerina that she just seemed to *glide*. (那芭蕾舞女演员翩翩起舞,宛如滑翔。)该词也常表示观察者乘车或坐船等,事物在身旁悄悄经过:Silently the boat *glided* past. (那只船悄然滑行而过。) **skid** 原指车辆在车轮不转动的情况下向前滑行,现多用于汽车、自行车等失去控制而滑向一侧,常带有会发生意外、危险的意味:I put the brakes on and the car went into a *skid*. (我一踩刹车,汽车便向前滑行。) **slip** 常指人在平滑表面上不由自主、无意地滑动,可能失足滑倒而造成伤害:My foot *slipped* and I nearly fell. (我的脚一滑,差点跌倒。)该词表示轻快移动时强调不为人知,引申用于事物时指失去控制、自行滑脱:I am just going to *slip* down the shops. (我正打算溜出去买东西。)

slight /slait/ *adj.* ❶轻微的;细微的;难以察觉的:a *slight* change 些微的改变 ❷极不重要的,不足道的:a *slight* acquaintance 泛泛之交 ❸纤细的;瘦小的:a *slight* man 瘦小的男人 ❹纤弱的;不结实的;不牢靠的:the *slight* framework of a house 不坚固的房屋构架 ‖ '**slight·ed** *adj.* —'**slight·ly** *adv.* —'**slight·ness** *n.* [U]

slim /slim/ *adj.* (**slim·mer, slim·mest**) ❶细长的;苗条的,纤细的;狭长的;薄的:a tall, *slim* woman 身材高挑、体态窈窕的女人 ❷不足的;少的;小的;差的:There was just a *slim* of chance of success. 成功的机会很渺茫。 ‖ '**slim·ness** *n.* [U]

slim·y /'slaimi/ *adj.* ❶黏性的;滑溜的,黏滑的:He stepped into *slimy* mud. 他一脚踏进了黏糊糊的烂泥里。 ❷分泌黏液的;覆有黏泥的,满是黏泥的 ❸卑鄙的;滑头的;讨好献媚的:a *slimy* politician 卑鄙的政客

sling /sliŋ/ **I** *n.* [C] ❶(悬挂重物用的)背带;吊带:A few women are working in the field with their babies in *slings*. 几个妇女用背带背着孩子,在田里干活。 ❷【医】悬带,挂带;吊腕带:I left the hospital, my broken arm in a *sling*. 我离开了医院,断了的手臂用吊带吊着。 **II** *vt.* (**slung** /slʌŋ/) ❶用弹弓射(石头等) ❷〈口〉扔,投,掷:He *slung* the ball across the yard. 他把球扔到院子的另一边。

slink /sliŋk/ *vi.* (**slunk** /slʌŋk/) ❶偷偷摸摸行动,鬼鬼祟祟地移动:The men *slunk* about the house like burglar. 那个人像贼一样鬼鬼祟祟地在房子周围转悠。 ❷扭捏招摇地走路

slip¹ /slip/ **I** (**slipped; slip·ping**) *v.* ❶失脚;滑跤:I was running downstairs when I *slipped* and fell. 我跑下楼梯,不想滑了一下跌倒了。 ❷滑脱,滑落;脱落:The fish *slipped* from his hand. 那条鱼从他手里滑掉了。 ❸滑行;轻快地移动:Already the sun *slipped* beyond the horizon. 太阳已经落下地平线。 ❹溜;悄悄地走开:The boy *slipped* off without leaving word where he was going. 那男孩也没说上哪儿就偷偷溜掉了。 ❺下降,下跌:The price *slipped* further. 价格进一步下滑。 ❻迅速穿上(*into*);迅速脱下(*out of*):She *slipped into* her nightie. 她很快穿上了睡衣。 **II** *n.* [C] ❶[常用单]失脚;滑跤:A single *slip* could send them plummeting down the mountainside. 稍有失脚,他们就可能一头栽进山崖。 ❷疏漏;差错:make a *slip* 出差错 ❸下降,下跌:a *slip* in shares 股票下跌 ❹(有背带的)女衬裙;儿童围裙:She folded her *slip* and draped it over a chair. 她把衬裙叠好搭在椅子上。

slip² /slip/ *n.* [C] 小纸片:a *slip* of paper 一张纸条

slip·per /'slipə'/ *n.* [C](室内穿的)拖鞋,便鞋

slip·per·y /'slipə'ri/ *adj.* ❶(表面、物体等)湿的,湿滑的;致使滑倒的:a *slippery* floor 滑不唧溜的地板 ❷易滑脱的,抓不住的;

The fish was cold and *slippery*. 那条鱼又冷又滑。❸油滑的，狡猾的，不老实的；不可信赖的，靠不住的：a *slippery* boy 调皮的男孩 ❹不稳定的，多变的；不明确的：*slippery* weather 不稳定的天气 ‖ **'slip·per·i·ness** *n.* [U]

slit /slɪt/ I *n.* [C]狭长切口；狭长开口；裂缝：We could see into the room through a *slit* in the curtains. 我们从窗帘的缝隙中可以看见室内的情形。II *vt.* (slit; slit·ting)切开，割开；撕开；在···上开缝：*slit* open an envelope with a knife 用小刀裁开信封

sliv·er /'slɪvər/ *n.* [C]长薄切片；狭长条，窄条：a *sliver* of land 一块狭长的土地

slog /slɒg/ (slogged; slog·ging) *vt.* (尤指在拳击或打板球时)猛击 —*vi.* ❶(尤指在拳击或打板球时)猛击 ❷顽强地行进，艰难地行进；顽强地工作，辛苦地工作(*away, on*)：The scientists are *slogging away* at the research. 科学家们执着地进行着这项研究。

slo·gan /'sləʊgən/ *n.* [C]标语，宣传口号；广告词：A good *slogan* should be arresting, short and memorable. 好的口号应该简短、好记，有感染力。

slop /slɒp/ (slopped; slop·ping) *v.* ❶溢出，漫出；溅出，泼出(*over*)：He filled his glass too full and coffee *slopped over* the table. 他倒得太满了，咖啡溢到桌子上去了。❷踏着泥浆(或水、雪泥)行进(*along, through*)：*slop along* in the shallows 在浅水处涉水而行

slope /sləʊp/ I *n.* ❶[C]斜坡，坡地；[～s]山丘：Sunlight streamed unhindered down the *slope*. 毫无遮拦的阳光沿着坡地倾泻下来。❷[用单]斜度，坡度；倾斜；【数】斜率：The *slope* of the pitch makes it quite difficult to play on. 由于足球场地面有坡度，在那儿进行比赛相当吃力。II *vi.* 有坡度；倾斜：The sides of the pit were not steep; they *sloped* quite gently. 那个矿井的两边并不陡，坡度很小。

slot /slɒt/ I *n.* [C]❶(尤指投币机器上的)狭长口；狭槽 ❷(机器或工具上的)沟槽；缝槽 ❸(尤指广播节目安排中的)时段，(一)档：The programs enjoyed a peak-hour vie-

wing *slot*. 这些节目在黄金档节目时段播出。II (slot·ted; slot·ting) *vt.* ❶将···放入狭长口(或狭槽、沟槽、缝槽)：Will you *slot* this disk in? 你能把这个磁盘插进去吗? ❷在···上开狭长口(或狭槽、沟槽、缝槽) ❸将···塞入(或放入)；(在系统、组织或名单等中)安排，安插：He finally *slotted* me into a job in his office. 他终于在他的办公室里给我安插了一个工作。

slough /slaʊ/ *n.* [C]❶沼泽地；泥潭，泥塘 ❷[用单]〈喻〉〈书〉绝境，困境；(心理上的)深渊：a *slough* of despair 绝望的深渊 ‖ **'slough·y** *adj.*

slov·en·ly /'slʌvnli/ I *adj.* ❶邋遢的，不修边幅的：The dirty dress made him look *slovenly*. 他穿着那件脏衣服显得很邋遢。❷凌乱的；做事马虎的，不认真的：*Slovenly* speech is a bad habit. 说话没有条理的习惯不好。II *adv.* ❶邋遢地，不修边幅地 ❷凌乱地；马虎地，极不认真地

slow /sləʊ/ I *adj.* ❶慢的，缓慢的：a *slow* improvement 缓慢的好转 ❷迟钝的，笨的，反应慢的；理解力差的：a *slow* learner 学东西慢的人 II *adv.* 慢慢地，缓慢地：Could you drive a bit *slower*, please? 你可以开慢一点儿吗? ‖ **'slow·ish** *adj.* — **'slow·ly** *adv.* — **'slow·ness** *n.* [U]

sludge /slʌdʒ/ *n.* [U]❶烂泥；污泥；淤泥 ❷泥状沉积物，泥渣 ❸脏水，污水

slug·gish /'slʌgɪʃ/ *adj.* ❶慢的，缓慢的：In front of them was a *sluggish* stream. 他们的面前是一条缓缓流淌的小溪。❷懒惰的，怠惰的，不活跃的，不好动的：He felt *sluggish* after a heavy lunch. 中午饱餐一顿之后，他觉得懒洋洋的。❸没有活力的，死气沉沉的；呆滞的，迟缓的：The stock market is a bit *sluggish*. 股市有点疲软。‖ **'slug·gish·ness** *n.* [U]

slum /slʌm/ *n.* [C]贫民窟 ‖ **'slum·mer** *n.* [C]

slum·ber /'slʌmbər/ 〈书〉I *vi.* 睡眠；小睡；安睡：You have waked me too soon, I must *slumber* again. 你把我叫起来太早了，我得再去睡会儿。II *n.* [C;U]睡眠；小睡；安

睡：a sound *slumber* 沉睡　‖ **'slum·ber·ous** /-bᵊrəs/ *adj.*

slump /slʌmp/ **I** *vi.* ❶(沉重或突然地)倒下，落下，坍陷：Lonnie *slumped* down again on the steps. 朗尼又颓然跌坐在台阶上。❷垂头弯腰地坐(或走、倚靠等)；I saw her *slump* against the wall. 我看见她无力地靠在墙上。❸(经济等)衰落，衰退；(物价等)暴跌；(健康、质量等)下降：Recession has caused business to *slump*. 不景气造成商业衰退。**II** *n.* [C]❶(沉重或突然的)倒下，坍陷 ❷跌落；下降；衰落，衰退：The market is facing a *slump* of disastrous propositions. 市场正面临着严重衰退。❸(球赛等中的)大败，重创：United's recent *slump* 联队最近一次的失利

slur /sləːʳ/ **(slurred; slur·ring)** *v.* 含混不清地说出；含糊地发(音)；连笔潦草地写：His strong accent made him *slur* his "l" slightly. 他的口音很重，发"l"的音不太清楚。

slurp /sləːp/ **I** *vt.* 出声地吃(或喝)：The boy *slurped* the Coke. 小男孩嘟噜嘟噜地喝着可乐。**II** *n.* [C;U]吃(或喝)的声音；出声的吃(或喝)

sly /slai/ *adj.* **(sly·er, sly·est)** ❶狡猾的，奸诈的，诡诈的，阴险的：That old guy is as *sly* as a fox. 那个老东西狡猾得像狐狸。❷诡秘的，秘密的，偷偷的；躲躲闪闪的：He claims to admire our work greatly, though he contrives to give it a *sly* stab in the back. 他嘴上口口声声对我们的工作表示敬佩，可却心怀叵测地在背后捅刀子。❸会意的，会心的；俏皮的：a *sly* mischievous sense of humour 俏皮淘气的幽默感 ‖ **'sly·ly** *adv.* —**'sly·ness** *n.* [U]

☆**sly, artful, crafty, cunning, foxy, tricky, wily** 均有"狡猾的，狡诈的"之意。**sly** 表示表里不一、躲躲闪闪，行为不光明正大：You are a *sly* one! Why didn't you tell us you were going to get married? (你真是一个守口如瓶的人！为什么不告诉我们你要结婚了?) **artful** 尤指用暗示、迂回而含蓄的方法来处理事情，往往带有老于世故、卖弄风情或聪明伶俐的意味：He is very *artful* and usually succeeds in getting what he wants. (他很

狡诈，因此常常能成功地达到目的。) **crafty** 比 cunning 更强调有智能，表示有计谋，处理问题机智、巧妙：the *crafty* tactics of journalists (记者巧妙的策略) **cunning** 表示善耍小聪明，含心术不正的意味：as *cunning* as a fox (狐狸般狡猾的) **foxy** 表示精明，狡诈，不容易被人抓住，带有经验丰富的意味，很少用于年轻人或生手：A *foxy* thief got away with her jewels. (一个狡诈的小偷偷走了她的珠宝。) **tricky** 常表示做事诡计多端、不择手段，往往带有变化无常、不可靠的含义：He is a *tricky* fellow to do business with. (他诡计多端，难以共事。) **wily** 强调用计设下圈套的企图，常有看问题敏锐、做事精明的含义：a *wily* negotiator (精明的谈判者)

smack /smæk/ **I** *n.* [C]❶(尤指用手掌或扁平物的)拍击(声)，拍打(声)；掌掴(声)，扇击(声)：He gave the ball a hard *smack*. 他大力击球。❷出声的吻，响吻：She gave me a hearty *smack* before she left. 她离开之前给了我一个深情的响吻。**II** *vt.* ❶掌击，掴，扇：I'd *smack* his face. 我要扇他一记耳光。❷砰(或啪)地放下(或甩出、扔下等)：She *smacked* the cup on the table. 她把杯子砰的一声放在桌子上。

small /smɔːl/ *adj.* ❶(体积、规模等方面)小的：a *small* bar 小酒吧 ❷年幼的，幼小的；矮小的：He has a wife and three *small* children. 他有妻子和三个年幼子女。‖ **'small·ish** *adj.* —**'small·ness** *n.* [C]

☆**small, diminutive, little, miniature, minute, tiny** 均有"小的，细小的"之意。**small** 常指具体事物的面积或容量不大、数量小，用于人或动物时指个子小，也可指被说明的事物无关紧要，强调客观存在：These shoes are too *small* for me. (这双鞋我穿太小了。) 该词有时也可用以形容心胸、度量等无形事物：He has a *small* mind. (他心胸狭窄。) **diminutive** 与 small 相比则程度更深，常用以形容身材极小的人或异常小的事物，强调整体比例，尤其适用于那些干净利索、招人喜爱的妇女的体态：her *diminutive* figure (她那娇小的身材) **little** 常指在大小、数量、程度、重要性等方面要比想象、预期的标准、

尺度低或小,带有娇小、小得可爱、小得可怜等主观评价和感情色彩,既可用于人,也适用于事物:They live in a *little* cottage in Scotland.（他们住在苏格兰的一间小村舍里。）**miniature** 表示雏形的、小型的或微型的,指将正常的物体按精确的比例缩小成模型,常用于尺寸或大小方面:a detailed *miniature* of the Titanic（泰坦尼克号游轮的精细模型）**minute** 为正式用词,常用以描写小得难以看见的或只有通过仔细观察才能觉察的微小事物,既可指数量,也可指大小:water containing *minute* quantities of lead（含有微量铅的水）**tiny** 与 little 相比则程度更深,用于体积、规模非常小的事物,带有较强的感情色彩:a *tiny* baby（一个幼小的婴儿）

smart /smɑːt/ *adj.* ❶聪明的,伶俐的;机敏的;精明的;高明的:a *smart* pupil 聪颖的学生 ❷时髦的;漂亮的;潇洒的:the *smart* town people 城市中时髦社会的人们 ‖ 'smart·ly *adv.* —'smart·ness *n.* ［U］

smash /smæʃ/ *v.* ❶打破,打碎（*up*）:I *smashed up* all the furniture in anger. 我一怒之下砸了所有的家具。❷完全摧毁;粉碎;彻底击败:The police *smashed* a big network of drug dealing. 警方一举摧毁了一个庞大的贩毒网。❸（车辆等）猛冲,冲撞;猛击（*into*,*through*）:I *smashed* the car *into* a tree. 我的车撞上了一棵树。

smear /smiə/ *I v.* ❶（尤指油污物）弄脏,玷污:Ink *smeared* my shirt. 墨水弄脏了我的衬衫。❷（用油污物）涂抹;涂上;抹上（油污物等）:He *smeared* the knife with oil. 他把油涂在刀上。*II n.* ［C］❶污迹,脏斑:My glove had left a greasy *smear* on the window. 我的手套在窗户上留下了一块油迹。❷诽谤,诋毁:He was put out of the department by *smears* in the press,implying that he was a drug-addict. 有人在报上中伤他,影射他是个瘾君子,所以他被赶出了所在的部门。‖ 'smear·y *adj.*

smell /smel/ *I n.* ❶［U］嗅觉:A dog has a fine sense of *smell*. 狗的嗅觉很灵敏。❷［C］气味,味道;气息:There was a strong *smell* of coal oil in the house. 房间里有一股浓烈的煤油味。❸［C］臭味,难闻的气味 *II*（smelt /smelt/或 smelled）*v.* ❶嗅(到),闻(到):I *smell* gas. 我闻到有煤气味。❷察觉;辨别:I *smelt* something strange in his words. 我觉得他的话有点怪。

smell·y /'smeli/ *adj.* 味道刺鼻的,难闻的;臭的,有臭味的:The slum is horribly *smelly*. 贫民窟里臭不可闻。

smelt /smelt/ *vt.* 熔炼,精炼;从（矿石）中炼取金属;从矿石中炼取（金属）:The workers are *smelting* ores. 工人们正在熔炼矿石。

smile /smail/ *I v.* ❶微笑,露出笑容;笑:Jenny nodded,*smiling*. 詹妮粲然一笑,点点头。❷惠及,赞许,鼓励（*on*,*upon*）:Fortune in general had *smiled on* them. 幸运总是照顾他们。*II n.* ［C］微笑;笑容:have a *smile* on one's face 面露笑容 ‖ 'smil·ing·ly *adv.*

smith /smiθ/ *n.* ［C］❶[常用以构成复合词]（与金属制作有关的）工匠,制作者:a gold*smith* 金匠 ❷铁匠;锻工

smog /smɔg/ *n.* ［U］（烟与雾合成的）烟雾 ‖ 'smog·gy *adj.*

smoke /sməuk/ *I n.* ❶［U;C］烟:The thin blue *smoke* was curling up over the small village. 淡淡的蓝色炊烟在小村子上空袅袅升起。❷［C］〈口〉香烟;雪茄:He asked me to give him a *smoke*. 他要我给他一支烟。*II v.* ❶冒烟,排烟;冒气,排气:The chimney is *smoking*. 烟囱正冒着烟。❷抽烟,吸烟:Pregnant women who *smoke* tend to have babies which weigh less at birth. 抽烟的孕妇生出来的孩子体重往往较轻。‖ 'smok·er *n.* ［C］—'smok·i·ness —'smok·less *adj.* *n.* ［U］—'smoky *adj.*

smooth /smuːð/ *I adj.* ❶平滑的,光滑的,滑溜的:a *smooth* piece of wood 平滑的木板 ❷平坦的,平整的:a broad *smooth* road 宽阔平坦的道路 ❸平静的,平稳的:a *smooth* sea 水波不兴的大海 *II vt.* 把…弄平;使平滑;使平整:*smooth* one's dress 平整衣服

smoth·er /'smʌðə/ *vt.* ❶使窒息,使透不过气;把…闷死:The crowd *smothered* me. 周围的人群挤得我透不过气来。❷把（火）闷

熄；He tried to *smother* the flames with a damp blanket. 他试图用湿毯子闷熄火苗。❸厚厚地覆盖；She *smothered* her cake with cream. 她在饼子上涂了厚厚一层奶油。❹掩饰；抑制；扼杀：*smother* (up) a scandal 掩盖丑闻

smudge /smʌdʒ/ I *n.* [C]污迹，污痕：His shoes left *smudges* on the carpet. 他的鞋把地毯弄得污迹斑斑。II *v.* 弄脏，涂污；(使)模糊：His shirt was *smudged* with blood. 他的衬衫血迹斑斑。‖ 'smudg•y *adj.*

smug /smʌg/ *adj.* (smug•ger, smug•gest) 〈贬〉自满的；自鸣得意的，洋洋自得的：This clever plan made him rather *smug*. 这一精明的计划使他感到很得意。‖ 'smug•ly *adv.* —'smug•ness *n.* [U]

smug•gle /'smʌgəl/ *v.* ❶非法运送(货物)出境(或入境)，走私：*smuggle* drug 走私毒品 ❷偷运，偷送；偷带(in, out)：The man is caught for *smuggling* watches through customs. 那人从海关走私手表被抓了。‖ 'smug•gler *n.* [C]

snack /snæk/ I *n.* [C](正餐之间的)点心，小吃：I had a *snack* on the train. 我在火车上吃了点心。II *vi.* 吃快餐；吃点心：You can *snack* on cake at noon. 中午你就吃点蛋糕填补一下吧。

snag /snæg/ I *n.* [C]❶(意外或潜在的)困难，麻烦；障碍：They've run into a *snag* with their work. 他们的工作碰到了意想不到的麻烦。❷(锐利的)突出物，戳出物；(树的)残桩，断枝，残根：keep an emery board handy in case of nail *snags* 手头备个指甲砂锉以防碰到断钉子 ❸(衣服等的)戳破处，钩破处；(编织物的)抽丝处：There is a *snag* in her silk dress. 她的绸裙子上有一处抽丝。II *vt.* (snagged；snag•ging) 戳破，钩破，使(编织物等)抽丝：Thorns *snagged* his sweater from behind. 身后的荆棘钩破了他的羊毛衣衫。

snail /sneil/ *n.* [C]蜗牛

snake /sneik/ *n.* [C]【动】蛇：a coiling *snake* 身子盘成一团的蛇

snak•y /'sneiki/ *adj.* ❶蛇的；多蛇的：a

snaky island 一个多蛇的岛屿 ❷似蛇的；蛇形的，蜿蜒的：This mountain road is very *snaky*. 这条山路弯弯曲曲的。❸冷漠的；忘恩负义的；恶毒的，邪恶的；阴险的，奸诈的：A *snaky* look came to his face. 他的脸上露出了阴险的表情。

snap /snæp/ I (snapped；snap•ping) *v.* ❶噼啪地响，发噼啪声：The dry wood *snapped* in the fireplace as it burned. 干柴在壁炉中燃烧，噼啪作响。❷(门、锁等)发出吧嗒声：The lock *snapped* open. 锁吧嗒一声打开了。❸咔嚓折断；啪地绷断：The branch *snapped*. 树枝咔嚓一声折断了。❹(神经等)突然崩溃，突然支持不住：My patience finally *snapped*. 我终于忍无可忍了。❺迅速抓住；立即接受(at)：He simply *snapped at* the opportunity of visiting the palace. 他立刻抓住了游览那座宫殿的机会。❻厉声说话；怒声责骂(at)：He *snapped at* a waitress. 他对一个女服务员厉声粗气地嚷嚷。II *n.* ❶[C]噼啪声；吧嗒声；咔嚓声：The piece of wood broke with a *snap*. 木条啪的一声折断了。❷[C]一段时间的寒冷天气：There will be a cold *snap* from tomorrow on. 从明天开始将有几天寒冷天气。

snare /sneə/ *n.* [C]❶(捕捉鸟、兽等的)陷阱，罗网：the birds caught in the *snare* 落入罗网的鸟儿 ❷〈喻〉陷阱，圈套：We're in a *snare*! 我们中了圈套！

snarl /snɑːl/ I *n.* ❶缠结，纠结，乱结：tie a rope in a *snarl* 把绳子打个结 ❷混乱，一团糟：a traffic *snarl* 交通混乱 II *vt.* ❶使(线、发等)缠结：The kitten *snarled* up the ball of yarn. 小猫把线团弄得缠结在一起。❷使混乱，使一团糟：The power failure had *snarled* traffic in the city. 断电使该市的交通陷入混乱。

snatch /snætʃ/ I *vt.* ❶夺；抢夺：Someone *snatched* my handbag and made off with it. 有人夺过我的手提包逃之夭夭。❷一下子拉；一把抓住：He *snatched* the reins of the runaway horse. 他一把抓住了那匹失控的马的缰绳。II *n.* [用单]夺；夺取；抢夺：The thief made a *snatch* at her handbag. 小偷抢走她的手提包。

sneak /sniːk/ **I** v. 偷偷地走,悄悄地离开,溜,潜行:He *sneaked* into the kitchen for a tin of beer. 他溜进厨房喝一听啤酒。**II** n. [C] 偷偷摸摸的人,鬼鬼祟祟的人:He'd gone behind her back, like a *sneak*. 他真像个暗地捣鬼的人,溜到她身后。‖ '**sneak·iness** n. [U] — '**sneak·y** adj.

sneak·ing /'sniːkiŋ/ adj. [作定语] ❶偷偷摸摸的,鬼鬼祟祟的:take a *sneaking* look through the keyhole 通过钥匙孔偷看 ❷暗中的,隐藏不露的:I have the *sneaking* suspicion that he's lying. 我暗自怀疑他在说谎。

sneer /sniə/ v. 嗤笑,嘲笑;讥讽,讥诮(at):*sneer at* sb.'s arrogance 对某人的傲慢态度嗤之以鼻

sneeze /sniːz/ **I** n. [C] 喷嚏;喷嚏声:As the door shut, the *sneeze* burst out. 关门声落,喷嚏声起。**II** vi. 打喷嚏:Who catches cold is sure to *sneeze*. 人一感冒就要打喷嚏。

sniff /snif/ v. ❶(味味地)用鼻吸气;擤鼻子:Stop *sniffing* and blow your nose. 不要再呼哧呼哧的,擤一擤你的鼻子吧。❷嗅,闻(at):*sniff at* the air 嗅着空气

snif·fle /'snifəl/ vi. (味味地)用鼻吸气;抽鼻子,吸鼻子:She was *sniffling* into her handkerchief. 她用手帕捂着脸抽噎着。

snip /snip/ (**snipped**;**snip·ping**) v. 剪,剪开,剪断:*snip* the paper apart 把纸剪开

snip·er /'snaipə/ n. [C] 狙击手

snip·pet /'snipit/ n. [C] ❶(切下的)小片,碎片 ❷[常作～s](消息、新闻等的)片段;(书籍、报纸等的)摘录:the *snippets* of conversation 谈话的片段

sniv·el /'snivəl/ vi. (**-el·(l)ed**;**-el·(l)ing**) ❶抽泣,抽噎;哭诉 ❷流鼻涕;(不停地)抽鼻子:The kid is *snivelling* because he can't find his ball. 那小孩丢了球,正在哭鼻子呢。‖ '**sniv·el·(l)er** n. [C]

snob /snɔb/ n. [C] ❶势利的人,势利眼,谄上欺下的人:He is a terrible *snob*. 他是一个极势利的人。❷自诩内行的人,自以为是的人:a musical *snob* 自认为懂音乐的人 ‖

'**snob·ber·y** /-bəri/ n. [C] — '**snob·bish** /-biʃ/ adj. — '**snob·bish·ly** adv. — '**snob·bish·ness** n. [U] — '**snob·by** adj.

snoop /snuːp/ 〈口〉v. ❶窥探,打探;管闲事:I find him *snooping* around in the building. 我发现他在大楼里到处打探消息。❷侦查,调查(about, around):The cops *snooped around* for the murderer from door to door. 警察挨家挨户搜查凶手。‖ '**snoop·er** n. [C]

snore /snɔː/ vi. 打鼾,打呼噜:I could not have believed unless I had heard her *snore* so much. 她鼾声如雷,要不是我亲耳听见,真不敢相信。

snort /snɔːt/ vi. ❶喷鼻息;鼓鼻:The horse *snorted* in fear. 那匹马受惊喷着鼻息。❷轻蔑(或愤怒、不耐烦)地哼:He *snorted* at his small salary. 他为自己的低工资大发牢骚。❸(机车等)发呼哧呼哧的喷气声;呼哧呼哧地行驶:The train was *snorting* out of the station. 那辆火车呼哧呼哧地驶出车站。

snot /snɔt/ n. 〈俚〉❶[U] 鼻涕 ❷[C] 下贱的人

snow /snəu/ **I** n. ❶[U] 雪;下雪天气:a fall of *snow* 降雪 ❷[C](一次)降雪;(一层)积雪;[～s] 下雪期;积雪地区:the first *snows* of winter 冬雪初降 **II** vi. [用 it 作主语]下雪:It was beginning to *snow* in great flakes. 天上飘起了鹅毛大雪。

snow·drift /'snəudrift/ n. [C](被风吹成的)雪堆;吹雪

snow·fall /'snəufɔːl/ n. ❶[C;U] 降雪:observe a *snowfall* 赏雪 ❷[U] 降雪量:the average *snowfall* 平均降雪量

snow·flake /'snəufleik/ n. [C] 雪花,雪片:He watched the *snowflakes* dancing. 他看着雪花飞舞。

snow·man /'snəumæn/ n. [C]([复]-men /-men/) 雪人:make[build] a *snowman* 堆雪人

snow·storm /'snəustɔːm/ n. [C] 暴风雪

snow·y /'snəui/ adj. ❶雪的;下雪的;被雪

覆盖的,积雪的:a *snowy* road 积雪的道路 ❷(天气等)多雪的:*snowy* weather 多雪天气 ❸似雪的;雪白的,洁白的:a strand of *snowy* hair 一绺银发

snub /snʌb/ **I** *vt.* (snubbed;snub·bing)冷落,怠慢:She *snubbed* him by not inviting him to the party. 她故意冷落他,没有邀请他参加那个聚会。 **II** *n.* [C]冷落,怠慢:When he wasn't invited to the party,he felt it was a *snub.* 他没有获邀参加聚会,感到受了冷落。

snuf·fle /'snʌfªl/ *vi.* 抽鼻子,吸鼻子;发鼻息;(鼻塞时)呼哧呼哧地呼吸:She *snuffled* into silence. 她抽着鼻子渐渐安静下来。 ‖ '**snuf·fler** *n.* [C]—'**snuf·fly** *adj.*

snug /snʌg/ *adj.* (snug·ger,snug·gest) ❶温暖舒适的,安适的:a *snug* little room 温暖舒适的小房间 ❷(衣服)紧身的:a *snug* fit 紧身衣 ‖ '**snug·ly** *adv.*

snug·gle /'snʌgªl/ *vi.* 舒适地蜷伏;依偎(*down*, *up*, *together*):She *snuggled down* under the blanket to get warm. 她蜷伏在毛毯下面取暖。

so /səu/ **I** *adv.* [无比较级] ❶[表示方式或状态](像)这样;(像)那样;就这么:Say it *so.* 就像这么说。 ❷[表示程度]这么;那么,多么,很,真:My stomach aches *so.* 我的胃疼得厉害。 ❸[用于副词或状语从句前,常接 that 引导的从句或 as 引导的从句或短语]到…程度,如此:It was *so* expensive *that* I can not afford it. 那么贵,我买不起。 ❹旨在,以此:The president gave a speech *so* commemorating this war. 总统发表了一篇旨在纪念这次战争的演说。 ❺因此,所以:She was ill,and *so* stayed home. 她病了,所以待在家里。 ❻(像…)这样;(像…)那么:It is not *so* complex *as* it seems. 这件事并不像看上去的那样复杂。 **II** *conj.* [常接 that 引导的从句] ❶因此,因而,所以:It was Sunday morning,*so that* they could lie in bed. 那是个星期天的早晨,因此他们可以睡睡懒觉。 ❷为了,以便:Keep the windows open *so that* you can hear what's happening outside. 窗户别关,这样你就能听

见外面的动静。 ❸[用以引出下文]然后,后来;就这样;于是:The students were seated,and *so* the lecture began. 学生都已就座,于是讲座开始了。 **III** *pron.* [与动词及 if 等连用]这样,这么,如此:It seemed *so* once. 曾经似乎是这样。

soak /səuk/ *v.* ❶(使)湿透;淋湿;浸湿:The sweat poured off his face and *soaked* his shirt. 他脸上汗如雨下,衬衫都湿透了。 ❷浸泡,浸渍:He suggested *soaking* the cloth in soap. 他建议把布浸在肥皂水里。

soap /səup/ *n.* [U]肥皂;肥皂水:a bar [cake] of *soap* 一块肥皂 ‖ '**soap·i·ness** *n.* [U]—'**soap·y** *adj.*

soap opera *n.* [C]电视(广播)连续剧,肥皂剧(因美国早期的连续剧多由肥皂制造商赞助而得名)[亦作 **soap**]

soar /sɔːʳ/ *vi.* ❶高飞,翱翔;升高,升腾:a wild hawk *soaring* through heaven 搏击长空的鸷鹰 ❷剧增,猛增,飞涨:Banks failed;unemployment *soared.* 银行倒闭,失业率猛增。

sob /sɒb/ **I** (sobbed;sob·bing) *vi.* 啜泣,抽噎:He often saw her *sobbing* to herself. 他常看见她暗自垂泪。 **II** *n.* [C]啜泣,抽噎;哭诉:"Really?" she asked with a *sob.* "真的吗?"她带着哭腔问。

so-called /'səu'kɔːld/ *adj.* [无比较级][作前置定语] ❶所谓的 ❷如此称呼的,号称的

soc·cer /'sɒkəʳ/ *n.* [U]英式足球[亦作 **football**, **association football**]

so·cia·ble /'səuʃəbªl/ *adj.* ❶好交际的;合群的:I was never a *sociable* fellow. 我本来就极不善交游。 ❷(场所、场合、活动等)友善的,友好的,融洽的:a *sociable* atmosphere 友善的氛围 ‖ **so·cia·bil·i·ty** /ˌsəuʃəˈbiliti/ *n.* [U]—'**so·cia·bly** *adv.*

so·cial /'səuʃªl/ *adj.* ❶社交的,交际的:*Social* interaction leads to creativity. 社交有助于提高人的创造力。 ❷好交际的;合群的;友好的:To be *social* is to be forgiving. 要合群就要会宽容人。 ❸过社会生活的,具有社会性的;群居的:Man is a *social* animal. 人是一种社会性动物。 ❹[作定语]社

会的：*social* welfare 社会福利 ‖ **'so·cial·ly** *adv.*

so·cial·ism /'səuʃəˌlizᵊm/ *n.* [U]社会主义

so·cial·ist /'səuʃᵊlist/ **I** *n.* [C]社会主义者 **II** *adj.* 社会主义的 ‖ **so·cial·is·tic** /ˌsəuʃəˈlistik/ *adj.*

social science *n.* ❶[U]社会科学 ❷[C]社会科学分支(如政治学或经济学)

social security *n.* [U](由国家为缺乏经济和福利保障的人,如老人、失业者等所提供的)社会保险

so·ci·e·ty /səˈsaiəti/ *n.* ❶[U;C]社会：a civilized *society* 文明社会 ❷[C]团体,社团；(学)会；协会：professional *societies* 专业学会 ❸[U]上流社会；社交界：go into *society* 进入社交界 ‖ **so'ci·e·tal** /-tᵊl/ *adj.*

so·ci·ol·o·gy /ˌsəusiˈɔlədʒi, ˌsəuʃi'-/ *n.* [U]社会学 ‖ **ˌso·ci·o·log·i·cal** /-əˈlɔdʒikl/ *adj.* — **ˌso·ci'ol·o·gist** *n.* [C]

sock /sɔk/ *n.* [C]([复]～s 或 sox /sɔks/) 短袜

so·da /'səudə/ *n.* ❶[U;C]汽水(＝soda pop)：How many *sodas* did you drink? 你喝了多少汽水? ❷苏打水

so·di·um /'səudiᵊm/ *n.* [U]【化】钠(符号Na)

so·fa /'səufə/ *n.* [C](长)沙发

soft /sɔft/ *adj.* ❶柔软的：a *soft* cushion 软垫 ❷易弯曲的：a *soft* metal 软金属 ❸平滑的；柔嫩的；细腻的；松软的：the baby's *soft* skin 婴儿细嫩的皮肤 ❹舒适的,令人舒服的：a *soft* chair 舒适的椅子 ❺(声音)轻的；轻柔的,悦耳的：speak in a *soft* whisper 悄悄耳语 ❻(光线、色彩等)柔和的,不刺眼的；不炫目的：the *soft* glow of candlelight 柔和的烛光 ❼无酒精的；(食物)无刺激性的；(麻醉品)毒性不大的 ‖ **'soft·ly** *adv.* — **'soft·ness** *n.* [U]

☆**soft, bland, gentle, mild** 均有"温和的"之意。**soft** 表示强度、力度或刺激性得以缓和、减轻或松软,使人产生愉快的感觉,多用于色彩、光线、声响等方面：*Soft* lights and sweet music create a romantic atmosphere. (柔和的灯光和美妙的音乐营造出浪漫氛围。) **bland** 表示没有令人不安、不快的成分或缺乏刺激性,常用于食物、饮料、气候、人的性情、态度等方面,有淡而无味、无生气、无特色的含义：The doctor recommended a *bland* salt-free diet for the patient. (医生建议病人饮食应清淡少盐。) **gentle** 用于令人愉快的人或事物,有温柔、平静的含义：There was a *gentle* breeze. (吹来一阵微风。) **mild** 强调温和、节制,用于原本可以是生硬、严厉或激烈的人或事物：He has too *mild* a nature to get angry even if he has good cause. (他脾气太好了,即便真是被激怒了也发不起火来。)

soft drink *n.* [C]软性饮料；汽水

soft·en /'sɔfn/ *vt.* ❶使变软,使软化；使温和；使缓和；使软弱：The rain *softened* the surface. 雨水使得地表变得松软。 ❷使(灯光)变暗；使(声音)变轻；使(色彩)变淡：try to *soften* the lighting 设法把照明弄暗 ‖ **'soft·en·er** *n.* [C]

soft-heart·ed /ˌsɔftˈhɑːtid/ *adj.* 心肠软的；温柔的；仁慈的,宽厚的：Billy is a little *soft-hearted* or so, where beauty is concerned. 一牵涉到美人,比利就不免有点儿女情长。〔亦作 soft〕

soft·ware /'sɔftweə/ *n.* [U]【计】软件：There's a lot of new educational *software* available now. 现在有许多新的教育用软件。

soft·y /'sɔfti/ *n.* [C] ❶柔弱的人,娇气的人 ❷多愁善感的人,轻信的人〔亦作 softie〕

sog·gy /'sɔgi/ *adj.* ❶浸水的；湿透的；湿润的：It had rained, and the earth was *soggy*. 天下过雨,大地浸湿了。 ❷(面包等)未烤透的；有湿气的：peel *soggy* wallpaper off the wall 将受潮的墙纸撕下 ‖ **'sog·gi·ness** *n.* [U]

soil /sɔil/ *n.* [U] ❶土壤；泥土；土地：rich *soil* 沃土 ❷国土,领土：on foreign *soil* 在外国

sol·ace /'sɔləs/ *n.* [U]安慰,慰藉：The writer's chief *solace* in old age is the nostalgia for his homeland. 对故土的热恋是那位作家晚年的主要安慰。

S

so·lar /ˈsəʊlə/ *adj.* [无比较级] ❶太阳的：a *solar* eclipse 日食 ❷根据太阳运行测定的

solar energy *n.* [U]太阳能

sold /səʊld/ *v.* sell 的过去式和过去分词

sol·dier /ˈsəʊldʒə/ *n.* [C] ❶(陆军)士兵军人：go for a *soldier* 去当兵 ❷(陆军的)二等兵，列兵；军士(＝common soldier) ‖ 'sol·dier·ly *adj.*

sole /səʊl/ *adj.* [无比较级][作定语] ❶单独的；唯一的，仅有的；独特的：the *sole* source of strength 力量的唯一源泉 ❷专用的，独享的：the *sole* agent 独家代理商

sol·emn /ˈsɒləm/ *adj.* ❶庄严的，肃穆的：a *solemn* ceremony 庄严的仪式 ❷严正的；严重的：a *solemn* warning 严正的警告 ❸严肃的；庄重的；认真的；正经的：His *solemn* face told me that the news was bad. 他那严肃的表情告诉我：那是个坏消息。 ‖ **so·lem·ni·ty** /səˈlemniti/ *n.* [U] —'sol·emn·ly *adv.*

so·lic·i·tous /səˈlisitəs/ *adj.* 关心的，关切的(*of*，*about*)：He is *solicitous of* others' opinions about himself. 他很在乎别人怎么看自己。 ‖ so'lic·i·tous·ly *adv.*

sol·id /ˈsɒlid/ *adj.* ❶[无比较级]实心的；无孔隙的：a *solid* mass of rock 一大块实心岩 ❷[无比较级]三维的，立体的：*solid* geometry 立体几何(学) ❸[无比较级]固体的，固态的：*solid* food 固体食物 ❹牢固的，坚固的；质地坚实的；真实的，实在的：on *solid* ground 在坚实的基础之上 ❺[无比较级][作定语]纯的，纯净的；纯色的：*solid* silver 纯银 ‖ so·lid·i·ty /səˈliditi/ *n.* [U] —'sol·id·ly *adv.*

sol·i·dar·i·ty /ˌsɒliˈdæriti/ *n.* [U]团结一致，共同：ideological *solidarity* 意识形态上的一致

so·lid·i·fy /səˈlidiˌfai/ *vt.* ❶使凝固；使固化；使变硬：The concrete will *solidify* the foundation. 混凝土会使地基牢固。 ❷使团结一致：*solidify* support for the new programme 使大家一致支持新计划 ❸使牢固，巩固；充实：They try to *solidify* their relationship. 他们试图加强他们的关系。 ‖ so-

lid·i·fi·ca·tion /səˌlidifiˈkeiʃ°n/ *n.* [U]

sol·i·tar·y /ˈsɒlitri/ *adj.* ❶[无比较级][作定语]单独的，独自的：They were two *solitary* sufferers. 他们各人独自咀嚼自己的辛酸。 ❷[无比较级][作定语]唯一的，单一的：I can't think of a *solitary* example. 我一个例子也想不出来。 ❸独居的，隐居的：She lives a *solitary* life in a remote part of Ireland. 她独居于爱尔兰一个偏远的地区。 ❹孤独的；寂寞的：a *solitary* journey 孤独的旅程 ❺荒凉的；偏僻的；僻静的；被冷落的，人迹罕至的：the *solitary* desert 荒凉的沙漠

sol·i·tude /ˈsɒlitjuːd/ *n.* ❶[U]单独，孤零；独居，隐居；寂寞：live in *solitude* 离群索居 ❷[U;C]偏僻，冷僻；荒凉；偏僻处；僻静处；荒凉之地：dwell in a *solitude* 居住在一个与世隔绝的地方

☆solitude，isolation，seclusion 均有“隔离，孤独”之意。solitude 常指一种独处状态，可用于心理方面，侧重缺乏密切交往而不是与世隔绝：One can study far better in *solitude*. (独自学习效果更好。) / My spirits will not bear *solitude*, I must have employment and society. (我无法忍受孤独，我一定要融入工作和社会。) isolation 常指非自愿地与外界或其他人分开或隔开，用以指人或事物的隔绝而不是孤独的心态：live in complete *isolation* in the country (在乡下过着完全与世隔绝的生活) seclusion 表示闭门不出或隐居于遥远僻静之处，外界很难与之接触或联系：He lived in almost total *seclusion* these days. (这些日子里，他的生活几乎与外界完全隔绝。)

so·lo /ˈsəʊləʊ/ *n.* [C]([复]-los 或 -li /-liː/)独奏曲；独唱曲；独奏；独唱；单独表演(如独舞等)：sing a *solo* 独唱

sol·u·ble /ˈsɒljub°l/ *adj.* [无比较级] ❶[化]可溶的；可乳化的：a *soluble* powder 可溶性粉剂 ❷可解决的，能解决的：a *soluble* problem 可解决的问题 ‖ sol·u·bil·i·ty /ˌsɒljuˈbiliti/ *n.* [U]

so·lu·tion /səˈluːʃ°n,s°ˈljuːʃ°n/ *n.* ❶[C;U]解答；解释；解决办法；答案(*to*，*of*，*for*)：No *solution* is possible for that problem. 那个问题没办法解决。❷[U]溶解；溶解状态：ions in *solution* 溶解状态的离子 ❸[C]【化】溶液；溶体：a watery *solution* of unknown composition 一种成分不明的水状溶液

solve /sɒlv/ *vt.* ❶解决；解释；阐明：try to *solve* the problem of inflation 设法解决通货膨胀问题 ❷解，解答(数学题等)：*solve* crossword puzzles 解纵横填字谜 ‖ **'solv·a·ble** *adj.* —**'solv·er** *n.* [C]

some /sʌm/ **I** *adj.* ❶[用以修饰单数名词]某个，某一：*Some* fool has locked the door. 不知哪个傻瓜把门锁上了。❷[用以修饰可数名词]若干，一些；一点，少量的：*some* TV sets 一些电视机 ❸[用以修饰不可数名词]一定量的；一定程度的：I agree with you in *some* extent. 在一定程度上我是同意的。❹相当多的，不少的；可观的：He stayed here for some days. 他待在这儿有些日子了。**II** *pron.* ❶[常用作复]〈口〉有些人；有些东西：I don't need any more money— I've still got *some*. 不用再给我钱了，我还有一些。❷[用作复]一些，若干：*Some* of his books are very exciting. 他的书有些写得惊心动魄。

some·bod·y /'sʌmbədi/ **I** *pron.* 某人，有人：*Somebody* in the crowd laughed. 人群中有人笑了起来。**II** *n.* [C]重要人物，名人：He wants to be a *somebody*, not a nobody. 他想出名，不甘心默默无闻。〔亦作 **someone**〕

some·day /'sʌmdei/, **some day** *adv.* [无比较级]将来某一天，总有一天，有朝一日：Stick with it and *someday* you will be a good pianist. 坚持不懈，终有一天你会成为一名优秀的钢琴家。

some·how /'sʌmhau/ *adv.* [无比较级]❶由于某种未知的原因，不知怎的：*Somehow* I couldn't settle to my work. 不知怎的，我就是定不下心来做工作。❷用某种方法；从某种角度：The car's broken down but I'll get to work *somehow*. 汽车坏了，但我总得想法子上班去。

some·one /'sʌmwʌn/ *pron.* & *n.* =somebody

some·place /'sʌmpleis/ *adv.* 〈口〉 = somewhere

some·thing /'sʌmθiŋ/ *pron.* ❶某物；某事：I wouldn't come to you if I hadn't *something* to ask of you. 无事不登三宝殿。❷[表示模糊概念]某；若干；什么：I saw her thirty *something* years ago, I guess. 我想大概是在 30 年前见过她。❸[表示犹豫或表达某种不确定的想法]：I was thinking of joining a health club or *something*. 正在考虑要不要参加一个健身俱乐部什么的。

some·time /'sʌmtaim/ [无比较级] *adv.* ❶某个时间；某天：arrived *sometime* last week 上周的某天到的 ❷将来某个时候；哪一天；日后：I'll phone you *sometime* this evening. 今天晚上我会打电话给你。

some·times /'sʌmtaimz/ *adv.* [无比较级]有时候，间或，偶尔：I *sometimes* watch television in the evening. 晚上我有时看电视。

some·way /'sʌmwei/, **some·ways** /-ˌweiz/ *adv.* [无比较级]以某种方式；不知怎的

some·what /'sʌmwɒt/ *adv.* [无比较级]有点，稍微：*Somewhat* to our surprise he apologized. 他道歉了，这让我们有点想不到。

some·where /'sʌmweə/ *adv.* [无比较级]❶在某处；去某处：I've seen your glasses *somewhere* downstairs. 我在楼下什么地方看到过你的眼镜。❷在(限定范围内)的某一点上；大约，左右：He was elderly, *somewhere* in his mid-50's. 他上了年纪，有五十来岁的光景。〔亦作 **someplace**〕

son /sʌn/ *n.* [C]儿子

song /sɒŋ/ *n.* ❶[C]歌(曲)；歌词；歌曲集：a folk *song* 民歌 ❷[U]歌唱；声乐：a people famous for their *song* 以歌唱闻名的民族

son·ic /'sɒnik/ *adj.* [无比较级]❶声音的：Under water it is mostly a *sonic* world. 水下大多是声音的世界。❷声速的：aircraft travelling at *sonic* and supersonic speeds 声速的和超声速的飞行器

son-in-law /'sʌninˌlɔː/ *n.* [C]([复] **sons-in-law**) 女婿

soon /suːn/ *adv.* ❶不久，很快：You will *soon* know the result. 你很快就会知道结果。❷快；早：How *soon* will it be ready? 何时能准备好？ ‖ **sooner or later** *adv.* 迟早，最终，终归：*Sooner or later*, he would come. 他迟早会来的。

soothe /suːð/ *v.* ❶安慰，抚慰；(使)平静，(使)镇定：To *soothe* himself John read in his library. 约翰在书房读书，借以排愁解闷。❷减轻，缓解，缓和(痛苦、伤痛、困难等)：I use it to *soothe* headaches. 我常常用它来缓解头疼。 ‖ **sooth·er** *n.* [C]

so·phis·ti·cat·ed /sə'fisti.keitid/ *adj.* ❶老于世故的；老练的；精通的；经验丰富的：a *sophisticated* woman 狡黠的女子 ❷趣味高雅的，不落俗套的；深奥微妙的；精妙的，精致的：a *sophisticated* analysis 富有见地的分析 ❸(技术、产品等)先进而复杂的，精密的，尖端的；高度发展的：a *sophisticated* weapon 尖端武器 ‖ **so·phis·ti·ca·tion** /sə.fisti'keiʃ*ə*n/ *n.* [U]

sop·py /'sɔpi/ *adj.* ❶湿透的；浸透的；泥泞的：The roads were covered with *soppy* mud after the heavy rain. 大雨过后道路泥泞。❷多雨的：a *soppy* season 多雨季节 ❸自作多情的，多愁善感的，易伤感落泪的；庸俗伤感的：a *soppy* romantic film 庸俗伤感的浪漫影片

sor·bet /'sɔːbei,'sɔːbit/ *n.* [U;C]果冻

sor·did /'sɔːdid/ *adj.* ❶卑鄙的，恶劣的，下贱的：discover the truth about sb's *sordid* past 发现某人不光彩历史的真相 ❷肮脏的，污秽的：a *sordid* district 肮脏的地区 ‖ **'sor·did·ly** *adv.* — **'sor·did·ness** *n.* [U]

sore /sɔːʳ/ *adj.* ❶痛的；疼痛发炎的：a *sore* cut 发炎的伤口 ❷感到疼痛的：I'm *sore* all over from that heavy lifting we did yesterday. 昨天我们搬完那重东西之后，我浑身酸痛。❸悲伤的，痛苦的，痛心的：Maude felt *sore* about having lost his job at the Treasury. 莫德对自己丢掉了财政部的职位感到痛心疾首。 ‖ **'sore·ness** *n.* [U]

sor·row /'sɔrəu/ *n.* [U]伤心，悲伤，悲痛：weep tears of *sorrow* 流下伤心的泪水 ‖ **'sor·row·ful** *adj.* — **'sor·row·ful·ly** *adv.*

☆ **sorrow，anguish，grief，sadness，woe** 均有"悲痛，哀伤"之意。**sorrow** 为普通用词，表示因失去亲人或心爱物而感到伤心或痛悔，往往带有暗自难过、持续时间较长的意味：Life has many joys and *sorrows*. (人生有许多欢乐和哀伤。) **anguish** 表示令人难以忍受的折磨，常指心灵上的极度痛苦或恐惧：She was in *anguish* over her missing child. (孩子失踪，她心里极为悲痛。) **grief** 常指由某一具体的不幸事件直接引起的强烈悲痛，往往带有公开表露和持续时间比较短暂的意味：She went nearly mad with *grief* after her child died. (孩子死后，她悲痛得几乎疯了。) **sadness** 亦为普通用词，既可表示情绪一时的低落，也可意指持久的悲伤，伤感程度视上下文定：His heart is full of *sadness*. (他内心充满悲伤。) **woe** 指无法安慰的深切悲伤：a heart full of *woe* (满怀忧伤)

sor·ry /'sɔri/ *adj.* ❶[作表语]歉疚的；遗憾的；懊悔的：He was awfully *sorry* about what he had done to you. 他为自己对你的所作所为感到非常内疚。❷[作定语]可悲的；可怜的；令人伤心的；使人痛苦的；使人沮丧的：a *sorry* story 悲惨的故事 ❸[作表语]对不起的，抱歉的，过意不去的：I'm *sorry* to be so late. 对不起，我迟到了这么久。 ‖ **'sor·ri·ly** *adv.* — **'sor·ri·ness** *n.* [U]

☆ **sorry，sorrowful** 均有"难过"之意。**sorry** 常用作有礼貌的道歉语，表示难过时带有遗憾、怜悯的意味：I'm *sorry* to hear that your father is dead. (惊悉令尊大人过世，我深感难过。) / I'm *sorry* I'm late. (对不起我来晚了。) **sorrowful** 语气比 sorry 强，常指因失去亲朋好友而哀伤，悲痛之情溢于言表：We were all very *sorrowful* when we heard the tragic news. (得知这一噩耗，我们心里都很悲痛。)

sort /sɔːt/ **I** *n.* [C]种类；类别；品种；品级：That's the *sort* of car I'd like to have. 我希望拥有的就是那种汽车。**II** *v.* 分类；整理：*sort* mail 分拣邮件 ‖ **sort of** *adv.* 〈口〉有几分，颇为，有那么点儿：I feel *sort of* sick. 我有些恶心。 ‖ **'sort·er** *n.* [C]

SOS, S. O. S. /ˌesəʊˈes/ *n.* 〔C〕(〔复〕SOSs) ❶(船只、飞机等使用的)国际无线电紧急求救信号 ❷紧急求救(或求助)

so-so /ˈsəʊˌsəʊ/〔无比较级〕**I** *adj.* 一般的，还过得去的 **II** *adv.* 一般地，还过得去地

soul /səʊl/ *n.* ❶〔C〕灵魂；心灵：purification of the *soul* 心灵的净化 ❷〔C〕幽灵，鬼魂：the *souls* of the dead 死魂灵 ❸〔用单〕精华，精髓；核心；要素：Brevity is the *soul* of wit. 言贵简洁。‖ **ˈsoul·less** *adj.*

sound¹ /saʊnd/ **I** *n.* ❶〔C；U〕声音；响声：She opened the door without a *sound*. 她悄悄地打开门。❷〔U；C〕声调，音调：a man with heavy foreign *sound* 带有浓重外国语调的人 **II** *vi.* ❶发声；响：His voice *sounded* too loud. 他的嗓门太响了。❷听起来；似乎：That *sounds* like a child crying. 听上去像是小孩的哭泣声。‖ **ˈsound·less** *adj.*

sound² /saʊnd/ **I** *adj.* ❶健康的；健全的，正常的：a *sound* heart 健康的心脏 ❷完好的；无疵的；没有腐损的：*sound* fruit 无腐损的水果 ❸坚固的；稳当的，可靠的：a *sound* economic basis 稳固的经济基础 ❹正确的；合理的；明智的：make a *sound* decision 做出正确的决定 ‖ **ˈsound·ly** *adv.* —**ˈsound·ness** *n.* 〔U〕

soup /suːp/ *n.* 〔U；C〕汤，羹：The *soup* tastes wonderful. 这汤的味道很鲜美。

sour /saʊə/ *adj.* ❶酸的，酸味的：a *sour* plum 酸梅子 / This green apple tastes very *sour*. 这个青苹果味道很酸。❷变酸的；酸败的，酸臭的；馊的：This milk has turned *sour*. 这牛奶变酸了。‖ **ˈsour·ish** *adj.* —**ˈsour·ly** *adv.* —**ˈsour·ness** *n.* 〔U〕

☆**sour, acid, tart** 均有"酸的，酸味的"之意。**sour** 常指令人不快的浓烈的酸味，往往带有发酵或酸腐的含义，用于人则表示乖张、很不友好的：This milk has gone *sour*. (牛奶发酸了。) **acid** 表示具有正常或自然的酸味，常用于水果、饮料或醋，由于酸的腐蚀性特征，该词可引申以表示辛辣或尖利刺人：A lemon is an *acid* fruit. (柠檬是酸味的水果。) **tart** 指略带刺激性但令人愉快的那种酸味，也可用于尖刻的话语等：She spoke with *tart* contempt. (她语气中带着轻蔑的酸味。)

source /sɔːs/ *n.* 〔C〕❶源，来源；根源，原因：It was at once property and *source* of food. 它既是财产又是饭碗。❷源头，水源；源泉，泉眼：the *source* of the Mississippi 密西西比河的源头

south /saʊθ/ **I** 〔U〕❶南，南方：set course due *south* for Pearl Harbour 朝着正南方向的珍珠港驶去 ❷南部，南面，南边：get a job down *south* 到南方找工作 **II** *adj.* 〔无比较级〕❶朝南的，南面的；南部的，南方的；靠南的：get the crew on the *south* coast 在南海岸招募水手 ❷来自南方的：*south* wind 南风 **III** *adv.* 〔无比较级〕朝南地，向南地：Countless Scots went *south* and settled in England. 无数的苏格兰人南下，在英格兰定居下来。

South African I *adj.* 〔无比较级〕❶南非的 ❷南非人的 **II** *n.* 〔C〕南非人

south-east /ˌsaʊθˈiːst/ **I** *n.* 〔U〕〔常作 the S-〕❶东南；东南方(即正东偏南 45 度；略作 SE) ❷〔亦作 South-East〕(国家或地区的)东南部 **II** *adj. & adv.* 〔无比较级〕东南方的(地)；朝向东南的(地)；来自东南的(地)：the *south-east* corner of the Mediterranean Sea 地中海的东南角〔亦作 south-easterly〕‖ **ˌsouth-east·ly** /-ˈiːstəli/ *adj. & adv.* —**ˌsouth-east·ern** /-tᵊn/ *adj.*

south·ern /ˈsʌðᵊn/ *adj.* 〔无比较级〕❶来自南面的；朝南的；向南的：the *southern* tip of the island 岛屿的南端 ❷(风等)来自南方的 ❸〔常作 S-〕南方地区的；南部的；有南部地区特点的：a ship destined for *Southern* ports 驶向南方港口的船

South Pole *n.* 〔常作 the S- P-〕【地理】南极；(地球的)南磁极

south·ward(s) /ˈsaʊθwəd(z)/ **I** *adj.* 〔无比较级〕朝南的，向南的 **II** *adv.* 〔无比较级〕朝南地，南向地：The ship's course lay *southward*. 这条船的航道向南伸展。

south-west /ˌsaʊθˈwest/ **I** *n.* 〔U〕❶西南；西南方(即正西偏南 45 度；略作 SW) ❷〔亦作 S-〕(一国或一地区的)西南部 **II** *adj. &*

adv.〔亦作 **south-westerly**〕〔无比较级〕西南的(地);西南方的(地);朝向西南的(地);自西南方的(地):flow in a *south-west* direction 向西南方漂流 ‖ ˌsouthˈwest·er·ly /-ˈwestˀli/ *adj.* & *adv.* —ˌsouthˈwest·ern /-tˀn/ *adj.*

sou·ve·nir /ˌsuːvˀˈniəˌ/ *n.* 〔C〕纪念品,纪念物(*of*):buy a watercolour as a *souvenir of* one's trip to Zhou Village 买一幅水彩画作为到周庄旅游的纪念

sov·er·eign /ˈsɒvˀrin/ **I** *n.* 〔C〕最高统治者;君主;元首;领袖;(某一领域的)掌权者;主宰:the eldest son of the *Sovereign* 国王的长子 **II** *adj.* 〔无比较级〕〔用于名词前〕❶(权力、地位、级别等)最高的,至高无上的;难以超越的:the *sovereign* body 最高权力机构 ❷拥有主权的,主权独立的;自治的:*sovereign* states 主权国家 ❸皇家的,皇室的;君王的:a *sovereign* lord 皇上

sov·er·eign·ty /ˈsɒvˀrinti/ *n.* 〔U〕❶最高权力;统治权:submit to sb.'s *sovereignty* 服从某人的统治 ❷主权;自治权(*over*):China restored its *sovereignty over* Hong Kong in 1997. 中国于 1997 年恢复对香港行使主权。

sow /səu/ (过去式 **sowed**,过去分词 **sown** /səun/或 **sowed**) *v.* ❶播(种),撒(种):*sow* the seeds in〔on〕the ground 在地里播种 ❷散布;传播;引发,激起:It was said that someone had *sown* discord among them. 据说有人在他们中间挑拨。‖ ˈsow·er *n.* 〔C〕

soy /sɔi/ (**bean**) *n.* 〔C〕大豆

space /speis/ *n.* ❶〔U〕(与时间相对的)空间:Technology has compressed time and *space*. 技术压缩了时间和空间。❷〔U〕太空,外层空间:advance into the vastness of *space* 进入浩无际涯的太空 ❸〔C;U〕空地;场地;开阔地带;余地:a parking *space* 泊车位 ❹〔C;U〕距离,间隔,空隙:a *space* of nine metres 9 米的间距

space·craft /ˈspeisˌkrɑːft;-ˌkræft/ *n.* 〔单复同〕【空】航天飞行器,宇宙飞船,太空船〔亦作 **space vehicle**〕

space·man /ˈspeisˌmæn/ *n.* 〔C〕(〔复〕-**men** /-ˌmen/) 宇航员,太空飞行员

space·ship /ˈspeisˌʃip/ *n.* 〔C〕【空】宇宙飞船

space station *n.* 〔C〕【空】宇宙空间站,太空站

spa·cious /ˈspeiʃəs/ *adj.* ❶宽敞的,宽阔的:a *spacious* apartment 宽敞的公寓 ❷广大的,广阔的;无边无际的,广博的:a large and *spacious* forest 广袤的大森林 ‖ ˈspa·cious·ly *adv.* —ˈspa·cious·ness *n.* 〔U〕

spade /speid/ *n.* 〔C〕锹;铲

span /spæn/ **I** *n.* 〔C〕❶(空间上的)跨度;全长;范围:an arch of 200-foot *span* 跨度为 200 英尺的拱门 ❷(时间上的)跨度;一段时间,时期;(尤指人的)一生:in a 30-year *span* 在 30 年里 ❸(桥墩间的)墩距;孔,跨距,跨度;支点距:the vital *span* of the bridge 主桥拱的全长 **II** *vt.* ❶在…上架桥(或拱门等);(桥、拱门等)跨越,横跨:*span* the Atlantic Ocean by submarine cable 在大西洋铺设海底电缆 ❷持续;包括:a task requiring vigilance that can *span* a long time 需持续保持警觉才能完成的任务

spare /speəˌ/ **I** *vt.* ❶不伤害;宽容,饶恕;赦免:No passengers were *spared* in the shipwreck. 那次海难事故中无人幸免于难。❷对…留情面:She expressed her opinions bluntly and frankly, *sparing* no one's feelings. 她直言不讳地发表自己的看法,对谁都不留情面。❸使免遭;使免除;免去;解除:*Spare* me such pain as this, if you can. 你要是能够的话,就不要让我受这份罪了。❹省去,删去:Spare (me) the gory details. 残忍的细节就别讲了。**II** *adj.* ❶〔无比较级〕备用的;额外的:a *spare* room 备用的客房 ❷〔无比较级〕剩下的,多余的:There were no seats *spare* so we had to stand. 没有多出来的座位,我们只好站着。❸空闲的:in one's *spare* time 在余暇时间里 ‖ ˈspare·ly *adv.* —ˈspare·ness *n.* 〔U〕

spar·ing /ˈspeəriŋ/ *adj.* 〔常作表语〕❶节省的,俭省的;吝惜的(*in*, *of*, *with*):He took a *sparing* drink, and passed the bottle to others. 他喝了一小口,把瓶子递给了别

人。❷有节制的；谨慎的：be *sparing* of words and conducts 谨言慎行 ‖ **'spar·ing·ly** *adv.*

☆ **sparing, economical, frugal, thrifty** 均有"节约的，节省的"之意。**sparing** 表示将开支等节制到最低限度，带有避免使用或克制自己的意味：She is *sparing* with the family budget. （她在持家方面很节约。）**economical** 使用范围比thrifty广，不仅表示节省，还有谨慎管理、采取最有效措施以避免浪费和提高效益的意思：She does more than others because she is *economical* of time and energy. （她做得比别人多，因为她会节省时间和精力。）**frugal** 多指在饮食、穿戴或生活方式等方面不奢侈挥霍，有生活俭朴、省吃俭用的意味：Although he's become rich he's still kept his *frugal* habits. （他虽然已经富了起来，但仍保持俭朴的习惯。）**thrifty** 指个人或家庭勤劳节省、善于理财，带有勤俭节约的意味：Mrs. Kane is a *thrifty* housewife and manages to put aside a fixed amount of money every month. （凯恩太太是一位节俭的主妇，每月都设法存下一定数量的钱。）

spark /spɑːk/ **I** *n.* [C] 火星，火花：spit *sparks* 喷射出火星 **II** *vi.* 冒火星，发出火花；（似火花般）闪光，闪亮：His dark eyes *sparked*. 他的黑眼睛闪着光亮。—*vt.* 引发；发动；激发(*off*)：spark one's curiosity 激发某人的好奇心

spar·kle /'spɑːkᵊl/ **I** *vi.* ❶发出火星（或火花）；闪闪发亮；闪烁：Dewdrops *sparkled* in the morning sunlight. 露珠在晨曦中闪闪发光。❷展现才智；焕发精神；散发出魅力：Her sister really *sparkles* at parties. 她妹妹在舞会上真是光彩照人。**II** *n.* [C;U] ❶闪光，光亮；火花，火星：The *sparkle* of her eyes betrayed her great excitement. 她双眼闪着光芒，掩饰不住她极其兴奋的心情。❷生气，活力；光彩：He brought the *sparkle* of the day and the intimacy of that farmyard into his picture. 他把清晨的朝气和农家乐的情调画了出来。‖ **'spark·er** *n.* [C]

spar·row /'spærəu/ *n.* [C]【鸟】麻雀

sparse /spɑːs/ *adj.* ❶稀疏的；稀少的；零散的：*sparse* woodlands 树木稀少的林地

❷(人或动物)瘦小的；(土地等)不毛的；贫弱的：*sparse* vegetation 贫瘠的植被 ‖ **'sparse·ly** *adv.* —**'sparse·ness** *n.* [U]—**spar·si·ty** /'spɑːsiti/ *n.* [U]

spat·ter /'spætə/ *v.* ❶溅污：The taxi *spattered* mud on my clothes. 出租车把泥巴溅在我的衣服上。❷溅；泼；洒(*with*)：*spatter* the flower *with* water 给花洒水

spawn /spɔːn/ *n.* [C]❶(鱼、青蛙等的)卵：fish *spawns* 鱼卵 ❷子孙，后代：兔崽子：a *spawn* of Satan 撒旦的子孙

speak /spiːk/（过去式 spoke /spəuk/或〈古〉spake /speik/，过去分词 spo·ken /'spəukᵊn/或〈古〉spoke) *v.* ❶说话，讲话：The man *spoke* with a strong accent. 那人说话带着浓重的土音。❷谈话，交谈：I must *speak* to Tom's parents about his bad behaviour. 我必须跟汤姆父母谈谈他的不良行为。❸发言；演讲，演说；口头表达思想（或意见等）：*speak* from notes 照本宣科

☆ **speak, converse, discourse, talk** 均有"说，讲，谈"之意。**speak** 为普通用词，可指正式讲话或演说，也可指不连贯的说话，不一定要有听众在场：I'd like to *speak* to you about our plan. （我想跟你谈谈我们的计划。）**converse** 强调思想、观点、知识、信息等的交流：The Secretary of State sat *conversing* with the President. （国务卿坐在那儿与总统交谈。）**discourse** 表示就某一专题向他人作正式而详细的讲述或论述：He was *discoursing* to us on Shakespeare. （他正在给我们讲述莎士比亚。）**talk** 指与他人进行交谈，有时表示闲聊、交谈或议论：There's an important matter I want to *talk* about with you. （我要和你谈点正事。）

speak·er /'spiːkə/ *n.* [C] ❶说话者；讲演者；演说家 ❷代言人；发言人 ❸喇叭（= loudspeaker)

spear /spiə/ *n.* [C]矛；长枪；梭镖；矛（或长枪、梭镖)尖

spe·cial /'speʃᵊl/ *adj.* ❶特殊的；特别的：the *special* needs of Hongkong 香港的特殊需要 ❷[无比较级]专门的；特设的；特制的；用于特定目的的；具特殊用途的：a *spe-*

cial assistant 特别助理 ❸突出的；非凡的，超群的；独特的：Isn't there something *special* about him? 他没有什么过人之处吗？

☆special，individual，particular，specific 均有"特别的，特殊的"之意。special 表示特别的、专门的或特设的，带有与众不同、非常突出的意味，用于事物的质量、特性、特色等方面：He is a *special* commentator of that magazine. (他是那家杂志的特约评论员。) individual 常与团体或集体相对，表示个人的或个别的，强调个体的意味：Each *individual* leaf on the tree is different. (树上的每一片叶子都各有不同。) particular 表示与普遍的、一般的相对，强调某人或事(物)所具有的特点或特性：In that *particular* case, the rule doesn't hold. (对那种个别情况来说，这项规律不适用。) specific 与广泛的、笼统的相对而言，表示特定的或具体的，常用于明确说明或阐明的场合，强调具体性：The manager gave us very *specific* instructions. (经理给我们做了非常明确的指示。)

spe·cial·ist /ˈspeʃəlist/ *n.* [C]专家，行家：a *specialist* on American literature 美国文学专家

spe·cial·ize /ˈspeʃəˌlaiz/ *vi.* 成为专家；专攻；专门从事(*in*)：His partner is a lawyer who *specializes in* divorce cases. 他的合伙人是位专门帮人打离婚诉讼官司的律师。‖ **spe·cial·i·za·tion** /ˌspeʃəlaiˈzeiʃn；-li'z-/ *n.* [U；C]

spe·cial·ty /ˈspeʃlti/ *n.* [C；U](企业、工厂的)拳头产品，特色产品，特种工艺：They dined on the restaurant *specialty*. 他们吃了这家餐馆的特色菜肴。〔亦作 **speciality**〕

spe·cies /ˈspiːʃiz,-ʃiz,-siz/ [复] *n.* ❶(具有共同特征的)同类事物，同种事物 ❷【生】种，物种：endangered *species* 濒危物种 ❸人类：Is the *species* threatened with extinction? 人类会受到灭绝的威胁吗？

spe·cif·ic /spiˈsifik/ *adj.* ❶确切的；明确的；具体的：You must give the class *specific* instructions on what they have to do. 全班学生该如何做，你必须给他们以明确的指导。❷[无比较级]特定的；特有的；独特的：

The disease is *specific* to the inhabitants in the mountainous area. 这种疾病只有这个山区的居民才会得。‖ **spe·cif·i·cal·ly** /-kəli/ *adv.* — **spec·i·fic·i·ty** /ˌspesiˈfisiti/ *n.* [U]

spec·i·fy /ˈspesiˌfai/ *vt.* ❶具体说明；详细陈述：The directions *specify* the dosage. 服用说明对剂量做了规定。❷将…列作条件：The contract *specified* that they should deliver us the commodities before the end of the month. 合同规定他们必须在月底前把货物发给我们。

spec·i·men /ˈspesimən,-min/ *n.* [C]样品；标本；实例：a collection of rare insect *specimens* 稀有昆虫标本的收集

speck /spek/ *n.* [C] ❶污点；斑点；瑕疵：ink *specks* 墨渍 ❷微粒；一点点：*specks* of dust 灰尘颗粒 ❸[常用单，后跟不可数名词]少许，一点点：This car hasn't given us a *speck* of trouble. 这辆车一点儿毛病也没有。

spec·ta·cle /ˈspektəkl/ *n.* [C] ❶景致；奇观；众人关注的对象：The trial of Simpson has become a public *spectacle*. 对辛普森的审判令公众瞩目。❷[通常用单]场面；公开展示；展览；演出：The military parade was a magnificent *spectacle*. 这次阅兵场面盛大。

spec·tac·u·lar /spekˈtækjulə/ *adj.* ❶壮观的；壮美的；场面豪华的：The *spectacular* epic is life. 最为壮观的史诗就是生活。❷显著的，突出的；引人注目的；惊人的：He turned out to be a *spectacular* success in his job. 他在工作中成绩卓越。‖ **spec'tac·u·lar·ly** *adv.*

spec·ta·tor /spekˈteitə；ˈspekˌteitə/ *n.* [C] ❶观众 ❷旁观者；目击者

spec·trum /ˈspektrəm/ *n.* [C]([复]-tra /-trə/或-trums) ❶【物】光谱 ❷频谱；射频频谱 ❸【物】电磁波谱 ❹范围；幅度；系列：A broad *spectrum* of topological features creates a pleasant landscape. 各种各样的地貌构成了一幅宜人的风景画。

spec·u·late /ˈspekjuˌleit/ *v.* ❶臆想；推断；猜测(*on*, *upon*, *about*)：They talked and *speculated* until after midnight. 他们一直

谈论和分析到半夜。❷思考;沉思;冥想(*on*,*upon*,*about*):*speculate on* one's future 考虑自己的前途 ❸投机;做投机生意:The restaurant owner used the money to *speculate* on the stock market. 餐厅老板用这笔钱炒股。 ‖ **'spec·u·la·tive** /-lətiv;-ˌleitiv/ *adj.* —**'spec·u·la·tor** *n.* [C]

spec·u·la·tion /ˌspekju'leiʃ°n/ *n.* ❶[U]推测;假想;臆断:His death was the subject of intense *speculation*. 他的死亡是人们猜测的热门话题。❷[U;C]思考,思索;冥想;沉思: philosophical *speculation* 哲学玄想 ❸[U;C]投机;投机生意;投机活动:He has lost a lot of money on all his recent *speculations*. 他最近做的几笔投机生意亏了很多钱。

speech /spiːtʃ/ *n.* ❶[U]说话能力:a loss of *speech* 丧失说话能力 ❷[U;C]说话,言谈;话语;言语;所说的话:After this *speech*, he left the room. 他说完这句话就离开了房间。❸[C]演讲;(在公开场合的)发言,讲话:a resignation *speech* 辞职演说

☆ **speech, address, lecture, oration, sermon, talk** 均有"演说,讲话"之意。**speech** 可指任何形式的公开发言或讲话,可以是有准备的,也可以是即兴的:She made an opening *speech* at the meeting. (她在会上致开幕词。) **address** 指经过认真准备的重要演说,适用于庄严、隆重的场合:In his inaugural *address* John Kennedy said to the American people,"my fellow Americans,ask not what your country can do for you,ask what you can do for your country." (在其就职演说中,肯尼迪对美国人讲了如下一句话:"我的美国同胞们,请你们对国家要谈贡献,莫计报酬。") **lecture** 常指经过充分准备后所作的专题性学术报告或演讲,也可表示授课:He gave a *lecture* on American War of Independence yesterday. (昨天他做了一次关于美国独立战争的讲座。) **oration** 指能激起听众强烈感情的讲演,雄辩,注重修辞和文体:Lincoln's Gettysburg Address was an *oration*. (林肯在葛底斯堡的讲话堪称一篇充满激情的演讲。)该词有时也可表示夸夸其谈、言过其实的演说:political *orations* at the picnic (野餐会上对政治的高谈阔论) **sermon** 指牧师根据《圣经》进行的说教、布道:We had to listen to a long *sermon* about observing school regulations. (我们硬着头皮听了一通关于遵守学校规章制度的大道理。) **talk** 表示将听众视为个别谈话对象进行的演说、报告或讲话,含方式比较自由、随便的意味:She gave a *talk* on Beethoven to the college Music Society. (她给学院音乐协会做了一次有关贝多芬的讲演。)

speech·less /'spiːtʃlis/ *adj.* [无比较级]一时语塞的:She stood *speechless* with shame. 她羞得悄立无言。

speed /spiːd/ *n.* ❶[U]迅捷,快速:The vehicle is pulling away with *speed*. 汽车迅速地开走了。❷[C;U]速度;速率:The economy continues to pick up *speed* with swiftness. 经济持续高速增长。❸快速行进;疾驶:The train *sped* along at over 120 miles per hour. 火车以每小时超过 120 英里的速度疾驶。 ‖ **speed up** *v.* (使)加速;(使)增长:Everyone knows computer *speeds up* work. 众所周知,计算机可以提高工作效率。 ‖ **'speed·er** *n.* [C]

speed·y /'spiːdi/ *adj.* ❶快速的,迅疾的:A hole in the dike might lead to a *speedy* inundation. 堤坝上出现一个洞就会导致洪水的迅速蔓延。❷立即的,马上的:take *speedy* action 立即采取行动 ‖ **'speed·i·ly** *adv.*

spell¹ /spel/ (**spelt** /spelt/或 **spelled**) *vt.* ❶拼写出(单词):I don't know how to *spell* his name. 我不会拼他的名字。❷[不用进行时态](字母)拼成:A-N-N-E *spells* Anne. A-N-N-E 拼成 Anne。❸[不用进行时态]招致,导致;意味着:Crop failure was likely to *spell* stark famine. 庄稼歉收有可能导致大饥荒。

spell² /spel/ *n.* [C] ❶一段工作时间;轮班,轮值:He had a *spell* in Congress. 他当过一段时间的国会议员。❷(疾病等的)发作,一阵:a *spell* of coughing 一阵咳嗽 ❸一段(较短的)时间;一会儿:I lived in New York for a *spell*. 我在纽约住过一段时间。

spell·ing /'speliŋ/ *n.* ❶[U]拼写;拼读

❷[C](单词的)拼法 ❸[U]拼写(或拼读)能力

spend /spend/ (**spent** /spent/) v. ❶用(钱),花费:How much do you *spend* on food each week? 你每星期花费多少钱买食物? ❷花(时间等);度过;消磨:I *spent* a whole evening writing letters. 我花了整个晚上写信。❸消耗,用尽(气力等):Their ammunition was *spent*. 他们的弹药打光了。‖ **spend·a·ble** *adj*. —**'spend·er** *n*. [C]

spent /spent/ v. spend 的过去式和过去分词

spew /spju:/ v. ❶排出,放出;喷出(out):Factories *spewed* dense dirty smoke. 工厂排放出浓浓的乌烟。❷呕出(up):I've got this stomach infection which is making me *spew* my food *up*. 我胃不舒服,把吃的东西吐了出来。‖ **'spew·er** *n*. [C]

sphere /sfiəʳ/ n. [C] ❶球体;球面;球形 ❷星球;天体 ❸范围;领域:This style did not delimit the *sphere* of its applicability. 这种风格没有界定其适用范围。

spher·i·cal /'sferik³l/, **spher·ic** /-ik/ adj. [无比较级] ❶球形的,球状的 ❷球的;球面(图形)的;球体内的:*spherical* geometry 球体几何学

spice /spais/ I n. ❶[C;U]香料;调味品:Cinnamon, ginger and cloves are all *spices*. 橘皮、生姜和丁香都是调味品。❷[用单]情趣;趣味;风味:The story was rather lacking in *spice*. 这则故事枯燥无味。II vt. ❶加香料于;给⋯调味(up):The cook *spiced up* tuna fish by adding curry powder to it. 厨师往金枪鱼里面加了咖喱粉调味。❷使增添情趣;给⋯增加趣味(up):a book *spiced* with humour 一部颇有幽默情趣的书

spic·y /'spaisi/ adj. ❶[无比较级]加香料的;有香味的:*spicy* wine 加香料的葡萄酒 ❷辛辣的,刺激性的:Of course you do find *spicy* bits in Paris. 你当然会在巴黎找到一些刺激。❸低俗的;下流的;淫秽的:a *spicy* novel 有庸俗描写的小说 ‖ **'spic·i·ness** *n*. [U]

spi·der /'spaidəʳ/ n. [C]【动】蜘蛛;蛛形目动物 ‖ **'spi·der·y** adj.

spill /spil/ I (**spilt** /spilt/ 或 **spilled**) v. ❶溢出;洒出,泼出:All her shopping *spilled* out of her bag. 她购买的东西全从包里散落了出来。❷蜂拥:The cheering people *spilled* into the street. 欢呼的人群涌入街道。II n. [C;U]溢出;泼洒;溅出:In 1989, there was a massive oil *spill* in Alaska. 1989 年阿拉斯加发生了一起大规模的石油泄漏事件。‖ **spill·age** /'spilidʒ/ n. [U]

spin /spin/ (**spun** /spʌn/; **spin·ning**) v. ❶旋转,转动:He *spun* the chair round to face the desk. 他把椅子转过来对着桌子。❷纺纱(或线等);纺(纱、线等):The final stage of the production of cotton is when it is *spun* into thread. 棉花生产的最后一道工序是把它纺成线。❸(蜘蛛)结(网);(蚕等)吐(丝),作(茧):A spider *spun* a web at the corner. 一只蜘蛛在角落里结了网。‖ **'spin·ner** *n*. [C]—**'spin·ning** *n*. [U]

spin·ach /'spinidʒ, -itʃ/ n. ❶[C]【植】菠菜 ❷[U](食用的)菠菜叶

spine /spain/ n. [C] ❶【解】脊椎;脊柱 ❷【动】【植】突起结构;刺,棘 ❸精神;骨气;勇气:No one has the *spine* to sound off. 没人有勇气发表意见。❹书脊

spine·less /'spainlis/ adj. [无比较级] ❶无脊椎的;无脊柱的 ❷缺乏精神的;没有骨气的;软弱的,无主见的:a *spineless* coward 优柔寡断的胆小鬼

spi·ral /'spaiər³l/ I n. [C] ❶【数】螺线,蜷线 ❷螺旋形;螺旋体:The bird rose in the air in a slow ascending *spiral*. 鸟在空中慢慢地盘旋着向上飞去。II adj. [无比较级][作定语]螺旋(形)的;盘旋的:The aerodone comes rapidly to earth with *spiral* dive. 滑翔机旋转着俯冲向地面。

spir·it /'spirit/ n. ❶[通常用单]意念;魂魄:He gave up the *spirit*. 他的魂已经离去了。❷[C](与肉体相对而言的)灵魂:an unquiet *spirit* 不安于地下的冤魂 ❸[C]幽灵;神仙;鬼怪,妖精;魔鬼:Her father called her his blithe *spirit*. 她爸爸称她为快乐的小精灵。❹[用单](特定时代的)主要倾向,主要趋势;精神,风气;(人、团体、民族等的)性

格;品格,情操;气质:Few of them have the true virtuoso *spirit*. 他们中间没有几个具有真正的行家气质。❺[U]精神;心,心灵:suffer from a broken *spirit* 心灰意懒 ❻[常作～s]情绪;心境;心态:There was, at times, a want of *spirits* about him. 有时候他显得无精打采。❼[U]勇气;志气;意志;毅力;活力:The woman has *spirit*, determination, and purpose. 那个女人有气魄,有决心,有意志。❽[常作～s]烈酒(如威士忌、白兰地等) ‖ 'spir·it·less *adj.*

spir·it·ed /'spiritid/ *adj.* ❶充满活力的,精神饱满的;活泼的;勇敢的:a *spirited* discussion 热烈的讨论 ❷[无比较级][跟在形容词后面,用以构成复合词]有…精神(或情绪)的;具…性格(或脾气)的:high-*spirited* 精神高昂的

spir·i·tu·al /'spiritjuəl/ *adj.* ❶[无比较级]精神(上)的;心灵的:an agony of *spiritual* disillusionment 精神幻灭的痛苦 ❷(思想、面貌等)圣洁的;崇高纯洁的:There is a melody which she plays on the harp's chord with the touch of an angel, so simple and *spiritual*. 她在琴弦上用天使般的技巧奏出美妙的音调,是那么纯洁而空灵。❸[无比较级]神灵的,神的;神启的,天赐的;宗教(上)的;教会的:*spiritual* songs 圣歌 ‖ **spir·i·tu·al·i·ty** /ˌspiritjuˈæliti/ *n.* [U]—'spir·i·tual·ly *adv.*

spit /spit/ I (spat /spæt/或 spit;spit·ting) *vi.* 吐唾沫,吐口水;吐痰(at, on):Claude *spat* on the palm of his hands and rubbed them together. 克劳德朗手掌上吐了一口唾沫,然后搓了搓。II *n.* ❶[U]唾液,口水 ❷[通常用单]吐唾沫,吐口水;吐痰 ‖ **spit up** *vi.* 呕吐:The baby is *spitting up*. 宝宝正在呕吐。

spite /spait/ *n.* [U]恶意;怨恨:do sth. in *spite* 出于恶意干某事 ‖ **in spite of prep.** 不顾,不管;尽管:Well, it was a good holiday, *in spite of* everything. 尽管出现一些问题,但假期还算不错。

splash /splæʃ/ *vt.* ❶使溅湿;使溅脏:The paint *splashed* the carpet. 油漆溅到了地毯

上。❷使溅起:She *splashed* cold water *on* her face. 她把冷水泼在自己脸上。❸泼洒(于);使溅上:The ground was *splashed* with sunlight shining through leaves. 透过树叶的阳光把地面照得斑驳陆离。

splat·ter /'splætə/ *vi.* 溅泼;噼啪落下:Turn the heat down, or hot fat will *splatter* everywhere. 把火调小一些,不然热油会溅得到处都是。

splen·did /'splendid/ *adj.* ❶壮丽的;壮观的;豪华的:Their fortune on both sides is *splendid*. 两家都是富豪。❷值得赞赏的,值得佩服的;光辉的,辉煌的;卓越的;庄严的:a *splendid* achievement 光辉的成就 ❸〈口〉极好的,非常令人满意的:What a *splendid* idea! 这个主意妙极了! ‖ 'splen·did·ly *adv.*

☆ **splendid, glorious, gorgeous, resplendent, sublime, superb** 均有"灿烂的,辉煌的"之意。**splendid** 常指在色彩、光泽、壮丽、宏伟等方面优于或超出一般,给人以深刻印象:The royal wedding was a *splendid* occasion. (这场皇家婚礼场面宏大。) **gorgeous** 强调色彩纷呈或光彩照人、十分美丽:The night sky was *gorgeous* with billions of stars. (缀满繁星的夜空分外美丽。) **glorious** 指光辉灿烂、艳丽夺目,强调令人钦佩、赞赏:They had a *glorious* weekend at the seaside. (他们在海边过了愉快的周末。) **resplendent** 指因光彩照人、容光焕发而十分引人注目:The tower was *resplendent* in its Christmas decorations. (圣诞的装点使得整座塔光彩夺目。) **sublime** 表示巍巍壮观、壮丽雄伟,带有难以理解或令人敬畏或赞叹的意味:What a spirit of *sublime* self-sacrifice! (多么崇高的自我牺牲精神啊!) **superb** 常指在质量、能力、才华、雄伟或壮丽等方面胜过其他任何事物,达到想象中的最高程度,含超级或极好的意思:We had a *superb* view of the sea. (我们看到了大海的绝妙景色。)

splen·do(u)r /'splendə/ *n.* ❶[U]光彩;光辉;壮丽;壮观;豪华:He came arrayed in all his *splendour(s)*. 他来的时候身上穿着全套华美礼服。❷[U](名声等的)显赫;(业绩等的)卓著,卓越:He advanced in rank *and splendour.* 他官运亨通,功勋卓著。 ‖ **'splen·do(u)r·ous** *adj.*

splin·ter /'splɪntəʳ/ **I** *n.* [C] ❶(木头、玻璃、塑料等的)碎片,裂片;细片;碴儿:shrapnel *splinters* 炮弹碎片 ❷(从主派别中分离出来的)小派别 **II** *v.* ❶(使)裂成碎片:The building was *splintered* in the explosion. 楼房被炸成一片瓦砾。 ❷(使)分裂;(使)瓦解;分解,分割:The opposition was *splintered* as it always was. 该反对党历来是四分五裂的。 ‖ **'splin·ter·y** *adj.*

split /splɪt/ (**split**;**split·ting**) *v.* ❶劈开;切开:The lighting *split* the shroud of darkness. 闪电划破了夜幕。 ❷将…分部;分割:The book is split (up) into five major divisions. 本书分为五大部分。 ❸(尤指因意见相左而)分裂,(使)分化(*up*, *on*, *over*);(使)断绝往来(*with*):The party was *split* by internal revolt. 内讧使该政党产生分裂。 ❹分享;分得:The three men *split* a bottle of spirits at dinner. 这三个人吃饭时共喝一瓶酒。

splut·ter /'splʌtəʳ/ *vi.* ❶急促(或语无伦次、结结巴巴)地说话:The old gentleman was *spluttering* with indignation at what he was reading. 老先生对读到的东西愤愤不平,嘴里一个劲地嘟囔着。 ❷喷溅碎末(或食物、热油等);发出噼啪的声音:The bacon was *spluttering* on the barbecue. 咸肉在烤肉架上溅着油花。

spoil /spɔɪl/ (**spoilt** /spɔɪlt/或 **spoiled**) *vt.* ❶损坏;糟蹋;破坏:Time did not *spoil* the beauty of the Great Wall. 沧海桑田,而长城壮美依旧。 ❷使扫兴,使败兴:I haven't seen the film yet, so don't *spoil* it for me by telling what happens. 我还没有看这部电影呢,不要告诉我情节以免让我没了兴趣。 ❸宠坏,娇惯,溺爱:She *spoiled* Jason that way and it took him two years to outgrow it. 她把贾森惯成那样,足足花了两年才把他的坏习惯改过来。 ❹使(食物)变坏,使变质;使腐败:Hops contribute natural substances that prevent bacteria from *spoiling* beer. 啤酒花含有多种自然物质,可以防止

细菌败坏啤酒的品质。 ‖ **'spoil·age** *n.* [U]—**'spoil·er** *n.* [C]

spoke /spəʊk/ *v.* speak 的过去式

spo·ken /'spəʊkˀn/ **I** *v.* speak 的过去分词 **II** *adj.* [无比较级]用口说的;口头的;口语的:a *spoken* explanation 口头说明

spokes·man /'spəʊksmˀn/ *n.* [C]([复]-men /-mˀn/) 发言人;代言人

sponge /spʌndʒ/ *n.* ❶[C;U]【动】海绵 ❷[C]海绵(指海绵角质骨骼) ❸[C;U]海绵状物;(橡胶、塑料等制成的)人造海绵:a cushion padded with *sponge* 塞满海绵的坐垫 ‖ **'spong·er** *n.* [C]—**'spon·gy** *adj.*

spon·sor /'spɒnsəʳ/ **I** *n.* [C] ❶(尤指慈善筹款活动的)发起人,倡导人;主办者 ❷赞助者;赞助商:All the major theatres now have *sponsors*, especially for high-cost productions. 所有大剧院都有人赞助,特别是那些高投入的大制作。 **II** *vt.* ❶发起;倡议;举办;主办:the conference *sponsored* by the United Nations 由联合国发起的会议 ❷资助,赞助:The team is *sponsored* by JVC. 这支球队是由 JVC 公司赞助的。 ‖ **'spon·sor·ship** *n.* [U]

spon·ta·ne·ous /spɒn'teɪnɪəs/ *adj.* ❶[无比较级]自发的;非出于强制的;非由外力诱发的:*spontaneous* volunteers 自发的志愿者 ❷[无比较级](动作等)无意识的,自动的,不由自主的:spontaneous respiration 无意识的呼吸 ‖ **spon·ta·ne·i·ty** /ˌspɒntə'niːɪti, -'neɪ-/ *n.* [U]—**spon'ta·ne·ous·ly** *adv.*

☆**spontaneous, automatic, impulsive, instinctive, mechanical** 均有"不假思索就采取行动的"之意。**spontaneous** 表示自发的或出于自然的,常用于未经提示、事先没有计划或思考的场合,有纯真、率直的意味:The laughter at his jokes is never forced, but always *spontaneous*. (听了他的笑话发笑,不是勉强的,而是不由自主的。) **automatic** 表示对外界的刺激或情况作出迅速而不变的习惯性反应:Mary knew the lesson so well that her answers were *automatic*. (玛丽对这一课极为熟悉,可不假思索地随口回答问题。) **impulsive** 指纯粹为情绪的一时冲动所

左右,做出突然、鲁莽的行动或事情,不考虑是否合适或可能出现的后果:His overdose was an *impulsive* act. (他服药过量是一种冲动的行为。) **instinctive** 尤指对外界刺激作出的本能性反应,常常带有无意识的意味:Children have an *instinctive* distrust of strangers. (小孩子对陌生人有一种出于本能的不信任。) **mechanical** 强调因机械地或呆板地多次重复同一事情而对其作出一种毫无生气而往往又是草率马虎的反应:The tennis player was asked the same question so many times that the answer became *mechanical*. (人们问这位网球运动员同样问题问得太多了,所以他的回答也是千篇一律。)

spoon /spuːn/ *n.* [C] ❶匙,调羹,勺:a wooden *spoon* for cooking 烹饪用木勺 ❷匙形用具;(赛艇的)匙形桨叶 ‖ '**spoon·ful** *n.* [C]

sport /spɔːt/ *n.* ❶[C]体育项目;竞技运动:Which *sports* do you like playing? 你喜欢哪一种体育活动? ❷[U][总称]体育;运动:the world of *sport* 体育界 ❸[U]娱乐,消遣,游戏:It's great *sport* to surf. 冲浪是一大乐事。

sports·man /'spɔːtsmən/ *n.* [C]([复]-men /-mən/)(尤指职业)运动员,运动家;爱好运动(尤指打猎、钓鱼、赛马等运动)的人 ‖ '**sports·man·like** *adj.* — '**sports·man·ship** *n.* [U]

spot /spɔt/ *n.* [C] ❶污渍,污迹:grease *spots* 油渍 ❷粉刺;丘疹;疱疹;痣:The boy was covered with *spots* all the week. 男孩整个星期都在出疹子。 ❸(通过色彩、图案等区分开来的)圆点,斑点:silk with white *spots* 有白点的丝绸 ❹(品行、名誉等方面的)污点:His efforts to erase the *spot* on the family name failed. 他努力洗刷家族名誉的污点,但却失败了。 ❺地点;场所,处所:There was not a dry *spot* in the ship. 船上没有一处是干的。 ❻[常作 a ～]〈英口〉少量,少许;一滴(雨);(酒等的)一杯(of):Shall we stop for a *spot of* lunch? 我们停下来吃点午饭好吗? ‖ '**spot·less** *adj.*

spot·light /'spɔtlait/ *n.* ❶[C](舞台等的)聚光灯;聚光灯照明圈 ❷[the ～]引人注意的中心;受瞩目的焦点:hold the spotlight 独领风骚

spot·ted /'spɔtid/ *adj.* [无比较级]有斑点的:the *spotted* furs 有斑点的毛皮

spot·ty /'spɔti/ *adj.* ❶有斑点的;有污点的 ❷不稳定的;不均匀的,不均衡的;零星的,间歇性的:a *spotty* economic performance 不稳定的经济作为 ‖ '**spot·ti·ness** *n.* [U]

spouse /spauz,spaus/ *n.* [C]配偶

spout /spaut/ I *vt.* ❶喷出,喷射:The factory *spouted* black smoke. 这家工厂喷出黑烟。 ❷〈口〉不停地讲,滔滔不绝地说:Every cabdriver in town can *spout* facts and gossip. 城里的出租车司机个个都特别能侃。 II *n.* [C] ❶(壶)嘴;(喷泉、水泵等的)喷口,喷嘴 ❷(喷出或流出的)水柱,水流:A *spout* of water shot out of the ground. 水柱从地下喷出。

sprain /sprein/ I *vt.* 扭伤(脚踝、手腕等):She *sprained* her ankle playing squash. 她打壁球时扭伤了脚。 II *n.* [U] ❶(脚踝、手腕等的)扭伤 ❷(因扭伤引起的)红肿

sprawl /sprɔːl/ *vi.* ❶(懒散地)伸开四肢坐下(或躺下、倒下);(四肢)懒散地伸开;(四肢)伸开着倒下:He *sprawled* out with two legs splayed. 他叉开双腿平躺着。 ❷(植物)杂乱地生长,蔓延;(城市等)无计划地扩展(或延展);(字迹)被潦草地写出:Ivy-cloaked houses *sprawl* under aging trees. 老树的浓荫下参差错落的几所房屋满墙爬着常春藤。

spray /sprei/ I *n.* ❶[U;C]飞沫;(海浪、瀑布等溅起的)水珠,水花;浪花:We can feel the *spray* from the river. 我们感觉得到从河里溅起的浪花。 ❷[C;U]喷雾:a hair *spray* 喷发剂 ❸[C]喷雾器 II *v.* 喷洒;飞溅:Bullets were *spraying* out of the gun barrel. 子弹从枪管里喷射出来。 ‖ '**spray·er** *n.* [C]

spread /spred/ I (**spread**) *v.* ❶铺开;摊开;展开(out):The old oak *spread out* a canopy of dark-green foliage. 这棵老橡树撑起郁郁

葱葱的华盖。❷涂；抹；敷：Andrew *spread* some butter on a piece of bread. 安德鲁往一片面包上抹了些黄油。❸覆盖；分布；布满：The operations of the corporate enterprise *spread* much of America. 这家合股公司业务遍及大半个美国。❹分摊，分配；(使)分期完成；使持续：The work had to be *spread* out between people. 这份工作得分给众人去干。❺传播(新闻等)；散布(流言等)；使广为人知；传染(疾病)：*spread* gossip 散布谣言 II *n*. ❶[C;U][通常用单]展开；伸开；延展；扩展：With a *spread* of her arms the actress acknowledged the applause. 女演员张开双臂在掌声中致谢。❷[通常用单]宽度；幅度：The sail has a large *spread*. 这张帆展幅很大。

☆ **spread, circulate, distribute, propagate** 均有"传播"之意。**spread** 为最普通用词，尤指物种、疾病、思想或文化等传播或蔓延：With the Internet, information spreads rapidly. (有了互联网，信息传播得非常之快。) **circulate** 常指报刊发行或血液、货币等循环或流通：Blood *circulates* through the body. (血液在体内循环。)该词也可指信息、语言、观点等在一定范围或圈子内流传：Rumours of her resignation *circulated* quickly. (有关她辞职的谣言迅速传开。) **distribute** 指具体地分发、分送或比较均匀地分配，强调易于得到：The board of directors decided not to *distribute* dividends to its shareholders this year. (董事会决定今年不对股东发放红利。) **propagate** 表示通过有意识的努力促使生物繁衍、繁殖，也指宣传某种思想、信仰等：*propagate* a new species of seedless grapefruit (培植一种新的无核葡萄) / *propagate* the myth of racial superiority (喋喋不休地宣传种族优越的神话)

spring /sprɪŋ/ I (过去式 **sprang** /spræŋ/或 **sprung** /sprʌŋ/, 过去分词 **sprung**) *vi.* ❶跳跃；蹦跳；疾行：The kitten was so frightened that is *sprang* onto the roof. 小猫吓得一溜烟地窜上屋顶。❷猛地弹动；反弹：The door *sprang* shut after him. 门在他身后猛然关闭。❸(突然)改变姿势；起身：A cat *sprang* from under the bush. 猫从树丛下蹿

出来。❹(尤指突然)出现；(突然或迅速)产生；涌现；发出(*up*)：A fresh breeze had *sprung up* and overcast started to roll away. 此时清风徐来，阴云渐消。II *n*. ❶[C]弹跳；跳跃；蹦跳：The cat made a *spring* at the mouse. 猫朝老鼠扑过去。❷[C;U]弹回，跳回；反弹：the *spring* of a bow 弓的弹回 ❸[C]弹簧；发条：The lock opens with a *spring*. 这是把弹簧锁。❹[U;C]春天；【天】春季：a sign of approaching *spring* 春回大地的象征 ❺[C]泉；(行动的)动机；源泉：Nature can provide the *spring* of inspiration for poets. 大自然能够为诗人提供灵感的源泉。‖ '**spring·i·ness** *n*. [U]—'**springy** *adj*.

sprin·kle /'sprɪŋk°l/ *vt*. 洒(液体)；撒(粉末或碎屑)(*with*)：The holy water was *sprinkled* over his proud head. 圣水点洒在他高昂的头上。‖ '**sprin·kler** *n*. [C]

sprin·kling /'sprɪŋklɪŋ/ *n*. [a ～](雨、雪等的)少量，少许；稀稀落落的几个：a *sprinkling* of faint stars 昏星两三点 / a *sprinkling* of learning 疏浅的学识

sprint /sprɪnt/ *v*. (尤指短距离)疾跑，冲刺：*sprint* to catch the train 飞奔去赶火车

sprout /spraʊt/ I *v*. ❶(种子、植物)出芽，抽芽；抽条；(角、毛发等)长出：It takes about four days for the seeds to *sprout*. 这些种子发芽大约需要四天时间。❷迅速出现(或产生)；迅速发展；迅速成长(*up*)：Tourist villages are *sprouting* along the beach. 一个又一个度假村在海滩上迅速建起。II *n*. [C] ❶新芽；嫩苗；幼枝：put out a feeble *sprout* 发出嫩芽 ❷萌芽期的事物；发展初期的事物：New *sprouts* included the large aviation gas refinery. 新的发展包括大型的航空汽油炼厂。

spur /spɜː/ I *n*. [C] ❶踢马刺，马靴刺：Giving *spurs* to his horse he galloped through the thickets. 他不断地踢刺他的马，在灌木丛中跳跃前行。❷激发；激励，鼓舞；鞭策：The book is a *spur* to imagination. 这本书能够激发想象力。❸(铁路或公路的)支线，岔路：build a *spur* to the town 建

一条通往这座城镇的岔路 II（**spurred**；**spur-ring**）*vt.* ❶用踢马刺策（马）：He *spurred* the horse through the storm. 他在暴风雨中策马奔驰。❷刺激；激发（兴趣等）；鼓舞，激励；鞭策（*on*）：*spur on* one's efforts 再接再厉 ‖ **spurred** *adj.*

spurn /spɜːn/ *vt.* （鄙夷或轻蔑地）放弃，摈弃；唾弃；拒绝：*spurn* invitations to attend 拒绝出席各种场合的邀请

spurt /spɜːt/ *v.* ❶（液体等）喷射，喷涌；迸出：We saw smoke billow and flame *spurt* out. 我们看见浓烟滚滚，火焰蹿出。❷迅猛增长；急剧上升（*ahead*，*forward*，*upward*）：Interest rates suddenly *spurted* higher. 利率突然蹿升。

spy /spaɪ/ I *n.* ［C］❶间谍 ❷密探，暗探 II *v.* 监视；窥探；刺探（*on*，*upon*，*into*）：*spy* illegally *on* citizens 对公民非法监视

squad /skwɒd/ *n.* ［C］小分队：an anti-terrorist *squad* 反恐怖小分队

squal·id /ˈskwɒlɪd/ *adj.* ❶肮脏的，污秽的：*squalid* living conditions 肮脏的居住环境 ❷丑恶的；卑劣的，道德败坏的：It is easy to see how crime can breed in such a *squalid* neighbourhood. 不难发现，在这种道德败坏的环境里罪恶是如何滋生的。 ‖ **squal·id·ness** *n.* ［U］

squal·or /ˈskwɒlə/ *n.* ［U］❶肮脏，污秽 ❷卑劣，道德败坏

squan·der /ˈskwɒndə/ *vt.* 浪费（时间、钱财等）；挥霍：*squander* time and energy 浪费时间和精力

square /skweə/ I *n.* ［C］❶正方形；四方形：draw a *square* 画一个正方形 ❷方形物体；（棋盘上的）小方块，棋格；方围巾：a *square* of bean curd 一块豆腐 ❸（方形）广场；街心广场；广场周围的建筑：He came to an open *square* with people eating at tables. 他来到一处有人摆开桌子吃饭的露天广场。❹【数】平方，二次幂：The *square* of 6 is 36. 6的平方是36。 II *adj.* ❶［无比较级］正方形的；四方形的，方形的；方正正的：At the top of the hill was a small, *square* landing. 山顶上有个小的方形着陆处。❷［无

比较级］【数】平方的，二次幂的；平方面积的；（正方形等的）边长各为…的：The pine forest covers 10 *square* kilometres. 这片松树林面积有10平方公里。❸［无比较级］平直的；平行的；对等的；角度合适的（*to*，*with*）：The two hands of the clock are *square* to each other. 钟的两个指针相互垂直。❹［无比较级］成直角的；【板】（与击球手）成直角位置的；【足】横传的 ❺公正的，公平的；正直的：His dealings are not always quite *square*. 他与人交往并不总是很规矩。III *vt.* ❶使成正方形；使成四方形：*square* a timber 把木板横切成方块 ❷【数】使成平方，使成二次幂；求与…的面积相等的正方形；求…的面积：We *square* three and get nine. 3的平方得9。 ‖ **square·ly** *adv.*—**square·ness** *n.* ［U］

squash /skwɒʃ/ I *v.* ❶压扁（或压碎）；挤碎；（用力）挤压：*squash* the cans 压扁罐子 ❷挤塞，硬塞；使拥挤：Hey! You *squashed* me off the bench. 嗨！你把我挤出凳子了。❸镇压，压制；粉碎；消除；辟（谣）：The central bank was quick to *squash* any rumours that it would lower interests rates. 中央银行迅速对要降低利率的传言辟谣。 II *n.* ❶［用单］拥挤：There were one hundred people beyond the hall's capacity so it might be a bit of a *squash*. 大厅超员一百多人，有些拥挤。❷［C；U］〈英〉果汁汽水：orange *squash* 橘子汁 ‖ **squash·y** *adj.*

squat /skwɒt/（**squat**（·**ted**）；**squat**·**ting**）*vi.* ❶蹲（坐）；盘腿坐：He *squatted*, examining the front wheel of his bike. 他蹲着检查自行车前轮。❷擅自占用房屋（或地）；非法占据：They've been *squatting* in an apartment in the north of town for the past two years. 他们擅自占据城北的那间房子已有两年了。 ‖ **squat·ness** *n.* ［U］

squawk /skwɔːk/ I *n.* ［C］❶（尤指鸟的）响而粗的叫声：a lengthy *squawk* of pleasure 一声长长的欢快叫声 ❷抱怨，诉苦，不满；抗议：The man let out ［gave］a little *squawk* of indignation. 那人愤愤不平地发出一声轻微的抱怨。 II *v.* ❶发出响而粗的叫声：The chickens *squawked* in alarm. 小

鸡警觉地叽叽叫着。❷（大声地）抱怨；抗议；Environmental groups have been *squawking* about the decision to build the motorway through a forest. 环境保护组织抗议穿过树林修建公路的决定。

squeak /skwi:k/ **I** *n.* [C] ❶（老鼠等发出的）短促的尖叫声；吱吱声；He heard the *squeak* of mice under his bed. 他听见床底下老鼠的吱吱叫声。❷（未上油的铰链等发出的）吱扭声；嘎吱声；the *squeak* of oars 木桨的吱扭声 ❸侥幸脱险；侥幸成功；勉强通过；险胜；a close *squeak* 侥幸取胜 **II** *vi.* 发出尖叫声（或吱吱声、吱扭声、嘎吱声）；The door *squeaked* open on its rusty hinges. 门打开了，生锈的铰链发出吱扭声。

squeak·y /'skwi:ki/ *adj.* 发短促尖厉叫声的；吱吱嘎嘎作响的；An ambulance whizzed by with *squeaky* sirens. 救护车尖厉地啸叫而过。

squeal /skwi:l/ **I** *n.* [C]长而尖的声音；尖叫声；She gave a *squeal* of fright. 她发出惊恐的尖叫声。**II** *vi.* 发出长而尖的声音；发出尖叫声；Some of the girls *squealed* in alarm. 有些女孩警觉地尖叫起来。‖ 'squeal·er *n.* [C]

squeeze /skwi:z/ **I** *vt.* ❶挤；压；拧；捏；塞挤；拉拉；*squeeze* a toothpaste tube 挤牙膏管 ❷榨；榨出；挤出(*out*)；Cut the lemon in half and *squeeze* the juice into the bowl. 把柠檬切成两半，将汁挤进碗里。❸硬挤；硬塞；塞进；使挤入（或挤过）(*into*, *through*, *past*)；The car's quite full but we could manage to *squeeze* another couple of people in. 车已坐满了，但我们还能想办法再挤进几个人。**II** *n.* [C] ❶挤；捏；压；拧；塞；She gave the present a quick *squeeze* and tried to guess what was inside. 她飞快地捏了一下礼物，想猜猜里面是什么东西。❷紧握；She gave my hand a *squeeze*. 她紧紧地握住了我的手。‖ 'squee·za·ble *adj.*

squirm /skwə:m/ *vi.* 扭动；蠕动；The child *squirmed* and fidgeted at the desk. 这个孩子在书桌旁扭来扭去，坐立不安。‖ 'squirm·y *adj.*

squir·rel /'skwirºl/ *n.* [C]【动】松鼠

squirt /skwə:t/ *v.* ❶喷射，注出（液体等）；The whale *squirted* water out of her back. 鲸从背部喷出水来。❷喷注，喷射；He *squirted* water at me from a water-pistol. 他用水枪射我。‖ 'squirt·er *n.* [C]

St. *abbr.* Saint

stab /stæb/ **I** (**stabbed**; **stab·bing**) *v.* ❶（用刀、匕首等）刺，戳；刺（或戳）伤；*stab* the brake 猛踩刹车 ❷（使）直插，（使）直入；The tower *stabbed* the sky. 这座塔直插云霄。**II** *n.* [C] ❶刺，戳；刺（或戳）伤；The cuts and *stabs* in her flesh healed. 她身体受到的割伤和刺伤治好了。❷猛的一击；（疼痛、悲伤、喜悦等的）一阵突袭；（情感上的）刺痛；伤心；The book is full of such *stabs* of sights. 该书中此类给人以震撼的场景比比皆是。

stab·bing /'stæbiŋ/ **I** *adj.* ❶（指疼痛等）突然而剧烈的，刀刺般的；a *stabbing* pain 锥心的痛 ❷伤人的；*stabbing* satire 伤人的嘲讽 **II** *n.* [C]用利器伤人的事件

sta·bil·i·ty /stə'biliti/ *n.* [U]稳固（性）；稳定（性）；The year saw the continued *stability* of the price. 这一年价格继续保持稳定。

sta·bi·lize /'steibiˌlaiz/ *vt.* ❶使稳定；使稳固；The political situation was *stabilized* with the arrival of peace-keeping force. 维和部队的到来使政局得以稳定。❷保持…的稳定（性）；使稳定平衡；The rocket during the whole of its flight was *stabilized* to prevent rotation. 火箭在整个飞行过程中保持稳定，避免了旋转。‖ sta·bi·li·za·tion /ˌsteibilai'zeiʃºn,-li'z-/ *n.* [U]

sta·ble[1] /'steibºl/ *n.* [C]（马）厩；牛棚；羊棚；[总称]同厩的牲口

sta·ble[2] /'steibºl/ *adj.* ❶稳定的；稳固的；牢固的，坚固的；The patient is in a *stable* condition. 病人的情况稳定。❷持久的；永久的；固定的；a *stable* residential right 永久居住权 ‖ 'sta·ble·ness *n.* [U]

stack /stæk/ **I** *n.* [C] ❶整齐的一堆（或一叠）；（圆形或方形有顶的）禾堆，草垛；a great *stack* of magazines 一大沓杂志 ❷〈口〉大量;许多:We have a *stack* of orders waiting to be executed. 我们有大量订单等着要完成。**II vt.** ❶堆放;堆置:*Stack* the washing by the sink and I'll do it later. 把要洗的东西堆在水槽边,我过会儿再洗。❷暗中做手脚

sta·di·um /'steidiᵊm/ **n.** 〔C〕(设有看台座椅的)露天体育场

staff /stɑːf;stæf/ **n.** 〔C〕(〔复〕**staffs** /stɑːfs, stæfs,stævz/)(〔复〕**staffs**)〔时单复同〕全体工作人员,全体职员:Our company employs seventy members of (the) *staff*. 我们公司现有员工 70 名。

stage /steidʒ/ **n.** ❶〔C〕阶段,时期;步骤:reach a critical *stage* 到了关键时期 ❷〔C;U〕舞台;[**the ～**]舞台艺术;表演艺术;表演职业;戏剧界;话剧界;戏剧文学:He fell to the *stage* at the end of his show. 演出结束时他摔倒在舞台上。

stag·ger /'stægᵊ/ **v.** 蹒跚,跟跄,摇摆:Old tottering chimneys reeled and *staggered* in the blast. 旧烟囱在狂风中摇摇欲坠。

stag·gered /'stægᵊd/ **adj.** 〔无比较级〕❶(感到)震惊的;迷惑的:a *staggered* look on her face 她脸上震惊的表情 ❷(位置或时间)交错的;错开的:*Staggered* strikes went on through the autumn. 断断续续的罢工持续了整个秋天。

stag·ger·ing /'stægᵊriŋ/ **adj.** 令人吃惊的;令人困惑的:with *staggering* rapidity 以惊人的速度

stag·nant /'stægnᵊnt/ **adj.** ❶(液体等)停滞的,不流动的;(因停滞而)发臭的:a *stagnant* pool 一潭死水 ❷(生活、行动、思维等)不发展的,停顿的;呆滞的;缺乏活力的:Demand rose while supply remained virtually *stagnant*. 需求增长了而供应却几乎还处于停滞状态。

stag·nate /stæg'neit, 'stægneit/ **vi.** ❶(液体等)不流动,停顿:The air of tropical origin *stagnates* over these islands. 来自热带地区的气流滞留在这些岛屿上空。❷变臭 ❸不发展;停滞,不活跃:Despite its maritime location, the town *stagnates* economically. 尽

管地处海滨,这个城镇经济上还是很滞后。‖ **stag'na·tion** /-ʃᵊn/ **n.** 〔U〕

staid /steid/ **adj.** ❶镇定的;冷静的;庄重的:the *staid* music hall 庄重肃穆的音乐厅 ❷一成不变的,固定的:abandon one's *staid* life 放弃呆板的生活 ‖ **'staid·ly adv.**

stain /stein/ **I n.** ❶〔C〕污点,污迹:There was no *stain* upon the clearness of the sky. 晴空万里,不见一丝云彩。❷〔C〕斑点;色斑:A red *stain* seeped through the cloth. 一块红斑渗透了布料。❸〔C〕(对声誉等的)玷污,败坏;劣迹:a stain on one's character 品质败坏 **II v.** ❶弄脏;染污:The rain *stained* the outer walls. 雨水把墙的外面淋得雨痕斑驳。❷染色,着色:She *stained* the floorboards dark brown. 她把地板漆成深棕色。❸玷污,败坏:The country's history is *stained* with the blood of slaves. 那个国家的历史沾满了奴隶的鲜血。‖ **'stainless adj.**

stair /steə/ **n.** ❶〔C〕梯级,梯层 ❷〔常作 ～s〕[用作单或复]楼梯:go up the *stairs* 上楼

stake¹ /steik/ **n.** 〔C〕桩;界标桩;篱笆桩;支撑桩:mark the land with wooden *stakes* 用木桩为这块地标界

stake² /steik/ **n.** 〔C〕❶〔通常作～s〕赌注;赌本,赌资:Each time he lost in gamble he would double his *stakes*. 每次赌输,他都要加倍下注。❷股本,股份(*in*):sell or buy a *stake* 买卖股票 ❸决定权;(说话的)分量;作用,影响:have a large *stake* in the success of the negotiations 有雄厚的谈判资本 ❹[～s](尤指赛马的)奖金,奖品;有奖比赛;竞赛:The *stake* is open to any people. 任何人都可以参加这一比赛。

stale /steil/ **adj.** ❶(食品等)不新鲜的;发霉的;变味的;(啤酒)走气的:Coffee goes *stale* within a couple of weeks. 咖啡过一两个星期就会变味。❷(空气等)污浊的:*stale* cigarette smoke 污浊的香烟烟雾 ❸陈腐的;俗套的;无新鲜感的:*stale* and worn phrases 陈词滥调 ‖ **'stale·ness n.** 〔U〕

stale·mate /'steil,meit/ **n.** 〔C;U〕僵局;僵持(状态):Attempts ended in a *stalemate* over the issue. 一切努力因这个问题僵持不下而结束。

stalk /stɔːk/ *n.* [C]【植】茎,杆,柄,梗

stall /stɔːl/ *n.* [C] ❶马厩;牛棚;牲畜棚;单室畜栏:clean out a set of pig *stalls* 打扫一排猪圈 ❷货摊;货柜;(商场里的)摊位;售货亭;书亭:the second-hand book *stalls* 旧书摊 ❸(发动机的)熄火;(飞机的)失速;(汽车等的)抛锚

stal·wart /ˈstɔːlwət/ *adj.* ❶强壮的,健壮的;结实的;坚实的:the *stalwart* Great Wall 坚固的长城 ❷勇敢的,无畏的;In the film he established the *stalwart* persona. 在这部电影中他塑造了一位彪悍的人物形象。❸坚定的,坚决的:a *stalwart* defender of the policy 该政策的坚定维护者

stam·mer /ˈstæmə/ *I v.* 结结巴巴地说话,口吃;含糊不清地说话:He usually blushes and *stammers* when he meets a stranger. 他遇见生人常常脸红,说话结巴。**II** *n.* [常用单]结巴,口吃:When he was at all agitated the *stammer* became a complete inhibition of speech. 他本来就有点结巴,一激动后一句话都说不出来了。‖ ˈstam·mer·er *n.* [C]—ˈstam·mer·ing·ly *adv.*

stamp /stæmp/ *I vt.* ❶(用脚)踩踏,踩;把⋯踩掉:He *stamped* the ground as a display of male superiority. 他用脚踩地,显示男人的威风。❷踩(脚);*stamp* one's feet to keep warm 踩脚取暖 ❸在⋯上压印图案(或标志、字样等);盖印于:All washing machines are *stamped* with the inspector's name. 所有洗衣机上面都印有检验者的名字。❹在(信封)上贴邮票;贴印花税票于:Don't forget to *stamp* the envelope. 别忘了在信封上贴邮票。**II** *n.* [C] ❶邮戳[亦作**postage stamp**] ❷印戳,印章;图章:make up an official *stamp* illegally 非法私刻公章 ❸戳印,印记;加盖的图章;公章印:a date *stamp* on the cover of the bottle 瓶盖上的日期戳印 ‖ **stamp·er** *n.* [C]

stam·pede /stæmˈpiːd/ *I n.* [C] ❶(马群、牛群等受惊后的)四散奔跑,乱窜:a *stampede* of cattle 四散奔跑的牛群 ❷(人群等

的)四处奔逐;蜂拥;溃散:Dozens were trampled to death in the *stampede*. 有数十人在四散奔跑中被践踏而死。**II** *v.* ❶惊逃;四散;乱窜:Big winds sent the clouds *stampeding* across the sky. 天上风起云涌。❷(群体)冲动行事;蜂拥:A crowd of producers *stampeded* to offer her roles in films. 一群制片人蜂拥而来找她演电影。

stance /stɑːns, stæns/ *n.* [C] ❶站立姿势;【体】击球姿势;预备动作:drop into a boxing *stance* 摆出一副拳击的架势 ❷姿态;态度;立场(*on*):one's moderate *stance on* the conflict 某人对冲突所持的温和立场

stand /stænd/ **I** (**stood** /stud/) *vi.* ❶站,站立;站直;直立:*stand* in a row 站成一排 ❷忍受;忍让:She can't *stand* anyone criticizing her. 她忍受不了任何人的批评。❸经受;遭受;经得起:Her arguments could hardly *stand* inspection. 她的论点经不起推敲。**II** *n.* [C] ❶[用单](站立的)位置;态度;姿态;立场:What's your *stand* on sexual prejudice? 你对性别歧视持什么态度? ❷货摊,摊位;(展厅中的)展位:a roadside fruit *stand* 路边水果摊 ‖ **stand by** *v.* 支持,拥护;忠于:If they try to make you resign we'll *stand by* you. 如果他们想让你辞职的话,我们会支持你的。**stand for** *vt.* ❶[不用被动语态]代表,表示;象征:"PRC" *stands for* People's Republic of China. "PRC"三个字母代表 People's Republic of China(中华人民共和国)。❷[不用被动语态]主张;支持,赞同:Democracy *stands for* a great deal more than that. 民主所代表的不仅仅是这些。**stand up** *vi.* 经得起推敲:His story failed to *stand up* in the court. 他的证供在法庭上被推翻了。**stand up for** *vt.* 支持;与⋯站在一边;维护:*stand up for* democracy 维护民主 **stand up to** *vt.* 勇敢地面对:The corporation has also *stood up to* increased competition. 这家公司也无畏地面对日趋激烈的竞争。‖ **stand·er** *n.* [C]

stand·ard /ˈstændəd/ **I** *n.* ❶[C;U]标准;规范;规格;准绳;原则:Her technique became a *standard* against which all future methods were compared. 她的技术成为将来所有方

法都要依据的标准。❷[常作～s]水准,水平:maintain a *standard* of living 维持一定的生活水平 II **adj.** [无比较级]❶标准的;规范的:Kilogramme is accepted as the *standard* unit for measuring weight. 千克作为重量的度量单位已被广为接纳。❷[作定语]合格的,常规的;(质量、等级等)一般的:*Standard* canned tomatoes are a good buy for cooking. 一般的罐装西红柿买来做菜很不错。❸[作定语]权威性的:a *standard* grammar book 一本权威的语法书 ❹普及的;通常的;普通的:the *standard* practice 通常的做法

stand·ard·ize, stand·ard·ise

/'stændə‚daiz/ **vt.** ❶使合乎标准,使标准化 ❷按标准检验 ‖ **stand·ard·iz·a·tion, stand·ard·is·a·tion** /‚stændədai'zeiʃ°n;-di'z-/ **n.** [U]

stand-by /'stænd‚bai/ **I n.** [C]([复]-bys) ❶可靠的人或事物;可求助的人或事物 ❷忠实的支持者;坚定的追随者 ❸替补人员;备用品;代用品:Powdered milk is a *stand-by* in an emergency. 奶粉可备急用。 **II adj.** [无比较级][常作定语]❶备用的,应急的;代用的:They would have the *stand-by* generators on in a minute or two. 他们将马上启动备用发动机。❷待命的;替补的:a *stand-by* player 候补队员

stand·ing /'stændiŋ/ **I n.** [U]❶站立;站立的位置 ❷声望;地位;身份;级别:He had too little *standing* to get a hearing. 他没有地位,人微言轻,很少有人听他的。❸持续的时间;存在时间:The fair is a thing of ancient *standing*. 这个市场是古已有之。**II adj.** [无比较级][作定语]❶站立的;直立的;立式的:a *standing* electric fan 落地电扇 ❷确定不变的;长期维持的;长期有效的;非临时的;常任的:You have a *standing* invitation to come and stay anytime you're in town. 只要你在城里,我们随时都欢迎你来住。❸(在跳跃、起跑等时)站立着做的;站式的;立定式的:speed up the hill from a *standing* start 站立式起跑快速爬山

stand-off /'stænd‚ɔf,-‚ɔːf/ **n.** [C]僵局;平局:The two teams played to a *stand-off*.

这两支球队打得难解难分。

stand·point /'stænd‚pɔint/ **n.** [C]立场,观点;态度:She felt an irresistible return to her old *standpoint*. 她不由自主地回到了老立场。

stand·still /'stænd‚stil/ **n.** [用单]停顿;停止;停滞:All train services are at a *standstill* today in a dispute over pay. 因为工资纠纷,今天所有的火车服务都停顿了。

sta·ple /'steip°l/ **n.** [C] U 形钉;钉;订书钉;肘钉 ‖ **'sta·pler n.** [C]

star /stɑːʳ/ **n.** [C]❶星,星球;恒星,(自然发光的)天体:*Stars* twinkled above them. 他们的上空群星熠熠。❷星形;星状物:cut *stars* out of paper 把纸剪成星星 ❸(表示质量等级的)星级:a five-*star* hotel 五星级饭店 ❹(娱乐、体育界的)名人,明星:a rock *star* 摇滚明星

stare /steəʳ/ **I v.** 凝视,盯视,注视,目不转睛地看:The young man *stared*, uncomprehending. 那个年轻人瞠目不解。**II n.** [C]注视,凝视,目不转睛的看:She gave him a long *stare* but didn't answer his question. 她盯着他好一会儿,但并未回答他的问题。

stark /stɑːk/ **I adj.** ❶[无比较级][作定语]彻底的,完全的;纯粹的:The accusation met a *stark* denial from the involved. 指控受到当事人的矢口否认。❷荒芜的,不毛的,光秃的;空荡荡的:The terrain has been rendered *stark* by deforestation and consequent erosion. 森林砍伐后造成的侵蚀使得这一地区变成了不毛之地。❸严格的,不折不扣的;拘泥的:conform to the *stark* military discipline 遵守严格的军纪 ❹残酷的;苛刻的;无法避免的;直白的:Life was reduced to the *starkest* terms. 生活已凄惨到了极点。❺明显的,昭然的;突出的:The crags are *stark* outline against the sky. 陡崖在天空的衬托下轮廓分明。**II adv.** [无比较级]完全地,十足地:The boys slipped off their clothes and went *stark* naked into the pool. 孩子们脱掉衣服光着屁股走进水池。‖ **'stark·ness n.** [U]

star·light /'stɑː‚lait/ **n.** [U]星光:in the

[by] *starlight* 在星光下［借着星光］‖ **'star·lit** /'stɑːlit/ *adj.*

start /stɑːt/ **I v. ❶**开始；着手：When do your courses *start*? 你们什么时候开始上课？ **❷**(机器等)发动，启动：I was afraid my car might not *start*. 我担心我的汽车发动不起来。**❸**动身，出发，起程：I left the station and *started* down the road to Harwich town. 我离开车站，沿着大路朝哈里奇镇走去。**❹**开始从事工作，开始立业；开张，创立：Nearly fifty new businesses are *starting* in the south London area every month. 每月有近50家新企业在伦敦南区开张。**❺**突然跳起，惊起，吃惊：A loud noise outside made me *start*. 外面的一声巨响吓了我一跳。**II n.** ［通常用单］**❶**开始，开端；开始部分(或时间，地点)：We've got a lot of work to do today, so let's make a *start*. 今天的工作多着呢，所以我们开干干吧！**❷**出发，动身，起程；出发时间(或地点)：He proposed an early *start* for the first group. 他建议第一组一早出发。**❸**开动，发动，启动：He gave the tractor a *start* with the igniter. 他用点火器发动拖拉机。**❹**(比赛中给较弱方的)先起跑的优势；占先优势；有利条件：We gave the girls five minutes *start* but we soon caught up with them. 我们让女孩们提前5分钟起跑，但我们很快就追上了她们。**❺**受惊；惊起，惊跳：She awoke with a *start*. 她猛然惊醒。

start·er /'stɑːtə/ *n.* ［C］**❶**(汽车、发动机的)启动装置；(配有启动装置的)汽车；发动机 **❷**初始者；始发物

star·tle /'stɑːt°l/ *vt.* 使受惊；惊吓：The loud whine briefly *startled* the crew. 喇叭的响亮鸣叫声一下子惊动了船员。

start·ling /'stɑːtliŋ/ *adj.* 令人吃惊的，令人惊讶的；骇人的：The news from the famine area was *startling*. 从饥荒地区传来的消息令人担忧。

star·va·tion /stɑːˈveiʃ°n/ *n.* ［U］挨饿；饥饿；饿死：We need more food aid to avert mass *starvation*. 我们需要更多的粮食援助用以缓解大规模饥荒。

starve /stɑːv/ *vi.* **❶**饿死；营养不良：All this time the family had *starved* and gone ragged. 这家人一直都在忍饥挨饿，穿着破衣烂衫。**❷**(口)挨饿：I've got to have something to eat. I'm *starving*. 我得吃点东西，我饿坏了。

state /steit/ **I n. ❶**［C］状态；状况，情状：Many of the survivors existed in vegetative *states*. 很多幸存者成了植物人。**❷**［常作 S-］［C］国家；联邦；领土：The representatives of the victorious *states* gathered at Versailles. 获胜的国家代表在凡尔赛开会。**❸**［C］(尤指美国的)州，邦；［the States］美国：open up an office in *the States* 在美国开设办事处 **II vt. ❶**(正式或郑重)宣布；声明；表述：The idea can be *stated* in one simple sentence. 这一思想可以用一个简单的句子表述。**❷**指明；确定；规定：The cause of death was not *stated* in the letter we got. 我们收到的信中没有说明死因。‖ **'stat·able** *adj.* —**'state·hood** *n.* ［U］

☆ **state, condition, situation, status** 均有"情况，状况"之意。**state** 为普通用词，可泛指精神状态，也可具体指人或物在某一特定时间内、特定情形下所具有的特征和形式：I'm very concerned about the financial *state* of his firm. (我对他公司的财务状况很关心。) **condition** 可与 state 互换，但强调某种直接原因产生的影响或作用：His car has been well maintained and is in excellent *condition*. (他的车保养得当，状态极好。) 该词的复数形式可表示情况、形势、环境、条件等：Under those *conditions*, I am in favour of his proposal. (在那种情况下，我赞成他的提议。) **situation** 常指各种因素相互联系、作用而组成的格局，可用于有利的、紧迫的、危急的或重大的形势：have the *situation* in hand (控制局势) / Having had poor harvests for three consecutive years, the country is in a desperate *situation*. (连续三年农业歉收，该国上下陷入了绝望的境地。) **status** 为法律用语，表示身份，也常指某人的社会、经济地位：Please state your name, age and marital *status*. (请说出你的姓名、年龄以及婚姻状况。)

state·ment /'steitmənt/ *n.* ❶[C](正式的)宣布;声明;断言:issue a joint *statement* 发表联合声明 ❷[U;C]陈述,叙述:His last *statement* was a far cry from his first story. 他最后的话与最初的叙述简直风马牛不相及。❸[C]报表;结算单;清单;(账目上的)交易记录:a *statement* of expenses 开支清单 ❹[C](尤指非语言表达的)意见;评论;信息:He threw paint over the fur coats because he wanted to make a *statement* about cruelty to animals. 他在毛皮大衣上泼上油彩,试图抗议对动物的虐杀。

states·man /'steitsmən/ *n.* [C]([复]-men /-mən/) 政治家;国务活动家 ‖ 'states·man·like *adj.* —'states·man·ly *adj.* —'states·man·ship *n.* [C]

stat·ic /'stætik/, **stat·i·cal** /'stætikəl/ **I** *adj.* ❶静止的;停滞的;恒定的:The birth rate has remained *static* for the past decade. 过去十年出生率一直保持稳定。❷固定的;在原地不动的 ❸缺乏活力的,无生机的;被动的 **II** *n.* [U]❶【物】静电;天电 ❷【物】静电干扰;天电干扰;静电噪声 ‖ 'stat·i·cal·ly *adv.*

sta·tion /'steiʃn/ **I** *n.* [C]❶车站,站点:underground *station* 地铁站 ❷站台,车站建筑:The old central train *station* had restaurants. 老中心火车站里面有餐厅。❸(提供特定服务的)指定地点;所;站;邮电支局:a police *station* 公安派出所 ❹科研所,研究站:a biological research *station* 生物研究所 ❺广播电台;电视台:the daily output of a private *station* 私人电台每天播出的节目 **II** *vt.* 驻扎;安置:The regiment was *stationed* there for several years. 这个兵团在那里驻扎了好几年。

sta·tion·ar·y /'steiʃnəri, -ˌneri/ *adj.* [无比较级]❶固定的;静止的;停滞的:*stationary* shadows 静止的影子 ❷原地不动的;非移动式的,落地的:We were *stationary* at a set of traffic lights when a police car passed by us. 一辆警车从我们身边驶过,我们站在一组交通信号灯边一动不动。

sta·tion·er /'steiʃnə/ *n.* [C]文具商

sta·tion·er·y /'steiʃnəri/ *n.* [U]文具(有时专指纸张):We deal in a large variety of *stationery*. 我们经营品种多样的文具。

sta·tis·tic /stə'tistik/ *n.* [C]统计数据,统计量

sta·tis·ti·cal /stə'tistikəl/ *adj.* [无比较级]统计的;统计学的

stat·is·ti·cian /ˌstætis'tiʃn/ *n.* [C]统计员,统计学家

sta·tis·tics /stə'tistiks/[复] *n.* ❶[用作单]统计学 ❷统计数据;统计资料:Universities collect *statistics* on what jobs their students go into. 大学搜集有关其毕业生工作去向的数据。

stat·ue /'stætju, 'stætʃu/ *n.* [C]雕塑,雕像,铸像

stat·ure /'stætʃə/ *n.* [U]❶身高;身材:a man of short *stature* 身材矮小的男人 ❷(与行为、能力等相对应而具有的)声誉,名望;境界;高度,水平:The manager wanted to recruit someone of his *stature*. 经理想招聘像他这样有才干的人。

sta·tus /'steitəs/ *n.* ❶[C;U](社会)地位,阶层;级别:the *status* of linguistics as a science 语言学作为科学的地位 ❷[U]形势,状况;情况:The economic slowdown reached the *status* of a full-blown recession on Thursday. 经济的减速发展在星期四达到了全面衰退的境地。

stat·ute /'stætjuːt/ *n.* [C;U]【律】(立法机关通过的)法令,法规,成文法:The salaries of most federal workers are set by *statute*. 联邦工人的薪水有明令规定。

stat·u·to·ry /'stætjuːtəri/ *adj.* [无比较级]❶成文法的;法令的,法规的:*statutory* provisions 法律条文 ❷法定的;受法律约束的;依法的;依法惩处的:*statutory* obligations 法定义务

staunch /stɔːntʃ, stɑːntʃ/ *adj.* 可靠的,可信赖的;忠诚的;坚定的:the *staunch* hope 坚定不移的希望 ‖ 'staunch·ly *adv.*

stay /stei/ **I** *vi.* ❶留下;逗留,暂住:Can you *stay* for dinner? 留下来吃晚饭好吗? ❷站

住,停下;暂停,暂缓;中止:The cargo liner *stayed* unloading at the harbour just for an hour. 货轮在港口只停留一个小时卸货。❸坚持;持续:She *stayed* to the end of the race. 她坚持跑完全程。❹停止,阻止,制止;抑制(疾病等):*stay* the rise in price 抑制物价的上涨 II *n.* ❶[通常用单]停留,逗留;逗留时间:Emergency shortened his holiday into a *stay* of five days. 由于有急事,他把假期缩短到五天。❷[C](审判、决议等的)推迟,延缓:The defendant was granted a *stay* of execution for two months. 对被告的判决获准推迟两个月执行。

☆stay,linger,remain 均有"停留,逗留"之意。stay 常指客人、游客或住户在某个地方暂时或短期停留或逗留,也可表示保持原有的地位、情况或状态:I was invited to *stay* for dinner. (我应邀留下来吃晚饭。)linger 常表示过了适当的时间仍继续逗留,含故意拖延或不愿离开的意味:Harrison *lingered* for a moment in the bar. (哈里森又在酒吧待了一会儿。)remain 与 stay 近义,有时可相互替换,尤指某人(或事物)在他人(或事物)离去、分离或受损后仍留在原处:The store *remained* [*stayed*] open all day. (这家商店整天全天营业。)

stead /sted/ *n.* [U](职位、身份、作用等的)代替;接替:The publisher appointed someone unknown in his *stead*. 出版社指定了一位不知名的人来接替他。

stead·fast /'stedfɑːst,-fəst,-ˌfæst/ *adj.* ❶坚定的,始终不移的,不动摇的:The party remained *steadfast* in its support of economic reform. 该政党一贯支持经济改革。❷固定不动的;坚固的:a house *steadfast* in the storm 在暴风雨中非常稳固的房子 ‖ 'stead·fast·ly *adv.*

stead·y /'stedi/ *adj.* ❶平稳的,稳固的;固定不动的;不摇晃的:The tripod can't keep the camera *steady*. 这个三脚架不能固定住照相机。❷稳定的;稳步的;持续的:They refuse to be tied down to *steady* jobs. 他们不愿拴死在一份固定的工作上。‖ 'stead·i·ly *adv.* —'steadi·ness *n.* [U]

steak /steik/ *n.* 【烹】[U](选料上乘的)牛排(肉);[C]牛排;肉排;鱼排:order rump *steaks* 点牛臀排

steal /stiːl/ (*stole* /stəul/,*sto·len* /'stəulən/) *v.* ❶偷,偷盗,窃取:*steal* invaluable works of art 偷盗价值连城的艺术品 ❷偷偷地做(或进行、完成);偷偷地移动(或放置、通过、搬运等)(*away*,*from*,*in*,*into*,*out*):*steal* a visit 暗访 ‖ 'steal·er *n.* [C]

stealth /stelθ/ I *n.* [U]秘密行动;暗中活动:operate with *stealth* 进行秘密行动 II *adj.* [常作 S-]隐形的:*Stealth* plane 隐形飞机 ‖ 'stealth·i·ly *adv.* —'stealth·i·ness *n.* [U] —'stealthy *adj.*

steam /stiːm/ I *n.* [U]❶水蒸气:The train sweats a fog of *steam* in the autumn cold. 在秋寒中火车喷出雾气。❷(水蒸气冷却时产生的)水雾:prevent the *steam* blowing off in all directions 防止水雾四处吹散 II *v.* ❶蒸(食物):The vegetables should be gently *steamed* for 15 minutes. 这种蔬菜应该用文火蒸 15 分钟。❷散发蒸汽:The kettle was *steaming* away on the stove. 炉子上的水壶冒开了热气。

steam·er /'stiːmə'/ *n.* [C]❶用蒸汽工作的人;用蒸汽处理的东西 ❷汽船,汽轮 ❸(蒸锅、蒸笼等)蒸汽(食品)加工器

steel /stiːl/ I *n.* [U]钢,钢铁:security gate made of *steel* 钢制防盗门 II *adj.* [无比较级]钢的;钢制的;似钢的:*steel* cutlery 钢制刀具

steep /stiːp/ *adj.* ❶陡峭的;陡直的:scramble up *steep* slopes 攀爬陡峭的山坡 ❷[常作表语](物价、数量等)过高的;难以置信的;不合情理的:We enjoyed our meal,but the bill was a bit *steep*. 我们这顿饭吃得很好,就是账单有些离谱。‖ 'steep·ly *adv.* —'steep·ness *n.* [U]

steer /stiə'/ *v.* ❶驾驶:Jenny is learning to drive,but she isn't very good at *steering* it. 詹妮正在学开车,但她方向把握不好。❷指导;引导,引领;操纵,控制:The usher *steered* me to a table and sat me down in a chair. 领座员把我引到一张桌子旁,让我坐下来。‖ 'steer·a·ble *adj.*

stem /stem/ I *n.* [C] ❶【植】(树木的)干；(花草的)茎，杆 ❷【植】(花、果或叶的)梗 II *vi.* 起源，来源，发源(*from*)：Their failure *stemmed from* their loose defense. 他们输球的原因在于防守松懈。

step /step/ I *n.* [C] ❶脚步；(一)步；一步的距离，步长：I retraced my *steps*, looking for my lost keys. 我沿原路返回，寻找丢失的钥匙。❷步骤；环节；措施：Chris has now taken a few *steps* on the road to recovery. 克里斯身体现已开始康复。❸(楼梯等的)台阶；(门前或祭坛前的)石阶：It's difficult for people in wheelchairs to negotiate *steps*. 对于坐轮椅的人来说上下台阶很困难。II (stepped; step·ping) *vi.* ❶踏步，行走，步行：He *steps* quickly on tiptoe into the room. 他踮起脚尖快步走进房间。❷(按某一方向)来；去：Would you please *step* this way? 请这边走么？❸踩，踏：Watch out! You *step* on my toes. 当心！你踩着我的脚了。‖ *step by step* adv. 逐步地，逐渐地：We made progress *step by step*. 我们逐渐取得进步。*step down vi.* ❶降低；减少 ❷退出；让位；弃权：He finally *stepped down* when it was clear that he had no support. 他明白自己失去了支持，最终退出了。*step in vi.* 参与进来；干预：The United Nations was asked to *step in*. 请联合国出面干预。*step up v.* ❶(使)加速；提高；加强：*step up* the pace of the reforms 加快各项改革的步伐 ❷升职：He *stepped up* quickly through the ranks. 他很快就高升了。‖ '*step·per n.* [C]

step·broth·er /'step₁brʌðə'/ *n.* [C]同父异母(或同母异父)的哥哥(或弟弟)

step·child /'step₁tʃaild/ *n.* [C]([复] -chil·dren /-₁tʃildrən/) 继子；继女

step·daugh·ter /'step₁dɔːtə'/ *n.* [C]继女

step·fa·ther /'step₁fɑːðə'/ *n.* [C]继父，后父

step·moth·er /'step₁mʌðə'/ *n.* [C]继母，后母

step·par·ent /'step₁peərənt/ *n.* [C]继父；继母，后母

step·sis·ter /'step₁sistə'/ *n.* [C]同父异母

(或同母异父)姐姐(或妹妹)

step·son /'step₁sʌn/ *n.* [C]继子

ster·e·o /'steriəu, 'stiər-/ I *n.* ❶[C]立体声音响设备(如唱片机、录音机等) ❷[U]立体声 II *adj.* [无比较级]立体声的

ster·e·o·type /'steriə₁taip, 'stiər-/ *n.* [C] ❶【印】铅版 ❷陈规，老套；恪守陈规的人；老套的事物：A *stereotype* may be transmitted in each generation from parent to child. 陈规陋习可以世代相传。❸成见：have a negative set of *stereotypes* about alien races 对非本族类有着一系列的否定性偏见

ster·i·lize, ster·i·lise /'steri₁laiz/ *vt.* ❶对…进行消毒，使无菌：You need to *sterilize* contact lenses before wearing them. 隐形眼镜在佩戴前需要消毒。❷使绝育 ‖ 'steri₁li·za·ble, 'ster·i₁li·sa·ble *adj.* —ster·i·li·za·tion, ster·i·li·sa·tion /₁sterilai'zeiʃ°n; -li'z-/ *n.* [U; C] —'ster·i₁liz·er, 'ster·i₁lis·er *n.* [C]

stern /stən/ *adj.* ❶严厉的，严格的：*stern* military disciplines 严格的军纪 ❷苛刻的，苛求的：make a *stern* vow 发重誓 ❸严峻的，严酷的：face the *sternest* test 面临最严峻的考验 ❹坚定的，不动摇的，不屈服的：a *stern* approach 坚定的态度 ‖ 'stern·ly *adv.* —'stern·ness *n.* [U]

stew /stjuː/ I *vt.* 煨，炖，焖：*stew* a chicken gently in the pot 用罐以文火炖鸡 II *n.* [U;C]煨炖的食物；炖菜：I'd like more beef *stew*. 我想再吃一些炖牛肉。

stew·ard /'stjuːəd/ *n.* [C](火车、客轮或飞机的)乘务员，服务员 ‖ 'stew·ard₁ship *n.* [U]

stick¹ /stik/ *n.* [C] ❶树枝；木棍，细木棒 ❷木柴棍 ❸〈英〉拐杖：a walking *stick* 拐棍

stick² /stik/ (stuck /stʌk/或 sticked) *v.* ❶插，戳，刺：The cop grabbed the suspect and *stuck* a gun in him. 警察抓住嫌疑人，用手枪顶住他。❷(用尖东西)钉；楔牢；把…固定在尖物上：*stick* the painting on the wall 把这幅油画挂在墙上 ❸粘住；塞住；卡住：The door was *stuck*, and it would not budge. 门卡住了，纹丝不动。‖ *stick by*

[*to*] *vt.* 忠诚于：The two lovers pledged to *stick by* each other in fair weather or foul. 两个情人立下海誓山盟，风风雨雨，永不变心。

☆**stick, adhere, cleave, cling, cohere** 均有"黏合，紧密地结合"之意。**stick** 为普通用词，指用粘贴、胶合等方法将事物牢固地黏附或结合在一起：He *stuck* the painting on the wall. (他把油画挂在墙上。)该词也可喻指这种紧密关系的建立，有时还兼有坚持或忍受的意味：She's *stuck* at home all day with her children. (她整天在家和孩子们待在一起。)**adhere** 用于事物时常与 stick 交换使用，但只用作不及物动词，较为正式，有时含两个物体结合在一起生长的意味：Mud *adhered* to the wheels. (泥巴粘在车轮上。)该词用于人时，常表示自愿接受、支持某一政治纲领、宗教信仰或思想观点：That general manager *adhered* to his original plan in spite of the resistance. (尽管有阻力，总经理仍继续推行他原来的计划。)**cleave** 多为文学用语，表示紧密地依附或依恋在一起，强调紧密、忠实等：She *cleft* to her husband through sickness and misfortune. (在疾病和灾祸中她对她丈夫始终忠贞不渝。)该词有时也可用于其他场合，表示黏着或黏住：Her wet hair *cleaved* to her cheek. (她的湿发粘在脸颊上。)**cling** 表示通过缠绕、盘绕、紧抓或紧握等方式形成一种紧密的连接状态，而不是使用黏结剂等方式使物体表面黏合：The frightened sailor *clung* to the oar. (受惊的水手紧紧抓着木桨不放。)该词也可喻指坚持或墨守某种思想观点，常带有贬义：*cling* to the corrupt social system (死抱住腐败的社会制度不放)**cohere** 常指物质的微粒相互黏合或胶合在一起，形成一个不可分离的整体或群体：Particles of wet sand *cohere*. (潮湿的沙粒会粘在一起。)该词也可喻指逻辑上的严密、连贯或前后一致：Without sound reasoning no argument will *cohere*. (缺乏有力的论据，任何论点都不严密。)

stick·er /'stikɚ/ *n.* [C] ❶坚持不懈的人；坚定不移的人：He was no *sticker*, and in the third year dropped school. 他没有一以贯之，三年级的时候就辍学了。❷(背面有黏着剂的)标签(或布告等)；贴纸：a price *sticker* 标价签

stick·y /'stiki/ *adj.* ❶用以粘贴的：*sticky* tape 粘胶带 ❷有黏性的，黏着的：The wall was *sticky* with paint. 墙上的漆发黏。❸〈口〉棘手的，难对付的：answer *sticky* questions 回答棘手的问题 ‖ '**stick·i·ness** *n.* [U]

stiff /stif/ *adj.* ❶僵硬的，坚硬的；不易弯曲的；不灵活的：a *stiff* collar 挺括的衣领 ❷死板的，刻板的，不变通的：a *stiff* and formal letter 刻板正式的信函 ❸不灵活的，操作不方便的：a *stiff* handle 不灵活的把手 ❹难对付的；耗力的，费劲的：a *stiff* assignment 棘手的任务 ‖ '**stiff·ly** *adv.* — '**stiff·ness** *n.* [U]

☆**stiff, inflexible, rigid** 均有"坚硬的，难以弯曲的"之意。**stiff** 为普通用词，表示硬邦邦的、不易弯曲的、不易变形的：Shoes are often *stiff* when they're new. (新鞋都是硬邦邦的。)该词用于人时可喻指生硬、呆板、拘谨等：He speaks *stiff* French. (他的法语很生硬。)**inflexible** 与 rigid 的区别在于该词强调缺乏柔软性、柔韧性或柔顺性而不是侧重质地本身的坚硬，用于人时可表示坚定不移或不可改变，常有缺少灵活性的意味：For adequate support, rock-climbers wear shoes with *inflexible* soles. (为攀登时脚底有力，攀岩者们穿着硬底鞋。)**rigid** 表示质地僵硬、一弯就会折断：He went *rigid* with panic. (他吓得呆若木鸡。)该词用于人时表示严格的、严厉的或刻板的：My grandpa is very *rigid* in his ideas. (我祖父一向非常坚持自己的观点。)

stiff·en /'stifn/ *vt.* ❶使变硬；使变挺；使得马列弯曲：*stiffen* the shirt with an iron 用熨斗把衬衫熨得挺括 ❷使僵硬，使僵直；使绷紧；使不灵活：The stillness *stiffened* the leafless trees. 万籁俱寂，光秃秃的树枝也僵滞不动。❸使严厉；使严格：*stiffen* a sanctions law preventing technology transfers 严格防止技术转让的制裁法律 ‖ '**stiff·en·er** *n.* [C]

sti·fle /'staɪfᵊl/ *vt.* ❶压制;抑制;阻止:*stifle* the freedom of speech 压制言论自由 ❷切断(声音或呼吸);熄灭(火焰):*stifle* the flames 扑火 ❸使透不过气;使窒息(死亡),将…闷死:The murderer *stifled* the victim with a pillow. 凶犯用枕头把受害者闷死。

still /stɪl/ I *adj.* [无比较级]❶静止的,不动的;无风的:Even on the deck everyone was sweltering in the *still* air. 一点儿风也没有,即使在甲板上,大家也热得透不过气来。❷平静的;寂静的;安静的;轻声的:The room became very *still*. 屋子里顿时鸦雀无声。II *adv.* [无比较级]❶还是,还,仍然:He *still* couldn't move. 他还是不能走动。❷还有:Take it easy. There is *still* time. 别着急,还有时间。❸[用以强化比较级]还要,甚至更:*Still* more rain fell overnight. 夜间雨下得更大了。❹静止地,不动地;安静地:She sat *still* with her back toward the man. 她纹丝不动地背朝着那人坐着。
☆ still, hushed, noiseless, quiet, silent 均有"寂静无声的"之意。still 表示静止不动、没有声响,常用于喧闹、骚动间歇期间短暂的平静或安定状态:Everything was deadly *still*. (万物死一般的寂静。) hushed 强调声音被压低的:In the hotel lobby, people were talking in *hushed* tones. (在旅馆的大堂里,人们压低声音说话。) noiseless 常指某一活动或动作不发出声音的:I looked out on an avenue crowded with traffic, but yet a *noiseless* one. (我向外望去,看着那车水马龙而又不嘈杂的大街。) quiet 用于人时指生性文静、不急躁冲动,修饰地方时指较为长久的宁静,强调没有活动声或骚动声:As we know, Helen is thoughtful, *quiet* and controlled. (众所周知,海伦体贴、安静而又自制。) silent 与 noiseless 近义,表示不弄出响声,侧重宁静的意味:She is in *silent* tears. (她默默地流着泪。)

stim·u·late /'stɪmjuˌleɪt/ *vt.* ❶激发;引发:The conflict in the story *stimulated* many critics into radical debate. 故事里面的冲突引发很多评论家展开激烈争论。❷刺激;激励:a drug used to *stimulate* the morbid tis-

sue 用来刺激病变组织的药物 ‖ **stim·u·la·tion** /ˌstɪmju'leɪʃᵊn/ *n.* [U;C]

stim·u·la·ting /'stɪmjuˌleɪtɪŋ/ *adj.* 使人兴奋的,激动的,鼓励性的

stim·u·lus /'stɪmjuləs/ *n.* [C]([复]**-li** /-ˌlaɪ/)刺激物;刺激源;引发物:Only money can not be the *stimulus* to invention. 仅仅有钱是不能激发创造发明的。

sting /stɪŋ/ I (**stung** /stʌŋ/) *vt.* ❶刺,螫,叮:A bee *stung* her on the head. 一只蜜蜂刺了她的头部。❷刺痛;灼痛;使痛苦:He blew cigarette smoke to *sting* my eyes. 他吸烟时吐烟雾熏我的眼睛。❸刺激;激励;使激动:The general, *stung* with rage, set upon the castle. 将军一怒之下,马上派兵攻打那座城堡。II *n.* ❶[C]刺,螫,叮:The scorpion *sting* can cause serious illness. 被蝎螫伤可致重病。❷[C]刺痛(处),刺伤(处):a wasp *sting* on the leg 腿上黄蜂螫伤的疼痛 ❸[C;U]灼痛;痛苦:Tears can assuage the *stings* of remorse. 眼泪可以冲淡悔恨的痛楚。❹[C]【昆】螫针,螫刺;【动】(水母等的)毒刺;(蛇的)毒牙;【植】刺毛:a nettle *sting* 荨麻刺毛 ‖ 'sting·er *n.* [C]

sting·y /'stɪndʒi/ *adj.* ❶吝啬的,小气的:Their employer was a *stingy* and idle man. 他们的雇主吝啬小气,游手好闲。❷缺乏的,不足的,极少的 ‖ 'sting·i·ly *adv.* — 'sting·i·ness *n.* [U]

stink /stɪŋk/(过去式 **stank** /stæŋk/或 **stunk** /stʌŋk/,过去分词 **stunk**)*vi.* ❶发出刺鼻的臭味(*of*):The fish *stunk*. 鱼发出恶臭。❷[不用进行时态][口]令人不悦;令人鄙视;令人反感:His reputation *stinks* so. 他的名声实在太臭了。‖ 'stink·er *n.* [C]

stip·u·la·tion /ˌstɪpju'leɪʃᵊn/ *n.* [U;C]规定,条款:Here are the *stipulations* of the contract. 这些就是合同的条款。

stir /stɜːʳ/(**stirred**;**stir·ring**)*vt.* ❶搅拌;拨动:He *stirred* his coffee with a teaspoon. 他用茶匙搅动咖啡。❷动;(微微地)移动:A breeze *stirred* the grey haze of Daisy's fur collar. 微风吹拂戴茜毛茸茸的灰皮领子。❸惊动;唤醒;唤起:The scene *stirred* some

S

memory of his childhood. 此情此景唤起了他对童年的回忆。❹引起，惹起，激发：Such reports *stir* the mind to speculation. 这样的报道往往引起人们纷纷猜测。‖ **'stir·rer** *n.* [C]

☆ **stir, arouse, awaken, rally, rouse, waken** 均有"唤醒，使觉醒"之意。**stir** 表示将潜伏、休眠状态中的人或事物激活，可指煽动或触动：He *stirred* violent protests among the workers. (他在工人中鼓动暴力抗议。) 该词也可表示睡醒起身：She doesn't *stir* before ten in the morning. (她不睡到早晨10点是不会起床的。) **arouse** 表示从睡眠等状态中唤醒，不暗示随之要采取什么行动。该词只用作及物动词：My sister is *aroused* by the alarm clock every morning. (闹钟每天清晨把我妹妹唤醒。) **awaken** 较为正式，多用于比喻义，表示思想、意识、感情的觉醒：We must *awaken* people to the need to save water. (我们必须让人们认识到节约用水的必要。) **rally** 指召唤、集合各分散部分以采取有效行动：The colonel *rallied* his tired soldiers and they drove the enemy back. (上校召集疲惫的士兵把敌人赶走了。) **rouse** 原指为捕杀猎物而将其从巢穴中惊出，现常与 arouse 换用，但往往有唤醒某人使其采取积极行动的意味，一般用作及物动词：The rifle shoot *roused* the sleeping tiger. (来复枪响惊醒了沉睡的猛虎。) **waken** 表示从睡眠等非积极状态中唤醒：We were *wakened* by a siren. (我们被一阵警报声惊醒。)

stir·ring /'stɜːriŋ/ *adj.* ❶激动(或鼓舞)人心的：It was *stirring* times, that black and bitter night. 那个漆黑和凄冷的夜晚是够令人提心吊胆的。❷热闹的；忙碌的；活跃的：People down below were *stirring*. 下面人群熙熙攘攘。

stitch /stitʃ/ I *n.* [C] ❶(缝纫或编织的)一针：cast on a *stitch* 起针 ❷缝线；针脚；线圈；(留有线的)缝针处：unpick the *stitches* 拆线 ❸[用单][常用于否定句]一件衣服；一块布料：have not got a *stitch* on 一丝不挂 ❹[常用于否定句]一点，少许：It won't do a *stitch* of harm. 它不会造成任何损害。II *v.* ❶缝；织补：*stitch* the button onto the shirt 给衬衫钉上纽扣 ❷缝合；订起：*stitch* a pair of gloves with thread 把一副手套用线缝缀起来

stock /stɔk/ I *n.* ❶[C;U](货物等的)库存；储备(物)，存货：the *stock* of knowledge 知识宝库 ❷[C](生产的)原料，备料；(贸易的)备货；(印刷用的)纸张：*stocks* of timber 木料 ❸[C;U][经](公司)资本；股票；股份：invest in the *stock* 投资股票 II *vt.* 储备，储存(货)：Repair parts must be *stocked*. 维修零部件必须有存货。

stock·hold·er /'stɔkˌhəuldəʳ/ *n.* [C]股票(或债券)的持有人，股东

stock·ing /'stɔkiŋ/ *n.* [C]长筒袜

stock market *n.* [C][常作 the s- t-] ❶股票(或证券)市场 ❷股市：The Tokyo *Stock Market* hit record breaking highs twice last week. 上周东京股票交易所两次创出新高。

stole /stəul/ *v.* steal 的过去式

sto·len /'stəul°n/ *v.* steal 的过去分词

stom·ach /'stʌmək/ *n.* [C] ❶(人或动物的)胃：a pain in the *stomach* 胃痛 ❷(人或动物的)肚子；腹部：a fat *stomach* 大肚子 ❸[用单][常用于否定句]胃口，食欲：I have no *stomach* for onions. 我不吃洋葱。

stom·ach·ache /'stʌmækˌeik/ *n.* [C]胃痛；肚子疼

stomp /stɔmp/ *v.* 用力踏(步)；踩(脚)：The freshmen *stomped* their feet when the principal entered the auditorium. 校长走进礼堂时新生们踩起了脚。

stone /stəun/ *n.* ❶[U]石头，石料：a heart of *stone* 铁石心肠 ❷[C]石子，石块：The little boy picked up a *stone* and threw it into the river. 那小男孩拾起一块石子丢进河里。

stood /stud/ *v.* stand 的过去式和过去分词

stool /stuːl/ *n.* [C] ❶凳子 ❷跪凳

stoop /stuːp/ *v.* ❶(身体)前倾；弯身，屈身：*stoop* over one's work 不辞劳苦，躬身力行 ❷[后接不定式]屈尊，俯就；屈从：*stoop* to do field work 屈尊做稼穑之事

stop /stɒp/ I （stopped; stop·ping） vt. ❶停止；中止，中断：He *stopped* his work for tea. 他放下手头的工作喝杯茶。❷阻止；制止：Can't you *stop* the alarm clock from ringing? 你不能让闹钟别再响下去吗? ❸阻塞，堵塞，填塞：*stop* a leak with cement 用水泥把漏洞堵住 II n. [C] ❶停止；终止；中断；停留，逗留：The aircraft made a brief *stop* to refuel. 那架飞机中途稍停加油。❷停车站；停留地点：My next *stop* was lunch with Jenny. 我下一站停下来与詹妮一起用午餐。‖ **stop by [in]** v. 顺路走访；（在…）顺便稍停留：Can you *stop by* for a moment on your way to office? 你去上班的路上顺便过来一下好吗?

☆ **stop**, **cease**, **desist**, **discontinue**, **quit** 均有"停止，终止"之意。**stop** 为最普通用词，词义和使用范围也最广，泛指暂时停止或终止某一运动、行动或进程，往往带有突然性或明确停止的意味：The dialogue *stopped* abruptly. （对话突然终止了。） **cease** 为正式用词，常指结束或终止某种状态或情形，往往带有逐渐停止、消失的意味：By nightfall the heavy rain had *ceased*. （黄昏的时候大雨渐渐停了。）该词有时也可用以表示突然停止某一动作：The girl *ceased* screaming at the sight of her parents. （女孩一看见父母就停下来不再尖叫。） **desist** 为最正式的用词，通常指克制自己而不再进行某一行动：The judge told the man to *desist* from beating his wife and children. （法官要求这个人停止殴打他的妻儿。） **discontinue** 常用以表示逐步停止或取消某一惯做法或风俗，尤指逐步取消某种产品的生产：The practice of binding the feet of Chinese women was finally *discontinued*. （中国妇女裹脚的做法终于被取消了。） **quit** 指出于自愿或约定而果断放弃或停止某一活动或事情，强调最终结局是突然停止或终止：I've *quit* my job because of illness. （我因生病而放弃了工作。）

stop·page /'stɒpidʒ/ n. ❶[C;U]停止；中止：the complete *stoppages* of production 全面停产 ❷[C;U]阻塞；堵塞：the *stoppage* of the traffic 交通的受阻 ❸[C]罢工；停工：

The union called the workers out on a one-day *stoppage*. 工会号召工人停工一天。

stor·age /'stɔːridʒ/ n. [U] ❶储藏（量），储藏（量）；保管：The dam has a total *storage* of ten billion cubic feet water. 这座水坝总共蓄有 100 亿立方英尺的水。❷【计】（数据的）存储：Computers differ in their *storage* capacities. 计算机的存储能力各不相同。

store /stɔː/ I n. [C] ❶商店，店铺：a department *store* 商场 ❷储备；储存；储藏：Mother always had a special *store* of chocolate for us. 母亲总是特地为我们储备些巧克力。II vt. ❶供应，供给 ❷储备；储存；储藏：Energy can be *stored* in the form of coal and oil. 能量可以以煤炭和石油的形式储存。

store·keep·er /'stɔːkiːpə/ n. [C]店主

sto·r(e)y /'stɔːri/ n. [C] ❶楼层；楼；层 ❷一层的全部（或一套、一间）房间

storm /stɔːm/ n. [C] 风暴；暴（风）雨；暴风雪；暴雹：a tropical *storm* 热带风暴

☆ **storm**, **cyclone**, **hurricane**, **tornado**, **typhoon**, **waterspout**, **whirlwind** 均有"暴风"之意。**storm** 表示伴有雨、雪或雹的暴风，常指暴风雨或暴风雪，其风速可达每小时为 64 至 75 英里。**cyclone** 尤指在赤道附近洋面上按逆时针方向猛烈旋转的大风暴，又称旋风、飓风或龙卷风。**hurricane** 常指在西太平洋上形成的猛烈旋风，又称飓风。**tornado** 特指在陆地上空十分猛烈地旋转的局部性风暴，又称龙卷风。有时可以看见它呈漏斗形水汽云团沿着较窄的线路猛烈旋卷，其破坏性极大。如果这种旋转十分强烈的局部性风暴在水面上空或海洋上空形成，那么这种旋风就叫作 **waterspout**，我们则常称它为水龙卷或海龙卷。**typhoon** 指在北大西洋上形成的大而猛烈的旋风，风速达每小时 72 英里。**whirlwind** 为旋风的总称，尤指那些直径较小但很凶猛的旋风。

storm·y /'stɔːmi/ adj. ❶暴风雨般的；激烈的，猛烈的，多风波的：Character can only be best formed in the *stormy* billows of the world. 人之品格只有经风雨见世面才能得到最好的锻造。❷（脾气、心情等）狂暴的，

暴躁的：a *stormy* temper 暴躁的脾气 ‖ **'storm·i·ly** *adv.* —**'storm·i·ness** *n.* [U]

sto·ry¹ /'stɔ:ri/ *n.* [C] ❶(对所发生的事情的)叙述，描述，记述：I've heard a *story* that he may be retiring next year. 我听说他明年可能要退休了。❷故事；(短篇)小说；传奇；传说；神话；逸事；趣事；传闻：a fairly *story* 童话故事 ❸(小说、电影、戏剧等的)情节：a complicated *story* 错综复杂的情节 ❹(新闻)报道；新闻报道的题材：the front-page *story* 头版新闻

sto·ry² /'stɔ:ri/ *n.* [C] ❶ 楼层；楼；层 ❷一层的全部(或一套、一间)房间

stout /staut/ *adj.* ❶肥胖的，臃肿的：My teacher was about fifty, somewhat *stout*. 我的老师五十岁左右，有点发福。❷强壮的，壮实的；粗大的，粗壮的：We need several *stout* young men to move the rock. 我们需要几个壮小伙子来搬动这块岩石。❸厚实的，结实的；坚固的，牢固的：The selected letters make a *stout* volume. 书信选形成了厚厚的一册。‖ **'stout·ly** *adv.* —**'stout·ness** *n.* [U]

stove /stəuv/ *n.* [C](用以取暖或烹饪的)炉子；加热装置，加热器

strad·dle /'stræd°l/ *vt.* ❶骑坐于，跨坐于；叉开腿站立于：He let his son *straddle* his back. 他让儿子骑在他背上。❷对(问题等)持模棱两可的态度；对…持骑墙观望的态度：You shouldn't *straddle* the controversial speech. 你不应该对这个有争议的讲话莫衷一是。‖ **'strad·dler** *n.* [C]

strag·gle /'stræg°l/ *vi.* ❶散乱，零乱；散落地出现(或行进、离开)；散乱分布(或呈现)：The cows *straggled* along the lane. 牛群稀稀拉拉地走在小道上。❷(在行进或比赛中)掉队，落下；落后，落伍：Come on girls, don't *straggle*! 快点儿，姑娘们，别掉队了! ❸(植物或须发等)蔓生；蓬乱生长：Her hair *straggled* down over her eyes. 她的头发披散下来，遮住了双眼。‖ **'strag·gler** *n.* [C]

straight /streit/ I *adj.* ❶[无比较级]竖直的，垂直的，不歪斜的：a *straight* line 直线

❷笔直的；挺直的：He made sure his tie was *straight*. 他检查自己的领带是否系正。❸诚实的，正直的；坦率的；直截了当的：The broker had made it clear that he intended to be perfectly *straight* with him. 那位代理商表示要对他绝对正直无欺。❹正确的；可靠的，确实的；权威性的：take a *straight* approach to a problem 对问题采取正确的处理方法 II *adv.* ❶直地，笔直地，成直线地：He was drunk and couldn't walk *straight*. 他喝醉了，走起路来歪歪斜斜的。❷[无比较级]直接地，径直地；接连不断地，不中断地：I took the children *straight* home after school. 放学后，我直接把孩子们送回家。❸[无比较级]直截了当地；直率地：Why don't you come *straight* to the point? 你为什么不直截了当地把要说的话说出来呢？ ‖ **'straight·ness** *n.* [U]

straight·a·way /'streitəˌwei/ I *adj.* [无比较级]直道的；直接的，径直的：a *straightaway* track 直线跑道 II *adv.* [无比较级]立刻，马上：You have to go there *straightaway*. 你得马上到那儿去。

straight·for·ward /ˌstreit'fɔ:wəd/ *adj.* ❶径直的，直接的；向前的 ❷诚实的，不隐瞒的，坦率的，直言的：a *straightforward* person 坦诚的人

strain /strein/ I *vt.* ❶拉紧；绷紧：The weight *strained* the long rope. 重物把那根长绳子拽得紧紧的。❷尽力使用；使紧张：He *strained* every nerve to get the newly arrived celebrity to his house. 他费尽一切心机，想把这位新到的名人邀请到他家里去。❸损伤，损坏，变弱：Mark *strained* a muscle in his back playing squash. 马克打壁球时拉伤了背部肌肉。❹过滤；滤掉，滤去；滤出(*off*, *out*)：*strain* the juice *off* the pineapple 滤出凤梨汁 II *n.* [C;U]❶拉紧，绷紧；拉力；应力；张力；作用力：Too much *strain* broke the rope. 用力太大，把绳子给拉断了。❷过劳；重负；极度紧张；过分的要求(或使用、指望等)：The *strain* of sleepless nights made her ill. 她由于夜夜失眠而心力交瘁，终于病倒了。

strait /streit/ *n.* [C] ❶[作～s时用作单]海

峡：the Bering *Strait* that separates Asia and America 隔断亚洲和美洲的白令海峡 ❷[通常作~s]困境,窘境,麻烦;危难:Our company is now in financial *straits*. 目前,我们公司经济正处于困境之中。

strand /strænd/ *n.* [C] ❶(线、绳等的)(一)股;束;匝;缕:a loose *strand* of hair 一缕松散的头发 / *strands* of pasta 几匝通心粉 ❷(构成整体的)(一个)部分,方面:all the *strands* of the argument 论据的各个方面

strange /streɪndʒ/ *adj.* ❶不寻常的,奇特的;奇怪的;新奇的:There will be a *strange* gathering this evening. 今晚将有一个非同寻常的聚会。❷[无比较级]不熟悉的,陌生的(to):Don't accept lifts from *strange* men. 千万别搭陌生人的顺风车。 ‖ **'strange·ly** *adv.* —**'strange·ness** *n.* [U]

stran·ger /'streɪndʒəʳ/ *n.* [C] ❶陌生人,外人(to):Nancy, you shouldn't speak to *strangers*. 南希,你不该跟陌生人讲话。❷异乡人,外地人;生客,新来者:These *strangers* lost their way in the fog. 这些外地人在雾中迷了路。❸生手;外行;不适应的人,不习惯的人(to):be no *stranger* to misfortune 饱经磨难

stran·gle /'stræŋɡ°l/ *vt.* ❶掐死,扼死;勒死;绞死:I curse myself for not *strangling* you in your cradle. 我真后悔没有把你掐死在摇篮中。❷限制,束缚;压制;阻止:*strangle* the free press 限制新闻自由 ‖ **'stran·gler** *n.* [C] —**'stran·gling** *adj.*

strap /stræp/ **I** *n.* [C] ❶(尤指用以捆扎或固定的)带(子),带条;皮带;铁皮条 ❷(衣服等的)背带,吊带:the shoulder *strap* 背带 **II** (strapped;strap·ping) *vt.* ❶用带子系牢(或捆扎、固定、扣住):Children should be *strapped* into a special car seat. 应用安全带将儿童固定在特制的汽车座位上。❷鞭打,抽打

stra·te·gic /strə'tiːdʒɪk/, **stra·te·gi·cal** /-k°l/ *adj.* [无比较级] ❶战略(上)的;策略(上)的:*strategic* decisions 战略决策 ❷(物资)具有战略意义的,用于战略用途的:*strategic* defence 战略防御 ‖ **stra'te·gi-**

cal·ly *adv.*

strat·e·gy /'strætɪdʒɪ/ *n.* ❶[U]兵法;战略;战略学:military *strategy* 军事战略 ❷[C](作战)计谋;战略计划,战略部署:Why not try a different *strategy*? 为什么不尝试一下另一套战略计划呢?❸[C](政治或经济等方面的)战略规划;对策;针对性措施;谋略,策略:marketing *strategy* 营销策略 ‖ **'strat·e·gist** *n.* [C]

stra·tum /'strɑːtəm,'streɪ-/ *n.* [C]([复]-ta /-tə/) ❶(物质等的)层;(语言等的)层次 ❷[地质](地)层:a water-bearing rock *stratum* 含水岩层 ❸社会阶层:the lower *strata* of society 社会下层

straw /strɔː/ *n.* ❶[U;C]稻草;禾秆;麦秆 ❷[C](吸饮料用的)麦管;(纸质或塑料)吸管

straw·ber·ry /'strɔːb°rɪ/ *n.* [C] ❶草莓果:I made a delicious fruit salad with loads of *strawberries*. 我用很多草莓做了个好吃的水果沙拉。❷[植]草莓属植物;草莓

stray /streɪ/ **I** *vi.* ❶走失,走散;离群;迷路:The little girl *strayed* from her dad. 这小女孩和她爸爸走散了。❷走神,分心;(话题等)离题,走题:Don't keep *straying* from the point! 别老是离题! **II** *n.* [C]迷路的人;流浪者;走失的家畜:Don't bring *strays* home. 别把别人走失的家畜领回家来。**III** *adj.* [无比较级][作定语] ❶迷路的;走失,走散的;离群的:a *stray* cat 走失的猫 ❷零散的,个别的;偶尔出现的:This drawer is full of *stray* socks. 这只抽屉里全是不成双的袜子。

streak /striːk/ *n.* [C] ❶条痕,条纹:rub the tear *streaks* from one's cheeks 擦去脸颊上的泪痕 ❷(肉的)条层:bacon with a thin *streak* of fat 有薄薄一层肥肉的腊肉 ❸性格倾向;个性(或气质)特点:a competitive *streak* 竞争意识

stream /striːm/ **I** *n.* [C] ❶水流;(尤指)小河,小溪,小川:Can you jump across the *stream*? 你能跳过这条小溪吗?❷(液体或人群的)流;流动,涌动:*Streams* of people were coming out of the cinema. 一股股人流

正涌出电影院。**II** *vi.* (液体)流淌，流：The tears *streamed* from his red old eyes. 泪水从他那红红的老眼中流了出来。

street /striːt/ *n.* [C]街，街道：The *streets* are noisy and crowded with traffic. 大街小巷熙熙攘攘，车水马龙。

strength /streŋkθ/ *n.* ❶[U]力，力量：Don't underestimate the opponent's *strength*. 不要低估对手的实力。❷[C；U]长处，优势，强项：History is my *strength*. 历史是我的强项。‖ 'strength·less *adj.*

strength·en /'streŋkθ°n/ *vt.* 加强；巩固：Your help will surely *strengthen* me against the hostile environment. 你们的帮助无疑将使我更加坚强地面对逆境。

stren·u·ous /'strenjuəs/ *adj.* ❶费力的，费劲的；艰苦的；累人的，繁重的：Don't take any *strenuous* exercise. 不要做任何剧烈运动。❷精力充沛的，劲头十足的；不松懈的：a *strenuous* child 精力旺盛的孩子 ‖ 'stren·u·ous·ly *adv.* — 'stren·u·ous·ness *n.* [U]

stress /stres/ **I** *n.* ❶[U]强调，重视：Our school lays *stress* on English. 我们学校对英语很重视。❷[C；U]【语】重音；重读(音节)：The *stress* is on the second syllable. 重音落在第二个音节上。❸[C；U]压力，重压：The earthquake results from *stresses* in the earth's crust. 地震源于地壳受压。❹[C；U](精神方面的)紧张；困苦；忧虑：Can you cope with the *stresses* of city life? 你们能应付紧张的都市生活吗? **II** *vt.* ❶强调，重视：The manager *stressed* the necessity of being punctual. 经理强调了守时的必要性。❷重读：Did you *stress* the first syllable? 你重读第一个音节了吗? ‖ 'stress·ful *adj.* — 'stress·ful·ly *adv.* — 'stress·less *adj.*

stretch /stretʃ/ **I** *v.* ❶伸直；伸长；伸出；伸展，舒展：She stood up from the chair and *stretched* herself. 她离座站起身子，伸了个懒腰。❷拉直；拉长；拉紧；撑大，绷大：You may *stretch* your new shoes by wearing them. 新鞋穿穿就撑大了。**II** *n.* ❶[C](肢体等的)舒展；伸长；伸出；拉直；拉紧；撑大，绷大；紧张：Stand up, everybody, and

have a good *stretch*. 大家站起来，好好舒展一下筋骨。❷[U]弹性，弹力，伸缩性：That pair of stockings has a lot of *stretch*. 那双长筒袜的伸缩性很大。❸[C](空间上的)绵延，延伸；连绵的一片；一段距离(或路程)；(时间上的)延续；一段时间：a *stretch* of beautiful countryside 一片美丽的郊野 ‖ 'stretch·a·ble *adj.*

stretch·y /'stretʃi/ *adj.* 可延伸的，有弹性的

strew /struː/ *vt.* (过去式 strewed，过去分词 strewn /struːn/或 strewed) ❶撒，播撒；使散落，使洒落：The wind *strewed* the dead leaves on the ground. 风吹得落叶满地都是。❷洒落在…上；播散于；点缀，散布于(with)：The park was *strewn with* rubbish. 公园里垃圾扔得到处都是。

strict /strikt/ *adj.* ❶严格的；严厉的：They tend to be overly *strict* in demanding achievement from their youngsters. 他们寄托在年青一代身上的期望往往过于苛刻。❷严密的；严谨的；精确的：The election was in the *strict* sense of the word unfair. 这次选举从严格意义上说是不公正的。‖ 'strict·ly *adv.* — 'strict·ness *n.* [U]

stride /straid/ **I** (strode /strəud/，strid·den /'strid°n/) *vi.* 大踏步行进，阔步前进：Our country is now *striding* forward into future. 我们的国家正阔步奔向未来。**II** *n.* ❶[C](一)大步，(一)跨步；步距，步幅：I couldn't keep up with his *strides*. 我赶不上他的步伐。❷[常作～s]进步，进展：the significant *strides* forward 重大进展

strife /straif/ *n.* [U]冲突，争端，摩擦；争斗，争吵：The two families are at *strife*. 这两家人彼此不和。

strike /straik/ **I** (过去式 struck /strʌk/，过去分词 struck 或 strick·en /'strik°n/) *vt.* ❶打，击：Why did you *strike* him with your fist? 你干吗用拳头打他? ❷碰撞，撞击；撞上，碰着：Her car went out of control and *struck* an oncoming bicycle. 她的汽车失控后撞上了迎面来的一辆自行车。❸将…刺入；刺痛；刺透；使穿透：He *struck* the dagger into a tree. 他将那把匕首刺入一棵树中。❹(钟)敲响报(时),鸣报:You must leave immediately when the clock *strikes* twelve. 当时钟敲响 12 点时,你必须马上离开。❺罢工反抗(雇主);在…罢工(或罢课等):We have to *strike* our boss for higher wages. 我们迫不得已向老板罢工抗议,要求增加工资。II *n.* ❶[C]打,击;碰击;撞击;敲击,叩击;轻拍 ❷[C;U]罢工;罢课;罢市:Great *strikes* were breaking out all over the country. 全国上下正在爆发大规模的工潮。❸[C](尤指空中)袭击,攻击,打击:a night *strike* 夜袭

strik·ing /'straikiŋ/ *adj.* 惹人注目的,惊人的;显著的,突出的:What a *striking* face! 多么迷人的脸蛋儿!

string /striŋ/ I *n.* ❶[C;U](两股以上扭成的)多股线;细绳;(用来系、扎或拉的)(一根)带子;(操纵木偶用的)拉线,牵线:a bunch of balloons on a *string* 一根绳子拴的一串气球 ❷[C](一)串,(一)挂;一排,一行,一列;一系列,一连串:The reporter asked a *string* of questions. 记者提了一连串的问题。II (**strung** /strʌŋ/) *vt.* ❶为(乐器、弓或球拍等)上弦,装弦于:Do you know how to *string* and tune a guitar? 你知道怎么给吉他上弦调音吗? ❷用线(或细绳等)捆,扎,缚;(尤为装饰而)挂起,挂上:The packages were all *strung* together. 所有的包裹都用绳捆在了一起。❸(用线)将…串起;〈喻〉串起,将…连在一起:Would you help me *string* these beads? 你能帮我将这些珠子串起来吗?

strin·gent /'strindʒnt/ *adj.* (规则等)严格的;苛刻的,严厉的:The conditions in this contract are not *stringent* at all. 这个合同上的条件一点也不苛刻。‖ **'strin·gen·cy** /-si/ *n.* [U]—**'strin·gent·ly** *adv.*

strip¹ /strip/ (**stripped**; **strip·ping**) *v.* ❶除去,剥去(果皮等) ❷脱去(衣服);脱去…的衣服(*of*):He dived from the bridge without even *stripping* his overcoat. 他甚至连外套都没脱就从桥上跳入水中。❸揭下;摘掉;撕去(*from*, *off*):The giraffe *stripped* the leaves *off* trees. 长颈鹿把树上的叶啃掉

了。❹剥夺(头衔职务、权利等)(*of*, *from*, *away*):He was *stripped of* all civil rights. 他的所有公民权都被剥夺了。‖ **'strip·per** *n.* [C]

strip² /strip/ *n.* [C]❶狭长条,带状物:two *strips* of adhesive tape 两条狭长的胶带 ❷狭长地带;狭长的水域:a narrow *strip* of lawn 一块狭长的草地 ❸(可供飞机着陆的)简易跑道:a landing *strip* 飞机简易着陆跑道

stripe /straip/ *n.* [C]❶(颜色、质地或结构不同的)细条,长条,条纹:Vertical *stripes* on a dress are slenderizing. 竖条纹的衣服使人看起来瘦长一些。❷(性格或观点等的)类型,特点:governments of every *stripe* 各类政府

strive /straiv/ *vi.* (**strove** /strəuv/, **striv·en** /'strivⁿ/) ❶奋斗,努力;力争,力求(*for*):We'll *strive* to win. 我们会努力求胜的。❷斗争,抗争;搏斗;争斗(*with*, *against*):Don't *strive with* your younger brother for a toy. 别为一只玩具跟你弟弟争抢。

stroke¹ /strəuk/ *n.* ❶[C]打击;敲打;拍打;(一)打;(一)击:Can you cut the log in half with one *stroke* of the axe? 你能一斧子将这块木柴劈成两半吗? ❷[C]中风;晕厥;(疾病等的)突然发作:a sun *stroke* 中暑 ❸[C;U](游泳、击球等连续动作的)一次:She can't swim yet but has made a few *strokes* with her arms. 她还不会游泳,但已经能用胳膊划几下了。❹[C](用钢笔、铅笔或毛笔等写字的)(一)画,(一)笔;(字的)笔画:She crossed out his name with a light *stroke*. 她轻轻一笔就把他的名字画掉了。❺[用单]运气、不幸、突发事件等的)一次,一回:This was a great *stroke* of fortune for them. 这对他们来说是一大幸事。

stroke² /strəuk/ *vt.* 抚摸;轻抚,爱抚;轻捋:Then, with dim, compassionate fingers, she *stroked* his head. 她似有若无地用手轻轻抚弄他的头发,指间充满怜爱。

stroll /strəul/ I *vi.* 漫步,散步,闲逛,溜达:Don't *stroll* on the lawn. 别在草坪上闲逛。II *n.* [C]漫步,散步,闲逛,溜达:Would you like to take a little *stroll* with me? 你想不想和我一起去溜达一会儿？

strong /strɒŋ/ *adj.* ❶有劲的，力气大的；(肌肉)强劲的：She is not *strong* enough to lift that heavy box. 她没那么大劲儿提起那只重箱子。❷(思想、意志等)坚定的，坚强的：We took a *strong* stand on this issue. 在这个问题上，我们立场很坚定。❸强大的，富强的；有影响力的：a *strong* government 强有力的政府 ❹强健的，健壮的；[无比较级](病人)康复的，复原的：When he smiled he showed a row of *strong* white teeth. 他一笑便露出了一排雪白健康的牙齿。❺(溶液或饮料等)浓烈的，烈性的；【化】强的，浓的：a *strong* beer 烈性啤酒 / a *strong* salt solution 浓盐溶液 ‖ **'strong·ly** *adv.*

struc·tur·al /'strʌktʃ°r°l/ *adj.* [无比较级][作定语]结构的；结构上的，构造上的：*structural* faults 结构上的缺点

struc·ture /'strʌktʃə/ **I** *n.* ❶[U](建筑物等的)构造；结构：The *structure* of the new church is artfully artless. 新建教堂的结构是拙中见巧。❷[C]建筑物：one of the most famous *structures* in the world 世界最著名的建筑物之一 ❸[C]体系；组织，机构：re-build a *structure* of values 重建价值体系 **II** *vt.* ❶建造；构成，形成…的结构(或体系、机构、组织等)：The male is *structured* for aggressive competition. 雄性的体形结构适合进行攻击性的竞争。❷组建，建立；安排，设计；制订：*structure* a teaching programme 设计一个教学计划

strug·gle /'strʌg°l/ **I** *vi.* ❶斗争，搏斗；争夺；扭打：*struggle* against difficulties 与困难作斗争 ❷努力，奋斗；使劲，尽力；挣扎：He *struggled* from the bed. 他勉强从床上爬起来。❸艰难地行进：He *struggled* across a continent with them in defeat. 他同他们在败退中跟跄地越过一大片陆地。**II** *n.* ❶[C]斗争，搏斗；争夺；扭打：a class *struggle* 阶级斗争 ❷[通常用单]努力，奋斗；使劲，尽力；挣扎：You know what a *struggle* I've had all these years. 要知道这些年来我是怎么过来的。

stub /stʌb/ *n.* [C] ❶树墩，树桩；(牙齿的)

残根 ❷(铅笔等用后的)残余物；残端；烟蒂：My crayon has been worn down to a *stub*. 我这支彩色粉笔已用得只剩下个粉笔头了。❸(支票或收据等的)票根，存根：the cheque *stub* 支票存根

stub·ble /'stʌb°l/ *n.* [U]胡须茬；头发茬：three days' *stubble* on the chin 下巴上三天没刮的胡须茬 ‖ **'stub·bled** *adj.* —**'stub·bly** *adj.*

stub·born /'stʌb°n/ *adj.* ❶固执的，顽固的；犟的：My younger brother is really *stubborn* as a mule. 我弟弟可真是头犟驴。❷顽强的，刚毅的；倔强的；不动摇的：*stubborn* determination 坚定的决心 ❸难克服的；难对付的；(疾病)顽固性的，难治愈的：The door is a bit *stubborn*, you have to push hard. 这门有点难开(或关)，你得用力推。‖ **'stub·born·ly** *adj.* —**'stub·born·ness** *n.* [U]

stu·dent /'stjuːd°nt/ *n.* [C] ❶(大中学校的)学生：a (post-)graduate *student* 研究生 ❷研究者，学者：You have to be a bit of a *student* of classic music. 你得懂点古典音乐。

stu·di·o /'stjuːdiəu/ *n.* [C]([复]-os) ❶(画家、摄影师、雕塑家等的)(艺术)创作室；工作室 ❷(音乐、舞蹈、戏剧等艺术表演的)排练场：a dance *studio* 舞蹈排练场 ❸(电影的)制片厂；摄影棚：She soon won a contract with a Hollywood *studio*. 她很快与好莱坞的一家电影厂签了约。❹(广播电视的)播音室，演播室；录音棚；录像室：He is now in the *studio* working on his latest album. 目前，他正在录音棚里播他的最新唱片集。

stu·di·ous /'stjuːdiəs/ *adj.* ❶勤奋的，好学的，用功的：You're so *studious* that you will surely pass the exam. 你这么用功，这次考试准能通过。❷有意的，特意的，故意的：His report was obviously prepared with *studious* care. 他的报告显然是刻意精心准备的。❸仔细的，认真的；专心致志的：You should be more *studious* to read this essay. 你应该更仔细地阅读这篇文章。‖ **'stu·di·ous·ly** *adv.* —**'stu·di·ous·ness** *n.* [U]

stud·y /'stʌdi/ I n. ❶[U](尤指通过书本的)学习,求知:It takes hard *study* to make the grade in school. 在学校必须努力用功才会有好成绩。❷[常作~s](中小学校、大学的)学业;科目,课程,学科:Biology is the *study* of living things. 生物学是研究生命物体的学科。❸[C]研究;调查;探讨:We have made a close *study* of the habits of bees. 我们已对蜜蜂的习性进行了一番仔细的研究。❹[C]论文;研究(或调查)报告;研究成果:We have already read your *study* of insects with great interest. 我们已饶有兴趣地读了你有关昆虫的论文。❺[C]书房,书斋 II v. ❶学,学习,攻读;研读,钻研:My husband *studied* chemistry at university. 我丈夫大学时学的是化学。❷仔细研究;详细察看;认真调查:We *studied* the document line by line. 我们逐行仔细研究了这份文件。

stuff /stʌf/ n. [U] ❶原料,材料;素材,资料:Our adventures can make the *stuff* of a stirring novel. 我们的冒险经历可以成为一部激动人心的小说素材。❷物质;东西,物品:I put all that *stuff* into my cupboard. 我把所有那些东西全放进了橱柜里。❸财物,财产;行李;设备,装备:She asked him to remove his *stuff* from the room. 她要他将他自己的财物从屋里搬走。

stuff·ing /'stʌfiŋ/ n. [U] ❶(填充垫子、枕芯等的)(软性)填充料;填塞物 ❷(烹饪用的)填料,馅儿:I added peanuts to the turkey *stuffing*. 我在火鸡填料中加了花生。

stuff·y /'stʌfi/ adj. ❶(房间)不通风的,不透气的;(房间里的空气)混浊的,不新鲜的:the warm *stuffy* wet air 暖湿混浊的空气 ❷(鼻子)堵塞的,不通的:The cold made my nose *stuffy*. 我因感冒而鼻塞。❸单调乏味的,枯燥的;沉闷的:Surprisingly, the magazine became rather *stuffy*. 没想到,这本杂志竟变得很乏味了。❹自负的,妄自尊大的 ❺(人)古板守旧的;一本正经的:It would be difficult to find a *stuffier* man. 恐怕很难找到一个更古板守旧的人了。‖ **'stuff·i·ness** n. [U]

stum·ble /'stʌmbl/ vi. ❶绊倒,绊跌;失足摔倒:He was drunk and he *stumbled* on the bottom step. 他喝醉了,在最后一段阶梯上摔倒了。❷磕磕绊绊地走;跟跄而行:She *stumbled* into the bedroom. 她跌跌撞撞地走进了卧室。❸吞吞吐吐地讲话,结结巴巴地说话;断断续续地演奏:She was nervous and *stumbled* through a piece by Chopin. 她很紧张,断断续续地勉强演奏完了一首肖邦的曲子。❹偶然发现;碰巧遇到(on,upon,onto,across):We *stumbled* across the entrance to an underground passage. 我们偶然发现一条地下通道的入口。‖ **'stum·bler** n. [C]

stun /stʌn/ vt. (stunned;stun·ning) ❶打昏,使昏迷,使失去知觉:The guard was *stunned* by the robber. 门卫被强盗打昏了。❷使震惊,吓懵,吓呆;使惊叹:I was *stunned* to discover that my handbag had been stolen. 我发现自己的手提包被偷,大吃一惊。

stu·pen·dous /stjuː'pendəs/ adj. (尤指规模或程度)巨大的;了不起的,令人惊叹的:a *stupendous* field of grass 辽阔的草场/*stupendous* debts 巨额债务

stu·pid /'stjuːpid/ adj. ❶愚蠢的,笨的;呆头呆脑的:a *stupid* mistake 愚蠢的错误 ❷没趣的,乏味的,无聊的:It's the *stupidest* story I've ever heard. 这是我所听到的故事中最没劲的了。❸〈口〉倒霉的;讨厌的,恼人的:Why don't you throw away that *stupid* hat? 你干吗不把那顶破帽子扔掉?‖ **stu·pid·i·ty** /stjuː'piditi/ n. [U]—**'stu·pid·ly** adv.

☆**stupid,crass,dense,dull,dumb** 均有"愚笨的,迟钝的"之意。**stupid** 指天生呆头呆脑或一时反应迟钝,带有糊涂或愚蠢的意味:He is too *stupid* to know what's good for him. (他太笨了,不懂得什么对他好什么对他不好。)**crass** 指思维粗糙,缺乏分析、辨别或评价的能力:I am sorry I was so *crass*. (我为我的愚钝感到抱歉。)**dense** 指笨头笨脑、理解力差、不开窍:The boy was be too *dense* to take a hint. (这个男孩太笨了,不

懂暗示。）dull 表示因过度疲劳、疾病、抑郁或震惊等而反应慢、愚钝、缺乏生气：Father was too *dull* to be able to solve such a simple problem. （父亲太愚钝了，以至于连这么简单的问题都解决不了。）dumb 为口语中的轻蔑用词，指理解力太差或愚不可及到了令人恼怒的地步：Get out of the way, you *dumb* idiot. （滚开，你这蠢货!）

stur·dy /'stɜːdi/ *adj.* ❶强壮的，健壮的：a *sturdy* young man 健壮的小伙子 ❷结实的；坚固的：*sturdy* oak tables 结实的橡木桌子 ❸坚定的，坚决的；坚毅的，坚强的：a *sturdy* opponent 顽强的对手 ‖ **'stur·di·ly** *adv.* — **'stur·di·ness** *n.* [U]

style /stail/ *n.* ❶[C;U]样式，款式；种类，类；类型：be different in *style* 款式不同 ❷[C]（做事、写作、言谈等的）方式，方法：Your *style* of speaking annoyed her. 你的说话方式惹恼了她。❸[U]流行式样；时髦，时尚

styl·ish /'stailiʃ/ *adj.* 流行的，新潮的，时尚的：*stylish* furniture 时兴家具

styl·ist /'stailist/ *n.* [C]设计师 ‖ **sty·lis·tic** /stai'listik/ *adj.* — **sty'lis·ti·cal·ly** /-kᵊli/ *adv.*

sub /sʌb/ **I** *n.* [C]〈口〉❶潜艇：a nuclear *sub* 核潜艇 ❷替代者，替身；替代物，替代品；（体育比赛中的）替补队员：Your class had a *sub* yesterday. 你们班昨天来了个代课老师。**II** (subbed;sub·bing) *vi.* 替代，替换；做替身(for)：Who will *sub* for Ted? 谁来替换特德？

sub- /sʌb,səb/ *pref.* ❶表示"下面"，"在底下"：*sub*terranean, *sub*way ❷表示"亚"；"近于"，"略微"：*sub*human ❸表示"副"，"次"，"小"；"分支"，"下属的"：*sub*continent, *sub*committee, *sub*plot

sub·con·scious /sʌb'kɒnʃəs/ **I** *adj.* [无比较级]下意识的，潜意识的：Nail-biting is often a *subconscious* reaction to tension. 咬指甲往往是心理紧张时的下意识动作。**II** *n.* [U]下意识，潜意识：Freud's theory of the *subconscious* 弗洛伊德的潜意识论 ‖ **sub'con·scious·ly** *adv.*

sub·due /səb'djuː/ *vt.* (-dued;-du·ing) ❶征

服；制服：Rome *subdued* Gaul. 罗马征服了高卢。❷克制；抑制：*subdue* one's tear 忍住泪水 / *subdue* one's anger 压住怒火

sub·ject I /'sʌbdʒikt/ *n.* [C]❶题材，主题；题目；问题；话题：Love remains a favourite *subject* for novels. 爱情仍然是最受欢迎的小说题材。❷学科，科目；课程：take a *subject* 修习一门课程 ❸（事情或动作的）经受者；目标，对象：She was the *subject* for a number of Rodin's sculptures. 她是罗丹众多雕塑的模特。❹【语】主语：the *subject* and the predicate 主语和谓语 **II** /'sʌbdʒikt/ *adj.* ❶[无比较级]臣服的，隶属的；被统治的；受支配的(to)：You know I am *subject* to nobody. 你知道我是不会屈服于任何人的。❷易受…的；易患…的；可能会…的(to)：Japan is *subject* to earthquakes. 日本是个地震多发的国家。❸（由…）决定的(to)：His hiring is *subject* to your approval. 他的录用与否取决于你是否同意。**III** /səb'dʒekt/ *vt.* ❶使臣服；使服从；使受制约(to)：The manager tried to *subject* the whole company to his own will. 经理试图让整个公司的人都服从他个人的意愿。❷使遭受；使经历，使经受(to)：These products are *subjected to* strict tests before leaving the factory. 这些产品须经过严格的检验才能出厂。‖ **sub·jec·tion** /səb'dʒekʃᵊn/ *n.* [U]

sub·jec·tive /səb'dʒektiv/ *adj.* [无比较级]❶主观(上)的；出于主观想法的：Meaning has both an objective component and a *subjective* component. 意义既有客观成分又有主观成分。❷个人的，私人的：*subjective* experience 个人经验 ‖ **sub'jec·tive·ly** *adv.* — **sub·jec·tiv·i·ty** /ˌsʌbdʒek'tiviti/ *n.* [U]

sub·li·mate /'sʌbliˌmeit/ *vt.* 使升华：The original love is *sublimated* towards a more balanced ideology which embraces family, security, ambition. 本能之爱被升华为一种更加均衡地把家庭、安全感和理想融合在一起的观念。‖ **sub·li·ma·tion** /ˌsʌbli'meiʃᵊn/ *n.* [U]

sub·lime /sə'blaim/ *adj.* ❶至高的，崇高

的；高尚的；高贵的：*sublime* devotion 崇高的奉献 ❷令人敬畏的：She never got on with Dad, he was too *sublime*. 她跟爸爸合不对脾气，他太令人敬畏了。❸卓越的，出众的；极好的；极美妙的：The book contains *sublime* descriptive passages. 书中有很多精彩的描述。

sub·ma·rine /ˌsʌbməˈriːn, ˈsʌbməˌriːn/ *n.* [C]潜(水)艇：a nuclear-powered *submarine* 核潜艇

sub·merge /səbˈmɜːdʒ/ *v.* ❶浸泡；浸没：Did you *submerge* the clothes in the sudsy water? 你把衣服泡进肥皂水里了吗？❷淹没：The fields were *submerged* by the flood. 农田被洪水淹没了。❸湮灭，埋没；隐藏，隐瞒：Certain facts were *submerged* by the witness. 有些事实被证人隐瞒了。‖ **sub·mer·gence** /-dʒ°ns/ *n.* [U]—**sub·mer·sion** /-ˈmɜː°n/ *n.* [U]

sub·mis·sion /səbˈmɪʃ°n/ *n.* ❶[U]屈服，服从；投降，归顺：be brought [forced] into *submission* 被迫屈服 / be in total *submission* to sb. 完全听命于某人 ❷[U]上交，提交，呈递：the *submission* of applications 申请书的提交

sub·mis·sive /səbˈmɪsɪv/ *adj.* 谦恭的；恭顺的，顺从的；屈服的：Tom stood perfectly *submissive*. 汤姆低声下气地站着。

sub·mit /səbˈmɪt/ (-mit·ted;-mit·ting) *vi.* 屈服，服从；归顺，投降(*to*)：*submit* to the rules of regulations of the school 遵守学校的规章制度—*vt.* ❶[~ oneself]使屈服，使服从；使归顺：We *submitted ourselves* to their wishes. 我们只好按他们的意愿行事。❷提交，呈递：*submit* a resignation 递交辞呈

sub·or·di·nate I /səˈbɔːdɪnət/ *adj.* ❶下级的，下属的；从属的，隶属的：He is *subordinate* to the manager of our company. 他的地位仅次于我们公司经理。❷次要的：a *subordinate* role 次要角色 ❸【语】从属的；从句的：a *subordinate* construction 从属结构 II /səˈbɔːdɪnət/ *n.* [C] ❶下级，下属 ❷从属物，附属物 ‖ **sub·or·di·na·tion**

/ˌsəˌbɔːdɪˈneɪʃ°n/ *n.* [U]

sub·scribe /səbˈskraɪb/ *v.* ❶订阅，订购(*to, for*)：We didn't *subscribe* to cable television. 我们没有申请安装有线电视。❷捐款；捐助，捐赠；认捐；认购(*to*)：*subscribe* to a relief fund 为救灾基金捐款 ❸同意，赞许，赞同(*to*)：We do not *subscribe* to the view. 我们不赞成这种观点。‖ **sub·scrib·er** *n.* [C]

sub·scrip·tion /səbˈskrɪpʃ°n/ *n.* ❶[C；U]捐助(款)；捐赠(款)；认捐(款)；认购(额)：a *subscription* of over 5,000 dollars 一笔5 000 多美元的捐款 ❷[C](报纸、杂志等的)订阅(费)；订购(款)：The yearly *subscription* of the magazine is £80. 这份杂志的年订费是 80 英镑。

sub·se·quent /ˈsʌbsɪkw°nt/ *adj.* [无比较级]后继的，随后的；接连的，连续的(*to*)：The changes are causally *subsequent* to development. 这些变化是发展带来的必然结果。‖ **'sub·se·quent·ly** *adv.*

sub·ser·vi·ent /səbˈsɜːvɪ°nt/ *adj.* ❶卑躬屈膝的；唯命是从的；屈服的，服从的：He was *subservient* and eager to please his girl-friend. 他一味迁就，急于要讨好女友。❷附属的，从属的；次要的：A good leader's policies must be *subservient* to the needs of the people. 一个好领导的政策必须满足人民的需要。‖ **sub'ser·vi·ence** *n.* [U]

sub·side /səbˈsaɪd/ *vi.* ❶(洪水等)减退，下降：The flooded river was *subsiding* slowly. 泛滥的河水正在慢慢地消退。❷(情绪或风雨等)减弱；平息，平静：The storm seems to be *subsiding*. 暴风雨似乎要转弱了。‖ **sub·sid·ence** /-ˈsaɪd°ns, ˈsʌbsɪd°ns/ *n.* [U]

sub·sid·i·ar·y /səbˈsɪdɪəri/ I *adj.* [无比较级] ❶隶属的，附属的：*subsidiary* organs 附属机构 ❷辅助(性)的；次要的：a *subsidiary* question 次要问题 II *n.* [C] ❶辅助者，助手，副手 ❷附属物；附件，配件

sub·si·dy /ˈsʌbsɪdi/ *n.* [C] ❶补贴，补助：reduce price *subsidies* 减少价格补贴 ❷资助，拨款

sub·sist·ence /səbˈsɪst°ns/ *n.* [U] ❶生存，

维持生活：We produce food only for our own *subsistence*. 我们生产食品只是为了自己填饱肚皮。❷最低的生活供给：My salary provides a mere *subsistence*. 我的收入只够生活费。

sub·stance /'sʌbstˀns/ *n.* ❶[U]实质，本质；form and substance 形式与本质 ❷[C]物质；材料；(泛指)事物，东西：metallic *substances* 金属材料 ❸[U]实质内容：The *substance* is more important than the form. 内容比形式更重要。❹[U]主题，要旨；概要：The *substance* of his speech is as follows. 他讲话的主要内容如下。

sub·stand·ard /ˌsʌbˈstændəd/ *adj.* 〔无比较级〕❶低于标准的，不符合标准的；低劣的，质次的：His boss considered his work *substandard*. 他的老板认为他的工作不符合标准。❷(语言)不标准的，不规范的：*substandard* French 不规范的法语

sub·stan·tial /səbˈstænʃˀl/ *adj.* ❶大量的，大规模的，数目可观的：a *substantial* majority 绝大多数 / a *substantial* amount of money 一大笔钱 ❷实在的，真实的，现实的 ❸坚固的，牢固的；结实的，坚实的，壮实的：The reservoir is *substantial* enough to last fifty years. 这座水库很坚固，足以用上50年。

sub·sti·tute /'sʌbstiˌtˈuːt/ **I** *n.* [C;U]替换者，代替者；替代物，替换物(*for*)：The coach sent in a *substitute* when his star player was injured. 当球星队员受伤后教练派了一名替补队员上场。**II** *v.* 代替，替换；接替，替代(*for*, *with*)：*substitute* y *for* x in the equation 在等式中用 *y* 替换 *x* ‖ **sub·sti·tu·tion** /ˌsʌbstiˈtuːʃˀn/ *n.* [U]

sub·ti·tle /'sʌbˌtaitˀl/ **I** *n.* [C]❶副标题；小标题 ❷(尤指译制电影或电视的)对白字幕 **II** *vt.* ❶给…加副标题(或小标题) ❷为…加上对白字幕

sub·tle /'sʌtˀl/ *adj.* ❶隐约的，依稀的；稀薄的；清淡的：This soup tastes *subtle*. 这道汤口味清淡。❷奥妙的，深奥莫测的；隐晦的：a *subtle* symbol 奥秘的符号 ❸微妙的，难以捉摸的：She is too *subtle* for you. 你捉

摸不透她。❹诡秘的，狡诈的：Advertisements persuade us to buy things in very *subtle* ways. 广告总是用非常巧妙的方式诱使我们购买东西。‖ **'sub·tly** *adv.*

sub·tract /səbˈtrækt/ *v.* 减去，减掉；减少：Five *subtracted* from seven equals two. 7 减去 5 等于 2。‖ **sub·trac·tion** /-ˈtrækʃˀn/ *n.* [U;C]

sub·urb /'sʌbəːb/ *n.* [C]❶城郊住宅区，近郊住宅群 ❷[the ~s]城郊，郊区：in the *suburbs* of New York 在纽约郊区 ‖ **sub·ur·ban** /səˈbəːbˀn/ *adj.*

sub·ur·bi·a /səˈbəːbiə/ *n.* [U]郊区，城郊，近郊：in the heart of *suburbia* 在城郊的中心地带

sub·way /'sʌbˌwei/ *n.* [C;U]❶地铁：go by *subway* 乘地铁 ❷(主英)地下通道

suc·ceed /səkˈsiːd/ *v.* ❶奏效，取得成效：Our efforts *succeeded*. 我们的努力取得成效。❷成功，做成，办妥；达到目的(*in*)：If you keep on trying, you'll *succeed* in the end. 你只要继续努力，终会成功的。❸继承；继任，继位(*to*)：*succeed to* the throne 继承王位

☆**succeed, flourish, prosper, thrive** 均有"成功，顺利进行"之意。**succeed** 指事业、计划等取得有利或良好的结果或达到理想的目的：Police have finally *succeeded* in arresting the murderer. (警察终于成功地逮住了凶手。) **flourish** 表示人或事物处于最佳状态或发展的顶峰时期，带有繁盛、蓬勃兴旺的意味：This species of flower *flourishes* in a warm climate. (这种花在温暖的气候中生长茂盛。) **prosper** 常指事业成功、生意兴隆或生长发育良好，带有繁荣昌盛的意味，多用于经济方面：The business of this family has *prospered* well. (这个家族的生意很兴隆。) **thrive** 尤指因条件有利而蓬勃发展或健康生长，多用于有生命的事物或被看作生命的无生命事物：Tropical plants *thrive* in a greenhouse. (热带植物在温室里茂盛地生长。)

suc·cess /səkˈses/ *n.* ❶[U]成功；成就；胜利：Hard work is the key to *success*. 勤奋是

成功的钥匙。❷[U]发达,发迹;兴旺;升迁:I wanted my *success* when I was young. 我希望年轻时就能功成名就。❸[C]成功的事物;取得成就的人:She was not a *success* as an actress. 她并不是一位出色的演员。

suc·cess·ful /səkˈsesfʳl/ *adj.* ❶成功的;达到预期目的的:I was *successful* in arranging an interview with the general manager for you. 我已经替你安排好跟总经理见面的事儿。❷奏效的,有成效的:a *successful* attempt to quit smoking 卓有成效的戒烟努力 ‖ sucˈcess·ful·ly *adv.*

suc·ces·sion /səkˈseʃn/ *n.* ❶[U]连续,接连:Dishes were served in *succession*. 菜一道接一道上。❷[C](连续的)一连串人;(接连发生的)一系列事件:He worked for a *succession* of companies. 他曾在多家公司工作过。❸[U]继承;继任;接替(*to*):the order of *succession* to the throne 王位的继承顺序

suc·ces·sive /səkˈsesiv/ *adj.* [无比较级]接连的,连续的:*successive* temperature increments 连续不断的升温 ‖ sucˈces·sive·ly *adv.*

suc·ces·sor /səkˈsesəʳ/ *n.* [C] ❶后继事物,接替物:Intel introduced a year later the *successor* of the 8008, the 8080. 英特尔公司一年后推出了 8008 的换代产品——8080。❷继承人;继任者,接替者:a possible *successor* to the throne 有可能继承王位者

suc·cinct /səkˈsiŋkt/ *adj.* 简洁的,简短的,精练的,扼要的:His answers were always *succinct* and direct. 他的回答简明扼要,切中要害。‖ sucˈcinct·ly *adv.* —sucˈcinct·ness *n.* [U]

suc·cu·lent /ˈsʌkjulʳnt/ I *adj.* ❶(水果、肉类等)多汁的;美味的:*succulent* plums and peaches 汁多味美的李子和桃子 ❷[无比较级]【植】肉质的 II *n.* [C]【植】(仙人掌等)多汁植物,肉质植物 ‖ ˈsuc·cu·lence, ˈsuc·cu·lency *n.* [U]

such /sʌtʃ/ I *adj.* ❶这种的,这类的:I have never heard *such* stories as he

tells. 我从未听过像他讲的这种故事。❷如此等等的,诸如此类的,类似的:*Such* good luck intoxicated him. 诸如此类的幸运使他飘飘然。❸如此(程度)的,这么的,那么的:I'm not *such* a fool *as to* believe them. 我不会蠢到会相信他们。II *adv.* ❶这么地,如此,那么:*such* a nice book 那么好的一本书 ❷以这种方式地,以此方法地 III *pron.* ❶类似的人(或事物),诸如此类的人(或事物):I bought some food— bread and milk and *such*. 我买了点吃的东西——面包、牛奶以及诸如此类的食品。❷这样的人(或事物),此类的人(或事物):*Such* are the results. 结果就是这样。‖ *such as conj.* & *prep.* ❶像…这样的,如…那样的;诸如…之类的:Here is a pleasant shade *such as* shepherds love. 这里有块宜人的树阴,正是牧羊人所喜欢的。❷例如,比如:He had many pastimes, *such as* reading and chess. 他有许多业余爱好,比如看书和下棋。*such... that conj.* 如此…以至于:He received *such* a shock *that* he nearly passed out. 他受了这么大的打击后差点就晕过去了。

suck /sʌk/ *v.* ❶吸食(汁液);吮吸(乳汁):You can *suck* the yoghurt out of the bottle through a straw. 你可以用吸管来喝瓶子里的酸奶。❷吸入,吸取:Plants *suck* moisture from the air. 植物从空气中吸取水分。❸含吮,舔食,咂,嗍:*suck* an acid sweetie 嗍甜酸蜜饯

sud·den /ˈsʌdʳn/ *adj.* [无比较级]❶突然的,忽然的;意外的;突发的:Her marriage was very *sudden*. 她的结婚太意外了。❷迅速的,快的:a *sudden* drop in the temperature 气温的骤降 ‖ ˈsud·den·ly *adv.* —ˈsud·den·ness *n.* [U]

sue /sʲuː/ *v.* ❶【律】提起诉讼,控告(*for*):They can not afford a lawyer to *sue* in this civil case. 他们请不起律师打这场民事官司。❷恳求,请求;祈求;要求:*sue* for damages 要求赔偿 / *sue* for mercy 求饶

suf·fer /ˈsʌfəʳ/ *v.* ❶遭受,蒙受:The people of the ghetto *suffer* most of the crime in the city. 贫民区里的居民是这座城市中犯

罪的主要受害者。❷患(病):*suffer a heart attack* 患心脏病 ❸经历,经受:*suffer a change* 经历变革 ❹容忍;允许,容许:I had to *suffer* her complaining for more than an hour last night. 昨天晚上,我只好忍着听她发了一个多小时的牢骚。‖ **'suf·fer·er** *n.* [C]

suf·fer·ing /'sʌfəriŋ/ *n.* ❶[U]受苦,遭难:The famine caused the great hardship and *suffering*. 饥荒带来极大的艰难困苦。❷[常作～s]苦难的经历;令人痛苦的事情;苦难:the *sufferings* of the slaves 奴隶们遭受的苦难

suf·fi·cient /sə'fiʃ°nt/ *adj.* [无比较级]充足的,足够的:It should be *sufficient* for three people. 这应该够三个人用。‖ **suf'fi·cien·cy** *n.* [U]—**suf'fi·cient·ly** *adv.*

suf·fix I /'sʌfiks/ *n.* [C]【语】后缀,词尾 II /'sʌfiks,sə'fiks/ *vt.*【语】加…作后缀;加后缀于 ‖ **suf·fix·a·tion** /ˌsʌfik'seiʃ°n/ *n.* [U]

suf·fo·cate /'sʌfəˌkeit/ *v.* ❶(使)窒息;(使)闷死:The man *suffocated* him with a cushion over his mouth. 那人用垫子捂住他的嘴,将他闷死了。❷(使)产生窒息感,(使)感到压抑:The hot classroom is *suffocating* the students. 闷热的教室让学生们喘不过气来。❸扼制,压制:The press was obviously *suffocated* by the Party. 新闻界显然是受到了该党的扼制。‖ **suf·fo·ca·tion** /ˌsʌfə'keiʃ°n/ *n.* [U]

sug·ar /'ʃugəʳ/ *n.* ❶[U]糖,食糖:coffee black with no *sugar* 不加糖的咖啡 ❷[C]一块糖;一勺糖:I'd like two *sugars* for my coffee. 我想在咖啡里加两勺糖。‖ **'sug·ar·less** *adj.*—**'sug·ar·y** *adj.*

sug·gest /sə'dʒest/ *vt.* ❶提议,建议;推荐:The teacher *suggested* several solutions to the problem. 老师提出了几种解决该问题的方法。❷暗示;(间接地)表明:Smoke *suggests* fire. 有烟就有火。

☆ **suggest, hint, imply, insinuate, intimate** 均有"意指,暗示"之意。**suggest** 常指人们通过联想、提醒或提示使人想到某种观念或可能性:The white look on her face *suggested* ill-

ness. (从她苍白的脸色可以看出她病了。) **hint** 常指给以模糊的暗示或提供细微的线索,带有间接提醒的意味:He *hinted* that he was interested in the position. (他暗示自己对这一职位有兴趣。) **imply** 指不是公开或明确地说出某一想法或事情,而是用某种含蓄的方法来暗含这一想法或事情,往往要进行逻辑推理才能明白:Silence sometimes *implies* consent. (有时沉默暗示着赞同。) **insinuate** 尤指诡秘地、含沙射影地说出或旁敲侧击地指出令人不快的事情,常用于贬义:Are you *insinuating* that she is cheating me? (你是否暗示她在欺骗我?) **intimate** 提供的暗示比 hint 更不易捉摸,侧重方式的微妙而不是缺乏坦诚:As a coward, he only dared to *intimate* his feelings. (他很胆小,不敢明白地表示自己的感情。)

sug·ges·tion /sə'dʒestʃ°n/ *n.* ❶[U;C]建议,提议;意见:Your father made a *suggestion* that we talk over the matter. 你父亲建议我们就此事谈谈。❷[U]暗示;细微的迹象:There was no *suggestion* that he was implicated in the conspiracy. 没有迹象表明他跟这起阴谋有牵连。

sug·ges·tive /sə'dʒestiv/ *adj.* [无比较级] ❶提示的,暗示的;引起联想的:The painting is *suggestive* of 19th-century New York. 这幅画让人想起19世纪的纽约。❷启发性的;富于暗示的:This fact is *suggestive*. 这一事实发人深省。‖ **sug'ges·tive·ly** *adv.*

su·i·cide /'s^ju:iˌsaid/ *n.* ❶[U]自杀:The number of *suicides* has increased drastically in recent years. 近年来自杀人数急剧上升。❷[C]自杀者;自杀行为:the high incidence of *suicides* 很高的自杀发生率

suit /s^ju:t/ I *n.* [C] ❶套装;套裙:a skirt *suit* 套裙 ❷(衣服、盔甲或篷帆等的)(一)套;(一)副;(一)组:a dark *suit* of clothes 一套深色衣服 II *vt.* ❶使适合,使适宜;使符合(*to*):The book is *suited* to freshmen. 这本书适合大学一年级学生。❷[不用进行时态和被动语态]适合,符合:Black *suits* you. 你穿黑颜色衣服好看。

suit·a·ble /'s^ju:təb°l/ *adj.* 适合的,适当的;

适宜的；符合的；适用的(to, for)：The job was just *suitable to* him. 那活儿正适合他去干。‖ **suit·a·bil·i·ty** /ˌsuːtəˈbiliti/ *n.* [U]—'**suit·a·bly** *adv.*

suit·case /ˈsuːtˌkeis/ *n.* [C] (旅行用的)(小)手提箱，小行李箱

suite /swiːt/ *n.* [C] ❶(同一类物品的)(一)套；(一)组；(一)系列：a *suite* of furniture 一套家具 ❷套房：a bridal *suite* 结婚套房 ❸/sjuːt/ 成套家具：a bedroom *suite* 一套寝具

sulk /sʌlk/ *vi.* 生闷气，愠怒：*sulk* over [about, at] losing the game 因输掉比赛而生气

sulk·y /ˈsʌlki/ *adj.* ❶生闷气的，怄气的：He is *sulky* with Bob about the new bike. 他因为新自行车的事在跟鲍勃怄气。 ❷阴沉的，阴郁的：*sulky* weather 阴沉沉的天气 ‖ '**sulk·i·ly** *adv.* —'**sulk·i·ness** *n.* [U]

sul·len /ˈsʌlən/ *adj.* ❶生闷气的，愠怒的，闷闷不乐的：He received merely a *sullen* glare. 他遭到的只是横眉冷对。 ❷(天气等)阴沉的，阴郁的：a *sullen* weather 阴郁的天气 ‖ '**sul·len·ly** *adv.* —'**sul·len·ness** *n.* [U]

sul·ly /ˈsʌli/ *vt.* ❶弄脏，污损：No speck of dirt *sullied* the white table cloth. 这块白桌布一尘不染。 ❷玷污：*sully* sb.'s reputation 玷污某人的名声

sul·try /ˈsʌltri/ *adj.* ❶湿热的；闷热的；酷热的，炎热的：a *sultry* summer afternoon 一个闷热的夏日下午 ❷感情热烈的；脉脉含情的；风骚的：*sultry* eyes 脉脉含情的双眸

sum /sʌm/ I *n.* [C] ❶总数，总额；总和：The *sum* of 4 and 5 is 9. 4 与 5 的和是 9。 ❷(一笔)款项(或金额等)：a *sum* of $50 一笔 50 美元的款项 ❸概要，要点：the *sum* of the conference 会议的要点 II *vt.* (summed; sum·ming) 计算…的总数，求…的和：*sum* the numbers in the vertical columns 求纵向各列的数字之和 ‖ *in sum adv.* 简言之；总之：The meeting was, *in sum*, a success. 总的来说，这次会议是成功的。*sum up v.* ❶(作)概述；(作)总结；(作)概括：To *sum up*, he is an honest man. 总之，他是个老实

人。❷估计；判断，评判：I *summed* him *up* as a kind man. 我觉得他是个好人。

sum·ma·rize, sum·ma·rise /ˈsʌmǝˌraiz/ *vt.* 概括，总结：*summarize* the main points in a few words 用几句话概括主要观点

sum·ma·ry /ˈsʌmǝri/ I *n.* [C]概要；摘要；总结：a plot *summary* 剧情概要 II *adj.* [无比较级][作定语] ❶简要的，概括的；总结性的：a *summary* description 概述 ❷立刻的，迅即的，即刻的：a *summary* disposition 果断的性格

sum·mer /ˈsʌmǝ/ *n.* [U;C]夏天；【天】(夏至到秋分之间的)夏季：in (the) *summer* 在夏天 ‖ '**sum·mer·y** *adj.*

sum·mit /ˈsʌmit/ *n.* [C] ❶山顶，山峰：the *summit* of the mountain 山顶 ❷巅峰，最高点，顶点，极点：The *summit* of his ambition is to be a lawyer. 当律师是他最大的抱负。❸首脑会议，最高级会议，峰会：at annual e-conomic *summit* 在每年一度的经济峰会上 ☆ **summit, acme, apex, climax, peak, pinnacle, zenith** 均有"最高点，顶点"之意。**summit** 为比较正式用词，表示山的最高峰或顶点，也可喻指最高水平：The climbers reached the *summit* of Mount Qomolangma this morning. (今晨攀登者们登上了珠穆朗玛峰峰顶。)**acme** 常指事物在质量上达到的完美状态，多用于抽象意义：The statue of Venus was deemed the *acme* of beauty. (维纳斯雕像被认为是最完美的。) **apex** 指上升直线相交构成的角尖，如三角形的顶点，也可喻指顶峰或最高潮：Dutch culture reached its *apex* in the 17th century. (荷兰文化于 17 世纪发展到了顶峰。)**climax** 表示小说、戏剧或电影中逐渐形成的高潮，也可喻指某一事物在其上升过程中所达到的最高点：The *climax* of the film is a brilliant car chase. (这部电影的高潮部分是一个精彩的飞车追逐场面。) **peak** 为普通用词，通常指图示中的最高点，也可喻指某事物：Here the high *peaks* begin to rise from the plain. (在这里，高高的山峰拔地而起。) **pinnacle** 指教堂里的尖塔，现主要用于不稳固、不安全或令人眼花缭乱的顶点或顶峰：The *pinnacles* of the city is a beautiful and unique scene. (尖尖的小塔是这座城市一道美丽而独特的风景。) zenith 表示天顶或太阳运行过程中达到的最高点,也可喻指事物发展的最高点或极点,多用于褒义:She was forty years old and at the *zenith* of her career. (她在 40 岁时事业达到了顶峰。)

sum·mon /ˈsʌmˀn/ *vt.* ❶唤唤:*Summon* the police quickly! 快报警! ❷请求,要求;求助于:He *summoned* her to take a message. 他请她捎个口信。❸【律】传唤,传讯(被告或证人):*summon* a witness 传唤证人 ❹召集:The prime minister *summoned* an emergency meeting. 首相召集了一次紧急会议。❺唤起(*up*):The name didn't *summon up* his memory of the past. 这个名字并未唤起他对过去的记忆。‖ ˈsum·mon·er *n.* [C]

sum·mons /ˈsʌmˀnz/ *n.* [C] ([复] -mons·es) ❶召唤;命令:issue a *summons* 发布命令 ❷【律】传唤,传讯;传票:receive a *summons* 接到一张传票

sump·tu·ous /ˈsʌmˀptjuəs/ *adj.* ❶豪华的;奢侈的,奢靡的;昂贵的:*sumptuous* evening gowns 华贵的晚礼服 ❷丰盛的:a *sumptuous* feast 盛宴

sun /sʌn/ *n.* ❶[通常作 the ~]太阳:*The sun* is the centre of the solar system. 太阳是太阳系的中心。❷[C;U]阳光,日光;(太阳的)光热:The *sun* burned the fog off the ocean. 太阳发出耀眼的光芒,驱散了海上的大雾。

Sun. *abbr.* Sunday

sun·bathe /ˈsʌnˌbeið/ *vi.* 进行日光浴 ‖ ˈsun·bath·er *n.* [C]

sun·beam /ˈsʌnˌbiːm/ *n.* [C]太阳光,日光

sun·burn /ˈsʌnˌbɜːn/ I *n.* [C;U]【医】晒斑,晒伤:a lotion for *sunburn* 防晒霜 II (-burned 或 -burnt) *v.* 晒伤;晒黑,晒红:Several hours in the sun *sunburned* her severely. 在太阳下晒了几个小时,她被严重晒伤了。

Sun·day /ˈsʌndei, -di/ *n.* [U;C]星期日,星期天:On *Sunday* they go to church. 他们每星期天都去做礼拜。

sun·dry /ˈsʌndri/ *adj.* [无比较级][作定

语]各式各样的,形形色色的;杂多的,种种的;*sundry* objects 杂七杂八的各种物件

sun·flow·er /ˈsʌnˌflauə/ *n.* [C]【植】向日葵

sung /sʌŋ/ *v.* sing 的过去分词

sun·glass·es /ˈsʌnˌɡlɑːsiz/ *n.* [复]太阳镜,墨镜

sunk·en /ˈsʌŋkˀn/ *adj.* [无比较级]❶沉没的;浸没的:*sunken* ships 沉船 ❷低于表面的,下陷的:In his grounds there is a *sunken* rose garden. 他庭院里有一个凹下的玫瑰花园。❸(眼睛或双颊)凹陷的:Captain Beard had hollow eyes and *sunken* cheeks. 比尔德船长两眼空洞,双颊凹陷。❹(情绪)低落的:restore one's *sunken* spirits 振作精神

sun·light /ˈsʌnˌlait/ *n.* [C]阳光,日光:*Sunlight* streamed unhindered down the slope. 阳光毫无遮拦地洒下山坡。

sun·ny /ˈsʌni/ *adj.* ❶阳光灿烂的;阳光照射的;暖和的:Periods of *sunny* weather with an east wind seldom come and soon go. 东风吹拂、阳光和煦的时间极少,而且去得也急。❷开朗的;欢快的:the *sunny* faith 乐观信念

sun·rise /ˈsʌnˌraiz/ *n.* ❶[C;U]日出;朝霞,晨曦:The sky was brilliant with the *sunrise*. 天空被旭日照得绚丽多彩。❷[U]拂晓,黎明:We found the lost child at *sunrise*. 我们在黎明时分找到了那个走失的孩子。〔亦作 sun-up〕

sun·set /ˈsʌnˌset/ *n.* ❶[U]日落;傍晚,黄昏:The flower bud of a water lily opens at *sunset*. 睡莲的花蕾在傍晚时分绽开。❷[C]晚霞,夕阳,落日余晖:I like sitting on the beach watching the *sunset*. 我喜欢坐在海边看夕阳西下。

sun·shine /ˈsʌnˌʃain/ *n.* ❶[U]阳光,日光:The bright stream flashed in *sunshine*. 清澈的小溪在阳光下波光粼粼。❷[C]有阳光的地方,阳光照射的地方 ‖ ˈsun·shin·y *adj.*

sun·tan /ˈsʌnˌtæn/ I *n.* [C](皮肤的)晒黑:My brother wore a white T-shirt to show off his *suntan*. 我弟弟穿了一件白色 T 恤来

炫耀他晒黑的皮肤。II v. (-tanned;-tan·ning) (使)晒黑皮肤

su·per /'sju:pər/ adj. [无比较级] ❶〈口〉极好的,特棒的,顶好的:The film is super. 这片子棒极了。❷〈口〉极端的,过度的:a super realist 极端的现实主义者

su·per- /'sju:pər/ comb. form [用以构成名词、形容词和动词等] ❶表示"上","上方";"超","超出":superscript,superstructure,supernormal,superimpose ❷表示"极端","过度":superabundant,supereminent ❸表示"极好","特大","超级":supertanker,supercomputer,supermodel(超级名模)❹表示"更高级的":superclass

su·perb /sju:'pəːb/ adj. [无比较级] ❶隆重的,盛大的;庄严的;豪华的,奢侈的;高贵的:a superb train 豪华列车 ❷〈口〉极好的,特棒的,最佳的,一流的:This chocolate cake is really superb. 这巧克力蛋糕真是太好吃了。‖ su'perb·ly adv.

su·per·cil·i·ous /ˌsju:pə'siliəs/ adj. 轻蔑的,鄙视的;高傲的,傲慢的:a supercilious tone 高傲自大的口吻

su·per·fi·cial /ˌsju:pə'fiʃl/ adj. ❶[无比较级](仅限)表面的,外表的,浅表的:The light penetrates the superficial layers of water. 光穿过了水的表层。❷[无比较级]表面性的,表面上的,外表看来的:superficial changes 表面变化 ❸肤浅的,浅薄的,缺乏内涵的:I only have a superficial knowledge of Latin. 我对拉丁文只是略知皮毛。‖ su·per·fi·ci·al·i·ty /ˌsju:pəˌfiʃi'æliti/ n. [U]—ˌsu·per'fi·ci·al·ly adv. [U]

su·per·flu·ous /sju:'pəːfluəs/ adj. [无比较级]多余的,过多的,过剩的:The companies shed superfluous manpower in an effort to become competitive. 该公司为了增强竞争力而裁减冗员。‖ su·per·flu·i·ty /ˌsju:pə'flu:iti/ n. [C]

su·per·im·pose /ˌsju:pərim'pəuz/ vt. ❶将…置于他物之上;强加于…之上:superimpose one's own views on the text of the committee' report 把自己的观点塞进委员会的报告中 ❷【摄】叠印,使(图像或文字

等)叠加于其他图像(或文字)之上:The picture showed her body, but with someone else's head superimposed on it. 这张照片上有她的身影,但被另外一个人的头挡住了。

su·per·in·tend /ˌsju:pərin'tend/ vt. 组织;指挥,主管;监督,监管:I will superintend the shop in Mr James' absence. 詹姆斯先生不在期间,店里由我负责。—vi. 组织;指挥,主管;监督,监管 ‖ ˌsu·per·in'tend·ence /-°ns/ n. [U]—ˌsu·per·in'tend·en·cy /-°nsi/ n. [U]

su·per·in·tend·ent /ˌsju:pərin'tend°nt/ n. [C] ❶组织者;指挥者,主管人,负责人;监督人,监管人:a division superintendent 部门负责人 ❷楼房管理员,看门人

su·pe·ri·or /sju:'piəriə,su-;sə-/ I adj. [无比较级] ❶(级别、地位等)高级的;上级的(to):the superior classes of a society 社会高层 ❷(质量等)上等的;优秀的(to):a superior grade of tea 优等茶叶 ❸(力量、大小、数量等)较大的;强大的;有优势的(to):The country stood superior in total nuclear warheads. 这个国家核弹头总数处于领先地位。II n. [C] ❶长官;上级;长者:yield to the wishes or will of a superior 服从长官的愿望或意志 ❷优胜者,优越者,有优势者:She is your equal like anything — probably your superior. 她哪一点也不比你差,也许还胜你一筹呢。‖ su·pe·ri·or·i·ty /sju:ˌpiəri'oriti,su-;sə-/ n. [U]

su·per·man /'sju:pəˌmæn/ n. [C]([复]-men /-ˌmen/) ❶【哲】完人,理想人,超人 ❷〈口〉(具有超凡力量或智慧的)超人:To succeed in such a task,you need to be a superman. 你得有超凡的能力才能顺利完成这样的任务。

su·per·mar·ket /'sju:pəˌmɑːkit/ n. [C]超(级)市(场),大型自选市场:Did you meet her at the supermarket? 你在超市碰到她了吗?

su·per·nat·u·ral /ˌsju:pə'nætʃ°rəl/ I adj. [无比较级]超自然的;神奇的;异常的:This is the most remarkable and supernatural sort of house! 这是一所最稀奇和最不可思

议的房子；II n. [the ～]超自然事物；超自然力量；超自然现象

su·per·sede /ˌsuːpəˈsiːd/ vt. ❶接替，接任；停止任用，使让位：It is said that John will probably *supersede* him as the headmaster. 听说约翰很有可能接替他当校长。❷(物)替换，取代；停止使用，搁置：Computers are easily *superseded*. 计算机的淘汰速度很快。

su·per·star /ˈsuːpəˌstɑːʳ/ n. [C](尤指文艺界或体育界的)超级明星，超级巨星：a basketball *superstar* 超级篮球明星

su·per·sti·tion /ˌsuːpəˈstiʃ⁰n/ n. [U;C]迷信，迷信观念(或说法、行为)：Only knowledge can dispel *superstition*. 只有知识才能破除迷信

su·per·sti·tious /ˌsuːpəˈstiʃəs/ adj. 迷信的，受迷信思想支配的：Darkness and strange blue streetlights made him *superstitious*. 黑暗与古怪的蓝色街灯使他疑神疑鬼。

su·per·vise /ˈsuːpəˌvaiz/ vt. 监管，监督；指导；管理；指挥：These workers are *supervised* by their own foreman. 这些工人归他们自己的工头管理。

su·per·vi·sion /ˌsuːpəˈviʒ⁰n/ n. [U]监管，监督；管理；指导：exercise an effective *supervision* over a large fund 对一笔巨款实施有效监督

su·per·vi·sor /ˈsjuːpəˌvaizəʳ/ n. [C]监督人；管理人；指导者 ‖ **ˈsu·per·vi·so·ry** /-z⁰ri/ adj.

sup·per /ˈsʌpəʳ/ n. ❶[C;U]晚餐，晚饭：Shall we have pasta for *supper* tonight? 我们今天晚上吃意大利面食好吗？❷[C](尤指以慈善活动为目的的)晚餐会

sup·ple /ˈsʌp⁰l/ adj. ❶柔韧的，柔软的；易弯的；灵活的：The old man is not *supple* enough to be able to touch the floor to get his stick. 那个老人身体僵硬，弯不下身去捡拐棍。❷机灵的，应变能力强的：have a *supple* mind 头脑灵活

sup·ple·ment I /ˈsʌplim⁰nt/ n. [C] ❶补给品；增补物，补充物；添加剂：The job will provide a *supplement* to my income. 干这个活儿可以额外增加我的收入。❷(书籍等的)补编；补遗；附录：a *supplement* to the *Oxford English Dictionary*《牛津英语词典》补编本 ❸(报纸或杂志的)增刊，副刊：The newspaper publishes a sports *supplement* every Friday. 该报每周五出一份体育副刊。II /ˈsʌpliment, ˌsʌpliˈment/ vt. 增补，补充：We can compare notes afterwards, and each will *supplement* the other. 以后我们可以交换意见，这样将会互相取长补短。‖ **sup·ple·men·tal** /ˌsʌpliˈment⁰l/ adj.

sup·ple·men·ta·ry /ˌsʌpliˈment⁰ri/ adj. [无比较级]补充的，增补的；附加的，添加的：The money we make from selling toys is *supplementary* to the income of our family. 我们卖玩具所挣的钱增加了家里的收入。

sup·ply /səˈplai/ I vt. ❶提供，供应：Electrical power in most cities is *supplied* by underground cables. 大多数城市都是由地下电缆供电的。❷为…提供，(将…)供应给(with)：We can *supply* you *with* enough food and drinking water. 我们可以给你提供足够的食物和饮用水。II n. ❶[U]提供，供应，供给：At present, *supply* can be effected only in small quantities. 目前仅能小批量供应。❷[U;C]供应量，供给量；批量，数量；【经】(与需求相对应的)供应：The *supply* is not adequate to the demand. 供不应求。❸[常作 **supplies**]供给物；储备，存货；(军队等的)给养，补给；必需品：You should take sufficient *supplies* with you when you are going camping. 你们去野营时应该带足必需品。‖ **sup·pli·er** n. [C]

sup·port /səˈpɔːt/ I vt. ❶支撑，承受；扶持：He was so drunk that had to be *supported* home. 他醉得一塌糊涂，只得由人扶着回家。❷支持；赞成；拥护：We *support* protests against cuts in education. 我们支持对削减教育经费的抗议。❸供养，抚养；赡养：John has to *support* two children from his previous marriage. 约翰要抚养和前妻所生的两个子女。❹证实(理论、罪行等)：What do you have to *support* what you say? 你有什么证据来支持你说的话？II n. ❶[U]支

撑,支承;承受;扶持:You have to get your arm bandaged to give it some *support*. 你得用绷带把胳膊包扎起来用住。❷[U]支持;支援;帮助;赞成,拥护;鼓励;安慰:economic *support* 经济援助 ‖ sup'port·er *n.* [C]—sup'port·a·ble *adj.* — sup·por·tive /sə'pɔːtiv/ *adj.*

☆ **support, advocate, back, champion, uphold** 均有"拥护,支持"之意。**support** 为普通用词,词义和使用范围很广,既可表示支撑某物,也可指积极支持或援助,还可表示只是赞同或认可而已:He has a big family to *support*.(他有一大家子人要养活。) **advocate** 指以口头或书面形式表示支持,强调力劝或吁请:He *advocates* a reduction in importation.(他提倡削减进口。) **back** 表示从后方提供强有力的支持以使某人或某事业免遭失败,可用于后备力量或经济上的援助:The organization is *backed* by the UN.(这个组织得到了联合国的支持。) **champion** 常指公开支持、保护或捍卫遭受非正义攻击的人、原则、权利或事业:It was reported that the Prime Minister had *championed* the abdicated king.(据报道首相曾支持逊位的国王。) **uphold** 原指使某物保持直立,现多用于指维护容易受到挑战或遭受攻击的事物:He had sworn to *uphold* the law.(他宣誓维护法律的尊严。)

sup·pose /sə'pəuz/ *vt.* ❶猜想;以为:It is *supposed* to cloud over this afternoon. 预计今天下午多云。❷假定;设定:*Suppose* A equals C. 假定甲等于丙。❸[用被动语态]期望;认为应该;认为必须;

sup·posed /sə'pəuzd, -'pəuzid/ *adj.* [无比较级]所谓的;想象中的;假定的:sb.'s *supposed* enemy 某人假想中的敌人 ‖ sup·pos·ed·ly /sə'pəuzidli/ *adv.*

sup·press /sə'pres/ *vt.* ❶压制;镇压;禁止:*suppress* a rebellion 镇压叛乱 ❷封锁;查禁:The authorities were careful to *suppress* such information. 行政当局小心翼翼地封锁这一消息。❸隐瞒;保守(秘密):*suppress* the truth 隐瞒真相 ❹抑制(感情、思想、欲望等);忍住;阻止:He often attempted to speak, and as often *suppressed* his

words at the very point of utterance. 好几回他想说话,可是话到嘴边又咽回去了。‖ sup·pres·sant /sə'presˀnt/ *n.* [C;U]—sup'pres·sion *n.* [U;C]

su·prem·a·cy /suː'preməsi,sə-/ *n.* [U]至高无上;至上:She had the most entire faith in her own *supremacy* in her father's heart. 她对自己是父亲的掌上明珠心头没有丝毫怀疑。

su·preme /suː'priːm/ *adj.* [无比较级][作定语] ❶(权力或地位)最高的:be appointed *supreme* commander of the army 被任命为这支军队的最高指挥官 ❷最大的;最重要的:the *supreme* value 最大的价值 ❸[作定语]极度的;强烈的:be of *supreme* importance 极为重要 ‖ su'preme·ly *adv.*

sur·charge I /'sɜːtʃɑːdʒ/ *n.* [C]增收费,附加费:impose a 29% import *surcharge* on these goods 对这些商品征收29%的进口附加税 **II** /'sɜːtʃɑːdʒ, sɜː'tʃɑːdʒ/ *vt.* 向…收取增收费(或附加费):We are *surcharged* on our extra baggage. 我们因行李超重额外交费。

sure /ʃuəˀ,ʃɔː/ *adj.* ❶[无比较级][作表语]确信的;有把握的;自信的:I'm not *sure* what to do next. 接下来该做什么我也拿不准。❷[作定语]可靠的;稳妥的:There is one *sure* way to solve this problem. 有个办法定能解决这个问题。❸[作定语]无可置疑的,确实的:A noise like that is a *sure* sign of trouble. 发出这种噪音肯定是有问题。❹[无比较级][作表语]一定的,必定的:If you work hard you are *sure* to pass the exam. 如果你用功,你考试一定能通过。‖ *make sure v.* (把…)查明,(把…)弄清楚;确保:I think they will come at eight, but you'd better go and *make sure*. 我想他们会在八点钟到,不过你最好还是去问问清楚。*sure enough adv.* 果然,果真:Sam checked his telephone records, and *sure enough*, he found Sally's number. 萨姆检查了他的电话记录,果不其然,他找到了萨莉的号码。‖ 'sure·ness *n.* [U]

☆ **sure, certain, cocksure, confident, positive**

sure 表示很有把握,强调主观或直觉感受,带有不怀疑、不犹豫的意味:I'm *sure* you understand what I say. (我相信你能听懂我的话。) **certain** 词义较 sure 更为确信,强调在证据确凿的基础上得出结论或产生坚定信心:I am not *certain* whether he will come today. (他今天来不来,我不敢肯定。) **cocksure** 表示过于自信、自以为是,带有傲慢、冒昧的意味:You're always so *cocksure* about yourself. (你总是那么自以为是。) **confident** 尤指以事实为根据对未来抱有坚定信心:We are *confident* that next year's production will be increased substantially. (我们深信明年生产将会大幅度增长。) **positive** 尤指深信自己的意见或结论正确无疑,有时带有过分自信的意味:I was *positive* that I had heard this song before. (我以前肯定听过这首歌。)

sure·ly /ˈʃuəli/ *adv.* [无比较级]❶确实,无疑:This will *surely* cause problems. 这一定会带来问题。❷[用以强调推断]想必:*Surely* that can't be right. 想必那不可能正确。❸[用作答语]当然:A: May I leave now? B: *Surely*. 甲:我可以走了吗? 乙:当然。

☆**surely, certainly** 均有"确信,一定,必定"之意。在英国英语里,surely 表示某人的希望或看法;而 certainly 则意指某人了解或知道某一事情:He *surely* doesn't expect me to pay him immediately. (他肯定没有指望我马上掏钱给他。) 在美国英语里,surely 常用 sure 代替,可以像 certainly 或 of course 那样,用以回答问题,表示乐意或愿意帮助:A: Can I borrow this book? B: Yes, *certainly* (或 *of course*,或 *surely*,或 *sure*). (甲:我可以借这本书么? 乙:当然可以了。)

surf /sɜːf/ I *n.* [U]激浪,碎波,破波(拍岸浪涛)的白沫,白色浪花;浪涛拍岸声,激浪拍击声:the roar of the *surf* 激浪拍岸的哗哗声 II *vi.* ❶作冲浪运动,冲浪:go *surfing* 去冲浪 ❷[计]上网冲浪,上网浏览 ‖ '**surf·er** *n.* [C]

sur·face /ˈsɜːfis/ *n.* ❶[C]表面;面:A ring of bubbles will gather on the *surface* of the liquid. 液体的表面上会聚集一圈泡沫。

❷[C]地面;地表:The gold here is mined 1 km below the *surface*. 此处的金矿在地表下 1000 米处开采。❸[用单]水面;液面:An oil slick appeared on the *surface* of the water. 一片浮油漂在水面上。

surge /sɜːdʒ/ *v.* ❶(波浪、大海等)汹涌;奔腾;翻腾:The river *surges* through a narrow gorge. 大河奔涌着穿过峡谷。❷(感情、情绪等)突然涌起;剧烈波动:Slowly, I felt a warmth *surging* through me. 慢慢地,我感到有一股暖流通过全身。❸(价格、电压等)急剧上升;激增:Oil prices *surge* ahead. 石油价格蹿升。

sur·ger·y /ˈsɜːdʒ°ri/ *n.* ❶[U]外科(学):the chief of cardiac *surgery* 心脏外科主任 ❷[C;U]〈英〉诊所;门诊处;门诊时间:His *surgery* is near the station. 他的诊所在火车站附近。❸[U]手术:Will went into *surgery* at the new Medical Centre. 威尔在新开的医疗中心接受了外科手术。❹[C]手术室

sur·gi·cal /ˈsɜːdʒik°l/ *adj.* [无比较级]❶外科的;外科手术的;外科用的:*surgical* operation 外科手术 ❷(如外科手术般)一举彻底解决问题的;精确的;敏锐的;锋利的:*surgical* bombing 精确轰炸 ‖ '**sur·gi·cal·ly** *adv.*

sur·ly /ˈsɜːli/ *adj.* 乖戾的;脾气坏的;不友好的;粗暴的:a *surly* mood 坏情绪 ‖ '**sur·li·ness** *n.* [U]

sur·name /ˈsɜːˌneim/ *n.* [C]姓:Many women take their husband's *surname* when they get married. 许多妇女结婚后随夫姓。

sur·pass /səˈpɑːs/ *vt.* 胜过;超过;好于,优于;强于;超出…的界限(或范围);非…所能理解(或办到)的:His skill as a cooker *surpassed* his wife. 他的厨艺高出他的妻子。‖ **sur'pass·ing** *adj.*

sur·plus /ˈsɜːpləs/ I *n.* ❶[C;U]剩余;过剩:Rice was in *surplus* these years. 这几年水稻的产量出现过剩。❷[U;C]【会计】盈余;顺差:achieve a handsome *surplus* of 3 million dollars 取得 300 万美元的数目不菲的盈余 II *adj.* [无比较级][作定语]剩余的;

过剩的;过度的:*surplus* seats 剩余的座位

sur·prise /sə'praiz/ **I** *n.* ❶[C]令人惊奇的事物,使人意想不到的事物:Human creativity always comes as a *surprise* to us. 人类的创造性总会给我们带来意想不到的奇迹。❷[U]惊奇,惊讶,吃惊,诧异:A look of *surprise* came onto his face. 他脸上现出惊奇的神色。**II** *vt.* ❶使惊奇,使诧异,使感到意外;使震惊;使产生反应:You needn't be *surprised* at that. 对这件事你不用大惊小怪。❷撞见;碰巧发现;当场捉住:We *surprised* the burglars just as they were leaving our house. 窃贼要离开我们家时刚好被我们撞见。❸出其不意地攻击(或攻占);使措手不及:I *surprised* her by arriving early. 我早早赶到,把她弄了个措手不及。

☆surprise, amaze, astonish, astound, flabbergast 均有"使吃惊"之意。**surprise** 为普通用词,常指对突然遇到或突然发生的意外事件感到惊奇或诧异,强调出乎意料而缺乏准备:Her performance *surprised* all the guests.(她的演出技惊四座。)**amaze** 也可表示对发生的事件感到惊讶,但强调困惑、茫然:The knowledge of the young man *amazed* everyone.(年轻人知识渊博,令所有的人感到难以置信。)**astonish** 表示对发生的事件大吃一惊而说不出话来,强调难以置信:The young player *astonished* the chess masters.(小棋手的棋艺令棋坛大师们感到震惊。)**astound** 指对难以置信但又确实发生的事件感到惊愕而目瞪口呆,强调极为震惊:He was perfectly *astounded* by such a strange man.(这么古怪的一个人真叫他目瞪口呆。)**flabbergast** 为口语用词,可用以替换 astonish 或 amaze,有夸张色彩,表示惊得发呆而不知所措:The parents were *flabbergasted* by their son's precocious comments.(儿子早熟的话语让这对父母惊奇得不知所措。)

sur·prised /sə'praizd/ *adj.* 吃惊的:She was *surprised* to learn that he was forty. 她真没想到他已经 40 岁了。

sur·pris·ing /sə'praiziŋ/ *adj.* 令人惊奇的,惊人的;出人意料的;不可思议的:It's *surprising* (that) so many adults can't read or write. 竟有这么多成人文盲,真是不可思议。‖ **sur'pris·ing·ly** *adv.*

sur·ren·der /sə'rendə/ *v.* ❶放弃;交出;让出:The court ordered him to *surrender* his passport. 法庭命他呈上护照。❷[~ oneself]使投降;使自首(to):The armed rebels *surrendered themselves to* the police. 武装叛乱分子向警方投降。❸[~ oneself]使沉溺(to):*surrender oneself to* the mood of hills 忘情地沉浸于山色之中 ❹让步;屈服(to):He never let any of us *surrender to* despair. 他从不让我们中的任何人绝望。

sur·round /sə'raund/ *vt.* ❶包围;围困;围住:The army sent three units to *surround* the rebels. 部队派了三个分队去包围叛乱分子。❷围绕;环绕:The house is *surrounded* by a beautiful garden. 这所房子为一座漂亮的花园环绕。

sur·round·ing /sə'raundiŋ/ **I** *n.* [C]❶围绕物 ❷[~s]周围的事物;周围的情况:In such *surroundings*, how could children live a normal life? 在这样的环境中,孩子们如何能过正常的生活呢? **II** *adj.* [无比较级][作定语]周围的:the city and the *surrounding* suburbs 城市及其周围的郊区

sur·vey **I** /sə'vei/ *vt.* ❶全面考察;概括评述:The collection aims to *survey* the field. 文集旨在对该领域进行全面论述。❷调查(民意等);检查;查验;鉴定:*survey* the damage inside the house 查验房内的损坏情况 ❸仔细观察;审视:She *surveyed* the grouping of furniture. 她打量着家具的摆放。❹测量;勘测,测绘:*survey* the land for the public park 勘测公园的用地 **II** /'sə:vei/ *n.* [C]❶调查(报告);检验(报告);民意调查;查验:conduct a sample *survey* 进行抽样调查 ❷全面考察;概观,概述,概况;评论:a *survey* course in English Literature 英国文学概论课 ❸审视:Fane's glance swept over him in one swift, comprehensive *survey*. 费恩迅速向他瞥了一眼,把他全面地打量了一遍。❹测量,勘测,测绘;勘测部门;测量图,勘测图:geological *survey* 地质勘探 ‖ **sur·vey·or** /sə'veiə/ *n.*

[C]

sur·vi·val /sə'vaiv°l/ *n.* ❶[U]幸存；残存；继续生存：All life is dependent on the sun for *survival*. 万物生长靠太阳。❷[C]幸存者；继续生存者；残存物：The festival is a *survival* from pre-Christian times. 这是个由前基督时代流传至今的节日。

sur·vive /sə'vaiv/ *v.* ❶比…活得长；比…存在时间长：Mathews is *survived* by his wife. 马修已先他妻子而去世。❷从…中逃生；经历…后继续存在；从(困境)中挺过来：He *survived* the earthquake. 他是地震的幸存者。

sur·vi·vor /sə'vaivə'/ *n.* [C]幸存者；生还者；残存物：I was one of the three children and only *survivor*. 我父母亲有三个孩子，如今只剩我一个。

sus·cep·ti·ble /sə'septib°l/ *adj.* ❶易动感情的，多情的；感情脆弱的：You are of too *susceptible* a nature. 你这人呀太容易动感情了。❷[作表语]易受影响的；敏感的；过敏的(to)：He is very *susceptible*. 他这个人很是没有主见。‖ sus·cep·ti·bil·i·ty /sə,septi'biliti/ *n.* [U]

sus·pect I /sə'spekt/ *vt.* ❶怀疑…的存在，疑有：The police *suspect* poisoning. 警察怀疑有人投毒。❷怀疑(有罪等)：He was *suspected* of working for Japanese intelligence. 他们怀疑他为日本间谍部门工作。❸对…不信任；对…有疑问：I *suspected* the answer. 我对这一答案表示怀疑。❹猜，推测，猜想；认为；料想：I *suspect* that my cat is conscious and that my computer isn't. 我认为我的猫有意识，而电脑却没有。 II /'sʌspekt/ *n.* [C]嫌疑人；被疑者：A *suspect* is now in custody. 一嫌疑人现已被拘押。

sus·pend /sə'spend/ *vt.* ❶悬挂，吊：He *suspended* the swing from a tree branch. 他把秋千挂在一根树枝上。❷暂停，延迟；中止，停止：I request them to *suspend* their decision until they have read my story. 我请求他们在看完我写的报道以前，别轻率地先下断语。❸暂时剥夺…的权利；暂缓执行(已

作出的刑罚等)；使暂时不起作用：A six-month jail was *suspended* for two years. 六个月的徒刑缓期两年执行。

sus·pense /sə'spens/ *n.* [U]❶担心，挂念；挂虑；悬念；悬疑：There was a sharp *suspense* about him. 他显得心事重重。❷悬而未决；不确定；迟疑：Everything seemed to be in *suspense*. 仿佛一切都悬而未决。‖ sus·'pense·ful *adj.*

sus·pen·sion /sə'spenʃ°n/ *n.* ❶[U]悬挂，挂，吊 ❷[C]【机】(用弹簧等托住车身的)悬架；悬置物；悬置机构 ❸[U]暂停；延缓；中止：The result was the *suspension* of the decade-long civil war. 结果是持续10年之久的内战中止了。

sus·pi·cion /sə'spiʃ°n/ *n.* [C]疑心；怀疑；猜测：He regarded even real disease with paranoid *suspicion*. 甚至对真的疾病，他也近乎偏执地怀疑。‖ under suspicion *adj.* 遭到怀疑的，有嫌疑的：Your own extraordinary conduct has laid you *under suspicion*. 你自己行为反常，因而难脱嫌疑。

sus·pi·cious /sə'spiʃəs/*adj.* ❶可疑的，引起怀疑的；有嫌疑的：They decided to follow the *suspicious* guy. 他们决定跟踪那个可疑的家伙。❷表示怀疑的：cast *suspicious* glances 投以怀疑的目光 ❸猜疑的，多疑的；产生疑心的；感到怀疑的(of)：Peter was *suspicious* of these radicals. 彼得对这些激进分子心存疑虑。‖ sus·'pi·cious·ly *adv.*

sus·tain /sə'stein/ *vt.* ❶(长期)承受(压力、重量等)；支撑，支承：*sustain* the weight of the building 承受建筑物的重量 ❷支持；鼓励：His theory is a little too abstract to *sustain* anyone in a genuine crisis. 他的学说有点太抽象，对处于真正危机中的人帮不了什么忙。❸(食物)提供(养分)；供养，赡养；维持(生命)；使存活：The fish and fruit diet *sustained* them well. 靠吃鱼和水果他们过得很好。❹经历(失败、伤痛等)；遭受：*sustain* bumps and bruises along the way 一路上颠簸，免不了这里青一块那里紫一块

sus·tained /sə'steind/ *adj.* 持续的，持久的

sus·te·nance /ˈsʌstin³ns/ *n.* [U] ❶营养，养料；粮食；生活资料：Water is crucial to the *sustenance* of life on Earth. 水对地球上生命的生存至关重要。❷(精神上的)支持；维持：People were searching for spiritual *sustenance* from the past. 人们努力从过去寻找精神寄托。❸生活来源；生计

swag·ger /ˈswæɡəʳ/ *vi.* ❶大摇大摆地走：*swagger* into the room 大摇大摆地走进了房间 ❷妄自尊大；趾高气扬

swal·low¹ /ˈswɒləu/ *vt.* ❶吞下，咽下：He said he couldn't *swallow* anything. 他说他什么都咽不下去。❷承受；忍受(侮辱)：I found it hard to *swallow* his insults. 我不能忍受他的侮辱。

swal·low² /ˈswɒləu/ *n.* [C]【鸟】❶燕科鸟类 ❷家燕

swam /swæm/ *v.* swim 的过去式

swamp /swɒmp/ *n.* [C]沼泽，沼泽地：The plane crashed into the *swamp*. 飞机坠入了沼泽地。‖ ˈswamp·y *adj.*

swan /swɒn/ *n.* [C]【鸟】天鹅属鸟类；天鹅

swarm /swɔːm/ *n.* [C] ❶(离巢的)蜂群，分蜂群 ❷(尤指昆虫等集体飞行或迁移的)一大群，一大批：in a great *swarm* 成群结队 ❸[~s]许多，大量(*of*)：*Swarms of* stars came out above the shadowy earth. 繁星闪烁在朦胧大地的上空。

sway /swei/ *v.* ❶摇晃，晃动；摆动：He was *swaying* his head in time to the song. 他摇头晃脑地和着这首歌的节拍。❷使改变看法；使动摇：He tried to *sway* his colleagues into supporting the plan. 他试图说服他的同事支持这项计划。❸统治，支配；影响：We should never allow ourselves to be *swayed* by our feelings. 我们不应该让自己受到感情的支配。

swear /sweəʳ/ (swore /swɔːʳ/, sworn /swɔːn/) *v.* ❶[不用进行时态]宣(誓)；发(誓)：*swear* an oath of allegiance to sb. 向某人宣誓效忠 ❷郑重保证；发誓要[不用进行时态]：I *swear* that he did say that. 我发誓，他就是这么说的。❸咒骂(*at*)：When his girl friend started to *swear at* him, he

walked away. 女友开始骂他时，他走开了。‖ ˈswear·er *n.* [C]

sweat /swet/ I *n.* ❶[U]汗，汗水：Now and again he wiped the *sweat* from his forehead. 他不时擦前额上的汗。❷[用单]〈口〉紧张，不安：be [get] in a *sweat* about sth. 为某事紧张 II (sweat·ed 或 sweat) *vi.* ❶出汗；发汗；排汗：The boxes were transferred from the truck, carried by the workers who *sweated* under the effort. 箱子被汗流浃背的工人们从卡车上搬了下来。❷恐惧，惊恐；紧张，焦虑；烦恼：I really *sweated* until I saw him safely out of there. 在看到他从那里安然出来之前，我着实捏了一把汗。

sweat·er /ˈswetəʳ/ *n.* [C]羊毛(针织)套衫；厚运动衫

sweat·y /ˈsweti/ *adj.* ❶出汗的；满是汗的：His *sweaty* hand felt cold. 他汗津津的手摸上去很冰凉。❷引起出汗的，吃力的，劳累的：*sweaty* work 劳累的工作

sweep /swiːp/ (swept /swept/) *vt.* ❶扫，拂，掸：The lake has been *swept* clean of snow by the wind. 风把湖面上的积雪吹干净了。❷扫去；拂去：Once her mind is made up, she *sweeps* everything before her. 女人一旦拿定主意，是会扫除面前一切障碍的。❸掠过，拂掠；(眼睛)扫视；扫掠：Her glance *swept* the room. 她双眼朝房间扫视了一下。‖ **sweep away** *vt.* ❶扫走；刮走；冲走；卷走：*sweep away* the dirt 扫去灰尘 ❷迅速废除；清除掉；消灭；打消：*sweep away* the noblemen's special rights 废除贵族特权 ‖ **sweep·er** /ˈswiːpəʳ/ *n.* [C]

sweet /swiːt/ I *adj.* ❶有甜味的，甜的：Pears are as *sweet* as dates are crisp. 枣儿有多脆，梨儿就有多甜。❷香的，芳香的：a *sweet*-smelling flower 一朵芳香扑鼻的花 ❸(声音等)悦耳的，好听的；和谐的：How *sweet* the music was on the water in the shining night. 乐声飘荡在月光皎洁的水面上，多么美妙！II *n.* ❶[C]糖果：*sweets* business 糖果业〔亦作 **candy**〕 ❷[C；U]〈主英〉(一餐中的)甜点：make a *sweet* 做甜点 ‖ ˈsweet·ish *adj.* — ˈsweet·ly *adv.* — ˈsweet·ness

/'swi:tnis/ *n.* [U]

sweet·en /'swi:t⁰n/ *vt.* 变甜,加糖(或甜味剂)于:*sweeten* the coffee with sugar 加糖使咖啡变甜 ‖ **'sweet·en·er** *n.* [C]

sweet·heart /'swi:t,hɑ:t/ *n.* [C] ❶心上人,恋人 ❷[用以称呼丈夫、妻子等]亲爱的人

swell /swel/ (过去式 **swelled**,过去分词 **swol·len** /'swəul⁰n/或 **swelled**) *v.* ❶肿胀;膨胀;涨大:The boots made my ankles *swell* on the lengthy tours. 在漫长的旅行中这双靴子把我脚踝磨肿了。❷增加,增长;壮大:Total employment *swelled* by almost 50 percent. 就业总人数增加了 50%。❸(河水等)上涨;(海洋等)波涛汹涌:Land prices *swell*. 地价日益上涨。❹隆起;凸起,鼓出(up):The belly *swells* out under the belt. 肚子挺起来,撑着腰带。❺(情绪)高涨;(感情)迸发:His heart *swelled* with pride. 他满怀自豪。❻(声音)增强,变响亮

swell·ing /'sweliŋ/ *n.* [C;U] ❶(身体的)肿块;肿胀:There were many *swellings* on Mike's cheeks because bees stung him. 迈克脸上起了许多包,这是蜜蜂蛰的。❷凸起(处),鼓出(处):pat the slight *swelling* of one's stomach 拍打稍微隆起的腹部

swel·ter·ing /'sweltəriŋ/ *adj.* ❶闷热的,热得难受的:a *sweltering* room 一间闷热的房间 ❷感到热得难受的:The *sweltering* students could hardly keep their mind on their lessons. 学生们感到闷热,无法集中精神听讲。

swept /swept/ *v.* sweep 的过去式和过去分词

swift /swift/ *adj.* ❶(能)快速进行的;速度快的:The advance was *swift*. 进展神速。❷到来(或发生、完成)的快的;立即作出的:a *swift* reaction 及时的反应 ❸[通常作表语](行动上)迅速的,机警的;动辄…的 (to):I am *swift to* fall asleep. 我头一挨枕头就能睡着 ‖ **'swift·ly** *adv.* —**'swift·ness** *n.* [U]

swig /swig/ *v.* (**swigged**;**swig·ging**)〈口〉大喝,痛饮:Finding no glasses, I *swigged* the

beer directly from the bottle. 找不到杯子,我就直接对着啤酒瓶痛饮。

swill /swil/ *v.* ❶〈主英〉冲洗,冲刷(out):He is *swilling out* that dirty bathtub. 他正在洗那脏澡盆。❷贪婪地喝,大口喝:That big man *swilled* his beer in one gulp. 那大个子将啤酒一饮而尽。

swim /swim/ I (**swam** /swæm/;**swum** /swʌm/;**swim·ming**) *v.* 游,游泳,游水:I can't *swim* good. 我不太会游泳。II *n.* [C] 游泳:A *swim* in the morning is very nice. 在早晨游泳很不错。‖ **'swim·mer** *n.* [C]

swim·ming /'swimiŋ/ *n.* [C;U]游泳;游泳运动

swin·dle /'swind⁰l/ I *vt.* ❶欺诈;诈骗:The man was caught who *swindled* the insurance company. 诈骗保险公司的人抓到了。❷骗取;诈取(out):*swindle* money out of insurers 从投保人那里骗取保金 II *n.* ❶[C;U]欺诈行为,诈骗行为:attempt a huge *swindle* with a forged coupon 企图用伪造票证实施大宗诈骗 ❷[C]骗局:a tax *swindle* 逃税骗局 ‖ **'swind·ler** *n.* [C]

swing /swiŋ/ I (**swung** /swʌŋ/) *v.* ❶摆动,摇荡,摇摆;摇晃:Two monkeys *swing* from tree to tree. 两只猴子在树间吊来荡去。❷旋转:The door *swung* shut. 门转动着关上了。❸(抓住某物)纵身一跃,跳跃:She *swung* on to the bus. 她纵身一跃跳上汽车。II *n.* ❶[U;C]摆动,摇晃 ❷[U]挥动,挥舞 ❸[U;C]振幅,摆幅:adjust the *swing* of the pendulum 调整钟的摆幅 ❹[C]秋千;荡秋千:play on a *swing* 荡秋千

swirl /swə:l/ I *v.* ❶(使)打转,(使)旋转:The old man was *swirled* away on the current. 那个老人被水流卷走了。❷晕眩,昏乱:Noise made my head *swirl*. 喧闹声使我头脑发晕。II *n.* [C] ❶(水、大气等的)漩涡 ❷头发的卷曲;卷曲的线条,形状或图形 ❸[用单]混乱:Things were in a *swirl* at home. 家里一片混乱。

switch /switʃ/ I *n.* [C] ❶开关;电闸,电键;转换器:Please don't fiddle with the light *switch*. 请不要乱摸电灯开关。❷改

变;转换;转移:The Gallup Poll showed that there was a *switch* to Labor. 盖洛普民意测验表明,人们转而支持工党了。 **II** *v.* ❶打开;关上(*on*,*off*):*switch on* the lights 开灯 ❷改变;转换;调动:Convincing consumers to *switch* brands can be a long and arduous task. 说服顾客更换品牌是件费时费力的工作。❸调换;交换:He *switched* his shift with mine. 他同我换班。

swol·len /'swəul³n/ *adj.* ❶肿胀的;膨胀的: Her eyes were *swollen* under the make-up. 虽然化了妆,她的眼睛还是肿着。❷隆起的;涨满的;壮大的:The river was *swollen* with the heavy rain. 下了这场大雨,河里涨满了水。

swoop /swu:p/ **I** *vi.* ❶(猛禽等捕食时)飞扑,猛扑;突然下降,下落(*down*):He was watching how the eagle *swooped down* on its prey. 他正在观察老鹰如何扑向猎物。❷从远处猛扑,猛攻:*swoop* down onto the street 向街头猛冲下去 **II** *n.* [C]飞扑,猛扑;抓取,攫取;突然行动,偷袭:They must have made another *swoop*. 他们一定又偷袭过一次。 ‖ **at [in] one fell swoop** *adv.* 一下子

sword /sɔːd/ *n.* [C]剑,刀:Knowledge is a double-edged *sword*. 知识是一把双刃剑。

swum /swʌm/ *v.* swim 的过去分词

syl·lab·ic /si'læbik/ *adj.* [无比较级] ❶【语】音节的;分音节的;由音节组成的 ❷(符号)代表音节的

syl·la·ble /'siləb³l/ *n.* [C]【语】音节

syl·la·bus /'siləbəs/ *n.* [C]([复]**-bus·es** 或 **-bi** /-ˌbai/) 教学大纲;课程大纲;(论文、演说等的)提纲,摘要;考试要求简编

sym·bol /'simb³l/ *n.* [C] ❶象征;标志: White is the *symbol* of purity. 白色象征着纯洁。❷符号;记号;代号:The *symbol* for hydrogen is H. 氢的符号是 H。

sym·bol·ic /sim'bɒlik/, **sym·bol·i·cal** /-k³l/ *adj.* [无比较级]❶象征性的;象征的;作为象征的;使用象征的(*of*):*symbolic* meanings 象征意义 ❷符号的;使用符号的;用作符号的:We need a *symbolic* method of

writing to record easily. 我们需要符号书写法以方便记录。 ‖ **sym'bol·i·cal·ly** /-k³li/ *adv.*

sym·bol·ize /'simb³ˌlaiz/ *vt.* ❶作为…的象征,象征,标志:*symbolize* the power of the Almighty 象征上帝的力量 ❷用符号代表: We often *symbolize* a nation by its flag. 我们经常以国旗代表一个国家。 ‖ **sym·bol·i·za·tion** /ˌsimb³lai'zeiʃ³n;-liˈz-/ *n.* [U]

sym·met·ri·cal /si'metrik³l/ *adj.* 对称的;匀称的;整齐的 ‖ **sym'met·ri·cal·ly** /-k³li/ *adv.*

sym·me·try /'simitri/ *n.* ❶[U]对称(性): His sense of *symmetry* was satisfied. 他终于找到了对称感。❷[U]匀称;对称美:The *symmetry* of his face was spoiled because of great anger. 他本来匀称的脸气歪了。

sym·pa·thet·ic /ˌsimpə'θetik/ *adj.* ❶同情的;有同情心的;表示同情的:He was *sympathetic* to the poor. 他对穷人很同情。❷意气相投的;投契的:be *sympathetic* to each other 意气相投 ❸赞同的;支持的(*to*):I was most *sympathetic to* the plan. 我非常赞成这项计划。 ‖ **sym·pa'thet·i·cal·ly** /-k³li/ *adv.*

sym·pa·thize, sym·pa·thise /'simpəˌθaiz/ *vi.* ❶同情,表示同情;体谅;谅解;怜悯(*with*):Morris asks us to *sympathize with* their emotional tangles. 莫里斯先生要求我们体谅他们的情感困惑。❷赞同;支持(*with*):He would *sympathize with* the people in their struggle over the dictatorship. 他支持人民反独裁的斗争。 ‖ **'sym·pa·thiz·er, 'sym·pa·this·er** *n.* [C]

sym·pa·thy /'simpəθi/ *n.* ❶[C;U]同情(心):have immense *sympathy* for sb. 对某人表示深切同情 ❷[U]赞同;支持(*for*): The statement expressed *sympathy for* the worker's demands. 该项声明对工人的要求表示支持。❸[U]有同感;意气相投(*with*):He has *sympathy with* you in your love for popular music. 他和你一样都喜欢流行音乐。

sym·pho·ny /'simf³ni/ *n.* [C]【音】交响

乐,交响曲:compose a great *symphony* 创作一部伟大的交响曲 ‖ **sym·phon·ic** /sim'fɒnik/ *adj.*

symp·tom /'simpt°m/ *n.* [C] ❶【医】病症,症状:Coughing is thought of as the prototypical TB *symptom*. 咳嗽被认为是典型的肺结核的症状。❷征候,征兆;现象:It was perhaps a *symptom* of the unresolved dilemmas. 这也许是那个难题难以解决的一个征兆。‖ **symp·to·mat·ic** /ˌsimpt°'mætik/ *adj.*

syn·drome /'sindrəum/ *n.* ❶[C;U]【医】综合征群,综合症状:the post-Vietnam War *syndrome* 越战后综合征 ❷[C]一组同时存在(或发生)的事物;(某一事物的)一组表现(或特征):Her uttering the vicious remarks was one of a jealousy *syndrome*. 她那些恶毒的话说明她很嫉妒。

syn·o·nym /'sin°nim/ *n.* [C]【语】同义词,近义词:"Shut" and "close" are *synonyms*. shut 和 close 是同义词。

sy·nop·sis /si'nɒpsis/ *n.* [C]([复]-ses /-siz/) 大纲,提要,概要,梗概

syn·the·sis /'sinθisis/ *n.* ([复]-ses /-ˌsiz/) [C;U]结合,综合;综合体:Opera is a *synthesis* of music and theatre. 歌剧综合了音乐和戏剧的特点。

syn·the·size /'sinθiˌsaiz/ *vt.* ❶综合:The double agent is busying himself in *synthesizing* the information. 那双重间谍正忙着整理情报。❷【化】使合成 ❸(用音响合成器)

合成音乐

syn·thet·ic /sin'θetik/ *adj.* [无比较级] ❶合成的;人造的;合成的:synthetic rubber 合成橡胶 ❷(感情)不诚实的,虚伪的 ‖ **syn'thet·i·cal·ly** /-k°li/ *adv.*

sys·tem /'sist°m/ *n.* ❶[C]系统;体系:the trade *system* 贸易体系 ❷[C](机体内多个器官组成的)系统;身体(指把人体看成一个整体):Excessive drinking is very bad for the *system*. 过量饮酒对身体很有害。❸[C]方法,方式:a scientific *system* of classification 一种科学分类法 ❹[用单]制度,体制:The seniority *system* has broken down. 论资排辈制度瓦解了。

sys·te·mat·ic /ˌsisti'mætik/ *adj.* [无比较级] ❶有系统的;系统化的;成体系的;系统的:The teaching and learning of languages has to be *systematic* in some sense. 从某种意义上说,语言的教与学必须有系统性。❷做事有条理的:He was never *systematic* about his papers. 他的论文从来就是乱糟糟的。‖ **ˌsys·te'mat·i·cal·ly** /-k°li/ *adv.*

sys·tem·ic /si'stemik, -'sti:m-/ *adj.* [无比较级] ❶【生理】全身的;全身系统的;影响全身的 ❷系统的;体系的:In this decade there has been a *systemic* reduction in political risk around the world. 这 10 年里,世界各国都在有计划地减少政治风险。‖ **sys'tem·i·cal·ly** /-k°li/ *adv.*

T t

tab /tæb/ *n.* [C] ❶(物体上供手拉、悬挂、装饰等用的)拉手；搭扣；拉环；勒带：collect metal *tabs* from beer cans 收集啤酒罐上的金属拉环 ❷(导卡、书册等的)检索凸舌；标签，标牌：The *tab* on the card was labelled "Top Secret". 卡片的标签上标有"绝密"字样。

ta·ble /'teibᵊl/ *n.* ❶[C]桌子，台子；餐桌：prepare the *table* 准备开饭 ❷[C]目录：the *table* of contents in the front of a book 卷首的目录 ❸[C]一览表，表格；[~s]乘法口诀表：She knows her *tables* already. 她已经背会了乘法口诀表。

ta·ble·cloth /'teibᵊlˌklɔθ; -ˌklɔːθ/ *n.* [C] ([复]-cloths /-ˌklɔðz, -ˌklɔːθs; -ˌklɔːðz, -ˌklɔːθs/)(餐桌的)桌布

ta·ble·spoon /'teibᵊlˌspuːn/ *n.* [C]〈英〉(餐桌上用以分菜、舀汤等的)大餐匙，大汤匙 ‖ 'ta·ble·spoon·ful *n.* [C]

tab·let /'tæblit/ *n.* [C](药品、糖等的)小片，小块：a sugar-coated *tablet* 糖衣药片

table tennis *n.* [U]乒乓球〔亦作 ping-pong〕

tab·loid /'tæblɔid/ *n.* [C]〈常贬〉(版面较小、常用大字标题和大幅照片的)通俗小报

ta·boo /tə'buː, tæ-/ I *n.* ([复]-boos) [C] ❶忌讳，禁忌；应避忌的事物：It was once a *taboo* to discuss pregnancy on television. 在电视上讨论怀孕曾经是个忌讳。❷戒条，戒律：place a *taboo* upon smoking in offices 禁止在办公室抽烟 II *adj.* [无比较级] ❶被禁止的，忌讳的：*taboo* words 忌讳的语言 ❷因神圣而禁止进入(或触及)的：The temple was *taboo* for women. 这座庙宇曾是神圣的

禁地，妇女禁入。

tab·u·lar /'tæbjuləʳ/ *adj.* [无比较级][作定语]列表的，表格的：some additional information in *tabular* form 以表格形式提供的一些补充信息

ta·bu·late /'tæbjuˌleit/ *vt.*〈书〉把…列表：It took us three hours to *tabulate* the results. 我们用了三个小时才将结果列成表。‖ **tab·u·la·tion** /ˌtæbjuˈleiʃᵊn/ *n.* [U]—'ta·buˌla·tor *n.* [C]

tac·it /'tæsit/ *adj.* [无比较级][通常作定语]默许的，默认的：‖ 'tac·it·ly *adv.* —'tac·it·ness *n.* [U]

tack /tæk/ I *n.* [C] ❶小的平头钉，宽头钉 ❷〈美〉图钉 ❸(正式缝合前临时固定用的)长针脚，粗缝针脚 II *vt.* ❶用平头钉(或图钉)钉住(*down*) ❷(正式缝合前)用长针脚缝住，用粗针脚缝住 ‖ 'tack·er *n.* [C]

tack·le /'tækᵊl/ I *n.* ❶[U]设备，器械，用具：fishing *tackle* 钓鱼用具 / heavy lifting *tackle* 重型起吊设备 ❷[C;U](一套)滑轮和绳子，滑车，辘轳；(船的)索具 ❸[U](包括钩和绳在内的)起锚设备 II *v.* ❶(设法)解决，处理：The new measures aimed at *tackling* un-employment. 新措施的目的是为了解决失业问题。❷抓住，擒拿，与…扭打；(试图)制服：The thief tried to get away but the policeman ran and *tackled* him. 那小偷想跑，可警察冲过去抓住了他。❸【足】阻挡，阻截，拦截；【橄】擒抱(对方带球的队员)：He was injured when a player from the opposite team *tackled* him. 他在被对方队员拦截时受伤了。‖ 'tack·ler *n.* [C]

tac·tic /'tæktik/ *n.* [C]战术，策略，手段，方

法：a smart *tactic* to get the job 一种得到工作的巧妙手法

tac·tics /'tæktiks/ [复] *n.* ❶[用作单]战术,作战技巧,兵法：*Tactics* has always been their strong point in war. 战争的战术技巧一直是他们的强项。❷战术调动,战术进攻：The new general planned his *tactics* for this battle. 新上任的将军为这次战斗制定了战术调动计划。❸(机敏的)手段,方法,策略：The government's *tactics* were to divide the opposition party and so bring some of them back into line. 政府的策略是要使反对党分化,并把其中一部分人争取过来。‖ 'tac·ti·cal *adj.* —'tac·ti·cal·ly *adv.* —tac·ti·cian /tæk'tiʃ⁰n/ *n.* [C]

tad·pole /'tædˌpəul/ *n.* [C]【动】蝌蚪

tag /tæg/ I *n.* [C]❶(标有价格、产地等的)标签,标牌；标识符：a computer with a $2,000 price *tag* 标价2 000美元的一台计算机 ❷(鞋带等头上的金属或塑料)包头,束头 ❸(参差不齐或松散的)尾端 II (tagged；tagging) *vt.* ❶为…加标签；挂标牌于：They *tagged* the garments with the wrong prices. 他们给衣服挂错了价格牌。❷附加,增加(on, on to)：This information was revealed in a throwaway line, *tagged on to* the end of a casual conversation. 这个信息是在闲谈最后无意增加的一句话中透露的。‖ 'tag·ger *n.* [C]

tail /teil/ I *n.* ❶[C]尾巴：wag one's *tail* 摇尾巴 ❷[~s]〈口〉燕尾服；(男子的)晚礼服：The orchestra was smartly attired in white tie and *tails*. 乐队成员打着白领结,穿着燕尾服,个个精神抖擞。II *vt.* 〈口〉跟踪：Prior to their detention, they were *tailed* by plain-clothes police. 他们被拘留之前已被便衣警察跟踪了。

tail·coat /'teilˌkəut/ *n.* [C]燕尾服

tai·lor /'teilə/ I *n.* [C](量裁男士外衣的)裁缝,成衣匠：He went to the *tailor* to be measured for a new suit this morning. 今天早上他去找裁缝量体定做新西装了。II *vt.* 裁剪；缝制：*tailor* sb. a special uniform 为某人特制一套制服

taint /teint/ I *n.* [C]❶腐烂的迹象；腐烂部分；感染部分；质量很差的部分：Is the fish free from *taint*? 这鱼是新鲜的吗? ❷腐败(或堕落)的迹象；污点；不光彩的事：The enquiry cleared her of any *taint* of suspicion. 这次调查排除了对她的一切怀疑。II *vt.* ❶玷污,使变坏,使堕落：His reputation was greatly *tainted* by these rumours. 这些谣传使他的名誉大受影响。❷使(食物等)腐坏；弄脏,污染：The river water is *tainted* by chemicals from their factory. 他们工厂排放的化学物质污染了河水。

take /teik/ (took /tuk/, tak·en /'teik⁰n/) *v.* ❶拿(住)；握(住)；执；抱；取：Shall I *take* your coat? 我来帮你拿大衣好吗? ❷[通常不用进行时态]争取；获得；赚得,赢得；控制；占领；俘获：The French player *took* the gold in the 200 metres. 法国选手赢得了200米比赛的金牌。❸挑选,选取：*take* any letter from A to H 在A至H中任选一个字母 ❹[不用进行时态]食用；饮用；服用；享用：*Take* this medicine twice a day. 这种药每天服两次。❺乘,搭乘,坐(交通工具)：You need to *take* a taxi to the airport. 你需乘出租车去机场。❻[通常不用进行时态]占有,占据(空间)；就座于：Please *take* a chair and have a rest! 请坐下休息一会儿! ❼[不用进行时态]使(朝某一方向)走；带领：*take* the next turning on the right 在右边下一个路口转弯 ❽受…影响；染上(病)；(疾病等)袭击：I *take* cold easily. 我易患感冒。❾[常不用进行时态]明白,理解：A phrase should not be *taken* literally. 不应该从字面上去理解短语的含义。❿[不用进行时态]把…当作,认为…是(for, as)：Don't *take* my silence to mean that I agree. 别把我的沉默视为同意。‖ *take after vt.* [不用被动语态]❶(长相、行为等)与…相像：Liza is a beauty. She *takes after* her mother in that respect. 莉莎是个美人胚子,这一点像她的母亲。❷追赶,追捕：The police *took after* him. 警察在后面追捕他。*take away vt.* ❶带走；拿走：This hope of mine was soon *taken away*. 我的这个希望不久便成了泡影。❷[用简单时态]【数】减去,去掉：

If you *take* seven *away* from thirty-nine, that leaves 32. 39 减去 7 余 32。**take back** *vt.* ❶收回(讲过的话):What you said is not true;you had better *take* it *back*. 你说的不是真话,你最好把它收回。❷退(货),退还:I am going to *take* these gloves *back* to the store;they do not fit. 我要把这副手套退给商店,它们不合手。**take down** *vt.* 记下,写下:I want you to *take down* every word I'm going to say. 我要你把我所说的每一个字都记下来。**take off** *v.* ❶脱掉,除去(衣物);除掉,撤去:*Take* your feet *off* the table! 把脚从桌子上移开! ❷(飞机)起飞:The plane will *take off* at noon. 飞机在正午起飞。**take out** *v.* 取出,拿出;除去,扣除:*Take* your hands *out* of your pocket and let me have a look. 你把手从口袋里拿出来让我看看。**take up** *v.* ❶(开始)干;从事;承担;学习;对⋯有兴趣:I decided to *take up* medicine as a career. 我决定从医。❷占据,占用(时间或空间):That huge bed *takes up* most of the room. 那张大床占了一大半个房间。‖ **'tak(e)·a·ble** *adj.* —**'tak·er** *n.* [C]

☆**take,clutch,grab,grasp,seize,snatch** 均有"抓住,紧握"之意。**take** 为最普通用词,词义和使用范围最广,泛指用手去抓、取、握或拿,也可用于抽象意义,表示占有、采取、获得、接受、抓住等:Don't forget to *take* your umbrella with you. (别忘了带雨伞。) / I find his views a little bit difficult to *take*. (我感到他的观点有点儿难以接受。) / It *took* him about five minutes to solve the problem. (解这道题花去他大约五分钟的时间。)**clutch** 语义较强,指用手或手指死劲抓住或握住某一事物,往往带有抓不住、不安全的意味:She *clutched* the child's hand as he crossed the street. (过马路时她紧紧抓着孩子的手。)**grab** 为非正式用词,强调抓的动作很快、很粗野,含对人不尊重之意味:The kidnappers *grabbed* her by the arm and forced her into their car. (绑架者抓住她的胳膊,把她硬推进他们的汽车里。)该词有时带有贪婪的意味:He is a man that would *grab* any chance. (他是那种一有机会就会抓住不放的人。)**grasp** 表示用手紧

紧握住某物,也可喻指完全掌握一般人不易理解的思想、概念:I think I *grasped* the main ideas of the passage. (我想我已经领会了文章的要点。)**seize** 尤指猛然抓住某物,强调突然、用力的动作,也可用于稍纵即逝、不易抓住的抽象事物:He *seized* my hand,shook it and said how happy he was to see me. (他一把抓住我的手握着,说他见到我有多高兴。) / We were *seized* by a sudden impulse to jump for joy. (我们都高兴得身不由地想跳起来。)**snatch** 表示突然将某物抢走,着重指动作快、具暴力性质,有时指偷窃:The thief *snatched* the old lady's handbag and ran off. (盗贼抢了老妇人的手提包就跑。) / *snatch* half an hour's rest (抓紧时间休息半小时)

take·off /'teikˌɔf,-ˌɔːf/ *n.* [C;U]起飞:We had a smooth *takeoff*. 我们平稳起飞。

take·out /'teikˌaut/ *adj.* [无比较级](食品)外卖的;带出商店(或饭店)吃的:I want a *takeout* chicken patty. 我要买一份鸡肉饼带走。

tak·ing /'teikiŋ/ *n.* [C] ❶[常作～s]收入;(尤指)票房收入:count the day's *takings* on closing time 打烊时清点当日的收入 ❷拿;取;获得

tale /teil/ *n.* [C] ❶(编造或想象的)故事;(对奇异事件的)叙述:a *tale* of adventures 历险故事 ❷谎言:They are telling (me) *tales* again. 他们又(对我)撒谎。

tal·ent /'tælənt/ *n.* ❶[C;U]天才;特殊才能:a man of many *talents* 多才多艺的人 ❷[C]有天才的人;[总称]有天才的人们:She is a real *talent*. 她是一个真正的天才。‖ **'tal·ent·ed** *adj.*

talk /tɔːk/ **I** *v.* ❶说话,讲话;谈话,交谈(*to*,*with*);讨论,谈论(*on*):The guide *talks* all the time. 导游滔滔不绝地讲述着。❷演讲,做报告:The professor *talked* on modern physics. 教授做了一场关于现代物理学的报告。**II** *n.* ❶[C]说话,讲话;谈话,交谈;(尤指非正式的)演讲,讲座:give a *talk* on ancient Rome 做关于古罗马的讲座 ❷[常作～s]讨论,谈论;洽谈,商谈;(正式)会谈,

会议：peace *talks* 和平谈判 ‖ *talk back vi.*
回话；回嘴，顶嘴（*to,at*）：He lost several
jobs,just because he dared to *talk back.* 就
因为敢顶嘴，所以他丢了好几回工作。*talk
over vt.* 详细地商议；透彻地讨论：We
talked over the plan and put forward some
suggestions. 我们详细地讨论了计划，并提
出了一些建议。‖ '**talk·er** *n.*［C］

talk·a·tive /'tɔːkətiv/ *adj.* 爱说话的，健谈
的；话多的；饶舌的：She isn't *talkative*,but
she is pleasant to be with. 她不爱说话，但
是挺好相处。‖ '**talk·a·tive·ly** *adv.* —'**talk-
a·tive·ness** *n.*［U］

talk show *n.*［C］（电视、无线电广播的）访
谈节目，脱口秀

tall /tɔːl/ *adj.* ❶（较平均高度）高的，高出
的；高大的：Some populations tend to be *tall*
and often heavy in build. 有些人身材高
大健壮。❷［无比较级］［置于名词后］有…
高度的：He was over six feet *tall*,and his
charm was famous. 他身高超过 6 英尺,是
个有名的美男子。‖ '**tall·ness** *n.*［U］

tal·ly /'tæli/ I *n.*［C］计账；计数；计分：keep
a running *tally* 记流水账 II *v.* ❶计（数）；记
（账）：*Tally* the cargo before payment is
done. 先点货后付款。❷（使）相应,（使）一
致 ❸（比赛中）进一球,得一分：He *tallied*
his last three points in the final minute of
the game. 他在比赛最后一分钟得了最后三
分。‖ '**tal·li·er** *n.*［C］

tal·on /'tælən/ *n.*［C］（猛禽的）爪：The ea-
gle sank its *talons* into its victim. 鹰的利爪
扎入了猎物。

tame /teim/ I *adj.* ❶驯服的；驯养的：a
tame tiger 驯养的老虎 ❷〈口〉无生气的,沉
闷的；枯燥的；无趣的：a rather *tame* party
毫无生气的聚会 II *vt.* 驯服：It's hard to
tame a tiger. 驯虎很难。‖ '**tam(e)·a·ble**
adj. —'**tame·ly** *adv.* '**tame·ness** *n.*［U］—
'**tam·er** *n.*［C］

tam·per /'tæmpə'/ *vi.* 弄乱,玩弄；擅自变动
（*with*）：He *tampered with* the girl's feel-
ing. 他玩弄这位姑娘的感情。‖ '**tam·per·er**

n.［C］

tan /tæn/ I *n.* ❶［C］（紫外射线照射形成的）
棕色皮肤,晒黑的皮肤：Her arms and legs
had a good *tan*. 她的胳臂和腿都晒得很黑。
❷［U］黄棕色；黄褐色：It took a long time
for her bare legs and arms to lose all their
tan. 很长时间后她的胳臂和腿才从棕黄色
变成白色。II（**tanned**；**tan·ning**）*vt.*（通过
日晒）使变黑；晒黑：Most of her free time
she divides between swimming and skiing
and tennis,so she's trim and always *tanned*.
她在业余时间里要么去游泳,要么去滑雪,
再不就是去打网球,所以她总是身材苗条、
皮肤黝黑。

tan·gent /'tændʒ³nt/ *n.*［C］【数】❶切线；切
面；正切曲线 ❷（直角三角形的）正切
（比）‖ **tan·gen·tial** /tæn'dʒenʃ³l/ *adj.*

tan·ge·rine /ˌtændʒə'riːn;'tændʒəˌriːn/ *n.*
［C］柑桔,橘子；【植】柑橘树：*tangerine* oil
红橘油

tan·gi·ble /'tændʒib³l/ *adj.* ❶［无比较级］
〈书〉可触及的；有形的：Sculpture is a *tan-
gible* art form. 雕塑是一种有形的艺术形
式。❷［通常作定语］明确的,清楚的；真实
的：*tangible* proof 确凿证据 ❸（资产等）有
形的,价值易估计的：*tangible* assets 有形资
产 ‖ **tan·gi·bil·i·ty** /ˌtændʒi'biliti/ *n.*
［U］—'**tan·gi·ble·ness** *n.*［U］—'**tan·gi-
bly** *adv.*

tan·gle /'tæŋg³l/ *n.*［C］❶（一团）缠结的东
西；乱七八糟的东西：Her hair was a *tan-
gle*. 她的头发乱蓬蓬的。❷复杂情况；混乱
局面：I am in an awful *tangle* with my
work,can you help? 我的工作一团混乱,你
能帮帮忙吗?

tan·gled /'tæŋg³ld/ *adj.* ❶缠结在一起的,
纠缠的：The new gardener lets the plants
grow to a *tangled* mass. 新来的园丁让那些
植物长成杂乱的一丛。❷混乱的；纷杂的：
They are worried about getting caught in
the *tangled* web of investigation. 他们担心
被牵扯进错综复杂的调查之中。

tan·go /'tæŋgəu/ *n.*［C］（［复］-**gos**）❶探戈
舞：Can you do the *tango*? 你会跳探戈吗?

❷探戈舞曲

tank /tæŋk/ *n.* [C] ❶(装液体或气体的)大容器;箱;柜;桶;罐;缸;槽;池 ❷【军】坦克:a heavy *tank* 重型坦克 ‖ **'tank·ful.** [C]

tank·er /'tæŋkə'/ *n.* [C]油船;油罐车;运油飞机

tap¹ /tæp/ I (**tapped**;**tap·ping**) *v.* ❶轻敲;轻拍(*at*,*on*):I *tapped on* the desk to let them know our teacher had arrived. 我敲敲课桌,让他们知道老师来了。❷跳踢踏舞:Let me play something you can *tap* to. 我来弹一支曲子,你好跟着跳踢踏舞。II *n.* [C]❶轻敲;轻拍:She gave him a little *tap* on the arm. 她轻轻地拍了一下他的胳膊。❷轻敲声;轻拍声:I heard a *tap* at the door. 我听见有人敲门。‖ **'tap·per.** [C]

tap² /tæp/ I *n.* [C] ❶龙头;旋塞,开关,阀门:the boiler *tap* 锅炉的龙头 ❷搭线窃听电话:put a *tap* on sb.'s telephone 窃听某人的电话 II *vt.* (**tapped**;**tap·ping**) ❶〈英〉从…取得信息(或资源,供应品);开发;开采;利用:We found a new way of *tapping* the sun's energy. 我们找到了利用太阳能的新方法。❷(用监听设备)窃听(电话或电报线路):*tap* a telephone (line) 窃听电话 ‖ **'tap·per** *n.* [C]

tap-dance /'tæp,dɑːns;-,dæns/ I *n.* [C]踢踏舞:do a *tap-dance* 表演踢踏舞 II *vi.* 跳踢踏舞:They *tap-danced* to the light of the moon. 他们在月光下跳踢踏舞。‖ **'tap·danc·er** *n.* [C]

tape /teip/ *n.* ❶[C](捆扎物品用的)捆扎带;带子:You've got to break the *tapes* attached to the packet before opening it. 你得把捆包裹的带子弄断才能打开包裹。❷[the～]【体】终点拉线:The crowd cheered loudly when the runner broke *the tape*. 赛跑选手冲过终点线时,人群大声欢呼。❸[C;U]磁带;(盒式)录音带;(盒式)录像带(＝magnetic tape):If you give me a blank *tape* I'll record the interview for you. 给我一盒空白带,我帮你把面试的经过录下来。

tar /tɑː'/ *n.* [U]【化】❶(从木头或煤中提炼、用于木材防腐和铺路的)沥青,柏油:It was so hot that the *tar* on the road melted. 天气太热,路面的沥青熔化了。❷(烟草燃烧产生的)焦油

tar·get /'tɑːgit/ I *n.* [C]❶(画有同心圆的)靶子:I had five shots but only the last two hit the *target*. 我打了五发子弹,但只有最后两发中靶。❷目标;指标;预期的结果:The government set a *target* for economic growth in excess of 6% a year. 政府确定了年增长率6%以上的经济发展指标。❸招致非议的人(或事物):I'm afraid that your outspoken views will make you an easy *target* for mockery. 我担心你说话坦率容易成为嘲笑的对象。II *vt.* ❶将…作为目标;挑选;判定:It is hoped that the common people will not be *targeted* during any war. 人们希望在任何战争中都不要把平民百姓作为攻击的目标。❷使瞄准;把…导向:a missile *targeted* on the enemy city 瞄准敌方城市的导弹

tar·iff /'tærif/ *n.* [C]❶(固定收费的)价格表,价目单;收费表:The *tariff* pinned to the wall shows the prices of various rooms charges of the hotel. 钉在墙上的价格表列出了旅馆中不同房间的收费情况。❷(政府对进出口商品征收的)关税;关税税率表:a preferential *tariff* 优惠关税

tart /tɑːt/ *adj.* ❶酸的;辛辣的:Gooseberries are too *tart* for my taste. 醋栗太酸,不对我的胃口。❷(评论等)尖酸的,刻薄的:His *tart* reply upset the boss. 他的尖酸回答激怒了上司。‖ **'tart·ly** *adv.* —**'tart·ness** *n.* [U]

task /tɑːsk;tæsk/ *n.* [C](分派的)任务;(指定的)工作;差事;作业:This is the *task* of life. 这便是生活的使命。

☆ **task, assignment, chore, duty, job, stint** 均有"工作,任务"之意。**task** 常指上级或某一组织分配、规定给某人,需要一番努力才能完成的具体任务:The new assistant quickly performed the *tasks* he had been set. (新来的助手很快地完成了被指派的任务。) **assignment** 较为正式,指分配给人做的一种特定任务,常指长期性的职务,带有非自愿

去做的意味：She's going to India on a special *assignment* for her newspaper. （她受委派到印度去执行报社的一项特殊任务。）**chore** 指日常零星工作、家庭杂务或农场杂活，强调单调乏味：She finds cooking a *chore*. （她认为做饭是件烦人的事。）**duty** 既可指对他人应尽的义务，也可指对自己应尽的责任，还可指具体工作岗位上的职责：When a fire was sighted, the firemen were called to *duty*. （发现火情，消防员就应召到岗。）**job** 指自己去找或自愿接受的事情，也可指任何有报酬的工作：She got a part-time *job* as a governess. （她找到份兼职工作，当家庭教师。）**stint** 指定量的或定额的工作，强调工作的临时性或一次性：I've done my *stint* for today. （我今天的工作已经做完了。）

tas·sel /'tæsºl/ *n.* [C]（垫子、头巾、帽子等边上的)穗状装饰物，饰穗；璎珞；丝带；流苏：a short skirt with *tassels* around the hem 折边饰满流苏的短裙 ‖ '**tas·seled** *adj.*

taste /teist/ I *n.* ❶[C]味道，口味，滋味：I enjoy foods that have a sweet *taste*. 我喜欢有甜味的食物。❷[U]味觉：A cold dulls one's *taste*. 感冒使味觉迟钝。❸[C]喜爱，爱好；兴趣；胃口（*for*）：The food is very much to my *taste*. 食物很合我的胃口。❹[U]鉴赏力，欣赏力；品味，韵味；(对行为是否得体的)判断力：His presents were chosen with a fine *taste*. 他的礼物选得颇有品味。II *vt.* 品尝：The cook *tastes* everything to see if it is right. 厨师品尝每样东西看看味道是否合适。

taste·ful /'teistfºl/ *adj.* 高雅的，有品位的；有吸引力的：The bedroom was simple but *tasteful*. 卧室虽简朴但很雅致。 ‖ '**taste·ful·ly** *adv.*

taste·less /'teistlis/ *adj.* ❶[无比较级]没有味道的：The soup is *tasteless* without salt. 汤不放盐没味道。❷不高雅的，庸俗的；没有品位的；难看的：a *tasteless* remark 不得体的评论 ‖ '**taste·less·ly** *adv.* —'**taste·less·ness** *n.* [U]

tast·y /'teisti/ *adj.* (食物)美味可口的；开

胃的：This soup is so *tasty* and I love it. 汤的味道这么好，我可爱喝了。 ‖ '**tast·i·ness** *n.* [U]

tat·ter /'tætə/ *n.* ❶[C](破衣服、破旗帜等上挂下的)破布条，碎片：a few *tatters* of clothing 几块残破的衣片 ❷[常作~s]破布，破纸，破烂：The same *tatters* of wash hung for weeks in the same cold air. 在仍是那样清冷的风中挂着的仍是那些洗过的破烂衣服。

tat·tle /'tætºl/〈口〉〈常贬〉I *vi.* 闲聊，闲扯，说闲话：*tattle* on others 说别人的闲话 II *n.* [C]闲聊，闲扯，闲话 ‖ '**tat·tler** *n.* [C]

taught /tɔːt/ *v.* teach 的过去式和过去分词

taunt /tɔːnt/ I *n.* [C]讥笑，嘲讽；伤人的言辞；奚落；恶语，辱骂：Mr. Round ignored their cruel *taunts* about his obesity. 朗德先生面对别人对他臃肿体形的冷嘲热讽毫不理会。II *vt.* ❶恶语伤害，辱骂；轻蔑地责备，奚落：He followed peace and *taunted* them with shouts of "crooks!" 他跟在他们身后，大骂他们"骗子"。❷讥笑；嘲弄：The young man was *taunted* by his colleagues for being rather sissy. 这位年轻人因为有些女人气而受到同事们的嘲笑。 ‖ '**taunt·er** *n.* [C]—'**taunt·ing·ly** *adv.*

taut /tɔːt/ *adj.* ❶(绳索、肌肉等)绷紧的：I told Leo to pull the string *taut*. 我告诉利奥把带子拉紧。❷(神经等)紧张的：Vivian looked *taut* and anxious before the exam. 维维安考试前显得紧张不安。 ‖ '**taut·ly** *adv.* —'**taut·ness** *n.* [U]

tax /tæks/ I *n.* [C；U]税，赋税；税款，税金；税务（*on*）：evade *taxes* 偷税 II *vt.* ❶对(人或货物等)征税，课(人或货物等的)税：*tax* high earners heavily 对高收入者课以重税 ❷苛求(人、人的精力或资源等)；使承受负担：Watching TV *taxes* the eyes. 看电视费眼睛。 ‖ '**tax·a·ble** *adj.* —**tax·a·tion** /tæk'seiʃºn/ *n.* [U]

☆ **tax, dues, duty, tariff** 均有"税，税款"之意。**tax** 为最普通用词，泛指国家或地方政府在财产、收入、商业活动等方面按一定比例征收的税款：The state government plans to increase *taxes* by three per cent over the next year. (州政府计划在明年之内加税 3%。)dues 指因使用某一事物或因获得某种利益而正式交纳的税款：harbour *dues* (入港税) **duty** 常指对特定货物、财物征收的特定税款：estate *duty* (遗产税) **tariff** 指国家或政府对进出口货物征收的关税：There is a very high *tariff* on jewelry. (对珠宝征收的关税特别高。)该词还可表示旅馆或公用事业的价目表或定价表：The *tariff* at the hotel ranges from $ 20 to $ 40 a day for a single room. (旅馆单人房间一天的房价从 20 美元到 40 美元不等。)

tax·i /'tæksi/ *n.* [C]([复]**tax·i(e)s**) 出租(汽)车，的士，计程车(＝taxicab)：I think I'd take a *taxi* to the airport. 我想乘出租车去飞机场。

tax·i·cab /'tæksiˌkæb/ *n.* [C]〈书〉出租(汽)车，的士，计程车

tax·ing /'tæksiŋ/ *adj.* 繁重的，费劲的，累人的，艰难的：dull and *taxing* jobs 枯燥而繁重的工作

tea /tiː/ *n.* ❶[U]【植】茶树 ❷[U](干的)茶(树)叶：The price of *tea* is ten dollars a pound. 茶叶价每磅 10 美元。❸[U；C](一份或一杯)茶(水)：a cup of *tea* 一杯茶

teach /tiːtʃ/ (**taught** /tɔːt/) *v.* 教，教授；传授；指导；训练：He *taught* her English. 他教她英文。

☆ **teach，coach，educate，indoctrinate，instruct，school，train，tutor** 均有"教"或"传授知识、技能"之意。**teach** 为普通用词，指传授知识、帮助他人掌握技能的过程，包括讲解指导、布置作业、组织训练、提供范例等，既可用于学术方面，也可用于其他方面：I *teach* physics at a local junior high school. (我在一所初中教物理。)**coach** 表示进行具体指点、辅导或纠正，尤其适用于课外的考试指导或某项体育运动：I *coach* people for IELTS exams. (我为准备雅思考试的人做辅导。) **educate** 为正式用词，指以长期而正式的系统教学来培养学生、发展其潜在能力，强调教育的意图或最后结果：He was born in China but was *educated* in America. (他出生在中国，但在美国受的教育。) **in-**doctrinate 强调反复灌输而强迫他人接受某一信念或观点：He tried to *indoctrinate* me with his prejudices. (他试图把他的偏见硬灌给我。)该词也可表示教导或传授军事知识：The recruits were *indoctrinated* for a month. (新兵接受了为期一个月的军事训练。)**instruct** 比较正式，常指在特定情形下系统地传授必要的知识或技能：He *instructed* her how to signal with flags. (他教她如何打旗语。) **school** 尤指在某一方面进行特别严格、彻底的训练，带有克制自己以忍受难以忍受的事情的含义：You should *school* yourself to control temper. (你要学会控制他的脾气。) **train** 常指带有明确目的进行专门训练、掌握某种特定的技能技巧，以便从事、胜任某种专业工作或职业：She was *trained* as a guitarist under a famous musician. (她的吉他弹奏技艺接受过一位有名的音乐家的指导训练。) **tutor** 用于师生间的个人关系，表示进行个别教学或讨论：His parents engaged a university student to *tutor* him in English. (他父母请了一名大学生给他做英语家教。)

teach·er /'tiːtʃə/ *n.* [C]教师，老师，教员：The first-grade *teacher* has 17 kids in her class. 一年级的那位老师班里有 17 名学生。

teach·ing /'tiːtʃiŋ/ *n.* ❶[U]教学；教书，任教：Our *teaching* in algebra is quite poor. 我们的代数课教得相当糟。❷[常作～s]教学的内容；教条，主义，学说；(宗教的)教义：the *teachings* of Buddha 佛教教义

tea·cup /'tiːˌkʌp/ *n.* [C]茶杯：discuss over the *teacups* 边喝茶边讨论

team /tiːm/ **I** *n.* [用作单或复] ❶[体](比赛一方选手组成的)队：a basketball *team* 篮球队 ❷(两个以上在一起工作的成员组成的)队，班，组；小组：a *team* of investigators 调查小组 **II** *vt.* 把…组成队(或班、组等)；使参加联合行动，使合作(*up*)—*vi.* 组成队(或班、组等)；参加联合行动，合作(*up*)：Bill and I had *teamed* together a long time. 比尔和我已经搭档了很长时间。

team-mate /'tiːmˌmeit/ *n.* [C]队友；工友

tea·pot /'tiːˌpɒt/ *n.* [C]茶壶

tear¹ /tiɚ/ *n.* [C] ❶[常作～s]眼泪，泪滴，泪珠：Tears came to my eyes. 我的热泪夺眶而出。❷[常作～s]哭泣；悲痛，伤心：There were tears in his voice. 他声音里有哭腔。‖ 'tear·ful *adj.* —'tear·y *adj.*

tear² /teɚ/ (tore /tɔːr/, torn /tɔːn/) *vt.* ❶撕开，撕碎(up)：Don't tear the paper. 不要把纸撕掉。❷(用力)拉，扯，撕；夺；拔(away, up)：Storms tear away many plants. 暴风雨刮倒了很多植物。‖ tear up *vt.* 撕毁，撕碎：The magician tore up a photo and then made it whole again. 魔术师把一张照片撕碎，然后又使它恢复原样。

tear-drop /'tiɚˌdrɒp/ *n.* [C] ❶(一滴)眼泪，泪滴，泪珠：I saw tear-drops running down her cheeks. 我看见她脸上流下了泪珠。❷泪珠状物：(尤指项链或耳环上的)宝石坠子

tease /tiːz/ *v.* 逗弄，戏弄，取笑：I hate being teased about my red hair. 我讨厌人家嘲笑我的红头发。

tea·spoon /'tiːˌspuːn/ *n.* [C]茶匙，小匙 ‖ 'tea·spoon·ful *n.* [C]

tech /tek/ 〈口〉I *adj.* [无比较级]技术的 II *n.* ❶[U]技术，工艺 ❷[C]技术员

tech·ni·cal /'teknɪkᵊl/ *adj.* ❶[无比较级][作定语]技术的；应用科学的；工艺的：technical skill 技能 / technical services 技术服务 ❷(书本或论述等)使用专门术语的；具有(较强)专业性的：The engineer gets very technical when discussing his job. 工程师谈工作时满口的术语。‖ 'tech·ni·cal·ly *adv.*

tech·ni·cian /tek'nɪʃᵊn/ *n.* [C] ❶技师，技术(人)员，技术专家 ❷(艺术、工艺等方面的)行家，能手

tech·nique /tek'niːk/ *n.* ❶[U]技巧；技能，能力：If you want a new job, you must improve your interview technique. 要想找到新工作，你必须提高面试技巧。❷[C]技术(方法)；工艺；手段：I found a new technique for making sure I don't mix these books. 我发现一种新方法可确保不把这些书搞混了。

tech·nol·o·gy /tek'nɒlədʒi/ *n.* ❶[U](应用)技术，工艺；工业技术：science and technology 科学技术 ❷[C]技术发明(指机械或设备)：The end of the 20th century saw new technologies for computer chip manufacturing. 20世纪末出现了生产计算机芯片的新工艺。❸[U]工程知识；应用科学 ‖ tech·no·log·ic /ˌteknə'lɒdʒik/ *adj.* —tech·no'log·i·cal /-kᵊl/ *adj.* —ˌtech·no'log·i·cal·ly *adv.* —tech'nol·o·gist *n.* [C]

ted·dy /'tedi/ **bear** *n.* [C]玩具熊

te·di·ous /'tiːdiəs/ *adj.* 冗长乏味的；讨人厌的：a tedious book 无趣的书 ‖ 'te·di·ous·ly *adv.* —'te·di·ous·ness *n.* [U]

teen /tiːn/ 〈口〉I *adj.* [无比较级][作定语]十几岁的(= teenage)：pre-teen schoolgirls 12岁以下女学生 II *n.* [C](13至19岁之间的)青少年；十几岁的孩子

teen·age /'tiːnˌeidʒ/ *adj.* [无比较级][作定语](为了)青少年的；十几岁(的孩子)的：They have two teenage daughters. 他们有两个十几岁的女儿。‖ 'teen·ˌag·er *n.* [C]

teeth /tiːθ/ *n.* tooth 的复数

tel. *abbr.* telephone

tel·e- /'teli/ *comb. form* ❶表示"远距离的"：telecontrol(遥控)，telekinesis ❷表示"电视"：telecourse(电视教程)，tele-fan(电视迷)，telegenic ❸表示"电信"，"电报"，"电话"：telecord(电话记录器)，telegraphone(录音电话机)

tel·e·com·mu·ni·ca·tions /ˌtelikəˌmjuːni'keiʃᵊnz/ *n.* [U] ❶电信；(电报、电话、广播、电视等)远程通讯：telecommunications satellite 通讯卫星 ❷[常作 telecommunication]电信学；电信技术；电信业：advanced telecommunications technology 先进的电信技术合作

tel·e·con·fer·ence /'teliˌkɒnfᵊrᵊns/ *n.* [C] 【电信】电话会议

tel·e·gram /'teliˌgræm/ *n.* [C；U]电报：send sb. a telegram of congratulations 向某人发贺电

tel·e·graph /'teligrɑːf;-ˌgræf/ **I** *n.* [U]【电信】电报系统；[C]电报装置：The news came by *telegraph* on Monday. 消息是周一用电报发来的。**II**〔亦作 **phone**〕*vt.* 给…发电报；用电报发送：The news was *telegraphed* across the ocean. 该消息用电报传到大洋彼岸。‖ **'te·leg·ra·pher**, **'te·leg·ra·phist** *n.* [C]

tel·e·graph·ic /ˌteli'græfik/ *adj.* ❶ [无比较级]电报的：*telegraphic* enquiry 电报查询 ❷文字简短的：Daniel delivered his message with *telegraphic* brevity. 丹尼尔用电报式的简洁文体发送信息。

te·leg·ra·phy /ti'legrəfi/ *n.* [U]【电信】电报学，电报(通讯)术

tel·e·phone /'teliˌfəun/ **I** *n.* ❶ [C；U]电话：answer the *telephone* 接电话 ❷[C]电话机：a cellular [mobile] *telephone* 移动电话 **II** *v.* ❶给…打电话：He *telephoned* me to say that he opened a shop. 他打电话给我说开了一家商店。❷打电话传送(信息)：Mr. Rich *telephoned* that there had been an accident at the crossroads. 里奇先生打电话说那个路口出了事故。〔亦作 **phone**〕‖ **'te·leˌphon·er** *n.* [C]

tel·e·scope /'teliˌskəup/ *n.* [C]望远镜：an astronomical [a space] *telescope* 天文望远镜

tel·e·vise /'teliˌvaiz/ *v.* 电视转播：Which station will *televise* the football match tonight? 今天晚上哪个台将转播这场足球比赛？

tel·e·vi·sion /'teliˌviʒ°n, ˌteli'viʒ°n/ *n.* ❶[U]电视：a cable *television* network 有线电视网络 ❷[C]〈口〉电视机：an interactive *television* 交互式电视机

tel·ex, Tel·ex /'teleks/ *n.* ❶[U]电传(系统)；打字电报(系统)，用户电报(系统)：Send them the reply of our company by *telex*. 把我们公司的答复用电传发给他们。❷[C]电传

tell /tel/ (**told** /təuld/) *vt.* ❶说，叙述，讲(述)：A few survived to *tell* the tale after the war. 有几个幸存者战后叙述这段故事。❷告诉，告知；使知晓，使了解：The clock

tells the time. 时钟报时。❸[通常不用进行时态]向…显示，向…表明；显示出：Your expression *tells* me everything. 你的表情向我表明了一切。❹[不用进行时态，常与 can, could, be able to 等连用]确定，判定；区分，识别，分辨：You can *tell* by the clouds that it is going to rain. 根据云层可以断定天会下雨。

☆ **tell，narrate，recount，relate，report** 均有"讲述，告诉"之意。**tell** 为普通用词，词义和使用范围最广，指通过口头或书面形式把有关事情、情况、消息等告诉他人：I *told* the good news to everybody. (我把好消息告诉了大伙。) **narrate** 常指运用情节、悬念等手段来安排细节，强调叙述生动有趣、引人入胜：*narrate* one's adventurous experiences (讲述某人的冒险经历) **recount** 表示凭记忆详细叙述某事并列举具体细节：The hunter *recounted* how he had shot the tiger. (猎人讲述了他射死那只老虎的经过。) **relate** 常指详细地、有条不紊地讲述自己耳闻目睹的事情：He *related* to us the story of his escape. (他向我们讲述了他逃跑的经过。) **report** 常指经过调查以向他人通报有关事实情况，注重细节和准确性：The accident should be *reported* immediately to the police. (应立即将事故向警方报告。)

tell·er /'telə˞/ *n.* [C] ❶(银行)出纳员：a qualified bank *teller* 合格的银行出纳 ❷(故事等的)讲述人：a fortune *teller* 算命人

tell·ing /'teliŋ/ *adj.* ❶有力的，有效的；能说明问题的；效果显著的：Statistics are *telling*. 统计数字很能说明问题。❷重要的；有意义的：He did one strange, *telling* thing. 他做了一件深有含意的怪事。‖ **'tell·ing·ly** *adv.*

tem·per /'tempə˞/ *n.* ❶[C]脾气；性情：have a bad *temper* 暴躁的脾气 ❷[U]烦躁的心情；生气，发怒：Joanna had a sudden fit of *temper* and threw a tea cup at John. 乔安娜突然发了一阵脾气，把一个茶杯扔向约翰。

tem·per·a·ment /'temp°rəm°nt/ *n.* ❶[C；U]气质；性情，秉性；性格：The twins look alike, but in *temperament* they are different. 这对双胞胎看起来一样，但是性情却

不一样。❷[U]活跃的个性：He is full of *temperament*. 他精神饱满。

tem·per·a·ture /'temp°ritʃə°/ *n.* ❶[C；U] 温度(略作 temp.)：There was a sudden fall in *temperature* during the past week. 在过去的一周里，温度突然降低了。❷[C]【医】体温；bring down *temperature* 降体温

tem·ple /'temp°l/ *n.* [C] 寺，庙；神殿：an ancient Roman *temple* 古罗马神殿

tem·po /'tempəu/ *n.* [C]([复]-pos 或-pi /-pi:/)❶【音】速度，节奏；拍子：play the music at a fast *tempo* 用快拍演奏音乐 ❷(行动或活动的)速度；步调：She has become used to the busy *tempo* of city life. 她已习惯了城市生活的快节奏。

tem·po·rar·y /'temp°r°ri/ I *adj.* [无比较级]临时(性)的；暂时(性)的：a *temporary* resident 暂住居民/ a *temporary* construction 临时性建筑 II *n.* [C]临时工 ‖ **tem·po·rar·i·ly** *adv.* —**tem·po·rar·i·ness** *n.* [U]

tempt /'tempt/ *vt.* ❶引诱，勾引；怂恿：The good reward *tempted* him to reveal his secret. 优厚的奖赏诱使他泄露了秘密。❷吸引：The bank is offering higher rates of interest to *tempt* new savers. 该银行正以较高的利息吸引新储户。❸拿…冒险：You are *tempting* fate by giving up your job before finding a new one. 你在没有找到新工作之前就放弃原有的工作，这是拿命运冒险。‖ **temp·ta·tion** /temp'teiʃ°n/ *n.* [C；U]

ten /ten/ *n.* [C] 十；十个(人或物)：a *ten*-seater bus 十座面包车

te·na·cious /ti'neiʃəs/ *adj.* ❶紧握的，抓住不放的；坚持(原则等)的；不轻易放弃的 (*of*)：The baby took my finger in its *tenacious* little fist. 婴儿的小拳头紧紧地攥住我的手指。❷好记性的；强记的；have a *tenacious* memory 记性好 ❸坚持不懈的；坚忍不拔的：He is very *tenacious* in spite of all the obstacles in his path. 尽管前进路上障碍重重，他仍坚持不懈。‖ **te·na·cious·ly** *adv.* —**te·na·cious·ness** *n.* [U]

te·nac·i·ty /ti'næsiti/ *n.* [U] ❶坚持，顽强，固执：Mountain climbing requires cour-

age and *tenacity*. 爬山需要勇气和顽强意志。❷保持力；a memory of uncommon *tenacity* 异常强的记忆力

ten·ant /'ten°nt/ *n.* [C] ❶佃户；租赁人 ❷(一个地方的)承租人；租户；房客(*of*)：the *tenants of* this building 这栋楼的租户 ❸居住者，占用者

tend[1] /tend/ *vi.* ❶[后接不定式]易于，倾向于：We all *tend* to forget unpleasant incidents. 我们都容易忘记不愉快的事件。❷有助于，有利于(*to*，*toward*)：Power *tends* to corrupt. 权力容易导致腐败。❸趋于，移向(*to*，*toward*(*s*))：Interest rates are *tending* downwards. 利率正逐步下调。

tend[2] /tend/ *vt.* 照料，看护；为…服务；看管：He was sent to the hospital and a nurse gently *tended* his cuts and bruises. 他被送往医院，一位护士轻柔地为他处理伤口和青肿处。—*vi.* 关心；看管(*to*)：Harry will be here to *tend* to this kid. 哈里会来这儿照看孩子。

tend·en·cy /'tend°nsi/ *n.* [C]倾向，趋势 (*to*，*towards*)：There is a *tendency* for interest rates to fall in the new year. 在新的一年中，利率有可能会下降。

☆**tendency，current，tenor，trend** 均有"倾向，趋势，动向"之意。**tendency** 通常指人或事物因某种内在特性或外部力量而按特定的方向运动，用于个人时常表示意愿、意向：He's always had a *tendency* to be fat. (他总是容易发胖。) / She has artistic *tendencies*. (她有艺术气质。) **current** 常指明确可辨的流向或趋向，也可能指变动或改变：Newspapers influence the *current* of public opinion. (报纸影响舆论。) **tenor** 指可以清楚地觉察出来的意思、目的或要旨，强调持续不偏的路线或明确的走向：There has been a shift in the whole *tenor* of the antinuclear campaign. (整个反核运动的方向已发生了变化。) / Life continues in the even *tenor* for him. 他的生活继续过得平静安定。**trend** 表示总趋向或大致走向，会受外力作用而有曲折、波动或变动：an upward *trend* of prices (物价上涨的趋势) / The rise in juvenile delinquency is a disturbing new *trend*. (少年犯罪率上升这种新倾向令人十分不安。)

ten·der /'tendə/ *adj.* ❶嫩的；(柔)软的；易咀嚼的：My steak was juicy and beautifully *tender*. 我的牛排多汁而且非常鲜嫩。❷敏感的；微妙的：Don't mention her divorce. It's a *tender* subject. 别提她离婚的事,这是一个敏感话题。❸易受伤害的；过敏性的：He got a bruise on his left eye, and it is still *tender*. 他左眼有一块青肿的地方,一碰就痛。❹纤弱的；幼嫩的；脆弱的：*tender* eggs 易打碎的蛋 ❺温柔的,柔情的；仁慈的；体贴的：a *tender* mother 慈母 ‖ **'ten·der·ly** *adv.* — **'ten·der·ness** *n.* [U]

☆ **tender, compassionate, sympathetic, warm** 均有"对他人充满爱心或同情心"之意。**tender** 表示待人温柔亲切、体贴入微的：Be *tender* towards children. (对儿童要和善。) **compassionate** 指对他人的烦恼、痛苦或不幸易于产生同情和怜悯的：She was among the most *compassionate* of women. (她是最富同情心的那一类女性。) **sympathetic** 的词义和使用范围比 compassionate 要广泛,表示能够设身处地感受他人的痛苦、不幸、忧愁或分享他人的喜悦的,强调具有与他人一样的观点、信念或产生与他人一样的思想方法、情感：My colleagues were very *sympathetic* when my father died. (对我父亲的去世同事们深表同情。) **warm** 指对他人表示出极大的兴趣、爱心或热情的,强调温暖热忱：She had a *warm* generous heart. (她有一颗慈爱而宽厚的心。)

ten·nis /'tenis/ *n.* [U]【体】网球运动：She plays a lot of *tennis* in the spring. 春季她经常打网球。

tense¹ /tens/ I *adj.* ❶紧张的；拉紧的：*tense* nerves 紧张的神经 ❷令人紧张的；感到(或显得)紧张的：During the negotiation there was a long, *tense* silence. 谈判当中出现了一阵令人紧张的长时间的沉默。II *v.* (使)感到紧张,(使)变得紧张；(使)绷紧：When Simms lifted the piano the muscles in his arms *tensed* visibly. 西姆斯搬动钢琴时,胳臂上的肌肉明显地绷紧了。‖ **'tense·ly** *adv.* — **'tense·ness** *n.* [U]

tense² /tens/ *n.* [C;U]【语】(动词的)时态：How many verb *tenses* are there in French? 法语动词有多少种时态?

ten·sion /'tenʃ°n/ *n.* ❶[U]拉伸(状态)；绷紧(程度)：adjust the *tension* of the tennis racket 调整网球拍绷的松紧 ❷[U](精神上的)紧张(状态)；兴奋：Everyone could feel the *tension* in the operating room. 人人都能感到手术室里气氛紧张。❸[C;U]【具数时通常用复】紧张关系；紧张局面：alleviate international *tensions* 缓解国际紧张关系

tent /tent/ *n.* [C]帐篷,营帐：put up [erect] a *tent* 支起帐篷

ten·ta·cle /'tentək°l/ *n.* [C]【动】触须；触角；触手 ‖ **'ten·ta·cled** *adj.*

ten·ta·tive /'tentətiv/ *adj.* ❶[无比较级]试探性的,试验性的；暂行的：a *tentative* proposal 试探性建议 ❷犹豫不决的；不肯定的：I think we are moving to a better flat in April, but that's only *tentative*. 我想我们4月份就能搬到一套更好的套房里去住,但是这事还不能肯定。‖ **'ten·ta·tive·ly** *adv.* — **'ten·ta·tive·ness** *n.* [U]

tenth /tenθ/ I *n.* [C] ❶第十 ❷十分之一：a *tenth* of a second 1/10 秒 II *adj.* [无比较级] ❶第十的：Today is the *tenth* day of the strike. 今天是罢工的第十天。❷十分之一的

term /tɜːm/ I *n.* ❶[C]术语,专门用语,学科用语：medical *terms* 医学术语 ❷[～s]条件；条款：departure from the *terms* of the contract 违背合同条款 ❸[C](职位等的)任期：In our country the President is elected for a four-year *term* of office. 在我们国家,总统每四年换届选举。❹[C]学期：The spring *term* begins in January and ends before Easter. 春季学期从1月份到复活节之前。II *vt.* 把…称为,把…描述为：The media *termed* the visit a triumph. 媒体称这次访问是一次胜利。‖ **in the short [long] term** 就短期[长期]而言：*In the short term* we expect to lose money on this book, but *in the long term* we hope to make large profits. 从短期来说,我们在这本书上可能要赔

钱,但从长远来说我们有希望赚大钱。

ter·mi·nal /ˈtəːmin°l/ **I adj.** [无比较级]
❶(疾病)致命的,不治的;(病人)垂死的;
(病况)晚期的,末期的:a *terminal* coma 临
终昏迷 ❷终点的,终端:*terminal* station
终点站 **II n.** [C] ❶端头,终极:Work has
started on the construction of a piping line
terminal. 修建管线终端的工作已经开始。
❷(火车或长途汽车的)终点站:The new
terminal has a good restaurant. 新车站有一
家好餐馆。❸【计】(计算机)终端:conduct
one's business through *terminals* 通过计算
机处理事务 ‖ **ˈter·mi·nal·ly adv.**

ter·mi·nate /ˈtəːmiˌneit/ **v.** ❶〈书〉终止,
(使)停下;制止:They should *terminate* the
useless discussion immediately. 他们应立即
停止这场毫无用处的讨论。❷解雇:He
was *terminated* from the company almost
immediately after the scandal came up. 丑
闻一出现,他差不多就被赶出了公司。

ter·mi·nus /ˈtəːminəs/ **n.** [C]([复]**-ni**
/-ˌnai/或**-nus·es**)❶(火车或公共汽车等的)
终点站 ❷终点,(最终)目标

ter·rain /təˈrein, ˈterein, teˈrein/ **n.** [U]地
形,地势,地域,地带:hilly *terrain* 山丘地带

ter·ri·ble /ˈterəb°l/ **adj.** ❶[无比较级]〈口〉
(数量或程度)很大的;非常的,极度的:
You're a *terrible* fool, aren't you? 你是天字
第一号的笨蛋,对不对?❷[无比较级]极坏
的,极差的:We had a *terrible* time on holi-
day in Italy. 我们在意大利的假期过得糟透
了。❸可怕的;令人惊恐的:a *terrible* acci-
dent 可怕的事故 ‖ **ˈter·ri·ble·ness n.**
[U]—**ˈter·ri·bly adv.**

ter·rif·ic /təˈrifik/ **adj.** ❶[无比较级]〈口〉
巨大的;极度的;强力的;非常好的:We had
a *terrific* vacation last month. 我们上个月
的假期过得好极了。❷令人惊恐的;可怕
的:a *terrific* air alarm 令人恐怖的空袭警
报 ‖ **ter·ˈrif·i·cal·ly /-k°li/ adv.**

ter·ri·fied /ˈteriˌfaid/ **adj.** 害怕的,恐惧的,
受惊的:My sister was too *terrified* to say
anything. 我妹妹吓得什么也说不出来。

ter·ri·fy /ˈteriˌfai/ **vt.** 使惊恐,使受到惊吓;

使感到害怕:The horror movie *terrified* the
child. 那部恐怖电影吓坏了孩子。

ter·ri·fy·ing /ˈteriˌfaiiŋ/ **adj.** 令人害怕的,
可怕的:a *terrifying* nightmare 可怕的梦
魇 ‖ **ˈter·ri·fy·ing·ly adv.**

ter·ri·to·ri·al /ˌteriˈtɔːriəl/ **adj.** ❶[无比较
级]领土的:*territorial* integrity 领土完整
❷[无比较级](有)地域性的,区域性的:
These regulations are strictly *territorial*. 这
些规定完全是地区性的。

ter·ri·to·ry /ˈterit°ri/ **n.** ❶[C;U]领土,领
地;版图:across the country's entire *territo-*
ry 遍及该国的全部领土 ❷[U](知识、兴
趣、思想等的)领域,范围:Medieval litera-
ture is not my *territory*. 中世纪文学不是我
的研究领域。❸[C](商业和贸易的)区域

ter·ror /ˈterəʳ/ **n.** ❶[U]恐怖,惊骇:He was
filled with *terror* at the thought of death.
一想到死,他就万分恐惧。❷[C]令人恐怖
的人(或事物):He is the *terror* of the youth
of the community. 他是社区那些小伙子中
的一霸。

ter·ror·ism /ˈterəˌriz°m/ **n.** [U]恐怖主义:
These measures failed to bring acts of *ter-*
rorism to an end. 这些措施没能结束恐怖主
义行动。‖ **ˈter·ror·ist n.** [C] & **adj.**

ter·ror·ize /ˈterəˌraiz/ **vt.** 使充满恐怖;恐
吓:He was *terrorized* into handing over the
money. 他吓得交出了钱。

terse /təːs/ **adj.** ❶(语言)简洁明了的,言简
意赅的;直切主题的:Her newspaper arti-
cles are *terse* and to the point. 她在报上发
表的文章,文字简短切切中要害。❷粗鲁
的,无礼的;粗暴的:Her response was a
terse rejection. 她粗鲁地拒绝了,这就是她
的回答。‖ **ˈterse·ly adv.** — **ˈterse·ness n.**
[U]

test /test/ **I n.** [C]考试;测验;检测;考验:
They must take a *test*, or examination, be-
fore they can qualify. 他们要通过考试才能
获得资格。**II vt.** 检验;试验,测验,测试;
考试:We *tested* the equipment for accuracy.
我们检验了该设备的精确度。

tes·ti·fy /ˈtestiˌfai/ **vi.** ❶证明,证实(*to*,

for, *against*): The open door *testified to* the fact that he had left in a hurry. 敞开的门户证明他离开时很匆忙。❷【律】出庭作证: None of the onlookers would appear in court to *testify* against him. 没有一个旁观者愿意出庭指证他。‖ **'tes·ti·fi·er** *n*. [C]

tes·ti·mo·ni·al /ˌtestiˈməuniəl/ *n*. [C] ❶(品行、资格等的)证明书;推荐信;鉴定书: All applicants for the job must come with *testimonials*. 本工作的申请人必须带有推荐信。❷馈赠物;感谢信;表扬信;奖章;奖状: The manager gave her a *testimonial* at her retirement. 退休时经理送了她一件礼品。

tes·ti·mo·ny /ˈtestiˈməni/ *n*. ❶[U]【律】证词,证供: Some doubt has been expressed about whether their *testimony* was really true. 有人怀疑他们的证词是否真实可信。❷[C]对事实的陈述: He gave a *testimony* to the correctness of his decision. 他就其决定的正确性做了陈述。❸[C;U]证据,证明: produce *testimony* 出示证据

text /tekst/ *n*. ❶[U](书、文件等的)正文;文本: You should not only look at the pictures but also read the *text*. 你不光要看插图,还得阅读正文。❷[常作 the ～](与翻译、改写作品相对的)原文,原稿: A fidelity to *the text* is a laudable feature of translation. 忠实于原文是翻译作品的可贵特点。❸[C]主旨,主题: What's the *text* of your speech? 你讲演的主题是什么? ❹[C]教科书,课本: Have the *texts* arrived for our class? 我们班的教材到了吗? ‖ **tex·tu·al** /ˈtekstʃuəl/ *adj*.

text·book /ˈtekstˌbuk/ *n*. [C]课本,教材,教科书: the standard *textbooks* for the history of Spain 西班牙历史的标准教科书

tex·tile /ˈtekstail; -til/ *n*. [C] ❶纺织原料 ❷纺织品;布匹: cotton *textiles* 棉纺织品

tex·ture /ˈtekstʃɚ/ *n*. [C;U] ❶质地;质感;质相: You can't plant this crop in the soil with a loose sandy *texture*. 这种作物不能在质地松散的沙质土里。❷结构,组织;纹理: The chemist is testing for the *tex*-

ture of the mineral. 那位化学家正在测试该矿物的结构。‖ **'tex·tur·al** *adj*.

than /强 ðæn, 弱 ð°n/ *conj*. ❶[用于形容词或副词的比较级之后,引导表示比较关系的第二个部分]比,超过: My wife usually gets up earlier *than* I do. 我妻子通常比我起床早。❷[尤用于 barely, hardly, scarcely, no sooner 等之后]一…就,刚…就: We barely arrived *than* it began to rain. 我们刚到,天就下起了雨。

thank /θæŋk/ I *v*. 感谢,感激: *Thank* you for coming to see me. 谢谢你来看我。 II *n*. [～s] ❶感谢,感激: Please accept my best *thanks*. 请接受我最真挚的谢意。❷谢谢;多谢: A: Here is a cup of tea for you. B: Many *thanks*! 甲:请喝杯茶。乙:非常感谢! ‖ **thank god** [*goodness*] 谢天谢地: *Thank goodness* you're safe. 谢天谢地,你平安无事。**thanks to prep.** 因为;多亏: The baby is awake *thanks to* your loud music. 因为你把音乐放得这么响,小宝宝醒了。

thank·ful /ˈθæŋkfʰl/ *adj*. [作表语]感激的;高兴的,欣慰的;致谢的: She was most *thankful* for her own knowledge of him. 她庆幸自己认清了他这个人。‖ **'thank·ful·ly** *adv*. **一'thank·ful·ness** *n*. [U]

Thanksgiving Day *n*. [C;U]感恩节(美国和加拿大的公众假日,在美国是 11 月的第四个星期四,在加拿大是 10 月的第二个星期一)

that /强 ðæt, 弱 ð°t/ I *pron*. ([复]those /ðəuz/) ❶[用以表示提到的、指明的、知道的人或事物,尤指说话人观察到的或听话人熟悉的人或事物]那(个);那个人;那事儿;那东西: *That* is what he said. 那就是他说的话。❷[用以指与 this 相对的、较远的、不那么直接的人或事物]那(个);那个人;那事儿;那东西: Do you see *that* over there? 你见到那边那个东西了吗? ❸[用以指上文述的动作、行为、状态等]那个;那样的事: I'll never do *that* again. 我再不会干那样的事。❹[尤用作关系结构中的先行词,表示以某种方式描述或限定的人或物]那个;那人: They often mysticize *that* which they can not explain. 对于不能解释的东西他们往往会加以神秘化。❺/ðət/［单复同］［用作关系代词，代替 which 或 whom，引导形容词性从句］那个；那些：We saw the house *that* was burnt down. 我们看见了那个被烧毁的房子。**II** *adj.* ［无比较级］（［复］**those** /ðuːz/）❶［用以指提到的、指明的、知道的人或事物，尤指说话人观察到的或听话人熟悉的人或事物］那（个）：From *that* moment he was completely changed. 从那时起他就完全变了。❷［用以指与 this 相对的、较远的、不那么直接的人或事物］那（个）：This house is much better than *that* one. 这座房子比那座好得多。**III** *adv.* ［无比较级］❶［用以表示程度，相当于 so］如此，那样，那么：I'm old and I can't walk *that* far. 我年纪大了，不能走那么远。❷〈英口〉［用以表示程度，相当于 very］很，非常：I guess it's not *that* important. 我想此事并不是非常重要。❸/ðət/［用作关系副词，引导副词性从句，相当于 at which 或 on which 等，常可省略］：This was the reason *that* we raised the temperature. 这是我们升高温度的原因。**IV** /ðət,ðæt/ *conj.* ［用以引导从句］❶［引导表示陈述或假设等的名词性从句，常可省略］：I am sure *that* you'll like it. 我相信你会喜欢它的。❷［引导目的状语从句］：Bring it closer so *that* I can see it better. 拿近点，让我能看得更清楚些。❸［引导结果状语从句，常可省略］：I am so tired (*that*) I can hardly stand. 我累得站不住了。❹［引导表示原因或理由的从句］：We rejoice *that* you are safe. 因为你平安无事，我们非常高兴。‖ *that is* (*to say*) *adv.* 也就是说，亦即；意思就是：She is too fat, *that is*, she weighs over 150kg. 她太胖了，更确切地说，体重超过 150 千克。

the /元音前 ði,辅音前 ðə,强 ðiː,弱 ðᵊ/ **I** *def. art.* ❶［表示已提过的、正在讨论的、暗示的或熟悉的人或事物］：There's someone at *the* door. 门口有个人。❷［表示世界上唯一的事物］：*The* sky was full of stars. 天空中繁星点点。❸［后接限定性形容词或序数词］：I shall never forget *the* first time we met. 我永远不会忘记我们初次见面的情

景。❹［后接形容词以表示一类］：It seems that *the* deceased had no living relatives. 看来死者所有亲属都已不在人世。❺［常重读］最为著名的，最名副其实的，正是：Hawaiian beach is *the* place to go. 夏威夷海滩是最好的去处。❻［后接限定性的形容性从句或短语］：He poured into his writing all *the* pain of his life. 他把生活中的一切痛苦都倾注进了作品之中。❼［用于单数名词前以表示种类］：*The* panda is becoming an increasingly rare animal. 熊猫正日渐变得稀少。❽［用于某些地名前，某些以 s 结尾的地名及地名简称前］：*the* Alps 阿尔卑斯山❾［用于表示乐器的名词前］：play *the* piano 弹钢琴❿［用以表示一生中或一个世纪中的 10 年］：in *the* sixties of the twentieth century 在 20 世纪 60 年代 **II** *adv.* ［无比较级］❶［用于形容词或副词比较级前］为了那个，在那种程度上；由于那种原因：Our novelists concern themselves with *the* more smiling aspects of life. 我们的小说家关心的是生活中充满欢笑的一面。❷［并列地置于两个比较级前以表示"越…越…"］：*The* more horrifying this world becomes, *the* more abstract art becomes. 世界越恐怖，艺术就越抽象。

the·a·tre,the·a·ter /'θiətə/ *n.* ❶［C］剧院；室外舞台；电影院：This *theatre* is off the beaten track. 这家电影院看电影的人很少。❷［U］戏，剧；歌剧；好的戏剧素材；戏剧效果：He has studied *theatre*. 他学过戏。

theft /θeft/ *n.* ［C；U］❶偷窃案件；偷窃行为；失窃：a *theft* by insiders 监守自盗❷【律】盗窃罪

their /ðeəʳ, 弱 ðəʳ/ *pron.* ［they 的所有格］［作定语］❶他们的；她们的；它们的：The couple sold *their* old car and bought a house of *their* own. 夫妇俩卖掉旧车，买了一座属于自己的房子。❷［用作第三人称单数，意为非特指的］他的；她的：Has anyone lost *their* purse? 有人丢了钱包吗？

theirs /ðeəz/ *pron.* ［they 的物主代词］他们（或她们，它们）的东西：*Theirs* are the ones in blue envelops. 蓝色信封里装的是他们的。

them /ðem,弱 ð³m/ *pron.* they 的宾格

theme /θiːm/ *n.* [C] (说话、写作、思考的) 主题，题目：Expo'1986 was held in Los Angeles with the *theme* of "Man the Inventor." 1986 年博览会在洛杉矶举行，主题为"人类一发明者"。‖ **the·mat·ic** /θiˈmætik/ *adj.* —**the'mat·i·cal·ly** /-k³li/ *adv.*

them·selves /ðəmˈselvz/ *pron.* ❶[they 或 them 的强调式]：These facts are unimportant in *themselves*. 这些事实本身并不重要。❷[them 的反身代词形式]他们(或她们、它们)自己

then /ðen/ *adv.* [无比较级] ❶当时，那时：We lived in the country *then*. 我们那时住在乡下。❷后来，之后，然后，于是，立即：He took a shower and *then* went to bed. 他洗了个淋浴，然后上床睡觉。❸那么，因此：And *then* the lady gave him her hand as a matter of course. 因而这个女子答应和他结婚是理所当然的事。

the·o·ret·i·cal /θiəˈretik³l/ *adj.* [无比较级] ❶理论上的：*theoretical* and applied linguistics 理论语言学和应用语言学 ❷理论上存在的：a *theoretical* possibility 理论上的可能性 ‖ **the·o'ret·i·cal·ly** *adv.*

the·o·rize, the·o·rise /ˈθiəraiz/ *vi.* 谈理论；空谈理论：It is easy to *theorize* about what might have happened. 对于可能已经发生的一切空发议论并非难事。‖ **the·o·re·ti·cian** /θiəri'tiʃ³n/ *n.* [C]—**'the·o·rist** *n.* [C] —**'the·o·riz·er, 'the·o·ris·er** *n.* [C]

the·o·ry /ˈθiəri/ *n.* ❶[C]学说，理论，原理：The results of the experiment bear out your *theory*. 实验结果证明你的理论是正确的。❷[C;U]观点，看法：You have a *theory* for everything. 你什么事都有先见之明。

ther·a·py /ˈθerəpi/ *n.* [U;C] ❶【医】(尤指通过锻炼、按摩等方式而非手术的)治疗(方法)：shock *therapy* 休克疗法 ❷物理疗法 ❸【心】心理疗法：speech *therapy* 语言疗法

there /ðeə³/ I *adv.* [无比较级]在那儿；往那里，去那里：Are you happy *there*, Sybil? 你在那儿过得舒心吗，西比尔？II *pron.*

❶[用于 there be 句型，表示存在或具有]：*There* was no knowing at what moment he might put in an appearance. 无法知道他什么时候出现。❷[代替人名，用于问候]：Hello,*there*. 喂！

there·a·bout(s) /ˈðeərəˌbaut (s), ˌðeərə'baut(s)/ *adv.* [无比较级] ❶在那附近：He lives in a rented house *thereabouts*. 他住在附近一栋租赁的房子里。❷大约，左右：at the age of eighteen or *thereabouts* 18 岁左右

there·by /ˌðeə'bai, 'ðeəˌbai/ *adv.* [无比较级]〈书〉由此，从而：He started his mower at dawn, *thereby* enraging the whole neighbourhood. 他一大早就开动割草机除草，此举把所有的邻居都激怒了。

there·fore /ˈðeəfɔː³/ *adv.* [无比较级]因此，因而；所以：Certain chemicals are highly soluble in water and are *therefore* easily dispread throughout ecosystems. 一些化学品极易溶于水，很容易在生态系统中散开。

ther·mom·e·ter /θə'mɔmitə³/ *n.* [C]温度计：Last night the *thermometer* fell below freezing. 昨晚温度降到冰点以下。

ther·mos /ˈθəːməs/ (**bottle**) *n.* [C]热水瓶

these /ðiːz/ *pron.* this 的复数

the·sis /ˈθiːsis/ *n.* [C] (复)-ses /-siːz/) ❶命题；论点：It cements together your introduction, your *thesis*, and your classroom observation. 它把你文章中的引言、主题和你在教室里的观察结果结合起来。❷论文；学位论文：a master's *thesis* 硕士论文

they /ðei/ *pron.* ❶[he, she, it 的复数形式]他们；她们；它们 ❷(泛指)人们：If we two should dine again, *they* will talk. 如果我们两人再一起吃饭的话，人们可要说闲话了。

thick /θik/ *adj.* ❶厚的；粗的，粗壮的：The 20cm *thick* book is too heavy for me to carry. 这本 20 厘米厚的书籍太重了，我搬不动。❷排列紧密的；密集的，稠密的；浓密的：The air was so *thick* it was scarcely possible to breathe. 空气如此滞重，简直令人窒息。❸(液体、汤饮等)黏的；稠的，浓的：

thick gruel 浓稠的燕麦粥 ‖ **'thick·ly** *adv.* — **'thick·ness** *n.* [U]

thick·en /ˈθikᵊn/ *vt.* ❶使增厚；使变稠；使变浓：*Thicken* the sauce with a little flour. 用少许面粉将沙司弄稠一些。❷使(声音)沙哑；使噎住：Her kindness to Tom *thickened* his throat as he remembered it. 一想到她的好，汤姆便哽咽起来。‖ **'thick·en·er** *n.* [C]—**'thick·en·ing** *n.* [U]

thick-skinned /ˈθikˌskind/ *adj.* ❶皮厚的 ❷厚脸皮的，(对批评等)麻木不仁的

thief /θiːf/ *n.* [C]([复]**thieves** /θiːvz/) 贼，小偷：Stop *thief*! 抓贼啊！

thieve /θiːv/ *vi.* 当贼，做贼：She breathes, therefore she *thieves*. 她只要还有口气，就会去偷。‖ **'thiev·ing** [作定语]—**'thie·vish** *adj.*

thin /θin/ *adj.* (**thin·ner**, **thin·nest**) ❶薄的：*thin* summer clothes 单薄的夏装 ❷(线条或字体等)细的，窄的；[印]细体的：a *thin* line 一条细线 ❸瘦削的，不丰满的：When he came back, he was very silent, very *thin*. 他回来时，变得沉默寡言，形销骨立。❹稀疏的；零落的：He is *thin* on top. 他有些谢顶。❺(液体)稀的，不稠的，清的，薄的：a *thin* soup 清汤 ‖ **'thin·ly** *adv.* — **'thin·ness** *n.* [U]

☆**thin, lean, skinny, slender, slight, slim, tenuous** 均有"瘦的"之意。**thin** 为最普通用词，可指身体生来单薄、腰细、骨架窄、瘦弱、体重偏轻的，也指因疾病或疲劳而消瘦的：You look rather *thin* after illness. (你病后看上去瘦了。)该词也可表示稀薄、淡薄、稀疏等：The air on top of the mountain was very *thin*. (山顶的空气非常稀薄。) **lean** 强调缺乏脂肪，表示清瘦但健康有力的：His body became *lean*. (他的身体变瘦了。) **skinny** 为普通用词，表示太瘦或皮包骨头的：He's tall and *skinny*. (他又高又瘦。) **slender** 表示修长的、苗条的，用于女性时含优美、匀称之意，用于男性时指体格较小，也可指身体某一部分修长：She was *slender* and had long blond hair. (她身材苗条，长着一头长长的金发。)该词也可表示微薄的或

微量的：a *slender* income (菲薄的收入) **slight** 常指身体瘦小的：He was a *slight* man of about five feet seven. (他是个身高约5英尺7英寸的瘦小男子。) **slim** 与 slender 的区别在于含有纤弱的意味，通常指个高体轻，可用于减轻体重的人：Regular exercise will make you *slimmer*. (经常锻炼会使你形体苗条。)该词也可表示贫弱、稀少或微薄：Our chances of winning are *slim*. (我们赢的机会很渺茫。) **tenuous** 既可表示结构极其单薄细小的，也可喻指脆弱、轻薄或微细的：He was arrested on the basis of two extremely *tenuous* charges. (他是根据两个完全站不住脚的罪名被捕的。)

thing /θiŋ/ *n.* ❶[C]东西,物件;(泛指)事物:That *thing* on his hat is an eagle. 他帽子上的那个玩意儿是一只鹰。❷[C]事件:A strange *thing* happened. 发生了一件怪事。❸[～s]个人物品,个人衣物:You'd better put your *things* in your own room. 你最好把个人物品放在自己的房间里。❹[～s]情形,情况;形势,局面:This was not as *things* had been once. 这同以往可不一样。

think /θiŋk/ (**thought** /θɔːt/) *v.* ❶认为,觉得;判断;断定:She *thinks* basically he's trustworthy. 她认为他基本上还是值得信任的。❷考虑,思考;想出,想到;想起(*of, about*):They stood together, each *thinking* his or her own thoughts. 他们两个人站在一起,各人想着各人的心事。❸打算,盘算:I *think* I'll move to New York City, and see if I can make it in the TV business. 我打算迁居纽约,看看能否在电视业方面有所成就。‖ *think over vt.* (通常单独一人)认真思考;推敲;琢磨:I'm *thinking over* the new proposal. 我正在考虑这条新建议。*think through vt.* 彻底考虑,周详地考虑:I need some time to *think* it *through* — I don't want to make sudden decisions. 我需要时间来仔细考虑——我可不想匆忙做出决定。‖ **'think·er** *n.* [C]

☆**think, cogitate, deliberate, reason, reflect, speculate** 均有"想,思考"之意。**think** 为普通用词,泛指任何思维活动,单独使用时指

开动脑筋从而形成观念或得出结论：She *thought* about dyeing her hair red. （她考虑好了，要把头发染成红色。）**cogitate** 表示专心致志地深刻思考，常带有诙谐或戏谑的意味：That lady lay *cogitating* over the past evening. （那位太太躺着细细回想前一晚发生的事。）**deliberate** 指在宣布某一结论、作出某一决定前进行周密考虑、反复斟酌，强调决策过程缓慢：They are *deliberating* their next move. （他们正在考虑下一步的行动。）**reason** 指从某一前提或假设出发进行合乎逻辑的推理或经验性概括，从而作出判断或得出结论：He *reasoned* the problem out and came to a conclusion. （他对这个问题加以分析之后得出了结论。）**reflect** 指冷静地、认真地反复思考某个问题，尤指对已经发生的事情进行反思：Please *reflect* on your actions. （请你反省一下自己的行为吧。）**speculate** 常指在证据不足的基础上对理论问题或疑点进行推测，作出设想：The doctor *speculated* that a virus caused the disease. （医生推测某种病毒引起了这种疾病。）

think·ing /ˈθiŋkiŋ/ **I** *adj.* ❶[无比较级]爱动脑筋的 ❷ 有理性的；沉思的 **II** *n.* [U] ❶想法，观点；判断：I'll have to do some *thinking* about how to best arrange the wedding. 我需要好好考虑如何把婚礼安排得最好。❷思想：organize one's *thinking* 使思想有条理

third /θɜːd/ **I** *n.* [C] ❶第三；第三名；第三等；第三个：There was a room for my wife and me, another for our daughters, and the *third* for the three boys. 我和妻子有一个房间，另一间是几个女儿用的，第三间给了三个男孩。❷三分之一 **II** *adj.* [无比较级]第三的；三分之一的；三等的；（汽车等变速器的）第三挡的：Many marriages seem to break up because of a "*third* party". 许多婚姻似乎是因为有了"第三者"才破裂的。

thirst /θɜːst/ *n.* ❶[用单]（口）渴；干渴：The buffalo satisfied its *thirst* at the river. 那头水牛在河边饮水解渴。❷[U]渴望（*for*）：These vividly convey her *thirst for* books. 这些生动地传达了她对书籍的渴求。

thirst·y /ˈθɜːsti/ *adj.* ❶口渴的：As he came to, he realized that he was *thirsty*. 他苏醒过来时感到非常口渴。❷焦急的，急切的；渴望的（*for, after*）：She was *thirsty for* news of her aging parents. 她渴望了解年迈双亲的消息。

thir·teen /ˌθɜːˈtiːn/ **I** *n.* [C] 十三，13；十三个（人或物）一组 **II** *adj.* [无比较级]十三（的）；十三个（的） ‖ ˌthir'teenth *adj.*

thir·ty /ˈθɜːti/ **I** *n.* [C]三十，30；三十个（人或物）一组：*Thirty* days has April, June, September and November. 4月、6月、9月和11月都是30天。**II** *adj.* [无比较级][作定语]三十的 ‖ 'thir·ti·eth *adj.* & [C] *n.*

this /ðis/ **I** *pron.* （[复]these /ðiːz/）❶[表示说话者附近的、已指明的或说话双方都知道的人或事物]此人；此物：A problem like *this* is likely to occur. 像这样的问题很可能会发生。❷以上所述；（已提及的）这一点：*This* is the way we can beat gravity. 以上就是我们摆脱地心引力的方法。❸（未实施的或考虑中的）这种办法，这个主意；这种情况：I'm sure *this* will not work. 我敢肯定这不会有效果的。**II** *adj.* [无比较级][后接复数名词时用 **these**] ❶这，这个：*This* contrivance peels and cores apples. 这种装置可以给苹果去皮、去核。❷〈口〉[用于叙述，表示前文没有特别提到的人或事物]一个：Then up came *this* policeman. 然后上来了一个警察。

thong /θɒŋ/ *n.* [C] 皮带；皮鞭；鞭绳，鞭梢：He held the *thong* with both hands. 他双手握住鞭子。

thor·ough /ˈθʌrə/ *adj.* ❶[无比较级]完全的，全面的；彻底的；透彻的：You are very *thorough*. 你事事要刨根问底。❷（动作、行为）仔细的，精细的；（工作等）缜密的：The police are *thorough* and they work long and hard. 警方办事一丝不苟，干活卖力，肯下功夫。❸[无比较级]详尽的：a *thorough* introduction to the paintings 对画作的详尽介绍 ❹[无比较级]绝对的，十足的；纯粹的：It was a *thorough* waste of money. 那纯粹是

浪费金钱。‖ **'thor·ough·ly** *adv.* —**'thor- ough·ness** *n.* [U]

those /ðəuz/ *pron.* & *adj.* that 的复数

though /ðəu/ **I** *conj.* ❶虽然，尽管：*Though too numerous to list here, there are some particular points worthy to mention.* 虽然不能一一列举，但还有几个具体问题值得一提。❷即使，纵然：*The Prince would not attend the ceremony though the Queen herself were there.* 即使女王本人到场，王子也不想去出席典礼。**II** *adv.* [无比较级]〈口〉可是，然而，不过，尽管如此：*I'll take your bet, though.* 尽管如此，我还是要和你打赌。

thought[1] /θɔːt/ *n.* ❶[U]思想活动；思考；思维；推理能力：*He was deep in thought when someone knocked at the door.* 就在他陷入沉思的时候有人敲响了门。❷[U]关心，考虑：*He doesn't give any thought to her appearance.* 他丝毫没有考虑她的外表。❸[C]思想，观点，想法，主意：*She clung to this thought even now.* 即使现在，她仍然抱有这个想法。❹[C]念头，打算(*of*, *to*)：*He had no thought to go.* 他不打算去。

thought[2] /θɔːt/ *v.* think 的过去式和过去分词

thought·ful /'θɔːtf1/ *adj.* ❶沉思的，思考的：*They were all thoughtful and considerate.* 他们为人都很谨慎，三思而后行。❷体贴的，关心人的；考虑周到的(*of*)：*It was very thoughtful of you to arrange for a man to meet us in the railway station.* 你安排人来火车站接我们，真是考虑得太周到了。‖ **'thought·ful·ly** *adv.* —**'thought·ful·ness** *n.* [U]

☆ **thoughtful, attentive, considerate** 均有"关心的，体贴的"之意。**thoughtful** 指能考虑到他人的需要和意愿，主动、无私地关心、帮助别人：*It was thoughtful of you to make all the necessary arrangements for me.* （你考虑得真周到，为我做了一切必要的安排。）**attentive** 指对他人热情周到，关怀备至，可能出于真诚也可能出于自私：*She was always attentive to his needs.* （她总是无微不至地关心他。）**considerate** 表示能设身处地

为有困难的人着想，注意不给别人带来不方便，强调能考虑别人的感情：*He is considerate of older people.* （他对年长者照顾很周到。）

thought·less /'θɔːtlis/ *adj.* ❶不顾后果的；不考虑他人感受的(*of*)：*It's quite natural that a boy of seven is thoughtless of the future.* 7岁的小男孩当然不会考虑到将来的事。❷欠考虑的，轻率的；没有思想的，愚笨的：*That was a thoughtless thought.* 这未免想得太简单了。‖ **'thought·less·ly** *adv.* —**'thought·less·ness** *n.* [U]

thou·sand /'θauz°nd/ **I** *n.* [C]([复]**thou- sand(s)**) ❶一千：*It's a thousand to one nothing comes of it.* 十之八九不会有什么结果。❷[通常作~s]大量的人(或物)；成千上万：*thousands upon thousands* 千千万万 **II** *adj.* [无比较级]一千的：*A thousand probabilities can not make one truth.* 纵然有一千种可能，也构不成一个事实。‖ **'thou·sandth** *adj.*

thrash /θræʃ/ *vt.* ❶棒打，鞭打；痛击：*And if it had come to blows Cooper could have thrashed him.* 要是动起手来，库珀可能会狠狠揍他一顿。❷(在竞赛中)彻底击败：*We thrashed the visiting team 4-0.* 我们以4∶0击败了客队。—*vi.* ❶(桨轮、枝条等)如连枷般不断抽打；连续拍击：*He seized the club and thrashed about unmercifully.* 他抓起棍子，毫不留情地挥舞起来。❷拼命挣扎，剧烈扭动；翻来覆去(*about*, *around*)：*The patient thrashed about in bed with pain.* 病人在床上翻来覆去，痛苦不堪。

thread /θred/ **I** *n.* ❶[C；U](棉、丝、尼龙、玻璃等的)细丝线；线状物：*A thread of light came through the keyhole.* 一束光线从锁孔中透过。❷[C]思路；脉络；线索；主线：*I was unable to follow the thread of the plot.* 这个情节的来龙去脉把我搞糊涂了。**II** *vt.* ❶将(线)从针眼穿过；给(针)穿线：*thread a needle* 穿针 ❷以线串起(珠子)：*Thread the beads onto a shorter string.* 将珠子串在一根较短的线上。‖ **'thread·er** *n.* [C]

threat /θret/ *n.* [C] ❶威胁，恐吓：Lack of

respect for the rights of man constitutes a *threat to peace*. 无视人权是对和平的威胁。❷恶兆,凶兆;预兆:There is a *threat* of snow. 天要下雪了。

threat·en /'θret°n/ *v.* ❶威胁,恐吓:The man *threatened* him with death. 那人用死来威胁他。❷预示:The dark clouds were *threatening* heavy rain. 乌云预示着大雨的到来。

three /θri:/ **I** *n.* [C]三;三个(人或物) **II** *adj.* [无比较级][作定语]三(的);三个(的)

thresh /θreʃ/ **I** *v.* 打(麦、谷物等);(使)脱粒:the man *threshing* in the barn 在粮仓脱粒的男人 **II** *n.* [C]打谷,脱粒 ‖ **thresh·er** /'θreʃə'/ *n.* [C]

thresh·old /'θreʃ°əuld/ *n.* [C] ❶门槛;门口:She would not let him set foot across her *threshold*. 她不让他踏进家门。❷入门;开始,开端:on the *threshold* of an important discovery 即将有一项重大的发现 ❸【生理】【心】阈,临界,下限;临界值

threw /θru:/ *v.* throw 的过去式

thrift /θrift/ *n.* ❶[U]节约,节俭,节省:To practise *thrift* is a virtue. 节俭是一种美德。❷[C]互助储蓄银行,储蓄借贷协会 ‖ **'thrift·less** *adj.*

thrift·y /'θrifti/ *adj.* 节约的,节俭的,节省的:a *thrifty* housewife 节俭的主妇 ‖ **'thrift·i·ly** *adv.* —**'thrift·i·ness** *n.* [U]

thrill /θril/ **I** *n.* [C] ❶兴奋,激动;紧张感;刺激感:I felt a *thrill* of admiration for her. 我心中激荡着对她的仰慕之情。❷引起激动的事物:In their young years a summer holiday trip was a *thrill*. 他们年轻的时候,夏季度假旅游可是一桩令人极为兴奋的事呢。**II** *v.* (使)感到兴奋,(使)非常激动;(使)震撼;(使)紧张:a voice that *thrilled* millions 使千百万人激动不已的声音 ‖ **'thrill·er** *n.* [C]

thrive /θraiv/ *vi.* (过去式 **throve** /θrəuv/或 **thrived**, 过去分词 **thriv·en** /'θriv°n/或 **thrived**) ❶兴旺,繁荣,蓬勃发展:A firm cannot *thrive* without good management. 一个企业若管理不善就不会兴旺发达。❷(儿童、动植物等)茁壮成长,茂盛生长:Insects *thrive* well in warm climates. 昆虫在温暖的气候环境里容易生长。

throat /θrəut/ *n.* [C]【解】咽,咽喉,喉(咙);喉道,食管;颈前部:A fish bone got stuck in my *throat*. 一根鱼刺卡在我的喉咙里了。

throb /θrɒb/ **I** *vi.* (**throbbed**; **throb·bing**) ❶(急促有力地)搏动,悸动;突突跳动:My heart *throbbed* fast. 我的心怦怦直跳。❷有节奏地震动,有规律地颤动:The music of evil *throbbed* in his head and nearly drove out the singer's song. 邪恶的音乐在他头脑里震响起来,几乎驱走了那歌手的歌。**II** *n.* [C] ❶(急促有力的)搏动;跳动;悸动:A *throb* of pain shot through his chest. 他感到胸部一阵剧烈的抽痛。❷有规律的颤动;有节奏的抖动

throne /θrəun/ *n.* ❶[C]宝座,御座 ❷[the ~]王位,帝位;王权:before sb.'s accession to *the throne* 在某人登上王位之前

throng /θrɒŋ/ **I** *n.* [C]一大群人:the worldly *throng* 芸芸众生 **II** *v.* 拥入;(使)挤满;聚集:The sight of the streets were *thronged* with buyers. 街道上来来攘往的尽是购物的人们。

through /θru:/ **I** *prep.* ❶穿过,贯穿;从…的一头到另一头:The bullet went clean *through* his left leg. 枪弹直接洞穿他的左腿。❷从…开始到结束;在…整个期间:She would follow him as her man *through* the world. 她要嫁给他,跟他走到天涯海角。❸靠,借助,凭借:It was all *through* you that we were late. 都是由于你,我们才迟到了。❹直至;到:Monday *through* Friday 从周一到周五 **II** *adv.* [无比较级] ❶贯穿,从头至尾;从一头(边)到另一头(边);一直到底;直至结束:We must fight it *through*. 我们要作战到底。❷全部地,完全地:He is wet *through*. 他浑身湿透。

through·out /θru:'aut/ **I** *prep.* 贯穿,遍及;自始至终:Heavy rain fell *throughout* the night. 大雨下了一整夜。**II** *adv.* [无比较

级]始终；到处：The timber was rotten *throughout*. 木料全部烂了。

throve /θrəuv/ *v.* thrive 的过去式

throw /θrəu/ *vt.* （threw /θru:/, thrown /θrəun/）❶投，扔，掷，抛：He *threw* the ball to me, and I hurriedly caught it. 他把球扔给我，我匆忙接住了。❷（摔跤时）将（对手）摔倒在地；（马）摔下（骑手）：I was lifted and *thrown* heavily onto the metal floor. 我被举起，重重地摔在金属地板上。‖ **throw oneself into** *vt.* 投身于；拼命干：Did you think I would *throw myself into* your arms? 你认为我会投入你的怀抱吗？ **throw up** *v.* ❶放弃：I wouldn't have *thrown up* my new hope. 我本不想放弃我新的希望。❷辞（职）；放弃（工作等）：He's *thrown up* his job and gone off to Europe. 他已经辞职去了欧洲。

☆ **throw, cast, fling, hurl, pitch, toss** 均有"投，掷，抛"之意。**throw** 为普通用词，可与其他词换用，表示任何方式的扔或投掷，不附带感情色彩：Someone *threw* a stone at me. （有人向我扔了块石头。）**cast** 表示投掷较轻的物体，有时也指撒，可用于喻指：The fishermen *cast* their nets into the sea. （渔民向海里撒网。）/ *cast* a black look（恶狠狠地瞪某人一眼）**fling** 常指由于愤怒、鄙夷、激动等强烈感情而用力扔东西：She *flung* her shoe at the cat. （她把鞋朝猫掷去。）**hurl** 表示用力投掷大而重的物体，有时带有速度快和距离远的意味：*Hurl* a javelin（掷标枪）**pitch** 指瞄准某一目标小心地投或扔，目的性、方向性较强，有一定技巧，常用于垒球等体育项目：*pitch* a ball（投球）**toss** 指漫不经心、毫无目的地向上或横向轻轻地抛或扔：The children *tossed* the ball to each other. （孩子们把球抛来抛去。）

thrust /θrʌst/ **I** （thrust）*v.* ❶（用力）推：She *thrust* back the chair and rushed out of the classroom. 她把椅子往后一推，冲出教室。❷强使；迫使接受：We have *thrust* it on them. 我们迫使他们接受此事。❸（用力）挤；插：I *thrust* myself in to stand next to her. 我挤进去站在她的身旁。**II** *n.* ❶[C]猛推；刺，戳；挤；插：The boy hid the novel in the drawer with a quick *thrust*. 男孩把小说猛地一推塞进抽屉里。❷[the ～]要点，主旨；目标（of）：*the* main *thrust of* a story 小说的主题

thumb /θʌm/ *n.* [C]大拇指；(动物的)第一指：A baby sucks its *thumb*. 婴儿爱吮吸大拇指。

thump /θʌmp/ *v.* 重击，捶击；砰砰作响：I *thumped* on the door but nobody came. 我把门敲得砰砰直响，但就是没人答应。

thun·der /ˈθʌndə/ **I** *n.* ❶[U]雷，雷声：a clap of *thunder* 一声霹雳 ❷[U；C]雷鸣般的响声；轰隆声：The *thunder* of applause had died away. 雷鸣般的掌声已经平息下来。**II** *vi.* ❶[用 it 作主语]打雷：It *thunders* hard. 雷声震耳欲聋。❷发出雷鸣般响声；轰隆作响；轰隆隆地移动：The sea *thundered* against the rocks. 海水打在礁石上发出轰鸣。❸怒喝，大声斥责；威胁，恐吓（against）：The media *thundered against* corruption. 媒体猛烈抨击腐败现象。‖ ˈthun·der·er *n.* [C]

thun·der·bolt /ˈθʌndəˌbəult/ *n.* [C]雷电，霹雳：A *thunderbolt* struck the lighthouse. 雷电击中了灯塔。

thun·der·ous /ˈθʌndərəs/ *adj.* [无比较级]❶(要)打雷的；多雷的，阵阵雷鸣的：a *thunderous* grey cloud 预示着即将打雷的一片乌云 ❷打雷般的，雷鸣般的：a *thunderous* applause 雷鸣般的掌声 ‖ ˈthun·der·ous·ly *adv.*

thun·der·storm /ˈθʌndəˌstɔːm/, **thun·der·strick·en** /-ˌstrikʰn/ *n.* [C]【气】雷暴

thun·der·struck /ˈθʌndəˌstrʌk/ *adj.* [无比较级][通常作表语]惊呆的，吓坏了的，大吃一惊的：They seemed to be *thunderstruck* at the news. 看来，这条消息让他们大吃了一惊。

Thur. *abbr.* Thursday

Thurs. *abbr.* Thursday

Thurs·day /ˈθəːzdei, -di/ *n.* [C]星期四（略作 **Thur.** , **Thurs.** ）：We go sporting *Thursdays*. 我们每周四都去参加体育活动。

thus /ðʌs/ *adv.* [无比较级]❶以此方式，如此，这样：They shook hands and the contract was *thus* agreed. 他们相互握手，也就这样将合同条款达成了共识。❷因此，从而：They planned to reduce waste and *thus* to cut costs. 他们计划减少浪费，从而降低成本。❸到如此程度：*thus* charitable 如此乐善好施 ❹ 例如，作为一个例子

tick /tik/ **I** *n.* [C]❶(钟表等发出的)滴答声：the steady *tick* of a clock 时钟有规律的滴答声 ❷(表示正确、核对项目等的)"√"记号：Put a *tick* against the name of the students who have attended the class. 在来上课的同学姓名前打个"√"。**II** *vi.* 发出滴答声；用滴答声报时；(时间)滴滴答答过去：A grandfather clock *ticked* steadily in the corner. 那只老式时钟在角落里滴答滴答不紧不慢地走着。—*vt.* 在…上打钩；给…做记号：Take a pen and *tick* any item that you feel is fine. 用钢笔在你满意的项目上做记号。

tick·et /'tikit/ *n.* ❶[C]票，券；车票；入场券；票证：an admission *ticket* 入场券 ❷[C](商品上表明价格、尺码等的)标签，签条：a price *ticket* 价格标签

tick·le /'tikⁿl/ *vt.* ❶轻触…使有痒感；使感到痒：The wind rushed by my face, *tickling* my ears. 疾风吹过脸庞，弄得我的耳朵痒酥酥的。❷使欢娱；使发笑，使高兴；使满足：The jest *tickled* him immensely. 那句俏皮话把他逗得开心极了。

tick·lish /'tikliʃ/ *adj.* ❶怕痒的；易痒的：He's *ticklish* on the feet. 他的脚怕痒。❷棘手的，难以对付的；需小心对付的：The job is quite *ticklish* to the ear. 这工作听起来非常棘手。

tid·al /'taidⁿl/ *adj.* [无比较级]潮(汐)的；有潮的；受潮汐影响的：This part of the river is *tidal*. 这段河流受潮汐影响。

tide /taid/ *n.* ❶[C;U]潮，潮汐，潮水：The *tide* is ebbing. 正在落潮。❷[C]消长；涨落；盛衰：There is a *tide* in the affairs of men. 世事如潮，有涨有落。❸[通常用单](舆论、事件等的)潮流，浪潮，趋势：The

tide turned against him. 形势变得对他不利。‖ *tide over v.* (使)渡过(难关)；(使)摆脱(困难)：The money is enough to *tide over* the difficulties. 这笔钱足够渡过难关了。

ti·dy /'taidi/ **I** *adj.* ❶整洁的，整齐的：a pretty *tidy* living room 小巧而整洁的起居室 ❷有条理的，精确的，工整的：He's got a *tidy* mind. 他是个思维严谨的人。**II** *v.* 整理，收拾(*up*)：Go and *tidy* your room or you won't watch television tonight. 去把你的房间收拾干净，不然的话今晚就休想看电视。‖ 'ti·di·ness *n.* [U]

tie /tai/ **I** *v.* ❶(用绳、线、带等)捆，扎，缚，拴，系：See that the boat is securely *tied*. 注意要把小船拴牢。❷将(带子等)打结；打(结)：*tie* knots 打结 ❸连接；联合；使有关联；〈口〉使结为夫妇：When will the two lovers *tie* the knot? 这一对情人什么时候举行婚礼呀？❹ 与…打成平局；与…势力均敌：The home team *tied* the visiting team yesterday evening. 昨晚的比赛中主队与客队打成了平局。**II** *n.* ❶[C](系紧、捆扎物品用的)绳，线，带；鞋带 ❷[C;U]饰结(如蝴蝶结等)；领带；蝴蝶结领结：The shirt is usually worn with a *tie*. 穿衬衫通常是要打领带的。〔亦作 **necktie**〕❸[C]纽带；联系；关系：break the marriage *tie* 解除婚姻关系 ❹[C](比赛等的)等分，平局；势均力敌；(选票等的)同数：The game ended in a *tie*. 比赛以平局告终。

ti·ger /'taigə/ *n.* [C]【动】虎，老虎：*Tigers* growl. 虎啸。‖ 'ti·ger·ish *adj.*

tight /tait/ **I** *adj.* ❶紧的，牢固的，不松动的：The stopper is too *tight* that it can't be withdrawn. 塞子太紧，拔不出来。❷紧密的；密集的；(时间表等)排得满满的；(时间)不够用的，紧的：We can't stop; we're *tight* for time. 我们不能停下来，时间太紧了。**II** *adv.* ❶紧，紧紧地，牢牢地：The baby held on *tight* to its mother when the light was out. 灯一灭，孩子便紧紧抓住母亲。❷充分地，彻底地：be *tight* sleep 酣睡 ‖ 'tight·ly *adv.*—'tight·ness *n.* [U]

tight·en /'taitⁿn/ *vt.* ❶使变紧；使绷紧；使

更加牢固(*up*):He *tightened* his right hand into a fist. 他的右手用力握成拳头。❷使更严格;使更有效(*up*):*tighten* discipline 严肃纪律 ‖ **'tight·en·er** *n.* [C]

tile /tail/ *n.* [C] ❶(盖屋顶、贴墙、铺地等用的)瓦片;瓷砖,花砖;板,片:roof a house with *tiles* 给屋盖瓦 ❷[总称]瓦;瓷砖:the linoleum *tile* 油毡瓦 ‖ **'til·er** *n.* [C]—**'til·ing** *n.* [U]

till /til/ **I** *prep.* ❶直到⋯为止:I made myself a cup of tea and read *till* dinner time. 我给自己泡了杯茶,看书一直看到吃饭时间。❷[用于否定句]在⋯以前,直到(⋯才):He didn't come *till* today. 他今天才来。**II** *conj.* 直到⋯为止:Walk on *till* you come to the gas station. 一直向前走,走到加油站为止。

tilt /tilt/ **I** *v.* ❶(使)倾斜,(使)倾侧:He had a way of *tilting* his head up when he spoke. 他讲话时总是侧仰着头。❷(使)有倾向性;(使)偏向于:We are wasting our educational resources unless we *tilt* the system towards them. 我们纯粹是在浪费教育资源,除非教育体制向其倾斜。**II** *n.* [C] ❶倾斜,倾侧:She wore her hat at a *tilt*. 她歪戴着帽子。❷倾向,偏向:There has been a *tilt* to the Democratic among this group of people. 这一群人倾向于民主党派。

tim·ber /'timbə'/ *n.* [U]原木;木材:a block of *timber* 一大块木材 ‖ **'tim·bered** *adj.*

time /taim/ *n.* ❶[U]时间,时光;[T-][拟人化用法]时间老人:All things exist in space and *time*. 所有物质都存在于空间和时间之中。❷[a ~](从事某一活动的)一部分时间;(经历的)一段(艰难或欢乐的)时间:They spent *a* most agreeable *time* there. 他们在那儿过得非常愉快。❸[C;U]时刻,钟点;时令,季节:It's very hot for this *time* of year. 就一年中这个季节而言,天气是很热的。❹[通常作 ~ s]时代,历史时期;[**the ~(s)**]当代;那个时代:*Times* have changed since the 1990s. 20 世纪 90 年代以来,时代已经发生了变化。❺[~ s]倍;乘:It has become three *times* as difficult as it used to

be. 此事的难度比以前大了两倍。❻[C]次,回;轮次:He got drunk only one *time*. 他只喝醉过一回。‖ *ahead of time adv.* 在原定时间之前,提前:fulfil one's output quota two months *ahead of time* 提前两个月完成生产指标 *at times adv.* 时而,有时:He spoke with firmness, but his face was very sad and his eyes *at times* were dim. 他讲话时,态度坚定,但面带愁容,时而眼神暗淡。*in time adv.* ❶及时;按时:Cancer can be cured if discovered *in time*. 癌症若发现及时可以治愈。❷到时候;迟早;终究:If you keep studying, the subject will become clearer to you *in time*. 只要坚持学下去,到时总会学通这门学问的。*on time adv.* 准时,按时:Please be here *on time* tomorrow. 请你明天准时到达这里。*take one's time* 不着急;不慌忙;慢吞吞:You can *take your time* about it. 这事你且慢慢做好了。*time and (time) again adv.* 屡次地,几次三番地:*Time and time again* we warned him not to do it, but he wouldn't listen to us. 我们几次三番地警告他不要那样做,可他就是不听。‖ **'tim·er** *n.* [C]

time·less /'taimlis/ *adj.* [无比较级] ❶不受时间影响的;无时间性的;永不过时的:a *timeless* classic 亘古永存的经典著作 ❷永恒的;无始无终的:Our mission is *timeless*. 我们的使命是永恒的。‖ **'time·less·ly** *adv.*—**'time·less·ness** *n.* [U]

time·ly /'taimli/ *adj.* 及时的;适时的:The newspaper is one of the most *timely* of the major media. 报纸是最及时的主要媒体之一。

time·ta·ble /'taim,teibəl/ *n.* [C]时间表;(火车、飞机等)时刻表;课程表:the railway *timetable* 铁路运行时刻表

tim·id /'timid/ *adj.* 易受惊的;胆小的;羞怯的:He was a cautious man, indeed a *timid* one. 他为人小心谨慎,甚至胆小怕事。‖ **ti·mid·i·ty** /ti'miditi/ *n.* [U]—**'tim·id·ly** *adv.*—**'tim·id·ness** *n.* [U]

tim·ing /'taimiŋ/ *n.* [U] ❶时机选择;时间安排;时机掌握:The precise *timing* of my departure can't be decided. 我动身的确切时间安排还不能确定。❷(喜剧演员念台词时)对时间的把握能力

tin /tin/ n. ❶[U]【化】锡(符号 Sn) ❷[C]马口铁容器；镀锡器皿：a biscuit *tin* 一只饼干筒 ❸[C]〈英〉罐头：put all the *tins* in a bag 将所有的罐头放在一个袋子里

tinge /tindʒ/ n. [C](轻淡的)色调，色彩：The water has a yellowish *tinge*. 水呈淡黄色。

tin·gle /ˈtiŋgʳl/ vi. 感到刺痛：Her toes and fingers *tingled* with cold. 她的脚趾和手指都冻得刺痛。

tin·kle /ˈtiŋkʳl/ I vi. 发出叮当声，发出丁零声：The little bell *tinkles* when you open the door. 有人推门时小铃铛就叮当叮当响。II n. [通常用单] 叮当声，丁零声

tin·sel /ˈtinsʳl/ n. [U](闪光的)金属片；金属丝，金属线：looping pieces of *tinsel* on the Christmas tree 圣诞树上一圈圈闪亮的金属片 ‖ ˈtin·sel·like adj. —ˈtin·sel·ly adj.

tint /tint/ I n. [C] ❶色彩；色调：The paint is white with a yellow *tint*. 这个颜料白中带黄。❷(尤指添加白色后形成的)浅色，淡色：She had red *tints* put in her hair. 她把头发染成淡红色。❸染发剂 II vt. 使带上色彩(或色调)；给…着色(或染色)：Some fashionable boys had their hair *tinted* red. 一些赶时髦的男孩把头发染成淡红色。‖ ˈtint·ed adj. —ˈtint·er n. [C]

ti·ny /ˈtaini/ adj. 极小的，微小的：a *tiny* drops of dew 微小的露珠 ‖ ˈti·ni·ness n. [U]

tip¹ /tip/ n. [C] ❶末梢，末端；尖端，顶端：*tips* of the fingers 手指指尖 ❷顶端附加物：a pencil with a rubber *tip* 有橡皮头的铅笔

tip² /tip/ (tipped；tip·ping) v. ❶倾斜，倾侧：The table *tips* up. 这桌子歪了。❷翻倒，倾覆：Babies should be strapped into the buggies，otherwise they might *tip* out. 应该用带子把婴儿系在童车里，否则他们会倾翻出来的。

tip³ /tip/ I vt. (tipped；tip·ping) 给…小费；

送…一点钱：*tip* the driver $5 给司机 5 美元小费 II n. [C] 小费，小账：give sb. a *tip* 给某人小费 ‖ ˈtip·per n. [C]

tip·toe /ˈtipˌtəu/ n. [C]脚趾尖：She led him on *tiptoe* to a small room. 她蹑手蹑脚地把他带到一个小房间。

tire¹ /taiəʳ/ v. ❶感到疲劳，感到累：The old man *tires* easily. 这位老人很容易疲劳。❷厌倦，厌烦(of)：They talked of John，a subject on which Ms. Price could never *tire*. 他们谈到了约翰，这个话题普莱斯太太是百谈不厌的。‖ tire out vt. 使筋疲力尽

tire² /taiəʳ/ n. [C](轮子边的金属)轮箍：a steel-studded snow *tire* 不锈钢的雪地防滑轮箍

tired /taiəd/ adj. ❶疲劳的，累的；困倦的：a *tired* look 倦容 ❷厌倦的，厌烦的(of)：I think you're *tired* of me. 看来，你嫌我了。
☆ tired，exhausted，fatigued，weary，worn-out 均有"疲倦的，累的"之意。tired 为普通用词，泛指因工作紧张、活动过度而没有气力、缺乏兴趣或耐心：He was a *tired* man when the project was over. (项目完成了，他也感到疲倦了。) exhausted 指精力和体力消耗殆尽的，需经长时间的休息才能恢复，也可能恢复不了：The enemy troops were *exhausted* and demoralized. (敌军疲劳不堪，士气低落。) fatigued 指由于心理紧张、疾病或劳累而引起疲惫：The boss felt irritable and *fatigued* after the long journey. (长途旅行之后，老板感到又急躁又疲倦。) weary 有时可与 tired 换用，指无精打采、十分疲乏，但常表示由于长时间做单调乏味或不愉快的事而产生厌倦或不耐烦：be extremely *weary* with 30 days continuous fighting (连续作战 30 天而筋疲力尽) worn-out 用于口语中，可泛指任何疲惫状态：She was *worn-out* after three sleepless nights. (她一连三夜未合眼，感到筋疲力尽。)

tire·less /ˈtaiəlis/ adj. [无比较级]不觉得累的，不知疲倦的；不易疲劳的，精力充沛的；不厌倦的：be *tireless* in teaching 诲人不倦 ‖ ˈtire·less·ly adv. —ˈtire·less·ness n. [U]

tire·some /ˈtaiəsʳm/ adj. 使人疲劳的，累

人的；烦人的，令人厌倦的：Regular weeding is a *tiresome* but essential job. 定期除草虽累人，但很有必要。‖ **'tire·some·ly** *adv.* — **'tire·some·ness** *n.* [U]

tir·ing /'taiəriŋ/ *adj.* 令人厌倦的，烦人的

tis·sue /'tiʃuː, 'tisjuː/ *n.* ❶[U；C]【生】组织：destroy the muscular *tissues* 破坏肌肉组织 ❷[C]纸巾：facial *tissue* 面巾纸

ti·tan·ic /tai'tænik/ *adj.* 巨大的，庞大的；强大的：a *titanic* disaster 大灾难

ti·tle /'tait°l/ I *n.* ❶[C](书籍、文章等的)标题，题目：The book takes its *title* from a Shakespeare play. 该书书名取自莎士比亚的剧作。❷[C]称号，称呼；职称；头衔：deserve the *title* of 配得上…的称号 ❸[C]第一名，冠军：the holder of the *title* 冠军保持者 II *vt.* ❶给…加标题；给…定题目：*title* a book 给书定题目 ❷授予…称号(或头衔、职称等)

to[1] /强 tuː, 弱 tə/ *prep.* ❶[表示方向]向，朝，往；到：from west *to* east 从西到东 ❷[表示状态或性质的变化]趋于；倾向于；成为：change from bad *to* worse 每况愈下 ❸[表示动作对象]对，于：Let us be true *to* one another. 让我们真诚相待。❹[表示所属关系]属于，归于：the key *to* the car 汽车钥匙 ❺[表示比较、对比]比：compare the heart *to* a pump 把心脏比作打气筒 ❻[表示数量的比例关系]每：100c *to* the dollar 100 美分为1美元 ❼[表示范围、程度]至，达：He did his part *to* a miracle. 他把角色演得出神入化。❽[表示目的、意图]为了；作为：come *to* sb.'s rescue 前来解救某人 ‖ **to and fro** *adv.* 往复地，来回地：The slender branches swayed *to and fro* in the wind. 柔枝在风中摇曳。

to[2] /强 tuː, 弱 tə/ [构成动词不定式的符号，本身无意义]❶[用作主语]：It takes ten years *to* make the tree grow. 十年树木。❷[用作宾语]：I decided *to* take flying lessons. 我决定上飞行课。❸[作表语]：To see is *to* believe. 百闻不如一见。❹[用作定语]：He was the last person *to* leave the room last night. 昨晚他是最后一个离开房

间的人。❺[用作状语]：She'd be delighted *to* hear from you, I'm sure. 我肯定，她听到你的消息会高兴的。❻[用作插入语]：*To* tell the truth, I forgot it was your birthday last week. 说实话，我忘了上星期的那天是你的生日。❼[用以代替动词不定式或不定短语，避免重复]：We didn't want to go but we had *to*. 我们不想去，但又不得不去。

toad /təud/ *n.* [C] ❶【动】蟾蜍 ❷讨厌(或可鄙)的人(或物)

toad·y /'təudi/ I *n.* [C] 谄媚者，马屁精 II *vi.* 奉承，讨好，拍(…的)马屁(to)：He gave the floor only to pretty girls and lads who *toadied* to him. 他只把发言权赐给那些漂亮的女生和拍他马屁的男生。

toast /təust/ I *n.* ❶[U]烤面包(片)：two pieces [slices] of *toast* 两片烤面包片 ❷[C]干杯，敬酒，祝酒；祝酒词：Let's drink [propose] a *toast* to our friends! 为我们的朋友干杯! II *v.* ❶烤，烘(面包等) ❷为…举杯祝酒，提议为…干杯：We *toasted* him champagne at his leaving party. 在他的告别晚会上我们用香槟向他祝酒。

to·bac·co /tə'bækəu/ *n.* [U；C]([复]**-co(e)s**) 烟草；烟叶：cultivate *tobacco* 种植烟草 ‖ **to'bac·co·less** *adj.*

to·day /tə'dei/ I *adv.* [无比较级]❶在今天，在今日：That's two strokes of luck we've had *today*! 我们今天是双喜临门! ❷现今，如今，在当代：People travel more *today* than they used to. 人们现在外出旅游要比以前多。II *n.* [U]❶今天，今日：*Today* is yesterday's pupil. 今天是昨天的学生。❷如今，当代，现在：The youth of *today* don't know how lucky they are. 如今的年轻人不知道自己有多么幸运。

toe /təu/ *n.* [C]脚指；足尖；〈口〉脚：from *toe* to heel 从脚尖到脚跟

toe·nail /'təuneil/ *n.* [C]脚指甲：paint one's *toenails* 涂脚指甲

to·fu /'təufuː/ *n.* [U]豆腐

to·geth·er /tə'geðə/ *adv.* [无比较级]❶在一起，共同；合力地，合作地：My brother and I grew up *together*, so we have a lot in common. 我们兄弟俩在一起长大，因此有许多共同之处。❷同时，同步，一齐：At the appointed time, my three visitors arrived *together*. 在约定的时间，我那三位客人一起到来。❸到一起，集合地，集拢着；总合地：To my surprise, I was able to string notes *together*. 想不到我可以把各个音符串起来。‖ to'geth·er·ness *n.* [U]

toil /tɔil/ **I** *vi.* ❶苦干，辛勤劳动；辛苦从事：There are men who *toil* because work is a pleasure to them. 有些人辛勤工作，因为工作对他们来说是一种乐趣。❷艰难而缓慢地行进：He *toiled* along the road with all his luggage. 他背负行李在路上吃力地走着。**II** *n.* ❶[U]辛苦，劳累：earn one's daily bread by *toil* 辛劳度日 ❷[U;C]苦工，苦活；难事 ‖ '**toil·er** *n.* [C] — '**toil·some** *adj.*

toi·let /'tɔilit/ *n.* ❶[C]厕所；卫生间；盥洗室，浴室：an outdoor *toilet* 室外卫生间 ❷[C]便池；抽水马桶

toilet paper *n.* [U]手纸，草纸，卫生纸〔亦作 **toilet tissue**〕

to·ken /'təukⁿn/ **I** *n.* [C] ❶表示；标志；象征；记号：The white flag is a *token* of surrender. 白旗是投降的标志。❷证明；信物：He gave his wife a ring as a *token* of his love. 他送给妻子一枚戒指，作为爱情的信物。❸纪念品：She kept the medals as a *token* by which to remember her dead husband. 她保存奖章以悼念她的丈夫。❹专用辅币；(公用电话、投币游戏机等所用的形似硬币的)代币：You buy *tokens* and deposit them in a slot. 购买代用币，投入投币口。**II** *adj.* [无比较级][作定语]作为标志的；象征性的；装点门面的；表意的：a small *token* gift 象征性的小礼物

told /təuld/ *v.* tell 的过去式和过去分词

tol·er·a·ble /'tɔlⁿrəbl/ *adj.* ❶(痛苦等)可以忍受的；(错误等)可容忍的，可宽恕的：exceed *tolerable* limits 超过可以容忍的限度 ❷尚好的，还可以的，差强人意的；过得去的：The goods arrived in a *tolerable* condition with a few cases slightly damaged. 货物到达时除有几箱稍有损坏外，总体情况还

过得去。‖ '**tol·er·a·bly** *adv.*

tol·er·ance /'tɔlⁿrⁿns/ *n.* ❶[U]忍受，容忍；宽容，宽恕：the *tolerance* of corruption 对腐败现象的容忍 ❷[C;U]忍耐(力)：She has no *tolerance* to cold. 她一点也不耐寒。

tol·er·ant /'tɔlⁿrⁿnt/ *adj.* 忍受的，容忍的；宽容的，宽恕的：an open, *tolerant* society 一个开放、宽容的社会 ‖ '**tol·er·ant·ly** *adv.*

tol·er·ate /'tɔləreit/ *vt.* ❶容忍，忍受；宽容，宽恕：While most people *tolerate* the status quo, some make their own alterations. 大多数人安于现状，而另一些人要改变现状。❷容许，不干预；承认：There will be no terrorist activities to be *tolerated* here in this country. 在这里，在这个国度里，决不会对恐怖活动听之任之。‖ tol·er·a·tion /ˌtɔlə'reiʃⁿn/ *n.* [C]

toll¹ /təul/ *n.* [C] ❶(道路、桥梁等的)通行费：impose a *toll* on users of the tunnel 向隧道使用者征收通行费 ❷[通常用单]〔付出的)代价；(遭受的)损失；(事故等的)伤亡人数：The environmental *toll* of the policy has been high. 这项政策使环境付出了沉重的代价。❸长途电话费

toll² /təul/ *v.* (缓慢且有节奏地)鸣(钟)，敲(钟)：Bells were *tolled* all over the country at the King's death. 国王驾崩，举国上下鸣钟致哀

to·ma·to /tə'mɑːtəu;-'mei-/ *n.* [C]([复]-**toes**)西红柿(指果实)，番茄

tomb /tuːm/ *n.* [C]坟墓，冢；葬身之地

to·mor·row /tə'mɔrəu/ **I** *adv.* [无比较级] ❶在天明天，在明日：Perhaps it will be cooler *tomorrow*. 也许明天会凉快些。❷不久；在(不久的)将来：Who knows what changes *tomorrow* may bring? 谁知道将来会有什么变化？**II** *n.* [U] ❶明天，明日：*Tomorrow* was far away and there was nothing to trouble about. 明天还早呢，没有什么可以操心的。❷来日，未来：an established composer of *tomorrow* 未来杰出的作曲家

ton /tʌn/ *n.* ([复]**ton(s)**)吨

tone /təun/ *n.* ❶[C;U]音；口声；乐音；音

调;音色,音质:That piano has a beautiful *tone*. 那架钢琴的音色很美。❷[C]语气;口气,口吻;腔调;调子:assume a threatening *tone* 带有胁迫的口气❸[U]风气,气氛;风格,情调;风度;特征:His speech altered the *tone* of the meeting. 他一发言,整个会场的气氛为之一变。‖ **tone·less** *adj.*

tongue /tʌŋ/ *n.* ❶[C]舌,舌头;(软体动物的)齿舌:cluck one's *tongue* 用舌头打响儿❷[C]说话方式;说话能力;[~s](圣灵所赐的）口才:Speaking exercises one's *tongue*. 说话训练人的口齿。❸[C]语言;方言,土语;口语:the French *tongue* 法语

to·night /tə'naɪt/ I *adv.* [无比较级]今夜,今晚:She has a date *tonight*. 她今晚有个约会。II *n.* [U]今夜,今晚:How did you know that the robbery was planned for *tonight*? 你怎么知道今晚有人要打劫?

too /tuː/ *adv.* [无比较级]❶[用于形容词或副词前]太,过于:The book is rather *too* difficult for the juniors. 这本书对低年级学生来说太难了。❷〈口〉很,十分,非常,极其:I'm only *too* glad to help you. 我非常乐意帮助你。❸也;还;还是;而且:As soon as she smiled, Fred's face brightened *too*. 她莞尔一笑,弗雷德的脸上随即放亮了。❹[用以强调前面否定的陈述]确实地:A: You're late and you're not ready to go. B: I am *too*! 甲:你迟了,而且还没准备好。乙:我已准备走了。

took /tuk/ *v.* take 的过去式

tool /tuːl/ *n.* [C]工具,用具;器具;刀具;器械;机床:early *tools* of stone and bone 早期石制和骨制工具

tooth /tuːθ/ *n.* [C]([复]teeth /tiːθ/) ❶牙,牙齿:extract a *tooth* 拔牙 / false *teeth* 假牙❷齿状物,齿状突出;轮齿;锯齿;梳齿 ‖ toothed *adj.* —'tooth·less *adj.*

tooth·ache /'tuːθ͵eɪk/ *n.* [C]牙痛:He's got a bad *toothache*. 他牙疼得厉害。

tooth·brush /'tuːθ͵brʌʃ/ *n.* [C]牙刷

tooth·paste /'tuːθ͵peɪst/ *n.* [C]牙膏

tooth·y /'tuːθi/ *adj.* [无比较级]露齿的:a *toothy* grin 露齿一笑 ‖ **tooth·i·ly** *adv.*

top /tɒp/ I *n.* [C]❶顶,顶端,顶部;山顶;头顶,头:the *top* of the house 屋顶❷[用单]极点,顶点;最高度;最高层:These two novelists are at the *top* of the best-seller lists. 这两位小说家的小说在畅销书中独占鳌头。II *adj.* [无比较级][通常作定语]❶顶的;顶上的,顶端的;最上面的:the *top* floor 顶层❷最高级的;最重要的;居首位的:Give this report *top* priority. 要最先处理这份报告。❸最高的;最大的;最优的:apply to *top* colleges 申请进入名牌大学 III *vt.* (topped;top·ping) 到达…的顶部;上升到…的顶点;高过;超过;胜过;压倒:Tourism this year *topped* wool as Australia's biggest foreign exchange earner. 旅游业今年超过羊毛成为澳大利亚最大的创汇源。

top·ic /'tɒpɪk/ *n.* [C]❶(文章、讲演等的)题目;论题;话题;主题:Race relations are a touchy *topic* in this area. 种族关系是这一地区的敏感话题。❷(提纲、大纲等的)标题;细目

top·ic·al /'tɒpɪk²l/ *adj.* [无比较级]有关时事的;时下关注的;成为话题的:The discussion focused on *topical* issues in medicine. 讨论集中在一些人们时下关注的医学话题上。‖ top·i·cal·i·ty /͵tɒpi'kæliti/ *n.* [U] —'top·i·cal·ly *adv.*

torch /tɔːtʃ/ *n.* [C]❶〈主英〉手电筒[亦作 **flashlight**] ❷火炬,火把;火炬式灯

torch·light /'tɔːtʃ͵laɪt/ *n.* [U]火炬(光)

tore /tɔːʳ/ *v.* tear 的过去式

tor·ment I /'tɔːment/ *n.* ❶[C;U]痛苦;苦恼;折磨:She suffered *torments*. 她遭受了巨大的痛苦。❷[C]使人痛苦的根源;折磨人的东西:Nothing can describe the *torments* we went through while we were waiting for news. 我们等待消息时的焦灼无以言表。II /tɔː'ment/ *vt.* 折磨;使痛苦;使苦恼;烦扰:be *tormented* with worry 忧心如焚 ‖ tor'ment·ing·ly *adv.* —tor'men·tor, tor'men·ter *n.* [C]

torn /tɔːn/ I *v.* tear 的过去分词 II *adj.* [无比较级]左右为难的:We were *torn* between our love for our parents and our need to be independent. 我们深爱自己的父母，舍不得离开他们，可又想独立，真是进退两难。

tor·na·do /tɔːˈneidəu/ *n.* [C]([复]-does)【气】龙卷风；陆龙卷；(尤指)旋风；(美国等地区的)飓风；(非洲西海岸的)大雷飑

tor·rent /ˈtɒrˀnt/ *n.* [C] ❶(水、熔岩等的)激流，奔流，急流；洪流：a flooded *torrent* 洪水急流 ❷[～s](雨水的)倾泻：It rains in *torrents*. 大雨倾盆。‖ **tor·ren·tial** /təˈrenʃl/ *adj.*

tor·sion /ˈtɔːʃn/ *n.* [U] 扭转；扭曲；扭力 ‖ **ˈtor·sion·al** *adj.*

tor·toise /ˈtɔːtəs/ *n.* [C]【动】乌龟，龟科动物

tor·tu·ous /ˈtɔːtʃuəs/ *adj.* ❶曲折的；弯弯曲曲的：The route to success is steep and *tortuous*. 通往成功之路陡峭且曲折。❷居心叵测的；欺骗的；狡猾的：a *tortuous* salesman 狡猾的商品推销员 ❸转弯抹角的，绕圈子的；复杂的，曲折的：Legal procedure could be *tortuous*. 司法程序有时曲里拐弯挺绕人的。‖ **ˈtor·tu·ous·ly** *adv.* —**ˈtor·tu·ous·ness** *n.* [U]

tor·ture /ˈtɔːtʃə/ I *n.* [C;U] ❶拷打，拷问，严刑，酷刑：No *torture* would make him speak. 任何严刑拷打都撬不开他的嘴。❷折磨；痛苦；苦恼；引起痛苦(或苦恼)的事物：The sight of his sick daughter was *torture* to her. 看着女儿生病的样子，母亲心里非常难过。II *vt.* ❶拷打；拷问；虐待：用拷打的方式获得：be *tortured* to death 被拷打致死 ❷折磨；使痛苦；使苦恼：She had been *tortured* by Billy's presence in the house. 见比利在屋里，她感到如坐针毡。‖ **ˈtor·tur·er** *n.* [C]—**ˈtor·tur·ous** *adj.*

toss /tɒs/ I *v.* 抛，掷，扔，投：The catcher *tossed* the ball back to the pitcher. 接球手把球抛回给击球手。II *n.* [C] 抛，掷，扔，投

to·tal /ˈtəutl/ I *adj.* [无比较级][作定语] ❶总的，总括的；全部的，全体的：the *total* number of participants 总的参加人数 ❷完

全的；彻底的：It is beyond a lie. It is *total* trash. 这岂止是撒谎，完全是一派胡言！II *n.* [C]总数，总额；总量，总和；全体，全部：a *total* of 200 guests 共 200 名客人 III (-tal(l)ed;-tal·(l)ing) *vt.* ❶共计为，总数达：The government's budget deficit *totalled* $10 billion. 政府的预算赤字总计 100 亿美元。❷计算…的总和，把…相加— *vi.* 总计，共计(to,up to)：The costs *totalled* up to $100. 费用合计 100 美元。‖ **ˈto·tal·ly** *adv.*

tot·ter /ˈtɒtə/ *vi.* ❶蹒跚，踉踉跄跄，跌跌撞撞：*totter* with age 因年迈而步履蹒跚 ❷变得不稳；动摇；摇摇欲坠：The government is *tottering* on the edge of ruin. 该政府摇摇欲坠，已到了垮台的边缘。❸摇晃；抖动：His breast heaved, his knees *tottered*. 他胸口起伏，双膝颤抖。‖ **ˈtot·ter·er** *n.* [C]

touch /tʌtʃ/ I *v.* ❶触摸；接触；碰碰；碰到：The willows hung down and *touched* the water. 柳枝低垂，轻拂水面。❷触动，感动：Everyone in presence was *touched* by his remarks. 他的一席话感动了所有在场的人。II *n.* ❶[C;U]触摸；轻击，轻按：At the *touch* of a button the door opened. 按钮一按，门即洞开。❷[U]触觉；触感：read by *touch* 凭触觉读书 ❸[U]交往，接触，联系：Over the years we lost *touch*. 经过了这些年，我们彼此失去了联系。‖ **ˈtouch·a·ble** *adj.*

touch·ing /ˈtʌtʃiŋ/ *adj.* ❶感人的，动人的；令人同情的：It is a *touching* moment. 这是令人感动的时刻。❷有联系的；有接触的 ‖ **ˈtouch·ing·ly** *adv.*

touch·y /ˈtʌtʃi/ *adj.* ❶动辄生气的，易怒的；过于敏感的：You mustn't be so *touchy*. 你不应该一点小事就发脾气。❷(问题、情况等)需小心对付的；棘手的，难办的；危险的，危急的：For him, the issue is particularly *touchy*. 对他来说，这个问题特别棘手。‖ **ˈtouch·i·ness** *n.* [U]

tough /tʌf/ *adj.* ❶牢固的，坚实的，坚固的；坚韧的；煮得太老的：The cake is good to look but *tough* to eat. 这蛋糕样子好看但吃起来太硬。❷强壮的；坚强的；能吃苦耐劳的：You know how *tough* he is. 你知道他是个经得起摔打的人。❸固执的，顽固的；难缠的：a very *tough* old judge 一位当法官的倔老头 ❹〈口〉困难的，艰难的，艰苦的：It could have been a *tough* day. 这一天本来会是很难过的。❺(态度、措施等)强硬的；生硬的；没有余地的：a range of *tougher* measures 一系列更加强硬的措施 ‖ **'tough•ly** *adv.* —**'tough•ness** *n.* [U]

tour /tuə⁻/ I *n.* [C] ❶旅行；观光；参观：a walking *tour* 徒步旅行 ❷巡视；巡回；巡回演出(或比赛等)：an inspection *tour* 巡视 II *v.* 旅行，旅游；参观；巡视；巡回演出(或比赛等)：*tour* about [around, round] the world 环游世界

tour•ism /'tuərizⁿm/ *n.* [U] ❶旅游，观光：the most popular region for domestic *tourism* 国内旅游人气最旺的地区 ❷旅游业，观光业：*Tourism* is the country's second biggest industry. 旅游业是该国的第二大产业。

tour•ist /'tuərist/ *n.* [C]旅游者；游览者，观光者

tour•na•ment /'tuənⁿmⁿnt, 'tɔ:-, 'tə:-/ *n.* [C] 比赛；联赛；锦标赛；巡回赛：a friendship invitational *tournament* 友好邀请赛

tow /təu/ I *v.* 拖，拉，拽；牵引，拖带：Cars illegally parked will be *towed* away. 非法停泊的车辆将被拖走。II *n.* [用单]拖，拉，拽；牵引，拖带：I got a *tow* as far as the nearest service station. 有人把我的汽车拖到最近的加油站。

to•ward(s) /tə'wɔːd(z)/ *prep.* ❶朝，向；面对：The house faces *towards* the south. 那房子朝南。❷关于；对，对于：His early education was biased *towards* physics and mathematics. 他的早期教育偏重于数学和物理。

tow•el /'tauəl/ *n.* [C]毛巾；纸巾：a bath *towel* 浴巾

tow•er /'tauə⁻/ *n.* [C] ❶塔，塔楼；高楼；(飞机场的)塔台：The Eiffel *Tower* was e-

rected in 1889. 埃菲尔铁塔建于 1889 年。❷堡垒，碉堡，要塞；监狱：level the *tower* to the ground 将堡垒夷为平地

town /taun/ *n.* ❶[C]镇，市镇，城镇：The *town* boasts a beautiful lake. 镇上有个美丽的湖。❷[U](同农村或郊区相对的)城市，都市：Paris isn't *town*. London is *town*. 巴黎不能算是城市，伦敦才有城市生活的味儿。❸[U][不用冠词]自己居住的(或附近的)城镇；闹市区；市内商业中心

town hall *n.* [C]镇公所；市政厅

tox•ic /'tɔksik/ *adj.* ❶(有)毒的；毒性的；有害的：*toxic* gases 毒气 ❷[无比较级]中毒的；由毒性引起的：*toxic* symptoms 中毒症状 ‖ **tox•ic•i•ty** /tɔk'sisiti/ *n.* [U]

toy /tɔi/ *n.* [C]玩具；玩物：a *toy* for children 儿童玩具

trace /treis/ I *n.* [C;U]痕迹，遗迹；踪迹，形迹，足迹：I will keep *trace* of you. 我要随时打听你的下落。II *vt.* ❶追踪，跟踪(along, through, to)：The team *traced* their footprints in the mud. 小分队顺着他们在泥地里留下的脚印跟踪他们。❷追溯，查考，追究，考证(back)：The roots of the idea can be *traced back* for at least 600 years. 这种思想的根源可以追溯到至少 600 年前。❸查出，探出，找出，看出：It was the action of freezing his bank accounts that finally *traced* him. 最后通过冻结他的账户才把他查了出来。‖ **'trac•er** *n.* [C]—**'trace•a•ble** *adj.*

☆ **trace, track, vestige** 均有"踪迹，痕迹"之意。**trace** 可表示人或动物的足迹或车辆行驶后压出的痕迹，也常指过去事件或事物留下的印记或线索：Did the police find any *trace* of the suspect? (警察是否发现嫌疑人的任何踪迹？) **track** 常指可以察觉的轨迹或连续不断的印记，侧重能够被跟踪或跟随：The hunter followed the game's *tracks* into the woods. (猎人循着猎物的足迹跟踪到了树林。) **vestige** 指能证明某一事物现今虽已消失但过去确实存在的碎片、残墟遗迹等实物：Some upright stones in wild places are the *vestiges* of ancient religions. (荒野里那几根直立的石柱是古代宗教的遗迹。)

trac·ing /ˈtreisiŋ/ *n.* [C] ❶描摹；映描 ❷摹图；映描图

track /træk/ *n.* [C] ❶踪迹；形迹；轨迹；航迹；车辙；[～s]足迹：cover up one's *tracks* 隐匿行踪 ❷(尤指踩出的)小径，小道；路径：a mountain *track* 山路❸(铁路的)轨道，路线：lay three miles of *track* 铺设三英里铁轨 ‖ **track·age** *n.* [U]—**track·a·ble** *adj.*—**track·er** *n.* [U]

tract·a·ble /ˈtræktəbˀl/ *adj.* ❶(人或动物)易对付的，易驾驭的；温顺的，听从的，驯服的：a *tractable* horse 驯良的马 ❷(材料等)易处理的；易加工的：Copper is a *tractable* metal. 铜是可锻金属。‖ **tra·cta·bly** *adv.*

trac·tor /ˈtræktɚ/ *n.* [C] ❶拖拉机 ❷牵引车

trade /treid/ **I** *n.* ❶[U；C]贸易，商业；交易，买卖，生意：*Trade* for him never boomed. 他做生意从没有发达过。❷[U；C]职业；行业；手艺：He is a tailor by *trade*. 他以做裁缝为生。**II** *v.* ❶从事贸易；进行交易，做买卖，做生意(in, with)：He *traded* as a car merchant. 他是做汽车生意的商人。❷进行交换，对换(with, for)：If you don't like your seat, I'll *trade* with you. 如果你不喜欢自己的座位，我和你换。

trade mark *n.* [C]❶商标，牌号 ❷(人或物的)标记，特征：Long hair was the *trade mark* of the hippy. 蓄长发是嬉皮士的标记。

tra·di·tion /trəˈdiʃn/ *n.* [U；C]❶传统；传统思想(或习俗、信仰等)：They are cattle-farmers by *tradition*. 他们是传统的牧民。❷传说，口传；沿袭：The stories of Robin Hood are based on *traditions*. 罗宾汉的故事主要是根据传说而来的。‖ **tra·di·tion·al** *adj.*—**tra·di·tion·al·ly** *adv.*

traf·fic /ˈtræfik/ *n.* [U] ❶交通；通行，往来：The newly-built railway is now open to [for] *traffic*. 这条新建铁路现已通车了。❷运输；运载量：vehicles of *traffic* 运输车辆 ‖ **traf·fick·er** *n.* [C]

traffic light *n.* [常作 traffic lights]交通信号灯：When you drive, you hope to catch all the *traffic* lights green. 人们开车时总希望一路亮绿灯。〔亦作 **stoplight**〕

tra·ge·di·an /trəˈdʒiːdiən/ *n.* [C]❶悲剧作家 ❷悲剧演员

trag·e·dy /ˈtrædʒidi/ *n.* ❶[C；U]灾难；不幸：The year ended in *tragedy*. 这一年就在灾难中结束了。❷[C]〈口〉悲惨事件；惨案：The defeat of Netherlands is a *tragedy*. 荷兰队输得很惨。❸[C](一出)悲剧：one of Shakespeare's best known *tragedies* 莎士比亚最著名的悲剧之一

trag·ic /ˈtrædʒik/, **trag·i·cal** /-kˀl/ *adj.* ❶悲惨的；可悲的：John's is a *tragic* story. 约翰的经历十分悲惨。❷悲痛的，悲哀的：the *tragic* eyes of a bereaved wife 孀妇悲哀的眼神 ‖ **tra·gic·al·ly** *adv.*

trail /treil/ **I** *n.* [C] ❶痕迹；足迹；踪迹；印迹；臭迹：We didn't want to put the folks on our *trail*. 当时我们不想让家里人知道我们的下落。❷(荒野中踏出的)小道，小径；路线，路径：a steep zigzag *trail* 陡峭的羊肠小道 **II** *v.* ❶跟踪；追踪；追猎，循…的臭迹：They used hounds to *trail* the escaped convicts. 他们用猎犬追赶逃犯。❷跟随；追随；落后于：*trail* one's classmates 落后于班上的同学 ❸拖，拽，拉，使拖在后面：He *trailed* Harry into the room. 他把哈里拽进房间。

train /trein/ **I** *vt.* 培养，训练，教育；驯养：The aim of the course was primarily to *train* health educators. 该课程的目的首先是要培养卫生教育工作者。**II** *n.* ❶[C；U]火车，列车：travel by *train* 乘火车旅行 ❷[C](一)连串，(一)系列：A *train* of ideas came into my mind after I heard his speech. 听了他的一番话，我思绪万千。‖ **train·a·ble** *adj.*

train·ee /treiˈniː/ *n.* [C]受训者，实习生

train·er /ˈtreinɚ/ *n.* [C] ❶教员；(体育运动等的)教练(员) ❷驯马师；驯兽师

train·ing /ˈtreiniŋ/ *n.* [U]培养，训练，教育；锻炼；驯养

trait /treit/ *n.* [C]特征，特点，特性，特质：

Generosity is his best *trait*. 慷慨是他的最大特点。

trait·or /'treitər/ *n*. [C]卖国贼；叛徒；背叛者；背信弃义者：Our doubts are *traitors*, and make us lose the good we might often win, by fearing to attempt it. 怀疑是会坏事的，不敢尝试，本来可以得到的益处，结果却失去了。‖ 'trai·tor·ous *adj*.

tram /træm/, **tram·car** /'træmkɑːʰ/ *n*. [C] ❶〈英〉(有轨)电车 ❷缆车，吊车；煤车；矿车

tramp /træmp/ **I** *v*. ❶步履沉重地走；踏着坚实的脚步走：We all *tramped* back to base. 我们一个个拖着沉重的脚步返回基地。❷踩，踏：Don't let the kids play in the garden, they might *tramp* on my flowers. 别让这些小家伙到花园里去玩，他们会踩坏我的花。❸步行；长途跋涉；徒步旅行：*tramp* up the hill 徒步登山 **II** *n*. ❶[用单](行进中等的)脚步声，坚实(或沉重)的脚步声：the *tramp* of marching troop 行军部队重重的脚步声 ❷[C]步行；长途跋涉；徒步旅行(者)：a long day's *tramp* 一整天的长途跋涉 ‖ 'tramp·er *n*. [C]

tram·ple /'træmpəl/ *v*. ❶踩，践踏：The fence had been *trampled* down. 树篱被踩倒了。❷轻蔑(或粗暴)地对待；伤害；蹂躏：I'm the kind you can *trample* for a time, but not all the time. 我这个人你伤害个把次没问题，但老是这样那可不行。‖ 'tram·pler *n*. [C]

trance /trɑːns; træns/ *n*. [C][用单] ❶昏睡状态；催眠状态：She was in a *trance* for several hours. 她昏睡了几个小时。❷恍惚；出神；发呆：She gazed blankly at the great smoke cloud as if in a *trance*. 她表情木然地凝视那大片烟云，仿佛进入一种神思恍惚状态。

tran·quil /'træŋkwil/ *adj*. 平静的；安静的；安宁的：a place of *tranquil* repose 宁静祥和之地 ‖ **tran·quil·(l)i·ty** /træŋ'kwiliti/ *n*. [U]—'**tran·quil·ly** *adv*.

tran·quil·(l)ize, tran·quil·(l)ise /'træŋkwiˌlaiz/ *vt*. 使平静；使安静；使安

宁；(用药物)使镇静：The tired brain is *tranquilized* in sleep. 疲劳的大脑在睡眠中获得安宁。

tran·quil·(l)iz·er, tran·quil·(l)is·er /'træŋkwiˌlaizəʰ/ *n*. [C;U]【药】镇静剂；止痛药：take a *tranquilizer* 服用镇静剂

trans·act /træn'zækt, trɑːn-, -'sækt/ *vt*. 办理，处理；商谈，商议；做(生意)：*transact* private business 处理私事 ‖ **trans'act·or** *n*. [C]

trans·ac·tion /træn'zækʃn, trɑːn-, -'sækʃn/ *n*. ❶[U]办理，处理 ❷[C]业务；交易：finalize a *transaction* with sb. 同某人达成交易 ‖ **trans'ac·tion·al·ly** *adv*.

tran·scend /træn'send, trɑːn-/ *vt*. 〈书〉❶超越，超出(经验、理性、信念等)的范围：*transcend* self 超越自我 ❷优于，胜过，超过；克服：*transcend* obstacles 扫除障碍 ‖ **tran'scend·ence** *n*. [U]—**tran'scend·ent** *adj*.

tran·scribe /træn'skraib, trɑːn-/ *vt*. ❶抄写，誊写；录入(文字)，用打字机打出：Please *transcribe* the first two paragraphs. 请抄写开头的两段。❷全文写下(或印出)：She *transcribed* into paint what she saw. 她将所见绘入画中。❸译；意译：understand and *transcribe* the same idea in very different ways 以不同的方式理解并诠释同一种观点 ‖ **tran'scrib·er** *n*. [C]

tran·script /'trænskript, 'trɑːn-/ *n*. [C] ❶抄本，誊本；打印本 ❷(泛指)副本，复本

tran·scrip·tion /træn'skripʃn, trɑːn-/ *n*. ❶[U]抄写，誊写；(打字机的)打印；(速记符号等的)翻译 ❷[C]抄本，誊本，复本

trans·fer **I** /træns'fəːʰ, trɑːns-/ (**-ferred**; **-fer·ring**) *v*. ❶搬，迁移；转运；转移：The head office has been *transferred* from Nanjing to Shanghai. 总部由南京迁到了上海。❷【律】转让，让与(财产、权利、头衔等)：He intends to *transfer* his property to his daughter. 他打算把财产让与他女儿。❸改变，转变，转换：*transfer* industrial wastes from liability into assets 把工业废料由废变宝 ❹转乘，换乘：*transfer* at Beijing 在北京转车 **II** /'trænsfəːʰ, 'trɑːns-/ *n*. ❶[C;U]迁

移；转运；转移；移交；转账：population *transfer* 人口迁移❷[C;U](职务等的)调动，调任；(运动员的)转会；(学生的)转学：a *transfer* to another club 转会❸[C]转车(或船、飞机)票；转车(或船、飞机)处；(汽车或火车的)摆渡处；(汽车或火车的)渡轮：a streetcar *transfer* 电车换车票 ‖ **trans'fer·a·ble** *adj.* —**trans'fer·(r)al** *n.* [C]

trans·form I /træns'fɔ:m,trɑ:ns-/ *v.* ❶使变形，使改样，使改观：The detective was *transformed* when he was hot upon such a scent as this. 每当这位侦探热切地探究线索的时候，他变得和原来判若两人。❷改造；改革；改善：He *transformed* the old sitting-room into a beautiful kitchen. 他把旧起居室改造成漂亮的厨房。‖ **trans·for'ma·tion** *n.* [U;C]

trans·form·er /træns'fɔ:mə',trɑ:ns-,trænz-,trɑ:nz-/ *n.* [C]❶【电】变压器，变换器：a crossbar *transformer* 纵横变换器❷引起变化的人(或事物)；改革者

tran·sis·tor /træn'zistə',trɑn-,-'sis-/ *n.* [C]❶【电】晶体管 ❷〈口〉晶体管收音机，半导体收音机

tran·sit /'trænzit,'trɑn-,-sit/ **I** *n.* [U]❶载运，运输：*transit* by rail 铁路运输❷公共交通运输系统；公共交通设备：Our luggage got lost in *transit*. 我们的行李在运输中遗失了。**II** *vi.* 通过，经过，越过

tran·si·tion /træn'ziʃ°n,trɑn-,-'si-/ *n.* [C;U]❶过渡(时期)；转变，变迁：a period of literary *transition* 文学转型期❷(文章中连接上下文的)转折语，转折句 ‖ **tran'si·tion·al** *adj.*

trans·late /træns'leit,trɑns-,trænz-,trɑnz-/ *v.* ❶译，翻译：Ancient poetry does not *translate* easily. 古诗不易翻译。❷转变，转化(*into*)：Her intelligence did not *translate* into books that could be called brilliant. 她的聪明才智没有转化成才华横溢的作品。‖ **trans'la·tor** *n.* [C]

trans·la·tion /træns'leiʃ°n,trɑns-,trænz-,trɑnz-/ *n.* ❶[C;U]译，翻译：I used to do *translations* for a publishing house. 我曾为

一家出版社做翻译。❷[C]译文，译本：faithful *translations* 忠实的译文❸[U;C]转变，变化：the swift *translation* of thought to action 思想向行动的快速转化

trans·mis·sion /trænz'miʃ°n,trɑnz-,træns-,trɑns-/ *n.* ❶[U]传送，传输；传递，传达：digital *transmission* 数字传输❷[U](知识、思想等的)传授，传播；(疾病的)传染：oral *transmission* 口头传授❸[U](无线电、电视等的)播发，播送，发射，发送；(无线电发射台与接收台之间的)传输：a live TV *transmission* 现场电视直播

trans·mit /trænz'mit,trɑnz-,træns-,trɑns-/ *vt.* (-mit·ted；-mit·ting) ❶传送，输送；传递，传达：Without stimulation, the auditory nerve may lose its ability to *transmit* information to the brain. 没有刺激，听神经将丧失其向大脑传递信息的功能。❷传授，传播(知识、思想等)；传染(疾病)：*transmit* skills 传授技艺❸传(光、声、热等)；透(光等)；使(光、声、热等)通过空气(或其他介质)；传递(力等)：Iron *transmits* heat. 铁传热。❹播送，发送：The program will be *transmitted* at 8:00. 节目将在8点整播出。‖ **trans·mis·si·ble** /-'misəb°l/ *adj.* —**trans'mit·ta·ble** *adj.* —**trans'mit·tal** *n.* [U] —**trans'mit·tance** *n.* [U]

trans·mit·ter /trænz'mitə',trɑnz-,træns-,trɑnz-/ *n.* [C]❶(电话的)送话器，话筒：a battery-operated *transmitter* 使用电池的话筒❷【电信】发射机；发报机

trans·par·en·cy /træns'pær°nsi,trɑns-,-'peər-/ *n.* [U]透明(性)；透明度；透光度：market *transparency* 市场透明度

trans·par·ent /træns'pær°nt,trɑns-,-'peər-/ *adj.* ❶透明的，透光的；清澈的，明净的：Those *transparent* curtains will never keep the light out. 那些透明窗帘根本挡不了光。❷显而易见的，一目了然的；易识破的，易觉察出的：After the war, he came to me pretending to be my nephew, but it was a *transparent* fraud. 战后他来到我跟前，自称是我的侄子，这显然是个骗局。❸坦诚的，坦白的，直率的：a *transparent* face 一张

坦诚的脸 ‖ **trans·par·ent·ly** *adv.*

trans·plant /træns'plɑːnt,trɑːns-;-plænt/ *v.* 移植,移种:He *transplanted* new and beautiful flowers from the wilderness to his garden. 他把野地里美丽的新花移种到自己的花园里。‖ **trans·plant·a·tion** /ˌtrænsplɑːn'teɪʃ°n;-plænt-/ *n.* 〔U〕—**trans'plant·er** *n.* 〔C〕

trans·port I /træns'pɔːt,trɑːns-/ *vt.* 运输,运送,输送,搬运:*transport* oxygen from the lungs to the tissues 把氧气从肺部输向身体各组织 II /'trænspɔːt,'trɑːns-/ *n.* ❶〔U〕distance transport 国内长途运输 ❷〔U;C〕运输工具;交通车辆:arrange *transport* and visiting ser·vices 安排交通工具和观光事宜

trans·por·ta·tion /ˌtrænspɔː'teɪʃ°n,ˌtrɑːns-/ *n.* 〔U〕❶运输,运送;输送;搬运:the overland *transportation* 陆路运输 ❷公共交通(网),交通运输系统;运输工作,运输业:urban *transportation* 城市交通运输系统 ❸运输工具;交通车辆:The truck is my family's sole *transportation*. 这辆卡车是我家唯一的交通工具。

trap /træp/ I *n.* 〔C〕❶(捕鸟、兽的)陷阱,罗网,夹子,捕捉机;(捕鱼的)渔栅,陷阱网:be caught in into a *trap* 落入陷阱 ❷〈喻〉圈套,陷阱,诡计;牢笼,困境:a death *trap* 死亡陷阱 II *vt.* (trapped;trap·ping)❶设陷阱捕捉;用捕捉器捕捉;在…设陷阱捕捉野兽:*trap* rabbits for their fur 为谋毛皮而设陷阱捕捉野兔 ❷使落入圈套;设计陷害(或捉拿等);使陷入困境;使受限制:The police *trapped* the kidnapper. 警察设计捉拿了绑匪。‖ **'trap·per** *n.* 〔C〕

tra·peze /trə'piːz/ *n.* 〔C〕高秋千,吊架

trap·pings /'træpiɲz/〔复〕*n.* ❶(外表的)装饰;装饰品,饰物:the *trappings* of Christmas 圣诞节装饰品 ❷(作为官职标志的)服饰;礼服:all the *trappings* of prime ministerial power 标志着首相权力的全套官服服饰

trash /træʃ/〈口〉*n.* 〔U〕垃圾,废物:The street collects *trash* on Tuesdays. 该街道每

周二清理垃圾。

trash can *n.* 〔C〕垃圾箱,废物桶

trav·el /'træv°l/ I (-el(l)ed;-el·(l)ing) *v.* ❶(长途)旅行;游历:Mike has *travelled* a lot in China. 迈克到过中国很多地方。❷(以特定方式或速度)行进;行驶;运行:*travel* at a speed of 50 miles per hour 以每小时50英里的速度行驶 II *n.* 〔C;U〕(长途)旅行;游历:a space *travel* 太空旅行 ‖ **'tra·vel·(l)er** *n.* 〔C〕

tray /treɪ/ *n.* 〔C〕(托)盘;碟;(浅)缸;盒:tea [ash] *trays* 茶盘[烟灰缸]

tread /tred/ I (trod /trɒd/,trod·den /'trɒd°n/) *vi.* ❶踩,踏;践踏(on,upon):Do not *tread* on the grass. 勿踩踏草地。❷举步;走,步行:It is a hard road to *tread*. 这条路可不好走呀。❸蹂躏;压迫;虐待(down):The despot *trod down* his enemies. 那位暴君虐待他的政敌。II *n.* 〔C〕踩,踏;走,行走:His rubbers wore from *tread*. 他的橡胶帆布运动鞋走路走坏了。‖ **'tread·er** *n.* 〔C〕

treas·ure /'treʒəʳ/ I *n.* ❶〔U〕金银财宝,珍宝;财富:buried *treasure* 地下宝藏 ❷〔C〕极其难得的人;[用以称呼姑娘或孩子]宝贝;珍品;珍贵物:He is a real *treasure* to our company. 他真是我公司不可多得的人才。II *vt.* 珍藏,秘藏;珍爱,珍视;珍惜:Mother knitted a white cotton quilt before she married,which I *treasure* to this day. 母亲结婚前缝的一条白棉布被子我珍藏至今。

treat /triːt/ I *v.* ❶对待:*treat* the conflicts 处理纠纷 ❷看待;把…视为,把…看作(as):*treat* sth. as a joke 把某事视作儿戏 ❸治疗,医治:The doctor is *treating* me with the new drug. 医生正用新药为我治病。❹款待,招待;请(客)(to):*treat* sb. to dinner 请某人吃饭 II *n.* 〔C〕款待,招待;请客,做东:This is my *treat*. 这次我请客。‖ **'treat·a·ble** *adj.*

treat·ment /'triːtm°nt/ *n.* ❶〔U〕对待;待遇:This is a preferential *treatment* accorded only in this special case. 这种优先待遇只限于此特殊事例。❷〔C;U〕医治,治疗;疗法;

疗程：Hospital *treatment* is needed. 需要住院治疗。

trea·ty /'triːti/ *n.* [C] ❶(尤指国家间的)条约；协定：multilateral *treaties* 多边协议 ❷(尤指当事人之间关于财产处理的)契约；合同：His influence could be fatal to any *treaty* that he disapproved. 他的影响力足以使任何他不同意的合同无法签订。

tre·ble /'trebᵊl/ **I** *adj.* [无比较级][作定语]三倍的；三重的；三用的；有三个部分的：a *treble* portion 三倍的份额 **II** *n.* [C]三倍；三重

tree /triː/ *n.* [C] 树，树木，乔木：a pine *tree* 松树 ‖ **tree·less** *adj.*

trem·ble /'trembᵊl/ **I** *vi.* ❶(因恐惧、激动、虚弱而)颤抖，战栗，哆嗦：His hand *trembled* as he offered her a cigarette. 在给她递烟时他的手在颤抖。❷摇晃，晃动：Leaves *trembled* in the breeze. 树叶在微风中荡漾。 **II** *n.* [C；U]❶颤抖，战栗，哆嗦：speak with a *tremble* 哆嗦着说 ❷摇晃，摇动；震动

tre·men·dous /tri'mendəs/ *adj.* ❶巨大的，极大的；惊人的；非常的：a *tremendous* change 巨变 ❷(口)精彩的，极棒的，了不起的：It is altogether a *tremendous* achievement. 这绝对是一项伟大的成就。‖ **tre'men·dous·ly** *adv.*

trem·or /'tremə'/ *n.* [C] ❶(因恐惧、兴奋等引起的)颤抖，战栗：The mere thought brought a *tremor* to her legs. 一想起这事，她两腿不由得哆嗦起来。❷震动，微动：The early *tremors* of another earthquake are beginning to be felt. 又一次地震开始有了早期震感。❸震颤声：The *tremor* in his voice went unnoticed. 他说话时嗓音微颤，但无人察觉到。

trench /trentʃ/ *n.* [C]❶【军】战壕，堑壕，散兵壕；[~s]防御工事，堑壕阵地 ❷海(底)沟：a deep-sea *trench* 深海沟

trend /trend/ *n.* [C] ❶趋势，趋向；动态，动向；倾向：The *trend* of price is still downward. 价格仍有下跌的趋势。❷时新款式，流行样式；时髦，时尚：the new *trend* in women's hairdos 妇女的最新发式

tres·pass /'trespəs/ *vi.* ❶擅自进入；【律】侵入；侵占；侵犯，侵害(*on, upon*)：*trespass upon* the rights of native people 侵犯土著人的权利 ❷(书)冒犯；违背，违反(*against*)：Those who *trespass against* the law should be punished. 违反法律者应该受到惩罚。‖ **'tres·pass·er** *n.* [C]

☆**trespass, encroach, infringe, intrude, invade** 均有"侵占，侵犯"之意。**trespass** 表示非法占用他人财产，亦常指未经允许擅自闯入他人土地：A group of hunters *trespassed* on a farmer's land. (一群猎人闯入了一个农场主的土地。)**encroach** 强调侵占行动的缓慢和微小因而不易察觉，起初并不引起人们抱怨，只是到最后才显示其威胁性：Be careful not to *encroach* on his sphere of authority. (小心不要介入他的权力范围。)**infringe** 指明显违法、侵犯他人权利或特权：They refused to sell the product that *infringes* upon another's patent. (他们拒绝出售侵犯别人专利的产品。)**intrude** 主要限于指对私人生活或事务并非有意识的突然介入或侵犯：He was embarrassed at finding that he had *intruded* on the young lovers. (他尴尬地发现自己置身于一群年轻恋人之中。)**invade** 语气较强，指有意识的、突然的、野蛮的武力入侵：The Nazis *invaded* France in 1940. (纳粹于 1940 年入侵法国。)

tri·al /'traiəl/ *n.* ❶[C；U]讯问；审讯；审理；审判：Westminster Hall was the scene of many famous *trials*. 威斯敏斯特大厅曾是审讯许多名人的地方。❷[C；U](质量、性能等的)测试，试验；(物品的)试用：A *trial* of the goods will bear out our statement. 一试此货，便知言之不谬。❸[C；U](人的)试用：three months' *trial* 三个月试用期 ❹[C；U]麻烦；考验；磨难，磨炼：The book depicts her German period of intense activity and *trial*. 这本书写的是她在德国期间的紧张活动和磨炼。

☆**trial, experiment, test** 均有"试验，测试"之意。**trial** 意指对某人或某物进行测试以确定或证实其实际或实用价值：The new system is on *trial*. (新的系统正在试运行中。)**experiment** 既可意指测试某一事物是否有

效,也可表示进行某种操作或从事某种活动以作出创造发明,或检验某种科学理论是否正确:He began a series of *experiments* in a new field. (他在新的领域里开始了一系列实验。) test 表示在受制或有节制的情况下,运用规定或确定的标准对人或事物进行彻底的检查或检验,以得出明确的验证或证据:I've passed the driving *test*. (我通过了驾驶考试。)

tri·an·gle /'traiˌæŋgᵊl/ *n.* [C] ❶【数】三角(形):solution by a *triangle* 三角形解法 ❷三角形物;三角形工具:a *triangle* of land 三角形的土地 ❸(直角)三角板,三角尺 ‖ **tri·an·gu·lar** /trai'æŋgjulə/ *adj.*

tribe /traib/ *n.* [C]部落:primitive *tribes* 原始部落 ‖ **trib·al** *adj.* — **'tri·bal·ism** *n.* [U]

trib·u·tar·y /'tribjutᵊri/ *n.* [C]支流,细流:It is a *tributary* instead of a river. 它不是一条干流,而是一条支流。

trib·ute /'tribjut/ *n.* ❶[C;U](表示敬意的)礼物,献礼;颂辞,称赞:send floral *tributes* 献花 ❷[C;U]贡,贡品,贡金;贡赋,贡税:pay an annual *tribute* 年年纳贡 ❸[用单]有效(或有价值)的标志:His victory in the championship was a *tribute* to his persistence. 他夺冠成功说明他坚持不懈的努力没有白费。

trick /trik/ I *n.* [C]❶诡计,计谋,花招,伎俩;欺诈,骗局:He is at his *tricks* again. 他又在玩鬼花样了。❷技巧,技艺;解数,窍门:a rhetorical *trick* 修辞技巧 ❸戏法,把戏;(动物经过训练的)表演绝技:perform card *tricks* 用牌变戏法 II *vt.* 哄骗,诈骗;愚弄(*out of*,*into*):He felt that they had *tricked* him *into* cheap surrender. 他觉得上了当,他们轻而易举就让他投降了。

trick·le /'trikᵊl/ I *vi.* ❶滴,淌;成小股流动:The sand *trickled* through his fingers. 沙粒从他指缝间漏下。❷慢慢来(或去);逐渐出现(或消失):Evidence was now beginning to *trickle* in. 现在开始逐步收集到一些证据。II *n.* ❶[C]滴,淌:Somewhere near was the gurgle and *trickle* of water. 附近什么地方传来了汩汩流水声。❷[C]涓流,细流:At

low water, the river is little more than a *trickle*. 水位低的时候,这条河几乎成了涓涓细流。❸[a ～]小量:The village has attracted only a *trickle* of visitors. 这个村庄仅仅招来少量的游客。

trick·y /'triki/ *adj.* ❶微妙的,难以捉摸的;需慎重对待的;难对付的:Negotiations had reached a *tricky* stage. 谈判进入了微妙阶段。❷诡计多端的;(会)耍花招的,狡猾的;欺诈的,欺骗的:Tweed, I suspect, is both *tricky* and cunning. 依我看,特威德这个人很诡诈。‖ **'trick·i·ly** *adv.* — **'trick·i·ness** *n.* [U]

tri·fle /'traifᵊl/ *n.* ❶[C]琐事,小事;细故:I won't waste my time on *trifles* any more. 我不会再把时间浪费在小事上。❷[C]小量,少许;少许的钱:The coat costs a mere *trifle*. 这件上衣只花了一点点钱。‖ **'tri·fler** *n.* [C]

tri·fling /'traifliŋ/ *adj.* ❶不重要的,无足轻重的;微不足道的,没有多少价值的:matters of *trifling* importance 无足轻重的事务 ❷轻浮的,轻佻的

trig·ger /'trigə/ *n.* [C](枪等的)扳机;触发(或引爆)器:pull the *trigger* 扣动扳机

tril·lion /'triljən/ I *n.* ❶[C]一万亿;$ 4 *trillion* 4 万亿美元 ❷[C]〈主英〉百万兆 ❸[～s]〈口〉大量 II *adj.* [用于数字后名词前]万亿的,兆的;〈英〉百万兆的 ‖ **'tril·lionth** *n.* [C] & *adj.*

trim /trim/ I (**trimmed**;**trim·ming**) *vt.* ❶使整齐;使整洁:She's busy *trimming* the bedroom. 她正忙着整理卧室。❷剪,修剪;整修,修理:*trim* dead leaves off 剪去枯叶 ❸装饰,装点,点缀;修饰;打扮;布置(商店橱窗等)(*with*,*up*):She *trimmed* her hat *with* ribbon. 她给帽子系上缎带。II *adj.* (**trim·mer**,**trim·mest**) ❶整齐的;整洁的:She always looks neat and *trim*. 她看上去总是那么干净利落。❷苗条的,修长的;健美的:stay *trim* and slim 保持体形苗条和健美 ‖ **'trim·ly** *adv.* — **'trim·ness** *n.* [U]

trip /trip/ *n.* [C]旅行,出行,旅游;旅程,行程:It's a short *trip* to my office. 到我办公

室没有多远。

trip·le /ˈtrɪpᵊl/ **I** *adj.* [无比较级][作定语] ❶三倍的；三重的：The attention we received had a *triple* effect. 我们所受到的关注具有三重作用。❷由三部分组成的：the *triple* entrance of a cave 三叠洞洞口 **II** *v.* 增至三倍，增加两倍：In four years the property almost *tripled* in value. 四年内，财产几乎增值了两倍。‖ **'trip·ly** *adv.*

tri·umph /ˈtraɪəmf,-ʌmf/ **I** *n.* [C;U]胜利，得胜：return in *triumph* 凯旋 **II** *vi.* 获胜，得胜；成功，战胜(*over*)：Our team *triumphed over* the visiting team. 我队打败了客队。

tri·um·phant /traɪˈʌmfᵊnt/ *adj.* ❶胜利的，得胜的，成功的：She made a *triumphant* return to the stage several years later. 几年之后她又成功地回到了舞台上。❷(因胜利或成功)欢欣鼓舞的，得意扬扬的；耀武扬威的：a *triumphant* smile 满面春风 ‖ **tri·um·phant·ly** *adv.*

triv·i·al /ˈtrɪviəl/ *adj.* 无价值的，不重要的；琐细的，轻微的：His death in 1941 was due to a *trivial* mishap. 他1941年死于一桩不幸的小事故。‖ **tri·vi·a·lize** *vt.*

troop /truːp/ *n.* ❶[C]一群，一队，一大批：a *troop* of horse and foot 千军万马 ❷[常作～s]军队，部队；警察部队；士兵：the invading *troops* 侵略军

trop·ic /ˈtrɒpɪk/ *n.* ❶[通常用单]【地理】(北或南)回归线 ❷[the Tropics](南北回归线之间的)热带地区

trop·i·cal /ˈtrɒpɪkᵊl/ *adj.* [无比较级] ❶热带的；位于热带的；生活在热带的；有热带特性的；产于(或发生于)热带的：*tropical* countries 热带国家／rainforests 热带雨林 ❷炎热的，酷热的：The weather was *tropical* last summer. 去年夏天天天气极其炎热。

trot /trɒt/ **I** (**trot·ted**；**trot·ting**) *vi.* 小跑，慢跑，快步走：He found himself nearly *trotting* to keep the proper two paces behind his father. 为了要在他父亲后面保持两步远的距离，他发现自己几乎是在小跑了。**II** *n.* [C]小跑，快步走；快步马跑蹄声：She kicked her horse into a *trot*. 她踢了马一脚，

马就跑起来了。‖ **'trot·ter** *n.* [C]

trou·ble /ˈtrʌbᵊl/ **I** *n.* ❶[C;U]烦恼，苦恼，忧虑：As soon as matters are settled, I will take care of the child; you shall have no *trouble* about it. 一旦商定，我就负责照料这个孩子，你不需操心。❷[C;U]困难；不幸；灾祸：They have *trouble* making decisions. 他们很难做出决定。❸[U]麻烦；烦扰，打扰：Thank you for the *trouble*. 谢谢你，让你费心了。❹[U]纠纷，纷争；动乱，骚乱：He ruled so wisely that there was no more *trouble* among the people. 他治理有方，非常贤明，因此人民之间再没有纷争了。❺[U]病，疾病；病痛，苦痛，不适：the mental *trouble* that wrecked Rank 把兰克毁了的精神疾患 **II** *vt.* ❶使烦恼，使苦恼；使忧虑：Most of us are deeply *troubled* by his decision. 我们大多数人都为他的决定感到不安。❷(病痛)折磨；使疼痛，使痛苦：The back injury *troubled* me. 背伤使我感到疼痛不已。‖ **in trouble** *adj.* 陷入困境中的：He realized that the company was *in* deep *trouble*. 他意识到公司遇到了大麻烦。‖ **trou·ble·some** /ˈtrʌbᵊlsᵊm/ *adj.*

trou·sers /ˈtraʊzəz/ [复] *n.* 裤子，长裤：a pair of *trousers* 一条裤子

tru·ant /ˈtruːənt/ *n.* [C] ❶逃学者，旷课者 ❷玩忽职守者，逃避责任者 ‖ **play truant** *vi.* 逃学：His daughter has been *playing truant* from school. 他的女儿一直在逃学。‖ **tru·an·cy** *n.* [U]

truce /truːs/ *n.* [C] ❶休战；休战协定 ❷(争吵等的)暂停：This selection might bring a *truce* among factions. 这种选择可以促成各派别间的和解。‖ **truce·less** *adj.*

truck /trʌk/ *n.* [C]卡车，运货汽车：an army *truck* 军用卡车 ‖ **'truck·er** *n.* [C]

trudge /trʌdʒ/ *v.* 步履艰难地走；费力(或疲惫)地走：They *trudged* along the muddy track to the top of the hill. 他们步履艰难地沿着泥泞的小路爬上山顶。

true /truː/ *adj.* ❶[无比较级]真实的，确实的，如实的：Call things by their *true* names. 要实事求是。❷[无比较级][作定语]真的，

真正的,非仿造的:*True* friendship lasts forever. 真正的友谊万古长青。‖ *come true vi.* 实现,成为现实:With the passage of time, those warnings have *come true*. 随着时间的推移,那些预言都变成了现实。‖ **'true·ness** *n.* [U]

tru·ly /'truːli/ *adv.* ❶[常用于信末署名前的客套语]真诚地;忠实地:yours *truly*[信末署名前的客套语]您的忠实的 ❷[无比较级][常用作插入语]的确,确实,真的:Why, *truly*, I don't know. 真的,我实在不知道呀。❸[无比较级]真实地;真正地;如实地:She didn't let anyone know how she *truly* felt. 她不让别人知道她的真实感受。❹准确地;确切地;精确地:Mushrooms cannot *truly* be described as vegetables. 严格地说,蘑菇不能算作蔬菜。

trum·pet /'trʌmpit/ *n.* [C] ❶喇叭,号角;【音】小号:He plays the *trumpet* in the band. 他是乐队的小号手。❷喇叭声,小号声;(喇叭似的)响亮声音:His shouting sounds like a *trumpet*. 他的叫喊声像喇叭声一样嘹亮。‖ **'trum·pet·er** *n.* [C]

trunk /trʌŋk/ *n.* [C] ❶树干:the *trunk* of an oak 橡树树干 ❷(人或动物的)躯干:These exercises can develop the muscles in your *trunk*. 这种体操可以使你的躯干肌肉得到锻炼。❸(铁道、航线等的)干线 ❹大行李箱,大衣箱:unpack the *trunks* 打开箱子 ❺(汽车的)行李箱〔亦作 **boot**〕❻象鼻:As we all know, elephants can use their *trunks* for grasping or lifting things. 我们都知道,大象能用鼻子抓取东西。

trust /trʌst/ I *n.* [U]信任,信赖:She has *trust* in God. 她信仰上帝。II *v.* 相信,信任,信赖:We *trust* you will accord this matter your serious attention. 我们相信你会对此事予以认真的考虑。

truth /truːθ/ *n.* ([复]**truths** /truːðz, truːθs/) ❶[U]真实,真实性:He tells lies like *truth*. 他的谎话说得像真的一样。❷[U]实情,真相,事实:tell the *truth* 说实话 ❸[C;U]真理:in quest for *truth* 追求真理 ‖ **'truth·less** *adv.*

truth·ful /'truːθf⁽ə⁾l/ *adj.* ❶讲真话的;诚实的:To be *truthful*, I'm not much of a drinker. 说真的,我并不经常喝酒。❷(讲话、作品等)真实的,如实的;现实主义的:a *truthful* account 真实的陈述 ‖ **'truth·ful·ly** *adv.* —**'truth·ful·ness** *n.* [U]

try /trai/ I *v.* ❶试,尝试;试用;试验:Consumers who *try* the new product may purchase it a second time. 试用了这种新产品的客户可能还会再买。❷试图,想要;设法,努力:Kitty *tried* to chuckle. 基蒂勉强打了个哈哈。II *n.* [C]尝试;试验;试图;努力:Have a *try* at the exam. I am sure you will pass. 试试看,我相信你能通过考试。

T-shirt /'tiːʃɜːt/ *n.* [C] T形衫,T恤衫,短袖圆领衫〔亦作 **teeshirt**〕

tsu·na·mi /tsuːˈnɑːmi/ *n.* [C]【地质】【海】海震;海啸

tub /tʌb/ *n.* [C] ❶盆;大木盆,洗衣盆:a laundry *tub* 洗衣盆 ❷浴盆,浴缸:bathe in the *tub* 在浴盆里洗澡

tu·ba /'tⁱjuːbə/ *n.* [C]【音】大号:He played his *tuba* late into the night. 他吹长号一直吹到深夜。

tube /tⁱjuːb/ *n.* ❶[C]管,管子;软管:The paint was sprayed directly through a *tube*. 直接用管子喷涂料。❷[常作 the ～]〈口〉(伦敦的)地下铁道:I can't face travelling on *tubes*. 我无法忍受出门坐地铁。‖ **'tube·less** *adj.*

Tues., **Tue.** *abbr.* Tuesday

Tues·day /'tⁱjuːzdi, 'tⁱjuːzdei/ *n.* [C]星期二(略作 **Tues.**, **Tue.**):on *Tuesday* 在星期二 / in *Tuesday's* debate 在星期二的辩论中

tug /tʌg/ I (**tugged**; **tug·ging**) *v.* 使劲拖(或拉),猛拖,用力拽:The fisherman *tugged* the boat to shore. 渔夫把船拖到岸边。II *n.* [C]猛拖,狠拽:He gave the door a *tug* and it opened. 他拉了一下门,门就开了。

tu·i·tion /tⁱjuːˈiʃ⁽ə⁾n/ *n.* [U] ❶(尤指收费的)讲授,指导:receive formal *tuition* in economics 接受经济学方面的正规教育 ❷学费:college *tuition* 大学学费

tu·lip /'tⁱjuːlip/ *n.* [C] ❶【植】郁金香属植物

❷郁金香花

tum·ble /ˈtʌmbᵊl/ v. 跌倒,跌跤,摔倒;被绊跌,被绊倒:He staggered forwards and then *tumbled* down the step. 他向前一个跟跄,跌下了台阶。

tum·ble·down /ˈtʌmbᵊlˌdaun/ adj. 〔无比较级〕摇摇欲坠的,破败的:a *tumbledown* shed 一间破败的小屋

tu·mo(u)r /ˈtʲuːməᵊ/ n. [C]【医】肿块;肿瘤:His father died of a *tumour* of the brain. 他父亲死于脑瘤。‖ **'tu·mo(u)r·ous** adj.

tune /tʲuːn/ I n. ❶[C]曲调,曲子;主旋律:the theme *tune* 主旋律 ❷[U]和谐,融洽;协调,一致:The piano is *in tune* with the singer. 钢琴伴奏和歌手的演唱很合拍。 II vt. ❶为(乐器)调音(或定弦);使(音乐、嗓音等)适合特定的音高(或音调、感情等):His guitar is *tuned* and ready. 他的吉他已调好音,可以演奏了。 ❷调整,调节;使和谐,使一致(to):You can ask him to *tune* the engine for you. 你可以请他帮你调整发动机。

tun·nel /ˈtʌnᵊl/ n. [C]隧道,坑道,地道:a railway *tunnel* 铁路隧道

tur·bu·lent /ˈtɜːbjulᵊnt/ adj. ❶骚乱的,骚动的;动乱的,动荡的;混乱的:*turbulent* political and social conditions 动荡的政治和社会状况 ❷湍流的,紊流的,涡旋的:*turbulent* fluctuations [motions] 紊动[涡动]‖ **'tur·bu·lent·ly** adv.

turf /tɜːf/ n. (〔复〕 **turfs** 或〈英〉**turves** /tɜːvz/）[U]草皮,草坪:sun oneself on the *turf* 在草坪上晒暖儿

Turk /tɜːk/ n. [C]土耳其人

tur·key /ˈtɜːki/ n. ❶[U]【T-】土耳其 ❷[C]【鸟】火鸡,吐绶鸡

Turk·ish /ˈtɜːkiʃ/ I n. [U]土耳其语 II adj. 〔无比较级〕土耳其的;土耳其人的;土耳其语的

turn /tɜːn/ I v. ❶(使)转动;(使)旋转:The wheel is *turned* by electricity. 轮子由电驱动。 ❷旋转,拧动:He *turned* the faucet on loud. 他把水龙头开得很大。 ❸翻转,翻动:Please *turn* your book to page 10. 请把书翻到第十页。 ❹变化;改变:Frost *turns* water into ice. 寒冷使水结成冰。 II n. ❶[C]转动,旋转;转动(或旋转)的一周;盘绕;盘绕的一圈:Hold the *turns* of wire together after the winding is complete. 线圈绕好后把它们放在一起。 ❷[C]旋动,拧动;旋锁:a *turn* of the handle 把手的一拧 ❸[C]转向,转弯;转弯处:He made an abrupt *turn* to avoid another car. 他为了避开另一辆车,来了个急转弯。 ❹[C]变化,改变;转变,转机;转折(点):His illness takes a downward *turn*. 他的病情有所恶化。 ❺[通常用单]顺次;(轮到的)机会:Her *turn* to speak came. 轮到她发言了。‖ **by turns** adv. 轮流地;交替地:While he was ill, his friends looked after him *by turns*. 他生病期间,他的朋友们轮流看护他。 **in turn** adv. 依次,轮流:The students were summoned *in turn* for the oral test. 学生们被一个个地叫去进行口试。 **turn down** v. 调低;关小:Can you *turn down* your radio a little? I can't hear you. 你能把收音机音量调低点儿吗?我听不见你说话。 **turn off** vt. (被)关;(被)关上;(被)关断:Remember to *turn* the gas *off*. 记住关掉煤气。 **turn on** v. (被)开;(被)旋开;(被)开动:*turn* a machine *on* 开动机器 **turn out** v. ❶关掉,熄灭:*turn out* the light 关灯 ❷结果是;(最后)证明是:Everything has *turned out* satisfactorily. 结果一切都令人满意。 **turn up** v. 开大,调高:*turn up* the gas 把煤气开大 ‖ **'turn·er** n. [C]

turn·a·round /ˈtɜːnəˌraund/ n. ❶[通常用单](观点、态度等的)彻底改变,变卦:the government's *turnaround* on interest rate policies 政府有关利率政策的改变 ❷[通常用单](营业、经济等的)突然好转:be on the brink of an economic *turnaround* 处于经济好转的边缘

turn·ing /ˈtɜːniŋ/ n. [C]转弯;转弯处;岔路口;岔道:We passed the *turning*. 我们经过了岔道口。

tur·nip /ˈtɜːnip/ n. ❶[C]【植】芜菁 ❷[C;U]芜菁块根;大头菜

turn·over /ˈtɜːnˌəuvəᵊ/ n. ❶[C][用单]翻倒(物);翻转(物) ❷[用单]营业额;成交量:the *turnover* of foreign trade 对外贸易

额❸[用单](货物或人员等的)流通,流动:high *turnover* and vacancy rates 很高的流动率和闲置率

tur·tle /'tɜːtl/ *n*. [C]海龟

tusk /tʌsk/ *n*. [C](象、海象等的)长牙,獠牙 ‖ **tusked** *adj*.

tu·tor /'tjuːtə/ *n*. [C] ❶家庭教师,私人教师:a private *tutor* 私人教师 ❷〈英〉(大学中的)导师;(大学中的)助教;(学生为考试而聘请的)辅导教师:a college *tutor* 大学导师

TV *abbr*. ❶television ❷television set

twelfth /twelfθ/ **I** *n*. [C]❶第十二;第十二个(人或物) ❷十二分之一 ❸第十二日 **II** *adj*. [无比较级]❶第十二的 ❷十二分之一的

twelve /twelv/ **I** *n*. [C]十二,12;十二个 **II** *adj*. [无比较级][作定语]十二的;十二个的

twen·ty /'twenti/ **I** *n*. [C]二十,20**II** *adj*. [无比较级][作定语]二十的;二十个的 ‖ **'twen·ti·eth** *adj*. & [U] *n*.

twice /twais/ *adv*. [无比较级]❶两倍;加倍:The population in this town may be *twice* the city's average. 该小镇的人口也许是城市平均人口的两倍。❷两次;两回:Ian tells the story *twice*. 这个故事伊恩讲了两遍。

twi·light /'twailait/ *n*. [U]❶暮光;曙光:The *twilight* sank. 暮色苍茫。❷黄昏;黎明:He hung around at *twilight* and well into the dark he went home. 黄昏时分他四处游荡,天完全黑下来后才回家。

twin /twin/ *n*. [C] ❶双胞胎,孪生儿:A girl called Jeanne is perhaps his *twin*. 一个叫珍妮的女孩可能是他的孪生姐姐(或妹妹)。❷两个非常相像(或关系密切)的人(或物)之一:This bracelet is the exact *twin* of that one. 这只手镯和那只一模一样。

twinge /twindʒ/ *n*. [C] ❶剧痛,刺痛,阵痛:He felt a *twinge* in his left side. 他感到身子左边一阵剧痛。❷痛苦;难过;内疚:a *twinge* of conscience 良心上的谴责

twin·kle /'twiŋkl/ **I** *vi*. ❶闪烁,闪耀;闪闪

发光:The stars *twinkled* in transparent clarity. 星星在清澈的晴空中闪烁。❷(眼睛)闪光,发亮:His eyes *twinkle* behind horn-rims. 他的眼睛在角质镜框后闪闪发亮。**II** *n*. [通常用单]❶(眼睛的)闪光;愉快的表情:He saw a *twinkle* of amusement in Cooper's eyes. 他见到库珀两眼放光,神情愉悦。❷瞬息,一刹那,一眨眼:in a *twinkle* of an eye 转瞬之间 ❸闪烁,闪耀

twirl /twɜːl/ **I** *v*. ❶快速旋转;转圈;扭转:They *twirled* merrily around the dance floor. 他们开心地在舞台上旋转着。❷卷曲,卷绕 **II** *n*. [C]转动;旋转:He gave his walking stick a *twirl*. 他挥了挥手杖。

twist /twist/ *v*. ❶捻,搓;编织;把…编成:She sat and *twisted* her hands together. 她坐着,两手交叠在一起。❷盘绕;缠绕:Her hair was *twisted* into an attractive bun. 她的头发盘成了一个魅力十足的小圆髻。❸拧动;转动;旋动;扭动:Few could refrain from *twist-ing* their heads towards the door. 谁都忍不住回头朝门口望去。❹扭歪;扭伤:I *twisted* my ankle when climbing up the stairs. 我上楼梯时扭伤了脚踝。❺歪曲;曲解:I'm afraid that you have *twisted* my words. 恐怕你曲解了我的话。

twitch /twitʃ/ **I** *v*. ❶(肌肉、四肢等)抽搐,抽动;颤动:His face *twitched* with fury. 他愤怒得脸部抽搐。❷猛拉,急扯:He stopped me from speaking by *twitching* at my sleeve. 他扯了一下我的袖子,让我不要说话。❸抽搐,刺痛:His arms *twitched* with pain. 他的手臂阵阵刺痛。**II** *n*. [C]❶抽搐,抽动,颤动:The bird gave a slight *twitch* and died. 鸟儿微微抽搐了一下就死了。❷阵痛,刺痛:a *twitch* of conscience 良心上的刺痛

twit·ter /'twitə/ *vi*. ❶(鸟等)鸣唱,啁啾;如鸟般吱吱地叫:Birds were *twittering* in the woods. 鸟儿在林子中叽叽喳喳地叫着。❷叽叽喳喳地讲话,喋喋不休地说话:He *twittered* and made excuses for his lateness. 他喋喋不休地为迟到找借口。‖ **'twit·ter·y** *adj*.

two /tuː/ **I** *n*. [C]([复]**twos**) 二:There

were six votes in favour, *two* against. 有 6 票赞成,2 票反对。**II** *adj.* [无比较级][作定语]二的;两个的:a *two*-year-old baby 一个两岁的宝宝

ty·coon /taiˈkuːn/ *n.* [C]企业界大亨,企业界巨头;政界巨头

type /taip/ **I** *n.* ❶[C]类型;种类;品种:blood *types* 血型❷[C]具有代表性的人(或物);典型,典范,榜样:a civil service *type* 一位文职人员的典范 ❸[C;U]【印】铅字,活字;字体:I worked at setting the *type* and printing the paper. 我干排版和印刷报纸的活儿。**II** *v.* 打字:Sorry about the chicken scratch, but I never learned to *type*. 不好意思,我写字像鸡爪刨似的,但我总是学不会打字

type·writ·er /ˈtaipˌraitɚ/ *n.* [C]打字机

ty·phoon /taiˈfuːn/ *n.* [C]【气】台风

typ·i·cal /ˈtipikəl/ *adj.* ❶典型的;有代表性的(*of*):The more *typical* works of his career have been short stories. 他的生涯中更具代表性的作品是短篇小说。❷[无比较级]象征性的:a *typical* icon 象征性的图标 ❸[无比较级]特有的,独特的:features *typical* of Gothic culture 哥特文化独有的特征

typ·ist /ˈtaipist/ *n.* [C]打字员;打字者

tyr·an·ny /ˈtirəni/ *n.* ❶[U;C]苛政,暴政;专制:verses attacking *tyranny* 抨击苛政的诗篇 ❷[U]专横,暴虐,残暴:resist the *tyranny* of the oppressor 反抗压迫者的残暴 ❸[U]严苛,苛刻;严酷:the *tyranny* of fact 事实的严酷

ty·rant /ˈtaiərənt/ *n.* [C]暴君;专制君主

U u

UFO /ˈjuːfəu, ˌjuːefˈəu/ *n.* ［C］(［复］**UFOs** 或 **UFO's**) 不明飞行物, 飞碟

ug·ly /ˈʌgli/ *adj.* ❶难看的, 丑(陋)的: an *ugly* face 难看的脸 ❷令人不愉快的, 讨厌的; 难听的: This very tollman was an *ugly* chap. 就是这个收税人是个难缠的家伙。 ‖ **'ug·li·ness** *n.* ［U］

ul·te·ri·or /ʌlˈtiəriə/ *adj.* ［作定语］隐秘不明的, 故意隐瞒的, 不可告人的, 别有用心的: Mary suspected him of *ulterior* aims. 玛丽怀疑他有什么不可告人的目的。

ul·ti·mate /ˈʌltimət, -mit/ *adj.* ［无比较级］［作定语］❶最后的, 最终的: Her *ultimate* destination was New York. 她的最终目的地是纽约。❷无法超越的; 最大的; 最高的; 决定性的: Infidelity is the *ultimate* betrayal. 不忠是最大的背叛。❸根本的, 基本的; 首要的: The brain is the *ultimate* source of ideas. 大脑是思想的根本源泉。 ‖ **'ul·ti·mate·ly** *adv.*

ul·tra /ˈʌltrə/ *adj.* ［无比较级］(尤指在宗教或政治等方面)极端的; 过激的; 过分的: an *ultra* nationalist 极端民族主义者

um·brel·la /ʌmˈbrelə/ *n.* ［C］伞; 雨伞; 阳伞: open a folding *umbrella* 打开折叠伞

um·pire /ˈʌmpaiə/ **I** *n.* ［C］❶【体】(棒球、板球、网球等的)裁判员: have an altercation over the *umpire's* decision 因裁判员的裁决而争执 ❷仲裁人, 公断人: A federal *umpire* will try to settle the labour dispute. 有个联邦仲裁裁判员试图解决这一劳动纠纷。**II** *v.* 当裁判员(或仲裁人、公断人)(*for, in*): He *umpired in* the tennis match. 他在网球比赛中担任裁判员。

un- /ʌn/ *pref.* ❶［尤用于形容词、副词或过去分词前］表示"否定", "不", "非"; "无", "未": *un*usable, *un*educated, *un*fair, *un*faithful, *un*expected, *un*selfish, *un*sociable, *un*scientific ❷［尤用于名词前］表示"缺乏", "不", "没有": *un*rest, *un*truth, *un*certainty ❸［尤用于名词前］表示"使自由", "从···解放出"; "由···取出"; "脱离", "除去": *un*earth, *un*horse, *un*mask, *un*burden

un·a·ble /ʌnˈeibəl/ *adj.* ［无比较级］［作表语, 后常接不定式］不能的, 不会的: She was *unable* to adapt her expenditure to her altered circumstances. 她不懂得量入为出以适应境遇的改变。

un·ac·cept·a·ble /ˌʌnəkˈseptəbəl/ *adj.* 不能接受的; 不能令人满意的, 不合意的; 不受欢迎的: There are also slips *unacceptable* in an academic book. 学术著作中也会出现这类不能容忍的错讹。 ‖ **un·ac'cept·a·bly** *adv.*

un·ac·cus·tomed /ˌʌnəˈkʌstəmd/ *adj.* ❶不习惯的(*to*): I am *unaccustomed to* a mango. 我不习惯吃杧果。❷不寻常的; 奇怪的; 不熟悉的: The *unaccustomed* sights were fascinating. 这些奇观令人心驰神往。

u·nan·i·mous /juːˈnæniməs/ *adj.* ［无比较级］全体一致的; 意见相同的, 无异议的: The kids were *unanimous* for a picnic. 孩子们一致赞成去野餐。 ‖ **u·nan·i·mi·ty** /ˌjuːnəˈnimiti/ *n.* ［U］—**u'nan·i·mous·ly** *adv.*

un·at·tached /ˌʌnəˈtætʃt/ *adj.* ［无比较级］❶不联结的, 不接连的: an *unattached* building 独立式的大楼 ❷(同组织、集团或机构等)无隶属关系的, 非附属的, 独立的;

(大学生有学籍但)不属于特定学院的(to)：The nursery is *unattached to* any primary school. 这家幼儿园不附属于任何一所小学。❸未婚的；未订婚的：an *unattached* girl 待字闺中的姑娘

un·a·vail·a·ble /ˌʌnəˈveiləbəl/ *adj.* ［无比较级］［作表语］不可获得的；达不到的：Funding for the new project is *unavailable.* 新项目的经费无法到位。‖ **un·a·vail·a·bil·i·ty** /ˌʌnəˌveiləˈbiliti/ *n.* ［U］

un·a·ware /ˌʌnəˈweər/ *adj.* ［无比较级］(通常作表语)不知道的；未察觉到的(of)：We were *unaware* that it had been the scene of a hold-up a few days earlier. 我们并不知道那里几天以前曾是一起抢劫案的案发现场。

un·bal·anced /ʌnˈbælənst/ *adj.* ［无比较级］❶不平衡的，不均衡的，失衡的：Is the structure of the sentence *unbalanced*? 此句的结构不平衡吗？❷(人或情绪等)不稳定的，错乱的，失常的：The experiences of the past few weeks have left her mentally *unbalanced.* 过去几个星期的经历使她精神紊乱。

un·bear·a·ble /ʌnˈbeərəbəl/ *adj.* ［无比较级］难以忍受的；不能容忍的；经受不住的：The thought of losing the game was *unbearable* to him. 一想到比赛失利，他就感到难以忍受。‖ **un·bear·a·bly** *adv.*

un·be·liev·a·ble /ˌʌnbiˈliːvəbəl/ *adj.* ［无比较级］难以置信的，不可信的，惊人的：The place was halfway up the mountain, and the view was *unbelievable.* 这地方位于半山腰，景色真是美不胜收。‖ **un·be·liev·a·bly** *adv.*

un·cer·tain /ʌnˈsəːtən/ *adj.* ［无比较级］❶不确知的；未确定的；不能断定的：He was *uncertain* how to respond. 他吃不准该作什么样的反应。❷未被确切了解的，未明确的；未定的，难以预料的：It is *uncertain* what the result will be. 结局如何，尚难预料。❸多变的，易变的，无常的；不可靠的，无法捉摸的：The weather is *uncertain.* 天气变幻无常。❹犹豫的，迟疑不决的：an *uncertain* smile 似笑非笑 ‖ **un·cer·tain·ly** *adv.* — **un·cer·tain·ty** *n.* ［U］

un·cle /ˈʌŋkəl/ *n.* ［C］叔父；伯父；舅父；姑父；姨父：My *uncle* lives within call. 我叔叔就住在附近。

un·clear /ʌnˈkliər/ *adj.* ［无比较级］❶不清楚的；含糊的；不明确的；不肯定的：His argument was *unclear* and difficult to follow. 他的论点不明确，难以弄懂。❷(人)疑惑的，不明白的：I am *unclear* as to what you mean. 我不清楚你是什么意思。❸难以看透的；*unclear* water 混浊的水

un·com·fort·a·ble /ʌnˈkʌmfətəbəl/ *adj.* ［无比较级］❶不舒服的；不舒适的；令人不舒服的，让人难受的：This chair feels *uncomfortable*. 这把椅子坐起来不舒服。❷不安的；不自在的：I felt *uncomfortable*, talking about it. 谈这个话题，我有种芒刺在背的感觉。‖ **un·com·fort·a·bly** *adv.*

un·com·mon /ʌnˈkɒmən/ *adj.* ❶异乎寻常的，特别的；杰出的，非凡的，出色的：Ha! Ha! What an *uncommon* little fellow you are! 哈哈！你真是个了不起的小家伙！❷罕见的；稀有的，少有的：Unusual times demand *uncommon* actions. 非常时期需要非常行动。❸(在数量或程度上)超出一般的 ‖ **un·com·mon·ly** *adv.*

un·com·pro·mis·ing /ʌnˈkɒmprəˌmaiziŋ/ *adj.* ［无比较级］不妥协的，不让步的；不屈服的，坚定的；固执的：He spoke English with the most *uncompromising* French accent. 他说英语时总有改不掉的法国口音。

un·con·di·tion·al /ˌʌnkənˈdiʃənəl/ *adj.* ［无比较级］无条件的；无保留的；无限制的；绝对的，完全的：Then the real undertaking at present is the *unconditional* freeing of the people. 那么目前真正要做的是将这些人无条件释放。‖ **un·con·di·tion·al·ly** *adv.*

un·con·scious /ʌnˈkɒnʃəs/ *adj.* ［无比较级］❶未意识到的，未察觉的，未发觉的：She was quite *unconscious* of her own beauty. 她并未意识到自己的美貌。❷不省人事的，失去知觉的：Day and night found her still by the pillow of her *unconscious* husband. 她日日夜夜守在不省人事的丈夫枕

旁。❸不知不觉的，无意的；非故意的 ‖
un'con·scious·ly adv. —un'con·scious·ness n.
[U]

un·con·trol·la·ble /ˌʌnkən'trəuləbəl/ adj.
[无比较级]❶难以控制的，控制不住的；无
法管束的：in uncontrollable fury 怒不可遏
❷不受上级控制的；难管理的 ‖ ˌun-
con'trol·la·bly adv.

un·count·a·ble /ʌn'kauntəbəl/ adj. [无比
较级]无法估计的，无限的，无穷的；无数
的，数不清的：uncountable wealth 无法估量
的财富

un·cov·er /ʌn'kʌvəʳ/ vt. ❶揭开…的盖子；
移掉…的覆盖物：Taking off the bandage,
the doctor uncovered the wound. 医生解开
绷带，伤口露了出来。❷发现；暴露；揭露：
Fox hoped to uncover this mystery. 福克斯
希望能揭开这一秘密。

un·de·cid·ed /ˌʌndi'saidid/ adj. [无比较
级][通常作表语]❶未定的，未决的：The
whole question is still undecided. 整个问题
尚未决定。❷犹豫不定的；优柔寡断的：
How could he make it, being so undecided?
他这样优柔寡断的，怎么能成事呢？

un·de·ni·a·ble /ˌʌndi'naiəbəl/ adj. [无比
较级]❶不可否认的，无可争辩的；毋庸置
疑的，确凿无疑的：Mr. Jones' good inten-
tions are undeniable. 琼斯先生的好意毋庸
置疑。❷公认优秀的；无可挑剔的，无懈可
击的：Her skill is undeniable, but she works
too slowly. 她的技艺无可挑剔，可就是做起
来手脚太慢。‖ ˌun·de'ni·a·bly adv.

un·der /'ʌndəʳ/ prep. ❶在…的下面；在…
底下；在…里面；往…下面(或里面)；经由
底下(或下面)：He has a kind heart under a
stern exterior. 在他严厉的外表下跳动着一
颗善良的心。❷(尺寸、级别、数量、价值、标
准或程度等方面)在…以下；次于；低于；少
于：My salary is under $5,000. 我的薪金不
足 5000 美元。❸(在职位、权势等方面)低
于；在…手下；在…之下：A captain is under
a major. 上尉的级别低于少校。❹在…中；
在…期间：Your suggestion is now under ac-
tive study. 你方的建议正在积极研究中。

❺归类于；属于：That book goes under bi-
ography. 那本书属于传记作品。

☆ **under, below, beneath, underneath** 均有
"在…之下"之意。**under** 为普通用词，与 o-
ver 相对，表示某物在另一物正下方，引申喻
指直接在某人或某物下面，关系具体而明
确：The cat is under the table. (那猫在桌子
下面。)该词也常用于某人或某物在另一物
下面移动的场合：The water flows under
the bridge. (水从桥下流过。) **below** 与
above 相对，泛指在另一事物下面的任何位
置：Please do not write below this line. (请
不要写在这条线的下面。) **beneath** 与 under
和 below 同义，常带有社会、道德方面的含
义：They thought she had married beneath
her. (他们认为她下嫁给了社会地位比她
低的人。)该词常用于文学作品：They
strolled together beneath the summer moon.
(他们在夏夜月光之下散步。) **underneath** 常
表示某物隐藏在另一物下面：The letter had
been pushed underneath the carpet by
accident. (那封信偶然给推到地毯下面
去了。)

un·der·clothes /'ʌndəˌkləuðz, -ˌkləuz/,
un·der·cloth·ing /-kləuðiŋ/ [复] n. 内
衣，底衣，衬衣：Have you packed my vest
and other underclothes? 你把我的背心和其
他内衣都放进去了吗？

un·der·cov·er /ˌʌndə'kʌvəʳ/ adj. [无比较
级][作定语]秘密从事的；隐秘的，保密的；
被雇从事秘密(或间谍)工作的：an under-
cover detective 卧底密探

un·der·de·vel·oped /ˌʌndədi'veləpt/ adj.
[无比较级]❶发育不全的，发育不良的；未
长成的：Because of lack of protein his mus-
cles are underdeveloped. 因为缺乏蛋白质，
他的肌肉发育不良。❷(国家、地区等)未充
分发展的；不发达的，落后的：underdevel-
oped western region 落后的西部地区

un·der·es·ti·mate /ˌʌndər'estimeit/ vt.
对…估计不足；低估；小看：I told you not to
underestimate him, didn't I? 我不是跟你说
过此人不可小看吗？‖ ˌun·der·es·ti·ma·tion
/-ˌesti'meiʃən/ n. [U]

un·der·go /ˌʌndəˈgəu/ *vt.* (**-went** /-ˈwent/, **-gone** /-ˈgɒn/) 经受；经历；遭受；忍受：The school has *undergone* many changes during the past decade. 过去十年中这所学校经历了许多变化。

un·der·grad·u·ate /ˌʌndəˈgrædjuət/ *n.* [C]大学本科生,（尚未取得学位的）大学生；大学肄业生：The book should be in the hands of college *undergraduates*. 这书应是大学生手头所必备的。

un·der·ground I /ˌʌndəˈgraund/ *adv.* [无比较级] ❶在地(面)下；往地(面)下：Moles live *underground*. 鼹鼠生活在地面下。❷秘密地,不公开地,暗中进行地；〈喻〉在地下：Several political parties had to operate *underground* for many years. 有好几年几个政党只得转入地下进行活动。**II** /ˈʌndəˌgraund/ *adj.* [无比较级] ❶地(面)下的；位于地下的,置于地下的；生长在地下的,在地下使用（或运行）的：an *underground* river 地下河流 ❷秘密的,不公开的,暗中进行的；〈喻〉地下的：*underground* press 地下刊物 **III** /ˈʌndəˌgraund/ *n.* [C]地下空间；地下通道

un·der·lie /ˌʌndəˈlai/ *vt.* (**-lay** /-ˈlei/, **-lain** /-ˈlein/; **-ly·ing** /-ˈlaiiŋ/) ❶位于…之下；置于…之下：Shale *underlies* the coal. 煤层底下是页岩层。❷构成…的基础；是…的潜在根源；使发生；支承；潜存于…之下：It must *underlie* everything. 一切都必须以此为基础。

un·der·line /ˌʌndəˈlain/ *vt.* ❶在…下面画线,加下划线于：*underline* the title of an essay 在文章标题下面画线 ❷强调；使突出：This tragic incident *underlined* the need for immediate action. 这一悲惨事件的发生凸现了立即采取行动的必要性。

un·der·mine /ˌʌndəˈmain/ *vt.* ❶暗中伤害（或破坏）；逐渐损害（或削弱）：Morphia had *undermined* his grasp of reality. 吗啡已使他丧失了对现实的把握能力。❷（海、风等）侵蚀…的基础：The shifting sands *undermined* the foundation of the beach house. 流沙毁掉了海滨住宅的地基。

un·der·neath /ˌʌndəˈniːθ/ **I** *prep.* ❶在…下面,在…底下；往…下面,向…下面：The letter was pushed *underneath* the office door. 信是从办公室门下塞进来的。❷在…的支配(控制)下；隶属于：*underneath* the prime minister 在首相的管辖下 ❸在…的形式下；在…的掩盖下；在…的伪装下：She's a tough lady *underneath* that quiet exterior. 她外表安详恬静,但骨子里却是个铁女人。**II** *adv.* [无比较级]在下面,在底下；往下,向下：On these slabs is an inscription asking for a prayer for the person buried *underneath*. 在这些墓碑上镌刻着碑文,吁请人们为埋在下面的人祈祷。

un·der·pants /ˈʌndəˌpænts/[复] *n.* (尤指男式)内裤,衬裤

un·der·rate /ˌʌndəˈreit/ *vt.* (**-rated;-rating**) 对…估计过低；过低评价；轻视：At last, she had to admit that she *underrated* the young man. 最后,她不得不承认自己小看了那个年轻人。

un·der·stand /ˌʌndəˈstænd/ [不用进行时态] (**-stood** /-stud/) *v.* ❶懂,明白,清楚：Her father couldn't help her with her homework since he didn't *understand* math. 她父亲不能帮助她做家庭作业,因为他不懂数学。❷理解；谅解；认识到,意识到：We don't *understand* your attitude at all. 对你的态度我们完全不能理解。❸了解,熟知,通晓：I *understand* your not willing to marry him. 我知道你不愿意嫁给他。‖ ˌun·derˈstand·a·ble *adj.* —ˌun·derˈstand·a·bly *adv.*

☆ understand, appreciate, comprehend 均有"理解"之意。understand 表示掌握或明白某一事情,强调理解的结果：She spoke so fast I couldn't *understand* her. (她说话太快,我没法听懂她说的话。) appreciate 指能认识到事物的确切价值、作出公正的评价,多用于可能会被错误地过高或过低估计的人和事：I don't think you *appreciate* the difficulties this will cause. (我认为你不完全了解这件事会造成怎样的困难。) comprehend 表示对较复杂的事物能有清晰、透彻的了解,常用于理解、领会的过程：The child read the story but did not *comprehend* its full meaning. （那孩子看了这篇故事,但没有理解它的全部意思。）

un·der·stand·ing /ˌʌndəˈstændiŋ/ **I** *n.* ❶[U]理解力；洞察力；判断力；思维能力；智力：a person of *understanding* 理解力强的人 ❷[C][用单]理解；了解；熟知；通晓；领悟；认识：He listened with all his *understanding* and soul. 他听了心领神会。❸[C][通常用单]谅解；(非正式)协议,协定：a secret *understanding* 秘密谅解 ❹[用单]相互理解；同情,同感；和谐,融洽：Personal contact conduces to mutual *understanding*. 人与人之间的交往有助于互相理解。**II** *adj.* 通情达理的,善解人意的；有同情心的；宽厚的,宽容的：an *understanding* wife 善解人意的妻子

un·der·stood /ˌʌndəˈstud/ **I** *v.* understand 的过去式和过去分词 **II** *adj.* [无比较级] 含蓄的,不明言的

un·der·take /ˌʌndəˈteik/ *vt.* (-took /-ˈtuk/,-tak·en /-ˈteikⁿn/) ❶开始做,着手进行；从事：*undertake* a mission 执行一项使命 ❷试图,企图：This is what I *undertake* to do for you. 这正是我要为您效劳的事。❸接受；承担：It is a task no library has been able to *undertake*. 这是任何一家图书馆都无法承担的任务。❹许诺；答应；保证：He *undertook* to be there at five o'clock. 他答应 5 点钟到那里。

un·der·tak·ing /ˌʌndəˈteikiŋ/ *n.* [C] ❶任务；事业；企业：charitable *undertakings* 慈善事业 ❷担保,保证；承诺,许诺：I must have a written *undertaking* from you. 你必须给我写一份书面保证。

un·der·tone /ˈʌndətəun/ *n.* [C] ❶低音；低声：talk in *undertones* 低声细气地谈话 ❷背景声音 ❸内在的性质(或气质、因素等)；潜在的情感(或意思)；含意,意味：There was an *undertone* of sadness in her gaiety. 她活泼中透出丝丝忧伤。

un·der·val·ue /ˌʌndəˈvælju:/ *vt.* ❶低估…的价值；对…估价过低：He often *undervalued* the things he did not know. 他常常低

估自己不了解的事物的价值。❷低估,轻视,小看：You should not *undervalue* yourself. 你不应该妄自菲薄。‖ **un·der·val·u·a·tion** /-ˌvælju:ˈeiʃⁿn/ *n.* [U]

un·de·sir·a·ble /ˌʌndiˈzaiərəbⁿl/ *adj.* [无比较级]令人不快的,讨厌的；不合意的,不合需要的；不受欢迎的：Some of these drugs have *undesirable* side effects. 这中间有些药会产生不良副作用。

un·de·vel·oped /ˌʌndiˈveləpt/ *adj.* [无比较级]未(充分)开发的；未发展的；不发达的：an *undeveloped* area 未开发地区

un·do /ʌnˈdu:/ *vt.* (-did /-ˈdid/,-done /-ˈdʌn/；第三人称单数现在式-does /-ˈdʌz/) ❶解开；松开；打开；将…的衣服解开(或脱去)：*undo* one's belt by a couple of holes 将皮带松几个眼儿 ❷取消；废除；使无效；使恢复原状：What's done cannot be *undone*. 覆水难收。

un·done /ʌnˈdʌn/ *adj.* [无比较级]❶没有做的；未完成的,未结束的,未尽的：There were a great many things left *undone* in this place. 这里留下了一大堆没做的事情。❷解开的；松开的；打开的；拆开的：His package come *undone*. 他的包裹送来时就是开的。

un·doubt·ed /ʌnˈdauti/ *adj.* [无比较级]无疑的；肯定的；确实的：He produced several *undoubted* masterpieces. 他写了几本毋庸置疑的杰作。‖ **un'doubt·ed·ly** *adv.*

un·due /ʌnˈdu:/ *adj.* [无比较级]❶过度的,过分的：do one's work with *undue* haste 做事过急 ❷不适当的：*undue* use of power 权力的滥用

un·du·ly /ʌnˈdu:li/ *adv.* ❶过分的,过度的 ❷不适当的；不正当的

un·eas·y /ʌnˈizi/ *adj.* ❶心神不安的；担心的；忧虑的：Don't be *uneasy* on that score. 别为了这个不放心。❷令人不安(或担心、忧虑)的；不稳定的：*uneasy* suspicion 令人不安的疑虑 ‖ **un'eas·i·ness** *n.* [U]— **un'eas·i·ly** *adv.*

un·em·ployed /ˌʌnim'plɔid/ *adj.* [无比较级] 未被雇用的，失业的，没工作的：Employed women enjoy better mental health than *unemployed* women do. 就业妇女比失业妇女心理更健康。‖ **un·em·ploy·ment** *n.* [U]

un·e·qual /ʌn'iːkwəl/ *adj.* [无比较级] ❶不平等的：an *unequal* distribution of opportunity 机会的分配不均 ❷(在大小、数量、程度、实力、价值等方面)不相等的，不同的：planks of *unequal* length 长度不等的厚板 ❸不合适的；不相称的；不能胜任的(to)：We felt that he was *unequal to* the task. 我们觉得他不能胜任这项工作。

un·even /ʌn'iːvʰn/ *adj.* [无比较级] ❶不平坦的；不平滑的；凹凸不平的；崎岖的；参差不齐的：*uneven* teeth 参差不齐的牙齿 ❷不一致的；不规则的；不均匀的；不平衡的；不稳定的；多变的：Such is the *uneven* state of human life. 人生就是这样变幻无常。‖ **un·even·ly** *adv.*

un·ex·pect·ed /ˌʌnik'spektid/ *adj.* [无比较级]想象不到的，出乎意料的；突如其来的；令人惊讶的：His election was *unexpected*. 他的当选令人颇感意外。‖ **un·ex·pect·ed·ly** *adv.*

un·fair /ʌn'feəʳ/ *adj.* [无比较级] ❶不公平的，不公正的：This man had been dealt *unfair*. 这个人受了委屈。❷不正当的；不正派的；不诚实的：*unfair* business practices 不正当的经营手段 ‖ **un'fair·ly** *adv.*

un·fa·mil·iar /ˌʌnfə'miljəʳ/ *adj.* [无比较级] ❶不熟悉的；陌生的：They had to adapt themselves to *unfamiliar* climates. 他们只得使自己适应并不习惯的气候。❷不常见的，不一样的；非常的：This soup has an *unfamiliar* taste. 这道汤别有一种风味。

un·fas·ten /ʌn'fɑːsʰn; -'fæs-/ *v.* 解开；松开；打开；(使)脱开：*unfasten* a button 解开纽扣

un·fa·vo(u)r·a·ble /ʌn'feivʳrəbʰl/ *adj.* [无比较级] ❶不利的；不顺利的；不适宜的：The weather is *unfavourable* to our plans

for a holiday. 这种天气对于我们安排假期颇为不利。❷相反的，反对的，不赞同的：an *unfavourable* view of the film 对影片的批评意见 ❸不讨人喜欢的；令人不愉快的：I hear he's in an *unfavourable* position with his boss. 我听说他同老板关系不妙。‖ **un'fa·vo(u)r·a·bly** *adv.*

un·fit /ʌn'fit/ *adj.* [无比较级] ❶不适合的，不适宜的；不适当的，不恰当的(for)：He has been ill and is quite *unfit* to travel. 他一直生病，不宜旅行。❷不能胜任的；没有能力的；不相称的；不合格的(for)：She has been judged mentally *unfit* to stand trial for it. 已经有鉴定说她的精神状态不就此出庭受审。❸身体欠佳的；虚弱的：In my present *unfit* state I couldn't play soccer. 我目前身体状况欠佳，无法去踢足球。

un·fold /ʌn'fəuld/ *v.* ❶展开；打开；铺开；摊开：She stood straight, *unfolding* her hands. 她站得笔直，双手摊开。❷展现，显示；披露：The writer *unfolds* his plot from several angles. 作者从几个角度来展开故事情节。

un·fore·seen /ˌʌnfɔː'siːn/ *adj.* [无比较级]未料到的；未预见到的；意料之外的：*Unforeseen* circumstances thwarted his hope. 意外的情况使他没了指望。

un·for·giv·a·ble /ˌʌnfə'givəbʰl/ *adj.* [无比较级]不能原谅的，不可饶恕的：the *unforgivable* sin 不可饶恕的罪过 ‖ **un·for'giv·a·bly** *adv.*

un·for·tu·nate /ʌn'fɔːtjunət, -tʃʰnət/ *adj.* [无比较级] ❶不幸的；倒霉的；时运不济的：These old creatures all had been *unfortunate* in life. 这些老人在生活中都曾饱尝辛酸。❷令人遗憾的；可悲的；可叹的：an *unfortunate* choice 令人遗憾的选择 ❸不合时宜的；不恰当的；不得体的；粗鲁的：He has an *unfortunate* manner. 他的举止很不得体。‖ **un·for·tu·nate·ly** *adv.*

un·friend·ly /ʌn'frendli/ *adj.* ❶不友好的，不友善的；冷漠的，有敌意的：Her songs echo these *unfriendly* sentiments. 她的歌声充斥着这种敌意。❷不利的；不顺利的；

不祥的：the *unfriendly* environment 不利的环境 ‖**un'friend·li·ness** *n.* [U]

un·grate·ful /ʌn'greitfʷl/ *adj.* [无比较级]
❶不感激的；不领情的；忘恩负义的：You are an *ungrateful* wicked girl. 你真是个不知冷热的坏丫头。❷令人不满意的；不受欢迎的；使人不快的；令人生厌的：Nothing is *ungrateful* to the hungry. 饥不择食。

un·happy /ʌn'hæpi/ *adj.* ❶不幸福的；不愉快的，不快乐的；痛苦的；悲惨的：She was *unhappy* in the newcomer's promotion. 她对于新来雇员的提升深感不快。❷不成功的；不幸的，倒霉的；令人遗憾的：His only daughter is *unhappy* in her marriage. 他的独生女婚姻不幸。‖ **un'hap·pi·ly** *adv.* —**un'hap·pi·ness** *n.* [U]

un·health·y /ʌn'helθi/ *adj.* 不健康的，身体不好的；身心不健全的，有病的；显出病态的：He has been *unhealthy* since childhood. 打小时候起他就一直体弱多病。

un·i·den·ti·fied /ˌʌnai'denti'faid/ *adj.* [无比较级] ❶未被认出（或识别）的；无法辨认的；来路不明的；身份不明的：The words had been spoken by an *unidentified* Greek poet. 这些话是位不知姓名的希腊诗人所言。❷不愿透露姓名的：She married an *unidentified* hero. 她嫁给了一个尚不知其为何许人的英雄。

u·ni·form /'juːnifɔːm/ **I** *adj.* [无比较级] ❶(同一事物)恒定的；经久不变的，一贯的：Human bodies are *uniform* in their structure and functions. 人体的结构和功能始终如一。❷(不同事物)统一标准(或规则、形式)的；划一的，一律的；不掺杂的，清一色的：These collected works are in *uniform* hardback. 这批文集一律硬皮装帧。**II** *n.* [C;U](一套)制服；制服式样；特种服装(式样)：a nurse's *uniform* 护士制服 ‖ **'u·ni·form·ly** *adv.* —**u·ni·form·i·ty** /ˌjuːni'fɔːmiti/ *n.* [C]

u·ni·fy /'juːnifai/ *vt.* 使成一体；统一，使联合：Spain was *unified* in the 16th century. 西班牙在 16 世纪统一。‖ **u·ni·fi·ca·tion** /ˌjuːnifi'keiʃⁿn/ *n.* [U]

u·ni·lat·er·al /ˌjuːni'lætʷrⁿl/ *adj.* [无比较级] 单边的；单方面的；一个人(或一方)承担(或受影响)的：a *unilateral* undertaking 单方面的承诺

un·ion /'juːnjən, -niən/ *n.* ❶[C][用单]连接；结合：The successful *union* of science and technology spurred rapid economic growth. 科学与技术的成功结合促进了经济的迅猛发展。❷[C](尤指政治方面的)联合；合并：the *union* of East and West Germany 东德和西德的合并 ❸[U]团结；和谐，融洽；一致：In *union* there is strength. 团结就是力量。

u·nique /juː'niːk/ *adj.* [无比较级]独一无二的；唯一的；独特的；无与伦比的：The style of his prose is *unique*. 他散文风格独树一帜。‖ **u'nique·ly** *adv.* —**u'nique·ness** *n.* [U]

u·nit /'juːnit/ *n.* [C] ❶(计量或计数等用的)单位；单元：The pound is the standard *unit* of money in Britain. 镑是英国的标准货币单位。❷单位(构成整体的人、物、团体等)：an administrative *unit* 行政单位 ❸(机械等的)组件，部件，元件，构件：The main *unit* of the computer is often called the processor. 计算机的主要部件是处理器。❹(家具等配套用中的)组合件，配件；设备：bookshelf *units* 书橱组合件

u·nite /juː'nait/ *vt.* ❶使接合；使黏合；使混合：*unite* the different pieces into a whole 把不同的部件组合成一个整体 ❷使团结；使统一；使联合：The oceans do not so much divide the world as *unite* it. 与其说海洋把世界分隔开来，不如说把世界连接起来。

u·nit·ed /juː'naitid/ *adj.* ❶[无比较级]统一的；联合的；共同的；(家庭)和睦的：Let us make a *united* effort to finish the work soon. 让我们共同努力，早日完成任务。❷团结的；一致的；和睦的：Her parents were *united* in their insistence that she go to college. 她父母一致坚持让她上大学。

u·ni·ty /'juːniti/ *n.* ❶[U]团结；联合；统一(性)；一致(性)；整体性：*Unity* is strength. 团结就是力量。❷[U]和睦，和谐，协调，融

洽：The figure in the picture spoils its *unity*. 画中的人物与画面格格不入。

u·ni·ver·sal /ˌjuːniˈvɜːsl/ *adj.* [无比较级] ❶全体的；共同的；影响全体的；普遍的；普通的，一般的：The cinema, television and VCD provide *universal* entertainment. 电影、电视以及光碟提供大众化的娱乐。❷全世界的；宇宙的；万物的；普遍存在的：Football is a *universal* game. 足球是全球性运动项目。❸通用的；万能的：a *universal* credit card 通用的信用卡 ‖ **u·ni·ver·sal·ity** /-vəˈsælɪti/ *n.* [U]—**u·ni·ver·sal·ly** *adv.*

☆**universal**, **general**, **generic** 均有"普遍的"之意。**universal** 毫无例外地涉指有关种类、范畴中的每一个成员，主要用于逻辑学和哲学：There was *universal* agreement as to when the next meeting was to be held. (下次会议什么时候召开，大家的意见是一致的。) **general** 涉指有关种类、范畴、类型、团体中几乎所有成员或大部分成员：There is no *general* rule without exception. (有常规必有例外。) 该词也常用于范围、意义不太明确的术语、概念、观点等：be *general* in one's statements (说话笼统) **generic** 涉指同一类或同一属中的每一个成员，尤其适用于生物学：The *generic* term for wine, spirits and beer is "alcoholic beverages". (葡萄酒、烈性酒和啤酒的通称是酒类饮料。)

u·ni·verse /ˈjuːnivɜːs/ *n.* [通常用单] ❶宇宙；万象，天地万物：the exploration of the *universe* 宇宙探索 ❷(思想、活动等的)领域，范围，体系：Family is the centre of her *universe*. 家庭就是她的天地的中心。

u·ni·ver·si·ty /ˌjuːniˈvɜːsiti/ *n.* [C；U] (综合性)大学：go to (a) *university* 上大学

un·just /ˌʌnˈdʒʌst/ *adj.* [无比较级]非正义的；不公正的；不公平的；不合理的：It is *unjust* to punish a person who has done nothing wrong. 惩罚没有做错事的人是不公道的。‖ **un·just·ly** *adv.*

un·kind /ˌʌnˈkaind/ *adj.* [无比较级] ❶不和善的；不仁慈的；不亲切的；不友好的：I don't see how you can say such *unkind* and unjust things. 我不知道你怎么能说出这种

无情无义和不公道的话来。❷冷酷无情的；严酷的；苛刻的；残忍的：It was *unkind* of him to say so. 他这样说太冷酷无情了。❸(天气)使人不愉快的，不宜人的，酷烈的 ‖ **un·kind·ness** *n.* [U]

un·kind·ly /ˌʌnˈkaindli/ *adv.* 不仁慈地，不友好地，严酷地，苛刻地

un·known /ˌʌnˈnəʊn/ *adj.* [无比较级] ❶不知道的，不了解的，未知的；不懂的，不理解的；未被认识的；不熟悉的，陌生的：The play was written by an *unknown* author. 这个剧本出自一个无名氏之手。❷不出名的，不著名的；未得到承认的：an *unknown* singer 不出名的歌手

un·law·ful /ˌʌnˈlɔːfˌl/ *adj.* [无比较级]不法的；非法的；犯法的；违法的：It is *unlawful* to practice racial discrimination. 施行种族歧视是非法的。‖ **un·law·ful·ly** *adv.*—**un·law·ful·ness** *n.* [U]

un·less /ʌnˈles, ən-/ *conj.* 除非，如果不；除在…情况之外：You'll never really know what happiness is *unless* you have something to compare it to. 只有通过对比，才能了解幸福的含义。

un·like /ˌʌnˈlaik/ **I** *adj.* [无比较级]〈书〉不相似的，相异的；不同的，不一样的：*Unlike* things are stuck together to make a new reality. 不同的事物结合在一起可产生新的事物。**II** *prep.* ❶不像；与…不同：He looked very *unlike* my baby brother. 他跟童年时代的小弟弟已经判若两人。❷非…的特征，没有…的特性：It is *unlike* her to be so patient. 她可不像是有这么好耐心的人。

un·like·ly /ʌnˈlaikli/ *adj.* [无比较级]未必的，不大可能的；不像是真的；不大可靠的：an *unlikely* explanation 不大可靠的解释 ‖ **un·like·li·hood** *n.* [U]

un·lim·it·ed /ʌnˈlimitid/ *adj.* [无比较级] ❶无界限的；无边无际的：an *unlimited* expanse of sky 寥廓的苍穹 ❷无限制的；无约束的：But even the life of the fir was not *unlimited*. 但是银枞树的寿命毕竟也不是漫无止境的。❸无数的；不限量的：He has drunk *unlimited* alcohol. 他喝了大量的酒。

un·load /ˌʌnˈləud/ *vt.* 从…卸下货物（或其他东西）；卸(货等)；让(乘客)下来：The train is *unloading* its passengers at the station. 火车到站下客。

un·lock /ʌnˈlɔk/ *vt.* ❶开…的锁；开(锁)：I couldn't *unlock* my suitcase. 我打不开手提箱的锁。❷揭开，表露；解决；给…提供答案：They began to *unlock* the secrets of this desolate land. 人们开始揭开这块荒芜人迹的土地的神秘面纱。

un·luck·y /ʌnˈlʌki/ *adj.* [无比较级]❶不幸的；不走运的，倒霉的；不顺利的：an *unlucky* man 命运坎坷的人 ❷不吉的，不祥的；带来厄运的：Thirteen is believed to be an *unlucky* number in some countries. 有些国家的人认为 13 是一个不吉利的数字。‖ unˈluck·i·ly *adv.* —unˈluck·i·ness *n.* [U]

un·manned /ʌnˈmænd/ *adj.* [无比较级]空无一人的；无人操纵的，无人驾驶的；不载人的：an *unmanned* factory 无人工厂

un·nat·u·ral /ʌnˈnætʃ°r°l/ *adj.* [无比较级]❶反自然的，不合乎自然规律的；违背天理的；违反常情的，不合人情的；不正常的，异常的；怪异的：Her character becomes *unnatural*. 她的性格变得很反常。❷不自然的，做作的，虚假的，矫揉造作的：She began to cry, and it was an *unnatural*, tearless sort of weeping. 她哭了起来，但是装模作样，没有一滴泪水。‖ unˈnat·u·ral·ly *adv.*

un·nec·es·sary /ʌnˈnesəs°ri, -ˌseri/ *adj.* [无比较级]不必要的；不必需：What you did was quite *unnecessary*. 你做的一切很多余。‖ unˈnec·es·sar·i·ly *adv.*

un·pleas·ant /ʌnˈplez°nt/ *adj.* [无比较级]❶使人不愉快的；不讨喜欢的；不合意的；讨厌的：When moments of revelation come, they are inevitably *unpleasant*. 内幕揭露的时刻难免让他们很不舒服。❷(两人之间)不和的，不友好的，不客气的：an *unpleasant* letter 很不客气的信件 ‖ unˈpleas·ant·ly *adv.* —unˈpleas·ant·ness *n.* [U]

un·plug /ʌnˈplʌg/ (**-plugged;-plug·ging**) *vt.* ❶拔去…的电源插头；拔掉(电源插头)：*un-*

plug a washing-machine 关掉洗衣机 ❷拔掉…的塞子；拔去…的栓

un·pop·u·lar /ʌnˈpɔpjulər/ *adj.* [无比较级]不受欢迎的，不得人心的，不被喜欢的；不流行的；不普及的：an *unpopular* president candidate 不得人心的总统候选人 ‖ un·pop·u·lar·i·ty /ˌʌnpɔpjuˈlæriti/ *n.* [C]

un·prec·e·dent·ed /ʌnˈpresiˌdentid/ *adj.* [无比较级]无前例的，空前的，前所未有的；绝无仅有的；新奇的：an *unprecedented* storm 一场前所未闻的风暴

un·qual·i·fied /ʌnˈkwɔlifaid/ *adj.* [无比较级]❶不合格的，不能胜任的；不够格的，不具备…资格的：She was *unqualified* for the job. 她不能胜任这项工作。❷无条件的，无限制的：*unqualified* praise 无条件的称赞 ❸[作定语]绝对的，完全的：an *unqualified* denial 完全否定

un·ques·tioned /ʌnˈkwestʃnd/ *adj.* [无比较级]没有争议的；不被怀疑的；被认可的：Those principles gain a similarly *unquestioned* acceptance among many. 那些原理同样被许多人毫无疑问地接受。

un·re·al /ʌnˈriəl, -ˈriːl/ *adj.* [无比较级]❶不真实的，不实在的，假的；不真诚的：This strategy lends a somewhat *unreal* air to the proceedings. 这种策略给整个进程带来了些许不真诚的气氛。❷想象的，虚构的；虚幻的，梦幻的：an *unreal* world 梦幻世界

un·rea·son·a·ble /ʌnˈriːz°nəb°l/ *adj.* [无比较级]❶超出常理(或常情)的；过度的，过分的：I desire nothing that is *unreasonable*. 我并没有什么不近情理的要求。❷不讲道理的，无理的，不合理的；荒谬的；不切实际的：*unreasonable* arguments 强词夺理 ❸缺乏理智的，无理性的：It was *unreasonable* to have such thoughts. 有这些想法是缺乏理智的表现。‖ unˈrea·son·a·ble·ness *n.* [U]—unˈrea·son·a·bly *adv.*

un·re·served /ˌʌnriˈzəːvd/ *adj.* [无比较级]❶(座位等)未被预订的，非预留的：the *unreserved* area in the cinema 影院里非预订座位区 ❷无条件的；毫无保留的；完全

的；*unreserved* approval 完全赞同 ❸不隐瞒的；坦率的；直爽的：She was a warm-hearted, *unreserved* woman. 她是个心直口快的热心肠女人。

un·roll /ʌnˈrəul/ *v.* ❶铺开，展开：*Unroll* the picture and hang it up. 请把画展开挂起来。❷显露，显示，展现，呈现：Over and over I *unrolled* the life story in my head. 我在心里一遍又一遍地背诵我的身世。

un·ru·ly /ʌnˈruːli/ *adj.* [无比较级]❶难驾驭的，不驯服的；难控制的；不服管束的：an *unruly* child 不服管教的孩子 ❷不守规矩（或秩序）的；不(守)法的：the *unruly* people of carnival 狂欢节上无法无天的人们 ‖ **un'ru·li·ness** *n.* [U]

un·safe /ʌnˈseif/ *adj.* 不安全的，危险的；不保险的，不牢靠的：The ice on that pond is *unsafe* for skating. 池塘里的冰不能滑，有危险。‖ **un'safe·ly** *adv.*

un·sat·is·fac·to·ry /ˌʌnsætisˈfækt³ri/ *adj.* [无比较级]不能令人满意的，不使人称心如意的；不能解决问题的；令人不能接受的：an *unsatisfactory* business 不如意的生意

un·sat·is·fied /ʌnˈsætisfaid/ *adj.* [无比较级]未得到满足的，未感到心满意足的；不满意的：Two-thirds of the patients are *unsatisfied* with their doctors. 2/3 的病人都对医生不满。

un·sat·is·fy·ing /ʌnˈsætisfaiiŋ/ *adj.* [无比较级]不能令人满足的，不能使人满意的；不让人高兴的；不合适的，不恰当的：It is on the whole an *unsatisfying* book. 这本书总的来说不能让人满意。

un·screw /ʌnˈskruː/ *vt.* 旋出…的螺丝；(旋出螺丝以)拆卸；取下：I can't *unscrew* that lid. 我拧不开那个盖子。

un·seal /ʌnˈsiːl/ *vt.* 打开…的蜡封(或铅封等)；开启(封缄物)；拆开(信等)：*unseal* a jar of strawberry preserves 打开一罐草莓果酱

un·self·ish /ʌnˈselfiʃ/ *adj.* [无比较级]不自私的，无私(心)的；忘我的，替他人着想的；大方的，慷慨的：My teacher was always *unselfish*. 我的老师总是替别人着想。

un·set·tled /ʌnˈset³ld/ *adj.* [无比较级]❶未解决的；未确定的；未落实的：Let's leave it *unsettled*. 咱们把问题先放一放。❷不稳定的；动荡的，动乱的：The weather in this part of the country is *unsettled*. 这个地区的天气反复无常。❸未偿付的；未结算的；未付清的；(保险)未理赔的：an *unsettled* account 未结清的账目 ❹不安宁的；精神失衡的：His wits began to be *unsettled*. 他的神志开始有些不正常了。

un·so·phis·ti·cat·ed /ˌʌnsəˈfistiˌkeitid/ *adj.* [无比较级]❶不懂世故的；天真的，纯朴的；头脑简单的：He has aimed his text at an audience that is musically *unsophisticated*. 他的作品主要面向那些音乐修养不高的听众。❷简单的，不复杂的；清楚易懂的：an *unsophisticated* adding machine 简单的加法计算机

un·sound /ʌnˈsaund/ *adj.* [无比较级]❶不正常的；不健全的，不健康的，有病的：an *unsound* body 不健康的身体 ❷不坚固的，不稳固的，不牢靠的；不可靠的，不安全的：an *unsound* business 不可靠的生意

un·sta·ble /ʌnˈsteib³l/ *adj.* [无比较级]❶不稳定的；不坚定的；易动摇的：an *unstable* political environment 不稳定的政治环境 ❷不稳固的，不牢固的，不牢靠的；不安全的：an *unstable* region 动荡不安的地区 ❸易变的；不确定的：The climate in that country is *unstable* and doesn't agree with her. 那个国家的气候变幻莫测，她很不适应。❹(思想、情绪等)反复无常的，多变的：an *unstable* personality 反复无常的个性

un·tan·gle /ʌnˈtæŋg³l/ *vt.* ❶解开…的缠结：*untangle* the knots in one's hair with a comb 梳开头发中的纠结 ❷清理，整理，整顿；使不再紊乱：They tried to *untangle* the legal complexities of the case, but failed. 他们试图把这件案子错综复杂的法律问题弄清楚，可是徒劳无功。

un·think·a·ble /ʌnˈθiŋkəb³l/ *adj.* [无比较级]不可想象的，不可思议的：an *unthinkable* notion 不可思议的想法

un·ti·dy /ʌnˈtaidi/ *adj.* [无比较级]❶不整

洁的,邋遢的;不修边幅的;随便的,懒散的:
She's one of the most *untidy* people I've ev-
er met. 她是我见过的最邋遢的人之一。
❷不整齐的,杂乱的,凌乱的,混乱的,没有
条理的:a very *untidy* room 凌乱之极的
房间

un·tie /ʌnˈtai/ *vt.* (-ty·ing 或-tie·ing) ❶解
开;松开;打开:*untie* one's shoe laces 解鞋
带 ❷解放,使自由;使解除束缚:*untie* a
prisoner 释放囚犯

un·til /ənˈtil, ʌn-/ I *prep.* ❶到…的时候,直
到…为止:Payment may be deferred *until*
the end of the month. 可以推迟到月底再付
款。❷[用于否定句]在…之前,直到…才:
No human is known to have set foot upon
Antarctica *until* 19th century. 据悉在 19 世
纪之前人类没有涉足南极洲。II *conj.*
❶到…为止,直到…时:Please defer ship-
ment *until* you receive our further instruc-
tions. 在我方另有通知以前,请暂停装运。
❷[用于否定句]直到…才:Life was dull
and uninteresting *until* she returned. 在她
回来之前生活枯燥乏味,没有意思。

un·true /ʌnˈtruː/ *adj.* [无比较级]❶不真
实的,与事实不符的;不正确的,虚假的,虚
妄的:His remarks were irresponsible and
untrue. 他说的话很不负责任,而且与事实
不符。❷[作表语]不忠实的,不忠诚的
(*to*):She suspected her husband of being
untrue to her. 她怀疑丈夫对她不忠。

un·u·su·al /ʌnˈjuːʒuəl/ *adj.* [无比较级]
❶不平常的,异乎寻常的;少见的:He had
an *unusual* ability to get swiftly to the heart
of any problem. 他具有非凡的能力,能够一
下子抓住问题的实质。❷独特的,与众不同
的;奇异的,特异的:He made his account of
the most *unusual* adventure tedious. 他把
十分离奇的冒险故事讲得索然无味。‖
un'u·su·al·ly *adv.*

un·veil /ʌnˈveil/ *vt.* ❶揭去…面纱:The
bridegroom *unveiled* the bride's face. 新郎
揭开新娘脸上的面纱。❷使公开;使暴露;
揭示,揭露:*unveiling* the proposal 公布
计划

un·will·ing /ʌnˈwiliŋ/ *adj.* [无比较级]
❶[作表语]不愿意的,不乐意的,不同意的:
She had been *unwilling* to do so, because
she was sorry for Mary. 她以前那样做是出
于无奈,因为她为玛丽担心。❷[作定语]很
不情愿的;勉强做(或给)的:At length she
gave an *unwilling* consent. 最后她才勉勉
强强地同意了。‖ un'will·ing·ly *adv.*

un·wor·thy /ʌnˈwəːði/ *adj.* [无比较级]
❶[作表语]不值得的;不配得到的(*of*):
The phenomenon seems *unworthy of* our
attention. 这种现象似乎不值得我们关注。
❷[通常作表语](与…)不相配的,不相称
的,不恰当的,不合身份的(*of*):The books
have been condemned as *unworthy of* young
children. 有人指责这些书不适合小孩子们
看。‖ un'wor·thi·ness *n.* [U]

un·wrap /ʌnˈræp/ (-wrapped;-wrap·ping)
vt. 除去…的包装;拆开…的包裹物;打开;
展开:The little girl *unwrapped* the gift. 小
女孩打开礼品包。

un·zip /ʌnˈzip/ (-zipped;-zip·ping) *v.* 拉开
(拉链);拉开…的拉链:*unzip* a jacket 拉开
上衣拉链

up /ʌp/ I *adv.* [无比较级;最高级 up·per·most
/ˈʌpəˌməust/或up·most /ˈʌpˌməust/]❶在高
处;在上面:The sun was *up* now. 太阳升起
来了。❷向上,往上,朝上;向(或往,朝)较
高处:Pick your clothes *up* and put them
away. 把衣服拾起来收好。❸(价格、质量、
产量等)由低到高;(数量等)由小到大:
Prices are firming *up*. 价格正稳步上涨。
❹全部,完全,彻底:They have used *up*
their credibility. 他们已完全丧失了人们的
信任。❺(音量等)增强,变高,变响亮;(情
绪等)高涨起来,变激烈:Can you speak *up*?
There's a lot of interference on the line. 请
你大声点说,电话里面干扰声很大。II
prep. ❶向…的上方,往…的上面,朝…的
高处,沿着…往上:The cat climbed *up* the
tree. 猫爬上了树。❷由底部往…的顶端,
从底下到…的顶上 ❸在…的较高处,位
于…的上面:Most of the people there live
up the hill. 那里大多数人都住在山上。

❹沿…而去，朝…而去；向…的较远处；在…的较远处：The policemen moved *up* the avenue impressively. 警察队伍威严地行进在大街上。**up to** *prep*. ❶(时间上)直至、一直到：They put the thief away for *up to* ten years. 他们把这个盗贼关了 10 年。❷(数目上)直到，不多于，多达：*Up to* two thousand people were on board the ship. 船上有不到 2 000 名乘客。❸达到；接近于；可与…相比较；赶得上：They can teach dancers *up to* intermediate level. 他们能把舞蹈学员培养到中等水平。

up·date I /ˌʌpˌdeit, ˌʌpˈdeit/ *vt*. 更新，使不落后；使现代化：The software will need to be *updated* regularly. 软件必须不断地更新。II /ˈʌpˌdeit/ *n*. ❶[U；C]更新；修改 ❷[C]最新版本；最新报道；更新的内容(或数据)：What was the last news *update*? 最后一条最新消息是什么？

up·front /ˌʌpˈfrʌnt, ˈʌp-/ I *adv*. [无比较级] (付款等)提前地，预先地：He wants all the money *upfront* or he won't do the job. 他要求预先拿到所有的钱，否则就不干这份工作。II *adj*. [无比较级] ❶[常作表语]诚实的；坦率的，公开的：He's very *upfront* about why he comes this time. 他坦率说了这次来的缘由。❷(付款)预先的，提前的：*upfront* payment 预付款

up·grade I /ʌpˈgreid/ *vt*. ❶提升，使升级：His job has been *upgraded* from "assistant manager" to "manager". 他由"助理经理"升任"经理"。❷提高；改进，改善：We need to *upgrade* the pay and status of teachers. 我们需要提高教师的工资和地位。II /ˈʌpˌgreid/ *n*. ❶[U；C]提升；升级；提高 ❷[C]改进(或更新)的设施 ❸上坡

up·hill I /ʌpˈhil/ *adv*. [无比较级]往山上；往上坡；向上：run *uphill* 往(山)上跑 II /ʌpˈhil/ *adj*. [无比较级] ❶上山的；上坡的；向上的：an *uphill* climb 向(山)上爬 ❷吃力的，费劲的，艰难的：It was an *uphill* work. 这件事办起来如同爬山，吃力得很。

up·hold /ʌpˈhəuld/ *vt*. (-held /-ˈheld/) ❶赞成；维持；确认：The board director *up-*held the manager's decision. 董事长赞同经理的决定。❷维护；支持并鼓励：Police officers are expected to *uphold* the law. 警察理应维护法律的尊严。

up·on /əˈpɒn/ *prep*. ＝on

up·per /ˈʌpə(r)/ *adj*. [无比较级][作定语] ❶较高的；较上的；上层的：in the *upper* left corner of the painting 画的左上角 ❷(地位、出身、身份、职务、等级等)较高(级)的；高层的；高等的：the *upper* class 上流社会 ❸上游的；北部的：*Upper* Egypt and Lower Egypt 上埃及和下埃及

up·per·most /ˈʌpəˌməust/ [up 的最高级] *adj*. 首要的，最主要的；最突出的，最显著的；最重要的：Inflation and unemployment remain the *uppermost* economic problems in the minds of voters. 在选民心目中，通货膨胀和失业是最主要的经济问题。〔亦作 **upmost**〕

up·right /ˈʌpˌrait, ˌʌpˈrait/ *adj*. [无比较级]竖立的；垂直的；挺直的：She sat there, her *upright* torso motionless as that of an idol. 她直挺挺地坐在那里，像尊泥塑木雕似的一动不动。

☆ **upright**, **honest**, **honourable**, **just**, **scrupulous** 均有"正直的，诚实的"之意。**upright** 指光明正大、坚持道德原则的，强调内在的道德力量，多用于有修养的人：Beneath their *upright* dignity, the people were, at heart, warm and kindly. (这些人神态刚正威严，实际上为人热情，心地善良。) **honest** 为普通词，表示拥有诚实、正直、公正等美德的，强调不欺骗、不作假或不撒谎等：Doctors must be *honest* with the terminally ill. (医生对绝症患者不得隐瞒实情。) **honourable** 意指为人正直并讲道德、严格遵守行为准则、具有高度的荣誉感和责任感的：Old Mike has been *honourable* in his dealings. (老迈克做生意一向很规矩。) **just** 强调判断、抉择和行为，含正当、公正或合理的意思，既可用以指人，也可用以指事：He was a *just* man, listening to both sides of every complaint. (他为人公正，每次都能倾听双方的不满意见。) **scrupulous** 表示唯恐犯错误，因此谨小慎微、一丝不苟地按良心办事

的,常用于行为、目的等方面:Soldiers must pay *scrupulous* attention to orders. (士兵必须不折不扣地执行命令。)

up·ris·ing /ˈʌpˌraɪzɪŋ/ *n*. [C]起义,暴动: seize power in an armed *uprising* 在武装暴动中夺取政权

up·roar /ˈʌpˌrɔːʳ/ *n*. [U][用单] ❶骚动,骚乱:The news caused the public *uproar*. 这条消息引发了公众骚乱。 ❷吵闹,喧嚣:This only increased the *uproar*, when they heard him speak. 当人们一听到他这样说话,就更加起哄。

up·set I /ʌpˈset/ (-set;-set·ting) *vt*. ❶打翻,翻倒,弄翻:The cat *upset* the cup, spilling coffee all over the table. 猫把杯子打翻,咖啡洒了一桌子。 ❷使苦恼,使心神不定,使心烦意乱:She was *upset* by the whole matter. 她已经被整个事情搞得心烦意乱。 ❸扰乱,打乱:The rumour would *upset* the good working relationships which have developed. 谣言会搅乱建立起来的良好工作关系。 II /ˈʌpˌset/ *n*. [C;U](比赛、竞争等中的)意外结果;意外挫败:We won one by an *upset*, and we lost one by an *upset*. 我们稀里糊涂地赢了一盘,又稀里糊涂地输了一盘。 III /ˈʌpˌset/ *adj*. [无比较级]烦恼的,苦恼的,不安的:She was very *upset* to hear that news. 听到那个消息她心里很不安。

up·stairs /ʌpˈsteəz/ I *adv*. [无比较级]在楼上;往楼上:They live *upstairs*. 他们住在楼上。 II *n*. [用作单或复]楼上:The *upstairs* of the house is totally furnished. 楼上的房间已经完全装修好了。

up-to-date /ˌʌptuˈdeit/ *adj*. ❶切合目前情况的,包含最新信息的:an *up-to-date* newspaper 包含最新信息的报纸 ❷掌握最新信息的,跟上时代的;新式的:Our school uses all the most *up-to-date* teaching methods. 我们学校采用所有最新教学法。

up·ward /ˈʌpwəd/ [无比较级] I *adj*. ❶向上的,往高处的;上升的:an *upward* trend in inflation 日益严重的通货膨胀 ❷向较好条件的,向较高社会地位的:Her social progression, through marriage, has been *up-ward*. 她的社会地位随着婚姻提高了。 II *adv*. ❶向上地,往高处地;上升地:She turned her face *upward* to the moon. 她抬头望月。 ❷在上部,向上部

ur·ban /ˈəːbʰn/ *adj*. [通常作定语]城市的,都市的;市区的;居住在城市(或都市)的:*urban* life 城市生活

ur·bane /əːˈbein/ *adj*. 彬彬有礼的,有礼貌的;温文尔雅的,优雅得体的:He was an *urbane* and much-travelled man. 他是个举止得体、见多识广的人。 ‖ ur·ban·i·ty /əːˈbæniti/ *n*. [U]

urge /əːdʒ/ *vt*. ❶驱策;推进;鼓励,激励;使加快,使加速(on):The coach *urged* his team to greater efforts. 教练员激励他的队员们作出更大努力。 ❷催促,敦促;力劝;怂恿:I *urge* you to reconsider your position. 我劝你重新考虑你的立场。 ❸极力主张;强烈要求;强调(on,upon):I have long *urged* this change. 我一向极力主张进行这项改革。

☆urge, exhort, importune, press 均有"敦促,催促;力劝"之意。 urge 常指用恳求、辩论或力劝的方法来敦促某人去做某一事情,以达某一目的:They *urged* the union to accept the compromise. (他们竭力劝说工会接受妥协。) exhort 尤指恳请、力劝或告诫他人要行为正当或行为正确:*exhort* the people to fight to the last drop of their blood (激励民众战斗,不惜流尽最后一滴血) importune 尤指持续不断地反复强求,带有使人厌倦或令人腻烦的意味:My nephew *importuned* me for ice cream. (我外甥硬缠着我要买冰激凌吃。) press 语气较强,表示持续不断地坚决要求,带有坚决、紧急和强求的意味:Our aunt *pressed* us to stay for another day. (姑姑坚持要我们再待一天。)

ur·gent /ˈəːdʒʰnt/ *adj*. ❶紧急的,紧迫的,急迫的:Steiner saw the real world as more *urgent* than theory. 斯坦纳认为,现实世界要比理论更重要。 ❷坚持要求的;紧逼的,催逼的:Her *urgent* pleas of innocence made no difference to us. 她一个劲辩解自己清白,但我们不予理会。 ‖ ur·gen·cy /ˈəːdʒʰnsi/ *n*. [U]—ˈur·gent·ly *adv*.

US *abbr.* United States (of America) 美国

us /ʌs, əs/ *pron.* [we 的宾格，用作动词或介词的宾语]我们：Age strikes *us* all before we know it. 岁月在不知不觉中流逝。

us·age /'juːsidʒ/ *n.* ❶[U]使用；用法：Correctness rests upon *usage*. 正确与否，要看使用。❷[C；U]风俗，习俗；习惯，习俗；This ceremony is a *usage* that has persisted in this area for centuries. 这种仪式是这个地区沿袭多个世纪的习俗。

use I /juːz/ *vt.* ❶用，使用：*Use* this door in case of emergency. 有紧急情况时请使用此扇门。❷运用；行使；发挥；使出：Why don't they *use* their brains? 他们为什么不动动脑子呢？II /juːs/ *n.* ❶[U]用，使用；运用；应用；利用：He diverted much of the public money to his personal *use*. 他把许多公款中饱私囊。❷[U；C]使用价值；益处；效用：Are these papers any *use*? 这些论文有用吗？❸[C；U]用途，用处：What *use* does this machine have? 这台机器有什么用途？❹[C；U]用法：This modern *use* of the word "ideology" can be traced back to Marx. "思想"这个词的现代用法可追溯到马克思。‖ *make use of vt.* 使用；利用：He *made use of* the old lumber to repair the shed. 他利用旧木料去修复车库。*put to use vt.* 使用；派上用场：The waste water, after being filtered, was *put to* good *use*. 废水经过滤，得到了很好的利用。‖ **us·er** /'juːzə/ *n.* [C]

☆❶ **use, employ, utilize** 均有"用，使用"之意。**use** 为普通用词，指将某人或某物作为工具而使用，以协助达到某一目的或实现某一目标：He was being *used* and manipulated. （他受人操纵利用。）**employ** 有时可与 **use** 互用，但常表示起用处于休闲状态的人或物，使其忙于正事，侧重有选择地使用：They *employ* men according to their abilities. （他们量才用人。）**utilize** 强调发现某物被人忽视的实用性、有用性或营利性：Wind power can be *employed* for generating power. （风力可以用来发电。）❷ **use, usage** 均有"用法"之意。**use** 指个人或特定群体有鲜明特征的习惯性行为、方式或方法：con-

firm to the *uses* of polite society（符合文明社会的习惯做法）该词也指对人或事物的利用、使用或事物的用途、效用：Is this book of any *use* to freshmen? （这本书对新生有用吗？）**usage** 指为人们普遍接受、成为社会规范的习惯做法或用法：Meals based on rice are not in common *usage* in England. （米饭为主食不是英国的习俗。）

used *adj.* [无比较级] ❶ /juːzd/ 用过的；旧的；二手的：a *used* plane 旧飞机 ❷ /juːst/ （对…）习惯的，习以为常的（*to*）：He was *used to* a great many things that you are not *used to*. 很多你不习惯的事情，他却司空见惯。

use·ful /'juːsfl/ *adj.* 有用的；可用的；实用的；有益的，有帮助的；有效的：The computer is *useful* in processing data. 计算机在处理数据方面很有用。‖ 'use·ful·ly *adv.* — 'use·ful·ness *n.* [U]

use·less /'juːslis/ *adj.* [无比较级]无用的；无价值的；无益的；无效的：It is *useless* to say it, I know, but it rises out of my soul. 我知道，这么说没什么用，但这是发自我内心的。‖ 'use·less·ly *adv.* — 'use·less·ness *n.* [U]

ush·er /'ʌʃə/ *n.* [C] ❶（戏院等公共场所的）引座员，（婚礼上的）男迎宾员，招待员 ❷（法院等的）门房，传达

u·su·al /'juːʒuəl/ *adj.* [无比较级]通常的，平常的；惯常的，惯例的：Let's meet at the *usual* place. 咱们老地方碰头。‖ *as usual adv.* 像往常一样，照例：I worked *as usual* in the morning and went for a walk in the afternoon. 像往常一样，我上午工作，下午散步。‖ 'u·su·al·ly *adv.*

☆ **usual, accustomed, customary, habitual** 均有"通常的；惯常的"之意。**usual** 用于经常不断出现或发生的事情，强调没有陌生感、符合常规：It is *usual* with him to go to the office on foot. （他惯常步行去办公室。）**accustomed** 常与 **customary** 换用，但固定不变的意思较 **customary** 要弱：I'm not *accustomed* to getting up so early at weekends. （周末我不习惯起这么早。）**customary** 指符

定个人、群体或社团带有鲜明特色的习惯性、习俗性的行为：It is *customary* for the Chinese to invite relatives and friends to dinner during the Spring Festival.（中国人习惯于春节期间宴请亲朋好友。）**habitual** 表示经常重复而形成习惯或固定的素质：He's a *habitual* coffee drinker — he gets through about ten cups a day.（他习惯喝咖啡，每天大约要喝10杯。）

u·til·i·ty /juːˈtiliti/ *n.* ❶[U]功用，效用，实用，功利：the *utility* of the equipment 设备的功用 ❷[C]公用事业公司（＝public utility）公用事业；公用事业设施；[**utilities**]公用事业公司股票（或证券）：Railroads are public *utilities*. 铁路是公共设施。

u·ti·lize /ˈjuːtiˌlaiz/ *vt.* （有效地）利用：*utilize* the power of the wind 利用风力 ‖ **u·ti·li·za·tion** /ˌjuːtiˌlaiˈzeiⁿn；-liˈz-/ *n.* [U]

ut·most /ˈʌtˌməust/ **I** *adj.* [无比较级][作定语]极度的；最大的：Everyone will do this duty with *utmost* efforts. 每个人都将尽心尽职。**II** *n.* [常作 the ～]极限，极点，极度；最大可能：Her endless demands tried his patience to *the utmost*. 她没完没了的要求让他忍无可忍了。〔亦作 **uttermost**〕

U·to·pia /juːˈtəupiə/ *n.* ❶[U]乌托邦，理想中最美好的社会：a man circumnavigating the earth in search for *Utopia* 环航全球寻觅乌托邦的人 ❷[常作 **u-**][C]理想国；理想的完美境界；空想的社会改革计划 ‖ **U·to·pi·an，u·to·pi·an** *adj.* & [C] *n.*

ut·ter¹ /ˈʌtə/ *adj.* [无比较级][作定语]完全的，彻底的，十足的：The rehearsal was an *utter* shambles. 彩排搞得一塌糊涂。‖ **ut·ter·ly** *adv.* —ˈut·ter·ness *n.* [U]

ut·ter² /ˈʌtə/ *vt.* 发出（声音等）；讲，说；（口头或书面）表达，吐露：Jack *uttered* a cry of surprise. 杰克吃惊地叫了起来。

ut·ter·ance /ˈʌtərⁿns/ *n.* ❶[U]发声；说话；表达：Excitement deprived me of all power of *utterance*. 我兴奋得什么话也说不出来。❷[C]所说的话；言语，言辞；言论：Secretaries record his every appointment and *utterance*. 秘书们把他的每项任命、每句话都记录下来。

V v

va·can·cy /ˈveikⁿnsi/ *n.* ❶[U]空;空白;空间;All was blackness and *vacancy*. 四下里一团漆黑,空空荡荡。❷[C]空缺;空职;There will be only five postgraduate *vacancies* in our faculty next year. 明年我们系只有五个研究生名额。❸[C](宾馆等待租的)空房;He wanted to book a double room but was told that there were no *vacancies*. 他想订一间双人房,但被告知已经客满。

va·cant /ˈveikⁿnt/ *adj.* ❶[无比较级]空着的;未使用的;未被占用的:His mind was *vacant* of purpose. 他头脑里没有任何想法。❷(工作、职位)空缺的:He scanned the *Situations Vacant* columns in the newspapers. 他浏览了报纸上的"招聘广告"栏。

va·cate /vəˈkeit/ *vt.* ❶空出;腾出;撤离:Because of the shortage of money,they had to *vacate* their room. 因为没有钱,他们只好退房。❷辞去,退出(职位):The position *vacated* was filled by younger generation. 空出的职务由年轻人填上了。

va·ca·tion /vəˈkeiʃⁿn/ *n.* [C;U]❶(一年中定期的)休息;休假;假期:summer *vacation* 暑假 ❷假日,休息天;节日:take a three-week *vacation* 度假三个星期 ‖ va**ca·tion·er** *n.* [C]

vac·ci·nate /ˈvæksiˌneit/ *v.* 接种疫苗,打预防针:*vaccinate* against measles 种麻疹疫苗 ‖ **vac·ci·na·tion** /ˌvæksiˈneiʃⁿn/ *n.* [C;U]

vac·cine /ˈvæksiːn/ *n.* [C]【医】疫苗,菌苗:stamp out polio by using *vaccine* 注射疫苗消灭小儿麻痹症

vac·u·um /ˈvækjuəm/ **I** *n.* [C]([复]**-u·ums** 或**-u·a** /-juə/) ❶真空;封闭状态;隔绝状态;Translation does not occur in a *vacuum*. 翻译不是在真空中进行的。❷【物】真空度:a perfect *vacuum* 完全真空 ❸空白;空虚;沉寂:fill the power *vacuum* 填补权力真空 ❹([复]**-u·ums**)〈口〉真空吸尘器〔亦作 **vacuum cleaner**〕 **II** *vt.* 用真空吸尘器打扫:The young lady is *vacuuming* the carpets. 那位年轻女士正在用真空吸尘器扫地毯。

va·grant /ˈveigrⁿnt/ *n.* [C]流浪汉,流浪者;漂泊者 ‖ **va·gran·cy** *n.* [U]

vague /veig/ *adj.* ❶含糊的,模糊的,不明确的:To me all this explanation has been a *vague* mystery. 我听这种解释真有些玄妙莫测。❷(人或思维)不精确的:They are a pessimistic lot with a *vague* sense of impending disaster. 他们这一群人前途悲观,对即将来临的灾难没有清醒的认识。❸没有表情的,茫然的:A *vague* stare was characteristic of him. 他经常傻傻地盯着东西看。 ‖ ˈvague·ly *adv.* —ˈvague·ness *n.* [U]

vain /vein/ *adj.* ❶自负的,高傲的,过分看重自己外表(或成就)的:Don't be *vain* and thoughtless,but sombreminded. 不要轻浮,不要随随便便;要严肃认真。❷徒劳的,无用的:They were in a *vain* attempt to discover the mythical city. 他们想找到那座神秘的城市,却无功而返。 ‖ *in vain* *adj.* & *adv.* 徒劳的(地),白费力的(地):Dick,his throat paralyzed with anguish,tried *in vain* to cry out. 因为悲伤,迪克的嗓子哑了,想哭也哭不出声。 ‖ ˈvain·ly *adv.*

☆**vain,empty,hollow,idle** 均有"空洞;无效"之意。**vain** 表示因不中用、无益于事而没有

任何价值或意义：It is *vain* to resist.（抵抗是没有用的。）**empty** 和 **hollow** 都表示缺乏实质性的内容，只是表面上显得有价值、有意义，做出真实诚恳的样子：His words rang *hollow*.（她的话听起来缺乏诚意。）**idle** 指缺乏坚实基础、没有根据或道理，因而不能产生有效作用或结果：It is *idle* to expect help from him.（指望他帮忙只会是一场空。）

val·en·tine /ˈvælənˌtain/ n. [C] ❶在情人节时赠送给爱人的礼物 ❷在情人节时选定的情人

val·iant /ˈvæljənt/ adj. 英勇的，勇猛的，勇敢的：Their reputation for being *valiant* is dear to them. 他们很珍惜自己勇猛的名声。‖ **ˈval·iant·ly** adv.

val·id /ˈvælid/ adj. ❶有理的；有根据的；令人信服的：*valid* complaint 有理有据的投诉 ❷【律】合法的，有法律效力的；按法律手续执行的：a *valid* contract 有法律效力的合同 ❸有效的；能产生预期效果的：His passport is *valid* for another one year. 他的护照有效期还有一年。‖ **va·lid·i·ty** /vəˈliditi/ n. [U]—**ˈval·id·ness** n. [U]

val·i·date /ˈvæliˌdeit/ vt. ❶使生效，使具有法律效力；批准，通过：The parties concerned have to sign the agreement in order to *validate* it. 有关各方应在协议书上签字，才能生效。❷证实，确证；认可：The data was *validated* by computer. 数据被计算机认可了。‖ **val·i·da·tion** /ˌvæliˈdeiʃ°n/ n. [U]

val·ley /ˈvæli/ n. [C] ❶山谷，溪谷；低凹处 ❷流域：the Yangtze *valley* 长江流域 ❸低谷，低潮；不景气，萧条时期：peaks and *valleys* in the stock market 股市的大涨时期与低迷时期

val·o(u)r /ˈvælə⁄/ n. [U]勇敢，勇武，英勇：Only now do I appreciate the name's weight and *valour*. 只有现在我才体会到这个名字的分量和它所表示的英武之气。‖ **ˈval·or·ous** adj. — **ˈval·or·ous·ly** adv.

val·u·a·ble /ˈvæljuəb°l/ adj. ❶贵重的，值钱的：As every thread of gold is *valuable*, so is

every moment of time. 一寸光阴一寸金。❷珍贵的；重要的；有用的：The by-product is sometimes more *valuable* than the product. 副产品有时比产品本身更有价值。

val·u·a·tion /ˌvæljuˈeiʃ°n/ n. ❶[C;U]（尤指专业人员的）估价；估定的价格：An expert was asked to make a *valuation* of the famous painting. 请了一位专家来给这幅名画估价。❷[C]评价；估计：The public has a low *valuation* of the movie. 公众对这部电影的评价不高。

val·ue /ˈvælju/ I n. ❶[U]价值：Heat has therapeutic *value*. 热有治病的功能。❷[U]交换价值：Inflation has debased the *value* of the dollar. 通货膨胀使美元贬值。❸[U]等值；等价物：She opened a snack bar, and gave good *value*. 她开了一家快餐馆，她的饭菜货真价实。❹[常作～s]价值观念；社会准则；标准：moral *values* 道德标准 II vt. ❶给…估价，给…定价；评价：We will *value* it and give you the best price. 我们给它估一估，再给你一个最好的价钱。❷尊重；珍视，重视：*value* anything good 珍惜一切美好的事物 ‖ **ˈval·ue·less** adj.

vam·pire /ˈvæmpaiə⁄/ n. [C] 吸血鬼（传说或迷信中夜间离开坟墓去吸睡眠人的血的尸体）

van /væn/ n. [C] ❶（有棚的）运货车，箱式运货车：a delivery *van* 送货车 ❷（用以运输、搭载乘客或野营等的）小型厢式卡车

van·dal /ˈvænd°l/ n. [C]故意毁坏他人（或公共）财物者；故意毁坏文物者：*Vandals* daubed the bridge with slogans in thick yellow paint. 破坏分子用浓重的黄漆在桥上涂满了标语。

van·dal·ize, van·dal·ize /ˈvændəˌlaiz/ vt. 肆意破坏（公共或他人财物）：My new Benz was *vandalized* when I got back. 我回来的时候，我的新奔驰车已被人肆意损坏了。

van·ish /ˈvæniʃ/ vi. ❶消失；突然不见；（尤指鬼鬼祟祟或神秘地）离开：The boy *vanished* on his way home after a game of tennis. 打过网球后，那男孩一溜烟跑回家去。❷结束；消灭：If things did not move on and *vanish*, we should see no beauty anywhere. 如果万物不是继续运动而又消失无遗，我们就哪儿也看不见美了。

☆ **vanish, disappear, fade** 均有"消失；消退"之意。**vanish** 表示突然完全而彻底地消失或不再能看见，带有神秘莫测或突然化为乌有的意味，有时也可表示不再存在，可用于具体事物或抽象概念：With a wave of his hand, the magician made the rabbit *vanish*. （魔术师手一挥，把兔子变没了。）**disappear** 为普通词，常指具体而有形的事物突然地或逐渐地消失、消散或失踪：The plane *disappeared* behind a cloud. （飞机飞入云中不见了。）**fade** 表示逐步地全部或部分消失或褪色，常用于颜色、光泽或声音方面，也经常用其比喻义：These curtains were once bright green but the sun has *faded* them. （这些窗帘一度是鲜绿色的，但现在已经被晒得褪色了。）/ The sound of the cheering *faded* (away) in the distance. （欢呼声在远处逐渐消失了。）

van·i·ty /ˈvæniti/ *n*. ❶[U]自负，自大：the *vanity* of that politician 那位政客的自负 ❷[C](某人)感到自负之物 ❸[C]无意义之物；琐碎之物；无价值之物：He believed in the *vanity* of human achievements. 他认为人类的成就是徒劳无功的。❹[U]虚荣(心)：The position he found himself in flattered his *vanity*. 找到自己的满意的位置，他的虚荣心得到了满足。

va·por·ize /ˈveipəˌraiz/ *vt*. 使蒸发；使汽化：A nearby nuclear hit could *vaporize* those devices. 如核打击就发生在附近，这些装置便会随之同归于尽。— *vi*. 蒸发；汽化 ‖ **va·por·i·za·tion** /ˌveipəraiˈzeiʃ⁰n; -riˈz-/ *n*. [U]

va·pour /ˈveipəʳ/ *n*. ❶[U;C]蒸汽；汽；烟雾：A massive quantity of carbon dioxide and water *vapor* has been put into its atmosphere. 大量的二氧化碳和水蒸气排放到大气中。❷【物】雾状物 ‖ **'va·pour·a·ble** *adj*. — **'va·pour·er** *n*. [C]

var·i·a·ble /ˈveəriəb⁰l/ I *adj*. [无比较级]可变的，易变的，多变的：His temper is *variable*. 他的脾气反复无常。II *n*. ❶[C]易

变的事物；the major *variable* in risk assessment 对风险进行评估的主要因素 ❷[C]【数】变量；变量符号；independent *variable* 自变量 ‖ **var·i·a·bil·i·ty** /ˌveəriəˈbiliti/ *n*. [U] — **'var·i·a·bly** *adv*.

var·i·a·tion /ˌveəriˈeiʃ⁰n/ *n*. ❶[U]变动，变更：Date of departure is subject to *variation*. 启程日期可能会有变更。❷[C]变化程度；变化量：Sign languages exhibit the same types of *variation* that spoken languages do. 手势语和口头语言一样，也有同种类型的变化。❸[C]变体；变化了的东西：Today, more than 1,000 computer viruses and *variations* are reportedly sweeping through the world. 据报道，目前有 1 000 多种计算机病毒及其变种正席卷全球。

var·ied /ˈveərid/ *adj*. 各种各样的，各不相同的：His friendships were extremely *varied*. 他交游甚广，不拘一格。

va·ri·e·ty /vəˈraiəti/ *n*. ❶[U]变化，多样化：We don't have enough *variety* in our lives. 我们的生活很单调。❷[通常用单]种种；总量：a *variety* of feelings 百感交集 ❸[C]类，种类：Cold and drought tolerant, the new *variety* is adaptable to north China. 这一新品种耐寒耐旱，适合在中国北方生长。

var·i·ous /ˈveəriəs/ *adj*. [通常作定语]不同的，各种各样的：All these islands are very beautiful, and distinguished by *various* qualities. 所有这些岛屿都景色秀丽，各有千秋。‖ **'var·i·ous·ly** *adv*. — **'var·i·ous·ness** *n*. [U]

var·y /ˈveəri/ *v*. ❶(使)不同；更改，改变：He gives a regular monthly donation to the charities while I *vary* the amount from time to time. 他每月定期定量捐钱给慈善机构，而我则是不定期捐不同数目的钱。❷(使)有变化；(使)多样化：The master often *varied* his dog's food to make sure that it was in good health. 狗的主人经常使狗食多样化，以确保它的健康。

vase /veis, veiz; vɑz/ *n*. [C]花瓶：a *vase* of flowers 花瓶

vast /væst; vɑːst/ *adj.* ❶广阔的；广大的：There,forests are *vast* and primeval. 那里的原始森林广阔无垠。❷〈口〉巨大的，相当大的，相当多的：They represent a *vast* variety of printmaking techniques. 它们体现了多种形式的版画复制术。‖ **'vast·ness** *n.* [U]~**'vast·ly** *adv.*

VCR *n.* [C]录像机

veer /viə/ *v.* ❶(风等)改变方向：The wind *veered* to the North. 风向转北了。❷(态度、立场、行为等)转变，改变：Their discussion soon *veered* onto the subject of boxing. 他们很快就转到了拳击这个话题。

veg·e·ta·ble /'vedʒitəbºl/ *n.* [C]【植】蔬菜：pickled *vegetables* 腌菜

veg·e·tar·i·an /ˌvedʒi'teəriən/ *n.* [C]素食者，素食主义者 ‖ **veg·e'tar·i·an·ism** *n.* [U]

veg·e·ta·tion /ˌvedʒi'teiʃºn/ *n.* [U][总称]植物；植被：*vegetation* zones 植被带

ve·hi·cle /'viːik²l, 'viək²l/ *n.* [C] ❶(尤指陆上的)运载工具，交通工具；车辆；机动车：She leaped out just before the *vehicle* burst into flames. 就在车子着火之前，她跳下了车。❷传播媒介；(表达思想感情等的)工具，手段：Air is the *vehicle* of sound. 空气是传播声音的媒介。‖ **ve·hi·cu·lar** /vi'hikjulə/ *adj.*

veil /veil/ *n.* [C]面纱，面罩：put on the white *veil* 戴上白面纱

vein /vein/ *n.* [C] ❶【解】静脉；血管，脉：They expected him to pull out a razor blade and slit open a *vein*. 他们以为他会用剃须刀切开血管。❷趋势；气质；风格：The old man had a *vein* of stubbornness. 这个老汉性格有点儿倔。‖ **veined** *adj.*

ve·loc·i·ty /vi'lɒsiti/ *n.* [C] ❶【物】(沿一定方向的)速度，速率：Light travels at the highest achievable *velocity* in the universe. 光以在宇宙中能达到的最高速度运行。❷高速，迅速：The *velocity* with which the coup was successfully carried out stunned the world. 这场政变以如此快的速度得手，让世界震惊。

ven·ture /'ventʃə/ I *n.* [C] ❶冒险；冒险的行动；投机活动，商业冒险；(为赢利而投资的)企业：His manufacturing *ventures* were not always successful. 他在制造业上的大胆尝试往往不是一帆风顺的。❷用于冒险投机的东西(如资金、财产等) II *vi.* 冒险；冒险行进；冒险行事；大胆行事：*venture* to laugh 贸然一笑

☆**venture,adventure** 均有"冒险"之意。**venture** 表示冒生命危险或有经济损失的风险，既可作名词，也可作动词：He *ventured* his whole fortune on one throw of the dice. (他把全部财产都押在骰子的这一掷上。)**adventure** 为普通用词，多指使人激动、兴奋的活动或事件，强调探索未知事物产生的刺激性、而不是危险性；其复数形式指小说虚构人物充满惊险的生活经历：The network has access to 4 percent of the prime time for *adventure* and mysteries. (那家电台播放的冒险和疑案节目可占去黄金时间的4%。)

ven·ue /'venjuː/ *n.* [C](行动、事件等的)发生地点，举行场所；会场：an ideal *venue* for international conference 召开国际会议的理想场所

Ve·nus /'viːnəs/ *n.* [C] ❶【罗神】(爱与美的女神)维纳斯 ❷维纳斯像 ❸〈诗〉美女，美人

verb /vəːb/ *n.* [C]【语】动词：an auxiliary *verb* 助动词

ver·bal /'vəːbºl/ *adj.* [无比较级] ❶用言辞的，用文字的；文字上的：This is a *verbal* trick. 这是玩弄字眼儿。❷口头的，非书面的：a *verbal* contract 口头契约 ‖ **'ver·bal·ly** *adv.*

ver·dant /'vəːdºnt/ *adj.* 〈书〉 ❶(草等)绿的，青翠的 ❷(田野等)长满绿草的，绿油油的

ver·dict /'vəːdikt/ *n.* [C] ❶【律】裁定，裁决，决定：It is a *verdict* for the plaintiff. 裁决是原告胜诉。❷判断，定论：pass a final *verdict* on sb. 对某人下定论

verge /vəːdʒ/ *n.* [C][通常用单] ❶边缘，边沿，边界：the *verge* of a forest 森林的边缘 ❷(新情况发生的)临界点：bring sb. to the

verge of beggary 使某人几乎沦为乞丐

ver·i·fy /'verɪˌfaɪ/ *vt.* 证实，证明：A few days later, however, he was able to *verify* that they had been subjected to terrible brutality. 然而，几天后，他证实了他们受到了残暴的对待。‖ 'ver·iˌfi·a·ble *adj.* —ver·i·fi·ca·tion *n.* [U]

ver·sa·tile /'vɜːsəˌtaɪl; -tɪl/ *adj.* ❶多才多艺的，有多种才能的：She was *versatile* at writing. 她是写作的多面手。❷(装置等)有多种用途的，有多种功能的：A pickup is *versatile* in function. 轻型货车有多种功能。‖ ver·sa·til·i·ty /ˌvɜːsə'tɪlɪti/ *n.* [U]

verse /vɜːs/ *n.* ❶[C;U]诗体作品，诗歌，诗句，诗行，诗词：chant *verse* 吟诗 ❷[U]诗体，韵：blank *verse* 无韵诗 ❸[C](诗或韵文的)节，章：3 *verses* of a poem 一首诗的三节

ver·sion /'vɜːʃn/ *n.* [C]❶(某人的或从某一角度出发的、对一事件的)说法；描述：This is a capsule *version* of the situation. 这是一个情况简介。❷译本，译文：Carner studies in considerable detail the four *versions* of *Madame Butterfly*. 卡纳详细研究了《蝴蝶夫人》的四种译本。❸版本：an updated *version* of a computer program 一个计算机程序的升级版本

ver·sus /'vɜːsəs/ *prep.* ❶(尤以诉讼或竞赛)对，以…为对手(略作 v., vs.)：The match is China *versus* America. 比赛是中国队对美国队。❷与…相对，与…相比：There's also something known as risk *versus* benefit. 还存在权衡利弊的问题。

ver·tex /'vɜːteks/ *n.* [C]([复]-ti·ces /-tiˌsiːz/或-tex·es)❶顶点，最高点：the *vertex* of a tower 塔顶 ❷【数】顶，极点：*vertex* angle 顶角

ver·ti·cal /'vɜːtɪkl/ *adj.* [无比较级]❶垂直的，竖的：*vertical* distribution 垂直分布 ❷陡直的，陡峭的：a *vertical* cliff 悬崖峭壁 ‖ 'ver·ti·cal·ly *adv.*

ve·ry /'veri/ [无比较级]I *adv.* ❶很，非常，颇：Great grey clouds filled the sky and it was *very* still. 天空乌云密布，万籁俱寂。❷[后接 own 或形容词最高级]及其，完全；

正是：It is the *very* same story we heard last time. 这和我们上次听到的一模一样。II *adj.* [作定语]❶[通常用于 the, this, his 等后]正是的，恰好的：You are the *very* man I am looking for. 你就是我要找的人。❷完全的；十足的：the *very* joy of life 纯粹的生活之乐 ❸仅仅，只是：The *very* thought of it burnt him like fire. 单单这一想法就令他火烤般难受。

ves·sel /'vesl/ *n.* [C]❶(盛液体的)容器(如桶、瓶、杯等)：a drinking *vessel* 饮具 ❷船，舰(尤指大型的)：We can accommodate the largest *vessel* in the world in our dock. 我们码头可停泊世界上最大的船。

vest /vest/ *n.* [C]❶贴身内衣，汗衫：a cotton *vest* 棉内衣 ❷背心，马甲(＝waistcoat)：life *vest* 救生衣

vet·er·an /'vetərn/ *n.* [C]❶老兵，老战士：a disabled *veteran* 残废军人 ❷老手，经验丰富的人：The sea *veteran* has a weather-beaten face. 老水手的脸饱经风霜。

vi·a /'vaɪə/ *prep.* ❶经，由：We have to route the shipment *via* Hong Kong or Japan. 我们必须由香港或日本转航发送此货。❷凭借，通过：a virus transmitted *via* physical contact 通过身体接触传染的病毒

vi·a·ble /'vaɪəbl/ *adj.* ❶(计划等)可行的，可实施的(尤指从经济的角度出发)：They felt that the only *viable* weapon they had left was the strike. 他们觉得唯一可用的武器就是罢工。❷有望竞选成功的：a *viable* candidate 有希望当选的候选人 ‖ vi·a'bil·i·ty /ˌvaɪə'bɪlɪti/ *n.* [U]

vi·brant /'vaɪbrənt/ *adj.* ❶震动的，颤动的：He was *vibrant* with emotion. 他激动得颤抖起来。❷充满生气的，活跃的：Oxford is a *vibrant* centre of cultural activity. 牛津是一个生机盎然的文化活动中心。‖ 'vi·bran·cy *n.* [U]—'vi·brant·ly *adv.*

vi·brate /vaɪ'breɪt; 'vaɪb-/ *v.* (使)震动，(使)颤动，(使)抖动：Seeing a rat, the rattlesnake *vibrated* its tail. 看到田鼠，那响尾蛇的尾巴直颤。

vi·bra·tion /vaɪ'breɪʃn/ *n.* ❶[U]震动，颤

动,抖动,震颤：the period of *vibration* 振动周期❷[C](钟摆的)摆动

vice /vais/ *n.* ❶[C]邪恶行为；道德败坏的行为：As a boy, he had his share of petty *vices*. 孩提时,他也做过一些小小的坏事。❷[U]邪恶,道德败坏,堕落：wretches given over to all mean and filthy *vice* 五毒俱全的恶棍 ❸[C]不良习惯,恶习：indulge in a *vice* 沉迷于某种恶习

vice- /vais/ *comb. form* 表示"副","代替"：*vice*-president, *vice*-chairman, *vice*-chancellor

vice·pres·i·dent /vais'prezidᵊnt/ *n.* [C] ❶副总统；国家副主席：When the President is ill, his duties devolve upon the *Vice-President*. 当总统生病时,其职务交由副总统代理。❷副校长；副院长；副会长；副总裁 ‖ vice-'pres·i·den·cy *n.* [U]

vi·cious /'viʃəs/ *adj.* ❶恶毒的,狠毒的：It is *vicious* of her to make such an accusation. 她这么指责人真是恶毒。❷猛烈的,剧烈的：This is a place of *vicious* contrasts — mostly between religion and reality. 这地方充满了令人触目惊心的鲜明对照——主要是在宗教与现实之间。❸恶意的；邪恶的,道德败坏的：He is a *vicious* and heartless snob who has taken her for her money. 他是个行为不端、无情无义的势利小人,和她结婚就为了她的钱。‖ 'vi·ci·ous·ly *adv.* —'vi·cious·ness *n.* [U]

vic·tim /'viktim/ *n.* [C]牺牲者,受害者；罹难者；罹病者；受骗上当者；牺牲品：The child becomes the real *victim* of the breakdown of a marriage. 孩子成为婚姻解体的真正受害者。

vic·tor /'viktə/ *n.* [C]胜利者,获胜者,战胜者：He proved sole *victor* over all the rest. 他把所有的人都打败了。

vic·to·ry /'viktəri/ *n.* [U；C]成功,胜利,战胜,获胜：a decisive *victory* 决定性胜利 ‖ vic·to·ri·ous /vik'tɔːriəs/ *adj.*

☆victory, conquest, triumph 均有"胜利、战胜"之意。**victory** 指在竞赛、斗争或战争中取得胜利、击败对手：He only managed a narrow *victory* in the election；he won by 23 votes.(他在选举中勉强获胜,只比对手多23票.) **conquest** 表示征服,强调不仅战胜对手,还将其置于完全控制之下；也指赢得青睐或博得欢心：She's one of his numerous *conquests*.(她是他众多的爱情俘虏之一.) **triumph** 表示决定性的胜利或巨大的成功,常有因取得辉煌胜利而赢得喝彩或感到洋洋得意的含义：They held a party to celebrate their election *triumph*.(他们设宴庆祝选举胜利.)

vid·e·o /'vidiəu/ *n.* [复]-os ❶[U]视频,视频信号 ❷[C]录像节目：watch a *video* 看录像

vid·e·o·tape /'vidiəuteip/ *n.* ❶[U]录像磁带 ❷[C]录像带：make a *videotape* of (用录像机)将……录下来

view /vjuː/ I *n.* ❶[U]视野,视阈：The sea was full in my *view*. 大海映入了我的眼帘。❷[C]从某处看见的东西；景色：He was gazing at the *view* which so much delighted him. 他欣赏着眼前这一派赏心悦目的大好风光。❸[C；U](个人的)观点、态度、判断；(从某一特殊角度的)看法,见解：She did not think it was her nature to take a questioning *view* of life. 她觉得,怀疑生活不是她的本性。II *vt.* ❶看,观看：*Viewing* too much television is harmful to your eyes. 电视看得太多对眼睛有害。❷察看,检视：He was not quite the first American to *view* Western life with disenchantment. 确切地说,他并不是第一个以清醒的头脑观察西方生活的美国人。❸考虑,估量：They tend to *view* liquor as taboo. 他们常常认为酒精是禁忌之物。

view·er /'vjuːə/ *n.* [C]观看者,观众；电视观众：The film-makers kept the pace fast enough for the *viewer* to overlook most of the plot's absurdities. 制片人保持电影的快节奏,这样观众就看不到情节的许多荒谬之处了。

view·point /'vjuːpoint/ *n.* [C] ❶视点,看得见某种景物的地点 ❷观点,看法：I gave my *viewpoint* that the rich should be taxed heavily. 我提出了我的观点：应该对富人课

以重税。

vig·i·lant /ˈvidʒilənt / *adj.* 警惕的，警觉的：We will be ever *vigilant* and never vulnerable. 我们始终要保持警惕，永远不给人以可乘之机。‖ **vig·i·lance** /ˈvidʒiləns / *n.* [U]

vig·or·o(u)s /ˈvigərəs / *adj.* ❶精力充沛的，强壮有活力的：He is a broad healthy figure of a man, rosy and *vigorous*. 他是个魁梧健壮的男子，红光满面，神采奕奕。❷有力的，强劲的：We met *vigorous* opposition to the proposal at the meeting. 会上，我们的提议遭到强烈反对。‖ ˈvig·or·ous·ly *adv.*

☆**vigorous**, **energetic**, **strenuous** 均有"精力充沛"之意。**vigorous** 表示身体强健、精力旺盛，强调生气勃勃、富有活力：These tomato plants are very *vigorous*. （这些番茄秧正茁壮地成长。）/ The minister made a *vigorous* defence of the government's policies. （部长为政府的各项政策做了强有力的辩护。）**energetic** 表示有从事紧张、忙碌活动的能力和精力：an *energetic* tennis player（精力旺盛的网球运动员）**strenuous** 常表示在面对需要付出辛劳的艰巨任务、艰苦条件时，能经受考验，保持昂扬斗志，进行不懈努力：a *strenuous* climb（艰难的攀登）/ He made *strenuous* attempts to stop her. （他为阻止她作出了极大的努力。）

vig·o(u)r /ˈvigəʳ / *n.* [U] ❶精力，活力；体力：I bounded along with youthful *vigour*. 我走路像年轻人一样有力。❷气魄，气势，魄力：The general commanded his troops with *vigour*. 将军指挥他的军队很有魄力。‖ ˈvig·our·less *adj.*

vil·lage /ˈvilidʒ / *n.* [C] ❶村庄，乡村：The *village* is blanketed by a dense grey fog. 村庄被一层浓浓的灰雾包裹。❷村民，乡村居民：The entire *village* is [are] fighting for freedom. 全村的人都为自由而战。‖ ˈvil·lag·er *n.* [C]

vin·di·cate /ˈvindiˌkeit/ *vt.* ❶证明…无辜（或清白）：His words *vindicated* the young man who had been in prison for two

months. 他的供词证明，那在狱中已待了两个月的年轻人是无辜的。❷证明…的正确：My scepticism was *vindicated* by my later findings. 后来我的发现证实了我的怀疑。‖ **vin·di·ca·tion** /ˌvindiˈkeiʃ⁰n/ *n.* [C；U]—ˈvin·diˌca·tor *n.* [C]

vine /vain / *n.* [C] ❶葡萄属植物；葡萄 ❷藤，藤蔓 ❸葡萄藤

vin·e·gar /ˈvinigəʳ / *n.* [U]醋：The housewife dilutes tomato ketchup with *vinegar* as an economy measure. 这位家庭妇女为了省钱，用醋稀释番茄酱。‖ ˈvin·e·gar·y *adj.*

vi·o·late /ˈvaiəˌleit / *vt.* ❶违反，违背；违犯：*violate* the rules of collective assent 违反大家一致同意的规则 ❷亵渎，对…不敬：*Violating* a sanctuary is forbidden. 禁止在神圣场所有不敬行为。❸(粗暴地)妨碍，打扰；干涉；侵犯：*violate* the territorial waters 侵犯领海

vi·o·lence /ˈvaiələns / *n.* [U] ❶猛烈，剧烈，强烈：I slammed the door with *violence*. 我用力砰地把门关上。❷暴力(行为)；强暴(行为)：acts of *violence* 暴力行为

vi·o·lent /ˈvaiələnt / *adj.* ❶暴力的，强暴的，狂暴的；暴力引起的：He had naturally *violent* animal spirits. 他生来是个血气旺的人。❷猛烈的，剧烈的，狂烈的，激烈的：It was winter, and the winds were becoming *violent*. 时已冬日，北风日益凛冽。‖ ˈvi·o·lent·ly *adv.*

vi·o·let /ˈvaiələt / **I** *n.* ❶[C]【植】堇菜；赤莲 ❷[U]紫罗兰色，紫色 **II** *adj.* 紫罗兰色的，紫色的

vi·o·lin /ˌvaiəˈlin / *n.* [C]【音】小提琴：play the *violin* 拉小提琴〔亦作 **fiddle**〕‖ ˈvi·o·lin·ist *n.* [C]

VIP, V. I. P. *abbr.* very important person 重要人物，大人物：They were given the full *VIP* treatment. 他们受到了十分隆重的接待。

vir·gin /ˈvəːdʒin / *n.* [C] ❶童男，童女 ❷处女：a charming *virgin* 迷人的未婚少女

vir·tu·al /ˈvəːtjuəl / *adj.* ❶[作定语]实际

上的,事实上的:Procrastination to open the L/C is a *virtual* breach of contract. 拖延开信用证实际上是违反合同。❷[计]虚的,虚拟的:*virtual* memory 虚拟存储器 ‖ **'vir·tu·al·ly** *adj.*

vir·tue /'vəːtjuː,-tʃuː/ *n.* ❶[U]高尚的道德;正直的品性;德性:promote *virtue* 提高道德修养 ❷[C;U]美德,德行:I do not consider excessive modesty a great *virtue*. 我并不认为过分谦虚是一大美德。❸[C]优点,长处:All this writer's *virtues* meet in this prose. 在这篇散文中,这位作家的长处发挥到了极致。

vir·tu·ous /'vəːtjuəs/ *adj.* ❶道德高尚的,有德行的:She is as *virtuous* as she is pretty. 她不但容颜美丽,而且品行端正。❷贞洁的;有操守的:Not all of them are *virtuous* and lawabiding. 他们不是都有操守并守法的。‖ **'vir·tu·ous·ly** *adv.* —**'vir·tu·ous·ness** *n.* [U]

vi·rus /'vairəs/ *n.* [C]❶[微]病毒:This *virus* ruins the immune system. 这种病毒破坏人体免疫系统。❷(病毒所致的)病毒病;病毒感染 ❸[计]计算机病毒(＝computer virus)

vi·sa /'viːzə/ *n.* [C](护照的)签证:His *visa* expired [ran] out in September. 他的签证9月份到期。

vis·i·ble /'vizibʰl/ *adj.* ❶可看见的,看得见的:This industry, *visible* to our neighbours, began to give us character and credit. 街坊们看到我们工作勤奋,开始看重我们,给我们以好评。❷明显的,易察觉的:a *visible* sign of depravity 明显的堕落的迹象 ‖ **'vis·i·bly** *adv.*

vi·sion /'viʒʰn/ *n.* ❶[U]视力;视觉:The rain running down the panes blurred his *vision*. 雨顺着玻璃淌下,他的视觉模糊了。❷[C]幻觉,幻象,幻想:The very word conjures up *visions*. 单是这个词就使人浮想联翩。❸[U]眼力,眼光;看法:a man of great *vision* 极富眼光的人

vi·sion·ar·y /'viʒʰnəri/ *adj.* ❶幻觉的,幻象的:Jesus appears as the *visionary* teacher.

耶稣在人的幻觉中以启蒙者出现。❷空想的;好想象的;不切实际的:a *visionary* student 好幻想的学生 ❸有眼力的,有预见的

vis·it /'vizit/ I *v.* ❶访问,拜访;在…逗留:The writer contemplates *visiting* China in the near future. 这个作家打算近期访问中国。❷参观,游览:I *visited* a few galleries while I was in Paris. 在巴黎的时候,我参观了几个画廊。II *n.* [C]❶访问,参观;游览:That place is worthy of a *visit*. 那地方值得一游。❷逗留:I don't live here; I am only here on a *visit*. 我不住这儿,我只是在这儿待几天。❸探望;拜访:Midnight is an unseemly hour for a casual *visit*. 午夜随便造访不大合适。

vis·it·or /'vizitəʳ/ *n.* [C]参观者,游客;来访者,来客:*visitors* from all over the country 来自全国各地的游客

vis·u·al /'vizjuəl,'viʒuəl/ *adj.* [无比较级]视觉的;视力的:This test was as a basis for judging his *visual* acuity. 根据这个测试可判断他视觉的敏锐程度。‖ **'vis·u·al·ly** *adv.*

vi·tal /'vaitʰl/ *adj.* ❶生命的,维持生命所必需的:*vital* processes 生命过程 ❷必不可少的,极其重要的:That is a *vital* point. 那是一个非同小可的问题。❸充满生机的,生气勃勃的:A *vital* literary culture is always on the move. 一个有生机的文学圈总是很活跃。❹生死攸关的;有关成败的:The man was being done to death, and every hour might be *vital*. 那人的性命危在旦夕,真是千钧一发啊! ‖ **'vi·tal·ly** *adv.*

vi·tal·i·ty /vai'tæliti/ *n.* [U]❶生机,活力:inexhaustible *vitality* 无穷的活力 ❷生命力,生存力:Cancer is thought to cripple *vitality*. 人们认为癌症会摧残人的生命。

vit·a·min /'vitəmin;'vait-/ *n.* [C][生化]维生素

viv·id /'vivid/ *adj.* ❶(光、色彩)强烈的,鲜艳的;鲜明的:Warm tones, such as *vivid* reds and golden yellows, dominate. 鲜红色、金黄色这样的暖色调是主体。❷生动的,逼

真的；清晰的：She dreamed dreams of him, *vivid*, unforgettable. 她每次梦见他，梦中的形象栩栩如生，令人难忘。‖ **'viv·id·ly** *adv.* —**'vivid·ness** *n.* [U]

vo·cab·u·lar·y /vəˈkæbjuləri/ *n.* ❶[C；U] (语言、个人或专业用的)词汇，词汇量：You have such a large *vocabulary* for such a little girl. 你这么小的姑娘竟有如此大的词汇量。❷[C]词汇表

vo·cal /ˈvəukəl/ *adj.* [无比较级] ❶嗓音的，用嗓音的；歌唱的：*vocal* tract 声道 ❷畅所欲言的，自由地表达的：That country was pressed by *vocal* nationalists at home to play a role that it was no longer able to sustain. 为国内呼声极高的民族主义者所迫，那个国家扮演了一个它再也无法维持下去的角色。‖ **'vo·cal·ly** *adv.*

vo·ca·tion /vəˈkeiʃʰn/ *n.* [C] ❶(从事某项职业或活动的)强烈愿望或冲动：He did not always have a *vocation* for the church. 对于宗教，他并不总是非常向往。❷(尤指需投身其中的)职业，工作：a regular *vocation* 固定职业

vo·ca·tion·al /vəˈkeiʃʰnʰl/ *adj.* [无比较级](教育、培训)为职业做准备的；职业的：Higher education means more than *vocational* training. 高等教育不仅仅是职业培训。

vogue /vəug/ *n.* [U；C]时尚，流行；流行(或时髦)事物；时髦人物：These styles had a great *vogue* years ago but not now. 这些式样是前几年流行的，现在已过时了。‖ **'vogu·ish** *adj.*

voice /vɔis/ **I** *n.* ❶[C；U]说话声，嗓音：He had a loud and clear *voice*. 他的声音清晰洪亮。❷[U]发声能力，语言力：The boy has no *voice* today because of his sore throat. 这个男孩喉咙疼，今天说不出话。❸[C；U]话语的表达；(说出的)观点，意见：You have the determin-ing *voice*. 你的意见是决定性的。**II** *vt.* 说(话)，表达，吐露，道出：The book *voiced* the thoughts of the thousands of Americans. 这本书道出了成千上万的美国人的心声。‖ **'voice·less** *adj.*

void /vɔid/ *adj.* [无比较级] ❶空的，空虚的；a *void* space 空间 ❷没有的，缺乏的(*of*)：He was cast upon a horrible island, *void of* all hope of recovery. 他陷在一个可怕的荒岛上，没有重见天日的希望。‖ **'void·a·ble** *adj.*

vol·ca·no /vɔlˈkeinəu/ *n.* [C]([复]-noes) ❶火山口 ❷火山：The *volcano* burst into e-ruption. 火山突然喷发了。

vol·ley·ball /ˈvɔliˌbɔːl/ *n.*【体】❶[C]排球 ❷[U]排球运动

volt /vəult/ *n.* [C]【电】伏特，伏

volt·age /ˈvəultidʒ/ *n.* [C；U]【电】电压(量)，伏特数，电压值：a high *voltage* 高电压

vol·ume /ˈvɔljuːm/ *n.* ❶[C]册，(书)卷，部：a fat *volume* 厚厚的一册 ❷[U；C]体积；容量，容积：The tank has a *volume* of 400 cubic feet. 水箱的容量是 400 立方英尺。❸[U]分量，额，量(*of*)：the *volume of* business 营业额 ❹[U]音量，声量，(音)响(强)度：turn the *volume* down 将音量开小

vol·un·tar·y /ˈvɔləntʰri/ *adj.* [无比较级] ❶自愿的，自发的，自动的：It is compulsory and not *voluntary*. 这是必须做的，而不是自愿的。❷义务的，无偿的：*voluntary* work 义工 ‖ **'vol·un·tar·i·ly** *adv.*

☆ **voluntary, deliberate, intentional, willful, willing** 均有"出于自愿的"之意。**voluntary** 表示没有外界压力，不受外界影响，采取的行动是自愿的，作出的决定是自由选择的结果：She took *voluntary* redundancy. (她心甘情愿地被裁减。) **deliberate** 表示在充分意识到所采取行动的性质、后果和影响的情况下决定行事：The car crash wasn't an acci-dent；it was a *deliberate* attempt to kill him. (这次撞车并不是什么意外事故，而是有人蓄意要谋害他。) **intentional** 主要用以为达到某一明确目的而采取的行动或打算，完全排除偶然因素起作用的可能性：His exclu-sion from the meeting was quite *intention-al*. (不让他参加会议，这显然是有意如此的。) **willful** 表示完全明白别人反对的理由，但对所有劝告、意见或指令采取拒绝态

度而一意孤行：sb.'s *willful* abuse of his children（某人执意打骂孩子）/ *willful* blindness to ascertained truth（对确凿的事实视而不见）**willing** 表示在顺从他人意愿、接受他人指示或替他人做事时表现得很热切、很乐意，没有一点不情愿：Are you *willing* to accept responsibility?（你愿意承担责任吗?）

vol·un·teer /ˌvɔlən'tiə/ I *n.* [C] ❶志愿者，自愿参加者：Any *volunteers*? 有自告奋勇的吗? ❷（英国的）志愿军 II *vt.* ❶[常接动词不定式]主动，自愿：He *volunteered* to work his way through college. 他自己愿意靠做工读完大学。❷主动说（告诉或交流）；自由地说（交流）：*volunteer* an explanation 主动作出解释

vom·it /'vɔmit/ *v.* ❶呕吐，吐，呕：He *vomited* up the foul water he had swallowed. 他将吞下去的脏水全部吐出。❷（火山、烟囱等）喷发，喷：The volcano is *vomiting* volumes of black smoke. 火山正在喷出滚滚黑烟。

vote /vəut/ I *n.* ❶[C]投票，表决，选举：lose the farmers' *vote* 失去农场主的选票 ❷[the ～]投票权；表决权；选举权：They are not interested in getting *the vote*. 他们对获得选举权不感兴趣。❸[U]表决结果；投票结果：The *vote* was for the proposal. 表决结果是赞成这项提议。❹[C]票，选票：Dukakis steamrollered over Jackson by almost a 3-to-1 *vote*. 杜卡基斯几乎以 3 比 1 的选票击溃了杰克逊。II *v.* 投票通过，投

票实行（或决定、赞成等）：The party was *voted* into office. 该党派选举后开始掌权。‖ 'vot·er *n.* [C]

vow /vau/ I *n.* [C] ❶【宗】（向上帝等神灵的）誓，誓约，誓言：*Vows* of love flew from their lips. 两人信誓旦旦，情意绵绵。❷忠诚的誓言：lovers' *vows* 爱人的誓言 II *v.* 立誓给予；起誓做，发誓履行：If I do *vow* a friendship, I'll perform it to the last article. 要是我发誓帮助一个朋友，我一定会帮到底。

voy·age /'vɔidʒ/ *n.* [C]航海；航空；旅行；航行：set out upon a *voyage* 开始航行 ‖ 'voy·ag·er *n.* [C]

vul·gar /'vʌlgə/ *adj.* ❶粗俗的，不雅的：They were seen as *vulgar*, money-grubbing upstarts. 他们被看成是俗不可耐、唯利是图的暴发户。❷猥亵的；下流的：a *vulgar* gesture 下流的动作 ‖ 'vul·gar·ly *adv.*

vul·ner·a·ble /'vʌlnᵊrəbəl/ *adj.* ❶易受伤的，易受伤害的：This made them all the more *vulnerable* to the diseases brought by the Europeans. 这使他们更加容易受到欧洲人带来的疾病的侵袭。❷易受武力攻击的；易受到批评的（to）：Thomas was made particularly *vulnerable to* attacks on his character. 托马斯的为人特别容易受到别人的指责。‖ vul·ner·a·bil·i·ty /ˌvʌlnᵊrə'biliti/ *n.* [U]—'vul·ner·a·ble·ness *n.* [U]—'vul·ner·a·bly *adv.*

V

W w

wack·y /'wæki/ *adj.* 〈俚〉❶新奇的,稀奇的;古怪的,怪异的:Financial markets turned downright *wacky* in May. 5月份的金融市场变得古怪莫测。❷愚蠢的;无聊的:a *wacky* clown 笨手笨脚的小丑 ❸有点疯狂的,神经兮兮的:Her son is a bit *wacky*, and he always has some strange ideas. 他的儿子有点儿神经兮兮的,总是满脑子的怪念头。〔亦作 **whacky**〕‖ **'wack·i·ly** *adv.*—**'wack·i·ness** *n.* [U]

wad·dle /'wɒdˀl/ *vi.* (如鸭、鹅一般)摇摇晃晃地走,蹒跚而行:The geese *waddled* across the bridge one by one. 那群鹅摇摇摆摆一只接一只地过了桥。

wade /weid/ *vi.* ❶蹚水,涉水:They managed to *wade* across the muddy river. 他们设法蹚过了那条浑浊沙河。❷(在泥地、雪地或沙地中)费力行走,跋涉:Daniel *waded* through the ruins alone. 丹尼尔独自一人艰难地穿过了那片废墟。

waf·fle /'wɒfˀl, 'wɑːfˀl/ *n.* [C]〈美〉蛋奶烘饼,华夫饼,威化饼

waft /wɒft, wɑːft/ *v.* 随风飘荡;顺水漂浮:The flute sound *wafted* on the breeze. 那笛声随风飘荡。

wag /wæg/ (**wagged**;**wag·ging**) *v.* (来回往复地)摇摆,摇动,摆动,晃动:The dogs were *wagging* their tails there. 几只狗在那儿来回地摇着尾巴。

wage /weidʒ/ *n.* [U;C][常作~s]❶(尤指体力劳动者或非技术工人的)工钱,工资,薪水:I mean the real *wages* have declined. 我是说实际工资的购买力下降了。❷[常作~s][用作单]报酬,酬劳;报答,报应:The *wages* of honesty is trust. 对诚实的奖赏是信任。

wag·gle /'wægˀl/ *vt.* (来回或上下往复地)摇动,摇摆:Can you *waggle* your ears? 你会摇耳朵吗?

wag·(g)on /'wægˀn/ *n.* [C]❶四轮运货马车(或牛车等);(载客的)大篷马车;轻便马车:a covered *wagon* 大篷马车❷〈口〉客货两用轿车,旅行轿车;小型客车;四轮(厢式)货车:a blue station *wagon* 一辆蓝色的旅行轿车

wail /weil/ I *vi.* ❶(时贬)号啕,恸哭:She *wailed* over her son's remains. 她对着儿子的遗体号啕大哭。❷(风等号啕般地)呼啸:The wind began to *wail*. 风开始飒飒悲号。— *vt.* 〈古〉〈诗〉哭着哀悼;〈古〉哀号着诉说:"Tommy's beating me, dad!" she *wailed*. "爸爸,汤米打我!"她尖声哭叫道。 II *n.* [C]❶号啕大哭(声),恸哭(声);(尖厉的)哭叫(声):She laughed, in a sort of crazy *wail* like a bird. 她大笑起来,那笑声仿佛鸟儿某种疯狂的尖利鸣叫。❷(似号啕痛哭的)呼啸(声):the *wail* of the police sirens 警笛的尖啸声 ‖ **'wail·er** *n.* [C]

waist /weist/ *n.* [C]腰,腰部;腰围:She has a 25-inch *waist* 她的腰围是25英寸。

wait /weit/ *vi.* ❶等,等待,等候:You keep us *waiting* for ages! 你让我们等死了!❷期待,盼望(*for*):He was always there *waiting for* the girl to show up again. 他总是在那儿盼着那位姑娘的再次出现。

☆**wait, await, expect** 均有"等待;期待"之意。**wait** 和 **await** 都可用以表示期待某人来临或某事发生,强调活动过程。**wait** 为普通词,通常作不及物动词用,后跟介词

for：A：Why are you standing there? B：I'm *waiting for* John. (甲：你站在那里干什么？乙：我在等约翰。) **await** 为书面用词，作及物动词用：We have *awaited* your coming for days. (我们等你来等了几天了。) **expect** 表示有信心、有把握地等待或期待某事发生或某人来临，强调心理状态，带有热切盼望的意味：I'm *expecting* guests. (我在等客人。)

wait·er /ˈweitəˈ/ *n.* [C]男侍者，男招待，男服务员：He is not the head *waiter*. 他并不是侍者领班。

waiting room *n.* [C]等候室，等待室；候车(或船、机)室；候诊室

wait·ress /ˈweitris/ *n.* [C]女侍者，女招待，女服务员

wake /weik/ (过去式 **woke** /wəuk/或 **waked**；过去分词 **wok·en** /ˈwəukən/或 **waked**) *vi.* ❶醒(来)(*up*)；醒着：He looked as though he would never *wake*. 他看上去好像总也睡不醒似的。❷意识到，认识到；警觉起来(*to*)：She hasn't *woken to* the hypocrisy of her finance yet. 她还没有看出她未婚夫的虚伪。—*vt.* ❶使醒来，唤醒，弄醒(*up*)：Sunlight on his face *woke* him. 阳光照在他脸上，把他弄醒了。❷引起，唤起，激起；使认识到，使意识到，使察觉到(*up*)：He needs someone to *wake* him *up*. 他需要人激励。

wak·en /ˈweikən/ *vi.* ❶醒来，睡醒(*up*)：I *wakened* (*up*) very late this morning. 今天早上我醒得很迟。❷觉醒；振奋—*vt.* ❶弄醒，唤醒(*up*)：During the night I was *wakened* by a loud noise. 夜里我被一阵嘈杂的响声吵醒。❷激起，引起，使觉醒，使振奋：The report *wakened* the reader's sympathy for the orphan. 这篇报道激起了读者对那个孤儿的同情。

walk /wɔːk/ *v.* 行走；漫步；(物体)移动，前行：Shall we *walk* home? 我们走回家去，好吗?

wall /wɔːl/ *n.* [C]墙，墙壁；围墙；城墙：The Great *Wall* was faced and topped with stone. 长城用石头铺面、盖顶。

wal·let /ˈwɔlit/ *n.* [C](放钱币或证件等物的)钱包，皮夹子：He found his black leather *wallet* gone. 他发现他的黑皮夹子丢了。

wal·lop /ˈwɔləp/ *vt.* ❶痛击，猛击；袭击：The hurricane *walloped* the whole island last night. 昨晚飓风袭击了整个岛屿。❷(在比赛中)轻取，彻底打败：She *walloped* me at badminton. 羽毛球赛中她把我打得惨败。

wall·pa·per /ˈwɔːlˌpeipəˈ/ *n.* [C；U]墙纸，壁纸：flowery *wallpaper* 花墙纸

waltz /wɔːls，wɔːlts，wɑːlts/ I *n.* [C] ❶华尔兹舞 ❷华尔兹舞曲，圆舞曲：Strauss *waltzes* 施特劳斯的圆舞曲 II *vi.* ❶跳华尔兹舞；I can't *waltz*. 我不会跳华尔兹。❷〈口〉轻快前进；顺利通过：The little girl *waltzed* into the room. 小姑娘脚步轻快地走进房间。‖ 'waltz·er *n.* [C]

wan·der /ˈwɔndəˈ/ *vi.* ❶漫游，漫步，闲逛，徘徊：The cows were *wandering* down the lane. 奶牛沿着小路慢悠悠地走着。❷(思想等)走神，开小差，胡思乱想；(神志)错乱，恍惚；(谈话等)离题，东拉西扯；(行为等)背离正道，走邪路：Why is your mind so often inclined to *wander* in class? 为什么你上课总是走神呢? ❸(尤指人)迷路，走失；偏离正道；离家，流浪：Some of the kids have *wandered* away. 有些孩子走失了。‖ 'wan·der·er *n.* [C]

wane /wein/ I *vi.* ❶减少，缩小；衰退，衰落，衰弱，消逝：The chance for large profits was *waning*. 赚大钱的可能性越来越小了。❷退潮；(月亮)亏缺 II *n.* [C] ❶减少，缩小；衰退，衰落；减弱，消逝 ❷衰退期；尾声

wan·gle /ˈwæŋɡl/ *vt.* 〈口〉用诡计获得，耍手腕弄到，骗到：I *wangled* a ticket out of him. 我想法从他那里骗到了一张票。‖ 'wan·gler *n.* [C]

want /wɔnt，wɔːnt/ I *vt.* ❶[不用进行时态]想要；要；希望：Do you *want* a drink? 想喝一杯吗? ❷[常用被动语态]想见；想要(某人)到场：You are not *wanted* this evening. 你们今天晚上就不用来了。❸[不用进行时态]〈主英口〉需要，该要：The reading room *wants* a new coat of paint. 阅览室需要重新油漆一遍. —*vi.* 需要,想要;缺乏,缺少(*for*):We don't *want for* anything. 我们什么也不缺. **II** *n.* ❶[常作～s]需求,必需品:daily *wants* 日用必需品❷[U]需要,愿望,渴望(*of*):I feel the *want* of a baby. 我想要个孩子. ‖ 'want·er *n.* [C]

war /wɔː/ *n.* [U;C] ❶战争;战争状态;战争时期:We had a bad time during the *war*. 战时我们过着艰苦的日子. ❷斗争;较量;竞争;敌对,对抗,冲突:a trade *war* 贸易战

ward·en /'wɔːdⁿn/ *n.* [C] ❶保管人,看护人;管理人 ❷[常用以构成复合词]监督人;监管人;监护人;监察:traffic *wardens* 交通管理员

ware·house /'weəhaus/ *n.* [C]([复]-hous·es /-ˌhauziz/) 仓库,货栈

war·fare /'wɔːˌfeəʳ/ *n.* [U] 战争(状态);交战,作战:nuclear *warfare* 核战争

war·like /'wɔːˌlaik/ *adj.* ❶好战的,尚武的:a *warlike* tribe 尚武的部落 ❷有战争危险的,有战争预兆的;有敌意的,敌对的;要打斗的:These boys were extremely *warlike*. 这些男孩子极其好斗. ❸战争的;军事的:*warlike* preparations 备战

warm /wɔːm/ **I** *adj.* ❶温暖的,暖和的;(使人)感到暖和的:Are you *warm* enough? 你觉得够暖和吗? ❷(人或动物等身体)(感到)热的:be *warm* from a fever 因发烧而感觉热 ❸(衣物等)保暖的:a *warm* winter coat 暖和的冬大衣 ❹有感情的,有爱意的;亲切的;友好的,友爱的:a *warm* relationship 友爱的关系 ❺热情的,热烈的;热心的;诚挚的,真心的:Please accept our *warmest* congratulations. 请接受我们最热烈的祝贺. **II** *vt.* ❶使温暖,使暖和,使变热:The suns of March and April *warmed* the ground. 三四月份的阳光晒得大地回暖变热. ❷使变热,加热:She was *warming* her baby's milk. 她正在给孩子牛奶. ‖ *warm up vi.* (运动员等)热身,做赛前准备活动;(表演者)做演出前准备练习:Let's sing a song to *warm up* first. 我们先唱支歌练练声吧. ‖ 'warm·er *n.* [C]— 'warm·ish *adj.* — 'warm·ly *adv.* — 'warm·ness

n. [U]

warm-heart·ed, warm·heart·ed /ˌwɔːm'hɑːtid/ *adj.* 热心的;慈爱的,富于同情心的;友好的 ‖ warm'heart·ed·ly *adv.* — ˌwarm'heart·ed·ness *n.* [U]

warmth /wɔːmθ/ *n.* [U] ❶温暖,暖和:The light and *warmth* were gone. 天色暗了下来,同时也带来了凉意. ❷热情;热烈;激动:His manner lacks a certain *warmth*. 他的态度缺少一种热情. ❸友好;关心,关怀:the *warmth* of affection 爱的温暖

warm-up /'wɔːmʌp/ *n.* ❶[U](发动机等机器的)预热 ❷[C](赛前的)准备活动,热身活动;(演出前的)准备练习:The swimmers are having a *warm-up* before the game. 游泳者正做赛前准备运动.

warn /wɔːn/ *v.* ❶警告,告诫;提醒(*of, against*):I did *warn* you *of* possible risk. 对于可能存在的风险,我是警告过你的. ❷建议,告诫(*to*):I *warn* you not *to* take such chances. 我建议您不要冒这样的险. ❸告诫(某人)离开;告诫(某人)不得靠近(*away, off*):The farmer *warned* the hunters *off* his property. 农场主告诫狩猎者们不得靠近他的领地.

warn·ing /'wɔːniŋ/ *n.* [U;C] ❶警告;告诫;警报:attack the enemy without *warning* 不宣而战 ❷预告,预报;预兆,前兆:The pain in her arms and hands began without *warning*. 她的双臂和双手突然开始疼痛.

warp /wɔːp/ **I** *vt.* ❶使(因受热或受潮而)变形;使歪斜;使弯曲;使翘:The storm *warped* those willow-trees. 暴风雨袭卷了那些柳树. ❷〈喻〉使(心灵等)扭曲;使反常,使乖戾:A moralistic training *warps* the thinking process. 充满道德说教的训练会扭曲人的思维方式. **II** *n.* ❶[C]变形,歪斜;弯曲;翘:There's a *warp* in this record. 这张唱片有点变形. ❷[C](性格等的)乖戾,反常;扭曲心理;反常心理;偏见:the *warp* in sb.'s nature 某人性格中的乖戾

war·rant /'wɒrⁿnt, 'wɔː-/ **I** *n.* ❶[C]【律】令状;授权令;逮捕令;搜查令:a *warrant* of attachment 财产扣押令 ❷[U]授权;批准,

W

认可;担保,保证;证明:You have no *warrant* for signing this new contract. 你们无权签这份新的合同。❸[C]准许证,许可证;委任书;委托书;证书:a *warrant* of attorney 给律师的委任书 Ⅱ *vt.* 〈书〉证明…有理,成为…的根据;应该受到;必须要:Nothing can *warrant* such insolence. 这种蛮横无理是无可辩解的。

war·ran·ty /'wɒrənti,'wɔː-/ *n.* ❶[U](对所售或所租物品的质量或所有权等有法律约束的)承诺,保证,担保:This *warranty* is no sales gimmick. 这种承诺不是什么商业促销的噱头。❷[C](有关商品质量的)保证书,担保书;保(修或用)单:a *warranty* of quality for the goods 商品质量保证书

war·ri·or /'wɒriə,'wɔː-/ *n.* [C]〈书〉武士,勇士;(老)战士;(原始部落等的)斗士

war·y /'weəri/ *adj.* ❶警觉的,警惕的;小心翼翼的,非常谨慎的:We were *wary* in our movements. 我们的行动非常谨慎小心。❷[常作表语]提防…的,谨防…的;怀疑…的;害怕…的(*of,about*):I'm very *wary about* believing these rumours. 我不敢相信这些谣言。‖ 'war·i·ly *adv.* —'war·i·ness *n.* [U]

was /wɒz,wʌz,弱 wəz/ *v.* be 的单数第一、第三人称过去式

wash /wɒʃ,wɔːʃ/ *v.* ❶洗涤,洗刷;洗去,洗掉(*from,off,away*):*Wash* the dishes! 把盘子刷了! ❷〈喻〉洗刷:*wash* one's soul *from* sins 洗刷心灵的罪恶 ❸(波浪等)冲击,拍打:The waves *washed* our boat gently. 波浪轻轻地拍打着我们的小船。❹(流水等)冲走;冲掉;冲出:We were *washed* overboard by a huge wave. 我们被一个大浪卷进海中。

wash·a·ble /'wɒʃəbl,'wɔːʃ-/ *adj.* 可洗的,能洗的;耐洗的 ‖ **wash·a·bil·i·ty** /ˌwɒʃə'biliti,ˌwɔːʃ-/ *n.* [U]

washed-out /'wɒʃtaut,'wɔːʃt-/ *adj.* [无比较级] ❶ 洗得褪色的,洗得发白的:a *washed-out* jacket 洗得发白的夹克衫 ❷〈口〉没精神的,无生气的;筋疲力尽的:You seem all *washed-out*, what's the mat-

ter? 你看起来一点精神都没有,怎么回事?

wash·er /'wɒʃə,'wɔːʃ-/ *n.* [C] ❶洗衣者 ❷洗衣机;洗涤器

wash·ing /'wɒʃiŋ,'wɔːʃ-/ *n.* [U] ❶(清)洗,洗涤;洗衣;冲洗:Doing the *washing* is such a bore! 洗衣服真烦人! ❷待洗(或已洗)的衣物:Peg out the *washing*. 用木夹把洗好的衣服夹在晒衣绳上。

washing machine *n.* [C]洗衣机

wash·room /'wɒʃˌrum,'wɔːʃ-/ *n.* [C]盥洗室,厕所

wasp /wɒsp,wɔːsp/ *n.* [C]【昆】黄蜂,马蜂;胡蜂

waste /weist/ Ⅰ *vt.* ❶浪费;滥用;未能充分利用:Turn that tap off. Don't *waste* water. 把那个水龙头关掉,不要浪费水! ❷错过,失去(机会等):*waste* a golden opportunity 错失良机 ❸销蚀;耗损;折磨;使消瘦;使虚弱,使衰弱;使耗尽精力:The long illness *wasted* his strength. 久病使他变得气虚力衰。Ⅱ *n.* ❶[U;C]作可数名词时通常单]浪费,滥用;挥霍:Betting is a complete *waste* of money. 打赌完全是糟蹋钱财。❷[U;C]一大片废弃的地区;一片荒凉(或空旷);[常作～s]荒地;荒原;处女地:We travelled through treeless *wastes*. 我们穿过了没有树木的荒地。❸[U]废(弃)物,废料:industrial *waste* 工业废料 ❹[U]垃圾;污水排泄物:kitchen *waste* 厨房垃圾 Ⅲ *adj.* [无比较级][通常作定语] ❶(土地)未开垦的;荒芜的,无人烟的;荒凉的;成为废墟的:*waste* ground 荒地 ❷废的;丢弃的;被浪费的;多余的,过剩的,不再有用的:*waste* material 废料 ❸用以排放废物的,盛放废物的:a *waste* container 废物箱

wast·ed /'weistid/ *adj.* [无比较级] ❶浪费掉的,滥用掉的;无用的;未能利用的,错过的:*Wasted* hours destroy your life. 浪费时间无异于浪费生命。❷衰弱的;消瘦的;筋疲力尽的:At the sight of her pale face and *wasted* figure,he shed a few tears himself. 他一见她那苍白的面孔和瘦削的身子,不免也掉了几滴眼泪。

waste·ful /'weistf°l/ *adj.* 浪费的,滥用的;

挥霍的;耗费的:It's very *wasteful* (of electricity) to have so many lights on at once. 一下子开这么多灯太费电了。‖ **'waste·fully** *adv.* —**'waste·ful·ness** *n.* [U]

waste·land /'weistˌlænd,-l°nd/ *n.* [C] ❶荒地,荒原;不毛之地;未垦地;沙漠;废墟:reclaim a rural *wasteland* 开垦乡间的荒地 ❷〈喻〉贫乏,单调;(精神、文化上的)荒漠:Their relationship had become an emotional *wasteland*. 他们的关系已成为一片感情荒漠。

watch /wɒtʃ,wɑtʃ/ **I** *v.* ❶注意,关注;照看;看护;守护;监视:*Watch* your health, dad. 注意身体,爸爸。❷(专注地)观看;注视:Do you let the child *watch* a lot of television? 你让孩子多看电视吗?❸守候;等候,等待:*watch* one's opportunity 等待时机❹守卫,保卫;看守,看管:The building was *watched* by the armed guards. 那幢楼由持枪的卫兵们把守着。**II** ❶[U]手表;计时装置 ❷[常用单]观察;注视;守卫

watch·dog /'wɒtʃˌdɒg,'w/ *n.* [C] ❶看门狗,看家犬:His *watchdog* is rather fierce towards us. 他的看家狗对我们很凶。❷〈喻〉维护者,护卫者:a *watchdog* of public morals 社会公德的捍卫者

watch·ful /'wɒtʃf°l,'w/ *adj.* 警惕的,警觉的;提防的,戒备的;注意的,留意的:He is *watchful* of his health. 他很注意自己的健康。

wa·ter /'wɒtə,'wɑ-/ **I** *n.* ❶[U](天然的)水;自来水;水源,供水:cut off the *water* 断水 ❷[C;U][作可数名词通常用复数]大片的水;(江、海、湖、池等)水体,水域;fishing *waters* 捕鱼水域 **II** *vt.* ❶用水喷洒,给…洒水(浇水);浸湿,浇透,灌溉:*water* the roses 给玫瑰浇水 ❷给…供水;给…加水;给…喂水:The horses had been fed and *watered*. 已给给马喂过料饮过水了。

water buffalo *n.* [C]〈动〉水牛

water closet *n.* [C]盥洗室,卫生间(略作 WC)

wa·ter·course /'wɒtəˌkɔ:s,'w/ *n.* [C]水道;河道,沟渠

wa·ter·fall /'wɒtəˌfɔ:l,'w/ *n.* [C](天然或人工)瀑布

wa·ter·mel·on /'wɒtəˌmel°n,'w/ *n.* [C;U]〈植〉西瓜

wa·ter·proof /'wɒtəˌpru:f,'w/ *adj.* [无比较级]防水的,防潮(湿)的,不透水的;不怕水的,耐水的:*waterproof* trousers 防水裤 ‖ **'wa·ter·proof·ing** *n.* [U]

wa·ter·shed /'wɒtəˌʃed,'w/ *n.* [C] ❶流域:the *watershed* of the Yellow River 黄河流域 ❷(河流、海洋或流域等的)分水岭,分水线,分水界 ❸〈喻〉转折点;重要关头;决定性因素:It marked an important *watershed* in the poet's short life. 它标志着诗人短暂一生中的一个重要转折。

wa·ter·side /'wɒtəˌsaid,'w/ *n.* [C][常用单]河边,湖畔;海滨:on the *waterside* 在水边

wa·ter·tight /'wɒtəˌtait,'w/ *adj.* [无比较级] ❶防水的,不透水的,水密的:*watertight* joints 不漏水的接头 ❷(论点、计划等)严密的,无懈可击的;完美的,天衣无缝的:The book is a *watertight* piece of economic analysis. 这本书对经济活动做了严密的分析。

watt /wɒt/ *n.* [C]〈电〉瓦(特)(功率单位,略作 W 或 w):25-*watt* light bulbs 25 瓦的灯泡

wave /weiv/ **I** *n.* [C] ❶波浪,波涛:The ship floated like a bird on the *waves*. 那条船就像一只鸟儿一样漂浮在浪尖上。❷(手或物的)挥动;摇动;晃动:He gave me a *wave*. 他对我挥手。❸卷;波状运动,起伏:the natural *waves* in Brenda's hair 布兰达自然卷的头发 ❹〈喻〉浪潮;(活动等的)高潮;(人群等的)潮涌,涌动;(情绪等的)突发,高涨;(影响等的)激增:the *wave* of immigration 移民浪潮 **II** *vi.* ❶飘动;摆动,摇晃;起伏,波动:Her hair *waved* in the breeze. 她的头发在微风中飘扬。❷挥手(或物)致意(或示意、指挥等):Mary *waved* until her husband was out of sight. 玛丽朝着丈夫挥手,直到他的身影消失为止。

wa·ver /'weivə/ *vi.* ❶摇摆;摇晃:He *wavered* back and forth as he laughed. 他笑得

前仰后合。❷(火焰等)摇曳;(光等)闪动,闪烁:The flame *wavered* in the draught. 火苗在风口摇曳不定。❸动摇;踌躇;犹豫不决,摇摆不定:Did your courage *waver* just now? 刚才你的勇气动摇了吗?

wav·y /'weivi/ *adj.* ❶起浪的;多浪的,波涛汹涌的:a *wavy* sea 波涛汹涌的大海 ❷波动的,晃动的;动摇的,不稳的 ❸波状的,有波纹的;波浪式的;卷的:a *wavy* line 波浪线

wax /wæks/ *n.* [U] ❶蜂蜡(= beeswax):Bees make honey and *wax*. 蜜蜂产蜂蜜和蜂蜡。❷(用以生产蜡制品、上光剂或闭合剂等的)蜂蜡提纯物;(从其他物质中提炼出的)人造蜡;蜡状物:sealing *wax* 封蜡 ❸耳垢,耳屎;(某些动植物的)蜡状分泌物:*wax* in the ears 耳屎

way /wei/ *n.* ❶[C](达到目的的)方法,手段;方式;途径;样式:I do like the *way* you've had your hair done. 我真喜欢你头发做成这种样式。❷[C]风俗,习惯;作风,风度:It has not been our *way* of doing things. 这不是我们一贯的作风。❸[C](某个)方面;(某一)点:We can certainly help you in many *ways*. 毫无疑问,我们能在许多方面给你帮助。❹[C]方向;方位:Which *way* is the Summer Palace? 颐和园在哪个方向? ❺[用单]出口;出路;通道:This gate is the only *way* out of the yard. 这个大门是这个院子的唯一一出口。❻[常作～s]路途;(一段)路程,距离:Your birthday is still a long *way* off. 你的生日还早着哩。❼[英用单;美用复](尤指最好的)路线,路径;(道)路;(大)道:I'm sorry that your office is out of my *way*. 很抱歉,我不路过你的办公室。‖ **by the way** *adv.* 〈口〉顺便说说,顺便提一下:*By the way*, did you know that they have already divorced? 顺便问一下,你知道他们已经离婚了吗? **give way** *vi.* ❶让路;让位;让步;后退;屈服(*to*):We can't *give way to* student demands like that! 我们不能那样迁就学生的要求!❷倒塌;塌陷;(身体)垮下来:The thin ice will surely *give way* under so many skaters. 这么多人溜冰,薄薄的冰层肯定会塌陷的。**in a way** [in

one way, in some ways] *adv.* 在某一点上;在某些方面;在某种程度上;有几分:In a *way*, this statement is true. 这个说法在某种程度上是对的。**no way** *int.* 〈口〉[用以表示强烈反对或断然拒绝]不行! 不可能!:A: Can I have another chocolate? B: *No way*. 甲:我再吃一块巧克力好吗? 乙:没门儿!

☆**way, pass, path, road, track** 均有"道路;路径"之意。**way** 为最普通用词,词义和使用范围也最广,泛指途径、通道、线路或方向。考虑某一特定或具体的道路时,一般不用该词:A man asked me the *way* to Tower Bridge. (一位男士问去塔桥的路。)**pass** 尤指崇山峻岭中或两山之间的窄路:A *pass* crosses the mountains. (小路在山间蔓延。)**path** 表示人们在穿过森林或翻山越岭时所走出来的长而窄的土路:We followed a muddy *path* through the forest. (我们在森林里走了一条泥泞的小路。)该词也可指人们在花园、公园或大路旁边铺建的水泥或石子小路:He went up the *path* to his front door. (他走上通往他家前门的小径。)**road** 为普通用词,词义也很广,表示城市或乡村中可供车辆通行的任何道路,既可用于土路或煤渣路,也可用于现代化的高速公路:There's a car outside parked in the *road*. (外面的马路上停着一辆车。)**track** 尤指崎岖不平的乡间、林间或山间小路、小径:a *track* through a forest (林间小路)该词也可表示跑道、车辙或踪迹:The dog followed the fox's *tracks* into the woods. (狗跟踪狐狸的踪迹进了树林。)

WC *abbr.* water closet

we /wiː, wi/ *pron.* [主格,I的复数]我们:*We* don't sell cheap quality goods. 我们不卖质量低下的商品。

weak /wiːk/ *adj.* ❶不牢固的;易损坏的:Don't stand on that table— it's got a *weak* leg! 别站在那张桌子上,它有条腿不牢! ❷虚弱的,衰弱的;无力的;(器官)功能差的:She's a little bit *weak* in the legs. 她的腿有点发软。❸(论据等)无说服力的,不充分的;不周密的:I thought the plot was a bit *weak*. 我觉得这个情节不大经得起推敲。

❹薄弱的,软弱的,脆弱的:I know sometimes how *weak* men are. 我知道有时候男人有多脆弱。‖ **'weak·ly** *adv.*

weak·en /'wiːkˀn/ *vt.* ❶使虚弱;使衰弱:Stress can *weaken* the immune system. 紧张会减弱免疫系统的功能。❷削弱,减弱;冲淡:The rumour *weakened* his resolve. 谣言使他的决心动摇了。‖ **'weak·en·er** *n.* [C]

weak·ness /'wiːknis/ *n.* ❶[U]虚弱,衰弱;薄弱;脆弱;软弱,懦弱;不坚定:The government is accused of *weakness* in dealing with terrorists. 有人指责政府对恐怖分子打击不力。❷[C]弱点,缺点:Gambling is his *weakness*. 好赌是他的弱点。❸[常用单]爱好;癖好;嗜好;宠爱的人(或物):Candy is her *weakness*. 她特别爱吃糖果。

wealth /welθ/ *n.* ❶[U]财富;财产;财物;资源:exploit natural *wealth* 开发自然资源 ❷[C]大量;充足;丰富:a whole *wealth* of teaching experience 丰富的教学经验

wealth·y /'welθi/ *adj.* ❶大量的;充足的,丰富的:The old man is *wealthy* in wisdom. 这位老人见多识广。❷富裕的,有钱的:a *wealthy* family 有钱人家(或富户)‖ **'wealth·i·ness** *n.*

weap·on /'wepˀn/ *n.* [C]❶武器,兵器:a *weapon* of offence 攻击武器 ❷〈喻〉武器,制胜法宝,斗争手段:Are tears a woman's *weapon*? 眼泪是女人的制胜法宝吗?‖ **'weap·on·less** *adj.*

wear /weəʳ/ (**wore** /wɔːʳ/, **worn** /wɔːn/) *v.* ❶身穿,穿着;戴着;佩带:*wear* coat and tie 穿西装系领带 ❷面带,面露;显出,呈现;保持,带着:She was flushed; she *wore* an excited air. 她的脸在发红,看上去神色相当紧张。❸穿破;用旧;磨损:The jacket has scarcely been *worn*. 这件夹克衫几乎还没穿旧。‖ **wear out** *v.* ❶磨损;磨出;穿破;用坏;擦掉:Things *wear out* quickly from bad use. 东西使用不当坏得快。❷(使)疲劳;(使)厌倦;(使)消耗;慢慢耗掉:Don't *wear* yourself *out* by working too hard. 工作别太累,别把身体搞垮了。‖ **'wear·a·ble** *adj.* —

'wear·er *n.* [C]

wea·ry /'wiəri/ *adj.* 疲倦的,倦怠的,困乏的;消沉的,萎靡的:Let me sit down and rest my *weary* legs. 让我坐下来放松放松疲惫不堪的双腿。‖ **'wea·ri·ly** *adv.* —**'wea·ri·ness** *n.* [U]

weath·er /'weðəʳ/ *n.* [U]天气,气象;天气预报:It's heaven to go out in this beautiful *weather*. 天气这么好,出门走走真不错。

weave /wiːv/ (过去式 **wove** /wəuv/或 **weaved**;过去分词 **wo·ven** /'wəuvˀn/或 **wove** 或 **weaved**) *v.* ❶(纺)织:The dress was *woven* with silver thread. 这件连衣裙是用银丝线织成的。❷编(织):*weave* a basket 编织篮筐 ‖ **'weav·er** *n.* [C]

web /web/ *n.* [C]❶【纺】织物;棉网;毛网 ❷(蜘蛛等编织的)网:the spider's *web* 蜘蛛网 ❸网状物:a *web* of railways 铁路网 / a *web* of branches 交错盘结的枝杈 ❹错综复杂的事物,牵连纠缠的事物;网络:a *web* of relationships 关系网 ‖ **webbed** *adj.*

Wed. *abbr.* Wednesday

wed·ding /'wedin/ *n.* [C]结婚,婚礼,结婚庆典:She was determined to have both her divorced parents at her *wedding*. 她决意要让离异的双亲都出席她的婚礼。

Wednes·day /'wenzdi,-dei/ *n.* [C;U]星期三(略作 **Wed.**, **Weds.**, **W.**):He'll arrive (on) *Wednesday*. 他将于星期三到达。

weed /wiːd/ **I** *n.* [C;U]杂草;野草;莠草,稗草;水草:Man is a *weed* in those regions. 人在这些地区犹如莠芥。**II** *v.* ❶除(草);除去…的草:Let's *weed* the grass out of the rose garden. 我们把玫瑰园的杂草清除掉吧。❷清除,剔除;淘汰(out):The slow pupils will surely be *weeded out* from this class. 学习跟不上的学生肯定要被这个班淘汰掉。‖ **'weed·er** *n.* [C]

weed·y /'wiːdi/ *adj.* ❶[无比较级]长满野草的,杂草丛生的:the *weedy* jungle 杂草丛生的密林 ❷(人或动物)瘦弱难看的;干瘦的,骨瘦如柴的;虚弱无力的;发育不良的:a *weedy* bald-headed man 骨瘦如柴的秃顶

男人

week /wi:k/ *n.* [C] ❶星期,周,礼拜;(从任何时候算起的)连续七天,一周,一礼拜:The agreement will expire a *week* hence. 此协议一星期后失效。❷(两个周末之间或除去例行休假的)工作周;周工作量:the five-day *week* 5 天工作周

week·day /'wi:k,dei/ *n.* [C](星期日或周末及星期日以外的)工作日,周日:People usually work on *weekdays*,not at weekends. 人们通常是周日工作,周末休息。

week·end /,wi:k'end, 'wi:,kend/ *n.* [C]周末,周末休息日(通常指星期六和星期日):He is looking forward to a quiet *weekend*. 他盼着能过个安静的周末。

week·ly /'wi:kli/ **I** *adj.* [无比较级][作定语]❶每周(一次)的:They lived in an end house,at higher *weekly* payments. 他们住在最末尾的房子里,每周的房租要高一些。❷按周计算的;(持续)一周的:By doing this you can work out your average daily,*weekly* and monthly sales. 这样你就能算出每日、每周以及每月的销售量。**II** *adv.* [无比较级]按周地;每周(一次)地:Are you paid *weekly* or monthly? 你拿周薪还是月薪?**III** *n.* [C]周报;周刊:I have bought two *weeklies* and a local daily. 我买了两份周刊(或周报)和一份当地的日报。

weep /wi:p/ (**wept** /wept/) *v.* ❶哭泣;流泪:We all *wept* at the sight of those poor orphans. 看到那些可怜的孤儿,我们全都落泪了。❷(液体)缓慢地流;渗出液体:The blood is *weeping* from my heart. 我的心在慢慢地流血。‖ 'weep·er *n.* [C]

weigh /wei/ *v.* ❶[不用进行时态和被动语态]重达;重量为:Baby blue whales *weigh* two tons at birth. 蓝鲸一生下来就有两吨重。❷称…的重量,称:*weigh* the fruit on the scales 用磅秤称水果 ❸权衡,斟酌,考虑;比较(*with*,*against*):*weigh* the advantages and disadvantages 权衡利弊

weight /weit/ *n.* ❶[U;C][具数时通常用单]重量;分量;体重:advise sb. to lose *weight* 劝某人减肥 ❷[C]重物;重体:lift heavy *weights* 搬重物 ❸[C](尤指精神或心理方面的)重负;负担,压力

weight·less /'weitlis/ *adj.* [无比较级]失重;无重力的;carry out experiments in the *weightless* conditions 在失重条件下进行实验 ‖ 'weight·less·ness *n.* [U]

weight lifting *n.* [U]【体】举重(运动) ‖ 'weight,lift·er *n.* [C]

weight·y /'weiti/ *adj.* ❶重的,沉重的;笨重的:There must be *weighty* matter on his mind. 他一定是心事很重。❷重大的,重要的;有影响的,举足轻重的;权威性的:a *weighty* dicision 重大决定 ‖ 'weight·i·ness *n.* [U]

weird /wiəd/ *adj.* ❶神秘的;超自然的;非人世所有的 ❷〈口〉奇特的,怪异的:a *weird* ritual 奇特的礼仪/ a *weird* logic 奇怪的逻辑 ‖ 'weird·ly *adv.* —'weird·ness *n.* [U]

wel·come /'welkəm/ **I** *n.* [C]欢迎;款待;(特定方式的)迎接;接受:extend sb. a warm *welcome* 向某人表示热烈欢迎 **II** *int.* 欢迎:*Welcome* to our home! 欢迎到我们家来做客! **III** *vt.* ❶(以特定方式)迎接;接待;款待:They *welcomed* me to their university. 他们欢迎我去他们的大学。❷欢迎;接受:We gratefully *welcome* corrections. 我们热忱欢迎批评指正。**IV** *adj.* ❶受欢迎的;来得正好的:a *welcome* visitor 受欢迎的来访者 ❷令人愉快的;宜人的:Through the window the rays of the sun touched my feet,and the slight warmth was very *welcome*. 阳光从窗外射到我的脚上,微微的温暖使人非常舒服。❸[作表语]被允许的;可随意使用的;不必感谢的:You are *welcome* to any dictionary I have. 我的词典你可随意使用。‖ 'wel·come·ness *n.*

weld /weld/ *v.* ❶焊接,熔接;锻接:*weld* parts together 焊接零件 ❷使紧密结合;使连成整体(*into*):*weld* a strong friendship 结成牢固的友谊 ‖ 'weld·er *n.* [C]

wel·fare /'welfeə/ *n.* [U]❶福利;康乐,幸福安康:the *welfare* of mankind 人类的幸福 ❷福利救济;[W-]〈口〉(政府的)福利救济机构:She is finally off *welfare*. 她终

于摆脱了福利救济。

well¹ /wel/ **I** *adv.* （**bet·ter** /ˈbetər/, **best** /best/）❶好;成功地;有利地;令人满意（或愉快）地:She sings very *well*. 她歌唱得很好。❷足够地,充分地;完全地,彻底地:a *well-lit room* 光线充足的房间 ❸正确地;恰当地,合适地:You understand it wonderfully *well*, man. 老兄,你对这个问题理解得真到家。❹很,相当;可观地,远远地:A visit to this famous museum is *well* worthwhile. 这个有名的博物馆很值得一看。**II** *adj.* （**bet·ter** /ˈbetər/, **best** /best/）[通常作表语] ❶健康的;康复的,病愈的:She doesn't look very *well*. 她看上去身体不是大好。❷良好的;妥善的;令人满意（或愉快）的:All's *well* that ends well. 凡事结局好则全局都好。❸正确的;恰当的;明智的,可取的:It is *well* that you didn't go. 你没走是很明智的。**III** *int.* ❶[表示惊讶、责备或规劝等]咳;唔;嘿;嗳,哎;那么:*Well*, well! Who would have guessed it? 咳! 谁能料得到?❷[用以接续或引入话题]唔,噢,喔;这个:*Well*, frankly, I'm a little dazed. 这个嘛,说实在的,我感到有点晕头转向。‖ *as well adv.* 同样地;也:He is a scientist, but he is a musi-cian *as well*. 他既是科学家又是音乐家。*as well as prep.* 与……一样（程度）;除……之外(也),不但……而且;和:She's clever *as well as* beautiful. 她既聪明又漂亮。

well² /wel/ *n.* [C] （水、气或油）井:drill an oil *well* 钻油井

well-be·ing /ˈwelˌbiːɪŋ/ *n.* [U]健康;福利;幸福;康乐:Business executives believe that holidays are vital to their *well-being*. 公司企业的经理们认为休假对他们的健康是至关重要的。

well-done /ˌwelˈdʌn/ *adj.* [无比较级]❶做得好的,做得出色的 ❷[烹]（肉等）烧得烂的,煮得透的;火候到家的:a *well-done* steak 烧得透的牛排

well-known /ˌwelˈnəun/ *adj.* ❶出名的,有名的,著名的;广为人知的,众所周知的:That restaurant is *well-known* for its excellent service. 那家餐馆以其上乘的服务而闻名。❷被熟知的,熟悉的:My quiet life was

well-known to everybody. 我日子过得平平静静,大家有目共睹。

Welsh /welʃ, weltʃ/ *adj.* [无比较级]威尔士的;威尔士人的;威尔士语的

went /went/ *v.* go 的过去式

wept /wept/ *v.* weep 的过去式和过去分词

were /wɜː, wə/ *vi.* be 的复数、第二人称的过去式和各人称的虚拟语气形式

west /west/ **I** *n.* ❶[U]西;西面,西边,西方:Does the wind blow from the *west*? 刮的是西风吗?❷[常作 the W-]（相对于东方文明而言的）西洋（国家）,西半球（国家）,西方（国家）;（非共产党执政的）欧美国家:The technology gap between East and *West* was fast widening. 东西方国家之间的技术差距正在迅速拉开。❸[常作 the W-]（一个国家或城镇的）西部,西部地区,西部地带:Her husband works in *the west* of the city. 她的丈夫在城西地区工作。**II** *adj.* [无比较级] ❶[时作 W-]（在）西方的,西面的,西边的;西部的;靠西的,近西的;朝西的,面向西的:the *west* gate of a school 学校的西门 ❷来自西方的,从西面来的:a *west* wind 西风 **III** *adv.* [无比较级]在西方;朝西方,向西方;来自西方,从西方:My window faces *west*, so we get the evening sun. 我的窗户朝西,所以有西晒。

west·ern /ˈwestən/ **I** *adj.* [无比较级][最高级 **west·ern·most** /ˈwestənˌməust/] ❶（在）西面的,西边的,西方的;西部的;向西的,朝西的;从西边来的,来自西方的:a *western* wind 西风 ❷[常作 W-]西洋（国家）的,西方（国家）的,欧美（国家）的;南北美洲的;西方集团的:*Western* civilization 西方文明 **II** *n.* [C][常作 W-]（取材于 19 世纪下半叶美国西部牛仔或边民生活的）西部电影;（小说或电视剧等）西部作品 ‖ **ˈwest·ern·er** *n.* [C]

west·ward /ˈwestwəd/ **I** *adj.* [无比较级]向西的(的):a *westward* journey 向西的旅行 **II** *adv.* [无比较级]朝西地;向西地:We sailed *westward*. 我们向西航行。

wet /wet/ **I** *adj.* （**wet·ter**, **wet·test**）❶湿的,潮的,潮湿的:Her worn face was *wet* with tears. 她那憔悴的脸上泪痕斑斑。❷（天气

等)可能会下雨的；下雨(或雪、雾)的；多雨的；雨天的：a *wet* and roaring night 雨打风啸的夜晚 **II** (*wet* (·ted)；*wet*·ting) *vt.* ❶把…弄湿；使潮湿：He began to swallow and *wet* his lips. 他开始咽唾沫，舔嘴唇。❷把…尿湿，在…上撒尿：Your son *wetted* the bed last night. 你儿子昨天晚上尿床了。‖ '**wet·ly** *adv.* — '**wet·ness** *n.* [U]— **wet·ter** *n.* [C]

☆**wet**, **damp**, **dank**, **humid**, **moist** 均有"潮湿的"之意。**wet** 为普通用词，通常表示湿透，也指表面有水或还没有干：I can't go out until my hair's dry；it's still *wet* from being washed. (我要等头发干了才能出去，我的头发洗了还湿着呢。) **damp** 表示潮湿度比 *wet* 要轻，往往给人以不舒适的感觉：*damp* clothes (有潮气的衣服) **dank** 专指不舒适、对人健康不利的那种阴湿，常有缺乏新鲜空气、见不到阳光的意味：The prison was cold and *dank*. (监狱里又冷又湿。) **humid** 尤指暖热空气中含有大量水蒸气，使人感到气闷或不舒适：The hot, *humid* conditions brought on heatstroke. (炎热潮湿的天气状况导致了中暑。) **moist** 表示不干燥，往往带有湿度适当、使人感到舒适的意味：Water the plant regularly to keep the soil *moist*. (按时给植物浇水以保持土壤湿润。)

wet·land /'wetɪlændz/ *n.* [常作～s]沼泽地，湿地

whale /ʰweɪl/ *n.* [C]([复] **whale** (**s**))【动】鲸

what /ʰwɔt, ʰwʌt/ *pron.* ❶[疑问代词]什么；什么样的人(或事物)：*What* are you saying? 你们在说什么呀? ❷[用以询问某人(或某物)的特征、渊源、身份或价值]：*What* is the meaning of life? 人生的意义是什么? ❸[用以要求重复所说过的话](你说的)什么：*What*? You don't want to go? (你说)什么? 你不想去? ❹[用以引出感叹，或表强调]多么，怎样，何等：*What* a pity! 真遗憾! ‖ *So what*? 〈口〉那有什么了不起? 那又怎么样?：His father is a millionaire. *So what*? He has to pay his tuition all by himself. 他父亲是个百万富翁，可那又怎么样呢? 他还得全靠自己来交学费。*what for*

adv. 〈口〉为何，干什么：*What* is the box *for*? 这个箱子是干什么用的? *what if conj.* 如果…将会如何，如果…将会怎样；即使…又怎么样，即便…又有何关系：*What if* I don't go? 即使我不去，又怎么样?

what·ev·er /ʰwʌtˈevəʳ, ʰwɒt-, ʰwət-/ **I** *pron.* ❶[连接代词，用以引导副词从句]无论什么，不管什么：You have to go to school *whatever* the weather. 不管天气怎么样，你都得去上学。❷[关系代词，用以引导名词从句]凡是…的事物；任何…的东西：In her mind, *whatever* her mum said was right. 在她的心目中，凡是她妈妈说的话都是对的。❸〈口〉[疑问代词，用于否定句或疑问句，相当于 what ever]究竟什么，到底什么：*Whatever* are you afraid of? 你到底害怕什么? ❹任何其他类似的东西，诸如此类的东西，如此等等：Show me your passport, ID card, or *whatever* it is. 把你的护照、身份证或其他诸如此类的东西拿给我看看。**II** *adj.* [无比较级]❶[连接形容词，用以引导副词分句]无论什么样的，不管怎样的：*Whatever* weather it is, we have to finish the task. 不管天气怎样，我们都要完成这项任务。❷[关系形容词，用以引导名词分句]任何…的：The poet catches *whatever* clues of Paradise vouchsafed in the external world. 诗人捕捉着尘世中有关天堂的任何线索。❸用于否定或疑问句中被修饰的名词之后，相当于 at all]任何的，丝毫的：I have no interest *whatever*. 我一点儿兴趣也没有。

what·so·ev·er /ʰwɒtsəʊˈevəʳ, ʰwʌt-/ *pron.* & *adj.* [与否定词或词组连用，以加强语气]任何的；丝毫的：She has no friends *whatsoever*. 她没有任何朋友。

wheat /ʰwiːt/ *n.* [U]【植】小麦：a field of *wheat* 小麦田 ‖ '**wheat·en** *adj.*

wheel /ʰwiːl/ *n.* ❶[C]轮(子)；车轮；机轮：lock the *wheels* 刹车 ❷[the ～]驾驶盘，方向盘；【海】舵轮：Who will take *the wheel* then? 那谁来掌舵呢? ‖ **wheeled** *adj.*

when /ʰwen, 弱 ʰwən/ **I** *adv.* [无比较级]❶[疑问副词]什么时候，何时：*When* is the ceremony? 仪式何时举行? ❷[疑问副词]

在何种情况（或场合）下：To know *when* to go that is one of the great necessities of life. 该引退的时候就引退——这是生活中最关紧要的事情之一。**II conj.** ❶在…的时候，当…的时候：*When* I heard the song, I couldn't help crying. 听到这首歌的时候，我忍不住哭了。❷一…就；在任何时候，每当…就：I went home *when* the meeting was finished. 会议一结束，我就回家了。❸无论何时：The dog barks *when* the doorbell rings. 每次门铃一响，这狗总是叫个不停。❹虽然，尽管；然而，可是：My aunt usually does the housework herself *when* she might ask her servant for help. 我姑姑总是亲自干家务活儿，尽管她可以叫她的佣人来帮忙。

when·ev·er /ʰwenˈevəʳ, ʰwʷn-/ **I conj.** 无论何时，在任何时候；在任何场合；每次，每当：You may leave *whenever* you like. 你想什么时候走就什么时候走。**II adv.** ［无比较级］无论什么时候，不管什么时候；无论什么场合

where /ʰweəʳ, 弱 wəʳ/ **I adv.** ［无比较级］❶［疑问副词］在哪里；到哪里；从哪里：*Where* are your parents? 你的父母在哪儿? ❷在哪一方面；在何种境地，到什么地步：*Where* does your own trouble concern me? 你自己的麻烦与我有何相干? ❸从…来：*Where* did you get such a notion? 你怎么会有这样的想法? **II conj.** ❶在…地方(方面、方向)；到…地方；到…地步：Go *where* you like. (你)爱去哪儿就去哪儿。❷不论去哪儿；无论到哪里：I will go *where* you go. 你去哪儿，我就去哪儿。

where·a·bouts I /ʰweərəˈbauts/ **adv.** ［无比较级］(大致)在哪里，(大概)在哪一带，(大概)靠近什么地方；在某地附近，在某地周围：*Whereabouts* did you leave my umbrella? 你把我的雨伞放哪儿了? **II** /ʰweərəˌbauts/ ［复］**n.** 用作单或复](人或物大致所在的)位置；下落；行踪：Those children's *whereabouts* are unknown. 那些孩子们的下落不明。

where·as /ʰweərˈæz/ **conj.** ［表示对比、转折等](然)而，可是，但是；尽管，虽然：They spend all their money on their house, *whereas* we prefer to spend ours on travelling. 他们把所有的钱花在房子上，可是我们宁愿拿钱去旅游。

wher·ev·er /ʰweərˈevəʳ/ **I adv.** ［无比较级]〈口〉究竟在哪儿，究竟到何处：*Wherever* did you get this silly idea? 你这愚蠢的念头究竟从哪儿冒出来的? **II conj.** 无论在哪儿；无论到哪里；无论在什么情况下；只要，但凡：Anyway, she is all right *wherever* she is. 不管怎样，她总是随遇而安的。

wheth·er /ʰweðəʳ/ **conj.** ❶是不是，是否：I am doubtful *whether* he is still alive. 我怀疑他是否还活着。❷[与or连用，引导间接疑问句或选择性条件状语从句]是…(还是)；或者…(或者)；不论…(还是)，不管…(还是)；不是…(就是)：They hardly knew *whether* to laugh *or* to be angry. 他们觉得笑也不是，气也不是。‖ **whether or no** [not] **adv.** 无论在什么情况下，不管怎样：*Whether or not* it rains, we're playing football on Saturday. 无论下不下雨，我们星期六都踢足球。

which /ʰwitʃ/ **I adj.** ［无比较级][作定语][疑问形容词]哪个；哪些：*Which* university did she go to, Nanjing University or Beijing University? 她上了一所大学，南京大学还是北京大学? **II pron.** (所有格*whose*) ❶[疑问代词]哪一件；哪个人；哪一些；哪些人：Tell me *which* to choose. 告诉我选哪个。❷无论哪个，不管哪个；无论哪些，不管哪些：Choose *which* appeals to you. 你喜欢哪个就选哪个。❸[非限制性关系代词，可代替前面的整句或部分句子，通常用于in或that之后]那个；那些；那情况；这一点：The police arrived, after *which* the situation became calmer. 警察赶到了，此后局势便趋于平静。

which·ev·er /ʰwitʃˈevəʳ/ **I pron.** 任何一个；无论哪个，无论哪些：You may choose *whichever* of the books here. 这里的书你可以随便挑。**II adj.** ［无比较级][作定语]任何的；无论哪个的，无论哪些的：*Whichever* design we choose there'll be disadvantages. 不论我们选择哪种设计图案，总有一些

缺点。

while /ʰwail/ **I** *n.* [用单](一段)时间;(一)会儿:Just wait a *while*, please. 请稍等片刻。**II** *conj.* ❶在…之时,当…的时候;和…同时:I like listening to the radio *while* having breakfast. 我喜欢吃早饭的时候听收音机。❷[表示让步]虽然,尽管:*While* a successful scientist, he was a poor husband. 虽说他是个成功的科学家,可却不是一个合格的丈夫。❸只要:*While* there's quiet I can sleep. 只要安静我就睡得着。

whip /ʰwip/ **I** *n.* [C]鞭子;鞭状物;当鞭子用的东西:The cold wind has a *whip* in it. 寒风像鞭子般吹在身上。**II** (**whipped** 或 **whipt** /ʰwipt/; **whip·ping**) *vt.* 鞭打,抽;鞭笞:*whip* a horse forward 扬鞭策马

whirl /ʰwəːl/ **I** *vi.* ❶旋转,打转,回旋;急速转动:The eddies of the river *whirled* menacingly. 河里的旋涡凶猛地急速旋转。❷(突然)转向,转身:She *whirled* and stopped. 她突然转过身来,止住了脚步。**II** *n.* [用单]旋转,打转,回旋;急速转动:a *whirl* of dead leaves 枯叶的纷飞

whirl·pool /ʰwəːlˌpuːl/ *n.* [C]旋涡,涡流:be caught in a *whirlpool* of the river 被卷入河水旋涡之中。

whirl·wind /ʰwəːlˌwind/ *n.* [C] ❶【气】旋风,旋流,龙卷风:The old church was seriously damaged by a *whirlwind*. 那座古老的教堂遭到了旋风的严重破坏。❷旋风似的事物;猛烈的破坏力量:a political *whirlwind* 一场政治风暴

whisk /ʰwisk/ **I** *vt.* ❶拂去,掸掉;扫开;赶走(*away*, *off*):He tried to *whisk* the flies *away*. 他491挥手把苍蝇轰走。❷突然拿走;快速带走;急忙送走:My newspaper was *whisked away* before I'd even finished it. 我的报纸还没看完就被人突然拿走了。❸搅打(奶油、蛋等):*whisk* the egg whites until stiff 把蛋白打稠 **II** *n.* [C] ❶掸,拂;扫;赶:a *whisk* of the cow's tail 母牛尾巴的一甩 ❷掸子;刷子;小笤帚(= whisk broom)❸打蛋器;(奶油等的)搅拌器

whisk·er /ʰwiskəʳ/ *n.* [C](一根)须;[常

作~s](长在男子面颊两边的)络腮胡须,髯:thick and grizzled *whiskers* 灰白浓密的络腮胡须 ‖ ˈwhisk·ered *adj.*

whis·k(e)y /ʰwiski/ *n.* [U]威士忌酒

whis·per /ʰwispəʳ/ **I** *v.* 轻声低语;耳语,私语;密谈:What are they *whispering* about? 他们在悄悄议论什么? **II** *n.* [C]柔声细语,轻声低语;耳语,私语:He said it in a *whisper*, so we couldn't hear. 他是低声说的,我们听不见。 ‖ ˈwhis·per·er *n.* [C]

whis·tle /ʰwis²l/ **I** *n.* [C] ❶口哨声;哨子声;(汽)笛声;(鸟儿等的)鸣叫声;(风等的)呼啸声:a shrill *whistle* 尖利刺耳的哨子声 ❷口哨;哨子;笛;汽笛:The train will move as soon as the *whistle* blows. 汽笛一响,火车就要开动了。**II** *v.* ❶吹口哨;吹哨子;鸣汽笛:Didn't you hear the referee *whistle*? 你没听见裁判吹哨子吗? ❷吹口哨(或哨子等)召唤(或命令等)(*up*):He *whistled* me off. 他吹哨子命令我走开。

white /ʰwait/ **I** *adj.* ❶白色的;洁白的,雪白的;乳白的:He flashed a grin of his *white* teeth. 他咧嘴一笑,亮出一口白牙。❷(肤色)白净的,白皙的;(尤指脸色)苍白的,惨白的:His pasty *white* face carries a sad, dazed expression. 他那病态苍白的脸上挂着一种沮丧茫然的表情。**II** *n.* ❶[U]白(颜)色:a woman dressed in *white* 穿着白色衣服的女人 ❷[C]白色物;浅色东西:yolks and *whites* 蛋黄与蛋白 ❸[C]白(种)人:*white*-ruled areas 白人统治的地区 ‖ ˈwhite·ness *n.* [U]

white-col·lar /ʰwaitˈkɔləʳ/ *adj.* [无比较级][作定语]白领阶层的;脑力劳动的:*white-collar* workers 白领工作者

White House *n.* 白宫;美国政府

white lie *n.* [C](为避免伤害他人感情或不让人难堪而编出的)善意谎言,无害谎言;小谎:The doctor told him a *white lie*, so he wouldn't be too sad. 医生善意地对他撒了个谎,这样他就不会过于难过了。

whit·en /ʰwait²n/ *vt.* (通过洗、刷或漂等方式)使变白;使增白,使更白:Mum has *whitened* my tennis shoes. 妈妈已经把我的

网球鞋刷白了。‖ **'whit·en·er** *n.* [C]

white·wash /ˈ^{lh}waitwɔʃ,-wɔːʃ/ *vt.* ❶(用石灰水等)把…刷白；在…刷白涂料：*whitewash* the new house 粉刷新房子 ❷粉饰，掩饰；遮盖：We should not *whitewash* the event. 我们不应该掩盖事情的真相。

who /huː; hu/ *pron.*（[宾格]who 或〈口〉whom；[所有格]whose）❶[疑问代词]谁，什么人：*Who* are still playing cards this time? 这会儿还有什么人在玩纸牌？❷[限制性关系代词]…的人(或拟人化的动物等)：There was somebody *who* called just now. 刚才有人打电话过来。❸[非限制性关系代词]他，她，它；他们；她们；它们：Mr. Young,*who* is in charge of the club, is busy making new rules. 负责管理俱乐部的扬格先生正忙着制订新规则。

who·ev·er /huːˈevəʳ/ *pron.*（[宾格]whomever 或 whoever；[所有格]whosoever）❶[关系代词,用以引导名词性从句]谁；不管谁，无论谁：*Whoever* gossips to you will gossip of you. 跟你说别人闲话的人也会说你的闲话。❷[表示强调]〈口〉无论谁，不管哪个：*Whoever* visits,don't let him in. 甭管谁来访,别让他进来。

whole /həul/ Ⅰ *adj.* [无比较级]❶[作定语]完整的；齐全的：She ran the *whole* distance. 她跑完了全程。❷[作定语]全部的；整个的：the *whole* situation 整个局势 Ⅱ *n.* ❶[C]统一体；体系：The system is a *whole*. 这个组合装置是个统一体。❷[常用单]〈包括几个组成部分的)整体，整个：Four quarters make a *whole*. 4 个 1/4 构成一个整体。❸[C]全部,所有；全体(*of*)：reveal the *whole of* the mystery 把秘密和盘托出 ‖ **as a whole** *adv.* 总体上,整个看来：The country *as a whole* is fairly prosperous. 这个国家总体上看是相当富裕的。‖ **'whole·ness** *n.* [U]

whole·heart·ed /ˈhəulˈhɑːtid/ *adj.* [无比较级](人)全身心投入的；全神贯注的；诚心诚意的,衷心的：*wholehearted* support 真诚的支持 ‖ **'whole'heart·ed·ly** *adv.* — **'whole'heart·ed·ness** *n.* [U]

whole·sale /ˈhəulseil/ Ⅰ *n.* [U]批发,趸售 Ⅱ *adj.* [无比较级]❶(有关)批发的,成批售出的；批发价的：a *wholesale* business 批发商店 ❷大规模的；全部的；不加区别的：the *wholesale* application of the new method 新方法的广泛应用 Ⅲ *adv.* [无比较级]❶以批发方式,成批地；以批发价：They only sell *wholesale*. 他们只搞批发销售。❷大规模地,大量地；不加区别地；彻底地 ‖ **'whole·sal·er** *n.* [C]

whol·ly /ˈhəulli/ *adv.* [无比较级]❶完全地,彻底地：devote oneself *wholly* to one's work 完全地投入到工作中 ❷全部地,无一例外地；独一地,专门地：The land is used *wholly* for vegetables. 所有的田地全都用来种蔬菜。

whom /huːm, 弱 hum/ *pron.* [who 的宾格]❶[疑问代词]谁,什么人：With *whom* did she travel? 她和谁一起去旅行？❷[限制性关系代词]…的人：This is not the man to *whom* we sent the letter yesterday. 这人不是我们昨天送信给他的那个人。❸[非限制性关系代词]他(们)；她(们)；它(们)：I have 40 classmates, some of *whom* have become professors and top people. 我有 40 位同学,他们当中有些人已经成了教授和顶尖人才。

whose /huːz/ *pron.* [who 和 which 的所有格]❶[疑问代词]谁的,什么人的：*Whose* are these dictionaries? 这些词典是谁的？❷[关系代词,前置词为人]那个人的；那些人的；他(或她)的；他们(或她们)的：It reads like the work of an old man *whose* hope is evaporated. 这本书读起来倒像是一个希望破灭的老人的作品。❸[关系代词,前置词为物]那一个的；那一些的；它的；它们的：the house *whose* windows are broken 窗子破了的房屋

why /ˈ^{lh}wai/ *adv.* [无比较级][疑问副词]为什么,为何：*Why* are you so afraid of telling the story in public? 你为什么这么怕当众讲这件事呢？

wick·ed /ˈwikid/ *adj.* ❶邪恶的；坏的；罪恶的；伤天害理的,缺德的：He is too *wicked* not to meet a bad end some day. 他太缺德,

总有一天会得恶报。❷淘气的，调皮捣蛋的；恶作剧的：a *wicked* child 顽童 ‖ **'wick·ed·ly** *adv.* —**'wick·ed·ness** *n.* ［U］

wide /waid/ I *adj.* ❶宽的，宽阔的；广阔的；广大的：Our new meeting room is very *wide*. 我们的新会议室很宽敞。❷［无比较级］（尺寸）宽（度为）…的，…宽的：a plank six inches *wide* 6 英寸宽的木板 ❸范围大的；包罗很多的，涉及面广的，广泛的；很大程度上的：a *wide* reader 博览群书的人 ❹完全张开的，完全伸展的，张大的：His eyes were *wide* and painful. 他两眼大睁着，很是痛苦。 II *adv.* ❶广大地；广泛地，普遍地：We searched far and *wide* for the missing child. 我们到处寻找失踪的孩子。❷完全地，充分地；全部地：The door was *wide* open. 门大开着。❸完全张开地，完全伸展地，张大地：The harder I tried to go to sleep, the *wider* awake I grew. 我越是想要入睡，越是头脑清醒。 ‖ **'wide·ly** *adj.* —**'wide·ness** *n.* ［U］

wid·en /'waidᵊn/ *v.* 变宽，放宽，加宽：The road was *widened* last year. 这条路是去年拓宽的。 ‖ **'wid·en·er** *n.* ［C］

wide·spread /'waidspred,waid'spred/ *adj.* ❶分布（或扩散）广的；大范围的，大面积的：a *widespread* tornado 造成大面积破坏的龙卷风 ❷广泛的；普遍的；普及的：the most *widespread* art form of our time 当代一种最普及的艺术形式

wid·ow /'widəu/ *n.* ［C］寡妇，遗孀，未亡人 ‖ **'wid·ow·hood** *n.* ［U］

wid·ow·er /'widəuə/ *n.* ［C］鳏夫，丧妻人：He was a *widower* again. 他又断弦了。

width /widθ,witθ/ *n.* ［U;C］宽（阔）度；幅面；广度：Our bedroom is four meters in *width*. 我们的卧室有 4 米宽。

wield /wiːld/ *vt.* ❶手持（武器或工具等）；使用，操纵（武器或工具等）：soldiers *wielding* swords 手持利剑的武士们 ❷运用，行使（权力或权威等）；施加（影响）等；支配，控制：You should *wield* greater power in determining it. 在决定此事时，你们应该行使更大的权力。 ‖ **'wield·er** *n.* ［C］

wife /waif/ *n.* ［C］（［复］**wives** /waivz/）妻子，夫人，太太；已婚妇女：a good *wife* 贤妻

wig·gle /'wig²l/〈口〉I *vi.* （快速地来回）摆动；晃动；扭动：He *wiggled* his toes. 他扭动着脚趾。 II *n.* ［C］摆动；晃动；扭动；波状曲线：walk with a *wiggle* of one's hips 扭着屁股走 ‖ **'wig·gler** *n.* ［C］—**'wig·gly** *adj.*

wild /waild/ *adj.* ❶［无比较级］（动、植物）野（生）的；未驯化的；天然（出产）的；非栽培的：a *wild* ox 野牛 ❷（人、部落等）原始的，未开化的，野蛮的：The times in which he lived were *wild*, and rude. 他所处的时代是个不文明的野蛮时代。❸（景象、地方等）荒凉的，没有人烟的；荒芜的；未开垦的：a *wild* garden 荒芜的花园 ❹难以约束的；无节制的；放纵的，放荡的；无法无天的：Our captain was a strange, *wild* man. 我们的船长是个胆大包天的奇才。❺〈口〉急切的，迫不及待的；渴求的，盼望的；十分热衷的：The girls were *wild* for dancing. 姑娘们对跳舞喜欢得如痴如醉。 ‖ **'wild·ly** *adv.* —**'wild·ness** *n.* ［U］

wil·der·ness /'wildᵊnis/ *n.* ［通常用单］荒无人烟的地区；荒漠；旷野；未开垦地区：We should maintain the *wilderness* so that fur-bearing animals would continue to flourish. 我们应该保护野生环境，这样产毛皮的动物才能继续繁殖下去。

will¹ /wil,wəl/（单数及复数现在式 **will** 或 **'ll**；单数及复数过去式 **would**；第二人称单数过去式 **wouldst** /wudst/或 **would·est** /'wudist/；否定省略式 **won't** 或 **wouldn't**）*v. aux* ❶［表示单纯的将来，后接不带 to 的动词不定式，书面语中用于第二、第三人称，口语中亦用于第一人称］将，将要，会：The ballet *will* premiere in New York next month. 这出芭蕾舞剧将于下个月在纽约首次公演。❷［表示意愿、意图、建议、请求等］要，定要，想，愿：I *will* stop drinking— I really *will*! 我要戒酒了——我真的要戒！❸［表示命令、指示等］必须，定要，务必：*Will* you stop the quarrel this instant! 你们马上给我停止争吵！❹［表示习惯、倾向等］总是，惯于，经常发生：Car accidents *will* happen on this road. 这个路段车祸时有发生。❺[表示能力、功能等]能，行：How much liquid *will* the container hold? 这个容器能装多少液体呢？❻[表示推测、期望]可能，大概；想必，肯定：They'll be watching TV. 他们一定在看电视。

will² /wil/ *n.* ❶[U]意愿，心愿；希望；目的；旨意：He said it was not the *will*, but the power that was deficient. 他说他是心有余而力不足。❷[C]意志；毅力；自制力，自控力：He made an effort of *will* to overcome the pain. 他以顽强的意志忍住了疼痛。❸[U]决心；决断；主见：You should have your own *will*. 你应该有自己的主见。❹[C][律]遗嘱：I was left $50,000 in my grandfather's *will*. 我祖父在他的遗嘱中给我留下了5万美元的遗产。

will·ful /ˈwilfl/ *adj.* ❶有意的，故意的，存心的：It seemed *willful*. 这看来是故意的。❷固执的，执拗的，任性的；刚愎自用的：a *willful* and difficult child 执拗而任性的孩子〔亦作 **willful**〕‖ **ˈwill·ful·ly** *adv.* —**ˈwill·ful·ness** *n.* [U]

will·ing /ˈwiliŋ/ *adj.* ❶[作表语]愿意的，乐意的：Are you *willing* to pay the price? 你愿意出这个价吗？❷[作定语]积极的，热心的；有干劲的；反应灵敏的：Once more she had given the strength of her frail, *willing* body. 她再一次不辞辛劳地贡献了她微弱的体力。❸[作定语]出于自愿的，自愿的‖ **ˈwill·ing·ly** *adv.* —**ˈwill·ing·ness** *n.* [U]

wil·low /ˈwiləu/ *n.* ❶[C][植]柳，柳树 ❷[U]柳木

wil·y /ˈwaili/ *adj.* 诡计多端的；奸诈的；狡猾的：*wily* tricks 狡猾的骗术‖ **ˈwil·i·ness** *n.* [U]

win /win/ (**won** /wʌn/; **win·ning**) *v.* ❶在…中获胜；获得…的第一名：Both sides expected to *win* a quick victory. 双方都希望能够迅速获胜。❷打赢(战斗、战争等)：We *won* the war. 我们打赢了这场战争。❸赢得；获得；夺得；争得：This did *win* him a wide acclaim. 这的确使他赢得了广泛的赞誉。

wind¹ /wind/ *n.* [U;C][气]风；气流：the

soft *wind* of spring 和煦的春风

☆**wind, breeze, gale, gust, zephyr** 均有"风"之意。**wind** 最普通和最常用，泛指空气流动现象，不管风速和风力多大：We couldn't play tennis because there was too much *wind*. (风太大，我们打不了网球了。)**breeze** 常指令人愉快或舒适的轻柔和风：A gentle *breeze* was blowing. (微风轻吹。)**gale** 表示风速在每小时39至75英里的大风，具有一定的破坏性：The ship lost its masks in the *gale*. (风暴将船的桅杆中刮掉了。)**gust** 尤指空气突然强烈地快速流动，带有疾风或阵风的含义：A *gust* of wind blew the door shut. (一阵大风吹来，把门关上了。)**zephyr** 为诗歌用词，表示和煦的微风：The fresh, clear air, moved agreeably by a *zephyr* breeze, held a scent of jasmine. 和风吹动的清新空气带有茉莉花香。

wind² /waind/ (**wound** /waund/) *v.* ❶使弯曲向前；使曲折行进；使蜿蜒；使迂回：They *wound* their way through the narrow streets. 他们迂回曲折地穿过一条条窄巷。❷绕；缠绕，卷绕；把…绕成团：Would you *wind* the rope onto the tree for me? 你能帮我把这根绳子绕在树上吗？❸给…上发条，上紧…的发条：He *winds* (up) his watch every evening. 他每天晚上给手表上紧发条。‖ **ˈwind·er** *n.* [C]

win·dow /ˈwindəu/ *n.* [C] ❶窗户；窗口；窗框：a ceiling-to-floor *window* 落地窗 ❷[计]窗口

wind·pipe /ˈwindpaip/ *n.* [C]气管

wind·y /ˈwindi/ *adj.* ❶[气]有风的，刮风的，风大的：a *windy* day 刮风天 ❷多风的；受风的，迎风的，被风刮的：a *windy* hillside 迎风的山坡 ‖ **ˈwind·i·ness** *n.* [U]

wine /wain/ *n.* [C;U]葡萄酒；酒：the *wines* of Bordeaux 波尔多产的各种葡萄酒

wing /wiŋ/ *n.* [C] ❶翅，翅膀，翼；翼状器官：a butterfly with beautiful markings on its *wings* 翅上有美丽图纹的蝴蝶 ❷翼状物，翼状部分；(扶手椅靠背顶端两边往前突出的)翼部 ❸(政党、团体等的)派别，宗派，翼：the right *wing* of the Democratic party

民主党的右翼 ‖ **winged** *adj.* —'**wing·less** *adj.*

wink /wiŋk/ *vi.* ❶眨眼;眨眼示意,递眼色: She *winked* at me to let me know she understood. 她对我眨眼示意我明白了。❷(灯光或信号等)闪烁;明灭,频闪发信号: I saw the car's small lights on the left hand side *wink* when it turned left. 我看见那辆车往左拐的时候,左手的那些小灯频频闪烁发信号。

win·ner /'winə/ *n.* [C]赢者,获得者;获胜者;优胜的事物;成功的事物: a Pulitzer prize *winner* 普利策奖获得主

win·ning /'winiŋ/ I *adj.* [通常作定语] ❶获胜的;赢的;有优势的: the *winning* entry 获胜选手 ❷吸引人的;动人的;迷人的;可爱的: The young ladies were pretty, their manners *winning*. 那些年轻小姐长得很漂亮,一个个风采动人。II *n.* [~s] ❶(尤指在赌博时)赢的钱: What are you going to spend your *winnings* on? 你打算怎样花你赢的钱呢? ❷获胜,胜利 ‖ '**win·ning·ly** *adv.*

win·ter /'wintə/ *n.* [C;U]冬天,冬季: It was *winter* everywhere. 到处是一派冬冬景象。

win·ter·time /'wintə,taim/ *n.* [U]冬季,冬天

win-win /'win'win/ *adj.* [无比较级]双赢的,有利于双方的: a *win-win* situation 双赢的局面

wipe /waip/ *vt.* ❶擦,拭,抹;擦净;抹干,揩干: *Wipe* the blackboard clean, John. 约翰,把黑板擦擦干净。❷擦去,抹去,揩掉;消除: Time will never *wipe* his image from my memory. 无论时间如何变迁,他的形象永远不会从我的记忆中抹去。 ‖ '**wip·er** *n.* [C]

wire /'waiə/ *n.* ❶[C;U]金属丝;金属线: copper *wire* 铜丝 ❷[C]导线,电线;电话线;电报线;电缆;线路: ground *wire* 地线

wire·less /'waiəlis/ *adj.* [无比较级]无线的;用无线电波传送的: digital *wireless* phone 数字无线电话

wir·ing /'waiəriŋ/ *n.* [U]【电】线路: A lot of old *wiring* here should be replaced. 这里很多旧的线路都该换掉了。

wis·dom /'wizdəm/ *n.* [U]聪明,聪慧;明智;英明;智能,才智: The *wisdom* of the saying was verified in this instance. 这个例子证明了这是句极聪明的话。

wise /waiz/ *adj.* ❶聪明的,智能的;精明的;有判断力的,明智的;英明的: It was *wise* of you to tell him the truth. 你把实情告诉他是对的。❷博学的,有学问的;有见识的: a *wise* scholar 博学多知的学者 ‖ '**wise·ly** *adv.*

wish /wiʃ/ I *v.* ❶希望;想要: Don't you *wish* to buy anything? 你不想买点儿什么吗? ❷[表示不能实现或与现实相悖的愿望,后常接宾语从句,从句常用虚拟语气]但愿: She *wished* now she had put on a coat. 她后悔自己没穿上一件外套。❸祝,祝愿,祝福: *Wish* you well! 希望您走运! II *n.* [C;U]希望,愿望,心愿: His dearest *wish* was to see your club. 他的最大奢望就是看看你们的俱乐部。 ‖ '**wish·er** *n.* [C]

wisp /wisp/ *n.* [C] ❶(稻草等的)小捆,小把,小束: *wisps* of grass 几束青草 ❷(须发或烟雾等的)(一)绺;(一)缕;(一)丝,(一)根: A *wisp* of smoke curled up from the chimney. 一缕轻烟从烟囱里袅袅而上。 ‖ '**wisp·y** *adj.*

wit /wit/ *n.* ❶[U;C]头脑;智力,才智: exercise one's *wits* 动脑筋 ❷[U]风趣,诙谐,幽默;风趣的话语,妙语: His speech doesn't contain any *wit*. 他的演说一点都不风趣。❸[C]说话风趣的人,机智幽默的人: the world's greatest *wit* 世界上最了不起的幽默大师 ❹[常用复]领悟力;理解力: have not the *wits* to see sth. 缺乏理解某事的能力

with /wið, wiθ/ *prep.* ❶[表示所使用的工具、手段或材料等]用,拿,靠,借助;以: He studied me *with* his sharp eyes. 他用锐利的目光仔细打量着我。❷[表示联合或陪伴等]和…在一起;和,同,跟,与: Oil will not mix *with* water. 油和水不相容。❸[表示

原因]因，由于：He went pale *with* rage. 他气得脸煞白。❹[表示人或事物所具有的特点或特征]具有；带有；拥有；穿戴着；具有…的特点(或特征)：an old man *with* white hair 白发老翁❺[表示随身、随同、携带等]在…身边；在…身上，随身带着：I know that you always have some money *with* you. 我知道你总是会随身带些钱的。❻在…情形之下：You don't have to agree *with* reluctance. 你不必勉强同意。❼[表示同时、同方向或同等程度进行](伴)随着，与…同时；在…后：Temperatures vary *with* the time of the year. 温度随时节而变化。❽[表示所采用的行为方式]以，带着：*with* an effort 力地❾[表示理解、赞同或支持等]理解，明白；在…一边，与…一致：I don't quite agree *with* what he has just said. 我不太赞同他刚才说的话。

with·draw /wið'drɔː, wiθ-/ (**-drew** /-'druː/, **-drawn** /-'drɔːn/) *v.* ❶缩回，抽回，拉回；挪开，移开；拿走，拿开：The kid quickly *withdrew* his hand from the food on the table as soon as he saw me. 那孩子一看见我就立刻把伸向桌上食品的手缩回去了。❷收回；取回；取消；撤销；撤回：*withdraw* the charges against sb. 撤销对某人的指控❸撤离，撤出；使退出；使离开：*withdraw* troops from the battlefield 把部队从战场上撤下来❹(从银行)提(款)，取(钱)：*withdraw* money from the bank 从银行提款

with·draw·al /wið'drɔː²l, wiθ-/ *n.* [U；C] 缩回；收回，取回；提款；取消；撤销；撤退，撤离；退出：the *withdrawal* of troops 撤军

with·er /'wiðə'/ *v.* ❶使干枯，使干瘪，使凋谢，使凋落：The drought *withered* the crops. 干旱使农作物枯萎。❷使萎缩；使枯槁；使衰落，使衰退；使破灭，使消失：Age *withered* her. 年龄不饶人，她衰老了。‖ 'with·er·ing·ly *adv.*

with·hold /wið'həuld, wiθ-/ (**-held** /-'held/) *vt.* ❶使停止；阻止，阻挡(from)：My poor health *withheld* me *from* making the attempt. 我的健康状况使我无法做此尝试。❷拒给，不给(from)：*withhold* payment 拒绝付款❸扣除，代扣(税等)：

His salary has been *withheld*. 他的薪水被扣发了。‖ with'hold·ing *n.* [U]

with·in /wi'ðin, -'θin/ I *prep.* ❶在…里面，在…内部；往…里面，向…内部：*Within* the church all was quiet. 教堂里一片寂静。❷(时间、距离等)不超过，不到，在…之内：*within* an hour's drive 在一个小时的车程之内❸在…范围(或限度)之内：We should keep *within* the law. 我们应该遵纪守法。II *adv.* [无比较级]〈古〉〈书〉❶在(或从)里面；在(或从)内部：paint a house *within* and without 里里外外粉刷房屋❷在内心，内心里；思想上：a man whose blood is cold *within* 一个内心冷漠的人

with·out /wi'ðaut, -'θaut/ *prep.* ❶没有，缺少，缺乏，无：As is very natural, man can't live *without* air. 离开空气人就无法生存，这很自然。❷免除，排除：a world *without* hunger 一个消除了饥饿的世界❸没有…陪伴：Don't go *without* me. 别不和我一起走。

with·stand /wið'stænd, wiθ-/ (**-stood** /-'stud/) *vt.* 经受(住)，承受(住)；顶(得)住；抵住：I just couldn't *withstand* her taunts. 我就是受不了她的冷嘲热讽。

wit·ness /'witnis/ I *n.* ❶[C]见证人；目击者：There was no *witness* around at that time. 当时现场没有目击者。❷[U]见证；证据；证言，证词：Her smile is a *witness* to her happy marriage. 她脸上的笑容证明她婚姻幸福。II *vt.* ❶目击，目睹，亲眼看见；注意到：The child who had *witnessed* the murder was killed. 目睹那个谋杀案的孩子被杀害了。❷表明，证明，是…的证据；给…作证；连署：He *witnessed* my signature. 他为我的签署作了证。

wit·ted /'witid/ *adj.* [无比较级][常用以构成复合词]智力…的，头脑…的：a slow*witted* man 头脑迟钝的人

wit·ty /'witi/ *adj.* ❶说话风趣的，谈吐诙谐的：Poets make men *witty*. 读诗使人灵秀。❷(言辞等)巧妙的，诙谐的，风趣的，妙趣横生的：a *witty* conversation 妙趣横生的对话 ‖ 'wit·ti·ly *adv.* —'wit·ti·ness *n.* [U]

wives /waivz/ *n.* wife 的复数

W

woke /wəuk/ v. wake 的过去式

wo·ken /'wəuk°n/ v. wake 的过去分词

wolf /wulf/ n. 〔C〕(〔复〕**wolves** /wulvz/)
【动】狼；类似狼的动物 ‖ **'wolf·ish** adj.

wom·an /'wum°n/ n. (〔复〕**wom·en**
/'wimin/) ❶〔C〕成年女子，女人，妇女：a
married woman 已婚妇女 ❷〔总称〕〔不用冠
词〕女性，女人，女子：Generally speaking,
woman lives longer than man. 一般说来，女
人比男人长寿。

womb /wu:m/ n. 〔C〕❶【解】子宫 ❷发祥
地，发源地，孕育处：the womb of Judaism 犹
太教的发祥地

won /wʌn/ v. win 的过去式和过去分词

won·der /'wʌndə/ I n. ❶〔U〕惊异，惊诧；
惊叹，惊羡；惊奇：The foreign tourists were
all filled with wonder at the sight of the
Great Wall. 看见长城，外国游客都惊叹不
已。❷〔C〕奇异(或非凡)的人(或事物)；奇
迹：It is a wonder that you were not hurt.
你那次没有受伤，真是个奇迹。II v. ❶感
到疑惑；感到好奇；想要知道(about)：I've
been wondering about your health recently.
近来我一直在担心你的身体状况。❷感到
惊诧，感到惊讶(at)：We all wondered at
her calmness. 我们都对她的沉着镇定感到
吃惊。

won·der·ful /'wʌndəf°l/ adj. ❶奇妙的；
令人惊奇(或惊叹)的；极好的，绝妙的；了不
起的：Laura, you look absolutely wonder-
ful. 劳拉，你看起来简直太迷人了！❷令人
愉快的，让人高兴的：Did you have a won-
derful time? 你们玩得开心吗？ ‖ **'won·der-
ful·ly** adv. —**'won·der·ful·ness** n. 〔U〕

won't /wəunt；wʌnt/ =will not

wood /wud/ n. ❶〔U〕木(质) ❷〔U；C〕木
头，木材，木料：a bed made of wood 木头床
❸〔U〕木柴，柴火：Gather more wood. 多捡
点儿柴火来。❹〔常作~s〕〔作~s 时用作
单或复〕森林，树林；林地：beat the woods 从
树林中驱出猎物

wood·en /'wud°n/ adj. ❶〔无比较级〕木头
的，木质的，木制的：a wooden box 木盒

❷像木头的；呆板的；死板的；毫无生气的；
面无表情的：His expression became wood-
en. 他变得面无表情。 ‖ **'wood·en·ly**
adv. —**'wood·en·ness** n. 〔U〕

wool /wul/ n. 〔U〕❶羊毛：blankets made
from wool 羊毛毯子 ❷毛线，绒线；毛线织
物；毛线衣；羊毛织物；羊毛服装：Put on
your new wool. 穿上你的新羊毛衫。

wool·(l)en /'wul°n/ adj. 〔无比较级〕全羊
毛的；毛料的；含羊毛的，呢绒的：a woolen
rug 羊毛毯

wool·(l)y /'wuli/ adj. ❶〔无比较级〕羊毛
的：wooly mittens 羊毛连指手套 ❷像羊毛
的，羊毛状的；羊毛覆盖的，羊毛状物覆盖
的；毛茸茸的：a wooly beard 羊毛似的胡
子 ‖ **'wool·(l)i·ness** n. 〔U〕

word /wə:d/ n. ❶〔C〕字；(单)词：How man-
y words does this long sentence contain? 这
个长句子由多少个词组成？ ❷〔C〕(尤指区
别于行动的)言语，言词；词语，词句；话语：I
hope you'll put in a good word for me with
the boss. 希望你能在老板面前替我美言几
句。 ‖ **in a word** adv. 一言以蔽之；总之；简
言之；一句话：In a word, if we want to do
our work well, we must make preparations
carefully. 总之，如果我们想把工作做好，就
要好好准备准备。

word·ing /'wə:diŋ/ n. 〔U〕措辞，用词；表达
法，表达方式：The wording of the agree-
ment needs adjustment. 这个协议的措辞需
要修改。

wore /wɔ:/ v. wear 的过去式

work /wə:k/ I n. ❶〔U；C〕(体力或脑力的)
工作；劳动：We have work to do. 我们有正
事要干呢。❷〔U〕任务；作业；工件，工作
物；〔the ~〕(在特定时间内完成的)工作
量：Work became increasingly harder to get.
活计愈来愈难找了。❸〔U〕工作成果；成
品，产品：It would be to ruin the work of
three months. 那就使我三个月心血白费
了。❹〔U〕职业，差事：He retired from
work. 他退休了。❺〔C〕(文学或音乐等的)
作品，著作：an art work 工艺品 II v. ❶工
作；劳动，干活：She had to work for a living.

她必须自食其力。❷从事职业;担任职务;当差:*work* as a secretary 当秘书❸起作用,有效,奏效,管用:At last my drinks were beginning to *work*. 我的酒意终于上来了。❹(机器、器官等)活动,运行,运转:I dropped the watch on the floor, but it still *works* perfectly. 我把手表掉在了地上,可它还是走得很准。‖ *at work adv.* & *adj.* 在工作(的);在劳动(的),在干活(的);在运作中(的):Don't phone me *at work*. 别在我上班时来电话。*out of work adj.* 失业的 *work on vt.* 对…起作用;对…产生影响;试图影响(或说服):The Chinese medicine did *work on* her illness. 中药对她的病症确有疗效。*work out v.* ❶被算出;数额为,价值为(*at*);合计为,总计为(*to*):Will the figure *work out* automatically? 这个数额会自动被算出来吗? ❷计算出;解答出:Can you *work out* this math problem all by yourself? 你能自己解出这道数学题吗? ❸作出;想出;制定出;努力获得:*work out* a policy 制定政策 ❹产生结果(或效果);进行;运作;发展:How did your meeting *work out*? 你们的会议结果如何? *work up v.* 制定出;精心作出;(使)发展到:*work up* a plan 制订计划

work·day /ˈwəːkdei/ *n.* [C] ❶工作日,上班日:Today is my *workday*. 今天我要上班。❷(一个)工时日;一天的工作时间:a 9-to-5 *workday* 朝九晚五的工时日

work·er /ˈwəːkə/ *n.* [C] 工人,劳动者:a manual *worker* 体力劳动者

work·ing /ˈwəːkiŋ/ *adj.* [无比较级][作定语] ❶工作(用)的;劳动(用)的,干活(用)的;工作上的:*working* conditions 更好的工作条件 ❷有工作的,有职业的:She wants to be a voice for *working* women. 她想做职业妇女的代言人。❸可行的;运转中的;实行中的,使用中的;起作用的,有效用的,奏效的:*working* theory 有效的理论

work·man /ˈwəːkmən/ *n.* [C] ([复]-men /-mən/) ❶体力劳动者;工人:We need about 500 *workmen*. 我们大约需要 500 名劳力。❷工匠;技术工人:all-round *workmen* 技术全面的工匠

work·man·ship /ˈwəːkmənʃip/ *n.* [U]

❶(成品的)做工,工艺;(工匠的)手艺,技艺:a bracelet of fine *workmanship* 做工精细的手镯 ❷工艺品,作品:Is this teapot your *workmanship*? 这把茶壶是你做的吗?

work·shop /ˈwəːkʃɔp/ *n.* [C] ❶(工厂的)车间,工作间,厂房;(手工业的)工场,作坊:a repair *workshop* 修理车间 ❷(专题)研讨会,交流会;(为定期举办研讨活动而成立的)研讨班,研究会:a five-day *workshop* on management technique 历时五天的管理经验交流会

world /wəːld/ *n.* ❶[the ～]地球:make a journey round *the world* 环球旅行 ❷[U;C]世界,天下:We live in a competitive *world*. 我们生活在一个充满竞争的世界里。❸[C](类似地球的)天体;星球,行星:nine *worlds* going round the sun 围绕太阳运行的九大行星 ❹[the ～]全人类,天下人;普通人,世人;公众,众人:Do you want *the* whole *world* to know about it? 你想把这事弄得尽人皆知吗? ‖ *in the world adv.* [用以加强语气]到底;究竟;竟然:What *in the world* are you going to do? 你们究竟要干什么?

world-class /ˈwəːldklɑːs;-klæs/ *adj.* [无比较级]世界级水准的,具世界水平的,世界一流的:Their performance is *world-class*. 他们的演出是世界水平的。

world·wide /ˈwəːldˌwaid/ [无比较级] I *adj.* 全世界的,世界范围内的,世界性的:*worldwide* financial crisis 世界性的金融危机 II *adv.* 在全世界,在世界范围内:Chinese silk is famous *worldwide*. 中国丝绸世界闻名。

worm /wəːm/ *n.* [C] ❶【动】(尤指蚯蚓等)蠕虫;虫:a species of *worm* 一种蠕虫 ❷[～s]用作单]【医】肠虫病;寄生虫病:Your puppy had *worms*. 你们的小狗患了寄生虫病。❸(卑微的)小人物;可怜虫;可鄙的人;讨厌的人:Shut up! You little *worm*! 住嘴!你这个讨厌的小东西! ‖ ˈworm·y *adj.*

worn¹ /wɔːn/ *v.* wear 的过去分词

worn² /wɔːn/ *adj.* ❶穿旧(或破)的;用旧(或坏)的:*worn* rugs 破旧的毡毯 ❷疲惫的,

筋疲力尽的;憔悴的:He was *worn* and exhausted. 他形销骨立,憔悴不堪。

worn-out /ˈwɔːnˈaut/ *adj.* ❶不能再用(或穿)的,破旧的;耗尽的:*worn-out* clothes 破旧的衣服 ❷疲惫不堪的,精疲力竭的:He looks *worn-out*. 他看上去一脸的倦容。

wor·ried /ˈwʌrid;ˈwəːrid/ *adj.* 担心的,发愁的:We were all very *worried* about him. 当时我们都替他捏把汗。

wor·ry /ˈwʌri;ˈwəːri/ I *v.* 使担心,使发愁;使不安,使焦虑;使苦恼,使烦恼:You *worried* us by not replying in time. 你没及时答复,让我们很担心。 II *n.* ❶[C]令人担忧(或烦恼)的人(或事):Lack of money is a major *worry* for this poor family. 对这个贫困的家庭来说,缺钱是最主要的烦恼。 ❷[C;U]担忧,忧虑;不安,焦虑;烦恼,苦恼:*Worry* and fear made her hair turn white. 由于担惊受怕,她的头发都白了。 ‖ ˈwor·ri·er *n.* [C]—ˈwor·ry·ing·ly *adv.*

worse /wəːs/ I *adj.* ❶[bad 的比较级]更坏的;更糟的,更差的;更恶化的:Her attitude is even *worse* than her husband's. 她态度甚至比她丈夫的更恶劣。 ❷[ill 的比较级][作表语]健康状况更差的,病情更恶化的:The patient was no better but rather got *worse*. 病人情况不但没有好转反而进一步恶化了。 ❸更有害的;更不利的 II *adv.* [bad 和 ill 的比较级]更坏地;更糟地,更差地;病情更恶化地:We have been treated *worse* than strangers. 我们所受到的待遇比外人还要差。 III *n.* ❶[C;U]更坏的事物,更差的事物,更糟的事物:from bad to *worse* 愈来愈坏 ❷[the ～]更不利的情况,更糟糕的情况;失败的情况:a change for *the worse* 向更坏的方面转化

wors·en /ˈwəːsʰn/ *v.* (使)变得更坏(或更差,更糟等);恶化:The economy seems certain to *worsen* during the campaign. 在竞选期间,经济状况看来肯定会每况愈下。

wor·ship /ˈwəːʃip/ I *n.* [U] ❶【宗】礼拜(活动或仪式):Do you regularly attend *worship*? 你们定期做礼拜吗? ❷崇拜,崇敬,崇仰:hero-*worship* 英雄崇拜 II (-ship(p)ed;-ship·(p)ing) *v.* ❶崇拜,崇奉;信奉:*worship* God 崇奉上帝 ❷钟爱,深爱;敬慕,仰慕;尊敬,敬重:*worship* one's older brother 敬重兄长 ‖ ˈwor·ship·(p)er *n.* [C]—ˈwor·ship·ful /ˈwəːʃipfʰl/ *adj.*

worst /wəːst/ I *adj.* [bad 和 ill 的最高级]最坏的,最差的,最糟的;最恶劣的;最严重的;最不利的;最不幸的:the *worst* cough 最严重的咳嗽 II *adv.* [bad,badly,ill 和 illy 的最高级]最坏地;最差地,最糟地,最恶劣地;最严重地;最不利地;程度最大地:Many of my friends played tennis badly,but Andy played *worst*. 我的很多朋友网球都打得不好,可安迪打得最差。 III *n.* [the ～]最坏(或最差,最糟)的人;最坏(或最差、最糟)的部分(或事情、情形、可能性等):You should not keep the best for yourself and give *the worst* to us. 你不应该把最好的留给自己着,把最差的给我们。 ‖ at (the) worst *adv.* 从最坏的角度看;顶多,最多,充其量:At the *worst*,I will be sacked. 最多,我会被炒鱿鱼。

worth /wəːθ/ *prep.* ❶相当于…价值,值…钱:Nothing was *worth* my six years. 我这六年的代价简直无法估量。 ❷有…价值,值得:Is it *worth* a try? 这值得一试吗? ❸拥有价值为…的财产:She married a foreigner who is *worth* a million dollars. 她嫁给了一个拥有百万美元财产的外国人。

☆**worth, value** 均有"价值"之意。**worth** 常指事物的内在价值,强调事物本身的优异品质:They stole fifty thousand dollars' *worth* of equipment. (他们偷了价值 5 万元的设备。)**value** 侧重事物的使用价值,其有用性及重要性往往通过评估产生:Their research into ancient language seems to have little practical *value*. (他们对古代语言的研究似乎没什么实用价值。)

worth·less /ˈwəːθlis/ *adj.* [无比较级]无价值的;不值钱的;没有用处的:A design is *worthless* unless it is manufacturable. 具有可制造性的设计才有价值。 ‖ ˈworth·less·ly *adv.* —ˈworth·less·ness *n.* [U]

worth·while /ˌwəːθˈwail;-hwail/ *adj.* 值

得的;值得去做的;值得花费时间(或精力)的;:Our effort seemed *worthwhile*. 我们的努力看来是值得的。

wor·thy /'wɜːði/ *adj.* ❶有价值的;有意义的; 好的,优秀的:a *worthy* enemy 劲敌 ❷[常作表语]值得的,应得的;相配的,相称的(*of*):You'll never find a woman who is *worthy of* you. 你永远也找不到配得上你的姑娘。‖ **'wor·thi·ly** *adv.* — **'wor·thi·ness** *n.* [U]

would /wud, 弱 wəd, əd, d/ *v. aux* [will的过去式,用于第二、三人称;也用于第一人称] ❶ will的过去式 ❷[常用于间接引语,表示过去将来时]将,将会:Paul was so angry that he said he *would* quit the team. 保尔非常生气,他说要退出球队。❸[常用于条件句,表示虚拟语气]就会,就要;愿意,想要:But for your advice I *would* have failed my driving test. 要是没有你的建议,我的驾驶考试早就失败了。❹[表示习惯性动作]老是,总是;总会:The young man *would* wait for me there every evening. 那个小伙子每天傍晚老是在那里等我。❺[表示礼貌的提问、请求或建议]请;会;情愿:*Would* you take a seat, please? 您请坐吧。❻[表示可能、推测或想象]大概,也许,可能:Without surgery, she *would* die. 不做手术,她也许就会死掉。❼[表示同意、愿意或喜欢等]愿;要;偏要:They *would* not lend the record to me. 他们不愿意把那张唱片借给我。‖ *would like* 想要:I *would like* to go right now. 我想现在就走。

wound /wuːnd/ **I** *n.* [C] ❶(人或动物所受的)伤,创伤;伤口,创口:The *wound* was healing. 伤口正在愈合。❷(人在名誉或情感等方面所受的)损害,伤害;创伤,痛苦:Their divorce caused deep psychological *wounds* that have never healed. 他们的离婚造成了难以愈合的严重心理创伤。**II** *vt.* ❶使受伤,打伤:He was severely *wounded*. 他受了重伤。❷使(在名誉或情感等方面)受伤害,使受创伤;伤害,损害:We were *wounded* by his ingratitude. 我们都为他的忘恩负义感到痛心。

☆**wound, hurt, injure** 均有"受伤;伤害"之

意。**wound** 常指由枪弹或利器造成外部肌肉的严重损伤,也可表示感情受到伤害,程度可轻可重:The bullet *wounded* his arm. (子弹伤了他的手臂。)**hurt** 较为口语化,主要用于有生命的生物,既可指肉体的受伤,也可指精神、感情方面的创伤,伤害程度可以十分严重,也可以很轻微:The two cars collided, but luckily no one was seriously *hurt*. (两辆汽车相撞,但幸运的是无人受重伤。) / He didn't want to *hurt* her feelings. (他不想伤害她的感情。)**injure** 为普通用词,原指不公正地对待或伤害他人,现通常指对他人的外表、健康、心理或事业造成暂时的伤害:He *injured* his leg in an accident. (他的腿在一次事故中受了伤。) / I hope I didn't *injure* her feelings. (但愿我没有伤害她的感情。)

wow /wau/ *int.* [用以表示惊讶、钦佩、羡慕、高兴或失望等情绪]哇,呀:*Wow*, I passed my driving test. 哇!我的驾驶考试通过啦!

wran·gle /'ræŋg^əl/ **I** *n.* [C]争吵,吵架;争论,争辩:a legal *wrangle* 法律纠纷 **II** *vi.* 争吵,吵架;争论,争辩:*wrangle* with sb. over sth. 为某事与某人争吵 ‖ **'wran·gler** *n.* [C]

wrap /ræp/ *vt.* (**wrapped**; **wrap·ping**) ❶包;裹;包扎(*up, around, round, about*);缠绕;环绕:*wrap* the gift in tissue paper 用绵纸包礼品 ❷遮掩,覆盖;笼罩,包围:She was *wrapped* in a veil. 她脸上罩着面纱。

wrap·ping /'ræpiŋ/ *n.* [常作〜s]包裹物,包裹材料;包装材料

wreak /riːk/ *vt.* ❶发泄,宣泄(愤怒等);实施(报复)(*on, upon*):*wreak* vengeance on [upon] sb. 向某人报仇 ❷造成(损失),引起(损毁):the hurricane *wreaking* havoc on crops 给庄稼带来灾难的飓风

wreathe /riːð/ *vt.* ❶围绕,环绕;缠绕;使布满,使笼罩:He drew on his pipe and *wreathed* himself in smoke. 他抽着板烟,一口口抽得烟雾在身边缭绕。❷将…做成花圈(或花环、花冠等);扎制(花圈、花环或花冠等):*wreathe* natural flowers into a garland 把鲜花扎成花环

wreck /rek/ **I** *n.* ❶[U;C](尤指船只或飞机等的)失事,遇难;破坏,毁坏:We were ordered to save the passenger liner from *wreck*. 我们奉命去营救那艘遇难的客轮。❷[C]失事船只,遇难船只:He jumped from the *wreck* before it sank. 在失事船只沉没之前,他从船上跳了下来。❸[C]遭受严重损害的人(或物):Isn't the car a *wreck*? 难道这辆车还不够破烂吗? **II** *vt.* ❶使(船只等)遇难(或失事):The ship was *wrecked* on the rocks. 那船触礁失事了。❷损毁,毁坏;破坏,损害:The weather has completely *wrecked* our plans. 天气彻底破坏了我们的计划。

wreck·age /'rekidʒ/ *n.* [U]❶(尤指船只、车辆或飞机等失事后的)残骸,残体;残存物,残余物:remove the *wreckage* 清除残骸 ❷遇难,失事:an aerial photograph of the *wreckage* site 从空中拍摄的失事地点的照片 ❸损毁,破坏;破灭:weep at the *wreckage* of one's hope 因某人的希望破灭而哭泣

wrench /rentʃ/ **I** *n.* [C]❶猛扭,猛拧;猛拽,扭伤:With one quick *wrench* I opened the jam jar. 我猛地一扭,把果酱瓶打开了。❷(可调节的)扳手,扳头,扳钳,扳子:an adjustable *wrench* 活动扳手 ❸(尤指离别等时的)一阵心痛,一阵伤心;令人心痛的离别:Leaving his lovely wife at home was a great *wrench*. 告别家中的娇妻使他很伤心。 **II** *vt.* ❶猛拧,猛扭;猛拽;扭伤:*wrench* one's ankle 扭伤脚踝 ❷使痛苦:It *wrenched* her to say goodbye. 要她说再见使她痛苦。 ‖ '**wrench·ing·ly** *adv.*

wres·tle /'resʰl/ *v.* ❶(与…)摔跤;角力(*with*):How many years have you *wrestled* professionally? 你从事职业摔跤多少年了? ❷(与…)斗争;竞争;奋斗;全力解决,尽力对付(*with*, *against*):They attempted to *wrestle with* the budget deficit. 他们试图尽力解决预算赤字问题。 ‖ '**wres·tler** *n.* [C]

wretch·ed /'retʃid/ *adj.* ❶不幸的,可怜的;(感到)痛苦的,(感到)苦恼的:She kept

him at bay, left him restless and *wretched*. 她把他驱入了绝境,使他坐立不安,心神不宁。❷劣质的,恶劣的;不足道的;可鄙的:*wretched* weather 恶劣天气 ❸令人不满的,让人讨厌的;使人烦恼的:The migraine makes him *wretched*. 偏头疼困扰着他。 ‖ '**wretch·ed·ly** *adv.* — '**wretch·ed·ness** *n.* [U]

wrig·gle /'rigʰl/ *v.* ❶蠕动;扭动:She was *wriggling* in excitement at the story. 她听了这个故事激动得坐立不安。❷曲折向前,蜿蜒行进:He *wriggled* across the corn field. 他绕来绕去穿过玉米地。 ‖ '**wrig·gler** /'riglər/ *n.* [C]— '**wrig·gly** *adj.*

wring /riŋ/ *vt.* (**wrung** /rʌŋ/)❶拧(出),绞(出)(*out*):*wring* (*out*) wet towels 拧湿毛巾 ❷猛拧,狠绞;拧断,扭断:I'll *wring* your neck if you bully him again! 如果你再欺负他,我就拧断你的脖子! ❸紧握,紧抓:He *wrung* my hand. 他紧握我的手。

wrin·kle /'riŋkʰl/ **I** *n.* [C]❶(因年老皮肤上出现的)皱;皱纹:a face covered with *wrinkles* 布满皱纹的脸 ❷皱褶,皱痕,褶子:press the *wrinkles* out of a dress 烫平衣服的皱褶 **II** *v.* 使起皱纹,皱起:She started to sigh and *wrinkle* her forehead and even to sniff a little. 她开始叹气,皱起了眉头,甚至轻声抽泣起来。 ‖ '**wrink·ly** *adj.*

wrist /rist/ *n.* [C]手腕;腕关节:take sb. by the *wrist* 抓住某人的手腕

write /rait/ (**wrote** /rəut/, **writ·ten** /'ritʰn/) *vi.* ❶写,书写;写字:This pen does not *write* smoothly. 这支钢笔写起来不太流畅。❷写作;作曲:All this time, by fits and starts, I had been *writing* away at a novel. 这一时期我在断断续续地写一本小说。❸写信(*to*):You'd better *write* directly to Mr. Smith. 你最好直接致函史密斯先生。 ‖ ***write down*** *vt.* 写下,记下;记(笔记):*Write down* your name and address. 写下你的姓名和地址。***write out*** *vt.* 写;写出;全部写出:*write out* a first draft 写出初稿

writ·er /'raitər/ *n.* [C]❶写作者,撰写者;执笔者;[the ~][在文章中用以代替 I 或 me 等]笔者,本文作者:one of the president's speech *writers* 总统演说拟稿人之一 ❷作者；编著者；作家；作曲者；作曲家：an ad *writer* 广告文字作者

writ·ing /'raitiŋ/ *n.* ❶[U]文字形式，书面形式：He was much more likely to express his real views in *writing* than face to face. 他更会用书面形式表达他的真实看法，而非面对面地表达。❷[U]书法（＝handwriting）；笔迹；字迹：The *writing* on the card is difficult to read [recognize]. 这卡片上的笔迹很难辨认。❸[U]文体；文笔：Her *writing* is reticent, yet not trivial. 她的文笔很平易，但不琐细。❹[U]写；书写；写作：The newspaper is known for its interesting news *writing*. 该报以其趣闻写作而著称。❺[常作～s]作品；著作；文章；铭：He poured into his *writing* all the pain of his life. 他在作品里倾诉了自己一生的痛苦。

writ·ten /'rit°n/ *v.* write 的过去分词

wrong /rɔŋ；rɔːŋ/ **I** *adj.* ［无比较级］❶错误的；不正确的；不符合事实的；弄错的，搞错了的：You gave the *wrong* answer this time. 这次你答错了。❷不合适的，不恰当的；不适用的；不合意的，不太受欢迎的：It would be *wrong* to raise the question at her wedding. 在她的婚礼上提出那个问题不合适。❸不合法的；不道德的；不正当的；邪恶的：It's *wrong* to rob a bank. 抢银行是犯法的。❹失常的，不正常的；不好的，坏的；有缺陷的，有毛病的：What's *wrong* with you? 你怎么啦？ **II** *adv.* ［无比较级］［常用于句末］(方法或方向)错误地，不对地；不恰当地；不公平地；不成功地：I got you *wrong*. 我弄错了 **III** *n.* ［C；U］❶错误；过失；不道

德行为，坏事；邪恶：a sense of right and *wrong* 是非观念 ❷不公正(之事)，不公平(之事)；冤枉；委屈；亏待：I have done you a *wrong*, and I am very sorry. 是我使你受了委屈，我非常抱歉。 ‖ '**wrong·ly** *adv.*；'**wrong·ness** *n.* ［U］

☆ ❶ **wrong, abuse, oppress, persecute** 均有"迫害；伤害"之意。**wrong** 表示无端地、不公正地对待或伤害他人，使其蒙受不白之冤，带有冤枉或委屈的意味：I *wronged* him by saying he had lied. (我说他撒谎是冤枉了他。) **abuse** 为一般用语，指用侮辱性语言或粗暴行为伤害他人：The arrested men have been physically *abused*. (囚犯们受到了虐待。) **oppress** 语气强烈，指残酷和不公正地使用武力压服，给他人施加难以承受的沉重负担：The people were *oppressed* by the dictator's secret police. (人民受独裁者秘密警察的压迫。) **persecute** 尤指因政治、宗教、种族、信仰等原因而进行迫害，使其无休止地遭受烦扰、苦恼或苦难：The heretic was *persecuted* for his beliefs. (由于信仰不同，异教徒受到了迫害。) ❷ **wrong, fault** 均有"错误，过失，缺点"之意。**wrong** 为正式用词，表示不正当的、非正义的或邪恶的行为，往往带有给人以伤害的意味：You do an honest man a *wrong* to call him a liar or a thief. (你骂一个老实人小偷或说谎者，真不应该。) **fault** 常指在性格、习惯、行为或道德方面没有达到完善标准而出现的缺点或过失，但不一定要受到责罚：She loves me in spite of all my *faults*. (尽管我有不少缺点，她仍然爱我。)

wrote /rəut/ *v.* write 的过去式

X x

X-chro·mo·some /ˈeksˌkrəuməˌsəum/ *n.* [C]【生】X 染色体(一种性染色体)

xen·on /ˈzenɔn, ˈzi:-/ *n.* [U]【化】氙(符号为 Xe)

xen·o·pho·bia /ˌzenəˈfəubiə/ *n.* [U] 对外国人(或事物)的恐惧(或憎恨);恐外症 ‖ ˌxen·oˈpho·bic /-bik/ *adj.*

Xe·rox /ˈziərɔks, ˈze-/ **I** *n.* ❶[U](施乐)静电复印机商标名 ❷[亦作 x-][C]静电复印件,影印件:The *Xerox* of the letter is quite clear. 这封信的复印件相当清晰。**II** *v.* [常作 x-]用静电复印法复印,静电复印:Would you please *xerox* 15 copies of this document? 请给我把这份文件复印 15 份,好吗?

XL *abbr.* ❶ extra large 特大号 ❷ extra long 特长号

X·mas /ˈkrisməs, ˈeksməs/ *n.* =Christmas

X-ray, x-ray /ˈeksrei/ **I** *n.* ❶[常作～s] X 射线, X 光, 伦琴射线:The shorter the wavelength of an *X-ray*, the more powerful it is. X 射线的波长愈短,其穿透力就愈强。❷[C] X 光照片:He gave me a chest *X-ray*. 他给了我一张 X 光胸透照片。**II** *vt.* 用 X 光为…拍照;用 X 光检查;用 X 光治疗:Luggage bound for the hold is *X-rayed*. 手提捆绑行李已经 X 光检查过了。

XS *abbr.* extra small 特小号

xy·lo·phone /ˈzailəˌfəun/ *n.* [C]【音】木琴(一种由长短不一的木条或金属条组成的打击乐器) ‖ ˈxy·loˌphon·ist /-nist/ *n.* [C]

Y y

yacht /jɔt/ n. [C]快艇;游艇;【体】帆船:a private oceangoing *yacht* 一艘私人远洋游艇 ‖ **'yachts·man** n. [C]

yank /jæŋk/〈口〉I v. ❶急拉,猛拉,使劲拉:*Yank* the door-knob and step back quickly. 握住门把手使劲一拉,同时身子迅速往后退。❷使劲推;赶走:He was *yanked* out of school. 他被人拖出了学校。II n. [C]急拉,猛拉,使劲的一拉:Give the cork a *yank* and the bottle will be opened. 猛拉瓶塞,就会打开瓶子。

yap /jæp/ vi. (yapped; yap·ping) 狂吠;尖叫:The dachshunds *yapped* at his heels. 那几条达克斯猎狗紧跟在他身后汪汪叫着。

yard¹ /jɑːd/ n. [C]❶码(英美长度单位,相当于 3 英尺,合公制 0.9144 米,略作 **yd.**):two *yards* of cloth 两码布 ❷立方码

yard² /jɑːd/ n. [C]❶院子;天井:My house has a *yard* at the back. 我的屋后有个院子。❷庭院;(包括花园等在内的)后院:wooded *yards* lined with flowers 一座座四周繁花环绕树木葱茏的庭院

yarn /jɑːn/ n. ❶[U]纱,纱线;纺线;绳索股线:Her ball of *yarn* rolled from her lap. 纱线团从她的膝上掉落下来。❷[C]〈口〉故事;奇谈:adventure *yarns* 探险故事

yawn /jɔːn/ I vi. ❶打呵欠,打哈欠,欠伸:He began *yawning* and looking at his watch. 他开始哈欠连连,不停地看手表。❷(深坑、峡谷等)裂开,张开,豁开:He saw the gap between the mountains *yawning* wide before him. 他看到面前是一个张着大口的山谷。II n. [C]❶呵欠,哈欠:His eyes watered as he tried to stifle a *yawn*. 他极力想憋住哈欠,憋得两眼泪汪汪。❷〈口〉乏味的人(或事):It was a *yawn* from the opening curtain straight through to the end. 那场演出从幕启到幕落没劲透了。‖ **'yawn·er** n. [C]

yeah /jeə/ adv.〈口〉[表示难以置信] = yes:Oh yeah? 噢,是吗?

year /jiɚ, jɜːʳ/ n. [C]❶(任何历制的)年;年份:next *year* 明年 ❷(任何时期起算的)一年时间:After a *year* or two we lost track of each other. 一两年以后我们相互失去了联系。❸(行星绕日公转一圈的)年:a Martian *year* 火星年 ❹年度:the academic *year* 学年 ❺[~s]年岁;年纪;年龄(尤指高龄):She is five *years* old. 她 5 岁。❻[~s]年代,时代:There had been wet *years* and dry *years*. 有多雨的岁月,也有干旱的年头。

year·ly /'jiəli, 'jɜː-/ I adj. [无比较级][作定语]❶一年一度的:a *yearly* conference 年会 ❷持续一年的:a *yearly* study 持续一年的学习 ❸一年的;每年的:a *yearly* salary of £30,000 3 万英镑的年薪 II adv. [无比较级]一年一度地;每年:The earth makes a revolution around the sun *yearly*. 地球每年绕太阳转一周。III n. [C]年刊

yearn /jɜːn/ vi. 渴望;向往;怀念;思慕(*for*, *after*):*yearn* to be understood 渴望得到人们的理解

yell /jel/ v. 叫喊,叫嚷;号叫:Then a crowd came down the street, *yelling*. 后来一群人

挤到街心,破口大骂。

yel·low /'jeləu/ **I** *n.* [U;C]黄,黄色;黄色颜料;黄色染料:be painted in vivid blues and *yellows* 用鲜艳的蓝黄两色颜料油漆 **II** *adj.* 黄的,黄色的:The haystacks were dull *yellow*. 干草堆呈黄褐色。‖ **'yel·low·ish** *adj.*

yelp /jelp/ *vi.* 尖声急叫,叫喊;猞吠;嗥叫:The dog *yelped* when it was hit by stone. 那条狗被一块石子击中,痛得猞猞狂吠。

yes /jes/ *adv.* [无比较级]❶[用以表示同意、肯定的回答,与 no 相对]是,是的,好的:A:Is that your book? B:*Yes*, it is. 甲:那是你的书吗? 乙:是的。❷[用于应答呼唤或称呼]是,嗳,到,我在这儿,您要点什么:A:Kate! B:*Yes*? 甲:凯特! 乙:什么事? ❸[用升调表示疑问、好奇等]是吗,真的吗:A:Yesterday morning he ran forty miles. B:*Yes*? 甲:昨天早晨他跑了 40 英里。乙:真的吗?

yes-man /'jesmæn/ *n.* [C]([复]-men /-mən/)〈口〉唯唯诺诺的人:He'd like to be surrounded by *yes-men*. 他喜欢周围都是些俯首听命的人。

yes·ter·day /'jestədei/ **I** *adv.* [无比较级]❶在昨天,在昨日:*Yesterday* I went to the park. 昨天我去了公园。❷最近,前不久:The book was not published *yesterday*. 这本书并不是新近出版的。**II** *n.* ❶[U]昨天,昨日:*Yesterday* has been dismissed and pined for. 昨天已成过去,但也值得留恋。❷[常作～s]昔日,往昔,过去的日子:Cheerful *yesterdays* had gone forever. 欢乐的往昔一去不复返。

yet /jet/ **I** *adv.* [无比较级]❶现在,此刻;马上,立刻:Do I have to go to bed *yet*? 我现在是不是必须去睡觉? ❷[常与否定词或短语连用,或用于疑问句;常用现在完成时态](迄今)还,尚;已经:Pubs have not gone metric *yet*. 酒吧尚未采用十进位制。❸还,仍然:I advise you to think, while there is *yet* time. 我劝你考虑考虑,现在还为时不

晚。❹[常与最高级连用]迄今,至此;到那时为止:This is the best way *yet*. 至此这是最好的办法。**II** *conj.* 而,然而,可是:I won,*yet* what good has it done? 我赢了,然而对我有什么好处? ‖ **as yet** *adv.* 到目前为止,迄今为止:The evidence is *as yet* inconclusive. 这个证据至此还不能令人信服。

yield /ji:ld/ **I** *v.* ❶出产,产,出;长出(作物等):The land *yields* grapes and tobacco. 这片土地出产葡萄和烟草。❷产生(效果、利润等);带来:This wellpoint should not be expected to *yield* large quantities of water. 不要指望这井眼会流出大量的水来。❸给,给予:The bedroom would *yield* me no shelter. 那间卧室不会给我遮风挡雨。❹让出;放弃:*yield* office 让位 **II** *n.* [U;C]❶出产:This book will help you get more *yield* from your garden. 本书可以帮助你从菜园子里出产更多的东西。❷产量;产物:The Summit's *yield* was meager. 最高级会议收获甚微。❸收益;利润;股息(或红利)率:The wool samples 85% *yield*. 羊毛样品检验结果净毛率为 85%。

☆ **yield, capitulate, defer, relent, submit, succumb** 均有"让步;顺从"之意。**yield** 用于人时指屈从于外部的力量、别人的意见或请求;用于物时指承受不住重压而变柔软弯曲:We were forced to *yield*. (我们被迫作出让步。) **capitulate** 指投降,强调停止一切抵抗:He finally *capitulated* and allowed his daughter to go on holidays with her friends. (他最后勉强同意让女儿同她的朋友们一起去度假。) **defer** 常指出于对他人的尊重、敬重或爱慕而自愿让步或服从:His military service was *deferred* until he finished college. (他服兵役的日期被延缓到大学毕业以后再开始。) **relent** 指强者出于怜悯、宽大或慈悲向弱者作出让步:At first she threatened to dismiss us all, but later she *relented*. (起初她威胁要解雇我们所有的人,可后来她态度软化了。) **submit** 指经过抵抗或斗争以后完全顺从他人的意志或控制:He was losing the fight but he would not *sub-mit*. (他在拳击中节节败退，但是他并不服输。) succumb 表示因自己力量弱小、孤立无援或因对方力量强大、不可抗拒而屈服或屈从，常有带来灾难性结局的含义：After an artillery bombardment lasting several days the town finally *succumbed*. (经过几天的连续炮轰，该城终于投降了。)

yield·ing /ˈjiːldiŋ/ *adj.* ❶顺从的，依从的；让步的；屈从的：He is of too *yielding* and indecisive a character. 他这个人百依百顺，优柔寡断。❷易弯曲的，易变形的：Baby toys are usually made out of *yielding* materials. 婴儿玩具通常是由易弯曲的材料制成的。❸出产的；产生收益(或效果等)的：Such efforts are very slow *yielding*, and therefore evoke little public support. 这种努力收效甚微，因此得不到公众的支持。

yo·ga /ˈjəʊɡə/ *n.* [U]瑜伽

yo·gurt, yo·ghurt, yo·ghourt /ˈjəʊɡət/ *n.* [U]酸乳，酸奶

yoke /jəʊk/ *n.* ❶[C]轭，车轭 ❷[用单]〈喻〉枷锁；束缚；奴役；统治；管辖：throw off the *yoke* 挣脱枷锁

yolk /jəʊk/ *n.* [C;U]蛋黄：I used three egg *yolks* in this pastry. 在这个蛋糕里我用了三个蛋黄。‖ **yolk·y** *adj.*

you /juː/ *pron.* [主格或宾格]❶你；你们：I'll give *you* the signal when *you*'re on camera. 当你进入镜头时，我会给你信号。❷[用作不定代词表示泛指，相当于 one]你，任何人：*You* can never be too strong. 身体强壮有万利而一弊。

young /jʌŋ/ **I** *adj.* (**young·er** /ˈjʌŋɡə/, **young·est** /ˈjʌŋɡist/) ❶幼小的；年青的，年轻的：The *younger* generation don't like classical music. 年青一代不大喜欢古典音乐。❷年轻人似的；有朝气的，青春焕发的：He was perennially *young* in mind. 他在精神上永远年轻。**II** *n.* [总称][常作 the ～]年轻人，青年 ‖ **young·ish** /ˈjʌŋiʃ/ *adj.*

☆ **young, adolescent, juvenile, puerile, youthful** 均有"年轻的；青少年的"之意。**young** 为普通用词，指处于生命、生长、发育等早期或初期，往往带有年纪轻、富有活力但尚未成熟的意味：He may be 60, but he's *young* at heart. (他尽管有 60 岁了，但他人老心不老。) **adolescent** 表示处于青少年发育期，有动作不灵便、头脑尚未成熟、感情不稳定的意味：an *adolescent* outpatient clinic (青春期疾病门诊所) **juvenile** 适用于少年，常带有身体和思想不成熟、缺乏经验的意味：a *juvenile* correctional center (少年教养中心) **puerile** 指言行幼稚可笑、孩子气，现多用于成年人，有贬义：his *puerile* sense of humor (他那孩子气的幽默感) **youthful** 表示具有青年人的特征和特性，带有青春年少、朝气蓬勃、精力旺盛的意味：She's over fifty but has a *youthful* complexion. (她虽然已 50 多岁了，但面貌仍然娇好。)

young·ster /ˈjʌŋstə/ *n.* [C] ❶小孩，儿童 ❷年轻人，小伙子

your /jɔː, juə, 弱 jə/ *pron.* [you 的所有格] [作定语] ❶你的；你们的：*Your* orange sweater and purple skirt clash. 你的橘红色套衫和紫色裙子不匹配。❷[表示泛指]你的，任何人的：The sight is enough to break *your* heart. 那场面谁见了都会伤心。

yours /jɔːz, juəz/ *pron.* [you 的物主代词绝对形式]你(们)的(所有物)，属于你(们)的东西；你(们)的亲属(或有关的人)：Everything I have is *yours*; take what you will. 我的一切都是你的，要啥就拿啥。

your·self /jɔːˈself, juə, 弱 jə/ *pron.* ([复]-selves /-ˈselvz/) ❶[反身代词]你自己：Stop it! Are you going to make an ass of *yourself*? 停下！你想出洋相吗？❷[用以加强语气]你本人，你亲自：You said so *yourself*. 你亲口这么说的。

yours truly *n.* [用于信末署名前，作客套语]你的忠实的

youth /juːθ/ *n.* ([复] **youths** /juːðz, juːθs/) ❶[U]年轻，青春；青春的活力(或热情)：

Youthful fantasies can often outlive *youth* itself. 青年人的种种幻想往往不会随着青春的逝去而消失。❷[U]初期，早期：the *youth* of the world 世界的初期 ❸[U]青(少)年时代，青年时期：The scene awakened reminiscences of my *youth*. 这个场景唤起我对青年时代的回忆。❹[U][总称](男女)青年们：*Youth* recognizes age by fits and starts. 年轻人经常觉察到人的衰老。❺[C](尤指)男青年，小伙子：He was attacked by a gang of *youths*. 他遭到了一伙年轻人的攻击。

youth·ful /ˈjuːθfʊl/ *adj.* ❶年轻的，青年的：He lived happily in his *youthful* days. 他在

青年时期生活得很幸福。❷富于青春活力的，朝气蓬勃的：They all hope his *youthful* image will help rejuvenate the party. 人们都希望他那富有朝气的形象将有助于使该党重新焕发活力。‖ ˈyouth·ful·ly *adv.* — ˈyouth·ful·ness *n.* [U]

yuck /jʌk/ *int.* 〈俚〉[表示强烈的讨厌、反感等]呸，啐：Oh *yuck*! Get the horrible thing out of here! 呸! 快把这可怕的东西弄出去!

yum·my /ˈjʌmi/ *adj.* 〈口〉美味的，可口的：Who made this *yummy* cake? 这么好吃的蛋糕是谁做的?

Y

Z z

zeal /ziːl/ *n.* [U]热情，热忱；热心：*zeal* for revolution 革命热情

zeal·ous /ˈzeləs/ *adj.* 热心的；充满热情的；狂热的：He was a *zealous* man, however. Really he was. 不管怎么说，他是个热心肠的人。这一点不假。‖ ˈzeal·ous·ly *adv.*

zeb·ra /ˈzebrə, ˈziː-/ *n.* [C]（[复]-ra(s)）【动】斑马

ze·ro /ˈziərəu, ˈziː-/ *n.*（[复]-ros）❶[C；U]零，0，零数：The number one thousand has a one and three *zeros*. 1 000 这个数有 1 个 1 和 3 个 0。❷[U]（刻度表上的）零点，零位；（坐标的）起点；（气温的）零度：The temperature reached below *zero* today. 今天气温达到零度以下。❸[U]没有，全无：The risks were lost to *zero*. 几乎没有什么危险。

zest /zest/ *n.* [U]兴趣，趣味，兴致，热情：He had a *zest* for knowledge and for the distribution of knowledge. 他有强烈的追求知识、传播知识的欲望。‖ ˈzest·ful /-fʊl/ *adj.* —ˈzest·y *adj.*

zig·zag /ˈzigˌzæg/ I *n.* [C]❶曲折线条；之字形道路（或壕沟）；锯齿形凸出物（或图案）：The mountainous areas are full of *zigzags*. 山区尽是曲曲折折的羊肠小道。❷[常用复]曲折，拐弯 II *adj.* Z字形的，之字形的，锯齿形的；弯曲的，曲折的：a zig-

zag coastline 锯齿状的海岸线 III（-zagged；-zag·ging）*v.* 呈之字形行进；曲折前进：The little child *zigzagged* along the road. 这个小孩子左拐右拐地在路上走过。

zinc /ziŋk/ *n.* [U]【化】锌（符号 Zn）

zip /zip/（zipped；zip·ping）I *v.* 用拉链拉开（或扣上）：*zip* one's mouth 闭嘴 II *n.* [C]（主英）拉链

Zip code, zip code *n.* [U]邮政编码制度

zip·per /ˈzipə(r)/ *n.* [C]拉链

zone /zəun/ *n.* [C]❶区，地区；区域；范围；界：a danger *zone* 危险地区 ❷带，地带；（动植物）分布带；（地球）气候带：a plant *zone* 植物带 ❸邮区；时区；（铁路等的）区段 ‖ ˈzon·al *adj.* —zoned *adj.*

zoo /zuː/ *n.* [C]动物园

zo·ol·o·gy /zəuˈɒlədʒi, zuː-/ *n.* [U]动物学 ‖ zoo·log·i·cal /ˌzəuəˈlɒdʒikᵊl/ *adj.* —zoˈol·o·gist *n.* [C]

zoom /zuːm/ *vi.* ❶嗡嗡地疾行：The fly *zoomed* over my head. 苍蝇在我头上嗡嗡飞行。❷快行，猛冲：In the last few metres of the race, he suddenly *zoomed* ahead. 在赛跑的最后几米，他突然冲到了前面。❸〈口〉（价格、开支等）急剧上升，激增：Unemployment *zooms*. 失业人数激增。

Z

附录一

英语常用不规则动词表

不定式	过去式	过去分词
abide	abided,abode	abided,abode
arise	arose	arisen
awake	awoke,awaked	awoken,awaked
be	was/were	been
bear	bore	borne,born
beat	beat	beaten
become	became	become
begin	began	begun
bend	bent	bent
bet	bet,betted	bet,betted
bid	bade,bid	bidden,bid
bind	bound	bound
bite	bit	bitten,bit
bleed	bled	bled
blend	blended,blent	blended,blent
bless	blessed,blest	blessed,blest
blow	blew	blown
break	broke	broken
breed	bred	bred
bring	brought	brought
broadcast	broadcast(ed)	broadcast(ed)
build	built	built
burn	burnt,burned	burnt,burned
burst	burst	burst

不定式	过去式	过去分词
buy	bought	bought
cast	cast	cast
catch	caught	caught
choose	chose	chosen
cling	clung	clung
clothe	clothed, clad	clothed, clad
come	came	come
cost	cost	cost
creep	crept	crept
crow	crowed, crew	crowed
cut	cut	cut
deal	dealt	dealt
dig	dug	dug
do	did	done
draw	drew	drawn
dream	dreamed, dreamt	dreamed, dreamt
drink	drank	drunk
drive	drove	driven
dwell	dwelt	dwelt
eat	ate	eaten
fall	fell	fallen
feed	fed	fed
feel	felt	felt
fight	fought	fought
find	found	found
flee	fled	fled
fling	flung	flung
fly	flew	flown

不定式	过去式	过去分词
forbid	forbade	forbidden
forecast	forecast(ed)	forecast(ed)
foresee	foresaw	foreseen
foretell	foretold	foretold
forget	forgot	forgot, forgotten
forgive	forgave	forgiven
freeze	froze	frozen
gainsay	gainsaid	gainsaid
get	got	got, gotten
give	gave	given
go	went	gone
grind	ground	ground
grow	grew	grown
hang	hung, hanged	hung, hanged
have, has	had	had
hear	heard	heard
hide	hid	hidden, hid
hit	hit	hit
hold	held	held
hurt	hurt	hurt
keep	kept	kept
kneel	knelt, kneeled	knelt, kneeled
knit	knitted, knit	knitted, knit
know	knew	known
lay	laid	laid
lead	led	led
lean	leaned, leant	leaned, leant
leap	leapt, leaped	leapt, leaped

不定式	过去式	过去分词
learn	learnt, learned	learnt, learned
leave	left	left
lend	lent	lent
let	let	let
lie	lay	lain
light	lit, lighted	lit, lighted
lose	lost	lost
make	made	made
mean	meant	meant
meet	met	met
melt	melted	melted, molten
mistake	mistook	mistaken
overcome	overcame	overcome
overgrow	overgrew	overgrown
overhear	overheard	overheard
overthrow	overthrew	overthrown
pay	paid	paid
prove	proved	proved, proven
put	put	put
quit	quitted, quit	quitted, quit
read	read	read
rebuild	rebuilt	rebuilt
recast	recast	recast
rend	rent	rent
repay	repaid	repaid
retell	retold	retold
rid	rid, ridded	rid, ridded
ride	rode	ridden

不定式	过去式	过去分词
ring	rang	rung
rise	rose	risen
run	ran	run
saw	sawed	sawn,sawed
say	said	said
see	saw	seen
seek	sought	sought
sell	sold	sold
send	sent	sent
set	set	set
sew	sewed	sewn,sewed
shake	shook	shaken
shave	shaved	shaved,shaven
shed	shed	shed
shine	shone,shined	shone,shined
shoe	shod,shoed	shod,shoed
shoot	shot	shot
show	showed	shown,showed
shrink	shrank,shrunk	shrunk,shrunken
shut	shut	shut
sing	sang	sung
sink	sank	sunk,sunken
sit	sat	sat
sleep	slept	slept
slide	slid	slid,slidden
smell	smelt,smelled	smelt,smelled
sow	sowed	sown,sowed
speak	spoke	spoken

不定式	过去式	过去分词
speed	sped, speeded	sped, speeded
spell	spelt, spelled	spelt, spelled
spend	spent	spent
spill	spilt, spilled	spilt, spilled
spin	spun	spun
spit	spat, spit	spat, spit
split	split	split
spoil	spoilt, spoiled	spoilt, spoiled
spread	spread	spread
spring	sprang	sprung
stand	stood	stood
steal	stole	stolen
stick	stuck	stuck
sting	stung	stung
strike	struck	struck, stricken
string	strung	strung
strive	strove, strived	striven, strived
swear	swore	sworn
sweat	sweat, sweated	sweat, sweated
sweep	swept	swept
swim	swam	swum
swing	swung	swung
take	took	taken
teach	taught	taught
tear	tore	torn
tell	told	told
think	thought	thought
throw	threw	thrown

不定式	过去式	过去分词
thrust	thrust	thrust
understand	understood	understood
uphold	upheld	upheld
uprise	uprose	uprisen
upset	upset	upset
wake	waked，woke	waked，woken，woke
wear	wore	worn
weave	wove，weaved	woven，weaved
weep	wept	wept
wet	wetted，wet	wetted，wet
win	won	won
wind	winded，wound	winded，wound
withdraw	withdrew	withdrawn
work	worked，wrought	worked，wrought
write	wrote	written

附录二

英语度量衡单位对照表

1. 公 制

类别	英文名称	符号	中文名称	对主单位的比	折合市制
长度	kilometre	km	千米(公里)	1 000 米	2 市里
	metre	m	米	主单位	3 市尺
	decimetre	dm	分米	1/10 米	3 市寸
	centimetre	cm	厘米	1/100 米	3 市分
	millimetre	mm	毫米	1/1 000 米	3 市厘
	micron	μm	微米	1/1 000 000 米	
	nanometre	nm	纳米	1/1 000 000 000 米	
重量（或质量）	metric ton	t	吨	1 000 千克	
	kilogram(me)	kg	千克(公斤)	主单位	2 市斤
	gram(me)	g	克	1/1 000 千克	2 市分
	decigram(me)	dg	分克	1/10 000 千克	2 市厘
	centigram(me)	cg	厘克	1/100 000 千克	2 市毫
	milligram(me)	mg	毫克	1/1 000 000 千克	
容积	litre	L,l	升	主单位	1 市升
	decilitre	dL,dl	分升	1/10 升	1 市合
	centilitre	cL,cl	厘升	1/100 升	1 市勺
	millilitre	mL,ml	毫升	1/1 000 升	1 市撮
面积	square kilometre	km^2	平方千米(平方公里)	1 000 000 平方米	4 平方市里
	hectare	ha	公顷	10 000 平方米	15 市亩
	square metre	m^2	平方米	主单位	9 平方市尺
	square decimetre	dm^2	平方分米	1/100 平方米	9 平方市寸
	square centimetre	cm^2	平方厘米	1/10 000 平方米	9 平方市分
	square millimetre	mm^2	平方毫米	1/1 000 000 平方米	9 平方市厘

2. 英美制

(1) 度量表

类别	名　　称	缩写	汉译	换　　算	折合公制
长 度	league		里格	3 miles	4.828 千米
	(statute) mile	m,mi	英里	8 furlongs	1.609 千米
	furlong	fur	浪	4 rods	201.17 米
	pole,rod	rd	杆	5½ yards	5.029 米
	yard	yd	码	3 feet	0.914 米
	foot	ft（或 ′）	英尺	12 inches	30.48 厘米
	inch	in（或 ″）	英寸		2.54 厘米
水 程 长 度	nautical mile		海里	10 cable's lengths	1.852 千米
	cable's length		链	[英] 100 fathoms [美] 720 feet	[英] 185.2 米 [美] 219 米
	fathom	f,fm	英寻,拓	6 feet	1.829 米
	foot	ft	英尺		0.305 米
面 积	square mile	mi²	平方英里	640 acres	2.59 平方千米
	acre	a	英亩	4 840 sq yd	40.469 公亩
	square rod	rd²	平方杆	30.25 sq yd	25.293 平方米
	square yard	yd²	平方码	9 sq ft	0.836 平方米
	square foot	ft²	平方英尺	144 sq in	929 平方厘米
	square inch	in²	平方英寸		6.452 平方厘米
干 量	bushel	bu	蒲式耳	4 pecks	36.367 升
	peck	pk	配克	8 quarts	9.092 升
	quart	qt	夸脱	2 pints	[英] 1.136 升 [美] 1.101 升
	pint	pt	品脱,量磅		[英] 0.568 升 [美] 0.5506 升
液 量	gallon	gal	加仑	4 quarts	4.546 升
	quart	qt	夸脱	2 pints	[英] 1.136 升 [美] 0.946 升
	pint	pt	品脱,量磅	4 gills	[英] 0.568 升 [美] 0.473 升
	gill	gi	及耳		0.142 升

（2）衡制表

类别	名　　称	缩写	汉译	换　　算	折合公制
常 衡	ton	tn，t	吨	20 hundredweights	
	long ton［英］	lt	长吨	2 240 pounds	1 016.05 千克
	short ton［美］	st	短吨	2 000 pounds	907.18 千克
	hundredweight	cwt	英担	［英］112 pounds ［美］100 pounds	［英］50.80 千克 ［美］45.36 千克
	stone	st	英石	14 pounds	6.35 千克
	pound	lb	磅	16 ounces	0.454 千克
	ounce	oz	盎司	16 drams	28.35 克
	dra(ch)m	dr	打兰		1.772 克
金 衡	pound	lb t	磅	12 ounces	373.24 克
	ounce	oz t	盎司	20 pennyweights	31.103 克
	pennyweight	dwt	本尼威特	24 grains	1.555 克
	carat	car	开	3 086 grains	0.2 克
	grain	gr	格令		0.0648 克
药 衡	pound	lb ap	磅	12 ounces	373.24 克
	ounce	oz ap	盎司	8 drams	31.103 克
	dra(ch)m	dr ap	打兰,英钱	3 scruples	3.888 克
	scruple	scr ap	英分	20 grains	1.296 克
	grain	gr	格令		50 毫克

新版国际音标发音表

	发 音	例 词
单元音	[iː]	tea three piece receive
	[ɪ]	six picture decide
	[e]	any lesson head bread
	[æ]	hand happy
	[ʌ]	bus come blood trouble
	[ɜː]	girl turn work learn
	[ə]	China today teacher doctor dollar
	[uː]	do food room blue
	[ʊ]	put look foot should
	[ɔː]	small autumn short warm four
	[ɒ]	hot watch
	[ɑː]	car garden class plant
双元音	[eɪ]	name play great rain they
	[aɪ]	bike night my
	[ɔɪ]	boy soil voice
	[əʊ]	go know boat
	[aʊ]	house flower
	[ɪə]	beer near here fierce idea
	[eə]	bear chair there care
	[ʊə]	tour poor sure
半元音	[w]	when window
	[j]	your yellow
舌侧音	[l]	long world